༄། །རྒྱང་འཕོར་ཚེ་ཕུན་གྱི་ཚད་རྩོམ་ཕྱོགས་སྒྲིག

དེབ་གཉིས་པ།

བོད་ལྗོངས་བོད་ཡིག་དཔེ་སྙིང་དཔེ་སྐྲུན་ཁང་།

༄༅། །རྒྱང་འཁོར་ཆེ་ཕུན་གྱི་ཆེད་རྩོམ་ཕྱོགས་སྒྲིག （དེབ་གཉིས་པ། ）

གཙོ་སྒྲིག་པ། རྒྱང་འཁོར་ཆེ་ཕུན།

རྩོམ་སྒྲིག་འགན་འཁུར་བ། ཚེ་དཔག

མདུན་ཤོག་མཛེས་འཛོམས་པ། བསོད་ནམས་ཚོས་སྒྲོན།

ཞུ་དག བསྟན་པ་ཚོས་གྲགས།

ཇུས་འགོད། བོད་ལྗོངས་ཞིན་ལི་དཔལ་འབྱོར་རིག་གནས་འཕེལ་རྒྱས་ཚད་ཡོད་ཀུང་སི།

དཔེ་སྐྲུན། བོད་ལྗོངས་བོད་ཡིག་དཔེ་རྙིང་དཔེ་སྐྲུན་ཁང་། （ལྷ་ས་གྲོང་ཁྱེར་སེ་ར་ལམ་སྒོ་ཨང་22）

བོད་ལྗོངས་བོད་ཡིག་དཔེ་རྙིང་དཔེ་སྐྲུན་ཁང་གི་རྩོམ་སྒྲིག་ཁང་གཉིས་པ།

（ལྷ་ས་གྲོང་ཁྱེར་གླིང་སྐོར་བྱང་ལམ་སྒོ་ཨང་20） སྦྲག་ཨང་850000

པར་གཞི་ཀུ་སྤྱོད་ལ་ཧུང་ཧེག་གཏོང་། 0891-6930339

པར་འདེབས་ཚན་པ། སེན་ཧྲོ་གྲོང་ཁྱེར་ཞེན་ཀུང་ཏུ་པར་སྐྲུན་ཚད་ཡོད་ཀུང་སི།

བརྒྱུད་འཚོང་། ཞིན་ཧྭ་དཔེ་ཚོང་ཁང་།

དེབ་ཚད། 710mm×1 000mm 1/16

པར་ཤོག 78.5

པར་གྲངས། 0001-2000

པར་ཐེངས། 2019ལོའི་ཟླ་1པོར་པར་གཞི་དང་པོ་བསྒྲིགས་པར་ཐེངས་དང་པོ་བཏབ།

དཔེ་རྟགས། ISBN 978-7-5700-0219-1

རིན་གོང་། སྒོར་180.00 （ཁྱོན་དེབ་གསུམ། ）

དཀར་ཆག

དམངས་ཁྲོད་རྩོམ་རིག་གི་གནད་དོན་འགར་ཅུང་ཟད་དཔྱད་པ། ······ (1)

དམངས་ཁྲོད་རྩོམ་རིག་དང་ཚན་རིག་ཞིབ་འཇུག་དབར་གྱི་འབྲེལ་བའི་སྐོར་གླེང་བ། ································ (10)

དམངས་ཁྲོད་རྩོམ་རིག་བསྡུ་སྒྲིག་བྱེད་རྒྱུའི་ཐད་རགས་ཙམ་གླེང་བ། ··· (25)

དགེ་འཁོར་ཡུལ་གྱི་སྐོར་གཞས་ཀྱི་ཐོག་ནས་བོད་ཀྱི་སྐོར་གཞས་ཀྱི་འབྱུང་དུས་ལ་བརྟག་པ། ································ (36)

བོད་མིའི་འབྱུང་ཁུངས་ཀྱི་བཤད་རྒྱུན་དང་འབྲེལ་བའི་གནད་དོན་ལ་དཔྱད་པ། ································ (43)

གཉེན་བཤད་དང་གཉེན་སྟོན་རིག་རྩེད་ལས་འཕྲོས་པའི་བསམ་གཞིག··· (56)

ཚང་གཞས་དང་ཁྲུང་བཀག་རིག་རྩེད་ལས་འཕྲོས་པའི་སྲོལ་རྒྱུན་རིག་གནས་ཀྱི་དྲན་འཆར། ································ (69)

བོད་ཀྱི་རིག་རྩེད་ལས་དགེ་འཁོར་ཁུལ་གྱི་ལྷེའུ་དང་ཤགས་ཀྱི་སྐོར། ··· (91)

སླུ་མོ་དང་དཀར་སྤྲུང་། ································ (98)

ཀློག་པ་པོ་ཞིག་གི་མྱོང་རྟོགས།

—《སྤང་རྒྱན་མེ་ཏོག》དུས་དེབ་གཉེར་ནས་ལོ་ངོ་ཉི་ཤུ་འཁོར་བར་དྲན་གསོ་ཞུ་ཆེད་དུ། ································ (103)

ཞར་པའི་མི་རིགས་གཏོགས་ཡོངས་ཀྱི་གནད་དོན་ཐག་གཅོད་བྱ་རྒྱུའི་
གལ་ཆེའི་དོན་སྙིང་དང་ཐག་གཅོད་བྱ་ཐབས་སྐོར་གྱི་དཔྱད་གླེང་། … (110)
ཞར་པ་ཞེས་པའི་ཐ་སྙད་དང་འབྲེལ་ཏེ་དེའི་མི་རིགས་ཀྱི་གཏོགས་
ཡོངས་ལ་དཔྱད་པ། …………………………… (127)
ཞར་པའི་མི་རྒྱུད་ཀྱི་འབྱུང་ཁུངས་དང་འབྲེལ་ཏེ་དེའི་མི་རིགས་ཀྱི་གཏོགས་
ཡོངས་ལ་དཔྱད་པ་རྣག་བརྟོལ་གཙག་བུ་ཞེས་བྱ་བ་བཞུགས་སོ། །… (141)
སྐད་རིགས་ཀྱི་ཕྱོགས་ནས་ཞར་པའི་མི་རིགས་ཀྱི་གཏོགས་ཡོངས་ལ་
དཔྱད་པ། …………………………………… (162)
ཡུལ་སྲོལ་གོམས་གཤིས་ཀྱི་ཕྱོགས་ནས་ཞར་པའི་མི་རིགས་ཀྱི་གཏོགས་
ཡོངས་ལ་དཔྱད་པ། …………………………… (182)
ཞར་པའི་རིག་གནས་དང་ཆོས་ལུགས་དད་མོས་ཕྱོགས་ནས་དེའི་མི་
རིགས་ཀྱི་གཏོགས་ཡོངས་ལ་དཔྱད་པ། ……………………… (218)
ཚོགས་བཅད་ཀྱི་ལམ་ལས་དྲངས་པའི་ཞར་པའི་མི་རིགས་ཀྱི་འབྱུང་
ཁུངས་སྐོར། …………………………………… (233)
དབུས་གཙང་ཁུལ་གྱི་གཉེན་སྟོན་ལས་དེའི་མིང་གི་འབོད་སྲོལ་མི་
འདྲ་བ་དང་སློང་ཚང་དང་པོའི་སྐོར་གླེང་བ། ……………… (237)
དབུས་གཙང་གཉེན་སྟོན་ལས་སློང་ཚང་ཕྱི་མ་གཉིས་ཀྱི་བྱེད་སྒོའི་
སྐོར་གླེང་བ། …………………………………… (252)
དབུས་གཙང་ཁུལ་གྱི་གཉེན་སྟོན་ལས་བསུ་སྐྱེལ་བྱེད་སྒོའི་སྐོར་
གླེང་བ། …………………………………… (263)

དབུས་གཙང་གཉེན་སྟོན་ལས་རྟེན་འབྲེལ་དངོས་གཞིའི་གོ་རིམ་དང་མིང་འདོགས་ལྷ་འདོགས་སྐོར་གླེང་བ། …………………… (289)

གཉེན་དོན་ལ་མགོ་བའི་གཙུག་གཡུ་དང་མདའ་དར་གྱི་རིག་གནས་མཚོན་དོན་སྐོར་གླེང་བ། …………………………… (308)

ཀོང་སྨྱུལ་གྱི་གསུང་རྩོམ《བག་མ་ལ་དགེ་བའི་ལས་ཕྲན་བདུན་གྱི་ཚོ་ག་བཀྲ་ཤིས་དཔལ་སྐྱེད་》ཅེས་པ་ལས་འཕྲོས་པའི་གཏམ། ……… (323)

བོད་ཁྱིའི་རིག་གནས་རྣམ་བཤད། ……………………… (341)

མི་སེམས་དགའ་འོས་པའི་རིག་གནས་སྲུང་སྐྱོང་སྐོར་གྱི་བླང་བྱ།
—ཀྲུང་དབྱང་གི་བོད་ཀྱི་ལས་དོན་སྐོར་གྱི་བཞུགས་མོལ་ཚོགས་འདུ་ཐེངས་ལྔ་པའི་དགོངས་དོན་སློབ་སྦྱོང་བྱས་པའི་མྱོང་ཚོར། ……… (394)

《〈ཀྲུང་ཧྭ་མི་དམངས་སྤྱི་མཐུན་རྒྱལ་ཁབ་ཀྱི་དངོས་མེད་རིག་གནས་ཤུལ་བཞག་བཅའ་ཁྲིམས་〉ལག་བསྟར་བྱེད་རྒྱུའི་བོད་རང་སྐྱོང་ལྗོངས་ཀྱི་བྱ་ཐབས་》ཁྱབ་བསྒྲགས་བྱས་པར་དགའ་བསུ་ཞུ། ………… (405)

༄༅། །དམངས་ཁྲོད་རྩོམ་རིག་གི་གནད་དོན་འགར་ཙུང་ཟད་དཔྱད་པ།

གང་འདྲ་ཞིག་ལ་དམངས་ཁྲོད་རྩོམ་རིག་ཟེར་བ་དང་། དེའི་ཁྱབ་ཁོངས་སོགས་ཀྱི་སྐོར་རྒྱའི་རྩོམ་གཞུང་ནང་བཀོད་པ་མང་པོ་མཐོང་སྲིད་ལ། དེང་གི་དུས་སུ་དམངས་ཁྲོད་རྩོམ་རིག་ནི་ངག་ཐོག་རྩོམ་རིག་ཡིན་ཟེར་བ་དང་“དམངས་ཁྲོད་རྩོམ་རིག་ནི་རྒྱ་ཆེའི་ངལ་རྩོལ་མི་དམངས་ཀྱིས་ཐུན་མོང་དུ་གསར་རྩོམ་བྱས་པ་ཡིན་”པར་བཞེད་མཁན་མང་པོ་ཡོད། འོན་ཀྱང་གནད་དོན་ཅི་ཡིན་ནུང་ང་ཚོས་དེར་བློ་དང་རིག་པས་བརྟག་པ་བྱེད་རྒྱུ་ལས་རི་བོང་ཅལ་འདྲོགས་ཀྱི་སྤྱོད་ཚུལ་བཟུང་མི་རུང་ལ། ཁ་མཐུན་མཁན་ཇི་ཙམ་མང་བ་དེ་ཙམ་གྱིས་ཁ་མཐུན་པའི་དོན་དེ་འགངས་དང་གནད་ཆེ་རུ་འགྲོ་ཞིང་། དེ་དང་མི་མཐུན་པའི་ལྟ་བ་ཀུན་འཁྲུལ་བར་འཛིན་པའི་སྤྱོད་ཚུལ་ཡང་བཟུང་མི་རུང་།

འདིར་བློ་དམན་བདག་གིས་གང་བརྗོད་པར་འདོད་པ་ནི་ཇི་ལྟར་ཨབ་རས་ཐེག་ཆོད་སྤྱིན་མའི་མདའ་གཞུ་ཞེས་པའི་དཔེ་ལྟར་དམངས་ཁྲོད་རྩོམ་རིག་གི་གནད་དོན་འགར་རང་ཉིད་ཀྱི་བསམ་ཚུལ་སྤྲིན་བུ་ཞུ་རྒྱུ་ཡིན་པ་འདི་ཡང་དེང་དུས་དམངས་ཁྲོད་རྩོམ་རིག་ལ་འཛིན་པའི་ལྟ་ཚུལ་འགའ་དང་རྒྱབ་འགལ་འགྲོ་ངེས་རེད། འོ་ན་ཁོ་བོའི་ལྟ་ཚུལ་འདིའི་འབྱུང་ཁུངས་གང་ཡིན། རྩ་བ་གང་ལ་གཏུགས་ཡོད་ཅེ་ན། ཁོ་བོས་ཡིན་མིན་རྣམ་པར་དཔྱད་པ་དེ་རྣམས་ཀྱང་དམངས་ཁྲོད་རྩོམ་རིག་ལ་དཔྱད་ཞིབ་ཙུང་ཟད་བྱས་རྗེས་རང་བློས་ཇི་ལྟར་དཔྱད་པ་ཇི་བཞིན་དུ་བརྗོད་པ་ཙམ་ལས་གཞན་དོན་ལྷག་པོ་ཆེ་ཅི་ཡང་བརྗོད་རྒྱུ་མེད་པ་མ་

ཟད། རང་ཉིད་ཀྱི་ཤེས་རྒྱ་ཆུང་བས་དོན་རྣམས་གཏིང་ཟབ་པོ་དང་། རྒྱ་ཆེན་པོ་འཆད་ཐུབ་རྒྱུའི་རེ་བ་བྲལ། འོན་ཀྱང་ཁོ་བོའི་དམིགས་ཡུལ་ནི་སོ་ཕག་འཕངས་ནས་གཡང་ཏི་འདྲེན་པའི་ནུས་པ་ཞིག་ཐོན་ཨེ་ཡོང་སྙམ་ནས་རྩོམ་ཐུང་འདི་སྤེལ་བ་ལགས།

དང་པོ། དམངས་ཁྲོད་རྩོམ་རིག་ནི་ངལ་རྩོལ་མི་དམངས་ཀྱིས་ཐུན་མོང་དུ་གསར་རྩོམ་བྱས་པ་ཞིག་ཡིན་པའི་བརྗོད་ཚུལ་ཐད་རང་གི་འདོད་ཚུལ་བརྗོད་རྒྱུར། ཆུ་མགོ་གངས་དང་ཆོས་མགོ་སངས་རྒྱས་ཀྱི་དཔེ་ལྟར་དམངས་ཁྲོད་རྩོམ་རིག་ཅི་འདྲ་ཞིག་ཡིན་རུང་དེར་ཐོག་མའི་རྩོམ་པ་པོ་ཞིག་ཡོད་དགོས་པ་དང་། དེ་རྗེས་རྩོམ་པ་པོ་གང་དེས་གསར་རྩོམ་བྱས་པའི་རྩོམ་རིག་དེ་ཉིད་ཀྱི་སྒྱུ་རྩལ་གྱི་རྣམ་པ་དང་བརྗོད་བྱའི་ནང་དོན་ལ་རྒྱ་ཆེའི་ངལ་རྩོལ་མི་དམངས་ཀྱིས་དགའ་པོ་བྱེད་ཅིང་། བརྗོད་བྱ་རྗོད་བྱེད་གང་གི་ཐད་ལ་ཡང་མང་ཚོགས་ཀྱི་རང་བཞིན་ལྡན་ཡོད་པ་མ་ཟད། རྒྱ་ཆེའི་མི་དམངས་མང་ཚོགས་ཀྱི་བརྩེ་དུང་ཡོངས་སུ་མཆོན་ཐུབ་ཀྱི་ཡོད་པས། དམངས་ཁྲོད་ངག་རྒྱུན་དུ་དར་བ་དེ་མཐར་རྩོམ་པ་པོ་ངོ་མ་སུ་ཡིན་ངོས་འཛིན་བྱ་རྒྱུ་མེད་པར་མི་དམངས་ཀྱི་བློ་གྲོས་རང་བཞིན་ཅན་དུ་གྱུར་བ་ཞིག་ཡིན་པ་དང་། ཡང་ན་རྩོམ་པ་པོ་ག་གེ་མོས་གསར་རྩོམ་བྱས་པ་དེ་དར་ཁྱབ་འགྲོ་བའི་བརྒྱུད་རིམ་ནང་མི་དམངས་ཀྱིས་ལེགས་བཅོས་དང་དར་སྤེལ་བཏང་སྟེ་མཐར་དམངས་ཀྱིས་དགའ་བར་བྱེད་པའི་སྒྱུ་རྩལ་ཞིག་ཏུ་གྱུར་བ་ཡིན་པ་ལས། དམངས་ཁྲོད་རྩོམ་རིག་དེ་མཁར་གྱི་ཨར་རྒྱག་བཞིན་དུ་ངལ་རྩོལ་མི་དམངས་ཀྱིས་ཐུན་མོང་དུ་གསར་རྩོམ་བྱས་པ་ཞིག་མིན། དཔེར་ན། རང་རེ་བོད་རིགས་ཀྱི་དམངས་ཁྲོད་དུ་ཤོ་རྩེད་ལ་རོལ་བའི་ལུགས་སྲོལ་ཡོད་ལ་ཤོ་བཤད་ཀྱང་ཕྲན་སུམ་ཚོགས་པོ་ཞིག་གཏོང་སྲོལ་ཡོད། ཤོ་རྩེད་སྐབས་ཤོ་མིག་བཞི་དང་བདུན་སྨོན་པའི་སྐབས་གཏོང་བའི་བཤད་པར“སེར་རིལ་དང་བྱེ་རིལ་ཁ་སྒྲོད་རེད། ཨ་ཁྲ་དང་

ནང་མ་ཁ་སྒྲོད་རེད། སྐྱིད་ཟུར་དང་སྒོ་ཟུར་ཁ་སྒྲོད་རེད།” ཅེས་སྐྱེ་བོ་མང་པོས་བརྗོད་ཤེས་ཀྱི་ཡོད་ངེས་ཀྱང་དེའི་རྩོམ་པ་པོ་སུ་ཡིན་ཤེས་མཁན་ནི་ཆེས་ཉུང་ངུ་ལས་མེད་པ་ནི་དོན་དངོས་གནས་ཚུལ་ཞིག་རེད། དོན་དུ་ཤོ་བཤད་དེ་ནི་དེ་སྔའི་བོད་ས་གནས་སྲིད་གཞུང་གི་སྐུ་དྲག་རྣམས་ཐུགས་སྤྲོ་གཏོང་བའི་སྐབས་ཤོད་དྲུང་སྐྱིད་ཟུར་ལགས་ཀྱིས་གསར་དུ་བརྩམས་པ་ཞིག་ཡིན་ཏེ། དཔེར་ན་གོང་གི་ཤོ་བཤད་དེའི་དོན་ནི་སྐུ་དྲག་གོས་ཆེན་སེར་པོ་གྱོན་པ་རྣམས་ཀྱི་མདུན་ན་སྐབས་དེའི་དཀོན་ཟས་བྱི་རིལ་ཐེབ་སྐལ་དུ་ཡོད་པ་དང་། ཤིང་ཏོག་ཨ་སྦྲ་ནི་ནང་མ་རྣམས་ཀྱིས་ལོངས་སུ་སྤྱོད་ཀྱི་ཡོད་པས། དེར་ཟུར་ཟ་བྱས་ནས་ཤོ་བཤད་འདི་གསར་དུ་བརྩམས་པ་ཡིན། ཡང་དཔེར་ན“ཧ་ལམ་སྒོར་མོའི་ནང་གི །གཟིམ་དཔོན་སྤྲ་ཕྲུག་ལོང་སྦྱར། །སོག་ཞྭ་སྤུས་ལ་བརྒྱབ་ནས། །རྨི་ལམ་ག་རེ་བཏང་བྱུང་། །”ཞེས་པ་དང་། དེའི་ལན་དུ“ལྷ་ས་ཞོལ་ནས་ཡིན་ཟེར། །བུ་མོ་ཁྲུ་ཞིག་སླེབས་བྱུང་། །ཞབས་ལ་ཞབས་ཕྱུགས་མི་འདུག །མཁའ་འགྲོ་སྣེ་ལྡེ་མི་འགྲོ། །”ཞེས་པ་དེ་གཉིས་ལྷ་སར་དར་ཞིང་ཁྱབ་པའི་དམངས་གཞས་ཡིན་མོད་ཀྱང་། དེའི་རྩོམ་པ་པོ་ནི་ཆིབས་གཡོག་ག་གེ་མོ་དང་ཤིང་འཐུ་བ་ཚེ་གེ་མོ་ཡིན་པ་ལས་ལྷ་སའི་མང་ཚོགས་རྣམས་ཀྱིས་ཐུན་མོང་དུ་གསར་རྩོམ་བྱས་པ་ཞིག་མིན།

འོ་ན“ཐུན་མོང་དུ་གསར་རྩོམ་བྱས་པ་ཡིན་”ཟེར་བ་དེ་དམངས་ཁྲིད་རྩོམ་རིག་དར་ཁྱབ་འགྲོ་བའི་བརྒྱུད་རིམ་ནང་སྐྱེ་བོ་མང་པོས་བཟོ་བཅོས་དང་སྣོན་འཕྲི་བྱས་ཡོད་པའི་རྒྱུ་མཚན་གྱིས་ཡིན་ཟེར་ན། གསར་རྩོམ་བྱེད་བཞིན་པའི་དམངས་ཁྲིད་རྩོམ་རིག་དུ་མ་ཡོད་པ་ལས་གསར་རྩོམ་བྱས་ཟིན་པའི་དམངས་ཁྲིད་རྩོམ་རིག་མེད་དེ། དོན་དུ་དམངས་ཁྲིད་རྩོམ་རིག་མེད་པ་དང་གཅིག་མཚུངས་ཡིན། གང་ལགས་ཤེ་ན། ད་ཡོད་ཀྱི་དམངས་གཞས་དང་། དམངས་སྒྲུང་། གཏམ་དཔེ་སོགས་ཀྱང་འབྱུང་འགྱུར་གྱི་དུས་སུ་མི་དམངས་ཀྱི་འཚོ་བ་དང་བསམ་

པའི་འཁྱེར་སོ་ལ་འཛོ་འགྱུར་བྱུང་བ་དང་བསྟུན་ནས་མི་དམངས་ཀྱིས་བཟོ་བཅོས་སྟོན་འཕྲི་བྱེད་ངེས་ཡིན། དེ་མིན་ན་ད་ཡོད་ཀྱི་དམངས་སྐྱུང་དང་དམངས་གཞས་ལ་སོགས་པར་སླད་བཟོ་བཅོས་སྟོན་འཕྲི་བྱེད་མི་ཐུབ་པས་གསར་རྩོམ་བྱས་ཟིན་པའི་དམངས་ཁྲོད་རྩོམ་རིག་ཡིན་ཞེས་སུས་བརྗོད་ནུས། ཡང་དམངས་ཁྲོད་རྩོམ་རིག་དེ་གསར་རྩོམ་བྱེད་བཞིན་པའི་དུས་རིམ་ནང་སྐྱེ་བོ་གཅིག་གིས་བསྡུ་སྒྲིག་བྱས་ནས་པར་དུ་བསྐྲུན་པ་ནས་བཟུང་སྤྱིར་གཏན་འཁེལ་ཟིན་པ་ཡིན་ཞེས་བརྗོད་ན། ཡི་གེ་མེད་པའི་སྤྱི་ཚོགས་དང་མི་རིགས་རྣམས་ལ་དམངས་ཁྲོད་རྩོམ་རིག་མེད་པ་ཁས་བླངས་དགོས་པས། དེ་ནི་དོན་དངོས་དང་འགལ་བ་ཡིན་ཏེ་ཡི་གེ་མེད་པའི་སྤྱི་ཚོགས་དང་མི་རིགས་ནང་དུ་ཡང་དམངས་ཁྲོད་རྩོམ་རིག་ཏ་ཅང་ཕུན་སུམ་ཚོགས་པོ་ཡོད་པ་ནི་ཚང་མས་མཁྱེན་གསལ་རེད།

གཉིས་པ། དམངས་ཁྲོད་རྩོམ་རིག་ཅིག་ཡིན་ན་ངེས་པར་དུ་ངག་ཐོག་ནས་གསར་རྩོམ་བྱས་པ་ཞིག་ཡིན་དགོས་སམ་ཞེ་ན། དེ་ནི་མིན་ཏེ། འཛམ་གླིང་གི་རྩོམ་རིག་ལོ་རྒྱུས་ཐོག་སྐད་གྲགས་ཆེ་བའི་མཁས་པའི་དབང་པོ་གཏོར་ཨར་ཅེས་དམངས་ཁྲོད་རྩོམ་རིག་ནི་“གཙོ་བོ་ངལ་རྩོལ་མང་ཚོགས་ཀྱིས་ངག་ཐོག་ནས་གསར་རྩོམ་བྱས་པ་ཞིག་རེད་”[1] ཅེས་གསུངས་ཡོད་པའི་ནང་གཙོ་བོ་ཞེས་པའི་ཚིག་ཟིན་ལས་ཡིག་ཐོག་དམངས་ཁྲོད་རྩོམ་རིག་ཀྱང་ཡོད་པ་ཤུགས་ལ་བསྟན་ཡོད་པས། དེས་ན་ངག་ཐོག་དམངས་ཁྲོད་རྩོམ་རིག་ཡིན་ན་དམངས་ཁྲོད་རྩོམ་རིག་ཡིན་པས་ཁྱབ་ཀྱང་དམངས་ཁྲོད་རྩོམ་རིག་ཡིན་ན་ངག་ཐོག་རྩོམ་རིག་ཡིན་པས་མ་ཁྱབ་བོ། །གང་ལགས་ཤེ་ན། དམངས་ཁྲོད་རྩོམ་རིག་ནང་དུ་ཡིག་ཐོག་རྩོམ་རིག་མེད་ཅེས་བརྗོད་ན་ཏ་ལམ་ཕྱོགས་གཅིག་མཐོང་ཡང་ཕྱོགས་གཞན་ཞིག་མ་མཐོང་

① ཀུང་ཅིན་འུན་གྱིས་མཛད་པའི《དམངས་ཁྲོད་རྩོམ་རིག་རགས་བཤད་》ཤོག་ངོས2ལ་གསལ།

བའི་སྐྱོན་ཞིག་ལྷག་ཡོང་གི་ཡོད། གལ་སྲིད་རྩོམ་པ་པོ་ཉིད་ཡིག་རྙོངས་པ་ཞིག་ཡིན་ཚེ་ངག་ཐོག་ནས་གསར་རྩོམ་བྱེད་རྒྱུ་ལས་ཐབས་ལམ་གཞན་མེད་པས་ངག་ཐོག་ནས་གསར་རྩོམ་བྱེད་པ་ཡོས་བདེན། འོན་ཀྱང་རྩོམ་པ་པོ་ཉིད་ཡི་གེ་ཤེས་མཁན་ཞིག་ཡིན་ཚེ་གསར་རྩོམ་བྱེད་དུས་གསར་རྩོམ་གྱི་ཐབས་ལམ་མཆོག་ཏུ་གྱུར་བ་ཡི་གེ་དེ་བེད་སྤྱོད་བྱ་ངེས་རེད། ཡིག་ཐོག་ནས་གསར་རྩོམ་བྱས་པ་དེ་རིམ་བཞིན་དམངས་ཁྲོད་དུ་ངག་ཐོག་ཏུ་དར་ཞིང་ཁྱབ་པ་དང་། མི་དམངས་ཀྱིས་དགའ་མོས་བྱེད་པའི་སྒྱུ་རྩལ་ཞིག་ཏུ་གྱུར་སོང་ཚེ། དེ་ཡང་དམངས་ཁྲོད་རྩོམ་རིག་གི་ཁོངས་སུ་གཏོགས་ངེས་རེད། གལ་སྲིད་ང་ཚོས་དམངས་ཁྲོད་རྩོམ་རིག་ནི་ངག་ཐོག་རྩོམ་རིག་ཁོ་ནར་ངོས་འཛིན་བྱེད་པའི་ལྟ་ཚུལ་སུ་མཐུད་མཁྲེགས་བཟུང་བྱས་ཚེ་མཐའ་མར་དམངས་ཁྲོད་རྩོམ་རིག་འདི་ཉིད་དར་སྤེལ་དང་ཕུན་སུམ་ཚོགས་སུ་འགྲོ་རྒྱུ་ལྟ་ཞོག མིང་གི་ལྷག་མར་གྱུར་བའི་ཉེན་ཁའི་རང་བཞིན་ལྡན་ཡོད། དེ་ཡང་འཛམ་གླིང་ས་ཕྱོགས་གང་སར་དཔལ་འབྱོར་འཚོ་བ་ཡར་ངོའི་ཟླ་བཞིན་འཕེལ་རྒྱས་འགྲོ་བ་དང་དུས་མཚུངས་རྒྱལ་ཁབ་ཁག་དང་མི་རིགས་སོ་སོའི་ནང་མང་ཚོགས་ཀྱི་ཁྲོད་དུ་ཡིག་རྙོངས་པ་ཇེ་ཉུང་དུ་འགྲོ་བཞིན་ཡོད། དཔེར་ན་རང་རེའི་ལྗོངས་ལ་ཆ་མཚོན་ནའང་“ཉེ་ལམ་ལོ་ཤས་རིང་སློབ་གསོའི་ལས་དོན་འཕེལ་རྒྱས་ཕྱིན་ནས་ལྗོངས་ཡོངས་ཀྱི་ཡིག་རྙོངས་པ་དང་ཕྱེད་ཡིག་རྙོངས་པ་དམངས་གཙོའི་བཅོས་སྒྱུར་སྐབས་ཀྱི་༨༥% ནས་དེང་གི་༧༠% བར་ཆག་ཡོད་”①པ་དེ་ལྟར་མི་རིགས་གཅིག་ནང་ཡིག་རྙོངས་པ་མང་བ་ནས་ཉུང་བ་དང་། ཉུང་བ་ནས་མེད་པར་འགྲོ་བའི་སློབ་གསོའི་ལས་དོན་དར་འཕེལ་སོང་ཚེ་དམངས་ཁྲོད་དུ་ཡིག་ཐོག་ནས་གསར་རྩོམ་བྱེད་པ་ལས་ངག་ཐོག་ནས་གསར་རྩོམ་བྱེད་

① མི་དམངས་ཉིན་རེའི་ཚགས་པར། 1988. 12. 1

མཁན་དཀོན་པའི་ཕྱོགས་སུ་འགྱུར་ངེས་པས་མི་རིགས་དེའི་དམངས་ཁྲོད་རྩོམ་རིག་དེ་དུས་དེ་ཙམ་ནས་གསར་རྩོམ་གྱི་ཆུ་རྒྱུན་མི་ཆད་དམ། འོ་ན་གནའ་བོའི་སྤྱི་ཚོགས་ནང་ངལ་རྩོལ་མི་དམངས་ལ་ཡི་གེ་སློབ་པའི་སྐལ་བ་མེད་པས་གསར་རྩོམ་བྱས་པའི་དམངས་ཁྲོད་རྩོམ་རིག་དག་ངག་ཐོག་ནས་གསར་རྩོམ་བྱས་པ་ཁོ་ན་ཡིན་ཞེས་བརྗོད་ན་དེ་ཡིན་པར་ཆ་བཞག་ཀྱང་དེ་ནི་བར་སྐབས་གཅིག་གི་དམངས་ཁྲོད་རྩོམ་རིག་ཡིན་པ་ལས། དུས་སྐབས་མི་འདྲ་བ་དང་། མི་རིགས་མི་འདྲ་བ། ས་ཁུལ་མི་འདྲ་བ་བཅས་ཀྱི་དམངས་ཁྲོད་རྩོམ་རིག་མཐའ་དག་ཡིན་མི་སྲིད། གལ་སྲིད་དེ་ལྟར་ངེས་འཛིན་བྱས་ན་བྱེ་བྲག་གིས་སྤྱི་ལ་ཁྱབ་པར་བྱེད་པའི་མཐོང་རྒྱ་ཆུང་བའི་རང་གཤིས་དང་དམངས་ཁྲོད་རྩོམ་རིག་དག་ཀྱང་གདོད་མ་དང་རྗེས་ལུས་ཀྱི་མཐུན་ཕྱོགས་སུ་བཞག་པ་ལས་གཞན་གང་ཡང་མཚོན་མི་ནུས།

གསུམ་པ། གང་འདྲ་ཞིག་ལ་དམངས་ཁྲོད་རྩོམ་རིག་ཟེར་རམ་ཞེ་ན། དམངས་ཁྲོད་རྩོམ་རིག་ནི་ངལ་རྩོལ་མི་དམངས་ཀྱིས་དགའ་མོས་བྱེད་པ་དང་ཁོང་དུ་ཆུད་སླ་བའི་སྒྱུ་རྩལ་གྱི་རྣམ་པ་སྤྱད་དེ་མང་ཚོགས་ཀྱི་འཚོ་བ་དང་། བསམ་པའི་འདུ་ཤེས། དེ་བཞིན་ཁོང་ཚོའི་མཛེས་རིག་གི་ལྟ་བ་དང་། སྒྱུ་རྩལ་གྱི་སྒྲོ་སྣང་བཅས་མཚོན་པའི་རྩོམ་རིག་སྟེ། མང་ཚོགས་ཀྱི་ཁྲོད་དུ་ངག་ཐོག་ནས་དར་བཞིན་མཆིས་པ་དེར་དམངས་ཁྲོད་རྩོམ་རིག་ཟེར། མཚན་ཉིད་འདིར་དོ་སྣང་བྱ་དགོས་པའི་གནད་དོན་གསུམ་ཡོད་དེ། (ཀ) མི་རིགས་གང་ཞིག་གི་དམངས་ཁྲོད་རྩོམ་རིག་ཡིན་རུང་ཐོག་མར་སྒྱུ་རྩལ་གྱི་རྣམ་པའི་ཐོག་མི་རིགས་དེ་རང་གི་མི་དམངས་མང་ཚོགས་ཀྱིས་རྒྱུན་དུ་བརྗོད་འདོད་དང་ཉན་འདོད་ཆེ་བའམ། དང་ལེན་བྱེད་བདེ་བ་ཞིག་དགོས། (ཁ) དམངས་ཁྲོད་རྩོམ་རིག་གི་བརྗོད་བྱའི་ནང་དོན་ནི་མི་དམངས་མང་ཚོགས་ཀྱི་འཚོ་བའི་ཞིང་སར་རྩ་བ་བརྟན་པོ་ཚུགས་ཤིང་ངལ་རྩོལ་པའི་འཚོ་བའི་ཁྱབ་ཁོངས་གང་ས་ཅི་ཐད་དང་ཤ་ཁྲག་འདྲེས་པའི་འབྲེལ་བ་ཡོད་

ལ། ཕོང་ཚའི་བསམ་སྐྱོད་དག་མེ་ལོང་ནང་གསལ་བ་བཞིན་མངོན་ཐུབ་པ་དགོས། (ག) རྩོམ་རིག་དེ་ངེས་པར་དུ་ངལ་རྩོལ་མི་དམངས་ཀྱི་ཁྲོད་དུ་ངག་ཐོག་ནས་དར་ཁྱབ་ཕྱིན་པ་ཞིག་དགོས་ཀྱི་ཡོད། ཆ་རྐྱེན་དེ་གསུམ་ལྡན་པ་ལ་དམངས་ཁྲོད་རྩོམ་རིག་ཟེར་ན་ཤུང་དོན་དང་མཐུན་ནོ། །

བཞི་པ། ཤེས་ཡོན་ཅན་གྱིས་བརྩམས་པའི་དམངས་ཁྲོད་རྩོམ་རིག་དང་དམངས་ཁྲོད་རྩོམ་རིག་གསར་པའི་སྐོར་བརྗོད་ན། ཐོག་མར་ཤེས་ཡོན་ཅན་ག་གེ་མོས་ངག་ཐོག་གམ་ཡིག་ཐོག་གང་རུང་ནས་བརྩམས་པའི་རྩོམ་རིག་ཅིག་ལ་དམངས་ཁྲོད་རྩོམ་རིག་གི་ཁྱད་ཆོས(གོང་དུ་བཤད་པའི་མཚན་ཉིད་ནང་གི་ཆ་རྐྱེན་གསུམ་པོར་ཟེར་)གོང་མ་གཉིས་ལྡན་ཡོད་པའི་དབང་གིས་མང་ཚོགས་ཀྱི་ཁྲོད་དུ་ངག་ཐོག་ནས་དར་ཁྱབ་བྱུང་བ་དེ་རིགས་ལ་ཤེས་ཡོན་ཅན་གྱིས་བརྩམས་པའི་དམངས་ཁྲོད་རྩོམ་རིག་ཅེས་བརྗོད་ལ། དེ་ཡང་དམངས་ཁྲོད་རྩོམ་རིག་གི་གྲུབ་ཆ་ཞིག་ཡིན། དཔེར་ན་རྒྱལ་དབང་ཚངས་དབྱངས་རྒྱ་མཚོས་མཛད་པའི《རིག་འཛིན་ཚངས་དབྱངས་རྒྱ་མཚོའི་གསུང་མགུར་》གྱི་ཚིགས་བཅད་མང་པོ་ཞིག་དམངས་ཁྲོད་དུ་དར་ཁྱབ་བྱུང་ཡོད་ལ་བོད་ཀྱི་དམངས་གཞས་གཅེས་བསྡུས་ཀྱི་དེབ་མང་པོའི་ནང་དུའང་འཁོད་ཡོད། ཡང་དཔེར་ན། དཀར་ལེབ་དྲུང་ཡིག(མཚན་ངོ་མར་པདྨ་རྡོ་རྗེ་ཞུ་བ་དང་། ཕ་རི་རྫོ་མོའི་རི་གཤམ་དུ་ཡོད་པའི་དཀར་ལེབ་བྱ་བའི་དགོན་སྡེ་ཞིག་གི་དྲུང་ཡིག་མཛད་མྱོང་བས་ཡོངས་གྲགས་སུ་དཀར་ལེབ་དྲུང་ཡིག་ཅེས་འབོད་)གིས་མཛད་པའི་ཟླུར་ཟའི་ཀ་བཤད་དེ་གཙང་ཁུལ་དུ་སྐྱེ་བོ་མང་པོས་ངག་ཐོག་ནས་འཆད་སྲོལ་ཡོད་ལ། དམངས་ཁྲོད་རྩོམ་རིག་གི་དུས་དེབ《སྤུང་རྒྱན་མེ་ཏོག》(༡༩༨༨ ལོའི་དུས་དེབ་དང་པོ་)ནང་རྩོམ་བྱུང་ལ《དམངས་ཁྲོད་ངག་རྒྱུན་ཀ་བཤད་》ཅེས་བཀོད་ནས་བསྡུས་འདུག དེ་རིགས་ནི་ཐོག་མར་རྩོམ་པ་པོ་ཤེས་ཡོན་ཅན་ཞིག་གིས་མཛད་པ་ཡིན་མོད་ཀྱང་རྩོམ་དེ་

རིགས་ལ་དམངས་ཁྲོད་རྩོམ་རིག་གི་ཁྱད་ཆོས་གོང་མ་གཉིས་ལྡན་ཡོད་པའི་དབང་གིས་དམངས་ཀྱི་ཁྲོད་དུ་ངག་ཐོག་ནས་དར་ཁྱབ་ཕྱིན་ཡོད་པས་དམངས་ཁྲོད་རྩོམ་རིག་གི་ཁོངས་སུ་གཏོགས་པར་འདོད།

ཚང་མས་མཁྱེན་གསལ་ལྟར་དེང་དུས་ཀྱི་དུས་དེབ་དང་། ཚགས་པར་མང་པོའི་ནང་དམངས་སྒྲུང་གསར་པ་དང་དམངས་གཞས་གསར་པ་ཞེས་པ་མང་པོ་ཞིག་རྒྱ་ཆེའི་སློག་པ་པོའི་འདྲེན་བྱེད་ལམ་དུ་སྣང་བཞིན་ཡོད། དེ་ཚོའི་ཐ་སྙད་མཚུངས་ཀྱང་དོན་དུ་རིགས་གསུམ་ཙམ་ཡོད་དེ། (ཀ) མིང་དོན་མཚུངས་པའི་དམངས་གཞས་གསར་པའམ་དམངས་སྒྲུང་གསར་པ་ཡིན་ལ། རྩོམ་བྱང་གི་གཤམ་དུ་བཀྲ་ཤིས་ཀྱིས་བསྡུས། དོན་གྲུབ་ཀྱིས་བསྡུ་སྒྲིག་བྱས་ཞེས་འཀོད་ཡོད་པས་དེ་དག་ནི་དམངས་ཁྲོད་རྩོམ་རིག་ཡིན་པ་བརྗོད་མེད་རེད། (ཁ) རྩོམ་བྱང་ལ་དམངས་ཁྲོད་རྩོམ་རིག་གསར་པའི་མཚན་འཁོད་ཡོད་རུང་དེ་ལུར་ཨོ་རྒྱན་རྡོ་རྗེས་བརྩམས། སློལ་དཀར་མཚོས་བྲིས་ཞེས་བཀོད་ཡོང་གི་ཡོད་པས་དེ་རིགས་ནི་དམངས་ཁྲོད་རྩོམ་རིག་ལ་ངོས་འཛིན་ཡང་དག་པ་ཞིག་བྱུང་མེད་པའི་སྐྱོན་ཡིན། དམངས་ཁྲོད་རྩོམ་རིག་གི་སྒྲུ་རྩལ་གྱི་རྣམ་པ་དེ་ཙམ་བེད་སྤྱོད་བྱས་པ་ཙམ་གྱིས་དམངས་ཁྲོད་རྩོམ་རིག་ཡིན་པར་ངོས་འཛིན་པའི་འཁྲུལ་ཤེས་དེ་ནི་རྒྱ་མི་གཅིག་གིས་བོད་མིའི་ལྭ་བ་གྱོན། བོད་སྐད་ཚིག་རྐང་རེ་གཉིས་བརྒྱབ་སྟེ་བོད་རིགས་ཡིན་ཞེས་བརྗོད་པ་དང་ཡོངས་སུ་མཚུངས། (ག) དུས་དེབ་འགའ་ཤས་ཀྱི་དམངས་ཁྲོད་རྩོམ་རིག་གི་ལེ་ཚན་ནང་མཚོན་བྱ་འཚོ་བ་གསར་པ་དང་མཚོན་བྱེད་དམངས་སྒྲུང་གི་སྒྲུ་རྩལ་སྤྱད་ཡོད་པ་འགའ་རེ་འདུག་ལ། དེ་ཚོའི་གཤམ་དུ་རྗེ་ཚེ་བརྟན་ནས་ཞེས་དང་། རིག་ལྡན་གྱིས་ཞེས་བཀོད་ཡོང་གི་འདུག་པས་དེ་རིགས་རྗེ་ཚེ་བརྟན་ནས་བསྡུས་པ་ཡིན་ནམ་རྗེ་ཚེ་བརྟན་གྱིས་ལེགས་སྒྲིག་བྱས་པ་ཡིན། ཡང་ན་རྗེ་ཚེ་བརྟན་གྱིས་བརྩམས་པ་ཡིན་ཁ་གསལ་མེད། གལ་སྲིད་རྩོམ་དེ་

བསྡུས་པའམ་ལེགས་སྒྲིག་བྱས་པ་ཡིན་ཆེ་དམངས་ཁྲོད་རྩོམ་རིག་གི་ལེན་ཚན་ནང་བཀོད་དུ་རུང་ཡང་། དེ་བརྩམས་པ་ཡིན་ཆེ་དེ་ལས་ལྡོག་པར་ངེས། （དོན་དུ་ཞིབ་པར་བལྟས་ན་བརྩམས་པ་མང་།）

དམངས་ཁྲོད་རྩོམ་རིག་གསར་པ་ཡང་ཡོད་དེ་དམངས་ཀྱིས་དགའ་མོས་དང་དང་ལེན་བྱེད་པའི་སྒྱུ་རྩལ་གྱི་རྣམ་པ་སྤྱད་དེ་དེང་དུས་ཀྱི་འཚོ་བ་དང་། བསམ་པའི་འདུ་ཤེས་མཚོན་པའི་རྩོམ་རིག་སྟེ། མང་ཚོགས་ཀྱི་ཁྲོད་དུ་ངག་ཐོག་ནས་དར་ཁྱབ་ཡོད་པ་དེ་རིགས་ཡིན། འོ་ན་རྩོམ་པ་པོ་འགའ་རེས་མཛད་པའི་དམངས་གཞས་གསར་པ་དང་། དམངས་སྒྲུང་གསར་པའི་ནང་དམངས་ཀྱིས་རྒྱུས་མངའ་ཡོད་པའི་སྒྱུ་རྩལ་རྣམ་པ་སྤྱད་དེ་དེང་དུས་ཀྱི་འཚོ་བ་མཚོན་ཡོད་པས་དམངས་ཁྲོད་རྩོམ་རིག་གསར་པ་ཡིན་ནམ་ཟེར་ན་དེ་ནི་མིན་ཏེ། དེ་རིགས་ནི་བུ་མ་སྐྱེས་གོང་ལ་མིང་བཏགས་པ་དང་གཉིས་སུ་མ་མཆིས། རྩོམ་དེ་རིགས་སླད་མར་དམངས་ཁྲོད་དུ་ངག་ཐོག་ནས་དར་ཁྱབ་སོང་ཆེ་གཞི་ནས་དེ་ཉིད་དམངས་ཁྲོད་རྩོམ་རིག་གསར་པར་རྩིས་སུ་རུང་ངོ་། །

མདོར་ན་ཁོ་བོས་དམངས་ཁྲོད་རྩོམ་རིག་ནི་ངལ་རྩོལ་མི་དམངས་ཀྱིས་ཐུན་མོང་དུ་གསར་རྩོམ་བྱས་པ་ཞིག་མིན་པ་དང་ངག་ཐོག་ནས་གསར་རྩོམ་བྱས་པ་ཁོ་ནའང་མིན་ལ་ཤེས་ཡོན་ཅན་གྱིས་བརྩམས་པའི་དམངས་ཁྲོད་རྩོམ་རིག་ཀྱང་ཡོད་པའི་ལྟ་བ་འཛིན་བཞིན་ཡོད་རུང་། དེ་ལ་མ་རྟོགས་ལོག་རྟོག་གི་ཆ་མཆིས་ན་མཁྱེན་ལྡན་རྣམས་ཀྱིས་སྐྱོན་བརྗོད་དང་། ཡང་དག་པའི་སྨོན་ཚིག་སྤེལ་རྒྱུའི་རེ་འདུན་ཞུའོ། །

༄༅། །དམངས་ཁྲོད་རྩོམ་རིག་དང་ཚན་རིག་ཞིབ་འཇུག་དབར་གྱི་འབྲེལ་བའི་སྐོར་གླེང་བ།

དམངས་ཀྱི་བློ་གྲོས་ལས་འཁྲུངས། །

དམངས་ཁྲོད་རྩོམ་རིག་སྒྱུ་རྩལ། །

དམངས་རིགས་འཚོ་བའི་སྙིང་བཅུད། །

དམངས་ཀྱིས་ཡོངས་སུ་སྤྱོད་ཀྱིས། །

རྩོམ་གཞུང་མེས་པོའི་ལུགས་བཟང་། །

བརྩམ་བྱ་དམངས་ཀྱི་འཚོ་བ། །

རྩོམ་རིག་ལོ་རྒྱུས་མེ་ལོང་། །

རྩོམ་མཁན་དམངས་ཀྱི་གཉེན་སྙིང་། །

ཞེས་པའི་ཚིག་གིས་སྟོན་བསྒུས་ཏེ་སྐབས་འདིར་བརྗོད་པར་འདོད་པའི་དོན་གྱི་སྙིང་པོ་ནི་དམངས་ཁྲོད་རྩོམ་རིག་དང་ཚན་རིག་ཞིབ་འཇུག་དབར་གྱི་འབྲེལ་བའམ་དེའི་ཚན་རིག་གི་ནུས་པ་བརྗོད་རྒྱུ་དེ་ཡིན། ཕྱིར་དམངས་ཁྲོད་རྩོམ་རིག་ལ་སྒྱུ་རྩལ་གྱི་ཐུན་མོང་གི་ནུས་པ་སྟེ་སྒྱུ་རྩལ་གྱི་ནུས་པ་མཚིས་པ་མ་ཟད། ད་དུང་སྡེ་ཚོགས་ཚན་རིག་ཞིབ་འཇུག་ལས་དོན་ལ་སྨན་པའི་ནུས་པའང་ཆེན་པོ་ལྡན་ཡོད།

གཅིག སྔོན་གཞི་བསྟན་པ།

ང་ཚོས་འདས་ཟིན་པའི་རང་ཅག་གི་ལོ་རྒྱུས་དག་ལ་ཕྱིར་བལྟས་ཤིག་བྱེད་

སྐབས་བོད་ཀྱི་ལོ་རྒྱུས་དེབ་ཐེར་ཁག་ནང་དུ་རྒྱལ་རབས་རིམ་བྱོན་དང་། ལོ་རྒྱུས་དོན་རྐྱེན་ཆེ་གྲས། ཆོས་ལུགས་གྲུབ་མཐའི་བྱུང་ཚུལ། མཐོ་རིམ་མི་སྣ་འམ་བླ་སྤྲུལ་ཁག་གི་རྣམ་ཐར་སོགས་འཁོད་པ་མང་ཡང་གཞི་རིམ་ངལ་རྩོལ་མི་དམངས་ཀྱི་འཚོ་བའི་བདེ་སྡུག་སོགས་འཁོད་པ་མཐོང་རྒྱུ་དཀོན། དེའང་རང་ཅག་གི་མཁས་པའི་དབང་པོ་དགེ་འདུན་ཆོས་འཕེལ་མཆོག་གིས“སྔོན་དུས་ཀྱི་སྲོལ་ལུགས་སོགས་ཇི་འདྲ་ཡིན་བསམ་པའི་ཚེ། རྒྱལ་ཁམས་གཞན་གྱི་ཡི་གེར་བྲིས་པའི་ལོ་རྒྱུས་སོགས་ལ་བལྟ་བ་ཙམ་ལས་རང་གི་མིས་རང་ཡུལ་གྱི་སྲོལ་ལུགས་འདི་འདྲའོ་ཞེས་ཞིབ་ཏུ་བྲིས་པ་ཞིག་ཤིན་ཏུ་ཉེད་དཀའ་བ་འདི་ཡུལ་ཀུན་ལ་འདྲ་བ་ཡིན་”①ཞེས་གསུངས་པ་ལྟར་རོ། །དེ་ལྟར་ལགས་ཀྱང་རྒྱལ་ཁབ་བམ་མི་རིགས་གཞན་གྱི་ཡི་གེར་བཀོད་པའི་དམངས་ཀྱི་འཚོ་བའི་བདེ་སྡུག་དག་ལའང་མགོ་མ་འཚོས་པར་ཀླད་པ་ལྷག་ཐལ་ཆེ་བར་སོང་བའམ་ཟེར་སྒྲོས་ཀྱི་རྗེས་སུ་ཕྱིན་ཁར་རང་སྣང་གང་ཤར་གྱིས་དོན་དངོས་ལ་བཟོ་བཅོས་སྣོན་འཕྲི་བྱས་པའི་སྐྱོན་གྱིས་བསླད་པའང་མང་བར་སྣང་། དཔེར་ན་༡༩༨༨ལོའི་《བོད་ལྗོངས་ཞིབ་འཇུག》རྒྱ་ཡིག་དུས་དེབ་གསུམ་པའི་ནང་“ཞི་ལའི་ལོ་རྒྱུས་རིག་པ་མཁས་ཅན་ཤེ་ལའོ་ཏའོ་ཧྲ་ཡིས་སྤྱི་ལོ་༨༥༠ལོར་ཁོང་གི་གསུང་རྩོམ་ནང་རྔོད་མིའི་ཕུང་པོ་ཐག་གཅོད་བྱེད་སྟངས་བཀོད་ཡོད་པ་ནི་མི་ཤི་རྗེས་གཉེན་ཉེ་རྣམས་སྐྲང་། དེ་རྗེས་པ་(མ་)ར་ཏིག་ཧྲུག་བཟོ། ལུག་ཤ་དང་བསྲེས་ཏེ་སྤུན་མཆེད་ཀྱིས་མཉམ་ཟ་བྱེད། མགོ་ལྤགས་བཤུས་ཏེ་ཀ་ལིར་གསེར་རྒྱན་སྒྲོན། དེ་ཉིད་ཆང་སྣོད་བྱེད་ཅིང་ཟླ་ན་མ་མཆིས་པར་བཙྩི། ལོ་ལྟར་དེ་ལ་མཆོད་འབུལ་བྱེད་”ཅེས་དང་། རྗེས་སུ་འཇར་མན་པ་ཐ་མ་སི་ཆ་ཁེ་ཡིས་དཔྱད་གཞིའི་ཡིག་ཆ་འགོར་ཆེན་སྤྱད་དེ་“དེ་ནི་བོད་མིའི་ལུགས་སྲོལ་ཡིན་

① 《མཁས་དབང་དགེ་འདུན་ཆོས་འཕེལ་གྱི་གསུང་རྩོམ་ཕྱོགས་བསྒྲིགས་》ནང་གསལ།

པར་ར་སྤྱོད་བྱུས་ཡོད་ལ། ཡང་ཉི་རྫོང་གི་མཁས་པ་པད་ཉོ་ཁྱུ་ཅེས་བརྩམས་པའི་དེབ་ནང་བཤད་ཚུལ་དེ་ཉིད་ལ་འདོད་མཐུན་བྱུས་ཡོད་པ་མ་ཟད། དེ་ཚོ་ནས་སྐབས་དེ་དུས་བོད་ལ་མི་ཤ་ཟ་བའི་སྲོལ་ངན་ཡོད་པ་མངོན་ཐུབ་བོ་” ཞེས་བཀོད་ཡོད། གོང་དུ་དྲངས་པའི་དུམ་བུ་འདིའི་ནང་གནད་འགག་མང་པོ་ཞིག་སྟབས་སྐྱུང་བྱུས་འདུག་ཀྱང་དེ་དག་རེ་ཞིག་བཏང་སྙོམས་སུ་བཞག་སྟེ་དེའི་ནང་གི་གནད་འགག་ཆེ་ཤོས་ཏེ་མི་ཤ་མི་ཡིས་ཟ་བའི་ལུགས་སྲོལ་དང་། སྤྱི་ལོ་༨༥༠ལོའི་སྐབས་ཀྱི་བོད་ཀྱི་སྤྱི་ཚོགས་ཀྱི་གནས་བབས་ཐད་གསལ་བཤད་ཕྲན་བུ་ཞུ་རྒྱུར། འགྲོ་བ་མིའི་རིགས་ཀྱི་ལོ་རྒྱུས་ཧྲིལ་པོའི་ནང་སྤྱིར་མི་ཤ་མི་ཡིས་ཟ་བའི་དོན་དངོས་བྱུང་ཡོད་ངེས་ཡིན། མི་རིགས་རིག་པ་དང་ཡུལ་སྲོལ་གོམས་གཤིས་རིག་པ་བའི་གསུང་ཚུལ་ལྟར་ན། མི་ཤ་མི་ཡིས་ཟ་བའི་ལུགས་སྲོལ་ནི་ཀླ་ཀློའི་དུས་རབས་སུ་ཡིན་པར་འདོད། དེ་ལྟར་ན། སྤྱི་ལོ་༨༥༠ལོའི་དུས་ལ་བོད་ཀྱི་སྤྱི་ཚོགས་དེ་ད་དུང་ཡང་ཀླ་ཀློའི་དུས་རབས་སུ་གནས་ཡོད་དམ་ཞེ་ན། བོད་ཀྱི་ལོ་རྒྱུས་ལ་རྒྱུས་མངའ་ཕྲན་བུ་ཡོད་པའི་སྐྱེ་བོ་ཞིག་ཡིན་ཚེ་དེ་ནི་རྟོགས་སླ་སྟེ། སྐབས་དེ་དུས་བོད་རྒྱལ་སྲོང་བཙན་སྒམ་པོ་དགུང་ལོ་སོ་བཞིར་ཕེབས་ཤིང་། ཐོ་བོད་ཀྱི་ཆབ་སྲིད་དང་། དཔལ་འབྱོར། རིག་གནས་བཅས་དར་ཞིང་རྒྱས་པའི་ཚད་མཐོའི་ཤེས་རིག་ལྡན་པར་སླེབས་ཟིན་པས། ཆེས་གདོད་མའི་ཀླ་ཀློའི་སྤྱོད་ཚུལ་དག་རྒྱུན་འཛིན་བྱེད་ལགས་སམ། ཡང་ན་དེང་རབས་ཀྱི་དུས་རིམ་ནང་ཤེས་རིག་ཆུ་ཚད་མཐོ་བའི་རྒྱལ་ཁབ་བམ་མི་རིགས་ག་གེ་མོའི་ས་ཆ་ཆེ་གེ་མོར་དུས་ཚོད་དེའི་སྟེང་མི་ཤ་མིས་ཟས་པའི་དོན་དངོས་བྱུང་ཡོད་པས་མི་ཤ་མིས་ཟ་བའི་ལུགས་སྲོལ་དེ་ཀླ་ཀློའི་དུས་སྐབས་སུ་ཡོད་པ་མ་ཟད། ཤེས་རིག་ལྡན་པའི་དུས་རིམ་ནང་དུའང་མཐོང་རྒྱུ་ཡོད་ཅེས་བརྗོད་ན་དེ་ཡི་ལན་དུ་སྲིད་པ་འདི་ན་མི་སྲིད་པ་གང་ཡང་མེད་པའི་དཔེ་ལྟར་དེ་ཡོད་སྲིད་དེ་གོ་གོ་བའི་སྣ་རྩ་དང་། རིག་རིག་གི་མིག་རྩའི་བཙུད་དུ་

སྨིན་ཚད་ཀུན་གྱིས་ཁས་ལེན་བརྩི་སྲུང་བྱེད་པའི་ལུགས་སུ་བཞག་སོང་ཚོ། འཇིག་རྟེན་འདི་ན་ལུགས་དང་ལུགས་མིན་གྱི་དབྱེ་བ་མ་མཆིས་པར་བྱ་བ་ལས་ཚད་དང་བསམ་པའི་འཁྱེར་སོ་མཐའ་དག་ཀུན་གྱིས་ཁས་ལེན་བརྩི་སྲུང་བྱེད་པའི་ལུགས་སྲོལ་ཡིན་པར་ངེས་སོ། །

དེ་ལྟར་ན་གཅིག་ནས་རང་རེའི་ལོ་རྒྱུས་དེབ་ཐེར་ནང་གཞི་རིམ་ངལ་རྩོལ་མི་དམངས་ཀྱི་འཚོ་བའི་བདེ་སྡུག་འཁོད་པ་ཉུང་བ་དང་། ཡང་སྒོས་སུ་རྒྱལ་ཁབ་བམ་མི་རིགས་གཞན་གྱི་ཡིག་རིགས་སུ་འཁོད་པ་རྣམས་ལ་དཔྱལ་མགོ་ལྟ་བབས་ཀྱི་སྐྱོན་ཆེ་བས་ཚད་མར་འཛིན་མི་འོས་པ་ཞིག་ཡིན། འོ་ན་གཞི་རིམ་ངལ་རྩོལ་མི་དམངས་ཀྱི་བདེ་སྡུག་འཚོ་བ་ཤེས་རྟོགས་ཡོང་ཐབས་བྲལ་བ་ཡིན་ནམ་ཞེ་ན། དེ་ནི་མིན་ཏེ། ང་ཚོས་མི་དམངས་ཀྱི་འཚོ་བ་མངོན་པའི་དམངས་ཁྲོད་རྩོམ་རིག་སྒྱུ་རྩལ་ལ་བརྟག་པ་དང་གཟིགས་པ་བྱས་ཚེ་མི་དམངས་ཀྱི་སྐྱིད་སྡུག་ཤེས་ཐུབ་ངེས་ཡིན།

རྩོམ་རིག་ནི་སྤྱི་ཚོགས་འཚོ་བའི་མཚོན་བྱེད་ཡིན་པ་དང་། དམངས་ཁྲོད་རྩོམ་རིག་ནི་མི་དམངས་ཀྱི་འཚོ་བ་དངོས་དང་དེ་བས་འབྲེལ་ཆེ་བ་ཞིག་ཡིན། དེ་ཡང་མཁས་པའི་དབང་པོ་གའོ་ཨར་ཅེས་“ངག་རྒྱུན་དུ་དར་ཁྱབ་སོང་བའི་དམངས་ཁྲོད་རྩོམ་རིག་མ་ཤེས་ན་ངལ་རྩོལ་མི་དམངས་ཀྱི་ལོ་རྒྱུས་དངོས་དེ་ཤེས་མི་ཐུབ་”ཅེས་གསུངས་པ་དང་། ཡང་མཁས་དབང་ཀའོ་ལུའུ་ཧྲུ་ཡིས་“དམངས་ཁྲོད་རྩོམ་རིག་ནི་མེ་ལོང་ཡིན། དེས་ཚབ་སྲིད་ཀྱི་རྣམ་པ་མངོན་ཐུབ་ཀྱི་ཡོད་”ཅེས་གསུངས་པ་རྣམས་མངོན་སུམ་དོན་དང་ལྡན། འདས་ཟིན་པའི་སྤྱི་ཚོགས་འཚོ་བ་དང་། ལྷག་པར་དུ་ལོ་རྒྱུས་དེབ་ཐེར་ཐོག་རིག་རྒྱུ་དབེན་པའི་རྒྱ་ཆེའི་ངལ་རྩོལ་མི་དམངས་ཀྱི་འཚོ་བ་དངོས་ལ་ཚན་རིག་དང་མཐུན་པའི་བརྟག་དཔྱད་ཞིབ་འཇུག་བྱེད་པའི་དཔྱད་གཞི་གལ་ཆེན་ཞིག་ནི་དམངས་ཁྲོད་རྩོམ་རིག་ཡིན། རང་

ཅག་གི་མེས་པོ་ཚོས་“ཕ་མེས་ཀྱི་ལོ་རྒྱུས་མ་ཤེས་ན། མཇུག་མ་མེད་པའི་སྤྲེའུ་ཡིན།”ཞེས་གསུངས་པའི་ནང་ཕ་མེས་ཀྱི་ལོ་རྒྱུས་དེ་ཤེས་དགོས་པའི་གལ་ཆེའི་རང་བཞིན་གསལ་རྗེན་དུ་བསྟན་ཡོད། ང་ཚོས་འདིར་བརྗོད་པའི་ཕ་མེས་ཀྱི་ལོ་རྒྱུས་ནི་རྗེ་དཔོན་ནམ་སྦྱིན་བདག་ཁྱུང་ཤས་ཀྱི་འཚོ་བ་དང་། གྲགས་ཅན་མི་སྣ་རེ་གཉིས་ཀྱི་འབྲུངས་འདས་ཀྱིས་མཚོན་པ་མ་ཡིན་པར་རྒྱ་ཆེའི་ངལ་རྩོལ་མི་དམངས་ཀྱི་སྐྱིད་སྡུག་གི་འཚོ་བ་དངོས་ཤེས་པ་བྱ་རྒྱུ་དེར་གོ་བ་ཡིན། དེ་ཤེས་པར་བྱེད་པའི་ཐབས་ལམ་ཡང་དམངས་ཀྱི་འཚོ་བ་དང་དར་གྱི་མདུད་པ་བཞིན་གྱི་འབྲེལ་བ་དམ་ཟབ་ཡོད་པའི་དམངས་ཁྲོད་རྩོམ་རིག་སྒྱུ་རྩལ་ལ་གཞིགས་པ་བྱ་རྒྱུ་དེ་ལགས་སོ། །

གཞི་རྐང་དམངས་ཁྲོད་རྩོམ་རིག་ནི་“ངལ་རྩོལ་པའི་སྒྱུ་རྩལ་ཞིག་ཡིན་”པས་ངལ་རྩོལ་མི་དམངས་ཀྱི་ཐོན་སྐྱེད་འཐབ་རྩོད་དང་། གྲལ་རིམ་འཐབ་རྩོད། དེ་བཞིན་རྒྱུན་གཏན་འཚོ་བ་དང་ཤ་ཁྲག་འདྲེས་ནས་གསོན་པ་ཞིག་ཡིན་མོད་ཀྱང་། གྲལ་རིམ་མེད་པའི་གདོད་མའི་སྤྱི་ཚོགས་ཀྱི་སྒྱུ་རྩལ་ཅི་འདྲ་ཞིག་གི་ནང་དུའང་གྲལ་རིམ་འཐབ་རྩོད་ཀྱི་རྣམ་པ་མངོན་རྒྱུ་མེད་པ་ཞིག་ཡིན། དེ་ནི་དམངས་ཁྲོད་རྩོམ་རིག་འདི་ཉིད་མི་དམངས་ཀྱི་འཚོ་བ་མངོན་པའི་མེ་ལོང་ཞིག་ཡིན་པས་ལགས་སོ། །དཔེར་ན། བོད་ཀྱི་གཞས་གླུའི་འབྱུང་ཁུངས་གཙོ་བོ་དང་། རྨང་གཞི་གཙོ་བོ་ཡིན་པར་གྲགས་པའི་སྙོར་གཞས་ཀྱི་གཞས་ཚིག་ལ་གཞིགས་པ་ཙམ་བྱས་ན། དེའི་གཞས་ཚིག་གི་བརྗོད་བྱར་བཤུ་གཞོག་གྲལ་རིམ་ལ་ཟུར་ཟ་ངན་སྨྲས་བྱས་པ་དང་། དབང་སྒྱུར་གྲལ་རིམ་གྱི་བྱ་སྤྱོད་ལ་ཐེར་འདོན་དང་དགག་པ་བརྒྱབ་པ་མངོན་རྒྱུ་དཔེན་པ་ནི་ཧ་ཅང་གསལ་པོ་ཡོད་ལ། གཞས་ཚིག་གི་ནང་དོན་མང་ཆེ་བ་རི་ཆུ་ས་གསུམ་དང་། ཉི་ཟླ་སྐར་གསུམ། རྩི་ཤིང་ནགས་ཚལ། གཅན་གཟན་རི་དྭགས་བྱ་བྱེའུ་སོགས་ཀྱི་སྐོར་བཀོད་པ་མང་བར་མཆིས། དཔེ་མཚོན་དེ་ནས་གྲལ་རིམ་ཡོད་མེད་ཀྱི་སྤྱི་ཚོགས་ནང་རྩོམ་རིག་སྒྱུ་རྩལ་གྱི་

བརྗོད་བྱའི་དབར་ལ་ཁྱད་པར་ཆེན་པོ་ཞིག་ཡོད་པ་ང་ཚོས་ཤེས་ཐུབ། གྲལ་རིམ་ཡོད་པའི་སྤྱི་ཚོགས་ཀྱི་ནང་དུ་རྩོམ་རིག་སྒྱུ་རྩལ་ཅི་ཡིན་རུང་བརྗོད་བྱ་མང་པོའི་ནང་གྲལ་རིམ་གྱི་རྟགས་ཐམ་གསལ་བ་དང་། ལྷག་པར་དུ་བཤུ་གཞོག་ལམ་ལུགས་ཀྱི་སྤྱི་ཚོགས་ནང་དུ་དམངས་ཁྲོད་རྩོམ་རིག་ནི་མི་དམངས་ཀྱི་ཆབ་སྲིད་འཐབ་རྩོད་བྱེད་པའི་རྣོ་ངར་ལྡན་པའི་མཚོན་ཆ་ངར་མ་ཞིག་ཡིན་པས་“ གླུང་ལ་གཞོག་པ་མེད་ཀྱང་། །ནམ་མཁའ་ཞུར་སྒྲས་བརྒྱངས་སོང་། །གཏམ་ལ་མཚོན་ཆ་མེད་ཀྱང་། །མི་སྙིང་དུམ་བུར་བཏང་སོང་། །”ཞེས་པ་ལྟ་བུ་བཤུ་གཞོག་གྲལ་རིམ་དང་དབང་སྒྱུར་གྲལ་རིམ་པའི་སྙིང་དུམ་བུར་བཏང་ནས་ངན་མཚང་ཐེར་འདོན་བྱེད་ཐུབ་ཀྱི་ཡོད་པ་གསལ།

དེ་དང་འདྲ་བར་བོད་ཀྱི་སྔ་དར་དམངས་ཁྲོད་རྩོམ་རིག་གི་ནང་དུ་རྒྱ་ཆེའི་ངལ་རྩོལ་མི་དམངས་ཀྱིས་དབང་སྒྱུར་གྲལ་རིམ་ལ་ཟུར་ཟ་དང་ངན་སྨྲས་བྱས་པ་ཏ་ཙང་མང་པོ་ཞིག་མངོན་རྒྱུ་ཡོད། སྤྱིར་འདས་པའི་དུས་ན་ངལ་རྩོལ་མི་དམངས་མང་ཆེ་བ་ཡིག་རྨོངས་ཡིན་པས་རྩོམ་རིག་གི་སྤེལ་ལམ་མཆོག་ཏུ་གྱུར་པ་ཡི་གེ་དེ་སྤྱོད་པའི་ཐབས་དང་བྲལ་ཡང་། དམངས་ཀྱི་བརྗོད་འདོད་ཀྱི་བསམ་པ་དག་ངག་ཐོག་ནས་གསར་རྩོམ་བྱས་ཏེ་རང་གི་འཚོ་བའི་བདེ་སྡུག་དགའ་སྐྱོ་རྣམས་འཁྲུལ་མེད་མངོན་པར་བྱས་ཡོད་ཅིང་། རྩོམ་རིག་དེ་དག་ངག་ཐོག་ནས་སྤྱི་ཚོགས་ཁྲོད་དུ་ས་ཁྱབ་རྗེ་ཁྱབ་བྱུང་བ་དང་། དམངས་ཁྲོད་རྩོམ་རིག་ལ་གསོན་ཉམས་ཆེས་ཆེར་ལྡན་པའང་དེ་ནས་བྱུང་བར་སྙམ། དཔེར་ན། བོད་ཀྱི་ས་ཁུལ་སོ་སོར་དར་ཞིང་ཁྱབ་པའི་དམངས་སྒྲུང་《ཨ་ཁུ་སྟོན་པའི་སྒྲུང་》དང་། 《ཉི་ཆོས་བཟང་པོའི་སྒྲུང་》《སྤྲེན་ཚལ་ཨ་ཡིད་ཀྱི་སྒྲུང་》ལ་སོགས་པའི་ནང་དུ་ཨ་ཁུ་སྟོན་པ་དང་། ཉི་ཆོས་བཟང་པོ། སྤྲེན་ཚལ་ཨ་ཡིད་སོགས་དྲང་ཕྱོགས་ཀྱི་མི་སྣ་དེ་ཚོས་ངལ་རྩོལ་མི་དམངས་ཀྱི་ཕྱོགས་སུ་ལངས་ནས་དབང་སྒྱུར་བ་རྣམས་ལ་མདུང་

རྗེ་ཁ་སྒྲོད་ཀྱིས་ཁ་གཏད་བཅག་པའི་སྐོར་བསྟན་ཡོད། དེ་རྣམས་ཚང་མ་རྣམ་རིག་བཀྲ་ལ་ཐབས་ཤེས་བཟང་བ་དང་། མི་དམངས་ལ་དོ་འཁུར་དང་རོགས་སྐྱོར་བྱེད་མཁན་ཤ་སྟག་ཡིན། 《ཉི་ཚེས་བཟང་པོའི་སྒྲུང་》ནང་གི་སྣེ་གདོང་རྒྱལ་པོ་དང་། 《སྤྲིན་ཚལ་ཨ་ཡིད་ཀྱི་སྒྲུང་》ནང་གི་ཅིས་རྒྱལ་པོ་སོགས་ནི་དབང་སྒྱུར་བའམ་བཞུ་གཞོག་གཏོང་མཁན་གྱི་གཟུགས་བརྙན་ཡིན་པ་དང་། དེ་ཚོ་ཚང་མ་“གྲལ་འགོར་བཞག་ན་འཛོན་ཐང་མེད། གྲལ་མཇུག་ལ་བཞག་ན་ནུས་པ་མེད།”ཅེས་པའི་གཟུགས་བརྙན་ཤ་སྟག་ཏུ་བཀོད་ཡོད། བོད་རིགས་སྐྱེ་བོ་ཕལ་མོ་ཆེས་སྒྲུང་དེ་རིགས་མང་ཉུང་ལ་མ་ལྟོས་པ་ཤོད་ཤེས་ལ། ཨ་ཁུ་སྟོན་པའམ་ཉི་ཚེས་བཟང་པོ། ཡང་ན་སྤྲེལ་ཚལ་ཨ་ཡིད་སོགས་ནི་རང་གི་རྒྱུས་མངའ་ཡོད་པའི་མི་སྣ་སེམས་བཟང་ཅན་ཞིག་ཏུ་བརྩིས་ནས་ཧ་ཅང་དགའ་པོ་བྱེད་པ་དང་། སྙིང་ཉེ་ལྟར་དུ་བརྩེ་བར་བྱེད། དེང་གི་དུས་སུའང་གསར་བྱུང་རྩོམ་པ་པོ་མང་པོས་མི་སྣ་དེ་རིགས་ཀྱི་གཟུགས་བརྙན་ལ་དཔེ་བླངས་ནས་རྩོམ་ཡིག་གསར་རྩོམ་བྱེད་ཀྱི་ཡོད།

གཞན་ཡང་ཚིག་ཉུང་ལ་དོན་ཟབ་པ་དང་། ཉམས་འགྱུར་དོད་ལ་དཔེ་དོན་འབྲེལ་རན་པའི་བོད་ཀྱི་དམངས་གཞས་སྣ་ཚོགས་དང་གཏམ་དཔེ་སོགས་ལ་ངག་ཏུ་འཛིན་བདེ་ཞིང་ཁྱབ་གདལ་འགྲོ་ཆེ་བའི་ཁྱད་ཆོས་ལྡན་ཡོད་པས་དམངས་ཁྲོད་བརྩམ་བྱ་དེ་རིགས་བོད་ཀྱི་སྲྀ་ཚོགས་ཐོག་ཏུ་དར་ཞིང་ཁྱབ་ནས་ཡོད།

གཉིས། བྱེ་བྲག་སླེང་གཞི་དེ་གསལ་བར་བྱེད་པའི་དཔེ་མཚོན་བརྗོད་པ།

གོང་དུ་སྤྱིར་དམངས་ཀྱི་འཚོ་བ་དང་དམངས་ཁྲོད་རྩོམ་རིག་དབར་གྱི་འབྲེལ་བ་བཤད་ཟིན་ཡང་། བྱེ་བྲག་ཏུ་རྩོམ་ཡིག་འདིའི་བརྗོད་དོན་དངོས་ལ་དམིགས་པའི་དཔེ་མཚོན་གོང་དུ་བཀོད་མེད་པས་གཤམ་དུ་དཔེ་མཚོན་འགའ་

འགོད་པར་འདོད་དེ།

དང་པོ། གཞོན་ནུ་དགའ་རོགས་སྒྲིག་སྐབས་ཀྱི་ལྷ་སྟངས།

"ལང་ཚོས་དར་བའི་སྟོན་ཤིང་ལ། དགའ་མའི་ལོ་འདབ་སྨིན་པར་འོས།" ཞེས་པ་ལྟར་ལང་ཚོ་དར་ལ་བབས་སྐབས་གཞོན་ནུ་ཕོ་མོ་མཛའ་གཙུགས་ཀྱི་དཔལ་ལ་རོལ་བཞིན་ཡོད་པ་ནི་མིའི་རིགས་ཀྱི་སྤྱི་ཚོགས་ཀྱི་ཐུན་མོང་གི་ཁྱད་ཆོས་ཤིག་ཡིན་མོད། འོན་ཏེ་དེར་ངོས་འཛིན་བྱེད་སྟངས་ཐད་མི་རིགས་སོ་སོ་དང་། ཡུལ་ལུང་སོ་སོར་རང་རང་གི་ལུགས་དང་མཐུན་པའི་ལྷ་སྤྱོད་རེ་ལོས་ཡོད། རང་རེ་ཁ་བའི་ལྗོངས་ཀྱི་སྐྱེ་བོ་ཚོས་དེར་འཛིན་པའི་ལྟ་ཚུལ་ཇི་འདྲ་ཡིན་པ་ནི་དམངས་ཁྲོད་རྩོམ་རིག་ལས་རྟོགས་ཐུབ་སྟེ། དཔེར་ན"རི་མགོ་མཐོ་ལ་མ་བལྟས། རི་བྱད་ཡག་ལ་བལྟས་ཡོད། བུ་མོ་མཛེས་པར་མ་བལྟས། ངང་རྒྱུད་རིང་ལ་བལྟས་ཡོད།"①ཅེས་པ་དང་། "འཇམ་ནི་འབུ་རས་འཇམ་བྱུང་། མཛེས་ནི་རས་ཁྲ་མཛེས་བྱུང་། འཇམ་པོ་འབུ་རས་གྱོན་ཆོ། རས་ཁྲ་དགོངས་པ་མ་འཚོམས།"② ཞེས་པ་དེ་རྣམས་ནས་བོད་རིགས་གཞོན་ནུ་ཚོས་རང་རང་གི་ཆེ་གང་གཏན་གྲོགས་འཚོལ་སྐབས་ཀྱི་ལྟ་ཚུལ་མཚོན་ཡོད། དེ་ཡང་ཕོ་མོ་གཞོན་ནུ་ཚོའི་ལང་ཚོའི་སྟོན་པ་རྒྱས་ཏེ་དགའ་རོགས་སམ་ཆེ་གང་གི་གཏན་གྲོགས་འཚོལ་སྐབས་ནང་སེམས་པ་བཟང་མིན་ལ་བལྟ་བ་ལས་ཕྱི་རྣམ་པ་མཚར་མིན་ལ་བལྟ་མི་རུང་བར་བཤད་ཡོད་ལ། མིག་ཏུ་མཛེས་པ་ལས་ལུས་ལ་འཇམ་པར་དགའ་བའི་ངོས་འཛིན་བྱེད་སྟངས་དེ་མཚོན་ཡོད། "སྐྱེས་འབྲས་སྤང་རྒྱན་མེ་ཏོག སྟོན་ཟླ་གསུམ་གྱི་ཡུན་རེད། ཐུགས་སེམས་ལྷ་ཤིང་ཤུག་པ། མི་ཚེ་གཅིག་གི་དུས་རེད།"③ཅེས་པ་ལྟར་རང་གི་

① 《སྒྲང་ཆར་》1985ལོའི་དུས་དེབ་དང་པོ།

② 《བོད་ཀྱི་དམངས་གཞས་ཕྱོགས་བསྒྲིགས་》

③ 《བོད་ཀྱི་མང་ཚོགས་སྒྱུ་རྩལ་》1986ལོའི་དུས་དེབ་བཞི་པ།

སྙིང་སྡུག་སེམས་བཟང་མ་གཏན་གྱི་གྲོགས་སུ་གྱུར་ན་ནི་གཞོན་སོ་དཀར་ནས་རྐན་སྐྲ་དཀར་བར་གཅིག་ཕན་གཅིག་རོགས་བྱས་ནས་བདེ་ཞིང་སྐྱིད་པའི་འཚོ་བར་རོལ་རྒྱུ་དང་། ཕྱི་མཚར་ནང་རྩུབ་དུག་གི་མེ་ཏོག་ལྟ་བུ་ཞིག་རང་གི་གཏན་གྲོགས་སུ་བྱུང་ན་དུས་ཚོད་རིང་ཙམ་སོང་རྗེས་འགྱོད་པའི་སྙིང་དུ་ཚུད་ངེས་ཡིན་པས(འདིར་ནང་བསམ་པ་དང་ཕྱི་རྣམ་པ་གཉིས་བསྡུར་ནས་རྗོད་པ་ལས། ཕྱི་རྣམ་པ་མཛེས་པ་ལ་ངན་སྤྲས་ཀྱི་དོན་ཟུར་ཆ་ཙམ་ཡང་མེད། ཁམ་བུ་ཁ་ལ་ཞིམ་པ་དང་མེ་ཏོག་མིག་ལ་མཛེས་པ་ཞིག་བྱུང་ན་ནི་མཆོག་པའོ། །) རང་གི་ཚེ་གང་གི་དོན་ཆེན་ལ་མིག་རྒྱང་རིང་པོའི་བསམ་བློ་གཏོང་ཐུབ་ཀྱི་ཡོད་པ་མཚོན་གྱི་འདུག་ལ། "ཕྱི་ཤ་པགས་མཛེས་པ་མཛེས་པ་མིན། ནང་བསམ་པ་མཛེས་པ་མཛེས་པ་ཡིན་" ①ཞེས་པ་ལྟར་གྱི་ངོས་འཛིན་བྱ་ཚུལ་དེ་མཚོན་ནོ། །

ཡང་"ངང་པ་མཚོ་ལ་འཁོར་འཁོར། ང་གཉིས་འཁོར་རྒྱུ་བྱུང་ན། ཟ་རྒྱུ་འདམ་ལས་མེད་ཀྱང་། མཉམ་ཟ་མཉམ་འཐུང་ཞུས་ཆོག" ②ཅེས་དང་། "ལྷམ་དང་གདུང་མ་གཤིབ་གཤིབ། ང་གཉིས་གཤིབ་རྒྱུ་བྱུང་ན། ཚ་ལ་རྩམ་པ་བརྒྱབ་ནས། འཐུང་དགོས་བྱུང་ཡང་ལས་རེད།" ③"ལྷམ་ལ་ལྷམ་མཐིལ་མེད་ན། ལྷམ་ཡུ་གསར་པས་གང་ཡོང་། བརྩེ་དུང་ཟབ་མོ་མེད་ན། རྒྱལ་པོའི་སྲས་ཀྱིས་གང་ཡོང་།" ④ཞེས་པ་དེ་ཚོ་ནས་བརྩེ་བས་བཅིངས་པའི་སྙིང་སྡུག་དེ་རང་གི་གཏན་གྲོགས་ལ་བྱུང་ན་སྡུག་མཉམ་སྤྱོང་དང་སྐྱིད་མཉམ་གཏོང་བྱ་རྒྱུ་ཁོ་ན་ལས་རྒྱུ་དངོས་ཀྱི་སྲིད་འགྱུར་ལ་མི་ལྟ་བའི་བོད་རིགས་གཞོན་ནུས་དགའ་རོགས་ལ་འཛིན་པའི་དྭངས་གཙང་གི་བརྩེ་དུང་དེ་མངོན་ཐུབ།

---

① 《བོད་ཀྱི་རྩོམ་རིག་སྒྱུ་རྩལ》1982ལོའི་དུས་དེབ་བཞི་པ།

② 《བོད་ཀྱི་དམངས་གཞས་ཕྱོགས་བསྒྲིགས》

③ 《བོད་ཀྱི་དམངས་གཞས་ཕྱོགས་བསྒྲིགས》

④ 《སྦྲང་འཆར》1985ལོའི་དུས་དེབ་དང་པོ།

ཡང་“ཆུང་འདྲིས་ཆུང་ནས་གཤིབ་པའི། ཆུང་འདྲིས་སྙོག་པ་དཀར་པོ། ཨ་མས་སྙོག་ལྷགས་བཤུ་བཤུ། ང་གཉིས་བྲལ་ཤེད་མ་མཐོང་།”①ཞེས་དང་། “ཆུང་འདྲིས་བྱམས་པ་ལྷ་རེད། བྱམས་པའི་ཡབ་ཡུམ་བདུད་རེད། ང་ལ་བདུད་ཀྱི་བར་ཆད། གཏོང་བ་གནང་ནས་གང་ཡོང་།”②ཞེས་པ་དེ་ཚོ་ནས་འདས་པའི་སྐྱེ་ཚོགས་ནང་བོད་རིགས་ས་ཁུལ་འདིར་ཡང་ཡུལ་ལུང་གཞན་གྱི་མི་རིགས་གཞན་དང་འདྲ་བར་བུ་སྨུག་གི་འཇིག་རྟེན་གཉེན་སྒྲིག་དེ་ཕ་མའི་འདོད་པ་ལྟར་བཙན་ཤེད་ཀྱིས་བརྩེ་དུང་མེད་པའི་གཞོན་ནུ་གཉིས་ར་ཁྱི་མགོ་སྦྲེལ་བའམ་རྟ་གཡག་མགོ་སྦྲེལ་བའི་དཔེ་ལྟར་བྱེད་པ་ལས། ཕོ་མོའི་དབར་ལ་རང་འདོད་ཀྱིས་དགའ་འདུ་བྱེད་པའི་རང་དབང་མེད་པ་ལ་ཟུར་ཟ་དང་ངན་སྨྲས་བྱེད་ཀྱི་ཡོད་པ་མ་ཟད། རང་འདོད་ལྟར་དགའ་འདུས་ཡོང་བའི་རེ་བ་ཡང་སྟོན་གྱི་ཡོད་པ་ནི་“ང་རང་བྱམས་པ་འཚོལ་བར། ཕ་མས་བཀག་འགོག་མ་གནང་། ཡབ་ཡུམ་དགུང་ལོ་ཆུང་དུས། ཐུགས་ལ་དྲན་པ་གནང་རོགས།”③ཞེས་པ་དེ་རིགས་ནས་མངོན་ཐུབ་པོ། །(གསལ་བཤད་ཞུ་རྒྱུར། སྔར་བོད་ཀྱི་གཉེན་སྒྲིལ་ནང་གོང་སློས་ཇི་བཞིན་ཕ་མས་བཙན་པོ་དབང་ཡོད་ཀྱིས་བུ་སྨུག་གི་འཇིག་རྟེན་འགྲོ་སྟངས་བྱས་པ་ཡོད་ལ། ཕོ་མོའི་དབར་ཕན་ཚུན་བརྩེ་བས་བཅིངས་ཏེ་རང་འདོད་ལྟར་དགའ་འདུ་བྱས་པའང་ཡོད།)

གཉིས་པ། དམ་བཅའ་སྒྲིག་ལྟར་སྲུང་བའི་སྐྱེས་བུ་དམ་པའི་སྤྱོད་ལམ།

དེ་ཡང་བོད་རིགས་མི་དམངས་ཀྱི་ཁྲིད་ན་དམ་བཅའ་སྒྲིག་ལྟར་སྲུང་བའི་སྐྱེས་བུ་དམ་པའི་སྤྱོད་བཟང་ལ་ཡར་ལྟ་བྱེད་རྒྱུར་བརྩོན་པའི་སྐྱེ་ཚོགས་ཀྱི་སྲོལ་

① 《བོད་ཀྱི་དམངས་གཞས་ཕྱོགས་བསྒྲིགས་》

② 《བོད་ཀྱི་དམངས་གཞས་ཕྱོགས་བསྒྲིགས་》

③ 《བོད་ཀྱི་མང་ཚོགས་སྒྱུ་རྩལ་》1986ལོའི་དུས་དེབ་བཞི་པ།

བཟང་ཞིག་ཆགས་ཡོད། དཔེར་ན། དམངས་ཁྲོད་གཏམ་དཔེའི་ནང་“མིས་མི་ཟ་མནའ། ཁྱིས་མི་ཟ་ལྷགས།”①ཞེས་པ་ལས། བོད་རིགས་མི་དམངས་རྣམས་ཀྱིས་དོན་གང་དང་ཅི་ཞིག་ཡིན་རུང་སྔོན་ལ་བརྩམ་པར་རུང་མི་རུང་ལ་དབྱེ་ཞིབ་ལེགས་པོ་བྱས། དེ་ནས་བརྩམ་པར་རུང་བ་ཞིག་ཡིན་ཚེ་བཞག་ཟིན་པའི་དམ་བཅའ་ལས་འགལ་བར་མི་བྱེད་པ་ནི་ཁྱིས་ལྷགས་མི་ཟ་བའི་གཏན་ཚིགས་ཀྱི་རྗེས་སུ་འགྲོ་བར་འཛིན་ཞིང་། རང་ཉིད་ལ་ཕན་པའམ་རང་དོན་གྱི་ཆེད་དུ་དམ་བཅའ་བཞག་ཟིན་པ་ལས་འགལ་ན་ནི་ཏ་ཅང་གི་ཐ་ཤལ་ཞིག་ཏུ་བརྩི་ཡི་ཡོད་པ་འདི་ཡང་“སྐྱུང་ཀིས་ཤ་ཟ། རྐུན་པོས་མནའ་ཟ།”②ཞེས་པ་ལྟར་ཡིན། “ཕ་མ་གཉིས་ཀྱིས་དང་པོར་བྱ་བ་གང་ཞིག་བརྩམས་པ་དང་གང་ཞིག་བཤད་པ་ལྟར་ལག་ལེན་བྱེད་རྒྱུ་ནི་རང་ཅག་ཡ་རབས་དང་གཞུང་དྲངས་ཡིན་མིན་གྱི་ཚད་འཛལ་ཐིག་ཤིང་ལྟ་བུ་ཡིན་ན། དེ་ལས་ལྡོག་པའི་བྱ་བ་ནི་ཁྲམ་པ་དང་མི་ངོས་པ་ཞིག་ཡིན་པས་དེ་ནི་མི་རིགས་སོ། །”③ ཞེས་པ་ལྟར་སྤྱིར་ས་ལའི་ལྗོངས་ཀྱི་སྐྱེ་བོ་རྣམས་ནི་མནའ་ཚིག་མི་ཟ་བར་ཁ་བཤད་དོན་འཁྱོལ་ཐུབ་མཁན་ཞིག་ཡིན། “ཆུང་འདྲིས་གྱིས་ཁའི་དམ་ཚིག ཇོ་ཡི་རི་མོ་འདྲ་ཡོད། ཇོ་ཡི་རི་མོ་ཡལ་ཡང་། ཆུང་འདྲིས་དམ་ཚིག་མི་ཉམས།”④ཞེས་དང་། “གཏམ་སྟེ་ཚིག་དར་གྱི་མདུད་པ་ཡིན། དར་ཆད་ཀྱང་མདུད་པ་གྲོལ་ལེ་མིན།”⑤ཞེས་དང་། “ཁས་ལེན་རང་གིས་བྱས་པ་དེ། སངས་རྒྱས་ཡིན་ཡང་ཐོལ་ཐབས་མེད།”⑥ ཞེས་པ་ལྟར་སྟེ་ཕྱི་བར་གསུམ་

① 《བོད་ཀྱི་རྩོམ་རིག་སྒྱུ་རྩལ》1982ལོའི་དུས་དེབ་དང་པོ།
② 《བོད་ཀྱི་རྩོམ་རིག་སྒྱུ་རྩལ》1982ལོའི་དུས་དེབ་དང་པོ།
③ 《བོད་ལྗོངས་དབུས་གཙང་ཁུལ་གྱི་དམངས་ཁྲོད་གཏམ་རྒྱུད་》ལ་གསལ།
④ 《བོད་ཀྱི་དམངས་གཞས་ཕྱོགས་བསྒྲིགས་》
⑤ 《བོད་ཀྱི་གཏམ་དཔེ་ཕྱོགས་བསྒྲིགས་》
⑥ 《བོད་ཀྱི་མང་ཚོགས་སྒྱུ་རྩལ》1986ལོའི་དུས་དེབ་དང་པོ།

དུ་ཁ་གཏན་ཚིག་ལ་གནས་པ་རྫོ་རྗེ་ལྟར་བརྟན་ཅིང་མི་འགྱུར་བ་དགོས་པས་རང་གིས་མནའ་ཚིག་ལས་མི་འགལ་བ་ནི་སྨོས་ཅི། མི་གཞན་གྱིས་མནའ་ཚིག་ལས་འགལ་ན་ཡང་སློབ་གསོ་བཏང་སྟེ་བཀག་འགོག་བྱེད་པའི་སྤྱོད་བཟང་ཞིག་མཆིས་པ་ནི"བག་ཡོད་དྲང་བདེན་ལ་རྒྱ་རྒྱབ་ཏུ་བསྐྱུར། བག་མེད་གྱ་གྱུའི་ཚིག་གིས་མི་སེམས་བསླུས། ངན་སྤྱོད་ཐལ་བའི་རྟུལ་དུ་མ་བརླགས་ན། འཇིག་རྟེན་ཡ་རབས་སྤྱོད་བཟང་ག་ལ་དར།"① ཞེས་པ་ལས་ཀྱང་ར་འཕྲོད་དོ། །མདོར་ན་བོད་རིགས་མི་དམངས་ཀྱི་ཁྲོད་འདི་ན་བློ་བརྟན་འགྱུར་མེད་ཀྱི་སྤྱོད་བཟང་དང་། ཁ་བཤད་དོན་འཁྱོལ་བྱེད་པའམ་དམ་བཅའ་སྲོག་ལྟར་སྲུང་བའི་ལུགས་བཟང་གནའ་སྔ་མོ་ནས་མཆིས་ཤིང་། "གཏན་འཁེལ་ཟིན་པའི་བྱ་བ་དེ། །ལག་ལེན་མི་འཁྱོལ་ཅི་ལ་སྲིད། །རང་ཅག་ཡ་རབས་དམ་པའི་རྒྱུད། །དམ་བཅའ་ནམ་ཡང་འདོར་མི་བྱ། །"② ཞེས་པ་ལྟར་རོ། །འདས་ཟིན་པའི་ལོ་རྒྱུས་ལ་ཕྱི་བལྟས་བྱེད་སྐབས་མིག་མཐོང་ལག་ཟིན་ཐུབ་པའི་རིག་དངོས་ནས་ཀྱང་ང་ཚོས་དེ་དོན་མཐོང་ཐུབ་པ་སྟེ་སྤྱི་ལོ་༡༢༧ལོ་དང་༡༢༢ལོར་ཐང་བོད་བར་མཇལ་འདུམ་མནའ་གན་བཞག་པའི་དོན་༡༢༣ལོར་རྡོ་རིང་ལ་བརྐོས་ནས"ཁྲང་ཨན་དང་ར་ས་སོ་སོར་བཙུགས་པ་ལས་ཁྲང་ཨན་གྱི་རྡོ་རིང་དེ་དེང་སང་མིང་གི་ལྷག་མར་གྱུར་ནའང་། ར་སར་བཙུགས་པའི་རྡོ་རིང་དེ་ལོ་ངོ་ཆིག་སྟོང་ལྷག་ཙམ་ཆར་ཐྲུང་དྲག་པོས་མ་འཇིགས་པར་གཙུག་ལག་ཁང་གི་མདུན་དུ་ད་ལྟའང་ཀེ་རེར་ཞེངས་ནས་ཡོད།"③རྡོ་རིང་དེའི་ཐོག་ནས་ང་ཚོས་ལོ་ངོ་ཆིག་སྟོང་སྟོན་གྱི་ལོ་རྒྱུས་མཐོང་ཐུབ་ལ། ཡང་སྐོས་སུ་བོད་རིགས་མི་དམངས་ཀྱིས་མནའ་གན་དམ་བཅའ་བཞག་ཟིན་པ་ག་ཙོགས་ཆེར་

① 《བོད་ལྗོངས་དབུས་གཙང་ཁུལ་གྱི་དམངས་ཁྲོད་གཏམ་རྒྱུད་》

② 《བོད་ལྗོངས་དབུས་གཙང་ཁུལ་གྱི་དམངས་ཁྲོད་གཏམ་རྒྱུད་》ལ་གསལ།

③ 《ལོ་རྒྱུས་ལས་གྲུབ་པའི་གོང་བུ་གཅིག་གྱུར་》ནང་གསལ།

འཛིན་པའི་སྐྱོད་བཟང་དེ་མཐོང་ཐུབ་པོ། །

གསུམ་པ། གནའ་མ་རྩེད་ལེན་བྱེད་རྩལ་གཉིས།

བོད་རིགས་ཀྱི་ལོ་རྒྱུས་ཆུ་རྒྱུན་རིང་པོའི་ནང་གཉེན་སྲོལ་འདྲ་མིན་མང་པོ་བྱུང་ཡོད་ངེས་ཡིན། དེ་རྣམས་ལས་ཕ་མས་བུ་ཕྲུག་གི་འཇིག་རྟེན་འགྲོ་སྟངས་བྱས་པ་དང་། ཕོ་མོ་ཕན་ཚུན་དགའ་འདུ་བྱེད་པའི་སྲོལ་ལུགས་གཉིས་ནི་ད་ལྟའི་སྤྱི་ཚོགས་སུ་ཡང་མངོན་སུམ་འདྲེན་བྱེད་དབང་པོར་སྣང་རྒྱུ་ཡོད། འོ་ན་བོད་ཀྱི་ལོ་རྒྱུས་ཐོག་དེ་གཉིས་ལ་མ་གཏོགས་པའི་གཉེན་སྲོལ་བྱུང་མྱོང་ངམ་ཞེ་ན། ཏ་ལམ་མེད་ཤས་ཆེ་སྙད། ང་ཚོས་དམངས་ཁྲོད་རྩོམ་རིག་ལ་གཞིགས་པ་བྱས་ཚེ། དོན་དེར་ལན་འདེབས་རྒྱུ་མེད་པ་རང་ཆགས་མི་སྲིད། དཔེར་ན་《གླིང་སྒྲུང་》ནང་གི་གླིང་གི་དཔའ་བོ་རྣམས་དཔོན་མོ་སེང་ལྕམ་འབྲུག་མོ་མནའ་མར་རྩེད་ལེན་བྱེད་སྐབས་རི་ལ་རྟ་རྒྱུག་འགྲན་པ་དང་། བྱ་ཁྱུང་རྒོད་ཉི་མའི་རོགས་ཞང་འདུལ་བར་འགྲན་པ་སོགས་དང་། 《སྐྱས་ཤིང་བེ་》དང་《ཆུ་རའི་འོག་གི་ཙོ་ཙོ་》ཞེས་པའི་དམངས་སྒྲུང་ནང་གསལ་དང་། དེ་བཞིན་ལྷ་མོའི་འཁྲབ་གཞུང་《རྒྱ་བཟའ་ཀོང་ཇོ་》ཞེས་པའི་ནང་རྒྱལ་ཁབ་ཁག་གི་བློན་པོ་རྣམས་ཀྱིས་རིག་པའི་རྩལ་འགྲན་ནས་རྒྱ་བཟའ་རྩེད་ལེན་བྱེད་ཚུལ་སོགས་ནས་བོད་ཀྱི་ལོ་རྒྱུས་ཐོག་དྲག་རྩལ་བསྟུར་ནས་མནའ་མ་རྩེད་ལེན་བྱེད་པ་དང་། རིག་པའི་རྩལ་འགྲན་ནས་མནའ་མ་རྩེད་ལེན་བྱེད་པའི་ལུགས་སྲོལ་བྱུང་མྱོང་ཡོད་པ་ཤེས་ཐུབ། དེའི་སྐོར་གོང་གི་ལེ་ཚན་ནང་རྒྱས་ཙམ་བཀོད་ཡོད་པས་འདིར་རྒྱས་བཤད་མི་ཞུ།

གསུམ། མཇུག་བསྡུ་བའི་གཏམ།

ད་བར་《བོད་ཀྱི་སློ་གཞས་》དང་། 《གཏམ་དཔེ་ཕྱོགས་བསྒྲིགས་》དང་། 《དམངས་གཞས་གཅེས་བསྡུས་》《དམངས་སྒྲུང་ཕྱོགས་བསྒྲིགས་》《ཨ་ཁུ་སྟོན་པའི་སྒྲུང་》《ཉི་ཆོས་བཟང་པོའི་སྒྲུང་》《རྒྱལ་སྒྲུང་》《རོ་

སྒྲུང་》 སོགས་དམངས་ཁྲོད་རྩོམ་རིག་གི་དཔེ་དེབ་མང་པོ་ཞིག་སྔ་རྗེས་སུ་བསྡུ་བསྒྲིགས་དཔེ་སྐྲུན་བྱས་ཡོད་པ་དང་། དུས་དེབ་དང་ཚགས་པར་མང་པོའི་ནང་དམངས་ཁྲོད་རྩོམ་རིག་བརྗོད་ཀྱིས་མི་ལངས་པ་བསྡུ་བཀོད་བྱས་ཡོད་ལ། ལྷག་དོན་༡༩༨༣ལོར་《སྒྲུང་རྒྱན་མེ་ཏོག》ཞེས་པའི་དམངས་ཁྲོད་རྩོམ་རིག་ཚགས་པར་གསར་བཏོན་བྱས་པ་དང་། ༡༩༨༨ལོར་ཚགས་པར་དེ་དུས་དེབ་ཆུང་གྲས་ལ་བསྒྱུར་བ། དེ་རྗེས་ཡང་༡༩༩༠ལོར་དུས་དེབ་ཆེ་གྲས་སུ་དཔར་གཞི་བསྒྱུར་ནས་དེང་གི་དུས་སུ་རྒྱ་ཆེའི་མི་དམངས་རྣམས་གཟིགས་མོར་འདྲེན་མུས་ལགས། དེའི་ཐོག་ནས་དམངས་ཁྲོད་རྩོམ་རིག་བསྡུ་སྒྲིག་གི་ལས་དོན་དེ་ཟླ་བ་ཡར་ངོའི་རྗེས་སུ་འགྲོ་བཞིན་ཡོད་པ་མངོན་ཐུབ་ཅིང་། དེ་ནི་མི་དམངས་ཀྱི་ཤེས་རིག་དང་མི་དམངས་ཀྱིས་དགའ་པོ་བྱེད་པའི་རིག་གནས་སྲུང་སྐྱོབ་དང་རྒྱུན་འཛིན་བྱེད་པའི་བྱ་གཞག་ཐད་འབྲས་བུ་བཟང་པོ་ཞིག་ཐོབ་པའི་རྟགས་མཚན་ཡིན། དེ་ལྟར་ཡིན་མོད་ཀྱང་ང་ཚོས་ད་ཡོད་ཀྱི་འབྲས་བུར་བློ་ཚིམ་སྟེ་བསྡད་ན་ལས་དོན་དེ་ལ་འཕེལ་རྒྱས་ཡོང་དཀའ་བས་ངེས་པར་གཡང་ཏེའི་ཁ་ལ་མར་གྱི་ཡས་སྦྲོན་ཞེས་པའི་དཔེ་ལྟར་ཡག་ཐོག་ཡག་བརྩེགས་ཡོང་བར་འབད་བརྩོན་གནང་རྒྱུ་ནི་གལ་ཆེ།

ང་ཚོ་སྤྱི་ཚོགས་ཚན་རིག་ཞིབ་འཇུག་པ་ཡི་ངོས་ནས་བཤད་ན། དམངས་ཁྲོད་རྩོམ་རིག་བསྡུ་སྒྲིག་བྱེད་སྐབས་དེའི་ཐོག་མའི་རྣམ་པ་དང་བརྗོད་བྱ་འཛིན་ཉར་བྱེད་རྒྱུ་ནི་གལ་འགངས་ཆེ། གང་ལགས་ཤེ་ན། “ཇི་མ་ཇི་བཞིན་གྱིས་བཀོད་པའི་(དམངས་ཁྲོད་རྩོམ་རིག)ཐོག་མའི་ཟིན་ཐོ་དེ། ཚན་རིག་ཞིབ་འཇུག་བྱེད་པའི་རིམ་པ་དང་པོའི་ལས་བྱ་ཡིན་པ་དང་། དམངས་ཁྲོད་རྩོམ་རིག་རྒྱ་ཁྱབ་གཏོང་བྱེད་ཀྱི་རྩ་བའི་གཞི་འཛིན་ས་ཡིན་ལ། དམངས་ཁྲོད་རྩོམ་རིག་གི་ལས་དོན་ཐ་དག་གི་སྔོན་འགྲོའི་ཆ་རྐྱེན་དང་རྨང་གཞི་ཡང་ཡིན་” གལ་སྲིད་ང་ཚོས་བསྡུ་སྒྲིག་བྱེད་སྐབས་དམངས་ཁྲོད་རྩོམ་རིག་དེའི་ནང་བསྡུ་སྒྲིག་མཁན་གྱི་ལེགས་

ཉེས་བླང་དོར་གྱི་ལྟ་ཚུལ་དང་། བཟང་ངན་དབྱེ་འབྱེད་བྱེད་ཚུལ། དགའ་ཁྲོའི་རྣམ་པ་འཛིན་ཚུལ་སོགས་ལ་བསྟུན་ནས་བཟོ་བཅོས་སྣོན་འཕྲི་བྱས་སོང་ཚེ་དམངས་ཁྲོད་རྩོམ་རིག་གིས་དཔྱད་གཞིའི་རྒྱུ་ཆ་བྱས་ནས"ཚན་རིག"ཞིབ་འཇུག་བྱས་པར་ཚན་རིག་དང་མི་མཐུན་པའི་གཟུགས་མེད་གྲིབ་མར་གྱུར་བའི་སྐྱོན་ཡོང་རྒྱུ་ཡིན་པས། དེར་བརྟེན་དམངས་ཁྲོད་རྩོམ་རིག་བསྡུ་སྒྲིག་བྱེད་སྐབས་ངེས་པར་དུ་དམངས་ཁྲོད་རྩོམ་རིག་གི་གདོད་མའི་རང་ངོས་ཁྱད་ཆོས་རྣམས་ཇི་མ་ཇི་བཞིན་གྱིས་བསྡུ་སྒྲིག་གནང་གང་ཐུབ་ཡོང་བ་ཞུ་རྒྱུ་དང་། གལ་སྲིད་ལེགས་སྒྲིག་དང་བཟོ་བཅོས་སྣོན་འཕྲི་བྱས་ཚེ་ངེས་པར་དུ་གསལ་བཤད་གནང་རྒྱུ་གལ་ཆེ། དེ་ལྟར་བྱུང་ཚེ་དམངས་རྩོམ་ལ་ལྷད་སྐྱོན་མ་ཐོག་པར་ཞིབ་འཇུག་དང་དཔྱད་གཞིའི་ནུས་པ་ཐོན་རྒྱུ་དང་མི་རབས་མང་པོར་ཕན་པ་ཡོང་རྒྱུ་ཡིན།

སྨྲས་པ།

རང་བློར་འཆར་བའི་མ་སྨིན་བསམ་ཚུལ་དག །
ཇི་བཞིན་ཡི་གེར་བཀོད་ནས་གཟིགས་མོར་འབུལ། །
ནོངས་དང་འགལ་བའི་སྐྱོན་ཡང་མཆིས་ངེས་ན། །
གཟུར་གནས་མཁས་དབང་རྣམས་ཀྱིས་དག་བཅོས་མཛོད། །

༄༅། །དམངས་ཁྲོད་རྩོམ་རིག་བསྡུ་སྒྲིག་བྱེད་རྒྱུའི་ཐད་རགས་ཙམ་སྨྲོས་པ།

ལས་དོན་གང་ཞིག་གཉེར་ནའང་དེ་འཕེལ་རྒྱས་འགྲོ་བའི་དུས་རིམ་ནང་ངེས་པར་དུ་བརྒྱུད་དགོས་པའི་ཆོས་ཉིད་ནི་མེད་པ་ནས་ཡོད་པ་དང་། ཆ་མ་ཚང་བ་ནས་ཆ་ཚང་བའི་ཕྱོགས་སུ་རིམ་བཞིན་གོང་འཕེལ་འགྲོ་བ་དེ་ཡིན། བོད་ཀྱི་དམངས་ཁྲོད་རྩོམ་རིག་བསྡུ་སྒྲིག་བྱེད་པའི་ལས་དོན་དེར་ཡང་ལྡོག་ཐབས་མེད་པའི་ཆོས་ཉིད་དེ་ལྡན་ཡོད་པ་ནི་སྨོས་ཅི་དགོས། གནའ་སྔ་མོ་ནི་དཔལ་འབྱོར་དང་ཚན་རིག་གི་ཆ་རྐྱེན་ཞན་པ་དང་། མི་དམངས་ཀྱིས་དགའ་སྤྱོད་བྱེད་པའི་སྒྱུ་རྩལ་ལ་མཐོང་ཆུང་གི་བསམ་པ་ཁྱེར་ནས་དེ་དག་དེབ་ངོས་སུ་འཁོད་པ་ནི་ལྟག་པར་ཞུང་བ་དང་། ཉེ་དུས་ཀྱང་རྒྱལ་ནང་གི་“དམངས་ཁྲོད་རྩོམ་རིག་ནི་ཐ་ཤལ་རེད་”ཅེས་པའི་ནོར་འཁྲུལ་གྱི་ལྟ་ཚུལ་དེའི་རྗེས་སུ་ཟླུན་པོ་ཚུ་སྣ་གར་འཁྲིད་ཀྱི་དཔེ་ལྟར་འབྲངས་ནས་དམངས་ཁྲོད་རྩོམ་རིག་སྒྱུ་རྩལ་ལ་དགོས་ངེས་ཀྱི་མཐོང་ཆེན་བྱས་མེད་པ་དང་། ལྷག་པར་དུ་རིག་གནས་གསར་བརྗེའི་སྡུག་རྒྱབ་ཆེ་བའི་ཟང་ཟིང་གི་དུས་སྐབས་ནང་དམངས་ཁྲོད་རྩོམ་རིག་སྒྱུ་རྩལ་རྣམས་“རྙིང་བཞི”ཡི་ཁོངས་སུ་བཅིས་ནས་མྱུར་སྐྱོབ་དང་བསྡུ་སྒྲིག་བྱ་རྒྱུ་ལྟ་ཞོག་ཐ་ན་ཁ་ནས་རྒྱུན་སྲོལ་དམངས་གཞས་ཐལ་ནའང་དེ་ནི་རྙིང་ཞེན་བག་འཁྲུམས་ཀྱི་རིགས་སུ་བཅིས་ཀྱི་ཡོད་པས། བོད་རིགས་མི་དམངས་རྣམས་ཀྱིས་གཟིགས་འདོད་དང་། གསན་འདོད་ལྷག་པར་ཆེ་བའི་མི་རབས་ནས་མི་རབས་བར་ཕྲེང་བར་བརྒྱུད་དེ་དར་ཁྱབ་བྱུང་བའི་ཡུལ་བྱུང་སྒྱུ་རྩལ་རྣམས་རྒྱུན་ཆད་ལ་ཉེ་བའི་གནས་སུ་གྱུར། འོན་ཀྱང་

ཏང་གི་སྐབས་བཅུ་གཅིག་པའི་ཀྲུང་ཡུ་ཚང་འཛོམས་གྲོས་ཚོགས་ཐེངས་གསུམ་པའི་དགོངས་པའི་འོད་ཟེར་དེ་སྣན་སྦྱོངས་སུ་འཕྲོས་ནས་དམངས་ཁྲོད་སྒྱུ་རྩལ་གྱི་མེ་ཏོག་དག་སླར་ཡང་ཞལ་ཁ་ལེགས་པར་ཕྱེས་པ་མ་ཟད། དེའི་དྲི་ཞིམ་ཡང་ཕྱོགས་བཞི་མཚམས་བརྒྱད་ལ་ཁྱབ་ཡོད། དེ་ཡང་དཔེར་ན་དུས་དེབ་དང་ཚགས་པར་མང་པོའི་ནང་བཀོད་བྱའི་དོན་ཏ་ཅང་ཕུན་སུམ་ཚོགས་ཤིང་རྩོད་བྱེད་ཚིག་སྣན་ལ་ཉ་བར་འཛིབས་པ། སྐྱེ་བོ་རྒན་གཞོན་ཚང་མས་གོ་བདེ་བའི་དམངས་ཁྲོད་ཀྱི་རྩོམ་རིག་དུ་མ་བསྡུས་ཡོད་པ་དེ་རྣམས་རྒྱ་ཆེའི་ངལ་རྩོལ་མི་དམངས་ཀྱི་འདྲེན་བྱེད་ལམ་མམ་ཉ་བའི་བཅུད་དུ་འགྱུར་བས་རྒྱ་ཆེའི་ཀློག་པ་པོའམ་མི་དམངས་མང་ཚོགས་ལ་སྒྱུ་རྩལ་གྱི་བདེ་བ་སྟེར་ཐུབ་པ་དང་། བསམ་པའི་འཚོ་བ་ཕུན་སུམ་ཇེ་ཚོགས་སུ་གཏོང་རྒྱུར་གལ་ཆེའི་ནུས་པ་ཐོན་ཡོད་པ་ནི་དགའ་སྤྲོ་སྐྱེ་འོས་པ་ཞིག་རེད། འོན་ཀྱང་ང་ཚོས་ད་ཡོད་ཀྱི་འབྲས་བུ་ལ་བློ་ཚིམས་ནས་བསྡད་ན་ང་ཚོའི་ལས་དོན་ལ་འཕེལ་རྒྱས་ཡོང་དཀའ་བས་ངེས་པར་གཡང་ཏིའི་ཁ་ལ་མར་གྱི་ཡས་སྒྲོན་ཞེས་པའི་དཔེ་ལྟར་ཡག་ཐོག་ཡག་བརྩེགས་ཡོང་བར་བྱ་དགོས། དེས་ན་ང་ཚོ་དམངས་ཁྲོད་རྩོམ་རིག་བསྡུ་སྒྲིག་བྱེད་མཁན་ཚོས་ཉམས་མྱོང་ཕྱོགས་སྡོམ་གྱིས་ཚན་རིག་གི་ཐོག་ནས་བསྡུ་སྒྲིག་བྱས་ཏེ་དམངས་ཁྲོད་རྩོམ་རིག་ལ་ལྡན་པའི་ སྤུར་ཡོད་ཀྱི་ཁྱད་ཆོས་རྣམས་ཇི་མ་ཇི་བཞིན་བསྡུ་སྒྲིག་བྱ་རྒྱུ་ནི་ལྷག་པར་གལ་ཆེ་བས། འདིར་ཁོ་བོས་དམངས་ཁྲོད་རྩོམ་རིག་བསྡུ་སྒྲིག་བྱེད་རྒྱུའི་ཐད་བློན་གཏམ་གང་དྲན་ཞིག་གླེང་བར་འདོད་དེ། རྒྱུ་མཚན་ཡང་སོ་ཕག་འཕངས་ནས་གཡང་ཏི་འདྲེན་པའི་དཔེ་ལྟར་བོད་ཀྱི་དམངས་ཁྲོད་རྩོམ་རིག་བསྡུ་སྒྲིག་བྱེད་སྟངས་ཐད་ཡང་དག་པའི་རིགས་པའི་གཞུང་ལུགས་ཀྱི་ལམ་སྟོན་སྒྲོན་མེ་ཞིག་ཡོང་བའི་ཆེད་དུ་ཡིན།

དམངས་ཁྲོད་རྩོམ་རིག་བསྡུ་སྒྲིག་བྱེད་པའི་དམིགས་ཡུལ་ནི་འཚོ་བ་དངོས་

ལས་གྲུབ་པའི་རྒྱ་ཆེའི་ངལ་རྩོལ་མི་དམངས་རྣམས་ཀྱི་ངག་རྒྱུན་རྣམས་ཞར་ཚགས་དང་སྒྱུར་སྐྱོབ་བྱེད་ཆེད་དུ་ཡིན། ཞར་ཚགས་བྱེད་པ་དེ་ཡང་ཞར་ཚགས་པོ་ནའི་ཆེད་དུ་མིན་པར་སློགས་དོར་བཅུད་ལེན་གྱིས་བཟང་བ་རྣམས་རྒྱུན་འཛིན་དར་འཕེལ་བཏང་སྟེ། དེ་དག་གི་སྒྱུ་རྩལ་གྱི་ཉམས་འགྱུར་དང་རོ་བཅུད་དག་ཡོངས་སུ་སྤྱོད་ཆེད་དུ་ཡིན་པ་མ་ཟད། དམངས་ཁྲོད་རྩོམ་རིག་གི་འབྱུང་ཁུངས་ཏེ་ངལ་རྩོལ་མི་དམངས་ཀྱི་འཚོ་བ་དང་། མི་དམངས་ཀྱི་བསམ་པའི་འཁྱེར་སྟངས་ལ་ཚན་རིག་དང་མཐུན་པའི་ཞིབ་འཇུག་བྱེད་ཆེད་དུ་ཡིན། དམངས་ཁྲོད་རྩོམ་རིག་བསྡུ་སྒྲིག་བྱེད་སྐབས་“ཐོག་མའི་ཟིན་ཐོ་ཇི་མ་ཇི་བཞིན་གྱིས་བཀོད་པ་དེ་སྤྱི་ཚོགས་ཚན་རིག་ཞིབ་འཇུག་བྱེད་པའི་རིམ་པ་དང་པོའི་དཔྱད་གཞི་དང་། དམངས་ཁྲོད་རྩོམ་རིག་རྒྱ་ཁྱབ་གཏོང་བྱེད་ཀྱི་རྩ་བའི་གཞི་འཛིན་ས་ཡང་ཡིན་ལ། དམངས་ཁྲོད་རྩོམ་རིག་གི་ལས་དོན་མཐའ་དག་གི་སྔོན་འགྲོའི་ཆ་རྐྱེན་དང་། རྨང་གཞི་ཡང་ཡིན།”① དེར་བརྟེན་ང་ཚོས་དམངས་ཁྲོད་རྩོམ་རིག་བསྡུ་སྒྲིག་བྱེད་སྐབས་ངེས་པར་དུ་ངག་རྒྱུན་དེ་ལ་ཁྱད་ཆོས་གང་ཡོད་པ་ཇི་མ་ཇི་བཞིན་དུ་འགོད་དགོས་པ་ནི་ལྷག་པར་གལ་ཆེ། དམངས་ཁྲོད་རྩོམ་རིག་བསྡུ་སྒྲིག་བྱེད་སྐབས་དམངས་ཁྲོད་རྩོམ་རིག་དེའི་ནང་བསྡུ་སྒྲིག་མཁན་དེ་རང་གི་ལེགས་ཉེས་བློང་དོར་གྱི་ལྟ་ཚུལ་དང་། བཟང་ངན་དབྱེ་འབྱེད་བྱེད་ཚུལ། ཞི་ཁྲོའི་རྣམ་པ་འཛིན་ཚུལ་སོགས་ཀྱིས་རྐྱེན་བྱས་ནས་འཕྲི་སྣོན་བཟོ་བཅོས་བྱས་ཚེ་དེ་ནི་“སྐྱུ་གཉེར་ཕྱི་བདར་མཁས་ན་གསེར་སྐྱ་ཟངས་ལ་བཏང་ཡོང་”ཞེས་པའི་ངག་རྒྱུན་གྱི་རྗེས་འབྲངས་འབབ་ཞིག་ཏུ་སོང་བར་གོར་མ་ཆག དེས་ན་དམངས་ཁྲོད་རྩོམ་རིག་གི་ཐོག་མའི་ཁྱད་ཆོས་རྣམས་ཇི་མ་ཇི་བཞིན་གྱིས་ཟིན་ཐོ་འགོད་དགོས་པ་ནི་

① གྲུང་ཅིན་ཝུན་གྱིས་མཛད་པའི་《དམངས་ཁྲོད་རྩོམ་རིག་རགས་བཤད་》ཤོག་ངོས་152ལ་གསལ།

ཏུ་ཅང་གལ་ཆེ་བར་མཐོང་། དེ་ལྟར་བསྡུ་སྒྲིག་ཟིན་ཐོ་འགོད་སྐབས་ལྟག་པར་གཟབ་ནན་བྱེད་དགོས་པའི་གནད་དོན་གཉིས་ཡོད་དེ།

དང་པོ། བརྗོད་བྱ་དོན་གྱི་སྐོར།

བརྗོད་བྱའི་དོན་ནི་རྩོམ་ཡིག་གང་དེའི་སྲོག་གི་སྙིང་པོ་ཡིན་པས་དམངས་ཁྲོད་རྩོམ་རིག་གི་བརྗོད་བྱའི་དོན་རྣམས་ཐོག་མ་གང་ཡོད་པ་ཇི་མ་ཇི་བཞིན་གྱིས་ཟིན་ཐོར་འགོད་རྒྱུ་ནི་གལ་ཤིན་ཏུ་ཆེ། དམངས་ཁྲོད་རྩོམ་རིག་ནི་མི་དམངས་ཀྱི་འཚོ་བ་ལས་བྱུང་བ་དང་། ངལ་རྩོལ་མི་དམངས་རྣམས་ཚབ་སྲིད་འཚོ་བའི་འཁྲིད་དུ་འཐབ་རྩོད་བྱེད་པའི་རྣོ་ངར་ལྡན་པའི་མཚོན་ཆ་ཞིག་ཀྱང་ཡིན། དེས་མི་དམངས་ཀྱི་ལངས་ཕྱོགས་དང་ཕྱུགས་བསམ། ཀུན་སྤྱོད་ཀྱི་ལེགས་ཉེས་བཅས་མངོན་ཐུབ་ཀྱི་ཡོད། དམངས་ཁྲོད་རྩོམ་རིག་གི་བརྗོད་བྱའི་དོན་རྣམས་ལས་འགའ་རེ་ནི་རྙོག་འཛིང་ཆེ་བ་དང་། འགའ་རེ་ནི་སྟབས་བདེ་བ་སོགས་གང་ཡང་ཡོད་རུང་། བསྡུ་སྒྲིག་བྱེད་སྐབས་བཟོ་བཅོས་སྣོན་འཕྲི་བྱེད་མི་རུང་ཞིང་། བསྡུ་སྒྲིག་མཁན་འགའ་ཤས་ཀྱིས་དམངས་ཀྱིས་བཏབ་པའི་ངག་རྒྱུན་སྔོང་པོ་ལ་བཅོས་མའི་ཡལ་ག་རྒྱས་པ་དེ་ཡང་དམངས་ཁྲོད་རྩོམ་རིག་བསྡུ་སྒྲིག་བྱེད་སྐབས་བསྡུ་སྒྲིག་མཁན་རང་ངོས་ཀྱི་རེ་འདུན་དེ་དམངས་ཁྲོད་རྩོམ་རིག་ཐོག་སྦྱར་ནས་སྤར་ཡོད་དམངས་ཁྲོད་རྩོམ་རིག་གི་ནང་དོན་རྣམས་དུས་རབས་གསར་པའི་རྗེས་སུ་འདྲེན་པ་དང་། རྩོམ་པ་པོའི་གསར་རྩོམ་གྱི་རྗེས་སུ་འདྲེན་པ་ཡིན་པས། དེ་རིགས་ནི་རྩ་གཙང་མར་ཆོན་བླུགས་ནས་ཆུའི་རང་མདངས་ངོམས་རྒྱུ་མེད་པར་བཟོས་པ་དང་གཅིག་མཚུངས་སུ་འགྲོ་བ་དང་། ཡང་གློ་མཐུན་འགའ་ཤས་ཀྱིས་སྐད་ཡིག་གཞན་གྱི་ཐོག་ནས་བོད་ཀྱི་དམངས་ཁྲོད་རྩོམ་རིག་བསྡུ་སྒྲིག་བྱེད་ཅེས་དགོད་བྲོ་པོ་ཡ་མ་ཟུང་ར་མགོ་ལུག་ལ་བསྣར་བ་དེ་རིགས་ནི་ཆེས་སྤང་བྱར་འོས་པ་ཤ་སྟག་ཡིན།

བོད་རིགས་ཀྱི་དམངས་ཁྲོད་རྩོམ་རིག་གི་བརྗོད་བྱའི་དོན་རྣམས་ངེས་པར་དུ་བོད་མི་དམངས་ཀྱི་འཚོ་བ་དངོས་དང་རྒྱབ་འགལ་མེད་པ་བྱེད་དགོས་ཤིང་། དེ་ཡང་ང་ཚོས་དམངས་ཁྲོད་ངག་རྒྱུན་ལ་གང་ཡོད་པ་ཇི་མ་ཇི་བཞིན་གྱིས་ཟིན་བྲིས་བྱས་ནས་འགྲེམས་སྤེལ་བྱེད་རྒྱུ་དེ་མི་དམངས་ཀྱི་འཚོ་བ་དང་རྒྱབ་འགལ་དུ་མི་འགྲོ་བའི་ཐབས་ཤེས་བཟང་ཤོས་དེ་ཡིན། གང་ལགས་ཤེ་ན། ངག་རྒྱུན་དེ་ཉིད་དམངས་ཀྱི་འཚོ་བ་ལས་བྱུང་བ་ཞིག་ཡིན་པས་ཇི་ལྟར་གཟུགས་མེད་ན་གྲིབ་མ་དང་མེ་མེད་ན་དུ་བ་ཡོང་དོན་མེད་པའི་དཔེ་ལྟར་དམངས་ཀྱི་འཚོ་བའི་ནང་མེད་པའི་གནད་དོན་ནི་ངག་རྒྱུན་ནང་དུ་ཡོང་དཀའ་བ་ཞིག་ཡིན་པ་ནི་ཚང་མས་རྟོགས་སླ་བ་ཞིག་ཡིན།

བོད་ཀྱི་དམངས་ཁྲོད་རྩོམ་རིག་གི་བརྗོད་བྱའི་ས་མཚོའི་རང་བཞིན་དེ་ནས་ཆང་དང་། ཇ་བསྲུབས་མ། ཤ་མར་དང་རྩམ་པ་སོགས་ཁོ་ནས་མཚོན་མི་ཐུབ་པར་དེ་ནི་བོད་རིགས་མི་དམངས་ཀྱི་ཀུན་སྤྱོད་ཀྱི་ལྟ་ཚུལ་དང་། བསམ་པའི་འཁྱེར་སོ། ཡུལ་སྲོལ་གཤིས་ལུགས་སོགས་ཀྱིས་གཙོ་བོར་མཚོན་པ་ཡིན་པས་རྒྱ་རིགས་དང་སྤུན་ཟླ་མི་རིགས་གཞན་ཚོའི་དམངས་སྒྲུང་ལ་བོད་ཀྱི་ཇ་དང་། ཆང་། མར་སོགས་སྦྱར་ནས་དེ་ལ་ས་མཚོའི་རང་བཞིན་ལྡན་འདུག་ཅེས་བབ་ཅོལ་སྨྲས་ན་དེ་ནི་བཞད་གད་ཁོ་ནའི་རྒྱུ་རུ་འགྱུར་རོ། །འོ་ན་གཤམ་དུ་བོད་མི་རིགས་ཀྱི་བསམ་པའི་འཁྱེར་སོ་དང་ཀུན་སྤྱོད་ཀྱི་ཚད་གཞི་རྣམས་རགས་ཙམ་བརྗོད་ན་བསམ་པའི་ཁྱད་ཆོས་ལ་ཁ་དན་ཚིག་ལ་གནས་པ་དང་། གཞུང་རྒྱུད་དྲང་བ། སེམས་དཀར་དགེ་བར་སྤྲོ་བ། རྒྱུ་འབྲས་ལ་མཐོང་ཆེན་དང་། འདོད་བློ་ཁེངས་སླ་བ་ལ་སོགས་དང་། ཀུན་སྤྱོད་ཀྱི་ཐོག་ནས་བཤད་ན་བོད་རིགས་མི་དམངས་རྣམས་སེམས་ཆུང་གུས་ཞབས་ཆེ་བ་དང་། རྒན་འོག་གཞོན་ཚུད་ཀྱིས་ཆུང་བས་རྒན་པར་གུས་ཤིང་བཀུར་བ། ལྷག་པར་རང་རང་གི་ཕ་མར་བརྩི་བཀུར་དང་

བཀའ་དྲིན་གསོ་བའི་བསམ་པ་ཤུགས་ཆེ་བ། ཕ་མས་ཀྱང་བུ་ཕྲུག་གི་མདུན་ལམ་ལ་ཐུགས་ཁུར་ཆེ་བ། བོད་རིགས་ལ་གུས་སྲོལ་ཕུན་སུམ་ཚོགས་པ་དང་། གསོལ་མཆོད་མཛད་སྒོ་ལྷག་པར་མང་བ། ལག་རྟགས་དང་འབུལ་རྟེན་སྐྱེས་འབུལ་ཞུ་སྐབས་གང་ལ་དེ་འཚམ་གྱི་དབྱེ་མཚམས་གསལ་བ་ལ་སོགས་པའི་ཁྱད་ཆོས་ལྡན་ཡོད། དེས་ན་དམངས་ཁྲོད་རྩོམ་རིག་ནང་རྟོག་བཟོ་བྱས་པའི་དྲང་ཕྱོགས་མི་སྣའི་གཤིས་རྒྱུད་ལ་ཁ་བཤད་དོན་འཁྱོལ་མི་ཐུབ་ལ་གཡོ་སྒྱུ་ཆེ་བ། སེར་སྣ་ཆེ་ལ་འདོད་ཛམ་ཆེ་བའི་གཟུགས་བརྙན་བཀོད་ན་དེ་ནི་རིག་རྩལ་དེ་ཉིད་དོན་དངོས་འཚོ་བ་དང་རྒྱབ་ཏུ་ཕྱོགས་པ་ཞིག་ཡིན། གཞན་ཡང་སྤུན་ཟླ་མི་རིགས་ཀྱི་བློ་མཐུན་རྣམས་དང་། ས་ཕྱོགས་གཞན་དང་མི་རིགས་གཞན་གྱི་འཚོ་བའི་ཉམས་མྱོང་ཡོད་མཁན་གྱི་བོད་རིགས་བློ་མཐུན་འགས་བོད་ཀྱི་དམངས་ཁྲོད་རྩོམ་རིག་བསྡུ་སྒྲིག་བྱེད་སྐབས་རང་སོ་སོའི་ཤེས་རྒྱ་དང་མཐོང་རྒྱ་རྣམས་ངོམས་ནས་བཟོ་བཅོས་དང་སྣོན་འཕྲིས་བོད་ཀྱི་གཡག་ལ་རྒྱ་སྒླང་གི་ཨོག་ཞོལ་བསྐར་མི་རུང་ལ། སོག་པོའི་ཛ་མོང་གི་ཤ་རྗོག་ཡང་བསྐར་མི་རུང་། དཔེར་ན་དམངས་སྒྲུང་འགའ་ཤས་ཀྱི་ནང་སྤུན་མཆེད་གཉེན་སྒྲིག་བྱེད་པ་དང་ཁྱི་ཤ་ཟས་སུ་སྤྱོད་པ། བུ་མོ་མནའ་མར་སློང་བར་སློང་རྟེན་མང་པོ་སྤྲོད་དགོས་པ་སོགས་བོད་ལུགས་ལ་མེད་པའི་ལུགས་སྲོལ་འགའ་བོད་ཀྱི་དམངས་སྒྲུང་ནང་མངོན་ཡོང་གི་ཡོད་པ་ནི་བསྡུ་སྒྲིག་མཁན་ཚོས་རང་སྣང་གང་ཤར་གྱིས་བཟོ་བཅོས་དང་སྣོན་འཕྲི་བྱས་པ་ཞིག་རེད་སྙམ།

ང་ཚོས་དོ་སྣང་བྱེད་དགོས་པ་ནི་དམངས་ཁྲོད་རྩོམ་རིག་དེ་མི་དམངས་ཀྱི་འཚོ་བ་ལ་འགྱུར་ལྡོག་དང་འཕེལ་རྒྱས་བྱུང་བ་དང་བསྟུན་ནས་འགྱུར་བ་འགྲོ་བ་ཞིག་ཡིན། དེ་ལྟར་ཡིན་ཡང་མི་དམངས་ཀྱི་འཚོ་བ་ལ་འགྱུར་ལྡོག་འགྲོ་བ་དང་ཆབས་ཅིག་འགྱུར་བ་འགྲོ་མི་ཐུབ་པར་དེ་ཡི་རྗེས་སུ་འགྱུར་བ་འགྲོ་བ་ཞིག་ཡིན། དེར་བརྟེན་དེང་སྐབས་དར་ཁྱབ་ཡོད་པའི་དམངས་ཁྲོད་རྩོམ་རིག་གི་ནང་དོན་

འགའ་ཞིག་ད་ལྟའི་འཚོ་བའི་ནང་མངོན་རྒྱུ་མེད་པ་ནི་སྲིད་པ་ཞིག་ཡིན་པས། ང་ཚོས་དེ་ཉིད་མི་དམངས་ཀྱི་འཚོ་བ་དངོས་དང་རྒྱབ་འགལ་དུ་སོང་འདུག་ཅེས་བརྗོད་ན་མི་འགྲིག དཔེར་ན་དམངས་སྒྲུང་《བདུད་རྟ་ལེ་སྒྲུ་ཟེིང་》ཞེས་པའི་ནང་"……གཅེན་པོའི་ཕུང་པོར་འཐམས་ནས་བསྣུད། དེ་རྗེས་མོས་མར་ཡོད་ཚད་དཀར་མེ་ཕུལ། རྒྱུ་ཡོད་ཚད་སྦྱིན་གཏོང་བྱས། གཅུང་པོའི་ཕུང་པོ་དེ་ས་དཔྱད་ལེགས་པ་ཞིག་ཏུ་སྦས་……"①ཞེས་པ་ལྟ་བུར་གཞིགས་ན་ད་ལྟ་ང་ཚོའི་ཕུང་པོ་རྗེས་འཇུག་བྱེད་པའི་ལུགས་སྲོལ་ནང་དུར་སྦས་བྱེད་སྲོལ་མེད་ཀྱང་གནའ་སྔ་མོ་ཕུང་པོ་རྗེས་འཇུག་བྱེད་སྐབས་དུར་སྦས་བྱེད་སྲོལ་ཡོད་པ་མ་ཟད། དུར་སྦས་བྱེད་པ་ནི་ཕུང་པོ་རྗེས་འཇུག་བྱེད་པའི་ཆེས་སྔ་བའི་སྲོལ་ཞིག་ཡིན། དེས་ན་ད་ལྟའི་འཚོ་བའི་ནང་དུར་སྦས་བྱེད་སྲོལ་དེ་མེད་པས《བདུད་རྟ་ལེ་སྒྲུ་ཟེིང་》ཞེས་པའི་སྒྲུང་འདི་ཉིད་མི་དམངས་ཀྱི་འཚོ་བ་དང་རྒྱབ་འགལ་དུ་སོང་འདུག་ཅེས་བརྗོད་ན་མི་འཐད། གཞན་ཡང་དཀར་མེ་འབུལ་བ་སོགས་གཤིན་པོའི་རྗེས་སུ་མཆོད་འབུལ་སྦྱིན་གཏོང་བྱེད་པ་དེ་རིགས་ནི་ཧ་ལམ་བོད་དུ་སངས་རྒྱས་ཆོས་ལུགས་དར་བའི་རྗེས་གཞི་ནས་བྱུང་བ་ཞིག་ཡིན་པར་ངེས་པས་དེ་གཉིས་དབར་ལ་དུས་ཚོད་ཀྱི་ཐོག་ལ་འགལ་ཟླ་ཕྲ་མོའང་ཡོད་སྲིད་ཀྱང་། དེས་ང་ཚོར་སྒྲུང་འདི་ཉིད་ཀྱི་འཕེལ་རྒྱས་བྱུང་བའི་ལོ་རྒྱུས་དེ་གསལ་བཤད་ཐུབ་ཀྱི་ཡོད།

ང་ཚོས་དོ་སྣང་བྱ་དགོས་པའི་གནད་དོན་གཞན་ཞིག་ནི་ཆོས་ལུགས་སམ་ཡང་ན་རྗེས་ལུས་ཀྱི་གོམས་སྲོལ་དང་དམངས་ཁྲོད་རྩོམ་རིག་གི་འབྲེལ་བའི་སྐོར་དེ་ཡིན། བོད་མི་རིགས་འདི་ལོ་རྒྱུས་ཀྱི་དབང་གིས་ཆེས་སྔ་བའི་དུས་སུ་ས་སྐྱེས་རྗེ་སྐྱེས་ཀྱི་གདོད་མའི་ཆོས་ལུགས་དང་དེ་ཉིད་འཕེལ་རྒྱས་བྱུང་ནས་དར་བའི་བོན་

① 《བོད་ལྗོངས་དབུས་གཙང་ཁུལ་གྱི་དམངས་ཁྲོད་གཏམ་རྒྱུད་》ཤོག་ངོས152ལ་གསལ།

ཚོས། རྗེས་སུ་རྒྱ་གར་ནས་དར་བའི་སངས་རྒྱས་ཆོས་ལུགས་སོགས་ལ་དད་པ་ཤིན་ཏུ་ཆེ་བས་མི་རྣམས་ཀྱིས་ཡིན་མིན་དང་། བཟང་ངན་དབྱེ་འབྱེད་བྱེད་པའི་ཀུན་སྤྱོད་ཀྱི་གཞི་རྩ་འཛིན་ས་ལ་རང་གི་དད་པ་བྱེད་བཞིན་པའི་ཆོས་ལུགས་ཀྱི་ལྟ་ཚུལ་དེ་རྣམས་ཀྱིས་ཤུགས་རྐྱེན་ཆེན་པོ་ཐེབས་ཡོད་ངེས་ཡིན། དེས་ན་དམངས་ཁྲོད་རྩོམ་རིག་ནི་མི་དམངས་ཀྱི་བསམ་པའི་འདུ་ཤེས་འཛིན་སྟངས་ཀྱི་མཚོན་བྱེད་དམ་ལག་ཆ་ཞིག་ཡིན་པས་དམངས་ཁྲོད་རྩོམ་རིག་དང་། དམངས་ཀྱི་དད་པ་བྱེད་ཡུལ་གྱི་ཆོས་ལུགས་ཀྱི་ཤོད་སྒོལ་གཉིས་ཆུ་དང་འོ་མ་འདྲེས་པ་ལྟར་ཡོད་པའི་མིག་མཐོང་ལག་ཟིན་ཐུབ་པའི་དོན་དངོས་དེ་ང་ཚོས་ཁས་ལེན་མི་བྱེད་ཐབས་མེད་ཡིན། ང་ཚོ་དམངས་ཁྲོད་རྩོམ་རིག་བསྡུ་སྒྲིག་མཁན་གྱི་མདུན་དུ་ལྷག་པའི་གནད་དོན་ནི་བོད་ཀྱི་གནའ་བོའི་དམངས་ཁྲོད་རྩོམ་རིག་མང་པོར་ཆོས་ཀྱི་ལྟ་ཚུལ་དང་ཡང་ན་རྗེས་ལུས་ཀྱི་ལྟ་ཚུལ་འགའ་ཡོད་པ་དེ་རྣམས་ཇི་ལྟར་བྱས་ནས་བསྡུ་སྒྲིག་བྱེད་དགོས་རྒྱུ་དེ་ཡིན། ང་ཚོ་དུས་རབས་གསར་པའི་ནང་དུ་འཚར་ལོངས་བྱུང་བའི་མིས་བལྟས་ཚེ་ཆོས་ལུགས་དང་འབྲེལ་བའི་ཤོད་ཚུལ་མང་པོ་ཞིག་ནི་དངོས་གནས་ཡིད་ཆེས་དཀའ་བ་དང་ཁུངས་ལུང་མེད་པའི་གཏམ་འཆལ་འབའ་ཞིག་ཡིན་པར་སེམས་པ་དང་། རྐྱེན་དེས་དེའི་རིགས་ཇི་མ་ཇི་བཞིན་གྱིས་བསྡུ་སྒྲིག་བྱས་ན་རང་དང་རང་མི་རིགས་ལ་ངོ་གནོང་དགོས་པ་དང་། ཉམས་ཆག་འགྲོ་བའི་རྒྱུ་རྐྱེན་དུ་བསམས་ནས་དོར་གང་ཐུབ་བྱས་ན་དེ་ནི་ཐབས་ཞན་པའི་ཕན་མེད་སྤྱོད་ཚུལ་ཞིག་ཡིན་ནོ་སྙམ། ང་ཚོས་ཤེས་དགོས་པར་ལོ་རྒྱུས་ནི་འཕེལ་རྒྱས་འགྲོ་བ་ཞིག་ཡིན་པ་དང་། མི་རིགས་ཅི་འདྲ་ཞིག་ཡིན་རུང་དེའི་འཕེལ་རྒྱས་འགྲོ་བའི་དུས་རིམ་ནང་བླུན་རྟོངས་རྗེས་ལུས་ཅན་ནས་ཤེས་རིག་ལྡན་པའི་ཕྱོགས་སུ་བླ་བ་ཡར་ངོ་ལྟར་འཕེལ་རྒྱས་འགྲོ་བ་ཞིག་ཡིན། གནའ་དུས་ང་ཚོའི་མི་རིགས་ལ་རྗེས་ལུས་ཀྱི་རྣམ་པ་ལྡན་པ་དེ་ནི་སྤྱི་ཚོགས་འཕེལ་རྒྱས་འགྲོ་བའི་ནང་ལྡོག་ཐབས

མེད་པ་ཞིག་ཡིན། ཐ་ན་དེང་དུས་ཀྱི་སྤྱི་ཚོགས་འདིར་ཡང་རྗེས་ལུས་ཀྱི་བསམ་སྤྱོད་དུ་མ་མཆིས་པ་ནི་ང་ཚོ་ཚང་མས་མཁྱེན་གསལ་རེད། འོ་ན་ང་ཚོས་ཇོ་ཚའི་གསང་རས་རྫུན་མ་ཞིག་གིས་དེ་རྣམས་སྐོག་གསང་བྱས་ཏེ་བསྒྱུར་བཅོས་མ་བྱས་ན་དེ་ནི་ངོ་གནོང་དགོས་པའི་བྱ་བ་དངོས་དེ་ཡིན། ང་ཚོས་རྗེས་ལུས་ཀྱི་རྣམ་པ་ཅན་གྱི་དམངས་ཁྲིད་རྩོམ་རིག་རྣམས་ཇི་མ་ཇི་བཞིན་བསྒྱུ་སྒྲིག་གིས་དེར་ཚན་རིག་དང་མཐུན་པའི་ཞིབ་འཇུག་བྱས་ཏེ། རྗེས་ལུས་ཀྱི་རྣམ་པ་དེ་རྣམས་ཡོང་དགོས་པའི་རྒྱུ་རྐྱེན་དང་། དེས་ང་ཚོའི་འཚོ་བར་གནོད་པ་གང་ཞིག་ཡོད་ཚུལ་མི་དམངས་ལ་འགྲེལ་བཤད་གསལ་པོ་བྱེད་དགོས་པ་ནི་གལ་ཆེ་ལ་དེ་ནི་དཀའ་ཚེགས་ཆེ་བའི་ལས་འགན་ཞིག་ཀྱང་ཡིན། དེ་ཡང་ཚན་རིག་ཞིབ་འཇུག་བྱེད་པའི་སྔོན་འགྲོའི་ཆ་རྐྱེན་ནི་ཐོག་མའི་ཟིན་ཐོ་ཇི་མ་ཇི་བཞིན་གྱིས་འགོད་རྒྱུ་དེ་ཡིན་པས་ཆོས་ལུགས་ཀྱི་དྲི་མས་སྦགས་པའི་དམངས་ཁྲིད་རྩོམ་རིག་རྣམས་ཀྱང་ཇི་མ་ཇི་བཞིན་གྱིས་བསྒྱུ་སྒྲིག་བྱེད་དགོས་པ་ནི་གལ་ཆེའོ། །

གཉིས་པ། རྗོད་བྱེད་ཚིག་གི་སྐོར།

རྗོད་བྱེད་ཚིག་ནི་བརྗོད་བྱའི་དོན་མཚོན་བྱེད་ཀྱི་ལག་ཆ་སྟེ། ཚིག་གིས་དོན་ཉིད་གསལ་བར་བྱེད་པ་ཞིག་ཡིན་པས་ཚིག་མེད་ན་དོན་གསལ་ཐབས་མེད། འོ་ན། དམངས་ཁྲིད་རྩོམ་རིག་གི་བརྗོད་བྱའི་དོན་ཉིད་མཚོན་པར་བྱེད་པའི་ཚིག་དེ་ལ་མང་ཚོགས་རང་བཞིན་ལྷག་པར་ལྡན་ཡོད་པ་ནི་གོ་བདེ་རྟ་བར་འཇེབས་པ་ཞིག་ཡིན་པས། ང་ཚོས་བསྒྱུ་སྒྲིག་བྱེད་སྐབས་དེའི་ཁྱད་ཆོས་རྣམས་མི་གྱུར་བར་ཟིན་བཀོད་བྱེད་རྒྱུ་ནི་གལ་ཆེ། ད་ལྟ་ང་ཚོའི་བསྒྱུ་སྒྲིག་གི་ལས་དོན་ཐད་ལྷག་པའི་སྐྱོན་ཆ་ཞིག་ནི་བསྒྱུ་སྒྲིག་མཁན་ཚོས་མངོན་བརྗོད་ལ་སོགས་ཡིག་ཐོག་གི་མིང་ཚིག་མང་པོ་སྤྱད་དེ་དམངས་ཁྲིད་རྩོམ་རིག་ལ་དགོས་མེད་ཀྱི་རྒྱན་སྤྲས་ཀྱིན་འདུག་པ་

དེ་ཡིན་ན། དེ་ནི་གོས་ཆེན་ལ་པགས་ཚག་གི་ལྷན་པ་བརྒྱབ་པ་ལྟར་འདྲ་ཆགས་པོ་མེད་ཅིང་། བལྟས་ན་མི་མཛེས་ལ། ར་མ་ལུག་ཅིག་ཆགས་པས་དམངས་ཁྲོད་རྩོམ་རིག་དེ་ཉིད་བསྡུ་སྒྲིག་མཁན་གྱི་ཕྱག་སོར་བརྒྱུད་རྗེས་མི་དམངས་ཀྱིས་དེའི་རོ་བཅུད་རྣམས་སྤྱོང་མི་ཐུབ་པའི་གནས་སུ་གྱུར་བ་ནི་དོན་དངོས་ཤིག་ཡིན། དམངས་ཁྲོད་རྩོམ་རིག་ནང་ཐ་སྙད་དང་མིང་ཚིག་འགའ་སྐྱར་ཟློས་བྱས་པའི་རྣམ་པ་མང་བས་དེ་མེད་པ་བཟོ་ཆེད་དུ་མངོན་བརྗོད་ཀྱི་མིང་ཚིག་སྒྱུར་བ་ཡིན་ཞེས་བརྗོད་ན། དེའང་རྒྱུ་མཚན་ཡང་དག་ཅིག་མ་ཡིན་ཏེ། རྩོམ་རིག་དེའི་ནང་ཐ་སྙད་གཅིག་སྐྱར་ཟློས་བྱས་པ་དེ་ལ་བརྟེན་ནས་སྙན་རྩལ་གྱི་ཉམས་འགྱུར་གོང་མཐོར་འགྲོ་བ་དང་། འཆད་གྱེར་བྱེད་བདེ་ལ་བློ་ལ་འཛགས་བདེ་བའི་ཁྱད་ཆོས་མཐོང་བས། དམངས་ཁྲོད་རྩོམ་རིག་གི་ཐོག་མའི་ཚིག་སྒྱུར་ལ་བཟོ་བཅོས་བྱ་མི་རུང་།

གཞན་ཡང་དོ་སྣང་བྱ་དགོས་པ་ཞིག་སྟེ་དམངས་ཁྲོད་རྩོམ་རིག་གི་རྒྱན་གྱི་སྒྱུར་ཚུལ་ནི་རྩོམ་པ་པོའི་རྒྱན་གྱི་སྒྱུར་ཚུལ་དང་མི་འདྲ་བར་གོ་བདེ་ལ་གསོན་ཉམས་ལྡན་པ། བབས་ཆགས་ལ་ཡིད་དབང་འཕྲོག་པའི་ཁྱད་ཆོས་ལྡན་ཡོད། དཔེར་ན《ཨ་ཇོ་ཤག་དཔོན་》ཞེས་པའི་དམངས་སྒྲུང་ནང་"ཤག་དཔོན་གྱིས་ལྟེ་འདོམ་པ་གང་ཙམ་བསྐྱར་བཞིན་ལག་གཉིས་པུས་མོར་བཞག……"[①]ཞེས་པ་ལྟ་བུའོ། །

མདོར་ན། དམངས་ཁྲོད་རྩོམ་རིག་གི་ལངས་ཕྱོགས་ནི་མི་དམངས་ཡིན་པ་དང་དེའི་ཞབས་འདེགས་ཞུ་ཡུལ་ནི་མི་དམངས་ཡིན་པས། བོད་ཀྱི་བསམ་པའི་དཔལ་ཡོན་གྱི་འཛུགས་སྐྲུན་ཐད་དམངས་ཁྲོད་རྩོམ་རིག་གིས་གཞན་ལས་ལྷག་པའི་ནུས་པ་ཐོན་གྱི་ཡོད། དེས་ན་གོ་བདེ་རྣ་བར་འཇེབས་པའི་གངས་ལྗོངས་ཀྱི་

① 《བོད་ལྗོངས་དབུས་གཙང་ཁུལ་གྱི་དམངས་ཁྲོད་གཏམ་རྒྱུད་》ཤོག་ངོས162ལ་གསལ།

དམངས་ཁྲིད་རྩོམ་རིག་རྣམས་བསྡུ་སྒྲིག་བྱེད་སྐབས་དེའི་སྟེང་ཡོད་ཀྱི་མདངས་དང་གྲོ་བ་མ་འཚོར་བར་བྱས་ནས་རྒྱ་ཆེའི་སློག་པ་པོའི་ཐུགས་བློ་བསྐྲོང་ཐུབ་པ་ཞུ་རྒྱུ་ནི་དེ་བས་གལ་ཆེ་བ་ཞིག་ཡིན་ནོ། །

༄༅། །དགེ་འཁོར་ཡུལ་གྱི་སྐོར་གཞས་ཀྱི་ཐོག་ནས་བོད་ཀྱི་སྐོར་གཞས་ཀྱི་འབྱུང་དུས་ལ་བརྟག་པ།

དགེ་འཁོར་ཞེས་བྱ་བ་ནི་གཞིས་རྩེ་ས་གནས་པ་སྣམ་རྫོང་ཁོངས་སུ་གཏོགས་པའི་ཡུལ་གྲུ་ཞིག་ཡིན་ཞིང་། སྤྱིར་"ས་ཡུལ་སྐྱིད་པའི་བཀྲ་ཤིས་དགེ་འཁོར་འདི། །ཆོས་གྲྭ་ཆེན་པོ་དཔའ་ལྡན་ས་སྐྱའི་ཤར། །གདན་ས་མཐོ་བ་བཀྲ་ཤིས་ལྷུན་པོའི་སློ། །འབྲུ་སྣ་འཛོམས་པ་ཤེལ་དཀར་རྒྱལ་རྩེའི་ནུབ། །ཟས་སྣ་འཛོམས་པ་ཚོང་འདུས་ཕ་རིའི་བྱང་"དུ་གནས་ཡོད་ལ། "ཕུ་རུ་སྤང་ཆགས་འབྲོག་སྡེ་བརྒྱ་ཕྲག་གནས། །ཤ་མར་ཡོངས་སྤྱོད་འཛོམས་པའི་ངང་ལ་བཞུགས། །མདའ་རུ་རྟེན་ཆགས་ས་ཞིང་བརྒྱ་ཕྲག་གནས། །ནས་སྲན་གྲོ་སོགས་གང་དགའ་གང་འདོད་ཡོད། །"ཅེས་གསལ་བ་ལྟར་ཞིང་འབྲོག་ཟུང་དུ་གཉེར་བའི་ཡུལ་དེ་ཉིད་ལུང་ཁུག་ས་བཙན་འགྲིམ་འགྲུལ་མི་བདེ་བའི་རི་ཤུར་ཞིག་ཏུ་གནས་པ་ལགས་པས། ཡུལ་དེར་བོད་ཀྱི་ཡུལ་གྲུ་གཞན་དུ་རྒྱུན་ཆད་ལ་ཉེ་བའི་སྔར་སྲོལ་གྱི་རིག་རྩེད་མང་པོ་ཞིག་ད་ལྟའི་བར་དུའང་དར་བཞིན་མཆིས། ཁོང་ཚོས་ཡོངས་སུ་སྤྱོད་པའི་རིག་རྩེད་ལ་ཆ་མཚོན་ན། སྐོར་གཞས་དང་། གབ་ཚིག གླུ་མོ། དཀར་སྤྲུང་། ལས་གཞས་སྣ་ཚོགས། ཆང་གཞས། གཉེན་བཤད་ལ་སོགས་པ་དང་། ཐག་མཆོང་། རྒྱང་མཆོང་། གནམ་མཆོང་། ཞུར་རྡོ་འཕེན་སྤྱོད། ཐེབས་པད། རྡོ་སྐོར། ཤོ་རྩེད། རྡོ་འཁྱོགས། སྦྲེ་ག མི་རྒྱུག རྟ་རྒྱུག གཡག་རྒྱུག་ལ་སོགས་པ་ཤིན་ཏུ་མང་།

དེ་རྣམས་ལས་སྐོར་གཞས་ནི་དགེ་འཁོར་ཡུལ་གྱི་རྒན་སྐྲ་དཀར་ནས་གཞོན་

སོ་དཀར་བར་སྐྱེ་བོ་ཚང་མས་དགའ་བར་འཇུག་པའི་ཞབས་བྲོ་ཞིག་ཡིན་ཞིང་། དེར་དགེ་འཁོར་ཡུལ་གྱི་སྐྱེ་བོ་ཚོས་“དང་མོའི་ཞབས་བྲོ་”འམ་“སྐོར་གཞས”ཞེས་འབོད་ཀྱི་ཡོད། དེ་ཡང་། ཕོ་མོ་ཚོག་ཁག་གཉིས་སུ་གྱེས་ཏེ་སྐྱེས་པའི་ཕྱོགས་ནས་གཞས་བླངས་(བསྐུལ་བའི་དོན་)ན་བུ་མོའི་ཕྱོགས་ནས་བསྐྱར་དགོས་པའམ་ཡང་ན་བུ་མོས་བླངས་ན་བུས་བསྐྱར་དགོས་ཀྱི་ཡོད། སྐོར་གཞས་ནི་མགྲིན་ནས་དབྱངས་འདྲེན་བཞིན་རྐང་པས་བྲོ་འཁྲབ་པ་དང་། ལག་པས་པད་སྐོར་བསྐོར་བ་སོགས་ཀྱི་གཞས་དང་ཞབས་བྲོ་ཟུང་དུ་འབྲེལ་བ་ཞིག་སྟེ་སྐབས་འགར་ལག་སྦྲེལ་དང་སྐབས་འགར་འཁྲབ་མཁན་རྣམས་གཅིག་རྗེས་གཉིས་མཐུད་ཀྱིས་སྐོར་བ་བསྐོར་ཏེ་སྐོར་མོ་ཇ་འདྲའི་གཞས་ར་འཁྱིལ་བ་ལ་ཟེར་བ་ཡིན།

དགེ་འཁོར་ཡུལ་དུ་སྐོར་གཞས་ལ་ལོངས་སུ་སྤྱོད་པའི་དུས་ཚོད་ནི་ལོ་གཅིག་ཟླ་བ་བཅུ་གཉིས་ཞག་མ་སུམ་བརྒྱ་དྲུག་ཅུའི་དུས་སྟོན་ཆེ་ཤོས་གནམ་ལོ་གསར་ཚེས་དང་། དེ་བཞིན་ཡུལ་གོམས་སྲོལ་ལུགས་སུ་ཆགས་པའི་དུས་སྟོན་གཞན་གྱི་སྐབས་དང་། ཕྱུགས་ལས་གྲོལ་བ་ཆུང་བའི་སྐབས། ཕྱུགས་རྗེ་བ་འཛོམས་ཆེ་བའི་སྐབས་བཅས་སུ་ཡིན། དེ་ཡང་ཉི་ཤུ་དགུ་ཡི་དགོང་མོ་གྲོང་ཚོ་སོ་སོའི་སྐྱེ་བོ་རྒན་དར་གཞོན་གསུམ་མཉམ་འཛོམས་ཐོག་དགུ་ཐུག་བཏུང་(དགེ་འཁོར་ན་གྲོང་ཚོ་གཉིས་ལས་མེད་པ་དང་གྲོང་ཚོ་སོ་སོས་དགུ་ཐུག་མཉམ་དུ་བསྐོལ་བ་ལས་ཁྱིམ་ཚང་སོ་སོས་དགུ་ཐུག་བསྐོལ་བའི་སྲོལ་མེད།) ཚར་རྗེས་“གླུད”ཡང་བཏང་ཟིན་མཚམས་ཚང་མས་སྐོར་མོ་ཇ་འདྲའི་གཞས་ར་བསྐོར་ནས་དང་པོར《གླུ་ཡི་སྐོར་མོ་བྱེ་བ》ཞེས་པའི་མིང་དོན་མཚུངས་པའི་སྐོར་གཞས་ཤིག་གིས་ལོ་གཅིག་གི་ཞབས་བྲོའི་འགོ་འཛུགས་པའི་ལུགས་སྲོལ་ཡོད། དེ་ཡང་། “མ་གེའི་མཚོ་སྔོན་གྲུ་བཞིའི་ཕྱོགས་ནས་ཆས་སུ་ཆས་ནས་ཡོང་ཡོད། མཚོ་སྔོན་ཉ་ཆུང་གསེར་ཉའི་ཕྱོགས་ནས་ཆས་སུ་ཆས་ནས་ཡོང་ཡོད། གླུ་ཡི་སྐོར་མོ་བྱེ་རྒྱུ་ཡིན་

ནོ་ལྡེ་མིག་གཡར་པོ་གནང་དང་། ལྡེ་མིག་རྒྱལ་སྒོ་ཤར་གྱི་ཞུས་པའི་སྤྱང་སྐྱའི་སྟེང་ན་གཞག་ཡོད། སྐུ་གཟུགས་ཕྲ་ལ་རིང་བ་ཞིག་གིས་ལྡེ་མིག་སྣོབས་རོགས་གནང་དང་། ཕྱག་དེ་དཀར་ལ་འཇམ་པ་ཞིག་གིས་ཕྱག་ལྷུགས་ཕྱེ་རོགས་གནང་དང་། བསོད་ནམས་ཆེ་བ་ཞིག་ལ་མ་གཏོགས་ལྡེ་མིག་བསླབ་ས་མ་རེད། དང་དོད་ཅན་པ་ཞིག་ལ་མ་གཏོགས་ཕྱག་ལྷུགས་ཕྱེ་ས་མ་རེད།……” ཅེས་པའི་གཞས་ཐྲིས་འགོ་བརྩམས་ཏེ་ཉེར་དགུའི་དགོང་མོར་སྒོར་གཞས་དུས་རིང་ཙམ་འཁྲབ་པ་ལས། གནམ་གང་ཉིན་འཁྲབ་སྲོལ་མེད་པ་དང་། དེ་ནས་ལོ་གསར་ཚེས་པ་གཅིག་ནས་ལྷའམ་བདུན་བར་དགོང་མོ་ཕྱི་པོའི་བར་སྒོར་གཞས་ལ་རོལ་བའི་སྲོལ་ཡོད། དགེ་འཁོར་གྱི་འབྲོག་པ་ཚོས་དུས་རྒྱུན་ཐོན་སྐྱེད་ཀྱི་དལ་བྲེལ་དང་བསྟུན་ནས་སྒོར་གཞས་རྒྱག་པ་མ་ཟད། བྱང་གི་འབྲོག་པ་རྣམས་ཀྱང་ལོ་ལྟར་ཞ་ལུའི་རྣམ་སྲས་མཆོད་པའི་སྐབས་སུ་ཞ་ལུར་མཉམ་འཛོམས་ཀྱིས་སྒོར་གཞས་གཟིགས་འབུལ་ཞུ་སྲོལ་ཡོད་ཅིང་། ཞ་ལུ་བ་ཚོས་ཀྱང་དགེ་འཁོར་གྱི་གཞས་ར་ཆགས་ན་བཀྲ་ཤིས་སུ་བརྩིས་ནས་ཆང་དང་ཁ་བཏགས་སོགས་ཀྱིས་སྣེ་ལེན་དགའ་བསུ་ཞུ་བའི་ལུགས་སྲོལ་ཞིག་ཆགས་ཡོད།

གང་ལྟར་ཡང་དགེ་འཁོར་ཡུལ་གྱི་སྐྱེ་བོ་ཚོ་ནི་ངང་པ་མཚོ་ལ་འཇུག་པ་ཇི་བཞིན་སྒོར་གཞས་ཀྱི་སྒྱུ་རྩལ་ལ་ལོངས་སུ་སྤྱོད་པའི་ཚུལ་ནི་སྒོར་གཞས་འགའ་རེའི་དུམ་མཚམས་བར་ན། “ཞབས་བྲོ་ཉིན་མོ་རྒྱག་ན་ཉིན་གང་རྒྱག ཞབས་བྲོ་མཚན་མོ་རྒྱག་ན་མཚན་གང་རྒྱག གཞས་ལ་ཉིན་མཚན་ལྟག་འཁོར་རྒྱག་རྒྱུ་ཡིན། ཆང་དང་ཇ་ཁྲ་གཉིས་ལ་དབུ་ཡས་སྲོན།” ཞེས་པ་དེ་ལས་རྟོགས་སླ། རྒྱལ་ཕྱི་རྒྱལ་ནང་གི་མཁས་དབང་མང་པོས་སྒོར་གཞས་ནི་ཆེས་སྔ་བའི་གློས་གར་སྒྱུ་རྩལ་གྱི་རིགས་གཅིག་ཡིན་ཞེས་གསུངས་པ་ལྟར། བོད་ཀྱི་སྒོར་གཞས་ཀྱི་གྲུབ་ཆར་ངེས་པའི་དགེ་འཁོར་ཡུལ་གྱི་སྒོར་གཞས་ལ་བརྟག་ཞིབ་བྱེད་སྐབས་དེ་ནི་ལོ་རྒྱུས་ཡུན་

རིང་ལྡན་པ་ཞིག་ཡིན་པ་རྟོགས་ཐུབ། དེའི་རྒྱུ་མཚན་ནི་གཤམ་གསལ་ལྟར།

དང་པོ། དགེ་འཁོར་ཡུལ་དུ་སློར་གཞས་ལ་“དང་མོའི་ཞབས་བྲོ”ཞེས་པའི་ཐ་སྙད་འབོད་ཀྱི་ཡོད་ཅིང་། མིང་ཚིག་འདི་ཉིད་ནི་དགེ་འཁོར་ཡུལ་གྱི་ཡུལ་སྐད་ཡིན་ལ། “དང་མོ”ཞེས་པ་“གནའ་སྔ་མོ”ཞེས་པའི་དོན་ཡིན། དཔེར་ན་སྐྱེ་བོ་ཕན་ཚུན་སྐྱུང་བཤད་རེས་བྱེད་སྐབས་“གནའ་སྔ་མོ་གནའ་སྔ་མོ”ཟེར་རྒྱུ་ལ་“དང་མོ་དང་མོ”ཞེས་བརྗོད་པ་དང་“གནའ་བོའི་མི”ལྟ་བུར་“དང་མོའི་མི”“གནའ་བོའི་ཅ་ལག”ལྟ་བུར་“དང་མོའི་ཅ་ལག”ཅེས་འབོད་སྲོལ་ཡོད་པ་ལྟར་“དང་མོའི་ཞབས་བྲོ”ཞེས་པ་འདི་ཡང་“གནའ་བོའི་ཞབས་བྲོ”ཞེས་པའི་དོན་ཡིན་པར་ངེས། དེས་ན་“དང་མོའི་ཞབས་བྲོ”ཞེས་པའི་ཐ་སྙད་འདི་ཡི་ཐོག་ནས་སློར་གཞས་ནི་ལོ་རྒྱུས་རྒྱུན་རིང་ལྡན་པའི་སྒྱུ་རྩལ་གྱི་རིགས་ཤིག་ཡིན་པ་ཤེས་ཐུབ་བོ། །

གཉིས་པ། སློར་གཞས་ཀྱི་སྟངས་སྟབས་དཔེ་གཟུགས་ཀྱི་སྒྱུ་རྩལ་རང་བཞིན་ལ་བལྟས་ན། སློར་གཞས《ཡང་འདྲ་མོ་ལགས་》ཞེས་པའི་གཞས་ཚིག་ནང་། “……ཞབས་བྲོ་ཟེར་ན། རི་བོང་གི་ཙོག་འགྲོས་ལགས་ཡོད། ཡང་འདྲ་མོ་ལགས་རི་བོང་གི་ཙོག་འགྲོས་ལགས་ཡོད།”ཅེས་མགྲིན་ལས་གླུ་དབྱངས་ལེན་བཞིན་རི་བོང་གི་འགྲོ་འདུག་བྱེད་ཚུལ་ལ་ལད་མོ་བྱེད་པ་དང་། ཡང་“ཞབས་བྲོ་ཟེར་ན། རྐོད་པོའི་གཤོག་འགྱུར་ལགས་ཡོད། ཡང་འདྲ་མོ་ལགས། རྐོད་པོའི་གཤོག་འགྱུར་ལགས་ཡོད།” ཅེས་ངག་ནས་གླུ་ལེན་བཞིན་ལག་པས་བྱ་རྒྱལ་རྐོད་པོ་མཁའ་དབྱིངས་སུ་འཕུར་ལྡིང་བྱེད་ཚུལ་ལ་ལད་ཟློས་བྱ་བ་ལྟ་བུའོ། །གཞན་ཡང་། “ཞབས་བྲོ་ཟེར་ན། ཕོ་རོག་ཟུར་འགྲོས་ལགས་ཡོད། × × × ཞབས་བྲོ་ཟེར་ན། རྨ་བྱ་ཚུ་འཕྱང་ལགས་ཡོད། × × × ཞབས་བྲོ་ཟེར་ན། ཕ་མོའི་འཛབ་རྒྱུག་ལགས་ཡོད། × × ×”ཅེས་པ་སོགས་ལ་གཞིགས་ན།

ཆེས་སྔ་བའི་ཞབས་བྲོ་ནི་ས་སྙེང་གི་རི་དྭགས་གཅན་གཟན་དང་། མཁའ་ལ་འཕུར་བའི་བྱ་བྱིའུ་སོགས་དུད་འགྲོའི་རིགས་ཀྱི་འགྱུལ་བསྐྱོད་ཀྱི་ཉམས་འགྱུར་ལ་དཔེ་བལྟས་པ་ལས་གྲུབ་པ་ཞིག་ཡིན་པར་འདོད་པའི་གཞུང་ལུགས་དང་འགལ་ཆ་མ་མཆིས་པར་སེམས།

གསུམ་པ། ངལ་རྩོལ་ནི་དམངས་ཁྲོད་སྒྲུ་རྩལ་གྱི་གཙོ་བོའི་འབྱུང་ཁུངས་དེ་ཡིན་པ་དང་། ངལ་རྩོལ་གྱི་ཁྲོད་དུ་དམངས་ཁྲོད་རིག་རྩལ་དེ་ཉིད་འཚར་ལོངས་བྱུང་བ་ཞིག་ཡིན་པས་ངལ་རྩོལ་དང་དམངས་ཁྲོད་རིག་རྩལ་བར་ལ་འབྲེལ་བ་དམ་ཟབ་ཡོད། སྐོར་གཞས་འདི་ཉིད་ཀྱང་དམངས་ཁྲོད་རིག་རྩལ་གྱི་ལོངས་སུ་གཏོགས་པ་ཞིག་ཡིན་ན་ཐོན་སྐྱེད་ངལ་རྩོལ་དང་འབྲེལ་བ་དམ་ཟབ་ཡོད་པ་ནི་ཟུར་བལྟས་ལེབ་མཐོང་གི་དཔེ་ལྟར་ལགས། དགེ་འཁོར་གྱི་སྐོར་གཞས་འགའ་རེའི་དུམ་བུ་དཔེ་མཚམས་སུ། "……ཞབས་བྲོ་ཕྱིར་བཤིག ཕྱི་ལ་བཤིག་པ་གནང་དང་ཟེར་ན། ཕྱི་ལ་བཤིག་པའི་ལྷུགས་རི་དང་འདྲ།" ཞེས་གླུ་ལེན་བཞིན་སྐྱེ་བོ་ཚང་མ་ལག་སྦྲེལ་བྱས་ཏེ་ཕྱིར་བཤིག་བརྒྱབ་ཅིང་སྐོར་མོ་ཆེ་རུ་བཏང་སྟེ་ལྷུགས་ཀྱི་ར་བ་ལྟ་བུ་བཟོ་བ་དང་། "ཞབས་བྲོ་ནང་ལ་བཤིག་ནང་ལ་རུབ་པ་གནང་དང་ཟེར་ན། ནང་ལ་རུབ་པའི་ནོར་བུ་དང་འདྲ།" ཞེས་གླུ་ལེན་བཞིན་པར་ཞབས་བྲོ་འཁྲབ་མཁན་རྣམས་ལག་སྦྲེལ་བྱས་ཐོག་ཚང་མས་རྡོག་སྒྲ་དང་བཅས་རུབ་རུབ་བྱེད་པའི་རྣམ་པ་དང་། ལྷག་པར་དུ་སྐོར་གཞས་འགའ་ཤས་ཀྱི་ནང་གཞས་དུམ་བུའི་བར་མཚམས་སོ་སོར་"ཧུས་བྱས་པས། ཧུས་བྱས་པས་ཧུས། ཧུས་བྱས་པས། ཧུས་བྱས་པས། ཧུས།" ཞེས་དུམ་བུ་གོང་མ་གཉིས་ངག་ནས་འདོན་པ་དང་དུས་མཚུངས་རྡོག་སྒྲ་ཆེ་རུ་བཏང་སྟེ་ཚང་མ་ནང་ལ་རུབ་རུབ་(ཡང་ན་གཡོན་ངོས་སུ་བསྐྱོད་པ་)བྱེད་པ་དང་། དུམ་བུ་ཕྱི་མ་གཉིས་པོ་ངག་ནས་འདོན་བཞིན་ཚང་མ་ཕྱིར་བཤིག་རྒྱག་པ། (ཡང་ན་གཡས་ངོས་སུ་བསྐྱོད་

པ་) དེའི་རྣམ་པ་རྣམས་ཚང་མ་སྤྱར་རྫོན་ལས་བྱེད་པའི་དུས་རབས་སྐབས་བོད་རིགས་ཀྱི་ཕ་མེས་ཡང་མེས་རྣམས་ཀྱིས་སྒོར་མོ་ཇ་འདྲའི་གྲལ་ཞིག་བསྒྲིགས་ནས་རི་དྭགས་དབུས་སུ་གཙུར་ཏེ་རྫོན་བྱེད་ཚུལ་གྱི་རྣམ་པར་དཔེ་བལྟས་པ་ལས་བྱུང་བ་ཡིན་པ་ཤེས་ཐུབ། དེང་གི་དུས་སུ་ཡང་ནོར་ཕྱུགས་དེད་འགྲོ་བའི་སྐབས་སུ་"ཧུས་" ཞེས་པའི་བརྡ་དེ་བེད་སྤྱོད་བྱེད་མུས་སུ་ཡོད་པ་མ་ཟད། འབྲི་གཡག་དང་། བ་གླང་། ར་ལུག་སོགས་མི་ཡིས་ཟས་སུ་རུང་བའི་ནོར་ཕྱུགས་འདེད་སྐབས་"ཧུས་"ཞེས་པའི་བརྡ་དེ་བེད་སྤྱོད་པ་ལས། རྟ་བོང་དང་། ཁྱི་ལྡུ་བུ་བོང་རིགས་ཀྱི་ཟས་སུ་མི་རུང་བའི་དུད་འགྲོའི་རིགས་ལ་བརྡ་དེ་སྦྱོར་བའི་ལུགས་སྲོལ་མེད་པ་ལས་གསལ་བཤད་བྱ་ཐུབ་སྙམ། "ཧུས་" ཞེས་པའི་བརྡ་དེས་སྐྱེ་བོ་མང་པོས་རི་དྭགས་རྫོན་སྐབས་ཚང་མའི་ཧུས་ཤུགས་གཅིག་སྒྲིལ་ཡོང་རྒྱུར་ཕན་ཡོན་ཆེན་པོ་བྱུང་ཡོད་ངེས་རེད། སྐྱེ་བོ་དུ་མས་སྒོར་མོ་བསྐོར་ནས་རི་དྭགས་རྫོན་པའི་ཐོན་སྐྱེད་བྱ་ཚུལ་ནི་ཕྱུགས་རིགས་རྣམས་ཁྲིམས་ལ་སྦྱར་མེད་པའི་གདོད་མའི་ཐོན་སྐྱེད་བྱེད་སྟངས་ཤིག་ཡིན་ཞིང་། ཐོག་མར་མིའི་རིགས་ལ་ཐོན་སྐྱེད་ཀྱི་ཉམས་མྱོང་མེད་རྐྱེན་སྐྱེ་བོ་མང་པོས་ཇོ་དང་དབྱུག་པ་འཁྱེར་ཏེ་རི་དྭགས་རྫོན་པའི་ནུས་པ་ལས་མེད་པ་དང་། དེ་རྗེས་ལག་ལེན་གྱི་ཐོག་ནས་ཉམས་མྱོང་ཐོབ་སྟེ་མདའ་གྲི་མདུང་སོགས་ཁྱེར་ནས་རི་དྭགས་རྫོན་པའི་ཐོན་སྐྱེད་ཐབས་ཤེས་གསར་རྙེད་བྱུང་བ་དང་། དེ་རྗེས་ཞགས་པ་སོགས་སྤྱད་དེ་སྐྱེས་མ་ཐག་པའི་རི་དྭགས་སམ་ན་ཕྲ་བའི་རི་དྭགས་རྣམས་བཟུང་སྟེ་གསོས་པས་རིམ་བཞིན་སྒོ་ཕྱུགས་བྱུང་བ་ཡིན། སྒོར་གཞས་ཀྱི་ནང་དུ་སྐབས་དེའི་ཐོན་སྐྱེད་ཡོ་བྱད་ཀྱང་འཁོད་ཡོད་པ་ནི། "……མདའ་མོ་གཅིག་བཏང་ཡོད། གཞུ་མོ་གཅིག་བཀུག་ཡོད། གསེར་གྱི་མདའ་མོ་བཏང་ཡོད། དངུལ་གྱི་གཞུ་མོ་བཀུག་ཡོད།" ཅེས་པ་ལྟར་ལགས་པས་སྒོར་གཞས་ནི་བསྐལ་པ་ཡ་ཐོག་གི་སྤྱི་ཚོགས་ཀྱི་འཚོ་བ་ལས་བྱུང་བ་དང་། སྒོར་གཞས་ཀྱི་གཞས་ཚིག་ནང་རྒྱུ་ཚད་མཐོ་

བའི་ཐོན་སྐྱེད་ངལ་རྩོལ་གྱི་བཟོད་བྱ་ལྷན་པ་ཉུང་ངོ། །

བཞི་པ། གཞི་རྐང་དམངས་ཁྲོད་རྩོམ་རིག་སྒྱུ་རྩལ་ནི་ངལ་རྩོལ་མི་དམངས་ཀྱི་ཆབ་སྲིད་འཚོ་བ་དང་བསམ་བློ་འཐབ་རྩོད་བྱེད་པའི་ནོ་ལྷན་མཚོན་ཆ་ངར་མ་ཞིག་ཡིན་མོད་ཀྱང་། ད་བར་ཕོ་བོའི་འདྲེན་བྱེད་དང་ཇ་བའི་ཡུལ་དུ་མཐོང་ཐོས་བྱུང་བའི་དགེ་འཕོར་སྒོར་གཞས་ཀྱི་བཟོད་བྱའི་ནང་གྲལ་རིམ་འཐབ་རྩོད་ཀྱི་རྟགས་ཐམ་མངོན་རྒྱུ་དཔེན་པ་དང་། སྒོར་གཞས་གཞས་ཚིག་གི་བཟོད་བྱ་མང་ཆེ་བ་ནི་རི་ཆུ་ས་གསུམ་དང་། ཉི་ཟླ་སྐར་གསུམ། རྩི་ཤིང་ནགས་ཚལ། གཅན་གཟན་རི་དྭགས། བྱ་བྱིའུ་སྣ་ཚོགས་སོགས་ཀྱི་སྐོར་བཀོད་པ་མང་བར་མཆིས་པས། དེ་ལས་ཀྱང་ང་ཚོས་ཤེས་ཐུབ་པར་སྒོར་གཞས་ཀྱི་འབྱུང་ཁུངས་ནི་གདོད་མའི་སྤྱི་ཚོགས་ཡིན་པ་དང་། གདོད་མའི་སྐྱེ་བོ་རྣམས་ཀྱི་ཁམས་གཙང་རྟོག་མེད་ཀྱི་གླུད་པ་ལས་བྱུང་བ་ཡིན་པར་ཤེས་ཐུབ་བོ། །བརྒྱ་བཤད་བརྒྱ་ལ་བཤད་ཀྱང་ཡོས་ལ་འབབ་རྒྱུ་རྩམ་པའི་དཔེ་ལྟར། སྒོར་གཞས་ནི་བོད་ཀྱི་གཞས་གྲའི་འབྱུང་ཁུངས་གཙོ་བོ་དང་། རྨང་གཞི་གཙོ་བོ་ཡིན་པར་ཡིད་ཆེས་སྐྱེས་ལ། སྒོར་གཞས་ནི་གདོད་མའི་མིའི་རིགས་ཀྱི་ངལ་རྩོལ་དང་འཚོ་བ་ལས་བྱུང་བས་སྒོར་གཞས་ཀྱི་བཟོད་བྱའི་ནང་གྲལ་རིམ་འཐབ་རྩོད་ཀྱི་མཚན་མ་མངོན་རྒྱུ་མེད་པ་དང་། དེང་སྐབས་ཀྱི་ངལ་རྩོལ་འཚོ་བ་དང་ཙུང་རྒྱང་ཐག་རིང་བ་ཞིག་ཆགས་ཡོད་པ་ནི་ང་ཚོས་རྟོགས་ཐུབ་ངེས་རེད། གདོད་མའི་སྤྱི་ཚོགས་ནང་དཔོན་གཡོག་གི་འབྲེལ་བ་སོགས་གང་ཡང་མེད་པར་འགྲོ་བ་མི་ཡི་རིགས་ཡིན་ཚེ་ཚང་མ་འདྲ་མཉམ་ལགས་པས་གཉའ་གནོན་བཤུ་གཞོག་མེད་པ་དང་། རང་བྱུང་ཁམས་ལ་འཐབ་རྩོད་བྱེད་པའི་ནུས་མཐུ་ཕྲ་ཞིང་། ཚད་ཤིན་ཏུ་དམའ་བའི་ཐོན་སྐྱེད་ཀྱི་རྒྱུ་ལས་གྲོལ་མ་ཐུབ་པའི་གདོད་མའི་སྤྱི་ཚོགས་ཀྱི་མཐུན་རྐྱེན་ལས། དེ་ལྟའི་སྒྱུ་རྩལ་གྱི་རིགས་སྐྱེ་འཕེལ་བྱུང་བར་ངེས་སོ། །

༧༢། །བོད་མིའི་འབྱུང་ཁུངས་ཀྱི་བཤད་རྒྱུན་དང་འབྲེལ་བའི་གནད་དོན་ལ་དཔྱད་པ།

དེ་ཡང་ད་ཕན་བོད་མིའི་འབྱུང་ཁུངས་གང་ནས་ཡིན་མིན་གྱི་གནད་དོན་སྐོར་ལ་གསུང་རྒྱུན་མི་འདྲ་བ་མང་པོ་ཞིག་ཡོད་འདུག་པའི་ནང་འགའ་རེས"བོད་རིགས་ནི་མ་ལེ་གླིང་ཕྲན་ཚུང་དུ་ནས་གནས་སྤོས་བྱས་པ་ཡིན། དེར་བརྟེན་བོད་རིགས་ཀྱི་སྐྱེས་འབྲས་དང་མ་ལེའི་རིགས་རྒྱུད་འདྲ་བར་"[1] བཞེད་པ་དང་། འགའ་རེས"གོང་མས་རྒྱ་ནག་དབུས་ཁུལ་མ་བཟུང་གོང་རྒྱལ་ས་ཧུན་ལུན་དུ་བཅའ་བ་དང་། རྒྱ་ནག་དབུས་ཁུལ་བཟུང་སྐབས་རྒྱུད་པ་གཅིག་བཞག་པ་དེ་ད་ལྟའི་བོད་རིགས་ཡིན་པར་"[2] བཞེད་པ། ཡང་འགའ་རེས"བོད་རིགས་ཀྱི་སྐད་ཡིག་དེ་བོད་འབར་སྐད་རྒྱུད་ཀྱི་ཁོངས་སུ་གཏོགས་ཀྱི་ཡོད་པས་དེ་ལས་ཚོད་དཔག་ཐུབ་པར་བོད་རིགས་ནི་འབར་མ་ལས་བྱུང་བར་"[3] བཞེད་པ་དང་། དེ་བས་ཤུགས་རྐྱེན་ཆུང་ཆེ་བའི་བཞེད་པ་ཁག་གསུམ་ཡོད་པ་ནི་བོད་རིགས་རྒྱ་གར་ནས་བྱུང་བས་ཤཱཀྱའི་རྒྱུད་པ་ཡིན་པར་བཞེད་པ་དང་གཅིག （དེ་ལ་ལྷོ་ཕྱོགས་ནས་བྱུང་བའི་བཤད་ཚུལ་ཡང་ཟེར་）བོད་རིགས་ཀྱི་མེས་པོ་འཇང་ཡིན་པར་བཞེད་པ་དང་གཉིས། （དེ་ལ་བྱང་ནས་བྱུང་བའི་བཤད་ཚུལ་ཡང་ཟེར་）བོད་མིའི་འབྱུང་ཁུངས་ཡར་ཀླུང་གཙང་པོའི་ཆུ་རྒྱུད་འབབ་ཡུལ་དུ་ཡིན་པ་སྟེ་བོད་རང་ནས་ཡིན་པར་བཞེད་པ་དང་གསུམ་བཅས་ཡིན། གོང་གསལ་གྱི་བཞེད་པ་མི་འདྲ་བ་དེ་རྣམས་ཚང་མར་སོ་སོའི་རྒྱུ་མཚན་རེ་འདྲེན་རྒྱུ་ཡོད་པས་འདི་བདེན་དེ་རྫུན་གྱི་ཁ་

---

①②③ འཕྲིན་ལས་ཆོས་གྲགས་ཀྱིས་བརྩམས་པའི་《བོད་སྔོངས་ཡུལ་སྲོལ་》（རྒྱ་ཡིག་）ཤོག་ངོས6ལ་གསལ།

ཚོན་གཙོད་པར་དཀའ། འོན་ཀྱང་རང་ཉིད་ཀྱིས་ད་ལམ་དཔྱད་གཞིའི་ཡིག་ཆ་འགའ་ལྷ་ཀློག་བྱས་པ་དང་། ལྷག་དོན་དུ་ཡར་ལུང་རྩེད་ཐང་ཁུལ་དུ་གཤམ་བསྐྱོད་རྟོག་ཞིབ་བྱས་པ་བརྒྱུད་དམངས་ཁྲོད་ཀྱི་བཤད་རྒྱུན་དེའི་ཐད་བསམ་ཚུལ་མི་འདྲ་བ་འགའ་རེ་བྱུང་བ་རྣམས་གཟུར་གནས་མཁས་དབང་རྣམས་ལ་བཀའ་འདྲིའི་ཚུལ་དུ་སྤེལ་རྒྱུ་ཡིན།

དེ་ཡང་"ཕ་མེས་ཀྱི་ལོ་རྒྱུས་མ་ཤེས་ན། མཇུག་མ་མེད་པའི་སྤྲེའུ་ཡིན"ཞེས་པ་ལྟར་རང་ཅག་ཁ་བ་རི་པའི་སྔོན་བྱོན་ཕ་མེས་རྣམས་ཀྱིས་མིའི་རིགས་ཀྱི་སྤྱི་ཚོགས་བྱུང་ཟིན་པའི་རྗེས་ཀྱི་ལོ་རྒྱུས་ལ་དོ་སྣང་བྱེད་པ་ཙམ་དུ་མ་ཟད་འགྲོ་བ་མིའི་རིགས་མ་བྱུང་གོང་གི་བོད་ཀྱི་ས་ཁམས་ཆགས་ལུགས་དང་། མི་ཡི་འབྱུང་ཁུངས་སོགས་ལའང་དོ་སྣང་གནང་སྟེ། བོད་ལྗོངས་ས་མཐོ་འདི་ཉིད་ཆེས་སྔ་བའི་དུས་སུ་རྒྱ་མཚོ་ཡིན་པ་དང་། བོད་རིགས་ཀྱི་འབྱུང་ཁུངས་རྗེ་སྤྲེའུ་དང་བྲག་སྲིན་མོ་ཡིན་པའི་བཤད་རྒྱུན་ངག་ནས་ངག་བརྒྱུད་ཀྱིས་གང་སར་ས་ཁྱབ་རྗེ་ཁྱབ་ཏུ་དར་ནས་ཡོད་པ་ཀུན་གྱི་མཁྱེན་ཆོས་ལྟར་དང་། བོད་ལྗོངས་ས་མཐོ་འདི་ཉིད་རྒྱ་མཚོ་ནས་སྐམ་སར་གྱུར་བའི་བཤད་རྒྱུན་དག་པན་ཀུའུ་ཡིས་སྣ་རེས་རླུང་གཤགས་ནས་གནམ་ས་བྱུང་①བའི་ལྷ་སྒྲུང་དང་མི་འདྲ་བར་དེ་ལ་དྲང་བདེན་གྱི་དོན་སྙིང་ངེས་ཅན་ལྡན་ཡོད་པ་《མཚོ་བོད་ས་མཐོའི་གསང་བ་》②ཞེས་པའི་རྩོམ་ཡིག་དེས་ཚན་རིག་གི་ཐོག་ནས་ར་སྤྲོད་བྱས་ཡོད་ཅིང་། གཞན་ཡང་"འཛམ་གླིང་གི་ཆུའི་རྒྱ་མཚོ་ཆེན་པོ་འདིའི་སྟེང་རླུང་གི་སྤྲིན་མ་མར་གསར་ལྷ་བུ་ས་ཆེན་པོ་འདི་ཆགས"③ཞེས་གསལ་བར་གཞིགས་ན་རང་རེའི་མེས་པོ་རྣམས་ཀྱིས་མཚོ་བོད་ས་མཐོ་ཙམ་དུ་མ་

① 《ལོ་རྗེ་སྟོང་ཕྲག་ལྔའི་རིང་གི་ལོ་རྒྱུས་》ཤོག་ངོས་1ལ་གསལ།

② 《མི་དམངས་ཉིན་རེའི་ཚགས་པར་》1977ལོའི་ཟླ་བ6པའི་ཚེས22（རྒྱ་ཡིག）

③ 《དེབ་ཐེར་དམར་པོ་》ཤོག་ངོས་1ལ་གསལ།

ཟད་སའི་གོ་ལ་འདི་ཉིད་ཀྱང་ཐོག་མ་རྒྱ་མཚོ་ཡིན་པའི་ལྟ་ཚུལ་འཛིན་གྱི་ཡོད་པ་ཤེས་ཐུབ་པ་དང་། ཕ་སྤྲེའུ་རྒན་དང་མ་བྲག་སྲིན་གཉིས་ལས་བོད་མི་བྱུང་བའི་ཤོད་རྒྱུན་དག་ཀྱང་མི་ཡི་ཐོག་མ་ལྷས་བཟོས་པའམ་འདམ་པའི་མི་ལ་སྲོག་བླུགས་རྗེས་མི་བྱུང་བའི་ཤོད་རྒྱུན་དང་བསྡུར་ན་དེར་རྒྱུ་མཚན་ངེས་ཅན་ཞིག་ལྡན་ཡོད། དེ་ཡང་འགྲོ་བ་མིའི་རིགས་ཀྱི་འབྱུང་རྩ་གང་ཡིན་གྱི་སྐོར་ལ་འཛམ་གླིང་མི་རིགས་ཚང་མའི་ཁྲོད་དུ་བཤད་རྒྱུན་སྣ་ཚོགས་དར་ནས་ཡོད། དཔེར་ན། གནའ་རབས་རང་རྒྱལ་གྱི་རྒྱ་མི་རིགས་ཁྲོད་དུ་“ལྷ་མོ་ནྱུས་དབའ་ཡིས་མི་བཟོས་པའི”ལྷ་སྒྲུང་ཡོད་པ་དང་། ཞི་ལའི་ལྷ་སྒྲུང་ནང་མེ་ལྷ་ཕྲུ་ལུ་མེ་ཞུ་ཡིས་གསོན་སྐྱོབས་ཡོད་པའི་འདམ་ལ་འབུ་དང་། ཉ། བྱ་རིགས། རི་དྭགས་བཟོས་པ་མ་ཟད། མཐའ་མར་ལྷ་ཡི་གཟུགས་དཔེབས་ལ་བལྟས་ནས་མི་བཟོས་པའི་ཤོད་ཚུལ་ཡོད་ལ། གནའ་བོའི་ཞི་ལ་ཡི་མཁས་པའི་ཁྲོད་དུ་“མི་ནི་ཉ་ནས་འཕོ་འགྱུར་བྱུང་བ་ཡིན་”པའི་བཤད་ཚུལ་ཡོད་པ་དང་། ཨེ་ཅིབ་ཀྱི་ལྷ་སྒྲུང་ནང་འཇིག་རྟེན་བྱེད་པོ་ཏ་ནུ་མུའུ་ཡིས་ཆུ་དང་ས་ལས་འདམ་པའི་མི་བཟོས། དེ་ལ་མོ་ལྷ་ཏ་ཐོའོ་ཡིས་སྲོག་བླུགས་ནས་མི་བྱུང་བའི་བཤད་ཚུལ་ཡོད། ཡེ་ཤུའི་ཆོས་ལུགས་ཀྱི་《དམ་པའི་གསུང་རབ་》ནང་གི་《འཇིག་རྟེན་ཆགས་རབས་》ལ་གསལ་བར་ལྷའི་དབང་པོས་འཇིག་རྟེན་ཁམས་ཀྱི་བྱ་དངོས་ཡོད་དགུ་ཉིན་དྲུག་ནང་བསྐྲུན་པ་དང་། ཉིན་དྲུག་པར་རང་གི་གཟུགས་དཔེབས་ལ་བལྟས་ནས་ཡར་ཏང་(དོན་ནི“མི”)ཟེར་བའི་འདམ་པའི་སྐྱེས་པ་ཞིག་བཟོས་པ་དེ་མིའི་ཐོག་མ་ཡིན་པ་དང་། ཡར་ཏང་གི་རྩིབས་མ་ཞིག་བཀོག་སྟེ་ཤྭ་བ་(“ཚེ་སྲོག”གི་དོན་ཡིན་)ཟེར་བའི་བུད་མེད་གཅིག་བཟོས། ཁོང་གཉིས་ཐབས་ཤེས་ཟུང་དུ་འབྲེལ་བས་འགྲོ་བ་མིའི་རིགས་འདི་ཉིད་ཆགས་པར་གྲགས། དེ་དང་དེ་འདྲ་བའི་ལྷ་སྒྲུང་དེ་དག་ཚང་མ་རྒྱུ་མཚན་བསྟན་རྒྱུ་མེད་པའི་འཁྲུལ་གཏམ་ཤ་སྟག་ཡིན་པ་དབྱིན་ཇིའི་སྐྱེས་དངོས་རིག་པ་མཁས་ཅན་ཏར་ཝུན་གྱིས་མཛད་པའི་

《འཕེལ་འགྱུར་གྱི་རྣམ་བཤད་》ལས་མངོན་ཐུབ།

རང་རེ་ཁ་བ་ཅན་པས་འགྲོ་བ་མིའི་འབྱུང་ཚུལ་བཤད་སྐབས། བོད་ཀྱི་མི་ནི་ཕ་སྤྲེལ་རྒན་བྱང་ཆུབ་སེམས་དཔའ་དང་། མ་བྲག་སྲིན་མོ་གཉིས་ཀྱིས་མཐུན་སྦྱོར་བ་བོན་བཏབ་པའི་འབྲས་བུར་འགྲོ་བ་རིགས་དྲུག་ནས་ཚེ་འཕོས་པའི་ཕྲུ་གུ་སྦྱིད་ལམ་མི་འདྲ་བ་དྲུག་སྐྱེས། དེ་རྣམས་ནགས་མ་བྱ་ཚོགས་བྱ་བའི་ཡུལ་དུ་ལོ་གསུམ་བཞག་པས་སྤྲེའུ་ཕྲུག་ལྔ་བརྒྱར་འཕེལ། ཤིང་ཏོག་རྣམས་ཟད་ནས་སྤྲེའུ་ཕྲུག་རྣམས་ཉམ་ཐག་དབུལ་ཞིང་ཕོངས་པར་གྱུར། སྤྲེལ་རྒན་གྱིས་འཕགས་པ་བསྐྱབ་ཏུ་གསོལ་བས་འཕགས་པས་རི་རབ་ཀྱི་ཁོང་སེང་ནས་ནས་དང་། གྲོ། སྲན། བྲ་བོ། སོ་བ་རྣམས་བླངས་ཏེ་ས་ལ་གཏོར་བས་བོད་གངས་ཅན་གྱི་ཡུལ་འདིར་མ་རྨོས་པའི་ལོ་ཏོག་གིས་གང་། སྤྲེའུ་ཕྲུག་རྣམས་ཀྱིས་ལོ་ཏོག་ཟོས་པས་ཚིམ་པར་གྱུར་ནས། སྤུ་དང་། མཇུག་མ་ཐུང་དུ་སོང་། སྨྲ་ཤེས་ནས་མིར་གྱུར་ཏོ། །ཟས་སུ་མ་རྨོས་པའི་ལོ་ཏོག་ཟ་ཞིང་། གོས་སུ་ཤིང་ལོ་གྱོན་ཞེས་བོད་ཁ་བ་ཅན་པའི་མི་རྣམས་ཕ་སྤྲེའུ་དང་མ་བྲག་སྲིན་མོ་གཉིས་ལས་ཆད་པའི་བཤད་རྒྱུན་དར་ཁྱབ་ཆེ་བར་སྣང་།

མིའི་འབྱུང་ཚུལ་གྱི་བོད་ཀྱི་ཤོད་རྒྱུན་འདི་དང་འབྲེལ་བའི་གནད་དོན་ཁག་ལ་བསམ་གཞིགས་བྱེད་སྐབས་སྤྲེའུ་དང་བྲག་སྲིན་མོ་ལས་མི་བྱུང་བའི་ཤོད་རྒྱུན་དག་དང་། སྤྲ་རིགས་མི་ལ་འཕོ་འགྱུར་བྱུང་བའི་ཚན་རིག་གི་ཚོད་གཏམ་གཉིས་སྟེས་དབང་གིས་སྟབས་འཁེལ་བྱུང་བ་ཞིག་གཏན་ནས་ཡིན་བཟོ་མི་འདུག ཤོད་རྒྱུན་འདིའི་ཕྱི་རྒྱན་ཆོས་ལུགས་ཀྱི་དར་མཆོན་དེ་ཕུད་ནས་ནང་དོན་གྱི་སྙིང་པོར་བལྟས་ན“སྤྲེའུ་ཡིས་ནགས་ཀྱི་མ་རྨོས་ལོ་འབྲས་རྣམས་འཚོལ་བསྡུ་ཟ་སྤྱོད་བྱེད་པའི་ནང་དོན་རྣམས་བརྗོད་སྐབས་བབས་ཆགས་ལོ་རྒྱུས་དངོས་གཙོ་སྨྲ་བའི་

བསམ་བློའི་འོད་ཟེར་འཕྲོ་ཡི་ཡོད་”[1]པ་མ་ཟད། མི་དང་སྤྲ་རིགས་ཀྱི་རྩ་བའི་དབྱེ་མཚམས་ངལ་རྩོལ་གྱི་ཐོག་ནས་བཤད་ནའང་དེའི་ནང་ཚན་རིག་གི་ལྟ་བ་མངོན་ཐུབ།

གཅིག་ནས་“བོད་ཀྱི་རིགས་རྒྱུད་ནི་སྤྲེའུ་དང་སྤྲ་མོ་གཉིས་འདུས་པ་ལས་མི་མིན་སྤྲ་མིན་གྱི་ཕྲུ་གུ་དྲུག་སོགས་བྱུང་ཞིང་འཕེལ་བའི་སྒྲུང་ལྟ་བུའི་ཤོད་ཚུལ་མང་དུ་བྱུང་བའི་ལྷ་སྒྲུང་གི་རང་བཞིན་གསལ་”[2]ཡོད་པར་བཞེད་མཁན་ཡོད་ལ། སྔར་གྱི་ལྡེབས་རིས་ལ་ལར་བྲག་སྲིན་མོའི་གཟུགས་རིས་དེ་སྤྲ་ཡི་གཟུགས་དབྱིབས་སུ་བཀོད་ཡོད་པའི་གསུང་རྒྱུན་ཡང་ཡོད་པ་དེ་ཚོའི་ཁུངས་དང་ལུང་གང་ཡིན་པའམ་ལྡེབས་རིས་དངོས་མིག་མཐོང་ལག་ཟིན་མ་བྱུང་བས་ཚད་མར་འཛིན་དུ་མི་རུང་ཡང་། ཁྱེད་ཀྱིས་མ་མཐོང་མེད་པ་མིན། ཀུན་གྱིས་མ་མཐོང་མེད་པའོ་ཞེས་པའི་དཔེ་ལྟར་བཤད་རྒྱུན་དེ་འདྲ་དང་། ལྡེབས་རིས་དེ་ལྟ་བུ་ཡོད་སྲིད་ལ། དེ་དག་ནི་མིའི་འཕེལ་རིམ་ལས་ཐོག་མར་སྤྲ་ནས་མི་ལ་འགྱུར་བའི་བར་བརྒྱལ་དུས་རིམ་གྱི་ལོ་རྒྱུས་ཟིན་ཐོ་ཡིན་པར་ངོས་འཛིན་བྱས་མི་ཆོག་པ་མིན་པ་དང་། ཤོད་རྒྱུན་ནང་གི་སྤྲེའུ་དང་བྲག་སྲིན་མོ་ལས་མི་མིན་སྤྲ་མིན་གྱི་ཕྲུ་གུ་མང་དུ་བྱུང་བ་རྣམས་སྤྲ་ནས་མི་ལ་འགྱུར་བའི་བར་བརྒྱལ་དུས་རིམ་གྱི་སྤྲ་མ་མི་ཡིན་པར་ངོས་འཛིན་བྱས་ཆོག བོད་ཀྱི་ཡང་མེས་རྣམས་ཀྱིས་གཅིག་ཏུ་འགྲོ་བ་མིའི་རིགས་ཀྱི་འབྱུང་ཁུངས་གང་ཡིན་པ་ཡང་དག་པའི་སྒོ་ནས་གསུངས་ཡོད་པ་མ་ཟད། གཉིས་སུ་དེ་ཇི་ལྟར་འཕེལ་འགྱུར་བྱུང་བའང་བཤད་ཡོད། སྤྲེལ་རྒན་དང་བྲག་གི་སྲིན་མོ་གཉིས་བསྡེབས་པས་གདོང་དམར་ཤ་ཟན་གྱི་རིགས་ཤིག་བྱུང་བའི་ཤོད་རྒྱུན་ཡོད་པ་ལས། དེ་གཉིས་པོ་བསྡེབས་པས་ཐད་དཀར་བོད་ཀྱི་མི་བྱུང་བ་བཤད་

① ཏུང་ཅིང་ཧྭ་ཡིས་མཛད་པའི་《བོད་རིགས་ཀྱི་དམངས་ཁྲོད་རྩོམ་རིག》(རྒྱ་ཡིག)ཤོག་གྲངས20ལ་གསལ།

② 《བོད་ལྗོངས་ཞིབ་འཇུག》1989ལོའི་དུས་དེབ4པར་གསལ།

མེད། དེའི་ཐོག་ནས་སྤྲེལ་རྒན་དང་བྲག་སྲིན་མོ་བསྡེབས་པ་དང་། བོད་ཀྱི་མི་འབྱུང་བའི་དབར་ལ་བར་བརྒྱལ་དུས་རིམ་ཞིག་ཡོད་པ་གསལ་ཡོད། སྤྲེལ་རྒན་དང་བྲག་སྲིན་མོ་འདུས་པས་“ རིགས་དྲུག་ནས་ཚེ་འཕོས་པའི་སྤྱོད་ཚུལ་མི་འདྲ་བའི་སྤྲུག་གུ་དྲུག་འབྱུང་བ་ཡང་། ཕ་རིགས་རྣམས་འཆར་སྒོ་སྨུར་ཞིང་སྙིང་རྗེ་ཆེ་བ་ཁོག་གྲིམས་པ། མ་རིགས་རྣམས་གདོང་དམར་ཟིག་ལས་ལ་ཇམས་ཤིང་རོ་གྱོང་བ་འབྱུང་བ་དེ་དག་ལས་རིམ་པར་འཕེལ་བས་བོད་མིའི་ཁམས་སུ་གྱུར་”①ཅེས་གསལ་པོར་གསུངས་ཡོད་པ་མ་ཟད། དེ་ལྟའི་བར་བརྒྱལ་དུས་རིམ་དེའི་ནང་ངལ་རྩོལ་གྱི་ནུས་པའང་ཐོན་ཡོད། བོད་ཀྱི་དམངས་ཁྲོད་ཤོད་རྒྱུན་ནང་ཞིང་གི་དང་པོ་“ སྣར་མོ་ཞིང་”②ཡིན་ཞེས་བརྗོད་སྲོལ་ཡོད་（ ལ་ལས་ཞིང་གི་དང་པོ་ཟོ་དང་རིང་མོ་ཡིན་ཡང་ཟེར་）པའི་རྒྱུ་མཚན་ནི་“ སྤྲེའུ་དང་བྲག་སྲིན་མོ་འདུས་པས་ཐོག་མར་སྤྲུ་གུ་དྲུག་འབྱུང་། དེ་རྣམས་ལས་མང་བར་འཕེལ་བའི་རྐྱེན་གྱིས་ཁྲུལ་དེའི་ཤིང་ཏོག་རྣམས་ཟད། སྤྲེའུ་སྤྲུག་རྣམས་བཀྲེས་སྐོམ་གྱིས་མནར། དེ་དུས་བྲག་སྲིན་མོས་ལག་གི་སྣར་མོས་བྲད་བྲད་བྱས་ནས་ཞིང་ཁ་དང་པོ་དེ་བཏབ། དེ་ནས་ཞིང་གི་དང་པོ་སྣར་མོ་ཞིང་བྱ་བའི་མིང་འདི་བྱུང་བའི་ཤོད་ཚུལ་ཡོད།”③ ཡང་སྙིང་ཞིང་གི་དང་པོ་བཟོ་དང་རིང་མོ་ཡིན་དང་། སྣར་མོ་ཞིང་ཡིན་ལ་ང་ཚོས་དཔྱད་རྩོད་བྱ་བའི་དགོས་པ་མེད་ལ། སྣར་མོ་ཞིང་དེ་བྲག་སྲིན་མོ་རང་གིས་སྣར་མོས་བཏབ་པ་ཡིན་མིན་ལ་དཔྱད་རྩོད་བྱ་བའི་དགོས་པ་དེ་བས་མེད། དེ་ལས་ཤོད་རྒྱུན་འདིས་ང་ཚོར་གདོད་མའི་ཞིང་ལས་ཀྱི་ཐོག་མའི་འབྱུང་ཚུལ་མངོན་སུམ་འཁྲུལ་མེད་ཀྱིས་བཤད་ཡོད། དེ་ནི་རིན་ཐང་བྲལ་བ་ཞིག་རེད། ཤོད་རྒྱུན་འདི་དང་

① 《བོད་ཀྱི་དེབ་ཐེར་དཔྱིད་ཀྱི་རྒྱལ་མོའི་གླུ་དབྱངས་》ཤོག་ངོས་11ལ་གསལ།

② 《སྤང་རྒྱན་མེ་ཏོག་》 1984ལོའི་རྒྱ་ཡིག་དུས་དེབ་4པར་གསལ།

③ 1987ལོར་སྣེ་གདོང་གྲོང་ཚོའི་བགྲེས་སོང་འཆི་མེད་རྡོ་རྗེ་ལགས་ཀྱིས་གསུངས། སྐབས་དེ་དུས་ཁོང་དགོང་ལོ71ལ་ཐེབས་ཡོད། ཐར་ལྷ་སྐྱིད་དང་སྣེ་གདོང་རྫོང་གི་གད་པ་གནང་སྒྲོང་ཡོད།

"ཡུན་རིང་གི་རྩི་ཤིང་འཚོལ་བསྡུ་བྱེད་པའི་ལག་ལེན་ནང་གདོད་མའི་མི་(གཙོ་བོ་ནི་བུད་མེད་)རྣམས་ཀྱིས་ས་ལ་ཟག་པའི་སོན་རྩ་འགའ་ལ་སྨྱུ་གུ་འབུས་ཐུབ་པ་དང་། སྐྱེ་འཚར་ཐུབ་པ། ཟས་སུ་རུང་བའི་འབྲས་བུའང་སྨིན་གྱི་ཡོད་པ་མཐོང་བས། ཁོང་ཚོས་རྩི་ཤིང་གི་སོན་རྩ་དེ་དག་སྡོད་གནས་ཀྱི་མཐའ་བཞིར་བཏབ་སྟེ་ཞིབ་ཚགས་པོས་འདེབས་གསོ་བྱས་པ་འདི་ནི་གདོད་མའི་ཞིང་ལས་ཡིན་"[1]ཞེས་པའི་"གདོད་མའི་ཞིང་ལས་ནི་རྩི་ཤིང་འཚོལ་བསྡུ་བྱེད་པ་ལས་འཕེལ་རྒྱས་བྱུང་བའི་"ཚོད་འདོམས་གཉིས་ཡོངས་སུ་མཐུན་པ་མ་ཟད། སྤྲེ་ནས་མི་ལ་གྱུར་བའི་བར་བརྒྱལ་དུས་རིམ་དེའི་ནང་ལོ་ཐོག་ཟ་ཞིང་། ངལ་རྩོལ་ཡང་བྱེད་པའི་བརྒྱུད་རིམ་ནང་"སྤྲེ་ཡང་ཐུང་དུ་སོང་། མཇུག་མ་ཡང་ཐུང་དུ་སོང་སྟེ་སྤྲེ་ཤེས་ནས་མིར་གྱུར་ཏོ་"[2]ཞེས་པའི་ཤོད་རྒྱུན་འདི་དང་ལོ་རྒྱུས་དངོས་གཙོ་སྨྲ་བའི་"སྐད་ཆ་ནི་ངལ་རྩོལ་གྱི་ཆེད་དུ་དང་། ངལ་རྩོལ་བྱེད་པའི་བརྒྱུད་རིམ་ནང་ཐོན་པ་ཞིག་ཡིན་པའི་"[3]ལྟ་ཚུལ་གཉིས་ཡོངས་སུ་མཐུན་ཡོད། དེར་བརྟེན་སྤྲེའུ་མོ་ཞིང་གི་བཤད་རྒྱུན་འདི་ལས"ངལ་རྩོལ་གྱིས་མི་ཉིད་གསར་སྐྲུན་བྱས་པ་"དང་"ལག་པ་ནི་ངལ་རྩོལ་བྱེད་ཆེད་ཀྱི་དབང་པོ་ཞིག་ཡིན་པ་མ་ཟད། དེ་ད་དུང་ངལ་རྩོལ་གྱི་འབྲས་བུ་ཞིག་ཀྱང་ཡིན་"པའི་འོད་སྟོང་འབར་བའི་ཚོད་འདོམས་དང་ཕྱོགས་མཚུངས་པའི་དངོས་དོན་ཞིག་མངོན་ཡོང་གི་ཡོད་པ་མ་ཟད། གདོད་མའི་ཞིང་ལས་ཀྱི་ཐོག་མའི་བྱུང་ཚུལ་དང་སྐད་ཀྱི་ཐོན་ཚུལ་ཡང་བཤད་ཡོད་པ་ནི་ཧ་ཅང་ངོ་མཚར་ཆེ་བའོ། །

གཉིས་ནས་བོད་མིའི་ཕ་མེས་འཛིག་རྟེན་གྱི་ཁམས་འདིར་ཐོག་མར་བྱོན་པའི་སྐབས་སུ་"དེའི་དུས་དེར་རི་རྣམས་ནི་ཤིང་ནགས་སུ་སོང་། ཀླུང་ཐམས་

[1] 《སྤྱི་ཚོགས་འཕེལ་རྒྱས་ཀྱི་ལོ་རྒྱུས་མདོར་བསྡུས》(རྒྱ་ཡིག) ཤོག་ངོས20ལ་གསལ།
[2] 《རྒྱལ་རབས་གསལ་བའི་མེ་ལོང་》ཤོག་ངོས10ལ་གསལ།
[3] 《སྤྱི་ཚོགས་འཕེལ་རྒྱས་ཀྱི་ལོ་རྒྱུས》(རྒྱ་ཡིག) ཤོག་ངོས10ལ་གསལ།

ཅན་ནི་ཆུས་ཁེངས་ཡོད་པ་རྐོང་ཆུ་ལག་ཁ་ཕྱེ་ནས་ཆུ་ཐམས་ཅད་དེར་སོང་སྟེ་རྐོང་ཆུ་ལག་ཏུ་ཐིམ་མོ། །དེ་ནས་ཐང་ཐམས་ཅད་ལ་ཞིང་བྱས། གྲོང་ཁྱེར་མང་པོ་བརྩིགས།”①ཞེས་གསལ་བ་ལྟར་ཐོག་མ་ཉིད་ན་རི་རྣམས་ནི་ཤིང་ནགས་ཀྱིས་བསྒྲུབས་ཤིང་རྩི་ཤིང་ལོ་ཏོག་གིས་གང་བར་མཆིས་ལ་གདོད་མའི་མི་རྣམས་རྩི་ཤིང་འཚོལ་བསྡུ་དང་སྤྲོག་ཆགས་ཆུང་རིགས་རྔོན་ནས་འཚོ་བར་རོལ་བའི་ཚེ་ན་སྡོད་སའི་གནས་ཚང་ཡང་རང་བྱུང་གི་ཕུག་ལ་བརྟེན་གྱི་ཡོད་པ་མ་ཟད། ཕུག་དེ་ཡང་སྤྱིར་བཏང་གི་གཅན་གཟན་རི་དྭགས་བྱ་བྱིའུ་ཡི་ཚང་དང་མི་འདྲ་བར་གྲང་འགོག་དྲོད་སྲུང་དང་། གནོད་འགོག་བདེ་སྲུང་གི་ཁྱད་ཆོས་ལྡན་ཡོད་པ་ཞིག་ཡིན། དེ་ཡང་། རྩེད་ཐང་གོང་བུ་རི་ཡི་རི་སྟོད་ན་ཁ་བྱང་ཤར་ལ་ཕྱོགས་པའི་བྲག་གི་ཕུག་པ་ཞིག་ཡོད་པ་དེ་ནི་བཤད་རྒྱུན་ནང་གི་ཕ་སྤྲེལ་རྒན་བྱང་ཆུབ་སེམས་དཔའ་སྒོམ་བསྒྲིན་གནས་དེ་རེད། དེ་ལ་ཡོངས་གྲགས་སུ་སྤྲེའུ་བྲག་ཕུག་ཅེས་བརྗོད་ལ། སྤྱན་རས་གཟིགས་ཀྱི་ཕོ་བྲང་ཞེས་ཀྱང་བརྗོད་སྲོལ་ཡོད། སྤྱན་རས་གཟིགས་ཀྱི་ཕོ་བྲང་བྱ་བའམ་སྤྲེལ་རྒན་བྱང་ཆུབ་སེམས་དཔའ་ཡི་སྒོམ་བསྒྲིན་གནས་ཟེར་བ་གཉིས་ཀར་ཕྱིས་སུ་སངས་རྒྱས་ཆོས་ལུགས་དང་འབྲེལ་བའི་བཤད་རྒྱུན་གྱི་ཤུགས་རྐྱེན་ཐོག་པར་གོར་མ་ཆག དེང་གི་དུས་སུ་ས་ག་ཟླ་བ་སོགས་ཆོས་བཟང་དུས་བཟང་ལ་གནས་དེའི་མཐའ་འཁོར་གྱི་དད་ལྡན་མང་པོ་གོང་བུ་རི་ལ་ཞབས་སྐོར་ལ་འགྲོ་སྲོལ་ཡོད་པ་དེ་ཆོས་ཀྱི་དད་པས་བསྐུལ་བ་ཡིན་ནམ། ཡང་ན་ཕ་མེས་ཀྱི་གནས་ཚང་ཡིན་པས་དྲན་གསོ་ཞུ་ཆེད་དུ་ཞབས་བསྐོར་ལ་འགྲོ་བའི་སྲོལ་འདི་ཐོག་མར་དར་བ་ཡིན། དེའི་སྐོར་སྐབས་བདེ་པོས་ཚིག་ཐག་གཅོད་པར་ག་ལ་ཕོད། འོན་ཀྱང་སྤྲེའུ་བྲག་ཕུག་གི་གནས་སྟངས་ལ་ངོ་མཚར་ཆེ་བའི་ཁྱད་ཆོས་འདི་འདྲ་ཞིག

① 《རྒྱལ་རབས་གསལ་བའི་མེ་ལོང་》ཤོག་ངོས་53ལ་གསལ།

ལྡན་འདུག་པ་ནི་ ལྷོ་ནུབ་གཉིས་བྲག་རི་མཐོ་པོས་བསྐོར་ཞིང་ཤར་ངོས་ཀྱི་བྲག་དེ་ལྷོ་ནུབ་གཉིས་ལས་ཅུང་དམའ་བ། ཕྱོགས་གསུམ་བྲག་གི་ར་བས་བསྐོར་ཡོད་ལ། བྲག་ཕུག་གི་ཁ་བྱང་ཤར་ལ་ཕྱོགས་ནས་ཡོད། བྲག་ཕུག་འདིའི་གནས་སྟངས་ཐོག་ནས་ང་ཚོས་དེ་ནི་སྤྱིར་བཏང་སེམས་ཅན་ལས་ཁྱད་པ་སྤྱང་བ་ཞིག་གི་གནས་ཚང་ཡིན་པ་རྟོགས་ནུས། གནས་ཚང་དེའི་མཐའ་གསུམ་བྲག་རིས་བསྐོར་བ་དེ་གཏུམ་སྤྱོད་ཅན་གྱི་གཅན་གཟན་རྣམས་ཀྱི་གནོད་འཚེ་འགོག་བྱེད་ལྟ་བུ་ཡིན་པ་དང་། གཞི་བྲག་གི་ར་བ་ཡིན་པ་ལ་ཤར་ཕྱོགས་དེ་དམའ་བ་དང་། བྲག་ཕུག་གི་ཁ་བྱང་ཤར་ལ་ཕྱོགས་པ་དེ་སྐབས་དེ་དུས་འཛིག་རྟེན་ཁམས་འདིར་དྲོད་འབེབས་ཀྱི་ཆ་རྐྱེན་ཅི་ཡང་མེད་རྐྱེན་རང་བྱུང་ཉི་མའི་བཀའ་དྲིན་ལ་སྐྱབས་སུ་བཅོལ་གྱི་ཡོད་པས་བྲག་ཕུག་གི་ཁ་ཉི་མར་ཕྱོགས་པ་དང་། བྲག་གི་ར་བ་ལས་ཤར་ངོས་དམའ་བ་དེའང་ཕུག་ལ་དྲོད་འཛམ་ཉི་མའི་འོད་མ་བཀག་པའི་ཆེད་དུ་ཡིན་པ་འདྲ་བ། བྱང་ངོས་ལ་བྲག་གི་ར་བ་མེད་པར་ཟས་དོན་ཕྱིར་འགྲོ་བྱེད་སྐབས་ཀྱི་ལམ་བུ་ཡིན་པ་དང་། གཞན་གྱི་གནོད་འཚེ་ཡོང་སྐབས་མཐོ་ས་ནས་དམའ་སར་གྱུན་སྡེ་འཛིན་ནས་ཕར་རྒོལ་བྱེད་བདེ་བ་ལྟ་བུ་བཅས་ཡིན། དེ་ལྟ་བུའི་བྲག་ཕུག་དེ་སྤྲེལ་རྒན་དང་བྲག་སྲིན་མོའི་སྡོད་གནས་ཡིན་ནམ། སྤྲ་མ་མིའི་སྡོད་གནས་ཡིན། ཡང་ན་བོད་མིའི་ཁམས་བྱུང་ཟིན་པའི་རྗེས་ཆེས་གདོད་མའི་སྐབས་སུ་ཡང་མེས་ཀྱི་གནས་ཚང་ཡིན་མིན་བཅས་ཀྱི་ཐད་ཁོ་ཐག་ཆོད་འདོམས་འཇོག་པའི་སྤོབས་པ་མ་མཆིས་རུང་། སྐབས་དེ་ཙ་ན་གནོད་འགོག་བདེ་སྲུང་དང་། གྲང་འགོག་དྲོད་སྲུང་གི་ཁྱད་ཆོས་ལྡན་པའི་གནས་ཚང་གདམས་ཐུབ་པ་དེ་ནི་སྤྱིར་བཏང་སེམས་ཅན་གྱིས་སྒྲུབ་དཀའ་བ་ཞིག་ཡིན་ནོ། །

ཞོ་བརྒྱ་དཀྲུག་གི་སྙིང་པོ་མར་དང་། གཏམ་བརྒྱ་བཤད་ཀྱི་སྙིང་པོ་དོན་གྱི་དཔེ་ལྟར། རང་རིགས་ཀྱི་འགྲོ་བ་མིའི་བྱུང་ཚུལ་གྱི་བཤད་རྒྱུན་འདི་རྒྱལ་ཁབ་

གཞན་དང་མི་རིགས་གཞན་གྱི་འགྲོ་བ་མིའི་བྱུང་ཚུལ་གྱི་ལྷ་སྲུང་རྣམས་དང་མི་འདྲ་བར་མི་ནི་སྲོག་ཆགས་ཕོ་མོ་སྡེབ་སྦྱོར་བྱས་ནས་བུ་རྒྱུད་འཕེལ་བའི་གཟུགས་ཁམས་ཆགས་ཚུལ་གྱི་ཆོས་ཉིད་དང་མཐུན་པ་མ་ཟད། ད་དུང་སྲོག་ཆགས་ནས་མི་ལ་འགྱུར་བའི་བར་བརྒྱལ་དུས་རིམ་ཞིག་བསྟན་ཡོད། དུས་རིམ་དེའི་ནང་ལག་པ་དང་ངལ་རྩོལ་གྱི་ནུས་པ་བཤད་ཡོད་ལ། ཡང་དག་པའི་སྒྲ་ནས་གདོད་མའི་ཞིང་ལས་ཀྱི་འབྱུང་ཁུངས་ཀྱང་བསྟན་ཡོད་པ་སོགས་ནས་བཤད་རྒྱུན་འདི་ནི་ངོ་མཚར་ཆེ་བ་ཞིག་ཏུ་མཐོང་ཡང་། བཤད་རྒྱུན་འདིར་ཕྱིས་སུ་ཆོས་ལུགས་དང་འབྲེལ་བའི་བཤད་རྒྱུན་གྱི་ཤུགས་རྐྱེན་ཆེན་པོ་ཐོག་པའི་དབང་གིས་ལྷ་སྲུང་ཁོ་ནར་བརྩིས་པ་ནི་ཡིད་ཕམ་དགོས་པའི་རྒྱུ་རུ་གྱུར། དེ་ཡང་“ཕྱིས་སུ་ལོ་རྒྱུས་དེབ་ཐེར་མང་པོའི་ནང་བཀོད་པའི་སྤྲེའུ་ནི་སྤྱན་རས་གཟིགས་ཀྱི་སྤྲུལ་པ་ཡིན་པ་དང་། དེ་དང་བྲག་སྲིན་མོ་སྡེབ་པས་རྗེས་སྐྱེས་བྱུང་བའང་སྤྱན་རས་གཟིགས་ཀྱི་མཛད་སྤྲུལ་ཡིན་པ། འབྲུ་སྣ་ལྔ་ཡང་སྤྱན་རས་གཟིགས་ཀྱི་གནང་བ་ཡིན་པ་སོགས་ཀྱི་བརྗོད་བྱ་རྣམས་ཚང་མ་ཕྱིས་སུ་བྱུང་བའི་སངས་རྒྱས་ཆོས་ལུགས་པ་འགས་བཀབ་པའི་ཆོས་ལུགས་ཀྱི་ཐལ་ཉིག་ཡིན་པར་གོར་མ་ཆག”[1] རྒྱུ་མཚན་འདི་ལ་བརྟེན་ནས་སྤྲེའུ་དང་བྲག་སྲིན་ལས་མི་བྱུང་བའི་ཤོད་རྒྱུན་དག་མིའི་འབྱུང་ཚུལ་གྱི་ལྷ་སྲུང་ཞིག་ཏུ་འཛིན[2]ནས་ཤོད་རྒྱུན་ལ་མངའ་བའི་རིན་ཐང་ཆུང་དུ་ཕྱིན་ཡོད་པ་རེད། གཞི་ཀར་ལྷ་སྲུང་དང་ཤོད་རྒྱུན་དབར་ལ་ཆ་འདྲ་བའི་ཁྱད་ཆོས་ལྡན་ཡོད་རུང་། དེ་གཉིས་ལ་ཐུན་མོང་མིན་པའི་རང་རང་གི་ཁྱད་ཆོས་ཀྱང་མང་པོ་ཡོད། ལྷ་སྲུང་ནང་བྱ་དངོས་འབྱུང་ཚུལ་གྱི་འགྲེལ་པ་ཚང་མ་སྒྲོ་འདོགས་ཀྱི་རྣམ་པ་ཅན་ཏེ་ལྷ་བརྒྱུད་ནས་མངོན་ཡོང་གི་ཡོད་པ་དང་། ཤོད་རྒྱུན་ནང་གི་བྱ་དངོས་འབྱུང་ཚུལ་

① ཏུང་ཅིང་ཧྭ་ཡིས་བརྩམས་པའི་《བོད་རིགས་ཀྱི་དམངས་ཁྲོད་རྩོམ་རིག》(རྒྱ་ཡིག) ཤོག་གྲངས་20ལ་གསལ།
② 《བོད་རིགས་ཀྱི་རྩོམ་རིག་ལོ་རྒྱུས》(རྒྱ་ཡིག) ཤོག་གྲངས་17ལ་གསལ་བ་ལྟ་བུ་མང་།

ཀྱི་འགྲེལ་པ་རྣམས་ཚང་མ་དོན་དངོས་འཚོ་བ་དང་འབྲེལ་ཆེ་བ་མང་བར་སྣང་། འོན་ཀྱང་བཤད་རྒྱུན་དང་ལྷ་སྲུང་གཉིས་ཕན་ཚུན་འགྱུར་བ་འགྲོ་རེས་བྱས་པའང་ཡོད། ཐོག་མ་ལྷ་སྲུང་ཡིན་པ་གང་ཞིག་རྗེས་སུ་སྒྲོལ་རྒྱུན་ལ་གྱུར་བ་མང་པོ་མཆིས་ལ། ཐོག་མ་སྒྲོལ་རྒྱུན་ཡིན་པ་གང་ཞིག་རྗེས་སུ་ལྷ་སྲུང་ལ་གྱུར་བའང་ཡོད་མི་སྲིད་པ་མིན། རང་རིགས་ཀྱི་མིའི་འབྱུང་ཁུངས་ཀྱི་སྒྲོལ་རྒྱུན་འདི་ལའང་འགྱུར་བ་ཕྱི་མ་འདི་འདྲ་ཞིག་བྱུང་ངམ་སྙམ། དེ་ཡང་ཡོངས་གྲགས་སུ་དུས་རབས་བདུན་པའི་དུས་འགོར་ཆོས་རྒྱལ་སྲོང་བཙན་སྒམ་པོའི་སྐབས་བོད་ལ་སངས་རྒྱས་ཆོས་ལུགས་དངོས་སུ་དར་འགོ་ཚུགས་པར་བཞེད་ལ། རྒྱའི་ལོ་རྒྱུས་ལས་པད་ལེ་ནས་སུའི་རྒྱལ་རབས་（སྤྱི་ལོ་༥༥༧ནས་༥༨༡ལོ་）བར་གྱི་ལོ་རྒྱུས་བཀོད་པའི་《པད་རྒྱལ་རབས་ཀྱི་ལོ་རྒྱུས་》ཞེས་པའི་ནང་“ལྷང་ཤང་ཚང་རྣམས་……………ལ་རྒྱུད་པ་ཏང་ཁྲང་དང་པད་ལང་ཡོད་པ་ཚང་མས་རང་རིགས་སྤྲེའུའི་རྒྱུད་དུ་འབོད་ཀྱི་ཡོད”①ཅེས་གསལ་བ་དང་། སུའི་རྒྱལ་རབས་（སྤྱི་ལོ་༥༨༡ནས་༦༡༡ལོ་བར）ཀྱི་ལོ་རྒྱུས་བཀོད་པའི་《སུའི་ཡིག་ལས་བྱུང་བའི་ལྷང་ཤང་གི་ལོ་རྒྱུས་》ཞེས་པའི་རྒྱའི་དེབ་ཐེར་ནང་དུའང་གོང་གི་བཤད་རྒྱུན་དེ་གསལ་ལེར་འཁོད་ཡོད། དེ་རྣམས་ལས་དུས་རབས་དྲུག་པའི་དུས་ནས་སྤྲེའུ་དང་བྲག་སྲིན་ལས་མི་བྱུང་བའི་བཤད་རྒྱུན་དར་ནས་ཡོད་པ་རྒྱ་རིགས་ཀྱིས་ཀྱང་ཤེས་ཀྱི་ཡོད་པ་མཚོན་ཡོད། གཞན་ཡང་“གཏམ་རྒྱུད་འདི་ལ་ཕྱིས་སུ་ནང་པ་སངས་རྒྱས་པའི་ཤན་ཞུགས་པ་མངོན་གསལ་ཡིན་ཏེ། ལོ་ངོ་གཉིས་བརྒྱའི་གོང་རོལ་གྱི་སྡེ་དགེའི་ཤིང་དཔར་《མ་ཎི་བཀའ་འབུམ་》དུ་བྲག་སྲིན་མོ་ཞེས་པའི་ཐད་དུ་སྲྀ་མོ་ཞེས་འཁོད་ཡོད་པ་དང་། དེབ་དམར་གསར་མ་ལས་ཀྱང་། ‘དེ་ཡང་བོད་ཀྱི་མི་རྣམས་ཐོག་མར་ཆགས་ཚུལ་

---

① 《པད་རྒྱལ་རབས་ཀྱི་ལོ་རྒྱུས་》བམ་པོ་བཅུ་པའི་ཤོག་གྲངས3192（རྒྱ་ཡིག）ལ་གསལ།

ལ་སྤྲེའུ་དང་བྲག་སྲིན་མོ་གཉིས་འདུས་པ་ལས་ཆགས་པའི་གཏམ་མཆིས་’ ཞེས་བྱང་ཆུབ་སེམས་དཔའ་སོགས་ཀྱི་ཐ་སྙད་དོར་བ་ཡང་དམིགས་བྱ་ཡོད་པར་སེམས།”① དེར་བརྟེན“འདར་ཞུན་མ་སྐྱེས་གོང་གི་ལོ་བརྒྱ་ཕྲག་མང་པོའི་སྔོན་དུ་བརྩམས་པའི་མ་ཎི་བཀའ་འབུམ་དང་། རྒྱལ་པོའི་བཀའ་ཐེམས་ཤོག་དྲིལ་མ་སོགས་ནང་ཁ་བ་ཅན་གྱི་མི་རྣམས་ནི་ཕ་སྤྲེལ་རྒན་དང་མ་བྲག་སྲིན་ལས་བྱུང་བའི་སྐོར་གསལ་པོར་བཀོད་ཡོད། ཡིན་ནའང་ཚན་རིག་དང་མཐུན་པའི་ལོ་རྒྱུས་ཀྱི་དངོས་དོན་འདི་ལ་ཆོས་ལུགས་ཀྱི་དར་མཚོན་གྱིས་བཅིངས་ཏེ་ཕ་སྤྲེལ་རྒན་ནི་སྤྱན་རས་གཟིགས་ཀྱི་སྤྲུལ་པ་ཡིན་ཟེར་བ་དང་། མ་བྲག་སྲིན་ནི་རྗེ་བཙུན་སྒྲོལ་མའི་རྣམ་སྤྲུལ་ཡིན་ཟེར། ཡང་ལ་ལས་མ་སྲིན་མོ་བྲག་སྲིན་དེ་བདུད་མོ་ཞིག་ཡིན་པར་ངོས་འཛིན་ཡང་བྱེད། ང་ཚོས་ཆོས་ལུགས་རྫོངས་དད་ཀྱི་དར་མཚོན་དེ་བཀྲོལ་ནས་ལོ་རྒྱུས་ཀྱི་དོན་དངོས་དེར་ཞིབ་པར་བརྟག་སྐབས་རང་རེ་རྣམས་ཕ་སྤྲེལ་རྒན་དང་མ་བྲག་སྲིན་ལས་བྱུང་བའི་ལྟ་བ་དེ་ནི་ལོ་རྒྱུས་དངོས་གཙོ་སྨྲ་བའི་ལྟ་བ་དང་ཡོངས་སུ་མཐུན་ཐོག འཛམ་གླིང་ཐོག་འགྲོ་བ་མིའི་རིགས་བྱུང་ཚུལ་སྐོར་ལ་བྱས་རྗེས་ལྟབས་ཆེན་བཞག་པ་ཞིག་཯ང་རེད།”②ཅེས་གསུངས་པ་ལྟར་དང་། མཁས་དབང་དུང་དཀར་བློ་བཟང་འཕྲིན་ལས་མཆོག་གིས་རང་རེ་བོད་ཀྱི་མིས་རང་གི་མི་རིགས་ཀྱི་འབྱུང་ཁུངས་སྤྲེའུ་དང་སྲྲ་མོ་འདུས་ནས་བྱུང་བ་ཡིན་ཞེས་བཤད་ཐུབ་པ་དེ་ནི་བོད་མི་རིགས་ཀྱི་གཟི་བརྗིད་ཡིན་པ་མ་ཟད། རང་རྒྱལ་མི་རིགས་ཁག་གི་མི་དམངས་ཡོངས་ཀྱི་གཟི་བརྗིད་ཀྱང་ཡིན་ཞེས་གསུངས་པ་ལྟར་ལགས། ང་ཚོས་གངས་ཅན་མེས་པོའི་ཤོད་རྒྱུན་འདིར་བརྟག་དགོས་ན་དང་ཐོག་དངོས་ཐོག

① བྲུ་བཞི་བས་བརྩམས་པའི་《བོད་རིགས་དམངས་ཁྲོད་གཏམ་རྒྱུད་ཀྱི་བྱུང་འཕེལ་དང་དེའི་ཆོས་ལུགས་ཀྱི་ལྟ་བའི་སྐོར་ལ་རྩུང་དཔྱད་པ་》ཞེས་པའི་དཔྱད་རྩོམ་ནང་གསལ།

② ཕུན་ཚོགས་ཚེ་རིང་ནས་རྩོམ་སྒྲིག་གནང་བའི་《དེབ་ཐེར་ཀུན་གསལ་མེ་ལོང་》ཤོག་ངོས2ལ་གསལ།

བདེན་འཚོལ་གྱི་ཡང་དག་པའི་ཚན་རིག་གི་ལྟ་བ་བཟུང་ནས་གཡས་ཡོ་གཡོན་འཁྱོག་མེད་པར་བློ་སྒྲོང་པོའི་སྒོ་ནས་གནས་ལུགས་རྒྱུ་མཚན་རྣམས་འདྲེན་རྒྱུ་ནི་ཧ་ཅང་གལ་ཆེ། བོད་ཀྱི་སྐྱེ་ཚོགས་འདི་ཆགས་པ་དང་དུས་མཚུངས་སུ་བབས་ཆགས་དངོས་གཙོ་སྨྲ་བའི་ལྟ་ཚུལ་དུ་མ་ཞིག་བྱུང་ཡོད་པ་དང་། རྗེས་སུ་དཔལ་འབྱོར་རིག་གནས་འཕེལ་རྒྱས་འགྲོ་བའི་གོམ་སྟབས་དང་བསྟུན་ནས་དངོས་གཙོ་སྨྲ་བའི་ལྟ་ཚུལ་ཇེ་མང་དུ་སོང་ཡོད་པ་ནི་སྤྱི་ཚོགས་སྤྱིའི་ཆོས་ཉིད་དང་མཐུན་པ་ཞིག་ཡིན། ཆོས་ཀྱི་རྒྱལ་པོ་སྲོང་བཙན་སྒམ་པོའི་སྐབས་ནས་བསིལ་ལྗོངས་འདིར་སངས་རྒྱས་ཀྱི་བསྟན་པ་དར་བའི་རྗེས་སྟེར་ནས་ཡོད་བཞིན་པའི་ཚན་རིག་དང་མཐུན་པའི་ལྟ་ཚུལ་དང་། ཕྱིས་སུ་ཡོང་བཞིན་པའི་ཡང་དག་གི་ལྟ་ཚུལ་མང་པོར་ཆོས་ལུགས་ཀྱི་ཤུགས་རྐྱེན་ཐོག་ནས་བོད་རྒྱུན་འགའི་ནང་ཆུ་དང་འོ་མ་འདྲེས་པའི་མཐུན་གྲོགས་སུ་གྱུར་བ་དེས་གཅིག་ནས་བོད་ཀྱི་ཡང་མེས་རྣམས་ཀྱི་ཡང་དག་ཚན་རིག་དང་མཐུན་པའི་ལྟ་ཚུལ་རྣམས་ལ་ཆོས་ལུགས་དང་འབྲེལ་བའི་བཤད་རྒྱུན་དར་མཆོན་གྱིས་བཅིངས་ཏེ་རིན་ཐང་མི་མངོན་པ་ལྟ་བུའི་གནས་སུ་གྱུར་ཉེན་ཡོད་པ་དང་། ཕྱོགས་གཞན་ཞིག་ནས་བལྟས་ན་བབས་ཆགས་ཚན་རིག་དང་མཐུན་པའི་ལྟ་ཚུལ་རྣམས་ཆུ་དང་འོ་མ་འདྲེས་པ་ལྟ་བུས་སངས་རྒྱས་ཆོས་ལུགས་དང་འབྲེལ་བའི་ཤོད་རྒྱུན་ནང་ཉར་འཛིན་བྱས་ཡོད་པས་ཡང་མེས་ཀྱིས་འཇོག་གནང་བའི་ཁྱད་ནོར་རྣམས་རྩ་བརླག་མི་འགྲོ་བར་ཕན་ཡོད་ཀྱི་ནུས་པ་ཡང་ཐོན་ཡོད། ད་ལྟ་ང་ཚོར་དགོས་རྒྱུ་ནི་ཆུ་དང་འོ་མ་དབྱེ་འབྱེད་ཐུབ་པའི་ངང་པའི་མཆུ་ཡི་ནུས་མཐུ་དེ་ཡིན། དེ་ནི་དངོས་ཐོག་བདེན་འཚོལ་གྱི་ཡང་དག་ཚན་རིག་གི་ལྟ་བ་དེ་ལགས། དེས་ན་ང་ཚོས་ལྷ་དང་འདྲེ་ཞེས་མིང་ཐོས་འཕྲུལ་དེ་ནི་སེམས་གཙོ་སྨྲ་བ་དང་། ལྟ་བཟོ་མེད་པ། ཉན་དུ་མི་རུང་བ་ཞིག་ལ་མ་བཞག་པར་ལེགས་ཉེས་གླང་དོར་འཁྲུལ་བ་མེད་པ་བྱེད་དགོས་ངེས་འདུག་གོ །

༧༧། །གཉེན་བཤད་དང་གཉེན་སྟོན་རིག་རྩེད་ལས་འཕྲོས་པའི་བསམ་གཞིག

གོང་དུ་བཤད་ཟིན་པ་ལྟར་བོད་ཀྱི་གཉེན་སྒྲིག་མཛད་སྟོན་ནི་ཐུན་མོང་མ་ཡིན་པའི་བོད་མི་རིགས་རང་ཉིད་ཀྱི་ཁྱད་ཆོས་ལྡན་པའི་མཛད་སྒོ་ཞིག་ཡིན། བོད་རིགས་ནི་གླུ་གར་ལ་མཁས་ལ་སྤྲོ་ཉམས་ལྡན་པ་དང་། རྣམ་རིག་བཀྲ་ཞིང་བརྩོན་འགྲུས་ཆེ་བ། ཁ་ཞེ་གཉིས་སུ་མེད་པའི་བློ་དཀར་ཅན་གྱི་ལོ་རྒྱུས་ཏ་ཅང་རིང་བའི་མི་རིགས་ཤིག་ཡིན་ལ། རིག་གནས་ཕུན་སུམ་ཚོགས་པའི་ཡ་རབས་གྲུས་ཞབས་ལྡན་པའི་མི་རིགས་ཤིག་ཀྱང་ཡིན། དེ་ལྟར་རླབས་ཆེ་བའི་མི་རིགས་འདིའི་གཉེན་སྒྲིག་མཛད་སྒོའི་ནང་ཀུན་གྱིས་ཡོངས་སུ་སྤྱོད་པའི་དམངས་ཁྲོད་རིག་རྩེད་ཕུན་སུམ་ཚོགས་པ་ཞིག་ཡོད།

དེའི་ནང་མི་ནོར་དངོས་གསུམ་གྱི་བཤད་པ་ནི་དགའ་སྟོན་འདིའི་དམིགས་བསལ་གྱི་རིག་རྩེད་བྱེད་སྒོ་ཞིག་ཡིན། དེ་ལ་ཚོགས་སུ་བཅད་པའི་སྒོ་ནས་བྲིས་པ་མང་ཞིང་། ལྷུག་མ་དང་སྤེལ་མའང་ཡོད་པ་གོང་གསལ་ལྟར་དང་། ཨ་ཁུ་སྟོན་པའི་གཏམ་རྒྱུད་ནང་“དམངས་ཀྱི་བློ་གྲོས་པདྨ་ལས། སྙན་པའི་དྲི་ཞིམ་འདི་ཊ་ལྡང་”①ཞེས་སྨྲས་པ་ལྟར། དམངས་ཀྱི་བློ་གྲོས་ལས་བྱུང་བའི་བཤད་པའི་བརྗོད་ཚིག་རྣམས་སྙན་ཞིང་འཇེབས་ལ། རི་མོ་ལྟར་མཛེས་པ་ཞིག་ཡིན་པ་མ་ཟད། བརྗོད་བྱའི་ནང་དོན་ལ་མཚོན་ན་འང་བོད་ཀྱི་ཡུལ་གྱི་ཁྱད་ཆོས་མཚོན་པ་དང་ལོ་

① 《ཨ་ཁུ་སྟོན་པའི་སྒྲུང་》—《བོད་ཀྱི་རྩོམ་རིག་སྒྱུ་རྩལ་》1985ལོའི་དུས་དེབ2པར་གསལ།

རྒྱུས་ཀྱི་གནས་ཚུལ་མཚོན་པ་སོགས་ཧ་ཅང་ཕུན་སུམ་ཚོགས་པ་ཞིག་ཡོད། དེ་ཡང་དཔེར་ན། བུ་མོ་གདན་འདྲེན་སྐབས་ཡར་བཞེངས་བསྐུལ་གྱི་བརྡ་སྦྱོར་བཤད་པ་ལ་“ཕ་བཟང་གི་བུ་མོ་ཡར་བཞེངས་ཤིག མ་བཟང་གི་བུ་མོ་ཡར་བཞེངས་ཤིག ལྷ་ཡུལ་སྐྱིད་པའི་ཞིང་སྟོད་བདེ་ཁང་དུ། ཕ་ཡབ་ཆེན་གངས་རི་ཏི་སེ་འདྲ། དེ་ལ་དགོངས་ཏེ་བུ་མོ་ཡར་བཞེངས་ཤིག ཡུམ་ཆེན་ཨ་མ་མ་ཕམ་གཡུ་མཚོ་འདྲ། དེ་ལ་དགོངས་ཏེ་བུ་མོ་ཡར་བཞེངས་ཤིག ཚེ་གང་གཏན་གྲོགས་གངས་ལ་ཉི་ཤར་འདྲ། དེ་ལ་དགོངས་ཏེ་བུ་མོ་ཡར་བཞེངས་ཤིག ཕུ་ནུ་ཊ་ལུག་འབྲི་གཡག་བསམ་མི་ཁྱབ། དེ་ལ་དགོངས་ཏེ་བུ་མོ་ཡར་བཞེངས་ཤིག མདའ་ན་ས་ཁང་འབྲུ་ཡི་བང་མཛོད་ཡོད། དེ་ལ་དགོངས་ཏེ་བུ་མོ་ཡར་བཞེངས་ཤིག”ཞེས་པ་ནི་བུ་མོར་བུའི་ཕྱོགས་ངོ་སྤྲོད་མདོར་ཙམ་བྱས་པ་ཞིག་ཡིན་པ་མ་ཟད། ཡང་སྒོས་དེ་ནས་ཤེས་ཐུབ་པར་བོད་ཡུལ་དེར་ཕུ་ན་འབྲོག་པ་གནས་ཤིང་ཕྱུགས་རིགས་དཀར་ནག་ཁྲ་གསུམ་གྱིས་ཁེངས། མདའ་རུ་ཞིང་པ་སོ་ནམ་གྱི་ལས་ལ་བརྩོན་ཞིང་བང་མཛོད་འབྲུ་ཡིས་བཀང་པ་དང་བཅས་ཡུལ་གྱི་དགེ་མཚན་ཐོན་ཁུངས་སོགས་མདོར་བསྟན་པ་ཡིན།

ཡང་དཔེར་ན། བུའི་ཁྱིམ་གྱི་སྒོ་སྐས་ནང་གི་སྒྲིག་ཆས་དང་བཅས་པའི་བཤད་པ་ལ། “ཨོཾ་བདེ་ལེགས་སུ་གྱུར་ཅིག བཀྲ་ཤིས་ཉམས་སུ་དགའ་བའི་ལྷ་ཚོགས་ཀྱི་འཛིག་རྟེན་ཁམས་ཀུན་བདེ་ལེགས་ཀྱི་སྣང་བ་བཟང་པོས་ས་ཀུན་ཁྱབ་པ་དེས། མི་ནོར་ཡོངས་ཀྱི་བསམ་པ་གྲུབ། དེ་རིང་ས་གཞི་ལ་ཉི་མ་དྲོ། གནམ་ལ་སྐར་མ་བཟང་། བར་དུ་དུས་ཚོད་ཀྱི་གཟའ་སྐར་ཕུན་སུམ་ཚོགས་པའི་སྐབས་འདིར། མཁར་དཀར་པོའི་མདུན་ས་གྲུ་བཞི་ལ། སྒོ་མོ་ཕྱི་སྒོ་གཅིག་དང་ནང་སྒོ་གཅིག བར་སྒོ་ཅན་དན་སྨུག་པོའི་སྒོ། ཐེམ་པ་སྔོན་པོ་གཡུ་ལ་བཅོལ། ཏ་བཞི་སྨུག་པོའི་ཟྫོང་ལ་བཅོལ། སྒོ་འཕོར་དཊུལ་དཀར་མེ་ལོང་ཡིན། སྐས་འཛེགས

ཅན་དན་དཀར་དམར་ལས་བྱས་པ་དེ། འཛོགས་བཞིན་བསྐྱོད་པས་སྟེང་དུ་འཇའ་འོད་ཀྱིས་གུར་ཕུབ། འོག་ན་གཙན་གཟན་གྱི་ལྤགས་པའི་གདན་བཏིང་། བར་དུ་རིན་ཆེན་ལྔ་ལས་གྲུབ་པའི་སྣོད་བཟང་པོའི་ནང་། མཆོད་ཚང་ཨ་རག་བདུད་རྩི་མཚོ་ལྟར་བསྐྱིལ། དེ་སྟར་ཡང་འཁྱིལ་ལ་ད་ཡང་འཁྱིལ། རྒྱབ་མཛེས་པའི་དར་གོས་ཀྱི་ཡོལ་བ། མདུན་དཀར་པོའི་གསེར་ཅོག་དངུལ་ཅོག་རྣ་བར་སྙན་པའི་གླུ་གཞས། པི་ཝང་། གླིང་བུ་སོགས་ཐོས་པ་ཙམ་གྱིས་ཡིད་དབང་འཕྲོག་པའི་གནས་ཁང་བཟང་པོ་ནོར་གྱི་བདག་པོ་རྣམ་ཐོས་སྲས་ཀྱི་བང་མཛོད། ལྷ་མིའི་ལོངས་སྤྱོད་འདོད་རྒུའི་དཔལ་དང་ལྡན་པ་གཡང་ཆགས་ཀྱི་ཁང་བཟང་འདི་ལྟ་བུར་སླེབས་པ་ཤིན་ཏུ་སྐལ་བ་རེ་བཟང་"①ཞེས་པ་ལྟ་བུར་མ་གཞི་བཀྲ་ཤིས་པའི་རྟེན་འབྲེལ་དང་བཟང་བ་བརྗོད་པའི་ཚུད་ཤོབ་རབ་བཏགས་ཀྱི་རྒྱན་སྤྲོས་ཡོད་ངེས་ཀྱང་། མི་མེད་པར་དུ་བ་དང་། གཟུགས་མེད་པར་གྲིབ་མ་ཡོང་དོན་མེད་པས་བོད་ལྗོངས་སུ་སྔར་ནས་གསེར་དངུལ་སོགས་རིན་ཆེན་སྣ་ལྔ་དང་། དར་གོས་རིགས་བཟང་ཅན་དན་སོགས་ལོངས་སུ་སྤྱོད་ལུས་ཡིན་པ་མ་ཟད་ས་དེར་རི་དྭགས་གཙན་གཟན་སོགས་ཤིན་ཏུ་མང་པོ་གནས་ཡོད་པ་ཤེས་ཐུབ།

ལོ་རྒྱུས་ཀྱི་དེབ་ཐེར《རྒྱལ་རབས་གསལ་བའི་མེ་ལོང་》ནང་དུ་གསལ་བའི་བློན་པོ་མགར་གྱིས་རྒྱ་བཟའི་གོས་ཀྱི་གོང་བ་ནས་མདའི་ལྟོང་གིས་བཟུང་ནས་གདན་འདྲེན་སྐབས་བླངས་པའི་གླུ་ནི་འདི་ལྟར་"ཨེ་མ་ངོ་མཚར་ཆེ། ལྷ་གཅིག་ཀོང་ཇོ་ཁྱེད། བདག་གི་ཚིག་ལ་གསོན། བཀྲ་ཤིས་ཉམས་སུ་དགའ། བོད་ཀྱི་རྒྱལ་ཁམས་ན། རིན་ཆེན་ལྔ་ལས་གྲུབ། རྒྱལ་པོའི་ཕོ་བྲང་ནང་། མི་རྗེ་ལྷ་ཡིས་མཛད། སྲོང་བཙན་སྒམ་པོ་དེ། རིགས་གཟུགས་དཔལ་གྱིས་བརྗིད། མཐོང་ན་

① 《བོད་ཀྱི་གནའ་རབས་ཀྱི་ཚང་སའི་ལུགས་སྲོལ་》ནང་གསལ།

སེམས་ཡིད་འཕྲོག ཐུགས་རྗེ་ཆེན་པོ་ལགས། རྒྱལ་སྲིད་ཆོས་བཞིན་བསྐྱངས། འབངས་རྣམས་བཀའ་ལ་ཉན། རྒྱལ་བློན་འཁོར་འབངས་རྣམས། དགའ་སྐྱིད་སླ་ཏུ་ལེན། ཆོས་ཀྱི་ཉི་མ་ཤར། དཔལ་གྱི་སྦྲོན་མེ་བཏེགས། རི་ལ་ཤིང་སྣ་ཚང་། ས་གཞི་ཡངས་པ་ལ། འབྲུ་སྣ་ལྔ་ཡི་ཚོགས། གོ་མཚམས་མེད་པ་སྐྱེས། གསེར་དངུལ་ཟངས་ལྕགས་སོགས། རིན་ཆེན་དུ་མ་ཡོད། གནག་རྟ་ལུག་གསུམ་རྒྱས། དགའ་སྐྱིད་དེ་ལྟར་ཡོད། ཨེ་མ་ངོ་མཚར་ཆེ། ལྷ་གཅིག་གོང་ཇོ་གསོན་”①ཞེས་པ་འདིར་ཡང་གོང་གི་ཁྱད་ཆོས་དེ་ལྟར་ལྡན་ཡོད།

གོང་དུ་བརྗོད་པའི་དཔེ་མཚོན་དེ་གསུམ་ལས་བོད་ཀྱི་ཡུལ་གྱི་སྤྱིའི་ཆགས་ཚུལ་ངོ་སྤྲོད་བྱུང་ཡོད། དེ་ཡང་ཤེལ་ལྟར་འཚེར་བའི་དཀར་པོའི་གངས་རི་དང་། གཡུ་ལྟར་སྔོ་བའི་མཚོ་མོ། ཤིན་ཏུ་སྟུག་པའི་ནགས་ཚལ་གྱིས་བརྒྱན་པའི་སྨན་ལྗོངས་འདིར། ཕུ་ན་གནག་རྟ་ལུག་གསུམ་དང་རི་དྭགས་ཀྱི་ཚོགས་མང་བ། མདའ་རུ་ས་ཞིང་རྒྱ་ཆེ་བ། རི་ལ་རྩི་ཤིང་ནགས་ཚལ་བཟང་བ། གང་སར་རིན་ཆེན་གསེར་དངུལ་སོགས་ནོར་བུའི་ཐོན་ཁུངས་བཟང་བ་ཞིག་ཡིན་པར་གོ་ཐུབ། དཔེར་ན། རྒྱ་བཟའ་ཀོང་ཇོ་བཙན་པོ་སྲོང་བཙན་སྒམ་པོའི་བཙུན་མོར་རྫོང་སྐབས་རྒྱ་ནག་རྒྱལ་པོས་བུ་མོ་ལ་སེམས་གསོ་གཏོང་སྐབས་བོད་ཀྱི་ཡུལ་གྱི་ཁྱད་ཆོས་ལེགས་པར་བཤད་པ་ནི“ང་ཡི་མིག་དང་འདྲ་བའི་བུ་མོ་ཁྱོད། བོད་ཅེས་བྱ་བ་ཁ་བ་ཅན་གྱི་ཡུལ། ཡུལ་ལས་ཁྱད་པར་འཕགས་པ་དེ་ཡིན་ཏེ། གངས་རི་རང་བཞིན་མཆོད་རྟེན་གྲུབ་པའི་གནས། མཚོ་བཞི་གཡུ་ཡི་མཎྜལ་བཀྲམ་པ་འདྲ། ཡ་མཚན་གསེར་གྱི་མེ་ཏོག་རྒྱས་པའི་གླིང་། བསིལ་ལ་མཛེས་པ་ལྷ་གནས་གཞལ་ཡས་ཁང་། ཆུ་བོ་བཞི་འབབ་ཤིང་རྩི་ནགས་ཀྱིས་མཛེས། འབྲུ་སྣ་ལྔ་འཁྲུངས་

① 《རྒྱལ་རབས་གསལ་བའི་མེ་ལོང་》ནང་གསལ།

རིན་ཆེན་སྣ་ཚོགས་བྱུང་། རྐང་བཞིས་ཀུན་ཁྱབ་རྩེ་ཐོག་མར་ལ་སྤྱོད། དེ་ལྟར་ངོ་མཚར་ཆེ་བའི་གནས་མཆོག་དེར་”①ཞེས་པ་ལྟ་བུའོ། །

ལོ་རྒྱུས་ཀྱི་གནས་ཚུལ་མཚོན་པའང་དཔེར་ན། བཏུང་བ་རྒྱ་ཇའི་བཤད་པ་ལ།“དངུལ་རྒྱན་ནང་ལ་ཇ་འདྲེན་ཡོད། ཇ་འདི་ཡི་འབྱུང་ཁུངས་བཤད་པ་ན། ཤར་རྒྱ་ནག་བཀྲ་ཤིས་རི་བོ་ནས། ཚོང་དཔོན་ནོར་བུ་བཟང་པོ་གཅིག ལག་དོ་ཀརྨ་བཀྲ་ཤིས་གཉིས། རྒྱ་དྲིལ་མི་ཉག་མཚལ་མོ་གསུམ། རྒྱ་ནག་པོའི་ཇ་གཡང་འབེབས་པའི་དུས། ཉི་རིའི་གསེབ་ཀྱི་ཤོག་དཀར་ཇ། སྲིབས་རིའི་གསེབ་ཀྱི་ཤོག་ནག་ཇ། ཉི་སྲིབས་བར་གྱི་ཤོག་དམར་ཇ། ཇ་རབ་ཇ་ཡི་བླ་མེད་དེ། རྒྱ་ཇ་མེ་ཏོག་གཡང་འཛིན་གཅིག སིལ་འབྲུ་ཇ་ཡི་དཔོན་པོ་གཉིས། ཙན་ཤེལ་ཇ་ཡི་དཔའ་ཕོ་གསུམ། འབྲུ་ཐང་ཇ་ཡི་མ་ཆེན་བཞི། ལྷ་བྱ་ཇ་ཡི་གཡོག་མོ་ལྔ། ཀོ་ཚེ་ཇ་ཡི་གཡོག་པོ་དྲུག ཛ་ཆུ་བསིལ་མ་དེ་དང་བདུན། འབྲི་མར་སེར་པོ་དེ་དང་བརྒྱད། བྱང་ཚྭ་དཀར་པོ་དེ་དང་དགུ དགུ་སེར་ཇ་ཡི་དགུ་དཀྲུགས་བརྒྱབ།”② ཞེས་པའི་ཇ་ཡི་བཤད་པ་ལས་ང་ཚོར་གསལ་བཤད་བྱུང་བར། བོད་རིགས་ཀྱི་རྒྱུན་གཏན་འཚོ་བའི་ནང་མེད་ཐབས་མེད་པའི་ཇ་ཡི་འབྱུང་ཁུངས་རྒྱ་ནག་ཡིན་པ་ཤེས་པ་དང་། ཐ་མོ་འགྲིམ་འགྲུལ་ཇི་ལྟར་བྱེད་པ་གོ་ཐུབ་པ་མ་ཟད་ཇ་དེའི་སྐྱེས་ཉི་ཟེར་ཐོག་པའི་ས་ཡིན་ན་དེའི་འདབ་མ་དཀར་བ་དང་། ཉི་ཟེར་མ་ཐོག་པའི་གནས་ཡིན་ན་ཇའི་འདབ་མ་ནག་པ་དང་། ཉིན་སྲིབ་བར་དུ་སྐྱེས་པ་ཞིག་ཡིན་ན་དེ་ཡི་འདབ་མ་དམར་བ་ཡིན་པ་ཡང་རྟོགས་ཐུབ་པ་དང་། ཇ་བསྐྱུབ་མ་ཞིག་བཟོ་བ་ལ་སྟེབ་སྦྱོར་གང་འདྲ་བྱེད་དགོས་མིན་སོགས་ཇ་ཡི་ཤེས་བྱ་རྣམས་ངོ་སྤྲོད་བྱས་ཡོད། བཤད་པ་འདི་ནས་ལོ་རྒྱུས་ཐོག་བོད་རྒྱ་མི་རིགས་གཉིས་བར་གྱི་ཇ་རྟ་བརྗེ་

①　《རྒྱལ་རབས་གསལ་བའི་མེ་ལོང་》ནང་གསལ།

②　《ཇོ་མོ་གླང་མ་》1985ལོའི་དུས་དེབ་དང་པོར་གསལ།

རེས་བྱེད་པའི་ཚོང་ལས་བཟང་པོ་ཡོད་པ་ཤེས་ཐུབ།

བུ་མོའི་བཞོན་རྟའི་བཤད་པ་ལ་“རྟ་འདི་རྟ་ངོ་མ་ཤེས་ན། གྱི་ལིང་གི་གནམ་རྟ་དཀར་པོ་ཡིན། （ཨ་ཙེ་）རྒྱ་བཟའི་ཆིབས་ཆེན་ཡིན། སྟེང་ལྷ་ནས་གནང་བའི་ལྷ་རྟ་དཀར་པོ་ཡིན། ལ་ལ་འགྲོ་བའི་ལ་རྟ་འདི་ལ་ཞུ། འོག་ཀླུ་ནས་གནང་བའི་ཆུ་རྟ་ངང་པ་ཡིན། ཆུ་ལ་འགྲོ་བའི་ཆུ་རྟ་འདི་ལ་ཞུ། བར་བཙན་ནས་གནང་བའི་བཙན་རྟ་རྐྱང་པོ་ཡིན། ཐང་ལ་འགྲོ་བའི་ཐང་རྟ་འདི་ལ་ཞུ། སྔོན་དུས་ལྷ་ཅིག་གོང་རྫོས་ཆིབས། ཁ་དྲོ་གཡང་ཆགས་ཀྱི་རྟ་ཞིག་ཡིན། ད་ལྟ་རིགས་བཟང་གི་བུ་མོས་ཆིབས། ཁ་དྲོ་གཡང་ཆགས་ཀྱི་བག་རྟ་འདི་ལ་ཞུ།”ཞེས་པའི་བཤད་པ་འདིའི་ནང་ཆོས་ལུགས་ནང་གི་ས་སྟེང་ས་བླ་ས་འོག་གསུམ་དང་རང་བྱུང་ཁམས་ཀྱི་རི་ཆུ་ཀླུང་གསུམ་དང་ལེགས་པར་སྦྱར་ནས་དོན་དངོས་རྟ་ཡི་ནུས་པ་བཤད་པ་སྟེ། དེ་ཡང་། ལ་ནི་མཐོ་བ་གནམ་གྱི་ཀ་བ་དང་འདྲ་བས་ལ་ལ་འགྲོ་དུས་རྟ་པོ་རྣམས་ལྷ་རྟ་དང་མཚུངས། རྒྱ་ཚོའི་གཏིང་ན་ཀླུ་ཡུལ་ཡོད་པར་གྲགས་པས་གྱི་ལིང་རྣམས་ཆུ་ལ་འགྲོ་དུས་ཀླུ་ཡུལ་གྱི་རྟ་དང་འདྲ། བར་ནི་མི་ཡུལ་སྣང་འདི་ཡིན་པར་རྩི་བས་རི་ཆུའི་བར་གྱི་ཐང་གིས་ཚབ་བྱས་ནས་ཐང་རྟ་ཡིན་ཞེས་བརྗོད་ནས་དོན་དངོས་རྟ་ཡི་ནུས་པ་བརྗོད་པ་ནི་རི་ཆུ་ཀླུང་གསུམ་འཛོམས་པའི་བོད་ཡུལ་འདིར་འགྲོ་འོང་འགྲིམ་འགྲུལ་བྱེད་པར། རྟ་ཡིས་གཙོ་བྱས་ནོར་ཕྱུགས་ལ་བརྟེན་དགོས་པ་ཤེས་ཐུབ། གནའ་བོའི་བོད་ཀྱི་གཏམ་དཔེར་“མཁས་པའི་གཞོན་པ་ཡོན་ཏན་ཡིན། སྐྱེ་བོའི་གཞོན་པ་རྟ་མཆོག་ཡིན།”ཞེས་པ་ལྟར་བོད་ཡུལ་དུ་འགྲོ་འོང་བྱེད་པའི་སྐབས་འགྲོས་ལྡན་རྟ་རྣམས་འདབ་ཆགས་མཁའ་ལ་འཕུར་བའི་གཞོན་པ་ལྟ་བུར་བརྩིས་མཐོང་ཆེན་པོ་བྱེད་ཀྱི་ཡོད་པའང་དམངས་ཀྱི་ངག་རྒྱུན་དུ།“འགྲོ་ན་རྟ་ཐོག སྡོད་ན་གདན་ཐོག”ཞེས་གྲགས། ཡང་བཤད་པ་འདི་ནས་ང་ཚོར་གསལ་བཤད་བྱུང་བར་བོད་རྒྱ་མི་རིགས་གཉིས་བར་གྱི་མཐུན་

སྒྲིལ་གྱི་འགོ་ཚུགས་པའི་རྟགས། ཕན་ཚུན་རིག་གནས་ཀྱི་མཚམས་སྦྱོར་ཟམ་པ། རྒྱ་བཟའ་ཀོང་ཇོ་བོད་ཡུལ་དུ་ཆོས་རྒྱལ་སྲོང་བཙན་སྒམ་པོའི་བཙུན་མོར་ཕེབས་པའི་དུས་སུ། འཇིག་རྟེན་ན་གནམ་གྲུ་དང་། མེ་འཁོར། རླངས་འཁོར་སོགས་ཀྱི་མིང་ཙམ་ཡང་མེད་པའི་དུས་སུ་ཀོང་ཇོ་ཉིད་རླབས་ཆེན་བྱ་བའི་སླད་དུ་ལ་གླང་ཚོད་པའི་བཤུལ་རིང་ལ་འགྲོས་ལྷན་རྟ་པོར་བརྟེན་ནས་ཕེབས་པ་ཧ་ཅང་གསལ་བར་ཤེས་ཐུབ། 《ལྷ་ཅིག་ཀོང་ཇོའི་རྣམ་ཐར་》ནང་"ལྷ་ཅིག་ཀོང་ཇོ་ཉིད་རིན་པོ་ཆེའི་རྒྱན་དུ་མས་བརྒྱན་པའི་བུ་མོ་ཉི་ཤུ་རྩ་ལྔ་དང་བཅས་རང་རང་གི་རྟ་ལ་བཞོན་ནས་བོད་དུ་ཕྱིན་"[①]ཞེས་གསལ་བ་དེས་ཀྱང་ར་སྤྲོད་ཐུབ་བོ། །

བུ་མོའི་སྟེར་དངོས་རྣམས་ཕྱུར་བ་བཏིང་པའི་སྟེང་དུ་བསྒྲིགས་ནས་གཉེན་ཡིག་སྙིག་པར་རྩོམ་པའི་སྡུན་བསུའི་བཤད་པ་ལ་"ཨོཾ་སྭ་སྟི། བདེ་ལེགས་སུ་གྱུར་ཅིག ཇོ་བའི་དབུ་རྟ་བཀྲ་བ་ཞྭ་ཞེས་པ་ཇོ་བོ་ཤཱཀྱ་མུ་ནེ་ཡུ་ལ་ཏུ་..."

ཅིག རྟ་བདུན་བདག་པོ་ཉི་འཛམ་ཉི་མ་དང་། བསིལ་ཟེར་རྒྱལ་པོ་དཀར་གསལ་ཟླ་བ་གཉིས། རྒྱ་སྐར་རྒྱལ་པོ་ཕོ་རེངས་དཀར་ཆེན་གསུམ། རྟེན་འབྲེལ་དབང་གིས་དགུང་སྔོན་དབྱིངས་སུ་མཛལ། དེ་ལ་བརྟེན་ནས་འཛམ་གླིང་མུན་པ་བསལ། འཛམ་གླིང་མུན་པ་བསལ་བའི་བཀྲ་ཤིས་ཤོག ཟ་ཧོར་མཁན་པོ་བོ་དྷི་ས་ཏྭ་དང་། ཨོ་རྒྱན་ཆེན་པོ་པདྨ་འབྱུང་གནས་གཉིས། བོད་ཀྱི་རྒྱལ་པོ་ཁྲི་སྲོང་ལྡེ་བཙན་གསུམ། སྨོན་ལམ་དབང་གིས་བོད་ཡུལ་དབུས་སུ་མཛལ། བསམ་ཡས་མི་འགྱུར་ལྷུན་གྲུབ་ལྷ་ཁང་བཞེངས། དེ་ལ་བརྟེན་ནས་བོད་ཡུལ་བདེ་སྐྱིད་དར། བོད་ཡུལ་བདེ་སྐྱིད་དར་བའི་བཀྲ་ཤིས་ཤོག དཔལ་རྩལ་སྣ་དགུ་འཛོམས་པའི་ལྷ་སྲས་དང་། མཛངས་གསུམ་ཕྱོགས་ནང་མཐུན་པའི་སྲས་མོ་གཉིས། གཙོ་བོའི་བཀའ་བཞིན་སྒྲུབ་པའི་ལྷ་མོ་གསུམ། སྔོན་ལས་དབང་གིས་བཞུགས་གྲལ་འདི་རུ་མཛལ། དེ་ལ་

---

① 《རྒྱལ་རབས་གསལ་བའི་མེ་ལོང་》ནང་གསལ།

བརྟེན་ནས་བུ་ནོར་ལོངས་སྤྱོད་འཕེལ། བུ་ནོར་ལོངས་སྤྱོད་འཕེལ་བའི་བཀྲ་ཤིས་ཤོག" ཅེས་པའི་ནང་། དང་པོར་རང་བྱུང་ཁམས་ཀྱི་སྨག་རུམ་འཇོམས་པའི་ཉི་ཟླ་སྐར་གསུམ་གྱི་ནུས་པ་བརྗོད་པས་ནམ་ཞར་འགྱུར་མེད་བརྟན་ལ་བསོད་ནམས་འཕེལ་བའི་སྨོན་འདུན་དང་། གཉིས་པར་ལོ་རྒྱུས་ཐོག་གི་མེས་པོའི་རླབས་ཆེན་མཛད་རྗེས་བརྗོད་ཡོད་ལ། གསུམ་པར་སྐབས་སུ་བབ་པའི་བག་སྟོན་ཉིན་པོ་མོ་ཟུང་གཉེན་སྒྲིག་བྱས་པ་ལས་མི་རབས་རྗེས་མ་འཕེལ་བ་དང་འཚོ་རྟེན་ལོངས་སྤྱོད་འཕེལ་བའི་བཀྲིས་རྟེན་འབྲེལ་ཞུས་ཡོད། དེའི་དུས་མཚམས་གཉིས་པ་ལས་ང་ཚོར་ལོ་རྒྱུས་ཀྱི་གནད་དོན་ཆེན་པོ་ཞིག་གསལ་བཤད་ཐུབ་པ་ནི། གནའ་དུས་བཙན་པོའི་སྐབས་ཀྱི་བོད་ཀྱི་རིག་གནས་ལག་རྩལ་གཅིག་ཏུ་བསྡུས་པ་དང་། ཕྱི་ཕྱོགས་ཀྱི་ལག་རྩལ་ཡང་སྤྱོད་ཡོད་པའི་རིན་ཐང་བླ་ན་མེད་པའི་བསམ་ཡས་ལྷ་ཁང་དེ་ཆོས་རྒྱལ་ཁྲི་སྲོང་ལྡེའུ་བཙན་གྱི་གངས་ཅན་ལ་དབང་བསྒྱུར་བའི་སྐབས་རྒྱ་གར་གྱི་མཁན་ཆེན་ཞི་བ་འཚོ་དང་། སློབ་དཔོན་པདྨ་འབྱུང་གནས། ལྷག་པར་དུ་བཙན་པོ་སྲུ་ངོ་མས་སྣེ་ཁྲིད་དང་ཐབས་ཇུས་མཛད་ནས་བསམ་ཡས་ལྷ་ཁང་དེ་བཞེངས་པ་རྫོགས་ཐུབ། ཁ་རྒྱུན་དུ" ལྷ་ཁང་དེའི་ཇུས་གཞི་འགོད་མཁན་ནི་ཞི་བ་འཚོ་ཡིན་པ་དང་། ས་ཡུལ་འདེམས་མཁན་པདྨ་འབྱུང་གནས་ཡིན་པ། ས་སྒོ་ཕྱེ་ནས་རྨང་གཞི་འདིང་མཁན་བཙན་པོ་སྲུ་ངོ་མ་ཡིན་པར་གྲགས" པ་ལྟར་དང་། ལྷ་ཁང་དེ་བཞེངས་གྲུབ་པ་ནི་སངས་རྒྱས་ཆོས་ལུགས་དེ་གངས་ཅན་གྱི་ལྗོངས་སུ་རྩ་བ་ཚུགས་པའི་མཚོན་རྟགས་གལ་ཆེན་ཞིག་ཡིན། ལྷ་ཁང་དེ་བཞེངས་པ་ནས་བཟུང་"བོད་ལ་རབ་བྱུང་བཙུན་པའི་སྡེ་བྱུང་བ་དང་། འཆད་གྲྭ་དང་སྒྱུར་གྲྭ་ལ་སོགས་པ་ཡང་བཙུགས་ཏེ། སངས་རྒྱས་ཆོས་ལུགས་ཀྱི་བསྟན་བཅོས་མང་པོ་བོད་ཡིག་ཏུ་བསྒྱུར་བར་བརྟེན། བོད་ཀྱི་རྩོམ་རིག་སྒྱུ་རྩལ་གྱི་ཁྲོད་དུ་སངས་རྒྱས་ཆོས་

ལུགས་ཀྱི་ཤན་ཞུགས་པ་ཅུང་མང་པོ་ཡོད།”①པ་བསྟོན་དུ་མེད། བསམ་ཡས་གཙུག་ལག་ཁང་དེ་ནི་བོད་རིགས་མི་དམངས་ཀྱི་བློ་རིག་ལས་བྱུང་བ་དང་། དེས་སྐབས་དེའི་བོད་ཀྱི་འཛུགས་སྐྲུན་དང་རིག་གནས་སྒྱུ་རྩལ་གྱི་ཆུ་ཚད་མཚོན་གྱི་ཡོད་པར་བརྟེན་བོད་ཀྱི་ལོ་རྒྱུས་དབུས་སུ་བསམ་ཡས་ལྷ་ཁང་ཞེས་རླུང་ལྟར་གྲགས།

གོང་གི་དཔེ་མཚོན་དེ་རྣམས་ལས། བོད་དང་མི་རིགས་གཞན་བར་གྱི་ལོ་རྒྱུས་ཐོག་གི་དཔལ་འབྱོར་གྱི་བརྗེ་ལེན་དང་རིག་གནས་ཀྱི་བརྗེ་རེས་ཇི་བྱས་ཚང་མ་མངོན་རྗེན་དུ་དམངས་ཀྱི་ངག་གི་མེ་ལོང་ལས་ལྷམ་མེར་འཆར་བ་འདི་དང་འདི་འདྲ་བ་དག་ནི་ལོ་རྒྱུས་ཞིབ་འཇུག་གི་བྱ་བར་ཤིན་ཏུ་སྨན་པའི་དཔྱད་གཞི་གསོན་པ་ཆར། ཨུ། མི། རླུང་སོགས་འབྱུང་ཁམས་རྐྱེན་ངན་གྱིས་ནམ་ཡང་འཇིག་པར་མི་བཏུབ་པའི་ངོ་མཚར་ཅན་ཞིག་ཡིན་པ་གོར་མ་ཆག

གོང་དུ་བཤད་ཟིན་པའི་མི་ནོར་དངོས་གསུམ་གྱི་བཤད་པ་འདི་རྣམས་ཐུད། ད་དུང་འདས་པའི་ལོ་ཟླའི་ནང་རྒྱུན་གཏན་འཚོ་བ་དང་། དགའ་སྟོན་གྱི་མཛད་སྒོ་གཞན་གྱི་ནང་དུའང་ཀུན་གྱིས་ལོངས་སུ་སྤྱོད་པའི་དམངས་ཁྲོད་རིག་རྩེད་འབྲས་དཀར་གྱི་བཤད་པ་དང་། གཞས་དང་ཞབས་བྲོ། ཤགས་གཏམ་གླེང་བ་སོགས་ཧ་ཅང་ཐུན་སུམ་ཚོགས་པ་ཞིག་གཉེན་སྟོན་སྐབས་ལོངས་སུ་སྤྱོད་པའི་སྲོལ་ཡོད། དེའི་ནང་གི་འབྲས་དཀར་གྱི་བཤད་པ་ནི་སྨྲ་བའི་སྒོ་ནས་གཏམ་དང་གླུ་གཞས་སྤེལ་མར་བློས་པ་དང་། ལག་གིས་པད་སྐོར་དང་། རྐང་པས་ཞབས་བྲོ་འཁྲབ་ནས་གསར་དུ་བསྒྲིགས་པའི་ཕོ་མོ་གཞོན་ནུ་གཉིས་ལ་བཀྲ་ཤིས་རྟེན་འབྲེལ་ཞུ་བའི་བོད་རང་གི་ཁྱད་ཆོས་ལྡན་པའི་རིག་རྩལ་ཞིག་ཡིན་ལ། དེ་ནི་བོད་རིགས་མི་དམངས་རྣམས་ཀྱིས་གཟིགས་འདོད་དང་གསན་འདོད་ཤིན་ཏུ་ཆེ་བའི་རིག་

① 《མགུར་གླུའི་ལོ་རྒྱུས》ནང་གསལ།

གནས་རྒྱུ་རྩལ་ཞིག་ཡིན།

ཡང་། ཞགས་གཏམ་གླིང་རེས་བྱེད་པ་ནི་བཞུགས་གྲལ་གྱི་ཚོགས་ཕྱོགས་གཉིས་སུ་གྱེས་ནས། ཕྱོགས་གཅིག་གིས་དྲི་བ་ལེན་པ་དང་གཞན་དེས་ལན་འདེབས་པར་བྱེད་པའི་རིག་པ་འགྲན་ཚུལ་ཞིག་ཡིན་པས་ནང་དོན་ནི་ལོ་རྒྱུས་ཀྱི་གནས་ཚུལ་དང་། ཆོས་ལུགས་ཤེས་བྱ། རིག་གནས་ཀྱི་སྐོར་དང་། རྒྱུན་གཏན་འཚོ་བའི་ཤེས་བྱ་ཕུན་སུམ་ཚོགས་པར་མཆིས་སོ། །

དགའ་སྟོན་འདིའི་ནང་དབྱངས་སུ་གྱེར་བའི་གླུ་གཞས་གཙོ་བོ་ནི་ཚང་གཞས་ཡིན་པས་མི་རེ་རེའི་གོ་གནས་དང་ན་ཚོད། སྐྱེས་འབྲས་བྱད་བཞིན། གཤིས་རྒྱུད་བཟང་མིན་སོགས་ལ་བསྟུན་ནས་གླུ་ལེན་པར་བྱེད་ཀྱི་ཡོད། ལྷག་པར་དུ་སེམས་པ་དཀར་ལ་བློ་རིག་བཀྲ་བའི་བོད་རིགས་བུ་མོ་རྣམས་ནི་གླུ་གཞས་ལ་ཤིན་ཏུ་མཁས་ལ་མགྲིན་དབྱངས་ཏ་ཙང་སྙན་པས་གླུ་བླངས་ཚེ་དཔྱིད་ཀྱི་ཕོ་ཉ་ལའང་སྐྱེངས་པ་སྐྱེར་བ་ཞིག་ཡོད་པ་མ་ཟད། བུ་མོས་གཞས་མི་ཤེས་ན་བཞུགས་གྲལ་དུ་ཏ་ཙང་ཉམས་དམའ་ཞིང་ངོ་གནོང་དགོས་པར་བརྩི་ཡི་ཡོད་པས་བོད་རིགས་བུ་མོ་རྣམས་གཞས་གཏོང་རྒྱུར་ཏ་ཙང་དགའ་པོ་ཡོད། དེ་རྣམས་ཚང་མ་སྤར་ཤུལ་རྒྱུན་འཛིན་གྱི་རྣང་གཞིའི་ཐོག་སྐབས་དེ་རང་ལ་བབས་པའི་གནས་ཚུལ་ལ་རང་གི་བློ་གྲོས་ཀྱི་རྩལ་ལ་བརྟེན་ནས་གསོན་ཉམས་ལྡན་ཞིང་སྤྲོ་སྣང་དོད་པའི་གཞས་ཚིག་གསར་གཏོང་བྱེད་ཀྱི་ཡོད་པ་དེ་ཡང་“ཕོ་རེ་རེའི་ཁ་ནས་གཏམ་རེ་བཏང་། མོ་རེ་རེའི་ཁ་ནས་གླུ་རེ་བླངས་”①ཞེས་པ་ལྟར་ཡིན་པས་གཅིག་ནས་མེས་པོ་རྣམས་ཀྱིས་མཛད་པའི་རྩོམ་རྩལ་ལས་རིམ་བཞིན་སྤེང་བརྩུད་རྣམས་ལེན་པ་དང་། ཡང་སྐོམས་རང་ཉིད་ཀྱིས་དེ་ལ་འཛིན་པའི་བསམ་པ་དང་གདེང་འཇོག

① 《བྱ་སྤྲེལ་གཏམ་རྒྱུད་》ནང་གསལ།

མཆོན་པ་མ་ཟད་རང་རང་གི་བློ་རྩལ་རིག་སྟོབས་འཕེལ་བའི་ཁྱད་ཆོས་བཟང་པོ་ལྡན་ཡོད།

ཡང་ཞབས་བྲོའི་ནང་ནས། སྟག་ཤར་གཞོན་པ་རྣམས་ཀྱི་ཞབས་བྲོ་ནི་འཁྲུག་ཅིང་རྗེག་སྒྲ་ཆེ་བ། ཕོ་ཉིད་ཀྱི་ཤེད་སྟོབས་ཆེ་ལ་བརྗིད་ཉམས་ལྡན་པ། རྩལ་དང་ལྡན་པའི་ལུས་ཀྱི་ཁྱད་ཆོས་དང་དཔའ་ཞིང་བརྟུལ་ཕོད་པ། བླང་དོར་ལ་མཁས་པའི་བློ་ཡི་ཁྱད་ཆོས་མཆོན་པ། དམན་ཆུང་བུ་མོ་རྣམས་ཀྱི་ཞབས་བྲོ་ནི་འཁྲོལ་ཆ་དོད་ལ་རྗེག་སྒྲ་ཆུང་བ་དམན་བུ་མོ་ཉིད་ཀྱི་མཛེས་ཤིང་ལྷ་ན་སྡུག་པ། སྒེག་ཅིང་ལྡེམ་ལ་སྙིང་སྙབས་པྲ་བའི་ལུས་ཀྱི་ཁྱད་ཆོས་དང་། མཛངས་ལ་རིག་པ་བཀྲ་བ། ཡ་རབས་གུས་ཞབས་ལྡན་པའི་ཁྱད་ཆོས་ལྡན་ཡོད། དམངས་ཁྲོད་འབྲས་ཚིག་ནང་“སྟག་ཤར་གཞོན་པའི་ཞབས་བྲོ། ཞབས་བྲོ་ཧྲག་སྒྲ་རྡེག་སྒྲ། ཨ་ནེ་བཙུན་མའི་ཞབས་བྲོ། ཞབས་བྲོ་མགོ་རིལ་པད་ཏོག དམན་ཆུང་བུ་མོའི་ཞབས་བྲོ། ཞབས་བྲོ་ལྷམ་མེ་ལྡེམ་མེ།”ཞེས་པ་ལས་བོད་ཀྱི་ཞབས་བྲོའི་ཉམས་འགྱུར་མངོན་པར་ཤེས་ཐུབ་པ་མ་ཟད་བག་སྟོན་མཛད་སྒོ་འདི་ནས་བོད་ལྗོངས་ནི་གླུ་གར་གྱི་རྒྱ་མཚོ་ཞིག་ཡིན་ཞེས་བརྗོད་པར་བཙོས་མའི་དྲི་མས་མ་སྦགས་པ་དེ་རབ་སྤྲོད་གསལ་པོ་ཐུབ་པོ། །གཞན་ཡང་ཨ་རྩེད་དང་ཁྲུང་བཀག་རིག་རྩེད་ཀྱང་མཛད་སྒོ་འདིའི་རིག་རྩེད་གཙོ་བོ་ཡིན་ཙང་ལེ་ཚན་གཞན་གྱི་ནང་ཞིབ་པར་བཤད་ཟིན་པས་འདིར་སྐྱར་ཟློས་ཀྱི་དགོས་པ་མ་མཆིས་སོ། །

མདོར་ན། དགའ་སྟོན་འདིའི་ནང་རང་གི་དཀའ་བས་བསགས་པའི་ནོར་རྫས་ཀྱི་ནུས་པ་དང་། གཟུགས་དབྱིབས། ཁ་དོག འབྱུང་ཁུངས་སོགས་དང་ཁྱིམ་མིའི་ཡོན་ཏན་ལ་བསྟོད་པ་གཏོང་བ་དང་། ཕན་ཚུན་ཤགས་གཏམ་གྱི་ཐོག་ནས་རིག་པ་འགྲན་པ། པི་ཝང་། སྒྲ་སྙན། གླིང་བུ། གླུ་གཞས། འབྲས་དཀར་གྱི་བཤད་པ་སོགས་ནི་རང་རང་གི་བློ་གྲོས་རྩལ་ལས་བྱུང་བའི་འབྲས་བུ་རྗོད་ཚིག

སྙན་ལ་བརྗོད་བྱའི་དོན་དང་ལྡན་པ། སྒྱུ་རྩལ་གྱི་སྙིང་པོས་ཕྱུག་པས་སྤྲོ་དགའི་དཔལ་སྟེར་བ་དང་། རྐང་པའི་ཞབས་བྲོ་དང་ལག་གི་པད་སྐོར། གདོང་གི་འཛུམ་མདངས་སོགས་ལུས་ཀྱི་གཡོ་བའི་གར་སྟབས་ཀྱིས་དམངས་ཀྱི་འདྲེན་བྱེད་ཡུལ་དུ་མཚར་བའི་སྙིང་པོ་སྨིན་པ་སོགས་ཁྱད་འཕགས་ཀྱི་རང་བཞིན་ལྡན་ཡོད། གཉེན་སྒྲིག་མཛད་སྒོ་འདི་ནས་བོད་མི་དམངས་ཀྱི་བློ་གྲོས་དང་། བསམ་པའི་འདུ་ཤེས་གསལ་པོར་མཚོན་ལ་བོད་ཀྱི་དམངས་ཁྲོད་རིག་གནས་ཀྱི་དམིགས་བསལ་ཁྱད་ཆོས་འོད་སྟོང་འཕྲོ་བ་དེའང་མཚོན་གྱི་ཡོད། དེར་བརྟེན་བོད་ཀྱི་གཉེན་སྒྲིག་སྟོན་མོ་ནི་རིག་རྩེད་ཀྱི་བྱེད་སྒོ་ཆེས་མཆོག་ཏུ་གྱུར་པ་ཞིག་ཡིན། དེས་མང་ཚོགས་ཀྱི་བསམ་བློའི་ངལ་བ་སེལ་བ་དང་། དམངས་ཀྱི་ཤེས་རྒྱ་ཆེ་རུ་གཏོང་བའི་ནུས་པ་བཟང་པོ་ཞིག་ཐོན་གྱི་ཡོད་ལ། ཁྱད་པར་གཉེན་སྟོན་གྱི་བྱེད་སྒོ་བརྒྱུད་པ་མེས་ཀྱིས་འཛོག་གནང་བའི་ངག་ལས་ངག་བརྒྱུད་དུ་བྱུང་བའི་དམངས་ཁྲོད་སྒྱུ་རྩལ་མང་པོ་ཞིག་རྒྱུན་འཛིན་དང་། དར་སྤེལ་ཡོང་རྒྱུར་འཁོར་ཡུག་ཡག་པོ་ཞིག་བསྐྲུན་གྱི་ཡོད། དེ་ལགས་ཀྱང་། སྤྱི་ཚོགས་བྱ་འགྱུར་བ་ལྟར་གོང་འཕེལ་འགྲོ་མགྱོགས་པའི་ད་ལྟའི་དུས་སྐབས་སུ། ཕུན་སུམ་ཚོགས་ལ་ཐུན་མོང་མིན་པའི་བོད་ཀྱི་དམངས་ཁྲོད་སྒྱུ་རྩལ་དར་ཡུལ་གྱི་བོད་མིའི་དངོས་པོའི་འཚོ་བ་འཕེལ་རྒྱས་འགྲོ་བ་དང་དུས་མཚུངས་བསམ་པའི་རིག་གནས་འཚོ་བའང་ཕུན་སུམ་ཇེ་ཚོགས་སུ་ཕྱིན་ནས་དེང་རབས་ཀྱི་སྒྲ་ཕབ་འཁོར་ལོ་དང་། གླུ་འཕྲིན། བརྙན་འཕྲིན་སོགས་མང་ཚོགས་ཀྱི་འཚོ་བའི་ནང་རྒྱུན་སྤྱོད་ཡོ་བྱད་དུ་གྱུར་དང་འགྱུར་མུས་ཡིན་ལ། དེས་ལོ་ངོ་སྟོང་ཕྲག་མང་པོའི་ནང་ཕ་ཚ་བུ་བརྒྱུད་ཀྱིས་རྒྱུན་འཛིན་བྱས་པའི་གཞས་དང་། ཞབས་བྲོ། གཏམ་དཔེ། སྒྲུང་། ཤགས་གཏམ། བཤད་པ་སོགས་འཆད་ཉན་བྱེད་པའི་དར་སྲོལ་ཇེ་ཞན་དུ་གྱུར་བ་དང་། དམངས་ཁྲོད་ཀྱི་སྒྲུང་པ་དང་། གཞས་པ་གཞས་མ། གཏམ་དཔེ་མཁས་ཅན། བཤད་པར་བྱང་

ཆབ་པ་སོགས་སྒྱུ་རྩལ་པ་ཇེ་ཉུང་དུ་འགྲོ་བ་མ་ཟད། དེ་ཚོའི་ཤུལ་འཛིན་པ་འཚར་ལོངས་ཡོང་བའི་འཕོར་ཡུག་ལའང་ཐོག་ཐུག་ཐེབས་ནས་དམངས་ཁྲོད་སྒྱུ་རྩལ་དག་ངག་ནས་ངག་བརྒྱུད་ཀྱིས་རྒྱུན་འཛིན་བྱེད་རྒྱུར་འགོག་རྐྱེན་ཆེན་པོ་བཟོས་ཡོད། གཞི་ཁང་དེང་རབས་ཅན་སྒྱུར་བཀོད་བྱེད་པའི་དུས་འདིར་དམངས་ཁྲོད་སྒྱུ་རྩལ་པའི་དྲན་ཤེས་ལ་བརྟེན་ནས་ཉར་ཚགས་བྱེད་པ་དང་། ངག་ཐོག་ནས་ཁྱབ་སྤེལ་བྱེད་པའི་སྲོལ་རྒྱུན་དམངས་ཁྲོད་རིག་རྩལ་གྱི་ཁྱབ་སྤེལ་འགྲོ་ལུགས་དེ་ལྟ་བུ་ངམ་ཤུགས་རིམ་རྒྱུད་ཀྱི་ཚུལ་དུ་འགྲོ་བཞིན་ཡོད་པ་ནི་སྤྱི་ཚོགས་སྤྱིའི་འཕེལ་ཕྱོགས་ཡིན་ན། བོད་ཀྱི་སྲོལ་རྒྱུན་དམངས་ཁྲོད་སྒྱུ་རྩལ་རྣམས་ཀྱང་ལོ་རྒྱུས་ཀྱི་ལས་དབང་དེ་ལས་ཐར་ཐབས་མེད། ད་ལྟ་ང་ཚོའི་མིག་མདུན་དུའང་སྣ་སྲུན་མི་ཉུང་བ་ཞིག་ཐོག་མྱོང་བ་ནི། དམངས་སྒྲུང་དང་། དམངས་གཞས། བཤད་པ་མང་པོ་ཞིག་ནི་དམངས་ཁྲོད་སྒྱུ་རྩལ་པ་ཚོ་ལས་འདས་པ་དང་མཉམ་དུ་མིང་གི་ལྷག་མར་གྱུར་དང་འགྱུར་མུས་ཡིན། སྲོལ་རྒྱུན་གཉེན་སྐྱོང་ནི་གོང་གསལ་ལྟར་དམངས་ཁྲོད་ཀྱི་སྒྱུ་རྩལ་དུ་མ་སྐྲུན་འཚར་དང་གཏན་གནས་ཡོང་བའི་སྐྱེ་ཁམས་མཆོག་ཏུ་གྱུར་བ་ཞིག་ཡིན་པས་སྲོལ་རྒྱུན་དེ་རིགས་རྒྱུན་འཛིན་ཐུབ་ན་བོད་ཀྱི་དམངས་ཁྲོད་སྒྱུ་རྩལ་རྣམ་གྲངས་མང་པོའི་སྐྱེ་ཁམས་ལ་སྲུང་སྐྱོབ་ཐུབ་ངེས་ལགས་པས་རང་རེ་ཚང་མས་ཕྱར་བ་གྱུ་འདེགས་ཀྱིས་ཤུགས་སྣོན་རྒྱག་རྒྱུ་གལ་འགངས་ཆེ་བར་མཐོང་ངོ༌། །

༧༩། །ཆང་གཞས་དང་ཁྲུང་བཀག་རིག་རྩེད་ལས་འཕྲོས་པའི་སྲོལ་རྒྱུན་རིག་གནས་ཀྱི་དྲན་འཆར།

གངས་ཅན་མེས་པོའི་ཞལ་རྒྱུན་ལ། ཆང་གི་ཡོན་ཏན་བརྗོད་སྐབས་སུ་ཆང་ནི་ལྷུགས་པ་ངག་སྨྲ་ཕྱེ་བའི་ལྡེ་མིག་དང་། སྙིང་མེད་ལ་ལ་འགྲོ་བའི་སྐྱེལ་མ། དགའ་པོ་བྲོ་འཁྲབ་པའི་རྫོག་སྒྲ། སྐྱིད་པོ་གླུ་ལེན་པའི་སྐད་གདངས་ཞེས་དགའ་བ་དང་སྐྱིད་པའི་འབྱུང་ཁུངས་ཡིན་པར་བརྗོད་ཅིང་། ཆང་ནི་དགའ་བའི་དགའ་རོགས། །ཆང་ནི་སྐྱོ་བའི་སྐྱོ་རོགས། །དགའ་སྐྱོ་གང་འདྲ་བྱུང་ཡང་། །ཆང་གིས་རོགས་པ་ཞུས་ཡོང་ཞེས་ཀྱང་བརྗོད་ཀྱི་ཡོད་པས་ཆང་དེར་དགེ་སྐྱོན་ཅི་ཡོད་ལ་མ་ལྟོས་པར་དེས་བོད་མི་དམངས་ཀྱི་འཚོ་བའི་ནང་གནས་བབ་ངེས་ཅན་ཞིག་བཟུང་ཡོད་པ་ནི་ཀུན་གྱི་འདྲེན་བྱེད་དང་རྣ་བའི་དབང་པོས་མཐོང་ཐོས་ཡོད་མུས་རེད། དེ་བཞིན་ཇ་དང་བསྟུན་ནས་འཁྲབ་ལུགས། གཞས་དང་བསྟུན་ནས་འཐུང་ལུགས་ཞེས་སམ། ཇ་དང་བསྟུན་ནས་བྲོ་འཁྲབ། གཞས་དང་བསྟུན་ནས་ཆང་ཐུངས་ཞེས་པ་ལྟར་ཆང་ས་དར་ལ་གླུ་གར་གྱི་རྒྱ་མཚོར་གྲགས་པའི་ཁ་བའི་ལྗོངས་འདིར་མཆོད་ཆང་མཆོད་བཞིན་གླུ་དབྱངས་ལེན་པའི་ཡུལ་གྱི་གཤིས་ལུགས་ཤིག་མཚོན་པ་ནི། ཀ་བཞི་ར་བའི་ནང་དུ། །ཕྱོགས་བཞིའི་གྲོགས་པོ་འཛོམས་སོང་། །དགའ་པོའི་མཆོད་ཆང་མཆོད་སོང་། །སྙན་པོའི་གླུ་དབྱངས་བླངས་སོང་ཞེས་པ་ལྟར་རོ། །

དེ་ཡང་ཕོ་གཞོན་པའི་ལུས་ལ་གཏམ་སྣ་འཛོམས་པ་དང་དམན་བུ་མོའི་ལུས་ལ་གླུ་སྣ་འཛོམས་པའི་ཁ་བ་རི་པའི་དམངས་ཁྲོད་དུ་ཆང་འཐུང་ལ་རོལ་

སྐབས། རིག་རྩེད་ཀུ་རེའི་བྱེད་སྒོ་སྣ་ཚོགས་ཡོད་པ་ནི། བཞུགས་གྲལ་གཡས་གྲལ་གཡོན་གྲལ་དང་ཡུལ་ལུང་ཕྱོགས་ཁ་གྱེས་ནས་གླུ་གར་གཏམ་གསུམ་འགྲན་པ་དང་། ཁྲུང་སྟོན་སྐབས་བུའི་གཉེན་ཚན་དང་མནའ་མའི་གཉེན་ཚན་བར་གླུ་གར་གཏམ་གསུམ་འགྲན་པ། སྐུ་མགྲོན་དང་ཁྲུང་འདྲེན་མ་གླུ་གར་གཏམ་གསུམ་འགྲན་པ་སོགས། མདོར་ན་བཞུགས་གྲལ་གང་འདྲ་ཞིག་ཡིན་རུང་རིག་རྩེད་ཀུ་རེའམ་ཞལ་ཤོབ་གཏམ་སྙན་གྱིས་འུར་ཐིང་ངེར་སྡོད་ཀྱི་ཡོད།

དེ་ལས་ཆང་གཞས་ཞེས་པ་ནི་མིང་དང་མཚུངས་པར་ཆང་འཐུང་སྐབས་གཏོང་བའི་གཞས་ལ་གོ་བ་ཡིན། བོད་ཀྱི་ཡུལ་གྲུ་ཀུན་དུ་ཆང་ལ་རོལ་སྐབས་བོང་བུ་ཆུ་འཐུང་མིན་པར་ཁྲུང་འདྲེན་མཁའམ་ཡང་ན་སྐུ་མགྲོན་ཕན་ཚུན་གཞས་བཏང་ནས་མཆོད་ཆང་འདྲེན་རེས་བྱེད་ཀྱི་ཡོད། ཡུལ་གྱི་གོམས་གཤིས་སུ་བུད་མེད་རྣམས་དང་ལྷག་པར་ཁྲུང་འདྲེན་མ་རྣམས་ཆང་ལ་རོལ་མཁན་ཏ་ཙང་ཞུང་བའི་དོན་དངོས་ཤིག་ཡོད་དེ། ཛ་ཁྲ་གསེར་གཤོག་དངུལ་གཤོག །ཛ་ལུང་སྟོང་སྐྱུད་གསུམ་སྒྲིལ། །ཛ་ཁྲའི་ནང་དུ་བླུགས་པའི། །མཆོད་ཆང་ཨ་རག་བདུད་རྩི། །བཞེད་མཁན་སྟག་ཤར་གཞོན་པ། །འདྲེན་མཁན་དམན་ཆུང་བུ་མོ། །ཞེས་པ་དང་། ཡང་ན་ཆང་བུས་བཀུང་ན་ཞིམ། གླུ་བུ་མོས་བཏང་ན་སྙན་ཞེས་པ་ལྟར་དང་། སྟོན་མོའི་བཞུགས་གྲལ་གྱི་ཐོག་བུད་མེད་མང་པོ་ཞིག་ལ་ཆང་འདྲེན་རྒྱུ་དང་གཞས་གཏོང་རྒྱུའི་ཐོབ་སྐལ་ལས་མེད་པའི་དོན་དངོས་ཤིག་སྣང་རྒྱུའང་ཡོད། དེར་བརྟེན་སྟག་ཤར་གཞོན་པ་གཏམ་གྱི་རྫོང་། དམན་ཆུང་བུ་མོ་གླུ་ཡི་རྫོང་ཞེས་པ་ལྟར་ཁྲུང་ཞུ་དམན་ཆུང་བུ་མོ་རྣམས་ནི་ཆང་གཞས་ལ་བྱང་ཆུབ་པ་ཤ་སྟག་ཡིན། ཆང་གཞས་ལ་རྣམ་པར་དབྱེ་ན་སྐོར་གླུ་དང་སྤྱི་གླུ་གཉིས་སུ་འདོད། དེ་ཡང་བཞུགས་གྲལ་དུ་བཞུགས་པའི་སྐྱེ་བོ་སོ་སོའི་གོ་བབ་དང་། ན་ཚོད། སྐུའི་སྐྱེས་འབྲས། གཤིས་རྒྱུད་བཟང་མིན་སོགས་ལ་བསྟུན་ནས་མི་རེ་རེར་གང་ལ་དེ་འཚམ་

ཀྱི་ཁྲུང་གླུ་རེ་ལེན་དགོས་པ་དེར་སྐོར་གླུ་ཞེས་སུ་གྲགས་པ་དང་། བཞུགས་གྲལ་ཡོངས་ལ་ཐུན་མོང་དུ་འབུལ་བའི་གཞས་ལ་སྤྱི་གླུའམ་གྲལ་གླུ་ཞེས་འབོད་པའོ། ། དེ་ལྟར་ཚང་གཞས་ཀྱི་རྒྱ་མཚོ་ལས་ཟིལ་པ་ཙམ་ཞིག་དཔེ་མཚོན་དུ་བཀོད་ན།

དང་པོ། སྐོར་གླུའི་དཔེ་མཚོན་དུ།

དཔོན་ལ།

སྟག་གི་གདན་གྱི་སྟེང་དུ། །
གཟིག་གི་དཔོན་པོ་བཞུགས་འདུག །
ཞལ་ནས་གསུང་ནི་མི་དགོས། །
ཁམས་གསུམ་དབང་དུ་འདུས་སོང་། །

དཔོན་གསར་ལ།

བྲག་ལ་འཛོགས་རྒྱུ་ཡིན་ནོ། །
བྲག་ལམ་གཡར་པོ་གཏོང་དང་། །
བློ་གཏད་བཙོལ་རྒྱུ་ཡིན་ནོ། །
བྱམས་སྐྱོང་གནང་རོགས་གནང་དང་། །

སྣན་པ་སོགས་སྤྱི་མི་ལ།

གྲལ་གྱི་དཀྱིལ་དུ་བཞུགས་པའི། །
སྤྱི་མི་ལྷ་རྗེ་དཀར་པོ། །
སྦྱིན་བདག་མངའ་ཐང་ཆེ་ལ། །
སྤྱི་མི་དར་ཞིང་རྒྱས་པ། །

སེར་སྐྱུང་བ་ལ།

སྤྲིན་དེ་གཟར་པོའི་གཟར་གླིང་། །
ལྷགས་ཕུ་བསྐྱོན་ནས་ཡལ་སོང་། །
འོང་པ་གཡུ་གཞོང་སྐྱིད་པ། །
ཞོ་མོ་བསླལ་ནས་བཞག་ཡོད། །

ཚོས་པ་ལ།

ཉིང་དེ་རྒྱ་ཉིང་བོད་ཉིང་། །
མཆོད་གཞོམ་པད་མ་ནྟ་ག །
མཆོད་གཞོམ་ཡར་ལ་བལྟས་རྗེས། །
དད་པ་གཏིང་ནས་སྐྱེས་བྱུང་། །

བགྲེས་སྒྲོང་ལ།

སྤར་སོང་སྤ་མོའི་མི་བྱུས། །
སྲིད་པ་ཆགས་པའི་རྗེ་བྱུས། །
རྗེ་ལ་དྲིག་པ་ཡོད་ཀྱང་། །
མཛལ་འདོད་གཞན་ལས་འདོད་པ། །

ཕ་མ་ལ།

བྲག་དེ་རྒོད་པོ་བྲག་ལ། །
རྒོད་པོས་རྒོད་ཚང་བསགས་ཡོད། །
རྒོད་པོ་སྐུ་ཚེ་རིང་ཐོག །
རྒོད་ཕྲུག་གནས་བཟོས་བདེ་བ། །

སྤུན་མཆེད་ལ།

སེར་ཤ་སྤུང་ལ་སྐྱེས་པ། །
སྤུང་གི་ཚོ་ལུ་ཡིན་འགྲོ །

རང་ཚོ་ཕ་གཅིག་སྤུན་མཆེད། །

སྙིང་གི་ཚོ་ལུ་ཡིན་ནོ། །

རང་དང་འདྲ་བར།

ང་ཚོ་མཉམ་མཉམ་གཞོན་གཞོན། །

དུང་ཕྲེང་དཀར་པོའི་སྐར་བརྒྱུས། །

དུང་ཕྲེང་ཐག་པ་མ་ཆད། །

འདི་འདྲའི་ངང་ལ་གཏང་འགྲོ །

རང་ལས་ཆུང་བར།

ཆུང་ཆུང་ཆུང་ལ་མཛེས་པ། །

བ་ལུ་དཀར་པོའི་མེ་ཏོག །

བལྟས་ན་མིག་ལ་མཛེས་པ། །

བཟས་ན་ཁ་ལ་ཞིམ་པ། །ཞེས་པ་ལྟ་བུའོ། །

གཉིས་པ། སྒྲེ་གླུའི་དཔེ་མཚོན་ནི།

གཙང་ཕྱོགས་ཡུལ་ནས་ཐོན་པའི། །

ཇ་ཁྲ་གསེར་གཞོག་དངུལ་གཞོག །

དེ་འདྲའི་ནང་དུ་འཁྱུངས་པའི། །

མཆོད་ཚང་ཨ་རག་བདུད་རྩི། །

མཆོད་མཁན་སྟག་ཤར་གཞོན་པ། །

ངང་དཀར་མཚོ་ལ་རུབ་རུབ། །

འདྲེན་མཁན་དམན་ཆུང་བུ་མོ། །

རྨ་བྱའི་མདོངས་རིས་ཤིག་ཤིག །

ཡང་ན།

སྟོད་ཡ་རུ་ལ་དྭགས་རྒྱལ་པོ་ཆགས། །
ལ་དྭགས་རྒྱལ་པོ་ཆོས་ལ་མཁས། །
ཆོས་དེ་འདྲའི་ཕྱོགས་ལ་འགྲན་ཟླ་མེད། །
འགྲན་ཐུབ་མཁན་ཡོད་ན་འགྲན་དུ་ཤོག །
སྨད་མ་རུ་རྒྱ་ནག་རྒྱལ་པོ་ཆགས། །
རྒྱ་ནག་རྒྱལ་པོ་རྩིས་ལ་མཁས། །
རྩིས་དེ་འདྲའི་ཕྱོགས་ལ་འགྲན་ཟླ་མེད། །
འགྲན་ཐུབ་མཁན་ཡོད་ན་འགྲན་དུ་ཤོག །
བར་འདི་རུ་དབུས་གཙང་རུ་བཞི་ཆགས། །
དབུས་གཙང་རུ་བཞི་གཞས་ལ་མཁས། །
གཞས་དེ་འདྲའི་ཕྱོགས་ལ་འགྲན་ཟླ་མེད། །
འགྲན་ཐུབ་མཁན་ཡོད་ན་འགྲན་དུ་ཤོག །

ཡང་ན།

བཞུགས་གྲལ་གཡས་གྲལ་གཡོན་གྲལ། །
ལྷ་ཡི་བཞུགས་གྲལ་ཡིན་འགྲོ །
ལྷ་ལ་ཡོན་ཆབ་འབུལ་མཁན། །
ཁྲུང་རྫ་མ་ཕམ་གཡུ་མཚོ། །ཞེས་པ་ལྟ་བུའོ། །

ཁྲུང་བཀག་བཤད་པ་ལ་ཁྲུང་ཞེས་པ་དཀར་མོ་ནས་ཀྱི་ཉིང་ཁུ་བདུད་རྩི་ཆང་གི་ཞེ་སའི་ཚིག་ཡིན་པ་དང་། ཁྲུང་བཀག་ཞེས་པ་འདི་ཡང་ཆང་བཀག་པའི་དོན་དུ་གོ་སྟེ་ཆང་འཐུང་རྒྱུར་བསྐྱོན་འཛུགས་བྱས་པའི་དོན་ནོ། །དེ་ནི་ཆང་འཐུང་ལ་རོལ་སྐབས་སྐྱ་མགྲོན་གྱིས་ཁྲུང་འདྲེན་མས་འདྲེན་པའི་མཆོད་ཆང་མ་

མཚོད་པར་ཁྲུང་འདྲེན་མ་དང་ཕན་ཚུན་རིག་པའི་རྩལ་འགྲན་ཏེ་ཡང་སྙིང་ཚང་དེ་སུས་འཕྲུང་དགོས་མིན་བརྟག་པའི་རིག་རྩེད་དམ་ཀུ་རེ་ཞིག་ཡིན། དེ་ཡང་ཅུང་གསལ་བར་བཤད་ན། ཐོག་མར་ཁྲུང་འདྲེན་མས་སྐྱ་མགྲོན་ལ་ཚང་གཞིས་བཏང་ནས་མཚོད་ཚང་འདྲེན་སྐབས། སྐྱ་མགྲོན་གྱིས་ཚང་མ་བཏུང་བར་དྲི་བ་སླུ་ཡི་གདངས་ལ་དྲངས་ནས་ཁྲུང་འདྲེན་མར་དྲི་བ་བཏོན་ཏེ་ཚང་བཀག དྲི་བ་དེའི་མཇུག་ཏུ་དེར་ལན་འདེབས་ཐུབ་ན་ཚང་མགྲོན་ངས་འཐུང་། གལ་ཏེ་ལན་འདེབས་མ་ཐུབ་ཚེ་ཚང་ངས་མི་འཐུང་། ཁྲུང་འདྲེན་མར་འདྲེན་རྒྱུ་ཡིན་ཞེས་སླུ་ལེན། བསྟུད་མར་ཁྲུང་འདྲེན་མས་དེར་ལན་འདེབས་དགོས། ལན་ཏག་ཏག་བཏབ་མ་ཐུབ་ན། ཚང་དེ་མགྲོན་པོས་ཁྲུང་འདྲེན་མ་དེ་རང་ལ་ཕར་འདྲེན་དགོས། གལ་སྲིད་ལན་དེར་ནོར་འཁྲུལ་མེད་པར་འདེབས་ཐུབ་ན་ཁྲུང་འདྲེན་མས་གཞིས་ཀྱི་མཇུག་ཏུ་ཚང་ང་ཡང་（ཁྲུང་འདྲེན་མ་）མི་འཐུང་སྐྱ་མགྲོན་ལ་འདྲེན་རྒྱུ་ཡིན་ཞེས་བརྗོད། དེ་ནས་ད་དུང་བསྙོན་འཛུགས་སྐྱུར་འགོང་བྱས་ན"སྤྲ་ལྕུག་སྐྱུག་མ་ཚོགས་གསུམ་དབུ་ལ་ཞུ"ཞེས་བརྗོད་ལ། སྐྱ་མགྲོན་གྱིས་ཚང་མི་འཐུང་བ་བྱས་ན་ཁྲུང་རྒྱུག་དེ་སྐྱ་མགྲོན་གྱི་མགོ་ལ་ཞུ་བའི་དབང་ཆ་ཡོད། ཁྲུང་རྒྱུག་མགོ་བོར་འཁེལ་ན་དེ་ནི་བཞུགས་གྲལ་གྱི་ནང་ཚང་ཁྲིམས་མ་ཁུར་བར་ཉེས་པ་འཁེལ་བ་ཞིག་ཡིན་པས་དེ་རིགས་དམའ་ཞན་པ་ལ་བརྩི་ཡི་ཡོད། ཁྲུང་རྒྱུག་སྐྱུག་མ་ཚོགས་གསུམ་དེ་ར་བཟི་སྐྱུར་འགོང་ཤོད་མཁན་ལ་སོགས་པའི་ཚང་ཁྲིམས་མི་ཁུར་མཁན་རྣམས་ལ་ཞུ་བྱེད་ཡིན་པས་བཞུགས་གྲལ་གྱི་ཚང་ཁྲིམས་སྲུང་མཁན་ཡིན་ཟེར་སྲོལ་ཡང་ཡོད། དེས་ན"བཞུགས་གྲལ་མང་པོ་འགྲིམ་སྐྱོང་སྟེ། མགོ་ལ་ཁྲུང་རྒྱུག་འཁེལ་མ་སྐྱོང་།"ཞེས་པ་དེ་ཡང་རང་ཉིད་ཚང་ཁྲིམས་ལ་བརྩི་སྲུང་ཞུ་བ་དང་། ར་བཟི་སྐྱུར་འགོང་ཤོད་ཀྱི་མེད་པ་དེ་མཚོན་བྱེད་དུ་ཤོད་པ་ཞིག་ཡིན། ཚང་ཁྲིམས་སྲུང་མཁན་གྱི་ཁྲུང་རྒྱུག་དེ་སྤྱོད་པའི་དབང་ནི་ཁྲུང་འདྲེན་མ་དང་

གཉེར་པ་ལ་མ་གཏོགས་མེད། བཞུགས་གྲལ་ཐོག་ཁྲུང་འདྲེན་མས"སྲ་ལྷག་སྐྱུག་མ་ཆོགས་གསུམ་འདི། ཁྲུང་འདྲེན་དམན་ཆུང་བུ་མོའི་ཕྱག་ཚན་ཡིན། ར་བཟི་སྐྱུར་འགོང་བྱས་ན་དབུ་ལ་ཐུག་ཙམ་ཐུག་ཙམ་ཞུ་དགོས་ཡོང་"ཞེས་ཀྱང་བརྗོད་སྲོལ་ཡོད་དོ། །

ཁྲུང་བཀག་རིག་རྩེད་འདི་ཉིད་དྲི་བ་དྲིས་ལན་གྱི་རྣམ་པའི་ཐོག་ནས་རིག་པ་འགྲན་པའི་རྩེད་རྩལ་ཞིག་ཡིན་པ་དེའི་ཐད་ལྡེའུ་ཡི་རིག་རྩེད་དང་འདྲ་བའི་ཆ་ཡོད་ཀྱང་། ཁྲུང་བཀག་རིག་རྩེད་ནི་གཞས་གདངས་ལ་དྲངས་ནས་དྲི་བ་བསྐྱལ་རྒྱུ་དང་ལན་འདེབས་རྒྱུ་ཡིན་པས་དེའི་དྲི་བ་དྲིས་ལན་ཚང་མ་ཚིག་རྐང་བདུན་ནམ་བརྒྱད་སོགས་མང་ཤུང་ལ་མ་ལྟོས་པར་ཚིགས་བཅད་ཀྱི་རྣམ་པ་ཤ་སྟག་ཡིན་པ་དང་། བརྗོད་བྱའི་དོན་ཡང་ཏ་ཙང་སྲུན་སུམ་ཚོགས་པ་མི་དམངས་ཀྱི་འཚོ་བའི་རྣམ་པ་མང་པོ་ཞིག་མངོན་ཡོང་གི་ཡོད། དེ་ལྟའི་ངོ་མཚར་ཆེ་བའི་རིག་རྩེད་འདི་ཉིད་ཁ་བ་རི་པའི་ཡུལ་གྲུ་མང་པོར་ད་ལྟའི་དུས་སུ་རིག་རྒྱུ་དཔེན་པ་ཙམ་མ་ཟད། གཙང་ཁུལ་དུ་ད་ལྟའི་དུས་སུ་རིག་རྩེད་འདིར་ལོངས་སྤྱོད་བྱེད་མཁན་ཇེ་ཉུང་དུ་འགྲོ་བཞིན་པའི་དངོས་དོན་དེ་སྐྱུག་འཛིན་པས་མཐོང་ཐོས་བྱུང་སྐབས་སྣ་ལ་ན་ཚ་གཏོང་བ་དང་སྲུགས་རང་ནུས་ཀྱིས་གང་ཐུབ་སྲུར་སྐྱོབ་བྱེད་རྒྱུའི་འདུན་པ་བློ་ངོར་འཆར་བྱུང་། དེ་ཡང་ཁྲུང་བཀག་རིག་རྩེད་ཀྱི་དྲི་བ་དྲི་ལན་གྱི་དཔེ་མཚོན་འགའ་བཀོད་ན།

སྐྱ་མགྲོན་གྱིས།

བརྡུངས་པའི་འཁོར་ལོ་རྣམ་གསུམ་ཨོད། །

མ་བརྡུང་འཁོར་ལོ་རྣམ་གསུམ་ཨོད། །

བྲིས་པའི་རི་མོ་རྣམ་གསུམ་ཨོད། །

མ་བྲིས་རི་མོ་རྣམ་གསུམ་ཨོད། །

བརྟུངས་པའི་རྩེ་མོ་རྣམ་གསུམ་ཤོད། །

མ་བརྟུང་རྩེ་མོ་རྣམ་གསུམ་ཤོད། །

དེ་ཤོད་རྒྱུ་ཡོད་ན་ཁྱོད་ཀྱིས་ཤོད། །

ཚང་ཨ་རག་བདུད་རྩི་ང་ཡིས་འཐུང་། །

ཤོད་རྒྱུ་མེད་ན་ང་ཡིས་བཤད། །

ཚང་ང་ནི་མི་འཐུང་ཁྲུང་ལ་འདྲེན། །

ཁྲུང་ཚང་གིས་བད་ན་དགའ་རྒྱུ་ཡིན། །

ཡང་ཞལ་སྐྱུག་གནང་ན་སྐྱིད་རྒྱུ་ཡིན། །

(ཁྲུང་ཞེས་པ་སྐབས་འདིར་ཁྲུང་འདྲེན་མར་གོ་བ་ཡིན།) ཞེས་གླངས་ན།

ཁྲུང་འདྲེན་མས།

བརྟུངས་པའི་རྩེ་མོ་རྣམ་གསུམ་དེ། །

མདའ་རྩེ་མདུང་རྩེ་གྲི་རྩེ་གསུམ། །

མ་བརྟུང་རྩེ་མོ་རྣམ་གསུམ་དེ། །

ཤ་རུ་དགོ་རུ་གཙོད་རུ་གསུམ། །

 བྲིས་པའི་རི་མོ་རྣམ་གསུམ་དེ། །

རྒྱ་ཡིག་བོད་ཡིག་ཧོར་ཡིག་གསུམ། །

མ་བྲིས་རི་མོ་རྣམ་གསུམ་དེ། །

སྟག་ཕྲུགས་དོམ་ཕྲུགས་གཟིག་ཕྲུགས་གསུམ། །

བརྟུངས་པའི་འཁོར་ལོ་རྣམ་གསུམ་དེ། །

རྒྱ་དངུལ་བོད་དངུལ་ཧོར་དངུལ་གསུམ། །

མ་རྟུང་འཁོར་ལོ་རྣམ་གསུམ་དེ། །

ཉི་མ་ཟླ་བ་སྐར་ཆེན་གསུམ། །

དེ་གསུམ་ལ་མི་ཞུ་གང་ལ་ཞུ། །
ཆང་ང་ཡང་མི་འཐུང་མགྲོན་ལ་འདྲེན། །
མགྲོན་ཆང་གིས་བད་ན་དགོས་རྒྱུ་ཡིན། །
ཡང་ཞལ་སྐྱུག་གནང་ན་སྐྱིད་རྒྱུ་ཡིན། །ཞེས་ལེན་དགོས།

སྐྱ་མགྲོན་གྱིས།

སྟོད་གོང་དཀར་ཟེར་བའི་ཡར་ཕྱུངས་ན། །
སྒོ་སྒོ་རིགས་མི་གཅིག་གསུམ་ཙམ་ཡོད། །
དེ་ཤོད་རྒྱུ་ཡོད་ན་ཁྱོད་ཀྱིས་ཤོད། །
ཤོད་རྒྱུ་མེད་ན་ང་ཡིས་བཤད། །
ཆང་ང་ནི་མི་འཐུང་ཁྱུང་ལ་འདྲེན། །
ཞེས་བླངས་ན།

ཁྱུང་འདྲེན་མས།

སྟོད་གོང་དཀར་ཟེར་བའི་ཡར་ཕྱུངས་ཀྱི། །
སྒོ་སྒོ་རིགས་མི་གཅིག་གསུམ་ཙམ་དེ། །
སྒོ་དང་པོ་རྩ་བའི་བླ་མའི་སྒོ། །
དར་དཀར་གཙང་བྱུང་ན་ཐལ་ལེར་འགྲོ། །
དར་དཀར་གཙང་མེད་ན་ཐར་ས་མེད། །
སྒོ་གཉིས་པ་འགོ་འདྲེན་དཔོན་པོའི་སྒོ། །
རྒྱ་དངུལ་དཀར་པོ་བྱུང་ན་ཐལ་ལེར་འགྲོ། །
རྒྱ་དངུལ་དཀར་པོ་མེད་ན་ཐར་ས་མེད། །
སྒོ་གསུམ་པ་དམན་ཆུང་བུ་མོའི་སྒོ། །
ལས་ལས་དབང་བྱུང་ན་ཐལ་ལེར་འགྲོ། །

ལས་ལས་དབང་མེད་ན་ཐར་ས་མེད། །
དེ་གསུམ་ལ་མི་ཞུ་གང་ལ་ཞུ། །
ཆང་ང་ཡང་མི་འཐུང་མགྲོན་ལ་འདྲེན། །
མགྲོན་ཆང་གིས་བད་ན་དགོས་རྒྱུ་ཡིན། །
ཡང་ཞལ་སྐྱུག་གནང་ན་སྐྱིད་རྒྱུ་ཡིན། །
ར་བཟི་དང་སྐྱུར་འགོང་བཤད་ཐུང་ན། །
ཁྲུང་རྒྱུག་སྒྲུག་མ་ཚོགས་གསུམ་དབུ་ལ་ཞུ། །
× × × × × × ཞེས་ལེན་སྲོལ་ཡོད།

སྐྱ་མགྲོན་གྱིས།

ཐབ་མགོའི་མེ་ལོང་འོད་ཆེན་ཤོད། །
ཐབ་རྒྱབ་མེ་ལོང་བཙས་ཁྲེར་ཤོད། །
ཐལ་ཕུང་སྣང་གི་གཡུ་སྔོག་ཤོད། །
× × × × × × ཅེས་བླངས་ན།

ཁྲུང་འདྲེན་མས།

ཐབ་མགོའི་མེ་ལོང་འོད་ཆེན་དེ། །
དམན་བུ་ཡོད་རྣམས་ལ་མི་ཞུའམ། །
ཐབ་རྒྱབ་མེ་ལོང་བཙས་ཁྲེར་དེ། །
དམན་བུ་མེད་རྣམས་ལ་མི་ཞུའམ། །
ཐལ་ཕུང་སྣང་གི་གཡུ་སྔོག་དེ། །
དམན་གོ་ལོག་རྣམས་ལ་མི་ཞུའམ། །
དེ་ཤོད་རྒྱུ་ཡོད་ནས་བཤད་པ་ཡིན། །
ཤོད་རྒྱུ་མེད་པ་ཅི་ལ་ཟེར། །

× × × × × × ཞེས་ལེན་སྲོལ་ཡོད།

སྐྱ་མགྲོན་གྱིས།

ཐང་སྟོད་ཀྱི་དགོ་པོ་རྭ་ཡོད་ཤོད། །

ཐང་དཀྱིལ་གྱི་དགོ་པོ་རྭ་ཆག་ཤོད། །

ཐང་སྨད་ཀྱི་དགོ་པོ་རྭ་རྡུམ་ཤོད། །

× × × × × × ཅེས་བླངས་ན།

ཁྲུང་འདྲེན་མས།

ཐང་སྟོད་ཀྱི་དགོ་པོ་རྭ་ཡོད་དེ། །

ཕོ་ནོར་ཡོད་རྣམས་ལ་མི་ཞུའམ། །

ཐང་དཀྱིལ་གྱི་དགོ་པོ་རྭ་ཆག་དེ། །

ཕོ་ཡ་བྲལ་རྣམས་ལ་མི་ཞུའམ། །

ཐང་སྨད་ཀྱི་དགོ་པོ་རྭ་རྡུམ་དེ། །

ཕོ་ཡ་མེད་རྣམས་ལ་མི་ཞུའམ། །

× × × × × × ཞེས་ལེན་སྲོལ་ཡོད།

སྐྱ་མགྲོན་གྱིས།

ལ་ཨ་སོག་སོག་གི་སོག་ལ་ན། །

སྤྲུལ་པའི་བྱ་མོ་དཀར་མོ་ཡོད། །

བྱ་དེ་ཡི་སྐེ་ལ་དར་གཅིག་ཡོད། །

དར་དེ་ལ་མདུད་པ་དགུ་ཙམ་ཡོད། །

ཡང་ན་མདུད་དགུ་འགྲོལ་རྒྱུ་ཡིན། །

ཡང་ན་གླུ་དགུ་ལེན་རྒྱུ་ཡིན། །

གླུ་དགུ་དང་མདུད་དགུ་མ་གྲོལ་ན། །

× × × × × × ཞེས་བླངས་ན།

ཁྲུང་འདྲེན་མས།

ཧ་ཕོ་དང་མི་པོ་ཧ་ལྷུག་གསུམ། །
བྱང་ཐང་མདུད་པ་འགྲོལ་ཡས་ཡིན། །
བུ་མོ་དང་བཞོ་ཐྲོ་བཀྱིག་སྒྲིག་གསུམ། །
སེ་ལེ་འབྲི་མོའི་མདུད་པ་འགྲོལ་ཡས་ཡིན། །
བླ་མ་དང་རྡོ་རྗེ་དྲིལ་བུ་གསུམ། །
ཚེ་ཕྱི་མའི་མདུད་པ་འགྲོལ་ཡས་ཡིན། །
དེ་གསུམ་གསུམ་ལ་མི་ཞུ་གང་ལ་ཞུ། །

× × × × × × ཞེས་ལེན་སྒྲོལ་ཡོད།

སྐྱུ་མགྲོན་གྱིས།

ཕུ་ཡི་རྫོང་རི་རྫོང་གསུམ་ཤོད། །
བར་གྱི་རྫོང་རི་རྫོང་གསུམ་ཤོད། །
གདའ་ཡི་རྫོང་རི་རྫོང་གསུམ་ཤོད། །

× × × × × × ཅེས་བླངས་ན།

ཁྲུང་འདྲེན་མས།

ཕུ་ཡི་རྫོང་རི་རྫོང་གསུམ་དེ། །
ལྷ་འབྲི་ཟ་མོ་འོ་མའི་རྫོང་། །
ལྷ་གཡག་ཞོལ་པོ་རྩེད་པའི་རྫོང་། །
སྦྲ་རུས་སྦལ་ཀ་བརྒྱུད་མར་གྱི་རྫོང་། །
དེ་གསུམ་ལ་མི་ཞུ་གང་ལ་ཞུ། །
བར་གྱི་རྫོང་རི་རྫོང་གསུམ་དེ། །

ཨ་མ་ཆང་མ་ཆང་གི་རྫོང་། །
སྟག་ཤར་གཞོན་པ་གཏམ་གྱི་རྫོང་། །
དམན་ཆུང་བུ་མོ་གླུ་ཡི་རྫོང་། །
དེ་གསུམ་ལ་མི་ཞུ་གང་ལ་ཞུ། །
མདའ་ཡི་རྫོང་རི་རྫོང་གསུམ་དེ། །
བླ་མཚོ་སྡོ་མོ་ཆུ་ཡི་རྫོང་། །
སེར་བྱ་དང་པ་སྒྲོ་ཡི་རྫོང་། །
ཉ་ཆུང་གསེར་མིག་ཤ་ཡི་རྫོང་། །
དེ་གསུམ་ལ་མི་ཞུ་གང་ལ་ཞུ། །
× × × × × × ཞེས་ལེན་སྲོལ་ཡོད།

སྐྱ་མགྲོན་གྱིས།

སྟོད་ཡར་ཀླུངས་ཟེར་བའི་གོང་དཀར་ན། །
སྒོ་སྒོ་རིགས་མི་གཅིག་བཅུ་གཉིས་ཡོད། །
སྒོ་སྒོ་ཐུང་གཅིག་གིས་བཅུ་གསུམ་ཡོད། །
ཕྱེ་ཕྱེ་བའི་སྒོ་མོ་གསུམ་ཙམ་ཡོད། །
བར་བར་ཆད་སེལ་བའི་སྒོ་གསུམ་ཡོད། །
དངོས་དངོས་གྲུབ་གནང་བའི་སྒོ་གསུམ་ཡོད། །
བརྒྱབ་བརྒྱབ་པའི་སྒོ་མོ་གསུམ་ཙམ་ཡོད། །
སྒོ་སྒོ་ཐུང་གཅིག་གིས་བཅུ་གསུམ་ཡོད། །
གླིང་གླིང་བཞི་གསལ་བའི་སྒོ་གཉིས་ཡོད། །
× × × × × × ཅེས་གླངས་ན།

ཁྲུང་འདྲེན་མས།

ཕྱེ་བའི་སྒོ་མོ་གསུམ་ཙམ་དེ། །
དཔྱིད་ཟླ་གསུམ་ལ་མི་ཞུའམ། །
བར་ཆད་བསེལ་བའི་སྒོ་གསུམ་དེ། །
དབྱར་ཟླ་གསུམ་ལ་མི་ཞུའམ། །
དངོས་གྲུབ་གནང་བའི་སྒོ་གསུམ་དེ། །
སྟོན་ཟླ་གསུམ་ལ་མི་ཞུའམ། །
བརྒྱབ་པའི་སྒོ་མོ་གསུམ་ཙམ་དེ། །
དགུན་ཟླ་གསུམ་ལ་མི་ཞུའམ། །
སྒོ་ཁྱུང་གཅིག་གིས་བཙུ་གསུམ་དེ། །
ཟླ་བ་ཤོལ་གཅིག་ལ་མི་ཞུའམ། །
གླིང་བཞི་གསལ་བའི་སྒོ་གཉིས་དེ། །
དགུང་ཉི་ཟླ་གཉིས་ལ་མི་ཞུའམ། །
× × × × × × ཞེས་ལེན་སྲོལ་ཡོད།

སྐུ་མགྲོན་གྱིས།

ཤར་རི་བརྒྱ་རི་ཡི་རྩེ་མོ་ན། །
མེ་དུ་བ་མེད་པའི་མེ་གཅིག་ཡོད། །
ལྷོ་རི་བརྒྱ་རི་ཡི་རྩེ་མོ་ན། །
ཤིང་འཛེར་པ་མེད་པའི་ཤིང་གཅིག་ཡོད། །
ནུབ་རི་བརྒྱ་རི་ཡི་རྩེ་མོ་ན། །
ཆུ་ཕྱུ་བ་མེད་པའི་ཆུ་གཅིག་ཡོད། །
བྱང་རི་བརྒྱ་རི་ཡི་རྩེ་མོ་ན། །
ནོར་བདག་པོ་མེད་པའི་ནོར་གཅིག་ཡོད། །

དེ་ཤོད་རྒྱུ་ཡོད་ན་ཁྲུང་གིས་ཤོད། །
× × × × × ×ཅེས་བླངས་ན།

ཁྲུང་འདྲེན་མས།

ཤར་རི་བརྒྱ་རི་ཡི་རྩེ་མོ་ཡི། །
མེ་དུ་བ་མེད་པའི་མེ་དེ་ནི། །
དཀུང་རྫོད་འཛམ་ཉི་མར་མི་ཞུའམ། །
ལྷོ་རི་བརྒྱ་རི་ཡི་རྩེ་མོ་ཡི། །
ཤིང་འཛེར་པ་མེད་པའི་ཤིང་དེ་ནི། །
ཤིང་དཔག་བསམ་ཤིང་ལ་མི་ཞུའམ། །
ནུབ་རི་བརྒྱ་རི་ཡི་རྩེ་མོ་ཡི། །
ཆུ་ལྷུབ་མེད་པའི་ཆུ་དེ་ནི། །
སྦྲང་ཆར་སིལ་མ་དག་ལ་མི་ཞུའམ། །
བྱང་རི་བརྒྱ་རི་ཡི་རྩེ་མོ་ཡི། །
ནོར་བདག་པོ་མེད་པའི་ནོར་དེ་ནི། །
འབྲོང་ཁ་སེར་རྣམས་ལ་མི་ཞུའམ། །
དེ་རྣམས་ལ་མི་ཞུ་གང་ལ་ཞུ། །
× × × × × ×ཞེས་ལེན་སྲོལ་ཡོད།

སྐུ་མགྲོན་གྱིས།

ཕུ་ཡི་རི་དྭགས་སྣེ་དགུ་ཤོད། །
མདའ་ཡི་ཉ་མོ་རིགས་དྲུག་ཤོད། །
བར་གྱི་གཅན་གཟན་གྲ་བརྒྱད་ཤོད། །
× × × × ×ཅེས་བླངས་ན།

ཁྲུང་འདྲེན་མས།

སྤུ་ཡི་རི་དྭགས་སྣེ་དགུ་དེ། །

གནའ་གཉན་འཁྲོང་གསུམ་ཕོ་ར་མོ་ར་ཡིན། །

ཤྭ་དགོ་གཙོད་གསུམ་ཕོ་ར་མོ་ཡུ་ཡིན། །

གླ་རི་རྒྱང་གསུམ་ཕོ་ཡུ་མོ་ཡུ་ཡིན། །

མདའ་ཡི་ཉ་མོ་རིགས་དྲུག་དེ། །

ཉ་ཨ་ཉ་སྨྲ་ཉ་ཛ་ཉ་གསུམ། །

གསེར་ཉ་སྦལ་པ་ལྕོང་མོ་དྲུག །

བར་གྱི་གཅན་གཟན་གྲ་བརྒྱད་དེ། །

སྟག་དང་གཟིག་དང་དོམ་དང་གསུམ། །

དེ་རྣམས་གྲ་ཡི་རབ་ཅིག་ཡིན། །

ཞ་དང་དྲེད་དང་སྤྱང་དང་གསུམ། །

དེ་རྣམས་གྲ་ཡི་འབྲིང་ཞིག་ཡིན། །

སྲེ་མོང་ཞི་མི་གྲ་ཡི་ཐ། །

× × × × × ×ཞེས་ལེན་སྲོལ་ཡོད་པ་ལྟ་བའོ། །

སྲོལ་རྒྱུན་ལྟར་ན་བཀྲ་ཤིས་རྟེན་འབྲེལ་གྱི་མཛད་སྒོའི་སྐབས་ཞལ་ཐོབ་ཀུ་རེའི་སྤྲོ་སྐྱིད་དང་སྐན་འཛེབས་ལྡན་ལ་བརྗོད་བྱ་ལྡན་སུམ་ཚོགས་པའི་ཆང་གཞས་གཏོང་བའི་ལུགས་སྲོལ་དར་ཁྱབ་ཆེ་བ་དང་། བུད་མེད་ཁྲུང་འདྲེན་མ་ཞིག་ལ་ཆ་མཚོན་ན་བཞུགས་གྲལ་ཁྱིངས་ལ་འབུལ་བའི་སྤྱི་སློ་དང་། བཞུགས་གྲལ་གྱི་སྐྱི་བོ་ཡོངས་ལ་གང་ལ་དེ་འཚམ་གྱི་སྙེར་སློ་འབུལ་ཐུབ་པ་དང་། གང་ལ་དེ་ལན་འཕྲོད་པའི་ཁྲུང་བཀག་རིག་རྩེད་ལ་འཇུག་ཐུབ་པ་དགོས་ཀྱི་ཡོད། དེང་གི་དུས་སུ་གྲོང་ཁྱེར་གྱིས་གཙོས་པའི་ས་ཁུལ་མང་པོ་ཞིག་ཏུ་ཆང་བཏུང་ལ་རོལ་སྐབས་ཁྲུང་བཀག

རིག་རྩེད་ལྷ་བུ་མིང་གི་ལྷག་མར་གྱུར་བ་དང་དེའི་སྐབས་གཏོང་བའི་གཞས་རྣམས་ལ་"ཆང་གཞས་"ཞེས་བརྗོད་པ་ཙམ་ལས་དོན་དུ་མཛའ་གཞས་དང་། སྐྱོ་གླུ། དེ་མིན་དུས་དུས་སུ་དར་ཁྱབ་ཆེ་བའི་གླུ་གཞས་རྣམས་གཏོང་གི་འདུག་ལ། དགོད་བྲོ་བ་ཞིག་ལ་སྟག་ཤར་གཞོན་པ་ལའང་"ལྷ་སའི་བུ་མོ་པད་མའི་མེ་ཏོག་འདྲ"ཞེས་པའི་གཞས་གཏོང་བ་དང་། ཁྲུང་འདྲེན་མ་འགའ་ཤས་ཀྱིས་གྲལ་མགོ་ནས་གྲལ་མཇུག་བར་ཡང་སྐོར་བསྐྱར་སྐོར་གྱིས་གཞས་གཅིག་རང་གཏོང་གི་འདུག་པས་ཡང་ཡང་ཨ་ཅེའི་གླུ་ལ་སྙན་རྒྱུ་གང་ཡང་མེད་པ་དང་། ཐ་ན་ཁྲུང་འདྲེན་མ་ཁ་ཤས་ཀྱིས་རང་གི་གཉེན་ཚན་ལའང་"ཕར་ལ་མིག་ཅིག་བལྟས་པས། ཚུར་ལ་སྤྱན་ཞིག་གཟིགས་བྱུང་། སྤྱན་མིག་གི་གའི་འོག་ནས། ལས་འགྲོའི་མདུད་པ་ཐེབས་སོང་།"ཞེས་པའམ"རྒྱ་གར་ཤར་གྱི་རྨ་བྱ། ཀོང་ཡུལ་གཏིང་གི་ནེ་ཙོ། འཁྲུངས་ས་འཁྲུངས་ཡུལ་མི་གཅིག འཛོམས་ས་ཆོས་འཁོར་ལྷ་ས། ལྷང་མ་བྱིའུར་སེམས་ཤོར། བྱིའུ་ཆུང་ལྷང་མར་སེམས་ཤོར། སེམས་ཤོར་མཐུན་པ་བྱུང་ན། བྱ་ཁྲ་ཧོར་པས་མི་ཐུབ།"ཅེས་པའི་མཛའ་གཞས་གཏོང་བ་སོགས་གོ་ན་རྣ་བར་གཟན་ལ། སེམས་ན་ཡིད་སེམས་གདུང་བ་ཞིག་ཡོད་པ་དང་། དེང་དུས་ལོ་གསར་གྱིས་གསོས་པའི་དུས་ཆེན་དང་གཉེན་སྟོན་གྱིས་གསོས་པའི་མི་སྒེར་གྱི་བྱེད་སྒོ་རྣམས་ལ་འཇུག་སྐབས་སྤར་ཡོད་ཀྱི་ཡ་རབས་བཟང་པོའི་རིག་རྩེད་རྣམས་རིང་དུ་བོར་ནས་མ་རབས་རྒྱུན་འཛུགས་ཀྱི་གླུ་ཅང་ཁོ་ནར་འཇུག་པ་ཡང་"བོད་ལ་རྒྱུན་སྲོལ་རྩེད་མོ། །ཟླ་མིན་ཟླ་ཚོགས་ཡོད་རེད། །གླུ་ཅང་མ་རྟགས་ཚ་པོ། །ག་ནས་དར་བ་ཡིན་ནམ། །"ཞེས་པ་དང་། "བགྲེས་སོང་སྤྱི་བོ་རྩྭ་པོ། །ད་དུང་ཕ་མ་བུ་ཕྲུག །སྦག་ཅོག་གྲུ་བཞིའི་སྟེང་ལ། །ངར་ན་ངར་མཉམ་རེད་འདུག"ཅེས་པ། "ཕྲུ་གུ་བརྟན་འཕྲིན་བལྟ་གིས། །ཕ་མ་གླུ་ཅང་བསྐྱོན་གྱིས། །བཀྲ་ཤིས་ལོ་གསར་ཤར་ནའི། །གཞས་དང་ཞབས་བྲོ་མི་འདུག །"ཅེས《གསར་བྱུང་

དམངས་གཞས་》ནང་གསལ་བ་ལྟར་ཡིན། གནའ་བོའི་བྲུང་སྟོན་གྲོལ་རྗེས་སྐྱེ་བོ་རྣམས་ཀྱིས་གླིང་སོལ་བྱེད་ཡུལ་ནི་མི་དེ་ལ་ཤེས་ཡོད་འདུག མི་དེས་བཤད་པ་ནོར་སོང་། བྲུང་ཞུ་མ་དེའི་གཞས་མཁས་པ་ལ། བྲུང་ཞུ་མ་དེས"བྲུང་ལན་"ནོར་སོང་། མི་དེའི་བཤད་པ་རྒྱས་པོ་འདུག་ཅེས་པ་ལྟ་བུ་ཡིན། དེང་དུས་བྲུང་སྟོན་སོགས་དགའ་སྟོན་གྲོལ་རྗེས་གླིང་སོལ་བྱ་བའི་དོན་ནི་སྐྱེ་བོ་སུ་ཞིག་སྐོར་སྟོང་གཅིག་ཤོར་སོང་། བུད་མེད་ཆེ་གེ་མོར་སྐོར་མོ་བརྒྱ་ཐོབ་འདུག "བག་ལེབ་སྐང་པའི་སྐང་ནས་བྱ་དེས་ལྡི་ཙེ་རྒྱབ་སོང་"ཞེས་པ་ལྟ་བུ་ལས་མེད་ལ། ད་དུང་སྟག་སར་ཆང་འདྲེན་གླུ་གཞས་ལ་འཇུག་ན་སུན་སྣང་གི་རྒྱུ་རུ་གྱུར་བ་དང་། སྣ་ཅང་ལ་མི་འཇུག་མཁན་དེ་གྲོགས་མེད་ཁེར་རྐྱང་དུ་ལུས་ཀྱི་ཡོད་པ་ནི《གསར་བྱུང་དམངས་གཞས་》ནང་གི"ཡ་རབས་ཐུགས་གཉིས་བཟང་བ། །མགྲོན་པོར་ཕེབས་རྒྱུ་མི་འདུག །རྒྱན་བཙུགས་ཤོ་སྟག་མི་ཤེས། །གྲོགས་མེད་ཁེར་རྐྱང་ལུས་ཀྱིས། །"ཞེས་དང་། "མཆོད་ཆང་བཏེགས་པ་མ་གནང་། །གསུང་གཞས་འབུལ་བ་མ་གནང་། །སྐུ་མགྲོན་སྣ་ཅང་ཤོར་ནས། །ཚང་མར་མིག་ལོག་བལྟ་གིས། །"ཞེས་པ་ལས་མངོན་ཐུབ།

གོང་སྨྲོས་ཇི་བཞིན་ཆང་དང་འབྲེལ་བའི་རིག་རྩེད་བྱེད་སྒོ་དེ་རིགས་ད་ལྟའི་དུས་ཡོངས་སུ་སྤྱོད་མཁན་ཇེ་ཉུང་དུ་འགྲོ་བའམ་མེད་གི་ལྟག་མར་གྱུར་བའི་གནས་སུ་གྱུར་བ་འདི་ནི་རང་ཅག་གི་མདུན་དུ་ལྷག་པའི་དམིགས་བསལ་གྱི་གནད་དོན་ཞིག་མ་ཡིན་པར་ཉམས་གུད་རྩ་བརླག་ཏུ་འགྲོ་ལ་ཉེ་བའི་རང་རེའི་ཞུལ་བྱུང་གི་སྲོལ་རྒྱུན་རིག་གནས་མང་པོར་ལྷག་པའི་ཡོངས་ཁྱབ་རང་བཞིན་གྱི་གནད་དོན་ཞིག་ཡིན་པ་གཞོན་སྐྱེས་ཚོས་གོ་ཤེས་གནང་དགོས་ངེས། ཡང་མེས་དམ་པས་བཞག་གནང་བའི་ཁྱད་ནོར་ཏེ་ཞུལ་བྱུང་གི་སྲོལ་རྒྱུན་རིག་གནས་རྣམས་རྩ་བརླག་མི་འགྲོ་བ་བྱེད་རྒྱུ་ནི་ལོ་རྒྱུས་ཀྱིས་ང་ཚོར་སྤྲད་པའི་དཀའ་ཚོགས་ཆེ་བའི་ཕྲག་སྟེང་

གི་ཁུར་པོ་ཞིག་ཡིན་གཤིས། ཁུར་པོ་འདི་ནི་གཟི་བརྗིད་ཆེ་ལ་དོན་སྙིང་ལྡན་པ་ཞིག་ཡིན། ང་ཚོས་བཀུང་བྱ་ཆང་དང་ལྷག་པར་དེ་དང་འབྲེལ་བའི་རིག་གནས་ཀྱི་ད་ལྟའི་གནས་བབ་ལ་ཕྱིར་གཟིགས་ཤིག་གནང་ན། གཞི་རྐང་ཆང་ཞེས་པ་ཉོན་རྫོངས་དང་། ལེ་ལོ། སྟོང་ཟད་ཀྱི་མཐུན་ཕྱོགས་སུ་སྒྱུར་བའི་ཉེས་པའི་གསུང་རྒྱུན་དག་ལ་མི་འཐད་པ་མི་འདུག་ཀྱང་། ཆང་ལས་འབྱུངས་པའི་ཕྱུལ་བྱུང་གི་རིག་གནས་དག་འདམ་སྐྱེས་པད་མར་འདམ་གྱི་དྲི་མས་མ་སྦགས་པས་ཐག་ཉེར་འབྲེང་འདྲུད་དུ་གཏོང་བར་ང་ཚོའི་སེམས་ཀྱིས་བཟོད་ལགས་སམ། འོན་ཀྱང་ད་ལྟའི་དངོས་དོན་ལ་རང་ཅག་གི་ས་ཁུལ་འགར་པོང་བུས་ཆུ་འཐུང་ལྟར་ཆང་ཚོད་འཛིན་མེད་པར་བཀུང་བ་ལས། ཆང་དང་འབྲེལ་བའི་ཕྱུལ་བྱུང་གི་རིག་རྩེད་བྱེད་སྒོ་ཆང་གཞས། "ཁྲིང་དཀག" དཔའ་གཞས་ལ་སོགས་པར་འཕེལ་རྒྱས་གཏོང་རྒྱུ་ལྟ་ཞོག རྒྱུན་འཛིན་དང་ཐ་ན་མྱུར་སྐྱོབ་ཀྱང་མི་ཐུབ་པ་འདི་ནི་སྣ་ལ་ན་ཚ་གཏོང་བའི་རྒྱུ་ལས་གཞན་ཅི། ང་ཚོས་སྲོལ་རྒྱུན་རིག་གནས་ལ་དེ་ལྟར་གྱི་ལྟ་ཚུལ་དང་བཀྲལ་ཞུགས་འཛིན་ན། ད་གཟོད་རང་རེའི་མི་རིགས་འདི་ཡང་རང་མདངས་མི་མངོན་པའི་མིའི་ཚོ་བ་ཞིག་ལ་འགྱུར་རྒྱུ་ཉག་ཅིག་ཡིན། གང་ལགས་ཤེ་ན། སྲོལ་རྒྱུན་རིག་གནས་ནི་མི་རིགས་ཀྱི་བླ་སྲོག་ཡིན། མི་རིགས་གཅིག་ལ་སོ་སོའི་ཁྱད་ཆོས་ལྡན་པའི་སྲོལ་རྒྱུན་རིག་གནས་མེད་པ་ཡིན་ན། དེ་ནི་མི་རིགས་གཅིག་ཏུ་གྲུབ་ཐབས་མེད་པ་རེད། བསམ་བློར་བཅིངས་འགྲོལ་དང་། བསྒྱུར་བཅོས་སྒོ་དབྱེ་གཏིང་ཟབ་པའི་ཕྱོགས་སུ་འཕེལ་རྒྱས་གཏོང་བའི་དུས་རབས་གསར་པ་འདིའི་ནང་ཕྲུག་སྟེང་གི་རེལ་རེལ་དབུ་ལ་ནང་རྫས་དབུལ་བའི་བློ་མཐུན་མང་པོ་ཞིག་གིས་སྲོལ་རྒྱུན་རིག་གནས་དག་སྐྱོད་མགོ་མེད་པའམ་རྗེས་ལུས་ཀྱི་མིང་གི་རྣམ་གྲངས་ལ་བརྩིས་ནས་དེ་དང་དེང་རབས་འདུ་ཤེས་གཉིས་འགལ་ཟླར་ལངས་པའི་འབྲུགས་བག་དང་མེ་ལྟ་བུ་ལ་བརྩི་བའམ་སྲོལ་རྒྱུན་རིག་གནས་དེ་དེང་

རབས་འདུ་ཤེས་ཀྱི་བཀག་ལྟ་བུར་ངོས་བཟུང་གནང་བ་དེ་ནི་ཕྱོགས་ལྷུང་གི་ལྟ་བ་ཞིག་ཅིག་ཡིན། སྲོལ་རྒྱུན་གྱི་རིག་གནས་དང་དེང་རབས་ཀྱི་འདུ་ཤེས་གཉིས་འགལ་ཟླར་མི་འགྲོ་བ་མ་ཟད། རྗེས་མ་དེ་གོང་མའི་རྒྱུན་མཐུད་དང་འཕེལ་རྒྱས་ཡིན། མི་རིགས་གཅིག་གི་རིག་གནས་ནི་མི་རིགས་དེ་ཆགས་པ་ནས་དར་རྒྱས་འགྲོ་བའི་བརྒྱུད་རིམ་ནང་ཐྲེང་བ་སྟར་བརྒྱུས་བཞིན་རྒྱུན་འཛིན་གྱི་རྨང་གཞིའི་ཐོག་ཡག་ཐོག་ཡག་བརྩེགས་དང་། ཐུན་སུམ་རྗེ་ཚོགས་སུ་བཏང་ནས་གྲུབ་པ་ཞིག་ཡིན་ལ། དེང་རབས་ཀྱི་འདུ་ཤེས་ཡང་འགྱུར་མེད་གཏན་གནས་ཀྱི་བྱ་དངོས་ཤིག་མ་ཡིན་པར་འགྱུར་བ་འགྲོ་བ་ཞིག་ཡིན། དུས་རབས་འདི་ཡི་ནང་དེང་རབས་འདུ་ཤེས་སུ་འཛིན་པ་དག་ཀྱང་དུས་རབས་ཕྱི་མར་སྲོལ་རྒྱུན་རིག་གནས་ལ་འགྱུར་འགྲོ་བ་ཞིག་ཡིན་ན། བོད་ཀྱི་སྲོལ་རྒྱུན་རིག་གནས་དང་དེང་རབས་འདུ་ཤེས་གཉིས་ཀྱི་བར་མཚམས་དེ་ཡོ་ག་གེ་མོར་འཛོག་པ་ནི་དོན་དངོས་དང་མི་མཐུན་པ་ཞིག་ཡིན།

འོ་ན་དུས་རབས་གསར་པའི་ནང་ང་ཚོས་སྲོལ་རྒྱུན་རིག་གནས་ལ་ལྟ་ཚུལ་གང་འདྲ་ཞིག་འཛིན་དགོས་སམ་ཞེ་ན། ཐུལ་བྱུང་གི་སྲོལ་རྒྱུན་རིག་གནས་དག་རྒྱུན་འཛིན་བྱེད་རྒྱུ་སྙིང་མེད་ཡིན་པའི་སྟོན་འགྲོའི་ཆ་རྐྱེན་འོག་དུས་རབས་ཀྱི་བསམ་པའམ་སྟོན་ཕྱོན་གྱི་རིག་གནས་རྣམས་སྲོལ་རྒྱུན་རིག་གནས་ནང་ཚུར་ལེན་བྱེད་རྒྱུ་དང་། དེ་ལའང་ཞྭ་དཔེ་ལྷམ་འགེབས་དང་། རེ་བོང་ཅལ་འདྲོགས་ཀྱི་སྤྱོད་ཚུལ་རྩ་བ་ནས་བཟུང་རྒྱུ་མེད་པར་དུས་རབས་ཀྱི་བསམ་པའམ་སྟོན་ཕྱོན་གྱི་རིག་གནས་དེའི་མི་རིགས་ཀྱི་རང་བཞིན་མངོན་གསལ་ཡོང་བ་བྱས་ཏེ་རང་རེའི་སྲོལ་རྒྱུན་རིག་གནས་འདི་མི་རིགས་ཀྱི་ཁྱད་ཆོས་ལྡན་ལ་དུས་རབས་ཀྱི་ནང་དོན་མངའ་བའི་སྲོལ་རྒྱུན་གསར་པའི་ཕྱོགས་སུ་འཕེལ་རྒྱས་གཏོང་དགོས་པར་ངོས་འཛིན་བྱ་ཡི་ཡོད། དེ་ལྟར་སྲོལ་རྒྱུན་གསར་པ་ཟེར་བ་འདི་ཡང་སྲོལ་རྒྱུན་རིག

གནས་དང་དེང་རབས་འདུ་ཤེས་གཉིས་མཉམ་འདྲེས་གཅིག་ཏུ་གྱུར་བ་ཞིག་ལ་ཟེར་བ་ཡིན། དེ་ཡིན་ཡང་། སྲོལ་རྒྱུན་གསར་པའི་ཕྱོགས་སུ་འཕེལ་རྒྱས་གཏོང་རྒྱུ་དེ་ཧ་ཅང་དཀའ་ཚོགས་ཆེ་བའི་ལམ་བུ་ཞིག་ཡིན་ལ་སྐྱེ་བོ་ཀུན་གྱིས་ཕྱར་བ་གྲུ་འདེགས་བྱེད་པའི་འབད་འབུངས་དང་ཁ་བྲལ་ཐབས་མེད། དེའི་བརྒྱུད་རིམ་ནང་ཕྱོགས་ལྷུང་གི་ལྟ་བ་གཉིས་དོར་དགོས་པ་ནི་གཅིག་ནས་སྔབས་བདེ་པོས་སྲོལ་རྒྱུན་རིག་གནས་དག་ཡོངས་སུ་དོར་བའམ་རྩིས་མེད་དུ་གཏོང་རྒྱུ་མེད་ལ། གཉིས་ནས་སྲོལ་རྒྱུན་རིག་གནས་ལ་རྙིང་ཞེན་བག་འཁུམས་བྱ་རྒྱུའང་མེད། མི་རིགས་ཀྱི་སྲོལ་རྒྱུན་རིག་གནས་དག་ཡོངས་སུ་དོར་བ་ཡིན་ན། མི་རིགས་དེའི་རང་མདངས་མངོན་རྒྱུ་མེད་པར་མི་རིགས་གཞན་དང་འདྲེས་འགྲོ་རྒྱུ་ཡིན་པའམ་ཡང་ན་རང་མ་ལུག་ཆགས་རྒྱུར་ཐེ་ཚོམ་མེད་པ་དང་། ཡང་སྲོལ་རྒྱུན་རིག་གནས་ཁོ་ན་འགངས་ཆེར་བརྩིས་ནས་བྱ་དངོས་གསར་པ་ཟུར་འབུད་ཁོ་ན་བྱས་ཚེ་མི་རིགས་འདི་དུས་རབས་ཀྱི་རྗེས་སུ་ལུས་འགྲོ་རྒྱུ་ཡིན་པ་བཅས་ནི་རིགས་པའི་གཞུང་ལུགས་དང་དངོས་དོན་གཉིས་ཀས་ར་སྤྲོད་ཐུབ་ངེས་ལགས་སོ། །

༄༅། །བོད་ཀྱི་རིག་རྩེད་ལས་དགེ་འཁོར་ཁུལ་གྱི་ལྡེའུ་དང་ཤགས་ཀྱི་སྐོར།

ལྡེའུ་དང་ཤགས་ནི་བོད་གངས་ཅན་ཡུལ་འདིར་དར་སྤྱ་བའི་རིག་རྩེད་ཀྱི་རྣམ་གྲངས་ཁག་གཉིས་ཡིན། བོད་ལ་སངས་རྒྱས་ཆོས་ལུགས་མ་བྱུང་གོང་རྒྱལ་པོ་གཉའ་ཁྲི་བཙན་པོ་ནས་ལྷ་ཐོ་ཐོ་རི་གཉན་བཙན་བར་གྱི་རྒྱལ་རབས་ཉེ་ཤུ་རྩ་བདུན་རིང་བོད་ཀྱི་ཆབ་སྲིད་དེ་སྐྱོང་། ལྡེའུ། བོན་གསུམ་གྱིས་བསྐྱངས་ཞེས་བོད་ཀྱི་ལོ་རྒྱུས་ཡིག་ཚང་རྣམས་སུ་གསལ་བ་ལྟར་ལྡེའུ་ཡི་རིག་རྩེད་དག་བོད་རྒྱལ་ཐོག་མ་གཉའ་ཁྲི་བཙན་པོའི་སྐབས་ནས་ཡོད་པར་མཚོན་པ་དང་། བོན་གྱི་སྟོན་པ་གཤེན་རབ་མི་བོ་ཆེ་དང་སྲས་ཀོང་ཙེ་གཉིས་མཇལ་འཕྲད་བྱུང་སྐབས་ཤགས་ལ་རྩོད་པས་གཤེན་རབ་རྒྱལ་བའི་གཏམ་རྒྱུད་《མདོ་གཟེར་མིག》ནང་གསལ་བ་ལས་ཤགས་ཀྱི་རིག་རྩེད་དག་ཀྱང་དར་སྤྱ་བ་མཚོན་གྱི་ཡོད། དེ་ལྟར་ཡུན་རིང་གི་ལོ་རྒྱུས་ལྡན་པའི་རིག་རྩེད་རྣམས་རྗེས་རབས་ཚོས་རྒྱུན་འཛིན་དང་འཕེལ་རྒྱས་གཏོང་བའི་བརྒྱུད་རིམ་ནང་ས་ཁུལ་སོ་སོའི་ཁྱད་ཆོས་དུ་མ་ཆགས་ཡོད་པ་ནི་ཀུན་གྱིས་ཤེས་གསལ་ལྟར་ལགས། དགེ་འཁོར་ཁུལ་དུ་ས་མ་འབྲོག་ཁུལ་གྱི་ཁྱད་ཆོས་མངའ་བའི་གནའ་རབས་ཀྱི་རིག་རྩེད་མང་པོ་ད་བར་རྒྱུན་འཛིན་བྱས་ཡོད་པ་ལས་ལྡེའུ་དང་ཤགས་ནི་དེའི་ནང་གསེས་རྣམ་གྲངས་གཉིས་ཡིན།

དེ་ཡང་དང་པོ་ལྡེའུ་ཡི་རྣམ་གྲངས་བཤད་པ་ལ། ལྡེའུ་ཟེར་བ་ནི་བརྗོད་བྱའི་དོན་ཐམས་ཅད་རྗོད་བྱེད་ཚིག་གིས་གབ་པའམ་གསང་ནས་བརྗོད་པའི་ངག་ཚིག་ལ་གོ་བ་ཡིན། དེར་ཡོངས་གྲགས་སུ་གབ་ཚིག་དང་ཡུལ་ལ་ལར་ཁེད་ཅེས་

ཀྱང་འཐོད་སྲོལ་ཡོད། དགེ་འཁོར་བ་རྣམས་ཀྱིས་སྡེབས་ཞེས་འཐོད་པ་ཡིན། དེ་ཙུང་གསལ་བར་བཤད་ན་བྱ་དངོས་གང་ཡིན་ཟུང་དེ་ཐད་ཀར་མ་བཤད་པར་དེའི་ནུས་པ་དང་། འབྱུང་ཁུངས། དབྱིབས་དང་ཁ་དོག་སོགས་ཀྱི་ཁྱད་ཆོས་རྣམས་བཤད་ནས་བྱ་དངོས་དེ་ཅི་ཡིན་རིག་པས་ཐིག་པ་བྱེད་རྒྱུའི་དྲི་བ་དྲིས་ལན་བྱེད་པའི་རིག་རྩེད་ཅིག་ལ་གོ་བ་ཡིན། སྡེབས་ཀྱི་རིག་རྩེད་ལ་དགེ་འཁོར་ཁུལ་གྱི་གཞོན་སོ་དཀར་ནས་རྒན་སྐྲ་དཀར་བར་གྱི་སྐྱེ་བོ་ཚང་མས་དགའ་པོ་བྱེད་ཀྱི་ཡོད་ལ། དེ་བས་ཀྱང་ན་གཞོན་རྣམས་ཀྱིས་ཕྱོགས་འཚོ་བའམ་ལྷི་བ་སྒྲུག་པ། ས་སྣོན་རྒྱག་པའམ་རྫ་འཐུ་བའི་ལས་ཀའི་བར་གསེང་ལ་སྡེབས་བསྐྱུལ་རེས་བྱེད་རྒྱུར་དགའ་པོ་ཡོད། སྡེབས་ཀྱི་རིག་རྩེད་ལ་འཇུག་ཚུལ་ནི་མི་གཉིས་ལས་མེད་ན་དེ་གཉིས་ཕན་ཚུན་དྲི་བ་དྲིས་ལན་བྱེད་པ་དང་། མི་མང་པོ་ཡོད་ན་ཕོག་ཁག་གཉིས་སུ་གྱེས། སྐབས་རེ་བུ་དང་བུ་མོ་སོ་སོར་གྱེས། སྐབས་རེ་སྡེ་ཚོ་སོ་སོ་ཕོག་ཁག་བྱེད་པ། སྐབས་འགར་ལོ་ན་རྒན་གཞོན་ཕོག་ཁག་བྱེད་པ་སོགས་མདོར་ན་རིག་རྩེད་ལ་འཇུག་མཁན་གྱི་མི་གྲངས་ག་ཚོད་ཡོད་པ་རྣམས་ཕོག་ཁག་གཉིས་སུ་གྱེས་པ་དང་། དེ་ལས་གཅིག་གིས་སྡེབས་བསྐྱུལ་བ་དང་ཕྱོགས་གཞན་དེས་ལན་འདེབས་པ་སྟེ་དྲི་བ་དྲིས་ལན་སྐྱུལ་རེས་བྱེད་ཀྱི་ཡོད། ག་པས་སྡེབས་ཀྱི་དྲི་བ་བསྐྱུལ་བ་ལ་ཁ་པས་ལན་འདེབས་བྱེད་ཐུབ་ན་ག་པས་མུ་མཐུད་དྲི་བ་སྐྱུལ་རྒྱུ་དང་། ཁ་པས་དྲིས་ལན་མུ་མཐུད་འདེབས་དགོས། གལ་སྲིད་ཁ་པས་དྲིས་ལན་འདེབས་མ་ཐུབ་ན་དྲི་བ་དྲིས་ལན་སྐྱུལ་མཁན་ཕན་ཚུན་བརྗེ་པོ་བརྒྱབ་སྟེ་ཁ་པས་སྡེབས་ཀྱི་དྲི་བ་བསྐྱུལ་རྒྱུ་དང་། ག་པས་དྲིས་ལན་འདེབས་དགོས། དེ་ལྟར་ཕན་ཚུན་བརྗེ་རེས་ལན་མང་བྱས་མཐར་ཕྱོགས་གང་གི་སྡེབས་ཀྱི་དྲི་བ་རྫོགས་སོང་ཚེ་དེ་རིག་པ་ཕམ་པར་བརྩི་ལ་སྡེབས་ལན་སྒྲུང་གིས་འཇལ་དགོས་ཞེས་ཕམ་མཁན་ཕྱོགས་ཀྱིས་སྒྲུང་ཞིག་བཤད་ནས་རིག་རྩེད་མཇུག་བསྡུ་ཡི་ཡོད། དཔེར་ན་ག་པས"ཕྱི་དཀར་

པོ་གུར་གྱི་གུར་ལེགས་པ། ནང་དམ་པ་ཆོས་ཀྱི་ཆོས་ལེགས་པ། རྩ་བ་གཅིག་ལ་འབྲུངས་པའི་འབྲུངས་ལེགས་པ་” ཅི་ཡིན་ཞེས་དྲི་བ་བསྐུལ་བའི་ལན་དུ་སེར་ཤ་ཡིན་ཞེས་ཁ་པས་ལན་འདེབས་ཐུབ་ན་ཀ་པས་སྡེབས་ཀྱི་དྲི་བ་མུ་མཐུད་བསྐུལ་རྒྱུར་“ཨ་བཀྲམ་བཀྲམ། བཀྲམ་ལོ་ལེགས། དར་ཁ་སྒྲིག རྒྱུན་རྩེ་སྐམ།” ཞེས་པ་ཅི་ཡིན་ཟེར་བ་ལ་ཁ་པས་སོ་ནམ་ཡོ་ཆས་ཁྲོལ་མ་ཡིན་ཞེས་ལན་འདེབས་མ་ཐུབ་ཚེ་ཀ་པས་“སྡེབས་ལ་སྡེབས་ལན་ཁྱེར་ཤོག” ཅེས་སྡེབས་ཀྱི་དྲི་བ་བསྐུལ་རྒྱུ་དེ་ཁ་པར་སྤྲོད་པ་དང་། ཀ་པས་ལན་འདེབས་དགོས། ཁ་པས་“དམར་རིལ་ཤི་སོང་། ནག་རིལ་རྒྱུག་ཤོག ཨ་ལེགས་སྤུ་ཟིངས། གདན་འདྲེན་ཞུས་ཤོག” ཅེས་པ་གང་ཡིན་ཟེར་བའི་ལན་དུ་ཀ་པས་མེ་ཤི་སོང་ལྡེ་བ་དང་སྤུད་པ་ཁྱེར་ཤོག་ཟེར་བ་ཡིན་ཞེས་ལན་འདེབས་ཐུབ་ན་ཁ་པས་མུ་མཐུད་“གཡས་རི་གཡོན་རི་ཤ་ཡི་རི། དཀྱིལ་རི་དཔག་བསམ་ཤིང་གི་རི། འགྲོ་བ་བཟང་མོ་ལྕགས་ཀྱི་རི།” ཤོད་ཟེར་བར། ཀ་པས་དེ་རྔོས་རྒྱག་པ་རེད་ཅེས་ལན་འདེབས་མ་ཐུབ་ན་སྡེབས་ཀྱི་དྲི་བ་བསྐུལ་རྒྱུ་དེ་ཀ་པར་སྤྲོད་སྲོལ་ཡོད།

དགེ་འཁོར་ཁྲུལ་གྱི་ཕུན་སུམ་ཚོགས་པའི་སྡེབས་ཀྱི་རིག་རྩེད་དག་ནི་དགེ་འཁོར་མེས་པོ་རྣམས་ཀྱིས་མི་རབས་དང་མི་རབས་བརྒྱུད་ནས་གསར་རྩོམ་དང་། རྒྱུན་འཛིན། འཕེལ་རྒྱས་བཏང་ནས་གྲུབ་པ་ཞིག་ཡིན། དེ་ནི་དགེ་འཁོར་ཁྲུལ་གྱི་སྤྱི་ཚོགས་ཀྱི་འཚོ་བ་ངེས་ཅན་ཞིག་སྐྱེ་བོ་ཚོའི་ཀླད་པའི་ནང་དུ་ཚུར་སྣང་བྱུང་བའི་བསམ་བློའི་ཐོན་རྫས་ཤིག་ལགས་པས། དགེ་འཁོར་སྡེབས་ཀྱི་བརྗོད་དོན་ལ་ས་ཁྲུལ་གྱི་ཁྱད་ཆོས་ཏེ་ས་མ་འབྲོག་གི་ཁྱད་ཆོས་མངོན་གསལ་ལྡན་ཡོད། དེ་ཡང་“ར་དབུ་ཡུ་ལྕགས་ཀྱི་མཆུ་ཅན་” (སྤུད་པ་) ཞེས་པ་དང་ “དཀར་རིལ་ལ་བརྒྱབ། ནག་རིལ་ཐབ་ལ་ཤོར་” (ལུག་གིས་རི་བོའི་སྟེང་དུ་རིལ་མ་བཏང་བ་) ཞེས་པ། “སྨོ་ཆུང་རྒྱུག་དང་། དམར་རིལ་བསྲུས་ཤོག རོགས་པ་དགོས་ན།

གསུམ་གསུམ་ཁྲིད་རྒྱུག”(གཡག་གི་མདིང་རྩ་ནས་ཁྲག་བཙགས་པ་)ཞེས་པ། “ཤུབས་ཀྱི་ཤུབས། དུང་མདའ་ཤིང་འབེན་ཤོད།”(འབྲི་འཛོ་བ་)ལྟ་བུ་དང་། “མར་བཙོན་པ་བཏང་། ཡར་མི་སྐྱ་ལོངས་ཤོད།”(པད་ཁ་བཏབ་)ཅེས་པ་དང་། “མ་བཅོམ་ཕད་སྒྲིའི་ནང་དུ། མ་ལོག་གྲུ་གུ་བླུགས་པ་ཤོད་”(གང་བུ་)ཞེས་པ། “མཛོ་མོ་སྟོ་མོ་འགྲམ་གཡས་མ། ལུང་པ་དགུ་ཡི་རྩྭ་ཟ་མ”(ཟོར་བ་)ཞེས་པ་ལྟ་བུའི་ས་མ་འབྲོག་གི་ཁྱད་ཆོས་ལྡན་པའི་སྡེབས་མང་པོ་ཡོད་ལ། གཞན་གྱི་འཚོ་བའི་ཁྱབ་ཁོངས་གང་ས་ཅི་ཐད་ཀྱི་བརྗོད་དོན་མངའ་བའི་སྡེབས་ཀྱང་མང་བར་མཆིས་སོ། །

གཞན་ཡང་དགེ་འཁོར་སྡེབས་ཀྱི་ཁྱད་ཆོས་ལ་“སྟག་མིན་པའི་སྟག་རིས་ཚང་བ་ཤོད། འབྲུག་མིན་པའི་འབྲུག་སྐད་རྒྱག་མཁན་ཤོད། འབྲོང་མིན་པའི་རྭ་རྩེ་ཟིང་ཟིང་ཤོད། འབུ་མིན་པའི་ས་ལ་འཛུལ་མཁན་ཤོད།” ཟེར་བར་སྡེབས་ལན་སྒྲོང་བུ་ཟེ་ལྷིར་ར་རེད་ཅེས་ལན་འདེབས་ན་འཕྲུས་པ་ལྟར་དྲི་ཚིག་མང་པོར་དྲིས་ལན་ཚིག་གཅིག་གིས་འཕྲུས་པ་དང་། ཡང་“ཨ་ཐེག་ཐེག་གི་ཐེག་དགུ་ཤོད།” ཟེར་བར་སྡེབས་ལན་ལ་“ས་ཡིས་རྡེའུ་ཐེག རྡེའུ་ཡིས་ཆུ་ཐེག ཆུ་ཡིས་འཁྱགས་པ་ཐེག འཁྱགས་པས་ས་བཏབ་ཐེག ས་བཏབ་ཀྱིས་རྟ་ཐེག རྟ་ཡིས་རྟ་སྒ་ཐེག རྟ་སྒས་མི་ཐེག མི་ཡིས་ཞྭ་ཐེག ཞྭ་ཡིས་གནམ་ཐེག” ཅེས་ལན་འདེབས་དགོས་པ་ལྟ་བུ་དྲི་ཚིག་ཉུང་ལ་ལན་ཚིག་མང་བ་དང་། ཡང་སྡེབས་ལ་ལར་དྲི་བ་འགའ་བསྡུད་མར་སྐྱུལ་མཐར་དྲི་བ་རེ་ལ་ལན་རེ་འདེབས་དགོས་ཀྱི་ཡོད་པ་སྟེ། དཔེར་ན་“སྡེབས་ཀྱི་ཕ་ཤོད། སྡེབས་ཀྱི་མ་ཤོད། སྡེབས་ཆེན་བཟང་མོ་ཤོད། སྡེབས་ཕྲུག་སློམ་གང་ཤོད། སྡེབས་གཡག་ཁམ་པ་ཤོད། སྡེབས་ཆུ་ཀྱོག་མོ་ཤོད།” ཟེར་བའི་སྡེབས་ལན་དུ་“གནམ། ས། ཉི་མ། སྐར་མ། སྤང་། ཆུ” ཞེས་ལན་འདེབས་དགོས་པ་དང་། གཞན་ཡང་སྡེབས་མང་ཆེ་བ་དྲི་བ་རེ་ལ་ལན་རེ་འཇལ་

རྒྱུ་ཡིན་པ་ནི“ ར་ཕོ་སྡོ་མོ་བྲག་རྒྱ་ལ་འཁོན་པ་ཤོད་” ཟེར་བར་ནྫ་གཡུ་ལ་ཟེར་བ་ཡིན་ཞེས་ལན་འདེབས་པ་ལྟ་བུའོ། །

གཉིས་པ་ ཤགས་ ཀྱི་ རིག་ རྩེད་ བཤད་ པ་ ལ། ཤགས་ ཟེར་ བ་ ཕན་ ཚུན་ བཤེར་བའམ་རྩོད་གླེང་བྱེད་པའི་དོན་ཡིན། དགེ་འཁོར་ཡུལ་གྱི་ཤགས་ལ་རྣམ་དབྱེའི་སྒོ་ནས་དབྱེ་ན། ཁ་ཤགས་དང་གླུ་ཤགས་གཉིས་སུ་འདོད། སྐད་ཆའི་རྣམ་པ་སྤྱད་དེ་ཕན་ཚུན་རྩོད་གླེང་བྱེད་པ་དེར་ཁ་ཤགས་སུ་འབོད་ལ་དེ་ནི་རྟེན་འབྲེལ་གྱི་བཞུགས་གྲལ་ཆེ་སར་སྟག་ཤར་གཞོན་པ་རྣམས་ཀྱིས་རོལ་བའི་རིག་རྩེད་བྱེད་སྒོ་ཞིག་ཡིན། གཞས་ཀྱི་རྣམ་པའི་ཐོག་ནས་ཕན་ཚུན་ཚིག་གཏམ་རྒྱག་པ་དེར་གླུ་ཤགས་ཟེར་ལ་དེ་ནི་ནམ་རྒྱུན་གཞོན་ནུ་རྣམས་ཀྱིས་ལས་ཞོར་དུ་རོལ་བའི་རིག་རྩེད་བྱེད་སྒོ་ཞིག་ཡིན། དེང་དུས་དགེ་འཁོར་ཁུལ་དུ་གོང་སྨོས་ཀྱི་ཤགས་ཁ་རིགས་གཉིས་ལ་འཇུག་མཁན་ཇེ་ཉུང་དུ་འགྲོ་བཞིན་ཡོད། གང་ལ་ཞེ་ན། ཤགས་ཁ་རིགས་གཉིས་ཀའི་བརྗོད་བྱ་རྣམས་ཚང་མ་རྩོད་གླེང་མཁན་ཕན་ཚུན་ངན་སྨྲས་དང་ཟུར་ཟ་བྱས་པ་ཁོ་ན་ལགས་པས་དེའི་ནང་དོན་ངན་སྨྲས་ཆེ་ལ་དེས་གཞན་སེམས་ལ་ཕོག་ཐུག་གཏོང་བ་མ་ཟད། སྐྱེ་བོ་ཕན་ཚུན་དབར་གྱི་མཐུན་སྒྲིལ་ལ་ཡང་གནོད་སྐྱོན་ཡོང་གི་ཡོད། དགེ་འཁོར་བའི་ཤོད་རྒྱུན་དུ“ ཤགས་ཁ་མི་ཡི་གཤིས་ལ་རྐྱེབ། བུ་ལོན་ས་ཆའི་འདེབས་ལ་གཏོང་།” ཞེས་བརྗོད་སྲོལ་ཡོད་པ་ལྟར་ཤགས་ཡུལ་གྱི་གཤིས་རྒྱུད་ལ་མ་བལྟོས་པར་གང་བྱུང་ལ་ཤགས་ཁ་བརྒྱབ་ན་མཐའ་མར་ཁ་ཆེག་ལག་པས་མི་བཟོད། ལག་འཆེག་ཁ་ཡིས་མི་བཟོད་པའི་དཔེ་ལྟར་འཁྲུག་རྩོད་ཀྱི་ལས་ངན་ལ་སྦྱོར་གྱི་ཡོད། མ་གཞི་ཁ་ཤགས་རྒྱག་སྐབས“ ཡ༑ དེ་རིང་གཟའ་སྐར་ལེགས་པའི་ཉིན་འདིར། སྟེང་དུ་འཇའ་འོད་ཀྱི་གུར་ཕུབ། འོག་ཏུ་དར་ཟབ་ཀྱི་གདན་གཏིང་། བར་དུ་མཆོད་ཆང་ཨ་རག་བདུད་རྩི་གཡུ་མཚོ་ལྟར་འཁྱིལ་བའི་སྐབས་འདིར། ཀོ་བ་སྐམ་པོའི་སྟེང་དུ་སེར་བ་བབས་པ་ལྟ་

བུའི་སྐྲག་སྐྲག་ཀོབ་ཀོབ་མེད་པར། བྱེ་མ་དུལ་མའི་དཀྱིལ་དུ་སྦྲང་ཆར་བབས་པ་ལྟར་སིམ་སིམ་སིམ་ལ་ཡིན་ནོ། ” ཞེས་ཁ་ཤགས་དེ་འཁྲུག་རྩོད་དུ་མ་འགྱུར་བ་ཡིན་ནོ་ཞེས་དམ་བཅའ་བའི་ཚིག་གིས་ཁ་ཤགས་ཀྱི་འགོ་བརྩམ་གྱི་ཡོད་ཟུང་། དོན་དམ་པར་ཤགས་ཁ་འཁྲུག་རྩོད་ལ་འགྱུར་བའི་གནས་ཚུལ་མང་པོ་ཡོང་གི་ཡོད། དེ་ཡང་ཁ་ཤགས་ཀྱི་ནང་“ཤ་བ་ཟེར་བའི་ཤ་རེང་ང་། དགོ་བ་ཟེར་བའི་རྐུབ་དཀར་བ། ཤི་ཤ་སྡེར་མའི་སྣང་གི་བྱེད་ཉམས་པ། ཀློ་ཤེད་སྤོ་མོའི་ཚང་ལ་བཙོལ། མགོ་སྤྲུ་ང་ཡི་ལག་ཏུ་ཐེབས། ” ཟེར་བ་དང་། གླུ་ཤགས་ནང་“ཁ་གོག་དེ་ལ་བཏང་གོ། ནྭ་གོག་དེ་བཏང་གོ། ལག་མགོ་དྲིག་པ་འཛར་འཛར། སོ་རྒྱུག་པད་སྐོར་ཤིགས་ཤིགས། ” ཟེར་བ་དེ་ཚོ་ནས་ཧ་ལམ་ཤགས་དང་འཁྲུག་རྩོད་མགོ་སྦྲེལ་དུ་སྣང་བ་མཚོན་ཐུབ། དེ་ལྟར་གྱི་ཤགས་ཁ་རིགས་གཉིས་པོའི་རིག་རྩེད་ཀྱི་རྣམ་པ་བླང་བྱར་བཟུང་ཚོག་ཀྱང་། བརྗོད་བྱ་ཐ་ཤལ་རྣམས་དོར་བྱར་འོས་པ་ཞིག་འདུག་ན། འདིར་གླུ་ཤགས་འགོ་བརྩམ་སྐབས་ཀྱི་དཔེ་མཚོན་ཙམ་ལས་རྒྱས་པར་སྤྲོས་པའི་དགོས་པ་མ་མཆིས་སོ། །

གླུ་ཤགས་ལ་རོལ་སྐབས་རིག་རྩེད་མཁན་རྣམས་ཕྱོགས་ཁ་གཉིས་སུ་གྱེས་ནས་རྩོད་གླེང་བྱེད་ཀྱི་ཡོད་པ་སྟེ།

ཀ་པས། ཤགས་ཁ་མི་རྒྱག་ཟེར་ན། །ཁྱེད་ཀྱི་ཨོ་ལོས་མི་ཉན། །
ཤགས་ཁ་རྒྱག་རང་རྒྱག་ན། །ཉིན་མཚན་ལྟག་འཁྲིད་རྒྱག་གོ །
ཁ་པས། ཤགས་ཁ་མི་རྒྱག་ཟེར་ན། །ཁྱེད་ཀྱི་ཨོ་ལོས་མི་ཉན། །
ཤགས་ཁ་རྒྱག་རང་རྒྱག་ན། །ལུག་ཐུག་རྫུང་ག་རྒྱག་རྒྱག །
ཀ་པས། ཤགས་ཁ་མི་རྒྱག་ཟེར་ན། །ཁྱེད་ཀྱི་ཨོ་ལོས་མི་ཉན། །
དཀར་གོང་ལུག་ལ་འཐྲོ་འཐྲོ། །ཀློས་སུ་གཏོང་རྒྱུ་མིན་ནོ། །
ཁ་པས། ཤགས་ཁ་མི་རྒྱག་ཟེར་ན། །ཁྱེད་ཀྱི་ཨོ་ལོས་མི་ཉན། །

ཇོ་གཡམ་ར་ལ་འགྲོ་འགྲོ། །བློས་སུ་གཏོང་རྒྱུ་མིན་ནོ། །

ཀ་པས། ཤགས་ཁ་མི་རྒྱག་ཟེར་ན། །ཁྱེད་ཀྱི་ཨོ་ལོས་མི་ཉན། །

ཕ་བོང་གཡག་ལ་འགྲོ་འགྲོ། །བློས་སུ་གཏོང་རྒྱུ་མིན་ནོ། །

ཁ་པས། ཤགས་ཁ་མི་རྒྱག་ཟེར་ན། །ཁྱེད་ཀྱི་ཨོ་ལོས་མི་ཉན། །

གད་པ་རྟ་ལ་འགྲོ་འགྲོ། །བློས་སུ་གཏོང་རྒྱུ་མིན་ནོ། །

ཞེས་པ་ལྟ་བུས་ཕན་ཚུན་འཛིགས་སྐུལ་བྱས་རྗེས་ཕྱོགས་སུ་ཡིས་དེ་སྐབས་ཤགས་ཁ་བཤད་མ་ཐུབ་ཚེ་ཕྱོགས་གཞན་དེས་འཕྲལ་དུ“ ཤགས་ཁ་མི་རྒྱག་ཟེར་ན། ཁྱེད་ཀྱི་ཨོ་ལོས་མི་ཉན། ཤགས་ཁ་དང་པོ་རྒྱག་དུས། སྡུག་མིག་ས་ལ་ཕབ་སོང་” ཞེས་ཤགས་ཡའི་གཉའ་བཅག དེ་ནས་ཤགས་ཁ་དངོས་གཞི་རྒྱག་སྐབས།

ཀ་པས། རི་དེ་མཐོ་པོའི་རྩེ་ལ། །དར་ཤིང་འཛུགས་པར་འགྲོ་དུས། །

དར་ཤིང་སྐྱེད་པ་ཆག་ནས། །སྐྱིང་སངས་གང་འདྲ་བྱུང་ངམ། །

ཁ་པས། ད་ལྟ་འདུག་གོ་འདུག་གོ །གྲུ་གུ་སྒྲིལ་སྒྲིལ་འདུག་གོ །

གྲུ་གུ་སྨུག་པས་ཟ་དུས། །ཨ་ཇོས་ལྟད་མོ་བལྟས་ཆོག །

ཀ་པས། སྟོས་ཤིག་ལགས་དང་སྟོས་ཤིག །སྡུག་མིག་གདངས་ནས་སྟོས་ཤིག །

ཕོ་རོག་ནག་ཆུང་རྣམས་ཚོ། །དཀར་པོར་འགྲོ་འགྲོ་སྟོས་ཤིག །

ཁ་པས། བལྟས་ཆོག་ལགས་དང་བལྟས་ཆོག །ཨ་ཇོས་ལྟད་མོ་བལྟས་ཆོག །

ཞིང་ཆུང་སྲུན་མའི་མེ་ཏོག །སེར་བས་བཅོམ་པར་བལྟས་ཆོག །

ཀ་པས། སྟོས་ཤིག་ལགས་དང་སྟོས་ཤིག །སྡུག་མིག་གདངས་ནས་སྟོས་ཤིག །

ཕུག་རོན་དཀར་པོ་རྣམས་ཚོ། །ནག་པོར་འགྲོ་འགྲོ་སྟོས་ཤིག །

ཅེས་པ་ལྟ་བུ་དུ་མ་མཆིས་པ་རྣམས་ལ་གནའ་དུས་རྩོམ་རྩལ་གྱི་ཁྱད་ཆོས་ཤུགས་ཆེན་མངོན་རྒྱུ་ཡོད་རུང་། བརྗོད་བྱ་མ་རབས་ཀྱི་རྣམ་པའི་ཆ་མང་ཙམ་ཡོད་པས་ངོ་སྤྲོད་བྱེད་མཚམས་འདིར་འཇོག་རྒྱུ་ཡིན། །

༧༢། ཟླུ་མོ་དང་དཀར་སྤྲང་།

ཟླུ་མོ་ཞེས་པ་ནི་ཟླུ་བཏང་ནས་མོ་རྒྱག་པའི་རིག་རྩེད་བྱེད་སྟོ་ཞིག་ཡིན། དེ་ནི་གཙོ་བོ་གཞོན་ནུ་ཕོ་མོ་རྣམས་ཀྱིས་རོལ་བ་ལས་བཟའ་ཚང་ཡོད་མཁན་དང་ལྷག་པར་དུ་ཀན་རྐྱང་རྣམས་ཀྱིས་རིག་རྩེད་དེར་འཇུག་པ་ཉུང་། གང་ལྟར་ཞེ་ན་ཟླུ་མོ་འདི་ཉིད་ཀྱི་ནང་དོན་གཙོ་བོ་ནི་ཕོ་མོའི་དབར་གྱི་བརྩེ་དུང་མཚོན་པའི་བརྗོད་བྱ་ཁོ་ན་ཡིན་པས་སོ། །དེ་ཡང་ཟླུ་མོའི་རྣམ་པ་སྤྱད་དེ་གཞོན་ནུ་ཕན་ཚུན་བརྩེ་གྲོགས་ཡོད་མེད་བརྟག་པ་དང་། བརྩེ་གྲོགས་ལ་འཛིན་པའི་རྣམ་འགྱུར་བརྟག་པ། བརྩེ་གྲོགས་འཚོལ་སྐབས་ཀྱི་ཆ་རྐྱེན་བརྟག་པ། གཞན་ཡང་ཕ་མས་གཞོན་ནུའི་བརྩེ་དུང་གི་འཚོ་བར་ཐེ་རྟུས་དང་དེར་གེགས་བར་ཡོད་མེད་བརྟག་པ་སོགས་སྤྱིར་ན་ཟླུ་མོའི་བརྗོད་བྱ་མང་ཆེ་བ་མཛའ་ཟླུ་དང་གཉིས་སུ་མེད། ཟླུ་རྩེད་ལ་རོལ་སྐབས་ངེས་པར་དུ་རོལ་རྩེད་མཁན་གཞོན་ནུ་ཕོ་མོ་གང་ཡིན་ལ་མ་བལྟོས་པར་མི་གསུམ་ཡན་དགོས་ཀྱི་ཡོད་ལ། རྩེད་མོར་ཞུགས་མཁན་ཚང་མས་ཟླུ་ལེན་ཤེས་པ་ཡང་དགོས་ཤིང་། རིག་རྩེད་ལ་ཞུགས་མཁན་རྣམས་རེས་སྐོར་བྱས་ནས་ཟླུ་ལེན་དགོས་པ་དང་། སུ་ལ་སྐོར་བ་འཁོར་སྐབས་དེས་མིག་བཀབ་ཐོག་རྩེད་མོ་མཁན་གཞན་ཚོས་རང་རང་གི་ཚབ་བྱེད་དངོས་པོ་རེ(ཕུར་མ་དང་། མཛུབ་རྟེན། རྣ་མཛུབ་ལ་སོགས་ཨམ་ཆས་སམ་གཞན་གྱི་དངོས་པོ་ཆུང་ཆུང་གང་ཡང་རུང་།)ཕྱུངས་ནས་ཛོས་བཟུང་། ད་དུང་"འདི་ཞར་ཆུང་གི་ཡིན"("ཞར་ཆུང་"ཟེར་བ་མིག་བཀབ་མཁན་དེར་ཟེར་)ཞེས་མིག་བཀབ་མཁན་དེའི་ཚབ་བྱེད་དངོས་པོ་གཅིག་ཕྱུངས། དེ་རྣམས་ཚང་མ་གང་གིས་སུའི་ཚབ་བྱེད་"ཞར་

ཆུང་བ་” དེས་མ་འཚོར་བ་བྱས་རྗེས་དངོས་པོ་རྣམས་“ཞར་ཆུང་བ་” ཡི་ལག་ཏུ་སྤྲད། “ཞར་ཆུང་བ་” དེས་དངོས་པོ་རེ་རེ་ལ་སླུ་རེ་བླངས། གཞས་ཚིག་འགའ་རེར་གོ་དོན་མང་བར་མཆིས་པས། “ཞར་ཆུང་བ་” དེ་ཉིད་ཀྱིས་བླངས་པའི་གཞས་ཚིག་གི་གོ་དོན་གང་ཡིན་པ་རེ་རེ་བཞིན་འགྲེལ་བཤད་བརྒྱབ་ཟིན་མཚམས་རང་རང་གི་ཚབ་བྱེད་དངོས་པོ་རྣམས་“ཞར་ཆུང་བ་” ཡི་མདུན་དུ་ངོས་འཛིན་བྱེད་ཀྱི་ཡོད། དེ་ནས་ཡང་“ཞར་ཆུང་བ་” བརྗེ་རེས་བྱས་རྗེས་སྔར་ལྟར་རོལ་རྩེད་ལ་འཇུག་སྲོལ་ཡོད་དོ། །གཞས་ཚིག་གི་ནང་དོན་དེས་དངོས་པོས་གང་བསྟན་པར་བྱ་བའི་སྐྱོ་པོ་དེའི་བསམ་པའམ་རེ་བའི་འདུན་པ་མཚོན་གྱི་ཡོད་ཟེར།

དཔེར་ན། “ཞར་ཆུང་བ་” དེས་དངོས་པོ་ཞིག་ལག་ཏུ་བཟུང་སྟེ་དེ་ལ་གཞས་“ཕུ་ཡི་སྤང་རིའི་སྟེང་དུ། གོང་མོ་ཁྲུ་ཞིག་བབས་འདུག སྤུ་ཁྲ་ལེགས་པའི་གོང་མོར། མཛུབ་མོ་བཙུགས་ནས་བཞག་ཡོད་” ཅེས་གཞས་བཏང་རྗེས་འགྲེལ་བཤད་ལ་“མི་འདི་ (དངོས་པོས་མཚོན་བྱེད་སྐྱོ་པོ་) ལ་ད་ལྟ་དགའ་རོགས་མེད་ཀྱང་བློ་ལ་ཡོད་པའི་བུའམ་བུ་མོ་གཅིག་ལ་མིག་རྟགས་བརྒྱབ་ནས་བཞག་འདུག” ཅེས་བཤད་མཚམས་རིག་རྩེད་མཁན་གཞན་རྣམས་ཀྱིས་“མིག་རྟགས་བརྒྱབ་པ་དེ་སུ་རེད་” ཅེས་ཀུ་རེ་བྱེད་སྲོལ་ཡོད། དེ་ལྟ་བུ་ནས་གཞོན་ནུ་དེར་བརྩེ་གྲོགས་མེད་པ་མཚོན་ཚུལ་བྱེད་པ་དང་། “ཞར་ཆུང་བ་” དེས་“གཡས་ན་སྟག་ཁྱི་བཏགས་ཡོད། གཡོན་ན་གཟིག་ཁྱི་བཏགས་ཡོད། སྟག་ཁྱི་གཟིག་ཁྱིའི་དབར་ལ། ཐར་བ་འདུག་ན་ཤོག་དང་།” ཞེས་སླུ་གཞས་བླངས་རྗེས་འགྲེལ་བཤད་ལ་“མི་འདིའི་བློ་མཐུན་ (དགའ་རོགས་) ལ་ཕ་མ་དབང་བཙན་པོ་གཉིས་འདུག་པས་དེ་གཉིས་ཀྱི་ཁ་ཁྲུངས་གཅོག་ཐུབ་ན་ཤོག” ཅེས་པ་ལྟ་བུ་འགྲེལ་བཤད་བྱས་མཚམས་རིག་རྩེད་པ་གཞན་ཚོས་“ཕོ་ཡག་རྒྱ་གཅིག་དང་མ་བསྲེས་ན། དམན་མཛངས་མ་གཅིག་དང་འཕྲད་དོན་མེད།” ཅེས་པ་ལྟ་བུའི་ཀུ་རེ་བྱེད་སྲོལ་ཡོད། དེ་ལྟ་བུས་ཕ་མས་བུ་

ཕྲུག་གི་བརྩེ་དུང་གི་འཚོ་བར་ཐེ་ཇུས་བྱས་པ་མཚོན་པ་དང་། གཞན་ཡང་“ཞར་ཆུང་བ”དེས་“རི་བོ་མཐོ་ལ་མ་བལྟས། རི་རྒྱུད་ཡག་ལ་བལྟས་ཡོད། བུ་མོ་མཛེས་པར་མ་བལྟས། ངང་རྒྱུད་རིང་ལ་བལྟས་ཡོད་”ཅེས་གཞས་བཏང་ནས་འགྲེལ་བཤད་ལ་“མི་འདིར་བློ་མཐུན་ཕྱི་རྣམ་པ་མཛེས་པོ་རང་མེད་ཀྱང་ནང་ཤེས་རིག་གི་སྙིང་པོ་གཅིག་ཡོད་པ་འདྲ་”ཞེས་བཤད་མཚམས་རིག་རྩེད་མཁན་གཞན་ཆོས་“ཁྱེད་རྒོད་པོ་བྱུང་། རྟ་མགོ་ལུག་མཇུག་མིན་པ་གཅིག་བཙལ་ཡོད་པ་འདྲ་”ཞེས་བརྗོད། དེ་ལྟ་བུས་དགའ་རོགས་ལ་འཛིན་པའི་རྣམ་འགྱུར་མཚོན་ཚུལ་བྱས་ཡོད་པ་ལ་སོགས་མང་བར་མཆིས་སོ། །

དཀར་སྤྲུང་ཞེས་པ་ནི་རང་གི་དཀར་བ་དང་ཉེ་བ་རྣམས་ཀྱི་ཚབ་བྱེད་དངོས་པོ་ཕྱོགས་གཅིག་ཏུ་སྤྲུངས་ནས་གླུ་ཡིས་མོ་རྒྱག་བྱེད་པའི་རིག་རྩེད་བྱེད་སྟོ་ཞིག་ཡིན། གཞི་རྐང་དཀར་སྤྲུང་དེ་ཉིད་གླུ་མོ་ཡི་ཁོངས་སུ་གཏོགས་པ་ཞིག་ཡིན་རུང་། རྩེད་མོ་རྩེད་སྟངས་ཀྱི་ཐད་ལ་རང་རང་གི་ཁྱད་ཆོས་ལྡན་ཡོད་པ་ནི། དཀར་སྤྲུང་རྩེད་སྐབས་རྩེད་མོ་མཁན་རྣམས་ནས་གཅིག་གིས་རང་གི་མིག་བཀབ་སྟེ་“ཞར་ཆུང་བ”བྱས། རྩེད་མཁན་གཞན་ཆོས་“ཞར་ཆུང་བའི་”ཕའམ་མ། སྤྲུན་མཆེད་སྙིང་ཉེ་བ་གཅིག དགའ་རོགས་བཅས་མི་སྣ་གསུམ་གྱི་ཚབ་བྱེད་དངོས་པོ་རེ་རེ་སྤྲུངས་པའམ་ཡང་ན་“ཞར་ཆུང་བ”དེར་རྒྱུན་དུ་དགའ་པོ་བྱེད་མཁན་གྱི་“དགའ་རོགས”གསུམ་གྱི་ཚབ་བྱེད་དངོས་པོ་རེ་རེ་སྤྲུངས་ནས་དེ་ཚོར་“ཞར་ཆུང་བ”ཡིས་གླུ་མོ་རྒྱག་པ་ལྟར་བྱེད་པའི་རྩེད་མོ་ཞིག་ཡིན།

དེ་ལྟར་དཀར་སྤྲུངས་ལ་རྩེད་སྲོལ་གཉིས་ཡོད་པ་ལས་ཕའམ་མ། སྤྲུན་མཆེད། དགའ་རོགས་བཅས་ཀྱི་ཚབ་བྱེད་དངོས་པོ་སྤྲུངས་ནས་མོ་རྒྱག་དུས་གཞས་ཚིག་གི་ནང་དོན་གང་ལ་གང་འགྲོ་གཏོང་དགོས་པ་དང་། གཞས་ཚིག་གི་ནང་དོན་དང་གཞས་གཏོང་ཡུལ་དངོས་པོས་གང་མཚོན་པར་བྱ་བའི་མི་དེ་དང་མ་

མཐུན་ཚེ། དེ་ནི་“ཞར་ཆུང་བའི་”སེམས་གཏིང་གི་སྙིང་གཏམ་མིན་པ་དང་། མོ་དེ་མ་དག་པར་བརྩེ་སྤྲོ་ཡོད། ཕྱིར་ན་རང་གི་ཕ་མར་མི་གུས་པ་དང་མི་བརྩེ་བ་མེད་ལ། ཚང་མར་རང་གི་ཡབ་ཡུམ་སྐུ་ཚེ་རིང་པོ་བཞུགས་པའི་རེ་འདུན་མཆིས་ལགས་པས། གླུ་མོའི་ཚིག་ལ་“བྲག་སྟེ་རྫོང་པོ་བྲག་ལ། རྫོང་པོའི་རྫོང་ཚང་བསགས་ཡོད། རྫོང་པོ་སྐུ་ཚེ་རིང་ཤོག རྫོང་ཕྱུག་གནས་བཟོད་བདེ་བ”ཞེས་པ་ལྟ་བུ་གཏོང་བ་དང་། སྤུན་མཆེད་ལ་“ང་ཚོ་གཅིག་ལ་སྐྱིལ་ཤོག ང་ཚོ་གཉིས་ལ་སྐྱིལ་ཤོག ང་ཚོ་ཁ་བཏགས་དཀར་པོའི། རྒྱུ་དང་སྤུན་ལ་སྐྱིལ་ཤོག”ཅེས་པའམ“སེར་ཤ་སྤང་ལ་སྐྱེས་པ། སྤང་གི་ཚེ་ལུ་ཡིན་འགྲོ ང་ཚོ་ཕ་གཅིག་སྤུན་མཆེད། སྙིང་གི་ཚེ་ལུ་ཡིན་ནོ།”ཞེས་གཏོང་བ་དང་། ཡང་དགའ་རོགས་ལ་གཏོང་བའི་གཞས་ཚིག་ནི་གཞོན་ནུ“ཞར་ཆུང་བ”དེའི་དགའ་རོགས་ལ་འཛིན་པའི་ལྟ་སྟངས་རེ་ཡོད་པས་གཞས་ཚིག་གི་ནང་དོན་ཡང་སྣ་ཚོགས་ཡོད། དཔེར་ན།“ཞར་ཆུང་བ”དེས་དགའ་རོགས་ལ་བཙོས་མིན་བརྩེ་དུང་བཟུང་ཡོད་པ་དང་། བརྩེ་སེམས་ཀྱི་དར་ཤིང་ཕྲ་མའི་རླུང་བུས་གཡོ་འགུལ་མི་ཐུབ་ཅིང་། ཕན་ཚུན་སྐྱིད་མཉམ་རོལ་དང་སྡུག་མཉམ་མྱོང་གི་བསམ་པ་ཡོད་ན་གཞས་ཚིག་ལ“ང་གཉིས་གཉིས་པོའི་ལས་འདི། ངང་པ་སེར་པོའི་ལས་རེད། ཟ་རྒྱུ་འདམ་ལས་མེད་ཀྱང་། མཉམ་བཟའ་མཉམ་འཐུང་ཞུས་ཆོག”ཅེས་པ་ལྟ་བུ་ལེན་པ་དང་། ཡང་དགའ་རོགས་དང་མཐུན་པོ་མེད་པར་སླད་དུ་ཐབ་གཅིག་ལ་འཁོར་ནས་འཚོ་བ་མཉམ་སྐྱེལ་ཡོང་ཐབས་མེད་ན“ཁྱེད་ནི་གོང་པོའི་གོང་སྐྱེད། ང་ནི་བལ་པོའི་བལ་སྐྱེད། སྐུ་སྐྱེད་གཅིག་གི་ལོག་ཏུ། མཉམ་དུ་མི་ཡོང་ཚར་སོང་།”ཞེས་པའི་གཞས་ཚིག་ལེན་སྲོལ་ཡོད་པ་སོགས་མང་ངོ་། །གལ་སྲིད་ཕ་མར་གཏོང་བའི་གཞས་ཚིག་དགའ་རོགས་ལ་བཏང་བ་དང་། སྤུན་མཆེད་ལ་གཏོང་རྒྱུ་ཕ་མར་བཏང་བ་ཡིན་ཚེ། དེ་ནི་“ཞར་ཆུང་བ”དེའི་བསམ་བློའི་ནང་གི་འདུན་པ་

དངོས་བཤད་མེད་པར་བརྗོད་སྲོལ་ཡོད།

དཀར་སྤྱང་གི་རྩེད་མོ་རྩེད་སྟངས་གཞན་ཞིག་ནི་“ཞར་ཆུང་བ་”དེར་དཀར་བའི་བུའམ་བུ་མོ་གསུམ་གྱི་ཚབ་བྱེད་དངོས་པོ་གསུམ་སྤྱངས་ཐོག་གླུ་ཡི་མོ་རྒྱག་རྩོལ་བྱེད་པ་ཞིག་ཡིན། གླུ་མོའི་གནས་ཚིག་ནི་མཛའ་གླུ་དང་གཉིས་སུ་མེད་པར་ཚང་མ་གཞོན་ནུའི་བརྩེ་དུང་གི་འཚོ་བ་མཚོན་པ་ཞ་སྟག་ཡིན། རྩེད་མོ་རྩེད་སྟངས་གཉིས་པ་འདི་ཡི་ཁྱད་ཆོས་གང་མཚོན་པར་བྱ་བའི་མི་སྣ་གསུམ་ཀ་ལ་འཇུག་པས་འདི་འབྲུལ་བ་རེད་ཅེས་བརྗོད་དཀའ་འོ། །

མདོར་ན། ཐུན་མོང་མིན་པའི་རང་རིགས་ཀྱི་གླུ་མོའི་རིག་རྩེད་འདི་ནི་གཅིག་ནས་རིག་རྩེད་བྱེད་སྒོ་གཞན་དང་འདྲ་བར་སྤྲོ་སྐྱིད་ཀུ་རེ་བྱས་ནས་ངལ་གསོ་བྱེད་པའི་བྱེད་སྒོ་ཞིག་ཡིན་པ་དང་། གཉིས་ནས་རིག་རྩེད་ཀྱི་རྣམ་པའི་ཐོག་ནས་གཞོན་ནུ་ཕན་ཚུན་བསམ་འདུན་དང་སྙིང་གཏམ་སྤྲེལ་རེས་བྱེད་པའི་བྱེད་སྒོ་ཞིག་ཡིན་ནོ། །

༄༅། །ཀློག་པ་པོ་ཞིག་གི་མྱོང་རྟོགས།

—《སྤང་རྒྱན་མེ་ཏོག》དུས་དེབ་གཉེར་ནས་ལོ་ངོ་ཉི་ཤུ་
འཁོར་བར་དྲན་གསོ་ཞུ་ཆེད་དུ།

བོད་ནི་གླུ་གར་གྱི་རྒྱ་མཚོ་དང་། གཏམ་དཔེ་ཡི་བང་མཛོད་ཡིན་ཞེས་ཡོངས་སུ་གྲགས་པ་ལྟར་བོད་ཀྱི་དམངས་ཁྲོད་དུ་ཕ་ཚ་བུ་རྒྱུད་ཀྱིས་འཕྲེང་བ་བསྟར་ལ་བརྒྱུས་པ་བཞིན་ངག་ཐོག་ནས་རྒྱུན་འཛིན་དང་དར་སྤེལ་བྱུང་བའི་དམངས་ཁྲོད་རྩོམ་རིག་བརྗོད་ཀྱིས་མི་ལང་བ་ཞིག་གངས་ལྗོངས་ཡུལ་གྲུ་ཀུན་དུ་ས་ཁྱབ་རྗེ་ཁྱབ་ཀྱིས་དར་ནས་ཡོད། བགྲང་བྱ་ཉི་ཤུའི་རིང་རྒྱ་ཆེའི་དམངས་ཁྲོད་རྩོམ་རིག་བསྡུ་སྒྲིག་མཁན་དང་རྩོམ་སྒྲིག་པའི་དཀའ་སྤྱད་འབད་བརྩོན་ལ་བརྟེན་ནས་《སྤང་རྒྱན་མེ་ཏོག》དུས་དེབ་ཐོག་དེ་ལྟའི་དམངས་ཁྲོད་ཀྱི་སྒྲུང་གཏམ་དང་། གཏམ་དཔེ། དམངས་གཞས། བཤད་པ། གནས་བཤད་ལ་སོགས་མི་རིགས་ཀྱི་གཅེས་ནོར་དུ་གྱུར་བའི་གཟུགས་མེད་རིག་གནས་རབ་དང་རིམ་པ་མྱུར་སྐྱོབ་དང་རྒྱུན་འཛིན་བྱས་ཏེ་གཡུར་དུ་ཟ་བའི་འབྲས་བུ་སྨིན་ཡོད་ལ། དུས་རབས་གསར་པའི་ནང་རྒྱ་ཆེའི་མང་ཚོགས་ཀྱི་བསམ་འདུན་མཚོན་པའི་གསར་བྱུང་གི་དམངས་གཞས། དམངས་སྒྲུང་སོགས་ཁྱབ་སྤེལ་གཏོང་རྒྱུ་དང་། མང་ཚོགས་ཀྱི་བསམ་པའི་དཔལ་ཡོན་ཕུན་སུམ་ཚོགས་སུ་གཏོང་རྒྱུར་ཡང་ཁྱད་དུ་འཕགས་པའི་ནུས་པ་ཐོན་པའི་ནོར་བུ་ཞིག་ཡིན་ཞེས་མཁྱེན་པ་གཟིངས་བརྟེགས་ཀྱིས་བརྗོད་ཆོག་ལ། ནོར་བུ་དེའི་བདག་སྐྱོང་མཁན་གུས་སུ་འོས་པའི་རྩོམ་སྒྲིག་པ་དང་རྩོམ་པ་པོ་

རྣམས་ལ་ཡི་རང་ཞུ་བཞིན་ལྷག་བསམ་རྣམ་དག་གིས་ཐུགས་རྗེ་ཆེ་ཞུ་རྒྱུ་ཡིན།

སྤྱི་ཚོགས་བྱ་འཕུར་བ་ལྟར་གོང་འཕེལ་འགྲོ་མགྱོགས་པའི་ད་ལྟའི་དུས་སྐབས་སུ། ཕུན་སུམ་ཚོགས་ལ་ཐུན་མོང་མིན་པའི་བོད་ཀྱི་དམངས་ཁྲོད་རྩོམ་རིག་དར་ཡུལ་གྱི་བོད་མིའི་དངོས་པོའི་འཚོ་བ་འཕེལ་རྒྱས་འགྲོ་བ་དང་དུས་མཚུངས་བསམ་པའི་རིག་གནས་འཚོ་བའང་ཕུན་སུམ་ཇེ་ཚོགས་སུ་ཕྱིན་ནས་དེང་རབས་ཀྱི་སྒྲ་ཕབ་འཕོར་ལོ་དང་། གློག་འཕྲིན། གློག་བརྙན། བརྙན་འཕྲིན་སོགས་མང་ཚོགས་ཀྱི་འཚོ་བའི་ནང་རྒྱུན་སྤྱོད་ཡོ་བྱད་དུ་གྱུར་དང་འགྱུར་མུས་ཡིན་མོད། འོན་ཀྱང་དེ་ས་ལོ་ངོ་སྟོང་ཕྲག་མང་པོའི་ནང་ཕ་ཚ་བུ་རྒྱུད་ཀྱིས་རྒྱུན་འཛིན་བྱས་པའི་དམངས་ཁྲོད་ཀྱི་སྒྲུང་དང་། གཞས། གཏམ་དཔེ། བཤད་པ་སོགས་འཆད་ཉན་བྱེད་པའི་གོམས་གཤིས་དར་སྲོལ་རྗེ་ཞན་དུ་གྱུར་བ་དང་། དམངས་ཁྲོད་ཀྱི་སྒྲུང་པ་དང་། གཞས་མ། གཏམ་དཔེ་མཁས་ཅན། བཤད་པར་བྱུང་ཆུབ་པ་རྗེ་ཉུང་དུ་འགྲོ་བ་མ་ཟད། དེ་ཚོའི་ཞུལ་འཛིན་པ་འཚར་ལོངས་ཡོང་བའི་ཕོར་ཡུག་ལའང་ཐོག་ཐུག་ཐེབས་ནས་དམངས་ཁྲོད་རྩོམ་རིག་དག་ངག་ནས་ངག་བརྒྱུད་ཀྱིས་རྒྱུན་འཛིན་བྱེད་རྒྱུར་འགོག་རྐྱེན་ཆེན་པོ་བཟོས་ཡོད། དོན་དུ་དེང་རབས་ཅན་སྒྱུར་བགྲོད་བྱེད་པའི་དུས་འདིར། དམངས་ཁྲོད་སྒྲུང་པའམ་གཞས་པ་གཞས་མའི་དྲན་ཤེས་ལ་བརྟེན་ནས་ཉར་ཚགས་བྱེད་པ་དང་། ངག་ཐོག་ནས་ཁྱབ་སྤེལ་བྱེད་པའི་སྲོལ་རྒྱུན་གཟུགས་མེད་རིག་གནས་ཀྱི་ཁྱབ་སྤེལ་འགྲོ་ལུགས་དེ་ལྟ་བུ་ངམ་ཤུགས་རིམ་རྒུད་ཀྱི་ཚུལ་དུ་འགྲོ་བཞིན་ཡོད་པ་ནི་སྤྱི་ཚོགས་སྤྱིའི་འཕེལ་ཕྱོགས་ཡིན་ན། བོད་ཀྱི་སྲོལ་རྒྱུན་དམངས་ཁྲོད་རྩོམ་རིག་དག་ཀྱང་ལོ་རྒྱུས་ཀྱི་ལས་དབང་དེ་ལས་ཐར་ཐབས་མེད། ད་ལྟ་ང་ཚོའི་མིག་མདུན་དུའང་སྣ་སུན་མི་ཉུང་བ་ཐོག་མྱོང་བ་ནི། དམངས་སྒྲུང་དང་། དམངས་གཞས། བཤད་པ་མང་པོ་ཞིག་ནི་སྒྲུང་པ་དང་གཞས་པ་གཞས་མ་ཚེ་ལས་འདས་པ་དང་མཉམ་དུ་མེད་གི་

ལྷག་མར་གྱུར་དང་འགྱུར་མུས་ཡིན། འདིར་མཚོན་གསལ་དོད་པའི་དཔེ་མཚོན་འགའ་ཞུས་ན། དུས་རབས་གོང་མའི་ལོ་རབས་བརྒྱད་ཅུ་པའི་ནང་ང་ཚོར་བོད་ལྗོངས་ཁུལ་ནས《གླིང་རྗེ་གེ་སར་རྒྱལ་པོའི་སྒྲུང་》གི་སྒྲུང་པ་༩༠ཙམ་བཙལ་རྙེད་ཐུབ་པའི་ནང་ནས་སྒྲུང་མཁན་༨ཙམ་སྤྱི་རྗེས་སུ་ལྷུ་པའི་ལམ་ལ་སོང་བ་དང་། དེའི་ནང་ནས་སྒྲུང་མཁན་གྲགས་པས་སྒྲུང་སྣ་༣༥ཞོད་ཐུབ་ཀྱི་ཡོད་ཟེར། ཁོང་ཚོ་ལས་མ་འདས་གོང་སྒྲུང་སྣ་༢༥ལས་སྒྲ་ཕབ་ཐུབ་མེད། སྒྲུང་མཁན་ཨ་དར་གྱིས་སྒྲུང་སྣ་༩༩ཞོད་ཐུབ་ཟེར་སྒྲ་ཕབ་ཟིན་པ་སྒྲུང་སྣ་༡ལས་མེད། ཚེ་དབང་འགྱུར་མེད་ཀྱིས་སྒྲུང་སྣ་༡༩ཞོད་ཐུབ་ཟེར་སྒྲ་ཕབ་ཟིན་པ་སྒྲུང་སྣ་༢ལས་མེད། ཁ་ཚ་ཕྲ་པ་ངག་དབང་རྒྱ་མཚོས་སྒྲུང་སྣ་༩༣འབྲི་ཐུབ་ཀྱི་ཡོད་ཟེར། ང་ཚོར་དངོས་སུ་བཞག་གནང་བ་ནི་སྒྲུང་སྣ་༢རང་ལས་མེད། དེ་བཞིན《སྤང་རྒྱན་མེད་ཏོག》དུས་དེབ་ཐོག་ཏུ་སྤྲོད་གནང་མྱོང་བའི་སྤྱང་བཤད་དང་། ཁྲམ་གཞས། ཏ་སྤྲའི་བཤད་པ། ཁྲུང་བཀག་རིག་རྩེད། ཀླུ་མོ་དཀར་སྤྲུང་། ཐོབ་རྒྱལ་གཞས་ཆེན་ལ་སོགས་པའི་དམངས་ཁྲོད་རྩོམ་རིག་མང་དག་ཅིག་ཀྱང་ད་ལྟ་འཚད་ཀྱེར་ཐུབ་མཁན་ཇེ་ཉུང་དུ་འགྲོ་བཞིན་ཡོད། དེས་ན《སྤང་རྒྱན་མེ་ཏོག》གིས་ལོ་ངོ་ཉི་ཤུའི་ནང་མར་མི་སྣུམ་ཟད་ཀྱི་གནས་སུ་གྱུར་བའི་དམངས་ཁྲོད་ཀྱི་ངག་སྒྲུང་དང་། དམངས་གཞས་མང་པོ་ནམ་ཞར་ཆང་གཉིས་མི་ཡི་འདྲེན་བྱེད་དབང་པོའི་ལམ་དུ་རིག་རྒྱུ་ཡོད་པ་དང་། རྗེས་རབས་པ་རྣམས་ཀྱང་དེ་ཚོའི་སྒྱུ་རྩལ་གྱི་རོ་བཅུད་ལ་རོལ་རྒྱུའི་སྐལ་པ་བསྐྲུན་པ་ནི་བདག་ཅག་ཀུན་གྱིས་ཡི་རང་ཞུ་ཡུལ་ལས་མ་འདས།

དེ་ལགས་ཀྱང་གཡང་ཏེའི་ཁ་ལ་མར་གྱི་ཡས་སྐྲོན་གྱི་དཔེ་ལྟར་དམངས་ཁྲོད་རྩོམ་རིག་གི་ཉུར་སྐྱོབ་ལས་དོན་ཡག་ཐོག་ཡག་བརྩེགས་ཐོག ཤེས་རིག་འདི་ཉིད་སྤྱར་བས་གངས་ལྗོངས་རིག་གནས་ཀྱི་བང་མཛོད་དཔུས་གཟི་འོད་རབ་ཏུ

འགྲོ་ཕྱིར། རྟ་པོ་བཟང་ཡང་རྒྱབ་ཏུ་ལྕག་གི་དཔེ་ལྟར་སླད་ཕྱིན་ལས་དོན་སྤེལ་ཕྱོགས་ཐད་ལྷག་བསམ་དཀར་པོའི་བསམ་ཚུལ་རེ་གཉིས་ཞུ་རྒྱུ་ལགས་པས། ཤ་ཚའི་ཁ་ནས་གཏམ་སྙན་མེད་ན་ཡོ་ཤེས་ཅན་གྱིས་སུན་སྣང་མེད་པར་ཐུགས་སུ་འཇོག་གནང་ཞུ།

དེ་ཡང་དམངས་ཁྲོད་སྒྱུ་རྩལ་པའི་དྲན་ཤེས་ཀྱི་སློང་དུ་མི་རབས་ནས་མི་རབས་བརྒྱུད་ཉར་འཛིན་བྱས་པ་དང་། ངག་ནས་ངག་བརྒྱུད་ཀྱིས་ཁྱབ་སྤེལ་བྱུང་བའི་སྲོལ་རྒྱུན་དམངས་ཁྲོད་སྒྱུ་རྩལ་གྱི་གསོན་སྟོབས་ཇེ་ཞན་དུ་འགྲོ་བའི་དུས་རབས་ཀྱི་དངོས་ཡོད་གནས་ཚུལ་ལ་གཞིགས་ཏེ་མཉམ་འབྲེལ་རྒྱལ་ཚོགས་སློབ་གསོ་ཚན་རྩལ་རིག་གཞུང་ཙ་འཛུགས་ཀྱིས《དངོས་རྫས་མིན་པའི་རིག་གནས་ཤུལ་བཞག་སྲུང་སྐྱོང་བྱེད་རྒྱུའི་རྒྱལ་སྤྱིའི་སྤྱི་ཆིངས》ཤིག་འགྲེམ་སྤེལ་བྱས་པ་དང་། མིག་སྔར་རང་རྒྱལ་གྱི《དངོས་རྫས་མིན་པའི་རིག་གནས་ཤུལ་བཞག་སྲུང་སྐྱོབ་བྱེད་རྒྱུའི་ཁྲིམས་སྲོལ》དེའང་འགྲེམས་སྤེལ་བྱ་ཉེར་ཡོད། དེ་ལྟར་སྟོང་ལོ་གསར་པ་ཤར་མ་ཐག་ཏུ་རྒྱལ་སྤྱི་རྒྱལ་ནང་དུ་དམངས་ཁྲོད་རིག་གནས་སྲུང་སྐྱོབ་དང་རྒྱུན་འཛིན་བྱེད་པའི་ཚ་རླབས་ཤིག་འཕྱུར་བཞིན་ཡོད་ལ། སྲིད་གཞུང་གིས་མི་རིགས་ཀྱི་ཕུལ་བྱུང་སྲོལ་རྒྱུན་རིག་གནས་ལ་ཚད་མཐོའི་མཐོང་ཆེན་གནང་གི་ཡོད་པ་དང་། ལྷག་པར་དུ་སྒྲ་ཕབ་དང་ཡི་གེར་འགོད་པའི་ཆ་རྐྱེན་ཇེ་ལེགས་སུ་འགྲོ་བ་བཅས་ནི་བོད་ཀྱི་དམངས་ཁྲོད་རྩོམ་རིག་སྲུང་སྐྱོབ་ཀྱི་བྱ་བར་སྔར་བྱུང་མྱོང་མེད་པའི་ཕྱི་རྐྱེན་བཟང་པོ་ཞིག་ཡིན་པ་དང་། ད་ལྟ་དམངས་ཁྲོད་རྩོམ་རིག་གི་རིགས་རྣམས་ཉམས་ཆག་འགྲོ་བཞིན་ཡོད་རུང་། བོད་ཀྱི་དམངས་ཁྲོད་དུ་དེ་ཏ་ཙང་ཉག་ཕྲ་བའི་གནས་སུ་གྱུར་མེད་པར་དམངས་ཁྲོད་སྒྱུ་རྩལ་པ་གང་འཚམ་ཞིག་སྐུ་གསོན་བཞུགས་སུ་གནས་ཡོད་པ་ནི་སྲུང་སྐྱོབ་བྱ་གཞག་གི་ནང་རྐྱེན་བཟང་པོ་ཞིག་ཡིན། དེ་ལྟའི་ལོ་ངོ་སྟོང་ཕྲག་མང་པོའི་ནང་རྙེད་དཀའ་བའི་ཕྱི་ནང་གཉིས་ཀྱི་ཆ་

ཀྱེན་བཟང་པོ་དེ་འདྲའི་འོག་གོ་སྐབས་དམ་འཛིན་གྱིས་མགྱོགས་མྱུར་ལས་དོན་འདི་ཉིད་རྒྱ་ཆེ་གཏིང་ཟབ་ཀྱིས་སྤེལ་རྒྱུ་ནི་གལ་འགངས་ཧ་ཅང་ཆེ་བར་མཐོང་། འདས་ཟིན་པའི་ལོ་ངོ་ཉི་ཤུ་ལྷག་ཙམ་གྱི་རིང་ལ་བོད་ཀྱི་དམངས་ཁྲོད་རྩོམ་རིག་འཚོལ་བསྡུ་དང་། ལེགས་སྒྲིག་པར་སྐྲུན་བཅས་ཀྱི་མྱུར་སྐྱོབ་ལས་དོན་ལ་དགའ་འོས་པའི་གྲུབ་འབྲས་ཐོབ་ཡོད། འོན་ཀྱང་བོད་ཀྱི་དམངས་ཁྲོད་རྩོམ་རིག་གི་རིན་ཐང་དང་། དེས་མིའི་རིགས་ཀྱི་རིག་གནས་བང་མཛོད་ནང་ཟིན་པའི་གནས་བབས་དང་བསྟུར་ན། ཤེས་རིག་དེའི་སྐོར་ལ་སྤྱི་ཚོགས་ཡོངས་ཀྱིས་བརྩི་མཐོང་བྱེད་རྒྱུ་མ་འདང་བ་དང་། འབྲེལ་ཡོད་ཚན་པ་དང་མི་སྣ་མང་པོ་ཞིག་གིས་ཤེས་རིག་དེ་མྱུར་སྐྱོབ་བྱེད་དགོས་དོན་གྱི་ཁ་ཚ་དགོས་གཏུག་གི་རང་བཞིན་ལ་ངོས་འཛིན་མ་ཐུབ་པར་མྱུར་སྐྱོབ་ཀྱི་ལས་དོན་དེ་རྒྱ་ཆེ་གཏིང་ཟབ་ཀྱི་ཕྱོགས་སུ་འཕེལ་རྒྱས་གཏོང་རྒྱུ་མ་འདང་བའི་ཞན་ཆ་ཡོད་ལ། རིགས་པའི་གཞུང་ལུགས་ཀྱིས་མྱུར་སྐྱོབ་ལས་དོན་ལ་མཛུབ་ཁྲིད་བྱེད་རྒྱུའི་ནུས་པ་མ་འདང་བའི་ཞན་ཆའང་ཡོད། 《སྤང་རྒྱན་མེ་ཏོག》འདི་ཉིད་བོད་ཀྱི་དམངས་ཁྲོད་རྩོམ་རིག་གི་དུས་དེབ་གཅིག་པུ་དེ་ཡིན་པའི་དབང་གིས་དམངས་ཁྲོད་རྩོམ་རིག་འཚོལ་བསྡུ་ལེགས་སྒྲིག་གི་མྱུར་སྐྱོབ་ལས་དོན་དང་། རྒྱ་ཆེའི་ཀློག་པ་པོར་བསམ་པའི་རྒྱགས་ཕྱེ་མཁོ་འདོན། དེ་བཞིན་བོད་ཀྱི་ཡུལ་ཕྱུང་དམངས་ཁྲོད་རིག་གནས་དྲིལ་བསྒྲགས་བཅས་མཛད་པ་འཕྲིན་ལས་སུ་འཛིན་པ་དུས་དེབ་འདིའི་སྲོལ་རྒྱུན་གཞི་བརྗོད་ཆེ་བ་ཞིག་ཡིན་པ་གང་ཞིག་རྒྱུན་འཁྱོངས་གནང་མུས་ད་དུང་དམངས་ཁྲོད་རྩོམ་རིག་ལ་སྤྱི་ཚོགས་ཡོངས་དང་ཁྱད་པར་འབྲེལ་ཡོད་ཚན་པས་དགོས་ངེས་ཀྱི་བརྩི་མཐོང་དང་། ངག་རྒྱུན་རིག་གནས་མྱུར་སྐྱོབ་ལས་དོན་གྱི་དགོས་གཏུག་རང་བཞིན་ལ་ངོས་འཛིན་གང་ལེགས་དགོས་རྒྱུའི་རེ་འབོད་ཞུ་རྒྱུ་དང་། དམངས་ཁྲོད་རྩོམ་རིག་མྱུར་སྐྱོབ་ལས་དོན་གྱི་ལག་ལེན་དངོས་ལ་རིགས་པའི་གཞུང་ལུགས་ཀྱི་མཛུབ་ཁྲིད་བྱེད་རྒྱུ་

བཅས་ལའང་ཞུགས་སྟོན་རྒྱུག་དགོས་ངེས་སུ་མཐོང་། དེ་ཡང་ད་བར་དམངས་ཁྲིད་རྩོམ་རིག་འཚོལ་བསྡུ་ལེགས་སྒྲིག་བྱས་པའི་འབྲས་བུར་ཕྱིར་བལྟས་ཤིག་བྱས་ན། བསྡུ་སྒྲིག་པ་ལ་ལས་དམངས་ཁྲིད་རྩོམ་རིག་བསྡུ་སྒྲིག་བྱེད་སྐབས་རིགས་གཞུང་གི་ཚད་གཞི་དམ་འཛིན་བྱེད་ཐུབ་མེད། བོད་ཀྱི་དམངས་ཁྲིད་རྩོམ་རིག་རིན་ཐང་དང་ལྡན་པ་ཞིག་ཆགས་པའི་རྒྱུ་མཚན་གཙོ་བོ་ནི་དེ་ལ་ངག་རྒྱུན་གྱི་རང་བཞིན་དང་། མང་ཚོགས་ཀྱི་རང་བཞིན། རྒྱུན་བསྲིངས་ཀྱི་རང་བཞིན་ལྡན་ཡོད་པས་ཡིན་ལ། དེ་བས་དེར་སྒྱུ་རྩལ་གྱི་ནུས་པ་ལྡན་པ་མ་ཟད། དེ་ལས་བོད་ཀྱི་རྒྱ་ཆེའི་ངལ་རྩོལ་མང་ཚོགས་ཀྱི་ལོ་རྒྱུས་དང་སྤྱི་ཚོགས་འཚོ་བ་གསལ་བའི་མེ་ལོང་གི་ནུས་པ་སྟེ་ཚན་རིག་གི་ནུས་པ་མངའ་བས་ཡིན། གལ་སྲིད་སྒྲུང་པ་དང་། གཞས་པ་གཞས་མའི་བློ་ཡུལ་དུ་ཡོད་པའི་དམངས་ཁྲིད་རྩོམ་རིག་གི་སྙིང་པོ་ལ། བསྡུ་སྒྲིག་མཁན་གྱིས་ལོགས་སྐྱེས་ཡལ་ག་བསྣར་ནས་མི་མཁས་མཁས་མདོག་གིས་བཟོ་བཅོས་སྟོན་འཕྲི་བྱས་དྲགས་ཚེ་དེའི་ཚན་རིག་གི་ནུས་པ་ཞན་དུ་འགྲོ་རྒྱུ་དང་། རིན་ཐང་དམའ་རུ་ཕྱིན་ནས“སྐུ་གཉེར་ཕྱིས་བདར་མཁས་དྲགས་ན། གསེར་སྐུ་རག་ལ་བཏང་ཡོད་”ཟེར་བའི་གཏམ་དཔེའི་རྗེས་སུ་འགྲོ་ངེས་ན་ངེས་པར་དམངས་རྩོམ་གྱི་ཐོག་མའི་རྣམ་པ་རྒྱུན་འཛིངས་བྱེད་རྒྱུར་དོ་སྣང་བྱེད་དགོས། འདས་པའི་དུས་སུ་དེབ་རིགས་ཁག་དང་། དུས་དེབ་ཁག་ནང་བཀོད་པའི་དམངས་ཁྲིད་རྩོམ་རིག་འགའ་ཤས་བསྡུ་སྒྲིག་བྱེད་པའི་བརྒྱུད་རིམ་ནང་དེའི་སྒྱུ་རྩལ་ནུས་པར་བསམ་བློ་གཏོང་བ་ལས་ཚན་རིག་གི་ནུས་པར་མཐོང་ཆེན་བྱེད་རྒྱུ་མ་འདང་བ་དང་། ཐ་ན་དེར་སྣང་ཚུང་གིས་བཟོ་བཅོས་སྟོན་འཕྲི་བྱས་པའི་གནས་ཚུལ་ཡང་ཐོན་མྱོང་བས། དེ་རིགས་ནི་དམངས་རྩོམ་མྱུར་སྐྱོབ་ལས་དོན་གྱི་རྩ་དོན་དང་འགལ་བ་ཞིག་ཡིན། གཞན་ཡང་རང་རེའི་དམངས་རྩོམ་བསྡུ་སྒྲིག་ལས་དོན་ཁྲིད་བློས་སྐྱོན་རེ་བྱུང་ལྟག་པ་དང་། བརྩམ་བྱ་ཞུང་ཤས་བུ་མ་སྐྱེས་གོང་

ལ་མིང་རྟགས་པའི་ཚུལ་དུ་གྱུར་བ། ལ་ལ་ཞྭ་དཔེ་ལྷམ་འགེབས་ཀྱི་ཚུལ་འཛིན་པ་སོགས་ཞན་ཆ་ཆུང་རིགས་ཉུང་ཤས་མཐོང་རྒྱུ་ཡོད་པ་རྣམས་གཡུར་ཟའི་གྲུབ་འབྲས་ཀྱི་གམ་དུ་གླེང་རིན་མེད་ནའང་"གྲོགས་པོ་ཉེ་འདོད་ན་སྐྱིན་ལ་མཇུབ་མོ་ཚུགས"ཟེར་བའི་གཏམ་དཔེའི་སྐུལ་འདེད་འོག་དམངས་ཁྲིད་རྩོམ་རིག་གི་ལས་དོན་སྤྱིའི་ཞན་ཆར་མཐོང་བ་དོན་ལ་ཕན་ཕྱིར་གླེང་བ་ཙམ་ལས་ཁ་རྟུང་མིན་ལ་བསྐྱོན་འཛུགས་བྱས་པ་ནི་དེ་བས་མིན།

རང་ཉིད་ནི་སྔ་ཕྱི་བར་གསུམ་དུ《སྤང་རྒྱན་མེ་ཏོག》དུས་དེབ་ལྷ་ཀློག་བྱེད་རྒྱུར་ཏ་ཙང་དགའ་བའི་ཀློག་པ་པོ་ཞིག་ཡིན། མེས་པོ་དམ་པས་འཛོག་གནང་བའི་ངག་ལས་ངག་བརྒྱུད་ཀྱི་རིན་བྲལ་ཤེས་བྱ་མང་པོ་ཞིག་ལོ་ངོ་ཉི་ཤུའི་ནང་དུས་དེབ་འདི་བརྒྱུད་སློབ་སྦྱོང་བྱེད་རྒྱུའི་སྐལ་བ་ཐོབ་པ་དང་། སྤྱི་ཚོགས་ཚན་རིག་ཞིབ་འཇུག་པ་ཞིག་གི་ངོས་ནས་བཤད་ན། དུས་དེབ་འདིས་རང་ཉིད་ཀྱི་ཞིབ་འཇུག་ལས་དོན་ལ་སྨན་པའི་རིན་བྲལ་དཔྱད་གཞི་མང་པོ་མཁོ་འདོན་བྱུང་བས། ད་ཐེངས་ཆེད་བརྟོན་དུས་དེབ་གཉེར་བའི་གོ་སྐབས་དང་བསྟུན་ནས་དུས་དེབ་ཀྱི་རྩོམ་སྒྲིག་པ་ལྷན་རྒྱས་དང་རྒྱ་ཆེའི་བསྡུ་སྒྲིག་པ་རྣམས་ལ་སྙིང་དབུས་ནས་ཐུགས་རྗེ་ཆེ་ཞུ་རྒྱུ་དང་སྦྲགས《སྤང་རྒྱན་མེ་ཏོག》གི་མཚར་སྡུག་གི་ལང་ཚོ་སྤར་ལས་རྒྱས་པའི་བཀྲ་ཤིས་སྨོན་འདུན་ཞུ་རྒྱུ་ཡིན། །

༄༅། །ཤར་པའི་མི་རིགས་གཏོགས་ཁོངས་ཀྱི་གནད་དོན་ཐག་གཅོད་བྱ་རྒྱུའི་གལ་ཆེའི་དོན་སྙིང་དང་ཐག་གཅོད་བྱ་ཐབས་སྐོར་གྱི་དཔྱད་གླེང་།

དེ་ཡང་རང་རེའི་ལོ་རྒྱུས་ཡིག་ཆ་དང་ཕ་ཚ་བུ་རྒྱུད་ཀྱི་སྙན་བརྒྱུད་ལས་བྱུང་བའི་བཤད་སྲོལ་ལྟར་ན། ཤར་པ་ཞེས་པར་གོ་དོན་གཉིས་ཡོད་དེ། གཅིག་ནི་བོད་ཤར་ཕྱོགས་ཀྱི་ཁམས་ཁུལ་དུ་སྡར་ནས་ཡོད་པའི་མིའི་ཚོ་པ་ཞིག་ལ་གོ་བ་དང་། ཅིག་ཤོས་ནི་བོད་ཡུལ་མདོ་ཁམས་ནས་ཡུལ་གྱོལ་དུ་ཡོང་སྟེ་ཇོ་མོ་གླང་མའི་ལྷོ་ངོས་སུ་གཞིས་ཆགས་པའི་གནས་སྤོས་ཡུལ་མི་ཚོར་གོ་བ་ཡིན། དེ་ལྟའི་གནས་སྤོས་ཡུལ་མི་དེ་ཚོའང་རང་རྒྱལ་དང་ནེ་པཱ་ལ་སྟེ་རྒྱལ་ཁོངས་གཉིས་སུ་གཏོགས་པ་དང་། གཙོ་བོ་ནི་པཱ་ལའི་སོ་ལུ་དང་། ཕ་ར་ཁ། ཁུམས་བུ་བཅས་སུ་གནས་བཅའ་བ་དང་། རང་རྒྱལ་གྱི་ཤར་པ་རྣམས་ནི་སྟེང་སྐྱིས་རྫོང་འདྲེན་ཐང་གྲོང་རྡལ་དུ་མི་གྲངས་༢༠༧༨དང་། གཉའ་ནང་རྫོང་འགྲམ་ས་ཁུལ་དུ་མི་གྲངས་༡༩༩༩དེ་བཞིན་དིང་རི་རྫོང་རོང་ཤར་ཁུལ་དུ་མི་གྲངས་༡༠བཅས་ཁ་གྲམ་ནས་གནས་ཡོད། ནེ་པཱ་ལའི་ཤར་པ་དེ་དག་ཁོ་ཚོའི་རྒྱལ་ཁབ་ཀྱི་དོན་དངོས་གནས་ཚུལ་ལ་གཞིགས་ནས་ཁེར་རྐྱང་གི་མི་རིགས་གཅིག་ཏུ་ངོས་འཛིན་བྱས་ཡོད་པ་དང་། རང་རེའི་རྒྱལ་ཁོངས་ཀྱི་ཤར་པ་རྣམས་ད་དུའང་མི་རིགས་གང་ཞིག་གི་ཁོངས་སུའང་མ་གཏོགས་པར་མི་རིགས་རྣམ་དབྱེ་མ་ཕྱེ་བའི་མིའི་ཚོ་པ་ཞིག་ལ་བཞག་ཡོད། དེ་ལྟར་ལགས་ན། རང་རྒྱལ་གྱི་ཤར་པ་ཚོའི་མི་རིགས་ཀྱི་གཏོགས་ཁོངས་ཐག་གཅོད་བྱ་རྒྱུ་ནི་དོན་སྙིང་ལྡན་ལ་གལ་འགངས་ཆེ་བ་ཞིག་ཡིན། འདིར་ནི་ལས་དོན་དེའི་

གལ་ཆེའི་དོན་སྙིང་དང་ཐག་གཅོད་བྱ་ཐབས་སྐོར་རགས་ཙམ་གླེང་བར་བྱ་རྒྱུ་ཡིན།

དང་པོ། རང་རྒྱལ་གྱི་མི་རིགས་རྣམ་དབྱེའི་ལས་དོན་ལ་ཕྱིར་བལྟས་ལམ་ཙམ་བྱེད་པ།

ཀྲུང་ཧྭ་མི་དམངས་སྤྱི་མཐུན་རྒྱལ་ཁབ་ནི་མི་རིགས་མང་བའི་རྒྱལ་ཁབ་ཅིག་ཡིན་པ་དང་། དེར་མིག་སྔར་དངོས་སུ་རྣམ་དབྱེ་ངོས་འཛིན་བྱས་པའི་གྲངས་ཉུང་མི་རིགས་55དང་རྒྱ་རིགས་བསྡོམས་པས་མི་རིགས་56ཡོད། དེ་ལྟའི་མི་རིགས་རྣམས་ཀྲུང་ཀྲུང་གོ་གསར་པ་དབུ་བརྙེས་པའི་རྗེས་སུ་དུས་རིམ་མི་འདྲ་བའི་ནང་རིམ་བཞིན་ངོས་འཛིན་བྱས་པ་ཞིག་ཡིན་ལ། དེ་ནི་མི་རིགས་མང་བའི་མེས་རྒྱལ་ཁྱིམ་ཚང་ཆེན་པོ་འདིའི་ནང་མི་རིགས་ཕན་ཚུན་འདྲ་མཉམ་ཡོང་བའི་རྨང་གཞིའི་ཆ་རྐྱེན་ཞིག་ཡིན། མི་རིགས་ཀྱི་རྣམ་དབྱེའི་ལས་དོན་ནི་མིའི་ཚོ་པ་ཞིག་གི་མི་རིགས་ཀྱི་འབྱུང་ཁུངས་དང་མི་རིགས་ཀྱི་མིང་གི་རྣམ་དབྱེ་ངོས་འཛིན་དང་གཏན་འཁེལ་བྱེད་པའི་ལས་དོན་ལ་ཟེར་བ་དང་། དེ་ནི་སྤྱི་ཚོགས་ཀྱི་ལག་ལེན་རང་བཞིན་དང་ནན་ཏན་གྱི་ཚན་རིག་རང་བཞིན་གཞི་གཅིག་ཏུ་བསྡུས་པའི་ལས་དོན་ཞིག་ཡིན། སྤྱིར་མི་རིགས་ཟེར་བ་ནི་ལོ་རྒྱུས་ཀྱི་ཁྱབ་ཡོངས་ནང་གཏོགས་པ་ཞིག་ལགས་པས། དུས་ཡུན་རིང་པོའི་ལོ་རྒྱུས་འཕེལ་རྒྱས་འགྲོ་བའི་བརྒྱུད་རིམ་ནང་རང་རྒྱལ་དུ་མི་རིགས་ཕན་ཚུན་མཉམ་འདྲེས་བྱུང་བའམ་ཡང་ན་མི་རིགས་གཅིག་ཡིན་པ་གང་ཞིག་ཚོ་པ་མང་པོར་ཁ་གྲུར་བ་སོགས་ཀྱི་གནས་ཚུལ་དུ་མ་ཞིག་ལྷག་པ་ལས། མི་རིགས་རྣམ་དབྱེ་དང་ངོས་འཛིན་བྱ་རྒྱུ་དེའང་རྙོག་འཛིང་ཆེ་བ་ཞིག་ཡིན་ལ། དེ་བས་ལོ་རྒྱུས་ཐོག་དབང་སྒྱུར་བས་གྲངས་ཉུང་མི་རིགས་ལ་མཐོང་ཆུང་དང་གཉའ་གནོན་བྱེད་པ་ལས་མི་རིགས་དབར་འདྲ་མཉམ་མེད་པས། རང་རྒྱལ་གྱི་གྲངས་ཉུང་མི་རིགས་མང་པོ་ཞིག་ཁས་ལེན་མི་བྱེད་པ་

དང་། མང་པོ་ཞིག་ནི་རང་ཉིད་མི་རིགས་གང་ཡིན་སྦ་གསང་བྱེད་པའི་གནས་སུ་གྱུར་ཡོད། “ཀྲུང་ཧྭ་མི་དམངས་སྤྱི་མཐུན་རྒྱལ་ཁབ་དབུ་བརྙེས་རྗེས། ཀྲུང་གོ་གུང་ཁྲན་ཏང་གི་འགོ་ཁྲིད་འོག་རྒྱལ་ནང་མི་རིགས་ཁག་གི་འདྲ་མཉམ་མངོན་གྱུར་བྱུང་ཡོད། ཡུན་རིང་གཉའ་གནོན་དང་མཐོང་ཆུང་འོག་གནས་པའི་མི་རིགས་མང་པོས་རང་གི་མི་རིགས་ཀྱི་མིང་དང་རང་ཉིད་མི་རིགས་གང་གི་ཁོངས་མི་ཡིན་པ་དེ་དངོས་སུ་ཁས་ལེན་བྱ་རྒྱུའི་རེ་བ་གཅིག་རྗེས་གཉིས་མཐུད་ཀྱིས་བཏོན་པ་དང་། ཀྲུང་གོ་གསར་པའི་མི་རིགས་མང་བའི་ཁྱིམ་ཚང་ཆེན་པོའི་ཁོངས་ཞུགས་ཤིག་ཏུ་ངོས་འཛིན་བྱ་རྒྱུའི་རེ་བའང་བཏོན་ཡོད། དེ་ནི་ཏང་གི་མི་རིགས་སྲིད་ཇུས་ཀྱི་རྒྱལ་ཁ་ཡིན་ལ། གྲངས་ཉུང་མི་རིགས་ཀྱི་མི་དམངས་རྣམས་སྒྲོངས་གཉིད་ལས་སད་པའི་མངོན་ཚུལ་ཞིག་ཀྱང་རེད། མི་རིགས་འདྲ་མཉམ་གྱི་སྲིད་ཇུས་ལག་བསྟར་ཐུབ་པའི་རྒྱལ་ཁབ་ཕོ་ནས་མ་གཏོགས། གྲངས་ཉུང་མི་རིགས་ཀྱི་དེ་ལྟ་བུའི་རང་འགུལ་གྱི་འབྱུང་ཁུངས་ངོས་འཛིན་དང་རྣམ་པ་ངོ་མ་དེ་བསྐྱར་གསོ་བྱེད་མི་ཐུབ།”① དེ་ལྟའི་ཀྲུང་གོ་གསར་པའི་མི་རིགས་ཀྱི་རྣམ་དབྱེའི་ལས་དོན་དེའང་དུས་རིམ་བཞི་ལ་དབྱེ་ཆོག་སྟེ། ཀྲུང་གོ་གསར་པ་དབུ་བརྙེས་པ་ནས་ཕྱི་ལོ་༡༩༥༣ལོའི་བར་ནི་མི་རིགས་རྣམ་དབྱེའི་ལས་དོན་གྱི་འགོ་རྩོམ་པའི་དུས་རིམ་ཡིན་པ་དང་། དེའི་དུས་སུ་རང་རྒྱལ་དུ་རང་ཉིད་ཁེར་རྐྱང་གི་མི་རིགས་གཅིག་ཏུ་ངོས་འཛིན་མཁན་ཧ་ཅང་མང་པོ་ཡོད། དེ་ཡང་དཔེར་ན“ཕྱི་ལོ་༡༩༥༣ལོར་ཐེངས་དང་པོའི་རྒྱལ་ཡོངས་མི་འབོར་ཞིབ་བཤེར་བྱེད་སྐབས། རྒྱལ་ཡོངས་ཁྱོན་དུ་རང་ཉིད་ཀྱིས་ཐོ་འགོད་བྱས་པའི་མི་རིགས་ཀྱི་མིང་བསྡོམས་བཞི་བརྒྱ་ལྷག་ཙམ་ཡོད་”②པ་དང་། “ཕྱི་ལོ་༡༩༥༨ལོར་ཀྲུང་དབྱང་མི་རིགས་ཞུ་ལྷན་གྱིས་ཡུན་

① 宋蜀华、满都尔图主编:《中国民族学五十年》P53,69,人民出版社,2004 年出版。

② 宋蜀华、满都尔图主编:《中国民族学五十年》P53,69,人民出版社,2004 年出版。

ནན་ཞིང་ཆེན་དུ་མི་རིགས་རྣམ་དབྱེ་འབྱེད་མཁན་གྱི་རྟོག་ཞིབ་ཚོ་ཚུང་མངགས་པ་དང་། ……དེ་དུས་དེར་མི་རིགས་ཀྱི་མིང་མི་འདྲ་བ་ཉིས་བརྒྱ་དྲུག་ཅུ་ལྷག་ཙམ་ཡོད།”① དེའི་ཁྲོད་ནས་རྒྱལ་ཡོངས་ཁྱོན་དུ་དེ་སྔོན་ནས་ཁས་ལེན་བྱེད་པའི་སོག་རིགས་དང་། བོད་རིགས་ལ་སོགས་པའི་མི་རིགས་རྣམས་དང་གསར་དུ་ངོས་འཛིན་བྱས་པའི་མི་རིགས་བཅས་བསྡོམས་༣༨ཡོད་པ་དང་། དུས་རིམ་གཉིས་པ་ནི་སྤྱི་ལོ་༡༩༥༤ནས་སྤྱི་ལོ་༡༩༦༤བར་གྱི་མི་རིགས་རྣམ་དབྱེ་འབྱེད་པའི་མཐོ་རླབས་འཕྱུར་བའི་དུས་རིམ་དེ་ཡིན་པ་དང་། དུས་རིམ་དེའི་ནང་རྒྱལ་ཡོངས་ས་ཕྱོགས་ཁག་ཏུ་མི་རིགས་དབྱེ་འབྱེད་ཀྱི་བརྟག་དཔྱད་རྒྱ་ཆེ་གཏིང་ཟབ་སྤེལ་བ་མ་ཟད། ཐུ་མི་རིགས་དང་། མོན་པ་རིགས་སོགས་མི་རིགས་༡༥ཙམ་གསར་དུ་དབྱེ་འབྱེད་བྱས་ཡོད། དེ་མིན་ཁེར་རྐྱང་གི་མི་རིགས་ཤིག་ཏུ་གྲུབ་ཐབས་མེད་པའི་མིའི་ཚོ་པ་༧༠ཙམ་ངོས་འཛིན་བྱས་ཟིན་པའི་གྲངས་ཉུང་མི་རིགས་གཞན་གྱི་ནང་ཟླ་སྒྲིལ་བཏང་ཡོད། དུས་རིམ་གསུམ་པ་ནི་སྤྱི་ལོ་༡༩༦༥ལོ་ནས་སྤྱི་ལོ་༡༩༧༨ལོའི་བར་གྱི་མི་རིགས་རྣམ་དབྱེའི་ལས་དོན་ལ་འགལ་རྐྱེན་ཐོག་པའི་དུས་རིམ་དེ་ཡིན་པ་དང་། དུས་རིམ་དེའི་ནང་སྤྱི་ལོ་༡༩༦༥ལོར་བོད་ལྗོངས་ཀྱི་ལྷོ་པ་རིགས་དེ་ཁེར་རྐྱང་གི་མི་རིགས་གཅིག་ཏུ་ངོས་འཛིན་བྱས་པ་ལས། གཞན་གྱི་མི་རིགས་ཀྱི་རྣམ་དབྱེའི་ལས་དོན་དག་ལ་བར་ཆད་ཤོར་ནས་ལུས། དུས་རིམ་བཞི་པ་ནི་སྤྱི་ལོ་༡༩༧༨ལོ་ནས་སྤྱི་ལོ་༡༩༩༠ལོའི་བར་གྱི་མི་རིགས་རྣམ་དབྱེའི་ལས་དོན་རྣམས་སླར་གསོ་བྱུང་བའི་དུས་རིམ་དེ་ཡིན་པ་དང་། དུས་རིམ་དེའི་ནང་སྤྱི་ལོ་༡༩༧༨ལོར་ཅི་ནུའུ་རིགས་དེ་ཁེར་རྐྱང་གི་མི་རིགས་གཅིག་ཏུ་ངོས་འཛིན་བྱས་པ་མ་ཟད། མིའི་ཚོ་པ་མང་པོ་ཞིག་རྒྱ་རིགས་སམ་ཡང་ན་གྲངས་ཉུང་མི་རིགས་གཞན་གྱི་ནང་ཟླ་སྒྲིལ་བཏང་སྟེ། སྤྱི་ལོ་༡༩༩༠ལོའི་ཐེངས་བཞི་པའི་རྒྱལ་ཡོངས

① 宋蜀华、满都尔图主编:《中国民族学五十年》P53,69,人民出版社,2004年出版。

ཀྱི་མི་འབོར་ཞིབ་བཤེར་སྐབས་ཀྱང་ཧྭ་མི་དམངས་སྤྱི་མཐུན་རྒྱལ་ཁབ་ཀྱི་མི་རིགས་ཀྱི་གྲུབ་ཆ་དེ་རྩ་བའི་ཆ་ནས་གསལ་འབྱེད་ཐུབ་ཡོད་ལ། རང་རྒྱལ་འདི་བཞིན་མི་རིགས་༥༨ལས་གྲུབ་པའི་གཅིག་གྱུར་གྱི་ཁྱིམ་ཚང་ཆེན་པོ་ཞིག་ཡིན་ཞེས་ཀུན་ལ་ཁྱབ་བསྒྲགས་བྱས་ཡོད། འོན་ཀྱང་མིའི་ཚོ་པ་འགའ་ཞིག་གི་མི་རིགས་གཏོགས་ཁོངས་ད་དུང་ཡང་ཐག་གཅོད་ཐུབ་མེད་པའི་ནང་བོད་ལྗོངས་སུ་ཤར་པ་དང་། སྟེང་པ་སྟེ་མིའི་ཚོ་པ་གཉིས་ཀྱི་མི་རིགས་ཀྱི་རྣམ་དབྱེ་འབྱེད་རྒྱུར་ལུས་ནས་ཡོད།

གཉིས་པ། ཤར་པའི་མི་རིགས་གཏོགས་ཁོངས་ཐག་གཅོད་བྱ་རྒྱུའི་གལ་ཆེའི་དོན་སྙིང་སྐོར་གླེང་བ།

གཅིག རིག་གཞུང་གི་དོན་སྙིང་བརྗོད་པ།

དེ་ལའང་ཁག་གཉིས་ཡོད་དེ། གཅིག་ནི་མི་རིགས་རིགས་པའི་གཞུང་ལུགས་གསར་པར་ལག་ལེན་གྱི་ཚོད་བགམ་ཐུབ་མིན་གྱི་དོན་སྙིང་ལྡན་པ་དང་། གཉིས་ནི་ཤར་པའི་སྐོར་གྱི་ཞིབ་འཇུག་བྱ་གཞག་རྒྱ་ཆེ་གཏིང་ཟབ་ཕྱོགས་སུ་འཕེལ་རྒྱས་གཏོང་རྒྱུར་ཉམས་མྱོང་དང་དཔྱད་གཞི་གསོག་འཇོག་གི་དོན་སྙིང་ལྡན་ཡོད། དེ་ཡང་ཐོག་མར་གླེང་བར་བྱ་བ་ལ། གོང་དུ་སྨོས་པ་བཞིན་རང་རྒྱལ་གྱི་མི་རིགས་རྣམ་དབྱེ་ཡི་ལས་དོན་ལ་གྲུབ་འབྲས་ཆེན་པོ་ཐོབ་ཡོད་ལ། དེ་ནི་རིག་གཞུང་ལས་རིགས་པས་རང་རྒྱལ་གྱི་མི་རིགས་ལས་དོན་ལ་ཕུལ་བའི་ལེགས་སྐྱེས་ཆེན་པོ་ཞིག་ཡིན། ཀྲུང་གོ་གསར་པ་དབུ་བརྙེས་པ་ནས་སྤྱི་ལོ་༡༩༩༠ལོའི་དབར་དུས་ཡུན་ལོ་ངོ་བཞི་བཅུ་ཙམ་རིང་མི་རིགས་རྣམ་དབྱེའི་ལས་དོན་སྤེལ་བ་བརྒྱུད་ཀྱང་ཧྭ་མི་དམངས་སྤྱི་མཐུན་རྒྱལ་ཁབ་ཀྱི་མི་རིགས་ཀྱི་གྲུབ་ཚུལ་རྩ་བའི་ཆ་ནས་གཏན་འཁེལ་བྱས་ཡོད་ལ། ལས་དོན་དེའི་གཞུང་ལུགས་ཀྱི་གཞི་འཛིན་ས་ནི་སི་ཏ་ལིན་གྱི་མི་རིགས་སྐོར་གྱི་གཞུང་ལུགས་དེ་ཡིན་པ་དང་། དེ་ལས་གཙོ་བོ་ནི་གང་དེས་འཛུགས་གནང་བའི་མི་རིགས་ཀྱི་མཚན་ཉིད་དེ་ལགས། དེ་ལྟའི་མཚན་ཉིད་དེ་མི་རིགས་

རྣམ་དབྱེའི་ལས་དོན་གྱི་གཞི་འཛིན་ས་གཙོ་བོ་བྱས་ནས་སྔ་རྗེས་སུ་མི་རིགས་ ༥༦ངོས་འཛིན་དང་གཏན་འཁེལ་བྱས་པ་ལགས། དེ་རྗེས་སུ་སྤྱི་ལོ་༢༠༠༥ལོར་རང་རྒྱལ་མི་རིགས་ཀྱི་དོན་དངོས་གནས་ཚུལ་ལ་གཞིགས་ནས་དེ་བས་ཆ་ཚང་ལ་ཚན་རིག་དང་མཐུན་པའི་མི་རིགས་ཀྱི་མཚན་ཉིད་གསར་པ་ཞིག་བཏོན་ཡོད་པ་དང་། དེའི་ནང་དུ་སྟཱར་ལི་ཏ་ལིན་གྱིས་མི་རིགས་ཞེས་པའི་མཚན་ཉིད་བསྟན་པའི་ནང་གི་ཁྱད་རྟགས་ཆེན་པོ་བཞིའི་རྨང་གཞིའི་ཐོག་མི་རིགས་ཤིག་གྲུབ་པའི་ཆ་རྐྱེན་དྲུག་བསྟན་ཡོད། དེ་ནི་རང་རྒྱལ་གྱི་མི་རིགས་རིག་པ་འཕེལ་རྒྱས་བྱུང་བའི་མཚོན་ཚུལ་ཞིག་ཡིན་ལ། དུས་རབས་གསར་པའི་ནང་མི་རིགས་ལས་དོན་གྱི་ཕྱོགས་སྟོན་དང་གཞི་འཛིན་ས་གསར་པ་ཞིག་ཀྱང་ཡིན། འོན་ཀྱང་གཞུང་ལུགས་དེའི་མཇུབ་སྟོན་འོག་རང་རྒྱལ་གྱི་མི་རིགས་ཀྱི་རྣམ་དབྱེའི་ལས་དོན་དངོས་སུ་སྤེལ་མེད་པས་ལག་ལེན་གྱི་ཐོག་ནས་དེར་ཚོད་བགམ་བྱ་རྒྱུ་ནི་དོན་སྙིང་ལྡན་པ་ཞིག་ཡིན།

གཉིས་ནི་ད་བར་ཤར་པའི་སྐོར་གྱི་ཞིབ་འཇུག་ལས་དོན་དེ་རྒྱ་ཆེ་ལ་གཏིང་ཟབ་པའི་ཕྱོགས་སུ་འཕེལ་རྒྱས་གཏོང་ཐུབ་མེད་ལ། དེ་བས་དེའི་མི་རིགས་ཀྱི་གཏོགས་ཁོངས་སྐོར་ལ་ཚན་རིག་དང་མཐུན་པའི་ཞིབ་འཇུག་ནན་ཏན་ཞིག་གནང་མཁན་བྱུང་མེད། དེ་ཡང་ཅུང་ཟད་རྒྱས་པར་སྨྲོས་ན། ཤར་པའི་ལོ་རྒྱུས་རིག་གནས་སྐོར་གྱི་མཚམས་སྦྱོར་གྱི་དཔྱད་གཞི་དག་ཡིག་རིགས་ཀྱི་སྒོ་ནས་རིགས་གཉིས་ལ་དབྱེ་ཆོག་སྟེ། བོད་ཡིག་ནས་བྲིས་པའི་དཔྱད་ཡིག་དང་། རྒྱ་ཡིག་གི་ཐོག་ནས་བྲིས་པའི་དཔྱད་ཡིག་གོ། རིགས་དང་པོའི་ནང་མཚོན་བྱེད་རང་བཞིན་ལྡན་པའི་དཔྱད་ཡིག་འགངས་ཆེ་ཞིག་ནི་ཤར་པ་སངས་རྒྱས་བསྟན་འཛིན་ནས་རྩོམ་འབྲི་གནང་བའི《ཤར་པའི་ཆོས་འབྱུང་དང་མེས་རབས་བཞུགས་སོ་》ཞེས་པ་དེ་ཡིན། དེའི་ནང་དུ་ཤར་པའི་ཆོས་ཀྱི་འབྱུང་ཚུལ་དང་། མེས་པོའི་གདུང་རྒྱུད་ཐོག་མར་ཇི་ལྟར་བྱུང་ཚུལ་དང་ཕྱིས་སུ་ཇི་ལྟར་འཕེལ་ཚུལ། ཐ་ན་དུས་ཚུང་

དང་རུས་ལག་ཏུ་མར་གྱུར་ཚུལ་སོགས་ཞིབ་ཆ་ཆེ་ཙམ་གྱིས་ངོ་སྤྲོད་གནང་ཡོད་པས། ཕྱིས་སུ་བོད་རྒྱ་ཞིབ་འཇུག་པ་མང་པོས་ཆེད་རྩོམ་དེ་དཔྱད་གཞི་གལ་ཆེན་ཞིག་ཏུ་བཟུང་ཡོད། གསུང་རྩོམ་དེའི་ནང་དུ་ཤར་པ་ནི་བོད་རིགས་ཀྱི་རིགས་རྒྱུད་བྱེ་བྲག་གཅིག་ཏུ་ངོས་འཛིན་ནས་ངོ་སྤྲོད་གནང་ཡོད་པ་ལས། རང་རྒྱལ་གྱི་མི་རིགས་རྣམ་དབྱེའི་ཚད་གཞི་བཞིན་དེ་བོད་རིགས་ཡིན་པའི་སྒྲུབ་བྱེད་དམིགས་སུ་བསྟན་མེད་ལ། རང་རེའི་རྒྱལ་ཁོངས་ཀྱི་ཤར་པའི་འབྲེལ་ཡོད་གནས་ཚུལ་ནི་དེ་བས་ངོ་སྤྲོད་གནང་མེད། ཕྱིས་སུ་རྒྱ་ཡིག་གི་ཐོག་ནས་བྲིས་པའི་ཤར་པའི་སྐོར་གྱི་དཔྱད་རྩོམ་མི་ཉུང་བ་ཞིག་བདག་ཅག་གི་འདྲེན་བྱེད་དཔང་པོའི་ལམ་དུ་གྱུར་བ་དང་། དེ་ལས་མང་དག་ཅིག་གིས་ཤར་པ་སངས་རྒྱས་བསྟན་འཛིན་གྱི་གསུང་རྩོམ་དེ་གཞི་རུ་འཛིན་ནས་ཤར་པའི་འབྱུང་ཁུངས་དང་། གནས་སྡོད་ཀྱི་ལམ་དང་དུས་སོགས་ལ་དཔྱད་པ་བྱས་ཡོད། འོན་ཀྱང་དེའི་ཁྲོད་དུ་འགའ་ཞིག་གིས་མ་ཡིག་གི་གོ་དོན་ལ་ལོག་འགྲེལ་བྱས་ཏེ། ཤར་པའི་འབྱུང་ཁུངས་ཏང་ཞང་སྒྱུང་ཡིན་པར་སྨྲ་བ་དང་། དེ་མུར་རྒྱུས་མེད་པ་ཁྲི་ངན་ཚོགས་རྒྱུགས་ཀྱི་བརྟུལ་ཞུགས་འཛིན་མཁན་ཡང་མང་པོ་བྱུང་ཡོད་ཚུལ་《ཤར་པ་ཞེས་པའི་ཐ་སྙད་དང་འབྲེལ་ཏེ་དེའི་མི་རིགས་ཀྱི་གཏོགས་ཁོངས་ལ་དཔྱད་པ་》ཞེས་པ་དང་《ཤར་པའི་མི་རྒྱུད་ཀྱི་འབྱུང་ཁུངས་དང་འབྲེལ་ཏེ་དེའི་མི་རིགས་ཀྱི་གཏོགས་ཁོངས་ལ་དཔྱད་པ་》ཞེས་པའི་དཔྱད་རྩོམ་ནང་རྒྱུས་ཙམ་བཤད་ཡོད་པས་འདིར་བསྐྱར་དུ་མི་སྤྲོ། རང་རེའི་རྒྱལ་ཁོངས་ཀྱི་ཤར་པའི་མི་རིགས་ཀྱི་གཏོགས་ཁོངས་སྐོར་ལ་དམིགས་སུ་དཔྱད་པ་བྱས་པའི་འབྲས་བུ་ནི་དུས་རབས་གོང་མའི་ལོ་རབས་བརྒྱད་ཅུ་པའི་ནང་《བོད་ལྗོངས་ཞིབ་འཇུག》བོད་ཡིག་དུས་དེབ་ཐོག་སྤེལ་བའི་《ཤར་པའི་སྐོར་ཆེ་ལོང་ཙམ་བརྗོད་པ་》ཞེས་པ་དང་《འདྲེན་ཐང་གི་ཤར་པ་དེ་བོད་རིགས་ལས་ཐ་དད་པའི་ཁེར་རྐྱང་ཚོ་པ་ཞིག་ཡིན་མིན་ལ་དཔྱད་པ་》ཞེས་པའི་དཔྱད་རྩོམ་གཉིས་པོ་དེ་ལས་

མེད། དཔྱད་རྩོམ་དེ་གཉིས་ལའང་དུས་རབས་དང་ཞིབ་འཇུག་ཆ་རྐྱེན་སོགས་རྒྱུ་རྐྱེན་དུ་མའི་དབང་གིས་གཞུང་ལུགས་ཀྱི་མཇུབ་ཁྲིད་དང་དཔྱད་ཡིག་བསྡུ་རུབ་སོགས་མི་འདྲ་བའི་ཆ་མང་པོ་ཡོད། དེར་བརྟེན་དུས་རབས་གསར་པའི་ནང་ཤར་པའི་ལོ་རྒྱུས་ཀྱི་འབྱུང་ཁུངས་དང་། སྐད་ཡིག རིག་གནས། ཡུལ་སྲོལ་གོམས་གཤིས། ཆོས་ལུགས་དད་མོས་སོགས་ལ་ཕྱོགས་ཡོངས་ནས་བརྟག་ཞིབ་ནན་ཏན་བྱ་རྒྱུ་དང་དེ་ལྟའི་ཕྱོགས་མང་པོའི་ཁུངས་བཙུན་སྒྲུབ་བྱེད་བསྟན་ནས་ཚོ་པ་དེའི་མི་རིགས་ཀྱི་གཏོགས་ཁོངས་གང་ཡིན་ཐག་གཅོད་བྱ་རྒྱུར་དོན་སྙིང་ལྡན་ཡོད།

གཉིས། དངོས་ཡོད་ཀྱི་དོན་སྙིང་བརྗོད་པ།

སྤྱི་ལོ་༡༩༩༠ལོར་རང་རྒྱལ་གྱི་མི་རིགས་ལས་དོན་ཁྲིད་ལས་དོན་གཉིས་རྩ་བའི་ཆ་ནས་མཇུག་སྒྲིལ་བ་ཡིན་ཞེས་བརྗོད་ཀྱི་ཡོད་དེ། མི་རིགས་ས་ཁོངས་རང་སྐྱོང་ས་ཁུལ་གསར་འཛུགས་བྱེད་པའི་ལས་དོན་རྩ་བའི་ཆ་ནས་མཇུག་སྒྲིལ་བ་དང་། མི་རིགས་རྣམ་དབྱེའི་ལས་དོན་རྩ་བའི་ཆ་ནས་མཇུག་སྒྲིལ་ཞེས་བརྗོད། སྤྱི་ལོ་༢༠༡༩ལོའི་ཀྲུང་དབྱང་གི་མི་རིགས་ལས་དོན་སྐོར་གྱི་ཚོགས་ཆེན་ཐོག་སྤྱི་ཁྱབ་ཧྲུའུ་ཅི་ཞི་ཅིན་ཕིང་གིས་སླར་ཡང་“རྩ་བའི་ཆ་ནས་མཇུག་སྒྲིལ་བ་གཉིས”ཀྱི་སྐོར་ངེས་གསལ་གནང་བ་མ་ཟད། “མི་རིགས་༥༦ནི་མི་རིགས་༥༦རང་རེད། སླར་ཡང་ཞིབ་ཏུ་དབྱེ་མི་དགོས”ཞེས་ནན་བཤད་ཀྱང་གནང་ཡོད། དེ་ནི་རང་རྒྱལ་གྱི་མི་རིགས་རྣམ་དབྱེའི་ལས་དོན་སྐོར་གྱི་བསམ་བློའི་སློབ་སྟོན་གསར་ཤོས་དེ་ཡིན། ང་ཚོའི་བསམ་པར་བཀའ་མོལ་དེའི་དགོངས་དོན་ནི་རང་རྒྱལ་དུ་མི་རིགས་༥༦ལས་ལོགས་སུ་དགར་བའི་མིའི་ཚོ་པ་ཞིག་གསར་དུ་ཁས་ལེན་དང་ངོས་འཛིན་བྱེད་དགོས་མེད་ཅེས་གསུངས་པ་ལས། ད་དུང་ཡང་མི་རིགས་ཀྱི་གཏོགས་ཁོངས་ཐག་གཅོད་མ་ཐུབ་པའི་མིའི་ཚོ་པ་རྣམས་ཀྱི་མི་རིགས་ཀྱི་མིང་གི་ཐོབ་ཐང་སོགས་ཐག་གཅོད་བྱ་མི་དགོས་ཞེས་གསུངས་མེད་ན། དེ་དག་ལ་ཚན་རིག་གི་བརྟག་

ཞིབ་ནན་ཏན་བྱས་རྗེས་ངོས་འཛིན་བྱས་ཟིན་པའི་མི་རིགས་གཞན་དང་ཟླ་སྒྲིལ་གཏོང་བའམ་ཡང་ན་གནས་སྐབས་མི་རིགས་གཞན་གྱི་ཟུར་གཏོགས་སུ་འཇོག་རྒྱུའི་ལས་དོན་སྤེལ་ཏེ། ལོ་ཚོའི་མི་རིགས་ཀྱི་མིང་གི་ཐོབ་ཐང་གཏན་འཁེལ་བྱ་དགོས་ངེས་རེད། ཁྱད་པར་བོད་ལྗོངས་ཀྱི་ཤར་པ་དང་སྟེང་པ་སྟེ་མི་རིགས་རྣམ་དབྱེ་མ་འབྱེད་པའི་ཚོ་པ་གཉིས་ཀྱི་མི་རིགས་གཏོགས་ཁོངས་ཀྱི་གནད་དོན་ནི། ཐག་གཅོད་བྱ་རྒྱུར་བསྟད་པའི་ལོ་རྒྱུས་ཀྱི་གནད་དོན་ཞིག་ཡིན་པ་ལས། ཁེ་ཕན་ཁོ་ནའི་དབང་གིས་གསར་དུ་ཐོན་པའི་གནད་དོན་ཞིག་མིན། ཤར་པའི་མི་རིགས་གཏོགས་ཁོངས་ཐག་གཅོད་མ་ཐུབ་པའི་རྒྱུ་མཚན་གཙོ་བོ་ནི་དེ་སྔོན་དེའི་མི་རིགས་ཀྱི་རྣམ་དབྱེའི་སྐོར་ལ་དེ་ཙམ་དོ་སྣང་མ་བྱུང་བར་ལྐོག་གཡེང་ཤོར་ཞིང་འཕྲུས་ཤོར་བྱུང་བ་ཞིག་ཡིན་ལ། དེ་ལྟའི་བརྒྱུད་རིམ་ཁྲིད་ཞིབ་འཇུག་པ་ལ་ལས་ཀྱིས་གཟུགས་མེད་གྲིབ་བཟོ་བྱས་པ་ལས་རྙོག་འཛིང་ཛེ་ཆེར་སོང་བ་ཞིག་ཡིན། དེ་ནི་བོད་ལྗོངས་ཙམ་མ་ཟད་རྒྱལ་ཡོངས་སྤྱིའི་ངོས་ནས་བཤད་ནའང་མི་རིགས་ལས་དོན་སྤྱིའི་ཁྲིད་ཁྲུང་ཁྲུང་དཀར་མོར་མཚུག་རྩེ་ནག་པོ་ལྷན་པའི་དཔེ་ལྟར་ཞན་ཆ་ཞིག་ཏུ་གྱུར་ཡོད་ན། དེ་དག་གི་མི་རིགས་ཀྱི་གཏོགས་ཁོངས་རྣམས་ཐག་གཅོད་གང་ལེགས་བྱས་ནས་གཡང་རྩེའི་སྣང་ལ་མར་གྱི་ཡས་སྒྲོན་གྱི་དཔེ་བཞིན་ཡག་ཐོག་ཡག་བརྩེགས་བྱུང་ན་མི་རིགས་འདྲ་མཉམ་དང་། མི་རིགས་མཐུན་སྒྲིལ་ལ་སླན་པའི་ནུས་པ་ཐོན་ངེས་རེད།

དེ་ཙམ་དུ་མ་ཟད་ཤར་པ་དང་སྟེང་པའི་མི་རིགས་ཀྱི་གཏོགས་ཁོངས་ཐག་གཅོད་མ་ཐུབ་པའི་རྐྱེན་གྱིས་ཚོ་པ་དེ་གཉིས་ཀྱི་ཁོངས་གཏོགས་སྤྱི་འབངས་རྣམས་ལ་རྒྱུན་གཏན་འཚོ་བའི་ནང་འགོག་རྐྱེན་མང་པོ་འཕྲད་པ་མ་ཟད། ཁོང་ཚོའི་ཁེ་དབང་ལའང་ཕོག་ཐུག་འགྲོ་ཡི་ཡོད། དེ་ཡང་དཔེར་ན་སྤྱི་ལོ་༢༠༠༥ལོར་རྒྱལ་ཡོངས་སུ་ཐོབ་ཐང་ལག་ཁྱེར་ཐོན་གཉིས་པ་དེ་ཡོངས་སུ་ལག་བསྟར་བྱས་པ་དང་།

བོད་ལྗོངས་ཀྱི་ཐེམ་ཐོའི་མ་ལག་དེ་རྗེས་འཁོར་ཅན་གྱི་དོ་དམ་མངོན་གྱུར་བྱུང་བ་མ་ཟད། རྒྱལ་ཡོངས་ཀྱི་སྤྱི་བདེའི་མ་ལག་དང་དྲ་སྦྲེལ་ཐུབ་པས། རྒྱལ་ཁབ་ཀྱི་འབྲེལ་ཡོད་གཏན་འབེབས་ལྟར་རྗེས་འཁོར་དོ་དམ་མ་ལག་ནང་མི་རིགས་གང་ཡིན་འབྲི་སྐབས་མི་རིགས་༥༨དང་"གཞན་"ཟེར་བའི་ཚབ་རྟགས་ལས་མེད་པས། མི་རིགས་ཀྱི་གཏོགས་ཁོངས་ཐག་གཅོད་མ་ཐུབ་པའི་ཚོ་པ་རྣམས་ཀྱི་མིང་ཙམ་ཡང་འབྲི་ས་མེད། དེར་བརྟེན་བོད་ལྗོངས་ཀྱི་ཤར་པ་རྣམས་བརྒྱ་ཆ་༨༠བོད་རིགས་ཡིན་པར་ཐོ་འགོད་བྱས་ཡོད་པ་དང་། སྙིང་པ་རྣམས་བརྒྱ་ཆ་༡༠"གཞན་"ཞེས་ཐོ་འགོད་བྱས་ཡོད། "གཞན་"ཞེས་པ་ཐོ་འགོད་བྱས་རིགས་ས་ཕྱོགས་གཞན་དུ་འགྲོ་སྐབས་དོན་མེད་ཀྱི་རྙོག་དྲ་མང་པོ་འཕྲད་ཀྱི་ཡོད། དེས་ཁོ་ཚོའི་རང་བཀུར་དང་འདྲ་མཉམ་གྱི་བསམ་པར་ཐོག་ཐུག་གཏོང་བ་མ་ཟད། མི་རིགས་འདྲ་མཉམ་མེད་པར་བསམས་ནས་མི་རིགས་མཐུན་སྒྲིལ་གྱི་བསམ་བློའི་རྨང་གཞི་ལ་ཤུགས་རྐྱེན་ངན་པ་ཐེབས་བཞིན་ཡོད། ཚོ་པ་དེ་གཉིས་ཀྱི་ཁོངས་གཏོགས་སྤྱི་འབངས་ཀྱིས་ཁོ་ཚོའི་མི་རིགས་གཏོགས་ཁོངས་ཐག་གཅོད་བྱ་རྒྱུའི་རེ་བ་ཆེན་པོ་ཡོད་ལ། ཁོང་ཚོའི་ཁྲིད་ཀྱི་མི་དམངས་ཀྱི་འཐུས་མིས་ཚུལ་མཐུན་གྱི་ཐབས་ལམ་བརྒྱུད་ནས་རེ་འབོད་ཀྱང་བྱེད་ཀྱི་ཡོད།

གསུམ་པ། ཤར་པའི་མི་རིགས་གཏོགས་ཁོངས་ཐག་གཅོད་བྱེད་པའི་ཐབས་ལམ་སྐོར་གླེང་བ།

དེ་ཡང་མི་རིགས་རྣམ་དབྱེའི་རིག་གཞུང་གི་གཞི་འཛིན་ས་དང་། རྒྱུན་འཁྱོངས་བྱ་དགོས་པའི་རྩ་དོན་ཏེ་ཕྱོགས་གཉིས་ནས་ཤར་པའི་མི་རིགས་གཏོགས་ཁོངས་ཐག་གཅོད་བྱ་ཐབས་སྐོར་གླེང་རྒྱུ་ཡིན།

གཅིག རིག་གཞུང་གི་གཞི་འཛིན་ས་བསྟན་པ།

མི་རིགས་རྣམ་དབྱེ་འབྱེད་དགོས་ན་ཐོག་མར་གང་འདྲ་ཞིག་ལ་མི་རིགས་

ཟེར་བའམ་མི་རིགས་ཀྱི་མཚན་ཉིད་དེ་ཤེས་རྟོགས་བྱ་དགོས་ངེས་ཡིན་ལ། མི་རིགས་ཀྱི་མཚན་ཉིད་དེ་ཚད་གཞིར་བཟུང་ནས་མི་རིགས་ཀྱི་རྣམ་དབྱེ་འབྱེད་དགོས། དེ་ནི་འདིར་བརྗོད་པའི་མི་རིགས་རྣམ་དབྱེའི་རིག་གཞུང་གི་གཞི་འཛིན་ས་དེ་ཡིན། སྤྱིར་མི་རིགས་ཀྱི་མཚན་ཉིད་ཐད་བརྗོད་ཚུལ་སྣ་ཚོགས་ཤིག་བྱུང་ཡོད་ནའང་། རྒྱལ་ཁབ་སོ་སོར་ཁུངས་བཙུན་པར་འཛིན་པའི་ལྟ་སྟངས་རེ་ཡོད་པ་མ་ཟད། དེ་ནི་རྒྱལ་ཁབ་དེ་གའི་མི་རིགས་རྣམ་དབྱེའི་ལས་དོན་གྱི་གཞུང་ལུགས་ཀྱི་གཞི་འཛིན་ས་དེ་ཡིན་ངེས། རང་རེའི་རྒྱལ་ཁབ་ཏུ་ཀྲུང་གོ་གསར་པ་དབུ་བརྙེས་པའི་རྗེས་སུ་ཁྱབ་ཆེ་བ་དང་ཁུངས་བཙན་པར་བཀུར་བའི་མི་རིགས་ཀྱི་མཚན་ཉིད་གཉིས་བྱུང་ཡོད་དེ། གཅིག་ནི་སྟ་ལིན་གྱིས་སྤྱི་ལོ་1913ལོར་འདོན་པའི་ཁྱད་རྟགས་ཆེན་པོ་བཞི་ཅན་གྱི་མི་རིགས་ཀྱི་མཚན་ཉིད་དེ་ཡིན་པ་དང་། ཅིག་ཤོས་ནི་ཀྲུང་གོ་གུང་ཁྲན་ཏང་རང་ངོས་ནས་བཞག་པའི་མི་རིགས་ཀྱི་མཚན་ཉིད་དེ་ལགས། སྔ་རྗེས་སུ་མི་རིགས་ཀྱི་མཚན་ཉིད་གཉིས་བྱུང་བས་རང་རེའི་མི་རིགས་རྣམ་དབྱེའི་གཞུང་ལུགས་ཀྱི་གཞི་འཛིན་སའང་སྔ་ཕྱི་གཉིས་བྱུང་ཡོད། སི་ཏ་ལིན་གྱིས"མི་རིགས་ཞེས་པ་ནི། མི་རྣམས་ཀྱི་ལོ་རྒྱུས་ཐོག་ཆགས་པའི་ཐུན་མོང་གི་སྐད་རིགས་དང་། ཐུན་མོང་གི་ས་ཁོངས། ཐུན་མོང་གི་དཔལ་འབྱོར་འཚོ་བ། དེ་བཞིན་ཐུན་མོང་གི་མི་རིགས་རིག་གནས་ཀྱི་ཁྱད་ཆོས་ཐོག་ནས་མངོན་པའི་ཐུན་མོང་གི་སེམས་ཁམས་ངོ་བོ་བཅས་གཞི་རྩའི་ཁྱད་རྟགས་བཞི་པོ་འདི་ལྡན་པའི་བརྟན་ལྷིང་གི་ཐུན་མོང་ཚོ་པ་ཞིག"ལ་བརྗོད་ཅེས་གསུངས་ཡོད། མཚན་ཉིད་དེ་ནི་རང་རྒྱལ་དུ་སྤྱི་ལོ་2005ལོའི་བར་ཁུངས་བཙན་ཤོས་སུ་འཛིན་པ་མ་ཟད། དེ་སྔོན་རང་རེའི་མི་རིགས་རྣམ་དབྱེའི་ལས་དོན་གྱི་གཞུང་ལུགས་ཀྱི་གཞི་འཛིན་ས་གཙོ་བོ་དེ་ཡིན། འོན་ཀྱང་ཞིབ་ཕྲའི་མི་རིགས་ཀྱི་རྣམ་དབྱེའི་ལས་དོན་ཁག་སྒྲིལ་བའི་བརྒྱུད་རིམ་ནང་གཅིག་ནས་མི་

རིགས་མི་འདྲ་བའི་ཞིབ་ཕྲའི་གནས་ཚུལ་ལ་གཞིགས་པ་དང་། གཉིས་ནས་ཁྱད་ཧྲགས་བཞི་པོའི་མངོན་ཚུལ་ལ་གཞིགས་ནས་གང་འགག་ཅི་སྤྱོད་བྱས་ཡོད། དཔེར་ན་ཐུན་མོང་གི་ས་ཡོངས་དང་། ཐུན་མོང་གི་དཔལ་འབྱོར་འཚོ་བ་ཞེས་པའི་ཁྱད་ཧྲགས་གཉིས་པོ་འདི་མི་རིགས་གཅིག་མེད་པ་ནས་ཡོད་པར་ཆགས་པའི་སྔ་རབས་ཀྱི་དུས་རིམ་ནང་ནུས་པ་ཤུགས་ཆེན་ཐོན་ཐུབ་པའི་རྩ་བའི་ཆ་རྐྱེན་ཞིག་ཡིན་པ་ལས། མི་རིགས་འཕེལ་རྒྱས་འགྲོ་བའི་དེང་རབས་ཀྱི་དུས་རིམ་ནང་ཁྱད་ཧྲགས་དེ་རིགས་འཁྱེར་ནས་མི་རིགས་ཀྱི་རྣམ་དབྱེའི་ལས་དོན་སྤེལ་ཚེ། དོན་དངོས་དང་མི་མཐུན་པའི་མཇུག་བསྒོམས་ཤིག་ཡོང་གི་ཡོད་སྐབས། དེའི་དུས་མི་རིགས་དབྱེ་འབྱེད་ཀྱི་གཞི་འཛིན་ས་གཙོ་བོའང་ཐུན་མོང་གི་སྐད་རིགས་དང་། ཐུན་མོང་གི་མི་རིགས་རིག་གནས་ཐོག་ནས་མངོན་པའི་ཐུན་མོང་གི་སེམས་ཁམས་ངོ་བོ་གཉིས་ཡིན། གསར་བརྗེའི་སློབ་དཔོན་ཨེན་ཀ་སིས་༡༨༥༨ལོར་ཡོ་རོབ་ཀྱི་མི་རིགས་འགའི་དབྱེ་མཚམས་སྐོར་ལ་མི་རིགས་དབར་གྱི་དོན་དངོས་ཀྱི་དབྱེ་མཚམས་ནི"སྐད་རིགས་དང་། ཐུན་མོང་གི་བརྩེ་དུང་ནས་ཐག་གཅོད་བྱེད"① ཅེས་གསུངས་ཡོད་ལ། ཨེན་ཀ་སིས་གསུངས་པའི་ཐུན་མོང་གི་བརྩེ་དུང་ཞེས་པ་དང་། སི་ཏ་ལིན་གྱིས་འཇོག་གནང་བའི་མི་རིགས་ཀྱི་ཁྱད་ཧྲགས་བཞི་པོའི་ཡ་གྱལ་ཐུན་མོང་གི་མི་རིགས་རིག་གནས་ཐོག་ནས་མངོན་པའི་ཐུན་མོང་གི་སེམས་ཁམས་ངོ་བོ་ཞེས་པ་འདི་གཉིས་སྤྱིར་དོན་གཅིག་ལ་ངོས་འཛིན་བྱས་ན་འགྲིག་ཅིང་། ཐུན་མོང་གི་སེམས་ཁམས་ངོ་བོ་ཞེས་པ་དང་ཐུན་མོང་གི་བརྩེ་དུང་ཞེས་པ་གཉིས་ནི་མི་རིགས་དེའི་ཐུན་མོང་གི་རིག་གནས་ཏེ་རྩོམ་རིག་དང་། སྒྱུ་རྩལ། ཆོས་ལུགས་དད་མོས། ཡུལ་སྲོལ་གོམས་གཤིས་སོགས་ཀྱི་ཐོག་ནས་མངོན་ཐུབ་པ་

① 《ཨེན་ཀ་སིའི་དམག་དོན་ཆེད་རྩོམ་འདེམས་བཏུས》ཞེས་པའི་ནང་གསེས་བམ་པོ་གསུམ་པའི་ཤོག་གྲངས་༡༠༢ནང་གསལ།

ཞིག་ཡིན། དེ་ལྟའི་མི་རིགས་གཅིག་གི་རིག་གནས་ནི་མི་རིགས་དེ་ཆགས་པ་ནས་ད་ར་རྒྱས་འགྲོ་བའི་བརྒྱུད་རིམ་ནང་ཕྲེང་བ་བསྟར་བརྒྱུས་བཞིན་རྒྱུན་འཛིན་གྱི་རྨང་གཞིའི་ཐོག་ཡག་ཐོག་ཡག་བརྩེགས་དང་ཕུན་སུམ་ཛེ་ཚོགས་སུ་བཏང་ནས་གྲུབ་པ་ཞིག་ཡིན་པ་མ་ཟད། མི་རིགས་དེའི་ཐུན་མོང་གི་དངོས་པོའི་འཚོ་བའི་ཐོག་ཆགས་པའི་ཐུན་མོང་གི་འདུ་ཤེས་འཛིན་སྟངས་མངོན་ཐུབ་པ་ཞིག་ཡིན་པར་བརྟེན། མི་རིགས་ཀྱི་རྣམ་དབྱེ་འབྱེད་སྐབས"ཐུན་མོང་གི་མི་རིགས་འདུ་ཤེས་དང་མི་རིགས་བརྩེ་དུང་ནི་ལྷག་པར་གལ་ཆེ་ཞིང་། དེ་མེད་ན་མི་རིགས་གཅིག་གྲུབ་ཐབས་མེད་"①ཅེས་གསུངས་པ་ལྟར་དེ་སྔོན་རང་རྒྱལ་དུ་མི་རིགས་རྣམ་དབྱེ་འབྱེད་སྐབས་གོང་གི་གསར་བརྗེའི་སློབ་དཔོན་ཚོའི་བཀའ་སློབ་རྣམས་ལམ་སྟོན་གྱི་སྒྲོན་མེར་བཟུང་ཡོད་པ་མངོན་ཐུབ། སྤྱི་ལོ་༢༠༠༥ལོའི་ཟླ་བ་༥པར་ཀྲུང་གོ་གུང་ཁྲན་ཏང་གི་ཡིག་ཨང་༡༠པའི་ནང་མི་རིགས་གནད་དོན་སྐོར་གྱི་གཞི་རྩའི་གཞུང་ལུགས་དང་སྲིད་ཇུས་ཁག་ཞིབ་བཤད་བྱེད་སྐབས"མི་རིགས་ནི་ལོ་རྒྱུས་འཕེལ་རྒྱས་འགྲོ་བའི་དུས་རིམ་ངེས་ཅན་ཞིག་གི་ནང་ཆགས་པའི་བརྟན་སླེང་གི་མིའི་ཚོ་པ་ཞིག་ཡིན། སྤྱིར་བཏང་ནས་བཤད་ན། མི་རིགས་ལ་ལོ་རྒྱུས་ཀྱི་འབྱུང་ཁུངས་དང་། ཐོན་སྐྱེད་བྱེད་སྟངས། སྐད་རིགས། རིག་གནས། ཡུལ་སྲོལ་གོམས་གཤིས། དེ་བཞིན་བསམ་པའི་ངོས་འཛིན་སོགས་ཀྱི་ཐད་ཐུན་མོང་གི་ཁྱད་ཆོས་ལྡན་ཡོད། མི་རིགས་འགའ་ཤས་ཆགས་པ་དང་འཕེལ་རྒྱས་འགྲོ་བའི་བརྒྱུད་རིམ་ནང་ཆོས་ལུགས་ཀྱིས་གལ་ཆེའི་ནུས་པ་ཐོན་ཡོད་"ཅེས་མི་རིགས་ལ་མཚན་ཉིད་གསར་པ་ཞིག་བཞག་ཡོད། དེས་སི་ཏ་ལིན་གྱི་མི་རིགས་ཀྱི་མཚན་ཉིད་དེ་རྩིས་མེད་དུ་བཏང་བ་ཞིག་མ་ཡིན་པར། དེ་ལས་ཧྲོག་སྟེ་སི་ཏ་ལིན་གྱི་མི་རིགས་ཀྱི་

① 《མི་རིགས་རིག་པའི་རྣམ་བཤད་》ཞེས་པའི་ཤོག་ངོས་༡༩༧ནང་གསལ།

མཚན་ཉིད་དེའི་རྣང་གཞིའི་ཐོག་ཀྱང་གོ་དང་རྒྱལ་སྤྱིའི་མི་རིགས་རིག་པའི་གཞུང་ལུགས་ལ་ཕྱོགས་བསྡོམས་དང་རང་རྒྱལ་གྱི་དོན་དངོས་བཟུང་འབྲེལ་གྱིས་ཀྱང་གོའི་མི་རིགས་རིག་པའི་ཁྱད་ཆོས་ལྡན་པའི་མི་རིགས་ཀྱི་མཚན་ཉིད་ཅིག་བཞག་པ་ལགས། མཚན་ཉིད་དེའི་ཐུན་མིན་གྱི་ཁྱད་ཆོས་ནི། གཅིག་ནས་མི་རིགས་ཀྱི་གྲུབ་ཆ་དྲུག་དང་ཆོས་ལུགས་ཀྱི་ནུས་པ་གསལ་སྟོན་བྱས་ཡོད་པས་མི་རིགས་ཤིག་ཏུ་གྲུབ་པའི་རྒྱུ་རྐྱེན་ནམ་གྲུབ་ཆའི་ནང་དོན་རྒྱ་ཆེ་ལ་ཆ་ཚང་བ་དང་། གཉིས་ནས་སེམས་ཁམས་ངོ་བོ་དང་བརྩེ་དུང་ཞེས་པ་སོགས་དང་བསྡུར་ན་གྲུབ་ཆ་དྲུག་དེའི་དངོས་ཡོད་ཀྱི་རང་བཞིན་འགྱུར་དུ་ཐོན་ནས་ཁ་གསལ་ལ་གོ་བདེ་བ། དེ་བས་ངོས་འཛིན་བྱེད་བདེ་བ། གསུམ་ནས་དེའི་རྟེན་གཞི་དངོས་ཡོད་ལ་བཟུང་བ་དང་དམིགས་ས་དངོས་སུ་བཀོལ་སྤྱོད་བྱ་རྒྱུ་དེ་ལགས་པས། ཕྱོགས་བསྡུས་ཆེ་ལ་ཡང་དག་པ། དོན་དངོས་དང་མཐུན་པ་མ་ཟད། སྤྱོད་བདེ་ལ་སྤྱོད་གོ་ཆོད་པའི་ཁྱད་ཆོས་ལྡན་ཡོད། མིག་སྔར་ཤར་པའི་མི་རིགས་ཀྱི་གཏོགས་ཁོངས་ཐག་གཅོད་བྱ་དགོས་ན་ངེས་པར་དུ་ཁྱད་རྟགས་དྲུག་ལས་གྲུབ་པའི་མི་རིགས་ཀྱི་མཚན་ཉིད་དེ་གཞུང་ལུགས་ཀྱི་གཞི་འཛིན་སར་བཟུང་དགོས་ངེས་སོ། །

གཉིས། རྒྱུན་འཁྱོངས་བྱ་དགོས་པའི་རྩ་དོན་བརྗོད་པ།

ཤར་པའི་མི་རིགས་ཀྱི་གཏོགས་ཁོངས་ཐག་གཅོད་བྱ་རྒྱུ་ནི་མི་རིགས་རྣམ་དབྱེའི་ལས་དོན་གྱི་ཁྱབ་ཁོངས་སུ་གཏོགས་པ་ཞིག་ལགས་པས། དེའི་བརྒྱུད་རིམ་ནང་ངེས་པར་དུ་རང་རྒྱལ་གྱི་མི་རིགས་རྣམ་དབྱེའི་ལས་དོན་གྱི་རྩ་དོན་གཉིས་རྒྱུན་འཁྱོངས་བྱ་དགོས། རང་རྒྱལ་གྱི་མི་རིགས་རྣམ་དབྱེའི་ལས་དོན་དེ་ནི་ཀྲུང་གོ་གསར་པ་དབུ་བརྙེས་པའི་རྗེས་སྤྱིལ་བའི་ཏ་ཙང་གལ་འགངས་ཆེ་ལ། ལས་འགན་ཤིན་ཏུ་ལྕི་བའི་མི་རིགས་ཀྱི་ལས་དོན་ཞིག་ཡིན་པ་དང་། ལས་དོན་དེ་ནི་རིག་གཞུང་གི་རང་བཞིན་དང་། ཚན་རིག་གི་རང་བཞིན། སྲིད་ཇུས་ཀྱི་རང་

བཞིན་མངོན་གསལ་ཆེ་ལ་རྟོག་འཛིང་ཆེ་བའི་མི་རིགས་སྐོར་གྱི་ཚན་རིག་ཞིབ་འཇུག་གི་ལས་དོན་ཞིག་ཀྱང་ཡིན། དེར་བརྟེན་རང་རྒྱལ་གྱི་འབྲེལ་ཡོད་ཚན་པས་ལས་དོན་དེར་མཐོང་ཆེན་དང་གཟབ་ནན་བྱེད་ཀྱི་ཡོད་ལ། སྔ་ཕྱི་བར་གསུམ་དུ་མར་ཁེ་སི་ལི་ཉིང་རིང་ལུགས་ཀྱི་མི་རིགས་གཞུང་ལུགས་དང་དེ་བཞིན་ཏང་དང་རྒྱལ་ཁབ་ཀྱི་མི་རིགས་སྲིད་ཇུས་གཞིར་བཟུང་ཐོག་མི་རིགས་གྲུབ་པའི་ཆ་རྐྱེན་ནམ་དངོས་ཡོད་ཀྱི་ཁྱད་རྟགས་དང་དེའི་ཁོངས་མིའི་འདོད་བློ་ལ་རྒྱ་ཆེ་ལ་གཏིང་ཟབ་པའི་བརྟག་དཔྱད་ནན་ཏན་བྱས་རྗེས་དོན་དངོས་དང་མཐུན་པའི་བསྡོམས་ཚིག་འཛོག་རྒྱུའི་རེ་བའང་བཏོན་གྱི་ཡོད། དེ་ལྟའི་མི་རིགས་ཀྱི་ཁྱད་རྟགས་དང་མི་རིགས་ཀྱི་འདོད་བློ་གཞིར་བཟུང་རྒྱུ་ནི་ང་ཚོས་བརྗོད་པའི་མི་རིགས་རྣམ་དབྱེའི་ལས་དོན་གྱི་རྒྱུན་འཁྱོངས་བྱ་དགོས་པའི་རྩ་དོན་གཉིས་ཡིན། རྩ་དོན་དང་པོ་རྒྱུན་འཁྱོངས་བྱ་དགོས་པའི་རྒྱུ་མཚན་ནི། ཐུན་མོང་གི་མིའི་ཚོ་པ་གང་འདྲ་ཞིག་ཡིན་ནའང་། ཡུན་རིང་གི་ལོ་རྒྱུས་འཕེལ་རྒྱས་འགྲོ་བའི་བརྒྱུད་རིམ་ནང་རང་ཉིད་ཀྱི་ཐུན་མོང་མིན་པའི་ཁྱད་རྟགས་ཆགས་ཡོད་པ་དང་། མི་རིགས་དབར་གྱི་དབྱེ་བ་གཙོ་བོའང་དེ་ལྟའི་མི་རིགས་ཀྱི་ཁྱད་རྟགས་དེ་ཡིན། དེ་ནི་མི་རིགས་རྣམ་དབྱེའི་ལས་དོན་གྱི་ཚན་རིག་གི་གཞི་འཛིན་ས་དེ་ཡིན། ཤར་པའི་མི་རིགས་ཀྱི་གཏོགས་ཁོངས་ཐག་གཅོད་བྱ་དགོས་ན། ང་ཚོས་བྱ་དགོས་པའི་ལས་ཀྱི་དང་པོ་ནི་ཚོ་པ་དེའི་མི་རྒྱུད་ཀྱི་འབྱུང་ཁུངས་དང་། ཐོན་སྐྱེད་བྱེད་སྟངས། སྐད་རིགས། རིག་གནས། ཡུལ་སྲོལ་གོམས་གཤིས། བསམ་པའི་ངོས་འཛིན་བཅས་ཁྱད་རྟགས་དྲུག་ལ་ཚན་རིག་དང་མཐུན་པའི་དཔྱད་པ་བྱ་དགོས་ལ། དེའི་ཐོག་ནས་ཤར་པ་དེ་བོད་རིགས་ལས་ལོགས་སུ་དགར་བའི་མིའི་ཚོ་པ་ཞིག་ཡིན་མིན་ལ་བརྟར་ཤ་གཅོད་དགོས། དཔྱད་པ་བྱེད་པའི་བརྒྱུད་རིམ་ཁྲོད་དུའང་ངེས་པར་དུ་དོ་སྣང་བྱ་དགོས་པའི་གནད་དོན་འགའ་ཞིག་ཡོད་དེ། ལོ་རྒྱུས་ཀྱི་ཁྱད་རྟགས་

དང་ད་ཡོད་ཀྱི་ཁྱད་རྟགས་ཕྱོགས་གཉིས་ཀར་དོ་སྣང་བྱེད་དགོས་ལ། ས་ཁུལ་རང་བཞིན་དང་མི་རིགས་རང་བཞིན་གྱི་ཁྱད་ཆོས་གཉིས་ཏ་ཤུང་མཉམ་བསྡེ་བྱ་མི་རུང་བ་དང་། དེ་བཞིན་ནེ་པ་ལའི་མི་རིགས་རྣམ་དབྱེ་འབྱེད་ཚུལ་དེ་འབྱེར་ནས་རང་རྒྱལ་དུ་ཞྭ་དཔེ་ལྷམ་འགེབས་ཀྱང་བྱ་མི་རུང་།

གཞན་ཡང་ཤར་པའི་མི་རིགས་གཏོགས་ཁོངས་ཐག་གཅོད་བྱ་སྐབས། ངེས་པར་དུ་ཤར་པའི་མང་ཚོགས་ཀྱི་འདོད་བློ་ལ་བརྩི་འཇོག་བྱ་དགོས། དེ་ནི་མི་རིགས་རྣམ་དབྱེའི་ལས་དོན་གྱི་གཞི་འཛིན་སའམ་རྩ་དོན་གཞན་ཞིག་ཡིན། མི་རིགས་ཀྱི་འདོད་བློ་ཟེར་བ་ནི་ཚོ་པ་དེའི་རྒྱ་ཆེའི་མི་དམངས་མང་ཚོགས་དང་དེ་བཞིན་དེའི་ཁྲིད་ཀྱི་མཐོ་རིམ་མི་སྣའམ་ཚབ་མཚོན་མི་སྣའི་འདོད་བློ་ལ་ཟེར་བ་དང་། ཁོ་ཚོས་རང་ཉིད་ཁོངས་མི་བྱུས་པའི་ཚོ་པ་དེའི་མི་རིགས་ཀྱི་འབྱུང་ཁུངས་དང་མི་རིགས་གང་གི་ཁོངས་སུ་གཏོགས་མིན་སྐོར་ལ་འཛིན་པའི་ལྟ་ཚུལ་ལམ་རེ་བ་དེར་གོ་བ་ཡིན། དེ་ནི་འདུ་ཤེས་འཛིན་སྟངས་ཤིག་ལགས་པས། གལ་སྲིད་དེར་སྣང་མེད་དང་ཧོལ་རྒྱུག་བཏང་ཚེ། མི་རིགས་མཐུན་སྒྲིལ་ལ་གནོད་པ་ཤིག་དང་། རང་རྒྱལ་གྱི་མི་རིགས་འདྲ་མཉམ་གྱི་སྲིད་ཇུས་ལ་ཐོག་ཐུག་འགྲོ་ངེས་ཡིན་པས། ཞིབ་པྲའི་ལས་དོན་སྤྱིལ་རིམ་ནང་དོ་སྣང་ཆེན་པོ་བྱ་དགོས་པའི་རྩ་དོན་ཞིག་ཡིན། གོང་གསལ་གྱི་མི་རིགས་ཀྱི་ཁྱད་རྟགས་དང་མི་རིགས་ཀྱི་འདོད་བློ་སྟེ་རྣམ་དབྱེའི་སྐོར་གྱི་རྩ་དོན་གཉིས་པོ་དེ་སྐབས་རེ་གཅིག་གྱུར་ཡིན་པ་དང་། སྐབས་འགར་འགལ་ཟླར་གྱུར་གྱི་ཡོད། ཤར་པའི་མང་ཚོགས་ཀྱིས་རང་ཉིད་ཀྱི་མི་རིགས་གཏོགས་ཁོངས་ལ་འཛིན་པའི་ལྟ་ཚུལ་དང་འདོད་བློར་དབྱེ་ཞིབ་བྱེད་སྐབས་དེ་ནི་རྙོག་འཛིང་ཆེ་ལ་འགལ་ཟླས་ཁེངས་པ་ཞིག་ཏུ་མཐོང་། དེ་ཡང་གཅིག་ནས་མང་ཚོགས་འགའི་ད་ལྟའི་འདོད་བློ་དེ་མི་རིགས་ཀྱི་ཁྱད་རྟགས་དང་འགལ་ཟླར་གྱུར་བ་དང་། གཉིས་ནས་ཡུལ་དུས་མི་འདྲ་བར་འདོད་བློ་ཐ་དད་དུ

གྱུར་བའི་སྣང་ཚུལ་མངོན་གསལ་ཆེ་བ། གསུམ་ནས་མང་ཚོགས་ནང་ཁུལ་གྱི་འདོད་བློ་མི་འདྲ་བ། བཞི་ནས་ཁེ་ཕན་མི་འདྲ་བའི་མདུན་དུ་འདོད་བློ་མི་འདྲ་བ་ཡོང་བ་བཅས་ཀྱི་སྣང་ཚུལ་ཚབས་ཆེ། འོ་ན་འདོད་བློ་དང་ཁྱད་རྟགས་འགལ་ཟླར་གྱུར་བའི་ཚེ་ཐག་གཅོད་ཇི་ལྟར་བྱ་དགོས་ཟེར་ན། དེ་གཉིས་ཀྱི་ངོ་བོའི་ཁྱད་པར་ལ་དབྱེ་ཞིབ་བྱ་དགོས་ཏེ། མི་རིགས་ཀྱི་ཁྱད་རྟགས་ནི་ཕྱི་རོལ་ཡུལ་གྱི་སྣང་ཚུལ་ཞིག་ཡིན་པས་དངོས་ཡོད་ཅིག་ཡིན་པ་དང་། མི་རིགས་ཀྱི་འདོད་བློ་ནི་བསམ་པའི་འཁྱེར་ཕྱོགས་ལས་བྱུང་བ་ཞིག་ཡིན་པས་ཕྱི་རོལ་ཡུལ་གྱི་འགྱུར་བ་དང་བསྟུན་ནས་དུས་དང་རྣམ་པ་ཀུན་དུ་འགྱུར་བ་འགྲོ་བ་ཞིག་ཡིན། དེར་བརྟེན་རྩ་དོན་གཉིས་ལའང་གཙོ་ཕལ་གྱི་དབྱེ་བ་ཡོད་དེ། གལ་སྲིད་དེ་གཉིས་འགལ་ཟླར་གྱུར་བའམ་མང་ཚོགས་ཀྱི་འདོད་བློ་དེ་དངོས་ཡོད་ཚན་རིག་གི་གཞི་འཛིན་ས་དང་རྒྱབ་འགལ་དུ་འགྲོ་ན། གཙོ་བོ་མི་རིགས་ཀྱི་ཁྱད་རྟགས་དེ་གཞི་འཛིན་སར་བཟུང་དགོས། གང་ལགས་ཟེར་ན། མི་རིགས་རྣམ་དབྱེའི་ལས་དོན་ནི་གཟབ་ནན་ཅན་གྱི་ཚན་རིག་ཞིབ་འཇུག་གི་ལས་དོན་ཞིག་ལགས་པས། དེར་ཡིན་དང་མིན་གྱི་དབྱེ་བ་འབྱེད་རྒྱུ་ལས་འདོད་དང་མི་འདོད་ཀྱི་ཐོག་ནས་དབྱེ་འབྱེད་བྱ་རྒྱུ་མེད། གལ་སྲིད་འདོད་བློ་ཡོད་མེད་གཙོ་བོར་བཟུང་ན། གོང་དུ་སྨོས་པ་ལྟར་ཀྱང་ཧྭ་མི་དམངས་སྤྱི་མཐུན་རྒྱལ་ཁབ་འདིའང་མི་རིགས་བརྒྱ་ཕྲག་འགའ་ཤས་སུ་དབྱེ་ཆོག དེར་བརྟེན་ཤར་པའི་མང་ཚོགས་ཀྱི་མི་རིགས་གཏོགས་ཁོངས་ཀྱི་འདོད་བློའི་ཐད་ཞིབ་ཕྲའི་གནས་ཚུལ་ལ་དབྱེ་ཞིབ་ནན་པོ་བྱ་རྒྱུ་དང་ཐག་གཅོད་ཡག་པོ་བྱས་ཏེ། གཅིག་ནས་ཁོ་ཚོའི་བརྩེ་དུང་ལ་ཐོག་ཐུག་མི་འགྲོ་བ་བྱ་རྒྱུ་དང་། གཉིས་ནས་མི་རིགས་རྣམ་དབྱེའི་ལས་དོན་གྱི་གཟབ་ནན་རང་བཞིན་མ་ཤོར་བ་བྱ་རྒྱུ། གསུམ་ནས་རང་རྒྱལ་གྱི་མི་རིགས་ལས་དོན་གྱི་རྩ་དོན་ཁག་ལག་བསྟར་བྱ་རྒྱུ་བཅས་ནི་དོན་སྙིང་ལྡན་ལ་གལ་འགངས་ཆེ་བར་མཐོང་ངོ་། །

༧༡ །ཤར་པ་ཞེས་པའི་ཐ་སྙད་དང་འབྲེལ་ཏེ་དེའི་མི་རིགས་ཀྱི་གཏོགས་ཁོངས་ལ་དཔྱད་པ།

དེ་ཡང་རང་རེའི་ལོ་རྒྱུས་ཡིག་ཆ་དང་ཕ་ཚོ་བུ་རྒྱུད་ཀྱིས་སྙན་བརྒྱུད་ལས་བྱུང་བའི་བཤད་སྲོལ་ལྟར་ན། ཤར་པ་ཞེས་པར་གོ་དོན་གཉིས་ཡོད་དེ། ཅིག་ནི་བོད་ཤར་ཕྱོགས་ཀྱི་ཁམས་ཁུལ་དུ་སྡོར་ནས་ཡོད་པའི་མིའི་ཚོ་པ་ཞིག་ལ་གོ་བ་དང་། གཅིག་ཤོས་ནི་བོད་ཡུལ་མདོ་ཁམས་ནས་ཡུལ་གྲོལ་དུ་ཡོང་སྟེ་ཛ་མོ་གླང་མའི་སྒོ་ངོས་སུ་གཞིས་ཆགས་པའི་གནས་སྡོམས་ཡུལ་མི་ཚོར་གོ་བ་ཡིན། འདིར་བརྗོད་པའི་ཤར་པ་ནི་ཕྱི་མ་དེར་གོ་བ་ཡིན། གནས་སྡོམས་ཡུལ་མི་དེ་ཚོ་གཙོ་བོ་བལ་ཡུལ་གྱི་སོ་ལུ་དང་། ཕ་ར་ཁ། ཁུམས་བུ་བཅས་སུ་གནས་བཅའ་བ་ཕྱད། རང་རྒྱལ་གྱི་སྙིང་སྐྱེས་ཇོང་འདྲེན་ཐང་གྲོང་རྫལ་དང་། གཞའ་ནང་ཇོང་འགྲམ་ས་ཁུལ། དེ་བཞིན་དིང་རི་ཇོང་རོང་ཤར་བཅས་སུ་ཁ་གྲམ་ནས་གནས་ཡོད། བལ་ཡུལ་གྱི་ཤར་པ་དེ་དག་པོ་ཚོའི་རྒྱལ་ཁབ་ཀྱི་དོན་དངོས་གནས་ཚུལ་ལ་གཞིགས་ནས་ཁེར་རྐྱང་གི་མི་རིགས་གཅིག་ཏུ་ངོས་འཛིན་བྱས་ཡོད་པ་དང་། རང་རེའི་རྒྱལ་ཁོངས་ཀྱི་ཤར་པ་རྣམས་ད་དུང་ཡང་མི་རིགས་གང་ཞིག་གི་ཁོངས་སུ་འང་མ་གཏོགས་པར་མི་རིགས་རྣམ་དབྱེ་མ་ཕྱེ་བའི་མིའི་ཚོ་པ་ཞིག་ལ་བཞག་ཡོད། དེ་ལྟར་ལགས་ན། རང་རྒྱལ་གྱི་ཤར་པ་དེ་ཚོའི་མཆེད་ཁུངས་ལོ་རྒྱུས་དང་། ཚོ་པའི་མིང་། སྐད་དང་ཡི་གེ ཡུལ་སྲོལ་གོམས་གཤིས། རིག་གནས་སྒྱུ་རྩལ། ཆོས་ལུགས་དད་མོས། ཐོན་སྐྱེད་འཚོ་བ་བཅས་མི་རིགས་གྲུབ་པའི་ཆ་རྐྱེན་ནམ་མི་རིགས་རྣམ་དབྱེའི་གཞི་འཛིན་ས་རེ་རེའི་ཐོག་ནས་དཔྱད་པ་བགྱིས་ཏེ། དེ་ཉིད་ཀྱི་མི་རིགས་གཏོགས་ཁོངས་ཀྱི་

གནད་དོན་ཐག་གཅོད་བྱ་དགོས་ལ། གཞན་རྣམས་ཀྱི་སྐོར་རེ་རེ་བཞིན་ཡོགས་སུ་འབྲི་འདོད་པས་འདིར་མི་སྤྲོ། འདིར་ནི་ཤར་པ་ཞེས་པའི་མིང་གི་སྐོར་ནས་དམིགས་སུ་བརྗོད་པར་བྱའོ། །

གཞི་རྐང་མིའི་ཚོ་པའི་མིང་གི་བྱུང་ཚུལ་དེ་རང་རྒྱལ་དུ་མི་རིགས་རྣམ་དབྱེའི་གཞི་འཛིན་ས་གཙོ་བོ་ཞིག་ལ་བརྩི་ཡི་མེད། དེ་ཡང་དེ་སྔོན་ རླབས་ཆེན་གྱི་སློབ་དཔོན་སི་ཧྲ་ལིན་གྱིས་འཛུག་གནང་བའི་མི་རིགས་ཀྱི་མཚན་ཉིད་ནང་གི་ཐུན་མོང་གི་སྐད་རིགས་དང་། ཐུན་མོང་གི་ས་ཁོངས། ཐུན་མོང་གི་དཔལ་འབྱོར་འཚོ་བ། དེ་བཞིན་ཐུན་མོང་གི་མི་རིགས་རིག་གནས་ཐོག་ནས་མངོན་པའི་ཐུན་མོང་གི་སེམས་ཁམས་ངོ་བོ་བཅས་གཞི་རྩའི་ཁྱད་རྟགས་བཞི་པོ་དེའི་ནང་ཚོ་པའི་མིང་དེ་ཚུད་མེད་པ་མ་ཟད། སྤྱི་ལོ་༢༠༠༥ལོར་རང་རྒྱལ་ནས་བཞག་པའི་མི་རིགས་ཀྱི་མཚན་ཉིད་ནང་གི་མི་རིགས་ཀྱི་གྲུབ་ཆ་དྲུག་སྟེ། ཐུན་མོང་གི་ལོ་རྒྱུས་འབྱུང་ཁུངས་དང་། ཐུན་མོང་གི་སྐད་རིགས། ཐུན་མོང་གི་རིག་གནས། ཐུན་མོང་གི་གོམས་གཤིས། ཐུན་མོང་གི་ཐོན་སྐྱེད་བྱེད་སྟངས། ཐུན་མོང་གི་བསམ་པའི་ཁྱེར་སོ་བཅས་ཀྱི་ནང་དུའང་མིའི་ཚོ་པའི་མིང་དེ་ཚུད་མེད་པས་ཡིན། འོན་ཀྱང་ཚོ་པ་ཞིག་གི་མིང་དེ་ནི་ཚོ་པ་དེ་གཞན་ལས་ཐ་དད་པའི་རྟགས་མཚན་དུ་གྱུར་ཡོད་པ་མ་ཟད། མིང་གི་ཐོག་ནས་བྱ་དངོས་ངོས་འཛིན་པ་ལས། དེ་ལ་མིང་ཙམ་མེད་ན་ཇི་ལྟར་ངོས་འཛིན། དེར་བརྟེན་ཐོག་མར་མིའི་ཚོ་པའི་མིང་གི་བྱུང་ཚུལ་ལ་གཞིག་པ་བྱ་རྒྱུ་ནི་མི་རིགས་རྣམ་དབྱེ་འབྱེད་པའི་ལས་ཀྱི་དང་པོར་བརྩི་ཚོག ཤར་པ་ཞེས་པའི་མིང་གི་བྱུང་ཚུལ་དང་གོ་དོན་གྱི་ངོ་བོའི་འགྱུར་བ་ལ་གཞིག་པ་ནན་གྱིས་བྱས་ན། ཡང་སྙིང་ཚོ་པ་དེ་ཉིད་མི་རིགས་གང་གི་ཁོངས་སུ་གཏོགས་མིན་ལ་ཚོད་སྡོམ་ཞིག་རང་ཤུགས་སུ་ཡོང་ངེས་ཡིན།

མིག་སྔར་ཤར་པ་ཞེས་པའི་གོ་དོན་ལ་འགྲེལ་པ་རྒྱག་སྲོལ་གཉིས་ཡོད་དེ།

ཞུང་ཤས་ཤིག་གིས་ཤར་ཕྱོགས་སུ་གནས་པའི་མི་ཡི་དོན་དུ་འགྲེལ་བ་དང་། རྒྱལ་ཁབ་ཕྱི་ནང་གི་ཆེད་ལས་པ་མང་དག་ཅིག་གིས་ཤར་པ་ཞེས་པ་ཤར་ཕྱོགས་པའི་དོན་ཡིན་པར་འགྲེལ་བཤད་བྱེད་ཀྱི་ཡོད། དེ་ཡང་ཤར་པ་སངས་རྒྱས་བསྟན་འཛིན་ནས་མཛད་པའི་《ཤར་པའི་ཆོས་འབྱུང་དང་མེས་རབས་བཞུགས་སོ་》ཞེས་པའི་ནང་"ད་ནི་བོད་ཀྱི་མིའི་བྱེ་བྲག་ཅིག་ལ་ཤར་པ་ཞེས་མིང་ཐོགས་པ་སོགས་བཤད་པར་བྱའོ། །དེ་ཡང་འདི་ལྟར། དེང་རི་ནས་ཡོང་སྟེ་དཀའ་ཚེགས་ཆེན་པོས་གངས་རི་བརྒལ་ནས་བལ་ཡུལ་གྱི་ཤར་ཕྱོགས་མི་མེད་ལུང་སྟོང་སྦས་ཡུལ་ཁུམས་པའི་གནས་སུ་མི་ཆེན་གྲགས་པ་སོགས་གློ་བུར་དུ་ཡོང་སྟེ་གནས་པ་ལ། ཤར་པ། ཞེས་སམ། གོར་སྐད་དུ་ཕུར་བ་ལི་ཞེས་བལ་ཡུལ་པ་རྣམས་ཀྱིས་མིང་བཏགས་པ་ཡིན་ནོ། ཁུམས་བུ་ཞེས་པའང་། མི་མེད་ལུང་སྟོང་དུ་ཤེས་ཁུམས་བྱུང་སྟེ་ཁམས་པའི་བུ་རྒྱུད་ཆགས་པས། ཁུམས་བུ། ཞེས་མིང་ཐོགས་པ་ཡིན། ཡང་ན་ཁམས་པའི་མི་རྒྱུད་ཆགས་པའི་གནས་ཡིན་པས་ན། ཤར་ཁུམས་བུ། ཞེས་ཀྱང་ཚིག་གོ དེ་ལྟར་ཤར་ཁུམས་བུའི་ཕྱོགས་སུ་ཤར་པ་རྣམས་རིམ་བཞིན་དར་འཕེལ་བྱུང་བའི་ཚུལ་ལ། ནང་གི་དངོས་པོ་དང་། ཕྱིའི་དངོས་པོ་གཉིས་ཡོད་"① ཅེས་གསལ་བ་མ་ཟད། རྒྱ་ཡིག་གི་དཔྱད་གཞིའི་ཡིག་ཆ་འགའ་ལའང་ཤར་ཕྱོགས་སུ་གནས་སྡོད་བྱས་པའི་མི་(谢尔巴这个词来自藏语,意为"住在东方的人"。)②ཞེས་འགྲེལ་པ་བརྒྱབ་ཡོད། དེའི་དོན་ནི་སྤྱིལ་རྒྱུན་དུ་ཤར་པ་རྣམས་གནས་སྡོད་བྱ་ཡུལ་ནི་ནེ་པཱ་ལའི་བྱང་ཤར་ཇོ་མོ་གླང་མའི་འདབས་ཀྱི་ལུང་ཤུར་སོ་ལུ་དང་། ཕ་ར་ཁ། ཁུམས་བུ་བཅས་སུ་ཡིན་པ་དང་དེ་ཚོའི་མེས་པོ་རྣམས་བོད་

① ཤར་པ་སངས་རྒྱས་བསྟན་འཛིན་ནས་མཛད་པའི་《ཤར་པའི་ཆོས་འབྱུང་དང་མེས་རབས་བཞུགས་སོ་》ཞེས་པའི་ཤོག་ངོས་༡༣༥ལ་གསལ། བོད་ལྗོངས་བོད་ཡིག་དཔེ་རྙིང་དཔེ་སྐྲུན་ཁང་ནས་སྤྱི་ལོ་༢༠༠༣ལོར་བསྐྲུན།

② 王宏纬、鲁正华编:《尼泊尔民族志》P129,中国藏学出版社,1989 年出版。

ཀྱི་ཤར་ཕྱོགས་སུ་སྡོད་ཀྱི་ཡོད་པས། ཤར་ཕྱོགས་སུ་གནས་པའི་མི་ཞེས་འགྲེལ་བ་དང་། ཆེད་ལས་པ་མང་ཆེ་བ་དང་དམངས་ཁྲོད་ངག་རྒྱུན་དུ་ཤར་པའི་མི་རྒྱུད་ཀྱི་རྩ་བ་མདོ་ཁམས་ཡིན་པ་དང་། མདོ་ཁམས་བོད་ཀྱི་ཤར་ཕྱོགས་སུ་ཆགས་པས། ཤར་ཕྱོགས་ནས་ཡོང་བའི་མི་ཡིན་ཞེས་འགྲེལ་བཤད་རྒྱག་གི་ཡོད། དེ་ལྟའི་མིང་གི་ཐོགས་ཚུལ་གཉིས་ཀ་བོད་རིགས་ཀྱི་སྲོལ་རྒྱུན་མིང་གི་འདོགས་ལུགས་དང་ཡོངས་སུ་མཐུན་པ་ཞིག་ཡིན། བོད་རིགས་ཡིན་པ་གང་ཞིག་ལ་གནས་སྡོད་བྱེད་སའི་ཡུལ་དང་ཡུལ་ཕྱོགས་གང་ཡིན་པ་ལ་གཞིགས་ནས་ཡུལ་དང་ཡུལ་ཕྱོགས་དེའི་མིང་གི་མཐའ་རུ་བདག་སྒྲ་སྦྱར་ནས་ཁྱུལ་དེའི་མི་ཡིན་པའམ་ཁྱུལ་དེའི་མིའི་ཚོ་པའི་མིང་དུ་སྦྱར་སྲོལ་ཡོད། དཔེར་ན། གཙང་པ་དང་། ཁམས་པ། དབུས་པ། སྟོད་པ། བྱང་པ་ཟེར་བ་ལྟ་བུའོ། །དེ་ལྟར་ན་ཤར་ཕྱོགས་ནས་གནས་སྤོས་བྱས་པའི་གནའ་བོའི་བོད་རིགས་ཀྱི་བུ་ཕྲུག་ཚོ་པ་དེ་ཚོར་ཤར་པ་ཟེར་བ་རྒྱུ་མཚན་དང་མཐུན། གཞན་ཡང་མཐའ་མཚམས་རི་དཔྲག་དོག་རོང་དུ་གནས་པའི་ཤར་པ་རྣམས་ཀྱིས་དབུས་ཁུལ་དང་མཐོ་སྒང་དུ་གནས་པའི་ཞིང་པ་རྣམས་ལ་བོད་པ་ཞེས་འབོད་བཞིན་ཡོད། དེ་ནི་རྒྱུས་མེད་རྣམས་ཀྱིས་ཤར་པ་བོད་རིགས་མིན་པའི་རྒྱུ་མཚན་དུ་འདྲེན་གྱི་ཡོད་རུང་། ལྷོ་མེད་བྱང་ཐང་དུ་གནས་པའི་འབྲོག་པ་རྣམས་དང་རི་དཔྲག་དོག་སར་གནས་པའི་རོང་པ་ཚོས་ཞིང་པའམ་མཐོ་སྒང་དུ་གནས་པའི་ཡུལ་མི་རྣམས་ལ་བོད་པ་ཞེས་འབོད་པ་དང་། ས་མ་འབྲོག་གི་གཞིས་རྩེའི་ངམ་རིང་རྫོང་ལྟ་བུར་མཆོན་ན་འང་བྱང་ཁུལ་གྱི་འབྲོག་པ་ཚོས་སོ་ནམ་ལ་འཇུག་མཁན་ཞིང་པ་རྣམས་ལ་བོད་པ་ཞེས་འབོད་པ་དང་། ཐ་ན་ས་མ་འབྲོག་ཏུ་ངེས་པའི་བདག་གི་ཕ་ཡུལ་པ་སྣམ་རྒྱང་འཁོར་ཁུལ་དུ། དུད་ཚང་གཅིག་གི་ནང་དུའང་ནང་མི་རྣམས་བོད་པ་དང་འབྲོག་པ་ཞེས་ལས་རིགས་ཀྱི་སྒོ་ནས་ཁག་གཉིས་སུ་དབྱེ་སྲོལ་ཡོད་དེ། འབྲོག་ལས་ཕྱུགས་རྫི་ལ་འགྲོ་མཁན་ཚོར་འབྲོག་པ་ཞེས

འབོད་ལ། གཞིས་སྡོད་སོ་ནམ་ལས་ལ་འཇུག་མཁན་ཚོར་བོད་པ་ཞེས་འབོད་སྲོལ་ཡོད། བོད་པ་ཞེས་པ་ལ་གོ་དོན་མང་དུ་ཡོད་པས། ཤར་པས་ཤར་པ་དང་བོད་པ་ཞེས་སོགས་སུ་དགར་བ་དེ་ནི་ཁོ་ཚོ་བོད་རིགས་ལས་ཐ་དད་པར་ངོས་འཛིན་བྱས་པ་ཞིག་མ་ཡིན་ཏེ། དབུས་ཁུལ་ལམ་སྨད་ཁུལ་དུ་འཚོ་སྡོད་བྱེད་མཁན་བོད་པ་བྱེ་བྲག་པ་གཞན་དང་དབྱེ་བ་ཕྱེ་བ་ཙམ་ཡིན། དེ་ནི་བོད་རིགས་ནང་ཁུལ་གྱི་ས་ཁུལ་མི་འདྲ་བའམ་ལས་རིགས་མི་འདྲ་བའི་སྲོལ་རྒྱུན་གྱི་དབྱེ་སྲོལ་ཙམ་དུ་ཟད། དེ་ལྟ་བུར་རྒྱུས་མེད་ཅན་རྣམས་མགོ་ཐོམ་སྟེ། ཤར་པས་རང་ཉིད་བོད་རིགས་ལས་སོགས་སུ་དབྱེ་ཡི་འདུག་ཅེས་བརྗོད་པ་ནི་མ་རྟོགས་ལོག་རྟོག་གི་སྣང་ཚུལ་རྒྱུར་ཚུད་པ་ཞིག་ལགས་ན། དེར་ད་དུང་ཁྲི་ཁ་རུས་བཟུང་གི་བརྟུལ་ཞུགས་འཛིན་པའི་དགོས་པ་མ་མཆིས་སོ། །

གཤམ་དུ་ཤར་པ་ཞེས་པའི་མིང་དེའི་བྱུང་ཚུལ་དང་དེར་ངོ་བོའི་ཐད་འགྱུར་བ་བྱུང་ཚུལ་གླིང་རྒྱུ་ལ། 《ཤར་པའི་ཆོས་འབྱུང་དང་མེས་རབས་བཞུགས་སོ》 ཞེས་པའི་ནང་"གོང་དུ་བཤད་པའི་མི་བུ་གདུང་དྲུག་གི་ཡ་གྱལ། ལྡོང་གི་རིགས་ལས་མཆེད་པའི་མེས་པོ་སྙེར་རྒྱལ་དཔོན་གཡོག་འཁོར་དང་བཅས་པ་ཁམས་ཕྱོགས་ལ་ཕེབས་ཏེ། མདོ་ཁམས་སྨད་དྲུག་ཡོད་པ་ལས། ཟལ་མོ་སྒང་དུ་གནས་བཅས་སོ། ……གོང་གི་མེས་པོ་སྙེར་རྒྱལ་གྱི་བུ་བརྒྱུད་མང་ཆེ་བ་མི་གཉགས་རི་མང་ལ་ཆགས་པས། མི་དེ་རྣམས་ལའང་། མི་གཉགས་པ་ཞེས་ཟེར་བ་ཡིན། མི་གཉགས་པའི་རིགས་ལས་མཆེད་པའི་རུས་གཞན་ནི། ཤར་པ། ཤེས་བྲག་པ། མདོ་གྲུབ་པ་སོགས་ཡིན། དེ་ལྟར་དུ་གནས་པའི་དུས་ཤིག་ན། ཧོར་དང་སོག་པོ་དང་བདུད་ཡུལ་སོགས་སུ། གླིང་གེ་སར་རྒྱལ་པོས་དམག་དྲངས་ཏེ་ཡུན་རིང་འཐབས་པའི་རྐྱེན་གྱིས། གོང་གི་མི་ཆེན་གྲགས་པ་སོགས་ཁམས་ཀྱི་མི་མང་ཙམ་ཞིག་བྲོས་འཁྱམས་ལ་ཕྱིན་པ་ཡིན་ནོ། ……རང་རང་གི་ཕ་ཡུལ་བསྐྱུར་

ནས་བོད་ལྷ་སའི་ཕྱོགས་སུ་ཁ་གཏད་དེ་བྱང་ཐང་བརྒྱུད་ནས་ཡོང་བ་ལས། བསམ་གཏན་ཆོས་གླིང་ཟེར་བའི་ལུང་པའི་བྱང་ཐང་ཞིག་ཏུ་སླེབས……དེ་ནས་ཁམས་པ་དེ་ཚོ་ཚང་མ་རིམ་གྱིས་སྟོད་ངོས་ལ་འཕྱིར་ཏེ། དིང་རི་གླང་བ་སྐོར་སོགས་ལ་མི་ལོ་ཁ་ཤས་བསྡད་པ་ཡིན་ནོ། །འོན་ཀྱང་གཞིས་བཅས་ཀྱི་བོད་པ་དང་གློ་བུར་དུ་སླེབས་པའི་ཁམས་པ་གཉིས། མི་རིགས་དང་བསམ་ཚུལ་འཚོ་སྐྱོང་སོགས་ཅུང་ཟད་མི་འདྲ་བའི་དབང་གིས་ཁམས་པ་རྣམས་སྡོད་གནས་གསར་པ་འཚོལ་དུ་ཕྱིན་པས། གངས་རིའི་ཕ་རྒྱབ་རྒྱ་གར་ཕྱོགས་སུ་ལུང་སྟོང་མི་མེད་ཀྱི་གནས་ཡིན་པར་ཁྱེམས་པའམ་ཤེས་སོ། །དེ་ཚེ་ཁམས་པ་ཚོས་གནས་གསར་པ་ཞིག་ཁྱེམས་པ་རེད་ཅེས་ཀུན་ལ་གྲགས་པ་མ་ཟད། གནས་གསར་པ་དེའི་མིང་ལའང་། ཁྱེམས་པའི་གནས་ཞེས་ཐོགས་པ་ཡིན་ནོ། །དེ་ནི་བོད་ཀྱི་མིའི་བྱེ་བྲག་ཅིག་ལ་ཤར་པ་ཞེས་མིང་ཐོགས་པ་སོགས་བཤད་པར་བྱའོ་”[①]ཞེས་གསལ་བའི་ནང་དང་ཐོག་མའི་ཤར་པའི་མི་རྒྱུད་རྣམས་དུས་རབས་བཅུ་གཅིག་པའི་དུས་མཇུག་དང་དུས་རབས་བཅུ་གཉིས་པའི་དུས་འགོར་[②] བོད་གངས་ཅན་གྱི་ཤར་ཕྱོགས་ཁམས་ཡུལ་ནས་བྱུང་ཚུལ་དང་། ཤར་ཁྱེམས་བུའི་ཡུལ་དུ་གནས་བཅའ་ཚུལ། དེ་ནི་བོད་རིགས་ཀྱི་བྱེ་བྲག་པ་ཞིག་ཏུ་བརྩི་ཡི་ཡོད་པ་སོགས་ཤེས་ཐུབ་པ་དང་། དེ་བཞིན་ཤར་ཕྱོགས་སུ་གནས་པའམ་ཤར་ཕྱོགས་ནས་ཡོང་བའི་མི་ཡི་དོན་ཏེ་ཤར་པ་ཞེས་མིང་དུ་ཐོགས་ཚུལ་གོང་དུ་ཞུས་པ་ལྟར་དང་། དེ་སྔོན་ཤར་པ་

---

① ཤར་པ་སངས་རྒྱས་བསྟན་འཛིན་ནས་མཛད་པའི་《ཤར་པའི་ཆོས་འབྱུང་དང་མེས་རབས་བཞུགས་སོ》ཞེས་པའི་ཤོག་ངོས་༡༣༢ནས་༡༣༥བར་གསལ། བོད་ལྗོངས་བོད་ཡིག་དཔེ་རྙིང་དཔེ་སྐྲུན་ཁང་ནས་སྤྱི་ལོ་༢༠༠༣ལོར་བསྐྲུན།

② འདིར་གླིང་གེ་སར་རྒྱལ་པོས་ཧོར་དང་སོག་པོ་དང་བདུད་ཡུལ་སོགས་ལ་དམག་དྲངས་ཏེ་ཡུན་རིང་འཐབ་པའི་རྐྱེན་གྱིས་ཤར་པའི་མེས་པོ་རྣམས་ཁམས་ཕྱོགས་ནས་ཡུལ་ཕྱོལ་དུ་ཡོང་བ་ཡིན་ཞེས་འཁོད་པར་གཞིགས་ན། དུས་རབས་བཅུ་གཅིག་གི་དུས་མཇུག་དང་དུས་རབས་བཅུ་གཉིས་པའི་དུས་འགོར་ངེས་ཏེ། མ་གཞི་གེ་སར་རྒྱལ་པོའི་འཁྲུངས་འདས་སྐོར་ལ་གླིང་སྒྲུང་ཞིབ་འཇུག་ཁྱབ་ཁོངས་ནང་དགོངས་ཚུལ་མི་འདྲ་བ་མང་པོ་ཡོད་ཀྱང་། ས་ཐོ་སྔག་ལ་འཁྲུངས། ས་མོ་ཕག་ལ་འདས་པའི་བཤད་ཚུལ་ཡོད་པ་ལྟ་བུ་མང་པོ་ཞིག་གིས་བོད་སིལ་བུའི་སྐབས་སུ་ཡིན་པར་བཞེད་ཀྱི་ཡོད།

རྣམས་དང་བོད་པ་ཚོས་ཤར་པ་ཞེས་པའི་དོན་སྤྱི་དེ་བོད་རིགས་ཀྱི་ཡ་གྱལ་ཞིག་ཡིན་པར་བརྗོད་ལ་དེར་རྩོད་གླེང་གང་ཡང་མེད། ཕྱིས་སུ་ནི་པླ་ལས་ཤར་པའི་ཚོ་པ་དེའང་ཏ་མང་（ཧྲ་དམག་གི་སྒྲ་ཟུར་ཉམས་པ་）དང་། ཧོལ་པོ། གློ་པ། སློ་མི་སོགས་བོད་ཁ་བ་ཅན་ནས་གནས་སྤོས་བྱས་པའི་བོད་རིགས་ཀྱི་ཡ་གྱལ་ཚོ་པ་གཞན་རྣམས་དང་འདྲ་བར་ཁེར་རྐྱང་གི་མི་རིགས་ཤིག་ཏུ་ངོས་འཛིན་བྱས་ཡོད།

ད་ནི་བལ་ཡུལ་རང་རྒྱལ་གྱི་ཤར་པ་ཚོའི་མིང་གི་བྱུང་ཚུལ་དང་དེའི་ངོ་བོའི་འགྱུར་ཚུལ་གླེང་བ་ལ། རང་རྒྱལ་དུ་ད་ཡོད་ཤར་པར་འབོད་པ་དེར་མི་གྲངས་༣༥༣༢ཡོད་པ་དང་། དེ་ལས་མང་ཤོས་ནི་འདྲེན་ཐང་ཁུལ་དེ་ཡིན་པ་དང་། དེར་མི་གྲངས་༢༠༧༨ཡོད་པ། འགྲམ་ཁུལ་དུ་མི་གྲངས་༡༩༩༩ཡོད། རོང་ཤར་དུ་མི་གྲངས་༡༠བཅས་ཡོད། འགྲམ་ཁུལ་གྱི་ཤར་པ་རྣམས་ལོ་ངོ་སུམ་བརྒྱའི་སྔོན་ནས་དེ་ཁུལ་དུ་བལ་ཡུལ་ནས་གནས་སྤོས་བྱས་ལ། དེ་དུས་ནས་ཤར་པ་ཞེས་འབོད་ཀྱི་ཡོད་པ་དང་། རོང་ཤར་གྱི་ཤར་པ་རྣམས་ནི་འདྲེན་ཐང་ནས་ཕྱིས་སུ་གནས་སྤོས་བྱས་པ་ཡིན། འདིར་ནི་ཤར་པ་མི་གྲངས་མང་ཤོས་ཀྱི་འདྲེན་ཐང་ཤར་པའི་སྐོར་དཔེ་མཚོན་དུ་བརྗོད་རྒྱུ་ཡིན། འདྲེན་ཐང་གི་ཡུལ་མི་ཚོར་ཤར་པ་ཞེས་པའི་མིང་གི་འབོད་སྲོལ་དེ་ཕྱིས་སུ་དུས་རབས་གོང་མའི་ལོ་རབས་བདུན་ཅུ་པའི་ནང་དར་བ་ཞིག་ཡིན་པ་ལས། དེ་སྔོན་འདྲེན་ཐང་ཁུལ་དུ་གནས་སྡོད་ཀྱི་ཡུལ་མི་ཚོས་རང་ལ་རང་གིས་ཤར་པ་ཞེས་འབོད་སྲོལ་མེད་པར་འདྲེན་ཐང་པའམ་རོང་སྟོད་ཕུ་མཇུག་ཅེས་འབོད་ཅིང་། དེའི་གོ་དོན་ནི་ལྷོ་ངོས་ཀྱི་རོང་པའམ་རོང་གི་སྟོད་དང་། ཕུ་ནི་མཐོ་སྒང་གི་བོད་ལ་གོ་བས་མཐོ་སྒང་བོད་ཀྱི་མཇུག་ཟེར་བ་ཡིན། ལྷོ་ཕྱོགས་ཀྱི་བལ་པོའི་རོང་པ་རྣམས་ཀྱིས་འདྲེན་ཐང་པ་ཚོར་ལུང་སྟོད་པ་ཞེས་འབོད་ཀྱི་ཡོད་ལ། འདྲེན་ཐང་བྱང་ཕྱོགས་ཀྱི་བོད་རིགས་རྣམས་ཀྱིས་ཁོ་ཚོར་རོང་པ་ཞེས་འབོད་སྲོལ་ཡོད། འདྲེན་ཐང་གི་ཡུལ་མི་རྣམས་ལ་ཤར་པ་ཞེས་ཟེར་

བའི་ཐོག་མའི་འབྱུང་རྐྱེན་དང་དེའི་གཞི་འཛིན་ས་གང་ཡིན་ལ་བརྟགས་སྐབས་ཚན་རིག་དང་རྒྱབ་འགལ་དུ་འགྲོ་བའི་གནས་ཚུལ་མང་པོ་ཞིག་མཐོང་ཐོས་བྱུང་། དེ་ཡང་རྒྱའི་ཡི་གེ་ལས་བྲིས་པའི་《འདྲེན་ཐང་ཆུས་ཀྱི་གནས་ཚུལ་རགས་བསྡུས་》ཞེས་པའི་ནང་" ཤར་ པ་ ཟེར་ བ་ ནི་ གཞན་ གྱིས་ བཏགས་ པ་ ཞིག་ ཡིན། ༡༩༧༥ལོའི་སྤྱི་ཟླས་སུ་གོང་ནས་འདྲེན་ཐང་ཆུས་ཀྱི་དུས་རྒྱུད་ཀྱི་གནས་ཚུལ་རྟོག་ཞིབ་བྱེད་པར་ཕེབས་སྐབས་ཆུས་ཨུ་ཡོན་ལྷན་ཁང་གི་དགོངས་ཚུལ་ལ་འདི་གའི་ཡུལ་མི་རྣམས་དང་བོད་རིགས་འདྲ་པོ་རང་མེད་པ་དང་། ཕོ་ཚོའི་མཐའ་འཁོར་ན་ཤར་པ་མི་ཉུང་བ་ཞིག་གནས་སྡོད་བྱས་ནས་ཡོད་པ། ཕོ་ཚོའི་སྡོད་གནས་ཀྱིས་བབ་དང་། ལོ་རྒྱུས། ཟས་རིགས། གྱོན་ཆས། ཞབས་བྲོ། མནའ་མ་བཙན་འགྲོག་བྱེད་པ་སོགས་ཀྱི་ལུགས་སྲོལ་ཤར་པ་དང་གཅིག་མཚུངས་ཡིན་པ་མ་ཟད། དེ་མིན་ཕྱོགས་གང་ཅིའི་ཐད་ནས་བསྡུར་ན་ཡང་བོད་རིགས་ལས་ཤར་པ་དེ་བས་ཉེ་བ་ཡོད་སྟབས་ཤར་པ་ཞེས་བཏགས་པ་ཡིན། འོན་ཀྱང་ཕོ་རང་ཚོས(ཡུལ་མི་ཚོས)བོད་རིགས་ཡིན་ཞེས་བརྗོད་ཀྱི་ཡོད་"① ཅེས་འཁོད་པར་གཞིགས་ན། འདྲེན་ཐང་གི་ཡུལ་མི་རྣམས་ལ་ཤར་པ་ཞེས་པའི་མིང་འདི་ཐོག་མར་འབོད་སྲོལ་བྱུང་བ་དེའང་ཤར་པ་དང་འདྲ་པོ་ཡོད་པའི་ཐད་ནས་བཏགས་པ་ཞིག་ཡིན་པ་ལས། ཚན་རིག་ཐོག་ནས་བརྟག་ཞིབ་ནན་ཏན་བྱས་པའི་སྡོམ་ཚིག་ཅིག་མིན་པར་ཤེས་ཐུབ། ང་ཚོས་འདྲེན་ཐང་ཁུལ་དུ་སྤྱི་ཟླས་སུ་རྟོག་ཞིབ་ལ་ཐེངས་གཉིས་བསྐྱོད་པ་ཡིན། ཐེངས་དང་པོ་ནི་སྤྱི་ལོ་༡༩༨༨ལོར་ཉིན་བརྒྱད་ཀྱི་གོམ་པ་བརྒྱབ་ནས་དེ་ཁུལ་དུ་བསྐྱོད་སྐབས། ལམ་བར་དུ་དོད་པོ་ཁྱིར་མཁན་ནི་ཤར་པའི་མི་ཤ་སྟག་ཡིན་པ་དང་། འདྲེན་ཐང་ཁུལ་དུ་ཉིན་ལྔ་རིང་ཞིབ་ཐའི་བརྟག་ཞིབ་བྱས་པ་ཡིན། དེ་དུས་ཤར་པར་འབོད་པའི་སྐྱེ་བོ་རྣམས་བོད་རིགས་མ་ཡིན་པའི་ཚོར་

---

① 《陈唐区概况》,手稿,收藏于定结县档案室。

སྣང་གང་ཡང་མ་བྱུང་། ང་ཚོས་ཁོ་ཚོར་བོད་སྐད་ཐོག་ནས་བགྲོ་གླེང་བྱེད་སྐབས་སྐད་བརྡ་མི་འཕྲོད་པ་གང་ཡང་མེད་པ་མ་ཟད། ཁྱེད་རང་ཚོ་མི་རིགས་གང་ཡིན་ནམ་ཞེས་འདྲི་སྐབས། ཁོ་ཚོས་"མི་ཤེས། ཤར་པ་ཟད་ནི་ཟེར་གྱིས། ཤར་པ་མིན་འགྲོ་"ཞེས་པའམ"ཤར་པ་དང་འདྲ་པོ་འདུག་ཟེར་གྱིས"ཞེས་ལན་འདེབས་མཁན་མང་པོ་བྱུང་ལ། མང་པོ་ཞིག་གིས་ཅིག་ཐག་ཆོད་པོས"བོད་རིགས་ཡིན"ཟེར་གྱི་འདུག ཐེངས་གཉིས་པར་བསྐྱོད་སྐབས་ཁེ་ཕན་གྱི་དབང་གིས་མང་པོ་ཞིག་གིས་ཤར་པ་ཡིན་ཟེར་གྱི་འདུག དེའི་སྐོར་ལོགས་སུ་དཔྱེ་ཞིབ་བྱ་རྒྱུ་ཡིན། མདོར་ན་ཆ་འདྲ་བའི་ཕྱིའི་སྣང་ཚུལ་རེ་ཟུང་ཙམ་རྒྱུ་མཚན་དུ་བཀོད་ནས་ཁོ་ཚོ་ཤར་པ་རེད་ཅེས་སྨོས་ཅིག་བཞག་པ་དེ་ནི་ཚན་རིག་ཞིབ་འཇུག་པ་ཞིག་གི་ངོས་ནས་ཆ་མཚོན་ན་ཕྲན་བུའི་ཁྲལ་སེལ་སླ་བཅོས་ཀྱི་སྐྱོན་དུ་མི་འགྱུར་རམ།

《འབྲིན་ཐང་ཆུས་ཀྱི་གནས་ཚུལ་རགས་བསྡུས》ཞེས་པའི་ནང་"འབྲིན་ཐང་ཆུས་ལ་ཁྲོན་བསྡོམས་རང་བྱུང་གྲོང་ཚོ་གསུམ་ཡོད། འབྲིན་ཐང་གྲོང་ཚོར་ཐེམས་གྲངས་༡༣༡དང་། མི་གྲངས་༧༧༨ཡོདཔ་ཚང་མ་ཤར་པ་ཡིན། གཙང་ཁ་གྲོང་ཚོར་ཐེམ་གྲངས་༡༧དང་། མི་གྲངས་༡༢༥ཡོད་པ་མང་ཆེ་བ་ཤར་པ་ཡིན། ན་ཐང་གྲོང་ཚོར་ཐེམ་གྲངས་༡༨དང་མི་གྲངས་༡༠༥ཡོད་པ་མང་ཆེ་བ་བོད་རིགས་ཡིན། ······ བསྡོམས་མི་གྲངས་༡༠༠༨ཡོད་པའི་ནང་ཤར་པ་༨༨༧དང་། བོད་རིགས་༡༢༠ཡོད་"ཅེས་འཁོད་འདུག་པ་དེ་ནི་ད་བར་ང་ཚོས་འབྲིན་ཐང་གི་གནས་ཚུལ་ཤེས་རྟོགས་བྱུང་བའི་ནང་ཤར་པ་དང་བོད་རིགས་ཞེས་ཡིག་ཐོག་ཏུ་འཁོད་པ་སྔ་ཤོས་དེ་ཡིན། སྐབས་དེ་དུས་ང་ཚོས་གཉིང་སྐྱེས་རྫོང་དུ་སྤྱི་ལོ་༡༩༨༢ལོའི་མི་འབོར་ཞིབ་བཤེར་གྱི་ལག་ཐོ་མཐོང་བའི་ནང་འབྲིན་ཐང་ཆུས་སུ་བོད་རིགས་ཐེམ་གྲངས་༣༨དང་། མི་གྲངས་༢༣༣ཡོད་པ་དང་། ཤར་པ་ཐེམ་གྲངས་༡༣༧དང་། མི་གྲངས་༨༠༢ཡོད་ཅེས་འཁོད་འདུག གོང་གསལ་

ཡིག་ཆ་དེ་གཉིས་བསྡུར་སྐབས། དུས་ཐུང་ལོ་གཅིག་གི་གཡས་གཡོན་ནང་དུ་འདྲེན་ཐང་ཚུས་སུ་ཤར་པ་མི་གྲངས་༤༤༧ནས་༤༠༢བར་མར་ཆག་པ་དང་། བོད་རིགས་མི་གྲངས་༡༢༠ནས་༢༣༣བར་འཕར་ཡོད་པའི་གནད་དོན་དེ་ཉིད་ཀྱི་ཐོག་ནས་ཀྱང་འདྲེན་ཐང་དུ་ཤར་པ་དང་བོད་རིགས་ཞེས་དབྱེ་བ་འབྱེད་པ་དེ་ནི་ཚན་རིག་དང་མཐུན་པ་ཞིག་མ་ཡིན་པ་ཤེས་ཐུབ་བོ། །

དེང་སྐབས་བོད་རང་སྐྱོང་ལྗོངས་ཀྱི་གནས་ཚུལ་ངོ་སྤྲོད་བྱས་པའི་རྩོམ་ཡིག་མང་པོའི་ནང་ཤར་པ་དེ་བོད་རིགས་ལས་ཐ་དད་པའི་ཁེར་རྐྱང་གི་ཚོ་པ་ཞིག་ཡིན་པར་མཚམས་སྦྱོར་བྱེད་བཞིན་ཡོད། དཔེར་ན《བོད་རང་སྐྱོང་ལྗོངས་ཀྱི་གནད་བསྡུས》ཞེས་པའི་ནང་“བོད་རང་སྐྱོང་ལྗོངས་ཀྱི་མངའ་ཁོངས་སུ་གོང་གསལ་མི་རིགས་དེ་རྣམས(བོད་རིགས་དང་། ཧུའི་རིགས། མོན་པ་རིགས། ལྷོ་པ་རིགས། སྟེང་པ། ཤར་པ་)ཕུད། ཆབ་མདོ་ས་གནས་ཀྱི་ལྷོ་རྒྱུད་དུ་ད་དུང་ཆེས་ཉུང་བའི་འཇང་རིགས་དང་། ནུའུ་རིགས། ཏུའུ་ལུང་རིགས་ལ་སོགས་གྲངས་ཉུང་མི་རིགས་གནས་ཡོད་”①ཅེས་འཁོད་ཡོད་པ་དེ་ལས་ཤར་པ་ནི་ཁེར་རྐྱང་མི་རིགས་གཅིག་ཡིན་པར་ཉ་ཉུང་མཉམ་དུ་བསྲེས་ནས་ཡང་མི་དག་པའི་གླེང་ཕྱོགས་ཤིག་བཟོས་ཡོད། དེ་ཙམ་དུ་མ་ཟད《ནེ་པཱ་ལའི་མི་རིགས་ཀྱི་བྱུང་རབས》ཞེས་པའི་ནང་“ནེ་པཱ་ལའི་ཤར་པ་རིགས་དང་རང་རྒྱལ་བོད་ལྗོངས་ཀྱི་ཤར་པ་རིགས་རྒྱལ་ཁོངས་མི་འདྲ་ནའང་། ཁ་ཚའི་སྐད་དང་། རིག་གནས། ཆོས་ལུགས་དང་དད་མོས་ཐད་རྩ་བའི་ཆ་ནས་གཅིག་མཚུངས་ཡིན། ཐུན་མོང་གི་མི་རིགས་ཀྱི་མཆེད་ཁྲུངས་ཡོད་”②ཅེས་རང་རྒྱལ་ཤར་པ་རྣམས་ཀྱང་ཐད་ཀར་མི་རིགས་གཅིག་ཡིན་པར་བཀོད་ཡོད།

---

① 《西藏自治区概况》P32。

② 王宏纬、鲁正华编:《尼泊尔民族志》P129,中国藏学出版社,1989 年出版。

གོང་གསལ་དག་ལས་འདྲེན་ཐང་གི་ཤར་པ་ཟེར་བའི་ཐ་སྙད་ཀྱི་བྱུང་འཕེལ་དང་དེར་ངོ་བོའི་ཐད་འགྱུར་བ་ཅི་འདྲ་ཞིག་བྱུང་ཚུལ་ཤེས་ཐུབ་པ་ནི། ཐོག་མར་འདྲེན་ཐང་གི་ཡུལ་མི་རྣམས་ལ་རོང་པའམ་ལུང་སྡོད་པ་ཞེས་བོད་རིགས་ཀྱི་ཁོངས་ཡིན་པ་སླེང་མེད་དང་། སྤྱི་ལོ་༡༩༧༩ལོར་གོང་རིམ་ནས་འདྲེན་ཐང་གི་རུས་རྒྱུད་གནས་ཚུལ་རྟོག་ཞིབ་བྱེད་སྐབས། ཤར་པ་དང་འདྲ་པོ་ཡོད་པའི་སྡོམ་ཚིག་བཞག་ཅིང་། དེའི་དབང་གིས་འདྲ་བ་རྒྱུ་མཚན་དུ་བྱས་ནས་ཡུལ་དེའི་མི་རྣམས་ལ་འདྲེན་ཐང་གི་ཤར་པ་ཞེས་མིང་དུ་བཏགས། སྤྱི་ལོ་༡༩༨༠ལོར་ཀྲུང་གོ་སྤྱི་ཚོགས་ཚན་རིག་ཁང་གི་ཞིབ་འཇུག་པ་གཉིས་ནས་ཁུལ་དེའི་མི་རྣམས་ཤར་པ་དང་བོད་རིགས་ཞེས་རིགས་གཉིས་སུ་དབྱེ་འབྱེད་གནང་བ་མ་ཟད། ཤར་པ་མི་གྲངས་ག་ཚོད་དང་། བོད་རིགས་མི་གྲངས་ག་ཚོད་ཅེས་ཐོ་བཀོད་ཞིབ་གསལ་མཛད་ནས་ཤར་པའི་མི་ཞེས་བོད་རིགས་ལས་ཐ་དད་པའི་ཁེར་རྐྱང་གི་ཚོ་པ་ཞིག་ཏུ་བཞག་ཡོད། དེ་རྗེས་སྤྱི་ལོ་༡༩༨༩ལོར་རྩོམ་སྒྲིག་བྱས་པའི་《བོད་རང་སྐྱོང་ལྗོངས་ཀྱི་གནད་བསྡུས》ཞེས་པའི་ནང་འདྲེན་ཐང་གི་གནས་སྡོད་ཡུལ་མི་ཚུད་པའི་ཤར་པ་རྣམས་མི་རིགས་གཅིག་ཡིན་པའི་སླེང་ཕྱོགས་བཟོས་པ་མ་ཟད། གཞན་གྱི་རྩོམ་ཡིག་འགའི་ནང་ཐད་ཀར་ཤར་པ་རིགས་ཞེས་བཀོད་ཡོད།

རང་ལུགས་ལྟར་ན། འདྲེན་ཐང་དང་འགྲམ་དུ་ཡོད་པའི་གནས་སྡོམས་ཡུལ་མི་རྣམས་ལ་ཤར་པ་ཞེས་མིང་དུ་འབོད་པ་བོད་མིའི་མིང་གི་འདོགས་སྲོལ་དང་ཡོངས་སུ་མཐུན་པས་མི་འཐད་པ་མེད་པ་གོང་ཞུས་ལྟར་དང་། གལ་ཏེ་ཤར་པ་ཞེས་པའི་ཐ་སྙད་ལ་འགྲེལ་བཤད་གསར་པ་རྒྱག་པའམ་ཡང་ན་དོན་གསར་པ་བསྣན་ཏེ་ཤར་པ་ཞེས་བོད་རིགས་ལས་ཐ་དད་པའི་ཁེར་རྐྱང་ཚོ་པར་ངོས་འཛིན་པའམ་ཡང་ན་བོད་རིགས་ལས་ལོགས་སུ་དགར་ནས་ཁེར་རྐྱང་མི་རིགས་ཤིག་ཏུ་ངོས་འཛིན་བྱས་ཚེ། དེ་ནི་མི་རིགས་རྣམ་དབྱེའི་རྩ་དོན་དང་འགལ་བས་ཚན་

རིག་དང་མཐུན་ཐབས་མེད་ཅིང་། ཡང་སྔོས་རང་རེའི་རྒྱལ་ཁབ་ཀྱི་ངོས་ནས་བཤད་ནའང་དོན་མེད་རྙོག་དྲ་བཟོ་བའི་ཕན་མེད་ཀྱི་བྱ་བ་ཞིག་ཡིན། ནེ་པཱ་ལའི་རྒྱལ་ཁབ་ཀྱིས་ཤར་པ་མི་རིགས་གཅིག་ཏུ་ངོས་འཛིན་བྱས་པ་དེ་ནི་ཁོ་ཚོའི་རྒྱལ་ཁབ་ཀྱི་ཞིབ་ཕྲའི་དོན་དངོས་ལ་གཞིགས་ནས་མི་རིགས་རྣམ་དབྱེ་ཕྱེ་བ་ཞིག་ཡིན། ནེ་པཱ་ལ་ནི་མི་རིགས་མང་བའི་རྒྱལ་ཁབ་ཅིག་ཡིན་ལ། རྒྱལ་ཁབ་དེར་ཡང་སྙིང་མི་རིགས་ཇི་ཙམ་ཡོད་པ་དང་མི་རིགས་དེ་དག་གི་ཞིབ་ཕྲའི་མཆེད་ཁུངས་དང་། ཆགས་རིམ། མི་རིགས་ཤིག་ཏུ་ངོས་འཛིན་པའི་རྒྱུ་མཚན་སོགས་ཀྱི་སྐོར་ད་བར་རིག་གཞུང་ལས་རིགས་ཁྲིད་དུ་ཁ་གསལ་གཏིང་གསལ་གྱི་བཤད་ཚུལ་ཞིག་མེད། དཔེར་ན་ཨོ་ཏ་ལིའི་ཞིབ་འཇུག་པ་ཐུའུ་ཆེས"མ་གཞི་ཞིབ་དཔྱད་མང་པོ་བྱས་ཡོད་ནའང་། ནེ་པཱ་ལའི་མི་རིགས་ཞིབ་འཇུག་གི་ལས་གཞི་ནི་ད་དུང་ཡང་འཛམ་གླིང་ཐོག་རྙོག་འཛིང་ཆེ་ཤོས་ཀྱི་ཞིབ་འཇུག་བྱ་གཞི་ཞིག་རེད་"①ཅེས་གསུངས་པ་ལྟར་རྒྱལ་ཁབ་དེའི་མི་རིགས་ཀྱི་ཞིབ་འཇུག་བྱ་རིམ་ཁྲིད་གནད་དོན་མང་པོ་ཞིག་ཐག་གཅོད་བྱ་རྒྱུར་ལུས་ཡོད། ནེ་པཱ་ལས་ཤར་པ་མི་རིགས་ཁེར་རྐྱང་ཞིག་ཏུ་བཞག་པ་དེ་ཁུངས་ལུང་དུ་བྱས་ནས་རང་རྒྱལ་གྱི་ཤར་པ་རྣམས་ཀྱང་མི་རིགས་རྐྱང་པ་ཞིག་ཏུ་དབྱེ་ན། དེ་ནི་རང་རྒྱལ་གྱི་དོན་དངོས་དང་མི་འཚམ། གང་ལགས་ཤེ་ན། "ནེ་པཱ་ལ་ནི་མི་རིགས་མང་བའི་རྒྱལ་ཁབ་ཅིག་ཡིན་པ་དང་། མི་རིགས་དེ་རྣམས་ཀྱི་མཆེད་ཁུངས་ནས་བཤད་ན། རིགས་མི་འདྲ་བ་གསུམ་དུ་དབྱེ་ཆོག རིགས་དང་པོ་ནི་གནའ་སྔ་མོ་ནས་ནེ་པཱ་ལར་གཞིས་ཆགས་པའི་མི་རིགས་རྣམས་ཡིན་པ་དང་། རིགས་གཉིས་པ་ནི་གནའ་དུས་ཀྱང་གོའི་བོད་ལྗོངས་ནས་གནས་སྤོས་བྱས་པའི་མི་རིགས་རྣམས་ཡིན་པ། རིགས་གསུམ་པ་ནི་དུས་རབས་

---

① 王宏纬、鲁正华编:《尼泊尔民族志》P4,中国藏学出版社,1989 年出版。

བར་མའི་སྐབས་རྒྱ་གར་ནས་སླེབས་པའི་མི་རིགས་རྣམས་ཡིན།”① དེ་ལས་“རིགས་གཉིས་པའི་ཁོངས་སུ་གཏོགས་པའི་མི་རིགས་ནི་ཤར་པ་རིགས་དང་། ད་ཁ་ལི་རིགས། སླི་མི་རིགས། གླི་པ་རིགས། ངོལ་པོ་རིགས། པ་ལ་ཀའོ་ལའི་རིགས་ལ་སོགས་ཡིན། ཕོ་ཚོ་མང་ཆེ་བ་གནས་སྡོད་བྱ་ཡུལ་ནི་ཀྲུང་ནེ་ས་མཚམས་དང་ཉེ་བའི་བྱང་རྒྱུད་རི་མཐོའི་ས་ཁུལ་དུ་ཡིན། མི་འབོར་དེ་ཙམ་མང་པོ་མེད། ཁོར་ཡུག་མི་འདྲ་བའི་རྐྱེན་གྱིས་མི་རིགས་དེ་དག་གི་འཚོ་བའི་གོམས་གཤིས་སོགས་ཕྱོགས་མང་པོའི་ཐད་འགྱུར་བ་བྱུང་ཡོད་ནའང་། རྩ་བའི་ཆ་ནས་ཀྱང་གོའི་བོད་རིགས་དང་ཆ་འདྲ་བའི་སྐད་དང་རིག་གནས་རྒྱུན་འཛིན་བྱས་ཡོད།”② དེ་ལྟར་ན། བོད་ནས་གནས་སྤོས་བྱས་པའི་བོད་རིགས་ཀྱི་བྱེ་བྲག་པ་དེ་ཚོ་མི་རིགས་མི་འདྲ་བ་དུ་མར་དབྱེ་ཚུལ་ལྟར་རང་རྒྱལ་དུ་མི་རིགས་རྣམ་དབྱེ་འབྱེད་ན། རང་རྒྱལ་ལ་ཧ་ལམ་མི་རིགས་བཞི་བརྒྱ་ལྷག་ཙམ་དུ་དབྱེ་ཆོག་ལ། ཡུན་ནན་ཞིང་ཆེན་ཁོ་ནར་ཡང་མི་རིགས་༢༤༠ལྷག་ཙམ་དུ་དབྱེ་ཆོག དེ་ཡང་“ཕྱི་ལོ་༡༧༥༣ལོར་ཐེངས་དང་པོའི་རྒྱལ་ཡོངས་མི་འབོར་ཞིབ་བཤེར་བྱེད་སྐབས། རྒྱལ་ཡོངས་ཁྱོན་དུ་རང་ཉིད་ཀྱིས་ཐོ་འགོད་བྱས་པའི་མི་རིགས་ཀྱི་མིང་བསྡོམས་བཞི་བརྒྱ་ལྷག་ཙམ་ཡོད་”③ཅེས་པ་དང་། “ཕྱི་ལོ་༡༧༥༨ལོར་ཀྲུང་དབྱང་མི་རིགས་ཞུ་ལྷན་གྱིས་ཡུན་ནན་ཞིང་ཆེན་དུ་མི་རིགས་རྣམ་དབྱེ་འབྱེད་མཁན་གྱི་རྟོག་ཞིབ་ཚོ་ཚུང་མངགས་པ་དང་། ……དེ་དུས་དེར་མི་རིགས་ཀྱི་མིང་མི་འདྲ་བ་ཉིས་བརྒྱ་དྲུག་ཅུ་ལྷག་ཙམ་ཡོད།”④ གཞན་ཡང་ཀོང་ཤེ་ཀྲོང་རིགས་མི་རིགས་རང་སྐྱོང་ལྗོངས་སུ་འང་ཚོ་པའི་མིང་གི་མདུན་དུ་མི་ཡི་དོན་དུ་གོ་བའི་ཀྲོང་རིགས་ཀྱི་སྐད་དུ་

① 王宏纬、鲁正华编:《尼泊尔民族志》P3,中国藏学出版社,1989 年出版。

② 王宏纬、鲁正华编:《尼泊尔民族志》P3,中国藏学出版社,1989 年出版。

③ 宋蜀华、满都尔图:《中国民族学五十年》P69,人民出版社,2004 年出版。

④ 宋蜀华、满都尔图:《中国民族学五十年》P69,人民出版社,2004 年出版。

"ཕུའུ་"ཞེས་སྦྱར་བ་ཕུའུ་ཕན། ཕུའུ་ཐུའུ། ཕུའུ་གྱོང་། ཕུའུ་ནུང་། ཕུའུ་ལུང་། ཕུའུ་མན། ཕུའུ་དབྱང་། ཕུའུ་ཐའེ་ཞེས་པ་སོགས་མིའི་ཚོ་པ་མང་པོ་ཡོད་རིགས་དུས་རབས་ལྔ་ཙུ་པའི་ནང་མི་རིགས་ཁེར་རྒྱང་པར་ཐོ་བཀོད་བྱས་ཡོད། དེ་བཞིན་གོང་སྨོས་བཞིན་རང་སྐྱོངས་ཀྱི་ཡུལ་མི་འདྲ་བའི་བོད་རིགས་བྱེ་བྲག་པ་ཚོར་ས་ཁུལ་གྱི་མིང་མཐར་བདག་སྒྲ་པ་སྦྱར་མང་པོ་ཡོད་པ་སོགས་ནི་ཕྣ་ལའི་མི་རིགས་རྣམ་དབྱེ་ཕྱེ་ཚུལ་ལྟར་དུ་དབྱེ་ན་དོན་མེད་རྟོག་བྲ་བཟོས་པ་མ་ཡིན་ནམ།

མདོར་ན་རང་རྒྱལ་གྱི་གཏིང་སྐྱེས་རྫོང་འདྲེན་ཐང་དང་གཞའ་ནང་རྫོང་གི་འགྲམ་ས་ཁུལ་གྱི་རི་རོང་དོག་སར་གནས་པའི་ཤར་པ་ཞེས་པའི་མིའི་ཚོ་པ་དེའི་མིང་གི་བྱུང་ཚུལ་དང་། དེའི་གོ་དོན་བཅས་ཀྱི་ཐོག་ནས་བལྟས་ན། དེ་ནི་བོད་རིགས་ཀྱི་བྱེ་བྲག་གཅིག་རང་དུ་ငེས་པས། ཤར་པ་ཟེར་བའི་མིང་ལ་དོན་གསར་པ་སྟོན་པའམ་འགྲེལ་བཤད་གསར་པ་རྒྱག་པའི་དགོས་པ་མ་མཆིས་སོ། །

༄༅། །ཤར་པའི་མི་རྒྱུད་ཀྱི་འབྱུང་ཁུངས་དང་འབྲེལ་ཏེ་དེའི་མི་རིགས་ཀྱི་གཏོགས་ཁོངས་ལ་དཔྱད་པ་རྣམ་བརྟོལ་གཙག་བུ་ཞེས་བྱ་བ་བཞུགས་སོ། །

དེ་སྔོན་མི་རིགས་དབྱེ་སྐབས་མི་རྒྱུད་ཀྱི་ཐད་ལ་དོ་སྣང་དེ་ཙམ་མ་བྱས་པ་དེ་ཡང་སི་ཏ་ལིན་གྱིས་བཞག་གནང་བའི་མི་རིགས་ཀྱི་མཚན་ཉིད་དེ། མི་རིགས་ཀྱི་ཁྱད་རྟགས་ཆེན་པོ་བཞིའི་ནང་དུ་མི་རྒྱུད་ཀྱི་སྐོར་ཚུད་མེད་པས་ཡིན། སྤྱི་ལོ་༢༠༠༥ལོར་ཏང་ཀྲུང་དབྱང་དང་རྒྱལ་སྲིད་སྤྱི་ཁྱབ་ཁང་གིས《གོམ་གང་མདུན་སྤྱོས་ཀྱིས་མི་རིགས་ལས་དོན་ལ་ཤུགས་སྣོན་བརྒྱབ་ནས་གྲངས་ཉུང་མི་རིགས་དང་མི་རིགས་ས་ཁུལ་གྱི་དཔལ་འབྱོར་སྤྱི་ཚོགས་འཕེལ་རྒྱས་མགྱོགས་སུ་གཏོང་རྒྱུའི་སྐོར་གྱི་གཏན་འབེབས》ཞེས་པ་ཁྱབ་བསྒྲགས་བྱས་པ་དང་། 《གཏན་འབེབས》དེའི་ནང་། དུས་རབས་གསར་པའི་ནང་ཀྲུང་གོ་གུང་ཁྲན་ཏང་གི་མི་རིགས་གནད་དོན་སྐོར་གྱི་རིགས་པའི་གཞུང་ལུགས་དང་སྲིད་ཇུས་གསར་པ་མང་པོ་བཏོན་ཡོད་ལ། ལྷག་པར་དུ་དེའི་ཁྲོད་ཀྱི་མངོན་གསལ་ཆེ་ཤོས་ཤིག་ནི་མི་རིགས་ལ་མཚན་ཉིད་གསར་པ་ཞིག་བཞག་ཡོད་པ་དེ་ཡིན། མཚན་ཉིད་གསར་པ་དེ་ནི་སི་ཏ་ལིན་གྱིས་བཞག་གནང་བའི་མི་རིགས་ཀྱི་མཚན་ཉིད་རྨང་གཞིར་བྱས་ཐོག རང་རྒྱལ་མི་རིགས་དང་ཐ་ན་འཛམ་གླིང་མི་རིགས་ཚང་མའི་དོན་དངོས་དང་མཐུན་ལ་གང་འགབ་སྤྱི་སྤྱོད་ཀྱི་གསོན་པོའི་རང་བཞིན་ལྡན་པའི་མི་རིགས་ཀྱི་མཚན་ཉིད་ཅིག་ཡིན། དེའི་ནང་"ཐུན་མོང་གི་ལོ་རྒྱུས་འབྱུང་ཁུངས་"ཞེས་པ་

གསར་དུ་ཁ་སྐོང་བྱས་པ་དེར་ས་ཁོངས་དང་གདུང་རྒྱུད་གཉིས་ཀ་ཚུད་ཡོད། མིག་སྔར་ཐུན་མོང་གི་གདུང་རྒྱུད་དམ་མི་རྒྱུད་ཀྱི་འབྱུང་ཁུངས་ནི་མི་རིགས་ཤིག་གི་གྲུབ་ཆ་གལ་ཆེན་ཞིག་ཏུ་གྱུར་ཡོད་པ་མ་ཟད། མི་རིགས་དབྱེ་འབྱེད་ཀྱི་ཚད་གཞི་ཞིག་ཏུའང་གྱུར་ཡོད། དེ་ཡང་དེང་རབས་ཅན་འཕེལ་རྒྱས་སྒྱུར་ལ་མི་རིགས་ཕན་ཚུན་དབར་འབྲེལ་འདྲིས་ཇེ་དམ་ཇེ་ཟབ་ཏུ་འགྲོ་བཞིན་པའི་ད་ལྟའི་དུས་རབས་འདིར། མི་རིགས་ཁག་གི་དཔལ་འབྱོར་འཚོ་བ་དང་། བསམ་པའི་རིག་གནས་འཚོ་བ། འཚོ་བའི་གོམས་གཤིས་སོགས་ཀྱང་རིམ་བཞིན་ཕན་ཚུན་མཐུན་ཆ་ཆེ་བའི་ཕྱོགས་སུ་འཕེལ་རྒྱས་འགྲོ་བཞིན་ཡོད་པ་ནི་ཚང་མས་མིག་མཐོང་ལག་ཟིན་ཐུབ་པའི་དོན་དངོས་ཤིག་ཡིན་གཤིས། གནས་ཚུལ་འདི་འདྲའི་འོག་མི་རིགས་ཀྱི་ཐུན་མོང་གི་གདུང་རྒྱུད་དམ་ཐུན་མོང་གི་འབྱུང་ཁུངས་ནི་མི་རིགས་དབྱེ་བ་འབྱེད་བྱེད་ཀྱི་གཞི་འཛིན་ས་གལ་ཆེན་ཞིག་ཏུ་གྱུར་ཡོད། དེ་ལྟར་ན། ཤར་པ་ཞེས་པའི་མིའི་ཚོ་པ་དེ་ཉིད་བོད་རིགས་ལས་ལོགས་སུ་དགར་བའི་ཁེར་རྐྱང་གི་མི་རིགས་ཤིག་ཡིན་མིན་བརྟག་དགོས་སོ། ངེས་པར་དུ་དེའི་མི་རྒྱུད་ཀྱི་འབྱུང་ཁུངས་ལ་ཞིབ་པར་བརྟག་རྒྱུ་ནི་གལ་འགངས་ཆེ་བར་མཐོང་། ད་བར་ཤར་པའི་མི་རྒྱུད་ཀྱི་འབྱུང་ཁུངས་སྐོར་ལ་བཤད་ཚུལ་གཉིས་བྱུང་ཡོད་དེ། ཤར་པ་ནི་བོད་རིགས་ཀྱི་ཁོངས་སུ་གཏོགས་པར་སྨྲ་བ་དང་གཅིག ཤར་པ་ནི"ཏང་ཞང་སྤྱང་(党项羌)[①]གི་ཡ་གྱལ་ཞིག་ཡིན། དེའི་འབྱུང་ཁུངས་ནི་ནུབ་སྤྱང་ཡིན། སྤྲ་མིའི་རིགས་རྒྱུད་ཡིན་པའི་བཤད་རྒྱུན་ཡོད། བོད་རིགས་དང་འབྱུང་ཁུངས་གཅིག་པ་ཡིན།

① རྒྱ་ཡིག་ནང་དུ་གསལ་བའི་ 羌 ཞེས་པ་བོད་ཡིག་ཏུ་ཆང་དང་ཆའང་དང་འཇང་དང་བྱང་ཞེས་པ་སོགས་ཡི་གེ་སྣ་ཚོགས་འབྲི་སྲོལ་འདུག་མོད། མཁས་པའི་དབང་པོ་དམུ་དགེ་བསམ་གཏན་དང་དོར་ཞི་གདོང་དྲུག་སྙེམས་བློ་རྣམ་གཉིས་ནས་སྤྱང་ཞེས་འབྲི་དགོས་ཚུལ་གྱི་རྒྱུ་མཚན་རྒྱས་པར་གླེང་འདུག་པས། འདིར་འདྲེན་ཡིག་ཕུད་དེ་བྱིངས་ཚང་མ་དེ་ལྟར་དུ་བྲིས་པ་ཡིན། དེ་མིན་ 党项羌 ཞེས་པར་འགའ་ཞིག་གིས་དེའི་དོན་དང་འབྲེལ་ནས་ལྟོང་ཆང་ངམ་ལྟོང་ཁམས་ཞེས་བྲིས་པའང་འདུག་ཀྱང་། འདིར་སྒྲ་སྒྱུར་ཁོ་ནར་བཞག་པ་ཡིན།

འོན་ཀྱང་ཐ་དད་དུ་གྱུར་ཟིན་"[1]ཞེས་བརྗོད་པ་དང་གཉིས་སོ། །གཤམ་དུ་གོང་གསལ་བཤད་ཚུལ་གཉིས་དང་འབྲེལ་ནས་དོན་དེའི་སྐོར་ལ་དཔྱད་གླེང་ལམ་ཙམ་བྱ་རྒྱུ་ཡིན།

དང་པོ།

ཤར་པ་བོད་རིགས་ལས་མཆེད་པར་འདོད་མཁན་ཆོས་སྡར་གྱི་ལོ་རྒྱུས་དེབ་ཐེར་ལས་ལུང་མང་དག་གཅིག་དྲངས་ནས་དེ་ནི་མདོ་ཁམས་ཕྱོགས་ནས་ཡུལ་ཕྱོལ་དུ་འོངས་པའི་བོད་རིགས་ཀྱི་ཡ་གྱལ་ཞིག་ལ་ངོས་འཛིན་པ་ཡིན། དེ་ཡང་བལ་ཡུལ་གསེར་དགོན་གྱི་བླ་མ་ཤར་པ་སངས་རྒྱས་བསྟན་འཛིན་གྱིས་དུས་རབས་ཉི་ཤུ་པའི་དུས་དཀྱིལ་ཙམ་ལ་བརྩམས་གནང་བའི《ཤར་པའི་ཆོས་འབྱུང་དང་མེས་རབས་བཞུགས་སོ》ཞེས་པའི་ནང་བོད་རིགས་ལས་ཁམས་པ་མཆེད་ཚུལ་རྒྱས་ཙམ་གསུངས་པ་དང་། དེ་ལས་ཀྱང་ཤར་པ་མཆེད་ཚུལ་གསུངས་པ་ནི་ལོ་རྒྱུས་ཁུངས་བཙན་ཞིག་ཏུ་བརྩི་ཆོག《ཤར་པའི་ཆོས་འབྱུང་དང་མེས་རབས་བཞུགས་སོ》ལས། "གོང་དུ་བཤད་པའི་མི་བུ་གདུང་དྲུག་གི་ཡ་གྱལ། སྟོང་གི་རིགས་ལས་མཆེད་པའི་མེས་པོ་སྙེར་རྒྱལ་དཔོན་གཡོག་འཁོར་དང་བཅས་པ་ཁམས་ཕྱོགས་ལ་ཕེབས་ཏེ། མདོ་ཁམས་སྣང་དྲུག་ཡོད་པ་ལས། ཟལ་མོ་སྒང་དུ་གནས་བཅས་སོ། །ཟལ་མོ་སྒང་འདིའི་ས་ངོས་ལ། མི་གཉུགས་རི་མང་ཟེར། མདའ་ངོས་ལ་ཚ་མོ་རོང་ཟེར་བ་ཡིན། གཞན་ཡང་གོང་གི་གདུང་རིགས་སོ་སོ་ལས་གྱེས་པ་ཕལ་མོ་ཆེ་ཁམས་ཕྱོགས་སུ་ཆགས་སོ། །དེ་བས་ན་ཁམས་ལ་ཉོག་ཁག་བཅོ་བརྒྱད་ཡོད། མི་ལ་རུས་བཟང་བཅོ་བརྒྱད་ཡོད། རུས་དམན་གཅིག་དང་བཅུ་དགུ་ཡོད། རུས་དམན་ཟེར་བ་ལྷུགས་རྫུང་བའི་མགར་བ་ཡིན་ནོ། །དེ་ལྟར་

---

[1] 宋蜀华、满都尔图主编:《中国民族学五十年》95 页,人民出版社,2004 年出版。

ཁམས་ཟླ་མོ་སྣང་གི་མེས་པོ་སྨེར་རྒྱལ་ལ། གདུང་སྲས་ལྔ་འཁྲུངས། དེ་རེ་རེ་ལའང་བུ་ཚ་ཡང་ཚ་མང་དུ་བྱུང་མོད།……གོང་གི་མེས་པོ་སྨེར་རྒྱལ་གྱི་བུ་བརྒྱུད་མང་ཆེ་བ་མི་གཉགས་རི་མང་ལ་ཆགས་པས། མི་དེ་རྣམས་ལའང་མི་གཉགས་པ་ཟེར་བ་ཡིན། མི་གཉགས་པའི་རིགས་ལས་མཆེད་པའི་ཉུས་གཞན་ནི། ཤར་པ། ཤིས་བྲག་པ། མདོ་གྲུབ་པ་སོགས་ཡིན། དེ་ལྟར་དུ་གནས་པའི་དུས་ཤིག་ན། ཧོར་དང་སོག་པོ་དང་བདུད་ཡུལ་སོགས་སུ། གླིང་གེ་སར་རྒྱལ་པོས་དམག་དྲངས་ཏེ་ཡུན་རིང་འཐབས་པའི་རྐྱེན་གྱིས། གོང་གི་མི་ཆེན་གྲགས་པ(ཕྱོང་གི་རྒྱུད་པ། སྨེར་རྒྱལ་གྱི་མི་རྒྱུད་ཡང་ཚའི་གྲས་ཤིག་ཡིན)སོགས་ཁམས་ཀྱི་མི་མང་ཙམ་ཞིག་ཕྲེས་འཁྱམས་ལ་ཕྱིན་པ་ཡིན་ནོ། །དེ་ཡང་འདི་ལྟར། ཁམས་མི་གཉགས་ནས་མི་ཆེན་གྲགས་པ་ཉེ་འཁོར་གང་ཡོད།……རང་རང་གི་ཕ་ཡུལ་བསྐྱུར་ནས་བོད་ལྷ་སའི་ཕྱོགས་སུ་ཁ་གཏད་དེ་བྱང་ཐང་བརྒྱུད་ནས་ཡོང་བ་ལས། བསམ་གཏན་ཆོས་གླིང་ཟེར་བའི་ལུང་པའི་བྱང་ཐང་ཞིག་ཏུ་སླེབས།……དེ་ནས་ཁམས་པ་དེ་ཚོ་ཚང་མ་རིམ་གྱིས་སྟོད་ངོས་ལ་འགྱོར་ཏེ། དེང་རི་གླང་བ་སྐོར་སོགས་ལ་མི་ལོ་ཁ་ཤས་བསྡད་པ་ཡིན་ནོ། །འོན་ཀྱང་གཞི་བཅས་ཀྱི་བོད་པ་དང་གློ་བུར་དུ་སླེབས་པའི་ཁམས་པ་གཉིས། མི་རིགས་དང་བསམ་ཚུལ་འཚོ་སྐྱོང་སོགས་ཅུང་ཟད་མི་འདྲ་བའི་དབང་གིས་ཁམས་པ་རྣམས་སྡོད་གནས་གསར་པ་འཚོལ་དུ་ཕྱིན་པས། གངས་རའི་ཕ་རྒྱབ་རྒྱ་གར་ཕྱོགས་སུ་ལུང་སྟོང་མི་མེད་ཀྱི་གནས་ཡིན་པར་ཁྲུམས་པའམ་ཤེས་སོ། །དེ་ཚེ་ཁམས་པ་ཚོས་གནས་གསར་པ་ཞིག་ཁྲུམས་པ་རེད་ཅེས་ཀུན་ལ་གྲགས་པ་མ་ཟད། གནས་གསར་པ་དེའི་མིང་ལའང་ཁྲུམས་པའི་གནས་

ཞེས་ཐོགས་པ་ཡིན་ནོ་”①ཞེས་གསུངས་པ་འདི་ནི་ཤར་པའི་མི་རྒྱུད་བྱུང་ཚུལ་སྐོར་ལ་ཤར་པའི་མི་རང་ངོས་ནས་བྲིས་པའི་ལོ་རྒྱུས་ཀྱི་ཟིན་ཐོ་གལ་ཆེན་ཞིག་ཡིན། དེ་མིན་བོད་དང་ལྷག་པར་དུ་ཤར་པའི་མང་ཚོགས་ཀྱི་ཁྲོད་དུ་དེའི་སྐོར་ལ་མི་རབས་མང་པོའི་ཕ་ཚ་བུ་རྒྱུད་ཀྱི་སྔན་རྒྱུད་དང་ངག་ལམ་དུ་འཛགས་པའི་གཏམ་རྒྱུད་དང་བཤད་ཚུལ་མང་པོ་ཡོད་ཀྱང་། གཅིག་མཐུན་གྱི་བཤད་ཚུལ་ནི། ཤར་པའི་མི་རྒྱུད་ཁམས་ནས་བྱུང་བ་དང་། དེའི་མི་རྒྱུད་བོད་རིགས་ཡིན་པར་འདོད་པ་དེ་ཡིན། བོད་རང་སྐྱོང་ལྗོངས་ཀྱི་མངའ་ཞབས་སུ་གནས་པའི་འདྲེན་ཐང་དང་འགྲམ་ཁུལ་གྱི་ཤར་པ་ཀུན་གྲུས་ཆོས་ཀྱང་དེ་ལྟར་བརྗོད་བཞིན་མཆིས། དེ་ཡང་དཔེར་ན། འདྲེན་ཐང་ཁུལ་གྱི་ཤར་པ་རྣམས་ཐེ་གེ་པ་དང་ཁྲོམ་པ་སྟེ། རུས་རྒྱུད་གཉིས་སུ་གཏོགས་པ་ལས། ཐེ་གེ་པ་ནི་ཐོག་མར་ཤར་ཁུམས་བུའི་ཕ་ལུང་ཐུ་མ་ཟེར་བའི་ས་ཆ་ནས་ཡོང་བ་དང་། ཁྲོམ་པ་ནི་ཐོག་མར་ཁམས་སྡེ་དགེ་ཁུལ་ནས་ཡོང་བར་བརྗོད་པ་ལྟ་བུའོ། །②དོན་དུ་ཁྲོམ་པ་ཟེར་བའི་རུས་རྒྱུད་དེ་ཡང་《ཤར་པའི་མེས་རབས》ལྟར་ན། ཁམས་ནས་གནས་སྤོས་ཤིང་ཁུམས་བུ་སྡོད་ངོས་ལ་ཆགས་པའི་ཐ་མེད་ཟེར་བའི་རུས་རྒྱུད་ནས་གྱེས་པའི་རུས་ཆུང་ཞིག་ཡིན་འདུག
དེ་བཞིན་དུ“འགྲམ་ཁུལ་གྱི་ཤར་པ་ཀུན་གྲུས་ཆོས་བཤད་པར་གཞིགས་ན། སྔར་ལོ་རྒྱུས་རིང་པོའི་གོང་དུ་མདོ་ཁམས་སུ་ཧོར་གེ་སར་གྱི་དམག་འཁྲུག་བྱུང་སྐབས་ཁམས་རྒྱུད་ཀྱི་མི་སྡེ་མང་པོ་ཞིག་ནུབ་ཕྱོགས་སུ་བྲོས་བྱོལ་གྱིས་བོད་ཀྱི་མཐའ་ཁུལ་

① ཤར་པ་སངས་རྒྱས་བསྟན་འཛིན་གྱིས་མཛད་པའི་《ཤར་པའི་ཆོས་འབྱུང་དང་མེས་རབས་བཞུགས་སོ་》ཞེས་པའི་ཤོག་ངོས་༡༣༢ནས་༡༣༥བར་ལ་གསལ། བོད་ལྗོངས་བོད་ཡིག་དཔེ་རྙིང་དཔེ་སྐྲུན་ཁང་ནས་༢༠༠༣ལོར་དཔར་དུ་བསྐྲུན།

② 桑吉东智:《陈塘夏尔巴人的氏族及其功能》,载于《青藏高原论坛》2013 年 3 期。

རོང་མཚམས་སུ་སླེབས་ཏེ་གཞིས་ཆགས་”①ཞེས་པའི་བརྗོད་ཚུལ་སོགས་ཀྱང་དར་ནས་ཡོད་པ་ལྟ་བུའོ། །དེ་ལྟར་ནའང་། ཕྱིས་ཁེ་ཕན་གྱི་དམིགས་ཡུལ་ཁོ་ནའི་དབང་དུ་ཚུད་པའི་བཤད་ཚུལ་གཞན་ཡང་བྱུང་ཡོད། དེ་རིགས་ལ་ཚང་མས་གོ་བ་ལོན་བདེ་བ་ཞིག་ཡིན།

གཉིས་པ།

ཤར་པ་བོད་རིགས་ལས་ཐ་དད་པའི་ཁེར་རྐྱང་གི་ཚོ་པ་ཞིག་ཏུ་ངོས་འཛིན་མཁན་ཚོས་ཤར་པའི་མི་རྒྱུད་ཀྱི་འབྱུང་ཁུངས་ནི་ཁམས་ནས་ཡིན་པར་འདོད་པ་དང་། “བོད་རིགས་དང་འབྱུང་ཁུངས་གཅིག་པ་(ཏང་ཞང་སྤྱང་) ཡིན་རུང་། དུས་ཡུན་རིང་པོའི་འཕེལ་རྒྱས་ཀྱི་བརྒྱུད་རིམ་ནང་ཐ་དད་དུ་གྱུར་ནས་ཁེར་རྐྱང་གི་མི་རིགས་གཅིག་ཏུ་གྱུར་”②ཅེས་བརྗོད། བཤད་ཚུལ་དེའི་ཐོག་མའི་ཡོང་ཁུངས་ནི་ཀྲུང་གོ་སྤྱི་ཚོགས་ཚན་རིག་ཁང་གི་བོད་མེད་ཞིབ་འཇུག་པ་གྲན་ནད་ཕན་གྱིས་སྤྱི་ལོ་༡༩༨༣ལོར་ཀྲུང་དབྱང་མི་རིགས་སློབ་གྲྭ་ཆེན་མོའི་རིག་གཞུང་དུས་དེབ་ཐོག《ཤར་པའི་འབྱུང་ཁུངས་འཚོལ་ཞིབ་》ཅེས་པའི་དཔྱད་རྩོམ་ཞིག་སྤེལ་ཡོད་པ་དེའི་ནང་དུ་གོང་སློས་ཤར་པ་སངས་རྒྱས་བསྟན་འཛིན་གྱིས་བརྩམས་གནང་བའི《ཤར་པའི་ཆོས་འབྱུང་དང་མེས་རབས་བཞུགས་སོ་》ཞེས་པ་གཞིར་བཟུང་ནས་ཤར་པ་ཞེས་པའི་མིང་དང་ཤར་པའི་མེས་པོའི་བྱུང་ཚུལ་དང་། གནས་སྤོ་བའི་དུས་དང་ལམ་གྱི་སྐོར་ལ་དཔྱད་པ་བྱས་ཡོད་པ་དེ་ཡིན། དཔྱད་རྩོམ་དེའི་ནང་དུ། “ཤར་པ་དང་བོད་རིགས་ཀྱི་ཐུན་མོང་གི་ཕ་རབས་མེས་པོ་ནི་

① བསོད་ནམས་ཀྱིས་བརྩམས། 《ཤར་པའི་སྐོར་ཆེ་ལོང་ཙམ་བརྗོད་པ་》ཞེས་པའི་ནང་གསལ། 《བོད་ལྗོངས་ཞིབ་འཇུག》༡༩༨༣ལོའི་དུས་དེབ་དང་པོའི་ཤོག་ངོས་༡༨ལ་གསལ།

② 宋蜀华、满都尔图主编:《中国民族学五十年》95 页,人民出版社,2004 年出版。

ཉུབ་སྤྱང་ཡིན། འབྱུང་ཁུངས་གཅིག་ལས་ཐ་དད་དུ་གྱུར་བ་ཡིན་"①ཞེས་བྱུང་བས། རྗེས་སུ་སྤེལ་བའི་ཤར་པའི་སྐོར་གྱི་རྒྱ་ཡིག་དཔྱད་རྩོམ་སོགས་མང་དག་ཅིག་གིས་ཀྱང་དེ་ལྟར་བརྗོད་པ་དཔེར་ན། 《ཀྲུང་གོའི་མི་རིགས་རིག་པའི་ལོ་ལྷུ་བཙུ》ཞེས་པའི་ནང་དུ་གོང་གསལ་འབྲེལ་ཡོད་ནང་དོན་ཕལ་ཆེར་ཇི་བཞིན་བཀོད་ཡོད་པ་དང་། 《ནེ་པཱ་ལའི་མི་རིགས་ཀྱི་བྱུང་རབས》ཞེས་པའི་ནང་། "ཤར་པའི་མི་རིགས་ཀྱི་འབྱུང་ཁུངས་སྐོར་ལ། དེ་སྔོན་མི་རྣམས་ཀྱིས་ཕོ་ཆེ་བོད་ནས་ཡོང་བ་ཡིན་པ་ཤེས་པ་ཙམ་ལས། ཞིབ་ཕྲའི་གནས་ཚུལ་གསལ་གྱི་མེད། སྤྱི་ལོ་༡༩༨༠ལོའི་ཟླ་བ་བརྒྱད་པ་ནས་༡༩༨༡ལོའི་ཟླ་བ་བརྒྱད་པའི་བར་ཀྲུང་གོ་སྤྱི་ཚོགས་ཚན་རིག་ཁང་གི་མི་རིགས་ཞིབ་འཇུག་ཚན་པའི་ཁྲན་ནད་ཕན་དང་ཀྲང་གོ་དཔྱིན་རྣམ་གཉིས་ཀྱིས་བོད་དུ་ལོ་གཅིག་རིང་བརྟག་དཔྱད་བྱས་པ་བརྒྱུད། ཤར་པའི་འབྱུང་ཁུངས་གསལ་འབྱེད་ཐུབ་ཡོད། ཡང་སྙིང་བྱེད་དུས་ཤར་པ་ནི་མི་ཉག་པ་རེད། ཏང་ཞང་སྤྱང་རིགས་ཀྱི་ཡ་གྱལ་ཞིག་རེད།"②ཅེས་བརྗོད་པ་ལྟ་བུ་ཡིན་ལ། བཤད་ཚུལ་དེ་ཉིད་མིག་སྔར་ཁྱབ་ཆེར་འགྲོ་བཞིན་ཡོད། བཤད་ཚུལ་དེའི་རིགས་ལ་ང་ཚོས་བློ་རྣལ་དུ་ཕབ་ནས་གཞིག་པ་བྱས་ན། དེ་ནི་བོད་ཀྱི་ལོ་རྒྱུས་རིག་གནས་ལ་རྒྱུས་མངའ་ཕྲ་བ་དང་ཤར་པའི་འབྲེལ་ཡོད་ཀྱི་དཔྱད་གཞིའི་ཡིག་ཆར་གོ་བ་ལོན་མ་ཐུབ་པའམ་གོ་བ་ལོག་སྒྲུབ་བྱས་པ་ལས་བྱུང་བ་ཞིག་ཡིན་པ་རྟོགས་ཐུབ། ཁྲན་ནད་ཕན་གྱི་རྩོམ་ཡིག་གི་དཔྱད་པ་བྱེད་ཡུལ་གཙོ་བོ་ཞིག་ནི་མི་ཉག་གི་རྒྱུད་པའི་སྐོར་ཡིན་ཞིང་། ཤར་པའི་མེས་པོ་མི་ཉག་པ་ཡིན་པ་དང་། དེ་ནི་"ཏང་ཞང་སྤྱང་"གི་རྒྱུད་པ་ཡིན་པར་འདོད་པས། ཤར་པ་དང་བོད་རིགས་གཉིས་"ཏང་ཞང་སྤྱང་"གི་རྒྱུད་པ་ཡིན་ཞེས་བཤད་ཡོད། དེ་ཡང་ཁྲན་ནད་ཕན་གྱི་

---

① 陈乃文:《夏尔巴人源流探索》,刊载于《中央民族学院学报》1983 年 4 期,46 页:“夏尔巴与藏族的共同远祖是西羌,是同源异化。”

② 王宏纬、鲁正华编:《尼泊尔民族志》,中国藏学出版社,1989 年出版。

རྩོམ་ཡིག་ནང་《ཤར་པའི་ཆོས་འབྱུང་དང་མེས་རབས་བཞུགས་སོ་》ཞེས་པའི་ནང་དོན་དུམ་བུ་ལུང་དུ་དྲངས་ཏེ། “སོ་ལུ་དང་ཁུམས་བུའི་ཤར་པ་རྣམས་ནི་ཀྲུང་གོའི་མདོ་ཁམས་སྒང་དྲུག་གི་ཟལ་མོ་སྒང་རོང་གཏིང་གི་མི་ཉག་ནས་གནས་སྤོས་པ་ཡིན། དེའི་མེས་པོ་ནི་ས་ཆ་དེ་གར་ཆགས་པ་ཡིན། དེར་བརྟེན་རང་གིས་རང་ལ་མི་ཉག་པ་ཞེས་འབོད་”①ཅེས་དང་། “ང་ཚོས་ངོས་འཛིན་བྱས་པ་ལྟར་ན། ཤར་པའི་མེས་པོ་མི་ཉག་པ་ནི་ཏང་ཞང་སྤྱང་གི་རྒྱུད་པའི་ཡ་གྱལ་ཞིག་ཡིན། དེ་ནི་ནུབ་སྤྱང་ནས་བྱུང་བ་དང་། སྤྲ་མིའི་རིགས་རྒྱུད་ཡིན་པའི་བཤད་སྲོལ་ཡོད། བོད་རིགས་དང་འབྱུང་ཁུངས་གཅིག་པ་ཡིན་”② ཞེས་བརྗོད་ཡོད། འོན་ཀྲུང་《ཤར་པའི་ཆོས་འབྱུང་དང་མེས་རབས་བཞུགས་སོ་》ཞེས་པའི་ནང་དུ་དེ་འདྲའི་ནང་དོན་མཐོང་རྒྱུ་མེད་པས། དེ་ནི་གྲན་ནད་ཕན་གྱིས་ལོག་བཤད་བྱས་པ་ཁོ་ནར་ངེས་སོ། །གང་ལྟར་གྲན་ནད་ཕན་གྱིས་མ་ཡིག་ལ་གོ་བ་ལོན་མ་ཐུབ་པ་ཡིན་ནམ་ཡང་ན་ལོ་ཙཱ་བས་བསྒྱུར་ནོར་སོང་བ་གང་ཡིན་མི་ཤེས། མ་ཡིག་ལས་བསྒྱུར་ཏེ་དྲངས་པའི་དུམ་བུ་དེ་དག་དང་མ་ཡིག་གི་ནང་དོན་དབར་ཧེ་བག་ཆེ་ཙམ་བྱུང་ཡོད། དེ་ཡང་མ་ཡིག་ལས། “ལྗོང་གི་རིགས་ལས་མཆེད་པའི་མེས་པོ་སྣེར་རྒྱལ་དཔོན་གཡོག་འཁོར་དང་བཅས་པ་ཁམས་ཕྱོགས་ལ་ཕེབས་ཏེ། མདོ་ཁམས་སྒང་དྲུག་ཡོད་པ་ལས། ཟལ་མོ་སྒང་དུ་གནས་བཅས་སོ། །ཟལ་མོ་སྒང་འདིའི་ཕུ་ངོས་ལ། མི་གཉགས་རི་མང་ཟེར། མདའ་ངོས་ལ་ཚ་མོ་རོང་ཟེར་བ་ཡིན་” ཞེས་མི་གཉགས་རི་མང་གི་མི་རྣམས་ནི་ལྗོང་གི་རྒྱུད་པ་གནས་སྤོས་བྱས་པ་ལས་བྱུང་བར་

① 陈乃文:《夏尔巴人源流探索》,刊载于《中央民族学院学报》1983 年 4 期,44 页:“《夏尔巴先祖世系》一书说,索卢、昆布的夏尔巴是从中国的朵康六岗中赛莫岗谷底的弭药日芒迁去的,其祖先形成于该地,故而自称弭药巴。”

② 陈乃文:《夏尔巴人源流探索》,刊载于《中央民族学院学报》1983 年 4 期,23 页:“我们认为夏尔巴的祖先弭药巴是党项羌的一支,源于西羌,有猕猴种之传说,与藏族同源。”

བཞེད་པ་དང་། ཡང་"མེས་པོ་སྙེར་རྒྱལ་གྱི་བུ་བརྒྱུད་མང་ཆེ་བ་མི་གཉགས་རི་མང་ལ་ཆགས་པས། མི་དེ་རྣམས་ལའང་མི་གཉགས་པ་ཟེར་བ་ཡིན། མི་གཉགས་པའི་རིགས་ལས་མཆེད་པའི་རུས་གཞན་ནི། ཤར་པ། ཤེས་བྲག་པ། མདོ་གྲུབ་པ་སོགས་ཡིན། དེ་ལྟར་དུ་གནས་པའི་དུས་ཤིག་ན། …… གླིང་གེ་སར་རྒྱལ་པོས་དམག་དྲངས་ཏེ་ཡུན་རིང་འཐབས་པའི་རྐྱེན་གྱིས། …… ཁམས་མི་གཉགས་ནས་མི་ཆེན་གྲགས་པ་ཉེ་འཁོར་གང་ཡོད། ཁམས་ཞྭ་བྲག་གྲ་སྦྲ་ནས་བླ་མ་དགོན་པ་གོང་མ་ཉེ་འཁོར་གང་ཡོད། ཁམས་ཞྭ་མོ་དུལ་དུམ་ནས་བླ་མ་དགོན་པ་འོག་མ་ཉེ་འཁོར་གང་ཡོད། ཁམས་ཀཿཐོག་གམ་སེར་ཏ་ནས་བླ་མ་སེར་པ་ཉེ་འཁོར་གང་ཡོད། ཁམས་སླེས་དོང་ནས་ལྷ་བ་ཉེ་འཁོར་གང་ཡོད། ཁམས་ཀུ་ནི་ནས་ཐ་མེད་ཉེ་འཁོར་གང་ཡོད་བཅས། རང་རང་གི་ཕ་ཡུལ་བསྐྱུར་ནས་བོད་ལྷ་སའི་ཕྱོགས་སུ་ཁ་གཏད་དེ་བྱང་ཐང་བརྒྱུད་ནས་ཡོང་བ་ལས། …… དེ་ནས་ཁམས་པ་དེ་ཚོ་ཚང་མ་རིམ་གྱིས་སྟོད་ངོས་ལ་འགྲོར་ཏེ། དིང་རི་གླང་བ་སྐོར་སོགས་ལ་མི་ལོ་ཁ་ཤས་བསྡད་པ་ཡིན་"①ཞེས་ཤར་པའི་མི་རྒྱུད་ཀྱི་འབྱུང་ཁུངས་ནི་མི་ཉག་པ་ཡིན་ཚུལ་གསལ་པོར་གསུངས་པ་སོགས། མདོར་ན། ཤར་པའི་མི་རྒྱུད་ཀྱི་འབྱུང་ཁུངས་དངོས་ནི་བོད་ཀྱི་རུས་ཆེན་བཞིའམ་མིའུ་རིགས་བཞིའི་ཡ་གྱལ་ལྡོང་གི་རྒྱུད་པ་ཡིན་པར་གསལ་བ་འདི་ལ་བོད་ཀྱི་གནའ་དེང་གྲགས་ཅན་མཁས་མང་ཞལ་གཅིག་མཐུན་ཡིན་ལ། འདི་ནི་བོད་ཀྱི་ཚད་ལྡན་ལོ་རྒྱུས་ཡིག་ཆའི་ནང་འཁོད་པའི་འབྲེལ་ཡོད་ནང་དོན་དང་ཡོངས་སུ་མཐུན་པ་ཞིག་ཡིན། དཔེར་ན《རྒྱ་བོད་ཡིག་ཚང་ཆེན་མོ་》ལས་སྨུག་པོ་ལྡོང་གི་ཆེ་དྲུག་བཙུན་དྲུག་བཤད་པའི་སྐབས་སུ། "ད་ཕོ་བོ་ལྡོང་ལ་ཆེ་དྲུག་ཡོད། སྟོད་ན་སྤྲ་ཚབ་འབྲིང་

① ཤར་པ་སངས་རྒྱས་བསྟན་འཛིན་གྱིས་མཛད་པའི《ཤར་པའི་ཆོས་འབྱུང་དང་མེས་རབས་བཞུགས་སོ》ཞེས་པའི་ཤོག་ངོས་༡༣༨ལ་གསལ། བོད་ལྗོངས་བོད་ཡིག་དཔེ་རྙིང་དཔེ་སྐྲུན་ཁང་ནས་༢༠༠༣ལོར་དཔར་དུ་བསྐྲུན།

ཡས་གཉིས། བར་ན་རོ་འཇོ་རག་ཤ་གཉིས། སྨད་ན་མི་ཉག་གྱི་ཐན་གཉིས། ཆེ་དྲུག་མཚན་ན་བཙུན་དྲུག་དེ། པེ་རི་ལ་མདོ་དང་གླིང་པ་གཉིས། རོ་འཇོ་ལ་ཕུ་པ་དང་མདའ་པ་གཉིས། གྱི་ཐན་ལ་རྒྱས་བསྐུས་ཆེ་ཆུང་གཉིས། དེ་ཆེ་བཙུན་སྤེལ་མ་བཅུ་གཉིས་ཡིན་”①ཞེས་མི་ཉག་པ་ནི་བོད་ཀྱི་རུས་ཆེན་སྟོང་གི་ཆེ་དྲུག་གི་ཡ་གྱལ་ཞིག་ཡིན་པར་གསུངས་པ་ལྟ་བུ་དང་། གཞན་ཡང་《མཁས་དབང་དམུ་དགེ་བསམ་གཏན་གྱི་དཔྱད་རྩོམ་ཕྱོགས་སྒྲིག》ལས། “མི་ཉག་དང་འབྲུག་པའི་རྒྱལ་པོ་ཐོག་མ་གཉིས་བོད་མི་སྤུན་གཉིས་ཡིན་པ་རྒྱ་བོད་ཡིག་ཚང་དུ་འཁོད་པ་དང་། འབྲུག་པའི་རྒྱལ་པོའི་ལོ་རྒྱུས་ནང་དུའང་ཡོད། འབྲུག་པ་ནི་བོད་སིལ་བུར་མ་འཐོར་བར་བཙན་པོའི་མངའ་འོག་གི་རྒྱལ་ཕྲན་ཞིག་བྱས་པ་མ་ཟད། ཕྱིས་སུའང་བོད་སྲིད་གཞུང་ལ་དཔྱ་ཁྲལ་འཇལ་དགོས་ཀྱི་ཡོད། མི་ཉག་ནི་བོད་རྒྱལ་བཙན་པོ་དང་གཉེན་ཉེ་མནའ་མཐུན་བྱས་ནས་བསྡད་པ་ལས། ཕན་ཚུན་དཔོན་འབངས་བྱས་པའི་ལོ་རྒྱུས་མ་མཐོང་མོད། འོན་ཀྱང་དེའི་དཔོན་འབངས་ཐམས་ཅད་བོད་རིགས་ཡིན་པ་རུས་མཛོད་དག་ཏུ་གསལ་”②ཞེས་དང་། དོར་ཞི་གདོང་དྲུག་སྙེམས་བློའི་དཔྱད་རྩོམ་ཕྱོགས་བསྒྲིགས《སྨུན་འཛོམས་ནོར་བུའི་ཕྲེང་བ་》ལས། “དེང་སང་རྒྱའི་ལོ་རྒྱུས་རྟོག་ཞིབ་པ་སྐོར་ཅིག་མི་ཉག་པ་ནི་མི་རིགས་ཡན་གར་བ་ཞིག་ཏུ་འདོད་པའི་ཕྱོགས་འཛིན་བྱེད་ཀྱང་། མི་ཉག་ སྐད་ཀྱི་ལོ་རྒྱུས་ལ་དཔྱད་ན། མི་རྒྱུད་ཀྱི་མཆེད་ཁུངས། རྒྱལ་ཁབ་དང་རྒྱལ་པོའི་མིང་། ཡུལ་སྲོལ་གོམས་འདྲིས། གོས་དང་རྒྱན་ཆ། ཆོས་ལུགས་དད་མོས་ཀྱི་ཁྱད་ཆོས། སྐད་

① དཔལ་འབྱོར་བཟང་པོས་བརྩམས། 《རྒྱ་བོད་ཡིག་ཚང་ཆེན་མོ་》ཤོག་ངོས་༡༣ལ་གསལ། སི་ཁྲོན་མི་རིགས་དཔེ་སྐྲུན་ཁང་ནས་སྤྱི་ལོ་༡༩༨༥ལོར་དཔར་དུ་བསྐྲུན།

② 《མཁས་དབང་དམུ་དགེ་བསམ་གཏན་གྱི་དཔྱད་རྩོམ་ཕྱོགས་སྒྲིག》ཤོག་ངོས་༡༢༩ལ་གསལ། སི་ཁྲོན་མི་རིགས་དཔེ་སྐྲུན་ཁང་ནས་སྤྱི་ལོ་༡༩༩༣ལོར་དཔར་དུ་བསྐྲུན།

རིགས་སོགས་སྔོ་ཀུན་ནས་བོད་པ་ཡིན་པའི་ཤེས་བྱེད་མང་དུ་ཡོད་"①ཅེས་པ་སོགས་མང་དུ་གསུངས་ཡོད་པ་ལྟ་བུ་ཡིན། གཞན་ཡང་《ཤར་པའི་ཆོས་འབྱུང་དང་མེས་རབས་བཞུགས་སོ་》ཞེས་པའི་ནང་ཤར་ཁུམས་བུར་གནས་བཅའ་བའི་ཤར་པའི་ཐོག་མའི་མི་རྒྱུད་ནི་ཁམས་མི་ཉག་པ་གཅིག་པུ་མིན་པར་རུས་རྒྱུད་དུ་མ་ལས་གྲུབ་པར་གསལ་ཡོད་དེ། "མི་ཉག་པ་མི་ཆེན་གྲགས་པ་དང་། སེར་པ་བླ་མ་དུང་རྒྱལ་དང་། ཨུ་ནི་པ་ཐ་མེད་གསུམ་གཙོ་བོ་བྱས་ཏེ་དང་པོར་ཁུམས་བུ་སྟོད་ངོས་ལ་ཆགས། དེ་རྗེས་སུ་ཁམས་སླེས་དོང་པ་ལྡུ་བ་དང་། ས་ལ་སྨ། ཁམས་པ་ཅན། སྔོ་བར་མ། དེ་ལ་སོགས་པའི་མཆེད་ཡ་གཞན་ཡང་རིམ་པར་འགྱོར་བ་ཡིན་ནོ་"②ཞེས་དང་། "བོད་རིགས་ལས་བྱེ་བྲག་ཏུ་འགྱུར་པ། ཉང་གི་རིགས་ཁམས་སེར་ཏ་རུ་ཆགས་ཤིང་སེར་པ་ཞེས་མིང་ཐོགས་པ་མ་ཟད། དེ་ལས་རིམ་པར་མཆེད་དེ་ཤར་པར་གྱུར་པའི་མི་རྒྱུད་མེས་རབས་"③ཞེས་དང་། དེའི་རྒྱུད་ལས"ཇོ་རྗེ་དབྱིངས་ལ་བུ་སེར་དུང་རྒྱལ་བྱུང་། འདི་དང་པོ་ཁུམས་བུའི་ཕྱོགས་ལ་ཕེབས་མཁན་དེ་ཡིན་"④ཞེས་པ་སོགས་གསལ་བ་ལས་རྟོགས་ཐུབ། དེས་ན་ཤར་པའི་འབྱུང་ཁུངས་མི་ཉག་ཁོ་ནར་འདོད་པ་དེ་ནི་མ་ཡིག་ལ་གཡག་ཞ་རས་རྫ་ཟ་བའི་རྟུལ་ཞུགས་འཛིན་པའམ་ཚིག་དུམ་ཁྱེར་ནས་དོན་འགྲེལ་བྱས་པར་མཐོང་

① ངོར་ཞི་གདོང་དྲུག་སྙེམས་བློའི་དཔྱད་རྩོམ་ཕྱོགས་བསྒྲིགས《སྨན་འཛོམས་ནོར་བུའི་ཕྲེང་བ་》ཤོག་གྲངས་༩ལ་གསལ། མི་རིགས་དཔེ་སྐྲུན་ཁང་ནས་ཕྱི་ལོ་༡༨༨༤ལོར་དཔར་དུ་བསྐྲུན།

② ཤར་པ་སངས་རྒྱས་བསྟན་འཛིན་གྱིས་མཛད་པའི《ཤར་པའི་ཆོས་འབྱུང་དང་མེས་རབས་བཞུགས་སོ་》ཞེས་པའི་ཤོག་གྲངས་༡༣༤ལ་གསལ། བོད་ལྗོངས་བོད་ཡིག་དཔེ་རྙིང་དཔེ་སྐྲུན་ཁང་ནས་༢༠༠༣ལོར་དཔར་དུ་བསྐྲུན།

③ ཤར་པ་སངས་རྒྱས་བསྟན་འཛིན་གྱིས་མཛད་པའི《ཤར་པའི་ཆོས་འབྱུང་དང་མེས་རབས་བཞུགས་སོ་》ཞེས་པའི་ཤོག་གྲངས་༡༩༢ནས་༡༩༩ལ་གསལ། བོད་ལྗོངས་བོད་ཡིག་དཔེ་རྙིང་དཔེ་སྐྲུན་ཁང་ནས་༢༠༠༣ལོར་དཔར་དུ་བསྐྲུན།

④ ཤར་པ་སངས་རྒྱས་བསྟན་འཛིན་གྱིས་མཛད་པའི《ཤར་པའི་ཆོས་འབྱུང་དང་མེས་རབས་བཞུགས་སོ་》ཞེས་པའི་ཤོག་གྲངས་༡༩༩ལ་གསལ། བོད་ལྗོངས་བོད་ཡིག་དཔེ་རྙིང་དཔེ་སྐྲུན་ཁང་ནས་༢༠༠༣ལོར་དཔར་དུ་བསྐྲུན།

བས། དེ་ནི་ཤར་པ་དང་བོད་རིགས་ཐ་དད་དུ་སྨྲ་བ་ཚོས་རང་གི་ལྟ་བ་སྒྲུབ་ཆེད་མ་ཡིག་ལ་ལོག་འགྲེལ་བྱས་པའམ་ནང་དོན་སྣོན་འཕྲི་བྱས་པ་ཕོ་ན་ཡིན་པས། ཚན་རིག་ཞིབ་འཇུག་པའི་སྤྱོད་ཚུལ་ལས་འགལ་བ་ཞིག་ཡིན། དེའི་རིགས་ལ་མཁས་པའི་དབང་པོ་དམུ་དགེ་བསམ་གཏན་མཆོག་ནས། "ཁྱེད་ཅག་གིས་བོད་ཀྱི་ལོ་རྒྱུས་དང་བོད་ཡིག་མི་ཤེས་ནའང་། བོད་ཡིག་དང་བོད་ཀྱི་ལོ་རྒྱུས་ལ་མཁས་པ་དག་གི་ངག་ལ་བརྟེན་ནས་ཞིབ་དཔྱོད་བྱེད་པར་ཞུ་ཞེས་གསོལ་ལོ། །དེ་མིན་བོད་ཡིག་དང་བོད་ཀྱི་ལོ་རྒྱུས་མི་ཤེས་པའི་མི་རྫུན་རྐྱལ་རེའི་ཁ་ལ་ཉན་པ་དང་། རྒྱ་ཡིག་ཁོ་ན་ལ་བརྟེན་ནས་བོད་ཀྱི་ལོ་རྒྱུས་ལག་ཏུ་གང་ཡོང་བྲིས་ན་རྫུན་གཏམ་དུ་གྱུར་ནས་ཕན་པ་གང་ཡང་མེད་པར་འགྱུར་རོ། །བོད་ཡིག་གི་ཐོག་ཏུའང་རྒྱའི་ལོ་རྒྱུས་མི་ཉུང་བ་རེ་ཡོད་མོད། རྒྱའི་ལོ་རྒྱུས་ལ་རྒྱ་ཡིག་གཙོ་ཞིང་ཁུངས་ཐུབ། བོད་ཀྱི་ལོ་རྒྱུས་ལ་བོད་ཡིག་གཙོ་ཞིང་ཁུངས་དག་པ་ཡིན། རང་རང་ལོ་རྒྱུས་ཡོད་མེད་ཀྱི་ཁྱད་པར་ཡིན"①ཞེས་དམིགས་སུ་བཀར་ནས་གསུངས་ཡོད། དེའི་ཕྱིར། ཤར་པའི་ལོ་རྒྱུས་ལ་ཤེས་རྟོགས་བྱ་དགོས་ན། ངེས་པར་དུ་བོད་ཡིག་དང་ཁྱད་པར་ཤར་པའི་མིས་བྲིས་པའི་བོད་ཡིག་གི་དཔྱད་གཞི་གཙོ་བོར་གཟུང་རྒྱུ་གལ་ཆེ། ཤར་པ་སངས་རྒྱས་བསྟན་འཛིན་ནས་མཛད་པའི《ཤར་པའི་ཆོས་འབྱུང་དང་མེས་རབས་བཞུགས་སོ》ཞེས་པ་དེ་ནི་ཤར་པའི་མིའི་འབྱུང་ཁུངས་གསལ་བའི་ལོ་རྒྱུས་ཀྱི་དཔྱད་གཞི་གལ་ཆེན་ཞིག་ཡིན་ཏེ། དེའི་ནང་དུ་ཤར་པའི་མེས་པོའི་ཐོག་མའི་བྱུང་རབས་དང་། ཐ་ན་རུས་ཆུང་དང་རུས་ལག་གྱེས་ཚུལ་སོགས་ཞིབ་ཅིང་ཕྲ་བར་བཀོད་གནང་ཡོད་པ་མ་ཟད། དེ་ལྟའི་ཞིབ་ཆ་ཆེ་བའི་ལོ་རྒྱུས་དག་ཀྱང་སྟར་མེད་གསར་བྲིས་མཛད་པ་ཞིག་མ་ཡིན་པར་སྔར་ཡོད་མེས་རབས་དང་

① 《མཁས་དབང་དམུ་དགེ་བསམ་གཏན་གྱི་དཔྱད་རྩོམ་ཕྱོགས་སྒྲིག》ཤོག་ངོས་༡༢༩ལ་གསལ། སི་ཁྲོན་མི་རིགས་དཔེ་སྐྲུན་ཁང་ནས་སྤྱི་ལོ་༡༩༩༧ལོར་དཔར་དུ་བསྐྲུན།

འབྲེལ་ཡོད་དཔྱད་གཞི་མང་དག་ཅིག་བཏུས་ཏེ་རྩོམ་འབྲི་གནང་བ་ཞིག་ཡིན་པའི་ཕྱིར། དེ་ཡང་རྩོམ་པ་པོས་《ཤར་པའི་མེས་རབས་》ཀྱི་ལེ་ཚན་མཇུག་བསྡུ་བའི་བཀའ་མོལ་དུམ་བུ་ཞིག་ལས། "དེ་ལྟར་ཤར་པའི་མེས་རབས་གསལ་དག་ཁུངས་ལྡན་དུ་བཀོད་པ་འདི་ནི། མཁས་པ་ཆེན་པོ་མང་པོས་ནན་བསྐུལ་མཛད་པ་ལ་བརྟེན་ནས། བལ་ཡུལ་གསེར་དགོན་སངས་རྒྱས་བསྟན་འཛིན་གྱིས། མེས་རབས་རྙིང་པ་ལམ་བཅང་དང་ས་རྟགས་ལུང་གི་དེབ་ཁྲ་ལས་བཏུས་ཏེ། ནེ་པཱ་ལ་རྒྱལ་ས་ཀཱ་ཋ་མཎྜ་ཪོ་གྲོང་ཁྱེར་ཆེན་པོར་དག་པར་བྲིས་"[1]ཞེས་གསལ་བ་ལྟར་རོ། །

གང་ལྟར་ཤར་པ་དང་བོད་རིགས་གཉིས་ཐ་དད་ཡིན་པར་བརྗོད་པ་ལ་རྒྱུ་མཚན་ཁུངས་འཐེར་བ་ཞིག་སུ་ལའང་བསྟན་རྒྱུ་མེད། གལ་ཏེ་དེ་གཉིས་མི་རིགས་ཐ་དད་དུ་གྱུར་བ་ཞིག་ཡིན་པར་འདོད་ན། མར་ཁེ་སིའི་གཞུང་ལུགས་ལྟར་མི་རིགས་རྣམ་དབྱེའི་གཞི་འཛིན་ས་སྐད་དང་ཡི་གེ རིག་གནས་སྲོལ་རྒྱུན། ཡུལ་སྲོལ་གོམས་གཤིས། ཆོས་ལུགས་དད་མོས་སོགས་ཀྱི་ཐོག་ནས་ཐ་དད་པའི་ཆ་དེ་རྒྱུ་མཚན་དུ་འདྲེན་དགོས་མོད། དེ་འདྲའི་སྒྲུབ་བྱེད་ཅིག་བཀོད་མེད་ལ་འགོད་པའི་སྤོབས་པ་སུ་ལའང་ཡོད་མི་སྲིད། དེར་བརྟེན། 《ཤར་པའི་འབྱུང་ཁུངས་འཚོལ་ཞིབ་》ཅེས་པའི་ནང་ཤར་པ་བོད་རིགས་མིན་པའི་སྒྲུབ་བྱེད་ཚིག་གཅིག་ཀྱང་མེད་པར་ཐ་དད་དུ་གྱུར་ཟིན་པའི་དོན་ཏེ། 异化 ཞེས་པའི་རྒྱ་ཡིག་གི་ཡིག་འབྲུ་སྐམ་པོ་གཉིས་ཀྱིས་མིའི་ཚོ་པ་འདིའི་འབྱུང་ཁུངས་ཐག་བཅད་པ་ནི་རྩོལ་རྒྱུགས་ཤོར་བ་འདྲ་ནི་ག་ལ་ཡིན།

གཞན་ཡང་ཤར་པ་"ཏང་ཞང་སྤྱང་"གི་མི་རྒྱུད་ཡིན་པར་སྨྲ་བ་དེ། བར་

[1] ཤར་པ་སངས་རྒྱས་བསྟན་འཛིན་གྱིས་མཛད་པའི་《ཤར་པའི་ཆོས་འབྱུང་དང་མེས་རབས་བཞུགས་སོ་》ཞེས་པའི་ཤོག་ངོས་༧༥༣ལ་གསལ། བོད་ལྗོངས་བོད་ཡིག་དཔེ་རྙིང་དཔེ་སྐྲུན་ཁང་ནས་༢༠༠༣ལོར་དཔར་དུ་བསྐྲུན།

སྐབས་ཤིག་རིང་བོད་རིགས་ཀྱི་འབྱུང་ཁུངས་སྲུང་羌རིགས་ལས་གྱེས་ཚུལ་གྱི་ལབ་གླེང་མང་པོ་ཞིག་བྱུང་བ་ལས་ཐོན་པའི་འབྲས་བུ་ཞིག་ཡིན། འདིར་གནད་དོན་དེའི་སྐོར་གསལ་ཁ་མི་བྱེད་ཀ་མེད་རེད། དེ་ཡང་བོད་རིགས་ཀྱི་རྩ་བའི་འབྱུང་ཁུངས་གང་ཡིན་ཐད་སྔོན་ཕྱིན་མཁས་མང་ཞལ་གཅིག་མཐུན་ཡིན་ཏེ། ལོ་ངོ་ཁྲི་ཕྲག་མང་པོའི་སྔོན་དུས་སུ། སྙེ་ཁ་རྩེད་ཐང་གོང་པོ་རིར་གནས་པའི་བྲག་སྲིན་མོ་དང་སྤྲེའུ་གཉིས་འདུས་པ་ལས། མི་མིན་སྤྲ་མིན་གྱི་ཕྲུ་གུ་མང་དུ་བྱུང་། ཟས་སུ་མ་རྨོས་པའི་ལོ་ཏོག་བྱས། གོས་སུ་ཤིང་ལོ་གྱོན། ཕྱིས་དེ་དག་མང་དུ་འཕེལ་བ་དང་། རིམ་བཞིན་སྤུ་དང་མཇུག་མ་ཐུང་དུ་སོང་། སྨྲ་ཤེས་ནས་མིར་གྱུར། སྟོད་མངའ་རིས། བར་དབུས་གཙང་། སྨད་མདོ་ཁམས་བཅས་བོད་ཡུལ་སྟོད་སྨད་བར་གསུམ་གྱི་ས་ཆེན་པོའི་མིའི་འགྲོ་བ་ནི་དེ་ལས་མཆེད་པར་གྱུར། ཐོག་མར་བསེ་དང་དམུ། སྟོང་དང་ལྡོང་ཞེས་རུས་ཆེན་བཞིའམ་དེའི་སྟེང་དབྲ་དང་འབྲུ་བསྣན་པས་རུས་ཆེན་དྲུག་བྱུང་། “བོད་མི་ཕལ་ཆེ་བ་རུས་ཆེན་བཞི་པོ་དེ་ལས་གྱེས་པར་བྱེད་དོ”[①]ཞེས་བོད་མིའི་འབྱུང་ཁུངས་ཀྱི་ལྟ་ཚུལ་བབས་ཆགས་པ་ཞིག་དང་། ཐོག་མའི་རུས་རྒྱུད་ཀྱི་མཆེད་ཚུལ་གསལ་པོར་གསུངས་ཡོད་པ་དེ་ལྟར་ཡིན།

བོད་རིག་པའི་བྱ་གཞག་གོང་འཕེལ་འགྲོ་བ་དང་བསྟུན་ནས་རིག་པའི་གནད་སོ་སོའི་ཞིབ་ཕྲའི་རྩོད་གཞི་མང་པོ་ཞིག་ལ་གཅིག་གྱུར་གྱི་ལྟ་སྣང་ཁ་གསལ་བྱུང་དང་འབྱུང་བཞིན་པ་ལྟར། བོད་རིགས་ཀྱི་འབྱུང་ཁུངས་སྲུང་ཡིན་པར་སྨྲ་བའི་གླེང་གཞི་དེ་ལ་ཡང་ཆེད་དུ་དམིགས་ནས་ཞིབ་འཇུག་བྱེད་མཁན་བྱུང་ཡོད་པ་མ་ཟད། དེང་རབས་ཀྱི་ལོ་རྒྱུས་ཞིབ་འཇུག་མཁན་མང་པོས། སྔོན་གྱི་ལོ་

① དཔལ་འབྱོར་བཟང་པོས་བརྩམས། 《རྒྱ་བོད་ཡིག་ཚང་ཆེན་མོ་》ཤོག་ངོས་༡༢༨ལ་གསལ། སི་ཁྲོན་མི་རིགས་དཔེ་སྐྲུན་ཁང་ནས་སྤྱི་ལོ་༡༩༨༥ལོར་དཔར་དུ་བསྐྲུན།

རྒྱུས་དེབ་ཐེར་ལུང་དུ་བྱུས་པ་དང་། ཆབ་མདོ་ཁ་རུབ་སོགས་ནས་སྡོག་འདོན་བྱུང་བའི་ལོ་ངོ་བཞི་སྟོང་ལྔ་བརྒྱ་ནས་ལྔ་སྟོང་བར་སོང་ཟིན་པའི་རྗེ་ཆས་གསར་པའི་རིག་གནས་དངོས་རྫས་ཀྱི་དཔང་རྟགས་སོགས་ལ་བརྟེན་ནས་དགག་གཞག་བྱས་དང་བྱེད་མུས་ཡིན། དེ་ཡང་མཁས་པའི་དབང་པོ་དམུ་དགེ་བསམ་གཏན་མཆོག་དང་དོར་ཞི་གདོང་དྲུག་སྙེམས་བློ་མཆོག་ནས་དུས་རབས་གོང་མའི་ལོ་རབས་བརྒྱད་ཅུ་པའི་འགོ་སྟོད་དུ་ལྡགས་རྩོམ་གནང་བའི་《མུན་སེལ་སྒྲོན་མེ་》ཞེས་པ་དང་《མུན་འཇོམས་ནོར་བུའི་ཕྲེང་བ་》ཞེས་པའི་ནང་། "ཐོག་མར་རུས་ཆེན་བཞིར་ཕྱེས་པའི་རུས་མིང་ལ་བརྟེན་ནས། མི་རིགས་གཞན་འགའ་ཞིག་གིས་བོད་ཀྱི་མིང་བཏགས་ཚུལ་བརྗོད་པར་བྱ་སྟེ། རུས་ཆེན་བཞི་ནི། ཡེ་སང་དང་། ཡེ་སྨོན། སྤྱང་། མོན་བཞི་ཡིན་ལ། མོན་དེང་དུས་ཀྱང་ཡོད་པའི་མོན་པ་ཟེར་བ་དེ་ཡིན། དེའི་ནང་གི་སྤྱང་གི་རུས་ཀྱི་སྒྲ་ལ་བརྟེན་ནས། བོད་མི་ཐམས་ཅད་ལ་སྤྱང་(羌)ཟེར་བ་ནི། དཔེར་ན། དེང་སང་བོད་མདོ་དབུས་གཙང་གསུམ་ནང་གི་གཙང་གི་སྒྲ་ཁོ་ན་ལ་བརྟེན་ནས་བོད་མི་ཐམས་ཅད་ལ་གཙང་(藏)གི་རིགས་ཟེར་བ་བཞིན་ནོ། །དེང་སང་(羌族)ཟེར་བའི་རྒྱ་ཡིག་འདིའི་འབྱུང་ཁུངས་མ་ཤེས་པར་འདི་བོད་ཡིག་ཏུ་སྒྱུར་སྐབས་ཆང་དང་ཆའང་དང་འཇང་སོགས་ཡི་གེ་སྣ་ཚོགས་ཤིག་འབྲི་མོད། དེའི་འབྱུང་ཁུངས་ནི་སྤྱང་ཞེས་པ་འདི་ཡིན་"①ཞེས་དང་། "སྟར་བོད་མི་ལ་སྤྱང་དང་། ཕྱིས་མཐོ་ཁུལ་གྱི་བོད་མི་ལ་ཤི་སྤྱང་ 西羌 ཟེར་བ་དང་། དམའ་ཁུལ་གྱི་བོད་ལ་ཏི་སྤྱང་ 氐羌 ཟེར་བས་བོད་ཡིན་པ་གསལ་ལོ་"②ཞེས་གསལ་བ་དང་། "དེང་སང་གི་ལོ་རྒྱུས་རྟོག་ཞིབ་པར་རྣམ་པ་འགའ་ཞིག

① 《མཁས་དབང་དམུ་དགེ་བསམ་གཏན་གྱི་དཔྱད་རྩོམ་ཕྱོགས་སྒྲིག》ཤོག་ངོས་༡༡༡ལ་གསལ། སི་ཁྲོན་མི་རིགས་དཔེ་སྐྲུན་ཁང་ནས་སྤྱི་ལོ་༡༩༩༣ལོར་དཔར་དུ་བསྐྲུན།

② 《མཁས་དབང་དམུ་དགེ་བསམ་གཏན་གྱི་དཔྱད་རྩོམ་ཕྱོགས་སྒྲིག》ཤོག་ངོས་༡༡༩ལ་གསལ། སི་ཁྲོན་མི་རིགས་དཔེ་སྐྲུན་ཁང་ནས་སྤྱི་ལོ་༡༩༩༣ལོར་དཔར་དུ་བསྐྲུན།

གནའ་དུས་ཀྱི་སྤྱང་ངམ་འཛང་དང་། དུས་ཕྱིས་ཀྱི་བོད་མི་རིགས་གཅིག་མིན་ཟེར་བ་དང་། མི་ཉག་པ་དང་། དྭགས་པོ། མོན་པ། ཀློ་བ། བོད་མི་ཟེར་བ་རྣམས་ཙང་ཙུའུ་མིན་ཟེར་ནས་བོད་རིགས་ལས་ལོགས་སུ་ཕྱེ་བ་ནི་དམིགས་ཡུལ་གཞན་མེད་ནའང་། མ་རྟོགས་ལོག་རྟོག་གི་རྫོངས་པའི་རྒྱུར་ཚུད་པ་ཡིན་པར་འདོན་མི་ཟའོ་"①ཞེས་དང་། "མི་ཉག་ལྷའི་རྒྱལ་པོའི་གདུང་རྒྱུད་ནི། ཡིག་ཚང་ཀུན་ཁ་འཆམས་པར་ཞོང་སྤྱང་(党项羌)སྟེ། སྤྱང་གི་རིགས་ལ་ཞོང་གི་རྒྱུད་པ་ཡིན་ཞེས་སྣང་"②ཞེས་གསུངས་པ་མ་ཟད། བོད་ཀྱི་ལོ་རྒྱུས་དེབ་ཐེར་གྱི་ལུང་དང་རྒྱའི་ལོ་རྒྱུས་ཡིག་ཚང་ནང་འཁོད་ཀྱི་བོད་ཀྱི་གནའ་བོའི་དུས་རྒྱུད་ཆེ་བའི་མིང་གི་སྒྲ་སྒྱུར་སོགས་སྒྲུབ་བྱེད་མང་དག་ཅིག་བསྟན་གནང་ནས་བོད་མི་ནི་ཡུལ་གཞན་ནས་བྱུང་བའི་མི་རིགས་ཤིག་མིན་པར་ལོ་ངོ་ཁྲི་ཕྲག་མང་པོའི་སྔོན་ནས་བོད་ཡུལ་དེ་རང་དུ་ཆགས་གནས་བྱུང་བའི་ཁུངས་སྐྱེལ་མཛད་ཡོད།

ཆབ་སྲིད་ཚེ་བརྟན་ཕུན་ཚོགས་དང་ནོར་བྲང་ཨོ་རྒྱན་རྣམ་གཉིས་ནས་རྩོམ་སྒྲིག་གནང་བའི《བོད་ཀྱི་ལོ་རྒྱུས་རགས་རིམ་གཡུ་ཡི་ཕྲེང་བ》ཞེས་པའི་ནང་བོད་མིའི་རྒྱུད་པ་མི་རིགས་གཞན་ལས་འཆད་ཚུལ་སྒྲ་བར་མཐའ་དཔྱོད་གནང་བའི་ལེ་ཚན་དེའི་ནང་གཅིག་ནས "ཆོས་འབྱུང་རེ་ཟུང་ནང་བོད་མིའི་འབྱུང་ཁུངས་རྒྱ་གར་ནས་ཡིན་ཟེར་བ་དེ་ནི་གནའ་རབས་བཙན་པོའི་དུས་ཀྱི་ཡིག་རིགས་ཀུན་དང་མི་མཐུན་ལ། བོད་ཀྱི་རྒྱལ་རབས་ཆོས་འབྱུང་གཞན་དག་གིས་ཀྱང་དང་ལེན་མི་བྱེད་པ་མ་ཟད།……ལོ་རྒྱུས་དང་དོན་དངོས་གང་གི་ཐད་ནས་ཀྱང་གཞི་འཛིན་

① ངོར་ཞི་གདོང་དྲུག་སྙེམས་བློའི་དཔྱད་རྩོམ་ཕྱོགས་བསྒྲིགས《མུན་འཛོམས་ནོར་བུའི་ཕྲེང་བ》ཤོག་ངོས་༡༢ལ་གསལ། མི་རིགས་དཔེ་སྐྲུན་ཁང་ནས་སྤྱི་ལོ་༡༩༩༤ལོར་དཔར་དུ་བསྐྲུན།

② ངོར་ཞི་གདོང་དྲུག་སྙེམས་བློའི་དཔྱད་རྩོམ་ཕྱོགས་བསྒྲིགས《མུན་འཛོམས་ནོར་བུའི་ཕྲེང་བ》ཤོག་ངོས་༡༢ལ་གསལ། མི་རིགས་དཔེ་སྐྲུན་ཁང་ནས་སྤྱི་ལོ་༡༩༩༤ལོར་དཔར་དུ་བསྐྲུན།

ས་གང་ཡང་མེད་དོ་”①ཞེས་བོད་རིགས་རྒྱ་གར་ནས་བྱུང་བར་འདོད་པ་ལ་དགག་གཞག་མཛད་ཡོད་པ་མ་ཟད། གཉིས་ནས“ཡང་ལ་ལས་འཇང་རིགས་ཀྱི་ཁོངས་སུ་ནུབ་ཀྱི་འཇང་ཞེས་པ་དང་། བོད་འཇང་ཞེས་པ་སོགས་ཡོད་པ་དེ་དག་ནི་བོད་རིགས་ཀྱི་མེས་པོ་ཡིན་ཞེས་ཟེར། འཇང་ཞེས་པའི་རྒྱ་ཡིག་གི་ཡིག་འབྲུ་གྲུབ་སྟངས་དེར་འགྲེལ་བཤད་ཞིབ་གསལ་བྱས་ན། སྟེང་དུ་ཡླང་ཞེས་ར་ལུག་ཅེས་པའི་ཡི་གེ་དེ་དང་། འོག་ཏུ་རིའན་ཏེ་མི་ཞེས་པའི་ཡིག་འབྲུ་གཉིས་ལས་གྲུབ་པ་ཞིག་ཡིན། དེའི་གོ་དོན་ནི་ར་ལུག་འཚོ་མཁན་གྱི་མི་ཟེར་བ་ཡིན། སྐབས་དེར་རང་རྒྱལ་གྱི་ནུབ་བྱང་ས་ཁུལ་དུ་གནས་པའི་འབྲོག་ལས་བྱེད་མི་རྣམས་ཀྱི་སྤྱི་མིང་དུ་འཇང་ཟེར་བ་ལས་མི་རིགས་ཤིག་གི་མིང་མ་ཡིན་སྙམ།……འཇང་པ་རང་ཉིད་ཀྱིས་ཀྱང་སོ་སོའི་མི་རིགས་དེའི་མིང་ལ་འར་རྒྱའ་དང་འར་ཆེན་ཟེར་བ་ལས་འཇང་ཟེར་གྱི་མེད་”②ཅེས་བོད་རིགས་འཇང་ནས་བྱུང་བར་སྨྲ་བར་དགག་གཞག་མཛད་ཡོད། དེ་ལྟར་ཁོང་རྣམ་གཉིས་ནས་བོད་མིའི་འབྱུང་ཁུངས་སྐོར་ལ་ཚོད་བསྒོམས་ཤིག་གནང་ཡོད་པ་ནི། “མདོར་ན་གོང་གསལ་ལོ་རྒྱུས་ཀྱི་ཡིག་རིགས་ཁག་དང་། གནའ་རབས་ཀྱི་རིག་གནས་དངོས་པོ་འབོར་ཆེན་ཐོན་པ། དམངས་ཁྲོད་ཀྱི་གཏམ་རྒྱུད་སོགས་ཚང་མའི་ཐོག་ནས་མི་ལོ་སྟོང་ཕྲག་མང་པོ་དང་། ཡང་ན་མི་ལོ་ཁྲི་ཕྲག་འགའ་ཞིག་གི་སྔོན་ནས་བོད་ཀྱི་ཡུལ་འདི་ཉིད་དུ་བྱུང་ཞིང་འཕེལ་བའི་འགྲོ་བ་མིའི་རིགས་གནས་ཡོད་པ་ལས། ཡུལ་ཕྱོགས་གང་ཞིག

---

① ཆབ་སྤེལ་ཚེ་བརྟན་ཕུན་ཚོགས་དང་ནོར་བྲང་ཨོ་རྒྱན་ནས་བསྒྲིགས། 《བོད་ཀྱི་ལོ་རྒྱུས་རགས་རིམ་གཡུ་ཡི་ཕྲེང་བ》སྟོད་ཆའི་ཤོག་ངོས་༢༦ལ་གསལ། བོད་ལྗོངས་བོད་ཡིག་དཔེ་རྙིང་དཔེ་སྐྲུན་ཁང་ནས་སྤྱི་ལོ་༡༩༨༩ལོར་དཔར་དུ་བསྐྲུན།

② ཆབ་སྤེལ་ཚེ་བརྟན་ཕུན་ཚོགས་དང་ནོར་བྲང་ཨོ་རྒྱན་ནས་བསྒྲིགས། 《བོད་ཀྱི་ལོ་རྒྱུས་རགས་རིམ་གཡུ་ཡི་ཕྲེང་བ》སྟོད་ཆའི་ཤོག་ངོས་༢༥ལ་གསལ། བོད་ལྗོངས་བོད་ཡིག་དཔེ་རྙིང་དཔེ་སྐྲུན་ཁང་ནས་སྤྱི་ལོ་༡༩༨༩ལོར་དཔར་དུ་བསྐྲུན།

ནས་གསར་དུ་སྤྱོས་འོངས་ཏེ་དེའི་རྒྱུད་པ་ལས་བོད་ཀྱི་མི་རྣམས་བྱུང་བ་ནི་རྩ་བ་ནས་མ་ཡིན་ནོ། །འོན་ཀྱང་བོད་རིགས་འདིའང་མི་རིགས་གཞན་དང་འདྲ་བར་མི་རིགས་ཀྱི་གྲུབ་ཆའི་ངོས་ནས་བཤད་ན། གྲུབ་ཆ་གཅིག་པོ་ན་མ་ཡིན་པར་གྲུབ་ཆ་མང་པོ་ཡོད་པའི་མི་རིགས་གཅིག་ཡིན་སྲིད། དཔེར་ན་བོད་ཀྱི་མི་རིགས་ཆགས་པའི་བརྒྱུད་རིམ་ནང་རྒྱ་རིགས་དང་། འཇང་རིགས། སོག་རིགས་སོགས་ཉེ་འདབས་ས་འབྲེལ་གྱི་ཡུལ་གྲུར་གནས་པའི་མི་རྣམས་ཕན་ཚུན་རྒྱུད་པ་འདྲེས་ཏེ་མི་རིགས་སོ་སོའི་ཁོངས་སུ་གཏོགས་པའང་བྱུང་ཡོད་པ་ནི་སྨོས་མ་དགོས་པ་ལགས་སོ་”①ཞེས་ཁ་གསལ་གསུངས་པ་ལྟར་རོ། །

གཞན་ཡང་ཉེ་དུས་བོད་ཀྱི་གནའ་བོའི་ལོ་རྒྱུས་ལ་མངའ་བརྙེས་པའི་རྒྱའི་ཞིབ་འཇུག་པ་ཆེ་མོ་བ་ཧྲེ་ཧྲའོ་མཆོག་ནས་སྤྱི་ལོ་༡༩༩༤ལོར་བོད་རིགས་ནུབ་ཆྱང་西羌 ནས་བྱུང་བར་སྨྲ་བའི་བཤད་ཚུལ་ལ་དམིགས་ནས་《བོད་རིགས་ཀྱི་འབྱུང་ཁུངས་ནུབ་ཆྱང་དུ་སྨྲ་བའི་ཐོག་མའི་ཡོང་ཁུངས་དང་དེ་གྲུབ་ཐབས་མེད་པའི་རང་བཞིན་》②ཞེས་པའི་དཔྱད་རྩོམ་ཞིག་སྤེལ་གནང་བ་མ་ཟད། ལོ་མང་རིང་བོད་ཀྱི་ལོ་རྒྱུས་ལ་ཞིབ་འཇུག་གི་རྩོལ་བ་མཛད་པའི་འབྲས་བུ་《བོད་རིགས་ཀྱི་འབྱུང་ཁུངས་དང་བོད་ཤར་ཁུལ་གྱི་གནའ་བོའི་ཤེས་རིག》ཅེས་པའི་ཆེད་རྩོམ་ཞིག་གློག་པ་བོའི་འདྲེན་བྱེད་ཀྱི་སྔོན་མོར་བཤམས་པ་དེའི་ནང་ཞིབ་འཇུག་པའི་གཟུ་བོའི་བློ་དང་བརྩོན་འགྲུས་ཀྱི་རྩལ་ལ་བརྟེན་ནས་བོད་མིའི་འབྱུང་ཁུངས་སྐོར་ལ་རྒྱུས་ཤིང་ཟབ་པའི་དཔྱད་པ་གནང་ཡོད། དེའི་སྙིང་དོན་ནི། “བོད་རིགས་ཀྱི་མཆེད་

① ཆབ་སྤེལ་ཚེ་བརྟན་ཕུན་ཚོགས་དང་ནོར་བྲང་ཨོ་རྒྱན་ནས་བསྒྲིགས། 《བོད་ཀྱི་ལོ་རྒྱུས་རགས་རིམ་གཡུ་ཡི་ཕྲེང་བ》སྟོད་ཆའི་ཤོག་ངོས་༣༠ལ་གསལ། བོད་ལྗོངས་བོད་ཡིག་དཔེ་རྙིང་དཔེ་སྐྲུན་ཁང་ནས་སྤྱི་ལོ་༡༩༨༩ལོར་དཔར་དུ་བསྐྲུན།

② 石硕:《藏族族源“西羌说”的源起及其不成立性》,载于《西藏民族学院学报》1994 年 2 期。

ཁུངས་དང་འབྲེལ་བ་དམ་ཟབ་བྱུང་བའི་འཕྲེད་རྒྱུག་རི་རྒྱུད་ཀྱི་གནའ་བོའི་མིའི་ཚོ་པ་ནི་དེ་སྔོན་སྲོལ་རྒྱུན་དུ་ངོས་འཛིན་པའི་ཏི་སྦྱང་རིགས་རྒྱུད་ཀྱི་མིའི་ཚོ་པ་དེ་མིན། དེ་ནི་ཏི་སྦྱང་ལས་ཐ་དད་པ་མ་ཟད། རྡོ་ཆས་གསར་མའི་དུས་རབས་ནས་འཕྲེད་རྒྱུག་རི་རྒྱུད་ཀྱི་ས་ཁུལ་དུ་གནས་སྡོད་བྱེད་པའི་འབོར་ཆེ་བའི་ཚོ་པའི་མ་ལག་གཞན་ཞིག་སྟེ་（བོད་ཡིག་གི་ལོ་རྒྱུས་ཡིག་ཆའི་ནང་དུ་དམུ་ཞེས་འབོད་པའི་）ཡི་མི་ཟེར་བ་དེ་ཡིན། ཕོ་ཚོ་ནི་ཏི་སྦྱང་ནུབ་བྱང་ནས་ལྷོ་ལ་མ་སྤྱོས་སྔོན་ནས་འཕྲེད་རྒྱུག་རི་རྒྱུད་ཀྱི་ས་ཁུལ་དུ་འཚོ་ཞིང་གནས་ཡོད། དེ་ནི་ང་ཚོས་མིག་སྔར་ཤེས་རྟོགས་ཐུབ་པའི་ཁུལ་དེའི་ཡུལ་མི་སྔ་ཤོས་དང་ཡུལ་དེ་རང་དུ་གནས་སྡོད་བྱེད་པའི་མི་འབོར་ཅུང་ཆེ་བ་ཞིག་ཡིན་”①ཞེས་བོད་ཀྱི་ལོ་རྒྱུས་ཡིག་ཆའི་ནང་གསལ་མདོ་ཁམས་ཏེ། འཕྲེད་རྒྱུག་རི་རྒྱུད་ཀྱི་ས་ཁུལ་དུ་བོད་ཀྱི་གདོད་མའི་ཚོ་པ་དམུ་ཡི་རྒྱུད་པ་རྣམས་འཚོ་གནས་བྱས་ཡོད་པར་བསྟན་པ་དེ་ཡིན། ད་དུང་དེ་ལས། “མདོ་ཁམས་ནི་བོད་ཡུལ་སྤྱིའི་ཤེས་རིག་གི་གྲུབ་ཆ་མེད་ཐབས་མེད་པ་ཞིག་ཡིན་པ་མ་ཟད། ཕྱོགས་མཚུངས་དེའི་འབྱུང་ཁུངས་གཙོ་བོའི་གྲས་ཤིག་ཀྱང་ཡིན་”②ཞེས་བརྗོད་ཡོད།

དེ་བཞིན་དུ་ཉེ་དུས་ཙོ་ནེ་སངས་རྒྱས་བསོད་ནམས་ཀྱིས《ཚའང་ཞེས་པའི་ཐ་སྙད་ཀྱི་ཁུངས་ལ་རགས་ཙམ་དཔྱད་པ》ཞེས་པའི་དཔྱད་རྩོམ་ཞིག་སྤེལ་གནང་ཡོད་པ་དེའི་ནང་གནའ་བོའི་རྒྱའི་སྐད་ཆའི་སྒྲ་གདངས་ལ་དཔྱེ་ཞིབ་བྱས་ཐོག

① 石硕:《藏族族源与藏东古文明》 P305－306,四川人民出版社,2001 年出版,在此书结语部分强调:“与藏族族源发生密切关系的横断山区的古代人群并不是过去传统上所认为的氐羌族系的人群,而是与氐羌有别并且自新石器时代以来就定居在横断山脉地区的另一个庞大族群系统——夷人(藏文史书中称作‘穆’)。他们早在氐羌从西北南下以前就已生活在横断山脉地区,是我们目前所知该地区最早且较为庞大的一个土著族群。”

② 石硕:《藏族族源与藏东古文明》 P308,四川人民出版社,2001 年出版,在此书中说:“朵康不但是藏地整体文明一个不可或缺的有机组成部分,同时也其重要来源之一。”

" ཆའང་ཞེས་པ་ནི་གནའ་བོའི་རྒྱ་མི་རིགས་ཀྱིས་བོད་ལ་སྦྱར་བའི་མིང་ཞིག་ཡིན་ཞིང་། དེ་ནི་ཐོག་མར་མདོ་ཁམས་སུ་འགྲོག་ལས་གཙོ་བོར་གཉེར་བའི་བོད་པ་དང་རྒྱ་རིགས་འབྲེལ་འདྲིས་བྱས་པ་ལས་སྦྱར་བའི་མིང་ཞིག་ཡིན་པར་མངོན། དེ་ནས་རིམ་བཞིན་ཡུལ་མི་ཅེ་བྲག་པའི་མིང་དེ་བོད་རིགས་སྤྱི་དང་ཐ་ན་ནུབ་བྱང་ས་ཁུལ་གྱི་མི་རིགས་གྲངས་ཉུང་ཐམས་ཅད་ཀྱི་སྤྱི་མིང་ལྟ་བུ་ཞིག་ཏུ་ཆགས་པ་རེད་" ①ཅེས་གནའ་བོའི་རྒྱའི་ཡིག་རིགས་སུ་འཁོད་པའི་ 羌 ཞེས་པ་ནི་བོད་སྐད་དུ་ཁམས་ཡིན་ཚུལ་བསྟན་ཡོད།

གང་ལྟར་ཉེ་དུས་བོད་མིའི་མཆེད་ཁུངས་སྐྱང་ནས་ཡིན་པར་སྨྲ་བའི་བཤད་ཚུལ་དེར་ཚད་ལྡན་དཔྱད་ཡིག་དུ་མའི་ལུང་གི་རྒྱབ་བརྟེན་དང་། གནའ་རྫས་རྟོག་ཞིབ་ཀྱི་གྲུབ་འབྲས་དཔང་པོར་བྱས་པ་སོགས་རང་ངོས་ཀྱི་ནུས་ལྡན་སྒྲུབ་བྱེད་དུ་མ་དྲངས་ནས་དགག་གཞག་བྱས་པས། དེ་ལྟའི་སྒྲུབ་བྱེད་ནོ་ངར་རལ་གྲིའི་མདུན་དུ་བོད་རིགས་སྐྱང་ནས་མཆེད་པར་སྨྲ་མཁན་ཚོ་ཡང་སྨྲ་ལྕེ་ཁ་ནང་དུ་བསྐུམས་པ་དང་ཆུ་ཕྲན་དགུན་གྱི་འཁྱག་རུམ་དུ་ཚུད་པ་ལྟར་གྱུར་ཅིང་། རིགས་གཅིག་མཁས་པ་ཧྥེའི་ཤའོ་ཐུང་གིས་ཀྱང་མཐའ་མར་རྩོད་གླེང་དེར་བར་འདུམ་མཐུན་འགྲིག་གནང་བའི་ཚུལ་དུ་" སྐྱང་པ་བོད་རིགས་ཀྱི་ཡོང་ཁུངས་གཙོ་བོ་ཞིག་མིན་པའི་དབང་དུ་བཏང་ནའང་། སྐྱང་པས་བོད་མི་རིགས་གྲུབ་པའི་བརྒྱུད་རིམ་ནང་ཐོན་པའི་ནུས་པ་ནི་ཐེ་ཚོམ་བྱེད་ཐབས་བྲལ་བ་ཞིག་ཡིན་" ②ཞེས་གསུངས་སོ། །

མདོར་ན། ཤར་པའི་མི་རྒྱུད་ཀྱི་འབྱུང་ཁུངས་བོད་ཤར་ཁུལ་གྱི་ཁམས་

① 《ནུབ་བྱང་མི་རིགས་སློབ་གྲྭ་ཆེན་མོའི་རིག་གཞུང་དུས་དེབ་》༢༠༡༡ལོའི་དུས་དེབ་༢པར་གསལ།

② 费孝通:《中华民族的多元一体格局》,载《中华民族多元一体格局》,中央民族学院出版社,1989 年。"即使不把羌人作为藏族的主要来源,羌人在藏族形成过程中的作用也是无可怀疑的。"

ཕྱོགས་ནས་ཡིན་པ་དང་། བོད་རིགས་ཀྱི་རྒྱུད་པ་ཡིན་པ་མ་ཟད། བོད་རིགས་ལས་ཐ་དད་དུ་གྱུར་པའི་སྒྲུབ་བྱེད་ཁུངས་ཐུབ་ཆོག་གཅིག་ད་ལྟའི་བར་བསྟན་རྒྱུ་མེད་པ་སོགས་རྒྱུ་མཚན་དུ་བྱས་ནས་ཤར་པ་ནི་བོད་རིགས་ཀྱི་ཡ་གྱལ་ཆེ་བ་ཞིག་ཡིན་པར་བློ་དམན་བདག་གིས་སྤྱོབས་སེམས་ཆེན་པོས་ཞུ་བར་ལགས་སོ། །

ཤར་པ་ནི་ཁམས་ནས་བྱུང་། །
གནས་ས་ནི་བལ་བོད་མཚམས། །
མེས་པོ་ནི་ལྡོང་ལས་མཆེད། །
ཟུང་ཁྲག་ནི་བོད་པའི་ཁྲག །
རུས་རྒྱུད་ནི་བོད་པའི་རྒྱུད། །

༧༧། །སྐད་རིགས་ཀྱི་ཐོག་ནས་ཤར་པའི་མི་རིགས་ཀྱི་གཏོགས་ཁོངས་ལ་དཔྱད་པ།

རང་ལྗོངས་ཀྱི་གཏིང་སྐྱེས་འདྲེན་ཐང་དང་གཉའ་ནང་འགྲམ་ཁུལ་དུ་གནས་སྡོད་བྱེད་བཞིན་པའི་ཤར་པ་རྣམས་ནི་ད་དུང་ཡང་མི་རིགས་རྣམ་དབྱེ་མ་བྱེ་བའི་མིའི་ཚོ་པར་བཞག་ཡོད། དེས་ན་ཁོ་ཚོའི་མི་རིགས་ཀྱི་གཏོགས་ཁོངས་ལ་ཚན་རིག་དང་མཐུན་པའི་དཔྱད་ཞིབ་བྱ་རྒྱུ་ནི་ང་ཚོ་ཞིབ་འཇུག་ལས་དོན་པའི་གཡོལ་ཐབས་མེད་པའི་ལས་འགན་ཞིག་ཏུ་མཐོང་། དེ་ཡང་སྤྱི་ལོ་༡༩༩༠ལོ་ནས་རང་རྒྱལ་གྱི་མི་རིགས་ས་ཁོངས་རང་སྐྱོང་ས་ཁུལ་གསར་འཛུགས་བྱེད་པའི་ལས་དོན་དང་། མི་རིགས་རྣམ་དབྱེའི་ལས་དོན་རྩ་བའི་ཆ་ནས་མཇུག་སྒྲིལ་བ་ཡིན་ཞེས་བརྗོད་ལ། སྤྱི་ལོ་༢༠༡༩ལོའི་ཀྲུང་དབྱང་གི་མི་རིགས་ལས་དོན་སྐོར་གྱི་ཚོགས་ཆེན་ཐོག་སྤྱི་ཁྱབ་ཧྲུའུ་ཅི་ཞི་ཅིན་ཕིང་གིས་སླར་ཡང་"རྩ་བའི་ཆ་ནས་མཇུག་སྒྲིལ་བ་གཉིས"ཀྱི་སྐོར་ངེས་གསལ་གནང་བ་མ་ཟད། "མི་རིགས་༥༦ནི་མི་རིགས་༥༦རང་རེད། སླར་ཡང་ཞིབ་ཏུ་དབྱེ་མི་དགོས"ཞེས་ནན་བཤད་ཀྱང་གནང་ཡོད། དེ་ནི་རང་རྒྱལ་གྱི་མི་རིགས་རྣམ་དབྱེའི་ལས་དོན་སྐོར་གྱི་བསམ་བློའི་སློབ་སྟོན་གསར་ཤོས་དེ་ཡིན། རང་ལྗོངས་སུ་ཤར་པ་དང་སྟེང་པ་རྣམས་ད་དུང་ཡང་མི་རིགས་ཀྱི་རྣམ་དབྱེ་མ་བྱེ་བའི་མིའི་ཚོ་པར་བཞག་ཡོད་པ་དེ་ནི་ཐག་གཅོད་བྱ་རྒྱུར་ལུས་པའི་ལོ་རྒྱུས་ཀྱི་གནད་དོན་ཞིག་ཡིན་པ་ལས། ཁེ་ཕན་པོ་ནའི་དབང་གིས་གསར་དུ་ཐོན་པའི་གནད་དོན་ཞིག་མིན། དེ་དག་ལ་ཚན་རིག་གི་བརྟག་ཞིབ་ནན་ཏན་བྱས་རྗེས་ངོས་འཛིན་བྱས་ཟིན་པའི་མི་རིགས

གཞན་དང་ཟླ་སྒྲིལ་གཏོང་བའམ་ཡང་ན་གནས་སྐབས་མི་རིགས་གཞན་གྱི་ཟུར་གཏོགས་སུ་འཛོག་རྒྱུའི་ལས་དོན་སྤེལ་ཏེ། ལོ་ཚའི་མི་རིགས་ཀྱི་མིང་གི་ཐོབ་ཐང་གཏན་འཁེལ་བྱ་དགོས་ངེས་རེད། ཤར་པའི་མི་རིགས་གཏོགས་ཁོངས་ཐག་གཅོད་མ་ཐུབ་པའི་རྒྱུ་མཚན་གཙོ་བོ་ནི་དེ་སྔོན་དེའི་མི་རིགས་ཀྱི་རྣམ་དབྱེའི་སྐོར་ལ་དེ་ཙམ་དོ་སྣང་མ་བྱུང་བར་ལྷོད་གཡེང་འཐུས་ཤོར་བྱུང་བས་ཡིན་ལ། དེ་ལྟའི་བརྒྱུད་རིམ་ཁྲིད་ཞིབ་འཇུག་པ་ལ་ལས་བལ་ཡུལ་གྱི་ཤར་པ་རྣམས་ཁེར་རྐྱང་གི་མི་རིགས་ཤིག་ཏུ་བཞག་པ་དེས་ཞྭ་དཔེ་ལྷམ་འགེབས་སམ་ཡང་ན་གཟུགས་མེད་གྲིབ་བཟོ་བྱས་པ་ལས་རྙོག་འཛིང་ཇེ་ཆེར་སོང་ཡོད། དེ་ནི་བོད་སྐྱོངས་ཙམ་མ་ཟད་རྒྱལ་ཡོངས་ཀྱི་མི་རིགས་ལས་དོན་སྤྱིའི་ཁྲིད་དུའང་ལྷག་པའི་ཞན་ཆ་ཞིག་ཡིན།

ལོ་མང་རིང་རང་ཉིད་ནས་ཤར་པའི་མི་རིགས་ཀྱི་གཏོགས་ཁོངས་སྐོར་ལ་དོ་སྣང་དང་གཞིག་པ་བྱས་དང་བྱེད་མུས་ཡིན་རུང་། དུས་ཀྱི་ཁོམ་པ་སོགས་རྒྱུ་རྐྱེན་དུ་མའི་དབང་གིས་དེའི་སྐོར་ལ་རྒྱ་ཆེ་གཏིང་ཟབ་པའི་ཞིབ་འཇུག་བྱ་རྒྱུ་དེ་ལག་ལེན་ཐོག་མ་འཁྱོལ། སྤྱི་ལོ་༢༠༡༩ལོར་ཀྲུང་དབྱང་གི་མི་རིགས་ལས་དོན་སྐོར་གྱི་ཚོགས་ཆེན་སྐོང་ཚོགས་བྱས་པའི་རྗེས་དེའི་སྐོར་ལ་ཞིབ་འཇུག་གཏིང་ཟབ་ཙམ་བྱ་རྒྱུའི་སེམས་ཤུགས་སྐྱེས་པ་དང་སྦྲགས་དུས་ཀྱི་ཁོམ་པའང་ཕྲན་ཏུ་བྱུང་། དེས་ན་ཐབས་བརྒྱ་ཇུས་སྟོང་གིས་འབྲེལ་ཡོད་དཔྱད་གཞི་བསྡུ་རུབ་དང་། འབྲེལ་ཡོད་མི་སྣ་དང་ཆེད་མཁས་པར་བཅའ་འདྲི། འབྲེལ་ཡོད་གཞུང་ལུགས་དང་སྲིད་ཇུས་སློབ་སྦྱོང་། ས་ཡུལ་དངོས་ལ་རྟོག་ཞིབ་བཅས་བྱས་རྗེས་དཔྱད་ཞིབ་ཀྱི་སྒྲོང་ཚོར་དང་ལྟ་ཚུལ་མང་པོ་རིམ་གྱིས་བློ་ངོར་འཆར་བྱུང་།

ཤར་པའི་མི་རིགས་ཀྱི་གཏོགས་ཁོངས་ཐག་གཅོད་བྱ་རྒྱུ་ནི་མི་རིགས་རྣམ་དབྱེའི་ལས་དོན་གྱི་ཁྱབ་ཁོངས་སུ་གཏོགས་པ་ཞིག་ལགས་པས། ལས་དོན་དེ་ནི་

རིག་གཞུང་གི་རང་བཞིན་དང་། ཚན་རིག་གི་རང་བཞིན། སྲིད་ཇུས་ཀྱི་རང་བཞིན་མངོན་གསལ་ཆེ་ལ་རྙོག་འཛིང་ཆེ་བའི་མི་རིགས་སྐོར་གྱི་ཚན་རིག་ཞིབ་འཇུག་གི་ལས་དོན་ཞིག་ཡིན། དེར་བརྟེན་ང་ཚོས་མར་ཁེ་སི་ལེ་ཉིང་རིང་ལུགས་ཀྱི་མི་རིགས་གཞུང་ལུགས་དང་། ཏང་དང་རྒྱལ་ཁབ་ཀྱི་མི་རིགས་སྲིད་ཇུས་གཞིར་བཟུང་ཐོག་མི་རིགས་གྲུབ་པའི་ཆ་རྐྱེན་ནམ་དངོས་ཡོད་ཀྱི་ཁྱད་རྟགས་དང་དེའི་ཁོངས་མིའི་འདོད་བློ་ལ་རྒྱ་ཆེ་ལ་གཏིང་ཟབ་པའི་བརྟག་དཔྱད་ནན་ཏན་བྱས་རྗེས་དོན་དངོས་དང་མཐུན་པའི་བསྒོམས་ཚོག་འཛོག་དགོས་ངེས་ཡིན།① ད་ཐེངས་ཁོ་བོས་ཚོ་པ་དེའི་མི་རྒྱུད་ཀྱི་འབྱུང་ཁུངས་དང་མིང་གི་ཐོགས་ཚུལ། སྐད་རིགས་དང་རིག་གནས། ཡུལ་སྲོལ་གོམས་གཤིས། ཆོས་ལུགས་དད་མོས་བསམ་པའི་འཁྱེར་སོ་བཅས་ལ་ནན་ཏན་གྱིས་དཔྱད་པ་བྱས་འབྲས་སུ་ཤར་པ་རྣམས་ནི་བོད་ཤར་ཕྱོགས་ཀྱི་ཁམས་ཡུལ་ནས་གནས་སྤོས་བྱས་ཤིང་བལ་བོད་ས་མཚམས་སུ་གཞིས་ཆགས་པ་ཡིན་ལ། དེ་དག་གི་ཐོག་མའི་མི་རྒྱུད་ཀྱི་འབྱུང་ཁུངས་ནི་བོད་པ་རང་ཡིན་པ་དང་།② དེ་ལྟའི་མིའི་ཚོ་པ་དེ་ལ་ཤར་ཕྱོགས་ནས་ཡོང་བའི་མིའམ་ཤར་ཕྱོགས་ཀྱི་མི་ཞེས་པའི་བསྡུས་མིང་ཤར་པ་ཞེས་བཏགས་པ་དེ་ནི་བོད་རིགས་ཡིན་པ་གང་ཞིག་ལ་གནས་སྡོད་བྱེད་སའི་ཡུལ་དང་ཡུལ་ཕྱོགས་དེའི་མིང་གི་མཐའ་རུ་བདག་སྒྲ་སྦྱར་ནས་ཁུལ་དེའི་མི་ཡིན་པའམ་ཁུལ་དེའི་མིའི་ཚོ་པ་ཞིག་ཡིན་པར་མཚོན་པའི་བོད་རིགས་ཀྱི་མིང་གི་འདོགས་སྲོལ་དང་ཡོངས་སུ

① གནད་དོན་དེའི་སྐོར《བོད་ལྗོངས་སློབ་གྲྭ་ཆེན་མོའི་རིག་དེབ》༢༠༡༥ལོའི་དུས་དེབ་གཉིས་པའི་ནང་འཁོད《ཤར་པའི་མི་རིགས་གཏོགས་ཁོངས་ཀྱི་གནད་དོན་ཐག་གཅོད་བྱ་རྒྱུའི་གལ་ཆེའི་དོན་སྙིང་དང་ཐག་གཅོད་བྱ་ཐབས་སྐོར་གྱི་དཔྱད་སྙིང་》ཞེས་པའི་ནང་རྒྱས་པར་སྤྲོས་ཡོད།

② གནད་དོན་དེའི་སྐོར《བོད་ལྗོངས་ཞིབ་འཇུག》༢༠༡༥ལོའི་དུས་དེབ་གསུམ་པའི་ནང་འཁོད《ཤར་པའི་མི་རྒྱུད་ཀྱི་འབྱུང་ཁུངས་དང་འབྲེལ་ཏེ་དེའི་མི་རིགས་ཀྱི་གཏོགས་ཁོངས་ལ་དཔྱད་པ་རགས་བཏོལ་གཅིག་བུ་ཞེས་བྱ་བ་བཞུགས་སོ》ཞེས་པའི་ནང་ཞིབ་པར་དཔྱད་སྙིང་བྱས་ཡོད།

མཐུན་པ། དེ་བཞིན་བལ་ཡུལ་དུ་བོད་ནས་གནས་སྤོས་བྱས་པའི་ཏ་མང་། སླེ་མི། སློ་པ། ཇོལ་པོ། ཤར་པ་སོགས་བོད་རིགས་ཀྱི་བྱེ་བྲག་པ་དེ་ཚོ་ཁོ་ཚོའི་རྒྱལ་ཁབ་ཀྱི་དངོས་ཡོད་དང་བསྟུན་ནས་ཁེར་རྐྱང་གི་མི་རིགས་སུ་དབྱེ་བ་དེ་རང་རྒྱལ་དུ་ཞྭ་དཔེ་ལྟམ་འགེམས་བྱས་ན་དེ་ནི་རང་རྒྱལ་གྱི་དོན་དངོས་དང་ལྟག་པར་དུ་མི་རིགས་རྣམ་དབྱེའི་རྩ་དོན་དང་མི་མཐུན་པ་དང་།① ཡང་མི་རིགས་ཀྱི་ཁྱད་རྟགས་ལས་ཡུལ་སྲོལ་གོམས་གཤིས་ཀྱི་ཐད་ནས་བརྗོད་ན། ཤར་པ་སྤྱི་དང་བྱེ་བྲག་རང་རྒྱལ་དུ་གནས་སྡོད་ཀྱི་ཤར་པ་ཚོའི་སྲོལ་རྒྱུན་རྒྱུན་གོས་དང་། བཟའ་ཆས་འཐུང་རིགས། འགྲོ་ལུགས་སྡོད་སྟངས། གོ་བག་ཁབ་ལེན། བཙས་སྐྱོན་རྗེས་འཇུག དུས་ཆེན་རྩེད་རིགས། དེ་བཞིན་འཇལ་བྱེད་དང་མི་མིང་འདོགས་སྲོལ་སོགས་ཕལ་ཆེར་བོད་ལུགས་ལྟར་བྱེད་ལ། ས་ཁུལ་རང་བཞིན་གྱི་ཡུལ་སྲོལ་འགའ་ཞིག་ཡོད་པའང་ཆུ་ལ་འགོ་དང་ཤིང་ལ་རྩ་བའི་དཔེ་ལྟར་དེའི་འབྱུང་ཁུངས་བོད་ལུགས་རང་ལ་གཏུག་རྒྱུ་ཡོད་པའམ་ས་ཁུལ་དེ་དང་ས་བབ་གནམ་གཤིས་ཆ་འདྲ་བའི་བོད་ཀྱི་ཡུལ་གྲུ་གཞན་དང་ཧ་ལམ་གཅིག་མཚུངས་ལྟར་སྣང་། དེ་བཞིན་ཁུལ་དེར་དར་ཞིང་ཁྱབ་པའི་དམངས་ཁྲོད་རིག་རྩལ་གྱི་རྣམ་གྲངས་ལྷ་མོ་དང་སྒོར་གཞས་ཀྱི་འཁྲབ་སྟོལ། སྨྱུ་ལེན་ཚང་འདྲེན་བྱེད་པའི་གོམས་གཤིས། དགོན་པའི་ནང་ཆམ་འཁྲབ་པ་དང་དམངས་ཁྲོད་དུ་སྒྲུང་བཤད་རྒྱུར་དགའ་བ་སོགས་བོད་གངས་ཅན་གྱི་ཡུལ་གྲུ་གཞན་དང་མཚུངས་ལ། སྒྱུ་རྩལ་དེ་དག་གི་བརྗོད་བྱའི་ནང་དོན་དང་། རྗོད་བྱེད་ཀྱི་སྐད། མཚོན་ཐབས་སོགས་བོད་རིགས་རང་གི་སྲོལ་རྒྱུན་ལྟར་ཡིན་པ། དེ་བཞིན་ཐང་གའི་བཟོ་རྩལ་དང་། རྒྱུ་ཆ། ནང་དོན་སོགས་ཀྱང་བོད་ལུགས་རང་ཡིན་པ། གཞན་ཡང་ཤར་པ་མང་ཆེ་བས་བོད་ཡུལ་ཁ་བ་

① གནད་དོན་དེའི་སྐོར་《རྩེར་སྣེག》༢༠༡༥ལོའི་དུས་དེབ་གཉིས་པའི་ནང་འཁོད་《ཤར་པ་ཞེས་པའི་ཐ་སྙད་དང་འབྲེལ་ཏེ་དེའི་མི་རིགས་ཀྱི་གཏོགས་ཁོངས་ལ་དཔྱད་པ་》ཞེས་པའི་ནང་ཞིབ་ཙམ་དཔྱད་རྗོད་བྱས་ཡོད།

ཅན་གྱི་ཡུལ་སྤྱི་དང་འདྲ་བར་དད་མོས་བྱེད་པའི་ཆོས་ནི་བོད་བརྒྱུད་ནང་བསྟན་ཡིན་པ་དང་། རི་དབྲག་དོག་རོང་དུ་གནས་པའི་འདྲེན་ཐང་ཁུལ་དུ་བན་བོན་གཉིས་ཀ་ལ་དད་མོས་བྱེད་མཁན་ཡང་ཡོད་པ་ནི་ལུང་ཁུག་ས་བཙན་གྱི་བོད་པའི་ཡུལ་འགར་ད་དུང་ཡང་བོན་ཆོས་ལ་དད་པ་བྱེད་མཁན་ཡོད་པ་དང་འདྲ་བ་ཡིན། མདོར་ན་མི་རིགས་ཤིག་ཏུ་གྲུབ་པའི་རྩ་བའི་གྲུབ་ཆའམ་མི་རིགས་ཀྱི་ཁྱད་རྟགས་གང་གི་ཐད་བརྟར་ཤ་བཅད་འབྲས་སུ་ཤར་པ་ནི་བོད་རིགས་ལས་ཐ་དད་པའི་ཚོ་པ་ཞིག་ཏུ་གྲུབ་ཐབས་མེད། འདིར་སྐབས་སུ་བབ་པ་ནི་སྐད་རིགས་ཀྱི་ཐོག་ནས་ཤར་པའི་མི་རིགས་གཏོགས་ཁོངས་ལ་དཔྱད་པ་བྱ་རྒྱུ་དེ་ཡིན།

དེའང་དོན་ཚན་བཞི་རུ་དབྱེ་ནས་གླེང་བར་བྱ་སྟེ། སྐད་རིགས་ནི་མི་རིགས་རྣམ་དབྱེ་འབྱེད་པའི་ལས་དོན་གྱི་གཞི་འཛིན་ས་གལ་ཆེན་ཞིག་ཡིན་ཚུལ་བསྟན་པ་དང་གཅིག ཤར་པའི་སྐད་དེ་བོད་སྐད་ཡིན་ཚུལ་བསྟན་པ་དང་གཉིས། སྐད་རིགས་མཚོན་བྱེད་ཀྱི་ཡི་གེའི་སྐོར་ནས་བཤད་པ་དང་གསུམ། ཤར་པའི་ས་ཁུལ་རང་བཞིན་ལྡན་པའི་ཡུལ་སྐད་དང་དེར་འཛིན་པའི་ལྟ་ཚུལ་བསྟན་པ་དང་བཞི་འོ། །

དང་པོ། སྐད་རིགས་ནི་མི་རིགས་རྣམ་དབྱེའི་ལས་དོན་གྱི་གཞི་འཛིན་ས་གལ་ཆེན་ཞིག་ཡིན་ཚུལ་བསྟན་པ།

ཐུན་མོང་གི་སྐད་རིགས་ནི་མི་རིགས་ཤིག་གི་ཐུན་མོང་གི་ཕྱི་ལ་མངོན་པའི་རང་གཤིས་ཤིག་ཡིན་པས། དེ་ནི་མི་རིགས་ཀྱི་ཁྱད་རྟགས་ཆེན་པོ་ཞིག་ཏུ་བརྩི་བཞིན་ཡོད། སི་ཏ་ལིན་གྱིས་བཞག་གནང་བའི་མི་རིགས་ཀྱི་ཁྱད་རྟགས་ཆེན་པོ་བཞི་ཡི་ནང་ཐུན་མོང་གི་སྐད་རིགས་ཚུད་ཡོད་ལ། རང་རྒྱལ་ནས་ཕྱིས་སུ་བཞག་པའི་མི་རིགས་ཀྱི་མཚན་ཉིད་ནང་གི་གྲུབ་ཆ་དྲུག་གི་ཡ་གྱལ་ཞིག་ནི་ཐུན་མོང་གི་

སྐད་རིགས་དེ་ཡིན། ཐུན་མོང་གི་སྐད་རིགས་ཟེར་བ་དེ་ནི་“མི་རིགས་ཤིག་ཏུ་གྱུབ་པའི་མི་རྣམས་ཀྱིས་ཐོན་སྐྱེད་དང་འཚོ་བའི་ནང་ཕན་ཚུན་དབར་བསམ་བློ་དང་བརྗེ་རྡུང་བརྗེ་རེས་དང་། ཕན་ཚུན་འབྲེལ་བ་བྱེད་ཆེད་དུ་སྤྱོད་པའི་སྐད་ལ་ཟེར་བ་ཡིན། དེ་ནི་བརྟན་ཞིང་འཇགས་ལ་ཕྱི་ལ་མངོན་པའི་མངོན་གསལ་དོད་ཤོས་ཀྱི་ཁྱད་རྟགས་ཤིག་དང་། མི་རིགས་ཤིག་གི་གཅིག་གྱུར་རང་བཞིན་དང་རྒྱུན་འཛིན་རང་བཞིན་གྱི་གལ་ཆེའི་མཚོན་ཚུལ་ཞིག་ཀྱང་ཡིན། དེས་མི་རིགས་ཤིག་ཆགས་པ་དང་། གནས་པ། འཕེལ་རྒྱས་འགྲོ་བའི་བརྒྱུད་རིམ་ནང་ནུས་པ་གལ་ཆེན་འདོན་བཞིན་ཡོད།”① གསར་བརྗེའི་སློབ་དཔོན་ཨེན་གེ་སིས་༡༨༥༩ལོར་ཡོ་རོབ་ཀྱི་མི་རིགས་འགའི་དབྱེ་མཚམས་སྐོར་ལ་མི་རིགས་དབར་གྱི་དོན་དངོས་ཀྱི་དབྱེ་མཚམས་ནི“སྐད་རིགས་དང་། ཐུན་མོང་གི་བརྗེ་རྡུང་ཐོག་ནས་ཐག་གཅོད་བྱེད་”②ཅེས་གསུངས་ཡོད། དེར་བརྟེན་རང་རྒྱལ་དུ་དེ་སྔོན་མི་རིགས་དབྱེ་འབྱེད་ཀྱི་གཞི་འཛིན་ས་གཙོ་བོ་ནི་ཐུན་མོང་གི་སྐད་རིགས་དང་། ཐུན་མོང་གི་མི་རིགས་རིག་གནས་ཐོག་ནས་མངོན་པའི་ཐུན་མོང་གི་སེམས་ཁམས་ངོ་བོ་གཉིས་ཡིན། རང་རྒྱལ་གྱི་མི་རིགས་༥༦ལ་ཆ་བཞག་ན། མི་རིགས་གཅིག་གིས་སྐད་རིགས་གཅིག་བེད་སྤྱོད་བྱེད་མཁན་ཡོད་ལ། མི་རིགས་འགའ་ཤས་ཀྱིས་མཉམ་དུ་སྐད་རིགས་གཅིག་བེད་སྤྱོད་བྱེད་མཁན་ཡང་ཡོད་པ་དང་། ད་དུང་མི་རིགས་གཅིག་གིས་སྐད་རིགས་ཁ་ཤས་བེད་སྤྱོད་བྱེད་མཁན་ཡང་ཡོད། དེའི་ཁྲོད་དང་པོ་དེས་རང་རྒྱལ་མི་རིགས་ཀྱི་བརྒྱ་ཆ་༧༠ཟིན་གྱི་ཡོད། དེས་ན་མི་རིགས་གཅིག་ལ་སྐད་རིགས་གཅིག་ཡིན་ན། སྐད་རིགས་ནི་མི་རིགས་དེའི་ནང་ཁུལ་དུ་

① 阎丽娟主编,《民族宗教知识简明读本》,甘肃民族出版社 2008 年出版,第 2 页。

② 《ཨེན་གེ་སིའི་དམག་དོན་ཆེད་རྩོམ་བདམས་བཏུས་》ཞེས་པའི་ནང་གསེས་བམ་པོ་གསུམ་པའི་ཤོག་གྲངས་༡༠༢ནང་གསལ།

ངོས་འཛིན་ཁས་ལེན་བྱེད་པའི་རྨང་གཞི་ཡིན་པ་དང་། མི་རིགས་རྣམ་དབྱེ་འབྱེད་བྱེད་ཀྱི་གཞི་འཛིན་ས་གཙོ་བོའང་ཡིན། གལ་སྲིད་མི་རིགས་འགའ་ཞས་ཀྱིས་སྐད་རིགས་གཅིག་སྤྱོད་པའམ་མི་རིགས་གཅིག་གིས་སྐད་རིགས་ཁ་ཤས་བེད་སྤྱོད་བྱེད་ན། སྐད་རིགས་དང་མི་རིགས་དབར་གྱི་འབྲེལ་བ་དེ་རྙོག་འཛིང་ཆེ་བ་ཞིག་ཏུ་གྱུར་སྐབས། ངེས་པར་དུ་མི་རིགས་དེའི་མཚེད་ཁུངས་དང་། ཡུལ་སྲོལ་གོམས་གཤིས། ཐོན་སྐྱེད་བྱེད་སྟངས། རིག་གནས་སྙུ་རྩལ། ཆོས་ལུགས་དད་མོས་སོགས་ཀྱི་ཐད་ནས་དེའི་གཏོགས་ཁོངས་ལ་ངོ་སྣང་དང་གཞིག་པ་བྱ་དགོས་ངེས་ཡིན། ཤར་པ་རྣམས་ཀྱིས་གཅིག་གྱུར་དུ་བོད་སྐད་བེད་སྤྱོད་བྱས་དང་བྱེད་མུས་ཡིན་ནའང་། རྒྱུས་མེད་པ་ལ་ལས་ཤར་པར་བོད་སྐད་ལས་ཐ་དད་པའི་སྐད་རིགས་ཤིག་ཡོད་པའི་གླེང་ཕྱོགས་བཟོ་བཞིན་ཡོད་ལ། དེ་ལས་ཤར་པ་ནི་བོད་རིགས་མིན་པའི་གླེང་ཕྱོགས་སམ་བཤད་ཡམས་ཤིག་རྒྱ་ཆེར་འགྲོ་བཞིན་ཡོད། དེས་ན་གལ་པོ་ཆེ་ལ་ནན་ཏན་གྱི་དཔེ་ལྟར། ཤར་པ་རྣམས་མི་རིགས་གང་གི་ཁོངས་སུ་གཏོགས་མིན་སྐོར་ལ་སྐད་རིགས་ཐོག་ནས་དབྱེ་ཞིབ་བྱ་རྒྱུའང་གལ་འགངས་ཆེ་བར་མཐོང་།

གཉིས་པ། ཤར་པའི་སྐད་དེ་བོད་སྐད་ཡིན་ཚུལ་བསྟན་པ།

རང་རྒྱལ་ཙམ་མ་ཟད་ནེ་པཱ་ལའི་རྒྱལ་ཁོངས་སུ་མཆིས་པའི་ཤར་པ་ཡོངས་ལ་ཤར་པའི་སྐད་ཅེས་དམིགས་བསལ་བསྟན་རྒྱུ་མེད་ལ། བོད་སྐད་ཀྱི་མ་ལག་དང་བྲལ་བའི་སྐད་གཅིག་ཟུར་དུ་བསྟན་རྒྱུ་མེད། ཡོངས་གྲགས་ཀྱི་བོད་སྐད་ནི་ཁ་ཆེའི་འཚོ་བའི་ཁྲིད་ཐུན་མོང་དུ་སྤྱོད་པའི་བརྡ་སྤྲོད་ཡོ་བྱད་དེ་ཡིན། རང་རེའི་རྒྱལ་ཁོངས་ཀྱི་ཤར་པའི་སྐད་ལ་གཞིག་པ་བྱེད་སྐབས། བརྡ་སྤྲོད་ཐད་ཀྱི་སྒྲིག་གཞིའམ་གྲུབ་ཚུལ་དེ་བོད་ཀྱི་སྤྱི་སྐད་དང་ཡོངས་སུ་མཐུན་ལ། རྒྱུན་སྤྱོད་ཀྱི་

ཐ་སྙད་དེ་དག་ཀྱང་བོད་སྐད་དང་ཆ་མཚུངས་སུ་ཡོད། གནའ་དུས་ནས་ཤར་པ་དེ་བོད་རིགས་སུ་བརྩི་བ་དང་ཤར་པའི་སྐད་དེ་བོད་སྐད་རྣལ་མར་བརྩི་རུང་། ཕྱིས་སུ་ཤར་པའི་མིང་ལ་དོན་གསར་པ་བསྣན་པའམ་འགྲེལ་པ་གསར་པ་བརྒྱབ་སྟེ་"ཤར་པའི་སྐད་དེ་བོད་སྐད་དང་མི་འདྲ་ཟེར་བའམ་ཤར་པའི་སྐད་དུ་སྐད་ཆར་སྤྲུལ་ལ་དང་། ཞྭ་མོར་ཀྲོའོ་པི་ཟེར་བ་སོགས་བལ་ཡུལ་དང་རྒྱ་གར་སྐད་ཀྱི་ཚིག་གྲུབ་རེ་ཟུང་འདྲེས་པ་དེ་དག་དམིགས་བཀར་དམ་འཛིན་གྱིས་རྒྱ་ཆེ་ཆེར་བཏང་སྟེ་ཤར་པའི་སྐད་རིགས་དེ་བོད་སྐད་ལས་ཐ་དད་པའི་སྐད་རིགས་ཤིག་ཡིན་པར་སྨྲས"①པའམ། "ཁོ་ཚོར་སྐད་རིགས་ཁོ་ན་མ་གཏོགས་ཡི་གེ་མེད། དེ་ལྟའི་སྐད་རིགས་དེའང་བོད་སྐད་དང་བལ་པོའི་སྐད་འདྲེས་པའི་སྐད་རིགས་ཤིག་རེད་"②ཅེས་པ་སོགས་ཀྱི་བཤད་ཡམས་ཐོན་བཞིན་ཡོད། འདིར་ཤིག་གསོད་པར་སྣ་རེ་དང་ར་གསོད་པར་མདའ་མོ་འཕྱར་དགོས་མེད་པར་རྒྱུས་མེད་པ་ལ་ཚིག་ཉུང་དོན་བསྡུས་ཀྱིས་ཤར་པའི་སྐད་དེ་བོད་སྐད་ཡིན་ཚུལ་བསྟན་རྒྱུ་ཡིན།

དེ་ཡང་དུས་རབས་གོང་མའི་ལོ་རབས་བདུན་ཅུ་པའི་ནང་ཀྱང་དབྱིང་མི་རིགས་སློབ་གྲྭ་ཆེན་མོས"ཤར་པའི་སྐད་ལས་ཐ་སྙད་༡༡༠ལ་བརྟག་དཔྱད་བྱས་པའི་འབྲས་བུར། ཤར་པའི་སྐད་དང་བོད་སྐད་ཆ་འདྲ་བའི་ཐ་སྙད་༨༡ཡོད་པ་དེས་བརྒྱ་ཆ་༧༣དང་གྲངས་ཚུང་༤ཟིན་གྱི་ཡོད་"③ཅེས་དང་། དུས་རབས་གོང་མའི་ལོ་རབས་བརྒྱད་ཅུ་པར་བོད་ལྗོངས་སྤྱི་ཚོགས་ཚན་རིག་ཁང་གི་ཞིབ་འཇུག་པ་བསོད་ནམས་ལགས་ཀྱིས་རང་རྒྱལ་གྱི་ཤར་པའི་སྡོད་གནས་འགྲམ་ཁུལ་དུ་ཟབ་

①　བསོད་ནམས་ཀྱིས་བརྩམས་པའི་《ཤར་པའི་སྐོར་ཆེ་ལོང་ཙམ་བརྗོད་པ་》ཞེས་པའི་ནང་གསལ། 《བོད་ལྗོངས་ཞིབ་འཇུག》བོད་ཡིག་༡༩༨༣ལོའི་དུས་དེབ་༡པོའི་ཤོག་གྲངས་༢༣ལ་གསལ།

②　切排,《夏尔巴人的历史与现状调查》,刊载于《西北民族研究》2006 年 1 期,65 页。

③　切排,《夏尔巴人的历史与现状调查》,刊载于《西北民族研究》2006 年 1 期,70 页。

འཇུག་བརྟག་དཔྱད་བྱས་ཏེ་དེ་ཁུལ་གྱི་ཤར་པའི་སྐད་ཀྱི་ཐ་སྙད་༣༨ཙམ་“མཚོན་བྱེད་ཙམ་དུ་དྲངས་པའི་མིང་གི་རྣམ་གྲངས་དེ་དག་གི་ནང་ནས་ཀྱང་བོད་སྐད་ཀྱི་ཁྱབ་ཁོངས་ལས་འདས་པ་ཏ་ལམ་རྙེད་དཀའ་བར་ཟད་”①ཅེས་གསལ་བ་དང་། དུས་རབས་གོང་མའི་ལོ་རབས་བརྒྱད་ཅུ་པའི་ནང་ཕྲན་ནས་ཤར་པའི་གནས་ཡུལ་འདྲེན་ཐང་ཁུལ་དུ་སྤྱི་ཚོགས་བརྟག་ཞིབ་བྱས་སྟེ་དམིགས་སུ་ཤར་པའི་སྐད་ཀྱི་རྒྱུན་སྤྱོད་ཐ་སྙད་༤༠དང་བོད་སྐད་ཀྱི་ཐ་སྙད་བསྡུར་བ་བྱེད་སྐབས་“དབང་པོ་དང་ཡན་ལག་གི་མིང་དང་། ཕུན་མཆེད་ཀྱི་འབོད་སྒྲུགས། རྒྱན་གོས་ཀྱི་མིང་། གྲངས་ཀྱི་མིང་ལ་སོགས་པ་མིང་ཚིག་མཐའ་དག་སྤྱིར་བོད་སྤྱིའི་མིང་ཚིག་དང་ཆ་མཚུངས་”②ཡིན་པ་ཤེས་རྟོགས་བྱུང་བ་དང་། ད་ཐེངས་ཀྱང་ཕྲན་ནས་འགྲམ་ཁུལ་གྱི་ཤར་པའི་ཡུལ་སྐད་ལས་རྒྱུན་སྤྱོད་ཀྱི་མིང་བརྡ་༤༠ཙམ་དང་བོད་སྐད་བསྡུར་བ་བྱས་པ་ཡིན། བཅའ་འདྲི་ཞུ་ཡུལ་མི་འདྲ་བས་གསུང་ཚུལ་ཡང་མི་འདྲ་བ་བྱུང་། ཐོག་མར་བཅར་འདྲི་ཞུ་ཡུལ་ནི་འགྲམ་གྲོང་ཚོའི་དགུང་ལོ་༤༤ལ་ཐེབས་པའི་ཚེ་རིང་ལྷ་མོ་ལགས་ཡིན། ཁོང་ནི་དེ་ཁུལ་གྱི་སྨན་པ་རྐང་རྗེན་མ་ཞིག་ཡིན་པ་དང་། ཤར་པ་མི་རིགས་གཅིག་ཏུ་འདོད་མཁན་ཞིག་ཀྱང་ཡིན། ཁོང་ལ་བཅའ་འདྲི་ཞུ་སྐབས་ཤར་པའི་ཡུལ་སྐད་ངོ་མ་དེ་དག་སྨྲས་པའམ་མ་གསུངས་པར་ཕྱིར་ཡོང་གི་མིང་མང་པོ་ཞིག་སྟེ། དཔེར་ན། གཟའ་འཁོར་གཅིག་གི་ཉིན་བདུན་གྱི་རིམ་པ་འདྲེན་སྐབས་གཟའ་ཉི་མ་ལ་ཨའི་ཏའ་འབར་དང་། ཟླ་བ་ལ་སོག་དབང་འབར། མིག་དམར་ལ་མང་ལ་འབར། ལྷག་པ་ལ་འབུ་ཐུ་འབར། ཕུར་བུ་ལ་རྒྱེ་འོས་འབར། པ་སངས་ལ་སུ་གུ་འབར། སྤེན་པ་ལ་ཐྲན་ཀྲ་འབར་ཟེར་

① བསོད་ནམས་ཀྱིས་བརྩམས་པའི་《ཤར་པའི་སྐོར་ཆེ་ལོང་ཙམ་བརྗོད་པ་》ཞེས་པའི་ནང་གསལ། 《བོད་ལྗོངས་ཞིབ་འཇུག》བོད་ཡིག་༡༩༨༣ལོའི་དུས་དེབ་༡པོའི་ཤོག་ངོས་༢༡ལ་གསལ།

② རྒྱང་འཁོར་ཚེ་ཕུན་གྱིས་བརྩམས་པའི་《བོད་ཀྱི་དམངས་ཁྲོད་རིག་གནས་སྐོར་གྱི་དཔྱད་གླེང་》ཞེས་པའི་ཤོག་ངོས་༥༩༥ནང་གསལ། བོད་ལྗོངས་བོད་ཡིག་དཔེ་རྙིང་དཔེ་སྐྲུན་ཁང་ནས་སྤྱི་ལོ་༢༠༠༨ལོར་བསྐྲུན།

བའི་བལ་པོའི་སྐད་དེ་དག་ཤར་པའི་ཡུལ་སྐད་ཡིན་པར་གསུངས་བྱུང་། དེ་མུར་སྣར་ཡང་ཞོལ་པོ་སྣང་གི་དགུང་ལོ་༥༢ལ་ཕེབས་པའི་ངག་དབང་བསམ་གཏན་ལགས་དང་། འགྲམ་གྲོང་ཚོའི་དགུང་ལོ་༨༣ལ་ཕེབས་པའི་བཟང་མོ་ལགས་རྣམ་གཉིས་ལ་མཉམ་དུ་བཅའ་འདྲི་ཞུས་པ་ཡིན། བསམ་གཏན་ལགས་ནི་སྐབས་བདུན་པ་ནས་བཅུ་གཅིག་བར་གྱི་བོད་རང་སྐྱོང་ལྗོངས་སྲིད་གྲོས་ཀྱི་ཨུ་ཡོན་ཡིན་པ་དང་། བཟང་མོ་ལགས་ནི་སྐབས་བརྒྱད་པ་ནས་དགུ་པ་བར་གྱི་བོད་རང་སྐྱོང་ལྗོངས་མི་དམངས་འདུས་ཚོགས་ཀྱི་འདུས་མི་ཡིན་ལ། ཁོང་གཉིས་ཀས་ཤར་པ་ནི་བོད་རིགས་ཡིན་ཡང་། ཤར་པར་བོད་རིགས་སྤྱི་དང་མི་འདྲ་བའི་གོམས་གཤིས་དང་རིག་གནས་མང་པོ་ཡོད་ཅིང་། མཐའ་མཚམས་ས་ཁུལ་དུ་གནས་པའི་ཡུལ་མི་ཡིན་པས། དམིགས་བསལ་གྱི་སྲིད་ཇུས་རྣམས་མུ་མཐུད་སྤྲོད་དགོས་པ་དང་། ཐེམ་ཐོའི་ནང་བོད་རིགས་ཞེས་པའི་རྒྱབ་ཏུ་ཤར་པ་ཞེས་གསལ་ཡིག་འབྲི་དགོས་པའི་རེ་བ་འདོན་གྱི་ཡོད། ཁོང་གཉིས་ལ་བཅའ་འདྲི་ཞུ་སྐབས་གོང་དུ་ཚེ་རིང་ལྷ་མོ་ལགས་ནས་གསུངས་པ་མང་པོ་ཞིག་ཤར་པའི་སྐད་རྣལ་མ་མིན་ཚུལ་དང་། གོང་གི་མིང་བརྫ་༨༠ཡི་ཤར་པའི་ཡུལ་སྐད་ཇི་ལྟར་ཡིན་པ་ཞིབ་པར་གསུངས་བྱུང་། དེའི་ཁྲོད་ལས་བོད་ཀྱི་སྤྱི་སྐད་དམ་གཙང་ཁུལ་གྱི་ཡུལ་སྐད་ལས་འདས་པ་ནི་ཀྲུམ་ཀྲུ་ལ་པླ་ཏི་དང་། རྟོལ་ལེ་ལ་པོ་མོ། རེའུ་དང་ལུག་གུ་གཉིས་ཀར་རེའུ། སྙེའུ་ཁུང་ལ་མ་ཏང་། གོས་ལ་སླ་ཙ་ཞེས་པ་སོགས་ལས་མེད། གོང་གསལ་དེ་དག་ལས་བཅའ་འདྲི་ཞུ་མཁན་གྱི་བོད་སྐད་ཀྱི་བྱང་ཚད་དང་བཅའ་འདྲི་ཞུ་ཡུལ་གྱི་དམིགས་ཡུལ་ལམ་སྐད་ཀྱི་བྱང་ཚད་མི་འདྲ་བའི་དབང་གིས་ཤར་པའི་ཡུལ་སྐད་ལའང་ལྟ་ཚུལ་མི་འདྲ་བ་བ་བྱུང་དང་འབྱུང་བཞིན་པ་དོན་དངོས་ཡིན་ལ་གོ་བ་ལོན་བདེ་བ་ཞིག་ཀྱང་ཡིན།

སློག་པ་པོའི་ཚོགས་ལ་དེ་བས་གསལ་ཁ་ཆེ་བ་དང་ཟུར་བལྟས་ལེབ་མཐོང་

ཡོང་ཆེད་དུ་ཐ་སྙད་ཀྱི་བསྒྱུར་བ་དེ་དག་སྟབས་བདེའི་རེའུ་མིག་ཏུ་བཀོད་ན་གཤམ་གསལ་ལྟར།

འབྲམ་ཁྲུལ་གྱི་ཤར་པའི་སྐད་དང་བོད་སྐད་བསྡུར་བའི་རེའུ་མིག(༡༩༨༡ལོ།)

བོད་སྐད།	ཤར་པའི་ཡུལ་སྐད།	བོད་སྐད།	ཤར་པའི་ཡུལ་སྐད།	བོད་སྐད།	ཤར་པའི་ཡུལ་སྐད།
སྐྱེ་པ་པོ།	ཁྱོ་ག	ཁྱོད་རང་།	ཉིད་ཙག	མེ་ཐབ།	ཐབ།
བུད་མེད།	བད་མས།	སྨྲ།	ཧྲ།	གུ་དུང་།	ཁང་སྣམ།
བྱེད་ཆུང་རིགས།	བུ་མོ་བི་ས།	དཔྲལ་བ།	དཔྲལ་ལ།	མཚན་མོ།	ནུབ་མོ།
བུད་མེད་རབ།	ཨ་ཞེ།	སྐྱོན་ཆས།	མལ་ཆས།	རྒྱུས་མེད་པ།	ཆ་མེད།
གཅེན་པོ།	ཨ་ཅོ།	ཟླ་བ།	ལ་བ།	ཆུ་ཚན།	ཆུ་འཁོལ།
གཅུང་པོ།	ནུ་པོ།	དངུལ།	ཏམ་ཀ	བོད་པ།	བད་པ།
ཨ་མ།	འ་མ།	ཕྱིན།	འགྲོ	སོ།	ས།
ཟམ་པ།	ཟམ།	དགོན་པ།	དགོན་པ།	མཛུམ་མོ།	ཟུ་འོ།
འོ་མ།	འོ་མ།	འབྲས་རྗེན་པ།	འབྲས།	འབྲས་བཙོས་མ།	ཟབ།
སྤྲིན་པ།	སྨུག་པ།	ཉི་མ།	ཉི་མ།	ཞོ།	ཞོ།
འཇའ།	འཇའ།	བཞོན་མ།	འཛོན་མ།	མགར་བ།	ག་མི།
ཞུན་མར།	འབར་ལྷི།	ཕང་།	ཕང་།	བྲིན་པ།	པིན་པ།
ཡིན་དང་རེད།	ལགས་སོ།	བཀའ་དྲིན་ཆེ།	ཐུགས་ཆེ།	སྤྲིན་དམར།	སྤྲིན་དམར།

འབྲམ་ཁྲུལ་གྱི་ཤར་པའི་སྐད་དང་བོད་སྐད་བསྡུར་བའི་རེའུ་མིག(༢༠༡༥ལོ།)

བོད་སྐད།	ཤར་པའི་ཡུལ་སྐད།	བོད་སྐད།	ཤར་པའི་ཡུལ་སྐད།	བོད་སྐད།	ཤར་པའི་ཡུལ་སྐད།
ལ་ཕྲུག	ལ་ཕྲུག	བེའུ་ཕོ།	རྫབ་ཀྱུག་ཕོ།	སྐས་ཀ	སྐྲས་པ།
ཞོག་ཕོག	ཞོག་ཕོག	བེའུ་མོ།	རྫབ་དུག་མོ།	ཡི་གེ་བྲིས།	ཡི་གེ་བྲིས།
པད་ཚལ།	ཚལ་མ།	རེའུ།	རེའུ།	ཤིང་བཟོ་བྱས།	ཤིང་བཟོ་རྒྱབ།

ཀུ་མ་ཀུ།	ཀླ་ཏི།	ཏེའུ།	ཏ་ཕྲུག	རྩམ་པ་ཉོས།	རྩམ་པ་ཉོས།
ཕྱུ་ར།	ཕྱུར་པི།	ལུག་གུ	རིའུ།	གོས་གྱོན།	ལྷ་ཙ་གྱོན།
འོ་མ།	འོ་མ།	ཟླ་བ།	ཟླ་དཀར།	ནང་དུ་བསྡད།	ཁང་པར་བསྡད།
ཞོ།	ཞོ།	སྐར་མ།	སྐར་མ།	ཏ་ལ་བཞོན།	ཏ་ལ་བཞོན།
དར།	དར།	སྤྲིན་པ།	སྨུག་པ།	རླང་འཁོར་བབས།	ལྷ་ཀྲལ་བབས།
ཚང་།	ཚང་།	དར་ལྕོག	དར་ལྕོག	ལྟད་མོ་བལྟས།	ལྟད་མོ་བལྟས།
ཛ་སྲུབ་མ།	ཛ་སྲུབ་མ།	རླུང་ཏ།	རླུང་ཏ།	རླུང་འཕྲིན་ཉན།	རླུང་འཕྲིན་ཉན།
ཇ་མངར་མོ།	ཇ་མངར་མོ།	ཁ་བཏགས།	ཁ་བཏགས།	ཡི་གེ་བཏང་།	ཡི་གེ་བཏང་།
མི།	མི།	སྔ་དྲོ།	སྔ་མོའི་དྲོ།	ནང་དུ་ལོག	ཁང་པར་ལོག
མཛོ་མོ།	མཛོ་མོ།	ཕྱི་དྲོ།	ཉིན་མོའི་གུང་།	གླུ་གཞས་བཏང་།	གླུ་གཞས་བཏང་།
གཡག	གཡག	མཚན་མོ།	ནུབ།	རྒྱན་ཆ་བཏགས།	ཀ་རྣ་ཏོག
ལུག	ལུག	ཉིན་མོ།	ཉིན་མོ།	བྲེ་ཕྲུག	ནག་སྔོན།
ར།	ར།	ཁང་པ།	ཁང་པ།	ཚང་ས།	ཚང་ས།
རྟ།	རྟ།	སྟེང་ཁང་།	སྟེང་ཁང་།	ཚང་གཞས།	གྲལ་གླུ།
བ།	བ།	འོག་ཁང་།	འོག་ཁང་།	ལོ་གསར།	ལོ་གསར།
གླང་།	གླང་།	སྒེའུ་ཁུང་།	མ་ཏང་།	ཆུ་ཚོད།	ཆུ་ཚོད།
ཏྟོ་ལེ།	ཕ་སོ།	སྒོ།	སྒོ།	ལོ།	ལོ།

འདྲེན་ཐང་ཁྲལ་གྱི་ཤར་པའི་སྐད་དང་བོད་སྐད་བསྡུར་བའི་རེའུ་མིག

བོད་སྐད།	ཤར་པའི་ཡུལ་སྐད།	བོད་སྐད།	ཤར་པའི་ཡུལ་སྐད།	བོད་སྐད།	ཤར་པའི་ཡུལ་སྐད།
སྤོ་བོ།	སྤོ་སྤོ།	སྐེད་གདན།	སྐྱིབ་གདན།	མཐེབ་ཆུང་།	མཐེབ་ཆུང་ང་།
ཨ་ཕྱི།	ཨ་པི།	གདུ་བུ།	གདུག་གུ	སྒལ་པ།	ལྟག
ཨ་མ།	ཨ་མ།	མགུལ་རྒྱན།	སྐྲེ་མདོག	ལྟག་ཁུང་།	ལྟག་ཆུང་ང་།

པ་ཕ།	པ་ཕ།	གཙུ།	གཙུ།	དཔུང་པ།	དཔུང་རྡོག
གཅེན་པོ།	ཨ་ཅག	སྤང་གདན།	སྤང་གདན།	འགྲམ་པ།	མང་ཀ་ལ།
གཅེན་མོ།	ཨ་ཅེ།	རྣ་ཀྱུན།	ཨམ་ཅོག་གི་ཀྱུན།	ཆར་པ།	ཆར་པ།
གཅུང་པོ།	མིང་པོ།	ལག་ཁྲིད།	ལག་ཁྲིད།	ཆུ།	ཆུ།
གཅུང་མོ།	ནུ་མོ།	སྨ་ར།	སྨ་ར།	སེར་བ།	སེར་བ།
སྲུ་མོ།	ཨ་གཅིག	མཁྱུར་ཚོས།	འགྲམ་པ།	གངས།	གངས།
ཨ་ཞང་།	ཨ་ཞང་།	མིག	མིག	ཇ།	ཇ།
ཨ་ནེ།	ཨ་ནེ།	རྣ་ཅོག	ཨམ་ཅོག	ཆང་།	ཆང་།
ཨ་ཁུ།	ཨ་ཁུ།	ཁ།	ཁ།	རྔམ་པ།	རྔམ་པ།
ཞྭ་མོ།	ཞྭ་མོ།	སོ།	སོ།	ཕོར་པ།	ཕོར་པ།
དུང་སྒོར།	དུང་སྒོར།	ལྕེ།	ལྕེ་ལག	ས།	ས།
མགོ་བོ།	མགོ་བོ།	སྣ།	སྣ་རྡོག	རྡོ།	རྡོ།
སྟོད་ཐུང་།	སྟོད་ཐུང་།	ལག་པ།	ལག་པ།	ཤིང་།	ཤིང་།
འོག་འཇུག	འོག་འཇུག	རྐང་པ།	རྐང་པ།	གནམ།	གནམ།
གོས་ཐུང་།	དོར་མ།	མཛུབ་མོ།	མཛུབ་མོ།	སྤྲིན།	སྤྲིན།
འཇུར་ཀ།	འཇུར་ཀ།	མཐེ་བོང་།	མཐེའོ།	ལོ་གསར།	ལོ་གསར།
རྐང་ཤུབས།	རྐང་ཤུབས།	དཀྱིལ་མཛུབ།	མཛུ་གུ་ཨ་མ།	ལྷས་མ།	ལྷས་མ།

ཁོ་པོའི་ལྟེ་ཁྲག་ཟགས་པའི་ས་ནི་གཙང་ཁུལ་དུ་ཡིན་ལ་ཆུང་དུས་གཙང་ཁུལ་དུ་འཚར་ལོངས་བྱུང་བ་དང་། དེ་རྗེས་མི་ལོ་སུམ་ཅུ་ཙམ་བོད་ཡུལ་གྱི་ལྟེ་བ་དབུས་ཀྱི་ལྷ་ལྡན་ཞིང་དུ་ལས་སློབ་ལ་འཇུག་པའི་གོ་སྐབས་ཀྱང་ཐོབ་བྱུང་། ཡུལ་སྐད་རྒྱང་པའི་ངོས་ནས་བརྗོད་ན། གཙང་སྐད་ནི་བདག་གི་ཕ་སྐད་ཡིན་ལ། དབུས་སྐད་ཀྱང་མི་ཤེས་པ་མིན། ད་ཐེངས་ང་ཚོ་ཤར་པའི་ཁུལ་དུ་བརྟག་དཔྱད་

བྱེད་པར་བསྐྱོད་སྐབས། ཤར་པ་རྣམས་ཐོག་མར་ཐུག་སྐབས་སྐད་ཆ་འགའ་ཞིག་ཕན་ཚུན་དབར་གོ་བརྡ་ཅུང་མི་འཕྲོད་པ་ལྟར་སྣང་ཡང་། རིང་པོར་མ་ཐོགས་པར་ཕན་ཚུན་དབར་གླེང་མོལ་ཅི་བདེར་ཆོག་པ་དང་། ང་ཚོས་དབུས་སྐད་དམ་གཙང་སྐད་གང་གི་ཐོག་ནས་བཤད་ནའང་ཁོ་ཚོས་གོ་ཐུབ་པ་མངོན་སུམ་ཡིན།

གཞན་ཡང་རྒྱལ་ཁབ་ཕྱི་ནང་གི་ཆེད་ལས་སྐད་རིགས་ཞིབ་འཇུག་མཁན་འགའ་ཞིག་གིས་ཤར་པའི་སྐད་དེ་བོད་སྐད་ཡིན་པའི་ཚོད་བསྒོམས་བཞག་ཡོད་པ་དཔེར་ན། “ཏང་ག་རིའི་བརྡ་སྤྲོད་རིག་པ་མཁས་ཅན་ཨུ་ཊུས་ཀྱིས་ཤར་པའི་སྐད་དེ་བོད་དབུས་ཁུལ་གྱི་ཡུལ་སྐད་ལ་བཞག་པ་དང་། ལྷོར་པན་གྱི་བརྡ་སྤྲོད་རིག་པ་མཁས་ཅན་ལི་ཐན་ལུང་ཤུང་གིས་དེ་ཉིད་བོད་ལྷོ་ཁུལ་གྱི་ཡུལ་སྐད་ལ་བཞག་ཡོད། ཀྲུང་གོ་མི་དམངས་སློབ་གྲྭ་ཆེ་མོའི་བརྡ་སྤྲོད་རིག་པའི་དགེ་རྒན་ཆེན་མོ་བ་ཧྲུས་ཨའེ་ཐང་གིས་རང་རེའི་རྒྱལ་ཁོངས་ཀྱི་ཤར་པའི་སྐད་རིགས་ལ་ས་ཡུལ་དངོས་ཀྱི་བརྟག་དཔྱད་ཞིབ་འཇུག་བྱས་པ་བརྒྱུད། ཤར་པའི་སྐད་ཀྱི་ནང་དུ་བལ་པོའི་སྐད་ཀྱི་གཡར་མིང་མང་ཙམ་དང་སྒྲ་དྲག་ཙམ་ཡོད་པ་ཕུད། དབུས་གཙང་གི་ཡུལ་སྐད་དང་དེ་བས་ཉེ་བ་ཡོད་”[①]ཅེས་གསལ་བ་ལྟ་བུའོ། །

གསུམ་པ། སྐད་རིགས་མཚོན་བྱེད་ཀྱི་ཡི་གེའི་སྐོར་བཤད་པ།

“མི་རིགས་སུ་ཞིག་ལ་སྟོས་ནའང་ཡི་གེ་རྟགས་སུ་བཀོད་པ་སྐད་རིགས་ལས་བྱུང་ཞིང་། སླར་སྐད་རིགས་ལ་ཞབས་འདེགས་བྱེད་པའི་ཆོས་ཉིད་དེ་སྟོག་ཏུ་མེད། དེས་ན་བོད་མི་སྤྱི་དང་ཤར་པ་ལ་ཐུན་མོང་གི་སྐད་རིགས་ཡོད་པས་ཡི་གེ་ཡང་ཐུན་མོང་དུ་བེད་སྤྱོད་གཏོང་བ་དེ་རྒྱུན་གཏན་གྱི་གནས་ལུགས་ཤིག་ཡིན་པ་

① 姚兆麟著,《西藏民族志》,中国藏学出版社 2006 年出版,第 82 页。

སློས་ཅེ་”①ཞེས་གསུངས་པ་ལྟར། ད་ནས་ད་བར་ཤར་པའི་ཁྲུལ་དུ་བོད་ཀྱི་སྤྱི་སྐད་མཚོན་པའི་བོད་ཡིག་དེ་ཉིད་ཆོས་དང་འཇིག་རྟེན་གང་ཐད་ནས་བེད་སྤྱོད་བྱས་དང་བྱེད་མུས་ཡིན། དཔེར་ན། སྲོལ་རྒྱུན་སྤྱི་ཚོགས་ནང་ཤར་པའི་ཁོངས་གཏོགས་ཀྱི་དགོན་སྡེ་ཁག་གིས་བོད་ཡིག་ཁོ་ན་བེད་སྤྱོད་བྱེད་པ་དང་། དེང་དུས་འགྲམ་ཁྲུལ་གྱི་བགྲ་ཤིས་མཐོང་གྲོལ་གླིང་དང་། བཀྲ་ཤིས་བསམ་གཏན་གླིང་། སྔོ་གསེར་ལྷ་ཁང་། འདྲེན་ཐང་ཁྲུལ་གྱི་འོད་ཟེར་ཆོས་གླིང་བཅས་ཀྱི་གྲྭ་བཙུན་ཚོས་བོད་ཡིག་ཁོ་ན་བེད་སྤྱོད་བྱེད་བཞིན་ཡོད་པ། དམངས་ཁྲིད་དུའང་ཁོ་ཚོས་བོད་ཡིག་དེ་རང་གི་ཡི་གེར་བརྩིས་ནས་སྤྱོང་སྤྱོད་སྤེལ་གསུམ་བྱེད་ལ། ནེ་པཱ་ལའི་ཁྲུལ་དུ་“ཤར་པ་རྣམས་ཀྱིས་བོད་ཡིག་གི་སློབ་གསོ་ལ་མཐོང་ཆེན་བྱེད་ཀྱི་ཡོད། ཁོ་ཚོས་བོད་ཡིག་བེད་སྤྱོད་བྱེད་མཁན་གྱི་མི་རིགས་གཞན་དང་མཉམ་དུ་བོད་ཡིག་སློབ་གྲྭ་བཙུགས་པ་མ་ཟད། ད་དུང་ཁོ་རང་ཚོའི་ས་ཡུལ་དུ་བོད་ཡིག་སློབ་གྲྭ་ཁེར་རྐྱང་དུ་གཉེར་གྱི་ཡོད། ཤར་པས་ཧེ་མ་ལ་ཡའི་ལྷོ་ངོས་ཁྲུལ་གྱི་བོད་རིག་པའི་ཞིབ་འཇུག་བྱ་གཞག་གི་འཕེལ་རྒྱས་ལ་ལེགས་སྐྱེས་ཕུལ་ཡོད་”②ཅེས་པ་ལྟར་ཡིན། གང་ལྟར་རང་རེའི་རྒྱལ་ཁོངས་ཀྱི་ཤར་པ་ཚོས་དེ་ཁྲུལ་གྱི་བོད་རིགས་སྤྱི་དང་འདྲ་བར་བོད་ཡིག་སློབ་སྦྱོང་བྱེད་པ་དང་། རྒྱུན་གཏན་འཚོ་བའི་ནང་བོད་ཡིག་བེད་སྤྱོད་བྱེད་བཞིན་ཡོད་པ་ཀུན་གྱིས་མཐོང་ཐོས་ལྟར་ཡིན།

བཞི་པ། ཤར་པའི་ཡུལ་སྐད་དང་དེར་འཛིན་པའི་ལྟ་ཚུལ།

ས་ཆ་རེ་ལ་ཆ་ལུགས་རེ། ལུང་པ་རེ་ལ་སྐད་ལུགས་རེ་ཟེར་བ་ལྟར། ཤར་པར་ཡང་ས་ཁྲུལ་རང་བཞིན་གྱི་ཐ་སྙད་དམ་ཡུལ་སྐད་རེ་གཉིས་ཡོད་པ་དཔེར་ན།

① བསོད་ནམས་ཀྱིས་བརྩམས་པའི་《ཤར་པའི་སྐོར་ཆེ་ལོང་ཙམ་བརྗོད་པ་》ཞེས་པའི་ནང་གསལ། 《བོད་ལྗོངས་ཞིབ་འཇུག》བོད་ཡིག་༡༩༨༣ལོའི་དུས་དེབ་༡པའི་ཤོག་གྲངས་༢༡ལ་གསལ།

② 切排,《夏尔巴人的历史与现状调查》,刊载于《西北民族研究》2006 年 1 期,70 页。

ཤར་པའི་སྐད་ནང་གཙང་སྐད་དང་། ཁམས་སྐད། སྟོད་ཀྱི་ཡུལ་སྐད། ད་དུང་བརྡ་རྙིང་སོགས་འདྲེས་ནས་ཡོད་པ་དང་གཅིག བལ་ཡུལ་གྱི་རོང་སྐད་འདྲེས་ནས་ཡོད་པ་དང་གཉིས། རྒྱ་སྐད་དང་དབྱིན་སྐད་ཀྱི་ཐ་སྙད་རེ་ཟུང་འདྲེས་ནས་ཡོད་པ་དང་གསུམ། ས་བབ་ཀྱིས་རྐྱེན་པས་ཐུན་མོང་མིན་པའི་སྐད་ཆའི་བཤད་སྟངས་ཡོད་པ་དང་བཞི་བཅས་སོ། །

དེ་ཡང་བོད་རིགས་ཀྱི་ཡུལ་སྐད་ལ་ཨ་མདོའི་སྐད་དང་། ཁམས་སྐད། དབུས་གཙང་སྐད་བཅས་དབྱེ་བ་ཆེ་བ་གསུམ་མམ་ཡང་ན་འབྲོག་སྐད་དང་རོང་སྐད་ཅེས་དབྱེ་བ་ཆེ་བ་གཉིས་ཡོད་པར་བརྗོད་ལ། ལུང་ཚན་སོ་སོར་ཡང་རང་རང་གི་ཁྱད་ཆོས་ལྡན་པའི་ཡུལ་སྐད་རེ་ཟུང་ཡོད་པ་མཐོང་ཆོས་ལྟར་ཡིན། དེ་ཡང་མཁས་པའི་དབང་པོ་དམུ་དགེ་བསམ་གཏན་གྱིས“སྤྱིར་བོད་སྐད་ལ་རྩ་བ་གཅིག་ཡིན་ནའང་ས་ཆ་རྒྱ་ཆེ་ཞིང་མི་སྡེ་འཐོར་བཀྲམ་ཆེ་བའི་དབང་གིས་སྒྲ་མི་འདྲ་བར་གྱུར་ལ། ས་ཆ་ལ་ལར་བོད་སྐད་བརྡ་རྙིང་གི་ཐོག་ནས་སྒྲ་གདངས་ཇེ་ཟབ་དང་ཇེ་ཕྱིར་སོང་བའི་སྟེང་ནས་འགྱུར་ཡོད་པ་རྒྱལ་རོང་གི་སྐད་ལྟ་བུ་དང་། འགའ་ཞིག་བརྡ་རྙིང་གི་ཐོག་ནས་བརྡ་གསར་དུ་འགྱུར་བ་དབུས་གཙང་གི་སྐད་ལྟ་བུ། འགའ་ཞིག་རང་ས་ནས་འགྱུར་ཚབས་ཆེ་བ་མགོ་ལོག་ཉ་མཚོའི་སྐད་ལྟ་བུ་དང་། འཛམ་ཐང་རྫོང་གཅིག་གི་ནང་དུའང་བོད་རིགས་ཡིན་ནའང་ཕན་ཚུན་སྐད་མི་འདྲ་བར་གྱུར་ནས་གོ་བརྡ་འཕྲོད་དཀའ་བ་ཁ་ཤས་ཡོད”①ཅེས་གསུངས་པ་ལྟར་རོ། །ཤར་པ་རྣམས་ཁམས་སྐད་བེད་སྤྱོད་བྱེད་པའི་ཁམས་ཁུལ་ནས་གནས་སྤོས་བྱས་ཏེ་གཙང་སྐད་བེད་སྤྱོད་བྱ་ཡུལ་ཀྱང་བལ་ས་མཚམས་སུ་གཞིས་ཆགས་པ་དང་། ཁུལ་དེ་ནི་རོང་སྟོད་ཕུ་མདུག་ཅེས་འབོད་པ་ལྟར་རོང་སྐད་རྒྱུག

① དམུ་དགེ་བསམ་གཏན་མཆོག་ནས་མཛད་པའི་《མཁས་དབང་དམ་པ་དམུ་དགེ་བསམ་གཏན་གྱི་དཔྱད་རྩོམ་ཕྱོགས་བསྒྲིགས》ཞེས་པའི་ཤོག་གྲངས་༡༥༠ནང་གསལ། སི་ཁྲོན་མི་རིགས་དཔེ་སྐྲུན་ཁང་ནས་སྤྱི་ལོ་༡༩༩༣ལོར་བསྐྲུན།

མཁན་གྱི་རོང་པ་དང་། གཙང་སྐད་རྒྱུག་མཁན་གྱི་གཙང་པའི་བར་དུ་གནས་ལ། དུས་ཡུན་ལོ་ངོ་སྟོང་ལ་ཉེ་བའི་ནང་ལུང་ཁུག་རི་དབྲག་ཏུ་གནས་པས། དེ་ཁུལ་གྱི་སྐད་ཆའི་ནང་དུ་གཅིག་ནས་ཕྱོགས་གཉིས་ཀའི་ཤན་ཞུགས་ཡོད་པ་དང་། གཉིས་ནས་སྔར་གྱི་ཁ་རྒྱུན་མང་པོ་ཞིག་ཉར་འཛིན་བྱས་ཡོད་པ་ནི་དོན་དངོས་ཡིན། ཤར་པའི་སྐད་ཀྱི་ཁྲིད་དུ་བརྗ་སྙིང་ངམ་མདོ་ཁམས་ཁུལ་དང་ཡང་ན་ཡིག་ཐོག་ཏུ་སྤྱོད་པ་ལས་དུས་ཕྱིས་དབུས་གཙང་གི་ཁ་རྒྱུན་དུ་སྤྱོད་ཤས་ཆུང་བའི་མིང་ཚིག་དཔེར་ན། ཁ་སྤུ་ལ་སླ་ར་དང་། སྒྲོག་ཐུང་ལ་གདུག་གུ གཙུང་མོ་ལ་ནུ་མོ། གཅེན་པོ་ལ་མིང་པོ། སྨལ་པ་ལ་ལྷག སོན་ལ་ས་བོན་ཞེས་འབོད་སྲོལ་ཡོད་པ་དང་། དེ་བཞིན་བྱིས་པ་ལ་བི་ས་དང་། ཨ་ཕྱི་ལ་ཨ་ཕེ། ཕྱི་ལ་ཕེ། བྱིན་པ་ལ་བིན་པ། ཨ་མ་ལ་འ་མ། གཅེན་པོ་ལ་ཨ་ཙོ། ཞུན་མར་ལ་འབར་ལྡིའམ་ཨུང་གུ ཁྱོད་རང་ལ་ཉིད་ཙག་ཅེས་པ་ལྟ་བུའི་གཙང་སྐད་སྤྱོད་ཤུགས་ཆེན་པོ་ཡོད། གཞན་ཡང་དངོས་གནས་འདུག་ཅེས་པ་ལ་ངོ་ཏ་རང་ནོག་ཅེས་པ་དང་། ངས་བྱེད་ཐེར་བ་ལ་ངས་བགྱིད་རོ་ཞེས་པ། ང་ཚོའི་གྲོང་ཚོ་ཞེས་པ་ལ་འོ་རང་སྡེ་པ་དང་ཁྱེད་ཚོའི་གྲོང་ཚོ་ཞེས་པ་ལ་ཁྱོད་རང་སྡེ་པ་ཞེས་པ་ལྟ་བུ་སྟོད་སྐད་དང་། བུད་མེད་རྒན་མོ་ལ་ཨ་ཞེ་དང་། གོས་ལ་ལ་བ། གོ་ཐུང་ལ་ཀང་སྣམ། བག་ལེབ་ལ་གོ་རེ་ཞེས་པ་ལྟ་བུ་མདོ་ཁམས་ཀྱི་སྐད་སོགས་འདྲེས་ནས་ཡོད། དེར་བརྟེན་བརྟག་ཞིབ་པ་སུ་ཡིན་རུང་གལ་སྲིད་བོད་ཀྱི་བརྗ་སྙིང་དང་ཁྱད་པར་བོད་ཀྱི་ཡུལ་གྲུ་ཁག་གི་ཡུལ་སྐད་ལ་བྱང་ཆུབ་པ་མེད་ཚེ། ཤར་པའི་སྐད་ཀྱི་ཁྲིད་ཀྱི་ཐ་སྙད་མང་པོ་ཞིག་བོད་སྐད་ལས་ཐ་དད་པར་འགྲུལ་ངེས་ཡིན་ལ། དེ་སྟོན་རྒྱུས་མེད་པ་འགའ་ཤས་སམ་ཡང་ན་མི་རིགས་གཞན་གྱི་ཞིབ་འཇུག་པ་ལ་ལས་བོད་སྐད་ཁྱུ་རེ་ཁྱོ་རེ་ཤེས་ཙམ་དང་ཡང་ན་སྐད་སྒྱུར་ལ་བརྟེན་ནས་མི་ཤེས་ཤེས་མདོག་གིས་ཤར་པའི་སྐད་ཀྱི་ཞིབ་འཇུག་ལ་ཞུགས་པ་དེ་ནི། རྒྱུས་མེད་ཀྱི་རྒྱུས་གཏམ་མང་པོ་བྱུང་

བའི་རྒྱུ་རྟ་གྱུར་ཡོད་ལ། ཤར་པའི་མི་རིགས་གཏོགས་ཁོངས་ཀྱི་གནད་དོན་ད་བར་ཐག་གཅོད་མ་ཐུབ་པའི་འགོག་རྐྱེན་ཞིག་ཏུའང་གྱུར་ཡོད།

འབྲེན་ཐང་ཁུལ་དུ་བརྟག་ཞིབ་བྱེད་སྐབས། དེ་ཁུལ་གྱི་ས་བབ་དང་མཐུན་པའི་ས་ཁུལ་རང་བཞིན་གྱི་བཤད་སྟངས་འགའ་ཡོད། དེ་ཡང་ཚང་མས་མཁྱེན་གསལ་ལྟར། འབྲེན་ཐང་གི་ཡུལ་ནི་ནགས་ཚལ་སྟུག་པོའི་ཁྲོད་དུ་གནས་པ་དང་། ས་བབ་གྱ་དོག་ཅིང་རི་ལ་རི་བརྒྱུད་ཀྱི་རྐྱེན་པས་འགྲུལ་བཞུད་པ་སོགས་གཉིས་འཕྲད་སྐབས་སློ་བུར་དུ་འཕྲད་པ་ལྟ་བུའི་སྣང་བ་བྱུང་བ་ལ་བརྟེན་ནས་ཕན་ཚུན་དབར་འཚམས་འདྲིའི་སྐད་ཆ་དང་པོར"ཨེན། ཤུགས་ཏེ་ག་ལ་འཕྲད་བྱུང"ཞེས་བརྗོད་སྲོལ་ཡོད་པ་དང་། ཁ་གྱེས་སྐབས"རྟོག་ཞིབ་བྱོས"ཞེས་བརྗོད་སྲོལ་ཡོད་པ་དེ་ནི་ལམ་བར་གཅན་གཟན་མང་བ་དང་རི་གཟར་ཐབ་རྟོ་མང་བའི་རྐྱེན་གྱིས་གཟབ་ནན་གྱིས་ཞེས་ཤ་ཚའི་དྲན་སྐུལ་བཏང་བ་ལྟ་བུ་ཡིན། ཡང་ས་ཕྱོགས་གཞན་ནས་ཡོང་བའི་འགྲུལ་པ་དང་འཕྲད་སྐབས"འབ་རྒྱལ"ཞེས་བརྗོད་སྲོལ་ཡོད་པ་དེ་ནི་ལམ་བར་དུ་དཀའ་ངལ་བྱུང་ངམ་ཞེས་པའམ་དཀའ་ལས་ཁག་སོང་ཞེས་པའི་དོན་ཡིན་པ་བོད་ཡུལ་ས་ཆ་གཞན་ལ་འོ་རྒྱལ་ཞེས་བརྗོད་སྲོལ་ཡོད་པ་དང་མཚུངས། གོང་གསལ་གྱི་འཕོད་ཚུལ་དེ་དག་ནི་ཡུལ་དེ་རང་གི་རང་བྱུང་ཁྱད་ཆོས་དང་བསྟུན་ནས་བྱུང་བར་ཐེ་ཚོམ་མེད། གཞན་ཡང་འགྲམ་ཁུལ་གྱི་ཤར་པ་རྣམས་ཀྱིས་གྲངས་ག་བརྩི་སྐབས"གཅིག་ནས་ཉི་ཤུའི་བར་བོད་སྐད་སྒྲིར་བཏང་དང་ཡོངས་སུ་མཚུངས་ཤིང་། དེ་ནས་ཉི་ཤུ་ལ་ཁལ་གཅིག་དང་། བཞི་ཅུ་ལ་ཁལ་གཉིས། དྲུག་ཅུ་ལ་ཁལ་གསུམ། ལྔ་བཅུ་ལ་ཁལ་གཉིས་དང་བཅུ་བཅས་དེ་ལྟར་བརྩི་སྲོལ་འདུག་པ་ཡང་ས་ཁུལ་གཞན་དག་ལ་སྔ་མོ་ནས་ཡོད་པ་དང་གནའ་བོའི་རྩིས་གྲངས་ཀྱི་ཐ་སྙད་རྙིང་པ་དེ་རིགས་འགྲེམ་འགྲུལ་ཆེས་མི་བདེ་

བའི་རོང་ས་ཁག་གཅིག་ལ་ད་ལྟའང་ཐོས་རྒྱུ་ཡོད་པ་ནི་ཀུན་གྱིས་ཤེས་གསལ་ལྟར་ལགས།”[①] དེ་ལྟའི་སྐད་རིགས་ཁྲོད་ཀྱི་མིང་ཚིག་འགའ་དང་སྒྲ་གདངས་འགའ་ཅུང་ཟད་འགྱུར་བའི་ཧེ་བག་ཆུང་ཙག་ཡོད་རིགས་བོད་རིགས་ནང་ཁུལ་གྱི་ཡུལ་སྐད་རང་བཞིན་ལྡན་པའི་སྒྱུར་བཏང་གི་ཧེ་བག་ཙམ་ལས། སྐད་རིགས་མ་ལག་གི་ངོ་བོའི་ཁྱད་པར་ཡོད་པ་ནི་གནས་ཡིན།

དུས་ཡུན་རིང་པོའི་ནང་ཤར་པ་རྣམས་བལ་བོད་ས་མཚམས་སུ་གནས་པས། ཁོ་ཚོའི་ཁྲོད་ཀྱི་གཞོན་ནུ་མང་པོས་ནི་པུ་ལའི་སྐད་རིགས་ཤེས་པ་མ་ཟད། དེ་ཁུལ་དུ་ཡུལ་སྐོར་བྱ་གཞག་འཕེལ་རྒྱས་ཆེ་བས་རྒྱ་གར་གྱི་སྐད་དང་དབྱིན་ཇིའི་སྐད་རིགས་ཤེས་མཁན་ཡང་ཡོད་ལ། སྤྱི་ཚོགས་འཕེལ་རྒྱས་ཀྱི་བགྲོས་དང་བསྟུན་ནས་རང་རྒྱལ་གྱི་སློབ་གསོའི་བྱ་གཞག་འཕེལ་རྒྱས་བྱུང་བས་རྒྱ་སྐད་ཤེས་མཁན་ཡང་ཇེ་མང་དུ་འགྲོ་བཞིན་ཡོད། དེ་ནི་མི་རིགས་དབར་གྱི་འབྲེལ་བ་ཟབ་མིན་དང་། སྤྱི་ཚོགས་ཀྱི་དགོས་མཁོའི་དབང་གིས་མི་རིགས་གཞན་གྱི་སྐད་རིགས་སློབ་སྦྱོང་དང་མིང་བརྡ་ཚུར་བསྡུ་བྱས་པའི་མཚོན་ཚུལ་ཙམ་ཡིན། ཁོ་ཚོའི་སྐད་ཀྱི་ནང་དུ་ནི་པུ་ལའི་སྐད་ཀྱི་སྒྲ་རང་སོར་བཞག་པའི་གཡར་མིང་འགའ་ཡོད། དེ་ནི་ཤར་པ་དང་བལ་པོའི་དབར་གྱི་འབྲེལ་བ་དང་རིག་གནས་སྤེལ་རེས་ཟབ་པའི་མཚོན་རྟགས་ཤིག་ཡིན་ཞེས་བརྗོད་ཆོག དེ་ཡང“མི་རིགས་ཤིག་གི་སྐད་རིགས་ཁྲོད་ཀྱི་གཡར་མིང་གི་སྣང་ཚུལ་དེ། མི་རིགས་དེ་དང་མི་རིགས་གཞན་དབར་འབྲེལ་གཏུག་བྱུང་རྗེས་གཞི་ནས་ཡོང་སྲིད་པ་ཞིག་རེད། དེར་བརྟེན་གཡར་མིང་ནི་མི་རིགས་དབར་གྱི་འབྲེལ་བ་དང་རིག་གནས་སྤེལ་རེས་ཀྱི་མཚོན་རྟགས་ཤིག་ཏུ་བརྩི་ཆོག དེ་ད་དུང་མི་རིགས་གཉིས་འབྲེལ་གཏུག་བྱུང་བའི་དུས་མཚམས་གཅིག་གི་ལོ་རྒྱུས་ཀྱི་དཔང་

---

① བསོད་ནམས་ཀྱིས་བརྩམས་པའི་《ཤར་པའི་སྐོར་ཆེ་ལོང་ཙམ་བརྗོད་པ་》ཞེས་པའི་ནང་གསལ། 《བོད་ལྗོངས་ཞིབ་འཇུག》བོད་ཡིག་༡༩༨༣ལོའི་དུས་དེབ་༡པའི་ཤོག་ངོས་༢༡ལ་གསལ།

རྟགས་ཀྱང་བྱེད་ཚོག”①ཅེས་གསུངས་པ་ལྟར། བོད་སྐད་ནང་དུའང་ལེགས་སྦྱར་སྐད་དང་རྒྱ་གར་གྱི་སྐད། བལ་པོའི་སྐད། སོག་སྐད། རྒྱ་སྐད་སོགས་ཀྱི་སྒྲ་སོར་བཞག་གི་མིང་བརྡ་མང་དག་ཅིག་ཡོད་པ་ནི་དཔེར་ན། པདྨ། པཎྜི་ཏ། ཤྲཱ་ཝ་ཀ། སེང་གེ ཀ་པཱ་ལ། ག་བུར། གང་གཱ། ཏམ་བུ་ར། ཏི་སེ། ཧི་མ་ལ་ཡ། ཏིག་ཏ། མོ་ཊ། རི་ལི། འཛིབ། ཀང་ཙ་རིལ། ཏ་ཙ་རིལ། རིག་ཤོག ཐང་ཙ་རིལ། འབམ། ཨེ་ཀྲམ་འབམ། སྤྲི་ཆི་ལིང་། ཇོ་ཏོ་ར། སྐྱེ་ལ་སི། པེ་སིན། སྤྲ་སི། པེ་ཀྲོའོ། པ་སེ། ཀྲི་ཀ་སི། ཅི་ནི། པ་ཏི། སྤྲ་ཆི། ཨེར་ཀ། སྤྲ་སའུ། མི་མི། ལྷགས། ཏུར་གི ཕྱིབ་ཆེ། ཨུ་ནུ་སུ། ཕེན་ཁབ། ལ་སྦུག དུང་བན་ཞེས་པ་ལྟ་བུའོ། །གོང་གསལ་སྒྲ་སོར་བཞག་གི་མིང་བརྡ་དེ་ཚོའི་དར་དུས་དང་དར་ཡུལ་ཁོ་ནའི་ཕྱོགས་ནས་ཀྱང་དུས་རབས་མི་འདྲ་བའི་ནང་མི་རིགས་དབར་གྱི་འབྲེལ་བ་ཟབ་མིན་གསལ་པོར་མཐོང་ཐུབ། རྒྱུན་གཏན་ནས་ཤར་པ་དང་བལ་པོའི་དབར་འབྲེལ་བ་ཟབ་ལ་ཤར་པ་བྱིངས་རྣམས་ཁོ་ཚོའི་རྒྱལ་ཁོངས་སུ་ཡོད་པས། ཤར་པའི་སྐད་ཀྱི་ནང་དུ་ནི་པཱ་ལའི་སྐད་ཀྱི་སྒྲ་སོར་བཞག་གི་ཐ་སྙད་མང་ཙམ་ཡོད་པ་ནི་གོ་བ་ལོན་བདེ་བ་ཞིག་ཡིན། དེ་ནི་མིང་བརྡ་འགའ་རེ་གཞན་ལས་གཡར་བའི་གནད་དོན་ཞིག་ཡིན་པ་ལས་སྐད་རིགས་གཞན་ཞིག་ཏུ་འགྱུར་བའི་གནད་དོན་ཞིག་གཏན་ནས་མིན།

མདོར་ན་མི་རིགས་ཤིག་ཏུ་གྲུབ་པའི་ཆ་རྐྱེན་གཙོ་བོའི་གྲས་ཤིག་ཡིན་པའི་སྐད་རིགས་ཀྱི་ཕྱོགས་ནས་ཤར་པའི་མི་རིགས་ཀྱི་གཏོགས་ཁོངས་ལ་དཔྱད་ཚེ། རང་རེའི་རྒྱལ་ཁོངས་ཀྱི་ཤར་པ་ནི་བོད་རིགས་ལས་ཐ་དད་པའི་ཁེར་རྐྱང་གི་མིའི་ཚོ་པ་ཞིག་ཏུ་གྲུབ་ཐབས་མེད་པ་མངོན་སུམ་གསལ་རྗེན་དུ་མཐོང་ངོ་། །

① 耀华主编,《民族学通论》,中央民族大学出版社 1997 年出版,76 页。

༧༡། །ཡུལ་སྒྲོལ་གོམས་གཤིས་ཀྱི་ཐོག་ནས་ཞར་པའི་མི་རིགས་ཀྱི་གཏོགས་ཁོངས་ལ་དཔྱད་པ།

ཀྲུང་གོའི་མི་རིགས་རྣམ་དབྱེའི་ལས་དོན་ནི་དུས་རབས་ཉི་ཤུའི་ལོ་རབས་དགུ་བཅུའི་དུས་འགོ་ཙམ་ནས་རྫ་བའི་ཆར་མཇུག་སྒྲིལ་ནའང་། བོད་ལྗོངས་ཁུལ་དུ་གནས་སྡོད་བྱེད་མུད་ཀྱི་ཤར་པ་དང་སྟེང་པ་སྟེ་མིའི་ཚོ་པ་གཉིས་ཀྱི་མི་རིགས་ཀྱི་གཏོགས་ཁོངས་ནི་ད་དུང་ཡང་ཐག་གཅོད་བྱ་རྒྱུར་ལུས་ཡོད། དེ་ནི་བོད་ལྗོངས་ཙམ་མ་ཚད་རྒྱལ་ཡོངས་ཀྱི་མི་རིགས་རྣམ་དབྱེའི་ལས་དོན་སྤྱིའི་ཁྲོད་དུ་ཐག་གཅོད་བྱ་རྒྱུར་ལུས་པའི་ལོ་རྒྱུས་ཀྱི་གནད་དོན་ཞིག་ཡིན། དེར་བརྟེན་ཁོ་ཚོ་མི་རིགས་གང་གི་ཁོངས་སུ་གཏོགས་ཀྱི་སྐོར་ལ་བརྟག་དཔྱད་ཞིབ་འཇུག་ནན་ཏན་བྱ་རྒྱུ་ནི་རང་ཅག་ཞིབ་འཇུག་པར་འཁྲི་བའི་ལོ་རྒྱུས་ཀྱི་ལས་འགན་འབའ་ཞིག་ཡིན། རང་རེའི་རྒྱལ་ཁོངས་སུ་གནས་པའི་ཤར་པ་མི་གྲངས་གསུམ་སྟོང་ཙམ་གྱི་མི་རིགས་གཏོགས་ཁོངས་ཐག་གཅོད་བྱ་དགོས་ན། ངེས་པར་དུ་རང་རྒྱལ་གྱི་མི་རིགས་རྣམ་དབྱེ་ཕྱེ་བའི་རྩ་དོན་དང་བྱ་ཐབས[1]རྒྱུན་འཁྱོངས་ཐོག ཚོ་པ་དེའི་མཆེད་ཁུངས་ལོ་རྒྱུས་དང་།[2] ཚོ་པའི་མིང་།[3]

---

① གནད་དོན་དེའི་སྐོར་《བོད་ལྗོངས་སློབ་གྲྭ་ཆེན་མོའི་རིག་དེབ》༢༠༡༥ལོའི་དུས་དེབ་གཉིས་པའི་ནང་འཁོད་《ཤར་པའི་མི་རིགས་གཏོགས་ཁོངས་ཀྱི་གནད་དོན་ཐག་གཅོད་བྱ་རྒྱུའི་གལ་ཆེའི་དོན་སྙིང་དང་ཐག་གཅོད་བྱ་ཐབས་སྐོར་གྱི་དཔྱད་གླེང་》ཞེས་པའི་ནང་རྒྱས་པར་སྤྲོས་ཡོད།

② གནད་དོན་དེའི་སྐོར་《བོད་ལྗོངས་ཞིབ་འཇུག》༢༠༡༥ལོའི་དུས་དེབ་གསུམ་པའི་ནང་འཁོད་《ཤར་པའི་མི་རྒྱུད་ཀྱི་འབྱུང་ཁུངས་དང་འབྲེལ་ཏེ་དེའི་མི་རིགས་ཀྱི་གཏོགས་ཁོངས་ལ་དཔྱད་པ་རྣག་བརྗོལ་གཙིག་བུ་ཞེས་བྱ་བ་བཞུགས་སོ》ཞེས་པའི་ནང་ཞིབ་པར་དཔྱད་གླེང་བྱས་ཡོད།

③ གནད་དོན་དེའི་སྐོར་《རྩེར་སྣེག》༢༠༡༥ལོའི་དུས་དེབ་གཉིས་པའི་ནང་འཁོད་《ཤར་པ་ཞེས་པའི་ཐ་སྙད་དང་འབྲེལ་ཏེ་དེའི་མི་རིགས་ཀྱི་གཏོགས་ཁོངས་ལ་དཔྱད་པ》ཞེས་པའི་ནང་ཞིབ་ཙམ་དཔྱད་རྗོད་བྱས་ཡོད།

སྐད་དང་ཡི་གེ① རིག་གནས་སྒྱུ་རྩལ། ཆོས་ལུགས་དད་མོས།② ཡུལ་སྲོལ་གོམས་གཤིས་སོགས་མི་རིགས་ཀྱི་གྲུབ་ཆའམ་ཁྱད་རྟགས་རེ་རེའི་ཐོག་ནས་དཔྱད་ཞིབ་ཆ་ཚང་ཙམ་བྱས་ཏེ་ཚན་རིག་དང་མཐུན་པའི་ཚོད་བསྒོམས་ཤིག་འཇོག་དགོས། འདིར་སྐབས་སུ་བབ་པ་ནི་ཤར་པའི་ཡུལ་སྲོལ་གོམས་གཤིས་ཀྱི་ཐོག་ནས་ཞིབ་པར་བྱ་རྒྱུ་ཡིན།

རང་རེའི་རྒྱལ་ཁོངས་ཀྱི་ཤར་པ་ཚོའི་མི་རིགས་ཀྱི་གཏོགས་ཁོངས་ཐག་གཅོད་བྱ་དགོས་ན། ངེས་པར་དུ་ཤར་པའི་དམངས་སྲོལ་ཁྱད་ཀྱི་ཕོ་ཚོའི་ཡུལ་སྲོལ་གོམས་གཤིས་ལ་གཞིག་པ་ནན་པོ་བྱ་རྒྱུ་དང་། དེ་ལྟའི་ཡུལ་སྲོལ་གོམས་གཤིས་དེ་དག་ཀྱང་ལོ་རྒྱུས་འཕེལ་རྒྱས་འགྲོ་བའི་བརྒྱུད་རིམ་དང་འཚོ་བའི་འཁོར་ཡུག་ལ་འགྱུར་བ་འགྲོ་བའི་བརྒྱུད་རིམ་ཁྲོད་རྣམ་པ་གཞན་དུ་འགྱུར་བའི་སྣང་ཚུལ་ལ་ལོ་རྒྱུས་འགུལ་སྐྱོད་ཀྱི་རྗོད་སྒྲུབ་རིག་པ་དང་། རིག་གནས་འཕེལ་རྒྱས་ཀྱི་རྗོད་སྒྲུབ་རིག་པའི་རྩ་དོན་རྒྱུན་འཁྱོངས་ཀྱིས་དོན་དངོས་དང་མཐུན་པའི་དཔྱད་ཞིབ་བྱ་རྒྱུ་གལ་འགངས་ཆེ་བར་མཐོང་། འདིར་ནི་རྩ་དོན་དེ་རྒྱུན་འཁྱོངས་ཀྱིས་ཡུལ་སྲོལ་གོམས་གཤིས་དག་མི་རིགས་རྣམ་དབྱེ་འབྱེད་པའི་གཞི་འཛིན་ས་ཡིན་ཚུལ་དང་། སྤྱིར་ཤར་པ་སྤྱིའི་གོམས་གཤིས་ལ་དབྱེ་ཞིབ་རགས་ཙམ་བྱ་རྒྱུ་དང་། བྱེ་བྲག་རང་རྒྱལ་གྱི་ཤར་པའི་གོམས་གཤིས་ལ་དབྱེ་ཞིབ་ནན་ཙམ་བྱ་རྒྱུ་ཡིན།

---

① གནད་དོན་དེའི་སྐོར་《བོད་ལྗོངས་སློབ་གྲྭ་ཆེན་མོའི་རིག་དེབ་》༢༠༡༧ལོའི་དུས་དེབ་དང་པོའི་ནང་《སྐད་རིགས་ཀྱི་ཐོག་ནས་ཤར་པའི་མི་རིགས་གཏོགས་ཁོངས་སྐོར་ལ་དཔྱད་པ་》ཞེས་པ་སྤེལ་རྩོམ་ཡོད་ལ་དེའི་ནང་རྒྱས་པར་སྤྲོས་རྒྱུ་ཡོད།

② གནད་དོན་དེ་གཉིས་ཀྱི་སྐོར་《བོད་ལྗོངས་ཞིབ་འཇུག་》༢༠༡༨ལོའི་དུས་དེབ་གསུམ་པའི་ནང་འཁོད་《ཤར་པའི་རིག་གནས་དང་ཆོས་ལུགས་དད་མོས་ཐོག་ནས་དེའི་མི་རིགས་ཀྱི་གཏོགས་ཁོངས་ལ་དཔྱད་པ་》ཞེས་པའི་ནང་ཞིབ་ཙམ་དཔྱད་རྗོད་བྱས་ཡོད།

དང་པོ། ཡུལ་སྲོལ་གོམས་གཤིས་ནི་མི་རིགས་རྣམ་དབྱེ་འབྱེད་པའི་གཞི་འཛིན་ས་གལ་ཆེན་ཞིག་ཡིན་ཚུལ་བསྟན་པ།

འཛམ་བུའི་གླིང་གི་མི་རིགས་ཚང་མར་རང་རང་སོ་སོའི་ཁྱད་ཆོས་ལྡན་པའི་དམངས་སྲོལ་དུ་མ་ཡོད་ལ་དམངས་སྲོལ་དེ་དག་ནི་མི་རིགས་དེ་མི་རིགས་གཞན་དང་མི་འདྲ་བའི་ཁེར་རྐྱང་གི་མིའི་ཚོ་པ་ཞིག་ཏུ་གྲུབ་ཐུབ་པའི་རྒྱུ་དང་། མི་རིགས་དེའི་མཚོན་རྟགས་ཀྱང་ཡིན། གལ་ཏེ་མིའི་ཚོ་པ་ཞིག་ལ་རང་གི་ཁྱད་ཆོས་ལྡན་པའི་དམངས་སྲོལ་མེད་ན། དེ་མི་རིགས་ཤིག་ཏུ་གྲུབ་ཐབས་མེད་པ་དང་། ཡང་ན་མི་རིགས་ཤིག་གི་སྔར་ཡོད་ཀྱི་དམངས་སྲོལ་རྣམས་ཉམས་ཉེས་སུ་གྱུར་ནས་དེ་མེད་པར་སོང་བ་དང་། དུས་རབས་གསར་པའི་ནང་དུ་ཐུན་མོང་མིན་པའི་རང་གི་དམངས་སྲོལ་གསར་དར་མ་བྱུང་ཚེ། མི་རིགས་དེའི་ཁེར་རྐྱང་གི་ལོ་རྒྱུས་ཚུ་རྒྱུན་ཡང་དེ་ཙམ་ནས་ཆད་དེ་རིམ་བཞིན་མི་རིགས་གཞན་ཞིག་ཏུ་འགྱུར་ངེས་རེད། དེར་བརྟེན་དམངས་སྲོལ་ནི་མི་རིགས་ཀྱི་བླ་སྲོག་ལྟ་བུར་གྱུར་ཡོད་ལ། མི་རིགས་རྣམ་དབྱེ་འབྱེད་པའི་གཞི་འཛིན་ས་གལ་ཆེ་ཞིག་ཀྱང་ཡིན། དེ་ཡང་དེ་སྔོན་རང་རྒྱལ་དུ་མི་རིགས་རྣམ་དབྱེ་འབྱེད་སྐབས། སི་ཏ་ལིན་གྱི་མི་རིགས་ཀྱི་མཚན་ཉིད་དེ་གཞི་འཛིན་ས་གཙོ་བོར་བཟུང་ཡོད་ལ། མཚན་ཉིད་དེའི་ནང་མི་རིགས་ཀྱི་ཁྱད་རྟགས་ཆེན་པོ་བཞིའི་ནང་དུ་ཡུལ་སྲོལ་གོམས་གཤིས་དེ་དམིགས་སུ་མི་རིགས་ཀྱི་གྲུབ་ཆ་ཞིག་ཏུ་བསྟན་མེད་ཀྱང་། ཞིབ་ཕྲའི་མི་རིགས་རྣམ་དབྱེ་འབྱེད་པའི་ལག་ལེན་འཁྱོད་དུ་མི་རིགས་དེའི་ཡུལ་སྲོལ་གོམས་གཤིས་དག་མི་རིགས་དབྱེ་འབྱེད་ཀྱི་ཚད་གཞི་གལ་ཆེན་ཞིག་ཏུ་བཟུང་ཡོད། གང་ལགས་ཤེ་ན། ཁྱད་རྟགས་ཆེན་པོ་བཞིའི་ཡ་གྱལ་ཐུན་མོང་མིན་པའི་སེམས་ཁམས་ངོ་བོ་ཞེས་པ་དེའང་ཡུལ་སྲོལ་གོམས་གཤིས་ཀྱིས་གཙོ་བྱས་པའི་མི་རིགས་ཀྱི་རིག་གནས་ཐོག་ནས་མངོན་ཐུབ་པ་ལས། སེམས་ཁམས་ངོ་བོ་ཞེས་པ་དེ་ཁོ་ན་མིག་གིས་མཐོང་རྒྱུ་

མེད་ལ། ལག་ཏུ་ལོན་རྒྱུའང་མེད་པས་ལགས། ཕྱིས་སུ་རང་རྒྱལ་ནས་བཞག་པའི་མི་རིགས་ཀྱི་ཁྱད་རྟགས་སམ་གྲུབ་ཆ་དྲུག་གི་ནང་དུ་ཡུལ་སྲོལ་གོམས་གཤིས་དེ་མི་རིགས་ཀྱི་གྲུབ་ཆ་ཞིག་ཏུ་བཞག་ཡོད། འོ་ན་མི་རིགས་ཀྱི་ཡུལ་སྲོལ་གོམས་གཤིས་ཞེས་པ་དེ་གང་ལ་གོ་དགོས་ཟེར་ན། དེ་ནི"རིགས་ཤིག་ཏུ་གྲུབ་པའི་མི་རྣམས་ཀྱི་དངོས་པོའི་འཚོ་བ་དང་བསམ་པའི་འཚོ་བ་ཐད་ཀྱི་ཁྱབ་ཆེ་བའི་དར་སྲོལ་དང་། གོམས་སྲོལ། རྒྱུན་སྲོལ་རྣམས་ལ་ཟེར་བ་དང་། དེ་ནི་ཕྱོགས་ཀུན་ལ་དར་ཁྱབ་ཡོད་པའི་རིན་ཐང་ལྷ་བས་ཁ་ལོ་སྒྱུར་ཞིང་ཐོན་སྐྱེད་འཚོ་བའི་ཁྱབ་ཁོངས་ཀྱི་ལག་ལེན་གྱི་བྱ་སྤྱོད་ནང་ཡུན་རིང་རྒྱུན་འཛིན་བྱས་པའི་བྱ་སྤྱོད་ཀྱི་བསམ་པ་དང་བྱ་སྤྱོད་སྤེལ་སྟངས་ལ་ཟེར་བ་དང་། ཞིབ་ཕྲའི་མཚོན་ཚུལ་ནི་གོས། ཟས། སྡོད། འགྲོ། གཉེན་སྲོལ། འདས་མཆོད། དུས་ཆེན། རྩེད་སྒྲོ། གུས་ལུགས་སོགས་དངོས་པོའི་འཚོ་བ་དང་རིག་གནས་འཚོ་བ་སོགས་ཀྱི་ཐད་ནས་མངོན་ཐུབ"[①]ཞེས་གསུངས་པ་ལྟར་ལགས། དེ་ལྟར་ན་ཡུལ་སྲོལ་གོམས་གཤིས་ནི་ཕྱི་ལ་མངོན་ཆེ་བའི་མི་རིགས་ཀྱི་ཁྱད་རྟགས་ཤིག་ཡིན། མ་གཞི་མི་རིགས་གང་ཞིག་གི་ཡུལ་སྲོལ་གོམས་གཤིས་ཡིན་རུང་། ས་ཁུལ་སོ་སོའི་ཡུལ་ལུང་ས་བབ་དང་ཐོན་སྐྱེད་བྱེད་སྟངས། དེ་བཞིན་དཔལ་འབྱོར་འཚོ་བ་དང་། སྤྱི་ཚོགས་ཆབ་སྲིད། རིག་གནས་འཚོ་བ། ལོ་རྒྱུས་འཕེལ་རྒྱས་བཅས་ཀྱི་ཆ་རྐྱེན་མི་འདྲ་བའི་རྐྱེན་གྱིས་ས་ཁུལ་སོ་སོའི་ཡུལ་སྲོལ་གོམས་གཤིས་ལ་ས་ཁུལ་གྱི་རང་བཞིན་དང་གཞན་འགྱུར་གྱི་རང་བཞིན་ལྡན་ཡོད། འོན་ཀྱང་སྤྱིའི་ཆ་ནས་མི་རིགས་ཤིག་གི་ཡུལ་སྲོལ་གོམས་གཤིས་ཀྱི་ནང་གི་དོན་སྙིང་དང་ཕྱི་ཡི་རྣམ་པ་ཐུན་མོང་ཅན་ཞིག་ཡིན་པ་ནི་གོར་མ་ཆག དེ་ལགས་ན་དེ་ནི་མི་རིགས་རྣམ་དབྱེ་འབྱེད་བྱེད་ཀྱི་གཞི་འཛིན་ས་གལ་ཆེན་ཞིག་ཡིན།

---

① 金炳镐著,《民族理论通论》,中央民族大学出版社 2007 年出版,第 107 页。

གཉིས་པ། ཞར་པ་སྤྱིའི་ཡུལ་སྲོལ་གོམས་གཤིས་ཀྱི་ཐོག་ནས་རགས་ཙམ་དཔྱད་པ།

ནེ་པཱ་ལའི་ཞར་པ་ཚུད་པའི་ཞར་པའི་ཡུལ་སྲོལ་གོམས་གཤིས་ལ་གཞིག་པ་བྱེད་སྐབས། བོད་རིགས་ནང་ཁུལ་གྱི་ས་ཁུལ་རང་བཞིན་ལྡན་པའི་ཁྱད་པར་ཙམ་ལས། བོད་རིགས་ཀྱི་དམངས་སྲོལ་རིག་གནས་ལས་ཡོངས་སུ་ལོགས་སུ་དགར་བའི་ཁོ་ཚོའི་ཡུལ་སྲོལ་གོམས་གཤིས་ཤིག་རིག་རྒྱུ་མེད། དེ་ཡང་ཞར་པ་སངས་རྒྱས་བསྟན་འཛིན་ནས་མཛད་པའི་《ཞར་པའི་ཆོས་འབྱུང་དང་མེས་རབས་བཞུགས་སོ་》ཞེས་པའི་ནང་ཞར་པའི་ཡུལ་སྲོལ་གོམས་གཤིས་མང་ཙམ་བསྟན་ཡོད་ལ། གསུང་རྩོམ་དེའི་དཔེ་སྐྲུན་གསལ་བཤད་ནང་"ཞར་པ་རྣམས་ཀྱི་བག་སྟོན་རྟེན་འབྲེལ་དང་། ནད་རིམས་འགོག་ཐབས། འདས་མཆོད་བྱ་རིམ། དུས་དྲན་དང་དགའ་སྟོན། དགྲ་འདུལ་དང་གཉེན་སྐྱོང་། ཨར་བསྐྱེད་དང་འཛུགས་སྐྲུན་གང་དང་གང་བྱེད་ཀྱང་ཆོས་ཀྱི་གནད་དང་སྦྱོར་བར་བྱེད་པ་སོགས་བོད་པ་སྤྱི་དང་མཐུན་པའི་ཡུལ་སྲོལ་གོམས་ལུགས་འཛིན་པར་བྱེད་ཚུལ་བསྟན་"①ཡོད་ཅེས་འཁོད་པ་ལྟར། གང་དེའི་གསུང་རྩོམ་དེ་ཡི་ནང་དུ་ནེ་པཱ་ལའི་རྒྱལ་ཁོངས་ཀྱི་ཞར་པ་རྣམས་ཀྱི་སྲོལ་རྒྱུན་གྱི་ཡུལ་སྲོལ་གོམས་གཤིས་མང་དག་འཁོད་པ་རྣམས་བོད་རིགས་སྤྱིའི་དམངས་སྲོལ་ལས་མ་འདས། དཔེར་ན། མི་ཚེའི་ཚ་སྒྲུབ་སྐོར་བཤད་ན། ཐོག་མ་བྱིས་པ་འཇིག་རྟེན་གྱི་ཁམས་སུ་སླེབས་མ་ཐག་གི་བྱེད་སྒོར་"ཞར་པའི་རིགས་སུ་སྐྱེས་པ་རྣམས། དང་པོ་མ་ལས་སྐྱེས་ནས་ཞག་གསུམ་མམ་བདུན་སོང་བ་ན། བླ་མ་ཞིག་ངེས་པར་གདན་དྲངས་ནས། ཡུལ་ལྷ་གཞི་བདག་སོགས་ལ་གྲིབ་ཐོག་པ་སངས་པའི་ཆེད་དུ་ཐོག་མར་བསངས་ཤིག་བཏང་། དེ་

① ཞར་པ་སངས་རྒྱས་བསྟན་འཛིན་ནས་མཛད་པའི་《ཞར་པའི་ཆོས་འབྱུང་དང་མེས་རབས་བཞུགས་སོ་》ཞེས་པའི་ཤོག་ངོས་༧པོར་གསལ། བོད་ལྗོངས་བོད་ཡིག་དཔེ་རྙིང་དཔེ་སྐྲུན་ཁང་ནས་༢༠༠༣ལོར་བསྐྲུན།

ནས་མི་དང་ཁང་ཁྱིམ་མལ་སྟན་སོགས་ལ་མི་གཙང་བར་གྱུར་པ་གཙང་བའི་ཆེད་དུ་འབྲུས་ལྷ་བསྒྲུབ་སྟེ། མ་དང་བུ་གཉིས་ཀར་ཁྲུས་ཀྱིས་བྱས་པ་དང་། དེར་ཡོད་པའི་མི་དང་ཁང་པ་མལ་ས་སོགས་ལའང་ཁྲུས་ཀྱིས་གཙང་བར་བྱེད་དགོས། དེ་ནས་ཁང་པའི་ཉེ་ཡོལ་སུ་དར་དཀར་པོ་ཁ་གང་བ་ཞིག་དར་ཤིང་བཟང་པོ་ལ་བཏགས་ཏེ། གྲིབ་དང་མི་གཙང་བ་སོགས་ལས་རྒྱལ་ཏེ་གཙང་བར་གྱུར་པའི་བརྡར་འཛུགས་པ་དང་། མ་བུ་གཉིས་ལའང་ཕྱིན་ཆད་བར་ཆད་བསྲུང་བ་དང་ཟས་གོས་མི་ནོར་སྤུད་པའི་རྟེན་འབྲེལ་དུ། སྲུང་སྐུད་དཀར་པོའམ་དམར་པོ་བཏགས་ཤིང་ཟས་གོས་བཟང་པོ་དང་བཅས་པའི་སྒོ་ནས། གཟའ་དང་སྐར་མ་སོགས་ཀྱི་མིང་ལས་གྲངས་ཏེ་བྱིས་པ་དེ་ལ་མིང་གསར་དུ་བཏགས་ཤིང་། གཉེན་ཟླ་ལག་རྣམས་ལ་བཙས་སྟོན་བགྱིད་པ་དང་། གཉེན་ཟླ་ལག་རྣམས་ཀྱིས་ཀྱང་མ་བུ་གཉིས་ལ་ཟས་ནོར་བཟང་པོ་སྟེར་བ་སོགས་དགའ་སྟོན་རྟེན་འབྲེལ་བཟང་པོ་བྱེད་”①པ་སོགས་བུ་ཕྲུག་སྐྱེས་པའི་རྗེས་སུ་བང་སངས་དང་མིང་བཏགས་སྲོལ། བཙས་སྟོན་བྱེད་སྒོ་སྲིལ་ཚུལ་སོགས་བོད་ཀྱི་ཡུལ་སྲོལ་ལས་མ་འདས་ཤིང་། ཡང་གཞོན་ནུ་ལངས་ཚོ་རྒྱས་ཤིང་བག་མ་གཏོང་ལེན་བྱེད་སྐབས་ནི་བདག་གཉིས་ལོ་རྟགས་མཐུན་མིན་དང་གཉེན་བསུའི་གཟའ་ཚེས་སོགས་བག་རྩིས་རྒྱག་སྲོལ་དང་། དངོས་གཞི་མནའ་མ་ལེན་དུ་འགྲོ་བའི་ཐོག་མར་བླ་མའམ་དགེ་འདུན་གདན་དྲངས་ཤིང་སྤྱ་དྲོའི་ཆར་བསང་དང་གསེར་སྐྱེམས་དང་། བར་ཆད་བཟློག་ཆེད་སྲིད་པ་འཁོར་ལོ་བཞེངས་སྲོལ་ཡོད་པ། གཡང་འགུག་ཆེད་དུ་མདའ་དར་བཙུགས་ལ། སྒོ་རུ་བསུ་ཆང་འདྲེན་པ་དང་། རྟེན་འབྲེལ་དངོས་གཞིའི་ནང་གླུ་དང་ཞབས་བྲོའི་རིགས་སོགས་འཇིག་རྟེན་དགའ་སྟོན་ལ་འཇུག་པ་སོགས་ཀྱང་བོད་རིགས་ཀྱི་

① ཤར་པ་སངས་རྒྱས་བསྟན་འཛིན་ནས་མཛད་པའི་《ཤར་པའི་ཆོས་འབྱུང་དང་མེས་རབས་བཞུགས་སོ་》ཞེས་པའི་ཤོག་ངོས་༤༣ལ་གསལ། བོད་ལྗོངས་བོད་ཡིག་དཔེ་རྙིང་དཔེ་སྐྲུན་ཁང་ནས་༢༠༠༣ལོར་བསྐྲུན།

ལུགས་སྲོལ་སྤྱི་དང་མཐུན་ནོ། །མི་ཚེ་གཅིག་གི་མཐའ་མ་ལྷ་ལམ་དུ་འཇུག་སྐབས་ཀྱང་ཕྱི་དབུགས་མ་ཆད་སྔོན་དུ་འཆི་ཁ་མ་དེ་ལ་ངེས་འབྱུང་གི་གཏམ་གྱིས་སྣ་དྲངས་སྲོལ་ཡོད་པ་དང་། བར་དོ་ཐོས་གྲོལ་གྱི་ལུང་སྟོན་བྱེད་པ། ཕྱི་དབུགས་ཕྱིན་ཚར་རྗེས་འཕོ་བ་རྒྱག་པ་དང་ཞག་གསུམ་གནས་སྦྱར་བྱེད་པའི་སྲོལ་ཡོད། ཞེ་དགུའི་བར་དུ་བར་དོ་ངོ་སྤྲོད་ཀྱི་ཆོས་འདོན་པ་དང་། བདུན་རེའི་མཚམས་སུ་ཡར་མཆོད་མར་སྦྱིན་སོགས་གཤིན་པོ་དག་པའི་ཞིང་ཁམས་སུ་འདྲེན་ཆེད་ཀྱི་བྱེད་སྒོ་སྣ་ཚོགས་སྤེལ་སྲོལ་ཡོད་རིགས་ཆོས་ལྡན་ཞིང་དུ་གྲགས་པའི་བོད་ཡུལ་གྱི་སྲོལ་རྒྱུན་མ་ཉམས་པར་གནས་པ་རྣམས་དང་གཅིག་མཚུངས་སུ་ངེས། དེ་བཞིན་ཆོས་ཕྱོགས་ཀྱི་དུས་དྲན་དང་དགའ་སྟོན། ལོ་འཁོར་མཚམས་ཀྱི་དུས་རྟགས་སུ་ལོ་གསར་གཏོང་བ་སོགས་མིང་བརྗོད་དང་བྱེད་སྒོའི་ནང་དོན་ཚང་མ་བོད་ལུགས་ཁོ་ན་འཛིན་པ་དང་། གཞན་ཡང་“ཤར་པ་མ་འཚོལ་རང་ལུགས་སྐྱོང་མཁན་ཞིག་ཡིན་ན། སེམས་ཅན་གྱི་སྲོག་གཅོད་པ་དང་། ཐ་མ་ཁ་འཐེན་པ་དང་། རིགས་ནུས་འཚོལ་བར་བྱེད་པ་སོགས་ཀྱི་བྱ་བ་ལ། ཆོས་ཀྱི་ཐད་ནས་འཛིགས་པ་དང་། འཛིག་རྟེན་གྱི་ཐད་ནས་ངོ་ཚ་ཡིན་པ་དེ་བཞིན་ད་ལྟའི་བར་དུ་རྗེས་སྲོལ་འདུག་པ་བཅས”①བོད་རིགས་སྤྱིའི་འཛེམ་བྱ་དང་མཐུན་པ་བཅས་དཔེ་མཚོན་ཙམ་དུ་དྲངས་པ་ལགས། ཤར་པས་ཤར་པའི་ཡུལ་སྲོལ་གོམས་གཤིས་གང་ཡིན་ཡི་གེར་བཀོད་པ་དེ་དག་ལ་མ་རྟོགས་ལོག་རྟོག་དང་མཁྲིས་ནད་ཅན་གྱིས་དུང་དཀར་སེར་པོར་མཐོང་བའི་གཡའ་ཡིས་མ་འབག་པར་ཇི་མ་ཇི་བཞིན་དུ་གསལ་བར་མཐོང་བས་འདིར་ཡང་ཤར་པའི་ཆོས་འབྱུང་གཞིར་བཟུང་དཔེ་མཚོན་དུ་བཀོད་པ་ཡིན།

གཞན་ཡང་སྤྱི་ལོ་༢༠༡༡ལོའི་《བོད་ལྗོངས་ཞིབ་འཇུག》རྒྱ་ཡིག་དུས་

① ཤར་པ་སངས་རྒྱས་བསྟན་འཛིན་ནས་མཛད་པའི《ཤར་པའི་ཆོས་འབྱུང་དང་མེས་རབས་བཞུགས་སོ》ཞེས་པའི་ཤོག་ངོས་(༨༡ལ་གསལ། བོད་ལྗོངས་བོད་ཡིག་དཔེ་རྙིང་དཔེ་སྐྲུན་ཁང་ནས་༢༠༠༣ལོ་བསྐྲུན།

དེབ་བཞི་པའི་ཐོག་སྐྱ་ཞབས་མགོན་པོ་བཀྲ་ཤིས་ལགས་ནས《ཀྲུང་ནེའི་མཐའ་མཚམས་ཀྱི་ཤར་པ་དང་སི་ཁྲོན་ཟླུང་ཆུའི་ཤར་བའི་དམངས་སྲོལ་གཤིབ་བསྡུར》ཞེས་པའི་དཔྱད་རྩོམ་ཞིག་སྤེལ་ཡོད་པའི་ནང་ཀྲུང་ནེའི་མཐའ་མཚམས་ཀྱི་ཤར་པ་མི་གྲངས་ཁྲི་བཅུ་ཙམ་དང་ཟླུང་ཆུའི་ཤར་བ་མི་གྲངས་ཁྲི་གསུམ་ཙམ་ཡོད་པའི་མིའི་ཚོ་པ་གཉིས་ཀྱི་དམངས་སྲོལ་ལ་གཤིབ་བསྡུར་ནན་ཙམ་གནང་ཡོད། དེའི་ནང་ཆོས་ལུགས་དད་མོས་དང་འཚོ་བའི་གོམས་གཤིས། སྡོད་གནས་ཁང་པ། གཉེན་སྒྲིག་གོམས་སྲོལ་བཅས་ཀྱི་ཐད་གཤིབ་བསྡུར་བྱས་མཐར། ཁ་བའི་ལྗོངས་ཀྱི་ཤར་ནུབ་ཏུ་གནས་ཤིང་ཕན་ཚུན་སྤྱི་ལེ་སྟོང་གི་བར་ཐག་ཆོད་པའི་མིའི་ཚོ་པ་གཉིས་ཀྱི་གོམས་སྲོལ་དག་མི་རྣམས་ཏ་ལས་དགོས་པའི་འདྲ་པོ་ཡོད་པ་དེ་ནི་སྐབས་བདེས་སྐབས་འཁེལ་བ་རེད་ཅེས་འགྲེལ་བཤད་བྱེད་དཀའ་བ་ཞིག་རེད་ཅེས་གསུངས་ཡོད་ལ། སྐྱབ་ཐུབ་ཆོད་གཅིག་པོ་ནི་ཕོ་ཚོའི་མཆེད་ཁུངས་གཅིག་ཡིན་ཞེས་ནན་བཤད་ཀྱང་གནང་ཡོད། དེ་ལྟར་ན་སྤྱིར་ཤར་པའི་ཡུལ་སྲོལ་གོམས་གཤིས་དག་བོད་རིགས་སྤྱིའི་ཡུལ་སྲོལ་གོམས་གཤིས་མ་ལག་ལས་འདས་པ་ཞིག་མིན་པ་གསལ་པོར་མཐོང་ཐུབ།

གསུམ་པ། རང་རྒྱལ་ཤར་པའི་ཡུལ་སྲོལ་གོམས་གཤིས་ཀྱི་ཐོག་ནས་ཞིབ་ཙམ་དཔྱད་པ།

འདིར་ཐོག་མར་བོད་ལྗོངས་ཀྱི་མི་རིགས་འབྲེལ་བ་དང་མི་རིགས་ཁག་གི་ལོ་རྒྱུས་ཀྱི་བྱུང་བ་བརྗོད་པའི་རྒྱུའི་ཡིག་རིགས་ལས་བྲིས་པའི་ཉེ་དུས་ཀྱི་ཆེད་རྩོམ་གཉིས་ནང་བོད་རིགས་དང་ཤར་པའི་ཡུལ་སྲོལ་གོམས་གཤིས་དབར་གྱི་འབྲེལ་བ་ཇི་འདྲ་ཡིན་ཚུལ་བཤད་པ་རྣམས་ལམ་ཙམ་བསྟན་པར་བྱ་སྟེ། དེ་ཡང་ཀྲུང་དབྱང་མི་རིགས་སློབ་གྲྭ་ཆེན་མོའི་དགེ་རྒན་ཆེན་མོ་བ་སུའུ་ཧྲ་ཞང་གིས་གཙོ་སྒྲིག

གནང་བའི་《བོད་ལྗོངས་ཀྱི་མི་རིགས་འབྲེལ་བའི་སྐོར་གྱི་ཞིབ་འཇུག》①ཅེས་པའི་ནང་ཤར་པའི་མཆེད་ཁུངས་བོད་རིགས་ཀྱི་མིའུ་གདོང་དྲུག་ཏུ་གྲགས་པའི་ཡ་རྒྱལ་ལྡོང་ཡིན་ཚུལ་དང་། ཤར་པ་ལ་ཡི་གེ་མེད་པ་མ་ཟད་བོད་སྐད་མིན་པའི་སྐད་རིགས་ཤིག་མེད་ཚུལ། ཆོས་ལུགས་ཀྱི་དད་མོས་དང་སློབ་གསོ་སོགས་ཀྱི་ཐད་བོད་རིགས་དང་ཆ་འདྲ་བ་མང་པོ་ཡོད་ཚུལ་བསྟན་པ་མ་ཟད། གྱོན་གོས་དང་། ཟས་རིགས། སྡོད་གནས། དུས་ཆེན། གཉེན་སྲོལ། མིའི་མིང་སོགས་ལ་དཔྱད་བསྡུར་ནན་གྱིས་བྱས་མཐར་“གོང་གསལ་དེ་དག་ཁོ་ནའི་ཐོག་ནས་ང་ཚོས་ཤར་པ་ནི་བོད་རིགས་ཀྱི་ཡ་རྒྱལ་ཞིག་ཡིན་ཞེས་བཤད་ན་མི་སྲིག་གམ།”ཞེས་མཇུག་བསྡོམས་ཀྱི་ཚུལ་དུ་བཤད་ཡོད། ཆེད་རྩོམ་དེའི་ནང་དུ“ཤར་པའི་གྱོན་གོས་ནི་བོད་རིགས་ཀྱི་རྒྱན་གོས་དང་འདྲ་བ”དང་། “ཟ་འཐུང་ཐད་སྒྱུར་ཁམས་པའི་ཟས་རིགས་གཙོ་བྱེད”ལ། “ཤར་པའི་སྐྱེ་ཚོགས་ནང་བོད་ལུགས་སྐར་རྩིས་ཁྱབ་མོང་དུ་སྤྱོད་པ་དང་། དེ་སྔོན་ལོ་ཟླ་བརྩི་སྐབས་བོད་ལུགས་སྐར་རྩིས་བེད་སྤྱོད་བྱེ་ཡི་ཡོད། ལོ་གསར་གྱི་དུས་ཆེན་ཀྱང་བོད་ལུགས་སྐར་རྩིས་ལ་གཞིགས་ནས་གཏན་འཁེལ་བྱེད་ཀྱི་ཡོད། བོད་ལོའི་ཟླ་བ་བཅུ་གཅིག་པའི་ཚེས་གཅིག(གཙང་ཁུལ་དུ་ཧྲོགས་སླ་ལོ་གསར་ཟེར། སྐྱེ་མོ་ཁུལ་གནས་ཡུལ་གྲོང་ཚོ་སོགས་བོད་ཀྱི་ས་ཁུལ་འགར་ཡང་དེའི་དུས་ལོ་གསར་གཏོང)ནི་ཤར་པའི་ལོ་གསར་གཏོང་བའི་དུས་ཚོད་ཡིན། དེར་མིང་དུའང་ལོ་གསར་ཟེར།” སྡོད་གནས་ནི་བོད་ཀྱི་འབྲོག་ཁུལ་དང་འདྲ་བར“དབྱར་ས་དང་དགུན་ས”གཉིས་སུ་དབྱེ། “ཤར་པའི་གཉེན་སྲོལ་དང་བོད་རིགས་ཀྱི་གཉེན་སྲོལ་ཕལ་ཆེར་འདྲ་བ་དང་། ཁྱད་པར་ཤར་པའི་གཉེན་འགྲིག་གི་གོམས་སྲོལ་དང་སི་ཁྲོན་ཟུང་ཆུའི་བོད་རིགས་ཀྱི་གཉེན་སྲོལ་གཉིས་ཆ་མཚུངས་ཡིན། ཤར་པ་རྣམས་ཀྱི་ཁྲོད་དུའང་བཙན་འགྲིག་གི་གཉེན་

① 苏发祥主编,《西藏民族关系研究》,中央民族大学出版社 2006 年出版。

སྲོལ་ཡོད།" "ཤར་པའི་མིའི་མིང་བོད་རིགས་དང་འདྲ། སྒྲོལ་མ་དང་རྡོ་རྗེ་ལྷ་བུའོ། །ད་དུང་བོད་རིགས་དང་འདྲ་བར་དུད་ཚང་གི་མིང་མིའི་མིང་གི་མདུན་དུ་སྦྱར་སྲོལ་ཡོད།" ཅེས་འཁོད་པ་དེ་དག་ལས་ཤར་པ་བོད་རིགས་ལས་ཐ་དད་པའི་གླེང་ཕྱོགས་བཟོ་མཁན་ཚོས་ཀྱང་ཤར་པའི་སྐོར་དོན་དངོས་ཇི་བཞིན་བཀོད་ཡོང་དུས་རང་གིས་རང་ལ་འགྲམ་ལྕག་བཞུས་པ་མ་ཡིན་ནམ། གཞན་ཡང་ཀྲུང་གོ་སྤྱི་ཚོགས་ཚན་རིག་ཁང་མི་རིགས་ཞིབ་འཇུག་ཚན་པའི་ཞིབ་འཇུག་པ་ཆེན་མོ་བ་ཡའོ་ཀྲོའོ་ལིན་ནས་བརྩམས་པའི་《བོད་ལྗོངས་ཀྱི་མི་རིགས་ཁག་གི་བྱུང་རབས》[1] ཞེས་པའི་ཆེད་རྩོམ་དེ་ལ་ཚན་སྟོད་སྨད་གཉིས་སུ་དབྱེ་ནས་ཡོད། དེ་ནི་བོད་ལྗོངས་ཀྱི་མི་རིགས་ཁག་གི་ལོ་རྒྱུས་རིག་གནས་རྒྱས་པར་ངོ་སྤྲོད་བྱས་པའི་བརྩམས་བྱ་ཞིག་ཡིན་པ་དང་། སྟོད་ཆ་བོད་རིགས་དང་སྨད་ཆ་ལྷོ་པ་མོན་པ་དང་སློང་པ་ཞེས་དབྱེ་ནས་ཡོད། ཆེད་རྩོམ་དེའི་ནང་རང་རྒྱལ་ཤར་པའི་སྐོར་དེ་སྟོད་ཆ་བོད་རིགས་ཀྱི་ནང་དུ་ཞར་བྱུང་ཟུར་བཀོད་ཚུལ་གྱིས་བཀོད་པ་ལས། བོད་རིགས་ལས་ལོགས་པའི་ཚོ་པ་ཞིག་ཏུ་བཀོད་མེད་ལ། དེའི་ནང་དུ་"ཤར་པའི་སྐོར་ལ་རིག་གཞུང་ལས་རིགས་པས་མཐོང་ཆེན་བྱེད་པ་དང་བསྟུན་ནས། རྒྱལ་ཁབ་ཕྱི་ནང་གི་རིག་གཞུང་ལས་རིགས་པ་མང་པོས་ཤར་པའི་མཆེད་ཁུངས་དང་། ལོ་རྒྱུས། ཆོས་ལུགས། རིག་གནས་བཅས་ཀྱི་ཐད་བརྟག་ཞིབ་བྱས་ཡོད། མ་གཞི་ཤར་པའི་སྐད་དང་གོམས་གཤིས་སོགས་ཀྱི་ཐད་བོད་རིགས་དང་མི་འདྲ་ས་འགའ་ཡོད་ལ། གནད་དོན་འགའ་ཤས་ཐད་ད་དུང་གོམ་གང་མདུན་སྤོས་ཀྱིས་དབྱེ་ཞིབ་བྱེད་དགོས་ཡོད། འོན་ཀྱང་ཏ་ལམ་ཤར་པ་ནི་བོད་རིགས་ཀྱི་ཡ་གྱལ་ཞིག་ཡིན་པའམ་བོད་རིགས་ཡིན་པའི་མཇུག་བསྡོམས་ཤིག་ཐོབ་ཡོད།"[2] ཅེས་འཁོད་ཡོད་པ་མ་

① 姚兆麟著,《西藏民族志》,中国藏学出版社 2006 年出版。

② 姚兆麟著,《西藏民族志》,中国藏学出版社 2006 年出版 ， 第 77 页。

ཟད། དེ་ཉིད་བོད་རིགས་ཀྱི་ཡ་གྱལ་ཞིག་རང་དུ་བཞག་ནས་དེའི་ས་ཁུལ་གྱི་ཁྱད་ཆོས་མངའ་བའི་ལོ་རྒྱུས་རིག་གནས་རྣམས་ངོ་སྤྲོད་བྱས་ཡོད།

གསུམ་དུ་འདྲེན་ཐང་དང་འགྲམ་སྟེ་རང་རེའི་རྒྱལ་ཁོངས་ཀྱི་ཤར་པ་བ་རྣམས་གནས་སྡོད་བྱ་ཡུལ་གཉིས་ཀྱི་ཞིབ་ཕྲའི་ཡུལ་སྲོལ་གོམས་གཤིས་ནས་གླེང་བར་བྱ་རྒྱུ་ལ། དང་པོ་རྒྱན་གོས་ཀྱི་སྐོར་བཤད་ན། "ཤར་པའི་བུད་མེད་ཀྱི་གྱོན་ཆས་ཐད་འགྲམ་གྱི་ཤར་པ་ཀན་རབས་ཚོས་ངོ་སྤྲོད་བྱས་པ་ལྟར་ན། བུད་མེད་ཀྱི་གྱོན་གོས་ངོ་མ་ནི་བོད་རིགས་བུད་མེད་སྤྱི་དང་མཚུངས་པའི་ཕྱུ་པ་ཕུ་མེད་ལ་སྐ་རག་བཅིངས་ནས་མདོ་ཁམས་དང་། དབུས་གཙང་། བལ་ཡུལ་བཅས་ཀྱི་བུད་མེད་ཚོའི་རྒྱན་ཆའི་ཁྱད་ཆོས་ལྡན་པའི་གསེར་དངུལ་གཡུ་བྱུར་སོགས་རིན་ཆེན་སྣ་ཚོགས་ཀྱི་མཛེས་རྒྱན་སྤྲས་པའི་སྲོལ་ཡོད། དེང་སང་ཡང་གྱོན་ལུགས་དེ་ལྟར་བྱས་པའི་ཤར་པའི་བུད་མེད་ཧ་ཅང་མང་བར་སྣང་། སྤྱིར་བཏང་དཔལ་འབྱོར་གྱི་ཆ་རྐྱེན་ཅུང་དྲག་པའི་ཤར་པའི་ཁྱིམ་ཚང་ཞིག་ཡིན་ཕྱིན་བུད་མེད་ཚོས་རས་ཀྱི་སྨད་གཡོགས་ཀྱི་སྟེང་དུ་ཕྱུ་པ་ཕུ་མེད་ངེས་པར་དུ་གྱོན་ཅིང་། དཔལ་འབྱོར་གྱི་ཆ་རྐྱེན་ཞན་པའི་དབང་གིས་སྨད་དུ་གསུམ་ཐབས་ལྷ་བུའི་སྨད་གཡོགས་དང་སྟོད་ལ་རས་ཀྱི་སྟོད་ཐུང་ཙམ་ཞིག་གིས་འགྲིག་པ་བྱེད་སྲོལ་དེ་ཡང་ཤས་ཆེ་བ་བུད་མེད་ན་ཆུང་རྣམས་ཡིན་འདུག ཨོན་ཀྱང་ཀན་རབས་རྣམས་ཀྱིས་གྱོན་ལུགས་དེ་འདྲ་ཤར་པའི་སྲོལ་ངོ་མ་ཡིན་པར་ཁས་ལེན་མི་བྱ།"[①] ཤར་པའི་སྐྱེས་པ་རྣམས་ཀྱི་གྱོན་ཆས་དག་བོད་ཀྱི་ས་ཁུལ་གཞན་གྱི་སྐྱེས་པའི་གྱོན་ཆས་དང་ཁྱད་པར་ཆེ་ཙམ་ཡོད་ཚུལ་དང་དེའི་རྒྱུ་མཚན་སྐོར་ལོགས་སུ་རྒྱས་བཤད་བྱ་རྒྱུ་ཡིན་པས་འདིར་སྤྲོ་བར་མི་བྱ།

གཉིས་པ་བཟའ་ཆས་འཐུང་རིགས་སྐོར་ནས་བཤད་ན། རང་རྒྱལ་གྱི་ཤར་

① བསོད་ནམས་ལགས་ནས་མཛད་པའི་《ཤར་པའི་སྐོར་ཆེ་ལོང་ཙམ་བརྗོད་པ་》ཞེས་པའི་ནང་གསལ། 《བོད་ལྗོངས་ཞིབ་འཇུག》༡༩༨༣ ལོའི་བོད་ཡིག་དུས་དེབ་དང་པོའི་ཤོག་གྲངས་༢༥ ལ་གསལ།

པའི་གནས་སྡོད་བྱ་ཡུལ་ནི་ས་བབ་དམའ་ལ་རི་དབྱག་དོག་རོང་དུ་ཡིན་གྱིས། ནམ་རྒྱུན་དེར་ཆར་ཆུ་མང་ལ་དྲོད་བཤེར་ཆེ་བ་དང་། ལྷག་པར་དབྱར་དུས་སུ་ཁུལ་ཡོངས་ལ་ཉི་མ་ཧ་ཅང་དཀོན་པ་བཅས་གནམ་གཤིས་ཀྱིས་རྐྱེན་པས། ཁུལ་དེའི་ལོ་ཏོག་འདེབས་གསོ་དང་ཕྱུགས་ཟོག་འཚོ་སྐྱོང་། དེ་བཞིན་ཟས་རིགས་གཡོ་སྦྱོར་བྱེད་སྲོལ་བཅས་མཐོ་སྒང་གི་བོད་ས་སྤྱི་དང་ཅུང་ཟད་མི་འདྲ་བའི་ཆ་ཡོད་སྲིད། ཁྱད་པར་འགྲམ་ཁུལ་དུ"ཟས་རིགས་ཀྱི་རྒྱུ་ཆ་གཙོ་བོ་ནི་ནས་སྙན་སོགས་མིན་པར་ཀྲོ་དང་། ཨ་ཤོམ། འབྲས། སོན་ཆག ཁྲ་བོ། ཞོག་ཁོག སྲུར་པན་ལ་སོགས་ཡིན་འདུག ཁོ་ཚོས་རྒྱུན་དུ་ཀྲོ་རྩམ་ཟ་བ་དང་། མིང་ལ་གོང་འབྲས་ཞེས་ཀྲོ་རྩམ་དང་དམར་གན་སྤག་བཙོས་ལྟར་གཡོས་པའི་གཙོ་ཟས་ལ་སྤེལ་ཟླ་ཞོག་ཁོག་དང་སྲུར་པན་བྱས་ནས་མཇུབ་མོ་གསུམ་གྱིས་ཟ་བ་ཡིན། འགའ་ཞིག་གིས་ཤར་པས་རྩམ་པ་མི་ཟ་བ་དེ་ཤར་པ་བོད་རིགས་མིན་པའི་སྒྲུབ་བྱེད་དུ་བཟུང་བ་ནི་རྒྱུ་མཚན་ཡོངས་སུ་ཟད་པའི་མཚོན་རྟགས་སུ་མི་འགྱུར་རམ"①ཞེས་གསུངས་པ་དོན་ལ་གནས། གང་ལགས་ཤེ་ན། ནས་མི་སྐྱེ་བའི་ས་ཁུལ་ལམ་ནས་རིགས་དབུལ་བའི་ཡུལ་དང་དུས་སྐབས་སུ་ཀྲོ་རྩམ་ཟ་བ་དང་ཀྲོ་ཆང་འཐུང་བའི་སྲོལ་ཡོད་པ་མིག་ལྟོན་ཀུན་གྱིས་མཐོང་ཐུབ་ཡིན་པ་ལྟར་དང་། དེ་ཙམ་གྱིས་མ་ཚད་འགྲམ་ཁུལ་དུ་ཞིང་ལས་སོ་ནམ་གཉེར་ལ། རྨོས་མཛོ་དོར་དུ་བྱས་ནས་ས་ཞིང་འདེབས། ནས་ཀྱི་ཐོན་འབབ་ཞན་ཙམ་ཡིན་པས་ནས་རྩམ་དང་ནས་ཆང་ཅུང་དཀོན་ཙམ་ཡིན། འོན་ཀྱང་ནས་རྩམ་དང་ནས་ཆང་མེད་པ་ནི་མ་ཡིན། དེ་མིན་འབྲིན་ཐང་ཁུལ་དུ་ནས་འདེབས་གསོ་བྱེད་ལ། ནས་རྩམ་ཇོད་འཐག་རྒྱག་པ་དང་ཟ་བའི་སྲོལ་རྒྱུན་བོད་ཡུལ་སྤྱི་དང་མཚུངས། ཁོ་ཚོས་ནས་ཆང་བསླལ་བཟོ་བྱེད

① བསོད་ནམས་ལགས་ནས་མཛད་པའི《ཤར་པའི་སྐོར་ཆེ་ལོང་ཙམ་བརྗོད་པ》ཞེས་པའི་ནང་གསལ། 《བོད་ལྗོངས་ཞིབ་འཇུག》༡༩༨༣ལོའི་བོད་ཡིག་དུས་དེབ་དང་པོའི་ཤོག་ངོས་༢༧ལ་གསལ།

པ་ཙམ་མ་ཟད། མོན་ཆག་ལ་བརྟེན་ནས་ཆང་རག་ཕབ་ཅིང་། ཆང་རག་འཐུང་བའི་སྲོལ་དར་ཆེ་ལ། ཆང་གཞས་སོགས་ཆང་དང་འབྲེལ་བའི་རིག་རྩེད་བྱེད་སྟངས་བོད་རིགས་སྤྱི་དང་ཐུན་མོང་དུ་མཆིས། "ཇ་བཏུང་བའི་སྲོལ་ཡང་བོད་མི་སྤྱི་དང་མཚུངས་ཏེ། སྤྱིར་བཏང་རྒྱུ་ཡོད་མཁན་གྱིས་ཇ་རིལ་དང་བག་ཚུང་། རྒྱུ་མེད་མཁན་གྱིས་སྤྲི་ཞིང་གི་སྟོང་པོའི་ནང་རྩི་བཀོག་པའམ། ཡང་ན་ཇ་ཞིང་དང་སྤྲ་སླང་མ་བཅས་ཀྱི་ལོ་མ་གདུས་ནས་འཐུང་།"① དེ་ནི་སྲོལ་རྒྱུན་བོད་ཀྱི་སྤྱི་ཚོགས་ནང་བྱུང་ཟིན་པའི་དངོས་ཡོད་འཚོ་བ་རེད། ད་ལྟ་ཤར་པ་དང་དེ་བཞིན་བོད་ཀྱི་ཡུལ་གྲུ་གཞན་དུ་མང་ཚོགས་ཀྱི་འཚོ་བར་ཡར་རྒྱས་བྱུང་བས་ཁོང་ཚོས་བེད་སྤྱོད་པའི་ཇ་ནི་དེ་སྔོན་རྒྱུ་ཡོད་མཁན་ལས་ལྷག་པ་ཡོད་པ་གོ་བ་སོན་བདེ་བ་ཞིག་ཡིན་ལ། ཇ་བཟོ་སྟངས་ཀྱང་སྲུབ་མ་དང་མངར་མོ་གཉིས་སུ་ཡོད་པ་བོད་ཡུལ་གཞན་དང་མཚུངས། ས་ཞིང་རྒྱ་ཆུང་ལ། ལོ་ཏོག་གི་ཐོན་འབབ་དམའ་བའི་དབང་གིས་འབྲོག་ལས་ཀྱིས་ཤར་པའི་དཔལ་འབྱོར་ཁྲོད་དུ་གལ་ཆེའི་གནས་བབས་བཟུང་ཡོད། དེ་ཁུལ་དུ་ཕྱུགས་རིགས་གཙོ་བོ་ནི་འབྲི་གཡག་དང་མཛོ། བ་གླང་། ར་ལུག་བཅས་ཡིན་ལ། ཕྱུགས་ལས་བྱུང་བའི་དངོས་ཟོག་གཙོ་བོ་ནི་ཤ་མར་དང་ཕྱུར། བལ་སྤུ། ཐུགས་རིགས་བཅས་སོ། །ཕོ་ཚོའི་སྲོལ་རྒྱུན་འཚོ་བའི་ནང་རྒྱུན་དུ་སྤྱོད་པ་ནི་བོད་མི་ཀུན་དང་འདྲ་བར་རང་གིས་གཉེར་སྐྱོང་དང་ཐོན་སྐྱེད་བྱེད་པའི་ནོར་ལུག་སོགས་ཕྱུགས་ཟོག་གི་ཤ་དང་འོ་མ་དང་། རྩམ་པ་དང་ནས་ཆང་སོགས་ཡིན།

གསུམ་པ་འགྲོ་ལུགས་སྟོད་སྟངས་ནས་བཤད་ན། "ཤར་པའི་སྟོད་ཁང་དེ་གདན་ཚུགས་དང་གནས་སྐབས་ཀྱི་སྟོད་ཁང་གཉིས་སུ་དབྱེ་ལ། གདན་ཚུགས་ཀྱི་

① བསོད་ནམས་ལགས་ནས་མཛད་པའི《ཤར་པའི་སྐོར་ཆེ་ལོང་ཙམ་བརྗོད་པ》ཞེས་པའི་ནང་གསལ། 《བོད་ལྗོངས་ཞིབ་འཇུག》༡༩༨༣ལོའི་བོད་ཡིག་དུས་དེབ་དང་པོའི་ཤོག་ངོས་༢༧ལ་གསལ།

སྟོད་ཁང་དེ་དག་ཞིང་ཁ་ཡོད་སའམ་ཞིང་ཁའི་ཉེ་འགྲམ། ཡང་ན་ཆ་རྐྱེན་ཅུང་བཟང་བའི་ས་ཆར་རྒྱག་པ་དང་། གནས་སྐབས་ཀྱི་སྟོད་ཁང་ནི་དབྱར་དགུན་གྱི་འབྲོག་སར་རྒྱག་བཞིན་མཆིས། དབུལ་པོའི་དུད་ཚང་རེ་གཉིས་ཀྱི་སྟོད་ཁང་སྟབས་བདེའི་ཤིང་ལས་བཟོས་པ་ཕུད། གཏན་ཚུགས་ཀྱི་སྟོད་ཁང་དེ་དག་ཚང་མ་སྲ་ཞིང་བརྟན་ལ། སྦྲུས་ལེགས་མཛེས་པོར་བསྐྲུན་པ་དང་། རྒྱུ་ནི་རྡོ་དང་ཤིང་ལས་བསྐྲུན་པ་གཙོ་ཆེ། ……གཏན་ཚུགས་ཀྱི་སྟོད་ཁང་དེ་དག་མང་ཆེ་བ་ཐོག་བརྩེགས་གཉིས་ལས་གྲུབ་པ་དང་། འོག་ཁང་ནི་ཆ་ལག་ཆབ་ཚོབ་འཛོག་ས་དང་སྒོ་ཕྱུགས་འདོགས་ས་བྱེད་ཅིང་། སྟེང་ཁང་ནང་མི་སྡོད།”① དེ་བཞིན་སྟེང་ཁང་ལ་སྐྱེའུ་ཁྱུང་བཟོ་བ་ལས་འོག་ཁང་ཕལ་ཆེར་ལ་སྐྱེའུ་ཁྱུང་འཛོག་སྲོལ་མེད་པ་སོགས་ཁོ་ཚོའི་སྟོད་ཁང་གི་བཟོ་སྐྲུན་དང་། བེད་སྤྱོད་གཏོང་སྟངས་སོགས་ཤར་པའི་གནས་ཡུལ་དང་ས་བབས་འདྲ་བའི་བོད་རིགས་གནས་སྡོད་ཀྱི་ས་ཁུལ་གཞན་དུ་མཐོང་ནུས་ཡིན། ཁང་པའི་ཐོག་ཁ་བཟོ་སྟངས་དབུས་གཙང་ཁུལ་དང་ཅུང་མི་འདྲ་བ་ཡོད་ནའང་ཟུང་ཆུའི་ཤར་པའི་ཁང་པའི་དབྱིབས་དང་ཡོངས་སུ་གཅིག་མཚུངས་ཡིན་པ་མ་ཟད། ཁུལ་གཉིས་ཀར་དུད་ཚང་སོ་སོའི་ཁང་པའི་མདུན་དུ་དར་ཆེན་འཛུགས་པའི་སྲོལ་རྒྱུན་གཅིག་མཚུངས་ཡིན་ཞེས་མགོན་པོ་བཀྲ་ཤིས་ལགས་ཀྱི་དཔྱད་རྩོམ་ནང་ཞིབ་གསལ་འཁོད་པ་ལྟར་རོ། །འགྲོ་ལུགས་ནི་གཙོ་བོ་འཁྲིམ་འགྲུལ་གྱི་སྐོར་ཡིན་ཀྱིས། རི་དབྲག་དོག་རོང་དུ་གནས་པའི་ཤར་པའི་གནས་ཡུལ་དེར་འགྲུལ་བཞུད་མི་བདེ་བས་ཁུལ་དེའི་ས་བབས་དང་མཐུན་པའི་འཁྲིམ་འགྲུལ་བྱེད། དུས་ཕྱིས་རྐང་ཐང་གིས་རི་ལུང་གཅོད་པ་དང་ལུས་སྟོབས་ཀྱིས་སྐྱེལ་འདྲེན་བྱེད་པའི་གནའ་རབས་ཀྱི་འཁྲིམ་འགྲུལ་སྐྱེལ་འདྲེན་བྱེད་ལུགས་དེ་ཡུལ་ལུང་གང་སར་རིམ་བཞིན་ཇེ་ཉུང་དུ་འགྲོ་བཞིན་ཡོད། འོན་ཀྱང་དེ་ཁུལ་

① 姚兆麟著,《西藏民族志》,中国藏学出版社 2006 年出版,第 96 页。

གྱི་སྲོལ་རྒྱུན་སྲི་ཚོགས་ནང་འགྲིམ་འགྲུལ་ཡོ་བྱད་ཀྱང་ནོར་དང་རྟ་དྲེལ་དགོན་ལ། གཙོ་བོ་མི་ནུས་ལ་བརྟེན་ནས་དངོས་ཟོག་དཔོར་འདྲེན་བྱེད་ཅིང་། འགྲུལ་བཞུད་ཀྱང་རྐང་འགྲོ་ཁོ་ན་ལ་བརྟེན་པ་ལས། བོད་ཡུལ་གཞན་དང་འདྲ་བའི་ནོར་ལ་ཁལ་ཇོ་སྐྱེལ་འདྲེན་བྱེད་དང་རྟ་དྲེལ་ལ་བཞོན་ནས་བྱེས་འགྲོ་བྱེད་པ་སོགས་ཉ་ལམ་མཐོང་དགོན། དེར་བརྟེན་ཤར་པའི་རྒྱབ་ཤེད་ལ་གྲགས་པས་ཚོད་ཅིང་ཇོ་པོ་འཁུར་མཁན་ཞེས་བརྗོད་བཞིན་ཡོད། དེ་ནི་གུས་ཉིད་འདྲེན་ཐང་ཁུལ་དུ་ཐེངས་དང་པོའི་བརྟག་ཞིབ་ལ་འགྲོ་སྐབས་དངོས་སུ་མིག་ལམ་དུ་ཤར་བས་རང་བློར་བག་ཆགས་ཟབ་མོ་བྱུང་། དེ་ཡང་ང་ཚོ་གཏིང་སྐྱེས་གཟར་ཤང་ནས་ཇོ་པོ་དཔོར་འདྲེན་བྱ་ཆེད་བོང་བུ་ལྔ་གཡར་ནས་རི་འོག་གྲོང་ཚོ་བར་དུ་ཉིན་གང་བསྐྱོད། རི་འོག་ནས་འདྲེན་ཐང་བར་དུ་དེ་སྔོན་དུས་རབས་བདུན་ཅུ་པའི་ནང་དམག་མིས་བཟོས་པའི་ལམ་ཤུལ་ཡོད་ཀྱང་ཕྱུགས་ཟོག་ནི་འགྲོས་པར་དཀའ་བས། ཕྱི་ཉིན་ནས་འདྲེན་ཐང་གི་ཤར་པ་མི་བདུན་ང་ཚོའི་ངོད་པོ་སྐྱེལ་འདྲེན་མཁན་དུ་གཡར་པོ་ཞུས། དེ་དུས་ང་ཚོའི་ངོད་པོའི་ནང་ལྤིད་ཚད་ལྷི་ཤོས་ནི་ལྟར་པན་ནས་ཐོན་པའི་གློག་འདོན་འཕྲུལ་འཁོར་ཞིག་དང་ས་སྨུམ་སྲི་རྒྱ་དྲུག་ཅུ་བླུགས་པའི་ལྕགས་ཀྱི་སྨུམ་ཟོམ་ཞིག་ཡོད། ཇོ་པོ་འཁུར་མཁན་ཚོས་ཉིན་གསུམ་རིང་ཇོ་པོ་དེ་དག་རྒྱབ་ཏུ་འཁུར་ནས་ང་ཚོ་དང་མཉམ་འགྲོས་བྱས་པ་མ་ཟད། ད་དུང་དགོང་མོ་ཞག་སྡོད་བྱེད་སར་སླེབས་སྐབས་དཀའ་ངལ་སྤུ་ཙམ་མེད་པར་སྒོར་གཞས་ཁྲབ་པ་དང་རྩེད་མོར་རོལ་བཞིན་འདུག

བཞི་པ་གཉེན་སྲོལ་སྐོར་བཤད་ན། དེ་ཡང་གཉེན་སྒྲིག་ལམ་སྲོལ་དང་གཉེན་སྟོན་བྱེད་སྒོའི་སྐོར་ཏེ་ཁག་གཉིས་ནས་སྤྲོས་པར་བྱ་སྟེ། དང་པོ་དེ་ཁུལ་གྱི་སྲོལ་རྒྱུན་གཉེན་སྒྲིག་ལམ་སྲོལ་བཤད་རྒྱུ་ལ། བོད་ཀྱི་ས་ཁུལ་གཞན་དང་འདྲ་བར་ཕ་མས་བུ་ཕྲུག་གི་མི་ཚེའི་དོན་ཆེན་བཙན་དབང་གིས་ཐག་གཅོད་བྱེད་སྲོལ་ཤས་ཆེ་ལ། ཕོ་མོ་ཕན་ཚུན་རང་མོས་ཀྱིས་དགའ་འདུ་བྱེད་པའང་ཡོད། དེ་མིན་

ཁྲིམ་མཚེས་སམ་གྲོགས་པོ་ཞིག་ལ་བུ་དང་གཞན་ཞིག་ལ་བུ་མོ་སྐྱེས་ཚེ་ཕྱོགས་གཉིས་པན་ཚུན་གྲོས་བསྡུར་བྱས་ནས་སླད་ཕོ་ཚོ་ནར་སོན་སྐབས་བཟའ་ཚང་བྱ་རྒྱུའི་གཉེན་གྲོས་བྱེད་པའི་སྲོལ་ཡོད་པའང་གཙང་ཁུལ་ཡུལ་གྲུ་གཞན་དང་མཚུངས། ཤར་པ་ཚོའི་གཉེན་སྒྲིག་གི་རྩ་བའི་རྣམ་པ་ནི་ཁྱོ་གཅིག་ཤུག་གཅིག་ཡིན་མོད། འོན་ཀྱང་ཤར་པའི་དམངས་ཁྲོད་དུ་ཕུ་ནུ་གཉིས་མནའ་མ་མཉམ་བསྡུ་བྱེད་པའི་སྲོལ་རྒྱུན་ཡོད་ལ། བུ་མོ་སྤུན་མག་པ་མཉམ་ལེན་བྱེད་པའི་སྲོལ་ཡང་ཡོད། དཔེར་ན་སྤྱི་ལོ་༡༩༨༨ལོར་རང་ཉིད་འདྲེན་ཐང་ཁུལ་དུ་བརྟག་ཞིབ་བྱེད་སྐབས་དེ་ཁུལ་དུ་ཕུ་ནུ་མནའ་མ་མཉམ་དུ་ལེན་མཁན་ཐེམ་གྲངས་བཅུ་ཡོད་པ་དེས་རྒྱུས་ཡོངས་ཀྱི་ཐེམ་གྲངས་ཀྱི་བརྒྱ་ཆ་ལྔ་ཟིན་གྱི་ཡོད་པ་མ་ཟད། ཕོ་ཚོའི་དཔལ་འབྱོར་འཚོ་བའི་ཆུ་ཚད་ནི་ཡུལ་དེར་འབྲིང་རབ་ཏུ་སླེབ་ཀྱི་ཡོད། ཤར་པ་གནས་སྡོད་བྱ་ཡུལ་དུ་དེ་ལྟ་བུའི་ཕུ་ནུ་མནའ་མ་མཉམ་བསྡུའི་གཉེན་སྲོལ་དར་གནས་ཐུབ་པའི་རྒྱུ་མཚན་གཙོ་བོ་ཞིག་ནི་ཁྲིམ་ཚང་གི་རྒྱུ་ནོར་ཁ་ཐོར་མི་འགྲོ་བའི་ཆེད་དུ་ཡིན་པ་དང་། བུ་མོ་སྤུན་མག་པ་མཉམ་ལེན་བྱེད་པའི་རྒྱུ་མཚན་ནི་རིགས་རྒྱུད་མི་ཆད་པའི་ཆེད་དུ་སྤྱད་པའི་ཐབས་ཤེས་ཤིག་ཡིན་པ། དེ་བཞིན་ཕུ་ནུ་མནའ་མ་མཉམ་བསྡུ་བྱེད་སྐབས་གཉེན་སྟོན་ནང་ཕུ་ནུ་གཉིས་ཀ་ཞུགས་དགོས་པ་སོགས་དེ་ལྟའི་གོམས་གཤིས་དར་ཚུལ་དང་དར་གནས་ཐུབ་པའི་རྒྱུ་མཚན་དང་བཅས་པ་གཙང་ཁུལ་དང་ཡོངས་སུ་གཅིག་མཚུངས་ཡིན། ཉུས་པ་གཅིག་པ་ཡིན་ཚེ་གཉེན་སྒྲིག་བྱ་མི་ཆོག་པ་མ་ཟད། པན་ཚུན་བསྟོག་གཏམ་ཡང་བཤད་མི་ཉན། དེ་ནི་བོད་རིགས་ཀྱི་གཉེན་སྒྲིག་འཛེམ་བྱ་དང་འདྲའོ། །[①] ཤར་པའི་གཉེན་སྒྲིག་

① རྒྱང་འཁོར་ཚེ་ཕུན་གྱིས་བརྩམས་པའི་《བོད་ཀྱི་དམངས་སྲོལ་གྱི་བླང་དོར་གསལ་བའི་སྒྲོན་མེ་》ཞེས་པའི་ཤོག་ངོས་༥༥ནས༥༨བར་བོད་རིགས་ཀྱི་ཉེ་དུ་གཉེན་སྒྲིག་ལ་འཛེམ་པའི་སྐོར་རྒྱས་ཙམ་བཀོད་ཡོད་པས་དེར་གཟིགས་པར་འཚལ། ཀྲུང་གོའི་བོད་རིག་པ་དཔེ་སྐྲུན་ཁང་ནས་སྤྱི་ལོ་༢༠༠༥ལོར་དཔར་དུ་བསྐྲུན།

འཛོམ་བྱའི་ཁྲོད་རིགས་དམན་པར་བརྩི་བའི་རྒྱུད་པའི་མི་དང་གཉེན་སྒྲིག་བྱ་མི་རུང་ལ་ཕན་ཚུན་འབྲེལ་བ་བྱེད་པར་ཡང་འཛེམས་ཀྱི་ཡོད། “ཀ་མི་ཏེ་ལྕགས་བཟོ་བ་དང་། ཧྲ་ཙེ་ཟེར་བའི་ལྷམ་བཟོ་བ། པང་ར་ཟེར་བའི་ལུད་བཏོན་མཁན། ཏ་མེར་འབོད་པའི་ཛ་རྟུང་མཁན་བཅས་རིགས་བཞི་པོ་འདི་དག་རིགས་དམན་པར་བརྩི་ལ། འབྲེལ་བ་བྱས་མི་ཆོག་པའི་མི་ལ་མངོན་ནས་གདོལ་རིགས་སུ་འབོད། མི་དེ་རིགས་ཤར་པ་གཞན་དང་གཉེན་སྒྲིག་བྱས་མི་ཆོག་པ་དང་། གཞན་དང་མཉམ་དུ་བཟའ་སྣོད་མཉམ་དུ་མི་ཆོག་ལ། མི་གཞན་གྱི་ཁ་ཟོར་བེད་སྤྱོད་བྱེད་མི་ཆོག མགར་བ་ཆོས་ཁང་པའི་ཕྱི་རུ་ལྕགས་བཟོ་བྱེད་དགོས་པ་དང་། ལྷམ་བཟོ་བས་ལྷམ་བཟོ་སྐབས་ཀྱང་སྦྱིན་བདག་ནས་གཏན་འཁེལ་བྱས་པའི་ས་ཆར་ལས་ཀ་བྱེད་དགོས། ཁོ་ཚོ་ལས་རིགས་གཅིག་པའི་ནང་གཉེན་སྒྲིག་བྱེད་པ་ལས་ཤར་པ་གཞན་གྱི་བུད་མེད་ཁོ་ཚོ་དང་གཉེན་སྒྲིག་བྱས་ཚེ། བུད་མེད་དེའང་རང་གི་ཁྱོ་བོའི་གནས་བབས་སུ་ལྷུངས་རྒྱུ་རེད།”① དེ་ལྟའི་མི་ལ་རིགས་རུས་ཀྱི་དབྱེ་བ་འབྱེད་པའི་སྲོལ་ནི་བོད་རིགས་ཀྱི་སྲོལ་རྒྱུན་དུ་མཆིས་པའི་ཡུལ་སྲོལ་གོམས་གཤིས་ཤིག་ཡིན།②

དེ་ནས་གཉེན་སྟོན་བྱེད་སྒོ་བཤད་པ་ལ། འདྲིན་ཐང་ཤར་པའི་གཉེན་སྒྲིག་སྟོན་མོ་དང་འགྲམ་གྱི་ཤར་པའི་གཉེན་སྒྲིག་རྟེན་འབྲེལ་བྱེད་སྒོ་ཙུང་ཟད་མི་འདྲ། འདྲིན་ཐང་པའི་གཉེན་སྒྲིག་རྟེན་འབྲེལ་བྱེད་སྒོའི་མིང་དང་བྱེད་སྒོའི་བརྒྱུད་རིམ། ནང་དོན་བཅས་རྒྱས་བསྡུས་ཙམ་ལས་བོད་དབུས་གཙང་གི་ལུགས་སྲོལ་དང་ཆ་མཚུངས། འགྲམ་གྱི་རྟེན་འབྲེལ་བྱེད་སྒོའི་བརྒྱུད་རིམ་དང་ནང་དོན་འགའ་དམིགས་བསལ་ཅན་དུ་མཐོང་། དེ་ཡང་འཛིག་རྟེན་ཐབས་ཤེས་ཟེར་འཛུག་གི་རྟེན་འབྲེལ་བྱེད་སྒོ་དེ་ལ་ཤར་པ་ཚོས་ཆང་སའི་རྟེན་འབྲེལ་དུ་འབོད་ལ།

① 切排、桑代吉,《夏尔巴人的历史与现状调查》,刊载于《西北民族研究》2006 年 1 期。

② 切排、桑代吉,《夏尔巴人的历史与现状调查》,刊载于《西北民族研究》2006 年 1 期。

ཐོག་མར་བུ་མོ་མནའ་མར་སློང་སྐབས་བུའི་ཕྱོགས་ནས་བུ་མོའི་ཚང་ལ་བུ་མོ་སློང་བའི་ཆང་ཐེངས་གསུམ་འདྲེན་དགོས་པ་དང་། དེ་ལ་འདྲེན་ཐང་ཁུལ་དུ་ལབ་ཆང་ཞེས་འབོད་ལ། འགྲམ་ཁུལ་དུ་འདེམས་ཆང་དུ་འབོད་པ་དང་། ཁུལ་གཉིས་ཀྱི་སློང་ཆང་གཏོང་སྟངས་ཅུང་ཟད་མི་འདྲ། འདྲེན་ཐང་ཁུལ་དུ་བུའི་ཕྱོགས་ནས་སློང་ཆང་ཐེངས་དང་པོ་གཏོང་སྐབས། གལ་སྲིད་བུ་མོ་དང་བུ་མོའི་ཕ་མས་གཉེན་དོན་དེར་མོས་མཐུན་མེད་ཚེ་ཆང་དེ་སློག་པ་དང་། མོས་མཐུན་ཡོད་ན་ཆང་དེ་འཐུང་བ་མ་ཟད་བུའི་ཕྱོགས་ལ་མོས་མཐུན་ཡོད་པའི་གཏམ་སྐྱེལ་བར་འགྲོ། དེ་རྗེས་བུའི་ཕྱོགས་ནས་སློང་ཆང་ཐེངས་གཉིས་པ་འདྲེན་པ་དེ་བུ་མོའི་ཕ་མ་དང་ཞང་པོ་སོགས་ཀྱིས་འཐུང་། དེ་ནས་སློང་ཆང་གསུམ་པ་དེ་ཕོན་ཆེ་ཙམ་འདྲེན་དགོས་པ་དེ་བུ་མོའི་ཉུས་རྒྱུད་དུ་གཏོགས་པའི་སྤུན་མཆེད་རྣམས་མཉམ་འཛོམས་ཐོག་འཐུང་ཞིང་། དེའི་སྐབས་སུ་བུ་མོ་སྟེར་རྒྱུའི་དུས་ཚོད་གཏན་འཁེལ་བྱེད། བུ་མོའི་སྟེར་སྐལ་སྦྱིན་པ་ལ་རྫོང་སྐལ་ལམ་སྐལ་གནངས་སློག་ཟེར་བའམ་མོ་ནོར་སྦིན་(སྦྱིན་གྱི་ཡ་བཏགས་དོར་བ། ཤར་པའི་ཡུལ་སྐད་ནང་དུའང་གཙང་དང་སྟོད་ཁུལ་གྱི་ཡུལ་སྐད་དང་འདྲ་བར་ཡ་བཏགས་དོར་བ་མང་ངོ་། །)ཞེས་འབོད་ཅིང་། ཁྱིམ་ཚང་སོ་སོའི་དཔལ་འབྱོར་ལ་གཞིགས་པའི་སྟེར་སྐལ་སྣ་ཚོགས་སྤྲོད་པ་ནི་ཁ་ཕོར་དང་རྒྱན་གོས། འཁུར་གཟན་སོགས་རྒྱུན་མཁོའི་དངོས་པོ་དང་། འཛོར་དང་ཟོར་བ་སོགས་ཐོན་སྐྱེད་ལག་ཆ། དེ་མིན་དངུལ་སྨར་བཅས་སྟེར་སྲོལ་ཡོད། མནའ་མ་བུའི་ཁྱིམ་གྱི་སྒོ་རུ་སླེབས་ཁར་བུའི་མ་དང་སྲུ་མོས་ཕྱུ་འགུགས་གཡང་འགུགས་བྱེད་པ་དང་། མནའ་མ་བསྟད་སའི་གདན་གྱི་སྟེང་དུ་གྲོ་ཕྱེའི་གཡུང་དྲུང་གཡས་འཁྱིལ་འབྲི་བ་དང་(འགྲམ་ཁུལ་དུ་བུ་དང་མནའ་མ་བསྟད་སའི་གདན་གྱི་སྟེང་དུ་གྲོ་ཡི་གཡུང་དྲུང་འབྲི་སྲོལ་ཡོད་ལ། མི་འདྲ་ས་ནི་བུ་གཡས་དང་བུ་མོ་གཡོན་དུ་སྡོད་དགོས་པ་མ་ཟད། བུ་བསྟད་སར་གྲོ་ཡི་གཡུང་དྲུང་

གཡས་འཁྱིལ་དང་། བུ་མོ་བསྟོད་སར་བོན་ལུགས་ལྟར་གཡུང་དྲུང་གཡོན་འཁྱིལ་འབྲི་བའི་སྲོལ་ཡོད།）དེ་དག་གི་མཚོན་དོན་ཡང་མི་འགྱུར་རྟག་བརྟན་ཡོང་བའི་རྟེན་འབྲེལ་ཡིན་པ་བོད་ཡུལ་གཞན་གྱི་བཟོ་ཚུལ་དང་འདྲ་བ།[①]"རྟེན་འབྲེལ་གྱི་མཛད་སྒོ་ཚུགས་ཏེ་ཁྱིམ་བདག་གཉིས་ཀྱིས་གན་རྒྱ་ཕར་སྤྲོད་ཚུར་ལེན་གྱིས་ད་དུང་ནན་བཤད་དུ'སྐད་བུ་མོར་སྡུག་པ་རྩ་བ་ནས་བྱས་མི་ཆོག ཐོག་གའི་ལྷ་བཙུགས་ནས་སྒོ་རྒྱབ་ཀྱི་འཕྲུག་མ་བར་ཚང་མ་མནའ་མར་རྩིས་སྤྲོད་དགོས། བུས་ཀྱང་རྗེས་སོར་རང་སྐང་གང་དྲན་གྱིས་བུ་མོ་གཞན་རྩ་བ་ནས་བསྐྱེན་མི་ཆོག'ཅེས་པ་སོགས་ཀྱི་ཁ་ཏ་བསླབ་བྱ་ཚར་རྗེས་ཚང་མས་གར་དང་ཞབས་བྲོར་རོལ་"[②]བའི་

① གཉེན་སྟོན་སྐབས་བག་གྲལ་སྒྲིག་སའི་ཁ་གདན་གྱི་ཚོན་མདོག་གང་དགོས་བུ་དང་མནའ་མའི་ལོ་རྟགས་ཁམས་དང་བཅས་པར་བརྟག་དགོས་ཏེ། དཔེར་ན་ས་སེར་པོ། མེ་དམར་པོ། ཆུ་སྔོ་མོ། ཤིང་ལྗང་གུ། ལྕགས་དཀར་པོ་ལྟ་བུ་དང་། དེ་བཞིན་བཞུགས་གྲལ་གྱི་ཁ་ཕྱོགས་གང་དུ་འཁེལ་རྩིས་ལ་བརྟག་དགོས་ལ། བུ་དང་བུ་མོའི་བཞུགས་གདན་སྟེང་དུ་གྲའམ་གྲོ་ཕྱེ་དང་ཡང་ན་རྩམ་པས་གཡུང་དྲུང་སོགས་ཀྱི་རི་མོ་འབྲི་བ་ནི་བོད་རིགས་ཀྱི་ལུགས་སྲོལ་ཡིན་ལ། ཀོང་སྤྲུལ་ཡོན་ཏན་རྒྱ་མཚོས་མཛད་པའི《བག་མ་ལ་དགེ་བའི་ལས་ཕྲན་བདུན་གྱི་ཆོ་ག》ཞེས་པའི་ནང་དམིགས་སུ་ཆོ་ག་དེར་གདན་འདིང་བའི་ལས་ཕྲན་ཞེས་འཁོད་ཡོད། གཙང་ཁུལ་གྱི་ཡུལ་མང་པོར་བུའི་བཞུགས་གདན་སྟེང་དུ་ནས་ལ་རྗེ་དཀར་གོང་ཞིབ་བརྡུང་བྱས་པའི་ཕྱེ་ཕྲན་ཙམ་བསྲེས་པས་གཡུང་དྲུང་གི་རི་མོ་འབྲི་བ་དང་། མནའ་མའི་བཞུགས་གདན་སྟེང་དུ་གྲོ་ལ་ཙྭ་ཕྲན་ཙམ་བསྲེས་པས་ནོར་བུ་དགའ་འཁྱིལ་གྱི་རི་མོ་འབྲི་བའི་སྲོལ་ཡོད། ཡང་བུ་དང་བུ་མོའི་ལོ་རྟགས་མཐུན་སྒྱུར་འབྲིང་ཙམ་ཡིན་ན། བུ་མོའི་བཞུགས་གདན་སྟེང་དུ་འཁོར་ལོ་རྩིབས་བརྒྱད་དང་བུའི་བཞུགས་གདན་སྟེང་དུ་གཡུང་དྲུང་ལག་ཁྱུད་འབྲི་བའང་ཡོད། དུས་ཕྱིས་མང་ཆེ་བས་བཞུགས་གདན་སྟེང་དུ་གྲོའམ་ནས་ཀྱི་གཡུང་དྲུང་གཅིག་པུ་བྲིས་ནས་འཐུས་པ་བྱེད་མཁན་ཡང་ཡོད། འོ་ན་འདྲེན་ཐང་པས་གྲོ་ཕྱེས་གཡུང་དྲུང་འབྲི་བ་དང་། འགྲམ་པས་བུ་མོའི་བཞུགས་གདན་སྟེང་དུ་གཡུང་དྲུང་གཡོན་འཁྱིལ་འབྲི་བའི་སྲོལ་དེ་ཚོའང་ཕྱར་གྱི་ལུགས་སྲོལ་རྙིང་པ་རྒྱུན་འཛིན་པ་ཞིག་ཡིན་པར་འདོད་དེ། བོན་གྱི་ལུགས་སུ་གཡང་དྲུང་གཡོན་འཁྱིལ་འབྲི་སྲོལ་ཡོད་པ་ཀུན་གྱིས་མཁྱེན་གསལ་དང་། 《མདའ་དང་འཕང་》ཞེས་པའི་ནང་གསལ་བར་བོན་པོ་རྣམས་ཀྱིས་ལྷ་འདོགས་ཀྱི"ཚོ་ག་དེ་ཕྱེལ་སྐབས། ཁྱོ་གའི་ཕྱི་གཙུག་ཏུ་བལ་གྱིས་བཟོས་པའི'དམུ་ཐག'ཅེས་པའི་སྐུད་པ་ཞིག་འདོགས་པ་དང་། 'གཡང་ཐག'ཅེས་པའི་སྐུད་པ་སྔོན་མོ་ཞིག་མནའ་མའི་ཕྱི་གཙུག་ཏུ་འདོགས་པ་ཡིན་ལ། དེ་རྗེས་ཁྱོ་ག་དེས་ལག་ཏུ་མདའ་མོ་བཟུང་ཞིང་མགོ་སྟེང་གི་ལྷ་ལྟར་ཆང་དང་གཏོར་མ་སོགས་ཀྱི་མཆོད་པ་འབུལ་བ་ཡིན། མནའ་མ་དེས་ལག་ཏུ་སྐྱོགས་ཤིག་བཟུང་ཞིང་འོ་མ་དང་ཕྱེ་མར་གྱི་མཆོད་པ་འབུལ་གྱི་ཡོད། དེ་ནས་ལྷ་བོན་གྱིས་ཁྱོ་ག་དེ་ལ་གསེར་གྱི་ཚིགས་ཁེབས་སམ་རྣ་རྒྱན་ཞིག་སྤྲོད་པ་དེ་ལ་བླ་གསེར་ཞེས་ཟེར་སྲོལ་ཡོད་པ་དང་། མནའ་མ་དེ་ལ་གཡུ་ཞིག་སྤྲོད་པ་དེ་ལ་བླ་གཡུ་ཞེས་ཟེར་བ་ཡིན། གསར་དུ་གཉེན་སྒྲིག་བྱེད་པའི་ན་གཞོན་ཕོ་མོ་གཉིས་རྩམ་ཕྱིས་འཐེན་པའི་གཡུང་དྲུང་གི་རི་མོ་ཅན་གྱི་གདན་ཐོག་ཏུ་སྡོད་དུ་བཅུག་རྗེས། ལྷ་བོན་དང་ཁྱོ་ག་དང་མནའ་མ་རྣམས་མཉམ་དུ་ཆོ་གའི་ཞལ་འདོན་སྐྱོར་བར་བྱེད་པ་ཡིན།" གཡང་དྲུང་གིས་མི་འགྱུར་རྟག་བརྟན་མཚོན་པའི་བཤད་སྲོལ་དེའང་གཡང་སྒྲུབ་ལས"ཚེ་ཡི་ཉི་མ་མི་ནུབ་རབ་ཏུ་གསལ། བསོད་ནམས་ཟླ་བ་ཡར་ངོའི་ཟླ་ལྟར་འཕེལ། རིགས་རྒྱུད་མི་འགྱུར་གཡུང་དྲུང་ལྟར་བརྟན་པ། བཀྲ་ཤིས་དེས་ཀྱང་ཡང་ཡང་བཀྲ་ཤིས་ཤོག"ཅེས་གསལ་བ་ལྟར་རོ། །

② 《བོད་ཀྱི་དམངས་སྲོལ་གཅེས་བཏུས》ཞེས་པའི་ཤོག་གྲངས་༢༤༤ནང་གི་འདྲེན་ཐང་གྲོང་གི་ཤར་པའི་བག་སྟོན་ཞེས་པའི་ནང་གསལ། 《ཕྲང་རྒྱན་མེ་ཏོག》རྩོམ་སྒྲིག་ཁང་ནས་རྩོམ་སྒྲིག་བྱས། མི་རིགས་དཔེ་སྐྲུན་ཁང་ནས༡༩༩༩ལོར་བསྐྲུན།

སྲོལ་ཡོད་པ་ལྟ་བུ་བོད་དབུས་གཙང་གི་གཉེན་སྒྲིག་བྱེད་སྔོའི་ཁྲིད་དུའང་གཉེན་དོན་གན་རྒྱ་སྟེ་གཉེན་ཡིག་འཛོག་པའི་སྲོལ་ཡོད་པ་ལྟ་བུ་ཡིན། དེ་ནས་སྐུ་མགྲོན་དང་བཅས་པ་རྟེན་འབྲེལ་ཐུགས་སྨྲ་ཉིན་གཉིས་ནས་གསུམ་བར་གཏོང་བ་སོགས་བོད་རིགས་ཀྱི་སྲོལ་རང་དུ་གནས་པ་དང་། ཐུགས་སྨྲ་མཇུག་སྒྲིལ་རྗེས་སུ་བུ་དང་མནའ་མ། བུའི་ཕྱོགས་ཀྱི་མི་གཅིག་བཅས་པ་བུ་མོའི་ཕ་མར་དྲིན་གསོའི་ཆེད་དུ་ཆང་འཁྱེར་ནས་བུ་མོའི་ཁྱིམ་དུ་འགྲོ་སྲོལ་ཡོད་པར་འདྲེན་ཐང་པས་སྐྱོ་ལོག་ཏུ་འགོད་ལ། འགྲམ་པས་སྐལ་མ་སློག་ཏུ་འགྲོ་ཞེས་ཟེར། དེ་ལ་བོད་ཀྱི་ས་ཆ་གཞན་དུ་གཉེན་འཕྲད་དུ་འགོད་ཅིང་། འགའ་ཤས་སུ་རྟེན་འབྲེལ་ཚར་རྗེས་གཉེན་འཕྲད་དུ་འགྲོ་བ་དང་། ལ་ལར་ཟླ་བ་གཅིག་གི་རྗེས་སམ་ལོ་གཅིག་གི་རྗེས་སུ་འགྲོ་བ་སོགས་སྤྱི་ཕྱིའི་དུས་ཚོད་ཀྱི་ཁྱད་པར་ཙམ་ལས་གཞན་གྱི་ཁྱད་པར་མེད་དོ། །

ལྔ་པ་རྗེས་འཇུག་སྐོར་བཤད་ན། དེ་ལའང་ཕུང་པོ་རྗེས་འཇུག་གི་ལུགས་སྲོལ་དང་འདས་མཆོད་བྱེད་སྲོལ་ཏེ་ཁག་གཉིས་ནས་གླེང་དགོས་ཏེ། དང་པོ་ཕུང་པོ་རྗེས་འཇུག་བྱེད་སྲོལ་བཤད་པ་ལ། གངས་ཅན་བོད་ཀྱི་ཡུལ་སྲོལ་དུ་སྤྱིར་འབྱུང་བའི་རིག་གཞུང་དང་ཡུལ་གྱི་ས་བབས་ཐོན་ཁུངས་ལ་གཞིགས་པའི་རང་རང་གི་ཁྱད་ཆོས་མངའ་བའི་ཕུང་པོ་ཐག་གཅོད་བྱེད་སྲོལ་དར་ཡོད་དེ། སྤྱིར་དར་ཁྱབ་ཆེ་བ་ནི་ས་ཆུ་མེ་རླུང་ལ་བསྐུར་བའི་སྲོལ་བཞིའོ། །དེ་དག་ནི་བྱ་དུར་དང་། ཆུ་སྐུར། ཞུགས་འབུལ། དུར་སྦས་བཅས་ཡིན། དེ་ཚོ་ནི་གཙོ་བོ་རང་བྱུང་ཁོར་ཡུག་གི་ཆ་རྐྱེན་དང་བསྟུན་ཏེ་བྱུང་བ་ཞིག་ཡིན་ཏེ། བྱ་རྒྱལ་རྒོད་པོ་ཡོད་པའི་ས་ཆར་བྱ་དུར་བྱེད་པ་དང་། གཙང་པོ་ཆེ་རིགས་ཡོད་པའི་ཁུལ་དུ་ཆུ་སྐུར་བྱེད་པ། ཤིང་རིགས་འཕེལ་སར་ཞུགས་འབུལ་དང་། ས་ཆ་རྒྱ་ཆེ་སར་དུར་སྦས་གཏོང་བ་སོགས་ཐོན་ཁུངས་མི་འདྲ་བའི་ས་ཁུལ་སོ་སོར་གང་ལ་དེ་འཚམ་གྱི་ལུགས་སྲོལ་རེ་དར་ཡོད་པ་ལས། གཙང་པོ་མེད་སར་ཆུ་སྐུར་དང་བྱ་རྒོད་མེད་སར་བྱ་དུར་ནི་བྱ་ཐབས་བྲལ་བ་

ཞིག་ཡིན། དེ་སྔོན་བྲ་དོར་བྱེད་སྲོལ་ཡོད་པའི་ས་ཁུལ་མང་པོར་ཕྱིས་སུ་བྲ་རྒོད་རྗེ་ཉུང་དུ་སོང་བས་ཆུ་སྐྱུར་གཏོང་དང་ཞུགས་འབུལ་བྱེད་མཁན་རྗེ་མང་དུ་འགྲོ་བཞིན་ཡོད། དེ་བཞིན་འདྲེན་ཐང་དང་འགྲམ་ཁུལ་དུ་ནད་ངན་དམིགས་བསལ་ཅན་དང་མཆོན་གྱི་འོག་ཏུ་ཤི་བའི་ཕུང་པོ་ས་འོག་ཏུ་སྦ་བ་ཕུད། དེ་བྱིངས་ཚང་མ་ཞུགས་འབུལ་བྱེད་སྲོལ་ཡོད། དེ་ནི་ཡུལ་དེ་གཉིས་སུ་ཤིང་ནགས་ཀྱིས་ཕྱུག་པས་ཡིན་ཏེ། ཀོང་པོ་དང་གྲོ་མོ་སོགས་ཤིང་རིགས་འབབ་བའི་བོད་ཀྱི་ས་ཁུལ་གཞན་དུའང་དེ་ལྟར་གྱི་སྲོལ་སྐྱོང་བཞིན་ཡོད་ལ། མདོ་ཁམས་ཁུལ་དུའང་སྲོལ་དེ་སྐྱོང་བཞིན་མེད་དུའང་ཤར་པ་དང་འདྲ་བར་སྦྱིན་སྲེག་ཅེས་འབོད་དོ། །ཤིང་སྣམ་གྲུ་བཞིའམ་སྲེག་ཐབ་གྲུ་བཞིའི་ནང་དུ་ཕུང་པོ་རྡོ་རྗེ་དཀྱིལ་ཀྲུང་གི་ཚུལ་དུ་བཞུགས་སུ་བཅུག་ནས་ཞུགས་འབུལ་བྱེད་སྲོལ་ཡོད་པའང་གཅིག་མཚུངས་སུ་མཆིས། དེ་ལྟའི་ཕུང་པོ་ཞུགས་འབུལ་བྱེད་པའི་སྲོལ་ནི་གནའ་བོའི་དུས་ནས་བོད་ཡུལ་དུ་དར་ནས་ཡོད། མཆོན་འོག་ཏུ་སོང་བ་དང་འགོད་ནད་འོག་ཏུ་སོང་བའི་གཤིན་པོའི་ཕུང་པོ་དག་ས་འོག་གམ་རྗེ་འོག་ཏུ་སྦ་བའི་སྲོལ་ནི་བོད་དབུས་གཙང་ཁུལ་གྱི་སྤྱི་སྲོལ་རང་ཡིན་ལ། མི་གཞན་ལ་དམོད་མོ་རྒྱག་སྐབས་ཀྱང་ས་དོང་རིམ་པ་དགུ་ཡི་འོག་ཏུ་སྦ་རྒྱུ་ཞེས་བརྗོད་སྲོལ་ཡོད་པ་ལྟར་ཕུང་པོ་ས་སྦས་གཏོང་བ་ངན་པར་བརྩི་བའི་ལྟ་སྣང་ས་འཛིན་པའི་སྲོལ་ཡོད་པའང་བོད་ཡུལ་གཞན་དང་འདྲ་བར་སྣང་།

དེ་ནས་གཤིན་པོའི་འདས་མཆོད་སྐོར་བཤད་ན། གཤིན་པོར་འཕོ་བ་རྒྱག་པ་དང་། ཐོས་སྒྲོལ་བའི་དོན་དུ་སློབ་དཔོན་གྱིས་ཆོས་ཀློག་པ། ཕུང་པོ་དུར་འདྲེན་བྱེད་སྐབས་ཞལ་ཐང་ཁྲིར་མཁན་གྱིས་འགོ་ཁྲིད་དགོས་པ་དང་། སྤྱོས་སྣེ་ཁྲིད་མཁན་དང་། ལམ་ཧྲ་འཛིན་མཁན་ཏེ་དར་སྣ་ཁྲིད་མཁན་སོགས་ཡོད་པ། གཤིན་པོར་དམིགས་པའི་མཆོད་འབུལ་སྦྱིན་གཏོང་གི་བདུན་ཚིགས་ཞེ་དགུ་བར་བྱིན་སྲོལ་ཡོད་པ་སོགས་བོད་རིགས་ས་ཁུལ་གཞན་དང་ཡོངས་སུ་མཐུན་པ་ད་ལྟའི་

བར་དུ་རྒྱུན་འཛིན་བྱ་བཞིན་ཡོད།

དྲུག་པ་ དུས་ ཆེན་ སྐོར་ བཤད་ ན། འབྲས་ དང་ འདྲེན་ ཐང་ ཁུལ་ དུ་ ལོ་ ཁམས་རྩེ་སྤྲངས་སྤྱ་ནས་ད་བར་ལོ་འཁོར་བཅུ་གཉིས་ཁམས་དང་བཅས་པ་བོད་ ལུགས་ ཁོ་ ན་ རྒྱུན་ དུ་ འཛིན་ པ་ དང་། ལོ་ འཁོར་ མཚམས་ ཀྱི་ དུས་ རྟགས་ ཏེ་ ལོ་ གསར་གཏོང་བའི་དུས་ཚོད་ཀྱང་བོད་ཡུལ་གཞན་དང་མཚུངས། དེ་ཡང་འབྲས་ ཁུལ་ དུ་ བོད་ ཟླ་ བཅུ་ གཅིག་ པའི་ ཚེས་ གཅིག་ ཉིན་ ལོ་ འགོར་ འཛིན་ ནས་ ལོ་ གསར་ གཏོང་སྲོལ་ཡོད་པ་དང་། སླེ་མོའི་གནས་ཡུལ་དང་བྲག་སྐོ་སོགས་བོད་ཀྱི་ས་ཁུལ་ གཞན་དུའང་དེ་དུས་ལོ་གསར་གཏོང་བའི་སྲོལ་ཡོད་ལ། གཞན་གྱིས་དེ་ལ་སྟོགས་ སླ་ལོ་གསར་དུ་འབོད་པ་དང་། དེ་ནི་བཙན་པོ་སྲོང་བཙན་སྒམ་པོའི་སྐུ་དུས་སུ་ལོ་ འཁོར་མཚམས་ཀྱི་དུས་རྟགས་སམ་ལོ་འགོ་དེ་བོད་ཟླ་བཅུ་གཅིག་པར་འཛིན་པའི་ སྲོལ་རྒྱུན་མ་དོར་རྒྱུན་འཛིན་བྱས་པ་ཞིག་ཡིན། ཞར་པ་བ་ངག་དབང་བསམ་ གཏན་ལགས་ཀྱིས་སྨྱུག་འཛིན་པར་ངོ་སྤྲོད་གནང་དོན་དུ“ཞར་པ་རྣམས་སྲོལ་ རྒྱུན་དུ་བོད་ཟླ་བཅུ་གཅིག་པའི་ཚེས་གཅིག་ལ་ལོ་གསར་གཏོང་། དེ་ལ་སྟོགས་སླ་ལོ་ གསར་མི་ཟེར། སྟོད་ལོ་ཟེར་བ་ཡིན། “རིག་གནས་གསར་བརྗེ་ཆེན་པོའི”སྐབས་ནས་ ལོ་སུམ་ཅུ་ཙམ་རིང་སྤྱི་ལོའི་ལོ་གསར་གཏོང་བ་ཡིན། ད་ནས་བརྩིས་པའི་འདས་ པའི་ལོ་བཅུ་བཞི་ཙམ་གྱི་རིང་དབྱིད་གསར་དུས་ཆེན་གཏོང་བའི་སྲོལ་ཆགས་ཡོད། དེའི་རྒྱུ་མཚན་ནི་བྱིས་པ་སློབ་གྲྭར་འགྲོ་མཁན་དང་། རྒྱལ་ཁབ་ཀྱི་ལས་བྱེད་ རྣམས་ངལ་གསོ་བའི་དུས་ཚོད་དང་བསྟུན་ཐབས་བྱས་པ་ཡིན་”[1]ཞེས་གསུངས།

[1] ངག་དབང་བསམ་གཏན། ཞོ། ཞར་པ། ཤོ་༥༨ ཐ་ཡུལ་ཞོལ་པོ་སྒང་ཚུན། སྐབས་བདུན་པ་ནས་བཅུ་ གཅིག་བར་གྱི་རང་སྐྱོང་ས་སྐྱོང་སྲིད་གྲོས་ཀྱི་ཨུ་ཡོན་དང་། སྐབས་དྲུག་པ་ནས་བཅུ་གཅིག་བར་གྱི་གཞིས་རྩེ་ས་གནས་སྲིད་ གྲོས་ཀྱི་རྒྱུན་ཨུད་གནང་ཡོད། བཀའ་འདྲི་ཞུ་བའི་དུས་ཚོད་ནི་སྤྱི་ལོ་༢༠༡༥ལོའི་ཟླ་བ་༤པའི་ཚེས་༢༠ཉིན། ཁོང་གིས་ གསུངས་པའི་སྟོག་སླ་ལོ་གསར་ལ་སྟོད་ལོ་ཟེར་བ་ཡིན་ཞེས་པའི་གསུངས་ཚུལ་དེ་འདྲ་ནི་སྟོག་སླ་ལོ་གསར་གཏོང་ཁུལ་གྱི་སྐྱེ་བོ་ ཚོའི་གསུང་ཚུལ་གཅིག་མཚུངས་ཤིག་ཡིན། སྤྱི་ལོ་༢༠༡༥ལོའི་ཟླ་བ་༩པའི་ཚེས་༡༣ཉིན་སླེ་མོ་གནས་ཡུལ་དུ་བཅར་འདྲི་ཞུ་ སྐབས་དེ་ཁུལ་གྱི་སྐྱེ་བོ་ཚོས་ཀྱང་སྟོགས་སླ་ལོ་གསར་ཟེར་བ་ནི་གཞན་གྱིས་འབྱ་ལད་ཚུལ་གྱིས་བཏགས་པ་ཞིག་ཡིན་ཟེར།

དེ་མིན་བལ་པོའི་དུས་ཆེན་ཆེ་ཁག་རྣམས་ཀྱང་གཏོང་སྲོལ་ཡོད་ཟེར། འདྲེན་ཐང་གི་སྐྱེ་བོ་རྣམས་ཀྱིས་དགའ་གཏོང་བྱེད་པའི་དུས་ཆེན་ནི་བོད་ཀྱི་ས་ཁུལ་གཞན་དུ་གཏོང་བའི་དུས་ཆེན་ཁག་ཡིན་པ་ལས་བོད་སྤྱིའི་དུས་ཆེན་ལས་ཐ་དད་པའི་དུས་ཆེན་གཞན་འདི་ཡིན་ཞེས་མཇུབ་མོ་གནམ་ལ་གོར་རྒྱུ་མེད། དེ་ཁུལ་དུ་ལོ་གཅིག་ནང་ལོ་གསར་ཐེངས་གསུམ་ཙམ་གཏོང་སྲོལ་ཡོད་དེ། བོད་ཟླ་བཅུ་གཉིས་པའི་ཚེས་གཅིག་ལ་སྟོགས་ལོ་ཞེས་སྟོགས་སླ་ལོ་གསར་གཏོང་བ་དང་། བོད་ཟླ་དང་པོའི་ཚེས་གཅིག་ལ་རྒྱལ་ལོ་ཞེས་རྒྱལ་པོ་ལོ་གསར་གཏོང་བ། བོད་ཟླ་གཉིས་པའི་ཚེས་གཅིག་ལ་མི་ལོ་ཆེན་པོ་འཛམ་གླིང་ལོ་གསར་ཞེས་པ་གཏོང་སྲོལ་ཡོད། ལོ་གསར་གཏོང་བའི་དུས་ཚོད་དེ་དག་ཀྱང་བོད་ཀྱི་ལོ་རྒྱུས་ཆུ་རྒྱུན་རིང་མོའི་ནང་ལོ་འཁོར་མཚམས་ཀྱི་ལོ་འགོ་ལ་བརྩི་ཚུལ་མི་འདྲ་བ་མང་པོ་བྱུང་བ་ལས་རྒྱུན་དུ་འཛག་པ་ཞིག་ཡིན།① གཞན་ཡང་རྟག་ཏུ་བལ་པོའི་ལོ་གསར་ཞེས་པའི་ཁ་དཔེ་ལྟར་བལ་པོར་ལོ་གསར་ལ་སོགས་དུས་ཆེན་མང་པོ་ཡོད་པའི་ཤུགས་རྐྱེན་ཐོག་ནས་ཁོ་ཚོའི་དུས་ཆེན་ཆེ་ཁག་རྣམས་ཀྱང་གཏོང་བའི་གོམས་གཤིས་འདྲེས་འཛག་བྱུང་ཡོད་པ་བཅས་སོ། །

ལོ་གསར་གྱི་བྱེད་སྒོ་ལ་མཚོན་ནའང་། འགྲམ་ཁུལ་དུ་“གནམ་གང་ལ་

① བོད་ཀྱི་ས་ཁུལ་མི་འདྲ་བར་ལོ་གསར་གཏོང་བའི་དུས་ཚོད་མི་འདྲ་བ་མང་པོ་བྱུང་བའི་རྒྱུ་མཚན་ནི་རང་རིགས་ཀྱི་ཕྱིར་སོང་ལོ་ཟླའི་ནང་འབྱུང་བརྩིས་ཀྱི་ལོ་འགོའི་འཛིན་སྟངས་ལ་བཞེད་པ་མི་འདྲ་བ་མང་པོ་བྱུང་བའི་རྐྱེན་གྱིས་ཡིན་པར་ངེས་ཤིང་། བོད་རྒྱལ་པུ་དེ་གོང་རྒྱལ་གྱི་སྐབས་ཏན་མོ་བལ་མའི་ཟླ་རྩིས་ཕྱིར་མེད་གསར་གཏོད་བྱས་ཤིང་། ལོ་འཁོར་མཚམས་ཀྱི་དུས་རྟགས་དེ་སྟོ་ཁའི་ཡར་ལྷ་ཤམ་པོའི་ཁམ་སྟོང་ལ་མེ་ཏོག་ཤར་དུས་སུ་བཟུང་ནས་དེ་འཕྲུལ་དབྱིད་ཀྱི་དུས་ཆེན་གཡའ་བཟང་གཏོང་སྲོལ་ཆགས་པ་དང་། བོད་ཀྱི་རྒྱལ་པོ་སོ་གསུམ་པ་སྲོང་བཙན་སྒམ་པོའི་སྐུ་དུས་སུ་རྒྱ་རྩིས་རྙིང་མའི་ལུགས་ལྟར་བོད་ཟླ་བཅུ་གཅིག་པའི་ཚེས་གཅིག་ལ་ལོ་འགོར་འཛིན་པའི་སྲོལ་ཆགས། དེ་རྗེས་བོད་རྒྱལ་སོ་བདུན་པ་ཁྲི་སྲོང་ལྡེའུ་བཙན་སྐབས་བོད་ཟླ་བཅུ་གཉིས་པའི་ཚེས་གཅིག་ཉིན་ལོ་འགོར་འཛིན་པའི་ལུགས་ཆགས། དེ་ནས་དུས་རབས་བཅུ་གསུམ་པའི་དུས་འགྲོ་མགོན་ཆོས་རྒྱལ་འཕགས་པས་ཧོར་ལུགས་ལྟར་བོད་ཟླ་དང་པོར་ཧོར་ཟླ་དང་པོ་ཞེས་པའི་མིང་བཏགས་ནས་བོད་ཟླ་དང་པོའི་ཚེས་གཅིག་ལ་ལོ་གསར་གཏོང་བའི་སྲོལ་བྱུང་བ་བཅས། ལོ་རྒྱུས་འདི་རྣམས་ཀྱི་ཤུགས་རྐྱེན་འོག་ད་ལྟའི་བར་དུ་བོད་ལུགས་ལ་ལོ་གསར་མང་པོ་བྱུང་བ་དང་། ཡུལ་གྲུ་སོ་སོའི་ལོ་གསར་གཏོང་བའི་དུས་ཚོད་ཀྱང་གཅིག་མཐུན་མིན་པའི་དོན་དངོས་ཆགས་པར་སྙམ།

བཞེས་སྒྲོའི་སྟེར་ཁ་སྒྲིག་པ། རྡིག་ལྡེབས་སུ་དཀར་རྒྱན་གྱི་རི་མོ་སྣ་ཚོགས་རྒྱག་པ། སྡོད་ཁང་གི་ནང་གང་སར་གཙང་སྦྲ་བྱེད་པ། ཚེས་གཅིག་ཉིན་བླ་མ་དང་དགོན་པར་ཚང་ཕུད་འབུལ་བར་འགྲོ་བ་དང་རང་རང་གི་ཁྱིམ་དུ་ལོ་གསར་བཏང་ནས་སྡོད་པ་ལས་གཞན་གྱི་སར་འགྲོ་སྲོལ་མེད་པ། ཚེས་གསུམ་ཉིན་ལྷ་གསོལ་བ་དང་། དགོན་པ་ལྷ་ཁང་ལ་མཆོད་མཇལ་ཞུ་བ། ཚེས་བཞི་ལྔ་ལ་གཞི་ནས་ཁྱིམ་ཚང་ཕན་ཚུན་མགྲོན་འབོད་ཐུགས་སྒྲོ་གཏོང་བ་སོགས་ནི་བོད་ས་གཞན་དང་ཁྱད་པར་ཆེ་བ་མ་མཐོང་།”① དེ་བཞིན་འདྲེན་ཐང་ཁུལ་གྱི་ལོ་གསར་གྱི་བྱེད་སྒོ་དག་ཀྱང་གོང་སྨོས་འགྲམ་ཁུལ་གྱི་བྱེད་སྒོ་དང་འདྲ་བ་མ་ཟད། དགུ་ཐུག་འཐུང་བ་དང་། གླུད་རྫོང་བ། མ་ཎི་སྟེ་ལྷ་མོ་འཆམ་པ། སྒོར་གཞས་རྒྱག་པ། མདའ་རྩེད་འགྲན་སྲོལ་ཡོད་པ་སོགས་བྱེད་སྒོ་ཡོད་རིགས་བོད་ལུགས་རང་དུ་ངེས་སོ། །

ཤར་པ་རྣམས་ཀྱིས་གཏོང་བའི་དུས་ཆེན་གཞན་ཞིག་ཡོད་པ་ནི་དྲུག་པ་ཚེས་བཞི་ཡིན། ཉིན་དེར་འདྲེན་ཐང་པ་ཚོས་སྟོན་ལ་འོད་གསལ་ཆོས་གླིང་ཞེས་པའི་དགོན་དུ་མཆོད་འབུལ་བྱེད་པ་དང་། དེ་ནས་དགོན་དེའི་གྲྭ་པའི་སྣེ་ཁྲིད་འོག་ཐེམ་རེ་མི་རེས་རྒྱབ་ཏུ་དཔེ་ཆ་འཁྱེར་ཏེ་གྲོང་སྟེར་སྐོར་བ་རྒྱག་སྲོལ་ཡོད་པ་དེ་ནི་གྲོང་ཚོའི་སྤྱི་གཡབ་པའི་ཆེད་དུ་ཡིན་པར་གྲགས། དུས་ཆོད་དེ་ནི་བདག་ཅག་གི་སྟོན་པས་བདེན་བཞིའི་ཆོས་འཁོར་བསྐོར་བའི་དུས་ཆེན་ཡིན་པས། བོད་ཡུལ་ས་ཁུལ་གང་སར་ཆོས་ཀྱི་བྱེད་སྒོ་སྣ་ཚོགས་སྤེལ་སྲོལ་ཡོད་ཅིང་། སྐད་ཀྱི་གྲགས་པས་ཁྱབ་པའི་ལྷ་སའི་རི་སྐོར་དང་འདམ་སྐོར་ལྟ་བུ་དྲུག་པ་ཚེས་བཞིའི་ཉིན་སྤེལ་སྲོལ་ཡོད་པ་ལྟ་བུའོ། །དེ་མིན་ཁུལ་དེ་གཉིས་སུ་བོད་ཟླ་དང་པོའི་ཚེས་བཅོ་ལྔ་སྟེ་ཆོ་འཕྲུལ་དུས་ཆེན་གྱི་ཉིན་དེར་ཡུལ་མི་མཉམ་འཛོམས་ཐོག་ཚོགས་གསོམ་པ་དང་།

① བསོད་ནམས་ལགས་ནས་མཛད་པའི་《ཤར་པའི་སྐོར་ཆེ་ལོང་ཙམ་བརྗོད་པ་》ཞེས་པའི་ནང་གསལ། 《བོད་ལྗོངས་ཞིབ་འཇུག》༡༩༨༣ལོའི་བོད་ཡིག་དུས་དེབ་དང་པོའི་ཤོག་ངོས་༢༨ལ་གསལ།

ཡར་མཆོད་མར་སྦྱིན་གྱི་དཀར་ཕྱོགས་དགེ་ལས་སྤེལ་བར་བྱེད་པ་དང་། ཡུལ་མི་མཉམ་དུ་སྦྲོ་སྐྱིད་གཏོང་བ་སོགས་བོད་ཡུལ་གཞན་དང་འདྲ་བར་ཆོས་ཕྱོགས་བྱེད་སྒོ་སྣ་ཚོགས་སྤེལ་སྲོལ་ཡོད།

བོད་ཟླ་གསུམ་པའི་ཚེས་བཅུའི་གཡས་གཡོན་དུ་འདྲེན་ཐང་གཙང་ཁ་ཁུལ་དུ་གཏིང་སྐོར་ཞེས་པའི་དུས་སྟོན་ཞིག་གཏོང་སྲོལ་ཡོད་པ་དེ་ནི་བོད་ཀྱི་ཞིང་ཁུལ་ས་ཆ་མང་པོར་རྒྱས་གཏོང་བྱེད་པའི་ཆོས་སྐོར་རམ་ཆོས་འཁོར་སྐོར་ཞེས་པ་དང་ཐ་སྙད་མི་མཚུངས་པ་ཙམ་ལས་ནང་དོན་གཅིག་མཚུངས་ཡིན་ཞིང་། ཉིན་དེར་ཡུལ་མི་ཚོས་བླ་མ་ཞིག་གདན་དྲངས་ནས་དེའི་སྣེ་ཁྲིད་འོག་ཐེམ་རེ་མི་རེས་རྒྱབ་ཏུ་དཔེ་ཆ་འཁྱེར་ནས་ཡུལ་སྡེ་ལ་སྐོར་བ་རྒྱག་པའི་སྲོལ་ཡོད།

བདུན་པ་རྩེད་ཆས་འཛལ་བྱེད་དང་མིའི་མིང་སྐོར་བཤད་ན། ཁུལ་དེ་ཚོར་སྐྱེས་པ་རྣམས་ཀྱིས་དགའ་པོ་བྱེད་པའི་སྲོལ་རྒྱུན་རྩེད་མོ་ནི་མདའ་རྩེད་དང་ཤོ་རྩེད་གཉིས་ཡིན། མདའ་རྩེད་ནི་དུས་ཆེན་སྐབས་རོལ་ཤས་ཆེ་བ་དང་། ཤོ་རྩེད་ནི་རྒྱུན་པར་དལ་ཁོམ་བྱུང་དུས་སུ་རོལ་བའི་རྩེད་མོ་ཞིག་ཡིན། ཤོ་རྩེད་འགྲན་སྟངས་ནི་བོད་དབུས་གཙང་གི་ས་ཁུལ་གཞན་དང་འདྲ་བར་ཉིས་འཛིང་དང་གསུམ་འཛིང་འགྲན་པ་དང་། རྒྱལ་ཕམ་ནི་གང་ཞིག་སྔོན་ལ་ལ་བུད་པ་རྒྱལ་ཁ་ཐོབ་པར་བརྩི་བ་ཡིན། ཤོ་ཆས་ཀྱི་གྲུབ་ཚུལ་དང་སྣེ་རིགས་སོགས་དབུས་གཙང་ཁུལ་དང་འདྲ་བར་ཤོ་ཆ་གཅིག་དང་། ཤོ་ཕོར། རྡེའུ། ལག་འཁྱེད་དམ་ལག་ཁྱི། ཤོ་གདན། བརྡབ་ཟེ་བཅས་དང་། ལག་ཁྱི་ལ་རྡེའུ་མག་དང་རྡེའུ་ལ་ཚེའུ་མག་ཟེར་བ་ཕུད་གཞན་ཚོའི་མིང་ཡང་དབུས་གཙང་ཁུལ་དང་གཅིག་མཚུངས་ཡིན་པ་མ་ཟད། ཤོ་མིག་གཉིས་པ་ལ་ཕག་དང་། གསུམ་པ་ལ་ཟག བཞི་ལ་སེག ལྔ་ལ་ཁབ། དྲུག་ལ་གཏུམ། བདུན་ལ་རི། བརྒྱད་ལ་ཤ དགུ་ལ་དགུར། བཅུ་ལ་རྒྱ། བཅུ་གཅིག་ལ་ཏོག བཅུ་གཉིས་ལ་འབྲུམས་ཟེར་བ་སོགས

དབུས་གཙང་སྨྱིའི་ཤོའི་ཐ་སྙད་ཀྱི་འབོད་སྲོལ་དང་དབྱེ་བ་སྤྱ་ཙམ་མེད་ལ། ཤོ་བཤད་གཏོང་བའི་སྲོལ་ཡང་དབུས་གཙང་དང་འདྲའོ། །

མདའ་རྩེད་འགྲན་སྐབས་གཙོ་བོ་ཚ་ཁ་འགྲན་པ་ལས་རྒྱང་མི་འགྲན་ལ། ཚ་ཁ་འགྲན་སྟངས་ནི་དབྱུག་པ་ཕྲ་མོ་གཅིག་གི་རྩེ་མོར་ཁ་བཏགས་ནང་དངུལ་བཏུམས་ནས་བསྐོན་པ་སོགས་དམིགས་འབེན་དུ་བྱེད་ཅིང་གལ་ཏེ་མདའ་དེ་དབྱུག་པར་ཕོག་ན་རྒྱལ་ཁ་ཐོབ་པར་བརྩི་ཡི་ཡོད། དེ་ལྟའི་མདའ་རྩེད་ལ་འཇུག་པའི་སྲོལ་ནི་བོད་ཡུལ་ཀུན་ལ་དར་ཁྱབ་ཆེ་བ་ཡིན།

ཤར་པའི་སྲོལ་རྒྱུན་དུ་རིང་ཚད་ཀྱི་འཇལ་བྱེད་ནི་འདོམ་དང་། ཁྲུ། མཐོ། སོར་བཅས་ཡིན་པ་དང་། ཤོང་ཚད་ཀྱི་འཇལ་བྱེད་ནི་བྲེ་དང་། ཁེའུ（བྲེ་གསུམ་ལ་ཁེའུ་གཅིག་ཡིན） ལྗིད་ཚད་ཀྱི་འཇལ་བྱེད་ནི་ཉ་ག་ཡིན་པ་བཅས་འཇལ་གཤོར་འདེགས་གསུམ་གྱི་ཡོ་བྱད་དང་དེ་ཚོའི་མིང་ཡང་ཚང་མ་བོད་ཡུལ་སྤྱི་དང་གཉིས་སུ་མ་མཆིས།

མིའི་མིང་གི་འདོགས་སྲོལ་དེས་མི་རིགས་སམ་ས་ཁུལ་གང་དེའི་ཐུན་མོང་མ་ཡིན་པའི་རིག་གནས་དང་གོམས་སྲོལ་གྱི་རྣམ་པ་ཞིག་རང་བཞིན་གྱིས་བསྟན་ཡོད་པ་ཇི་བཞིན་ཤར་པའི་མི་མིང་འདོགས་སྲོལ་དང་མིའི་མིང་གི་ཐོག་ནས་བལྟས་ནའང་དེ་ལས་བོད་རིགས་ཀྱི་རིག་གནས་སྲོལ་རྒྱུན་ནམ་གོམས་གཤིས་རྣམས་མངོན་སུམ་གསལ་ལེར་བསྟན་གྱི་འདུག ཕྲུ་གུ་སྐྱེས་རྗེས་བླ་མ་ལ་མིང་ཞུ་བ་འམ་ཡང་ན་ཤན་རབས་ཀྱིས་ཕྲུ་གུར་མིང་འདོགས་པ་དང་། བླ་མ་ལ་ཕོག་མིང་ཞུ་བའི་ལུགས་སྲོལ་ཡོད་པ། མིའི་མིང་ནི་སྐྱེས་དུས་ཀྱི་གཟའ་སྐར་དང་སྦྱར་ནས་འདོགས་སྲོལ་ཡོད་པ་དཔེར་ན། ཉི་མ། ཟླ་བ། མིག་དམར། ལྷག་པ་ཞེས་པ་ལྟ་བུ་དང་། སྨོན་པའི་འདུན་པ་མཚོན་པའི་མིང་བཀྲ་ཤིས་དང་། ཚེ་རིང་། དབང་འདུས། བསོད་ནམས། ཕུན་ཚོགས། དར་རྒྱས། བུ་ཁྲིད། བུ་དར་ཞེས་པ་ལྟ་བུ། ཡང་

ཆོས་ལུགས་ཀྱི་གོ་དོན་ལྡན་པའི་མིང་བསྟན་འཛིན་དང་། སྒྲོལ་མ། མགོན་པོ། ལྷ་མོ། དབྱངས་ཅན་ཞེས་པ་སོགས་དང་། ཕ་མ་གཉིས་པོ་དེའི་སྟར་སྐྱེས་པའི་ཕྲུ་གུའི་ཚེ་ལ་བར་ཆད་བྱུང་རྐྱེན་དེ་ཟློག་པར་བྱེད་པའི་ཕྱིར་མིང་ལ་སྒྲི་ཐར་དང་། ཁྱི་སྐྱག མགོ་སྐྱག་ཟེར་བའང་འདོགས་སྲོལ་ཡོད་པ་བཅས་ཚང་མ་བོད་རིགས་ཀྱི་སྲོལ་རང་དུ་ཟད། ང་ཚོས་འདྲེན་ཐང་ཁུལ་གྱི་མི་གྲངས་༡༩༧གྱི་མིང་དྲི་ཞིབ་བྱས་པའི་ནང་དུ་མི་གསུམ་གྱི་མིང་ལ་རྟག་ཆུང་མ་དང་། ཀ་མི། རྨིག་རྒྱུ་ཟེར་བ་དེ་དག་དམིགས་བསལ་ཅན་དུ་མཐོང་བ་ཕུད། དེ་བྱིངས་ཚང་མ་བོད་རིགས་ཀྱི་མིང་དང་གཅིག་མཚུངས་རེད་འདུག གཞན་ཡང་འོ་འཐུང་བྱིས་པ་དུ་བྲོ་བ་དང་། ཆུང་དུས་ནད་རིགས་བྱུང་མང་ན་སློབ་དཔོན་དང་བླ་མས་མིང་སྒོ་བའི་སྲོལ་ཡང་ཡོད་པ་སོགས་བོད་ཡུལ་སྤྱི་དང་ཁྱད་པར་གཙང་གི་མི་མིང་འདོགས་སྲོལ་དང་ཡོངས་སུ་མཐུན་ནོ། །

བཞི་པ། ཤར་པའི་དམིགས་བསལ་གྱི་ཡུལ་སྲོལ་འགའི་གསལ་བཤད།

གོང་དུ་སྤྱིར་ཤར་པ་སྤྱིའི་ཡུལ་སྲོལ་གོམས་གཤིས་དང་བྱེ་བྲག་འདྲེན་ཐང་དང་འགྲམ་ཁུལ་གྱི་ཤར་པའི་ཡུལ་སྲོལ་གོམས་གཤིས་དག་བོད་ཀྱི་དམངས་སྲོལ་རིག་གནས་དང་ཡོངས་སུ་དགར་བ་ཞིག་མིན་ཚུལ་བསྟན་ཟིན། འོན་ཀྱང་ཤར་པའི་ཡུལ་སྲོལ་ཁྲོད་དུ་ཐུན་མིན་ཁྱད་ཆོས་མངའ་བའི་མནའ་མ་བཙན་འཁྱོག་དང་། སྐྱེས་པའི་གྱོན་གོས། ལྷ་མོ་ལ་མ་ཆི་འཆམ་ཟེར་བ་ལྷ་བུའི་དམིགས་བསལ་གྱི་ཡུལ་སྲོལ་དང་མིང་མི་འདྲ་བ་རེ་གཉིས་རིག་རྒྱུ་ཡོད་པས། འདིར་ནི་དེའི་སྐོར་ལ་དམིགས་སུ་བཀར་ནས་གསལ་ཁ་རགས་ཙམ་ཞུ་རྒྱུ་ཡིན།

དེ་ཡང་དམངས་སྲོལ་གཞུང་ལུགས་ཀྱི་ཐད་ནས་བཤད་ན། ལུང་པ་རེ་ལ་

ཆ་ལུགས་རེ། ས་ཆ་རེ་ལ་སྐད་ལུགས་ཟེར་བའི་དཔེ་ལྟར། དམངས་སྲོལ་རིག་གནས་ལ་ས་ཁུལ་རང་བཞིན་མངོན་གསལ་དོད་པོ་ཡོད་པ་ནི་དམངས་སྲོལ་གྱི་ཁྱད་ཆོས་གཙོ་བོ་ཞིག་ཡིན། དམངས་སྲོལ་ལ་མི་རིགས་ཀྱི་རང་བཞིན་ལྡན་པ་ནི་ཨ་ཅང་ཅང་། མི་རིགས་གཅིག་གི་དམངས་སྲོལ་གྱི་ཁྲོད་དུའང་ས་ཁུལ་མི་འདྲ་བར་རང་རང་གི་ཁྱད་ཆོས་མངའ་བའི་ཡུལ་སྲོལ་མང་པོ་ཞིག་ཡོད་པ་ནི་ཀུན་གྱིས་འདྲེན་བྱེད་དབང་པོའི་ཡུལ་དུ་གྱུར་ནུས་རེད། དེ་ནི་ས་ཁུལ་སོ་སོའི་ཡུལ་ལུང་ས་བབས་དང་ཐོན་སྐྱེད་བྱེད་སྟངས། དེ་བཞིན་དཔལ་འབྱོར་འཚོ་བ་དང་། སྤྱི་ཚོགས་ཆབ་སྲིད། རིག་གནས་འཚོ་བ། ཆོས་ལུགས་དད་མོས། ལོ་རྒྱུས་འཕེལ་རྒྱས་བཅས་ཀྱི་ཆ་རྐྱེན་མི་འདྲ་བའི་རྐྱེན་གྱིས་གྲུབ་པ་ཞིག་ཡིན། དཔེར་ན་བོད་ཀྱི་དམངས་སྲོལ་ཡིན་པ་གང་ཞིག་ལ། ཡུལ་བབས་མི་འདྲ་བས་བྱང་ཐང་ཨ་ཁུ་འབྲོག་པའི་གྱོན་གོས་དང་ཞིང་གྲོང་ཨ་ཇོ་སོ་ནམ་པའི་གྱོན་གོས་མི་འདྲ་ལ། ཀོང་ཡུལ་ཨ་དར་གྱི་གྱོན་གོས་དང་དེ་བས་མི་འདྲ། དམངས་སྲོལ་གྱི་ས་ཁུལ་རང་བཞིན་ཞེས་པ་དེ་ནི་རྒྱུན་ཤེས་ཤིག་ལགས་པས་གོང་གི་དཔེ་མཚོན་དེས་ཟུར་བལྟས་ལེབ་མཐོང་གི་ནུས་པ་ཐོན་ངེས་ན་འདིར་རྒྱས་སྤྲོས་ཀྱི་དགོས་པ་མ་མཆིས། དེ་བཞིན་མི་རིགས་སམ་ས་ཁུལ་གང་འདྲ་ཞིག་གི་ཡུལ་སྲོལ་གོམས་གཤིས་ཡིན་རུང་རྒྱུན་འཛིན་གྱི་རང་བཞིན་དང་གཞན་འགྱུར་གྱི་རང་བཞིན་གཉིས་མཉམ་དུ་ལྡན་ཡོད། ས་ཁུལ་འགའ་ཤས་ཀྱི་དམངས་སྲོལ་ལ་གཞན་འགྱུར་གྱི་ཁྱད་ཆོས་མངོན་གསལ་དོད་ཙམ་དང་། ལ་ལའི་དམངས་སྲོལ་ལ་རྒྱུན་འཛིན་གྱི་ཁྱད་ཆོས་མངོན་གསལ་དོད་ཙམ་ཡོད་ལ། ས་ཁུལ་གཅིག་རང་གི་ནང་དུའང་དུས་རིམ་དེའི་ནང་ཁུལ་དེའི་དམངས་སྲོལ་ལ་གཞན་འགྱུར་གྱི་ཁྱད་ཆོས་མངོན་གསལ་དོད་ཙམ་དང་། དུས་རིམ་གཞན་ཞིག་གི་ནང་རྒྱུན་འཛིན་གྱི་ཁྱད་ཆོས་མངོན་གསལ་དོད་ཙམ་ཡོད། བོད་ཀྱི་ས་ཁུལ་མི་འདྲ་བར་ལོ་གསར་གྱི་དུས་ཚོད་མི་འདྲ་བ་མང་པོ་བྱུང་བ་ལྟ་བུས

དེར་ར་སྤྲོད་ཐུབ་ངེས་ཡིན། དེ་ནི་གོང་མཚུངས་ལྟར་ཁུལ་དེའི་གནས་སའི་ཡུལ་བབས་དང་སྲིད་འགྱུར་རིག་གསུམ་དང་འབྲེལ་བ་དམ་ཟབ་ཡོད་པ་ཞིག་ཡིན། ཤར་པ་རྣམས་ཁམས་ཕྱོགས་ནས་མཆེད་ཡོང་བས་རིག་གནས་ཀྱི་ཁུངས་ཁམས་ཀྱི་ས་ཆར་གཏུག་དགོས་ཡོད། ཁོ་ཚོ་གནས་སྤོས་བྱས་ནས་དུས་ཡུན་ལོ་ངོ་ཆིག་སྟོང་ལ་ཉེ་བ་ཕྱིན་ཡོད་པ་དང་། གནས་ཡུལ་བལ་བོད་ས་མཚམས་ལུང་ཁུག་འགྲིམ་འགྲུལ་མི་བདེ་ལ། དེ་ནི་མི་རིགས་གཞན་དང་འབྲེལ་འདྲིས་ཉུང་བའི་ས་ཁུལ་ཡིན་པས་ཁོ་ཚོའི་རིག་གནས་ལ་རིག་གནས་གཞན་པས་ཤན་ཤུགས་དང་ཐོག་ཐུག་ཐེབས་ཆུང་བ་དང་། ལོ་རྒྱུས་རིང་བའི་གནའ་བོའི་སྲོལ་རྙིང་ཤུལ་དུ་གནས་པའང་ཡོད་སྲིད། དེ་ནི་ང་ཚོས་ངེས་པར་ཤེས་དགོས་པའི་ཆ་ཞིག་ཡིན།

ད་ནི་དམིགས་བསལ་ཅན་གྱི་ཡུལ་སྲོལ་རེ་རེའི་ཐོག་ནས་གསལ་ཁ་བྱ་རྒྱུར། དང་པོ་ཤར་པའི་ས་ཁུལ་དུ་མནའ་མ་བཙན་འཁྱོག་བྱེད་པའི་ལུགས་སྲོལ་ཡོད་པ་དེའི་སྐོར་བཤད་ན། གོམས་སྲོལ་དེ་ཤར་པ་བོད་རིགས་ལས་ཐ་དད་པར་སྒྲ་བའི་སྒྲུབ་བྱེད་གལ་ཆེ་ཤོས་སུ་བརྩིས་ནས་རྒྱ་གྲགས་བོད་གྲགས་བྱེད་ཀྱི་ཡོད་པས། འདིར་དེའི་སྐོར་རྒྱུས་ཙམ་མི་ཞུ་ག་མེད་རེད། དེ་ཡང་ཤར་པའི་ཁུལ་དུ་མཆིས་པའི་མནའ་མ་བཙན་འཁྱོག་བྱེད་པའི་སྲོལ་དེ་གང་འདྲ་ཞིག་ལ་ཟེར་གྱི་ཡོད་དམ་ཞེ་ན། སྐྱེས་པ་ཞིག་ལང་ཚོ་རྒྱས་ནས་འཛིག་རྟེན་མདུན་ཐབས་ཀྱི་བྱ་བར་འཇུག་རན་སྐབས་ཁོ་པའི་བློ་ལ་བབ་པའི་གཞོན་ནུ་མ་ཞིག་དཀར་ཉེ་སྟོབས་ཆེ་བ་ཁ་ཤས་ཀྱིས་རང་དབང་མེད་པར་ཁོ་པའི་ཁྱིམ་དུ་ཁྲིད་ཕྱིན་ནས་ཉིན་ཤས་དེར་གབ་ཏུ་འཇུག་པ་དང་། དེའི་རིང་བུའི་ཕ་མས་བུ་མོའི་ཕ་མར་སློང་ཚང་འདྲེན་དུ་འགྲོ་ཞིང་། གལ་ཏེ་བུ་མོའི་ཕ་མས་མོས་མཐུན་བྱས་པ་དང་། བུ་མོ་དོ་བདག་གིས་ཀྱང་འདོད་མཐུན་བྱུང་ན་གཞི་ནས་གཉེན་སྒྲིག་བྱ་རུང་བ་ལས། བུ་མོ་དང་བུ་མོའི་ཕ་མའི་མོས་མཐུན་གང་ཡང་མ་བྱུང་གོང་བུ་མོར་བཙན་དབང་གཏན་ནས

བྱེད་སྲོལ་མེད། དེར་བརྟེན་དེ་སྔོན་བུ་མོས་འདོད་མཐུན་མ་བྱས་པར་གྲོས་གྲོལ་དུ་སོང་བའམ་བུ་མོའི་ཕ་མས་མོས་མཐུན་མ་བྱུང་བར་མནའ་མ་བཙན་འཁྲིག་བྱས་རྐྱེན་གྱིས་ཁྱིམ་ཚང་གཉིས་འཁྲུག་རྩོད་བྱུང་བའི་གནས་ཚུལ་ཏ་ལམ་མཐོང་རྒྱུ་མེད་ཅེས་ཤར་པ་རྒན་རབས་ཚོས་གསུངས་ལ། འདྲེན་ཐང་ཁུལ་གྱི་རྒན་རབས་ཚོས་གསུངས་པར་དེར་ཆུས་ཨུ་ཡོན་ལྷན་ཁང་བཙུགས་པའི་རྗེས་སུ་ལུགས་སྲོལ་དེ་མེད་པར་གྱུར། འདིར་ཐོག་མར་བཤད་འདོད་པ་ནི་མནའ་མ་བཙན་འཁྲིག་བྱེད་པའི་ལུགས་སྲོལ་ནི་གདོད་མའི་སྤྱི་ཚོགས་ནང་དར་ཁྱབ་ཡོད་པའི་གཉེན་སྲོལ་ཞིག་ཡིན་ཞིང་། “དེ་ནི་གནའ་རབས་ཀྱི་གཉེན་སྒྲིག་བྱེད་པའི་རྣམ་པ་ཞིག་རེད་ལ། གནའ་རབས་དུས་རྒྱུད་ཚོ་པས་ཕྱི་ཕྱོགས་ལ་གཉེན་སྒྲིག་བྱེད་པའི་དུས་སུ་དམག་འཁྲུག་གི་བྱ་ཐབས་སྤྱད་ནས་བུད་མེད་གསོན་བཟུང་བྱེད་པའི་སླ་སློའི་བཙན་ཐབས་ཀྱི་གཉེན་སྒྲིག་བྱེད་ཐབས་ཤིག་ལ་ཟེར་”[①]བ་ཡིན་པས། ཤར་པའི་ཁུལ་གྱི་མནའ་མ་བཙན་འཁྲིག་ཟེར་བ་དེ་ཕྱི་ཚུལ་ཙམ་ལས་ངོ་བོའི་ཐོག་ནས་དབྱེ་ཞིབ་བྱས་ན་དེ་ནི་བཙན་འཁྲིག་མིན་པར་རང་འདོད་དང་ཕ་མས་ཐག་གཅོད་བྱས་པ་གཉིས་ཟུང་དུ་འབྲེལ་བ་ཞིག་ཡིན། དེ་ལྟར་བརྗོད་འདོད་པ་ནི་མནའ་མ་བཙན་འཁྲིག་གི་གཉེན་སྲོལ་ཞེས་པ་རྒྱུ་མཚན་དུ་བཟུང་ནས་ཤར་པ་རྣམས་བོད་རིགས་ལས་ཐ་དད་པའི་ཁེར་རྐྱང་ཚོ་པ་ཞིག་ཡིན་ཞེས་བརྗོད་ན། དེ་དང་མཚུངས་པའི་གནད་དོན་གཅིག་མཆིས་ཏེ་“བརྟག་དཔྱད་བྱས་པར་གཞིགས་ན། བཅིངས་འགྲོལ་མ་བཏང་གོང་ཏྭ་བྱང་དང་། ཏྭ་དབུས། ཏྭ་ཤར་བཅས་ཀྱི་རྗེས་ལུས་ཀྱི་ལུང་ཁུག་ས་ཁུལ་ཁ་ཤས་ལ་ཡུག་ཟ་མ་བཙན་འཁྲིག་བྱེད་པའི་བྱ་སྤྱོད་ཏན་ཏན་གནས་ཡོད་”[②]པས། དེས་ན་རྒྱ་མི་རིགས་ཀྱི་ཁྲོད་དུའང་ཏྭ་བྱང་པ་དང་། ཏྭ་

① ཨ་ཧྲིན་ཨན་ནས་མཛད་པའི་《ཀུང་པོའི་དམངས་སྲོལ་》ཞེས་པའི་ཤོག་ངོས་༢༢༠ནང་གསལ།

② ཨ་ཧྲིན་ཨན་ནས་མཛད་པའི་《ཀུང་པོའི་དམངས་སྲོལ་》ཞེས་པའི་ཤོག་ངོས་༢༢༠ནང་གསལ།

དབུས་པ། ཏྭ་ཤར་པ་ཞེས་རྒྱ་རིགས་ལས་ཐ་དད་པའི་ཚོ་པ་མང་པོ་ཞིག་ལོགས་སུ་དབྱེ་ཚོག་པ་གླེང་མེད་ཡིན། སྤྱིར་བཏང་གི་གནས་ཚུལ་འོག་རྗེས་ལུས་ཀྱི་ས་ཆ་འགའ་ཤས་སུ་གདོད་མའི་སྤྱི་ཚོགས་ཀྱི་རིག་གནས་རྗེས་ཤུལ་རེ་ཟུང་གནས་སྲིད་པ་དང་། ཡང་ས་ཁུལ་ལ་ལར་དམིགས་བསལ་གྱི་རིག་གནས་རེ་ཟུང་ཡོད་སྲིད་པ་ནི་སྤྱིར་བཏང་གི་རྒྱུན་ཤེས་ཙམ་ཞིག་ཡིན་ན། ལྷག་པར་མགྲོན་བུ་རྙེད་པ་ཇི་བཞིན་ཏ་ལས་ཏང་སང་བྱེད་དགོས་དོན་མེད། མཇུག་ཏུ་བཤད་འདོད་པ་ནི་བཙན་འཕྲོག་གི་གཉེན་སྒྲིལ་དེ་བོད་ཀྱི་ལོ་རྒྱུས་ནང་བྱུང་སྐྱོང་བའི་གཉེན་སྒྲིལ་ཞིག་ཡིན་ལ། ད་ལྟའང་བོད་རིགས་ཀྱི་ས་ཁུལ་འགར་དེའི་རྗེས་ཤུལ་མཐོང་རྒྱུ་ཡོད་པ་ཞིག་ཡིན། དེ་ཡང་གནའ་བོའི་བོད་མིའི་འཚོ་བའི་ཁོམས་གཤིས་གསལ་བྱེད་ཀྱི་མི་ལོང་དུ་གྲགས་པའི་གླིང་སྒྲུང་ནང་དུ་བདུད་རྒྱལ་ཀླུ་བཙན་དང་ཧོར་གུར་དཀར་རྒྱལ་པོ་གཉིས་ཀྱིས་སྔ་རྗེས་སུ་གླིང་གི་བཙུན་མོ་མེ་གཟའ་དང་འབྲུག་མོ་གཉིས་འཕྲོག་པའི་སྐོར་གསལ་ལེར་བཀོད་ནས་ཡོད་པ་དེ་དག་མི་མེད་པར་དུ་བ་དང་ཚུ་མེད་པར་རླངས་པ་ཡོང་དོན་མེད་པའི་དཔེ་ལྟར་དང་། 《བོད་རིགས་ཀྱི་རིག་གནས་ཤེས་བྱའི་སྟབས་བདེའི་ཀློག་དེབ་》ཞེས་པའི་ནང་བཙན་འཕྲོག་གི་གཉེན་སྒྲིལ་ནི་“བོད་རིགས་ཁྲོད་དུ་དར་བའི་གཉེན་སྒྲིལ་ཞིག་ཡིན། བོད་རིགས་ཀྱི་གཉེན་སྒྲིལ་ནི་རྩ་བའི་ཆ་ནས་རང་འདོད་ཀྱིས་དགའ་འདུ་བྱས་པ་ཡིན་མོད། འོན་ཀྱང་ཡ་མཚན་པ་ཞིག་ལ་ཟུང་ཚུ་དང་གདོང་སྣ་ཁུལ་དུ་བོད་རིགས་གཞོན་ནུ་ཕོ་མོ་དགའ་རོགས་སྒྲིག་སྐབས་སྟོན་ལ་དགའ་རོགས་འཕྲོག་པའི་སྲོལ་ཡོད་”①ཅེས་གསལ་བ་དང་། སྐུ་ཞབས་མགོན་པོ་བཀྲ་ཤིས་ཀྱིས་ཤར་པ་དང་ཤར་བའི་དམངས་སྲོལ་དབར་ལ་ཤིབ་བསྡུར་གནང་སྐབས། “ཟུང་ཚུའི་ཤར་བའི་གཉེན་སྒྲིལ་ཁྲོད་མཐོང་མང་ཤོས་ཀྱི་རྣམ་པ་ནི་མནའ་མ་བཙན་འཕྲོག་བྱེད་པ་དེ་རེད། འོན་ཀྱང་

① 柴生祥主编,《藏族文化知识简明读本》,甘肃民族出版社 2014 年出版,第 258 页。

དེའི་ཕྱི་ཡི་རྣམ་པ་དང་ནང་དོན་ཐད་ཤར་པའི་མནའ་མ་བཙན་འཕྲོག་དང་ཅུང་ཟད་མི་འདྲ”①ཞེས་གསལ་བ་མ་ཟད། དེ་ཁུལ་གྱི་བཙན་འཕྲོག་གི་གཉེན་སྲོལ་དེའང་ངོ་བོའི་ཐོག་ནས་ཕོ་མོ་རང་འདོད་དགའ་འདུ་བྱས་པའི་གཉེན་སྲོལ་གྱི་རྣམ་པ་ཞིག་ཡིན་ཚུལ་བསྟན་ཡོད།

གཉིས་པ་རྒྱན་གོས་ཀྱི་ཁྱད་པར་ཐད་ནས་བཤད་ན། འགྲམ་ཁུལ་གྱི་སྐྱེས་པའི་སྲོལ་རྒྱུན་ཆ་ལུགས་དང་བོད་ཀྱི་ས་གནས་མང་ཆེ་བའི་སྐྱེས་པའི་གྱོན་ཆས་དབར་ཁྱད་པར་ཆེ་ཙམ་ཡོད་དེ། “འགྲམ་གྱི་ཤར་པའི་ཚོ་ག་དག་གིས་སྟོད་ལ་བུ་ཏོག་ཅེས་པ་རྒྱ་བལ་ལས་སྒྲུབ་པའི་སྟོད་གོས་སྨུ་ཕྱི་ལ་གཏད་པ་ལེ་ཐུང་ཕྱེད་ཙམ་པ་ཞིག་དང་། སྨད་ལ་རྐང་སྣམ་སྤྱིར་བཏང་པ་གྱོན་པ་ལས་བོད་མི་སྤྱི་ཡོངས་ཀྱི་སྲོལ་ལྟར་ཕྲུ་པ་མི་གྱོན་པ་དེ་ཡང་ཕྱི་རོལ་ཡུལ་གྱི་རང་བྱུང་ཆ་རྐྱེན་འོག་རང་གི་ཐོན་སྐྱེད་བྱེད་སྒོའི་དམིགས་བསལ་གྱི་དགོས་མཁོར་གཞིགས་ནས་བྱུང་བ་མངོན་གསལ་ཏེ། བུ་ཏོག་སྨུ་ཕྱི་ལ་གཏད་པ་ཡུལ་ལུང་ཆར་ཆུ་མང་བའི་ཁྱད་ཆོས་ལ་བསྟུན་པ་དང་། ལེ་ཐུང་ཕྱེད་ཙམ་པ་ནི་སྐྱེས་པ་ཕོ་རྣམས་དུས་རྟག་ཏུ་ཤིང་གཅོད་སྐབས་སྟབས་བདེ་ཡོང་བའི་ཆེད་དུ་ཡིན་པ། ཕྲུ་པ་མི་གྱོན་ཅིང་རྐང་སྣམ་ཁོ་ནས་འགྲིག་པ་དེའང་གནམ་གཤིས་ཚ་དྲོད་ཆེ་བ་དང་། དུས་རྒྱུན་ནགས་ཚལ་གྱི་གསེབ་ཏུ་འགྲོ་སྐྱོད་བདེ་བའི་དགོས་མཁོར་བསམས་པ་བཅས་སོ། །ད་དུང་སྐྱེས་པ་ཕོས་སྐྱེས་པར་ཀུར་བན་ཞེས་པ་བོད་གྲི་ཀུན་དང་དབྱིབས་མི་གཅིག་པ་འདི་འདྲ་གཟེར་བ་ནི་ཀུར་རའི་རིགས་དང་འབྲེལ་འདྲིས་ཆེ་བའི་རྐྱེན་གྱིས་ཡིན་ཞིང་། ཕྱར་བོད་པས་འབྲུག་གྲི་གཟེར་བ་དང་སོག་ཞྭ་གྱོན་པ་མང་ཡང་དེས་རྐྱེན་པས་དེ་དག་འབྲུག་པ་དང་སོག་པོར་གྱུར་པ་ནི་མི་སྲིད་པའི་དཔེ་ལྟར་གོར་བན་གཟེར་བ་ཙམ་

① 贡波扎西著,《中尼边境夏尔巴人和四川松潘夏尔瓦人的民俗学对比研究》,刊载于《西藏研究》2011 年 4 期,第 111 页。

གྱིས་ཤར་པ་རྣམས་བོད་རིགས་ལས་འདས་པའི་མི་རིགས་ཤིག་ཡིན་པར་བཤད་ན་སུ་ཞིག་ཡིད་ཆེས་པར་གྱུར་ཏམ། ”①ཞེས་གསུངས་པས་ཤར་པའི་སྐྱེས་པའི་ཕྱོན་ཆས་ལ་ས་ཁུལ་གྱི་ཁྱད་ཆོས་མངའ་བའི་རྒྱུ་མཚན་ནི་ཇི་ལྟ་བུའི་གསལ་ཁ་ཆེ་བ་དང་། དེ་ནི་ཁོ་ཚོ་རོང་མཚམས་ས་ཁུལ་དེར་མ་སླེབས་གོང་ངམ་སླེབས་མ་ཐག་པའི་ཕྱོན་གོས་ཡིན་པའི་ངེས་པ་མེད་པར། གནས་སྤྱོས་བྱས་རྗེས་ལོ་ངོ་ཆིག་སྟོང་ལ་ཉེ་བའི་ཁུལ་དེའི་རང་བྱུང་ཁོར་ཡུག་ཁྲོད་ཐོན་སྐྱེད་འཚོ་བའི་ཉམས་མྱོང་ཕྱོགས་བསྡོམས་བྱས་ནས་རིམ་བཞིན་འཕོ་འགྱུར་བྱུང་བ་ཞིག་ཡིན་པ་གོར་མ་ཆག ད་ལྟའི་ཤར་པའི་ཕྱོན་གོས་ལའང་ཀུན་དང་འདྲ་བར་འགྱུར་བ་འགྲོ་དང་འགྲོ་བཞིན་ཡོད་པ་ནི་རང་རེ་ཚང་མས་མཐོང་ཐོས་སུ་མཆིས་པ་དེ་བཞིན་ནོ། །དེ་ལྟ་བུ་དམངས་སྲོལ་སྤྱི་ལ་མངའ་བའི་ས་ཁུལ་རང་བཞིན་དང་གཞན་འགྱུར་རང་བཞིན་ལ་རྒྱུས་མངའ་བྱུང་ན། གནད་དོན་མང་པོར་དམིགས་སུ་གསལ་འགྲེལ་བྱེད་པའི་དགོས་པ་མ་མཆིས་སོ། །

གསུམ་པ་མི་ཚེའི་ཚེ་སྒྲུབ་དང་དུས་ཆེན་གྱི་ཁྱད་པར་སྐོར་བཤད་པ་ལ། འདྲེན་ཐང་ཁུལ་དུ་བཙས་སྟོན་དང་མིང་སྟོན་གཉིས་ཀའི་དོན་སྙིང་ལྡན་པའི་བྱེད་སྒོ་ཞིག་ཡོད་པར་མདོ་བསང་ཞེས་འབོད་ཀྱི་ཡོད། འདྲེན་ཐང་ཁུལ་དུ་ཕྲུ་ཤུག་གཉིས་ལ་ཕྲུ་གུ་དང་པོ་སྐྱེས་པར་མདོ་བསང་གཏོང་བ་ལས། རྗེས་མ་རྣམས་ལ་མདོ་བསང་གཏོང་སྲོལ་མེད། ཕྲུ་གུ་བུ་ཡིན་ན་སྐྱེས་པའི་ཉིན་གསུམ་པར་ཁང་པའི་སྒོར་ཀྱར་འཁར་ཞེས་དབྱུག་པ་ཞིག་འཛུགས་པ་དང་ཁྱིམ་བྱ་གཅིག་བསད་ནས་གཏོར་མ་བཤམས་ཏེ་ལྷ་གསོལ་བྱེད། ཕྲུ་གུ་བུ་མོ་ཡིན་ན་ཁྱིམ་དུ་ཁྲུས་གསོལ་བྱེད་པ་དང་། ཕོར་པའི་ནང་རྩམ་པ་བརྒྱངས་ནས་འཛོག སྟོན་མོའི་ཉིན་དེར་བླ་མའམ་ཡང་ན་

① བསོད་ནམས་ལགས་ནས་མཛད་པའི《ཤར་པའི་སྐོར་ཆེ་ལོང་ཙམ་བརྗོད་པ་》ཞེས་པའི་ནང་གསལ། 《བོད་ལྗོངས་ཞིབ་འཇུག》༡༩༨༣ལོའི་བོད་ཡིག་དུས་དེབ་དང་པོའི་ཤོག་ངོས་༢༥ལ་གསལ།

ཀན་ཏོན་ནམ་ཕ་མས་ཕྲུ་གུར་མིང་བཏགས་པ་དང་། འཁྲིག་འདོགས་སུ་འབོད་པའི་སྐྱུང་ང་བཏགས། དཀར་ཞེ་སྤྱན་མཆེད་རྣམས་ཀྱིས་ཕྲུ་གུར་གོས་སྔོ་གང་ཐུང་དང་ཁ་བཏགས་སྒྲོན་པ་དང་དུས་མཚུངས་ཚེ་རིང་ཤོག ནད་མེད་པ་ཤོག སྐྱིད་པོ་རྒྱགས་པ་ཤོག་ཅེས་པ་སོགས་སྨོན་ལམ་འདེབས་པའི་ལུགས་སྲོལ་ཡོད། ཕྱྭ་དར་ཞེས་པ་སྨུག་མའི་རྩེ་རས་མཚོན་སྣ་ལྔས་རྒྱན་པ་ཞིག་ཁྱེར་ཏེ་ཕྱྭ་ཁུག གཡང་ཁུག་ཅེས་ཕྱྭ་གཡང་གཡབ་ནས་ཆོས་ཁྲིའི་ནང་ཉར་ཚགས་བྱེད། དེ་ནས་ཆང་བཏུང་ལ་རོལ་བའི་ལུགས་སྲོལ་ཡོད། འགྲམ་ཁུལ་དུ་བང་བསང་ལ་བསང་ཟེར། བསང་བཏང་ནས་མང་ལ་གྲིབ་བསང་བར་བྱེད་པས་གྲིབ་བསང་ཡང་ཟེར། ཕྲུ་གུ་སྐྱེས་རྗེས་ཀྱི་ཞག་མ་གསུམ་མམ་བདུན་ནས་བླ་མའམ་གྲྭ་པ་གདན་དྲངས་ཏེ་ཕྲུ་གུར་མིང་འདོགས་པ་དང་དུས་མཚུངས་གྲིབ་བསང་འབྲུས་གསོལ་བྱེད། དོན་དུ་བྱེད་སྒོ་དེ་དག་ནི་མིང་མི་མཚུངས་པ་ཙམ་ལས་ངོ་བོའི་ཐོག་མིང་སྟོན་དང་བཙས་སྟོན་ཟུང་དུ་འབྲེལ་བའི་བྱེད་སྒོ་ཞིག་ཡིན་ལ། དེའི་ནང་དོན་ལ་གཞིགས་པ་བྱེད་སྐབས་ཕྲུ་གུ་སྐྱེས་པར་རྟེན་འབྲེལ་དང་། ཕྲུ་གུའི་གྲིབ་བསང་ཆེད་ཀྱི་ཁྲུས་གསོལ། མིང་འདོགས་པའི་སྟོན་མོ་བཙས་ཀྱི་དོན་སྙིང་ལྡན་པ་དང་། ཕྲུ་གུའི་སྐྱེ་ལ་སྐྱུང་ང་འདོགས་པ་དང་། མི་གསར་པ་ལ་ཁ་བཏགས་སྒྲོན་པ། གོས་སྔོ་གང་ཐུང་གི་ལག་རྟགས་སྤྲོད་པ་དང་ཐན་སྨོན་ལམ་གྱི་ཚིག་དག་ཀྱང་བོད་ཡུལ་ས་ཁུལ་གཞན་དང་འདྲ་བ། བྱེད་སྒོའི་ནང་དོན་ཁ་ཤས་ཕྲུ་གུ་ཕོ་མོའི་དབར་ལ་དབྱེ་བ་ཡོད་པ་དེ་ནི་བོད་ཀྱི་ས་ཁུལ་གཞན་ལའང་ཡོད་དེ། དཔེར་ན་ལྷོ་ཁ་ས་ཁུལ་དུ་བུ་སྐྱེས་ན་ཁང་པའི་སྒོར་བསང་དང་རྩམ་བསྐུར་གཏོང་བ་དང་། བུ་མོ་སྐྱེས་ན་ཤིང་ཚེར་མ་ཞིག་རྗེ་ཡི་འོག་མནན་ནས་འཛོག་སྲོལ་ཡོད་པ་ལྟ་བུའོ། །ཡང་གཉེན་སྟོན་སྐབས་བུ་མོའི་མགོ་ལ་མར་གྱི་དཀར་རྒྱན་རྒྱག་པའི་སྲོལ་ཡོད་པ་དེ་ཡུལ་སྲོལ་དམིགས་བསལ་ཙན་དུ་མཐོང་ངེས་ཀྱང་། དོན་དུ་དེ་འདྲ་བའི་ལུགས་སྲོལ་བོད་ཡུལ་གཞན་དུ་ཡོད་ལ་མཚོན་དོན་ཡང་འདྲ་བར་

མཐོང་། དེ་ཡང་བུ་མོ་མནའ་མར་སྟེར་སྐབས་བུ་མོའི་ཕའམ་མིང་པོས་བུ་མོ་དང་བུ་ཡི་སྤྱི་གཙུག་ལ་མར་གྱི་ཡས་བཟེད་ལྤ་སྒྲོན་སྲོལ་ཡོད་པ་དེར་རྒྱན་ཡས་ཀ་ཟེར་བ་དང་། དེའི་མཚོན་དོན་ནི་ཉིན་མ་དེ་ནས་བཟུང་བུ་མོ་དེ་བུ་དེར་བརྩིས་སྐྱོད་བྱས་པ་མཚོན་ལ། དེ་རྗེས་བུ་མོར་དགའ་སྐྱོ་གང་བྱུང་ཡང་བུའི་ཕྱོགས་ནས་འགན་ལེན་བྱ་དགོས་ཀྱི་ཡོད། ཕ་ཡིས་ཡས་བཟེད་སྒྲོན་སྐབས་བུ་མོར་འཇིག་རྟེན་གྱི་བསླབ་བྱ་རྒྱས་བསྡུས་སྣ་ཚོགས་གནང་སྲོལ་ཡོད། ཡང་ནམ་རྒྱུན་དུ་ལོ་གསར་གཏོང་སྐབས་ཁྱིམ་ཚང་གི་ཕ་དེས་བུ་དང་མནའ་མ། དེ་བཞིན་གཞོན་སྐྱེས་ཚོའི་སྤྱི་གཙུག་ལ་ཡས་བཟེད་སྒྲོན་སྲོལ་ཡོད་ལ། དེ་དུས་གོང་དང་མི་འདྲ་བར་གཞོན་སྐྱེས་རྣམས་ཕ་གདན་ཐོག་ཏུ་བཞུགས་པའི་མདུན་དུ་བཙར་ནས་ཡས་ཀ་བཟེད་དགོས་ཀྱི་ཡོད། དེའི་མཚོན་དོན་ནི་གཞོན་སྐྱེས་རྣམས་མགོ་སྐྲ་དཀར་པོ་ཆགས་ཀྱི་བར་ནད་མེད་ཚེ་རིང་ཡོང་བའི་འདུན་པ་ཡིན་པར་གྲགས། དེ་ནི་བོད་ཀྱི་ས་ཁུལ་གཞན་དུ་བུ་མོའི་མགོ་ལ་གཙུག་གཡུ་འཛུགས་པའི་ལུགས་སྲོལ་ཡོད་པ་དང་མདོ་སྟོད་སྤོ་བོའི་ཁུལ་དུ་མནའ་མ་འགྲོ་ཁར་མགོ་རས་ཞེས་པའི་བལ་དཀར་པོའི་ཐོད་འཆིང་ཞིག་མནའ་མའི་མགོ་བོར་གཡོགས་སྲོལ་ཡོད་པ་དང་མཚོན་དོན་གཅིག་ཡིན་བཟོ་འདུག དེས་བུ་མོ་དུས་དེ་ནས་བཟུང་བུ་དེ་ལ་བདག་པ་ཡིན་པ་མཚོན་པ་དང་གཅིག བོད་ཡུལ་དུ་དཀར་རྒྱན་དུ་འབོད་པའི་བཀྲ་ཤིས་རྟེན་འབྲེལ་ཆེད་དུ་མར་ཡས་སྒྲོན་སྲོལ་ཡོད་པ་དང་གཉིས། ལོ་རྒྱུས་ཐོག་སྐྱིད་རོང་རྩ་ཕུ་ភ្លུང་ཤོད་དུ་འབོད་ཅིང་དེང་དུས་ས་ལེགས་ཟེར་བའི་ཁུལ་དུ་བདག་མེད་བུ་མོར་བྱི་ཕྲུག་བྱུང་བའི་རྗེས་དེའི་ཕ་ཡིས་བྱི་ཕྲུག་དེའི་མགོ་ལ་མར་ཡས་སྒྲོན་སྲོལ་ཡོད་པ་དང་། དེ་ནི་རང་ཉིད་བྱི་ཕྲུག་དེའི་ཕ་ཡིན་པའི་མཚོན་རྟགས་ཡིན་པ་དང་གསུམ། རང་ཉིད་ཀྱི་ཕ་ཡུལ་གཙང་རྒྱང་འཕོར་ཡུལ་དུའང་དབྱར་དུས་སུ་གཟའ་འཁོར་རེའི་རེ་གཟའ་པ་སངས་ཀྱི་ཉིན་དེར་ཡུལ་ལ་སྟོན་ཐོག་ལེགས་པོ་ཡོང་ཆེད་དུ་དབྱར་ཆོས་ཞེས་པའི་ཡུལ་ལྷ་གསོལ་བའི་བྱེད་སྒོ

ཞིག་སྤེལ་སྲོལ་ཡོད་པ་དང་། ལྷ་གསོལ་མཇུག་སྒྲིལ་སྐབས་བྱེད་སྒོར་ཞུགས་མཁན་ཚང་མའི་སྤྱི་གཙུག་ཏུ་ཡར་མར་ཞེས་མར་གྱི་ཡས་བཟེད་སྦྲོན་སྲོལ་ཡོད་ལ་དེའི་མཚོན་དོན་ཡང་མགོ་སྐྲ་དཀར་པོ་བར་དུ་ཞུགས་རྒྱུའི་རྟེན་འབྲེལ་མཚོན་པ་དང་བཞི། མར་ཡས་སྦྲོན་སྐབས་མང་ཆེ་བས་ཡས་བཟེད་ལྷ་སྦྲོན་སྲོལ་ཡོད་དེ་མིང་དུའང་ཡས་ཀ་ཚངས་པ་ལྷ་ལྷན་ཟེར་བ་དང་ལྷ། དེས་ན་དེ་ལྷའི་སྤྱི་གཙུག་ལ་མར་ཡས་སྦྲོན་པའི་སྲོལ་དེའི་ཕྱི་ཡི་རྣམ་པ་ནང་གི་མཚོན་དོན་གང་ནས་བལྟས་ཀྱང་དེ་ནི་བོད་ལུགས་རྣལ་མ་མ་ཡིན་ནམ། གཞན་ཡང་འགྲམ་ཁུལ་དུ་བུ་མོར་རྒྱན་ཡས་ཀ་མ་བརྒྱབ་པར་ཕྲུ་གུ་བྱུང་ན་ངེས་པར་བསང་གསོལ་བྱེད་དགོས་པ་མ་ཟད། ཐུས་རྒྱུད་གཅིག་པའི་དུད་ཚང་ཚང་མར་ཁ་བཏགས་འདོགས་པ་དང་བཏུང་བྱ་སོགས་ཀྱི་ལག་རྟགས་ཕུལ་ནས་དགོངས་དག་མཚོན་ཁུལ་བྱེད། དོན་དུ་དེ་ལས་ལོག་གཡེམ་ལ་འཛེམ་པ་དང་གཉེན་སྒྲིག་མ་བྱས་པར་བྱུང་བའི་བྱི་ཕྲུག་ལ་འཛིན་པའི་ལྟ་བ་མཚོན་པ་ཡིན། བྱི་ཕྲུག་ལ་འགྲམ་པས་ནག་ཉོན་དུ་འབོད་ཅིང་ལྟ་སྟངས་ངན་པ་འཛིན། དེ་ཡང་བོད་ཀྱི་སྤྱི་སྲོལ་དང་མཚུངས། བོད་ཡུལ་གཞན་དུ་བྱི་ཕྲུག་གི་མིང་གི་འབོད་ཕྱོགས་མི་འདྲ་བ་ཡོད་ཚུལ་དང་དེར་འཛིན་པའི་ལྟ་ཚུལ་སོགས་སྐོར་《བོད་ཀྱི་དམངས་སྲོལ་རིག་གནས་སྐོར་གྱི་དཔྱད་གླེང་》ཞེས་པའི་ནང་རྒྱས་པར་སྤྲོས་ཡོད་པས་འདིར་བསྐྱར་ཟློས་ཀྱི་དགོས་པ་མ་མཆིས།

མདོར་ན་མི་རིགས་ཀྱི་གྲུབ་ཆ་དྲུག་གི་ཡ་གྱལ་ཡུལ་སྲོལ་གོམས་གཤིས་ནི་མི་རིགས་རྣམ་དབྱེ་འབྱེད་བྱེད་ཀྱི་གཞི་འཛིན་ས་གལ་ཆེན་ཞིག་ཡིན་པ་དང་། ཤར་པ་སྤྱི་དང་བྱེ་བྲག་རང་རེའི་རྒྱལ་ཁོངས་ཀྱི་ཤར་པ་ཚོའི་ཡུལ་སྲོལ་གོམས་གཤིས་ལ་ཞིབ་པར་དཔྱད་ཚེ། ཕོ་ཚོ་བོད་རིགས་ཀྱི་ཁོངས་སུ་གཏོགས་པ་ལས། བོད་རིགས་ལས་ཐ་དད་པའི་སྒྲུབ་བྱེད་གང་ཡང་བསྟན་རྒྱུ་མེད་པ་མངོན་སུམ་གྱིས་གྲུབ་ཅིང་མཁྱེན་པ་གཟིངས་སུ་བསྟོད་དེ་བརྗོད་པར་བྱའོ། །

༄༅། །ཤར་པའི་རིག་གནས་དང་ཆོས་ལུགས་དང་སྲོལ་ཁྲོལ་ནས་དེའི་མི་རིགས་ཀྱི་གཏོགས་ཁོངས་ལ་དཔྱད་པ།

དང་པོ། རིག་གནས་དང་ཆོས་ལུགས་དང་སྲོལ་ནི་མི་རིགས་རྣམ་དབྱེ་འབྱེད་བྱེད་ཀྱི་གཞི་འཛིན་ས་གལ་ཆེན་ཞིག་ཡིན་ཚུལ་བསྟན་པ།

དང་པོ་རིག་གནས་བཤད་པ་ལ། དེ་ཡང་རང་རྒྱལ་གྱི་མི་རིགས་རྣམ་དབྱེ་འབྱེད་པའི་ལས་དོན་ལ་ཕྱི་མིག་ཅིག་བལྟས་ན། དེའི་གཞི་འཛིན་ས་གཙོ་བོ་ནི་ཐུན་མོང་གི་སྐད་རིགས་དང་། ཐུན་མོང་གི་མི་རིགས་རིག་གནས་ཐོག་ནས་མངོན་པའི་ཐུན་མོང་གི་སེམས་ཁམས་ངོ་བོ་གཉིས་ཡིན། གསར་བརྗེའི་སློབ་དཔོན་ཨེན་ཀ་སིས་མི་རིགས་དབར་གྱི་དོན་དངོས་ཀྱི་དབྱེ་མཚམས་ནི་"སྐད་རིགས་དང་། ཐུན་མོང་གི་བརྩེ་དུང་ནས་ཐག་གཅོད་བྱེད་"ཅེས་གསུངས་ཡོད་ལ། དུས་རབས་གོང་མའི་ནང་རང་རྒྱལ་དུ་གཅིག་གྱུར་གྱིས་ཁྱངས་བཙུན་པར་བཀུར་བའི་མི་རིགས་ཀྱི་མཚན་ཉིད་ནི་སི་ཏ་ལིན་གྱིས་འཛུག་གནང་བ་དེ་ཡིན་ལ། མཚན་ཉིད་དེའི་ནང་གི་ཁྱད་རྟགས་བཞི་པོའི་ཡ་གྱལ་གཅིག་ནི་ཐུན་མོང་གི་མི་རིགས་རིག་གནས་ཐོག་ནས་མངོན་པའི་ཐུན་མོང་གི་སེམས་ཁམས་ངོ་བོ་ཞེས་པ་དེ་ཡིན། མ་གཞི་ཐུན་མོང་གི་སེམས་ཁམས་ངོ་བོ་ཞེས་པ་དང་ཐུན་མོང་གི་བརྩེ་དུང་ཞེས་པ་གཉིས་ནི་མིག་གིས་རིག་རྒྱུ་མེད་ལ། ལག་ཏུ་ལོན་པར་དཀའ་བ་ཞིག་ཡིན་ཀྱང་། མི་རིགས་དེའི་ཐུན་མོང་གི་རིག་གནས་ཏེ་རྩོམ་རིག་དང་། སྒྱུ་རྩལ། ཆོས་ལུགས་དང་སྲོལ། ཡུལ་སྲོལ་གོམས་གཤིས་སོགས་ཀྱི་ཐོག་ཏུ་གྲུབ་པ་ཞིག་ལགས་

པས། དེ་ཚོའི་ཕྱོག་ནས་མངོན་ཐུབ་པ་ཞིག་ཡིན། དེ་ལྟའི་མི་རིགས་གཅིག་གི་རིག་གནས་ནི་མི་རིགས་དེ་ཆགས་པ་ནས་དར་རྒྱས་འགྲོ་བའི་བརྒྱུད་རིམ་ནང་ཕྱེང་བ་བསྟར་བརྒྱུས་བཞིན་རྒྱུན་འཛིན་གྱི་རྨང་གཞིའི་ཕྱོག་ཡག་ཕྱོག་ཡག་བརྩེགས་དང་ཕུན་སུམ་ཇེ་ཚོགས་སུ་བཏང་ནས་གྲུབ་པ་ཞིག་ཡིན་པ་མ་ཟད། མི་རིགས་དེའི་ཐུན་མོང་གི་དངོས་པོའི་འཚོ་བའི་ཕྱོག་ཆགས་པའི་ཐུན་མོང་གི་འདུ་ཤེས་འཛིན་སྟངས་མངོན་ཐུབ་པ་ཞིག་ཡིན་པར་བརྟེན། "ཐུན་མོང་གི་མི་རིགས་འདུ་ཤེས་དང་མི་རིགས་བརྩེ་དུང་ནི་ལྷག་པར་གལ་ཆེ་ཞིང་། དེ་མེད་ན་མི་རིགས་གཅིག་གྲུབ་ཐབས་མེད་"[1]ཅེས་གསུངས་པ་ལྟར་དང་། དེ་སྔོན་རང་རྒྱལ་དུ་མི་རིགས་རྣམ་དབྱེ་འབྱེད་སྐབས་གོང་གི་གསར་བརྗེའི་སློབ་དཔོན་ཚོའི་བཀའ་སློབ་རྣམས་ལམ་སྟོན་གྱི་སྒྲོན་མེར་བཟུང་ནས་མི་རིགས་རྣམ་དབྱེའི་ལས་དོན་སྤེལ་ཡོད། སྤྱི་ལོ་༢༠༠༥ལོའི་ཟླ་བ་༥པར་ཀྲུང་གོ་གུང་ཁྲན་ཏང་གིས་"མི་རིགས་ནི་ལོ་རྒྱུས་འཕེལ་རྒྱས་འགྲོ་བའི་དུས་རིམ་ངེས་ཅན་ཞིག་གི་ནང་ཆགས་པའི་བརྟན་ལྷིང་གི་མིའི་ཚོ་པ་ཞིག་ཡིན། སྤྱིར་བཏང་ནས་བཤད་ན། མི་རིགས་ལ་ལོ་རྒྱུས་ཀྱི་འབྱུང་ཁུངས་དང་། ཐོན་སྐྱེད་བྱེད་སྟངས། སྐད་རིགས། རིག་གནས། ཡུལ་སྲོལ་གོམས་གཤིས། དེ་བཞིན་བསམ་པའི་ངོས་འཛིན་སོགས་ཀྱི་ཐད་ཐུན་མོང་གི་ཁྱད་ཆོས་ལྡན་ཡོད། མི་རིགས་འགའ་ཤས་ཆགས་པ་དང་འཕེལ་རྒྱས་འགྲོ་བའི་བརྒྱུད་རིམ་ནང་ཆོས་ལུགས་ཀྱིས་གལ་ཆེའི་ནུས་པ་ཐོན་ཡོད་" ཅེས་མི་རིགས་ལ་མཚན་ཉིད་གསར་པ་ཞིག་བཞག་ཡོད། མཚན་ཉིད་དེའི་ནང་དམིགས་སུ་བཀར་ནས་རིག་གནས་ནི་མི་རིགས་ཀྱི་ཁྱད་རྟགས་སམ་གྲུབ་ཆ་ཞིག་ཏུ་བཞག་ཡོད། འོན་ཀྱང་རིག་གནས་ཞེས་པའི་གོ་དོན་ཤིན་ཏུ་མང་ལ། སྤྲ་ཡངས་འཇུག་ལྟར་ན་དེའི་

[1] 《མི་རིགས་རིག་པའི་རྣམ་བཤད་》ཞེས་པའི་ཤོག་ངོས་༡༥༧ནང་གསལ།

ཀོ་དོན་ཁྱབ་ཤིན་ཏུ་ཆེ་ཡང་། དོག་འཛུག་གམ་སྐབས་འདིར་བརྗོད་པའི་རིག་གནས་ནི་རྩོམ་རིག་སྒྱུ་རྩལ་གྱིས་གཙོ་བྱས་པའི་རིག་གནས་ལ་གོ་དགོས་པར་མཐོང་། གང་ལགས་ཤེ་ན། སྤྱིར་རིག་གནས་ཀྱི་ཁྱབ་ཁོངས་སུ་གཏོགས་པའི་ཡུལ་སྲོལ་གོམས་གཤིས་དང་། ཐོན་སྐྱེད་བྱེད་སྟངས། སྐད་རིགས་སོགས་ཕྱིས་ཀྱི་མི་རིགས་ཀྱི་མཚན་ཉིད་དེའི་ནང་དུ་མི་རིགས་ཀྱི་གྲུབ་ཆའམ་ཁྱད་རྟགས་རྒྱང་མ་རེ་ལ་བརྟེན་ནས་བསྟན་ཡོད་ལ། རིག་གནས་ཀྱི་ཁྱབ་ཁོངས་སུ་གཏོགས་པའི་ཆོས་ལུགས་དད་མོས་དེའང་ཁ་སྔོན་དུ་དམིགས་སུ་བཀར་ནས་བཤད་དགོས་བྱས་ཡོད་པས་ཡིན།

གཉིས་པ་ཆོས་ལུགས་དད་མོས་བཤད་པ་ལ། རང་རྒྱལ་དུ་སྔ་ཕྱིར་བྱུང་བའི་མི་རིགས་ཀྱི་མཚན་ཉིད་གཉིས་ནང་ཆོས་ལུགས་དད་མོས་དེ་མི་རིགས་ཀྱི་གྲུབ་ཆའམ་ཁྱད་རྟགས་སུ་དམིགས་སུ་བཀར་ནས་བཞག་མེད་ལ། མི་རིགས་རྣམ་དབྱེ་འབྱེད་སྐབས་ཆོས་ལུགས་དད་མོས་དེ་དམིགས་སུ་མི་རིགས་དབྱེ་བ་འབྱེད་བྱེད་ཀྱི་གཞི་འཛིན་སར་ཡང་བཟུང་མེད། འོན་ཀྱང་སི་ཏ་ལིན་གྱི་མི་རིགས་མཚན་ཉིད་ནང་དུ་ཐུན་མོང་གི་མི་རིགས་རིག་གནས་ཐོག་ནས་མངོན་པའི་ཐུན་མོང་གི་སེམས་ཁམས་ངོ་བོ་ཞེས་པ་དེའི་ནང་གི་ཐུན་མོང་གི་རིག་གནས་ནང་ཆོས་ལུགས་དད་མོས་དེ་ཚུད་དགོས་ངེས་ཡིན་ལ། སེམས་ཁམས་ངོ་བོ་གྲུབ་པའི་བརྒྱུད་རིམ་ནང་ཆོས་ལུགས་དད་མོས་ཀྱིས་གཞན་ལས་ལྷག་པའི་ནུས་པ་ཐོན་ངེས་ཡིན། དུས་ཕྱིས་ཀྱི་མི་རིགས་ཀྱི་མཚན་ཉིད་ནང་དུ་མ་གཞི་ཆོས་ལུགས་དད་མོས་དེ་ཉིད་གྲུབ་ཆ་ དྲུག་གི་ནང་དུ་བཞག་མེད་ནའང་། མཚན་ཉིད་དེ་ཡི་མཇུག་ཏུ་མི་རིགས་འགའ་ཤས་ཆགས་པ་དང་འཕེལ་རྒྱས་འགྲོ་བའི་བརྒྱུད་རིམ་ནང་ཆོས་ལུགས་ཀྱིས་གལ་ཆེའི་ནུས་པ་ཐོན་ཡོད་ཅེས་ཁ་སྔོན་ཚུལ་དུ་བཀོད་ཡོད། དེ་ལྟར་བཀོད་པའི་རྒྱུ་མཚན་ཡང་ཆོས་ལུགས་དང་མི་རིགས་དབར་ལ་འབྲེལ་བ་དམ་ཟབ་ཡོད་པས་ཡིན་ཏེ། གཅིག་ནས་མི་རིགས་འགའ་ཤས་ཀྱི་ཁོངས་མི་ཚང་མ་ཙ་བའི་ཆ་ནས་ཆོས་

ལུགས་ལ་དད་མོས་བྱེད་ཀྱི་ཡོད་པ་དང་། གཉིས་ནས་ཆོས་ལུགས་ཀྱིས་མི་རིགས་འགའ་ཤས་ཆགས་གྲུབ་བྱུང་བའི་བརྒྱུད་རིམ་ནང་ནུས་པ་ཆེན་པོ་ཐོན་པ་དང་འཕེལ་རྒྱས་འགྲོ་བའི་བརྒྱུད་རིམ་ནང་མི་རིགས་ཀྱི་ཁྱད་ཆོས་མ་ཉམས་སྐྱོང་འབྲེལ་བྱ་རྒྱུར་སྤྱིར་བཏང་མིན་པའི་ནུས་པ་ཐོན་གྱི་ཡོད་པ། གསུམ་ནས་ཆོས་ལུགས་ཀྱིས་མི་རིགས་ཀྱི་ཁྱད་ཆོས་ལ་ཤུགས་རྐྱེན་ཟབ་པོ་ཐེབས་པ་མ་ཟད་དུས་དྲན་བྱེད་སྒོ་དང་འཛོམ་བྱ་སོགས་ཆོས་ལུགས་ཀྱི་རིག་གནས་མང་པོ་ཞིག་རིམ་བཞིན་མི་རིགས་ཀྱི་ཁྱད་རྟགས་སུ་ངེས་པའི་ཡུལ་སྲོལ་གོམས་གཤིས་ལ་གྱུར་དང་འགྱུར་བཞིན་ཡོད་པ་བཅས་ཀྱིས་ཡིན། ལྷག་པར་དུ་ཤར་པ་རྣམས་ནི་བོད་ཀྱི་ཤར་ཕྱོགས་ནས་ནུབ་ཕྱོགས་སུ་གནས་སྤོས་བྱས་པའི་མིའི་ཚོ་པ་ཞིག་ཡིན་གཤིས། དེའི་མི་རིགས་ཀྱི་གཏོགས་ཁོངས་ལ་བརྟག་ཞིབ་བྱ་དགོས་ན། ཆོས་ལུགས་དད་མོས་དང་དེ་འབྲེལ་རིག་གནས་ལའང་ཉམས་ཞིབ་བྱ་རྒྱུ་གལ་འགངས་ཆེ་བར་མཐོང་ངོ་། །

གཉིས་པ། ཤར་པའི་རིག་གནས་ཀྱི་ཐོག་ནས་དེའི་མི་རིགས་གཏོགས་ཁོངས་ལ་དཔྱད་པ།

དེ་ཡང་རང་རེའི་རྒྱལ་ཁོངས་སུ་མཆིས་པའི་ཤར་པ་རྣམས་འཚོ་གནས་བྱ་ཁུལ་དེ་དག་ཏུ“དེ་སྔོན་གཏམ་བཤད་ལ་མཁས་པའི་སྐྱེ་བོ་འགས་《གླིང་སྒྲུང་》འཆད་གྱེར་ལ་དགའ་བ་དང་། 《མི་ལ་རས་པའི་རྣམ་ཐར་》དང་《མར་པའི་རྣམ་ཐར་》སོགས་བོད་བརྒྱུད་ནང་བསྟན་གྱི་སྒྲུང་བཤད་རྒྱུར་དགའ་པོ་ཡོད་”①ཅེས་འཁོད་པ་ལྟར་དང་། གཞན་ཡང་ས་ཁུལ་དེ་གཉིས་མ་གཞི་གླུ་གར་གྱི་རྒྱ་མཚོ་དང་དམངས་ཁྲོད་རྩོམ་རིག་གི་བང་མཛོད་ཡིན་ཞེས་བརྗོད་ན་ཕྲན་བུའི་ཐལ་

① 切培、桑代吉:《夏尔巴人的历史与现状调查》,刊载于《西北民族研究》2006 年 1 期,第 70 页。

དྲགས་ནའང་དེར་བོད་གངས་ཅན་གྱི་ཡུལ་གྲུ་གཞན་དང་མཚུངས་པའི་རིག་རྩལ་གྱི་རྣམ་གྲངས་དང་བྱེད་སྒོ་མི་ཉུང་བ་ཞིག་མཆིས་ཏེ། ལྷ་མོ་དང་སྒོར་གཞས་འཁྲབ་པའི་སྲོལ་རྒྱུན་དང་། གླུ་ལེན་ཚང་འདྲེན་བྱེད་པའི་གོམས་གཤིས། དགོན་པའི་ནང་ཆམ་འཁྲབ་པ་དང་དམངས་ཁྲོད་དུ་སྒྲུང་བཤད་རྒྱུར་དགའ་བ། སྒྱུ་རྩལ་དེ་དག་གི་བརྗོད་བྱའི་ནང་དོན་དང་། རྗོད་བྱེད་ཀྱི་སྐད། མཚོན་ཐབས་སོགས་བོད་རིགས་རང་གི་སྲོལ་རྒྱུན་འཛིན་པ་དང་། དེ་བཞིན་ཐང་གའི་བཟོ་རྩལ་དང་། རྒྱ་ཆ། ནང་དོན་སོགས་ཀྱང་བོད་ལུགས་རང་འཛིན་ནས་ཡོད། དེ་རྣམས་ལས་གཙོ་བོ་འགའ་དཔེ་མཚོན་དུ་དྲངས་ནས་ཤར་པ་རྣམས་བོད་རིགས་ལས་ཐ་དད་ཡིན་མིན་བཤད་རྒྱུ་ཡིན།

དང་པོ་ཨ་ལྕེ་ལྷ་མོ་བཤད་པ་ལ། དེ་ནི་བོད་རིགས་གནས་སྡོད་བྱེད་སའི་ཡུལ་གྲུ་ཀུན་ལ་ས་ཁྱབ་རྗེ་ཁྱབ་ཡིན་པའི་སྒྱུ་རྩལ་ཞིག་ཡིན་པ་མ་ཟད། བོད་མི་དམངས་ཀྱི་འདུ་ཤེས་ནང་ཤ་ཐིམ་རུས་ཐིམ་བྱུང་ནས་ཀན་སྐྲ་དཀར་ནས་གཞོན་སོ་དཀར་བར་གྱི་སྐྱེ་བོ་ཚང་མས་ཤིན་ཏུ་དགའ་པོ་བྱེད་པའི་སྒྱུ་རྩལ་ཞིག་ཀྱང་ཡིན། དེ་ལྟར་དུ་ཤར་པའི་སྐྱེ་བོ་རྣམས་ཀྱིས་ཀྱང་ཨ་ལྕེ་ལྷ་མོར་ལྷག་པར་དགའ་པོ་བྱེད་ཀྱི་ཡོད། དེ་ཡང་འདྲེན་ཐང་ཁུལ་དུ་ཕོ་ཚོས་རང་མོས་ཀྱིས་སྒྲིག་འཛུགས་བྱས་པའི་ལས་ཁོར་ལྷ་མོ་ཚོགས་པ་ཞིག་ཡོད་པ་དེས་ལོ་ལྟར་གནམ་ལོ་གསར་དུ་བཞད་སྐབས་འཁྲབ་སྟོན་ཉིན་ལྔ་ནས་བདུན་བར་བྱེད་སྲོལ་ཡོད་པ་དང་། འཁྲབ་གཞུང་གཙོ་བོ་ནི《ཆོས་རྒྱལ་ནོར་བཟང་》དང་《སྣང་ས་འོད་འབུམ་》《དྲི་མེད་ཀུན་ལྡན་》སོགས་བོད་ཀྱི་ཡུལ་གྲུ་གཞན་དུ་དར་ཁྱབ་ཆེ་བའི་འཁྲབ་གཞུང་རྣམས་ཡིན། སྔར་ཡིན་ན་འདྲེན་ཐང་ཡུལ་དུ《བར་དོ་》ཞེས་པའི་ལྷ་མོའི་འཁྲབ་གཞུང་ཞིག་ཡོད་པ་དེ་བོད་ཀྱི་ས་ཆ་གཞན་དུ་མཐོང་ཐོས་དཀོན་པ་ཞིག་རེད་འདུག་ཀྱང་། ང་ཚོས་མཁས་དབང་བགྲེས་རབས་འགར་བཀའ་འདྲི་ཞུས་རྗེས་ཤེས་རྟོགས་བྱུང་

བར། བོད་ཟླ་བརྒྱད་པའི་ཚབ་བཞུགས་ཀྱི་དུས་སུ་ཆོས་འཁོར་རྒྱལ་གྱི་མེ་ཏོག་མཆོད་པའི་སྐབས་གྲྭ་པས《བར་དོ་》ཞེས་པའི་ལྷ་མོ་འཁྲབ་སྲོལ་ཡོད་པ་མ་ཟད། གཞུང་དེའི་གཙོ་བོའི་ནང་དོན་ནི་ཚེ་འདིར་ལས་ནག་པོ་བྱས་ན་བར་དོར་ཁྲིམས་ནན་པོ་ཐོག་པའི་དོན་ཁོ་ན་ཡིན་པ་ལྟར། འདྲེན་ཐང་གི་ལྷ་མོའི་འཁྲབ་གཞུང་《བར་དོ་》ཡི་བརྗོད་དོན་ཡང་གོང་གསལ་གྱི་ལས་རྒྱུ་འབྲས་ཁོ་ན་བཤད་ཡོད་པ་དང་། གཞན་ཡང་འདྲེན་ཐང་པས་ཨ་ལྕེ་ལྷ་མོར་མ་ཎི་ཞེས་འབོད་སྲོལ་ཡོད་པ་དེ་དམིགས་བསལ་ཅན་ཞིག་ཏུ་མཐོང་ངེས་ཀྱང་། དེ་ལ་དེ་ལྟར་འབོད་པའི་རྒྱུ་མཚན་ནི་ལྷ་མོའི་ཆེས་ཐོག་མའི་འབྱུང་ཁུངས་དང་འབྲེལ་བ་ཡོད་དེ། སྒྱུ་རྩལ་དེའི་སྲོལ་གཏོད་མཁན་གྲུབ་ཐོབ་ཐང་སྟོང་རྒྱལ་པོས་ཐོག་མར་ཐང་གར་གཟུགས་བརྙན་བཀོད་ནས་རྒྱལ་བའི་མཛད་འཕྲིན་ལ་སོགས་པར་འགྲེལ་པ་བྱེད་པ་དེར་བླ་མ་མ་ཎི་ཞེས་ཟེར་བ་དང་། དེ་རྗེས་དེའི་རྣམ་པར་བསྒྱུར་བཅོས་དང་སྒྱུ་རྩལ་ལ་འཕེལ་རྒྱས་བཏང་ནས་མི་སྣ་དངོས་སུ་དོན་ཏེ་འཁྲབ་སྟོན་བྱེད་ཀྱི་ཡོད་པ་དེར་ལྷ་མོ་ཞེས་ཟེར་བ་ཡིན། དེས་ན་ཨ་ལྕེ་ལྷ་མོ་ནི་ཐོག་མར་བླ་མ་མ་ཎི་ལས་འཕེལ་རྒྱས་བྱུང་བ་ཡིན་པས། བོད་ཡུལ་ས་ཆ་ལ་ལར་ལྷ་མོ་འཁྲབ་མཁན་ལ་མ་ཎི་བ་ཞེས་པ་དང་། ལྷ་མོ་ལ་མ་ཎི་ཞེས་བརྗོད་པ་ནི་འབྱུང་ཁུངས་བསྟན་རྒྱུ་ཡོད་པ་ཞིག་ཡིན།

གཉིས་པ་ ཚང་ གཞས་ བཤད་ པ་ ལ། ཛ་ དང་ བསྟུན་ ནས་ ཞབས་ བྲོ། གཞས་དང་བསྟུན་ནས་མཆོད་ཚང་ཞེས་པའམ་མཆོད་ཚང་མཆོད་སྐབས་བོང་བུ་ཆུ་འཐུང་མ་བྱེད་ཅེས་འཛིག་རྟེན་ཁ་དཔེར་བརྗོད་པ་ལྟར། དུས་སྟོན་དང་གཉེན་སྟོན་སོགས་དགའ་སྐྱིད་དཔལ་ལ་རོལ་བའི་དུས་སུ་ཚང་འཐུང་སྐབས་བཞུགས་གྲལ་ལྷན་རྒྱས་ཞིམ་པོའི་མཆོད་ཚང་ལ་ཕར་འདྲེན་ཚུར་འདྲེན་དང་། སྙན་པོའི་གསུང་གཞས་ཕར་ལེན་ཚུར་ལེན་བྱེད་སྲོལ་ཡོད་པ་ནི་གངས་ཅན་བོད་ཀྱི་ཡུལ་སྲོལ་ཞིག་ཡིན། དེ་ལྟར་དུ་འདྲེན་ཐང་དང་འགྲམ་ཁུལ་དུའང་ཚང་འཐུང་ཐུགས་སྒྲོ་ལ་

འཇུག་སྐབས་ཚང་གཞས་གཏོང་བའི་སྲོལ་དར་ཁྱབ་ཆེ་ལ། འདྲེན་ཐང་པས་དེར་འདྲེན་གླུ་ཞེས་འབོད་པ་དང་། འགྲམ་པས་གྲལ་གླུ་ཞེས་བརྗོད་དོ། །དེར་འདྲེན་ཐང་པས་འདྲེན་གླུ་ཞེས་འབོད་དོན་ནི་ཚང་འདྲེན་སྐབས་གཏོང་བའི་གླུ་ཡིན་པས་དེ་ལྟར་དུ་འབོད། འདྲེན་གླུའི་ནང་དུའང་གཙང་ཁུལ་ས་ཆ་གཞན་དང་འདྲ་བར་གཅིག་ནས་བཞུགས་གྲལ་སྤྱི་ལ་གཏོང་བའི་གྲལ་གླུ་ཡོད་ལ། ཡང་སྣོས་མི་སོ་སོའི་ཐོབ་ཐང་དང་ན་སོ་སོགས་དང་བསྟུན་ནས་གཏོང་བའི་སྙེར་གླུའང་ཡོད། དཔེར་ན། བཞུགས་གྲལ་སྤྱིའི་ཚང་གཞས་ལ"སྟེང་ཕྱོགས་ལྷ་ནས་ཕེབས་པའི། ཕོ་གཞོན་མོ་གཞོན་རྣམ་པ། མཆོད་ཚང་རེ་རེ་མཆོད་དང་། ནོར་བུ་རེ་རེ་འབྲུངས་ཡོང་།"① ཞེས་པ་ལྟ་བུ་དང་། སྙེར་གླུ་ལས་བླ་མ་ལྟ་བུར། "མཇལ་ཡང་མཇལ་སོང་མཇལ་ཡོང་བསམ་པ་མ་བྱུང་། །བཀྲ་ཤིས་ལྷུན་པོ་མཇལ་ཡོང་བསམ་པ་མ་བྱུང་། །རྒྱལ་བ་བྱམས་པ་མཇལ་ཡོང་བསམ་པ་མ་བྱུང་། །རྒྱལ་བ་བྱམས་པ་གསེར་ཁྲིའི་སྟེང་ནས་མཇལ་བྱུང་། །ཕྱག་དང་མཆོད་པ་གཡུ་ཁྲིའི་སྟེང་ལ་འབུལ་རྒྱུ་ཡིན། །"②ཞེས་པ་དང་། ཡང་དཔོན་པོ་ལ། "རྩ་བ་དེ་ནི་བྱུ་རུའི་སྡོང་པོ་ཡིན། །ལོ་མ་དེ་ནི་གཡུ་ཡི་ལོ་མ་ཡིན། །འབྲས་བུ་དེ་ནི་མུ་ཏིག་དཀར་པོ་ཡིན། །མུ་ཏིག་དཀར་པོས་བསྟན་པ་འཛིན་རྟགས་གནང་། །"③ཞེས་པ་ལྟ་བུ་བོད་ཡུལ་གཞན་གྱི་ཚང་གཞས་དང་གཉིས་སུ་མ་མཆིས། དེ་མིན་འགྲམ་ཁུལ་དུ་སྟེར་མཇལ་གླུ་དང་། སྐྱོ་གླུ། ཞབས་བྲོའི་གླུ་སོགས་དར་སྲོལ་ཆེ་སྐད།

① 《འདྲེན་ཐང་གྲོང་གི་ཤར་པའི་བག་སྟོན་》ཞེས་པའི་ནང་གསལ། 《སྤང་རྒྱན་མེ་ཏོག》རྩོམ་སྒྲིག་ཁང་ནས་རྩོམ་སྒྲིག་བྱས་པའི་《བོད་ཀྱི་དམངས་སྲོལ་གཅེས་བཏུས་》ཞེས་པའི་ཤོག་ངོས་༢༨༧ལ་གསལ། མི་རིགས་དཔེ་སྐྲུན་ཁང་ནས་༡༩༩༩ལོར་བསྐྲུན།

② རྒྱང་འཁོར་ཚེ་བརྟན་གྱིས་བརྩམས་པའི་《བོད་ཀྱི་དམངས་ཁྲོད་རིག་གནས་སྐོར་གྱི་དཔྱད་གླེང་》ཤོག་ངོས་༥༣༥ལ་གསལ། བོད་ལྗོངས་བོད་ཡིག་དཔེ་རྙིང་དཔེ་སྐྲུན་ཁང་ནས་སྤྱི་ལོ་༢༠༠༩ལོར་བསྐྲུན།

③ རྒྱང་འཁོར་ཚེ་བརྟན་གྱིས་བརྩམས་པའི་《བོད་ཀྱི་དམངས་ཁྲོད་རིག་གནས་སྐོར་གྱི་དཔྱད་གླེང་》ཤོག་ངོས་༥༣༥ལ་གསལ། བོད་ལྗོངས་བོད་ཡིག་དཔེ་རྙིང་དཔེ་སྐྲུན་ཁང་ནས་སྤྱི་ལོ་༢༠༠༩ལོར་བསྐྲུན།

གསུམ་པ་སྐོར་གཞས་བཤད་པ་ལ། དེ་ནི་བོད་ཀྱི་ཞིང་འབྲོག་ཁུལ་དུ་དར་ཁྱབ་ཆེ་བའི་གཞས་དང་ཞབས་བྲོ་ཟུང་དུ་འབྲེལ་བའི་སྒྱུ་རྩལ་ཞིག་ཡིན། ས་ཁུལ་སོ་སོར་དེའི་ཐ་སྙད་འབོད་སྲོལ་མི་མཚུངས་པ་ཙམ་ལས་ཚང་མ་ལག་གདང་སྒྲིལ་ཏེ་གཞས་ར་སྐོར་མོ་ཟ་ལྟར་འཁྱིལ་བའི་སྒོ་ནས་དུས་སྟོན་སྐབས་ཉིན་མཚན་ལྟོས་མེད་དུ་རོལ་བའི་གནའ་རབས་ཀྱི་ཞབས་བྲོའི་རྣམ་པ་ཞིག་ཡིན་པ་གཅིག་མཚུངས་ཡིན། འདྲེན་ཐང་ཁུལ་དུ་སྐོར་གཞས་ལ་འཇུག་སྐབས་གཞས་རའི་དབུས་སུ་མེ་ཕུང་གཏོང་བ་དང་། བཤད་རེ་ཇོ་རེ་ཞེས་ཕོ་མོ་ཕྱོགས་ཁག་གྱིས་ནས་གླུ་གཏོང་རེས་བྱེད་པ་སྟེ། ཕྱོགས་གཅིག་གིས་བསླུལ་བ་དང་། ཕྱོགས་གཞན་དེས་བསྐྱར་ཟློས་བྱེད་པའི་རྣམ་པ་དང་། ཞབས་བྲོའི་སྟངས་སྟབས་ཉམས་འགྱུར་ཡང་བོད་ཡུལ་གཞན་དང་འདྲ་བའི་ཁར་གཞས་ཚིག་གི་བརྗོད་བྱ་འང་མང་ཆེ་བ་གཅིག་མཐུན་ཡིན། དཔེར་ན། གངས་སྟོད་མཐོ་མོར་དར་སེང་དཀར་མོ་ཡོད། །དར་སེང་དཀར་མོར་གཡུ་རལ་ངོམ་རྒྱུ་ཡོད། །རྫ་སྟོད་མཐོ་མོར་འབྲོང་ཆུང་རིགས་ལྔ་ཡོད། །འབྲོང་ཆུང་རིགས་ལྔར་རྭ་རྩེ་ངོམ་རྒྱུ་ཡོད། །བྲག་སྟོད་མཐོན་པོར་བྱ་རྒྱལ་རྒོད་པོ་ཡོད། །བྱ་རྒྱལ་རྒོད་པོར་རྩེ་སྒྲོ་ངོམ་རྒྱུ་ཡོད། །ཕྱང་སྟོད་མཐོན་པོར་ཤ་བ་རྭ་བཅུ་ཡོད། །ཤ་བ་རྭ་བཅུར་ཁྲག་རྭ་ངོམ་རྒྱུ་ཡོད། །ནགས་སྟོད་མཐོན་པོར་སྟག་མོ་ཁྲ་འཛོམ་ཡོད། །སྟག་མོ་ཁྲ་འཛོམ་ལ་སྤུ་ཕྲ་ངོམ་རྒྱུ་ཡོད། །མཚོ་སྟོད་མཐོན་པོར་ཉ་ཆུང་སེར་མོ་ཡོད། །ཉ་ཆུང་སེར་མོར་གསེར་མིག་ངོམ་རྒྱུ་ཡོད། །ཅེས་པ་ལྟ་བུའི་གཞས་ཚིག་ནི་དབུས་གཙང་ཁུལ་དུ་དར་ཁྱབ་ཆེ་བའི་གཞས་ཚིག་ཁོ་ན་ལགས་སོ། །

བཞི་པ་བཤད་རྒྱུན་བཤད་པ་ལ། ཕ་གཏམ་བུ་ལ་བཤད་ན། གནའ་གཏམ་རྒྱུན་མི་ཆད་ཅེས་པའི་ཁ་དཔེ་ལྟར་འགྲམ་དང་འདྲེན་ཐང་ཁུལ་གྱི་ཤར་པ་རྣམས་ལའང་མི་རབས་ནས་མི་རབས་བར་ངག་ཐོག་ནས་རྒྱུན་འཛིན་བྱས་པའི་བཤད་རྒྱུན་མང་པོ་ཡོད། དེའི་ནང་གི་《འཛིག་རྟེན་ཆགས་རབས་》དང་《འགྲོ་

བ་མིའི་རིགས་ཀྱི་བྱུང་སྟངས་》སོགས་བོད་ས་གནས་གཞན་གྱི་བཤད་རྒྱུན་དང་འདྲ་བ་ནི་དཔེར་ན་“དང་པོ་གངས་ཆགས། གངས་བཞུ་ནས་རྒྱ་མཚོ་ཆགས། རྒྱ་མཚོ་ལས་གཙང་པོ་དོན། གཙང་པོ་ནས་བྱེ་མ་ཆགས། བྱེ་མ་ལས་ཞིང་ཙན་དན་སྐྱེས།……”ཞེས་པ་དང་། “མི་དང་པོ་སྒྲོའུ་ནས་བྱུང་། སྒྲོའུ་དཀར་དེ་མིའི་ཕ་ཡིན་པ་དང་། སྒྲོའུ་དམར་དེ་མིའི་མ་ཡིན”ཞེས་པ་ལྟ་བུའོ། །གཞན་ཡང་《འདྲེན་ཐང་གི་མིའི་འབྱུང་རྩ》དང་《འོད་གསལ་ཆོས་གླིང་ཕྱག་བཏབ་སྟངས》《ཤར་པ་རུས་རྒྱུད་འགའ་ལ་དབྱེ་བའི་བཤད་རྒྱུན》སོགས་ཁུལ་དེ་གའི་ཐུན་མོང་མིན་པའི་བཤད་རྒྱུན་འགའ་རེ་ཡོད་པ་ནི་དམངས་ཁྲོད་རྩོམ་རིག་གི་ས་ཁུལ་རང་བཞིན་ལ་རྒྱུད་མངའ་ཡོད་ན་དེ་དག་ལ་གོ་བ་ལོན་བདེ་བས་དམིགས་གསལ་འགྲེལ་པ་ཞུ་བའི་དགོས་པ་མ་མཆིས་སོ། །

ལྷ་པ་བཤད་པའི་སྐོར་ཞུ་རྒྱུ་ལ། བོད་ཀྱི་སྲོལ་རྒྱུན་དུ་སྐྱེ་པ་ཕོ་རྣམས་ལ་གཏམ་ཡིག་རྩིས་གསུམ། མདའ་རྡོ་མཚོང་གསུམ། བང་རྐལ་སྤྲེ་གསུམ་བཅས་ཕོ་རྩལ་སྣ་དགུ་འཛོམས་དགོས་ལུགས་ནན་བཤད་བྱེད་ལ། སྟག་ཤར་གཞོན་པ་གཏམ་གྱི་རྫོང་། སྨན་ཆུང་བུ་མོ་གླུ་ཡི་རྫོང་ཞེས་བརྗོད་པ་ལྟར་ངག་གི་རྩལ་གསུམ་ལས་གཏམ་བཤད་ལ་བྱང་ཆུབ་པ་ན་སྐྱེས་པ་ཕོ་ཡི་ཡོན་ཏན་དང་འཛོན་ཐང་དུ་བརྩི་བ་ཡིན། དེ་ལས་བཤད་པ་ནི་གཏམ་གྱི་གྲུབ་ཆ་གཙོ་བོ་ཞིག་ཡིན་པ་མ་ཟད། ནམ་རྒྱུན་དགའ་སྟོན་རྟེན་འབྲེལ་སོགས་མི་ཚོགས་ཆེ་སར་སྤྱོད་མཁོ་ཆེ་བས། དེ་བས་འཇིག་རྟེན་ཁྲིམ་པའི་ཁྲོད་དུ་ངོམ་ངོམ་བྱེད་ཆེད་ཀྱི་སྐྱེས་པའི་ཡོན་ཏན་ཞིག་ལགས། དེར་བརྟེན་བོད་པ་རྣམས་ཀྱིས་བཤད་པ་ལ་དགའ་བ་དང་། བོད་ཡུལ་ཀུན་ལ་བཤད་པ་དར་སྲོལ་ཆེ་བར་མཆིས། དེ་བཞིན་དུ་ཤར་པའི་ཡུལ་དུའང་གཉེན་སྟོན་སྐབས་སུ་བཤད་པ་གཏོང་བའི་སྲོལ་དར་སོ་ཆེ་ལ། ནང་དོན་དང་ཚིག་སྦྱོར་སོགས་རྒྱས་བསྡུས་ཙམ་ལས་བོད་ཡུལ་གཞན་དང་ཆ་མཚུངས། དེ་ཡང་

དཔེར་ན་《འབྲིན་ཐང་གྲོང་གི་ཤར་པའི་བག་སྟོན་》ཞེས་པ་ལས་དཔེ་མཚོན་གཉིས་བཀོད་ན། སྐབས་ཀའི་བཤད་པར། “ཕ་གིའི་ཏ་གིའི་མི་སེར་ཚོ། ལ་དགུ་ཀླུང་དགུ་བརྒྱབ་མཚམས་ནས། ཐང་འདི་པད་མ་ཐང་གི་ཐང་སྟོད་ཞིག་དང་མཇལ་ནས་བྱུང་། ཐང་འདི་པད་མ་ཐང་གི་ཐང་འགོ་ན། གསེར་སྐས་གཡུ་སྐས་དུང་སྐས་གསུམ་དང་མཇལ་ནི་བྱུང་། གསེར་སྐས་དེ་ལ་གོམ་གཅིག་འཛིགས་མཚམས་སུ། རྩ་བའི་བླ་མ་ཞིག་དང་མཇལ་ནས་བྱུང་། རྩ་བའི་བླ་མས་བདག་ལ་གནང་འབྱིན་ལ། རྐེད་ལ་བཅིངས་པའི་རྐེད་དར་འདོམ་གང་བྱུང་། མི་ང་ལ་དམྱལ་ཐུག་སྐྱོང་དགོས་མེད། གཡུ་སྐས་དེ་ལ་གོམ་གཉིས་འཛིགས་མཚམས་སུ། ཀན་ཁྲིམས་དཔོན་ཞིག་དང་མཇལ་ནས་བྱུང་། ཀན་ཁྲིམས་དཔོན་དེ་ཡིས་གནང་འབྱིན་དུ། མདའ་མོ་སྟག་གདོང་གཟིག་ཤུབས་གནང་ནས་བྱུང་། མི་ང་གཞན་ལ་སྐྲག་དགོས་མེད། དུང་སྐས་དེ་ལ་གོམ་གསུམ་འཛིགས་མཚམས་སུ། དྲིན་ཆེན་ཕ་མ་ཞིག་དང་མཇལ་ནས་བྱུང་། དྲིན་ཆེན་ཕ་མའི་གནང་འབྱིན་ལ། སྐོམ་བསེལ་ཇ་ཆང་གནང་ནས་བྱུང་། མི་ང་ལ་ཁ་སྐོམ་གདུང་བ་སྐྱོང་དགོས་མེད། རིགས་བཟང་ལྷ་ཡི་བུ་མོ་གནང་ཚར་ལོ། གི་གི་བསྭོ་བསྭོ་ལྷ་རྒྱལ་ལོ། སྐབས་ཀར་སྐབས་བཤད་ཕུལ་ཚར་བས། སྒོ་ལ་སྒོ་བཤད་དགོས་པ་མེད།”①ཅེས་པ་དང་། ཡང་ཆང་གི་བཤད་པ་ལ“པད་མ་ཐང་གི་ཐང་སྟེང་དུ། ཐང་ལ་རྡོ་གསུམ་བཙུགས་ནས་ཡོད། དེ་ལ་རྣམ་རྒྱལ་དམར་པའི་མེ་ཞིག་བཏང་། དེའི་སྟེང་དབུ་མཛོད་མཁས་པའི་ཟངས་ཤིག་བསྐྱོན། དེ་ལ་སྨུག་པོའི་འབྲུ་བདུན་བླུགས། རིགས་བཟང་ལྷ་ཡི་སྲས་མོ་ཞག་གསུམ་ཚང་དུ་ཉལ། ཆང་མངར་ཁག་ལྡན་པ་དེ་ནས་བྱུང་། ཆང་འདི་བཏུང་པའི་རྗེས་སུ། ཕོ་རབ་དེའི་དབུ་ལ་རྒྱུགས། དབུ་དུང་

① 《སྤང་རྒྱན་མེ་ཏོག》རྩོམ་སྒྲིག་ཁང་ནས་རྩོམ་སྒྲིག་བྱས་པའི་《བོད་ཀྱི་དམངས་སྲོལ་གཅེས་བཏུས་》ཞེས་པའི་ཤོག་ངོས་༢༨༥ལ་གསལ། མི་རིགས་དཔེ་སྐྲུན་ཁང་ནས་༡༩༩༩ལོར་བསྐྲུན།

མདོག་རྒྱས་ནས་མནལ་ལ་ཤོར། ཕོ་འབྲིང་དེ་ལ་ཆང་ཞིག་ཞུས། ཞལ་པད་མ་ལན་འདེབས་མགུར་གླུ་བཞེད། ཕོ་ཐམ་དེ་ཡི་རྩ་ལ་རྒྱུགས། རྩ་ནག་རྒྱས་པས་གྲི་ནག་བཏོན། དེ་ལྟར་བགྱིད་ན་མི་ལེགས་སོ། །ཆང་རག་ཞལ་ལ་མཆོད་པ་ལ། མཐོ་ནམ་མཐའ་ཡིན་པའི་དབྱིངས་ཤིག་དགོས། དམའ་ས་གཞི་ཡིན་པའི་སྲ་ཞིག་དགོས། ཆུ་མོ་ཡིན་པའི་གཞུང་ཞིག་དགོས། རི་བོ་ཡིན་པའི་སྲ་མཁྲིགས་དགོས། རྒྱུ་སྐར་ཡིན་པའི་གྲལ་ཞིག་དགོས། ལི་ལི་ལུང་ཐུག་ཕོར་ཆེན་འདི། ཕྱི་ནས་བལྟས་ན་རི་བོ་འདྲ། ནང་ནས་བལྟ་དུས་རྒྱ་མཚོ་འདྲ། རྒྱ་མཚོ་རླབ་ཀྱིས་འཁྲིན་པ་ལ། མཁས་པ་གཞན་མིན་ང་རང་ངོ། །"[1]ཞེས་པ་ལྟ་བུ་ཆང་བཟོ་སྟངས་དང་། ཕན་ནུས། ཆང་སྟོད་སོགས་ལ་འབྲེལ་བ་བྱེད་ཚུལ་བོད་ཡུལ་གཞན་དང་གཅིག་མཚུངས་སུ་གནས།

གསུམ་པ། ཤར་པའི་ཆོས་ལུགས་དང་མོས་ཀྱི་ཐོག་ནས་དེའི་མི་རིགས་གཏོགས་ཁོངས་ལ་དཔྱད་པ།

ཁ་བ་རི་པའི་ལོ་རྒྱུས་ཚུ་རྒྱུན་རིང་པོའི་ཁྲོད་དུ་བྱུང་ཟིན་པའི་ཆོས་ལུགས་ལ་ཆ་མཚོན་ན་བན་བོན་གཉིས་ཡིན་པ་དང་། རྒྱུ་མཚན་མང་པོའི་དབང་གིས་དུས་ཕྱིས་བོན་གྱི་དགོན་སྡེ་ཁག་ནི་བོད་ཀྱི་ལྟེ་བའི་ས་ཁུལ་དུ་ཉུང་ཞིང་བོན་ལ་དད་པ་བྱེད་མཁན་ཡང་ཐག་རིང་ལུང་ཁུག་དང་འགྲེམ་འགྲུལ་མི་བདེ་བའི་ས་ཁུལ་ཁོ་ན་ཙམ་དུ་ཟད། ད་ལྟའི་དུས་སུ་བོད་རིགས་མང་ཆེ་བས་དད་མོས་བྱེད་པའི་ཆོས་ལུགས་ནི་བོད་བརྒྱུད་ནང་བསྟན་དེ་ཉིད་ལགས། དེ་ལྟར་དུ་ཤར་པ་ཚོས་ཀྱང་བན་བོན་གཉིས་ཀ་ལ་དད་མོས་བྱེད་ཅིང་། མང་ཆེ་བས་ཁ་བ་ཅན་གྱི་ཡུལ་སྤྱི་དང་

[1] 《སྤང་རྒྱན་མེ་ཏོག》རྩོམ་སྒྲིག་ཁང་ནས་རྩོམ་སྒྲིག་བྱས་པའི《བོད་ཀྱི་དམངས་སྲོལ་གཅེས་བཏུས》ཞེས་པའི་ཤོག་ངོས་༢༤༧ལ་གསལ། མི་རིགས་དཔེ་སྐྲུན་ཁང་ནས་༡༩༩༩ལོར་བསྐྲུན།

འདྲ་བར་བོད་བརྒྱུད་ནང་བསྟན་ལ་དད་ཞེན་བྱེད་བཞིན་ཡོད།

དང་པོ་ཤར་པ་སྤྱིའི་ཆོས་ལུགས་དད་མོས་བཤད་པ་ལ། དེ་ཡང་《ཤར་པའི་ཆོས་འབྱུང་སྟོན་མེད་ཚངས་པའི་དབྱུ་གུ་ཞེས་བྱ་བ་བཞུགས་སོ་》ཞེས་པའི་ནང་"ཤར་ཁུམས་བུའི་གནས་སུ་རྒྱལ་བ་རྫོགས་པའི་སངས་རྒྱས་ཀྱིས་གསུངས་པའི་ལུང་ཆེན་དམ་པའི་ཆོས་ཇི་ལྟར་བྱུང་བའི་ཚུལ་ལ། ཐོག་མར་བྱུང་བ་ལོ་རྒྱུས་ཁར་བརྒྱུད་ཀྱིས་བཤད་པ། བར་དུ་བྱུང་བ་ཐོབ་ཡིག་ཕྱག་རྒྱུན་གྱིས་བཤད་པ། ད་ལྟར་བྱུང་བ་རང་ཉམས་མངོན་སུམ་གྱིས་བཤད་པ་"①ཞེས་སྐོར་ཚན་གསུམ་དུ་དབྱེ་ནས་ཤར་ཁུམས་བུའི་ཡུལ་དུ་དམ་པའི་ཆོས་འབྱུང་ཚུལ་དང་། སྲས་བརྒྱུད་ཀྱིས་གཙོ་བྱས་པའི་སློབ་བརྒྱུད་ཀྱང་རྒྱ་ཆེར་འཕེལ་ནས་བསྟན་པའི་བྱ་བ་མཛད་ཚུལ། འཇིག་རྟེན་སྐྱེ་ཀ་ན་འཆིའི་བྱེད་སྒོ་སོགས་གང་དང་གང་སྤེལ་ཙུང་ཆོས་ཀྱི་གནད་དང་སྦྱོར་བར་བྱེད་ཚུལ་སོགས་སངས་རྒྱས་ཀྱི་ཆོས་ལུགས་ཐུན་མོང་མ་ཡིན་པ་བོད་བརྒྱུད་ནང་བསྟན་གྱི་ལུགས་འཛིན་ཚུལ་ཞིབ་ཅིང་རྒྱས་པར་སྦྲིས་ཡོད། དེ་མིན་བླ་མ་གསང་བ་རྗེ་རྗེས་སྤང་པོ་ཆེ་ཊུ་དཔལ་རི་བོ་དགོན་ཞེས་བྱ་བ་ཁུམས་བུའི་ཕྱོགས་ཀྱི་ནང་པ་སངས་རྒྱས་ཀྱི་དགོན་པ་དང་པོར་གྲགས་པ་དེ་ཕྱག་བཏབ་པའི་རྗེས་སུ་ཤར་པ་གནས་སྡོད་བྱ་ཡུལ་དུ་གཞི་རྒྱ་ཆེ་ཙམ་གྱི་བོད་བརྒྱུད་ནང་བསྟན་གྱི་དགོན་པ་སུམ་ཅུ་ལྷག་ཙམ་བཞེངས་ནས་ཡོད་པ་མ་ཟད། སློབ་དཔོན་པདྨ་དང་། མར་པ་ལོ་ཙཱ། རྗེ་བཙུན་མི་ལ་སོགས་བོད་བརྒྱུད་ནང་བསྟན་གྱི་གྲགས་ཅན་མི་སྣའི་སྒྲུབ་ཕུབ་མང་པོ་ཡོད་ལ་དེ་ཚོར་ཤར་པ་ཆོས་དད་གུས་མཇལ་ཁར་འགྲོ་བའི་སྲོལ་རྒྱུན་ཉམས་མེད་དུ་གནས་པ་བཅས་ལས། ཤར་པའི་ཆོས་ལུགས་ཀྱི་དད་མོས་བོད་རིགས་དང་ཐ་དད་དུ་གྱུར་མེད་པ་མངོན་སུམ་ཡིན།

① ཤར་པ་སངས་རྒྱས་བསྟན་འཛིན་ནས་མཛད་པའི་《ཤར་པའི་ཆོས་འབྱུང་དང་མེས་རབས་བཞུགས་སོ་》ཞེས་པའི་ཤོག་ངོས་༡༣ལ་གསལ། བོད་ལྗོངས་བོད་ཡིག་དཔེ་རྙིང་དཔེ་སྐྲུན་ཁང་ནས་༢༠༠༣ལོ་བསྐྲུན།

གཉིས་པ་རང་རྒྱལ་ཤར་པའི་ཆོས་དད་སྐོར་བཤད་པ་ལ། དེ་ལྟར་རི་དབྲག་ས་རོང་དུ་གནས་པའི་མཐའ་མཚམས་ཀྱི་ཡུལ་གྲུ་འདྲིན་ཐང་ཁུལ་དུའང་ས་བབས་ཀྱིས་རྐྱེན་པས་ད་བར་བོན་ལ་དད་པ་བྱེད་མཁན་ཡོད་ལ། བན་བོན་དབྱེར་མེད་དུ་དད་པ་བྱེད་བཞིན་ཡོད། དེ་ཡང་དཔེར་ན། འདྲིན་ཐང་ཡུལ་དུ་ཆོས་ལུགས་དོན་གཉེར་བའི་མི་སྣ་རིགས་གསུམ་ཡོད་དེ། བོན་པོའི་སློབ་དཔོན་དང་། ནང་པའི་བླ་མའམ་གྲྭ་པ། དམངས་ཁྲོད་ཀྱི་ལྷ་པ་བཅས་སོ། །དེ་ཁུལ་དུ་དེང་དུས་བོན་པོའི་སློབ་དཔོན་བཞི་ཅུ་ཙམ་ཡོད་པ་དང་། སྐྱེ་བོ་རྣམས་ལ་སྐྱེ་ཀ་ན་འཆིའི་སྡུག་བསྔལ་དང་ཡང་ན་བགེགས་བར་འབྱུང་སྐབས་བོན་པོའི་སློབ་དཔོན་དག་གདན་དྲངས་ནས་དམར་གསོལ་གཏོ་བཅོས་བྱེད་པ་དང་། གསར་སྐྱེས་བུ་ཚའི་བཙས་སྟོན་དང་། མིང་སྟོན། གཤིན་པོའི་འདས་མཆོད་སོགས་མང་ཆེ་བ་བོན་པོའི་སློབ་དཔོན་གྱིས་གཙོ་གཉེར་བྱེད་ཀྱི་ཡོད། འོན་ཀྱང་ཕྱོགས་གཞན་ཞིག་ནས་བཤད་ན་འདྲིན་ཐང་ཁུལ་དུ་འོད་གསར་ཆོས་གླིང་ཞེས་པའི་ནང་པའི་དགོན་སྡེ་ཞིག་ཡོད་པ་དང་། དེར་གྲྭ་པ་དྲུག་ཡོད་ལ། དགོན་པ་དེས་དྲུག་པ་ཚེས་བཞི་དང་བཅོ་ལྔ་མཆོད་པའི་དུས་སྟོན་སོགས་གཙོ་སྐྱོང་མཛད་ཀྱི་ཡོད་པ་མ་ཟད། འདྲིན་ཐང་གི་དྲུག་པ་ཚེས་བཞི་དང་གཙང་ཁའི་གཏིང་སྐོར་སོགས་བྱེད་སྐོའི་ནང་ནང་པའི་བླ་མའམ་གྲྭ་པས་སྟེ་ཁྲིད་ཀྱིས་ཐེམ་རེ་མི་རེས་ནང་པའི་ཆོས་དཔེ་རྒྱབ་ཏུ་ཁུར་ནས་ཡུལ་གྲོང་ལ་སྐོར་བ་རྒྱག་སྲོལ་ཡོད། དམངས་ཁྲོད་ཀྱི་ལྷ་པ་རྣམས་ལ་ཟངས་མ་ཞེས་འབོད་ཅིང་། དེ་ཁུལ་དུ་ཟངས་མ་ལྔ་ཡོད་པ་དེ་ཆོས་མོ་རྒྱག་ནད་གཅོད་ཀྱི་ལས་ལ་འཇུག་པ་ཡིན། ཚང་མས་མཁྱེན་གསལ་ལྟར་བན་བོན་གཉིས་ཀ་བོད་ཀྱི་ལོ་རྒྱུས་ཐོག་བྱུང་བ་མ་ཟད། གཅིག་ནི་བོད་ཀྱི་སྤྱི་ཚོགས་ལས་འཁྲུངས་པའི་ས་སྐྱེས་རྗེ་སྐྱེས་ཀྱི་ཐུན་མོང་མིན་པའི་ཆོས་ལུགས་གྲུབ་མཐའ་ཞིག་ཡིན་པ་དང་། ཅིག་ཤོས་ནི་དར་ས་གཞན་ལས་དར་ཡང་བོད་ཀྱི་སྤྱི་ཚོགས་ནང་དེ་དང་

མཐུན་པའི་འཕེལ་རྒྱས་བྱུང་བའི་བོད་ཀྱི་ཁྱད་ཆོས་ལྡན་པའི་གྲུབ་མཐའ་ཞིག་ཡིན། གོང་སྨོས་བཞིན་ཕྱིར་བོན་པོའི་ཆོས་ལ་དད་པ་བྱེད་མཁན་རིམ་བཞིན་ཇེ་ཉུང་དུ་སོང་ཡང་། བོད་ལྗོངས་ཀྱི་ནག་ཆུའི་ས་ཁུལ་འགའ་དང་། སི་ཁྲོན་གྱི་ཟུང་ཆུ་སོགས་ཇི་ལྟར་མཐའ་མཚམས་སམ་ལུང་ཁུག་ས་ཁུལ་མང་པོར་བོད་པ་རྣམས་བོན་ཆོས་ལ་དད་ཞེན་བསྙེན་བཀུར་བྱེད་མཁན་ཡོད་པ་ཇི་བཞིན་ལུང་ཁུག་ཏུ་གནས་པའི་འདྲེན་ཐང་ཡུལ་དུ་བོན་ཆོས་ད་ལྟའི་བར་དར་ནས་ཡོད་པར་ཡ་མཚན་སྐྱེ་དགོས་མེད། འབྲུམ་ཁུལ་གྱི་ཤར་པས་རྙིང་མ་དང་བཀའ་བརྒྱུད་པའི་ལུགས་ལ་དད་ཞེན་བྱེད་ཅིང་། དེ་ཁུལ་ལ་སངས་རྒྱས་ཆོས་ལུགས་ཀྱི་དགོན་པ་ཆེ་ཆུང་གསུམ་ཡོད་པའི་ནང་ཞོལ་པོ་སྣང་དུ་རྙིང་མ་བའི་དགོན་པ་བཀྲ་ཤིས་མཐོང་འགྲོལ་གླིང་ཞེས་པ་ཞིག་ཡོད་པ་དང་། དེར་ལོ་རྒྱུས་ཐོག་བཙུན་མ་སུམ་ཅུ་ཙམ་བྱུང་ཡོད་སྐད་དང་ད་ལྟ་བཙུན་མ་བཅུ་གཉིས་ཙམ་ཡོད་པ་མ་ཟད། དེའི་དགོན་ལྷག་ཞིག་ལི་ཤིང་ན་ཡོད་པར་ཡིག་བརྒྱ་ལྷ་ཁང་ཟེར། ལི་ཤིང་དུ་ཆགས་པའི་དགོན་པ་གསར་པར་འབོད་པ་དེ་ནི་བཀའ་བརྒྱུད་པའི་ཕོ་དགོན་ཞིག་ཡིན་པ་དང་། དེར་ལོ་རྒྱུས་ཐོག་གྲྭ་གྲངས་ཉི་ཤུ་ལྷག་ཙམ་བྱུང་སྐད་དང་དེང་དུས་གྲྭ་པ་དྲུག་ཙམ་ཡོད། དེ་སྔོན་དེ་ནི་དྭགས་པོ་གསང་སྔགས་ཆོས་གླིང་དགོན་གྱི་བུ་དགོན་ཡིན་པ་དང་། སྔར་གསང་སྔགས་ཆོས་གླིང་དགོན་གྱི་བླ་མ་དེ་གར་བཀའ་ཆོས་སུ་གདན་དྲངས་པའི་སྲོལ་ཡོད་སྐད། དེ་རིག་གསར་སྐབས་འཁོར་ཞིག་ཏུ་སོང་བ་རྗེས་སུ་ཉམས་གསོ་ཞུས་ཅིང་ད་ལྟ་བཀྲ་ཤིས་བསམ་གཏན་གླིང་དུ་འབོད། གསེར་ཁྲིམ་པའི་ལུགས་འཛིན་ནས། ཆོས་བཟང་དུས་བཟང་སྐབས་དགོན་ནང་ཚོགས་འཛོམས་ཀྱིས་ཞབས་རིམ་སྣ་ཚོགས་སྒྲུབ་པ་ཕུད་རྒྱུན་གཏན་ཁྲིམ་པ་བཞིན་དུ་གྲོང་ནང་འཇིག་རྟེན་གྱི་ལས་ལ་ཞུགས། འབྲུམ་གྲོང་ཚོར་བཀའ་བརྒྱུད་པའི་དགོན་པ་སྔོ་གསེར་ལྷ་ཁང་ཟེར་བ་ཞིག་ཡོད་པར་ལོ་རྒྱུས་ཐོག་གྲྭ་གྲངས་བཅུ་ལྔ་ཙམ་ཡོད་སྐད།

ད་ལྟ་གྲྭ་པ་བཅུ་དྲུག་ཡོད་པ་དེའང་གསེར་ཁྲིམ་ལུགས་བཞིན་གྲྭ་དམངས་རྣམས་ནི་
བུད་མེད་བསྟེན་ཆོག “དགོན་པ་དེའི་འགྲོ་ལུགས་ཚང་མ་གྲུབ་མཐའ་གཅིག་
མཚུངས་ཀྱི་བོད་དགོན་སྤྱི་དང་འདྲ་ཞིང་། བླ་མ་ནི་ཀུན་གྱི་གོང་དུ་བཀུར་བའི་
གནས་ཡིན་པས་བླ་མ་ཕུད་དགོན་པའི་ལས་སྣེ་གཙོ་བོ་དབུ་མཛད་དང་། དགེ་
བསྐོས་ཡིན། དབུ་མཛད་ཀྱིས་ཆོས་ཕྱོགས་ཀྱི་ལས་དོན་གཙོ་བོར་བྱེད་པ་དང་།
དགེ་བསྐོས་ཀྱིས་དགོན་ནང་ཁྲིམས་འཛིན་གྱི་ལས་ཀ་གཙོ་བོར་བྱེད།”① དེ་ལྟ་
བུའི་ཆོས་དང་འཇིག་རྟེན་ཟུང་དུ་གཉེར་བའི་ལུགས་སྲོལ་དེ་ནི་བོད་ཡུལ་ས་ཁུལ་
གཞན་འགར་མཆིས་པའི་གསེར་ཁྲིམ་གྱི་དགོན་དང་འདྲ་བ་མ་ཟད། སི་ཁྲིན་ཟུང་
ཆུའི་བོན་པོའི་དགོན་པ་དེ་དག་གིས་ཀྱང་དེ་ལྟར་དུ་དགོན་པ་སྐྱོང་བཞིན་ཡོད།
དེ་མིན་འགྲམ་ཁུལ་དུ་དགོན་པའི་སྒྲིག་ལ་མཚུངས་པའི་བཀའ་བརྒྱུད་པའི་བཙུན་མ་
བཅུ་གཅིག་ཡོད་པ་ཆོས་རྒྱུན་དུ་མང་ཚོགས་ཀྱི་འདོད་བློ་དང་དགོས་མཁོ་བཞིན་
ཞབས་རིམ་སྒྲུབ་བཞིན་ཡོད། གཞན་ཡང་ཤར་པ་ཆོས་ཁང་པའི་སྒོ་ཏུ་དར་ཆེན་
འཛུགས་པ་དང་། ཆོས་བཟང་དུས་བཟང་ལ་མཆོད་འབུལ་སྦྱིན་གཏོང་དང་
བསང་གསོལ་བྱེད་པ། ཟླ་བ་རེའི་ཆོས་གསུམ་ཉིན་ཚད་མེད་ལྷ་གསོལ་བྱེད་པ།
བྱིས་པ་སྐྱེས་ཁར་དྲིབ་བསེལ་བསང་གཏོང་བྱེད་པ། མིའི་མིང་ཆོས་པས་འདོགས་
པ་དང་། བསྟན་འཛིན་དང་། སངས་རྒྱས། ལྷ་མོ། སྒྲོལ་མ་ཞེས་པ་སོགས་
སངས་རྒྱས་ཆོས་ལུགས་ཀྱི་མཚོན་དོན་ལྡན་པའི་མིང་བཏགས་སྲོལ་དར་ཆེ་བ།
གཉེན་པོར་འཕོ་བ་རྒྱག་དང་གཉེན་པོའི་སྐད་དུ་ཡར་འབུལ་མར་སྦྱིན་གཏོང་བ་
སོགས་ལས་ཁོ་ཆོས་སྟར་ནས་ད་བར་བོད་བརྒྱུད་ནང་བསྟན་ལ་དད་མོས་ཆེན་པོ་
བྱེད་ཀྱི་ཡོད་པ་མངོན་སུམ་དུ་བསྟན་ཡོད། །

① བསོད་ནམས་ལགས་ནས་མཛད་པའི་《ཤར་པའི་སྐོར་ཆེ་ལོང་ཙམ་བརྗོད་པ་》ཞེས་པའི་ནང་གསལ། 《བོད་ལྗོངས་ཞིབ་འཇུག》༡༩༨༣ལོའི་བོད་ཡིག་དུས་དེབ་དང་པོའི་ཤོག་ངོས་༢༣ལ་གསལ།

༄༅། །ཚོགས་བཅད་ཀྱི་ལམ་ལས་དྲངས་པའི་ཤར་པའི་མི་རིགས་ཀྱི་འབྱུང་ཁུངས་སྐོར།

སྐྱེ་བུ་ཡི་བློ་ཚོགས་ཞིག །
བོད་ཡུལ་གྱི་ནུབ་མཐར་གནས། །
སྐྱིང་བ་ནི་ཤར་པར་གྲགས། །
ཡ་མཚན་གྱི་རྒྱུ་རུ་བྱེད། །
ཤར་པ་ནི་རྫོག་པོ་གཅིག །
ས་ཁམས་ཀྱིས་གཉིས་སུ་ཕྱེ། །
བོད་ཡུལ་གྱི་ཤར་པ་དང་། །
བལ་ཡུལ་གྱི་ཤར་པ་གཉིས། །
ས་ཡུལ་ནི་མི་འདྲ་རུང་། །
རིགས་རུས་ནི་གཅིག་ལས་གྱེས། །
བོད་ཡུལ་གྱི་ཤར་ཁམས་ལ། །
སྐྱེ་ཉག་ནི་ལྡིང་སྟོང་ཞེས། །
སྐད་ཀྱི་ནི་དཔའ་སྟེར་གྲགས། །
གནའ་ན་ནི་འདི་ལྟར་གྲགས། །
ཕྱིས་སུ་ནི་ཉམས་ཞིང་རྒུད། །
རྒུད་རྒུད་ནི་མཐུར་རྒྱུགས་ཀྱི། །
སྐྱེ་ཉག་གི་ཡུལ་ལུང་དེར། །

ཕྱི་དགྲ་ཡི་བཙན་འཛུལ་ལ། །
མདའ་རྐྱེན་གྱི་སོག་དམག་དཔུང་། །
སོག་དམག་ནི་ཁྲི་མ་འབུམ། །
ལྗོང་སྟོང་ནི་སྟོང་མ་ཁྲི། །
འཐབ་ན་ནི་མི་བཞོ་ཞིང་། །
འདུག་ན་ནི་གསོད་ཀྱིས་རྡོགས། །
མཐའ་མ་ནི་བཙན་ཕྱོལ་ལ། །
ཤར་ནས་ནི་ནུབ་ཏུ་དེངས། །
སྐྱིང་བ་ནི་དེ་ལྟར་ཐོགས། །
དེངས་སུ་ནི་དེངས་ནས་ནི། །
མཐའ་མ་ནི་བལ་པོད་མཚམས། །
གཞིས་སུ་ནི་ཆགས་ནས་བྱུང་། །
རིགས་སུ་ནི་བགར་ན་ནི། །
ཐོད་པ་ཡི་བྲེ་བྲག་ཅིག །
སྐྱེས་པོ་ནི་ལྗོང་ལས་མཆེད། །
དཔའ་བོ་ཡི་རིས་སུ་གཏོགས། །
ཚོས་སུ་ནི་བན་པོན་གཉིས། །
སོ་སོ་ཡི་འདོད་ལྟར་སྤྱོད། །
བླ་མ་ནི་གོང་དུ་བཀུར། །
འབུལ་སྦྱིན་ནི་དགེ་རྩར་བསྔོ། །
རིམ་གྲོ་ནི་བླ་རུ་སྒྲུབ། །
སྐྱི་སྐྱིད་ནི་བླ་མས་འདོགས། །

བང་སངས་ནི་གྲིབ་བསང་ཆེད། །
དར་འཕྱེན་ནི་མཐུན་འཇུག་ལ། །
གཉེན་སྟོན་ནི་ཟབ་ཅིང་རྒྱས། །
གཤིན་པོ་ཡི་རྗེས་འཇུག་ལ། །
འདྲེན་སྟོན་ནི་བླ་མས་བྱེད། །
མཆོན་འོག་ཏུ་འདས་རིགས་དང་། །
འགོས་ནད་ཀྱིས་གུམ་རིགས་ཕུད། །
ཕུང་པོ་ནི་ཞུགས་འབུལ་གསོ། །
རྩེད་སྤྲོ་ནི་མང་མོད་ཀྱང་། །
ཤོ་རྒྱུག་ནི་ནང་དུ་རོལ། །
མདའ་རྩེད་ནི་ཕྱི་རྒྱར་གཏོང་། །
མཛའ་གྲོགས་ནི་སྐྱོག་ནས་བསྒྲིག །
གླུ་སྣ་ནི་སྐར་ཚོགས་བཞིན། །
ཚང་གླུ་ནི་རབ་ཏུ་དར། །
བཞུགས་གྲལ་གྱི་གཡས་གྲལ་ནས། །
ཚང་གླུ་ནི་ན་མར་ལེན། །
སྙིང་བ་ནི་གྲལ་གླུ་དང་། །
ལ་ལར་ནི་འདྲེན་གླུར་འབོད། །
བྲོ་གར་གྱི་རྒྱ་མཚོ་ལས། །
སྐོར་བྲོ་ནི་དར་ཞིང་རྒྱས། །
ཕོ་མོ་ནི་རིས་སུ་མེད། །
སྤངས་སྤབས་ནི་ཡིད་དུ་འོང་། །

ཕ་གཏམ་ནི་བུ་ལ་འཆད། །

ཕ་ཤུལ་ནི་བུ་ཡིས་འཛིན། །

གནའ་གཏམ་ནི་གངས་རིས་བརྒྱན། །

གནའ་སྲུང་ནི་གངས་ཆུས་བཅིངས། །

མྱི་བུ་ཡི་འབྱུང་ཁུངས་ལ། །

ཕ་བཟང་ནི་སྤྲེལ་ཀན་དང་། །

མ་བཟང་ནི་བྲག་སྲིན་གཉིས། །

བཞོས་པ་ཡི་རྒྱུད་དུ་བྱེད། །

ཟས་སུ་ནི་རྩམ་པ་གཙོ། །

རྒྱན་གོས་ནི་བོད་ལུགས་ལ། །

སྡོད་ཁང་ནི་བོད་ལྷར་རོ། །

གླེང་ན་ནི་བོད་སྐད་དང་། །

སྤྱོད་ན་ནི་བོད་ཡིག་སོགས། །

བརྟགས་ནས་ནི་དཔྱད་པ་ལ། །

བོད་པ་ནི་རྣལ་མ་ཞིག །

༄༅། །དབུས་གཙང་ཁུལ་གྱི་གཉེན་སྟོན་ལས་དེའི་མིང་གི་འབོད་སྲོལ་མི་འདྲ་བ་དང་སློང་ཚང་དང་པོའི་སྐོར་གླེང་བ།

གཉེན་སྟོན་ཞེས་པ་ནི་འཛིག་རྟེན་ཐོག་སྐྱེ་བོ་ཕོ་མོ་གཉིས་གཉེན་སྒྲིག་བྱེད་པ་ལ་རྟེན་འབྲེལ་བྱེད་པའི་བྱེད་སྒོ་ལ་ཟེར་ཞིང་། དེ་ནི་འཛིག་རྟེན་ཁྱིམ་པ་བ་ཚོའི་བྱ་བ་འབའ་ཞིག་ལགས་པས་སྟོན་གྱི་ཆོས་འབྱུང་དེབ་ཐེར་ཁག་གི་ནང་དུ་གཉེན་སྟོན་དང་འབྲེལ་ཡོད་ཀྱི་གོམས་གཤིས་དང་དེའི་སྐོར་གྱི་འབྱུང་ལུགས་འབྱུང་རྐྱེན་སོགས་འཁོད་པ་ཤིན་ཏུ་དཀོན་ལ། དེ་ནི་ཡུལ་སྲོལ་གོམས་གཤིས་ཤིག་ལགས་པས། ཇི་ལྟར་གནའ་དཔེར་ས་ཆ་རེ་ལ་ཆ་ལུགས་རེ། ལུང་པ་རེ་ལ་སྐད་ལུགས་རེ་ཞེས་པའི་དཔེ་ལྟར་དེར་ཡུལ་ལུང་གི་ཁྱད་ཆོས་སམ་ས་ཁུལ་གྱི་རང་བཞིན་མངོན་གསལ་ཆེ་བ་དང་། ལོ་རྒྱུས་ཀྱི་འཕེལ་རིམ་ཁྲིད་འཕོ་འགྱུར་ཆེ་བས་གཞན་འགྱུར་གྱི་རང་བཞིན་ཡང་མངོན་གསལ་ཆེ། དེས་ན་བོད་དབུས་གཙང་ཁུལ་དུའང་གཅིག་གྱུར་གྱི་གཉེན་སྟོན་བྱ་ཚུལ་ཞིག་མེད་པར་ཡུལ་དུས་མི་འདྲ་བར་བརྟེན་ནས་རང་རང་གི་ཁྱད་ཆོས་རེ་མངོན་གྱི་ཡོད་ན། འདིར་ཡང་རང་ངོས་ཀྱི་མཐོང་ཐོས་སྦྱོང་གསུམ་གྱི་ཐད་ནས་བརྗོད་པ་ཙམ་ཡིན།

དང་པོ། གཉེན་སྟོན་ཞེས་པའི་མིང་གི་འབོད་སྲོལ་མི་འདྲ་བ་དང་དེའི་དོན་སྙིང་སྐོར།

གཉེན་སྟོན་ཞེས་པ་ལ་བོད་དབུས་གཙང་ཁུལ་དུ་ཚང་སའི་རྟེན་འབྲེལ་ལམ་བག་སྟོན་ཞེས་འབོད་སྲོལ་ཡོད། ཐོག་མར་དེར་ཚང་སའི་རྟེན་འབྲེལ་ཞེས་འབོད་

པའི་རྒྱུ་མཚན་བརྗོད་པ་ལ། ཆང་ནི་བོད་ཁ་བ་རི་པའི་འགྲོ་བ་མིའི་སྐྱམ་པ་སེལ་ཆེད་ཀྱི་བཏུང་བྱ་ཞིག་ཡིན། སྤྱིར་ན་ཆང་ནི་ཉེས་པ་ཀུན་གྱི་རྩ་བ་ཡིན། རྫུ་རྫེའི་ཟླེལ་པ་ཙམ་ཡང་སྤྱང་བར་བགྱིས་ཞེས་གསུངས་ཡོད་ལ། རྟོན་ཕྱོན་གྱི་སྐྱེས་ཆེན་དམ་པ་མང་པོས་ཆང་གི་ཉེས་དམིགས་སྐོར་དང་ཆང་སྤོང་དགོས་པའི་བསླབ་བྱ་མང་པོ་བཏོན་ཡོད། འོན་ཀྱང་དོན་དངོས་འཚོ་བའི་ནང་དང་ཁྱད་པར་འཇིག་རྟེན་པའི་བྱེད་སྒོ་མང་པོའི་ནང་ཆང་ནི་སྐྱམ་པ་སེལ་བྱེད་དང་དགའ་སྤྲོ་འཕེལ་བྱེད་ཀྱི་བཏུང་བྱ་ཞིག་ཏུ་གྱུར་ཡོད། དེ་ཡང་ཆང་གི་ཡོན་ཏན་བརྗོད་པའི་སྐབས་ཆང་ནི"ཤྐུག་པ་སྨྲ་སྒོ་ཕྱེ་བའི་ལྡེ་མིག སྙིང་མེད་ལ་ལ་འགྲོ་བའི་སྐྱེལ་མ། དགའ་པོ་བྲོ་ཁྲབ་པའི་རྟོག་སྒྲ། སྐྱིད་པོ་གླུ་ལེན་པའི་སྐད་མདངས།"ཡིན་ཞེས་བརྗོད་ཚུལ་ཡོད་ལ། "ཆང་ནི་དགའ་བའི་དགའ་རོགས། ཆང་ནི་སྐྱོ་བའི་སྐྱོ་རོགས། དགའ་སྐྱོ་གང་འདྲ་བྱུང་ཡང་། ཆང་གིས་རོགས་པ་ཞུས་ཡོང་།"ཞེས་དམངས་གཞས་ནང་གསལ་བ་ལྟར་འཇིག་རྟེན་འདིར་སྐྱེ་ཤ་ན་འཆི་བྱུང་བའི་བྱ་བ་གང་ལའང་ཆང་དེ་མེད་ཐབས་མེད་པ་ལྟ་བུ་ཞིག་ཆགས་ཡོད། དེ་ཙམ་གྱིས་མ་ཚད་འཇིག་རྟེན་པའི་བྱེད་སྒོ་མང་པོ་ཞིག་གི་མིང་ཡང་ཆང་དང་འབྲེལ་ནས་ཡོད་དེ། "གཞིས་གསར་འཛིན་ནས་ཐབ་གསར་བཙུགས་པར་རྟེན་འབྲེལ་བྱེད་པ་ལ་ཐབ་གསོལ་ལམ་ཐབ་ཆང་དུ་འབོད་པ་དང་། ཁང་པ་གསར་པ་ཨར་པོ་རྒྱག་སྐབས་ཐོག་འབུབས་པའི་རྟེན་འབྲེལ་ལ་ཐོག་ཆང་དུ་འབོད་པ། མགྲོན་པོ་ཕྱོགས་ནས་ཕེབས་ཡོང་སྐབས་གུས་ལུགས་ཀྱི་བསུ་བ་ཞུ་བ་ལ་བསུ་ཆང་ངམ་མགྲོན་ཆང་། ཡང་ན་ངོ་ཆང་ངམ་གདོང་ཆང་དུ་འབོད་པ། དཀར་ཉེ་གྲོགས་གསུམ་ཕྱི་ཕྱོགས་ལ་ཕེབས་སྐབས་ཕེབས་སྐྱེལ་ཞུ་བ་ལ་སྐྱེལ་ཆང་ངམ་ཕེབས་ཆང་དུ་འབོད་པ། གྲོང་པ་ཁྱིམ་མཚེས་ལ་མི་ཤི་སྐྱོན་ཆག་བྱུང་སྐབས་ཆང་འདྲེན་སེམས་གསོ་གཏོང་བར་འགྲོ་བ་ལ་སྡུག་ཆང་དུ་འབོད་པ། ནད་པ་དྲག་སྐྱིད་བྱུང་བར་རྟེན་འབྲེལ་

བྱེད་པ་ལ་དྲག་ཚང་དུ་འབོད་པ། གྲོགས་པོ་དགའ་འཛོམས་སྒྲོ་སྐྱིད་གཏོང་བ་ལ་རོགས་ཚང་ངམ་གྲོགས་ཚང་དུ་འབོད་པ་བཅས་དང་།”① སྐབས་དོན་གཉེན་སྒྲིག་གི་སྐད་ཆ་བྱེད་པ་ལའང་སྐོང་ཚང་ངམ་ལབ་ཚང་དུ་འབོད་བཞིན་ཡོད། བྱེད་སྒོ་དེ་དག་སྤེལ་བའི་སྐབས་ཚང་ནི་མེད་ཐབས་མེད་པའི་དགའ་སྤྲོ་འཕེལ་བྱེད་ཀྱི་བཀོད་པ་ཞིག་ལགས་པས་བྱེད་སྒོའི་མིང་ཟུར་ལ་ཚང་ཞེས་སྦྱར་བ་ཡིན་ངེས་སྙམ། འཇིག་རྟེན་པའི་མི་ཚེའི་ཚོ་ག་ཆེན་པོར་འབོད་པའི་གཉེན་སྟོན་ནང་ཚང་ནི་དེ་བས་མེད་ཐབས་མེད་པས་ཚང་སའི་རྟེན་འབྲེལ་ཞེས་འབོད་པ་མིན་ནམ་སྙམ། དེ་མུར་གཉེན་སྟོན་ལ་བག་སྟོན་ཞེས་བརྗོད་པའི་རྒྱུ་མཚན་ཞུ་བ་ལ། རང་རེ་ཁ་བ་ཅན་པའི་གོ་མག་ཁབ་ལེན་གྱི་གོམས་སྲོལ་ལ། བུ་ལ་མནའ་མ་ལེན་པ་དང་བུ་མག་པར་གཏོང་བའི་སྲོལ་གཉིས་ཀ་ཡོད། བུ་ལ་མནའ་མ་ལེན་པ་ལ་བག་མ་ལེན་པ་ཞེས་ཀྱང་བརྗོད་ཀྱི་ཡོད། ཀོང་སྤྲུལ་བློ་གྲོས་མཐའ་ཡས་ཀྱི་གསུང་འབུམ《རྒྱ་ཆེན་བཀའ་ཡི་མཛོད་》ཅེས་པའི་ནང་དུའང་འཇིག་རྟེན་པའི་སྲིད་འཛིན་པ་ལ་བག་མ་ལེན་པའི་ཚོ་ག་ཞེས་འཁོད་ཡོད། བུ་མོ་བག་མར་གཏོང་བ་དང་། བུ་མག་པར་གཏོང་བ་གཉིས་བསྡུར་ནས་བཤད་ན། བུ་མོ་བག་མར་གཏོང་བ་དེ་ཤས་ཆེ་ལ་བུ་མོ་བག་མར་གཏོང་བ་དེ་ལ་གནས་ལ་གཏོང་བའང་ཟེར་བ་ཡིན། དམངས་ཁྲོད་དུ་བུ་མོ་འགྲོ་ས་གནས་ཡུལ་ཡིན། ལོ་གསུམ་སོང་ན་རང་ཡུལ་ཡིན་ཞེས་པའམ་ཁྲིད་གནས་ལ་སྟེར་མཁན་ཕུ་བོ་ཡིན། འགྲོ་དགོས་པ་བུ་མོའི་འགྲོ་ལུགས་རེད་ཅེས་པའི་ཞལ་རྒྱུན་ཡོད་ལ། བོན་གྱི་དཔེ་རྙིང་《མིང་སྲིད་དཔལ་བགོས་དང་ལྷ་འདོགས་》ཞེས་པའི་ནང་དུའང་“ལོ་བཅུ་ཚུན་ཆད་མིའི་གཡོག དེ་ནས་མིའི་དཔལ་རྒྱན་ཡིན། མ་སྡུག་པར་དུ་སྐྱིད་པར་མཛོད། བུ་མོའི་བུ་ལ་ཕ་ཡུལ་མེད་”ཅེས་པའམ་“ཕ་ཤུལ་བུས་འཛིན་

① རྒྱང་འཁོར་ཚེ་ཕུན་གྱིས་བརྩམས་པའི་《བོད་ཀྱི་དམངས་ཁྲོད་རིག་གནས་སྐོར་གྱི་དཔྱད་གླེང་》ཞེས་པའི་ཤོག་གྲངས་༢༨༨ལ་གསལ།

པ་ཡིན། །དེ་ལ་བུ་མོས་འགྲན་ཟླ་མེད། །བུ་མོ་མི་ཡུལ་འགྲིམ་པ་ཡིན། །དེ་གཉིས་སྲིད་པ་སོ་སོ་ཡིན། །"ཞེས་པ་དང་། "ཁྱོ་བོ་འཁོར་གཡོག་གཏན་གྱི་གྲོགས། །བུ་མོ་ལན་ཆགས་དགྲ་ཡིན་པས། །ངོ་མི་ཤེས་པའི་ཡུལ་དུ་སྤྱུག །སྐྱིད་ན་མིའི་དཔལ་རྒྱན་ཡིན། །སྡུག་ན་མའི་སེམས་ཁྲལ་ཡིན། །ས་ཐག་རིང་དུ་སྤྱུག་ཙམ་ན། །ཕ་མས་བུ་མོ་མཐོང་བ་དཀའ། །"[①]ཞེས་གསལ་བ་ལྟར་རོ། །དེས་ན་འཇིག་རྟེན་གོ་མག་ཁབ་ལེན་ཁྲིད་བུ་མོ་བག་མར་གཏོང་བ་ཤས་ཆེ་བས། དེའི་རྟེན་འབྲེལ་མཛད་སྒོ་ལའང་བག་སྟོན་དུ་འབོད་པ་མ་ཟད། གཉེན་སྒྲིག་མ་བྱས་གོང་དུ་བུ་དང་བུ་མོའི་ལོ་རྟགས་སོགས་མཐུན་མིན་གྱི་རྩིས་རྒྱག་པ་ལའང་བག་རྩིས་སུ་འབོད་སྲོལ་ཡོད།

དམངས་སྲོལ་རིག་པའི་ཐད་ནས་བཤད་ན། གཉེན་སྟོན་ནི་འཇིག་རྟེན་པའི་མི་ཚེའི་ཚོ་གའི་ཁོངས་སུ་གཏོགས་པ་ཞིག་ཡིན། དེ་ཡང་འཇིག་རྟེན་པའི་མི་ཚེའི་ཚོ་ག་ཞེས་པ་ནི་ཆུང་བྱིས་པ་སྐྱེས་པ་ནས་རྒན་རྒོན་ཚེ་ལས་འདས་པའི་བར་མི་ཚེ་ཧྲིལ་པོའི་ནང་ན་རིམ་མི་འདྲ་བར་གསོན་སྐབས་སྤྱི་ཚོགས་ཀྱིས་ཁས་ལེན་པ་དང་། གདེང་འཇོག་བཟང་པོ་ཞིག་ཡོང་ཆེད་དུ་སྤེལ་བའི་འཇིག་རྟེན་པའི་བྱེད་སྒོ་ལ་ཟེར་བ་ཡིན་གྱིས། སྤྱིར་འཛམ་བུའི་གླིང་གི་མི་རིགས་མང་ཆེ་བའི་ཁྲིད་བཙས་སྟོན་དང་། གཉེན་སྟོན། འདས་མཆོད་བཅས་མི་ཚེའི་ཚོ་ག་ཁག་ཆེ་བ་གསུམ་སྤེལ་སྲོལ་ཡོད་པ་དང་། རང་རེ་ཁ་བ་ཅན་གྱི་ལྟེ་བ་དབུས་གཙང་གི་ཡུལ་འདིར་ཕྲུ་གུ་སྐྱེས་པའི་ཉིན་གཉིས་པའམ་གསུམ་པའི་ཐོག་བཙས་སྟོན་གྱི་དོད་དུ་བང་སེལ་གཏོང་བའི་སྲོལ་ཡོད་ལ། དེ་ནི་ཨ་མའི་མངལ་གྲིབ་དག་ཆེད་དུ་བསང་འབྲུས་བྱ་བའི་དོན་ཞིག་ཡིན་པས། བང་སེལ་དུ་འབོད་པ་ཡིན། སྤྱིར་བུ་ཡ་དང་བུ་མོ་ཆ་ཞེས་བུ་མོ་བཙས་ན་ཉིན་གཉིས་པ་དང་། བུ་བཙས་ན་ཉིན་གསུམ་པར་

① དུམ་བུ་དེ་གསུམ་མཁར་རྣེའུ་བསམ་གཏན་གྱི་གསུང་རྩོམ་ཕྱོགས་བསྒྲིགས་《མདའ་དང་འཕང་》ཞེས་པའི་སྟོད་ཆའི་ནང་གསལ། ཀྲུང་གོའི་བོད་རིག་པ་དཔེ་སྐྲུན་ཁང་ནས་༢༠༠༧ལོར་བསྐྲུན།

བང་སེལ་གཏོང་བ་ཡིན། ཕྲུ་གུ་སྐྱེས་ནས་དུས་ཚོད་ཟླ་བ་གཅིག་མ་འཁོར་གོང་དུ་བླ་མའམ་ཡང་ན་ཕ་མའམ་རྒན་རབས་ཀྱིས་ཕྲུ་གུ་དེ་ལ་མིང་འདོགས་པའི་སྲོལ་ཡོད་ལ། མིང་འདོགས་སྐབས་ཕྲུ་གུ་དང་གང་དེའི་ཕ་མ་དང་བཅས་པར་དཀར་གཙང་དྲི་མེད་མཛལ་དར་རེ་རེ་སྤྲོན་ཞིང་རྟེན་འབྲེལ་བྱེད་པ་ལ་མིང་སྟོན་དུ་འབོད། ཕྲུ་གུ་སྐྱེས་ནས་ཟླ་བ་གཅིག་ཙམ་འགྲོ་སྐབས་ཉེ་འཁོར་གྱི་དགོན་པ་སོགས་གནས་བཟང་ངམ་དུད་ཚང་བཀྲ་ཤིས་ཤིང་ཕུན་སུམ་ཚོགས་པ་ཞིག་གི་ནང་དུ་འགྲོ་བའི་སྲོལ་ཡོད་ལ། དེ་ནི་ཕྲུ་གུ་དེ་ཁྱིམ་ཚང་གི་སྒོ་ལས་ཐོན་པ་དང་པོ་དེ་ཡིན་པས་སྒོ་དང་པོ་ཐོན་ཁར་ཁ་བཏགས་གཡོག་པ་དང་གནོད་པ་འགོག་ཆེད་དུ་སྣ་ལ་ཀྲེ་ནག་བྱུག་པའམ་གོས་ཀྱི་ནང་དུ་ཏ་སྣང་སོགས་བླུགས་སྲོལ་ཡོད་པ་དེར་སྒོ་འདོན་ཞེས་འབོད་པ། སྐྱེས་དུས་འགྲོ་རྒྱ་བཙའ་མི་འཕེར། ཡང་དུས་སྨྲ་བར་ཐེ་ཚོམ་མེད་①ཅེས་པ་ལྟར་ཕྲུ་གུ་སྐྱེས་ནས་ལོ་གཅིག་ལྷག་ཙམ་སོང་མཚམས་རྐང་པ་བཙུགས་ཤིང་གོམ་པ་རྒྱག་ཐུབ་པའི་སྐབས་ཞབས་བཙུགས་སྟོན་མོ་ཞེས་པ་ཞིག་གནའ་དུས་མཐོ་རིམ་མི་སྣའི་ཁྱིམ་དུ་གཏོང་སྲོལ་ཡོད་བཟོ་འདུག་པ་ནི་ཆོས་རྒྱལ་ཁྲི་སྲོང་སྡེ་བཙན་ལ་ཞབས་བཙུགས་སྟོན་མོ་སྤེལ་ཡོད་པ་ལྟ་བུའོ། །དུས་ཕྱིས་ཡུལ་འགའ་ཤས་སུ་ཕྲུ་གུ་སྐྱེས་ནས་ལོ་གཅིག་སོང་མཚམས་སུ་ལོ་སྐྲ་བཞར་སྲོལ་འདུག་རུང་། སྔར་གྱི་བཤད་སྲོལ་དང་དཔྱད་གཞིའི་ཡིག་ཆ་འགའི་ནང་དུ་ཡུལ་ལ་ལར་ཉེ་འཁྲུང་བྱིས་པ་ལོ་གསུམ་ལོན་སྐབས་སྐྲ་བཞར་སྟོན་མོ་ཞེས་བྱེད་སྒོ་ཞིག་སྤེལ་སྲོལ་ཡོད་ལ། དེ་ནི་ལོ་གསུམ་མཛོལ་སྐྲ་རལ་པ་ཐེབས་སེ་ཐེབ་ཞེས་བརྗོད་པ་ལྟར་ཕྲུ་གུ་སྐྱེས་པ་ནས་ལོ་གསུམ་མ་གསོན་བར་སྐྲ་མ་བཞར་བར་མཛོལ་སྐྲ་འཛོག་སྲོལ་ཡོད་པ་དང་། སྐྲ་དང་པོ་བཞར་བ་དེ་མཛོལ་སྐྲ་བཞར་བའི་བྱེད་སྒོ་ཞིག་ཏུའང་

① སྐྱེས་དུས་ནི་ཕྲུ་གུ་སྐྱེས་ནས་ལོ་གཅིག་འཁོར་བའི་དུས་ལ་ཟེར་བ་དང་། ཡང་དུས་ནི་ཕྲུ་གུ་སྐྱེས་ནས་ལོ་གཉིས་འཁོར་བའི་དུས་ལ་ཟེར་བ་ཡིན།

བརྗེ་ཡི་འདུག ཡང་བྱང་ཐང་འབྲོག་པའི་ཁུལ་དུ“སྟ་མོའི་སྲོལ་རྒྱུན་ལྟར་ན། ཕྱུ་གུ་ཕལ་ཆེ་བ་དམར་འབྱར་གྱི་དུས་ནས་བཟུང་སྐྲ་ལ་མར་ཁོན་བྱུག་པ་ལས་སྐྲ་མི་འཁྲུད་པར་རལ་པ་འཛོག་ཅིང་རལ་པའི་སྟེང་དུ་གཡུ་བྱུར་འདོགས་ཀྱི་ཡོད་པ་དེ་ནི་གནའ་སྟ་མོའི་གོམས་གཤིས་ཤིག་ཡིན་ཏེ། དམངས་སྒྲུང་དུ་མའི་ནང་དུ་ཕྱུག་པོའི་གཅེས་ཕྲུག་ལ་གཡུ་རལ་ཅན་དང་དེའི་ཕྱོགས་ཕྱོགས་ཀྱི་མི་སྣ་ལ་གཡོག་ལ་ཆའི་རལ་པ་ཅན་ཞེས་བརྗོད་ཀྱི་ཡོད་པས། ཁྱིམ་སོ་སོའི་འབྱོར་བ་དྲག་ཞན་གྱི་རྐྱེན་གྱིས་སྐྲའི་རལ་བར་སྐུམ་བྱུག་དང་མ་བྱུག་གི་བཀྲག་མདངས་ཆེ་ཆུང་མ་གཏོགས་རལ་པ་འཛོག་པའི་སྲོལ་ནི་དབུལ་ཕྱུག་ཡོངས་ཀྱི་ཐུན་མོང་གི་གོམས་སྲོལ་ཞིག་ཡིན་པ་གཏོགས་ཐུབ། ……བྱིས་པ་རྣམས་ནར་སོན་ཏེ་ལོ་བཅུ་གཉིས་བཅུ་གསུམ་དུ་སླེབས་རྗེས་རལ་པ་གསེད་དེ་སྐྲ་བསླས་ནས་སྐྲ་གཞུག་རྒྱག་པ་ནི་བྱིས་པའི་དུས་ཚོད་ཡོལ་ཏེ་གཞོན་ནུའི་གྲས་སུ་སླེབས་པའི་མཚོན་བྱེད་རང་བཞིན་གྱི་བྱེད་སྒོ་ཞིག་རེད། དེའི་ཉིན་ཕྲུ་གུའི་རལ་སྟོན་ཞེས་ཁྱིམ་ཚང་སོ་སོའི་འབྱོར་བར་དཔག་པའི་སྟོན་མོ་ཡང་བཤམ་སྲོལ་ཡོད།”① ཡང་ཡུལ་འགའ་ཤས་སུ་བུད་མེད་ན་གཞོན་རྣམས་མོ་ལོ་བཅོ་ལྔ། བཅུ་དྲུག བཅུ་བདུན་སོགས་སུ་གསོན་སྐབས་སྐྲ་འཁྲུ་བའི་བྱེད་སྒོ་ཞིག་སྤེལ་སྲོལ་ཡོད་པ་དེར་སྐྲ་འཁྲུའི་སྟོན་མོའམ་སྐྲ་སྟོན་ཞེས་འབོད་ལ་དེ་ནི་བུད་མེད་ན་སོ་དར་བའི་སྟོན་མོ་ལགས་པས། དུས་དེ་ནས་བཟུང་བུད་མེད་དེས་རང་དང་ན་མཉམ་གྱི་གཞོན་ནུ་རྣམས་དང་དགའ་རོགས་སྒྲིག་ཆོག་པ་ཡིན། དེ་ཉིན་བུ་མོར་གཟབ་མཚར་གང་ལེགས་ཐོག་སྐེ་ལ་གཞུ་དང་གཟི་བྱུར་སོགས་ཀྱི་རྒྱན་ཆ་ཆ་གང་ཚང་གིས་བརྒྱན་ཅིང་ཕ་མས་གཙོས་ནང་མི་གཞན་རྣམས་ཀྱང་རྒྱན་གོས་གཟབ་པོས་བརླུབས་ཤིང་དགའ་ཉེ་སྤུན་མཆེད་རྣམས་འཛོམས་ནས་བུ་མོའི་

① ནག་ཆུ་ས་ཁུལ་རིག་གནས་ཅུས་ནས་རྩོམ་བསྒྲིགས་བྱས་པའི་《དམངས་སྲོལ་འཚོ་བའི་ཉིང་ཁུ》ཞེས་པའི་ཤོག་གྲངས་༡༩༥ལ་གསལ། མཚོ་སྔོན་མི་རིགས་དཔེ་སྐྲུན་ཁང་ནས་༢༠༡༩ལོར་བསྐྲུན།

སྒྲ་ལ་ལྷུང་ལོ་ཉིས་ལྷུང་རྒྱུག་པ་དང་། སྤུ་སྒྲུག་གཡོགས་པ་མ་ཟད། བཞུགས་གྲལ་དུ་འཁོད་ནས་རྟེན་འབྲེལ་གྲོ་སོ་ཕྱེ་མར་དང་། ཇ་ཆང་། གྲོ་མ་འབྲས་སིལ་སོགས་འདེགས་འབུལ་བྱེད་ཅིང་དགའ་ཉེ་སྤུན་མཆེད་རྣམས་ཀྱིས་ཀྱང་རྟེན་འབྲེལ་ཁ་བཏགས་སྐྲོན་པའི་སྲོལ་ཡོད། དེ་རྗེས་དཔལ་ལྷའི་ཞལ་མཇལ་དང་གཙུག་ལག་ཁང་ཁག་ལ་ཆོས་མཇལ་དུ་ཁྲིད། ཚུར་འཁོར་རྗེས་ཐུགས་སྤྲོའི་དགའ་སྐྱིད་ལ་རོལ་བཞིན་ཡོད། བུ་དང་བུ་མོ་ན་སོ་དར་ནས་གཉེན་སྒྲིག་པ་ལ་གཉེན་སྟོན་ནམ་བག་སྟོན། དབུས་གཙང་ཁུལ་དུ་ཁྲུང་སྟོན་ནམ་ཆང་སའི་རྟེན་འབྲེལ་ཡང་ཟེར་བ་ཡིན། ཀན་ཀོན་དཀྱུང་ལོ་བརྒྱད་ཅུ་ལ་ཕེབས་སྐབས་གོས་དཀར་གཡུང་དྲུང་དང་ཉི་ཟླས[1]བརྒྱན་པ་གཡོགས་ནས་རྟེན་འབྲེལ་བྱེད་པ་ལ་བརྒྱད་ཅུ་གོས་དཀར་ཞེས་འབོད་པ། ཀན་ཀོན་ཚེ་ལས་འདས་རྗེས་ཡར་འབུལ་མར་སྦྱིན་གྱི་མཆོད་འབུལ་སྦྱིན་གཏོང་བྱེད་པ་ལ་འདས་མཆོད་དུ་འབོད་པ་སོགས་བོད་ཁ་བའི་ཡུལ་འདིར་འཛིག་རྟེན་པའི་ཁྲིད་མི་ཚེའི་ཚོ་ག་རྒྱས་བསྡུས་སྣ་ཚོགས་ཤིག་ཡོད།

དེ་ལྟའི་མི་ཚེའི་ཚོ་ག་སྣ་ཚོགས་ཁྲོད་དུ་གཉེན་སྟོན་ལ་མཐོང་ཆེ་ཤོས་བྱེད་པ་དང་། དེ་གལ་འགངས་ཆེན་པོར་བཟུང་དགོས་པའི་རྒྱུ་མཚན་གང་ཡིན་ཟེར་ན། ཕྱོགས་གཅིག་ནས་སྤྱི་ཚོགས་ཀྱི་གྲུབ་ཆ་ལས་རྩ་བའི་སྡེ་ཚན་ནི་ཁྱིམ་རྒྱུད་ཡིན་པ་དང་། ཁྱིམ་རྒྱུད་དེ་ཉིད་ཀྱི་གྲུབ་ཆ་དང་། འཕྲེང་བ་བསྟར་བརྒྱུད་བཞིན་དུ་འཕེལ་རྒྱས་ཡོང་བཞིན་སྤྱི་ཚོགས་ཐོག་གཉེན་ཉེ་སྤུན་མཆེད་ཀྱི་འབྲེལ་བ་མེད་པ་ནས་ཡོད་པ་དང་། ཉུང་བ་ནས་མང་བའི་ཕྱོགས་སུ་འཕེལ་རྒྱས་བྱུང་བ་ཚང་མ་ནི་ཕོ་མོའི་དབར་ལུགས་མཐུན་གྱི་གཉེན་སྒྲིབ་བྱས་པ་ལས་བྱུང་བས། གཉེན་སྒྲིག་ནི་

[1] གཡུང་དྲུང་ཉི་ཟླའི་མཚོན་དོན་ནི་ཉི་མས་ཚེ་རིང་མཚོན་པ་དང་། ཟླ་བས་བསོད་ནམས་མཚོན་པ། གཡུང་དྲུང་གིས་མི་འགྱུར་རྟག་བརྟན་མཚོན་གྱི་ཡོད། དེ་ཡང་ཚེ་རིང་ཉི་མ་མི་ནུབ་རབ་ཏུ་གསལ། བསོད་ནམས་ཟླ་བ་ཡར་ངོའི་ཟླ་ལྟར་འཕེལ། མི་རྒྱུད་མི་འགྱུར་གཡུང་དྲུང་ལྟར་བརྟན་པ། བཀྲ་ཤིས་འདི་ཡང་ཡང་ཡང་བཀྲ་ཤིས་ཤོག་ཅེས་པ་ལྟར་རོ། །

ཁྲིམ་རྒྱུད་འཛིན་པའི་རྨང་གཞི་ཞིག་ཡིན་པ་དང་། གཉེན་ཉེ་སྤུན་མཆེད་འཕེལ་རྒྱས་ཡོང་བའི་རྩ་བའི་རྒྱུ་རྐྱེན་ཡང་ཡིན་ལ། འགྲོ་བ་མིའི་རིགས་ཀྱི་སྤྱི་ཚོགས་རྒྱུན་ཆད་མེད་པར་མུ་མཐུད་འཕེལ་རྒྱས་འགྲོ་བའི་རྩ་བ་དང་། ཁྱད་པར་རིགས་རུས་འཚོལ་བར་མི་སྤྱོད་པའི་བྱ་ཐབས་ཤིག་ཡིན། དེ་ཡང་། སྲོག་ཆགས་གང་འདྲ་ཞིག་ཡིན་རུང་དེར་ཕོ་མོའི་འབྲེལ་བ་ལ་བརྟེན་ནས་སྐྱེས་འཕེལ་ཐུབ་པའི་རང་བྱུང་གི་ནུས་པ་ཞིག་ལྡན་ཡོད། འོན་ཀྱང་འགྲོ་བ་མིའི་རིགས་ནི་སྲོག་ཆགས་གཞན་ལས་མཆོག་ཏུ་གྱུར་པའི་དཔལ་ཡོན་ལྡན་པའི་སྲོག་ཆགས་ཤིག་ཡིན་ཞེས་བརྗོད་ཀྱི་ཡོད། དེ་ལྟར་བརྗོད་དོན་ནི་འགྲོ་བ་མིའི་རིགས་ཀྱིས་སྐྱེས་སྟོབས་ཀྱི་ནུས་པ་དེ་སྤྱི་ཚོགས་ཅན་དང་ཚན་རིག་ཅན་གྱི་ཕྱོགས་སུ་འཕེལ་རྒྱས་བཏང་ཡོད་པས་ཡིན་ལ། མིའི་རིགས་རང་ཉིད་སྤྱི་ཚོགས་ཅན་གྱི་ཕྱོགས་སུ་འཕེལ་རྒྱས་བྱུང་བའི་ཆེས་རྨང་གཞིའི་རྣམ་པ་ནི་ལུགས་མཐུན་གྱི་གཉེན་སྒྲིག་ཡིན། རང་རེའི་སྔོན་བྱོན་མེས་རབས་རྣམས་ཀྱིས་དེ་ལ་མི་རབས་གཅིག་གི་གཏན་འདུན་ཞེས་ཚེ་གང་རིལ་པོའི་དོན་ཆེན་ཞིག་ཏུ་བརྩི་བ་ནི་རྒྱུ་མཚན་མེད་པ་མིན། དེར་བརྟེན་དོན་ཆེན་དེ་ལྟ་བུར་རྟེན་འབྲེལ་བྱ་རྒྱུར་འཛམ་གླིང་མི་རིགས་ཚང་མས་མཐོང་ཆེན་བྱེད་ལ་རྟེན་འབྲེལ་ཡང་རྒྱས་བསྡུས་སྣ་ཚོགས་སྤེལ་སྲོལ་ཡོད་པ་དང་། རང་རེ་ཁ་བའི་ལྗོངས་ཀྱི་མི་རིགས་འདི་ལ་དེ་བས་རྟགས་རྟེན་འབྲེལ་སྒྲིག་རྒྱུར་དགའ་བའི་སྲོལ་རྒྱུན་ཡོད་ན། དོན་ཆེན་དེ་ལྟ་བུར་དེ་བས་རྟེན་འབྲེལ་ཟབ་རྒྱས་བྱེད་པ་ནི་གོར་མ་ཆག ཕྱོགས་གཞན་ཞིག་ནས་བལྟས་ན། སྲོལ་རྒྱུན་སྤྱི་ཚོགས་ནང་ཕོ་མོ་གཉིས་གཉེན་སྒྲིག་བྱེད་སྐབས་ལུགས་མཐུན་ཡིན་པའི་འགྲོ་ལུགས་ཏེ། གཉེན་སྒྲིག་གི་ཐོ་འགོད་བྱེད་པ་དང་ལག་འཁྱེར་ལེན་པའི་གོམས་གཤིས་མེད་པ་ན། གཉེན་སྟོན་མཛད་སྒོ་སྤེལ་ནས་སྤྱི་ཚོགས་ཐོག་ཁོ་ཚོའི་འབྲེལ་བ་དེ་གསལ་བསྒྲགས་བྱེད་ཀྱི་ཡོད་ལ། གཉེན་སྟོན་སྤེལ་རྗེས་སྤྱི་ཚོགས་ཡོངས་ཀྱིས་ཕོ་མོ་གཉེན་སྒྲིག་མཁན་དེ་གཉིས་ལུགས་

མཐུན་གྱི་ཁྱོ་ཤུག་ཡིན་པར་ཁས་ལེན་པ་དང་དེར་གདེང་འཇོག་ཡག་པོ་བྱེད་གྱི་ཡོད། དེས་ན་གཉེན་སྟོན་གྱིས་སྲོལ་རྒྱུན་སྤྱི་ཚོགས་ནང་གཉེན་སྒྲིག་ལུགས་མཐུན་ཡིན་པར་བསྟན་པའི་ནུས་པ་ཐོན་གྱི་ཡོད། ནམ་རྒྱུན་བུ་མོ་ཞིག་མནའ་མར་སླེབས་པའི་རྗེས་བཟའ་མིའི་དབར་རམ་ནང་མི་ཕན་ཚུན་བར་ཁ་མཆུ་རྩོད་གླེང་འདྲ་ཡོང་སྐབས་དམངས་ཁྲིད་དུ་ཁྱི་རུལ་སྒོ་མཚང་དང་ཆང་འདྲེན་དར་འཐེན་ཟེར་བའི་བཤད་རྒྱུན་གཉིས་ཡོད། དང་པོ་ནི་གཉེན་སློང་བའི་བརྒྱུད་རིམ་མ་འགྲིམ་པར་ཁྱི་ངན་ལྟར་གདན་འདྲེན་མཁན་མེད་བཞིན་དུ་གནས་ཁང་གི་ནང་ལ་འཛུལ་བ་ལ་ཟེར་བ་དང་། བཤད་རྒྱུན་གཉིས་པ་ནི་སློང་ཆང་དྲངས་པ་མ་ཟད་དར་འཐེན་བྱས་ནས་མནའ་མར་གདན་འདྲེན་ཞུས་པའི་དོན་ཡིན། དོན་དུ་སྲོལ་རྒྱུན་གྱི་འགྲོ་ལུགས་ལྟར་མནའ་མར་སླེབས་མིན་དེ་ནན་བཤད་བྱེད་གྱི་ཡོད་ལ། དེ་ལས་ཀྱང་ཁྱིམ་ཚང་གི་རྒྱུན་གཏན་འཚོ་བའི་ནང་མནའ་མའི་ཐོབ་ཐང་ངམ་མ་མཐར་རྩོད་པའི་ལབ་འཇུ་ཤོར་མིན་དེ་གཉེན་སྟོན་སྤྲེལ་མིན་དང་འབྲེལ་བ་ཡོད་པ་མཚོན་གྱི་ཡོད།

གཉིས་པ། སློང་ཆང་དང་པོ་དང་འབྲེལ་ཡོད་ཀྱི་བྱེད་སྒོའི་སྐོར།

དབུས་གཙང་ཁུལ་དུ་གཉེན་སློང་བ་ལ་སློང་ཆང་ངམ་ལབ་ཆང་། ཡང་ན་དན་ཆང་ཞེས་འབོད་ལ། ཡུལ་ལུང་སོ་སོར་སློང་ཆང་གཏོང་བའི་འགྲོ་ལུགས་ཀྱང་མི་འདྲ་བ་ཡོད། ཡུལ་མང་པོར་སློང་ཆང་ཐེངས་གསུམ་གཏོང་བའི་སྲོལ་ཡོད་པ་དེར་འགའ་རེས་ཐོག་མར་གཉེན་དར་འཐེན་པ་དང་། བར་དུ་གཉེན་རྟགས་རྒྱག་པ། མཐའ་མར་སློང་ཆང་འདྲེན་པ་ཞེས་འབོད་ལ། ཡུལ་གྲུ་མང་པོར་སློང་ཆང་དང་པོ། གཉིས་པ། གསུམ་པ་ཞེས་འབོད་སྲོལ་ཡང་ཡོད། དེ་ཡང་དུད་ཚང་ཞིག་གི་བུ་དེ་ལང་ཚོ་དར་ལ་བབ་ནས་འཛིག་རྟེན་གཉེན་སྒྲིག་གི་བྱ་བར་འཇུག་རན་པའི་སྐབས་སུ་དེའི་ཕ་མས་དགའ་ཉེ་བློ་དཀར་དོ་ཚོད་ཅིག་མངགས་ནས་བུ་

ལ་མནའ་མ་འཚོལ་བར་གཏོང་བ་དང་། སློང་ཆང་དང་པོའི་ཐོག་དམིགས་ཡུལ་བུ་མོ་གཅིག་རང་ལ་ཡོད་ན་དེ་ལ་སློང་ཆང་གཏོང་བ་དང་། གལ་སྲིད་དམིགས་ཡུལ་གཏན་འཁེལ་མེད་པར་བུ་མོ་ཁ་ཤས་ལས་གང་མཐུན་སུ་འོས་འཚོལ་འདེམས་བྱ་དགོས་ན་དེ་ཚོ་རེ་རེའི་ལོ་རྟགས་འདྲི་བ་དང་། བླ་མ་ཆོས་སྐྱོང་ལ་མོ་ལུང་ཐུགས་བརྟག་ཞུ་བ། དཀར་ཉེ་ཁྲོགས་གསུམ་གྱི་ས་ནས་བུ་མོའི་གཤིས་རྒྱུད་བཟང་མིན་འདྲི་བ། བགྲེས་སོང་རྣམས་ཀྱི་དྲུང་ནས་གཉེན་ཚན་གྱི་འབྲེལ་བ་ཡོད་མེད་འདྲི་བ་སོགས་ཀྱི་དོན་རྣམས་གཙོ་བོར་བཟུང་གི་ཡོད། དེར་བརྟེན་སློང་ཆང་དང་པོ་དེ་ལ་འགའ་ཞིག་གིས་ལོ་རྟགས་སློང་བའང་ཟེར་སྲོལ་ཡོད། བོད་དབུས་གཙང་ཁུལ་གྱི་འཇིག་རྟེན་པོ་མག་ཁབ་ལེན་བྱ་ཚུལ་ལ། ཕ་མས་ཕྲུ་གུའི་མདུན་ཐབས་ཐག་གཅོད་བྱས་པ་དང་། བུ་དང་བུ་མོ་རང་འདོད་ཀྱིས་དགའ་འདུ་བྱས་པ་སྟེ་རིགས་གཉིས་སོ། །སྲོལ་རྒྱུན་སྤྱི་ཚོགས་ནང་ཕ་མས་ཕྲུ་གུའི་གཉེན་དོན་ཐག་གཅོད་བྱས་པ་ཤས་ཆེ་བས། ངེས་པར་མཐའ་འཁོར་གྱི་རང་ཚང་དང་ཕྱོགས་གང་ཅིའི་ཐད་འདྲ་མཉམ་གྱི་དུད་ཚང་ནས་མནའ་མའམ་མག་པ་སློང་དགོས་ཀྱི་ཡོད་ལ། གཉེན་སློང་བར་འགྲོ་སྐབས་ཆང་འདྲེན་བྱ་དགོས་ཀྱི་ཡོད་པས་སློང་ཆང་དུ་འབོད་པ་འདྲ། འོ་ན་ངེས་པར་གཉེན་སློང་བར་འགྲོ་དགོས་དོན་གང་ཡིན་ཟེར་ན། དེ་ཡང་སྔར་གྱི་དུས་སུ་བོད་འདི་ཉིད་ས་རྒྱ་ཆེ་ལ་མི་འབོར་ཉུང་བ་དང་། ཡུལ་ལུང་ཕན་ཚུན་གྱི་འགྲིམ་འགྲུལ་སྟབས་བདེ་མེད་ལ་ལུང་ཚན་གཞན་གྱི་ན་མཉམ་གཞོན་ནུ་དང་རྟག་ཏུ་འགྲོ་འོང་མེད་པའི་ཕྱི་རོལ་ཡུལ་གྱི་བཀག་རྒྱ་ཆེ་བའི་ཁར་བོད་རིགས་རྣམས་ཀྱིས་གཉེན་ཉེའམ་ཉེ་དུའི་བར་གཉེན་སྒྲིག་མི་བྱེད་པའི་འཛེམ་བྱ་ལག་བསྟར་ནན་ཏན་བྱེད་པའི་འདུ་ཤེས་གཏིང་ཟབ་པའི་ནང་རྐྱེན་ཤུགས་ཆེ། དེ་ལྟའི་ཕྱི་ནང་གི་ཤུགས་རྐྱེན་ཐོག་པའི་འཁོར་ཡུག་ནང་རང་གི་ཉེ་འཁོར་གྱི་གཞོན་ནུ་རྣམས་མང་པོ་ཞིག་གཉེན་ཚན་ལ་འགྲོ་བས། ཕ་མས་དོ་ཚོད་མི་སྣ་མངགས་ཏེ་

ཡུལ་གཞན་ནས་གཉེན་སློང་བྱ་དགོས་ཀྱི་ཡོད། དེ་ཡང་འཇིག་རྟེན་ཁ་དཔེར་"ཤོག་ཁའི་འགོ་བདག་དཔོན་པོ་དང་། བུ་སྨུག་འགོ་བདག་ཕ་མ་ཡིན་"①ཞེས་པ་དང་"ཕ་མར་འཁྲི་བ་སྨུ་གུའི་འགྲོ་སྟངས་དང་། སྨུ་གུར་འཁྲི་བ་ཕ་མའི་ཞབས་འཇུག"②ཅེས་བརྗོད་སྲོལ་ཡོད་པ་ལྟར་བུ་སྨུག་གི་འཇིག་རྟེན་གཏན་འདུན་གྱི་འགྲོ་སྟངས་ཕ་མས་བྱེད་པའི་སྣང་ཚུལ་ཤུགས་ཆེ་ཙམ་དེ་དར་བ་ཡིན།

འོ་ན་སློང་ཚང་དང་པོ་ལ་ལོ་རྟགས་སློང་བ་ཟེར་དོན་གང་ཡིན་ཟེར་ན། གོང་སྨོས་ལྟར་ཡུལ་གཞན་ནས་བུ་མོ་མནའ་མར་སློང་སྐབས་དེའི་ལོ་རྟགས་སྟོན་ནས་ཤེས་ཀྱི་མེད་པ་དང་། བོད་རིགས་ཀྱི་ལུགས་སུ་བུ་དང་བུ་མོ་ལོ་རྟགས་མཐུན་མིན་བརྟག་དགོས་པས་ཡིན། གཅིག་ནས་མནའ་མ་འཚོལ་སྐབས་བུ་མོའི་ལོ་དེ་བུ་ལས་ཆུང་བ་འཚོལ་དགོས་པ་དང་། བུ་མོ་ལོ་རྒན་ཙམ་དང་བུ་མོ་དེ་བུ་ལས་ལོ་རྒན་པ་འཚོལ་གྱི་མེད་ལ། ལྷག་པར་དུ་བུ་མོ་བུ་ལས་ལོ་གཅིག་གིས་རྒན་པ་ཡོད་ན་གཅིག་གནོན་ཞེས་མི་ཤེས་པ་དང་མི་མཐུན་པ་ཡོང་རྒྱུར་མངོན་ནས་འཛེམ་བྱར་འཛིན། བུ་མོ་བུ་ལས་ལོ་ཆུང་བ་འཚོལ་བ་དེར་ཚན་རིག་གི་རྒྱུ་མཚན་ངེས་ཅན་ལྡན་ཡོད་དེ། བུ་འཚར་ལོངས་འགྲོ་ཚུལ་བུ་མོ་ལས་ཕྱི་ཙམ་ཡིན་ན་བུ་དང་བུ་མོའི་གཟུགས་ཁམས་འཚར་ལོངས་འགྲོ་བའི་ཁྱད་ཆོས་དང་མཐུན་པ་ཞིག་རེད། དེ་ནི《གཉེན་སྒྲིག་བཅའ་ཁྲིམས》དང་བོད་རང་སྐྱོང་ལྗོངས་ཀྱི་དེ་ལག་བསྟར་བྱེད་པའི་བབ་སྟུན་གཏན་འབེབས་བཅས་ཀྱི་ཁྲིམས་བཀོད་གཉེན་ལོའི་ལོ་ཚད་ནང་སྐྱེས་པའི་ལོ་དེ་བུད་མེད་ལས་ལོ་གཉིས་ཀྱིས་ཆེ་བ་གཏན་འབེབས་བྱས་ཡོད་པ་ལས་ར་འཕྲོད་ཐུབ། སྤྱིར་སྲོལ་རྒྱུན་སྤྱི་ཚོགས་ནང་བུ་མོ་ལོ་བཅོ་ལྔ་ཙམ་དང་བུ་ལོ་བཅོ་བརྒྱད་ཙམ་ནས་གཉེན་སྒྲིག་བྱ་ཡི་ཡོད། དེ་ཡང་ཁ་རྒྱུན་དུ"ཕོ་ལོ་བཅོ་བརྒྱད་ལ་སོན་ན་སློ་ཕ་ལ་མི་

① 《ཁྱད་དུ་འཕགས་པའི་བྱང་ཐང་ངོ་མཚར་འོས་པའི་ཐོན་ཁུངས》ཞེས་པའི་ཤོག་གྲངས་༢པར་གསལ།

② 《བོད་ལྗོངས་དབུས་གཙང་ཁུལ་གྱི་བག་སྟོན་གོམས་སྲོལ》ཞེས་པའི་ཤོག་གྲངས་༧པོར་གསལ།

འདྲི་བར་རྟུས་ཐག་རང་གིས་གཅོད། མོ་ལོ་བཅོ་ལྔར་སོན་ན་ཟས་མ་ལ་མི་སློང་བར་བཟའ་བཏུང་གཡོས་སྦྱོར་གོམས”ཞེས་ན་ཚོད་དེ་འདྲ་སླེབས་ན་བུ་རྣམས་ལ་མནའ་མ་ལེན་པ་དང་བུ་མོ་ཚོ་མནའ་མར་སྟེར་གྱི་ཡོད། གཞན་ཡང་“ན་ཆུང་མོ་ལོ་བཅོ་ལྔ་མ། དྲུག་དཀར་གཡུ་ཡི་རྒྱན་གྱིས་སྤྲས། ན་ཆུང་གནས་ལ་འགྲོ་རན་རེད”ཟེར་བ་དང་། ཞོ་བཤད་ནང་དུའང་“བཅུ་དགུའི་བུ་མོ་གདོང་ནག་མ། མགོ་གསེར་གཡུས་བརྒྱན་ཡང་མ་ལེན་ཞིག”ཅེས་བཤད་སྲོལ་ཡོད། དེ་ནི་མོ་ལོ་བཅུ་དགུར་སླེབས་པའི་བུད་མེད་རང་གཤིས་ངན་པ་དེ་རིགས་རྒྱུ་ནོར་དང་རྒྱན་ཆས་ཕྱུག་ཀྱང་མནའ་མར་མ་ལེན་ཟེར་བའི་དོན་ཡིན། གཞན་ཡང་ལོ་རྟགས་སློང་བའི་རྒྱུ་མཚན་གཙོ་བོ་ཞིག་ནི་ཕོ་མོ་གཉེན་སྒྲིག་མ་བྱས་གོང་བག་རྩིས་སམ་གཉེན་རྩིས་ཕབ་ནས་ཕོ་བདག་གཉིས་ལོ་ཁམས་མཐུན་མིན་དང་གཉེན་སྒྲིག་བསྒྲུབས་ན་རྗེས་སོར་བར་ཆད་ཡོང་མིན་བརྟག་དགོས་ཀྱི་ཡོད། “ཁྱི་འབྲུག་སྐད་ཀྱི་བདུན་ཟུར། ཕྱི་རྟ་རྨིག་པའི་བདུན་ཟུར། སྟག་སྤྲེལ་རྩལ་གྱི་བདུན་ཟུར། ཕག་སྦྲུལ་ཚང་གི་བདུན་ཟུར། གླང་ལུག་རྟིང་བའི་བདུན་ཟུར། བྱ་ཡོས་ཟས་ཀྱི་བདུན་ཟུར།”ཞེས་བུ་དང་བུ་མོའི་ལོ་རྟགས་གཉིས་བདུན་ཟུར་འཁེལ་ན་དེ་གཉིས་སྐྱིད་མར་འཁོན་ཆེ་བ་དང་འཆམ་མཐུན་ཡོང་དཀའ་བར་ངེས་འཛིན་བྱ་ཡི་ཡོད། གཞན་ཡང་“སྐྱེ་པ་བྱི་བ་ལོ་པ་ལ། བུད་མེད་འབྲུག་སྟག་གླང་སྤྲེལ་བླངས། དེ་བཞིན་ཁྱི་ལ་ཕག་ཡོས་དང་། བྱ་ལ་སྤྲེལ་འབྲུག་རྟར་སྦྲུལ་ལུག དེ་དག་སྙིང་ཉེ་མཐུན་པར་བཟང”ཞེས་གསུངས་པ་ལྟར་བུ་དང་བུ་མོའི་ལོ་རྟགས་མཐུན་མིན་སྐོར་བག་རྩིས་ཞིབ་གསལ་རྩིས་པས་ཕབ་པའི་སྲོལ་ཡོད་པ་འདིར་རྒྱས་པར་བཀོད་པའི་དགོས་པ་ཆེར་མེད་དོ། །

སློང་ཚང་དང་པོའི་སྐབས་དགའ་ཉེ་གྲོགས་གསུམ་གྱི་ས་ནས་བུ་མོའི་གཤིས་རྒྱུད་རྩད་ཞིབ་བྱ་སྲོལ་ཡོད། བོད་རིགས་རྣམས་ཀྱི་སྲོལ་རྒྱུན་འདུ་ཤེས་ནང་བུ་ཡི་མདུན་ཐབས་འཚོལ་སྐབས“ཕྱི་ཤ་པགས་མཛེས་པ་མཛེས་པ་མིན། ནང་བསམ་

པ་མཛེས་པ་མཛེས་པ་ཡིན་” ཞེས་པ་ལྟར་ནང་ཤེས་པ་བཟང་མིན་གཙོ་བོར་བཟུང་བ་ལས། བུ་མོའི་ཕྱི་རྣམ་པ་མཛེས་མིན་དང་བུ་མོའི་ཁྱིམ་གྱི་རྒྱུ་ནོར་ཕྱུག་མིན་གཙོ་བོར་བཟུང་གི་མེད། དེ་ཡང་མང་ཚོགས་ཀྱི་བསམ་འདུན་གསལ་ལེར་འཁོད་པའི་དམངས་གཞས་ནང་དུ་“ སྐྱེས་འབྲས་སྤུང་རྒྱན་མེ་ཏོག སྟོན་ཟླ་གསུམ་གྱི་ཡུན་རེད། ཐུགས་སེམས་ལྟ་ཤིང་ཤུག་པ། མི་ཚེ་གཅིག་གི་དུས་རེད་” ཅེས་པ་དང་“ འཇམ་ནི་འབུ་རས་འཇམ་བྱུང་། རས་ཁྲ་མིག་ལ་མཛེས་བྱུང་། འཇམ་པོའི་འབུ་རས་གྱོན་ཆོག རས་ཁྲ་དགོངས་པ་མ་འཚོམས། ” ཞེས་པ། “ རི་མགོ་མཐོ་ལ་མ་བལྟས། རི་བྱད་ཡག་ལ་བལྟས་ཡོད། བུ་མོ་མཛེས་པར་མ་བལྟས། ངང་རྒྱུད་རིང་ལ་བལྟས་ཡོད། ” ཅེས་པ་ལྟ་བུ་ལས་ཡོངས་སུ་མངོན་ཐུབ།

སློང་ཆང་དང་པོའི་སྐབས་གོང་ཞུས་ལྟར་བུ་མོའི་ལོ་རྟགས་དང་གཤིས་རྒྱུད་བཀའ་འདྲི་ཞུ་བ་མ་ཟད། རྣན་རབས་རྣམས་ལ་བུ་དང་བུ་མོའི་དབར་ལ་གཉེན་ཚན་གྱི་འབྲེལ་བ་ཡོད་མེད་བཀའ་འདྲི་ཞུ་དགོས་ཀྱི་ཡོད། དེ་ནི་བོད་ཀྱི་ལུགས་སུ་ཉེ་དུ་གཉེན་སྒྲིག་ལ་འཛེམ་པ་དེ་ནི་གཉེན་སྒྲིག་གོམས་སྲོལ་ཁྲོད་འཛེམ་བྱ་ཆེ་ཤོས་ཤིག་ཡིན། དབུས་གཙང་ཁུལ་དུ་སྤྱིར་ཉེ་དུ་གཉེན་སྒྲིག་བྱས་ཚེ་སྤུན་མཆེད་ལ་འཛེམ་རྒྱུ་མེད་པ་ཀླ་ཀློ་དང་འདྲ་ཟེར་ནས་ཧ་ཅང་ཐ་ཤལ་གྱི་སྤྱོད་ཚུལ་ཞིག་ཏུ་བརྩི་ཡི་ཡོད། འོན་ཀྱང་ཡུལ་ལུང་སོ་སོར་དེ་ལ་བརྩི་ཚུལ་མི་འདྲ་བ་མང་པོ་ཡོད་དེ། འགའ་ཞིག་ནས་ཕ་ཚན་མི་རབས་བདུན་བརྒྱུད་དང་མ་ཚན་མི་རབས་ལྔ་བརྒྱུད་ཚུན་ཆད་དུ་གཉེན་སྒྲིག་བྱས་མི་ཆོག་པ་དང་། ཡང་ཡུལ་འགའ་ཤས་སུ་ཕ་ཚོགས་[1]རྫོགས་མཐའ་མེད། མ་ཚོགས་བདུན་ནས་བུད་ཅེས་ཕ་ཚན་གྱི་རྒྱུད་ཡིན་

[1] འདིར་བརྗོད་པའི་ཚོགས་ནི་མིའི་གཟུགས་པོའི་ཡན་ལག་ལག་པའི་ཚིགས་ལ་དཔེ་བཞག་པ་ཡིན། དེ་ཡང་དཔྱད་པའི་ཚོགས་ནས་བརྩིས་པས་མཛུབ་མོའི་མཐའ་ཚོགས་བར་ཚོགས་ཆེན་གསུམ་དང་ཚོགས་ཆུང་གསུམ་ཡོད་པ་དང་། དེའི་ཁར་འཛིང་ཚོགས་བསྣན་པས་ཚོགས་བདུན་དུ་བཤད་པ་ཡིན།

པ་ཙམ་གྱིས་གཉེན་སྒྲིག་བྱས་མི་ཆོག་པ་དང་། མ་ཚན་མི་རབས་བདུན་བརྒྱུད་ཚུན་ཆད་གཉེན་སྒྲིག་བྱ་རྒྱུར་འཛེམ་གྱི་ཡོད། ཡང་ཡུལ་འགའ་ཤས་སུ་ཕ་ཚན་མི་རབས་བདུན་བརྒྱུད་ཚུན་ཆད་དང་། མ་ཚན་དང་སྤྱི་བོ་དང་རྩ་བོ①ཚུན་ཆད་དེ་མི་རབས་ལྔ་བརྒྱུད་ཚུན་ཆད་དུ་གཉེན་སྒྲིག་བྱས་མི་ཆོག སྔོན་དུས་དེ་ལྟའི་འཛེམ་བྱ་ལས་འགལ་ན་དམེ་བྱས་པའམ་དམ་ཉམས་ཁ་སྦྱོར②རམ་ཐན་གཏོང་ཟེར་ནས་ནག་ཉེས་ཆེན་པོ་ཡོད་མཁན་ནམ་ལྟས་ངན་པར་བརྩིས་ནས་ཡུལ་ཁྲིམས་ལྟར་གནས་དབྱུང་གཏོང་བའམ་ཀོ་བ་ཏུམས་བཀྱབ་ནས་གཙང་པོར་བསྐྱུར་བའམ་དམེ་རྟགས་ཏེ་ཐོད་པར་ལྕགས་ཚ་པོས་རྒྱ་གྲམ་གྱི་རི་མོ་བྲིས་ནས་རྒྱང་འབུད་གཏོང་བ་སོགས་ཀྱི་ཉེས་ཆད་ཕོག་གི་ཡོད་སྐད། མ་མཐར་བྱེད་པོ་གཉིས་ལ་དམེ་བོ་དམེ་མོ་ཞེས་ངན་སྨྲས་ཁ་རྫང་དྲག་པོ་གཏོང་བ་མ་ཟད་དུད་འགྲོ་ལྟ་བུར་བརྩི་ཡི་ཡོད། བོད་རིགས་རྣམས་ཀྱིས་རིགས་རུས་འཚོལ་བར་མི་སྤྱོད་པ་དང་། རྗེས་རབས་ཀྱི་བདེ་ཐང་ཆེད་དུ་ཉེ་དུ་གཉེན་སྒྲིག་བྱ་རྒྱུ་འཛེམ་བྱར་བཟུང་བ་དང་དེ་གཏན་འགོག་བྱས་པ་དེ་ནི་བྱ་ཐབས་བཟང་ངན་ལ་མ་བལྟོས་པར་ཚན་རིག་དང་མཐུན་པའི་ཡར་ཐོན་གྱི་སྤྱོད་བཟང་ཕོ་ནར་ངེས་སོ། །དེ་ཡང་རང་རྒྱལ་གྱི《གཉེན་སྒྲིག་བཅའ་ཁྲིམས་》ནང་"གདུང་རྒྱུད་ཀྱི་གཉེན་ཚན་དང་མི་རབས་གསུམ་ཚུན་ཆད་ཀྱི་བརྒྱུད་པའི་གཉེན་ཚན་"གཉེན་སྒྲིག་བྱས་མི་ཆོག་ཅེས་འཁོད་ཡོད་པ་དེ་ནི་ཁྲག་རྒྱུད་རུས་རྒྱུད་འབྲེལ་བ་ཡོད་པའི་ཉེ་དུའི་དབར་གཉེན་སྒྲིག་བྱས་མི་ཆོག་པའི་གཏན་འབེབས་ཁ་གསལ་བྱས་པ་ཞིག་རེད། དེ་ལྟར་ཁྲིམས་ཐོག་གཏན་འཁེལ་བྱེད་དགོས་དོན་ནི་"ཉེ་དུ་གཉེན་སྒྲིག་བྱས་ནས་སྐྱེས་པའི་རྗེས་རབས་ལ་རྒྱུད་

① སྤུན་མཆེད་ཀྱི་འབོད་ཚུལ་ཏེ་གཙང་ཁུལ་ཡུལ་ལུང་ལ་ལར་དེང་སྤྱི་བོ་དེང་རྩ་བོ་ཡང་ཟེར་སྲོལ་ཡོད། དེ་ནི་ཡང་མེས་སམ་ཡང་སྤྱི་བོ་ཡང་རྩ་བོ་ཡི་ཕ་མ་ལ་ཟེར་བ་ཡིན།

② ཡུལ་འགའ་ཤས་སུ་དམ་ཉམས་ཁ་སྦྱོར་ཟེར་བ་ཉེ་དུ་གཉེན་སྒྲིག་བྱས་པ་ལ་གོ་བ་དང་། ཡུ་ལ་ལར་གྲྭ་བཙུན་སྐྱ་བབ་ནས་གཉེན་སྒྲིག་བྱས་པ་ལ་གོ་བ་ཡིན།

འཛིན་རང་བཞིན་ལྡན་པའི་ནད་འཁྲི་བ་དང་། དབང་པོ་སྐྱོན་ཅན་གྱི་རྗེས་རབས་སྐྱེས་ཏེ་རྒྱལ་ཁབ་དང་སྤྱི་ཚོགས་ལ་ཁུར་པོ་བཟོ་བ་དང་། ཁྱིམ་ཚང་དང་མི་སྒེར་ལ་སྡུག་བསྔལ་བཟོ་ཡི་ཡོད་”①པས་ཡིན། “གཉེན་ཚན་བར་གཉེན་སྒྲིག་བྱས་ནས་སྐྱེས་པའི་ཕྲུ་གུ་དག་གཉེན་ཚན་མིན་པའི་བར་གཉེན་སྒྲིག་བྱས་ནས་སྐྱེས་པའི་ཕྲུ་གུ་ལས་རྒྱུད་འཛིན་ནད་གཞི་ཐོག་ཚད་ལྡབ་གསུམ་ཡན་ཟིན་པ་དང་། གཉེན་ཚན་བར་གཉེན་སྒྲིག་བྱས་ནས་སྐྱེས་པའི་ཕྲུ་གུ་འཆི་ཚད་དང་ཡ་མ་གཟུགས་སུ་འགྱུར་ཚད་ནི་གཉེན་ཚན་མིན་པའི་བར་གཉེན་སྒྲིག་བྱས་པ་ལས་ལྡབ་༡༥༠%མཐོ་བ་ཡོད།”② དེ་ལྟར་ལགས་ན་སྲིད་འཛིན་དང་ཁྲིམས་སྲོལ་གྱིས་མི་ལ་ངོ་དམ་དང་བཀག་རྒྱ་བྱེད་པའི་ནུས་པ་དབུལ་བའི་གནའ་བོའི་དུས་སུ་གཉེན་སྒྲིག་གི་འཛེམ་བྱ་དེས་མང་ཚོགས་ཀྱི་སྤྱོད་པའི་ཁ་ལོ་བསྒྱུར་གྱི་ཡོད་པ་མ་ཟད། ད་ལྟའི་དུས་སུའང་འཛེམ་བྱ་དེ་ལྟ་བུ་ཡོད་པས་སྤྱི་ཚོགས་ཀྱི་གླེང་ཕྱོགས་ཀྱིས་མི་རྣམས་ཀྱི་ཀུན་སྤྱོད་ལ་ཚོད་འཛིན་བྱ་ཐུས་སུ་མཆིས་ན་རང་ཅག་ཆོས་སྲོལ་རྒྱུན་བཟང་པོ་དེ་རིགས་རྒྱུན་འཛིན་བྱ་རྒྱུ་ནི་གལ་འགངས་ཆེ་བར་མཐོང་ངོ་། །

གཉེན་སྟོན་གྱི་ལས་ཐོག་མ་སློང་ཚང་ཐེངས་དང་པོ་སྟེ་ལོ་རྟགས་སློང་བ་དང་། གཤིས་རྒྱུད་རྩད་ཞིབ། གཉེན་ཚན་གྱི་འབྲེལ་བ་རྩད་གཅོད་བཅས་ལེགས་པར་གྲུབ་རྗེས་གཉེ་བོས་བུའི་ཕ་མ་ལ་བཀའ་སྐོར་གྲོས་བསྡུར་ཞུས་ཐོག་དེ་ལས་ཨོས་གཞིར་གཏན་འཁེལ་བྱུང་བ་ཞིག་ལ་སློང་ཚང་ཐེངས་གཉིས་པ་གཏོང་བའི་སྲོལ་ཡོད། །

① ཞིང་ཁྲུལ་སྤྱི་ཚོགས་རིང་ལུགས་བསམ་བློའི་སློབ་གསོའི་དཔེ་ཚོགས་གསུམ་པ་《ཞིང་ཁྲུལ་ཁྲིམས་ལུགས་སྐོར་གྱི་གསུང་བཤད་》(རྒྱ་ཡིག་)ལ་གསལ། ཞིང་གྲོང་སློག་དེབ་དཔེ་སྐྲུན་ཁང་གིས་༡༩༩༡ལོར་དཔར་སྐྲུན་བྱས།

② ལྷུའུ་ཁྲང་ཀྲིན་གྱིས་གཙོ་སྒྲིག་བྱས་པའི་《གཉེན་སྒྲིག་སྐོར་གྱི་བཅའ་ཁྲིམས་གསར་པའི་ཕྱོགས་སྟོན་》ཤོག་ངོས་༥༩ལ་གསལ། མི་རིགས་དཔེ་སྐྲུན་ཁང་ནས་༢༠༠༡ལོར་བསྐྲུན།

༧༧། །དབྱུས་གཙང་གཉེན་སྟོན་ལས་སློང་ཆང་ཕྱི་མ་གཉིས་ཀྱི་བྱེད་སྒོའི་སྐོར་གླེང་བ།

སློང་ཆང་དང་པོའི་སྐབས་གཙོ་བོ་བརྟག་ཞིབ་བྱ་རྒྱུ་དང་། བླ་མ་ཆོས་སྐྱོང་སོགས་ལ་འཕྲོད་ལམ་ཡོད་མེད་ཀྱི་མོ་ལུང་ཐུགས་རྟགས་ཞུས་པ་བརྒྱུད་སློང་བྱའི་བུ་མོ་སུ་ཡིན་གཏན་འཁེལ་བྱུང་རྗེས་བུའི་ཕྱོགས་ནས་དོ་ཚོད་ངོ་ཚབ་ཅིག་དང་རོགས་ཟླ་གཅིག་གམ་གཉིས་མཉམ་དུ་བུ་མོའི་ཁྱིམ་ལ་སློང་ཆང་གཉིས་པ་གཏོང་བར་འགྲོ་སྲོལ་ཡོད། དེ་དུས་བུའི་ཁྱིམ་ནས་ཆང་དང་མཛལ་དར་སོགས་འཁྱེར་ཏེ་བུ་མོའི་ཕ་མར་ཕུལ་བ་དང་སྨྲགས་ཁྱེད་ཚོའི་བུ་མོ་ངེད་དུད་ཚང་ག་གེ་མོའི་བུའི་མདུན་ཐབས་སུ་མོ་ལུང་གཅིག་མཐུན་བཟང་ཕེབས་བྱུང་སོང་བས་གོ་སྟེར་ཡོང་བ་ཞུ་ཞེས་དངོས་སུ་བུ་མོ་མནའ་མར་སློང་བའི་གླེང་སློང་བྱེད་པ་དང་། བུ་མོའི་ཕ་མས་མོས་མཐུན་བྱུང་ཚེ་བུ་མོ་སློང་མཁན་དང་ལྷན་དུ་སློང་ཆང་ཐེངས་མ་གསུམ་པ་ནམ་འདྲེན་གཟའ་སྐར་ཆོས་གྲངས་བཟང་བ་ཞིག་ལ་དུས་བཀག་བཟོ་སྲོལ་ཡོད། མནའ་མ་སློང་མཁན་བུའི་ཁྱིམ་དུ་ཕྱིར་ལོག་རྗེས་བུའི་ཕྱོགས་ནས་རྩིས་པའི་མདུན་དུ་བག་རྩིས་ཀྱི་འབྲས་བུ་དངོས་སུ་གཏན་འབེབས་བྱེད། དུས་བཀག་དེ་འཆར་བའི་ཉིན་མོར་བུའི་ཁྱིམ་ཚང་གི་ངོ་ཚབ་པ་དེ་ཚོ་གཟབ་མཆོར་གྱིས་བརྒྱན་ནས་བུ་མོའི་ཁྱིམ་དུ་སློང་ཆང་ཐེངས་གསུམ་པ་གཏོང་བར་འགྲོ་སྲོལ་ཡོད། དེ་དུས་གཙོ་དོན་བུ་མོའི་ཕ་མར་ཆང་འདྲེན་དང་མཛལ་དར་སྤྲོད་པ་མ་ཟད། བུ་མོའི་ཨ་མར་ཉུ་རིན་པང་གདན་དང་བུ་མོའི་ཕ་དང་ནང་མི་སྤུན་མཆེད་གཞན་རྣམས་ལ་གོས་སྣེ་སོགས་འབུལ་རྟེན་ལག་རྟགས་སྤྲོད་དགོས་པ་དང་། བུ་མོ་སྟེར་དོན་གཏན་ལ་

འཁེལ་རྗེས་བུའི་ངོ་ཚབ་ནས་བུ་མོའི་མགོ་ལ་གཉེན་རྟེན་གཙུག་གཡུ་བསྒྲོན་པ་དང་། དེ་སྟོན་དུད་ཚང་ཆེ་གྲས་ཚོས་སློང་ཚང་གསུམ་པའི་ཐོག་གཉེན་ཡིག་ཅེས་པའི་གན་རྒྱ་ཞིག་ཀྱང་འཇོག་སྲོལ་ཡོད། གཞན་ཡང་ཕྱོགས་གཉིས་ཀྱིས་བག་རྫིས་ལ་བབ་འབྲས་ལྷར་མནའ་མ་བསུ་སྐྱེལ་མཁན་དང་ཆིབས་བསུའི་རྟ་པའི་གྲངས། བུ་མོའི་རྫོངས་སྐལ་སོགས་ཀྱི་སྐོར་གྲོས་བསྡུར་གྱིས་གཏན་འཁེལ་བྱ་སྲོལ་ཡོད། དེ་ནི་ཨ་མདོ་ཁུལ་དུ་དར་བའི་གྲོས་ཤ་གྲོས་ཆང་འཐུང་བ་དང་མིང་མི་འདྲ་བ་ཙམ་ལས་བྱེད་སྒོ་ཆ་འདྲ་བ་ཞིག་ཡིན། འདིར་བག་མ་གཏོང་ལེན་གྱི་དུས་ཚོད་དང་སློང་རྟེན། བག་སྐལ། དེ་བཞིན་དུས་ཕྱིས་མིང་གི་ལྷག་མར་གྱུར་དང་འགྱུར་སྨུས་ཀྱི་གཉེན་ཡིག་དང་གཙུག་གཡུའི་སྐོར་ངོ་སྤྲོད་ལམ་ཙམ་ཞུ་རྒྱུ་ཡིན།

དང་པོ་བག་མ་གཏོང་ལེན་གྱི་དུས་ཚོད་བཟང་ངན་གྱི་སྐོར་བཤད་པ་ལ། དེ་ཡང་ལོ་ཟླ་གཟའ་དང་། ཞག་ཚེས་དེ་བཞིན་དུས་ཚོད་བཅས་བརྩི་བྱ་ཕོ་མོ་གཉིས་དང་ཕ་མ་བཅས་ཀྱི་ལོ་རྟགས་དང་བསྟུན་ནས་བརྟག་དགོས་ཏེ། གཙོ་བོ་རང་སྐྱིག་དང་དུར་མིག བདུན་ཟུར། བཞི་གཤེད་བཅས་ལ་འཛེམ་དགོས་ཀྱི་ཡོད། བརྩི་བྱ་བྱི་ལོ་བ་ཞིག་ཡིན་ན་གནམ་ལོ་རང་སྐྱིག་བྱི་ལོ་དང་བདུན་ཟུར་རྟ་ལོ། བཞི་གཤེད་ཡོས་ལོ་དང་བྱ་ལོ་སོགས་ལ་འཛེམ་དགོས་པ་ལྟ་བུ་དང་། ཟླ་བར་ཆ་མཚོན་ན། བརྩི་བྱ་བྱི་ལོ་ཞིག་ཡིན་ན་རང་ཟླ་བྱི་བ་བཅུ་གཅིག་དང་བདུན་ཟུར་རྟ་ཟླ་ལྔ་པ། བཞི་གཤེད་ཡོས་ཟླ་གཉིས་པ་དང་བྱ་ཟླ་བརྒྱད་པ་བཅས་ལ་འཛེམ་དགོས་པ་ལྟ་བུ། དེ་ལྟའི་ཟླ་བ་དག་ཀྱང་སྟག་ཟླ་དང་པོ། ཡོས་ཟླ་གཉིས་པ། འབྲུག་ཟླ་གསུམ་པ། སྦྲུལ་ཟླ་བཞི་པ། རྟ་ཟླ་ལྔ་པ། ལུག་ཟླ་དྲུག་པ། སྤྲེལ་ཟླ་བདུན་པ། བྱ་ཟླ་བརྒྱད་པ། ཁྱི་ཟླ་དགུ་པ། ཕག་ཟླ་བཅུ་པ། བྱི་ཟླ་བཅུ་གཅིག གླང་ཟླ་བཅུ་གཉིས་བཅས་སུ་སྦྱར་སྲོལ་ཡོད། ཡང་ཞག་ཚེས་ལ་ཆ་མཚོན་ན། ཟླ་རེའི་ཚེས་བདུན་དང་བཅུ་བདུན། ཉེར་བདུན་བཅས་ནི་བག་མ་གཏོང་ལེན་གྱི་

གནམ་སྒོ་ཡིན་པས་ཚེས་དེ་དག་གི་སྟེང་དུ་བག་མ་གཏོང་བར་འཛེམས་པ་དང་། གཞན་ཡང་ཟླ་རེའི་ཚེས་གཅིག་དང་གསུམ། བཞི། ལྔ། བརྒྱད། བཅུ། བཅུ་གཉིས། བཅོ་ལྔ། ཉི་ཤུ། ཉེར་བརྒྱད། སུམ་ཅུ་བཅས་ཀྱི་ཐོག་བག་མ་གཏོང་ལེན་བྱས་ན་ཅུང་ངན་པར་མངོན་ནས་འཛེམས་ཀྱི་ཡོད། ཡང་དུས་ཚོད་ལ་ཆ་མཚོན་ན། བཙེ་བྱ་ཕོ་མོའི་ལོ་སྟེང་དང་། དེ་བཞིན་ཕ་མའི་ལོ་སྟེང་དུ་བག་མ་གཏོང་ལེན་བྱ་རྒྱུར་འཛེམས་སྲོལ་ཡོད་དེ། བཙེ་བྱ་ཡོས་ལོ་པ་ཞིག་ཡིན་ན་ནམ་ལངས་ཡོས་ཀྱི་སྟེང་དུ་འཛེམས་པ་དང་། བཙེ་བྱ་འབྲུག་ལོ་པ་ཞིག་ཡིན་ན་ཉི་ཤར་འབྲུག་གི་སྟེང་དུ་འཛེམས་སྲོལ་ཡོད། དེ་ལྟའི་ཉིན་ཞག་དུས་ཚོད་བཅུ་གཉིས་སུ་བཙེ་ཚུལ་ཡང་ནམ་ལངས་ཡོས་དང་། ཉི་ཤར་འབྲུག ཉི་སྲོས་སྦྲུལ། ཉི་ཕྱེད་རྟ། ཕྱེད་ཡོལ་ལུག ཉི་མྱུར་སྤྲེལ། ཉི་ནུབ་བྱ། ས་སྲོད་ཁྱི། སྲོད་འཁོར་ཕག ནམ་ཕྱེད་བྱི་བ། ཕྱེད་ཡོལ་གླང་། ཐོ་རེངས་སྟག་བཅས་སུ་སྦྱར་སྲོལ་ཡོད། དེ་ནི་ཉིན་མཚན་མཉམ་པའི་སྐབས་ཀྱི་བཙེ་ཚུལ་ལམ་སྦྱར་སྲོལ་ཞིག་ཡིན། ཡང་གཟའ་ལ་ཆ་མཚོན་ན། སྤྱིར་གཟའ་ཟླ་བ། ཕུར་བུ། པ་སངས་བཅས་ལ་བག་མ་གཏོང་ལེན་བྱས་ན་བཟང་བར་མངོན་ལ་དེ་མིན་རྣམས་ཅུང་ངན་པར་མངོན་གྱི་ཡོད། འོན་ཏེ་གཙོ་བོ་བཙེ་བྱ་མི་འདྲ་བར་གཞིགས་ནས་གཟའ་བཟང་ངན་དབྱེ་བ་འབྱེད་སྲོལ་ཡོད་པ་སྟེ། བཙེ་བྱ་ལོ་རྟགས་བྱི་བ་ཡིན་ན་གཟའ་ལྷག་པ་དང་། གླང་ཡིན་ན་སྤེན་པ། སྟག་ཡིན་ན་ཕུར་བུ། ཡོས་ཡིན་ན་ཕུར་བུ། འབྲུག་ཡིན་ན་ཉི་མ། སྦྲུལ་ཡིན་ན་མིག་དམར། རྟ་ཡིན་ན་མིག་དམར། ལུག་ཡིན་ན་པ་སངས། སྤྲེལ་ཡིན་ན་པ་སངས། བྱ་ཡིན་ན་པ་སངས། ཁྱི་ཡིན་ན་ཟླ་བ། ཕག་ཡིན་ན་ལྷག་པ་བཅས་ལ་བཟང་བར་མངོན་པ་དང་། དེ་ལས་ལྡོག་སྟེ་བཙེ་བྱ་ལོ་རྟགས་བྱི་བ་ཡིན་ན་གཟའ་སྤེན་པ་དང་། གླང་ཡིན་ན་ཕུར་བུ། སྟག་ཡིན་ན་པ་སངས། ཡོས་ཡིན་ན་པ་སངས། འབྲུག་ཡིན་ན་ཕུར་བུ། སྦྲུལ་ཡིན་ན་ལྷག་པ། རྟ་ཡིན་ན་ལྷག་པ།

ལུག་ཡིན་ན་ཕུར་བུ། སྤྲེལ་ཡིན་ན་མིག་དམར། བྱ་ཡིན་ན་མིག་དམར། ཁྱི་ཡིན་ན་ཕུར་བུ། ཕག་ཡིན་ན་སྤེན་པ་བཅས་ཚུང་ངན་པར་བརྩི་བའི་སྲོལ་ཡང་ཡོད། གཞན་ཡང་བག་མའི་ལོ་ལ་མཚོན་ན། བུ་མོའི་ལོ་རྟགས་བྱི་བ་ཡིན་ན་མོ་ལོ་བཅོ་ལྔ་དང་བཅོ་བརྒྱད། ཉེར་བདུན་བཅས་དུས་གཉན་དུ་མངོན་ནས་དེའི་སྟེང་མནའ་མར་བཏང་ན་ཚུང་ངན་པར་བརྩི་བ་དང་། གླང་ལོ་མ་ཡིན་ན་མོ་ལོ་བཅུ་བཞི། བཅུ་དྲུག བཅོ་བརྒྱད་བཅས་དུས་གཉན་དུ་མངོན་ནས་དེ་དག་གི་ཐོག་མནའ་མར་བཏང་ན་ཚུང་ཞན་པར་བརྩི་སྲོལ་ཡོད།[1] འོན་ཀྱང་དུས་ཕྱིས་དེའི་ཐད་དེ་ཙམ་དོ་འཛོག་བྱེད་མཁན་ཇེ་ཉུང་དུ་འགྲོ་བཞིན་ཡོད།

གཉིས་པ་སློང་རྟེན་སྐོར། བུ་མོའི་ཕ་མར་སློང་རྟེན་གྱི་དོད་དུ་འབུལ་བའི་གོས་སྣེ་ལག་རྟགས་དེ་ཡུལ་ལུང་སོ་སོའི་གོམས་པའི་གཤིས་ལུགས་དང་དུད་ཚང་སོ་སོའི་འབྱོར་པ་ཆེ་ཆུང་ལ་གཞིགས་པའི་མང་ཉུང་སྣ་ཚོགས་ཤིག་སྤྲོད་སྲོལ་ཡོད་ནའང་། ཨ་མའི་ནུ་རིན་པང་གདན། གངས་ཅན་བོད་ཀྱི་ལུགས་སྲོལ་ཞེས་པ་ལྟར་བུ་མོའི་ཨ་མར་ངེས་པར་ནུ་རིན་དངུལ་སྐར་རམ་ནོར་དངོས་གང་འཚམ་དང་པང་གདན་གསར་པ་འཛའ་རིས་ཤིག་དམིགས་བཀར་གྱིས་སྤྲོད་སྲོལ་ཡོད། དེ་ནི་བུ་མོ་ཞོ་འཐུང་བྱིས་པའི་དུས་སུ་ཨ་མའི་འོ་མས་གསོས་པ་ཡིན་པས་གསོས་དོད་ཡིན་ཟེར་བ་དང་། པང་གདན་དེའང་བུ་མོ་ཆུང་ངུའི་དུས་སུ་ཨ་མའི་པང་ཁར་ཉར་བས་པང་གདན་གྱི་ཟད་དོད་ཡིན་པར་བརྗོད་སྲོལ་ཡོད། ཕྱི་ཚུལ་དུ་དེ་ནི་དཔལ་འབྱོར་གྲོང་གྲུབ་གསབ་ཚུལ་ཙམ་ལས་དོན་དམ་བུ་མོའི་ཨ་མར་གུས་སྲོལ་རང་བཞིན་གྱི་ཕྱག་རྟགས་ཕུལ་བ་ཞིག་ཡིན། ཨ་མའི་ནུ་རིན་མང་པོ་བླངས་ན་བུ་མོ་བཙོང་པའི་རྒྱུ་རིན་དུ་མངོན་ཞིང་དུད་ཚང་གི་འབྱོར་སྟོབས་ལ་གཞིགས་ཏེ་ཚད་

① རྨེའུ་ཚ་བསྟན་འཛིན་རྣམ་རྒྱལ་གྱིས་བརྩམས་པའི་《བོད་ཀྱི་འབྱུང་རྩིས་རྣམ་གཞག》ཞེས་པའི་ཤོག་ངོས་༧༣༨ལ་གསལ། མི་རིགས་དཔེ་སྐྲུན་ཁང་ནས་སྤྱི་ལོ་༢༠༠༩ལོར་བསྐྲུན།

རན་པར་ལེན་རྒྱུ་གལ་ཆེར་བཟུང་། དབུས་གཙང་ཁུལ་དུ་དུས་ཕྱིས་བུ་མོའི་ཕ་མར་སློང་རྟེན་གྱི་བསམ་པ་མཚོན་བྱེད་ཙམ་སྤྲོད་པ་ལས་དམིགས་སུ་སློང་རྟེན་འདི་དང་དེ་ཞེས་སྤྲོད་སྲོལ་མི་འདུག་ཀྱང་། བོན་གྱི་གནའ་དཔེ《མིང་སྲིང་དཔལ་བགོས་དང་ལྷ་འདོགས》ཞེས་པའི་ནང་"ངའི་བུ་མོ་འདོད་པ་ན། །རིན་དུ་གསེར་གཡུ་རིན་ཆེན་དང་། །ལྷ་གཡུ་དེ་ནི་འོད་འབར་དང་། །བསེའི་དེ་ནི་གོས་བདུན་དང་། །ལྷ་རྟ་དེ་ནི་ངང་དཀར་དང་། །ལྷ་གཡག་དེ་ནི་ཞོལ་ཆེན་དང་། །ལྷ་ལུག་དེ་ནི་ཁྲུ་བདུན་དང་། །ལྷ་ར་དེ་ནི་ཞལ་དཀར་དང་། །ལྷ་མདའ་དར་གྱིས་བརྒྱན་པ་དགོས། །རང་དབང་ཆེ་བ་བུ་མོའི་ཕ། །ཕ་ལ་ལྷ་རྟ་སྲབ་སྦྲེལ་དགོས། །མ་ལ་ལྷ་འབྲི་ཟལ་དཀར་དགོས། །མིང་ཅིག་སྲིང་ཅིག་མིག་དང་འདྲ། །མིང་ལ་སྐྱུན་རྟེན་གསེར་གཡུ་དགོས། །ཉེ་བར་འཁོར་གཡོག་ལུས་དང་འདྲ། །ལུས་རྟེན་དར་དཀར་ཡུག་གཅིག་དགོས། །མགོ་བའི་ལྷ་ལྷ་མཆོད་པ་ལ། །ལྷ་ཕྱི་དང་ནི་ལྷ་མར་དང་། །ལྷ་ཤ་ཕུད་དུ་མ་ཉམས་པ། །སླང་ཆེན་ཁལ་དུ་ལོང་པ་དགོས།"[①]ཞེས་གསལ་བར་གཞིགས་ན། ཞིབ་ཕྲའི་ཡུལ་དུས་གང་དུ་ཡིན་མི་ཤེས་ཀྱང་གནའ་དུས་བོད་ཁ་བའི་ལྗོངས་ཀྱི་ཡུལ་ལུང་འགར་བུ་མོའི་སློང་རྟེན་དུ་དེའི་ཕ་མ་མིང་པོ་ཉེ་འཁོར་བཅས་པར་གསེར་གཡུ་སོགས་རིན་ཆེན་གྱི་རིགས་དང་། གཡག་རྟ་ར་ལུག་སོགས་ཕྱུགས་ཟོག དེ་བཞིན་གཡུ། མདའ་དར། དར་དཀར་སོགས་འབུལ་དགོས་པ་མ་ཟད། མགོ་བའི་ལྷ་ལྷ་མཆོད་བྱེད་དུ་ཤ་མར་རྩམ་སོགས་འབུལ་དགོས་ཀྱི་ཡོད་པ་མངོན་ཐུབ། དེང་དུས་འབྲོག་པའི་ས་ཁུལ་འགའ་ཤས་སུའང་ཨ་མའི་ནུ་རིན་ངོད་དུ་ཕྱུགས་ཟོག་སྤྲོད་པའི་སྲོལ་རྒྱུན་དེ་རྒྱུན་འཛིན་བྱས་ཡོད།

གསུམ་པ་སྟེར་སྐལ་སྐོར། བུ་མོ་མནའ་མར་སྟེར་སྐབས་ཀྱི་བག་སྐལ་ལ་

---

① མཁར་རྣེའུ་བསམ་གཏན་གྱི་གསུང་རྩོམ་ཕྱོགས་བསྒྲིགས《མདའ་དང་འཕང་》ཞེས་པའི་སྟོད་ཆའི་ཤོག་ངོས་༣༢༣ལ་གསལ། ཀྲུང་གོའི་བོད་རིག་པ་དཔེ་སྐྲུན་ཁང་ནས་༢༠༠༧ལོར་བསྐྲུན།

སྟེར་སྐལ་དང་། རྫོངས། རྫོངས་སྐལ། སྐལ་དོད། སྟེར་སྒོ་ཞེས་འབོད་སྲོལ་མི་འདྲ་བ་མང་ལ། བག་སྐལ་གང་སྤྲོད་པན་ཚུན་གྲོས་བསྡུར་གྱིས་སློང་ཆང་གསུམ་པའི་ཐོག་གཏན་འཁེལ་བྱེད་སྲོལ་ཡོད། ཡུལ་གྱི་ཐོན་ཁུངས་དང་། དུད་ཚང་གི་དབུལ་ཕྱུག དེ་བཞིན་བུ་མོའི་ཕ་མ་མིང་པོ་སོགས་ཀྱི་གཏོང་ཕོད་ཀྱི་སེམས་བཅས་མི་འདྲ་བས་བག་སྐལ་གྱི་སྣེ་རིགས་དང་མང་ཉུང་སོགས་སྣ་ཚོགས་ཡོད། བུ་མོར་རྒྱན་གོས་སྣ་ཚོགས་སྟེར་སྐལ་དུ་གྲབས་གཡོམ་བྱེད་པ་དེ་ཡུལ་ཀུན་གྱི་ཐུན་མོང་རང་བཞིན་ཅན་གྱི་ལུགས་སྲོལ་ལྟ་བུར་མཐོང་ལ། དེར་གཙང་ཁུལ་དུ་ལུས་རྐང་[1] ཞེས་འབོད་ཅིང་ལུས་རྐང་ཇི་ཙམ་གྱིས་མང་བ་དེ་ཙམ་གྱིས་བག་སྐལ་ཟབ་པར་བརྩི་སྲོལ་ཡོད། ཞིང་ཁུལ་དུ་ས་ཞིང་དང་འབྲུ་རིགས་སྟེར་སྐལ་དུ་རྫོངས་པ་ཤས་ཆེ་བ་དང་། འབྲོག་ཁུལ་དུ་ཕྱུགས་ཟོག་སྟེར་སྐལ་དུ་སྦྱིན་པ་མང་བ་ལགས། བོད་ཀྱི་དཔེ་རྙིང་《མིང་སྲིང་དཔལ་བགོས་དང་ལྷ་འདོགས་》ཞེས་པའི་ནང་“མིང་སྲིང་དཔལ་བགོ་བྱ་བ་ལ། །མི་འཚལ་བྱ་བ་དགུ་ཅིག་འཚལ། །ཤེལ་གྱི་དེ་ནི་ཚེ་ལོ་འཚལ། །དར་གྱི་དེ་ནི་གཞི་ཡང་འཚལ། །དཔལ་གཡོས་དེ་ནི་ཟུར་གསུམ་འཚལ། །ལྷ་མདའ་དེ་ནི་སྒྲོ་དཀར་འཚལ། །དཔའ་ཆང་དེ་ནི་ཏིང་བ་འཚལ། །གསེར་འཕང་དེ་ནི་གཡུ་ལོ་འཚལ། །ལག་ངར་གཞུ་མཆོག་གཡས་པ་འཚལ། །དར་གྱི་དེ་ནི་ཐོད་དཀར་འཚལ། །དར་མཚོན་དེ་ནི་སྣ་ལྔ་འཚལ། །”[2] ཞེས་པ་ལས་མིང་སྲིང་དཔལ་གྱི་རྒྱུ་ནོར་བགོ་བཤའ་བྱེད་སྐབས་མིང་པོར་གསུམ་ཆ་གཉིས་ཐོབ་སྐལ་ཡོད་པ་དང་། སྲིང་མོར་གསུམ་ཆ་གཅིག་ཙམ་ཐོབ་སྐལ་ཡོད་ཚུལ་བསྟན་ཡོད་ལ། ད་དུང་ལྷ་མདའ་དང་གསེར་འཕང་། ཆང་དང་ལུག་ཤ་ལག་པ་

---

① ལུས་རྐང་གཅིག་ཟེར་བ་ནི་མགོ་ཡི་ཞྭ་ནས་རྐང་པའི་ལྷམ་བར་གྱི་གྱོན་གོས་ཆ་ཚང་ཞིག་ལ་ཟེར།

② མཁར་རྩེའུ་བསམ་གཏན་གྱི་གསུང་རྩོམ་ཕྱོགས་བསྒྲིགས་《མདའ་དང་འཕང་》ཞེས་པའི་སྟོད་ཆའི་ཤོག་ངོས་༣༢༥ལ་གསལ། ཀྲུང་གོའི་བོད་རིག་པ་དཔེ་སྐྲུན་ཁང་ནས་༢༠༠༧ལོར་བསྐྲུན།

གཡས་པ། དར་དང་དར་མཚོན་སྣ་ལྔ་སོགས་རྫོངས་དགོས་ཚུལ་བསྟན་ཡོད།

བཞི་པ་གཉེན་ཡིག་སྐོར། གཉེན་ཡིག་ནི་གཉེན་སྒྲིག་གི་གན་རྒྱ་ཡིན་པས་སྲོལ་རྒྱུན་སྤྱི་ཚོགས་ནང་དུད་ཚང་ཆེ་གྲས་མ་གཏོགས་ཕལ་པའི་ཁྱིམ་ཚང་ཁྲོད་དུ་དེ་ཙམ་གཉེན་ཡིག་འཛུག་པའི་སྲོལ་མེད། གཉེན་ཡིག་གི་ནང་དོན་གཙོ་བོ་ནི་བགྲེས་སོང་རྣམས་ཀྱིས་གཞོན་སྐྱེས་ལ་བཀའ་བསླབ་བྱམས་སྐྱོང་དང་། གཞོན་སྐྱེས་ནས་ཡབ་ཡུམ་ལ་བཀུར་སྟི། ཁྱོ་ཤུག་ཕན་ཚུན་གུས་བརྩེ་སྐྱོང་ལུགས་སོགས་བསྟན་ཡོད། དེ་ལྟ་བུའི་གཉེན་ཡིག་ལ"ཕལ་ཆེ་བ་གཉེན་ཡིག་ཏུ་ཁ་གཡར་བ་ཙམ་ལས་དོན་ལ་འཁོར་བ་རྨི་ལམ་གྱི་སྤུན་ཟླར་ཡིད་བརྟན་མེད་སྟབས་གལ་ཏེ་ཁ་བྲལ་དུ་གྱུར་ན་ཕན་ཚུན་རྩོད་པའི་ལབ་འཛུ་ཤོར་དོགས་མ་ཟུང་ཁོག་ཞུགས་ཀྱི་གན་རྒྱ་ར་ཙོ་འདྲ་བ་འདྲ་གཉིས་འཛུག་སྲོལ་དར་བ"①ཡིན་ཞེས་པའི་འདེང་འཛུག་གནང་མཁན་ཡོད་རུང་། གཉེན་ཡིག་འཛུག་པའི་སྲོལ་དེར་ཡང་དེ་རང་གི་དགེ་མཚན་ལྡན་ཡོད། གང་ལགས་ཤེ་ན་གཉེན་ཡིག་ནི་བུ་དང་བུ་མོའི་ཕྱོགས་ཕན་ཚུན་ནང་གྲོས་ཞིབ་མོ་བྱས་ནས་གཏན་ལ་ཕབ་པའི་གན་རྒྱ་ཞིག་ལགས་པས། སྔ་མའི་གྲོས་ཡག་ན། ཕྱི་མའི་ལམ་བཟང་ཞེས་པའི་དཔེ་ལྟར་གཉེན་སྒྲིག་མཁན་པོ་བདག་དང་དེ་བཞིན་ནང་མི་རྣམས་ཀྱི་ཕྱུགས་ཀྱི་བྱ་སྤྱོད་ཐད་ཚོད་འཛིན་གྱི་ནུས་པ་བཟང་པོ་ཐོན་གྱི་ཡོད། གཤམ་དུ་གཉེན་ཡིག་ལས་དུམ་བུ་ཞིག་དཔེ་མཚོན་དུ་དྲངས་ན"……ཡུལ་ཆེན་པོ་ཐམས་ཅད་ཀྱི་བཟང་པོའི་སྲོལ་དུ་དར་བ་བཞིན་འདིར་ཡང་ཕན་ཚུན་མཐོ་བའི་རིགས་སུ་མཉམ་པ་སྣེར་དཀར་ས་ཡི་ཐིག་ལེ་ × པའི་སྲས་ × ཀྱི་ཐུགས་མདུན་མཆེས་འབྲང་དུ་སྣེར་པའི་སྲས་མོ་ལུགས་བཞིན་ཁབ་ཏུ་བཞེས་པར་གལ་ཆེ་པ་ལ་ནན་ཏན་གྱི་དཔེ་བཞིན་ཐོག་མར་གཉིས་

① 《ཡིག་བསྐུར་རྣམ་གཞག》ཤོག་གྲངས་༢༥ལ་གསལ།

ཀའི་ཐུགས་མོས་གཙོ་བོར་གྱུར་པས་བསླུ་མེད་བླ་ལྟར་མོ་ལུང་རྩིས་གསུམ་གྱིས་གཏན་འབེབས་དང་བཅས་སློང་སྦྱིན་མཛད་སྒོའི་རིམ་པ་སྲོལ་མཐུན་སྟོན་དུ་གྲུབ་པའི་གཞུང་ས་དངོས་གཞི་ཀུན་འཛིན་ཅེས་པས་ཕྱི་ཧོར་ཟླ་ཚེས་གཟའ་སྐར་འབྱུང་འཕྲོད་དགེ་བའི་ཉིན་ཇི་ལྟར་མིའམ་ཅིའི་དབང་ཕྱུག་གི་སྲས་མོ་ཡིད་འཕྲོག་མ་ས་སྐྱོང་ནོར་བུ་བཟང་ལ་བཞིན་དུ་སྟེར་ཚ་སྐྱེས་ཕོ་བྲུར་གསལ་དང་བཅས་བསུ་བཞེས་མཛད་རྒྱུར། བཀྲ་ཤིས་དགའ་སྟོན་གྱི་སྒོ་འཕར་དངོས་དབྱེ་བ་འདི་ནས་བཟུང་སྐུ་ངོ་བགྲེས་པ་རྣམས་ནས་སྲས་སྟེང་ཞལ་ལ་བྱམས་བརྩེའི་སྤྱན་རས་སྲས་ཕྱོགས་སུ་མ་ལྷུང་བའི་ཚུལ་སྤྱོད་ལ་ངང་གི་འཇུག་ཅིང་ཚུལ་མིན་ལས་ཤུགས་ཀྱིས་ལྡོག་པའི་གཙུག་ཁྲབ་མཛད་འོས་ཤ་ཚར་གཏམ་སྙན་མེད་ཟེར་བ་ལྟར་འཛམ་རྒྱབ་སྐབས་གང་རན་མཛེས་མཚོན་མེད་པའི་དབུ་འདོན་བཀའ་བསླབ་མཛད་རྒྱུ། སྲས་ ×ཀྱང་ཡབ་ཡུམ་ལ་ཐུགས་མཐུན་བཀུར་སྟི་ཟོལ་མེད་ཀྱི་སྒོ་ནས་མདོར་ན་བཀའ་ཅི་གནང་དང་དུ་ལེན་རྒྱུ་མ་ཟད་མཆིས་འབྲང་ལ་ཐུགས་བརྩེ་གཅིག་གཏོད་མིན་པའི་གྲོགས་ཟུར་བསྟེན་དང་སྨྱོས་བྱེད་རྩེད་འཛོར་བག་མེད་སོགས་སྐྱིད་སྡུག་གི་བློ་རྩེ་གང་ལ་གཏད་པའི་ཐུགས་མཐུན་སུན་འབྱིན་ཡིད་གཙོད་དུ་འགྲོ་བའི་སྣང་འོས་མ་རབས་ཀྱི་སྤྱོད་ངན་རིགས་ནམ་ཀུན་ཏུ་མི་མཛད། ལྕམ་ནས་ཀྱང་ཡབ་ཡུམ་ཐུན་མོང་དུ་སྲི་ཞུར་ཕོག་བདག་པོ་རིགས་སྲས་ལ་སྐུ་སྐྱིད་རྒྱས་མན་གྱི་བརྩེ་མཁས་དང་འབྲེལ་གུས་བརྩེ་ལྷོད་མེད་ལས། གཙོ་བོར་ཚུགས་མ་ཐུབ་དང་ང་རྒྱགས་སུ་བཀོད་པའི་སྤྱོད་རེངས་སོགས་ཐུགས་ཞེ་དཀྲུགས་པའི་རིགས་དང་། ཞབས་འདེད་ཐམས་ཅད་ཉེ་རིང་བྱམས་འཆོས་འདོར་བའི་གླེང་ཙམ་མེད་པར་ཚུལ་ལྡན་བསྟུགས་འོས་ཀྱི་སྤྱོད་པ་ལྟར་བཞེས་མཛད་རྒྱུ་བཅས་མདོར་ན་ཚང་མས་འཇིག་རྟེན་ཡ་རབས་ཀྱི་ལུགས་བཟང་དམ་གཙང་བགྲེས་སློབ་གཞོན་གསན་མཐུན་པོ་མཆེད་བཞིའི་ངང་ཚུལ་ལ་གཞོལ་བ་མ་གཏོགས། འདོད་ཁྲེར་ཐ་དད་སོགས་རང་

དྲིན་རང་ལ་ཆུང་དུ་འཇུག་པའི་ཚུལ་མིན་རིགས་ཡི་གེའི་ལམ་ལས་བསྒྲགས་མིན་ལ་མི་ལྟོས་པར་གཞར་ཡང་མཇད་རྒྱུ་མེད་ཅིང་ཕྱོགས་ཕྱོགས་ནས་གཟུར་གནས་ཀྱི་ཡང་རྩེར་སོན་པས་བདག་སྐྱིད་ལ་གཞན་སྨོན་པའི་ཡུལ་གཅིག་པུར་གྱུར་པ་བཀྲ་ཤིས་ལུགས་ལེགས་འབབ་ཞིག་གིས་སྐྱ་ཚེ་རྫིལ་མཐར་འཁྱོལ་ངེས་མཇད་རྒྱུར་ལེགས་པའི་ཕྱོགས་ལ་དགོངས་དཔྱངས་མ་བགྲོས་གཅིག་ཏུ་མཐུན་པའི་ཆེད་རྒྱ་བཙན་པོས་བསྔོམས་པ་འདི་ལས་མི་འདའ།”①ཞེས་པ་ལྟ་བུའོ། །གོང་དུ་དྲངས་པའི་གཉེན་ཡིག་ནང་གི་ནང་དོན་དུམ་བུ་འདིས་གཉེན་དུ་སྒྲིག་པ་པོ་ཕྱོ་ཤུག་གཉིས་དང་། དེ་འབྲེལ་གཙན་རབས་རྣམས་ཀྱིས་མཇའ་བརྩེ་མཐུན་པ་སྨུན་བཞི་ལྟར་རང་སྐྱིད་གཞན་སྨོན་པའི་སྒོ་ནས་མི་ཚེ་མཐའ་འཁྱོལ་ཡོང་རྒྱུར་སྨོན་པ་ཆེ་ལ། ཚུལ་མིན་སྤྱོད་ངན་གྱི་རིགས་མཐའ་དག་ལ་ཆུ་མ་ཤོར་གོང་ལ་རགས་ཀྱི་དཔེ་ལྟར་སྔོན་འགོག་གི་ནུས་པ་ལྡན་པ་སོགས་མདོར་ན་གཉེན་ཡིག་གིས་གཉེན་སྒྲིག་མཁན་བཟའ་ཚོ་གཉིས་དང་དེ་འབྲེལ་ཁྱིམ་ཚང་གི་ནང་མི་རྣམས་མི་ཚེ་རྫིལ་པོ་ཐབ་གཅིག་ལ་འཁོར་ནས་འཚོ་བ་སྐྱེལ་རིང་ཚང་མའི་བྱ་སྤྱོད་ལ་འཆིང་ཤུགས་ཆེན་པོ་ལྡན་ཡོད། དེ་ལྟ་བུའི་བསླབ་བྱ་བུ་མོ་གནས་ལ་མ་སྟེར་གོང་བུ་མོའི་ཨ་མས་གསོས་པའི་བགྲེས་རབས་རྣམས་ཀྱིས་གནང་སྲོལ་ཡོད། དེ་ཡང་དཔེར་ན་བོན་གྱི་གནའ་དཔེ་《མིང་སྲིང་དཔལ་བགོས་དང་ལྷ་འདོགས》ཞེས་པའི་ནང་“ཨ་མའི་ཁ་ཏ་འདི་ལ་ཉོན། མཛད་སྤྱོད་ཐམས་ཅད་མི་དང་བསྟུན། སྨྲ་བའི་ཚིག་ཀུན་འཇམ་ལ་ཞོང་། འགྲོགས་པའི་མི་དང་འགྲོགས་ཤེས་གྱིས། གཙན་པ་རྣམས་ལ་ཁུར་ཤེས་གྱིས། ཡ་རབས་རྣམས་ལ་ཕུད་དུ་མཆོད། མ་རབས་རྣམས་ནི་མཐའ་ནས་སྐྱོངས། བུ་དང་ཕྲུ་གུ་གཉིས་ལྷ་ཏུ་ཁུར། ཡོད་པའི་དུས་སུ་ཞིབ་ལ་ཞོང་། མེད་པའི་དུས་

① 《ཡིག་བསྐུར་རྣམ་གཞག》ཤོག་ངོས་༨༤ལ་གསལ།

སུ་མོ་བསོད་སྐྱིད། དགོས་པའི་དུས་སུ་རྫིང་ལ་ཚོད། ཞིམ་མངར་ཟས་རྣམས་མི་ལ་བྱིན། འཇམ་ལེགས་གོས་རྣམས་རང་གིས་གོན། ཟས་ཁྲིལ་ཁ་ལ་མ་བཀུར་ཅིག ལུས་ཁྲིལ་གོས་ལ་གལ་མ་ཆུང་། ཟེར་ལོ་འདུག་ལོ་མ་ཟེར་ཅིག བྱ་བ་སྤྱན་ལམ་གང་བྱེད་ཀྱང་། ཡ་རབ་རྣམས་ནི་ཚུལ་དུ་གྱིས།”ཞེས་གསལ་བ་ལྟར་དང་། མང་ཚོགས་ཀྱི་འཚོ་བའི་ནེ་ལོང་དུ་གྲགས་པའི་གླིང་སྒྲུང་《གངས་མཐིང་གཉེན་སྟོན་རྟེན་འབྲེལ་ཆེན་མོ་》ལས། “ཉེན་དང་ཨ་མའི་སྙིང་གི་ནོར། །འགྲོ་འདུག་ཁ་ཏ་ཚིག་གསུམ་ཡོད། །མཐིང་ཁ་ཡུལ་དུ་སླེབས་པའི་རྗེས། །ཕ་ཡུལ་མ་བརྗེད་ཡིད་ལ་ཞོག །རྒྱལ་པོའི་བཙུན་མོ་བྱེད་པའི་དུས། །ཕ་མ་མ་བརྗེད་ཡིད་ལ་ཞོག །ཕར་གཏམ་གླིང་མོ་བྱེད་པའི་དུས། །ཕ་སྐད་མ་བརྗེད་ཡིད་ལ་ཞོག །ལྷ་སྡེགས་ཡུལ་ལ་བཞུགས་པའི་དུས། །ནང་ཆོས་མ་བརྗེད་ཡིད་ལ་ཞོག །རྒྱལ་བློན་བཀའ་གྲོས་ཚོགས་པའི་དུས། །མ་དྲན་མ་ཤོད་ཡིད་ལ་ཞོག །ལོངས་སྤྱོད་དཔལ་ལ་རོལ་བའི་དུས། །སྤྲང་མོ་མ་བརྗེད་ཡིད་ལ་ཞོག །རྫུན་གཏམ་སྐད་ཆ་གོ་ཚད་ལ། །ཡིད་ཆེས་མ་བྱེད་དཔྱད་པ་ཐོངས། །བཀྲེས་ལྟོགས་སྤྲང་པོ་སྒོ་འགྲིམས་ལ། །སེར་སྣ་མ་བྱེད་སྦྱིན་པ་ཐོང་། །རྟག་ཏུ་འགྲོ་འོང་བྱེད་པའི་དུས། །སྐྱབས་འགྲོ་མ་བརྗེད་ཡིད་ལ་ཞོག །ཕྱག་དང་མཆོད་པ་ཆད་མེད་ཀྱིས། །དགོང་ཕྱི་ཉལ་མ་ཊི་ཡིག་དྲུག་ཐོན། །ཕྱི་ནང་གཙང་སྦྲ་ཕྱིས་བདར་གྱིས། །སྒོ་ཁྱི་ཡན་ཚོད་བྱམས་ཀྱིས་སྐྱོངས། །ཞི་སྡང་ང་རྒྱལ་ཕོང་ཁྲོ་གསུམ། །རྒྱུན་དུ་དུག་ཟས་བཞིན་དུ་སྤོངས། །མང་པོ་བུ་མོར་ཞུ་དགོས་མེད། །བུ་མོས་ལོས་མཁྱེན་མཁའ་འགྲོ་མ། །”①ཞེས་པ་སོགས་བུ་མོ་གནས་ལ་སྟེར་ཁར་བུ་མོའི་མ་ཡིས་བུ་མོ་གནས་སུ་

① ཨ་བརྟན་ལགས་ནས་ཟིན་བཀོད་བྱས་པ་བཞིན་རྒྱང་འཁོར་ཚེ་བརྟན་གྱིས་ལེགས་སྒྲིག་བྱས་པའི་《གངས་མཐིང་གཉེན་སྟོན་རྟེན་འབྲེལ་ཆེན་མོ་》ཞེས་པའི་ཤོག་ངོས་༤༧ལ་གསལ། བོད་ལྗོངས་བོད་ཡིག་དཔེ་རྙིང་དཔེ་སྐྲུན་ཁང་ནས་༢༠༡༣ལོར་བསྐྲུན།

སློབ་སྟེགས་མི་དང་བསྟུན་ལུགས་དང་ཟ་ལུགས་གྱོན་ལུགས་སོགས་ཀྱི་བསླབ་བྱ་ནན་པོ་རྒྱག་སྲོལ་ཡོད་པ་མཚོན་ཡོད། འོན་ཀྱང་གཉེན་ཡིག་དེ་ཤོག་བུ་དཀར་པོའི་སྟེང་ལ་ཡི་གེ་ནག་པོ་བྲིས་ནས་འཆིང་དོན་བཀོད་པ་ཞིག་ཡིན་ལ། བུ་དང་བུ་མོའི་ངོ་ཚབ་མང་པོ་འཛོམས་པའི་ཐོག་ཡོངས་བསྒྲགས་བྱས་པ་ཞིག་ཡིན་པས། དེར་ངག་ཐོག་བསླབ་བྱ་ལས་ལྷག་པའི་འཆིང་གི་ནུས་པ་ལྡན་ཡོད། དེ་ལྟའི་དགེ་མཚན་འདི་ལ་བལྟས་ན་དུས་ཕྱིས་ཀྱི་ཁྲ་ཆེལ་སྦྲ་ཆེལ་གྱི་སྒྱི་ཚོགས་འདིའི་ནང་ཁྱོ་ཤུགས་བར་གྱི་འབྲེལ་བར་རྒྱལ་ཁབ་ཀྱི་ཁྲིམས་ལུགས་ཙམ་མ་ཡིན་པའི་ཚོད་འཛིན་རང་བཞིན་ལྡན་པའི་གཉེན་ཡིག་ལྟ་བུའི་ཡུལ་སྲོལ་གྱི་རྒྱ་བཙན་པོ་ཞིག་གིས་གནྟན་ཐབས་བྱ་རྒྱུ་བྱུང་ན་ལུགས་མིན་བྱ་སྤྱོད་མང་པོ་ཐོན་པ་དང་། བཟའ་ཚང་མང་པོ་ཡ་བྲལ་དུ་འགྲོ་བའི་སྤྱི་ཚོགས་ཀྱི་གནད་དོན་ཆེན་པོ་འདིར་སྔོན་འགོག་གི་ནུས་པ་ཐོན་ငེས་རེད།

བུ་མོ་མནའ་མར་ལེན་སྐབས་སློང་ཆང་གསུམ་པའི་ཐོག་གང་དེའི་མགོ་ལ་གཙུག་གཡུ་འདོགས་པ་ནི་དབུས་གཙང་ཁུལ་དུ་དར་ཁྱབ་ཆེ་བའི་ལུགས་སྲོལ་ཞིག་ཡིན་ལ། གཙུག་གཡུའི་རིག་གནས་མཚོན་དོན་ཡང་ཕུན་སུམ་ཚོགས་པ་ཞིག་ཏུ་མཐོང་བ་མ་ཟད། ཡུལ་ལུང་མི་འདྲ་བར་དེའི་རིག་གནས་ཀྱི་མཚོན་དོན་མི་འདྲ་བ་དང་དུས་རིམ་མི་འདྲ་བའི་ནང་དེའི་མཚོན་དོན་ལ་གཞན་འགྱུར་ཆེ་བ་ཞིག་ཏུ་མཐོང་། དེར་བརྟེན་གཙུག་གཡུའི་མཚོན་དོན་སྐོར་ལ་གཞིག་པ་བྱས་པའི་དཔྱད་རྩོམ་ཞིག་ལོགས་སུ་སྤེལ་ཡོད་པས། དེར་གཟིགས་པར་འཚལ། །

༄༅། །དབུས་གཙང་ཁུལ་གྱི་གཉེན་སྟོན་ལས་བསྒྱུར་སྐྱེལ་བྱེད་སྒོའི་སྐོར་གླེང་བ།

དམངས་སྲོལ་རིག་གནས་ལ་གཞན་འགྱུར་གྱི་རང་བཞིན་མཆིས་ལ། ལྷག་པར་དུ་སྤྱི་ཚོགས་བྱ་ཕྱུར་བ་ལྟར་འཕེལ་རྒྱས་སྒྱུར་ལ་ས་ཁུལ་མི་འདྲ་བའི་མི་རྣམས་ཕན་ཚུན་གྱི་འགྲོ་འོང་ཇེ་ཟབ་དང་། རིག་གནས་བྱེད་སྒོ་ཕུན་སུམ་ཇེ་ཚོགས། རིག་གནས་ཁྱབ་སྤེལ་འགྲོ་སྟངས་སྣ་མང་ཅན་དུ་གྱུར་དང་འགྱུར་བཞིན་པའི་དུས་རབས་འདིར། དེ་ལྟའི་གཞན་འགྱུར་གྱི་རང་བཞིན་དེ་དེ་བས་མངོན་གསལ་ཇེ་ཆེར་འགྲོ་བཞིན་ཡོད། རང་རེའི་མེས་པོ་དམ་པས་བཞག་གནང་བའི་སྲོལ་རྒྱུན་མང་པོ་ཞིག་ཀྱང་དེ་ལྟའི་ལས་དབང་ལས་གྲོལ་ཐབས་མེད་པར་སྔར་སྲོལ་གྱི་རང་མདངས་ཇེ་ཞན་དུ་འགྲོ་བཞིན་སྲོལ་རྒྱུན་མང་པོ་ཞིག་མིང་གི་ལྷག་མར་གྱུར་དང་འགྱུར་བཞིན་ཡོད། མི་ཚེའི་དོན་ཆེན་དུ་གྲགས་པའི་གཉེན་སྟོན་ཀྱང་ན་ཚ་མཚོན་ནའང་། དེའི་བྱེད་སྒོའི་ནང་དོན་ལ་འགྱུར་བ་ཆེ་བ་དང་། དབུས་གཙང་ཁུལ་གྱི་སྔར་སྲོལ་གཉེན་སྟོན་སྤེལ་སྟངས་མང་པོ་ཞིག་ད་ལྟ་གར་སོང་ཆ་མེད་དུ་གྱུར་བ་དང་། དུས་ཕྱིས་སྐྱེ་བོ་མང་པོས་གལ་པོ་ཆེ་ལ་ནན་ཏན་གྱི་དཔེ་ལྟར་སྒྲུ་གུའི་གཉེན་སྟོན་སྲོལ་རྒྱུན་བཞིན་ཟབ་རྒྱས་སྤེལ་འདོད་ཀྱང་། རྒྱུས་མངའ་ཅན་ཉུང་བས་བྱེད་སྒོ་ར་མ་ལུག་སྤེལ་མཁན་མང་བའམ་རྒྱས་སྤྲོས་ཆུད་ཟློས་ཙམ་ལས་དོན་སྙིང་ལྡན་པའི་རིག་གནས་བྱེད་སྒོ་སྲོལ་རྒྱུན་བཞིན་སྤེལ་མཁན་ཇེ་ཉུང་དུ་འགྲོ་བཞིན་ཡོད། དེར་བརྟེན་ཨ་བྲས་ཐེག་ཚོད་སྤེན་མའི་མདའ་གཞུའི་དཔེ་ལྟར་རང་གི་མཐོང་ཐོས་མྱོང་གསུམ་གྱི་ཐད་ནས་བོད་དབུས་གཙང་ཁུལ་གྱི་གཉེན་སྟོན་དང་འབྲེལ་ཡོད་རིག་གནས་མཚོན་དོན་

སྐོར་གྱི་ཆེད་རྩོམ་འགའ་བསྟུད་མར་སྤེལ་ཡོད་ལ། འདིར་དེ་ལས་གཙོ་བོའི་བྱེད་སྒོ་མཐའ་མ་བསྡུ་སྐྱེལ་གྱི་སྟར་སྲོལ་འགྲོ་ལུགས་སྐོར་གླེང་བར་བྱ་རྒྱུ་ཡིན།

དེ་ཡང་སྟོང་ཆང་གསུམ་པའི་ཐོག་གཉེན་དོན་སྟོན་འགྲོའི་ལས་བྱ་རྣམས་ཡོངས་སུ་གྲུབ་རྗེས་བག་རྩིས་ལ་གསལ་བ་ལྟར་དུས་ཀྱི་ཐོག་ཏུ་མཐའ་མ་བསྡུ་སྐྱེལ་བྱ་དགོས་ལ། དེའི་ཞིབ་ཕྲའི་བྱེད་སྒོ་ནི་བསུ་མི་དུས་ཐོག་ཐོན་རྒྱུ་དང་། བུ་མོའི་ཁྱིམ་ཚང་གི་སྒོ་ར་སྒོ་བཀག་གཏོང་བ། བག་མར་རྒྱན་དང་མདའ་དར་འདོགས་པ། བག་མ་གདན་ལས་འདྲེན་པ། བག་མ་རྟ་ལ་བསྐྱོན་པ། གཉེན་ལམ་གྱི་རྟགས་རྟེན་འབྲེལ། སྒོ་བཤད་དང་སྒོའི་ཕྱི་ནང་སྒྲིག་ཆས་ཀྱི་བཤད་པ་བཅས་རིམ་བཞིན་ཡུལ་ལུགས་བཞིན་སྤེལ་སྲོལ་ཡོད།

དང་པོ་བསུ་མི་དང་བག་རྟའི་སྐོར། དེ་ཡང་བག་རྩིས་ལ་བབ་འབྲས་དང་ཕྱོགས་གཉིས་ཀྱི་ངོ་ཚབ་གྲོས་མོལ་བྱུང་དོན་ལྟར་དུས་ཀྱི་ཐོག་ཏུ་བུའི་ཕྱོགས་ནས་ཞང་ཆེན་ཞང་གཡོག་དང་བཅས་པ་མཐའ་མ་བསུ་བར་ཐོན་དགོས་པ་དང་། ཡག་ཤོས་བྱུང་ན་བསུ་མི་ཚང་མས་གོས་དཀར་པོ་གྱོན་དགོས་པ་དང་། མ་མཐའ་ཡང་ཞང་ཆེན་པོས་གོས་དཀར་པོ་གྱོན་དགོས་ཀྱི་ཡོད། ས་ཁུལ་མང་པོར་མཐའ་མ་བསུ་མི་ལ་ཞང་ཆེན་པོ་ཟེར་བ་ཇི་བཞིན་མཐའ་མ་བསུ་བྱའི་བུའི་ཞང་པོ་མཐའ་མ་བསུ་མཁན་གྱི་གཙོ་བོ་ཡིན་པ་དང་། དེ་བཞིན་བུའི་ཁྱིམ་ཚང་གི་སྙིང་ཉེ་ བློ་དཀར་གསུམ་བཞི་རོགས་པར་འགྲོ་བའི་སྲོལ་ཡོད། བུའི་ཁྱིམ་ཚང་ནས་གང་དགོས་སྤྲ་གོན་བགྱིས་ཟིན་པ་ཇི་བཞིན་བསུ་མི་ཚོས་མདའ་དར་དང་། དཀར་གཙང་ཁ་བཏགས་གང་མང་། མཆོད་ཆང་། མཐའ་མར་གཡོག་བྱེད་ཀྱི་རྒྱན་གོས་བཅས་བསྣམས་ཏེ་བུ་མོའི་ཁྱིམ་ཚང་གི་ཕྱོགས་སུ་རྟ་པ་ཁྲུ་སྒྲིག་གིས་ཐོན་དགོས། དེ་ལ་རྟ་པའམ་རྟ་རྡུག་ཅེས་འབོད་ལ། གཙང་སྐད་དུ་རྟ་རག་ཅེས་ཟེར། རྟ་པའི་མང་ཉུང་ནི་དུད་ཚང་གཉིས་ཀྱི་སྟོབས་འབྱོར་ལ་བསྟུན་པ་དང་། བསུ་སྐྱེལ་

མཁན་དང་བག་སྐལ་གྱི་མང་ཤུང་ལ་གཞིགས་ནས་གྲ་སྒྲིག་བྱ་དགོས་པ་དང་། མནའ་མའི་བཞོན་བྱའི་རྟ་སྟེ་བག་རྟ་དེ་ངེས་པར་དུ་རྟ་རྒོད་མ་ཞིག་དགོས་པ་དང་། གལ་སྲིད་སྒུམ་མ་ཞིག་བྱུང་ན་དེ་བས་རྟེན་འབྲེལ་བཟང་བར་བརྩི་ཡི་ཡོད། རྟ་ཧྲུག་ནང་དུ་དྲེལ་ཡོད་ན་ཚིག་ཀྱང་བག་མའི་བཞོན་བྱ་ནི་ངེས་པར་རྟ་རང་དགོས་པ་ལས་དྲེལ་བཞོན་བྱར་བྱ་མི་རུང་། དེའི་རྒྱུ་མཚན་ཡང་དྲེལ་ལ་སྐྱེས་འཕེལ་གྱི་ནུས་པ་མེད་པས་བལྟས་ངན་པར་བརྩི་ཡི་ཡོད། བག་རྟའི་སྤུ་མདོག་ནི་མནའ་མའི་ལོ་ཁམས་དང་སྐྱེ་བ་བཅས་དང་མཐུན་པ་དགོས་ཀྱི་ཡོད་དེ། དཔེར་ན་མནའ་མའི་ལོ་ཁམས་ཆུ་ཡིན་ན་ཆུ་རྟ་སྔོ་མོ་ཞེས་བག་རྟའི་སྤུ་མདོག་སྔོ་མོ་དགོས་པ་དང་། མནའ་མའི་ལོ་ཁམས་མེ་ཡིན་ན་བག་རྟའི་སྤུ་མདོག་དམར་པོ་སྟེ་ཟག་མ་དགོས་པ། མནའ་མའི་ལོ་ཁམས་ཤིང་ཡིན་ན་བག་རྟའི་སྤུ་མདོག་གྲ་སེར་དགོས་པ། མནའ་མའི་ལོ་ཁམས་ལྕགས་ཡིན་ན་བག་རྟའི་སྤུ་མདོག་དཀར་པོ་དགོས་པ། མནའ་མའི་ལོ་ཁམས་ས་ཡིན་ན་བག་རྟའི་སྤུ་མདོག་འཁང་པ་དགོས་པ་ལྟ་བུའོ། །གལ་ཏེ་ཕྱོགས་གཉིས་པོའི་བར་གྱི་ལམ་ཐག་རིང་ཙམ་ཡིན་ན། མནའ་མ་དངོས་སུ་བསུ་ཉིན་གྱི་སྔ་ནུབ་ནས་བསུ་མཁན་རྣམས་མནའ་མའི་ཁྱིམ་དུ་བཅར་ནས་ཞག་སྡོད་བྱེད་དགོས།

གཉིས་པ་སྒོ་བཀག་དང་སྒོ་བཤད་སྐོར་ཞུ་རྒྱུ་ལ། མནའ་མ་བསུ་མཁན་རྟ་པ་རྣམས་བུ་མོའི་ཁྱིམ་ཚང་གི་སྒོ་རུ་སླེབས་སྐབས་བུ་མོའི་ཁྱིམ་ཚང་ནས་བསང་གསོལ་བྱེད་པ་དང་། ཚང་མར་དཀར་གཙང་མཇལ་དར་སྤྲོད་ཞིང་གྲོ་སོ་བྱེ་མར་དང་མཆོད་ཆང་གིས་སྣེ་ལེན་བྱ་དགོས་ཀྱི་ཡོད། དེའི་དུས་བུ་མོའི་ཁྱིམ་ཚང་གི་དཀར་ཉེ་རྣམས་ནས་མནའ་མ་བསུ་མཁན་བུ་མོའི་ཁྱིམ་ཚང་གི་སྒོ་ལ་མ་འཛུལ་གོང་སྒོ་བཤད་རྒྱག་ཏུ་བཅུག་པ་དང་། ཞང་ཆེན་པོའམ་བསུ་མི་གཞན་གང་རུང་གིས་སྒོ་བཤད་རྒྱག་པ་དང་སྒྲགས་བུ་མོའི་ཁྱིམ་ཚང་གི་སྒོ་ལ་མཇལ་དར་སྤྲོད་དགོས་ཀྱི་ཡོད། སྒོའི་བཤད་པ་ལའང་རྒྱས་བསྡུས་སྣ་ཚོགས་ཤིག་མཆིས་ཏེ།

བསྟུས་པ་ཞིག་དཔེ་མཚོན་དུ་བཀོད་ན།

ཨོཾ་སྭ་སྟི། བདེ་ལེགས་སུ་འཕེལ་གྱུར་ཅིག །
གནམ་མི་འགྱུར་འཁོར་ཆེན་བརྒྱད་ཀྱི་འོག །
ས་མི་འགྱུར་པད་མ་འདབ་བརྒྱད་སྟེང་། །
བཀྲ་ཤིས་པ་རྣམ་གསུམ་འཛོམས་ནས་ཡོད། །
དགུང་སྔོན་མོར་བཀྲ་ཤིས་ཉི་ཟླ་འཛོམས། །
བར་ཡངས་པོར་གཟའ་སྐར་འཕྲོས་འཁྱོར་འཛོམས། །
གནས་འདི་རུ་དགའ་ཉེ་སློ་དཀར་འཛོམས། །
འདིར་འཛོམས་གསུམ་འཛོམས་པའི་རྟེན་འབྲེལ་ལ། །
ང་ཞང་པོ་མི་སླེབས་ཅི་ལ་སྲིད། །
ང་ཞང་པོའི་ཞལ་ནས་གསུང་ཞིག་ཡོད། །
གསུང་སྙན་པོ་ཚངས་པའི་རྒྱུད་མངས་འདྲ། །
གསུང་སྙན་པོའི་ཚིག་འདི་གསན་པར་ཞུ། །
མཁར་མི་འགྱུར་རྣམ་རྒྱལ་ཁང་བཟང་ལ། །
སྒོ་མི་འགྱུར་ཕུན་ཚོགས་གཞུང་སྒོ་ཡོད། །
སྒོ་འདི་ལ་བཤད་པ་རྒྱབས་ཟེར་ན། །
བཀྲ་ཤིས་པའི་སྒོ་མོ་ཤར་ལ་བལྟས། །
ཤར་རྡོ་རྗེ་སེམས་དཔའ་ཐུགས་ལམ་ཡིན། །[1]
སྒོའི་ཕྱི་ནས་བལྟས་ན་ལྷ་ཁང་འདྲ། །
སྒོའི་ནང་ནས་བལྟས་ན་ཀླུ་ཁང་འདྲ། །

[1] གལ་སྲིད་སྒོ་མོ་ལྷོ་ལ་བལྟས་ཡོད་ན། ལྷོ་རིན་ཆེན་འབྱུང་གནས་ཀྱི་ཐུགས་ལམ་ཡིན། གལ་སྲིད་སྒོ་མོ་ནུབ་ལ་བལྟས་ཡོད་ན།

སྒོའི་སྟེང་དེ་ཚངས་པའི་ཕོ་བྲང་འདྲ། །
མར་ཐེམ་སྤོ་མོའི་གཡུ་ལ་བཙོལ། །
ཡར་ཐེམ་སེར་པོའོ་གསེར་ལ་བཙོལ། །
ཏ་བཞི་ཙན་དན་སྡོང་པོས་བྱས། །
སྒོ་སྒོར་དངུལ་དཀར་མེ་ལོང་ལ། །
དབྱེ་ཤིང་དུང་དཀར་གཡས་འཁྱིལ་ཡོད། །
དེ་རིང་སྒོ་མོ་ཕྱེ་མི་ལ། །
ང་ཞང་པོ་འདི་ཏུ་སླེབས་ནས་ཡོད། །
སྒོ་མོ་འདི་ཤགས་སེ་ཕྱེ། །

ཤགས་དར་འདོམ་པ་བཅོ་བརྒྱད་ཡོད། །ཅེས་བཤད་པ་རྫོགས་པ་དང་མཉམ་དུ་ལག་ཏུ་ཡོད་པའི་མདའ་དར་དེ་རྒྱལ་སྒོ་ལ་སྦྲོན་པ་དང་སྦྲགས་རྐང་ལག་གཡོན་པས་སྒོ་ལ་རྡོག་རྒྱག་དང་འབུད་རྒྱག་ཆབས་ཅིག་བརྒྱབ་སྟེ་སྒོ་དེ་ཕྱེ་དགོས་ཀྱི་ཡོད། དེ་ནས་བུ་མོའི་ཁྱིམ་དུ་བསུ་མི་རྣམས་ལ་མཆོད་ཆང་དང་གསོལ་ཇ། གྲོ་མ་འབྲས་སིལ་དང་གྲོ་ཐུག་སོགས་འདྲེན་པ་དང་བསུ་མི་ནས་ཀྱང་བུ་མོ་དང་དེའི་ཕ་མ་སྤུན་མཆེད་ཡོད་ཚད་ཚང་མར་མདའ་དར་སྦྲོན་ཞིང་མཆོད་ཆང་འདྲེན་པའི་སྲོལ་ཡོད། བག་གཡོག་མའམ་ཡང་ན་བག་རྫེས་ལ་བབ་པའི་མཐུན་གསུམ་གྱི་བུ་མོའམ་ཁྱིའུ་གང་རུང་གིས་བུའི་ཁྱིམ་ནས་ཁྱེར་ཡོང་བའི་རྒྱན་གོས་རྣམས་མནའ་མར་གཡོག་དགོས་ལ། མནའ་མར་རྒྱན་གོས་གཡོག་མཁན་ལ་བག་གོས་གཡོག་མཁན་ཞེས་ཀྱང་བརྗོད་སྲོལ་ཡོད། མནའ་མའི་ཁྱིམ་དུའང་མནའ་མ་མ་ཐོན་གོང་དུ་ཕེབས་སྐྱོལ་གྱི་བྱེད་སྒོ་རྒྱས་བསྡུས་སྣ་ཚོགས་སྤྱིལ་སྲོལ་ཡོད་དེ། རྒྱས་པ་སྤྱིལ་ན་ཁྲུང་འདྲེན་མ་གདན་འདྲེན་ཞུས་ནས་ཞང་ཆེན་པོ་སོགས་བསུ་མི་རྣམས་ལ་གཞས་དང་ཞབས་བྲོ། མཆོད་ཆང་ཞལ་ཟས་མང་པོས་སྣེ་ལེན་བྱེད་པ་དང་། བུ་མོའི་དགའ་ཉེ་བློ་དཀར་

ཚོས་བུ་མོར་སྐྱེལ་མའི་ཚུལ་དུ་ཆང་འདྲེན་དར་འདོགས་དང་གོས་སྣེ་ཁ་ཟས་སོགས་ཕྱག་རྟགས་འབུལ་བའི་སྲོལ་ཡོད། དེར་གཙང་ཁུལ་དུ་ཇན་པ་བསྐུར་བ་ཞེས་འབོད་ལ། དཀར་ཉེ་ཁྱིམ་མཚེས་སོགས་དུད་ཚང་དབར་སྦྱ་ལན་ཡོད་ན་ཕྱོགས་ཟན་བསྐུར་བའི་སྲོལ་ཡོད་དེ། བུ་མོར་ཆང་འདྲེན་དར་འདོགས་དང་གོས་སྣེ་ཟས་རིགས་འབུལ་བ་མ་ཟད། བུ་མོའི་ཕ་མས་གཙོས་པའི་ནང་མི་ལྷན་རྒྱས་ལའང་ཇ་ཆང་འདྲེན་པ་དང་། ཁ་བཏགས་གཡོག་པ། གོས་སྣེའི་ཕྱག་རྟགས་འབུལ་དགོས་ལ། དུད་ཚང་ལ་ཤ་བཞི་སློང་དང་བུ་མོར་ཕྱོགས་ཟན་ཞིག་བསྐུར་བའི་སྲོལ་ཡོད།

གསུམ་པ་མདའ་དར་འཛུགས་པ་དང་མདའ་དར་གྱི་བཤད་པའི་སྐོར་ཞུ་རྒྱུར། མནའ་མ་གདན་འདྲེན་གྱི་སྔ་གོན་ཚང་མ་ལེགས་པར་གྲུབ་མཚམས་བུ་མོ་བཞུགས་གྲལ་ལ་འཁོད་ཐོག་ཁང་ཆེན་པོས་མདའ་དར་གྱི་བཤད་པ་གཏོང་ཞིང་བུ་མོའི་གོང་བར་མདའ་དར་འཛུགས་དགོས་ཀྱི་ཡོད། མདའ་དར་གྱི་རིགས་དབྱེ་དང་གྲུབ་ཚུལ། དེའི་རིག་གནས་མཚོན་དོན་སོགས་ཀྱི་དཔྱད་གླེང་ཞིག་ལོགས་སུ་སྤེལ་ཡོད་པས། དེར་གཟིགས་པར་འཚལ།

བཞི་པ་མནའ་མ་གདན་ལས་འདྲེན་པ་དང་གཉེན་ལམ་གྱི་རྟགས་ལྷས་སྐོར་ཞུ་བ་ལ། གཉེན་ལམ་དར་གྱིས་སྤྲེལ་བའམ་ཆང་འདྲེན་དར་འཕེན་བྱས་ཞེས་བརྗོད་སྲོལ་ཡོད་པ་ལྟར་མནའ་མ་གདན་ནས་འདྲེན་པའམ་ལམ་བར་འཁྲིད་སྐབས་དར་གྱིས་འདྲེན་སྲོལ་ཡོད། དེ་ཡང་དཔེར་ན་བག་མ་ཁྲིད་ནས་འགྲོ་བའི་སྐབས་ཀྱི་བཤད་པའི་ནང་"སྨན་ཁྲ་མོ་ཡར་བཞེངས་ཡར་ལ་བཞེངས། །མི་ལག་དམར་པོས་འཇུ་ལེ་མིན། །དར་དཀར་པོའི་རྒྱུད་ནས་འཇུ་ལེ་ཡིན། །གཉེན་ལམ་དར་ལས་འཇམ་པར་ཤོག །རྨི་བ་དགུ་དང་སྟར་ཁ་བརྒྱད། །ལམ་འགག་པ་མེད་

པར་བར་ཆད་སེལ། །”[①]ཞེས་པའམ་“ཁྱེད་ཚང་གི་རིགས་བཟང་བུ་མོ་འདི། །ངའི་མི་ལག་དམར་པོས་འཇུས་ལེ་མེད། །ལག་དར་དཀར་རྒྱུད་ནས་གདན་འདྲེན་ཞུ། །སྨྲ་ཁུ་ཡེ་གཡང་ཁུ་ཡེ་དཔལ་ཁུ་ཡེ། །”[②]ཞེས་འཁོད་པ་ལྟར་རོ། །མནའ་མ་རང་ཁྱིམ་བཞུགས་གྲལ་གྱི་གདན་ཐོག་འཁོད་ཙིང་བག་རྗེས་ལྟར་བུའི་ཁྱིམ་ཚང་ཕྱོགས་སུ་ཐོན་རན་སྐབས་ཞང་ཆེན་པོས་སྟོན་ནས་གྲ་སྒྲིག་བྱས་པའི་ཁ་བཏགས་དཀར་གཙང་ཞིག་འཁྱེར་ནས་དེའི་རྗེ་གཅིག་བུ་མོའི་ལག་ཏུ་བཏགས་པའི་གསེར་གདུབ་ལ་བསྐོན། དར་རྗེ་གཞན་དེ་ཞང་ཆེན་པོའི་ལག་ཏུ་བཟུང་ནས་བུ་མོ་གདན་ནས་བཞེངས་དགོས་པའི་བཤད་པ་གཏོང་སྲོལ་ཡོད། བཤད་པ་དེའང་“ཕ་བཟང་གི་བུ་མོ་ཡར་བཞེངས་ཤོག མ་བཟང་གི་བུ་མོ་ཡར་བཞེངས་ཤོག ལྷ་ཡུལ་སྐྱིད་པའི་ཞིང་སྡོད་བདེ་ཁང་ན། （འདིར་བུའི་ཕྱོགས་གྲོང་ཚོ་དང་དུད་ཚང་གི་མིང་སྦྱར་སྲོལ་ཡོད་）ཕ་ཡབ་ཆེན་གངས་དཀར་ཏི་སེ་འདུག དེ་ལ་དགོངས་སྟེ་བུ་མོ་ཡར་བཞེངས་ཤོག ཡུམ་ཆེན་ཨ་མ་མ་ཕམ་གཡུ་མཚོ་འདུག དེ་ལ་དགོངས་སྟེ་བུ་མོ་ཡར་བཞེངས་ཤོག ཚེ་གང་གཏན་གྲོགས་གངས་ལ་ཉི་ཤར་འདུག དེ་ལ་དགོངས་སྟེ་བུ་མོ་ཡར་བཞེངས་ཤོག གནས་ཁང་ལོངས་སྤྱོད་གླུ་ཡི་ཕོ་བྲང་འདུག དེ་ལ་དགོངས་སྟེ་བུ་མོ་ཡར་བཞེངས་ཤོག”ཅེས་པ་ལྟ་བུ་ཡབ་ཡུམ་དང་། བུ་དེ་ཉིད། དེ་བཞིན་བུའི་དུད་ཚང་བཅས་ཀྱི་ངོ་སྤྲོད་བསྟོད་བསྔགས་ཀྱི་ཚེ་བརྗོད་དང་བཅས་པ་གཏོང་དགོས་ལ། བཤད་པ་རྫོགས་པ་དང་དུས་མཉམ་དུ་མནའ་མ་དེ་བག་གཡོག་མས་གཡོན་ནས་སྐྱོར་ཐོག་དངོས་སུ་གདན་ལས་དྲངས་སྟེ་ཞང་ཆེན་

① ནག་ཆུ་ས་གནས་སྲིད་གྲོས་ལོ་རྒྱུས་རིག་གནས་དཔྱད་གཞིའི་རྒྱུ་ཆ་རྩོམ་སྒྲིག་ཁང་ནས་བསྒྲིགས་པའི་《ནག་ཆུའི་ལོ་རྒྱུས་རིག་གནས་དཔྱད་གཞིའི་རྒྱུ་ཆ་བདམས་བསྒྲིགས་གཉེན་བཤད་སྲིད་པ་རྐན་པོའི་སྐྱིད་གླུ་》ཞེས་པའི་ཤོག་གྲངས་༢༩༣ལ་གསལ། བོད་ལྗོངས་མི་དམངས་དཔེ་སྐྲུན་ཁང་ནས་༢༠༠༨ལོར་བསྐྲུན།

② ནག་ཆུ་ས་ཁུལ་རིག་གནས་ཅུས་ནས་བསྒྲིགས་པའི་《བཤད་པ་ངག་གི་བདུད་རྩི་》ཞེས་པའི་ཤོག་གྲངས་༢༠༧ལ་གསལ། མཚོ་སྔོན་མི་རིགས་དཔེ་སྐྲུན་ཁང་ནས་༢༠༡༩ལོར་བསྐྲུན།

པོའི་རྗེས་སུ་འཁྲིད་འགྲོ་བའི་སྲོལ་ཡོད། བུ་མོ་རང་ཁྱིམ་གྱི་སྒོ་ལས་ཐོན་རྗེས་བག་རྟ་ལ་བསྐྱོན་ཁར་ཞང་ཆེན་པོས་བག་རྟ་ལ་བཤད་པ་གཏོང་དགོས་ལ། རྟ་བཤད་ལ་རྒྱས་བསྡུས་སྣ་ཚོགས་ཡོད་ནའང་། སྤྱིར་བཤད་པ་བསྡུས་པ་ཞིག་ལ། "རྟ་འདི་དང་རྟ་ངོ་མ་ཤེས་ན། གྱི་ལིང་གི་གནམ་རྟ་དཀར་པོ་ཡིན། སྟེང་ལྷ་ནས་གནང་བའི་ལྷ་རྟ་དཀར་པོ་ཡིན། ལ་ལ་འགྲོ་བའི་ལ་རྟ་འདི་ལ་ཞུ། བར་བཙན་ནས་གནང་བའི་བཙན་རྟ་རྒྱང་པོ་ཡིན། ཐང་ལ་འགྲོ་བའི་ཐང་རྟ་འདི་ལ་ཞུ། འོག་ཀླུ་ནས་གནང་བའི་ཀླུ་རྟ་སྔོ་མོ་ཡིན། ཆུ་ལ་འགྲོ་བའི་ཆུ་རྟ་འདི་ལ་ཞུ། སྔོན་དུས་ལྷ་གཅིག་གོང་རྗེ་ཆིབས། ཁ་བྲོ་གཡང་ཆགས་ཀྱི་རྟ་ཞིག་ཡིན། ད་ལྟ་རིགས་བཟང་གི་བུ་མོ་ཆིབས། ཁ་བྲོ་གཡང་ཆགས་ཀྱི་བག་རྟ་འདི་ལ་ཞུ།" ཞེས་པའི་བཤད་པ་བཏང་ནས་མནའ་མ་རྟ་ལ་སྐྱོན་པ་དང་། བསུ་མིའི་གྲས་ལས་ཆིབས་ཆུང་བའམ་ཞང་གཡོག་ཞེས་པའི་བསུ་མི་དེས་མནའ་བའི་ཆིབས་གཡོག་བྱེད་དགོས། དེ་མིན་བསུ་མཁན་གཞན་ཞིག་གིས་སྲིད་པ་འཁོར་ལོ་འཁྱེར་ནས་བསུ་སྐྱེལ་རྟ་པའི་མདུན་སྣ་འདྲེན་དགོས། དེ་སྐུར་ཞང་ཆེན་པོ་དང་། མནའ་མ་བག་གཡོག་མ། དེ་བཞིན་བསུ་སྐྱེལ་མཁན་གཞན་རྣམས་རིམ་པས་གྲལ་སྒྲིག་ནས་གཉེན་ལམ་ལ་སྐྱོད་སྲོལ་ཡོད། བོད་ཀྱི་དམངས་ཁྲོད་དུ་སྲིད་པ་འཁོར་ལོ་ཞེས་པའི་དར་ཆ་དེ་སྤྱོད་མཁོ་ཆེ་སྟེ། ཁང་པ་གསར་རྒྱག་དང་། ཕུང་པོ་སྐྱེལ་སྐབས། བག་མ་བསུ་སྐབས་བཅས་སུ་བེད་སྤྱོད་བྱེད་པ་དང་། སྐབས་དོན་བག་མ་བསུ་སྐབས་སུ་སྤྱོད་པ་ནི་མི་ཁ་ལྡོག་པ་དང་། གེགས་བར་ཆད། གདོན་འདྲེའི་གནོད་པ་སྔོན་འགོག་གི་ཆེད་དུ་ཡིན་ཞེས་བརྗོད། གཉེན་ལམ་དུ་ཤིང་དོང་པོ་དང་ཆུ་སྣོད་ཁེངས་པ་འཁྱེར་བ་དང་འཕྲད་ན་རྟེན་འབྲེལ་བཟང་བར་བརྩི་ལ། བསུ་སྐྱེལ་མཁན་གྱི་སྐུ་ཚབ་ཅིག་གིས་ཁ་བཏགས་འདོགས་སྲོལ་ཡོད་ལ། སྐུ་ཕུང་གདན་འདྲེན་མཁན་དང་འཕྲད་ནའང་རྟེན་འབྲེལ་བཟང་བར་བརྩི་ཡི་ཡོད། རྒྱུན་དུ་རོ་

དངོས་གྲུབ་ཡིན་ཡང་གཡོལ་ནས་འགྲོ། བག་མ་གདོན་འགེགས་ཡིན་ཡང་ལྡེབ་ནས་འགྲོ་ཞེས་བཤད་སྲོལ་ཡོད་ལ། དེའི་གོ་དོན་ཡང་རོ་དངོས་གྲུབ་ཡིན་ན་ཡང་ལམ་བར་འཕྲད་སྐབས་ཚང་མ་གཡོལ་འགྲོ་བ་དང་། བག་མས་གདོན་འདྲེའི་གནོད་པ་འཁྲིད་ཡོད་ནའང་ལམ་བར་འཕྲད་སྐབས་ལྟད་མོ་ལྟ་བར་ཚང་ཁ་ཤིག་ཤིག་གིས་འགྲོ་ཡི་ཡོད་པས་བྱ་སྤྱོད་དེ་རིགས་གོ་ལྡོག་པ་རེད་ཟེར་བའི་དོན་ཡིན། ཡུལ་འགའ་ཤས་སུ་རྒྱན་གོས་ལེགས་པར་གྱོན་པའི་འགྲུལ་པ་དང་། སྦྲུ་པ་དཀར་རྐྱང་གྱོན་པའི་མི། ཁལ་རྒྱབ་ཡོང་བསྐྱལ་བའི་ཁལ་མ་སོགས་དང་འཕྲད་ནའང་རྟེན་འབྲེལ་བཟང་བར་བརྩི་ལ། མང་ཚོགས་ཀྱི་ཁ་རྒྱུན་དུ“སྤྱང་སོག་གཡས་དང་། ཝ་སོག་གཡོན། རི་བོང་ལྟག་རྩ་གཏད་ན་བཟང་”ཞེས་པ་ལྟར་གཉེན་ལམ་དུ་སྲོག་ཆགས་དེ་རིགས་འཕྲད་སྐབས་ལམ་རྟགས་དེ་འདྲ་བྱུང་ན་བཟང་བར་བརྩི་ཡི་ཡོད། ཡང་གཉེན་ལམ་དུ་སླེ་པོ་སྟོང་པ་དང་། ཆུ་ཟོམ་སྟོང་པ། ཐག་པ་སྟོང་པ་འཁྱུར་མཁན་དང་། ཡང་ན་ཁལ་མ་སྣ་སྟོང་། བུད་མེད་སྐྲ་ཟིང་། སྤང་གདན་བཅིངས་མེད་པའི་བུད་མེད། གྲྭ་པ། ནད་པ་སོགས་དང་འཕྲད་ན། ངན་ལྟས་ངན་པ་ལ་བརྩི་སྲོལ་ཡོད་ལ། དེར་གཞིགས་པའི་བཟློག་ཐབས་ཀྱི་རིམ་འགྲོ་སོགས་བྱེད་སྲོལ་ཡོད། གཙང་ཁུལ་ཡུལ་ལུང་འགར་གཉེན་བསུ་བའི་ལམ་བར་ཡུལ་སྡེ་གཞན་གྱི་མིས་མནའ་མར་བག་འདྲེ་ཡོད་ཅེས་ཁྲི་བྲུན་དང་། ཕྱི་བ། རྟ་སྦྲངས་སོགས་ཀྱིས་བག་མ་བརྫུང་ཁྲུལ་བྱེད་ལ། མནའ་མ་བསུ་སྐྱེལ་མཁན་ཚོས་ཀྱང་བག་མ་རྫུང་མཁན་ལ་ཁ་བཏགས་དང་དངུལ་སོགས་ཀྱི་འབུལ་སྦྱིན་བཛན་པ་སྤྲད་ནས་ཞུ་བ་འབུལ་སྲོལ་ཡོད། དེ་ལ་བག་རྫུང་ཞེས་བརྗོད། མནའ་མ་ཕ་ཁྱིམ་ནས་མ་ཐོན་གོང་དུ་ཁ་བ་བབས་ན། གཉེན་ལམ་ཁ་བས་འགག་ཅེས་ངན་པར་བརྩི་བ་དང་། མནའ་མ་བུའི་ཁྱིམ་དུ་སླེབས་རྗེས་ཁ་བ་བབས་ན་གོས་གཞུག་ཁ་བས་ནོན་ཞེས་རྟགས་བཟང་བ་ལ་བརྩི་སྲོལ་ཡོད། བྱང་འབྲོག་ཁུལ་དུའང་དེ་ལྟའི་

བཅོ་ཚུལ་ཡོད་དེ། "བག་མ་བསུ་སྐབས་མདུན་གྱི་གནས་ཚང་དུ་མ་སླེབས་གོང་ནས་ཁ་བ་བབས་ན་བག་ལམ་ཁ་བས་འགག་ཅེས་ལྟས་མི་ལེགས་པར་བཅོ་བ་དང་། བག་མ་སླེབས་ཟིན་ནས་ཁ་བ་བབས་ན་གཉོད་སྒྲིབ་ཁལ་ལོག་བརྒྱབ་པ་ཞེས་རྟེན་འབྲེལ་བཟང་བར་བཅོ་བ་ཡིན།"①

ལྷ་པ་བསུ་ཆང་གི་སྐོར་ཞུ་བ་ལ། མནའ་མ་བསུ་སྐྱེལ་མཁན་བུའི་ཁྱིམ་ལ་མ་སླེབས་གོང་དུ་བསུ་ཆང་ཐེངས་གསུམ་ཙམ་འདྲེན་སྲོལ་ཡོད། དེ་ནི་མིང་གི་འབོད་ཚུལ་དང་རིག་རྩེད་ཀྱི་བྱེད་སྒོ་མི་འདྲ་བ་ཙམ་ལས་བོད་ཡུལ་ཀུན་ལ་འདྲ་བ་ཡིན་ཏེ། ཨ་མདོ་ཁུལ་དུ་གཉེན་ལམ་དུ་ཇ་ཐབ་འཛིན་པའམ་དྲི་སྐོལ་རིམ་པ་གསུམ་འཛིན་སྲོལ་ཡོད་པ་དང་། བྱང་འབྲོག་དང་དབུས་གཙང་ཁུལ་དུ་བསུ་ཆང་ངམ་ཐབ་བསུ་ཐེངས་གསུམ་བྱེད་སྲོལ་ཡོད་པ། བསུ་ཆང་གསུམ་པའམ་དྲི་སྐོལ་གསུམ་པའི་སྐབས་འབབ་སྟེགས་སམ་འབབ་གདན་གྱི་བཤད་པ་གཏོང་བ་སོགས་ཐུན་མོང་དུ་མངའ་བ་ལྟ་བུའོ། །དེ་ཡང་བུའི་ཁྱིམ་དང་བར་ཐག་རྒྱང་ཙམ་གྱི་སར་སླེབས་སྐབས་བུའི་ཕྱོགས་ནས་བསུ་ཆང་དང་པོ་འདྲེན་མཁན་མངགས་དགོས་པ་དང་། གཙང་ཁུལ་དུ་དེར་ཐབས་བསུ་ཞེས་འབོད། བསུ་ཆང་འདྲེན་མཁན་འཕྲད་སྐབས་མནའ་མ་དང་བསུ་སྐྱེལ་མཁན་ཚང་མ་རྟ་ལས་བབས་དགོས་པ་དང་། བུའི་ཕྱོགས་ཀྱི་ཁྲུང་ཞུ་མའམ་གཞས་པ་གཞས་མ་ཁ་ཤས་ཕྱི་མར་དང་། མཇལ་དར། མཆོད་ཆང་བཅས་བསྣམས་ནས་བསུ་ཆང་འདྲེན་སྲོལ་ཡོད་ལ། མཇལ་དར་དང་ཕྱི་མར། མཆོད་ཆང་བཅས་འདྲེན་ཚར་རྗེས་ད་དུང་དུས་ཀྱི་ཁོམ་པ་ཡོད་ན་གཞས་ཆེན་དང་ཆང་གླུའང་ལེན་པའི་སྲོལ་ཡོད། མནའ་མ་སྐྱེལ་བསུ་

① ནག་ཆུ་ས་གནས་སྲིད་གཞུང་ལོ་རྒྱུས་རིག་གནས་དཔྱད་གཞིའི་རྒྱུ་ཆ་རྩོམ་སྒྲིག་ཁང་ནས་བསྒྲིགས་པའི《ནག་ཆུའི་ལོ་རྒྱུས་རིག་གནས་དཔྱད་གཞིའི་རྒྱུ་ཆ་བདམས་བསྒྲིགས》ཞེས་པའི་ཤོག་ངོས་༡༡༧ལ་གསལ། བོད་ལྗོངས་མི་དམངས་དཔེ་སྐྲུན་ཁང་ནས་༢༠༠༨ལོར་བསྐྲུན།

མཁན་བུའི་ཁྱིམ་དང་བར་ཐག་འབྲིང་ཙམ་གྱི་སར་སླེབས་སྐབས་སླར་ཡང་བསུ་ཚང་གཉིས་པ་འདྲེན་པའི་སྲོལ་ཡོད། ཞིབ་ཕྲའི་བྱེད་སྒོ་ནི་གོང་དང་མཚུངས། གཉེན་ལམ་དུ་མནའ་མར་བསུ་ཚང་འདྲེན་པའི་སྲོལ་ནི་གནའ་རྒྱ་མོ་ནས་བོད་ཡུལ་དུ་དར་ནས་ཡོད་བཟོ་འདུག་སྟེ། གོ་སར་རྒྱལ་པོར་བཙུན་མོ་སེང་ལྕམ་འབྲུག་མོ་གདན་འདྲེན་ཞུ་བའི་སྐབས་སུའང་ཨ་ཁུ་སྤྱི་དཔོན་རོང་ཚ་ཁྲ་རྒན་སོགས་ཆིབས་བསྐུར་ཕེབས་པ་དང་། ལམ་བར་དུ་སྐྱ་ལོའི་སྲས་འབྲུག་རྒྱལ་གྱིས་གཙོས་གཉེན་མགྲོན་རྣམས་མཇལ་བའི་དུས། སྤྱི་དཔོན་ནས་འབྲུག་རྒྱལ་ལ་མཇལ་དར་འབུལ་བ་དང་སྒྲུགས་འབྲུག་རྒྱལ་ནས་ཀྱང་"རྟེན་འབྲེལ་གྱི་མགོ་བོ། ཤར་རྨ་ཁམས་གླིང་གི་བསུ་མ་འདི། རྟེན་འབྲེལ་བཟོད་ནས་སྨོན་ལམ་འདེབས། བསུ་བའི་ཇ་ཚང་ལམ་དུ་མཆོ་བཞིན་བཪོལ། ངོ་མཚར་ཆེན་པོའི་རྟེན་འབྲེལ་འདི་ལ་འཛོམས། ……ཞེས་ཟེར་བཞིན་དྲི་མེད་དར་གྱི་སྦྲབ་མདའ་དེ། ཁུ་བོ་སྤྱི་དཔོན་གྱི་ཕྱག་ལ་ཕུལ། དེ་ནས་སེང་ལྕམ་འབྲུག་མོ་དར་གྱི་སྟེང་ལ་ཆིབས་ལས་བབས་ཏེ། རྒྱལ་བློན་ལྷན་འཛོམས་ཀྱི་ངང་ནས། རྟེན་འབྲེལ་གྱི་ལམ་ཚང་དང་ལམ་ཇ་བཅགས། བསུ་བའི་སྟེར་སྣ་དང་དཀར་གསུམ་མངར་གསུམ། ཤིང་ཏོག་དང་འོ་ཞོ། དམར་གསུམ་གྱི་ཟས་སྣ་སོགས་རྟེན་འབྲེལ་གྱི་ལོངས་སྤྱོད་བཞེས་ཤིང་བཀྲ་ཤིས་པའི་སྨོན་ལམ་ཡང་ཡང་དུ་བརྗོད།"① ཅེས་གསལ་བ་ལྟར་དང་། གཞན་ཡང་དུད་ཚང་གཉིས་ཀྱི་བར་ཐག་རིང་ཐུང་དང་དུས་ཚོད་ཡོད་མེད་སོགས་དང་བསྟུན་ནས་བསུ་ཚང་དང་པོ་དང་གཉིས་པ་དེ་གཉིས་འདྲེན་དགོས་མིན་ལ་ཡིན་གཅིག་ངེས་པ་མེད་ལ། ཡུལ་ལུང་སོ་སོར་བྱེད་ཚུལ་མི་འདྲ་བ་ཡོད་ནའང་མནའ་མ་བུའི་ཁྱིམ་གྱི་སྒོ

① སྒྲུང་མཁན་ཚེ་རིང་བསོད་ནམས་ཀྱིས་བཤད་པ་བཞིན་དབང་དྲག་ལགས་ནས་དག་སྒྲིག་བྱས་པའི་《སྐྱ་ལོའི་སྟོན་འཇོག་བཀྲ་ཤིས་གཡང་གི་རྒྱ་མཚོ་》ཞེས་པའི་ཤོག་ངོས་༡༨༧ལ་གསལ། པེ་ཡུལ་ཤུལ་རིག་གནས་ལྷན་ཚོགས་ཀྱིས་༢༠༠༡ལོར་དཔར་དུ་བཏབ།

འགྲམ་དུ་སླེབས་སྐབས་བསུ་ཚང་ངེས་པར་འདྲེན་དགོས་ལ། ཚོ་གཞང་རྒྱས་བསྡུས་སྣ་ཚོགས་ཤིག་སྤེལ་སྲོལ་ཡོད། མནའ་མ་སྒོ་འགྲམ་དུ་སླེབས་ཁར་བསང་གསོལ་བསང་འཁྲུས་བྱེད་དགོས་པ་དང་། དབུས་ཁུལ་དུ་བུ་མོ་འབེབས་པའི་འབབ་སྟེགས་ལ་འབེབས་བཀུག་ཅེས་བརྗོད་ལ། གྲོ་དོ་པོ་དང་། ནས་དོ་པོ། ཛ་སྨམ་མར་ལྷང་། འབྲས་དང་ཚྭ་དོ་པོ་བཅས་པ་གང་གཟབ་སྒྲིག་པ་དང་། དུས་ཕྱིས་རྒྱ་ལྕོག་གྲུ་བཞིའི་སྟེང་དུ་ཕྱིང་བ་དཀར་པོའི་གདན་བཏིང་། དེའི་སྟེང་དུ་མི་འགྱུར་བ་མཚོན་བྱེད་གྲོ་ཡི་གཡུང་དྲུང་འབྲི་བ་དང་། གཙང་ཁུལ་དུ་ཕྱིར་འབྲུ་དང་གྲོ་སྣན་ཚྭ་སོགས་དོ་པོ་བརྩིགས་པའི་སྟེང་ཕྱིང་བ་དཀར་པོའི་གདན་བཏིང་། དེའི་སྟེང་གྲོ་ཡི་གཡུང་དྲུང་འབྲི་བ་དང་། ཡང་འགའ་ཤས་ཀྱིས་འབྲུ་རིགས་དོ་པོའི་སྟེང་དུ་བུ་མོའི་ལོ་ཁམས་དང་མཐུན་པའི་ཁ་གདན་བཏིང་། དེའི་སྟེང་དུ་གྲོ་ཡི་གཡུང་དྲུང་འབྲི་བའི་སྲོལ་ཡང་འདུག བུ་མོ་རྟ་ལས་མ་ཕབ་གོང་མནའ་མ་སྐྱེལ་མཁན་གྱིས"བུ་མོའི་འབེབས་གདན་ལ་གྲོ་ནས་སྣན་གསུམ། དར་གོས་ཆེན། གཟིག་ལྤགས། སྟག་ལྤགས་བཅས་ཨེ་ཡོད་ལགས"ཞེས་འདྲི་བའི་ལན་དུ་བུའི་ཕྱོགས་ནས་མི་ཞིག་གིས"ལགས་ཡོད"ཅེས་ལན་འདེབས་པ་དང་། སྐྱེལ་མིས"དེ་འགྲིག་ལགས་ཟེར་ན་བུ་མོ་འབེབས་པར་ཞུ"ཞེས་བརྗོད་འཕྲལ་བསུ་མིས་བུ་མོ་རྟ་ལས་ཕབ་དགོས། བཤད་ཚུལ་དེ་ལས་དེ་སྔོན་དུད་ཚང་ཆེ་གྲས་ཀྱིས་མནའ་མ་གདན་འདྲེན་ཞུ་སྐབས་འབབ་སྟེགས་ལ་གོས་ཆེན་དང་། སྟག་ལྤགས། གཟིག་ལྤགས་སོགས་ཀྱི་གདན་འདིང་བའི་སྲོལ་ཡང་ཡོད་པ་འདྲ། འོན་ཀྱང་བུ་མོའི་འབབ་གདན་དུ་ཕྱིང་བ་དཀར་པོ་བཏིང་བའི་སྲོལ་དེ་དར་ཁྱབ་ཆེ་ལ། གདན་དེའི་སྟེང་དུ་དར་ཚོན་སྣ་ལྔས་བརྒྱན་པའི་སྲོལ་ཡང་ཡོད་དེ། དེ་ཡང་འབབ་གདན་གྱི་བཤད་པ་ལས"འབབ་གདན་ཕྱིང་དཀར་གྲུ་བཞི་འདི། ཤ་ཐོ་བརྒྱ་ཡི་སོག་བལ་དང་། མ་མོ་བརྒྱ་ཡི་སྐྱི་བལ་དང་། ལུ་གུ་བརྒྱ་ཡི་སུ་ལུ་ཡིས། མཁས་པ་

བརྒྱ་ཡིས་ཉིན་གཅིག་བསྒྲུབས། ཕྱིང་གདན་ཁ་མདོག་དུང་ལས་དཀར། ཕྱི་ནང་ཐམས་ཅད་དར་ལས་འཇམ། སྟེང་གི་ཁ་གདན་རིམ་པ་རྣམས། འབྱུང་བ་ལྔ་ཡི་མཚོན་རྟགས་ཡོད། དང་པོ་འབྱུང་བ་རླུང་ལས་གྲུབ། རླུང་དར་ལྗང་གུ་སྤྲིན་རིས་ཅན། མིང་ལ་སྤྲིན་དར་རླུང་སྐྱོད་ཟེར། གཉིས་པ་འབྱུང་བ་མེ་ལས་གྲུབ། མེ་དར་དམར་མོ་སྤྲིན་རིས་ཅན། མིང་ལ་མེ་འོད་མཚམས་སྤྲིན་ཟེར། གསུམ་པ་འབྱུང་བ་ཆུ་ལས་གྲུབ། ཆུ་དར་སྔོ་མོ་འབྲུག་རིས་ཅན། མིང་ལ་ཆུ་སྤྲིན་འབྲུག་རིས་ཟེར། བཞི་པ་འབྱུང་བ་ས་ལས་གྲུབ། ས་དར་སེར་པོ་སེར་ལོའི་རིས། མིང་ལ་གསེར་འོད་སྤྲིན་རིས་ཟེར། ལྔ་པ་སྟོང་ཆེན་མཁའ་ལས་གྲུབ། དར་དཀར་ཉི་ཟླ་དཀར་གསུམ་རིས། མིང་ལ་གླིང་བཞི་མུན་སེལ་ཟེར། བག་མའི་འབབ་གདན་དེ་འདྲ་ཡོད། བུ་མོ་ཚེབས་ལས་འབབ་རོགས་ཞུ།” ཞེས་བརྗོད་སྲོལ་ཡོད་པ་ལྟ་བུའོ། །བུ་མོའི་འབབ་སྟེགས་ལ་ངེས་པར་ཕྱིང་པ་དཀར་པོའི་གདན་དགོས་དོན་ནི། ཕྱིང་བ་ནི་བོད་རང་གི་ཐོན་རྫས་ཡིན་ལ་གནའ་དུས་ནས་བོད་ཀྱི་སྤྱི་ཚོགས་ཐོག་སྤྱོད་མཐོ་ཆེ་བའི་གོས་རིགས་ཤིག་ཡིན་པ་མ་ཟད་དེ་ནི་གཡང་དཀར་ལུག་གི་བལ་ལས་བཟོས་པས་གཡང་འགུགས་པའི་ནུས་པ་ལྡན་པའམ་གཡང་ལྡན་གྱི་དངོས་པོ་ཞིག་ཏུ་བརྩི་ཡི་ཡོད་པ་འདྲ། དེ་ཡང་《ཐང་ཡིག་གསར་རྙིང་ལས་བྱུང་བའི་བོད་ཆེན་པོའི་སྲིད་ལུགས་》ཞེས་པའི་ནང་བཙན་པོའི་རྒྱལ་རབས་སྐབས་སུ་“འཁོར་རྣམས་སྤྲ་གུར་དུ་སྡོད། མི་རྣམས་ཚེ་རིང་ཞིང་ལོ་བརྒྱ་ལྷག་ཐུབ་པའང་མང་། གོན་པ་ཕྱིང་བར་བྱེད་ཅིང་། གདོང་ལ་ཚོས་འབྱུག་པ་དགའ་མོར་སེམས།” ཞེས་གསལ་བ་དང་། གཉེན་བཤད་ཁྲིད་ཀྱི་འབབ་གདན་གྱི་བཤད་པའི་ནང་དུའང་“གདན་འདི་ཡི་འབྱུང་ཁུངས་བཤད་ན། སྟོད་རྒྱ་གར་ཡུལ་གྱི་སྦྲུག་གདན་ཡིན། སྦྲུག་གཅིག་ཉུང་ཐིག་ལེ་མི་གཅིག སྨད་རྒྱ་ནག་ཡུལ་གྱི་གོས་གདན་ཡིན། གོས་གཅིག་ཉུང་རི་མོ་མི་གཅིག བོད་ཁ་བ་ཅན་གྱི་བལ་གདན་ཡིན།

བལ་གཅིག་ཊང་ཁ་ཚར་མི་གཅིག འདི་གཡང་དཀར་ལུག་གི་སྐྱེ་བལ་ཡིན་ཟེར། གདན་འཛོག་བརྒྱ་ཡི་ཕྱིང་འཛོག་ཡིན། ལུག་གཡང་དཀར་བརྒྱ་ཡི་བལ་འཛོག་ཡིན།”①ཞེས་པ་ལྟ་བུ་ལས་ཕྱིང་གདན་ལ་མཐོང་ཆེ་ཚུལ་མངོན་ནོ། །བུ་མོ་ཧ་ལས་ཕབ་རྗེས་བུའི་སྐུ་ཚབ་ནས་བསུ་སྐྱེལ་མཁན་ཚང་མར་མཇལ་དར་སྤྲོན་པ་དང་། གྲོ་སོ་ཕྱེ་མར་དང་མཆོད་ཆང་འདྲེན་སྲོལ་ཡོད་ལ། དབུས་ཁུལ་ས་ཁུལ་མང་པོར་བག་གཡོག་མའམ་ཡང་ན་ཞང་ཆེན་ཞང་གཡོག་ནས་མནའ་མ་བུའི་ཁྱིམ་ཚང་གི་ནང་དུ་འཁྲིད་འགྲོ་བ་དང་། དབུས་ཁུལ་ས་ཁུལ་འགའ་དང་གཙང་ཁུལ་དུ་ཡིན་གཅིག་བུའི་ཨ་མས་མནའ་མ་ནང་དུ་འཁྲིད་འགྲོ་བའི་སྲོལ་ཡོད།

སྲོལ་རྒྱུན་ལྟར་ན་བག་མ་བུའི་ཁྱིམ་གྱི་སྒོ་འགྲམ་དུ་འབྱོར་སྐབས་ཐུགས་པའམ་ཡང་ན་ལྷ་བོན་གྱིས་བག་འདྲེ་མཐའ་ལ་སྤྲོད་པ་དང་བསང་གསོལ་ཆུ་འཁྲུས་བྱེད་པའི་སྲོལ་ཡོད་ལ། དུས་ཕྱིས་དེ་དག་ལ་འགྱུར་བ་ཆེ་ཙམ་བྱུང་ཡོད། ད་བར་ང་ཚོའི་འདྲེན་བྱེད་ལམ་དུ་མཇལ་དུ་ཡོད་པའི་གནའ་དུས་ཀྱི་གཉེན་སྟོན་ཚ་ག་དང་ཁྱད་པར་བག་འདྲེ་སྤྲོད་པའི་སྐོར་ཞིབ་གསལ་འཁོད་པ་ཞིག་ནི་དུས་རབས་བཅུ་དགུ་པའི་ནང་ཀོང་སྤྲུལ་ཡོན་ཏན་རྒྱ་མཚོས་མཛད་པའི་《བག་མ་ལ་དགེ་བའི་ལས་ཕྲན་བདུན་གྱི་ཚོ་ག་བཀྲ་ཤིས་དཔལ་སྐྱེད་ཅེས་བྱ་བ་བཞུགས་སོ་》②ཞེས་པའི་དཔེ་ཆ་དེ་ཡིན། བག་མ་བསུ་སྐབས་སྣ་འདྲེ་སྐྲོད་པ་དང་། གནོལ་གྲིབ་བཀྲུ་བ་སོགས་ལས་ཕྲན་བདུན་གྱི་ཚོ་ག་དང་དུས་ཕྱིས་སུ་དེ་དག་ལ་འགྱུར་བ་ཇི་ལྟ་བུ་བྱུང་ཡོད་ཚུལ་སོགས་ཀྱི་སྐོར་གཞམ་དུ་ཞིབ་གསལ་བཀོད་ཡོད་པས་འདིར་སྤྲོས་པར་མི་བྱ།

མནའ་མ་དེ་སྒོ་འགྲམ་ནས་ཁྱིམ་དུ་བུའི་ཨ་མས་གདན་འདྲེན་ཞུ་སྐབས་ཨ་

① ཧ་ལོ་ཐར་ནས་བརྩམས་གནང་བའི་《མང་རའི་ཡུལ་གྱི་གཉེན་སྲོལ་》ཞེས་པའི་ཤོག་ངོས་༡༡༡ལ་གསལ། ཀན་སུའུ་མི་རིགས་དཔེ་སྐྲུན་ཁང་ནས་༢༠༡༢ལོར་བསྐྲུན།

② 《འཇམ་མགོན་ཀོང་སྤྲུལ་གྱི་གསུང་འབུམ་རྒྱ་ཆེན་བཀའ་ཡི་མཛོད་བཞུགས་སོ་》ཞེས་པའི་ནང་འཁོད་ཡོད། བོད་ལྗོངས་བོད་ཡིག་དཔེ་རྙིང་དཔེ་སྐྲུན་ཁང་ནས་༢༠༡༢ལོར་བསྐྲུན།

མས་སྔོན་ནས་སྒྲ་གོན་བྱས་ནས་འཁྱེར་ཡོང་བའི་འོ་ཐྲེམ་འོ་མའམ་དར་བ་ཡང་ན་དར་ཆུས་གང་བའི་ནང་མར་དཀྲིག་གསུམ་བླུགས་པ་དེ་བུ་མོའི་ལག་པ་གཡས་སུ་སྤྲད། ལྡི་བ་དོ་པོ་དེ་མནའ་མའི་རྒྱལ་པར་བསྐུར། འཕང་དང་བལ་དཀྲིས་མཉམ་དུ་བུ་མོའི་དཔུང་པ་གཡོན་མའི་ཐོག་གཟེར་ནས་བུ་མོའི་ལག་གཡོན་ནས་འཁྲིད་དེ་ནང་དུ་གདན་འདྲེན་ཞུ་ཡི་ཡོད། དེ་ནི་བུ་མོ་དེ་ཁྱིམ་ཚང་དེའི་གནའ་མར་སླེབས་པའི་རྗེས་སུ་དུད་ཚང་དེའི་འོ་འཛོ་ཞོ་དཀྲིག་དང་། ཤིང་འཇུ་ཐབ་གཡོག བལ་བཀལ་སྣམ་འཐག་སོགས་ཀྱི་ལས་འགན་གང་དེར་བརྩིས་སྤྲོད་བྱས་པའི་ཚུལ་ཡིན། སྟོད་མངའ་རིས་ཁུལ་དུའང་མནའ་མར་"མ་སྲུའི་གདོང་བསུ་དང་། རྟེན་འབྲེལ་གྱི་འཛོ་ཐྲེམ་འོ་མ་བླུགས་པ་དང་། འཛོ་སྒྲོག་སོགས་ལག་ལ་སྤྲོད་སྲོལ་ཡོད།"[①] དམངས་སྲོལ་གང་འདྲ་ཞིག་ཡིན་ནའང་དེར་གཞན་འགྱུར་གྱི་རང་བཞིན་མངོན་གསལ་དོད་པོ་ཡོད་ལ། ས་ཁུལ་གྱི་རང་བཞིན་ཡང་ཆེ་བས། ཡུལ་དུས་མི་འདྲ་བར་འཕང་གི་རིག་གནས་མཚོན་དོན་ཡང་མི་འདྲ་བ་ཡོད་དེ། པོན་གྱི་གནའ་དཔེ་《མིང་སྲིད་དཔལ་བགོས་དང་ལྷ་འདོགས་》ཞེས་པའི་ནང་འཕང་ནི་བུ་མོའི་ཨ་མས་བུ་མོར་རྫོངས་སྐལ་དུ་སྤྲོད་སྲོལ་ཡོད་པ་དང་། དེ་ནི་རྫོངས་སྐལ་ཆེ་ཤོས་དེ་ཡིན་ཚུལ་བསྟན་ཡོད་དེ་"ཨ་མའི་ཁ་ཏ་ཚིགས་གསུམ་འདི། ཨ་མའི་གསེར་འཕང་འདི་ལ་ཚང་། བུ་མོ་ཁྱོད་ལ་རྫོངས་སུ་བསྐུར། མའི་ཁ་ཏ་འདི་ལ་ཉོན། རྫོང་དཀར་རབ་ཅིག་འདི་ལ་ཚང་། འཕང་ལ་གཏན་ཚིག་འདི་ན་ཡོད། འཕང་རྩེ་གནམ་ལ་བསྟན་པ་འདི། མཐོ་བའི་གྲལ་ལ་སྐོག་པ་ཡིན། འཕང་ལོ་སྙེད་དུ་གསལ་བ་འདི། འདུ་བྱེད་གླིང་དུ་འགྲོགས་པའི་དོན། འཕང་སྨད་ཟླུམ་ལ་འདྲིལ་བ་འདི། དཔལ་དང་ནོར་གྱིས་ཁེངས་བ་ཡིན། འཕང་སྙེད་དྲང་ལ་འདྲིལ་བ་

① ཤེས་རབ་བཟང་པོ་ནས་བརྩམས་གནང་བའི་《མངའ་རིས་སྨེར་རྫེའི་ལོ་རྒྱུས་དང་རིག་གནས་ཉི་མའི་མེ་ལོང་》ཞེས་པའི་ཤོག་གྲངས་༥༧ལ་གསལ། བོད་ལྗོངས་མི་དམངས་དཔེ་སྐྲུན་ཁང་ནས་༢༠༡༣ལོར་བསྐྲུན།

འདི། གཡོ་རྒྱུ་ཐོལ་ཐོལ་ཆུང་བ་ཡིན། རྩེ་ལ་བལ་འདབ་དཀྲིས་པ་འདི། ལས་དང་འབྲེལ་བ་རྒྱུན་ཆད་མེད། ཕྱི་ནང་གང་དུ་འདྲིལ་ཡང་འདྲིལ། འདི་ཡང་བུ་མོའི་དཔལ་དུ་ཆེ།” ཞེས་གསལ་བ་ལྟར་དང་། དེ་བཞིན་མནའ་མའི་ཆིབས་བསུ་དང་ནང་དུ་གདན་འདྲེན་ཞུ་མཁན་ཡང་བཀོད་སྒྲིག་བྱེད་སྲོལ་མི་འདྲ་བ་ཡོད་དེ། དབུས་གཙང་གཉིས་མི་འདྲ་ཙམ་ཡོད་པ་མ་ཟད། 《གླིང་གེ་སར་རྒྱལ་པོའི་སྒྲུང་》ལས་གསལ་བ་ལྟར་ན་སེང་ལྕམ་འབྲུག་མོ་གླིང་གི་བཙུན་མོར་བསུ་སྐབས་ཕོ་བྲང་སེང་འབྲུག་སྟག་རྩེའི་སྒོ་རྩར་སླེབས་སྐབས་གེ་སར་རྒྱལ་པོའི་ཡུམ་ཆེན་འགོག་བཟའ་ལྷ་མོས་ཆིབས་བསུ་ཞུས་ཤིང་ནང་དུ་གདན་འདྲེན་ཞུས་ཡོད་པ་དང་། ཡང་དཔེར་ན་གླིང་སྒྲུང་ལས《གངས་མཐིང་གཉེན་སྟོན་ཆེན་མོ་》ཞེས་པའི་ནང་གངས་རིའི་སྲས་མོ་ཤེལ་མཚོ་བྱེ་བ་མཐིང་གི་མནའ་མར་བསུ་སྐབས་མཁར་སྒོར་“ནང་དུ་འཛུལ་སྐབས་སྲས་མོའི་ཞབས་གཡས་སྒོ་ཐེམ་ནང་དུ་སྤྱོས་པ་དང་གཡོན་མ་སྒོ་ཐེམ་ཕྱི་ལ་ཡོད་སྐབས་ཞང་པོའི་སྐུ་ཚབ་གཉིས་ཀྱིས་གཡས་གཡོན་ནས་སྐྱོར་ཅིང་སྲས་མོའི་དབུ་ཞྭ་དེ་གཡས་གཡོན་རྒྱབ་མདུན་གང་དུ་ཡང་མི་ཡོ་བར་ཀྱག་ཙམ་བྱས་ནས་ནང་དུ་ཕེབས་” པ་དང་“ རིགས་བཟང་བུ་མོ་བཞི་ཡིས་ཤེལ་གྱི་ཚོ་ཐོམ་ནང་འོ་མ་ཧྲུར་བུར་གཏམས་པའི་སྟེང་མར་རིལ་གསུམ་བཞག་ནས། ཚོ་ཐོམ་གྱི་དར་ཐག་སྣེ་མོ་དེ་ལྷ་སྲས་ཤེལ་མཚོའི་ཕྱག་ཏུ་གཏད་དེ་ཕུལ་བར། ཞང་པོའི་སྐུ་ཚབ་གཉིས་ཀྱིས་དར་གྱི་སྣེ་གཡས་གཡོན་གཉིས་ནས་བཟུང་། དར་གྱི་དཀྱིལ་ནས་ཁྲི་བཙུན་གྱིས་བཟུང་དུ་བཅུག་སྟེ་གྲལ་མཐའ་ཨ་ལོང་སྐོར་བ་ལྟར་གྱི་མཐའ་ནས་

གཡས་སྐོར་ཐེངས་གཅིག་བརྒྱབ་སྟེ་མདུན་གྲལ་དུ་ཕེབས།”[①] ཞེས་གསལ་བ་ལྟར་གནའ་དུས་སུའང་ཡུལ་ལུང་སོ་སོར་ལུགས་སྲོལ་མི་འདྲ་བ་ཡོད་པ་ལྟར་རོ། །

ཟྡུག་པ་སྒོ་བཀག་གཏོང་བ་དང་སྒོའི་ཕྱི་ནང་སྒྲིག་ཆས་ཀྱི་བཤད་པའི་སྐོར་ཞུ་བ་ལ། མནའ་མ་བུའི་ཁྱིམ་ཚང་ནང་དུ་འཛུལ་ཡང་སྐྱེལ་མཁན་ལ་བུའི་གྲོང་པ་ཁྱིམ་མཚེས་ཀྱིས་སྒོ་བཀག་གཏོང་བ་དང་སྒོ་བཤད་རྒྱག་ཏུ་འཇུག་པ། ཐོ་པོ་དཀར་ནག་དང་། ཕྱི་ཕུད། ཆུ་ཕུད་ལ་སོགས་པར་བཤད་པ་རྒྱག་ཏུ་འཇུག་པའི་སྲོལ་ཡང་ཡོད། དབུས་གཙང་ཁུལ་དུ་བུ་མོ་སྐྱེལ་མཁན་བུའི་སྒོ་ར་སླེབས་རྗེས་བུའི་ཕྱོགས་ཀྱི་ཡུལ་མི་ཁྱིམ་མཚེས་ཚོས་སྒོ་བཀག་ནས་མནའ་མ་སྐྱེལ་མཁན་རྣམས་ནང་དུ་མ་བཏང་བར་དཀར་རྗེ་ནག་རྗེ་དང་། སྒོ་ལ་བཤད་པ་གཏོང་དགོས་ཡོད་ཟེར་ནས་བརྙན་འཛུགས་བྱེད་སྲོལ་ཡོད་ལ། ཡུལ་ལ་ལར་སྒོ་འགྲམ་དུ་ཀ་བ་གཞུ་དང་བཅས་པ་ཞིག་བྲ་སྒྲིག་བྱས་ཡོད་པར་ཀ་བཤད་ཀྱང་གཏོང་དགོས་ཡོད། མནའ་མ་སླེབས་རྒྱུའི་སྔ་ཞུབ་ནས་ཁྱིམ་མཚེས་ཚོས་བུའི་ཁྱིམ་གྱི་ཕྱི་སྒོའི་གཡས་སུ་རྗེ་དཀར་པོ་གང་གསུམ་མམ་ལྔའམ་བདུན་ས་ལ་སྤུངས་ནས་འཇོག་པ་དང་། གཡོན་དུ་རྗེ་ནག་པོའི་ཐོ་པོ་བརྩིགས་ནས་གྲང་ངད་ཆེ་བའི་དགུན་དུས་ཡིན་ན་ད་དུང་

① ཨ་བརྟན་ལགས་ནས་ཐེན་བཀོད་བྱས་པ་བཞིན་རྒྱང་འཁོར་ཚེ་ཕུན་ནས་ལེགས་སྒྲིག་བྱས་པའི་《གངས་མཐིང་གཉེན་སྟོན་རྟེན་འབྲེལ་ཆེན་མོ》ཞེས་པའི་ཤོག་ངོས་༢༠༢ལ་གསལ། བོད་ལྗོངས་བོད་ཡིག་དཔེ་རྙིང་དཔེ་སྐྲུན་ཁང་ནས་༢༠༡༣ལོར་བསྐྲུན། སྒྲུང་དཔེ་དེ་ནི་དམངས་ཁྲོད་དུ་གྲགས་པ་ཆེ་བའི་སྒྲུང་མཁན་དཀོན་ཕུ་བློ་བཟང་དར་རྒྱས་ནས་སྤྱི་ལོ་༡༩༨༩ལོར་འཆད་ཁྲིར་གནང་བ་བཞིན་ཐེན་ཐྲིས་དང་ལེགས་སྒྲིག་བྱས་པ་དང་། དེའི་ནང་གངས་མཐིང་ཚོ་པ་གཉིས་དབར་གཉེན་སྒྲིག་བྱས་ཤིང་གཉེན་སྟོན་གྱི་འགྲོ་ལུགས་གཙོ་བོར་འཁོད་པ་ཞིག་ཡིན། དེ་ཡང་སྒྲུང་ཆ་ཚང་ལེའུ་ཚན་གཉིས་སུ་དབྱེ་ཡོད་དེ། ལེའུ་དང་པོ་“བག་བསུའི་གཉེན་པོ་ཤེལ་རྫོང་མཁར་སྒོར་འཁྱོར། །རྟེན་འབྲེལ་གཉེན་བཤད་སྨན་པའི་སྒྲུ་སྒྲས་ཁེངས། །སྲས་མོའི་སྐུ་ལ་ནོར་བུའི་རྒྱན་ཆ་གསོལ། །རྫོང་དར་ཕུལ་ནས་སྐྱབས་འགྲོ་སྨོན་ལམ་བཏབ། །”ཞེས་པ་དང་ལེའུ་གཉིས་པ་“ཤེལ་དཀར་ཆོས་མཚོ་མཐིང་ཁ་ཡུལ་དུ་ཕེབས། །རྟ་པ་ལྔ་བརྒྱས་བསུས་ཤིང་སྟོང་གིས་བསྐྱལ། །ལྷགས་རྫོང་མཁར་ནས་ཆིབས་བསྒྱུར་འདྲེན་མཛད། །རྟེན་འབྲེལ་དགའ་སྟོན་དགའ་སྐྱིད་དཔལ་ལ་རོལ། །”ཞེས་གསལ་བ་ལྟར་ཡིན། དེར་བརྟེན་དེ་ནི་བོད་ཀྱི་གནའ་རབས་གོམས་སྲོལ་དང་། ཁྱད་པར་གཉེན་སྟོན་སྐོར་ལ་ཞིབ་འཇུག་བྱེད་རྒྱུར་དཔྱད་གཞིའི་རིན་ཐང་ཆེ་བའི་སྒྲུང་དཔེ་ཞིག་ཡིན།

དེར་ཆུ་བླུགས་ནས་འཁྱུགས་སྦྱར་གཏོང་སྲོལ་ཡོད། རྩེ་ཡི་ཐྲ་པོ་དང་ཁྱད་པར་དཀར་གོང་གི་ཐྲ་པོ་སྣོང་ས་རྒྱུར་བོད་རིགས་མང་ཚོགས་རྣམས་དགའ་ཞེན་ཆེ་ལ། ཐྲ་པོའི་མཚོན་དོན་ཡང་མི་འདྲ་བ་མང་པོ་ཡོད། ཐྲ་པོའི་ཐོག་མའི་འབྱུང་ཁུངས་སམ་མཚོན་རྟགས་ནི་ས་མཚམས་ཀྱི་མཚམས་རྟགས་དང་ལམ་བུའི་ལམ་རྟགས་ལྟ་བུ་ཡིན་བཟོ་འདུག་ཀྱང་། ཕྱིས་སུ་དེར་རིག་གནས་ཀྱི་མཚོན་དོན་གསར་པའང་མང་པོ་སྦྱར་ནས་ཞིང་ཁའི་དབུས་སུ་ཐྲ་པོ་དཀར་པོ་ཞེངས་པས་ས་གཡང་སྲུང་བའི་མཚོན་དོན་དང་། ཕྱུགས་རའི་ལྐས་ཟེ་ལ་ཐྲ་པོ་ཞེངས་ནས་ནོར་སྲུང་གི་ནུས་པ་ཐོན་པ། ཁང་པའི་གྱང་ཟེ་ལ་དཀར་གོང་བསྐྲིགས་ནས་རྒྱན་དང་ལྷ་སྲུང་གི་ནུས་པ་ཐོན་ཚུལ། རི་རྩེ་དང་ལ་ཁ་ལ་ཐྲ་པོ་བཞེངས་ནས་ལྷུང་རྟ་སྐྱེ་བར་བྱེད་པ། བྱིས་འགྲོ་ཚུར་ལོག་སྐབས་ལམ་གཡས་གཡོན་དུ་ཐྲ་པོ་ཞེངས་པའི་དབར་ཀང་འདྲད་ཀྱིས་ལམ་བཅད་དེ་རྗེས་སུ་འབྲངས་པའི་འདོན་འདྲེ་སོགས་ཀྱི་གནོད་པ་འགོག་ཚུལ་བསྟན་པ། ནམ་རྒྱུན་ཁྱིམ་ཚང་གི་སྒོ་རུ་ཐྲ་པོ་བཙུགས་པའི་ཐོག་ཤིང་ཚེར་མ་ཞིག་བཞག་ནས་ནང་དུ་ནད་པ་ཡོད་པའི་གསལ་ཁ་སྟོན་པ། ཡང་ཐྲ་པོའི་སྟེང་ལ་ས་དཀར་གཏོར་བའམ་རྩེ་དཀར་གོང་གི་ཐྲ་པོ་བརྒྱབ་ནས་ཕྲུ་གུ་བུ་བཙས་པ་དང་རྩེ་ཡི་ཐྲ་པོའི་སྟེང་གོ་ཐལ་གཏོར་བའམ་ཡང་ན་ས་རྫོག་གམ་ལ་མག་གི་ཐྲ་པོ་བརྒྱབ་ནས་ཕྲུ་གུ་བུ་མོ་བཙས་པའི་གསལ་བརྡ་གཏོང་བ་སོགས་མཚོན་དོན་མང་བར་སྣང་ཡང་། སྐབས་དོན་གཉེན་སྟོན་སྐབས་ཀྱི་ཐྲ་པོ་དཀར་པོ་ནི་ལྷ་ཡི་ཐྲ་པོ་ཡིན་པས་བཀྲ་ཤིས་པའི་མཚོན་རྟགས་སུ་བརྩིས་ནས་དཀར་གོང་ས་ལ་ སྤྲུངས་ནས་བཞག་པ་རྣམས་མནའ་མ་སྐྱེལ་མཁན་གྱིས་རེ་རེ་བཞིན་ཐྲ་པོ་རྩིག་བཞིན་བཤད་པ་གཏོང་བ་དང་། ཐྲ་པོ་དཀར་པོ་བརྩིགས་ཟིན་པ་དང་དེར་ཁ་བཏགས་དཀར་གཙང་ཞིག་སྒྲོན་སྲོལ་ཡོད། ཐྲ་པོ་དཀར་པོ་དེའི་སྟབས་བདེ་གོ་སླའི་མཚོན་དོན་ཡང་དེའི་བཤད་པའི་ནང་“གཡས་ཕྱོགས་དཀར་བའི་ལྷ་ཐོ་དཀར་པོ་འདི། ཡུལ་

སྔེ་དཀར་བའི་དཀར་རྗེ་ཡིན། ཁྱིམ་མཚེས་དཀར་བའི་དཀར་རྗེ་ཡིན། ནང་མི་དཀར་བའི་དཀར་རྗེ་ཡིན། བཟའ་ཚང་དཀར་བའི་དཀར་རྗེ་ཡིན། དུས་དེ་རིང་རྟེན་འབྲེལ་དགེ་འཛོམས་ཉིན། བཀྲ་ཤིས་ཀྱི་མགུལ་དར་འདི་ལ་འབུལ། ”ཞེས་པའམ“ ཐོ་པོ་དཀར་པོ་སྟེང་ཕྱོགས་ལྷ་ཡི་ཐོ། ལྷ་ཚངས་པ་དཀར་པོའི་ཐོ་རྟེན་ཡིན། ཕོ་ལྷ་དང་མོ་ལྷ་དགྲ་ལྷ་ཡི། བདེ་སྐྱིད་རྩ་བ་འཛུགས་པའི་ཐོ། དུས་དེ་རིང་ཕུན་སུམ་ཚོགས་པའི་ཉིན། བཀྲ་ཤིས་ཀྱི་དར་དཀར་འདི་ལ་འབུལ། ”①ཞེས་གསལ་བ་ལྟར་ཡུལ་མི་ཁྱིམ་མཚེས་དང་བཟའ་ཟླ་བུ་ཕྲུག་སེམས་དཀར་བློ་དཀར་ཡོང་བ་དང་། དཀར་གོང་ལྟར་མཐུན་སྒྲིལ་གོང་བུ་གཅིག་སྒྲིལ་ཡོང་བའི་རྟེན་འབྲེལ་མཚོན་ཆེད་དུ་ཡིན་པར་བརྗོད་པ་དང་། ཡང་ཆོས་ཕྱོགས་དང་འབྲེལ་བའི་མཚོན་དོན་ནི“ ཨོཾ་སྭ་སྟི། ལེགས་སུ་གྱུར་ཅིག་ཕུན་ཚོགས་དུ་བ་ལྡང་ཆུང་གནས་ལྷའི་ཁྲིད། ལེགས་ཚོགས་འདུས་པའི་ཐོ་དཀར་འཁྲུངས་ནས་བྱུང་། བཀྲ་ཤིས་བདེ་ལེགས་དགའ་སྟོན་ཉིན་མོ་འདིར། བཀྲ་ཤིས་ཐོ་དཀར་གསོལ་བའི་སྐལ་བ་དེ། ཞང་ཆེན་ང་ལ་སྟེང་མ་ལྷ་ནས་གནང་། ལྷ་ཐོ་དཀར་པོའི་དབུས་སུ་སྐུ་ཞིག་ཡོད། སྐུ་དེ་ནི་གངས་དཀར་ཏི་སེ་ཡིན། གངས་དཀར་ཏི་སེ་ལྷ་ཡི་མཆོད་རྟེན་འདིར། ནག་ནོག་ངན་པའི་དྲི་མ་མཐོང་རྒྱུ་མེད། འདི་ཡི་གཡས་སུ་ལྷ་ཞིག་བཞུགས། ལྷ་དེ་ནི་ཚངས་པ་དཀར་པོ་ཡིན། ལྷ་ཚངས་པའི་དབུ་འཕང་དགུང་ལས་མཐོ། དགུང་ཉིན་ཟླ་གཉིས་དང་དབྱེར་མེད་ཡིན། འདི་ཡི་གཡོན་དུ་ལྷ་ཞིག་བཞུགས། ལྷ་དེ་ནི་སྒྲོལ་མ་དཀར་མོ་ཡིན། ནོར་འཕྲིན་ལས་སྒྱུར་བའི་སྲུང་མ་ཡིན། ངའི་ནོར་བུ་སྲུང་བའི་སྲུང་མ་ཡིན། ཐོ་དཀར་འདི་ལ་དཀར་པོ་རྣམ་གསུམ་འཛོམས།

① ནག་ཆུ་ས་གནས་སྲིད་གཞུང་ཕྱོགས་ཀྱི་རིག་གནས་དཔྱད་གཞིའི་རྒྱུ་ཆ་རྩོམ་སྒྲིག་ཁང་ནས་བསྒྲིགས་པའི་《ནག་ཆུའི་ལོ་རྒྱུས་རིག་གནས་དཔྱད་གཞིའི་རྒྱུ་ཆ་བདམས་བསྒྲིགས》ཞེས་པའི་ཤོག་གྲངས་༣༡༨ལ་གསལ། བོད་ལྗོངས་མི་དམངས་དཔེ་སྐྲུན་ཁང་ནས་༢༠༠༨ལོར་བསྐྲུན།

དེ་འཛོམས་གསུམ་འཛོམས་པའི་རྟེན་འབྲེལ་དང་། གེགས་བར་ཆད་སྲུང་བའི་རྟེན་འབྲེལ་ཡོད། རྟེན་འབྲེལ་གྱི་རྩ་བ་བཀྲ་ཤིས་ཡིན། བཀྲ་ཤིས་ཀྱི་རྩ་བ་དར་དཀར་ཡིན། དར་དཀར་དཀར་གཙང་བདེ་ལེགས་འདི། ངས་གུས་པའི་ངང་ནས་ཁྱེད་ལ་ཕུལ།” ཞེས་པ་ལྟར་ལགས། དེ་དག་ལས་ཀྱང་དཀར་པོའི་མཚོན་དོན་ལ་འགྱུར་བ་བྱུང་ཚུལ་མངོན་ཐུབ་ངེས་རེད། གཡོན་ཕྱོགས་ནག་པོ་བདུད་ཀྱི་ཐོ། ལྟས་ངན་པའི་མཚོན་རྟགས་ཡིན་པས། མནའ་མ་སྐྱེལ་མཁན་གྱིས་ནག་ཐོ་ལ་“གཡོན་ཕྱོགས་ནག་པའི་འདྲེ་ཐོ་ནག་པོ་འདི། ཡུལ་སྡེ་དཀྲུག་པའི་དཀྲུག་རྫ་ཡིན། ཁྱིམ་མཚེས་དཀྲུག་པའི་དཀྲུག་རྫ་ཡིན། ནང་མི་དཀྲུག་པའི་དཀྲུག་རྫ་ཡིན། བཟའ་ཚང་དཀྲུག་པའི་དཀྲུག་རྫ་ཡིན། དུས་དེ་རིང་རྟེན་འབྲེལ་དགེ་འཛོམས་ཉིན། དཀྲུག་རྫ་འདི་རུ་མ་སྡོད་བྱུང་སྐེ་མ་མི་སྐྱེ་སར་རྒྱུགས་ཨང་” ཞེས་པའམ“ཐོ་འདི་ནག་པོ་བདུད་ཀྱི་ཐོ། མི་ཀུན་ལ་གནོད་བྱེད་དགྲ་བོའི་ཐོ། དུས་དེ་རིང་རྟེན་འབྲེལ་དགེ་འཛོམས་ཉིན། ངན་ཁྱོད་ནི་འཛོག་པའི་ཐབས་མེད་པས། མཐའ་རྒྱ་མཚོའི་ཕ་རོལ་དུ་སོང་ཞིག” ཅེས་བཤད་པ་བཏང་བ་དང་སྒྲགས་རྐང་རྫོག་གཞུས་ནས་གཏོར་བའམ་ཡང་ན་རྟ་ལྕག་བྲབས་ནས་གཏོར་བའི་སྲོལ་ཡོད། ནག་ཐོའི་ཐོག་མའི་སྐབས་བདེའི་མཚོན་དོན་ནི་དཀྲུག་རྫ་སྡེ་མ་མཐུན་སྦྱོར་བའི་མཚོན་རྟགས་ལྟ་བུ་ཡིན་པ་དང་། ཆོས་ཕྱོགས་དང་འབྲེལ་བའི་མཚོན་དོན་ནི་“གཡོན་ནག་ནག་ནག་པའི་འདྲེ་ཐོ་འདི། འདྲེ་ཡན་ལག་བརྒྱད་ལྡན་གྱི་འདྲེ་ཐོ་ཡིན། ཁྱོད་འདྲེ་ཐོ་མ་ཆགས་འདྲེ་ཐོ་ཆགས། འདྲེ་ཐོ་ནག་པོ་བྱ་རོག་གཟུགས་ཤིག་ཆགས། ཁྱོད་ཐོ་བོའི་མགོ་ལ་བལྟས་པ་ན། བདུད་ལྷ་སྦྱིན་ནག་པོའི་མགོ་བོ་འདྲ། བདུད་ནག་པོའི་མགོ་བོ་མ་བཅད་ན། བོད་བསྟན་པ་དར་བར་གནོད་ལེ་ཡིན། ཁྱོད་ཐོ་བོའི་སྐེད་པར་བལྟས་ཙ་ན། བདུད་ཐེའུ་རང་ནག་པོའི་སྐེད་པ་འདྲ། ཁྱོད་སྐེད་པ་ང་ཡིས་མ་བཅད་ན། མཐོ་གེ་སར་དམག་ལ་བར་ཆད་ཡོང་།

ཁྱོད་ཐོ་པོའི་རྩ་བར་བལྟས་ཙ་ན། བདུད་ཀླུ་བདུད་ནག་པོའི་རྩ་བ་འདྲ། ཁྱོད་རྩ་བ་ང་ཡིས་མ་བཀོག་ན། ནོར་ལོངས་སྤྱོད་འཕེལ་བར་གནོད་ལེ་ཡིན། གནས་འདི་ན་འཁོར་བའི་ཞང་ཆེན་ང་། ཡུལ་གང་དུ་སླེབས་ཀྱང་ནག་ཕྱོགས་ཀུན། ངས་མི་འཇོམས་ཞེས་པ་གྲགས་ལེ་མིན། དུས་དེ་རིང་ཁྱོད་ཀྱང་སྐད་ཅིག་ཙམ། གནས་འདི་རུ་སྡོད་པའི་དུས་མེད་དོ།" ཞེས་པའི་བཤད་པ་ལ་གསལ་བ་ལྟར་རོ། །མདུན་གནས་ཚང་གི་སྒོའི་གཡས་གཡོན་དུ་ཐོ་པོ་དཀར་ནག་བཙུགས་པའི་སྲོལ་ནི་བོན་གྱི་ལུགས་དེ་ཇི་བཞིན་རྒྱུན་འཛིན་བྱས་པ་ཞིག་ཡིན་ཏེ། 《སྣ་བོན་ལེའུ་བཅུ་གསུམ་》ཞེས་པའི་ནང་ལེའུ་ལྔ་པ་དེ་དམིགས་སུ་ཐོ་བསྐྱིལ་བའི་ལས་ཕྲན་བརྗོད་ཡོད་ལ། དེ་ནི་ཐོ་དགུ་བརྩེགས་པས་འདྲེ་དགུ་རིམ་གྱིས་མནན་ཞེས་གསལ་བ་ལྟར་གདོན་འདྲེ་འགོག་ཆེད་དམ་གནོན་ཆེད་དུ་ཡིན། དེ་ཡང་"ཀྱེ། ང་ནི་ཐུགས་འཆང་རྒྱལ་པོ་ཡིན། །ཁྱོད་ད་ནང་ཡོང་བ་གང་ནས་ཡོང་། །དོ་ནུབ་འགྲོ་བ་གང་ན་འགྲོ། །འགྲོ་བའི་མདུན་ནས་ཐོ་ཡི་བཀགས། །ད་ཁྱོད་ཀྱི་འགྲོ་ལམ་ཐོ་ཡི་བཀག་པ་དེ། །སྣ་འདྲེ་ཐོ་ཡི་བཅད་པ་ཡིན། །ཐོ་ནི་སྲིད་པས་བཙུགས་པའི་ཐོ། །ཐོ་འདི་བཙུགས་པ་ཡན་ཆད་དུ། །ཁྱོད་ཀྱི་སྣ་འདྲེ་མ་ཡོང་ཅིག །སྣ་འདྲེ་ཐོ་ཡི་བཅད་པ་ཡིན། །སྲི་མནན་ཐུར་དུ་མནན། །སྣ་འདྲེ་ཐུར་དུ་མནན། །སྐབ་འདྲེ་ཐུར་དུ་མནན། །ཙི་དང་ཙི་མནན་ཡང་། །ཕོ་ལྷ་སྒྲ་བླ་ཡིས་གནོན་ནོ། །ལྷ་སྲོག་མི་དཔལ་དེ། །ལྷ་རྗེ་དཀར་པོའི་སྟེང་དུ་ཡར་ལ་བསྟོད། །སྣ་འདྲེ་བྱུར་འདྲེ་དེ། །འདྲེ་རྗེ་ནག་པོའི་ཞབས་ལ་མར་ལ་མནན། །སྐབ་འདྲེ་ཚུང་འདྲེ་མར་ལ་མནན། །" ཞེས་གསལ་བ་ལྟར་ཡིན། དེ་ལྟར་དཀར་ཐོ་ནག་ཐོ་ལ་བཤད་པ་བཏང་བ་དང་དེ་གཉིས་གཏོར་འཛུགས་བྱས་ཟིན་རྗེས་མནའ་མ་སྐྱེལ་མཁན་ནས་སྒོ་ལ་བཤད་པ་གཏོང་བ་དང་ཁ་བཏགས་སྤྲོན་སྲོལ་ཡོད། དེ་ཡང་སྒོའི་བཤད་པ་གཞན་ཞིག་ལ་"ཕོ་བྲང་མཁར་སྒོ་ཤར་ལ་གཏད། ཤར་གྱི་གྲོགས་གཡང་འདྲེན་

པའི་རྟགས། ཊུ་བཞི་གསེར་འབྱུག་གྱེན་ལ་ལངས། མཚན་སྨན་འབྱུག་ལྟར་གྲགས་པའི་རྟགས། ཡ་ཐེམ་དངུལ་ལ་རི་མོ་སྦྲིན། ཟས་ནོར་ཆར་ལྟར་འབབ་པའི་རྟགས། པདྨ་མཚལ་ལ་མཐིང་ལོ་རིས། གཞོན་ལུས་བཀྲགས་མདངས་རྒྱས་པའི་རྟགས། བཻཌཱུརྱ་དུང་ལ་སེང་གེའི་མགོ དགྲ་སྡེ་དབང་དུ་འདུ་བའི་རྟགས། མ་ཐེམ་ཁྲི་ལྕུགས་ཐངས་གསུམ་གྲུབ། སྲུ་བརྟན་འགྱུར་བ་མེད་པའི་རྟགས། གཡས་སྒོར་གངས་སེང་དཀར་པོ་བྲིས། ཐམས་ཤིང་ཁྲིས་ནས་འཁྱིང་བ་དེ། དངོས་ཡོད་དགྲ་དང་དངོས་མེད་བགེགས། ནང་དུ་མི་གཏོང་འགོག་པའི་རྟགས། གཡོན་སྒོར་སྟག་ཆེན་ཐད་དུ་བྲིས། མཆེ་བྲུག་ནོར་བུས་བརྒྱན་པ་དེ། སྲིད་པ་གསུམ་གྱི་ནོར་དང་གཡང་། མ་ལུས་ནང་དུ་འགུགས་པའི་རྟགས། དེ་འདྲ་རྟེན་འབྲེལ་མཚོན་པའི་སྒོར། དར་གྱིས་རྟེན་འབྲེལ་མཚོན་པར་བྱེད།” ཅེས་པ་ལྟ་བུ་བུ་མོའི་སྒོ་འགྲམ་དུ་གཏོང་བའི་བཤད་པ་དང་དམིགས་བསལ་གྱི་དབྱེ་བ་མེད། གལ་སྲིད་བུའི་ཁྱིམ་ཚང་གི་གཞུང་སྒོ་དེ་སྒོ་པང་གླིང་གཉིས་ལས་གྲུབ་ཡོད་ན། “སྒོ་གཡས་སྒོ་གཡས་ལ་སང་སེ་ཕྱེ། །གཡས་ཕོ་རྒྱུད་བསྟན་པ་དར་བར་ཤོག །གཡོན་སྒོ་གཡོན་ལ་སང་སེ་ཕྱེ། །གཡོན་མོ་རྒྱུད་བསྟན་པ་དར་བར་ཤོག །” ཅེས་པའམ་“གཡས་རིས་སེང་གེ་དྲག་ཏུ་ཁྲིས། གཡོན་རིས་སྟག་ཆེན་ནོར་བུས་བརྒྱན། རྒྱུན་དུ་རྟེན་འབྲེལ་མཚོན་པའི་སླད། གཡས་སྒོ་བརྒྱབ་ཅིང་གཡོན་སྒོ་ཕྱེ། སྒོ་དེ་ནས་བུ་མོ་ཕེབས་རོགས་ཞུ” ཞེས་སྒོའི་བཤད་པའི་ནང་གསལ་བ་ལྟར་གཡོན་སྒོ་ནས་བུ་མོ་གདན་འདྲེན་ཞུ་དགོས། ཡང་གལ་སྲིད་སྒོ་འགྲམ་དུ་ཀ་བ་དང་སྐས་ཀ་སྒྲིག་ཡོད་ན་ཀ་བཤད་དང་སྐས་ཀའི་བཤད་པའང་གཏོང་སྲོལ་ཡོད་ཊུང་། དེའི་སྐོར་སྐས་བཤད་སྐབས་དང་རྟེན་འབྲེལ་དངོས་གཞིའི་ལེའུ་ཚན་ནང་ཞིབ་པར་ངོ་སྤྲོད་ཞུ་རྒྱུ་ཡིན། བཤད་པ་དེ་དག་བཏང་ཚར་རྗེས་སྒོ་བཀག་མཁན་གྱི་བུའི་གྲོང་པ་ཁྱིམ་མཆེས་ཚོ་ལ་དཀར་གཙང་མཇལ་དར་གཅིག་དང་། ཟས་སྡེ་ཤ་ཟན། ཆང་

རིན་ངོ་དུ་བློས་གང་བཅད་དངུལ་སྣར་གང་འཚམས་བཅས་སྤྲོད་སྲོལ་ཡོད་ལ། སྒོ་བཀག་མཁན་འདོད་རྫམས་ཅན་ལ་ལས་གནང་སྤྲིན་ཞུང་སྐྱོན་གྱི་བསྐོན་འཇུགས་བྱེད་སྲོལ་ཡང་ཡོད་པར་མནའ་མ་སྐྱེལ་མཁན་ནས་དེའི་འདོད་བློ་གང་འཚམས་སྐོང་བའི་སྲོལ་ཡང་ཡོད།

བུའི་ཁྱིམ་ཚང་ནས་སྟོན་ནས་ཁང་པའི་ཐོག་ཁར་དར་ལྕོག་བཙུགས་པ་དང་། སྒོ་དང་སྒེ་ཁུང་ལ་ཤམ་བུས་བརྒྱན་པ་མ་ཟད། ཁང་པའི་སྒོ་རའི་ནང་དུ་ཟླི་ཐུད་གཡས་དང་ཆུ་ཐུད་གཡོན། ལ་ལས་ད་དུང་འོ་ཐུད་དང་ཆང་ཐུད། ཕྱེ་མར་འབོ་བཅས་སྒྲིག་གཤོམས་བྱེད་སྲོལ་ཡོད་ལ། གདོད་པ་འགོག་ཆེད་དུ་སྲིད་པ་འཁོར་ལོ་ཞིག་དར་གྱིས་བརྒྱན་ཏེ་ཕྱི་སྒོ་ལ་གཏད་ནས་འཛོག་སྲོལ་ཡོད། མནའ་མ་སྐྱེལ་མཁན་གྱི་སྐུ་ཚབ་ནས་བུའི་ཁང་པའི་ཕྱི་སྒོ་འཇུལ་རྗེས་རྟེན་འབྲེལ་གྱི་སྒྲིག་ཆས་དེ་དག་ལ་བཤད་པ་རྒྱས་བསྡུས་སྣ་ཚོགས་རེ་རེ་བཞིན་གཏོང་སྲོལ་ཡོད། མ་མཐའ་ཡང་ཆུ་ཐུད་དང་ཟླི་བ་ཉི་ཟླ་ཕྱུགས་གཉིས་འཕེལ་གྱི་རྟེན་འབྲེལ་ཡིན་ཟེར་བས་དེ་གཉིས་ལ་བཤད་པ་གཏོང་དགོས་ལ། དེ་ལས་ངེས་པར་ཟླི་ཐུད་ལ་བཤད་པ་སྟོན་དུ་གཏོང་བའི་སྲོལ་ཡང་འདུག དེ་ཡང་“གྲོགས་ཀྱི་དང་པོ་ཟླི་བ་ཡིན། རྫ་སྟོད་འཁྲོང་གི་ཟླི་བ་ཡོད། ལྷ་གཡག་ཞོལ་པོའི་སྤྲང་ཟླི་ཡོད། ལྷ་འབྲི་ཟལ་མོའི་ལྷས་ཟླི་ཡོད། གྲོགས་ཀྱི་དང་པོ་འཛོམས་པ་ལ། གྲོགས་ཀྱི་ལྷ་རྣམས་མགུལ་དར་བཞེས”ཞེས་པ་དང་། ཡང་ཟླི་ཐུད་ཀྱི་བཤད་པ་རྒྱས་ཙམ་ཞིག་ནང་“ཟླི་ཐུད་འདི་ལ་བཤད་པ་ཐུལ་ཟེར་ན། མཐོ་གངས་ཅན་བྱང་ཐང་ཡང་པོ་ལ། རྩྭ་རྩི་ཐོག་ར་བཅུད་ཐུན་སུམ་ཚོགས། དེ་ལོངས་སུ་སྤྱོད་པའི་འབྲི་གཡག་ནོར། ནོར་སྟོང་ཚོ་གཅིག་གི་ཟླི་ཐུད་དེ། དུས་དེ་རིང་འདི་རུ་བསྣམས་ནས་འདུག བར་ས་གཞི་ཐུན་ཚོགས་དབུས་གཙང་ཡུལ། རིགས་རྒྱུད་བཟང་བའི་མཛོ་མོ་མང་། བར་མཛོ་མོ་སྟོང་གི་ཟླི་ཐུད་དེ། དུས་དེ་རིང་འདི་རུ་བསྣམས་ནས་འདུག སྨད་མདོ་ཁམས་

ཡུལ་དེ་རྒྱ་ཆེ་བས། བ་བེའུའི་ཕྱུགས་རྒྱུད་ལྷག་པར་བཟང་། བ་སྟོང་ཚོ་གཅིག་གི་གླེ་ཕྲུད་དེ། དུས་དེ་རིང་འདི་ཊུ་བསྐམས་ནས་འདུག གླེ་ཕྲུད་དང་པོ་གླེ་བའི་ཕྲང་པོ་འདིར། བཀྲ་ཤིས་པའི་མཛལ་དར་སྨྲོན་རྒྱུ་ཡིན།"ཞེས་པ་ལྟར་དང་། དེ་མུར་ཆུ་ཕྲུད་ལ་བཤད་པ་གཏོང་དགོས་ཏེ། "གྲོགས་ཀྱི་གཉིས་པ་ཆུ་མོ་ཡིན། གོང་མ་ནམ་མཁའ་ཡངས་པ་ལ། ལྷ་ཡི་ཡུལ་ན་ཆུ་ཕྲུད་ཡོད། རིན་ཆེན་སྤུངས་འདྲའི་ཆུ་ཕྲུད་ཡོད། བར་ཕྱོགས་བཙན་གྱི་ཆུ་རྒྱུ་ཡོད། གངས་ཆེན་བཞི་ཡི་ཆུ་སྣ་ཡོད། འོག་ཕྱོགས་ཀླུ་ཡི་བདུད་རྩི་ཡོད། ཀླུ་རྒྱལ་དེ་བཞིན་མགུལ་དར་བཞེས།"ཞེས་པའམ་ཡང་ཆུ་ཕྲུད་ཀྱི་བཤད་པ་ཙུང་རྒྱས་པ་ཞིག་ལ"ཨོཾ་སྭ་སྟི། བདེ་ལེགས་སུ་འཕེལ་གྱུར་ཅིག གངས་རིན་ཆེན་ཏི་སེའི་འདབས་རོལ་ནས། ཆུ་རིན་ཆེན་ཡན་ལག་བརྒྱད་ལྡན་བྱུང་། ཆུ་མངར་བ་ཀ་ར་བུ་རམ་དང་། ཆུ་བསིལ་བ་ཆར་རྗེས་རླུང་བུ་འདྲ། ཆུ་འཇམ་པ་གཡང་མོའི་བལ་ལ་འགྲན། ཆུ་ཡང་བ་བྱ་ཡི་སྒོ་འདྲ་བ། ཆུ་དངས་བ་སྟོན་གྱི་ནམ་མཁའ་བཞིན། ཆུ་གཙང་བ་ཚངས་པའི་གཏེར་ཆུ་ལ། ཆུ་མགྲིན་པར་མ་གནོད་ལྟོ་བ་བདེ། ཆུ་འདི་ལ་ཆུ་དར་འདི་སྨྲོན་པས། ལྷ་མཆོག་གསུམ་མཉེས་པའི་རྟེན་འབྲེལ་ཡོད།"ཅེས་པ་ལྟར་རོ། །གོང་སྨོས་ལྟར་དེ་སྔོན་སྒོ་རའི་ནང་ལ་ལས་འོ་ཕྲུད་དང་ཆང་ཕྲུད་སྒྲིག་སྲོལ་ཡོད་ནའང་དུས་ཕྱིས་མང་ཆེ་བས་ཆུ་ཕྲུད་ནང་དུ་འོ་མ་བླུགས་ནས་འཐུས་པ་བྱེད་སྲོལ་ཡང་འདུག གལ་སྲིད་སྒོ་རའི་ནང་འོ་ཕྲུད་དང་ཆང་ཕྲུད་སྒྲིག་ཡོད་ན་དེ་ནི་ཟས་ཕྲུད་ཀྱི་ཚུལ་ཡིན་པས། མནའ་མ་སྐྱེལ་མཁན་ནས་ངེས་པར་ཕྲུད་གཏོར་བྱ་དགོས། དེ་ཡང་ཕྲུད་གཏོར་བྱེད་སྐབས་མཆོད་པ་ཕུལ་ཚུལ་སྣ་ཚོགས་ཡོད་ནའང་ནམ་རྒྱུན་དང་མི་འདྲ་བར་སྐབས་བསྟུན་རྟེན་འབྲེལ་མཚོན་པའི་མཆོད་པ་བཤད་པའི་མདངས་ལ་དྲངས་ནས་འབུལ་སྲོལ་ཡོད་དེ། དཔེར་ན་འོ་ཕྲུད་ལ"ནོར་བུ་རི་ཡི་རྩེ་མོ་ནས། འབྲི་བཞོན་མ་བརྒྱ་ཡི་འོ་ཕྲུད་བླངས། དཀར་འོ་མའི་ཕྲུད་གཏོར་དགུང་ལ་མཆོད། ལྷ་

དཀར་ཕྱོགས་དགྱེས་པའི་རྟེན་འབྲེལ་དང་། ཕྱུགས་སྒོ་ཟོག་འཕེལ་བའི་རྟེན་འབྲེལ་ཡོད་”ཅེས་པ་ལྟ་བུ་དང་། ཡང་ཚང་ཕུད་ལ་“མཆོད་དང་པོ་སྟེང་ཕྱོགས་ལྷ་ལ་མཆོད། ལྷའི་ལོངས་སྤྱོད་འཛོམས་པའི་ཞལ་བཞེས་ཡོད། མཆོད་གཉིས་པ་བར་ཕྱོགས་བཙན་ལ་མཆོད། ནད་མུ་གེ་མེད་པའི་ཞལ་བཞེས་ཡོད། མཆོད་གསུམ་པ་འོག་ཕྱོགས་ཀླུ་ལ་མཆོད། སྟོབས་མངའ་ཐང་དར་བའི་ཞལ་བཞེད་ཡོད།”ཞེས་པ་ལྟ་བུའོ། །དེ་སྟོན་དུད་ཚང་ཆེ་གྲས་ལ་ལའི་གཉེན་སྟོན་སྐབས་སྒོ་རྒྱབ་ཏུ་ཡོད་པའི་འདོགས་ཁྲི་ལའང་མནའ་མ་སྐྱེལ་མཁན་གྱིས་བཤད་པ་གཏོང་སྲོལ་ཡོད་དེ། “སྒོ་སྲུང་དོམ་པོ་སྙིང་དཀར་ཁྱོད། སྣང་དགྲ་བོའི་ཐོག་ལ་བི་སྒྲ་སྒྲོགས། གཉེན་ཉེ་བའི་ཕྱོགས་ལ་ཉལ་ནས་སྡོད། བཀྲ་ཤིས་པའི་མཇལ་དར་འདི་འབུལ་ལོ།”ཞེས་པའམ“ལེགས་བྱས་དགྲ་ལ་ངར་བའི་སྐད་སྒྲ་སྒྲོགས། ཞེ་སྡང་ཆེ་ཆེར་མཇུག་མ་གནམ་ལ་གཟེངས། སྙེར་མོ་ས་གཞིར་བཙུགས་པས་ཁམས་གསུམ་ཟིལ་གྱིས་གནོན། ནོར་སྲུང་དགྲ་འདུལ་གཉེན་སྐྱོང་ལ་བཀྲ་ཤིས་པའི་མཇལ་དར་འདི་འབུལ་ལོ།”ཞེས་ནོར་སྲུང་ལ་ཆེ་བ་བརྗོད་བཞིན་མཇལ་དར་སྤྲོན་པའང་ཡོད། དེ་སྟོན་ཉམས་མྱོང་གིས་ཕྱུག་ལ་བཤད་པར་བྱུང་ཆུབ་པའི་བགྲེས་སོང་ལ་ལས་ད་དུང་སྐས་ཀ་འཛུགས་སྐབས་དང་སྟེང་ཁང་གི་སྒོ་འཛུལ་སྐབས་མཇལ་དར་སྤྲོན་བཞིན་སྐས་ཀ་དང་སྒོ་ལའང་བཤད་པ་གཏོང་སྲོལ་ཡོད། དཔེར་ན་སྐས་ཀའི་བཤད་པ་ལ། “དང་པོ་སྐས་ཀྱི་རྟེན་འབྲེལ་ལ། སྐས་རྟིང་ས་ལ་ཟུག་པ་དེ། ནམ་ཡང་འགྱུར་བ་མེད་པའི་རྟགས། སྐས་འགོ་གནམ་ལ་ཟུག་པ་དེ། ཁ་རྗེ་ཡར་ལ་དར་བའི་རྟགས། སྐས་ཏུ་ཙན་དན་ཤིང་ལས་གྲུབ། ནད་དང་ན་ཚ་མི་འབྱུང་རྟགས། སྐས་རིམ་ཤུག་དམར་མེ་ཡི་མདོག ཚེ་བསོད་མེ་ལྟར་འབར་བའི་རྟགས། ལག་འཇུ་ཙན་དན་སྦྲུལ་གྱི་སྙིང་། ཅི་བསམ་ལྷུན་གྱིས་གྲུབ་པའི་རྟགས། སྐས་འགོ་གསེར་ཏོག་བརྒྱན་པ་དེ། དབང་ཐང་དཔུང་དང་མཉམ་པའི་རྟགས།

དེ་ལ་དར་ཞིག་འབུལ་བ་འདི། སྨོན་ལམ་ཅི་བསམ་འགྲུབ་པར་ཤོག” ཅེས་པ་ལྟ་བུའོ། །དེ་ཙམ་ནས་སྐྱེལ་བསུའི་བྱེད་སྒོ་ཆ་ཚང་མཇུག་སྒྲིལ་བས་རྗེན་འབྲེལ་དངོས་གཞིའི་གྲ་སྒྲིག་བྱ་དགོས། །

༄༅། །དབུས་གཙང་གཉེན་སྟོན་ལས་རྟེན་འབྲེལ་དངོས་གཞིའི་གོ་རིམ་དང་མིང་འདོགས་ལྷ་འདོགས་སྐོར་གླེང་བ།

རྟེན་འབྲེལ་དངོས་གཞི་ནི་བག་རྩིས་སྐབས་གཏན་འཁེལ་བྱུང་བ་ལྟར་དུས་ཐོག་ཏུ་འགོ་བརྩམས་དགོས་པ་དང་། དགོས་ཆེད་གྲབས་གཡོག་དང་། ཆོ་ག་སྣ་ཚོགས་ཀྱི་གྲ་སྒྲིག་སྔོན་ནས་ལེགས་པར་འགྲུབ་དགོས་ལ། བྱེད་སྒོའི་གོ་རིམ་མ་འཆུག་པ་བྱ་དགོས།

དང་པོ་སྒྲིག་ཆས་གྲབས་གཡོག་བྱ་དགོས་ཚུལ་སྐོར་གླེང་བ་ལ། དབུས་གཙང་ཁུལ་དུའང་ཐོན་ཁུངས་དང་ཆ་རྐྱེན་མི་འདྲ་བས་ཡུལ་ལུང་དང་ཁྱིམ་ཚང་སོ་སོའི་སྒྲིག་གཡོག་བྱ་སྟངས་མི་འདྲ་བ་མང་དུ་སྣང་ལ། གཙོ་ཆེ་བ་ནི་བག་རྩིས་ལ་གཞིགས་ནས་རྒྱལ་བའི་སྐུ་གསུང་ཐུགས་རྟེན་དང་བཞུགས་གྲལ་གྱི་ཁ་ཕྱོགས་དེ་ཕྱོགས་ཚང་ལ་བསྟན་ཏེ་སྒྲིག་དགོས་པ་དང་། རི་མོ་དང་ཁ་དོག་རྩིས་ལ་གང་བབས་ཀྱི་བཞུགས་གདན་འདིང་བ། ཁྱད་པར་བུ་དང་བུ་མོའི་བཞུགས་གདན་སྟེང་གྲོ་དང་ནས་ཀྱི་རི་མོ་འབྲི་བ། བུ་དང་བུ་མོས་གཙོས་བཞུགས་གྲལ་ཡོངས་ཀྱི་ཞལ་ཆས་མདོག་དང་རི་མོ་བག་རྩིས་ལ་བབས་པ་ཇི་བཞིན་གྲ་སྒྲིག་དགོས། ཁྲུང་སྣོད་མར་གྱི་ཡས་སྒྲོན་ལྷ་ལྡན་གྱིས་བརྒྱན་པ་ཆང་ཕུད་ཀྱིས་ལྟེམ་པ་དང་། རྟེན་འབྲེལ་གཡང་ཕུད་འབྲུ་རིགས་སྣ་ཚོགས་སྐེ་མས་བརྒྱན་པའི་གྲོ་སོ་ཕྱེ་མར། སྡེར་ཁས་གསོས་པའི་བཟོ་རིགས་མི་གཅིག་པའི་ཟས་ཕུད། ཨ་མྲ་དང་རྒུན་འབྲུམ་སོགས་ཤིང་ལས་སྐྱེས་པའི་རོ་བཅུད་ཉུས་པ་མི་གཅིག་པའི་ཁ་ཟས། ཀ་ར་བུ་རམ་

དང་སྒང་རྩེ། སྡེབ་སྦྱོར་མི་གཅིག་པའི་ཐུད། ཤ་རིགས་མི་གཅིག་པའི་གཟུགས་འདྲེན་སོགས་རང་ཡུལ་གྱི་ཐོན་ཁུངས་དང་ཁྱིམ་ཚང་གི་ཆ་རྐྱེན་ལ་གཞིགས་ནས་གྲ་འགྲིག་ཕུན་སུམ་གང་ཚོགས་བྱ་དགོས་པ་དང་། གཙང་ཁུལ་དུ་བཞུགས་གྲལ་ཐོག་ངེས་པར་ལུག་ཤ་བུབས་གཅིག་དང་གྲོ་ནས་ཀྱི་དོད་པོ་རེ་སྒྲིག་པའི་སྲོལ་ཡོད་ལ། ལུག་ཤ་དེ་ལ་འཛུགས་ཕོག་ཅེས་འབོད་པ་དང་། དབུས་ཁུལ་དུ་དུས་ཕྱིས་འཛུགས་ཕོག་སྒྲིག་པའི་སྲོལ་མེད་ནའང་སྔར་སྲོལ་ལ་སྡེ་པ་གཞུང་སོགས་ཀྱི་རྟེན་འབྲེལ་ཆེན་མོའི་སྐབས་འཛུགས་ཞེས་ཕྱུགས་ཀྱི་ཤ་བུབས་གཅིག་སྒྲིག་གསོམ་བྱེད་པའི་སྲོལ་ཡོད། རྟེན་འབྲེལ་དངོས་གཞི་འགོ་མ་འཛུགས་གོང་ལ་ནང་མ་ཕྱོགས་ནས་ཀྱང་གྲོ་མ་འབྲས་བསིལ། གྲོ་ཐུག ཇ་ཆང་ལ་སོགས་དབང་ཟས་ཀྱི་རིགས་རྣམས་གྲ་འགྲིག་ཨང་གསར་བྱ་དགོས།

གཉིས་པ་བཞུགས་གྲལ་སྒྲིག་སྟངས་དང་མཆོད་པ་འབུལ་ཚུལ་བཤད་པ་ལ། རྟེན་འབྲེལ་ལ་ཞུགས་མཁན་ནང་མི་ལྷན་རྒྱས་ཕྱོགས་གཙང་ལ་ཁ་གཏད་དེ་བཞུགས་གྲལ་སྒྲིག་དགོས་པ་དང་། སྟག་གྲལ་གཡས་དང་གཟིག་གྲལ་གཡོན་ཞེས་པ་ལྟར་གཡས་ཕྱོགས་གྲལ་གྱི་གྲལ་འགོར་བུ་དང་། བུ་ཡི་གཤམ་མམ་གཡོན་དུ་མནའ་མ། དེ་མུར་བུའི་ཕ་དང་མ། བུའི་ཁྱིམ་ཚང་གི་བགྲེས་སོང་གྱིས་གསོས་ཨ་ཁུ་ཨ་ནེ་སོགས་ཐབ་གཅིག་ལ་འཁོར་ནས་འཚོ་བ་སྐྱེལ་མཁན་གྱི་ནང་མི་གང་ཡོད། བག་གཡོག་མ་དང་བསུ་སྐྱེལ་མཁན་ལྷན་རྒྱས། དེ་བཞིན་གཉེ་བོའམ་བར་མི་བཅས་པ་རིམ་པར་འཁོད་དགོས་པ་དང་། དབུས་ཁུལ་དུ་ཕྱོགས་གཉིས་བར་ཐག་ཉེ་ཙམ་ཡིན་ན་མནའ་མའི་ཕ་མའང་བཞུགས་གྲལ་ལ་སྤྱོད་སྲོལ་འདུག དུས་ཕྱིས་གྲོང་ཁྱེར་ཁག་ཏུ་འགྲིམ་འགྲུལ་སྟབས་བདེ་ཡིན་ལ་གཉེན་སྣོན་གྱི་གོམས་གཤིས་ལའང་གཞན་འགྱུར་ཆེ་ཙམ་བྱུང་ནས་བཞུགས་གྲལ་ཐོག་གཙོ་བོ་བུ་དང་མནའ་མ། ཕྱོགས་གཉིས་ཀྱི་ཕ་མ་སྤྱོད་པ་ཤས་ཆེ་བ་འདི་ཡང་གོམས་གཤིས་ལ་ལེགས་འགྱུར་

བྱུང་བའི་མཚོན་རྟགས་སུ་བདག་གིས་མཐོང་། གཉེན་སྟོན་གྱི་སྐབས་བག་གྲལ་སྒྲིག་སའི་ཁ་གདན་གྱི་ཚོན་མདོག་གང་དགོས་པ་བུ་དང་མནའ་མའི་ལོ་རྟགས་ཁམས་དང་བཅས་པར་བརྟག་སྲོལ་ཡོད་ཅིང་། དཔེར་ན་ས་སེར་པོ། མེ་དམར་པོ། ཆུ་སྔོ་མོ། ཤིང་ལྗང་གུ ལྕགས་དཀར་པོ་ལྟ་བུ་དང་། བཞུགས་གྲལ་གྱི་ཕྱོགས་གཙང་གང་དུ་འཁེལ་མིན་ཡང་རྩིས་ལ་བརྟག་ནས་ངེས་དགོས་ལ། བུའི་བཞུགས་གདན་གྱི་སྟེང་དུ་ནས་ལ་རྫ་དཀར་གོང་ཞིབ་བརྡུང་བྱས་པའི་ཕྱེ་མ་ཕྲན་ཙམ་བསྲེས་པས་གཡུང་དྲུང་གི་རི་མོ་འབྲི་བ་དང་། མནའ་མའི་བཞུགས་གདན་གྱི་སྟེང་དུ་གྲོ་ལ་ཚྭ་ཕྲན་ཙམ་བསྲེས་པས་ནོར་བུ་དགའ་འཁྱིལ་གྱི་རི་མོ་འབྲི་བ། གལ་ཏེ་བུ་དང་བུ་མོའི་ལོ་རྟགས་མཐུན་སྦྱོར་འབྲིང་ཙམ་ཡིན་ན། བུ་མོའི་བཞུགས་གདན་གྱི་སྟེང་དུ་ནོར་བུ་དགའ་འཁྱིལ་གཉིས་སམ་ཡང་ན་འཁོར་ལོ་རྩིབས་བརྒྱད་དང་བུའི་བཞུགས་གདན་གྱི་སྟེང་དུ་གཡུང་དྲུང་ལག་ཁྱུད་བྲིས་ནས་གེགས་ཆ་སེལ་ཐབས་བྱེད་པའང་ཡོད། ཡུལ་འགའ་ཤས་སུ་བུའི་བཞུགས་གདན་སྟེང་དུ་གཡུང་དྲུང་གཡས་འཁྱིལ་དང་། བུ་མོའི་བཞུགས་གདན་སྟེང་དུ་གཡུང་དྲུང་གཡོན་འཁྱིལ་འབྲི་བའི་སྲོལ་ཡང་ཡོད། དུས་ཕྱིས་མང་ཆེ་བས་བཞུགས་གདན་གྱི་སྟེང་དུ་གྲོའམ་ནས་ཀྱི་གཡུང་དྲུང་གཅིག་པུ་བྲིས་ནས་འཐུས་པར་བྱེད། དེང་སང་གདན་འདིང་སྐབས་བཀྲ་ཤིས་ཀྱི་བཤད་པའམ་སྨོན་ཚིག་བརྗོད་པའི་སྲོལ་ཕལ་ཆེར་ཉམས་ནས་རིག་རྒྱུ་མེད་པར་གྱུར་ཡོད། གོང་སྤྲུལ་ཡོན་ཏན་རྒྱ་མཚོས་གསུངས་པའི་ལས་ཕྲན་བདུན་གྱི་ཚོ་གའི་ནང་དུ་གསུམ་པ་གདན་འདིང་བའི་སྐབས་བུ་མོ་བཞུགས་གྲལ་ལ་མ་འཁོད་གོང་དུ་བག་མའི་སྒྲོག་ལུས་དབང་ཀླུང་བསྐྱེད་པའི་གདན་གང་མགོ་རྩིས་གཞུང་དང་མཐུན་པར་བཏིང་བའི་སྟེང་དུ་ཁ་སྒྲེ་བ་དཀར་གསུམ་མམ། ཟླ་ལོན་སོགས་ཀྱི་ཕྱོགས་སུ་བསྟན་ཏེ་དེ་འབྲེལ་གྱི་ཤིས་བརྗོད་བཤད་པ་གཏོང་བའི་སྲོལ་ཡོད་པར་འཁོད་ཡོད།

ཚང་མ་བཞུགས་གྲལ་ལ་འཁོད་རྗེས་བག་རྩིས་ལ་བབས་པའི་ཕ་མ་གཉིས་འཛོམས། དབང་པོ་སྐྱོན་མེད། མིང་བཀྲ་ལེགས་པའི་མཐུན་གསུམ[1]གྱི་བུ་མོའམ་ཁྱིའུ་ཞིག་གིས་བུ་དང་མནའ་མ་ནས་འགོ་བཙུགས་ཏེ་བཞུགས་གྲལ་ཡོངས་ལ་དབང་ཟས་སམ་དཀར་གསུམ་མངར་གསུམ་འབུལ་དགོས་ཤིང་། དེ་ལའང་ཡུལ་ལུང་སོ་སོར་གོམས་སྲོལ་མི་འདྲ་བ་འདུག་སྟེ། མང་ཆེ་བས་སྔོན་ལ་ངེས་པར་གྲོ་མ་འབྲས་སིལ་འབུལ་སྲོལ་འདུག་ལ། ལ་ལས་ཐོག་མར་དཀར་གསུམ་མངར་གསུམ་འབུལ་བའང་འདུག དེ་ལྟར་ངེས་པར་གྲོ་མ་འབྲས་སིལ་སྔོན་ལ་འབུལ་དོན་ཡང་། འབྲས་ནི་འབྲུ་རིགས་ཀུན་ལས་དཀར་ཤོས་ཡིན་པ་དང་། བོད་རིགས་མང་ཚོགས་ཀྱི་གོམས་གཤིས་ནང་དཀར་པོ་ནི་བཀྲ་ཤིས་པ་དང་རྟེན་འབྲེལ་མཚོན་པའི་ཁ་དོག་ཅིག་ཡིན་ལ། འབྲས་བུ་ནི་རྩ་ཆེན་དུ་བརྩི་བ་དང་། གྲོ་ནི་ཁ་གྲོ་བའི་མཚོན་དོན་ཡིན་པས་སོ། །དབང་ཟས་འབུལ་མཁན་དེ་རིག་པ་བཀྲ་ལ་ལྷ་ལྷ་བདེ་བ། སྒྱུང་བ་ཅན་ཞིག་ཡིན་ན། སྔོན་ལ་དཀར་གསུམ་མངར་གསུམ་གྱི་མཆོད་པ་འབུལ་སྲོལ་འདུག་ལ། དེ་ལྟར་མིན་ན་ཞང་ཆེན་པོས་ཟས་ཀྱི་མཆོད་པ་འབུལ་བ་དང་སྣྲགས་བཞུགས་གྲལ་ལྷན་རྒྱས་ནས་ཟས་ཕུད་ཀྱི་མཆོད་པ་མཉམ་དུ་འབུལ་སྲོལ་ཡོད། གང་ལྟར་ཟས་མཆོད་པ་མེད་པར་ཟ་ལུགས་མེད། གོས་གོང་བ་མེད་པར་གྱོན་ལུགས་མེད་ཅེས་པའམ་ཟས་མཆོད་པ་མེད་ན་ཤ་ཟས་ཡིན། གོས་གོང་བ་མེད་ན་ཤ་གོས་ཡིན་ཞེས་པའི་མནའ་མི་བོད་ཀྱི་གཏམ་དཔེ་ལྟར། བཟའ་བཏུང་མ་བྱས་སྔོན་ལ་ཕུད་གཏོར་གྱིས་མཆོད་པ་བྱེད་པ་དེ་བོད་མི་རིགས་ཀྱི་སྔར་སྲོལ་ཞིག་ཡིན་ལ། ཟས་མ་ཟས་སྔོན་ལ་ཕུད་གཏོར་བྱས་ན་ཟས་བཅུད་མ་ཉམས་

[1] བརྩི་བྱ་བུའི་ལོ་རྟགས་ཀྱི་མཐུན་གསུམ་སྟེ། ལོ་འཁོར་བཅུ་གཉིས་ནང་ལོ་རྟགས་གསུམ་གསུམ་མཐུན་པ་ཡོད་དེ། བརྩི་བྱ་ལོ་རྟགས་གང་ཡིན་པ་དེ་དང་། དེ་ལས་ལོ་བཞི་ཡིས་རྒན་པ་དང་ཡང་ན་ལོ་བཞི་ཡིས་གཞོན་པ་དེ་མཐུན་གསུམ་དུ་ངེས་པ་ཡིན། དེ་ཡང་བྱ་གླང་སྦྲུལ་གསུམ་དང་། སྤྲེལ་བྱི་འབྲུག་གསུམ། ཕག་ལུག་ཡོས་གསུམ། རྟ་ཁྱི་སྟག་གསུམ་བཅས་མཐུན་གསུམ་དུ་བརྩི་བ་ཡིན།

པ་དང་ཟས་སྤྱིག་དག་པར་བྱེད་པའི་ནུས་པ་ཡོད་པར་བརྗོད་སྲོལ་ཡོད། གོང་སྤྱིལ་ཡོན་ཏན་རྒྱ་མཚོ་མཆོག་ནས་ཀྱང་དཀར་གསུམ་གྱིས་ངོ་གསོ་བ་དེ་བག་མ་ལ་དགེ་བའི་ལས་ཕྲན་བདུན་གྱི་ཚོ་གའི་ཡ་གྲུལ་ཞིག་ཏུ་གསུངས་ཡོད།

ཟས་ཀྱི་མཆོད་པ་ཁྱིམ་བུའམ་མཛུབ་མོས་འབུལ་བ་དང་། ཇ་ཆང་གི་ཕུད་གཏོར་ལག་པའི་མཛུབ་མོས་བྱེད། ཕུད་གཏོར་ལག་པའི་མཛུབ་མོ་གང་གིས་བྱེད་པའི་ཐད་དེང་དུས་བཤད་ཚུལ་མི་འདྲ་བ་མང་དུ་བྱུང་བས། འདིར་ཞར་དུ་དེའི་སྐོར་ལ་རང་ཉིད་ནས་བགྲེས་སོང་སྨྲོང་བ་ཅན་མང་པོར་བཅའ་འདྲི་ཞུས་པ་དང་ཆབས་ཅིག་བརྟག་ཞིབ་བྱས་འབྲས་ཀྱི་ལྟ་ཚུལ་རགས་ཙམ་བརྗོད་ན་འདི་ལྟར། བོད་ཀྱི་དམངས་ཁྲོད་དུ་རིག་གནས་ཀྱི་མཚོན་དོན་སྣ་མང་ཕུན་སུམ་ཚོགས་པོ་ཡོད་ཅིང་། དེའི་ཁྲོད་ལས་ཕོ་མོའི་མཚོན་དོན་ནི་དེ་བས་ངོ་མཚར་ཆེ་བ་ཞིག་ཡོད། དཔེར་ན། རིན་ཆེན་གྱི་རིགས་ལས་གསེར་གྱིས་སྐྱེས་པ་མཚོན་པ་དང་། གཡུ་ཡིས་བུད་མེད་མཚོན་པ། གཅན་གཟན་གྱི་རིགས་ལས་སྟག་གིས་བུ་མཚོན་པ་དང་། གཟིག་གིས་བུད་མེད་མཚོན་པ། རི་ཆུ་ལས་གངས་རིས་བུ་མཚོན་པ་དང་། རྒྱ་མཚོས་བུད་མེད་མཚོན་པ། གནམ་ས་ལས་གནམ་གྱིས་བུ་དང་ས་ཡིས་བུད་མེད་མཚོན་པ། ཉི་ཟླ་ལས་ཉི་མས་བུ་དང་ཟླ་བས་བུད་མེད་མཚོན་པ། འཁོར་ལོ་རྩིབས་བརྒྱད་ཀྱིས་བུ་དང་པདྨ་འདབ་བརྒྱད་ཀྱིས་བུ་མོ་མཚོན་པ་ལྟ་བུ་དང་། ཁྱད་པར་གཡས་གཡོན་གཉིས་ལས་བུ་གཡས་དང་བུ་མོ་གཡོན་①ཞེས་བརྗོད་སྲོལ་

① མི་རིགས་སོ་སོར་གཡས་གཡོན་གྱི་ངོས་འཛིན་སྟངས་མི་འདྲ་བ་ཡོད་ལ། གཡས་གཡོན་གྱི་མཚོན་ཚུལ་མི་འདྲ་བ་ཡོད་པས། བོད་རིགས་ཀྱིས་གཡས་གཡོན་ངོས་འཛིན་བྱེད་སྐབས་ཡུལ་གྱི་གནས་ཚོད་གཞིར་བཟུང་བ་ལས། ཡུལ་ཅན་གྱི་སྣང་ཚུལ་ལྟར་མི་འཛིན་ལ། གཡས་པ་གཙོ་བོར་འཛིན་ཞིང་གཡོན་མ་ཕལ་པར་འཛིན་པའི་སྲོལ་རྒྱུན་ཡོད་པ་དག་རྒྱ་མི་རིགས་ཀྱི་ལྟ་ཚུལ་དང་ཡོངས་སུ་ལྡོག་ཕྱོགས་ཡིན། དེའི་སྐོར་དབང་རྒྱལ་ཚེ་རིང་ལགས་ནས་བརྩམས་པའི་《བོད་ཀྱི་གཡས་གཡོན་ངོས་འཛིན་སྟངས་ལས་འཕྲོས་པའི་དཔྱད་པ་》ཞེས་པའི་དཔྱད་རྩོམ་ནང་ཏ་ཙང་གསལ་པོར་འཁོད་ཡོད། 《མཚོ་སྔོན་མི་རིགས་སློབ་ཆེན་རིག་དེབ་》༢༠༡༩ལོའི་དུས་དེབ་༤པར་གསལ།

ཡོད་པ་དཔེར་ན། བོན་གྱི་དཔེ་ཆ་ལས། "ལྷ་བོན་ཐོད་དཀར་ཞལ་ན་རེ། མིང་པོ་གྲལ་གྱི་གཡས་སུ་བཞག སྲིང་མོ་གྲལ་གྱི་གཡོན་དུ་བཞག"ཅེས་པ་དང་།《སྣ་བོན་ལེའུ་བཅུ་གསུམ་》ཞེས་པའི་ནང་"ཡོན་བསག་འཁོར་བཅས་ལ། །ཕོ་གྲལ་གཡས་ཕྱོགས་ནས། །ཕོ་ལྷ་དྲང་དཀར་ལ། །སྣ་མ་ལྷ་ལ་འདོགས། །ལྷ་སྲུང་གཉེན་པོ་འདི་ལ་སྲུངས། །མོ་གྲལ་གཡོན་ཕྱོགས་ནས། །མོ་ལྷ་དཔལ་མོ་ལ། །སྣ་མ་ལྷ་ལ་འདོགས། །ལྷ་སྲུང་གཉེན་པོས་འདི་ལ་སྲུངས། །"ཞེས་དང་། གཞན་ཡང་"གཡས་སྟག་གྲལ་དུ་འཁོད་པའི་དཔའ་བོའི་བཞུགས་གྲལ་དང་། གཡོན་གཟིག་གྲལ་དུ་འཁོད་པའི་དཔའ་མོའི་བཞུགས་གྲལ་"ཞེས་པའམ་"གཡས་ལ་བལྟས་ན་གཡས་གྲལ་ཡག་གི གཡས་གྲལ་ཉི་མ་ཤར་འདྲ་ཡག་རེད། གཡོན་ལ་བལྟས་ན་གཡོན་གྲལ་ཡག་གི གཡོན་གྲལ་ཟླ་བ་ཚེས་འདྲ་རེད།"ཅེས་དང་།《གླིང་སྒྲུང་》ནང་འཁོད་བཞུགས་གྲལ་གྱི་བཤད་པ་ལའང་"གོང་གྲལ་ལྷ་དབང་བཞུགས་པ་འདྲ། །གཡས་གྲལ་ཉི་མ་ཤར་བ་འདྲ། །ཉི་ཟེར་གླིང་བཞི་གསལ་བ་འདྲ། །གཡོན་གྲལ་ཟླ་བ་འཆར་བ་འདྲ། །ཟླ་བས་མུན་པ་སེལ་བ་འདྲ། །མདུན་གྲལ་མཚོ་མོ་འཁྱིལ་བ་འདྲ། །མཚོ་ཡིས་སྐྲེས་སྐྱམ་སེལ་བ་འདྲ། །རྒྱབ་གྲལ་སྤྲིན་ནག་ལངས་པ་འདྲ། །སྤྲིན་ནས་ཆར་ཟེམ་བབས་པ་འདྲ། །ཟུར་གྲལ་མེ་ཏོག་བཀྲ་བ་འདྲ། །མེ་ཏོག་འདབ་མ་རྒྱས་འདྲ་གདའ། །"①ཞེས་དང་ཡང་ན་ཇོ་རྒྱལ་པོའི་གསེར་ཁྲི་གུང་ངམ་གཡས་སུ་སྒྲིག་པ་དང་། སྨན་བཙུན་མོའི་གཡུ་ཁྲི་གཡོན་དུ་སྒྲིག་པའི་སྲོལ་ཡོད་པ་ལྟ་བུ་དང་། དེ་བཞིན་ནམ་རྒྱུན་ཕོ་མོའི་བཞུགས་གྲལ་སྒྲིག་སྐབས་སྟག་གྲལ་གཡས་དང་གཟིག་གྲལ་གཡོན་ཞེས་སྐྲེས་པ་ཕོ་ཡི་

① ཨ་བརྟན་ལགས་ནས་ཟིན་བཀོད་བྱས་པ་བཞིན་རྒྱང་འཁོར་ཚེ་ཕུན་ནས་ལེགས་སྒྲིག་བྱས་པའི་《གངས་མཐིང་གཉེན་སྟོན་རྟེན་འབྲེལ་ཆེན་མོ་》ཞེས་པའི་ཤོག་ངོས་༤༣ལ་གསལ། བོད་ལྗོངས་བོད་ཡིག་དཔེ་རྙིང་དཔེ་སྐྲུན་ཁང་ནས་༢༠༡༣ལོར་བསྐྲུན།

བཞུགས་གྲལ་གཡས་དང་བཟའ་མ་མོ་ཡི་བཞུགས་གྲལ་གཡོན་དུ་སྒྲིག་པ། དེ་མིན་འཁོར་གསུམ་དཔའ་ཆས་གྱོན་སྐབས་ཀྱང་སྟག་དོང་གཡས་དང་གཟིག་ཤུབས་གཡོན་ཞེས་པ། བུ་མོར་མདའ་དར་འཛུགས་སྐབས་ཀྱི་དམངས་ཁྲོད་བཤད་པའི་ནང་དུའང"མདའ་དར་གཡས་སུ་བཙུགས་པས། ཕོ་ལྷ་དང་དགྲ་ལྷ་མཉེས་པའི་རྟེན་འབྲེལ་ཡིན། མདའ་དར་གཡོན་དུ་བཙུགས་པས། མོ་ལྷ་དང་ཞང་ལྷ་མཉེས་པའི་རྟེན་འབྲེལ་ཡིན་" ཞེས་པའམ "མདའ་དར་བག་མའི་གཡས་ལ་འཛོག ། གཡས་ཕོ་རྒྱུད་བསྟན་པ་དར་བར་ཤོག །མདའ་དར་བག་མའི་རྒྱབ་ལ་འཛོག ། རྒྱབ་པ་གཞིས་བཙན་པོ་རྫོང་འདྲ་ཤོག །མདའ་དར་བག་མའི་གཡོན་ལ་འཛོག ། གཡོན་མོ་རྒྱུད་བསྟན་པ་དར་བར་ཤོག །"①ཞེས་པ་དང་། བག་མ་ལྷ་ལ་འདོགས་སྐབས་སུའང་། "ཀྱེ། དབུས་ནས་མགོན་ལྷ་དཀར་པོས་སྲུངས། །སྟེང་ནས་ནམ་མཁའི་ལྷ་མོས་སྲུངས། །འོག་ནས་ས་ཡི་ལྷ་མོས་སྲུངས། །གཡས་ནས་ཕོ་ལྷ་གཉན་པོས་སྲུངས། །གཡོན་ནས་མ་ལྷ་བུ་རྫིས་སྲུངས། །རྒྱབ་ནས་དགྲ་ལྷ་དར་མས་སྲུངས། །མདུན་ནས་ཞང་ལྷ་སྒྲོག་ལྷས་སྲུངས། །ཕུག་ལྷ་གཉེན་པོས་སྲུངས་སྐྱོབ་མཛོད། །" ཅེས་གཡས་སུ་ཕོ་ལྷ་དང་གཡོན་དུ་མོ་ལྷ་གནས་ཡོད་ཚུལ་འཁོད་པ་དང་། གཞན་ཡང་ཕོ་མཚོན་བྱེད་ཀྱི་གསེར་གཡས་སུ་འཛོག་པ་དང་བུད་མེད་མཚོན་བྱེད་ཀྱི་གཡུ་གཡོན་དུ་འཛོག་སྲོལ་ཡང་ཡོད་པ་དཔེར་ན་བོན་གྱི་ཚོ་གའི་སྐོར་གྱི་དཔེ་ཆ་ཞིག་ལས། "ཚོ་ག་དེ་དངོས་སུ་སྤེལ་སྐབས། ཚོ་ག་སྤེལ་མཁན་དེས་ཁ་གསེར་ཞེས་གསེར་རྡོག་རྡོག་གཅིག་ཁ་ནང་གི་གཡས་ངོས་སུ་འཛོག

① ནག་ཆུ་ས་གནས་སྲིད་གྲོས་ལོ་རྒྱུས་རིག་གནས་དཔྱད་གཞིའི་རྒྱུ་ཆ་རྩོམ་སྒྲིག་ཁང་ནས་བསྒྲིགས་པའི་《ནག་ཆུའི་ལོ་རྒྱུས་རིག་གནས་དཔྱད་གཞིའི་རྒྱུ་ཆ་བདམས་བསྒྲིགས་གཉེན་བཤད་སྲིད་པ་རྒན་པོའི་སྐྱིད་སྨྲ》ཞེས་པའི་ཤོག་ངོས་༢༩༢ལ་གསལ། བོད་ལྗོངས་མི་དམངས་དཔེ་སྐྲུན་ཁང་ནས་༢༠༠༨ལོར་བསྐྲུན།

པ་དང་། ཁ་གཡུ་ཞིས་གཡུ་ཆུང་ཆུང་ཞིག་ཁ་ནང་གི་གཡོན་ངོས་སུ་འཇོག་པ་ཡིན་”[①]ཞེས་བྱུང་། གོང་གསལ་དེ་དག་ལ་གཞིགས་ན། སྐྱེས་པ་ཕོ་ནི་གཡས་དང་འབྲེལ་བ་ཟབ་ཅིང་། བཟའ་མ་མོ་ནི་གཡོན་དང་འབྲེལ་བ་ཟབ་པས། ཕུད་གཏོར་བྱེད་སྐབས་སུའང་སྐྱེས་པས་ལག་གཡས་ཀྱི་སྲིན་མཛུབ་དང་། བུད་མེད་ཀྱིས་ལག་གཡོན་གྱི་སྲིན་མཛུབ་བེད་སྤྱོད་བྱས་ན་འཐད་དང་སྙམ། གཞན་ཡང་གཡོན་ལ་གཡོན་མ་ཞེས་སྦྱར་ན་འགྲིག་ཀྱང་། གཡས་ལ་གཡས་པ་ཞེས་སྦྱོར་བ་ལས་གཡས་མ་ཞེས་སྦྱར་སྲོལ་མེད་པ་དེས་ཀྱང་རྒྱུ་མཚན་ངེས་ཅན་ཞིག་བསྟན་གྱི་ཡོད་སྙམ།

གསུམ་པ་རྟེན་འབྲེལ་དངོས་གཞིའི་གོ་རིམ་དང་སྒྲིག་ཆས། བཤད་པའི་སྐོར་ཞུ་བ་ལ། དེ་ཡང་རྟེན་འབྲེལ་དངོས་གཞི་དེ་དབང་ཟས་ཕུལ་བ་ནས་འགོ་ཚུགས་པ་དང་། ཞིབ་ཕྲའི་གོ་རིམ་སྔ་ཕྱི་མི་འདྲ་བ་ཡོད་པ་ནི། ལ་ལས་དཀར་གསུམ་མམ་དབང་ཟས་མ་ཕུལ་གོང་དུ་གྲོ་སོ་ཕྱེ་མར་འདྲེན་པ་དང་། ལ་ལས་ཁ་སྟོང་པར་ཕྱེ་མར་མི་ཟ་ཞེས་སྔོན་ལ་དཀར་གསུམ་མམ་དབང་ཟས་འདྲེན་སྲོལ་ཡོད། སྤྱིར་ན་བཞུགས་གྲལ་ཡོངས་ལ་དབང་ཟས་དྲངས་ཚར་རྗེས་རྟེན་འབྲེལ་འགོ་ཚུགས་པའི་བཤད་པ་གཏོང་བ་དང་། དེ་ཡང་ཐོག་མ་རྒྱལ་བའི་སྐུ་གསུང་ཐུགས་རྟེན་ལ་མཇལ་དར་དང་མཆོད་པ་འབུལ་བ་དང་། བཞུགས་གྲལ་གྱི་ཤེས་ཚོག་རྒྱས་བསྡུས་གང་རུང་བརྗོད་ནས་འགོ་བརྩམས། དེ་སྨུར་གྲོ་སོ་ཕྱེ་མར་གྱི་བཤད་པ་བཏང་རྗེས་བུ་དང་མནའ་མ་ནས་འགོ་བཙུགས་ཏེ་བཞུགས་གྲལ་ཡོངས་ལ་གྲོ་སོ་ཕྱེ་མར་བཀུག དེ་རྗེས་ཇ་ཆང་སྣོད་དང་བཅས་པའི་བཤད་པ་བཏང་ནས་བཞུགས་གྲལ་ལྷན་རྒྱས་ལ་ཇ་ཆང་འདྲེན་པ་དང་། གཙང་ཁྲུལ་དུ་ཀ་བ་དང་

① མཁར་རྩེའུ་བསམ་གཏན་གྱི་གསུང་རྩོམ་ཕྱོགས་བསྒྲིགས《 མདའ་དང་འཕང་》ཞེས་པའི་སྨྲད་ཚའི་ཤོག་ངོས་༡༥༧ལ་གསལ། ཀྲུང་གོའི་བོད་རིག་པ་དཔེ་སྐྲུན་ཁང་ནས་༢༠༠༧ལོར་བསྐྲུན།

འཛུགས་ཁོག་ལའང་བཤད་པ་གཏོང་སྲོལ་ཡོད། དེ་རྗེས་བུ་དང་མནའ་མ་སོགས་བཞུགས་གྲལ་དུ་འཁོད་པའི་མི་སྣ་ཡོངས་ལ་བཤད་པ་གཏོང་བཞིན་མཇལ་དར་སྤྲོན་སྲོལ་ཡོད། དབུས་ཁུལ་དུ་རྟེན་འབྲེལ་ལ་ཕེབས་མཁན་ཚོས་རྟེན་འབྲེལ་ཕྱག་རྟགས་དང་གསོལ་འབྲས་དོད་གང་ཡོད་དུད་ཚང་སྤྱི་ལ་འབུལ་བ་དང་། གཙང་ཁུལ་དུ་རྟེན་འབྲེལ་གྱི་འབུལ་བ་འབྲུ་རིགས་དང་ཤ་ཚང་། ཞལ་ཟས་སོགས་དུད་ཚང་སྤྱི་ལ་འབུལ་དགོས་ལ་དཀར་ཐོ་ཞེས་ཐོ་བཀོད་བྱེད་དགོས་པ་དང་། ནང་མི་ལྷན་རྒྱས་ལ་སྨེར་སྐྱོན་གོས་སྣེ་དང་དངུལ་སོགས་སྐྱིན་པ་ཆུ་ལས་མེད་ཀྱང་སླ་ནུ་མ་གཏོང་ཞེས་པ་ལྟར་སྤྲ་ལན་གང་ཡོད་ལས་མི་ཉུང་བ་སྤྲོད་སྲོལ་ཡོད། དེའི་བརྒྱུད་རིམ་ནང་ཀྱང་སྐྱོན་དང་ཉིས་སྐྱོན་ཞེས་རིགས་གཉིས་སུ་དབྱེ་བ་ནི། དཔེར་ན་ནང་མི་ཚང་མར་ཕྱག་རྟགས་གོས་སྣེ་རེ་ཡོད་ན་ཀྱང་སྐྱོན་ཟེར་བ་དང་། ཕྱག་རྟགས་གོས་སྣེ་རེ་དང་འབུལ་བ་མང་ཉུང་ལ་མ་ལྟོས་པའི་དངུལ་སྨར་ཡོད་པའམ་ཡང་ན་ཕྱག་རྟགས་གོས་སྣེ་གཉིས་རེ་ཡོད་ན་ཉིས་སྐྱོན་ཟེར། རྟེན་འབྲེལ་བྱེད་མཁན་གྱིས་བཤད་པ་མི་ཤེས་ན། ཞང་ཆེན་པོའམ་ཡང་ན་མི་གཞན་གྱིས་ཚབ་བྱས་ནས་བཤད་པ་གཏོང་བའང་ཡོད་ལ། ལ་ལར་བཤད་པ་ཐེངས་གཅིག་གིས་འཐུས་པར་བྱེད་པ་དང་། ལ་ལར་རྟེན་འབྲེལ་ལ་ཡོང་མཁན་ཁ་ཤས་ཀྱིས་བཤད་པ་གཏོང་བའང་ཡོད། བཤད་པ་གཏོང་སྐབས་འགའ་རེས་དམིགས་སུ་ཁ་བཏགས་ལ་བཤད་པ་གཏོང་བ་དང་། མང་པོས་མི་སྨེར་གྱི་བཤད་པ་དང་ཁ་བཏགས་ཀྱི་བཤད་པ་མཉམ་དུ་གཏོང་བའང་ཡོད། མགུལ་དར་སྤྲོན་སྟངས་ཀྱང་དབུས་གཙང་གཉིས་མི་འདྲ་སྟེ། གཙང་ཕྱོགས་སུ་མདུན་ཕྱོགས་ཀྱི་མགུལ་ནས་ཡར་ལ་སྤྲོན་པ་དང་དབུས་པས་མཛིང་པ་ནས་མར་སྤྲོན་སྲོལ་ཡོད་པ་ཚང་མས་མཁྱེན་གསལ་ལྟར་རོ། །

གཙང་ཁུལ་དུ་ཀ་བ་དང་འཛུགས་ཤ་ལ་བཤད་པ་གཏོང་བའི་དར་སྲོལ་ཆེ་

ལ། གཉེན་བཤད་ལ་དམངས་ཁྲོད་དུ་ཀ་པ་བཤད་ཅེས་འབོད་སྲོལ་ཡང་ཡོད། དེ་ལྟར་འབོད་དོན་ཡང་གཉེན་སྟོན་ནི་ཁྱིམ་འཛིན་གསར་པ་དེ་ལ་རྟེན་དུ་བཙུགས་པའི་བཤད་སྲོལ་ཡོད་ལ། སྔག་ཤར་གཞོན་པ་ཕྱི་ཡི་ལུགས་རི་ཡིན། ཨ་མ་ནང་མ་ནང་གི་ཀ་བ་ཡིན་ཞེས་བཤད་སྲོལ་ཡོད་པ་ལྟར་ཁྱིམ་ཚང་ཞིག་ལ་ཆ་མཚོན་ན། ནང་གི་ཨ་མའམ་ཁྱིམ་འཛིན་མ་ནི་དུད་ཚང་དེའི་ཀ་བ་ལྟ་བུའི་སྲོག་ཤིང་ཞིག་ཡིན་ལ་མི་འགྱུར་བརྟན་པའི་དོན་མཚོན་པ་ཡིན་པས། གཉེན་སྟོན་སྐབས་ངེས་པར་དུ་དུད་ཚང་གི་ཁང་པའི་ཀ་བར་ཁ་བཏགས་གཡོག་པ་དང་བཤད་པ་གཏོང་དགོས་པ་མ་ཟད་བཤད་པའི་ནང་གི་གཙོ་བོའི་ནང་དོན་ལ་འཛིན་པས། གཉེན་བཤད་ལའང་ཀ་བཤད་ཅེས་བརྗོད་དམ་སྙམ་ནའང་། ཡང་སྙིང་གཉེན་བཤད་ལ་ཀ་བཤད་དུ་འབོད་དོན་གང་ཡིན་ད་དུང་ཞིབ་པར་བརྟག་དགོས། འཛུགས་ལ་ལུག་ཤ་ཐུབས་གཅིག་འཇོག་པ་དང་དེར་ཁ་བཏགས་འདོགས་པ་དང་མཉམ་དུ་བཤད་པ་གཏོང་དགོས། དེ་ནི་བཤད་པའི་ནང་དུ་གསལ་བ་ལྟར་བདེ་སྐྱིད་རྩ་བ་འཛུགས་པའི་རྟེན་འབྲེལ་དུ་འགྲེལ་བཤད་རྒྱག་སྲོལ་འདུག་ཀྱང་། དེའི་མཚོན་དོན་ལ་འགྱུར་བ་ངེས་ཅན་བྱུང་ཡོད། དེ་ཡང་ཆུ་ལ་འགོ་དང་ཤིང་ལ་རྩ་བའི་དཔེ་ལྟར། དེའི་ཆེས་ཐོག་མའི་འབྱུང་ཁུངས་ནི་གདོད་མའི་བོན་ལུགས་ཀྱི་དམར་མཆོད་གཏོང་བའི་སྲོལ་རྒྱུན་དེ་ཡིན་སྲིད། འོན་ཀྱང་བོན་གྱི་གསུང་རྒྱུན་ལྟར་ན། སྟོན་པ་གཤེན་རབ་མི་བོ་ཆེའི་དུས་ནས་དམར་མཆོད་སྤངས་ཏེ་ཟན་དཔར་གྱིས་ཚབ་བྱེད་པའི་སྲོལ་གསར་དུ་བཏོད་པར་གྲགས་པ་དང་། དེ་ནས་བརྩིས་པས་ད་བར་ལོ་སྟོང་ཉིས་སྟོང་ལྷག་ཙམ་གྱི་དུས་ཡུན་རིང་པོའི་ནང་དེའི་མཚོན་དོན་ལའང་འགྱུར་བ་ཆེན་པོ་བྱུང་ཡོད་དེ། གཅིག་ནི་ཕུ་རུ་འཁྲིག་པའི་ཤ་ཐུད་ཆར་ལྟར་བབས། མདའ་རུ་འབྲུ་སྣ་བཏབ་ཚད་དུས་སུ་སྨིན། ཆར་ཆུ་བཟང་པོ་ལོ་ཕྱུགས་རྟག་ཏུ་འཕེལ་ཞེས་བྱུང་བ་ལྟར་རྟེན་འབྲེལ་མཛད་སྒོའི་ཐོག་ལུག་ཤ་ཐུབས་གཅིག

ཞིང་ལས་ཐོན་རྫས་འབྲུ་གྱི་ངོད་པོ་དང་མཉམ་དུ་བསྒྲིགས་ནས་དེ་འབྲོག་ལས་ཐོན་སྐྱེད་ལེགས་པོ་བྱུང་བའི་མཚོན་བྱེད་དུ་ངེས་ལ། གཉིས་ནས་འཛུགས་ཤོག་གི་བཤད་པའི་ནང་“གཟུགས་པོ་མི་ཟེར་འཛུགས་པ་ཟེར། བདེ་སྐྱིད་རྩ་བ་འཛུགས་པའི་འཛུགས་པ་ཟེར། བཞུགས་གྲལ་སྐྱིད་འགོ་འཛུགས་པའི་འཛུགས་པ་ཟེར།” ཞེས་གསལ་བ་ལྟར་དེ་ནི་བདེ་སྐྱིད་རྩ་བ་འཛུགས་པའི་རྟེན་འབྲེལ་མཚོན་ཆེད་དུ་ཡིན་པའམ། ཡང་ན་“ལུག་པོ་མི་ཟེར་ལུག་པ་ཟེར། ཕྱི་བལ་ལུག་པའི་ལུག་པ་ཟེར། ནང་ཤ་ཚིལ་ལུག་པའི་ལུག་པ་ཟེར། ནམ་རྒྱུན་ལུད་ཤིང་ལུག་པའི་ལུག་པ་ཟེར།” ཞེས་འཛུགས་ཤོག་གི་བཤད་པ་ལ་གསལ་བ་ཇི་བཞིན་དེས་བདེ་སྐྱིད་ཕུན་སུམ་ཚོགས་པའི་རྟེན་འབྲེལ་མཚོན་གྱི་ཡོད། དེ་ཡང་རི་ལུག་པ་ཐག་པས་མི་འཐུམ། ཐང་གས་པ་སྐྱུད་པས་འཚེམ་མི་ཐུབ་ཅེས་པའི་དཔེ་ལྟར་ལུག་པ་ནི་ཉིལ་བའི་དོན་དུ་གོ་ལ། འདིར་མང་པོ་དང་། འབྱོར་པོ། ཕྱུག་པོ། རྒྱས་པོ། འཕོལ་པོ་བཅས་ཀྱི་དོན་ལ་འཇུག་པ་ཡིན། གཞན་ཡང་བོད་ཀྱི་རིག་གནས་ཁྲོད་ལུག་དང་གཡང་གི་བར་ལ་འབྲེལ་བ་ཟབ་ཅིང་། ལུག་ལ་གཡང་དཀར་ལུག་དང་གཡང་མོ་ལུག་གམ་ཡང་ན་ཐད་ཀར་གཡང་མོ་ཞེས་འབོད་ལ། དམངས་ཁྲོད་དུ་གནག་རྫི་བ་ལ་གནག་དཔོན་དང་ལུག་རྫི་བ་ལ་གཡང་དཔོན་ཞེས་ཀྱང་འབོད་སྲོལ་ཡོད། “བོད་ཀྱི་གཏམ་རྒྱུད་ལྟར་ན་གཡང་ཞེས་པའི་ཚིག་དེ་ལུག་ལ་སྦྱར་བའི་རྒྱུ་མཚན་ནི་ལུག་གིས་འགྲོ་བ་མིའི་འཚོ་བའི་ནང་གལ་ཆེའི་གནས་བབས་བཟུང་བ་དང་། དེ་ཤིན་ཏུ་བེད་སྤྱོད་ཆེ་བས་ཡིན་ཚུལ་བརྗོད་ཡོད།”① ཅེས་བྱུང་བ་ལྟར། གཡང་དཀར་ལུག་ནི་གངས་ཅན་ལྗོངས་ཀྱི་ཕྱུགས་ཟོག་གི་གྲུབ་ཆ་གལ་ཆེན་ཞིག་ཡིན་ལ། བོད་རིགས་ཀྱི་སྲོལ་རྒྱུན་འཚོ་བའི་ནང་མེད་ཐབས་མེད་པའི་འཚོ་བའི་

① མཁར་རྩེའུ་བསམ་གཏན་གྱི་གསུང་རྩོམ་ཕྱོགས་སྒྲིག《མདའ་དང་འཕང་》ཞེས་པའི་སྟོད་ཆའི་ཤོག་ངོས་༣༣༥ལ་གསལ། ཀྲུང་གོའི་བོད་རིག་པ་དཔེ་སྐྲུན་ཁང་ནས་༢༠༠༧ལོར་བསྐྲུན།

འབྱུང་ཁུངས་གལ་ཆེན་ཞིག་ཏུའང་གྱུར་ཡོད། དེ་ཡང་གངས་ཅན་མིའི་འགྲོ་བ་ལ་ལུས་ཀྱི་གྲང་ངད་སེལ་བྱེད་ཀྱི་གྱོན་གོས་དང་། བགྲེས་ཀྱི་ངལ་བ་སེལ་བྱེད་ཀྱི་བཟའ་ཆས། སྙོམ་གྱི་ངལ་བ་སེལ་བྱེད་ཀྱི་བཏུང་བྱ། རྒྱུན་གཏན་བཟའ་ཆས་དང་བཏུང་བྱ་སྐྱོལ་བྱེད་ཀྱི་མི་ཤིང་སོགས་འཚོ་བའི་མཁོ་ཆེད་མང་དག་ཅིག་ལུག་གི་རིགས་ལས་ཐོན་གྱི་ཡོད།① གཞན་ཡང་རྒྱུན་དུ་རྙིང་མའི་ལུགས་ལྟར་གཡང་འགུགས་ཞེས་པ་ཟས་ནོར་ལོངས་སྤྱོད་འགུགས་བྱེད་ཀྱི་ཚོ་ག་སྤེལ་སྐབས་ལུག་ཤ་ལག་པ་གཡས་པ་གཅིག་འཁྱེར་ནས་གཡབ་མོ་བྱེད་སྲོལ་ཡོད་པ་སོགས་ལ་གཞིགས་ན་འཇུགས་ཕོག་དེའང་ཕུན་ཚོགས་སམ་བསོད་ནམས་ཀྱི་བཅུད་འཁོར་སའི་གཡང་རྟེན་དུ་སྒྲིག་གཙོམ་བྱས་པ་འདྲ། བག་སྟོན་སྐབས་ཕྱོགས་གཉིས་ནས་མི་གཡང་དང་ཕྱུགས་གཡང་སོགས་མི་ཤོར་བའི་ཆེད་དུ་གཡང་འགུགས་བྱེད་པ་ནི་ད་ལྟའི་བར་དུ་རྒྱུན་འཛིན་བྱ་སྲུས་ཀྱི་ཡོངས་ཁྱབ་སྲོལ་ལུགས་ཤིག་ཡིན། དེའི་སྐོར་དམིགས་སུ་གཞམ་གྱི་ལེ་ཚན་ནང་ཞུ་རྒྱུ་ཡིན་པས་འདིར་རྒྱས་པར་མི་སྤྲོ།

གཉེན་སྟོན་སྤེལ་བའི་བརྒྱུད་རིམ་ནང་དུ་གྲོ་སོ་ཕྱེ་མར་ནི་མེད་ཐབས་མེད་པའི་རྟེན་འབྲེལ་གྱི་མཚོན་རྟགས་ཤིག་ཡིན་ལ། བརྒྱུད་རིམ་མང་པོའི་ནང་གྲོ་སོ་ཕྱེ་མར་བེད་སྤྱོད་བྱེད་ཀྱི་ཡོད། དེའི་མཚོན་དོན་ཡང་གངས་རི་ར་བས་བསྐོར་བའི་ཡུལ་ལྗོངས་འདིར་འཚོ་ཞིང་གནས་པའི་བོད་རིགས་མང་ཚོགས་རྣམས་གནའ་སྔ་མོ་ནས་ཞིང་འབྲོག་གཉིས་ཀྱི་ཐོན་སྐྱེད་བྱེད་པ་གཙོ་བོར་འཛིན་ཅིང་། སོ་ནམ་པའི་ཐོན་སྐྱེད་ཀྱི་འབྲས་བུ་མཆོག་ཏུ་གྱུར་པ་ནི་འབྲུ་རིགས་ཡིན་པ་དང་བོད་རིགས་ཀྱི་ཟས་རིགས་གཙོ་བོའང་རྩམ་པ་ཡིན། དེ་བཞིན་འབྲོག་པའི་ཐོན་སྐྱེད་ཀྱི་

① དེའི་སྐོར་གྱི་ནང་དོན་ཞིབ་ཕྲ་རྣམས་ཕྲན་ནས་བརྩམས་པའི་《བོད་ཀྱི་དམངས་སྲོལ་རིག་གནས་ཀྱི་གནད་དོན་འགའ་ཞིག་གླེང་བ》ཞེས་པའི་"ལུག་ལོར་ལུག་དང་འབྲེལ་བའི་གླེང་མོལ"ཞེས་པའི་ནང་གསལ་བས་འདིར་རྒྱས་པར་མི་སྤྲོས། བོད་ལྗོངས་བོད་ཡིག་དཔེ་རྙིང་དཔེ་སྐྲུན་ཁང་ནས་༢༠༡༥ལོར་བསྐྲུན།

གཙོ་བོ་དཀར་ཕྱུར་ཡིན་ཞིང་དེའི་སྙིང་པོ་ནི་མར་ལགས། དེ་ན་རྩམ་པ་དང་མར་ནི་བོད་རིགས་ཀྱི་འཚོ་བའི་ནང་མེད་དུ་མི་རུང་བའི་ཟས་རིགས་ཤིག་ཡིན་པས། རྟེན་འབྲེལ་གྱི་སྐབས་ཕྱེ་མར་ཟས་པས་རྩམ་པ་དང་མར་རྒྱུན་ཆད་མེད་པ་ཡོངས་སུ་སྤྱོད་རྒྱུ་ཡོང་བའི་འདུན་པ་མཚོན་པ་དང་། གྲོ་སོ་ཕྱེ་མར་སྒྲིག་སྐབས་ཀྱང་གྲོ་དང་ཕྱེ་མར་གཡས་གཡོན་གང་དུ་འཇོག་དགོས་པའི་སྐོར་བཤད་ཚུལ་མི་འདྲ་བ་འདུག་སྟེ། སྤྱིར་ན་གྲོ་སོ་གཡས་དང་ཕྱེ་མར་གཡོན་ཞེས་པའི་ངག་རྒྱུན་ལྟར་དང་། ཕྱེ་མར་གྱི་བཤད་པའི་ནང་དུའང་"གཡས་སུ་རྒྱ་གྲོ་དཀར་མོ་བཞེངས་པ་འདི། བཞུགས་གྲལ་འདི་ཞལ་གྲོ་བའི་རྟེན་འབྲེལ་ཡིན། གཡོན་དུ་ཕྱེ་མར་གྱི་གངས་རི་སྤུང་འདྲ་འདི། མི་རྒྱུད་གངས་ལས་དཀར་བའི་རྟེན་འབྲེལ་ཡིན།"ཞེས་འཁོད་པར་གཞིགས་ན། གྲོ་སོ་འབོ་ཡི་གཡས་སུ་སྒྲིག་པ་དང་། ཕྱེ་མར་འབོ་ཡི་གཡོན་དུ་སྒྲིག་ན་ཐད་པར་མཐོང་། དེ་ནི་བོད་ཀྱི་སྲོལ་རྒྱུན་ལྟ་བའི་ནང་གཡས་གཡོན་གྱིས་གཙོ་ཕལ་མཚོན་ཚུལ་ནི་གཡས་པས་གཙོ་དང་གཡོན་མས་ཕལ་པ་མཚོན་གྱི་ཡོད་པ་དང་། གྲོ་སོ་ཕྱེ་མར་ཞེས་གྲོ་སོ་སྔོན་དང་ཕྱེ་མར་རྗེས་སུ་བཞག་ཡོད་པ་མ་ཟད། གྲོ་སོ་ཕྱེ་མར་བཞེས་སྐབས་ཀྱང་སྔོན་ལ་གྲོ་དང་རྗེས་སུ་ཕྱེ་མར་གྱི་ཕུད་གཏོར་བྱ་དགོས་ཀྱི་ཡོད་པས་ཡིན། དེ་ནི་འབོ་དེ་ཉིད་དམ་ཕྱེ་མར་བཀྲུག་མཁན་གྱི་ངོས་ནས་གཡས་གཡོན་དུ་བཤད་པ་ལགས། མི་རིགས་སོ་སོར་གཡས་གཡོན་གྱི་ངོས་འཛིན་བྱ་སྟངས་མི་འདྲ་བ་ཡོད་ལ། "བོད་མི་ཞིག་གིས་ཐང་ག་ཞིག་ངོ་སྤྲོད་བྱེད་སྐབས་ཀྱང་ཤེས་ཐུབ་ལ། ཐང་གའི་སྙིང་གི་ལྷ་སྐུའི་ཕྱག་གཡས་པ་ཡོད་སར་གཡས་ཕྱོགས་སུ་ངོས་འཛིན་པར་བྱེད་པ་དང་། ལྷ་སྐུའི་ཕྱག་གཡོན་པ་ཡོད་སར་གཡོན་ཕྱོགས་སུ་འབོད་པ་ལྟ་བུར་བྱ་དངོས་དེའི་གནས་ཚོད་ལྟར་ངོས་འཛིན་བྱེད་པ་ཡིན་ལ། བོད་བརྒྱུད་ནང་བསྟན་གྱི་གྲུབ་མཐའ་སྨྲ་བ་བྱེ་མདོའི་ལུགས་ལ། ཤེས་བྱེད་བློའི་རྣམ་གཞག་གིས་ཤེས་བྱ་ཡུལ་གྱི་རྣམ་གཞག་གཞལ་སྐབས་ཀྱང་།

ཡུལ་ཅན་གྱིས་སྣང་ཚུལ་ལྟར་མི་འཛིན་པར་ཡུལ་གྱི་གནས་ཚོད་ཇི་བཞིན་སྒྲུབ་”①ལྟར་ཡིན། འོན་ཀྱང་བཟོ་བཀོད་ལེགས་ལ་ཚོན་རིས་སྣ་ཚོགས་ཀྱིས་བརྒྱན་ཞིང་བར་དུ་ནང་བཅད་བརྒྱབ་པའི་ཕྱེ་མར་འཐོ་ནི་ཕྱིས་སུ་བྱུང་བའི་སྣོད་བྱད་ཅིག་ཡིན་པ་ལས། གྲོ་སོ་ཕྱེ་མར་གྱི་ཐོག་མའི་སྒྲིག་གཞོམ་བྱེད་སྣོད་ནི་སོ་ནམ་པའི་འཇལ་བྱེད་འཐོ②དང་ཡང་ན་སྟེར་མ③བེད་སྤྱོད་བྱེད་ཀྱི་ཡོད་ལ་དེ་ནི་ད་ལྟའི་དུས་སུའང་ས་ཁུལ་མང་པོར་རྒྱུན་འཛིན་བྱེད་མུས་ཀྱི་ལུགས་སྲོལ་ཞིག་ཡིན་པས། དེ་ལ་དམིགས་སུ་གཡས་གཡོན་གྱི་དབྱེ་ཚུལ་ཞིག་ཡོད་བཟོ་མི་འདུག ཕྱེ་མར་འཐོ་ལ་ཆེ་ཆུང་སྣ་ཚོགས་ཡོད་ལ། སྟེབས་སུ་བཀོད་པའི་རི་མོའང་རྒྱས་བསྡུས་སྣ་ཚོགས་ཡོད་དེ། བཀྲ་ཤིས་རྟགས་བརྒྱད་དང་། བཀྲ་ཤིས་རྫས་བརྒྱད། ནོར་བུ་ཆ་བདུན། རྟགས་བརྒྱད་བུམ་གཟུགས། སེང་གེ་གཉིས་ཀྱིས་ནོར་གཞོང་སྟེགས་པ། རི་མོ་བསྡུས་པར་ཡང་ནོར་བུ་མེ་འབར། ནོར་བུ་དགའ་འཁྱིལ་སོགས་རྟེན་འབྲེལ་གྱི་ཚོན་རིས་སྣ་ཚོགས་ཀྱིས་རྣམ་པར་བརྒྱན་པའི་སྲོལ་ཡོད་པ་ལྟ་བུའོ། །གྲོ་སོ་ཕྱེ་མར་སྒྲིག་སྟངས་ཀྱང་འཐོའི་ནང་གཡས་ངོས་གྲོ་ཡོས་བྱུར་ཁེངས་དང་།

---

① དབང་རྒྱལ་ཚེ་རིང་ལགས་ནས་བརྩམས་པའི་《བོད་ཀྱི་གཡས་གཡོན་ངོས་འཛིན་སྟངས་ལས་འཕྲོས་པའི་དཔྱད་པ་》ཞེས་པའི་ནང་གསལ། 《མཚོ་སྔོན་མི་རིགས་སློབ་ཆེན་རིག་དེབ་》༢༠༡༩ལོའི་དུས་དེབ་༤པའི་ཤོག་ངོས་༨༧ལ་གསལ།

② ད་ལྟའི་བར་གཉེན་སྟོན་རྟེན་འབྲེལ་སྒྲིག་སྐབས་གྲོ་སོ་ཕྱེ་མར་ཕུད་ད་དུང་འཐོ་ཞིག་གི་ནང་དུ་གྲོ་བྱུར་བུར་གཏམས་པ་དང་། དེའི་སྟེང་དུ་མདའ་དར་བཙུགས་ནས་སྒྲིག་གི་ཡོད་པ་དེ་ཐོག་མའི་གྲོ་སོ་ཕྱེ་མར་སྒྲིག་གཞོམ་བྱེད་པའི་ཚུལ་རྒྱུན་འཛིན་བྱས་པ་ཞིག་ཡིན་ལ། གྲོ་སོ་ཕྱེ་མར་གྱི་སྣོད་དེ་ལའང་ཕྱེ་མར་འཐོ་ཞེས་བརྗོད་བཞིན་ཡོད།

③ ཡུལ་མང་པོར་གྲོ་སོ་ཕྱེ་མར་གྱི་སྣོད་བྱད་དེ་ཤིང་གི་སྟེར་མ་བེད་སྤྱོད་བྱེད་ཀྱི་ཡོད་ལ། ངོ་སྣང་ཅན་ལ་ལས་ཤིང་སྟེར་ལ་ཤན་དང་ཁྲ་རྒྱན་གྱིས་བརྒྱན་པའི་སྲོལ་ཡོད། དེ་ཡང་ནག་ཚུའི་ཕྱེ་མར་གྱི་བཤད་པའི་ནང་“ད་ཕྱེ་མར་བཤམས་པའི་མཆོད་སྟེར་འདི། སྟོད་རྒྱ་གར་གྱི་ཤིང་དེ་སྟར་ཀའི་ཤིང་། སྨད་རྒྱ་ནག་གི་ཤིང་དེ་ཙ་ཟ་ཤིང་། བར་དབུས་གཙང་གི་ཤིང་དེ་ཙན་དན་ཤིང་། ཤིང་འདི་ཚོ་ལས་གྲུབ་པའི་མཆོད་སྟེར་འདི། ཁ་ཤན་གསེར་པོ་གསེར་ལས་གྲུབ། ནོར་བུ་མེ་འབར་རྟགས་སེ་རྟགས། མཐིལ་ཤན་ཁམ་པ་དངུལ་ལས་གྲུབ། གཡུ་བྱང་གི་པ་ཏྲ་རྟགས་སེ་རྟགས། བར་ཤན་གསེར་གཡུ་ཁྲ་རྒྱན་ལ། པད་རག་དང་རྡོ་རྗེ་ཕ་ལམ་སོགས། མཛེས་མེ་ཏོག་ཤར་འདྲའི་ཁྲ་རྒྱན་བཀོད།”ཅེས་གསལ་བ་ལྟར་རོ། །

གཡོན་ངོས་ཕྱི་མར་བྱུར་ཁེངས་སུ་ བླུགས་པའི་དབུས་གཉིས་སུ་རྩིབས་སྒྲོ་རེ་བཙུགས། དེའི་མཐའ་སྐོར་ཚོན་སྣ་ཐྱུག་པའི་གྲོ་སྙེ་དང་ལོ་གསར་མེ་ཏོག་བཙུགས་ནས་མཛེས་པར་བརྒྱན་པའི་སྲོལ་ཡོད། རྩིབས་སྒྲོ་ནི་རྩིབས་མའི་དབྱིབས་ཅན་ཞིང་གི་བྱང་བུར་མར་ཚོན་གྱི་མཐུན་པ་སྤུན་བཞིའམ། མི་མཐུན་གཡུལ་རྒྱལ། ཚེ་རིང་དྲུག་སྐོར། རྟགས་བརྒྱད་བུམ་གཟུགས། བསྟུས་པར་མེ་ཏོག་དང་། ཉི་ཟླ་མེ་རིས་སོགས་ཀྱིས་བརྒྱན་པའི་རྟེན་འབྲེལ་ཡོ་བྱད་ཅིག་ཡིན།

རྟེན་འབྲེལ་དངོས་གཞིའི་ཐོག་བུ་མོར་“མདའ་དར་རྩེ་ལྷ་དང་གཡུ་ཆུང་དྲུག་དཀར་གྱིས་བསུས་པ་ཡིན། མཚན་ལ་ཚེ་གེ་མོ་ཞེས་གསོལ་བ་ཡིན་”ཟེར་སྲོལ་ཡོད་པ་ལྟར་ཁྱིམ་ཚང་ཚེ་གྲས་ལ་ལས་སྔགས་པ་སོགས་བླ་མ་གདན་འདྲེན་གྱིས་བུ་མོའི་གོ་མིང་བསྒྱུར་ནས་མིང་གསར་པ་འདོགས་པའི་སྲོལ་ཡོད་ལ་དེར་མིང་འདོགས་ཞེས་བརྗོད། འདིར་བརྗོད་པའི་མིང་འདོགས་ནི་དྲིན་ཕ་མས་བཏགས་པའི་གཅེས་མིང་དང་། མཐོ་བླ་མས་བཏགས་པའི་ཆོས་མིང་། གྲོང་སྡེ་བས་བཏགས་པའི་མིང་འདོགས་ཞེས་པའི་ནང་གི་མིང་འདོགས་ཏེ། སྐྱོན་མཚང་རྟོལ་བའི་མཚང་མིང་དང་མི་འདྲ་བར་གཉེན་སྟོན་སྐབས་མནའ་མའི་མིང་སྤོ་བ་ལ་གོ་བ་ཡིན། དེ་ཡང་བོད་མི་མང་ཆེ་བས་ཕྲུ་གུ་སྐྱེས་རྗེས་ཟླ་བ་གཅིག་ཙམ་གྱི་ནང་ཚུན་དུ་བླ་མ་སོགས་ལ་མིང་ཞུ་བ་དང་། འགའ་རེས་ཁྱིམ་ཚང་གི་བགྲེས་སོང་དང་ཡང་ན་ཕ་མས་ཕྲུ་གུར་མིང་འདོགས་པའི་སྲོལ་ཡོད། མནའ་མར་གོ་མིང་ཡོད་བཞིན་དུ་མིང་སྤོ་བའམ་མིང་གསར་པ་འདོགས་པའི་དགོས་དོན་ནི། ལང་ཁར་གཤེགས་པའི་མདོ་ལས། “མིང་དུ་གདགས་པར་མ་མཛད་ན། །འཇིག་རྟེན་ཐམས་ཅད་རྨོངས་པར་འགྱུར། །དེ་བས་རྨོངས་པ་བསལ་བའི་ཕྱིར། །མགོན་པོས་མིང་དུ་གདགས་པར་མཛད། །”ཅེས་པ་ལྟར། གདགས་གཞི་དེ་གཞན་དང་མི་འཁྲུལ་བ་བྱེད་ཆེད་དུ་ཡིན་པ་མིང་འདོགས་པའི་སྤྱིའི་དགོས་པ་དང་མཚུངས་པ་དང་།

བྱེ་བྲག་ཀོང་སྤྲུལ་ཡོན་ཏན་རྒྱ་མཚོའི་ཕྱག་རྩོམ་དེ་ལས། "སྲུང་དང་སྐྱབས་ཀྱི་མིང་བཏགས་པས། །དཀོན་མཆོག་གསུམ་གྱིས་སྐྱོབ་པར་ཤོག །མགོན་དང་སྲུང་གི་མིང་བཏགས་པས། །ལྷ་སྲུང་གཉན་པོས་མགོན་བྱེད་ཤོག །འཚོ་བའི་མིང་མཐའ་ལྡན་པ་ཡིས། །ལོ་བརྒྱ་དག་ཀྱང་འཚོ་བར་ཤོག །ནམ་མཁའི་མིང་ལས་གྲུབ་པ་ཡིས། །དབུ་འཕང་དགུང་བས་མཐོ་བར་ཤོག །ས་གཞིའི་མིང་ལས་གྲུབ་པ་ཡིས། །ས་བཞིན་ཡོན་ཏན་ཀུན་སྐྱེད་ཤོག །རི་བོའི་མིང་ལས་གྲུབ་པ་ཡིས། །དབང་ཐང་རི་ལྟར་བརྟན་པར་ཤོག །ཉི་ཟླའི་མིང་ལས་གྲུབ་པ་ཡིས། །ཉི་ཟླ་བཞིན་དུ་ཀུན་སྣང་ཤོག །རྟེན་འབྲེལ་ལྡན་ཚོགས་མིང་བཏགས་པས། །བུ་ནོར་ཚོས་གསུམ་འཛོམ་པ་དང་། །སྐྱིད་དགའ་མཐའ་རུ་ཕྱིན་པར་ཤོག །དཔལ་དང་ལོངས་སྤྱོད་འཕེལ་བ་དང་། །བཀྲ་ཤིས་དོན་རྣམས་འགྲུབ་པར་ཤོག །གྲགས་པ་བཟང་པོ་བཀྲ་ཤིས་མིང་། །བོད་ཁམས་ཀུན་ཏུ་སྙན་པར་གྲགས། །ལྷ་མི་ཡོངས་ཀྱིས་སྨོན་པ་ཡི། །བདེ་ལེགས་དཔལ་དུ་འབར་གྱུར་ཅིག །" ཅེས་གསལ་བ་ལྟར། གང་གི་མིང་ལས་གྲུབ་ཏེ་མིང་བཏགས་པ་ནི་ཕྱུགས་འདུན་ནམ་རེ་སྨོན་མཚོན་པའམ་བཀྲ་ཤིས་རྟེན་འབྲེལ་གྱི་ཆེད་དུ་ཡིན་པ། གཞན་ཡང་རང་རེ་བོད་ཁུལ་དུ་མིང་གཅིག་མི་མང་པོར་ཐོགས་པའི་སྣང་ཚུལ་མངོན་གསལ་དོད་པོ་ཡོད་ལ། འདས་གྲོངས་སོང་བའི་མིའི་མིང་འབོད་རྒྱུ་འཛེམ་བྱར་བཟུང་བས། མནའ་མའི་ཁོ་མིང་དང་བུའི་ཁྱིམ་ཚང་གི་ནང་མི་གཞན་གྱི་མིང་དང་། ཁྱད་པར་འདས་གྲོངས་ཟིན་པའི་མེས་པོ་རྣམས་ཀྱི་མིང་དང་གཅིག་མཚུངས་མི་ཡོང་བའི་ཆེད་དུའང་ཡིན།

དེ་བཞིན་རྟེན་འབྲེལ་དངོས་གཞིའི་ཐོག་ལྷ་འདོགས་ཞེས་པའི་བྱེད་སྒོའམ་ཚོ་ག་ཞིག་སྲོལ་སྲོལ་ཡོད། དེ་ནི་བུ་མོ་མནའ་མར་སླེབས་རྗེས་སྟུགས་འཆང་པས་ལྷ་རྟེན་གྱི་མདའ་དར་དང་ཚེ་བུམ་སོགས་ཐོགས་ནས་བག་མ་དེ་བུའི་ཁྱིམ་ཚང་

ཕྱོགས་ཀྱི་ཆོས་སྐྱོང་དང་ཡུལ་ལྷ་ལ་རྗེས་སྒྲོད་བྱེད་པའི་ཆོ་ག་ཞིག་ཡིན། གཉེན་བཤད་ནང་དུའང་། “དེ་རིང་ལྷ་ཉིན་དཀར་པོ་ཚུན་ཆད་ནས། ཡུལ་ལུང་པ་ག་གེ་མའི་ལྷ་གྲལ་མི་གྲལ་ནང་ནས་ཕུད་པ་དང་། ཡུལ་ལུང་པ་ག་གེ་མོའི་ལྷ་གྲལ་མི་གྲལ་ནང་དུ་ཚུད་པ་ཡིན་”ཞེས་གསལ་ཡོད། གནའ་དུས་ཡུལ་སྲོལ་དེ་འདྲ་ཞིག་ཡོད་པ་མ་ཟད། ད་ལྟའང་དབུས་གཙང་གི་ས་ཆ་འགའ་ཞིག་ཏུ་ལྷ་འདོགས་ཀྱི་སྲོལ་དེའི་ཤུལ་མཐོང་རྒྱུ་ཡོད། སྔར་བོན་པོ་རྣམས་ཀྱིས་ལྷ་འདོགས་ཀྱི་“ཆོ་ག་དེ་སྒྲིལ་སྐབས། ཕྱོ་གའི་སྤྱི་གཙུག་ཏུ་བལ་གྱིས་བཟོས་པའི་‘དམུ་ཐག་’ཅེས་པའི་སྐུད་པ་ཞིག་འདོགས་པ་དང་། ‘གཡང་ཐག་’ཅེས་པའི་སྐུད་པ་སྔོན་མོ་ཞིག་མནའ་མའི་སྤྱི་གཙུག་ཏུ་འདོགས་པ་ཡིན་ལ། དེ་རྗེས་ཕྱོ་ག་དེས་ལག་ཏུ་མདའ་མོ་བཟུང་ཞིང་མགོ་སྟེང་གི་ལྷ་ལྟར་ཚང་དང་གཏོར་མ་སོགས་ཀྱི་མཆོད་པ་འབུལ་བ་ཡིན། མནའ་མ་དེས་ལག་ཏུ་སྒྲོགས་ཤིག་བཟུང་ཞིང་འོ་མ་དང་ཕྱེ་མར་གྱི་མཆོད་པ་འབུལ་གྱི་ཡོད། དེ་ནས་ལྷ་བོན་གྱིས་ཕྱོ་ག་དེ་ལ་གསེར་གྱི་ཚིགས་ཁེབས་སམ་རྣ་རྒྱན་ཞིག་སྒྲོད་པ་དེ་ལ་བླ་གསེར་ཞེས་ཟེར་སྲོལ་ཡོད་པ་དང་། མནའ་མ་དེ་ལ་གཡུ་ཞིག་སྒྲོད་པ་དེ་ལ་བླ་གཡུ་ཞེས་ཟེར་བ་ཡིན། གསར་དུ་གཉེན་སྒྲིག་བྱེད་པའི་ན་གཞོན་ཕོ་མོ་གཉིས་རྩམ་ཕྱེས་འཐེན་པའི་གཡུང་དྲུང་གི་རི་མོ་ཅན་གྱི་གདན་ཐོག་ཏུ་སྡོད་དུ་བཅུག་རྗེས། ལྷ་བོན་དང་ཕྱོ་ག་དང་མནའ་མ་རྣམས་མཉམ་དུ་ཆོ་གའི་ཞལ་འདོན་སྐྱོར་བར་བྱེད་པ་ཡིན་”[①]ཞེས་བྱུང་བ་དང་། དུས་ཕྱིས་ལྷ་འདོགས་ཀྱི་སྲོལ་དེ་དམངས་ཁྲོད་དུ་རྒྱུན་འཛིན་བྱ་ཐུས་ཀྱི་བྱེད་སྒོའི་ནང་ཡོད་ནའང་། ཞིབ་ཕྲའི་འགྲོ་ལུགས་འགྲོ་སྟངས་མང་པོར་གཞན་འགྱུར་ཆེ་ཙམ་བྱུང་ཡོད་པ་དཔེར་ན། གཙང་ཁུལ་དུ་དུས་ཕྱིས་ལྷ་འདོགས་ཀྱི་ཆོ་ག་སྒྲིལ་སྐབས་ཁང་པའི་

① མཁར་རྨེའུ་བསམ་གཏན་གྱི་གསུང་རྩོམ་ཕྱོགས་བསྒྲིགས་《མདའ་དང་འཕང་》ཞེས་པའི་སྟོད་ཆའི་ཤོག་ངོས་༣༣༥ལ་གསལ། ཀྲུང་གོའི་བོད་རིག་པ་དཔེ་སྐྲུན་ཁང་ནས་༢༠༠༧ལོར་བསྐྲུན།

ཐོག་ཁར་གྲུར་ཕུབ་པའམ་ཡང་ན་སྐབས་འཕྲལ་བཞུགས་གདན་བཏིང་བའི་སྟེང་དུ་བུ་དང་མནའ་མ། དེ་བཞིན་དུད་ཚང་དེའི་ནང་མི་ཚང་མ་གཟབ་མཆོར་གྱིས་བརྒྱན་ནས་འཁོད་ཐོག གསོལ་ཇ་དང་མཆོད་ཆང་འདྲེན་པ་དང་དུས་མཚུངས་སྤྱགས་པས་ལྷ་བསང་གཏོང་བ་མ་ཟད། གྲིབ་བསང་དང་མནོལ་བསང་། དགྲ་ལྷ་དཔང་བསྟོད། པད་མ་ལྷ་བསང་སོགས་འདོན་པ་དང་། ལྷ་བསང་མཇུག་སྒྲིལ་མཚམས་སུ་ནང་མི་ཚང་མས་མཉམ་དུ་ཕྱེ་མར་ཕྱིར་ནས་ལྷ་རྒྱལ་ཐེངས་གསུམ་འབོད་སྲོལ་ཡོད་པ་ལྷུ་བུ་དང་། ཡང་ཡུལ་ལ་ལར་སྤྱགས་པ་གདན་འདྲེན་མ་ཞུས་པར་ནང་མི་ཚང་མ་ཁང་པའི་ཐོག་ཁར་ཐོན་ཏེ་བསང་གསོལ་དང་ལྷ་རྒྱལ་འཐེན་ནས་འཐུས་པར་བྱས་པས། ལྷ་འདོགས་ལ་ཐོག་གསོལ་ཞེས་འབོད་མཁན་ཡང་ཡོད། ཨ་མདོ་ཁུལ་དུའང་བུ་དང་བག་མ་གཉིས་ཀྱིས"གདན་དཀར་ཞིག་གི་སྟེང་ནས་ལྷ་མདུན་ལ་མཉམ་གཤིབ་ཀྱིས་ཕྱག་འཚལ་བ་དེ་ཚེ་གཅིག་གི་སྨོན་ལམ་གདན་ཐོག་གཅིག་ནས་བརྒྱབ་པ་དང་ཆོས་སྐྱོང་སྲུང་མ་ལ་མི་གསར་པ་ཞིག་ཁྱིམ་ཚང་དེར་ཁ་བསྟན་པའི་སྐན་སེང་ཞུ་བའམ་མིང་ཐོ་བཀོད་པ་ཇི་བཞིན་མཚུངས"①ཞེས་གསལ་བ་དེའང་ལྷ་འདོགས་ལ་གཞན་འགྱུར་བྱུང་བ་དང་འདྲ། ལྷ་འདོགས་ཀྱི་བྱེད་སྒོ་སྲིལ་དོན་ཡང་བུ་མོ་དེ་བུའི་ཁྱིམ་དུ་མནའ་མར་སླེབས་པས། དེ་ཉིད་དེའི་རྒྱབ་ཕ་ཁྱིམ་གྱི་མི་གྲལ་ནས་བུད་པ་མ་ཟད། ལྷ་གྲལ་ནས་ཀྱང་བུད་པར་འདོད་ལ། བུའི་ཁྱིམ་སྟེ་མདུན་གནས་ཚང་གི་ལྷ་ངོ་མི་ངོ་སྤྲོད་པ་ཡིན་ཟེར། དེ་ཡང་"སྐྱབས་གནས་དཀོན་མཆོག་གསུམ་དང་རྩ་བ་གསུམ། ཆོས་སྐྱོང་སྲུང་མ་རྩ་བ་སྤྲིན་བདག་འདིས། ཕ་མེས་དུས་ནས་བརྟེན་སྐྱབ་མཆོད་པའི་ལྷ། ཐམས་ཅད་དེ་རིང་གསན་ཅིང་དགོངས་སུ་གསོལ། རིགས་བཟང་ཡོན་ཏན་ལྡན་པའི་མོ་

① རྟ་ལོ་ཐར་གྱིས་བརྩམས་གནང་བའི《མང་རའི་ཡུལ་གྱི་གཉེན་སྲོལ་》ཤོག་ངོས་༡༡༨ལ་གསལ། ཀན་སུའུ་མི་རིགས་དཔེ་སྐྲུན་ཁང་ནས་༢༠༡༢ལོར་བསྐྲུན།

བཙུན་འདི། དེང་ནས་བཟུང་སྟེ་ཇི་སྲིད་འཚོ་བའི་བར། ཡེ་ཤེས་སྤྱན་ལྡན་སྐྱབས་གནས་ཁྱེད་རྣམས་ལ། སྐྱབས་སུ་གསོལ་ཞིང་སྒོ་གསུམ་འབུལ་ལགས་ན། ཐུགས་རྗེ་བརྩེ་བས་དགོངས་ཏེ་རྗེས་སུ་ཟུང་། སྐྱབས་འོག་ཆུད་ཅིང་བྱིན་གྱིས་བརླབ་ཏུ་གསོལ།”①ཞེས་ལྷ་འདོགས་སྐབས་ཀྱི་མཆོད་ཚིག་ནང་གསལ་ལྟར་རོ། །དབུས་ཀྱི་ལྷ་ས་ལྟ་བུར་གཉེན་སྟོན་རྟེན་འབྲེལ་སྐབས་ཚེས་ཆ་བཟང་བ་ཞིག་ལ་“ཞོགས་པ་དཔལ་གསོལ་དང་ལྷ་འདོགས་”②གཉིས་ཀ་བྱེད་སྲོལ་ཡོད། དེ་བཞིན་མནའ་མར་གཙུག་གཡུ་སྒྲོན་པའི་དུས་ཚོད་དང་སྒྲོན་མཁན་ཡང་སྔར་གྱི་བོན་ལུགས་དང་མི་འདྲ་བར་བུ་མོ་མནའ་མར་སྟེར་རྒྱུའི་ཁས་ལེན་བྱུང་རྗེས་དེ་མྱུར་བུའི་ཕྱོགས་ཀྱི་ཞང་པོའམ་གཉེན་སློང་མཁན་གྱིས་བུ་མོ་ལ་གཙུག་གཡུ་བསྒྲོན་ཏེ་གཉེན་རྟགས་སམ་གཉེན་དོན་ལ་འགྱུར་བ་མི་འགྲོ་བའི་གཏའ་མ་འཛུག་པ་ཡིན། ལྷ་འདོགས་བྱེད་མཁན་ཡང་བོན་ལུགས་ཀྱི་ལྷ་བོན་ནས་བན་ལུགས་ལྟར་སྔགས་པས་བྱེད་ཀྱི་ཡོད་ལ། གཉེན་སྟོན་དངོས་གཞིའི་ཐོག་སྔགས་པའམ་ཞང་པོ། ཡང་ན་རྒྱུས་མངའ་ཅན་ཞིག་གིས་གཡང་འགུག་བྱེད་དགོས་ལ་མཐའ་རྟེན་བཀྲ་ཤིས་ཀྱི་སྨོན་ཚིག་སྒྲོག་དགོས་པ་སོགས་ཀྱི་སྐོར་དེ་སྟོན་《བོད་ལྗོངས་ཞིབ་འཇུག》ནང་ངོ་སྤྲོད་བྱས་ཟིན་པས་འདིར་བསྐྱར་ཟློས་ཀྱི་དགོས་པ་མ་མཆིས་སོ། །

① 《འཇམ་མགོན་ཀོང་སྤྲུལ་གྱི་གསུང་འབུམ་རྒྱ་ཆེན་བཀའ་ཡི་མཛོད་བཞུགས་སོ》ཞེས་པའི་ཤོག་ངོས་༡༣༤ལ་གསལ། བོད་ལྗོངས་བོད་ཡིག་དཔེ་རྙིང་དཔེ་སྐྲུན་ཁང་ནས་༢༠༡༢ལོར་བསྐྲུན།

② རྡོ་རིང་བསྟན་འཛིན་དཔལ་འབྱོར་ནས་བརྩམས་པའི་《རྡོ་རིང་པཎྜི་ཏའི་རྣམ་ཐར》སྟོད་ཆའི་ཤོག་ངོས་༢༤༥ལ་གསལ། སི་ཁྲོན་མི་རིགས་དཔེ་སྐྲུན་ཁང་ནས་༡༩༨༤ལོར་བསྐྲུན།

༄༅། །གཉེན་དོན་ལ་མཁོ་བའི་གཙུག་གཡུ་དང་མདའ་དར་གྱི་རིག་གནས་མཚོན་དོན་སྐོར་གླེང་བ།

བོད་དབུས་གཙང་ཁུལ་དུ་གཉེན་སྟོན་སྒྲིལ་སྐབས་ངེས་པར་དུ་བག་མའི་མགོ་ལ་གཙུག་གཡུ་འདོགས་པ་དང་། གོང་ཁར་མདའ་དར་འཛུགས་པའི་སྲོལ་ཡོད། འདིར་སྲོལ་ལུགས་དེ་གང་འདྲ་ཡིན་དང་དེའི་མཚོན་དོན་གང་ཡིན་སྐོར་རགས་ཙམ་གླེང་རྒྱུ་ཡིན།

དང་པོ་གཙུག་གཡུའི་སྐོར་བཤད་རྒྱུ་ལ། བོད་རིགས་མང་ཚོགས་ཀྱིས་རིན་ཆེན་གཡུ་ལ་གནའ་བོའི་དུས་ནས་མཐོང་ཆེན་དང་དེ་བེད་སྤྱོད་བྱ་རྒྱུར་ཧ་ཅང་དགའ་པོ་བྱེད་ཀྱི་ཡོད་ལ། དེའི་རིག་གནས་ཀྱི་མཚོན་དོན་ཡང་མང་པོ་ཡོད། སྐབས་བབ་གཉེན་སྟོན་སྐབས་སུ་བུ་མོའི་མགོ་ལ་འདོགས་བྱེད་ཀྱི་གཡུ་ལ་གཙུག་གཡུ་དང་། ཐོད་གཡུ། དཔལ་གཡུ་ཞེས་འབོད་སྲོལ་མི་འདྲ་བ་ཡོད་ལ། དེ་ནི་བུ་མོའི་བརྩེ་དུང་མི་འགྱུར་རྟག་བརྟན་ཡོང་བའི་མཚོན་རྟགས་དང་གཉེན་རྟགས་ཏེ་གཉེན་དོན་ལ་འགྱུར་བ་མི་ཡོང་བའི་འགྱུར་རྐྱེན་ནམ་བུད་མེད་དེ་བུ་དེ་ལ་སྟེར་བའི་མཚོན་རྟགས་ཀྱང་ཡིན། སེམས་པ་ཨོར་གྱི་འདུག་ན། །མགོ་ལ་གཡུ་ཆུང་བརྒྱབ་ཨོག །ལག་པའི་ཚོགས་ཁེབས་འཁྱོག་པ། །ནོར་འདོད་ལངས་པ་ཡིན་འགྲོ། །ཞེས་པ་དང་། མི་དམངས་མང་པོའི་དཀྱིལ་དུ། །རྗེལ་ཙག་སྐྱིན་པ་མ་གནང་། །སེམས་པ་ཨོར་གྱི་འདུག་ན། །སྒོ་ལ་གཡུ་ཆུང་སྐྱིན་དང་། །ཞེས་པ་ནི་དབུས་གཙང་ཁུལ་དུ་དར་ཁྱབ་ཆེ་བའི་དམངས་གཞས་དུམ་བུ་གཉིས་ཡིན། དམངས་གཞས་དེའི་རིག་གནས་ཀྱི་རྒྱབ་ལྗོངས་ཞུས་ན། དབུས་གཙང་ཁུལ་གྱི་

དམངས་ཁྲོད་དུ་གཞོན་ནུ་ཕོ་མོ་ཕན་ཚུན་ཆོགས་ཁེབས་སྤྲོད་རེས་བྱེད་པ་ནི་བརྩེ་དུང་མཚོན་པའི་སེམས་རྟེན་ཡིན་པ་དང་། མགོ་ལ་གཙུག་གཡུ་འདོགས་པ་ནི་བུ་མོ་དེ་གཙུག་གཡུ་འདོགས་མཁན་གྱི་བུ་དེའི་མནའ་མར་གཏན་འཁེལ་བའམ་མནའ་མར་སྟེར་རྒྱུའི་གྲོས་མཐུན་བྱུང་བ་འགྱུར་བ་མེད་པའི་འགྱུར་རྟེན་ལ་བརྩེ་ཡི་ཡོད་པ་དེའང་ཆོག་རྟེང་དངོས་པོས་ནོན་པ་ཞིག་ཡིན། སྐྱེས་པས་ཀུ་རེའི་ཚུལ་གྱིས་བུ་མོའི་ཆོགས་ཁེབས་འཁྱོག་པའམ་བུ་མོར་རྟེའུ་ཙག་ཞུས་ནས་བརྩེ་སེམས་མཚོན་ཚུལ་བྱེད་པའི་ཡུལ་སྲོལ་ཡོད་ལ། དམངས་གཞས་དུམ་བུ་དེ་གཉིས་ནི་སྟར་བུད་མེད་ཆོས་གྱེར་བའི་གཞས་ཤིག་ཡིན། དེ་ཡང་སེམས་པ་ཤོར་གྱི་འདུག་ན་ཡུལ་ལུགས་དང་མཐུན་པའི་མགོ་ལ་གཙུག་གཡུ་བཏགས་ནས་བུ་མོར་བདག་པོ་རྒྱབ་ཤོག་ཟེར་བའི་དོན་ཡིན། ཡང་དམངས་གཞས་ནང་དུ། གཏན་གྲོགས་བྱེད་ལ་བསམ་པའི། །ཁྲེལ་དང་ངོ་ཚ་མེད་ན། །མགོ་ལ་བརྒྱབ་པའི་གཙུག་གཡུས། །སྐད་ཆ་བཤད་ནི་མི་ཤེས། །ཞེས་པའི་ནང་བུ་མོས་ཁ་གཏན་ཆོག་ལ་མ་གནས་པར་བརྩེ་དུང་ལ་འགྱུར་བ་དང་གཉེན་རྟགས་བརྒྱབ་པ་རྗེས་མེད་བཏང་བར་གསོན་ཉམས་དོད་པོས་ཟུར་ཟ་བྱས་ཡོད། གཞན་ཡང་རིན་ཆེན་གཡུ་ནི“ཇོ་རྒྱལ་པོའི་མགུལ་གཡུ་བྱེད་དེ་བཀའ་ཁྲིམས་བཙན་པོས་འབངས་འཁོར་ལ་དབང་དུ་བྱེད། ཕོ་སྐྱེས་པའི་རྣ་གཡུ་བྱེད་དེ་རྣ་བ་གཏམ་སྙན་གྱི་བཅུད་ཀྱིས་འགེངས། མོ་མཛེས་མའི་གཙུག་གཡུ་བྱེད་དེ་ཚེ་གང་སྐྱིད་པའི་འགོ་ཚུགས། གསོན་སྲོག་ཡོད་ཀྱི་བླ་གཡུ་བྱེད་དེ་བླ་ཚེ་སྲོག་གསུམ་རང་མལ་དུ་བརྟན་པར་བྱེད་པའི་དཔྱིག་གི་མཆོག་དམ་པ་ཉིད”[①]ཅེས་གསལ་བ་ལས་ཀྱང་གཙུག་གཡུ་ནི་གཉེན་རྟགས་སུ་བྱས་ནས་བུ་མོའི་མགོ་ལ་གཡུ་བཏགས་པས་མི་ཚེ་གང་པོའི་སྐྱིད་ཀྱི་འགོ་ཚུགས་པར་བརྩེ་ཡི་

① 《འཛམ་མགོན་ཀོང་སྤྲུལ་གྱི་གསུང་འབུམ་》པོད་༡༨པའི་ཤོག་གྲངས་༡༢༥ལ་གསལ། བོད་ལྗོངས་བོད་ཡིག་དཔེ་རྙིང་དཔེ་སྐྲུན་ཁང་ནས་༢༠༡༢ལོར་བསྐྲུན།

ཡོད་པ་མཚོན་ཡོད། མལ་གྲོ་སོགས་ས་ཁུལ་འགའ་ཞས་སུ་གཙུག་གཡུ་ལ་རྒྱབ་གཡུ་དང་དཔལ་གཡུ་ཞེས་རིགས་གཉིས་སུ་དབྱེ་ལ། དཔལ་གཡུ་ཞེས་པ་ནི་དཔྲལ་བའི་ཐོད་དུ་འདོགས་བྱེད་ལགས་པས་དཔྲལ་གཡུའི་དོན་དང་། དེའི་ར་བཏགས་དོར་བ་ལས་བྱུང་བ་དང་། བར་སྐབས་ཤིག་རིང་དེ་ཁུལ་དུ་མང་ཚོགས་ཀྱི་འཚོ་བར་དཀའ་ངལ་འཕྲད་པ་དང་། ཇི་ལྟར་དཀའ་ངལ་འཕྲད་ཀྱང་སྲོལ་རྒྱུན་ལྟར་གཉེན་སྒྲིག་གི་མཚོན་རྟགས་རིན་ཆེན་གཡུ་ཡིས་བརྒྱན་གྱི་ཡོད་པས། དམངས་ཁྲོད་དུ"ཡོད་ནས་དཔལ་གཡུ་བཏགས་པ་ཡིན། མེད་ནས་རྩམ་པ་སློང་པ་ཡིན"ཞེས་པའི་ཤོད་རྒྱུན་ཡང་དར་ཡོད། བུ་མོའི་མགོ་ལ་གཙུག་གཡུ་བཏགས་པའི་རྗེས་སུ་བུ་མོ་དེ་བུ་ག་གེ་མོར་བདག་པ་མཚོན་གྱི་ཡོད་ལ། དེ་ནས་གཉེན་དོན་དེ་ལ་འགྱུར་བ་གཏོང་མི་ཆོག དེ་ཡང་《སྣང་ས་འོད་འབུམ་གྱི་རྣམ་ཐར་》ནང་དུ་སྒྲ་ཆེན་དཔོན་གྱིས་བུ་མོ་སྣང་སའི་སྤྱི་གཙུག་ལ་གཙུག་གཡུ་དང་མདའ་དར་སྒྲོན་ནས་བཤད་དོན་དུ"ལག་ཏུ་བཟུང་བའི་མདའ་དར་སྣ་ལྔ་དང་། །མཐིང་འོད་འཁྱིལ་བའི་གླ་གཡུ་འདི་གཉིས་པོ། །སྣང་ས་འོད་འབུམ་སྤྱི་བོར་བཙུགས་ནས་ཀྱང་། །སྒྱུང་སྟོད་རི་ནང་དཔོན་པོའི་མནའ་མར་ལེན། །འདིར་ཚོགས་ཁྲོམ་གྱི་ལྷ་མི་ཀུན་ཉོན་ཅིག །སྒྱུང་སྟོད་རི་ནང་གྲགས་པ་བསམ་གྲུབ་ལ། །བུ་མོ་སྣང་ས་བག་མར་སློང་ཚར་བས། །ད་ལྟ་ཉི་མ་དེ་རིང་ནས་བཟུང་སྟེ། །དབང་ཆེན་མི་ཡིས་བུ་མོ་འཕྲོག་ས་མེད། །དབང་ཆུང་རྣམས་ཀྱིས་བུ་མོ་རྐུ་ས་མེད། །བར་པ་རྣམས་ཀྱིས་བུ་མོ་སློང་ས་མེད། །མཛོ་བ་གནམ་ལ་འཕུར་སོང་ཟེར་ས་མེད། དམའ་བ་ས་ལ་འཛུལ་སོང་ཟེར་ས་མེད། །རི་ནང་དཔོན་པོས་བུ་མོ་སྣང་ས་ནི། །བདག་པོ་སྲུས་ཡོད་ཀུན་གྱིས་གོ་བར་གྱིས། །"①ཞེས་དང་། གཙང་ཁུལ་དུ་དར་བའི་བུ་མོར་

① བོད་རང་སྐྱོང་ལྗོངས་མང་ཚོགས་སྒྱུ་རྩལ་ཁང་ནས་བསྒྲིགས་པའི་《བོད་ཀྱི་ལྷ་མོའི་ཟློས་གར་གྱི་འཁྲབ་གཞུང་ཕྱོགས་བསྒྲིགས་》ཞེས་པའི་ཤོག་གྲངས་༣༨ལ་གསལ། ཀྲུང་གོའི་བོད་རིག་པ་དཔེ་སྐྲུན་ཁང་ནས་༢༠༡༠ལོར་བསྐྲུན།

གཙུག་གཡུ་འདོགས་སྐབས་ཀྱི་གཡུའི་བཤད་པའི་ནང་“བཀྲ་ཤིས་མི་འགྱུར་བཀྲ་ཤིས་ཤོག །དཀོན་མཆོག་གསུམ་གྱི་བཀྲ་ཤིས་ཤོག །ལྷ་དང་བླ་མའི་བཀྲ་ཤིས་ཤོག །ཡུལ་ལྷ་གཞི་བདག་རྣམས་ཀྱི་བཀྲ་ཤིས་ཤོག །མ་མི་འགྱུར་ཙན་དན་གྱི་སྡོང་པོ་ལ། །དམན་མི་འགྱུར་ཙན་དན་གྱི་འབྲས་བུ་འཁྲུངས། །ཙན་དན་འབྲས་བུ་ཡོངས་སུ་སྨྱིན་དབང་དེ། །ཕ་བཟང་བུ་ལ་མ་གཏོགས་ཡོད་ལེ་མིན། །ངའི་ལག་ཏུ་ཕྱིར་བའི་གཡུ་ཆུང་འདི། །རིན་ཆེན་པོ་སྲིད་ནས་ཉོས་པ་ཡིན། །རིན་ཆེན་པོས་ཉོས་པའི་གཡུ་ཆུང་འདི། །དོན་ཆེན་པོ་འགྲུབ་པའི་རྟེན་འབྲེལ་དུ། །ཕྱིད་བུ་མོའི་དབུ་ལ་སྒྲོན་ཟེར་ན། །ནོར་བདག་པོར་ཐོབ་པའི་རྟེན་འབྲེལ་དང་། །གཉེན་བུ་རྒྱུད་འཕེལ་བའི་རྟེན་འབྲེལ་སོགས། །ངེད་བསམ་དོན་འགྲུབ་པའི་རྟེན་འབྲེལ་ཡོད། ”ཅེས་པའམ“འཛིག་རྟེན་སྐྱོང་ལུགས་ཡ་རབས་བཟང་པོར་གཟིགས། །རིན་ཆེན་འཛོམས་པའི་དྲུག་དཀར་འོད་འབར་འདི། །སྲས་མོ་ཕྱིད་ཀྱི་གཙུག་ལ་སྒྲོན་ལགས་སོ། །ཚང་མས་གཟིགས་དང་བདག་པོ་སྲིད་ནས་ཡོད། །ཀུན་གྱི་ཐུགས་སུ་དེ་ལྟར་འཛོག་པར་ཞུ། །”ཞེས་པ་སོགས་ལས་བུ་མོའི་སྤྱི་གཙུག་ལ་གཡུ་ཆུང་བཏགས་པ་དེ་གཉེན་རྟགས་ཡིན་པ་ར་འགྲོད་ཐུབ་བོ། །གཞན་ཡང་གཙུག་གཡུ་ནི་བུད་མེད་ཀྱི་སྐྲ་རྒྱན་ཡིན་པ་དང་། བོད་ཀྱི་དམངས་ཁྲོད་དུ་བུད་མེད་ཀྱི་སྐྲ་ཡོས་བུད་མེད་དེ་ཉིད་མཚོན་གྱི་ཡོད་དེ། དཔེར་ན་རྟ་རྒྱུག་རྒྱལ་འཛོག་བྱས་པ་ལས་གེ་སར་རྒྱལ་པོ་གླིང་གི་རྒྱལ་པོར་འཁོད་པ་དང་སེང་ལྕམ་འབྲུག་མོ་རྒྱལ་པོའི་བཙུན་མོ་ཆགས་པའི་རྗེས་གང་དེར་སྐྱ་ལོའི་ཇུ་བདག འབྲུག་མོའི་སྐྲ་བདག གླིང་གི་ཁྲི་བདག་ཅེས་འབོད་གྱིན་ཡོད་པ་ལས་ཕོ་མོ་ཁྱོ་ཤུག་ཆགས་པའི་རྗེས་སུ་ཁྱོ་པོ་དེ་ཆུང་མའི་བདག་པོ་ཡིན་ཞེས་པའི་དོན་དུ་སྐྲ་ཡི་བདག་པོ་ཡིན་པར་བརྗོད་ཀྱི་ཡོད། ཨ་མདོ་ཁུལ་དུ་ད་ལྟའི་བར་བུད་མེད་ཀྱིས་སྐྲ་ཡོང་བཏགས་ཡོད་མིན་ལས་གཉེན་སྒྲིག་བྱས་ཡོད་མིན་མཚོན་པ་དང་། གཙང་གི་དམངས་ཁྲོད་

དུ་བུད་མེད་ཀྱིས་གཡེམ་ལོག་བྱས་ཚེ་དེ་ཡི་མགོ་སྐྲེས་ལན་བུ་བྲེག་ནས་ངོ་ཚ་འབུད་པ་དང་ཉེས་ཆད་གཅོད་པའི་སྲོལ་ཡང་ཡོད་པ་སོགས་ལས་བུ་མོའི་མགོ་སྐྲེས་ལན་བུའི་མཚོན་དོན་མངོན་ནོ་སྙམ། དུས་ཕྱིས་དབུས་གཙང་ཁུལ་དུ་གཙུག་གཡུ་དེ་ངེས་པར་བུའི་ཕྱོགས་ནས་ཁྱེར་ཏེ་མནའ་མར་འདོགས་པའི་སྲོལ་འདུག་ཀྱང་། དེ་སྔོན་ཡུལ་གྲུ་འགའ་ཤས་སུ་གཉེན་སྒྲིག་གི་ཆོ་ག་སྤེལ་སྐབས། "མནའ་མ་དེས་མགུ་པར་(ཁྱོ་བོར་) བརྩེ་དུང་གི་མཚོན་བྱེད་ཡིན་ནོ་ཞེས་གཡུ་ཞིག་སྤྲོད་ལ། མགུ་པས་(བུས་) མནའ་མར་བླ་གསེར་ཞེས་པའི་གསེར་རྡོག་ཅིག་ཀྱང་སྤྲོད་སྲོལ་ཡོད་"[①]བཟོ་འདུག་ལ། ལ་ལར་མདའ་དང་། འཕང་དང་། གཡུ་གསུམ་ནི་བུ་མོའི་ཕ་དང་། མ་དང་། མིང་པོ་སོ་སོར་བག་སྐལ་དུ་རྫོང་བའི་དཔལ་གྱི་རྒྱུ་ནོར་ཞིག་ཡིན་བཟོ་འདུག དེ་ཡང་བོན་གྱི་དཔེ་རྙིང་《མིང་སྲིང་དཔལ་བགོས་དང་ལྷ་འདོགས་》ཞེས་པའི་ནང་"ང་མིང་གི་གཡུ་ཆུང་གྲུ་དམར་འདི། །སྲིང་མོ་ཁྱེད་ལ་རྫོངས་སུ་བསྐུར། །གཡུ་མིག་དོད་ལ་སྲ་བ་འདི། །ཤེས་རིག་ཁོང་ནས་རྒྱས་པ་ཡིན། །གཡུ་ལ་གངས་རི་ཡོད་པ་འདི། །ཕོ་ལྷ་སྒྲ་ལྷ་ཆགས་པའི་དོན། །གཡུ་ལ་མཚོ་མོ་ཡོད་པ་དེ། །མ་ལྷ་མོ་སྨན་ཆགས་པའི་དོན། །གཡུ་མདོག་མདངས་དང་ལྡན་པ་འདི། །གཞན་རྣམས་ཟིལ་གྱིས་གནོན་པའི་དོན། །བཏགས་ན་རྫིད་དུ་ཆེ་བ་འདི། །མོ་ཁྱད་གསུམ་འབྱེད་པ་ཡིན། །"[②]ཞེས་པ་ལྟར་རོ། །

གཉིས་པ་མདའ་དར་གྱི་སྐོར། མནའ་མ་གདན་འདྲེན་གྱི་སྟ་གོན་ཚང་མ་ལེགས་པར་གྲུབ་མཚམས་བུ་མོ་བཞུགས་གྲལ་ལ་འཁོད་ཐོག་ཞང་ཆེན་པོས་མདའ་དར་གྱི་བཤད་པ་གཏོང་ཞིང་བུ་མོའི་གོང་ཁར་མདའ་དར་འཛུགས་དགོས་ཀྱི་ཡོད།

---

① མཁར་རྣེའུ་བསམ་གཏན་གྱི་གསུང་རྩོམ་ཕྱོགས་བསྒྲིགས་《མདའ་དང་འཕང་》ཞེས་པའི་སྨད་ཆའི་ཤོག་གྲངས་༡༤༥ལ་གསལ། ཀྲུང་གོའི་བོད་རིག་པ་དཔེ་སྐྲུན་ཁང་ནས་༢༠༠༧ལོར་བསྐྲུན།

② མཁར་རྣེའུ་བསམ་གཏན་གྱི་གསུང་རྩོམ་ཕྱོགས་བསྒྲིགས་《མདའ་དང་འཕང་》ཞེས་པའི་སྟོད་ཆའི་ཤོག་གྲངས་༣༢༨ལ་གསལ། ཀྲུང་གོའི་བོད་རིག་པ་དཔེ་སྐྲུན་ཁང་ནས་༢༠༠༧ལོར་བསྐྲུན།

མདའ་ནི་གནའ་རབས་ཀྱི་མཚོན་ཆའི་རིགས་ཤིག་ཡིན་པ་མ་ཟད། བོད་ཀྱི་དམངས་ཁྲོད་རིག་གནས་ནང་གལ་ཆེའི་གནས་བབས་བཟུང་བའི་ཁྱད་ནོར་ཞིག་ཡིན། བཀྲ་ཤིས་ལྷའི་མདའ་ཞེས་དོན་གཅིག་ལ་མིང་གི་ཁྱད་པར་མང་པོས་མཛེས་པ་དང་། མིང་གཅིག་གིས་དོན་གྱི་དགོངས་པ་མང་པོ་མཚོན་ཞེས་གསུངས་པ་ལྟར་དེའི་མིང་དང་རིགས་ཀྱི་དབྱེ་བ་དང་རིག་གནས་ཀྱི་མཚོན་དོན་ནི་ཕུན་སུམ་ཚོགས་ལ་ངོ་མཚར་ཁྱད་ཆོས་དུ་མས་སྤྲས་པ་ཞིག་ཏུ་སྣང་། དེ་ཡང་མདའ་ཡི་རིགས་ཀྱི་དབྱེ་བ་ལ། རྒྱུ་ཆའི་སྒོ་ནས་དབྱེ་བ་དང་། སྤྱོད་མཁོའི་སྒོ་ནས་དབྱེ་བ། རྒྱན་གྱི་སྒོ་ནས་དབྱེ་བ་སོགས་མང་བར་མཆིས། རྒྱུ་ཆའི་སྒོ་ནས་དབྱེ་ན་ལྕགས་མདའ། སྨྱུག་མདའ། སྐྱེར་མདའ། ཤིང་མདའ་བཅས་སུ་དབྱེ་བ་དང་། བཟོ་དབྱིབས་དང་སྤྱོད་མཁོའི་སྒོ་ནས་དབྱེ་ན་རྒྱང་མ་དང་། འཇུ།[①] ཐའི།[②] དཀྲ་མདའ། བར་ཁའམ་བེ་ཤུ། གཉེན་མདའ། གཡང་མདའ་འམ་དཔལ་མདའ། ཚེ་མདའ། མོ་རྒྱག་བྱེད་དུ་སྤྱོད་པའི་མདའ་མོ། བསང་མདའ། ཟློག་མདའ། རྟ་མདའ་སོགས་རིགས་མང་ལ་ཐ་སྙད་འབོད་ཚུལ་སྣ་ཚོགས་སུ་མཆིས། ཡང་སྒྲོ་རྒྱན་མི་འདྲ་བའི་སྒོ་ནས་རྒོད་སྒྲོ་མ་དང་། འུག་སྒྲོ་མ། ཁྲ་སྒྲོ་མ། ངང་སྒྲོ་མ[③] སོགས་སུ་དབྱེ། ལྟོང་གི་རྒྱན་མི་འདྲ་བའི་སྒོ་ནས་གསེར་ལྟོང་མ་དང་། དངུལ་

① མདའ་འདི་ནི་མདའ་སྨྱུག་ཐུང་སྒྲིམ་པ་དང་། མདེའུ་ཐུང་ཐུང་བས་ཡང་ལྗི་འབྲིང་ཙམ་ཡིན།

② མདའ་འདི་ནི་མདའ་སྨྱུག་ཐའི་དང་འདྲ་ཡང་མདེའུ་རིང་ཙམ་བསྣར་བ་ཞིག་ལགས་པས་ལྗི་ཙམ་ཡོད། མདའ་རྩལ་ཐོག་མར་སྦྱོང་སྐབས་དང་པོ་འཇུ་དང་དེ་ནས་ཐའི་ལ་འཇུག་ནས་དཔུང་ཤུགས་དང་མདའི་འགྲོང་ཚད་རིམ་བཞིན་སྦྱོང་བརྡར་བྱེད་ཀྱི་ཡོད།

③ སྒྲུང་མཁན་བསམ་གྲུབ་ཀྱིས་ཕབ་པའི་གླིང་གེ་སར་རྒྱལ་པོའི་སྒྲུང་《ཚ་བ་རོང་མདའ་རྫོང་》(བོད་ལྗོངས་བོད་ཡིག་དཔེ་སྙིང་དཔེ་སྐྲུན་ཁང་ནས་༢༠༠༢ལོར་བསྐྲུན་) ཞེས་པའི་ནང་“ གསེར་བརྟུང་མ་དང་དངུལ་བརྟུང་མ། གླག་སྒྲོ་མ་དང་རྒོད་སྒྲོ་མ། བྱ་རྒྱལ་ཁྱུང་གི་གཤོག་སྒྲོ་མ། རྒྱ་གར་རྨ་བྱའི་སྒྲོ་མདོངས་ཅན། དེ་ཚོ་ལྷ་དང་བླ་མའི་མདའ། དགྲ་ལ་མི་འཕེན་ཕྱུགས་ལ་ཉོར། གཡང་དང་གཏེར་ཁ་དངོས་གྲུབ་ཡིན། ལོངས་སྤྱོད་འཕེལ་བའི་བསོད་ནམས་མདའ། དེ་ཚོ་ཉར་ཚགས་གཞིས་ལ་ཞོག གཡང་མཛོད་ནོར་གྱི་བང་མཛོད་ལ། མདའ་དར་མེ་ལོང་ཆ་ཚང་ཞོག” ཅེས་གསལ་བར་གཞིགས་ན་དར་དུང་གླག་སྒྲོ་མ་དང་། ཁྱུང་སྒྲོ་མ། རྨ་བྱའི་སྒྲོ་མདོངས་ཅན་སོགས་ཡོད་པ་འདྲ།

སྟོང་མ། དུང་སྟོང་མ་[①]ཟེར་བ་ལྟ་བུའི་དབྱེ་སྲོལ་ཡོད།

དུས་ཡུན་རིང་པོའི་ལོ་རྒྱུས་འཕེལ་རྒྱས་འགྲོ་བའི་བརྒྱུད་རིམ་ནང་མདའ་ཡི་གནའ་རབས་ཀྱི་མཚོན་ཆའི་བྱེད་ནུས་རིམ་བཞིན་ཉམས་ནས་རྩེད་སྨྲོ་ཤེད་སྦྱོང་སྟེ་ལུས་རྩལ་གྱི་ཡོ་བྱད་དུ་གྱུར་བ་དང་། ཕྱོགས་སུ་རིག་གནས་བསམ་བློའི་མཚོན་དོན་ལྡན་པའི་འཚོ་བའི་ཡོ་བྱད་ཅིག་ཏུའང་གྱུར་ཡོད། གཞི་ཁང་"ཉག་ཕྲན་མདའ་མོ་དང་འབྲེལ་བའི་རིག་གནས་སྣང་ཚུལ་འདི་ནི་མཐོ་སྒང་གི་ཁྱད་ཆོས་མངོན་པར་གསལ་ཞིང་རིག་གནས་ཀྱི་མཚོན་དོན་རྒྱ་ཆེར་ལྡན་པའི་གནའ་བོའི་དད་མོས་གོམས་སྲོལ་ཁྱད་པར་བ་ཞིག་ཡིན་ལ། གནའ་ནས་ད་ལྟའི་བར་བོད་རིགས་མང་ཚོགས་ཀྱི་རིག་གནས་འཚོ་བའི་ཁྱབ་ཁོངས་མང་པོ་ཞིག་དང་འབྲེལ་བ་དམ་ཟབ་མཆིས་པའི་རིག་གནས་ཀྱི་རྣམ་པ་ཁྱད་མཚར་ཅན་ཞིག་ཀྱང་ཡིན།"[②]ཞེས་གསལ་བ་ལྟར་མདའ་ལ་རིག་གནས་མཚོན་དོན་མང་པོ་ཡོད་ལ། མདའ་དར་གྱི་རིགས་སུའང་"གཡང་མདའ་ཚེ་མདའ་ལྷ་མདའ་གསུམ། དངོས་གྲུབ་མདའ་མོ་རྣམ་གསུམ་རེད།"[③]ཅེས་དང་། "འཇིག་རྟེན་ཁམས་ཐམས་ཅད་དུ་ལྷ་མཆོད་པ་ལ་ལྷ་མདའ། ཚེ་སྒྲིལ་བ་ལ་ཚེ་མདའ། གཡང་འགུགས་པ་ལ་གཡང་མདའ་ཞེས་ཡོངས་སུ་གྲགས་ཤིང་གྲུབ་སྟེ་བཀྲ་ཤིས་བདེ་ལེགས་ཀྱི་སྣ་མོ་ཆེ་དབྱེ་བའི་མཚན་

① གླིང་གེ་སར་རྒྱལ་པོའི་སྒྲུང་ལས《ཚ་བ་མདའ་རྫོང་》(བོད་ལྗོངས་མི་དམངས་དཔེ་སྐྲུན་ཁང་ནས་སྤྱི་ལོ་༡༩༨༢ལོར་བསྐྲུན་པ།)ཞེས་པའི་ནང་"མདའ་གསེར་དངུལ་གཡུ་བྱུར་སྟོང་ཁ་ཅན་"ཞེས་པ་དང་"དུང་མདའ་གཡུ་ཡི་སྟོང་ཁ་ཅན་"ཞེས་པ། "སྟོང་ཁ་སྣ་ཚོགས་ཅན་གྱི་མདའ་"ཞེས་པ་སོགས་ལ་གཞིགས་ན་མདའི་སྟོང་ཁ་ལ་རིན་ཆེན་གྱི་རྒྱན་ཆ་སྣ་ཚོགས་སྒྲོན་སྲོལ་ཡོད་པ་འདྲ།

② འབའ་སྟོད་ཚེ་དབང་རྡོ་རྗེས་བརྩམས་པའི《བོད་ཀྱི་མདའི་རིག་གནས་ལ་དཔྱད་པ་བློ་གསལ་གཞོན་ནུའི་གའ་སྟོན་》ཞེས་པའི་ཤོག་གྲངས་༢ར་གསལ། མི་རིགས་དཔེ་སྐྲུན་ཁང་ནས་༢༠༡༩ལོར་བསྐྲུན།

③ སྒྲུང་མཁན་བསམ་གྲུབ་ཀྱིས་ཕབ་པའི་གླིང་གེ་སར་རྒྱལ་པོའི་སྒྲུང་《ཚ་བ་རོང་མདའ་རྫོང་》ཤོག་གྲངས་༤༧༡ལ་གསལ། བོད་ལྗོངས་བོད་ཡིག་དཔེ་རྙིང་དཔེ་སྐྲུན་ཁང་ནས་༢༠༠༢ལོར་བསྐྲུན།

རྟགས་མཆོག་དང་སྤྲུལ་དུ་གྱུར་པ་ཡིན་པ་གདའ་ལགས་སོ། །"①ཞེས་པ་ལྟར་ལགས་ཀྱང་། སྐབས་བབ་གཉེན་སྒྲིག་སྟོན་མོའི་སྐབས་སུ་སྤྱོད་པའི་མདའི་རིགས་དབྱེ་དང་། གྲུབ་ཚུལ། མཚོན་དོན་སོགས་ཀྱི་སྐོར་ཞུ་བ་ལ། གཉེན་སྟོན་སྐབས་སུ་སྤྱོད་པའི་མདའ་ལ་རིགས་གཉིས་སུ་མཆིས་ཏེ། གཉེན་མདའ་དང་གཡང་མདའོ། །

གཉེན་མདའི་མཚོན་དོན་དེ་སྣ་མང་རྙོག་འཛིང་ཅན་ཞིག་ཏུ་མཐོང་ལ། སྐབས་རེ་སྐྱེས་པ་ཕོ་ཡི་མཚོན་རྟགས་ལྟ་བུ་དང་། སྐབས་རེ་གཉེན་རྟགས་སུ་འགྲོ་བ། སྐབས་འགར་བག་སྐལ་དང་། ཡང་སྐབས་རེ་སློང་རྟེན་དུ་འགྲོ་བ་ལྟ་བུ་ཡུལ་དུས་མི་འདྲ་བར་མཚོན་ཚུལ་མི་འདྲ་བ་མང་པོ་ཡོད་བཞིན་འདུག་ཀྱང་"བཀྲ་ཤིས་པའི་ལྷ་མདའ་རྒྱན་དང་ལྡན་པས་གཉེན་ལམ་ཕྱེ་བ"དང་གཉེན་ལམ་མདའ་དར་གྱིས་སྒྲིལ་བས་བཀྲ་ཤིས་པའི་དགེ་མཚན་གོང་དུ་འཕེལ་བའི་རྟེན་འབྲེལ་མཚོན་བྱེད་ཡིན་པ་དང་། ཚད་ལྡན་གྱི་མདའ་དར་ཞིག་ལ་རིན་ཆེན་ལྕགས་ལས་གྲུབ་པའི་མདེའུ་དང་། ལྗོ་རོང་གཏིང་ནས་གདན་དྲངས་པའི་སྨྱུག་གསར། བྱ་རྒྱལ་རྒོད་པོའི་སྒྲོ། དངུལ་དཀར་མེ་ལོང་། སྒྲོན་བུ་བུ་ཆེན། སྟོང་སྐུད་གསུམ་སྒྲིལ། དར་མཚོན་སྣ་ལྔ། རིན་ཆེན་གཡུ་ཡི་རྒྱན་ཆ་བཅས་ཚང་དགོས་པ་དང་། དེ་དག་གི་མཚོན་དོན་དང་བུ་མོར་མདའ་དར་བཏགས་པའི་དོན་སྙིང་གང་ཡིན་བསམས་པའི་ཚེ། དམངས་ཁྲོད་ཀྱི་མདའ་བཤད་འདི་ལ་གཟིགས་དང་།

ཨོཾ་སྭ་སྟི་བདེ་ལེགས་སུ་འཕེལ་གྱུར་ཅིག །

ངའི་ལག་ཏུ་ཁྱེར་བའི་བཀྲ་ཤིས་མདའ་དར་འདི། །

---

① གོང་སྤྲུལ་བློ་གྲོས་མཐའ་ཡས་ཀྱིས་མཛད་པའི་《རྒྱ་ཆེན་བཀའ་ཡི་མཛོད་》ཞེས་པའི་ནང་གསལ། 《འཇམ་མགོན་གོང་སྤྲུལ་གྱི་གསུང་འབུམ་》པོད་༡༩པའི་ཤོག་གྲངས་༡༢༡ལ་གསལ། བོད་ལྗོངས་བོད་ཡིག་དཔེ་རྙིང་དཔེ་སྐྲུན་ཁང་ནས་༢༠༡༢ལོར་བསྐྲུན།

མདའ་འདི་ལ་ཚངས་པ་ལྷ་ལྷན་ཟེར། །
མི་ང་ལ་འཛོམས་པ་ལྔ་འཛོམས་ཟེར། །
གཡས་ཕ་ནོར་འཛོམས་པས་འཛོམས་པ་ཟེར། །
གཡོན་བུ་ནོར་འཛོམས་པས་འཛོམས་པ་ཟེར། །
མདུན་གཏན་གྲོགས་འཛོམས་པས་འཛོམས་པ་ཟེར། །
རྒྱབ་གཉེན་ཚན་འཛོམས་པས་འཛོམས་པ་ཟེར། །
ཁོག་ཤེས་པ་འཛོམས་པས་འཛོམས་པ་ཟེར། །
མདའ་མོའི་ཚངས་པ་ལྷ་ལྷན་ཞུ་རྒྱུ་ལ། །
ལྷ་རོང་སྨྱུག་གསར་དེ་དང་གཅིག །
བྱ་རྒྱལ་རྒོད་པོའི་སྒྲོ་དང་གཉིས། །
སྟོང་སྐུད་གསུམ་སྒྲིལ་དེ་དང་གསུམ། །
དངུལ་དཀར་མེ་ལོང་འདི་དང་བཞི། །
རིན་ཆེན་བྱུ་རུའི་རྒྱན་དང་ལྔ། །
མདའ་མོའི་ཚངས་པ་ལྷ་ལྷན་དེ་ལ་ཞུ། །
མདའ་ལ་མེ་ལོང་བཏགས་པ་འདི། །
འཛམ་གླིང་མུན་པ་བསེལ་ཆེད་ཡིན། །
སྒྲོན་བུ་བུ་ཆེན་བཏགས་པ་འདི། །
བུ་ནོར་ལོངས་སྤྱོད་འཕེལ་བའི་རྟེན་འབྲེལ་ཡིན། །
མདའ་ལ་རྩེ་ལྔ་ཡོད་པ་འདི། །
མངའ་ཐང་ལོངས་སྤྱོད་རྒྱས་པའི་རྟེན་འབྲེལ་ཡིན། །
དར་མཚོན་སྣ་ལྔས་བརྒྱན་པ་འདི། །
ཕྱུ་གཡང་ལེན་པའི་རྟེན་འབྲེལ་ཡིན། །

འདི་འདྲའི་རིན་ཆེན་མདའ་དར་འདི། །
མདའ་དར་གཡས་སུ་བཙུགས་པ་འདི། །
ཕོ་ལྷ་དང་དགྲ་ལྷ་མཉེས་པའི་རྟེན་འབྲེལ་ཡིན། །
མདའ་དར་གཡོན་དུ་བཙུགས་པ་འདི། །
མོ་ལྷ་དང་ཞངས་ལྷ་མཉེས་པའི་རྟེན་འབྲེལ་ཡིན། །
མདའ་དར་རྒྱབ་ཏུ་བཙུགས་པ་འདི། །
མི་རྒྱུད་ཆུ་ལས་རིང་བའི་རྟེན་འབྲེལ་ཡིན། །
མདའ་དར་མདུན་དུ་བཙུགས་པ་འདི། །
བུ་ནོར་ལོངས་སྤྱོད་འཕེལ་བའི་རྟེན་འབྲེལ་ཡིན། །
མདའ་དར་དབུས་སུ་བཙུགས་པ་འདི། །
དབུ་འཕང་རི་ལས་མཐོ་བའི་རྟེན་འབྲེལ་ཡིན། །
དེ་རིང་མཛེས་མ་ཁྱོད་ལ་འཛུགས། །
མཐོ་བ་དཔོན་གྱིས་འཁྲོག་སོང་ཟེར་ས་མེད། །
དམའ་བ་རྐུན་པོས་རྐུས་སོང་ཟེར་ས་མེད། །
བཀྲ་ཤིས་མདའ་དར་བཙུགས་ནས་བསུས་པ་འདིར། །

བསམ་དོན་ལྷུན་གྱིས་འགྲུབ་པའི་བཀྲ་ཤིས་ཤོག །ཅེས་གསལ་བ་ལྟར་དང་། གཞན་ཡང་མདའ་བཤད་མི་འདྲ་བའི་ནང་འགྲེལ་ཚུལ་མི་འདྲ་བ་མང་པོ་ཡོད་ནའང་། དེ་དག་རེ་རེ་བཞིན་འགོད་ཐབས་བྲལ་བས་འདིར་དཔེ་མཚོན་རང་བཞིན་ལྡན་པའི་པོད་ཀྱི་《སྣ་པོད་ལེའུ་བཅུ་གསུམ་》ཞེས་པ་དང་ཀོང་སྤྲུལ་ཡོན་ཏན་རྒྱ་མཚོའི་《རྒྱ་ཆེན་བཀའ་ཡི་མཛོད་》ཅེས་པའི་ནང་འཁོད་མདའ་དར་གྱི་བཤད་པར་གང་གསལ་ཞུ་རྒྱུར། གོང་མ་དེའི་ནང་བག་མ་ལྷ་ལ་དཔལ་བསྟོད་པའི་སྐབས་སུ་དེའི་ལག་ཏུ་མདའ་དར་བཞག་ནས་“ཀྱེ། དེ་རིང་ལག་ལ་མདའ་

དར་ཐོགས་པ་འདི། །ཁ་རྗེ་ཆུ་ལྟར་འབྲུག་པར་ཤོག །མདའ་སྟོང་གནམ་ལ་བསྟན་པ་འདི། །ཁ་རྗེ་དགུང་དང་མཉམ་པ་ཡིན། །སྣུག་མ་ཚིག་གསུམ་ཡོད་པ་འདི། །ཕྱ་གཡང་ཚེ་གསུམ་འཛོམས་པ་ཡིན། །གནམ་ལྩུགས་མདེའུ་བཙུགས་པ་འདི། །ནོར་རྟ་ལུག་གསུམ་འཕེལ་བ་ཡིན། །མདའ་དར་ལ་དར་སྣ་བཏགས་པ་འདི། །ལོངས་སྤྱོད་ཕུན་གསུམ་ཚོགས་པ་ཡིན། །མདའ་དར་ཡར་ལ་འཕྱར་བ་འདི། །མ་ལྷ་མོ་དཔལ་ཡར་ལ་བསྟོད། །ཕྱ་གཡང་ཐམས་ཅད་ཡར་ལ་བསྟོད། །ཕོ་ལྷ་སྒྲ་ལྷ་ཡར་ལ་བསྟོད། །དེ་རིང་དགུ་ཐག་ལྷ་ཡི་བཟུང་། །ཕྱ་གཡང་ཕྱ་ཡི་གླངས། །ཞལ་དྲོ་བཀྲ་ཡང་ཤིས། །དཔལ་ནི་གྱེན་ལ་བསྟོད། །བུ་མོ་ལྷ་ལ་འདོགས། །གཡུ་ཁྲི་ཁ་ལ་འཇལ་ལོ། །བཀྲ་ཤིས་བྱིན་ཆེའོ། །མི་ནོར་འཛོམས་པར་ཤོག །”①ཅེས་བརྗོད་ཡོད་པ་དང་། ཕྱི་མ་དེའི་ནང་མདོ་ཁམས་སྡེ་དགེའི་ཁུལ་དུ་བོད་སློན་མདོ་མཁར་བའི་བཙུན་མོ་བྱོན་སྐབས་མདའ་དར་འཛུགས་པའི་འཕེལ་གདམ་གྱི་ནང་གསལ་ལྟར་ན“བྲེ་རྒྱལ་ཐང་དཀར་རྔོད་པོའི་སྒྲོ་བསྒྲོན་པས་སྟེང་ལྷ་ཁམས་འཁོར་ཞིང་ཆགས་པའི་རྟེན་འབྲེལ་བསྒྲིགས། རྒྱ་མཚལ་དམར་པོའི་རྩེ་བྱུག་པས་བར་གཉེན་ཁམས་དབང་དུ་སྡུད་པའི་རྟེན་འབྲེལ་བསྒྲིགས། གནམ་ལྩུགས་ངར་མའི་མདེའུ་བཏགས་པས་འོག་ཀླུ་ཁམས་ཟིལ་གྱིས་གནོན་པའི་རྟེན་འབྲེལ་བསྒྲིགས། མགུལ་དུ་དར་དང་རིན་པོ་ཆེ་དངུལ་གྱི་མེ་ལོང་རྣམས་བཏགས་པས་དཔག་བསམ་ཤིང་གི་ལོ་མ་དང་འབྲས་བུ་དགོས་འདོད་མ་ལུས་པ་འབྱུང་བ་བཞིན་དུ། འཁོར་འདས་གཉིས་ཀྱི་དགེ་ལེགས་མ་ལུས་པ་འབྱུང་བའི་

① ནག་ཆུ་ས་གནས་སྲིད་གྲོས་ལོ་རྒྱུས་རིག་གནས་དཔྱད་གཞིའི་རྒྱུ་ཆ་རྩོམ་སྒྲིག་ཁང་ནས་བསྒྲིགས་པའི《ནག་ཆུའི་ལོ་རྒྱུས་རིག་གནས་དཔྱད་གཞིའི་རྒྱུ་ཆ་བདམས་བསྒྲིགས》ཞེས་པའི་ཤོག་ངོས་༣༢༠ལ་གསལ། བོད་ལྗོངས་མི་དམངས་དཔེ་སྐྲུན་ཁང་ནས་༢༠༠༨ལོར་བསྐྲུན།

རྟེན་འབྲེལ་བསྒྲིགས། ”① ཞེས་དང་། མདའ་སྨྱུག “ དེ་ཉིད་དཀའ་བ་ལྕི་མོན་མཐིལ་ནས་བླངས། དགོན་པའི་རིན་ཐང་ཡོན་དུ་གཞལ། འཕྲུལ་ལྡན་མཁས་པས་མདའ་རུ་བཅོས། ཆེ་མཉམ་དཔུང་གི་ཕྲེལ་བའི་རྒྱན་དུ་སྲིད་པའི་དུང་སྐང་དཀར་པོའི་ཕྲི་ཤུན་པ་ལས་གྲོལ་བས་མཁའ་ལྡིང་ཡོངས་ཀྱི་རྒྱལ་པོར་གྱུར་པའི་ཐང་དཀར་རྐོད་པོའི་གཤོག་སྒྲོས་བརྒྱན། ཐབས་དང་ཤེས་རབ་ཏུ་འཛོམ་པས་རྩེ་མོ་ལ་ལྟོང་གཏོད། ལྷ་མིའི་ཡིད་སེམས་ཆགས་པས་དེ་ལ་མཚལ་བྱུགས། ཡ་རབས་དྭ་མའི་རྒྱན་བྱེད་པས་གསེར་གྱི་རི་མོས་སྤྲས། སྣང་དཀྲ་ཚོམ་ལ་འབེབས་པས་རྡོ་མཉེན་ངར་གསུམ་འཛོམ་པའི་ལྕགས་ཀྱི་མདེའུ་སྦྱར། ལྷ་སྲུང་དགར་ལྔའི་དམག་ཚོགས་རང་བཞིན་གྱིས་འཁོར་བ། སྣང་དཀྲ་བོས་མཐོང་ན་སློ་སྙིང་འདར་བ། གཉེན་བྱམས་པས་མཐོང་ན་སེམས་རྩ་སྒྲོ་བ། ལྷ་ཆེན་ཚངས་པ་དཀར་པོའི་འཕྲུལ་ལས་གྲུབ་དེ་ཉིད་རྩ་བའི་རྟེན་དུ་བྱས། ”② ཞེས་པ་ལས་མདའ་དར་གྱི་གྲུབ་ཆའི་མཚོན་དོན་གྱི་འགྲེལ་ཚུལ་མི་འདྲ་བ་དག་མངོན་ཐུབ་ལ། མདའ་དར་གྱི་དར་མཚོན་སྣ་ལྔའི་མཚོན་དོན་ལའང་འགྲེལ་ཚུལ་མི་འདྲ་བ་ཡོད་དེ། དཔེར་ན་དར་ལྗང་གུས་རྩེ་ཤིང་ལོ་ཏོག་རྒྱས་པའི་རྟེན་འབྲེལ་དང་། དར་དམར་པོས་སྲུ་བསོད་རླུང་རྟ་སེ་ལྟར་འབར་བའི་རྟེན་འབྲེལ། དར་དཀར་པོས་སྐུ་གཟུགས་ལྕགས་རི་ལྟར་བརྟན་པའི་རྟེན་འབྲེལ། དར་སྔོན་པོས་མི་རྒྱུད་ཆུ་ལྟར་རིང་བའི་རྟེན་འབྲེལ། དར་སེར་པོས་མངའ་ཐང་ཡོངས་སྤྱོད་རྒྱས་པའི་རྟེན་འབྲེལ་མཚོན་པར་བརྗོད་ལ། ཡང་ལ་ལས་དཀར་པོས་ཆུ་ཁམས་རྒྱ་མཚོའི་བཅུད་འགུགས་པ་དང་། སེར་པོས་ས་ཁམས་བརྟན་པའི་གཞི་བྱེད་པ། དམར་པོས་མེ་ཁམས་སྨིན་པའི་དཔལ་བསྐྱེད་

① 《འཇམ་མགོན་ཀོང་སྤྲུལ་གྱི་གསུང་འབུམ་》པོད་༡༩པའི་ཤོག་གྲངས་༡༢༡ལ་གསལ། བོད་ལྗོངས་བོད་ཡིག་དཔེ་རྙིང་དཔེ་སྐྲུན་ཁང་ནས་༢༠༡༢ལོར་བསྐྲུན།

② 《འཇམ་མགོན་ཀོང་སྤྲུལ་གྱི་གསུང་འབུམ་》པོད་༡༩པའི་ཤོག་གྲངས་༡༢༥ལ་གསལ། བོད་ལྗོངས་བོད་ཡིག་དཔེ་རྙིང་དཔེ་སྐྲུན་ཁང་ནས་༢༠༡༢ལོར་བསྐྲུན།

པ། ལྟོང་གྲུས་རླུང་ཁམས་སྟོབས་རྒྱལ་གོང་དུ་སྤེལ་བ། སྔོན་པོས་ནམ་མཁའ་བཞིན་དུ་ཕྱི་ནང་འབྱུང་བ་ཀུན་གྱི་གོ་འབྱེད་པ་བཅས་འབྱུང་བ་ལྔའི་ཁམས་ལ་བརྟེན་པའི་རྟེན་འབྲེལ་ཐམས་ཅད་དགེ་ལེགས་ཕུན་སུམ་ཚོགས་པར་བསྒྲིགས་པ་མཚོན་པ་དང་། དེ་བཞིན་དངུལ་དཀར་མེ་ལོང་གིས་སྟེང་ལྷ་ཁམས་གཟུགས་བརྙན་དུ་འཛིན་པས་ལྷ་མཐུ་ཆེན་གྱི་བཀའ་ཆད་ཟློག་པ། བར་གཉན་ཁམས་མདངས་འོད་དང་འདྲེས་པས་གཉན་གཏུམ་པོའི་གདུག་རྩུབ་ཞི་བ། འོག་ཀླུ་ཁམས་ཟེར་མདངས་ཀྱིས་གསལ་བས་ཀླུ་གདོལ་པོའི་ཕོག་ཐུག་འཇོམས་པའི་རྟེན་འབྲེལ་ཡིན་ཚུལ་བཅས་གསལ་ཡོད།

གཉེན་མདའ་ནི་བག་མ་གདན་འདྲེན་ཞུ་སྐབས་འཛུགས་པ་ཤས་ཆེ་ལ། དེའི་ཞིབ་ཕྲའི་འཛུགས་སྟངས་ཐད་མི་འདྲ་བ་ཡོད་དེ། དུས་ཕྱིས་མནའ་མ་བསུ་མཁན་གྱིས་མདའ་དར་བུ་མོའི་ཕྱུ་པའི་གོང་ཁའི་ནང་དུ་འཛུགས་སྲོལ་ཡོད་པ་དང་། གལ་སྲིད་མདའ་སྨྱུག་རིང་པོ་ཡོད་ཚེ་ཕྱུ་པའི་སྐེ་རག་ལའང་གཟེར་སྲོལ་འདུག གལ་སྲིད་མག་པ་བསུ་བ་ཡིན་ན་ངེས་པར་མདའ་དར་དེ་མག་པའི་ཕྱུ་པའི་སྐེ་རགས་ལ་གཟེར་དགོས་ཀྱི་ཡོད། འོན་ཀྱང་མགར་སྟོང་བཙན་གྱིས་ལྷ་གཅིག་ཀོང་ཇོ་བསུ་བའི་སྐབས"ལྷ་གཅིག་གི་གོས་ཀྱི་གོང་བ་ནས། མདའི་ལྟོང་གིས་བཟུང་ནས་འཐེན་པས། ལྷ་གཅིག་ང་བཞིན་ཟློན་པོའི་ཕྱིར་འབྲངས་སོ། །"[1] ཞེས་གསལ་བར་གཞིགས་ན་མདའ་ཡི་ལྟོང་གིས་བུ་མོའི་གོས་ཀྱི་གོང་བ་ནས་བཟུང་སྟེ་འཁྲིད་པའི་སྲོལ་ཡང་ཡོད་པ་འདྲ།

གཡང་མདའ་ནི་གཡང་འགུགས་བྱེད་དུ་སྤྱོད་པ་ཡིན་ལ། "བཀྲ་ཤིས་པའི་མདའ་དར་ལ་ཕྱིའི་རྟགས་སུ་བཀོད། གཡང་གི་རྟེན་དུ་བཙུགས་" ཞེས་པ་ལྟར་

[1] ས་སྐྱ་བསོད་ནམས་རྒྱལ་མཚན་གྱིས་བརྩམས་པའི《རྒྱལ་རབས་གསལ་བའི་མེ་ལོང་》ཤོག་ངོས་༡༠༨ལ་གསལ། མི་རིགས་དཔེ་སྐྲུན་ཁང་ནས་༢༠༡༥ལོར་བསྐྲུན།

མདའ་མོ་དེ་བརྒྱུས་ནས་ཕྱྭ་དང་གཡང་འགུགས་ཐུབ་པར་མངོན་གྱི་ཡོད། བོད་ཀྱི་དམངས་ཁྲོད་དུ་ནོར་ལོངས་སྤྱོད་རྒྱས་པར་བྱེད་པ་དང་། ཚེ་རིང་བ་དང་ནད་མེད་པ། ཤེས་རིག་དར་བ། བདེ་སྐྱིད་འབྱུང་བ་བཅས་ཀྱི་སྔོན་འགྲོའི་ཆ་རྐྱེན་ནམ་མཐུན་རྐྱེན་ལྟ་བུར་ངོས་འཛིན་པའི་གཡང་འགུགས་ཀྱི་ཆོ་ག་རྒྱས་བསྡུས་སྣ་ཚོགས་སྤེལ་སྲོལ་ཡོད་པ་དང་། མདའ་དར་ནི་གཡང་འགུགས་བྱེད་ཀྱི་ཡོ་བྱད་མེད་ཐབས་མེད་པ་ཞིག་ཡིན། གཉེན་སྟོན་སྐབས་ནང་གི་གཡང་ཕྱི་ལ་མི་ཤོར་བ་དང་། ཕྱི་ཡི་གཡང་ནང་དུ་འགུགས་བྱེད་མདའ་དར་གྱིས་གཡང་གཡབ་པའི་སྲོལ་ཡོད་དེ། དེ་ཡང་མནའ་མ་ཕ་ཁྱིམ་ནས་ཐོན་སྐབས་བུ་མོའི་ཨ་མས་ཕྱྭ་འགུགས་གཡང་འགུགས་བྱེད་སྲོལ་ཡོད་པ་དང་། རྟེན་འབྲེལ་མཐུག་སྒྲིལ་བའི་མཚམས་སུ་ཐུགས་པའམ་ཡང་ན་ཞང་ཆེན་པོའམ་རྒན་པོ་སྨྲ་བ་ཅན་ཞིག་གིས་མདའ་དར་ལག་ཏུ་ཐོགས་ནས་བག་གཡང་གིས་གཙོས་པའི་བག་རྫོངས་ནོར་དང་ཕྱུགས་སོགས་ཀྱི་གཡང་འགུགས་པའི་ཆོ་ག་ཞིག་སྤེལ་གྱི་ཡོད་པ་དེར་གཡང་འགུགས་སུ་འབོད། དཔེར་ན། ཀོང་ཡུལ་གྱི་ཕྲུག་རྫོམ་བག་མ་ལ་དགེ་བའི་ལས་ཕྲན་བདུན་གྱི་ཆོ་ག་ཞེས་པའི་ནང་ལས་ཕྲན་བདུན་པ་ནི་གཡང་འགུགས་ཀྱི་ཆོ་ག་ཡིན་པ་དང་། དེའི་གཡང་འབོད་ཀྱི་བཤད་པའི་ནང་དུ། "ཀྱེ། མི་ཚུར་འོང་རྗེས་ལ་མི་གཡང་ཤོག །ནོར་ཚུར་འོང་རྗེས་ལ་ནོར་གཡང་ཤོག །ཟས་ཚུར་འོང་རྗེས་ལ་ཟས་གཡང་ཤོག །བག་མ་ཚུར་འོང་རྗེས་ལ་དཔལ་གཡང་ཤོག །ཡོ་མ་ཚུར་འོང་རྗེས་ལ་རྟ་གཡང་ཤོག །གནག་ཕྱུགས་ཚུར་འོང་རྗེས་ལ་ཟོག་གཡང་ཤོག །གཡང་དཀར་ཚུར་འོང་རྗེས་ལ་ལུག་གཡང་ཤོག །ཚེ་ཚེ་ཚུར་འོང་རྗེས་ལ་ར་གཡང་ཤོག །" ཅེས་གསལ་ལ་དམངས་ཁྲོད་ཀྱི་གཡང་འགུགས་བཤད་པའི་ནང་དུའང་གཡང་གི་དངོས་གྲུབ་སྐྱོལ་དུ་གསོལ། གཡང་འདི་ཕྱི་ལ་མི་འགྲོ་བའི། །རྒྱལ་ཆེན་རིགས་བཞིའི་བཀྲ་ཤིས་ཤོག །གཡང་ལ་ཉམས་གྲུད་མི་ཡོང་བའི། །མཁའ་འགྲོ་སྡེ་ལྔའི་

བཀྲ་ཤིས་ཤོག །གཡང་འདི་ཕྱི་ལ་མ་འགྲོ་ཤིག །གཡང་སྣམ་ནང་དུ་འཁྱིལ་ལི་ལི། །གཡང་ཁུག་ནང་དུ་འཚུབས་སེ་འཚུབ། །ཞེས་གཡང་གཡབ་པའི་སྲོལ་ཡོད་པ་ལྟར་རོ། །

དམངས་ཁྲོད་ཀྱི་ལུགས་སྲོལ་གང་འདྲ་ཞིག་ཡིན་རུང་དེ་ལ་ས་ཁུལ་གྱི་རང་བཞིན་མངོན་གསལ་ལྡན་ཡོད་ལ། གཞན་འགྱུར་གྱི་རང་བཞིན་ཡང་ངེས་ཅན་ལྡན་ལགས་པས། འདིར་བརྗོད་པའི་གཙུག་གཡུ་དང་མདའ་དར་གྱི་འབྲེལ་ཡོད་གོམས་སྲོལ་དག་ཀྱང་བོད་ཀྱི་ས་ཁུལ་སྤྱི་ལ་ཁྱབ་པའམ་བོད་ཀྱི་ཡུལ་གྲུ་ཚང་མའི་ལུགས་སྲོལ་ཆ་མཚུངས་སུ་གནས་པ་ཞིག་མིན་ལ། དབུས་གཙང་ས་ཁུལ་ཁོ་ནར་མཚོན་ནའང་ལུང་ཆུང་རེ་ལ་ཆ་ལུགས་རེ། ས་ཁུལ་རེ་ལ་སྐད་ལུགས་རེ་ཞེས་པའི་དཔེ་ལྟར་ཞིབ་ཕྲའི་འགྲོ་ལུགས་ས་ཁུལ་སོ་སོར་མི་འདྲ་བ་མང་པོ་ཡོད་པ་ཙམ་མ་ཟད། ཐ་ན་དུད་ཚང་སོ་སོའི་ནང་དུའང་བྱེད་སྒོ་སྤྱོལ་ཚུལ་མི་འདྲ་བ་མང་པོ་ཐོན་གྱི་འདུག་ན། དམངས་ཁྲོད་དུ་དར་ཡུན་ཤིན་ཏུ་རིང་ལ་དར་ཁྱབ་ཤིན་ཏུ་ཆེ་བའི་གཙུག་གཡུ་དང་མདའ་དར་སྐོར་གྱི་རིག་གནས་མཚོན་དོན་སོགས་ལའང་ལོ་རྒྱུས་དང་ས་ཁོངས་འཕྲེད་གཞུང་གང་ནས་དེད་ཀྱང་གཞན་འགྱུར་དང་ཆ་མི་འདྲ་བ་ཡོད་པ་ནི་རིག་གནས་འཕེལ་རྒྱས་ཀྱི་ཆོས་ཉིད་དང་མཐུན་པ་ཞིག་ཡིན་པས་རྒྱ་ཆེའི་ཀློག་པ་པོ་རྣམས་ཀྱིས་དགོངས་འཇགས་འཚལ། །

༧༠། །ཀོང་སྤྲུལ་གྱི་གསུང་རྩོམ《བག་མ་ལ་དགེ་བའི་ལས་ཕྲན་བདུན་གྱི་ཚིག་བཀྲ་ཤིས་དཔལ་སྐྱེད་》ཅེས་པ་ལས་འཕྲོས་པའི་གཏམ།

དེ་ཡང་མཁས་པའི་དབང་པོ་དགེ་འདུན་ཆོས་འཕེལ་མཆོག་གིས། "སྔོན་དུས་ཀྱི་སྲོལ་ལུགས་སོགས་ཇི་འདྲ་ཡིན་བསམ་པའི་ཚེ། རྒྱལ་ཁམས་གཞན་གྱི་ཡི་གེར་བྲིས་པའི་ལོ་རྒྱུས་སོགས་ལ་བལྟ་བ་ཙམ་ལས་རང་གི་མིས་རང་ཡུལ་གྱི་སྲོལ་ལུགས་འདི་འདྲའོ་ཞེས་ཞིབ་ཏུ་བྲིས་པ་ཞིག་ཤིན་ཏུ་རྙེད་དཀའ་བ་ཡུལ་ཀུན་ལ་འདྲ་བ་ཡིན་"①ཞེས་གསུངས་པ་ལྟར། ང་ཚོས་འདས་ཟིན་པའི་རང་ཅག་གི་ལོ་རྒྱུས་ལ་ཕྱི་མིག་བལྟ་སྐབས་བོད་ཀྱི་ལོ་རྒྱུས་དེབ་ཐེར་ཁག་ནང་དུ་རྒྱལ་རབས་རིམ་བྱོན་དང་། ལོ་རྒྱུས་དོན་རྐྱེན་ཆེ་གྲས། ཆོས་ལུགས་གྲུབ་མཐའི་བྱུང་ཚུལ། མཐོ་རིམ་མི་སྣའམ་བླ་སྤྲུལ་ཁག་གི་རྣམ་ཐར་སོགས་འཁོད་པ་མང་ཡང་། གཞི་རིམ་མང་ཚོགས་ཀྱི་འཚོ་བའི་བདེ་སྡུག་དང་དམངས་ཁྲོད་ཀྱི་གོམས་སྲོལ་སོགས་འཁོད་པ་མཐོང་རྒྱུ་ཉུང་། དེང་དུས་ཀྱི་བོད་རིག་པ་མཁས་ཅན་མཁར་རྨེའུ་བསམ་གཏན་མཆོག་ནས་བོད་ཀྱི་གཉེན་སྒྲིག་ཚེ་གའི་སྐོར་གསུང་སྐབས། "བོད་དུ་གཉེན་སྒྲིག་བྱེད་སྲོལ་ནི་ཡུལ་སོ་སོར་མི་འདྲ་བ་ཡོད། བོད་པ་རང་ཉིད་ཀྱིས་དེའི་སྐོར་ཞིབ་འཇུག་བྱས་པའི་གནས་ཚུལ་ཅང་མ་མཆིས་པས་དེའི་སྐོར་གྱི་དཔྱད་རྩོམ་ཡང་ཤིན་ཏུ་དཀོན། དེར་བརྟེན། བོད་ཀྱི་གཉེན་སྒྲིག་ཚེ་གའི་སྐོར་དེ་ནི་གསང་

① 《མཁས་དབང་དགེ་འདུན་ཆོས་འཕེལ་གྱི་གསུང་རྩོམ་ཕྱོགས་བསྒྲིགས་》ཞེས་པའི་ནང་གསལ།

བ་སློག་སྒྱུར་ཅན་གྱི་གནས་སུ་གྱུར་ཡོད། གཉེན་སྒྲིག་གི་སྲོལ་དེ་ནི་འཇིག་རྟེན་པ་རང་གི་བྱ་ལས་ཁོ་ནའི་ཁོངས་གཏོགས་ཤིག་ཡིན་པར་བརྟེན་སངས་རྒྱས་ཆོས་ལུགས་ཀྱི་ནང་དེ་དང་འབྲེལ་བའི་རྩ་བའི་གཞུང་ལུགས་ཅི་ཡང་མེད་དོ་”①ཞེས་གསུངས་པ་ལྟར། སྔར་གྱི་བོད་ཀྱི་ལོ་རྒྱུས་དེབ་ཐེར་ཁག་ནང་འཇིག་རྟེན་སྲིད་འཛིན་པའི་བག་མ་ལེན་པའི་ཆོ་གའི་སྐོར་ཞིབ་གསལ་འཁོད་པ་ཞིག་རིག་རྒྱུ་དཔེན་པ་ནི་དོན་དངོས་ཡིན།

ད་བར་ང་ཚོའི་འདྲིན་བྱེད་ལམ་དུ་མཇལ་དུ་ཡོད་པའི་གཉེན་སྟོན་ཆོ་གའི་སྐོར་ཞིབ་གསལ་འཁོད་པ་ཞིག་ནི་དུས་རབས་བཅུ་དགུ་པའི་ནང་ཀོང་སྤྲུལ་ཡོན་ཏན་རྒྱ་མཚོས་མཛད་པའི་《བག་མ་ལ་དགེ་བའི་ལས་ཕྲན་བདུན་གྱི་ཆོ་ག་བཀྲ་ཤིས་དཔལ་སྐྱེད་ཅེས་བྱ་བ་བཞུགས་སོ་》②ཞེས་པའི་དཔེ་ཆ་དེ་ཡིན། ཀོང་སྤྲུལ་ཡོན་ཏན་རྒྱ་མཚོ“ཁོང་ནི་ཐོག་མར་བོན་ལ་དད་པའི་མི་སྣ་ཞིག་ཡིན་པས་བོན་གྱི་གཉེན་སྒྲིག་ཆོ་གའི་སྐོར་རྒྱུས་མངའ་ལྡན་པ་ཞིག་ཡིན། དཔེ་ཆ་དེ་ནི་ཁོང་གིས་སྡེ་དགེ་རྒྱལ་སྲས་དང་བོད་དབུས་ཀྱི་སྐུ་དྲག་མདོ་མཁར་བའི་བུ་མོ་གཉེན་སྒྲིག་བྱེད་སྐབས་བརྩམས་གནང་མཛད་པ་ཞིག་རེད། དཔེ་ཆ་དེའི་ནང་ཁོང་གིས་གཉེན་སྒྲིག་གི་ཆོ་ག་དེ་བོན་ལུགས་ཀྱི་རྨང་གཞིའི་ཐོག་སངས་རྒྱས་ཆོས་ལུགས་ཀྱི་ལྷ་དང་རྒྱ་གར་གྱི་གནའ་བོའི་གཏམ་རྒྱུད་ཁག་གཅིག་བསྣན་ནས་ལེ་ཚན་ཁག་བརྒྱད་དུ་དབྱེ་བར་མཛད་ཡོད་”③པ་དང་། དེ་ནི་བན་བོན་གཉིས་ཀྱི་འབྲེལ་བ་མཚོན་

① མཁར་རྨེའུ་བསམ་གཏན་གྱི་གསུང་རྩོམ་ཕྱོགས་བསྒྲིགས་《མདའ་དང་འཕང་》ཞེས་པའི་སྣད་ཚའི་ཤོག་ངོས་༣༢༠བཅས་ལ་གསལ། ཀྲུང་གོའི་བོད་རིག་པ་དཔེ་སྐྲུན་ཁང་ནས་༢༠༠༧ལོར་བསྐྲུན།

② 《འཇམ་མགོན་ཀོང་སྤྲུལ་གྱི་གསུང་འབུམ་རྒྱ་ཆེན་བཀའ་ཡི་མཛོད་བཞུགས་སོ་》ཞེས་པའི་ནང་འཁོད་ཡོད། བོད་ལྗོངས་བོད་ཡིག་དཔེ་རྙིང་དཔེ་སྐྲུན་ཁང་ནས་༢༠༡༢ལོར་བསྐྲུན།

③ མཁར་རྨེའུ་བསམ་གཏན་གྱི་གསུང་རྩོམ་ཕྱོགས་བསྒྲིགས་《མདའ་དང་འཕང་》ཞེས་པའི་སྣད་ཚའི་ཤོག་ངོས་༣༢༠བཅས་ལ་གསལ། ཀྲུང་གོའི་བོད་རིག་པ་དཔེ་སྐྲུན་ཁང་ནས་༢༠༠༧ལོར་བསྐྲུན།

བྱེད་ཀྱི་དཔེ་མཚོན་བཟང་ཤོས་ཤིག་ཏུའང་བརྩི་བཞིན་ཡོད། ཉེ་ཆར་གང་དེའི་གསུང་འབུམ་ལས་གཉེན་སྟོན་གྱི་ཚིག་འི་སྐོར་གྱི་རིན་བྲལ་ཕྱག་རྩོམ་དེ་ཉིད་མཇལ་ཀློག་ཞུ་སྐབས་དེ་སྔའི་གཉེན་སྟོན་གྱི་བྱེད་སྒོའི་ནང་དོན་མང་པོ་ཞིག་ད་ལྟ་མིང་གི་ལྷག་མར་གྱུར་ཟིན་པ་དང་། ལ་ལ་ངམ་ཤུགས་རིམ་གྱུད་ཀྱི་ཚུལ་དུ་སོང་བ། ལ་ལར་གཞན་འགྱུར་བྱུང་དང་འབྱུང་བཞིན་ཡོད་པ་ཤེས་རྟོགས་བྱུང་། གཤམ་དུ་དུས་ཕྱིས་ཀྱི་དབུས་གཙང་དམངས་ཁྲོད་ཀྱི་སྲོལ་ལུགས་དང་འབྲེལ་ནས་ལས་ཕྲན་བདུན་གྱི་ཚིག་མི་འདྲ་བའི་ནང་དོན་དང་དགོས་པའམ་དམིགས་མཚོ་སོགས་ཀྱི་སྐོར་ལམ་ཙམ་ཞུ་རྒྱུ་ཡིན།

གོང་སྨྲུལ་མཆོག་ནས་མཛད་པའི་དཔེ་ཆ་དེའི་ནང་དོན་གཙོ་བོ་ནི་དཔེ་མིང་ལ་གསལ་བ་ལྟར། བག་མ་ལ་དགེ་བའི་ཆོས་ཀྱི་ཐད་ཀྱི་མཆོད་པ་འབུལ་ཚུལ་དང་ཤིས་ཚིག་བརྗོད་ཚུལ་གྱི་ཚིག་འི་སྐོར་ཡིན་ལ། དཔེ་ཆ་དེའི་འགོ་བརྗོད་དུ། “འཇིག་རྟེན་པའི་སྲིད་འཛིན་པ་ལ་བག་མ་ལེན་པའི་ཚིག་ཞེས་འཕགས་ཡུལ་དུ་རིགས་བྱེད་ལུགས་དང་། རྒྱ་ནག་འབྱུང་རྩིས་ལས་ཅི་རིགས་པ་འབྱུང་ཡང་། སོ་སོའི་ཡུལ་ལུགས་འདོད་སྦྱར་ལྟ་བུས་གཞུང་གཞན་ལྟར་ཁྲིགས་སུ་སྦྱར་བ་མེད་སྟབས། ཡིག་རྙིང་ཕལ་ཆེར་གྲོང་སྟུགས་པ་མི་མཁས་པས་བཅོས་པས་ཚུལ་དང་མཐུན་པ་མི་སྣང་བས། འདིར་བག་མ་ལ་དགེ་བའི་ལས་ཕྲན་བདུན་ཞེས་གྲགས་པ་དེ་ཉིད་སྐབས་སུ་བབས་ཤིང་འཐད་པའི་ཕྱོགས་སུ་བཟུང་ནས་ཁྲིགས་སུ་བཀོད་པ་” ཞེས་བྱུང་ལ། དངོས་གཞིའི་ནང་དོན་རྣམས་སྔ་འདྲེ་སྒྲོད་པ། མཎྜལ་གྱིབ་བཀྲུ་བ། གདན་འདིང་བ། དཀར་གསུམ་གྱིས་ངོ་གསོ་བ། མིང་འདོགས་པ། ལྷ་ལ་འདོགས་པ། གཡང་འགུགས་པ་ཞེས་ལས་ཕྲན་བདུན་དང་མཐའ་རྟེན་ཤིས་པ་བརྗོད་པ་བཅས་སུ་དབྱེ་བ་ཕྱེ་ནས་གསུངས་ཡོད།

ལས་ཕྲན་དང་ཕོ་ལྷ་འདྲེ་སྒྲོད་པའི་སྐོར།

དེ་ནི་བག་མ་ལ་གདོན་འདྲེ་ཞུགས་ཡོད་པར་འདོད་ནས་བག་མ་བུའི་ཁྱིམ་ཚང་གི་སྒོ་རུ་སླེབས་སྐབས་སྔགས་འཆང་གིས་ཐུན་དང་དགྲ་གཤེད་ཀྱི་རྫས་ཐོགས་ཏེ་དྲག་སྔགས་བརྗོད་པ་དང་མཉམ་དུ་ཐུན་གཏོར། རལ་གྲི་གཡུག ཆུ་གཏོར་བ་སོགས་བྱེད་པའི་ཐོག་ནས་བག་མའི་ལུས་སུ་ཞུགས་པའི་གདོན་བགེགས་མཐར་སྐྲོད་པའི་ཆོ་ག་ཞིག་ཡིན། དེ་ཡང་དཔེ་ཆ་དེ་ལས། "བག་སྟོན་ལ་རྒྱུ་བའི་འབྱུང་པོ་གདོན་གྱི་རིགས་སུ་གྱུར་ཅིང་གནོད་འཚེའི་བསམ་སྦྱོར་དང་ལྡན་པ་ཐམས་ཅད་འདིར་མ་གནས་པར་གཞན་དུ་དེངས་ཤིག གལ་ཏེ་བདེན་པའི་བཀའ་ཐོས་བཞིན་དུ་འགྲོ་བར་མི་བྱེད་པ་དེ་དག་ཐམས་ཅད་རབ་ཏུ་འབར་བའི་རྡོ་རྗེའི་ཁྲོ་བོ་དང་མཚོན་ཆའི་ཆར་ཆེན་པོས་རྡུལ་ཕྲན་བཞིན་དུ་བརླག་པར་གྱུར་རོ·" ཞེས་སྔགས་འཆང་པས་བརྗོད་སྲོལ་ཡོད་པར་བསྟན་པ་ལྟ་བུ་ཡིན། ད་ལྟ་དབུས་གཙང་གི་དམངས་ཁྲོད་དུའང་བག་མ་གདོན་བགེགས་ཡིན་པའི་ཤོད་སྲོལ་ཡོད་དེ། "རྒྱུན་དུ་རོ་དངོས་གྲུབ་ཡིན་ཡང་གཡོལ་ནས་འགྲོ བག་མ་གདོན་བགེགས་ཡིན་ཡང་ལྟེབ་ནས་འགྲོ" ཞེས་རོ་དངོས་གྲུབ་ཡིན་ན་ཡང་ལམ་བར་དུ་འཕྲད་སྐབས་ཚང་མས་གཡོལ་འགྲོ་བ་དང་། བག་མར་གདོན་འདྲེའི་གནོད་པ་ཞུགས་ཡོད་ནའང་ལམ་བར་དུ་འཕྲད་སྐབས་ཚང་མས་འཚང་ག་ཤིག་ཤིག་གིས་ལྟད་མོ་ལྟ་བ་ཡིན་པས། དེས་བྱ་སྦྱོར་དེ་རིགས་ནི་གོ་ལྡོག་པ་ཞིག་རེད་ཟེར་བ་ལས་རྟོགས་ཐུབ་པ་ཡིན། དེ་མིན་གཙང་ཁུལ་དུ་གཉེན་བསུ་བའི་ལམ་བར་དུ་ཡུལ་སྡེ་གཞན་གྱི་མིས་མནའ་མར་བག་འདྲེ་ཡོད་ཅེས་ཁྱི་བྲུན་དང་། ལྡེ་བ། ཏ་སྦངས་སོགས་ཀྱིས་བག་མ་རྡུང་ཁུལ་བྱེད་པ་དང་། མནའ་མ་བསུ་སྐྱེལ་མཁན་ཚོས་ཀྱང་བག་མ་"རྡུང་མཁན་" རྣམས་ལ་ཁ་བཏགས་དང་དངུལ་སོགས་ཀྱི་འབུལ་སྦྱིན་ཐན་པ་སྤྲད་ནས་ཞུ་བ་འབུལ་སྲོལ་ཡོད། དེ་ལ་བག་རྡུང་ཞེས་བརྗོད། བུའི་ཁྱིམ་

གྱི་སྒོ་འགྲམ་དུ་ཐོ་པོ་དཀར་ནག་གཉིས་བརྩུགས་ཡོད་པའི་ནག་ཐོ་དེ་ནི་འདྲེ་ཐོ་ཡིན་ཟེར་རྫོག་རྒྱག་བཞུས་པའམ་རྟ་ལྕུག་གིས་བྲབས་ནས་གཏོར་སྲོལ་ཡོད། གོང་ཞུས་དེ་དག་ལས་བག་འདྲེ་རྒྱང་དུ་མཐར་སྐྲོད་གཏོང་བའི་སྲོལ་དེ་ནི་དུས་རྟ་མོ་ནས་དར་ཡོད་ནའང་། དུས་ཕྱིས་དམངས་ཁྲོད་ཀྱི་གོམས་གཤིས་ཙམ་ལས་དེ་རྟའི་ཆོས་ཕྱོགས་ཀྱི་རྟགས་པའམ་ལྷ་བོན་གྱིས་དམིགས་སུ་སྣ་འདྲེ་སྐྲོད་སྲོལ་དེ་ཏ་ལམ་མིང་གི་ལྷག་མར་གྱུར་ཟིན་པ་ཤུགས་ལས་རྟོགས་ཐུབ།

ལས་ཕྲན་གཉིས་པ་མཇོལ་གྲིབ་བཀྲུ་བའི་སྐོར།

དེ་ནི་བག་མ་ལ་ཁྱིམ་ལྷ་སོགས་ཀྱི་མཇོལ་གྲིབ་ཡོད་པར་འདོད་ནས་སྔ་འདྲེ་བསྐྲད་རྗེས་རྟགས་འཆང་པས་རྟར་ནས་བསྒྲུབས་ཟིན་པའི་ཁྲུས་ཆུ་དང་མེ་ལོང་སོགས་ཐོགས་ཏེ་དྲག་རྟགས་བརྗོད་པ་དང་མཉམ་དུ་བག་མར་ཁྲུས་གསོལ་བྱེད་པའི་ཚིག་ཞིག་ཡིན། དབུས་གཙང་ཁུལ་གྱི་དམངས་ཁྲོད་དུ་ད་ལྟའི་བར་ཚིག་དེའི་རྒྱུན་མ་ཉམས་པར་གནས་ཡོད་དེ། སྐབས་རེ་རྟགས་པ་དང་སྐབས་རེ་དགེ་འདུན་པ་གདན་འདྲེན་ཞུས་ཏེ་རྟར་ནས་བསྒྲུབས་ཟིན་པའི་ཁྲུས་ཆུས་བག་མར་ཁྲུས་བྱེད་པ་དང་སྦྲགས་བསང་གསོལ་བྱེད་སྲོལ་ཡོད་པ་དེ་ཡིན། དེང་དུས་གྲོང་ཁྱེར་ཁག་ཏུ་མནའ་མ་བླུའི་ཁྱིམ་གྱི་སྒོ་འགྲམ་དུ་སླེབས་སྐབས་བསང་གཅིག་བདུ་གཏོང་སྲོལ་ཡོད་པ་དེ་ནི་ལུགས་སྲོལ་རྙིང་པ་དེ་ཉམས་འགོ་ཚུགས་པའི་རྟགས་སུ་མངོན། བསང་གསོལ་དང་ཁྲུས་གསོལ་བྱེད་པའི་དམིགས་ཡུལ་ནི་བཙོག་གྲིབ་རྣམས་སེལ་བར་འདོད་པ་ཡིན་སྐད། གཞི་རྐང་བསང་གསོལ་གྱི་ཚིག་ནི་སྟོད་མངའ་རིས་སྐོར་གསུམ་དང་། བར་དབུས་གཙང་རུ་བཞི། སྨད་མདོ་ཁམས་སྒང་དྲུག་བཅས་བོད་ཁ་བའི་ལྗོངས་ཀྱི་ཡུལ་ལུང་གང་སར་ཁྱབ་གདལ་ཆེ་བའི་ཡུལ་སྲོལ་གལ་ཆེན་ཞིག་ཡིན། བསང་མཆོད་དང་། བསང་གི་གོ་དོན། བསང་གཏོང་

སྣང་ས། བསང་རྫས་ཀྱི་རྣམ་གྲངས་སོགས་ཡུལ་ལུང་སོ་སོར་ཅུང་ཟད་མི་འདྲ་བ་ཡོད་རུང་། ཞོགས་བསང་དགོང་འདོན་ཞེས་ཞོགས་པ་རི་རྩེ་དང་། ལ་ཁ། ཆུ་གཞུང་སོགས་སུ་ཡུལ་ལྷ་དང་སྲུང་མར་བསང་གསོལ་བའི་སྲོལ་རྒྱུན་གཅིག་མཚུངས་སུ་དར་སོ་ཆེན་པོ་ཡོད། དེ་ནི་བཙོག་གྲིབ་རྣམས་ཡུལ་ལྷ་གཞི་བདག་སོགས་ཀྱིས་ཡོངས་སུ་སེལ་བར་བྱེད་པའི་དོན་དུ་བརྗོད་ལ། སྐབས་དོན་བག་མ་བུའི་ཁྱིམ་གྱི་སྒོ་རུར་སླེབས་སྐབས་བསང་གསོལ་ལམ་བསང་ཁྲུས་བྱེད་པ་ནི་བག་མ་ལ་ཁྱིམ་ལྷ་སོགས་ཀྱི་མནོལ་གྲིབ་ཡོད་པས་དེ་དག་བཀྲུ་བ་ཡིན་ཞེས་གྲགས། དེ་ཡང་པཎ་ཆེན་བློ་བཟང་ཆོས་ཀྱི་རྒྱལ་མཚན་གྱིས་མཛད་པའི་《མནོལ་བསང་དང་གྲིབ་བསང་བཞུགས་སོ་》ཞེས་པའི་ནང་། “སྐུ་གསུང་ཐུགས་དང་འགལ་བགྱིས་བསང་། །དམར་གྲིབ་འཁོན་གྲིབ་བཙོག་གྲིབ་དང་། །བཤའ་གྲིབ་ཡུག་གྲིབ་བག་གྲིབ་བསང་། །མཛེ་གྲིབ་ཐབ་གཞོབ་མནོལ་ཤོར་སོགས། །ལྷ་མི་ཡོངས་ལ་གྲིབ་ཐོག་པ། །མ་ལུས་བསང་གི་མཆོད་པས་བསངས། །བསང་གི་མི་བསང་གང་ཡང་མེད། །མི་གཙང་བ་ནི་ཐམས་ཅད་བསང་། །མི་མཐུན་བར་ཆད་ཞི་བ་དང་། །ཚེ་དང་ལོངས་སྤྱོད་རྒྱས་པར་མཛོད། །ཁམས་གསུམ་དབང་དུ་འདུ་བ་དང་། །ཅི་བསམ་ལྷུན་གྱིས་འགྲུབ་པར་ཤོག །”①ཅེས་གསུངས། གཞན་ཡང་ཡུལ་ལུང་འགའ་ཤས་སུ་མནའ་མ་དེ་བུའི་ཁྱིམ་གྱི་སྒོར་མ་འཛུལ་གོང་དུ་མེ་ཕུང་ལ་འགོམ་ཡུག་རྒྱག་པའམ་གབ་འོག་ཏུ་བསང་བདུག་པའི་སྲོལ་ཡོད་པ་དེར་གབ་བསང་དུ་འབོད་ཅིང་། དེ་ནི་བུད་མེད་ཀྱི་ལུས་ལ་བཙོག་གྲིབ་ཆེ་བར་འདོད་ནས་དེ་དག་སེལ་ཆེད་དུ་ཡིན་སྐད། ཁྲུས་གསོལ་གྱི་དམིགས་མཁའི་སྐོར་ལ་གོང་སྨྲོས་ཀྱི་ཕྱག་རྩོམ་དེའི་ནང་དུའང་། “རྣམ་པར་འཛོམས་པའི་བྱིན་རླབས་དང་། །སྨེ་བ

①ཤར་ཡུལ་ཐུབ་ཚོགས་ཚེ་རིང་ནས་རྩོམ་སྒྲིག་གནང་བའི་《བོད་ཀྱི་རིག་གནས་ལོ་རྒྱུས་ཆེ་མོ་》ཞེས་པའི་སྟོད་ཆའི་ཤོག་གྲངས་༡༦༧ལ་གསལ། བོད་ལྗོངས་མི་དམངས་དཔེ་སྐྲུན་ཁང་ནས་༢༠༡༥ལོར་དཔར་དུ་བསྐྲུན།

བརྟེགས་པའི་ནུས་མཐུ་དང་། །གསང་སྔགས་རིགས་སྔགས་བདེན་པ་ཡིས། །བཀྲུའོ་སྡིག་སྒྲིབ་ཐམས་ཅད་བཀྲུ། །བཀྲུའོ་ནད་གདོན་བགེགས་རིགས་བཀྲུ། །བྱུར་དང་སྐལ་པ་ངན་པ་དང་། །བཀྲ་མི་ཤིས་པ་ཐམས་ཅད་བཀྲུ། །ཕྱོགས་ངན་འདྲེ་ལྷ་བདུད་གཙོད་དང་། །མི་གཙང་མནོལ་གྲིབ་ཕོག་པ་བཀྲུ། །ཟས་ངན་སྔོ་ཚ་ཟོས་པ་དང་། །གོས་ངན་ལུས་ལ་གྱོན་པ་བཀྲུ། །རྐབ་འདྲེ་ཡུལ་འདྲེ་འཁྲམས་པོ་དང་། །དམ་སྲི་དཀོར་འདྲེའི་གནོད་པ་བཀྲུ། །ཤི་འདྲེ་མོ་དང་གསོན་འདྲེ་མོ། །བསེ་རག་འགོང་པོའི་ཁ་རླངས་བཀྲུ། །ཕ་རོལ་བྱད་ཁ་རྦོད་གཏོང་དང་། །རྒྱལ་པོ་ཆགས་ཆེའི་གནོད་པ་བཀྲུ། །ཕ་ལྷ་མ་ལྷ་ཞང་ལྷ་དང་། །ཕྲུག་ལྷ་ཡུལ་ལྷ་མནོལ་བ་བཀྲུ། །ཕ་མཚན་དགྲ་བླ་གཉན་པོ་དང་། །སྐྱོབ་བྱེད་ལྷ་སྲུང་མནོལ་བ་བཀྲུ། །མཁོན་དང་བསྡོག་གིས་མནོལ་བ་བཀྲུ། །དམེ་དང་ཡུག་གིས་མནོལ་བ་བཀྲུ། །འབྱུང་ལྔའི་གདོན་གྱིས་མནོལ་བ་བཀྲུ། །གངས་རི་བཞིན་དུ་དཀར་གྱུར་ཅིག །ཤེལ་དཀར་བཞིན་དུ་གསལ་གྱུར་ཅིག །བཀྲ་ཤིས་བདེ་ལེགས་རྒྱས་གྱུར་ཅིག །” ཅེས་འཁོད་ཡོད།

ལས་ཕྲན་གསུམ་པ་གདན་འདྲེན་བའི་སྐོར།

དེ་ནི་བུ་མོ་བཞུགས་གྲལ་ལ་མ་འཁོད་གོང་དུ་བག་མའི་སྲོག་ལུས་དབང་རླུང་བསྐྱེད་པའི་གདན་གང་མཁོ་རྫས་གཞུང་དང་མཐུན་པར་བཏིང་བའི་སྟེང་དུ་ཁ་སླེ་བ་དཀར་གསུམ་མམ། ཕྱྭ་ཡོན་སོགས་ཀྱི་ཕྱོགས་སུ་བསྟན་ཏེ་དེ་འབྲེལ་གྱི་ཤིས་བརྗོད་བཤད་པ་གཏོང་བའི་ཚིག་ལ་གོ་བ་ཡིན། གཉེན་སྟོན་གྱི་སྐབས་བག་གྲལ་སྒྲིག་སའི་ཁ་གདན་གྱི་ཚོན་མདོག་གང་དགོས་པ་བུ་དང་མནའ་མའི་ལོ་རྟགས་ཁམས་དང་བཅས་པར་བརྟག་སྲོལ་ཡོད་ཅིང་། དཔེར་ན་ས་སེར་པོ། མེ་དམར་པོ། ཆུ་སྔོ་མོ། ཤིང་ལྗང་གུ ལྕགས་དཀར་པོ་ལྟ་བུ་དང་། བཞུགས་གྲལ་གྱི་

ཕྱོགས་གཙང་གང་དུ་འཁེལ་མིན་ཡང་རྩིས་ལ་བརྟག་ནས་ངེས་དགོས་ལ། བུའི་བཞུགས་གདན་གྱི་སྟེང་དུ་ནས་ལ་རྗེ་དཀར་གོང་ཞིབ་བརྟུང་བྱས་པའི་ཕྱེ་མ་ཕྲན་ཙམ་བསྲེས་པས་གཡུང་དྲུང་གི་རི་མོ་འབྲི་བ་དང་། མནའ་མའི་བཞུགས་གདན་གྱི་སྟེང་དུ་གྲོ་ལ་ཚྭ་ཕྲན་ཙམ་བསྲེས་པས་ནོར་བུ་དགའ་འཁྱིལ་གྱི་རི་མོ་འབྲི་བ། གལ་ཏེ་བུ་དང་བུ་མོའི་ལོ་རྟགས་མཐུན་སྦྱོར་འབྲིང་ཙམ་ཡིན་ན། བུ་མོའི་བཞུགས་གདན་གྱི་སྟེང་དུ་འཁོར་ལོ་རྩིབས་བརྒྱད་དང་བུའི་བཞུགས་གདན་གྱི་སྟེང་དུ་གཡུང་དྲུང་ལག་ཁྱུད་འབྲི་བའང་ཡོད། དུས་ཕྱིས་མང་ཆེ་བས་བཞུགས་གདན་གྱི་སྟེང་དུ་གྲོའམ་ནས་ཀྱི་གཡུང་དྲུང་གཅིག་པུ་བྲིས་ནས་འཐུས་པར་བྱེད། དེང་སང་གདན་འདིང་སྐབས་བཀྲ་ཤིས་ཀྱི་བཤད་པའམ་སྨོན་ཚིག་བརྗོད་པའི་སྔར་སྲོལ་ཕལ་ཆེར་ཉམས་ནས་རིག་རྒྱུ་མེད་པར་གྱུར་ཡོད།

ལས་ཕྲན་བཞི་པ་དཀར་གསུམ་གྱིས་ཇ་གསོ་བའི་སྐོར།

དེ་ནི་གཉེན་སྒྲིག་གི་རྟེན་འབྲེལ་ཐོག་ཏུ་མཐུན་གསུམ་གྱི་བུའམ་བུ་མོ་ཞིག་གིས་ཁྲེམ་བུ་གཙང་མར་འཕྱིས་ནས་འོ་ཞོའི་སྐྱེམས་ཀྱི་མཆོད་པ་འབུལ་བའི་ཚོ་ག་ཞིག་ཡིན། དེ་ཡང་བག་རྩིས་ལ་བབ་པ་ལྟར་ཕ་མ་གཉིས་འཛོམས་དང་། དབང་པོ་སྐྱོན་མེད། མིང་བཀྲ་ལེགས་པའི་མཐུན་གསུམ་གྱི་བུ་མོའམ་བུ་ཞིག་གིས་བུ་དང་མནའ་མ་ནས་འགོ་བཙུགས་ཏེ་བཞུགས་གྲལ་ལྟར་རྒྱུས་ལ་དཀར་གསུམ་མངར་གསུམ་མམ་དབང་ཟས་འབུལ་དགོས་ཤིང་། དེ་ལའང་ཡུལ་ལུང་སོ་སོར་མི་འདྲ་བ་ཅུང་ཟད་འདུག་སྟེ། ལ་ལས་ཐོག་མར་དཀར་གསུམ་མངར་གསུམ་དང་། ལ་ལས་སྟོན་ལ་གྲོ་མ་འབྲས་སིལ་དང་གྲོ་ཐུག་འབུལ་བ་སོགས་གང་བྱས་ཀྱང་ཚོག་གོ་སྙམ། དབང་ཟས་འབུལ་མཁན་དེ་རིག་པ་བཀྲ་ལ་སྨྲ་ལྕེ་བདེ་བ། སྦྱོང་བ་ཅན་ཞིག་ཡིན་ན། སྟོན་ལ་དཀར་གསུམ་མངར་གསུམ་གྱི་མཆོད་པ་འབུལ་བ་ཤུགས་ཆེ་

ཙམ་འདུག དེ་ལྟར་མིན་ན་ཞང་ཆེན་པོས་ཟས་ཀྱི་མཆོད་པ་འབུལ་བ་དང་སྣྲགས་བཞུགས་གྲལ་ལྷན་རྒྱས་ནས་ཟས་ཕུད་ཀྱི་མཆོད་པ་མཉམ་དུ་འབུལ་སྲོལ་ཡོད། གང་ལྟར་ཟས་མཆོད་པ་མེད་པར་ཟ་ལུགས་མེད། གོས་གོང་བ་མེད་པར་གྱོན་ལུགས་མེད་ཅེས་པའམ་ཟས་མཆོད་པ་མེད་ན་ཤ་ཟས་ཡིན། གོས་གོང་བ་མེད་ན་ཤི་གོས་ཡིན་ཞེས་པའི་གནའ་མི་བོད་ཀྱི་གཏམ་དཔེ་ལྟར། བཟའ་བཏུང་མ་བྱས་སྔོན་ལ་ཕུད་གཏོར་བྱེད་པ་ནི་བོད་མི་རིགས་ཀྱི་སྔར་སྲོལ་ཞིག་ཡིན་ལ། ཟས་མ་ཟས་སྔོན་ལ་ཕུད་གཏོར་བྱས་ན་ཟས་བཅུད་མི་ཉམས་པ་དང་ཟས་སྡིག་དག་པར་བྱེད་པའི་ནུས་པ་ཡོད་པར་བརྗོད་སྲོལ་ཡོད། ཟས་ཀྱི་མཆོད་པ་ཁྱིམ་བུའམ་མཛུབ་མོས་འབུལ་བ་དང་། ཇ་ཆང་གི་ཕུད་གཏོར་ལག་པའི་མཛུབ་མོས་བྱེད། ཕུད་གཏོར་ལག་པའི་མཛུབ་མོ་གང་གིས་བྱེད་པའི་ཐད་དེང་དུས་བཤད་ཚུལ་མི་འདྲ་བ་མང་དུ་བྱུང་བས། འདིར་ཞར་དུ་དེའི་སྐོར་ལ་རང་ཉིད་ནས་བགྲེས་སོང་སྦྱོང་བ་ཅན་མང་པོར་བཅའ་འདྲི་ཞུས་པ་དང་ཆབས་ཅིག་བརྟག་ཞིབ་བྱས་འབྲས་ཀྱི་ལྟ་ཚུལ་རགས་ཙམ་བརྗོད་ན་འདི་ལྟར། བོད་ཀྱི་དམངས་ཁྲོད་དུ་རིག་གནས་ཀྱི་མཚོན་དོན་སྣ་མང་ཕུན་སུམ་ཚོགས་པོ་ཡོད་ཅིང་། དེའི་ཁྲོད་ལས་ཕོ་མོའི་མཚོན་དོན་ནི་དེ་བས་ངོ་མཚར་ཆེ་བ་ཞིག་ཡོད། དཔེར་ན། རིན་ཆེན་གྱི་རིགས་ལས་གསེར་གྱིས་སྐྱེས་པ་ཕོ་མཚོན་པ་དང་། གཡུ་ཡིས་བུད་མེད་མཚོན་པ། གཅན་གཟན་གྱི་རིགས་ལས་སྟག་གིས་བུ་མཚོན་པ་དང་། གཟིག་གིས་བུད་མེད་མཚོན་པ། རི་ཆུ་ལས་གངས་རིས་བུ་མཚོན་པ་དང་། རྒྱ་མཚོས་བུད་མེད་མཚོན་པ། གནམ་གྱིས་བུ་དང་ས་ཡིས་བུ་མོ་མཚོན་པ། འཁོར་ལོ་རྩིབས་བརྒྱད་ཀྱིས་བུ་དང་པདྨ་འདབ་བརྒྱད་ཀྱིས་བུ་མོ་མཚོན་པ་ལྟ་བུ་དང་། ཁྱད་པར་གཡས་གཡོན་གཉིས་ལས་བུ་གཡས་དང་བུ་མོ་གཡོན་ཞེས་བརྗོད་སྲོལ་ཡོད་པ་དཔེར་ན། "གཡས་སྟག་གྲལ་དུ་འཁོད་པའི་དཔའ་བོའི་བཞུགས་གྲལ་དང་། གཡོན་གཟིག

གྲལ་དུ་འཁོད་པའི་དཔའ་མོའི་བཞུགས་གྲལ་” ཞེས་དང་། བོན་གྱི་དཔེ་ཆ་ལས། “ལྷ་བོན་ཐོད་དཀར་ཞལ་ན་རེ། མིང་པོ་གྲལ་གྱི་གཡས་སུ་བཞག སྲིང་མོ་གྲལ་གྱི་གཡོན་དུ་བཞག” ཅེས་པ། ནམ་རྒྱུན་ཕོ་མོའི་བཞུགས་གྲལ་སྒྲིག་སྐབས་སྟག་གྲལ་གཡས་དང་གཟིག་གྲལ་གཡོན་ཞེས་སྐྱེས་པ་ཕོ་ཡི་བཞུགས་གྲལ་གཡས་དང་བཟའ་མ་མོ་ཡི་བཞུགས་གྲལ་གཡོན་དུ་སྒྲིག་པ། དེ་མིན་འཁོར་གསུམ་དཔའ་ཆས་གྱོན་སྐབས་ཀྱང་སྟག་དོང་གཡས་དང་གཟིག་ཤུབས་གཡོན་ཞེས་པ། བུ་མོར་མདའ་དར་འཛུགས་སྐབས་ཀྱི་དམངས་ཁྲོད་བཤད་པའི་ནང་དུའང་“མདའ་དར་གཡས་སུ་བཙུགས་པས། ཕོ་ལྷ་དང་དགྲ་ལྷ་མཉེས་པའི་རྟེན་འབྲེལ་ཡིན། མདའ་དར་གཡོན་དུ་བཙུགས་པས། མོ་ལྷ་དང་ཞང་ལྷ་མཉེས་པའི་རྟེན་འབྲེལ་ཡིན་” ཞེས་པ། བག་མ་ལྷ་འདོགས་ཀྱི་སྐབས་སུའང་། “ཀྱེ། དབུས་ནས་མགོན་ལྷ་དཀར་པོས་སྲུངས། །སྟེང་ནས་ནམ་མཁའི་ལྷ་མོས་སྲུངས། །འོག་ནས་ས་ཡི་ལྷ་མོས་སྲུངས། །གཡས་ནས་ཕོ་ལྷ་གཉན་པོས་སྲུངས། །གཡོན་ནས་མོ་ལྷ་བུ་རྫིས་སྲུངས། །རྒྱབ་ནས་དགྲ་ལྷ་དར་མས་སྲུངས། །མདུན་ནས་ཞང་ལྷ་སྲོག་ལྷས་སྲུངས། །ཕྱུག་ལྷ་གཉེན་པོས་སྲུངས་སྐྱོབ་མཛོད། །” ཅེས་གཡས་སུ་ཕོ་ལྷ་དང་གཡོན་དུ་མོ་ལྷ་གནས་ཡོད་ཚུལ་འཁོད་པ་དང་། གཞན་ཡང་ཕོ་མཚོན་བྱེད་ཀྱི་གསེར་གཡས་སུ་འཛོག་པ་དང་བུད་མེད་མཚོན་བྱེད་ཀྱི་གཡུ་གཡོན་དུ་འཛོག་སྲོལ་ཡང་ཡོད་པ་དཔེར་ན། བོན་གྱི་ཚོ་གའི་སྐོར་གྱི་དཔེ་ཆ་ཞིག་ལས། “ཚོ་ག་དེ་དངོས་སུ་སྤེལ་སྐབས། ཚོ་ག་སྤེལ་མཁན་དེས་ཁ་གསེར་ཞེས་གསེར་རྡོག་རྡོག་གཅིག་ཁ་ནང་གི་གཡས་ངོས་སུ་འཛོག་པ་དང་། ཁ་གཡུ་ཞེས་གཡུ་ཆུང་ཆུང་ཞིག་ཁ་ནང་གི་གཡོན་ངོས་སུ་འཛོག་པ་ཡིན་”[1] ཞེས་བྱུང་ལ། བོད་ཀྱི་གནའ་རབས་

① མཁར་རྩེའུ་བསམ་གཏན་གྱི་གསུང་རྩོམ་ཕྱོགས་བསྒྲིགས་《མདའ་དང་འཕང་》ཞེས་པའི་སྐད་ཆའི་ཤོག་ངོས་༡༤༧བཅས་ལ་གསལ། ཀྲུང་གོའི་བོད་རིག་པ་དཔེ་སྐྲུན་ཁང་ནས་༢༠༠༧ལོར་བསྐྲུན།

ཀྱི་རིག་གནས་ལོ་རྒྱུས་གསལ་བའི་མེ་ལོང་《གླིང་གེ་སར་རྒྱལ་པོའི་སྒྲུང་》གི་ནང་དུའང་རྗེ་རྒྱལ་པོའི་གསེར་ཁྲི་གཡས་སུ་སྒྲིག་པ་དང་། སྨན་བཙུན་མོའི་གཡུ་ཁྲི་གཡོན་དུ་སྒྲིག་པའི་སྲོལ་ཡོད་པ་ལྟ་བུའོ། །གོང་གསལ་དེ་དག་ལ་གཞིགས་ན། སྐྱེས་པ་ཕོ་དང་གཡས་ཀྱི་འབྲེལ་བ་ཟབ་ཅིང་། བཟའ་མ་མོ་དང་གཡོན་གྱི་འབྲེལ་བ་ཟབ་པས། ཕུད་གཏོར་བྱེད་སྐབས་སུའང་སྐྱེས་པས་ལག་གཡས་ཀྱི་སྲིན་མཛུབ་དང་། བུད་མེད་ཀྱིས་ལག་གཡོན་གྱི་སྲིན་མཛུབ་བེད་སྤྱོད་བྱས་ན་འཐད་པར་སྙམ། གཞན་ཡང་གཡོན་ལ་གཡོན་མ་ཞེས་སྨྲར་ན་འགྲིག་ཀྱང་། གཡས་ལ་གཡས་པ་ཞེས་སྤྱོར་བ་ལས་གཡས་མ་ཞེས་སྨྲར་སྲོལ་མེད་པ་དེས་ཀྱང་རྒྱུ་མཚན་ངེས་ཅན་ཞིག་བསྟན་གྱི་ཡོད་སྙམ།

ལས་ཕྲན་ལྔ་པ་མིང་འདོགས་པའི་སྐོར།

དེ་ནི་བག་མ་གནས་ལ་སླེབས་རྗེས་ཁྱིམ་ཚང་ཆེ་ཕྲས་ལ་ལས་ རྟགས་པ་སོགས་ཆོས་པ་གདན་འདྲེན་གྱིས་བུ་མོའི་གོ་མིང་བསྒྱུར་ནས་མིང་གསར་པ་འདོགས་པ་དང་། སྐབས་དེར་བཀྲ་ཤིས་ཀྱི་བཤད་པའམ་སྨོན་ཚིག་རྒྱས་བསྡུས་སྣ་ཚོགས་བརྗོད་པའི་ཚིག་ཞིག་ཡོད་པ་དེར་ཟེར་བ་ཡིན། བོད་མི་མང་ཆེ་བས་ཕྲུ་གུ་སྐྱེས་རྗེས་ཟླ་བ་གཅིག་ཙམ་གྱི་ནང་ཚུན་དུ་བླ་མ་སོགས་ལ་མིང་ཞུ་བ་དང་། འགའ་རེས་ཁྱིམ་ཚང་གི་བགྲེས་སོང་དང་ཡང་ན་ཕ་མས་ཕྲུ་གུར་མིང་འདོགས་སྲོལ་ཡོད། མནའ་མར་གོ་མིང་ཡོད་བཞིན་དུ་མིང་སྒྲོ་བའམ་མིང་གསར་པ་འདོགས་པའི་དགོས་དོན་ནི། "མིང་དུ་བཏགས་པར་མ་མཛད་ན། །འཇིག་རྟེན་ཐམས་ཅད་རྨོངས་པར་འགྱུར། །དེ་བས་རྨོངས་པ་བསལ་བའི་ཕྱིར། །མགོན་པོས་མིང་དུ་བཏགས་པར་མཛད། །" ཅེས་པ་ལྟར། གདགས་གཞི་དེ་གཞན་དང་མི་འདྲ་བ་བྱེད་ཆེད་དུ་ཡིན་པ་མིང་འདོགས་པའི་སྤྱིའི་དགོས་པ་དང་མཚུངས་པ་དང་།

བྱེ་བྲག་ཀོང་སྤྲུལ་གྱི་ཕྱག་རྩོམ་དེ་ལས། “སྲུང་དང་སྐྱབས་ཀྱི་མིང་བཏགས་པས། །དཀོན་མཆོག་གསུམ་གྱིས་སྐྱོབ་པར་ཤོག །མགོན་དང་སྲུང་གི་མིང་བཏགས་པས། །ལྷ་སྲུང་གཉན་པོས་མགོན་བྱེད་ཤོག །འཚོ་བའི་མིང་མཐའ་ལྡན་པ་ཡིས། །ལོ་བརྒྱ་དག་ཀྱང་འཚོ་བར་ཤོག །ནམ་མཁའི་མིང་ལས་གྲུབ་པ་ཡིས། །དབུ་འཕང་དགུང་བས་མཐོ་བར་ཤོག །ས་གཞིའི་མིང་ལས་གྲུབ་པ་ཡིས། །ས་བཞིན་ཡོན་ཏན་ཀུན་སྐྱེད་ཤོག །རི་བོའི་མིང་ལས་གྲུབ་པ་ཡིས། །དབང་ཐང་རི་ལྟར་བརྟན་པར་ཤོག །ཉི་ཟླའི་མིང་ལས་གྲུབ་པ་ཡིས། །ཉི་ཟླ་བཞིན་དུ་ཀུན་སྣང་ཤོག ། རྟེན་འབྲེལ་ཕུན་ཚོགས་མིང་བཏགས་པས། །བུ་ནོར་ཆོས་གསུམ་འཛོམ་པ་དང་། །སྐྱིད་དགའ་མཐའ་རུ་ཕྱིན་པར་ཤོག །དཔལ་དང་ལོངས་སྤྱོད་འཕེལ་བ་དང་། །བཀྲ་ཤིས་དོན་རྣམས་འགྲུབ་པར་ཤོག །གྲགས་པ་བཟང་པོ་བཀྲ་ཤིས་མིང་། །བོད་ཁམས་ཀུན་ཏུ་སྙན་པར་གྲགས། །ལྷ་མི་ཡོངས་ཀྱིས་སྨོན་པ་ཡི། །བདེ་ལེགས་དཔལ་དུ་འབར་གྱུར་ཅིག །” ཅེས་གསལ་བ་ལྟར། གང་གི་མིང་ལས་གྲུབ་ཏེ་མིང་བཏགས་པ་ནི་ཕུགས་འདུན་ནམ་རེ་སྨོན་མཚོན་པའམ་བཀྲ་ཤིས་རྟེན་འབྲེལ་གྱི་ཆེད་དུ་ཡིན་པ། གཞན་ཡང་རང་རེ་བོད་ཁུལ་དུ་མིང་གཅིག་མི་མང་པོར་ཐོགས་པའི་སྣང་ཚུལ་མངོན་གསལ་དོད་པོ་ཡོད་ལ། འདས་གྲོངས་སོང་བའི་མིའི་མིང་འབོད་རྒྱུ་འཛེམ་བྱར་བཟུང་བས། མནའ་མའི་ཕོ་མིང་དང་བུའི་ཁྱིམ་ཚང་གི་ནང་མི་གཞན་གྱི་མིང་དང་། ཁྱད་པར་འདས་གྲོངས་ཟིན་པའི་བགྲེས་སོང་རྣམས་ཀྱི་མིང་དང་གཅིག་མཚུངས་མི་ཡོང་བའི་ཆེད་དུའང་ཡིན།

ལས་ཕྲན་དྲུག་པ་ལྷ་ལ་འདོགས་པའི་སྐོར།

དེ་ནི་བུ་མོ་མནའ་མར་སླེབས་རྗེས་ཕྱགས་འཆང་པས་ལྷ་རྟེན་གྱི་མདའ་

དར་དང་ཚེ་བུམ་སོགས་ཐོགས་ནས་བག་མ་དེ་བུའི་ཁྱིམ་ཚང་ཕྱོགས་ཀྱི་ཆོས་སྐྱོང་དང་ཡུལ་ལྷ་ལ་རྟེན་སྒྲོད་བྱེད་པའི་ཚིག་ཞིག་ཡིན། གནའ་དུས་ཡུལ་སྲོལ་དེ་འདྲ་ཞིག་ཡོད་པ་མ་ཟད། ད་ལྟའང་དབུས་གཙང་གི་ས་ཆ་འགའ་ཞིག་ཏུ་ལྷ་འདོགས་ཀྱི་སྲོལ་དེའི་ཤུལ་མཐོང་རྒྱུ་ཡོད། ཐར་བོན་པོ་རྣམས་ཀྱིས་ལྷ་འདོགས་ཀྱི་"ཚིག་དེ་སྤེལ་སྐབས། ཁྱོ་གའི་སྤྱི་གཙུག་ཏུ་བལ་གྱིས་བཟོས་པའི་'དམུ་ཐག'ཅེས་པའི་སྐུད་པ་ཞིག་འདོགས་པ་དང་། 'གཡང་ཐག'ཅེས་པའི་སྐུད་པ་སྔོན་མོ་ཞིག་མནའ་མའི་སྤྱི་གཙུག་ཏུ་འདོགས་པ་ཡིན་ལ། དེ་རྗེས་ཁྱོ་ག་དེས་ལག་ཏུ་མདའ་མོ་བཟུང་ཞིང་མགོ་སྟེང་གི་ལྷ་ལྷར་ཚང་དང་གཏོར་མ་སོགས་ཀྱི་མཆོད་པ་འབུལ་བ་ཡིན། མནའ་མ་དེས་ལག་ཏུ་སྐྱོགས་ཤིག་བཟུང་ཞིང་འོ་མ་དང་ཕྱེ་མར་གྱི་མཆོད་པ་འབུལ་གྱི་ཡོད། དེ་ནས་ལྷ་བོན་གྱིས་ཁྱོ་ག་དེ་ལ་གསེར་གྱི་ཚིགས་ཁེབས་སམ་རྣ་རྒྱན་ཞིག་སྒྲོད་པ་དེ་ལ་བླ་གསེར་ཞེས་ཟེར་སྲོལ་ཡོད་པ་དང་། མནའ་མ་དེ་ལ་གཡུ་ཞིག་སྒྲོད་པ་དེ་ལ་བླ་གཡུ་ཞེས་ཟེར་བ་ཡིན། གསར་དུ་གཉེན་སྒྲིག་བྱེད་པའི་ན་གཞོན་ཕོ་མོ་གཉིས་རྩམ་ཕྱིས་འཐེན་པའི་གཡུང་དྲུང་གི་རི་མོ་ཅན་གྱི་གདན་ཐོག་ཏུ་སྡོད་དུ་བཅུག་རྗེས། ལྷ་བོན་དང་ཁྱོ་ག་དང་མནའ་མ་རྣམས་མཉམ་དུ་ཚེ་གའི་ཞལ་འདོན་སྐྱོར་བར་བྱེད་པ་ཡིན"①ཞེས་བྱུང་བ་དང་། དུས་ཕྱིས་ལྷ་འདོགས་ཀྱི་སྲོལ་དེ་དམངས་ཁྲོད་དུ་རྒྱུན་འཛིན་བྱ་མུས་ཀྱི་བྱེད་སྒོའི་ནང་ཡོད་ནའང་། ཞིབ་ཕྲའི་འགྲོ་ལུགས་འགྲོ་སྟངས་མང་པོར་གཞན་འགྱུར་ཆེ་ཙམ་བྱུང་ཡོད་པ་དཔེར་ན། གཙང་ཁུལ་དུ་དུས་ཕྱིས་ལྷ་འདོགས་ཀྱི་ཚིག་སྤེལ་སྐབས་ཁང་པའི་ཐོག་ཁར་གུར་ཕུབ་པའམ་ཡང་ན་སྐབས་འཕྲལ་བཞུགས་གདན་བཏིང་བའི་སྟེང་དུ་བུ་དང་མནའ་མ། དེ་བཞིན་དུད་ཚང་དེའི་ནང་མི་ཚང་མ་གཟབ་མཚར་གྱིས

① མཁར་རྡོ་བསམ་གཏན་གྱི་གསུང་རྩོམ་ཕྱོགས་བསྒྲིགས《མདའ་དང་འཕང་》ཞེས་པའི་སྨད་ཆའི་ཤོག་གྲངས་༣༣༥བཅས་ལ་གསལ། ཀྲུང་གོའི་བོད་རིག་པ་དཔེ་སྐྲུན་ཁང་ནས་༢༠༠༧ལོར་བསྐྲུན།

བརྒྱན་ནས་འཁོད་ཐོག གསོལ་ཇ་དང་མཆོད་ཚང་འདྲེན་པ་དང་དུས་མཚུངས་སྔགས་པས་ལྷ་བསང་གཏོང་བ་མ་ཟད། གྲིབ་བསང་དང་མནོལ་བསང་། དགྲ་ལྷ་དཔང་བསྟོད། པད་མ་ལྷ་བསང་སོགས་འདོན་པ་དང་། ལྷ་བསང་མཇུག་སྒྲིལ་མཚམས་སུ་ནང་མི་ཚང་མས་མཉམ་དུ་ཕྱེ་མར་ཁྱེར་ནས་ལྷ་རྒྱལ་ཐེངས་གསུམ་འབོད་སྲོལ་ཡོད་པ་ལྟ་བུ་དང་། ཡང་ཡུལ་ལ་ལར་སྔགས་པ་གདན་འདྲེན་མ་ཞུས་པར་ནང་མི་ཚང་མ་ཁང་པའི་ཐོག་ཁར་ཐོན་ཏེ་བསང་གསོལ་དང་ལྷ་རྒྱལ་འཐེན་ནས་འཐུས་པར་བྱས་པས། ལྷ་འདོགས་ལ་ཐོག་གསོལ་ཞེས་འབོད་མཁན་ཡང་ཡོད་ཅིང་། ལྷ་འདོགས་ཀྱི་བྱེད་སྒོ་སྤེལ་དོན་ཡང་བུ་མོ་དེ་བུའི་ཁྱིམ་དུ་མནའ་མར་སླེབས་པས། བུ་མོའི་ཕ་ཁྱིམ་གྱི་མི་གྲལ་ནས་བུད་པ་མ་ཟད། ལྷ་གྲལ་ནས་ཀྱང་བུད་པར་འདོད་དེ། དེ་རྗེས་བག་མར་བུའི་ཁྱིམ་གྱི་ལྷ་ངོ་མི་ངོ་སྤྲོད་པ་ཡིན་ཟེར་བ། དེ་བཞིན་མནའ་མར་གཙུག་གཡུ་སྒྲོན་པའི་དུས་ཚོད་དང་སྒྲོན་མཁན་ཡང་སྔར་གྱི་བོན་ལུགས་དང་མི་འདྲ་བར་བུ་མོ་མནའ་མར་སྟེར་རྒྱུའི་ཁས་ལེན་བྱུང་རྗེས་དེ་མུར་བུའི་ཕྱོགས་ཀྱི་ཞང་པོའམ་གཉེན་སློང་མཁན་གྱིས་བུ་མོ་ལ་གཙུག་གཡུ་སྒྲོན་ཏེ། དེ་ནི་གཉེན་རྟགས་སམ་གཉེན་དོན་ལ་འགྱུར་བ་མི་འགྲོ་བའི་གཏའ་མ་འཛུགས་པ་ཡིན། ལྷ་འདོགས་བྱེད་མཁན་ཡང་བོན་ལུགས་ཀྱི་ལྷ་བོན་ནས་བན་ལུགས་ལྟར་སྔགས་པས་བྱེད་ཀྱི་ཡོད་ལ། གཡུང་དྲུང་འབྲི་བྱེད་ཀྱི་རྗེས་ཀྱང་རྩམ་ཕྱེ་ནས་གྲོ་ནས་ལ་འགྱུར་ཡོད་པ་ལྟ་བུའོ། །

ལས་ཕྲན་བདུན་པ་གཡང་འགུགས་སྐོར།

དེ་ནི་སྔགས་པའམ་ཡང་ན་ཞང་ཆེན་པོའམ་རྒན་པོ་སྨྲང་བ་ཅན་ཞིག་གིས་མདའ་དར་ལག་ཏུ་ཐོགས་ནས་བག་གཡང་གིས་གསོས་པའི་བག་རྫོངས་ནོར་དང་ཕྱུགས་སོགས་ཀྱི་གཡང་འགུགས་པའི་ཚིག་ཞིག་ཡིན། དེ་ཡང་དཔའ་བོ་གཙུག་

ལག་ཕྲེང་བས་མཛད་པའི་《ཆོས་འབྱུང་མཁས་པའི་དགའ་སྟོན་》ལས། "སྔང་གཉེན་བལ་ཐོད་ཅན་གྱིས་ཕྱ་གཡང་འགུགས་མི་ནོར་རྒྱས་པར་བྱེད་"①ཅེས་བྱུང་བ་དང་། ཀོང་སྤྲུལ་གྱི་ཕྱག་རྩོམ་དེའི་གཡང་འབོད་ཀྱི་བཤད་པའི་ནང་དུ། "ཀྱེ། མི་ཚུར་འོང་རྫེས་ལ་མི་གཡང་ཤོག །ནོར་ཚུར་འོང་རྫེས་ལ་ནོར་གཡང་ཤོག །ཟས་ཚུར་འོང་རྫེས་ལ་ཟས་གཡང་ཤོག །བག་མ་ཚུར་འོང་རྫེས་ལ་དཔལ་གཡང་ཤོག །ཡོ་མ་ཚུར་འོང་རྫེས་ལ་རྟ་གཡང་ཤོག །གནག་ཕྱུགས་ཚུར་འོང་རྫེས་ལ་ཟོག་གཡང་ཤོག །གཡང་དཀར་ཚུར་འོང་རྫེས་ལ་ལུག་གཡང་ཤོག །ཚེ་ཚེ་ཚུར་འོང་རྫེས་ལ་ར་གཡང་ཤོག །"ཅེས་གསལ་བ་ལྟར་རོ། །གཡང་འགུགས་བྱེད་པའི་སྲོལ་དེ་རང་རེའི་དམངས་ཁྲོད་དུ་དར་ཁྱབ་ཆེན་པོ་ཡོད་ནའང་། གཡང་གི་གོ་དོན་དང་དེ་ཉིད་ཇི་ལྟར་དར་བའི་སྐོར་ལ་འདོད་ཚུལ་མི་འདྲ་བ་མང་པོ་ཡོད་དེ། ལ་ལས་དེ་ནི་"ཕལ་ཆེར་གདོད་མའི་མི་རྣམས་ཀྱིས་ངལ་རྩོལ་གྱི་འབྲས་བུ་ལེགས་པོ་ཞིག་ལེན་པར་དམིགས་ནས་གཡང་གི་ཚིག་སྤྲུབ་སྲོལ་ཡོད་པ་ལྟ་བུར་སྣང་བས། དེ་ལ་བཙུད་དང་དཔལ། བཀྲ་ཤིས། ཕུན་ཚོགས་སོགས་ཀྱི་དོན་དང་ལྡན་པར་འདོད་"②པ་དང་། ལ་ལས་"གཡང་ཞེས་པའི་ཚིག་གི་དོན་ནི་ནོར་དང་ཕྱུག་པོའམ་སྙིང་པོའི་དོན་ལགས་"③ཞེས་བརྗོད་མཁན་ཡོད་པ་ལྟ་བུའོ། །དེ་བཞིན་ཞིབ་འཇུག་པ་ལ་ལས་ལོ་རྒྱུས་འཕེལ་རིམ་ཁྲོད་གཡང་གི་གོ་དོན་ལའང་འཕེལ་འགྱུར་ཆེན་པོ་བྱུང་ཡོད་པར་འདོད་པ་དཔེར་ན། སློན་ཕྲུག་གནམ་ལྷ་རྒྱལ་གྱིས་

① དཔའ་བོ་གཙུག་ལག་ཕྲེང་བས་མཛད་པའི་《ཆོས་འབྱུང་མཁས་པའི་དགའ་སྟོན་》སྟོད་ཆའི་ཤོག་ངོས་༡༨༩ལ་གསལ། མི་རིགས་དཔེ་སྐྲུན་ཁང་ནས་༡༩༨༥ལོར་བསྐྲུན།

② རྒྱང་འཁོར་ཚེ་ཕུན་གྱིས་གཙོ་སྒྲིག་བྱས་པའི་《སྒྲིང་སྒྲུང་སྐོར་གྱི་དཔྱད་རྩོམ་གཅེས་བཏུས་》ཞེས་པའི་ཤོག་ངོས་༢༩བཅས་ལ་གསལ། བོད་ལྗོངས་བོད་ཡིག་དཔེ་རྙིང་དཔེ་སྐྲུན་ཁང་ནས་༢༠༡༥ལོར་བསྐྲུན།

③ མཁར་རྫེའུ་བསམ་གཏན་གྱི་གསུང་རྩོམ་ཕྱོགས་བསྒྲིགས《མདའ་དང་འཕང་》ཞེས་པའི་སྟོད་ཆའི་ཤོག་ངོས་༣༣༩ལ་གསལ། ཀྲུང་གོའི་བོད་རིག་པ་དཔེ་སྐྲུན་ཁང་ནས་༢༠༠༧ལོར་བསྐྲུན།

"གཡང་འབོད་ཀྱི་སྲོལ་དེ་ཐོག་མར་གནའ་བོའི་བོད་ཀྱི་ཐོན་སྐྱེད་དམངས་སྲོལ་གྱི་ཆོ་ག་གཙོ་བོ་ཞིག་ཡིན་པ་ནས་རིམ་གྱིས་བོན་གྱི་ཆོས་ལུགས་ཀྱི་ནང་དོན་དང་ཆོ་ག་གཙོ་བོ་ཞིག་ཏུ་གྱུར་བ་དང་། དེ་རྗེས་བོན་པོ་རྣམས་ཀྱིས་གཡང་འགུགས་པའི་ཐོག་མར་ལྷ་གསོལ་བ་དང་། གཡང་འགུགས་ཀྱི་ཆོ་ག་གཏན་ལ་འབེབས་པ། ཚོ་གའི་ཡོ་བྱད་གསར་གཏོད་བྱེད་པ་སོགས་ཀྱི་གོ་རིམ་ངེས་ཅན་ཞིག་བརྒྱུད་མཐར། གཡང་གི་གོ་བ་ལེན་སྟངས་དང་གཡང་གི་ཐོག་མའི་ནང་དོན་ལ་འཛིན་པའི་འདུ་ཤེས་ལ་འགྱུར་ལྡོག་བྱུང་སྟེ། གཡང་སྒྲུབ་པ་ནི་ནོར་ལོངས་སྤྱོད་རྒྱས་པར་བྱེད་པའི་རིག་པ་ཁོ་ན་ཙམ་མ་ཡིན་པར་ཚེ་རིང་བ་དང་ནད་མེད་པ། ཤེས་རིག་དར་བ། བདེ་སྐྱིད་འབྱུང་བ་བཅས་ཀྱི་སྔོན་འགྲོའི་ཆ་རྐྱེན་ནམ་མཐུན་རྐྱེན་ལྟ་བུ་ཞིག་ཏུ་ངོས་འཛིན་བྱེད"[1]ཅེས་གསུངས་ཡོད་པ་ལྟར་ཡིན། དེས་ན་དམངས་ཁྲོད་ཀྱི་རིག་གནས་གང་འདྲ་ཞིག་ཡིན་རུང་དེ་ཉིད་འཕེལ་རྒྱས་འགྲོ་བའི་བརྒྱུད་རིམ་ཁྲོད་དེའི་ནང་དོན་ལ་འཕེལ་འགྱུར་འགྲོ་བ་ནི་རིག་གནས་འཕེལ་རྒྱས་ཀྱི་ཆོས་ཉིད་དང་མཐུན་པ་ཞིག་ཡིན་ཞིང་། གཡང་གི་རིག་གནས་ལྟ་བུར་མཚོན་ནའང་དེ་ཉིད་དམངས་ཁྲོད་དུ་དར་ཡུན་ཤིན་ཏུ་རིང་བས། གནམ་ལྷ་རྒྱལ་མཆོག་ནས་གཡང་གི་སྐོར་ལ་ཕྱོགས་བསྡོམས་གནང་བའི་འཕེལ་འགྱུར་གྱི་དགོངས་ཚུལ་དེ་ནི་དོན་ལ་གནས་པ་ཞིག་ཡིན།

མཐའ་རྟེན་ཤེས་བརྗོད་ཀྱི་སྐོར།

དེ་ནི་གཉེན་སྒྲིག་རྟེན་འབྲེལ་གྱི་ཆོ་ག་རྣམས་ཡོངས་སུ་ལེགས་གྲུབ་ཟིན་མཚམས་ སྡུགས་པའམ་ཞང་ཆེན། ཡང་ན་སྐྱོང་བ་ཅན་གྱི་རྒན་པོ་ཞིག་གིས་

[1] རྒྱང་འཁོར་ཚེ་ཕུན་གྱིས་གཙོ་སྒྲིག་བྱས་པའི་《གླིང་སྒྲུང་སྐོར་གྱི་དཔྱད་རྩོམ་གཅེས་བཏུས》ཞེས་པའི་ཤོག་ངོས་༡༠བཅས་ལ་གསལ། བོད་ལྗོངས་བོད་ཡིག་དཔེ་རྙིང་དཔེ་སྐྲུན་ཁང་ནས་༢༠༡༥ལོར་བསྐྲུན།

"ཕུན་སུམ་ཚོགས་པ་མངའ་བ" ཞེས་པ་དང་"ལོ་བརྒྱ་འཚོ་ཞིང་ཇི་ལྟར་སྨོན་པ་ཀུན་འགྲུབ་ཤོག" ཅེས་པ་སོགས་བཀྲ་ཤིས་པའི་ཚིག་ཕྲེང་རྒྱས་བསྡུས་སྣ་ཚོགས་ཇི་ལྟར་འོས་པ་བརྗོད་ནས་རྟེན་འབྲེལ་གྱི་དངོས་གཞི་ལེགས་པར་མཇུག་བསྡུ་བའི་བྱེད་སྒོ་ཞིག་ཡིན། དེ་ནི་དུས་ཕྱིས་ཀྱི་དབུས་གཙང་ཁུལ་གྱི་གཉེན་སྒྲིག་རྟེན་འབྲེལ་ནང་གི"གྲོལ་བསང" ཞེས་པའི་སྐབས་ཀྱི་བཀྲ་ཤིས་འབོད་པ་དང་འདྲ་བ་ཡིན།

གོང་ཞུས་དེ་དག་ལས་དེང་སྐབས་བོད་ཀྱི་དམངས་ཁྲོད་གཉེན་སྟོན་གྱི་ཚིག་མང་པོ་ཞིག་ལ་བོན་ལུགས་ཀྱི་ཤན་ཞུགས་ཡོད་ཚུལ་གང་ལེགས་རྟོགས་ཐུབ་ཅིང་། དེ་ནི་དམངས་སྲོལ་གྱི་གཏན་འཇགས་རང་བཞིན་ནམ་རྒྱུན་འཛིན་རང་བཞིན་གྱི་དན་རྟགས་ཤིག་ཡིན། དེ་ཙམ་གྱིས་མ་ཟད་ད་དུང་མཚོད་པའི་ཡུལ་ལའང་བོན་གྱི་ཤན་ཞུགས་ཆེན་པོ་ཡོད། དེ་ཡང་སྤྱི་ལོའི་དུས་རབས་བདུན་པ་ཙམ་ནས་ནང་པ་སངས་རྒྱས་ཀྱི་བསྟན་པ་བོད་ཁ་བའི་ལྗོངས་སུ་དར་རྗེས་བན་བོན་དབར་འཐབ་རྩོད་རབ་དང་རིམ་པ་བྱུང་བ་དང་། མཐར་ནང་པ་སངས་རྒྱས་པར་རྒྱལ་ཁ་ཐོབ་ནས་དེའི་བསམ་བློའི་དགོངས་དོན་དང་རིགས་པའི་གཞུང་ལུགས་རྣམས་རིམ་བཞིན་བོད་ལྗོངས་ཡུལ་གྲུ་ཀུན་ལ་ས་ཁྱབ་རྗེ་ཁྱབ་ཏུ་ཕྱིན། དེའི་བརྒྱུད་རིམ་ནང་སངས་རྒྱས་ཆོས་ལུགས་པས་གཅིག་ནས་བོན་གྱི་ལྷ་བར་བསྒྱུར་བཅོས་བྱས་པ་དང་། ཕྱོགས་གཞན་ཞིག་ནས་རང་ཉིད་བོད་ཁ་བའི་ཡུལ་འདིར་རྨང་གཞི་སྲ་བརྟན་ཡོང་སླད་བོན་གྱི་ཚིག་འགའ་ཞིག་སོར་བཞག་ཐོག དེ་དག་གི་དད་མོས་བྱ་ཡུལ་གྱི་རྟེན་ལྷ་འགའ་ཞིག་དམ་ལ་བཏགས་ཏེ་ནང་པ་སངས་རྒྱས་ཀྱི་བསྟན་པའི་སྲུང་མར་བསྒོ་གཞག་བྱས་ཡོད། དེ་ལྟའི་བྱ་ཐབས་སྤྱད་པ་ལ་བརྟེན་ནས་དུས་ཕྱིས་བོད་ཀྱི་དམངས་ཁྲོད་དུ་གནའ་དུས་ཀྱི་ཚིག་མང་པོ་ཞིག་རྒྱུན་འཛིན་བྱུང་ཡོད་ལ། འཇིག་རྟེན་པའི་ལྷ་ལ་གསོལ་འདེབས་རྗེད་བཀུར་བྱེད་

པའི་གནའ་དུས་ཀྱི་སྲོལ་ལུགས་ཀྱང་མ་ཉམས་རྒྱུན་འཛིན་བྱུང་ཡོད་པ་ནི་ཀོང་སྤྲུལ་ཡོན་ཏན་རྒྱ་མཚོས་མཛད་པའི་《བག་མ་ལ་དགེ་བའི་ལས་ཕྲན་བདུན་གྱི་ཚོ་ག་བཀྲ་ཤིས་དཔལ་སྐྱེད་ཅེས་བྱ་བ་བཞུགས་སོ་》ཞེས་པའི་དཔེ་ཆ་དེའི་ཐོག་མཐའ་བར་གསུམ་གྱི་ནང་དོན་ལས་ཀྱང་ར་སྤྲོད་གང་ལེགས་བྱེད་ཐུབ་པ་ཡིན་ནོ། །

༧༢། །བོད་ཁྱིའི་རིག་གནས་རྣམ་བཤད།

སྙིང་གཞི།

དྲིན་བདག་པོའི་ཕྱོགས་ལ་བརྩེ་ཞིང་དུང་། །
ཕྱུགས་རྒྱུ་ནོར་སྲུང་ལ་མཐུ་པོ་ཆེ། །
སྲང་དགྲ་རྐུན་གདོན་བགེགས་འགོག་ལ་བཙན། །
མཐོ་གངས་ལྗོངས་བོད་ཁྱིར་བསྟོད་གླུ་ལེན། །

ཞེས་པའི་ཚིག་གིས་སྟུན་བསུས་ཏེ། གང་ཞིག་སྙིང་བར་བྱ་བ་ནི་སྲུང་སྐྱོང་འཛོམས་ལ་སྙོ་ཤེད་ཆེ་བ། དྲི་ཆོར་སྙིན་ལ་བདག་པོར་བརྩེ་བའི་བོད་གངས་ཅན་ཡུལ་གྱི་གཅེས་ནོར་བོད་ཁྱིའི་འབྲེལ་ཡོད་ཤེས་བྱའི་སྐོར་ཡིན། ཉེ་ཆར་རྒྱའི་རྩོམ་པ་པོ་ཞིག་གིས་ཁ་བྱང་དུ་《བོད་ཁྱི——ཤར་ཕྱོགས་ཀྱི་ལྷ་ཁྱི》ཞེས་པའི་དེབ་གཅིག་བརྩམས་འདུག་པ་དེ་སྐད་གྲགས་ཆེ་ཚུལ་ཐོས་པས་ལྟ་ཀློག་བྱས་པ་ཡིན་ལ། གཞན་དུས་དེབ་ཁག་དང་དྲ་བའི་ཐོག་རྒྱ་ཡིག་གི་ལམ་ནས་སྤེལ་བའི་བོད་ཁྱིའི་སྐོར་གྱི་རྩོམ་ཡིག་མི་ཉུང་བ་ཞིག་ཀྱང་འདྲེན་བྱེད་དང་རྣ་བའི་ཡུལ་དུ་མཐོང་ཐོས་སུ་གྱུར། ཁྱད་པར་བོད་ཁྱིའི་སྐོར་གྱི་དེབ་དེ་འདྲ་ཞིག་རྩོམ་སྒྲིག་བྱེད་དགོས་དོན་ཐད་རྩོམ་པ་པོས་ཁྱིའི་སྐོར་གྱི་ཐུན་མིན་རིག་གནས་དར་སྤེལ་དང་། བོད་ཁྱིའི་སྙིང་སྟོབས་རྒྱུད་འཛིན། བོད་ཁྱིའི་བྱ་གཞག་འཕེལ་རྒྱས་བཅས་ཀྱི་ཆེད་དུ་ཡིན་ཚུལ་འཆད་འདུག དེ་ལྟའི་གཞན་མི་རིགས་ཀྱི་སྐྱེ་བོས་བོད་ཁྱིའི་སྐོར་རྩོམ་འབྲི་བྱེད་པའི་བསམ་པའི་ཀུན་སློང་བཟང་པོ་དེ་ཤེས་དུས། རང་ཉིད་བོད་པ་ཞིག་ཡིན་པའི་ཆ་ནས་ངོ་ཚ་ཁ་སྐྱེངས་ཀྱི་གནས་སུ་ལྷུང་། གང་ལགས་ཤེ་ན། བོད་ཁྱི་

ནི་བོད་པའི་གཅེས་ནོར་ཞིག་རེད་ལ། ལོ་ངོ་སྟོང་ཕྲག་མང་པོའི་རིང་རང་རེ་བོད་མི་རྣམས་དང་མཉམ་དུ་འགྲོགས་ནས་ཡོང་བ་ཞིག་ཡིན་མོད། འོན་ཀྱང་རང་རེས་ནོར་བུའི་ནོར་ཉམས་མ་ཆོད་པའམ་ནོར་བུ་དེ་སྣང་མེད་དུ་བཞག་ནས་བོད་ཁྱིའི་སྐོར་གྱི་འབྲེལ་ཡོད་ཤེས་བྱ་ཉོག་ཐོག་རི་མོར་བཀོད་པ་ཞིག་མཐོང་ཐོས་དཀོན། དེ་ཡང་རང་རེ་གངས་ཅན་པ་རྣམས་ཀྱིས་དེ་སྔོན་རྟ་དཔྱད་སྐོར་གྱི་གཞུང་ལུགས་མང་དུ་བརྩམས་གནང་ཡོད་པ་དེ་དག་གི་ནང་དུ་རྟ་ཡི་གཟུགས་དང་སྐད། སྤུ་རིས་སོགས་ཀྱི་ཐོག་ནས་འདོ་བ་རྟ་རིགས་ཀྱི་དབྱེ་བ་འབྱེད་ཐབས་དང་། ན་ཚོད་སོ་རིས་བརྟག་ཐབས། ནད་རིགས་མངོན་རྟགས་དང་བཅོས་ཐབས། རྟེའུ་གནས་ཐབས་དང་བཙའ་ཐབས། བང་འགྲོས་སྦྱོང་ཐབས་སོགས་རྒྱས་པར་གླེང་ཡོད་ནའང་། ཕྱུགས་ཟོག་གཞན་གྱི་རིགས་ཀྱི་དབྱེ་བ་དང་ཁྱད་ནུས་སོགས་ཀྱི་སྐོར་རྒྱས་བཤད་བྱས་པ་ཞིག་མཐོང་དཀོན་ལ། ཁྱད་པར་བོད་ཁྱིའི་སྐོར་གྱི་གཞུང་ལུགས་རྒྱས་བཤད་བྱས་པ་ཞིག་དེ་བས་མཐོང་དཀོན། དེ་ནི་བོད་ཙམ་མིན་པར་རྒྱལ་ཕྱི་རྒྱལ་ནང་ཀུན་ལ་ཆ་འདྲ་བར་འདུག་སྟེ། དཔེར་ན《ཁྱིའི་སླུང་གཏམ་》[①]ཞེས་པའི་ནང་། "མ་གཞི་མི་དང་ཁྱི་གཉིས་མ་མཐར་ལོ་ཁྲི་གཅིག་དང་བཞི་སྟོང་ཡན་འཚོ་བ་མཉམ་སྐྱོལ་བྱས་ཡོད། འོན་ཀྱང་ཞིབ་འཇུག་རང་བཞིན་ཅན་གྱི་ལོ་རྒྱུས་དང་རྣམ་ཐར་ནང་དུ་ཁྱིས་ང་ཚོའི་འཛིག་རྟེན་འདི་ལ་འགྱུར་བ་གང་འདྲ་བཏང་ཚུལ་རྣམས་བཀོད་པ་ནི་ཉུང་ཉུང་ཡིན་"ཞེས་དང་། "ཁྱིས་མིའི་རིགས་ཀྱི་ལོ་རྒྱུས་ལ་འགྱུར་བ་བཏང་བ་ནི་དངོས་ཡོད་ཡིན། མི་མང་ཆེ་བས་དོན་དངོས་དེ་ཏ་གོ་ལ་ཁས་ལེན་ཡང་བྱེད་བཞིན་ཡོད། ཁྱིས་མིའི་རིགས་ཀྱི་བྱ་འགུལ་མང་པོའི་ནང་མེད་ཐབས་མེད་པའི་ནུས་པ་ཐོན་ཡོད། དཔེར་ན། ཇོན་ལས་དང་།

① ཁན་ན་ཏའི་གྲགས་ཅན་རྩོམ་པ་པོ་སེ་ཏན་ལི་ཁའ་ལུན་གྱིས་བརྩམས། ཅང་ཐན་ཧྲུན་གྱིས་བསྒྱུར། འཚོ་བ་དང་དཔེ་སྒྲིག ཤེས་བྱ་གསར་པ་གསུམ་སྦྲེལ་དཔེ་ཚོང་ཁང་ནས་༢༠༡༤ལོར་བསྐྲུན།

ཕྱུགས་རྫི། མྱུལ་དཔྱད། ཐ་ན་དམག་འཁྲུག་བཅས་ཀྱི་ཐད། འོན་ཀྱང་ཆབ་སྲིད་དང་། སྤྱི་ཚོགས། རིག་གནས་ཀྱི་ལོ་རྒྱུས་བཅས་བཤད་པའི་སྐབས་སུ་དེའི་ཁྲིད་ཁྲི་ཡིས་ཞུགས་རྐྱེན་ཐེབས་ཚུལ་བསམ་བློ་འཁོར་མཁན་ནི་ཉ་ཙང་ཉུང་། ”ཞེས་གསལ་བ་ལྟར་རོ། །“ལྷག་པར་དུ་ཉེ་བའི་ལོ་ཤས་རིང་ལ། འབྲོག་ཁྲིའམ་ལ་ཁྲི་ཞེས་པའི་ཁྲི་རིགས་འདི་ཚོང་ལ་ཤིན་ཏུ་རྒྱུག་ཆེ་བས། དེས་སློང་བའི་འབྲོག་ཁྲིའི་རིག་གནས་ཞེས་པའང་ཁུར་ཟིང་ཙུང་ཟད་ཆེ་བ་ཚང་མར་གསལ་ཡང་། འབྲོག་ཁྲིའི་སྐོར་གྱི་གནས་ཚུལ་དེ་དག་ཚོང་ཁྲོམ་ནས་རྒྱུ་ཆེ་བའི་ཁེ་པ་དག་གིས་ངག་ལས་བཤད་པ་ཙམ་ལས། འབྲོག་ཁྲིའི་བདག་པོ་དག་གིས་རྒྱུས་ཡོད་ཀྱི་སྐད་ཆ་བཤད་པའི་གོ་སྐབས་མེད་པ་ལྟ་བུར་གྱུར། དེ་བས་མི་ལོ་བརྒྱ་སྟོང་གི་རིང་ལ་བོད་གངས་ཅན་གྱི་འབྲོག་པའི་འཚོ་བའི་ཁྲིད་ནས་ཉིན་མཚན་གཉིས་ལ་དགྲ་དང་ཧག་པ་བཀག་ཅིང་སྲུང་ཀི་དང་དྲིད་མོང་ལ་རྩོལ་བའི་ལྷས་མཐའི་སྲུང་མ་ལྟ་བུ་བྱས་པས། དེ་ལ་སྐྱེས་ཁམས་དང་འབྲེལ་བའི་གཏམ་རྒྱུད་བསམ་གྱིས་མི་ཁྱབ་པ་ཡོད་པ་སྨོས་མི་དགོས་”①ཞེས་གསལ་བ་ལྟར། གཞི་རྐང་བོད་ཁྲི་ནི་བོད་རིགས་མི་དམངས་དང་ཡུན་རིང་གཤིབ་འདྲིས་ཆེ་བས། བོད་མིའི་ཐོན་སྐྱེད་འཚོ་བ་དང་འབྲེལ་བ་ཟབ་ཅིང་། དེ་ལས་མཆེད་སྐྱེས་ཆགས་གྲུབ་བྱུང་བའི་འབྲེལ་ཡོད་ཤེས་བྱ་མང་དག་ཅིག་མིག་སྔར་སྔོག་འདོན་དང་འཚོལ་བསྡུ་ལེགས་སྒྲིག་མ་ཐུབ་པ་ཙམ་ལས། དམངས་ཁྲོད་དུ་ས་དར་རྫེ་དར་གྱི་ཚུལ་དུ་ཁྱབ་ཡོད་གཤིས། ཉེ་ཆར་རྒྱའི་ཡིག་ལམ་ཐོག་ནས་སྤེལ་བའི་བོད་ཁྲིའི་འབྲེལ་ཡོད་ཤེས་བྱའི་སྐོར་གྱི་རྩོམ་ཡིག་གི་ནང་དོན་ཡང་གཙོ་བོ་བོད་ཁྲིའི་སྐྱེ་འཕེལ་འཚར་ལོངས་དང་། གསོ་སྐྱོང་བྱེད་སྟངས་ཙམ་ལས་བོད་ཁྲིའི་སྐོར་ལ་བོད་མི་རང་ཉིད་ཀྱི་སྲོལ་རྒྱུན་ལྟ་ཚུལ་གང་འདྲ་ཡོད་

① 《ཞི་ཡུའི་ཁྲི་རྫོང་》ཞེས་པའི་ལེགས་སྒྲིག་པའི་གསལ་བཤད་ནང་གསལ། བོད་ལྗོངས་བོད་ཡིག་དཔེ་རྙིང་དཔེ་སྐྲུན་ཁང་ནས་༢༠༡༧ལོར་དཔར་དུ་བསྐྲུན།

ཚུལ་གླེང་བ་མཐོང་རྒྱུ་དཀོན། དགའ་འོས་པ་ཞིག་ལ་ཉེ་ཆར་ཁམས་ཡུལ་ཤུལ་ཁུལ་གྱི་ཤེས་ལྡན་པ་དབང་གྲགས་མཆོག་ནས་རང་ཉིད་ལ་དེ་ཁུལ་གྱི་དམངས་ཁྲོད་སྒྲུང་པ་ལྷ་བུ་དོན་གྲུབ་ཀྱིས་འཆད་གྱེར་གནང་བའི་གླིང་སྒྲུང་《ཞེ་ཡུའི་ཁྲི་རྫོང་》ཞེས་པའི་སྒྲུང་སྣ་དམིགས་བསལ་ཞིག་ཡོད་པ་གང་དེས་ལེགས་སྒྲིག་བྱས་ཡོད་ཚུལ་དང་། དཔེ་སྐྲུན་བྱ་རྒྱུར་འོས་སྦྱོར་ཡང་གནང་བྱུང་། སྒྲུང་ཡིག་གི་མ་དཔེ་དེ་ལག་སོན་བྱུང་རྗེས་འཕྲལ་མར་ཕོ་བོས་ལྷ་ཀློག་བྱས་པ་ཡིན་ལ། དེའི་ནང་དོན་དངོས་གནས་དམིགས་བསལ་ཡིན་པ་ཤེས་རྟོགས་བྱུང་བས། དགའ་སྤྲོ་རབ་ཏུ་འཕེལ་བ་དང་སྦྲགས《དམངས་ཁྲོད་སྒྲུང་པ་སྐེར་གྱི་ཁྱད་ཆོས་མཚོན་པའི་གླིང་སྒྲུང་དཔེ་ཚོགས་》ནང་བཀོད་སྒྲིག་དང་《བོད་ལྗོངས་ཞིབ་འཇུག》གི་གཙོ་འགན་རྩོམ་སྒྲིག་པ་ཞིབ་འཇུག་ཆེ་མོ་མིག་དམར་ཚེ་རིང་མཆོག་དང་ལྷན་དུ་རྩོམ་སྒྲིག་གི་ལས་འགོའང་བརྩམས་པ་ཡིན། སྒྲུང་སྣ་དེ་ནི་ཚིག་སྦྱོར་ལེགས་ཤིང་བརྗོད་དོན་ཟབ་པ། རྩོམ་ཉམས་ཕུན་སུམ་ཚོགས་པ་ཞིག་ལགས་ཤིང་། ཁྱད་པར་སྒྲུང་དེའི་ནང་དུ་བོད་ཁྲིའི་བཤད་པ་དང་ཆེ་བརྗོད་མང་ཙམ་ཡོད་པ་དཔེར་ན་ཁྲི་ཡི་རིགས་དང་མཚན་ཉིད། རྟགས་མཚན་བཟང་ངན། བདག་པོར་འཁྱོད་མིན་སོགས་ཀྱི་སྐོར་འཕོད་ཡོད་པས། དེ་ནི་འགྲོ་བ་མིའི་རིགས་ཀྱི་གྲོགས་པོ། གངས་ཅན་འབྲོག་པ་རྣམས་ཀྱི་གཅེས་ནོར་བོད་ཁྲིའི་སྐོར་ལ་ཞིབ་འཇུག་བྱ་ཆེད་ཀྱི་དཔྱད་གཞི་འགངས་ཆེན་ཞིག་དང་། གླིང་གེ་སར་རྒྱལ་པོའི་སྒྲུང་མཛོད་ནང་དུ་ཐུན་མིན་ཁྱད་ཆོས་ཀྱིས་ཕྱུག་པའི་སྔོན་མེད་ཀྱི་ནོར་བུ་འོད་འབར་ཞིག་གསར་དུ་བསྟན་པར་མཐོང་། སྒྲུང་དཔེ་དེ་དཔེ་སྐྲུན་བྱེད་པའི་བརྒྱུད་རིམ་ནང་བོད་ཁྲིའི་སྐོར་གྱི་དམངས་ཁྲོད་ཀྱི་ཤེས་བྱ་རྣམས་འཚོལ་བསྡུ་ལེགས་སྒྲིག་དང་། བོད་ཁྲིའི་སྐོར་ལ་ཐོག་མའི་དཔྱད་ཞིབ་ལམ་ཙམ་བྱེད་འདོད་སྐྱེས་བྱུང་། དེའི་རྒྱུ་མཚན་ཡང་གཅིག་ནས་རང་རིགས་ཤེས་ལྡན་པའི་ཁྲོད་དུ་བོད་ཁྲིའི་ཤེས་བྱའི་སྐོར་ལ་དེ་ཙམ་དོ་སྣང་གནང་མཁན་

མེད་པ་དང་། གཉིས་ནས་བོད་ཀྱི་སྐད་དང་ཁྱད་པར་རང་རིགས་དམངས་ཁྲོད་ཀྱི་ཤེས་བྱ་དེའི་སྐོར་ལ་རང་རྒྱུས་རང་ཆེ་ཡིན་ངེས་པ། གསུམ་ནས་རྒྱུད་གཙང་གི་བོད་ཁྱི་ཇེ་ཉུང་དུ་འགྲོ་བ[1]དང་ཁེ་ཕན་གྱི་དེད་དེ་རིགས་རྒྱུད་འདྲེས་མའི་བོད་ཁྱིས་དེའི་ཚབ་བྱེད་པ་མང་བས་བོད་ཁྱིའི་སྐྱེ་ཁམས་ཀུ་ཇེ་དོག་ཏུ་འགྲོ་བཞིན་ཡོད་པ། བཞི་ནས་དེང་རབས་ཅན་འཕེལ་རྒྱས་མྱུར་བའི་དུས་རབས་འདིར་མེས་པོས་བཞག་པའི་ཤུལ་བཞག་ངག་ལས་ངག་ཏུ་བརྒྱུད་དེ་རྒྱུན་འཛིན་བྱེད་པའི་སྲོལ་རྒྱུན་ལ་ཐོག་ཐུག་ཐེབས་བཞིན་ཡོད་ལ་དེའི་སོན་སྟོབས་ཇེ་ཞན་དུ་འགྲོ་བཞིན་ཡོད་པ་བཅས་ཀྱིས་ཡིན། དེར་བརྟེན་འདིར་ཨ་ཕྲས་ཐེག་ཚོད་སྤེན་མའི་མདའ་གཞུའི་དཔེ་ལྟར་རང་ནུས་ཅི་ལྕོགས་ཀྱིས་བོད་ཀྱི་དམངས་ཁྲོད་ཀྱི་བཤད་རྒྱུན་དང་སྲོལ་རྒྱུན། དེ་བཞིན་སྙུང་དཔེ་དེ་དང་དེ་འདྲ་བའི་བྱང་ཐང་ནག་ཆུ་ཁུལ་གྱི་དམངས་ཁྲོད་སྙུང་པ་ཚེ་རིང་དགྲ་འདུལ་དང་ཟླ་བ་རྣམ་གཉིས་ཀྱི་བློ་ཡུལ་དུ་བཞུགས་ཤིང་དྲན་པའི་གློང་དུ་འཛུགས་པའི་《སོག་ཁྱི་གུའི་ཁྱི་རྫོང་》སོགས་ཀྱི་ནང་དོན་དང་འབྲེལ་ནས་ཐང་གཉིས་མི་ཡི་གྲོགས་པོ། ཐང་བཞི་ཐོག་གི་སྲུང་མ། གྲུ་བཞི་མཁར་གྱི་རྒྱན་ཆ། སྡང་བའི་དགྲ་དང་གནོད་པའི་བགེགས། ནད་རིགས་ཀྱི་བར་ཆད་འགོག་ལ་མཁས་པར་གྲགས་པའི་ནོར་སྲུང་བོད་ཁྱིའི་སྐོར་ལ་རགས་ཙམ་ཞུ་རྒྱུ་ཡིན། དེའང་བོད་ཁྱིའི་འབྱུང་ཁུངས་སྐོར་གྱི་བཤད་རྒྱུན་དང་། བོད་ཁྱིའི་ཁྱད་ཡོན། རིགས་དབྱེ། སྐད་ཀྱི་ལེགས་ཉེས། སྤུ་རིས་དང་གཟུགས་བྱད་བརྟག་ཐབས། བོད་ཁྱིའི་སྐོར་གྱི་བརྩམས་ཆོས་ངོ་སྤྲོད་མདོར་བསྡུས། བོད་ཁྱིའི་བཤད་པ་གཅེས་བཏུས་སོགས་དོན་ཚན་བདུན་དུ་དབྱེ་ནས་གླེང་བར་བྱ་རྒྱུ་དང་། ཞར་

---

[1] ༢༠༠༨ལོའི་ཟླ་༤པའི་མཚོ་སྔོན་མི་རིགས་སློབ་ཆེན་གྱི་རིག་གཞུང་དུས་དེབ་ཐོག་གསལ་བར། "འཛམ་བུའི་གླིང་དུ་ད་ཡོད་བོད་ཁྱིའི་བསྡོམས་གྲངས་ནི་ཁྲི་༢༠ཙམ་ལས་མེད། རྒྱུད་གཙང་གི་བོད་ཁྱི་ཧ་ཅང་དཀོན། རྒྱུད་གཙང་ཕུལ་ལེགས་ཀྱི་བོད་ཁྱི་བརྒྱ་ལྷག་རྩ་བ་ནས་མེད། ……སྤྱི་ལོ་༡༩༨༨ལོར་རང་རྒྱལ་སྲིད་གཞུང་ནས་དེ་ཉིད་རྒྱུན་ཆད་ལ་ཉེ་བའི་སྲོག་ཆགས་ཀྱི་ཁོངས་སུ་བཙུག་ཡོད།"

དུ་བོད་ཁྱིའི་སྐོར་གྱི་བརྩམས་ཆོས་དམིགས་བསལ་ཅན་སྐོར་ཞིག་གཅེས་བཏུས་ཀྱིས་རྒྱ་ཆེའི་ཀློག་པ་པོར་སྤྱན་གྱི་གཟིགས་མོར་འབུལ་རྒྱུ་ཡིན།

དང་པོ། བོད་ཁྱིའི་འབྱུང་ཁུངས་སྐོར།

ཁྲ་མོ་གཞུ་གཙུག་མཚོ་སྐྱེས་སྲོག་ཆགས་དང་། །
སྟག་སེང་དོམ་དྲེད་གཅན་གཟན་རིགས་མི་འདྲ། །
བྱ་དང་བྲག་སྲིན་བཀོས་པའི་རྗེས་སྐྱེས་སོགས། །
བོད་ཁྱིའི་འབྱུང་ཁུངས་མེས་པོའི་བཤད་རྒྱུན་མང་། །

དེ་ཡང་བོད་ཁྱིའི་འབྱུང་ཁུངས་སྐོར་ལ་བཤད་ཚུལ་མི་འདྲ་བ་འགའ་ཡོད་དེ། བོད་ཁྱི་ནི་ལྷ་ལས་བྱུང་བས་ལྷ་ཁྱི་ཡིན་པར་སྨྲ་བ་དང་། གནའ་རབས་ཀྱི་གཅན་གཟན་ནམ་གཟུགས་སྟོབས་ཆེ་བའི་ཁྱིའི་རིགས་ཤིག་ལས་རིམ་འགྱུར་བྱུང་བར་སྨྲ་བ། བྱ་དང་བྲག་སྲིན་མོ་འདུས་པ་ལས་བྱུང་བར་སྨྲ་བ་བཅས་སོ། །བོད་ཁྱིའི་མིང་གི་རྣམ་གྲངས་སུ་སྐྱེ་བའི་ཆ་ཅན་དང་། གྲོང་གི་གཅན་གཟན། འདོད་དབང་། རྡོ་རྗེའི་མདུག་མ་ཅན། ནོར་སྲུང་། རྗེ་གསང་བ། ཤ་ཁྱི། སེང་གེའི་རིགས། གསོ་བྱེད་བཅས་སུ་འབོད་ལ། ནམ་རྒྱུན་དུ་འདོགས་ཁྱི་དང་། ནོར་སྲུང་། སྒོ་སྲུང་། ཤ་ཁྱི། སེང་ཕྲུག དོམ་ཕྲུག ལྷ་ཁྱི་ཞེས་ཀྱང་འབོད་སྲོལ་ཡོད། འབོད་སྲོལ་དེ་དག་ཚང་མ་ཁྱིའི་འབྱུང་ཁུངས་དང་ཁྱད་ནུས་ལས་ཐོགས་པ་ཞིག་ཡིན་ངེས། དེ་ཡང་ལྷ་ཁྱི་ཞེས་འབོད་དོན་ཐད་དམངས་ཁྲོད་དུ་བོད་ཁྱིའི་མེས་པོ་ཁྲ་མོ་གཞུ་གཙུག་མ་ཡིན་ཞེས་པའི་ངོ་མཚར་ཆེ་བའི་བཤད་རྒྱུན་ཞིག་ཡོད་པ་ནི། གནའ་སྔ་མོ་རྟོན་པ་ཞིག་གིས་དཀའ་ངལ་ཚད་མེད་ཁྱད་བསད་ཀྱིས་ལ་བརྒྱབ་ཀླུང་བརྒྱབ་བྱས་ནས་རི་དྭགས་བཙལ་འཚོལ་བྱེད་པའི་ཚེ་ན། ཤ་བ་ཕོ་ཆེན་ཞིག་ནགས་སློང་སྟུག་པོའི་གསེབ་ན་ཉལ་འདུག་པ་མཐོང་། རྟོན་པ་དེ་དགའ་སྤྲོ་རབ་

ཏུ་འཕེལ་ཞིང་མདའ་མོ་འཕངས་ནས་ཤ་བ་དེ་གསོད་རྩིས་བྱེད་པའི་སྐབས་སུ་སྟབས་མ་ལེགས་པར་མདའ་མོའི་གཞུ་སྐྱུད་ཆད། སེམས་ནང་སྡུག་བསྔལ་དང་བློ་འགྲོད་ཀྱིས་ཁེངས་པའི་དུས་སུ་གཟི་དགུ་མིག་ལྟར་མཛེས་པའི་ཁྱི་མོ་ཁྲ་མོ་ཞིག་ག་ཡོང་འདི་ཡོང་མི་ཤེས་པར་ཇོན་པའི་མདུན་དུ་ཡོང་། ཇོན་པ་དེས་ཁྱེད་ཀྱིས་གལ་སྲིད་ང་ཡི་ཁྱིམ་ནས་གཞུ་སྐྱུད་ལེན་ཐུབ་ན་ཅི་མ་ཉུང་ཞེས་ཚིག་ལབ་བརྒྱབ། ཁྱི་མོ་དེ་ནི་ལྷ་ཡུལ་ནས་ཡོང་བ་ཡིན་པས་མི་སྐད་ཤེས་ཏེ་དེ་མུར་ཕོའི་ཁྱིམ་གྱི་ཕྱོགས་སུ་མདའ་འཕངས་པ་ལྟར་རྒྱུགས་ནས་གཞུ་སྐྱུད་ཅིག་བླངས། ཇོན་པས་གཞུ་སྐྱུད་འགྱུར་མ་ཐག་མདའ་འཕངས་ནས་ཤ་ཕོ་དེ་བསད། ཇོན་པས་ཁྱི་མོ་དེ་ལ་ཁྲ་མོ་གཞུ་གཅུན་མ་ཞེས་མིང་དུ་བཏགས། དུས་དེ་ནས་བཟུང་ཁྲ་མོ་གཞུ་གཅུན་མས་ཇོན་པ་དེར་ཉིན་ལྟར་ཇོན་རྒྱག་རོགས་བྱས་ཏེ་ཟླ་བ་ནས་ལོ་དང་། ལོ་ནས་ལོ་བསྐྱལ་ཏེ་སྡོད་པའི་རིང་ལ་ནགས་ཁྲོད་ཀྱི་སྟག་གཟིག་དོམ་དྲེད་དང་སྤྱང་ཀི་ལ་སོགས་ཤ་ཟན་གཅན་གཟན་དང་བཤོས་པས། ཁྱི་ཕྲུག་མང་དུ་འཕེལ་ནས་བོད་ཁྱིའི་རིགས་བྱུང་ཞེས་པ་དེ་ཡིན།[1] སྒྲུང་དེ་ནི་བོད་ཁྱི་ལྷ་ལས་བྱུང་བའི་བཤད་སྲོལ་གྱི་འབྱུང་ཁུངས་དེ་ཡིན། དེ་ནི་གདོད་མའི་མི་རྣམས་རང་སྟོབས་ཀྱི་ནུས་པ་ཞན་པས་ཕྱུགས་ཟོག་འཚོ་སྐྱོང་དང་ས་ཞིང་འདེབས་ལས་དེ་ཙམ་མི་ཤེས་པའི་ཇོན་ལས་དུས་སྐབས་སུ་ཁྱི་ཡིས་ཐུན་མོང་མིན་པའི་ནུས་པ་མཐོ་འདོན་བྱས་པར་མི་རྣམས་ཀྱིས་སྒྲོ་བཏགས་ནས་བརྩམས་པའི་སྒྲུང་གཏམ་ཞིག་ཡིན་ངེས། འོན་ཀྱང་ཕྱིས་སུ་བོད་ཁྱི་ལ་ལྷ་ཁྱི་ཞེས་བརྗོད་པ་ནི་དེ་ལ་ཆེ་བསྟོད་བྱས་པ་ཞིག་ཡིན་ཏེ། དཔེར་ན་རྒྱུད་བཟང་གི་ཕྱུགས་ཟོག་རྣམས་ལ་ལྷ་གཡག་ཞོལ་པོ་དང་། ལྷ་འབྲི་ཟལ་མོ། ལྷ་རྟ་ངང་པ། ལྷ་ལུག་དུང་མགོ་ཞེས་མིང་དུ་བཏགས་པ་ལྟར་རོ། །དེ་

---

① ཐར་ཚེ་རིང་གཡུ་སྒྲོན་གྱིས་རྒྱ་ཡིག་གི་ལམ་ནས་བརྩམས་གནང་བའི་《ང་དང་བྱང་རྩྭ་ཐང་》ཞེས་པའི་ཤོག་ངོས་༧༤ནས་༧༨བར་གསལ། བོད་ལྗོངས་མི་དམངས་དཔེ་སྐྲུན་ཁང་ནས་༡༩༩༥ལོར་བསྐྲུན།

ལྷར་བོད་ཁྱི་ལ་ལྷ་ཁྱི་ཞེས་པའི་འབོད་སྲོལ་བྱུང་བ་དང་སྔགས་དུས་ཕྱིས་རྒྱའི་ཡིག་ལམ་དུ་འཁོད་པའི་རྩོམ་ཡིག་འགའི་ནང་དུ་དེའི་སྐོར་བཤད་རྒྱུན་གསར་པའང་རྫུན་བཟོ་བྱེད་བཞིན་འདུག་ན། དེ་དག་ལ་རྒྱུས་མེད་པས་ཡིད་ཆེས་ཀྱང་བྱེད་སྲིད། དཔེར་ན། རྒྱ་ནག་སློབ་ཆེན་ཞིག་གི་དུས་དེབ་ཐོག་བོད་ཁྱི་ལ་དཔྱད་པ་ཞེས་པའི་རྩོམ་ཡིག་ཞིག་སྤེལ་འདུག་པ་དེའི་ནང་དུ། “གནའ་སྔ་མོ་པོ་ཏ་ལའི་གཤམ་དུ་གློ་བུར་དུ་ཤུ་འོད་དོན་པ་དང་། དགུན་དུས་ས་གཞི་གངས་དང་འཁྱག་པས་ཁེངས། ནད་ཡམས་ཁྱབ་ཅིང་མི་ཕྱུགས་འཁྱག་ལྟོགས་ཀྱིས་མནར། དེའི་དུས་ལུས་ལ་གྲུ་ཆས་གྱོན་ཞིང་ལག་ཏུ་དྲིལ་བུ་འཁྱེར་བའི་སྤྲུལ་སྐུ་མང་པོ་གནམ་ལས་བབས་ཡོང་། སྤྲུལ་སྐུའི་ཆིབས་རྟ་ནི་བོད་ཁྱི་ཡིན། སྤྲུལ་སྐུ་དང་བོད་ཁྱི་ཁྱུལ་དེར་སླེབས་པས་མི་རྣམས་ནད་ལས་གྲོལ། གངས་དང་འཁྱག་པ་བཞུ། ས་གཞི་སླར་ཡང་གསོས། དེར་བརྟེན་དུས་ཕྱིས་མཚོ་བོད་ས་མཐོར་བོད་ཁྱིའི་སྐོར་བཤད་ན་ཚང་མས་དེ་ལ་དགའ་མགུ་ཡི་རང་ཚད་མེད་ཞུ། བོད་ཁྱི་ནི་ལྷ་ལས་མངགས་པའི་སྤྲུལ་སྐུའི་ཆིབས་རྟ་ཡིན་པས། ལྷ་ཁྱི་ཡིན། འགྲོག་པའི་སྲུང་མ་ཡིན་”①ཞེས་འཁོད་པ་ལྟ་བུའོ། །

ཡང་འགའ་ཞིག་གིས་ཁྱི་ནི་མི་མ་བྱུང་བའི་སྔོན་ནས་ཡོད་པའི་སྲོག་ཆགས་ཤིག་ཡིན་པ་དང་། མཚོ་སྐྱེས་སྲོག་ཆགས་ཀྱི་རིགས་ཤིག་སྐམ་སའི་སྲོག་ཆགས་སུ་གྱུར་བར་ངོས་འཛིན་པ་མ་ཟད། དེ་ཉིད་བོད་རིགས་ཀྱི་མེས་པོ་ཡིན་པར་ཤོད་ཀྱི་ཡོད། དེ་ཡང་རང་རེའི་ལོ་རྒྱུས་ཡིག་རིགས་ཁག་དང་ཕྱིས་ཀྱི་ཚན་རིག་བརྟག་ཞིབ་ཀྱི་འབྲས་བུ་ལས་མཚོ་བོད་ས་མཐོ་ནི་རྒྱ་མཚོ་ནས་སྐམ་སར་གྱུར་བ་དང་། དེའི་བརྒྱུད་རིམ་ནང་“དེ་འདྲའི་ཡུལ་གྲུ་འདིར་སུག་མ་གསུམ་ལྡན་གྱི་རྐྱང་རྐོད་

① ༢༠༠༣ལོའི་《ཏ་ལན་སློབ་གྲྭ་ཆེན་མོའི་རིག་དེབ་》དུས་དེབ་༤ལ་གསལ།

ཀྱང་ཡོད་ལ། དེས་མ་ཚད་ཁྱི་དང་། གླང་པོ། རི་བོང་། ཤྭ་བ་ལ་སོགས་པའི་དབྱིབས་དང་འདྲ་བའི་རི་དྭགས་མང་པོ་ཡོད་”①ཅེས་བསྟན་པ་ལྟར་དང་། ཐོག་མ་ཐོག་མ་རང་རེ་བོད་པ་རྣམས་འཚོ་ཞིང་གནས་པའི་ཡུལ་གྱི་སྟོད་ནི་ཤྭ་རྐྱང་རི་དྭགས་ཀྱི་གླིང་དང་། བར་ནི་སྟག་གཟིག་གཅན་གཟན་གྱི་གླིང་། སྨད་ནི་འདབ་ཆགས་བྱ་ཡི་གླིང་ཡིན་ཞེས་རང་རེའི་ལོ་རྒྱུས་ཡིག་ཆར་གསལ་བ་ཇི་བཞིན་དང་། དེ་མིན་“༡༩༧༥ལོར། གནའ་བོའི་སྐལ་ཆོགས་ཅན་གྱི་སྲོག་ཆགས་དང་མིའི་རིགས་ཞིབ་འཇུག་ཁང་གི་ཚན་རིག་ཞིབ་འཇུག་མི་སྣ་རྣམས་ཀྱིས་རི་བོ་ཤི་ཤ་སྦང་མའི་བྱང་ངོས་ཀྱི་སྐྱིད་གྲོང་གཤོང་སར་བརྟག་དཔྱད་བྱས་མཐར། རྟ་ཟྀག་གསུམ་པ་དང་། བསེ་རུ། ཤྭ་བ་རྐེད་རིང་། ཁྱི་ཁྲ་སོགས་ཀྱི་འགྱུར་རྫོ་བརྙེད། སྲོག་ཆགས་དེ་དག་ནི་ཚ་བའི་ས་ཁུལ་གྱི་སྲོག་ཆགས་ཏེ་དུས་རབས་གསར་མའི་སྐབས་ཀྱི་སྲོག་ཆགས་”②ཡིན་པར་བསྟན་ཡོད་ལ། “མིག་སྔར་ས་འོག་ནས་སྔོག་འདོན་ཐུབ་པའི་ཁྱིའི་འགྱུར་རྫོ་ལས་དཔེ་ཞིབ་ཐུབ་པར་ལོ་ཁྲི་༨༠༠ནས་ཁྲི་༡༣༠༠སྔོན་ནས་བོད་ཁྱི་བྱུང་ཡོད་པ་ཤེས་ཐུབ།”③ གཞན་ཡང་《ཀྲུང་གོའི་མི་རིགས་ལོ་རྒྱུས་བསྡུས་པ》ཞེས་པའི་ནང་“བོད་ལྗོངས་ནི་ཆེས་གནའ་བོའི་དུས་སུ་རྒྱ་མཚོ་ཡིན་པ་དང་། བོད་རིགས་ཀྱི་མེས་པོ་ནི་མཚོ་མཐིལ་གྱི་མཚོ་ཁྱི་ངོ་མཚར་ཅན་ཞིག་ཡིན་”④ཞེས་བཀོད་ཡོད། དེ་ལྟར་བཀོད་པའང་ཁུངས་མེད་རང་བཟོ་བྱས་པ་

① ༡༩༧༧ལོར་ཐོན་པའི་《སྐལ་ཚོགས་ཅན་གྱི་སྲོག་ཆགས་དང་གནའ་མིའི་སྐོར་》ཞེས་པའི་དེབ་བཞི་པར་གསལ་ཞིང་༡༩༨༤ལོའི་《བོད་ལྗོངས་ཞིབ་འཇུག》བོད་ཡིག་དུས་དེབ་བཞི་པའི་ཤོག་ངོས་༤པར་གསལ།

② སྤྱི་ལོ་༡༩༩༠ལོར་རིག་དངོས་དཔེ་སྐྲུན་ཁང་ནས་དཔར་དུ་བསྐྲུན་པའི་ཐུང་ཅེན་ཀྲན་གྱི་《ཀྲུང་གོ་ལྡོ་ནུབ་མི་རིགས་གནའ་རྫས་རྟོག་ཞིབ་དཔྱད་རྩོམ་ཕྱོགས་བསྒྲིགས》ཤོག་ངོས་༤པར་གསལ་ཞིང་༡༩༩༨ལོའི་《ཀྲུང་གོའི་བོད་ཀྱི་ཤེས་རིག》བོད་ཡིག་དུས་དེབ་བཞི་པའི་ཤོག་ངོས་༡༣༨ལ་གསལ།

③ ཀྲང་ཙོ་ཆེ་ཡིས་གཙོ་སྒྲིག་བྱས་པའི་《བོད་ཁྱི། ཤར་ཕྱོགས་ཀྱི་ལྷ་ཁྱི།》ཞེས་པའི་ཤོག་ངོས་༦ལ་གསལ། ཀྲུང་གོའི་རྒྱང་སྒྲོགས་བརྙན་འཕྲིན་དཔེ་སྐྲུན་ཁང་ནས་༢༠༠༨ལོར་བསྐྲུན།

④ ༡༩༨༨ལོའི་《བོད་ལྗོངས་ཞིབ་འཇུག》རྒྱ་ཡིག་དུས་དེབ་གཉིས་པའི་ཤོག་ངོས་༡༠༠ལ་གསལ།

ཞིག་མིན་པར་རྒྱའི་ལོ་རྒྱུས་དེབ་ཐེར་《ཚེ་ཧྥུ་ཡོན་ཁྲུའེ་དེབ་ཐེར་ཏུས་སྤྱལ་ཆེན་མོ་》ཞེས་པ་སོགས་གནའ་བོའི་རྒྱའི་ཡིག་ཆ་འགའི་ནང་དུ་བོད་པ་ལ་ཁྱི་རྒྱུད་དང་། མཐོ་བོད་ཁྱི་དཀར་པོའི་རྒྱལ་ཁམས་ཞེས་འཁོད་ཡོད་ལ། མཐོ་བོད་ཁྱི་ལས་བྱུང་། ཐང་དང་གཉེན་སྒྲིག①ཅེས་པ་སོགས་ཀྱི་བཤད་ཚུལ་ཡོད་པས་དེའི་ཤུགས་རྐྱེན་ཐོག་པ་ཡིན་ངེས་ལགས།

བོན་གྱི་དཔེ་རྙིང་《མདོ་དྲི་མེད་གཟི་བརྗིད་》ཅེས་པའི་ནང་གཙན་གཟན་ཁྲོ་བོ་ཅན་གྱི་གླིང་ཞེས་བྱ་བར་གཙན་རིགས་དྲུག་ཅུ་རྩ་བརྒྱད་ཡོད་པ་དེ་དག་སྲོག་ཆགས་མི་འདྲ་བ་ཕན་ཚུན་བསྲེས་པ་ལས་བྱུང་ཚུལ་བསྟན་ཡོད་པ་ནི། "གཙུང་པོ་གཙན་གཟན་ཁྲོས་པ་ལ་བུ་དགུ་ཡོད་པ། གཙན་ཀུ་རུ་ར་ཙ་ཁྱིའི་རྒྱལ། རྒྱའོ་མིག་བཞི་གཟིག་གི་ཚ། དེ་འོག་ཁྲ་བོ་སྟག་གི་ཚ། དེ་འོག་དོམ་བུ་དོམ་གྱི་ཚ། དེ་འོག་ཁམ་པ་དྲེད་ཀྱི་ཚ། དེ་འོག་སྐད་སྙན་མདོག་གླིང་ཚ། དེ་འོག་ཁ་སྤྱུན་བྱ་ཡི་ཚ། དེ་འོག་སློག་དམར་ཕྱིལ་གྱི་ཚ། དེ་འོག་མདའ་ལེན་སྤྱང་གི་ཚ་དང་དགུ་ཡོད་དོ་"ཞེས་དང་། "གཟིག་ལ་བུ་བཞི་ཡོད་པ་དེ། སྟག་མ་གཟིག་དང་གཟིག་མ་གུང་། ཐིག་ལེ་བཀྲ་དང་ཁྱི་ཤ་ཟ།"ཞེས་དང་། "གཙན་གཟན་འགྱེད་ཁྱི་ཡིན་པས་བསྟན་དགོས་སམ་"②ཞེས་སོགས་ཁྱི་ནི་གཙན་གཟན་ལས་འཕེལ་ཚུལ་བསྟན་ཡོད་པ་ལྟར་དང་། དེ་བཞིན་དཔེ་རྙིང་《བཀའ་ཆེམས་ཀ་ཁོལ་མ་》ཞེས་པའི་ནང་དུའང་། "འབྲོང་པོ་མོ་གཡག་དང་འབྲི་རུ་བཏུལ། ཤ་བ་ཕོ་མོ་ནི་བ་གླང་དུ་བཏུལ། རྒོ་བ་ཕོ་མོ་ལུག་ཏུ་བཏུལ། གླ་བ་ཕོ་མོ་ནི་རར་བཏུལ། རྐྱང་ཕོ་མོ་ནི་

① ༡༩༨༨ལོའི་《བོད་ལྗོངས་ཞིབ་འཇུག》རྒྱ་ཡིག་དུས་དེབ་གཉིས་པའི་ཤོག་ངོས་༡༠༠ལ་གསལ།

② 《མདོ་དྲི་མེད་གཟི་བརྗིད་》པོད་གཉིས་པའི་ཤོག་གྲངས་༡༢༣ནས་༡༣༢བར་གསལ། ༢༠༠༠ལོར་བོད་ལྗོངས་བོད་ཡིག་དཔེ་རྙིང་དཔེ་སྐྲུན་ཁང་ནས་བསྐྲུན།

རྟ་ར་བཏུལ། སྤྱང་གི་ཕོ་མོ་ནི་ཁྱིར་བཏུལ་”①ཞེས་བྱུང་བ་དང་། གླིང་སྒྲུང་《སོག་ཁྱི་གུའི་ཁྱི་རྫོང་》ཞེས་པའི་ནང་དུ་ཁྲོ་རྒྱལ་དཔོན་གྱི་སྨྲ་ཞིག་ཡོད་པའི་ནང་“ཉོན་དང་འདྲ་མ་འདི་འདྲ་གདའ། རྒྱང་རྒོད་འདུལ་བདེ་རྟ་ལ་འགྱུར། འབྲོང་རྒོད་འདུལ་བདེ་ནོར་ལ་འགྱུར། དགོ་བ་འདུལ་བ་ལུག་ལ་འགྱུར། སྟག་གཟིག་གཅན་གཟན་ཁྱི་ལ་འགྱུར་”ཞེས་འཁོད་པ་ལས་ཀྱང་རྟོགས་ཐུབ་པ་ཡིན། དེ་ན་“བོད་ཁྱི་ནི་ལོ་ཁྲི་ཆིག་སྟོང་སྔོན་གྱི་རྟེ་མ་ལ་ཡའི་གཟུགས་སྟོབས་ཆེ་བའི་གནའ་བོའི་ཁྱི་ལས་རིམ་འགྱུར་བྱུང་བའི་ས་མཐོའི་ཁྱིའི་རིགས་ཤིག་ཡིན་ལ། དེ་ནི་ཁྱིའི་རིགས་ལས་ད་བར་དུས་ཚོད་དང་ཁོར་ཡུག་གིས་འགྱུར་བ་མ་ཐེབས་པའི་གནའ་བོའི་འགྱུར་རྗེ་གསོན་པ་ཁེར་གཅིག་དེའང་ཡིན། དེ་ནི་དེ་སྔོན་མཚོ་བོད་ས་མཐོའི་སྟེང་རང་སྣང་གང་དྲན་གྱིས་དབང་ཡོད་ཤེད་ཁྱེར་བྱེད་མཁན་གྱི་བྱེ་སྐྱེས་གཅན་གཟན་ཞིག་ཡིན་ཞིང་། ལོ་དྲུག་སྟོང་གི་སྔོན་ཙམ་ནས་གཞི་ནས་གཡུང་དུ་ཕབ་ནས་མིའི་རིགས་དང་གཅིག་གིས་གཅིག་ལ་བརྟེན་ནས་འཚོ་བར་རོལ་མཁན་ཞིག་ཆགས་”② པར་འདོད་མཁན་ཡང་ཡོད།

བྱ་དང་བྲག་སྲིན་མོ་འདུས་པ་ལས་བོད་ཁྱི་བྱུང་བའི་བཤད་ཚུལ་ནི་གླིང་སྒྲུང་《ཞེ་ཡུའི་ཁྱི་རྫོང་》ནང་གི་བོད་ཁྱིའི་བཤད་པའི་ནང་འཁོད་པ་དེ་ལགས་ཤིང་། དེ་ཡང་“སྔོན་འཛིག་རྟེན་སྲིད་པ་དང་པོའི་དུས། །བྲག་སྲིན་མོའི་ལུས་ནས་བུ་གཉིས་སྐྱེས། །བུ་ཆེ་བའི་ཕ་ནི་སྤྲེའུ་ཡིན་པས། །སྤྲེའུ་སྲིན་འཐབ་པའི་དབུ་ནག་མི། །བུ་ཆུང་བའི་ཕ་ནི་བྱ་ཡིན་པས། །སྲིན་བྱ་འཐབ་པའི་ཞེ་ཡུའི་ཁྱི། །མི་དང་ཁྱི་གཉིས་མ་གཅིག་ཡིན། །གཞན་སྤྲེའུ་མོ་ཞིག་ལ་ཆགས་པ་ལངས། །ནམ་

① རྫོ་བོ་ཨ་ཏི་ཤས་གཏེར་ནས་བཏོན་པའི་《བཀའ་ཆེམས་ཀ་ཁོལ་མ་》ཞེས་པའི་ཤོག་གྲངས་༩༧ནས་༩༨བར་གསལ། སྤྱི་ལོ་༡༩༨༩ལོར་ཀན་སུའུ་མི་རིགས་དཔེ་སྐྲུན་ཁང་ནས་བསྐྲུན།

② ཀྲུང་ཙོ་ཚེ་ཡིས་གཙོ་སྒྲིག་བྱས་པའི་《བོད་ཁྱི། ཤར་ཕྱོགས་ཀྱི་ལྷ་ཁྱི།》ཞེས་པའི་ཤོག་གྲངས་༦ལ་གསལ། ཀྲུང་གོའི་རྒྱང་སྒྲགས་བརྙན་འཕྲིན་དཔེ་སྐྲུན་ཁང་ནས་༢༠༠༨ལོར་བསྐྲུན།

མཁའི་བྱ་ལ་འབྲེལ་བ་བཞག །བྱ་སྤྲེའུ་འཐབ་པའི་འདོ་བ་རྟ། །རྟ་དང་ཁྱི་གཉིས་ཕ་གཅིག་ཡིན། །མི་རྟ་ཁྱི་གསུམ་སྤུན་ཟླ་ཡིན། །གཅིག་གིས་གཅིག་ལ་ཕན་སེམས་ཡོད། །དེ་བྲལ་ཐབས་མེད་པའི་སྤུན་གསུམ་ཡིན། །གཞིས་འཁོར་བ་འཛིན་པའི་འཇིག་རྟེན་མི། །ལམ་ཐག་རིང་འགྲོ་དུས་རྟ་ཕོ་དགོས། །དུས་རྒྱུན་དུ་རྟ་ལ་ཆག་ཁེབས་དགོས། །ཁྱིམ་རྒྱུ་ནོར་སྲུང་བའི་སྒོ་ཁྱི་དགོས། །དུས་རྒྱུན་དུ་ཁྱི་ལ་བདག་སྐྱོང་དགོས། །”①ཞེས་སྤྲེའུ་དང་བྲག་སྲིན་མོ་འཐབ་པས་མི་དང་། བྱ་དང་བྲག་སྲིན་མོ་བཞོགས་པས་ཁྱི། བྱ་དང་སྤྲེའུ་མོ་འདུས་པས་རྟ་བཅས། མི་དང་ཁྱི་གཉིས་མ་གཅིག་ཡིན་ཚུལ་དང་། རྟ་དང་ཁྱི་གཉིས་ཕ་གཅིག་ཡིན་ཚུལ། མི་རྟ་གཉིས་ནི་མ་ཞང་སྤུན་ཡིན་ཚུལ། མི་རྟ་ཁྱི་གསུམ་སྤུན་མཆེད་ཡིན་ཚུལ་གླེང་བ་དང་སྦྲགས། དེ་དག་ཕན་ཚུན་གཅིག་ལ་གཅིག་བརྟེན་གྱིས་གནས་ཡོད་ཚུལ་བསྟན་ཡོད། དེ་མིན་བོད་ཁྱིའི་ཕ་ཕག་དང་མ་སྤྲེའུ་ཡིན་པར་སྨྲ་བ་དང་། ཕག་དང་ཕ་མོ་འདུས་པ་ལས་ཤ་ཁྱི་བྱུང་བ་དང་། དྲེད་མོང་ལས་བོད་ཁྱི་བྱུང་བ། ཤ་ཁྱི་དང་བོད་ཁྱི་འདུས་པ་ལས་ཞ་ལི་བྱུང་བ་ཞེས་པ་སོགས་ཀྱི་བཤད་ཚུལ་ཡང་དམངས་ཁྲོད་དུ་དར་ནས་ཡོད།

བོད་ཁྱིའི་རིགས་ཡང་སྙིང་སྟོབ་ཆགས་སྐྱེ་འཕེལ་གྱི་འགྲོ་ལུགས་གང་འདྲ་ཞིག་བརྒྱུད་དེ་རིམ་འགྱུར་བྱུང་བ་ཡིན་པའི་སྐོར་ད་ལྟ་ཚོག་ཐག་གཅོད་པར་དཀའ་ནའང་། དེ་དང་འབྲེལ་ཡོད་ཀྱི་བོད་རིགས་ཀྱི་བཤད་རྒྱུན་རྣམས་ནི་བོད་ཀྱི་དམངས་ཁྲོད་དུ་མི་རབས་མང་པོ་བརྒྱུད་ནས་བྱུང་བའི་ལྟ་ཚུལ་འབའ་ཞིག་ཡིན་པས། དེས་བོད་པའི་བློ་གྲོས་དང་འདུ་ཤེས་གང་ལེགས་མཚོན་གྱི་ཡོད། དེ་ཡང་

① ཁམས་ཡུལ་ཤུལ་ཁུལ་གྱི་དམངས་ཁྲོད་སྒྲུང་པ་ལྷ་བུ་དོན་གྲུབ་ཀྱིས་འཆད་གྱེར་གནང་བ་བཞིན་དབང་གྲགས་ལགས་ནས་ལེགས་སྒྲིག་གནང་བའི《ཞེ་ཡུའི་ཁྱི་རྫོང་》ཞེས་པའི་ཤོག་ངོས་༡༧༩ལ་གསལ། བོད་ལྗོངས་བོད་ཡིག་དཔེ་རྙིང་དཔེ་སྐྲུན་ཁང་ནས་༢༠༡༧ལོར་དཔར་དུ་བསྐྲུན།

དུས་ཕྱིས་སྐྱེ་བོ་མང་པོས་ཁྱི་ནི་རི་དྭགས་དང་གཅན་གཟན་གྱི་རིགས་སུ་མི་འཇོག་ལ། དེ་ཉིད་ཕྱུགས་ནོར་སྲུང་མཁན་ཞིག་ཡིན་པའི་ཆ་ནས་ཕྱུགས་ཟོག་གི་ཁོངས་སུ་འང་མི་འཇོག་པར་སྲོག་ཆགས་གཞན་ཞིག་ཏུ་བརྩི་ཡི་ཡོད། འོན་ཀྱང་ཁྱི་ཡི་མིང་གི་རྣམས་གྲངས་ལ་སེང་གེའི་རིགས་དང་གྲོང་གི་གཅན་གཟན་དང་གསོ་བྱེད་ཅེས་འབོད་པ་ལས་ང་ཚོས་དེའི་ལས་དབང་ལ་འགྱུར་བ་བྱུང་ཚུལ་རགས་རིམ་ཞིག་ཤེས་རྟོགས་ནུས་ཏེ། སྲོག་ཆགས་ཀྱི་རིགས་རྣམས་འདབ་ཆགས་དང་། རི་དྭགས། གཡུང་དྭགས། གཅན་གཟན་སོགས་སུ་དབྱེ་བ་ལས། ཆེས་ཐོག་མར་ཁྱི་ནི་སེང་གེའི་རིགས་ཏེ་གཅན་གཟན་གྱི་རིགས་སུ་གཏོགས་པ་དང་། རྒྱུ་མཚན་ཡང་ཤ་ཁྲག་བཟའ་རྒྱུ་དང་སྲོག་གཅོད་ལ་དགའ་བས་ཡིན། རྗེས་སུ་དེ་ཉིད་གངས་ཅན་མེས་པོའི་བློ་གྲོས་ཀྱི་ཐབས་ཀྱིས་ཕྱུགས་ནོར་སྲུང་མཁན་དུ་གཡུང་ལ་ཕབ་པས་གྲོང་གི་གཅན་གཟན་དང་། གསོ་བྱེད་དུ་གྱུར་བས་གཡུང་དྭགས་ཀྱི་རིགས་སུ་གཏོགས་དགོས་ངེས་ཡིན་ལ། འགའ་ཞིག་གིས་དེ་ཉིད་སྒོ་ཕྱུགས་ཀྱི་ཁོངས་སུའང་འཇོག་སྲོལ་འདུག[1] གཞན་ཡང་མི་དང་ཁྱི་གཉིས་མ་གཅིག་ཡིན་པའི་བཤད་རྒྱུན་དང་འབྲེལ་ཏེ་བོད་མིའི་མེས་པོ་ཕ་སྤྲེའུ་དང་མ་སྲིན་བྲག་སྲིན་མོ་ཡིན་པའི་བཤད་སྲོལ་ནི་བོད་ཀྱི་ཡུལ་གྲུ་ཚང་མར་གནའ་སྔ་མོའི་དུས་ནས་དར་ཞིང་ཁྱབ་པའི་ངག་རྒྱུན་ཞིག་ཡིན་ལ། དེ་ལ་ཚན་རིག་གི་རྒྱུ་མཚན་བསྟན་རྒྱུ་ཡོད་པའམ་དེ་ནི་གདོད་མའི་དངོས་གཙོ་རིང་ལུགས་ཀྱི་ལྟ་བ་ཞིག་ཡིན་ཚུལ་ཉེ་ཆར་ཞིབ་འཇུག་པ་མང་པོས་གླེང་བཞིན་ཡོད། དཔེར་ན། ཤར་ཡུལ་ཕུན་ཚོགས་ཚེ་རིང་མཆོག་ནས། "རང་རེ་རྣམས་ཕ་སྤྲེལ་རྒན་དང་མ་བྲག་སྲིན་ལས་བྱུང་བའི་ལྟ་བ་དེ་ནི་ལོ་རྒྱུས་

[1] དོན་གྲུབ་རྒྱལ་དང་ཁྲིན་ཆེན་དབྱིན་རྣམ་གཉིས་ཀྱིས་བསྒྱུར་ཞིང་མཚོ་སྔོན་མི་རིགས་དཔེ་སྐྲུན་ཁང་ནས་༡༩༨༣ལོར་བསྐྲུན་པའི《ཐང་ཡིག་གསར་རྙིང་ལས་བྱུང་བའི་བོད་ཆེན་པོའི་སྲིད་ལུགས》ཞེས་པའི་ཤོག་ངོས་༨པར་སྒོ་ཕྱུགས་གཡག་རྟ་ཁྱི་ལུག་ཕག་རྣམས་འཚོ་ཞེས་གསལ་བ་དང་། དེ་བཞིན་དགེ་འདུན་ཆོས་འཕེལ་གྱི་གསུང་དཔོད་གསུམ་པར་ཡང་སྒོ་ཕྱུགས་གཡག་དང་རྟ་བཟང་པོ། ལུག ཁྱི། ཕག ཇ་མོང་འགྲོས་རྒྱུགས་ཅན་ཡོད་ཅེས་གསལ།

དངོས་གཙོ་སྨྲ་བའི་ལྟ་བ་དང་ཡོངས་སུ་མཐུན་ཐོག འཛམ་གླིང་ཐོག་འགྲོ་བ་མིའི་རིགས་བྱུང་ཚུལ་སྐོར་ལ་བྱས་རྗེས་ཞིབ་ཆེན་བཞག་པ་ཞིག་ཀྱང་རེད་”① ཅེས་གསུངས་པ་དང་། མཁས་པའི་དབང་པོ་དུང་དཀར་བློ་བཟང་འཕྲིན་ལས་མཆོག་གིས་ཀྱང་། རང་རེ་བོད་ཀྱི་མིས་རང་གི་མི་རིགས་ཀྱི་འབྱུང་ཁུངས་སྤྲེའུ་དང་སྲིན་མོ་འདུས་ནས་བྱུང་བ་ཡིན་ཞེས་བཤད་ཐུབ་པ་དེ་ནི་བོད་མི་རིགས་ཀྱི་གཟི་བརྗིད་ཡིན་པ་མ་ཟད། རང་རྒྱལ་མི་རིགས་ཁག་གི་མི་དམངས་ཡོངས་ཀྱི་གཟི་བརྗིད་ཀྱང་ཡིན་ཞེས་གསུངས་པ་ལྟར་ལགས། ཕྲན་ནས་ཀྱང་རང་རིགས་ཀྱི་འགྲོ་བ་མིའི་བྱུང་ཚུལ་གྱི་བཤད་རྒྱུན་དེ་རྒྱལ་ཁབ་གཞན་དང་མི་རིགས་གཞན་གྱི་འགྲོ་བ་མིའི་བྱུང་ཚུལ་གྱི་ལྷ་སྲུང་རྣམས་དང་མི་འདྲ་བར་མི་ནི་སྤྲེལ་ཆགས་ཕོ་མོ་འདུས་པ་ལས་བུ་རྒྱུད་འཕེལ་བའི་གཟུགས་ཁམས་ཆགས་ཚུལ་གྱི་ཆོས་ཉིད་དང་མཐུན་ཡོད་ཚུལ་དང་། ད་དུང་བཤད་རྒྱུན་དེའི་ནང་སྤྲེའུ་ནས་མི་ལ་འགྱུར་བའི་བར་བརྒྱལ་དུས་རིམ་ཞིག་བསྟན་ཏེ། དུས་རིམ་དེའི་ནང་ལག་པ་དང་ངལ་རྩོལ་གྱི་ནུས་པ་བཤད་ཡོད་ཚུལ། ཡང་དག་པའི་སྒོ་ནས་གདོད་མའི་ཞིང་ལས་ཀྱི་འབྱུང་ཁུངས་ཀྱང་བསྟན་ཡོད་ཚུལ་སོགས་ལོ་ཤས་གོང་དམིགས་སུ་དཔྱད་བསྡུར་གྱིས་བཤད་བྱས་ཡོད།② རྟ་ནི་བྱ་དང་སྤྲེལ་མོ་འདུས་པ་ལས་བྱུང་བའི་བཤད་སྲོལ་ནི《ཞེ་ཡུའི་ཁྲི་རྫོང་》ཙམ་མ་ཟད།《རྟ་གཞུང་དངུལ་དཀར་མེ་ལོང་》ཞེས་པའི་ནང་དུའང་རྟ་ཡི་ལོ་རྒྱུས་བཤད་པའི་སྐབས་ཕ་བྱ་རྒོད་དང་མ་སྤྲེལ་མོ་འདུས་པ་ལས་བྱུང་བར་

① ཕུན་ཚོགས་ཚེ་རིང་ནས་རྩོམ་སྒྲིག་གནང་བའི《དེབ་ཐེར་ཀུན་གསལ་མེ་ལོང་》ཞེས་པའི་ཤོག་ངོས་༢ལ་གསལ། བོད་ལྗོངས་མི་དམངས་དཔེ་སྐྲུན་ཁང་ནས་སྤྱི་ལོ་༡༩༩༢ལོར་བསྐྲུན།

② 《བོད་ཀྱི་དམངས་ཁྲོད་རིག་གནས་སྐོར་གྱི་དཔྱད་གླེང་》ཞེས་པའི་ཤོག་ངོས་༤༠༠ཡི《བོད་མིའི་འབྱུང་ཁུངས་ཀྱི་བཤད་རྒྱུན་དང་འབྲེལ་བའི་གནད་དོན་ལ་དཔྱད་པ་》ཞེས་པའི་ནང་གསལ། བོད་ལྗོངས་བོད་ཡིག་དཔེ་རྙིང་དཔེ་སྐྲུན་ཁང་ནས་༢༠༠༩ལོར་བསྐྲུན།

བཤད་ཡོད།[①] ཁྲི་ནི་བྱ་དང་བྲག་སྲིན་འདུས་པ་ལས་བྱུང་བའི་བཤད་སྲོལ་དང་། ལྷ་ལས་བྱུང་བའི་ཁྲི་མོ་ཞིག་དང་སྟག་གཟིག་དོམ་དྲེད་སོགས་འདུས་པ་ལས་བྱུང་བའི་བཤད་ཚུལ། དེ་བཞིན་གཅན་གཟན་མི་འདྲ་བ་བསྒོས་པ་ལས་བྱུང་བའི་བཤད་ཚུལ་ཡོད་རིགས་ནི་སྒོང་སྐྱེས་དང་མངལ་སྐྱེས་རྫུས་སྐྱེས་དྲོད་སྐྱེས་བཅས་སྐྱེ་གནས་རྣམ་པ་བཞི་ལས་མ་འདས་ཀྱང་། དེ་དག་ལས་གང་ཞིག་དོན་དངོས་དང་མཐུན་མིན་སྐོར་བློ་དམན་བདག་ལྟ་བུར་དཔྱོད་པའི་ནུས་སྤྱོབས་དང་བྲལ། འོན་ཀྱང་བཤད་རྒྱུན་དེ་དག་ཕྱིས་སུ་བོད་ཁྲིའི་རིགས་ལ་དབྱེ་བ་མང་དུ་བྱུང་བའི་གཞི་འཛིན་ས་གལ་ཆེན་ཞིག་ཏུ་གྱུར་ཚུལ་གཤམ་གྱི་བོད་ཁྲིའི་རིགས་ཀྱི་དབྱེ་བའི་སྐོར་ལས་གསལ་ཐུབ་ངེས་ཡིན། སྤྱིར་ན་ཁྲི་ནི་འགྲོ་བ་མིའི་རིགས་ཀྱིས་གཡུང་དུ་ཕབ་སྟེ་བའི་སྒྲོག་ཆགས་ཀྱི་གྲས་ཤིག་ཡིན་པ་ས་ཁུལ་མང་པོར་བཤད་ཚུལ་གཅིག་མཐུན་ཡིན་ལ། མིའི་རིགས་ཀྱིས་བཏུལ་བའི་སྒྲོག་ཆགས་ལས་མི་དང་ཆེས་འདྲིས་ཆེ་བ་ཞིག་ཡིན། དེ་ཡང་འཛར་མན་གྱི་མཁས་པ་ཆེན་པོ་མྱུ་ལི་ལིས་བཤད་པ་ལྟར་ན། "ཁྲི་ནི་ཆེས་ཐོག་མའི་སྒོ་ཕྱུགས་ཡིན་པ་དང་། གནའ་ནས་ད་ལྟའི་བར་དུ། མིའི་རིགས་ཀྱིས་འདུལ་བའི་སྒྲོག་ཆགས་ཀྱི་ནང་ནས་ཁྲི་ནི་མིའི་རིགས་དང་ཆེས་འདྲིས་ཆེ་བ་ཞིག་ཡིན།"[②] ཞེས་གསུངས་པ་དང་། ཁན་ན་ཏའི་སི་ཐན་ལི་ཁའེ་ལུན་གྱིས་བརྩམས་པའི་《ཁྲིའི་སྨྲུང་གཏམ་》ཞེས་པའི་ནང་དུའང་"མིའི་རིགས་དང་ཁྲི་མ་མཐར་ཡང་ལོ་ངོ་ཁྲི་གཅིག་དང་བཞི་སྟོང་ཡན་འཚོ་བ་མཉམ་སྐྱེལ་བྱས་ཡོད་"[③] ཅེས་གསལ་བ་ལྟར་རོ། །

---

① བོད་ལྗོངས་བོད་ཡིག་དཔེ་སྐྲུན་དཔེ་སྐྲུན་ཁང་ནས་༡༩༩༠ལོར་དཔར་དུ་བསྐྲུན་པའི་《བོད་ཀྱི་རྟའི་གསོ་དཔྱད་གཞུང་ལུགས་བདམས་བསྒྲིགས་》ཞེས་པའི་ཤོག་གྲངས་༤པར་གསལ།

② ༡༩༩༨ལོའི་《གྲུང་གོའི་བོད་ཀྱི་ཤེས་རིག》དུས་དེབ་བཞི་པའི་ཤོག་གྲངས་༡༥༠ལ་གསལ།

③ སི་ཐན་ལི་ཁའེ་ལོན་གྱིས་བརྩམས་པའི་《ཁྲིའི་སྨྲུང་གཏམ་》ཞེས་པའི་ཤོག་གྲངས་༡པོར་གསལ། མཉམ་འབྲེལ་གསུམ་དཔེ་ཚོང་ཁང་ནས་སྤྱི་ལོ་༢༠༠༧ལོར་བསྐྲུན།

གཉིས་པ། བོད་ཁྱིའི་ཁྱད་ཡོན་དང་སྐྱོད་མཁོའི་སྐོར།

ནོར་སྲུང་ཛག་རྐུན་འགོག་ལ་མཐུ་བོ་ཆེ། །
གཡང་འཛིན་གདོན་བགེགས་བར་ཆད་སེལ་ལ་མཁས། །
ཛོན་རོགས་སྡོན་རྟོགས་ཐུབ་ཀྱི་ནུས་ཅན་པ། །
གུས་ལུགས་འབུལ་རྫས་ཕྱུག་རྟགས་ནང་གི་མཆོག །

དེ་ཡང་བོད་རིགས་ཀྱི་རྒྱུན་གཏན་འཚོ་བའི་ཁྲོད་ཁྱི་ཤ་ནི་ཧྲོགས་པའི་སྡུག་བསྔལ་སེལ་བྱེད་ཀྱི་ཟས་ཀྱི་བཅུད་དུ་མི་འགྲོ་ལ། ཁྱི་ཡི་པགས་པ་ནི་གྲང་བའི་སྡུག་བསྔལ་སེལ་བྱེད་ཀྱི་གོས་དང་མཛེས་པའི་རྒྱན་དུའང་མི་རུང་བ། ཁྱི་ལས་སྐྲམ་གདུང་སེལ་བྱེད་ཀྱི་འོ[illegible]་འཛེ་སྲོལ་མེད་ཅིང་། ཁྱི་ནི་འགྲོ་བ་མིའི་ཇོག་ཁྲིས་ཁྱེར་མཁན་གྱི་ཁལ་མའང་མི་བྱེད། "འཇིག་རྟེན་བོད་ཀྱི་གཏམ་དཔེ་ལ། །ཁྱི་ལ་དཔེ་ཚད་ངན་ནའང་། །ཁྱི་ལ་མི་ངན་ཁྱི་འདི་བཟང་། །བོད་ཀྱི་རྒྱུ་ནོར་སྲུང་མི་དེ། །ཁྱི་འདི་ལས་ཀྱིས་བསྐོས་པ་ཡིན། །"[1]ཞེས་པ་ལྟར། ནམ་རྒྱུན་འཚོ་བའི་ཁྲོད་དུ་མི་གཞན་ལ་དམའ་འབེབས་དང་། ངན་སྨྲས་བྱེད་པའམ་དམོད་བོར་བ་དང་གཤེ་གཤེ་གཏོང་བའི་སྐབས་སུ་ཁྱི་རྣན་དང་། ཁྱི་རུལ། ཁྱི་འདྲ། ཁྱི་སྨྱོན་ཞེས་པ་སོགས་བརྗོད་སྲོལ་ཡོད་པ་དང་། ངན་པ་ལག་སྦྲེལ་གྱི་དཔེ་ལ་ཁྱི་སྤྱང་ཁ་འགྲིལ་ཞེས་དང་། དེ་བཞིན་བོན་གྱི་དཔེ་རྙིང་ལས"ཁྲ་བ་བུ་དགུ་ཁྱི་ཁ་འཐོར། ལྷན་དུ་བསྡད་ན་ནང་དམེ་འབྱུང་། ཀུན་གྱིས་ཁྱི་སྤྱོད་བྱ་བར་འབྱུང་།"[2]ཞེས་ཁ་འཐོར་ནང་དམེ་འབྱུང་བའི་དཔེ་རུ་ཁྱི་སྤྱོད་ཅེས་པའི་ཐ་སྙད་སྤྱར་སྲོལ་ཡོད་པ་སོགས་ཁྱི་

① ཁམས་ཡུལ་ཤུལ་ཁུལ་གྱི་དམངས་ཁྲོད་སྒྲུང་པ་ལྷ་བུ་དོན་གྲུབ་ཀྱིས་འཆད་གྱེར་གནང་བ་བཞིན་དབང་གྲགས་ལགས་ནས་ལེགས་སྒྲིག་གནང་བའི《ཞེ་ཡུའི་ཁྱི་རྫོང་》ཞེས་པའི་ཤོག་ངོས་༡༨༠ལ་གསལ། བོད་ལྗོངས་བོད་ཡིག་དཔེ་རྙིང་དཔེ་སྐྲུན་ཁང་ནས་༢༠༡༧ལོར་དཔར་དུ་བསྐྲུན།

② 《མདོ་དྲི་མེད་གཟི་བརྗིད་》བོད་གཉིས་པའི་ཤོག་གྲངས་༡༩༠ལ་གསལ། ༢༠༠༠ལོར་བོད་ལྗོངས་བོད་ཡིག་དཔེ་རྙིང་དཔེ་སྐྲུན་ཁང་ནས་བསྐྲུན།

ཞེས་སྨད་པའི་དཔེར་འཛིན་ནུང་། དོན་དམ་པར་བོད་པ་རྣམས་ཀྱིས་ཁྱི་ལ་གཙིགས་མཐོང་ཆེན་པོ་བྱེད་པ་ཡིན་ཏེ། "ང་ཚོའི་རྒྱུན་གཏན་གྱི་འཚོ་བའི་ཁྲོད་རྟག་ཏུ་མི་ཆེ་གེ་མོ་ཁྱི་ལྟར་སྡུག་ཅག་ཅིག་འདུག་ཅེས་པའི་བཤད་སྲོལ་ཐོས་རྒྱུ་ཡོད། དེ་ནི་དངོས་གནས་ཁྱི་ལ་མ་ཞེས་ཁ་གཡོགས་དགྲིས་པ་རང་རེད། ཁྱི་ནི་སྡུག་ཅག་ཅིག་མིན་པ་མ་ཟད། གལ་སྲིད་བརྩེ་དུང་གི་ངོས་ནས་བཤད་ན། འཇིག་རྟེན་འདིའི་ཐོག་ཨ་མས་བུ་ཕྲུག་ལ་འཛིན་པའི་བརྩེ་དུང་དེ་ཆེས་ཟབ་ཤོས་ཡིན་པ་ཕུད། དེ་མིན་ཁྱིས་བདག་པོར་འཛིན་པའི་བརྩེ་དུང་དེ་ཆེས་ཟབ་ཤོས་དང་ཆེས་ཟོལ་མེད། རྣམ་པ་དག་ཤོས་ཡིན་"[①]ཞེས་འཁྲུག་པའི་འཚོ་བ་ལས་འཁྲུངས་པའི་ཉམས་མྱོང་ཅན་པོའི་ཚིག་གཏམ་འདི་ལས་མཐོང་ཐུབ་ལ། སྙིང་པོ་ཁྱི་ཡི་བཀའ་དྲིན་ཡིན་ཟེར་བའམ་ཁྱི་ཞིམ་བསད་ན་དོན་མི་འགྲུབ་ཅེས་པའི་དམངས་ཁྲོད་བཤད་རྒྱུན་ལས་ཀྱང་ཟུར་བལྟས་ལེབ་མཐོང་གི་དཔེ་ལྟར་བོད་རིགས་མི་དམངས་ཀྱིས་ཁྱི་ལ་འཛིན་པའི་ལྟ་ཚུལ་དེ་མངོན་ཐུབ་ངེས་ཡིན། དེ་བཞིན་གླིང་སྒྲུང་《ཞེ་ཡུའི་ཁྱི་རྫོང་》ལས། "མི་རྟ་ཁྱི་གསུམ་སྤུན་གྲོགས་རེད། །གཅིག་གིས་གཅིག་ལ་ཕན་སེམས་ཡོད། །དབང་ཤེད་ཆེ་བ་མི་ཡིན་པས། །མི་ཡིས་འཇིག་རྟེན་འཁོར་བ་འཛིན། །རྟ་ཡིས་མི་ལ་ལམ་གྲོགས་བྱེད། །ཁྱི་ཡིས་མི་རྟར་སྲུང་མ་བྱེད། །མི་ཡིས་ཁྱི་ལ་བདག་སྐྱོང་བྱེད། །དེ་ནི་ཐར་གྱི་ལས་འབྲས་ཡིན། །"[②]ཞེས་དང་། "འཇིག་རྟེན་སྲིད་པའི་སྐྱེས་ཐང་ལ། །མི་དང་རྟ་དང་ཞེ་ཡུའི་ཁྱི། །འབྲལ་ཐབས་མེད་པའི་སྤུན་གསུམ་ཡིན། །མི་རྟ་ཁྱི་གསུམ་ཟེར་བ་དེ། །ནམ་ཞིག་སོ་

---

① ཐར་ཚེ་རིང་གཡུ་སྒྲོན་གྱིས་རྒྱ་ཡིག་གི་ལམ་ནས་བརྩམས་གནང་བའི་《ང་དང་བྱང་རྩྭ་ཐང་》ཞེས་པའི་ཤོག་ངོས་༨༥ལ་གསལ། བོད་ལྗོངས་མི་དམངས་དཔེ་སྐྲུན་ཁང་ནས་༡༩༩༥ལོར་བསྐྲུན།

② ཁམས་ཡུལ་ཤུལ་ཁྲུལ་གྱི་དམངས་ཁྲོད་སྒྲུང་པ་ལྷ་བུ་དོན་གྲུབ་ཀྱིས་འཆད་གྱེར་གནང་བ་བཞིན་དབང་གྲགས་ལགས་ནས་ལེགས་སྒྲིག་གནང་བའི་《ཞེ་ཡུའི་ཁྱི་རྫོང་》ཞེས་པའི་ཤོག་ངོས་༢༡༧གསལ། བོད་ལྗོངས་བོད་ཡིག་དཔེ་རྙིང་དཔེ་སྐྲུན་ཁང་ནས་༢༠༡༧ལོར་དཔར་དུ་བསྐྲུན།

སོར་བྲལ་བ་ན། །གཞན་ལ་མི་གནོད་མི་ལ་གནོད། །མི་ཡི་ཚེ་སྲོག་རྒྱུ་ལ་གནོད། །”[1]ཅེས་མི་དང་ཁྱི་གཉིས་མ་གཅིག་ཡིན་པ་དང་། རྟ་དང་ཁྱི་གཉིས་ཕ་གཅིག་ཡིན་པ། མི་ཡི་ཕ་དང་རྟ་ཡི་མ་སྤྲེའུའི་རིགས་ཡིན་པའི་བཤད་སྲོལ་དེ་ལྟ་བུར་བརྟེན་ནས་ནམ་རྒྱུན་རྟ་དང་ཁྱི་གཉིས་ལ་བོད་རིགས་མང་ཚོགས་ཀྱིས་དམིགས་བསལ་གཙིགས་མཐོང་བྱེད་ཅིང་། འཇིག་རྟེན་པའི་བཀྲ་ཤིས་རྟེན་འབྲེལ་གྱི་སྟོན་མོ་ཆེ་ཤོས་གཉེན་སྒྲིག་སྟོན་མོའི་སྐབས་སུའང་རྟ་དང་ཁྱི་གཉིས་ལ་བག་རྟའི་བཤད་པ་དང་འདོགས་ཁྱིའི་བཤད་པ[2]ཞེས་མི་དང་འདྲ་བར་རྟེན་འབྲེལ་གྱི་བཤད་པ་གཏོང་སྲོལ་ཡོད་ལ། གཉེན་སྟོན་གྱི་ཉིན་དང་པོར་ཁྱི་མགོའི་བཤད་པའང་གཏོང་སྲོལ་ཡོད།[3] ལྷག་པར་དུ་ཀོང་པོ་ཁུལ་དུ་ལོ་གསར་གནམ་གང་ཉིན་རང་གི་སྣ་ཁྱི་ལ་གསོལ་སྟོན་གཞོམ་པའི་སྲོལ་ཡོད་དེ། “བོད་ཟླ་དགུ་པའི་གནམ་གང་ཉིན་གྱི་དགོང་མོར་ཁྱིམ་དུད་ཚང་མས་ལོ་གསར་གཏོང་བའི་གྲ་སྒྲིག་ཚང་མ་ལེགས་གྲུབ་ཟིན་པ་ཡིན་པས་དགོང་ཛོ་མ་བཟས་གོང་ལ་ལོ་གསར་ལ་གྲ་སྒྲིག་བྱས་པའི་ཟས་རིགས་ཏེ་ཚོགས་དང་། ཐུད། གྲོ་མ། ཤ མར། ཕྱུར་བ། བུ་རམ། ཁམ་བུ་ལ་སོགས་ནས་ཕྲན་བུ་རེ་བླངས་པ་དང་། དེ་བཞིན་བཏུང་བྱ་སྐྱོ། ཇ་དང་། ཆང་། འོ་མ་སོགས་སྣར་ཀའི་སྙིགས་པགས་ནང་ཕྲན་བུ་རེ་བླུགས་ནས་

① ཁམས་ཡུལ་ཤུལ་ཁུལ་གྱི་དམངས་ཁྲིད་སྒྲུང་པ་ལྷ་བུ་དོན་གྲུབ་ཀྱིས་འཆད་ཤེར་གནང་བ་བཞིན་དཔང་གྲགས་ལགས་ནས་ལེགས་སྒྲིག་གནང་བའི《ཞི་ཡུའི་ཁྱི་རྫོང་》ཞེས་པའི་ཤོག་གྲངས་༡༩༠ལ་གསལ། བོད་ལྗོངས་བོད་ཡིག་དཔེ་རྙིང་དཔེ་སྐྲུན་ཁང་ནས་༢༠༡༧ལོར་དཔར་དུ་བསྐྲུན།

② བོད་ལྗོངས་བོད་ཡིག་དཔེ་རྙིང་དཔེ་སྐྲུན་ཁང་ནས་༢༠༡༣ལོར་བསྐྲུན་པའི་གླིང་སྒྲུང་《གངས་མཐིང་གཉེན་སྟོན་རྟེན་འབྲེལ་ཆེན་མོ་》ཞེས་པའི་ཤོག་གྲངས་༡༥༣དང་༡༨༠ནང་གསལ་བ་ལྟ་བུ་དང་། མི་རིགས་དཔེ་སྐྲུན་ཁང་ནས་༢༠༠༩ལོར་བསྐྲུན་པའི《བོད་ཀྱི་གཉེན་སྲོལ་རགས་གླེང་》ཞེས་པའི་ཤོག་གྲངས་༡༣༩ལ་གསལ་བ་ལྟར་རོ། །

③ ༡༩༩༨ལོའི《སྤང་རྒྱན་མེ་ཏོག》དུས་དེབ་དང་པོའི་ཐོག་ཁྱི་མགོའི་བཤད་པ་དུམ་བུ་གཅིག་བཀོད་ཡོད་པ་དང་། “བཤད་པ་འདི་གཞིས་རྩེའི་ས་ཁུལ་འགར་གཉེན་སྒྲིག་མཛད་སྒོའི་ཉིན་དང་པོར་ཁྱི་མགོ་ལ་རྒྱན་སྤྲས་ཏེ་བཤད་སྲོལ་འདུག”ཅེས་པ་ལྟར་རོ། །

ཞིང་འཁྲོལ་དང་། ཡང་ན་སྤྱིར་བཏང་གི་པང་ལེབ་ཅིག་གི་ཐོག་ཏུ་གསོལ་སྟོན་གྱི་ཚུལ་དུ་བསྒྲིགས་ནས་སོ་སོའི་སྒོ་ཁྱིའི་མདུན་དུ་སྐྱེལ་"①ཞེས་བྱུང་བ་ལྟར། ལོ་གཅིག་ཟླ་བ་བཅུ་གཉིས་ཀྱི་ཟས་ཕུད་ཁྱི་ལ་སྤྲོད་སྲོལ་ཡོད་པ་དང་། དེ་བཞིན་སི་ཁྲོན་ཁུལ་གྱི་བོད་རིགས་ས་ཁུལ་འགར་ཡང་ལོ་གསར་ཚེས་གཅིག་ཉིན་གྱི་ཐོ་རངས་བྱ་སྐད་དང་པོའི་སྐབས་ཁང་པའི་སྒོ་རུ་བསང་གཏོང་བ་དང་། ཆུ་ཕུད་ལེན་པ། ཁྱི་ལ་དད་གུས་ཚུལ་གྱིས་ཟས་སྟོན་དུ་སྦྱིན་པའི་སྲོལ་ཡོད་པ།② དེ་མིན་བོད་ཟླ་གསུམ་པའི་ཚེས་བཅོ་ལྔ་ཉིན་ནི་ཁྱིའི་མེས་པོའི་འདས་མཆོད་ཉིན་མོར་བརྩི་བ་དང་བོད་ཀྱི་ཡུལ་ལུང་མང་པོར་ལོ་རེའི་འབྲུ་རིགས་ཐོན་འབབ་ལས་ལོ་ཕུད་ཀྱི་རྩམ་པ་ཁྱི་ལ་སྤྲོད་པ་དང་། འདོགས་ཁྱི་དང་ཤ་ཁྱི་ཤི་བའི་རྗེས་སུ་ཁྱི་རོ་དུར་དུ་སྦས་བ།③ དེ་ལ་དུར་རྫས་སྦྲ་བ་དང་འདས་མཆོད་བྱེད་སྲོལ་ཡོད་པ་④དག་ལས་ཀྱང་བོད་མིས་བོད་ཁྱིར་འཛིན་པའི་ལྟ་སྣང་དང་དེའི་དམིགས་བསལ་ཐོབ་ཐང་མངོན་ཐུབ་པ་ཡིན།

འོ་ན་བོད་པ་རྣམས་ཀྱིས་བོད་ཁྱི་ལ་དེ་ལྟ་བུའི་གཙིགས་མཐོང་བྱེད་དགོས་དོན་གང་ལགས་ཤེ་ན། དེ་ནི་གཉེན་ཉེ་སྤུན་མཆེད་དབར་ཤ་ཚ་སྤུན་དུང་ཆེ་བའི་ཁ་བ་རི་པའི་དམངས་ཁྲོད་དུ་ཁྱི་ཡི་མེས་པོ་དང་འགྲོ་བ་མིའི་རིགས་ཀྱི་མེས་པོ་གཉིས་སྤུན་མཆེད་ཡིན་པའི་ལྟ་ཚུལ་ཡོད་པས་ཡིན་ལ། བོད་ཁྱི་ལ་ཐུན་མིན་གྱི་

① 《བོད་ཀྱི་དམངས་སྲོལ་གཅེས་བཏུས་》ཞེས་པའི་ཤོག་གྲངས་༣༢༥ལ་གསལ། མི་རིགས་དཔེ་སྐྲུན་ཁང་ནས་སྤྱི་ལོ་༡༩༩༩ལོར་བསྐྲུན།

② ༡༩༨༨ལོའི་《བོད་ལྗོངས་ཞིབ་འཇུག》རྒྱ་ཡིག་དུས་དེབ་གཉིས་པའི་ཤོག་གྲངས་༡༠ ༡ལ་གསལ།

③ ༡༩༨༨ལོའི་《བོད་ལྗོངས་ཞིབ་འཇུག》རྒྱ་ཡིག་དུས་དེབ་གཉིས་པའི་ཤོག་གྲངས་༡༠ ༡ལ་གསལ།

④ ཐར་ཚེ་རིང་གཡུ་སྒྲོན་གྱིས་རྒྱ་ཡིག་གི་ལམ་ནས་བརྩམས་གནང་བའི་《ང་དང་བྱང་རྩྭ་ཐང་》ཞེས་པའི་ཤོག་གྲངས་༦༨ལ་གསལ་བར"ཁྱི་ཤི་ན་དེ་ལ་དུར་རྫས་སྦྲ་བའི་སྲོལ་ཡོད། གནའ་རྟ་མོའི་ལུགས་སྲོལ་དེ་ནི་ད་ལྟའི་བར་ཡུལ་འགའ་ཤས་སུ་རྒྱུན་འཛིན་བྱས་ནས་ཡོད། དེ་ནི་ཁྱིའི་མེས་པོ་ཁྲ་མོ་གཞུ་གཙུག་མར་འདས་མཆོད་བྱས་པ་ལས་བྱུང་བ་ཡིན་ལས་ཆེ། གང་ལགས་ཤེ་ན། བཤད་རྒྱུན་ནང་གི་བྱེད་སྟངས་དང་གཅིག་མཚུངས་ཡིན་ཏེ། འདོགས་ཁྱིའམ་ཤ་ཁྱི་ཡག་པོ་ཞིག་ཤི་བའི་རྗེས་བདག་པོས་དེའི་རོ་ས་དོང་ཞིག་ཏུ་བཞག་ནས་རྣ་བའི་ནང་འབྲུ་ཏོག་རྐང་འགའ་བླུགས་པ་དང་། མགོ་བོར་འོ་མ་གཟར་བུ་འགའ་བླུགས་ནས་འབྲུ་བའི་སྲོལ་ཡོད།"ཅེས་འཁོད་པ་ལྟར་རོ། །

ཁྱད་ཆོས་ལྡན་པ་དང་དེས་བོད་ཀྱི་སྤྱི་ཚོགས་ནང་དམིགས་བསལ་ཕན་ནུས་ཐོན་ཡོད་པས་ཀྱང་ཡིན། དེ་ཡང་སྤྱིར་ན་བོད་ཁྱིའི་གོས་ནི་རང་བྱུང་སྤུ་ཡིས་ཚོག་ལ། གྲོད་ཁོག་ནི་ཟས་ལྷག་གིས་རྒྱགས་ཐུབ། ལས་ནུས་ཆེ་སྟེ་ཁྱིམ་སྲུང་མིའི་གོ་ཆོད་པ་བཅས་དང་། "བདག་གི་རྐང་ལག་བཞི་པོ། སྤྲོ་སྤྲོ་ལས་ཀྱང་བདེ་བ། སྣ་རྡོག་གསེར་འོད་ཆེམ་ཆེམ། དྲི་མ་བརྒྱ་ཕྲག་སྣོམ་ཐུབ། སྐད་གསང་ངར་སྒྲ་རྒྱག་དུས། ནམ་མཁའི་བྱ་ཡང་འདྲོགས་འགྲོ། རྣོ་ཅན་སྟེར་མོ་འདི་ཚོས་སྲ་མཁྲེགས་ཕུབ་ཀྱང་རྡོལ་ཐུབ། ཕྱི་ཡོང་བུང་བ་ཙམ་ཡང་། ཁྱིམ་ནང་འཁོར་དུ་མི་འཇུག"① ཅེས་རབ་རྟོག་གི་གཏམ་རྒྱུད་ནང་དུ་ཁྱིས་རང་བསྟོད་བྱས་པ་ལྟར་བོད་ཁྱིར"བདག་པོ་མི་བརྗེད་པའི་འདུ་ཤེས་ཡོད་པ་དང་གལ་ཏེ་དགོས་གལ་བྱུང་ཙ་ན། རང་གི་བདག་པོའི་དོན་དུ་དཀའ་སྡུག་དང་དུ་ལེན་ནུས་ལ་ཐ་ན་རང་སྲོག་ལ་ཐུག་ཀྱང་ཀྱང་འཛེམ་བག་དང་ཐེ་ཚོམ་མེད་པར་བྱ་བ་ཅི་རིགས་སྒྲུབ"②པར་བརྗོད་པ་ལྟར་དང་། དེ་བཞིན"བོད་ཁྱིས་གནད་ལ་ཐེགས་པའི་སྣོ་ནས་དྲི་ངད་མི་འདྲ་བ་ཁྲི་བཅུ་ལྷག་ཙམ་དབྱེ་འབྱེད་ཐུབ་པ་དང་། གར་ཚད་ཁྲི་སྟོང་གི་ཆ་གཅིག་ཡིན་པའི་སྐྱེ་ལྡན་སྐྱུར་གྱི་དྲི་སྣོམ་ཐུབ་པ་དང་། བར་ཐག་སྨིད་༦༠༠ནས་༥༠༠ཡོད་པའི་མིའི་རྗེས་དྲི་སྣོམ་ཐུབ་ནས་བདག་པོ་དང་ཕྱི་མི་སུ་ཡིན་ཤེས་ཐུབ་ཀྱི་ཡོད། ད་དུང་ག་དུས་ཡིན་རུང་ཉལ་བསྡད་པའི་ཁྱིས་རྣ་ཅོག་ས་ལ་སྦྱར་ནས་ཕྱོགས་ཁ་༣༢ནས་ཡོང་པའི་གཡོ་འགུལ་ཆུང་ཙག་ཀྱང་གོ་ཐུབ་ལ་དབྱེ་འབྱེད་ཐུབ་ཀྱི་ཡོད་པས། བོད་ཁྱིའི་འཆར་ལན་ནུས་ཚད་ནི་མིའི་རིགས་ཀྱི་ལྡབ་༡༧ཡིན"③ ཞེས་བྱུང་བ་

① ༡༩༨༡ལོའི《བོད་ཀྱི་རྩོམ་རིག་སྒྲུ་རྩལ》དུས་དེབ་༢པའི་ཤོག་ངོས་༡༠ལ་གསལ།

② དཀོན་མཆོག་ཆོས་འཕེལ་གྱིས་བརྩམས་པའི《དྲིན་གཟོའི་གཏམ་རྒྱུད》ཅེས་པའི་ཤོག་ངོས་༡པོར་གསལ། བོད་ལྗོངས་མི་དམངས་དཔེ་སྐྲུན་ཁང་ནས་༢༠༡༥ལོར་བསྐྲུན།

③ ཀྲང་ཙེ་ཚེ་ཡིས་གཙོ་སྒྲིག་བྱས་པའི《བོད་ཁྱི། ཤར་ཕྱོགས་ཀྱི་ལྷ་ཁྱི།》ཞེས་པའི་ཤོག་ངོས་༡༠ལ་གསལ། ཀྲུང་གོའི་རྒྱུད་བསྒྲགས་བརྙན་འཕྲིན་དཔེ་སྐྲུན་ཁང་ནས་༢༠༠༨ལོར་བསྐྲུན།

དེ་ནི་དེང་རབས་ཚན་རིག་གི་ཐོག་ནས་བརྟག་དཔྱད་བྱས་ནས་ཤེས་པའི་བོད་ཁྱིའི་ཐུན་མིན་གྱི་ཁྱད་ཆོས་དེ་ཡིན། རྒྱལ་དབང་ཚངས་དབྱངས་རྒྱ་མཚོའི་མགུར་གླུ་ལས་ཀྱང་། "ཁྱི་རྒན་རྒྱ་བོ་ཟེར་བ། །རྣམ་ཤེས་མི་ལས་སྒྱུང་བ། །སྲོད་ལ་ལངས་སོང་མ་ཟེར། །ཐོ་རེངས་སླེབས་བྱུང་མ་ཟེར། །" ཞེས་གསལ་བ་ལྟར། བོད་རིགས་མི་དམངས་ཀྱིས་གནའ་སྔ་མོ་ནས་བོད་ཁྱི་ནི་དགྲ་གཉེན་ཤན་འབྱེད་ཀྱི་ཤེས་པ་གསལ་ཞིང་དྲན་རྐྱེན་ཟོ་བའི་སྒྱུང་གྲུང་ལྡན་པའི་སྲོག་ཆགས་ཤིག་ཏུ་ངོས་འཛིན་བྱེད་ཀྱི་ཡོད། དམངས་ཁྲོད་དུ་"ནོར་ལོངས་སྤྱོད་གཡང་སྣ་བཀུག་དང་གཅིག །ཁྱིམ་བདག་པོའི་ཚེ་སྲོག་སྐྱབས་དང་གཉིས། །གནོད་གདོན་བགེགས་བར་ཆད་སེལ་དང་གསུམ། །བཟང་དེ་གསུམ་བོད་ཀྱི་ཁྱི་ལ་འཛོམས། །" ཞེས་བརྗོད་སྲོལ་ཡོད་ལ། མངའ་རིས་ཁུལ་གྱི་གཏམ་དཔེ་ཞིག་ཏུའང་མི་རྟ་ཁྱི་གསུམ་རྣམ་ཤེས་གཅིག་ཅེས་བཤད་སྲོལ་ཡོད། རྒྱའི་གྲགས་ཅན་མི་སྣ་ཀྲུང་གོའི་བོད་ཁྱིའི་སྤྲོ་སྐྱིད་ཁང་གི་འགོ་འཛིན་མ་ཙུན་རན་གྱིས། བོད་ཁྱིས་"ལེ་དབར་ཁྲི་ཡི་གངས་རི་བརྒལ་ནུས་ལ། །འདོ་བ་རྟ་དང་གཡག་ལུག་འཚོ་རྫི་ནུས། །འཕར་སྒྱུང་སྟག་གཟིག་ཕ་མཐར་སྐྲོད་ནུས་ལ། །བདག་པོའི་སེམས་ཁྲལ་སྡུག་བསྔལ་སེལ་ནུས་ཤིང་། །ཆག་སྒོ་བཀྲ་ཤིས་གང་ཡོང་སྟོན་མཐོང་ནུས། །" ཞེས་བོད་ཁྱི་ལ་སྤྱོད་མཁོ་ཡོན་ཏན་ལྔ་དང་ལྡན་པར་བཤད།

དེ་ལྟའི་བོད་ཁྱིའི་ཐུན་མོང་མིན་པའི་ཁྱད་ཆོས་ལ་གཞིགས་ནས་བོད་པ་རྣམས་ཀྱིས་ཕྱུགས་རིགས་དཀར་ནག་སྲུང་བའི་ནོར་སྲུང་། དགྲ་དང་ཇག་རྐུན་འགོག་པའི་སྒོ་སྲུང་། རྒྱུ་ནོར་ལོངས་སྤྱོད་འཕེལ་བའི་གཡང་འཛིན། གདོན་བགེགས་བར་ཆད་སེལ་བའི་བཙན་གྲོགས། འཚོ་ཆས་ཤ་ལྤགས་ལེན་གྱི་རྫོན་རོགས། བཟང་ངན་སྟོན་རྟོགས་ཐུབ་པའི་ནུས་ཅན། སེམས་དཀར་དད་མོས་མཚོན་པའི་འབྱུལ་རྫས། མཛའ་བརྩེའི་གུས་ལུགས་མཚོན་པའི་ཕྱག་རྟགས་བཅས་

སུ་བོད་ཁྱི་སྤྱོད་བཞིན་ཡོད། དེ་ཡང་ཁྱད་ཡོན་སྤྱོད་མཁོ་དེ་དག་རེ་རེ་བཞིན་ཙུང་ཟད་རྒྱས་པར་སྤྲོས་ན།

གཅིག ཁ་བ་རི་པའི་མེས་པོ་ཚོས་འཚོ་བའི་ཉམས་མྱོང་ཁྲོད་དུ་དེ་ལྟ་བུའི་ཁྱད་ཡོན་གཉིས་ལྡན་གྱི་བོད་ཁྱི་གསོ་སྐྱོང་དང་བེད་སྤྱོད་ལེགས་པར་བྱས་ནས་རང་ཉིད་ཀྱི་འཚོ་བར་དགེ་ཕན་བསྐྲུན་ཡོད། སྲོལ་རྒྱུན་བོད་ཀྱི་སྤྱི་ཚོགས་ནི་འབྲོག་ལས་གཙོ་བོར་གཉེར་བའི་སྤྱི་ཚོགས་ཤིག་ཡིན་པས། ཕྱུགས་རིགས་དཀར་ནག་ཁྲ་གསུམ་ནི་བོད་རིགས་ཀྱི་འཚོ་རྟེན་དུ་གྱུར་བ་དང་། ཕྱུགས་ཟོག་ལ་བདག་སྐྱོང་བྱ་རྒྱུ་ནི་བོད་པ་རྣམས་ཀྱི་ལས་དོན་ཨང་དང་པོ་དེ་ཡིན། དེ་ཡི་དུས་སུ་མུ་མཐའ་མེད་པའི་ཡངས་པའི་རྩྭ་ཐང་ཐོག་སྤྲིན་དཀར་འཕྱུར་འདྲའི་གཡང་དཀར་གྱི་ལུག་ཁྱུ་དང་། སྤྲིན་ནག་འཕྱུར་འདྲའི་ཚེ་ཚེ་ར་ཡི་ཁྱུ། དེའུ་འབུར་ལྟ་བུའི་འབྲི་གཡག་སོགས་ཀྱིས་ཕྱུག་ནས་ཡོད། ཡུལ་དུས་དེ་ན་རྒྱུན་དུ་གཡོ་ཅན་སྤྱང་ཀི་སོགས་གཅན་གཟན་རིགས་ཀྱིས་མི་ཕྱུགས་གཉིས་དང་ཁྱད་པར་ཕྱུགས་རིགས་ལ་གནོད་པ་བྱེད་པས། འབྲོག་པའི་བློ་གྲོས་ལས་དེ་འགོག་ཆེད་དུ་འདོགས་ཁྱི་གསོ་སྐྱོང་བྱས་ཡོད། དེ་ལ་བརྟེན་ནས་ཁྱི་ཡི་མིང་གི་རྣམ་གྲངས་ལའང་ནོར་སྲུང་ཞེས་འབོད་ལ། ནམ་རྒྱུན་གྱི་ཁ་དཔེར། ཉིན་མོའི་མི་དང་མཚན་མོའི་ཁྱི་ཞེས་བརྗོད་པ་ལྟར། འདོགས་ཁྱིས་མཚན་མོ་ཕྱུགས་བདག་གཉེད་དུ་ཡུར་བའི་དུས་ན་ལྷས་མཆེར་གྱི་མཐའ་སྐོར་དུ་བསྐོར་རྒྱུགས་ཀྱིས་ཕྱུགས་ཟོག་ལྟ་སྐྱོང་བྱེད་དེ། འཇིག་རྟེན་གཏམ་དཔེར་ཡང་། ཁྱི་བཟང་པོ་ནོར་གྱི་ལྷགས་རི་ཡིན། ནོར་མེད་ན་ཁྱི་ཡི་དགོས་པ་མེད་ཅེས་བརྗོད་སྲོལ་ཡོད། དེ་ལས་ར་ལུག་ཏ་ནོར་སྲུང་རྒྱུ་ནི་བོད་ཁྱིའི་ལས་སྣལ་དང་པོའམ་གཙོ་འགན་དེ་ཡིན་པ་ཤེས་ཐུབ།

གཉིས། "ཕྱུགས་རྐང་བཞི་ཟོག་གི་སྣ་སྲུང་དང་། །རྒྱུ་ལོངས་སྤྱོད་འཕེལ་

པའི་གཡང་རྟེན། །མཁར་གྲུ་བཞི་སྒོ་ཡི་རྒྱན་ཆ་དེ། །”① ཞེས་གླིང་སྒྲུང་ནང་བསྟོད་པ་ཕུལ་བ་ཡང་བོད་ཁྱིར་དམིགས་ནས་བཤད་པ་ཇི་བཞིན་དང་། 《ནེ་ཙོའི་གཏམ་རྒྱུད་གོ་བདེ་ཀུན་ཕན》གྱི་སྙིང་པའི་ལོ་རྒྱུས་བཅུའི་ནང་དུ། “ཁྲིམས་ཀྱང་མེད་པའི་ལུང་པ་ན། །ཡ་མེད་རྐུ་མག་ཧག་པ་སྐྱིད། །” ཞེས་པ་ལྟར། གདོད་མའི་སྤྱི་ཚོགས་ནང་ཚེ་པ་ཕན་ཚུན་ཧག་འགྲོ་རྐུ་འཕྲོག་བྱེད་པ་རྒྱུན་གཏན་ཡིན་པས། རྐུ་འཕྲོག་ཐུབ་པ་རང་གི་འཛོན་ཐང་ལྟ་བུར་བརྩི་བའི་དུས་སྐབས་སུ་ཐབས་བརྒྱ་ཇུས་སྟོང་གིས་རང་གི་དཀའ་བས་བསགས་པའི་རྒྱུ་ནོར་དང་གཅེས་པའི་སྲོག་སྲུང་དགོས་ཀྱི་ཡོད། དེ་ལྟར་ཡུན་རིང་གི་སྤྱི་ཚོགས་ལག་ལེན་ཁྲོད་བོད་ཁྱིའི་སྲུང་སྐྱོང་འཛོམས་ལ་ཐེ་རྫོ་བ་དང་། བདག་པོར་བརྩེ་ལ་དགྲ་ལ་སྡང་བའི་ཁྱད་ནུས་ལ་གཞིགས་ནས་དགྲ་དང་ཧག་རྐུན་འགོག་ཆེད་ཀྱི་སྒོ་སྲུང་དུ་གསོ་སྐྱོང་བྱས་སྟབས། དེ་ཉིད་མིའི་རིགས་ཀྱི་སྡོད་ཁང་གྲུ་བཞིའི་སྒོ་ཡི་རྒྱན་ཆ་ལྟ་བུར་གྱུར་ནས་ཉིན་དཀར་མགྲོན་པོའི་བཟ་རྒྱུག མཚན་ནག་ཧག་རྐུན་བཟ་རྒྱུག་གི་ལས་སྒྲུབ་པ་ཆགས་ཡོད། དེ་བཞིན་ད་ལྟའི་བར་འབྲོག་ཁུལ་དུ་དར་ནས་ཡོད་པའི་“ཁྱི་རྟུང་” གི་གོམས་གཤིས་ལ་གཞིགས་ན། འདོགས་ཁྱིས་མཁར་གྲུ་བཞིའི་རྒྱུ་ནོར་ལོངས་སྤྱོད་སྲུང་བའི་སྒོ་སྲུང་དཔའ་བོའི་ལས་འགན་འཁུར་བ་མ་ཟད། ཁྱི་འཁྲམས་པའི་འགྲོན་ལམ་བཀག་ནས་ཚུལ་ལྡན་བུད་མེད་ཀྱི་གསང་སྒོ་སྲུང་བའི་ནུས་པའང་འདོན་སྤེལ་ཐུབ་ཀྱི་ཡོད་པ་ཤེས་རྟོགས་ཐུབ།

གསུམ། གདོད་མའི་དུས་སྐབས་སུ་བོད་ཡུལ་གྱི་ཁམས་འདིར་ཁང་པ་ཐམས་ཅད་རི་ཁྱིམ་ལ་བརྟེན་པ་དང་། ལས་སུ་རྫོན་ལས་བྱེད་པ། ཟས་སུ་ཤ་ཁྲག་

① ཁམས་ཡུལ་ཤུལ་ཁུལ་གྱི་དམངས་ཁྲོད་སྒྲུང་པ་ལྷ་བུ་དོན་གྲུབ་ཀྱིས་འཆད་གྱེར་གནང་བ་བཞིན་དབང་གྲགས་ལགས་ནས་ལེགས་སྒྲིག་གནང་བའི《ཞེ་ཡུའི་ཁྱི་རྫོང་》ཞེས་པའི་ཤོག་གྲངས་༡༡ལ་གསལ། བོད་ལྗོངས་བོད་ཡིག་དཔེ་རྙིང་དཔེ་སྐྲུན་ཁང་ནས་༢༠༡༧ལོར་དཔར་དུ་བསྐྲུན།

སྤྱོད་པ་དང་། གོས་སུ་པགས་པ་གྱོན་པའི་ཡུན་རིང་གི་རྗེན་ལས་འཚོ་བའི་ཁྲིད་བོད་ཁྱིའི་མྱུར་ལ་མགྱོགས་པའི་རྩལ་ནུས་ལ་གཞིགས་ནས་“ཤ་བ་གསོད་པའི་མི་དང་། ཤ་མཇུག་ལོན་པའི་ཁྱི་”ཞེས་པའི་དཔེ་ལྟར། རྗེན་པས་རི་དྭགས་གསོད་ཆེད་ཤ་ཁྱི་གསོས་ཤིང་སྦྱོང་བརྡར་བྱས་པས། རིམ་བཞིན་དེ་ཉིད་རྗེན་པའི་ལག་དོའམ་ལས་རོགས་སུ་གྱུར་ཡོད། དེ་ལྟའི་ཁྱིའི་བྱེད་ལས་མི་འདྲ་བར་གཞིགས་ནས་བོད་ཁྱི་ལ་འདོགས་ཁྱི་དང་ཤ་ཁྱིའི་དབྱེ་བའང་བྱུང་བ་ཡིན། ཤ་ཁྱི་ཞེས་པའང་རྗེན་ལས་རྩོམ་སྐབས་དེས་ཤ་བ་ལོན་ཐུབ་པས་མིང་དུའང་དེ་ལྟར་ཐོགས་པ་ཡིན་ཟེར་ལ། འགྲོ་བ་མིའི་རིགས་ལ་བཙུད་ལྡན་ཤ་བཟས་སྦྱོར་བས་མིང་དེ་བྱུང་བའི་བཤད་སྲོལ་ཡང་ཡོད། དེ་བཞིན་གོང་སྨོས་ཁྲ་མོ་གཞུ་གཙུན་མའི་བཤད་རྒྱུན་ལྟ་བུའི་ཤ་ཁྱིས་རྗེན་ལས་ཁྲིད་བྱས་རྗེས་བཞག་རབས་དང་བོད་མིར་ཕན་པ་བསྐྱུན་པའི་ལོ་རྒྱུས་བཤད་རྒྱུན་མང་དག་ཅིག་དམངས་ཁྲོད་དུ་དར་ཡོད་ལ། གོང་པོའི་ལོ་གསར་གྱི་སྐབས་ཟས་ཕུད་ཁྱི་ལ་སྤྲོད་པའི་ལུགས་སྲོལ་ལྟ་བུའི་ཁྱི་ལ་བཀའ་དྲིན་གསོལ་བའི་བྱེད་སྒོ་དང་། དེ་བཞིན་སྐྱིད་པོ་ཁྱི་ཡི་བཀའ་དྲིན་ཡིན་ཞེས་པའི་བཤད་རྒྱུན་སོགས་ལས། བོད་རིགས་ཀྱིས་ཁྱིའི་བྱེད་ནུས་ལ་གཙིགས་མཐོང་དང་དེ་བེད་སྤྱོད་བྱ་རྒྱུར་མཐོང་ཆེན་ཇི་ལྟ་བུ་བྱེད་ཀྱི་ཡོད་པའང་མཚོན་ཐུབ།

བཞི། སྤྱི་ཚོགས་ཀྱི་འཚོ་བ་དངོས་ནང་དུ་ཁྱི་དང་མི་གཉིས་ཡུན་རིང་འགྲོགས་པས། བོད་ཁྱིའི་ནུས་པ་དང་སྤྱོད་མཁོ་ཇེ་ཆེར་སོང་ཡོད། ནོར་སྲུང་བ་དང་དགྲ་རྐུན་འགོག་པ། རི་དྭགས་རྗེན་པ་བཅས་ཀྱི་ཁྱབ་ཁོངས་ལས་བརྒལ་ཏེ། བོད་ཁྱིའི་སྲུང་གྲུང་འཛོམས་ལ་དྲི་ཚོར་སྐྱེན་པ་དང་། རྟུལ་ཕོད་ཆེ་ལ་འཐབ་འཛིང་ལ་དགའ་བའི་ཁྱད་ཆོས་ལ་གཞིགས་ནས་དམག་ཁྱི་ཞེས་པའི་ཐ་སྙད་མ་སྲུང་པ་ཙམ་ལས་དོན་དངོས་སུ་གཡུལ་འགྱེད་དམག་འཐབ་ཀྱི་ཁྲོད་དུའང་བོད་ཁྱི་བཀོལ་སྤྱོད་བྱས་ཡོད་དེ། དཔེར་ན། འདུས་སྲོང་མང་པོ་རྗེས་མགར་རྒྱུད་ལ་

བཀྱོན་ཕབ་རྗེས་མཁར་མང་པོ་རྗེ་སྟག་ཙན་དང་པ་ཚབ་རྒྱལ་ཧོ་རེ་སོགས་རྒྱ་ཡུལ་དུ་བྲོས་བྱོལ་དུ་འགྲོ་དགོས་བྱུང་བའི་ཚེ། པ་ཚབ་རྒྱལ་ཧོ་རེས་བླངས་པའི་མགུར་ནང་། "ཉེན་དཀར་ནི་སྟག་རྩེ་ནས། ལྷུགས་ཀྱི་ནི་ཁྱི་བཀྱེ་ཞིང་། རྨ་འི་ནི་ཕོང་ཐྲ་ནས། ……དུད་བརྫའ་བཏང་།"① ཞེས་དང་། "དཔེ་གཡང་མོ་ཐབ་ལ་ཕོར་ན་ལྷུ་དྲུག་ལྷགས་ཁུད་མི་ཚང་ཟེར་བ་ཡོང་ཞིང་དམག་རོང་རིགས་ལ་འགྲིམ་ན་ཁྱི་བཀྱེ་རི་དྭགས་པ་ཉེན་གཅིག་ཙམ་གྱི་སྔོན་ལ་བཏང་ནས་ས་འབྲུ། ཀན་མི་ཉམས་ཆེ་བས་རྫབ་སྔོས། དང་པོར་དགྲ་འཚོལ་དེ་ནས་ཤ་སྔོས། རྒྱ་རུ་ཚོམ་ཁྱི་སྲིད། གཞོན་པས་དང་པོར་ས་འབྲུས། དེ་ནས་ཁྱི་བཀྱེ། དགྲ་འདུག་ན་ཤ་ཞིག་ལ་ལན་ཐོངས། ས་འཛམ་ན་ཤ་འཚོལ། གཞོན་ལས་ཀྱིས་དབུགས་ལོང་། རྒྱ་ཁྱི་འཛམ་པ་ལ་སླ་སྟེ། ཁྱི་ལ་མགོ་མཛིང་། རྒྱ་ལ་པགས་པ། ཤ་ལོངས་པ་ལ་ཤ་འགྱེད་དུ་ཆེ་ཐོབ་ཆུང་ཐོབ་ཏུ་བགོ་དགོས"② ཞེས་གསལ་བ་ལྟར། དགྲ་འདུལ་དཔུང་འཇུག་གི་དོན་རྣམས་འགྲུབ་པར་བྱེད་པ་ལ་བོད་ཁྱི་འཕྲིན་སྐྱེལ་དུ་བསྐུལ་བ་དང་། དེ་བཞིན་བོད་ཀྱི་ལོ་རྒྱུས་ཐོག་རྒྱལ་པོ་གྲི་གུམ་བཙན་པོས་ཁྱི་མོ་ཉན་རྣ་གསང་ལོ་ངམ་ཧ་རྫིའི་ཕྱོགས་སུ་གསང་བ་ཉན་པར་བཏང་བའི་བཤད་སྲོལ་ཡོད་པ་དང་། གྲི་གུམ་བཙན་པོའི་སྲས་ཧེ་ཁྱིས་སུ་སྤུ་དེ་གོང་རྒྱལ་དུ་གྲགས་པས་ལོ་ངམ་ཧ་རྫིར་ཤ་འཕོན་ལེན་ཚུལ་འཁོད་པའི་ཡིག་རྙིང་ནང་དུ"ཡུལ་མྱང་རོ་ཤམ་པོ་དྲུང་དུ་ལྷགས་ནས། ཐབས་ཀྱིས་བསྒྲུད་དེ། ཁྱི་འི་སྤུ་ལ་དུག་ཡོད་པ་དང་འི་ཧ་རྫིས་ཁྲིད་ནས། ཁྱི་བཟང་པོ་ལོ་ངམ་གྱི་ལགས་བྱུགས་པ་དང་། ང་འི་ཧ་རྫིས་ཁྱི་འི་སྤུ་

① དབང་རྒྱལ་དང་བསོད་ནམས་སྐྱིད་ཀྱིས་བསྒྱུར་ཅིང་བཀྲལ་བའི《ཏུན་ཧོང་ནས་ཐོན་པའི་བོད་ཀྱི་ལོ་རྒྱུས་ཡིག་ཆ》ཞེས་པའི་ཤོག་གྲངས་༨༥ལ་གསལ། མི་རིགས་དཔེ་སྐྲུན་ཁང་ནས་སྤྱི་ལོ་༡༩༩༢ལོར་བསྐྲུན།

②《གཙང་པ་སྡེ་སྲིད་ཀརྨ་བསྟན་སྐྱོང་དབང་པོའི་དུས་སུ་གཏན་ལ་ཕབ་པའི་ཁྲིམས་ཡིག་ཞལ་ལྕེ་བཅུ་དྲུག》ཅེས་པའི་དཔའ་བོ་སྟག་གི་ཞལ་ལྕེའི་ནང་གསལ། 《བོད་ཀྱི་སྔ་རབས་ཁྲིམས་སྲོལ་ཡིག་ཆ་བདམས་བསྒྲིགས》ཤོག་གྲངས་༡༠༥ལ་གསལ། བོད་ལྗོངས་བོད་ཡིག་དཔེ་རྙིང་དཔེ་སྐྲུན་ཁང་ནས་༡༩༨༩ལོར་བསྐྲུན།

ལ་དུག་བསྐུས་པས་ལག་པ་ཐུག་སྟེ་བསད་ནས། ཤ་ཟླན་ནོ། "① ཞེས་གསལ། ཧིང་གེར་རྒྱལ་པོས་ཡོ་རོབ་ཡུག་ཕྱོགས་བྱེད་སྐབས་བོད་ཁྱི་ཁྲི་ལྔ་ཙམ་བཀོལ་སྤྱོད་བྱས་པའི་བཤད་རྒྱུན་ཡང་ཡོད་ལ་སོག་གླིང་གཡུལ་འགྱེད་ཀྱི་སྐབས་སུ་སོག་གི་ཨུ་རུ་རྒྱལ་པོས་བོད་ཁྱིའི་ཡ་གྱལ་ཕྱུ་ཁྱི་གཡུལ་སར་སྤྱད་པས་གླིང་གི་དཔའ་བོ་མང་པོའི་ཐོད་ཀྱི་སྐྱུན་དང་། རྐང་པའི་ཞྭ་བརྟོན་པའི་ལོ་རྒྱུས་ཀྱང་ཡོད། དེ་དག་ལས་བོད་ཁྱིའི་ནུས་པ་དང་སྤྱོད་མཁོ་རྒྱ་ཆེར་སོང་ནས་དྲག་པོ་དམག་གི་གཡུལ་འགྱེད་སྐབས་སུའང་བོད་ཁྱི་བེད་སྤྱོད་བྱེད་ཀྱི་ཡོད་པ་རྟོགས་ཐུབ།

ལྔ། བོད་ཁྱི་ལ་མི་ལས་ལྷག་པའི་དྲི་འཛིན་དང་སྒྲ་འཛིན་གྱི་ནུས་པ་ལྡན་པས། འགྲོ་བ་མིས་ཤེས་ཚོར་མི་ནུས་པའི་གནད་མང་པོ་ཞིག་བོད་ཁྱིས་སྔོན་སྔོམ་སྔོན་ཐོས་ཐུབ་སྐབས། ཚང་མས་བོད་ཁྱི་ལ་གདོན་འདྲེ་འགོག་ཐུབ་པ་དང་། བདག་པོའི་བར་ཆད་སེལ་ཐུབ་པ། ཁྱིམ་གྱི་གཡང་སྲུང་ཐུབ་པའི་ནུས་པ་ལྡན་པར་བརྗོད་ཀྱི་ཡོད། དེ་ཡང་གླིང་སྒྲུང་《ཞེ་ཡུའི་ཁྱི་རྫོང་》ལས། "ཕྱུགས་རྒྱུ་ནོར་འཁོར་བའི་གཡང་ཁྱི་དང་། །ཁྱིམ་གྲུ་བཞི་སྲུང་བའི་སྒོ་ཁྱི་དང་། །གདོན་ཆག་སྒོ་སེལ་བའི་ལྷ་ཁྱི་ཡིན། །ཕྱི་སྟེ་པ་རིག་ན་ངར་གྱིས་བཀག །ནང་བདག་པོ་རིག་ན་བྱམས་ཀྱིས་བསུ། །སྐད་ཐུག་ན་སྨོན་ལམ་བཟང་པོ་རྒྱག །དུས་རྒྱུན་དུ་ཁྱིམ་གྱི་རྒྱུ་ནོར་སྲུང་། །ཁྱིམ་བདག་པོར་གནོད་པའི་འདྲེ་གདོན་སོགས། །སྲིག་བཞི་ཡིས་མི་མངག་ཞབས་ལ་འགུགས། །སེམས་དཀར་པོའི་བསམ་པ་བདག་པོར་འཁོར། །བཟང་སྣ་ཀུན་འཛོམས་པའི་གཡང་ཁྱི་དེ། །གཞན་ལ་མ་བརླག་རང་གིས་བདག །

① དཔང་རྒྱལ་དང་བསོད་ནམས་སྐྱིད་ཀྱིས་བསྒྱུར་ཅིང་བཀྲལ་བའི་《ཏུན་ཧོང་ནས་ཐོན་པའི་བོད་ཀྱི་ལོ་རྒྱུས་ཡིག་ཆ》ཞེས་པའི་ཤོག་ངོས་༣༥ལ་གསལ། མི་རིགས་དཔེ་སྐྲུན་ཁང་ནས་སྤྱི་ལོ་༡༩༩༢ལོར་བསྐྲུན།

ཁྱི་དེ་འདྲ་སྲིད་ཀྱང་འཛོམས་པ་དཀོན། །"①ཞེས་པའམ་"ཁྱི་གཡང་གཞན་ལ་ཤོར་སོང་ན། །ཁྱི་ལ་མི་གནོད་ཡུལ་ལ་གནོད། །ད་རུང་ཁྱིམ་གྱི་བདག་པོར་གནོད། །"ཅེས་བྱུང་བ་ལྟར། ཁྱི་ཡི་སེམས་དཀར་པོའི་བསམ་པ་བདག་པོར་འཁོར་ནས་གཟུགས་ཡོད་དགྲ་དང་རྐུན་པོ། གཟུགས་མེད་འདྲེ་དང་ཤ་ཟའི་གནོད་པ་འགོག་ཐུབ་པ་མ་ཟད། ཐ་ན་ནད་རིགས་ཀྱང་འགོག་ཐུབ་པའི་ནུས་པ་ཡོད་པར་ངོས་འཛིན་བྱེད་པ་དཔེར་ན། དམངས་ཁྲོད་དུ་ས་དཔྱད་ལེགས་ཉེས་བརྟག་དཔྱད་བྱེད་སྐབས་ས་དེར་གཟའ་ལམ་འཁེལ་ན་དེར་ཁྱི་བཏགས་ནས་གཅོད་ཐབས་བྱེད་པ་དང་། ས་སྙི་དང་གནམ་སྙི་ཤོར་བ་ན། གནམ་སྙི་སྡོམ་པར་ཤ་ཁྱི་རྣ་དམར་གྱི་ཐོད་པ་དང་། ས་སྙི་སྡོམ་པར་ལུག་གྲོ་མོའི་ཐོད་པ་བཅས་སྦྱོད་སྲོལ་ཡོད་པ་ལྟར་དང་། གཞན་ཡང་"ཁྱི་གཡང་གཞན་ལ་ཤོར་བ་ན། །བོད་ཀྱི་མི་རྒྱུ་ཕྱུགས་གསུམ་དེ། །སྔར་བཞིན་མི་འདུག་རྟགས་མཚན་ཡིན། །ཁྱི་གཡང་གཞན་ལ་མ་ཤོར་ན། །བོད་ཀྱི་མི་རྒྱུ་ཕྱུགས་གསུམ་དེ། །དབང་ཆེན་སུས་ཀྱང་བསྒྱུར་མི་ཐུབ། །དོན་དེ་ཚེ་བོད་ཀྱི་སེམས་ལ་ཞོག །"②ཅེས་བོད་ཁྱིས་གཡང་སྲུང་ཐུབ་པར་ངོས་འཛིན་གྱིས་ཁྱིམ་གྱི་སྒོ་ཁྱི་ཡིན་པ་གང་ཞིག་གང་བྱུང་དུ་གཞན་ལ་འཚོང་བའམ་སྟེར་མི་རུང་ལ། སྒོ་ལས་འབུད་དུའང་མི་རུང་། གལ་སྲིད་དེ་ལས་ལྡོག་པར་བྱས་ཚེ་ཁྱིམ་གྱི་གཡང་ཤོར་བར་འདོད། ནམ་རྒྱུན་ཁ་དཔེ་ལའང་། ཁྱི་དར་མ་ཉོས་ན་མི་དར་མ་ཤི་ཟེར་བའི་བཤད་སྲོལ་ཡོད་པ་དེ་ལས་ཀྱང་ཁྱི་དར་མ་

① ཁམས་ཡུལ་ཤུལ་ལུལ་གྱི་དམངས་ཁྲོད་སྒྲུང་པ་ལྷ་བུ་དོན་གྲུབ་ཀྱིས་འཆད་གྱེར་གནང་བ་བཞིན་དབང་གྲགས་ལགས་ནས་ལེགས་སྒྲིག་གནང་བའི《ཞི་ཡུའི་ཁྱི་རྫོང་》ཞེས་པའི་ཤོག་གྲངས་༡༧༨་ལ་གསལ། བོད་ལྗོངས་བོད་ཡིག་དཔེ་རྙིང་དཔེ་སྐྲུན་ཁང་ནས་༢༠༡༧ལོར་དཔར་དུ་བསྒྲུན།

② ཁམས་ཡུལ་ཤུལ་ལུལ་གྱི་དམངས་ཁྲོད་སྒྲུང་པ་ལྷ་བུ་དོན་གྲུབ་ཀྱིས་འཆད་གྱེར་གནང་བ་བཞིན་དབང་གྲགས་ལགས་ནས་ལེགས་སྒྲིག་གནང་བའི《ཞི་ཡུའི་ཁྱི་རྫོང་》ཞེས་པའི་ཤོག་གྲངས་༡༨༠་ལ་གསལ། བོད་ལྗོངས་བོད་ཡིག་དཔེ་རྙིང་དཔེ་སྐྲུན་ཁང་ནས་༢༠༡༧ལོར་དཔར་དུ་བསྒྲུན།

ཉེ་འཚོང་བྱ་རྒྱུར་འཛེམ་བག་བྱེད་ཀྱི་ཡོད་པ་མཚོན་གྱི་ཡོད།

དྲུག བོད་ཁྱིའི་སྲུང་ཤེས་ཀྱི་ནུས་ཚད་སྲོག་ཆགས་གཞན་ལས་ལྷག་པས། འགྲོ་བ་མིས་ཀྱང་སྟོན་དཔག་མི་ཐུབ་པའི་གནས་ཚུལ་མང་པོ་ཞིག་བོད་ཁྱིས་སྟོན་རྟོགས་ཐུབ་པ་ནི་ཡུན་རིང་འཚོ་བའི་ལག་ལེན་ནས་ར་སྤྲོད་བྱུང་བའི་དངོས་དོན་ཞིག་ཡིན། ས་ཡོམ་སོགས་རང་བྱུང་གནོད་འཚེ་མ་བྱུང་གོང་དང་། གྲོང་པ་དང་ཁྱད་པར་བདག་པོར་ཆེ་ཡི་བར་ཆད་ཡོང་ལ་ཉེ་བའི་སྐབས་སུ་བོད་ཁྱིས་སྐད་ངན་ངུ་འབོད་བྱེད་པ་དང་། དུས་ཚོད་མི་འདྲ་བའི་ནང་བོད་ཁྱིའི་ཟུག་སྣང་མི་འདྲ་བ་ལ་གཞིགས་ནས་བདག་པོ་ལ་བྱ་བ་བཟང་ངན་གང་ཡོང་བརྟག་པ། ད་དུང་བོད་ཁྱིའི་སྤྱོད་པའི་ཐོག་ནས་བདག་པོའི་འབྱུང་འགྱུར་གྱི་བྱ་བ་བཟང་ངན་བརྟག་ཅིང་དཔྱོད་པ་སོགས་ཀྱི་སྲོལ་རྒྱུན་མང་པོ་དར་ཡོད་པ་དཔེར་ན། ཀོང་པོ་ཁུལ་དུ་ལོ་གསར་སྟོན་གྱི་གནམ་གང་གི་ཉིན་དེར་འདོགས་ཁྱི་ལ་ཟས་ཕུད་ཀྱི་གསོལ་སྟོན་བཤམས་པ་ལས། "གལ་ཏེ་སྟོན་ལ་ཚོགས་དང་། བག་ལེབ་སོགས་འབྲུ་རིགས་ལས་བཟོས་པའི་བཟའ་བཅའི་རིགས་བཟས་པ་ཡིན་ན་ལོ་གསར་པའི་ནང་ལོ་ལེགས་ཤིང་འབྲུ་རིགས་འཕེལ་བའི་རྟགས་དང་། གལ་ཏེ་ཁྱིས་སྟོན་ལ་མར་དང་། ཕྱུར་བ་སོགས་དཀར་ཕྱུར་རིགས་ལས་གྲུབ་པའི་ཟས་རིགས་བཟས་ན་ལོ་གསར་པའི་ནང་ཕྱུགས་རིགས་འཕེལ་ཞིང་ཞ་མར་འབེལ་བའི་རྟགས། གལ་ཏེ་ཁྱིས་སྟོན་ལ་གྲོ་མ་བཟས་པ་ཡིན་ན་ལོ་གསར་པའི་ནང་ཁ་དྲོ་པོ་ཡོང་བའི་རྟགས། གལ་ཏེ་ཁམ་བུ་བཟས་པ་ཡིན་ན་ལོ་གསར་པའི་ནང་ཁྱིམ་མི་རྣམས་ནད་མེད་ཁམས་བཟང་ཡོང་བའི་རྟགས་བཅས་སུ་བརྩི་ཡི་ཡོད་པ་དང་། དེ་ལས་ལྡོག་སྟེ་ཁྱིས་སྟོན་ལ་ཤ་བཟས་ན་ལོ་གསར་པའི་ནང་ཕྱུགས་ལ་གོད་ཆག་ཡོང་བའི་རྟགས་དང་། གལ་ཏེ་ཁྱིས་ཟས་རིགས་རྣམས་ནས་ཁ་གང་ཡང་མ་བཟས་གོང་ནས་གཏོར་ཀྱག་སྐྱུག་པ་སོགས་བྱུང་ན་ལོ་གསར་པའི་ནང་ཁྱིམ་ཚང་དེར་མི་ཤེས་པའི་གནས་ཚུལ་ཡོང་བའི་

སྡེ་ལྔས་ཡིན་པ་བཅས་སུ་བརྗེ་བཞིན་ཡོད་”[①] ཅེས་པ་ལྟ་བུའོ། །

བདུན། བོད་པ་རྣམས་ཀྱིས་བོད་ཁྱི་གཅེས་ནོར་ཞིག་ཏུ་བརྩིས་ནས་ལོ་རྒྱུས་ཐོག་གཤིན་པོའི་དུར་རྫས་སུ་སྦྲ་བའམ་དུར་མཆོད་དང་འདུན་མ་བསྡུ་སྐབས་དམར་མཆོད་དུ་འབུལ་བའི་སྲོལ་ཡོད་ལ། བོད་ཀྱི་དམིགས་བསལ་ཐོན་རྫས་ཤིག་ཏུ་བརྩིས་ནས་གཞན་ཕྱོགས་དཔོན་རིགས་སམ་གལ་ཆེའི་མི་སྣར་ཕྱག་རྟགས་སུ་འབུལ་བའི་སྲོལ་ཡང་ཡོད། དེ་ཡང་གནའ་རྫས་རྩོམ་ཞིབ་ཀྱི་དཔྱད་གཞི་ཁག་ལས་མཐོང་ཐུབ་པར་གནའ་དུས་བོད་ཀྱི་སྤྱི་ཚོགས་ཁྲོད་ཕུང་པོ་དུར་སྦས་གཏོང་སྐབས་གཤིན་པོའི་ནམ་རྒྱུན་གྱི་རྒྱན་གོས་སྤྱོད་ཆས་དང་བཟའ་ཟས་སོགས་གཅེས་ནོར་དུར་རྫས་སུ་སྦྲ་སྲོལ་དར་ཁྱབ་ཆེན་པོ་ཡོད་པ་དང་། དེའི་ཁྲོད་དུ“མཐོང་རྒྱུ་ཆེས་མང་བ་ཡོད་པ་ནི་རྟ་དང་ལུག་ཡིན་ལ། དེ་མིན་ད་དུང་གཡག་དང་། བྱ་དེ། ཁྱི་སོགས་ཡོད་པ་”[②]དཔེར་ན། མཚོ་སྔོན་གཏེར་ལེན་གྱི་སྤུ་རྒྱལ་བང་སོ་ལས་སྔོག་འདོན་བྱས་པའི་དཔྱད་གཞིར་གཞིགས་ན། “ས་དོང་དེ་དག་གི་ནང་ནས་ནོར་ཕྱུགས་ཀྱི་མགོ་བོ་༡༣དང་། ཁྱིའི་རུས་སྒྲོམ་༨ཐོན་ཡོད་པ་མ་ཟད་བ་རྨིག་དང་། བྲག་རྫོ་ཕ་བོང་དེ་འདྲ་ཡང་ཐོན་”[③]ཡོད་པ་ལྟ་བུ་དང་། 《ཐང་ཡིག་གསར་རྙིང་ལས་བྱུང་བའི་བོད་ཆེན་པོའི་སྲིད་ལུགས་》ཞེས་པར། “རྗེ་བློན་རྣམས་ཀྱིས་ལོ་རེར་འདུན་མ་ཆུང་དུ་རེ་བསྡུ། དེ་དུས་ལུག་ཁྱི་སྤྲེལ་གསུམ་དམར་མཆོད་བྱེད་”[④]

---

① 《བོད་ཀྱི་དམངས་སྲོལ་གཅེས་བཏུས་》ཞེས་པའི་ཤོག་གྲངས་༣༢༤ལ་གསལ། མི་རིགས་དཔེ་སྐྲུན་ཁང་ནས་སྤྱི་ལོ་༡༩༩༩ལོར་བསྐྲུན།

② ཚེ་དབང་གིས་བརྩམས་གནང་བའི་《སྤུ་རྒྱལ་དུས་ཀྱི་བང་སོའི་ཞིབ་འཇུག་ལས་འཕྲོས་པའི་གཏམ་》ཞེས་པའི་ཤོག་གྲངས་༡༧༩ལ་གསལ། བོད་ལྗོངས་མི་དམངས་དཔེ་སྐྲུན་ཁང་ནས་༢༠༡༡ལོར་བསྐྲུན།

③ ཚེ་དབང་གིས་བརྩམས་གནང་བའི་《སྤུ་རྒྱལ་དུས་ཀྱི་བང་སོའི་ཞིབ་འཇུག་ལས་འཕྲོས་པའི་གཏམ་》ཞེས་པའི་ཤོག་གྲངས་༡༧༩ལ་གསལ། བོད་ལྗོངས་མི་དམངས་དཔེ་སྐྲུན་ཁང་ནས་༢༠༡༡ལོར་བསྐྲུན།

④ དོན་གྲུབ་རྒྱལ་དང་ཁྲིན་ཆེན་དབྱིན་གཉིས་ཀྱིས་བསྒྱུར་བའི་《ཐང་ཡིག་གསར་རྙིང་ལས་བྱུང་བའི་བོད་ཆེན་པོའི་སྲིད་ལུགས་》ཞེས་པའི་ཤོག་གྲངས་༨པར་གསལ། མཚོ་སྔོན་མི་རིགས་དཔེ་སྐྲུན་ཁང་ནས་༡༩༨༣ལོར་བསྐྲུན།

ཅེས་གསལ་བ་ལྟར་ལགས། གཞན་ཡང་བོད་ཀྱི་ལོ་རྒྱུས་ཐོག་གོང་རིམ་དང་གཞན་ལ་ཞུ་འབུལ་ལམ་འབྲེལ་བ་བྱེད་སྐབས། བོད་ཁྱི་དེ་བོད་ཀྱི་དམིགས་བསལ་ཐོན་རྫས་ཤིག་དང་ཁྱད་ནོར་ཞིག་ཏུ་བརྩིས་ནས་ཕྱག་རྟགས་ཤིག་ཏུ་བརྩེ་སྲོལ་ཡོད་པ་དཔེར་ན། སཡོས་ལོ་སྟེ་སྤྱི་ལོ་༡༨༣༨ལོར་སྲིད་སྐྱོང་རྭ་སྒྲེང་ཧོ་ཐོག་ཐུས་འཛར་མན་གྱི་འགོ་འཛིན་ཧར་སེ་ཏེ་ལར་ཕྱག་རིས་ཤིག་སྤྲིངས་པ་དང་སྦྲགས་"འབུལ་རྟེན་ལྷ་གོས་ཨ་ཤེ་དང་བོད་ཀྱི་གསེར་སྲམ་གཅིག དངུལ་གྱི་གྲ་བསྟེགས་ཁེབས་ཚོད་དང་ཞལ་དཀར་དམར་ཕྲ་རང་འགྲིགས་གཅིག གོས་ཁ་ཏི་འཚལ་གའི་འཕྱར་གྲུ་ཆབ་སྟོད་ཆ་ཚང་གཅིག བོད་ཀྱི་འདོགས་ཁྱི་གཅིག་བཅས་" ཕུལ་ཡོད་པ་དང་། རྒྱའི་ཡིག་ཚང་《ཧྲང་ཧྲུའུ་》ཞེས་པའི་ནང་བོད་ནས་ཕུལ་བའི་བོད་ཁྱིའི་ངོ་སྤྲོད་ཡོད་པ་དང་། ཆིན་གྱི་གོང་མ་ཆན་ལུང་གི་བཀའ་ལྟར་རི་མོ་བ་ལང་ཧྲེ་ཉིང་གིས་བོད་ཁྱི་རི་མོར་བཀོད་པའི་ལོ་རྒྱུས་ཀྱང་ཡོད་པ་ལྟ་བུའོ། །

གསུམ་པ། བོད་ཁྱིའི་རིགས་དབྱེའི་སྐོར།

རབ་འབྲིང་ཐ་ཞེས་རྒྱུད་ཀྱིས་དབྱེ་བའམ། །
ཡང་ན་སྤྱོད་མཁོས་རིགས་དབྱེ་བྱུས་དང་བཅས། །
ཡུལ་དུས་མི་གཅིག་དབྱེ་ཚུལ་མི་འདྲ་བས། །
བོད་ཁྱིའི་རིགས་དབྱེ་འདི་རུ་མདོར་བསྟན་ནོ། །

སྤྱིར་བོད་ཁྱིའི་རིགས་ཀྱི་དབྱེ་བའི་སྐོར་ལ་ཡུལ་དུས་མི་འདྲ་བར་བཤད་ཚུལ་མི་འདྲ་བ་སྣ་ཚོགས་བྱུང་ཡོད་པ་ནི་དམངས་ཁྲོད་རིག་གནས་སྤྱི་ལ་མངའ་བའི་གཞན་འགྱུར་གྱི་རང་བཞིན་དང་ས་ཁུལ་གྱི་རང་བཞིན་མཚོན་པའི་རྟགས་ཤིག་ཡིན་ངེས། རང་རེ་ཁ་བ་ཅན་གྱི་ཡུལ་ལུང་མང་པོར་དུས་ཕྱིས་ཁྱི་ལ་རིགས་གཉིས་སུ་དབྱེ་སྲོལ་ཡོད་དེ། ཤ་ཁྱི་དང་བོད་ཁྱིའོ། །ཤ་ཁྱི་ནི་རི་དྭགས་གསོད་

བྱེད་ཀྱི་ཁྱི་ཡིན་པས་རྫོན་ཁྱི་ཞེས་བརྗོད་ལ། དེ་རིགས་མགོ་བོ་ཆུང་ལ་རྣ་བ་ཆེ་ཞིང་འཇོལ་བ། རྐང་ལག་རིང་ལ་གཟུགས་ཀྱང་ཕྲ་ཞིང་རིང་བ། གཟུགས་སྤུ་ཐུང་ལ་རྔ་མ་རིང་ཞིང་ཕྲ་བ། རྒྱུག་ཚད་མྱུར་ལ་སྤྱང་གྲུང་དོད་པ། མིག་དང་རྣ་སྣའི་དབང་པོ་གསལ་བ་བཅས་ཀྱི་ཁྱད་ཆོས་ལྡན་པ་དང་། འདིར་བརྗོད་པའི་བོད་ཁྱི་ནི་འདོགས་ཁྱི་ལ་གོ་བ་ཡིན་ཏེ། གཟུགས་སྟོབས་ཆེ་ལ་མགོ་བོ་ཆེ་བ། ཡན་ལག་སྦོམ་ལ་ཙུང་ཐུང་བ། སྤུ་མང་ལ་རིང་བ། རྔ་མ་སྦོམ་ལ་ཙུང་ཐུང་བ། ངར་སྐད་ཆེ་བ། རྒྱུག་ཚད་དལ་བ་བཅས་ཀྱི་ཁྱད་ཆོས་ལྡན་ཡོད། དེ་ནི་སྤྱིར་བཏང་གི་རིགས་དབྱེ་ཙམ་ཡིན། 《སངས་རྒྱས་གཡུང་དྲུང་བོན་གྱི་བསྟན་པའི་བྱུང་བ་བརྗོད་པའི་ལེགས་བཤད་སྐལ་བཟང་མགྲིན་རྒྱན་བཞུགས་སོ་》ཞེས་པའི་ནང་དུ་"ཁྱི་ལ་གཟིག་ཚ་སྟག་ཚ་ལ་སོགས་དགུ་"①ཞེས་གསལ་བ་དང་། བཤད་རྒྱུན་གཞན་དུ་བོན་གྱི་དཔེ་ཆའི་ནང་བོད་ཁྱིར་དོམ་ཚ་དང་། སྟག་ཚ། གཟིག་ཚ། སྤྱང་ཚ། ཝ་ཚ། ཀོད་ཁྱི་བཅས་རིགས་དྲུག་ཙམ་དུ་བགར་ཡོད་པའི་གསུང་ཚུལ་འདུག་ལ། དུས་ཕྱིས་ཐར་ཚེ་རིང་གཡུ་སྒྲོན་མཆོག་ནས་འདོགས་ཁྱི་དང་། ཤ་ཁྱི། རྒྱ་ཁྱི(ཁྱི་ཏ་པ་) ཇབ་ཁྱི། ཀོད་ཁྱི་བཅས་རིགས་ལྔ་རུ་དབྱེ་ཡོད། གླིང་སྒྲུང་《སོག་ཁྱི་ཀུའི་ཁྱི་རྫོང་》ཞེས་པའི་ནང་དུ་ཁྲོ་རྒྱལ་དཔོན་གྱི་གླུ་ཞིག་ཡོད་པའི་ནང་བོད་ཁྱིའི་རིགས་ལས་ཆེ་རྒྱུད་ཁོ་ནར་རིགས་ལྔ་བཤད་ཡོད་དེ། "གངས་སེང་དཀར་མོའི་ཆེ་རྒྱུད་དང་། དམར་ཡག་སྟག་གི་ཆེ་རྒྱུད་གཉིས། ཐིག་ཁྲ་གཟིག་གི་ཆེ་རྒྱུད་གསུམ། ཨོག་དཀར་དྲེད་ཀྱི་ཆེ་རྒྱུད་བཞི། མཆེ་ཡག་དོམ་གྱི་ཆེ་རྒྱུད་ལྔ། མཆེ་དར་གཅན་གཟན་ཆེ་རྒྱུད་དེ། ཕར་བལྟས་ན་ཆེ་རྒྱུད་ཆེ་ལྔ་ཡིན་" ཞེས་འཁོད་

---

① དཔའ་ཚུལ་གྱིས་མཛད་པའི་《སངས་རྒྱས་གཡུང་དྲུང་བོན་གྱི་བསྟན་པའི་བྱུང་བ་བརྗོད་པའི་ལེགས་བཤད་སྐལ་བཟང་མགྲིན་རྒྱན་བཞུགས་སོ་》ཞེས་པའི་ཤོག་ངོས་༧༠ལ་གསལ། སྡོངས་དམངས་སྤྱིད་ཐེང་པན་བདེའི་དཔར་འདེབས་ཁང་ནས་སྤྱི་ལོ་༡༩༨༣ལོར་བསྐྲུན།

པ་དང་། ཡང་གླིང་སྒྲུང《ཞེ་ཡུའི་ཁྲི་རྫོང་》ཞེས་པའི་ནང་དུ་ཁྱི་ཡི་རིགས་ལ་དྲུག་གཉིས་བཅུ་གཉིས་ཙམ་དབྱེ་ཡོད་དེ། "རིགས་རྒྱུད་མི་འདྲ་སྣ་ཚོགས་ཡོད། །གངས་སེང་དཀར་མོའི་རྒྱུད་པ་དང་། །འདམ་སེང་དམར་མོའི་རྒྱུད་པ་གཉིས། །དམར་ཡག་སྟག་གི་རྒྱུད་པ་གསུམ། །ཐོད་དཀར་དོམ་གྱི་རྒྱུད་པ་བཞི། །སོག་དཀར་དྲེད་ཀྱི་རྒྱུད་པ་ལྔ། །ཐིག་ཁྲ་གཟིག་གི་རྒྱུད་པ་དྲུག །སྤྱང་ཨོག་ཆོམ་ཅན་གྱི་རྒྱུད་པ་བདུན། །འཕར་སྤྱང་ཇ་ལིའི་རྒྱུད་པ་བརྒྱད། །གཅན་གཟན་ཞ་ཡི་རྒྱུད་དང་དགུ། །གྲུམ་པ་རྒྱ་བོའི་རྒྱུད་དང་བཅུ། །སེར་གོ་ཚེར་མོའི་ཨ་ཡོ་དང་། །བྱ་སླག་ཚེར་མོའི་ཨ་ཡོ་སོགས། །སེམས་ཅན་བཅུ་གཉིས་རྒྱུད་པ་ཡོད། །"①ཅེས་གངས་སེང་དཀར་མོ། འདམ་སེང་དམར་མོ། དམར་ཡག་སྟག ཐོང་དཀར་དོམ། སོག་དཀར་དྲེད། ཐིག་ཁྲ་གཟིག རི་སྤྱང་སྤོ་མོ། འཕར་སྤྱང་། ཞ་མོ། གྲུམ་པ། གོ་བོ་དང་སླག་ཚེར་མོ་སོགས་སེམས་ཅན་བཅུ་གཉིས་སོ་སོའི་རྒྱུད་ལས་འཕེལ་བའི་རིགས་ཡོད་པར་བཤད་པ་ལྟར་རོ། །དེ་དག་རེ་རེའི་ཞིབ་ཕྲའི་ཁྱད་ཆོས་དང་སྤྱོད་ཡུལ་གྱི་ཐོག་ནས་བཤད་ན། རྗེ་གྲ་ནི་གངས་སེང་དང་འདམ་སེང་གི་རྒྱུད་ཡིན་པས་དང་པོར་བཤད་ཡོད་དེ། "གངས་སེང་འདམ་སེང་རིགས་རྒྱུད་དེ། །མགོ་དང་ལུས་སོགས་སེང་གེ་འདྲ། །སྣ་མགོ་ཆུང་ལ་གདོང་ཐག་ཐུང་། །ཐོད་ཀོ་སྙིད་ལ་ཁ་ཤ་ཆེ། །ཨོག་ཤ་སྙིད་ལ་མ་ཤ་ལུག །མགོ་དང་སུག་སྤུ་གཡུ་རལ་འདྲ། །ཇ་མ་ལོག་ཆོམ་འགྱུར་ཞིང་བུང་། །ལུས་དང་མགོ་སྤུ་སྐེ་སྤུ་སོགས། །སྤུ་ཚད་ཡག་ལ་མཐོ་གསུམ་ཡོད། །དེ་འོག་འགྲན་ན་དེ་ཕྱེད་ཡིན། །སྤུ་གྲ་འདྲ་མིན་སྣ་ཚོགས་ཡོད། །མཚན་ཉིད་ཡག་གི་འདྲ་མ་ལ། །དཀར་ནག

① ཁམས་ཡུལ་ཤུལ་ཁྲུལ་གྱི་དམངས་ཁྲོད་སྒྲུང་པ་ལྷ་བུ་དོན་གྲུབ་ཀྱིས་འཆད་ཀྱེར་གནང་བ་བཞིན་དབང་གྲགས་ལགས་ནས་ལེགས་སྒྲིག་གནང་བའི《ཞེ་ཡུའི་ཁྲི་རྫོང་》ཞེས་པའི་ཤོག་གྲངས་༡༧༥ལ་གསལ། བོད་ལྗོངས་བོད་ཡིག་དཔེ་སྙིང་དཔེ་སྐྲུན་ཁང་ནས་༢༠༡༧ལོར་དཔར་དུ་བསྐྲུན།

དམར་གསུམ་འདི་ལ་ཚང་། །དཀར་པོ་གངས་དང་འདྲ་བ་དེ། །སྨུ་མདོག་དཀར་ཞིང་ནག་ཐིག་མེད། །ཁ་སྣ་དམར་ལ་སོང་བ་དེ། །ལྷ་ཁྱི་ཡིན་པའི་རྟགས་མཚན་ཡིན། །སྨུ་མདོག་དམར་ལ་སོང་བ་དེ། །དོམ་ཁ་དཀར་ལ་སྨུ་མདོག་དམར། །གཉན་སྟག་དགྲ་ལྷ་ཁྱི་ཡི་རྟགས། །སྨུ་མདོག་ནག་ལ་འདབ་གཞི་དམར། །མིག་གི་གོང་ལ་དམར་ཐིག་གཉིས། །སྙིང་ཁའི་སྟེང་ལ་དཀར་ཐིག་ཅན། །གཡང་འབབ་དོམ་ནག་སྙིང་དཀར་ཟེར། །” ཞེས་སྒོ་ཁྱིའི་རིགས་ལས་གོང་གསལ་ཁྱད་ཆོས་དེ་དག་ཚང་བའི་ཁྱི་རིགས་དེ་གཉིས་ནི་ཤིན་ཏུ་དཀོན་པ་དང་། དེ་རིགས་ཀྱིས་ཕྱུགས་རྒྱུ་ནོར་འཁོར་བའི་གཡང་ཁྱི་དང་། གཞིས་མཁར་སྒོ་སྲུང་བའི་སྒོ་ཁྱི། གདོན་ཆག་སྒོ་སེལ་བའི་ལྷ་ཁྱི་ཡོང་བར་བཤད་པ་ལྟ་བུ་དང་། དེ་འོག་སྟག་གཟིག་གཉིས་ཀྱི་རིགས་རྒྱུད་བཤད་ཡོད་དེ། “སྟག་གཟིག་གཉིས་ཀྱི་རིགས་རྒྱུད་དེ། །ཁ་ཤ་ཨོག་ཤ་འབྲིང་ཙམ་ཡོད། །རྟིབ་ཁ་སྤར་ལ་ཤ་འགྱིང་ཆེ། །ལུས་ཀྱི་སྤུ་ཚད་འབྲིང་ཙམ་ཡོད། །མགོ་བོ་ཆེ་ལ་ག་གཙུག་མཐོ། །སྣ་མགོ་ཆེ་ཞིང་གདོང་ཐག་རིང་། །དམར་ཡག་སྟག་གི་ང་རོ་ཅན། །དེ་ལ་སྟག་ཁྱི་ཟེར་བ་ཡིན། །མགོ་ཆེ་ཐོད་འགུག་འགྱིང་ཇམ་ཅན། །ཧེར་བུང་མཚམས་སུ་ནག་ཐིག་ཅན། །སེར་ཁྲ་གཟིག་གི་ང་རོ་ཅན། །དེ་ལ་གཟིག་ཁྱི་ཟེར་སྲོལ་ཡོད། །དེ་འདྲའི་ཁྱི་ཡི་མགོ་ལུས་རྣམས། །ཕལ་ཆེར་སྟག་གཟིག་གཉིས་དང་འདྲ། །” ཞེས་དེ་ལྟའི་ཁྱད་ཆོས་ཚང་བའི་ཁྱི་རིགས་དེ་གཉིས་ཀྱིས་དགྲ་དང་རྐུན་པོ་འགོག་ཐུབ་པ་དང་། བདག་པོའི་བར་ཆད་སེལ་ཐུབ་པར་བཤད་པ་ལྟར་དང་། དེ་རྗེས་དོམ་དྲེད་གཉིས་ཀྱི་རིགས་རྒྱུད་བཤད་ཡོད་དེ། “དོམ་དྲེད་གཉིས་ཀྱི་རིགས་རྒྱུད་དེ། །མགོ་བོ་ཞོལ་ཞིང་མགོ་ཤ་སྟོད། །ཐོད་འགུག་ཆེ་ལ་ཐོད་ཀོ་ལུག །ཁ་ཤ་འགྲམ་ཤ་ཐུར་ལ་ལུག །ཨོག་ཤ་ལུག་པ་འབྲིང་ཙམ་ཡོད། །མགོ་སྤུ་ལུས་སྤུ་སྐྱེ་སྤུ་སོགས། །སྤུ་ཚད་ཡག་ལ་ཐོ་གཉིས་ཡོད། །དེ་འོག་ཡག་ན་ཐོ་ཆེན་གང་། །སྤུ་གྲ་

འདྲ་མིན་སྣ་ཚོགས་ཡོད། །དེ་ཡི་ནང་ནས་རྒྱ་དམར་དང་། །རྒྱ་སེར་རྒྱ་ནག་བཟང་བ་ཡིན། །དཀར་པོ་དམར་པོ་ནག་པོ་གསུམ། །དེ་ལ་མི་བཟང་གང་ཡང་མེད། །ཀྭ་སྐྱ་ཁྲ་སྐྱ་ཐལ་སྐྱ་སོགས། །དེ་ལ་བཟང་མཚན་གང་ཡང་མེད། །” ཅེས་དོན་དྲིད་གཉིས་ཀྱི་རྒྱུད་ལས་འཕེལ་བའི་བོད་ཁྱིའི་ནང་དུའང་སྤུ་མདོག་ལ་གཞིགས་ནས་རབ་འབྲིང་ཐ་གསུམ་དུ་དབྱེ་སྲོལ་ཡོད་པ་བསྟན་ཡོད། དེ་མུར་འཕར་བ་དང་ཕ་མོའི་རིགས་རྒྱུད་བཤད་ཡོད་དེ། “འཕར་བ་དམར་པོའི་རིགས་རྒྱུད་དང་། །གཅན་གཟན་ཕ་མོའི་རིགས་རྒྱུད་དེ། །མགོ་བོ་ཆུང་ལ་ཀ་གཙུག་མཐོ། །གདོང་པ་ཕྲ་ལ་སྦྱོར་ཐག་རིང་། །རྐང་ལག་ཕྲ་ལ་རྒྱུད་གཞིས་སྙོད། །ཁོག་སྟོད་འཁྱིང་ལ་ཁོག་སྨད་ཕྲ། །སྙལ་ཚོགས་སྒྱུར་ཞིང་རྒྱུ་ཁྱུག་གྱུག །རྫ་མ་རིང་ཞིང་རྣ་ལྕོག་སྲབ། །སྤུ་རྩེག་དམའ་ཞིང་དྭངས་ཆ་ཆེ། །བང་ཁ་མགྱོགས་ཤིང་སྤྱང་དྲུང་འཛོམས། །ཟ་ལྟ་འཁོར་བའི་རྗོན་པའི་ཁྱི། །” ཞེས་འཕར་བ་དང་ཕ་མོའི་རྒྱུད་ལས་འཕེལ་བའི་ཁྱི་རིགས་དེ་གཉིས་ནི་བང་ཁ་མགྱོགས་པས་རྗོན་པས་རི་དྭགས་གསོད་བྱེད་དུ་སྤྱོད་པའི་ཤ་ཁྱིའི་རིགས་སུ་བསྟན་ཡོད་པ་ལྟ་བུ་དང་། དེ་རྗེས་སྤྱང་ཀི་དང་གྲུམ་པའི་རིགས་རྒྱུད་བཤད་ཡོད་དེ། “རི་སྤྱང་སྤོ་མོའི་རིགས་རྒྱུད་དང་། །གྲུམ་པ་རྒྱ་བོའི་རིགས་རྒྱུད་དེ། །མགོ་བོ་དྭངས་ཤིང་ཁ་སྦྱོར་རིང་། །རྣ་ལྕོག་གྱེན་ལ་རྩེ་རེ་ལངས། །ལ་ལ་རྣ་ལྕོག་འགྲམ་རྩ་ཁེབས། །སྤུ་ནི་རིང་དང་ཐུང་གཉིས་ཡོད། །སྤུ་གྲ་འདྲ་མིན་སྣ་ཚོགས་ཡོད། །བློ་རིག་ཁྲ་བཞིན་སྤྱང་དྲུང་འཛོམས། །དགྲ་ལྷ་དར་བའི་དམག་དཔོན་ཁྱི། །” ཞེས་ཁྱི་རིགས་དེ་གཉིས་ནི་དམག་དཔོན་གཡུལ་འགྱེད་ལ་འཇུག་པའི་སྐབས་སུ་སྤྱོད་དུ་ཉན་པའི་རིགས་སུ་བསྟན་ཡོད་པ་ལྟ་བུ་དང་། །དེ་བཞིན་སེར་གོ་ཚེར་མོའི་ཨ་ཡོ་དང་བྱ་གླག་ཚེར་མོའི་ཨ་ཡོ་སྟེ་སྣོང་སྐྱེས་ཀྱི་རིགས་གཉིས་བཤད་ཡོད་དེ། “སེར་གོ་ཚེར་མོའི་ཨ་ཡོ་དེ། །ལུས་ཆུང་ལུས་སྤུ་རིང་བ་དང་། །ལུས་པོ་ཆེ་ལ་ལུས་སྤུ་སྟུག །ལུས་

ཉི་ཚེ་ཆུང་གཉིས་སྲིད་དོ། །ལུས་ཆེན་པོ་ཆེའི་རིགས་རྒྱུད་དེ། །མགོ་བོ་ཆེ་ལ་མགོ་སྤུ་སྟུག །ཁ་དང་ཨོག་ཤ་ཙུང་ཟད་ལུག །མིག་གི་འཛེ་སྤུ་ཐུར་ལ་ཟེངས། །རྐང་ལག་བཞི་ཡི་སྤུ་སྒྲོ་དེ། །བྱ་རྒོད་ཐུར་ལ་ཉིལ་བ་འདྲ། །ལུས་འཛིང་ཆེ་ཞིང་མིག་རྩ་དམར། །གཡང་འབེལ་བྱ་ཡི་སྤུ་ཐུལ་ཅན། །ཕ་ཁྱིམ་ཕྱུག་པོའི་སྒོ་ཁྱི་ཡིན། །ཕྱུགས་གཡང་འཁོར་བའི་གཞི་མ་ཡིན། །གཟུགས་ཆུང་གོ་ཆེའི་ཨོ་ཡོ་རིགས། །ལུས་པོ་ཆུང་ལ་སྤུ་སིག་བ། །མགོ་བོ་ཆུང་ལ་ཁ་སྦྱོར་ཐུང་། །རྣ་ལྕོག་ལངས་ཤིང་ཐོད་སྨུག་ཅན། །ཁ་ལྕེ་དམར་ཞིང་སྤྱང་དྲུང་འཛོམས། །བློ་སེམས་དཀར་ཞིང་སྡིག་སྒྲིབ་སེལ། །མི་ཁ་འགོག་པའི་བླ་དཔོན་ཁྱི། །”ཞེས་གོ་ཆེར་གྱི་རིགས་ཀྱང་གཟུགས་ཆེ་ཆུང་གིས་རིགས་གཉིས་སུ་དབྱེ་བ་མ་ཟད། གཟུགས་ཆེ་བ་ཕྱུག་པོའི་སྒོ་ཁྱིར་སྤྱོད་ན་ཕྱུགས་གཡང་འཁོར་བའི་གཞི་མ་ཡིན་ཚུལ་དང་། གཟུགས་ཆུང་བས་མི་ཁ་འགོག་ཅིང་སྡིག་སྒྲིབ་སེལ་ཐུབ་པས་བླ་མ་དཔོན་པོའི་གཅེས་ཁྱིར་རུང་ཚུལ་བསྟན་པ་དང་། “བྱ་སླག་ཆེར་མོའི་རིགས་རྒྱུད་དེ། །ལུས་པོ་ཆེ་དང་ཆུང་གཉིས་ཡོད། །ཆེ་བའི་རིགས་ལ་དྭངས་ཆ་ཆེ། །མགོ་དང་ཁ་སྦྱོར་བྱ་ཡི་ཚུལ། །ལ་ལ་རྣ་ལྕོག་གྱེན་ལ་ལངས། །ལ་ལ་རྣ་ལྕོག་ཐུར་ལ་འབབ། །ཡ་མཆུ་གུག་ལ་མ་མཆུ་ལྡེམ། །སུག་བཞི་སྤུ་མེད་བྱ་སྡེར་འདྲ། །དཔུང་པ་ཐུང་ལ་དཔུང་ཤ་དོག །སྒལ་པ་གུག་ལ་རྩིབས་ཁ་སྐྱར། །རྒྱུ་ལྟེག་ལྡེམ་ལ་ལྟོད་ཆ་ཆེ། །ལུས་སྤུའི་གསེབ་ཏུ་བྱ་སྒྲོ་མང་། །སྤུ་མདོག་འདྲ་མིན་སྣ་ཚོགས་ཡོད། །བློ་རིག་ཁྲ་བཞིན་སྤྱང་གྲུང་འཛོམས། །དགྲ་ལྷ་ཅན་གྱི་ཁྱི་མཆོག་དེ། །དམག་དཔོན་བཟང་པོའི་བླ་ཁྱི་དང་། །རྔོན་པ་བཟང་པོའི་ཤ་ཁྱི་ཡིན། །ལུས་པོ་ཆུང་ལ་ལུས་སྤུ་སྟུག །མགོ་བོ་ཁྲིག་ཁྲིག་ཁ་སྣ་ཆུང་། །མིག་དང་སྣ་ཡི་བར་སྐབས་ལ། །སོར་མོ་གཅིག་དང་གཉིས་ཙམ་ཡོད། །མིག་འབྲས་ཆེ་ཞིང་སྣ་གདོང་ཆུང་། །རྣ་ལྕོག་མདུན་དུ་སྤུ་རུ་ཟེང་། །བྱ་དབུ་གུ་ཆུང་གི་མགོ་དང་འདྲ། །སྤུ་མཚན་ཡག་ལ་བཟང་གསུམ་

ཡོད། །ཁྱུ་མཆོག་དཀར་ཞིང་ཁྱུ་འགྱུར་ཅན། །གངས་སེང་དཀར་པོ་ཞིག་དང་འདྲ། །ཁྱུ་མཆོག་དམར་ལ་ཁ་མཆུ་ཅན། །འདམ་སེང་དམར་པོ་ཞིག་དང་འདྲ། །ཁྱུ་མཆོག་ནག་ལ་ཁྱུ་སྒྲོ་ཅན། །བྱ་རྒྱལ་སླག་ནག་ཅིག་དང་འདྲ། །ཁྱུ་དེ་གསུམ་འཛོམས་པའི་ཁྱི་རིགས་དེ། །གཡང་ལྷ་འཁོར་ཞིང་བློ་སེམས་དཀར། །གྲིབ་དང་གནོད་སྐྱོན་དེ་ཡིས་སེལ། །བླ་མ་བཟང་པོའི་གཟན་ཁྱི་དང་། །དཔོན་པོ་བཟང་པོའི་བླ་ཁྱི་ཡིན། །” ཞེས་སླག་ཆེར་མོའི་རྒྱུད་དེ་ལའང་གཟུགས་ཆེ་ཆུང་གིས་རིགས་གཉིས་སུ་དབྱེ་སྟེ། གཟུགས་སྟོབས་ཆེ་བའི་རིགས་རྒྱུད་དེ་དང་ཞེན་ཆེ་བ་དང་། དམག་དཔོན་གྱི་བླ་ཁྱི་དང་རྫོན་པའི་ཤ་ཁྱི་ཉན་པར་བཤད་ལ། གཟུགས་སྟོབས་ཆུང་བའི་རིགས་ཀྱི་ཁྱུ་མདོག་དཀར་དམར་ནག་གསུམ་བྱུང་ན་དེ་རིགས་ལ་གཡང་ལྷ་འཁོར་བས། བླ་མའི་གཟན་ཁྱི་དང་དཔོན་པོའི་བླ་ཁྱི་བྱ་རུང་བར་བཤད་ཡོད། འདིར་བརྗོད་པའི་གོ་ཆེར་དང་སླག་ཆེར་གཉིས་ནི་བྱ་ཡི་ཚ་བོའི་རིགས་སུ་གཏོགས་ཤིང་། འགའ་ཤས་ཀྱིས་དེ་རིགས་ལ་རྐོད་ཚའམ་རྐོད་ཁྱི་ཞེས་ཀྱང་འབོད། གོང་གི་བོད་ཁྱིའི་རིགས་ལ་རིགས་དབྱེ་གཞན་རྣམས་དང་མི་འདྲ་བར་བྱ་ཚའི་རིགས་ཡོད་པར་སྨྲ་བ་ནི་མི་རྣམས་གོ་བ་ལོན་དཀའ་བ་ཞིག་ཏུ་གྱུར་ཡོད། འོན་ཀྱང་བོད་ཀྱི་དམངས་ཁྲོད་གཏམ་དཔེར། རྐོད་ཕྲུག་དང་པོ་ཁྱི་གུ་དང་། བྱིའུ་ཕྲུག་དང་པོ་ཁྲ་ཕྲུག རང་དགྲ་རང་གིས་གསོས་པ་ཡིན་ཞེས་བརྗོད་སྲོལ་ཡོད་ལ། 《མདོ་དྲི་མེད་གཟི་བརྗིད་》ནང་དུ་གཅན་གཟན་ཁྲིས་པ་ལ་བུ་དགུ་ཡོད་པའི་བདུན་པ་དེ་ཁ་སྤུན་བྱ་ཡི་ཚ་ཞེས་འཁོད་པ་དང་། ཐར་ཚེ་རིང་གཡུ་སྒྲོན་གྱིས་མཛད་པའི་《ཁྱི་ལོར་ཁྱིའི་སྐོར་བཤད་པ་》ཞེས་པའི་ནང་གངས་ལྗོངས་ཁྱིའི་རིགས་དབྱེ་བཤད་པའི་སྐབས་སུ་བོད་ཁྱི་རིགས་ལྔ་རུ་འབྱེད་པ་ལས་ལྔ་པ་དེ་རྐོད་ཁྱིའི་སྐོར་བཤད་ཡོད་ལ། དེའི་ནང་དུ་རྐོད་ཁྱི་དངོས་སུ་བྱུང་ཡོད་པའི་སྐོར་གསལ་བཤད་གནང་ཡོད་པ་ནི། “རྡོན་དངོས་ཀྱིས་ར་སྤྱོད་བྱུང་བར་ཁྱི་དེ་རིགས་

དངོས་སུ་བྱུང་ཡོད། འོན་ཀྱང་དེའི་གྲངས་འབོར་ནི་ཧ་ཅང་ཉུང་ཉུང་ཡིན། ཁྱི་དེ་རིགས་ལག་གསོན་ཡོང་བར་རེ་བ་བྱེད་མཁན་གྱི་མི་རྣམས་ཀྱི་ངོས་ནས་བཤད་ན། འགྱུར་དཀའ་བའི་དཀོན་ཞིང་རྩ་ཆེ་བའི་སྲོག་ཆགས་ཤིག་རེད། དེའི་རྒྱུ་མཚན་ཡང་རྐོང་ཁྱི་ནི་རྐོང་གྱི་སྒོ་ངའི་ནང་ནས་སྐྱེས་པའི་ངོ་མཚར་ཅན་གྱི་ཁྱི་ཞིག་རེད། དེ་སྐྱེས་མ་ཐག་ཕང་ཕང་ཞེས་སྐད་བརྒྱབ་པས། བྱ་མོ་དེ་ཚང་དུ་འཁོར་མི་ཐོད་ལ་བྱ་ཕྲུག་དེ་གསོ་བར་ཡང་མི་བབས། རྐོང་ཁྱི་བཀྲེས་ལྟོགས་ཀྱིས་མནར་བས། སྤུག་སྐད་ཧེ་ཆེར་འགྲོ་བ་མ་ཟད་མཐའ་མར་གཡང་ལ་ལྷུང་ནས་མང་ཆེ་བ་ཤི་འགྲོ་བས། གསོན་ཐུབ་པ་ནི་ཉུང་ཉུང་ཡིན། དེ་སྔོན་མི་མང་པོས་རྐོང་ཁྱིའི་ཟུག་སྐད་ཐོས་མྱོང་ཡོད་ནའང་མཐོང་བ་དང་ལག་གསོན་བྱུང་བ་ནི་ཧ་ཅང་དཀོན་པོ་ཡིན། ཀ་ཐོས་སུ་ཀུན་བདེ་གླིང་གི་སྤྲུལ་སྐུ་ལ་རྐོང་ཁྱི་དེ་འདྲ་ཞིག་ཡོད་པ་རྟག་ཏུ་མཉམ་འཁྲིད་བྱེད་ཀྱི་ཡོད་པ་དང་། དེས་དུག་དབྱེ་འབྱེད་ངོས་འཛིན་ཐུབ་པ་དང་། རྒྱུག་ཚད་མྱུར་བས་རྐོང་གི་གྲིབ་མའི་རྗེས་སྙེགས་ཐུབ་པར་བཤད་”①ཅེས་དང་། ནག་ཆུ་དང་ཆབ་མདོའི་སྐྱེ་བོ་སུ་དང་སུས་དུས་ཚོད་གང་དང་ས་ཁུལ་གང་དུ་རྐོང་ཁྱི་མཐོང་བའི་སྐོར་ཁ་གསལ་གྱིས་བཀོད་ཡོད་པ་རྣམས་ཡིད་ཆེས་སྐྱེ་དགོས་པ་ཤ་སྟག་ལགས། ཕོང་ཚོས་གསུངས་པ་ལྟར་ན། རྐོང་ཁྱི་མཐོང་བའི་ས་ཁུལ་ནི་བྲག་རི་གཡང་གཟར་ཅན་དུ་ཡོད་པའི་རྐོང་ཚང་ངམ་རྐོང་ཚང་འོག་གི་བྲག་གཤམ་ནས་མཐོང་བ་དང་། ཁྱི་དེ་རིགས་གཟུགས་སྐོབས་ཨ་སྦྲ་ལས་ཆེ་ཙམ་དང་། རྣ་ཅོག་ཐུང་ལ་མཇུག་མ་ཐུང་བ་དང་། སྤུ་ནི་སེར་ལ་སྤུ་རྩེ་ནག་ཙམ་དང་། སོག་པ་གཉིས་སུ་བྱ་སྒྲོ་རྐང་རེ་གཉིས་ཡོད་པར་བཤད་ཡོད།

ཡང་གྲགས་ཅན་སྒྲུང་པ་ཚེ་རིང་དགྲ་འདུལ་གྱིས་གླིང་སྒྲུང་《སོག་ཁྱི་གུའི་

① ཐར་ཚེ་རིང་གཡུ་སྒྲོན་གྱིས་རྒྱ་ཡིག་གི་ལམ་ནས་བརྩམས་པའི་《ང་དང་བྱང་རྩྭ་ཐང་》ཞེས་པའི་ཤོག་ངོས་༨༠ལ་གསལ། བོད་ལྗོངས་མི་དམངས་དཔེ་སྐྲུན་ཁང་ནས་༡༩༩༥ལོར་བསྐྲུན།

ཁྱི་རྫོང་》ཞེས་པའི་ནང་དུ་བོད་ཁྱི་རིགས་དགུ་རུ་དབྱེ་ཡོད་དེ། ཤ་ཁྱི། བོད་ཁྱི། ཇ་ལི། ཨུ་རུ། ཏ་པ། ཕུ་ཁྱི། ལ་ཁྱི། སྦ་ཁྱི། ཤ་ཚ་དང་བཅས་ཡིན་པར་གསུངས་ཡོད།

ཤ་ཁྱི་ཞེས་པའི་མིང་ཐོགས་དོན་ནི་གནའ་སྔ་མོ་ནགས་ཀྱིས་ཁྱབ་པའི་ཡུལ་ལུང་ཞིག་ན་ཁྱི་འགའ་གནས་པ་དེ་དག་མགྱོགས་པ་གློག་ལྟར་མྱུར་བས་ཤ་བ་ཡང་འཛིན་ནུས་པས་ཤ་ཁྱི་ཞེས་མིང་དུ་བཏགས་པར་གྲགས། དེ་ལྟའི་ཤ་ཁྱི་ཞེས་པ་ནི་མགོ་བོ་གྲུ་གུ་འདྲ་བ། གྲུ་གུ་གྲུ་རྫོག་སྒྲིལ་འདྲ། ཁ་ཤ་སྨུག་གུ་འདྲ་བ། སྨུག་གུར་སྨུག་སོ་བཏོན་འདྲ། མགོ་སྟོད་གྲུ་གུ་སྐོར་འདྲ། མགོ་སྨད་སྨུག་སོ་བཀོད་འདྲ་དགོས་པ་དང་། གྲུ་སྨུག་འཛོམས་པས་ནམ་མཁའི་བྱ་ཡང་ཟིན། རྣ་ཅོག་སྲབ་ཅིང་ཡང་བ་དགོས། མགྱོགས་པ་གང་ཟིན་མཚན་ཉིད་ཡིན། ཕྲུ་མདོག་འཇམ་ལ་སྲབ་ཅིག་དགོས། ཆུ་ཆེན་སྟོན་མོའི་བང་ཡ་ཡིན། ཤ་བོ་ཕྲ་ཞིང་ལྟེམ་ཞིག་དགོས། མགྱོགས་པ་རྣམས་ཀྱི་གྲྭ་མཚན་ཡིན། ཕྲུང་པ་ཕྲ་ལ་སྦར་རྡེར་ཆེ། མགྱོགས་པ་ས་ཁྲ་ནོན་པའི་ཁྱད་པར་ཡིན། མགྱོགས་པའི་རླབས་ཀྱིས་ཤ་བ་སྦར་མོས་བཟུང་། འཕྲུལ་དང་མགྱོགས་པས་ཕ་ཡང་ཐར་ས་མེད། ལུས་ཀྱི་ལྷགས་པ་སྲབ་ཙམ་དགོས། ལག་འོག་ཟེ་རྫོང་དཔུང་པ་ལ། མགྱོགས་ཚད་རླུང་གི་དབང་པོ་དགོས། སོག་པ་སྐོར་ལ་སྲབ་ཅིག་དགོས། གྲུ་བཟང་པད་མ་ལྟན་སྐྱེས་ལ། ཁོག་སྨད་ཀྱུག་ཅིང་ཉམ་ཙམ་དགོས། ཇ་མ་སྡིག་པའི་ཞགས་པ་ཕྲ་ཞིག་དགོས། མགོ་བོ་མཐོ་ཞིང་གྲྭ་མཚན་སྨུག་བཞིན་དགོས། སུག་བཞི་གྲ་ཞབས་མགྱོགས་པ་ཟིང་ཞིག་དགོས། ཕོ་བ་ལོང་གི་རྗེས་སྟོན་ཡིན་པས་ལྟེམ་ཞིག་དགོས་ཞེས་ཚད་ལྡན་ཤ་ཁྱིར་ཆ་རྐྱེན་གང་དང་ཅི་ལྡན་དགོས་ཚུལ་བཤད་ཡོད།

འདིའི་སྐབས་བརྗོད་པའི་བོད་ཁྱི་ནི་འདོགས་ཁྱི་ལ་ཟེར་བ་ཡིན། དེ་ནི་དྲེད་མོང་གི་རྒྱུད་ལས་བྱུང་བས་དྲེད་ཚའང་ཟེར། དེ་ལའང་ཁྱི་བུ་ཆུང་གཉིས་པོ་

མཐུག་ཅིག་དགོས། གྲ་ནི་དྲི་ངད་ཡིན་པས་མཐུག་ཅིག་དགོས། ལྷགས་པ་དྲི་ལན་ཡིན་པས་མཐུག་ཅིག་དགོས། ཤ་ཆེན་དབང་དྲུག་ཡིན་པས་རྒྱག་ཅིག་དགོས། ཧ་མ་སྨུག་བདག་ཡིན་པས་འཚུབ་ཅིག་དགོས། ཁ་ཤ་དགྲ་བཏར་ཡིན་པས་ལྷུག་ཅིག་དགོས། ལྷེ་ལེ་ཏོམ་སོ་ཡིན་པས་ཆེ་ཞིག་དགོས། མཆེ་བ་ལེན་ཕུར་འདྲ་བས་རིང་ཞིག་དགོས། གྭ་མཚན་བཟང་ན་བོད་ཁྱི་དྭངས་མ་ཡིན། སྙིང་ཆེན་ལྡེམ་གྱི་རྣ་བ་ཆུང་ཙམ་དགོས། ཐག་རིང་རྒྱང་ཉན་བྱེད་པའི་རྟེན་འབྲེལ་ཡིན། མཆེ་བ་ག་བུར་ཡིན་པས་ཆེ་ཙམ་དགོས། ག་བུར་འགྲོ་ས་ཁྲིམ་གྱི་སྒོ་མོ་འཛིན། དཀར་ནག་ཕྱུགས་རྫི་བཟུང་བའི་ཁས་ལེན་ཡིན་ཞེས་བརྗོད།

ཧ་ལི་ནི་ཕ་འདོགས་ཁྱི་དང་མ་ཤ་ཁྱི་གཉིས་ལས་བྱུང་བ་ཡིན་ཏེ། ཤ་རུ་གཉིས་ཀྱི་བར་གྱི་ཧ་ལི་དེ། རྣ་ཅོག་གསང་ཞིང་ངར་ཤ་ཚ་བ་དང་བདེ་ལྷག་འཁྱུག་ལ་མགྱོགས་པའི་བང་ཁ་ཡོད། མཁོ་བྱེད་ལས་ཀྱི་རི་མགོའི་རི་དྭགས་བཟུང་། སྒོ་བཟུང་ཕྱུགས་ཀྱི་གཡང་དང་ནོར་ཡང་ལེན། བསྒྲོད་བྱེད་ཡང་ལ་གོ་བྱེད་དབང་པོ་གསང་། མགྱོགས་བྱེད་རླུང་གི་བང་ཁའི་ཁྱད་ཅིག་དགོས། དཔུང་འཇོམས་རླུང་གི་འཁོར་ལོ་རྒྱས་ཤིག་དགོས། ལག་ངར་སྤྲིན་པོ་འདྲ་བས་ལྡེམ་ཞིག་དགོས། མགོ་བོ་གྲུ་སྣུག་འདྲ་བས་ཕྲ་ཞིག་དགོས། རྐེ་བ་མ་ལྡེམ་གཀུག་ཡིན་པས་ཆེ་ཞིག་དགོས། ལོང་ག་མགྱོགས་རླུང་ཡིན་པས་ཆུང་ཞིག་དགོས། ཧ་མ་སྙིང་རླུང་ཡིན་པས་རིང་ཞིག་དགོས། སྒྲིད་ཁུག་ཕར་གཡུག་ཡིན་པས་ཕྲ་ཞིག་དགོས་ཞེས་གསུངས།

ཨུ་རུ་ཞེས་པ་ནི་སྤྱང་ཀི་དང་འཕར་བ་གཉིས་ལས་བྱུང་བ་ཡིན་ཏེ། དེ་སྔོན་སོག་གི་ནང་དུ་ཨུ་ཁྲི་བཙན་པོའི་དུས་སུ་ཁྱི་དེ་རིགས་གསོ་སྐྱོང་བྱས་པས་དེ་ལྟའི་མིང་བྱུང་བར་གྲགས། རུ་ཚོ་བཞི་ལ་དབང་བསྒྱུར་སྐབས་རུ་པ་བཞི་ཡི་དབུ་ཁྲིད་མཛད་པས་དབུ་རུ་ཞེས་པའི་ཐ་སྙད་ཐོགས་པ་ཡིན་སྐད། ཁྱི་དེ་རིགས་ནི་རྣ་ཅོག་འདྲོང་ཞིང་གསང་བ་ལ། སྤྱང་ཐོང་ཁ་ཡི་སྒོ་ཚ་ཡིན། སྒྲ་ཐག་རིང་ཞིང་ཉུག་པ་ལ།

འཕར་བ་ནག་པོ་བྱི་བ་འདྲ། སྣ་མགོ་དམར་ཞིང་སྲབ་པ་ལ། རི་དྭགས་ཅན་གྱི་བྱི་ཡི་གཟུགས། ཁོག་སྟོད་སངས་ཤིང་ལྡིང་པ་ལ། སེང་གེ་དཀར་པོ་ཁྲི་ཡི་གཟུགས། ཁོག་སྨད་ཉབ་ཅིང་ཉུག་པ་ལ། མགྱོགས་པ་བང་གི་ཚད་ཞིག་ལྡན། དཔའ་སེང་སྟོད་ལ་འགྱིང་པ་ལ། རླུང་འཛིན་མགྱོགས་པའི་ཚད་ཞིག་འཛོག ཡོང་ག་སྲབ་ལ་འཇུན་པ་ལ། གཱ་མཚན་ཉམས་ལེན་ཆོས་ཉིད་ཡོད་ཅེས་བརྗོད།

ཧ་པ་ཞེས་པ་ནི་སེང་གེ་དང་ཡུམ་པ་གཉིས་འདུས་པ་ལས་བྱུང་བར་བརྗོད་ལ། དེ་རིགས་ཉ་སྲམ་སོགས་བཟའ་རྒྱུར་དགའ་བ། བྱེ་སྐྱེས་ཀྱི་ཁོངས་སུ་གཏོགས་ཤིང་དབྱར་ཁ་ཚ་བ་ཆེ་དུས་གངས་རིར་དགའ་བས་གངས་རིར་བགྲོད་ལ་སེང་གེ་དང་བསྟེབས་ནས་སྡོད། ཁྱི་དེ་རིགས་ནི་གཟུགས་ཆུང་ཡང་ངར་ཆེ་བ་ཡུམ་པ་དང་འདྲ། བྱེ་ཐང་གི་དཀྱིལ་དུ་འགྲོ་རྒྱུར་དགའ། ཧ་པ་གཡུ་ཡི་རལ་པ་ཅན། ལ་སྟོད་རལ་པ་ཕྱུག་ན་དགའ། ཡབ་ཆེན་སེང་གེའི་ཡག་ཚུལ་ཡིན། གདོང་པ་ཉག་ལ་ལེབ་པ་དེ། ཡབ་ཆེན་སེང་གེའི་ཡག་ཚུལ་ཡིན། མིག་རྩ་འབུར་ལ་སྐོར་བ་དེ། ཡབ་ཆེན་སེང་གེའི་ཡག་ཚུལ་ཡིན། སེང་གེ་དཀར་མོའི་མགོ་བོ་ལ། གཡུ་རལ་ཡོད་ན་རྒྱན་ཆ་ཡིན། མཐོ་ཚད་ལས་དབང་བརྟན་ཞིང་གནས། བདག་པོ་ངོ་གནོང་མེད་པ་ཡིན། གཱ་འཁྱིལ་ལས་དབང་བཟང་བ་ཡིན། འཛོམ་ལྡན་འཛོམས་པའི་སྤྲ་ཡག་ཡིན། གཡུ་ཡི་རལ་པ་ཡིན་པས་སྤུ་རིགས་རྒྱས་ཤིང་འབྱུང་རྩ་འཁྱིལ་བ་བཟང་། ཡུམ་པ་ཡིན་པས་ལག་པ་སྐོར་ན་ཡག ཏང་ལག་བཞི་པོ་སྐོར་མོ་ཡིན་ལ་ཆུང་བ་དགའ། རྣ་བ་མགོ་དཔྱང་ཡིན་པས་སངས་ན་དགའ། ལྗེམ་རོགས་དབང་པོ་ཡིན་པས་རྒྱས་ན་དགའ། སྤྱིར་ཁ་ངར་ཡ་ཡིན་པས་ལྗེམ་ན་བཟང་། མིག་རྩ་གཟི་གནོན་ཡིན་པས་འབུར་ན་བཟང་། གྲ་ལོ་སེང་ཕྲུག་ཡིན་པས་རྒྱས་ན་བཟང་ཞེས་བརྗོད།

ཕུ་ཁྲི་ཞེས་པ་ནི་སྤྲེ་མོང་དང་ཕ་མོ་གཉིས་འདུས་པ་ལས་བྱུང་བར་བཤད་ལ།

གཟུགས་ཆུང་བས་སྐུ་དྲག་ཚོས་ལག་པའི་ཕུ་ཐུང་ནང་དུ་ཉར་བས་ཕུ་ཁྱི་ཞེས་པའི་མིང་ཐོགས། ཁྱི་དེ་རིགས་གཟུགས་ཆུང་ལ་སྤུ་འཇམ་པ། སྙིང་རྗེ་བས་མི་དཔོན་སྐུ་དྲག་རྣམས་ཀྱིས་ཁྱད་དུ་དགའ་པོ་བྱེད་པའི་ཁྱིའི་རིགས་ཤིག་ཡིན། དེའི་བྱུང་ཚུལ་བཤད་སྐབས་ངོ་མཚར་ཆེ་བའི་སྒྲུང་གཏམ་ཞིག་ཡོད་དེ། གནའ་སྔ་མོ་ཕ་མོ་ཞིག་དགུན་དུས་ཁ་སྐོམ་ནས་ཆུ་ཁར་ཆུ་འཐུང་དུ་སོང་བས་ཀྲང་ལག་བཞི་པོ་ཆུ་ཡིས་བརླན་པས་རློན་པར་གྱུར་ནས་སུག་བཞི་འཁྱག་སྒྲུར་ཐེབས། ནུས་ཤུགས་ཅི་ཡོད་ཀྱིས་དེ་ལས་ཐར་ཐབས་བྱས་ཀྱང་འཁྱག་པ་ལས་གྲོལ་མ་ཐུབ། དེ་ཡི་དུས་སུ་སེམས་བཟང་ཅན་གྱི་མི་པོ་ཞིག་གིས་བསྐྱབས། འོན་ཀྱང་ཕ་མོའི་སུག་བཞི་ཁར་བས་འགུལ་སྐྱོད་མ་ནུས། དེ་ལ་སྲེ་མོང་གིས་འདོད་པ་སྤྱོད་པས་ཕ་སྲེ་གཉིས་ཀྱི་རིས་ཚང་བའི་སྲོག་ཆགས་ཆུང་ཆུང་ཞིག་སྐྱེས། མི་དྲག་རལ་པ་ཅན་ཞེས་པ་ཞིག་དེ་ལ་སྙིང་རྗེ་སྐྱེས་ནས་བཟས་སྦྱིན། དེས་མི་དྲག་དེའི་ཕུ་ཐུང་ནང་འཛུལ། མི་དྲག་དེས་ཕུ་ཐུང་ལས་ལན་མང་བཏོན་ནའང་དེས་མུ་མཐུད་དེའི་ཕུ་ཐུང་ནང་འཛུལ་རྒྱུང་བྱས་པས་རིམ་བཞིན་གཉིས་ཀ་གོམས་གཤིས་འཇགས། དབྱར་དུས་ཤིག་རལ་པ་ཅན་གྱི་ཞིང་ཁའི་ནང་སླང་གོག་ཅིག་ཉིན་ལྟར་ལྗང་པ་ཟ་བར་ཡོང་བས་ཕོ་ཡིས་ཡུན་རིང་དེའི་བདག་པོ་སུ་ཡིན་རྟད་གཅོད་བྱས་ཀྱང་མ་རྙེད། དེས་ན་རལ་པ་ཅན་གྱིས་སླང་གོག་བསད་ནས་བཟས་པས་དེ་དོན་རིང་མིན་ས་ཕྱོགས་གང་སར་གཏམ་ངན་གྱིས་ཁྱབ་པ་ན་སླང་གོག་གི་བདག་པོ་ཡུལ་དེའི་རྒྱལ་པོ་ཡིན་པ་དེས་ཤེས། རྒྱལ་པོས་རལ་པ་ཅན་རང་གི་གམ་དུ་བོད་ནས་སྐད་ཆ་དྲིས་པར་མི་དྲག་རལ་པ་ཅན་གྱིས་སྔར་གྱི་ལོ་རྒྱུས་རྣམས་ཇི་མ་ཇི་བཞིན་རྒྱལ་པོར་སྙན་འབུལ་ཞུས། རྒྱལ་པོ་ཞེ་སྡང་དྲག་པོ་ལངས་ནས་མི་དྲག་རལ་པ་ཅན་ལ་ཉེས་ཆད་ལྕག་ཚན་བརྒྱ་ཐམ་པ་ཕུ་དགོས་པའི་བཀའ་ཕབ་པ་བཞིན་རྒྱལ་པོའི་ཞབས་ཕྱི་རྣམས་ཀྱིས་ཕོ་ལ་ལྕག་ཚན་བརྒྱབ་པར་ཕོ་ཨ་ཚ་དང་ཨ་ཙུ་ཞེས་སྐད་ངན་ཤོར། དེ་དུས་ཕུ་

ཐང་ནང་དུ་ཡོད་པའི་སྲོག་ཆགས་ཡ་མཚན་ཅན་དེ་ཕྱིར་དོན་ནས་རྒྱལ་པོའི་ཞབས་ཕྱི་གཉིས་ཀྱི་ཐད་དུ་སློག་འཁྱུག་པ་བཞིན་མཐོང་ནས་གཅིག་གི་ཁ་ལ་རྨུག་གཞན་དེའི་ངོ་གདོང་ལ་མཐོང་ནས་མིག་རིལ་བཏོན་པར། རྒྱལ་པོས་ངོ་མཚར་ཆེ་བའི་གཅན་གཟན་དེ་ཅི་ཡིན་སྐད་ཆ་དྲིས། རལ་པ་ཅན་གྱིས་ཆུང་ལ་བདེ་ལྷག་འཁྱུག་པའི་གཅན་གཟན་འདི་ཅི་ཡིན་ངས་མི་ཤེས། འདི་སྙིང་རྗེ་བས་ང་རང་གི་ཕུ་ཐང་ནང་གསོས་པ་ཡིན་ལ། མིང་དུའང་ཕུ་ཁྱི་ཞེས་བཏགས་པ་ཡིན་ཞེས་ཞུས། ཁྱོད་ཀྱི་ཉེས་པ་དག་ཆེད་དུ་ངོ་མཚར་ཅན་གྱི་གཅན་གཟན་འདི་ང་ལ་འབུལ་དགོས་ཡོད། དེ་ལྟར་བྱུང་ན་ཁྱོད་ཀྱིས་ངའི་གླང་བསད་པའི་ཉེས་པ་དག་པ་ཡིན་ཞེས་བཤད། མི་དྲག་རལ་པ་ཅན་གྱིས་ཕུ་ཁྱི་དེ་རྒྱལ་པོར་ཕུལ། རྒྱལ་པོས་དེ་དང་སྲོག་ཆགས་གཞན་སྤྱར་བས་ཕུ་ཁྱི་མང་དུ་འཕེལ། དེ་ལྟར་མི་དྲག་ཁྲིད་དུ་ཕུ་ཁྱི་ཉར་བའི་གོམས་གཤིས་དར་སོ་ཆེན་པོ་བྱུང་བ་ཡིན། སོག་གླིང་གཡུལ་འགྱེད་ཀྱི་སྐབས་སུ་སོག་གི་ཨུ་རུ་རྒྱལ་པོས་ཁྱི་དེ་དག་གཡུལ་སར་སྤྱད་པས་གླིང་གི་དཔའ་བོ་མང་པོའི་སྲུན་བཏོན་པ་དང་། རྐང་པའི་ཉ་སྐྱིད་བཏོན་པའི་ལོ་རྒྱུས་ཀྱང་ཡོད།

ལ་ཁྱི་ཞེས་པར་ལ་གཟིག་ཀྱང་ཟེར། དེ་ནི་གཟིག་དང་གཙའ་གཉིས་སྦྱོར་བ་བྱས་པ་ལས་བྱུང་བར་གྲགས། ཁྱི་དེ་རིགས་སྤྱོར་སྤྲབ་སྤྲབ་ཐུང་ཐུང་། གཟུགས་པོ་འཁྱུག་འཁྱུག་རིང་རིང་། སྣ་བ་གཞན་དང་མི་འདྲ་བར་རྟུབ་རྟུབ་ཡིན། ལ་ཁྱི་གྲུམ་མདོག་དྲིལ་རྐང་མགོ རྒྱུག་ན་ནམ་མཁའི་བྱ་ཡང་ཟིན། མཐོང་ན་རི་ཀླུང་བར་ལ་མཐོང་། བཏང་ན་ཞི་དྲག་དབང་ལྡན་ཚང་། མཐོ་གསུམ་རྒྱུག་ན་སྙིང་ཡང་སྐྱོ་ཞེས་ལ་ཁྱི་མཐོ་སར་རྒྱུག་ན་སྙིང་སྐྱོ་བའི་སྐྱོན་ཡོད་པར་བརྗོད།

སྦྲ་ཁྱི་ནི་དྲེད་ཚ་དང་ཏ་ལིའི་བར་དུ་བྱུང་བ་ཞིག་ཡིན་པར་བརྗོད་ལ། བཤད་རྒྱུན་གཞན་ཞིག་ལ་སྦྲ་ལི་ཡུལ་ནས་བྱུང་བའི་ཁྱི་ཡིན་པས་མིང་དུ་སྦྲ་ཁྱིར་བཏགས་པ་ཡིན་ཟེར། དེའི་ཕ་ནི་དྲེད་མོང་དང་མ་ནི་བོད་ཁྱི་ཡིན་ཞེས་བརྗོད།

ཁྱི་དེ་རིགས་ནི་སྤུ་སྲབ་པ། ཁ་ཤ་ཤིན་ཏུ་ཆེ་བ། ངོ་ལུག་པ་ཞིག་ཡོད་པར་གྲགས།

ཤ་ཚ་ཞེས་པ་ནི་ཕ་ཤ་ཁྱི་དང་མ་ཏ་པ་གཉིས་འདུས་པ་ལས་བྱུང་བར་བརྗོད། ཁྱི་དེ་རིགས་ནི་ཤ་ཁྱི་དང་འདྲ་བར་གཟུགས་འཇོང་ལ་རིང་བ། ཏ་པ་དང་འདྲ་བར་སྤུ་སོབ་སོབ། གདོང་གི་སྤུ་ཡང་སོབ་སོབ་ཡིན་ལ་གདོང་ཚོགས་ཉེར་ཉེར་ཞིག་ཡོད་པར་གྲགས།

བཞི་པ། བོད་ཁྱིའི་སྐད་ཀྱི་ལེགས་ཉེས་རྟགས་མཚན་སྐོར།

ཁྱི་ལ་ཟུག་ཤེས་རྒྱལ་པོར་འབོད་པ་བཞིན། །
ཁྱི་ལ་ཟུག་སྐད་བཟང་ངན་སྣ་ཚོགས་མཆིས། །
སྤྱིར་ན་ཁྱི་ཡི་ཟུག་སྐད་སྒྲོམ་ན་བཟང་། །
ཕྲན་མི་བཟང་ངུ་ཟུག་བྱེད་པ་ངན། །

དེ་ཡང་"ཁྱིས་ཅི་འདྲ་བརྗེད་ཀྱང་ཟུག་མི་བརྗེད། ཁྱིས་ཅི་འདྲ་དྲན་ཡང་རྐུ་མ་དྲན་" ཞེས་པའམ"སེང་ཐོགས་རྒྱལ་པོ་སེང་གེ །རུ་ཐོགས་རྒྱལ་པོ་གཡག་རྒོད། །འགྲོས་མཁན་རྒྱལ་པོ་རྟ་མཆོག །ཟུག་ཤེས་རྒྱལ་པོ་འཇོགས་ཁྱི། །" ཞེས་པ་ལྟར། ཁྱི་ཡིས་རྫི་རྟོན་པོར་བརྟེན་ཏེ་སྐད་ཀྱི་ཐོག་ནས་བདག་པོར་བརྡ་གཏོང་ཐུབ་ཀྱི་ཡོད་ཅིང་། ཉིན་དཀར་མགྲོན་པོའི་བརྡ་རྒྱག་དང་། མཚན་ནག་ཇག་རྐུན་བརྡ་རྒྱག་གི་ལས་བྱ་བའི་བྱེད་པོ་ཆགས། དེ་ཡང་དཔེར་ན། 《སྤྱི་བོ་བློ་འཕྲུལ་དང་། ཁྱི། ཞུམ་དུ་བཅས་ཀྱི་གཏམ་རྒྱུད་》ཅེས་པའི་ནང་སྤྱི་བོ་བློ་འཕྲུལ་"ཁྱིམ་མཚེས་ཀྱི་སྒོ་འགྲམ་དུ་སླེབས་ཙམ་ལ་སྒོ་ཡང་རྟུང་ལོང་མ་བྱུང་བར་སྒོ་སྟེང་གི་ཉ་རྒྱབ་ནས་ཁྱི་ཆེན་པོ་ཞིག་གིས་མཆེ་བ་གཙིགས་ཤིང་། སྡེར་མོ་བགྲད་པ་དང་། མིག་ཧ་ཐོར་གྱི་ཁ་རྒྱ་ཙམ་ཞིག་ལྡིར་བ། ཁ་དམྲག་ཁུང་ཙམ་ཞིག་གི་ནང་ནས་ལྗེ་ཁྲག་ལིང་འདྲ་བ་ཞིག་བསྐར་ཡོང་བ། སྐད་སྒྲ་ས་གཞི་སྒྲུལ་བ་ལྟ་བུ་རྒྱག་པ་

བཅས་སྒྲོ་བོ་སློ་འཁྲུལ་གྱི་གཟུགས་པོ་ཡོངས་རྫོགས་ལམ་སེང་ཁྱུར་མིད་གཏོང་རྒྱུ་བྱུང་ན་སྙམ་པ་ལྟ་བུ་བྱེད། ཁྱི་སྐད་ཀྱི་གསེང་ལ་ཁང་པའི་ནང་ནས་མི་ཞིག་གིས་སུ་ཡིན་ནམ་ཞེས་དྲིས། སྒྲོ་བོ་སློ་འཁྲུལ་ནི་སྐྲག་སྣང་གིས་ལུས་པོ་འདར་སིག་བརྒྱབ་ནས་བསྡད་ཡོད་ཅིང་། མིའི་སྐད་སྒྲ་དེ་གོ་མ་ཐག་ལམ་སེང་གཉིད་ལས་སད་པ་བཞིན་དྲན་པ་གསོས་ཐོག་མགྱོགས་མྱུར་ཕྱིར་ལོག"① ཅེས་གསལ་བ་ལྟར། འདོགས་ཁྱིས་ཕྱི་མི་ལ་ཟུག་པ་ཙམ་གྱིས་ཁང་པའི་སྒོ་སྲུང་དང་བརྡ་གཏོང་མཁན་གྱི་ནུས་པ་ཐོན་ཀྱི་ཡོད་པ་བསྟན་ཡོད། "ད་དུང་སྐད་ཀྱི་མཚན་ཉིད་ལ། །སྤྱིར་བཏང་ཁྱི་ཡི་ཟུག་སྐད་དེ། །ཕྲན་མི་བཟང་སྒྲོམ་ན་བཟང་། །སྐད་ཕྲའི་ནང་ལ་བཟང་པོ་མེད། །སྐད་སྒྲོམ་ནང་ལ་བཟང་ངན་མང་། །ལ་སོང་ལམ་སོང་ཟེར་བ་དང་། །རྒྱ་འཕེལ་ཕྱུགས་འཕེལ་ཟེར་བ་དང་། །འཕེལ་འཕེལ་ཡོད་ཡོད་ཟེར་བ་དང་། །དར་ཕྱུག་དར་ཕྱུག་ཟེར་བ་དང་། །མི་ཡོད་རྒྱུ་ཡོད་ཟེར་བ་དང་། །རྒྱུ་གང་ཟས་གང་ཟེར་བ་སོགས། །སྐད་རིགས་སྔོན་ལམ་བཟང་བའི་རྟགས། །དབུགས་ཐོག་གཅིག་ལ་ཟུག་ཐེངས་དགུ །དེ་ལ་ནོར་བུ་དགུ་ཟུག་ཟེར། །ནམ་སྟོད་ནམ་སྐྱེད་ནམ་སྨད་གསུམ། །ཟུག་སྐད་སྣ་ཚོགས་འགྱུར་བ་དེ། །ནམ་སྟོད་ཁྲོ་བོ་ཁྲོ་ཟུག་ཟེར། །ཁྲོ་བོ་ཁྲོས་པས་དགྲ་རྐུན་འགོག །ནམ་སྨད་ཁྲོ་མོ་ཁྲོ་ཟུག་ཟེར། །ཁྲོ་མོ་ཁྲོས་པས་འདྲེ་གདོན་འགོག །ནམ་སྐྱེད་ནོར་བུ་གཡང་ཟུག་ཟེར། །ཁྱིམ་བདག་པོར་ཕན་པའི་གཡང་སྣ་བཀུག །མི་དང་ཁྱིམ་ལ་བགེགས་བྱུང་ན། །ཁྱི་ཡིས་མི་དང་ཁྱིམ་ལ་བལྟ། །ཟུག་སྐད་སྣ་ཚོགས་སྒྲོག་ནས་འགྲོ །གནོད་དང་གདོན་བགེགས་སུ་བྱུང་ན། །དེ་ལ་བལྟས་ནས་ཁྱི་ཡིས་འགོག །དོན་དེ་ཚེ་མཚན་ཉིད་བཟང་བའི་རྟགས། །དེ་ནས་ངན་པའི་རྟགས་མཚན་ནི། །ཟུག་རིང་སྲུང་མོ་ངུ་བ་འདྲ། །ཟུག་ཐུང་ཕ་མོ་བརྒྱལ་བ་

① ༡༩༨༡ ལོའི་《བོད་ཀྱི་རྩོམ་རིག་སྒྱུ་རྩལ》དུས་དེབ་༣ པའི་ཤོག་ངོས་༨ ལ་གསལ།

འདྲ། །ཟུག་པའི་སྨོན་ལམ་ངན་པ་ནི། །མལ་བུག་མལ་བུག་ཟེར་བ་དང་། །ཕུར་སོང་ཕུར་སོང་ཟེར་བ་དང་། །དུར་དུར་གུད་གུད་ཟེར་བ་དང་། །མྱུང་མྱུང་མྱུང་མྱུང་ཟེར་བ་དང་། །སྟུག་སྟུག་རིག་རིག་ཟེར་བ་དང་། །ཕོར་ཕོར་ཕོར་ཕོར་ཟེར་བ་དང་། །ལྷུག་གེ་ལྷུག་གེ་ཟེར་བ་སོགས། །མཚན་མ་ངན་པའི་རྟགས་ཡིན་ནོ། །ཁྱི་སྐད་སྨོན་ཚིག་བཟང་ངན་གྱིས། བདག་པོར་ཕན་གནོད་ཆེ་ཆུང་ཡོད། །”ཅེས་ཁྱི་ཡི་ཟུག་སྐད་དེ་ཕྲ་ན་མི་བཟང་སྦོམ་ན་བཟང་བ་དང་། སྦོམ་པའི་ནང་དུའང་སྐད་ཀྱི་སྒྲ་གདངས་དང་། ཟུག་པའི་དུས་ཚོད་སོགས་ལས་བདག་པོར་ཕན་གནོད་གང་ཡོང་བརྟག་རྒྱུ་ཡོད་ཚུལ། དབུགས་ཐོག་གཅིག་ལ་ཐེངས་མང་ཟུག་ན་དེ་ཉིད་བཟང་བ་ཡོད་ཚུལ་བཅས་བསྟན་ཡོད། དེ་བཞིན་ཁྱི་སྐད་སྐྱུང་མོ་དུ་འདྲ་དང་ཞ་མོ་བརྒྱལ་འདྲ་མི་ལེགས་པ་དང་། ཁྱི་ཡིས་སྐད་ངན་དུ་འབོད་བྱས་ན་རྟགས་མི་བཟང་བ། ཁྱད་པར་སྒྲིད་ལ་རྟ་ཡི་འཚེར་སྐད་དང་། ནམ་གུང་དེ་ཚོའི་སྐད་ངན། ཐོ་རངས་ཁྱི་ཡི་དུ་ཟུག་བཅས་རྟགས་ཤིན་ཏུ་ངན་པར་བརྩི་སྲོལ་ཡོད། ཁྱིའི་སྐད་ཀྱི་སྒྲ་གདངས་ནས་ཁྱིའི་བཟང་ངན་དང་དོན་གྱི་ཡག་ཉེས་ལ་བརྟག་དཔྱད་བྱ་རྒྱུ་ཡོད་ཚུལ་ནི། དར་དར་དར་དར་དང་། ཡོད་ཡོད་ཡོད་ཡོད། གསོག་གསོག་གསོག་གསོག རྒྱལ་རྒྱལ་རྒྱལ་རྒྱལ། བཟང་བཟང་བཟང་བཟང་། ཁེ་ཁེ་ཁེ་ཁེ། རྫོང་རྫོང་རྫོང་རྫོང་། ཚོབ་ཚོབ་ཚོབ་ཚོབ། རེད་རེད་རེད་རེད་ཅེས་པ་སོགས་ཁྱི་བཟང་པོའི་ཁྱི་སྐད་རྒྱུག་ལུགས་དང་ཡག་རྟགས་ཡིན་ཏེ། དེ་ཡང་དར་ནི་རྒྱུ་དང་བསོད་ནམས། ལས་དང་རླུང་རྟ། ནོར་དང་ལོངས་སྤྱོད། སངས་རྒྱས་བསྟན་པ་བཅས་དར་བའི་རྟགས་དང་རྟེན་འབྲེལ་དང་། ཡོད་ནི་སྡེ་ཆེན་སྐྱིད་ན་དཔོན་ཆེན་ཡོད་པ་དང་། ཆོས་ཆེན་སྐྱིད་ན་བླ་ཆེན། སྒྲུ་ཆེན་སྐྱིད་ན་ཇ་ཚང་ཡོད་པའི་རྟགས། བཟང་ནི་ནོར་དང་དབང་ཐང་། ཚོགས་དང་བསོད་ནམས། ཕུ་ནུ་དཔའ་རྩལ། མ་སྤུ་མོ་དམན་བཅས་བཟང་པོ་ཡོང་བའི་

རྟགས། གསོག་ནི་ཚེ་དང་བསོད་ནམས། ནོར་དང་ལོངས་སྤྱོད། རྒྱུ་དང་དངོས་གྲུབ། ཆོས་དང་དགེ་བ། ཚོགས་དང་བསོད་ནམས། དམག་དང་བུ་རྟ་བཅས་གསོག་པའི་རྟགས་ཡིན་ཚུལ་བཤད། ཡང་གུད་གུད་གུད་གུད་དང་། མེད་མེད་མེད་མེད། བརླག་བརླག་བརླག་བརླག ཕམ་ཕམ་ཕམ་ཕམ། ཤོར་ཤོར་ཤོར་ཤོར། ཕུང་ཕུང་ཕུང་ཕུང་། སྟོང་སྟོང་སྟོང་སྟོང་། བྲོས་བྲོས་བྲོས་བྲོས། དམའ་དམའ་དམའ་དམའ་ཞེས་བྱུང་ན་ཁྲི་ཐ་མའི་སྐད་ཀྱི་རྒྱུག་ལུགས་དང་ངན་རྟགས་ཡིན་ཏེ། ཚེ་བསོད་ལས་དབང་། ཀོ་ཐོབ་དཔའ་རྩལ་སོགས་གུད་བརླག་ཕམ་ཤོར་གྱི་རྟགས་ཡིན་ཚུལ་བཤད་ཡོད།

ལྔ་པ། བོད་ཁྱིའི་སྤུ་མདོག་དང་གཟུགས་བྱད་ཀྱི་བཟང་ངན་སྐོར།

བོད་ཁྱིའི་གཟུགས་བྱད་སྤུ་མདོག་མི་འདྲ་ལས། །
བཟང་ངན་དང་ནི་ལེགས་ཉེས་རྟགས་མཚན་སོགས། །
རིགས་རྒྱུད་མི་འདྲར་བརྩི་ཚུལ་མི་འདྲ་མང་། །
འདི་ན་སྤྱིར་གྱི་བརྩི་ཚུལ་བཤད་པ་ཙམ། །

དེ་ཡང་ཐོག་མར་སྤུ་མདོག་གི་བཟང་ངན་དབྱེ་ཚུལ་དང་རྟགས་མཚན་སྐོར་བཤད་ན། དེ་ལའང་བོད་ཁྱི་རིགས་མི་འདྲ་བའི་སྤུའི་འཇམ་རྩུབ་རིང་ཐུང་དང་། མདོག་གི་སྒོ་ནས་བཟང་ངན་དབྱེ་བ་མང་དུ་བསྟན་ཡོད། སྤྱིར་བཏང་ཁྱི་རིགས་གཉིས་སུ་དབྱེ་བའི་སྐབས། ཤ་ཁྱི་ཕལ་ཆེར་ཁྲ་བོ་མང་བ་དང་། རག་པ། དཀར་པོ། དམར་སེར་བཅས་ཡོད་ལ། དེ་དག་ལས་སྤུ་མདོག་ཡག་ཤོས་ནི་ཁྲ་བོར་འཛིན་པ་དང་། བོད་ཁྱིའི་སྤུ་མདོག་ནག་པོ། ཁྲ་བོ། རག་པ། དམར་པོ། སྔོ་ཁྲ། དཀར་པོ་སོགས་མང་ཙང་། སྤུ་མདོག་ཡག་ཤོས་ནི་ནག་པོ་དང་རྒྱ་བོ་ཡིན།

ནག་པོའམ་རོག་པོ་ལས་སྐྱིང་དཀར་ནི་རབ་ལ་བརྩི་ལ། རྒྱ་བོ་ལའང་རིགས་མང་དུ་མཆིས་པ་ལས་མིག་གཉིས་ཀྱི་གོང་དུ་སེར་ཐིག་ཆུང་བ་རེ་ཡོད་པར་རྒྱ་བོ་མིག་བཞི་ཞེས་བརྗོད་ནས་རབ་ཀྱི་རབ་ཏུ་བརྩི་བ་ཡིན། 《ཞེ་ཡུའི་ཁྲི་རྫོང་》ཞེས་པའི་སྒྲུང་དཔེ་དེའི་ནང་དུ་ཁྲི་ཡི་རིགས་ཀྱི་དབྱེ་བ་སྤྱི་བཤད་བྱེད་སྐབས་ཁྲིའི་རིགས་མི་འདྲ་བ་ཚང་མའི་ཁྲོད་ལས་ཆེས་ཁྱུལ་དུ་བྱུང་བ་ནི་དཀར་ནག་དམར་གསུམ་ཡིན་པར་བཤད་ཡོད་དེ། "ཁྲི་གཡང་དཀར་ནག་དམར་གསུམ་འདི། །བཟང་ཀུན་འཛོམས་པའི་གཡང་ཁྲི་ཡིན། །མདོག་དཀར་གངས་ནས་བྱུང་བའི་ཁྲི། །གངས་སེང་དཀར་པོའི་རིགས་རྒྱུད་ཡིན། །ནག་པོ་རྫ་ནས་བྱུང་བའི་ཁྲི། །ཐོང་དཀར་རྡོམ་གྱི་རྒྱུད་པ་ཡིན། །དམར་མོ་མེ་ཡི་ཁ་དོག་ཅན། །འདམ་སེང་དམར་པོའི་རིགས་རྒྱུད་ཡིན། །ཁྲི་འདི་གསུམ་བཟང་ཀུན་འཛོམས་ནས་ཡོད། །མེད་ཐབས་མེད་པའི་ནོར་བུ་ཡིན། །ཁྲིམ་གྲུ་བཞིའི་སྒོ་ནས་འབུད་མི་ཉན། །འདི་གངས་ཅན་བོད་ཀྱི་ཁྲི་གཡང་ཡིན། །"①ཞེས་འཁོད་པ་ལྟར་དང་། རིགས་སོ་སོའི་སྤུ་མདོག་གི་སྐོར་ལ། "སེང་དང་སྟག་གཟིག་དོམ་དྲེད་རིགས། །སྤུ་མདོག་དཀར་ནག་དམར་གསུམ་དང་། །རྒྱ་མདོག་སྐྱ་དམར་སེར་གསུམ་སོགས། །དེ་ལས་སྤུ་མདོག་འདྲ་མིན་དགོན། །ཕ་དང་འཕར་སྤྱང་གྲུམ་པའི་རིགས། །སྤུ་མདོག་འདྲ་མིན་སྣ་ཚོགས་ཡོད། །གོ་ཚེར་རིགས་ལ་དཀར་ནག་དམར། །རྒྱ་མདོག་དཀར་དང་དམར་སེར་སོགས། །དེ་ལ་འདྲ་མིན་སྣ་ཚོགས་ཡོད། །སླག་ཚེར་རིགས་ལ་སྤུ་མདོག་མང་། །དེ་ཁྲི་རིགས་རང་རང་མཚན་ཉིད་ཡིན། །"ཞེས་གསལ་བ་ལྟར་དང་། "ཁྲི་ཡི་སྤུ་མཚན་བཟང་ངན་ལས། །བདག་པོར་རྒྱུ་ནོར་འཁོར་མིན་

① ཁམས་ཡུལ་ཤུལ་ཁུལ་གྱི་དམངས་ཁྲོད་སྒྲུང་པ་ལྷ་བུ་དོན་གྲུབ་ཀྱིས་འཆད་གྱེར་གནང་བ་བཞིན་དབང་གྲགས་ནས་ལེགས་སྒྲིག་གནང་བའི《ཞེ་ཡུའི་ཁྲི་རྫོང་》ཞེས་པའི་ཤོག་ངོས་༡༨༨ལ་གསལ། བོད་ལྗོངས་བོད་ཡིག་དཔེ་རྙིང་དཔེ་སྐྲུན་ཁང་ནས་༢༠༡༧ལོར་དཔར་དུ་བསྐྲུན།

ཡོད། །” ཅེས་སྤུ་མདོག་མི་འདྲ་བའི་རྟགས་མཚན་སྐོར་ལ། “དཀར་པོ་ནག་ཐིག་མེད་པ་དང་། །དམར་པོ་དཀར་ཐིག་མེད་པ་དང་། །ནག་པོ་དམར་རྒྱ་མིག་བཞི་ཅན། །རྒྱུ་ནོར་འཁོར་བའི་སྤུ་མཚན་ཡིན། །རོག་པོ་སྙིང་ཁ་དཀར་བ་དང་། །རྒྱ་སེར་སྤུ་མདོག་ནག་པོ་ཅན། །རྒྱ་ནག་དཀར་ཐིག་མེད་པ་དེ། །ཕྱུགས་གཡང་འཁོར་བའི་སྤུ་མཚན་ཡིན། །རོག་རྒྱ་སྤུ་མགོ་ནག་པ་དང་། །ཁྲ་རྒྱ་སུག་བཞི་དམར་པོ་ཅན། །ཀྲ་རྒྱ་རྐང་ལ་སྤུ་སྒྲོ་ཅན། །རྒྱུ་ནོར་སྲུང་བའི་གཡང་ཁྱི་ཡིན། །སྐྱ་ཁྲ་ནག་ཁྲ་དམར་ཁྲ་དང་། །སྔོ་ཁྲ་སེར་ཁྲ་སྨུག་ཁྲ་སོགས། །དགྲ་ལྷ་དར་བའི་མཚན་ཉིད་ཡིན། །དམར་པོ་ཁ་སྒོར་ནག་པོ་དང་། །སྐྱ་ཁྲ་བྱ་ཡི་མགོ་མཚུ་ཅན། །སྟག་དང་གཟིག་གི་འཛུམ་རིས་ཅན། །ཟ་ཁ་དར་བའི་མཚན་ཉིད་ཡིན། །” ཞེས་དང་། “རྣ་བའི་ཕྱོགས་སུ་སྤུ་ཊུ་ཅན། །དངོས་གྲུབ་འཕེལ་བའི་མཚན་ཉིད་ཡིན། །” ཞེས་སོགས་དེ་དག་སྤུ་རིགས་བཟང་བར་བརྩི་བ་དང་། “སུག་བཞི་དཀར་དང་ཁ་སྒོར་དཀར། །ཛ་སྣེ་དཀར་བ་མཚན་ཉིད་ངན། །དེ་ལ་ག་ལྷ་ཁྲ་དྲུག་ཟེར། །ནད་ཡམས་འཁོར་བའི་མཚན་ཉིད་ཡིན། །སུག་བཞི་དཀར་ལ་ཛ་སྣེ་དཀར། །ཐོད་པའི་ཐོག་ལ་འཛེ་ཡོད་ན། །དེ་ལ་ག་ལྷ་འཛེ་དྲུག་ཟེར། །ཟ་ཁ་འགོག་པའི་མཚན་ཉིད་ཡིན། །མིག་གི་ཟུར་ཕྱོགས་སྤུ་ཊུ་ཅན། །བདག་པོ་མི་ཁ་སྣང་བའི་རྟགས། །” ཞེས་སྤུ་རིས་དེ་དག་རྟགས་མཚན་ངན་པར་བརྩི་བ་ཡིན་ལ། ནམ་རྒྱུན་གྱི་ཁ་དཔེར། “རོག་པོ་ངང་དཀར་ལྷ་ཡི་ཁྱི། དམར་པོ་མཚུ་ནག་འདྲེ་ཡི་ཁྱི། ཛ་སྣེ་དཀར་ཁྲ་ཏུན་མའི་ཁྱི། གཟུགས་ཕྲ་རྐང་རིང་རྫོན་པའི་ཁྱི། རྒྱ་པོ་མིག་བཞི་འདྲེ་འགོག་བྱེད།” ཅེས་པའམ “རྒྱ་པོ་མིག་བཞི་བླ་མའི་ཁྱི། རོག་པོ་སྙིང་དཀར་དཔོན་པོའི་ཁྱི། བ་རག་འཛེ་གསུམ་ཧག་པའི་ཁྱི། ཁྲ་སེ་ཁྲ་ལོག་སྤྲང་པོའི་ཁྱི་” ཞེས་པའམ “ རླག་ཁྱི་སྦུག་ཁྱི་ལྷག་དཀར་བ། བདག་པོ་བརླག་པའི་མཐུག་དཀར་བ། རྩམ་པ་འཁམ་པའི་ཁ་དཀར་བ། རྐུ་མ་རྐུས་པའི

ལག་དཀར་བ་” ཞེས་བརྗོད་པ་ལྟར། བོད་ཁྱི་སྲུག་བཞི་དཀར་པོ་དང་། ཁ་དཀར་ཛ་དཀར་སོགས་སྤུ་མདོག་ཞན་པར་བརྩི་ལ། ཁྱད་པར་ལྷག་དཀར་བ་དང་མཇུག་རྩེ་དཀར་པོ་ཡིན་པ་སྤུ་རིས་ངན་པས། འགའ་རེས་བགེགས་རློག་ཆེད་དུ་ཉར་བ་ལས་དེ་རིགས་བདག་པོར་མི་འཕྲོད་པར་ངོས་འཛིན་བྱས་ནས་བདག་སྐྱོང་མི་བྱ། དེ་བཞིན་དེ་སྔོན་འདམ་སེང་དམར་པོ་བཟང་བར་བརྩི་ནའང་ཕྱིས་སུ་བོད་ཁྱིའི་སྤུ་མདོག་དམར་པོ་ཡིན་རིགས་ལ་བཙན་ཁྱི་དམར་པོ་ཞེས་འདྲེ་དང་གདོན་བགེགས་འཁོར་བའི་གཞི་རུ་ངོས་འཛིན་གྱིས་སྤུ་མདོག་ངན་པར་བརྩི་བའང་ཡོད། སྤྱིར་ན་བོད་ཁྱིའི་ཁྱད་ནུས་གཙོ་བོ་ནི་ནོར་སྲུང་རྒྱུ་དང་སྒོ་སྲུང་རྒྱུ་ཡིན་པས། གནའ་མི་བོད་ཀྱི་གཏམ་དཔེར་ཡང་ཁྱིས་ཅི་འདྲ་དྲན་ཡང་རྐུ་མི་དྲན། ཁྱིས་ཅི་འདྲ་བརྗེད་ཀྱང་ཟུག་མི་བརྗེད་ཅེས་པའམ་“ ཁྱི་རྐུན་ལ་དཀར་ནག་དང་། ཇ་མ་ལ་ཕྲ་སྙོམ་མེད་” ཅེས་པ་ལྟར། རྐུ་མ་རྒྱག་མཁན་གྱི་ཁྱི་ནི་སྤུ་མདོག་གང་ཡིན་ཡང་ཁྱི་ངན་པ་ཞིག་ཏུ་བརྩི་སྲོལ་ཡོད།

བོད་ཁྱིའི་སྤུ་མདོག་གང་ཡིན་རུང་ལུས་ཚད་ཇོགས་པའི་དུས་སུ་མགུལ་ལ་ཛ་རྒྱན①གྱིས་བརྒྱན་པ་དང་། དེ་ལ་མགུལ་རྒྱན་ཡང་ཟེར། འགའ་རེས་ཁྱི་ཡི་རྒྱན་ཆ་སྣེ་གསུམ་ཟེར་སྲོལ་འདུག་པ་ནི། མགུལ་རྒྱན་དང་སྐར་ཐག ལྕགས་ཐུར་བཅས་ལ་ཟེར་བའམ་ཡང་ན་ཛ་རྒྱན་དང་རྩེད་ལྕགས་གཉིས་ལས་བཟོས་པའི་སྐར་ཐག་རིགས་གཉིས་ལ་ཟེར་སྟེ། དེ་ཡང་《ཞེ་ཡུའི་ཁྱི་རྫོང་》ཞེས་པའི་ནང་“ མཁར་གཟི་རྫོང་གཡང་མཛོད་བར་མའི་ནང་། ཁྱི་གྲ་མགུལ་མེ་རི་རང་འབར་ཡོད། གཡག་ཛ་དཀར་བརྒྱ་ཡི་ཛ་རྩེད་ཡིན། རྒྱ་རྫོང་ལེན་དམར་པོའི་ཚོས་སྣ་འཛོམས། དེ་ཞེ་ཡུའི་ཁྱི་ཡི་མགུལ་རྒྱན་ཡིན། རྩེད་ཐག་གཉིས་བཟོ་འདོམ་དགུ་ཡོད། གཡག་

① འབྲི་གཡག་གི་ཛ་རྩེད་དཀར་པོ་ལ་ཚོས་དམར་པོ་བརྒྱབ་པའི་མགུལ་རྒྱན་ཞིག་གོ

གྲི་ནག་བརྒྱ་ཡི་རྩེད་པ་ཡིན། དེ་ཁྱི་གཡང་རྒྱ་བོའི་སྐོར་ཐག་ཡིན། ལྕགས་འཁྲིལ་ཁ་ཅན་ལ་འདོམ་དགུ་ཡོད། ལྷ་དམ་ཅན་མགར་བས་བརྡུང་པ་ཡིན། ཁྱི་ངར་སྟོབས་ཅན་གྱི་སྐོར་ཐག་ཡིན། རྒྱན་འདི་གསུམ་ཁྱི་ལ་སྐོས་ལེ་རེད། རྗེ་དོན་ཡོད་གྲུབ་པས་མཛད་པ་ཡིན། ཆུང་ཁྱི་གུ་ཟླ་གསུམ་ཟིན་པའི་དུས། རྒྱན་འདི་གསུམ་ཁྱི་ལ་སྤྲོད་རན་ཡིན།”ཞེས་གསལ་བ་ལྟར་དང་། “གནའ་མི་བོད་ཀྱི་གཏམ་དཔེ་ལ། ཕུ་གཡང་ར་གྲུ་བཞི་ཕྱུགས་ཀྱིས་བརྒྱན། སྦྲ་ཐུས་སྦྲལ་ཀ་བརྒྱད་དར་གྱིས་བརྒྱན། སྐོར་འདོགས་ཁྱིའི་མགུལ་དུ་ཛ་རྩེད་བརྒྱན། རྒྱན་དེ་གསུམ་བོད་པའི་གཡང་གསུམ་ཡིན། གཡང་དེ་གསུམ་ཁ་ཁ་མ་འཐོར་དགོས།”ཞེས་བཤད་པ་ལྟར་འདོགས་ཁྱི་ལ་ཛ་རྩེད་ཀྱི་མགུལ་རྒྱན་སྤྲོན་པ་ནི་དེའི་འཕྲིང་ཉམས་ཆེ་ཏུ་བཏང་བ་ཙམ་མ་ཟད། དེས་མི་ཁ་འགོག་པ་དང་། བཙན་གནོད་སེལ་བ། གཡང་འཁོར་བའི་ནུས་པ་ཐོན་ཐུབ་པའི་བཤད་སྲོལ་ཡོད་ལ། རྩེད་པའམ་ལྕགས་ཀྱི་ཨ་ལོང་གིས་སྦྲེལ་བའི་སྐོར་ཐག་གིས་བཏགས་དགོས་དོན་ཡང་མགྲོན་པོ་སྣ་འགྲམ་དུ་ཕེབས་སྐབས་མཆེ་སོ་མི་ཐེབས་པའི་སླད་དུ་ཡིན།

བོད་ཁྱིའི་ གཟུགས་ བྱད་ སྐོར་ བཤད་ ན། སྤྱིར་ བོད་ ཁྱིའི་ རིགས་ འདི་གཟུགས་སྟོབས་ཆེ་བས་སླན་པའི་གྲགས་པ་ཕྱོགས་བཞིར་ཁྱབ་པ་ཞིག་ཡིན་ལ། དེ་ཡང་“ཕྱི་རྒྱལ་གྱི་ཚད་ལྡན་ཡིག་ཆའི་ནང་བོད་ཁྱིའི་སྐོར་ཐེངས་དང་པོར་འཁོད་པ་ནི་སྐད་གྲགས་ཅན་གྱི་འགྲུལ་སྐྱོད་པ་མ་ཁ་པོ་ལོའི་ཡུལ་སྐོར་བརྗེད་ཐོ་ཞེས་པ་དེ་ཡིན། ……དེའི་ནང་དུ་བོད་མི་ལ་ཁྱི་གཟུགས་སྟོབས་ཏ་ཙང་ཆེ་བ་དེ་ལྟ་བུ་ཡོད་པ་དེ། གཏུམ་དྲག་ཆེ་ལ་རླྭ་སྟོབས་ཆེ་བ། གཟུགས་སྟོབས་ནི་བོང་བུ་དང་མཚུངས་ལ། སྐད་ནི་སེང་གེའི་ང་རོ་དང་འདྲ་བས་རི་ཆེན་གཡོ་འགྲུལ་ནུས་” ①

① ༢༠༠༣ལོའི་《ཏ་ལན་སློབ་གྲྭ་ཆེན་མོའི་རིག་དེབ་》དུས་དེབ་༤པའི་ཤོག་ངོས་༡༠༨ལ་གསལ།

ཞེས་གསལ་བ་ལྟར་དང་། བོད་ཁྱིའི་གཟུགས་བྱད་ལས་བཟང་བ་དྲུག་དང་དེ་དག་གི་རྟགས་མཚན་སྐོར་ལ། "སུག་གདན་སྟེང་གི་སེན་ལྷག་དེ། །ནད་གདོན་བར་ཆད་འགོག་པའི་རྟགས། །རྐང་ལ་སེན་དྲུག་འཛོམས་པ་དེ། །བདག་པོའི་ཚེ་སྲོག་སྐྱོབ་པའི་རྟགས། །ཁྱི་མིག་ཟུར་གསུམ་ཡིན་པ་དང་། །མིག་རྩ་དམར་པོ་ཅན་དེ་ནི། །འདྲེ་དང་གདོན་བགེགས་འགོག་པའི་རྟགས། །ཕོ་ཁྱི་ཧ་མ་གཡས་སྒྲིལ་ཅན། །ཟ་ལྷ་བདག་པོར་འཁོར་བའི་རྟགས། །མོ་ཁྱི་ཧ་མ་གཡོན་སྒྲིལ་ཅན། །མ་སྨུར་ཟས་གཡང་འཁོར་བའི་རྟགས། །" ཞེས་བྱུང་བ་དང་། སྤྱིར་བོད་ཁྱི་ལས་མགོ་གཟུགས་ཆེ་ལ་ཨམ་ཅོག་ལྷུག་པ་དང་། ཐོད་ཞེང་ཆེ་ལ་སོ་མཆེ་རྣག་པ། ཁ་ཟེ་ཆེ་ལ་ཁ་ཤ་ཐུག་པ། མཆུ་སྣ་ཐུང་ལ་དེ་ཡང་སྦོམ་པ། མིག་སྦྲིར་ཆེ་ལ་གདོང་ཤ་ཐུག་པ། རྐང་མགོ་ལག་མགོ་འཁོར་རྒྱ་ཆེ་བ། ཧ་མ་སྤུག་ལ་ནམ་རྒྱུན་རྒྱབ་ཏུ་འཁྱུར་བ་བཅས་ནི་གཟུགས་བྱད་ཡག་པར་བརྩི་བ་ཡིན། བོད་ཁྱིའི་གཟུགས་ཚད་ནི་རིགས་རྒྱུད་སོ་སོར་མི་འདྲ་བ་མང་མོད། འོན་ཀྱང་རྒྱུན་དུ་བོད་ཁྱི་གཟུགས་ཆེ་བ་བཟང་བར་བརྩི་བ་ཡིན་ལ། གཟུགས་སྟོབས་ཆེ་ཤོས་མཐོ་ཚད་ལི་སྨིད་༨༠ཙམ་དང་། རིང་ཚད་ལི་སྨིད་༩༠ཙམ་ཡོད། ཁྱིའི་སྐོར་གྱི་ཆེད་ལས་པས་བརྟག་དཔྱད་བྱས་པར་གཞིགས་ན། བོད་དབུས་གཙང་ཁུལ་གྱི་བོད་ཁྱིའི་གཟུགས་སྟོབས་མདོ་ཁམས་ཁུལ་གྱི་བོད་ཁྱི་ལས་ཆུང་ཆེ་བ་ཡོད་ལ། ཕོ་ཁྱིའི་གཟུགས་སྟོབས་མོ་ཁྱི་ལས་ཆེ་བ་ཡོད།

གཞན་ཡང་བོད་ཁྱི་ལས་ཕོ་ཁྱི་ལ་ལོ་གཉིས་ནས་སྐྱེ་འཕེལ་གྱི་ནུས་པ་འགྲོར་བ་དང་། མོ་ཁྱི་ལ་ཟླ་བ་ཉི་ཤུ་ཙམ་ནས་ཁྱི་རྩ་ལངས་ལ། དེ་ལ་ཚང་འཁོར་བ་ཡང་ཟེར་སྲོལ་ཡོད། ལོ་ལྟར་ཁྱི་རྩ་ལངས་པའི་དུས་ཚོད་ནི་སྟོན་མཇུག་ཡིན། ཁྱི་མོར་ཁྱི་གུ་མངལ་དུ་གནས་པའི་དུས་ཚོད་ནི་ཟླ་བ་གཉིས་དང་ཕྱེད་ཙམ་ཡིན་ལ། བོད་ཀྱི་དམངས་ཁྲོད་དུ་ར་ལྔ་ལུག་དྲུག་ཁྱི་ཟླ་གསུམ། ནོར་ལ་ཟླ་བརྒྱད་རྟ་ལོ་འཁོར།

མི་ལ་ཟླ་དགུ་ཞག་བཅུ་དང་། ཉི་ཞག་ཉེར་གཅིག་བཅས་སུ་འདོད། ཅེས་བཤད་སྲོལ་ཡོད་པ་ལྟར་ཁྱི་གུ་མངལ་དུ་གནས་ཚད་ཟླ་བ་གསུམ་ཡིན་པར་ཡང་བཤད་སྲོལ་ཡོད། "དང་ཐོག་ཨ་མའི་འགྲམ་དུ། །ནུ་ཞོ་ཁ་ལ་སྦྱར་ནས། །བདུན་གཅིག་འགོར་བའི་རྗེས་སུ། །མིག་ཟུང་རབ་རིབ་ཕྱེས་ཏེ། །ས་ཁྱུང་སྔོ་འགྲམ་ནུར་ནས། །གྲང་ངར་ལྷོགས་སྐྱོམ་བྱུང་བས། །སྐད་ངན་འཕྲིན་ནས་གྲགས་དུས། །དྲིན་ཆེན་ཕ་མའི་ལྟོ་འཚོ། །"[①]ཞེས་པ་ལྟར་སྤྱིར་ཁྱི་གུ་སྐྱེས་ནས་གཟའ་འཁོར་གཅིག་སོང་མཚམས་མིག་ཁ་ཕྱེ་བ་དང་། ཁྱུར་ཁྱོར་གྱིས་བགྲོད་ཐུབ་ཀྱི་ཡོད། གལ་སྲིད་སྐྱེས་མ་ཐག་ཏུ་ཚང་སྦྱོས་པ་དང་བསྟོག་པ་ཐོག་ཆེ་མིག་ཁ་ཕྱེ་བའི་དུས་ཚོད་ཕྱིར་བཤོལ་ཉིན་བཅུ་ལྷག་ཙམ་འགྲོ་བའང་ཡོད། དེ་ནས་བདུན་བདུན་འགོར་བའི་མཚམས་སུ་ཁྱི་གུའི་ཡན་ལག་རྒྱས་འགྲོ་བ་དང་ཕར་རྒྱུག་ཚུར་རྒྱུག་བྱེད་པས། འོ་ཐག་གཅོད་ཚོག་ལ། དུས་དེ་ནས་ཕུར་བ་དང་འདོགས་ཐག་ལ་ཐོག་མར་སྦྱོར་བའི་དུས་སུ་སླེབས་ཤིང་ཟུག་ཤེས། ཁྱི་གུ་སྐྱེས་ནས་ཟླ་བ་གསུམ་སོང་མཚམས་མགུལ་རྒྱན་གྱིས་བརྒྱན་པ་དང་ལྕགས་ཐག་དང་རྩིད་ཐག་གང་རུང་གི་སྐོར་ཐག་ལ་འདོགས་པའི་སྲོལ་ཡོད། ཁྱིའི་རྒྱུད་རྗེ་ཙམ་བཟང་བ་དེ་ཙམ་གྱིས་ཟུག་སྐད་འདོན་པའི་དུས་ཚོད་ཕྱི་བ་དང་། ཟླ་བ་དྲུག་ཙམ་ནས་བདག་པོ་དང་ཕྱི་མི་དབྱེ་འབྱེད་ནུས་པ་ཡིན། སྤྱིར་བཏང་བྱས་ན་ཁྱི་མོར་སྐྱེ་ཐེངས་གཅིག་ལ་ཁྱི་གུ་མང་ཤོས་ལྔ་ཙམ་སྐྱེ་བ་དང་། ཁྱི་ཡི་རྒྱུད་རྗེ་ཙམ་བཟང་བ་དེ་ཙམ་གྱིས་ཁྱི་གུ་ཉུང་བ་སྐྱེ་ལ། རིགས་བཟང་ལ་སྐྱེ་ཐེངས་གཅིག་ལ་ཁྱི་གུ་གཅིག་གཉིས་ཙམ་ལས་མི་སྐྱེ། ཁྱི་ཚེ་རིང་ཡང་ལོ་དགུ་ཟེར་བའི་བཤད་སྲོལ་ཡོད་ནའང་། སྤྱིར་བོད་ཁྱིའི་ཚེ་ཚད་ནི་ལོ་༡༢ནས་༡༥ཙམ་ཡིན་པ་དང་། ལོ་མཐོ་ཤོས་ཉེར་བཞི་ཙམ་འཚོ་བའང་ཡོད་

① བཀའ་མ་མཁའ་འབུམ་དང་ཚེ་རྒྱལ་ནས་བསྒྲིགས་པའི་《བཤད་པ་ངག་གི་སྒྱུ་རྩལ》ཞེས་པའི་ཤོག་ངོས་༢༣༡ནང་གི་སྒོ་ཁྱིའི་སྒྲོ་གླུ་ཞེས་པའི་ནང་གསལ། ཀྲུང་གོའི་བོད་རིག་པ་དཔེ་སྐྲུན་ཁང་ནས་༢༠༡༢ལོར་བསྐྲུན།

པས། ཁྲི་ཚེ་རིང་ཡང་ལོ་དགུ་ཟེར་བའི་བཤད་རྒྱུན་དེ་ནི་ཁྲི་རྗེ་རིང་ཡང་ལོ་དགུ་ཟེར་བའི་དོན་ཡིན་ནམ་སྙམ་སྟེ། བོད་ཁྲི་ལོ་དགུ་ཙམ་སླེབས་རྗེས་དབང་པོ་ཉམས་འགོ་ཚུགས་པ་དང་། ཆང་ཚིགས་ལག་ཚིགས་མི་བདེ་ལ་འགུལ་སྐྱོད་དཀའ་བར་འགྲོ་ལ། རྒྱུག་རྩལ་ཉམས་པ་དང་། སོ་བུད་ཅིང་ཕོ་ཡི་འཇུ་སྟོབས་ཞན་དུ་འགྲོ་བ། དེ་ཙམ་ནས་རྗེ་ཡང་ཉམས་འགོ་ཚུགས་པ་ཡིན། ཕྱུགས་ཟོག་གཞན་དང་འདྲ་བར་ཁྲིའི་ལོ་གྲངས་འབོད་སྲོལ་ནི་སྤྱིར་གཡང་དཀར་ལུག་གི་ལོའི་འབོད་སྟངས་དང་འདྲ་སྟེ། ལོ་གཅིག་ལ་ཨོ་ཡོ་དང་། གཉིས་ལ་ཨོ་ལའམ་ལ་ག གསུམ་ལ་ཨོ་ཐོང་ངམ་ཐོང་པ། བཞི་ལ་ཨོ་གཉིས་སམ་གཉིས་པ། ལྔ་ལ་ཨོ་ཧྲུག་གམ་ཧྲུག་པ། དྲུག་ལ་ཁ་གང་། བདུན་ལ་ཁ་རྒྱུག བརྒྱད་ལ་ཁ་གཅིག་བཅས་སུ་འབོད་པའོ། །

༧༧། །མི་སེམས་དགའ་འོས་པའི་རིག་གནས་སྲུང་སྐྱོང་སྐོར་གྱི་གླང་བྱ།

——ཀྲུང་དབྱང་གི་བོད་ཀྱི་ལས་དོན་སྐོར་གྱི་བཞུགས་མོལ་ཚོགས་འདུ་ཐེངས་ལྔ་པའི་དགོངས་དོན་སློབ་སྦྱོང་བྱས་པའི་མྱོང་ཚོར།

༢༠༡༠ལོའི་ཟླ་བ་དང་པོར་ཀྲུང་དབྱང་གི་བོད་ཀྱི་ལས་དོན་སྐོར་གྱི་བཞུགས་མོལ་ཚོགས་འདུ་ཐེངས་ལྔ་པ་སྐོངས་འཚོགས་བྱས་པ་དང་། ཚོགས་འདུ་དེའི་ཐོག་འདས་ཟིན་པའི་བོད་ཀྱི་ལས་དོན་ལ་ཕྱོགས་བསྡོམས་དང་མ་འོངས་ལས་དོན་ཁག་བཀོད་སྒྲིག་གང་ལེགས་བྱས་ཡོད། ཚོགས་འདུའི་ཐོག་གཏན་དུ་འཁེལ་བའི་འབྲེལ་ཡོད་ཡིག་ཆ་རྣམས་ནི་སྟོད་ཕྱིན་བོད་ཀྱི་ལས་དོན་སྐོར་གྱི་རྩ་འཛིན་གལ་ཆེན་ཞིག་ཡིན། ཚོགས་འདུ་དེས་གཏན་འཁེལ་བྱས་པའི་བོད་ཀྱི་འཕེལ་རྒྱས་སྐོར་གྱི་གལ་ཆེའི་དམིགས་ཚད་ཀྱི་ཁྲོད་དུ་བོད་འདི་བཞིན་ཀྲུང་ཧྭ་མི་རིགས་ཀྱི་ཁྱད་ཆོས་ལྡན་པའི་རིག་གནས་སྲུང་སྐྱོང་བྱ་ཡུལ་གལ་ཆེན་ཞིག་ཏུ་འགྱུར་བ་བྱ་རྒྱུའི་གླང་བྱ་བཏོན་ཡོད། རང་ཉིད་རིག་གནས་ལས་དོན་མཁན་ཞིག་གི་ངོས་ནས་བརྗོད་ན། ཐེངས་དེའི་ཚོགས་འདུའི་དགོངས་དོན་དུ་མའི་ཁྲོད་གླང་བྱ་དེས་རང་ཉིད་ལ་བག་ཆགས་ཟབ་ཤོས་བྱུང་། གང་ལགས་ཤེ་ན། དེ་ནི་གཅིག་ནས་རིག་གནས་འཕེལ་རྒྱས་འགྲོ་བའི་ཆོས་ཉིད་དང་མཐུན་པ་དང་། གཉིས་ནས་དེས་ཏང་གི་མི་རིགས་སྲིད་ཇུས་དོན་འཁྱོལ་བྱེད་པ་མཚོན་པ། གསུམ་ནས་དེང་དུས་རིག་གནས་སྲུང་སྐྱོང་གི་དགོས་གཏུགས་རང་བཞིན་ཡོངས་སུ་མཚོན་ཡོད་པས་ཡིན། འདིར་གནད་དོན་

དེ་དག་སྐོར་རང་ཉིད་ཀྱི་བསམ་ཚུལ་རགས་ཙམ་སྤྲོད་རྒྱུ་ཡིན།

དང་པོ། རིག་གནས་འཕེལ་རྒྱས་འགྲོ་བའི་ཆོས་ཉིད་དང་མཐུན་པ།

དེ་ཡང་དེང་སྐབས་བོད་གསར་འཛུགས་སྐྱུན་སྐོར་བརྗོད་སྐབས་སྤྱི་ཚོགས་རིང་ལུགས་ཀྱི་རིག་གནས་གསར་པ་འཛུགས་སྐྱུན་བྱེད་དགོས་ཞེས་ང་ཚོའི་ཉན་བྱེད་ཡུལ་དུ་འབྲུག་སྒྲ་ལྡིར་བ་ལྟར་ཐོས་རྒྱུ་ཡོད། རིག་གནས་གང་ཞིག་གསར་གཏོད་དང་འཛུགས་སྐྱུན་བྱེད་དགོས་ཚེ་ངེས་པར་དུ་རིག་གནས་འཕེལ་རྒྱས་འགྲོ་བའི་ཆོས་ཉིད་དང་མཐུན་པའི་བསམ་བློ་གཏོང་རྒྱུ་དང་ལྟ་བ་བཟུང་རྒྱུ་མ་ཟད། དེའི་ཆོས་ཉིད་དང་མཐུན་པའི་བྱེད་ཐབས་རྒྱུན་འཁྱོངས་བྱེད་དགོས་ངེས་སུ་མཐོང་། དེ་བཞིན་དུ་ང་ཚོས་བོད་ཀྱི་སྤྱི་ཚོགས་རིང་ལུགས་ཀྱི་རིག་གནས་གསར་པ་འཛུགས་སྐྱུན་བྱེད་དགོས་ན་ངེས་པར་དུ་བོད་ཀྱི་ཡུལ་བྱུང་སྲོལ་རྒྱུན་རིག་གནས་རྣམས་རྒྱུན་འཛིན་བྱེད་རྒྱུ་དང་རྩང་གཞིར་བཟུང་རྒྱུ་ནི་རིག་གནས་འཕེལ་རྒྱས་འགྲོ་བའི་ཆོས་ཉིད་དང་མཐུན་པ་ཞིག་ཡིན། ཧྥབས་ཆེན་གྱི་སློབ་དཔོན་ལེ་ཉིན་གྱིས《གཞོན་ནུ་སྡེ་ཚོགས་ཀྱི་ལས་འགན་》ཞེས་པའི་ཕྲུག་རྩོམ་ནང་། འབྱོར་མེད་གྲལ་རིམ་གྱི་རིག་གནས་དག་གནམ་ནས་ཐགས་པ་མིན་ལ། རང་ཉིད་འབྱོར་མེད་གྲལ་རིམ་རིག་གནས་མཁས་པར་འཛིན་མཁན་དེ་ཆོས་ཁུངས་མེད་རང་བཟོ་བྱས་པའང་མིན། གལ་ཏེ་དེ་ལྟར་དགོངས་པ་བཞིས་ན་དེ་ནི་ལྐུག་ཅོར་གྱི་གཏམ་ཁོ་ནར་ངེས། འབྱོར་མེད་གྲལ་རིམ་གྱི་རིག་གནས་ནི་མིའི་རིགས་ཀྱིས་མ་རྩ་རིང་ལུགས་ཀྱི་སྤྱི་ཚོགས་དང་། ཞིང་བདག་གི་སྤྱི་ཚོགས། དཔོན་ངན་གྱི་སྤྱི་ཚོགས་ནང་གཉའ་གནོན་འོག་གསར་སྐྱུན་བྱས་པའི་ཤེས་བྱ་ཡོངས་ཀྱི་ཆོས་ཉིད་དང་མཐུན་པའི་འཕེལ་རྒྱས་ཤིག་ཡིན་དགོས་ཀྱི་རེད་ཅེས་མཛུབ་སྟོན་གནང་ཡོད་པ་དང་། དེ་བཞིན་བློ་མཐུན་མའོ་ཙེ་ཏུང་གིས《དམངས་གཙོ་རིང་ལུགས་གསར་པའི་རྣམ་བཤད་》ཅེས་པའི་ནང་དུ་ཀྲུང་གོའི་ད་

ལྟའི་ཚབ་སྲིད་གསར་པ་དང་། དཔལ་འབྱོར་གསར་པ་ནི་གནའ་རབས་ཀྱི་ཚབ་སྲིད་རྙིང་པ་དང་དཔལ་འབྱོར་རྙིང་པ་ལས་འཕེལ་རྒྱས་བྱུང་བ་ཞིག་ཡིན་ལ། ཀྲུང་གོའི་ད་ལྟའི་རིག་གནས་གསར་པ་ནི་གནའ་རབས་ཀྱི་རིག་གནས་རྙིང་པ་ལས་འཕེལ་རྒྱས་བྱུང་བ་ཞིག་ཡིན་ཞེས་གསུངས་ཡོད། འདིར་ལེ་ཉིན་དང་མའོ་ཙེ་ཏུང་རྣམ་གཉིས་ཀྱིས་རིག་གནས་གསར་རྙིང་གི་རྒྱུན་འཛིན་འབྲེལ་བ་དེ་བསྟན་ཡོད། དོན་དུ་རྨང་གཞི་དང་རྒྱུན་འཛིན་མེད་པར་རིག་གནས་གསར་རྒྱུད་ཞིག་གསར་གཏོད་བྱའོ་ཞེས་བརྗོད་ན་དེ་ནི་སྟོང་གཏམ་ཁོ་ན་ལས་མ་འདས། མིའི་རིགས་ཀྱི་རིག་གནས་གང་འདྲ་ཞིག་ཡིན་རུང་སྔར་ཡོད་རྒྱུན་འཛིན་བྱས་པའི་རྨང་གཞིའི་ཐོག་གྲུབ་པའམ་མེས་པོའི་ཉམས་མྱོང་ཕྱོགས་བསྡོམས་བྱས་པའི་རྨང་གཞིའི་ཐོག་འཕེལ་རྒྱས་བཏང་སྟེ་བྱུང་བ་ཞིག་ཡིན་པ་ལས་རྨང་གཞི་གང་ཡང་མེད་པའི་ཐོག་གློ་བུར་དུ་གནམ་ནས་ཟགས་པ་དང་ས་ནས་སྐྱེས་པ་ཞིག་མིན་ལ། སྐྱེ་བོ་རེ་ཟུང་གིས་གཞི་དང་ཁུངས་མེད་པར་རང་བཟོ་བྱས་པ་ཞིག་ཀྱང་མིན། "རྒྱུན་འཛིན་གྱི་དམིགས་ཡུལ་ནི་གསར་གཏོད་ཀྱི་ཆེད་དུ་ཡིན་པ་དང་། མིང་དོན་མཚུངས་པའི་གསར་གཏོད་ནང་ལ་རྒྱུན་འཛིན་མ་ཚུད་ཐབས་མེད་རེད། དེ་ནི་ལོ་རྒྱུས་འགྲུལ་སྐྱོད་ཀྱི་རྩོད་སྒྲུབ་རིག་པ་ཡིན་ལ། རིག་གནས་འཕེལ་རྒྱས་ཀྱི་རྩོད་སྒྲུབ་རིག་པའང་ཡིན་" ཞེས་གསུངས་པ་ལྟར་རྨང་གཞི་དང་རྒྱུན་འཛིན་གང་ཡང་མེད་པར་རིག་གནས་གསར་པ་ཞིག་སྐྲུན་དགོས་ཞེས་བརྗོད་ན་ནི་སྟོང་གཏམ་ཁོ་ན་ལས་མ་འདས། དེར་བརྟེན་སྤྱི་ཚོགས་རིང་ལུགས་ཀྱི་རིག་གནས་གསར་པ་འཛུགས་སྐྲུན་བྱེད་དགོས་ན་ངེས་པར་དུ་བོད་ཀྱི་ཕུལ་བྱུང་སྲོལ་རྒྱུན་རིག་གནས་རྣམས་རྨང་གཞིར་འཛིན་རྒྱུ་དང་རྒྱུན་འཛིན་བྱེད་རྒྱུ་ནི་རིག་གནས་འཕེལ་རྒྱས་འགྲོ་བའི་ཆོས་ཉིད་དང་མཐུན་པ་ཡིན། རིག་གནས་གང་ཞིག་རྒྱུན་འཛིན་བྱེད་དགོས་ན་དེའི་རྨང་གཞིའམ་འགག་རྩའི་ལས་དོན་ནི་ཐོག་མར་རིག་གནས་དེ་དག་དང་དེ་དག་གི་སྐྱེ་ཁམས་སྲུང་སྐྱོང་བྱ་རྒྱུ་དེ་ཡིན། ང་ཚོས་བོད་

སྤྱོངས་ས་མཐོའི་ཐོག་མི་རབས་དུ་མས་གསར་གཏོད་དང་རྒྱུན་འཛིན་བྱས་ནས་བྱུང་བའི་སྲོལ་རྒྱུན་རིག་གནས་རྣམས་སྲུང་སྐྱོང་མ་བྱས་པ་དང་དེ་ཚོའི་སྐྱེ་ཁམས་དང་གསོན་ཤུགས་ཇི་ཞན་དུ་འགྲོ་བཞིན་ཡོད་པའི་དོན་དངོས་ལ་སྣང་འཛོག་མ་བྱས་པར་ཕྱུལ་བྱུང་སྲོལ་རྒྱུན་རིག་གནས་རྣམས་རྒྱུན་འཛིན་བྱ་དགོས་ཞེས་རྒྱ་བསྒྲགས་བོད་བསྒྲགས་བྱས་ཀྱང་དགུན་དུས་ཀྱི་འབྲུག་སྒྲའི་ཚུལ་ལས་མ་འདས། ད་ཐེངས་ཀྱང་དབྱང་གི་བོད་ཀྱི་ལས་དོན་སྐོར་གྱི་བཞུགས་མོལ་ཚོགས་འདུ་ཐེངས་ལྔ་པའི་ཐོག་བོད་འདི་བཞིན་ཀྱང་ཧྭ་མི་རིགས་ཀྱི་ཁྱད་ཆོས་ལྡན་པའི་རིག་གནས་སྲུང་སྐྱོང་བྱ་ཡུལ་གལ་ཆེན་ཞིག་ཏུ་གྱུར་བ་བྱ་རྒྱུའི་གླང་བྱ་བཏོན་ཡོད་པ་དེ་ནི་རིག་གནས་འཕེལ་རྒྱས་འགྲོ་བའི་ཆོས་ཉིད་དང་མཐུན་པས་དགའ་འོས་པའི་གླང་བྱ་ཞིག་ཡིན།

གཉིས་པ། ཏང་གི་མི་རིགས་སྲིད་ཇུས་དོན་འཁྱོལ་བྱེད་པ་མཆོན་པ།

རང་རྒྱལ་ནི་མི་རིགས་མང་བའི་རྒྱལ་ཁབ་གཅིག་ཡིན་ལ། སྤྱི་ཚོགས་རིང་ལུགས་ཀྱི་དུས་སྐབས་ནི་མི་རིགས་འཕེལ་རྒྱས་འགྲོ་བའི་དུས་སྐབས་ཤིག་ཡིན། དེར་བརྟེན་མི་རིགས་མི་འདྲ་བ་ཕན་ཚུན་ཞི་མཐུན་མཉམ་གནས་ཡོང་ཆེད་དུ་རང་རེའི་སྲིད་ཏང་གིས་མི་རིགས་སྲིད་ཇུས་རབ་དང་རིམ་པ་གཏན་འཁེལ་ཀྱང་བྱས་ཡོད། དེའི་ནང་མི་རིགས་ས་ཁོངས་རང་སྐྱོང་ལག་བསྟར་བྱ་རྒྱུ། གྲངས་ཉུང་མི་རིགས་ཀྱི་སྐད་ཡིག་བེད་སྤྱོད་བྱ་རྒྱུ། གྲངས་ཉུང་མི་རིགས་ཀྱི་ཡུལ་སྲོལ་གོམས་གཤིས་ལ་བརྩི་སྲུང་བྱ་རྒྱུ། གྲངས་ཉུང་མི་རིགས་ཀྱི་ཆོས་དད་རང་མོས་ལ་བརྩི་སྲུང་དང་སྲུང་སྐྱོང་བྱ་རྒྱུ་སོགས་གཏན་འཁེལ་བྱས་ཡོད་པ་དེ་དག་གིས་རང་རྒྱལ་གྱི་མི་རིགས་མི་འདྲ་བའི་སོ་སོའི་ཁྱད་ཆོས་མངའ་བའི་རིག་གནས་རྣམས་སྲུང་སྐྱོང་དང་རྒྱུན་འཛིན་ཡོང་རྒྱུར་ནུས་པ་ཆེན་པོ་ཐོན་ཡོད་ལ། དེས་མི་རིགས་ཚང་མ་འདྲ་མཉམ་གྱི་སྲིད་ཇུས་ལག་བསྟར་དོན་འཁྱོལ་ཡོང་རྒྱུར་འགན་ལེན་གང་ལེགས་ཐུབ་ཡོད། མི་རིགས་འདྲ་

མཉམ་ཟེར་བ་དེ་ཆབ་སྲིད་དང་དཔལ་འབྱོར་ཐད་འདྲ་མཉམ་གྱི་ཐོབ་ཐང་ཡོད་པ་ཙམ་གྱིས་མཚོན་པ་མ་ཡིན་པར། དེའི་ནང་རིག་གནས་ཐད་པན་ཚུན་བརྩི་སྲུང་དང་འདྲ་མཉམ་གྱི་ནང་དོན་ཚུད་དགོས་ངེས་རེད། གང་ལགས་ཤེ་ན། ད་ལྟའི་ངོས་ནས་བརྗོད་ཚེ། མི་རིགས་སོ་སོའི་ཁྱད་ཆོས་མངའ་བའི་རིག་གནས་རྣམས་ནི་མི་རིགས་གང་དེ་མུ་མཐུད་འཚོ་ཞིང་གནས་ཐུབ་པའི་འགག་རྩ་ཡིན། གལ་སྲིད་མིའི་ཚོ་པ་གང་ཞིག་ལ་ཐུན་མོང་མིན་པའི་རྩོམ་རིག་དང་། སྒྱུ་རྩལ། ཆོས་ལུགས། ཡུལ་སྲོལ་གོམས་གཤིས། སྐད་ཡིག་སོགས་མེད་ན་དེ་ནི་གཞན་ལས་ལོགས་སུ་དགར་བའི་མིའི་ཚོ་པ་སྟེ་མི་རིགས་ཤིག་ཏུ་གྲུབ་ཐབས་མེད། སྐབས་འདིར་དོན་འདི་གསལ་པོ་ཞིག་ཡོང་སླད་དུ་གང་འདྲ་ཞིག་ལ་མི་རིགས་ཟེར་བ་དང་དེའི་གྲུབ་ཚུལ་དང་འཕེལ་རྒྱས་འགྲོ་ཕྱོགས་སྐོར་དཔྱེ་ཞིབ་མདོར་བསྡུས་ཤིག་བྱ་དགོས་ངེས་སུ་མཐོང་།

མི་རིགས་ཀྱི་མཚན་ཉིད་ཐད་རྒྱལ་ཁབ་ཁག་དང་མཁས་དབང་སོ་སོའི་བཞེད་པ་མི་འདྲ་བ་མང་པོ་ཡོད་ནའང་རང་རྒྱལ་དུ་ཁྱབ་ཆེ་བའམ་ཁུངས་བཙུན་པར་བརྩི་བ་ནི་མར་ཁེ་སིའི་ལྟ་བ་ལྟར་འཛོག་གནང་བའི་མི་རིགས་ཀྱི་མཚན་ཉིད་དེ་ལགས། ལྟ་བ་དེ་གྲུབ་པར་ཡང་དུས་རིམ་འགའ་བརྒྱུད་ཡོད་དེ། ཐོག་མ་ཆེན་གྱི་སློབ་དཔོན་མར་ཁེ་སི་དང་ཨན་གེ་སིས《གུང་ཁྲན་ཏང་གི་བསྒྲགས་གཏམ་》དང་《ཁྱིམ་རྒྱུད་དང་། སྒེར་དབང་ལམ་ལུགས། རྒྱལ་ཁབ་བཅས་ཀྱི་འབྱུང་ཁུངས་》ཞེས་པ་སོགས་ཀྱི་ནང་མི་རིགས་ཀྱི་ས་ཁོངས་དང་། དཔལ་འབྱོར་འཚོ་བ། སྐད་རིགས་སོགས་ཀྱི་སྐོར་དང་དེ་ཚོའི་ཁྱད་ཆོས་སྐོར་གླེང་སྒྲོང་ཡོད་ལ། ལེ་ཉིན་གྱིས《མི་རིགས་གནད་དོན་གྱི་དཀག་པའི་བསམ་འཆར་སྐོར་》ཞེས་པའི་གསུང་རྩོམ་སོགས་ཀྱི་ནང་དུ་དཔལ་འབྱོར་གྱི་འབྲེལ་བ་དང་། ཐུན་མོང་གི་སྐད་རིགས། དེ་བཞིན་རིག་གནས་སོགས་མི་རིགས་ཀྱི་ཁྱད་ཆོས་དང་དེ་རྣམས་ཀྱིས་མི་

རིགས་ཤིག་ཆགས་གྲུབ་ཡོང་རྒྱུར་ནུས་པ་གང་འདྲ་ཐོན་མིན་སྐོར་རྒྱས་སྤྲོས་གནང་ཡོད། སེ་ཏ་ལིན་གྱིས་མར་ཁེ་སི་དང་ཨན་ཀེ་སི། ལེ་ཉིན་བཅས་ཀྱིས་དཔྱེ་ཞིབ་གནང་བའི་རྨང་གཞིའི་ཐོག་མི་རིགས་ཀྱི་མཚན་ཉིད་ཅུང་ཆ་ཚང་ལ་དོན་དངོས་དང་ཅུང་མཐུན་པ་ཞིག་འཇོག་གནང་ཡོད་པ་ནི་"མི་རིགས་ཞེས་པ་ནི། མི་རྣམས་ཀྱི་ལོ་རྒྱུས་ཐོག་ཆགས་པའི་ཐུན་མོང་གི་སྐད་རིགས་དང་། ཐུན་མོང་གི་ས་ཁོངས། ཐུན་མོང་གི་དཔལ་འབྱོར་འཚོ་བ། དེ་བཞིན་ཐུན་མོང་གི་མི་རིགས་རིག་གནས་ཀྱི་ཁྱད་ཆོས་ཐོག་ནས་མངོན་པའི་ཐུན་མོང་གི་སེམས་ཁམས་ངོ་བོ་བཅས་གཞི་རྩའི་ཁྱད་རྟགས་བཞི་པོ་འདི་ལྡན་པའི་བརྟན་ལྷིང་གི་ཐུན་མོང་ཚོ་པ་ཞིག་ལ་བརྗོད་"ཅེས་གསུངས་ཡོད། ལོ་མང་རིང་རང་རྒྱལ་དུ་མཚན་ཉིད་འདི་ཡང་དག་ཤོས་སུ་འཛིན་གྱི་ཡོད། འོན་ཀྱང་ཉེ་བའི་ལོ་ཤས་ནང་རང་རྒྱལ་དུ་མཚན་ཉིད་དེ་དེ་བས་ཆ་ཚང་ལ་དེ་བས་དོན་དངོས་དང་མཐུན་པ་ཞིག་ཏུ་འཕེལ་རྒྱས་བཏང་ཡོད། དེ་ཡང་སྤྱི་ལོ་༢༠༠༥ལོར་ཀྲུང་གུང་ཀྲུང་དབྱང་དང་། རྒྱལ་སྲིད་སྤྱི་ཁྱབ་ཁང་གི་《སྔར་ལས་ལྷག་པའི་སྒོ་ནས་མི་རིགས་ལས་དོན་ལ་ཤུགས་སྣོན་རྒྱག་རྒྱུ་དང་། གྲངས་ཉུང་མི་རིགས་དང་མི་རིགས་ས་ཁུལ་གྱི་དཔལ་འབྱོར་སྤྱི་ཚོགས་འཕེལ་རྒྱས་མགྱོགས་སུ་གཏོང་རྒྱུའི་སྐོར་གྱི་གཏན་འབེབས་》ཞེས་པ་དངོས་སུ་བཏོན་པའི་ནང་དུས་རབས་གསར་པའི་འོག་ཏང་གི་མི་རིགས་གནད་དོན་སྐོར་གྱི་རྩ་བའི་རིགས་པའི་གཞུང་ལུགས་དང་སྲིད་ཇུས་བཏོན་ཡོད་ལ། མི་རིགས་ཀྱི་རིགས་པའི་གཞུང་ལུགས་དག་དོན་ཚན་བཅུ་གཉིས་སུ་བསྡུས་ཡོད། དོན་ཚན་དང་པོའི་ནང་ཀྲུང་གོ་དང་ཐ་ན་འཛམ་བུ་གླིང་གི་མི་རིགས་ཀྱི་དོན་དངོས་དང་མཐུན་ལ། སྟབས་སྟུན་རང་བཞིན་ལྡན་པའི་མི་རིགས་ཀྱི་མཚན་ཉིད་གསར་པ་ཞིག་བཏོན་ཡོད་དེ། མི་རིགས་ནི་ལོ་རྒྱུས་འཕེལ་རྒྱས་འགྲོ་བའི་དུས་རིམ་ངེས་ཅན་ཞིག་གི་ནང་ཆགས་གྲུབ་བྱུང་བའི་གཏན་འཇགས་ཀྱི་མིའི་ཚོ་པ་ཞིག་ཡིན།

སྤྱིར་བཏང་བཤད་ན། མི་རིགས་ལ་ལོ་རྒྱུས་འབྱུང་རྩ་དང་། ཐོན་སྐྱེད་བྱེད་ལུགས། སྐད་རིགས། རིག་གནས། ཡུལ་སྲོལ་གོམས་གཤིས། དེ་བཞིན་སེམས་ཁམས་ཀྱི་ངོས་འཛིན་བྱེད་སྟངས་སོགས་ཀྱི་ཐད་ཐུན་མོང་གི་ཁྱད་ཆོས་ལྡན་པ་དང་། མི་རིགས་འགའ་ཞས་ཆགས་གྲུབ་བྱུང་བ་དང་། འཕེལ་རྒྱས་འགྲོ་བའི་བརྒྱུད་རིམ་ནང་ཆོས་ལུགས་ཀྱིས་གལ་ཆེའི་ནུས་པ་ཐོན་ཡོད་ཅེས་ནན་བཤད་བྱས་ཡོད། དེ་དག་ལ་མི་རིགས་ཆགས་གྲུབ་ཐུབ་པའི་རྒྱུ་རྐྱེན་གཙོ་བོ་ཁག་དྲུག་ཅེས་བརྗོད་ལ། དེའི་ཁྲོད་དུ་ཐུན་མོང་གི་མི་རིགས་ལོ་རྒྱུས་འབྱུང་རྩ་ཙམ་ལས་གཞན་གྱི་རྒྱུ་རྐྱེན་རྣམས་རིག་གནས་ཀྱི་ཁྱབ་ཁོངས་སུ་གཏོགས་པ་ཤ་སྟག་ཡིན། བརྒྱ་བཤད་སྟོང་བཤད་བྱས་ཀྱང་ཡོས་ལ་བབ་རྒྱུ་རྩམ་པའི་དཔེ་ལྟར་གོང་སློས་རྣམས་མདོར་བསྡུས་ཀྱིས་བརྗོད་ན་མི་རིགས་གང་ཞིག་ཆགས་གྲུབ་བྱུང་བ་དང་དེ་འཕེལ་རྒྱས་འགྲོ་བའི་བརྒྱུད་རིམ་ནང་རིག་གནས་ཀྱིས་ཐག་གཅོད་རང་བཞིན་ལྡན་པའི་གལ་ཆེའི་ནུས་པ་ཐོན་ཡོད་ལ། རིག་གནས་ནི་མི་རིགས་གང་ཞིག་ཤི་གསོན་ཆགས་འཇིག་ལ་ཐུག་པའི་སྲོག་རྩའང་ཡིན། ཐེངས་དེའི་ཚོགས་འདུས་བོད་འདི་བཞིན་ཀྲུང་ཧྭ་མི་རིགས་ཀྱི་ཁྱད་ཆོས་ལྡན་པའི་རིག་གནས་སྲུང་སྐྱོང་བྱ་ཡུལ་གལ་ཆེན་ཞིག་ཏུ་འགྱུར་བ་བྱ་རྒྱུའི་བླང་བྱ་བཏོན་ཡོད་པ་དེ་ནི་དོན་དངོས་ཐོག་མི་རིགས་ཀྱི་བླ་སྲོག་སྲུང་སྐྱོང་བྱ་རྒྱུའི་བླང་བྱ་བཏོན་པ་ཞིག་ཡིན་པས་ཏང་གི་མི་རིགས་སྲིད་ཇུས་དོན་འཁྱོལ་ཡོང་བའི་ཁ་ཡོད་ལག་ཡོད་ཀྱི་བླང་བྱ་ཞིག་ཏུ་མཐོང་ལ། དེས་ང་ཚོར་སེམས་འགུལ་ཆེན་པོ་ཐེབས་པ་མ་ཟད་འགུལ་ཤུགས་ཀྱང་ཆེན་པོ་སྐྱེར་བྱུང་།

གསུམ་པ། རིག་གནས་སྲུང་སྐྱོང་གི་དགོས་གཏུག་རང་བཞིན་མཚོན་ཚུལ།

སྤྱི་ཚོགས་བྱ་འཕྲུར་བ་ལྟར་གོང་འཕེལ་འགྲོ་མགྱོགས་པའི་ད་ལྟའི་དུས་

སྐབས་སུ།

ས་ཁུལ་སོ་སོའི་དངོས་པོའི་འཚོ་བར་འགྱུར་བ་འགྲོ་བ་དང་དུས་མཚུངས་བསམ་པའི་རིག་གནས་འཚོ་བའང་ཕུན་སུམ་ཇེ་ཚོགས་སུ་འགྲོ་བ་དང་། རྒྱལ་ཁབ་མི་འདྲ་བ་དང་མི་རིགས་མི་འདྲ་བའི་དབར་ཕན་ཚུན་རིག་གནས་ཁྱབ་སྤེལ་འགྲོ་ཤུགས་ཇེ་ཆེར་འགྲོ་བཞིན་ཡོད་པས། སྔོན་ཆད་ཕན་ཚུན་རྒྱུས་མངའ་བྲལ་བའི་མི་རིགས་དབར་ད་ལྟ་འབྲེལ་གཏུགས་ཇེ་ཟབ་ཏུ་སོང་ནས་འཛམ་བུའི་གླིང་འདི་འང་ཏ་ལམ་གྲོང་ཚོ་ཞིག་གི་ཚུལ་དུ་འགྲོ་བཞིན་ཡོད། དེས་ལོ་ངོ་སྟོང་ཕྲག་མང་པོའི་ནང་ཕ་ཚ་བུ་རྒྱུད་ཀྱིས་རྒྱུན་འཛིན་བྱས་པའི་ས་ཁུལ་རང་བཞིན་ལྡན་པའི་རིག་གནས་དག་གི་གསོན་ཤུགས་ཇེ་ཞན་དུ་འགྲོ་བ་དང་། རིག་གནས་དེ་དག་གི་སྐྱེ་ཁམས་ལ་ཧོག་ཐུག་ཆེན་པོ་ཐེབས་བཞིན་ཡོད། དེས་ན་ས་ཁུལ་རང་བཞིན་དང་མི་རིགས་ཀྱི་ཁྱད་ཆོས་ལྡན་པའི་རིག་གནས་དག་སྲུང་སྐྱོང་བྱ་རྒྱུར་མཉམ་འབྲེལ་རྒྱལ་ཚོགས་སློབ་གསོ་རིག་གནས་ཚན་རྩལ་ཨུ་ཡོན་ལྷན་ཁང་ལ་སོགས་པའི་འབྲེལ་ཡོད་ཚན་པ་ཚང་མས་དོ་སྣང་ཆེན་པོ་བྱེད་བཞིན་ཡོད།

རང་རེ་ཁབ་རི་པའི་མེས་པོ་རྣམས་ཀྱིས་མི་ལོ་ཁྲི་སྟོང་དུ་མའི་སྔ་རོལ་ནས་རང་བྱུང་ཁམས་ལ་འཐབ་རྩོད་དང་རྒྱུས་ལོན་བྱེད་པའི་བརྒྱུད་རིམ་ནང་ཐུན་མོང་མ་ཡིན་པའི་སྲོལ་རྒྱུན་རིག་གནས་དུ་མ་གསར་གཏོད་གནང་བ་དང་། སྤྱི་ཚོགས་འཕེལ་རྒྱས་འགྲོ་བའི་འགྲོས་དང་བསྟུན་ནས་དེ་དག་འཕེལ་རྒྱས་སུ་བཏང་བས། ད་གཟོད་བོད་ཀྱི་སྲོལ་རྒྱུན་རིག་གནས་ངོ་མཚར་ཅན་དག་གྲུབ་པ་ཡིན། དུས་ཕྱིས་མི་རྣམས་ཀྱིས་བོད་ནི་སླུ་གར་གྱི་རྒྱ་མཚོ་དང་། གཏམ་དཔེ་ཡི་བང་མཛོད། དམངས་ཁྲོད་རྩོམ་རིག་གི་དགའ་ཚལ་ཡིན་ཞེས་པའམ་གངས་ལྗོངས་ནི་ལྷུགས་རི་མེད་པའི་དངོས་མང་བཤམས་སྟོན་ཁང་ཞིག་ཡིན་ཞེས་བརྗོད་ཀྱི་ཡོད། བཤད་ཚུལ་དེ་གཉིས་ཀྱིས་བོད་ཀྱི་དངོས་ཟྫས་མིན་པའི་རིག་གནས་ཤུལ་བཞག་དང་རིག་

དངོས་ཏ་ཅང་ཕུན་སུམ་ཚོགས་པོ་ཡོད་པ་མཚོན་ཡོད། དེའི་ཁྲིད་མཛེས་སྟུག་བརྗིད་ཉམས་ལྡན་པའི་ཕོ་བྲང་པོ་ཏ་ལ་དང་། འཛམ་གླིང་བྱུང་བརྗོད་སྙན་ངག་གི་རྒྱལ་པོ་གླིང་གེ་སར་རྒྱལ་པོའི་སྒྲུང་། བོད་ཀྱི་ལྷ་མོ་དང་སྐར་རྩིས། སྨན་གཞུང་སོགས་ནི་བོད་ཙམ་མ་ཟད་མིའི་རིགས་ཀྱི་རིག་གནས་བང་མཛོད་ནང་འོད་སྟོང་འབར་བའི་ནོར་བུ་འབའ་ཞིག་ཡིན། འོན་ཀྱང་ཁྲག་དྲི་བྲོ་བའི་“རིག་གནས་གསར་བརྗེ་ཆེན་པོའི”ནང་ཡིན་མིན་གོ་ལོག དཀར་ནག་ཕྱིན་ཅི་བསློགས་ནས་ནོར་བུ་དེ་དག་ལ་གཏོར་སྐྱོན་ཚབས་ཆེན་ཕོག་པ་མ་ཟད། རྨུང་ངན་དེ་དུག་ཤེད་ཆེ་བས་ད་དུང་ཡང་ནད་རོ་ངེས་ཅན་ལུས་ཡོད། ཁྱད་པར་དུས་རབས་གསར་པའི་ནང་དུ་བོད་མིའི་དངོས་པོའི་འཚོ་བར་འགྱུར་བ་འགྲོ་བ་དང་དུས་མཚུངས་རིག་གནས་ཁྱབ་སྤེལ་གྱི་ཐབས་ལམ་ཡང་འདྲ་མིན་སྣ་ཚོགས་སུ་འཕེལ་ཏེ་དེང་རབས་ཅན་གྱི་བརྙ་ཕབ་འཁོར་ལོ་དང་། རླུང་འཕྲིན། བརྙན་འཕྲིན། གློག་བརྙན་སོགས་བོད་རིགས་མང་ཚོགས་ཀྱི་འཚོ་བའི་ནང་རྒྱུན་སྤྱོད་ཡོ་བྱད་དུ་གྱུར་དང་འགྱུར་སྲུས་ཡིན་པས། དེས་ཕྱོགས་གཅིག་ནས་མང་ཚོགས་ཀྱི་བསམ་པའི་རིག་གནས་འཚོ་བ་ཕུན་སུམ་ཐེ་ཚོགས་སུ་འགྲོ་རྒྱུར་ཕན་ནུས་ཆེན་པོ་ཐོན་ཡོད་ལ། ཕྱོགས་གཞན་ཞིག་ནས་བལྟས་ན། ས་གེའི་སྟེང་ལ་ཟླ་ལྷག་གི་དཔེ་ལྟར་ལོ་ངོ་སྟོང་ཕྲག་མང་པོའི་ནང་ཕ་ཚ་བུ་རྒྱུད་ཀྱིས་རྒྱུན་འཛིན་བྱས་པའི་ས་ཁུལ་གྱི་རང་བཞིན་ལྡན་ལ་མི་རིགས་ཀྱི་ཁྱད་ཆོས་མངའ་བའི་རྩོམ་རིག་དང་། སྒྱུ་རྩལ། ཆོས་ལུགས། ཡུལ་སྲོལ་གོམས་གཤིས། སྐད་ཡིག་སོགས་སྤྱོད་སྤྱོད་དང་ཉར་འཛིན་བྱེད་པའི་སྲོལ་རྒྱུན་ཇེ་ཞན་དུ་གྱུར་པ་དང་། དེ་ཚོའི་གསོན་སྟོབས་ཇེ་ཞན་དུ་འགྲོ་བཞིན་ཡོད། དཔེར་ན། འབྲས་དཀར་སྒྱུ་རྩལ་ལ་ཆ་བཞག་ན། དེ་ནི་བརྗོད་བྱ་གསལ་ལ་རྗོད་བྱེད་སྙན་པ། གར་གྱི་སྟངས་སྟབས་སླ་བས་སྐྱེ་བོ་ཀུན་དར་གཞོན་གསུམ་ཚང་མར་དོ་མཚར་ལྟད་མོ་སྣ་ཚོགས་སྟེར་ནུས་པའི་གཞས་མ་གཏམ་མམ་གཞས་མ་

གར་གྱི་དམངས་ཁྲོད་སྒྱུ་རྩལ་ཞིག་ཡིན། འོན་ཀྱང་ད་ལྟའི་དུས་སུ་ལོ་རྗེ་སྟོང་གི་ལོ་རྒྱུས་ལྡན་པའི་སྒྱུ་རྩལ་དེ་ཆེད་ལས་འཁྲབ་སྟོན་པས་འཁྲབ་སྟོན་བྱེད་པ་ཙམ་ལས་དམངས་ཁྲོད་དུ་རྒྱུན་ཆད་ལ་ཉེ་བ་དང་། དེང་དུས་གསར་རྩོམ་བྱས་པའི་འབྲས་དཀར་རྣམས་སྲིད་ཇུས་དྲིལ་བསྒྲགས་ཙམ་ལས་གཟིགས་མོ་བར་བཞད་གད་སློང་བ་དང་སྒྲོ་བ་སྤེར་བའི་སྒྱུ་རྩལ་གྱི་ནུས་པ་ཉག་ཕྲ་བའི་གནས་སུ་གྱུར་ཡོད། དེ་བཞིན་དམངས་ཁྲོད་ཀྱི་ཁྲམ་གླུ་དང་སྨྱུང་བཤད། བྱིས་པའི་རིག་རྩེད་དང་རྩེད་རྩལ་སོགས་སྲོལ་རྒྱུན་མང་དག་ཅིག་དམངས་ཁྲོད་དུ་མིང་གི་ལྷག་མར་གྱུར་བ་དང་། སྲོལ་རྒྱུན་གྱི་ལག་ཤེས་དང་ཡ་རབས་ཚུལ་ལྡན་གྱི་གོམས་གཤིས་མང་དག་ཅིག་མར་ནེ་སྐྱུམ་ཟད་ཀྱི་ངང་ཚུལ་འཛིན་པ། ཆས་ཡ་མ་གཟུགས་དང་སྐད་ར་མ་ལུག་ཇེ་མང་དུ་འགྲོ་བ་མ་ཟད། ཉེ་བའི་ལོ་ཤས་ནང་སྒྱུ་རྩལ་པ་དང་ལག་ཤེས་པ་ཚོ་ལས་འདས་པ་དང་མཉམ་དུ་སྲོལ་རྒྱུན་གྱི་ནོར་བུ་མང་པོ་འཇའ་ལྟར་ཡལ་འགྲོ་བའི་སྣ་སུན་སྟུད་མར་ཐོག་མྱོང་། དེ་དག་ལས་ཟུར་བལྟས་ལེབ་མཐོང་གི་དཔེ་ལྟར་རང་རེའི་སྲོལ་རྒྱུན་རིག་གནས་རྣམས་ངམ་ཤུགས་རིམ་གྱུད་ཀྱི་ཚུལ་དུ་འགྲོ་བཞིན་ཡོད་པ་མཐོང་ཐུབ། དེ་ནི་བོད་ཀྱི་རིག་གནས་ཙམ་མ་ཟད་མི་རིགས་ཚང་མའི་སྲོལ་རྒྱུན་རིག་གནས་ལ་འཕྲད་པའི་ཡོངས་ཁྱབ་རང་བཞིན་ལྡན་པའི་གནད་དོན་ཞིག་ཡིན། ཐེངས་དེའི་ཚོགས་འདུས་བོད་འདི་བཞིན་ཀྱང་ཧྭ་མི་རིགས་ཀྱི་ཁྱད་ཆོས་ལྡན་པའི་རིག་གནས་སྲུང་སྐྱོང་བྱ་ཡུལ་གལ་ཆེན་ཞིག་ཏུ་འགྱུར་བ་བྱ་རྒྱུའི་གླང་བྱ་བཏོན་ཡོད་པ་དེས་དེ་ལྟའི་རིག་གནས་སྲུང་སྐྱོང་གི་དགོས་གཏུག་རང་བཞིན་ཡོངས་སུ་མཚོན་ཡོད་པས་མི་སེམས་དགའ་འོས་པ་ཞིག་ཡིན།

རང་རྒྱལ་ནི་མི་རིགས་མང་བའི་རྒྱལ་ཁབ་གཅིག་ཡིན་ཞིང་། མི་རིགས་༥༦གིས་ཐུན་མོང་ཐོག་ལོ་རྒྱུས་དུས་ཡུན་རིང་ལ་སྣ་མང་ཕུན་སུམ་ཚོགས་པའི་ཀྲུང་ཧྭ་མི་རིགས་ཀྱི་འོད་སྟོང་འབར་བའི་སྲོལ་རྒྱུན་རིག་གནས་གསར་གཏོད་བྱས་ཡོད།

བོད་མི་རིགས་ནི་དེ་ལྟའི་མི་རིགས་ཁྱིམ་ཚང་ཆེན་པོ་འདིའི་ནང་སྲོལ་རྒྱུན་ལྡན་པའི་མི་རིགས་ཤིག་ཡིན་པ་དང་། བོད་ཀྱི་སྲོལ་རྒྱུན་རིག་གནས་དག་ནི་ཀྲུང་ཧྭ་མི་རིགས་ཀྱི་རིག་གནས་བང་མཛོད་ནང་གི་རིན་ཐང་ནོར་བུ་གལ་ཆེན་ཞིག་ཡིན། དེར་བརྟེན་ང་ཚོས་ལོ་རྒྱུས་ལ་འགན་ཁུར་དང་། མི་རིགས་ལ་འགན་ཁུར་གྱི་བསམ་པ་བཅངས་ནས་བོད་ཀྱི་རིག་གནས་དག་སྲུང་སྐྱོང་གང་ལེགས་བྱས་ཏེ་ཀྲུང་དབྱང་གི་བླང་བྱ་སྒྲོང་ཟད་དུ་མི་འགྱུར་བ་བྱེད་རྒྱུ་ནི་དོན་དམ་ཡོང་འོ། །

༄༅། །《〈ཀྲུང་ཧྭ་མི་དམངས་སྤྱི་མཐུན་རྒྱལ་ཁབ་ཀྱི་དངོས་མེད་རིག་གནས་ཤུལ་བཞག་བཅའ་ཁྲིམས〉ལག་བསྟར་བྱེད་རྒྱུའི་བོད་རང་སྐྱོང་ལྗོངས་ཀྱི་བྱ་ཐབས》ཁྱབ་བསྒྲགས་བྱས་པར་དགའ་བསུ་ཞུ།

སྤྱི་ལོ་༢༠༡༩ལོའི་ཟླ་༣པའི་ཚེས་༣༡ཉིན་བོད་རང་སྐྱོང་ལྗོངས་མི་དམངས་འཐུས་མི་ཚོགས་ཆེན་སྐབས་བཅུ་པའི་རྒྱུན་ལས་ཨུ་ཡོན་ལྷན་ཁང་གི་ཚོགས་འདུ་ཐེངས་དགུ་པའི་ཐོག《〈ཀྲུང་ཧྭ་མི་དམངས་སྤྱི་མཐུན་རྒྱལ་ཁབ་ཀྱི་དངོས་མེད་རིག་གནས་ཤུལ་བཞག་བཅའ་ཁྲིམས〉ལག་བསྟར་བྱེད་རྒྱུའི་བོད་རང་སྐྱོང་ལྗོངས་ཀྱི་བྱ་ཐབས》(གཤམ་དུ《ལག་བསྟར་བྱ་ཐབས》ཞེས་བསྡུས་རྒྱུ)ལ་གྲོས་ཞིབ་བྱས་ནས་གྲོས་འཆམ་བྱུང་བ་དང་། སྤྱི་ལོ་༢༠༡༩ལོའི་ཟླ་༤པའི་ཚེས་༡ཉིན་ནས་ལག་བསྟར་བྱེད་རྒྱུའི་ཁྱབ་བསྒྲགས་བྱས་ཡོད། དེ་ནི་རང་ལྗོངས་འདི་ཉིད་ཁྲིམས་ལྟར་སྐྱོང་རྒྱུའི་གལ་འགངས་ཆེ་བའི་བྱ་ཐབས་ཤིག་ཡིན་ལ། བོད་ལྗོངས་འདི་ཉིད་ཀྲུང་ཧྭ་མི་རིགས་ཀྱི་ཐུན་མེད་རིག་གནས་སྲུང་སྐྱོབ་བྱ་ཡུལ་ཞིག་ཏུ་འཛུགས་སྐྲུན་བྱ་རྒྱུར་སྐུལ་འདེད་བྱེད་པའི་ཞིབ་ཕྲའི་བྱ་ཐབས་ཤིག་ཀྱང་ཡིན། རང་ཉིད་རིག་གནས་དོན་གཉེར་བ་ཞིག་ཡིན་པའི་ངོས་ནས《ལག་བསྟར་བྱ་ཐབས》དེ་ཁྱབ་བསྒྲགས་བྱས་པར་སྙིང་དབུས་ནས་དགའ་བསུ་ཞུ་རྒྱུ་ཡིན།

གཅིག 《ལག་བསྟར་བྱ་ཐབས》ཁྱབ་བསྒྲགས་བྱས་པ་དེ་ནི་སྤྱི་ཁྱབ་ཧྲུའུ་ཅི་ཞིས་ཅིན་ཕིང་གིས་རྒྱལ་ཁབ་སྐྱོང་སྐབས་སྔོན་ལ་མཐའ་མཚམས་སྐྱོང་དགོས་ཤིང་། མཐའ་མཚམས་སྐྱོང་སྐབས་ངེས་པར་དུ་བོད་ལྗོངས་བརྟན་ལྷིང་དགོས

ཞེས་གནང་བའི་མཇུབ་སྟོན་དང་རྒྱལ་ཡོངས་སྲིད་གྲོས་ཀྱི་ཀྲུའུ་ཞི་ཡུས་ཀྲེང་ཧྲེང་གིས་གནང་བའི་ཁྲིམས་ལྟར་བོད་ལྗོངས་སྐྱོང་རྒྱུ་དང་ཡུན་རིང་བོད་ལྗོངས་འཛུགས་སྐྲུན་བྱ་རྒྱུའི་གལ་ཆེའི་སློབ་སྟོན་དོན་འགྲེལ་བྱས་པའི་ཞིབ་ཕྲའི་བྱ་ཐབས་ཤིག་ཡིན། རྒྱལ་སྐྱོང་དང་། ཁྲིམས་སྐྱོང་། བོད་ལྗོངས་སྐྱོང་རྒྱུ་ཞེས་བརྗོད་པའི་ནང་རིག་གནས་ཁྱབ་ཁོངས་ཀྱི་ཁྲིམས་སྲོལ་འཐུས་ཚང་དུ་གཏོང་རྒྱུ་ནི་གྲུབ་ཆ་གལ་ཆེན་ཞིག་ཡིན། རྒྱལ་ཁབ་ནས་གཏན་ལ་ཕབ་པའི་གོང་རིམ་གྱི་ཁྲིམས་སྲོལ་དེ་རྩ་དོན་རང་བཞིན་དང་རགས་རིམ་ཅན་ཞིག་ལགས་པས། ཞིབ་ཕྲའི་ལག་བསྟར་བྱེད་པའི་བརྒྱུད་རིམ་ནང་ས་ཁུལ་སོ་སོའི་དངོས་ཡོད་གནས་ཚུལ་དང་བསྟུན་ནས་ས་ཁུལ་གྱི་སྲུང་སྐྱོབ་སྲོལ་ཡིག་གམ་བྱ་ཐབས་གཏན་འབེབས་བྱ་དགོས་ཡོད། ད་ཐེངས་བོད་དུ་དངོས་མེད་རིག་གནས་ཤུལ་བཞག་བཅའ་ཁྲིམས་ལག་བསྟར་བྱ་ཐབས་ཁྱབ་བསྒྲགས་བྱས་པ་དེས་མི་རིགས་ས་ཁུལ་རང་སྐྱོང་གི་ཆ་རྐྱེན་འོག་བོད་ཀྱི་དངོས་མེད་རིག་གནས་ཤུལ་བཞག་སྲུང་སྐྱོབ་བྱ་རྒྱུར་ཁྲིམས་ལུགས་ཀྱིས་འགན་སྲུང་ཐུབ་པ་དང་། སྨད་ཕྱིན་བོད་འདི་བཞིན་ཁྲིམས་ལྟར་སྐྱོང་རྒྱུ་དང་ཤེས་དཔལ་གྱི་བོད་ལྗོངས་འཛུགས་སྐྲུན་བྱ་རྒྱུའི་གོམ་སྟབས་མགྱོགས་སུ་འགྲོ་རྒྱུར་ནུས་པ་གལ་ཆེན་ཐོན་ངེས་ཡིན།

གཉིས། 《ལག་བསྟར་བྱ་ཐབས》ཁྱབ་བསྒྲགས་བྱས་པ་དེ་ནི་བོད་ལྗོངས་འདི་བཞིན་ཀྲུང་ཧྭ་མི་རིགས་ཀྱི་ཐུན་མིན་རིག་གནས་སྲུང་སྐྱོང་བྱ་གཞིར་འཛུགས་སྐྲུན་བྱ་རྒྱུའི་གལ་ཆེའི་བྱ་ཐབས་ཤིག་ཡིན། བོད་ལྗོངས་ནི་སྙུ་གར་གྱི་རྒྱ་མཚོ་དང་། གཏམ་དཔེ་ཡི་བང་མཛོད། དམངས་ཁྲོད་རྩོམ་རིག་གི་མེ་ཏོག་ལྡུམ་ར་ཞིག་ཡིན་ཞེས་བརྗོད་པ་ལྟར་རང་རེ་ལ་མེས་པོ་དམ་པས་འཛོག་གནང་བའི་དངོས་མེད་རིག་གནས་ཤུལ་བཞག་ཏ་ཅང་ཕུན་སུམ་ཚོགས་པ་ཞིག་ཡོད། དཔེར་ན། མིག་སྔར་རྒྱལ་ནང་ཁྱོན་དུ་རང་ལྗོངས་ནི་དངོས་མེད་རིག་གནས་ཤུལ་བཞག་ཕུན་སུམ་

ཚོགས་ཤོས་ཀྱི་ས་ཁུལ་ཞིག་ཡིན་པ་དང་། རང་རྒྱལ་གྱི་མཉམ་འབྲེལ་རྒྱལ་ཚོགས་ཀྱི་འགྲོ་བ་མིའི་དངོས་མེད་རིག་གནས་ཤུལ་བཞག་འཐུས་ཚབ་མིང་གཞུང་གྲས་སུ་ཚུད་པ་༣༠ཡོད་པའི་ནང་རང་སྐྱོང་གི་ལྷ་མོ་དང་གླིང་སྒྲུང་རྣམ་གྲངས་གཉིས་ཚུད་ཡོད་པས། དེས་ཚུད་གྲས་རྣམ་གྲངས་སྤྱིའི་བརྒྱ་ཆ་༧༥ཟིན་པ་དང་། ད་བར་རང་ལྗོངས་སུ་རྒྱལ་ཡོངས་རིམ་པའི་དངོས་མེད་རིག་གནས་ཤུལ་བཞག་རྣམ་གྲངས་༥༨དང་། རྒྱལ་ཁབ་རིམ་པའི་འཐུས་ཚབ་བརྒྱུད་འཛིན་པ་༦༢ཡོད་པ། རང་སྐྱོང་ལྗོངས་རིམ་པའི་དངོས་མེད་རིག་གནས་ཤུལ་བཞག་རྣམ་གྲངས་༣༢༢དང་། ལྗོངས་རིམ་པའི་འཐུས་ཚབ་བརྒྱུད་འཛིན་པ་༣༥༠ཡོད་པ་བཅས་ཀྱིས་ཟུར་བལྟས་ལེབ་མཐོང་གི་དཔེ་ལྟར་རང་ལྗོངས་ཀྱི་དངོས་མེད་རིག་གནས་ཤུལ་བཞག་ཕུན་སུམ་ཚོགས་པའི་རྣམ་པ་གསལ་ལེར་མངོན་ཡོད། དེ་ལྟའི་རིག་གནས་ཤུལ་བཞག་དེ་དག་གིས་བོད་མི་རིགས་ཀྱི་རིག་གནས་ཀྱི་སྲོལ་རྒྱུན་སྐྱོང་བ་དང་། མི་རིགས་ཀྱི་འདུ་ཤེས་དམ་དུ་གཏོང་རྒྱུ་དང་། མི་རིགས་མཐུན་སྒྲིལ་ལ་ཤུགས་སྣོན་རྒྱག་རྒྱུ། མི་རིགས་དབར་གྱི་རིག་གནས་སྤེལ་རེས་དང་སྤྱི་ཚོགས་མཐུན་སྒྲིལ་ཡོང་རྒྱུ་སོགས་ལ་གཞན་ལས་ལྷག་པའི་ནུས་པ་ཐོན་གྱི་ཡོད། རིག་གནས་ཤུལ་བཞག་དེ་དག་ནི་བོད་མི་རིགས་ཀྱིས་འགྲོ་བ་མིའི་རིགས་ཀྱི་རིག་གནས་བང་མཛོད་ལ་སྐྱེས་སུ་ཕུལ་བའི་ནོར་བུ་འབབ་ཞིག་ཡིན་པས། ལུ་མཐུད་ནས་ཉར་སྐྱོབ་དང་སྲུང་སྐྱོང་བྱ་རྒྱུའི་ལས་འགན་ད་དུང་ལྕི་པོ་ཡོད། བོད་ལྗོངས་འདི་བཞིན་ཀྱང་ཧྭ་མི་རིགས་ཀྱི་ཐུན་མིན་རིག་གནས་སྲུང་སྐྱོང་བྱ་གཞིར་འཛུགས་སྐྲུན་བྱ་དགོས་ན། ངེས་པར་དུ་བོད་ཀྱི་ཁྱད་ཆོས་ལྡན་པའི་རིག་གནས་ཤུལ་བཞག་རྣམས་སྲུང་སྐྱོང་བྱས་པ་དེ་ནི་གལ་འགངས་ཆེ་ལ་དོན་སྙིང་ལྡན་པའི་བྱ་ཐབས་ཞིག་ཡིན།

གསུམ། 《ལག་བསྟར་བྱ་ཐབས་》ཁྱབ་བསྒྲགས་བྱས་པ་དེས་དངོས་མེད་

རིག་གནས་ཞུལ་བཞག་ཐོར་བརླག་འགྲོ་བར་བཀག་འགོག་གི་ནུས་པ་ཆེན་པོ་ཐོན་ཐུབ། དེང་རབས་ཅན་བྱ་འཕྱུར་བ་ལྟར་ཡར་རྒྱས་འགྲོ་བའི་ད་ལྟའི་དུས་རབས་འདིར་གསར་དར་རིག་གནས་བྱེད་སྒོ་ཐུན་སུམ་ཇེ་ཚོགས་སུ་འགྲོ་བ་དང་། རིག་གནས་ཁྱབ་སྤེལ་གྱི་རྣམ་པ་འདྲ་མིན་སྣ་ཚོགས་སུ་འཕེལ་རྒྱས་བྱུང་ནས་མིའི་རིགས་ཀྱི་བསམ་པའི་འཚོ་བ་ཐུན་སུམ་ཇེ་ཚོགས་དང་དེ་ལ་འགྱུར་བ་ཤུགས་ཆེན་ཐེབས་པ་དང་དུས་མཚུངས། སྲོལ་རྒྱུན་རིག་གནས་ཀྱི་སྐྱེ་ཁམས་དོག་ཏུ་འགྲོ་བ་དང་། ཁྱད་པར་ངག་ནས་ངག་ཏུ་བརྒྱུད་ནས་རྒྱུན་འཛིན་དང་ཁྱབ་འཕེལ་འགྲོ་བའི་དངོས་མིན་རིག་གནས་ཤུལ་བཞག་གི་འཚོ་གནས་ལ་ཐོག་ཐུག་ཆེན་པོ་ཐེབས་སྟེ་ངམ་ཤུགས་རིམ་གྱུད་ཀྱི་ཚུལ་དུ་འགྲོ་དང་འགྲོ་བཞིན་ཡོད་པ་ཇི་བཞིན། བོད་ཀྱི་དངོས་མིན་རིག་གནས་ཤུལ་བཞག་རྣམ་གྲངས་མང་པོའི་སྲོལ་རྒྱུན་རྒྱུན་འཛིན་བྱ་སྟངས་དང་རྒྱུན་འཛིན་པ་མར་མེ་སྐམ་ཟད་ཀྱི་ཚུལ་དུ་འགྲོ་བཞིན་པ་ཤུལ་བྱ་འཛིན་མཁན་མེད་པའི་གནས་ཚུལ་ལྷག་མུས་ཡིན་པ་འདི་ཚང་མས་མིག་མཐོང་ལག་ཟིན་ཐུབ་པའི་དོན་དངོས་ཤིག་ཡིན་ན། ཁྲིམས་སྲོལ་གྱི་འཛུགས་སྐྲུན་ལ་ཤུགས་སྣོན་བརྒྱབ་ཐོག་ཁྲིམས་ཀྱིས་དེ་ལྟའི་བརླག་ཉེར་ཡོད་པའི་རིག་གནས་ཤུལ་བཞག་རྣམས་ལ་སྲུང་སྐྱོབ་ཀྱི་འགན་ལེན་བྱ་རྒྱུ་ནི་ཁ་ཚ་དགོས་གཏུག་གི་གནད་དོན་ཞིག་ཏུ་གྱུར་ཡོད། རང་ལྟོངས་སུ《ལག་བསྟར་བྱ་ཐབས》གཏན་འབེབས་དང་ཁྱབ་བསྒྲགས་བྱས་པ་དེས་བོད་ཀྱི་དངོས་མིན་རིག་གནས་ཤུལ་བཞག་སྲུང་སྐྱོབ་བྱ་རྒྱུར་ནུས་པ་ཆེན་པོ་ཐོན་ངེས་ཡིན་པར་ཡིད་ཆེས་ཆེན་པོ་ཡོད་ལ་རེ་བའང་ཆེན་པོ་བཅོལ་ཡོད།

དེར་བརྟེན་ངོས་ནས《ལག་བསྟར་བྱ་ཐབས》གཏན་འབེབས་དང་ཁྱབ་བསྒྲགས་བྱས་པར་སྤྲོ་སེམས་འཁོལ་བའི་དགའ་བསུ་ཞུ་རྒྱུ་དང་སྒྲགས། སྙད་ཕྱིན་དངོས་མིན་རིག་གནས་ཤུལ་བཞག་གི་བྱ་གཞག་ཐད་རེ་འདོད་ཞུར་གྱུར། གཅིག་

ནས་སྲིད་གཞུང་གིས་དངོས་མིན་རིག་གནས་ཤུལ་བཞག་སྲུང་སྐྱོབ་ལས་དོན་གྱི་འགྲོ་དངུལ་ཟམ་མི་ཆད་པར་རིམ་བཞིན་མང་དུ་གཏོང་རྒྱུ་དང་། གཉིས་ནས་དངོས་མིན་རིག་གནས་ཤུལ་བཞག་ཡོངས་ཁྱབ་ཞིབ་བཤེར་དང་སྔོག་འདོན་གྱི་ལས་དོན་ལ་ཤུགས་སྣོན་རྒྱག་རྒྱུ། གསུམ་ནས་དེའི་སྐོར་གྱི་ལམ་ལུགས་གསར་འཛུགས་དང་འཐུས་ཚང་དུ་གཏོང་རྒྱུའི་ལས་དོན་ལ་ཤུགས་སྣོན་རྒྱ་རྒྱུ། བཞི་ནས་དངོས་མིན་རིག་གནས་ཤུལ་བཞག་རྒྱུན་འཛིན་གྱི་གནས་གཞི་འཛུགས་སྐྲུན་བྱ་རྒྱུར་སྐུལ་འདེད་གཏོང་རྒྱུ། ལྔ་ནི་དངོས་མིན་རིག་གནས་ཤུལ་བཞག་གི་ཞིབ་འཇུག་ལས་དོན་ལ་ཤུགས་སྣོན་རྒྱག་རྒྱུ་བཅས་བྱས་ནས《ལག་བསྟར་བྱ་ཐབས་》དེ་ལག་ལེན་ཐོག་དོན་འཁྱོལ་ཡོང་བའི་རེ་བ་ཞུ་རྒྱུ་ཡིན། །

图书在版编目（CIP）数据

金果·次平文集 ： 藏文 / 金果·次平编著. -- 拉萨 ：
西藏藏文古籍出版社, 2019.1
ISBN 978-7-5700-0219-1

Ⅰ. ①金… Ⅱ. ①金… Ⅲ. ①金果·次平－文集－藏
语②藏族－民族文化－文集－藏语 Ⅳ. ①K281.4-53

中国版本图书馆CIP数据核字（2018）第257157号

金果·次平文集（二）

编　　著　金果·次平
责任编辑　次　巴
封面设计　索朗曲珍
校　　对　旦巴曲扎
策　　划　天利文化
出　　版　西藏藏文古籍出版社（拉萨市色拉路22号）　邮政编码：850000
　　　　　西藏藏文古籍出版社第二编辑部（拉萨市林廓北路20号）
　　　　　打击盗版：0891-6930339
印　　刷　三河市天功达印刷有限公司
经　　销　全国新华书店
开　　本　16开（710×1 000）
印　　张　78.5
印　　数　0001-2000册
版　　次　2019年1月第1版第1次印刷
标准书号　ISBN 978-7-5700-0219-1
定　　价　180.00元（共三卷）

༄། །རྒྱང་འཁོར་ཚེ་ཕྲན་གྱི་ཚད་རྩོམ་ ཕྱོགས་སྒྲིག

དེབ་གསུམ་པ།

བོད་ལྗོངས་བོད་ཡིག་དཔེ་རྙིང་དཔེ་སྐྲུན་ཁང་།

༄། །རྒྱུད་འགྲེལ་ཆེ་ཕྲན་གྱི་ཆེད་རྩོམ་ཕྱོགས་སྒྲིག （དེབ་གསུམ་པ། ）

གཙོ་སྒྲིག་པ། རྒྱུད་འགྲེལ་ཆེ་ཕྲན།

རྩོམ་སྒྲིག་འགན་འཁུར་བ། ཚེ་དཔལ།

མདུན་ཤོག་མཛེས་འཆོས་པ། བསོད་ནམས་ཆོས་སྒྲོན།

ཞུ་དག བསྟན་པ་ཆོས་གྲགས།

ཧྲུས་འགོད། བོད་ལྗོངས་ཞིན་ལི་དཔལ་འབྱོར་རིག་གནས་འཕེལ་རྒྱས་ཚད་ཡོད་ཀུང་སི།

དཔེ་སྐྲུན། བོད་ལྗོངས་བོད་ཡིག་དཔེ་རྙིང་དཔེ་སྐྲུན་ཁང་། （ལྷ་ས་གྲོང་ཁྱེར་སེ་ར་ལམ་སྒོ་ཨང་22）

བོད་ལྗོངས་བོད་ཡིག་དཔེ་རྙིང་དཔེ་སྐྲུན་ཁང་གི་རྩོམ་སྒྲིག་ཁང་གཉིས་པ།

（ལྷ་ས་གྲོང་ཁྱེར་གླིང་སྐོར་བྱང་ལམ་སྒོ་ཨང་20） སྦྲག་ཨང་850000

པར་གཞི་རྐུ་སྤྱོད་ལ་རྡུང་རྡེག་གཏོང་། 0891-6930339

པར་འདེབས་ཚན་པ། སིན་ཧྲོ་གྲོང་ཁྱེར་ཞིན་ཀུང་ཏ་པར་སྐྲུན་ཚད་ཡོད་ཀུང་སི།

བརྒྱུད་འཚོང་། ཞིན་ཧྭ་དཔེ་ཚོང་ཁང་།

དེབ་ཚད། 710mm×1 000mm 1/16

པར་ཤོག 78.5

པར་གྲངས། 0001–2000

པར་ཐེངས། 2019ལོའི་ཟླ་1པོར་པར་གཞི་དང་པོ་བསྒྲིགས་པར་ཐེངས་དང་པོ་བཏབ།

དཔེ་རྟགས། ISBN 978-7-5700-0219-1

རིན་གོང་། སྒོར་180.00 （ཁྱོན་དེབ་གསུམ།）

དཀར་ཆག

བོད་ཀྱི་གླིང་སྒྲུང་སྲུང་སྐྱོབ་ལས་དོན་གྱི་ལག་ལེན་དང་འཚོལ་ཞིབ་སྐོར་གླེང་བ། …………………………………… (1)

གླིང་སྒྲུང་གི་སྒྲུང་པའི་ཞིབ་འཇུག་ལས་འཕྲོས་པའི་བསམ་གཞིག …… (18)

《གླིང་སྒྲུང་གི་དབྱངས་རྟ་གཅེས་བསྡུས་》ཞེས་པ་མཚམས་སྦྱོར་དང་དེའི་རིན་ཐང་སྐོར་བརྗོད་པ། ………………………… (33)

བསམ་གྲུབ་ཀྱིས་ཕབ་པའི་གླིང་སྒྲུང་དཔེ་ཚོགས་ལེགས་སྒྲིག་དང་དཔར་སྐྲུན་ལས་ཀའི་སྐོར་གླེང་བ། ………………………… (53)

གྲགས་ཅན་སྒྲུང་མཁན་བསམ་གྲུབ་ཀྱི་ལོ་རྒྱུས་མདོར་བསྡུས། ……… (67)

སྒྲུང་མཁན་བསམ་གྲུབ་ཀྱིས་ཕབ་པའི་གླིང་སྒྲུང་སྐོར་ཚན་སོ་སོའི་ལེགས་སྒྲིག་དཔར་སྐྲུན་བྱས་ཚུལ་དང་ནང་དོན་གནད་བསྡུས། ………… (91)

བསམ་གྲུབ་ཀྱིས་ཕབ་པའི་སྒྲུང་གི་དམིགས་བསལ་ལེགས་སྐྱེས་གླེང་བ།… (180)

བསམ་གྲུབ་ཀྱིས་ཕབ་པའི་གླིང་སྒྲུང་དཔེ་ཚོགས་ལེགས་སྒྲིག་བྱ་ཐབས་དང་ལེགས་སྒྲིག་པའི་ལེགས་སྐྱེས། ……………………… (197)

《སྟོད་ཐན་སྲི་རྒྱལ་པོའི་བ་གཡང་》ལེགས་སྒྲིག་བྱས་ཚུལ་གྱི་གསལ་བཤད་ཟོལ་མེད་སྙིང་གཏམ། ……………………………… (221)

བསམ་གྲུབ་ཀྱིས་ཕབ་པའི་གླིང་སྒྲུང་གི་ཁྱད་ཆོས་སྐོར་གླེང་བ། …… (235)

བསམ་གྲུབ་ཀྱིས་ཕབ་པའི་གླིང་སྒྲུང་གི་རྩོམ་ལུས་སྐོར་དཔྱད་པ། … (260)

བསམ་གྲུབ་ཀྱིས་ཕབ་པའི་སྒྲུང་གི་ཚིག་རྒྱན་གྱི་ཁྱད་ཆོས་སྐོར་གླེང་བ།… (278)

བསམ་གྲུབ་ཀྱིས་ཕབ་པའི་གླིང་སྒྲུང་གི་གླུའི་ནང་དོན་གྲུབ་ཚུལ་དང་ཐུན་མིན་ཁྱད་ཆོས་སྐོར་ལ་དཔྱད་པ། ………………………… (290)
《ཧོར་གླིང་གཡུལ་འགྱེད་》དཔར་གཞི་མི་འདྲ་བའི་བསྡུར་བ། …… (308)
བསམ་གྲུབ་ཀྱིས་ཕབ་པའི་གླིང་སྒྲུང་གི་འབྲེལ་ཡོད་གནད་དོན་གསུམ་གྱི་སྐོར་གླེང་བ། ……………………………………… (316)
སླད་ཕྱིན་《གླིང་སྒྲུང་》ལས་དོན་སྐོར་གྱི་བསམ་གཞིག ………… (344)
འདྲེན་ཐང་གི་ཤར་པ་དེ་བོད་རིགས་ལས་ཐ་དད་པའི་ཁེར་རྐྱང་ཚོ་པ་ཞིག་ཡིན་མིན་སྐོར་ལ་ཅུང་ཟད་དཔྱད་པ། …………………… (353)
《དེ་དཀར་ལེགས་བཤད་》དང་དེ་དང་འབྲེལ་ཡོད་གནད་དོན་འགའི་སྐོར། ………………………………………… (380)
ཧྲང་གི་ཚོགས་ཆེན་བཅུ་དགུ་པའི་དགོངས་དོན་སློབ་སྦྱོང་དང་ལག་བསྟར་མཐར་ཕྱིན་བྱས་ནས་ཀྲུང་ཧྭའི་ཐུལ་བྱུང་སྲོལ་རྒྱུན་རིག་གནས་ཀྱི་ལྷག་བསམ་རྣམ་དག་གི་རྒྱུན་འཛིན་པ་ཞིག་དང་དར་སྤེལ་མཁན་ཞིག་བྱེད་དགོས། ……………………………… (407)

༧༡། །བོད་ཀྱི་གླིང་སྒྲུང་སྲུང་སྐྱོབ་ལས་དོན་གྱི་ལག་ལེན་དང་འཚོལ་ཞིབ་སྐོར་གླེང་བ།

གླེང་གཞི།

གླིང་སྒྲུང་འདི་ཉིད་སྤྱི་ལོ་༢༠༠༨ ལོར་མཉམ་འབྲེལ་རྒྱལ་ཚོགས་སློབ་གསོ་ཚན་རིག་རིག་གནས་རྩ་འཛུགས་ཤུ་ཡོན་ལྷན་ཁང་ནས་ཁྱབ་བསྒྲགས་བྱས་པའི་འགྲོ་བ་མིའི་རིགས་ཀྱི་དངོས་མེད་རིག་གནས་ཤུལ་བཞག་གི་མཚོན་བྱེད་མིང་གཞུང་ནང་ཚུད་ཡོད། གླིང་སྒྲུང་ནི་རང་རེ་ཁ་བ་ཅན་གྱི་མི་རིགས་འདིས་ཡུན་རིང་གི་ལོ་རྒྱུས་འཕེལ་རྒྱས་འགྲོ་བའི་བརྒྱུད་རིམ་ནང་ཐུན་མོང་གིས་གསར་རྩོམ་བྱས་པ་དང་གཅེས་ཚགས་རྒྱུན་འཛིན་བྱས་པ་ལས་བྱུང་བ་ཞིག་ཡིན་ཞིང་། འདི་ཉིད་དར་ཁྱབ་ཆེ་ལ་བམ་གྲངས་མང་བས་ད་བར་མི་རྣམས་ཀྱིས་བཙལ་རྙེད་ཐུབ་པའི་འཛམ་བུ་གླིང་གི་སྒྲུང་བརྗོད་སྙན་ངག་རིང་ཤོས་དེ་ཡིན་པས། འདི་ལ་འཛམ་གླིང་སྒྲུང་བརྗོད་སྙན་ངག་གི་རྒྱལ་པོ་ཞེས་འབོད་བཞིན་ཡོད། གཞན་ཡང་གླིང་སྒྲུང་འདི་ཉིད་ད་བར་གསོན་པོར་གནས་པའི་དཔའ་བོའི་སྒྲུང་བརྗོད་སྙན་ངག་ཅིག་ཡིན་པས་འདིའི་ནང་གི་སྒྲུང་སྣ་མང་པོ་ཞིག་ད་དུང་ཡང་དམངས་ཁྲོད་སྒྲུང་པའི་དྲན་པའི་ཀློང་དུ་བཞུགས་ནས་ཡོད། གླིང་སྒྲུང་གི་དེ་ལྟའི་ཁྱད་ཡོན་དེས་འདིའི་སྲུང་སྐྱོབ་དང་སྲུང་སྐྱོབ་ལས་དོན་གྱི་གལ་ཆེའི་རང་བཞིན་དང་དགོས་གཏུག་གི་རང་བཞིན་གཏན་འཁེལ་བྱས་ཡོད། བསྒྱུར་བཅོས་སྒོ་དབྱེ་བྱས་ཚུན་རང་རེའི་སྲིད་གཞུང་ནས་གླིང་སྒྲུང་གི་བྱ་གཞག་ལ་ཚད་མཐོའི་མཐོང་ཆེན་བྱས་པ་དང་། དེའི་རྒྱུན་འཛིན་དང་སྲུང་སྐྱོབ་ཐད་ཐབས་ཤེས་སྣ་ཚོགས་སྤྱད་ནས་ད་ལྟ་དམངས་ཁྲོད་ཀྱིས་རྨང་གཞི་དང་། རིག་གཞུང་པས་ཇུས་མཛོད། སྲིད་གཞུང་

གེས་རྒྱབ་རྟེན་བཅས་བྱས་པའི་སྣེ་མང་བའི་སྲུང་སྐྱོབ་ཀྱི་རྣམ་པ་ཞིག་ཆགས་བཞིན་ཡོད་ལ་གྲུབ་འབྲས་ཀྱང་ཆེ་ཙམ་ཐོབ་ཡོད། འོན་ཀྱང་གླིང་སྒྲུང་གི་འཚོ་ཁམས་ལ་གཞན་འགྱུར་ཆེན་པོ་འགྲོ་བཞིན་ཡོད་པས། སྲུང་སྐྱོབ་ཀྱི་ལས་དོན་ལ་ལས་འགན་གསར་པ་དང་རྩོད་འགམ་གསར་པ་འཕྲད་བཞིན་ཡོད།

ཀྲུང་གུང་ཀྲུང་དབྱང་གི་བོད་ཀྱི་ལས་དོན་སྐོར་གྱི་ཚོགས་འདུ་ཐེངས་ལྔ་པས་བོད་འདི་ཉིད་ཀྲུང་ཧྭ་མི་རིགས་ཀྱི་ཐུན་མིན་རིག་གནས་སྲུང་སྐྱོབ་བྱ་ཡུལ་ཞིག་ཏུ་འཛུགས་སྐྲུན་བྱ་དགོས་ཞེས་ བླང་བྱ་སྟོན་ཡོད་པ་དང་། ཧང་གི་ཚོགས་ཆེན་བཅོ་བརྒྱད་པས་ཕུལ་བྱུང་སྲོལ་རྒྱུན་རིག་གནས་རྒྱུན་འཛིན་གྱི་མ་ལག་འཛུགས་སྐྲུན་བྱས་ནས། ཀྲུང་ཧྭ་མི་རིགས་ཀྱི་ཕུལ་བྱུང་སྲོལ་རྒྱུན་རིག་གནས་དར་ཁྱབ་གཏོང་དགོས་པའི་བླང་བྱའང་སྟོན་ཡོད། བླང་བྱ་དེ་དག་གཞིར་བཟུང་གླིང་སྒྲུང་གི་སྲུང་སྐྱོབ་ལས་དོན་ལ་ཤུགས་སྣོན་བརྒྱབ་སྟེ། ཕུལ་བྱུང་གི་རིག་གནས་གྲུབ་འབྲས་ཀྱིས་བོད་ཀྱི་རིག་གནས་འཛུགས་སྐྲུན་ལ་སྐུལ་འདེད་ཀྱིས་ཀྲུང་ཧྭ་མི་རིགས་ཀྱི་རིག་གནས་བང་མཛོད་ཕུན་སུམ་ཚོགས་སུ་བཏང་ནས་ཀྲུང་ཧྭ་མི་རིགས་ཀྱི་ལྟབས་ཆེན་བསྐྱར་དར་གྱི་ཕུགས་མདུན་མངོན་འགྱུར་ཡོང་རྒྱུར་རིག་གནས་ཀྱིས་རིག་སྟོབས་རྒྱབ་སྐྱོར་མཁོ་འདོན་བྱ་དགོས།

དང་པོ། གླིང་སྒྲུང་སྲུང་སྐྱོབ་ལས་དོན་གྱི་གལ་ཆེའི་རང་བཞིན་དང་དགོས་གཏུག་རང་བཞིན།

གཅིག གླིང་སྒྲུང་སྲུང་སྐྱོབ་ལས་དོན་གྱི་གལ་ཆེའི་རང་བཞིན་བཤད་པ་ལ།

གླིང་སྒྲུང་སྲུང་སྐྱོབ་དང་ཞིབ་འཇུག་གི་ལས་དོན་ལ་ཤུགས་སྣོན་རྒྱག་རྒྱུ་དེ་འཛམ་གླིང་ཐོག་རིག་གནས་རྒྱུན་འཛིན་དང་སྤེལ་རེས་ལ་སྐུལ་སྤེལ་གཏོང་བའི་ལས་དོན་གལ་ཆེན་ཞིག་ཡིན། གླིང་སྒྲུང་འདི་བཞིན་ཀྲུང་ཧྭ་མི་རིགས་དང་འགྲོ་བ་མིའི་རིགས་ཀྱི་རིག་གནས་བང་མཛོད་ཁྲོད་ཀྱི་རིན་ཆེན་ནོར་བུ་ཞིག་ལགས་པས། འདི་ཉིད་ངག་ཐོག་ནས་ཡིག་ཐོག་ཏུ་དབབ་རྒྱུ་མངོན་འགྱུར་ཡོང་བ་བྱ་རྒྱུ་དང་། རྒྱ་

སྒྱུར་དང་ཡིག་རིགས་གཞན་ལ་བསྒྱུར་ནས་འཛམ་བུ་གླིང་གིས་འདིའི་ནང་དོན་ཆ་ཚང་བ་དང་སྙན་འཛེབས་ལྡན་པའི་སྙན་ངག་དག་ཤེས་པ་བྱ་རྒྱུ་ནི་ཡོ་རྒྱུས་ཀྱིས་རང་རེ་མི་རབས་འདི་ལ་སྤྲད་པའི་ལས་འགན་གལ་ཆེན་ཞིག་ཡིན།

གཉིས། གླིང་སྒྲུང་སྒྲུང་སྐྱབ་ལས་དོན་གྱི་དགོས་གཏུག་རང་བཞིན་བཤད་པ་ལ།

གླིང་སྒྲུང་འདི་ཉིད་ངག་སྒྲུང་དང་ཡིག་སྒྲུང་གཉིས་ཀྱི་ཐོག་ནས་རྒྱུན་འཛིན་དང་ཁྱབ་སྤེལ་འགྲོ་ཡི་ཡོད་པ་དང་། ཡིག་སྒྲུང་ནི་ངག་སྒྲུང་གི་རྨང་གཞིའི་ཐོག་རྒྱུན་འཛིན་དར་འཕེལ་བྱུང་བ་ཞིག་ཡིན་པས། ངག་སྒྲུང་ནི་ཡིག་སྒྲུང་ལས་དར་དུས་སྔ་ལ་དར་ཁྱབ་ཆེ་བ་ཡོད། ད་བར་དུ་གླིང་སྒྲུང་འདི་ཉིད་གཙོ་བོ་དམངས་ཁྲོད་སྒྲུང་པའི་དྲན་ཤེས་ལ་བརྟེན་ནས་རྒྱུན་འཛིན་བྱེད་པ་དང་སྙན་བརྒྱུད་ཀྱི་རྣམ་པས་ཁྱབ་སྤེལ་འགྲོ་བ་ཞིག་ཡིན་ལ། དེང་རབས་ཅན་བྱ་འཕྲུར་བ་ལྟར་ཡར་རྒྱས་འགྲོ་བའི་ད་ལྟའི་དུས་རབས་འདིར་རིག་གནས་བྱེད་སྒོ་ཕུན་སུམ་ཇེ་ཚོགས་དང་རིག་གནས་ཁྱབ་སྤེལ་གྱི་ཐབས་ལམ་སྣ་ཚོགས་ཅན་དུ་འགྱུར་བཞིན་ཡོད་པས། དེས་སྲོལ་རྒྱུན་གྱི་གླིང་སྒྲུང་རྒྱུན་འཛིན་ཁྱབ་སྤེལ་འགྲོ་ལུགས་ལ་ཐོག་ཐུག་ཤུགས་ཆེ་ཐེབས་ནས་དམངས་ཁྲོད་སྒྲུང་པ་ཚོ་ལས་འདས་པ་དང་མཉམ་དུ་སྒྲུང་སྣ་དམིགས་བསལ་ཅན་མང་པོ་ཡང་བརླག་འགྲོ་བའི་སྐྱོ་དགོས་པའི་གནས་ཚུལ་ཐོན་དང་འཐོན་བཞིན་ཡོད། དེར་བརྟེན་གླིང་སྒྲུང་སྒྱུར་སྐྱབ་དང་སྒྲུང་སྐྱབ་ཀྱི་ལས་དོན་གྱི་ཁ་ཚ་དགོས་གཏུག་གི་རང་བཞིན་དེ་མངོན་གསལ་ཆེ་བ་ཞིག་ཏུ་གྱུར་ཡོད།

གོམ་གང་མདུན་སྤོས་ཀྱིས་མཚན་ཉིད་རིག་པ་དང་སྤྱི་ཚོགས་ཚན་རིག་དར་རྒྱས་གོང་འཕེལ་གཏོང་རྒྱུ་དང་། ཞུལ་བྱུང་སྲོལ་རྒྱུན་རིག་གནས་རྒྱུན་འཛིན་གྱི་མ་ལག་འཛུགས་སྐྲུན་བྱས་ཏེ། ཀྲུང་ཧྭ་མི་རིགས་ཀྱི་ཞུལ་བྱུང་སྲོལ་རྒྱུན་རིག་གནས་དར་རྒྱས་གཏོང་རྒྱུ་ནི་དུས་རབས་ཀྱི་དགོས་མཁོ་ཡིན་ལ་གལ་ཆེ་བའི་ཆབ་སྲིད་ཀྱི་ལས་འགན་ཞིག་ཀྱང་ཡིན། ཀྲུང་དབྱང་གིས་མཚན་ཉིད་རིག་པ་དང་སྤྱི་

ཚོགས་ཚན་རིག་དར་རྒྱས་གོང་འཕེལ་བཏང་ནས་ཚན་རིག་གི་མ་ལག་དང་། རིག་གཞུང་གི་ལྟ་བ། ཚན་རིག་ཐབས་ཤེས་གསར་གཏོད་ཀྱིས་མཚན་ཉིད་རིག་པ་དང་སྤྱི་ཚོགས་ཚན་རིག་གིས་ཏང་དང་མི་དམངས་ཀྱི་བྱ་གཞག་འཕེལ་རྒྱས་ལ་བསམ་པའི་རིག་མཛོད་ཀྱི་ནུས་པ་འདོན་རྒྱུར་སྐུལ་སློང་བྱས་ཏེ། རང་རྒྱལ་གྱི་མཚན་ཉིད་རིག་པ་དང་སྤྱི་ཚོགས་ཚན་རིག་གི་ཕུལ་བྱུང་གྲུབ་འབྲས་དང་ཕུལ་བྱུང་མི་སྣ་འཛམ་གླིང་ཐོག་སྐྱོད་རྒྱུར་སྐུལ་འདེད་གཏོང་དགོས་ཞེས་བླང་བྱ་བཏོན་ཡོད་ལ། སྤྱིར་ཏང་ཀྲུང་དབྱང་གིས་ཀྱང་ང་ཚོར་བོད་རིག་པའི་དར་ཆ་མཐོན་པོར་བསྒྲེངས་རྒྱུའི་བླང་བྱ་ཡང་ཡང་བཏོན་བཞིན་ཡོད། དམངས་ཁྲིད་རྩོམ་རིག་དང་། ཁྱད་པར་འཛམ་བུའི་གླིང་གི་རིག་གནས་བང་མཛོད་ནང་གལ་ཆེའི་གནས་བབས་བཟུང་བའི་གླིང་སྒྲུང་འདི་ཉིད་ནི་བོད་རིག་པའི་ཞིབ་འཇུག་ཁྲིད་ཀྱི་གལ་འགངས་ཆེ་བའི་ཁྱབ་ཁོངས་ཤིག་ཡིན་པས། བོད་ཀྱི་མཚན་ཉིད་རིག་པ་དང་སྤྱི་ཚོགས་ཚན་རིག་དར་རྒྱས་གོང་འཕེལ་གཏོང་རྒྱུར་སྨན་པའི་ནུས་པ་ཐོན་ངེས་ཡིན། བོད་ལྗོངས་ནི་བོད་རིག་པའི་ཕ་ཡུལ་དང་འབྱུང་ཁུངས་ཡིན་པས་ཀྱང་གོའི་ཁྱད་ཆོས་ལྡན་ལ་བོད་ཀྱི་ཁྱད་ཆོས་མངའ་བའི་བོད་རིག་པའི་ཞིབ་འཇུག་གི་དར་ཆ་དེ་ང་ཚོས་མཐོན་པོར་བསྒྲེངས་རྒྱུ་ནི་འོས་སུ་བབ་པ་ཞིག་རེད་ལ། མིག་སྔར་ང་ཚོའི་མདུན་དུ་ལྷག་པའི་དགོས་གཏུག་གི་བྱ་བ་ཞིག་ཀྱང་ཡིན།

གཉིས་པ། གླིང་སྒྲུང་དང་བོད་ཀྱི་གླིང་སྒྲུང་ལས་དོན་གྱི་ལག་ལེན།

གཅིག གླིང་སྒྲུང་གི་གཙོ་བོའི་ཁྱད་ཆོས་བརྗོད་པ་ལ།

དེ་ཡང་སྔན་པའི་གྲགས་པས་ཁྱབ་པའི་གླིང་གེ་སར་རྒྱལ་པོའི་སྒྲུང་ནི་མི་རབས་ནས་མི་རབས་བརྒྱུད་པའི་བོད་རིགས་མི་དམངས་ཀྱི་བློ་གྲོས་ཀྱི་རྩལ་དམ་བརྩོན་འགྲུས་ཀྱི་མཐུ་ལས་བྱུང་ཞིང་། བཙན་པོ་གཉའ་ནས་གཉེན་ཞིང་སྙོམས་ཚང་མཐའ་ནས་སྐྱོར་བ་དང་། འབངས་ལ་བདེ་སྐྱིད་བསྐྱུན་པའི་དཔའ་བོའི་མཛད་རྗེས་བརྗོད་བྱར་བྱས་པའི་བྱུང་བརྗོད་སྙན་ངག་ཅིག་ཡིན། འདི་ལ་འབུར་

དུ་ཐོན་པའི་ཁྱད་ཆོས་འགའ་ལྡན་ཡོད་པ་ནི་གཤམ་གསལ་ལྟར།

འདི་ནི་འཛམ་གླིང་ཐོག་གི་བྱུང་བརྗོད་སྙན་ངག་རིང་ཤོས་དེ་ཡིན། དེ་ཡང་ད་བར་གླིང་སྒྲུང་ལས་རིགས་པས་ཐོ་འགོད་བྱས་པར་གཞིགས་ན། གླིང་སྒྲུང་ལ་མ་མཐར་ཡང་སྒྲུང་སྣ་མི་འདྲ་བ་༢༠༠ལྷག་ཙམ་དང་ཚིག་ཀར་གྲངས་ཁྲི་ཚོ་༡༠༠ཡན་ཡོད་པས། ད་བར་རང་རེས་བཙལ་རྙེད་ཐུབ་པའི་འཛམ་བུའི་གླིང་གི་དཔའ་བོའི་བྱུང་བརྗོད་སྙན་ངག་རིང་ཤོས་དེ་ཡིན། དེ་སྔོན་འཛམ་གླིང་བྱུང་བརྗོད་སྙན་ངག་རིང་ཤོས་སུ་གྲགས་པའི་རྒྱ་གར་གྱི་མ་ཧཱ་བྷཱ་ར་ཏའི་རྟོགས་བརྗོད་ལའང་ཚིགས་བཅད་ཀར་གྲངས་ཁྲི་ཚོ་༢༠དང་༧སྟོང་ལས་མེད། གྲགས་ཅན་གྱི་སྒྲུང་པ་བསམ་གྲུབ་གཅིག་པོས་འཆད་གྱེར་གནང་བའི་གླིང་སྒྲུང་དཔེ་ཚོགས་དེ་ཉིད་ཁོ་ནར་ཡང་སྒྲུང་སྣ་མི་འདྲ་བ་༤༥ལ་ཚིགས་བཅད་ཀར་གྲངས་ཁྲི་ཚོ་༥༠ལྷག་ཙམ་ཡོད་པས་ཡིག་འབོར་དང་། ཚིགས་བཅད་ཀར་གྲངས་གང་གི་ཐད་ནས་བརྗོད་ཀྱང་གླིང་སྒྲུང་དེ་ཉིད་འཛམ་གླིང་ཐོག་གི་བྱུང་བརྗོད་སྙན་ངག་རིང་ཤོས་དེ་ཡིན།

འདི་ནི་ནང་དོན་ཕུན་སུམ་ཚོགས་པའི་བྱུང་བརྗོད་སྙན་ངག་ཅིག་ཡིན། གླིང་སྒྲུང་ནི་དར་དུས་སྟ་བའི་དཔའ་བོའི་བྱུང་བརྗོད་སྙན་ངག་ཅིག་ལགས་པས། འདི་ཉིད་ཀྱིས་བོད་རིགས་ཀྱི་གནའ་བོའི་སྤྱི་ཚོགས་ལོ་རྒྱུས་དང་། དཔལ་འབྱོར་རིག་གནས། མི་རིགས་འབྲེལ་བ། བསམ་པའི་འདུ་ཤེས། ཀུན་སྤྱོད་ལྟ་བ། ཡུལ་སྲོལ་གོམས་གཤིས། ཆོས་ལུགས་དད་མོས་སོགས་ཆེས་ཕུན་སུམ་ཚོགས་པའི་ནང་དོན་བསྟན་ཡོད། དེར་བརྟེན་གླིང་སྒྲུང་ལ་རྩོམ་རིག་སྒྱུ་རྩལ་གྱི་རིན་ཐང་ལྡན་པ་མ་ཟད། འདིར་རིག་གཞུང་གི་རིན་ཐང་དང་དཔྱད་གཞིའི་རིན་ཐང་ཧ་ཅང་ཆེ་བས། འདི་ནི་བོད་ཀྱི་གནའ་བོའི་སྤྱི་ཚོགས་ལ་ཞིབ་འཇུག་བྱེད་པའི་ཤེས་བྱ་ཀུན་འདུས་ཀྱི་རང་བཞིན་ལྡན་པའི་བྱུང་བརྗོད་སྙན་ངག་ཅིག་ཡིན།

འདི་ནི་ད་བར་གསོན་པོར་གནས་པའི་བྱུང་བརྗོད་སྙན་ངག་ཅིག་ཡིན།

སྤྱིར་བཤད་ན་དམངས་ཁྲོད་སྒྲུང་པའི་དྲན་ཤེས་ནང་ཡོད་པའི་ནང་དོན་ནི་གླིང་སྒྲུང་སྤྱིའི་ཁྲོད་ཀྱི་བརྒྱ་ཆ་བརྒྱད་ཅུ་ཙམ་ཟིན་གྱི་ཡོད་པ་དང་། ཡིག་ཐོག་ཏུ་འཁོད་པའི་སྒྲུང་ནི་གླིང་སྒྲུང་སྤྱིའི་བརྒྱ་ཆ་ཉི་ཤུ་ཙམ་ལས་མེད། དེ་ལས་ཤེས་ཐུབ་པ་ནི་གླིང་སྒྲུང་འདི་ཉིད་ད་དུང་ཡང་ཚུང་ཆ་ཚང་བར་ངག་རྒྱུན་ནས་ཡིག་ཐོག་ཏུ་ཕབ་པའི་སྒྲུང་ཞིག་ཏུ་གྱུར་ཐུབ་མེད་གཤིས། ད་དུང་ཡང་དམངས་ཁྲོད་དུ་གསོན་པོར་གནས་པའི་བྱུང་བརྗོད་སྙན་ངག་ཅིག་ཡིན། གླིང་སྒྲུང་རྒྱུན་འཛིན་མཁན་དང་ཁྱབ་སྤེལ་མཁན་གཙོ་བོ་ནི་དམངས་ཁྲོད་ཀྱི་སྒྲུང་པ་རྣམས་ཡིན་ལ། དམངས་ཁྲོད་སྒྲུང་པ་ཚོའི་དྲན་ཤེས་ལ་བརྟེན་ནས་ཉར་འཛིན་བྱས་པ་དང་། ཁོ་ཚོའི་ངག་གི་རྒྱུན་ལ་བརྟེན་ནས་ཁྱབ་སྤེལ་བཏང་བ་མ་ཟད། རྒྱུན་འཛིན་དང་ཁྱབ་སྤེལ་འགྲོ་བའི་བརྒྱུད་རིམ་ཁྲོད་དེའི་ནང་དོན་ཕུན་སུམ་ཚོགས་སུ་བཏང་བ་ལས་ད་གཟོད་འཛམ་གླིང་ཀུན་ལ་ངོམས་སུ་ཚོག་པའི་བྱུང་བརྗོད་སྙན་ངག་འདི་བྱུང་བ་ཡིན།

འདི་ནི་དར་ཁྱབ་ཤིན་ཏུ་ཆེ་བའི་དཔའ་བོའི་བྱུང་བརྗོད་སྙན་ངག་ཅིག་ཡིན། གླིང་སྒྲུང་འདི་ཉིད་བོད་རིགས་མི་དམངས་ཀྱི་བློ་གྲོས་ཀྱི་རྩལ་ལས་བྱུང་བ་ཞིག་ཡིན་པས་བོད་ཀྱི་ཡུལ་གྲུ་ཁག་ཏུ་ས་ཁྱབ་རྫོ་ཁྱབ་ཡིན་པ་མ་ཟད། ད་དུང་ས་ཁུལ་གཞན་དང་། མི་རིགས་གཞན། རྒྱལ་ཁབ་གཞན་གྱི་ཁྲོད་དུའང་དར་ནས་ཡོད། དེ་ཡང་མདོ་དབུས་ཁམས་གསུམ་དུ་གྲགས་པའི་བོད་ཀྱི་ཡུལ་གྲུ་ཁག་ཏུ་གླིང་སྒྲུང་འཆད་ཀྱེར་གྱི་སྲོལ་རྒྱུན་སྣ་ཚོགས་དུ་མ་ཁྱབ་ཆེ་བ་མ་ཟད། གླིང་སྒྲུང་དང་འབྲེལ་བའི་བཤད་རྒྱུན་དང་། དེ་འབྲེལ་གྱི་གནས་དང་གནའ་ཤུལ། དམངས་སྲོལ་དང་དད་མོས་སོགས་དར་ཁྱབ་ཤིན་ཏུ་ཆེ་བ་འདི་ནི་སྤྱིར་བཏང་དམངས་རྩོམ་གྱི་ཤུགས་ཚད་ལས་འདས་པའི་ནུས་པ་འདོན་སྤེལ་ཐུབ་པའི་སྒྲུང་གཏམ་ཞིག་ཡིན། དེ་ཙམ་གྱིས་མི་ཚད་འདི་ཉིད་ད་དུང་རྒྱ་གར། བལ་པོ། ཨུ་རུ་སུ། ཧྲི་སོག འབྲུག་པ་སོགས་རྒྱལ་ཁབ་དགུ་དང་། སོག་རིགས། ཧོར་རིགས།

འཇང་རིགས། ཡུལ་ཀུའུ་རིགས། པའེ་རིགས། ཕུ་མི་རིགས་སོགས་མི་རིགས་མི་འདྲ་བ་དགུ་དང་། ཡུན་ནན། མཚོ་སྔོན། སི་ཁྲོན། ཀན་སུའུ། ནང་སོག་ཞིན་ཅང་སོགས་ས་ཁུལ་དགུ་ཡི་མང་ཚོགས་ཁྲོད་དུ་དར་ཁྱབ་ཡོད།

གཉིས། བོད་ཀྱི་གླིང་སྒྲུང་ལས་དོན་ལ་ཐོབ་པའི་གྲུབ་འབྲས་བརྗོད་པ་ལ།

བསྒྱུར་བཅོས་སྒོ་དབྱེ་བྱས་ཚུན་རྒྱལ་ཁབ་ཀྱི་མཐོང་ཆེན་འོག་བོད་ཀྱི་གླིང་སྒྲུང་ཉར་སྐྱོབ་ཀྱི་ལས་དོན་ལ་གྲུབ་འབྲས་ཆེན་པོ་ཐོབ་ཡོད། དེ་ཡང་གླིང་སྒྲུང་དར་བ་ནས་བཟུང་བོད་ཁ་བའི་ལྗོངས་ཀྱི་དམངས་ཁྲོད་སྒྲུང་པ་རྣམས་དང་རྒྱ་ཆེའི་མང་ཚོགས་ཚོས་གླིང་སྒྲུང་ལ་མཐོང་ཆེན་གྱིས་ངག་ཐོག་ནས་ཉར་འཛིན་དང་ཡིག་ཐོག་ཏུ་དཔབ་རྒྱུའི་ལས་དོན་ལ་མཐོང་ཆེན་གྱིས་བྲིས་མ་གང་ཙམ་ང་ཚོར་བཞག་གནང་ཡོད། འོན་ཀྱང་སྐབས་དེ་དུས་ཀྱི་ཁྱོགས་མང་པོའི་ཆ་རྐྱེན་གྱིས་རྐྱེན་པས། སྒྲིག་འཛུགས་ཡོད་ལ་རྒྱ་ཁྱོན་ལྡན་པའི་གླིང་སྒྲུང་སྲུང་སྐྱོབ་ཀྱི་ལམ་ལུགས་ཆགས་ཐུབ་མེད། ཀྲུང་གོ་གསར་པ་དབུ་བརྙེས་པའི་རྗེས་དང་ལྷག་པར་དུ་བསྒྱུར་བཅོས་སྒོ་དབྱེ་བྱས་ཚུན་སྲིད་གཞུང་ནས་མི་རིགས་ཁག་གི་ཕུལ་བྱུང་དམངས་ཁྲོད་རིག་གནས་རྒྱུན་འཛིན་དང་དར་སྤེལ་གྱི་ལས་དོན་ལ་མཐོང་ཆེན་བྱས་པ་དང་སྤྱགས་བོད་ཀྱི་སྲོལ་རྒྱུན་དམངས་ཁྲོད་རིག་གནས་ཀྱི་གྲུབ་ཆ་གཙོ་བོར་གྱུར་པའི་གླིང་སྒྲུང་གི་ཉར་སྐྱོབ་དང་། ལེགས་སྒྲིག་དཔར་སྐྲུན། ཞིབ་འཇུག་སོགས་ཀྱི་ལས་དོན་ལ་རྒྱལ་ཁབ་རིག་གནས་པུའུ་དང་། རྒྱལ་ཁབ་མི་རིགས་ཆོས་དོན་ཨུ་ཡོན་ལྷན་ཁང་། ཀྲུང་གོ་སྤྱི་ཚོགས་ཚན་རིག་ཁང་། ཀྲུང་གོ་རྩོམ་རིག་སྒྱུ་རྩལ་ལྷན་ཚོགས་སོགས་རྒྱལ་ཁབ་འབྲེལ་ཡོད་ཚན་པ་ཁག་གི་ཚད་མཐོའི་མཐོང་ཆེན་བྱས་པ་དང་། སྤྱི་རྗེས་སུ་གླིང་སྒྲུང་ལས་དོན་དང་འབྲེལ་ཡོད་ཀྱི་ཡིག་ཆ་བརྒྱ་ལྷག་ཙམ་འགྲེམ་སྤེལ་བྱས་པ་མ་ཟད། པེ་ཅིན་དུ་རྒྱལ་ཡོངས་གེ་སར་ལས་དོན་འགོ་ཁྲིད་ཚོགས་ཆུང་དང་དེའི་གཞུང་ལས་ཁང་བཙུགས་པ་དང་། མཚོ་སྔོན་དང་ཀན་སུའུ། སི་ཁྲོན། ཡུན་ནན། བོད་ལྗོངས་སོགས་འབྲེལ་ཡོད་ཞིང་ཆེན་དུ་གེ་སར་ལས་དོན་འགོ་ཁྲིད་

ཚོགས་ཆུང་དང་དེའི་གཞུང་ལས་ཁང་བཙུགས་ནས་གླིང་སྒྲུང་ལས་དོན་གྱི་འགོ་ཁྲིད་ལ་ཤུགས་སྣོན་བརྒྱབ་སྟེ་དེའི་མུར་སྐྱོབ་དང་། ལེགས་སྒྲིག ཞིབ་འཇུག་བཅས་ཀྱི་ལས་དོན་ལ་དཀའ་ངལ་ངོས་པའི་རྣམ་པ་གསར་པ་ཐོན་ཡོད། དེ་ཡང་ཞིང་ཆེན་ཁག་གིས་བསྟུད་མར་སྤར་གྱི་གླིང་སྒྲུང་བྲིས་མ་དང་དཔར་མ་མང་པོ་ཞིག་ལེགས་སྒྲིག་དཔར་སྐྲུན་བྱས་པ་མ་ཟད། དམངས་ཁྲིད་ཀྱི་སྒྲུང་པ་ཉི་ཤུ་ཙམ་ལ་གླིང་སྒྲུང་འཆད་གྱེར་མཁས་ཅན་གྱི་མཚན་སྙན་གནང་བ་དང་། སྒྲུང་མཁན་བདུན་ལ་རྒྱལ་ཁབ་རིམ་པའི་དངོས་མེད་རིག་གནས་ཤུལ་བཞག་གི་རྒྱུན་འཛིན་མི་སྣའི་མཚན་སྙན་གནང་ཡོད། སྤྱི་རྗེས་སུ་དམངས་ཁྲིད་སྒྲུང་པས་འཆད་གྱེར་གནང་བའི་ངག་སྒྲུང་སྒྲུང་སྣ་བརྒྱ་ཡན་སྒྲ་འཇུག་བྱས་པ་དང་། དེ་ལས་སྒྲུང་སྣ་བརྒྱ་ལ་ཉེ་བ་དངོས་སུ་ལེགས་སྒྲིག་དཔར་སྐྲུན་ཡང་བྱས་ཡོད། དེ་ལྟའི་གྲུབ་འབྲས་ཐོབ་པ་ལ་བརྟེན་ནས་རྒྱལ་ཕྱི་རྒྱལ་ནང་གི་རིག་གཞུང་ལས་རིགས་པས་གླིང་སྒྲུང་གི་ཐུན་མོང་མིན་པའི་ཁྱད་ཡོན་ལ་རྒྱུས་མངའ་བྱུང་བ་དང་། དེ་སྔོན་གྱི་ཤར་ཕྱོགས་ལ་བྱུང་བརྗོད་སྙན་ངག་མེད། ཀྲུང་གོ་ནི་བྱུང་བརྗོད་སྙན་ངག་གིས་དབུལ་བའི་རྒྱལ་ཁབ་ཅིག་ཡིན་ཟེར་བའི་རྒྱུས་མེད་པའི་བཤད་སྒྲོལ་དེ་ལའང་འགྱུར་བ་འགྲོ་དང་འགྲོ་བཞིན་ཡོད། ད་ཐེངས་ཀྱི་རིག་གཞུང་གྲོས་ཚོགས་འདི་བརྩིས་པས་གླིང་སྒྲུང་སྐོར་གྱི་རྒྱལ་སྤྱིའི་རིག་གཞུང་གྲོས་ཚོགས་ཐེངས་བདུན་འཚོགས་པ་དང་། ལྷག་པར་དུ་སྤྱི་ལོ་༢༠༠༧ལོ་དང་༢༠༠༨ལོར་མཉམ་འབྲེལ་རྒྱལ་ཚོགས་སློབ་གསོ་ཚན་རིག་རིག་གནས་ཚ་འཛུགས་ཨུ་ཡོན་ལྷན་ཁང་གིས་ཐེ་ཞུགས་དང་ཁྱབ་བསྒྲགས་བྱས་པའི་ལོ་འཁོར་མིའི་དྲན་གསོའི་བྱེད་སྒོ་དང་དངོས་མེད་རིག་གནས་ཤུལ་བཞག་གི་མཚོན་བྱེད་མིང་གཞུང་ནང་ཚུད་པ་དེ་ཁོ་ནས་གླིང་སྒྲུང་གི་རིན་ཐང་མཚོན་གྱི་ཡོད་ལ། གླིང་སྒྲུང་ལས་དོན་ལ་ཐོབ་པའི་འབྲས་བུར་རྒྱལ་སྤྱིའི་སྤྱི་ཚོགས་ནས་གནང་བའི་གདེང་འཇོག་ཀྱང་མཚོན་གྱི་ཡོད།

ལྗོངས་ཏང་ཨུད་དང་སྲིད་གཞུང་ནས་ཀྱང་བོད་ལྗོངས་ཀྱི་གླིང་སྒྲུང་ལས་

དོན་ལ་མཐོང་ཆེན་གནང་ཡོད་དེ། སྤྱི་ལོ་༡༩༨༠ལོའི་ཟླ་བ་བཞི་པར་བོད་རང་སྐྱོང་ལྗོངས་ཀྱི་གླིང་སྒྲུང་ལས་དོན་འགོ་ཁྲིད་ཚོགས་ཆུང་དང་དེའི་གཞུང་ལས་ཁང་དང་དེ་སྔའི་བོད་ལྗོངས་དགེ་འོས་སློབ་གྲྭའི་ནང་གླིང་སྒྲུང་སྲུང་སྐྱོབ་ཚོགས་ཆུང་ཞིག་བཙུགས་ནས་ཆེད་ལས་མི་སྣ་སྒྲིག་འཛུགས་ཀྱིས་གླིང་སྒྲུང་གི་ལས་དོན་རྒྱ་ཆེ་སྤེལ་ཡོད་ཅིང་འབྲས་བུའང་མི་དམན་ཙམ་ཐོབ་ཡོད། གཤམ་དུ་བོད་ཀྱི་གླིང་སྒྲུང་ལས་དོན་ལ་ཐོབ་པའི་འབྲས་བུ་གཙོ་བོ་རྣམས་རེ་རེ་བཞིན་བརྗོད་ན།

གཅིག་ནི་སྒྲུང་པ་རྩད་གཅོད་དང་སྒྲུང་པས་འཆད་གྱེར་གནང་བའི་སྒྲུང་སྒྲ་ཐབ་ཀྱི་ལས་དོན་ལ་སྔར་བྱུང་སྔོན་མེད་པའི་གྲུབ་འབྲས་ཐོབ་ཡོད། དེ་ཡང་དུས་རབས་གོང་མའི་ལོ་རབས་བརྒྱད་ཅུ་ནས་བོད་ལྗོངས་ཀྱི་ནག་ཆུ་དང་ཆབ་མདོ། མངའ་རིས་སོགས་གླིང་སྒྲུང་དར་ཁྱབ་ཆེ་བའི་ས་ཁུལ་དུ་གླིང་སྒྲུང་སྐོར་གྱི་ཡོངས་ཁྱབ་ཞིབ་བཤེར་རྒྱ་ཆེར་སྤེལ་བ་དང་། ལེགས་འདེམས་ཆད་གསབ་དང་ཐུལ་བྱུང་སྒྲུང་པའི་སྒྲུང་སྣ་སྲུང་སྐྱོབ་ཀྱི་རྩ་དོན་རྒྱུན་འཁྱོངས་ཀྱིས་སྒྲུང་པ་རྩད་གཅོད་དང་ཁོང་ཚོས་འཆད་གྱེར་གནང་བའི་སྒྲུང་ཁག་སྒྲ་ཐབ་བྱ་རྒྱུར་ཞུགས་སྟོན་བརྒྱབ་ཡོད་དེ། གླིང་སྒྲུང་གཞུང་ལས་ཁང་ནས་སྤུ་ཕྱིར་མི་སྣ་ཉི་ཤུ་ཙམ་སྒྲིག་འཛུགས་ཀྱིས་གོང་གསལ་ས་ཁུལ་དེ་དག་ཏུ་བརྟག་དཔྱད་དུ་ཕྱིན་ནས་སྒྲུང་སྣ་བཅུ་ཡན་འཆད་གྱེར་ཐུབ་པའི་དམངས་ཁྲོད་སྒྲུང་པ་༥༧བཙལ་རྙེད་ཐུབ་པ་དང་། ད་བར་ཁོང་ཚོས་འཆད་པའི་སྒྲུང་སྣ་བརྒྱ་ཡན་སྒྲ་ཐབ་བྱས་ཡོད་པར་སྒྲ་ཐབ་སྒྱིན་ཤོག་འཁོར་གྲངས་ལྔ་སྟོང་ཡན་ཟིན་གྱི་ཡོད། ལས་དོན་དེ་ནི་གླིང་སྒྲུང་ལས་དོན་གྱི་གཙོ་གནད་ཆེ་ས་དང་རྨང་གཞི་ཞིག་ཡིན་པས་ད་བར་ང་ཚོས་རྒྱུན་འཁྱོངས་བྱ་མུས་ཡིན།

གཉིས་ནི་དམངས་ཁྲོད་དུ་ཉར་ཚགས་དང་དར་ཁྱབ་ཡོད་པའི་སྒྲུང་དཔེ་བྲིས་མ་དང་དཔར་མ་རྙིང་པ་བསྡུ་རུབ་ཐོ་འགོད་ཀྱི་ལས་དོན་ལ་གྲུབ་འབྲས་ཆེན་པོ་ཐོབ་ཡོད། དེ་སྔོན་གླིང་སྒྲུང་བྲིས་མ་དང་དཔར་མ་མི་ཉུང་ཙམ་ཡོད་ནའང་དེ་དག་དམངས་ཁྲོད་དུ་ཁ་ཐོར་ཉར་ཚགས་བྱས་ནས་ཡོད། དེ་དག་རྩད་གཅོད་བྱེད་

པ་དང་དེ་དག་ལ་ཞིབ་འཇུག་ནན་ཏན་བྱས་ནས་རྩ་ཆེའི་ལོ་རྒྱུས་དང་སྒྱུ་རྩལ་གྱི་རིན་ཐང་ལྡན་པའི་དཔེ་རྙིང་དེ་དག་མྱུར་སྐྱོབ་དང་སྲུང་སྐྱོབ་བྱ་རྒྱུ་དེ་ནི་གླིང་སྒྲུང་ལས་དོན་གྱི་གལ་ཆེའི་གྲུབ་ཆ་ཞིག་ཡིན་པས། གླིང་སྒྲུང་སྐོར་གྱི་ཡོངས་ཁྱབ་ཞིབ་བཤེར་བྱེད་པའི་བརྒྱུད་རིམ་ཁྲོད་དམངས་ཁྲོད་ནས་སྒྲུང་དཔེ་རྙིང་མ་བསྡུ་རུབ་བྱ་རྒྱུར་ཤུགས་སྣོན་བརྒྱབ་པར་སྒྲུང་དཔེ་མི་འདྲ་བ་༧༩༢ཚོལ་བསྡུ་ཐུབ་ཡོད་པར་སྒྲུང་སྣ་མི་འདྲ་བ་༥༥ཡོད་པ་ལས་སྒྲུང་སྣ་༣༢དཔར་སྐྲུན་ཟིན་ཡོད་པ་དང་། སྒྱུ་ལི་མ་ལས་གྲུབ་པའི་ཇོ་རུའི་སྐུ་བརྙན་གྱིས་གཙོས་པའི་གླིང་སྒྲུང་དང་འབྲེལ་ཡོད་ཀྱི་རིག་དངོས་བཅུ་ཙམ་དང་བཤད་རྒྱུན་ལྷུ་བཅུ་ཙམ་བཙལ་རྙེད་འཚོལ་བསྡུ་ཐུབ་ཡོད།

གསུམ་ནི་ དམངས་ ཁྲོད་ སྒྲུང་ པས་ འཆད་ གྱེར་ གནང་ བའི་ སྒྲུང་ དང་ དབྱངས་རྟའི་མྱུར་སྐྱོབ་ལས་དོན་ལ་ལོ་རྒྱུས་ཀྱི་སྟོང་ཆ་གཉིས་ཁ་སྐོང་དང་འཛམ་གླིང་གི་ཟིན་ཐོ་གཅིག་གསར་བཏོད་བྱུང་བའི་དགའ་འོས་པའི་གྲུབ་འབྲས་ཐོབ་ཡོད། སྒྲུང་པའི་དྲན་པའི་ཀློང་དུ་བཞུགས་པའི་རིན་ཐང་གི་ནོར་བུ་རྣམས་ཤོག་བུའི་སྟེང་དུ་ཡི་གེའི་གཟུགས་སུ་འགོད་རྒྱུ་དང་ཡང་ན་དེང་རབས་ཀྱི་སྒྲ་ཕབ་འཕྲུལ་འཁོར་ལ་བརྟེན་ནས་སྒྲ་ཕབ་བྱ་རྒྱུ་ནི་ནོར་བུ་དེ་མ་བརླག་པར་མི་རབས་རྗེས་མར་ནམ་ཞར་འཛོག་ཐུབ་པ་བྱེད་པའི་ཐབས་ཤེས་བཟང་ཤོས་དེ་ཡིན། བོད་ལྗོངས་སྤྱི་ཚོགས་ཚན་རིག་ཁང་དང་། བོད་ལྗོངས་སློབ་གྲྭ་ཆེན་མོ། ནག་ཆུ་ས་གནས་མང་ཚོགས་སྒྱུ་རྩལ་ཁང་བཅས་ཀྱི་ཐབས་བརྒྱ་ཇུས་སྟོང་གི་རྩོལ་བ་དང་རྒྱ་ཆེའི་དམངས་ཁྲོད་སྒྲུང་པ་དང་ཆེད་ལས་མི་སྣའི་བརྩོན་འགྲུས་ཀྱི་མཐུ་ལ་བརྟེན་ནས་ལས་དོན་དེར་ཀུན་གྱིས་མིག་མཐོང་ལག་ཟིན་ཐུབ་པའི་འབྲས་བུ་ཐོབ་ཡོད་དེ། བོད་ལྗོངས་སློབ་གྲྭ་ཆེན་མོ་ནས་སྒྲུང་མཁན་གྲགས་པས་འཆད་གྱེར་གནང་བའི་སྒྲུང་སྣ་༡༥ཙམ་དངོས་སུ་ལེགས་སྒྲིག་དཔར་སྐྲུན་ཟིན་པ་དང་། ནག་ཆུ་ས་གནས་མང་ཚོགས་སྒྱུ་རྩལ་ཁང་ནས་དེ་ཁུལ་གྱི་སྒྲུང་པས་འཆད་གྱེར་གནང་བའི་

སྒྲུང་སྣ་༨ཙམ་ལེགས་སྒྲིག་དཔར་སྐྲུན་ཟིན་པ། བོད་ལྗོངས་སྤྱི་ཚོགས་ཚན་རིག་ཁང་ནས་དམངས་ཁྲོད་སྒྲུང་པ་སྒྲེར་གྱི་ཁྱད་ཆོས་ལྡན་པའི་གླིང་སྒྲུང་དཔེ་ཚོགས་ཞིག་ལེགས་སྒྲིག་དཔར་སྐྲུན་བྱས་དང་བྱེད་མུས་ཡིན་ལ་ད་བར་སྒྲུང་དཔེ་༡༠དངོས་སུ་དཔར་སྐྲུན་བྱས་ཟིན། བོད་ལྗོངས་སློབ་གྲྭ་ཆེན་མོ་དང་བོད་ལྗོངས་སྤྱི་ཚོགས་ཚན་རིག་ཁང་ནས་སྒྲུང་མཁན་གྲགས་པའི་གཏམ་དེ་གཉིས་བསྡུས་དང་སྒྲུང་མཁན་བསམ་གྲུབ་ཀྱི་ཞལ་རྒྱུན་གཏམ་དཔེ་གཉིས་བཏུས། གེ་སར་སྒྲུང་ཐུང་སོགས་ཀྱང་རྫ་རྗེས་སུ་ལེགས་སྒྲིག་དང་དཔར་སྐྲུན་བྱས་ཡོད། ལྷག་པར་དུ་བོད་ལྗོངས་སྤྱི་ཚོགས་ཚན་རིག་ཁང་མི་རིགས་ཞིབ་འཇུག་ཚན་པ་ནས་སྤྱི་ལོ་༢༠༠༠ལོ་ནས་འགོ་བརྩམས་པའི་སྒྲུང་མཁན་བསམ་གྲུབ་ཀྱིས་ཕབ་པའི་གླིང་རྗེ་གེ་སར་རྒྱལ་པོའི་སྒྲུང་སྒྲ་ཕབ་དང་ལེགས་སྒྲིག་དཔར་སྐྲུན་གྱི་བྱ་གཞག་ལ་འབྲས་བུ་མངོན་གསལ་ཙམ་ཐོབ་ཡོད་དེ། སྒྲུང་མཁན་གང་དེས་འཆད་ཀྱེར་གནང་བའི་སྒྲུང་སྣ་༩༥སྒྲ་ཕབ་ཟིན་པར་བསྡོམས་སྒྲ་ཕབ་སྤྱིན་ཤོག་༢༡༡༩ཡོད་པ་དང་། ད་བར་ལེགས་སྒྲིག་དཔར་སྐྲུན་ཟིན་པའི་སྒྲུང་དཔེ་༩༥ལ་ཚིག་རྐང་ཁྲི་ཚོ་༥༠ལྷག་ཙམ་ཟིན་པས། དེས་ད་བར་འཛམ་བུའི་གླིང་གི་བྱུང་བརྗོད་སྙན་ངག་ཁྲོད་སྒྲུང་པ་སྒྲེར་གྱིས་འཆད་ཀྱེར་གནང་བའི་ཟིན་ཐོ་གསར་པ་དེ་བཏོད་ཡོད་པ་དང་། དེའི་ནང་གླིང་སྒྲུང་གི་གཙོ་བོའི་ནང་དོན་རྣམས་བསྡུས་ཡོད་པས་ད་བར་སྒྲུང་པ་སྒྲེར་གྱིས་འཆད་ཀྱེར་བྱས་པའི་གླིང་སྒྲུང་མགོ་མཇུག་ཙུང་ཆ་ཚང་བ་ཞིག་གང་ནའང་མེད་པའི་ལོ་རྒྱུས་ཀྱི་སྟོང་ཆ་དེ་ཁ་སྐོང་ཐུབ་ཡོད། བོད་ལྗོངས་སྤྱི་ཚོགས་ཚན་རིག་ཁང་མི་རིགས་ཞིབ་འཇུག་ཚན་པས་ཇུས་བཀོད་དང་སྒྲིག་འཛུགས་བྱས་ནས་སྒྲ་ཕབ་དང་དཔར་སྐྲུན་བྱས་པའི་གླིང་སྒྲུང་གི་དབྱངས་ཏ་གཉིས་བཏུས་ཞེས་པའི་ནང་མི་སྣ་མི་འདྲ་བ་༨༤ཀྱི་སྒྲུའི་དབྱངས་ཏ་མི་འདྲ་བ་༡༡༤སྒྲ་ཕབ་བྱས་པ་དེས་ད་བར་གླིང་སྒྲུང་གི་དབྱངས་ཏ་ཙུང་ཆ་ཚང་བ་ཞིག་གང་ནའང་མེད་པའི་ལོ་རྒྱུས་ཀྱི་སྟོང་ཆ་དེ་ཁ་སྐོང་བྱས་ཡོད།

བཞི་ནི་གླིང་སྒྲུང་རྒྱ་ཡིག་ཏུ་བསྒྱུར་བའི་ལས་དོན་ལ་མདུན་ལམ་བཟང་པོ་མངོན་བཞིན་ཡོད། དེ་ཡང་གླིང་སྒྲུང་འདི་བཞིན་འགྲོ་བ་མིའི་རིགས་ཀྱི་རིག་གནས་བང་མཛོད་ཁྲོད་ཀྱི་རིན་ཆེན་ནོར་བུ་ཞིག་ལགས་པས། འདི་ཉིད་ངག་ཐོག་ནས་ཡིག་ཐོག་ཏུ་དབབ་རྒྱུ་མངོན་གྱུར་ཡོང་བ་བྱ་རྒྱུ་དང་། རྒྱ་སྒྱུར་དང་ཡིག་རིགས་གཞན་ལ་བསྒྱུར་ནས་འཛམ་བུ་གླིང་གིས་འདིའི་ནང་དོན་ཆ་ཚང་བ་དང་སྙན་འཇེབས་ལྡན་པའི་སྙན་ངག་དག་ཤེས་པ་བྱ་རྒྱུ་ནི་ང་ཚོས་འགྲོ་བ་མིའི་རིགས་ཀྱི་རིག་གནས་ལ་ལེགས་སྐྱེས་སུ་ཕུལ་ཆོས་པའི་ལས་འགན་གལ་པོ་ཆེ་ཞིག་ཡིན། གླིང་སྒྲུང་རྒྱ་སྒྱུར་གྱི་ལས་དོན་དེ་དུས་རབས་གོང་མའི་ལོ་རབས་བརྒྱད་ཅུ་ནས་འགོ་བརྩམས་ཤིང་། བོད་ལྗོངས་ཁུལ་ནས་ཀྱང་ལས་དོན་དེར་ཧུར་བརྩོན་གྱིས་ཚོད་ལྟ་དང་འབྲེལ་ཡོད་མི་སྣ་དཀའ་ངལ་དུ་མ་སྤྱད་ཡོད་ལ། སྔ་རྗེས་སུ་སྒྲུང་དེབ་༡༡ཙམ་རྒྱ་ཡིག་ཏུ་བསྒྱུར་ནས་དཔར་དུ་བསྐྲུན་ཡོད། དེས་ཕྱིས་སུ་གླིང་སྒྲུང་རྒྱ་སྒྱུར་གྱི་ལས་དོན་ལ་དགོས་ངེས་ཀྱི་རྨང་གཞི་བཏིང་བ་དང་ཉམས་མྱོང་གསོག་འཛོག་ཐུབ་ཡོད། འོན་ཀྱང་སྐབས་དེ་དུས་རྒྱུ་མཚན་མང་པོའི་དབང་གིས་རྒྱ་སྒྱུར་བྱ་རྒྱུ་དེའང་མི་སྒེར་གྱི་རང་མོས་ཀྱི་སྤྱོད་ཚུལ་ཙམ་དང་ཐར་ཐོར་གྱི་རྣམ་པ་ཙམ་དུ་ལུས་པ་ལས། འཆར་གཞི་ཡོད་ལ་སྒྲིག་འཛུགས་ཡོད་པ་དང་། རྒྱ་སྒྱུར་གྱི་གཅིག་གྱུར་སྒྲིག་སྲོལ་ཕྲ་ཞིབ་ཡོད་པའི་ལས་དོན་སྤེལ་ཐུབ་མེད། ཕྱིས་སུ་གླིང་སྒྲུང་རྒྱ་སྒྱུར་གྱི་ལས་དོན་དེར་དཔྱིད་དཔལ་རྒྱས་པ་བཞིན་གྱི་རྣམ་པ་གསར་པ་ཞིག་ཐོན་ཡོད་དེ། ནུབ་བྱང་མི་རིགས་སློབ་གྲྭ་ཆེན་མོ་དང་རྒྱལ་ཡོངས་གེ་སར་གཞུང་ལས་ཁང་ནས་གླིང་སྒྲུང་རྒྱ་སྒྱུར་གྱི་ལས་གྲྭ་སྤེལ་མུས་ཡིན་ལ། བོད་ལྗོངས་སྤྱི་ཚོགས་ཚན་རིག་ཁང་ནས་ཀྱང་བོད་རང་སྐྱོང་ལྗོངས་ཀྱི་རིག་གནས་ལས་གྲྭ་གཙོ་བོ་གླིང་སྒྲུང་རྒྱ་སྒྱུར་གྱི་རྣམ་གྲངས་སྤྱི་ལོ་༢༠༡༣ལོར་འགོ་བརྩམས་ཤིང་ལོ་ལྔའི་ནང་རྒྱལ་ཡོངས་ཀྱི་འབྲེལ་ཡོད་ཆེད་ལས་མི་སྣ་སྒྲིག་འཛུགས་ཀྱིས་སྒྲུང་མཁན་བསམ་གྲུབ་ཀྱིས་ཕབ་པའི་གླིང་སྒྲུང་དཔེ་ཚོགས་ལས་སྒྲུང་དཔེ་༣༠རྒྱ་ཡིག་ཏུ་བསྒྱུར་རྒྱུའི་

འཆར་གཞི་བཀོད་ཡོད་ལ། ད་ལྟ་ཞུས་ཤུགས་གཅིག་སྒྲིལ་གྱིས་ལས་དོན་དེ་ཚ་ཚ་ཞུར་ཞུར་གྱིས་སྤེལ་མུས་རེད།

ལྷ་ནི་གླིང་སྒྲུང་ཞིབ་འཇུག་གི་ལས་དོན་རྒྱ་ཆེ་གཏིང་ཟབ་ཀྱི་ཕྱོགས་སུ་འཕེལ་རྒྱས་འགྲོ་བཞིན་ཡོད། དེ་ཡང་རྒྱལ་ཡོངས་ཀྱི་ངོས་ནས་བཤད་ན་བསྒྱུར་བཅོས་སྒོ་དབྱེ་བྱས་ཚུན་གླིང་སྒྲུང་གི་ཞིབ་འཇུག་ལས་དོན་ལ་གྲུབ་འབྲས་མངོན་གསལ་ཐོབ་ཡོད་དེ། ཆེད་ལས་མི་སྣ་ཆར་རྗེས་སྨྱུ་གུ་འབུར་ཐོན་བཞིན་ཐོན་བཞིན་ཡོད་ལ། ཞིབ་འཇུག་གི་འབྲས་བུའང་རྗོགས་མཐའ་མེད་པར་ཐོན་བཞིན་ཡོད། བོད་ལྗོངས་ཀྱི་ངོས་ནས་བཤད་ན། ས་གཞི་གླིང་སྒྲུང་ལས་དོན་ཁྲོད་དུ་ཞིབ་འཇུག་ལས་དོན་ལ་ཐོབ་པའི་གྲུབ་འབྲས་དེ་སྔར་སྐྱོབ་ལས་དོན་ལ་ཐོབ་པའི་གྲུབ་འབྲས་དང་བསྡུར་ཐབས་མེད་ལ། ཆེད་ལས་མི་སྣ་ཉུང་ལ་ཆེད་གཉེར་གྱི་རིག་གཞུང་དུས་དེབ་མེད་པ་དང་། ཞིབ་འཇུག་གི་འབྲས་བུ་དེ་དག་ཀྱང་བོད་རིག་པའི་འབྲེལ་ཡོད་དུས་དེབ་ཁག་ནང་ཐར་ཐོར་ཙམ་བཀོད་ནས་ཡོད། འོན་ཀྱང་《བོད་ལྗོངས་ཞིབ་འཇུག》དང་《བོད་ལྗོངས་སློབ་ཆེན་གྱི་རིག་དེབ་》《བོད་ལྗོངས་སྒྱུ་རྩལ་ཞིབ་འཇུག》བཅས་རྒྱལ་ཕྱི་རྒྱལ་ནང་ཁྱོན་དུ་སྙན་པའི་གྲགས་པ་ཆེ་བའི་རིག་གཞུང་དུས་དེབ་ཁག་ནང་གླིང་སྒྲུང་ཞིབ་འཇུག་གི་ལེ་ཚན་གཉེར་ཡོད་པ་མ་ཟད། དེ་དག་ཏུ་སྤེལ་བའི་དཔྱད་རྩོམ་མང་པོ་ཞིག་ལ་གླིང་སྒྲུང་རིག་པའི་ཁྱབ་ཁོངས་ནང་ཚད་མཐོའི་གདེང་འཇོག་ཀྱང་ཐོབ་ཡོད། གཞན་ཡང་བོད་ལྗོངས་ཕྱོགས་ཀྱི་ཞིབ་འཇུག་མི་སྣས་སྔ་རྗེས་སུ་གླིང་སྒྲུང་སྐོར་གྱི་ཆེད་རྩོམ་བཞི་བརྩམས་ཤིང་དཔར་དུ་བསྐྲུན་ཡོད་དེ། ཞིབ་འཇུག་ཆེན་མོ་བ་རིག་འཛིན་ནས་བརྩམས་པའི་《གླིང་སྒྲུང་གི་དཔྱད་གཏམ་དཔྱིད་ཀྱི་ཕོ་ཉའི་དབྱངས་རྟ་》ཞེས་པ་སྤྱི་ལོ་༢༠༠༥ལོར་དཔར་དུ་བསྐྲུན་པ་དེས་བོད་ལྗོངས་ཁུལ་དུ་གླིང་སྒྲུང་སྐོར་གྱི་ཞིབ་འཇུག་གི་ཆེད་རྩོམ་མེད་པའི་ལོ་རྒྱུས་ཀྱི་སྟོང་ཆ་དེ་ཁ་སྐོང་བྱས་པ་དང་། ཞིབ་འཇུག་ཆེན་མོ་བ་ཕུན་ཚོགས་ནས་བརྩམས་པའི་《གླིང་སྒྲུང་གི་ཆོས་

ལུགས་རིག་གནས་སྐོར་གྱི་ཞིབ་འཇུག》ཅེས་པ་༢༠༠༩ལོར་དཔར་དུ་བསྐྲུན་པ་དང་ཞིབ་འཇུག་ཆེན་མོ་གཞོན་པ་སྤེན་རྡོར་ནས་བརྩམས་པའི་《གླིང་སྒྲུང་གི་སྟན་དཔྱངས》ཞེས་པ་༢༠༡༢ལོར་དཔར་དུ་བསྐྲུན་པས་གླིང་སྒྲུང་ཞིབ་འཇུག་གི་ཁྱབ་ཁོངས་རྒྱ་ཆེར་གཏོད་པ་དང་། ངོས་ནས་བརྩམས་པའི་《སྒྲུང་མཁན་བསམ་གྲུབ་ཀྱིས་ཕབ་པའི་གླིང་སྒྲུང་དཔེ་ཚོགས་སྐོར་གྱི་ཞིབ་འཇུག》ཅེས་པ་སྤྱི་ལོ་༢༠༡༣ལོར་དཔར་དུ་བསྐྲུན་པ་དེས“ད་བར་སྒྲུང་པ་གཅིག་རང་གི་སྐོར་ལ་ཞིབ་འཇུག་བྱས་པའི་ཆེད་རྩོམ་མེད་པའི་”སྟོང་ཆ་ཁ་སྐོང་བྱས་ཡོད།

གསུམ་པ། བོད་ཀྱི་གླིང་སྒྲུང་ལས་དོན་ནང་ལྷག་པའི་གནད་དོན་དང་བསྒྱུར་བཅོས་བྱ་ཐབས་སྐོར།

གཅིག ལྷག་པའི་གནད་དོན་བཤད་པ་ལ།

གང་སྨོས་ལྟར་ལོ་ངོ་སུམ་ཅུའི་ནང་བོད་ལྗོངས་ཀྱི་གླིང་སྒྲུང་སྲུང་སྐྱོབ་ཀྱི་ལས་དོན་ལ་དགའ་བར་འོས་པའི་གྲུབ་འབྲས་ཐོབ་ཡོད་ནའང་། མིག་སྔའི་གནས་བབས་ལ་གཞིགས་ན་བྱ་སྐབས་ལྷག་པའི་གནད་དོན་མང་པོ་ཡོད། ལོ་ངོ་སུམ་ཅུའི་ནང་བོད་ཀྱི་གླིང་སྒྲུང་བྱ་གཞག་གི་ཆེད་ལས་ཚན་པ་རིམ་པ་ཇེ་དམའ་ཇེ་ཉུང་དུ་འགྲོ་བ་དང་། འགྲོ་གྲོན་ཇེ་ཉུང་དུ་འགྲོ་བཞིན་ཡོད་དེ། སྤྱི་ལོ་༡༩༨༠ལོར་རང་སྐྱོང་ལྗོངས་གླིང་སྒྲུང་སྲུང་སྐྱོབ་གཞུང་ལས་ཁང་བཙུགས་སྐབས་ལས་ཁྱུངས་དེ་ནི་རྫོང་རིམ་པའི་ཚན་པ་ཞིག་ཡིན་པ་དང་། ད་དུང་བོད་ལྗོངས་དགེ་འོས་སློབ་གྲྭ་དང་། ནག་ཆུ། ཆབ་མདོ། མངའ་རིས་བཅས་སུའང་གླིང་སྒྲུང་སྲུང་སྐྱོབ་ཀྱི་ལས་ཁུངས་བཙུགས་ཡོད། སྤྱི་ལོ་༡༩༨༩ལོར་བོད་རང་སྐྱོང་ལྗོངས་གླིང་སྒྲུང་སྲུང་སྐྱོབ་གཞུང་ལས་ཁང་དེ་བོད་ལྗོངས་སྤྱི་ཚོགས་ཚན་རིག་ཁང་ལ་དངོས་སུ་བསྟེས་སྲིད་བྱས་པ་དང་ཚན་རིག་ཁང་ནང་གི་རྫོང་རིམ་པའི་ལས་ཁུངས་ཤིག་ཏུ་གྱུར་པ་མ་ཟད། ལོ་རེར་ཆེད་ལས་ཀྱི་འགྲོ་གྲོན་ཤོག་སྒོར་ཁྲི་བཅུ་རེ་སྤྲད་ཀྱི་ཡོད། སྤྱི་ལོ་༡༩༨༧ལོར་སྒྲིག་གཞི་བསྒྱུར་བཅོས་བྱེད་སྐབས་གླིང་སྒྲུང་སྲུང་སྐྱོབ་གཞུང་

ལས་ཁང་དེ་སྐད་ཡིག་རྩོམ་རིག་ཞིབ་འཇུག་ཚན་པའི་ནང་མཉམ་དུ་སྡུད་པ་དང་ཆེད་ལས་ཀྱི་འགྲོ་གྲོན་ཡང་མེད་པར་གྱུར། སྤྱི་ལོ་༡༩༩༧ལོར་སློབ་གཞི་བཅོས་སྒྲིག་བྱེད་སྐབས་དེ་སྔོན་གྱི་མི་རིགས་ལོ་རྒྱུས་ཞིབ་འཇུག་ཚན་པ་དང་སྐད་ཡིག་རྩོམ་རིག་ཞིབ་འཇུག་ཚན་པ་ཟླ་སྒྲིལ་ནས་མི་རིགས་ཞིབ་འཇུག་ཚན་པ་ཆགས་པ་དང་སྤྲུགས་གླིང་སྒྲུང་སྒྱུར་སྒྲིག་གཞུང་ལས་ཁང་དེ་མི་རིགས་ཞིབ་འཇུག་ཚན་པའི་ལོ་རྒྱུས་དང་། སྐད་རིགས། རྩོམ་རིག དམངས་སྲོལ། མི་རིགས་ཀྱི་གཞུང་ལུགས་དང་སྲིད་ཇུས་ཞིབ་འཇུག་སོགས་ཆེད་ལས་དུ་མའི་ཁྲིད་ཀྱི་ཡ་གྱལ་ཞིག་ཏུ་གྱུར། འོན་ཀྱང་ཕྱི་ཕྱོགས་ལ་བོད་རང་སྐྱོང་ལྗོངས་གླིང་སྒྲུང་ཞིབ་འཇུག་ལྟེ་གནས་ཞེས་འབོད་ལ་ཆེད་ལས་འགྲོ་གྲོན་ལོ་ལྟར་ཁྲིག་སྒོར་ཁྲི་གཉིས་རེ་སྤྲད་པས་སྒྱུར་སྒྲིག་གི་ལས་དོན་སྣར་གསོ་བྱུང་། སྤྱི་ལོ་༢༠༠༨ལོ་ནས་ད་བར་མི་དོན་ལ་འགྱུར་བ་བྱུང་བས་ལོ་རེའི་ཁྲི་གཉིས་ཀྱི་གྲོན་དངུལ་དེའང་མེད་པ་བཟོས། དེ་ལྟའི་གནས་བབས་དེ་ཡི་འོག་ཏུ་ཆེད་ལས་མི་སྣ་ཇེ་ཉུང་དུ་འགྲོ་བ་དང་ཆེད་ལས་མི་སྣའི་ཏུར་བརྩོན་རང་བཞིན་ལའང་ཐོག་ཐུབ་ཐེབས་བཞིན་ཡོད། དཔེར་ན་དུས་རབས་བརྒྱད་ཅུ་པའི་དུས་འགོར་གླིང་སྒྲུང་སྒྱུར་སྒྲིག་གཞུང་ལས་ཁང་གི་སྒྲིག་ཁོངས་མི་གྲངས་བཅོ་ལྔ་ཡིན་པ་དང་། སྤྱི་ལོ་༡༩༨༩ལོར་སྒྲིག་ཁོངས་མི་གྲངས་བཅུ་བར་ཆག སྤྱི་ལོ་༡༩༩༧ལོའི་སློབ་གཞི་བཅོས་སྒྲིག་སྐབས་སྒྲིག་ཁོངས་མི་གྲངས་བཞི་བར་བཅག དེ་རྗེས་རྒྱུ་མཚན་དུ་མའི་དབང་གིས་ད་ལྟ་གླིང་སྒྲུང་ཆེད་གཉེར་བ་མི་གྲངས་གཅིག་ལས་ལྷག་མེད་པའི་གནས་སུ་གྱུར་ལ། ང་ཚོས་གླིང་སྒྲུང་སྐོར་གྱི་མི་དོན་ཐད་ཇི་ལྟར་རེ་འབོད་ཞུས་ཀྱང་རྒྱ་མཚོ་རྗེ་གཡུག་གི་དཔེའི་རྗེས་སུ་འགྲོ་བ་ལས་འབྲས་བུ་གཞན་ཐོབ་མེད། བོད་ལྗོངས་སློབ་ཆེན་ལ་ཆ་བཞག་ནའང་གླིང་སྒྲུང་ཚན་པའི་ཐོག་མའི་ཆེད་ལས་མི་སྣ་བརྒྱད་ནས་ད་ལྟའི་བཞི་བར་ཉུང་དུ་ཕྱིན་ཡོད། གོང་གསལ་དངོས་ཡོད་བརྒྱུད་རིམ་དེ་དག་ལས་ཟུར་བལྟས་ལེབ་མཐོང་ཐུབ་པ་ནི་གོང་རིམ་ནས་གླིང་སྒྲུང་ལས་དོན་ལ་འཛིན་པའི་

མཐོང་ཆེན་ལ་སྤྱི་ཕྱི་བར་གསུམ་དུ་འགྱུར་བ་བྱུང་མེད་ནའང་། བར་རིམ་དབང་འཛིན་པས་དེར་ངོས་འཛིན་ཡག་པོ་མ་ཐུབ་པའི་དབང་གིས། འོག་རིམ་ཆེད་ལས་པ་དང་དམངས་ཁྲིད་སྒྲུང་པ་རྣམས་དགའ་སྐྱོ་དགོ་ཕོའི་ར་ཚིགས་དང་རྒྱུག་སྟོགས་འཁོལ་མོའི་དབུགས་གྲངས་ལྷ་བུའི་ཚོར་བ་མྱོང་དགོས་བྱུང་ལ། གླིང་སྒྲུང་གི་ལས་དོན་དེ་ལའང་དྲོ་གྲང་དཔྱིད་ཀྱི་ཉི་མ་དང་། དར་གུད་སོག་ལེའི་ཁ་འདྲའི་ལས་དབང་མྱོང་དགོས་བྱུང་ཡོད། དེ་ཡང་ཁ་གསལ་ཙམ་ཞུས་ན། གཅིག་ནས་སྲིད་གཞུང་གི་ཐབས་ཇུས་སོགས་གཏན་འཁེལ་བྱེད་མཁན་ཚོ་དང་འབྲེལ་ཡོད་ཚན་པས་གླིང་སྒྲུང་མྱུར་སྐྱོབ་ལས་དོན་གྱི་དགོས་གཏུག་རང་བཞིན་དང་གལ་ཆེའི་རང་བཞིན་ལ་ངོས་འཛིན་གསལ་པོ་མེད་པས་མི་དངོས་ཅི་ཐད་ཀྱི་གཏོང་འཛོག་ཇེ་ཞན་དུ་འགྲོ་བ་དང་། གཉིས་ནས་དེ་ལྟའི་གནས་བབས་འོག་ཆེད་ལས་པའི་བརྩོན་སེམས་ཇེ་ཞན་དུ་འགྲོ་བ་མ་ཟད། རང་མགོ་རང་འགྲུབ་ཙམ་ལས་མཉམ་ལས་མཉམ་རུབ་ཀྱིས་དོན་ཆེན་འགྲུབ་པའི་ལྷ་བ་ཇེ་ཞན་དུ་འགྲོ་བ། གསུམ་ནས་ཆེད་ལས་དེར་གཟིགས་མཐོང་བྲལ་བས་ཆེད་ལས་ཚན་པ་དང་ཆེད་ལས་མི་སྣའི་གྲངས་འབོར་ཇེ་ཉུང་དུ་ཕྱིན་ནས་དེས་གླིང་སྒྲུང་ལས་དོན་གྱི་དགོས་མཁོ་སྐོང་མི་ཐུབ་པ། བཞི་ནས་དེ་ལྟའི་འཁོར་ཡུག་འོག་དམངས་ཁྲིད་སྒྲུང་པའི་ཐོབ་ཐང་ཞན་པ་དང་གླིང་སྒྲུང་སྲུང་སྐྱོབ་ཀྱི་དམངས་ཁྲིད་སྒྲིག་འཛུགས་དཀོན་པ་བཅས་སོ། །

གཉིས། གནད་དོན་ལེགས་བཅོས་བྱ་ཐབས་སྐོར་བཤད་པ་ལ།

ལོ་ངོ་སུམ་ཅུ་ལྷག་ཙམ་གྱི་གླིང་སྒྲུང་གི་ལས་དོན་ལ་གཞིག་པ་བྱེད་སྐབས་དགའ་འོས་པའི་འཕེལ་རྒྱས་དང་གྲུབ་འབྲས་བྱུང་ཡོད་རུང་། འདས་པའི་གྲུབ་འབྲས་ལ་བློ་ཚིམ་ནས་བསྡད་ན། ང་ཚོའི་ལས་དོན་ལ་ཡར་རྒྱས་ཡོང་མི་ཐུབ་པས། ཉམས་མྱོང་ཕྱོགས་བསྡོམས་དང་། ཞན་ཆར་བསམ་གཞིག་གིས་ལྷག་བསྡད་པའི་གནད་དོན་ལ་ལེགས་བཅོས་བྱེད་པའི་ཐབས་ལམ་འཚོལ་རྒྱུ་ནི་གལ་ཆེ་བས། རང་ཉིད་ཀྱི་བསམ་པར་ཐབས་ཇུས་གཏན་འཁེལ་བྱེད་མཁན་ཚོའི་གླིང་སྒྲུང་ལས་དོན

ལ་འཛིན་པའི་ངོས་འཛིན་མཐོར་འདེགས་ཡོང་བ་བྱ་རྒྱུ་དང་གཅིག འབྲེལ་ཡོད་ཚན་པའི་ལས་དོན་བྱ་ཚུལ་ལ་ལེགས་བཅོས་བྱས་ཏེ་མཉམ་ལས་མཉམ་རུབ་ཀྱི་ལས་དོན་ལ་ཤུགས་སྣོན་རྒྱག་རྒྱུ་དང་གཉིས། ད་ཡོད་ཆེད་ལས་མི་སྣའི་ལས་དོན་གྱི་བརྩོན་སེམས་ལ་ཤུགས་སྣོན་རྒྱག་རྒྱུ་དང་གསུམ། གླིང་སྒྲུང་སྲུང་སྐྱོབ་དང་ཞིབ་འཇུག་གི་ཆེད་ལས་མི་སྣ་གསོ་སྐྱོང་བྱ་རྒྱུ་དང་བཞི། དམངས་ཁྲོད་སྒྲུང་པ་དང་དམངས་ཁྲོད་སྒྲིག་འཛུགས་ཀྱི་ནུར་བརྩོན་རང་བཞིན་སྐྱུལ་སློང་བྱ་རྒྱུ་དང་ལྔ་བཅས་སོ། །མདོར་ན་ད་ཆ་གླིང་སྒྲུང་ལས་དོན་གྱི་འགན་འཁྲིའི་བསམ་པ་མཐོ་རུ་གཏོང་བ་དང་། སྲུང་སྐྱོབ་ཀྱི་བྱ་ཐབས་འཕྲུས་སྙོ་ཚང་དུ་གཏོང་བ། མི་ནོར་དངོས་གསུམ་གྱི་འགྲོ་གྲོན་མང་དུ་བཏང་བ་བཅས་བྱས་ནས་ཐོབ་ཟིན་པའི་གྲུབ་འབྲས་ཀྱི་རྨང་གཞིའི་ཐོག་སྟེང་ལས་ལྷག་པའི་བརྩོན་ལེན་དང་ལེགས་སྐྱེས་ཕུལ་ནས་རིན་ཆེན་ནོར་བུ་འདི་ཡི་འོད་ཟེར་དེ་འཛམ་གླིང་ཡོངས་ལ་ཁྱབ་པ་བྱ་རྒྱུ་དང་། དོན་དངོས་བྱ་སྤྱོད་ཀྱིས་ཀྱང་གོ་སྲིད་གཞུང་ནས་གྲངས་ཉུང་མི་རིགས་ཀྱི་ཕུལ་བྱུང་སྲོལ་རྒྱུན་རིག་གནས་ཀྱི་སྲུང་སྐྱོབ་ལས་དོན་ལ་མཐོང་ཆེན་བྱ་ཚུལ་མཚོན་པ་བྱ་རྒྱུ་དང་། རང་རྒྱལ་སྲིད་གཞུང་ནས་མཉམ་འབྲེལ་རྒྱལ་ཚོགས་ལ་གླིང་སྒྲུང་འདི་ཉིད་མིའི་རིགས་ཀྱི་དངོས་མེད་རིག་གནས་ཤུལ་བཞག་གི་མིང་གཞུང་ནང་འཇུག་རྒྱུའི་སྙན་ཞུ་འབུལ་སྐབས་ལོ་ཤས་ནང་གླིང་སྒྲུང་ལས་དོན་ལ་གྲུབ་འབྲས་མངོན་གསལ་ཐོབ་པ་བྱ་རྒྱུའི་ཁས་ལེན་དང་དམ་བཅའ་མངོན་འགྱུར་ཡོང་བ་བྱེད་དགོས་སོ། །

༧༣། །གླིང་སྒྲུང་གི་སྒྲུང་པའི་ཞིབ་འཇུག་ལས་འགྲོས་པའི་བསམ་གཞིག

སྔོན་གཞི།

གླིང་གེ་སར་རྒྱལ་པོའི་སྒྲུང་ནི་བོད་རིགས་མི་དམངས་ཀྱིས་ལོ་རྒྱུས་ཆུ་རྒྱུན་རིང་པོའི་ནང་ཐུན་མོང་དུ་གསར་རྩོམ་བྱས་པ་དང་གཅེས་ཚགས་རྒྱུན་འཛིན་བྱས་ནས་བྱུང་བའི་དཔའ་བོའི་བྱུང་བརྗོད་སྙན་ངག་ཅིག་ཡིན་ལ། དེ་ནི་རང་རེ་ཁ་བའི་ལྗོངས་ཀྱི་བདག་པོར་གྱུར་པའི་བོད་རིགས་མི་དམངས་ཀྱིས་མིའི་རིགས་ཀྱི་རིག་གནས་བང་མཛོད་ལ་སྐྱེས་སུ་ཕུལ་བའི་འོད་སྟོང་འབར་བའི་རིན་བྲལ་ནོར་བུ་ཞིག་ཡིན། དེར་འཛམ་གླིང་བྱུང་བརྗོད་སྙན་ངག་གི་རྒྱལ་པོ་ཞེས་ཆེ་བརྗོད་ཀྱི་མེ་ཏོག་གཏོར་བཞིན་རྒྱལ་ཕྱི་རྒྱལ་ནང་ཁྱོན་དུ་མཐོང་ཆེན་བྱེད་བཞིན་ཡོད། དེ་ཡང་སྤྱི་ལོ་༢༠༠༧ལོར་མཉམ་འབྲེལ་རྒྱལ་ཚོགས་སློབ་གསོ་ཚན་རིག་རིག་གནས་རྩ་འཛུགས་ཨུ་ལྷན་གྱི་ཚོགས་འདུ་ཐེངས་སུམ་ཅུ་སོ་གཅིག་ཐོག་རང་རྒྱལ་གྱི་གླིང་སྒྲུང་དར་ནས་སྟོང་ལོ་འཁོར་བའི་དྲན་གསོའི་བྱེད་སྒོ་དེ་རྩ་འཛུགས་དེའི་ལོ་འཁོར་གྱི་དྲན་གསོའི་བྱེད་སྒོའི་ནང་ཚུད་པ་དང་། དེ་ནི་རང་རྒྱལ་ནས་རྩ་འཛུགས་དེའི་ལོ་འཁོར་གྱི་རིག་གནས་དྲན་གསོའི་བྱེད་སྒོའི་ནང་ཚུད་པའི་རྣམ་གྲངས་དང་པོ་དེ་ཡིན་ལ་ད་བར་བྱེད་སྒོའི་རྣམ་གྲངས་ནང་ཚུད་པ་གཅིག་པུ་དེའང་ཡིན་པ་དང་། སྤྱི་ལོ་༢༠༠༨ལོར་གླིང་སྒྲུང་ཉིད་སླར་ཡང་མཉམ་འབྲེལ་རྒྱལ་ཚོགས་སློབ་གསོ་ཚན་རིག་རིག་གནས་རྩ་འཛུགས་ཨུ་ལྷན་གྱིས་ཁྱབ་བསྒྲགས་བྱས་པའི་འཛམ་གླིང་རིམ་པའི་མིའི་རིགས་ཀྱི་དངོས་ཟས་མིན་པའི་རིག་གནས་ཤུལ་བཞག་གི་མིང་མཛོད་ནང་ཚུད་ལ། ད་བར་གླིང་སྒྲུང་རིག་པའི་རྒྱལ་སྤྱིའི་གྲོས་ཚོགས་ཐེངས་དྲུག་

ཙམ་སྙིང་འཚོགས་བྱས་པ་སོགས་ལས་ཟུར་བལྟས་ལེབ་མཐོང་གི་དཔེ་ལྟར་འཛམ་བུའི་གླིང་ནས་གླིང་སྒྲུང་ལ་མཐོང་ཆེན་བྱེད་ཚུལ་ཡོངས་སུ་མཚོན་ཐུབ་པ་ཡིན། གླིང་སྒྲུང་ལ་དེ་ལྟ་བུའི་མཐོང་ཆེན་བྱེད་དོན་ནི། དེ་ལ་ཐུན་མིན་ཁྱད་ཆོས་དུ་མས་སྤྲས་པས་ཡིན་ཏེ། གླིང་སྒྲུང་ཉིད་ཆེས་རིང་བའི་སྒྲུང་ཞིག་ཡིན་པ་ཙམ་མ་ཟད། ད་དུང་ཕུན་སུམ་ཛེ་ཚོགས་སུ་འགྲོ་བཞིན་པའི་གསོན་པོའི་རྣམ་པ་ཅན་ཞིག་ཀྱང་ཡིན་པ་དང་། སྒྲུང་མཁན་གྱི་རིགས་ཀ་ཅང་མང་ཞིང་སྒྲུང་སྣ་ཤིན་དུ་ཕུན་སུམ་ཚོགས་པོ་ཞིག་ཡོད་པས་ཡིན། གླིང་སྒྲུང་གི་རྩོམ་པ་པོ་དང་། རྒྱུན་འཛིན་མཁན། ཁྱབ་སྤེལ་མཁན་ནི་ལོ་རྒྱུས་ཆུ་རྒྱུན་རིང་པོའི་ནང་དམངས་ཁྲོད་དུ་བྱུང་བའི་སྒྲུང་པ་རྣམས་ཡིན་ལ། ལོ་རྒྱུས་ཀྱི་དུས་རིམ་མི་འདྲ་བའི་ནང་མཛད་འཕྲིན་བླ་ལྷག་ཏུ་ཆེ་བའི་ཕུལ་བྱུང་གི་སྒྲུང་པ་ཕྲེང་བ་བརྒྱུད་བཞིན་སྐྱེད་སྲིང་བྱུང་ཡོད་ལ། ཁོང་རྣམ་པའི་བློ་གྲོས་ཀྱི་རྩལ་ལ་བརྟེན་ནས་གླིང་སྒྲུང་དེ་ཉིད་ཕུན་སུམ་ཛེ་ཚོགས་སུ་བཏང་བས། ད་གཟོད་རང་རེར་ཀུན་ལ་ངོམས་སུ་ཚོག་པའི་རིན་བྲལ་ནོར་བུ་འདི་བྱུང་བ་ཡིན།

དེ་ལྟར་ལགས་ན་སྒྲུང་པར་ཞིབ་འཇུག་བྱ་རྒྱུ་ནི་གླིང་སྒྲུང་རིག་པའི་གལ་འགངས་ཆེ་བའི་འགག་གནད་ཅིག་ཡིན་པས། ཉེ་བའི་ལོ་ཤས་ནང་ཕྱོགས་མང་པོའི་འབད་བརྩོན་ལ་བརྟེན་ནས་གླིང་སྒྲུང་སྒེར་གྱི་ཞིབ་འཇུག་བྱ་གཞག་ལ་དབྱར་མཚོ་རྒྱས་པ་བཞིན་འཕེལ་རྒྱས་བྱུང་བ་དང་བསྟུན་ནས་སྒྲུང་པའི་ཞིབ་འཇུག་སྐོར་ལའང་འབྲས་བུ་ངེས་ཅན་ཞིག་ཐོབ་ཡོད།

དེ་ཡང་འདས་པའི་ལོ་བཅུ་ཕྲག་འགའི་ནང་གླིང་སྒྲུང་རིག་པའི་ཁྱབ་ཁོངས་ཁྲོད་སྒྲུང་པའི་སྐོར་ལ་ཞིབ་འཇུག་གནང་མཁན་མང་པོ་བྱུང་ཡོད་ལ། ཞིབ་འཇུག་གི་འབྲས་བུའང་མི་ཉུང་བ་ཞིག་རང་རེའི་མཐོང་ཆོས་སུ་སྨིན་ཡོད་པ་དཔེར་ན། རྒྱལ་ཕྱི་རྒྱལ་ནང་ཁྲོན་དུ་སྒྲུང་པའི་སྐོར་ལ་ཞིབ་འཇུག་གནང་བའི་གྲུབ་འབྲས་གཙོ་ཆེ་བ་ནི་ཧྥ་རན་སིའི་ཤར་ཕྱོགས་རིག་པ་མཁས་ཅན་དུ་གྲགས་པའི་ཞིབ་འཇུག་པ་

ཧེ་ཐད་ཨན་གྱིས་བརྩམས་པའི་《བོད་ཀྱི་གླིང་སྒྲུང་དང་དེའི་སྒྲུང་པའི་སྐོར་གྱི་ཞིབ་འཇུག》[1]ཅེས་པ་དང་། རྒྱལ་ཡོངས་གླིང་སྒྲུང་གཞུང་དོན་ཁང་གི་དེ་སྔོན་གྱི་དབུ་འཛིན། གླིང་སྒྲུང་རིག་པ་མཁས་ཅན་རྒྱའི་ཞིབ་འཇུག་པ་ཡང་ཨེན་ཧྲུང་གིས་བརྩམས་པའི་《གེ་སར་སྒྲུང་པའི་སྐོར་གྱི་ཞིབ་འཇུག》[2]ཅེས་པ། མཚོ་སྔོན་ཞིང་ཆེན་གླིང་སྒྲུང་ཞིབ་འཇུག་ཚན་པའི་དབུ་འཛིན། གླིང་སྒྲུང་རིག་པ་མཁས་ཅན་བོད་རིགས་ཞིབ་འཇུག་པ་གཙོད་པ་དོན་གྲུབ་དང་བོད་རིག་པ་མཁས་ཅན་ཆབ་འགག་རྡོ་རྗེ་ཚེ་རིང་གིས་བརྩམས་པའི་《ངོ་མཚར་ཆེ་བའི་གླིང་གེ་སར་སྒྲུང་པའི་གསང་བ》[3]ཞེས་པ་དང་གཙོད་པ་དོན་གྲུབ་ཀྱིས་རྩོམ་སྒྲིག་བྱས་པའི་《བོད་ཡུལ་གྱི་གེ་སར་སྒྲུང་པའི་རྟོག་དཔྱོད་དང་ཞིབ་འཇུག》[4]ཅེས་པ་སོགས་ལྟ་བུ་ཡིན།

དེ་ལྟའི་དཔྱད་བརྗོད་འབྲས་བུ་རྣམས་ལ་གཞིག་པ་བྱེད་སྐབས། མང་དག་ཅིག་གིས་སྒྲུང་པའི་རིགས་ཀྱི་དབྱེ་སྟངས་སྐོར་དང་སྒྲུང་པའི་ངོ་མཚར་ཆེ་བའི་གསང་གནད་སྐོར་ལ་ཞིབ་འཇུག་གནང་སྟེ་རང་རང་སོ་སོའི་ལྟ་ཚུལ་གླེང་བརྗོད་བྱས་ཡོད་པ་མཐོང་ཐུབ།

དང་པོ། སྒྲུང་པའི་རིགས་དབྱེའི་སྐོར་གྱི་ལྟ་ཚུལ་དང་ དེའི་སྐོར་གྱི་བསམ་གཞིག

ཧེ་ཐད་ཨན་གྱིས་སྒྲུང་པར་སྒྲུང་པ་ཐལ་པ་དང་རྫུ་འཕྲུལ་ཅན་གྱི་སྒྲུང་པ་ཞེས་རིགས་གཉིས་སུ་དབྱེ་བ་དང་། ཡང་ཨེན་ཧྲུང་མཆོག་ནས་སྒྲུང་པར་བབས་སྒྲུང་དང་། ཐོས་སྒྲུང་། གཏེར་སྒྲུང་། འདོན་སྒྲུང་། པྲ་མཁན་བཅས་རིགས་ལྔ་རུ་དགར་བ། གཙོད་པ་དོན་གྲུབ་དང་ཆབ་འགག་རྡོ་རྗེ་ཚེ་རིང་རྣམ་གཉིས་ཀྱིས

[1] བོད་ལྗོངས་མི་དམངས་དཔེ་སྐྲུན་ཁང་ནས་སྤྱི་ལོ་༡༩༩༣ལོར་དཔར་དུ་བསྐྲུན།

[2] ཀྲུང་གོའི་བོད་རིག་པ་དཔེ་སྐྲུན་ཁང་ནས་སྤྱི་ལོ་༡༩༩༥ལོར་དཔར་དུ་བསྐྲུན།

[3] མི་རིགས་དཔེ་སྐྲུན་ཁང་ནས་སྤྱི་ལོ་༢༠༠༡ལོར་དཔར་དུ་བསྐྲུན།

[4] བོད་ལྗོངས་མི་དམངས་དཔེ་སྐྲུན་ཁང་ནས་སྤྱི་ལོ་༢༠༡༣ལོར་དཔར་དུ་བསྐྲུན།

“བཤད་ནས་རྫོགས་རྒྱུ་མེད་པའི་བབས་སྒྲུང་གི་རིགས་དང་། བྲིས་ན་ཚར་རྒྱུ་མེད་པ་གཏེར་སྒྲུང་གི་རིགས། གང་འདོད་གསལ་ལེར་ཤར་བའི་པྲ་སྒྲུང་གི་རིགས། ཕ་ཚ་བུས་སྤེལ་བའི་བརྒྱུད་སྒྲུང་གི་རིགས། དེ་མིན་ད་དུང་ཐོས་སྒྲུང་དང་བསླབ་སྒྲུང་ཐང་སྒྲུང་བཅས་རིགས་མང་པོ་ཞིག་མཆིས་” ཞེས་དང་། གཞན་ཡང་སྒྲུང་པའི་རིགས་དབྱེའི་སྐོར་ལ་དཔྱད་བརྗོད་གནང་མཁན་མི་ཉུང་ཙམ་བྱུང་ཡོད་པ་དེ་དག་ལས་དགེ་རྒན་ཆེན་མོ་འཇམ་དཔལ་རྒྱ་མཚོས། “དམངས་ཁྲོད་ལ་སྤྱར་ནས་ཁྱབ་པའི་བཤད་སྲོལ་དང་། སྒྲུང་མཁན་རྣམས་རང་གིས་བཤད་པ་ལྟར་ན། སྒྲུང་མཁན་སོ་སོའི་ཁྱད་ཆོས་ལ་གཞིགས་ནས་སྒྲུང་མཁན་རིགས་མི་འདྲ་བ་ཡོད་པ་ནི་དང་པོ་ལ་བབས་སྒྲུང་ཟེར། གཉིས་པ་ལ་དག་སྣང་གི་སྒྲུང་ཟེར། གསུམ་པ་ལ་ཐོས་སྒྲུང་ཟེར། བཞི་པ་ལ་འདོན་སྒྲུང་ཟེར། ལྔ་པ་ལ་དགོངས་གཏེར་ཟེར། དྲུག་པ་ནི་པྲ་སྒྲུང་ཟེར། བདུན་པ་ནི་གཏེར་སྒྲུང་ཟེར་” ཞེས་སྒྲུང་པ་རིགས་བདུན་ལ་དབྱེ་ཡོད་པ་དང་། བོད་ལྗོངས་སྤྱི་ཚོགས་ཚན་རིག་ཁང་གི་གླིང་སྒྲུང་རིག་པ་མཁས་ཅན་རིག་འཛིན་ནས་“བབས་སྒྲུང་དང་། ཐོས་སྒྲུང་། རྟོགས་པ་ཉམས་ཤར་གྱི་སྒྲུང་། པྲ་ཕབ་ཀྱི་སྒྲུང་བཅས་བྱེ་བྲག་གི་ཚུལ་མི་འདྲ་བ་ཙམ་ལས་ཤོད་ཐུབ་པའི་སྒྲུང་ནི《གླིང་སྒྲུང་》ལས་ངོ་བོའི་ཁྱད་པར་མ་མཆིས་པས། སྒྲུང་མཁན་དེ་རིགས་ཡི་གེ་ཤེས་མིན་གཉིས་”①ཞེས་ཡི་གེ་ཤེས་པའི་སྒྲུང་མཁན་དང་ཡི་གེ་མི་ཤེས་པའི་སྒྲུང་མཁན་ཏེ་རིགས་གཉིས་སུ་དབྱེ་ཡོད། སྤྱི་ལོ་༢༠༡༢ ལོར་རྒྱལ་ཡོངས《གེ་སར་》གཞུང་ལས་ཁང་གི་དབུ་འཛིན། གླིང་སྒྲུང་རིག་པ་མཁས་ཅན་ནོར་བུ་དབང་ལྡན་གྱིས《སྒྲུང་རྒྱུད་དང་གླིང་སྒྲུང་རིག་པའི་རྣམ་བཤད་》ཅེས་པའི་ཆེད་རྩོམ་ཞིག་དཔར་དུ་བསྐྲུན་པའི་ནང་“བཤད་ན་རྫོགས་རྒྱུ་མེད་པའི་བབས་སྒྲུང་གི་རིགས་དང་། བྲིས་ན་ཚར་རྒྱུ་མེད་པའི་གཏེར་སྒྲུང་གི་རིགས། ཐམས་ཅད་ཆོས་

① བོད་ལྗོངས་བོད་ཡིག་དཔེ་རྙིང་དཔེ་སྐྲུན་ཁང་ནས་སྤྱི་ལོ་༢༠༠༥ ལོར་དཔར་དུ་བསྐྲུན་པའི་《གླིང་སྒྲུང་གི་དཔྱད་གཏམ་དཔྱིད་ཀྱི་ཕོ་ཉའི་དབྱངས་རྟ་》ཞེས་པའི་ཤོག་ངོས་༤༡ ལ་གསལ།

གྱི་བརྗ་རུ་ཤར་བ་དག་སྣང་གི་སྒྲུང་། ཆོས་ཀུན་རྟོག་པའི་རྒྱུད་ལ་སྒྲུང་གི་ཚུལ་དུ་ཅིག་ཆར་སྣང་བའི་རྟོག་པ་ཉམས་ཤར་གྱི་སྒྲུང་། གང་འདོད་གསལ་ལེར་ཤར་བའི་པྲ་སྒྲུང་གི་རིགས། ཕ་ཚ་བུས་སྤེལ་བའི་བརྒྱུད་སྒྲུང་གི་རིགས། དེ་མིན་ད་དུང་ཐོས་སྒྲུང་དང་བསླབ་སྒྲུང་ཐང་སྒྲུང་བཅས་རིགས་མང་པོ་ཞིག་མཆིས་”①ཞེས་དེ་སྔོན་གཙོད་པ་དོན་གྲུབ་དང་ཆབ་འགག་རྡོ་རྗེ་ཚེ་རིང་རྣམ་གཉིས་ཀྱིས་རིགས་དབྱེ་གནང་བའི་རྒྱང་གཞིའི་ཐོག་གོམ་གང་མདུན་སྤོས་ཀྱིས་དག་སྣང་གི་སྒྲུང་པ་དང་རྟོགས་པ་ཉམས་ཤར་གྱི་སྒྲུང་པ་མནན་ཏེ་སྒྲུང་པ་རིགས་དགུ་ཙམ་ལ་དབྱེ་ཡོད། དེས་ན་གོང་གསལ་དོན་དེའི་སྐོར་ལ་རང་ཉིད་ཀྱི་ལྟ་ཚུལ་གཉིས་བརྗོད་པར་འདོད་དེ།

གཅིག གོང་གསལ་སྒྲུང་པའི་རིགས་ཀྱི་དབྱེ་སྲོལ་དག་ལ་བལྟས་ཚེ། ཡོངས་སུ་གཅིག་མཐུན་གྱི་ལྟ་སྟངས་གཅིག་མེད་ལ། དེ་ཙམ་གྱིས་རྒྱབ་འགལ་ཆེ་བའང་མེད་མོད། རིགས་ཀྱི་དབྱེ་སྲོལ་དེ་ཚོར་རང་རང་སོ་སོར་རྒྱུ་མཚན་རེ་འདྲེན་རྒྱུ་ཡོད་པ་ནི་སྨོས་ཅི་དགོས། འོན་ཀྱང་རྒྱུ་མཚན་དེ་རྣམས་དོན་དངོས་དང་མཐུན་པའི་ངེས་པ་ཆེར་མེད་དེ། སྒྲུང་པར་རིགས་མང་དུ་དབྱེ་སྲོལ་ཡོད་པ་དེའི་གཞི་བཙོལ་ས་གཙོ་བོ་ནི་སྒྲུང་པ་རང་ངོས་ཀྱིས་རྒྱུན་དུ་ངོ་སྤྲོད་བྱས་པའི་གནས་ཚུལ་རྣམས་ཡིན། ཁོ་བོས་ལོ་མང་རིང་བོད་ལྗོངས་ཀྱི་སྒྲུང་པ་མང་པོ་ཞིག་དང་འབྲེལ་བ་བྱེད་པའི་བརྒྱུད་རིམ་ནང་སྒྲུང་མཁན་སོ་སོས་རང་ཉིད་ངོ་སྤྲོད་བྱེད་སྐབས་སྒྲུང་པ་རིགས་གང་གི་ཁོངས་སུ་གཏོགས་མིན་ཐད་ སྨྲ་ཕྱིར་ངོ་སྤྲོད་བྱས་པ་དག་ལ་ངེས་གཏན་གྱི་བཤད་སྲོལ་ཞིག་མེད་པར། སྐབས་འགར་བརྒྱུད་སྒྲུང་ཡིན་ཞེས་བརྗོད་པ་དང་། སྐབས་རེ་རྟོགས་པ་ཉམས་ཤར་གྱི་སྒྲུང་པ་ཡིན་ཞེས་བརྗོད་པ། སྐབས་རེ་བབས་སྒྲུང་གི་སྒྲུང་པ་ཡིན་ཞེས་བརྗོད་པ་ཤེས་རྟོགས་བྱུང་བས། དེས་སྒྲུང་པ་སོ་སོས་རང་ཉིད་རིགས་གང་ཞིག་ཏུ་གཏོགས་པའམ་རིགས་ཀྱི་དབྱེ་

① མི་རིགས་དཔེ་སྐྲུན་ཁང་ནས་སྤྱི་ལོ་༢༠༡༢ལོར་དཔར་དུ་བསྐྲུན་པའི《སྒྲུང་རྒྱུད་དང་གླིང་སྒྲུང་རིག་པའི་རྣམ་བཤད་》ཤོག་ངོས་༣༣༡ལ་གསལ།

སྤྱིལ་དེ་ལ་དེ་ཙམ་གྱིས་ངོ་འཛོག་མེད་པའམ་ཁས་ལེན་བྱེད་ཀྱི་མེད་པ་མཚོན་ཐུབ། དེ་མིན་དུས་རབས་གོང་མའི་ལོ་རབས་བརྒྱད་ཅུ་ནས་ང་ཚོས་བཙལ་རྙེད་ཐུབ་པའི་སྒྲུང་པ་མང་པོ་ཞིག་གི་ལོ་རྒྱུས་ལ་གཞིག་པ་བྱེད་སྐབས། ཚེད་ལས་པ་མི་འདྲ་བས་རྩོམ་འབྲི་བྱས་པའི་སྐུ་འཚོ་བཞུགས་ཀྱི་སྒྲུང་པ་གཅིག་གི་ལོ་རྒྱུས་ལ་ཡང་ནང་དོན་འདྲ་མིན་སྣ་ཚོགས་ཤིག་འཐོན་བཞིན་ཡོད་པ་ནི་དོན་དངོས་ཤིག་ཡིན་ན། སྒྲུང་པས་ངོ་སྤྲོད་གནང་བའི་ནང་དོན་དག་ལ་ངེས་མེད་ཀྱི་རང་བཞིན་མངོན་གསལ་ཆེན་པོ་ཡོད་པ་མཚོན་ཐུབ་པ་དཔེར་ན། མིག་སྟེར་བོད་ལྗོངས་ཁུལ་དུ་སྣན་གྲགས་ཆེ་ཤོས། རྒྱལ་ཁབ་རིམ་པའི་དངོས་རྫས་མིན་པའི་རིག་གནས་ཤུལ་བཞག་རྣམ་གྲངས་ཀྱི་དཔེ་མཚོན་རྒྱུན་འཛིན་པ་ནག་ཆུའི་སྒྲུང་མཁན་ཚེ་རིང་དགྲ་འདུལ་ལ་ཚ་མཚོན་ན། ཁོང་གི་ཕ་ཚོས་བཟང་དེ་ཉིད་བབས་སྒྲུང་གི་རིགས་སུ་གཏོགས་པའི་གྲགས་ཅན་སྒྲུང་པ་ཞིག་ཡིན་པས། རིགས་བརྒྱུད་དང་བསླབ་བརྒྱུད་དམ་བླ་བརྒྱུད་གང་ཐད་ནས་བརྗོད་ཀྱང་ཕ་སྒྲུང་བུ་ཡིས་སྤེལ་བའི་བརྒྱུད་སྒྲུང་གི་སྒྲུང་པའི་རིགས་སུ་གཏོགས་དགོས་ངེས་སུ་མཐོང་ཡང་། ཡང་ཨེན་ཧྲུང་མཆོག་གིས་ལོ་ན་ཆུང་ཤོས་ཀྱི་བབས་སྒྲུང་སྒྲུང་པ་ཚེ་རིང་དགྲ་འདུལ་ཞེས་པའི་ཚེད་རྩོམ①ཞིག་སྤེལ་ནས་ཚེ་རིང་དགྲ་འདུལ་ཉིད་བབས་སྒྲུང་གི་སྒྲུང་པའི་རིགས་སུ་བཞག་གནང་བ་དང་། དེ་རྗེས་སུ་ཞིབ་འཇུག་པ་མང་པོས་ཁོང་ཉིད་དང་། གྲགས་པ། བསམ་གྲུབ། གཡུ་སྒྲོན། ཚེ་དབང་འགྱུར་མེད་སོགས་བབས་སྒྲུང་གི་སྒྲུང་པའི་ཁོངས་སུ་འཛོག་བཞིན་ཡོད། འོན་ཀྱང་རིག་འཛིན་ལགས་ནས《བབས་སྒྲུང་དང་རྟོགས་པ་ཉམས་ཤར་སྒྲུང་མཁན་གྱི་ཁྱད་ཆོས་སྐོར》ཞེས་པའི་དཔྱད་རྩོམ་ནང་"མིག་སྟེར་བབས་སྒྲུང་གི་དཔེ་མཚོན་དུ་འདྲེན་མུས་ཀྱི་སྒྲུང་མཁན་དེ་རིགས་ལས་ཕལ་ཆེ་བ་ནི་རྟོགས་པ་ཉམས་ཤར་གྱི་སྒྲུང་མཁན་ལས་བབས་སྒྲུང་གི་སྒྲུང་མཁན་མིན་ཞིང་། བབས་སྒྲུང་

① ཡང་ཨེན་ཧྲུང་གིས་བརྩམས་པའི་《གེ་སར་སྒྲུང་པའི་སྐོར་གི་ཞིབ་འཇུག》ཅེས་པའི་ཤོག་ངོས་༣༠༡ལ་གསལ། ཀྲུང་གོའི་བོད་རིག་པ་དཔེ་སྐྲུན་ཁང་ནས་སྤྱི་ལོ་༡༩༩༥ལོར་དཔར་དུ་བསྐྲུན།

གི་སྒྲུང་མཁན་ནི་མཁས་མང་གི་བཞེད་པ་བཞིན་ཉུང་དཀོན་པའི་སྒྲུང་མཁན་གྱི་རིགས་ཤིག་ཡིན་པས། སྒྲུང་མཁན་ཚེ་དབང་འགྱུར་མེད་དང་། བསམ་གྲུབ། ཚེ་རིང་དགྲ་འདུལ་གསུམ་ནི་རྟོགས་པ་ཉམས་ཤར་གྱི་སྒྲུང་མཁན་ལས་བབས་སྒྲུང་གི་སྒྲུང་མཁན་མིན་ཚུལ་ཁོང་ཚོ་གསུམ་སྐུ་ངོ་མས་གསུངས་”①ཞེས་གསལ་བ་ལྟ་བུ་ཡིན། དེས་ན་སྒྲུང་མཁན་གྱི་རིགས་དབྱེའི་སྐོར་ལ་རང་གི་རིག་པས་གཏན་ལ་མ་ཕབ་པར་དད་པའི་རྗེས་སུ་འབྲངས་པའམ་གཞན་དག་གི་ཟེར་སྒྲོས་ཙམ་ལ་ཡིད་རྟོན་དང་དེ་དག་གི་རྗེས་སུ་འབྲངས་ནས་གང་བྱུང་དུ་སྨྲ་བའི་ཚུལ་སྤྱངས་ཏེ་ད་དུང་ཕྱོགས་གང་ཅིའི་ཐད་ནས་ཞིབ་ཅིང་ཕྲ་བའི་རྟོག་དཔྱོད་བྱ་དགོས་ངེས་སུ་མཐོང་།

གཉིས། གོང་གསལ་རིགས་དབྱེ་གནང་བ་རྣམས་ལ་དབྱེ་ཞིབ་ཕྲན་བུ་བྱས་ནའང་དེའི་ཐད་མི་འགྲིག་པའི་ཆ་འགའ་མངོན་རྒྱུ་ཡོད་དེ། བསླབ་སྒྲུང་དང་ཐོས་སྒྲུང་། བརྒྱུད་སྒྲུང་གསུམ་ལ་ཆ་བཞག་ནས་བཤད་ན། “ཐོས་སྒྲུང་གི་རིགས་ནི་ཡི་གེ་ཤེས་མིན་ལ་མ་ལྟོས་པར་འབད་པ་ལྷོད་མེད་ཀྱིས་རང་གི་རྣར་བརྟེན་པ་དང་བློར་ངེས་པའི་སྒྲུང་པའི་རིགས་ལ་ཟེར་བ་”②དང་། བསླབ་སྒྲུང་གི་རིགས་ནི་“ཆུང་དུས་ནས་རིག་གནས་ལ་སྦྱངས་པ་ལེགས་པར་གནང་བའི་རྨང་གཞིའི་ཐོག་གླིང་རྗེ་གེ་སར་རྒྱལ་པོའི་སྒྲུང་སུན་སྣང་མེད་པར་ཀློག་འདོན་མཛད་དེ་མིག་ལ་བྱུང་བ་དང་ཡིད་ལ་ངེས་པར་གྱུར་པའི་ཚོ། སྒྲུང་ཁག་འགའ་རེའམ་ལེའུ་འགའ་རེ་བློ་ལས་བཤད་ཤེས་པའི་རིགས་ལ་ཟེར་”③བ། “བརྒྱུད་སྒྲུང་གི་རིགས་འདི་ནི་རང་གི་ཨ་མེས་ཡང་མེས་རིང་ནས་བརྒྱུད་ཡོང་བའི་སྒྲུང་སྣ་ཚོགས་འཚོལ་དུ་མ་

① 《༢༠༠༨ལོའི་རྒྱལ་ཡོངས་གླིང་སྒྲུང་རིགས་ལམ་བགྲོ་གླེང་གྲོས་ཚོགས་ཀྱི་དཔྱད་རྩོམ་བདམས་བསྒྲིགས་》ཞེས་པའི་ཤོག་གྲངས་༨༥ལ་གསལ།

② གཙོད་པ་དོན་གྲུབ་དང་ཚབ་འགག་རྡོ་རྗེ་ཚེ་རིང་གིས་བརྩམས་པའི་《ངོ་མཚར་ཆེ་བའི་གླིང་གེ་སར་སྒྲུང་པའི་གསང་བ་》ཞེས་པའི་ཤོག་གྲངས་༧༣ལ་གསལ། མི་རིགས་དཔེ་སྐྲུན་ཁང་ནས་སྤྱི་ལོ་༢༠༠༧ལོར་དཔར་དུ་བསྐྲུན།

③ གཙོད་པ་དོན་གྲུབ་དང་ཚབ་འགག་རྡོ་རྗེ་ཚེ་རིང་གིས་བརྩམས་པའི་《ངོ་མཚར་ཆེ་བའི་གླིང་གེ་སར་སྒྲུང་པའི་གསང་བ་》ཞེས་པའི་ཤོག་གྲངས་༧༢ལ་གསལ། མི་རིགས་དཔེ་སྐྲུན་ཁང་ནས་སྤྱི་ལོ་༢༠༠༧ལོར་དཔར་དུ་བསྐྲུན།

བཙུག་པའི་སྟེང་ཇེ་རྒྱས་ཇེ་ལེགས་སུ་བཏང་ནས་མི་རབས་དང་མི་རབས་ལ་བརྒྱུད་པའི་སྒྲུང་གི་རིགས་ལ་ཟེར། བརྒྱུད་སྒྲུང་གི་རིགས་ལ་གཉིས་ཡོད་དེ། གཅིག་ནི་ངག་ཐོག་ནས་བརྒྱུད་ཡོང་བའི་སྒྲུང་ཡིན་ལ། གཅིག་ནི་ཡིག་ཐོག་ནས་བརྒྱུད་ཡོང་བའི་སྒྲུང་"①ལ་ཟེར་བ་སོགས་དེ་ལྟར་ཡིན་ན། ཕ་མེས་སམ་བླ་མ། ཡང་ན་སྒྲུང་པ་རྒན་རབས་སོགས་མི་གཞན་གྱིས་འཆད་གྱེར་གནང་བའི་སྒྲུང་རྣམས་རང་གི་རྣ་བས་ཉན་ནས་སྒྲུང་འཆད་གྱེར་ཐུབ་པ་ལ་ཐོས་སྒྲུང་ཟེར་ཚོག་པ་དང་། དེ་ནི་སྦྱངས་ནས་ཤེས་པ་ཡིན་ངེས། ཕ་མེས་ཀྱིས་འཆད་གྱེར་གནང་བའི་སྒྲུང་བུ་ཚས་ཉན་ཞིང་སྦྱངས་པ་གང་ལེགས་བྱས་ཏེ་རྒྱུན་འཛིན་གྱིས་འཆད་གྱེར་ཐུབ་པ་ལ་བརྒྱུད་སྒྲུང་དུ་བརྗོད་ཚོག་སྟེ། དེ་ནི་ཕ་མེས་ཀྱིས་འཆད་གྱེར་གནང་བའི་སྒྲུང་རྣ་བས་ཉན་ཞིང་བློར་ངེས་དགོས་པས། ཕ་མེས་སམ་རྒན་རབས་ཀྱི་ངག་ནས་བརྒྱུད་དེ་བསླབ་པའམ་ཡང་ན་ཡིག་ཐོག་གི་སྒྲུང་དཔེ་དག་མིག་ལམ་དུ་འཆར་ནས་བློར་འཛིན་པ་སོགས་དོན་དུ་དེ་དག་ཚང་མ་རྣམ་པ་མི་འདྲ་བ་ཙམ་ལས་གཞན་ལས་སྦྱངས་ཏེ་སྒྲུང་འཆད་གྱེར་ཤེས་པ་ཡིན་པས། སྦྱངས་སྒྲུང་ངམ་བསླབ་སྒྲུང་གི་རིགས་སུ་གཏོགས་དགོས་པ་ཡིན། དེ་བཞིན་དུ་དེ་སྟོན་བབས་སྒྲུང་དུ་བརྗོད་པའི་སྒྲུང་པའི་རིགས་ལ་ཕྱིས་སུ་རྟོགས་པ་ཉམས་ཤར་གྱི་སྒྲུང་པ་ཞེས་ལོགས་སུ་དགར་བཞིན་ཡོད་ཀྱང་། དེ་དག་གི་ངོ་མཚར་ཆེ་བའི་འཆད་གྱེར་གྱི་རྩལ་དང་ནུས་པ་དེ་ཡང་སྙིང་སྐྱོག་ཀྱུར་གྱི་མཐུ་གང་ཞིག་ལ་བརྟེན་ནས་བྱུང་བའི་ཐད་དཔྱད་པ་གནད་དུ་ཐེགས་པ་ཞིག་གཏོང་དཀའ་སྟེ། དེ་གཉིས་དབར་གྱི་ངོ་བོའི་ཁྱད་པར་དབྱེ་འབྱེད་དཀའ་བ་དང་། དེ་བཞིན་དགོངས་གཏེར་དང་པྲ་སྒྲུང་སྟེ། གེ་སར་རྒྱལ་པོའི་རྟོགས་བརྗོད་ཡིག་ཐོག་ཏུ་སྒྲུག་འབྲི་བྱེད་མཁན་རིགས་གཉིས་དབར་གྱི་ཕྱིའི་རྣམ་པ་ཙམ་ལས་དོན་གྱི་ངོ་བོའི་ཁྱད་པར་དབྱེ་འབྱེད་དཀའ་བ་སོགས། སྒྲུང་

① གཅོད་པ་དོན་གྲུབ་དང་ཆབ་འགག་རྡོ་རྗེ་ཚེ་རིང་གིས་བརྩམས་པའི《ངོ་མཚར་ཆེ་བའི་གླིང་གི་སར་སྒྲུང་པའི་གསང་བ》ཞེས་པའི་ཤོག་ངོས་༡༤ལ་གསལ། མི་རིགས་དཔེ་སྐྲུན་ཁང་ནས་སྤྱི་ལོ་༢༠༠༡ལོར་དཔར་དུ་བསྐྲུན།

པའི་རིགས་དབྱེའི་ཐད་མི་འདྲང་བའི་ཆ་མང་དུ་ཡོད་པ་རྣམས་ལ་ད་དུང་རྒྱ་ཆེ་གཏིང་ཟབ་ཀྱིས་ཞིབ་འཇུག་གནང་གལ་ཆེ་བ་ལྟ་བུའོ། །

གཉིས་པ། སྒྲུང་པའི་ངོ་མཚར་ཆེ་བའི་གསང་གནད་ལ་འཛིན་པའི་ལྟ་ཚུལ་དང་དེའི་སྐོར་གྱི་བསམ་གཞིག

དེ་ཡང་སློབ་གྲྭའི་རྒྱལ་སྒོ་ཙམ་ཡང་འགྲིམ་མྱོང་མེད་པའི་ཡིག་རྨོངས་ཀྱི་སྒྲུང་པ་ཚོས་ངོ་མཚར་སྐྱེས་བུའི་རྟོགས་བརྗོད་དལ་འབབ་ཆུ་བོ་བཞིན་དུ་རྒྱུན་ཆད་མེད་པར་འཆད་ཐུབ་པའི་སྐོར་ལ་ལྟ་ཚུལ་མི་འདྲ་བ་མང་པོ་ཞིག་བྱུང་ཡོད་པ་ལས། གཙོ་བོ་ནི་སྒྲུང་པ་རང་ངོས་ནས་འཛིན་པའི་ལྟ་ཚུལ་དང་། ཆེད་ལས་པས་འཛིན་པའི་ལྟ་ཚུལ་གཉིས་ཡིན། སྒྲུང་པ་རང་ངོས་ནས་འཛིན་པའི་ལྟ་ཚུལ་ལའང་འདྲ་མིན་སྣ་ཚོགས་ཤིག་མཆིས་ཏེ། སྒྲུང་པ་འགའ་ཞིག་གིས་སྒྲུང་པས་སྒྲུང་མང་པོ་འཆད་ཐུབ་པ་ནི་གེ་སར་ལ་སོགས་པ་རང་གི་དད་པ་བྱེད་ཡུལ་གྱི་ལྷ་དེའི་བྱིན་རླབས་དང་ནུས་པ་ལ་བརྟེན་ནས་བྱུང་བར་འདོད་པ་དང་། འགའ་ཞིག་གིས་ཚེ་རབས་མང་པོའི་ལས་ཀྱི་དབང་གིས་རང་གི་རིག་པའི་སྟེང་ལ་རང་ཤུགས་སུ་ཤར་བ་ཞིག་ཡིན་པར་བརྗོད་པ། ཡང་སྒྲུང་པ་སྐོར་ཞིག་གིས་གླིང་སྒྲུང་གི་སྒྲུང་པ་རྣམས་ནི་སྐྱེ་བོ་ཐལ་པ་དང་མི་འདྲ་བར་གེ་སར་དང་དཔའ་རྟུལ་གྲགས་ཅན་དེ་དང་དེ་འདྲའི་སྤྲུལ་པ་ཡིན་པའམ་སྐྱེ་བུ་དམ་པ་ཞིག་ཡིན་པར་ངོས་འཛིན་ལ། མིག་སྔར་སྒྲུང་པ་གང་ཞིག་གྲགས་ཅན་དཔའ་རྟུལ་ཆེ་གེ་མོའི་རྣམ་སྤྲུལ་ཡིན་པའི་བཤད་སྲོལ་མང་དག་ཅིག་རང་ཅག་གི་འདྲེན་བྱེད་རྣ་བའི་བཅུད་དུ་སྨིན་བཞིན་ཡོད་པ་ལྟ་བུ་ལགས། རིག་གཞུང་ལས་རིགས་པའི་ཁྲོད་དུ་དེ་བས་མང་བའི་བཤད་ཚུལ་འདྲ་མིན་སྣ་ཚོགས་ཤིག་ཡོད་དེ། ཆེད་ལས་པ་འགའ་ཞིག་གིས་སྒྲུང་པས་ཐོག་མར་སྒྲུང་པ་གཞན་གྱི་ས་ནས་ཉན་པས་སྒྲུང་མང་པོ་ཀློར་བཟུང་ལ་འཆད་ཐུབ་ལ་བྱུང་ཆ་ཆོད་པོ་ཆགས་པ་དང་། དེ་ནས་སྒྲུང་མང་པོ་ངག་ཐོག་ནས

གསར་རྩོམ་བྱེད་ཐུབ་པ་བྱུང་ཞེས་བརྗོད་པ་དང་། འགའ་ཞིག་གིས་དེ་ནི་གླིང་སྒྲུང་དར་ཡུལ་མང་ཚོགས་ཀྱི་ཐུན་མོང་གི་དྲན་ཤེས་ཡིན་ཞེས་བརྗོད་ལ་རྨི་ལམ་རྨིས་ནས་སྒྲུང་འཆད་ཀྱེར་ཐུབ་པའི་ངོ་མཚར་ཆེ་བའི་སྒྲུང་པའི་གསང་གནད་དེའང་ཉིན་མོར་བསམ་བློ་བཏང་བ་མཚན་མོར་རྨི་ལམ་ནང་དུ་རྨིས་པ་ཡིན་ཞེས་འགྲེལ་བཤད་བྱེད་པ། འགའ་ཞིག་གིས་སྒྲུང་པའི་བློ་འཛིན་གྱི་ནུས་པ་མི་དཀྱུས་མ་ལས་ཁྱད་དུ་འཕགས་པ་ཡོད་ཅེས་བརྗོད་པ། ཡང་འགའ་ཞིག་གིས་རྨི་ལམ་རྨིས་རྗེས་གཏམ་རྒྱུད་ཀྱི་བརྒྱུད་རིམ་དང་མི་རྟ་གོ་མཚོན་སོགས་ཡིད་ལ་གསལ་པོར་ཤར་བ་དེ་ནི་རྟོགས་པ་ཉམས་ཤར་གྱི་སྣང་ཚུལ་ཡིན་ཞེས་བརྗོད་པ། འགའ་ཞིག་གིས་སྒྲུང་པ་རྣམས་ནི་སྐྱེས་སྟོབས་ཀྱི་ཤེས་རབ་ཡོད་པའི་མི་ཁྱད་པར་ཅན་ཞིག་ཡིན་ཞེས་བརྗོད་པ། ཧེ་ཐད་ཨན་གྱིས་བབས་སྒྲུང་གི་རྩ་བའི་ངོ་བོ་ནི་ཆོས་ལུགས་ཀྱི་ངོ་བོ་ལ་གཏོགས་པ་དང་། སྒྲུང་པའི་ལུས་ཁོག་ཏུ་ལྷ་འདྲེ་གང་ཞིག་ཞུགས་ནས་རྨི་ལམ་ལྷ་བུའི་ཡུལ་ཁམས་སུ་ཡོད་པའི་དུས་སུ། ཁོང་རྣམས་ཀྱིས་མི་ཚེ་གང་པོར་ཕྱོགས་བཞི་མཚམས་བརྒྱད་དུ་ཆད་ནས་མཐོང་བ་དང་སྤྲུངས་ནས་ངོས་འཛིན་བྱུང་བའི་དངོས་པོ་ཐམས་ཅད་བློར་ཤར་བ་རེད་ཟེར། མཁས་པའི་དབང་པོ་དུང་དཀར་བློ་བཟང་འཕྲིན་ལས་མཆོག་གིས་སྒྲུང་པ་རྣམས་ཀྱི་“བློ་འཛིན་གྱི་ནུས་པ་དེ་སྐྱེས་སྟོབས་ཀྱི་ཤེས་རབ་དང་གཏན་ནས་མི་འདྲ་བ་གསལ་པོར་མཐོང་ཐུབ་ཡོད་པས་དེ་ལ་མི་བརྗེད་པའི་གཟུངས་ཀྱི་ཐོག་ནས་འགྲེལ་བཤད་བྱས་ན་གནས་ཚུལ་དངོས་དང་མཐུན་པ་མ་ཟད། དེ་འདྲའི་མི་བརྗེད་པའི་གཟུངས་ཡོད་མཁན་ནི་སྐྱེས་སྟོབས་ཀྱི་ཤེས་རབ་ཡོད་མཁན་བརྒྱ་ཐམ་པའི་ནང་རེ་གཉིས་ཙམ་མ་གཏོགས་མེད་པས་ཧ་ཅང་གི་དཀོན་པོ་རེད་”[①]ཅེས་གསུངས་ཡོད་པ་ལྟ་བུའོ། །

---

① དུང་དཀར་བློ་བཟང་འཕྲིན་ལས་ཀྱིས་བརྩམས་གནང་བའི《འཛམ་གླིང་ཐོག་དཀོན་པའི་བབས་སྒྲུབ་མཁས་ཅན་རྣམས་ཀྱི་ངོ་མཚར་ཆེ་བའི་ཁྱད་ཆོས་ལ་དཔྱད་པ་》ཞེས་པའི་ནང་གསལ། 《བོད་ལྗོངས་སྒྱུ་རྩལ་ཞིབ་འཇུག》1990ལོའི་དུས་དེབ་གཉིས་པར་གསལ།

གོང་གསལ་བཤད་ཚུལ་རྣམས་ལ་གཞིག་པ་བྱེད་སྐབས། སྒྲུང་པའི་ངོ་མཚར་ཆེ་བའི་གསང་གནད་དེ་ལ་འོལ་ཚོད་དང་རྗེས་དཔག་ཙམ་མམ་ཆོས་ལུགས་ཀྱི་གཞུང་ལུགས་ལྟར་འགྲེལ་པ་བརྒྱབ་པ་ཙམ་ལས་དེང་རབས་ཚན་རིག་གིས་སྟོམ་ཚིག་གམ་འགྲེལ་པ་མཐར་ཕྱིན་པ་ཞིག་རྒྱག་ཐུབ་མེད་ལ། སྒྲུང་པར་ཞིབ་འཇུག་བྱ་རྒྱུ་དེའང་ཕྱི་ངོས་ཙམ་ལས་རྒྱ་ཆེ་གཏིང་ཟབ་ཀྱི་ཕྱོགས་སུ་འཕེལ་རྒྱས་གཏོང་ཐུབ་མེད་པ་རྟོགས་ཐུབ། དེའི་རྒྱུ་མཚན་ཡང་ད་ལྟ་ང་ཚོར་སྒྲུང་པར་ཞིབ་འཇུག་བྱེད་པའི་འགག་རྩའི་ཆ་རྐྱེན་གཉིས་འཛོམས་མེད་པས་ཡིན། རང་ཉིད་ཀྱི་བསམ་པར། སྒྲུང་པའི་སྐོར་གྱི་ཞིབ་འཇུག་བྱ་གཞག་དེ་རྒྱ་ཆེ་གཏིང་ཟབ་ཀྱི་ཕྱོགས་སུ་འཕེལ་རྒྱས་གཏོང་དགོས་ན། ངེས་པར་དུ་འགག་རྩའི་གནད་དོན་གཉིས་ལ་ངོ་སྣང་བྱ་དགོས་པར་སྙམ་སྟེ།

གཅིག་ནི་སྒྲུང་པས་འཆད་ཀྱེར་གནང་བའི་སྒྲིང་སྒྲུང་ལ་ཞིབ་འཇུག་བྱ་རྒྱུར་ངོ་སྣང་བྱ་དགོས། ང་ཚོས་ཡིད་རྣལ་དུ་ཕབ་ནས་བསམ་བློ་ཡག་པོ་ཞིག་བཏང་ན། ད་ལྟ་ང་ཚོའི་མིག་ལམ་དུ་མཐོང་བའི་སྒྲུང་པས་འཆད་ཀྱེར་གནང་ཐུབ་པའི་སྒྲུང་ཞེས་པ་དེའང་མང་དག་གཅིག་ནི་དཀར་ཆག་ཙམ་དུ་ཟད་ལ། སྒྲུང་པ་ཆེ་གེ་མོས་སྒྲུང་སྣ་ཇི་ཙམ་ཇི་ཙམ་འཆད་ཀྱེར་ཐུབ་ཀྱི་ཡོད་ཅེས་པ་དེའང་སྒྲུང་པ་རང་ངོས་ནས་ངོ་སྤྲོད་བྱས་པ་ཙམ་དུ་ཟད། ད་བར་སྒྲུང་པའི་སྐོར་ལ་ཞིབ་འཇུག་གནང་མཁན་སུ་ཞིག་གིས་ཀྱང་སྒྲུང་པ་གཅིག་གིས་འཆད་ཀྱེར་ཐུབ་པའི་སྒྲུང་ཆ་ཚང་བ་ཞིག་ཉན་མྱོང་མེད་ལ་དེ་བས་མཐོང་མྱོང་མེད། གང་ལགས་ཞེར་ན་རྒྱལ་ཕྱི་རྒྱལ་ནང་ཁྱོན་དུ་ད་བར་ཚད་ལྡན་སྒྲུང་པ་སུ་ཞིག་གིས་ཀྱང་རང་གིས་འཆད་ཀྱེར་ཐུབ་པའི་སྒྲུང་ཆ་ཚང་བ་ཞིག་འཆད་ཀྱེར་སྒྲ་ཕབ་བྱེད་ཐུབ་མེད་ལ། དེ་བས་ཡིག་ཐོག་ཏུ་དངོས་སུ་ལེགས་སྒྲིག་དཔར་སྐྲུན་བྱས་པ་ཞིག་མཐོང་ཐོས་མེད་པས་ལགས། དེ་ཡང་ཚན་རིག་ལག་རྩལ་གོང་འཕེལ་བྱུང་ནས་སྒྲ་ཕབ་འཕྲུལ་འཁོར་ཐོན་པའི་རྗེས་སུ་རྒྱལ་ནང་ཁྱོན་དུ་སྒྲུང་པའི་ངག་སྒྲུང་སྒྲ་ཕབ་བྱེད་པའི་ལས་འགོ་བཙམས་པ་

དང་། དེའི་ཁྲིད་མི་ཉུས་དང་ནོར་ཤུགས་མང་ཐོས་བཏང་སྟེ་གྲུབ་འབྲས་ཆེ་ཐོས་ཐོབ་པའི་སྒྲུང་པ་ནི་མཚོ་སྔོན་གྱི་སྒྲུང་པ་ཚེ་རིང་དབང་འདུས་དང་། བོད་ལྗོངས་ཀྱི་སྒྲུང་པ་གྲགས་པ་དང་བསམ་གྲུབ་བཅས་གསུམ་ཡིན། ཚེ་རིང་དབང་འདུས་ཀྱིས་སྒྲུང་སྣ་མི་འདྲ་བ་༡༢༠འཆད་གྱེར་ཐུབ་པར་བརྗོད་ཀྱང་། ད་བར་སྒྲ་འཇུག་བྱས་པའི་སྒྲུང་སྣ་༡༣དང་། དེ་ལས་ལེགས་སྒྲིག་དཔར་སྐྲུན་བྱས་པའི་སྒྲུང་སྣ་༨ལས་མེད། སྒྲུང་མཁན་གྲགས་པས་སྒྲུང་སྣ་༣༤འཆད་གྱེར་ཐུབ་པར་བརྗོད་ཀྱང་། སྒྲ་ཕབ་བྱས་པའི་སྒྲུང་སྣ་༢༥ལས་མེད་པ་དང་། དེ་ལས་དཔར་སྐྲུན་བྱས་ཟིན་པའི་སྒྲུང་སྣ་༡༢ལས་མེད། བསམ་གྲུབ་ཀྱིས་སྒྲུང་སྣ་༦༧འཆད་གྱེར་ཐུབ་པར་བརྗོད་ཀྱང་། སྒྲ་ཕབ་བྱས་ཟིན་པའི་སྒྲུང་སྣ་༤༥ལས་མེད་པ་དང་། དེ་ལས་ད་བར་དངོས་སུ་དཔར་སྐྲུན་བྱས་ཟིན་པའི་སྒྲུང་སྣ་༤༢ལས་མེད། དེ་མིན་དམངས་ཁྲོད་སྒྲུང་པ་རང་ངོས་ཀྱིས་ངོ་སྤྲོད་བྱས་པའི་འཆད་གྱེར་ཐུབ་པའི་སྒྲུང་སྣ་ནི་ཧ་ཅང་མང་པོ་ཡོད་ཀྱང་། དངོས་སུ་སྒྲ་ཕབ་དང་ལེགས་སྒྲིག་དཔར་སྐྲུན་བྱས་པའི་སྒྲུང་སྣ་ནི་རྒྱ་མཚོའི་ནང་གི་ཆུ་ཐིགས་ཙམ་དུ་ཟད་པས། ད་ལྟ་ང་ཚོས་སྒྲུང་པའི་སྐོར་ལ་ལྟ་ཚུལ་མང་པོ་ཞིག་སྤེལ་བ་དག་དོན་དངོས་དང་ཟུང་འབྲེལ་བྱེད་རྒྱུ་མ་འདང་བའི་རྐྱེན་གྱིས་དེ་ཙམ་གྱིས་གནད་ལ་འཁེལ་བ་ཞིག་ཏུ་མ་མཐོང་། གང་ལྟར་སྒྲུང་པ་རྣམས་ནི་སྒྲུང་སྣ་མི་འདྲ་བ་བཅུ་ཕྲག་འཆད་གྱེར་ཐུབ་པ་ལས་སྒྲུང་པར་འགྱུར་བ་ཡིན་ན། སྒྲུང་པས་འཆད་གྱེར་གནང་བའི་སྒྲུང་ལ་ཞིབ་འཇུག་བྱ་རྒྱུ་ནི་སྒྲུང་པར་ཞིབ་འཇུག་བྱེད་པའི་གནད་འགག་གལ་ཆེན་ཞིག་ཡིན་པར་མཐོང་ངོ་། །

གཉིས་ནི་གཟུགས་ཁམས་རིག་པའི་ཐོག་ནས་སྒྲུང་པར་ཞིབ་འཇུག་བྱ་རྒྱུར་ངོ་སྣང་བྱ་དགོས། གླིང་སྒྲུང་ལས་བརྒྱ་ཆ་བརྒྱད་ཅུ་ལ་ཉེ་བའི་སྒྲུང་ནི་ད་དུང་སྒྲུང་པའི་དྲན་ཤེས་ལ་བརྟེན་ནས་ཉར་འཛིན་བྱེད་ཅིང་། གཙོ་བོ་ཡང་ངག་ལས་ངག་ཏུ་བརྒྱུད་ནས་རྒྱུན་འཛིན་དང་དར་སྤེལ་གཏོང་བ་ཡིན་པས། ཀ་ངོ་མི་འཕྲོད་

པའི་ཡིག་རྙོངས་སྒྲུང་པ་དེ་དག་གིས་བྱིས་པའི་དུས་ནས་བསམ་ཡུལ་ལས་འདས་པའི་སྒྲུང་སྣ་མང་པོ་འཆད་ཐུབ་པ་མ་ཟད། འཆད་ཁྲིར་གནང་བའི་སྒྲུང་དེ་དག་ཀྱང་བཅད་ཐུག་སྒྲིལ་མ་ལས་གྲུབ་པ་དང་། སྒྲུང་སྣ་རེ་རེའི་ནང་དོན་མཚར་ལ་རྒྱ་ཆེ་བ། རྗོད་བྱེད་ཚིག་གི་རོལ་མོ་སྙན་ལ་ཉ་བར་འཇེབས་པ། ཁྱད་པར་ཁོང་ཚོས་འཆད་ཁྲིར་གནང་བ་དག་ལས་ལྷ་ཡུལ་གྱི་མཛེས་སྡུག མི་ཡུལ་གྱི་དགའ་སྐྱོ། དམྱལ་ཡུལ་གྱི་འཇིགས་སྣང་། གླིང་ཡུལ་གྱི་མཛེས་ལྗོངས། གཡུལ་འགྱེད་ཀྱི་གདུག་རྩུབ། དཔའ་རྟུལ་གྱི་དཔའ་རྩལ། རྟ་མཆོག་གི་བང་རྩལ། སྨན་མཆོག་གི་མཛེས་ཉམས། ལྷ་ཀླུ་ཡི་རྫུ་སྤྲུལ། མི་ངན་གྱི་གཡོ་འཕྲུལ། གོ་མཚོན་གྱི་རྣོ་ངར་ལ་སོགས་ཞིབ་བརྗོད་བྱས་པ་དེ་དག་གིས་གསན་པ་པོར་གློག་བརྙན་ལྟ་བཞིན་པའི་སྣང་བ་ཞིག་སྟེར་ཐུབ་པ་སོགས། མདོར་ན་ཁོང་ཚོར་སྐྱེ་བོ་ཀུན་གྱི་ཡིད་དབང་རབ་ཏུ་འཕྲོག་པར་ནུས་པའི་འཆད་ཁྲིར་གྱི་ནུས་པ་ལྡན་པ་དེ་དྲན་པ་དང་ཤེས་རབ་ལ་བརྟེན་ནས་བྱུང་བ་དང་། དེ་ལྟའི་དྲན་ཤེས་དེའང་ཀླད་པའི་རྩ་ཕྲན་གྱི་གཟུགས་ཀྱི་དངོས་པོའི་ཕྲ་རགས་ཐམས་ཅད་ལ་ཁྱབ་ནས་སྒྱུར་ཚོར་གྱི་ནུས་པ་ཞིག་སྤྲད་པ་ལས་བྱུང་བ་ལགས་ན། གཟུགས་ཁམས་རིག་པའི་ཐོག་ནས་སྒྲུང་པ་རྣམས་ཀྱི་ཀླད་པའི་ནུས་པར་ཞིབ་འཇུག་བྱས་ཏེ་ཁོང་ཚོར་སྤྱིར་བཏང་མི་དཀྱུས་མ་དང་མི་འདྲ་བའི་ཀླད་པའི་ནུས་པ་ཡོད་མེད་ལ་བརྟག་དཔྱད་བྱ་རྒྱུ་དང་། གཞན་ཡང་ད་ལྟ"མི་ཡི་ཀླད་པའི་སྲབ་ཤུགས་བརྒྱ་ཆའི་༧༠ལས་སྔོག་འདོན་དང་བཀོལ་སྤྱོད་བྱེད་ཐུབ་ཀྱི་མེད་ལ། གལ་སྲིད་བབས་སྒྲུང་སྒྲུང་པའི་ཀླད་པའི་སྲབས་ཤུགས་ཀྱི་བཀོལ་སྤྱོད་བརྒྱ་ཆའི་༧༠ཡན་ལ་བརྒལ་ཐུབ་ན་གླིང་སྒྲུང་དང་གཏམ་རྒྱུད་མི་ཕལ་བ་ལས་མང་བ་བརྗོད་ཐུབ་པའི་ཡིད་ཆེས་ཀྱང་ཡོད་"[1]ཅེས་བརྗོད་ན། ཡང་སྙིང་སྒྲུང་པའི་ཀླད་པའི་སྲབས་ཤུགས་ཀྱི་བརྒྱ་ཆ་ཇི་ཙམ་བཀོལ་སྤྱོད་ཐུབ་མིན་

---

① གཙོད་པ་དོན་གྲུབ་ནས་རྩོམ་སྒྲིག་མཛད་པའི《བོད་ཡུལ་གྱི་གེ་སར་སྒྲུང་པའི་རྟོག་དཔྱོད་དང་ཞིབ་འཇུག》ཅེས་པའི་ཤོག་གྲངས་༧༨ནང་གསལ། བོད་ལྗོངས་མི་དམངས་དཔེ་སྐྲུན་ཁང་ནས་སྤྱི་ལོ་༢༠༡༣ལོར་དཔར་དུ་བསྐྲུན།

དེ་གཟུགས་ཁམས་རིག་པ་ནས་བརྟག་དཔྱད་བྱ་རྒྱུ་ལས་མ་འདས། མཁས་པའི་དབང་པོ་དུང་དཀར་བློ་བཟང་འཕྲིན་ལས་མཆོག་གིས། "ངས་ངོས་འཛིན་བྱས་དོན་དུ། རྒྱུན་ལྡན་སྤྱིར་བཏང་གི་མི་དང་མི་འདྲ་བའི་ཁྱད་ཆོས་དམིགས་བསལ་ཅན་གྱི་མི་ལ་དེང་རབས་ཚན་རིག་གི་གཟུགས་ཁམས་རིག་པའི་ཐོག་ནས་བརྟག་དཔྱད་བྱས་ན་སྙིག་འགྱུར་གྱི་སྟོབས་ཤུགས་གང་འདྲ་ཞིག་གི་ནུས་པ་ལ་བརྟེན་ནས་བྱུང་བ་ཡིན་མིན་སྐོར་ད་ལྟ་གསལ་བཤད་མ་ཐུབ་ཀྱང་། ནམ་ཞིག་གསལ་བཤད་བྱེད་ཐུབ་པའི་དུས་ཤིག་ཡོང་རྒྱུར་ཡིད་ཆེས་ཡོད་"①ཅེས་གསུངས་པ་ལྟར། ང་ཚོས་ཀྱང་རིག་གཞུང་ལས་རིག་པར་དྲན་སྐུལ་གྱི་ཚུལ་དུ་འདི་ལྟར་བརྗོད་པ་ནི་མཁས་དབང་གང་དེའི་དགོངས་པ་ལས་འགལ་མེད་པའི་རེ་བ་དང་བཅས་སོ། །

མདོར་ན། སྒྲུང་པའི་རིགས་དབྱེ་དང་ཁོང་ཚོའི་ངོ་མཚར་ཆེ་བའི་གསང་གནད་ལ་ཞིབ་འཇུག་མཐིལ་ཕྱིན་པ་ཞིག་མ་བྱུང་བའམ་གཅིག་མཐུན་མ་བྱུང་བའི་དབང་གིས་མིག་སྔར་སྒྲུང་པའི་མཚན་སྙན་གང་བྱུང་དུ་སྤྱོད་པ་དང་སྒྲུང་པས་འཆད་ཐུབ་པའི་སྒྲུང་བྱང་ཕོ་འགོད་བྱེད་སྐབས་སྒྲུང་སྣ་ཇི་མང་ཇི་མང་དུ་འགྲོ་བའི་གནས་ཚུལ་ལྷག་བཞིན་ཡོད། དེ་ཡང་མིང་གྲགས་དང་ཁེ་ཕན་པོ་ནའི་དབང་དུ་སོང་ནས་གླིང་སྒྲུང་ལས་དུམ་བུ་རེ་གཉིས་འཆད་ཐུབ་མཁན་གྱི་འབྲོག་པའམ་ཆེད་ལས་སྒྱུ་རྩལ་པ་མི་ཉུང་བས་རང་ཉིད་སྒྲུང་པར་ཉྱོམ་པའམ་ཆེད་ལས་པ་དང་སྡེ་ཚན་མི་འདྲ་བས་རང་འདོད་ཀྱིས་ཁོང་ཚོར་སྒྲུང་པའི་མཚན་སྙན་གསོལ་བའི་རླུང་ཡན་ཞིག་ངམ་ཤུགས་ཀྱིས་ལྡང་བཞིན་ཡོད་པ་དང་། སྒྲུང་པ་སོ་སོས་འཆད་ཐུབ་པར་བརྗོད་པའི་སྒྲུང་སྣའི་གྲངས་ཚད་ཀྱང་ཇི་མཐོ་ཇི་མང་དུ་འགྲོ་བའི་འུད་སྒྲོག་གི་རླུང་ཡན་ཞིག་འཕྱུར་བཞིན་འདུག དེས་ན་གླུ་ཤ་ལ་ཐ་ལ་

① དུང་དཀར་བློ་བཟང་འཕྲིན་ལས་ཀྱིས་བརྩམས་གནང་བའི་《འཛམ་གླིང་ཐོག་དཀོན་པའི་བབས་སྒྲུང་མཁས་ཅན་རྣམས་ཀྱི་ངོ་མཚར་ཆེ་བའི་ཁྱད་ཆོས་ལ་དཔྱད་པ་》ཞེས་པའི་ནང་གསལ། 《བོད་ལྗོངས་སྒྱུ་རྩལ་ཞིབ་འཇུག》1990ལོའི་དུས་དེབ་གཉིས་པར་གསལ།

གྱེར་ཐུབ་མཁའ་ཚང་མ་ཚད་ལྡན་སྒྲུང་པའི་ཁོངས་སུ་བཞག་པ་དང་སྒྲུང་པས་འཆད་གྱེར་ཐུབ་པའི་སྒྲུང་སྣའི་གྲངས་ཚད་དེ་ཚད་འགལ་གཟུགས་མེད་གྲིབ་སོར་བསྒྲུན་ན། དེས་གླིང་སྒྲུང་གི་སྒྲུང་པའི་གྲངས་ཚད་སློ་བུར་དུ་མང་དུ་འགྲོ་བ་དང་སྒྲུང་པའི་གསང་གནད་ཀྱང་དེ་བས་དཔོག་དཀའ་བར་གྱུར་ལ། སྒྲུང་པའི་སྲུས་ཚད་དང་ཚད་ལྡན་སྒྲུང་པའི་རྟུར་བརྩོན་རང་བཞིན་ལའང་ཕོག་ཐུག་གཏོང་ངེས་ཡིན། གང་ལྟར་ད་བར་ཚད་ལྡན་གྱི་སྒྲུང་པ་ཞིག་ལ་ཆ་རྐྱེན་གང་དང་ཅི་ཚང་དགོས་པའི་ཐད་གཅིག་གྱུར་གྱི་ཚད་གཞི་མེད་པ་དང་། ས་ཁུལ་མང་པོར་སྒྲུང་པ་ཞེས་པའི་ཐ་སྙད་དེ་གང་བྱུང་དུ་སྤྱོད་པ་དང་། ཐ་ན་ཆེད་ལས་པ་མང་པོས་ཀྱང་དོན་དངོས་ལ་རྟོག་ཞིབ་མེད་པར་རི་བོང་ཅལ་འདྲོགས་ཀྱི་བརྟུལ་ཞུགས་འཛིན་བཞིན་ཡོད་པས། དོན་འདིར་འབྲེལ་ཡོད་ཚན་པ་དང་རིག་གཞུང་ལས་རིགས་པས་དོ་སྣང་བྱེད་དགོས་ངེས་སུ་མཐོང་ངོ་། །

༄༅། །《གླིང་སྒྲུང་གི་དབྱངས་རྟ་གཅེས་བསྡུས》ཞེས་པ་མཚམས་སྦྱོར་དང་དེའི་རིན་ཐང་སྐོར་བརྗོད་པ།

སྔོན་གཞི།

དེང་དུས་འཛམ་བུའི་གླིང་དུ་མིའི་རིགས་ཀྱི་རིག་གནས་ཤུལ་བཞག་རྣམས་གཟུགས་གྲུབ་དང་གཟུགས་སུ་མ་གྲུབ་པའི་རིག་གནས་ཤུལ་བཞག་ཅེས་རིགས་གཉིས་སུ་དགར་བཞིན་ཡོད། ཕ་སྤྲེལ་རྒན་དང་མ་བྲག་སྲིན་གཉིས་ནས་མཆེད་པའི་ཁ་བའི་ལྗོངས་ཀྱི་མི་རིགས་འདིར་ཡང་མེས་པོ་དམ་པ་རྣམས་ཀྱིས་འཛོག་གནང་མཛད་པའི་དེ་ལྟའི་རིག་གནས་ཤུལ་བཞག་གཞན་ལ་ངོམས་སུ་ཚོག་པ་ཞིག་ཡོད། དེ་ཡང་མཁྱེན་དཔྱོད་ནམ་མཁའ་ལྟར་ཡངས་ཤིང་། ལྷག་བསམ་འོ་མཚོ་ལྟར་དཀར་བའི་སྔོན་བྱོན་སྐྱེས་ཆེན་དམ་པ་ཚོའི་བློ་གྲོས་ཀྱི་རྩལ་དང་། བརྩོན་འགྲུས་ཀྱི་མཐུ་ལ་བརྟེན་ནས་བྱུང་བའི་ཡིག་ཐོག་གི་གསུང་རབ་གླེགས་བམ་དེ་དག་ནི་མིག་མཐོང་ལག་ཟིན་ཐུབ་པའི་བོད་ཀྱི་གཟུགས་གྲུབ་རིག་གནས་ཤུལ་བཞག་གི་གྲུབ་ཆ་གཙོ་བོ་ཡིན་ལ། དེ་དག་ཐམས་ཅད་གཞི་གཅིག་ཏུ་བརྩེགས་ན་རི་རྒྱལ་ལྷུན་པོའི་དཔངས་ལའང་སྐྱེངས་པ་སྟེར་ནུས་པ་ཞིག་ཡོད། ཁ་བའི་ལྗོངས་འདིར་དམངས་ཁྲོད་དུ་ཕ་ཚ་བུ་རྒྱུད་ཀྱིས་མི་རབས་མང་པོའི་རིང་ཕྲེང་བ་བསྟར་བརྒྱུས་བཞིན་ངག་ཐོག་གམ་དོན་དངོས་ལག་ལེན་ཐོག་ནས་རྒྱུན་འཛིན་བྱས་པའི་གཟུགས་སུ་མ་གྲུབ་པའི་རིག་གནས་ཤུལ་བཞག་མཐའ་ཡས་རྒྱ་མཚོར་འགྲན་ནུས་པ་ཞིག་ཡོད། གླིང་རྗེ་མི་ཡི་ཉི་མ་གེ་སར་ནོར་བུ་དགྲ་འདུལ་གྱི་རྟོགས་པ་བརྗོད་པའི་སྒྲུང་རབས་ཆེན་མོ་སྟེ་གླིང་སྒྲུང་དེ་ནི་དེ་ལྟའི་རྒྱ་མཚོའི་ནང་གི་འོད་སྟོང་འབར་བའི་ནོར་བུ་ཞིག་ཡིན། དེ་ནི་གཙོ་བོ་དམངས་ཁྲོད་སྒྲུང་པའི་དྲན་དབང་

ལ་བརྟེན་ནས་ཤར་འཛིན་དང་སྔན་བརྒྱུད་ཐོག་ནས་རྒྱུན་འཛིན་དང་ཁྱབ་སྤེལ་མཛད་པ་ཞིག་ཡིན་པས་གསོན་ཉམས་རང་བཞིན་ཅན་གྱི་བྱུང་བརྗོད་སྙན་ངག་ཅིག་ཏུ་ངོས་འཛིན་བྱ་བཞིན་ཡོད་པས། དེའི་མྱུར་སྐྱོབ་ཀྱི་ལས་དོན་དེ་ཁ་ཚ་དགོས་གཏུགས་ཀྱི་དོན་ཆེན་ཞིག་ཏུ་འཛིན་གྱི་ཡོད། ཟིང་བཅོས་ཡོ་བསྲང་བྱས་ཚུན་བོད་རིགས་གནས་སྡོད་བྱེད་པའི་ས་ཁུལ་ཁག་ཏུ་གླིང་སྒྲུང་གི་མྱུར་སྐྱོབ་དང་ཞིབ་འཇུག་ལས་དོན་ལ་མཐོང་ཆེན་བྱས་དང་བྱེད་མུས་ལ་འབྲས་བུ་ཡང་གཡུར་དུ་ཟ་བ་ཐོབ་དང་འཐོབ་མུས་ཡིན། འོན་ཀྱང་དེ་ལྟའི་གྲུབ་འབྲས་ཀྱི་ཁྲོད་དུ་དབྱངས་རྟའི་སྐོར་གྱི་ཞིབ་འཇུག་ལས་དོན་ལ་འཕེལ་རྒྱས་དེ་ཙམ་ཆེན་པོ་བྱུང་མེད། དེའི་མྱུར་སྐྱོབ་ཀྱི་ལས་དོན་ལ་ཕྱི་རོལ་ཆ་རྐྱེན་སོགས་ཀྱིས་རྐྱེན་པས་དེ་བས་འབྲས་བུ་དཔེན་པའི་གནས་སུ་གྱུར་ཡོད། ད་ལམ་ངེད་བོད་ལྗོངས་སྤྱི་ཚོགས་ཚན་རིག་ཁང་མི་རིགས་ཞིབ་འཇུག་ཚན་པས་ཧུས་འགོད་དང་སྒྲིག་འཛུགས་བྱས་ཤིང་། གངས་ལྗོངས་སྒྲ་བརྙན་སློག་རྫུལ་དཔེ་སྐྲུན་ཁང་ནས་དཔར་དུ་བསྐྲུན་པའི་《གླིང་སྒྲུང་གི་དབྱངས་རྟ་གཅེས་བསྡུས》ཞེས་པ་དེས་དེའི་ཐད་ཀྱི་སྟོང་ཆ་དེ་ཁ་སྐོང་བྱས་ཡོད།

དང་པོ། གླིང་སྒྲུང་གི་དབྱངས་རྟ་སྤྱིར་བཤད་པ།

གླིང་གེ་སར་རྒྱལ་པོའི་སྒྲུང་དེ་ནི་ངག་ཐོག་དང་ཡིག་ཐོག་གི་རྣམ་པ་གཉིས་ལས་གསར་རྩོམ་རྒྱུན་འཛིན་བྱས་ནས་བྱུང་བ་དང་། ཡིག་ཐོག་གི་རྣམ་པའི་གླིང་སྒྲུང་དག་ནི་སྤྱིར་བཅད་ལྷུག་སྤེལ་མ་ལས་གྲུབ་ཅིང་། སྒྲུང་གི་འཕེལ་རིམ་དང་། གཏམ་རྒྱུད་ཀྱི་རྒྱབ་ལྗོངས། ཁོར་ཡུག་ངོ་སྤྲོད། མི་སྣའི་བྱ་འགུལ་ཚང་མ་རྐང་པར་མ་བཅད་པའི་ཚིགས་ལྷུག་གི་རྣམ་པར་སྤྲོད་ཡོད་པ་དང་། མི་སྣ་ཕན་ཚུན་ལབ་གླེང་གི་ཚུལ་དུ་གླུ་ལེན་རེས་བྱས་པ་ཚང་མ་རྐང་པར་བཅད་པའི་ཚིགས་བཅད་དུ་སྤྲོད་པ་ཤས་ཆེ། ངག་སྒྲུང་དང་ཡང་ན་ཡིག་ཐོག་གི་སྒྲུང་རྣམས་ངག་

ལས་འདོན་ཆེ། ལྷུག་མའི་རྣམ་པ་དག་གཏམ་བཤད་ཚུལ་གྱིས་འཆད་པ་དང་། བཅད་མ་རྣམས་དབྱངས་སུ་གྱེར་བཞིན་ཡོད་པས། འཆད་པའི་རྣམ་པ་དེས་གཞུང་དོན་གོང་འོག་འབྲེལ་མཐུད་གསལ་བར་བྱེད་པའི་ནུས་པ་ཐོན་པ་དང་། གྱེར་བའི་ཚུལ་དེས་དབྱངས་ཀྱི་སྒྱུ་རྩལ་གྱི་ཉམས་འགྱུར་དེ་ལེགས་པར་ཐོན་གྱི་ཡོད། དེར་བརྟེན་གླིང་སྒྲུང་ནི་གཙོ་བོ་འཆད་གྱེར་གྱི་སྒྱུ་རྩལ་རྣམ་པར་བརྟེན་ནས་བོད་རིགས་མི་དམངས་རྣམས་ཀྱིས་སྤྱོད་བཞིན་ཡོད་པས། དེ་ནི་དམངས་ཁྲོད་རྩོམ་རིག་སྒྱུ་རྩལ་གྱི་ཁོངས་སུ་གཏོགས་པ་མ་ཟད། རོལ་དབྱངས་སྒྱུ་རྩལ་གྱི་ཁོངས་སུ་གཏོགས་པ་ཞིག་ཀྱང་ཡིན་ན་འཆད་པ་དང་དབྱངས་ལས་གྱེར་བ་གཉིས་ཀ་གླིང་སྒྲུང་གི་སྒྱུ་རྩལ་མཚོན་ཐབས་ཤིག་ཡིན་ལ་དེ་གཉིས་ཁ་བྲལ་ཐབས་མེད་པའི་གླིང་སྒྲུང་གི་གཞོག་ཟུང་ལྟ་བུར་གྱུར་ཡོད།

གླིང་སྒྲུང་ནང་གི་གླུའི་དབྱངས་རྟ་ནི་ཧ་ཅང་ཕུན་སུམ་ཚོགས་པ་ཞིག་ཡིན། དེ་ཡང་སྒྲུང་གི་ནང་དུ་མི་སྣ་མི་འདྲ་བ་ཧ་ཅང་མང་ལ། མི་སྣ་སོ་སོར་སྙེར་དུ་སྤྱོད་པའི་དབྱངས་རྟ་ཡོད་པ་དང་། མི་སྣ་གཅིག་རང་ལའང་ཡུལ་དུས་མི་འདྲ་བར་ལེན་པའི་གླུ་རེ་ཡོད་པས་གླིང་སྒྲུང་ནང་གི་དབྱངས་རྟ་ཕུན་སུམ་ཚོགས་པའི་ཁྱད་ཆོས་དེ་གྲུབ་པ་ཡིན། དེར་བརྟེན་ཆེད་ལས་པ་འགའ་ཞིག་གིས་གླིང་སྒྲུང་གི་དབྱངས་རྟའི་འབོར་གྲངས་འདྲེན་སྐབས་མི་སྣ་སྟོང་ལ་དབྱངས་རྟ་ཁྲི་ཞེས་བརྗོད་ཀྱི་ཡོད། དེ་ལྟའི་ཕུན་སུམ་ཚོགས་པའི་དབྱངས་རྟ་རྣམས་རང་དགར་སྦྱར་བ་ཞིག་གཏན་ནས་མ་ཡིན་པར། གླུ་གང་ཞིག་ལ་དབྱངས་རྟ་གང་ཞིག་སྦྱོར་བར་དགོས་པ་དང་མཚོན་དོན་ངེས་ཅན་ལྡན་ཡོད། དེ་ཡང་“གླུ་ཡངས་པ་མཐོ་བ་བརྟན་པ་གསུམ། སྟོ་འཛམ་གླིང་ཡུལ་ལ་དེ་འདྲ་དར། གླུ་བཙན་པ་དལ་བ་ངར་བ་གསུམ། དགྲ་ཤ་པའི་སྙིང་ལ་དེ་འདྲ་ལེན། གླུ་བྱམས་པ་མཁས་པ་འཇམ་པ་གསུམ། གླིང་ཕུ་ནུའི་སྙིང་ལ་དེ་འདྲ་ལེན། གླུ་བསེར་མ་མགྱོགས་པ་མྱུར་བ་གསུམ། རྟ་འདོད་བ་

རྒྱུག་ཉིན་དེ་འདྲ་ཡིན། དེ་ཚོ་གླུ་ཡི་ལེན་ལུགས་རེད།”①ཅེས་པའམ“བདུད་དགྲ་འདུལ་དུས་གླུ་ཆེན་ཡིན། བསྟན་པ་བསྐྱོད་དུས་ཆོས་གླུ་ཡིན། དགྲ་མགོ་འདུལ་ཉིན་དཔའ་གླུ་ཡིན། རྟས་གྲུ་བཞི་འཚོ་ཉིན་ཤེས་གླུ་ཡིན། མ་སྤུ་མོར་ལོངས་སྐྱོད་ཚང་གླུ་ཡིན། རྟ་འདོ་བར་བང་རྩལ་མགྱོགས་གླུ་ཡིན། སྨན་བུ་མོར་གནས་འགྲོ་བཤད་གླུ་ཡིན། གླུ་དེ་ཚོ་དབུ་ནག་ཀུན་ལ་མཁོ།”②ཞེས་པ་ལྟར་གླུ་ཡིན་པའི་ཡུལ་དུས་མི་འདྲ་བར་གླུའི་དབྱངས་རྟ་མི་འདྲ་བ་རེ་གྱེར་སྲོལ་ཡོད་པ་དང་། ཡང་དཔེར་ན་སྒྲུང་ནང་གི་སེང་ཆེན་ནོར་བུ་དགྲ་འདུལ་གྱི་གླུ་ཁོ་ནར་མཚོན་ནའང་ཡུལ་དུས་མི་འདྲ་བ་དང་གདུལ་བྱ་དགྲ་བོ་མི་འདྲ་བ་རེར་གླུའི་དབྱངས་རྟ་མི་འདྲ་བ་རེ་གྱེར་སྲོལ་ཡོད་པ་ནི་གང་དེས་བྱེ་རིའི་རྒྱལ་པོ་སྟག་བཙན་བདུལ་སྐབས་བཀའ་གླུ་རྡོ་རྗེ་ཐྲག་བཙན་ཐོག་འབེབས་ཀྱི་རྟ་ལ་དྲངས་ནས་བླངས་པའི་གླུའི་ནང་“ལར་གཞི་རྒྱལ་པོའི་གླུ་ཡིན་ལ། འདྲ་དང་མི་འདྲ་འགའ་རེ་ཡོད། ལྷ་ངག་ལྷིམ་དྲུག་ལྷ་ལ་ཡིན། ལྷ་གོང་མའི་དབུ་འཕང་བསྟོད་ཉིན་ཡིན། དཔའ་སེང་འགྱིང་གླུ་གཉན་ལ་ཡིན། དཔའ་དགྲ་ལྷ་བཀའ་བཀོད་བྱེད་ཉིན་ཡིན། ཐོག་སེར་ངར་གྲོད་དགྲ་ལ་ཡིན། དགྲ་ཤ་པའི་མགོ་ལག་ལེན་ཉིན་ཡིན། གྲོག་ཆེན་ཆུ་འབབ་ཀླུ་ལ་ཡིན། ཀླུ་གཙུག་ནའི་དངོས་གྲུབ་ཞུ་ཉིན་ཡིན། སྙིང་རྗེའི་བྱང་སེམས་ཆོས་ལ་ཡིན། དམའ་དམྱལ་ཁམས་ཆོས་ལ་སྐྱུར་ཉིན་ཡིན། རྒྱལ་ཆེན་བཞི་ལ་གླུ་ཆེན་བཞི། ཐིག་པ་དག་པའི་གླུ་གཡང་ཡིན། ངར་གྲོད་གནམ་ལྕགས་ཐོག་འབེབས་དེ། ཀླུ་བཙན་ཐོད་མདའ་རྒྱུག་ཉིན་ཡིན། སྟོང་གསུམ་ཤ་ཟ་ཁྲག་འཐུང་དེ། གུར་དཀར་གཉའ་སྣ་སྟོད་ཉིན་ཡིན། སྙན་པོ་ཁུ་བྱུག་དྲུག་འགྱུར་དེ། ས་དམ་སྲོག

① སྒྲུང་མཁན་བསམ་གྲུབ་ཀྱིས་བབ་པའི་གླིང་སྒྲུང་དཔེ་ཚོགས《བྱེ་རི་བྱུར་རྫོང་》སྟོད་ཆའི་ཤོག་གྲངས་༧༠༡ནང་གསལ།

② སྒྲུང་མཁན་བསམ་གྲུབ་ཀྱིས་བབ་པའི་གླིང་སྒྲུང་དཔེ་ཚོགས《བྱེ་རི་བྱུར་རྫོང་》སྟོད་ཆའི་ཤོག་གྲངས་༩༡༧ནང་གསལ།

དམར་གཙོད་ཉིན་ལེན། ངག་རྟ་ཐོག་སེར་སྤྲིན་གླུ་དེ། ཤིང་ཁྲིའི་དགུ་སྐེ་གཙོད་ཉིན་ལེན། རྫོང་ཆེན་རི་ལ་གླུ་ཆེན་རེ། བཅོ་བརྒྱད་གླུ་དེ་དགྲ་ལ་ལེན། དེ་ཚོ་གླུ་ཡི་ལེན་ལུགས་རེད།”①ཅེས་གསལ་བ་ལྟར་རོ། །

གཉིས་པ། 《དབྱངས་རྟ་གཅེས་བསྡུས་》སྒྱུར་སྐྱོབ་ཀྱི་བརྒྱུད་རིམ་དང་སྒྲུང་པ་ངོ་སྤྲོད།

དེ་ཡང་གླིང་སྒྲུང་གི་དབྱངས་རྟ་སྒྱུར་སྐྱོབ་བྱ་རྒྱུའི་དགོས་གདུགས་རང་བཞིན་ལ་ངོས་འཛིན་བྱུང་རྗེས་དེའི་དབྱངས་རྟ་རྣམས་དེང་རབས་ཀྱི་འཕྲུལ་འཁོར་ལ་བརྟེན་ནས་སྒྱུར་སྐྱོབ་བྱ་རྒྱུའི་རེ་བའི་འདུན་པ་ཤུགས་ཆེ་ལ། སྒྱུར་སྐྱོབ་ཀྱི་འཆར་གཞི་ཡང་གཏིང་བ་དང་འབྲེལ་ཡོད་ཚན་པར་ཡང་འགྲོ་གྲོན་གྱི་སྣད་ཞུ་ཕུལ་མྱོང་ཡོད། འོན་ཀྱང་སེམས་བསམ་པར་བར་སྣང་ལ་ནམ་འཕང་གཙོད་འདོད་ཀྱང་། རྒྱུ་དངོས་པོས་སྤྲར་མཐིལ་ལ་སོ་མི་ཐེབས་པའི་དཔེ་ཇི་བཞིན་དེ་ལྟའི་བསམ་འདུན་ལག་ཏུ་བསྟར་མ་ཐུབ། སྤྱི་ལོ་༢༠༡༢ལོར་གངས་ལྗོངས་སྒྲ་བརྙན་སྒྲིག་རྩལ་དཔེ་སྐྲུན་ཁང་གི་དབུ་འཛིན་ཀྲང་ལེས་དང་ཙང་ཏན་རྣམ་གཉིས་ནས་རྒྱལ་ཁབ་གསར་འགྱུར་དཔེ་སྐྲུན་སྤྱི་ཁྱབ་ཅུས་ལ་གླིང་སྒྲུང་དབྱངས་རྟ་གཅེས་བསྡུས་སྒྱུར་སྐྱོབ་བྱ་རྒྱུའི་སྣད་ཞུ་ཕུལ་བ་དང་སྦྲགས་ཐུན་ལའང་ཞིབ་ཕྲའི་རྩིས་འགོད་དང་སྒྲུང་མཁན་དང་ཆེད་ལས་པ་སྒྲིག་འཛུགས་བྱ་རྒྱུའི་ལས་འགན་ཕྲད་བྱུང་། ཕྲན་ནས་དོན་སྙིང་ལྡན་པའི་ལས་དོན་དེ་ལེགས་སྒྲུབ་ཡོང་ཆེད། ཐོག་མར་བོད་ལྗོངས་སློབ་ཆེན་གྱི་གླིང་སྒྲུང་ཆེད་ལས་ཀྱི་ཞིབ་འཇུག་སློབ་མ་བསོད་ནམས་བཀྲ་ཤིས་དང་པད་མ་རྡོ་རྗེ་རྣམ་གཉིས་དང་མཉམ་དུ་གླིང་སྒྲུང་དཔར་མ་རྣམས་ལས་མི་སྣ་མི་འདྲ་བའི་གླུའི་རིགས་རྣམས་འཚོལ་བསྡུ་གང་རྒྱས་བྱས་པ་

---

① སྒྲུང་མཁན་བསམ་གྲུབ་ཀྱིས་ཕབ་པའི་གླིང་སྒྲུང་དཔེ་ཚོགས《བྱེ་རི་བྱུར་རྫོང་》སྟོད་ཆའི་ཤོག་ངོས་༤༥༨ནང་གསལ།

དང་། དེ་མུར་རྒྱལ་ཁབ་རིམ་པའི་སྒྲུང་མཁན་ཚེ་རིང་དགྲ་འདུལ་ལགས་དང་མཉམ་དུ་དག་སྒྲིག་བྱས་པ་མ་ཟད། མཐར་དབྱངས་རྟའི་དཀར་ཆག་ལེགས་སྒྲིག་བྱས་རྗེས་ནག་ཆུ་ས་ཁུལ་གྱི་དམངས་ཁྲོད་སྒྲུང་པ་དྲུག་གདན་འདྲེན་ཞུས་ནས་ལྷ་སར་སྒྲ་འཇུག་བྱས་པ་དང་། གངས་ལྗོངས་སྒྲ་བརྙན་གློག་རྡུལ་དཔེ་སྐྲུན་ཁང་ནས་སྤྱི་ལོ་༢༠༡༣ལོར་དངོས་སུ་དཔར་དུ་བསྐྲུན་པ་ལགས། ནག་ཆུའི་སྒྲུང་མཁན་དྲུག་པོའི་གནས་ཚུལ་མདོར་བསྡུས་གཤམ་གསལ་ལྟར།

སྒྲུང་མཁན་ཚེ་རིང་དགྲ་འདུལ། སྤྱི་ལོ་༡༩༤༩ལོར་ནག་ཆུ་ས་གནས་ཤན་ཙྭ་རྫོང་དུ་འབྲོག་ཁྱིམ་ཞིག་ཏུ་སྐུ་འཁྲུངས། སྤྱི་ལོ་༢༠༠༨ལོར་རྒྱལ་ཁབ་རིམ་པའི་མངོན་མེད་རིག་གནས་ཤུལ་བཞག་གི་དཔེ་མཚོན་རྒྱུན་འཛིན་པའི་མཚན་སྙན་ཐོབ། ད་ལྟ་ནག་ཆུ་ས་གནས་མང་ཚོགས་སྒྱུ་རྩལ་ཁང་དུ་ཕྱག་ལས་གནང་མུས་ཡིན། ཁོང་གིས་གསུངས་པར་དགུང་ལོ་༡༣ནས་སྒྲུང་འཆད་གྱེར་ཐུབ། ད་ལྟ་སྒྲུང་སྣ་མི་འདྲ་བ་༢༥༠འཆད་གྱེར་ཐུབ་པར་བརྗོད་ལ། ད་བར་སྒྲུང་སྣ་༡༠ཙམ་སྒྲ་བཅུག་བྱས་ཟིན་པ་མ་ཟད། གོར་གླིང་གཡུལ་འགྱེད་ཅེས་པ་དང་ཧྲི་གླིང་གཡུལ་འགྱེད་ཅེས་པའི་སྒྲུང་སྣ་གཉིས་དངོས་སུ་དཔར་སྐྲུན་བྱས་ཟིན། ད་ཐེངས《གླིང་སྒྲུང་གི་དབྱངས་རྟ་གཅེས་བསྡུས་》འདི་སྒྲ་འཇུག་བྱེད་སྐབས་མི་སྣ་མི་འདྲ་བ་༢༨གི་གླུ་སྣ་མི་འདྲ་བ་༣༧འཆད་གྱེར་སྒྲ་འཇུག་གནང་ཡོད།

སྒྲུང་མཁན་དཔའ་དགའ། སྤྱི་ལོ་༡༩༧༠ལོར་ནག་ཆུ་ས་གནས་ནག་ཆུ་རྫོང་གི་འབྲོག་ཁྱིམ་ཞིག་ཏུ་སྐུ་འཁྲུངས། སྤྱི་ལོ་༢༠༡༣ལོར་རྒྱལ་ཁབ་རིམ་པའི་མངོན་མེད་རིག་གནས་ཤུལ་བཞག་གི་དཔེ་མཚོན་རྒྱུན་འཛིན་པའི་མཚན་སྙན་ཐོབ། ཁོང་གིས་གསུངས་པར་དགུང་ལོ་༡༣ནས་སྒྲུང་འཆད་གྱེར་གནང་ཐུབ་པ་དང་། སྒྲུང་སྣ་མི་འདྲ་བ་༡༧༠འཆད་གྱེར་ཐུབ། ད་བར་སྒྲུང་སྣ་༧ཙམ་སྒྲ་འཇུག་བྱས་ཟིན་པ་དང་མ་ཟད། དངོས་སུ་དཔར་སྐྲུན་བྱས་ཟིན་པ་སྒྲུང་སྣ་༢ཙམ་ཡོད། ད་ཐེངས《གླིང་སྒྲུང་གི་དབྱངས་རྟ་གཅེས་བསྡུས་》སྒྲ་འཇུག་བྱེད་

སྐབས་མི་སྣ་མི་འདྲ་བ་༩ཡི་གླུ་སྣ་མི་འདྲ་བ་༡༥སྒྲ་འཇུག་གནང་ཡོད།

སྒྲུང་མཁན་ངག་དབང་དཔལ་ལྡན། སྤྱི་ལོ་༡༩༧༡ལོར་ནག་ཆུ་ས་གནས་དཔལ་མགོན་རྫོང་གི་འབྲོག་ཁྱིམ་ཞིག་ཏུ་སྐྱེ་འཁྲུངས། སྤྱི་ལོ་༢༠༡༠ལོར་ལྗོངས་རིམ་པའི་མངོན་མེད་རིག་གནས་ཤུལ་བཞག་གི་དཔེ་མཚོན་རྒྱུན་འཛིན་པའི་མཚན་སྙན་ཐོབ། ཁོང་གིས་ཇོ་སྦྲིད་གནང་བར་དགུང་ལོ་༡༣ནས་སྒྲུང་འཆད་གྱེར་གནང་ཐུབ་པ་དང་། ད་ལྟ་སྒྲུང་སྣ་མི་འདྲ་བ་༡༨༠འཆད་གྱེར་ཐུབ། ད་བར་སྒྲུང་སྣ་༩ཙམ་སྒྲ་འཇུག་བྱས་ཟིན་པ་ལས། བཙན་གླིང་གཡུལ་འགྱེད་ཅེས་པ་དང་ཡ་ཁྲུ་རྣམ་གསུམ་ཞེས་པ། ཁེ་ཆེའི་ཚྭ་རྫོང་ཞེས་པ་སོགས་སྒྲུང་ཁག་༣དངོས་སུ་དཔར་སྐྲུན་བྱས་ཟིན། ད་ཐེངས《གླིང་སྒྲུང་གི་དབྱངས་རྟ་གཅེས་བསྡུས》འདི་སྒྲ་འཇུག་བྱེད་སྐབས་མི་སྣ་མི་འདྲ་བ་༡༦ཡི་གླུ་སྣ་མི་འདྲ་བ་༡༨འཆད་གྱེར་གནང་ཡོད།

སྒྲུང་མཁན་མར་དེའུ་ནི་སྤྱི་ལོ་༡༩༨༠ལོར་ལོར་ནག་ཆུ་ས་གནས་ནག་ཆུ་རྫོང་གི་འབྲོག་ཁྱིམ་ཞིག་ཏུ་སྐྱེ་འཁྲུངས། སྤྱི་ལོ་༢༠༡༠ལོར་ལྗོངས་རིམ་པའི་མངོན་མེད་རིག་གནས་ཤུལ་བཞག་གི་དཔེ་མཚོན་རྒྱུན་འཛིན་པའི་མཚན་སྙན་ཐོབ། ཁོང་གིས་གསུངས་པར་དགུང་ལོ་༡༣ནས་སྒྲུང་འཆད་གྱེར་གནང་ཐུབ་པ་དང་། ད་ལྟ་སྒྲུང་སྣ་མི་འདྲ་བ་༡༧༢འཆད་གྱེར་ཐུབ། ད་བར་སྒྲུང་ཁག་༡༥ཙམ་སྒྲ་འཇུག་བྱས་ཟིན་པ་ལས་ལྷོ་གླིང་ཞེས་པའི་སྟོད་ཆ་དངོས་སུ་དཔར་སྐྲུན་བྱས། ད་ཐེངས《གླིང་སྒྲུང་གི་དབྱངས་རྟ་གཅེས་བསྡུས》འདི་སྒྲ་འཇུག་བྱེད་སྐབས་མི་སྣ་མི་འདྲ་བ་༡༠ཡི་གླུ་སྣ་མི་འདྲ་བ་༡༣འཆད་གྱེར་སྒྲ་འཇུག་གནང་ཡོད།

སྒྲུང་མཁན་ཟླ་བ། སྤྱི་ལོ་༡༩༧༥ལོར་ནག་ཆུ་ས་གནས་ནག་ཆུ་རྫོང་གི་འབྲོག་ཁྱིམ་ཞིག་ཏུ་སྐྱེ་འཁྲུངས། སྤྱི་ལོ་༢༠༡༦ལོར་ཁོང་ལྗོངས་རིམ་པའི་མངོན་མེད་རིག་གནས་ཤུལ་བཞག་གི་དཔེ་མཚོན་རྒྱུན་འཛིན་པའི་མཚན་སྙན་ཐོབ།

ཁོང་གིས་ངོ་སྤྲོད་གནང་བར་དགུང་ལོ་༡༣ནས་སྦྱོང་འཆད་བྱེར་གནང་ཐུབ་པ་དང་། ད་ལྟ་སྦྱོང་སྣ་མི་འདྲ་བ་༤༥འཆད་ཁྲིར་ཐུབ་པར་བརྗོད། ད་བར་སྦྱོང་སྣ་༢༢ཙམ་སྒྲ་འཇུག་བྱས་ཟིན། དེ་ལས་ད་ལྟ་སྒྲ་ནག་གསེར་རྫོང་ཞེས་པའི་སྦྱོང་ཚན་དེ་དངོས་སུ་དཔར་སྐྲུན་བྱས་ཟིན། ད་ཐེངས《གླིང་སྦྱོང་གི་དབྱངས་རྟ་གཅེས་བསྡུས》འདི་སྒྲ་འཇུག་བྱེད་སྐབས་ཁོང་གིས་མི་སྣ་མི་འདྲ་བ་༡༣གྱི་གླུ་སྣ་མི་འདྲ་བ་༡༨འཆད་ཁྲིར་སྒྲ་འཇུག་གནང་ཡོད།

སྒྲུང་མཁན་ནོར་བུ། སྤྱི་ལོ་༡༩༧༤ལོར་ནག་ཆུ་ས་གནས་ནག་ཆུ་རྫོང་གི་འབྲོག་ཁྱིམ་ཞིག་ཏུ་སྐྱེ་འཁྲུངས། ཁོང་གིས་གསུངས་པར་དགུང་ལོ་༡༣ནས་སྦྱོང་འཆད་བྱེར་གནང་ཐུབ་པ་དང་། ད་ལྟ་སྦྱོང་སྣ་མི་འདྲ་བ་༤༠ཙམ་འཆད་ཁྲིར་ཐུབ་པར་བརྗོད་ལ། དེ་ལས་མོན་གླིང་དང་འཛང་གླིང་སོགས་ཀྱི་དུམ་བུ་ཆུ་ཚོད་༡༠ཙམ་སྒྲ་འཇུག་བྱས་ཟིན། ད་ཐེངས《གླིང་སྦྱོང་གི་དབྱངས་རྟ་གཅེས་བསྡུས》འདི་སྒྲ་འཇུག་བྱེད་སྐབས་ཁོང་གིས་མི་སྣ་མི་འདྲ་བ་༩ཡི་གླུ་སྣ་མི་འདྲ་བ་༡༠འཆད་ཁྲིར་སྒྲ་འཇུག་བྱས་ཡོད།

གསུམ་པ།《དབྱངས་རྟ་གཅེས་བསྡུས》ཀྱི་ཁྱད་ཆོས་བཤད་པ།

གཅིག གླིང་སྦྱོང་ནང་གི་གླུ་སྣ་གཙོ་བོ་རྣམས་མ་ལུས་པར་འདིར་བསྡུས་ཡོད། དེ་ཡང་གཅེས་བསྡུས་ནང་དུ་གླིང་སྦྱོང་ནང་གི་མི་སྣ་མི་འདྲ་བ་༥༨ཙམ་གྱི་གླུ་སྣ་མི་འདྲ་བ་༡༡༨ཙམ་བསྡུས་ཡོད་ལ། དེ་དག་ལྷ་གླུའི་དབྱངས་རྟ་དང་། གླིང་རྒན་རབས་ཀྱི་དབྱངས་རྟ། གེ་སར་རྒྱལ་པོའི་དབྱངས་རྟ། གླིང་དཔའ་རྟུལ་གཙོ་བོའི་དབྱངས་རྟ། མ་སྲུ་མོ་སྨན་གྱི་དབྱངས་རྟ། དགྲ་ཕྱོགས་མི་སྣའི་དབྱངས་རྟ། སྲོག་ཆགས་ཀྱི་དབྱངས་རྟ་བཅས་ཆེད་སྒྲིག་བདུན་དུ་དབྱེ་ནས་བསྒྲིགས་ཡོད་པས། གླིང་སྦྱོང་ནང་གི་མི་སྣ་གཙོ་བོ་རྣམས་ཀྱིས་བྱེར་བའི་གྲགས་ཆེ་བའི་གླུའི་རིགས་རྣམས་ཧ་ལམ་མ་ལུས་གཅིག་ཏུ་བསྡུས་ཡོད།

གཉིས། འཆད་གྱེར་མཁན་ལ་ཚབ་མཚོན་གྱི་རང་བཞིན་ལྡན་ཡོད། དེ་ཡང་མི་སྣ་མི་འདྲ་བའི་གླུའི་དཀར་ཆག་བསྡུ་སྒྲིག་བྱས་པའི་རྗེས་ད་ཡོད་དམངས་ཁྲོད་ཀྱི་སྒྲུང་པའི་ཁྲོད་ནས་ཡུལ་བྱུང་གི་སྒྲུང་པ་དྲུག་གདན་འདྲེན་ཞུས་ཏེ་ཁོང་ཚོ་སོ་སོའི་ཁྱད་ཡོན་དང་བསྟུན་ནས་གླུ་སྣ་མི་འདྲ་བ་ཁག་བགོས་ཀྱིས་དབྱངས་གྱེར་བྱས་པ་སྒྲ་འཇུག་བྱས་ཡོད། མིག་སྔར་བོད་ལྗོངས་ཁུལ་དུ་རྒྱལ་ཁབ་རིམ་པའི་མངོན་མེད་རིག་གནས་ཤུལ་བཞག་གི་དཔེ་མཚོན་རྒྱུན་འཛིན་པ་གཉིས་ཡོད་པ་གཉིས་ཀ་གདན་འདྲེན་ཞུས་པ་དང་ལྗོངས་རིམ་པའི་རྒྱུན་འཛིན་པ་བརྒྱད་ཡོད་པ་ལས་གསུམ་གདན་འདྲེན་ཞུས་ནས་སྒྲ་འཇུག་བྱས་ཡོད་ལ། ཁོང་རྣམས་ནི་ད་ལྟ་དམངས་ཁྲོད་དང་ཆེད་ལས་པས་ཁས་ལེན་པའི་ཡུལ་བྱུང་གི་སྒྲུང་པ་ཤ་སྟག་ཡིན།

གསུམ། གླུ་སྣ་མི་འདྲ་བ་དེ་ཚོའི་གླུ་ཚིག་གི་ནང་དོན་རྣམས་མི་སྣ་དེ་དང་གླུ་སྣ་དེ་རང་གི་ཁྱད་ཆོས་དང་མཐུན་པར་སྦྱར་ཡོད། གླུའི་དཀར་ཆག་བསྡུ་སྒྲིག་དང་སྒྲུང་མཁན་རྣམས་གདན་ཞུ་བྱས་རྗེས་གླུ་སྣ་མི་འདྲ་བ་རྣམས་སྒྲུང་པ་སོ་སོར་ཁག་བགོས་བྱས་ནས་ཉིན་ཤས་རིང་སྒྲུང་མཁན་ལ་གླུ་ཚིག་བསྡུ་རུབ་དང་ནང་དོན་ཁུ་བསྡུ་བྱེད་པའི་གོ་སྐབས་དང་ཕན་ཚུན་དཀའ་གནད་གསེད་བཀྲོལ་བྱེད་རེས་ཀྱི་ཆ་རྐྱེན་བསྐྲུན་པས། གླུ་ཚིག་རྣམས་གང་བྱུང་དུ་མ་སྤྱད་པར་གླུ་དེའི་ཁྱད་ཆོས་དང་མི་སྣ་དེའི་གོ་བབ་ལ་གཞིགས་ནས་གླུ་ཚིག་རྣམས་ལེགས་པར་སྦྱར་ཡོད།

བཞི་པ། 《དབྱངས་རྟ་གཅེས་བསྡུས》ཀྱི་རིན་ཐང་བཤད་པ།

གཅིག ཡུལ་བྱུང་སྲོལ་རྒྱུན་རིག་གནས་སྲུང་སྐྱོབ་ཀྱི་ནུས་པ་དང་རིན་ཐང་ལྡན་པ།

དེང་རབས་ཅན་བྱ་འགྱུར་བ་ལྟར་འཕེལ་རྒྱས་མྱུར་བའི་ད་ལྟའི་དུས་རབས་འདི་ནི་རིག་གནས་སྤེལ་རེས་དང་རིག་གནས་གསར་གཏོད་ཀྱི་བྱ་གཞག་སྔར་སོང་ལོ་རྒྱུས་ཐོག་བྱུང་མྱོང་མེད་པའི་རྒྱ་ཆེ་ལ་གཏིང་ཟབ་པའི་དུས་རིམ་ཞིག་ཡིན་པ་དང་། དེ་ལྟའི་དུས་རིམ་འདིའི་ནང་མི་རྣམས་ཀྱི་རོལ་རྩེད་ལ་སོགས་པའི་བསམ་པའི་རྒྱུགས་ཕྱེ་ཕུན་སུམ་རྫེ་ཚོགས་སུ་འགྲོ་དང་འགྲོ་མུས་ཡིན་པ་དང་། རིག

གནས་སྤྱིལ་རེས་ཀྱི་ཐབས་ལམ་དེ་འང་སྔ་མང་ཕུན་སུམ་ཚོགས་པ་ཞིག་ཏུ་གྱུར་དང་འགྱུར་བཞིན་ཡོད་པས། མི་རབས་མང་པོའི་རིང་མིའི་དྲན་ཤེས་ལ་བརྟེན་ནས་རྒྱུན་འཛིན་དང་སྙན་བརྒྱུད་ལ་བརྟེན་ནས་རྒྱ་ཁྱབ་བྱུང་བའི་སྲོལ་རྒྱུན་རིག་གནས་དེ་དག་གི་སྐྱེ་ཁམས་ཉིན་རེ་བཞིན་ཉམས་ཞན་དུ་འགྲོ་བ་དང་། འཚོ་གནས་ཟམ་མི་ཆད་པར་གུ་དོག་ཏུ་འགྲོ་བ། གསོན་སྟོབས་ཀྱང་ངམ་ཤུགས་རིམ་གྱུད་ཀྱི་ཚུལ་དུ་འགྲོ་བཞིན་ཡོད། མེས་པོ་དམ་པས་འཛོག་གནང་བའི་རིན་བྲལ་གྱི་ནོར་བུ་མང་དག་ཅིག་མར་མེ་སྣུམ་ཟད་ཀྱི་ཚུལ་དུ་འགྲོ་བཞིན་པ་དང་། ཐ་ན་མིང་གི་ལྷག་མར་གྱུར་དང་འགྱུར་མུས་ལགས་པས། དེང་རབས་ཀྱི་སྒྲ་འཛིན་འཕྲུལ་འཁོར་ལ་བརྟེན་ནས་དེ་དག་མྱུར་སྐྱོབ་དང་སྲུང་སྐྱོབ་བྱ་རྒྱུ་ནི་རང་རེའི་མི་རབས་འདི་ལ་འཁྲི་བའི་ལོ་རྒྱུས་ཀྱི་འཁུར་པོ་ཞིག་ཡིན། ལྷག་པར་དུ་གླིང་སྒྲུང་གི་དབྱངས་རྟ་མྱུར་སྐྱོབ་བྱ་རྒྱུ་ནི་དེ་བས་དགོས་གཏུགས་ཅན་ཞིག་ཏུ་མཐོང་སྟེ། གཅིག་ནས་གླིང་སྒྲུང་གི་དབྱངས་རྟའི་རྒྱུན་འཛིན་པ་ནི་ཆེས་ཐོན་པར་དཀའ་བའི་དམངས་ཁྲིད་ཀྱི་སྒྲུང་པ་རྣམས་ཡིན་པ་དང་། ཁོང་རྣམས་སྐྱེ་ཀ་ན་འཆིའི་ལས་དབང་ལས་ཐར་ཐབས་མེད་པས། ཁོང་ཚོའི་བློ་ཡི་ཡུལ་དང་དྲན་པའི་ཀློང་དུ་འཛུགས་པའི་ངོ་མཚར་ཆེ་བའི་དབྱངས་རྟ་རྣམས་སྒྲ་འབེབ་མ་ཐུབ་ན། སྒྲུང་པ་དེ་ཚེ་ལས་འདས་པ་དང་མཉམ་དུ་དམིགས་བསལ་གྱི་དབྱངས་རྟ་མི་ཉུང་བ་ཞིག་གར་སོང་ཆ་མེད་དུ་གྱུར་གྱི་ཡོད་པ་དང་། གཉིས་ནས་དམངས་ཁྲིད་སྒྲུ་རྩལ་མཐའ་དག་ལ་གཞན་འགྱུར་གྱི་རང་བཞིན་མངོན་གསལ་ཆེ་བ་དང་། དེའི་རྒྱུན་འཛིན་པ་དམངས་ཁྲིད་སྒྲུང་པ་རྣམས་ནི་ཟང་ཟིང་འདུ་འཛིའི་སྤྱི་ཚོགས་ནང་འཚོ་བར་རོལ་བཞིན་ལགས་པས། ཁོང་ཚོས་འཆད་གྱེར་བྱས་དང་བྱེད་བཞིན་པའི་དབྱངས་རྟ་རྣམས་ལ་དུས་རབས་དང་མཐའ་སྐོར་ཁོར་ཡུག་གི་ཤུགས་རྐྱེན་ཐེབ་དང་འཐེབ་མུས་ཡིན་པ་དང་། དེ་ལྟའི་ཤུགས་རྐྱེན་ཐེབས་ཤུགས་ཀྱང་ཇེ་མཐོ་ཇེ་ཆེར་འགྲོ་ངེས་ཡིན་ན། མི་རིང་བར་ཆུ་གཙང་མར་མཚོན་གཞན་བླུགས་པ་ལྟར་རང་

མདངས་མདོག་རྒྱུ་མེད་པར་དེ་དང་དེའི་རྗེས་སུ་འགྲོ་ཉེན་ཡོད། དེ་ལྟར་ན་ད་ལྟ་རང་མདངས་མདོག་རྒྱུ་ཡོད་པའི་གླིང་སྒྲུང་གི་དབྱངས་ཧྲ་རྣམས་སྒྲ་ཕབ་འཕྲུལ་འཁོར་ལ་བརྟེན་ནས་མི་རབས་རྗེས་མར་ཇི་མ་ཇི་བཞིན་འཇོག་ཐུབ་པ་ནི་མུར་སྐྱོབ་ཀྱི་ལས་དོན་ཧླབས་པོ་ཆེ་ཞིག་ཡིན།

གཉིས། མང་ཚོགས་ལ་བསམ་པའི་རྒྱུགས་ཕྱི་དང་ཆེད་ལས་པར་གསར་རྩོམ་གྱི་ཐོན་ཁུངས་བཟང་པོ་ཞིག་མཁོ་འདོན་ཐུབ་པ།

དེ་ཡང་རང་རེ་བོད་རིགས་རྣམས་ཀྱི་ཁ་རྒྱུན་དུ་གླིང་མི་རེའི་ཁ་ན་སྒྲུང་རེ་ཡོད་ཅེས་བརྗོད་བཞིན་ཡོད་པ་འདི་ལས་གཅིག་ནས་གླིང་སྒྲུང་གི་དར་ཁྱབ་ཆེ་བའི་རང་བཞིན་དེ་བསྟན་གྱི་ཡོད་ལ། གཉིས་ནས་ཁ་བ་རི་པའི་མི་རིགས་འདིའི་ཁོངས་མིར་གྱུར་པ་ཚང་མས་གླིང་སྒྲུང་འཆད་ཉན་བྱ་རྒྱུར་དགའ་པོ་ཡོད་པ་མཚོན་ཡོད། སྤྱིལ་རྒྱུན་དུ་ཀན་སྒྲ་དཀར་ནས་གཞོན་སོ་དཀར་བར་གྱི་བོད་རིགས་སྐྱེ་བོ་མཐའ་དག་ནམ་རྒྱུན་སོ་ནམ་དང་འབྲོག་ལས་ཐོན་སྐྱེད་གཉེར་ཞོར་དུ་གླིང་སྒྲུང་ཉན་རྒྱུར་དགའ་བ་དང་། དེ་དུས་སྒྲུང་པ་སྐུ་ངོ་མ་གདན་འདྲེན་ཞུས་ནས་ཁང་ཆུང་གྲུ་བཞིའམ་སྦྲ་གུར་ནག་པོའི་ནང་ཐབ་དང་གོ་ཁར་འཁོར་ནས་སྒྲུང་པའི་འཆད་ཀྱིར་ཉན་གྱི་ཡོད། དེ་ནི་ཁོང་ཚོའི་རྒྱུན་གཏན་འཚོ་བའི་ནང་ཟ་མར་རྩམ་ཐུད་ལྟ་བུའི་མེད་ཐབས་མེད་པའི་རྒྱུན་སྲོལ་ཞིག་ཡིན། འོན་ཀྱང་དུས་རབས་གསར་པའི་ནང་དེ་ལྟའི་རྒྱུན་སྲོལ་དེ་ལ་འགྱུར་བ་ངེས་ཅན་བྱུང་ཡོད་དེ། གཅིག་ནས་དམངས་ཁྲོད་དུ་སྒྲུང་པ་ཇེ་ཉུང་དུ་འགྲོ་བཞིན་ཡོད་པས་དུད་ཚང་སོ་སོས་སྒྲུང་པ་གདན་འདྲེན་ཞུ་དགའ་བ་དང་། གཉིས་ནས་མང་ཚོགས་རྣམས་ལས་ཞོར་དུ་བརྙན་འཕྲིན་དང་ རླུང་འཕྲིན་ལྟ་ཉན་བྱེད་རྒྱུར་དགའ་བ་དང་། ཐ་ན་ཤོ་སྤག་རྩེད་རྒྱུར་ཡང་དགའ་བའི་གོམས་གཤིས་ངན་པ་ཞིག་ཆགས་བཞིན་ཡོད། དེ་ལྟའི་གནས་ཚུལ་འོག་ཕྱུལ་བྱུང་གི་སྒྲུང་པས་འཆད་ཀྱིར་གནང་བའི་སྒྲུང་གི་གནད་བསྡུས་དང་དབྱངས་ཧྲའི་གཅེས་བསྡུས་རྣམས་སྒྲ་འཇུག་བྱས་ནས་མཁོ་འདོན་བྱ་

རྒྱུ་ནི་དོན་སྙིང་ལྡན་པའི་བྱ་བ་ཞིག་ཡིན། དེས་གླིང་སྒྲུང་གི་སྲོལ་རྒྱུན་དབྱངས་རྟ་རྒྱུན་འཛིན་དང་ཁྱབ་སྤེལ་གྱི་བར་སྟོང་རྒྱ་སྐྱེད་དང་། མཚོན་བྱེད་ཀྱི་རྣམ་པ་ཕུན་སུམ་ཚོགས་སུ་བཏང་ནས་འཕྲུལ་འཁོར་ལ་བརྟེན་ནས་དེ་བས་མང་བའི་མང་ཚོགས་ཀྱིས་གླིང་སྒྲུང་གི་སྒྱུ་རྩལ་ལ་རོལ་བ་དང་། གླིང་སྒྲུང་དེ་དེང་རབས་ཀྱི་རྒྱུན་ཏན་འཚོ་བའི་ནང་མཉམ་འདྲེས་གཅིག་གྱུར་ཡོང་རྒྱུར་ཕན་ནུས་ཐོན་ངེས་རེད་ལ། དེས་མང་ཚོགས་ཀྱི་བསམ་པའི་དཔལ་ཡོན་ཕུན་སུམ་ཚོགས་སུ་གཏོང་རྒྱུར་ནུས་པ་ཆེན་པོ་ཐོན་ངེས་ཡིན།

གཞན་ཡང་མིག་སྔར་རང་ལྗོངས་སུ་རང་རེ་ཚང་མའི་མཐོང་ཐོས་ཀྱི་འཐོད་སྐྱུལ་ཞིག་ནི་རིག་གནས་འཕེལ་རྒྱས་ཆེན་པོ་དང་དར་རྒྱས་ཆེན་པོ་ཞེས་ཡོངས་གྲགས་སུ་གྱུར་པ་དེ་རེད། དེ་ལྟའི་སྣང་བྱ་དེ་དོན་གྱི་ཐོག་ཏུ་འཁྱོལ་དགོས་ན། ངེས་པར་དུ་རིག་གནས་འཕེལ་རྒྱས་འགྲོ་བའི་ཆོས་ཉིད་དང་ལོ་རྒྱུས་འཕེལ་རྒྱས་ཀྱི་རྩོད་སྒྲུབ་རིག་པ་གཞིར་བཟུང་ནས་ཡང་དག་པའི་སྒོ་ནས་རྒྱུན་འཛིན་དང་གསར་གཏོད་ཀྱི་འབྲེལ་བ་དེ་ཐག་གཅོད་ཡག་པོ་བྱ་དགོས་ངེས་རེད། ནང་སེམས་གཞུང་རྒྱུད་བཟང་ལ་གཤིས་ཀ་འཇམ་ཞིང་དུལ་བ་དང་། ཕྱིའི་སྤྱོད་པ་ཡ་རབས་གུས་ཞབས་ལྡན་པའི་བོད་མི་རིགས་ནི་བག་ཕེབས་ཀྱི་འཚོ་བར་འཇུག་རྒྱུར་དགའ་ལ་གླུ་གར་ཞབས་བྲོ་ལ་རོལ་རྒྱུར་དགའ་བའི་མི་རིགས་ཤིག་ཡིན། དེ་ལ་བརྟེན་ནས་རང་རེ་འཚོ་བའི་གནས་འདིར་ཡང་གླུ་གར་གྱི་རྒྱ་མཚོ་ཞེས་འབོད་བཞིན་ཡོད། རྒྱ་མཚོ་དེའི་ནང་དུ་རིན་ཆེན་གྱི་ནོར་བུ་མང་པོ་ཞིག་ཡོད་པ་དང་། དེ་དག་རྒྱུན་འཛིན་བྱ་རྒྱུའམ་རྒྱུན་འཛིན་གྱི་རྨང་གཞིའི་ཐོག་གསར་གཏོད་བྱ་རྒྱུ་ནི་རང་ལྗོངས་ཀྱི་རིག་གནས་འཕེལ་རྒྱས་དང་དར་རྒྱས་ཆེན་པོ་གཏོང་བའི་ཆ་རྐྱེན་དང་རྨང་གཞི་ཡིན་ལ། ལོ་རྒྱུས་རྩོད་སྒྲུབ་རིག་པའི་ལྟ་བ་ལྟར་ན་དེ་ནི་རིག་གནས་འཕེལ་རྒྱས་འགྲོ་བའི་ཆོས་ཉིད་དང་མཐུན་པ་ཞིག་ཡིན། རྒྱུན་འཛིན་གྱི་དམིགས་ཡུལ་ནི་གསར་གཏོད་ཡག་པོ་ཞིག་ཡོང་བའི་ཆེད་དུ་ཡིན་པ་དང་། མིང་དོན་མཚུངས་

པའི་གསར་གཏོད་ནང་རྒྱུན་འཛིན་མ་ཚུད་ཐབས་མེད་རེད། མིའི་རིགས་ཀྱི་རིག་གནས་གང་འདྲ་ཞིག་ཡིན་རུང་སྔར་ཡོད་པ་རྣམས་རྒྱུན་འཛིན་དང་སྙིགས་དོར་བཅུད་ལེན་བྱས་ནས་འཕེལ་རྒྱས་བྱུང་བ་ལས། རིག་གནས་གསར་རྒྱུད་ཞིག་གནམ་ནས་ཟག་མི་སྲིད་ལ་ས་ནས་སྐྱེ་མི་ཐུབ་པའི་བདེན་དོན་དེ་གསར་བརྗེའི་སློབ་དཔོན་ཆོས་ཐྲེ་ས་ནས་གསུངས་ཡོད་པ་ཇི་བཞིན་ནོ། །དེ་ལྟར་ན་དུས་རབས་གསར་པའི་ནང་མི་རིགས་ཀྱི་ཁྱད་ཆོས་མངའ་ལ་དུས་རབས་ཀྱི་དོན་སྙིང་ལྡན་པའི་རོལ་དབྱངས་གསར་རྩོམ་བྱ་དགོས་ན། ཇོགས་མཐའ་མེད་པའི་ཐོན་ཁུངས་བཟང་པོ་ཞིག་ནི་དམངས་ཁྲོད་དུ་ཡོད་པ་དང་། སྐབས་ཀྱི་དོན་དུ་བརྗོད་པའི་《དབྱངས་ཧྭ་གཅིག་བསྡུས་》ཞེས་པ་དེས་རོལ་དབྱངས་གསར་རྩོམ་མཁན་ལ་གསར་རྩོམ་གྱི་ཐོན་ཁུངས་བཟང་པོ་ཞིག་མཁོ་འདོན་བྱས་ཡོད།

གསུམ། རིག་གཞུང་གི་རིན་ཐང་མངོན་གསལ་ཆེ་བ།

གླིང་སྒྲུང་གི་དབྱངས་ཧྭར་ཞིབ་འཇུག་བྱ་རྒྱུ་ནི《གེ་སར་》རིག་པའི་ཞིབ་འཇུག་བྱ་གཞི་གཙོ་བོ་ཞིག་ཡིན། འོན་ཀྱང་ད་བར་རྒྱུ་རྐྱེན་དུ་མའི་དབང་གིས་དེའི་སྐོར་གྱི་ཞིབ་འཇུག་དེ་རྒྱ་ཆེན་པོ་དང་གཏིང་ཟབ་པོ་ཞིག་བྱུང་མེད། རྒྱལ་སྤྱི་རྒྱལ་ནང་ཁྱོན་ཡོངས་ནས་བརྗོད་ན། ད་བར་གླིང་སྒྲུང་གི་དབྱངས་ཧྭའི་སྐོར་གྱི་ཞིབ་འཇུག་འབྲས་བུ་འབུར་དུ་ཐོན་པ་ཞིག་ནི་ཧྥ་རན་སིའི་ཞིབ་འཇུག་པ་ཨའི་འར་ཧྥེའི་ཡིས་མཛད་པའི་《བོད་རིགས་ཀྱི་〈གླིང་གེ་སར་རྒྱལ་པོའི་སྒྲུང་ཧྭ་རྒྱུག་རྒྱལ་འཛོམ〉ནང་གི་གླུ་གཞས་སྐོར་གྱི་ཞིབ་འཇུག》ཅེས་པའི་ཆེད་རྩོམ་དེ་ཡིན་པ་དང་། དེའི་ནང་རྩོམ་པ་པོས་སྙིང་རུས་ཆེན་པོས་དཀའ་ངལ་དུ་མ་ཁྱད་བསད་ཀྱིས《ཧྭ་རྒྱུག་རྒྱལ་འཛོམ》ནང་གི་གླུའི་སྐོར་ལ་ཞིབ་འཇུག་གནང་ཡོད། འོན་ཀྱང་གང་དེའི་དཔྱད་གཞིའི་ཡིག་ཆའི་ཡོང་ཁུངས་ནི་སྐབས་དེ་ཤེད་ན་ཡུལ་གྲུར་དུ་ཡོད་པའི་བོད་རིགས་དམངས་ཁྲོད་གླུ་གཞས་པ་འགགས་སྒྲ་ཕབ་བྱས་པའི་གླུ་སྣ་རེ་གཉིས་ཙམ་དང་། ཞིབ་ཕྲའི་སྒྲུང་གླུ་འཆད་ཀྱེར་མཁན་ནི་བློ་བཟང་བསྟན་འཛིན

དང་འགྱུར་མེད་རྣམ་གཉིས་ཡིན། ཕོང་གཉིས་ནི་མིང་དོན་མཚུངས་པའི་གླིང་སྒྲུང་གི་སྒྲུང་པ་མིན་པར་གླིང་སྒྲུང་དར་ཁྱབ་ཆེ་བའི་འདམ་གཞུང་དང་ཆབ་མདོ་ཁུལ་དུ་འཁྲུངས་པའི་གླིང་སྒྲུང་ལ་རྒྱུས་མངའ་ཆེ་བའི་ཤེས་ལྡན་པ་གཉིས་ཡིན། དེ་ཡང་ཆེད་རྩོམ་དེའི་འགོ་བརྗོད་དུ"ཆབ་སྲིད་ཕོར་ཡུག་གི་དབང་གིས་བོད་ཀྱི་ཕྱི་ཕྱོགས་སུ་སྒྲུང་པ་ངོ་མ་ཞིག་འཕྲད་ནས་རང་ཉིད་ཀྱི་ཞིབ་འཇུག་ལ་མུ་མཐུད་རོགས་རམ་ཡོང་རྒྱུའི་རེ་བ་ཆུང་བས། ཆུང་དུས་ནས་གླིང་སྒྲུང་ལ་བྱུང་ཆ་ཆེ་བའི་བོད་རིགས་ཡུལ་གྲུར་བ་ཚོའི་རོགས་རམ་ཐོབ་བྱུང་། ཕོང་ཚོས་སྒྲུང་གློག་འདོན་ཐུབ་པ་མ་ཟད། ད་དུང་དབྱངས་སུ་གྱེར་ལེན་ཐུབ་པས། ངས་ཕོང་ཚོའི་ནང་ནས་བློ་བཟང་བསྟན་འཛིན་དང་འགྱུར་མེད་རྣམ་གཉིས་གདན་འདྲེན་ཞུས་ཏེ་སྒྲ་འཇུག་བྱས་པ་ཡིན་"[1]ཞེས་འཕོད་པ་ལྟར་ལགས། དེ་ལྟར་ན་གང་དེའི་གཞུང་ལུགས་གི་རྨང་གཞི་དང་ཞིབ་འཇུག་བྱེད་སྟངས་ཇི་ཙམ་ཧན་ཏིག་གཟབ་ནན་ཡོད་པའམ་རོལ་དབྱངས་ཀྱི་ཤེས་རྒྱ་ག་ཚད་ཆེ་ནའང་དཔྱད་གཞིའི་ཡིག་ཆ་དབེན་ལ་ཆ་མ་ཚང་བས། ཞིབ་འཇུག་གི་འབྲས་བུ་དེའང་འཕྲུས་ཚང་གནད་དུ་ཕིགས་པ་ཞིག་ཡོང་དཀའ་བ་དང་། ཡང་དཔེར་ན། ད་བར་གླིང་སྒྲུང་གི་དབྱངས་རྟ་དབྱངས་ཡིག་ཏུ་ཕབ་པ་མང་ཤོས་ནི་བོད་ལྗོངས་ཀྱི་རོལ་དབྱངས་དོན་གཉེར་བ་སྤེན་རྫོར་ལགས་ཀྱིས་རྩོམ་སྒྲིག་གནང་བའི་《གླིང་གི་སྐན་དབྱངས་》ཞེས་པའི་ཆེད་རྩོམ་དེ་ཡིན་ཞིང་། དེའི་ནང་དུ་གླིང་སྒྲུང་ནང་གི་གླུ་སྣ་མི་འདྲ་བ་བརྒྱ་དང་བརྒྱད་ཀྱི་དབྱངས་ཡིག་ཡིན་ཚུལ་བཀོད་ཡོད། འོན་ཀྱང་ཕྱི་རོལ་ཆ་རྐྱེན་ཞན་པ་དང་རྩོམ་སྒྲིག་པས་གླིང་སྒྲུང་གི་དབྱངས་རྟ་དེ་ཉིད་དམངས་ཁྲོད་སྒྱུ་རྩལ་ཞིག་ཡིན་པའི་ངོས་འཛིན་གསལ་པོ་མ་བྱུང་བའམ་ཡང་ན་དམངས་ཁྲོད་སྒྱུ་རྩལ་ལ་འཛིན་པའི་རྣམ་

---

① 《བོད་རིགས་ཀྱི་〈གླིང་གེ་སར་རྒྱལ་པོའི་སྒྲུང་རྟ་རྒྱུག་རྒྱལ་འཛོག〉ནང་གི་གླུ་གཞས་སྐོར་གྱི་ཞིབ་འཇུག》（རྒྱ་ཡིག）ཅེས་པའི་ཤོག་ངོས་༧པར་གསལ། སི་ཁྲོན་དཔེ་སྐྲུན་ཚོགས་པ་དང་སི་ཁྲོན་མི་རིགས་དཔེ་སྐྲུན་ཁང་ནས་སྤྱི་ལོ་༢༠༠༩ལོར་དཔར་དུ་བསྐྲུན།

འགྱུར་ཡང་དག་ཅིག་མ་བྱུང་བའི་རྐྱེན་གྱིས། དེའི་ནང་དུའང་“སྒྲུང་མཁན་གྱི་གཏམ་གླེང་”དང་“མཉམ་གཏོང་རྟ་དབྱངས་”ཞེས་པ་སོགས་དམངས་ཁྲོད་སྒྲུང་པའི་དབྱངས་རྟ་དང་ཆེད་ལས་པས་བཅོས་སྒྲིག་བྱས་པའི་དབྱངས་རྟ་གཉིས་ཉ་ཉུང་མཉམ་བསྲེས་བྱས་པའམ་ར་མགོ་ལུག་བསྒར་གྱི་ངང་ཚུལ་ཐོན་ཡོད་བཟོ་འདུག་པས། དེའི་རིག་གཞུང་རིན་ཐང་ཇེ་དམན་དུ་བཏང་ཡོད། དེ་མིན་《གེ་སར་》རིག་པའི་ཁྱབ་ཁོངས་ནང་གླིང་སྒྲུང་གི་དབྱངས་རྟའི་སྐོར་ལ་ཞིབ་འཇུག་གནང་མཁན་འགའ་རེ་བྱུང་ཡོད་ཀྱང་། མང་ཆེ་བས་དམངས་ཁྲོད་དུ་ཟབ་འཇུག་བྱ་རྒྱུ་མ་འདང་བའམ་དེར་དཔྱད་གཞིའི་ཡིག་ཆ་ཙུང་ཆ་ཚང་བ་ཞིག་མེད་པའི་རྐྱེན་གྱིས་ཞིབ་འཇུག་གི་འབྲས་བུ་དག་ཀྱང་འཐུས་ཚང་ལ་གཏིང་ཟབ་པ་ཞིག་ཡོང་དཀའ་བ་ནི་ཆོས་ཉིད་ཡིན། 《དབྱངས་རྟ་གཅེས་བསྡུས་》ཞེས་པའི་ནང་ནག་ཆུ་ས་ཁུལ་གྱི་ད་ཡོད་སྒྲུང་པ་རྩེར་སོན་དྲུག་མཉམ་དུ་གདན་འདྲེན་ཞུས་ནས་གླིང་སྒྲུང་ཆེད་ལས་པའི་མཇུབ་ཁྲིད་འོག་ཕན་ཚུན་དོགས་གནད་གསེད་བཀྲོལ་སོགས་དཔྱད་གླེང་གྲོས་མོལ་རྒྱས་པར་བྱས་ནས་སྒྲ་འཇུག་བྱས་པ་ཞིག་ལགས་ན། དམངས་ཁྲོད་སྒྲུང་པ་མང་པོའི་བློ་གྲོས་བསྡུས་ཡོད་ལ། མིག་སྔའི་ནག་ཆུ་ཁུལ་གྱི་དམངས་ཁྲོད་གླིང་སྒྲུང་གི་དབྱངས་རྟའི་གདོད་མའི་རྣམ་པ་ལེགས་པར་མངོན་ཡོད་པས། མ་མཐར་ཡང་དུས་རབས་འདིའི་ནག་ཆུ་ས་ཁུལ་གྱི་གླིང་སྒྲུང་གི་དབྱངས་རྟར་ཞིབ་འཇུག་བྱ་བའི་ཁུངས་བཙུན་ལ་ཆ་ཚང་བའི་གལ་ཆེའི་དཔྱད་གཞི་ཞིག་ཡིན།

ཟུར་བཀོད། 《སྨིན་སྒྲུང་གི་དབྱངས་ཏ་གཅེས་བསྡུས་》ཀྱི་དཀར་ཆག

ཆེད་བསྒྲིགས་དང་པོ། ལྷ་གླུའི་དབྱངས་ཏ།

རིམ་པ།	ལྷ་གླུའི་མིང་།	དབྱངས་ཏའི་མིང་།	སྒྲུང་མཁན་གྱི་མིང་།	དུས་ཚོད་སྐར་མ།
1	མ་ནེ་ནེ་གོང་སྨན་རྒྱལ་མོ།	(1) མཁའ་འགྲོའི་བཟ་དབྱངས་རིང་མོ། (2) ཆོས་གླུ་དྲུག་འགྱུར།	ཚེ་རིང་དགྲ་འདུལ།	9 6
2	ཀོད་ལྷམ་དཀར་མོ།	མཁའ་འགྲོ་ཆོས་ཉིད་རང་སྒྲ།	ཚེ་རིང་དགྲ་འདུལ།	9.36
3	ལྷ་ཆེན་ཚངས་པ་དཀར་པོ།	ཚངས་པའི་སྒྲ་དབྱངས་རིང་མོ།	ངག་དབང་དཔལ་ལྡན།	8.40
4	གཉན་ཆེན་སྐུ་ལྷ་གེར་འཛོ།	ཁྲ་བོའི་དྲུག་གླུ།	ངག་དབང་དཔལ་ལྡན།	5.47
5	ཀླུ་རྒྱལ་གཙུག་ན་རིན་ཆེན།	ལོངས་སྤྱོད་རྒྱང་འཐེད།	ཚེ་རིང་དགྲ་འདུལ།	7.10
6	རྨ་རྒྱལ་སྤོམ་ར།	ནོར་འཛིན་མཁའ་འགྲོ་རྒྱང་འཐེད།	དཔལ་དགའ།	6.45
7	དགྲ་ལྷ་གཉན་སྟག་དམར་པོ།	དགྲ་ལྷའི་ངར་དབྱངས་དྲུག་འགྱུར།	དཔལ་དགའ།	8.40
8	སློབ་དཔོན་པདྨ་འབྱུང་གནས།	(1) མཐོང་བ་རང་གྲོལ། (2) ཁམས་གསུམ་སྒྲ་སྒྲོག	ཚེ་རིང་དགྲ་འདུལ།	10 9.36
9	གཤིན་རྗེ་ཆོས་རྒྱལ།	སྟོང་ཉིད་རང་སྒྲ།	ཚེ་རིང་དགྲ་འདུལ།	7.40

ཆེད་བསྒྲིགས་གཉིས་པ། སྨིན་རྒན་རབས་ཀྱི་དབྱངས་ཏ།

རིམ་པ།	མི་སྣའི་མིང་།	དབྱངས་ཏའི་མིང་།	སྒྲུང་མཁན་གྱི་མིང་།	དུས་ཚོད་སྐར་མ།
1	བླ་མ་འཕེན།	ཚེ་གླུ་བཀྲ་ཤིས་འཁྱིལ་བ།	ཟླ་བ།	5. 13
2	ཆོས་ལྷ་འཕེན།	ཁྲིམས་གླུ་རྒྱང་འཐེད།	ཟླ་བ།	6.45
3	ཆོས་འཕེན་ནག་པོ།	ལྷ་འཐེད་དལ་བ་རིང་མོ།	ཟླ་བ།	8
4	ཉི་མ་འཕེན་གྱི་མགུར།	(1) བལ་གླུ་སེར་བ་དགུ་འགྱུར། (2) མགུར་གླུ་རང་གྲོལ།	ཚེ་རིང་དགྲ་འདུལ།	9.40 10
5	སྤྱི་དཔོན།	དལ་བ་རིང་མོ།	ཟླ་བ།	6.30
6	སེང་བློན།	མི་ཆེན་དལ་གླུ།	ཟླ་བ།	11.14
7	ཁྲོ་ཐུང་།	(1) སྟག་མོའི་ངར་གླུ། (2) ཏར་ར་ཏུར་ཐུང་། (3) ཧཱུྃ་ཤི་ཕཊ་འགྱེལ།	ཟླ་བ།	7 6 5.40

ཚེད་བསྒྲིགས་གསུམ་པ། གེ་སར་རྒྱལ་པོའི་དབྱངས་རྟ།

རིམ་པ།	མི་སྣའི་མིང་།	དབྱངས་རྟའི་མིང་།	སྒྲུང་མཁན་གྱི་མིང་།	དུས་ཚོད་སྐར་མ།
1	གེ་སར།	ཇོ་རུའི་བྱང་གླུ་རིང་མོ།	མར་དེའུ།	13.40
2	གེ་སར།	ཁྲོམ་ཆེན་ཟིལ་གནོན།	མར་དེའུ།	8.53
3	གེ་སར།	ལྷ་ངག་ལྷེམ་དྲུག	ནོར་བུ།	4.20
4	གེ་སར།	དཔའ་གླུ་དལ་འགྲོ་རིང་མོ།	ནོར་བུ།	5.34
5	གེ་སར།	ངར་རྒོད་གནམ་ལྕགས་ཐོག་འབེབས།	ཚེ་རིང་དགྲ་འདུལ།	4.34
6	གེ་སར།	སྟོང་གསུམ་ཤ་ཟ་ཁྲག་འཐུང་།	ངག་དབང་དཔལ་ལྡན།	10
7	གེ་སར།	དཀར་མོ་ཁུ་བྱུག་རྒྱང་གྲགས།	ངག་དབང་དཔལ་ལྡན།	9.40
8	གེ་སར།	འགག་མེད་རྡོ་རྗེ་རང་སྒྲ།	དཔལ་དགའ།	6.42
9	གེ་སར།	གཡང་འབོད་བཀྲ་ཤིས་འཁྱིལ་བ།	དཔལ་དགའ།	9.40

ཚེད་བསྒྲིགས་བཞི་པ། གླིང་དཔའ་རྟུལ་གཙོ་བོའི་དབྱངས་རྟ།

རིམ་པ།	མི་སྣའི་མིང་།	དབྱངས་རྟའི་མིང་།	སྒྲུང་མཁན་གྱི་མིང་།	དུས་ཚོད་སྐར་མ།
1	འདན་མ་བྱང་ཁྲ།	(1) ཐ་ལ་དྲུག་འགྱུར། (2) མཚར་ཤོག་དགུ་འགྱུར། (3) འདན་གླུ་སྒྲུང་མོ་ཤ་ཟན། (4) འདན་གླུ་ཟི་ར་མེ་སྒྲ།	ཟླ་བ། ཟླ་བ། ཟླ་བ། ཚེ་རིང་དགྲ་འདུལ།	5.36 6 6 7
2	དགའ་བདེ་ཆོས་སྐྱོང་བེར་ནག	(1) ཧཱུྃ་གླུ་རིང་མོ། (2) གཅོད་ངག་རིང་མོ།	ཚེ་རིང་དགྲ་འདུལ།	4.50 7
3	སེང་སྟག་ཨ་དོམ།	སེང་གེའི་ངར་གླུ།	ཟླ་བ།	9
4	རྒྱ་ཚ་ཞལ་དཀར།	(1) དཀར་མོ་དྲུག་འགྱུར། (2) རྒྱ་སྟག་ཁྲོས་གླུ། (3) རྒྱ་གླུ་ཧམ་ཆེན་དྲུག་འགྱུར།	ཚེ་རིང་དགྲ་འདུལ།	10.14 9 11
5	སྟག་རོང་ཨ་ནུ་གཟིག་འཕེན།	བདུད་རྒོད་ཟིལ་གནོན།	ཟླ་བ།	8.40
6	དར་འཕེན་དུག་གི་སྟོང་པོ།	མདུང་ཐུབ་དཔའ་གླུ།	ཚེ་རིང་དགྲ་འདུལ།	8.10
7	ཉ་ཚ་ཨ་བརྟན།	སྟག་མོ་ཁྲག་འཐུང་།	ཟླ་བ།	9.4
8	སྐྱ་ལོ་སྟོན་པ་རྒྱལ་མཚན།	འདོད་དགུ་ཆར་འབེབས།	མར་དེའུ།	7.21

9	རིན་ཆེན་དར་ལུ།	ཆོས་སྐུ་འགྱུར་མེད།	མར་དེའུ།	6.38
10	ཉི་འབུམ།	སེར་རྒོད་ཐོག་འབེབས།	མར་དེའུ།	7.31
11	སྣང་དུ་གཡུ་སྟག	གཡུ་འབྲུག་སྒྲ་དབྱངས་རིང་མོ།	ཚེ་རིང་དགྲ་འདུལ།	14
12	དགྲ་ལྷ་རྡོ་རྒྱལ།	(1) གད་རྒྱང་རིང་མོ། (2) ཁྲིམ་སྐུ་གཡུ་འབྲུག་རང་འཕོར།	ནོར་བུ།	6 6.13
13	མི་ཆུང་།	(1) ཇར་ཀྱི་མགྱོགས་སྐུ་ཧུར་ཐུང་། (2) ཇར་གྱི་སྒྲ་རང་ཤར།	ཟླ་བ།	7.30 8.13
14	ཨ་གྲགས་ཉི་མ་གྲགས་པ།	གངས་དཀར་བཀྲ་ཤིས་འཁྱིལ་སྐུ།	ངག་དབང་དཔལ་ལྡན།	5.46
15	གཡུ་ལྷ།	འཇང་སྐུ་དལ་བ་ཁུག་ཆུང་།	ནོར་བུ།	6.40
16	སྟག་མོ་ཁྲི་བརྟན།	སྟག་རྒོད་འགྱིང་སྐུ།	ཚེ་རིང་དགྲ་འདུལ།	3.46
17	ཨ་སྟག་གླུ་མོ།	འབྲོག་སྐུ་དགུ་འགྱུར།	ཚེ་རིང་དགྲ་འདུལ།	8.40
18	ཤན་པ་རྨེ་རུ་རྗེ།	(1) འབྲས་རིང་ཆུ་པོ་དལ་འབབ། (2) འབྲས་འབྲིང་ལྷུགས་ནག་སེར་རྒོད། (3) འབྲས་ཐུང་རི་གཟར་ཐབ་རྒོད།	ཟླ་བ།	5.13 5.08 5.20

ཆེད་བསྒྲིགས་ལྔ་པ། ཕྱིང་མ་སྦྲ་མོ་སྨན་གྱི་དབྱངས་རྟ།

རིམ་པ།	མི་སྣའི་མིང་།	དབྱངས་རྟའི་མིང་།	སྒྲུང་མཁན་གྱི་མིང་།	དུས་ཚོད་སྐར་མ།
1	འཕོག་བཟའ།	(1) ཀླུ་ཡུལ་རྒྱང་འབོད། (2) ཐང་དཀར་གཞོག་སྒྲ།	ངག་དབང་དཔལ་ལྡན།	6.42 6
2	འབྲུག་མོ།	(1) དགུ་སྲིང་དྲུག་འགྱུར། (2) ཚེ་སྐུ་འགྱུར་མེད། (3) སྒྲོ་སྐུ་བུ་ཡུག་རླུང་སྒྲ། (4) ཧོར་སྐུ་འགྱུར་དྲུག (5) ཚེ་དབྱངས་དྲུག་འགྱུར།	དཔལ་དགའ། དཔལ་དགའ། ཚེ་རིང་དགྲ་འདུལ། དཔལ་དགའ། ཚེ་རིང་དགྲ་འདུལ།	7.50 8 5.40 6 6.40
3	ནེའུ་ཆུང་།	(1) ཙོ་ག་དྲུག་འགྱུར། (2) ཐར་པ་དྲུག་འགྱུར། (3) འོ་འདྲེན་མཁའ་འགྲོ་མཆོད་དབྱངས།	ཚེ་རིང་དགྲ་འདུལ།	4.40 9 4.40
4	རག་བཟའ་སྐྱེ་མཚོ།	(1) ཟས་འཛོམས་ལོངས་སྤྱོད་ཚར་འབེབས། (2) རང་རྟ་ཁུ་བྱུག་འགྱུར་དྲུག	མར་དེའུ།	6.40 7.14
5	འབྲུ་མཁའ་རེངས་རྒྱལ་མོ་གསེར་མཚོ།	(1) འབྲུ་སྐུ་ནེ་ཙོ་དྲུག་འགྱུར། (2) བཀྲིས་དར་དཀར་འཁྱིལ་བ།	ནོར་བུ།	4.30 6

6	སྤྱི་དཔོན་བུ་མོ་གཡུ་སྒྲོན།	(1) སྐྱིད་གླུ་བཀྲ་ཤིས་འཁྱིལ་བ། (2) མ་མཁའ་འགྲོའི་ཚེ་དབྱངས་དྲུག་འགྱུར།	ངག་དབང་དཔལ་ལྡན།	4.28 5
7	དར་བཟའ་གཡུ་སྒྲོན།	(1) མཁའ་འགྲོའི་ཆོས་གླུ་དྲུག་འགྱུར། (2) ཆོས་ཉིད་ལྟ་བའི་རང་སྒྲ།	དཔལ་དགའ།	5.40 6.40
8	རྒྱ་བཟའ་ཨ་དཀར་མཐེབ་དྲུག	(1) དར་དཀར་འཛོམས་གླུ། (2) རྒྱ་དབྱངས་རིང་མོ།	ཚེ་རིང་དགྲ་འདུལ།	6 6.49
9	མེ་བཟའ།	(1) བྱང་གླུ་འཁྱིལ་བ། (2) ཚེ་གླུ་རང་གྲོལ།	མར་དེའུ།	4.26 6.20
10	མགར་བཟའ་ཆོས་སྒྲོན།	(1) ངག་དབྱངས་རིང་མོ། (2) དགའ་མཚར་ཚེ་དབྱངས་འཁྱིལ་བ།	ནོར་བུ།	3.26 4
11	འཛང་བཟའ་པདྨ་ཆོས་སྒྲོན།	(1) འཛང་གླུ་ཤེལ་དཀར་རང་གསལ། (2) འཛང་གླུ་དགུ་གྱུ་རིང་མོ།	ངག་དབང་དཔལ་ལྡན།	4.46 4
12	མོན་བཟའ་མེ་ཏོག་ལྷ་མཛེས།	(1) རྨི་ལམ་ལྟ་བ་རང་གསལ། (2) མཁའ་དབྱིངས་ཚེ་གླུ་འཁྱིལ་བ།	དཔལ་དགའ།	6.30 5.50

ཚེད་བསྒྲིགས་དྲུག་པ། དགྲ་ཕྱོགས་མི་སྣའི་དབྱངས་རྟ།

རིམ་པ།	མི་སྣའི་མིང་།	དབྱངས་རྟའི་མིང་།	སྒྲུང་མཁན་གྱི་མིང་།	དུས་ཚོད་སྐར་མ།
1	གུར་དཀར།	(1) རྫས་ཆེན་འཁྱིང་གླུ། (2) ཕ་མོ་འཚུབ་གླུ།	ཚེ་རིང་དགྲ་འདུལ།	6 6.40
2	བདུད་ཨ་ཁྲུང་།	(1) བྱང་གླུ་ཤ་ཟ་ཁྲག་འཐུང་། (2) བར་གནམ་ཐོག་སེར་ངར་གླུ།	ནོར་བུ།	5 4
3	སྟ་ཤིང་ཁྲི་རྒྱལ་པོ།	(1) མོན་གླུ་དར་དཀར་ལྟེམ་དྲུག (2) རོང་ནག་སྟག་མོ་གཤར་སྒྲ།	ངག་དབང་དཔལ་ལྡན།	4 3.31
4	འཛང་ས་དམ།	བདུད་གླུ་སྟོང་གསུམ་བླ་འཁྲུམས།	ཚེ་རིང་དགྲ་འདུལ།	8.44
5	མཐིང་རྒྱལ་སྟག་རྐོད་ རྫམ་བཙན།	བཙན་གླུ་ནམ་མཁའ་འབྲུག་གྲགས།	ཚེ་རིང་དགྲ་འདུལ།	6.45
6	སྟག་གཟིག་རྒྱལ་པོ།	ནོར་ལྷ་དབྱངས་འབོད་འཁྱིལ་བ།	ནོར་བུ།	4.28
7	ཐུགས་ནག་ཆོས་འབར་ཀ་ར།	རུ་ནག་ཐོག་འབེབས།	ནོར་བུ།	3.43
8	བྱང་བྱེ་རིའི་དམག་ དཔོན་ཆོས་འགྲུབ།	སྟག་མོ་འཛོམ་དབྱངས་ དགུ་འགྱུར།	ཚེ་རིང་དགྲ་འདུལ།	3.10

9	མོན་སྒྲུ་ལྷ།	དཔའ་སྐར་འབྲུག་སྒྲ།	ངག་དབང་དཔལ་ལྡན།	4.21
10	སྟག་གཟིག་བཙན་ལྷ།	ཆུ་བོ་དལ་འབེབས།	ངག་དབང་དཔལ་ལྡན།	3.35
11	གྲུ་གུའི་བྱ་ནག་མིག་གཅིག	བདུད་སྒྲུ་ཧོ་རེ་དྲུག་འགྱུར།	མར་དེའུ།	4.10
12	འཇང་བྱུར་ལྷ།	སྤྲིན་པོ་ངར་སྒྲ།	མར་དེའུ།	5.20
13	ཧོར་གླང་པོ་ཁྲ་འབར།	ཨཏྱ་ངག་ཐུང་།	ངག་དབང་དཔལ་ལྡན།	3.44

ཆེད་བསྒྲིགས་བདུན་པ། སྒྲོག་ཆགས་ཀྱི་དབྱངས་རྟ།

རིམ་པ།	མི་སྣའི་མིང་།	དབྱངས་རྟའི་མིང་།	སྒྲུང་མཁན་གྱི་མིང་།	དུས་ཚོད་སྐར་མ།
1	རྟ་རྒྱང་རྒོད་འཕྱེར་བ།	(1) དཔལ་ལྡན་ཚེ་རིང་། (2) འཆོར་སྒྲུ་རྒྱང་འཕོད། (3) ཧོ་སྒྲུ་དགའ་རྟ་དྲུག་འགྱུར། (4) སྐྱོ་སྒྲུ་པ་ཡུལ་དྲན་སྒྲུ།	དཔལ་དགའ། དཔལ་དགའ། ནོར་བུ། ནོར་བུ།	5.12 4.30 2.25 3.11
2	རྟ་དངོས་གྲུབ་ལྷེམ་པ།	དངོས་གྲུབ་འཆོར་སྒྲུ་རིང་མོ།	ངག་དབང་དཔལ་ལྡན།	3.35
3	རྟ་གུག་གུ།	(1) ངར་སྒྲ་ཚིག་བདེ། (2) གྱི་ལིང་ཧང་ཧང་རིང་མོ།	མར་དེའུ།	4.51 5
4	བྱ་ཁྱུང་ཁྱུང་།	(1) གར་སྒྲུ་འགྱུར་ཆེན། (2) མཚོ་ཁ་མེ་ཏོག་འཐུ་སྒྲུ། (3) བར་སྣང་རང་སྒྲུ་འཁྱིལ་བ།	དཔལ་དགའ། ཚེ་རིང་དགྲ་འདུལ། ཚེ་རིང་དགྲ་འདུལ།	4.10 7 6.50
5	བྱ་ཤང་ཤང་།	(1) ཤང་སྒྲུ་ལྷེམ་དྲུག (2) དགྲ་སྒྲུ་དྲུག་འགྱུར་རིང་མོ། (3) བྱ་དཀར་ཐང་དཀར་ལྷིང་སྒྲུ།	དཔལ་དགའ། དཔལ་དགའ། ཚེ་རིང་དགྲ་འདུལ།	4.44 5 5.38
6	བྱ་ཁྲ་ཏ།		ཟླ་བ།	15
7	བྱ་ཐན་སེ་པོ།	རང་སྒྲ་ཤ་ཟ།	ངག་དབང་དཔལ་ལྡན།	4.37
8	ཨབ་ཐོང་གུ་པ་ཏུ་རིང་།	ཅོ་སྒྲུ་ལུག་འགྱུར།	ཚེ་རིང་དགྲ་འདུལ།	6.50
བསྡོམས་གྲངས།	68	118	སྒྲུང་མཁན། 6	ཆུ་ཚོད་11

༧༢། །བསམ་གྲུབ་ཀྱིས་ཕབ་པའི་གླིང་སྒྲུང་དཔེ་ཚོགས་ལེགས་སྒྲིག་དང་དཔར་སྐྲུན་ལས་ཀའི་སྐོར་གླེང་བ།

གླེང་གཞི།

དུས་རབས་གསར་པའི་ནང་དུ་རྒྱལ་སྤྱི་རྒྱལ་ནང་ཕྱོན་དུ་མིའི་རིགས་ཀྱི་ཕུལ་བྱུང་རིག་གནས་ཞུལ་བཞག་རྣམས་ལ་ཚད་མཐོའི་མཐོང་ཆེན་དང་། དེ་དག་སྒྱུར་སྐྱོབ་དང་སྲུང་སྐྱོབ་བྱེད་པའི་ཚ་རླབས་ཤིག་འཕྱུར་བཞིན་ཡོད། དེ་ནི《གླིང་སྒྲུང་》སྒྱུར་སྐྱོབ་ལས་དོན་འགྲུབ་པའི་ཕྱི་རྐྱེན་བཟང་པོ་ཞིག་ཡིན་པ་དང་། ཡངས་ཤིང་རྒྱ་ཆེ་བའི་བོད་རིགས་ས་ཁུལ་དུ་ཕུལ་བྱུང་གི་སྒྲུང་པ་མི་ཉུང་བ་ཞིག་ད་དུང་དམངས་ཁྲོད་དུ《གླིང་སྒྲུང་》འཆད་གྱེར་གྱི་ལས་ལ་འབད་བརྩོན་གནང་མུས་སུ་མཆིས་པ་ནི《གླིང་སྒྲུང་》སྒྱུར་སྐྱོབ་ལས་དོན་གྱི་ནང་རྐྱེན་བཟང་པོ་ཞིག་ཡིན། དེ་ལྟར་ཕྱི་ནང་གི་ཆ་རྐྱེན་བཟང་པོ་གཉིས་འཛོམས་ཀྱི་དུས་འདིར་བོད་ཀྱི་དམངས་ཁྲོད་སྒྲུང་པའི་བློ་ཡི་ཡུལ་དུ་བཞུགས་ཤིང་དྲན་པའི་ཀློང་དུ་འཛིན་པའི་ངག་སྒྲུང་རྣམས་གང་མགྱོགས་སྒྱུར་སྐྱོབ་དང་། ལེགས་སྒྲིག་དཔར་སྐྲུན་གང་ལེགས་བྱ་རྒྱུ་ནི་རང་ཅག《གླིང་སྒྲུང་》གི་ལས་བྱ་བ་ཀུན་གྱི་གཡོལ་ཐབས་མེད་པའི་ལོ་རྒྱུས་ཀྱི་ལས་འགན་གལ་པོ་ཆེ་ཞིག་ཡིན་ཞིང་། མིག་སྔར་ས་ཁུལ་སོ་སོས་རང་བབས་ངག་སྒྲུང་ལེགས་སྒྲིག་དཔར་སྐྲུན་གྱི་ལས་དོན་ཡང་འབད་པ་ལྷུར་ལེན་གྱིས་གནང་མུས་ཡིན་པ་ནི་དགའ་འོས་པའི་དོན་ཆེན་ཞིག་ཡིན། ང་ཚོ་བོད་ལྗོངས་སྤྱི་ཚོགས་ཚན་རིག་ཁང་གི་མི་རིགས་ཞིབ་འཇུག་ཚན་པས་ཨ་བྲས་ཐེག་ཚོད་སྤེན་མའི་མདའ་གཞུའི་དཔེ་ལྟར་ལོ་མང་རིང་དཀའ་ངལ་སྣ་ཚོགས་ཁྱད་བསད་ཀྱིས་རང་ནུས་ཅི་ཡོད་བཏོན་ཏེ་དམངས་ཁྲོད་སྒྲུང་པའི་ངག་སྒྲུང་སྒྱུར་སྐྱོབ་ཀྱི་ལས་

དོན་ལ་རྩོལ་བ་གང་མང་བྱས་ཡོད་ལ། 《སྒྲུང་མཁན་བསམ་གྲུབ་ཀྱིས་ཕབ་པའི་གླིང་རྗེ་གེ་སར་རྒྱལ་པོའི་སྒྲུང་》ཞེས་པའི་དཔེ་ཚོགས་སྒྲ་ཕབ་ལེགས་སྒྲིག་དང་། རྩོམ་སྒྲིག་དཔར་སྐྲུན་ཐུབ་པ་ནི་མིག་མཐོང་ལག་ཟིན་ཐུབ་པའི་གཡུར་ཟའི་འབྲས་བུ་ཞིག་ཡིན། དཔེ་ཚོགས་དེར་སྒྲུང་སྣ་མི་འདྲ་བ་༩༥ཡོད་པར་བསྡོམས་སྒྲ་ཕབ་སྐྱིན་ཐོག་འཁོར་ཐག་གྲངས་༢༡༡༨ཡོད་པ་དག་གིས་མི་སྙེར་གྱིས་འཆད་ཀྱེར་བྱས་པའི་འཛམ་གླིང་བྱུང་བརྗོད་སྙན་ངག་ཆེས་རིང་ཤོས་ཀྱི་ཟིན་ཐོ་གསར་པ་བཏོད་པ་མ་ཟད། ད་བར་སྒྲུང་པ་གཅིག་གིས་ཁེར་རྐྱང་དུ་སྒྲ་ཕབ་བྱས་པའི་གླིང་སྒྲུང་འགོ་མཇུག་ཚང་ཆ་ཚང་བ་ཞིག་གང་ནའང་མེད་པའི་ལོ་རྒྱུས་ཀྱི་སྟོང་ཆ་ཁ་སྐོང་ཐུབ་ཡོད། སྤྱི་ལོ༢༠༠༠ལོར་དཔེ་ཚོགས་དེ་མྱུར་སྐྱོབ་དང་། ལེགས་སྒྲིག དཔར་སྐྲུན་གྱི་ལས་འགོ་བཙམས་པ་ནས་ད་བར་ཕྲན་ནས་ལས་གྲྭ་རླབས་པོ་ཆེ་དེའི་ཞིབ་ཕྲའི་གཙོ་སྐྱོང་དང་གཙོ་སྒྲིག་གི་འགན་ཁུར་བ་དང་། ལས་ཀའི་དགོས་མཁོས་སྒྲུང་མཁན་བསམ་གྲུབ་དང་ཡུན་རིང་མཉམ་གཤིབ་བྱེད་རྒྱུ་བྱུང་ལ། ཁྱད་པར་སྒྲུང་པ་གང་དེས་སྒྲ་ཕབ་གནང་བའི་སྒྲུང་མང་དག་ཅིག་ལེགས་སྒྲིག་དང་རྩོམ་སྒྲིག་བྱས་པ་བརྒྱུད་འབྲེལ་ཡོད་ཤེས་བྱ་མང་པོ་ཞིག་ཤེས་པ་མ་ཟད། སྒྲུང་སྣ་སོ་སོ་ལེགས་སྒྲིག་དཔར་སྐྲུན་བྱས་པའི་ཞིབ་ཕྲའི་གནས་ཚུལ་རྣམས་ཁོང་དུ་ཆུད་པ། སྒྲུང་མཁན་གང་ཉིད་ཀྱི་ལོ་རྒྱུས་ལའང་ཤེས་རྟོགས་གཏིང་ཟབ་ཙམ་བྱུང་བ། ཁྱད་པར་དཔེ་ཚོགས་འདིའི་ཁྱད་ཆོས་གཙོ་བོ་དག་ལ་དཔྱད་ཞིབ་བྱེད་རྒྱུའི་གོ་སྐབས་ཀྱང་བྱུང་བས་འདིར་དམིགས་སུ་འབྲེལ་ཡོད་གནད་དོན་རྣམས་གླེང་བར་བྱའོ། །

དང་པོ། 《གླིང་སྒྲུང་》རྒྱུན་སྲུང་ཁྲབ་སྟེལ་འགྲོ་བའི་ཁྱད་ཆོས་དང་མྱུར་སྐྱོབ་ལས་དོན་གྱི་དགོས་གཏུགས་རང་བཞིན།

གླིང་གེ་སར་རྒྱལ་པོའི་སྒྲུང་ནི་སྒྲུང་དཔེ་དང་། ངག་སྒྲུང་གཉིས་ལས་གྲུབ་པ་ཞིག་ཡིན་པ་དང་། ཁྱད་པར་དར་དུས་དང་འཕོར་གྲངས་ཐད་ནས་བརྗོད་ཚེ་

གཙོ་བོ་ངག་སྒྲུང་ལས་གྲུབ་པ་དང་། སྒྲུང་དཔེ་ནི་བོད་དུ་ཡི་གེ་གསར་གཏོད་བྱས་པ་དང་་ཤོག་བཟོའི་ལག་རྩལ་དར་རྗེས་ངག་སྒྲུང་གི་རྨང་གཞིའི་ཐོག་དར་ཁྱབ་བྱུང་བ་ཞིག་ཡིན། བོད་ཀྱི་ཡོངས་གྲགས་ལོ་རྒྱུས་དེབ་ཐེར་ནང་སྲུ་རྒྱལ་གདུང་རབས་ཀྱི་ལོ་རྒྱུས་བཤད་པའི་སྐབས་ཆབ་སྲིད་སྒྲུང་དང་། བོན། ལྡེའུ་གསུམ་གྱིས་བསྐྱངས་ཞེས་བསྟན་པ་དེ་ལས་སྒྲུང་ནི་བོད་མི་རིགས་ཀྱི་རིག་གནས་སྔ་ཤོས་ཀྱི་གྲས་ཤིག་ཡིན་པར་བསྟན་པས། དེར་མི་ལོ་སྟོང་ཕྲག་མང་པོའི་ལོ་རྒྱུས་ལྡན་ཡོད་པ་ཤེས་རྟོགས་ཐུབ་ཅིང་། ཡང་སྐོས་《གླིང་སྒྲུང་》གི་ངོས་ནས་བརྗོད་ན། དེའི་ལེའུ་སྔ་མ《སྲིད་པ་ཆགས་ལུགས་》དང་《སྟོང་གི་མ་ཡིག་ལུང་བསྟན་》《ལྷ་གླིང་》སོགས་ཀྱི་ནང་དུ་གེ་སར་རྒྱལ་པོའི་མེས་པོ་སྟོང་གི་ལོ་རྒྱུས་བྱུང་འཕེལ་བཤད་ལ། སྒྲུང་དཔེ་མང་པོ་ཞིག་གི་ནང་དུ་བོད་གནའ་རབས་ཀྱི་སྤྱི་ཚོགས་འཚོ་བའི་རྣམ་པ་གསལ་ལེར་བཀོད་ཡོད། དེར་བརྟེན《གླིང་སྒྲུང་》གི་རྩ་བ་དེའང་ཆེས་ཐོག་མའི་བོད་ཀྱི་དུས་ཚོད་ཆེན་པོ་བཞིའམ་བོད་ཀྱི་མིའུ་རིགས་བཞིར་འབོད་པའི་ཡ་གྱལ་སྟོང་ལ་ཐུག་ཡོད་ཅིང་། དེ་ལས《གླིང་སྒྲུང་》དེ་དར་དུས་སྔ་ཞིང་དར་ཡུན་རིང་པོ་ཡིན་པའང་རྟོགས་སླ། དེ་ལྟར་ཆེས་གནའ་བོའི་བོད་ཀྱི་ཡུལ་དུ་ཡི་གེ་དར་མེད་པའི་སྐབས《གླིང་སྒྲུང་》ནི་ངག་ཐོག་ནས་གསར་རྩོམ་བྱས་པ་དང་། ངག་ཐོག་ནས་རྒྱུན་སྲིང་བྱུང་བ་ཡིན་པ་གསལ་པོ་ཡིན་ལ། ངག་ཐོག་ནས་རྒྱུན་འཛིན་བྱེད་པའི་བརྒྱུད་རིམ་ནང་ཞུགས་པ་ནས་མང་བ་དང་། བསྟུས་པ་ནས་རྒྱས་པའི་ཕྱོགས་སུ་འཕེལ་རྒྱས་བྱུང་ཡོད། སྒྲུང་དཔེ་ནི་བོད་ཁ་བའི་ཡུལ་དུ་ཡི་གེའི་སྲོལ་བཏོད་པའི་རྗེས་དང་ཤོག་བུའི་བཟོ་རྒྱུན་དར་བའི་རྗེས་སུ་བྱུང་བའི་རིག་གནས་ཤིག་ཡིན། ཕྱིས་སུ་བྱུང་བའི་སྒྲུང་དཔེ་རྣམས་ཀྱི་ཐོག་མའི་མཆེད་ཁུངས་སམ་རྨང་གཞི་ནི་ངག་སྒྲུང་འབའ་ཞིག་ཡིན། དཔེར་ན། ད་བར་ཁུངས་གཏུགས་སའི་སྒྲུང་དཔེ་ནི་༡༨༤༡ལོར་མཚོ་སྔོན་མི་རིགས་དཔེ་སྐྲུན་ཁང་ནས་བསྐྲུན་པའི《རྟོར་གླིང་གཡུལ་འགྱེད་》ཡིན་པ་དང་། སྒྲུང་དཔེ་དེ་ནི་“མི་དབང་པོ་ལྷ་

བསོད་ནམས་སྟོབས་རྒྱས་སྐུ་རིང་གི་སྒྲུང་བཤད་མཁས་པ་སྡེ་དགེ་ཞབས་དྲུང་ཟེར་བ་དེས། ནང་ཆེན་སྒྲུང་པ་ལྷ་དབང་ཚེ་རིང་དང་། སྡེ་དགེའི་སྒྲུང་པ་ཚེ་རིང་དོན་གྲུབ་རྣམ་གཉིས་ཀྱིས་གསོས་མདོ་ཁམས་གླིང་གསུམ་གྱི་སྒྲུང་པ་ཉི་ཤུ་སྐོར་ལས་དངོས་སུ་ཉན་ནས་དེ་དག་གི་བཤད་རྒྱུན་རྣམས་ཕྱོགས་གཅིག་ཏུ་བཏུས་པའི་སྒྲུང་དཔེ་ལ་གཞི་བྱས་ཤིང་། སྒྲུང་དཔེ་འདྲ་མིན་ལྔ་ཙམ་ལ་ཞིབ་རྟོག་བྱས་མཐར་”① ཞུ་དག་ལེགས་སྒྲིག་བྱས་ནས་བྱུང་བ་ཞིག་རེད། སྒོས་སུ་ཁ་བའི་ལྗོངས་སུ་ཡི་གེ་གསར་གཏོད་བྱས་པའི་རྗེས་སུའང་《གླིང་སྒྲུང་》ལ་དམངས་ཁྲོད་རྩོམ་རིག་གྱི་ཁྱད་ཆོས་ཏེ་ངག་ཐོག་གི་རང་བཞིན་མངོན་གསལ་ལྡན་ཡོད། དེའི་རྒྱུ་མཚན་ཡང་། གཅིག་ནས《གླིང་སྒྲུང་》གི་རྩོམ་པ་པོ་དང་། རྒྱུན་འཛིན་པ། ཁྱབ་སྤེལ་མཁན་དུ་གྲགས་པའི་སྒྲུང་པ་མང་ཆེ་བ་ནི་ཡིག་རྨོངས་པ་ཡིན། དེ་ཡང་དུས་རབས་གོང་མའི་ལོ་རབས་བརྒྱད་ཅུ་པའི་ནང་ང་ཚོར་བོད་ལྗོངས་ཁུལ་ནས་བཙལ་རྙེད་བྱུང་བའི་སྒྲུང་པ་༤༠ཡོད་པའི་ནང་ནས་ཡིག་ཐོག་ནས《གླིང་སྒྲུང་》རྩོམ་འབྲི་ཐུབ་མཁན་ཁ་ཚ་སྤྲ་པ་ངག་དབང་བློ་བཟང་དང་། ཆོས་གྲགས། འཕྲིན་ལས་ཉི་མ། བོན་ཆུང་བཀྲ་རྣམ་བཅས་སྒྲུང་པ་བཞི་ཕུད། དེ་བྱིངས་ཚང་མ་ངག་ཐོག་ནས་སྒྲུང་འཆད་མཁན་ཤ་སྟག་ཡིན་ལ། ལྷག་པར་དུ་སྐན་གྲགས་ཆེ་བའི་སྒྲུང་པ་གྲགས་པ་དང་། བསམ་གྲུབ། གཡུ་སྨན་ལྷ་བུ་ནི་བོད་ཡིག་ཀ་ངེ་མི་ཤེས་པའི་ཡིག་རྨོངས་པ་ཁོ་ན་ཡིན། སྐབས་དེ་དུས་བཙལ་རྙེད་བྱུང་བའི་སྒྲུང་པའི་ནང་ཡིག་ཐོག་ནས་རྩོམ་འབྲི་བྱེད་མཁན་གྱི་སྒྲུང་པས་སྒྲུང་པ་སྤྱིའི་བརྒྱ་ཆ་༡༠ལས་ཟིན་མེད། གཉིས་ནས《གླིང་སྒྲུང་》ཀློག་པ་པོའམ་ཉན་པ་པོའི་ངོས་ནས་བཤད་ན། 《གླིང་སྒྲུང་》དར་ཁྱབ་ཆེ་བའི་འབྲོག་ཁུལ་དུ་གནའ་དུས་འབྲོག་པ་ཡིག་རྨོངས་པ་ཤས་ཆེ་ལ། ད་ལྟའང་ཡིག་རྨོངས་པས་བརྒྱ་ཆ་ངེས་ཅན་ཟིན་གྱི་ཡོད་

① 1961ལོར་མཚོ་སྔོན་མི་རིགས་དཔེ་སྐྲུན་ཁང་ནས་བསྐྲུན་པའི《ཧོར་གླིང་གཡུལ་འགྱེད་》སྟོད་ཆའི་ཤོག་ངོས2པར་གསལ།

སྐབས་གནའ་དུས《གླིང་སྒྲུང་》ལ་ཉན་པ་པོ་ཞེས་པ་ལས་ཀློག་པ་པོ་ཞེས་པ་མེད་པ་མངོན་གསལ་ཡིན་པ་དཔེར་ན། སྒྲུང་དཔེ་དཔར་མ་དང་བྲིས་མ་སོགས་ལ་བལྟས་ནས་སྒྲུང་བཤད་མཁན་ལ་ཡིག་སྒྲུང་སྒྲུང་པ་དང་གཏེར་སྒྲུང་སྒྲུང་པ་ཞེས་སྒྲུང་པའི་ཁོངས་སུ་འཛོག་པ་ལས་ཀློག་པ་པོར་བརྩི་སྲོལ་མེད། གསུམ་ནས་ད་ཡོད་བོད་ལྗོངས་ཁུལ་ནས་བཙལ་རྙེད་འཚོལ་བསྡུ་ཐུབ་པའི་གནས་ཚུལ་ལ་གཞིགས་ན། སྒྲུང་དཔེ་དཔར་མ་དང་བྲིས་མའི་གྲངས་ཚད་ནི་སྒྲུང་མཁན་རྣམས་ཀྱིས་བཤད་ཐུབ་པའི་ངག་སྒྲུང་གི་བཅུ་ཆ་གཅིག་ཙམ་ལས་ཟིན་གྱི་མེད། དེ་ཡང་དཔེར་ན་དུས་རབས་གོང་མའི་ལོ་རབས་བརྒྱད་ཅུ་པའི་ནང་བོད་ལྗོངས་ཁུལ་ནས་བཙལ་རྙེད་བྱུང་བའི་སྒྲུང་པ་༤༠ལས་མང་ཆེ་བས་སྒྲུང་སྣ་བཅུ་ཡན་འཆད་ཐུབ་ཐུབ་པ་དང་། མིག་སྔར་ནག་ཆུ་ས་ཁུལ་ནས་ན་གཞོན་གྱི་སྒྲུང་པ་ཁྲུ་གཅིག་འཚར་ལོངས་བྱུང་ཡོད། ནག་ཆུ་ས་གནས་མང་ཚོགས་སྒྱུ་རྩལ་ཁང་ནས་བསྡོམས་རྩིས་བྱས་པ་ལྟར་ན། ཁུལ་དེར་ད་ཡོད་དམངས་ཁྲོད་སྒྲུང་པ་༨༥ཡོད་པ་དང་། ཆེད་ལས་མཁས་པ་སྒྲིག་འཛུགས་ཀྱིས་དཔྱད་ཞིབ་ཚད་བསྡུར་བྱས་མཐར་འོས་ཚད་ལྡན་པའི་སྒྲུང་པ་༡༢བདམས་ཐོན་བྱུང་ཡོད། དེ་དག་གིས་ཐོ་བཀོད་སྙན་འབུལ་བྱས་པ་ལྟར་ན། སྒྲུང་པ་བདུན་གྱིས་སྒྲུང་སྣ་མི་འདྲ་བ་༡༠༠ཡན་འཆད་ཐུབ་ཐུབ་པ་དང་། སྒྲུང་པ་ལྔ་ཡིས་སྒྲུང་སྣ་མི་འདྲ་བ་༥༠ཡན་འཆད་ཐུབ་ཀྱི་ཡོད། དེའི་ཁྲོད་དུ་ད་ལོ་དགུང་ལོ་༥༠ལ་ཕེབས་པའི་རྒྱལ་ཁབ་རིམ་པའི་དངོས་རྫས་མེད་པའི་རིག་གནས་ཤུལ་བཞག་གི་དཔེ་མཚོན་རྒྱུད་འཛིན་པ་ཚེ་རིང་དགྲ་འདུལ་གྱིས་སྒྲུང་སྣ་མི་འདྲ་བ་༢༥༠འཆད་ཐུབ་པ་དང་། རང་སྐྱོང་ལྗོངས་རིམ་པའི་དངོས་རྫས་མེད་པའི་རིག་གནས་ཤུལ་བཞག་རྣམ་གྲངས་གླིང་སྒྲུང་གི་དཔེ་མཚོན་རྒྱུད་འཛིན་པ་དགུང་ལོ་༩༢ལ་ཕེབས་པའི་དཔའ་དགའ་དང་དགུང་ལོ་༩༡ལ་ཕེབས་པའི་ངག་དབང་དཔལ་ལྡན། ༣༢ལ་ཕེབས་པའི་མར་དེའུ་སོ་སོས་སྒྲུང་སྣ་མི་འདྲ་བ་༡༧༠དང་༡༨༠ ༡༧༢བཅས་འཆད་ཐུབ་ཀྱི་ཡོད། ཁོང་ཚོས་ཐོ་

འགོད་གནང་བའི་འཆད་ཁྲིར་ཐུབ་པའི་སྒྲུང་གི་དཀར་ཆག་ནང་དེ་སྔོན་མཐོང་ཐོས་མེད་པའི་སྒྲུང་སྣ་༧༨ཡོད། དེ་དག་དང་བསྡུར་ན། དུས་རབས་གོང་མའི་ལོ་རབས་བརྒྱད་ཅུ་པའི་ནང་བོད་ལྗོངས་ཁུལ་ནས་བསྡུ་རུབ་ཐུབ་པའི་གླིང་སྒྲུང་ལག་བྲིས་མ་དང་དཔར་མ་བསྡོམས་པོད་༧༩ལས་མེད། རྒྱལ་ཡོངས་ཀྱི་ངོས་ནས་བརྗོད་ན་འང་བསྡུ་རུབ་ཐུབ་པའི་སྒྲུང་དཔེ་ལག་བྲིས་མ་དང་དཔར་མ་བསྡོམས་པོད་༣༠༠ཙམ་ལས་མེད་ལ་《གླིང་སྒྲུང་》"ནང་ནས་དམངས་ཁྲོད་སྒྲུང་པས་བཤད་པའི་གླིང་སྒྲུང་གིས་ཕལ་ཆེར་བརྒྱ་ཆ་༨༠ཟིན་པ་དང་། སྒྲུང་དཔེས་ད་ལམ་བརྒྱ་ཆ་༢༠ཟིན་གྱི་ཡོད།"① གོང་གསལ་བསྡུར་གྲངས་དེ་ཚོའི་ཐད་ནས《གླིང་སྒྲུང་》གི་རྒྱུན་སྲུང་བྱེད་ལུགས་དང་ཁྱབ་སྤེལ་འགྲོ་སྟངས་ཀྱི་ཁྱད་ཆོས་ཤིག་མངོན་ཐུབ་པ་ནི《གླིང་སྒྲུང་》ཐོག་མར་དར་བ་ནས་འཕེལ་རྒྱས་འགྲོ་བའི་ལོ་རྒྱུས་ཀྱི་ཆུ་རྒྱུན་རིང་པོའི་ནང་གཙོ་བོར་སྒྲུང་མཁན་གྱི་ཕུལ་དུ་བྱུང་བའི་བློ་འཛིན་དང་དྲན་ཤེས་ཀྱི་ནུས་པ་ལ་བརྟེན་ནས་རྒྱུན་འཛིན་དང་ཞར་སྲུང་བྱུང་བ་དང་། ངག་ནས་ངག་ཏུ་བརྒྱུད་དེ་ཁྱབ་སྤེལ་བྱུང་བ་དེ་ཡིན་པས། སྒྲུང་མཁན་གྱི་མང་ཉུང་དང་བྱུང་ཚད་ནི《གླིང་གེ་སར་རྒྱལ་པོའི་སྒྲུང་》གི་དར་རྒུད་དང་དམ་ལ་ཟབ་པའི་དར་གྱི་མདུད་པ་ལྟར་གྱི་འབྲེལ་བ་ཡོད་པ་ཞིག་ཡིན། སྤྱི་ཚོགས་ཧྲིལ་པོ་བྱ་འཕུར་བ་ལྟར་གོང་འཕེལ་འགྲོ་མགྱོགས་པའི་ད་ལྟའི་དུས་སྐབས་སུ། གླིང་སྒྲུང་དར་ཡུལ་གྱི་བོད་མིའི་དངོས་པོའི་འཚོ་བར་འགྱུར་བ་འགྲོ་བ་དང་དུས་མཚུངས་བསམ་པའི་རིག་གནས་འཚོ་བའང་ལྷུན་སུམ་ཐེ་ཚོགས་སུ་འགྲོ་བ་དང་། རིག་གནས་ཁྱབ་སྤེལ་གྱི་ཐབས་ལམ་ཡང་འདྲ་མིན་སྣ་ཚོགས་སུ་འཕེལ་ཏེ་དེང་རབས་ཅན་གྱི་སྒྲ་པབ་འཁོར་ལོ་དང་། རླུང་འཕྲིན། བརྙན་འཕྲིན། གློག་བརྙན་སོགས《གླིང་སྒྲུང་》དར་ཁྱུལ་འགྲོག་པ་མང་ཚོགས་ཀྱི་འཚོ་བའི་ནང་རྒྱུན་སྤྱོད་ཡོ་བྱད་དུ

① 《བོད་ལྗོངས་ཞིབ་འཇུག》2001ལོའི་རྒྱ་ཡིག་དུས་དེབ་གཉིས་པའི་ཤོག་ངོས29ལ་གསལ།

གྱུར་དང་འགྱུར་ནུས་ཡིན་པས། དེས་ལོ་ངོ་སྟོང་ཕྲག་མང་པོའི་ནང་ཕ་ཚ་བུ་རྒྱུད་ཀྱིས་རྒྱུན་འཛིན་བྱས་པའི་《གླིང་སྒྲུང་》འཆད་ཉན་བྱེད་པའི་གོམས་གཤིས་དར་སྲོལ་དེ་ཇེ་ཞན་དུ་གྱུར་པ་དང་། སྒྲུང་པ་གསར་པ་འཚར་ལོངས་ཡོང་བའི་ཁོར་ཡུག་ལ་ཐོག་ཐུག་ཐེབས་པས《གླིང་སྒྲུང་》ངག་ནས་ངག་བརྒྱུད་ཀྱིས་རྒྱུན་འཛིན་བྱེད་རྒྱུར་འགོག་རྐྱེན་ཆེན་པོ་བཟོས་ཡོད་ལ《གླིང་སྒྲུང་》གི་སྐྱེ་ཁམས་དང་གསོན་ཤུགས་དག་ངམ་ཤུགས་རིམ་གྲུད་ཀྱི་ཚུལ་དུ་འགྲོ་བཞིན་ཡོད། ལྷག་དོན་དུ་སྒྲུང་པ་རྣམས་ནི་གང་ཟག་ཡིན་པས་འཇིག་རྟེན་གྱི་སྐྱེ་ཀ་ན་འཆིའི་མི་རྟག་པའི་རང་བཞིན་ལས་གཡོལ་ཐབས་མེད་པས། ཁོང་ཚོའི་བློ་ཡི་ཡུལ་དང་དྲན་པའི་ཀློང་དུ་བཞུགས་པའི་ངག་སྒྲུང་རྣམས་མྱུར་དུ་སྒྲ་ཕབ་དང་ལེགས་སྒྲིག་དཔར་སྐྲུན་བྱ་རྒྱུ་ནི《གླིང་སྒྲུང་》མྱུར་སྐྱོབ་བྱེད་པའི་ལས་དོན་གྱི་འགག་རྩ་ཡིན། ད་ལྟ་ང་ཚོའི་མིག་མདུན་དུའང་སྐ་སུན་མི་ཉུང་བ་ཕོག་མྱོང་བ་ནི་༡༩༨༠ལོ་ཚུན་ལ་རང་ལྗོངས་ཀྱི་སྒྲུང་མཁན་ ༡༠ལྷག་སྤྱི་རྗེས་སུ་ལྷུ་ལམ་དུ་སོང་བ་དང་། དེའི་ནང་ནས་སྒྲུང་མཁན་གྲགས་པས་སྒྲུང་སྣ་༣༩པོད་ཐུབ་ཀྱི་ཡོད་རུང་། ཁོང་མ་འདས་གོང་སྒྲུང་སྣ་༢༥ལས་སྒྲ་ཕབ་ཐུབ་མེད། དེ་མིན་སྒྲུང་མཁན་ཨ་དར་གྱིས་སྒྲུང་སྣ་༩༩པོད་ཐུབ་རུང་སྒྲ་ཕབ་ཟིན་པ་སྒྲུང་སྣ་༡ལས་མེད། ཚེ་དབང་འགྱུར་མེད་ཀྱིས་སྒྲུང་སྣ་༡༩པོད་ཐུབ་རུང་སྒྲ་ཕབ་ཟིན་པ་སྒྲུང་སྣ་༢ལས་མེད། ༡༩༨༠ལོ་ཚུན་ལ་བཙལ་ཞིབ་བྱུང་བའི་སྒྲུང་པའི་ནང་པྲ་ཕབ་སྒྲུང་པ་ཁ་ཚ་ངག་དབང་བློ་བཟང་ལས་མེད་པ་དང་། ཁོང་གིས་སྒྲུང་སྣ་༩༣འབྲི་ཐུབ་ཀྱི་ཡོད་རུང་། ང་ཚོར་དངོས་སུ་བཞག་གནང་བ་ནི་སྒྲུང་སྣ་༢རང་ལས་མེད། ཕུལ་བྱུང་གི་སྒྲུང་པ་རྣམས་གཅིག་རྗེས་གཉིས་མཐུད་ཀྱིས་སྐུ་ཚེ་འདས་པས་ཁོང་ཚོའི་བློ་ཡུལ་དུ་བཞུགས་པའི་རིན་ཐང་ནོར་བུ་མང་དག་ཅིག་འཇའ་ལྟར་ཡལ་བ་དང་། ད་བར་རྒྱལ་སྤྱི་རྒྱལ་ནང་ཁྱོན་དུ་སྒྲུང་པ་གཅིག་གིས་འཆད་ཀྱེར་གནང་བའི་《གླིང་སྒྲུང་》མགོ་མཇུག་ཚང་ཆ་ཚང་བ་ཞིག་གང་ནའང་མེད་པའི་ཡ་ང་བ་དང་སྐྱོ་བ་སྐྱེ་དགོས་པའི་ད་ཡོད་ཀྱི་གནས་

ཚུལ་འདི་ཐོན་ཡོད། དེར་བརྟེན་ང་ཚོས《གླིང་སྒྲུང་》རྒྱུན་སྲུང་ཁྱབ་སྤེལ་འགྲོ་བའི་ཁྲིད་ཆོས་དང་དུ་ལྟའི་གནས་བབས་ལ་ཞིབ་རྟོགས་གང་ཟབ་ཀྱིས་དེའི་མྱུར་སྐྱོབ་ལས་དོན་གྱི་ཁ་ཚ་དགོས་གཏུགས་ཀྱི་རང་བཞིན་ལ་ངོས་འཛིན་གང་ལེགས་ཡོང་བ་བྱེད་དགོས་ངེས་འདུག་གོ །

གཉིས་པ། བསམ་གྲུབ་ཀྱིས་ཕབ་པའི་གླིང་སྒྲུང་ལེགས་སྒྲིག་དང་དཔར་སྐྲུན་ལས་ཀའི་བརྒྱུད་རིམ་སྐོར།

ཟིང་བཅོས་ཡོ་བསྲང་བྱས་ཚུན་གོང་རིམ་སྲིད་གཞུང་གིས་སྔ་ཕྱི་བར་གསུམ་དུ《གླིང་སྒྲུང་》གི་མྱུར་སྐྱོབ་ལས་དོན་ལ་ཆེས་མཐོའི་མཐོང་ཆེན་གནང་བཞིན་ཡོད་ཀྱང་། བར་རིམ་ཞིབ་ཕྲའི་དབང་འཛིན་པ་འགའ་རེས་བོད་ཀྱི་སྲོལ་རྒྱུན་རིག་གནས་དང་། ཁྱད་པར《གླིང་སྒྲུང་》མྱུར་སྐྱོབ་ལས་དོན་གྱི་གལ་ཆེའི་རང་བཞིན་ལ་ངོས་འཛིན་ཡག་པོ་མ་ཐུབ་པས། 《གླིང་སྒྲུང་》མྱུར་སྐྱོབ་ཀྱི་བྱ་གཞག་དེ་ལའང་རྒྱུགས་ཕྱོགས་ཁོལ་མོའི་དབུགས་གྲངས་དང་དྲོ་གྲང་དཔྱིད་ཀྱི་གནམ་གཤིས་ལྟ་བུའི་ལས་དབང་མྱོང་དགོས་བྱུང་བས། གཞི་རིམ་དུ་གནས་པའི་བདག་དང་བདག་ལྟ་བུའི《གླིང་སྒྲུང་》ལ་དགའ་ཞེན་ཆེ་ཞིང་དེའི་བྱ་གཞག་ལ་བརྩོན་པ་བྱ་མུས་ཀྱི་ལས་འཛིན་པ་རྣམས་སྐྱིད་སྡུག་དགོ་བའི་ར་ཚོགས་དང་དགའ་སྐྱོ་སོག་ལེའི་ཁ་འདྲ་ལྟར་མྱོང་དགོས་བྱུང་། དེ་ཡང་གོང་སྨོས་ལྟར་དུས་རབས་གོང་མའི་ལོ་རབས་བརྒྱད་ཅུ་པའི་ནང་བོད་ལྗོངས་ཁུལ་དུ་དམངས་ཁྲོད་སྒྲུང་པ་འཚོལ་ཞིབ་དང་ཁོང་ཆོས་འཆད་ཁྲིར་གནང་བའི་ངག་སྒྲུང་སྒྲ་བཅུག་གི་ལས་དོན་དེ་ཚ་ཚ་ཙུར་ཙུར་གྱིས་སྤེལ་བས། 《གླིང་སྒྲུང་》མྱུར་སྐྱོབ་ལས་དོན་གྱི་རྨང་གཞིའི་ལས་དོན་རྣམས་ཡག་པོ་གྲུབ་ཡོད། སྤྱི་ལོ་༡༩༨༠ལོར་བོད་ལྗོངས་སུ《གླིང་སྒྲུང་》མྱུར་སྐྱོབ་དོན་གཅོད་ཁང་བཙུགས་རྗེས། ཐོག་མར་ནུས་ཤུགས་གང་ཡོད་ཀྱིས་དམངས་ཁྲོད་དུ་གྲགས་པའི《གླིང་སྒྲུང་》སྐོར་གྱི་དཔེ་རྙིང་བསྡུ་རུབ་དང་། སྒྲུང་

པ་རྩད་གཅོད་ཀྱི་ཡོངས་ཁྱབ་ཞིབ་བཤེར་གྱི་ལས་དོན་རྒྱ་ཆེ་གཏིང་ཟབ་དང་སྤེལ་ནས་སྔ་རྗེས་སུ་ནག་ཆུ་ས་ཁུལ་ནས་སྒྲུང་པ་༡༥དང་། ཆབ་མདོ་ས་ཁུལ་ནས་སྒྲུང་པ་༡༧མངའ་རིས་ས་ཁུལ་ནས་སྒྲུང་པ་༧ལྷ་ས་དང་ཉིང་ཁྲི་ནས་སྒྲུང་པ་རེ་རེ་བཅས་སྒྲུང་སྣ་བཅུ་ཡན་འཆད་གྱེར་ཐུབ་པའི་དམངས་ཁྲོད་སྒྲུང་མཁན་བཞི་བཅུ་ཐམ་པ་བཙལ་རྙེད་ཐུབ་པ་དང་། སྐབས་དེ་དུས་གླིང་སྒྲུང་དཔེ་རྙིང་བྲིས་མ་དང་། དཔར་མ་བསྡོམས་པོ་ཏི་༧༥བསྡུ་རུབ་ཐུབ་ཡོད། དུས་དེ་ནས་བཟུང་སྒྲུང་མཁན་རྣམས་ལ་སྒྲ་འཇུག་བྱེད་པའི་མཐུན་རྐྱེན་གང་ལེགས་བསྐྲུན་ཏེ་འཆར་གཞི་ཡོད་པའི་སྒོ་ནས་ངག་སྒྲུང་རྣམས་སྒྲ་འཇུག་བྱས་པ་དང་། སྒྲུང་པ་མི་འདྲ་བ་བཅུ་ཙམ་གྱིས་འཆད་གྱེར་གནང་བའི་སྒྲུང་སྣ་ཁག་༡༣༠ལྷག་ཙམ་སྒྲ་ཕབ་ཟིན་པ་དེ་དག་ལ། སྤྱིན་ཤོག་འཁོར་གྲངས་༥༨༠༠ལྷག་ཙམ་ཡོད། དེའི་ཁྲོད་སྒྲུང་མཁན་བསམ་གྲུབ་ཀྱིས་ཕབ་པའི་སྒྲུང་སྣ་མང་ཤོས་ཡིན། དེ་ཡང་སྤྱི་ལོ་༡༩༨༥ལོར་བོད་རང་སྐྱོང་ལྗོངས་སྤྱི་ཚོགས་ཚན་རིག་ཁང་གིས་བསམ་གྲུབ་ཀྱིས་འཆད་གྱེར་བྱས་པའི་སྒྲུང་སྒྲ་ཕབ་བྱེད་པའི་ལས་དོན་འགོ་བཙུགས་པ་རེད། སྤྱི་ལོ་༡༩༨༥ལོའི་དབྱར་དུས་སུ་བོད་ལྗོངས་སྤྱི་ཚོགས་ཚན་རིག་ཁང་གིས་རྒྱལ་ཡོངས་ཀྱི་ལྗོངས་དང་ཞིང་ཆེན་བདུན་གྱི་སྒྲུང་པ་གདན་འདྲེན་ཞུས་ནས་ལྷ་སར་《གླིང་སྒྲུང་》འཆད་གྱེར་གྱི་ཚོགས་ཆེན་སྐོང་འཚོགས་བྱས་པ་དང་དེ་དུས་སྒྲུང་མཁན་བསམ་གྲུབ་ཀྱང་གདན་འདྲེན་ཞུས་ཡོད། སྐབས་དེ་དུས་རྒྱལ་ཡོངས་ཀྱི་ལྗོངས་དང་ཞིང་ཆེན་བདུན་ནས་དམངས་ཁྲོད་ཀྱི་ཕུལ་བྱུང་སྒྲུང་པ་༣༥ལྷ་སར་མཉམ་འཛོམས་ཐོག་སྒྱུ་རྩལ་འགྲན་སྡུར་དང་ཉམས་མྱོང་སྤེལ་རེས་བྱས་པ་རེད། སྒྲུང་མཁན་བསམ་གྲུབ་ཀྱི་སྐད་གསང་མཐོན་པོའི་འཆད་གྱེར་དང་། ཁྱད་དུ་འཕགས་པའི་ཤེས་ཡོན། ངོ་མཚར་ཆེ་བའི་འཁྲབ་སྟོན་གྱིས་ཚོགས་ཞུགས་མཁས་དབང་རྣམས་དང་ཆེད་ལས་པའི་ཡིད་དབང་ཡོངས་སུ་འཕྲོག དུས་དེ་ནས་བཟུང་བོད་ལྗོངས་སྤྱི་ཚོགས་ཚན་རིག་ཁང་གིས་སྒྲུང་མཁན་བསམ་གྲུབ་དང་ཆོས་གྲགས། གཡུ་སྒྲོན། ཨ་དར། ཚེ་

དབང་འགྱུར་མེད་སོགས་ཀྱིས་འཆད་ཁྲིར་གནང་བའི་སྒྲུང་ལྡུར་སྐྱོབ་བྱེད་རྒྱུ་གཙོ་གནད་དུ་བཟུང་ནས་སྒྲ་ཕབ་དང་ཟིན་བྲིས་བྱེད་འགོ་བརྩམས། ཡུན་རིང་ལོ་ཟླའི་ནང་བསམ་གྲུབ་ཀྱིས་དཀའ་ངལ་མང་པོ་སྤྱད་ནས་སྒྲུང་སྣ་༥༠ཙམ་སྒྲ་ཕབ་གནང་ཡོད། འོན་ཀྱང་དེ་རྗེས་ལོ་བཅུ་ལ་ཉེ་བའི་ནང་བོད་ཀྱི་《གླིང་སྒྲུང་》གི་བྱ་གཞག་ལ་མི་བཟོས་སོད་ཐན་ཕོག་པ་ལྟ་བུས་དེའི་སྒྲུང་སྐྱོབ་དང་ལྡུར་སྐྱོབ་ཀྱི་ཆུ་རྒྱུན་ཆད་ལ་ཁད་པར་གྱུར་ལ། སྒྲ་ཕབ་ཟིན་པའི་སྤྱིན་ཤོག་མང་པོ་བོར་བའམ་འཕྲོ་བརླག་ཏུ་སོང་བས་གྲོང་གྲུབ་ཆེན་པོ་ཕོག་ལ་བསམ་གྲུབ་ཀྱིས་ཕབ་པའི་སྒྲུང་རྣམས་སྒྲ་ཕབ་བྱ་རྒྱུར་ཡང་འགོག་རྐྱེན་ཆེན་པོ་ཕོག་ཡོད། ལོ་རབས་དགུ་བཅུ་པའི་དུས་མཇུག་ནས་《གླིང་སྒྲུང་》ལྡུར་སྐྱོབ་ཀྱི་ལས་དོན་དེ་སླར་གསོ་བྱུང་བ་དང་། སྐབས་དེ་དུས་བོད་ལྗོངས་སྤྱི་ཚོགས་ཚན་རིག་ཁང་གི་དབུ་འཛིན་སྐལ་བཟང་རྒྱལ་མཚན་མཆོག་ནས་《གླིང་སྒྲུང་》གི་ལས་དོན་དེ་འཕྲུས་ཚང་ཡོང་ཆེད་འབྲེལ་ཡོད་ཚན་པའི་འགོ་ཁྲིད་དང་ཆེད་ལས་པ་སྐོང་བསྡུ་བྱས་ནས་《གླིང་སྒྲུང་》ལྡུར་སྐྱོབ་བྱེད་ཕྱོགས་སྐོར་གྱི་དགོངས་འཆར་བསྡུ་ལེན་བཞུགས་མོལ་ཚོགས་འདུ་ཐེངས་གཅིག་འཚོགས་ཤིང་། ཚོགས་བཞུགས་པ་རྣམས་ཀྱིས་འདས་ཟིན་པའི་ལས་དོན་ལ་ཕྱོགས་བསྡོམས་བྱས་ཏེ། 《གླིང་སྒྲུང་》ལྡུར་སྐྱོབ་བྱ་གཞག་གི་ལས་ཀྱི་དང་པོའམ་གཙོ་གནད་ནི་སྒྲུང་པས་འཆད་ཁྲིར་བྱས་པའི་ངག་སྒྲུང་རྣམས་དཀར་འཇམ་ཤོག་བུའི་སྟེང་དུ་ནག་ཆུང་རི་མོའི་གཟུགས་རིས་སུ་བཀོད་ནས་ནམ་ནམ་ཞར་ཞར་མི་རབས་རྗེས་མ་རྣམས་ལ་འཇོག་རྒྱུ་དེ་ཡིན་པས། ངེས་པར་དུ་ངག་སྒྲུང་ལེགས་སྒྲིག་དཔར་སྐྲུན་ལས་དོན་ལ་ཤུགས་སྣོན་རྒྱག་རྒྱུ་དེ་རེད་ཅེས་ཚང་མས་གཅིག་གྱུར་ཐག་ངེས་འཛིན་བྱུང་། འོན་ཀྱང་སྐབས་དེ་དུས་བོད་ལྗོངས་སྤྱི་ཚོགས་ཚན་རིག་ཁང་ལ་འགྲོ་གྲོན་དབུལ་བས་སེམས་བཟང་པོས་བྱུང་ཐང་ལ་ཏ་རྒྱག་འདོད་ཀྱང་། རྒྱུ་དངོས་པོས་སྦྲར་མཐིལ་ལ་སོ་མི་ཐེབས་ཟེར་བའི་གནའ་བོའི་བོད་ཀྱི་གཏམ་དཔེ་ལྟར་དུ་གྱུར། མི་རིང་བར་ལྷུང་ཅན་ཚེ་དབང་འགྱུར་མེད་

མཆོག་ལས་འགྱུར་གནང་ནས་བོད་ལྗོངས་སྤྱི་ཚོགས་ཚན་རིག་ཁང་གི་དབུ་འཛིན་གནང་བར་ཕེབས་ནས་དཔར་སྐྲུན་གྱི་འགོ་ཁྲིད་ཐད། ལྗོངས་ཕྱིའི་མ་དངུལ་རོགས་རམ་ལ་བརྟེན་ནས་མཉམ་ལས་ཚུལ་གྱིས་ལེགས་སྒྲིག་དཔར་སྐྲུན་བྱ་རྒྱུའི་ཐོག་མའི་གྲོས་འགོ་བཏོན་ལ་འབྲེལ་ཡོད་ཚན་པ་དང་འབྲེལ་གཏུག་ཀྱང་བྱས། སྤྱི་ལོ་༢༠༠༠ལོ་ཤར་མ་ཐག་ཀྲུང་གོ་སྤྱི་ཚོགས་ཚན་རིག་ཁང་གྲངས་ཉུང་མི་རིགས་རྩོམ་རིག་ཞིབ་འཇུག་ཚན་པའི་ཞིབ་འཇུག་པ་ཆེ་མོ་བ། 《གེ་སར་》རིག་པ་མཁས་ཅན་ཡང་ཨེན་རྟུང་མཆོག་དང་ཁོ་བོ་ཐོག་མར་འབྲེལ་གཏུག་བྱུང་ཞིང་། ཕྱོགས་གཉིས་ཀྱི་བསམ་ཚུལ་སྤེལ་རེས་བྱས། སྐབས་དེར་ལེགས་སྒྲིག་དཔར་སྐྲུན་གྱི་འདེམ་སྒྲུག་རྣམ་གྲངས་གསུམ་ཡོད་དེ། སྒྲུང་པ་མི་འདྲ་བས་འཆད་ཀྱེར་གནང་བའི་ངག་སྒྲུང་ཁག་བཅུ་ཙམ་ལེགས་སྒྲིག་དཔར་སྐྲུན་བྱ་རྒྱུ་དང་གཅིག སྒྲུང་མཁན་བསམ་གྲུབ་ཀྱིས་འཆད་ཀྱེར་གནང་བའི་སྒྲུང་ཁག་བཅུ་ལེགས་སྒྲིག་དཔར་སྐྲུན་བྱ་རྒྱུ་དང་གཉིས། སྒྲུང་མཁན་བསམ་གྲུབ་ཀྱིས་འཆད་ཀྱེར་གནང་བའི་སྒྲུང་རྣམས་ཐོག་མའི་ལེགས་སྒྲིག་བྱས་ཐོག་དངོས་སུ་དཔར་སྐྲུན་མ་བྱས་པར་དཔྱད་གཞིའི་དཔེ་དེབ་བཟོ་རྒྱུ་དང་གསུམ་ཡིན། སྤྱི་ལོ་༢༠༠༠ལོའི་ཟླ་༩པར་ཡང་ཨེན་རྟུང་མཆོག་སྐུ་དངོས་ལྷ་སར་ཕེབས་པ་དང་། 《གླིང་སྒྲུང་》ལེགས་སྒྲིག་དཔར་སྐྲུན་གྱི་རྣམ་གྲངས་དང་ཞིབ་ཕྲའི་མཉམ་ལས་བྱ་ཚུལ་སྐོར་ལ་སྐབས་དེ་ཤེད་ཀྱི་བོད་ལྗོངས་སྤྱི་ཚོགས་ཚན་རིག་ཁང་གི་དབུ་འཛིན་ཆེ་དབང་འགྱུར་མེད་མཆོག་གིས་གཙོས་མི་རིགས་ཞིབ་འཇུག་ཚན་པའི་དབུ་འཛིན་པ་ཚབ་པ་སངས་དབང་འདུས་དང་ཁོ་བོ་བཅས་དང་གྲོས་མོལ་གནང་རྒྱུས་བྱས། ཐེངས་དེའི་གྲོས་མོལ་ཚོགས་འདུའི་ཐོག་ཀྲུང་གོ་སྤྱི་ཚོགས་ཚན་རིག་ཁང་མི་རིགས་རྩོམ་རིག་ཞིབ་འཇུག་ཚན་པ་ནས་དཔར་སྐྲུན་བྱ་གཞག་ལ་མཁོ་བའི་འགྲོ་གྲོན་གཏོང་རྒྱུ་དང་། བོད་ལྗོངས་སྤྱི་ཚོགས་ཚན་རིག་ཁང་ནས་མི་ནུས་སྒྲིག་འཛུགས་ཐོག་སྒྲ་འཇུག་ལེགས་སྒྲིག་གི་འགྲོ་གྲོན་དང་སྒྲུང་པའི་སྒྲ་འཇུག་ཕོག་ཐོབ་དང་འཚོ་བའི་རོགས་དངུལ།

སྨན་རིན་སོགས་འགན་འཁུར་བྱེད་རྒྱུ་གཏན་འཁེལ་བ་དང་། ཚེ་དབང་འགྱུར་མེད་དང་ཡང་ཨེན་ཧྲུང་རྣམ་གཉིས་ཀྱིས་ཀུའུ་རིན་ཆན་གཞོན་གནང་ཞིང་འབྲེལ་ཡོད་ཚན་པའི་འགོ་ཁྲིད་ལས་གྲུབ་པའི་དཔེ་ཚོགས་རྩོམ་སྒྲིག་ཨུ་ཡོན་ལྷན་ཁང་གི་ཁོངས་མི་དང་། ཡང་ཨན་ཧྲུང་མཆོག་དང་ཕྲན་ནས་དབུ་ཁྲིད་ཆན་གཞོན་བྱས་ཤིང་ཆེད་ལས་མི་སྣ་བདུན་ལས་གྲུབ་པའི་རྩོམ་སྒྲིག་ལག་བསྟར་ཚོ་ཆུང་གི་ཁོངས་མི་གཏན་འཁེལ་བྱས་ཡོད། དེ་ནུར་རྩོམ་སྒྲིག་ལག་བསྟར་ཚོ་ཆུང་གི་ཁོངས་མི་རྣམས་ཀྱིས་གྲོས་སྡུར་ཐེངས་མང་བྱས་རྗེས་ལོ་ལྔ་ནས་བརྒྱུད་བར་སྒྲུང་སྣ་མི་འདྲ་བ་༤༥ལས་གྲུབ་པའི་《སྒྲུང་མཁན་བསམ་གྲུབ་ཀྱིས་ཕབ་པའི་གླིང་རྗེ་གེ་སར་རྒྱལ་པོའི་སྒྲུང་》ཞེས་པའི་དཔེ་ཚོགས་ལེགས་སྒྲིག་དང་དངོས་སུ་དཔར་སྐྲུན་བྱ་རྒྱུའི་གྲོས་མཐུན་བྱུང་བ་མ་ཟད། ཕྱོགས་གཉིས་མཉམ་ལས་ཀྱི་ཞིབ་ཕྲའི་གྲོས་དོན་སྙོར་གྱི་ཆིངས་ཡིག་བཞག་པ་རེད། སྤྱི་ལོ་༢༠༠༧ལོའི་ཟླ་༧པའི་ཚེས་༦ཉིན《ལྷ་གླིང་》ལ་སོགས་པའི་སྒྲུང་མཁན་བསམ་གྲུབ་ཀྱིས་འཆད་གྱེར་གནང་བ་བཞིན་ལེགས་སྒྲིག་བྱས་པའི་ཐོག་མའི་སྒྲུང་པོད་༦དངོས་སུ་དཔར་སྐྲུན་ཐུབ་པ་དང་ལྷ་སར་ཐོག་མའི་འགྲེམས་སྤེལ་བྱེད་སྒོ་རྒྱས་པ་ཞིག་སྤེལ། སྐབས་དེ་ཉིད་ཀྱི་རང་སྐྱོང་ལྗོངས་ཏང་ཨུད་ཀྱི་ཧྲུ་ཅི་གོའི་ཅིན་ལུང་སྐྲུ་ངོ་མ་འགྲེམས་སྤེལ་བྱེད་སྒོར་ཕེབས་པ་མ་ཟད་སྒྲུང་མཁན་ཁོང་དང་ལེགས་སྒྲིག་ལས་བྱ་བ་ཚང་མར་བཀྲ་ཤིས་རྟེན་འབྲེལ་ཡང་ཞུས་གནང་། བྱེད་སྒོའི་ཐོག་བསམ་གྲུབ་ཀྱིས“དེ་རིང་དགའ་པོ་བྱུང་ལ། ང་ལ་སེམས་འགུལ་ཡང་ཆེན་པོ་ཐེབས་བྱུང་། རྒྱུ་མཚན་ནི་ངས་མི་ཚེ《གླིང་སྒྲུང་》བཤད་པ་ཡིན། ཡིན་ནའི་ད་བར་ཤོག་བུའི་སྟེང་འཁོད་པ་སྣང་མཐེལ་ཙམ་ཡང་མེད། དེ་རིང་ངས་རང་གིས་བཤད་པའི་སྒྲུང་དེབ་མཐོང་བྱུང་”ཞེས་དགྱེས་ཚོར་ཆེན་པོས་གསུངས་པ་དང་། དེ་རྗེས་བསམ་གྲུབ་ཀྱིས《སྒྲུང་མཁན་བསམ་གྲུབ་ཀྱིས་ཕབ་པའི་གླིང་རྗེ་གེ་སར་རྒྱལ་པོའི་སྒྲུང་》ཞེས་པའི་དཔེ་ཚོགས་ལེགས་སྒྲིག་དཔར་སྐྲུན་བྱ་རྒྱུའི་ལས་དོན་དེར་ཡིད་ཆེས་ཆེན་པོ་ཐོབ་ཅིང་སྒྲ

འཛུག་གནང་རྒྱུར་ སྣར་ བས་ རང་ འགུལ་ དང་ ཧུར་ བརྩོན་ ཆེ་ དྲ་ ཕྱིན། ལས་ གྲྭ་ དེ་ འགོ་རྩོམ་ པའི་ དུས་ སུ་ བགྲེས་ སོང་ ཁོང་ དགུང་ ལོ་ ༧༨ ལ་ སོན་ པ་ དང་། སྒྲུང་ སྣ་ ༤༥ ཡི་ འཆར་ གཞི་ ལྟར་ ན་ ད་ དུང་ སྒྲུང་ སྣ་ ༡༨ ཚང་ མེད་ པས། སྒྲ་ འཛུག་ གི་ ལས་ འགན་ ཧ་ ཅང་ ལྗིད་ པོ་ ཡོད། ང་ ཚོས་ ལོ་ ལྟར་ འཆར་ གཞི་ ལྟར་ སྒྲུང་ རྣམས་ རེ་ རེ་ བཞིན་ སྒྲ་ འཛུག་ གནང་ དུ་ བཅུག་ སྐབས་ གང་ ཉིད་ སྐུ་ གཟུགས་ ཞན་ ཞིང་ ནད་ མང་ ནའང་ དཀའ་ སྤྱད་ དང་ ལེན་ གྱིས་ ལོ་ བདུན་ ནང་ 《 ཧོར་ གླིང་ གཡུལ་ འགྱེད་ 》 དང་ 《 འཇང་ གླིང་ གཡུལ་ འགྱེད་ 》 སོགས་ བསྡོམས་ སྒྲ་ ཐག་ སྒྲིན་ ཤོག་ འཁོར་ གྲངས་ ༨༥༩ ལས་གྲུབ་པའི་སྒྲུང་སྣ་ ༡༨ སྒྲ་ཕབ་གནང་ཡོད། དེ་དང་དུས་མཚུངས་རྩོམ་སྒྲིག་ལག་བསྟར་ཚོ་ཆུང་གི་ཁོངས་མི་ཚོས་དུས་ཡུན་ལོ་དྲུག་ཙམ་དཀའ་སྤྱད་འབད་ཐབས་ཀྱིས་ལོ་ལྟར་ སྒྲུང་ སྣ་ ལྔ་ རེ་ ལེགས་ སྒྲིག་ བྱས་ སྟབས་ སྒྲུང་ པོད་ ༢༨ ཙམ་ བདེ་ བླག་ངང་དཔར་དུ་བསྐྲུན་ཐུབ། སྤྱི་ལོ་༢༠༠༨ལོར་ཕྱོགས་གཉིས་པོའི་མི་དོན་ལ་ འགྱུར་ བ་ ཆེ་ བ་ དང་། ཚེ་ དབང་ འགྱུར་ མེད་ མཆོག་ དང་ ཡང་ ཨེན་ ཧྲུང་ རྣམ་ གཉིས་ ཀྱིས་ གཙོས་ དཔེ་ ཚོགས་ རྩོམ་ སྒྲིག་ ཞུ་ ཡོན་ ལྷན་ ཁང་ གི་ ཁོངས་ མི་ ཕལ་ ཆེར་ ལས་ འགྱུར་ གནང་ བས་ ལས་ དོན་ འདི་ ལ་ རྒྱབ་ སྐྱོར་ གནང་ མཁན་ མེད་ པ་ དང་། བོད་ལྗོངས་སྤྱི་ཚོགས་ཚན་རིག་ཁང་ནང་ཕྱིན་འབྱུང་ལས་དོན་དེ་གང་དགའ་གང་ འགབ་ ཀྱི་ བཀའ་ སྐོར་ ཞུ་ རྒྱུར་ ཇི་ ལྟར་ ཁ་ དང་ ཞལ་ གྱི་ དཔེ་ ལྟ་ བུའི་ དཀའ་ ངལ་ མང་ པོ་ འཕྲད་ པ་ མ་ ཟད། ཁྱད་ པར་ དཔར་ སྐྲུན་ གྱི་ འགྲོ་ གྲོན་ ཡོང་ ཁུངས་ ཀྱང་ གར་ སོང་ ཆ་ མེད་ དུ་ གྱུར་ བས་ འབྲས་ བུ་ སྨིན་ བཞིན་ པའི་ ལོ་ ཏོག་ སད་ ཀྱིས་ འཇིག་ ལ་ ཉེ་ བའི་ གནས་ སུ་ གྱུར། དེ་ ལྟར་ ལགས་ཀྱང་ངོས་ནས་ལེགས་སྒྲིག་དཔར་སྐྲུན་བྱ་བའི་ འགན་ ཡོངས་ སུ་ འཁུར་ ནས་ རྩོམ་ སྒྲིག་ ལག་ བསྟར་ ཚོ་ ཆུང་ གི་ ཁོངས་ མི་ རྣམས་ དང་ ལྗོངས་ནང་ཁུལ་གྱི་མཁས་དབང་འགའ་བཅས་དཔུང་པ་མཉམ་གཤིབ་ཀྱིས་ཐབས་ བརྒྱ་ ཇུས་ སྟོང་ གིས་ ལོ་ ལྟར་ སྒྲུང་ པོད་ གཉིས་ རེ་ ལེགས་ སྒྲིག་ དཔར་ སྐྲུན་ བྱ་ རྒྱུར་ རྩོད་ ལེན་ བྱས། སྤྱི་ལོ་༢༠༡༡ལོ་ཤར་མ་ཐག་སྒྲུང་མཁན་གང་ཉིད་ཚེ་ལས་འདས་པས

དེ་ལྟར་བོད་ལྗོངས་སྤྱི་ཚོགས་ཚན་རིག་ཁང་ཏང་སྲིད་དབུ་ཁྲིད་ལྷན་འཛོམས་ཐོག་ངོས་ནས་ཕུལ་བའི་གང་དེའི་རྗེས་འཇུག་སྐོར་དང་《སྒྲུང་མཁན་བསམ་གྲུབ་ཀྱིས་ཕབ་པའི་གླིང་རྗེ་གེ་སར་རྒྱལ་པོའི་སྒྲུང་》ལྟར་སྐྱོབ་ལས་གྲྭའི་ནང་ལྷག་པའི་གནད་དོན་དང་དཀའ་ངལ་སྐོར་གྱི་སྙན་ཞུ་གསན་ཞིང་དེར་གྲོས་སྟུར་གནང་ཐོག་རྩོམ་སྒྲིག་ཨུ་ཡོན་ལྷན་ཁང་གི་ཁོངས་མི་འགྱུར་ལྡོག་དང་འཕྲུས་ཚང་དུ་བཏང་བ་མ་ཟད། རྣམ་གྲངས་དེ་ཉིད་བོད་ལྗོངས་སྤྱི་ཚོགས་ཚན་རིག་ཁང་གི་གལ་ཆེའི་ཚན་ཞིབ་རྣམ་གྲངས་ཤིག་ཏུ་བཅིས་ནས་འགྲོ་གྲོན་རེ་ཞུ་དམིགས་སུ་འབུལ་རྒྱུའི་གྲོས་ཐག་བཅད། གསར་དུ་བདམས་ཐོན་གནང་བའི་རྩོམ་སྒྲིག་ཨུ་ཡོན་ལྷན་ཁང་གི་ཁོངས་མི་ཡོངས་ནས་ཡོང་བས་ཡོང་བ་དང་ཟོར་བས་བཙས་མའི་དཔེ་ལྟར་དཀའ་ངལ་ཁྱད་བསད་ཀྱིས་རང་ནུས་འདོན་སྤེལ་བྱས་ཐོག་དོན་གྱི་སྙིང་པོས་ཕྱུག་པའི་ལས་གྲྭ་ཆླབས་པོ་ཆེ་འདི་རྒྱལ་ཁའི་ངང་ལེགས་གྲུབ་བྱ་རྒྱུར་ཚོད་སེམས་དང་སྙིང་སྟོབས་ཡོད་ལ་འབད་བརྩོན་གྱི་ཆུ་རྒྱུན་སྤེལ་མུས་ལགས་སོ། །

༧༢། །གྲགས་ཅན་སྒྲུང་མཁན་བསམ་གྲུབ་ཀྱི་ལོ་རྒྱུས་མདོར་བསྡུས།

དང་པོ། སྒྲུང་མཁན་གྱི་སྐོར་ངོ་སྤྲོད་མདོར་བསྡུས།

སྒྲུང་མཁན་བསམ་གྲུབ་མཆོག་གི་ངོ་སྤྲོད་སྐོར་གྱི་དཔར་གཞི་མི་འདྲ་བ་མང་པོ་ཞིག་ཡོད་ལ། བཤད་ཚུལ་ཡང་དེ་ཙམ་གཅིག་མཐུན་མེད། ཕོ་བོས་སྤྱི་ལོ་༡༩༩༧ལོ་ནས་བཟུང་བོད་རང་སྐྱོང་ལྗོངས་ཀྱི《གླིང་སྒྲུང་》ཞིབ་འཇུག་ལྟེ་གནས་ཀྱི་གཙོ་འགན་འཁུར་བ་དང་། 《སྒྲུང་མཁན་བསམ་གྲུབ་ཀྱིས་ཕབ་པའི་གླིང་རྗེ་གེ་སར་རྒྱལ་པོའི་སྒྲུང་》ཞེས་པའི་དཔེ་ཚོགས་དེ་སྒྲ་འཇུག་ལེགས་སྒྲིག་དང་རྩོམ་སྒྲིག་དཔར་སྐྲུན་བྱེད་འགོ་བཙམས་རྗེས་ཞིབ་ཕྲའི་ལས་ཀའི་འགན་ཁུར་བ་དང་ཆབས་ཅིག་སྒྲུང་མཁན་གྱི་འཚོ་བའི་ཐད་ཀྱི་ལྟ་སྐྱོང་ལས་ཀ་ཆུང་རྩག་ཁག་ཀྱང་ཞོར་འགྲུབ་བྱས་པ་ཡིན། ལས་དོན་གང་དེའི་ཕྱིར་སྒྲུང་མཁན་གང་ཉིད་དང་ཡུན་རིང་མཉམ་གཤིབ་བྱེད་རྒྱུ་བྱུང་ལ། སྒྲུང་མཁན་སྐུ་ཉིད་ལ་འབྲེལ་ཡོད་གནད་དོན་མང་པོ་ཞིག་བཀའ་འདྲི་ཞུ་རྒྱུའི་གོ་སྐབས་ཐོབ་པས། གང་དེའི་མི་ཚེའི་བརྒྱུད་རིམ་ལ་རྒྱུས་མངའ་ཞིབ་ཙམ་ཐུབ་བྱུང་། སྤྱི་ལོ་༢༠༠༨ལོར་ལས་ཁུངས་ནས་རང་ཉིད་སྐབས་འཕྲལ་པེ་ཅིན་དུ་ལོ་ཕྱེད་རིང་ལས་ཀར་མངགས་བྱུང་། པེ་ཅིན་ཕྱོགས་ལ་ཐོན་ཁར་(ཟླ་བ་༤པའི་ཚེས་༢༤ཉིན་)ཕོ་བོས་སྒྲུང་མཁན་བསམ་གྲུབ་མཆོག་གི་མི་ཚེའི་བརྒྱུད་རིམ་སྐོར་གྱི་དྲིས་འདྲི་མང་པོ་ཞིག་འཁྱེར་ནས་མལ་གྲོ་གོང་དཀར་རྫོང་དུ་སྒྲུང་མཁན་ལ་བཅར་འདྲི་ཞུ་བར་ཕྱིན་པ་ཡིན། ཕོང་གིས་སེམས་ནད་ལྷོད་པོའི་ངང་ནས"ད་རེས་ཁྱེད་པེ་ཅིན་ལ་དུས་ཡུན་ལོ་ཕྱེད་ཙམ་ཕེབས་ན། ཚུར་ལོག་ཕེབས་སྐབས་ཕལ་ཆེར་ང་གཉིས་ཐུག་རྒྱུ་ཁག་པོ་རེད། དེ་

རིང་ངས་ཁྱེད་ལ་ངའི་ལོ་རྒྱུས་ཞིབ་ཕྲ་ཞུ་ཡི་ཡིན་ཁྱེད་ཀྱིས་གསན་རོགས་གནང་། དེ་སྔོན་ངས་མི་གཞན་ལ་ངའི་ལོ་རྒྱུས་བཤད་མྱོང་ཡོད། ཡིན་ནའི་གནས་ཚུལ་འགའ་ཤས་བཤད་མྱོང་མེད། མིས་ཟེར་བར་དེབ་ནང་བྲིས་པའི་ངའི་ལོ་རྒྱུས་མང་པོ་ཞིག་ཏག་ཏག་བརྫད་ཀྱི་མིན་འདུག་ཟེར་གྱིས། དེ་རིང་ངས་ངའི་ལོ་རྒྱུས་དྲང་པོ་དྲང་བཞག་སྤྲས་སྐྱུང་སྤྲུ་ཙམ་མེད་པར་རྒྱན་ལགས་ཁྱེད་རང་ལ་བཤད་ཀྱི་ཡིན། ཕལ་ཆེར་ཁྱེད་རྣམ་པ་ཚོར་དགོས་ཀྱི་རེད།" ཅེས་གསུངས་ནས་དེ་མུར་དེ་སྔོན་གོ་ཐོས་མ་བྱུང་བའི་འཚོ་བའི་གབ་དོན་མང་པོ་ཞིག་གསུངས་བྱུང་། གཤམ་དུ་སྐབས་དེའི་བཅར་འདྲི་ཞུས་པའི་ནང་དོན་གཞིར་བཟུང་གང་གི་ལོ་རྒྱུས་མདོར་བསྡུས་འགོད་རྒྱུ་ཡིན། ནང་དོན་མང་པོ་ཞིག་དེ་སྔོན་གཞན་གྱིས་ངོ་སྤྲོད་གནང་བ་དང་གཅིག་མཐུན་ཡོང་ཐབས་མེད་པས་བསམ་ཤེས་དང་འབྲེལ་དཔྱད་སྟུར་ཡོད་པ་ཞུ།

སྐྱུང་མཁན་བསམ་གྲུབ་ནི་བོད་ལྗོངས་ཆབ་མདོ་ས་ཁུལ་སྙེང་ཆེན་རྫོང་ཁོངས་ཀྱི་འབྲོག་པ་དབུལ་པོའི་ཁྱིམ་ཚང་ཞིག་ཏུ་བོད་རབ་བྱུང་བཅོ་ལྔ་པའི་ཆུ་ཁྱི་ལོ་སྟེ་སྤྱི་ལོ་༡༩༢༢ལོར་སྐུ་འཁྲུངས། ཁོང་གི་ཡབ་ཀྱི་མཚན་ལ་བུ་ཆེན་དང་ཡུམ་གྱི་མཚན་ལ་ཨ་སྲི་ལྷ་མོ་ཟེར་བ་དང་། ཁོང་ལ་ད་དུང་གཅེན་གཅུང་དྲུག་ཙམ་ཡོད། བསམ་གྲུབ་ཆུང་བྱིས་པའི་དུས་ནས་འཚོ་ཚོའི་དཀའ་སྡུག་གིས་མནར་ཏེ་དགུང་ལོ་༡༡གི་དུས་སུ་རོང་བུའི་ཉ་ལུག་ཧ་དབང་ཟེར་བའི་ཁྱིམ་ཞིག་གི་ར་རྫིར་འགྲོ་དགོས་བྱུང་། ཁོང་གིས་གསུངས་པར་ "ཕྱུགས་རིགས་འཚོ་བའི་སྐབས་སུ་ཉིན་ཞིག་གནམ་ནས་ཆར་པ་སིམ་སིམ་བབས་པས་ཤུག་སྡོང་ཞིག་གི་འོག་ཏུ་ཆར་གཡོལ་བྱས་ནས་བསྡད་སྐབས་ཤུག་སྡོང་དེའི་རྩེ་ནས་ཁུ་བྱུག་ཅིག་གིས་སྐད་སྙན་རྒྱག་བཞིན་ཡོད་པ་དང་། དེ་འདྲའི་ངང་ལ་ང་གཉིད་ལ་ཤོར་བ་དང་རྨི་ལམ་ཡ་མཚན་ཅན་ཞིག་བཏང་བྱུང་། རྨི་ལམ་ནང་དུ་ཟ་རྒྱུ་མེད་དུས། རྒྱུ་བུ་ལོན་འདེད་པའི་བཟོ་ལྟ་འདྲ། ཡང་གོས་གཡོག་མི། འབྲུ་ཟ་རྒྱུ་ཡོད་ལེ། འབལ་འབོལ་ལྷུག་

ལྷུག་ཅིག་བྱུང་བ་རྨིས་བྱུང་། གཉིད་བསད་དུས་མི་ཐར་ས་མེད་པའི་བྲག་རི་གཡང་གཟར་ཅན་ཞིག་གི་འདབས་སུ་ཡོད་པའི་བྲག་ཕུག་ཅིག་གི་ནང་དུ་སླེབས་འདུག དེ་ནས་ནང་མི་རྣམས་ཀྱིས་ཐབས་ཀྱིས་བསླུས་རྗེས་ངའི་སེམས་འཚལ་འཚོལ་དུ་ཕྱུར་བས་བོན་གྱི་བླ་མ་ལེགས་བསྟན་རིན་པོ་ཆེའི་སྐུ་གམ་དུ་ཁྲིད་ནས་འབྲུས་གསོལ་གནང་བ་མ་ཟད། རྩ་སྒོའང་ཕྱེ་གནང་། བླ་མའི་གམ་དུ་ཟླ་བ་རེ་གཉིས་ཉར་ནས་སྨན་བཅོས་གནང་། ཟླ་བ་གཅིག་ལྷག་ཙམ་ནས་དྲག་སྐྱིད་བྱུང་། དེར་བརྟེན་རིང་གི་སར་གྱི་སྒྲུང་བཤད་འདོད་ཀྱི་སྣང་བ་ཤར་བ་བླ་མས་མཁྱེན་ཏེ་ང་ལ་སྒྲུང་ཤོད་དང་གསུངས་བྱུང་བས་དེ་མུར་《ལྷ་གླིང་གབ་རྩེ་དགུ་སྐོར་》བཤད་ཐུབ་བྱུང་”①བསམ་གྲུབ་ཀྱིས་ངོ་སྤྲོད་གནང་བར་དགུང་ལོ་བཅུ་གཅིག་ནས་བཅོ་བརྒྱད་བར་ཕ་ཡུལ་དུ་བསྡད་ལ། དེའི་དུས་སུ་ཁོང་ཏ་ཙང་འཚུབ་ལ་སྤྱང་གྲུང་འཛོམས་པས་ཕ་ཡུལ་གྱི་སྐྱེས་ཕོ་མོ་ཀུན་གཞོན་མེད་པས་བཙན་ཕྱུག་གམ་ཤར་གཙོད་ཅེས་འབོད་ཀྱི་ཡོད། དགུང་ལོ་བཅུ་གསུམ་སྐབས་དེ་གའི་མང་ཚོགས་ལ་སྒྲུང་བཤད་འགོ་ཚུགས། དགུང་ལོ་བཅོ་བརྒྱད་ཀྱི་སྐབས་སུ་ཧག་ལ་འགྲོ་མཁན་འགའ་དང་མཉམ་དུ《གླིང་སྒྲུང་》དར་ཁྱབ་ཤིན་ཏུ་ཆེ་བའི་བྱང་ནག་ཆུ་བརྒྱུད་སྟོད་གངས་རིན་པོ་ཆེའི་ཕྱོགས་སུ《གླིང་སྒྲུང་》འཆད་ཀྱིན་ཆོས་མཇལ་ལ་ཕྱིན། ཚུར་ཕ་ཡུལ་དུ་ལོག་པའི་ལམ་བར་ཨ་མདོ་སྟོད་མ་ཁུལ་དུ་འབྲོག་མོ་ཞིག་དང་བརྩེ་དུང་ལས་ཀྱི་མདུད་པ་ཐེབས། ལོ་ངོ་གསུམ་རིང་ཁུལ་དེར་ཕོ་མོའི་ཚང་གི་རྗེ་བོ་བྱས་ཤིང་འབྲོག་མོ་དེ་དང་ཁྱོ་ཤུག་བསྒྲིགས་པས་རིགས་སྲས་ཤིག་ཀྱང་འཁྲུངས། དེ་ནས་ལས་ཀྱི་མདུད་པ་ཆད་པས་ཕ་ཡུལ་དུ་ལོག ལོ་ཉི་ཤུ་རྩ་གཉིས་ཀྱི་སྐབས་སུ་ཕ་ཡུལ་དུ་འཁོར། དེའི་དུས་སུ་ཁྲིམ་ཚང་ནང་འཚོ་བ་དཀའ་སྡུག་ཆེ་བའི་ཁར་རྐྱེན་ངན་ཞིག་བྱུང་བས་སླར་ཡང་བྲོས་བྱོལ་དུ་འགྲོ་དགོས་བྱུང་། དུས་དེ་ནས་

① 2006ལོའི་ཟླ་བ་བཞི་པའི་ཚེས24ཉིན་སྒྲུང་མཁན་བསམ་གྲུབ་ལ་བཅའ་འདྲི་ཞུས་པའི་སྒྲ་ཕབ་སྡེར་ཐོག་ནང་གསལ།

བསམ་གྲུབ་ཁོང་ཕ་ཡུལ་རྒྱབ་ཏུ་བསྐྱུར་བའི་སྤྲང་འཁྱམས་སྒྲུང་པའི་འཚོ་བ་དངོས་སུ་སྐྱེལ་འགོ་ཚུགས། ཐོག་མར་ཁམས་ནང་ཆེན་ནས་ཕེབས་པའི་ཆོས་མཇལ་བ་བཅུ་དང་མཉམ་དུ་ལྷོ་ཕྱོགས་སུ་མོན་གྱི་པད་མ་དགོན་དུ་ཕྱིན། དེ་ནས་ཙ་རི་བརྒྱུད་ཨེ་ལྷ་རྒྱ་རིར་ཕེབས། ཆོས་མཇལ་བ་གཞན་རྣམས་དབུས་ལྷ་སའི་ཕྱོགས་སུ་ཕྱིན་པ་དང་། བསམ་གྲུབ་ཉིད་ཨེ་ལྷ་རྒྱ་རིའི་ཁྲི་ཆེན་ལ་སྒྲུང་བཤད་ནས་ལོ་ངོ་ལྔ་ཙམ་བཞུགས། དེའི་དུས་སུ་གང་དེ་ལང་ཚོའི་སྨོན་པ་རྒྱས་ལ་བྱད་གཟུགས་བཟང་ཁར་འཛོན་ཐང་ཆེ་བ་དང་། གང་དེས་འཆད་གྱེར་གནང་བའི་སྒྲུང་གླུའི་དབྱངས་ཀྱི་འགྱུར་ཁུགས་སྙན་པས། དཔོན་གཡོག་རྣམ་པའི་སྤྲོ་འཛིན་འཕྲོག་པའི་གཞི་དང་བུད་མེད་དག་གི་ཡིད་སེམས་འགུག་པའི་རྒྱུ་རྟ་གྱུར། སྐབས་དེ་དུས་ཚེ་སྟོན་ལས་ཀྱིས་དེད་ནས་བདག་ཡོད་ཁམས་མོ་ཞིག་དང་ཕན་ཚུན་མཛའ་བརྩེའི་མདུད་པས་བཅིངས། དེ་དང་མཉམ་དུ་གཉེན་སྒྲིས་ཚུལ་གྱིས་དབུས་གཞུང་ལྷ་སར་འགྲོར། མི་རིང་བར་བུ་མོའི་བརྩེ་སེམས་ལ་ལྷད་བཞུགས་ཏེ་སློ་ཁ་ཆོང་པ་ཞིག་གི་རྒྱ་ཡི་ཕྱོགས་སུ་ཤོར་བས་སོ་སོར་ཁ་གྱེས། ཕོ་ལོ་ཉེར་བརྒྱད་ལ་སོན་སྐབས་ཚོང་པ་དེའི་འཇིགས་སྐུལ་གྱིས་མ་ཆགས་པར་མལ་གྲོའི་ཁུལ་དུ་སྒྲུང་ཤོད་བཞིན་འཁྱམས་སྐྱུལ་དུ་སོང་། དེ་དུས་ལྷ་ལུང་ཟུར་རྒྱ་རྟ་ཆུ་འཁོར་གྱི་ཕྱི་གཉེར་བགྲེས་སོང་ཡོན་ཏན་ཅན་མཚན་ལ་ཆོས་མཛད་ལགས་ཟེར་བ་ཞིག་དང་ངོ་ཤེས་ནས་དེའི་གམ་དུ་ལོ་གཉིས་ཙམ་ཆུ་འཁོར་གྱི་ལས་ལ་ཞུགས་ནས་བསྡད། དེ་ཉིད་སྒྲུང་པ་གང་དེའི་མི་ཚེའི་ནང་གི་དགེ་རྒན་ཡག་ཤོས་དང་གྲོགས་པོ་བཟང་ཤོས་སུ་གྱུར། དེ་ཡི་དྲུང་ནས་ཆོས་ཀྱི་ཤེས་བྱ་གང་མང་གསན། བགྲེས་སོང་དེ་ཉིད་ཕྱི་མའི་ལམ་ལ་ཕེབས་རྗེས་སླར་ཡང་ལྷ་སའི་ཉེ་འདབས་སུ་སྒྲུང་གིས་ལྟོ་ཆེ་ཕྱིད་ཐབས་བྱས།

དགུང་ལོ་སོ་བཞིའི་ཐོག་ལྷ་སར་སྒྲུང་ཤོད་པར་སོང་བས་མི་རིང་བར་ཁོང་གི་བསྟོད་རོགས་འཇམ་དབྱངས་སྒྲོལ་མ་དང་ངོ་ཤེས་ཏེ་ཁྱིམ་ཐབ་བསྒྲིགས། དེ་རྗེས་བཟའ་ཚང་གཉིས་མཉམ་དུ་གཞིས་རྩེ་དང་། ཀླུང་ཤོད་སོགས་ལ་སྒྲུང་གླུ་

ལེན་བཞིན་འཁྱམས་སྐྱུལ་དུ་སོང་ནས་སྐྱོ་ཚེ་ཕྱིད་ཐབས་བྱས། ཁོང་གཉིས་གཞིས་རྩེ་ནས་སླར་ལྷ་སར་འཁོར་བ་དང་བོད་ལ་དམངས་གཙོའི་བཅོས་བསྒྱུར་གཏོང་བའི་སྐབས་འཁེལ་བས་མལ་གྲོ་གོང་དཀར་རྫོང་ཁོངས་སུ་སྲིད་གཞུང་གིས་ས་ཞིང་དང་ཛོས་གཡག་དོར་གཅིག་སྤྲད་པས། གཞི་ནས་ཁོང་ལ་གཞིས་ཆགས་གཏན་སྡོད་ཀྱི་འཚོ་བ་སྐྱེལ་རྒྱུའི་བསྐལ་པ་ཐོབ། འོན་ཀྱང་ཁོང་བཟའ་ཚོ་གཉིས་ལ་བུ་བཞི་དང་བུ་མོ་གསུམ་བྱུང་བ་དང་འཚོ་བའི་ཐད་ད་དུང་དཀའ་ངལ་ཆེ་ཙམ་ཡོད་སྐབས་གཞིས་ཆགས་པའི་རྗེས་སུའང་ཞིང་འབྲོག་ཐོན་སྐྱེད་བྱེད་པའི་ལས་ཞོར་ལ་ཏ་ཚོང་དང་སྣམ་བུའི་ཚོང་ཡང་རྒྱག་པ་སོགས་ཐབས་ཤེས་ཡོད་དགུ་བཏོན་ནས་ཁྱིམ་གྱི་འཚོ་བ་ཇེ་ལེགས་སུ་འགྲོ་ཐབས་བྱས་ཡོད།

བསམ་གྲུབ་ཀྱི་མི་ཚེ་ཕྱེད་ཙམ་རང་ཡུལ་རྒྱབ་ཏུ་བསྐྱུར་ནས་གང་སར་འཁྱམས་སྐྱུལ་བྱེད་པའི་ཡུན་རིང་ལོ་ཟླའི་ནང་ཁ་བའི་ལྗོངས་ཀྱི་བྱང་གི་འབྲོག་ཁུལ་དང་དབུས་ཀྱི་ཞིང་ཁུལ་དེ་བཞིན་མཐའ་མཚམས་ཀྱི་སྡེ་ཡུལ་སོགས་ཡུལ་གྲུ་གང་སར་བསྐྱོད་ནས་ཕྱོགས་བཞིའི་རྩ་ཆེའི་གནས་དང་བླ་མ་གང་མང་མཇལ་བ་དང་། གཞི་རིམ་གྱི་བོད་འབྲོག་མང་ཚོགས་དང་མཐོ་རིམ་གྱི་སྐུ་དྲག་གམ་གྲགས་ཅན་མི་སྣ་མང་པོ་དང་འབྲེལ་གཏུག་ཟབ་པ། ཕྱུགས་ཀྱི་རྗེ་བོ་དང་ས་ཞིང་གི་སོ་འདེབས་ལས་མྱོང་ལ། ཏ་ཡི་གསོ་དཔྱད་དང་སྣུམ་དང་སྣམ་ཆས་སོགས་ཀྱི་ཉོ་ཚོང་ཡང་ལས་མྱོང་བ་དང་། ད་དུང་མི་ཚེའི་རིང་ས་ཁུལ་མི་འདྲ་བ་གསུམ་གྱི་བུད་མེད་གསུམ་དང་མཛའ་གཙུགས་ཀྱི་འཚོ་བར་ཡང་རོལ་མྱོང་ཡོད། ཡུན་རིང་དཀའ་ཐུབ་སྤྱད་ནས་ཡུལ་གྲུ་མི་འདྲ་བའི་འཚོ་བའི་གོམས་གཤིས་ལ་རྒྱུས་མངའ་དང་དམངས་ཁྲོད་རྩོམ་རིག་གི་བཅུད་ལ་རོལ་བསྐལ་བྱུང་བ་དང་། འཚོ་བའི་ལམ་བུ་ཀྱག་ཀྱོག་མང་པོ་འགྲིམ་པའི་ཁྲོད་ཐོག་མཐའ་བར་གསུམ་དུ《སྒྲིང་སྒྲུང་》འཆད་གྱེར་བྱེད་པའི་ཆུ་རྒྱུན་ཆད་མྱོང་མེད་པ་མ་ཟད། དེའི་བརྒྱུད་རིམ་ནང《སྒྲིང་སྒྲུང་》འཆད་གྱེར་བྱེད་པའི་ཉམས་མྱོང་ཇེ་ཟབ་ཏུ་ཕྱིན་ནས་སྒྲུང་གི་བརྗོད་བྱ་ཇེ

རྒྱས་སུ་འགྲོ་བ་དང་། རྗོད་བྱེད་རྗེ་སྙན་རྗེ་འཇེབས་སུ་གྱུར་ལ། འཆད་ཁྲིད་གནང་ཐུབ་པའི་རྫོང་གྲངས་ཀྱང་ཇེ་མང་ཇེ་མང་དུ་གྱུར་ནས་ད་གཟོད་བོད་ཙམ་མ་ཟད་རྒྱལ་ནང་ཁྱོན་དུ་སྙན་གྲགས་ཆེ་བའི་ཡུལ་བྱུང་སྒྲུང་པ་ཞིག་ཆགས། ཁོང་ལ་སྔ་ཕྱིར་རྒྱལ་ཁབ་མི་རིགས་དོན་གཅོད་ཨུ་ཡོན་ལྷན་ཁང་དང་རྒྱལ་ཁབ་རིག་གནས་པུའུ། ཀྲུང་གོ་རིག་རྩལ་ལྷན་ཚོགས། ཀྲུང་གོ་སྤྱི་ཚོགས་ཚན་རིག་ཁང་བཅས་ཚན་པ་བཞིའི་ཡུལ་བྱུང་སྒྲུང་པའི་གཟེངས་བསྟོད་དཔེ་བཟང་དང་《གླིང་སྒྲུང་》འཆད་ཁྲིད་མཁས་ཅན་གྱི་མཚན་སྙན་ཡང་ཐོབ་མྱོང་ཡོད་ལ་ཁོང་གིས་མལ་གྲོ་གོང་དཀར་རྫོང་དང་ལྷ་ས་གྲོང་ཁྱེར་གྱི་སྲིད་གྲོས་ཨུ་ཡོན་གྱི་གོ་གནས་ཀྱང་བཞེས་མྱོང་ཡོད། ༡༩༨༩ལོ་ནས་བོད་ལྗོངས་སྤྱི་ཚོགས་ཚན་རིག་ཁང་གིས་ཁོང་དང་གཡུ་སྒྲོན། ཆོས་གྲགས། ཚེ་དབང་འགྱུར་སོགས་སྒྲུང་པ་གཙོ་གྲས་སུ་འཛིན་ནས་ཁོང་ཚོའི་དྲན་པའི་ཀློང་དུ་བཞུགས་པའི་གེ་སར་རྒྱལ་པོའི་སྒྲུང་རྣམས་སྒྲ་ཕབ་གྱི་ལས་འགོ་བརྩམས་པ་དང་། ཁྱད་པར་སྤྱི་ལོ་༢༠༠༠ལོ་ནས་སྒྲུང་མཁན་གང་གིས་འཆད་ཁྲིད་གནང་བའི་སྒྲུང་རྣམས་སྒྲ་ཕབ་ལེགས་སྒྲིག་དང་རྩོམ་སྒྲིག་དཔར་སྐྲུན་གྱི་ལས་གྲྭ་རླབས་པོ་ཆེ་དེའི་འགོ་བརྩམས་ལ་རིང་མིན་འབྲས་བུ་མངོན་གསལ་ཐོན། ཁོང་གི་བྱས་རྗེས་ལ་གཞིགས་ནས་ལྗོངས་དང་རྒྱལ་ཡོངས་རིམ་པའི་དངོས་རྫས་མིན་པའི་རིག་གནས་ཤུལ་བཞག་རྣམ་གྲངས་ཀྱི་དཔེ་མཚོན་རྒྱུད་འཛིན་མི་སྣའི་མཚན་སྙན་ཐོབ།

གཉིས་པ། ཚིགས་བཅད་ཀྱི་ལམ་དུ་དྲངས་པའི་སྒྲུང་མཁན་གྱི་ལོ་རྒྱུས་མདོར་བསྡུས།

ས་བཅུད་བྱིན་ཆེན་ཆགས་པའི་ས། །
མཐའ་བཞི་རི་བོས་བསྐོར་བའི་ས། །
ཕྱོགས་བཞིའི་མགྲོན་གཡང་འཁོར་བའི་ས། །

ཐུག་གསར་ལོ་འདབ་རྒྱས་པའི་སྐབས། །
མེ་ཏོག་མཚར་སྡུག་ངོམ་པའི་སྐབས། །
ཁང་གཉིས་སྒྲུ་གར་རོལ་བའི་སྐབས། །
ཁང་བཞིའི་ཤ་ཤེད་རྒྱས་པའི་སྐབས། །
ཁང་དྲུག་གར་ལ་རྩེན་པའི་སྐབས། །
བྱ་དང་རི་དྭགས་འཛོམས་པའི་སྐབས། །
ན་ཚུང་བཀྲག་མདངས་ལྡན་པའི་སྐབས། །
མི་ཕོ་བཙན་གྲགས་ཆེ་བའི་སྐབས། །
རྟ་ཕོ་ཕོམ་ལག་བདེ་བའི་སྐབས། །
ཁྱད་འཕགས་ཁྱུང་པོའི་ཡུལ་མཆོག་དེར། །
ཡབ་ཀྱི་མཚན་ལ་བུ་ཆེན་དང་། །
ཡུམ་ལ་ཨ་སྲི་ལྷ་མོ་ལ། །
ཆུ་ཁྱི་ལོ་ལ་བུ་ཞིག་འཁྲུངས། །
སྐྱིད་གྲུང་ཁྲ་ཡི་སྒོ་ལ་འཁྱེ། །
སྐྱེས་འབྲས་ལྷ་སྐྱུ་ལྟར་དུ་མཚར། །
ཁ་བདེ་ལུས་བདེ་རིག་པ་རྣོ། །
ཀུན་དང་མི་འདྲ་ངོ་མཚར་བས། །
ཤར་གཙོད་ཟེར་བའི་གཅེས་མིང་ཐོགས། །
དངོས་ཀྱི་མཚན་ལ་བསམ་གྲུབ་ཟེར། །
བསམ་དོན་འགྲུབ་པའི་རྟེན་འབྲེལ་འགྲིག །
བྱིས་ལོ་བཅུ་གཅིག་ལོན་པའི་དུས། །
རྟེན་འབྲེལ་བཟང་བའི་རྨི་ལམ་རྨིས། །
ཞལ་སྨུག་ཅན་གྱི་སྐྱེས་བུ་རྨིས། །

ངོ་མཚར་སྐྱེས་བུའི་གཏམ་རྒྱུད་འདི། །

བརྗོད་འདོད་ཁྱེའུའི་ཡིད་ལ་ཤར། །

དེ་ནས་ཞལ་གྱི་སྒོ་མོ་ཕྱེ། །

ཡིན་ལུགས་མིན་གྱི་ཤེས་བྱ་ལ། །

བསླབ་དང་སྦྱངས་པ་དགོས་ལེ་མིན། །

ངོ་མཚར་གླིང་གི་སྒྲུང་གཏམ་དེ། །

ཆུ་བོ་བཞིན་དུ་འབབ་རྒྱུ་དང་། །

རྒྱ་མཚོ་བཞིན་དུ་འཁྱིལ་རྒྱུ་བྱུང་། །

གཡུ་འབྲུག་བཞིན་དུ་གྲག་ལེ་བྱུང་། །

ཕོ་ལོ་དྲུག་གསུམ་བཅོ་བརྒྱད་ལ། །

ཡུལ་དགུ་སྒྱུལ་བའི་འགོ་མོ་བརྩམས། །

ཇག་འགྲོའི་སྐྱེས་པ་འགའ་དང་ལྷན། །

མཉམ་འགྲོ་མཉམ་འདུག་མཉམ་སྒྲིག་བྱས། །

ཟ་མཉམ་འཐུང་མཉམ་གྱོན་མཉམ་བྱས། །

ལ་དགུ་ཀླུང་དགུར་མ་འཛེམས་པར། །

བྱང་ལམ་བརྒྱུད་ནས་སྟོད་ལ་ཕྱོན། །

ཟས་ལ་གྲི་རྩེ་ཁ་བགོས་བྱས། །

རྒྱགས་མཉམ་ལྟོགས་མཉམ་དགའ་སྡུག་མཉམ། །

མཉམ་མཉམ་གཤིབ་གཤིབ་དེ་འདྲའི་ངང་། །

སྟོད་ཀྱི་གངས་དཀར་ཏི་སེ་མཇལ། །

དེ་ནས་ཕ་ཡུལ་ལོག་པའི་ལམ། །

རི་མཐོ་ས་གཙང་སྤང་གཞོངས་ཆེ། །

རི་མཐོ་ཟྭ་ལ་ཟྭ་མཐུད་དང་། །

སྲིད་པའི་གངས་རི་ཕྲེང་བས་བརྒྱན། །
དེ་ལ་སེང་གེ་གཡུ་རལ་རྒྱས། །
རྫ་སྤང་གཉིས་ཀྱི་ས་མཚམས་སུ། །
རྫ་རིར་འབྲོང་གཡག་རྣ་ཅོ་རྒྱས། །
ཞི་བ་གནའ་བ་སླ་བ་དང་། །
རྒྱང་ཆུང་ཁ་དཀར་དགོ་བ་གཙོད། །
གཅན་གཟན་རི་དྭགས་འཛོམས་པའི་ས། །
གཡུ་གཞོང་འདྲ་བའི་སྤང་གཞོངས་དེ། །
ཕྱུགས་རིགས་དཀར་ནག་ཞེད་རྒྱས་ས། །
དཀར་ཆུ་འོ་མའི་མཚོ་འཁྱིལ་ས། །
འབྲི་མར་སེར་པོའི་རྫིག་བརྫེགས་ས། །
བྱང་གི་ཡུལ་དུ་ལོ་གསུམ་བསྡད། །
འབྲོག་མོ་ཞིག་དང་འདུན་ཐབས་བསྒྲིགས། །
མི་ཚེ་གཅིག་གི་དུས་ཚོད་ལ། །
དགའ་ལེ་ཡག་ལེ་མཐུན་ལེ་གསུམ། །
སེམས་ཁམས་སྙིང་དུ་བཅངས་ནས་གདའ། །
དགའ་རོགས་མི་འགྱུར་མནའ་ཞིག་བཞག །
བུ་ཕྲུག་བྱུང་ན་མཉམ་གསོ་དང་། །
སེམས་སྡུག་བྱུང་རིགས་མཉམ་འཁུར་གྱི། །
མནའ་སྐྱེལ་འབའ་བཞག་རེ་འགའ་བྱས། །
ཨ་ལོང་འདྲ་བའི་ལོ་འཁོར་གསུམ། །
བྱང་གི་ཡུལ་དུ་མི་ཚེ་བསྐྱལ། །
བྱང་འབྲོག་ཡུལ་གྱི་འགྲོ་ལུགས་དང་། །

དཀར་ནག་ཕྱུགས་ཀྱི་འཚོ་ཐེ་གཉིས། །
ཤ་མར་ཐུད་ཀྱི་སྤྱོད་ལུགས་གསུམ། །
འབྲོག་པའི་ཁ་མཚར་རྩེད་སླུ་བཞི། །
ཉམས་སུ་ལེན་པས་ཁོང་དུ་ཚུད། །
འོན་ཀྱང་དེའི་དུས་ལས་འཕྲོ་རྫོགས། །
གནའ་མི་བོད་ཀྱི་གཏམ་དཔེ་ལ། །
གངས་དཀར་སེམས་ལ་ཧྲ་མེད་ན། །
ཕུ་རུང་ནང་ལ་སྲིབ་མི་འཛིན། །
ད་དུང་བོད་ཀྱི་གཏམ་དཔེ་ལ། །
ནམ་མཁའི་སྤྲིན་ལ་སྡོད་དབང་མེད། །
མུན་པའི་ཆུ་ལ་ཉལ་དབང་མེད། །
ཟེར་བའི་དཔེ་དང་འདྲ་མཚུངས་རེད། །
ལས་ཀྱི་རླུང་གིས་རྒྱབ་ནས་འདེད། །
ལྟེ་ཁྲག་ཐོར་སའི་ཕ་ཡུལ་དང་། །
ལུས་སྲོག་སྐྱིན་པའི་ཕ་མ་གཉིས། །
དྲན་པའི་སེམས་ཀྱིས་གདུང་བར་གྱུར། །
ལོ་གསུམ་སོང་ནས་ཚུར་ཚུར་ལོག །
ཕ་ཡུལ་ཕ་མའི་པང་དུ་ལོག །
ཕ་གཞིས་འཛིན་པའི་བློ་ཞིག་འཆར། །
ཕ་མཁར་འཛིན་ན་ཡག་རྒྱུ་ཡིན། །
ཕ་ནོར་ཕྱུགས་ཟོག་སྐྱོན་རྒྱུ་མེད། །
དེ་ཁར་བུན་བདག་དབང་ཤེད་བཙན། །
སྐྱིད་པོ་ཉིས་བརྩེགས་པར་ལ་བཞག །

སྡུག་པོ་སུམ་བརྩེགས་དཔེ་ཇི་བཞིན། །
ཕོ་ལོ་ཉི་ཤུ་རྩ་གཉིས་སྐབས། །
ཟས་མེད་བཀྲེས་སྐོམ་དེ་དང་གཅིག །
གོས་མེད་འཁྱག་གྲང་དེ་དང་གཉིས། །
བདེ་བའི་དུས་ཤིག་ཅི་ལ་ཡོད། །
ནམ་མཁའ་མི་ལངས་ཀ་མེད་ལ། །
ཁྲི་གདུགས་ཉི་མས་རྒྱབ་ནས་འདེད། །
གཞུང་ཆུ་མི་རྒྱུས་ཀ་མེད་ལ། །
ལ་གླུང་ཁ་བ་རྗེས་མེད་བཞུ། །
རྟ་ཕོ་མི་རྒྱུགས་ཀ་མེད་ལ། །
ཁ་ཏུ་སྔོན་མོ་ལྕག་གིས་བསྐོར། །
ལྕག་ཤེད་ཚ་མོས་རྒྱབ་ནས་འདེད། །
དཔེ་ལྟར་ནང་བཞིན་གང་དེ་ལ། །
སྡུག་གིས་མནར་བས་རྐྱེན་ངན་འཕྲད། །
ཕ་ཡུལ་རྒྱབ་བསྐྱུར་གཞན་ཡུལ་འགྲིམས། །
ལྟོ་མོན་སྟོད་སྨད་བར་གསུམ་དེ། །
ཡུལ་བཙན་ས་བཙན་མི་བཙན་རེད། །
དམར་ཡག་སྟག་དང་གྲ་ཡག་གཟིག །
ཐང་ནག་དོམ་དང་ཨོག་དཀར་དྲེད། །
སྤྲ་དང་སྤྲེའུ་མི་རྒོད་སོགས། །
སྲོག་ཆགས་སྣ་ཚོགས་གནས་པའི་ས། །
ཤིང་རིགས་སྣ་ཚོགས་འཚར་བའི་ས། །
ཤིང་ལོ་འདབ་ལོ་མཐུག་པའི་ས། །

ཞིང་འབྲས་སྣ་ཚོགས་སྨིན་པའི་ཡུལ། །
ཟས་མེད་ལྟུ་གེས་ཞི་དོགས་མེད། །
གོས་མེད་འཁྱགས་ཞི་ཐེབས་རྒྱུ་མེད། །
ལོ་འཁོར་ལྗང་ཙམ་སྔོ་ཕྱོགས་འཁྱམས། །
སྔོ་ཡི་ཆུ་བཙན་རོང་ཆུ་དང་། །
ས་བཙན་བྲག་རི་རྫ་རི་དང་། །
ཞིང་ནགས་ཚང་ཚེར་མགོ་འཐོམ་སོགས། །
ཡུལ་གྱི་བཀོད་པ་བློ་ལ་དཔར། །
ཟས་གོས་གྱོན་དང་འགྲོ་ལུགས་སྟོད། །
བསམ་སྤྱོད་སྤངས་བླངས་མི་གཞིས་རྣམས། །
རེ་རེ་བཞིན་དུ་ཁོག་ནང་ཚུད། །
ཁྱད་པར་སྔོ་ཡི་ཡུལ་ཕྱོགས་ན། །
མངའ་ཐང་འབྱོར་པའི་བདག་པོ་དང་། །
ཁྲིམས་འགོ་རང་བཙན་དབང་ཐོབ་པའི། །
ཨེ་པ་ཁུལ་གྱི་ལྷ་རྒྱ་རི། །
གླིང་སྒྲུང་གསན་རྒྱུར་ལྷག་པར་མཉེས། །
དེའི་དྲུང་ཡུན་རིང་གླིང་སྒྲུང་འཆད། །
དེ་ན་འདུག་པའི་ནམ་ཟླའི་རིང་། །
ཕྲུག་པོའི་ཐུགས་སྤྲོ་གཏོང་ས་ལ། །
སྤྲང་པོར་སྦྱིན་པ་མ་ཆད་གདའ། །
སྐྱིད་སྡུག་དཔྱིད་ཀའི་གནམ་འདྲ་བྱུང་། །
ཏྲོ་ལེ་གྲང་ལེ་སྣ་ཚོགས་བྱུང་། །
ཐོ་ལ་གཏམ་དང་སྨྱུའི་འགྱུར་ཁུགས། །

ཉིན་རེ་བཞིན་དུ་ཇེ་འཛོམས་རེད། །
ལོ་བརྒྱ་ལོན་པའི་མི་མིན་ཡང་། །
བསྐལ་པ་སྟོང་གི་ལོ་རྒྱུས་མང་། །
རྫོགས་རྒྱུ་མེད་པའི་སྒྲུང་སྣའི་རིགས། །
འགྱུར་ཁུགས་མང་བའི་སྙན་པའི་དབྱངས། །
དཔོན་གཡོག་སྒྲ་འཛིན་འཕྲོག་པའི་གཞི། །
བུ་མོའི་ཡིད་སེམས་འགུག་པའི་རྒྱུ། །
དེ་དུས་ལས་ཀྱི་བསྐོས་ཐང་ལ། །
ཁྲི་མོས་ཛ་མ་འཁྲིལ་ཙམ་བྱས། །
ཁྲི་ཕོས་རྔ་ཅོག་ཀེར་ཙམ་བྱས། །
བདག་ཡོད་ཁམས་མོ་གཟུགས་མཛེས་ཐུག །
གངས་དཀར་སེམས་ཀྱི་འདུན་མ་གཏམས། །
འབྱུང་ལུས་ཁྲག་གི་ཕུང་པོ་འབྲེལ། །
ན་ཆུང་བུ་མོ་སྐྱེས་ཡག་མར། །
ཁོག་ཤེས་ཅི་ཡོད་སུ་ཡིས་ཤེས། །
གང་དེའི་གློ་སྙིང་དེ་ལ་གཏད། །
དེ་དང་ལྷན་དུ་གཉེན་སྒྲིས་བྱས། །
སངས་རྒྱས་བསྟན་པ་དར་བའི་ས། །
དགེ་བཅུའི་ཆོས་ཁྲིམས་ཁྱབ་པའི་ས། །
དད་ལྡན་སྐྱེ་འགྲོ་འདུ་བའི་ས། །
ཡུལ་སྒྲོལ་གཤིས་སྤྱོད་བཟང་བའི་ས། །
སྐྱེ་འགྲོའི་བློ་སེམས་སྨུགས་པའི་ས། །
ཟས་རིགས་སྣ་ཚོགས་འཛོམས་པའི་ས། །

དབུས་ཀྱི་ལྷ་ས་ཡུལ་དུ་འགྲོར། །
སྤྱི་མོའི་གཏམ་གྱི་ཁ་དཔེ་ལ། །
འོག་རྟ་ངན་པས་བདག་པོ་ཕུང་ངས། །
བློན་པོ་ངན་པས་རྒྱལ་པོ་ཕུང་ངས། །
བུད་མེད་ངན་པས་ཚེ་རོགས་ཕུང་ངས། །
ཟེར་བ་ཇི་བཞིན་འཆར་ནས་བྱུང་། །
མོ་ཉུམ་ རྫུན་གཏམ་ནང་ལ་བཤད། །
མནའ་གན་སྨྲུང་རྒྱུ་ཕར་ལ་བཞག །
བཟའ་འཛིང་འཁྲུག་པའི་གཞི་མར་གྱུར། །
བུ་མོའི་བློ་སེམས་རྒྱུ་ལ་བརྣམས། །
ཨ་གསར་རྟ་ལས་མགྱོགས་དང་གཅིག །
གཞུ་གུ་ལུག་ལས་ཐུང་དང་གཉིས། །
ཟླ་བོའི་དུང་སེམས་འཁོར་ཐག་ཆོད། །
སྙིང་ནས་བརྩེ་བའི་བྱམས་པ་དེས། །
ཁྲིལ་དང་ངོ་ཚ་རྒྱབ་ཏུ་བསྐྱུར། །
གླིང་དཀར་ལྷ་འབངས་ཤར་ལྷ་ལ། །
ཉུབ་ལྷ་ཨ་ཁུ་ཁྲོ་ཐུང་ཟེར། །
ཨ་ཁུ་ཇི་བཞིན་བྱམས་པས་བྱས། །
བརྩེ་དང་དུང་བ་རྒྱབ་ལ་བསྐྱུར། །
བརྩེ་བའི་གྲོགས་ལ་རྒྱབ་ཕྱོགས་ནས། །
རྒྱུ་དང་དངོས་པོའི་ཕྱོགས་སུ་བརྣམས། །
ཚོང་པ་ཞིག་གི་རྗེས་སུ་ཕྱིར། །
རྒྱུ་སྟོབས་ཆེ་བའི་ཚོང་པ་དེས། །

ཤིག་གསོད་སྟ་རེའི་དཔེ་ཇི་བཞིན། །
སྙེམ་ཆུང་ཐོག་ལ་གོ་མཚོན་འཕྱུར། །
དྲག་པོས་གང་ཉིད་ཕ་མཐར་སྤྲད། །
མི་ཐུབ་དགྲ་ལ་འགྲན་ལེ་དེ། །
རང་སྲོག་གཅོད་པའི་གཞི་མ་རེད། །
མི་འགྲིག་བཟའ་ཚོ་འཐོར་ན་བཟང་། །
མི་དྲག་ནད་པ་ཤི་ན་བཟང་། །
ཟེར་བའི་གཏམ་དེའི་བདེན་ལུགས་ལ། །
སློ་ཐག་ཆོད་པའི་གང་ཉིད་དེ། །
ལྷ་ས་གྲོང་གི་ཉེ་འདབས་སུ། །
འབྲུམས་ཤིང་སྐྱུལ་ནས་ལོ་གཉིས་བསྡད། །
འདོ་བ་རང་གི་ཡན་ཞིག་དགོས། །
ཆུང་མ་རང་གི་མན་ཞིག་དགོས། །
ཟེར་བའི་དཔེ་དེ་ལག་ཏུ་བླངས། །
དེ་དུས་དབུས་མོ་ཞིག་དང་ཐུག །
མིང་ལ་འཇམ་དབྱངས་སྒྲོལ་མ་ཟེར། །
བསམ་པའི་འཁོར་ཁྱིམ་དེ་ལ་བྱས། །
སྡུག་པོ་མཉམ་སྤྱོད་གྲོགས་སུ་བརྟེན། །
ཚེ་གང་གཏན་གྲོགས་བསྒྲིགས་ནས་གདའ། །
ཀུན་ལ་ཕན་པའི་སེམས་བཟང་བཟུང་། །
གྲོགས་ལ་ཕན་པའི་ཚིག་སྙན་བཤད། །
ལུས་ལ་འབྲུགས་སྡོགས་མང་ན་ཡང་། །
སེམས་ནང་ཊྲོ་སྐྱིད་ཏོག་ཙམ་བྱུང་། །

བུ་གསུམ་བུ་མོ་བཞི་ཙམ་འཁྲུངས། །
ཐོག་མར་སྟོ་ཚེ་འཕྲིད་ཐབས་སུ། །
བཟའ་ཟླ་བུ་ཕྲུག་རྣམས་དང་ལྷན། །
རྒྱ་ཞིང་ཆུ་མ་རྒྱ་ཆེ་ས། །
ཞོ་ཡག་ལྡོང་པ་སྐྱེ་ཡག་ས། །
འབྲུ་སྣ་ལྔ་ཡི་གཏེར་འཛོམས་ས། །
ཟ་གོས་གྱོན་གསུམ་འཕེལ་བའི་ས། །
གླུ་གར་ཆང་ས་དར་བའི་ས། །
གཡས་རུ་གཙང་གི་ཡུལ་དུ་སླེབས། །
གཙང་ཁུལ་འགྲིམས་ནས་ལོ་འཁོར་སྐྱུལ། །
རི་བྱད་གནས་ཀྱི་ཆགས་ཚུལ་དང་། །
གླུ་གར་གཏམ་ལ་རོལ་བའི་ཚུལ། །
ཇ་ཆང་ཁ་ཟས་སྤྱོད་ལུགས་སོགས། །
རེ་རེ་བཞིན་དུ་བག་ལ་ཆགས། །
ཕོ་རབ་དེ་ཡི་ཚེ་སྟོད་ལ། །
ས་སྣ་མི་གཅིག་བཅོ་བརྒྱད་འགྲིམས། །
ཐང་དཀར་རྐོད་པོས་མི་ཤ་ཟ། །
བཙོག་ལེ་ཤེས་ཀྱང་བསྙོས་ཐང་རེད། །
གསེར་མིག་ཉ་མོ་ཆུ་ལ་ཉལ། །
འཁྲུག་ལེ་ཤེས་ཀྱང་བསྙོས་ཐང་རེད། །
རི་སྤང་རྫི་མོ་ལ་དགུ་བརྒྱབ། །
དཀའ་ལས་ཤེས་ཀྱང་བསྙོས་ཐང་རེད། །
ཟེར་བའི་དཔེ་ལྟར་ཨེ་འདྲ་རེད། །

དགའ་ནས་པ་ཡུལ་རྒྱབ་བསྐྱུར་མིན། །
སྡུག་གིས་གཞན་ཡུལ་འཁྱམས་དགོས་བྱུང་། །
བསམ་མཐའ་ཨ་ལོང་སྐོར་ལེ་དང་། །
སྡེ་མཐའ་འཁོར་ལོ་སྐོར་ལེའི་ངང་། །
སྦྲུང་གིས་ལྟོ་ཚེ་འཕྲིད་ཐབས་བྱས། །
འཁྲེར་རྒྱ་ཁ་ཕོར་རྩམ་ཁུག་དང་། །
ཉལ་ཧྲུལ་བཙས་པས་མི་འཐུས་མེད། །
འདུག་ས་རྫི་བོའི་ཕུག་པ་དང་། །
རྩིག་ཁུག་ཉི་མ་གང་དྲོ་ཡིན། །
ཞྭ་གོས་ལྷམ་གསུམ་མི་ལ་རེ། །
ཁ་ལྟོད་ཁོག་པ་མི་ལ་རེ། །
སྐོམ་དང་འཁྱག་གིས་གདུང་བ་མང་། །
ལྟོགས་པ་ཕྲེད་དང་རྒྱགས་པ་ཕྲེད། །
རྒྱགས་ལྟོགས་ཁོལ་མོའི་དབུགས་གྲངས་འདྲ། །
མཐའ་མ་དུས་ཀྱི་འཛོག་སོ་ལ། །
ཕོ་ལོ་སུམ་ཅུ་སོ་བདུན་ལ། །
དབུས་སུ་ལོག་སྐབས་གསར་བརྗེ་འཕྲད། །
མལ་གྲོའི་ཁུལ་དུ་གཞིས་གཏན་ཆགས། །
ཁྲིའུ་ཆུང་གནམ་འཕང་གཅོད་བསམས་ཀྱང་། །
བར་སྣང་སྤྲིན་འཁྲུགས་ཆར་ཆུ་མང་། །
འཕུར་བདེ་མགྱོགས་བདེ་ག་ལ་ཡོད། །
རྟ་སར་བང་ཁ་རྒྱུགས་བསམས་ཀྱང་། །
ལམ་འཕྲང་བྲག་རྡོ་ཆུ་ཡིས་ཁེངས། །

འགྲོ་བདེ་མགྱོགས་བདེ་ག་ལ་ཡོད། །
ཕྱུག་འགྱུར་ལམ་ལ་འགྲོ་བསམས་ཀྱང་། །
ཐབ་ཆུང་ཁ་མང་ལས་མི་དགོན། །
སྐྱིད་བདེ་ཕྱུག་བདེ་ག་ལ་ཡོད། །
ཟས་གོས་གཉིས་ལ་མ་གཏུགས་ཙམ། །
སྐྱིད་དང་རྒྱགས་ཞེས་ཐོས་པ་ཙམ། །
གསལ་བའི་ལམ་ཞིག་མ་བཙལ་ན། །
འདི་བྱེད་དོན་ཆེན་འགྲུབ་ལེ་མིན། །
ཤེས་ཆེན་བློ་ཞིག་མ་བསྐོར་ན། །
བྱ་བ་ལམ་དུ་འགྲོ་ལེ་མིན། །
དེ་ཕྱིར་ཐབས་བརྒྱ་ཇུས་སྟོང་གིས། །
ཞིང་འབྲོག་ཐོན་སྐྱེད་གཉེར་ཞོར་དུ། །
རྟ་ཚོང་རྣམ་ཚོང་ཙག་ཙིག་ཚོང་། །
ཚོང་ལས་གཉེར་ནས་འཚོ་ཐབས་བཙལ། །
རྟ་དཔྱད་རྣམ་བུའི་ཉམས་ཞིབ་མཁས། །
སོ་ནམ་འབྲོག་ལས་བྱང་དུ་ཆུབ། །
མི་ཆོས་ཀུན་ལ་བསྟུན་མཁས་དང་། །
ཟ་ལུགས་སྤྱོད་ལུགས་འགྲོ་ལུགས་མཁས། །
དེ་ནས་སྐྱིད་ཀྱི་སྒོ་མོ་ཕྱེ། །
གཞིས་ཆགས་གཏན་སྡོད་གྲོང་ཁྱིམ་གྱི། །
ཟ་ཡོན་རབ་ཅིག་བྱེད་འགོ་ཚུགས། །
འཁོར་བ་འཛིན་པའི་གཞི་མ་ལ། །
སྐྱིད་སྡུག་དགོ་ཐོའི་རྣ་ཚིགས་འདྲ། །

རྒྱགས་སྟོགས་ཁོལ་མོའི་དབུགས་གྲངས་འདྲ། །
ཏྲོ་གྲང་དཔྱིད་ཀྱི་གནམ་ངོ་འདྲ། །
སུས་ཀྱང་འཆད་ནུས་དཀའ་ན་ཡང་། །
ངོ་མཚར་གླིང་རྗེའི་རྣམ་ཐར་ནི། །
བཤད་ན་མི་སྤྲོ་སུ་ཡང་མེད། །
ཨ་ལ་ངོ་མཚར་འབུམ་གྱི་སླུ། །
ཐ་ལ་མགོ་ནག་རྣ་བའི་དཔྱིད། །
བོད་ཡུལ་སྟོད་སྨད་བར་གསུམ་ཁྱབ། །
འོན་ཀྱང་མེ་ཏ་ལོ་ནས་བཟུང་། །
དམར་དྲི་འཛམ་གླིང་ཡོངས་ཁྱབ་པའི། །
ལོ་བཅུའི་སྨག་རུམ་མུན་པའི་ཁྲོད། །
གཏམ་དཔེ་དམངས་གཞས་དམངས་སྒྲུང་སོགས། །
སྲོལ་རྒྱུན་མེས་མོའི་གཅེས་ནོར་རྣམས། །
མེ་ཏོག་སེར་བས་བཅོམ་འདྲ་བཟློས། །
དེ་དུས་སྒྲུང་མཁན་བསམ་གྲུབ་ཀྱང་། །
རམ་ནག་སེར་བས་བཅོམ་འདྲ་བཟློས། །
གབ་ཁུང་འཇབ་ཁུང་འཚོལ་རྒྱུ་ལས། །
ངག་ནས་གླིང་སྒྲུང་འཆད་དབང་མེད། །
མཐའ་མ་དུས་ཀྱི་བཞག་སོ་ལ། །
མེ་འབྲུག་ལོ་ཡི་དུས་དེ་ལ། །
དུག་མཚོ་འཁོལ་མའི་རླབས་ཕྲེང་གིས། །
ཆུ་སྲིན་མཆེ་བ་གས་པར་འགྱུར། །
དཔྱིད་ཀྱི་ཕོ་ཉ་མགྲིན་སྔོན་སྒྲོ། །

ཡངས་པའི་ཐ་གྲུ་དགའ་བའི་འཛུམ། །
ནོར་འཛིན་བུ་མོས་རྒྱན་ཆར་འདོགས། །
ཁྱད་པར་ས་རྟ་ལོ་ནས་བཟུང་། །
ལྷ་ཚོགས་བཀྲ་ཤིས་བསང་གིས་མཆེས། །
ཀླུ་ཚོགས་བཀྲ་ཤིས་བདུད་རྩིས་ཚིམས། །
གཉན་ཚོགས་བཀྲ་ཤིས་བསྟོད་པས་མགུ། །
བཀྲ་ཤིས་གཉིས་སྟེང་སུམ་བརྩེགས་དུས། །
གསེར་གྱི་རི་ལ་ཉི་མ་ཤར། །
འོད་ཟེར་ཕྱོགས་བཞི་ཀུན་ལ་ཁྱབ། །
ཤིང་བྱི་ལོ་ཡི་དུས་དེ་ན། །
ཨ་ལ་ཐ་ལའི་གླུའི་དབྱངས་ཀྱིས། །
མགོ་ཐོམ་སྐྱེ་བོ་གཉིད་ལས་བསླངས། །
བཀྲ་ཤིས་སྤྲིན་དཀར་དགུང་ན་ཐོན། །
ཁང་དྲུག་པད་མར་འཁོར་བ་བཞིན། །
མདོ་དབུས་ཁམས་ཀྱི་སྒྲུང་པའི་རིགས། །
སུམ་ཅུ་ཡན་ཞིག་ལྷ་སར་འཛོམས། །
འདོ་བའི་བང་ཁ་འགྲན་པ་ལྟར། །
བློ་དང་རིག་པ་སུ་རྣོ་འགྲན། །
ཚིག་དང་རྟ་དབྱངས་སུ་སྙན་འགྲན། །
ཤེས་དང་ཡོན་ཏན་སུ་འཛོམས་འགྲན། །
ཕུལ་བྱུང་སྒྲུང་མཁན་དུ་མ་ལས། །
དམངས་ཀྱི་ཡིད་དབང་ཕྲོགས་པ་ཡིས། །
སྒྲུང་མཁན་བསམ་གྲུབ་འབུར་དུ་ཐོན། །

ངོ་མཚར་སྒྲུང་གི་གཏེར་མཛོད་འདི། །

ཐུན་མོང་དང་ནི་ཐུན་མིན་མང་། །

མ་ལུས་ཀུན་འདུས་སྒྲ་ཕབ་པའི། །

ལས་ཀྱི་འགོ་མོ་དེ་ནས་ཕྱེ། །

ལྷ་གླིང་ཆགས་གླིང་འགོག་གླིང་དང་། །

འདན་མ་ཡུལ་གྱི་ནས་རྫོང་དང་། །

ཤེལ་བྲག་འོ་མཚོའི་གཏེར་གྱི་གཡང་། །

གང་གི་སྒྲུང་གཏམ་ཚུ་སློང་བཏོལ། །

འབྲུངས་གླིང་ཧ་རྒྱ་ཁྲུང་གླིང་དང་། །

མི་ཉག་ཡུལ་གྱི་གསེར་རྫོང་དང་། །

ཚ་བ་རོང་གི་མདའ་རྫོང་བཅས། །

གང་གི་སྒྲུང་གཏམ་ཚུ་སློང་བཏོལ། །

ཚུ་མོ་རོང་གི་འབྲུ་རྫོང་དང་། །

བྱང་བདུད་ཡུལ་གྱི་ཀླུ་བཙན་དང་། །

ཧོར་སྟོད་ཧོར་སྨད་ལ་སོགས་པ། །

གང་གི་སྒྲུང་གཏམ་ཚུ་སློང་བཏོལ། །

གླང་རི་ཡུལ་གྱི་གསེར་རྫོང་དང་། །

ཤར་བདུད་ཤ་བ་རུ་རིང་དང་། །

འཛང་གླིང་དང་ནི་མོན་གླིང་གསུམ། །

གང་གི་སྒྲུང་གཏམ་ཚུ་སློང་བཏོལ། །

ཨ་སྐྱིད་ཡུལ་གྱི་ཟས་རྫོང་དང་། །

ཀོང་བདུད་ཨ་ཆུང་དམུ་ཧ་ལས། །

སྟོད་སྨད་བཅས་དང་སྟག་གཟིག་རྫོང་། །

གང་གི་སྒྲུང་གཏམ་ཆུ་སློང་བརྗོལ། །

ཀླུ་ཁྲི་ཏ་རྫོང་སྟོད་སྨད་དང་། །

ཟེ་མ་ཡུལ་གྱི་ཏ་གཡང་དང་། །

ཞང་གླིང་ཨ་གྲུགས་དང་བཅས་པ། །

གང་གི་སྒྲུང་གཏམ་ཆུ་སློང་བརྗོལ། །

བྲི་རི་བྲུར་རྫོང་སྟོད་སྨད་དང་། །

ཁ་ཆེ་ཆུ་མོ་ལི་ཁྲི་དང་། །

སྲེ་ར་ར་རྫོང་ལ་སོགས་པ། །

གང་གི་སྒྲུང་གཏམ་ཆུ་སློང་བརྗོལ། །

ཤན་འདན་ནང་འབྲུག་རྒྱ་གླིང་དང་། །

ཙ་རི་ཡུལ་གྱི་སྨན་རྫོང་དང་། །

སྟག་མོ་ཡུལ་གྱི་དངུལ་གྱི་རྫོང་། །

གང་གི་སྒྲུང་གཏམ་ཆུ་སློང་བརྗོལ། །

དབྲི་གླིང་གྲུ་གུ་སྟོད་སྨད་དང་། །

སྲིན་པོ་ཡུལ་གྱི་ཤ་རྫོང་དང་། །

ཀླུ་ཡུལ་ཐན་སྲི་སྟོད་སྨད་བཅས། །

གང་གི་སྒྲུང་གཏམ་ཆུ་སློང་བརྗོལ། །

ལི་མའི་སྨན་རྫོང་སྟོད་སྨད་དང་། །

བལ་པོ་ལུག་རྫོང་དམྱལ་གླིང་དང་། །

ཁམས་གསུམ་བདེ་བཀོད་དང་བཅས་པ། །

གང་གི་སྒྲུང་གཏམ་ཆུ་སློང་རྗོལ། །

སྐྱེས་བུའི་བྱུང་བརྗོད་ངོ་མཚར་གཏམ། །

མགོ་མཇུག་བར་གསུམ་ཆ་ཚང་བ། །

སྒྲུང་སྣ་བཞི་བཅུ་བཞི་ལྔའི་ནང་། །
བསྡུས་ནས་སྒྲུང་གཏམ་ཆུ་གཏེར་བརྫོལ། །
ངོ་མཚར་སྒྲུང་གི་གཏེར་མཛོད་འདི། །
ཆུ་ཚོད་ཉིས་སྟོང་བརྒྱ་ཡི་ནང་། །
ཡིག་འབྲུ་ཁྲི་ཚོ་སྟོང་དང་ཕྱེད། །
ཚིག་རྐང་ཁྲི་ཚོ་ལྔ་བཅུས་བརྒྱན། །
འཛམ་གླིང་ལོ་རྒྱུས་བྱུང་བརྗོད་ཀྱི། །
རིང་ཚད་ཡང་རྩེར་སོན་སོང་ཞེས། །
སྙན་གྲགས་གཡུ་འབྲུག་སྐད་དང་འདྲ། །
མཛད་པ་བསྐལ་པའི་བསྐལ་པར་གྲགས། །
ཡོན་ཏན་སྟོང་གི་མཚོར་སྙེག་ཅན། །
སྐྱེས་བུའི་རྣམ་ཐར་སྨུ་ཏིག་ཕྲེང་། །
ལུགས་གཉིས་ཇི་བཞིན་མ་ནོར་འཆད། །
རྨད་བྱུང་ངོ་མཚར་ཚིག་གིས་བརྒྱན། །
ཆོས་ལྡན་ཁ་བ་རི་པའི་སར། །
ངོ་མཚར་མཁས་པ་མང་བྱོན་ཡང་། །
སྐྱེས་བུའི་ངོ་མཚར་གཏམ་འཆད་པར། །
གང་དང་མཚུངས་ཟླ་སུ་ཞིག་མཆིས། །
འདི་ན་གླིག་པོའི་ཁྲིམ་ཚོགས་ལ། །
མང་བཤད་དགོས་པ་མ་མཆིས་ན། །
ཚིག་དོན་འབྲས་བུ་ཅི་ཡོད་དེ། །
ཡག་ཉེས་སྣག་ཚའི་རི་མོར་གསལ། །
དེ་ན་གང་གི་ལོ་རྒྱུས་དག །

རྒྱ་ནག་དཀར་པོའི་ཡང་སྙིང་དུ། །
སོར་མོའི་འགྲོས་ཀྱི་རྗེས་སུ་གསལ། །
མགོ་ནག་མིག་གི་དགའ་སྟོན་ལ། །
དགེ་ལེགས་དཔལ་འབར་བཀྲ་ཤིས་ཤོག །

༄༅། །སྒྲུང་མཁན་བསམ་གྲུབ་ཀྱིས་ཕབ་པའི་གླིང་སྒྲུང་སྐོར་ཚན་སོ་སོའི་ལེགས་སྒྲིག་དཔར་སྐྲུན་བྱས་ཚུལ་དང་ནང་དོན་གནད་བསྡུས།

《གླིང་སྒྲུང་》དེ་ཉིད་འཛམ་གླིང་སེང་ཆེན་ནོར་བུ་དགྲ་འདུལ་གྱི་རྟོགས་བརྗོད་མུ་ཏིག་ཕྲེང་བ་བསྟར་ལ་བརྒྱུས་འདྲ་ཞིག་ཡིན་པ་གང་ཞིག་ལེ་ཚན་ནམ་སྤྱི་ཚན་དུ་ཕྱེ་བ་དང་། སྐོར་ཚན་ནམ་བྱེ་བྲག་ཏུ་ཕྱེ་བ་སྟེ་སྒྲུང་པོད་སོ་སོའི་ནང་དོན་གྱི་ཐད་ནས་དབྱེ་ན་རིགས་གཉིས་ཡོད་ཅིང་། ལེ་ཚན་དུ་ཕྱེ་བའི་ནང་གླིང་གེ་སར་རྒྱལ་པོའི་སྐུ་ཚེ་ཧྲིལ་པོའི་མཛད་རྗེས་རྣམས་སྤྱིར་ལེ་ཚན་སོ་སོའི་ནང་རགས་བསྡུས་ཀྱིས་བཀོད་ཡོད་པ་དང་། སྐོར་ཚན་དུ་ཕྱེ་བ་ནི་སྐོར་ཚན་རེ་ལ་གླིང་གེ་སར་རྒྱལ་པོའི་མཛད་རྗེས་སྣ་ཁ་རེ་རྒྱས་པར་བཀོད་ཡོད། ཞིབ་འཇུག་པ་སྐོར་ཞིག་གིས་གླིང་སྒྲུང་དར་དུས་ཀྱི་ངོས་ནས་ལེ་ཚན་དུ་ཕྱེ་བའི་སྒྲུང་རྣམས་དར་དུས་སྔ་ལ་རྨང་གཞི་ལྟ་བུར་བརྩི་བ་དང་། སྐོར་ཚན་དུ་ཕྱེ་བ་རྣམས་ལེ་ཚན་དུ་ཕྱེ་བའི་སྒྲུང་ལས་འཕེལ་རྒྱས་བྱུང་བའམ་དེ་རིགས་རྒྱས་པར་སྤྲོས་པ་ལས་གྲུབ་པར་ངོས་འཛིན་བཞིན་ཡོད་པ་དག་དོན་དངོས་དང་མཐུན་པའི་ཚོད་གཏམ་དུ་མཐོང་། ད་ལམ་ང་ཚོའི་མཐོང་ཐོས་ཀྱི་ཡུལ་དུ་གྱུར་པའི་《སྒྲུང་མཁན་བསམ་གྲུབ་ཀྱིས་ཕབ་པའི་གླིང་རྗེ་གེ་སར་རྒྱལ་པོའི་སྒྲུང་》ཞེས་པའི་དཔེ་ཚོགས་དེ་ཉིད་ནི་གེ་སར་རྒྱལ་པོས་ལྷོ་བཏུལ་བྱུང་འཐབ་བྱས་པའི་མཛད་རྗེས་སྣ་ཁ་རེས་སྒྲུང་ཚན་རེ་རེའི་བརྗོད་བྱ་བྱས་པ་ཞིག་ཡིན་ལ། དཔེ་ཚོགས་དེ་ཉིད་ལ་སྐོར་ཚན་བཞི་བཅུ་ཞེ་ལྔ་ཡོད། གཤམ་དུ་སྐོར་ཚན་སོ་སོའི་ནང་དོན་དང་ལེགས་སྒྲིག་བྱས་ཚུལ་རྣམས་མདོར་བསྡུས་མཚམས་སྦྱོར་ཞུ་རྒྱུ་ཡིན།

དང་པོ། 《ལྷ་གླིང་》གི་སྐོར།

གཅིག ལེགས་སྒྲིག་དཔར་སྐྲུན་བྱས་ཚུལ།

སྒྲུང་པོད་འདིའི་མ་ཡིག་ཟིན་འགོད་པ་ནི་ཡར་འགྲོ་དང་། ལེགས་སྒྲིག་པ་རིག་འཛིན། རྩོམ་སྒྲིག་འགན་འཁུར་བ་འཇམ་དབྱངས་ཚུལ་ཁྲིམས་བཅས་ཡིན། སྒྲུང་པོད་འདི་ཉིད་《སྒྲུང་མཁན་བསམ་གྲུབ་ཀྱིས་ཕབ་པའི་གླིང་རྗེ་གེ་སར་རྒྱལ་པོའི་སྒྲུང་》ལས་དཔར་དུ་བསྐྲུན་པ་དང་པོ་དེ་ཡིན་ལ། དེ་དུས་མཐའ་ཞུས་པ་མེད།

སྤྱི་ལོ་༢༠༠༠ལོར་《སྒྲུང་མཁན་བསམ་གྲུབ་ཀྱིས་ཕབ་པའི་གླིང་རྗེ་གེ་སར་རྒྱལ་པོའི་སྒྲུང་》 མྱུར་སྐྱོབ་དང་། ལེགས་སྒྲིག རྩོམ་སྒྲིག དཔར་སྐྲུན་གྱི་ལས་གྲྭ་འགོ་བརྩམས་མ་ཐག་སྒྲུང་མཁན་གང་ཉིད་ཀྱིས་ཐོར་སྒྲ་ཕབ་བྱས་པའི་《ལྷ་གླིང་》དེར་ལེ་ཚན་མེད་པ་དང་། སྒྲུང་ཚན་འདི་ནི་གླིང་སྒྲུང་སྤྱིའི་ཆུ་མགོ་དང་ཤིང་གི་རྩ་བ་ལྟ་བུའི་གྲུབ་ཆ་གལ་ཆེན་ཞིག་ཡིན་པ་མ་ཟད། དེ་ནི་གླིང་སྒྲུང་གི་ལོ་རྒྱུས་རྒྱབ་ལྗོངས་མཚོན་པའི་སྒྲུང་ཚན་ཆེས་སྔ་ཤོས་དེ་ལགས་པས། དཔེ་ཚོགས་འདིའི་ནང་མེད་ཐབས་མེད་པའི་ལེ་ཚན་ཞིག་ཏུ་འཛིན་ནས་དམིགས་བཀར་ནས་སྒྲ་ཕབ་གནང་བ་དང་། ལོ་དེ་རང་ལ་ཡིག་ཐོག་ཟིན་འགོད་དང་ལེགས་སྒྲིག་གི་བྱ་བ་ཚ་ཚ་ཁུར་ཁུར་གྱིས་སྒྲིལ་ནས་སྤྱི་ལོ་༢༠༠༡ལོར་རྩོམ་ཕུད་ཀྱི་ཚུལ་དུ་དཔར་སྐྲུན་བྱས་ཡོད། 《ལྷ་གླིང་》ཞེས་པའི་སྒྲུང་པོད་འདི་བཞིན་《སྒྲུང་མཁན་བསམ་གྲུབ་ཀྱིས་ཕབ་པའི་གླིང་རྗེ་གེ་སར་རྒྱལ་པོའི་སྒྲུང་》ཞེས་བྱ་བའི་དཔེ་ཚོགས་ཀྱི་པོད་དང་པོ་དེ་ཡིན་པས། པོད་འདིའི་ནང་དཔེ་ཚོགས་རྩོམ་སྒྲིག་ལག་བསྟར་ཚོ་ཆུང་ནས་སྤྱིར་བའི་བོད་རྒྱ་དབྱིན་གསུམ་གྱི་སྔོན་གཞི་དང་། བོད་རྒྱ་ཤན་སྦྱར་གྱི་《སྒྲུང་མཁན་བསམ་གྲུབ་ཀྱིས་ཕབ་པའི་གླིང་རྗེ་གེ་སར་རྒྱལ་པོའི་སྒྲུང་》ཐོག་མའི་ལེགས་སྒྲིག་དཔར་སྐྲུན་གྱི་འཆར་གཞིར་འཁོད་པའི་པོད་མིང་དཀར་ཆག སྒྲུང་མཁན་བསམ་གྲུབ་ལགས་ཀྱི་ལོ་རྒྱུས་མདོར་བསྡུས་ཤིག་བཅས་བཀོད་ཡོད།

སྒྲུང་སྣ་འདིར་སྤྱིན་ཤོག་འཁོར་གྲངས་༥༠དང་། དཔར་སྐྲུན་བྱས་རྗེས་པོད་འདིར་ཤོག་གྲངས་༣༥༨དང་། ཚིག་ཀང་༡༨༨༣ཡོད།

ཀུན་གྱིས་མཁྱེན་གསལ་ལྟར་《ལྷ་གླིང་》ཞེས་པའི་སྒྲུང་འདི་ནི་དམངས་ཁྲོད་དུ་ཤོད་རྒྱུན་མང་ལ། སྔོན་བྱོན་མེས་པོས་ལེགས་སྒྲིག་གནང་མང་བའི་སྒྲུང་ཚན་ཞིག་ཡིན། ད་བར་《ལྷ་གླིང་གབ་ཙེ་དགུ་སྐོར་》ཞེས་ལེའུ་ཁེར་མ་ལས་གྲུབ་པའི་སྒྲུང་པོད་ཁག་གཉིས་ཙམ་དངོས་སུ་དཔར་སྐྲུན་བྱས་པ་ལས་སྡེ་དགེ་གླིང་ཚང་གི་ཤིང་བརྐོས་པར་མ་གཞིར་བཟུང་སི་ཁྲོན་མི་རིགས་དཔེ་སྐྲུན་ཁང་གིས་དཔར་དུ་བསྐྲུན་པའི་《ལྷ་གླིང་གབ་ཙེ་དགུ་སྐོར་》ལ་ཤོག་གྲངས་༧༥༢ཙམ་ཡོད་པ་དང་། སྒྲུང་མཁན་གྲགས་པས་གསུངས་པ་ལྟར་བོད་ལྗོངས་སློབ་གསོ་ཆེན་མོས་ལེགས་སྒྲིག་གནང་བའི་《ལྷ་གླིང་གབ་ཙེ་དགུ་སྐོར་》ལ་ཤོག་གྲངས་༨༢ཙམ་ཡོད། དེ་ལྟ་བུའི་གྲངས་ཚད་ཀྱི་བསྡུར་འབྲས་ལས་ཟུར་མཐོང་ལེབ་ཤེས་ཀྱི་དཔེ་ལྟར་སྒྲུང་མཁན་བསམ་གྲུབ་ཀྱིས་ཕབ་པའི་《ལྷ་གླིང་》འདི་ནང་དོན་རྒྱས་ཤོས་སུ་མཐོང་བ་དང་། དེའི་ནང་དོན་དཔར་མའམ་བྲིས་མ་གཞན་གྱི་ནང་དོན་དང་བསྡུར་ན་ཐུན་མོང་མིན་པའི་ཁྱད་ཆོས་དུ་མས་སྤྲས་པས། དཔྱད་སྡུར་གྱི་བྱ་བར་འཇུག་རིན་ཡོད་པའི་སྒྲུང་པོད་ཅིག་གོ །

གཉིས། ནང་དོན་གནད་བསྡུས།

དེ་ཡང་བདག་ཅག་གི་སྟོན་པ་ཤཱཀྱ་ཐུབ་པས་རྒྱ་གར་ལྷོ་ནཱ་ཊི་སྙིར་ཆོས་འཁོར་བསྐོར་བའི་དུས། མ་འོངས་ལྔ་བརྒྱའི་མཐར་ཕྱོགས་བཞིའི་བདུད་རིགས་ཁ་དར། མཐའ་འདྲེ་དབུས་སུ་འཁྱམས། སངས་རྒྱས་ཀྱི་བསྟན་པ་བསྙུབས། ཕྱིར་འཛམ་གླིང་། སྙོས་བོད་ཁམས་ཐམས་ཅད་ལ་བདེ་བ་རྡུ་རྡེའི་ཟིལ་པ་ཙམ་མེད་པའི་བསྐལ་པ་ངན་པ་ཞིག་ཤར་ཡོང་བས། དེའི་དུས་ཉམ་ཆུང་མཐའ་ནས་སྐྱོང་མི། བཙན་པོ་གཉའ་ནས་གནོན་མི། འཛམ་བུ་གླིང་གི་ལྷ་སྐལ། མགོ་ནག་མི་ཡི་དགྲ་ལྷ། ཟུ་རྡོ་གསོད་པའི་ཤན་པ། དགོང་མོ་འདྲེན་པའི་བླ་མ། ཞི་དྲག

ཟུང་ལྡན་གྱི་རྗེ་བོར་ལྷ་ཆེན་ཚངས་པའི་ལྷ་སྲས་བདེ་མཆོག་དཀར་པོའམ་དོན་ཡོད་གྲུབ་པ་ཞེས་པ་མི་ལུས་སུ་ཐེངས་གཅིག་བྱོན་དགོས། དེའི་དུས་མཁན་སློབ་རྣམས་ཀྱང་རང་རང་གི་གདུལ་བྱ་སྐྱོང་བར་བྱོན་དགོས་གསུངས་པའི་བཀའ་དང་ལུང་བསྟན་གནང་བ་བཞིན་རྒྱ་གར་གྲུབ་ཆེན་བརྒྱད་ཅུས་གཙོས་པའི་མཁན་སློབ་རྣམས་ཀྱིས་བཀའ་གསུང་ཅི་སྒྲུབ་ཞུ་བའི་དམ་བཅའ་རེ་ཕུལ། ཤར་ཕྱོགས་རི་དམར་དབང་གཞུ་ནས་ཡོང་བའི་སྤྲེའུ་བྱང་ཆུབ་སེམས་དཔའ་དང་མ་ཕམ་ཀླུ་ཡི་ཡུལ་ནས་ཡོང་བའི་ཀླུ་སྦྲུལ་འོད་ཁྲ་མ། ཧ་ཤང་ཡུལ་ནས་ཡོང་བའི་ལྷ་བྱ་ཁྲུང་ཁྲུང་བཅས་གསུམ་གྱིས་གཙོས་པའི་གཅན་གཟན་རི་དྭགས་དང་འདབ་ཆགས་ལ་སོགས་པ་ཆོས་སྒྲ་རྣ་བར་ཐོས་ཚད་ཀྱིས་ཀྱང་རང་འོས་ཀྱི་སྨོན་ལམ་རེ་དང་དམ་བཅའ་རེ་ཕུལ།

ལོ་བརྒྱའི་མཐའ་མར་བྱང་བདུད་ཀླུ་བཙན་གྱིས་གཙོས་ཕྱོགས་བཞིའི་བདུད་རིགས་རྣམས་ཁ་དར་ཡོང་བའི་དུས། ཟངས་མདོག་དཔལ་གྱི་རི་ནས་གུ་རུ་པདྨ་ཐོད་ཕྲེང་དེས་ཕྱོགས་བཞིའི་བདེ་བར་གཤེགས་པ་ཐམས་ཅད་ཀྱི་ཐུགས་རྒྱུད་སྐུལ་བཞིན་སྟེང་ཕྱོགས་སུམ་ཅུ་རྩ་གསུམ་གྱི་ཡུལ་དུ་བྱོན། ལྷ་སྲུག་བདེ་མཆོག་དཀར་པོར་འཁྲུངས་གསོལ་དང་རབ་གནས། དབང་བསྐུར་སོགས་མང་དུ་མཛད་ཅིང་བྱིན་གྱིས་བརླབས། ལྷ་སྲུག་ཐོས་པ་དགའ་ཞེས་མཚན་གསོལ་གནང་། ཕ་ཡབ་ཀྱི་རིགས་རུས་ལ། སྨད་མདོ་ཁམས་སྒང་དྲུག་གི་ནང་ཚན། གླིང་ཡུལ་མཐོང་བ་ཀུན་སྨོན་དེ་ན། སྨུག་པོ་ལྡོང་ལས་ཆད་པའི་ཕ་ཡབ་སེང་བློན་གྱིས་ཆོག་ཀྱང་། མ་ཡུམ་ཀླུ་ལས་ཆད་པ་མེད་པས། འོག་ཕྱོགས་ཀླུ་ཡུལ་དུ་བྱོན། ཀླུ་རྒྱལ་གཙུག་ནའི་སྲས་མོ་གསུམ་ལས་ཆུང་བ་ཡལ་ག་མཛེས་ལྡན་ནམ་མེ་ཏོག་ལྷ་མཛེས་ཞེས་པ་ཐབས་ཀྱིས་མི་ཡུལ་དུ་གདན་དྲངས། དུས་ལ་མ་སླེབས་བར་དུ་འགོག་ར་ལོ་སྟོན་པ་རྒྱལ་མཚན་གྱི་སྲས་མོའི་ཚུལ་དུ་བཅོལ་གནང་མཛད།

དེའི་དུས་ལྷ་སྲས་ཐོས་པ་དགའ་དེ་མི་ཡུལ་དུ་འགྲོ་མ་འདོད་པས། ཞིང་

ཁམས་དགུ་ལ་ཐེངས་དགུ་གབ། གུ་རུ་པད་མ་ཐོད་ཕྲེང་དེས་ར་མདའ་ཐེངས་དགུ་ཕྱིན། ཞིང་ཁམས་དགུ་ལ་ཆོས་ཀྱི་འཁོར་ལོ་བསྐོར། ལྷ་སྲས་ཀྱིས་མི་ཡུལ་དུ་འགྲོ་དོན་སྐྱོང་བའི་མགོ་དགུ་མ་ལུས་ཡིད་བཞིན་གྲུབ་ཅིང་ལྷ་སྲས་སྐུ་ཡི་བཀོད་པ་བསྡུས་ནས་མི་ཡུལ་དུ་ཕྱིན་པར་བྱིན་གྱིས་བརླབས། དེའི་དུས་འགོག་གླིང་མི་ལོ་དགུ་འབྲུག གླིང་ལ་ཕམ་ཁ་བྱུང་ཡང་སྤྱི་དཔོན་རོང་ཚ་ཁྲ་རྒན་ལ་རྨི་ལམ་ངོ་མཚར་ཅན་འགའ་བྱུང་བ་དེ་ལྷ་སྲས་མི་ཡི་རྗེ་བོར་ཕྱིན་པར་ཐང་སྟོང་རྒྱལ་པོས་ལུང་འགྲེལ་གནང་། གླིང་སྟོད་སྨད་བར་གསུམ་གྱི་སེར་སྐྱ་ཕོ་མོ་ཀུན་གྱིས་ཕ་ཁུ་ལ་སྨུག་ལོང་ཡོད་ན། བུ་ཚ་བོ་ལ་འཚར་ལོང་ཡོད། སྐྱེས་པ་ཕོ་ཡི་དགྲ་ལན་དེ། ལོ་དགུ་སོང་ཡང་སྦྲ་སྐྱོན་ཡིན་ཟེར་བའི་དཔེ་ལྟར་ཁ་ཞེ་གཉིས་མེད་ཀྱིས་བསང་གསོལ་མཆོད་འབུལ་གྱིས་རྟེན་འབྲེལ་མ་འཆུགས་པའི་ངང་ལྷ་སྲས་མི་ཡི་རྗེ་བོར་ཕྱིན་རྒྱུར་ཕེབས་སྐུལ་ཞུ་བཞིན་དུ་ལེའུ་རྫོགས་སོ། །

གཉིས་པ། 《ཚགས་གླིང་》གི་སྐོར།

གཅིག ལེགས་སྒྲིག་དཔར་སྐྲུན་བྱས་ཚུལ།

སྒྲུང་པོད་འདིའི་མ་ཡིག་ཟིན་འགོད་པ་དང་། ལེགས་སྒྲིག་པ་བསོད་ནམས་དགེ་ལེགས། རྩོམ་སྒྲིག་འགན་འཁུར་བ་ཚེ་རིང་དཔལ་འབྱོར་ཡིན།

སྒྲུང་པོད་འདི་ཉིད་ལོ་རབས་བརྒྱད་ཅུ་པའི་ནང་སྒྲ་འཇུག་བྱས་པ་དང་། སྤྱི་ལོ་༡༩༩༩ལོར་ཡིག་ཐོག་ཏུ་ཕབ། སྤྱི་ལོ་༢༠༠༠ལོར་ལེགས་སྒྲིག་བྱས་ཏེ་སྤྱི་ལོ་༢༠༠༡ལོར་དཔར་དུ་བསྐྲུན་པའོ། །སྒྲུང་པོད་འདིའི་ནང་གླིང་དཀར་རྒྱལ་ཁབ་ཀྱི་ཐོག་མའི་ཚགས་ཚུལ་དང་། སྐུ་མཁར་བཞེངས་ཚུལ། དཔའ་རྟུལ་རྣམས་ཀྱི་འཁྲུངས་རབས་སོགས་གསལ་ཞིང་གླིང་སྒྲུང་གི་ཐོག་མའི་ལེ་ཚན་གཙོ་གྲས་ཤིག་ལགས། བོད་མིང་དུ《ཚགས་གླིང་》ངམ《ཚགས་གླིང་ཆ་ག་རིང་མོ་》ཞེས་ཀྱང་འབོད་སྲོལ་ཡོད། མ་ཡིག་ནང་བསྐྱུར་ཀློས་ཡོད་རིགས་ལེགས་སྒྲིག་བྱེད་སྐབས་བསུབ་འཕྲི་བྱས་པས་སྒྲུང་གི་ཡིག་འབོར་མ་ཡིག་དང་བསྡུར་ན་ཏ་ལམ་ལྷབ་ཅིག

ཙམ་ཤུང་བ་ཡོད།

སྒྲུང་སྣ་འདིར་སྦྱིན་ཤོག་འཁོར་གྲངས་༦༢དང་། དཔར་བསྐྲུན་བྱས་རྗེས་པོད་འདིར་ཤོག་གྲངས་༣༨༧དང་། ཚིག་ཕྲང་༡༡༣༥༩ཡོད།

གཉིས། ནང་དོན་གནད་བསྡུས།

《ཆགས་གླིང་》ཞེས་པའི་སྒྲུང་ཚན་འདིའི་བརྗོད་དོན་གཙོ་བོ་ནི་སྨུག་པོ་ལྗོང་གི་གདུང་རྒྱུད་ཆོས་འཕེལ་ནག་པོ་དང་མི་ཆེན་རྒྱལ་བ་ལྷུན་གྲུབ། སྤྱི་དཔོན་རོང་ཚ་ཁྲ་རྒན་སོགས་གླིང་གི་མེས་པོ་རྣམས་ཀྱི་སྐྱ་དུས་སུ་རྨ་ཡུལ་སྟོད་སྨད་བར་གསུམ་དེ་འཚོ་གནས་ཀྱིས་ཕ་ས་བཟུང་། དེ་ནས་སྟོན་སངས་རྒྱས་རབ་བདུན་དང་སློབ་དཔོན་པདྨ་འབྱུང་གནས་ཀྱི་ལུང་དུ་ཟིན་པའི་ལྷ་ཕྲུག་དཔའ་རྟུལ་ཁྲུ་ཚོགས་རེ་རེ་བཞིན་རྨ་ཡུལ་དུ་སྐྱ་བལྟམས་ནས་གླིང་གི་ས་ཁོངས་རྒྱ་སྐྱེད་དང་དམག་ཤེད་ཀྱི་ནུས་ཤུགས་ཇེ་ཆེར་ཕྱིན་ནས་རྒྱ་དང་ལ་དྭགས་བལ་པོ་སོགས་ཀྱི་ཚོང་པ་སྟོབས་ཆེན་རྣམས་རེ་རེ་བཞིན་འཁྲུག་པ་མ་ཟད་བཀའ་ཡི་བཀོད་པས་ཚོང་པ་རྣམས་ལ་གླིང་དཀར་པོ་བྲང་གི་སྤུ་བ་ཛ་མཁར་རིང་མོ་དང་ལ་མཁར་སོགས་བཞེངས་སུ་བཅུག

མཁར་ལས་ཀྱི་བྱ་བ་ཡོངས་སུ་གྲུབ་མཚམས་རྒྱ་གླིང་འདུན་མའི་གྲོས་འགོ་བཤམས་ནས་གླིང་གི་མི་ཆེན་རྒྱལ་བ་ལྷུན་གྲུབ་དང་དར་འཕེན་གཉིས་རྒྱ་ཡུལ་དུ་ཆིབས་ཁ་བསྒྱུར་ནས་རྒྱ་གླིང་འབྲེལ་མཐུད་ཀྱི་གསེར་ཟམ་བཙུགས། རྒྱ་རྗེའི་སྲས་མོ་གསུམ་ལས་ཆུང་ཤོས་བུ་རྒྱ་ཚ་སྐྱེ་བའི་ཨ་མ་རྒྱ་བཟའ་ལྷ་དཀར་སྒྲོལ་མ་ཞེས་པ་དེ་མནའ་འབྲེལ་གྱི་རྟེན་དུ་གླིང་ལ་གདན་དྲངས་ནས་སེང་བློན་ག་མ་ཡི་ཛ་མར་བསྐོས། དེ་ནས་ལུང་གསལ་ལྷ་ཡི་རིགས་དན་རྒྱུན་མ་ཆད་པར་བསྐུལ་བ་དང་སྐོས་སུ་གླིང་དཀར་གྱི་ཆོས་སྲིད་བསྟན་པ་སྤེལ་བའི་ཕྱིར་ཟ་ཧོར་གྱི་ཡུལ་དུ་ཕྱིན་ནས་བཀའ་བློན་འདན་མ་བྱང་ཁྲ་དེ་གླིང་དཀར་གྱི་རྒྱན་དུ་བསུས། དགོས་འདོད་འབྲུ་ཡི་གཏེར་ཁ་བོད་ལ་དྲངས་ནས་བདེ་སྐྱིད་ཀྱི་རྩ་བ་བཙུགས།

《ཚགས་གླིང་》ཞེས་པའི་སྐོར་ཚན་འདིའི་ནང་གླིང་གི་མེས་པོ་རྣམས་ཀྱིས་གཞིས་བཟུང་མཁར་ལས་ཀྱི་མཛད་པ་རྒྱ་ཆེར་སྤེལ་ཡོད་པ་ལས་རྒྱལ་ཕྲན་གཞན་དང་གཡུལ་འཁྲུགས་ཀྱི་མཛད་རྣམ་བརྗོད་པ་ཆེར་མི་གསལ། སྒྲུང་ཚན་འདིའི་ནང་ལྷ་སྲས་དཔའ་རྟུལ་གྱི་འཁྲུངས་རབས་ལོ་རྒྱུས་ཞིབ་ཅིང་གསལ་བ་མ་ཟད་དུས་མ་འོངས་པར་གླིང་རྗེ་གེ་སར་གྱིས་གཙོས་ལྷ་སྲས་ཁག་གཅིག་འབྱོན་པའི་ལོ་ཆོགས་བསྟན་ཡོད་ལ་ཧོར་ཤན་པ་དང་ཐང་རྩེ་གཡུ་འབྲུག འཇང་གཡུ་ལྷ། མོན་སྟག་ལྷ། བདུད་ཀྱི་ཨ་སྟག་ཀླུ་མོ་དང་ཕྱིང་སྟོན་སོགས་མཐའ་ཡི་བདུད་ཡུལ་དུ་སྐྱེ་བ་བཞེས་པའི་མེད་དུ་མི་རུང་བའི་ལྷ་སྲས་ཕོ་མོ་མི་ཉུང་བ་ཞིག་རིམ་བཞིན་གླིང་དཀར་གྱི་དཔུང་རོགས་སུ་འབྱོན་པའི་ལོ་རྒྱུས་ཀྱང་སྒྲུང་གཏམ་མཐའ་མཇུག་གི་ལུང་བསྟན་དུ་ཞིབ་པར་བརྗོད་ཡོད།

གསུམ་པ། 《འགོག་གླིང་》གི་སྐོར།

གཅིག ལེགས་སྒྲིག་དཔར་སྐྲུན་བྱས་ཚུལ།

སྒྲུང་པོད་འདིའི་མ་ཡིག་ཟིན་འགོད་པ་ཡར་འགྲོ། ལེགས་སྒྲིག་པ་རྒྱང་འཕོར་ཚེ་ཕུན། ཀྱོམ་སྒྲིག་འགན་འཁུར་བ་ནོར་བུ་རྒྱ་མཚོ། མཐའ་ཞུས་པ་ཚེ་རིང་དཔལ་འབྱོར་བཅས་ཡིན།

སྤྱི་ལོ་༡༩༩༩ལོར་སྒྲ་འཇུག་བྱས་པ་དང་། སྤྱི་ལོ་༢༠༠༡ལོར་ཡི་གེར་ཕབ་པ་དང་ལེགས་སྒྲིག་བྱས། སྤྱི་ལོ་༢༠༠༢ལོའི་ཟླ་བ་དང་པོར་དཔར་དུ་བསྐྲུན། སྒྲུང་སྣ་འདིའི་ནང་འགོག་བཟའ་ལྷ་མོ་གླིང་སེང་སློན་ག་མའི་མནའ་མར་བསུས་པའི་སྐོར་དེ་གཙོ་བོར་བཀོད་ཡོད། བརྗོད་བྱ་འདི་ཉིད་གླིང་སྒྲུང་གི་ལེ་ཚན་གོང་མ་རྣམས་ཀྱི་ནང་རྒྱས་བསྡུས་ལ་མ་བལྟོས་པར་འཁོད་ཡོད་ལ། གླིང་སྒྲུང་མང་པོ་ཞིག་གི་ནང་ལེ་ཚན་གྱི་ཚུལ་གྱིས་བཀོད་ཡོད། འོན་ཀྱང་འདི་ཉིད་སྐོར་ཚན་དུ་བྱས་ནས་དེབ་གཅིག་ཏུ་བསྒྲིགས་ནས་དཔེ་སྐྲུན་བྱས་པ་ནི་དང་པོ་ཡིན། དེ་ལ་གླིང་སྒྲུང་སྤྱིའི་ཁྲོད་དུ་སྟོང་ཆ་ཁ་སྐོང་ཐུབ་པའི་རིན་ཐང་ཆེན་པོ་ལྡན་ཡོད།

སྒྲུང་སྣ་འདིར་སྤྱིན་ཤོག་འཕོར་གྲངས་༥༠དང་། དཔར་སྐྲུན་བྱས་རྗེས་པོད་འདིར་ཤོག་གྲངས་༥༢༨དང་། ཚིག་ཀང་༡༨༧༣༩ཡོད།

གཉིས། ནང་དོན་གནད་བསྡུས།

འགོག་གླིང་གཉིས་པོ་དཀར་པོ་ཞོ་ལྟར་ཆགས་པའི་དུས་སུ་འགོག་སྲིས་མུ་སྟེགས་པའི་བླ་མ་སྒོམ་པ་ར་ཛ་ལ་སྐྱབས་གནས་སུ་བཙོལ་ནས་འགོག་གླིང་ཁྲག་བཞིན་དཀྲུགས། དེ་ཡང་ཐོག་མ་འགོག་སྲིས་ཕུ་རུ་ཚེ་ཐར་ལ་བཏང་བའི་ལྷ་ཟོག་གླུ་ཟོག་རྣམས་གླིང་རུས་བརྒྱུས་སོང་ཟེར་ནས་གླིང་ལ་བསྙོན་འཛུགས་བྱས་ཏེ་དམག་དྲངས། དེ་ནས་དུས་ཡུན་ལོ་འཁོར་གསུམ་ཙམ་རིང་འགོག་གླིང་གཉིས་པར་ལན་ཚུར་གཏོལ་གྱི་དམག་འཐབ་ལན་མང་བྱས་པར་མི་ཤི་ རྟ་འགྱེལ་གྱི་གྱོང་གུད་ཆེན་པོ་བྱུང་། དམག་འཐབ་བྱས་པའི་བརྒྱུད་རིམ་ནང་ཕྱོགས་གཉིས་ཀས་འགོག་གླིང་ཞི་བའི་ཆིངས་འདུམ་བྱས་ན་བཟང་བའི་གྲོས་འགོ་ལན་མང་བཏོན་ཡོད་ རུང་། ཞི་བའི་ལས་རྣམས་སྒོམ་པ་ར་ཛས་བྱ་ཐབས་སྣ་ཚོགས་སྤྱད་དེ་ལམ་ལ་མ་བཏང་། ལོ་གསུམ་ཙམ་འཐབ་པའི་མཚམས་མི་གནོད་རང་སྡུག་ཙམ་ལས་རྒྱལ་ཕམ་ཤན་འབྱེད་མ་བྱུང་བ་དང་མི་འགྲོ་རྒྱུ་འགྲོ་ཆེ་བས་ཕྱོགས་གཉིས་ཀས་རང་ཚོད་བཟུང་ནས་བསྡད། དེའི་སྐབས་སློབ་དཔོན་པདྨ་འབྱུང་གནས་ཀྱིས་ཐབས་ཀྱིས་གླུ་རྒྱལ་གཙུག་ན་རིན་ཆེན་གྱི་སྲས་མོ་ཚུང་བ་འོད་དཀར་མཛེས་ལྡན་མི་ཡུལ་དུ་བསུས། བུ་མོ་དང་བུ་མོའི་རྫོངས་སྐལ་གླུ་ཡི་ནོར་བུ་རྣམས་འགོག་ར་ལོ་སྟོན་པ་རྒྱལ་མཚན་ལ་བཙོལ་ལ་ཁོང་བུ་མོའི་ཕ་ཚབ་མ་ཚབ་བྱེད་དུ་བཅུག ཟླ་བ་གཉིས་ཙམ་སོང་བའི་རྗེས་སློབ་དཔོན་པདྨ་འབྱུང་གནས་ཀྱིས་གླིང་གི་སེང་བློན་ག་མ་ལ་འགོག་ཡུལ་ལ་འཛིགས་སྣང་བསྐུལ་ནས་གླུའི་སྲས་མོ་དེ་གླིང་ལ་ལེན་དགོས་པའི་ལུང་བསྟན་གནང་བ་དང་དུས་མཚུངས་ར་ལོ་སྟོན་པ་རྒྱལ་མཚན་ལའང་གླུ་ཡི་ནོར་བུ་དང་སྲས་མོ་བཅས་པ་གླིང་དཀར་ལ་སྤྲོད་རྒྱུ་དང་། འགོག་གླིང་ཆིངས་འགྲིག་བྱས་ན་བཟང་ཚུལ་གྱི་སློབ་དཔོན་གྱི་ལུང་བསྟན་བྱུང་། དེ་ལྟར་གླུ་ཡི་སྲས་མོ་གླིང་

སེང་སློན་ག་མའི་འདུན་མར་ཕུལ་བ་དང་། མཚན་ལ་འགོག་བཟའ་ལྷ་མོ་ཞེས་གསོལ། དེ་ནས་འགོག་གླིང་གཉིས་པོ་ཞི་ཞིང་མཐུན་པའི་ངང་གནས་པའི་སྙིང་དེ་གཙོ་བའི་བརྗོད་བྱར་བཀོད་ཡོད་དོ། །

བཞི་པ། 《འདན་མ་ནས་རྫོང་》གི་སྙིང་།

གཅིག ལེགས་སྒྲིག་དཔར་སྐྲུན་བྱས་ཚུལ།

སྒྲུང་པོད་འདིའི་མ་ཡིག་ཟིན་འགོད་པ་ཡར་འགྱུ། ལེགས་སྒྲིག་པ་བསོད་ནམས་དགེ་ལེགས། རྩོམ་སྒྲིག་འགན་འཁུར་བ་རྒྱང་འཁོར་ཚེ་ཕུན། མཐའ་ཞུས་པ་མིག་དམར་ཚེ་རིང་བཅས་ཡིན།

སྤྱི་ལོ་༢༠༠༤ལོར་སྒྲ་འཇུག་བྱས་པ་དང་། སྤྱི་ལོ་༢༠༠༥ལོར་ཡི་གེར་ཕབ། སྤྱི་ལོ་༢༠༠༨ལོར་ལེགས་སྒྲིག་བྱས་ཤིང་སྤྱི་ལོ་༢༠༠༧ལོར་དཔར་དུ་བསྐྲུན། སྒྲུང་སྙ་འདི་ཉིད་སྒྲུང་མཁན་གང་གིས་ཐོ་རྗེས་སུ་ཐེངས་གཉིས་སྒྲ་འཇུག་གནང་ཡོད་པ་ལས་དུས་རབས་གོང་མའི་ལོ་རབས་བརྒྱད་ཅུ་པར་སྒྲ་འཇུག་གནང་སྐབས་སྒྲིན་ཤོག་འཁོར་ཐག་༦༢ཡོད་ལ་དེ་དུས་སྒྲུང་མཁན་གང་གིས་རྒྱས་བཤད་གནང་བར་མཐོང་ཡང་། སྐབས་དེ་དུས་ཡི་གེར་འབེབས་མ་ཐུབ་པས་ཕྱིས་སྒྲིན་ཤོག་ལ་སྐྱོན་ཤོར་ནས་ཡི་གེར་འབེབས་ཐབས་བྲལ། སྤྱི་ལོ་༢༠༠༤ལོར་སླར་ཡང་སྒྲ་ཕབ་གནང་སྐབས་སྒྲུང་ཚན་དེ་ཁོང་གིས་ཆུ་ཚོད་༣༤ནང་བསྡུས་པར་འཆད་ཀྱེར་གནང་འདུག སྒྲ་འཇུག་རྗེས་མ་དེ་གནང་སྐབས་སྒྲུང་མཁན་གང་ཉིད་དགུང་ལོ་༨༢ལ་ཕེབས་པས་སྒྲུང་གི་བྱུང་རིམ་བཀོད་སྒྲིག་གནང་སྐབས་བློས་སྐྱོན་མང་བ་དང་། མི་སྣ་འགལ་འཛོལ་བྱུང་བ་སོགས་ཀྱི་གནས་ཚུལ་མི་ཉུང་ཙམ་ཐོན་པས་ལེགས་སྒྲིག་དང་། རྩོམ་སྒྲིག་བྱེད་སྐབས་གང་ཐུབ་ཅི་ཐུབ་ཀྱིས་བཟོ་བཅོས་ཞུས་ཡོད་ལ། བློས་སྐྱོན་བྱུང་རིགས་རྣམས་དོར་བས་སྒྲུང་ཚན་དེ་སྒྲུང་ཚན་ཐུང་གྲས་ཤིག་ཏུ་གྱུར་ཡོད།

སྒྲུང་སྙ་འདིར་སྒྲིན་ཤོག་འཁོར་གྲངས་༣༤དང་། དཔར་སྐྲུན་བྱས་རྗེས

པོད་འདིར་ཤོག་གྲངས་༢༥༣དང་། ཚིག་ཀྲང་༦༩༨ཡོད།

གཉིས། ནང་དོན་གནད་བསྡུས།

སྟོན་སངས་རྒྱས་སྟོང་རྩ་གཉིས་མི་ཡུལ་དུ་བྱོན་ནས་བསྟན་པ་རིན་པོ་ཆེའི་ཆོས་འཁོར་རྒྱ་ཆེན་པོ་བསྐོར་བས་མགོ་ནག་སེམས་ཅན་ཐམས་ཅད་གནས་སྐབས་ཀྱི་བདེ་བ་ཕྲན་བུ་ཐོབ་པར་བྱུང་ཡང་དུས་མི་རིང་བར་ཕྱོགས་བཞི་མཚམས་བརྒྱད་ཀྱི་བདུད་སྲིན་མ་རུངས་པ་རྣམས་ངན་པ་ལག་སྤྲེལ་བྱས་ནས་སངས་རྒྱས་ཀྱི་བསྟན་པ་རིན་པོ་ཆེ་དགྲ་རུ་འཛིན། ས་ཐོག་གི་འགྲོ་དྲུག་སེམས་ཅན་རྣམས་ལ་ཞེ་སྡང་ཕྲག་དོག་དང་ཁོང་ཁྲོ་ང་རྒྱལ་གྱི་སྡང་མིག་རབ་ཏུ་གཡོས་ནས་སྲོག་གཅོད་དབུགས་ལེན་དང་ཤ་ཟ་ཁྲག་འཐུང་གི་མཆེ་བ་བགྲད་དེ་ཡ་ང་འཇིགས་སྐྲག་གི་གནས་སུ་ལྷུང་ལ་ཉེ་བ་ན། སུམ་ཅུ་རྩ་གསུམ་ལྷ་ཡི་ཞིང་ཁམས་ནས་རིགས་གསུམ་མགོན་པོའི་སྐུ་ལུས་གཅིག་སྡུད་ཀྱི་ལྷ་སྲས་ཤིག་བར་མ་མི་ཡི་ཡུལ་དུ་སྐུ་ལུས་བསྒྱུར་ནས་གཉོམ་ཆུང་སྐྱོང་བའི་གླིང་དཀར་རྗེ་བོའི་ཁྲི་ལ་འཛེགས། འོན་ཀྱང་ལྷ་སྲས་དེ་ཉིད་ཀྱིས་མི་ཡུལ་གྱི་འགྲོ་དོན་སྐྱོང་བར་གྲུབ་ཐོབ་ས་ར་ཧ་པའི་རྣམ་སྤྲུལ། འདན་ཟ་ཧོར་རྒྱལ་པོའི་སྲས་པོ་ཚ་ཞང་འདན་མ་བྱང་ཁྲ་ཞེས་པའི་ལྷ་སྲས་དེ་གེ་སར་རྒྱལ་པོའི་དཔུང་རོགས་སུ་ངེས་པར་གདན་འདྲེན་ཞུ་དགོས་པ་མ་ཟད་མགོ་ནག་མི་ཡི་གསོས་སུ་མེད་ཐབས་བྲལ་བའི་འདན་མའི་ནས་རྫོང་དེ་སྔང་པ་བོད་ལ་འཇོག་དགོས་པ་ཡིན་པས། དོན་དེ་གཉིས་བསྒྲུབ་པར་གླིང་གི་བང་མི་རིམ་པར་མངགས་ནས་འདན་གླིང་གཉིས་ལོ་གསུམ་རིང་འཆིང་དང་འདུན་མ་བྱས། གླིང་པ་རྣམས་དཔའ་སྟོབས་ཆེ་བ་དང་འདན་ཡུལ་གྱི་དཔོན་བློན་རྣམས་དཔའ་སྙིང་ཆེ་བས་དུས་རེ་ཞིག་བར་གཅིག་འོག་གཅིག་ལ་མ་འདུས་པར་བཙན་པོ་གཡུལ་ལག་བསྡེ་ལ་ཉེན་ཚེ་གླིང་རྒྱལ་བློན་མདུན་གྲོས་ཀྱིས་འདན་གླིང་འཁྲུག་རྩོད་མི་རུང་བ་བསྐལ་པ་ཇེ་སྲིད་བར་མཐའ་འབྲེལ་མཐུན་མཛའ་ཡོང་རྒྱུའི་བཀའ་ཡིག་བསྐུར། ཟ་ཧོར་རྒྱལ་བློན་རྣམས་གླིང་དཀར་པོའི་བཀའ་ཡི་ཡིག་དོན་ལ་མོས་སེམས་བསྐྱེད་ནས་མཐར་

འདན་མ་བྱང་ཁྲས་གཙོས་དཔོན་བློན་འཁོར་བཅས་གླིང་ཡུལ་དུ་ཞབས་སོར་བསྐྱོད་དེ་རིན་ཆེན་འབྲུ་ཡི་གཏེར་ཁ་དེ་མགོ་ནག་མི་ཡི་སྤྱི་ནོར་དུ་འཛོག་རྒྱུའི་ཞལ་འཆམས། དེ་ནས་འདན་མ་བྱང་ཁྲ་དེ་ཡང་གེ་སར་རྒྱལ་པོའི་བཀའ་ཡི་བློན་པོར་བསྐོས་ནས་འདན་གླིང་གཉིས་བསྐལ་པ་ཇི་སྲིད་བར་མནའ་འབྲེལ་འཆམ་མཐུན་དང་སྐྱིད་སྡུག་མཉམ་མྱོང་བྱེད་རྒྱུའི་ཚ་ཞང་གི་འབྲེལ་བ་གཏན་དུ་ཕབ་པར་གདའོ། །

ལྔ་པ། 《ཚ་བ་རོང་མདའ་རྫོང་》གི་སྐོར།

གཅིག ལེགས་སྒྲིག་དཔར་སྐྲུན་བྱས་ཚུལ།

སྒྲུང་པོད་འདིའི་མ་ཡིག་ཟིན་འགོད་པ་སྒྲུང་མཁན་བསམ་གྲུབ་གང་གི་སྲས་ཚོས་གྲགས། ལེགས་སྒྲིག་པ་རིག་འཛིན། རྩོམ་སྒྲིག་འགན་འཁུར་བ་པ་སངས་ཚེ་རིང་། མཐའ་ཞུས་པ་ཚེ་རིང་དཔལ་འབྱོར་བཅས་ཡིན།

སྤྱི་ལོ་༡༩༩༨ལོར་སྒྲ་ཕབ་བྱས་པ་དང་། སྤྱི་ལོ་༢༠༠༠ལོར་ཡིག་ཐོག་ཏུ་ཕབ། སྤྱི་ལོ་༢༠༠༡ལོར་ལེགས་སྒྲིག་བྱས་ཤིང་༢༠༠༢ལོར་དཔར་དུ་བསྐྲུན། སྒྲུང་སྣ་འདི་ནི་གླིང་དཀར་ཁྲ་མོས་ཉེ་འབྲེལ་ཚོ་པ་ལ་ཕར་རྒོལ་དཔུང་འཇུག་བྱས་ནས་མངའ་ཁོངས་རྒྱ་སྐྱེད་བཏང་བའི་དམག་ཐེངས་དང་པོའི་ཚུལ་དུ་སྣང་ཞིང་དེའི་དགོས་དོན་ཡང་“ལུས་མཛེས་པའི་སྟེང་ལ་གོས་ཤིག་དགོས། གོས་མཛེས་པའི་སྟེང་ལ་རྒྱན་ཞིག་དགོས།”①ཞེས་པ་ལྟར་མངའ་ཁོངས་རྒྱ་སྐྱེད་ཀྱིས་སྟོབས་འབྱོར་ཇེ་རྒྱས་ཡོང་བར་དམིགས་པ་ཞིག་ཡིན། སྒྲུང་སྣ་འདི་ནི་ད་བར་དཔར་སྐྲུན་ཟིན་པ་དང་། དཔེ་རྙིང་འགའ་རིག་རྒྱུ་ཡོད་པ་མ་ཟད། སྒྲུང་མཁན་ཕལ་མོ་ཆེས་འཆད་གྱེར་ཐུབ་པ་ཞིག་ཡིན། འོན་ཀྱང་སྒྲུང་མཁན་བསམ་གྲུབ་ཀྱིས་ཕབ་པའི་སྒྲུང་འདིའི་བརྗོད་བྱའི་ནང་དོན་ལ་ཐུན་མིན་གྱི་ཁྱད་ཆོས་དུ་མ་ལྡན་ཡོད།

① 《ཚ་བ་རོང་མདའ་རྫོང་》ཤོག་ངོས2པར་གསལ།

དེ་ཡང་སྤྲོལ་རྒྱུན་ལྟར་ན། ཚ་བ་རོང་མདའ་རྫོང་ཞེས་པ་འདི་བཞིན་གོ་སར་ནོར་བུ་དགྲ་འདུལ་དེས་སྐུ་ཡི་བཀོད་པ་སྤྲ་བའི་བརྟུལ་ཞུགས་ཀྱིས་རྨ་སྨད་དུ་འགྲོ་དོན་མཛད་ནས་ཇོ་རུའི་རྣམ་པར་རོལ་བའི་དུས། སྟག་རོང་གི་མགོན་ལྷ་རྟ་མགྲིན་དམར་པོར་བརྫུས་ནས་སྟག་རོང་གཟིག་འཕེན་ལ་ལུང་རྟེན་གནང་སྟེ་ཚ་གླིང་གཡུལ་འཁྲུག་གི་རྐྱེན་རྩ་བསླངས་པར་མ་ཟད། གང་འདུལ་དེ་སྣང་གི་སྤྲུལ་པའི་སྒྱུ་འཕྲུལ་གྱིས་གཡུལ་སར་ཕྱོན་ནས་ཕ་རོལ་པོ་ལས་རྣམ་པར་རྒྱལ་བའི་ཇོ་རུའི་མཛད་པ་གཙོ་བོར་བརྗོད་ཡོད། འོན་ཀྱང་སྐྱུང་མཁན་བསམ་གྲུབ་ཀྱིས་ཕབ་པའི་ཚ་བ་རོང་གི་མདའ་རྫོང་ཞེས་པ་འདིར། ཚ་གླིང་གཡུལ་འཁྲུག་བྱེད་པའི་དུས། ཇོ་རུ་མ་བུ་ཟུང་དེ་རྨ་སྨད་དུ་བཞུགས་ཡོད་ཚུལ་ཟུར་ཙམ་བཀོད་པ་ལས། ཚ་རོང་ལས་རྣམ་པར་རྒྱལ་ཞིང་མདའ་རྫོང་ཕབ་པ་དེ་ཇོ་རུའི་མཛད་རྗེས་ཀྱི་རྣམ་པར་བཀོད་གནང་མེད་པ་ནི་སྒྲུང་པ་ཉིད་ཀྱི་བརྩམ་བྱའི་རང་སྤྲོལ་ལམ་ཁྱད་ཆོས་ཆེ་ཤོས་སུ་སྣང་ལ་དེའི་བརྗོད་བྱའི་ནང་དོན་དང་རྗོད་བྱེད་ཚིག་གི་སྒྱུ་རྩལ་གང་ཐད་ནས་སྐྲུང་པའི་རང་སྤྲོལ་མངོན་པར་གསལ་བ་ཞིབ་འཇུག་གི་རིན་ཐང་ལྡན་པ་སྨྲོས་ཅི་དགོས། ”①

སྒྲུང་སྣ་འདིར་སྤྱིན་ཤོག་འཕོར་ཐག་༥༠དང་། ལེགས་སྒྲིག་དཔར་སྐྲུན་བྱས་རྗེས་པོད་འདིར་ཤོག་གྲངས་༩༨༦དང་། ཚིག་ཀྲང་༡༥༧༨༢ཡོད།

གཉིས། ནང་དོན་གནད་བསྡུས།

གླིང་དཔའ་རྟུལ་སུམ་ཅུའི་སྙིང་བཅུད་སྤྱི་དཔོན་རོང་ཚ་ཁྲ་རྒན་དེ་བསྙེན་སྐྲབ་སྐུ་མཚམས་ལ་བཞུགས་ཡོད་པའི་དུས། ས་འབྲུག་ཟླ་བ་བཞི་པའི་ཚེས་བཅོ་ལྔ་ཉིན་གྱི་ནམ་ཕྱེད་ཙམ་ལ། ཨོ་རྒྱན་པད་མ་འབྱུང་གནས་ཀྱིས་ཚ་བ་རོང་གི་མདའ་རྫོང་ལེན་དགོས་པའི་ལུང་བསྟན་གནང་། སྤྱི་དཔོན་གྱིས་གླིང་ཚོ་དྲུག་ལྷ་སྡེ་དཀར་པོའི་འདུ་ར་འཚོགས་ནས་གྲོས་གླེང་དྲུས་བཀོད་མཛད། སྟག་རོང་མ་

① པོད་འདིའི་ལེགས་སྒྲིག་པའི་གསལ་བཤད་ནང་གསལ།

བཞི་དཔོན་པོ་ཁྲོ་རྒྱལ་དེས་ཁྱུང་པོ་དཀར་ནག་སེར་གསུམ་དམག་གི་ཏུ་འདྲེན་མཛད་དེ་ཚ་རོང་ཆོང་པ་བཅོམ་ནས་ཚ་གླིང་གཡུལ་འཁྲུག་བྱ་བའི་དོན་རྐྱེན་བསླངས། ཚ་རོང་གནམ་ལྷ་རྒྱལ་པོ་དེས་དཔལ་ལྡན་རྣམ་རྒྱལ་གྲགས་པ་དང་བཙན་ལྷ་རྡོ་རྗེ་ཡ་མེད་ཀྱིས་གཙོས་པའི་ལས་དམག་སྟོང་ཚོ་བཞི་སྟག་རོང་ཡུལ་དུ་རྒྱ་ཤོར་གྱི་ར་མདའ་རྗེས་གཅོད་བྱེད་པར་བརྫངས། སྤྱི་དཔོན་གྱིས་གླིང་ཚོ་དྲུག་དཀར་པོའི་ལས་དམག་སྟོང་བསྡུ་བྱས་ནས་སྟག་རོང་དམག་གི་དཔུང་རོགས་ལ་ཕྱིན་ཏེ་ཚ་རོང་ར་མདའི་ལས་དམག་ཕམ་པར་བྱས། གླིང་དམག་རྣམས་རིམ་གྱིས་ཚ་བ་རོང་གི་ཡུལ་ལ་ཆས། ཚ་རོང་གནམ་ལྷ་རྒྱལ་པོས་ཀྱང་ལས་དམག་སྟོང་བསྡུ་བྱས་ནས་གླིང་དམག་གི་གདོང་ལེན་བྱེད་དགོས་པའི་བཀའ་བཏང་། ཕན་ཚུན་གཡུལ་འཁྲུག་ལན་མང་བྱས་མཐར་ཚ་རོང་ལས་དམག་ལ་ཕམ་ཉེས་ཆེན་པོ་ཕོག་པ་མ་ཟད་ཡུལ་ལུང་མང་ཆེ་བ་གླིང་དམག་ལ་ཤོར་བས། ལྷག་འཕྲོས་ཀྱི་དམག་རྣམས་ཕྱིར་འཐེན་བྱས་ཏེ་རང་རྫོང་བཙན་བཟུང་བྱས་ནས་བསྡད།

ཚ་རོང་གི་བློན་ཆེན་མེ་ལྷ་དང་ཆུ་ལྷ། རླུང་ལྷ། ཐག་རྒོད་བཅས་ཀྱིས་གཙོས་པའི་དཔོན་དམག་གིས་ཕྱོགས་བཞིའི་མཁར་རྫོང་བཞི་ཡོད་པ་བཙན་སྲུང་གིས་གླིང་དམག་ལ་འགོག་རྒོལ་གང་ཐུབ་བྱེད་པའི་དུས། ཚ་རོང་གནམ་ལྷ་རྒྱལ་པོ་དེས་བཙུན་མོ་དང་བློན་འཁོར་སུས་བཤོལ་བར་མ་ཉན་པར་གོ་ཁྱོན་མཚོན་ཐོགས་ཀྱིས་འདུན་མའི་དམག་སྐར་གྱི་དཀྱིལ་དུ་སྤྱང་ཐང་ལུག་ཁྱུར་ཤོར་བ་བཞིན་མཆོངས་ནས་དམག་མང་བསད་པར། བློན་ཆེན་འདུན་མས་མདའ་འཕངས་ནས་ཁོ་ཡི་ལུས་ཕྱེད་གཤགས་སུ་བཏང་བ་དང་གཉན་ཆེན་སྐྱ་ལྷ་གེར་འཛོམས་སྤྲུལ་པའི་རྒྱུད་ནས་དེར་ཕྱིན་ཏེ་འདུན་མའི་དཔུང་རོགས་མཛད་ཐོག་ཁོ་ཡི་ལུས་དེ་མེར་བསྲེག་བཏང་།

སྐབ་བདེ་དང་དར་འཕེན། དཔའ་ལས་གཙོས་པའི་དཔའ་རྟུལ་དྲག་རིགས་ཀྱིས་རང་འོག་ལས་དམག་གི་ཏུ་འདྲེན་མཛད་དེ་ཚ་རོང་གི་ཕྱོགས་བཞིའི་མཁར་

ཇོང་སྒྲུང་དམག་དང་གཡུལ་འཁྲུག་བརྒྱ་ལུག་མ་བུ་འདྲེས་པ་བཞིན་བྱས་མཐར། མི་ལྷ། ཀླུང་ལྷ། ཆུ་ལྷ་སོགས་ཀྱིས་གཙོས་པའི་བདུད་བློན་ཡོད་རིགས་ཀྱི་མགོ་ལག་བླངས། ཕྱོགས་བཞིའི་ཇོང་གཞིས་བཟུང་བས་ན། བློན་ཆེན་ཨ་མྱེ་དབུ་དཀར་དང་བཙུན་མོ་ལྷ་སྐྱིད་མཚོ་གཉིས་ཀྱིས་གཙོས་པའི་འཁྲོ་ལུས་གང་ཡོད་གླིང་ལ་མགོ་འབུལ་བྱས། ཚ་བ་རོང་གི་མདའ་ཇོང་དང་རྐང་བཞི་ནོར་གཡང་གང་ཡོད་གླིང་ལ་ཕུལ་ནས་ཚ་གླིང་བར་གྱི་གཡུལ་འཁྲུག་ཞི་བར་བྱས།

དེ་ལྟར་ཚ་རོང་གཡུལ་འཁྲུག་མི་ལོ་གསུམ་ལ་ཉེ་བ་བྱས་མཐར། གླིང་པ་ཡོངས་སུ་རྒྱལ་ནས་ཚ་བའི་ཤོག་ཆེན་ཉི་ཤུ་དཀར་པོ་ཆོས་སྡེར་བསྒྱུར། སྟག་རོང་བེར་དམར་རྒྱལ་ཚབ་ཀྱི་ཚུལ་དུ་ཚ་བ་རོང་ལ་བཞུགས། མ་བཞི་དཔོན་པོ་ཁྲི་རྒྱལ་དེས་ལྷ་ཀླུ་གཉན་གསུམ། ཡུལ་ལྷ་གཞི་བདག ཆོས་སྐྱོང་སྲུང་མ་བཅས་ལ་སྐྱུལ་མ་བྱས་ནས། ཚ་བ་རོང་གི་མདའ་ཇོང་དང་རྐང་བཞི་ཕྱུགས་ཀྱི་གཡང་ནོར་གང་ཡོད་འབྱུང་པོ་མི་མ་ཡིན་གྱིས་གླིང་ལ་དཔོར་འདྲེན་མཛད། བྱེས་འགྲོའི་གླིང་དམག་རང་ཡུལ་དུ་འཁོར་ནས་གཞིས་བྱེས་དགའ་འཛོམས་ཀྱི་རྟེན་འབྲེལ་མཛད་མཐར་སོ་སོར་ཕྱིན་ནས་སྐབས་བབས་ཀྱི་བརྗོད་བྱ་རྫོགས་པར་བྱས།

དྲུག་པ། 《འཁྲུངས་གླིང་》གི་སྐོར།

གཅིག ལེགས་སྒྲིག་དཔར་སྐྲུན་བྱས་ཚུལ།

སྒྲུང་པོད་འདིའི་མ་ཡིག་ཟིན་འགོད་པ་བསོད་ནམས་རྡོ་རྗེ། ལེགས་སྒྲིག་པ་བློ་བསྟན། རྩོམ་སྒྲིག་འགན་འཁུར་བ་འཇམས་དབྱངས་ཚུལ་ཁྲིམས་བཅས་ཡིན།

སྤྱི་ལོ་༡༩༨༥ལོར་སྒྲ་ཐབ་བྱས་པ་དང་། ལོ་རབས་དེ་གའི་ནང་ཡི་གེར་ཕབ། སྤྱི་ལོ་༢༠༠༡ལོར་དཔར་དུ་བསྐྲུན། སྒྲུང་སྣ་འདི་ཉིད་སྒྲ་ཐབ་བྱེད་དུས་ཐོ་ནའང་ཡི་གེར་ཕབ་མཁན་གྱི་ཆུ་ཚད་དམའ་བ་དང་། ང་ཚོས་ལེགས་སྒྲིག་བྱས་པའི་སྒྲུང་སྣ་ཐོ་གྲས་ཤིག་ལགས་པས། དཔར་ཞུས་དང་དག་ཞུས་ལན་མང་བྱས

ཁྲུལ་ལགས་ཀྱང་སྒྲུང་དེབ་ནང་དག་ནོར་དང་བརྗོད་པ་མི་བདེ་བ་མང་ཙམ་ཡོད་པའི་པོད་ཞིག་ཡིན། གེ་སར་རྒྱལ་པོའི་འཁྲུངས་རབས་སྐོར་གྱི་བརྗོད་བྱ་ནི་གླིང་སྒྲུང་སྤྱིའི་ཁྲིད་མེད་ཐབས་མེད་པའི་ཐོག་མའི་ནང་དོན་ཞིག་ལགས་པས། སྒྲུང་དཔེ་མང་པོའི་ནང་ལེ་ཚན་གྱི་རྣམ་པའི་ཐོག་ནས་བརྗོད་བྱ་འདི་བསྟན་ཡོད་ལ། ངག་སྒྲུང་ངམ་དཔེ་རྙིང་མང་པོར་སྐོར་ཚན་གྱི་རྣམ་པས་བརྗོད་བྱ་འདི་བསྟན་པའང་ཡོད། བསམ་གྲུབ་ཀྱིས་ཕབ་པའི་སྐྱེ་བུའི་འཁྲུངས་རབས་ཀྱི་སྐོར་ཚན་དེ་ཉིད་ད་བར་དངོས་སུ་དཔར་སྐྲུན་ཟིན་པའི་སྒྲུང་ཡིག་ཁྲོད་དུ་ནང་དོན་རྒྱས་ཤོས་སུ་མཐོང་ངོ་། །

སྒྲུང་སྣ་འདིར་སྤྱིན་ཤོག་འཁོར་ཐག་༨༠དང་། དཔར་སྐྲུན་བྱས་རྗེས་པོད་འདིར་ཤོག་གྲངས་༩༨༡དང་། ཚིག་ཆང་༡༠༥༩༩ཡོད།

གཉིས། ནང་དོན་གནད་བསྡུས།

གླིང་རྗེ་གེ་སར་རྒྱལ་པོའི་སྒྲུང《འཁྲུངས་གླིང་》ཞེས་བྱ་བའི་སྒྲུང་ཚན་འདིའི་བརྗོད་བྱ་གཙོ་བོ་ནི་མི་ཡུལ་དུ་བདུད་སྲིན་རྣམས་ཁ་དར་ནས་མགོ་ནག་མི་རྣམས་སྡུག་བསྔལ་གྱིས་རབ་ཏུ་མནར་བའི་དུས་འཕགས་མཆོག་ཐུགས་རྗེ་ཆེན་པོ་ཐུགས་མ་བཟོད་པར་ལྷ་ཆེན་ཚངས་པ་དཀར་པོའི་སྲས་ཆུང་བ་མི་ཡུལ་གྱི་མགོན་པོར་བཀའ་མངགས་པ་དང་གུ་རུ་པདྨ་ཐོད་ཕྲེང་གིས་ལྷ་སྲས་ལ་ཁྲུས་གསོལ་དང་དབང་བསྐུར་ནས་མཐོང་བ་དགའ་ཞེས་མཚན་གསོལ།

ལྷ་སྲས་མི་ཡུལ་དུ་འཁྲུངས་མ་ཐག་ཨ་ཁུ་ཁྲོ་ཐུང་ཡིད་མ་དགའ་བས་རྩིས་བསྐོར་སྐབས། གླིང་ལ་ཇོ་རུ་འཁྲུངས་ན་ཨ་ཁུའི་གསེར་ཁྲི་འཁྱོག་ཅེས་གསལ། དེར་བརྟེན་ཨ་ཁུས་ངན་སེམས་གཡོ་སྒྱུའི་ཐབས་ཀྱིས་སྲས་ལ་བྱ་ངན་སྣ་ཚོགས་སྤེལ་ནས་ཇོ་རུ་མ་བུ་རྨ་སྨད་ཡུལ་དུ་རྒྱང་འབུད་བཏང་། ཕོང་གཉིས་རྨ་སྨད་འདྲེ་ལུང་སུམ་མདོར་མི་ལོ་བཅུ་གཉིས་བར་ཟ་བའི་ཟས་ཨབ་ཤ་དང་གྲོ་མ། གྱོན་པའི་གོས་ཨབ་རའི་ལྤགས་པ་སོགས་ངན་དགུ་ཚང་བའི་འཚོ་བར་སྤྱད། དོན་དམ་དུ་མི་ཡི་

གཟུགས་འཛིན་ནས་དངོས་ཡོད་དངོས་མེད་ཀྱི་ལྷ་འདྲེ་གདུག་པ་ཅན་མང་པོ་དབང་དུ་བསྡུས་ནས་ཆ་སྙད་དུ་ས་བཟུང་བའི་ནང་དོན་བཀོད་ཡོད།

བདུན་པ། 《ཧ་རྒྱུག་རྒྱལ་འཛོག་》གི་སྐོར།

གཅིག ལེགས་སྒྲིག་དཔར་སྐྲུན་བྱས་ཚུལ།

སྒྲུང་སྣ་འདིའི་མ་ཡིག་ཟིན་འགོད་པ་དང་ལེགས་སྒྲིག་པ་བསོད་ནམས་དགེ་ལེགས། རྩོམ་སྒྲིག་འགན་འཁུར་བ་ཀུན་དགའ། མཐའ་ཞུས་པ་ཚེ་རིང་དཔའ་འབྱོར་བཅས་ཡིན།

སྤྱི་ལོ་༢༠༠༠ལོར་སྒྲ་ཕབ་བྱས་པ་དང་། ལོ་དེ་རང་ལ་ཡི་གེར་ཕབ། སྤྱི་ལོ་༢༠༠༡ལོར་ལེགས་སྒྲིག་བྱས་ཤིང་༢༠༠༢ལོར་དཔར་དུ་བསྐྲུན། སྒྲུང་སྣ་འདི་སྒྲུང་མཁན་བསམ་གྲུབ་ཀྱིས་དུས་རབས་གོང་མའི་ལོ་རབས་བརྒྱད་ཅུ་པའི་ནང་སྒྲ་ཕབ་གནང་བར་འཁོར་གྲངས་༦༠ཡོད་སོ་འདུག་ཀྱང་དཔེ་ཚོགས་ལེགས་སྒྲིག་བྱེད་སྐབས་ཐོག་མའི་སྒྲ་ཕབ་ སྤྱིན་ཤོག་དང་མ་ཡིག་མ་རྙེད་པས་སླར་ཡང་སྒྲ་ཕབ་བྱས་པ་དང་། དེར་བསྡོམས་སྤྱིན་ཤོག་འཁོར་གྲངས་༦༨ཡོད་པ་མ་ཟད། ལེགས་སྒྲིག་བྱེད་པའི་བརྒྱུད་རིམ་ནང་ཆད་སྐྱོན་བྱུང་བའི་འཁོར་གྲངས་༦ཙམ་སླར་ཁ་གསབ་བྱས་ཡོད་པས་བསྡོམས་འཁོར་གྲངས་༥༠ཙམ་ཡོད། ལེགས་སྒྲིག་བྱེད་སྐབས་ནང་དོན་བཞླས་སྐྱོན་བྱུང་རིགས་མང་ཙམ་དོར་བས་དཔར་སྐྲུན་བྱས་པའི་སྒྲུང་ཡིག་གི་ཡིག་འབོར་མ་ཟིན་ལས་ལྷུབ་གཅིག་ཙམ་གྱིས་ཉུང་བ་ཡོད།

སྒྲུང་སྣ་འདིར་སྤྱིན་ཤོག་འཁོར་གྲངས་༥༠དང་། ལེགས་སྒྲིག་དཔར་སྐྲུན་བྱས་རྗེས་པོད་འདིར་ཤོག་གྲངས་༣༡༠དང་། ཚིག་ཕྲང་༡༢༦༠ཡོད།

གཉིས། ནང་དོན་གནད་བསྡུས།

《ཧ་རྒྱུག་རྒྱལ་འཛོག་》གི་བརྗོད་བྱ་གཙོ་བོ་ནི་ལྡོང་ཚོས་འཕེལ་ནག་པོའི་བུ་རྒྱུད་རོང་ཚ་ཁྲ་ཏན་དང་ཨ་ཁུ་ཁྲོ་ཐུང་། སེང་བློན་ག་མ་གསུམ་གྱི་སྐུ་དུས་སུ་གླིང་ཁྲ་མོ་སྤྱི་ལ་ཀུན་གྱིས་བཀུར་བའི་རྒྱལ་པོ་ཞིག་མེད་པར་རང་བཙན་རང་ཤེད་

ཀྱི་ངང་དུ་གནས་པ་དང་། ཕྱིས་སུ་ཨ་ཁྲུ་ཁྲོ་ཐུང་བཙན་ཤེད་ཆེ་བས་ཕྲག་དོག་ངན་སེམས་ཀྱིས་འགོག་བཟའ་མ་བུ་གཉིས་རྨ་སྨད་འདྲི་ལུང་སུམ་མདོར་རྒྱང་འབུད་བཏང་། ཇོ་རུ་རྨ་ཡུལ་དུ་མི་ལོ་བཅུ་གཉིས་བཞུགས་རིང་སྟག་རོང་ཁྲོ་ཐུང་རྒྱལ་པོ་ལ་གླིང་དཀར་གྱི་སྲིད་བདག་དང་སྐྱ་ལོའི་རྒྱུ་བདག འབྲུག་མོའི་སྐྲ་བདག་བྱ་རྒྱུའི་ཧམ་སེམས་སྐྱེས་ཤིང་མགྱོགས་པ་རྟ་ཐོའི་དང་རྗེ་སྟག་རོང་ཚང་ལ་ཡོད་པས། དྲན་འཕྲུལ་སྒྱུལ་སློང་གིས་གླིང་དཀར་རྒྱལ་སྲིད་དང་སྐྱ་ལོའི་མི་རྒྱུ་ཟོག་གསུམ་བཅས་པ་རྟ་རྒྱུག་གི་རྒྱན་དུ་འཇོག་རྒྱུའི་གླིང་བསླངས། ཁྲོ་ཐུང་གི་རྫས་ལ་གྲོས་འཆམ་བྱུང་རྗེས་ཕོ་པོ་རྒྱ་ཚ་ཞལ་དཀར་སྐྱ་ལོའི་མཆེར་སར་ཕྱིན་ནས་ཇོ་རུ་གདན་འདྲེན་ཞུ་བར་སེང་ལྷམ་འབྲུག་མོ་རྨ་ཡུལ་དུ་འགྲོ་དགོས་པའི་བཀའ་བཙན་ཕབ། སྐྱ་ལོ་ཚང་ནས་རྒྱ་ཚའི་བཀའ་ཡར་བཟློག་མ་ནུས་པར་འབྲུག་མོ་སྐྱ་རྒྱང་རྨ་ཡུལ་གྱི་ལམ་དུ་བཟུངས། ལམ་བར་དུ་ལྷ་འདྲེའི་འཇིགས་སྐྲག་དང་ངལ་དུབ་བསམ་གྱིས་མི་ཁྱབ་པ་མྱོང་མཐར། ཇོ་རུ་གླིང་ཡུལ་དུ་གདན་འདྲེན་ཐུབ་ཙམ་བྱུང་། རི་དྭགས་རྒྱང་ཁྱུ་དང་མཉམ་དུ་འདྲེས་པའི་ཇོ་རུའི་ལས་རྟ་རྒྱང་རྒོད་འཕེལ་པོ་འཛིན་པར་མ་འགོག་མོ་དང་ནེའུ་ཆུང་བཅས་པ་སླར་ཡང་རྨ་ཡུལ་དུ་ཞབས་སོར་བསྐྱོད། ཇོ་རུ་མི་རྟ་གཉིས་གླིང་དུ་འཛོམས། རྟ་རྒྱུག་སྟངས་ཀྱི་གྲོས་བཤམ་སྐབས་སྤྱི་དཔོན་གྱིས་ཕ་ཁུའི་རང་མཚང་འབྱིན་ཕྱིར་གླིང་དཀར་རྒྱལ་སྲིད་དང་སྐྱ་ལོའི་མི་རྒྱུ་དེ་གཡུ་ལུང་དར་བརྒྱུས་ཀྱི་རྒྱན་དུ་འཇོག་རྒྱུའི་ཐག་བཅད། གླིང་མི་དཔོན་གཞན་རྣམས་ནས་བསྒོམས་པ་མེད་པའི་ལས་ལ་འབད་པ་དོན་མེད་སྙམ་ནས་རང་མལ་དུ་བསྡད། སྟག་རོང་ཕ་བུ་རྣམས་ནས་ངོ་ཚ་འཛེམས་མེད་ཀྱིས་གཡུ་ལུང་དར་བརྒྱུས་ཀྱི་བྱ་བ་དང་དུ་བླངས་ནས་མཐུ་སྟོབས་དྲན་འཕྲུལ་གྱིས་འབུ་གྲོག་མའི་སྙིང་པར་དར་སྐྱུད་དྲངས་ནས་གཡུ་ལུང་ནང་ཕུ་འདེད་རྒྱག་པ་སོགས་ཐབས་གང་དྲགས་བྱས་ཀྱང་རེ་བ་སྟོང་ཟད་དུ་གྱུར་པ་མ་ཟད་ངོ་ཚ་མེད་པ་དང་། གཡོ་རྒྱུ་ངན་སེམས་ཀྱི་རང་མཚང་ཚོགས་གྲལ་གྱི་མདུན་དུ་དམར་རྗེན་དུ་བཏོན། མཐར་རྟ་

རྒྱུག་གི་བྱ་བ་དངོས་སུ་བརྩམས་པ་ན་ཛོ་རུ་ལ་གླིང་ལྷས་མགོན་སྐྱབས་ཆེ་བས་བདེ་ཀླགས་དང་གསེར་ཁྲིར་འཁོད། དེ་བྱིངས་རྣམས་ལ་འདོད་སེམས་ཆེ་ཡང་ལས་བསྐྲོས་མེད་པའི་གཏམ་རྒྱུད་བརྗོད་ཡོད།

བརྒྱད་པ། 《མི་ཉག་གསེར་རྫོང་》གི་སྐོར།

གཅིག ལེགས་སྒྲིག་དཔར་སྐྲུན་བྱས་ཚུལ།

སྐྲུང་པོད་འདིའི་མ་ཡིག་ཟིན་འགོད་པ་ཡར་འགྲོ། ལེགས་སྒྲིག་པ་མིག་དམར་ཚེ་རིང་། རྩོམ་སྒྲིག་འགན་འཁུར་བ་རྒྱང་འཁོར་ཚེ་ཕུན། མཐའ་ཞུས་པ་ཚེ་རིང་དཔལ་འབྱོར་བཅས་ཡིན།

སྤྱི་ལོ་༡༩༩༨ལོར་སྒྲ་ཕབ་བྱས་པ་དང་། སྤྱི་ལོ་༢༠༠༡ལོར་ཡིག་ཐོག་ཏུ་ཕབ་ཅིང་ལེགས་སྒྲིག་བྱས། སྤྱི་ལོ་༢༠༠༢ལོར་དཔར་དུ་བསྐྲུན།

སྐྲུང་སྣ་འདིར་སྤྱིན་ཤོག་འཁོར་གྲངས་༥༡དང་། ལེགས་སྒྲིག་དཔར་སྐྲུན་བྱས་རྗེས་པོད་འདིར་ཤོག་གྲངས་༤༧༢དང་། ཚིག་ཀྲང་༡༣༤༥༣ཡོད།

གཉིས། ནང་དོན་གནད་བསྡུས།

དེ་ཡང་དེ་སྔོན་རྒྱ་གླིང་ཡུལ་གྲུ་གཉིས་ཀྱིས་ཚོང་འབྲེལ་གྱི་ལམ་བུ་བཟང་པོར་བརྟེན་ནས་ཡུལ་སོ་སོའི་ཁྱད་རྫས་བརྗེ་འཚོང་བྱེད་མུས་ལ། སྐབས་ཤིག་གླིང་འབུམ་པ་ཤོག་གི་ཚོང་དཔོན་ལག་གཡོག་འགའ་ཞིག་རྒྱ་ཡུལ་ནས་ཇ་དང་། རས། མངར་ཆ་ལ་སོགས་ཧ་དྲིལ་གྱི་རྒྱབ་ཁལ་མང་པོ་འཁྱེར་ནས་རང་ཡུལ་ལ་ཕྱིར་ལོག་པའི་ལམ་བར་དུ་མི་ཉག་ཇག་པས་བཅོམ་འཕྲོག་བསད་བརྡུང་བྱས་པའི་རྐྱེན་གྱིས་མི་གླིང་དམག་འཁྲུག་གི་འགོ་བརྩམས་པ་ཡིན། དུས་ཡུན་ལོ་ངོ་གཉིས་ལྷག་ཙམ་གྱི་གཡུལ་འགྱེད་ནང་། གླིང་གི་དམག་དཔོན་ལྷ་སྲས་དགྲ་ལྷ་རྩེ་བརྒྱད་དང་སྟག་རོང་བེར་དམར་སོགས་ནས་ལྷ་སྲས་གེ་སར་རྒྱལ་པོའི་བཀའ་བཀོད་བཞིན་མི་ཉག་ཡུལ་གྱི་མཁར་རྫོང་ས་བཙན་རྣམས་རིམ་པར་ཆམ་ལ་ཕབ་སྟེ་མི་ཉག་གཡུ་རྩེའི་ཡུལ་ཁམས་ཐམས་ཅད་འབངས་རྣལ་མར་བཀུག་པའི་ནང་དོན་བརྗོད་ཡོད། །

དགུ་པ། 《ཁྱུང་གླིང་》གི་སྐོར།

གཅིག ལེགས་སྒྲིག་དཔར་སྐྲུན་བྱས་ཚུལ།

སྒྲུང་པོད་འདིའི་མ་ཡིག་ཟིན་འགོད་པ་ཡར་འགྲོ། ལེགས་སྒྲིག་པ་མིག་དམར་ཚེ་རིང་། རྩོམ་སྒྲིག་འགན་འཁུར་བ་དགྲ་ལྷ་བླ་བ་བཟང་པོ། མཐའ་ཞུས་པ་ཚེ་རིང་དཔལ་འབྱོར་བཅས་ཡིན།

སྤྱི་ལོ་༢༠༠༢ལོར་སྒྲ་ཕབ་བྱས་ཤིང་ཡི་གེར་ཕབ་པ་དང་། སྤྱི་ལོ་༢༠༠༣ལོར་ལེགས་སྒྲིག་བྱས་ནས་དཔར་དུ་བསྐྲུན། དུས་རབས་གོང་མའི་ལོ་རབས་བརྒྱད་ཅུ་པའི་ནང་སྒྲུང་མཁན་བསམ་གྲུབ་ཀྱིས་སྒྲུང་སྣ་འདི་སྒྲ་ཕབ་གནང་བར་སྤྱིན་ཤོག་འཁོར་གྲངས་༤༥ཡོད་པ་གེ་སར་སྒྲུང་དཔེའི་སྐོར་ལ་རྒྱུས་མངའ་ཆུང་ལ་བོད་ཡིག་གི་ཆུ་ཚད་དམའ་བའི་སྤྱི་ཚོགས་ཕྱོགས་གི་སྐྱེ་བོ་ཞིག་གིས་ཡི་གེར་ཕབ་འདུག་ཀྱང་ལེགས་སྒྲིག་བྱ་ཐབས་བྲལ་བས་སླར་ཡང་སྒྲ་ཕབ་བྱ་དགོས་བྱུང་།

སྒྲུང་སྣ་འདིར་སྤྱིན་ཤོག་འཁོར་གྲངས་༤༣དང་། ལེགས་སྒྲིག་དཔར་སྐྲུན་བྱས་རྗེས་པོད་འདིར་ཤོག་གྲངས་༣༨༠དང་། ཚིག་ཀྲང་༡༡༣༡༡ཡོད།

གཉིས། ནང་དོན་གནད་བསྡུས།

《ཁྱུང་གླིང་》ཞེས་པའི་སྒྲུང་ཚན་འདིའི་བརྗོད་བྱ་གཙོ་བོ་ནི་ཁྱུང་པོ་དཀར་ནག་སེར་གསུམ་དང་། ཉམས་ཚོ། དགེ་འདྲེན་བཅས་ཀྱིས་ཡུལ་རྣམས་ཐོག་མར་གླིང་གི་ཨ་ཁུ་ཁྲོ་ཐུང་གི་མངའ་ཞབས་ཡིན་བཞིན་དུ་ཐེངས་ཤིག་ཁྱུང་ཡུལ་དེར་མཐུ་རྩལ་ལ་མངའ་བརྙེས་པ་དང་། བྱ་བ་ངན་པའི་རིགས་ལ་ཤིན་ཏུ་དགའ་བའི་བྱ་བདུད་ནག་པོའི་རྒྱུད་ཀྱི་བདུད་རིགས་ཤིག་བྱུང་ནས། དེས་སྒྱུ་མའི་འཕྲུལ་གྱིས་བཙན་དང་ཐེའུ་རང་རྣམས་གྲོགས་སུ་བཀུག་ཐོག་མིའི་ཁོག་ཏུ་ཞུགས་པ་དང་སྦྲགས། ཡུལ་དེའི་བུ་མོ་ཕལ་ཆེར་དང་ལུས་འབྲེལ་བྱས། རྐྱེན་དེས་ཡུལ་དེའི་མི་རྣམས་གསོད་སྡིག་ལ་དགའ་བ་དང་སྙིང་ཉེ་བའི་སྙིང་ལ་བརྩེ་མཐོང་མེད་པ། རྒན་གཞོན་བར་ལ་བྱམས་དང་གུས་ཞབས་མེད་པ། རྐུ་འཕྲོག་ཇག་གསུམ་གྱི་ལས

ལ་བརྩོན་པའི་སྲོལ་ངན་ཞིག་གསར་དུ་དར། དེ་ལྟར་དུས་ཡུན་ལོ་ངོ་ཉི་ཤུར་ཉེ་བ་ཞིག་སོང་སྐབས། ཨ་ནེ་གོང་སྨན་རྒྱལ་མོས་གནས་ཚུལ་དེ་ཤེས་རྟོགས་བྱུང་སྟེ་གླིང་རྗེ་གེ་སར་རྒྱལ་པོར་ལུང་དང་བཀའ་སློབ་གནང་བ་དང་། དེ་ནས་གླིང་རྗེ་གེ་སར་རྒྱལ་པོས་ཀྱང་ཨ་ནེ་གོང་སྨན་རྒྱལ་མོའི་ལུང་བསྟན་བཀའ་སློབ་ཇི་བཞིན་འཕྲུལ་མར་གླིང་གི་ཕ་ཁུ་དཔའ་རྟུལ་ཕྱོགས་བཞི་གང་སར་གནས་པ་རྣམས་འདུ་སྐོང་གིས་དོན་དེར་ཁ་གཏད་ཇི་ལྟར་གཅོག་རྒྱུའི་གྲོས་ཁ་བསྡུར་དགོས་པའི་བཀའ་བསྐུལ། སྐབས་དེར་གླིང་གི་ཕ་ཁུ་དཔའ་རྟུལ་གྱི་ཁྲིད་དུ་དགོངས་འཆར་ཐ་དད་དུ་སོང་ནའང་། མཐར་གླིང་གི་སྤྱི་དཔོན་རོང་ཚ་ཁྲ་རྒན་གྱི་དགོངས་གཞི་ལྟར་ཐོག་མར་ཁྲུང་ཡུལ་དཀར་ནག་སེར་གསུམ་དང་ཉམས་ཚོ། དགེ་འབྲོང་སོགས་ལ་བང་མི་དང་བཀའ་ཡིག་མངགས་གཏོང་གིས་འཇམ་འདུལ་བྱེད་རྒྱུར་ཐུགས་གཏན་འཁེལ། འོན་ཀྱང་འཇམ་འདུལ་གྱི་བང་མི་དང་བཀའ་ཡིག་བྱིའུ་ཁྱུ་འཕུར་འཕུར་མངགས་གཏོང་བྱས་པ་དེ་ལ་ཁྲུང་ཡུལ་གྱི་བྱ་བདུད་དེ་རྣམས་ཡི་མ་རངས་པ་དང་། ལྷག་པར་དུ་“ང་རྒྱལ་གདུག་རྩུབ་ལོག་པ་ཁེངས། བླ་མའི་གསུང་ཆོས་དགྲ་ལ་མདོན། ཕ་མའི་བྱམས་སེམས་ཤི་བདག་མདོན་”ནས་གླིང་གི་ཕ་ཁུ་དང་དཔའ་རྟུལ་རྣམས་ལ་མདུང་རྩེ་ཁ་སྤྲོད་བྱ་རྒྱུར་གྲོས་ཁ་མཐུན། དེ་ནས་བཟུང་ཁྲུང་གླིང་བར་གྱི་འཐབ་འཁྲུག་འགོ་ཚུགས་ཤིང་། དེ་རྗེས་ཕན་ཚུན་འཐབ་འཁྲུག་ཐེངས་མང་བྱས་པ་དང་། དམག་འཐབ་བྱེད་པའི་བརྒྱུད་རིམ་ནང་སྤྱིར་ན་གླིང་གི་དཔའ་རྟུལ་ཕྱོགས་ལ་རྒྱལ་ཁ་ཐོབ་པ་མང་ནའང་། གླིང་དམག་ཀྱང་མི་ཉུང་བ་ཞིག་ཉམས་ཉེས་སུ་སོང་། དུས་ཡུན་ལོ་ངོ་གཉིས་ལྷག་ཙམ་གྱི་དམག་འཁྲུག་བྱས་པ་བརྒྱུད། མཐར་གླིང་དམག་གིས་ཁྲུང་ཡུལ་ལག་ཏུ་བླངས་ཤིང་། བྱ་བདུད་ཀྱི་བསྟན་པ་བསྣུབས། ཡུལ་དེའི་མངའ་འབངས་ཕོ་མོ་རྒན་གཞོན་རྣམས་ཀྱི་ནང་ནས་ཟས་མེད་པ་ལ་ཟས་སྦྱིན་པ་དང་། གོས་མེད་རྣམས་ལ་གོས་སྦྱིན་པ་སོགས་དགེ་བའི་ལས་མང་དུ་བསྒྲུབས་ནས་ཁྲུང་ཡུལ་ཐམས་ཅད་སྐྱར་ཡང་བདེ་སྐྱིད་ཞི་

ལྗོད་ཀྱི་ལམ་དུ་འཁྲིད། དེ་ནས་སྟག་རོང་སྡེ་པས་སྤྱར་ལུགས་བཞིན་ཁྲུང་ཡུལ་ལ་མངའ་དབང་བསྒྱུར་རྒྱུར་ཐག་ཆོད་པ་དང་། གླིང་གི་དཔའ་རྟུལ་གཞན་རྣམས་ཀྱང་གཟིགས་བཟོས་བྱ་དགའ་བླངས་རྗེས་རང་རང་སོ་སོའི་ཕ་མཁར་འཛིན་རྒྱུར་རང་གནས་སུ་ཕྱིན་པའི་སྐོར་བཀོད་ཡོད།

བཅུ་པ། 《གཉན་ཆུ་མོ་རོང་འབྲུ་རྫོང་》གི་སྐོར།

གཅིག ལེགས་སྒྲིག་དཔར་སྐྲུན་བྱས་ཚུལ།

སྒྲུང་པོད་འདིའི་མ་ཡིག་ཟིན་འགོད་པ་ཡར་འགྲོ། ལེགས་སྒྲིག་པ་ཡེ་ཤེས་དབང་མོ། རྩོམ་སྒྲིག་འགན་འཁུར་བ་འཇམ་དབྱངས་ཚུལ་ཁྲིམས་བཅས་ཡིན།

སྤྱི་ལོ་༡༩༩༥ལོར་སྒྲ་ཕབ་བྱས་པ་དང་། སྤྱི་ལོ་༡༩༩༧ལོར་ཡིག་ཐོག་ཏུ་ཕབ། སྤྱི་ལོ་༡༩༩༨ལོར་ལེགས་སྒྲིག་བྱས་ཤིང་༢༠༠༡ལོར་དཔར་དུ་བསྐྲུན། སྒྲུང་སྣ་འདི་སྒྲ་ཕབ་བྱེད་སྐབས་ཙུང་བསྡུས་པར་འཆད་ཀྱེར་གནང་ཡོད་ཙང་། ལེགས་སྒྲིག་བྱེད་སྐབས་སྒྲུང་མཁན་བསམ་གྲུབ་གང་ཉིད་ཀྱིས་ལེགས་སྒྲིག་པ་དང་མཉམ་དུ་དག་ཞུས་ལ་ཕེབས་པས་ཆད་ལུས་ཁ་གསབ་མང་ཙམ་བྱས་ཡོད། དེ་ལྟར་སྒྲུང་པོད་འདི་ཉིད་ཀྱིས་སྒྲུང་མཁན་ཁོང་གིས་གསུངས་པའི་གདོད་མའི་གསུང་རྒྱུན་གྱི་རྣམ་པ་རྒྱུན་འཛིན་ལེགས་ཤོས་ཐུབ་ཡོད་ལ། བརྗོད་བྱ་དང་བྱུང་རིམ་སོགས་ཀྱི་ཐད་ལེགས་སྒྲིག་པའི་སྣོན་འཕྲི་ཉུང་ཤོས་ཀྱི་སྒྲུང་པོད་ཅིག་ཡིན་པས་ངག་སྒྲུང་གི་གདོད་མའི་ཁྱད་ཆོས་ལ་ཞིབ་འཇུག་བྱེད་སྐབས་འགངས་ཆེ་བའི་དཔྱད་གཞི་ཞིག་ལགས།

སྒྲུང་སྣ་འདིར་སྤྱིན་ཤོག་འཁོར་ཐག་༢༨དང་། ལེགས་སྒྲིག་དཔར་སྐྲུན་བྱས་རྗེས་པོད་འདིར་ཤོག་གྲངས་༣༩༩དང་། ཚིག་ཁྲང་༡༩༩༥ཡོད།

གཉིས། ནང་དོན་གནད་བསྡུས།

སྟར་པོད་ཤར་ཕྱོགས་ཀྱི་རྨ་ཡུལ་གླིང་གི་ས་ཆར་སེང་ཆེན་ནོར་བུ་དགྲ་འདུལ་ཞེས་གླིང་རྗེ་གེ་སར་རྒྱལ་པོ་དང་། ལྷོ་ཕྱོགས་གཉན་ཤིང་རོང་གི་ས་ཆར་

བདུད་རྒྱལ་སྟོབས་ལྡན་གྲགས་པ་བྱ་བ་གཉིས་གནས་པ་ལ། རྒྱལ་པོ་དེ་གཉིས་སྐྱེ་བ་རྫོན་མ་ནས་ལྷ་བ་ལོག་པར་སོང་བ་དང་། སྨོན་ལམ་གྱི་དབང་གིས་ཕ་ཚུན་འགལ་ཟླར་གྱུར། ཉིན་ཞིག་གོང་སྨན་རྒྱལ་མོའི་བཀའ་ལུང་ཕེབས་དོན་བཞིན་གླིང་རྗེ་གེ་སར་རྒྱལ་པོས་བདུད་རྒྱལ་སྟོབས་ལྡན་གྲགས་པ་ཆམ་ལ་ཕབ་སྟེ་ལྷོ་ཡུལ་ཐམས་ཅད་དབང་དུ་འདུ་རྒྱུའི་ཐུགས་གཏན་འཁེལ། གླིང་ཡུལ་སྟུ་མདའ་བར་གསུམ་ནས་གླིང་གི་དཔའ་རྟུལ་སུམ་ཅུས་གཙོས་རྟ་དམག་འབུམ་ཕྲག་མང་པོ་སྐྱང་འཚོགས་ཀྱིས་ལྷོ་ཡུལ་ཕྱོགས་ལ་དཔུང་འཇུག་བྱེད་སྒོ་ཚུགས། དེའི་སྐབས་ལྷོ་ཡུལ་བདུད་རྒྱལ་གྱིས་཈ུང་ནང་བློན་ཤན་པ་སུམ་ཅུས་གཙོས་མདུན་བློན་རྣམས་ལ་ཧྲག་བསྐུས་རྟ་དམག་ཁྲི་ཕྲག་མང་པོ་སྐྱང་བསྐུས་ཀྱིས་གླིང་དམག་གི་གདོང་ལེན་བྱེད་དགོས་པའི་དམག་བཀོད་བྱས། དེ་རྗེས་ཁ་གཏད་ཕན་ཚུན་སོ་སོས་རྟ་ཐོག་དང་མཚོ་ཐོག་ནས་མདའ་གྲི་མདུང་གསུམ་དང་ཞགས་པ་སྒྱོགས་རྫོའི་མཚོན་ཆར་བརྟེན་ཏེ། མི་ཕར་བསད་སླེ་མགོ་ བྲེག་བྲེག་དང་། ཚུར་བསད་ཡུང་མ་གཏུབ་གཏུབ་བྱས་པས། རེས་གླིང་དམག་རྒྱལ་བ་དང་། རེས་ལྷོ་དམག་རྒྱལ་བ་སོགས་བྱུང་ནས་ཕམ་རྒྱལ་དབྱེ་བ་མ་ཆོད། དེ་ལྟར་ཡུན་རིང་གི་འཐབ་འཁྲུག་བྱས་པ་བརྒྱུད། ཐེངས་ཤིག་ལྷོ་དམག་ལ་ཕམ་ཉེས་ཚབས་ཆེན་བྱུང་ནས་ལྷོ་རྒྱལ་སྟོབས་ལྡན་གྲགས་པའི་སྙིང་གི་ཕུ་ནུ་ཡང་དམག་སར་སྤྲོག་ཤོར། དེའི་སྐབས་ལྷོ་རྒྱལ་གྱི་བུ་མོ་ཟླ་བ་མཛེས་སྐྱིད་དང་བློན་ཀན་བྲམ་ཟེ་ཨ་དཀར་གཉིས་ཀྱིས་དེ་ལྟ་བུའི་ལྷོ་དམག་ལ་ཕམ་ཉེས་བྱུང་བར་བློས་མ་བཟོད་ནས་རྒྱལ་པོར་དམག་བཤོལ་ཏེ་གླིང་ལ་མགོ་འབུལ་བྱེད་དགོས་པའི་ཞུ་བ་ནན་ཅན་དུ་ཕུལ་ཡང་། ལྷོ་རྒྱལ་སྟོབས་ལྡན་གྲགས་པ་དེ་ཉིད་ང་རྒྱལ་དང་རང་ཤེད་ཆེ་བས། དམག་བཤོལ་རྒྱུ་ལྟ་ཅི། དེ་ལས་ལྡོག་སྟེ་ཀོ་ཕྱིན་མཚོན་ཐོགས་ཀྱིས་གླིང་སྐར་སྟེང་ལ་མཆོངས་ཏེ་ཐོག་མར་གླིང་དམག་ཡོན་ཆེ་ཆག་ཉིལ་དུ་བཏང་བ་དང་། དེ་རྗེས་གླིང་རྗེ་གེ་སར་རྒྱལ་པོ་དང་དངོས་སུ་མཐུ་རྩལ་འགྲན་པ་དང་། མདའ་གྲི་མདུང་གསུམ་སོགས་མཚོན་ཐོགས

ནས་འཛིང་རེས་ཡུན་རིང་ཙམ་བྱས་པས། མཐར་ལྷོ་རྒྱལ་སྟོབས་ལྡན་དེ་དང་ལྷོའི་དཔའ་བོ་སྙིང་སྟོབས་ཆེན་པོ་བཅས་དམག་སར་སྲོག་ཤོར་ཏེ་ལྷོ་དམག་ལ་ཕམ་ཉེས་དེ་བས་ཆེ་བ་བྱུང་། དེ་ནས་ཀྱང་ལྷོ་རྒྱལ་གྱི་སྲས་ཉི་མ་རང་ཤར་དེས་ཕ་ཨ་ཕ་བསད་པའི་དགྲ་ཤ་ལེན་འདོད་ཀྱིས་གླིང་སྐར་སྟེང་ལ་ཁེར་མཚོང་བྱས་ནའང་། དེ་ཡང་གླིང་དམག་ནས་གསོན་བཟུང་བྱས་པ་མ་ཟད། ཁྱོད་ད་རེས་རང་ཡུལ་ལ་ཐིངས་གཅིག་ལོག་སྟེ་ཡང་ན་རྒྱ་གར་དང་འབྲུག་པ་སོགས་ལ་དམག་གཡར་ཞུས་ནས་ཤོག ཡང་ན་གླིང་ལ་མགོ་བཏགས་ཀྱིས་ལྷོ་ཡུལ་ཆོས་ཀྱི་ཞིང་ཁམས་སུ་བསྒྱུར། དེ་ལྟར་ཅི་བྱེད་ཁྱོད་རང་ལྷོ་མི་གྲོས་ནས་ཤོག་ཅེས་བཀའ་བསྒྲུལ་ཏེ་ཆེ་ཐར་བཏང་། སྲས་ཉི་མ་རང་ཤར་ཡུལ་དུ་ལོག་རྗེས་མ་ཡུམ་དང་བློན་ཆེན་བྲམ་ཟེ་ཨ་དཀར་བཅས་ལ་གྲོས་སྡུར་གྱིས་མཐར་གླིང་ལ་མགོ་བཏགས་ཞུས། དེ་ལྟར་ལྷོ་གླིང་གཡུལ་འགྱེད་ལོ་གཉིས་ཙམ་བྱས་མཐར། གླིང་གིས་ལྷོ་ཡུལ་ཐམས་ཅད་དབང་དུ་འདུས་ཏེ་འབྲུ་གཏེར་སོགས་ནོར་གཡང་བླངས། ལྷོ་ཡི་སྡེ་ཤོག་བཅོ་བརྒྱད་ཆོས་ཀྱི་ཞིང་ཁམས་སུ་བསྒྱུར། རྒྱལ་སྲས་ཉི་མ་རང་ཤར་ལྷོ་རྒྱལ་ཚབ་ཏུ་བསྐོས་པའི་ནང་དོན་བཀོད་ཡོད།

བཅུ་གཅིག 《བྱང་བདུད་གླུ་བཙན་》གྱི་སྐོར།

གཅིག ལེགས་སྒྲིག་དཔར་སྐྲུན་བྱས་ཚུལ།

སྒྲུང་པོད་འདིའི་མ་ཡིག་ཟིན་འགོད་པ་དང་ལེགས་སྒྲིག་པ་རིག་འཛིན། རྩོམ་འགྲིག་འགན་འཁུར་བ་ཀུན་དགའ། མཐའ་ཞུས་པ་ཚེ་རིང་དཔལ་འབྱོར་བཅས་ཡིན།

སྤྱི་ལོ་༡༩༩༩ལོར་སྒྲ་ཕབ་བྱས་པ་དང་། སྤྱི་ལོ་༢༠༠༡ལོར་ཡིག་ཐོག་ཏུ་ཕབ་ཅིང་ལེགས་སྒྲིག་བྱས། སྤྱི་ལོ་༢༠༠༢ལོར་དཔར་དུ་བསྐྲུན། གླིང་སྒྲུང་ནང་བདུད་བཏུལ་གྱི་སྐོར་ཚན་འདི་མེད་དུ་མི་རུང་བ་ཞིག་ཡིན་ལ། འདིའི་སྐོར་གྱི་དཔར་མ་དང་བྲིས་མ་མང་པོ་རྙེད་རྒྱུ་ཡོད། བསམ་གྲུབ་ཀྱིས་ཕབ་པའི་《བྱང་

བདུད་གླུ་བཙན》ཞེས་པ་འདི་ནི་བདུད་བཏུལ་གྱི་བརྗོད་བྱ་དག་རྒྱས་པར་འཆད་གྱེར་གནང་བ་ཞིག་ཏུ་མཐོང་། འདིའི་ནང་“བདུད་གླིང་གཡུལ་འགྲུག་བྱས་ཚུལ་དང་། གེ་སར་རྒྱལ་པོས་བདུད་ཀྱི་སྒོ་སྲུང་ཕྱི་ནང་བར་གསུམ་ཞི་དྲག་གང་རུང་གིས་ཁྲོང་གསེབ་སུ་འགུགས་ལུགས་དང་ཚར་གཅོད་གནང་ལུགས་སོགས་ཐུན་མོང་མིན་པའི་ཁྱད་ཆོས་མང་དག་ལྡན་པས། གླིང་སྒྲུང་དང་སྒྲུང་མཁན་སོགས་གང་ཐད་ལ་ཞིབ་འཇུག་བྱེ་རྒྱུར་སྨན་པའི་དཔྱད་གཞི་ཕུལ་བྱུང་ཞིག་ཏུ་སྣང་།”①

སྒྲུང་སྣ་འདིར་སྤྱིན་ཤོག་འཁོར་ཐག་༥༣དང་། ལེགས་སྒྲིག་བྱས་རྗེས་པོད་འདིར་ཤོག་གྲངས་༤༢༢དང་། ཚིག་ཁྲང་༡༥༤༧༤ཡོད།

གཉིས། ནང་དོན་གནད་བསྡུས།

དེ་ཡང་ལྷ་ཆེན་ཚངས་པའི་ལྷ་སྲས་དྲི་མེད་ཐོས་དགའ་དེ་ཉིད་ཁྲ་མོ་གླིང་དུ་སྐུ་བལྟམས་ནས་དགུང་ལོ་བཅུ་གཉིས་རིང་ཆས་ངན་ལུས་ངན་གྱིས་ཇོ་རུའི་ཚུལ་དུ་བཞུགས། དགུང་ལོ་བཅུ་གསུམ་སྟེང་སྤྱིར་གླིང་དཀར་སྒོས་རོང་གླིང་རྟ་རྒྱུག་འགྲན་རྩོད་ཀྱི་རྒྱལ་ཁ་བླངས། སྐུ་ཡི་བཀོད་པ་ཇི་བཞིན་དུ་ངོམ་ནས་གླིང་དཀར་རྒྱལ་པོའི་གསེར་ཁྲིའི་ཐོག་གདན་མཛད། འཛམ་གླིང་གེ་སར་ནོར་བུ་དགྲ་འདུལ་ཞེས་པའི་མཚན་སྙན་ཇེ་ཆེར་གྲགས། དེའི་ཚེ་ཕྱོགས་བཞིའི་བདུད་རིགས་ཁ་དར། མཐའ་འདྲེ་དབུས་སུ་འཁྱམས། ལྷག་པར་ཡང་བྱང་བདུད་གླུ་བཙན་རྒྱལ་པོ་དེས་སྟོད་རྒྱ་གར་གྱི་ཆོས་གྲྭ་བཤིག སྨད་རྒྱ་ནག་གི་ཁྲིམས་ར་གཏོར། བར་དབུས་གཙང་རུ་བཞི་ཁྲག་བཞིན་དཀྲུགས། ཁྲ་མོ་གླིང་ལ་དགྲ་ཡ་བཟུང་། མི་བཟའ་འབུམ་སྐྱིད་དང་རོང་བློན་ཨ་ཁུ་ཁྲོ་ཐུང་གིས་གཙོས་པའི་མི་ཕྱུགས་གྲངས་མེད་ཁ་ལ་འཁྱེར། སྤྱིར་འཛམ་བུ་གླིང་དང་སྒོས་བོད་ཁམས་ཐམས་ཅད་སྡུག་གིས་མནར་བས། མ་ནེ་ནེ་གནམ་སྨན་དཀར་མོའི་བཀའ་ལུང་བཞིན་དགུང་ལོ་བཅོ་ལྔའི་ཐོག་གེ་སར་རྒྱལ་པོས་དགྲ་མགོ་དང་པོ་ཡར་ཁམས་བྱང་ལ་གཏད། མི་ཆུང་དང་

---

① པོད་འདིའི་ལེགས་སྒྲིག་པའི་གསལ་བཤད་ལ་གསལ།

འབྲུག་མོ། ཁྲོ་ཐུང་གསུམ་གྱིས་དམིགས་གཏད་མི་འདྲ་བ་རེ་བཅངས་ནས་སྐྱེལ་མར་ཕེབས་ཀྱང་ས་ལམ་མ་ཆོད་སོ་སོར་གྱེས། རྒྱལ་པོ་མི་ཏ་གཉིས་ཀྱིས་སྤྲུལ་པས་བྱང་ལུང་ས་འགག་ཆུ་འགག་རྣམས་རིམ་གྱིས་བཤགས་ནས་རྩ་སྐྲ་གཙང་པོའི་འགྲམ་དུ་ཕེབས། དེར་བདུད་ཀྱི་དཔུང་དམག་དང་འཕྲད་པར། ལྷ་ཀླུ་གཉན་གསུམ་གྱི་འཕྲུལ་དམག་གིས་བདུད་དཔུང་ཕམ་པར་བྱས། བདུད་བློན་ཧིང་གེར་གྱིས་གསོས་པས་མགོ་འབུལ་ཞུས་ཏེ་བདུད་རྟེ་ཕལ་ཆེར་དཀར་པོའི་ཆོས་ལ་བསྒྱུར། རྒྱལ་པོ་མི་ཏ་གཉིས་སྤྲུལ་པའི་ངང་ནས་ཡར་ཁམས་བྱང་ལ་ཐོན་པའི་ལམ་དུ་ཨ་སྟག་ཀླུ་མོ་དང་ཨ་ནུ་ཕྱིང་སྟོན་བཅས་བདུད་ཀྱི་སྒོ་སྲུང་ཕྱི་ནང་གྲོགས་སུ་བཀུག བདུད་ཀྱི་བླ་འཁྲོང་དང་བླ་ལུག་སོགས་ཀྱི་བླ་གནས་ཐམས་ཅད་རྨེག་མེད་དུ་བཏང་། རྒྱལ་པོ་མི་ཏ་གཉིས་ཀྱི་སྤྲུལ་པས་བདུད་མཁར་ལྕགས་རྡ་རྩེ་དགུར་ཕེབས། མི་བཟའ་འབུམ་སྐྱིད་ཀྱིས་དཔུང་རོགས་མང་ཙམ་བྱས་པར་བརྟེན། བླ་བ་དགུ་དང་ཞག་བཅུའི་ཐོག་བྱང་བདུད་ཀླུ་བཙན་རྒྱལ་པོར་ཐོད་མདའ་འཕྲོད། འོན་ཀྱང་མི་བཟའ་འབུམ་སྐྱིད་ཀྱིས་རྒྱལ་པོར་བཟེད་ཟས་བཟེད་ཆུའི་སྨན་ཐོམ་རིལ་བུ་དྲངས་ཏེ་བདུད་མཁར་ལྕགས་རྡ་རྩེ་དགུར་ལོ་དགུ་ལུས། དེའི་དུས་ཁྲོ་ཐུང་ཊ་མ་མགོ་ཡིས་ཧོར་དགྲ་ནང་འདྲེན་བྱས་རྒྱན་ཧོར་གླིང་བར་གྱི་གཡུལ་འཁྲུག་ལངས། ཕུ་བོ་རྒྱ་ཚ་ཞལ་དཀར་གྱིས་གསོས་པའི་དཔའ་རྟུལ་ཆེ་རིགས་ཧོར་གྱིས་བཀྲོངས། ཛ་མཁར་རིང་མོ་རྨང་ནས་བཤིགས། སེང་ལྕམ་འབྲུག་མོ་ཧོར་ལ་འཁྲིད། སེང་བློན་གཡོག་ལ་ཕབ། གླིང་དཀར་བློན་འབངས་སྡུག་གིས་མནན་ནས་ཡོད་པའི་དུས་དེར། རྒྱལ་པོ་གེ་སར་གྱི་སྤྲུལ་པའི་སྐར་ཆེན་ཞིག་གླིང་ལ་བབས་ནས་ཁྲོ་ཐུང་ལ་བབ་བསྟུན་གྱི་ཆད་གཅོད་བྱས། སྤྲུལ་པ་བསྡུས་ནས་སྐུ་ཡི་བཀོད་པ་ཇི་བཞིན་དུ་མངོན་ཞིང་གཞིས་བྱེས་དགའ་འཛོམས་ལ་རོལ་བའི་ནང་དོན་བཀོད་ཡོད།

བཅུ་གཉིས། 《ཧོར་གླིང་གཡུལ་འགྱེད་》ཀྱི་སྐོར།

གཅིག ལེགས་སྒྲིག་དཔར་སྐྲུན་བྱས་ཚུལ།

སྒྲུང་པོད་འདིའི་མ་ཡིག་ཟིན་འགོད་པ་ཡར་འགྲོ། ལེགས་སྒྲིག་པ་རིག་འཛིན། རྩོམ་སྒྲིག་འགན་འཁུར་བ་བསོད་ནམས་ཚོས་རྒྱལ། མཐའ་ཞུས་པ་ཀུན་དགའ་བཅས་ཡིན།

སྤྱི་ལོ་༢༠༠༢ལོར་སྒྲ་ཕབ་བྱས་པ་དང་། སྤྱི་ལོ་༢༠༠༣ལོར་ཡིག་ཐོག་ཏུ་ཕབ། སྤྱི་ལོ་༢༠༠༤ལོར་ལེགས་སྒྲིག་བྱས་ཤིང་༢༠༠༦ལོར་དཔར་དུ་བསྐྲུན། 《ཧོར་གླིང་གཡུལ་འགྱེད་》ནི་གླིང་རྗེ་གེ་སར་རྒྱལ་པོའི་སྒྲུང་ནང་གི་ཆེས་གཙོ་བོའི་རིགས་སུ་གཏོགས་པ་དང་། དམངས་ཁྲོད་སྒྲུང་པ་པོ་མོ་ཀུན་གཞོན་མེད་པ་ཚང་མས་འཆད་ཤེར་ཐུབ་ལ། རྒྱས་བསྡུས་འདྲ་མིན་གྱི་དཔེ་རྙིང་ལག་བྲིས་མ་སྣ་ཚོགས་ཡོད་པར་གྲགས། ད་བར་མཚོ་སྔོན་དང་ལྷ་ས་ནས་སྤྱི་ལོ་༡༩༦༡ལོ་དང་༡༩༧༩ལོ། སྤྱི་ལོ་༡༩༨༠ལོར་སྟོད་རྗེས་སུ་སྒྲུང་སྣ་འདི་ལེའུ་ཞེ་གཉིས་དང་རེ་གཉིས་སུ་དབྱེ་ནས་དཔར་དུ་བསྐྲུན་པ་དང་། དེ་རྗེས《གླིང་སྒྲུང་གཅེས་བཏུས་》དང་《གེ་སར་སྒྲུང་གི་རིག་མཛོད་》ནང་སླར་ཡང་ལེའུ་སོ་བདུན་དང་སོ་བརྒྱད་དུ་དབྱེ་ནས་བསྐྱར་སྒྲིག་དཔར་སྐྲུན་བྱས་ཡོད། སྒྲུང་མཁན་བསམ་གྲུབ་ཀྱིས་སྒྲུང་སྣ་འདི་སྤྱི་ལོ་༡༩༨༧ལོ་དང་༢༠༠༢ལོར་སྟོད་རྗེས་སུ་སྒྲ་ཕབ་ཐེངས་གཉིས་གནང་ཡོད་པར་འཁོར་གྲངས་༦༢དང་༨༨ཡོད། སྤྱི་ལོ་༡༩༨༧ལོར་སྒྲ་ཕབ་གནང་བའི་མ་ཟིན་དག་སྟོང་ལོ་གསར་པ་ཤར་རྗེས་ལེགས་སྒྲིག་བྱེད་སྐབས་སྤྱིན་ཤོག་ལ་སྐྱོན་ཆ་ཆེ་བའི་ཁར་ནང་དོན་ཆད་ལུས་ཚབས་ཆེ་བས་སྒྲུང་སྣ་འདིའི་ནང་དོན་གནད་བསྡུས་ཙམ་ལས་བརྗོད་བྱ་ཆ་ཚང་སྒྲིག་ཐབས་བྲལ། དེར་བརྟེན་སྤྱི་ལོ་༢༠༠༢ལོར་སླར་ཡང་སྒྲ་ཕབ་བྱས་པ་དང་། དུས་དེ་ཙ་ན་སྒྲུང་མཁན་གང་ཉིད་དགུང་ལོ་བརྒྱད་ཅུར་ཕེབས་པས་སྐབས་དེར་དཔར་དུ་བསྐྲུན་པའི་སྒྲུང་པོད་དེ་སྒྲ་ཕབ་གནང་བར་དུས་ཡུན་རིང་ཙམ་འགོར་ཡོད། སྒྲུང་པོད་དེར་གོང་ཞུས་ཀྱི་

དཔེ་རྙིང་ལེགས་སྒྲིག་དཔར་སྐྲུན་བྱས་ཟིན་པ་རྣམས་དང་བསྡུར་ན་ཐུན་མོང་མ་ཡིན་པའི་ཁྱད་ཆོས་དུ་མ་ལྡན་ཡོད་པས་ཞིབ་སྦྱུར་གནང་རིན་ཡོད་པའི་དཔྱད་གཞི་ཞིག་ཡིན།

སྒྲུང་སྣ་འདིའི་སྟོད་ཆར་སྤྱིན་ཤོག་འཁོར་ཐག་༩༣དང་། དཔར་སྐྲུན་བྱས་རྗེས་ཤོག་གྲངས་༥༠༥དང་། ཚིག་ཁྲང་༡༡༢༩༩ཡོད། སྨད་ཆར་སྤྱིན་ཤོག་འཁོར་གྲངས་༩༥དང་། ལེགས་སྒྲིག་དཔར་སྐྲུན་བྱས་རྗེས་ཤོག་གྲངས་༩༠༥དང་། ཚིག་ཁྲང་༡༡༣༣༣ཡོད།

གཉིས། ནང་དོན་གནད་བསྡུས།

(༡) སྟོད་ཆའི་ནང་དོན་གནད་བསྡུས།

དེ་ཡང་འཛམ་གླིང་གེ་སར་རྒྱལ་པོར་ལྷ་གོང་མའི་ལུང་བསྟན་བྱུང་བ་བཞིན་ཡར་ཁམས་བྱང་མའི་རི་རྒྱབ་ཏུ་བྱང་བདུད་གླུ་བཙན་འདུལ་བར་ཕྱིན་པའི་ཚེ། སྟག་རོང་དཔོན་པོ་ཁྲོ་ཐུང་དང་། མདོ་ཁམས་རྒྱལ་མོ་འབྲུག་མོ། བོད་སྤྲུག་མི་ཆུང་ཁ་བདེ་གསུམ་དེ་བཤོལ་མ་ཐུབ་པར་གེ་སར་རྒྱལ་པོར་སྐྱེལ་མར་ཕེབས་ནས་ཚུར་ལོག་ཡོང་བའི་ལམ་བར་དུ་མི་ཆུང་ལམ་ནོར་ཐེབས་ནས་ཨ་ཆེན་སེར་པོ་ཧོར་གྱི་ཡུལ་ལ་སླེབས། ཧོར་གྱི་ཤན་རྒོད་ཛོན་པས་མི་ཆུང་གསོན་བཟུང་བྱས་ནས་དེ་གུར་དཀར་གྱི་མདུན་དུ་ཁྲིད། གུར་དཀར་རྒྱལ་པོ་དེ་ཕོ་ཡུགས་སུ་ལུས་ཡོད་ཅིང་མདོ་ཁམས་རྒྱལ་མོ་འབྲུག་མོ་བཙུན་མོར་ལེན་འདོད་ནས་འབྲུག་མོ་གནས་གོ་གང་ཡིན་སོགས་ཁྲ་མོ་གླིང་གི་སྐོར་དྲིས་པར། མི་ཆུང་གིས་བདེན་རྫུན་མཉམ་བསྲེས་ཀྱི་གཏམ་ལན་གྱ་གྱུར་མང་པོ་བཤད་པ་ལས། གུར་དཀར་གྱིས་གེ་སར་རྒྱལ་པོ་ཡར་ཁམས་བྱང་ལ་ཕེབས་པ་ཤེས། ཁོས་ཧོར་གྱི་སོ་བྱ་རྣམས་བཙུན་མོ་འཚོལ་བར་ཕྱོགས་བཞི་མཚམས་བརྒྱད་ལ་མངགས་པ་ལས། ཧོར་གྱི་བྱ་ཐན་ཁྭ་ཏ་ནག་པོ་དེ་ཁྲ་མོ་གླིང་ལ་སོང་ཞིང་། འབྲུག་མོའི་བླ་གཡུ་འཁྱེར་ནས་དེ་གུར་དཀར་རྒྱལ་པོར་སེང་ལྷམ་འབྲུག་མོས་སེམས་རྟེན་དུ་བསྐུར་ལུགས་ཀྱི་རྫུན་གཏམ་

བཤད། གུར་དཀར་རྒྱལ་པོས་ཧོར་དམག་འབུམ་ཚོ་དགུ་བསྡུས་ནས་དམག་གི་ཁ་ལོ་ཁྲ་མོ་གླིང་ལ་བསྒྱུར། གླིང་གི་དཔའ་པོ་ཚ་ཞང་འདན་མ་བྱང་ཁྲ་དང་ཉི་འབུམ་གཉིས་ཀྱིས་སྔ་ཕྱིར་དཔའ་པོ་ཁེར་རྒྱུག་བྱས་ནས་ཧོར་སྐར་བྱ་ཁྱུ་སྐྱ་ཁྲས་གཏོར་བ་བཞིན་ཧོར་ལ་ཕམ་ཉེས་ཆེན་པོ་བཏང་མཐར། སྟག་རོང་དཔོན་པོ་ཁྲོ་རྒྱལ་དེས་དཔའ་ལ་དར་རྫེ་སེང་སྟག་ཡིན་ཁུལ་གྱིས་ཧོར་སྐར་དཀྲུགས་རྫེས་ཧོར་གྱིས་གསོན་བཟུང་བྱས། ཁྲོ་ཐུང་གིས་གུར་དཀར་རྒྱལ་པོ་དང་སྐྱིད་སྡུག་མཉམ་སྤྱོད་བྱེད་པའི་འབའ་བཞག་མནའ་བོར་བྱས། སྐྱ་ལོའི་སེང་ལྷམ་འབྲུག་མོ་གུར་དཀར་གྱི་བཙུན་མོར་གཏོང་རྒྱུའི་ཁ་ཆོན་བཅད། ཁྲོ་ཐུང་གླིང་ལ་ཕྱིར་ལོག་བྱས་ནས་གླིང་ནུའི་སྤྱི་ཧྲུས་ལ་གནོད་ཅིང་དཔའ་རྟུལ་ཕུ་ནུའི་སྐྱ་སྲོག་ལ་འཚེ་བའི་བྱ་ངན་བསྟུད་མར་བཤམས་པས། གཟིག་འཕེན་དང་། སྣང་ཏྲུ། རྒྱ་ཚ་ཞལ་དཀར་སོགས་དཔའ་རྟུལ་མང་པོ་འདས་གྲོངས་ཤོར། ཧོར་དམག་གླིང་ལ་ཕབ་ནས་ཛ་མཁར་རིང་མོ་རྒྱང་ནས་བཤིགས། བསགས་པའི་ནོར་རྫས་འཕྲོག་ཅིང་སེང་ལྷམ་འབྲུག་མོ་ཧོར་ལ་བཙན་འཁྲིད་བྱས། དེས་ན་གླིང་གི་ཚ་ཞང་འདན་མ་བྱང་ཁྲས་གཙོས་པའི་དཔའ་རྟུལ་རྣམས་ཀྱིས་གླིང་ལྷ་སྡེ་ཚོ་དྲུག་གི་དཔུང་དམག་བསྡུས་ཏེ་དམག་གི་ཁ་ལོ་སེར་པོ་ཧོར་ལ་བསྒྱུར། ཧོར་སེར་པོ་རམ་ནག་སེར་བས་བརྫུང་འདྲ། མི་ཁྲག་གི་ཡུར་ཆུ་རྒྱུག་འདྲ། མི་རོས་བམ་ཐང་བཀྲམ་འདྲ་བྱས་ཀྱང་ཧོར་སེར་པོ་བརྒྱ་ཤི་སྟོང་ལངས་འདྲ་བ་ལས་འབྲུག་མོ་ཚུར་འཕྲོག་མ་ཐུབ་པས། ལས་དབང་དུས་ལ་མ་བབས་པར་དགོངས་ནས་སྐབས་ཤིག་རིང་གླིང་དམག་ཕྱིར་འཐེན་བྱས། དེའི་དུས་འཛམ་གླིང་གི་སེར་རྒྱལ་པོས་བྱང་བདུད་ཀླུ་བཙན་བཏུལ་ཟིན་ཅིང་ཧོར་གླིང་ལོ་གསུམ་འཁྲུག་ནས་གླིང་གི་ཛ་མཁར་རིང་མོ་རྒྱང་ནས་བཤིགས། སེང་ལྷམ་འབྲུག་མོ་ཧོར་ལ་ཁྲིད་པ་སོགས་གླིང་ལ་ཕམ་ཁ་བྱུང་བའི་ལོ་རྒྱུས་མ་ལུས་མངོན་པར་མཁྱེན་ནས་ཆིབས་ཁ་ཁྲ་མོ་གླིང་ལ་བསྒྱུར་བའི་ནང་དོན་བཀོད་ཡོད།

（༢） སྨད་ཆའི་ནང་དོན་གནད་བསྡུས། དེ་ཡང་ཧོར་གླིང་གཡུལ་

འབྲུག་གི་ནང་ཕོ་བོ་རྒྱ་ཚ་ཞལ་དཀར་གྱིས་གཙོས་པའི་གླིང་གི་དཔའ་རྟུལ་མང་པོ་འདས་གྲོངས་ཤོར་བས། ཁྲ་མོ་གླིང་གི་སེར་སྐྱ་ཕོ་མོ་རྒན་གཞོན་མེད་པ་ཡི་མུག་སྨྲེན་ནག་དྭངས་རྒྱུ་མེད་པ་བཞིན་ལུས་པའི་དུས། གེ་སར་ནོར་བུ་དགྲ་འདུལ་དེས་བདུད་ཡུལ་ཆོས་ལ་བསྒྱུར་ནས་ཆིབས་ཀྱི་ཁ་ལོ་ཁྲ་མོ་གླིང་ལ་བསྒྱུར། ཧོར་གཡག་ལ་སེར་པོའི་ཚུར་ནང་། གད་པ་སྐྱ་རིང་སྐྱ་ཐུང་གི་ས་ཆར་ཕོ་བོ་རྒྱ་ཚ་ཞལ་དཀར་དེ་སྐྱ་ཁྲ་ཧོར་པ་ཞིག་གི་ལུས་སུ་བཞེས་ནས་ཡོད་པ་དང་མཇལ་ཞིང་། ཕོ་བོ་རྒྱ་ཚ་ཞལ་དཀར་གྱི་སྐུ་སྐྱེའི་ཁྲ་ལུས་དེར་འཛིགས་སྣང་སྐྱུལ་མཁན་གྱི་ཧོར་གྱི་བྱ་ཐན་སེར་པོ་བཏུལ། གེ་སར་རྒྱལ་པོ་ཁྲ་མོ་གླིང་ལ་ཕེབས་ནས་གཞིས་བྱེས་དགའ་འཛོམས་མཛད་ཅིང་མི་རིང་བར་རྒྱལ་པོ་མི་ཧྲ་གཉིས་སེར་པོ་ཧོར་གྱི་ཡུལ་ལ་གུར་དཀར་རྒྱལ་པོར་གཉའ་སྣ་སྟོད་པར་ཕེབས། ལམ་བར་དུ་ཧོར་གྱི་སྒོ་སྲུང་ཐེའུ་རང་བུ་མོ་སྲུན་གསུམ་ཞི་བའི་ཐབས་ཀྱིས་དབང་ལ་བསྡུས་ཤིང་ཧོར་གྱི་དུས་མཆོད་ཆེན་མོའི་ཉིན་དེར་འཛོམ་པ་སྲུན་གསུམ་ལ་སྤྲུལ་ནས་ཧོར་ཡ་རྩེ་དཀར་མོར་ཐོན་ཞིང་། གུར་དཀར་རྒྱལ་པོར་སྤྲེལ་འགྱོགས་བརྒྱབ་སྟེ་སྐྱུག་དོང་ནང་དུ་འཕངས་པས་དབང་ཐང་ཉམས་པར་བྱས། སྤྲེལ་ཟླ་བའི་ཚེས་བདུན་གྱི་ཉིན། གེ་སར་རྒྱལ་པོས་རྒྱ་ནག་ཡུལ་གྱི་བླ་མ་སེར་ཞྭ་ཅན་ལ་སྤྲུལ་ནས་ཧོར་ཡུལ་སྟོད་སྨད་བར་གསུམ་གྱི་སྐྱེ་བོ་ཕོ་མོ་རྒན་གཞོན་ཚང་མར་ཚེ་དབང་གནང་ཞིང་གུར་དཀར་རྒྱལ་པོར་དམུ་གབ་གཡོགས། སྟོན་ཟླ་ར་བའི་ཚེས་བདུན་གྱི་ཉིན། གེ་སར་རྒྱལ་པོས་སྨར་པ་ཆེན་པོ་ཞིག་ལ་སྤྲུལ་ནས་ཧོར་ཨ་ཆེན་རྩྭ་ར་པད་མ་སྟོང་ལྡན་དུ་སྨར་ཕབ། ཁྱི་ཉིན་སྨར་པ་གར་སོང་ཆ་མེད་དུ་གྱུར་པའི་ཤུལ་དུ་བུ་ཆུང་ཆ་བྱད་ཤིན་ཏུ་ངན་པའི་ཚུལ་དུ་བཞུགས། དེ་མགར་བཟའ་ཆོས་སྒྲོན་གྱིས་མགར་ཆོས་དར་གྱི་བུ་ཚབ་ཏུ་ཉར་ཞིང་ཨ་ཉོག་ཐང་ཧྲེད་ཅེས་མིང་བཏགས་ནས་རང་ལས་ཀྱང་གཅེས་པར་བསྐྱངས། སྤྲུལ་པའི་བུ་ཆུང་ཐང་ཧྲེད་དེས་གུར་དཀར་རྒྱལ་པོའི་བླ་ཤིང་སེར་བསྒྲིགས། ཡ་རྩེ་མཁར་གྱི་གསེར་འཕྲུ་གཏོར། མཆོང་ལྷ་སྨུག་པོ་དོང་ལ་སྦས།

བླ་དུར་ཤེད་ཆེན་རྫོ་ལ་བརྫབས་ནས་བསད། སླང་པོ་ཁྲ་འབར་རྫ་ལ་བཏགས། དེ་ནས་རིམ་གྱིས་གུར་དཀར་རྒྱལ་པོའི་བླ་རྟག་དང་བླ་དྲེད། བླ་སྤྲུལ་སོགས་བླ་གནས་ཡོད་རིགས་རྩེག་མེད་དུ་བཏང་ནས་གུར་དཀར་རྒྱལ་པོའི་བླ་སྲོག་ཉམས་ཏེ་བསམ་དྲན་མེད་པ་བཟོས། ཉིན་ཞིག་གོང་མ་ལྷ་ཡི་ལུང་བསྟན་བཞིན་ཏ་རྗེ་རྒྱང་རྐོད་སྣ་དཀར་དེས། གར་པ་མི་བདུན་ལ་སྤྲུལ་ནས་ཧོར་ཨ་ཆེན་གཞི་གླིང་བར་མར་གར་འཁྲབ། འབྲུག་མོས་གཙོས་པའི་ཧོར་འབངས་རྣམས་ལྟད་མོར་གཡེངས་པའི་དུས། གེ་སར་རྒྱལ་པོས་སྐུའི་བཀོད་པ་ཇི་བཞིན་དུ་ངོམས་ནས་གུར་དཀར་རྒྱལ་པོའི་ཕོ་བྲང་དུ་ཐེབས། གསེར་སྒ་རིན་ཆེན་དབང་རྒྱལ་དེ་གུར་དཀར་རྒྱལ་པོའི་གཉའ་ལ་བསྣུན་ནས་དེའི་བླ་སྲོག་བཅད། ཧོར་ཡུལ་དུ་དམ་པའི་ཆོས་སྤེལ། ཤན་པ་རྨེ་རུ་རྩེ་རྒྱལ་ཚབ་ལ་བསྐོས། འབྲུག་མོ་དང་གླིང་གི་གཏེར་ཟོག་སྣ་བདུན་སོགས་རང་རྒྱུ་རང་བདག་བྱུང་བའི་ནང་དོན་བཀོད་ཡོད།

བཅུ་གསུམ། 《སྣང་རི་གཏེར་རྫོང་》གི་སྐོར།

གཅིག ལེགས་སྒྲིག་དཔར་སྐྲུན་བྱས་ཚུལ།

སྐྲུང་པོད་འདིའི་མ་ཡིག་ཟིན་འགོད་པ་དང་ལེགས་སྒྲིག་མཁན་བསོད་ནམས་དགེ་ལེགས། རྩོམ་སྒྲིག་འགན་འཁུར་བ་རྒྱང་འཁོར་ཚེ་ཕུན། མཐའ་ཞུས་པ་དགྲ་ལྷ་བླ་བ་བཟང་པོ་བཅས་ཡིན།

སྤྱི་ལོ་༡༩༨༧ལོར་སྒྲ་ཕབ་བྱས་པ་དང་། སྤྱི་ལོ་༢༠༠༦ལོར་ཡིག་ཐོག་ཏུ་ཕབ། སྤྱི་ལོ་༢༠༠༨ལོར་ལེགས་སྒྲིག་བྱས་ཤིང་༢༠༠༩ལོར་དཔར་དུ་བསྐྲུན། སྒྲུང་སྣ་འདི་སྒྲ་ཕབ་སྒྲིན་ཤོག་ཉར་ཡུན་རིང་བས་བར་མཚམས་སུ་སྒྲ་ཡལ་བའམ་ནང་དོན་ཆད་ལུས་སོང་བ་ཇི་སྙེད་ཅིག་ཡོད་པས་འབྲེལ་མཐུད་བྱེད་གང་ཐུབ་ཞུས་ཀྱང་ནང་དོན་མང་པོ་ཞིག་ཁ་གསབ་དཀའ་བར་བརྟེན་དུམ་མཚམས་མི་ཉུང་ཙམ་མ་འདོར་ཐབས་མེད་བྱུང་། དེ་ཕྱིར་སྒྲ་ཕབ་སྒྲིན་ཤོག་མང་ཙམ་ཡོད་རུང་། མཐར་ལེགས་སྒྲིག་བྱས་རྗེས་དཔེ་ཚོགས་ཁྲོད་དུ་སྒྲུང་སྣ་འདི་བམ་གྲངས་ཉུང་གྲས

ཤིག་ཏུ་གྱུར་ཡོད། གཞན་ཡང་ད་བར་དམངས་ཁྲོད་དུ་ཁྱབ་པའི་ལག་བྲིས་གསར་རྙིང་དང་དཔར་མ། དེ་བཞིན་སྒྲུང་པའི་ངག་སྒྲུང་བཅས་ཀྱི་ནང་སྒྲུང་སྣ་འདིའི་ཁ་བྱང་ལ་《སླང་རི་གསེར་རྫོང་》ངམ་《སླང་རི་གཏེར་རྫོང་》ཞེས་རིགས་གཉིས་སྣང་ཡང་འདིར་ལེགས་སྒྲིག་པས་ཁ་བྱང་ཕྱི་མ་དེ་བེད་སྤྱད་ཡོད། དེ་ཡང་སྒྲུང་གཏམ་འདིའི་ནང་དུ་རིན་པོ་ཆེའི་གཏེར་གྱི་སྒྲོམ་བུ་བླངས་པའི་བརྗོད་དོན་སྤེལ་ཡོད་པ་དང་གཅིག སྒྲུང་པ་སྐྲུ་དངོས་ནས་སྒྲུང་གཏམ་ལེའུ་འདི་ནི་གེ་སར་རྟོགས་བརྗོད་ལས་རྫོང་ཆེན་ཀུན་གྱི་དང་པོ་ཡིན་པས་གླིང་རྗེས་མ་འོངས་པར་བདུད་སྲིན་གྲངས་མེད་དབང་དུ་བསྡུ་བར་མེད་དུ་མི་རུང་བའི་མཚོན་གྱི་གཏེར་གཡང་སླང་རི་ནས་བླངས་པར་བཞེད་པའི་ལྟ་བ་བཅས་རྒྱུ་མཚན་དུ་བྱས་ནས་ལེགས་སྒྲིག་པས་སྒྲུང་ཚན་འདིའི་ཁ་བྱང་གཏན་དུ་ཕབ་པའོ། །

སྒྲུང་སྣ་འདིར་སྤྱིན་ཤོག་འཕོར་ཐག་༩༧དང་། ལེགས་སྒྲིག་དཔར་སྐྲུན་བྱས་རྗེས་སྒྲུང་པོད་འདིར་ཤོག་གྲངས་༢༩༠དང་། ཚིག་ཀྲང་༩༥༠༢ཡོད།

གཉིས། ནང་དོན་གནད་བསྡུས།

ས་མོ་སྦྲུལ་གྱི་གནམ་ལོའི་ཟླ་བ་གསུམ་པའི་ཚེས་བཅུ་གསུམ་གྱི་ནམ་ཕྱེད་ཀྱི་དུས་སུ་རིག་འཛིན་པདྨ་མཚོ་སྐྱེས་རྡོ་རྗེ་ཡིས་གླིང་གེ་སར་རྒྱལ་པོར་སླང་རི་བེ་ཐོད་རྒྱལ་པོའམ་འབྲུག་ལྷ་ཐོག་རྒྱལ་ཞེས་པ་སྟོབས་རྫུ་འཕྲུལ་བརྒྱ་བྱིན་ལྷ་ལ་འགྲན་བཟོད་པའི་བདུད་རྒྱལ་སྐྱི་གཡའ་བ་ཞིག་ཡོད་པ་དེ་གླིང་རྒྱལ་བློན་སྤུན་གྲལ་འཛོམས་པའི་དུས་འདིར་འདུལ་དགོས་ཚུལ་དང་། ཁྲ་མོའི་ལས་དམག་སླང་རིའི་ཡུལ་དུ་དྲངས་ནས་སྐྱེས་བུའི་གཡུལ་འགྱེད་དང་པོ་སྟེ་སླང་རིའི་གཏེར་གཡང་ཕབ་ནས་འགྲོ་དྲུག་བདེ་ལ་འགོད་དགོས་པའི་ལུང་བསྟན་མཛད། དེའི་ཁར་མི་དམར་མོའི་འབར་སྣ་ཆུང་གིས་འཁྲིད་པའི་དཔེ་ལྟར་གནའ་སྔ་མོ་ཞོང་ར་ཁྲ་ཐད་པོ་སྟོད་ལ་ཕེབས་པའི་ཕྱུག་རྫས་རྣམས་ལམ་བར་སླང་རིས་ཕྲོགས་པའི་རྒྱུ་ཤོར་ར་མདའ་དང་ཤ་ཤོར་ཤ་ལན་ལེན་པའི་དུས་ལ་བབས་ཡོད་པས། གླིང་རྗེས་ལྷ་ཡི་ལུང་

བསྟན་བཞིན་གླིང་དམག་རྟག་བསྡུས་ཀྱིས་སྒྲུང་རེ་རྒྱལ་ཁབ་དང་གཡུལ་ལག་བསྒྲིས་ནས་སྒྲུང་རེ་བེ་ཐོད་རྒྱལ་པོ་དང་བློན་ཆེན་བཙན་རྗེ་གླུ་བདུད་ཡ་མེད། ཤེ་བདུད་གཤེན་རྗེ་དཔུང་དམར། རྔམ་ཆེན་ཁྲིན་ནག་གློག་འོད། གོང་བློན་སེང་ལྷ་རྫམས་ཡག ཁྲུང་ཐུལ་རྒོད་པོ་སོགས་བདུད་བློན་རེ་རེ་བཞིན་ཚར་དུ་བཅད་ནས་བདུད་སྡེ་ཆོས་སུ་བསྒྱུར། སྒྲུང་རེའི་གཏེར་ལས་བཞེས་པའི་རིན་པོ་ཆེ་སྣ་ཚོགས་ལས་གྲུབ་པའི་གཏེར་རྒྱུ་བསམ་གྱིས་མི་ཁྱབ་པ་ལས་དུང་དང་ཤེལ་དང་གསེར་དང་པདྨ་ར་ག་དང་། ཨིནྡྲ་ནཱི་ལ་ཡི་གཏེར་སྒྲོམ་རྣམས་ཤར་ལྷོ་ནུབ་བྱང་གི་རིགས་ལྡེའི་མཁའ་འགྲོའི་ཚོགས་ལ་ཕུལ། གཏེར་གྱི་སྙིང་པོ་དགོས་འདོད་ཀུན་འབྱུང་དང་དྲུག་དཀར་གཡུ་ཡི་བུམ་ཆུང་། ཚ་ཞགས་འགྲུག་པའི་ལྕགས་ཀྱུ། མི་མགོའི་ཐོད་པ་ཚད་ལྡན། ཞུན་མར་གསེར་གྱི་སྒྲོམ་བུ། གཡང་དཀར་ཤེལ་གྱི་ཏ་ཐུར། གནམ་ལྕགས་རལ་གྲི་དཀར་པོ་ལ་སོགས་དངོས་གྲུབ་མཆོག་གི་གཏེར་རྒྱུ་རྣམས་ཤར་གྱི་རྨ་རྒྱལ་སྤོམ་ར་དང་། ལྷོ་ཡི་སྤྱིན་རེ་རི་ཀྲ། ནུབ་ཀྱི་ཡར་ལྷ་ཤམ་པོ། རྒྱ་ནག་སྒྲུང་ཆེན་འཕྲེང་རི། ཚ་བའི་སྐྱུ་ལྷ་ངང་ཡག སྣ་སྟོད་རྫོ་པོ་ཞལ་དཀར། རྨ་སྟོད་ཨ་མྱེས་གཡུ་རྩེ་བཅས་ལ་གཏེར་དུ་བཅོལ། གཏེར་སྲུང་སྒེར་གཉེར་ཉེར་གཅིག་དང་ཚེ་རིང་མཆེད་ལྔ་བཞག འབྲོས་ཀྱི་གཏེར་རྒྱུ་བསམ་གྱིས་མི་ཁྱབ་པ་རྣམས་བྱ་གོ་བོ་བསད་པའི་སྡིག་སྒྲ་དང་ཆོས་མདོ་བརྒྱ་འདོན་པའི་ཆོས་ཡོན་ཡིན་ཟེར་ནས་ཤར་ཁྲོ་མོ་གླིང་ཡུལ་དུ་དྲངས་པའི་ནང་དོན་བཀོད་ཡོད།

བཅུ་བཞི། 《ཤར་བདུད་ཤ་བ་རུ་རིང་》གི་སྐོར།

གཅིག ལེགས་སྒྲིག་དཔར་སྐྲུན་བྱས་ཚུལ།

སྒྲུང་པོད་འདིའི་མ་ཡིག་ཟིན་འགོད་པ་དང་ལེགས་སྒྲིག་པ་རིག་འཛིན། རྩོམ་སྒྲིག་འགན་འཁུར་བ་མིག་དམར་ཚེ་རིང་། མཐའ་ཞུས་པ་ཚེ་རིང་དཔལ་འབྱོར་བཅས་ཡིན།

སྤྱི་ལོ་༢༠༠༢ལོར་སྒྲ་ཐབ་བྱས་པ་དང་། སྤྱི་ལོ་༢༠༠༣ལོར་ལེགས་སྒྲིག

དཔར་སྐྲུན་བྱས། "སྲོལ་རྒྱུན་དང་《ཤར་གླིང་རྣམ་ཐར་བསམ་དོན་ལྷུན་གྲུབ་བཞུགས་སོ》ཞེས་པའི་དཔེ་རྙིང་བཅས་སུ་ཤར་བདུད་དེ་བཞིན་གླིང་གི་ཤར་ཕྱོགས་ཀྱི་ཡུལ་དུ་གནས་པའི་རྫོང་ཆེན་བཅོ་བརྒྱད་ཀྱི་ཡ་གྱལ་ཞིག་དང་། གེ་སར་རྒྱལ་པོས་སྐུ་ཚེ་ཧྲིལ་པོར་སྟོ་བཏུལ་བྱུང་འཐབ་ཀྱི་གཡུལ་འགྱེད་གྲངས་མང་མཛད་པའི་གཡུལ་ཐེངས་རིམ་པ་བདུན་པར་གསུངས་ནའང་འདིར་སྒྲུང་མཁན་བསམ་གྲུབ་ཀྱིས་ཤར་བདུད་དེ་བཞིན་གླིང་གི་བྱང་ནུབ། ཧོར་གླིང་བདུད་གསུམ་གྱི་ས་མཚམས། ཧོར་ཨ་ཆེན་འགྱིང་ལ་གོང་འོག་ཏུ་གནས་པའི་བདུད་ཆེན་བཅུ་གཉིས་ཀྱི་བླ་གནས། སྲིན་མོ་ཤ་བའི་རྣ་ཅོ་ཅན་ཞིག་ཡིན་ལ། རྨ་སྨད་ཀྱི་རྫོ་རྡུ་རྒྱལ་པོ་གེ་སར་དེ་གླིང་གི་གསེར་ཁྲིར་མངའ་གསོལ་རྗེས་ཀྱི་གཡུལ་འགྱེད་ཐེངས་དང་པོ་ཡིན་པར་གསུངས་པ་སོགས་སྒྲུང་པ་རང་ཉིད་ཀྱི་ངག་སྒྲུང་གི་ཁྱད་ཆོས་ཡོངས་སུ་རྫོགས་པའི་སྒྲུང་པོད་དུ་སྣང་།"[1] སྒྲུང་སྣ་འདི་ནི་སྒྲུང་མཁན་བསམ་གྲུབ་ཀྱིས་ཕབ་པའི་སྒྲུང་ཐུང་གྲས་ཤིག་ཡིན།

སྒྲུང་སྣ་འདིར་སྤྱིན་ཤོག་འཁོར་ཐག་༢༧དང་། ལེགས་སྒྲིག་དཔར་སྐྲུན་བྱས་རྗེས་པོད་འདིར་ཤོག་གྲངས་༢༠༨དང་། ཚིག་ཁང་༥༢༨༥ཡོད།

གཉིས། ནང་དོན་གནད་བསྡུས།

རྨ་སྨད་ཡུལ་གྱི་རྫོ་རྡུ་རྒྱལ་པོ་དེས་གླིང་ཁྲ་མོའི་ཏ་རྒྱུག་གི་རྒྱལ་ཁ་བླངས་ཏེ་གླིང་རྒྱལ་པོའི་གསེར་ཁྲི་གོང་གནོན་མཛད་ཅིང་རྨ་ཤེལ་བྲག་གི་གཏེར་སྒོ་ཕྱེ། གླིང་གི་དཔའ་རྟུལ་ཕུ་ནུ་སུམ་ཅུར་དགྲ་ལྷའི་གོ་མཚོན་སྣ་དགུའི་གཏེར་འབྱེད་མཛད་ནས་སྟོང་ཉིད་ཐུགས་རྗེ་ཆེན་པོའི་སྐུ་མཚམས་ལ་བཞུགས་སྐབས། ཚ་ཟླ་བའི་ཚེས་ཉི་ཤུ་ལྔ་ཡི་མཚན་མོར། མ་ནེ་ནེ་གནམ་སྨན་དཀར་མོ་དེ་རྒྱལ་པོའི་གཟིམས་ཆུང་གི་ནང་དུ་ཕྱིན་ཏེ་ཧོར་གླིང་བདུད་གསུམ་གྱི་ས་མཚམས། ཨ་ཆེན་འགྱིང་ལ་གོང་འོག་ན། ཤར་བདུད་ཤ་བ་རུ་རིང་ཞེས་བདུད་ཆེན་བཅུ་གཉིས་ཀྱི་

[1] པོད་འདིའི་ལེགས་སྒྲིག་པའི་གསལ་བཤད་ནང་གསལ།

ལྷ་གནས་པའི་སྲིན་མོ་གདུག་རྩུབ་ཅན་ཞིག་ཡོད་པས། ལོ་གསུམ་གྱི་ཚུར་ནང་དུ་བདུད་མོ་དེ་བཞིན་ཆམ་ལ་མ་ཕབ་ན། བྱང་བདུད་གླུ་བཙན་དང་ཧོར་བདུད་གུར་དཀར། འཇང་བདུད་ས་དམ། མོན་བདུད་ཤིང་ཁྲིམ་གཙོས་པའི་བདུད་ཆེན་བཅུ་གཉིས་ལ་ལྷུགས་སྲོག་གྲུབ་ནས་འདུལ་བའི་བསྐལ་བ་མེད་ཅེས་ལུང་བསྟན་གནང་། གེ་སར་རྒྱལ་པོས་སྐུ་མཚམས་ལས་ཧར་ཐོན་དང་གདན་ལས་མྱུར་བཞེངས་ཀྱིས་གླིང་ལྷ་སྲེ་ཚོ་དྲུག་གི་བུ་ཧ་ཧྲག་བསྡུས་སྟོང་ཚོ་བཅུ་གྲངས་ཀྱི་དབུ་འཛིན་མཛད་ནས་སྲིན་མོ་ཤ་བ་རུ་རིང་གི་ཡུལ་ལ་གཡུལ་བཤམས། སྲིན་མོ་ཤ་བ་རུ་རིང་དང་བདུད་སྲིན་ཧ་ལ་མེ་འབར་གྱིས་གཙོས་པའི་བདུད་སྲིན་རྣམས་ཀྱིས་ཚོ་འཕྲུལ་སྣ་ཚོགས་ཀྱིས་གླིང་དམག་ལ་གནོད་འཚེ་ལན་མང་བཏང་། ཕན་ཚུན་ལན་མང་འཐབ་མཐར། བདུད་སྲིན་ཧ་ལ་མེ་འབར་དེ་སྣ་བདེས་མདའ་ལ་དྲངས། སྲིན་མོ་ཤ་བ་རུ་རིང་དེ་དགའ་རབ་དབང་ཕྱུག་གི་ཡུལ་དུ་བྲོས་བྱོལ་དུ་འགྲོ་བའི་མཁའ་ལམ་ནས་གེ་སར་རྒྱལ་པོས་གསོན་བཟུང་བྱས་ཏེ་བདུད་ཀྱི་ལྷ་གནས་གཙོ་བོ་གཉིས་དེ་མཆོད་རྟེན་ཆེན་པོའི་འོག་ལ་མནན་ནས་བསྐལ་བ་ཇི་སྲིད་བར་དུ་ལངས་རྒྱུ་མེད་པ་བཟོས། བདུད་སྲིན་གྱི་འཁོར་གཡོག་རྣམས་ཞི་དྲག་གང་རུང་གིས་ཚར་གཅོད་བཏང་ཞིང་གླིང་དམག་རྣམས་རིམ་གྱིས་བཤར་ནས་བདུད་ཀྱི་གཏེར་སྲུང་མུ་སྟེགས་སྒོམ་ཆེན་ཧེ་རུ་ནག་པོ་དང་སྡིག་པ་ར་ཙ་སོགས་དམ་ལ་བཏགས། དོན་ཡོད་འཕྲུལ་གྱི་ཞགས་པ་དང་ཟླ་བ་འཕྲུལ་གྱི་རལ་གྲིས་གཙོས་གཏེར་གཡང་ནོར་བུ་ཡོད་རིགས་གཏང་མར་བླངས། གཡུལ་འགྲུག་ལོ་ངོ་གཅིག་ལྷག་ཙམ་བྱས་མཐར། བདུད་ཀྱི་ལྷ་གནས་གང་ཡོད་རྩིག་མེད་དུ་བཏང་ཞིང་། བདུད་ལུང་ནག་པོ་ཆོས་ལུང་དཀར་པོར་བསྒྱུར། ལེབ་པ་བུ་ཡི་ཁྲ་མིག་དང་བྱ་ཁྲ་རིག་པ་ཀུན་འཛིན་གཉིས་བདུད་ཡུལ་གྱི་འགོ་འཛིན་དུ་བསྐོས་ཤིང་གུང་པའི་དཔའ་བོ་མཐོང་གྲོལ་དང་གུང་པ་བསོད་ནས་རྒྱལ་མཚན་གཉིས་ཀྱིས་གཙོས་སྟོད་གླིང་གསེར་པའི་བུ་ཧ་ཧྲག་བསྡུས་བརྒྱ་ཚོ་གཉིས་དཔུང་རོགས་སུ་བཞག་པའི་ནང་དོན་བཀོད་ཡོད།

བཅོ་ལྔ། 《འཛང་གླིང་གཡུལ་འགྱེད་》ཀྱི་སྐོར།

གཅིག ལེགས་སྒྲིག་དཔར་སྐྲུན་བྱས་ཚུལ།

སྒྲུང་པོད་འདིའི་མ་ཡིག་ཟིན་འགོད་པ་ཡར་འགྲོ། ལེགས་སྒྲིག་པ་དཀོན་མཆོག་སྐྱབས། རྩོམ་སྒྲིག་འགན་འཁུར་བ་ཀུན་དགའ། མཐའ་ཞུས་པ་ཚེ་རིང་དཔལ་འབྱོར་བཅས་ཡིན།

སྤྱི་ལོ་༢༠༠༡ལོར་སྒྲ་ཕབ་བྱས་པ་དང་། སྤྱི་ལོ་༢༠༠༢ལོར་ལེགས་སྒྲིག་བྱས་ཤིང་༢༠༠༣ལོར་དཔར་དུ་བསྐྲུན། སྒྲུང་སྣ་འདི་ནི་གླིང་སྒྲུང་ནང་མཐའ་བཞི་བདུད་ཆེན་བཞིར་གྲགས་པའི་ཡ་གྱལ་ཞིག་ཡིན་པས་མདོ་ཁམས་དབུས་གསུམ་དུ་དར་ཁྱབ་ཆེ་ལ། སྒྲུང་པ་ཕལ་མོ་ཆེས་འཆད་ཐུབ་པ་ཞིག་ཡིན། ད་བར་ལྷ་སའི་དཔར་མ་དང་། བདེ་ཆེན། རེབ་གོང་བཅས་ནས་ལག་བྲིས་མ་བཙལ་རྙེད་ཐུབ་པར་གྲགས་ལ་ཕྱི་མ་དེ་གཞིར་བཟུང་ནས་ལེགས་སྒྲིག་དཔར་སྐྲུན་བྱས་པ་དང་། ཕྱིས་སུ་བསྐྱར་སྒྲིག་བྱས་ནས《གེ་སར་སྒྲུང་གི་རིག་མཛོད་》ཅེས་པའི་ནང་སྐོར་ཡང་དཔར་སྐྲུན་བྱས་པ་དང་དེ་བཞིན་ལྷ་སའི་དཔར་མ་གཞིར་བཟུང་བསྐྱར་སྒྲིག་བྱས་པའི་སྒྲུང་པོད་ཅིག《གླིང་སྒྲུང་གཅེས་བཏུས་》དེབ་དྲུག་པའི་མིང་ཅན་དུ་དཔར་སྐྲུན་བྱས་པ་མ་ཟད་སྒྲུང་སྣ་འདི་དར་ཁྱབ་འགྲོ་ཚུལ་དང་། ལེགས་སྒྲིག་དཔར་སྐྲུན་བྱས་ཚུལ་རྣམས་སྔོན་འགྲོའི་གཏམ་འཆད་སྐབས་ཞིབ་ཆ་ཆེ་ཙམ་བཀོད་ཡོད། སྒྲུང་མཁན་བསམ་གྲུབ་ཀྱིས་ཕབ་པའི་《འཛང་གླིང་གཡུལ་འགྱེད་》འདི་ཙུང་རྒྱས་པའི་རྣམ་པར་སྣང་ཞིང་། ལེགས་སྒྲིག་བྱེད་སྐབས་ཆད་ལུས་བྱུང་རིགས་སྒྲུང་པ་སྐྱ་དོ་མས་ཁ་གསབ་གནང་བ་དང་། ཀློས་སྐྱོན་མང་བ་མ་ཟད་སླུ་ཚིག་ཁ་ཤས་ལན་གསུམ་ཙམ་ཀློས་ཡོད་པ་རྣམས་འདོར་ཅི་ཐུབ་བྱས་ཡོད།

སྒྲུང་སྣ་འདིར་སྤྱིན་ཤོག་འཁོར་ཐག་༥༩དང་། ལེགས་སྒྲིག་དཔར་སྐྲུན་བྱས་རྗེས་སྒྲུང་པོད་འདིར་ཤོག་གྲངས་༥༥༡དང་། ཚིག་རྐང་༡༨༠༤༡ཡོད།

གཉིས། ནང་དོན་གནད་བསྡུས།

འཇང་གླིང་གཡུལ་འགྱེད་ཀྱི་མེ་རོ་རྫོང་གླིང་གཡུལ་འགྱེད་ཀྱི་སྐབས་གསོས་ལ། བྱང་གླིང་གཉིས་འཐབ་སྐེ་གླིང་ཡུལ་ཙུང་ཙམ་རྒྱུད་ཡོད་པའི་སྐབས་དང་བསྟུན་ནས་ཨ་ཆེན་སེར་པོ་རྫོང་གྱིས་འབྲུག་མོ་འཁྲོག་ཅིང་མཁར་གསུམ་བཤིགས། རྒྱ་ཚོས་གཙོས་དཔའ་རྟུལ་བཅུ་གཉིས་བཀྲོངས། གསོག་རྒྱུ་འཁྲོག་སྐེ་དེ་ལས་ཀྱང་སྐྱེ་བའི་གནས་སུ་གྱུར་ཡོད་དུས། ཞུས་མེད་ནུ་གེས་ཕྱོགས་བཞི་བརྟང་ཟེར་བ་ལྟར། འཇང་ཇག་གླིང་ལ་ཐེངས་གསུམ་ཐོན་ནས་གླིང་གི་འབྲོ་ལུས་མ་ཁོམ་མ་ཐོགས་མ་ནུས་གསུམ་མུན་པ་ནག་པོའི་སྡུག་ལ་སྒྱུར་བ་དང་། བསྐོས་པའི་ལྷ་སྲས་འགའ་རེ་ཡང་བཀྲོངས་ལ། རྟ་ཕོ་དགུ་བརྒྱ་ཙམ་དེད་ཅིང་། སྒོ་ནོར་ཡོད་ཚད་བཤས་ལ་ཕབ་པར་མ་ཟད། རྫོང་གླིང་འབྲུག་ཐག་ཆོད་པའི་ལོ་འགོ་ལ། འཕྲིན་ཆ་བསྐུར་ནས་ཕ་ཞུལ་མེད་པའི་ཇོ་རུ་ཤི་ལི་མིན་ན་ལོངས་ཤོག་དང་། ཕོ་མེད་རྒྱལ་གྱི་གླིང་སྡུག་ཡུགས་ས་ཚོ་ནུ་གེས་མ་ཤི་ན་ཐོན་ཤོག འཇང་ཚྭ་གླིང་ལ་བཀག་ནས་ལོ་གསུམ་འགོར་ལ་འཇང་ལ་མ་གཏོགས་མི་དབང་སོགས་ཀྱི་འཕྲིན་དེ་རྣོ་ངར་གྱི་མདའ་མོ་བཞིན་གླིང་དམག་གི་སྙིང་ལ་བསྣུན་པ་ལྟར་གྱུར་ཅིང་། དུས་དེར་བྱང་ཀླུ་བཙན་ལ་ཐོག་མདའ་དང་། རྫོང་གུར་དཀར་ལ་གཉའ་སྙ་ཡང་བསྣད་ཟིན་པས་གླིང་གི་སྟོབས་ཤུགས་ཆེ་རུ་ཕྱིན་ཡོད་ཁར། ལྷའི་ལུང་བསྟན་གསལ་ཚིག་བྱུང་བ་སོགས་ལ་གཞི་བྱས་ཏེ་གེ་སར་དགུང་ལོ་སོ་བདུན་དུས་གླིང་དཔུང་འཇང་ལ་བསྐོར་ཏེ་མི་བསད་ཀྱི་ཤ་ལན་དང་། རྒྱུ་ནོར་གྱི་ར་མདའ། བྱང་སྟེའི་ཚྭ་ལ་རྩོད་པའི་རྩོད་པ་རྣམ་གསུམ་གྱི་འགོ་བརྩམས། གླིང་དཔུང་གི་གྲས་སུ་བྱང་ཨ་སྟག་ཀླུ་མོའི་དཔུང་དང་། རྫོང་ཤན་པའི་དཔུང་གི་རྒྱབ་སྣོན་ཡོད་ལ། འཇང་གླིང་འཁྲུག་ཁར་བཤན་པའི་གཡོ་འཕྲུལ་གྱིས་འཇང་གི་མི་གཡང་གཡུ་ལྷ་བཟུང་། རིམ་བཞིན་གླིང་གི་སྟོང་དམག་ཉེར་གསུམ་གྱིས་ཡུན་རིང་འཐབ་མཐར་ས་དམ་གྱི་སྐྱ་ཚབ་པེ་ཐུལ་སོགས་འཇང་སྟག་ཐུལ་དྲུག་ཅུ་ལས་ལ་ལ་ཞིག་གི་མགོ་འཕྲུ་

གོང་ལེན་བྱས་ཏེ་བཟུང་། མང་ཆེ་བ་ལྷ་ལམ་དུ་བསྐྱལ། མོ་མ་ཀུན་ཤེས་དང་རྟ་ནག་བླ་མ་ཡང་རིམ་གྱིས་བཟུང་སྟེ་བཀྲོངས་ལ། ས་དམ་སྲོག་གི་ཀ་བ་བླ་དྲེད་དང་། ཐེའུ་རང་རྣམ་གསུམ་མིང་མེད་དུ་བཏང་བ་མ་ཟད། སྟོད་ཚྭ་བ་མན་ནས་སྨད་རྒྱ་རྫོང་ནགས་ལུང་བར་གྱི་གཡུ་ལུང་སྟག་ལུང་སྨན་ལུང་སོགས་དཔུང་གིས་མནན་ཏེ་ཉེ་བར་བཙར་བ་ན། འཛང་དཔུང་གིས་མ་བཏན་པར་ཁྲུ་བྱུག་དཔོན་སོགས་ཀྱིས་མགོ་བཏགས་ཞུས་ཏེ་སྟག་མོ་འཁྱིང་རྫོང་སོགས་རིམ་པར་བླངས་ནས་ལོ་གསུམ་འགོར་རྗེས། ས་དམ་ས་ཡི་དམ་སྲི་ཆམ་ལ་ཕབ་པ་དང་། ཚྭ་གཏེར་གླིང་གིས་བླངས་ནས་གླིང་གི་འབངས་རྒྱལ་མར་བཀོད་ཚུལ་སོགས་བརྗོད་ཡོད་དོ། །

བཅུ་དྲུག 《ཨ་སྐྱིད་ཟས་རྫོང་》གི་སྐོར།

གཅིག ལེགས་སྒྲིག་དཔར་སྐྲུན་བྱས་ཚུལ།

སྒྲུང་པོད་འདིའི་མ་ཡིག་ཟིན་འགོད་པ་བསོད་ནམས་རྡོ་རྗེ། ལེགས་སྒྲིག་པ་བློ་བསྟན། ཚོམ་སྒྲིག་འགན་འཁུར་བ་བསོད་ནམས་དགེ་ལེགས། མཐའ་ཞུས་པ་མིག་དམར་ཚེ་རིང་བཅས་ཡིན།

སྤྱི་ལོ་༡༩༩༠ལོར་སྒྲ་ཕབ་བྱས་པ་དང་། སྤྱི་ལོ་༡༩༩༡ལོར་ཡིག་ཐོག་ཏུ་ཕབ། སྤྱི་ལོ་༢༠༠༣ལོར་ལེགས་སྒྲིག་བྱས་ཤིང་༢༠༠༨ལོར་དཔར་དུ་བསྐྲུན། སྒྲུང་སྣ་འདིའི་མ་ཡིག་ཡིག་འབོར་ཅུང་ཆེ་ལ་རྙོག་འཛིང་ཆེ་བའི་ཁར་ལེགས་སྒྲིག་པའི་ཆུ་ཚད་ཀྱིས་རྐྱེན་པས་ཐོག་མའི་ལེགས་སྒྲིག་བྱས་ཟིན་པའི་མ་ཡིག་གི་ནང་དོན་སྔ་ཕྱི་མ་འབྲེལ་བ་དང་། གོ་དོན་འཁྲུལ་བ་སོགས་མང་བས་ཚོམ་སྒྲིག་འགན་འཁུར་བས་ངལ་བ་མང་ཙམ་སྤྱད་དེ་བསྐྱར་སྒྲིག་བྱས། དེའི་བརྒྱུད་རིམ་ནང་ཏ་ལམ་མ་དཔེའི་གསུམ་ཆ་གཉིས་ཙམ་དོར་ནས་ཏ་ཙང་མདོར་བསྡུས་པོས་བརྗོད་བྱ་དེ་བསྟན་ཡོད།

སྒྲུང་སྣ་འདིར་སྤྱིན་ཤོག་འབོར་ཐག་༥༠དང་། ལེགས་སྒྲིག་དཔར་སྐྲུན་

བྱུས་རྗེས་ཤོག་གྲངས་༢༢༧དང་ཚིག་ཁང་༥༡༨༨ཡོད།

གཉིས། ནང་དོན་གནད་བསྡུས།

སྔོན་གླིང་རྗེ་གེ་སར་རྒྱལ་པོས་ཇོ་རུའི་མཚན་འཛིན་པའི་དུས་རྨ་སྨད་ས་ནག་ལུང་མདོར་བདུད་མོ་སླ་བ་མཆེ་རིང་གི་བུ་ཏ་སྟོབས་ལྡན་ཟེར་བ་ཞིག་བསད། དེ་འདྲེན་སྟོན་མ་ཐུབ་པར་སྨོན་ལམ་ངན་པའི་མཐུ་ཡིས་སྐྱེ་ལན་ཡར་ཁམས་བྱང་གི་ཨ་ཟེ་རྒྱལ་པོའི་སྲས་སུ་འཁྲུངས། མིང་ལ་སེང་གེ་ཉི་མ་གྲགས་པ་གསོལ། ཕྱིས་སུ་ཁོས་བྱང་གི་རྫ་མཚོ་བཅུ་གཉིས་བདག་གིར་བཟུང་ནས་མགོ་ནག་མི་རྣམས་སྡུག་བསྔལ་བཟོད་གླགས་མེད་པའི་གནས་སུ་གྱུར། ཟླ་བ་ལྔ་པའི་ཚེས་པ་བཅོ་ལྔའི་ཐོ་རངས་ལ་ཨ་ནེ་གོང་སྨན་རྒྱལ་མོ་དེ་ཡིས་སངས་རྒྱས་བསྟན་པའི་ཕྱི་དགྲ། གེ་སར་རྒྱལ་པོའི་སྙིང་དགྲ་བྱང་བདུད་སེང་གེ་ཉི་མ་གྲགས་པ་དེ་འདུལ་དགོས་པའི་ལུང་བསྟན་གནང་། ས་ཐོ་སྟག་གི་ལོར་ལྷ་གུར་དཀར་མོ་སྟོང་ཤོང་ནང་གེ་སར་རྒྱལ་པོས། ལས་དམག་ཁྲི་ཚོ་གསུམ་ཙམ་བསྡུ་རྒྱུའི་བཀའ་བཅད་གནང་། དེ་ནས་ཡར་ཁམས་བྱང་གི་རི་རྒྱབ་ཏུ་གཡུལ་འགྱེད་ལོ་ཨ་ལོང་འདྲ་བ་གཉིས་བྱས། བདུད་རྒྱལ་སེང་གེ་ཉི་མ་གྲགས་པས་གཙོས་བློན་པོ་འཁོར་རྣམས་དཔའ་རྩལ་འགྲན་ཟླ་བྲལ་བས་གླིང་གི་དཔའ་རྟུལ་དང་ལས་དམག་མང་པོ་དབུ་ཉེས་ཤོར། ལྷག་པར་དུ་ཨ་སྐྱིད་བདུད་རྒྱལ་སེང་གེ་ཉི་མ་གྲགས་པ་དེ་ སྡིག་སྟོབས་ཆེ་བས་གླིང་རྗེ་གེ་སར་ལ་སྐུ་ཉེན་ཐེངས་མང་བཟོས་ཀྱང་མཐར་གླིང་རྗེས་རལ་གྲི་བཏབ་པ་ལན་མེད་དེ་གཡུགས་ཏེ་བསད། ཁོའི་རྣམ་ཤེས་དེ་བྱང་ཕྱོགས་ལས་རྫོགས་པའི་ཡུལ་དུ་སྐད་ཅིག་ཉིད་དུ་དྲངས། བདུད་བློན་གཉིས་ཀྱིས་གླིང་ལ་མགོ་མ་སྒྱུར་བས་ཡུལ་གྱི་ལུང་གསུམ་མདའ་རུ་དོང་དྲུས་ནས་སྲས། གཞན་རྣམས་ཀྱིས་གླིང་ལ་བློ་གཏད་དེ་ཡར་ཁམས་ཨ་སྐྱིད་ཡུལ་གྱི་རྫ་མཚོ་བཅུ་གཉིས་ཀྱི་གཏེར་ཁ་གླིང་རྗེར་ཕུལ་བའི་མཛད་རྣམ་བཀོད་ཡོད།

བཅུ་བདུན། 《སྟག་གཟིག་ནོར་རྫོང་》གི་སྐོར།

གཅིག ལེགས་སྒྲིག་དཔར་སྐྲུན་བྱས་ཚུལ།

སྒྲུང་པོད་འདིའི་མ་ཡིག་ཟིན་བཀོད་པ་བསོད་ནམས་དོ་རྗེ། ལེགས་སྒྲིག་པ་ཚེ་དཔལ། རྩོམ་སྒྲིག་འགན་འཁུར་བ་དང་མཐའ་ཞུས་པ་བསོད་ནམས་དགེ་ལེགས་བཅས་ཡིན།

སྤྱི་ལོ་༡༩༨༥ལོར་སྒྲ་ཕབ་བྱས་པ་དང་། སྤྱི་ལོ་༢༠༡༠ལོ་ནས་ལེགས་སྒྲིག་བྱས། སྤྱི་ལོ་༢༠༡༣ལོར་དཔར་དུ་བསྐྲུན། 《སྟག་གཟིག་ནོར་རྫོང་》ཞེས་པའི་གླིང་སྒྲུང་སྐོར་ཚན་འདི་ནི་དམངས་ཁྲོད་དུ་དར་ཁྱབ་ཤིན་ཏུ་ཆེ་ལ་སྒྲུང་པ་ཕལ་མོ་ཆེས་འཆད་ཐུབ་པའི་སྒྲུང་ཚན་ཞིག་ཡིན་པ་མ་ཟད། ད་བར་རྒྱལ་ནང་དུ་སྒྲུང་ཚན་འདིའི་སྐོར་དངོས་སུ་དཔར་དུ་བསྐྲུན་པའི་སྒྲུང་དེབ་དཔར་གཞི་མི་འདྲ་བའང་ཁག་བཞི་ཙམ་ཡོད། དེ་ཡང་བོད་ལྗོངས་མི་དམངས་དཔེ་སྐྲུན་ཁང་ནས་སྤྱི་ལོ་༡༩༧༩ལོར་བོད་ལྗོངས་ཡིག་ཚགས་ཙུད་ཀྱིས་ཉར་ཚགས་བྱས་པའི་《སྟག་གླིང་གཡུལ་འགྱེད་འདོད་རྒུ་ཕུན་ཚོགས་རྣམ་སྲས་བང་མཛོད་ལོངས་སྤྱོད་བསམ་འཕེལ་》ཞེས་པའི་སྒྲུང་དཔེ་ལག་བྲིས་མ་གཞིར་བཟུང་གིས་དཔར་དུ་བཏབ་པའི་《སྟག་གླིང་གཡུལ་འགྱེད་》ཞེས་པ་དང་། སི་ཁྲོན་མི་རིགས་དཔེ་སྐྲུན་ཁང་ནས་སྤྱི་ལོ་༡༩༨༡ལོར་དཔར་དུ་བསྐྲུན་པའི་《སྟག་གཟིག་ནོར་རྫོང་》ཞེས་པ། ཀན་སུའུ་མི་དམངས་དཔེ་སྐྲུན་ཁང་ནས་སྤྱི་ལོ་༡༩༨༡ལོར་དཔར་དུ་བསྐྲུན་པའི་《སྟག་གཟིག་ནོར་རྫོང་》ཞེས་པ། དེ་བཞིན་མི་རིགས་དཔེ་སྐྲུན་ཁང་ནས་སྤྱི་ལོ་༢༠༠༢ལོར་བོད་ལྗོངས་མི་དམངས་དཔེ་སྐྲུན་ཁང་གི་དཔར་གཞི་རྨང་གཞིར་བཟུང་ཞིང་འབྲེལ་ཡོད་སྒྲུང་དཔེ་དང་ཡིག་ཚགས་དུ་མ་དཔྱད་གཞིར་བཟུང་ནས་ལེགས་སྒྲིག་དཔར་སྐྲུན་བྱས་པའི་གླིང་སྒྲུང་གཅེས་བཏུས་དེབ་བརྒྱད་པ་《སྟག་གཟིག་ནོར་རྫོང་》ཞེས་པ་བཅས་སོ། །སྒྲུང་མཁན་བསམ་གྲུབ་ཀྱིས་འཆད་ཀྱེར་གནང་བ་ཇི་བཞིན་ལེགས་སྒྲིག་དཔར་སྐྲུན་བྱས་པའི་《སྟག་གཟིག་ནོར་རྫོང་》

ཞེས་པ་དེ་ནི་གོང་གསལ་སྒྲུང་དཔེ་གཞན་དང་བསྡུར་ན་ནང་དོན་མང་པོ་ཞིག་རྒྱས་བཤད་བྱས་པའི་བརྗོད་བྱ་ཆ་ཚང་བ་ཞིག་ཏུ་སྣང་། སྒྲུང་མཁན་དེ་ཉིད་ཀྱིས་འཆད་གྱེར་གནང་བ་ཇི་བཞིན་ལེགས་སྒྲིག་གནང་བའི་ཐོག་མའི་མ་དཔེ་ལ་ཤོག་གྲངས་བདུན་བརྒྱ་ལྷག་ཙམ་ཡོད་པས་སྒྲུང་དེབ་སྟོད་སྨད་གཉིས་སུ་དབྱེ་ནས་བསྒྲིགས་པ་དང་། དེ་མུར་བསྐྱར་སྒྲིག་ཡང་སྒྲིག་དང་རྩོམ་སྒྲིག་མཐའ་ཞུས་བྱེད་པའི་བརྒྱུད་རིམ་ནང་ཁུ་བསྡུས་སུ་བཏང་ནས་སྒྲུང་དཔེ་གཅིག་རང་དུ་དཔར་བསྐྲུན་ཞུས་ཡོད། དེའི་རྒྱུ་མཚན་ཡང་སྒྲུང་དེ་རང་སྒྲུང་པས་འཆད་གྱེར་གནང་སྐབས་བློས་སྐྱོན་མང་ལ་ཟིང་རྫོབ་ཆེ་བ་དང་། གོ་རྒྱུ་གཏན་ནས་མེད་པའི་ཚིག་དུམ་ཡང་མང་བས་དེ་རིགས་འོས་འཚམས་གཅོད་དོར་བྱས་ཡོད། དེ་བཞིན་སྒྲུང་དཔེ་དེའི་ཐོག་མའི་ཟིན་བཀོད་པ་དེ་ཉིད་སྤྱི་ཚོགས་ཐོག་ནས་གདན་འདྲེན་ཞུས་པ་ཞིག་ཡིན་པས་སྤྱིར་བོད་ཡིག་གི་ཆུ་ཚད་དམའ་ལ། སྤོམས་སུ་གླིང་སྒྲུང་གི་ཤེས་བྱས་དབུལ་བས་སྒྲུང་དཔེ་དེ་དཔེ་ཚོགས་སྤྱིའི་ཁྲིད་དུ་ལེགས་སྒྲིག་གི་དཀའ་ཚད་ཆེ་ཤོས་ཀྱི་གྲས་ཤིག་ཡིན། དེ་ཡང་“སྒྲུང་དེབ་རིང་མོ་འདིའི་ནང་སྒྲུང་མཁན་གྱི་ཡུལ་སྐད་དང་ཡིག་ཕབ་མཛད་མཁན་བར་སྐད་བརྡ་མ་འཕྲོད་པ་དང་། ཡིག་ཕབ་མཛད་མཁན་གྱི་བོད་ཡིག་མཁྱེན་ཚད་དང་གེ་སར་སྒྲུང་གི་ཤེས་བྱའི་རྒྱུད་མངའ་ཆེ་མིན་སོགས་ཅི་རུང་གིས་རྐྱེན་པས་མགོ་ནས་མཇུག་བར་ཡིག་ནོར་མང་ཞིང་། ཐ་ན་གོ་རྒྱུ་གཏན་ནས་མེད་པའི་ཚིག་དུམ་མང་བ། གཏམ་དཔེ་མང་ཡང་དོན་དང་སྦྱོར་མི་ཐུབ་པ། སྣ་འཇུག་འཕོར་ཐག་བར་གྱི་ནང་དོན་གོང་འོག་མཐུད་མི་ཐུབ་པ་སོགས་ཀྱི་འགལ་རྐྱེན་དུ་མ་འཕྲད་ཀྱང་། སྒྲུང་མཁན་ཉིད་སྐུ་ཆེས་མ་ཟིན་པས་དེ་དག་བཀའ་འདྲི་ཞུ་བའི་བསྐལ་པ་དམན་པས་”①ལེགས་སྒྲིག་པས་སྒྲུང་དེབ་གཞན་དང་གཤིབ་བསྡུར་གནང་བ་སོགས་དཀའ་ངལ་དུ་མ་སྤྱད་ནས་དག་བཅོས

① པོད་དེའི་ལེགས་སྒྲིག་པའི་གསལ་བཤད་ནང་གསལ།

མཐུད་སྒྲོར་གང་ལེགས་གནང་འོག་ཚད་ལྡན་གྱི་སྒྲུང་དཔེ་དེ་དཔར་དུ་བསྐྲུན་ཐུབ་པ་བྱུང་ཡོད།

སྒྲུང་སྣ་འདིར་སྤྱིན་ཤོག་འཁོར་གྲངས་༩༧དང་། ལེགས་སྒྲིག་དཔར་སྐྲུན་བྱས་རྗེས་ཤོག་གྲངས་༩༠༩དང་ཚིག་ཀྲང་༡༡༣༧༣ཡོད།

གཉིས། ནང་དོན་གནད་བསྡུས།

སྟག་གཟིག་ནོར་རྫོང་ནི་གླིང་རྗེ་གེ་སར་མི་ཡི་སེང་གེ་དེས་ལྷོ་བདུད་ཤིང་ཁྲི་རྒྱལ་པོ་ཆམ་ལ་ཕབ་ནས་ལོ་གསུམ་ཙམ་སོང་རྗེས་སྐབས་ནུབ་སྟག་གཟིག་ཡུལ་གྱི་ནོར་རྫོང་ཕོད་ལ་བཞག་དགོས་པའི་དུས་ལ་བབས་པའི་ཚེ་ན་མ་ཨ་ནེ་གུང་སྨན་རྒྱལ་མོས་གླིང་རྗེ་གར་སར་རྒྱལ་པོར་ལུང་བསྟན་གནང་བ་བཞིན་གེ་སར་རྒྱལ་པོས་ཀྱང་སྟག་རོང་ཨ་ཁྲ་ཁྲི་ཐུང་དེ་ལ་ལྷ་རྟ་མགྲིན་གྱི་སྤྲུལ་པ་ཡིན་ཁྲུལ་གྱི་ལྷ་བྱ་ཞིག་ཏུ་སྤྲུལ་ཏེ་ནུབ་སྟག་གཟིག་རྒྱལ་པོའི་བྱ་རྟ་སྔོན་པོ་གཡུ་སྔོག་ཁྱུང་གཤོག་ཅན་པ་བརྐུས་ཤིང་། དེ་ལྟ་སྲས་དགྲ་ལྷ་རྩེ་རྒྱལ་གྱི་ཚེབས་རྟར་ཕུལ་ནས་འདན་མའི་བུ་མོ་ཚང་མར་སློང་བའི་ཞུ་བརྟེན་བྱེད་དགོས་པའི་ལུང་བསྟན་གནང་བ་བཞིན་ཨ་ཁྲུས་མི་གསུམ་མངགས་ཏེ་སྟག་གཟིག་ཡུལ་གྱི་དམག་རྣམས་ཨ་ཁྲུའི་མཐུ་རྫུགས་ཤིང་གི་འཁོར་ལོ་དང་རྨུ་ཁབ་ཀྱིས་བཀབ་ནས་ལྷ་རྟ་ཁྱུང་གཤོག་ཅན་གྱིས་གཙོས་རྟ་གསུམ་བརྐུས་པར་བརྟེན། ནུབ་སྟག་གཟིག་རྒྱལ་པོ་དེས་མོ་པ་ལ་མོ་ཕབ་རྩིས་པ་ལ་རྩིས་བཏབ་སྟེ་ལྷ་རྟ་སྟག་རོང་ཕྱོགས་སུ་ཡོད་པ་བབས་ནས་བློན་ཞལ་དཀར་དང་ཚེབ་རྗེ་སྟོང་ཁྲི་ལྷ་ལོད་གཉིས་སྤུག་སྤྲང་པོའི་ཆས་སྤྲས་ནས་མངགས་པས་ལྷ་རྟ་སྟག་རོང་ཚང་དུ་ཡོད་ལུགས་ཤེས་པས་སྟག་གཟིག་ནོར་གྱི་རྒྱལ་པོ་དེ་ཐུགས་རབ་ཏུ་ཁྲོས་ཏེ་དམག་གི་དཔུང་ཚོགས་དྲངས་ནས་སྟག་རོང་གི་མི་རྟ་ནོར་གསུམ་བསད་འཕྲོག་བྱས་པའི་ཁར་ཨ་ཁྲ་ཁྲི་ཐུང་ཡང་གཅེར་བཟུང་བྱས་ཏེ་ནུབ་སྟག་གཟིག་ཡུལ་དུ་འཁྲིད་ཀྱང་ཁྲོ་ཐུང་གི་ཁྲམ་པའི་ཁ་ལྕེ་ཡི་མགོ་སྐོར་འོག་སྒྲོག་ལས་ཐར་ཞིང་རང་སར་དུ་ལོག དེའི་སྐོར་གེ་སར་རྒྱལ་པོར་སྙན་གསོལ་ཞིང་ཡ་ལན་ར་མདའི་དམག

བྲངས་དགོས་ལུགས་གྲོས་ཁ་ཕུད་ནས་དམག་གི་གྲབས་གཉོམ་བྱས་པས། རྒྱལ་པོས་འཕྲུལ་མར་དགྲ་ལན་བྱེད་པར་ནུབ་སྟག་གཟིག་བཏུལ་བའི་དུས་ཅུང་སྔ་དྲགས་པས་སྔོན་ལ་སྟག་རོང་གི་དམག་རྣམས་མངགས་ཏེ་མཚོན་གྱི་འཁོར་ལོ་བསྐོར་བས་ཕན་ཚུན་གཉིས་ཀའི་དཔའ་རྟུལ་དང་དམག་མི་སོགས་མི་ཉུང་བ་མཚོན་འོག་ཏུ་སོང་ལ། ཕན་ཚུན་རྒྱལ་ཕམ་གྱི་བཤན་ཁ་འབྱེད་མ་ཐུབ་པས་སྟག་རོང་གི་རྗེ་བློན་རྣམས་ཀྱིས་རྒྱལ་པོ་ཕེབས་དགོས་པའི་བརྡ་ཕུལ་བས། གླིང་རྗེ་མི་ཡི་རྒྱལ་པོ་དེ་ཡིས་ནུབ་སྟག་གཟིག་གི་རྒྱལ་པོ་དེ་བཏུལ་ཞིང་སྟག་གཟིག་གི་ནོར་རྫོང་དེ་སྐབས་པ་ཐོད་ལ་བཞག་པའི་དུས་ལ་བབས་པ་གཟིགས་ཏེ་སྟག་ཡུལ་ལ་གླིང་དམག་དཔུང་ཚན་ཆེན་པོ་དྲངས་ཏེ་སྟག་གཟིག་རྒྱལ་པོ་སྲས་དང་གྲུད་ཀྱི་དཔའ་བོ་དང་བཅས་པའི་དཔུང་དམག་ཐམས་ཅད་བཅོམ་ཞིང་སྟག་གཟིག་ནོར་གྱི་རྫོང་སྒོ་ཕྱེ་ནས། མཛོ་རྐ་ནོར་ལུག་གི་གཡང་། རིན་ཆེན་གསེར་དངུལ་དར་ཟབ་སོགས་ཀྱི་ནོར་གཡང་ཡོད་རྒུ་གླིང་ལ་ཕབ་པ་མ་ཟད་སྟག་གཟིག་འོལ་མོ་ལུང་རིང་དེ་སྐབས་པ་ཐོད་ཀྱི་དབང་འོག་ཏུ་བསྡུས་ཏེ་འབངས་མི་སེར་རྣམས་དཀར་པོའི་ཆོས་ལ་ཁ་ལོ་བསྒྱུར་ཞིང་སེམས་ཅན་གྲངས་མེད་པ་བདེ་བ་ལ་བཀོད་པ་བསྟན་ཡོད།

བཅོ་བརྒྱད། 《ཀོང་བདུད་ཨ་ཆུང་དམུ་ཁྲ་》ཡི་སྐོར།

གཅིག ལེགས་སྒྲིག་དཔར་སྐྲུན་བྱས་ཚུལ།

སྒྲུང་པོད་འདིའི་མ་ཡིག་ཟིན་འགོད་པ་སྟེ་དགེ་བ་པད་མ་ཚུལ་ཁྲིམས། ལེགས་སྒྲིག་པ་ཡེ་ཤེས་དབང་མོ། རྩོམ་སྒྲིག་འགན་འཁུར་བ་མིག་དམར་ཚེ་རིང་། མཐའ་ཞུས་པ་རིག་འཛིན་བཅས་ཡིན།

སྤྱི་ལོ་༡༩༩༢ལོར་སྒྲ་ཕབ་བྱས་པ་དང་། སྤྱི་ལོ་༡༩༩༥ལོར་ལེགས་སྒྲིག་བྱས། སྤྱི་ལོ་༢༠༠༨ལོར་སྟོད་ཆ་དེ་དཔར་དུ་སྐྲུན། སྤྱི་ལོ་༢༠༡༥ལོར་སྨད་ཆ་དེ་དཔར་དུ་སྐྲུན་བཞིན་ཡོད། སྒྲུང་སྣ་འདི་ནི་སྒྲུང་མཁན་བསམ་གྲུབ་ཁོ་ནས་འཆད་ཐེར་ཐུབ་པའི་ཐུན་མོང་མིན་པའི་སྒྲུང་དཔེ་ཞིག་ཡིན། དེ་སྔོན་བདུད་ཨ་

ཆུང་དང་ཀླུ་བཙན་གཉིས་མིང་མི་འདྲ་བ་ཙམ་ལས་མི་སྣ་གཅིག་རང་ལ་ངོས་འཛིན་གྱི་ཡོད་ལ། དེ་ནི་བདུད་བཏུལ་ནང་གི་མི་སྣ་གཙོ་བོ་ཞིག་ཡིན། འོན་ཀྱང་སྒྲུང་མཁན་བསམ་གྲུབ་ཀྱིས་ཀླུ་བཙན་ནི་བྱང་བདུད་དང་། ཨ་ཆུང་དམུ་ཏྲ་ནི་གོང་བདུད་དུ་བརྩིས་ནས་དེ་གཉིས་བཏུལ་བའི་བརྗོད་བྱའང་སྐོར་ཚན་གཉིས་སུ་བྱས་ནས་འཆད་ཀྱིར་གནང་ཡོད། སྒྲུང་པོད་འདི་སྤྱི་ལོ་༢༠༠༧ལོར་ཀྲུང་གོའི་བོད་རིག་པ་དཔེ་སྐྲུན་ཁང་ནས་བོད་ལྗོངས་སྤྱི་ཚོགས་ཚན་རིག་ཁང་གིས་ལེགས་སྒྲིག་ལམ་ཙམ་བྱས་པ་ལྟར་དཔར་དུ་བསྐྲུན་ཡོད་ཙང་། སྒྲུང་དེབ་ཀྱི་ནང་དོན་བརྗོད་པ་མི་བདེ་བ་དང་ཁྱད་པར་དག་ནོར་ཧ་ཅང་ཚབས་ཆེ་བས། 《སྒྲུང་མཁན་བསམ་གྲུབ་ཀྱིས་ཕབ་པའི་གླིང་རྗེ་གེ་སར་རྒྱལ་པོའི་སྒྲུང་》ཞེས་པའི་དཔེ་ཚོགས་ཀྱི་ལེགས་སྒྲིག་རེ་བ་ལྟར་རྩོམ་སྒྲིག་འགན་འཁུར་བ་དང་མཐའ་ཞུས་མཁན་གྱིས་ངལ་བ་མང་ཙམ་སྤྱད་དེ་བསྐྱར་སྒྲིག་བྱས་ཐོག་དཔར་དུ་བསྐྲུན་པ་ཡིན།

སྒྲུང་སྣ་འདིར་སྤྱིན་ཤོག་འགོར་གྲངས་༨༩དང་། ལེགས་སྒྲིག་དཔར་སྐྲུན་བྱས་རྗེས་སྟོད་ཆར་ཤོག་གྲངས་༩༣༡དང་། སྨད་ཆར་ཤོག་གྲངས་༥༠༢དང་། བསྡོམས་ཚིག་ཁྲང་༡༢༡༧༨ཡོད།

གཉིས། ནང་དོན་གནད་བསྡུས།

《གོང་བདུད་ཨ་ཆུང་དམུ་ཏྲ་》ཞེས་པ་ཡི་སྟོད་ཆ་འདིའི་ནང་དུ། རྒྱལ་པོ་གེ་སར་གྱི་བཀའ་བཞིན་གླིང་འབུམ་པ་ཤོག་ནས་ཚོང་དཔོན་ཉི་མ་ལྷ་རྒྱལ་དང་ནོར་བུ་དར་འབུམ་གྱིས་གཙོས་པའི་ཚོང་པ་དཔོན་གཡོག་ཧ་དྲིལ་སྟག་སྐམ་གཟིག་སྐམ། དངུལ་སྐམ་དང་བཅས་དབུས་ལྷ་སའི་ཇོ་བོར་གསེར་གསོལ་དང་མངའ་རིས་ཀྱི་ལྷ་ཁང་རྣམས་ལ་གསེར་ཏོག་སྒྲོན་པར་ཐོན་ནའང་། ལམ་བར་ནག་བུར་སེན་གསུམ་གྱི་ས་ཆར་འགྲོར་སྐབས་གོང་བདུད་ཨ་ཆུང་དམུ་ཏྲའི་ཕྱོགས་ཀྱི་རྫོན་པ་མི་ལྔས་མཐོང་རྗེས་འཕྲལ་དུ་རྒྱལ་པོ་ཨ་ཆུང་དམུ་ཏྲར་དེ་དོན་སྙན་སེང་ཞུས་པས།

རྒྱལ་བློན་ཚོགས་པའི་ཁྲིད་དུ་བསམ་འཆར་སྣ་ཚོགས་བྱུང་ནའང་། མཐར་བློན་ཆེན་འབྲུག་ལྷ་གཡུ་རྒོད་ཀྱིས"བྱ་ཆེན་སྒོ་ལ་བབས་ན་གཉོག་སྒྲོ་ཐ་ཐོར་ལེན་རྒྱུ་རེད།" ཅེས་ཟེར་བ་ལྟར་གླིང་འབྲུམ་པ་ཉོག་གི་སྐར་པ་དེ་ལས་རྩ་རིན་དང་། ལམ་རིན། ཆུ་རིན་བཅས་ལེན་རྒྱུར་ཐག་བཅད་ནས་དམག་ཕོན་ཆེ་ཙམ་ཞིག་མངགས། འོན་ཀྱང་གླིང་འབྲུམ་པའི་ཚོང་དཔོན་རྣམས་ནས་ཀོང་བདུད་ཀྱི་རེ་འདོད་ཇི་བཞིན་མ་བསྒྲུབ་སྐབས། ཕན་ཚུན་དབར་འཐབ་འཁྲུག་བྱུང་བ་མ་ཟད། ཞུང་བས་མང་སྣེ་མ་བརྟེན་པར་མཐར་གླིང་གི་ཚོང་པ་མི་མགོ་བཅོ་ལྔ་གསོན་ཐར་གྱིས་དབུས་ཀྱི་རྒྱལ་པོ་ཁྲི་སྲོང་ལྡེ་བཙན་ལ་སྐྱབས་བཅོལ་ཐུབ་པ་ཕུད། དེ་བྱིངས་ཀྱི་ཚོང་གཡོག་མང་པོ་ཞིག་དང་གསེར་དངུལ་རྒྱུ་ནོར་ཐམས་ཅད་དགྲ་ལག་ཏུ་ཤོར། གནས་ཚུལ་དེ་དབུས་ཀྱི་རྒྱལ་པོ་ཁྲི་སྲོང་ལྡེ་བཙན་གྱི་བང་མི་དང་ཨ་ནེ་གུང་སྨན་རྒྱལ་མོའི་ལུང་བསྟན་གསལ་ཚིག་བརྒྱུད་དེ་གླིང་རྗེ་གེ་སར་རྒྱལ་པོས་གསན་པས། འཕྲུལ་མར་གླིང་དམག་བསྡུ་འཚོགས་ཀྱིས་ཤ་ཤོར་ཤ་ལན་ཆེད་ལྷོ་ཡུལ་ཀོང་བདུད་ཕྱོགས་ལ་ཁ་གཏད་དགྲ་ཟླར་ལངས་རྒྱུར་ཐུགས་ཐག་བཅད། ལྷོ་གླིང་དབར་འཐབ་འཁྲུག་ཐེངས་འགའ་ཞིག་བྱུང་རིང་ཕན་ཚུན་གྱི་དམག་མིར་ཤི་རྨས་གང་ཙམ་བྱུང་བ་དང་། དེ་རྗེས་ཐེངས་ཤིག་གླིང་དམག་གིས་རྫུ་འཕྲུལ་སོགས་ལ་བརྟེན་ནས་ཕར་རྒོལ་ཤུགས་ཆེ་བྱས་པས། ཀོང་བདུད་ལ་ཕམ་ཉེས་ཚབས་ཆེ་བྱུང་། མཐར་ཀོང་བདུད་ཀྱི་བློན་ཆེན་ནོར་བུ་སྟོབས་ལྡན་གྱིས་གྲོས་འགོ་བརྟོན་པ་ལྟར་ལྷོ་ཤིང་ཁྲི་གནམ་གྱི་རྒྱལ་པོར་དམག་གཡར་དཔུང་རོགས་ཞུ་རྒྱུའི་སྐོར་བརྗོད་ཡོད།

བཅུ་དགུ། 《བྱང་ཕྱུ་ཁྲི་ཏ་རྫོང་》གི་སྐོར།

གཅིག ལེགས་སྒྲིག་དཔར་སྐྲུན་བྱས་ཚུལ།

སྒྲུང་པོད་འདིའི་མ་ཡིག་ཟིན་འགོད་པ་འཇམ་དབྱངས་སྒྲོལ་མ། ལེགས་སྒྲིག་པ་ཡེ་ཤེས་དབང་མོ། རྩོམ་སྒྲིག་འགན་འཁུར་བ་འཇམ་དབྱངས་ཚུལ་ཁྲིམས།

མཐའ་ཞུས་པ་དཀོན་མཆོག་སྐྱབས་དང་ཚེ་དཔལ་བཅས་ཡིན།

སྤྱི་ལོ་༡༩༨༤ལོར་སྒྲ་ཕབ་བྱས་པ་དང་། སྤྱི་ལོ་༢༠༠༠ནས་༢༠༠༡ལོ་བར་ལེགས་སྒྲིག་བྱས་ཤིང་༢༠༠༡ལོར་དཔར་དུ་བསྐྲུན། སྒྲུང་སྣ་འདི་ནི་བསམ་གྲུབ་ཀྱིས་ཕབ་པའི་གླིང་སྒྲུང་སྐོར་ཚན་ཆེས་རིང་ཤོས་དེ་ཡིན། ཐོག་མར་སྒྲ་ཕབ་བྱེད་སྐབས་སྐོར་ཚན་འདིའི་འཁོར་གྲངས་དེ་ཙམ་མང་པོ་མེད་ཀྱང་། ལེགས་སྒྲིག་བྱེད་པའི་བརྒྱུད་རིམ་ནང་མ་ཟིན་ནང་ཆད་ལུས་ཤིན་ཏུ་མང་བ་ཡོད་རིགས་སྒྲུང་མཁན་གྱིས་ལེགས་སྒྲིག་པ་དང་མཉམ་དུ་མགོ་ནས་མཇུག་བར་ཞིབ་ཕྲུར་ནན་པོ་བྱས་ནས་ཁ་སྐོང་བརྒྱབ་པས་ད་གཟོད་ཡིག་འབོར་ཆེ་བའི་སྒྲུང་དེབ་འདི་ཆགས་པ་ལགས།

སྒྲུང་སྣ་འདིར་སྤྱིར་ཤོག་འཁོར་གྲངས་༥༧དང་། ལེགས་སྒྲིག་དཔར་སྐྲུན་བྱས་རྗེས་སྟོད་ཆར་ཤོག་གྲངས་༥༡༨དང་ཚིག་ཀང་༡༥༣༤༠ཡོད་པ། སྨད་ཆར་ཤོག་གྲངས་༥༣༡དང་ཚིག་ཀང་༡༩༧༠༩ཡོད།

གཉིས། ནང་དོན་གནད་བསྡུས།

བྱང་ཀླུ་ཁྲི་རྒྱལ་པོའི་ཡུལ་ནི་གླིང་གི་བྱང་ཕྱོགས་སུ་མཆིས་ཤིང་། རྟ་མཆོག་ཅང་ཤེས་མང་དུ་གདའ་བའི་ཆ་ནས་རྟ་ཡི་རྫོང་ཞེས་འབོད། སྤྱིར་བྱང་གླིང་གཉིས་ཀྱི་དབར་བན་པོན་གྱི་འགལ་བའི་མེ་སྟོན་མ་ནས་གསོས་ཡོད་ཁར། ལོ་གཅིག་གི་ལོ་འགོ་ལ་གླིང་གི་ཚོང་པ་བཙོམ་འཕྲོག་ཐོག་ཚོང་དཔོན་དམར་གསོད་བཏང་བའི་རྐྱེན་གྱིས་སྡེ་བྱང་དམག་འབྲུག་གི་འགོ་བཙམས། ལོ་རྗེས་མའི་མེ་ཏོག་ཟླ་བའི་ནང་གླིང་གི་སར་རྒྱལ་པོས་གཙོ་བྱས་གླིང་གི་དམག་དཔུང་རྒྱ་སྐར་གྲངས་ལ་འགྲན་པའི་ཁ་ལོ་བྱང་ཀླུ་ཁྲི་རྒྱལ་པོ་ནམ་མཁའ་དོན་གྲུབ་ཀྱི་སར་བསྐྱུར་ལ། བྱང་གི་མི་རབས་གསུམ་གྱི་བློན་ཆེན་གཙུ་སྟག་རྒྱལ་གྱི་རམ་འདེགས་འོག་མི་རིང་བར་བྱང་གི་བཙན་རྫོང་རྣམས་ཕབས་ཤིང་། བྱང་གཏེར་བླངས། བྱང་མི་རྣམས་གླིང་གི་འབངས་རྣལ་མར་བཀོལ་བའི་གནས་ཚུལ་བརྗོད་ཡོད།

ཉི་ཤུ། 《ཞང་གླིང་གཡུལ་འགྱེད་》ཀྱི་སྐོར།

གཅིག ལེགས་སྒྲིག་དཔར་སྐྲུན་བྱས་ཚུལ།

སྒྲུང་པོད་འདིའི་མ་ཡིག་ཟིན་འགོད་པ་ཡར་འགྲོ། ལེགས་སྒྲིག་པ་རིག་འཛིན། རྩོམ་སྒྲིག་འགན་འཁུར་བ་རྒྱང་འཁོར་ཆེ་ཕུན། མཐའ་ཞུས་པ་ཚེ་རིང་དཔལ་འབྱོར་བཅས་ཡིན།

སྒྲུང་སྣ་འདི་སྒྲུང་མཁན་གང་ཉིད་ཀྱིས་སྒྲ་རྗེས་སུ་སྒྲ་ཕབ་ཐེངས་གཉིས་གནང་ཡོད། དུས་རབས་གོང་མའི་ལོ་རབས་བརྒྱད་ཅུ་པའི་ནང་སྒྲ་ཕབ་གནང་བར་བརྩམས་སྒྲ་ཐག་སྒྲིན་ཤོག་༣༥ཡོད། འོན་ཀྱང་སྒྲིན་ཤོག་འཐོར་སྐྱོན་ཤོར་བས་ལེགས་སྒྲིག་བྱ་ཐབས་བྲལ། ད་ཐེངས་དཔར་དུ་བསྐྲུན་པའི་པོད་འདི་སྤྱི་ལོ་༢༠༠༣ལོར་སྒྲ་ཕབ་བྱས་པ་དང་། ༢༠༠༦ལོར་ལེགས་སྒྲིག་བྱས་ཤིང་༢༠༠༨ལོར་དཔར་དུ་བསྐྲུན། སྒྲུང་སྣ་འདི་ནི་སྒྲུང་མཁན་གན་དར་གཞོན་གསུམ་གྱིས་འཆད་ཀྱིར་གནང་ཐུབ་པ་མ་ཟད། བོད་ཀྱི་ཡུལ་འདིར་དར་ཁྱབ་ཆེ་བ་དང་། དཔར་ཐྲིས་མི་ཉུང་ཙམ་མཇལ་རྒྱུ་ཡོད་པ་ཞིག་ཡིན། གླིང་སྒྲུང་གི་གྲུབ་ཆ་གཙོ་བོ་རྫོང་ཆེན་བཅོ་བརྒྱད་ལ་བརྟེ་ཚུལ་མི་འདྲ་བ་མང་པོ་ཡོད་རུང་《ཞང་གླིང་གཡུལ་འགྱེད་》དམ《ཞང་ཞུང་མུ་ཏིག་རྫོང་》ཞེས་བྱ་བ་འདི་གླིང་སྒྲུང་ཞིབ་འཇུག་པ་དང་སྒྲུང་པ་ཚང་མས་རྫོང་ཆེན་བཅོ་བརྒྱད་ཀྱི་ཡ་གྲལ་ཞིག་ཏུ་གཅིག་མཐུན་གྱིས་བརྩི་ཡི་ཡོད། "སྒྲུང་མཁན་བསམ་གྲུབ་མཆོག་ནས་འཆད་ཀྱིར་གནང་བའི་སྒྲུང་པོད་འདིའི་སྒྲིག་གཞི་དང་འཕེལ་རིམ་གཞི་རྩའི་ཐོག་ཞང་གླིང་གཡུལ་འགྱེད་སྐོར་གྱི་དཔེ་རྙིང་དང་འདྲ་བའི་ཆ་མང་ཡང་། སྐབས་བབ་ཀྱི་མི་སྣ་སོ་སོའི་གླུ་ལེན་གྱི་ཐོག་མར་འབྲུ་དྲུག་མ་ཊེ་ཡོད་མེད་དང་། ལྷ་སྲུང་མཆོད་བསྟོད་བྱེད་ཚུལ། མི་སྣ་དང་ཡུལ་ལུང་ངོ་སྤྲོད་བྱེད་ལུགས་བཅས་ཀྱི་སྒྲིག་གཞིའི་ཐད་སྒྲུང་མཁན་རང་ཉིད་ཀྱི་ཐུན་མོང་མ་ཡིན་པའི་ཁྱད་ཆོས་ཀྱིས་ཡོངས་སུ་

བསྐྲུབས་”[①]པ་དག་ལེགས་སྒྲིག་བྱེད་སྐབས་དཔེ་ཚོགས་ཀྱི་གཅིག་གྱུར་བླང་བྱ་ལྟར་རང་སོར་བཞག་ཡོད་ལ། འགལ་འཁྲུལ་དང་བསྐྱར་ཟློས་ཆད་ལུས་ཡོད་རིགས་རྣམས་བཟོ་བཅོས་སྔོན་འཕྲི་གང་ཐུབ་གནང་ཡོད།

སྒྲུང་སྣ་འདིར་སྤྱིན་ཤོག་འཁོར་གྲངས་༤༣དང་། ལེགས་སྒྲིག་དཔར་སྐྲུན་བྱས་རྗེས་ཤོག་གྲངས་༤༣༠དང་ཚིག་ཁྲང་༡༡༦༤༥ཡོད།

གཉིས། ནང་དོན་གནད་བསྡུས།

དེ་ཡང་འཛམ་གླིང་བྱང་ཕྱོགས་སུ་ཞང་ཞུང་རྒྱལ་པོར་གྲགས་པ་ལྷུན་གྲུབ་ཅེས་དཔུང་བཙན་པོ་ནང་བློན་ཁྲག་སྟག་ཐོག་གསུམ་དང་། སྟག་ཐུལ་ངར་མ་དྲུག་ཅུའི་འཁོར་གྱིས་བསྐོར། དེས་སྟོད་རྒྱ་གར་གྱི་ཆོས་དང་། སྨད་རྒྱ་ནག་གི་ཁྲིམས། བར་སྐྲ་རྒྱལ་གྱི་མི་ཆོས་གང་དང་ཡང་མི་མཐུན་པའི་མུ་སྟེགས་ལོག་ཆོས་བསྒྲུབས་ཤིང་། བོད་ཟློག་རྒྱ་ལ་དྲངས། རྒྱ་རྒྱུ་བོད་ལ་དྲངས། རྒྱ་བོད་བར་ལ་ཚོང་གི་འཁོར་ལོ་བསྐོར། སྟོབས་དང་མངའ་ཐང་ལོངས་སྤྱོད་བར་སྣང་གཡུ་འབྲུག་བཞིན་དུ་གྲགས། ས་ཕོ་རྟ་ཡི་ལོར་ཞང་ཞུང་རྒྱལ་པོའི་ཚོང་དཔོན་མི་བཞི་ལ་ཚོང་གཡོག་ལག་དོ་མང་པོའི་འཁོར་གྱིས་བསྐོར། དྲེལ་ཕོ་མོ་ལྔ་བརྒྱ་ཙམ་ལ་གསེར་དངུལ་དར་ཟབ་ཀྱི་རྒྱབ་ཁལ་བསྒྲིགས་ཏེ་དབུས་གཙང་ཕྱོགས་ལ་ཁ་བསྒྱུར་ནས་ཡོང་བའི་ལམ་བར་དུ། སྟག་རོང་དབྱར་ས་ཀུན་དགའ་ན་དམར་རྩྭ་ར་གཡུང་དྲུང་དགའ་འཁྱིལ་ལ་ཚོང་སྒར་ཕབ་ཅིང་སྟག་རོང་བུ་མོའི་དང་རྗེ་བཞི་དེ་ཚོང་སྒར་དུ་བཙན་ཁྲིད་བྱས་ནས་ཚོང་དཔོན་བཞི་དེས་སོ་སོར་བདག་བཟུང་བྱས་ཏེ་བསྡད་པར། སྟག་རོང་དཔའ་བོ་རྣམས་ཀྱིས་ཚོང་སྒར་བཅོམ་ཞིང་ཚོང་དཔོན་ལག་དོ་བཅས་པ་མ་ལུས་པ་བསད།

ལོ་བྱེད་གཉིས་སོང་ཡང་ཞང་ཞུང་གི་ཚོང་པ་རྣམས་ཕྱིར་མ་འཁོར་བས། ཞང་ཞུང་རྒྱལ་པོ་གྲགས་པ་ལྷུན་གྲུབ་དེས་མུ་སྟེགས་བླ་མ་གཤེན་ལྷ་འོད་དཀར་ལ་

[①] བོད་འདིའི་ལེགས་སྒྲིག་པའི་གསལ་བཤད་ནང་གསལ།

ཐུགས་བརྟག་ཞུས་ནས་ཚོང་སྐར་སྟག་རོང་ནོག་གིས་བཅོམ་པར་ཤེས་པས། སློན་པོ་བཞི་ལ་དམག་བུ་ཏྲ་ཉིས་བརྒྱ་ཙམ་གྱི་འཁོར་དང་བཅས་ར་མདའ་གཅོད་པར་མངགས། དེ་རྣམས་ཀྱིས་རྒྱལ་པོའི་བཀའ་བཞིན་སྟག་རོང་མཚེར་སར་སོང་ནས་རུ་བ་བཅོ་བརྒྱད་དེ་ཤུལ་མེད་བཅོམ་ཞིང་སྒོ་ཕྱུགས་དཀར་ནག་དབྱེར་མེད་ཞང་ཞུང་ཡུལ་ལ་དེད།

སྟག་རོང་ནོག་ནས་གླིང་རྗེ་གེ་སར་རྒྱལ་པོར་ཞང་སྟག་གཉིས་ཀྱི་སྡེ་གཟར་བྱུང་ཚུལ་གྱི་ལོ་རྒྱུས་ཞུས་པས་ན། གེ་སར་རྒྱལ་པོར་ཡང་ཞང་ཞུང་མུ་ཏིག་རྫོང་འབེབས་དགོས་པའི་ལྷ་ཡི་ལུང་བསྟན་བྱུང་བས། གླིང་གི་མངའ་ཁོངས་ཕྱི་ནང་རྒྱལ་ཁབ་བཅུ་ཡི་དཔུང་དམག་བསྡུས་ནས་དམག་གི་ཁ་ལོ་ཞང་ཞུང་ཡུལ་ལ་བསྒྱུར།

བྱང་བྱེ་རི་དང་ཞང་ཞུང་གཉིས་ཀྱི་ས་མཚམས་བྱང་ལ་ཐང་ཁྲ་མོའི་འཁྱིང་ཁུག་ཏུ་ཞང་གླིང་ཚུར་ཆས་ཕར་འགྲོའི་དཔའ་བོ་གདོང་ཐུག་གཡུལ་འཁྲུགས་པ་ནས་ཞང་ཞུང་གི་ཕོ་བྲང་མཐོ་རི་རྡོ་རྫོང་གི་ལྕགས་རི་ཕྱི་ནང་བར་གསུམ་གླིང་ལ་མ་ནོར་གྱི་བར། ཞང་གླིང་གཉིས་དེ་ཤིང་བཟོ་མཁས་པས་སོག་ལེ་འཐེན་པ་བཞིན་ཕར་རྒོལ་ཚུར་འགེབ་ཀྱི་གཡུལ་འཁྲུག་ལོ་གསུམ་བྱས་པ་བརྒྱུད། ཞང་ཞུང་གི་བློན་ཆེན་བྲག་སྟག་ཐོག་གསུམ་གྱི་གཙོས་སྟག་ཐུལ་དྲུག་རྩ་དང་ཞང་ཞུང་དམག་གི་དཔུང་སྟོན་ཕྱི་གླིང་རྒྱལ་ཁག་བཞི་ཡི་དཔའ་རྒོད་ཡོད་རིགས་རྩེག་མེད་དུ་བཏང་མཐར། ཞང་ཞུང་རྒྱལ་པོ་གྲགས་པ་ལྷུན་གྲུབ་ཀྱི་ཚེ་སྲོག་ཀྱང་ནོར་ནས་ཞང་ཞུང་གླིང་གི་མངའ་འོག་ཏུ་བསྡུས། ཞང་ཞུང་མུ་ཏིགས་ཀྱི་བསྟན་པ་བསྣུབ་ཅིང་དཀར་པོ་ཆོས་ཀྱི་འཁོར་ལོ་བསྐོར། བྱེ་རིའི་དཔའ་བོ་ཆོས་གྲུབ་དང་ཞང་ཞུང་གི་མགོ་བཏགས་བློན་པོ་སྟག་མོ་ཁྲི་བཙན་གཉིས་དེ་ཞང་ཞུང་གི་འགོ་དཔོན་དུ་བསྐོས་པའི་ནང་དོན་བརྗོད་ཡོད།

ཉེར་གཅིག 《ཨ་གྲགས་གཟི་རྫོང་》གི་སྐོར།

གཅིག ལེགས་སྒྲིག་དཔར་སྐྲུན་གྱི་གསལ་བཤད།

སྒྲུང་པོད་འདིའི་མ་ཡིག་ཟིན་འགོད་པ་བྱམས་པ་པད་འཛོམས་སོགས། ལེགས་སྒྲིག་པ་རིག་འཛིན། རྩོམ་སྒྲིག་འགན་འཁུར་བ་རྒྱང་འཕོར་ཚེ་ཕུན། མཐའ་ཞུས་པ་ཀུན་དགའ་བཅས་ཡིན།

སྤྱི་ལོ་༡༩༨༤ལོར་སྒྲ་ཕབ་བྱས་པ་དང་། སྤྱི་ལོ་༡༩༨༤ལོ་ནས་༡༩༨༧ལོ་བར་ཡིག་གེར་ཕབ། སྤྱི་ལོ་༢༠༠༩ལོར་ལེགས་སྒྲིག་བྱས་ཤིང་༢༠༠༥ལོར་དཔར་དུ་བསྐྲུན། སྒྲུང་སྣ་འདི་ཐོག་མའི་སྒྲ་ཕབ་སྤྱིན་ཤོག་འཁོར་གྲངས་བརྒྱ་ལྷག་ཙམ་ཡོད་པ་རྣམས་ཡིག་གཟུགས་ལ་གཞིགས་སྐབས་ཟིན་བྲིས་པ་མི་འདྲ་བ་ལྔ་དྲུག་གིས་ཡི་གེར་ཕབ་པའི་མ་ཟིན་གཞིར་བཟུང་ལེགས་སྒྲིག་བྱས་པ་ཞིག་ཡིན། ལོ་རབས་བརྒྱད་ཅུ་པའི་ཐོ་འགོད་ནང་སྒྲུང་སྣ་འདིར་འཁོར་གྲངས་༧༩ཡོད་པར་གསལ་བ་ལ་གཞིགས་ན་ཐོག་མར་ཡི་གེར་འབེབས་སྐབས་འཁོར་གྲངས་མང་པོ་ཞིག་ཉློས་པར་དོགས་ལ། ཟིན་བཀོད་པ་མི་འདྲ་བས་ཡི་གེར་འབེབས་སྐབས་ སྤྱི་འབྲེལ་མཐུད་མི་ཐུབ་པའི་རིགས་ཀྱང་ཧ་ཅང་མང་བས་ལེགས་སྒྲིག་བྱེད་སྐབས་དཀའ་ཚད་ཆེ་ཤོས་ཀྱི་སྒྲུང་སྣ་ཞིག་ཡིན། ད་ལྟ་དཔར་དུ་བསྐྲུན་པའི་པོད་འདི་སྤྱི་ལོ་༢༠༠༩ལོར་སྒྲུང་མཁན་གང་ལ་སླར་ཡང་སྒྲུང་སྣ་འདི་སྒྲ་ཕབ་བྱེད་དུ་བཅུག་པས་དེར་སྤྱིན་ཤོག་འཁོར་ཐག་༢༩ཡོད། འོན་ཀྱང་སྔོན་མའི་མ་ཟིན་དེ་བརྗོད་བྱ་རྒྱས་པ་ཡོད་ལ་སྐབས་དེ་ཙ་ན་ངལ་བ་དུ་མ་སྤྱད་པ་བརྒྱུད་ལེགས་སྒྲིག་བྱ་ཐུབ་ཙམ་བྱུང་བས་དེ་ཉིད་དཔར་སྐྲུན་བྱས་པ་ལགས།

སྒྲུང་སྣ་འདིར་སྤྱིན་ཤོག་འཁོར་གྲངས་༧༩དང་། ལེགས་སྒྲིག་དཔར་སྐྲུན་བྱས་རྗེས་སྒྲུང་པོད་འདིར་ཤོག་གྲངས་༣༩༩དང་། ཚིག་ཁྲང་༡༡༠༢༨ཡོད།

གཉིས། ནང་དོན་གནད་བསྡུས།

དེ་ཡང་གླིང་སྟག་རོང་ཚང་གི་ཚོང་དཔོན་གསུམ་དང་ཚོང་གཡོག་ལག་དོ་

ལྷ་བཙུ་ཙམ་ཞིག་ལ་དྭགས་ཡུལ་དུ་ཚོང་ལ་ཕྱིན་ནས་ཆུ་མོ་འབྲུག་གི་ལོར་རང་ཡུལ་ཁྲ་མོ་གླིང་ལ་ལོག་ཡོང་བའི་ལམ་བར་དུ། བྱང་གི་བྱེ་མ་འབུམ་ཐང་དུ་བྱེ་རི་སྟག་གོད་རྒྱལ་པོའི་དམག་གིས་ཚོང་ཟོག་རྒྱུ་ནོར་ཡོད་རིགས་བཅོམ་པ་མ་ཟད། ཚོང་དཔོན་གཅིག་དང་ཚོང་གཡོག་ཁ་ཤས་བསད་དེ་ལྷག་འཕྲོས་ཞུང་བསྐུས་དེར་གེ་སར་རྒྱལ་པོས་གཙོས་པའི་གླིང་གི་དཔའ་རྟུལ་རྣམས་ལ་དམའ་འབེབས་བྱེད་པའི་ཡི་གེ་བསྐུར་ནས་གླིང་ལ་བརྫངས། ཚོང་གཡོག་ལག་དོ་དེ་ཚོ་གླིང་ལ་འཁྱོར་ནས་གེ་སར་རྒྱལ་པོར་བྱེ་རིས་བཅོམ་ཚུལ་གྱི་ལོ་རྒྱུས་ཞིབ་པར་ཞུས་པས། གེ་སར་རྒྱལ་པོས་གླིང་ཚོ་དྲུག་གི་ལྷ་དམག་གིས་གཙོས་བདུད། ཧོར། མོན། འཇང་སོགས་གླིང་གི་མངའ་སྡེའི་དམག་སྙིང་བསྡུ་བྱས་ནས་བྱེ་རིའི་ཡུལ་ལ་ཕྱིན། ལམ་བར་དུ་ལྷ་མོ་བཀྲ་ཤིས་ཚེ་རིང་མས་དང་ཐོག་ཨ་གྲགས་ཡུལ་གྱི་གཟི་རྫོང་འབེབས་དགོས་པའི་ལུང་བསྟན་གནང་བ་བཞིན་གླིང་དམག་གིས་ཨ་གྲགས་ཡུལ་གྱི་འགག་སྲུང་སོ་པ་རྣམས་བཅོམ་པས། ཨ་གྲགས་རྒྱལ་བློན་རྣམས་ཁྲོས་གླིང་བྱས་ཏེ་གླིང་དམག་ཡོང་བའི་ལམ་བཀག་ཅིང་གཡུལ་འགྱེད་ལན་མང་བྱས་པར། ཨ་གྲགས་རྒྱལ་པོས་མངགས་པའི་མདུན་མཆོངས་བློན་པོ་ཐང་སྲས་ནམ་མཁའ་འཛིགས་མེད་ཀྱིས་གཙོས་པས་གླིང་ལ་མགོ་འབུལ་བྱས་ཐོག་དེས་ས་སྐྱེ་ལམ་རྒྱུས་བྱས་ནས་གླིང་དམག་རིམ་གྱིས་ཨ་གྲགས་ཀྱི་ཡུལ་དུ་བཤར་ཏེ་ཨ་གྲགས་ཀྱི་འཕྲུལ་བུ་སྔོ་ངའི་མི་དྲུག་ཏ་དྲུག་གིས་གཙོས་སངས་རྒྱས་བསྟན་པར་གནག་པའི་བདུད་བློན་རྣམས་རེ་རེ་བཞིན་དུ་ཐབས་ཤེས་གང་རུང་གིས་རྩ་མེད་བཟོས། དེ་ནས་ཨ་གྲགས་རྒྱལ་པོའི་ཕོ་བྲང་གི་ཕྱོགས་བཞི་མཚམས་བརྒྱད་གླིང་དམག་གིས་ཨ་ལོང་བཞིན་དུ་བསྐོར་བའི་དུས། ཨ་གྲགས་རྒྱལ་པོ་དེ་ཐེའུ་མོ་ཡབ་ཤ་ཞེས་པའི་རྫུ་ཐག་གི་གནམ་སྐས་བརྒྱུད་དགའ་རབ་དབང་ཕྱུག་གི་ཞིང་ཁམས་སུ་བསྐྱོད་པར་བརྩམས་ཀྱང་། གེ་སར་རྒྱལ་པོས་སྟོང་ཉིད་ཀྱི་རྒྱུད་ནས་རྫུ་ཐག་དེ་བཅད་པས། ཨ་གྲགས་རྒྱལ་པོ་དེ་འཐབ་པར་དཔུང་ཟད། གྲོས་པར་ལམ་མེད་པར་ཐབས་ཟད་ཙ་ཐུག་གི་གནས་སུ

ལྷུང་པའི་དུས། དབུས་ཀྱི་རལ་ཁྲི་འཕྲུལ་སྲས་རྒྱལ་པོར་ཨ་གྲགས་དང་གླིང་གཉིས་བར་ལ་འདུན་མ་བྱ་དགོས་པའི་ལྷ་ཡི་ལུང་བསྟན་བྱུང་བ་བཞིན་རལ་ཁྲི་འཕྲུལ་སྲས་རྒྱལ་པོས་གཙང་གི་བློན་པོ་གཙང་སྟོད་རྟ་ནག་པའི་སྲས་གྲགས་པ་ལྷུན་གྲུབ་འདུན་མ་བྱེད་པར་མངགས། གཙང་བློན་རྟ་ནག་པས་གླིང་སྐར་དུ་ཕེབས་ནས་རྒྱལ་པོ་གེ་སར་དང་མཇལ་འཕྲད་ཞུས་ཏེ་ཨ་གྲགས་དང་གླིང་གཉིས་བར་ལ་འདུན་མ་གཏམ། གླིང་དམག་རྣམས་བྱེ་རིའི་ཡུལ་ནས་མ་འཁོར་བར་ཨ་གྲགས་ཀྱི་རྒྱལ་པོ་ཉི་གྲགས་དེ་དང་བཙུན་མོ་བཅས་པ་བཙོན་འཛུག་ཚུལ་གྱིས་གཙང་སྲས་རྟ་ནག་པ་དང་མཉམ་དུ་དབུས་ཕྱོགས་སུ་བཟུངས། དེ་ནས་གེ་སར་རྒྱལ་པོས་ཨ་གྲགས་ཡུལ་གྱི་གཟི་གཏེར་བླངས་ནས་གཟི་འགྱེད་རྒྱ་ཆེར་མཛད་ཅིང་ཨ་གྲགས་ཀྱི་ཡུལ་དུ་བན་བོན་མཉམ་དར་གྱི་ཆོས་བྱེད་ཆོག་པའི་སྲོལ་བཏོད་པ་མ་ཟད། ཨ་གྲགས་ཀྱི་ཁྲི་དཔོན་ཉི་ཤུ་རྩ་ལྔ་དང་། སྟོང་དཔོན་ཉིས་བརྒྱ་ཞེ་ལྔ། བརྒྱ་དཔོན་ཉིས་སྟོང་བཞི་བརྒྱའི་གོ་གནས་བསྐྱར་བསྐོས་མཛད་ཐོག གདོང་གི་དཔོན་པོ་ཉི་མ་རང་འོག་གི་ལས་དམག་ཕྲུག་བསྡུས་ལྔ་བརྒྱ་དང་བཅས་ཨ་གྲགས་ཀྱི་རྫུས་དཔོན་ཚུལ་དུ་བཞག་པའི་ནང་དོན་བཀོད་ཡོད།

ཉེར་གཉིས། 《བྱེ་རི་ཛུར་རྫོང་》གི་སྐོར།

གཅིག ལེགས་སྒྲིག་དཔར་སྐྲུན་བྱས་ཚུལ།

སྒྲུང་པོད་འདིའི་མ་ཡིག་ཟིན་འགོད་པ་སྟེ་དགེ་བ་པད་མ་ཚུལ་ཁྲིམས། ལེགས་སྒྲིག་པ་རིག་འཛིན། རྩོམ་སྒྲིག་འགན་འཁུར་བ་རྒྱང་འཁོར་ཚེ་ཕུན། མཐའ་ཞུས་པ་དགྲ་ལྷ་ཀླ་བ་བཟང་པོ་བཅས་ཡིན།

ཕྱི་ལོ་༡༩༩༡ལོར་སྒྲ་ཕབ་བྱས་པ་དང་། ཕྱི་ལོ་༡༩༩༢ལོར་ཡིག་ཐོག་ཏུ་ཕབ། ཕྱི་ལོ་༢༠༠༢ལོར་ལེགས་སྒྲིག་བྱས་ཤིང་༢༠༠༥ལོར་དཔར་དུ་བསྐྲུན། སྒྲུང་སྣ་འདི་སྟོད་སྨད་གཉིས་སུ་ཕྱེ་སྟེ་བསྐྲུན་པ་ཡང་བརྗོད་བྱའི་ནང་དོན་གྱིས་སྐོར་ཚན་དུ་དབྱེ་བ་ཞིག་མ་ཡིན་པར་ཡིག་འབོར་ཆེ་བས་དེབ་གཅིག་ཏུ་བསྒྲིགས་

ན་སྟབས་མི་བདེ་བས་དེབ་གཉིས་སུ་དཔར་བཏབ་པ་ཡིན།

སྒྲུང་སྣ་འདིར་སྤྱིན་ཤོག་འཁོར་གྲངས་༥༡དང་། ལེགས་སྒྲིག་དཔར་སྐྲུན་བྱས་རྗེས་ཤོག་གྲངས་༧༨༧དང་། སྡོད་ཚར་ཚིག་ཀང་༦༨༨༧དང་། སྨད་ཚར་ཚིག་ཀང་༡༡༠༨༣ཡོད།

གཉིས། ནང་དོན་གནད་བསྡུས།

སྟོད་གླིང་གསེར་པ་ཆེ་བརྒྱད་ཀྱི་ཚོང་དཔོན་ཉི་མ་གྲགས་པ་དང་ཟླ་བ་དོན་གྲུབ། བསོད་ནམས་རྒྱལ་མཚན། དབང་པོ་ནོར་བཟང་བཞི་ལ་ཚོང་གཡོག་ལག་ང་བཞི་བཀྲས་བསྐོར་ནས་ལ་དྭགས་ཡུལ་དུ་ཚོང་ལ་ཕྱིན། ཆུ་ཁྱི་ལོ་ཡི་ལོ་འགོར། གསེར་དངུལ་དར་ཟབ་སོགས་ཚོང་ཟོག་ཧ་དྲིལ་ཁལ་རྒྱབ་སྟོང་ཚོ་དེད་ནས་གླིང་ཡུལ་དུ་ཕྱིར་ལོག་བྱེད་པའི་ལམ་བར་དུ། བྱེ་རིའི་རྒྱང་ལུང་ན་བཀྲ་གོང་འོག་ཅེས་པར་བྱེ་རིའི་དམག་གིས་བཅོམ། ཚོང་གཡོག་ལག་ང་སུམ་བརྒྱ་ལྔ་བཅུ་བསད་ཅིང་ལྷག་ལུས་ཚོང་དཔོན་བཞི་དང་ཚོང་གཡོག་ལྔ་བཅུ་པོ་དེ་དག་ཁ་ཆག་སྣ་རལ་བཟོས་ཐོག་གླིང་གི་རྒྱལ་བློན་རྣམས་ལ་སྙིང་ཚིམ་དང་དམའ་འབེབས་བྱེད་པའི་ཡི་གེ་བསྐུར་ནས་གླིང་ལ་བཏང་ངས།

ལྷག་འཁྲོས་ཚོང་པ་དཔོན་གཡོག་དེ་རིགས་གླིང་ལ་འཁྱོར་རྗེས་གསེར་པའི་ཉི་འབུམ་དར་ཡག་ལ་ལོ་རྒྱུས་སྙན་ཞུ་ཕུལ་བར། ཉི་འབུམ་གྱིས་སྤྱི་དཔོན་རོང་ཚ་ཁྲ་རྒན་བརྒྱུད་འཛམ་གླིང་སེང་ཆེན་རྒྱལ་པོར་ཞུས་པས། གེ་སར་རྒྱལ་པོས་བྱེ་རིའི་བྱུར་རྫོང་འབེབས་པའི་དུས་ལ་བབས་པར་དགོངས་ཏེ་གླིང་སྟོད་སྨད་བར་གསུམ་གྱིས་གཙོས་བདུད། ཧོར། མོན། འཇང་། སྟག་གཟིག ཞང་ཞུང་། སྐྱེ་ར་སོགས་ཕྱི་ནང་རྒྱལ་ཁབ་དགུ་ཡི་དཔུང་དམག་བསྡུས་ནས་དམག་གི་ཁ་ལོ་བྱེ་རིའི་ཡུལ་དུ་བསྒྱུར།

ལམ་ཞོར་དུ་ཨ་གྲགས་ཡུལ་དང་གཡུལ་འཁྲུག་ལོ་གཉིས་དང་ཕྱེད་ཀ་བྱས་ཏེ་ཨ་གྲགས་ཡུལ་གྱི་བདུད་བློན་ཚོས་ལ་གནག་རིགས་དྲག་པོའི་མཚོན་ལ་དྲངས་

ཞིང་ཨ་གྲགས་ཡུལ་གྱི་གཟི་རྫོང་ཕབ། དཀར་པོའི་ཆོས་ཀྱི་སྲོལ་བཏོད། རྗེ་བློན་ཆོས་ཕྱོགས་ལ་དཀར་བ་རྣམས་ཐར་བཞིན་རང་ཐོབ་གནས་ལ་བཞག ཤི་རྨས་བྱུང་བའི་གླིང་དམག་གི་གྲངས་ཨ་གྲགས་ཡུལ་ནས་ཁ་གསབ་མཛད་ཅིང་བྱེ་རིའི་ཡུལ་ལ་འགྲོ་བའི་དམག་གི་འགྲོ་གྲོན་ཨ་གྲགས་ཡུལ་ནས་གྲབས་གཞོམ་བྱས།

ཨ་གྲགས་ཀྱི་བློན་པོ་ལ་ཕུའི་ཨ་ནུ་ཞལ་དཀར་གྱིས་ས་སྣེ་ལམ་རྒྱུས་བྱས་ནས་གླིང་དམག་རྣམས་རིམ་གྱིས་བྱེ་རིའི་ཡུལ་ལ་བསྐྱོད་ཅིང་བྱེ་རིའི་བློན་གྲོད་དགུ་དང་སྟག་ཐུལ་བརྒྱད་ཙུ་སོགས་བདུད་བློན་ཡོད་རིགས་རྨིག་མེད་དུ་བཏང་། བྱེ་བློན་བྲམ་ཟེ་ཨ་རྒྱལ་གྲགས་པ་དང་ཆོས་གྲུབ་གཉིས་ཀྱིས་གཙོས་པའི་བློན་འབངས་ཆོས་ཕྱོགས་ལ་དཀར་རིགས་གླིང་ལ་མགོ་འབུལ་བྱས་པས། བྱེ་རིའི་རྒྱལ་པོ་སྟག་རྩེ་གཡུ་གྲོད་དེ་བྱ་མཚུ་མེད་རྒྱམ་བུ་ལག་གིས་འཕྲུ། དཔོན་གཡོག་མེད་ཧ་སྒ་རང་གིས་སྟོད་ཟེར་བའི་དཔེ་ལྟར་གླིང་སྐར་སྟེང་དུ་མཆོངས་ཤིང་ཤི་ལྕེབ་རོ་ལྕེབ་ཀྱིས་འཛམ་གླིང་སེང་ཆེན་རྒྱལ་པོ་དང་མདའ་འགྲན་ལན་མང་བྱས་མཐར། ལས་དབང་ཟློག་ཐབས་མེད་པས་སེང་ཆེན་རྒྱལ་པོའི་མདའ་འོག་ནས་བྲོས་ས་མ་རྙེད། བྱེ་རིའི་བདུད་ལུང་ནག་པོ་དེ་དཀར་པོའི་ཆོས་ལུང་དུ་བསྒྱུར་ཞིང་བྱེ་རི་ཡུལ་གྱི་བྱུར་རྫོང་ཕབ། བྱེ་རིའི་སྐྱེ་བོ་ཕོ་མོ་ཀུན་གཞན་མེད་པར་བྱུ་རུ་བྲེ་གང་རེའི་གཏེར་འབྱེད་མཛད། བྱེ་བློན་མགོ་བཏགས་ཞུས་པ་རྣམས་ཀྱི་ཐར་འཛིན་གོ་གནས་རང་སོར་བཞག ལོ་གསུམ་རིང་ཨ་སྟག་ཀླུ་མོ་བྱེ་རིའི་འགོ་དཔོན་ཚུལ་དུ་བཞུགས་རྒྱུ་དང་ད་གཟོད་བྱེ་སྲས་ཟླ་བ་སྟོང་གྲོད་དེས་པ་ཤུལ་བུ་འཛིན་བྱ་རྒྱུར་གྲོས་མཐུན་བྱུང་བའི་ནང་དོན་བཀོད་ཡོད།

ཉེར་གསུམ། 《ཁ་གླིང་གཡུལ་འགྱེད་》ཀྱི་སྐོར།

གཅིག ལེགས་སྒྲིག་དཔར་སྐྲུན་བྱས་ཚུལ།

སྒྲུང་པོད་འདིའི་མ་ཡིག་ཟིན་འགོད་པ་ཡར་འགྲོ། ལེགས་སྒྲིག་པ་བློ་བརྟན། སྤྱི་ལོ་༢༠༠༤ལོར་སྒྲ་ཕབ་བྱས་པ་དང་། སྤྱི་ལོ་༢༠༠༥ལོར་ཡིག་ཐོག་ཏུ་

པབ། སྤྱི་ལོ་༢༠༡༠ལོ་ནས་༢༠༡༢ལོའི་བར་ལེགས་སྒྲིག་བྱས་ཤིང་ད་ཆ་རྩོམ་སྒྲིག་བྱེད་མུས་ལགས།

སྒྲུང་སྣ་འདིར་སྤྱིན་ཤོག་འཁོར་གྲངས་༥༨དང་། ཐོག་མའི་ལེགས་སྒྲིག་བྱས་པའི་མ་དཔེར་ཤོག་གྲངས་༣༧༧ཡོད།

གཉིས། ནང་དོན་གནད་བསྡུས།

གནའ་སྔ་མོའི་དུས་ཁ་ཆེས་བལ་པོ་དང་གོར་ཁ་སྟག་ཁ་བཅས་རྒྱལ་ཁབ་ཆུང་དུ་གསུམ་དབང་ལ་བསྡུས། དེ་རྗེས་ཁ་ཆེའི་དམག་དཔུང་གིས་ཁེངས་དྲེགས་ཆེས་ཆེར་གྱུར་ཏེ་ཤར་ཁྲ་མོ་གླིང་དཀར་ལ་དམག་དྲངས་ནས་དྲག་པོའི་གཡུལ་འགྱེད་འགྲན་པས་སྟག་རོང་ཁྲི་རྒྱལ་ཤིན་ཏུ་སྐྲག་ཆེ་བས་གཡུལ་འགྱེད་ལ་འགྲོ་མ་ཕོད་པར་ནུ་རྫུ་བཏབ་ནས་རང་མཁར་བྲག་དམར་མདུང་རྩེ་རུ་བསྡད་དེ་ཉིན་མཚན་མེད་པར་བློ་མི་བདེ་བའི་གནས་སུ་གྱུར། ཕོའི་བསམ་པར་ཁ་ཆེའི་རྒྱལ་ཁབ་དེ་སྟོབས་ཤུགས་ཆེ་ལ་མཚོན་ཆ་དང་རྟ་ཡིན་པ་དང་། རྗེས་སྟོན་གྱི་ར་བློན་པོ་གཡེར་ཅན་མང་པོ་ཡོད་པས། ཁྲ་མོ་གླིང་དཀར་གྱིས་འགྲན་ཡ་མི་ཐུབ་བསམས་ཏེ་ཐབས་བརྒྱ་ཧུས་སྟོང་གིས་ཁ་ཆེའི་སྐར་ལ་སོང་ནས་བློན་ཆེན་ཀླུ་ཡག་རུ་རིང་གི་འགྲམ་དུ་ཕུས་མོ་ས་ལ་བཙུགས་ཏེ་མགོ་བཏགས་ཞུས། ཁྲོ་ཐུང་གིས་སྔོན་མ་གླིང་གི་རྒྱལ་པོ་ང་རང་ཡིན། ཕྱིས་སུ་ཇོ་རུས་འབྲོག་པ་དེ་ཚུར་ལེན་ཐབས་དང་རྒྱུན་དུ་རང་ལ་བརྙས་བཅོས་བྱེད་མཁན་མི་ངན་འགའ་ཤས་ལ་འཁོན་ལན་སློག་རྒྱུ་མ་ཟད། གལ་ཏེ་ཁ་ཆེའི་རྒྱལ་ཁབ་ཀྱིས་གླིང་དཀར་གྱི་རྒྱལ་ས་བླངས་ཚེ་ཁྲོ་ཐུང་སྔར་བཞིན་གླིང་གི་རྒྱལ་པོར་བསྐོ་གཞག་བྱེད་རྒྱུའི་འབའ་ཡིག་བྲིས། དུས་མཚུངས་ཁྲོ་ཐུང་གི་ཧུས་ངན་འོག་གླིང་གི་དཔའ་བརྟུལ་མང་པོ་ཞིག་དང་ཐ་ན་རང་གི་ཕུ་ནུ་ལྷ་རྒོད་བཅས་དགྲ་བོའི་ལག་ཏུ་རྩིས་སྤྲད་ནས་དམར་གསོད་བཏང་། དེའི་སྐབས་གླིང་རྗེ་གེ་སར་རྒྱལ་པོས་མངའ་འོག་གི་ལས་དམག་བསྡུ་རུབ་བྱས་ཏེ། ཁ་ཆེའི་ཡུལ་ལ་དྲག་པོའི་གཡུལ་འགྱེད་ལོ་ལྔ་ལྷག་ཙམ་

བྱས་པ་དང་གླིང་རྗེ་ཡིས་རལ་གྲི་བཏབ་པ་ལན་མེད་དེས་ཁ་ཆེ་ཁྲི་བརྟན་རྒྱལ་པོའི་མགོ་དུམ་བུར་གཤགས། སྤྱི་དཔོན་རོང་ཚ་ཁྲ་རྒན་གྱིས་མདའ་མོ་སྦྱིངས་ནས་བལ་པོའི་བློན་པོ་ཉེལ་དཀར་འོད་འབུམ་བསད། དེ་ནས་བཟུང་ཁ་ཆེའི་འཕྲོ་ལུས་བློན་དང་དྲ་ར་ལས་དམག་རྣམས་ཀྱིས་གླིང་དཀར་ལ་མགོ་བོ་བཏགས་ནས་ཡུལ་གྱི་རྒྱུ་ནོར་རིན་ཆེན་གསེར་དངུལ་དང་གུར་གུམ་ལ་སོགས་པའི་སྨན་རྫས་རྣམས་གླིང་རྗེ་མི་ཡི་ཉི་མ་ལ་ཕུལ།

གླིང་རྗེ་གེ་སར་རྒྱལ་པོས་བཀའ་བསྒྲལ་ནས་འཛང་ཕྲུག་གཡུ་ལྷ་གནས་སྐབས་ཁ་ཆེའི་ཡུལ་གྱི་རྒྱལ་ཚབ་ལ་བསྐོ་གཞག་བྱས་ཏེ་ཚིབས་ཁ་ཤར་ཁྲ་མོ་གླིང་ལ་བསྒྱུར་བའི་ལོ་རྒྱུས་ཀྱི་བྱུང་བ་བརྗོད་ཡོད།

ཉེར་བཞི། 《ཆུ་མོ་ལི་ཁྲིའི་ནོར་རྫོང་》གི་སྐོར།

གཅིག ལེགས་སྒྲིག་དཔར་སྐྲུན་བྱས་ཚུལ།

སྒྲུང་པོད་འདིའི་མ་ཡིག་ཟིན་འགོད་པ་བྱམས་པ་དཔལ་འཛོམས། ལེགས་སྒྲིག་པ་བསོད་ནམས་མཚོ་མོ་དང་ལྷག་པ། རྩོམ་སྒྲིག་འགན་འཁུར་བ་ཀུན་དགའ། མཐའ་ཞུས་པ་མིག་དམར་ཚེ་རིང་བཅས་ཡིན།

༡༩༨༧ལོར་སྒྲ་ཕབ་བྱས། སྤྱི་ལོ་༡༩༨༨ལོར་ཡིག་ཐོག་ཏུ་ཕབ། སྤྱི་ལོ་༢༠༠༢ལོ་ནས་༢༠༠༣ལོ་བར་ལེགས་སྒྲིག་བྱས་ཤིང་༢༠༠༩ལོར་དཔར་དུ་བསྐྲུན། སྒྲུང་པོད་འདིའི་ལེགས་སྒྲིག་གི་ལས་འགན་བོད་ལྗོངས་སློབ་གྲྭ་ཆེན་མོའི་དགེ་རྒན་རྣམ་གཉིས་ལ་མངགས་བཅོལ་ཞུས། ཁོང་རྣམ་གཉིས་ཀྱིས་གལ་པོ་ཆེ་ལ་ནན་ཏན་གྱི་དཔེ་ལྟར་དུས་ཡུན་རིང་པོའི་ནང་ལེགས་སྒྲིག་གཟབ་ནན་གནང་བ་མ་ཟད། བོད་ཡིག་གི་དགེ་རྒན་གཞན་འགའ་སྒྲིག་འཛུགས་ཀྱིས་དཔར་ཞུས་ཀྱང་གཟབ་ནན་གནང་ཡོད།

སྒྲུང་སྣ་འདིར་ཕྱིན་ཤོག་འཁོར་གྲངས་༩༨དང་། ལེགས་སྒྲིག་དཔར་སྐྲུན་བྱས་རྗེས་པོད་འདིར་ཤོག་གྲངས་༥༤༨དང་། ཚིག་ཀྲང་༡༤༤༢༣ཡོད།

གཉིས། ནང་དོན་གནད་བསྡུས།

སྔོ་རྒྱ་གར་གྱི་ཕྱོགས་སུ་ཚུ་མོ་ལི་ཁྲི་བྱ་བའི་རྒྱལ་ཁབ་གཅིག་ཡོད་པ་དེའི་རྒྱལ་པོའི་མིང་ལ་ཚུ་བཙན་གྲགས་རྒྱལ་ཟེར། དེ་ལ་མཐུ་ངན་སྔགས་ཀྱིས་ཕྱུག་པའི་བློན་པོ་བྱ་རིགས་དང་སྦྲུལ་རིགས། ཕག་རིགས་སོགས་ལས་བྱུང་བའི་བདུད་བློན་ལྔ་བཅུ་ཙམ་དང་། རྟེན་རྒྱུ་ནོར་གསེར་དངུལ་མུ་ཏིག་བྱུ་རུ་གཙོས་ནོར་རིགས་སྣ་ཚོགས་ཡོད། སྐབས་ཤིག་རྒྱལ་པོ་དེའི་བཙུན་མོ་ཤེས་རབ་ཀུན་བཟང་གི་བསམ་པར། རྒྱལ་པོ་འདི་རང་ཉིད་ཆེ་ལ་བྱམས་སྙིང་རྗེ་མེད་པ། སྟར་དཔུང་ཉིད་ལ་བརྟེན་ནས་རང་ཉིད་ཀྱི་ཕ་མ་གཉིས་ཁྲིམས་ལ་སྦྱར་བ་མ་ཟད། དགའ་ཉེ་དམར་གསོད་བཏང་སྟེ་རང་ཉིད་བཙན་འཕྲོག་བྱས་པ་ཡིན་ཚུལ་དྲན་པས། སེམས་སྐྱོ་ནས་ཕོ་བྲང་གི་ཡང་རྩེར་ཐོན་ཏེ། “རབས་ཆད་བུ་མོར་སྡུག་དགུ་ཚང་། །གར་འགྲོའི་ས་གཅིག་མཁྱེན་པར་ཤོག །བདུད་ཀྱི་བཙུན་མོ་བྱེད་པ་ལས། །ཤི་དམྱལ་བ་སྨྱུལ་ན་དགའ་རྒྱུ་ཡིན། །”ཞེས་བརྗོད་ནས་རང་ཉིད་ཀྱི་རྗེས་མའི་ལས་འགྲོ་ཡུལ་གང་དུ་ཡོད་མེད་བརྟག་ཕྱིར་གསེར་གདུབ་ནམ་མཁར་འཕངས་པས། གསེར་གདུབ་དེ་བྱང་ཤར་ཕྱོགས་སུ་སོང་། དེས་བཙུན་མོ་རང་ཉིད་ཀྱི་ལས་འགྲོ་བྱང་ཤར་གླིང་གི་ཕྱོགས་ལ་ཡོད་པ་ཤེས་ཏེ། མཐར་བཙུན་མོ་དང་གཡོག་མོ། གཡོག་པོ་གསུམ་གྱིས་རྒྱལ་པོའི་སྐྱག་ཏུ་གཅེས་ནོར་མང་པོ་འཁྱེར་ཏེ་དགའ་ངལ་ཁྱད་བསད་ཀྱིས་གླིང་ཕྱོགས་སུ་སོང་ཞིང་། དེ་རྗེས་རྒྱལ་པོ་ཚུ་བཙན་གྲགས་རྒྱལ་གྱིས་བཙུན་མོ་བྲོས་ཐོལ་དུ་ཕྱིན་པ་ཤེས་རྗེས་བཙུན་མོ་འཚོལ་བ་དང་ཆབས་ཅིག་གླིང་གི་ས་ཆར་དམག་དཔུང་བཏེགས། སྐབས་དེར་ཨ་ནེ་གོང་སྨན་རྒྱལ་མོའི་ལུང་བསྟན་ཕེབས་དོན་བཞིན་གླིང་ཕྱོགས་ནས་ཀྱང་དམག་གྲ་བསྒྲིགས་ཏེ་བཙན་འཛུལ་ཚུར་རྒོལ་པར་ཕར་རྒོལ་བྱས་ཤིང་དམག་འཁྲུག་གི་འགོ་བཙམས་པ་ཡིན། གཡུལ་འགྱེད་ཀྱི་ཐོག་མའི་བརྒྱུད་རིམ་ནང་ཕན་ཚུན་ལག་དམར་ཁྲག་ལ་བསྒྲེས་ནས་ཤི་བསད་རོ་ཡི་འཁོར་ལོ་བསྐོར་ནའང་། རྒྱལ་ཕམ་གྱི་དབྱེ་བ་མ་ཆོད།

ཕན་ཚུན་འཐབ་ནས་ལོ་གཅིག་ཟིན་ཉེར་ཡོད་སྐབས་ཆུ་མོ་ལི་ཁྲིའི་དམག་གིས་གླིང་དམག་ལ་མདོ་བར་རང་ཡུལ་ལ་ཕྱིར་འཐེན་མི་བྱེད་ཀ་མེད་དུ་གྱུར། དེ་རྗེས་གླིང་དམག་གིས་སྔར་ཆུ་མོ་ལི་ཁྲི་ནས་བྲོས་བྱོལ་དུ་ཡོང་བའི་བཙུན་མོ་གཡོག་པོ་གཡོག་མོ་གསུམ་གྱི་ལམ་འཁྲིད་འོག་འཇའ་ཟམ་དང་། ཆུ་ལམ་སོགས་བརྒྱུད་དེ་ཆུ་མོ་ལི་ཁྲིའི་དམག་ལ་རྗེས་འདེད་བཏང་བ་མ་ཟད། གླིང་རྗེ་གེ་སར་རྒྱལ་པོ་སྐུ་ངོ་མས་སྤྲང་པོ་མོ་མ་ལུང་བསྟན་ཅན་ཡིན་ཚུལ་སོགས་ཀྱི་ཐབས་ལ་བརྟེན་ནས། མཐར་བདུད་རྒྱལ་དང་བདུད་བློན། བཙུན་མོ་ཨ་ག་ཞ་ཟན་སོགས་ཚམ་ལ་ཕབ་པ་དང་སྦྲགས་བདུད་ཀྱི་སྣ་གནས་གང་ཡོད་རྩིག་མེད་དུ་བཏང་། བདུད་ལུང་ནག་པོ་ཆོས་ལུང་དཀར་པོར་བསྒྱུར། ཆུ་མོ་ལི་ཁྲིའི་མུ་ཏིག་གཏེར་རྫོང་གཡང་དུ་བླངས།

ཉེར་ལྔ། 《ཧྲེ་ར་ལུག་རྫོང་》གི་སྐོར།

གཅིག ལེགས་སྒྲིག་དཔར་སྐྲུན་བྱས་ཚུལ།

སྒྲུང་པོད་འདིའི་མ་ཡིག་ཟིན་འགོད་པ་བྱམས་པ་པད་འཛོམས། ལེགས་སྒྲིག་པ་བསོད་ནམས་དགེ་ལེགས། རྩོམ་སྒྲིག་འགན་འཁུར་བ་རྒྱང་འཕོར་ཚེ་ཕུན། མཐའ་ཞུས་པ་ཚེ་རིང་དཔལ་འབྱོར་བཅས་ཡིན།

སྤྱི་ལོ་༡༩༨༨ལོར་སྒྲ་ཕབ་བྱས། སྤྱི་ལོ་༡༩༩༠ལོར་ཡིག་ཐོག་ཏུ་ཕབ། སྤྱི་ལོ་༢༠༠༢ལོར་ལེགས་སྒྲིག་བྱས་ཤིང་༢༠༠༣ལོར་དཔར་དུ་བསྐྲུན། སྒྲུང་སྣ་འདིའི་མ་ཡིག་ཡིག་འབོར་ཆེ་ཙམ་ཡོད་ཙང་། བསྐྱར་ཞློས་མང་བ་དང་། བར་མཚམས་ཆད་སྐྱོན་ཆེ་བ་སོགས་ལ་བརྟེན་ནས་ལེགས་སྒྲིག་བྱེད་སྐབས་ཚིག་ཁང་སྐུམ་ཤུགས་ཆེ་ཙམ་བྱས་ཡོད་པ་དང་། མི་སྣ་འབྲུལ་སྐྱོན་ཤོར་རིགས་སོགས་ལ་སྒྲུང་མཁན་སྐུ་ངོ་མ་དང་གོ་བསྡུར་ཞུས་པ་མ་ཟད། ལག་བྲིས་དཔེ་རྙིང་གཞན་དཔྱད་གཞིར་བྱས་ཏེ་གཅིག་གྱུར་ཡོང་གང་ཐུབ་བྱས་ཡོད།

སྒྲུང་སྣ་འདིར་སྤྱིན་ཤོག་འཁོར་གྲངས་༥༠དང་། ལེགས་སྒྲིག་དཔར་སྐྲུན་

བྱས་རྗེས་པོད་འདིར་ཤོག་གྲངས་༣༠༡དང་ཚིག་ཀྲང་༢༡༧༥ཡོད།

གཉིས། ནང་དོན་གནད་བསྡུས།

སྐོར་ཚན་དེའི་བརྗོད་དོན་གཙོ་བོ་ནི། གླིང་དམག་གིས་བྱང་གྲུ་གུ་གོ་རྫོང་ཕབ་ནས་ལོ་གསུམ་སོང་མཚམས་ཏེ་ལྕགས་འབྲུག་ས་ག་ཟླ་བའི་ཚེས་བཅོ་ལྔའི་དགོང་མོར་མ་ནེ་ནེ་གནམ་སྨན་དཀར་མོ་ཡིས་གླིང་རྗེ་གེ་སར་ནོར་བུ་དགྲ་འདུལ་ལ་ཕྱི་གླིང་མི་ནུབ་ཡུལ་དུ་དམག་དྲངས་ནས་དར་རྫོང་དབབ་དགོས་པའི་ལུང་བསྟན་གནང་། གླིང་རྗེས་ལྷ་ཡི་ལུང་བསྟན་བཞིན་གླིང་དཀར་སྟོད་སྨད་བར་གསུམ་དང་གླིང་གི་རྒྱལ་ཁོངས་སུ་གཏོགས་པའི་ཧོར་བདུད་མོན་འཇང་སོགས་ཕྱི་ཡི་རྒྱལ་ཕྲན་ཁག་ནས་ཏ་དམག་ཧྲག་བསྡུས་ཀྱིས་ཕྱི་གླིང་མི་ནུབ་ཕྱོགས་སུ་དམག་གི་ཁ་ལོ་བསྒྱུར། གླིང་དམག་རྣམས་ཕྱོགས་བཞི་མཚམས་བརྒྱད་ནས་ཐོན་ཏེ་བྱང་ཧྲེ་རའི་ས་མཚམས་ཟེ་ཐང་དུ་སླེབས་པ་དང་ཧྲེ་ར་བཙན་རྒྱལ་པོའི་གཅུང་པོ་ར་འདྲ་ཤི་བདག་ཡ་མེད་ལ་རྟགས་དང་ལྟས་ངན་པ་བྱུང་ནས་བོན་གྱི་ཨ་ཆུང་བླ་མར་ཐུགས་བརྟག་ཞུས། བོན་བླ་ཨ་ཆུང་བླ་མ་དེ་ཡིས་མོ་དང་སྔོམ་ཆེན་སྒྲུབ་པ་ནན་གྱིས་མཛད་མཐར་ས་མཐའི་བུ་སྟག་ཇོ་རུའི་དགྲ་ཡི་གཡབ་མོ་ཡིན་པའི་མོ་འབྲས་དྲང་པོར་ཞུས། ཧྲེ་རའི་རྒྱལ་བློན་རྣམས་བཀའ་གྲོས་ནས་ཕྱོགས་གཅིག་ནས་འབུམ་དམག་བསྡུས་ནས་རང་ཕྱོགས་ཀྱི་ས་མཚམས་བསྲུངས། ཕྱོགས་གཅིག་ནས་བློན་ཆེན་གཡུ་དཔལ་འཁྱོར་ལ་རིན་ཆེན་རྒྱུ་ནོར་དྲིལ་རྒྱབ་དགུ་ཡི་དངོས་ཆས་བསྐུར་ནས་གླིང་སྐར་དུ་འདུན་མའི་གཏམ་བཤད་དུ་བཏང་ནས་སྐད་ཆ་ཞི་འཇམ་དྲང་དུ་བྱུང་ན་ཕན་ཚུན་མཐུན་པོ་ཡུག་གཅིག་ཏུ་བསྒྲིལ་རྒྱུ་དང་། དེ་འདྲ་མ་བྱུང་ཚེ་གཡུལ་འཁྲུག་གི་བྱ་བ་བརྩམ་རྒྱུའི་གྲོས་ཐག་བཅད། ཧྲེ་བློན་གཡུ་དཔལ་འཁྱོར་འཕོར་གྱིས་རྒྱལ་པོའི་བཀའ་བཞིན་གླིང་སྐར་དུ་འདུན་མར་སོང་བ་ན་སྟག་རོང་ཁྲོ་ཐུང་རྒྱལ་པོས་མི་མཁས་མཁས་མདོག་དང་མི་རྒོད་རྒོད་མདོག་གིས་འགྲོ་ལམ་བཀག་ཅིང་ཁྲོ་ཐུང་དཔུང་གིས་མདའ་མོ་འཕངས་ནས་ཧྲེ་བློན་གཡུ་དཔལ་འཁྱོར་

གྱི་མཚན་ཁེབ་བཤད་པས། ཧྲེ་གླིང་གཉིས་ཀྱི་ཞི་བདེ་འདུན་མའི་ལས་ལ་བར་ཚད་བྱུང་ནས་གཡུལ་འཁྲུག་དྲག་པོའི་ལས་སྒོ་དངོས་སུ་ཕྱེ།

ཧྲེ་གླིང་གཡུལ་འཁྲུག་བྱེད་པའི་བརྒྱུད་རིམ་ནང་གླིང་རྗེ་གེ་སར་རྒྱལ་པོས་ཐབས་དང་རྫུ་འཕྲུལ་ཟུང་དུ་འབྲེལ་ནས་དང་ཐོག་ར་བཙན་སྤུན་གསུམ་གྱི་བླ་གནས་འཁྲོང་དང་སྟག་མོ་རེ་རེ་བཞིན་དབང་དུ་བསྡུས་ནས་མ་ཉུངས་བདུད་ཀྱི་ནུས་པ་ཉམས་པར་བྱས། ཧྲེ་རའི་རྒྱལ་བློན་རྣམས་ཀྱིས་གླིང་དམག་ལ་ཡ་ལན་སྤྲད་དེ་གླིང་གི་རིན་ཆེན་དར་ལུ་སོགས་དཔའ་རྟུལ་ཁ་ཤས་བཀྲོངས་ཀྱང་མཐར་མང་སྟེ་ཤུང་གིས་མ་བརྟན་པར་གཡུལ་ས་ནས་ཧྲེ་ར་རྒྱལ་པོའི་ཕོ་བྲང་དུ་དམག་ཕྱིར་འཐེན་བྱས། ཧྲེ་ར་བཙན་འབར་བ་ཐོག་རྒྱལ་དང་ར་བདུད་སྒྱུ་འཕྲུལ་གྲགས་པ་གཉིས་ཀྱིས་གླིང་སྐར་དུ་ཐེངས་མང་མཆོངས་ནས་དམག་མང་པོ་མཆོན་སོར་དྲངས་ཀྱང་མཇུག་ཏུ་རང་མགོ་མ་ཐོན་པར་གླིང་པས་ཚར་དུ་བཅད། ར་འདྲ་ཤི་བདག་ཡ་མེད་ཀྱིས་བོན་གྱི་བླ་མ་གྲོགས་སུ་བརྟེན་ནས་གླིང་ལ་ཚུར་རྒོལ་དྲག་པོ་བྱས་ཀྱང་གླིང་རྗེས་མངོན་སྤྱོད་དྲག་པོའི་སྒོ་ནས་ཨ་ཆུང་བླ་མ་རལ་གྲིའི་སོ་ལ་དྲངས། ར་འདྲ་ཉིད་ཀྱང་བྲོས་ཁུངས་མ་རྙེད་པར་འཛང་སྲས་སོགས་དཔའ་རྟུལ་དཔུང་རུབ་ཀྱིས་བཟུང་ནས་རྨ་ཁམས་གླིང་ཡུལ་དུ་ཕྱིར་བརྫངས། ཧྲེ་ར་རྒྱལ་པོའི་ཕོ་བྲང་མཁའ་ལྡིང་ཁྲུང་རྫོང་དེ་གླིང་དམག་གིས་ཡོངས་སུ་བླངས་པ་མ་ཟད་གཉེར་སྐྱོང་རིམ་པ་སྒྲོལ་ནས་ཁྱད་དུ་འཕགས་པའི་གཏེར་གྱི་རིན་ཆེན་གཡང་སྐལ་དང་ཚེར་རེ་ར་ཡི་གཡང་ནོར་གཡུལ་འཁྲུག་གི་རྒྱུན་དུ་བཅད། མཐར་མཁའ་ལྡིང་ཁྲུང་རྫོང་དེའང་རྒྱ་གར་ལུགས་ཀྱི་གཙུག་ལག་ཁང་ཆེན་གྱི་རྟེན་ཁྱད་པར་ཅན་དུ་བསྒྱུར་ནས་ཙན་དན་ལས་གྲུབ་པའི་རིགས་གསུམ་མགོན་པོ་དང་དམ་ཅན་རྡོ་རྗེ་ལེགས་པ། པད་འབྱུང་རྗེ་འབངས་ཉེར་ལྔ་ཡི་འཁོར་བཅས་སྐུ་གསུང་ཐུགས་ཀྱི་ནང་རྟེན་བསམ་གྱིས་མི་ཁྱབ་པར་བཞེངས་ནས་བདུད་སྡེ་ཆོས་སུ་བསྒྱུར། རྣམ་དཀར་དགེ་བའི་དགེ་འདུན་གྱི་ཚོགས་མང་དུ་འདུས་ཤིང་མ་ཎི་འབྲུ་དྲུག་གི་སྙིང་པོ་བཟླས་

ནས་འགྲོ་རྣམས་བདེ་སྐྱིད་རྫོགས་ལྡན་གྱི་དཔལ་ལ་ལོངས་སུ་སྤྱོད་ཅིང་བདེ་ལ་བཀོད་པའི་བྱུང་བ་བརྗོད་ཡོད།

ཉེར་དྲུག 《ཤན་འདན་ནང་འཁྲུག》གི་སྐོར།

གཅིག ལེགས་སྒྲིག་དཔར་སྐྲུན་བྱས་ཚུལ།

སྒྲུང་པོད་འདིའི་མ་ཡིག་ཟིན་འགོད་པ་རིག་འཛིན། ལེགས་སྒྲིག་པ་རིག་འཛིན། རྩོམ་སྒྲིག་འགན་འཁུར་བ་ཀུན་དགའ། མཐའ་ཞུས་པ་ཀྲུང་འཁོར་ཚེ་ཕུན་བཅས་ཡིན།

སྤྱི་ལོ་༡༩༩༠ལོར་སྒྲ་འཇུག་བྱས་པ་དང་། སྤྱི་ལོ་༡༩༩༡ལོར་ཡི་གེར་ཕབ། སྤྱི་ལོ་༢༠༠༢ལོར་ལེགས་སྒྲིག་བྱས་ནས་༢༠༠༣ལོར་དཔར་དུ་བསྐྲུན། སྒྲུང་པོད་འདི་ནི་གླིང་རྒྱལ་ཧོར་ནང་ཁུལ་གྱི་འགལ་ཟླ་མཚོན་པའི་སྒྲུང་དཔེ་དམིགས་བསལ་ཞིག་ཡིན་ལ། བརྗོད་བྱ་ནི་སྐབས་འགར《འཛམ་གླིང་གཡུལ་འགྱེད》ཀྱི་ལེའུ་ཞིག་གི་ཚུལ་དུ་བརྗོད་པ་དང་། སྐབས་འགར་སྐོར་ཚན་ཞིག་ཏུ་བརྗོད་སྲོལ་འདུག་པའང《ཤན་འདན་གཉིས་ཀྱི་རྩོད་གླེང་གཏམ་བརྗོད་རིན་ཆེན་ཕྲེང་བ་ཞེས་བྱ་བ་བཞུགས་སོ》ཞེས་པའམ《ཤན་འདན་ནང་འཁྲུག་སྟག་མོ་ཁ་སྤྲོད་ཅེས་བྱ་བ་བཞུགས་སོ》ཞེས་པ་ལྟ་བུ་ཡིན།

སྒྲུང་སྣ་འདིར་སྤྱིན་ཤོག་འཁོར་གྲངས་༡༨དང་། དཔར་སྐྲུན་བྱས་རྗེས་པོད་འདིར་ཤོག་གྲངས་༢༠༡དང་། ཚིག་ཕྲང་༥༢༥༧ཡོད།

གཉིས། ནང་དོན་གནད་བསྡུས།

སེང་ཆེན་གེ་སར་ནོར་བུ་དགྲ་འདུལ་གྱིས་ཕྱོགས་བཞིའི་བདུད་ཆེན་བཞི་ཡི་ཡ་གྱལ། ཧོར་བདུད་གུར་དཀར་རྒྱལ་པོར་གཉའ་སྣ་བསྟད། སེང་ལྷམ་འབྲུག་མོ་རང་ཡུལ་དུ་ཁྲིད། ཤན་པ་རྨེ་རུ་རྩེ་ཁྲི་ཐ་ལེ་བཞིན་དུ་སྐྱེ་ལྷགས་ཐག་ཤར་རེ་གླིང་ལ་ཁྲིད་ནས་བཙོན་དུ་བཅུག རྒྱལ་པོ་གེ་སར་སྟོང་ཉིད་མཉམ་བཞག་གི་སྐུ་མཚམས་ལ་བཞུགས་པའི་དུས། མ་ནེ་ནེ་གནམ་སྨན་དཀར་མོས་ལུང་བསྟན་

གནང་བ་དང་ལྡོང་གི་མ་ཡིག་ལུང་བསྟན་ནང་གསལ་བ་བཞིན། གླིང་ཚོ་དྲུག་ལྷ་སྡེ་དཀར་པོའི་འདུ་ར་འཚོགས་ནས་ཤན་པ་རྨེ་རུ་རྩེ་བཙོན་གྲོལ་གཏོང་རྒྱུ་དང་གླིང་དཔའ་རྟུལ་གྱི་གྲལ་རབས་སུ་འཇོག་རྒྱུའི་གྲོས་གླེང་མཛད་པར། ཚ་ཞང་འདན་མ་གཡུལ་རྒྱལ་དང་ལྷ་སྲས་དགྲ་ལྷ་རྩེ་རྒྱལ་གྱིས་གཙོས་ཆུང་རྒྱུད་དཔའ་བོ་ཁག་གཅིག་ཏོར་གླིང་གཡུལ་འཁྲུག་གི་དུས། གླིང་དཔའ་རྟུལ་བཅུ་གཉིས་ཏོར་གྱིས་བཀྲོངས་པ་དང་། ལྷག་པར་ཡང་དཔའ་རྒྱ་ཚ་ཞལ་དཀར་བཀྲོངས་པའི་སྙིང་ནད་བསངས་མེད་པས། སྤྱན་ཆེན་འདན་མ་བྱང་ཁྲ་དེས་དཔའ་རྒྱ་ཚ་བཀྲོངས་པའི་ལག་དམར་ཤན་པ་རྨེ་རུ་རྩེ་དང་པོ་སུ་རྐོད་ཀྱི་དཔའ་རྩལ་འགྲན་ནས་ཕུ་བོ་རྒྱ་ཚའི་ཤ་ལན་ལེན་མ་ཐུབ་ན། འདན་མ་རང་གནས་འདན་ཡུལ་ལ་ལོག་ནས་འདན་དམག་གླིང་ལ་འདྲེན་རྒྱུའི་སེམས་ཐག་བཅད། སྤྱི་དཔོན་རོང་ཚ་ཁྲ་རྒན་གྱིས་གཙོས་པའི་རྒན་རབས་རྣམས་ཀྱིས་འཇམ་རྩུབ་ཐབས་ཤེས་གང་ཐུང་གིས་ཤན་འདན་གཉིས་ཀྱིས་གཙོས་པའི་རྒྱལ་བློན་དབར་ལ་འདུམ་སྒྲིག་མཛད་ཀྱང་འདན་མའི་བློ་ལ་མ་བབས། འདན་མས་རང་འོག་དཔུང་དམག་དང་ལྷ་སྲས་དགྲ་ལྷ་རྩེ་རྒྱལ་གྱིས་གཙོས་ཏེ་ཕྱོགས་རྣམས་འཁྲིད་ནས་འདན་ཡུལ་ལ་ལོག ལམ་བར་དུ་ཁ་བ་ཆེན་པོ་ཞིག་བབས་ནས་མི་རྟ་འགྲོ་སྡོད་མི་ཤེས་པའི་དུས། ཕུ་བོ་རྒྱ་ཚ་ཞལ་དཀར་དེ་སྐུ་སྣང་ལས་ཟིལ་མདངས་ཆེ་བའི་ངང་འདན་མའི་སྒར་གྱི་ཕྱོགས་སུ་བྱོན་ཞིང་ཟླ་བ་དྲུག་སོང་རྗེས་ཀྱི་ཚེས་ཉི་ཤུ་གཉིས་ཀྱི་ཉིན། གླིང་ས་མཐོང་བ་ཀུན་སྨོན་དུ་མཇལ་འཛོམས་ཡོང་བའི་ཞལ་བཞེས་གནང་སྟེ་འདན་མ་གླིང་ལ་མངགས། ཟླ་བ་དྲུག་སོང་རྗེས་ཀྱི་སྟོན་ཟླའི་ཚེས་ཉི་ཤུ་གཉིས་ཀྱི་ཉིན། རྒྱ་ཚ་ཞལ་དཀར་ལྷ་བབ་གནང་ཞིང་རྒྱལ་བློན་འདུམ་སྒྲིག་མཛད། ཤན་པ་རྨེ་རུ་རྩེ་ཕུད་པའི་གླིང་སྟོད་སྨད་བར་གསུམ་གྱི་སྐྱེ་འགྲོ་ཀུན་གྱིས་རྒྱ་ཚ་སྐུ་དངོས་མཇལ་རྒྱུ་བྱུང་བ་མ་ཟད། འདན་མས་རྒྱལ་བློན་མགོ་སྙེ་བཞིན་དུ་གསོན་བྲལ་མི་བྱ་བའི་ཁས་ལེན་དམ་བཅའ་ཕུལ་ནས་ཤན་འདན་གཉིས་ཀྱི་རྩོད་གླེང་ཞི་བར་མཛད་པའི་ནང་

དོན་བཀོད་ཡོད།

ཉེར་བདུན། 《ཞེལ་བྲག་འོ་མཚོའི་གཏེར་གཡང་》གི་སྐོར།

གཅིག ལེགས་སྒྲིག་དཔར་སྐྲུན་བྱས་ཚུལ།

སྒྲུང་པོད་འདིའི་མ་ཡིག་ཟིན་འགོད་པ་བཀྲ་ཤིས་དབང་འདུས། ལེགས་སྒྲིག་པ་བསོད་ནམས་དགེ་ལེགས། རྩོམ་སྒྲིག་འགན་འཁུར་བ་ཀུན་དགའ། མཐའ་ཞུས་པ་རྒྱང་འཁོར་ཚེ་ཕུན་བཅས་ཡིན།

སྤྱི་ལོ་༡༩༩༠ལོར་སྒྲ་འཇུག་བྱས་པ་དང་། སྤྱི་ལོ་༡༩༩༨ལོར་ཡི་གེར་ཕབ། ༢༠༠༣ལོར་ལེགས་སྒྲིག་བྱས་ཤིང་དཔར་དུ་བསྐྲུན། སྒྲུང་སྣ་འདི་ཉིད་སྒྲུང་མཁན་བསམ་གྲུབ་ཀྱིས་ཕབ་པའི་ངག་སྒྲུང་ནང་སྤྱིན་ཤོག་འཁོར་གྲངས་དང་ཡིག་འབོར་ཉུང་ཤོས་དེ་ལགས་པས《ཤན་འདུན་ནང་འབྲུག》ཅེས་པའི་སྐོར་ཚན་དང་མཉམ་དུ་དཔར་སྒྲིག་བྱས།

སྒྲུང་སྣ་འདིར་སྤྱིན་ཤོག་འཁོར་གྲངས་༡༠དང་། དཔར་སྐྲུན་བྱས་རྗེས་པོད་འདིར་ཤོག་གྲངས་༨༣དང་། ཚིག་ཀྲང་༢༥༠༠ཡོད།

གཉིས། ནང་དོན་གནད་བསྡུས།

སྒྲུང་གཏམ་འདིའི་བརྗོད་དོན་གཙོ་བོ་ནི་གླིང་རྗེ་གེ་སར་དགུང་ལོ་ཆུང་ངུའི་དུས་སྐྱེ་ངན་ལུས་ངན་གྱི་གཟུགས་ཆས་འཛིན་ནས་རྫ་སྣང་གི་གཟུགས་མེད་འདྲེ་སྲིན་མང་པོ་དབང་དུ་བསྡུས། དགུང་ལོ་བཅུ་གསུམ་ཐོག་གླིང་དཀར་རྟ་རྒྱུག་གི་རྒྱན་དུ་ཞུགས་ནས་སྣ་སྐྱ་ལོ་སྟོན་པའི་མི་རྒྱུ་ཟོག་གསུམ་དང་གླིང་དཀར་གསེར་ཁྲི་བཅས་པར་དབང་དུ་བསྒྱུར། དེ་ནས་དུས་ཡུན་ཟླ་གསུམ་སོང་མཚམས་མ་ནེ་ནེ་གནམ་སྨན་དཀར་མོས་ཞེལ་བྲག་འོ་མཚོ་ཕྱུག་མོའི་གཏེར་གཡང་བཞེས་དགོས་པའི་ལུང་བསྟན་གནང་། གླིང་རྗེས་རྟ་དམག་གོ་ཐུག་ལྷམ་མཛེས་ཐུགས་སེ་རྫ་ཞེལ་བྲག་འོ་མཚོའི་ཕྱོགས་སུ་སྣ་དྲངས་ཤིང་གེ་སར་མི་རྟ་གཉིས་འོ་མཚོ་ཕྱུག་མོའི་ནང་བྱ་ངང་པ་མཚོ་ནང་ཞུགས་པ་ལྟར་ཐོན་ནས་རིན་ཆེན་དར་གྱི་ཨོ་གོས་དང་

ཁྲིམས་དུང་དཀར་མོ་རྒྱུང་གྲགས། དེ་བཞིན་གསེར་དངུལ་བུམ་བཟང་བྱིན་ཅན་རྣམས་ཕྱག་ཏུ་བཞེས་ནས་ཕེབས། གླིང་དཀར་པོའི་རྒྱལ་ཁབ་ནས་རིན་ཆེན་གསེར་དངུལ་དང་ནོར་བུའི་རིགས་དངོས་དཔག་མེད་ཀླུ་ཡུལ་དུ་གཏེར་ཚབ་ཏུ་བཙུགས་ནས་འོག་གི་ཀླུ་དང་བར་གྱི་མི་བཅས་ནད་མེད་བདེ་ལ་བཀོད་པའི་ནང་དོན་བཀོད་ཡོད།

ཉེར་བརྒྱད། 《རྒྱ་གླིང་》གི་སྐོར།

གཅིག ལེགས་སྒྲིག་དཔར་སྐྲུན་བྱས་ཚུལ།

སྒྲུང་པོད་འདིའི་མ་ཡིག་ཟིན་འགོད་པ་ཡར་འགྲོ། ལེགས་སྒྲིག་པ་བློ་བརྟན། རྩོམ་སྒྲིག་འགན་འཁུར་བ་དང་མཐའ་ཞུས་པ་ཚེ་རིང་དཔལ་འབྱོར་བཅས་ཡིན།

སྤྱི་ལོ་༢༠༠༡ལོར་སྒྲ་ཕབ་བྱས་པ་དང་། སྤྱི་ལོ་༢༠༠༣ལོར་ལེགས་སྒྲིག་བྱས་ཤིང་༢༠༠༥ལོར་དཔར་དུ་བསྐྲུན། སྒྲུང་སྣ་འདི་ལེགས་སྒྲིག་བྱེད་པའི་བརྒྱུད་རིམ་ནང་མ་དཔེར་བསྒྱུར་བཅོས་ཡོད་རིགས་དང་། སྒྲུང་གི་བྱུང་རིམ་མམ་སྒྲ་དོན་མི་གསལ་བ་བྱུང་རིགས་དོར་ཅི་ཐུབ་བྱས་ཏེ་བསྒྲིགས་པ་ལགས།

སྒྲུང་སྣ་འདིར་སྤྱིན་ཤོག་འཁོར་གྲངས་༤༢ཡོད་པ་དང་། ལེགས་སྒྲིག་དཔར་སྐྲུན་བྱས་རྗེས་པོད་འདིར་ཤོག་གྲངས་༣༡༠དང་ཚིག་ཕྲད་༩༡༢༤ཡོད།

གཉིས། ནང་དོན་གནད་བསྡུས།

དབང་ཕྱོགས་རྗེ་བཙུན་འཇམ་དབྱངས་ཀྱིས་བྱིན་གྱིས་བརླབས་པའི་ཞིང་ཁམས་ཙིནའི་ཡུལ་གྲུ་རྒྱ་ནག་ཆོས་རྫོང་གི་ཕོ་བྲང་ན་གནམ་གྱི་ཤེད་མོང་སྟོབས་ཀྱི་དབང་ཕྱུག་རྒྱལ་པོ་ཆེན་པོ་ག་ར་ཀུན་ཀོན་ཞེས་པ་དེར་འོག་ཀླུ་ཡུལ་གྱི་གདོལ་བ་ནག་པོའི་སྲས་མོ་ཉེ་མ་ཁྲི་སྐྱིད་བཙུན་མོར་མངའ་གསོལ་བྱས། བཙུན་མོ་དེ་གཟུགས་དང་སྐྱེས་ལུས་བཀྲ་བ། ལྟ་བ་མིག་གིས་མི་བཟོད། བསམ་པ་ཡིད་ཀྱིས་མི་ལང་བ་ལ་ནག་ཐིག་ཁབ་རྩེ་ཙམ་ཡང་མེད་པ་ཞིག་ཡིན་མོད་ཀྱི་དགུང་ལོ་སུམ་ཅུ

སོ་གཉིས་ལོར་ཚེ་འཕོས། དེ་ནས་རྒྱལ་པོ་ནི་འདྲེ་སྲོག་གཅོད་ནང་གི་དུར་ཁྲོད་ཅིག་ཏུ་ཕྱུར་ཏེ། མངའ་འོག་ཏུ་བཙུན་མོ་འདས་ལོག་ཐུབ་པའི་བཀའ་བཙན་པོ་གནང་སྟེ་མཐོ་ཉི་ཟླ་སྐར་གསུམ་དང་དམའ་ས་གཞི་ཁང་བགྲོད། བར་ཀླུང་དང་འདབ་ཆགས་སུས་ཀྱང་མཐོང་ཐོས་མེད་པའི་སྡུག་བསྔལ་གྱི་རྒྱ་མཚོའི་ནང་ལྷུངས། དེའི་ཕྱིར་ཤར་ཁྲ་མོ་གླིང་དཀར་གྱི་གེ་སར་རྒྱལ་པོས། འཇང་། མོན། འོམ་བུ། སྟག་རོང་ཤོག་བཅས་ཀྱི་ལས་དམག་ཧྲག་བསྡུས་བྱས་ནས་རྒྱ་ཡུལ་དུ་ཆིབས་ཁ་བསྒྱུར། སྣ་སྟོ་ལོའི་བུ་མོ་ནེའུ་ཚུང་ལུ་གུ་མཚར་ཡག་གིས་རྒྱལ་པོའི་བཙུན་མོར་སྤྲུལ་ནས་སླར་ཡང་གསེར་ཁྲིར་མངའ་གསོལ། རྒྱལ་པོས་སྨྱོ་ཧམ་ཆེན་པོས་རྒྱ་སྡེ་སྟོད་སྨད་བར་གསུམ་ལ་བཀའ་བཀོད་བྱས་ཏེ་རྒྱ་ཡུལ་ན་ལུང་ཚུ་བཀྲའི་མར་གཤམ་དུ་རྒྱ་གླིང་གཉིས་དམག་ལོ་ངོ་གཅིག་ཙམ་འཁྲུགས། གླིང་གི་སྣ་བདེ་ཚོས་སྐྱོང་པེར་ནག་གིས་རྡོ་ཆེན་བརྒྱབ་ནས་རྒྱ་བློན་དཔའ་ཁྲོད་བདུད་བཙན་ལག་དམར་གྱི་ཀླད་ཁྲག་ས་ལ་གཏོར་ཏེ་བསད། བྱང་བྱེས་པ་ཨ་སྟག་ཀླུ་མོས་མདའ་མོ་འཕངས་ཏེ་རྒྱ་བློན་བདུད་ཀན་གར་ནག་ཐོག་རྗེ་བསད། སུ་སྤྱང་དར་རྗེས་ཞགས་པ་གཡུགས་ནས་རྒྱ་བློན་ཡ་པོ་ཡ་མེད་ཀྲ་ཐོག་ནས་ལྷུངས། ཚ་ཞང་འདན་མ་བྱང་ཁྲས་མདའ་མོ་བརྫངས་ནས་རྒྱལ་པོའི་ཐླ་རི་གཏོར། རྒྱལ་པོ་ཀ་ར་ཀུན་ཀོན་གྱིས་ལྷ་དགའ་རབ་དབང་ཕྱུག་གི་གནམ་སྐས་མུ་སྟེགས་འཕྲུལ་སྐས་ནང་དུ་བསྡད་ནས་བྲོས། གེ་སར་རྒྱལ་པོས་མདའ་མོ་འཕངས་ནས་དུས་གཅིག་ཏུ་ས་ལ་ལྷུངས། གེ་སར་རྒྱལ་པོས་ཐུགས་ཀྱི་ཞི་བ་ལྷུན་གྱིས་གྲུབ་པའི་སྤྱན་རས་གཟིགས་ཕྱག་སྟོང་སྤྱན་སྟོང་ལ་སྒོམ་བཟླས་དཔྱད་གསུམ་གྱི་ཕཊ༔ ཕཊ༔ ལན་གསུམ་བཏབ་སྟེ་བདུད་རྒྱལ་གྱི་རྣམ་ཤེས་དེ་བྱང་ཕྱོགས་ལས་རྫོགས་པའི་ཞིང་ཁམས་སུ་དྲངས་པར་མཛད། དེ་ནས་རྒྱ་ཡུལ་སྟོད་སྨད་བར་གསུམ་རང་སེམས་རྣམ་པར་དག་ཚད་རྣམས་ཆོས་ལ་དད་པ་དཔག་མེད་སྐྱེས་ཤིང་། རྒྱ་བོད་མཐུན་པོ་དཀར་དམར་བཙུད་འཛོམས་ཀྱི་གསེར་གྱི་ཟམ་པ་བཙུགས་པའི་ནང་དོན་བཀོད་ཡོད།

ཉེར་དགུ། 《དབྱི་གླིང་གསེར་རྫོང་》གི་སྐོར།

གཅིག ལེགས་སྒྲིག་དཔར་སྐྲུན་བྱས་ཚུལ།

སྒྲུང་པོད་འདིའི་མ་ཡིག་ཟིན་འགོད་པ་དང་ལེགས་སྒྲིག་པ་བསོད་ནམས་དགེ་ལེགས་ཡིན་པ་དང་། རྩོམ་སྒྲིག་འགན་འཁུར་བ་ཀུན་དགའ། མཐའ་ཞུས་པ་དགྲ་ལྷ་ཟླ་བ་བཟང་པོ་བཅས་ཡིན།

སྤྱི་ལོ་༡༩༨༩ལོར་སྒྲ་ཕབ་བྱས་པ་དང་། ༡༩༩༠ལོར་ཡི་གེར་ཕབ། སྤྱི་ལོ་༢༠༠༣ལོར་ལེགས་སྒྲིག་བྱས་ཤིང་༢༠༠༥ལོར་དཔར་དུ་བསྐྲུན། སྒྲུང་གི་མ་ཡིག་ཡིག་འབོར་ཆེ་ནའང་ནང་དོན་བསྐྱར་ཟློས་མང་ལ་སྔ་ཕྱི་ནང་འགལ་གྱི་ཆ་མང་བས་ལེགས་སྒྲིག་བྱེད་སྐབས་བསྡུས་འཕྲི་མང་ཙམ་བྱས་བརྟེན་མཐར་མ་ཡིག་གི་བཞི་ཆ་གཅིག་ཙམ་དུ་བསྡུ་སྒྲིག་དཔར་སྐྲུན་བྱས་པ་ལགས།

སྒྲུང་སྣ་འདིར་སྤྱིན་ཤོག་འཁོར་གྲངས་༦༠ཡོད་པ་དང་། ལེགས་སྒྲིག་དཔར་སྐྲུན་བྱས་རྗེས་པོད་འདིར་ཤོག་གྲངས་༢༩༧དང་ཚིག་ཁྲང་༨༩༠༦ཡོད།

གཉིས། ནང་དོན་གནད་བསྡུས།

གླིང་རྗེ་གེ་སར་རྒྱལ་པོས་ཧོར་བདུད་མོན་འཛང་གཙོས་ཤར་ལྷོ་ནུབ་བྱང་གི་བདུད་སྡེ་མང་པོ་ཆམ་ལ་ཕབ་ནས་དབུགས་ངལ་གསོ་བའི་གོ་སྐབས་སྤྲིན་གསེབ་ཀྱི་ཉི་འོད་ཙམ་ཐོབ་པའི་དུས་དེར། དབྱི་ཆེན་བཙན་རྒྱལ་ཡ་མེད་ཅེས་དྲེགས་པ་དང་ང་རྒྱལ་གྱི་སྤོབས་པ་རི་ལས་མཐོ་བ་དེས་རྒྱ་ཁམས་གླིང་གི་ཕ་ཁྲུ་དཔའ་རྟུལ་གྱི་སྙན་གྲགས་ལ་ཡིད་མ་བཟོད་པར། ཕྲག་དོག་དྲག་པོས་འགྲན་སེམས་སྐྱེས་ནས་སྐྱུ་རྒྱལ་བོད་ཀྱི་ཡུལ་གྲུར་དམག་བཤམས། དེ་ནས་གཡུལ་འཁྲུག་གི་ཁྲབ་རྒྱ་ཇེ་ཆེར་ཕྱིན་ནས་དུས་ཡུན་ཐུང་ངུའི་ནང་ཡུལ་ཡར་འབྲོག་གི་ས་བར་བཙན་བཟུང་བྱས། བོད་རྒྱལ་བཙན་པོ་ཁྲི་རལ་གྱིས་བོད་ཀྱི་མངའ་ཁོངས་ནས་དམག་བསྐོངས་ཏེ་ལོ་གཅིག་བར་དབྱི་ཆེན་དམག་དང་གཡུལ་བསྒྲེས་ཀྱང་མཐར་མང་སྣེ་ཉུང་གིས་མ་བཏན་པར་རྒྱ་ཁམས་གླིང་ཡུལ་དུ་བང་ཆེན་བཏང་ནས་དམག་གཡར་ཞུས།

གླིང་རྗེ་གེ་སར་རྒྱལ་པོས་བོད་བཙན་པོའི་འཕྲིན་ཡིག་ལྟར་གླིང་ཕོངས་ཀྱི་དམག་ཧྲག་བསྡུས་བྱས་ཏེ་ཡུལ་ཡར་འགྲོག་གི་ཤར་ལྷོ་ནུབ་བྱང་ནས་གླིང་དཀར་ཁྲ་མོའི་དམག་གི་རྔ་དར་འཕྱར་ནས་བོད་ཡུལ་དུ་ལྷགས་པའི་དགྲེ་རྒྱལ་དམག་དང་དཔའ་ངར་ཞུམ་པ་མེད་པའི་གཡུལ་འཁྲུག་བྱས། གླིང་པ་རྣམས་གཡུལ་འཁྲུག་གི་ལས་ལ་མཁས་ཤིང་དཔའ་སྙིང་ཆེ་བས་དགྲེ་རྒྱལ་དམག་ལ་གཡུལ་ཉེས་རིམ་པར་བྱུང་ནས་རང་ཡུལ་དུ་ཕྱིར་བྲོས། གླིང་དམག་གིས་རྗེས་བཞིན་དུ་འདེད་དེ་གློ་ཐབས་ཟུང་འབྲེལ་དང་སྙིང་ལྟ་དང་བར་གཉན། འོག་ཟླུ་ཡི་མགོན་སྐྱབས་ཁ་འཛིན་འོག་མཐར་དགྲེ་ཆེན་རྒྱལ་པོའི་མཁར་རྫོང་ཆེ་བཞི་རེ་རེ་བཞིན་བླངས་ནས་གླིང་དཀར་ཁྲ་མོ་རྣམ་པར་རྒྱལ་བའི་དར་ཆེན་བདུད་མཁར་གྱི་རྩེ་རུ་བསྒྲེངས། བདུད་སྡེ་ཚོས་སུ་བསྒྱུར་ནས་གསེར་དངུལ་ཟངས་ལྕགས་དང་རིན་ཆེན་སྣ་ཚོགས་ཀྱི་གཏེར་གྱི་སྒོ་མོ་ཕྱེས་ཏེ་སྲུན་སུམ་ཚོགས་པའི་གཏེར་རྒྱུ་སྣ་ཚོགས་སྐང་པ་བོད་ཀྱི་གསོས་སུ་སྨིན་པར་མཛད་པའི་ནང་དོན་བཀོད་ཡོད།

སུམ་ཅུ་དང་སོ་གཅིག《གྲུ་གུ་གོ་རྫོང་》སྟོད་ཆ་དང་སྨད་ཆའི་སྐོར།

གཅིག ལེགས་སྒྲིག་དཔར་སྐྲུན་བྱས་ཚུལ།

སྒྲུང་པོད་འདིའི་མ་ཡིག་ཟིན་འགོད་པ་ཡར་འགྲོ། ལེགས་སྒྲིག་པ་རིག་འཛིན། རྩོམ་སྒྲིག་འགན་འཁུར་བ་རྒྱང་འཕོར་ཚེ་སྲུན། མཐའ་ཞུས་པ་ཀུན་དགའ་བཙས་ཡིན།

སྤྱི་ལོ་༢༠༠༥ལོར་སྒྲ་ཕབ་བྱས་པ་དང་། ༢༠༠༨ལོར་ཡིག་ཐོག་ཏུ་ཕབ། སྤྱི་ལོ་༢༠༠༩ལོར་ལེགས་སྒྲིག་བྱས་ཤིང་། ༢༠༡༡ལོར་དཔར་དུ་བསྐྲུན། སྒྲུང་སྣ་འདིར་དཔེ་རྙིང་ཡོད་ལ་དེང་དུས་ཀྱི་སྒྲུང་མཁན་ཕལ་མོ་ཆེས་འཆད་ཐུབ་གནང་ཐུབ་པའི་སྐོར་ཚན་ཞིག་ཡིན་མོད། འོན་ཀྱང་སྒྲུང་མཁན་བསམ་གྲུབ་ཀྱིས་འཆད་གྱེར་གནང་བའི་སྒྲུང་སྣ་འདིར་སྒྲུང་གི་སྒྲིག་གཞི་དང་། འཕེལ་རིམ། བརྗོད་བྱ་རྗོད་བྱེད། ཁྱད་པར་མི་སྣའི་བཀོད་སྒྲིག་བྱེད་སྟངས་སོགས་ལ་ཐུན་མོང་མིན་པའི་

ཁྱད་ཆོས་དུ་མ་ཡོད། སྒྲུང་སྣ་འདི་སྒྲུང་མཁན་གང་ཉིད་དགུང་ལོ་༢༣ལ་སོན་སྐབས་འཆད་ཀྱེར་སྒྲ་འཇུག་བྱས་པ་ཞིག་ལགས་པས། མ་ཡིག་ནང་དུ་བསྒྱུར་བློས་དང་ནང་འགལ་མང་ཙམ་ཡོད་རིགས་ལེགས་སྒྲིག་བྱེད་སྐབས་བཟོ་བཅོས་བྱས་པ་མ་ཟད། ཁྱད་པར་ནང་དོན་གོང་འོག་འབྲེལ་མི་ཐུབ་པ་དང་སླུའི་དུམ་བུ་ཆད་ལུས་སུ་སོང་བ་མང་ཙམ་ཡོད་པ་རྣམས་ལེགས་སྒྲིག་པས་དཀའ་ངལ་ལ་མ་འཛེམས་པར་གོང་འོག་ནང་དོན་དང་སྒྲུང་གི་འཕེལ་རིམ་ལ་གཞིགས་ནས་ཁ་སྐོང་མང་ཙམ་བྱས་ཡོད་ལ། དེ་དག་གི་ཚིག་གི་སྦྱོར་བ་ཡོད་དོ་ཅོག་སྒྲུང་པའི་ཞལ་རྒྱུན་དང་མཐུན་གང་ཐུབ་བྱས་ཡོད།

བརྗོད་བྱའི་ནང་དོན་ལ་གཞིགས་ནས་སྟོད་སྨད་སྐོར་ཚན་གཉིས་སུ་ཕྱེ་སྟེ་ལེགས་པར་བསྒྲིགས་པ་སྟེ། སྟོད་ཆ་དེ་གྲུ་གུའི་ལས་དམག་གིས་བོད་དབུས་གཙང་ལ་ཚུར་རྒོལ་བྱས་པའི་ནང་དོན་དང་། སྨད་ཆར་གླིང་དང་དབུས་གཙང་ཕྱོགས་ཀྱི་ལས་དམག་གིས་གྲུ་གུར་ཕར་རྒོལ་བྱས་ཏེ་གྲུ་གུ་ཆམ་ལ་ཕབ་པའི་ནང་དོན་བཀོད་ཡོད། དེའི་སྟོད་ཆར་ཕྱིན་ཤོག་འཁོར་གྲངས་༣༢ཡོད་པ་དག་དཔར་སྐྲུན་བྱས་རྗེས་ཤོག་གྲངས་༣༤༩དང་། ཚིག་རྐང་༡༢༤༠ཡོད། སྨད་ཆར་ཕྱིན་ཤོག་འཁོར་གྲངས་༣༤ཡོད་པ་དཔར་སྐྲུན་བྱས་རྗེས་ཤོག་གྲངས་༣༣༣དང་། ཚིག་རྐང་༧༤༣༢ཡོད།

གཉིས། ནང་དོན་གནད་བསྡུས།

〈༡〉སྟོད་ཆའི་ནང་དོན་གནད་བསྡུས།

གྲུ་གུ་ཐོག་རྒོད་རྒྱལ་པོ་ཞེས་པ་དེས་བདུད་བློན་གདུག་པ་ཅན་མི་རྒྱུ་རིག་ན་མིག་ཆུ་གཏོང་མི། མཐོ་རྒྱལ་པོར་རྫུན་དང་། དམའ་འབངས་སྡེར་བཙན་དབང་། ཁ་བོ་ཤོད་མིའི་ཚོགས་རྣམས་བསྡུས་ནས་བོད་སྒང་པའི་རྟེན་གྱི་གཙོ་བོ་ཇོ་བོ་ཤཱཀྱ་མུ་ནེས་གཙོས་པའི་ལྷ་སྐུ་རྟེན་གསུམ་དང་། གསེར་དངུལ་སོགས་རིན་ཆེན་གྱི་རིགས་བྱང་གྲུ་གུས་བཙན་འཕྲོག་བྱ་དགོས་པའི་བཀའ་བཙན་གནང་རྗེས།

གྲུ་གུའི་ཨ་རྒོད་ཉི་ཤུ་རྩ་ལྔས་བོད་ཡུལ་གླེན་ལྐུགས་རང་བཞིན་ལ་དཔའ་དང་དཔུང་པ་མེད་པས་རྒྱལ་པོའི་དོན་དེ་བསྒྲུབ་པར་དཀའ་བ་ཅི་ཡང་མི་ཡོང་ཟེར་ཏེ་ལས་དམག་ཉིས་ཁྲི་ལྔ་སྟོང་གི་དཔུང་གི་ཁ་ལོ་བོད་ཡུལ་ཕྱོགས་ལ་བསྒྱུར་རོ། །

དེའི་དུས་ཆོས་རྒྱལ་སྲོང་བཙན་སྒམ་པོ་དང་། རྒྱ་བཟའ་པད་མ་ཀུན་འབྱུང་གཉིས་ལ་ཟྲི་ལྷས་ངན་པ་བྱུང་བས། བོད་ཀྱི་བཀའ་བློན་ཆེ་བཞིས་གཙོས་པའི་ལྷ་མ་མི་དྲག་རྣམས་ལ་འཕྲིན་ཆ་བྱས་པ་བཞིན་མངའ་རིས་མན་ཆད། དབུས་གཙང་རུ་བཞི་ཚུན་ཆད་ཀྱི་དཔོན་ཆེན་མི་དྲག་རྣམས་ཇོ་བོ་ཞལ་དཀར་གྱི་སྐུ་མདུན་དུ་འཛོམས་ཏེ་ཆོས་ཀྱི་རྒྱལ་པོའི་བཀའ་བཞིན་བཀའ་གྲོས་ཞིབ་པར་མཛད་དེ་རིང་སར་བཛ་ཡིག་དང་། ཉེ་སར་བང་མི་མངགས་ནས་རང་འོག་བུ་ཏྲ་ཏྲག་བསྡུས་ཀྱིས་སོ་པ་སྡོད་རྒྱུ་དང་། གླིང་གེ་སར་རྒྱལ་པོར་ཞུ་ཡིག་འབུལ་རྒྱུར་གྲོས་ཁ་གཅིག་མཐུན་བྱུང་ཞིང་། དགྲ་གར་བྱུང་འཐབ་ཆོག་ཆོག་བྱས་ནས་བསྡད།

གྲུ་གུའི་འཕྲུལ་དམག་རྣམས་སྟོད་ཀྱི་གྲོ་ཤོད་སྟག་མགོ་ལ་བརྒྱུད་ནས་བཤར་བྱུང་བར། བྱང་སྟོད་ཀྱི་མཁར་དཔོན་བཅུ་དྲུག་གིས་རང་འོག་མངའ་འབངས་ཡོངས་དང་དགའ་སྡུག་མཉམ་སྦྱོང་གིས་གྲུ་གུའི་འཕྲུལ་དམག་ལ་འགོག་རྒོལ་གྱི་གཡུལ་འཁྲུག་ཉིན་བཅུ་བྱས་ཀྱང་། མང་སྟེ་ཉུང་གིས་མ་བཏུབ་པར་སྟོད་སྟེ་སྟོད་སྨད་བར་གསུམ་གྲུ་གུའི་དམག་གིས་བཟུང་པས། ལྷག་ལུས་མཁར་དཔོན་རྣམས་གྲོས་ཁ་གཅིག་མཐུན་གྱིས་ཧོར་གྱི་ཤན་པ་རྒྱལ་པོར་དཔུང་དམག་རྒྱབ་སྐྱོན་ཞུ་བར་ཆས། གྲུ་གུའི་འཕྲུལ་དམག་གིས་བརྒྱད་ཅུ་ལོན་པའི་རྒས་འཁོགས་དང་། བཅུ་གསུམ་མ་ལོན་པའི་བྱིས་པ་ཡིན་ཡང་དབྱེར་མེད་མཚོན་ལ་བྲངས་ནས་རིམ་གྱིས་དབུས་ཕྱོགས་སུ་བཤར། བོད་ཀྱི་བཀའ་བློན་ཆེ་བཞིས་གཙོས་པའི་བློན་འབངས་རྣམས་ནས་རང་སྲོག་ཕངས་མེད་ཀྱིས་གྲུ་གུའི་དམག་ལ་འགོག་སྲུང་གི་འཐབ་འཁྲུག་བྱེད་པའི་ཚེ། ཧོར་ཤན་པ་རྒྱལ་པོའི་དམག་སྣོན་འབྱོར་ཏེ་གྲུ་གུའི་དམག་ལ་རྒོལ་ལན་སློག་པའི་གཡུལ་བཤམས་ཤིང་། གླིང་གི་སྟོན་འགྲོའི་དམག་གི་རུ

འདྲེན་འདན་མ་བྱུང་ཁྲའི་དཔུང་དམག་ཀྱང་བོད་དུ་འཁྱེར་བས། ཤན་འདན་སྟག་མོ་ཁ་སྒྲོད་ཀྱིས་གྲུ་གུའི་དཔུང་དམག་ལ་ཕམ་ཉེས་ཆེ་ཙམ་བཏང་བས། གྲུ་གུའི་བྱེས་འགྲོའི་དཔུང་དམག་གིས་ཤན་འདན་གཉིས་ཀྱི་དཔུང་ལ་དོ་ཟླ་མ་ཕོད་པར་ཚུར་ཆས་ཀྱི་འགྲོ་ལམ་བརྒྱུད་ནས་གྲུ་གུ་ཡུལ་དུ་ཕྱིར་ཐྲོས་བྱས་པར་གདའོ། །

〈༢〉སྨད་ཆའི་ནང་དོན་གནད་བསྡུས།

དེ་ཡང་གྲུ་གུའི་བྱེས་འགྲོའི་དམག་གིས་ཤན་འདན་གཉིས་ཀྱི་དམག་ལ་དོ་ཟླ་མ་ཕོད་པར་དབུས་གཙང་ཡུལ་ནས་རང་ཡུལ་གྲུ་གུར་ཕྱིར་ཐྲོས་བྱས་ཤིང་། གྲུ་གུ་ཐོག་རྒོད་རྒྱལ་པོར་བྱེས་འགྲོའི་དམག་ལ་ཕམ་ཉེས་བྱུང་ཚུལ་གྱི་ལོ་རྒྱུས་ཇི་མ་ཇི་བཞིན་བརྗོད་ཅིང་། བོད་དབུས་གཙང་གི་རྒྱབ་སྐྱོན་གླིང་དམག་རིང་མིན་གྲུ་གུ་ཡུལ་ལ་འཁྱེར་ངེས་ཡིན་ཚུལ་ཞུས་པར། གྲུ་གུ་ཐོག་རྒོད་རྒྱལ་པོས་གཙོས་པའི་གཞིས་སྡོད་བློན་པོ་མི་ཆུ་ཀླུང་གསུམ་གྱིས་བྱེས་འགྲོའི་དམག་གི་ཏུ་འདྲེན་བཞི་དང་བོན་གྱི་བླ་མ་སྟོབས་ལྡན་དེར་བཀའ་བཀྱོན་དང་མཚང་འབྲུ་བྱས་པས། གཞིས་བྱེས་རྒྱལ་བློན་ནང་དམེ་བྱུང་ཞིང་། གྲུ་གུ་རྒྱལ་པོའི་བླ་གནས་བོན་གྱི་བླ་མ་སྟོབས་ལྡན་གྱི་བློ་ཁ་གླིང་ལ་བསྒྱུར་ནས་ཐོག་རྒོད་རྒྱལ་པོའི་བླ་གནས་གར་མཆིས་སེང་ཆེན་རྒྱལ་པོར་གསལ་སྟོན་མཛད།

བློན་ཆན་ཤེས་གསལ་བློ་གྲོས་ཀྱིས་རྒྱལ་བློན་ནང་འདུམ་དང་འཆར་འགོད་བྱས་པ་བཞིན་གྲུ་གུའི་རྒྱལ་བློན་རྣམས་ནས་ས་བཙན་དང་། ཆུ་བཙན། མཁར་བཙན་སོགས་ཀྱི་བཙན་ས་བཟུང་སྟེ་གླིང་དམག་འགོག་ཐོལ་བྱེད་པའི་དམག་གྲ་བསྒྲིགས་ནས་བསྡད་པའི་དུས། གླིང་རྗེ་གེ་སར་རྒྱལ་པོས་གཙོས་པའི་གླིང་ཕྱི་ནང་རྒྱལ་ཁབ་ཀྱི་དཔུང་དམག་ཕྱིངས་དབུས་གཙང་ཡུལ་དུ་འཁྱེར་ནས་ཀྱང་དམག་གི་ཁ་ལོ་གྲུ་གུའི་ཡུལ་དུ་བསྒྱུར་ཏེ་ལམ་དགྲ་བར་ཆད་མེད་པར་རིམ་གྱིས་བཤར་ནས་གྲུ་གུའི་དཔལ་ཐང་རིང་མོར་འཁྱེར་བ་དང་ནམ་མཁའི་སྐར་ཚོགས་ས་སྟེང་དུ་ལྷུངས་པ་བཞིན་གྱི་གླིང་གི་དམག་སྒར་བབས་ཤིང་། གོང་མ་ལྷ་ཡི་ལུང་བསྟན་

བཞིན་དཔའ་རྟུལ་གང་བབས་དེར་མངགས་ཀྱིས་གླུ་གཞུའི་འཕྲང་སྲུང་དང་། འགག་སྲུང་སོགས་རིམ་པར་བཤགས་ཏེ་ཕྱོགས་བཞིའི་རྫོང་བཞི་གླིང་གིས་བཟུང་ནས་རྒྱལ་པོའི་ཕོ་བྲང་དཀར་མོ་སྙིང་རྫོང་གི་ཕྱོགས་བཞི་ལྷགས་རིས་བསྐོར་བ་བཞིན་གླིང་དམག་གིས་བསྐོར་ཏེ་སེང་ཆེན་རྒྱལ་པོ་དངོས་སུ་ཕེབས་ནས་གླུ་གཞུ་ཐོག་རྐོད་རྒྱལ་པོའི་སྲོག་གི་བཀོད་པ་བསྟུས། འབྲོ་ལུས་སྣོན་ཀན་དང་བཙུན་མོས་གཙོས་པའི་དམག་མངས་མགོ་བཏགས་པ་རྣམས་ཕ་མས་བུ་བཞིན་བསྐྱངས། བང་མཛོད་ནོར་རྫས་གང་ཡོད་དེ་གླུ་ཡུལ་གྱི་སྐྱེ་བོ་མཐོ་དམན་མེད་པར་ནོར་འགྱེད་ཀྱིས་ཚིམ་པར་མཛད།

གླུ་ཡུལ་ནག་པོ་བདུད་ལུང་དེ་དཀར་པོ་ལྷ་ལུང་དུ་བསྒྱུར་ཞིང་། སྟོད་སྟེའི་སྣོན་པོ་གཉིས་གླུ་གཞུའི་འགོ་དཔོན་དུ་བཀོད། གླུ་གཞུའི་འབྲུལ་གྱི་གོ་རྫོང་ཕབ་ནས་ཆ་སྤྱིད་བོད་ཀྱི་དགོན་སྡེ་ཁག་གི་རྟེན་ལ་ཕུལ། ཆ་སྤྱིད་ཁྲ་མོ་གླིང་ལ་དྲངས་ཏེ་གླིང་གི་ལས་དམག་རྣམས་རང་ཡུལ་ཁྲ་མོ་གླིང་ལ་ཆིབས་ཁ་བསྒྱུར་ནས་གཞིས་བྱེས་དགའ་འཛོམས་ཐོག་གླུ་གཞུའི་གོ་མཚོན་གྱི་གཏེར་འབྱེད་མཛད་དོ། །

སོ་གཉིས། 《སྤྲིན་པོ་ཤ་རྫོང་》གི་སྐོར།

གཅིག ལེགས་སྒྲིག་དཔར་སྐྲུན་བྱས་ཚུལ།

སྒྲུང་པོད་འདིའི་མ་ཡིག་ཟིན་འགོད་པ་ཡར་འགྲོ་དང་། ལེགས་སྒྲིག་པ་བསོད་ནམས་དགེ་ལེགས། རྩོམ་སྒྲིག་འགན་འཁུར་བ་ཚེ་རིང་དཔལ་འབྱོར། མཐའ་ཞུས་པ་ཀུན་དགའ་བཅས་ཡིན།

སྤྱི་ལོ་༡༩༩༡ལོར་སྒྲ་ཕབ་པ་དང་། ༢༠༠༣ལོར་ཡིག་ཐོག་ཏུ་ཕབ། སྤྱི་ལོ་༢༠༠༦ལོར་ལེགས་སྒྲིག་བྱས་ཤིང་༢༠༠༨ལོར་དཔར་དུ་བསྐྲུན། མ་ཡིག་ནང་སྒྲུང་གི་འཕེལ་རིམ་འབྲེལ་མི་ཆགས་པ་དང་། སྨྲ་ཚིག་གི་འགོའམ་མཇུག་མི་ཚང་བ་སོགས་སྐྱོན་ཆ་ཇེ་སྙེད་ཡོད་པ་ལེགས་སྒྲིག་པས་ངལ་བ་དུ་མ་སྤྱད་ནས་ཁ་གསབ་བྱས་ཡོད།

སྒྲུང་སྣ་འདིར་སྤྱིན་ཤོག་འཁོར་གྲངས་༤༧ཡོད་པ་དང་། ལེགས་སྒྲིག་དཔར་སྐྲུན་བྱས་རྗེས་པོད་འདིར་ཤོག་གྲངས་༥༠༠དང་ཚིག་ཀྲང་༡༥༢༠༢ཡོད།

གཉིས། ནང་དོན་གནད་བསྡུས།

གླིང་རྗེ་གེ་སར་རྒྱལ་པོས་མཐའ་ཡི་བདུད་ཆེན་བཞི་སོགས་མ་རུངས་བདུད་སྡེ་མང་པོ་དབང་དུ་བསྡུས་ཏེ་དཀར་ཕྱོགས་ཀྱི་བསྟན་པ་རིན་པོ་ཆེའི་རྒྱལ་མཚན་དགུང་དུ་འཕྱར་ནས་འགྲོ་དྲུག་སེམས་ཅན་རྣམས་གནས་སྐབས་གཡུལ་འབྲུག་གི་སྡུག་བསྔལ་ལས་བཀྲོལ་ནས་སོས་དལ་གྱི་བདེ་བ་སྤྲིན་གསེབ་ཀྱི་ཉི་ཟེར་ཙམ་ཐོབ། དེ་ནས་དུས་མི་རིང་བར་པོད་ལྷོ་ནུབ་ཕྱོགས་ཀྱི་ས་ཆ། བྱང་རྒྱབ་སྲིན་མོ་ལུང་རིང་ཞེས་ཆོས་སྒྲ་ཙ་ཐོས་མེད་པའི་མཐའ་འཁོབ་ཀྱི་ཡུལ་གྲུ་དེ་ན་སྲིན་རྒྱལ་བྲ་བ་མིག་དགུ་དང་སྲིན་མོ་ཡཀྵ་གདོང་དམར་གཉིས་ཀྱི་རིགས་རྒྱུད་ཁ་དར་ནས་བརྒྱ་ཡར་འགྲོ་དང་སྟོང་མར་ཡོང་གི་ཚོས་ལམ་དང་ཚོང་ལམ་ཐམས་ཅད་བཀག་ནས་བཅོམ་འཕྲོག་དང་སྲོག་གཅོད་ཀྱི་བྱ་བ་ཁོ་ནར་བརྩོན་པ་མ་ཟད་ཤ་ཁྲག་གཉིས་དེ་ཟས་སུ་བཟའ། མི་ལྤགས་ནི་ཤུན་པོས་སུ་གྱོན། སྡིག་སྒྲིབ་ཀྱི་ན་བུན་སྟུག་པོས་ཉི་ཟླ་གཉིས་ཀྱང་མཁའ་ལ་བསྒྲིབས། ཚུ་ཆེན་གཤིན་རྗེ་ཁྲག་མཚོར་བསྒྱུར་ནས་ཡ་ང་སེམས་ཅན་རྣམས་འཇིགས་སྐྲག་སྡུག་བསྔལ་གྱིས་མནར་ནས་འཁོར་བའི་རི་ཐག་ཡི་ནས་ཚོད་པས་མ་ནེ་ནེ་གནམ་སྨན་དཀར་མོས་མི་ཡུལ་གྱི་སྐྱི་གཡའ་བའི་ངང་ཚུལ་དེ་མངོན་པར་མཁྱེན་ནས་བྱང་སེམས་སྙིང་རྗེ་ཆེན་པོའི་སྤྱན་ཆབ་བསིལ་ཞིང་རྒྱལ་མཆོག་མི་ཡི་ཉི་མ་ལ་བྱང་རྒྱབ་སྲིན་ཚོགས་གདུག་པ་ཅན་དེ་སྨྱུར་དུ་འདུལ་དགོས་པའི་བཀའ་ལུང་གནང་། གླིང་རྗེས་ལྷ་ཡི་ལུང་བསྟན་བཞིན་གླིང་དཀར་མངའ་ཁོངས་ཀྱི་ལྷ་དམག་སྲིན་པོའི་ཡུལ་དུ་ཕབ་སྟེ་ཇ་དྲག་ཆེན་པོས་གཡུལ་ལག་བསྲེས། སྲིན་པོའི་རྒྱལ་བློན་དང་བཙུན་མོ་བཅས་པ་ཐམས་ཅད་ལུས་ཀྱི་རྫུ་འཕྲུལ་ཐོགས་པ་མེད་པའི་ཁར་སྲོག་གཅོད་ཀྱི་སྡིག་ཇམ་ཆེ་བས་གཡུལ་འབྲུག་གི་ཐོག་མར་དུང་སྐྱོང་སྟག་ལྷ་ཁྲི་དཀར་དང་རྒྱ་དཀར་བློན་པོ་བེར་དཀར་གྱིས་གཙོས་གླིང་

དཔོན་དམག་མང་པོ་དབུ་ཉེས་བཏང་ནའང་གླིང་པ་རྣམས་ལ་ལྷ་ཡི་གདོང་གྲོགས་ཆེ་བ་དང་། ལྷག་པར་དུ་གཡུལ་གྱི་ལས་ལ་རི་དྭགས་ཀྱི་རྒྱལ་པོ་སེང་གེ་བཞིན་དཔའ་ཞིང་ཟིལ་ཤུགས་ཆེ་བ་ཡིན་པས། ཕ་རོལ་གྱི་དགྲ་བོ་རིམ་བཞིན་སྐྱི་གཡའ་བར་གྱུར་ནས་སྲིན་རྒྱལ་བྲ་བ་མིག་དགུ་དང་སྲིན་མོ་ཡཀྵ་གདོང་དམར་གྱིས་གཙོས་སྲིན་པོའི་འཁོར་ཚོགས་མ་ལུས་པ་ཐལ་བའི་རྡུལ་དུ་བརླགས། སྲིན་སྡེ་དེ་བཞིན་དཀར་པོའི་ཆོས་ལ་བསྒྱུར་བའི་ནང་དོན་བཀོད་ཡོད།

སོ་གསུམ་དང་སོ་བཞི 《སྟོ་ཐན་སྲི་རྒྱལ་པོའི་བ་གཡང་》 སྟོད་ཆ་དང་སྨད་ཆའི་སྐོར།

གཅིག ལེགས་སྒྲིག་དཔར་སྐྲུན་བྱས་ཚུལ།

སྒྲུང་པོད་འདིའི་མ་ཡིག་ཐེན་འགོད་པ་ཡར་འགྲོ། ལེགས་སྒྲིག་པ་རྒྱང་འཁོར་ཚེ་ཕུན། རྩོམ་སྒྲིག་འགན་འཁུར་བ་ལོངས་ཁང་ཕུན་ཚོགས་རྡོ་རྗེ། སྟོད་ཆའི་མཐའ་ཞུས་པ་དགྲ་ལྷ་ཟླ་བ་བཟང་པོ་དང་སྨད་ཆའི་མཐའ་ཞུས་པ་ཀུན་དགའ་བཅས་ཡིན།

སྒྲུང་མཁན་གང་ཉིད་ཀྱིས་དུས་རབས་གོང་མའི་ལོ་རབས་བརྒྱད་ཅུ་པའི་ནང་སྒྲུང་སྣ་འདི་སྒྲ་ཕབ་གནང་ཡོད་པར་སྦྱིན་ཤོག་འཁོར་གྲངས་༨༩ཡོད་ནའང་ཡུན་རིང་ཡི་གེར་འབེབ་མ་ཐུབ་པ་དང་། སླད་ཡི་གེར་ཕབ་པ་དག་ཆད་སྐྱོན་ཆེ་བས་ལེགས་སྒྲིག་བྱ་ཐབས་བྲལ། ད་ལྟ་དཔར་དུ་བསྐྲུན་པའི་སྒྲུང་པོད་འདི་ནི་སྒྲུང་མཁན་གང་ཉིད་ཀྱིས་༢༠༠༢ལོར་སླར་ཡང་སྒྲ་ཕབ་གནང་བ་དང་། དེར་སྦྱིན་ཤོག་འཁོར་ཐག་གྲངས་༥༨ཙམ་ཡོད། སྤྱི་ལོ་༢༠༠༣ལོར་ཡི་གེར་ཕབ་པ་དང་། ༢༠༠༤ལོར་ལེགས་སྒྲིག་གི་ལས་འགོ་བཙུགས། སྤྱི་ལོ་༢༠༠༧ལོ་དང་༢༠༠༨ལོར་སྟོད་སྨད་སྐོར་ཚན་གཉིས་སུ་ཕྱེ་ནས་དངོས་སུ་དཔར་སྐྲུན་བྱས། སྒྲུང་པོད་འདི་ཉིད་སྒྲུང་མཁན་བསམ་གྲུབ་ཁོ་ནས་འཆད་ཐུབ་པའི་སྒྲུང་སྣ་ཐུན་མོང་མིན་པ་ཞིག་ལགས་པས། གཏམ་རྒྱུད་ཀྱི་བྱུང་རིམ་དང་། མི་སྣའི་

བཀོད་སྒྲིག་བྱེད་ཚུལ་སོགས་ལ་ནང་འགལ་ཧ་ཅང་ཆེ་བའི་སྒྲུང་སྣ་ཞིག་ཡིན་ལ། འདི་བཞིན་ཕྲན་ནས་ལེགས་སྒྲིག་བྱས་པ་ཞིག་ལགས་པས། འབྲེལ་ཡོད་གནས་ཚུལ་ཞིབ་ཆ་ལེགས་སྒྲིག་པའི་གསལ་བཤད་དཔེ་མཚོན་གྱི་ཚུལ་དུ་དམིགས་སུ་བཟུར་དུ་བཀོད་ཡོད།

སྒྲུང་པོད་འདིའི་སྟོད་ཆ་ལ་ཤོག་གྲངས་༣༢༩དང་། ཚིག་ཀྲང་༧༢༩༤ཡོད་པ། སྨད་ཆ་ལ་ཤོག་གྲངས་༣༨༤དང་། ཚིག་ཀྲང་༨༡༤༧ཡོད།

གཉིས། ནང་དོན་གནད་བསྡུས།

དེ་ཡང་ལྷོ་ཐན་སྲི་རྒྱལ་པོའི་བ་གཡང་ཞེས་པའི་ངག་སྒྲུང་འདིའི་བརྗོད་བྱ་གཙོ་བོ་ནི་གནའ་ སྔ་མོ་སྟོབས་དང་འབྱོར་པ་ཆེ་ལ་ལོངས་སྤྱོད་མངའ་ཐང་རྒྱས་པའི་འབྲུག་རྒྱལ་པོ་བཀྲ་ཤིས་རྣམ་རྒྱལ་ཞེས་པ་ཞིག་ཡོད་པ་དེའི་ལྷ་ལྕམ་ནོར་བུ་བཟང་མོ་ཆེ་ལས་འདས་ནས་ལོ་འཁོར་གཏན་སྟོད་ཀྱི་གསོལ་བ་སྨོན་ལམ་ཞལ་འདོན་དགེ་སྐྲུབ་ཀྱི་ལོ་མཆོད་གནང་རིང་། རྒྱལ་པོ་དེའི་མངའ་འོག་ཕོ་དགོན་གསང་སྔགས་ཆོས་གླིང་གི་སྤྲུལ་སྐུ་སངས་རྒྱས་ཡེ་ཤེས་དང་། མོ་དགོན་བཀྲ་ཤིས་ཆོས་གླིང་གི་ཇོ་མོ་ཤེས་རབ་ཀུན་འབྱུང་གཉིས་ཚེ་སྔོན་དམ་ཚིག་ཉམས་པའི་ལས་འབྲས་སུ་ཕོ་སེམས་མོ་དང་། མོ་སེམས་ཕོ་ལ་བཟུགས་ནས་ཤ་ཁྲག་ལུས་ཀྱི་འབྲེལ་བ་བྱུང་ཞིང་ཟླ་བ་ལྔ་ཙམ་སོང་རྗེས་ཇོ་མོ་ཤེས་རབ་ཀུན་འབྱུང་གི་མངལ་དུ་ཕྲུ་གུ་ཆགས་པ་དང་ཕྲུ་གུའི་ཕ་ནི་སྤྲུལ་སྐུ་སངས་རྒྱས་ཡེ་ཤེས་ཡིན་པ་མཐའ་རུ་གསལ། དེ་གའི་བླ་མ་མི་དཔོན་རྣམས་ཀྱིས་ཁོང་གཉིས་དགོན་པའི་གྲལ་ལ་བསྡད་མི་ཆོག་པ་དང་། བླ་མ་དགེ་འདུན་རྣམས་ཀྱི་ཚོགས་གདན་ལ་རྡོག་བརྫིས་བཏང་མི་ཆོག་པའི་བཀའ་ཆད་གནང་རུང་། དེ་དུས་གསང་སྔགས་ཆོས་གླིང་དགོན་གྱི་དགེ་སློས་སུ་སྲོག་གཅོད་དབུགས་ལེན་གྱི་ལས་ལ་དགའ་བའི་བདུད་ཕྲུག་སྡིག་པ་ར་ཉག་གམ་སྤྲུལ་མགོ་ར་ཉག་ཟེར་བ་ཞིག་ཡོད་པ་དེས་དད་ལོག་སྤྲུལ་སྐུ་དང་། ཇོ་མོ་གཉིས་སྐྱེ་བ་མ་བརྗེས་ན་ངན་པ་ལངས་ལ་ཤོར་རྒྱུ་རེད་ཟེར་ནས་ཁྲིམས་གཅོད་དྲག་པོས་མ་

ཤི་གསོན་ཞུགས་བཞུ་རྒྱུར་ཐག་གིས་བཅད། སྐབས་དེ་དུས་འབྲུག་རྒྱལ་པོ་བཀྲ་ཤིས་རྣམ་རྒྱལ་གྱིས་སྤྲུལ་མགོ་རྣ་ཞག་ལ་ཚེ་ཐར་ཡོང་བའི་ཞུ་འབུལ་བྱས་སྐབས་མཐར་དབུས་གཙང་གི་ཁུལ་དུ་རྒྱང་འབུད་ལ་བཏང་ངས། ཕོང་གཉིས་བྲག་ཕུག་ཅིག་གནས་སུ་བཅོལ་ནས་ཡུན་རིང་བཞུགས་ལ་སྤྲ་ཕྱིར་བུ་གསུམ་དང་བུ་མོ་གཉིས་འཁྲུངས། སྤྲུ་གུ་ལྷ་པོ་དེ་དག་ཆུང་བྱིས་པའི་དུས་ནས་ཡུལ་གྱུར་ཏེ་ཐན་སྲི་རྒྱལ་པོའི་ཡུལ་དུ་སླེབས་པ་དང་། བུ་གསུམ་པོ་ཁུལ་དེའི་དཔོན་གྲལ་ལ་ཡར་ཡར་འཕོད་པ་དང་། བུ་མོ་གཉིས་པོའང་གཟུགས་མཛེས་རྣམ་པ་བཟང་བས་ཐན་སྲི་རྒྱལ་པོའི་ཉེ་རྒྱུད་ཀྱི་བཙུན་མོར་གྱུར། དགེ་སྐོས་སྤྲུལ་མགོ་རྣ་ཞག་དེའང་རང་ལོ་དྲུག་ཅུ་རེ་གསུམ་ལ་སླེབས་པའི་དུས་སུ་འབྲུག་ཡུལ་དབང་དུ་བསྒྱུར་རྒྱུའི་རེ་ངན་བཅངས་པ་དང་། སྔོན་ལ་དགྲ་སྟར་ཡོད་གྲྭ་ལོག་བཙུན་ལོག་དབུས་གཙང་ཁུལ་ལ་བཏང་ངས་པ་དེ་གཉིས་ལ་མཐུ་རྩལ་ཅི་ཡོད་ཉམས་ཞིབ་དང་དེ་གཉིས་འདུལ་བར་ཡོང་། སྤྲུལ་མགོ་རྣ་ཞག་འཁོར་དང་བཅས་པ་ལམ་འཛོལ་ཤོར་ནས་ཐན་སྲི་རྒྱལ་པོའི་ཡུལ་ལ་སླེབས་པ་དང་མི་རིང་བར་ཕོ་པ་ཐན་སྲི་རྒྱལ་པོའི་བློན་པོའི་གཙོ་བོར་གྱུར། སྤྲུལ་མགོ་རྣ་ཞག་གི་ངན་བསྐུལ་དཀྲུག་ཤིང་འོག་ཐན་སྲི་རྒྱལ་པོས་དབུས་གཙང་ཡུལ་ལ་དམག་དྲངས་པ་དང་། ཕམ་ཁ་དབུས་གཙང་ལ་འཁེལ་ལ་ཉེ་བའི་སྐབས་གླིང་ཁྲ་མོའི་དམག་གིས་དབུས་གཙང་གི་རྒྱབ་ལ་ཕྱོགས་ནས་ལྷོ་དམག་ལ་ཕར་རྒོལ་བྱས། ཕན་ཚུན་དམག་འཐབ་བྱེད་པའི་བརྒྱུད་རིམ་ནང་ཆོས་ཕྱོགས་ལ་དགའ་བའི་ཐན་སྲི་རྒྱལ་པོའི་བློན་ཆེན་ཤེས་རབ་ཀུན་ལྡན་དང་བློ་གྲོས་རབ་བརྟན་སོགས་ཀྱིས་གླིང་གི་དགྲ་ཡ་མ་བཟུང་བར་འདུན་མ་བྱས་ན་དགའ་བའི་སེམས་བཟང་པོའི་ཞུ་འབུལ་ལན་མང་ཕུལ་བ་རྣམས་ཐན་སྲི་རྒྱལ་པོ་དང་བདུད་བློན་རྣམས་ཀྱིས་སྣར་མའི་ཚུལ་དུ་བརྩིས། སྤྲུལ་སྐུ་སངས་རྒྱས་ཡེ་ཤེས་དང་ཇོ་མོ་ཤེས་རབ་ཀུན་འབྱུང་གི་བུ་སྤུན་གསུམ་པོ་ཕ་མ་བྲལ་ནས་ཡུན་རིང་སོང་སྐབས་ཐོག་མར་ཕ་ཇོ་མ་ཇོ་མ་འཁྲོད་པར་ཐན་སྲིའི་དམག་གི་ཏུ་སྣེ་དྲངས་ཏེ་ཡབ་ཡུམ་གཉིས་

དང་དབུས་གཙང་དགྲ་ཏུ་བཟུང་། དེ་ནས་གཉེན་ངོ་འཕྲོད་རྗེས་སླར་ཡང་ནག་ཕྱོགས་སྡིག་ལས་རྒྱབ་ཏུ་བསྐྱུར། དཀར་པོ་དགེ་བའི་ལས་པང་དུ་བླངས་ནས་གླིང་དམག་ཐན་སྲིའི་ཡུལ་ལ་ཆས་སྐབས་ཁྲ་མོ་གླིང་གི་དམག་གྲལ་དུ་ཚུད་ནས་དེ་ཚོས་ས་རྒྱུས་ལམ་སྟེ་བྱས་པ་སོགས་ལ་བརྟེན་ནས་མཐར་ཕམ་ཁ་ཐན་སྲིའི་དམག་ལ་ཕོག ཁེ་ཁ་དབུས་གཙང་ལ་ཐོབ། གཏང་མ་ཁྲ་མོ་གླིང་གིས་འཁྱེར་བའི་ནང་དོན་བཀོད་ཡོད། སྒྲུང་འདིའི་སྟོད་ཆའི་ནང་གཙོ་བོ་གེ་སར་རྒྱལ་པོས་བདུད་ཕྲུག་སྤྲུལ་མགོ་ར་ཉག་རྟུལ་དུ་བརླགས་པ་དང་། སྨད་ཆའི་ནང་དུ་ཐན་སྲི་རྒྱལ་པོ་ཆམ་ལ་ཕབ་ནས་དེའི་མངའ་ཁོངས་དཀར་པོའི་ཆོས་ལ་བཀུག་པའི་སྐོར་བསྟན་ཡོད་དོ། །

སོ་ལྔ་དང་སོ་དྲུག 《ལི་མ་སྨན་རྫོང་》གི་སྟོད་ཆ་དང་སྨད་ཆའི་སྐོར།

གཅིག ལེགས་སྒྲིག་དཔར་སྐྲུན་བྱས་ཚུལ།

སྒྲུང་པོད་འདིའི་མ་ཡིག་ཟིན་འགོད་པ་བསོད་ནམས་ཚེ་རིང་། ལེགས་སྒྲིག་པ་ཡར་འགྲོ། རྩོམ་སྒྲིག་འགན་འཁུར་དང་མཐའ་ཞུས་པ་པད་མ་ལྷུང་རིག་འཛིན་བཅས་ཡིན།

དུས་རབས་གོང་མའི་ལོ་རབས་བརྒྱད་ཅུ་པའི་ནང་སྒྲུང་སྣ་འདི་སྒྲ་ཕབ་གནང་བར་སྤྱིན་ཤོག་འཁོར་གྲངས་༨༥ཡོད་པ་ལོ་རབས་དེ་རང་གི་ནང་ཡིག་ཐོག་ཏུ་ཕབ་པ་དང་། སྤྱི་ལོ་༢༠༠༥ལོ་དང་༢༠༠༦ལོར་ལེགས་སྒྲིག་བྱས་ནས་༢༠༠༧ལོ་དང་༢༠༠༨ལོར་དཔར་སྐྲུན་བྱས།

སྒྲུང་པོད་འདི་ཉིད་《སྒྲུང་མཁན་བསམ་གྲུབ་ཀྱིས་ཕབ་པའི་གླིང་རྗེ་གེ་སར་རྒྱལ་པོའི་སྒྲུང་》ལས་ཡིག་འབོར་ཆེ་གྲས་ཤིག་ཡིན་ཁར་ཐོག་མའི་མ་ཡིག་གི་སྤྲུས་ཚད་ཞན་ཙམ་ལགས་པས། ལེགས་སྒྲིག་བྱེད་པའི་བརྒྱུད་རིམ་ནང་ཆད་སྐྱོན་ཆེ་བ་དང་། ཚིག་སྦྱོར་མང་པོ་ཞིག་ལ་དོན་གོ་རྒྱུ་མེད་པ་སོགས་ཞིབ་ཕྲའི་གནས་ཚུལ་ལ་གཞིགས་ནས་སྒྲ་ཕབ་ཀྱི་ནང་དོན་ཡིག་ཐོག་ཏུ་འབེབ་རྒྱུར་བྱུང་པ་ཤིན་ཏུ་ཆེ་བའི་ཡར་འགྲོ་ལགས་ལ་ལེགས་སྒྲིག་གི་ལས་འགན་དམིགས་སུ་སྤྱད་དེ། མ་ཡིག་དང་

སྤྲིན་ཤོག་གི་ནང་དོན་ཞིབ་བསྡུར་ནན་ཏན་བྱས་ནས་ལེགས་སྒྲིག་བྱས་པ་དང་། ངག་སྒྲུང་ལེགས་སྒྲིག་དང་《གླིང་སྒྲུང་》ཞེས་བྱ་སྤྱི་ལ་བྱུང་བ་ཆེ་བའི་རིག་འཛིན་ལགས་ཀྱིས་གཙོ་འགན་རྩོམ་སྒྲིག་དང་མཐའ་ཞུས་ཀྱི་ལས་འགན་གཅིག་ཕྱོགས་འཁུར་ཏེ་དཀའ་ངལ་ཁྱད་བསད་བྱས་པ་ལ་བརྟེན་ནས་ད་གཟོད་སྒྲུང་པོད་འདི་དཔར་སྐྲུན་ཐུབ་པོ། །

སྒྲུང་པོད་འདིའི་སྟོད་ཆ་ལ་ཤོག་གྲངས་༤༤༦དང་། ཚིག་ཀྲང་༡༦༨༢ཡོད་པ། སྨད་ཆ་ལ་ཤོག་གྲངས་༦༠༦དང་། ཚིག་ཀྲང་༧༣༡༨༡༠ཡོད།

གཉིས། ནང་དོན་གནད་བསྡུས།

གླིང་རྗེ་གེ་སར་རྒྱལ་པོས་རྒྱལ་ཁབ་བཅུ་བཞི་དབང་ལ་བསྡུས་ནས་ཕོ་བྲང་སེང་འབྲུག་སྟག་རྩེར་ཉིང་འཛིན་སྒོམ་བཟླས་ལ་བཞུགས་ཏེ་མཐོ་སྲིད་པའི་རྩེ་མོ་ནས་དམའ་ན་རག་དམྱལ་ཁམས་བཅོ་བརྒྱད་ཡན་ཆོད་ཀྱི་སེམས་ཅན་ཐམས་ཅད་ཐར་པའི་ལམ་ལ་འདྲེན་པའི་འགྲོ་དོན་རྒྱ་ཆེན་པོ་བསྒྲུབས་ཞིང་བཞུགས་པའི་དུས་སུ། གླིང་འབུམ་པ་ཚང་གི་ཚོང་དཔོན་མི་བདུན་དང་ལག་དོ་སུམ་ཅུ་སོ་བདུན་གྱིས་རྟ་དྲེལ་སུམ་བརྒྱ་ཙམ་དེད་ནས་ལྷོ་རྒྱ་གར་དང་། བལ་པོ། ཁ་ཆེ། འབྲུག་ཡུལ་སོགས་སུ་བསྐྱོད་དེ་དངོས་ཟོག་བརྗེ་ལེན་གྱིས་གསེར་དངུལ་དར་ཟབ་དང་། གཡུ་བྱུ་རུ། གཟི་མུ་ཏིག སྤོས་ཞིམ་སྨན་ལ་སོགས་པའི་རྒྱུ་ནོར་རིན་ཐང་བྲལ་བ་བསྒྲུབས་ཏེ་རང་ཡུལ་ཤར་ཁྲ་མོ་གླིང་ལ་ཁ་ཕྱོགས་ནས་ལོག་ཡོང་བའི་ལམ་བར་དུ་མཐིང་རོང་དང་། ཁ་ཆེ། ལི་མ་རྒྱལ་ཁབ་གསུམ་གྱི་ས་མཚམས་བྱུང་ཁ་ཐང་ཇག་པའི་འགྲིམས་ལམ་ནས་ལི་མ་གནམ་ལྷ་འབྲུག་གྲགས་ཀྱི་མངའ་འོག་ཇག་པ་མི་དགུས་འབུམ་པའི་ཚོང་དཔོན་བཞི་དང་ལག་དོ་སུམ་ཅུ་སོ་བདུན་དམར་གསོད་བཏང་སྟེ་རྒྱུ་ནོར་ཡོད་ཚད་འཕྲོག་བཅོམ་བྱས་ནས་ཟླ་བ་གཅིག་ལྷག་ཙམ་སོང་ནའང་གླིང་པ་རྣམས་ཀྱིས་མ་ཤེས་པའི་མཚམས་སུ། གོང་མ་ལྷ་ཡི་ཞིང་ཁམས་ནས་ལྷ་ཆེན་ཚངས་པ་དཀར་པོ་དང་། བར་མ་གཉན་གྱི་ཞིང་ཁམས་ནས་གཉན་ཆེན་

སྐུ་ལྷ་གེར་འཛོ། འོག་མ་ཀླུ་ཡི་ཞིང་ཁམས་ནས་ཀླུ་རྒྱལ་གཙུག་ན་རིན་ཆེན། མ་མཁའ་འགྲོའི་གཙོ་འཁོར་དང་བཅས་པ་རྣམས་བཀའ་གྲོས་མཛད་དེ་ལི་མའི་རྒྱལ་བློན་དབང་ལ་བསྡུས་ནས་སྨན་གྱི་གཏེར་ཁ་ཕོད་ལ་འཇོག་དགོས་པའི་རྐྱེན་ཕྲ་མོ་འབུམ་པའི་ཚོང་དཔོན་བསད་པས་ཤ་ཤོར་ཤ་ལན་དང་། རྒྱུ་ཤོར་ར་མདའ་དགོས་པའི་བཀའ་ཐག་བཅད་ནས། མ་ནེ་ནེ་གནམ་སྨན་དཀར་མོ་སེང་ཆེན་རྒྱལ་པོར་ལུང་བསྟན་གནང་བར་མངགས། ནེ་ནེ་དཀར་མོས་ལུང་བསྟན་གནང་བ་བཞིན་གླིང་རྗེ་གེ་སར་རྒྱལ་པོས་ཤར་གླིང་དཀར་ཚོ་དྲུག་དང་། ཕྱོགས་བཞིའི་རྒྱལ་ཁབ་བཅུ་བཞིའི་ལས་དམག་བསྐུལ་ཏེ་ནུབ་ལི་མ་གནམ་ལྷ་འབྲུག་གྲགས་ལ་དམག་དྲངས། ལི་རྒྱལ་གནམ་ལྷ་འབྲུག་གྲགས་ནི་མངའ་འོག་ཏུ་ཤེས་ཆེན་གྱི་བློན་པོ་དང་། བླ་མ་དང་། མོ་མ་རྩིས་པ་དང་སྔགས་པ། ངར་རྒོད་ཀྱི་བློན་ཆེན་མི་བཞི། དམག་དཔོན་མེ་ཚ་རླུང་གསུམ། དེ་ལ་དེར་བརྟེན་གྱི་བདུད་ཕྲུག་བརྒྱ་སྐོར་ལ་དམག་འབུམ་ཚོ་མང་པོ་དང་གནམ་ལ་འཕུར་བའི་ལྕགས་བྱ། ས་ལ་རྒྱུག་པའི་འཕྲུལ་གྱི་རླུང་འཁོར། འཕྲུལ་གྱི་སྒྲོགས་ཆེན་དང་། འཕྲུལ་མདའ་སྣ་ཚོགས་ཡོད་པའི་དགྲ་སྟོབས་པོ་ཆེ་ཞིག་ཡིན་ན་ཡང་། གླིང་རྗེ་གེ་སར་རྒྱལ་པོའི་ཐབས་དང་ཤེས་རབ། དཔའ་དང་དཔུང་ཤུགས། དེ་བཞིན་ལྷ་ཀླུ་གཉན་གསུམ་དང་དགྲ་ལྷ་ཕྱེར་མའི་མཐུ་སྟོབས་ཀྱིས་ལི་གླིང་འཁྲུགས་ནས་ལོ་གཅིག་ལ་ཉེ་བའི་མཚམས་སུ་ལི་མའི་རྒྱལ་བློན་ནང་འཁྲུག་བྱུང་སྟེ་ངར་རྒོད་ཀྱི་བདུད་བློན་རྣམས་ཀྱིས་རང་རང་འབུམ་ཚོའི་དམག་གི་ཁ་ལོ་བསྒྱུར་ནས་ཤར་གྱི་སྦྲུག་ནག་འཁྱིངས་རྫོང་དེ་ཡ་མེད་ཁྲུང་ནག་བཙན་པོས་བཟུང་། ལྷོ་ཡི་སྟག་རི་གནམ་རྫོང་དེ་སྟག་རྒོད་གྲགས་པས་བཟུང་། ནུབ་ཀྱི་བྲག་དམར་ཤོག་རྫོང་དེ་ཡ་མེད་བཙན་རྒྱལ་དམར་པོས་བཟུང་སྟེ་ཕྱི་ནང་གཉིས་ཀྱི་དགྲ་ལ་འཐབ་པས་མཐར་ལོ་གསུམ་གྱི་དམག་འཐབ་བྱས་པ་བརྒྱུད་གླིང་གིས་ལི་མ་རྒྱལ་པོའི་རྫོང་ཆེན་བཞི་དབང་ལ་བསྡུས་ཏེ་བཞི་བརྒྱ་རྩ་བཞིའི་ནད་ལ་ཕན་པའི་སྨན་གྱི་གཏེར་སྒོ་ཕྱེ་ནས་ཕྱོགས་བཞིའི་ཡུལ་གྲུ་སྤྱི་དང་།

སྒྲང་པ་བོད་ཀྱི་ས་ཆ་ལ་རིན་ཆེན་སྣ་ལྔ་ལས་གྲུབ་པའི་རང་བྱུང་སྨན་གྱི་གཏེར་ཁས་ཁྱབ་པར་མཛད་པ་བཀོད་ཡོད།

སོ་བདུན་དང་སོ་བརྒྱད། 《ཉེ་ར་ལུག་རྫོང་》སྟོད་སྨད་ཀྱི་སྐོར།

གཅིག ལེགས་སྒྲིག་དཔར་སྐྲུན་བྱས་ཚུལ།

སྒྲུང་པོད་འདིའི་མ་ཡིག་ཟིན་བཀོད་པ་པད་མ་ཚེ་དབང་། ལེགས་སྒྲིག་པ་རིག་འཛིན། རྩོམ་སྒྲིག་འགན་འཁུར་བ་དགྲ་ལྷ་ཟླ་བ་བཟང་པོ། མཐའ་ཞུས་པ་མིག་དམར་ཚེ་རིང་བཅས་ཡིན།

སྤྱི་ལོ་༡༩༨༦ལོར་སྒྲ་འཇུག་བྱས། ༡༩༨༩ལོར་ཡིག་ཐོག་ཏུ་ཕབ། སྤྱི་ལོ་༢༠༠༩ལོར་ལེགས་སྒྲིག་བྱས་ཤིང་། ༢༠༡༡ལོར་དཔར་དུ་བསྐྲུན། སྒྲུང་སྣ་འདི་ཉིད་ལེགས་སྒྲིག་བྱེད་པའི་དུས་སྒྲུང་མཁན་ཉིད་སྐུ་གཟུགས་མི་བདེ་བས་ལྷ་སར་བཞུགས་པའི་དུས་ཚོད་ཤིན་ཏུ་དཀོན་ལ། སྒྲུང་མཁན་གང་ཉིད་དགུང་ལོ་ཤིན་ཏུ་མཐོ་བས་ཐུགས་བསུན་ཞུ་བར་སེམས་ཀྱིས་མ་བཟོད་པར་སྒྲུང་ནང་ལྷག་པའི་ཚད་སྐྱོན་དང་བཟློས་སྐྱོན། མི་སྣ་འབྲུལ་བ་སོགས་ཞན་ཆ་ཡོད་རིགས་ལེགས་སྒྲིག་པས་རང་གི་ཉམས་མྱོང་ལ་བརྟེན་ནས་གཟབ་ནན་གྱིས་བཟོ་བཅོས་གནང་བ་ལས་གྲུབ་པའི་སྐོར་སོགས་ལེགས་སྒྲིག་པའི་གསལ་བཤད་ནང་འཁྲིལ་ཡོད་གསལ་བཤད་ཞིབ་ཆ་ཆེ་བས་འདིར་བསྐྱར་བཤད་ཀྱི་དགོས་པ་མ་མཆིས་སོ། །

སྒྲུང་སྣ་འདིར་སྤྱིན་ཤོག་འཁོར་གྲངས་༦༧ཡོད་པ་དག་ལེགས་སྒྲིག་བྱས་རྗེས་ཡིག་འབོར་ཆེ་བས་དེབ་གཉིས་སུ་ཕྱེ་ནས་དཔར་དུ་བསྐྲུན་ཞིང་སྟོད་ཆར་ཤོག་གྲངས་༤༤༩དང་། ཚིག་ཀྲང་༡༡༩༠༦ཡོད། སྨད་ཆར་ཤོག་གྲངས་༣༦༨དང་ཚིག་ཀྲང་༡༠༢༤༨ཡོད།

གཉིས། ནང་དོན་གནད་བསྡུས།

དེ་ཡང་གླིང་རྗེ་གེ་སར་རྒྱལ་པོས་ཧོར་བདུད་མོན་འཇང་གིས་གཙོས་པའི་གླིང་ཕྱི་ནང་རྒྱལ་ཁབ་བརྒྱད་ཀྱི་ལས་དམག་གི་ཏྭ་སྣེ་དྲངས་ནས་མཐིང་གི་འབྲི་

གཡང་ཕབ་ཅིང་། མཐིང་རྒྱལ་ལྷ་རྒོད་གྲགས་པ་གླིང་གི་དཔའ་རྟུལ་གྱི་གྲལ་ལ་བཀོད། མཐིང་ཡུལ་ལ་དམ་ཆོས་ཉི་མ་ཤར་བ་བཞིན་དུ་སྤེལ་ཏེ་གླིང་དམག་རྣམས་རང་ཡུལ་ཁྲ་མོ་གླིང་ལ་ཆིབས་ཁ་བསྒྱུར་ནས་ཕེབས་པའི་ལམ་བར་དུ། མ་ནེ་ནེ་གུང་སྨན་རྒྱལ་མོ་དེ་ཡིས་གླིང་རྗེ་གེ་སར་རྒྱལ་པོར་ལུང་བསྟན་གནང་སྟེ། ལ་དྭགས་རྩེ་ཧྲ་བྲུ་ལྷེ་དང་རྩེ་ར་རྒྱལ་བློན་རྣམས་ངན་པ་ཁ་མཐུན་གྱིས་སངས་རྒྱས་ཆོས་ལ་སྡང་བས། དེས་ན་རྩེ་ར་ཐོག་རྒོད་རྒྱལ་པོ་བཏུལ་ནས་རྩེ་རའི་ལུག་རྫོང་འབེབས་པའི་དུས་ལ་བབས་པར་གསུངས་པ་བཞིན། གླིང་རྗེ་གེ་སར་རྒྱལ་པོས་མཐིང་ཡུལ་ནས་དམག་རྒྱགས་ཁ་སྟོན་གྲ་སྒྲིག་དགོས་པའི་བཀའ་བརྡ་བཏང་ཞིང་། མཐིང་དམག་བསྡོམས་གླིང་ཕྱི་ནང་རྒྱལ་ཁབ་དགུ་ཡི་དཔུང་དམག་གི་ཁ་ལོ་རྩེ་ར་ཡུལ་ལ་བསྒྱུར། མཐིང་རྒྱལ་ལྷ་རྒོད་དང་། ཧོར་ཤན་པ་རྨེ་རུ་རྩེ་གཉིས་ཀྱིས་ས་སྔེ་ལམ་རྒྱུས་ཀྱིས་གླིང་དམག་གི་རྟ་སྣེ་དྲངས་ཏེ། ལ་ལུང་བྲག་འཕྲང་ཡོད་རིགས་བཅག་ཞིང་རྩེ་རའི་ལ་སོ་ཆུ་སྲུང་ཡོད་རིགས་གླིང་གི་དཔའ་བོ་སུ་བབས་དེར་ཐོན་གྱིས་བསད་པ་དང་། བཟུང་བ་སོགས་ཞི་དྲག་གང་རུང་གིས་རྨིག་མེད་དུ་བཏང་། གླིང་དམག་རྣམས་རིམ་གྱིས་བཤར་ནས་རྩེ་ཡུལ་དུ་འབྱོར་བ་དང་། གླིང་སྐར་ལ་ཚུར་རྒོལ་བྱེད་པར་ཡོང་བའི་རྩེ་རའི་ནང་བློན་རྒོད་ཚད་བསད་བཟུང་གང་ཐུབ་ཀྱིས་དབང་ལ་བསྡུས་ཏེ། གླིང་ལ་ཚུར་རྒོལ་བྱེད་པའི་ནུས་པ་མེད་པར་བཟོས་པ་མ་ཟད། གླིང་ལྷས་རྩེ་རའི་མགོན་ལྷར་བརྫུས་ནས་ཐོག་རྒོད་རྒྱལ་པོར་ལུང་ལོག་མཛད་དེ། རྩེ་ར་ཐོག་རྒོད་རྒྱལ་པོ་དེ་ཕྱི་པ་མུ་སྟེགས་ཀྱི་མགོན་ལྷ། དགའ་རབ་དབང་ཕྱུག་གི་ཞིང་ཁམས་སུ་གདན་འདྲེན་ཞུ་ཁུལ་གྱིས་མཁའ་དབྱིངས་སུ་གཡོ་ཁྲིད་བྱས། གེ་སར་རྒྱལ་པོ་མི་རྟ་གཉིས་དེས་བདུད་རྒྱལ་དང་འདྲ་བར་མཁའ་དབྱིངས་སུ་ལྡིང་ནས་བདུད་རྒྱལ་ས་སྟེང་དུ་ཕབ་ཅིང་རྐྱེན་ལམ་དུ་བཏང་། གླིང་དམག་ཁག་བགོས་ཀྱིས་རྩེ་རའི་ཕྱོགས་བཞིའི་རྫོང་ཆེན་བཞི་དེ་ཨ་ལོང་བཞིན་དུ་ཕྱོགས་བཞི་ནས་མཐའ་བསྐོར་ཏེ། ལྷག་འཕྲོས་བདུད་བློན་ཡོད་རིགས་རེ་རེ་

བཞིན་མཚོན་འོག་ཏུ་བཏང་ཞིང་། རྫོང་བཞི་གླིང་གིས་བླངས་ནས་རྨེ་རའི་མངའ་ཁོངས་ཡུལ་ལུང་མ་ལུས་པར་གླིང་གི་ཁྲིམས་སྲོལ་བསྒྲགས།

རྨེ་གླིང་གཡུལ་འཁྲུག་ལོ་ཕྱེད་གསུམ་བྱས་ནས་རྨེ་རའི་རྒྱལ་པོ་གནམ་ལྷ་འབྲུག་རྒྱལ་གྱིས་གཙོས་བཙན་བདུད་དྲུག་ཅུ་ཐམ་པ་དང་། ནང་ཆོས་ལ་ལྟ་བ་ལོག་པའི་བདུད་མི་ཡོད་རིགས་མ་ལུས་པར་རྩིག་མེད་དུ་བཏང་ཞིང་། རྨེ་རའི་ལུག་གཡང་ཕབ་སྟེ་རྨེ་རའི་ཡུལ་མི་མཐོ་དམན་དབྱེར་མེད་པར་ལུག་བཅོ་ལྔ་རེའི་ལུག་འགྱེད་གྱི་ནོམ་པར་གནང་། རྨེ་རའི་ཡུལ་ལ་དཀར་པོའི་ལྷ་ཆོས་སྤེལ་ཞིང་། མཐིང་གི་ལྷ་རྒོད་གྲགས་པ་དེ་ལོ་གཉིས་ཀྱི་རིང་རྨེ་རའི་རྒྱལ་ཚབ་ཏུ་བསྐོས་ནས་གླིང་དམག་རྣམས་རང་ཡུལ་དུ་ཕྱིན། གཞིས་བཞུགས་མ་སྨྲ་མི་སྨན་རྣམས་ཀྱིས་བསུ་མ་གནང་བ་བཅས་གཞིས་བྱེས་དགའ་འཛོམས་བྱུང་ཞིང་ལུག་འགྱེད་གནང་གྲུབ་རྗེས་ཕྱི་ནང་གི་དཔའ་རྟུལ་དཔུང་དམག་རྣམས་སོ་སོའི་རྫོང་གཞིས་སུ་ཕྱིན་ནོ། །

སོ་དགུ། 《ཁམས་གསུམ་བདེ་བཀོད་》ཀྱི་སྐོར།

གཅིག ལེགས་སྒྲིག་དཔར་སྐྲུན་བྱས་ཚུལ།

སྒྲུང་པོད་འདིའི་མ་ཡིག་ཟིན་འགོད་པ་བསོད་ནམས་དགེ་ལེགས། ལེགས་སྒྲིག་པ་བསོད་ནམས་དགེ་ལེགས། རྩོམ་སྒྲིག་འགན་འཁུར་བ་མིག་དམར་ཚེ་རིང་། མཐའ་ཞུས་པ་དགྲ་ལྷ་བློ་བ་བཟང་པོ་བཅས་ཡིན།

སྤྱི་ལོ་༡༩༨༡ལོར་གེ་སར་སྒྲུང་སྐྱོབ་གཞུང་ལས་ཁང་གི་འཆར་འགོད་ལྟར་སྒྲུང་མཁན་གང་གིས་སྒྲ་འཇུག་གི་ལས་འགོ་བརྩམས་ཀྱང་སྒྲུང་སྐྱོབ་ལས་དོན་གྱི་གྲོན་དངུལ་དཀོན་པས་འཁོར་གྲངས་བདུན་ཅུ་ཙམ་སྒྲ་འཇུག་བྱས་རྗེས་བར་མཚམས་ཆད། སྤྱི་ལོ་༡༩༩༠ལོར་སླར་ཡང་མཇུག་དོན་མ་ཚང་བའི་སྒྲུང་གཏམ་ཁ་སྐོང་བྱས་ཤིང་ཡིག་ཐོག་ཏུ་ཕབ། སྤྱི་ལོ་༢༠༠༥ལོར་ལེགས་སྒྲིག་བྱས་ཤིང་། ༢༠༠༧ལོར་དཔར་དུ་བསྐྲུན། སྒྲུང་སྣ་འདི་གླིང་སྒྲུང་སྤྱིའི་གྲུབ་ཆ་གལ་ཆེན་ཞིག

ལགས་པས་དཔེ་རྙིང་ཡོད་ལ་དེང་དུས་ཀྱི་སྒྲུང་མཁན་ཕལ་མོ་ཆེས་འཆད་ཀྱིར་གནང་ཐུབ་པའི་སྐོར་ཚན་ཞིག་ཡིན་མོད། སྒྲུང་མཁན་བསམ་གྲུབ་ཀྱིས་འཆད་ཀྱིར་གནང་བའི་སྒྲུང་སྣ་འདི་ནི་སྒྲུང་གི་བརྗོད་བྱ་རྗོད་བྱེད་གང་གི་ཐད་ནས་བལྟས་ཀྱང་ཐུན་མོང་མ་ཡིན་པའི་ཁྱད་ཆོས་དུ་མས་སྤྲས་པ་ཞིག་ཡིན། སྒྲུང་སྣ་འདི་སྒྲུང་མཁན་གང་གིས་དུས་རབས་གཉིས་ཀྱི་ནང་སྔ་ཕྱིར་འཆད་ཀྱིར་སྒྲ་འཇུག་བྱས་པ་ཞིག་ལགས་པས། མ་ཡིག་ནང་དུ"སྒྲུང་གཏམ་འཕེལ་རིམ་ཚགས་དམ་པོ་མེད་པ་དང་སྔ་ཕྱིའི་ནང་དོན་འབྲེལ་མི་ཆགས་པ། སྒྲུང་གཏམ་གྱི་མི་སྣའི་མིང་འཁྲུལ་བ། དཔེ་དོན་གོང་འོག་མི་མཚུངས་པ། ནང་དོན་ཆ་མི་ཚང་བ་ལ་སོགས་སྐྱོན་ཆ་མི་ཉུང་བ་ཞིག་སྣང་བས།"[1]ལེགས་སྒྲིག་པས་ཕྱོགས་གཅིག་ནས་མ་དཔེར་ནན་ཞིབ་དཔྱད་བསྡུར་ཐོག་སྒྲུང་པར་བཀའ་བསྡུར་ཞུས་ནས་བབ་བསྟུན་བཟོ་བཅོས་དང་ཁྱད་པར་གླེས་སྐྱོན་ཡོད་རིགས་སྟོན་འཕྲི་མང་ཙམ་བྱས་པས། དཔེ་ཚོགས་ནང་གི《ཁམས་གསུམ་བདེ་བཀོད་》ཅེས་བྱ་བའི་སྒྲུང་པོད་འདི་ཉིད་ཙུང་བསྡུས་པའི་ཚུལ་གྱིས་ལེགས་སྒྲིག་དཔར་དུ་བསྐྲུན་པའོ། །

སྒྲུང་སྣ་འདིར་ཤྲིན་ཤོག་འཁོར་གྲངས་༢༨ཡོད་པ་དག་དཔར་སྐྲུན་བྱས་རྗེས་ཤོག་གྲངས་༩༨༧དང་། ཚིག་ཀང་༡༨༩༥ཡོད།

གཉིས། ནང་དོན་གནད་བསྡུས།

གེ་སར་ནོར་བུ་དགྲ་འདུལ་གྱིས་མི་ཡུལ་གྱི་འགྲོ་དོན་དང་དུ་བླངས་ནས་ཕྱོགས་བཞི་མཚམས་བརྒྱད་ཀྱི་བདུད་སྡེ་མང་པོ་དབང་དུ་བསྡུས་ཏེ་སངས་རྒྱས་ཀྱི་བསྟན་པ་རིན་པོ་ཆེའི་རྒྱལ་མཚན་དགུང་དུ་བསྙོད། གླིང་གི་ཕ་ཁུ་དཔའ་རྟུལ་དང་འབངས་སྡེ་རྣམས་ནི་གནས་སྐབས་དམག་འཁྲུག་གི་སྡུག་བསྔལ་མེད་པར་རྣམ་དཀར་དགེ་བའི་ལས་ལ་གཞོལ་བ་དང་། ཡུལ་ལ་ནད་མེད་མི་རྣམས་ནོར་གྱིས་ཕྱུག་ཅིང་སྐྱིད་དགའ་སོས་དལ་གྱི་སྐལ་བ་ཐོབ། རྒྱལ་པོ་མི་ཡི་ཉི་མ་ཁོང་ཡང་

[1] 《ཁམས་གསུམ་བདེ་བཀོད་》ཅེས་པའི་ལེགས་སྒྲིག་པའི་གསལ་བཤད་ནང་གསལ།

སྐྱེ་བ་ལྷ་ལས་མཆེད་ཀྱང་མི་ཡུལ་གྱི་འགྲོ་དོན་བསྐྱངས་ནས་བདུད་འདྲེ་མང་པོ་བསྒྲལ་བའི་སྡིག་པ་དང་ཉེས་སྒྲིབ་ཆེ་བས་བྱམས་སེམས་འགྱོད་པ་དྲག་པོས་བཤགས་པ་མཛད་དེ་ལོ་ལྔའི་བར་ཏིང་འཛིན་མཉམ་བཞག་གི་སྒོམ་དུ་བཞུགས།

སྟག་ཟླ་བའི་ཚེས་བཅོ་ལྔའི་ཐོ་རངས་ཀྱི་དུས་སུ་གུ་རུ་པདྨ་འབྱུང་གནས་ཀྱིས་སྦྱ་རབས་སྐྱེས་བུས་ཧོར་བདུད་འཇང་གསུམ་གྱི་བདུད་རྗེ་འདུལ་བའི་སྐབས། བདུད་རྗེའི་ཆིབས་རྟ་གསུམ་གྱི་རྣམ་ཤེས་འདྲེན་སྟོན་མ་ནུས་པར་ཤོར་ཏེ་ད་ལྟ་ཨ་ཆེན་གངས་རྒྱབ་བྱང་ཏ་ཐོར་ཡུལ་དུ་ཧོར་དར་མའི་མི་རྒྱུད་དུ་སྐྱེ་བ་བླངས་ནས་མཁར་བརྩེགས་གཞིས་བཟུང་འབུམ་སྡེ་ཆགས། བདུད་གསར་ཏམ་པ་རི་ལས་ཆེ་བས་བོད་ཡུལ་དང་ཉེ་འཁོར་འབངས་སྡེ་འཛོམས་པའི་ཏམ་སེམས་སྐྱེས་ཏེ་དུས་མི་རིང་བར་བདུད་དམག་ཡོང་ཉེན་ཆེ། གལ་ཏེ་བདུད་འདྲེ་དེ་འདྲ་དབང་ཐང་དར་བར་གྱུར་ན་ཕྱི་རབས་མགོ་ནག་སེམས་ཅན་འཚོ་བའི་གནས་མེད་ལ་དཀའ་སྐྱིད་ཀྱི་དུས་ལས་འདས་ཏེ་མུན་པའི་སྨག་རུམ་དུ་ལྷུང་བ་གདོན་མི་ཟ་བས་གླིང་དམག་མྱུར་དུ་ཐོན་ནས་བདུད་རྗེ་འབངས་དང་བཅས་པ་དབང་དུ་བསྡུ་དགོས་པའི་ལུང་བསྟན་མཛད། གླིང་རྗེས་གུ་རུའི་ལུང་བསྟན་ལྟར་གླིང་དཀར་མངའ་ཁོངས་ནས་དམག་ཁྲི་ཀ་ཏྲག་བསྡུས་བྱས་ནས་བྱང་ཏ་ཐོར་གྱི་ཡུལ་དུ་དམག་སྐྱེ་བསྐྱུར། གླིང་པ་རྣམས་ཀུ་གསུམ་ལ་བགོས་ནས་དཔའ་ངར་ཆེན་གྱིས་གངས་ལ་དང་རྫ་ལ། བྲག་ལ་སོགས་རིམ་གྱིས་གཤགས། བདུད་བློན་རྣ་གཅིག་ཁམ་པ་གསོན་བཟུང་གིས་གཟུགས་གཞི་བྲག་དམར་གྱི་ལེབ་ཏུ་འཛེར་ནས་བརྒྱངས། བདུད་རྒྱལ་ཨ་རྐོད་གནམ་ལྷ་རྒྱལ་པོ་དང་བློན་པོ་ངར་མ་ཚོགས་ནས་གླིང་དམག་དང་ཡང་ཡང་འཐབ་ཀྱང་གཡུལ་ཉེས་རིམ་པར་ཤོར། བདུད་ལྷ་གྲོགས་སུ་བཅོལ་ནས་མཐུ་རྫུགས་ཀྱིས་གླིང་དམག་འགོག་ཐབས་བྱས་ཀྱང་ལྷ་ཀླུ་གཉན་གསུམ་གྱིས་བདུད་ལྷ་འཁོར་དང་བཅས་པ་རྫིག་མེད་དུ་བཏང་། ཨ་རྐོད་རྒྱལ་པོ་ཡང་གླིང་རྗེས་ཆམ་ལ་ཕབ་ནས་རྣམ་ཤེས་འདྲེན་སྟོན་མཛད། བདུད་བློན་ཤ་བ་རུ་དམར་དང་སྨུ་གུ་ཁྲི་

རྗེ་གཉིས་རྒྱ་དཀར་དང་རྒྱ་ནག་གི་ལི་མཚོ་དང་ཁྲི་མཚོ་སྔོ་མོའི་ནང་དུ་ཕྱིར་བས་དཔའ་ལ་དང་འདན་མ་གཉིས་བདུད་མཚོའི་ནང་ར་མདར་ཕྱིན་ནས་བདུད་བློན་གཉིས་སོ་སོར་བཏུལ་ཏེ་རྒྱལ་ཁའི་ངང་གླིང་ཡུལ་དུ་ཞབས་སོར་འཁོད། རྒྱལ་པོ་གེ་སར་སྐུ་འཁོར་ནས་བདུད་འདུལ་གྱི་འགྲོ་དོན་གྲུབ་ཙ་ན་རྒྱ་ཆེན་ཆོས་ཀྱི་འཁོར་ལོ་བསྐོར་ཏེ་བདུད་ཡུལ་གྱི་འབངས་སྡེ་རྣམས་དག་པའི་ཆོས་སུ་བསྒྱུར་ནས་ཐམས་ཅད་དགའ་སྐྱིད་ལོངས་སྤྱོད་འཛོམས་པའི་གནས་སུ་བཀོད་པའོ། །

བཞི་བཅུ། 《རྨ་ཡི་ནོར་གཏེར་》གྱི་སྐོར།

གཅིག ལེགས་སྒྲིག་དཔར་སྐྲུན་བྱས་ཚུལ།

སྒྲུང་པོད་འདིའི་མ་ཡིག་ཟིན་འགོད་པ་སྤེན་པ་ཚེ་རིང་། ལེགས་སྒྲིག་པ་བསོད་ནམས་དགེ་ལེགས། རྩོམ་སྒྲིག་འགན་འཁུར་བ་རྒྱང་འཁོར་ཚེ་ཕུན། མཐའ་ཞུས་པ་ལོངས་ཁང་ཕུན་ཚོགས་རྡོ་རྗེ་བཅས་ཡིན།

སྤྱི་ལོ་༡༩༨༧ལོར་སྒྲ་འཇུག་བྱས། སྤྱི་ལོ་༡༩༨༩ལོར་ཡིག་ཐོག་ཏུ་ཕབ། ༢༠༠༩ལོར་ལེགས་སྒྲིག་བྱས་ཤིང་། ༢༠༡༡ལོར་དཔར་དུ་བསྐྲུན། གླིང་པས་རྨ་ཡི་ནོར་གཏེར་ཕབ་པའི་སྐོར་གྱི་སྒྲུང་སྣ་འདི་ནི་ནམ་རྒྱུན་མཐོང་ཐོས་དཀོན་པའི་གླིང་སྒྲུང་ལེ་ཚན་ཞིག་ལགས། ལེགས་སྒྲིག་བྱེད་པའི་དུས་སྒྲུང་དཔེ་གཞན་དང་འདྲ་བར་ཆད་སྐྱོན་དང་ནོར་སྐྱོན། མི་སྣ་འཕྲུལ་བ་སོགས་ཞན་ཆ་མང་ཙམ་ཡོད་རིགས་ལས་སྐྱོན་ཆ་ཆེ་རིགས་སྒྲུང་མཁན་སྐུ་ངོ་མས་ཁ་སྐོང་གནང་བ་དང་། ཞན་ཆ་ཆུང་རིགས་ལེགས་སྒྲིག་པ་དང་རྩོམ་སྒྲིག་པས་གཟབ་ནན་གྱིས་བཟོ་བཅོས་གནང་བ་ལས་གྲུབ་པའོ། །

སྒྲུང་སྣ་འདིར་སྤྱིན་ཤོག་འཁོར་གྲངས་༤༩ཡོད་པ་དག་དཔར་སྐྲུན་བྱས་རྗེས་ཤོག་གྲངས་༣༦༢དང་། ཚིག་ཀང་༨༥༢༨ཡོད།

གཉིས། ནང་དོན་གནད་བསྡུས།

རམ་ཟླའི་ཚེས་བཅོ་ལྔའི་ནམ་ཕྱེད་ཡོལ་གྱི་དུས་སུ་རྒྱལ་པོ་གེ་སར་ཉིད་

མཚམས་རྒྱ་དམ་པོར་བཀྱུངས་ནས་གཟིམ་ལ་བཞུགས་ཡོད་པ་ན། སློབ་དཔོན་པདྨ་འབྱུང་གནས་དེ་རྒྱལ་པོའི་གཟིམ་ཚང་གི་མཁའ་དབྱིངས་སུ་བྱོན་ནས་རྨུ་རྗེ་གནམ་ལྷ་རྒྱལ་པོ་དབང་དུ་བསྡུས་ནས་མ་ཧེའི་ནོར་གཡང་དབབ་དགོས་པའི་ལུང་བསྟན་མཛད། གླིང་རྗེས་རྨ་ཡུལ་སྟོད་སྨད་དང་གླིང་ཁོངས་རྒྱལ་ཁག་ནས་དྲག་དམག་སྒྱུར་དུ་བསྡུས་ནས་རྨུ་རྗེའི་ཡུལ་དུ་དམག་དྲངས། དུས་དེ་ཙམ་དུ་རྨུ་རྗེ་གནམ་ལྷ་རྒྱལ་པོ་ལ་རྨིས་ལྟས་ངན་པ་བྱུང་ནས་མཚན་མོ་གཉིད་མི་ཁུག ཉིན་མོར་བློ་སེམས་མི་བདེ་བར་གྱུར་བས་ཏ་རི་ཛ་ཡི་སྒྲུབ་ཕྱག་འཛིན་པའི་མུ་སྟེགས་བླ་མ་སྒོམ་པ་ར་ཛར་ལྟས་བཟང་ངན་གྱི་མོ་ལུང་ཞུས་པ་ན། ཤར་གྱི་མ་ངན་ཛོ་རུ་ཡིས་རྨུ་ཡུལ་གྱི་མ་ཧེ་ནོར་གཡང་དབབ་པར་འབུམ་དམག་རྨུ་ཡུལ་དུ་ཐོན་པའི་མོ་འབྲས་གསལ། རྨུ་རྗེ་རྒྱལ་པོ་ནས་རང་ཁོངས་ཀྱི་ལས་དམག་སྒྱུར་དུ་བསྡུས་ནས་ས་ལམ་དང་ཆུ་ལམ་ཐམས་ཅད་སྲུང་བྱ་བྱས། གླིང་དམག་རྣམས་རྨུ་ཡུལ་གྱི་ས་སྣེར་སླེབས་ནས་གཡུལ་འཁྲུག་གི་ཡོལ་བ་ཕྱེ་བས་ན་སྟག་རོང་རྒྱལ་སྲས་མ་ཊི་ཀ་ར་དེ་གཡུལ་སར་བསྐྱོད་པའི་གཏང་མ་དང་པོ་ལ་རྨུ་བློན་བྱ་ནག་སྟོབས་ཆེན་ཞགས་པས་བཟུང་ནས་ས་དོང་རིམ་དགུའི་འོག་ཏུ་དམ་ལ་བཏགས། རྨུ་རྗེའི་བུ་པོ་བཙན་རྒོད་དྲག་རྒྱལ་དེ་བྱ་ནག་ཤོར་བའི་ཤ་ལན་དུ་གླིང་སྐར་དུ་རྒྱུག་ནས་ཞང་ཞང་སྟག་མོ་ཁྲི་བཙན་དང་ཧོར་རི་པའི་ཐང་ནག་རྩེ་རྒྱལ། ལྷུང་ལྷ་ཡ་མེད་སོགས་གླིང་གི་ཕོ་རྒོད་མང་པོའི་མགོ་སྐྱེ་བཅད། དེ་ནས་གཡུལ་འཁྲུག་གི་རྒྱ་ཁྱོན་རྗེ་ཆེར་ཕྱིན་པ་ན་གླིང་དམག་གིས་རྨུ་རྗེའི་ཕྱོགས་བཞིའི་ཕོ་བྲང་གི་མཐའ་ནས་བསྐོར་ཅིང་ཕོ་པོ་བཙན་རྒྱལ་ཡ་མེད་སོགས་རྨུ་རྗེའི་བཙན་རྒོད་ཁྲུ་ཚོགས་རེ་རེ་བཞིན་འཇིག་རྟེན་ཕྱི་མའི་ཡུལ་དུ་བཏང་ནས་ཕྱོགས་བཞིའི་ཕོ་བྲང་གླིང་དམག་གིས་བླངས། མཐར་རྨུ་རྗེ་གནམ་ལྷ་རྒྱལ་པོ་ཆགས་རྟེན་མེད་པར་མུ་སྟེགས་ཀྱི་རྨུ་སྐས་བརྒྱུད་དེ་ཁྲོས་ཀྱང་གི་སར་མི་ཏ་གཉིས་རྨུ་རྗེའི་ར་མདར་བྱོན་ནས་རྨུ་སྐས་ལས་ཕབ་ནས་རྣམ་ཤེས་དག་ཞིང་དུ་འདྲེན་སྟོན་མཛད། དེ་ནས་

རྒྱ་ཡུལ་དུ་ཆོས་ཀྱི་འཁོར་ལོ་རྒྱ་ཆེན་བསྐོར་ནས་བདུད་སྡེ་ཆོས་ལ་བསྒྱུར། མ་ནེ་ནོར་གྱི་སྤྱི་གཡང་དབུ་ནག་འཚོ་བའི་གསོས་སུ་འདྲེན་ནས་འགྲོ་རྣམས་སྨིན་ཅིང་གྲོལ་བའི་གནས་སུ་བཀོད་པར་གདའོ། །

ལེ་གཅིག 《དམྱལ་གླིང་》གི་སྐོར།

གཅིག ལེགས་སྒྲིག་དཔར་སྐྲུན་བྱས་ཚུལ།

སྒྲུང་དཔོད་འདིའི་མ་ཡིག་ཟིན་འགོད་པ་ཡར་འགྲོ། ལེགས་སྒྲིག་པ་རིག་འཛིན། རྩོམ་སྒྲིག་འགན་འཁུར་བ་རྒྱང་འཁོར་ཚེ་ཕུན། མཐའ་ཞུས་པ་གུ་རུ་པདྨ་རྡོ་རྗེ་བཅས་ཡིན།

སྤྱི་ལོ་༢༠༠༦ལོར་སྒྲ་འཇུག་བྱས། སྤྱི་ལོ་༢༠༠༨ལོར་ཡིག་ཐོག་ཏུ་ཕབ། སྤྱི་ལོ་༢༠༡༡ལོར་ལེགས་སྒྲིག་བྱས་ཤིང་། སྤྱི་ལོ་༢༠༡༢ལོར་དཔར་དུ་བསྐྲུན། སྒྲུང་དཔོད་འདི་ནི་སྒྲུང་མཁན་གང་གིས་འཆད་ཀྱེར་སྒྲ་འཇུག་གནང་བའི་སྒྲུང་མཐའ་མ་དེ་ཡིན་ལ། གང་ཉིད་དགུང་ལོ་༨༥ཐོག་སྒྲ་འཇུག་གནང་བས་ཉློས་སྐྱོན་དང་མི་སྣ་འཁྲུལ་བ་སོགས་ཞན་ཆ་མང་ཙམ་ཡོད་རིགས་ལེགས་སྒྲིག་དང་རྩོམ་སྒྲིག་བྱེད་པའི་བརྒྱུད་རིམ་ནང་བཟོ་བཅོས་གནང་གང་ཐུབ་ཞུས་པ་ལས་གྲུབ་པའོ། །

ད་བར་གློག་པ་པོའི་མཐོང་ཆོས་སུ་གྱུར་པའི་《དམྱལ་གླིང་》སྐོར་གྱི་དཔར་གཞི་མི་འདྲ་བ་གཉིས་ཡོད་དེ་《དམྱལ་གླིང་ མུན་པ་རང་གསལ་》དང་《དམྱལ་གླིང་རྫོགས་པ་ཆེན་མོ་》ཞེས་པ་གཉིས་ཡིན། ད་ལམ་སྒྲུང་མཁན་བསམ་གྲུབ་ཀྱིས་འཆད་ཀྱེར་གནང་བའི་དམྱལ་གླིང་སྐོར་གྱི་སྒྲུང་སྣ་འདིའི་ཐོག་མའི་ཁ་བྱང་ལ《དམྱལ་གླིང་》ཞེས་འཁོད་པ་དང་། ལེགས་སྒྲིག་པས་སྒྲུང་པ་གང་གིས་འཆད་ཀྱེར་གནང་བའི་བརྗོད་བྱའི་ནང་དོན་གྱི་ཐུན་མིན་ཁྱད་ཆོས་ལ་གཞིགས་ནས་སྒྲུང་གི་ཁ་བྱང་ལ《དམྱལ་གླིང་ཐར་པ་ཆེན་པོ་》ཞེས་སྦྱར་ཡོད། དེའི་རྒྱུ་མཚན་ཡང་ལེགས་སྒྲིག་པའི་གསལ་བཤད་ནང་“ཨ་སྟག་ཀླུ་མོ་དམྱལ་བ་མཐིང་ནག་གི་ཡུལ་དུ་ལྟུངས་པར་ལྷན་སྐྱེས་ལྷ་དཀར་ནག་གཉིས་ཀྱི་དགེ་སྡིག་རང་གཟུགས་གཤེར་ནས་

ལས་འབྲས་རྣམ་སྨིན་གྱི་སྡུག་བསྔལ་བཟོད་མེད་མྱོང་དགོས་བྱུང་བ་ན། གེ་སར་རྒྱལ་པོས་ཉིང་འཛིན་འོད་གསལ་གྱི་བརྒྱུད་ནས་དམྱལ་ཡུལ་དུ་ཨ་སྟག་ལྷ་མོའི་རྨདར་ཕྱིན་ཞིང་ཨ་སྟག་ལྷ་མོས་གཙོས་པའི་སྐྱེ་འགྲོ་གྲངས་ལས་འདས་པར་བར་དོའི་རྣམ་སྨིན་བདེན་པར་གྲུབ་པ་མེད་པར་རྨི་ལམ་ལྟ་བུར་སྟོང་པ་ཉིད་དུ་ཤེས་པའི་རིག་པ་ངོ་སྤྲོད་གཅེར་མཐོང་རང་གསལ་གྱི་གདམས་པ་གནང་ནས་བདེ་འགྲོའི་གནས་སུ་དྲངས་པའི་བརྗོད་གཞིའི་སྒྲུང་རྒྱུན་དེར་《 དམྱལ་གླིང་མུན་པ་རང་གསལ་》ཞེས་པ་དང་། མ་ཡུམ་འགོག་བཟའ་ལྷ་མོ་ཉིད་མི་རྟག་ལྟ་བའི་ལམ་དུ་ཕྱིན་ནས་དམྱལ་བར་ལྷུངས་ཏེ་ལས་འབྲས་ཀྱི་རྣམ་སྨིན་སྡུག་བསྔལ་བཟོད་དཀའ་བར་མྱོང་དགོས་བྱུང་བར། གེ་སར་རྒྱལ་པོ་མི་རྟ་གཉིས་སྤྲུལ་པའི་བརྒྱུད་ནས་དམྱལ་བ་མཐིང་ནག་གི་ཡུལ་དུ་ཕྱིན་ཞིང་མ་ཡུམ་འགོག་བཟའ་ལྷ་མོས་གཙོས་པའི་ཚེ་འདས་གྲངས་ལས་འདས་པ་བདེ་འགྲོའི་གནས་སུ་བཀོད་པ་དང་། མི་རིང་བར་གེ་སར་རྒྱལ་པོས་གཙོས་པའི་གླིང་གི་ཕ་ཁུ་སྤུ་ནུ་དང་། མ་སྲུ་མོ་སྨན་ཕལ་མོ་ཆེ་འཛིག་རྟེན་མི་ཡུལ་གྱི་འགྲོ་དོན་ཡོངས་སུ་རྫོགས་ནས་སྤྲ་ཕྱིར་རང་རང་གང་བབས་ཀྱི་ཞིང་ཁམས་ལ་ཕེབས་པ་སྟེ་གེ་སར་རྒྱལ་པོའི་སྲིད་ཞིའི་ཕུན་ཚོགས་ཡོངས་སུ་རྫོགས་པར་བརྗོད་པས《 དམྱལ་གླིང་རྫོགས་པ་ཆེན་པོ་》ཞེས་པ་བཞིན། སྒྲུང་མཁན་བསམ་གྲུབ་ལགས་ཀྱིས་འཆད་གྱེར་གནང་བའི《 དམྱལ་གླིང་》འདི་བཞིན་མ་ཡུམ་འགོག་བཟའ་ལྷ་མོ་དེ་ཉིད་རྗེ་བཙུན་འཕགས་མ་སྒྲོལ་མའི་རྣམ་སྤྲུལ་ཡིན་ཕྱིར། འཛིག་རྟེན་བྲང་བ་ཁང་གི་ལས་འབྲས་རྣམ་སྨིན་གྱི་དམྱལ་བའི་སྡུག་བསྔལ་ལས་གྲོལ་ཡང་། འཆི་བའི་ནད་ཐོག་པར་སྨན་བཅོས་དང་རིམ་གྲོ་ཅིས་ཀྱང་མ་ཕན་པར་མི་རྟག་ལྟ་ལམ་དུ་ཕྱིན་རྗེས་དམྱལ་བ་ཐིག་ནག་གི་ཡུལ་དུ་ཕྱིན་ནས་འགྲོ་དོན་རྒྱ་ཆེར་བསྐྱངས་ཤིང་ཤི་གསོན་དབར་གྱི་འཕྲིན་ཆ་གནང་བར་ཁྲ་མོ་གླིང་ལ་ཕྱིར་ཕེབས་མཛད་དེ་སེང་ཆེན་གེ་སར་རྒྱལ་པོ་ཉིད་དམྱལ་ཁམས་བཅོ་བརྒྱད་ཀྱི་བཟོད་མེད་སྡུག་བསྔལ་མྱོང་བའི་ཚེ་འདས་སེམས་ཅན་གྲངས་ལས་

འདས་པ་ཐར་པ་ཆེན་པོའི་བདེ་བ་ཐོབ་ཕྱིར་དམྱལ་བའི་འགྲོ་དོན་སྐྱོང་བར་ལན་གཅིག་ཕྱིན་དགོས་པའི་སྐུལ་མ་གནང་བ་བཞིན། གེ་སར་རྒྱལ་པོས་དམྱལ་བ་ཐིག་ནག་གི་ཡུལ་དུ་ཕྱིན་ནས་བདུད་རྟོར་མོན་འཇང་གི་བདུད་ཆེན་རྒྱལ་ཆེན་བཞི་ཡིས་གཙོས་པའི་དམྱལ་བའི་སེམས་ཅན་མ་ལུས་ཐར་པའི་ལམ་དུ་དྲངས་ནས་དམྱལ་བའི་ལེ་ཚན་བཅོ་བརྒྱད་དེ་སྟོང་པར་བསྒྱུར་བར་གསུངས་པས། སྒྲིག་པ་པོས་མེས་པོའི་ཞུལ་བཞག་གི་སྲོལ་རྒྱུན་དཔེ་རྙིང་གཉིས་དེའི་ཁྱད་ཆོས་དང་། སྒྲུང་མཁན་གང་ཉིད་ཀྱིས་འཆད་ཁྱེར་གནང་བའི་བརྗོད་བྱའི་དོན་སྙིང་གི་ཁྱད་ཆོས་ལ་གཞིགས་ཏེ་ཐར་པ་ཆེན་པོ་ཞེས་པའི་ཡིག་འབྲུ་བཞི་ཁ་སྣོན་གྱིས《དམྱལ་གླིང་ཐར་པ་ཆེན་པོ》ཞེས་བཏགས"ཞེས་གསལ་བ་ལྟར་རོ། །

སྒྲུང་སྣ་འདིར་སྤྱིན་ཤོག་འཁོར་གྲངས་༣༤ཡོད་པ་དང་དཔར་སྐྲུན་བྱས་རྗེས་ཤོག་གྲངས་༣༠༡དང་། ཚིག་ཁང་༧༨༨༧ཡོད།

གཉིས། ནང་དོན་གནད་བསྡུས།

དེ་ཡང་གླིང་རྗེ་གེ་སར་རྒྱལ་པོས་གླིང་དཔའ་རྟུལ་སུམ་ཅུས་གཙོས་པའི་དཔོན་དམག་གི་དབུ་ཁྲིད་གནང་ནས་སྐུ་ཚེ་རྩེལ་པོར་སྔོ་འདུལ་བྱུང་འཐབ་ཀྱིས་ཕྱོགས་བཞིའི་བདུད་ཆེན་བཞི་ཡིས་གཙོས་པའི་རྫོང་ཆེན་བཅོ་བརྒྱད་སོགས་མ་ཉུངས་བདུད་ཀྱི་དཔུང་ཚོགས་ཞི་དྲག་གང་རུང་དེ་སྣང་གིས་དམ་འདོགས་དང་རྩིག་མེད་དུ་བཏུལ་ཞིང་། འགྲོ་དྲུག་སེམས་ཅན་གྱི་དོན་དུ་སྟོང་ཉིད་བྱམས་པ་ཆེན་པོའི་སྒོམ་བཟླས་ལ་བཞུགས་ཡོད་པའི་དུས། མ་ཡུམ་འགོག་བཟའ་ལྷ་མོ་ཉིད་ནད་དྲག་པོས་མནར་ནས་སྨན་བཅོས་དང་རིམ་གྲོ་སོགས་གང་གིས་ཀྱང་མ་ཕན་པར་མི་རྟག་ལྡེ་བའི་ལམ་དུ་ཕྱིན་ཚུལ་བསྟན་པར། མ་ཡུམ་འགོག་བཟའ་ལྷ་མོ་དེ་ཉིད་རྗེ་བཙུན་འཕགས་མ་སྒྲོལ་མའི་རྣམ་སྤྲུལ་ཡིན་པས་ཁྲིད་དང་འཕོ་བ་སོགས་མི་དགོས་པར་བར་དོ་ལས་གྲོལ་ངེས་ཀྱང་། སྟོང་ཉིད་ཐུགས་རྗེ་ཆེན་པོའི་བྱང་སེམས་ཀྱིས་འགྲོ་དྲུག་སེམས་ཅན་གྱི་དོན་ལ་དམིགས་ཏེ་དམྱལ་བ་ཐིག་ནག་གི་ཡུལ་

ལ་ཕེབས་ཤིང་། བྱང་བདུད་གླུ་བཙན་དང་ཧོར་གུར་དཀར། འཇང་ས་དམ་དང་ལྷོ་ཤིང་ཁྲི་རྒྱལ་པོས་གཙོས་པའི་ཚེ་འདས་གྲངས་ལས་འདས་པ་དམྱལ་བ་ཚ་གྲང་གི་སྡུག་བསྔལ་བཟོད་མེད་ཀྱིས་མནར་བར་གཟིགས་ཏེ་བྱང་སེམས་སྙིང་རྗེ་ཆེན་པོའི་བརྒྱུད་ནས་ཕྱོགས་བཅུའི་སངས་རྒྱས་ལ་གསོལ་བ་སྨོན་ལམ་བཏབ་པ་བཞིན། གུ་རུ་པད་མ་འབྱུང་གནས་དམྱལ་ཡུལ་དུ་ཕྱིན་ཏེ་དམྱལ་བའི་སེམས་ཅན་གྲངས་ལས་འདས་པ་གང་བབས་བདེ་འགྲོའི་གནས་སུ་དྲངས་ཀྱང་། གེ་སར་རྒྱལ་པོས་མ་གཏོགས་འདྲེན་པའི་བསྐལ་བ་མེད་པའི་བདུད་རྒྱལ་བཞི་ཡིས་གཙོས་པའི་སྡིག་ཅན་སྨོན་ལམ་ལོག་པར་བཏབ་པ་རྣམས་དམྱལ་བ་ཐིག་ནག་གི་ཡུལ་དུ་ལུས་པས། མ་ཡུམ་འཕགས་མ་སྒྲོལ་མ་དེས་ཕྱོགས་བཞིའི་བདུད་ཆེན་ཡིས་གཙོས་པའི་དེ་ལ་དེ་འཁོར་གྱི་བདུད་བློན་སྲིག་གཙོད་སྡིག་ལས་ལ་བརྗམས་པ་རྣམས་དམྱལ་བའི་ལས་འབྲས་རྣམ་སྨིན་གྱི་སྡུག་བསྔལ་ལས་མ་གྲོལ་བར་དུ་གེ་སར་རྒྱལ་པོའི་སྲིད་ཞིའི་ཕུན་ཚོགས་ཀྱི་མཛད་པ་རྫོགས་དཀའ་བར་མཁྱེན་ནས་སེང་ཆེན་གེ་སར་རྒྱལ་པོ་དམྱལ་ཡུལ་དུ་ཐེངས་གཅིག་ཕྱིན་དགོས་པར་ཞི་གསོན་དབར་གྱི་འཕྲིན་ཆ་གནང་ཕྱིར་འདས་ལོག་གི་ཚུལ་བཞིས་ནས་ཁྲ་མོ་གླིང་ལ་ཕེབས། སྤུ་དྲོ་གསོད་པའི་བཤན་པ། ཕྱི་དྲོ་འདྲེན་པའི་བླ་མ་སེང་ཆེན་གེ་སར་རྒྱལ་པོས་མ་ཡི་འཕྲིན་ཆ་དང་ནེ་ནེའི་ལུང་བཞིན་ན་རག་གི་ཡུལ་དམྱལ་བ་ཐིག་ནག་ཏུ་ཕྱིན་ཞིང་། ཚ་གྲང་ལྟོགས་སྐོམ་གྱི་སྡུག་བསྔལ་སྐར་ཆའི་ཆ་ཡང་བཟོད་བསྲན་མི་ཐུབ་པའི་ཚ་གྲང་སྡུག་བསྔལ་སྣ་ཚོགས་མྱོང་བཞིན་ཡོད་པའི་ཁ་ཆེ་ཁྲི་བརྟན་རྒྱལ་པོ་དང་བྱང་བདུད་གླུ་བཙན། ཧོར་གུར་དཀར། འཇང་ས་དམ། ལྷོ་ཤིང་ཁྲི་རྒྱལ་པོ་དང་བློན་སྒྲུ་ལྷ་ཐོག་འགྱུར། སྟག་གཟིག་བློན་པོ་བཙན་ལྷ་རྡོ་རྗེ་འབར་བ། གྲུ་གུའི་བློན་པོ་བྱ་ནག་མིག་གཅིག ཀོང་བདུད་ཨ་ཆུང་དམུ་ཧ། ཚ་རོང་གནམ་ལྷ་རྒྱལ་པོ། ལ་དྭགས་འུ་རིང་རྒྱལ་པོ། སོག་གི་ཧ་ཁྲི་རྒྱལ་པོ་དང་སྲུས་མོ་ལི་ཁྲི་སྐར་ཆེན། ཁྱུང་པོ་བྱ་ཁྱུང་རྒྱལ་པོ། དམ་ཉམས་ཁ་སྦྱར་གྱི་དགེ་སློང་བསམ་གཏན་ཚོས་འཕེལ་

དང་བཙུན་མ་ཆོས་སྒྲོན་ལྷ་མོ། མི་ཉག་གཡུ་རྩེ་རྒྱལ་པོ། ཞང་ཞུང་གྲགས་པ་ལྷུན་གྲུབ། ཁ་ཆེའི་བློན་པོ་པེར་ཐུལ་ནག་པོ་སོགས་ཀྱིས་གཙོས་པའི་དམྱལ་བ་མནར་མེད་དུ་ལྷུངས་པའི་ཚེ་འདས་གྲངས་ལས་འདས་པར་དམྱལ་བའི་ཚ་གྲང་གི་སྡུག་བསྔལ་བཟོད་བསྲན་མི་ཐུབ་པ་དེ་རིགས་གསོན་མི་ལུས་བྲང་ཁང་དུ་སྡོད་པའི་སྐབས་གསོད་སྡིག་ལ་དགའ་བའི་ལས་འབྲས་བསླུ་བ་མེད་པར་རང་ལུས་སུ་འཁོར་བའི་རྣམ་སྨིན་སྟོང་ཉིད་ཡིན་པའི་ཆོས་ཉིད་ཐོས་གྲོལ་ཆེན་པོའི་གདམས་པ་གནང་ནས་དམྱལ་བའི་སེམས་ཅན་ཡོད་རིགས་གཅིག་ཀྱང་མ་ལུས་པར་ཚ་གྲང་དམྱལ་བའི་སྡུག་བསྔལ་ལས་ལྡབ་བརྒྱུད་ཀྱིས་བདེ་བའི་ཐར་པ་ཆེན་པོའི་འབྲས་བུ་ཐོབ་པར་མཛད་དོ། །

༧༢། །བསམ་གྲུབ་ཀྱིས་ཕབ་པའི་སྒྲུང་གི་དམིགས་བསལ་ལེགས་སྐྱེས་སྐྱེད་པ།

དེ་ཡང་དུས་རབས་གོང་མའི་ལོ་རབས་བརྒྱད་ཅུ་པའི་གོང་དུ་ང་ཚོས《གླིང་སྒྲུང་》བསྡུ་སྒྲིག་དཔར་སྐྲུན་དང་། ཁྱད་པར་དེ་ཉིད་དྲིལ་བསྒྲགས་དང་ཡིག་སྒྱུར་བཅས་གང་ཙམ་བྱས་ཡོད་མོད། འོན་ཀྱང་དེར་ཞིབ་འཇུག་བྱ་རྒྱུ་མ་འདང་བའི་རྐྱེན་གྱིས་འབྲེལ་ཡོད་དཔྱད་གཞིའི་ཡིག་ཆའི་ནང་དུ་འཛམ་གླིང་བྱུང་བརྗོད་སྙན་ངག་རིང་ཤོས་དེ་རྒྱ་གར་གྱི《མ་ཧཱ་བྷཱ་ར་ཏ》ཡིན་ཞེས་གཅིག་གྱུར་གྱི་བཤད་ཚུལ་ཞིག་འཁོད་ཡོད། དུས་རབས་གོང་མའི་ལོ་རབས་བརྒྱད་ཅུའི་མཚམས་ནས་བྱུང་བརྗོད་སྙན་ངག་གི་རིག་གཞུང་ཁྱབ་ཁོངས་ནང་བཤད་ཚུལ་དེར་འགྱུར་བ་བྱུང་སྟེ། འཛམ་གླིང་བྱུང་བརྗོད་སྙན་ངག་རིང་ཤོས་ནི་བོད་རིགས་མི་དམངས་ཀྱི་གཅེས་ནོར་དུ་གྱུར་པའི《གླིང་སྒྲུང་》དེ་ཉིད་ཡིན་ཞེས་གཅིག་གྱུར་གྱི་ལྟ་སྟངས་ཤིག་རིམ་བཞིན་ཆགས་ཡོད། དེ་ཡང《གླིང་སྒྲུང་》དེ་ཉིད་འཛམ་གླིང་ཐོག་བྱུང་བརྗོད་སྙན་ངག་རིང་ཤོས་ཡིན་ཞེས་བརྗོད་པ་དེ་ནི་སྐབས་དེ་ཤེད་དུ་དཔར་མ་དང་བྲིས་མ་མི་འདྲ་བ་དང་། སྒྲུང་པས་འཆད་ཀྱིན་གནང་བའི་སྒྲུང་རྣ་མི་འདྲ་བ་ཁག་བསྡོམས་རྩིས་བརྒྱབ་པ་ལས་བྱུང་བ་ཞིག་ཡིན། དེའི་རྒྱུ་མཚན་ཡང་ད་བར《གླིང་སྒྲུང་》བྱ་གཞག་ཁྲོད་དུ་ལོ་རྒྱུས་ཀྱི་སྟོང་ཚ་ཞིག་ལུས་ཡོད་པས་ཡིན་ཏེ། སྒྲུང་པ་གཅིག་རང་གིས་འཆད་ཀྱིན་གནང་བའི་སྒྲུང་འགོ་མཇུག་ཚང་ཆ་ཚང་བ་ཞིག་གང་ནའང་མེད་པས་ཡིན། མིག་སྔར་སྒྲ་འཇུག་དང་ལེགས་སྒྲིག་དཔར་སྐྲུན་བྱེད་བཞིན་པའི《སྒྲུང་མཁན་བསམ་གྲུབ་ཀྱིས་ཕབ་པའི་གླིང་རྗེ་གེ་སར་རྒྱལ་པོའི་སྒྲུང་》ཞེས་པའི་དཔེ་ཚོགས་དེས་ལོ་རྒྱུས་ཀྱི་སྟོང་ཆ་དེ་ཁ་སྐོང་བྱས་

ཡོད་ལ་སྒྲུང་པ་གཅིག་གིས་ཁེར་དུ་འཆད་གྱེར་གནང་བའི་བྱུང་བརྗོད་སྙན་ངག་གི་རིང་ཚད་ཟིན་ཐོ་གསར་དུ་བཏོད་ཡོད། དེ་ནི་དཔེ་ཚོགས་དེས་འཛམ་གླིང་བྱུང་བརྗོད་སྙན་ངག་ལ་ཕུལ་བའི་ལེགས་སྐྱེས་ཆེན་པོ་གཉིས་དེ་ཡིན། འདིར་《གླིང་སྒྲུང་》དེ་ཉིད་བྱུང་བརྗོད་སྙན་ངག་རིང་ཤོས་ཡིན་ཞེས་པའི་བཤད་ཚུལ་གྱི་བྱུང་རིམ་དང་གྲུབ་ཚུལ། དེ་བཞིན《སྒྲུང་མཁན་བསམ་གྲུབ་ཀྱིས་ཕབ་པའི་གླིང་རྗེ་གེ་སར་རྒྱལ་པོའི་སྒྲུང་》ཞེས་པའི་དཔེ་ཚོགས་ཀྱི་ལེགས་སྐྱེས་ཆེན་པོ་གཉིས་ཀྱི་སྐོར་རགས་ཙམ་གླེང་རྒྱུ་ཡིན།

དང་པོ། 《གླིང་སྒྲུང་》ནི་འཛམ་གླིང་བྱུང་བརྗོད་སྙན་ངག་རིང་ཤོས་ཡིན་ཞེས་པའི་བྱུང་ཚུལ།

ད་བར་དངོས་སུ་ལེགས་སྒྲིག་དཔར་སྐྲུན་བྱས་ཟིན་པའི་《གླིང་སྒྲུང་》གི་བམ་གྲངས་དང་ཚིག་ཀང་ནི་ཤིན་ཏུ་མང་བས་འཛམ་གླིང་བྱུང་བརྗོད་སྙན་ངག་རིང་ཤོས་ཡིན་པ་དང་། དེར་བྱུང་བརྗོད་སྙན་ངག་གི་རྒྱལ་པོ་ཞེས་སྙན་པའི་གྲགས་པའང་ཁྱབ་དང་ཁྱབ་མུས་ཡིན། "ང་ཚོས་ཁུངས་བཙུན་པའི་དཔྱད་གཞིའི་ཡིག་ཆ་ལས་རྟོགས་པ་ལྟར་ན། རྒྱལ་ནང་དུ་ཐེངས་དང་པོར་གེ་སར་སྒྲུང་ལ་ཞིབ་འཇུག་གནང་མཁན་ནི་རང་ཞིང་(མཚོ་སྔོན་ཞིང་ཆེན་)གི་དགོན་ལུང་དགོན་པའི་མཁས་དབང་སུམ་པ་ཡེ་ཤེས་དཔལ་འབྱོར་(༡༧༠༩–༡༧༨༨)ལགས་ཡིན། ཁོང་ཉིད་དང་པཎ་ཆེན་སྐུ་ཕྲེང་དྲུག་པ་དཔལ་ལྡན་ཡེ་ཤེས་(༡༧༣༧–༡༧༨༠)རྣམ་གཉིས་ཀྱིས་༡༧༧༡ལོར་འཕྲིན་ཡིག་གི་ཐབས་ལ་བརྟེན་ནས་གེ་སར་སྒྲུང་གི་སྐོར་ལ་ལྟ་ཚུལ་བརྗེ་རེས་མཛད་" ཡོད་པ་དང་། "དུས་རབས་བཅུ་དགུ་ནས་བཟུང་གླིང་གེ་སར་གྱི་སྒྲུང་དེ་འཛམ་གླིང་སྟེང་དར་ཁྱབ་ཏུ་འགྲོ་འགོ་བཙམས་ཤིང་། སྔ་གཞུག་ཏུ་དབྱིན་ཇི་དང་འཇར་མན། རྒྱ་རན་སི། ཨུ་རུ་སུ། རྒྱ་གར་སོགས་ཀྱི་ཡི་གེར་བསྒྱུར་ནས་ཕྱི་རྒྱལ་དུ་པར་སྐྲུན་བྱས

ཤིང་། རྒྱལ་ཁབ་མི་ཉུང་བ་ཞིག་གིས་གེ་སར་སྒྲུང་འཆོལ་སྡུད་དང་ཡིག་བསྒྱུར། པར་སྐྲུན། ཞིབ་འཇུག་བྱེད་པའི་ཆེད་ལས་ལས་ཁུངས་བཙུགས་པ་དང་ཆེད་གཉེར་མི་སྣ་བཀོད་སྒྲིག་བྱས། དཔེར་ན་འབྲུག་ཡུལ་གྱི་རྒྱལ་ཁབ་དཔེ་མཛོད་ཁང་ཁོ་ནས་ཀྱང་བོད་ཡིག་གི་གླིང་གེ་སར་རྒྱལ་པོའི་སྒྲུང་སུམ་ཅུ་སོ་གཅིག་ཙམ་པར་སྐྲུན་བྱས་ཡོད།”①དེ་རྗེས་རྒྱལ་ཕྱི་རྒྱལ་ནང་ཁྱོན་དུ་བོད་ཀྱི་མཁས་དབང་རིམ་བྱོན་གྱིས་གཙོས་པའི་《གླིང་སྒྲུང་》ལ་ཞིབ་འཇུག་གནང་མཁན་བསྟུད་མར་ཐོན་པ་དང་། ཞིབ་འཇུག་གི་འབྲས་བུའང་མི་དམན་ཙམ་ཐོབ་ཡོད། དེའི་ཁྲོད་སྒྲུང་གི་བམ་གྲངས་དང་རིང་ཚད་སྐོར་གྱི་དཔྱད་བརྗོད་འབྲས་བུ་ཅི་རིགས་བྱུང་ཡོད་ལ་《གླིང་སྒྲུང་》འདི་བཞིན་འཛམ་གླིང་བྱུང་བརྗོད་སྙན་ངག་རིང་ཤོས་སུ་ངོས་འཛིན་བྱེད་པའི་ལྟ་ཚུལ་དེ་རིམ་བཞིན་དར་ཁྱབ་བྱུང་ཡོད། ལྟ་ཚུལ་དེ་གྲུབ་པར་ཡང་བརྒྱུད་རིམ་ངེས་ཅན་ཞིག་ཡོད། དེ་ཡང་《གླིང་སྒྲུང་》དེ་ཉིད་བོད་ཀྱི་ཡུལ་གྲུ་ཚང་མར་ས་ཁྱབ་རྗེ་ཁྱབ་ཡིན་པ་ཙམ་མ་ཟད། མེས་པོ་དམ་པ་ཚོས《གླིང་སྒྲུང་》དཔར་མ་དང་བྲིས་མ་མང་པོ་ཞིག་ང་ཚོར་འཇོག་གནང་མཛད་ཡོད་ལ། དེ་སྔོན་རང་རེའི་སྲོལ་རྒྱུན་གྱི་མཁས་དབང་མང་པོས《གླིང་སྒྲུང་》ལ་སྒྲུང་དཔེ་ཧ་ཅང་མང་པོ་ཡོད་པར་ངོས་འཛིན་གནང་ཞིང་དེ་ལ་སྒྲུང་རབས་ཆེན་མོ་ཞེས་ཀྱང་གསུངས་ཡོད། དེ་བཞིན་དུ་སྔ་ཕྱིར་ཐོན་པའི་རྒྱ་ཆེའི་སྒྲུང་པ་རྣམས་དང་མདོ་དབུས་ཁམས་གསུམ་གྱི་དམངས་ཁྲོད་དུ《གླིང་སྒྲུང་》ལ་རྫོང་ཆེན་བཅོ་བརྒྱད་དང་། རྫོང་འབྲིང་བཅོ་བརྒྱད། རྫོང་ཆུང་རྩེ་རྩེ་གྲངས་མེད་ཡོད་ཅེས་པའམ་སྒྲུང་སྣ་མི་འདྲ་བ་ཧ་མོག་རོའི་སྤུ་འདྲ་ཡོད་ཅེས་པའམ་ཡང་ན་གླིང་མི་རེའི་ཁ་ན་སྒྲུང་རེ་ཡོད་ཅེས་བརྗོད་སྲོལ་ཡོད་པ་དེ་དག་ལས《གླིང་སྒྲུང་》ལ་སྒྲུང་ཚན་མང་པོ་ཡོད་པ་གསལ་པོར་རྟོགས་ཐུབ། དེ་ལྟར་ལགས་ཀྱང་དེ་སྔོན《གླིང་སྒྲུང་》སྐོར་ལ་

① མཚོ་སྔོན་མི་རིགས་དཔེ་སྐྲུན་ཁང་ནས་སྤྱི་ལོ2004ལོར་བསྐྲུན་པའི《གཙོད་པ་དོན་གྲུབ་དང་སྙིང་པོ་ཚེ་རིང་གི་ཆེད་རྩོམ་ཕྱོགས་བསྒྲིགས་》ཤོག་ངོས235ལ་གསལ།

ཡོངས་ཁྱབ་ཞིབ་བཤེར་དང་ཞིབ་ཕྲའི་བསྡོམས་རྩིས་གནང་མཁན་མ་བྱུང་བས། 《གླིང་སྒྲུང་》ལ་ཡང་སྙིང་བམ་གྲངས་ཇི་ཙམ་དང་ཚིག་རྐང་ཇི་ཙམ་ཡོད་པའི་ཐད་ངེས་ཆ་མེད་པར་གྱུར། དུས་རབས་གོང་མའི་ལོ་རབས་སུམ་ཅུ་པའི་ནང་ཕྱི་གླིང་པས《གླིང་སྒྲུང་》གི་བམ་གྲངས་ཐད་དོ་འཛོག་གནང་བ་ནི་སྤྱི་ལོ་༡༨༣༩ལོར་ཕྱ་རན་སིའི་བོད་མེད་ཞིབ་འཇུག་པ་ཏའི་ལེ་ཉི་བྱ་བས་མདོ་ཁམས་ཁུལ་དུ་སྤྱི་ཚོགས་རྟོག་ཞིབ་གཏིང་ཟབ་བྱས་པ་མ་ཟད། 《གླིང་སྒྲུང་》སྐོར་གྱི་དཔེ་དེབ་གཅིག་བརྩམས་ནས《གླིང་སྒྲུང་》ལ་པོད་གྲངས་༨ཡོད་[1]ཅེས་གསུངས་པར་གྲགས་པ་དང་། དེ་རྗེས་སུ་རྒྱའི་ཞིབ་འཇུག་པ་སྐྱུ་ཞབས་རན་ནེའི་ཆང་གིས་སྤྱི་ལོ་༡༨༩༥ལོར《བོད་ཀྱི་རྒྱལ་ཁབ་གསུམ་གྱི་གཏམ་སྒྲུང་སྐོར་》ཞེས་པའི་ཆེད་རྩོམ་ཞིག་བྲིས་ནས《གླིང་སྒྲུང་》ལ་སྒྲུང་སྣ་མི་འདྲ་བ་༢༥དང་ཤོག་གྲངས་ཉིས་སྟོང་ལྷག་ཙམ་ཡོད་[2]པའི་དགོངས་ཚུལ་སྤེལ་བ་དང་། སྤྱི་ལོ་༡༨༥༨ལོར་ཕྱ་རན་སིའི་ཞིབ་འཇུག་པ་ཧྲེ་ཐད་ཨན་གྱིས་མཚོ་སྔོན་ཁུལ་དུ་རྟོག་ཞིབ་དུས་ཡུན་རིང་ཙམ་བྱས་པའི་རྗེས《བོད་ཀྱི་གླིང་སྒྲུང་དང་དེའི་སྒྲུང་པའི་སྐོར་གྱི་ཞིབ་འཇུག》ཅེས་པའི་གསུང་རྩོམ་ཞིག་སྤེལ་བ་དེའི་ནང་དུ《གླིང་སྒྲུང་》ལ་སྒྲུང་སྣ་མི་འདྲ་བ་༢༠ལྷག་ཙམ་ཡོད་པའི་དགོངས་ཚུལ་བྲིས་ཡོད། དེ་དང་དུས་མཚུངས་པར་སྤྱི་ལོ་༡༨༥༨ལོའི་ཟླ་བ་༥པའི་ཚེས་༢༥ཉིན་མཚོ་སྔོན་ཞིང་ཆེན་རིག་རྩལ་མཉམ་འབྲེལ་ཚོགས་པས་ཁ་བྱང་དུ་མཚོ་སྔོན་ཞིང་ཆེན་གྱི《གླིང་སྒྲུང་》བརྟག་དཔྱད་དང་འཚོལ་བསྡུ་བྱས་པའི་གནས་ཚུལ་དང་ལྷག་བསྟད་པའི་གནད་དོན་སྐོར་ཞེས་པའི་རྩོམ་ཡིག་ཅིག《དམངས་ཁྲོད་རྩོམ་རིག་སྒྱུ་རྩལ་སྐོར་གྱི་གསར་འགྱུར་》ཞེས་པའི་དུས་དེབ་བརྒྱུད་པའི་ནང་བཀོད་པ་དང་། རྩོམ་ཡིག་དེའི་ནང་དུ་" ད་བར་

①② ཀྲོའོ་ཕིང་ལིའི་ཡིས་བསྡུ་བསྒྲིགས་བྱས་ཤིང་ཀན་སུའུ་མི་རིགས་དཔེ་སྐྲུན་ཁང་ནས1990ལོར་དཔར་དུ་བསྐྲུན་པའི《གེ་སར་སྒྲུང་གི་དཔྱད་གཞིའི་ཡིག་ཆ་ཕྱོགས་བསྒྲིགས་》རྒྱ་ཡིག་པོད་གཉིས་པའི་ཤོག་ངོས669དང673ལ་གསལ།

བརྟག་དཔྱད་བྱེད་ཐུབ་པའི་ཞིབ་ཕྲའི་པོད་མིང་༢༤ཡོད་”[①]ཅེས་འཀོད་པ་མ་ཟད། ད་དུང་པོད་མིང་རེ་རེ་བཞིན་བཀོད་ཡོད། ལོ་དེར་ཡུན་ནན་ཞིང་ཆེན་གྱི་ཞིབ་འཇུག་པ་སྐྱ་ཞབས་ཞུད་ཀོའོ་ཆུང་གིས《རྩོམ་རིག་དཔྱད་བརྗོད་》ཅེས་པའི་དུས་དེབ་དྲུག་པའི་ཐོག་ཁ་བྱང་ལ་བོད་རིགས་ཀྱི་བྱུང་བརྗོད་སྙན་ངག《གླིང་སྒྲུང་》ཞེས་པའི་དཔྱད་རྩོམ་ཞིག་སྤེལ་བ་དང་། དེའི་ལེ་ཚན་གསུམ་པའི་ནང《གླིང་སྒྲུང་》གི་པོད་གྲངས་སྐོར་ལ་དམིགས་སུ་དཔྱད་པ་གནང་སྟེ། “《གླིང་སྒྲུང་》ལ་སྒྲུང་སྣ་མི་འདྲ་བ་༣༤ཡོད་པ་དང་” “ཚིག་ཀང་ཕལ་ཆེར་ཁྲི་ཚོ་༣༠ཡན་ཟིན་གྱི་ཡོད། དེ་ནི་འཛམ་གླིང་ཐོག་མཐོང་དཀོན་པའི་བརྩམས་དེབ་རིང་མོ་ཞིག་རེད་”[②]ཅེས་གསུངས་པ་མ་ཟད། སྒྲུང་སྣ་༣༤གི་དཀར་ཆག་རྣམས་རེ་རེ་བཞིན་བཀོད་ཡོད། འོན་ཀྱང་དེ་རྗེས་ཀྱི་ལོ་བཅུ་ལྷག་ཙམ་གྱི་ནང་དང་ཁྱད་པར་རིག་གནས་གསར་བརྗེའི་སྐབས་ཉམས་མྱུར་པའི་ཁྲོད་དུ《གླིང་སྒྲུང་》ཉིད་དུག་རྩ་ཆེན་པོ་ཞིག་ལ་བརྩིས་ནས་དེ་དང་དེའི་ལས་དོན་མི་སྣར་རྟུང་རྡེག་ཆེན་པོ་ཕོག་སྟབས་སྒྲུང་གི་བམ་གྲངས་དང་ཚིག་ཀང་སྐོར་ལའང་དཔྱད་བརྗོད་གནང་མཁན་བྱུང་མེད། སྤྱི་ལོ་༡༩༧༨ལོའི་ཟླ་བ་བཅུ་པའི་ཚེས་བཅོ་བརྒྱད་ཉིན་མཚོ་སྔོན་ཞིང་ཆེན་ཏྲི་ལ་བསྒྲགས་པུའུ་ནས་བོད་རིགས་ཀྱི་དམངས་ཁྲོད་བྱུང་བརྗོད་སྙན་ངག《གླིང་སྒྲུང་》ལ་དག་སེལ་བྱེད་རྒྱུའི་སྐོར་གྱི་སྙན་ཞུ་ཞིས་པར་ཞིང་ཆེན་ཏང་ཨུད་ཀྱིས་ལོ་དེ་རང་གི་ཟླ་བ་བཅུ་གཅིག་པའི་ཚེས་བཅུ་གསུམ་ཉིན་ཚིག་མཆན་བཀོད་ནས་ཡིག་ཆའི་རྣམ་པ་ནས་འགྲེམས་སྤེལ་བྱས་ཡོད།[③] ཡིག་ཆ་དེའི་ནང《གླིང་སྒྲུང་》གི་

---

① ཀྲུང་གོ་སྤྱི་ཚོགས་ཚན་རིག་ཁང་གྲངས་ཉུང་མི་རིགས་རྩོམ་རིག་ཞིབ་འཇུག་ཚན་པས་སྤྱི་ལོ1983ལོའི་ཟླ12པར་རྩོམ་སྒྲིག་དཔར་འདེབས་བྱས་པའི《གླིང་སྒྲུང་སྐོར་གྱི་ཡིག་ཆ་ཕྱོགས་སྒྲིག》ཅེས་པའི་ཤོག་གྲངས10ལ་གསལ།

② ཀྲའོ་ཕིང་ལིའི་ཡིས་བསྒྱུ་བསྒྲིགས་བྱས་ཤིང་ཀན་སུའུ་མི་རིགས་དཔེ་སྐྲུན་ཁང་ནས1990ལོར་དཔར་དུ་བསྐྲུན་པའི《གེ་སར་སྒྲུང་གི་དཔྱད་གཞིའི་ཡིག་ཆ་ཕྱོགས་བསྒྲིགས་》རྒྱ་ཡིག་པོད་གཉིས་པའི་ཤོག་གྲངས680ལ་གསལ།

③ ཀྲུང་གོ་སྤྱི་ཚོགས་ཚན་རིག་ཁང་གྲངས་ཉུང་མི་རིགས་རྩོམ་རིག་ཞིབ་འཇུག་ཚན་པས་སྤྱི་ལོ1983ལོའི་ཟླ12པར་རྩོམ་སྒྲིག་དཔར་འདེབས་བྱས་པའི《གླིང་སྒྲུང་སྐོར་གྱི་ཡིག་ཆ་ཕྱོགས་སྒྲིག》ཅེས་པའི་ཤོག་གྲངས16ལ་གསལ།

དག་སེལ་ལས་དོན་ནན་ཏན་བྱེད་རྒྱུ་དེ་ཏང་གི་མི་རིགས་སྲིད་ཇུས་དང་། རིག་རྩལ་སྲིད་ཇུས། ཤེས་ཡོན་ཅན་གྱི་སྲིད་ཇུས་བཅས་དོན་འཁྱོལ་བྱེད་པའི་མཐོ་ཚད་དུ་བཞག་ཐོག ལས་དོན་དེ་ཡག་པོ་བསྒྲུབ་དགོས་པའི་ནན་བཤད་བྱས་ཡོད། དེས་བོད་མི་རིགས་ཀྱི་གཅེས་ནོར་དུ་གྱུར་པའི་《གླིང་སྒྲུང་》ལ་མཐོང་ཆེན་བྱེད་པའི་སྒོ་མོ་སླར་ཡང་ཕྱེ་སྟེ་ཁ་བཤད་ཚུ་ཡི་ལྦུ་བ་དང་མི་འདྲ་བར་མཚོ་སྟོན་ཙམ་མ་ཟད། རྒྱལ་ཡོངས་ཕྱོགས་གང་སར་དེའི་སྒྱུར་སྐྱོབ་དང་ཞིབ་འཇུག་ལས་དོན་སླར་ཡང་སྤེལ་འགོ་ཚུགས་རྒྱུར་སྐུལ་འདེད་ཀྱི་ནུས་པ་ཆེན་པོ་ཐོན་ཡོད་ལ། 《གླིང་སྒྲུང་》གི་བྱ་གཞག་ཡར་ངོའི་ཟླ་ལྟར་འཕེལ་རྒྱས་ཆེན་པོ་འགྲོ་བར་ནུས་པ་ཟླ་ལྷག་ཏུ་ཐོན་ཡོད། སྐབས་དེ་ཙམ་ནས་བཟུང་《གླིང་སྒྲུང་》གི་བམ་གྲངས་དང་རིང་ཚད་ཐད་དཔྱད་བརྗོད་གནང་མཁན་བསྟུད་མར་བྱུང་ཡོད་ལ། དཔྱད་བརྗོད་ཀྱི་འབྲས་བུའང་གཏིང་ཇེ་ཟབ་དང་ཁ་ཇེ་གསལ་དུ་ཕྱིན་ཡོད། ནུབ་བྱང་མི་རིགས་སློབ་གྲྭ་ཆེན་མོའི་དགེ་རྒན་ཆེ་མོ་བ་ཟང་ཡེ་ནོན་གྱིས《གླིང་སྒྲུང་》གི་བམ་གྲངས་དང་ཚིག་རྐང་སྐོར་ལ་ཐེ་ཕྱིར་དཔྱད་རྩོམ་གསུམ་ཙམ་སྤེལ་ཡོད་པ་དེ་དག་ནི་སྐབས་དེའི་དཔེ་མཚོན་རང་བཞིན་ལྡན་པའི་དཔྱད་འབྲས་ཀྱི་གྲས་ཤིག་ཡིན། ཁོང་གིས་སྤྱི་ལོ་༡༩༧༩ལོའི《དམངས་ཁྲིད་རྩོམ་རིག》ཅེས་པའི་དུས་དེབ་ཐོག ཁ་བྱང་ལ་གླིང་སྒྲུང་ངོ་སྤྲོད་མདོར་བསྡུས་ཞེས་པའི་རྩོམ་ཡིག་ཅིག་སྤེལ་བ་དང་དེའི་ནང་དུ། "ཤེས་རྟོགས་བྱུང་བའི་སྒྲུང་སྣ་ཚང་མ་བསྡོམས་པས《གླིང་སྒྲུང་》ལ་སྒྲུང་སྣ་མི་འདྲ་བ་༨༠ཡོད་པར་བརྩིས་ན་དེ་ལ་བསྡོམས་ཚིག་རྐང་ཁྲི་༡༠༠ཡོད། དེ་ནི་འཛམ་གླིང་བྱུང་བརྗོད་སྙན་ངག་རིང་ཤོས《མ་ཧཱ་བྷཱ་ར་ཏ》ཡིས་ཀྱང་བསྒྱུར་ཐབས་མེད་པ་ཞིག་མིན་ནམ"①ཞེས་གསུངས་ཡོད། སྤྱི་ལོ1979ལོའི་ཟླ་བརྒྱད་པའི་ཚེས་བརྒྱད་ཉིན་ཀྲུང་གོ་སྤྱི་ཚོགས་ཚན་རིག་ཁང་གི་གྲངས་ཉུང་མི་

① 1979ལོའི《དམངས་ཁྲིད་རྩོམ་རིག》ཅེས་པའི་དུས་དེབ2པའི་ནང་གསལ།

རིགས་རྩོམ་རིག་ཞིབ་འཇུག་ཚན་པའི་གྲ་སྒྲིག་ཚོགས་ཆུང་དང་ཀྲུང་གོའི་དམངས་ཁྲོད་སྒྲུ་རྩལ་ཞིབ་འཇུག་ཚོགས་པས་ཀྲུང་གོ་སྤྱི་ཚོགས་ཚན་རིག་ཁང་དང་རྒྱལ་ཁབ་མི་རིགས་དོན་གཅོད་ཨུ་ཡོན་ལྷན་ཁང་། དེ་བཞིན་ཀྲུང་གུང་ཀྲུང་དབྱང་དྲིལ་བསྒྲགས་པུའུ་བཅས་ལ་བོད་མི་རིགས་ཀྱི་བྱུང་བརྗོད་སྙན་ངག《གླིང་སྒྲུང་》སྐོར་སྐྱབ་བྱ་རྒྱུའི་སྐོར་གྱི་སྙན་ཞུ་ཞིག་ཕུལ་ཡོད་པའི་ནང་དུ། "གླིང་སྒྲུང་ལ་ཁྱོན་བསྡོམས་ཚིག་རྐང་ཁྲི་བརྒྱ་ལྷག་ཙམ་དང་། ཡིག་འབྲུ་ཁྲི་ཚོ་ཆིག་སྟོང་ལྔ་བརྒྱ་ལྷག་ཡོད་པ་དག་མིག་སྔར་ཤེས་རྟོགས་བྱུང་བའི་འཛམ་གླིང་བྱུང་བརྗོད་སྙན་ངག་རིང་ཤོས་དེ་ཡིན་"①ཞེས་ཤོག་བུ་དཀར་པོའི་སྟེང་དུ་ནག་ཆུང་རི་མོའི་གཟུགས་སུ་བཀོད་པ་དེ་ནི《གླིང་སྒྲུང་》དེ་ཉིད་འཛམ་གླིང་བྱུང་བརྗོད་སྙན་ངག་རིང་ཤོས་ཡིན་ཞེས་ཡིག་ཐོག་ཏུ་འཁོད་པ་སྔ་ཤོས་དེ་ཡིན། དེ་རྗེས་སུ་སྤྱི་ལོ་༡༩༨༥ལོར་དགེ་རྒན་ཆེ་མོ་བ་ཕྱང་ཡེ་ནོན་གྱིས《གླིང་སྒྲུང་》གི་བམ་གྲངས་དང་ཚིག་རྐང་སྐོར་གྱི་དཔྱད་རྩོམ་གཉིས་པ་དེ《གླིང་སྒྲུང་ཞིབ་འཇུག》ཅེས་པའི་ཐོག་སྤེལ་ནས《གླིང་སྒྲུང་》ལས་སྒྲུང་སྣ་མི་འདྲ་བ་༣༩ཟུར་འདོན་བྱས་ཐོག དེ་དག་གི་ཚིག་རྐང་རེ་རེ་བཞིན་རྩིས་བརྒྱབ་རྗེས "སྒྲུང་སྣ་༣༩ལ་བསྡོམས་ཚིག་རྐང་༢༦༢༠༤༨ཡོད"②ཅེས་གསུངས་ཡོད། དེ་ནི་རགས་རྩིས་དང་ཚོད་དཔག་མ་ཡིན་པར་པོད་སོ་སོའི་ཞིབ་ཆའི་ཚིག་རྐང་གསལ་བར་འཁོད་པ་དང་པོ་དེ་ཡིན། སྤྱི་ལོ་༡༩༨༨ལོར་སླར་ཡང་ཁོང་གིས་དཔྱད་རྩོམ་གསུམ་པ་དེ་སྤེལ་ནས"སྒྲུང་སྣ་༦༣ལ་ཚིག་རྐང་བསྡོམས་༢༥༧༥༢༠ཡོད"③ཅེས་གསུངས་ཡོད། དེ་རྗེས་སྤྱི་ལོ་

① ཀྲུང་གོ་སྤྱི་ཚོགས་ཚན་རིག་ཁང་གྲངས་ཉུང་མི་རིགས་རྩོམ་རིག་ཞིབ་འཇུག་ཚན་པས་སྤྱི་ལོ1983ལོའི་ཟླ12པར་རྩོམ་སྒྲིག་དཔར་འདེབས་བྱས་པའི《གླིང་སྒྲུང་སྐོར་གྱི་ཡིག་ཆ་ཕྱོགས་སྒྲིག》ཅེས་པའི་ཤོག་ངོས38ལ་གསལ།

② ཀྲའོ་པིང་ལིའི་ཡིས་བསྡུ་བསྒྲིགས་བྱས་ཤིང་ཀན་སུའུ་མི་རིགས་དཔེ་སྐྲུན་ཁང་ནས1990ལོར་དཔར་དུ་བསྐྲུན་པའི《གེ་སར་སྒྲུང་གི་དཔྱད་གཞིའི་ཡིག་ཆ་ཕྱོགས་བསྒྲིགས》རྒྱ་ཡིག་པོད་གཉིས་པའི་ཤོག་ངོས1282ལ་གསལ།

③ སེ་ཁྲིན་ཞིང་ཆེན《གླིང་སྒྲུང་》ལས་དོན་འགོ་ཁྲིད་ཚོགས་ཆུང་ནས་དཔར་སྒྲིག་བྱས་པའི《གླིང་སྒྲུང་》ལ་དཔྱད་པ་ཞེས་པའི་རྒྱ་ཡིག་ཤོག་ངོས127ལ་གསལ།

༡༩༨༨ལོར་བོད་ལྗོངས་སྤྱི་ཚོགས་ཚན་རིག་ཁང་གི་ཞིབ་འཇུག་པ་ཆེ་མོ་བ་བརྟན་འགྲུས་རྣམ་རྒྱལ་དང་རིག་འཛིན་རྣམ་གཉིས་ནས་《བོད་ལྗོངས་ཞིབ་འཇུག》དུས་དེབ་གསུམ་པའི་ཐོག《གླིང་སྒྲུང་》གི་དཔེ་མིང་རྣམ་གྲངས་སྐོར་གླེང་བ་ཞེས་པའི་དཔྱད་རྩོམ་ཞིག་སྤེལ་ནས《གླིང་སྒྲུང་》ལ་སྒྲུང་སྣ་མི་འདྲ་བ་༢༢༨ཡོད་ཅེས་གསུངས་པ་མ་ཟད། དེ་རྣམས་ཀྱི་དཀར་ཆག་ཀྱང་རེ་རེ་བཞིན་གསལ་ལེར་བཀོད་ཡོད། སྤྱི་ལོ་༢༠༠༠ལོར་ཞིབ་འཇུག་པ་ཆེ་མོ་བ་འཇམ་དཔལ་རྒྱ་མཚོ་ཡིས《གླིང་སྒྲུང་》ནི་འཛམ་བུའི་གླིང་གི་བྱུང་བརྗོད་སྙན་ངག་རིང་ཤོས་ཡིན། དེར་སྒྲུང་སྣ་མི་འདྲ་བ་༡༢༠དང་ཚིག་རྐང་ཁྲི་ཚོ་༡༠༠དང་། ཡིག་འབྲུ་ཁྲི་ཚོ་༢༠༠༠ཡོད་ཅེས་གསུངས་ཡོད་ལ་ད་བར་མང་ཆེ་བས་གྲངས་ཚད་དེ་རང་བེད་སྤྱོད་བྱེད་བཞིན་ཡོད། དེ་རྗེས་སུ《གླིང་སྒྲུང་》གི་སྒྲུང་སྣའི་སྐོར་ལ་དཔྱད་གླེང་བྱེད་མཁན་བྱུང་ཡོད་པ་ནི་སྤྱི་ལོ་༢༠༠༥ལོར་དཔེ་སྐྲུན་བྱས་པའི་ཞིབ་འཇུག་པ་ཆེ་མོ་རིག་འཛིན་གྱི་ཆེད་རྩོམ《གླིང་སྒྲུང་གི་དཔྱད་གཏམ་དཔྱིད་ཀྱི་ཕོ་ཉའི་དབྱངས་རྟ་》ཞེས་པའི་ནང་། "མིག་སྔར་ཤེས་རྟོགས་ཐུབ་པའི་སྒྲུང་མཁན་གྱི་ངག་ཁྲིད་པོ་ནར་ལུས་པའི་སྒྲུང་སྣ་མི་འདྲ་བ་༡༣༨གི་སྟེང་དཔེ་སྐྲུན་ཟིན་པ་སྒྲུང་སྣ་༤༩དང་། སྒྲུང་མཁན་གྱིས་གསུངས་པ་བཞིན་ཡི་གེར་ཕབ་ཟིན་པའི་སྒྲུང་སྣ་མི་འདྲ་བ་༤༢དེ་བསྣན་ཚེ། དཔེ་མིང་མི་འདྲ་བའི《གླིང་སྒྲུང་》སྒྲུང་སྣ་༢༢༧ཀྱི་དཀར་ཆག་སྒྲིག་རྒྱུ་ཡོད་པས། དེར་ཉུང་མཐར་ཡང་སྒྲུང་སྣ་མི་འདྲ་བ་༢༢༧ཡོད་ཅེས་ཁ་ཚོན་གཅོད་པར་ནུས་སོ"①ཞེས་འཁོད་ཡོད་པ་མ་ཟད། སྒྲུང་སྣ་དེ་དག་གི་དཀར་ཆག་ཚང་མ་རེ་རེ་བཞིན་བཀོད་ཡོད། ཞིབ་འཇུག་པ་ཆེ་མོ་བ་གཅོད་པ་དོན་གྲུབ་དང་སྙིང་པོ་ཚེ་རིང་གི་དཔྱད་རྩོམ་ཕྱོགས་བསྒྲིགས་ནང་དུ། "གལ་སྲིད་ང་ཚོས་

① པད་མ་ལུང་ རིག་འཛིན་ ནས་ བརྩམས་ ཤིང་ བོད་ ལྗོངས་ བོད་ ཡིག་ དཔེ་ རྙིང་ དཔེ་ སྐྲུན་ ཁང་ གིས་ སྤྱི་ལོ2005ལོར་དཔར་དུ་བསྐྲུན་པའི《གླིང་སྒྲུང་གི་དཔྱད་གཏམ་དཔྱིད་ཀྱི་ཕོ་ཉའི་དབྱངས་རྟ་》ཞེས་པའི་ཤོག་ངོས211ལ་གསལ།

སྒྲུང་མཁན་དེ་དག་གི་སྒྲུང་གྲངས་རྣམས་ཀྱང་བརྩིས་པས་ན། སྒྲུང་དཔེ་ཁོ་ན་ལྔ་བརྒྱ་ཡན་ལ་སླེབས་ངེས་རེད་”①ཅེས་འཁོད་ཡོད།

དེས་ན《གླིང་སྒྲུང་》གི་བམ་གྲངས་དང་ཚིག་རྐང་འབོར་གྲངས་སྐོར་གྱི་གསུང་ཚུལ་མི་འདྲ་བ་རྣམས་གོང་དུ་ངོ་སྤྲོད་མདོར་བསྡུས་ཞུས་པ་དེའི་ཐོག་ནས་ང་ཚོས《གླིང་སྒྲུང་》ནི་འཛམ་གླིང་བྱུང་བརྗོད་སྙན་ངག་རིང་ཤོས་བསྙོན་དུ་མེད་པ་ཞིག་ཡིན་པ་དང་། བཤད་ཚུལ་དེ་ནི་དུས་རབས་གོང་མའི་ལོ་རབས་བརྒྱད་ཅུའི་འགོ་ཙམ་ནས་རིམ་བཞིན་དར་བ་ཤེས་རྟོགས་ཐུབ་ལ། དེ་ནི་ད་དུང་ཡང་བམ་གྲངས་ཇེ་མང་དང་ཚིག་རྐང་ཇེ་མང་དུ་འགྲོ་བཞིན་པའི་གསོན་པོར་གནས་པའི་དཔའ་བོའི་བྱུང་བརྗོད་སྙན་ངག་ཅིག་ཡིན་པས། གོང་གི་བསྡོམས་གྲངས་རྣམས་ཀྱང་བསྡོམས་རྩིས་བརྒྱབ་པའི་དུས་ཚོད་དེ་ཙམ་གྱིས་ཕྱི་བ་ཡོད་ན་དེའི་སྒྲུང་གི་འབོར་གྲངས་ཀྱང་དེ་ཙམ་གྱིས་མང་བ་ཡོད་པ་དང་། ད་ལྟའི་དུས་སུ་ཡང་སྙིང་《གླིང་སྒྲུང་》ལ་བམ་གྲངས་དང་ཚིག་རྐང་ཇི་ཙམ་ཡོད་སྐོར་ཚིག་ཐག་བཅད་ནས་བཤད་ཐབས་མེད་པ་སོགས་གསལ་པོར་རྟོགས་ཐུབ།

གཉིས་པ། ལེགས་སྐྱེས་དང་པོ་ནི་《གླིང་སྒྲུང་》གི་ལོ་རྒྱུས་སྟོང་ཆ་ཁ་སྐོང་བྱས་པ།

ཕྱིར་ན《གླིང་སྒྲུང་》ནི་ཆགས་གླིང་འཁྲུངས་གླིང་སོགས་དང་། རྫོང་ཆེན་རྫོང་ཆུང་། ཁམས་གསུམ་བདེ་བཀོད་དང་དམྱལ་གླིང་བཅས་ནང་དོན་ཆེ་བ་གསུམ་ལས་གྲུབ་ཚུལ《གླིང་སྒྲུང་》ཞིབ་འཇུག་མཁན་ཚང་མའི་གཅིག་གྱུར་གྱི་ལྟ་སྟངས་ཤིག་ཡིན་ལ། ད་བར་སྒྲུང་པའམ་ལེགས་སྒྲིག་མཁན་མི་འདྲ་བས་འཆད་གྱེར་དང་ལེགས་སྒྲིག་བྱས་པའི་སྒྲུང་ཚན་བརྒྱ་ལྷག་ཙམ་ཞིག་རང་ཅག་གི་འདྲེན་

①　མཚོ་སྔོན་མི་རིགས་དཔེ་སྐྲུན་ཁང་ནས་སྤྱི་ལོ2004ལོར་བསྐྲུན་པའི་གཙོད་པ་དོན་གྲུབ་དང་སྙིང་པོ་ཚེ་རིང་གི་ཆེད་རྩོམ་ཕྱོགས་བསྒྲིགས་ཤོག་ངོས235ལ་གསལ།

བྱེད་དབང་པོའི་བཅུད་དུ་སྨིན་རྒྱུ་ཡོད། འོན་ཀྱང་ད་བར་སྒྲུང་པ་གཅིག་གིས་འཆད་ཀྱེར་བྱས་པ་གཞིར་བཟུང་སྟེ་ལེགས་སྒྲིག་བྱས་པའི་གླིང་སྒྲུང་ཅུང་ཙམ་ལག་རྫོགས་པ་ཞིག་གང་ནའང་མཇལ་རྒྱུ་མེད་པ་ནི་མི་སེམས་སྐྱོ་བ་ཞིག་ཡིན། 《སྒྲུང་མཁན་བསམ་གྲུབ་ཀྱིས་ཕབ་པའི་གླིང་རྗེ་གེ་སར་རྒྱལ་པོའི་སྒྲུང་》ཞེས་པའི་དཔེ་ཚོགས་དེས་ལོ་རྒྱུས་ཀྱི་སྟོང་ཆ་དེ་ཁ་སྐོང་ཐུབ་ཡོད། དཔེ་ཚོགས་དེར《གླིང་སྒྲུང་》གི་གཞུང་དོན་འགོ་མཇུག་ཡོངས་རྫོགས་བསྡུས་ཡོད་ལ་སྒྲུང་པ་རང་སྙེར་གྱི་ཁྱད་ཆོས་མངོན་པར་ལྡན་པའི་སྒྲུང་སྣ་འང་མི་ཉུང་བ་ཞིག་མངའ་བ་བཅས་དེ་ནི་མ་ལག་ཆ་ཚང་ལྡན་པའི་དཔེ་ཚོགས་ཤིག་ཡིན། དེ་ཡང་དཔེ་ཚོགས་དེའི་སྤྱི་ཁོག་གྲུབ་ཚུལ་ནི་གེ་སར་རྒྱལ་པོ་ལྷ་ཡུལ་ནས་མི་ཡུལ་དུ་མངགས་པ་དང་། བྱིས་པའི་དུས་ཀྱི་འཚོ་བ། སྐྱ་ལོའི་རྒྱུ་བདག འབྲུག་མོའི་སྨྲ་བདག གླིང་གི་ཁྲི་བདག་ཏུ་འཁོད་ཚུལ་སོགས་བྱུང་རིམ་ཆེ་ཕྲ་རྣམས་ཀྱིས་ཐོག་མའི་སྒྲུང་ཚན་རྣམས་གྲུབ་པ་དང་། གླིང་གི་སེང་ཆེན་ནོར་བུ་དགྲ་འདུལ་དང་དཔའ་རྟུལ་རྣམས་ཀྱིས་ལྷོ་འདུལ་བྱང་འཐབ་བྱས་ནས་ཕྱོགས་བཞིའི་ཚོ་པའམ་རྒྱལ་ཕྲན་རྣམས་བཏུལ་བའི་དམག་འཐབ་ཀྱི་བརྗོད་བྱ་རྣམས་ལས་སྒྲུང་རབས་ཆེན་མོ་དེའི་བར་གྱི་ནང་དོན་གཙོ་བོ་དག་གྲུབ་པ། དམྱལ་གླིང་དང་ཁམས་གསུམ་བདེ་བཀོད་ལས་མཇུག་བསྡུའི་སྒྲུང་ཚན་དག་གྲུབ་པ་ཡིན། གཞམ་དུ་ཅུང་ཟད་རྒྱས་པར་སྨྲོས་ན། དཔེ་ཚོགས་དེའི་སྒྲུང་ཚན་ཁག་དུས་ཀྱི་སྔ་ཕྱིའི་ཆ་ནས་རིམ་པ་བཞིན་བསྒྲིགས་ན། པོད་དང་པོ《ལྷ་གླིང་》ནང་དུ་ལྷ་སྲས་དོན་ཡོད་གྲུབ་པའི་འབྱུང་ཁུངས་ལོ་རྒྱུས་དང་མི་ཡུལ་དུ་མངགས་པའི་དགོས་པ་རྒྱུ་མཚན་དང་མངགས་ཚུལ་སོགས་བསྟན་པ་དང་། དེ་རྗེས《ཆགས་གླིང་》ནང་དུ་གླིང་དཀར་རྒྱལ་ཁབ་ཆགས་ཚུལ་དང་སྐྱ་མཁར་བཞེངས་ཚུལ། དཔའ་རྟུལ་རྣམས་ཀྱི་འཁྲུངས་རབས་སོགས་གླིང་གི་ཆགས་རབས་བསྟན་ཡོད་པ། དེ་མུར་རིམ་བཞིན《འགོག་གླིང་》དང《འདན་མ་ནས་རྫོང་》ཞེས་པའི་ནང་དུ་གེ་སར་རྒྱལ་པོའི་ཡུམ་ཆེན་འགོག་བཟའ་ལྷ་མོ་

དང་《གླིང་སྒྲུང་》ནང་གེ་སར་རྒྱལ་པོའི་དཔུང་རོགས་མེད་ཐབས་བྲལ་བ་ཚ་ཞང་འདན་མ་བྱང་ཁྲ་ཀླུ་ཡུལ་དང་འདན་མ་ཡུལ་ནས་ཐབས་ཀྱིས་གླིང་ལ་བསུས་པའི་སྐོར་དམིགས་སུ་བསྟན་པ། 《ཚ་བ་རོང་མདའ་རྫོང་》ཞེས་པ་དེ་སྒྲུང་མཁན་གང་ཉིད་ཀྱི་དགོངས་ཚུལ་ལྟར་གླིང་དཀར་ཁྲ་མོས་ཉེ་འབྲེལ་ཆོ་པ་ལ་ཕར་རྒོལ་དཔུང་འཇུག་བྱས་ནས་མངའ་ཁོངས་རྒྱ་སྐྱིད་གཏོང་བའི་དམག་ཐེངས་དང་པོའི་ཚུལ་དུ་སྣང་ཞིང་། ཚ་རོང་ལས་རྣམ་པར་རྒྱལ་ཏེ་མདའ་རྫོང་ཕབ་པ་དེ་གེ་སར་རྒྱལ་པོའི་མཛད་རྗེས་སུ་བཤད་མེད་པས་སྒྲུང་ཚན་ཕྱ་མའི་ནང་དུ་བསྒྲིགས་པ། དེ་རྗེས་སུ་གེ་སར་རྒྱལ་པོ་སྐུ་འཁྲུངས་པའི་ལོ་རྒྱུས་《འཁྲུངས་གླིང་》དང་གླིང་གི་རྟ་རྒྱུག་འགྲན་བསྡུར་ཐོག་གེ་སར་གཞན་ལས་རྣམ་པར་རྒྱལ་ཏེ་གླིང་གི་གསེར་ཁྲིར་འཁོད་པའི་བརྗོད་བྱ་བསྟན་པའི་《རྟ་རྒྱུག》བཅས་སྐབས་རིམ་བཞིན་བསྒྲིགས་ཡོད། གོང་གསལ་སྒྲུང་ཚན་བདུན་པོ་དེས་གེ་སར་རྒྱལ་པོ་ཁྲི་ལ་མ་འཁོད་གོང་གི་ནང་དོན་རྣམས་བསྟན་ཡོད། དེ་དག་ཕྱིར་《གླིང་སྒྲུང་》ཕྱིའི་བྱུང་རིམ་དང་མཐུན་པ་དང་། ཡང་སྒོས་ཞིབ་ཕྲའི་བྱུང་རིམ་མང་པོ་ཞིག་ལ་སྒྲུང་མཁན་གང་གི་རང་སྟེར་གྱི་ཁྱད་ཆོས་ལྡན་ཡོད། དཔེར་ན་སློབ་དཔོན་པདྨ་འབྱུང་གནས་ཀླུ་ཡུལ་དུ་ཕྱིན་ནས་ཀླུ་རྒྱལ་གཙུག་ན་རིན་ཆེན་གྱི་སྲས་མོ་སེང་བློན་ག་མའི་ཁབ་ཏུ་བསུས་པ་དང་། འགོག་གླིང་དབར་གཡུལ་འགྱེད་བྱེད་ཚུལ་སོགས་གཞན་གྱི་སྒྲུང་ཡིག་དཔར་མའམ་བྲིས་མ་རྣམས་སུ་མདོར་བསྡུས་ཀྱིས་འཁོད་ཡོད་ཀྱང་སྒྲུང་ཚན་ཁེར་མའི་ཚུལ་གྱིས་བསྒྲིགས་པ་ཞིག་རིག་རྒྱུ་མེད། སྒྲུང་མཁན་བསམ་གྲུབ་ཀྱིས་ཕབ་པའི་《འགོག་གླིང་》བྱ་བའི་སྒྲུང་ཚན་དེ་ཉིད་ཤོག་གྲངས་མང་ལ་ནང་དོན་རྒྱས་ཤོས་ཡིན་པ་ཙམ་མ་ཟད། སྐོར་ཚན་དུ་བྱས་ནས་འཆད་ཀྱེར་གནང་བ་དང་དེ་བཞིན་དུ་ལེགས་སྒྲིག་དཔར་སྐྲུན་བྱས་པའི་སྒྲུང་ཚན་ཁེར་མ་ཞིག་ཡིན། 《གླིང་སྒྲུང་》གི་གྲུབ་ཆ་གཙོ་བོ་གེ་སར་རྒྱལ་པོས་ལྷོ་འདུལ་བྱང་འཐབ་བྱས་པའི་ནང་དུ་《བྱང་བདུད་ཀླུ་བཙན་》དང་《ཧོར་གླིང་》《འཇང་གླིང་》《མོན་གླིང་》《སྟག་

གཟིག》《གྲུ་གུ་གོ་རྫོང་》《རྒྱ་གླིང་》《བྱེ་རི་བྱུ་རྫོང་》《ཞང་གླིང་》སོགས་སྒྲུང་ཚན་ཆེ་རིགས་རྣམས་རྩ་བའི་ཆ་ནས་བསྡུས་ཡོད་ལ། དེའི་ནང་དུ་རྫོང་ཆེན་རྫོང་ཆུང་གི་དབྱེ་སྲོལ་ལ་བཞེད་པ་མི་འདྲ་བ་མང་བས། དམིགས་སུ་དབྱེ་བ་མ་ཕྱེ་བར་དུས་ཀྱི་སྔ་ཕྱི་བཞིན་རིམ་པ་སྟར་ཆགས་ཀྱིས་བསྒྲིགས་པ་དང་། ལ་ལར་དགོས་ངེས་ཀྱི་གསལ་བཤད་བཀོད་ཡོད། དཔེར་ན། 《གླང་རི་གཏེར་རྫོང་》བྱ་བ་རྫོང་ཆེན་ཀུན་གྱི་དང་པོ་ཡིན་ཟེར་བ་ལྟ་བུའོ། །སྒྲུང་ཚན་སོ་སོའི་ཞིབ་ཕྲའི་ནང་དོན་ལ་ཐུན་མིན་གྱི་ཁྱད་ཆོས་དུ་མ་ལྡན་པ་མ་ཟད། 《སྟོ་ཐན་སྲི་རྒྱལ་པོའི་བ་གཡང་》དང་《ཀོང་བདུད་ཨ་ཆུང་ནུ་ཏྲ་》ཞེས་པའི་སྐོར་ཚན་གཉིས་པོ་ནི་ད་བར་སྒྲུང་པ་གཞན་གྱིས་འཆད་ཀྱེར་བྱས་མེད་ལ་དཔར་བྲིས་གང་ཡང་མེད་པའི་སྒྲུང་ཚན་གསར་མ་འབབ་ཞིག་ཡིན། 《ཁམས་གསུམ་བདེ་བཀོད་》ཅེས་བྱ་བའི་སྒྲུང་ཚན་ནང་དུ་གེ་སར་ནོར་བུ་དགྲ་འདུལ་གྱིས་མི་ཡུལ་གྱི་འགྲོ་དོན་དང་དུ་བླངས་ནས་ཕྱོགས་བཞི་མཚམས་བརྒྱད་ཀྱི་བདུད་སྡེ་མང་པོ་དབང་དུ་བསྡུས་ཏེ་སངས་རྒྱས་ཀྱི་བསྟན་པ་རིན་པོ་ཆེའི་རྒྱལ་མཚན་དགུང་དུ་བསྒྲེང་། གླིང་གི་ཕ་ཁུ་དཔའ་རྟུལ་དང་འབངས་སྡེ་རྣམས་ནི་གནས་སྐབས་དམག་འཁྲུག་གི་སྡུག་བསྔལ་མེད་པར་རྣམ་དཀར་དགེ་བའི་ལས་ལ་གཞོལ་བ་དང་། ཡུལ་ལ་ནད་མེད་མི་རྣམས་ནོར་གྱིས་ཕྱུག་ཅིང་སྐྱིད་དགའ་སོས་དལ་གྱི་སྐལ་བ་ཐོབ། རྒྱལ་མཆོག་ཁོང་ཡང་སྒོམ་དུ་བཞུགས་པའི་སྐབས། ཧོར་བདུད་འཐང་གསུམ་གྱི་བདུད་རྗེ་འདུལ་བའི་སྐབས་བདུད་རྗེའི་ཆེབས་རྟ་གསུམ་གྱི་རྣམ་ཤེས་འདྲེན་སྟོན་མ་ནུས་པར་ཤོར་ཏེ་ཕྱིས་བདུད་གསར་ཏམ་པ་ཆེ་བ་ཞིག་ཏུ་སྐྱེས་རྗེས་བོད་ཡུལ་དང་ཉེ་འཁོར་འབངས་སྡེ་འཇོམས་པའི་ཉེན་ཆེ་སྟབས་གེ་སར་རྒྱལ་པོས་གླིང་དམག་བདུད་ཡུལ་དུ་དྲངས་ནས་བདུད་རྗེ་དང་བདུད་བློན་རྣམས་ཚམ་ལ་ཕབ་པའི་ནང་དོན་བསྟན་པ་དང་། དེ་མུར《དམྱལ་གླིང་》ཞེས་བྱ་བའི་སྒྲུང་ཚན་ནང་དུ་ཡུམ་ཆེན་འགོག་བཟའ་ལྷ་མོ་ཚེ་ལས་འདས་རྗེས་དགེ་སྡིག་ངོ་སྦྱོད་པའི་སྐད་དུ་གཤེན་རྗེ་ཆོས་རྒྱལ་གྱི་གམ་དུ

སྡུག་པོ་ཅུང་ཙམ་སྤྱོད་པར་ཕྱོན་རྗེས་འདས་ལོག་བྱུང་ཚུལ་དང་། དེ་སྔ་འཛང་མོན་སོགས་ཕྱོགས་བཞིའི་བདུད་རྣམས་འདུལ་སྐབས་བྱུང་བདུད་ཀླུ་བཙན་དང་གུར་དཀར་རྒྱལ་པོ། ས་དམ་རྒྱལ་པོ་སོགས་བདུད་རྒྱལ་མང་པོ་བཏུལ་ནའང་དེ་ཚོའི་རྣམ་ཤེས་འདྲེན་སྟོན་མ་ཐུབ་པར་དམྱལ་བའི་ཡུལ་མཐིང་ནག་རྡོ་རྗེའི་མཐིལ་དུ་ལུས་ཡོད་པ་རྣམས་ལ་སེང་ཆེན་ནོར་བུ་དགྲ་འདུལ་གྱིས་སྙིང་རྗེའི་ཐུགས་ཀྱིས་གཟིགས་ནས་འདྲེན་སྟོན་མཛད་པ་དང་ཆབས་ཅིག དམྱལ་བའི་སྡུག་བསྔལ་སྤྱོད་བཞིན་པའི་སེམས་ཅན་གཞན་རྣམས་ཀྱང་འདྲེན་སྟོན་མཛད་པའི་སྐོར་གསལ་ཡོད། སྒྲུང་ཚན་དེ་གཉིས་ཀྱིས་བྱུང་བརྗོད་སྙན་ངག་ཆེན་པོ་དེའི་མཇུག་ལེགས་པར་བསྡུས་ཡོད། མདོར་ན། 《སྒྲུང་མཁན་བསམ་གྲུབ་ཀྱིས་ཕབ་པའི་གླིང་རྗེ་གེ་སར་རྒྱལ་པོའི་སྒྲུང་》ཞེས་བྱ་བའི་དཔེ་ཚོགས་དེའི་ནང་སྒྲུང་མཁན་གང་གིས་འཆད་ཐུབ་པའི་སྒྲུང་ཚན་༤༥རིམ་པ་སྟར་ཆགས་སུ་བསྒྲིགས་ནས་གླིང་སྒྲུང་གི་བརྗོད་བྱ་གཙོ་བོ་རྣམས་བསྟན་ཡོད། དེས་སྒྲུང་པ་གཅིག་རང་གིས་འཆད་ཐུབ་ཀྱང་བ་བཞིན་ལེགས་སྒྲིག་དཔར་སྐྲུན་བྱས་པའི་《གླིང་སྒྲུང་》ཁོ་ལག་རྫོགས་པ་ཞིག་གང་ནའང་མེད་པའི་ལོ་རྒྱུས་ཀྱི་སྟོང་ཆ་ཁ་སྐོང་ཐུབ་པ་ནི《གླིང་སྒྲུང་》དང་། ཡང་སྐོས་འཛམ་གླིང་བྱུང་བརྗོད་སྙན་ངག་སྤྱི་ལ་ལེགས་སྐྱེས་ཆེན་པོ་ཞིག་ཕུལ་བ་མིན་ནམ།

གསུམ་པ། ལེགས་སྐྱེས་གཉིས་པ་ནི་བྱུང་བརྗོད་སྙན་ངག་གི་ཟིན་ཐོ་གསར་དུ་བཏོད་པ།

དུས་རབས་གོང་མའི་ལོ་རབས་བརྒྱད་ཅུ་པའི་སྔོན་དུ་འཛམ་གླིང་ཐོག་ཤར་ཕྱོགས་ཁུལ་ན་བྱུང་བརྗོད་སྙན་ངག་མེད་ཅེས་དང་། ཀྲུང་གོ་ནི་བྱུང་བརྗོད་སྙན་ངག་གིས་དབུལ་བའི་རྒྱལ་ཁབ་ཅིག་ཡིན་པའི་བཤད་ཚུལ་ཡོད་ལ། འཛམ་གླིང་ཐོག་གི་བྱུང་བརྗོད་སྙན་ངག་ཆེན་པོ་ལྔ་ཞེས་བཤད་སྲོལ་ཡོད་པའི་ནང་《གླིང་

སྒྲུང་》གི་མིང་ཙམ་ཡང་འཁོད་མེད། ཟིང་བཙོས་ཡོ་བསྒྱུར་བྱུས་རྗེས་མི་རིགས་ཁག་གི་སྲོལ་རྒྱུན་རིག་གནས་ལ་ཞིབ་འཇུག་བྱེད་པའི་ཚན་པ་དང་ཚོགས་པ་མང་པོ་དབྱེད་ཀའི་ཆར་ཤུལ་གྱི་སྨྱུག་རྩ་རྒྱས་པ་ལྟར་གོང་འཕེལ་འགྲོ་བ་དང་དུས་མཚུངས་བོད་རིགས་གནས་སྡོད་བྱེད་པའི་ས་ཁུལ་ཁག་གི་《གླིང་སྒྲུང་》འཚོལ་བསྡུ་དང་ལེགས་སྒྲིག དཔར་སྐྲུན། ཞིབ་འཇུག་བཅས་ཀྱི་བྱ་གཞག་ལའང་བླ་བ་ཡར་ངོའི་རྗེས་སུ་འགྲོ་བཞིན་གཡུར་ཟའི་འབྲས་བུ་མང་དག་བསྟུད་མར་སྨིན་པས། ད་གཟོད་འཛམ་གླིང་བྱུང་བརྗོད་སྙན་ངག་རིང་ཤོས་དེ《གླིང་སྒྲུང་》དེ་ཉིད་ཡིན་ཞེས་གཅིག་གྱུར་གྱི་ལྟ་ལྟངས་ཆགས་པ་དང་། འཛམ་གླིང་ཐོག་གི་བྱུང་བརྗོད་སྙན་ངག་ཆེན་པོ་ལྔ་ཞེས་པའི་བཤད་སྲོལ་ལའང་འགྱུར་བ་བྱུང་ནས་བྱུང་བརྗོད་སྙན་ངག་ཆེན་པོ་བརྒྱད་ཅེས་སྙན་པའི་གྲགས་པ་ཁྱབ་ཡོད། འོན་ཀྱང་གོང་སྨྲོས་ལྟར་སྐབས་དེར《གླིང་སྒྲུང་》དེ་ཉིད་བྱུང་བརྗོད་སྙན་ངག་རིང་ཤོས་ཡིན་ཞེས་བརྗོད་པ་དེ་ནི་དཔར་མ་དང་བྲིས་མ་མི་འདྲ་བ་དང་། སྒྲུང་པ་མི་འདྲ་བས་འཆད་ཀྱིར་གནང་བའི་སྒྲུང་སྣ་མི་འདྲ་བ་ཁག་བསྡོམས་རྩིས་བརྒྱབ་པ་ལས་བྱུང་བ་ཞིག་ཡིན། བོད་མི་རིགས་ཀྱི་ལོ་རྒྱུས་ཆུ་རྒྱུན་རིང་པོའི་ནང་ཞུལ་དུ་བྱུང་བའི་དམངས་ཁྲོད་སྒྲུང་པ་མང་པོ་གཅིག་རྗེས་གཉིས་མཐུད་ཀྱིས་ཐོན་པ་མ་ཟད། ཕོང་ཚོའི་བློ་འཛིན་གྱི་ནུས་པ་དང་འཆད་ཀྱིར་གྱི་རྩལ་ནུས། འཚར་ལོངས་བྱུང་བའི་བརྒྱུད་རིམ་བཅས་ནི་ངོ་མཚར་དུ་མས་སྨུག་ཅིང་། ཕོང་ཚོས་འཆད་ཀྱིར་ཐུབ་པའི་སྒྲུང་གི་བམ་གྲངས་ནི་མི་རྣམས་ཀྱི་བསམ་ཡུལ་ལས་འདས་པ་ཞིག་ཡིན། དེ་ལགས་ཀྱང་འགོག་རྐྱེན་མང་པོའི་རྐྱེན་གྱིས་གསེར་གོང་ཡོད་ཀྱང་མར་ཁུས་དབུལ་ན་སྒྲོན་མེའི་འོད་ཟེར་སྤྲུགས་བཞིར་ཁྱབ་མི་ནུས་པའི་དཔེ་ལྟར་སྒྲུང་པའི་བློ་ཡུལ་དུ་བཞུགས་ཤིང་དྲན་པའི་ཀློང་དུ་འཇགས་པའི་ངོ་མཚར་དུ་མས་སྤྲས་པའི་སྒྲུང་རྣམས་ཡིག་ཐོག་ཏུ་འབེབས་མ་ཐུབ་པས། སྒྲུང་པ་རེ་རེས་འཆད་ཀྱིར་ཐུབ་པའི་སྒྲུང་གི་བམ་གྲངས་ཚད་དཔག་ཙམ་ལས་ཚིག་ཕྲང་མང་ཉུང་ལ་དོ་སྣང་གནང་

མཁན་བྱུང་མེད། དེའི་རྒྱུ་མཚན་ཡང་ད་བར་སྒྲུང་པས་འཆད་གྱེར་གནང་བའི་《གླིང་སྒྲུང་》སྒྲ་འཇུག་བྱས་པ་ཅི་རིགས་མཆིས་ནའང་ཡིག་ཐོག་ཏུ་འཁོད་པ་ཞུང་ལ་ལེགས་སྒྲིག་དཔར་དུ་བསྐྲུན་པ་ནི་དེ་བས་དཀོན་པས་ཡིན། 《སྒྲུང་མཁན་བསམ་གྲུབ་ཀྱིས་ཕབ་པའི་གླིང་རྗེ་གེ་སར་རྒྱལ་པོའི་སྒྲུང་》ཞེས་བྱ་བའི་དཔེ་ཚོགས་དེ་ནི་ད་བར་སྒྲུང་པས་སྒྲ་ཕབ་བྱས་པའི་སྒྲུང་སྣ་མང་ཤོས་དང་། འཕོར་གྲངས་མང་ཤོས། སྒྲུང་གི་པོ་ལག་ཆ་ཚང་ཤོས་ཡིན་པ་མ་ཟད། དེའི་ཚིག་རྐང་གི་གྲངས་ནི་ད་བར་ཤེས་རྟོགས་ཐུབ་པའི་འཛམ་གླིང་བྱུང་བརྗོད་སྙན་ངག་གི་དང་རྩེར་སླེབས་ཡོད། སྒྲུང་པོད་སོ་སོའི་ཞིབ་ཕྲའི་ཚིག་རྐང་དང་འབྲེལ་ཡོད་གནས་ཚུལ་སྟབས་བདེའི་རེའུ་མིག་ཏུ་བཀོད་ན་གཤམ་གསལ་ལྟར།

ཨང་གྲངས།	པོད་མིང་།	སྒྲ་ཕབ་པའི་དུས།	འཕོར་གྲངས།	དཔེ་སྐྲུན་དུས་ཚོད།	ཤོག་གྲངས།	ཚིག་རྐང་གྲངས།
༡	ལྷ་གླིང་།	༢༠༠༠	༥༠	༢༠༠༡	༣༥༨	༩༨༨༣
༢	ཚགས་གླིང་།	༡༩༨༦	༦༢	༢༠༠༡	༣༨༧	༡༡༣༥༤
༣	འགོག་གླིང་།	༢༠༠༠	༥༠	༢༠༠༢	༥༢༦	༡༦༧༣༤
༤	འདན་མ་ནས་རྫོང་།	༢༠༠༤	༣༤	༢༠༠༩	༢༥༣	༦༤༨༣
༥	ཚ་བ་རོང་མདའ་རྫོང་།	༡༩༨༦	༥༠	༢༠༠༢	༤༩༦	༡༥༧༦༢
༦	འབྲུངས་གླིང་།	༡༩༨༥	༦༠	༢༠༠༡	༤༨༡	༡༠༥༤༤
༧	ཧ་རྒྱུག	༢༠༠༠	༤༦	༢༠༠༢	༣༡༠	༩༢༤༠
༨	མི་ཉག་གསེར་རྫོང་།	༡༩༩༨	༥༡	༢༠༠༢	༤༧༢	༡༣༤༥༣
༩	བྲུང་གླིང་།	༢༠༠༢	༤༣	༢༠༠༣	༣༩༠	༡༡༣༡༡
༡༠	གཉན་ཆུ་མོ་རོང་འབྲུ་རྫོང་།	༡༩༩༥	༢༨	༢༠༠༡	༣༩༩	༡༡༢༨༠
༡༡	བྱང་བདུད་ཟླུ་བཙན།	༡༩༩༩	༥༣	༢༠༠༢	༦༢༢	༡༩༦༧༦
༡༢	རྟོར་གླིང་གཡུལ་འགྱེད་སྟོད་ཆ།	༢༠༠༢	༤༣	༢༠༠༦	༥༠༥	༡༡༢༤༤
༡༣	རྟོར་གླིང་གཡུལ་འགྱེད་སྨད་ཆ།	༢༠༠༢	༤༥	༢༠༠༦	༤༠༥	༡༡༣༣༣
༡༤	གླང་རི་གཏེར་རྫོང་།	༡༩༨༧	༤༧	༢༠༠༩	༢༤༠	༤༥༠༢
༡༥	ཤར་བདུད་ཤ་བ་ཏུ་རིང་།	༢༠༠༢	༢༡	༢༠༠༣	༢༠༦	༥༨༦༥
༡༦	འཛང་གླིང་གཡུལ་འགྱེད།	༢༠༠༡	༦༩	༢༠༠༣	༦༦༡	༡༨༠༤༡
༡༧	སྨན་གླིང་གཡུལ་འགྱེད།	༢༠༠༡	༤༨	༢༠༡༥	༦༠༢	༡༦༢༩༦
༡༨	ཨ་སྐྱིད་ཟས་རྫོང་།	༡༩༩༠	༥༠	༢༠༠༤	༢༢༧	༦༡༨༨

༡༩	སྟག་གཟིག་ནོར་རྫོང་།	༡༩༨༥	༤༧	༢༠༡༣	༤༠༤	༡༡༣༧༣
༢༠	ཀོང་བདུད་ཨ་ཆུང་ལྷུ་ཏྲ་སྟོད་ཆ།	༡༩༩༢	༦༤	༢༠༠༦	༤༣༡	༡༢༡༧༨
༢༡	ཀོང་བདུད་ཨ་ཆུང་ལྷུ་ཏྲ་སྨད་ཆ།	༡༩༩༢			༥༠༢	༡༣༡༤༨
༢༢	བྱང་ཀླུ་ཁྲི་ཧ་རྫོང་སྟོད།	༡༩༨༦	༥༧	༢༠༠༡	༥༡༨	༣༠༠༦༤
༢༣	བྱང་ཀླུ་ཁྲི་ཧ་རྫོང་སྨད།	༡༩༨༨		༢༠༠༡	༥༣༡	
༢༤	གཟི་མ་ཧ་གཡང་རྫོང་།	༡༩༨༦	༥༥	༢༠༡༣	༤༠༦	༦༣༢༢
༢༥	ཞང་སྒྲིང་གཡུལ་འགྱེད།	༢༠༠༣	༤༣	༢༠༠༨	༤༣༠	༡༡༦༤༥
༢༦	ཨ་གྲགས་གཟི་རྫོང་།	༡༩༨༤	༧༤	༢༠༠༥	༣༩༩	༡༡༠༢༨
༢༧	བྲེ་རི་བྲུར་རྫོང་སྟོད།	༡༩༩༡	༦༡	༢༠༠༤	༣༧༣	༢༠༩༧༠
༢༨	བྲེ་རི་བྲུར་རྫོང་སྨད།	༡༩༩༡		༢༠༠༤	༤༡༣	
༢༩	ཁ་སྒྲིང་གཡུལ་འགྱེད།	༢༠༠༤	༥༩	༢༠༡༤	༣༢༥	༤༥༡༠
༣༠	ཆུ་མོ་ལི་ཁྲིའི་རྫོང་།	༡༩༨༧	༤༨	༢༠༠༤	༥༦༨	༡༦༦༢༣
༣༡	སྙེ་ར་ལུག་རྫོང་།	༡༩༨༨	༥༠	༢༠༠༣	༣༠༩	༨༡༧༥
༣༢	ཤན་འདན་ནང་འབྲུག	༡༩༩༠	༡༦	༢༠༠༣	༢༠༡	༥༨༥༧
༣༣	ཤེལ་བྲག་འོ་མཚོའི་གཏེར་གཡང་།	༡༩༩༠	༡༠	༢༠༠༣	༨༢	༢༦༠༠
༣༤	ཙ་རི་སྨན་རྫོང་།	༢༠༠༢	༥༦	༢༠༡༥	༤༠༣	༥༥༥༩
༣༥	རྒྱ་སྒྲིང་།	༢༠༠༡	༤༢	༢༠༠༥	༣༡༠	༩༡༢༤
༣༦	བྱང་སྟག་མོ་ཡུལ་གྱི་དངུལ་རྫོང་།	༡༩༨༨	༥༠	༢༠༡༡	༢༨༩	༧༨༢༥
༣༧	དབྱེ་སྒྲིང་གསེར་རྫོང་།	༡༩༨༩	༦༠	༢༠༠༥	༢༩༧	༨༩༠༦
༣༨	གྲུ་གུ་མོ་རྫོང་སྟོད་ཆ།	༢༠༠༦	༣༦	༢༠༡༡	༣༦༤	༩༨༦༠
༣༩	གྲུ་གུ་མོ་རྫོང་སྨད་ཆ།	༢༠༠༦	༣༥	༢༠༡༡	༣༢༨	༧༦༣༨
༤༠	སྲིན་པོ་ཤ་རྫོང་།	༡༩༨༤	༤༧	༢༠༠༦	༥༠༠	༢༥༢༠༢
༤༡	སྟོ་ཐན་སྲི་རྒྱལ་པོའི་བ་གཡང་སྟོད་ཆ།	༢༠༠༡	༢༩	༢༠༠༧	༣༢༤	༧༢༤༦
༤༢	སྟོ་ཐན་སྲི་རྒྱལ་པོའི་བ་གཡང་སྨད་ཆ།	༢༠༠༡	༣༠	༢༠༠༨	༣༨༦	༨༩༦༡
༤༣	ལི་མ་སྨན་རྫོང་སྟོད་ཆ།	༡༩༨༤	༦༨	༢༠༠༧	༤༤༦	༩༦༨༢
༤༤	ལི་མ་སྨན་རྫོང་སྨད་ཆ།	༡༩༨༤		༢༠༠༨	༦༠༦	༡༣༥༨༩
༤༥	སྙེ་ར་ལུག་རྫོང་སྟོད།	༡༩༨༦	༦༧	༢༠༡༡	༤༩	༡༡༩༠༦
༤༦	སྙེ་ར་ལུག་རྫོང་སྨད།	༡༩༨༦		༢༠༡༡	༣༦༨	༡༠༢༤༨
༤༧	སྨུ་ཡི་ནོར་གཏེར།	༡༩༨༧	༩	༢༠༡༢	༣༦༢	༨༥༢༨
༤༨	ཁམས་གསུམ་བདེ་བཀོད།	༡༩༨༡ ༡༩༩༠	༨༦	༢༠༠༧	༤༦༡	༩༦༤༥
༤༩	དཀྱིལ་སྒྲིང་ཐར་པ་ཆེན་པོ།	༢༠༠༦	༣༤	༢༠༡༢	༣༠༡	༧༩༩༧
བསྡོམས།			༢༡༡༤			༥༢༥༦༠༨

དེ་ལྟར་ན་སྒྲུང་མཁན་བསམ་གྲུབ་ཀྱིས་ཕབ་པའི་སྒྲུང་པོད་༩༨ནས་ད་བར་ལེགས་སྒྲིག་བྱས་ཟིན་པའི་སྒྲུང་དཔེ་༩༣གི་ནང་མི་སྣ་ཕན་ཚུན་སྤྲུ་ལེན་རེས་བྱས་པ་ཕོ་ནའི་ཚིག་རྐང་༥༦༢༦༢༡ཡོད་པ་དེ་རྒྱ་གར་གྱི《མ་ཧཱ་བྷ་ར་ཏ་》ཡི་ཚིག་རྐང་༢༠༧༠༠༠ལས་༢༨༥༦༢༡ཀྱིས་མང་བ་ཡོད་པ་དང་། དེ་སྔོན་འཛམ་གླིང་བྱུང་བརྗོད་སྙན་ངག་ཆེན་པོ་ལྟར་གྲགས་པའི་རྒྱ་གར་གྱི《མ་ཧཱ་བྷ་ར་ཏ་》དང་《ར་མ་ནའི་རྟོགས་བརྗོད་》ཤི་ལའི་ཧོ་མ་ཡི་བྱུང་བརྗོད་སྙན་ངག《དབྱི་ལི་ཡཱ་ཐ་》དང་《ཨོ་ཏའི་སའེ་》དེ་བཞིན་པ་པི་ལུན་གྱི་བྱུང་བརྗོད་སྙན་ངག《ཅི་ཨར་ཙ་མེ་ཧྲི་》བཅས་ཀྱི་ཚིག་རྐང་བསྡོམས་༢༧༨༨༠༣ཡོད་པ་①ལས་ད་དུང་༢༡༩༡༢༡གིས་མང་བ་ཡོད། གོང་གི་བསམ་གྲུབ་ཀྱི་སྒྲུང་གི་བསྡོམས་རྩིས་དེའི་ནང་ད་དུང་སྒྲུང་གི་བྱུང་རིམ་དང་། མི་སྣ་ངོ་སྤྲོད། དམག་འཁྲུག་གི་བྱུང་འཕེལ་སོགས་བརྗོད་སྐབས་གཞི་རྐང་ཚིག་ལྷུག་ཡིན་པ་གང་ཞིག་ལ་བར་དུ་ཚིགས་བཅད་མི་འདུང་བ་ཡོད་རིགས་ཚུད་མེད། དེ་དག་དང་ད་དུང་ལེགས་སྒྲིག་བྱ་བཞིན་པའི་པོད་ལྔའི་ཚིག་རྐང་དག་བརྩིས་ན་བྱུང་བརྗོད་སྙན་ངག་ཆེན་པོ་ལྔ་ལས་ཚིག་རྐང་ལྔབ་གཉིས་ཀྱིས་མང་བ་ཡོད། དེར་བརྟེན《སྒྲུང་མཁན་བསམ་གྲུབ་ཀྱིས་ཕབ་པའི་གླིང་རྗེ་གེ་སར་རྒྱལ་པོའི་སྒྲུང་》ཞེས་བྱ་བས་འཛམ་གླིང་བྱུང་བརྗོད་སྙན་ངག་གི་རིང་ཚད་ཟིན་ཐོ་གསར་དུ་བཏོད་ཡོད་ཅེས་མཁྱེན་པ་གཟིགས་སུ་བཏགས་ནས་བརྗོད་པར་ནུས་ལ། དེ་ནི་དཔེ་ཚོགས་དེས་བྱུང་བརྗོད་སྙན་ངག་ལ་ཕུལ་བའི་ལེགས་སྐྱེས་ཆེན་པོ་ཞིག་ཡིན་ནོ། །

① 《མ་ཧཱ་བྷ་ར་ཏ་》ལ་ཚིག་རྐང་200000ལྷག་ཙམ་ཡོད་པ་དང་《ར་མ་ནའི་རྟོགས་བརྗོད་》ལ་ཚིག་རྐང་48000ཡོད་པ། 《དབྱི་ལི་ཡཱ་ཐ་》ལ་ཚིག་རྐང་15693《ཨོ་ཏའི་སའེ་》ལ་ཚིག་རྐང་12110 《ཅི་ཨར་ཙ་མེ་ཧྲི་》ལ་ཚིག་རྐང་3000ཡོད་པ་བཅས་བྱུང་བརྗོད་སྙན་ངག་ཆེན་པོ་ལྔ་ལ་བསྡོམས་ཚིག་རྐང་278803ཡོད།

༧༢། །བསམ་གྲུབ་ཀྱིས་ཕབ་པའི་གླིང་སྒྲུང་དཔེ་ཚོགས་ལེགས་སྒྲིག་བྱ་ཐབས་དང་ལེགས་སྒྲིག་པའི་ལེགས་སྐྱེས།

དང་པོ། 《གླིང་སྒྲུང་》སྤྱིའི་གྲུབ་ཚུལ་སྐོར་བརྗོད་པ།

མིག་སྔར་《གེ་སར་》རིག་པའི་ཁྱབ་ཁོངས་ནང་《གླིང་སྒྲུང་》གི་རྩོམ་པ་པོ་སུ་ཡིན་གྱི་སྐོར་ལ་དཔྱད་བརྗོད་གནང་མཁན་མི་ཉུང་བ་ཞིག་བྱུང་ཡོད་ལ་དེའི་སྐོར་ལ་འདོད་ཚུལ་ཡང་འདྲ་མིན་སྣ་ཚོགས་ཤིག་བྱུང་ཡོད། དེ་ཡང་ལ་ལས《གླིང་སྒྲུང་》གི་རྩོམ་པ་པོ་དང་། ཉར་འཛིན་མཁན། ཁྱབ་སྤེལ་མཁན་ནི་དམངས་ཁྲོད་སྒྲུང་པ་རྣམས་ཡིན་ཞེས་བརྗོད་པ་དང་། འགའ་ཞིག་གིས《གླིང་སྒྲུང་》དེ་ངལ་རྩོལ་མི་དམངས་ཀྱིས་ཐུན་མོང་ཐོག་གསར་གཏོད་བྱས་པའི་དམངས་ཁྲོད་རྩོམ་རིག་ཅིག་ཡིན་གཤིས། དེར་མིང་འཐོབ་ཏུ་ཡོད་པའི་རྩོམ་པ་པོ་ཞིག་མེད་ལ། མི་སྒེར་སུ་ལའང་དེའི་སྐོར་གྱི་རྩོམ་གྱི་བདག་དབང་མེད་པར་བཞེད། ཡང་ཁ་ཅིག་གིས《གླིང་སྒྲུང་》དེར་མིང་འཐོབ་ཏུ་རུང་བའི་རྩོམ་པ་པོ་མི་སྒེར་ཞིག་ཡོད་པར་བཞེད་ཀྱི་ཡོད། ཁོ་བོས་བལྟས་ན་དོན་འདིའི་སྐོར་ལ་ཕྱོགས་ཡོངས་ནས་ཞིབ་དཔྱོད་བྱ་རྒྱུ་ནི་གལ་འགངས་ཆེ་བར་མཐོང་། གང་ལགས་ཤེ་ན། གཅིག་ནས་སྤྱིར《གླིང་སྒྲུང་》སྤྱིའི་གྲུབ་ཚུལ་དང་ཡང་སྒོས་བྱེ་བྲག་ཏུ་སྒྲུང་སྣ་རེ་རེའི་གྲུབ་ཚུལ་ལ་གཞིགས་པ་བྱེད་རྒྱུ་ལས། 《གླིང་སྒྲུང་》སྤྱི་དང་དེ་བཞིན་དམངས་ཁྲོད་རྩོམ་རིག་སྤྱིའི་སྤྱིར་བཏང་གི་གྲུབ་ཚུལ་དེས་སྒྲུང་སྣ་བྱེ་བྲག་པའི་གྲུབ་ཚུལ་ལ་ཞྭ་དཔེ་ལྷམ་འགེབས་བྱ་མི་རུང་ལ། སྒྲུང་སྣ་བྱེ་བྲག་པའི་གྲུབ་ཚུལ་གྱིས་གླིང་སྒྲུང་སྤྱིའི་གྲུབ་ཚུལ་ལ་བརྒྱ་ཁ་གཅིག་ཚོད་ཀྱང་བྱ་མི་རུང་། དེ་བཞིན་དུ་སྒྲུང་པའི་ངག་སྒྲུང་ལེགས་སྒྲིག་དཔར་སྐྲུན་བྱེད་པའི་བརྒྱུད་རིམ་ནང་དུའང་ལེགས་སྒྲིག་བྱེད་

ཕྱོགས་ཐད་ལ་ལྟ་ཚུལ་མི་འདྲ་བ་གཉིས་བྱུང་བ་སྟེ། འགའ་ཞིག་གིས་སྒྲུང་པས་འཆད་གྱེར་གནང་བ་ཇི་མ་ཇི་བཞིན་དུ་ཡི་གེར་ཕབ་དགོས་པ་གལ་ཆེ་བར་དགོངས་པ་དང་། སྐོར་ཞིག་གིས་ལེགས་སྒྲིག་ཅེས་བྱ་བ་ཟིན་བྲིས་དང་མི་འདྲ་བས་སྒྲུང་པས་འཆད་གྱེར་བྱས་པ་དག་ལ་ཞན་ཆ་ཡོད་རིགས་བཟོ་བཅོས་བྱ་དགོས་པ་གལ་ཆེ་བར་བཞེད་ཀྱི་ཡོད། ཡང་འགའ་ཞིག་གིས་ངག་སྒྲུང་དང་དཔར་བྲིས་ཏེ་ཡིག་ཐོག་ནས་གསར་རྩོམ་བྱས་པའི་སྒྲུང་དཔེ་གཉིས་གང་ཞིག་སྔོན་ལ་བྱུང་བ་དང་། ངག་སྒྲུང་དང་དཔར་བྲིས་གཉིས་ཀྱི་མ་བུའི་འབྲེལ་བའི་སྐོར་ལ་དོགས་འདྲི་གནང་མཁན་ཡང་ཡོད། དོན་དུ་གོང་གི་གནད་དོན་རིགས་གཉིས་པོ་དེ་ཕན་ཚུན་འབྲེལ་བ་ཟབ་ལ་《གླིང་སྒྲུང་》གི་རྩོམ་པ་པོ་སུ་ཡིན་དང་འབྲེལ་བ་དམ་ཟབ་ཡོད་པ་ཞིག་ཡིན། ང་ཚོས་དམངས་ཁྲོད་རྩོམ་རིག་གི་རིགས་པའི་གཞུང་ལུགས་དང་འདས་ཟིན་པའི་སྒྲུང་པོད་ཁག་གི་གྲུབ་ཚུལ། དེ་བཞིན་ཉེ་བའི་ལོ་ཤས་ནང་དུ《གླིང་སྒྲུང་》བྱ་གཞག་ཁྲོད་ཀྱི་གནད་དོན་བཅས་ལ་དཔྱད་ཞིབ་བྱ་རྒྱུ་གལ་ཆེ་བར་མཐོང་བས། གཤམ་ལ་ང་ཚོས་དོན་ཚན་ཁག་གསུམ་པོ་དེའི་སྐོར་རེ་རེ་བཞིན་དཔྱད་ཞིབ་བྱ་རྒྱུ་ཡིན།

དང་པོ་དམངས་ཁྲོད་རྩོམ་རིག་གི་རིགས་པའི་གཞུང་ལུགས་ཀྱི་ཐོག་ནས་བལྟས་ན། སྔན་བརྒྱུད་ལམ་ནས་རྒྱུན་འཛིན་བྱུང་བ་དང་མི་རབས་ནས་མི་རབས་ཞལ་རྒྱུན་དུ་འཛམ་གས་པའི་དམངས་ཁྲོད་ཀྱི་སྒྲུང་དང་གཞས་ལ་སོགས་པའི་སྒྱུ་རྩལ་གྱི་རིགས་རྣམས་ཡིག་ཐོག་ཏུ་ཕབ་པ་དང་བསྡུ་སྒྲིག་བྱེད་པའི་བརྒྱུད་རིམ་ནང་ལས་སྔོན་གྱི་ཚད་གཞི་མི་འདྲ་བར་གཞིགས་ནས་ལས་རིམ་ཁག་གསུམ་དུ་དབྱེ་རྒྱུ་ཡོད་དེ། ཐོག་མའི་ཟིན་བྲིས་དང་། ལེགས་སྒྲིག བཅོས་སྒྲིག་བཅས་སོ། །དེ་ཡང་ཟིན་བྲིས་བྱ་བ་ནི་དམངས་ཁྲོད་སྒྲུང་པའམ་གཞས་པ་གཞས་མས་འཆད་གྱེར་གནང་བའི་སྒྲུང་ངམ་དམངས་གཞས་སོགས་ལ་ཡིག་མཁན་གྱིས་བཟོ་བཅོས་སྔོན་འཕྲིམ་བྱས་པར་ཇི་མ་ཇི་བཞིན་དུ་ཡི་གེར་ཕབ་པ་ལ་ཟེར་ཞིང་། དེ་ནི་དམངས་ཁྲོད་རྩོམ་རིག་ལེགས་སྒྲིག་བྱེད་པའི་སྔོན་འགྲོའམ་རྨང་གཞིའང་ཡིན། ཡུལ་དུས་

མི་འདྲ་བ་དང་སྤྱི་ཚོགས་ཀྱི་དགོས་པའི་དབང་གིས་ སྔར་ཡོད་དམངས་ཁྲོད་ཀྱི་སྒྲུང་དང་གཞན་སོགས་ལ་ཞིབ་ལྷུན་པས་རང་གི་འཆར་སྣང་ལྟར་བཟོ་བཅོས་སྣོན་འཕྲི་ཤུགས་ཆེ་ཙམ་བྱས་པར་བཅོས་སྒྲིག་ཅེས་འབོད་ལ། ལས་རིམ་དེའི་ཁྲོད་དུ་དམངས་རྩོམ་གྱི་གདོད་མའི་རྣམ་པ་ལ་དེ་ཙམ་བརྩི་འཇོག་བྱེད་མི་དགོས་ལ། བཅོས་སྒྲིག་བྱས་ཟིན་པའི་དམངས་རྩོམ་དག་སྒྱུ་རྩལ་གྱི་ནུས་པ་གཙོ་ཆེ་བར་འཛིན་པས། དེ་རིགས་ལ་ཚན་རིག་གི་ནུས་པ་དེ་ཙམ་མངོན་གསལ་མེད། ལེགས་སྒྲིག་བྱ་བ་ནི་དམངས་ཁྲོད་སྒྲུང་པའམ་གཞན་པ་གཞན་མས་འཆད་གྱེར་གནང་བ་གང་ཞིག་ཟིན་བྲིས་བྱས་ཟིན་པ་གཞིར་བཟུང་ནས་དགོས་ངེས་ཀྱི་བཟོ་བཅོས་སྣོན་འཕྲི་བྱས་པ་ལ་ཟེར་ཞིང་། དམངས་ཁྲོད་ཀྱི་སྒྱུ་རྩལ་རྣམས་སྔར་ཡོད་རྨང་གཞིར་བྱས་ཐོག་དེ་བས་མགོ་གཞུག་ཆ་ཚང་ལ་ནང་དོན་དང་སྒྱུ་རྩལ་གྱི་རིན་ཐང་ཇེ་ཆེར་བཏང་བ་ལ་ཟེར། རྒྱལ་ཕྱི་རྒྱལ་ནང་གི་གནའ་དེང་དམངས་ཁྲོད་རྩོམ་རིག་ཕྱལ་དུ་ཕྱུང་བ་ཕལ་ཆེར་ལེགས་སྒྲིག་གི་ལས་སྣོན་བྱས་པ་ལས་བྱུང་ཚུལ་ཡིག་རིགས་མི་འདྲ་བའི་དཔྱད་ཞིའི་ཡིག་ཆ་ཁག་ལ་གསལ་གྱི་འདུག་པས། དོན་དངོས་དེ་ལས་ཕྱལ་དུ་ཕྱུང་བའི་དམངས་ཁྲོད་སྒྱུ་རྩལ་ཞིག་ཆགས་གྲུབ་ཐུབ་པར་ལེགས་སྒྲིག་གི་ལས་རིམ་ངེས་པར་བརྒྱུད་དགོས་པ་གསལ་པོར་མཐོང་ལ། དེ་ནི་དམངས་རྩོམ་སྤྱིའི་ཐུན་མོང་གི་གྲུབ་སྟངས་ཤིག་ཏུའང་མཐོང་ངོ་། །

གཉིས་པ་ལོ་རྒྱུས་ཐོག་གི་《གླིང་སྒྲུང་》སྒྲུང་དཔེ་དག་ཇི་ལྟར་གྲུབ་ཚུལ་ནས་བལྟས་ན། ད་ལམ་ང་ཚོའི་མཐོང་ཆོས་སུ་གྱུར་པའི་སྒྲུང་པོད་རྣམས་ལས་སྐྱེས་བུའི་མཛད་ཆེན་རྣམས་ཀྱི་གཙོ་བོ་ནི་འཁྲུངས་གླིང་རྟ་རྒྱུག་དང་། ཧོར་བདུད་མོན་འཛམ་བཞི་འདུལ་ཚུལ་དུ་ངེས་ཤིང་། དེ་དག་ལའང་དཔར་མའམ་བྲིས་མ་མི་འདྲ་བ་མང་པོ་ཡོད་ཅིང་། དེ་དག་ལས་མཚོ་སྔོན་མི་རིགས་དཔེ་སྐྲུན་ཁང་ནས་དཔར་དུ་བསྐྲུན་པའི་《ཧོར་གླིང་གཡུལ་འགྱེད་》ཅེས་བྱ་བ་ནི་བརྗོད་བྱ་རྗོད་བྱེད་གང་ཅིའི་ཐད་ལེགས་ཤོས་སུ་བརྩི་ཡི་ཡོད། དེ་ཡང་པོད་དེའི་གྲུབ་ཚུལ་

ནི། མི་དབང་པོ་ལྷ་བསོད་ནམས་སྟོབས་རྒྱས་སྐུ་རིང་དུ“སྒྲུང་བཤད་མཁས་པ་སྙེ་དགེ་ཞབས་དྲུང་ཟེར་བ་དེས། ནང་ཆེན་སྒྲུང་བ་ལྷ་དབང་ཚེ་རིང་དང་། སྙེ་དགེའི་སྒྲུང་བ་ཚེ་རིང་དོན་འགྲུབ་རྣམ་གཉིས་ཀྱིས་གཙོས་མདོ་ཁམས་གླིང་གསུམ་གྱི་སྒྲུང་བ་ཉི་ཤུ་སྐོར་ལས་དངོས་སུ་ཉན་ནས་དེ་དག་གི་བཤད་རྒྱུན་རྣམས་ཕྱོགས་གཅིག་ཏུ་བསྡུས་པའི་སྒྲུང་དཔེ་”①དེ་སྒྲུང་པོད་གཞན་དེའི་མ་ཕྱི་ཡིན་པ་དང་། དེ་ནི་སྒྲུང་བཤད་མཁས་པ་སྙེ་དགེ་ཞབས་དྲུང་གིས་དམངས་ཁྲོད་སྒྲུང་པའི་ཞལ་རྒྱུན་བཞིན་བསྡུ་སྒྲིག་བྱས་པ་ཞིག་ལགས་པས། དེས་སྐབས་དེ་ཙམ་ན་དམངས་ཁྲོད་དུ《གླིང་སྒྲུང་》འཆད་གྱེར་མཁན་མི་ཉུང་ཙམ་ཡོད་པ་མ་ཟད། དེ་ཚོ་སོར་བཤད་རྒྱུན་ཡང་སྣ་ཚོགས་ཡོད་ཚུལ་ཤུགས་སུ་བསྟན་པ་དང་། སྙེ་དགེ་ཞབས་དྲུང་གིས་བཤད་རྒྱུན་མི་འདྲ་བ་རྣམས་བསྡུ་སྒྲིག་མ་བྱས་ཚེ། ད་ལྟའི་མཐོང་ཆོས་སུ་གྱུར་པའི《ཧོར་གླིང་གཡུལ་འགྱེད་》ཅེས་བྱ་བའི་གླིང་སྒྲུང་ཕྱུས་ལེགས་དེའི་མ་ཕྱི་དེ་ཏ་ལམ་ཡོང་ཐབས་མེད། དུས་རབས་གོང་མའི་ལོ་རབས་ལྔ་བཅུའི་མཇུག་དང་དྲུག་ཅུའི་འགོར་མཁས་དབང་གསུང་རབ་རྒྱ་མཚོ་དང་ཚེ་ཏན་ཞབས་དྲུང་སོགས་ཀྱིས་སྙེ་དགེ་ཞབས་དྲུང་བའི་“སྒྲུང་དཔེ་དེ་གཞི་བྱས་ཤིང་། སྒྲུང་དཔེ་འདྲ་མིན་ལྔ་ཙམ་ལ་ཞིབ་རྟོག་བྱས་མཐར། དཔེ་དེ་དག་གི་ནང་ནས་ལེགས་ཆ་གང་ཡོད་ཚོགས་ལ་མ་འཛོམ་པར་བཏུས། འབྲེལ་མེད་པ་དང་། ནོར་སྐྱོན་གང་ཡོད་འདོར་ཅི་ཐུབ་བྱས”②ནས་ད་གཟོད《ཧོར་གླིང་གཡུལ་འགྱེད་》ཅེས་བྱ་བའི་སྒྲུང་དཔེ་ཕྱུས་ལེགས་དེ་བྱུང་ལ། དེ་རྗེས་སུ་ད་དུང་སྒྲུང་པོད་དེར་སླར་ཡང་ལེགས་སྒྲིག་གནང་མཁན་དུ་མ་ཞིག་བྱུང་འདུག མདོར་ན་དེ་དག་ཚང་

① ཤེས་རབ་རྒྱ་མཚོ་དང་ཚེ་བརྟན་ཞབས་དྲུང་སོགས་ཀྱིས་བསྒྲིགས་པའི《ཧོར་གླིང་གཡུལ་འགྱེད་》ཤོག་ངོས1ལ་གསལ།

② ཤེས་རབ་རྒྱ་མཚོ་དང་ཚེ་བརྟན་ཞབས་དྲུང་སོགས་ཀྱིས་བསྒྲིགས་པའི《ཧོར་གླིང་གཡུལ་འགྱེད》ཤོག་ངོས1ལ་གསལ།

མ་ཐོག་མའི་སྒྲུང་པ་མི་འདྲ་བའི་ཞལ་རྒྱུན་གཞིར་བྱས་ནས་སྔེ་དགེ་ཞབས་དྲུང་བས་བསྒྲིགས་པའི་མ་ཕྱི་དེར་དུས་རབས་མི་འདྲ་བར་མཁས་དབང་མི་འདྲ་བས་ལེགས་སྒྲིག་གནང་ནས་དཔར་དུ་བསྐྲུན་པ་ཤ་སྟག་ཡིན། དེས་ན་ལེགས་སྒྲིག་བྱེད་རིམ་བཞིན་དཔར་གཞིའི་སྒྲིག་ཚུལ་དང་ལེའུའི་དབྱེ་ཚུལ་ལ་ཁྱད་པར་བྱུང་བ་མ་ཟད། ནང་དོན་ཆུང་སར་ཡང་འགྱུར་བ་ངེས་ཅན་བྱུང་ཡོད།[①] དེ་བཞིན་གླིང་ཚང་གི་ཤིང་དཔར་དཔར་གཞི་ལ་གཞི་བཟུང་ནས་མཁས་དབང་ཐུབ་བསྟན་ཉི་མ་སོགས་ཀྱིས་ཞུ་དག་དང་ལེའུའི་ཁ་བྱང་བཀོད་གནང་མཛད་ཅིང་སི་ཁྲོན་མི་རིགས་དཔེ་སྐྲུན་ཁང་ནས་བསྐྲུན་པའི་《འཁྲུངས་གླིང་མེ་ཏོག་ར་བ》ཞེས་བྱ་བའི་སྒྲུང་པོད་དེའང་《འཁྲུངས་གླིང》མི་འདྲ་བ་བཞི་ལྷ་བྱུང་བའི་ནང་"འབུམ་པ་ཞལ་དཀར་གྱི་གདུང་བརྒྱུད་བར་མ་ཆད་པ་ཡབ་མེས་ཀྱི་སྐུ་རིང་ཕྱར་བཞུགས་དཔེ་རྙིང་ཁུངས་ཐུབ་ཅིག་སྣང་བ་དེས་བཟོད་བྱའི་རྩ་བ་དང་། དེ་ལའང་མ་དག་པའི་བྲིས་སྐྱོན་ཞུགས་པ་འགལ་འདུ་རིགས་དོར་"[②]ནས་འགྱུར་མེད་ཐུབ་བསྟན་འཇམ་དབྱངས་གྲགས་པ་ཞེས་བྱ་བས་བྲིས་པ་ལྷ་བུ་སྒྲུང་དཔེ་མི་འདྲ་བ་བཞི་ལྷ་ལས་ཡིད་བརྟན་འཕེར་བ་བདམས་ཏེ་བསྒྲིགས་པ་དེ་ལའང་བྲིས་སྐྱོན་ཡོད་པ་དོར་དགོས་བྱུང་ན་དེ་མིན་གཞན་རྣམས་སློས་ཅི་དགོས། གཞན་ཡང་ཕྱར་ཡོད་ཀྱི་སྒྲུང་དཔེ་མང་པོ་ཞིག་ཐོག་མའི་བསྡུ་སྒྲིག་བྱས་པའི་མ་ཕྱི་རྨང་གཞིར་བྱས་ཐོག་ཤེས་ལྡན་པས་ལེགས་སྒྲིག་དང་ཞུ་དག་བྱས་ནས་སྤྱུས་ཚད་ཇེ་མཐོར་བཏང་ཡོད་པ་ནི་མཁས་དབང་ཐུབ་བསྟན་ཉི་མ་སོགས་ཀྱིས་ཞུ་དག་མཛད་པའི་སི་ཁྲོན་མི་རིགས་དཔེ་སྐྲུན་ཁང་གི་ལྕགས་དཔར་མ་དང་། མཁས་དབང་དཀོན་མཆོག་ཚེ་བརྟན་གྱིས་བསྒྲིགས་པའི་ཀན་སུའུ་མི་རིགས་དཔེ་སྐྲུན་ཁང་གི་ལྕགས་དཔར་མ་སོགས་སོ། །

① ཞིབ་ཕྲའི་ནང་དོན་གཞན་གྱི"《ཧོར་གླིང་གཡུལ་འགྱེད》དཔར་གཞི་མི་འདྲ་བའི་བསྡུར་བ།"ཞེས་པའི་ལེ་ཚན་ནང་གསལ།

② ཐུབ་བསྟན་ཉི་མ་སོགས་ནས་ཞུས་པའི《འཁྲུངས་གླིང་མེ་ཏོག་ར་བ》ཤོག་ངོས185ལ་གསལ།

དེས་ན་འགའ་ཞིག་གིས་སྔར་ཡོད་སྒྲུང་དཔེ་མང་པོར་ལེགས་སྒྲིག་བྱེད་ཚུལ་གསལ་ཁ་མེད་པའི་རྒྱུ་མཚན་སྐོར་དོགས་འདྲི་བགྱིད་བཞིན་ཡོད། དེ་ནི་སྟོན་ཕྱིན་མཁས་དབང་རྣམ་པས་སྒྲུང་ལེགས་སྒྲིག་གནང་བ་ནི་བསམ་པ་རྣམ་དག་གིས་སྐྱེས་བུའི་མཛད་རྣམ་ཁྱབ་སྤེལ་གཏོང་ཆེད་དུ་ཡིན་གྱིས། རང་གི་ཁེ་གྲགས་ཀྱི་སླད་དུ་མིན་པས། ལེགས་སྒྲིག་བྱེད་པའི་བརྒྱུད་རིམ་ནང་རང་ངོས་ཀྱིས་བཟོ་བཅོས་སྣོན་འཕྲི་བྱས་ཚུལ་རྣམས་བཀོད་ན་བྱས་ཡུས་ངོ་སོ་ལ་འགྲོ་བར་དགོངས་ནས་རང་གི་མཚན་ཡང་བཀོད་པ་ཉུང་། དེ་ལྟ་བུའི་སྟོན་ཕྱིན་མེས་པོའི་གནང་སྟངས་ལ་རང་རེ་ཚང་མས་དད་གུས་སྐྱེ་འོས་པ་ཞིག་འདུག་ཀྱང་། ཚན་རིག་ཞིབ་འཇུག་བྱ་གཞག་གི་ངོས་ནས་བལྟས་ན། དེ་ཡང་ཞན་ཆར་མཐོང་།

གསུམ་པ་ཉེ་དུས་ཀྱི《གླིང་སྒྲུང་》སྤར་སྐྲུན་དང་ལེགས་སྒྲིག་བྱ་གཞག་གི་ཐད་ནས་བལྟས་ན། བསྒྱུར་བཅོས་སྒོ་དབྱེ་བྱས་ཚུན་མི་རིགས་ཁག་སྡོངས་གཉིད་ལས་སད་དེ་རང་རང་སོ་སོའི་དམངས་ཁྲོད་སྤྲོལ་རྒྱུན་རིག་གནས་སྟོག་འདོན་དང་སྤར་སྐྲུན་བྱེད་པའི་ཚ་རླབས་ཤིག་འཕྱུར་བ་དང་། དེའི་ཁྲོད《གླིང་སྒྲུང་》གི་བྱ་གཞག་ལའང་མཐོང་ཆེན་གྱིས་དམ་འཛིན་གང་ལེགས་བྱས་ཡོད་ལ་འབྲས་བུའང་གཡུར་དུ་ཟ་བ་ཐོབ་ཡོད། འོན་ཀྱང་ང་ཚོས་ད་བར་རྒྱ་བསྒྲགས་བོད་བསྒྲགས་བྱེད་པའི་སྒྲུང་པའི་ངག་སྒྲུང་སྤར་སྐྲུན་སྐོར་བརྗོད་སྐབས་སྒྲ་ཕབ་འཁོར་གྲངས་དང་སྒྲུང་སྣ་གྲངས་ཀྱི་སྐོར་ཙམ་ལས་སྒྲུང་པས་འཆད་གྱེར་གནང་བ་གཞིར་བཟུང་ནས་ལེགས་སྒྲིག་དཔར་སྐྲུན་བྱས་སྐོར་ཏ་ལམ་མཐོང་དཀོན་ཙམ་ཡིན། དེ་ཡང་བོད་ཀྱི་ས་ཆ་ཁག་ཁུ་ད་བར་སྒྲུང་པས་འཆད་གྱེར་གནང་བ་བཞིན་ལེགས་སྒྲིག་དཔར་སྐྲུན་བྱས་པའི《གླིང་སྒྲུང་》དཔར་མ་ནི་སྒྲུང་པས་འཆད་གྱེར་ཐུབ་པའི《གླིང་སྒྲུང་》གི་བརྒྱ་ཆ་གཅིག་ཙམ་ལས་མེད་པ་སྟེ། དཔེར་ན། སྒྲུང་མཁན་ཚེ་རིང་དབང་འདུས་ཀྱིས་འཆད་གྱེར་གནང་ཐུབ་པའི་སྒྲུང་སྣ་༡༢༠ཡོད་པར་གྲགས་ཀྱང་། དུས་རབས་གོང་མའི་ལོ་རབས་བརྒྱད་ཅུ་ནས་ད་བར་སྒྲུང་སྣ་༡༣སྒྲ་ཕབ

བྱས་པ་ལས་《ཨ་སྟག་ཤ་རྫོང་》དང་《གནམ་ཐེའུ་གཏེར་རྫོང་》《སྣ་རྩེ་ཤེལ་རབ་ཁྲི་རྫོང་》སོགས་སྒྲུང་སྣ་༧ལས་ལེགས་སྒྲིག་དཔར་སྐྲུན་ཐུབ་མེད་པ་དང་། སྒྲུང་མཁན་གྲགས་པས་སྒྲུང་སྣ་༣༤འཚད་ཀྱེར་ཐུབ་ཀྱང་སྒྲུང་སྣ་༢༥ལས་སྒྲ་ཕབ་ཐུབ་མེད་ལ། ད་བར་དེ་ལས་《ཧ་ཀ་ལ་འབྲུལ་གྱི་རྒྱལ་པོ་》དང་། 《མོན་གླིང་གཡུལ་འགྱེད་》《ལྷ་གླིང་གབ་ཙེ་དགུ་སྐོར་》སོགས་སྒྲུང་སྣ་༡༢ལས་ལེགས་སྒྲིག་དཔར་སྐྲུན་ཐུབ་མེད། གཡུ་སྨན་གྱིས་སྒྲུང་སྣ་༧༤འཚད་ཀྱེར་ཐུབ་ཅེས་བརྗོད་ལ་སྒྲུང་སྣ་མི་ཉུང་ཙམ་སྒྲ་ཕབ་བྱས་ཡོད་ཀྱང་ད་བར་སྒྲུང་སྣ་《སྨུག་ཁ་ཤིང་རྫོང་》གཅིག་རང་ལས་དཔར་སྐྲུན་ཐུབ་མེད་པ་དང་། ཚེ་རིང་དགྲ་འདུལ་གྱིས་སྒྲུང་སྣ་༢༥༠ལྷག་ཙམ་འཚད་ཀྱེར་ཐུབ་པར་གྲགས་ཀྱང་ད་བར་《ཧོར་གླིང་གཡུལ་འགྱེད་》དང་《རྒྱ་གླིང་གཡུལ་འགྱེད་》སོགས་སྒྲུང་སྣ་གཉིས་ལས་དཔར་སྐྲུན་ཐུབ་མེད། དེ་བཞིན་ན་གཞོན་སྒྲུང་པ་ཟླ་བ་གྲགས་པས་སྒྲུང་སྣ་མི་འདྲ་བ་༡༧༨འཚད་ཀྱེར་ཐུབ་པར་གྲགས་ཀྱང་ད་བར་སྒྲུང་སྣ་༡༨ལས་སྒྲ་ཕབ་ཐུབ་མེད་ལ་དེ་ལས་《ལི་ཁྲིའི་མཚལ་རྫོང་》དང་《མཐིང་མུ་ནེ་ལྷ་རྫོང་》གཉིས་ལས་ལེགས་སྒྲིག་དཔར་སྐྲུན་ཐུབ་མེད། དེ་དག་ལས་མང་དག་ཅིག་དུས་རབས་གོང་མའི་ལོ་རབས་བརྒྱད་ཅུ་ནས་སྒྲ་འཇུག་ལས་ཀའི་འགོ་བཙམས་ཉུང་ད་ལྟ་ཐོབ་པའི་གྲུབ་འབྲས་ནི་ཡིད་སྐྱོ་བ་ཞིག་ཡིན། ད་དུང་དམངས་ཁྲོད་ཀྱི་སྒྲུང་པ་མང་དག་ཅིག་གི་བློ་ཡུལ་དུ་བཞུགས་ཤིང་དྲན་པའི་གློང་དུ་འཛེགས་པའི་སྒྲུང་མང་དག་སྒྲ་འཇུག་ཙམ་ཡང་ཐུབ་མེད། དེ་ལས་གཅིག་ནས་ང་ཚོའི་ལས་ཀའི་བྱ་ཐབས་དམན་པ་དང་། འགྲོ་གྲོན་ཉུང་བ། ལས་ནུས་ཞན་པ་མཚོན་ལ། གཉིས་ནས་སྒྲུང་པའི་བློ་ཡུལ་དུ་བཞུགས་པའི་ངག་སྒྲུང་རྣམས་ཡི་གེའི་གཟུགས་སུ་དབབ་རྒྱུ་དང་ལེགས་སྒྲིག་བྱ་རྒྱུ་དེ་དཀའ་ཚེགས་ཆེ་བ་ཞིག་ཡིན་པའང་མཚོན་ཐུབ།

གོང་གསལ་རྣམས་ལས་ལེགས་སྒྲིག་དཔར་དུ་བསྐྲུན་པ་མང་ཤོས་ནི་སྒྲུང་མཁན་གྲགས་པས་འཚད་ཀྱེར་གནང་བའི་སྒྲུང་དེ་དག་ལགས། དེ་ཡང་སྒྲུང་

མཁན་གྲགས་པའི་ངག་སྒྲུང་སྒྲ་ཕབ་དང་ལེགས་སྒྲིག་བྱེད་པའི་བྱ་གཞག་དེ་ནི་སྤྱི་ལོ་༡༩༧༩ ལོ་ནས་འགོ་བརྩམས་པ་དང་། སྤྱི་རྗེས་སུ་བོད་ལྗོངས་སློབ་གྲྭ་ཆེན་མོའི་ཤེས་ལྡན་པ་མང་པོས་ལེགས་སྒྲིག་གི་བྱ་བར་ཞུགས་ཡོད། དེའི་ཁྲོད་ཞིབ་འཇུག་ཆེ་མོ་བ་ཕུན་ཚོགས་ལགས་ནི་དུས་ཡུན་ལོ་ངོ་ཉི་ཤུ་ལྷག་ཙམ་རིང་ལེགས་སྒྲིག་ལས་དོན་ནང་ཞུགས་མཁན་གཙོ་བོ་དང་ད་དུང་ཡང་མུ་མཐུད་ལས་དོན་དེར་འབད་པ་ལྷུར་ལེན་གནང་མཁན་ཞིག་ཡིན། ཁོང་གིས“སྒྲུང་པ་རྣམས་ཀྱིས་ལེགས་སྒྲིག་པར་མཁོ་འདོན་ཐུབ་པ་ནི《གླིང་སྒྲུང་》གི་སྤྱིའི་སྒྲོམ་གཞི་ཙམ་ཡིན་པ་མ་ཟད། དེ་ནི་ཡི་གེ་དང་སྒྲིག་གཞིའི་གཏན་ཚོགས་རིག་པ་འཁྲུལ་བའི་སྒྲོམ་གཞི་ཞིག་ཡིན། སྒྲུང་པ་མང་ཆེ་བས་འཆད་ཀྱིར་གནང་བའི་སྒྲུང་གི་ཟིན་དེབ་རྣམས་ལ་ཐུན་མོང་རང་བཞིན་གྱི་སྣང་ཚུལ་འགའ་ཡོད་དེ། སྒྲུང་པས་སྒྲུང་གི་བྱུང་རིམ་བཤད་སྐབས་སྐབས་རེ་འགོ་ཙམ་ལས་མཇུག་མེད་པ་དང་། ཞིབ་ཕྲའི་བྱུང་རིམ་འགའ་མགོ་གཞུག་ཚང་ནའང་སྣག་མགོ་སྦྲུལ་གཞུག་འདྲ་བ་དང་། སྐབས་རེ་དབང་པོ་ལྔ་ཚང་ནའང་མིག་དང་སྣ་དང་རྣ་བ་སོགས་སྐྱེ་གནས་འཁྲུལ་ཡོད་པས། དངོས་གནས་ཁ་སྤྲ་སྨིན་མ་མཉམ་པོར་འཛིན་འདུག་ཅེས་བཤད་ཚོག”① ཅེས་སྐྱོང་གཏམ་ཞིག་གསུངས་པར་རྒྱུ་མཚན་མེད་པ་མིན། དེ་ལྟའི་སྐྱོང་གཏམ་ལས་འཕྲོས་པའི་སྙོམ་ཚིག་ནི་སྒྲུང་པས་འཆད་ཀྱིར་གནང་བ་ཇི་བཞིན་ཡི་གེར་ཕབ་ནས་ཚད་ལྡན་གྱི་སྒྲུང་དཔེ་ཞིག་གྲུབ་ཐབས་མེད་པར་ངེས་པར་ཤེས་ལྡན་པའི་ལེགས་སྒྲིག་དང་རྩོམ་སྒྲིག་གི་ལས་རིམ་བརྒྱུད་དགོས་པ་དེ་ལགས་སོ། །

གཉིས་པ། བསམ་གྲུབ་ཀྱི་《གླིང་སྒྲུང་》དཔེ་ཚོགས་ལེགས་སྒྲིག་བྱས་ཚུལ་དང་ལེགས་སྒྲིག་པའི་ལེགས་སྐྱེས་སྐོར།

ཁོང་དུ་ཕྱོགས་གསུམ་གྱི་ཐད་ནས《གླིང་སྒྲུང་》ཚད་དང་ལྡན་པ་ཞིག་གྲུབ་

① བོད་ལྗོངས་སློབ་གྲྭ་ཆེན་མོའི་རིག་དེབ། 2006ལོའི་རྒྱ་ཡིག་དུས་དེབ་གསུམ་པའི་ཤོག་ངོས7ལ་གསལ།

པར་ལེགས་སྒྲིག་གི་ལས་རིམ་བརྒྱུད་དགོས་ཚུལ་དང་། ལེགས་སྒྲིག་པས་ཐོན་པའི་དམིགས་བསལ་གྱི་ནུས་པར་དབྱེ་ཞིབ་རགས་ཙམ་བྱས་ཟིན་པ་དེ་ལས། ང་ཚོས《གླིང་སྒྲུང་》གི་སྤྱིའི་གྲུབ་ཚུལ་ལམ་ཙམ་ཤེས་རྟོགས་ཐུབ་ངེས་ཡིན། གཤམ་ལ《སྒྲུང་མཁན་བསམ་གྲུབ་ཀྱིས་ཕབ་པའི་གླིང་རྗེ་གེ་སར་རྒྱལ་པོའི་སྒྲུང་》ཞེས་བྱ་བའི་དཔེ་ཚོགས་དེ་ལེགས་སྒྲིག་བྱས་ཚུལ་དང་ལེགས་སྒྲིག་པས་ཕུལ་བའི་ལེགས་སྐྱེས་སྐོར་རགས་ཙམ་མཚམས་སྦྱོར་ཞུ་རྒྱུ་ཡིན།

དེ་ཡང་དཔེ་ཚོགས་སྤྱིའི་ངོས་ནས་བཤད་ན། སྒྲུང་གི་བྱུང་རིམ་སྔ་ཕྱི་ལ་གཞིགས་ནས་སྒྲུང་ཚན་བཞི་བཅུ་ཞེ་ལྔ་གོ་རིམ་དང་ལྡན་པའི་སྒོ་ནས་བསྒྲིགས་པ་དང་། སྒྲུང་མཁན་གང་གིས་སྒྲུང་འཆད་གྱེར་གནང་སྐབས་སྒྲུང་ཚན་གཅིག་གི་ནང་དུ་ལེའུའི་དབྱེ་མཚམས་མེད་པར་སྒྲུང་གི་འགོ་བཙམས་པ་ནས་མཇུག་མ་བསྡུས་བར་བཤར་མར་འཆད་གྱེར་གནང་བ་ཇི་བཞིན་རྩོམ་སྒྲིག་བྱས་ཡོད།《གླིང་སྒྲུང་》སྤྱིའི་སྒྲིག་ལུགས་ལྟར་ན་ལེ་ཚན་དུ་མར་དབྱེ་བ་མ་ཟད། ཀློག་པ་པོས་ལྟ་བདེ་བའི་ཆེད་དུ་ལེ་ཚན་གྱི་སྙིང་དོན་གཙོ་བོ་ཚོགས་བཅད་ཤོ་ལོ་ཀ་གཅིག་གམ་ཕྱེད་དུ་བསྡུས་ནས་ཁ་བྱང་གི་ཚུལ་དུ་སྦྱར་སྲོལ་ཡོད་པ་དཔེ་རྣ་ལེན་དགོས་ངེས་འདུག་ཀྱང་། འབྲེལ་ཡོད་ཞིབ་འཇུག་པར་སྒྲུང་མཁན་གྱི་འཆད་གྱེར་གནང་བའི་སྒྲུང་གི་གདོད་མའི་རྣམ་པ་ཇི་བཞིན་སོར་འཛོག་བྱས་པ་ཞིག་མཁོ་འདོན་ཡོང་སླད། སྒྲུང་ཚན་རེ་རེའི་མདུན་དུ་སྐོར་ཚན་དེའི་ནང་དོན་གནད་བསྡུས་རེ་སྦྱར་བ་ལས་ལེ་ཚན་དུ་མར་དབྱེ་བའི་ལེགས་སྒྲིག་སྲོལ་དཔེ་རྣ་བླངས་མེད། དེ་བཞིན་སྒྲུང་གི་ནང་དུ་སྒྲུང་པའི་ཡུལ་སྐད་མི་ཉུང་ཙམ་ཡོད་པ་དག་ཀྱང་དགོས་ངེས་ཀྱི་མཆན་བུ་འགོད་གང་ཐུབ་ཀྱིས་རང་སོར་བཞག་པ་དང་། སྒྲུང་ཚན་རེ་རེའི་མཇུག་ཏུ་ལེགས་སྒྲིག་བྱས་ཚུལ་གསལ་བཤད་རྒྱས་བསྡུས་སྣ་ཚོགས་རེ་བཀོད་དེ་ཞིབ་འཇུག་པར་དཔྱད་གཞིར་ཕུལ་བ་ལགས། དེ་བཞིན་དཔེ་ཚོགས་ནང་དུ་སྒྲུང་སྣ་མི་འདྲ་བའི་དབར་འགལ་བ་ཡོད་རིགས་སེལ་གང་ཐུབ་བྱས་ཁྱུལ་ལགས་

ཀྱང་། ལེགས་སྒྲིག་དང་རྩོམ་སྒྲིག ཞུ་དག་མཁན་མང་བ་དང་། ཚུ་ཚོད་མི་འདྲ་བ། ལེགས་སྒྲིག་དང་རྩོམ་སྒྲིག ཞུ་དག་བྱེད་པའི་དུས་ཚོད་ཐུང་བ། ཁྱད་པར་《སྒྲུང་མཁན་བསམ་གྲུབ་ཀྱིས་ཕབ་པའི་གླིང་རྗེ་གེ་སར་རྒྱལ་པོའི་སྒྲུང་》ཞེས་བྱ་བའི་དཔེ་ཚོགས་དེ་བམ་གྲངས་མང་ལ་དེའི་ནང་འཁོད་པའི་མི་སྣ་འང་ཤིན་ཏུ་མང་བ་མ་ཟད། དེ་དག་ནི་སྒྲུང་མཁན་གང་གིས་དུས་ཡུན་ལོ་ངོ་སུམ་ཅུའི་ནང་དྲན་ཤེས་ཁོ་ནར་བརྟེན་ནས་སྤྱི་རྗེས་སུ་འཆད་གྱེར་གནང་བ་ལགས་པས། ད་དུང་སྒྲུང་པོད་དཔར་ལ་ནང་འགལ་མི་ཤུང་ཙམ་ལྷག་ཡོད་ངེས་ཡིན། འོན་ཀྱང་སྒྲུང་ཚན་རྐྱང་མ་ཞིག་གི་ངོས་ནས་བཤད་ན། སྒྲུང་མཁན་གང་གིས་འཆད་གྱེར་གནང་བ་དག་ལ་ནང་དོན་ཆད་ལུས་སོང་བ་དང་། བརྡ་དག་མི་གསལ་བ། མི་སྣ་འཁྲུལ་བ། གོང་འོག་འགལ་ཟླར་གྱུར་བ། བསྐྱར་ཟློས་སྐྱོན་ལྷད་སོགས་ཞན་ཆ་ཡོད་རིགས་ལེགས་སྒྲིག་བྱེད་པའི་བརྒྱུད་རིམ་ནང་བཟོ་བཅོས་སྣོན་འཕྲི་གང་ཐུབ་ཞུས་ཡོད། གཤམ་དུ་དཔེ་མཚོན་དང་འབྲེལ་ནས་གསལ་བཤད་ཞུས་ན།

གཅིག་ནི་མི་སྣ་འཁྲུལ་འཛོལ་བྱུང་རིགས་བཟོ་བཅོས་གང་ཐུབ་ཞུས་ཡོད། དེ་ཡང་《སྒྲུང་མཁན་བསམ་གྲུབ་ཀྱིས་ཕབ་པའི་གླིང་རྗེ་གེ་སར་རྒྱལ་པོའི་སྒྲུང་》ཞེས་བྱ་བའི་དཔེ་ཚོགས་ཀྱི་སྒྲུང་དཔེ་རྐྱང་མ་ཞིག་གི་ནང་དུའང་གཡུལ་འགྱེད་གཞི་རྒྱ་ཆེ་ལ། ཕན་ཚུན་དཔུང་འཇུག་སྐབས་མི་སྣ་མང་བས། མི་སྣ་བཀོད་སྒྲིག་བྱེད་སྟངས་ཐད་འཛོལ་ཆེ་བ། ལྷག་དོན་ཕྱོག་ཕྱོགས་མི་སྣའམ་དེ་ཚོའི་སྐྱབས་གནས་དང་། ས་མིང་དང་མཁར་མིང་། ཡུལ་སྡེ་དང་དམག་གི་གྲངས་ཚད་སོགས་གོང་འོག་གཅིག་གྱུར་མེད་པ་མ་ཟད། མིང་གི་རྣམ་གྲངས་མང་བ་དང་། གྲངས་ཚད་མི་འདྲ་བ་མང་པོ་ཐོན་པ་ནི་སྒྲུང་མཁན་གང་གིས་འཆད་གྱེར་གནང་བའི་སྒྲུང་གི་མངོན་གསལ་དོད་པའི་ཞན་ཆ་ཞིག་ཡིན་པས་ལེགས་སྒྲིག་བྱེད་པའི་བརྒྱུད་རིམ་ནང་ལེགས་བཅོས་གང་ཐུབ་ཞུས་ཡོད། དཔེར་ན། 《ཚ་མོ་ལི་ཁྲིའི་ནོར་རྫོང་》ཞེས་པའི་ནང་“ཚ་མོ་ལི་ཁྲི་ནས་བྲོས་བྱོལ་དུ་ཡོང་བའི་གཡོག་པོ་ནོར་བུ་དོན་གྲུབ་

ཁོ་ནའི་མིང་ལ་བཀྲ་ཤིས་བསམ་གྲུབ་དང་ཉི་མ་ཆོས་འཕེལ། བཀྲ་ཤིས་དངོས་གྲུབ་སོགས་མིང་མི་འདྲ་བ་བཅུ་ཙམ་བྱུང་བ་རྣམས་ནོར་བུ་དོན་གྲུབ་ཅེས་གཅིག་གྱུར་བཟོས་པ་དང་། ”[①]《རྒྱ་ར་ལུག་རྫོང་》ཞེས་པའི་ནང་“རྒྱ་ར་རྒྱལ་པོའི་བཙུན་མོར་སྐབས་རེ་དུང་སྐྱིད་ལྷ་མཚོ་དང་། སྐབས་རེ་ཤེས་གསལ་ལྷ་མཚོ་ཞེས་འབོད་ཅིང་། སྐབས་རེ་དར་སྐྱིད་ལྷ་མོ་ཞེས་འབོད་པ་མ་ཟད། དེར་སྲས་མོ་ཞིག་ཡོད་པར་ཡང་སྐབས་རེ་ཤེས་དཀར་ལྷ་མོ་དང་། སྐབས་རེ་ཤེས་གསལ་ལྷ་མཚོ། སྐབས་རེ་ཤེལ་མཛེས་གཡུ་སྒྲོན། སྐབས་རེ་དུང་སྐྱིད་མཚོ་མོ་ཞེས་མ་དང་བུ་མོ་དབྱེ་འབྱེད་དཀའ་བས། མ་སྨད་ཀྱི་འཛོལ་གྱི་ཞལ་བགད་ཡུལ་དུ་འགྱུར་དོགས་ཀྱིས་བཙུན་མོར་བཙུན་མོ་དུང་སྐྱོང་ལྷ་མོ་དང་། སྲས་མོར་སྲས་མོ་ཤེས་གསལ་ལྷ་མཚོ་ཞེས་ཕན་ཚུན་དབྱེ་བ་ཕྱེ་ཞིང་། སྤྱ་རྗེས་གང་སར་དེ་གཉིས་སོ་སོར་གཅིག་གྱུར་ཡོང་གང་ཐུབ་ཞུས་ཡོད་”[②]ཅེས་པ་ལྟར་དང་། གཞན་ཡང་《ལི་མ་སྨན་རྫོང་》ཞེས་བྱ་བའི་ནང་“ལི་མའི་རྒྱལ་པོར་ལི་མ་རྒྱལ་པོ་གཡུ་འབྲུག་གྲགས་པ། ལི་རྒྱལ་གྲགས་པ། རྒྱལ་པོ་འབྲུག་རྒྱལ་གྲགས་པ། ལི་རྒྱལ་གནམ་ལྷ་འབྲུག་གྲགས་ཞེས་འབོད་པ་”[③]དང་《རྒྱ་གླིང་》ཞེས་བྱ་བའི་ནང་དུ་“རྒྱ་ཡི་རྒྱལ་པོར་ཀ་ལ་ཀོན། རྒྱ་རྗེ་ཀ་ར་གནམ་དབང་། ཀ་ལ་སྟོབས་ཆེན། ཀ་ལ་དཔོན་བཅས་འདྲ་མིན་བྱུང་བ་”[④]སོགས་ཚང་མས་གཟིགས་རྟོགས་བདེ་ཕྱིར་མིང་གཅིག་རང་དུ་གཏན་འཁེལ་བྱས་ཡོད་པ། ཡང་《རྨུ་ཡི་ནོར་གཏེར་》ཞེས་བྱ་བའི་སྒྲུང་སྣ་དེའི་

---

① བསོད་ནམས་མཚོ་མོ་དང་ལྷག་པས་ལེགས་སྒྲིག་བྱས། སྒྲུང་མཁན་བསམ་གྲུབ་ཀྱིས་ཕབ་པའི་གླིང་རྗེ་གེ་སར་རྒྱལ་པོའི་སྒྲུང་《ཆུ་མོ་ལི་ཁྲིའི་ནོར་རྫོང་》གི་ལེགས་སྒྲིག་པའི་གསལ་བཤད་ནང་གསལ།

② རིག་འཛིན་ནས་ལེགས་སྒྲིག་བྱས་པའི་སྒྲུང་མཁན་བསམ་གྲུབ་ཀྱིས་ཕབ་པའི་གླིང་རྗེ་གེ་སར་རྒྱལ་པོའི་སྒྲུང་《རྒྱ་ར་ལུག་རྫོང་》གི་ལེགས་སྒྲིག་པའི་གསལ་བཤད་ནང་གསལ།

③ ཡར་འགྲོས་ལེགས་སྒྲིག་བྱས་པའི་སྒྲུང་མཁན་བསམ་གྲུབ་ཀྱིས་ཕབ་པའི་གླིང་རྗེ་གེ་སར་རྒྱལ་པོའི་སྒྲུང་《ལི་མ་སྨན་རྫོང་》གི་ལེགས་སྒྲིག་པའི་གསལ་བཤད་ནང་གསལ།

④ བློ་བསྟན་ནས་ལེགས་སྒྲིག་བྱས་པའི་སྒྲུང་མཁན་བསམ་གྲུབ་ཀྱིས་ཕབ་པའི་གླིང་རྗེ་གེ་སར་རྒྱལ་པོའི་སྒྲུང་《རྒྱ་གླིང་》གི་ལེགས་སྒྲིག་པའི་གསལ་བཤད་ནང་གསལ།

ནང་དུ་རྒྱ་རྒྱལ་གནམ་ལྷ་རྒྱལ་པོ་དང་དེའི་དཔའ་རྟུལ་རྣམས་ཀྱིས་གླུ་ལེན་སྐབས་ཐོག་མར་ཕྱོགས་བཞིའི་བདུད་ཆེན་བཞི་ལ་མཆོད་བསྟོད་བྱེད་བཞིན་ཡོད་ལ། དེ་དག་ནི་རྒྱ་རྒྱལ་གྱི་སྐབས་གནས་སམ་བདུད་ལྟར་བརྩི་ཡི་ཡོད། དེ་ཉིད་མཐའ་ཞུས་བྱེད་སྐབས་སྒྲུང་པོད་ཚ་ཚང་གི་ནང་དུ་རྒྱ་རྒྱལ་དང་དེ་བཞིན་དེ་པའི་དཔའ་རྟུལ་རྣམས་ཀྱིས་བླངས་པའི་གླུ་སྣ་༣༨ཡོད་པའི་ནང་གླུ་སྣ་༢༡ནང་བདུད་ལྷ་བཞི་པོར་མཆོད་བསྟོད་བྱས་ཡོད་པ་དང་བདུད་ལྷ་དེ་རིགས་གནས་པའི་ས་ཕྱོགས་དང་། དེ་ཚོའི་མདོག་དང་ཁྱད་ཆོས། དེ་བཞིན་མིང་སོགས་གཅིག་འགྱུར་བྱུང་མེད། ཐོག་མར་སྒྲུང་གི་མདུན་གྱི་གླུ་སྣ་བརྒྱད་ནང་དུ་བདུད་ལྷ་དེ་རིགས་ཀྱི་མིང་དང་མདོག་དང་ཁྱད་ཆོས་སོགས་གཏན་འཁེལ་མེད་པར་གང་བྱུང་གང་དགར་སྤྱད་ཡོད་པ་ནི་དཔེར་ན། ཤོག་ངོས་༩པའི་རྒྱ་ཡི་བླ་མ་སྟོབས་ལྡན་སྨོམ་པ་ཏྲ་ཛ་ཡི་ལུང་བསྟན་ནང་གླུ་འགོ་བཙམ་སྐབས“ཤར་གྱི་ལྷ་བདུད་དཀར་པོ་མཁྱེན། ལྷོ་ཡི་གཉན་བདུད་སེར་པོ་མཁྱེན། ནུབ་ཀྱི་གཤིན་བདུད་དམར་པོ་མཁྱེན། བྱང་གི་འབྲོང་བདུད་ནག་པོ་མཁྱེན་”ཞེས་འཁོད་ཡོད་པ་དང་། ཡང་ཤོག་གྲངས་༡༥ཡི་ནང་རྒྱ་རྗེ་གནམ་ལྷ་རྒྱལ་པོས་བླངས་པའི་གླུ་ཞིག་ཡོད་པ་དེར“ཤར་བདུད་དཀར་པོ་མྱུར་མགྱོགས་ཅ། རྒྱ་ཡུལ་རྒྱལ་བློན་དཔུང་རོགས་མཛོད། ལྷོ་བདུད་སེར་པོ་དྲག་རྩལ་ཆེ། མཐུ་སྟོབས་རྩལ་དྲུག་ལ་མོ་ངོམ། ནུབ་བདུད་ནག་པོ་གདུག་རྩུབ་ཆེ། ཚུར་ཡོང་དགྲ་བོའི་གདོང་ལེན་མཛོད། བྱང་བདུད་ཁྲ་བོ་དགྲ་རྒོད་ཆེ། ཁམས་གསུམ་མ་རུངས་དབང་དུ་བསྡུས། ཤོག་ཆེན་བཞི་ཡི་བདུད་ཆེན་བཞི། མ་གཡེངས་རྒྱ་རྒྱལ་གྲོགས་སུ་བྱོན་”ཞེས་འཁོད་ཡོད། ཡང་ཤོག་ངོས་༡༩ཡི་ནང་ཁྲམ་ཟེ་ཨ་རྒྱལ་གྱི་གླུ་ཞིག་ཡོད་པར“ལྷ་ཡར་མཁྱེན་ལྷ་བདུད་དཀར་པོ་མཁྱེན། རང་ལྷ་རྒྱ་བདུད་སེར་པོ་མཁྱེན། དཔུང་བདུད་ནག་པོ་རལ་པ་མཁྱེན། ཤི་བདུད་སྨི་བ་དགུ་བརྩེགས་མཁྱེན། མུ་སྟེགས་དབང་ཕྱུག་བོན་ལྷ་ཚོགས། དྲག་རྩལ་མགོན་སྐྱབས་ཁ་འཛིན་མཛོད་”ཅེས་དང་། ཡང་ཤོག་ངོས་༣༤ནང་དུ་གཟའ་

བདུད་མིག་གཅིག་གིས་བླངས་པའི་གླུའི་ནང་"ལྷ་བདུད་དཀར་པོ་མཆེ་བ་ཅན། གཉན་བདུད་སེར་པོ་ཨ་ར་ཅན། སྲིན་བདུད་ནག་པོ་རལ་པ་ཅན། ཤི་བདུད་ནག་པོ་སྐྲེ་བ་ཅན། བདུད་ཀྱི་སྲུང་མ་ཆེ་བཞིས་མཁྱེན་"ཞེས་འཁོད་ཡོད། ཤོག་ངོས་༤༧ནང་རྒྱ་རྗེ་གནམ་ལྷ་རྒྱལ་པོའི་བུ་པོ་བཙན་རྐོད་ཀྱིས་གྱེར་བའི་གླུ་ཡི་ནང་"ཤར་བདུད་དཀར་པོ་མཆེ་བ་ཅན། ལྷོ་བདུད་སེར་པོ་ཨ་ར་ཅན། ནུབ་བདུད་དམར་པོ་མེ་རི་ཅན། བྱང་བདུད་ནག་པོ་སྐྲེ་བ་ཅན། ཕྱོགས་མཚམས་བཞི་ཡི་བདུད་ཆེན་བཞི། མ་གཡེངས་ཨ་ཕོའི་གླུ་སྐད་དྲོངས"ཞེས་འཁོད་ཡོད། ཡང་ཤོག་ངོས་༥༣ནང་བདུད་བློན་བྱ་ནག་སྟོབས་ཆེན་གྱིས་གྱེར་བའི་གླུའི་ནང་"ཤར་བདུད་དམར་པོ་མེ་རིས་ཅན། ལྷོ་བདུད་སེར་པོ་རྣ་སེར་ཅན། ནུབ་བདུད་ནག་པོ་རལ་ནག་ཅན། བྱང་བདུད་དཀར་པོ་སྐྲེ་བ་ཅན། རང་ཕྱོགས་སྲུང་བའི་བདུད་ཆེན་བཞི། དེ་རིང་བྱ་ནག་གྲོགས་སུ་སྤྱོན"ཞེས་འཁོད་ཡོད། ཤོག་ངོས་༥༨ནང་བདུད་བློན་གནམ་རྗེ་ཐང་ལྷུང་གིས་གྱེར་བའི་གླུའི་ནང་"ཧར་གླུ་ནག་པོ་བདུད་ཀྱི་གླུ། ཤ་ཁྲག་དམར་ཟན་བདུད་ལྷར་མཆོད། ཤར་བདུད་དམར་པོ་མཆེ་བ་ཅན། བྱང་བདུད་དཀར་པོ་སྐྲེ་བ་ཅན། བདུད་ལྷ་རྣམ་བཞིར་གསོལ་བ་འདེབས"ཞེས་འཁོད་པ་ལྟར་དང་། ཤོག་གྲངས་༡༠༨གི་རྗེས་སུ་ཕྱོགས་བཞིའི་བདུད་བཞིར་མཆོད་བསྟོད་བྱས་པའི་གླུ་དགུ་པ་ནས་བཅོ་ལྔའི་བར་གྱི་གླུ་སྐྱ་བདུན་གྱི་ནང་དུ་ཕྱོགས་བཞིའི་བདུད་བཞིའི་ཁ་དོག་གཅིག་གྱུར་བྱུང་ཡོད་པ་ནི་ཤར་བདུད་དཀར་པོ་དང་། ལྷོ་བདུད་སེར་པོ། ནུབ་བདུད་དམར་པོ། བྱང་བདུད་ནག་པོ་ཞེས་པ་ལྟ་བུ་ཡིན། འོན་ཀྱང་གང་ཞིག་སྐྲེ་བ་ཅན་ཡིན་དང་གང་ཞིག་རལ་པ་ཅན་ཡིན་སོགས་དེ་དག་གི་ཁྱད་ཆོས་གཅིག་གྱུར་བྱུང་མེད། ཤོག་གྲངས་༢༡༨ཡི་རྗེས་སུ་ཐོན་པའི་བདུད་བཞིར་མཆོད་བསྟོད་བྱས་པའི་གླུ་སྐྱ་དྲུག་གི་ནང་དེ་དག་གི་གནས་པའི་ས་ཕྱོགས་དང་ཁ་དོག ཁྱད་ཆོས་སོགས་ཚང་མ་གཅིག་གྱུར་བྱུང་འདུག ང་ཚོས་ལེགས་སྒྲིག་མཐའ་ཞུས་བྱེད་སྐབས་སྒྲུང་ནང་སྔ་རྗེས་སུ་ཐོན་མང་བ་དང་སྒྲུང་

དཔེ་གཞན་ལ་གསལ་བར[1]གཞིགས་ནས་ཤར་བདུད་དཀར་པོ་མཆེ་བ་ཅན། ལྷོ་བདུད་སེར་པོ་ཨ་ར་ཅན། ནུབ་བདུད་དམར་པོ་རལ་པ་ཅན། བྱང་བདུད་ནག་པོ་སླེ་བ་ཅན་ཞེས་གཅིག་གྱུར་བཟོས་ཡོད།

གཉིས་ནི་ནང་དོན་ཆད་ལུས་བྱུང་རིགས་ཁ་སྐོན་ཅི་ཐུབ་ཞུས་ཡོད། དེ་ཡང་སྒྲུང་མཁན་གྱིས་དཔེ་ཚོགས་ནང་གི་སྒྲུང་སྣ་དེ་དག་སྒྲ་ཕབ་གནང་སྐབས་ཆ་རྐྱེན་ཐབས་ཆག་ཡིན་པ་དང་། སྒྲ་ཕབ་ཟིན་ནས་དུས་ཡུན་རིང་པོ་སོང་བས་སྤྱིན་ཤོག་ཆ་མི་ཚང་བར་གྱུར་བའམ་ཆག་སྐྱོན་ཤོར་ཆེ་བ། སྒྲུང་སྣ་མང་པོ་ཞིག་སྤྱི་ལོ་༢༠༠༠ལོར་དཔེ་ཚོགས་ལེགས་སྒྲིག་གི་བྱ་གཞག་འགོ་བཙམས་པའི་རྗེས་བསྐྱར་དུ་སྒྲ་ཕབ་བྱས་པ[2]དང་དེ་དུས་ནས་སྒྲུང་མཁན་ཁོང་དགུང་ལོ་༧༨ལ་ཕེབས་པ་སོགས་ཕྱི་ནང་རྒྱུ་རྐྱེན་མང་པོའི་དབང་གིས་སྒྲུང་ནང་ཆད་ལུས་ཀྱི་སྐྱོན་ཆ་ལྷག་པ་མང་ཙམ་མཆིས། དེ་དག་ལས་ཆད་སྐྱོན་ཆེ་རིགས་རྣམས་སྒྲུང་མཁན་སྐུ་ངོ་མར་བཅའ་འདྲི་གོ་བསྡུར་ཞུས་ནས་ཁ་གསབ་བྱས་པ་དང་། ཆད་སྐྱོན་ཆུང་རིགས་རྣམས་ལེགས་སྒྲིག་པས་ཁ་སྐོན་ཅི་ཐུབ་ཞུས་ཡོད། དཔེར་ན། 《ལི་མ་སྨན་རྫོང་》ཞེས་པའི་ནང་"སྒྲ་བཅུག་སྤྱིན་ཤོག་གཉིས་པའི་ནང་གླིང་རྗེ་གེ་སར་རྒྱལ་པོའི་བཀའ་བཞིན་གླིང་སྟོད་སྨད་བར་གསུམ་གྱི་ལས་དམག་རྣམས་འདུ་ར་སྟག་ཐང་ཕྲ་མོར་སྣར་བབས་ནས་ཉིན་བཅོ་ལྔ་སོང་ཡང་སྟག་རོང་དཔོན་པོ་ཁྲོ་རྒྱལ་

---

[1] དཔེར་ན"རྣེ་ར་ལུག་རྫོང་"ཞེས་བྱ་བའི་ནང་དུ་རྣེ་རའི་རྒྱལ་བློན་རྣམས་ཀྱིས་ཀྱང་ཕྱོགས་བཞིའི་བདུད་བཞི་པོ་དེ་དག་ལ་མཆོད་བསྟོད་བྱེད་བཞིན་ཡོད་པ་གླུ་སྣ་མང་པོའི་ནང་གསལ་ཡོད། དཔེར་ན་ཤོག་ངོས307ནང་དུ"ཤར་བདུད་དཀར་པོ་མཆེ་བ་ཅན། རྒྱུག་དཀར་མགོ་ཡི་བདག་པོ་མཛོད། ལྷོ་བདུད་སེར་པོ་ཨ་ར་ཅན། མདུན་སྲུང་མེ་ལོང་རྒྱན་ཐག་འཚོས། ནུབ་བདུད་དམར་པོ་རལ་པ་ཅན། རལ་གྲི་རྣོ་བའི་སོ་ཁ་འཚོས། བྱང་བདུད་ནག་པོ་སླེ་བ་ཅན། འདོ་བ་རྟ་ཡི་བང་ཁ་འཚོས་"ཞེས་པ་དང་ཤོག་ངོས368ནང་"ཤར་བདུད་མཆེ་ཅན་དྲག་རྩལ་ཅན། ལྷོ་བདུད་ཨ་ར་སྟོབས་ཤུགས་ཅན། ནུབ་བདུད་རལ་པ་ཤ་ཟན་ཅན། བྱང་བདུད་སླེ་བ་དུག་ལྷེ་ཅན་"ཞེས་འཁོད་པ་ལྟར་རོ། །

[2] དཔེ་ཚོགས་དེ་ཉིད་ལེགས་སྒྲིག་བྱེད་འགོ་བཙམས་པའི་རྗེས་སུ《ཧོར་གླིང་གཡུལ་འགྱེད་》དང་《འཇང་གླིང་གཡུལ་འགྱེད་》སོགས་སྒྲུང་སྣ་མི་འདྲ་བ18དང་སྒྲ་ཐག་སྤྱིན་ཤོག859ཙམ་འཆད་ཀྱིར་སྒྲ་ཕབ་གནང་བ་དང་བྱུང་རིམ་མམ་སྒྱུ་ཚིག་ཆ་མི་ཚང་བའི་སྒྲུང་མང་པོར་སྐབས་འཕྲལ་ཁ་སྐོན་གནང་ཡོད།

གྱིས་རྒྱལ་པོའི་བཀའ་རྩིས་མེད་དུ་བཏང་ནས་སྟག་རོང་གི་ལས་དམག་མ་བསྡུས་པར་བསྡད་སྐབས་གླིང་རྗེ་གེ་སར་རྒྱལ་པོས་སྤྲུལ་པའི་བུ་མོ་གསུམ་ལ་སྤྲུལ་ཏེ་སྟག་རོང་ཁྲི་རྒྱལ་ལ་གླིང་དམག་བསྡུ་དགོས་ཚུལ་དང་། ཁྲི་རྒྱལ་དགྲ་ལ་འགྲོ་དགོས་ཚུལ་གྱི་གླུ་བླངས་པ་དེ་གླུ་བྱེད་ཙམ་ནས་ལྷ་སྲས་དགྲ་ལྷ་རྩེ་རྒྱལ་གྱིས་གླིང་དམག་ལི་མ་ཡུལ་ལ་འགྲོ་དགོས་པའི་བཀའ་བཀོད་ཀྱི་གླུ་ཏུ་ཇི་ལྟར་གྱུར་བ་ལྟ་བུ་སྒྲུང་པ་སྒྲུ་ངོ་མར་བཀའ་འདྲི་ཞུས་ནས་དག་བཅོས་ཞུས་ཡོད་”①པ་ལྟ་བུ་དང་། དེ་བཞིན་སྒྲུང་པོད་དེ་རང་གི་“འཕོར་གྲངས་༣ ༡༣ ༡༧ ༤༧ ༥༠ ༥༥ ༥༨བཅས་ཀྱི་ནང་དུ་མི་སྣ་སོ་སོས་གླུ་ལེན་བྱེད་སྐབས་ཁ་ཤས་ལ་གླུ་ལེན་བྱེད་ཙམ་ནས་མེད་པ་དག་གོང་འོག་འབྲེལ་མཐུད་ཀྱིས་ནང་དོན་མདོར་བསྡུས་ཏེ་གཏམ་བརྗོད་ཀྱི་རྣམ་པའི་ཐོག་ནས་བཀོད་སྒྲིག་བྱས་པ་དང་། འགའ་ཤས་ལ་སྒྲུང་གི་སྡེ་བྱེའི་ནང་དོན་ལ་བསྟུན་ནས་ཁ་གསབ་ཀྱིས་གླུ་མཇུག་རྫོགས་པར་བྱས་ཡོད་”②པ་ལྟ་བུ། སྐབས་རེ་བྱུང་རིམ་ཆད་རིགས་ཁ་གསབ་བྱས་ཡོད་པ་ཡང་《འདན་མ་ནས་རྫོང་》ཞེས་པའི་ནང་“འདན་གླིང་གཉིས་ཆེངས་དང་འདུན་མ་སྒྲིག་པའི་མཇུག་དོན་འཕེལ་རིམ་གྱི་ངོ་སྤྲོད་མེད་པར་གླུ་ཚིག་སྟབས་བདེས་སྒྲུང་གཏམ་གྱི་མཐའ་དོན་བསྡུས་”③ཡོད་པས། ལེགས་སྒྲིག་པས་ལོ་མང་སྒྲུང་མཁན་གང་གི་ངག་སྒྲུང་ལེགས་སྒྲིག་བྱས་པའི་ཉམས་མྱོང་དང་སྒྲུང་སྣ་འདིའི་བརྗོད་བྱའི་ནང་དོན་ལ་གཞིགས་ནས་ཁ་གསབ་བྱས་ཡོད་དེ། “ཅེས་གླུ་དེ་ལྟར་གསུངས་ནས་ཐམས་ཅད་དགའ་མགུ་ཡི་རང་བའི་ངང་ཟས་སྣ་ཕུན་སུམ་ཚོགས་པའི་སྟོན་མོར་རོལ་ནས་ཉིན་བཅུ་བར་བཞུགས། དེ་ནས་འདན་གླིང་རྒྱལ་བློན་རྣམས་ཆེངས་འདུན་མའི་བྱ་བ་ལྷུན་གྱིས་གྲུབ་ནས་ཕན་ཚུན་བསྐལ་པ་ཇི་སྲིད་བར་ཚ་ཞང་གི་

①② 《ལི་མ་སྨན་རྫོང་》གི་ལེགས་སྒྲིག་པའི་གསལ་བཤད་ནང་གསལ།

③ བསོད་ནམས་དགེ་ལེགས་ནས་ལེགས་སྒྲིག་བྱས་པའི་སྒྲུང་མཁན་བསམ་གྲུབ་ཀྱིས་ཕབ་པའི་གླིང་རྗེ་གེ་སར་རྒྱལ་པོའི་སྒྲུང་《འདན་མ་ནས་རྫོང་》གི་ལེགས་སྒྲིག་པའི་གསལ།

འབྲེལ་བ་བཙུགས་ནས་སྐྱིད་སྡུག་མཉམ་མྱོང་ཡོང་བའི་དམ་བཅའ་བཞག་སྟེ་ཟླ་ཧོར་རྒྱལ་བློན་རྣམས་རང་ཡུལ་དུ་ཆིབས་ཁ་བསྒྱུར། གླིང་པ་རྣམས་ནས་ད་རེས་འདན་ཡུལ་གྱི་སྟོ་མོའི་འབྲུ་གཡང་འཛིག་རྟེན་མི་ཡི་གསོས་སུ་སྨིན་པ་འདི་ནི་གླིང་རྒྱལ་བློན་རྣམས་ཀྱིས་འཕང་ས་པའི་མདའ་དང་མངགས་པའི་མི་ཡི་དཔེ་བཞིན་འདན་གླིང་འདུན་མ་ཐོན་པའི་དོན་གོ་ཡིན་ཟེར་ནས་འདན་ཡུལ་གྱི་སྟོ་མོ་འབྲུ་ཡི་ཕྱྭ་གཡང་བསྐྱལ་པ་ཇི་སྲིད་བར་མགོ་ནག་མི་ཡི་གསོས་སུ་སྨིན་གྱུར་པའི་གསོལ་བ་སྨོན་ལམ་རྒྱ་ཆེན་མཛད་དེ་རང་ཡུལ་དུ་ཆིབས་ཁ་བསྒྱུར་ནས་ཕྱིན་སོང་བར་གདའོ། །འདན་མའི་ཡུལ་ནས་སྟོ་མོ་འབྲུ་ཡི་འབྲུ་རྫོང་ཕབ་པའི་ལེའུ་བསྡུས་པ་རྫོགས་སོ་”①ཞེས་པའི་དུམ་བུ་དེ་ཆ་ཚང་ཁ་སྙོན་བྱས་ཡོད་པ་ལྟ་བུ་དང་། སྐབས་རེ་གླུའི་འགོའམ་མཇུག་ཚད་རིགས་ཁ་གསབ་བྱས་ཡོད་པ་ཡང་《གུ་གུ་གོ་རྫོང་》ཞེས་པའི་ནང་གཡུ་ཐོག་ནམ་མཁའ་རྒྱལ་མཚན་གྱི་གླུ་ཞིག་ཡོད་པའི་འགོ་མེད་པར་“ལྷ་མཆོད་གཅིག་མཆོད་གཉིས་མཆོད་དང་གསུམ། ལྷ་དཀོན་མཆོག་གསུམ་ལ་བསླུ་བ་མེད། མཆོད་དོ་བསྟོད་དོ་གོང་མའི་ལྷ། ཚེ་ལ་བར་ཆད་མ་ཡོང་འཚོས། རྒྱ་ལ་འཐོར་ཞིག་མ་ཡོང་ཤོག དེ་སྔ་གསོལ་གསོལ་ཇམ་ལྷ་གསོལ། རྒྱུ་དོར་ལོངས་སྤྱོད་འཕེལ་ན་བསམས། མཚན་དང་སྔན་གྲགས་བྱུང་ན་བསམས། ད་དུང་མི་གསོལ་བསམ་པ་མེད། ས་འདི་ས་ངོ་མ་ཤེས་ན། སངས་རྒྱས་བསྟན་པ་དར་ས་རེད། སྐྱེ་འགྲོ་བསོད་ནམས་ཆེ་ས་རེད། བླ་མ་ཚུལ་ཁྲིམས་གཙང་ས་རེད། རྒྱལ་བློན་སྲིད་ཁྲིམས་དྲང་ས་རེད། ང་འདྲ་ང་ངོ་མ་ཤེས་ན། བཙན་པོ་མཉའ་ནས་གནོན་མི་རེད། མཉམ་ཆུང་མཐའ་ནས་སྐྱོར་མི་རེད། ཁ་དང་ཞེ་གཉིས་མ་ཡོད་པར། སྤྱི་དོན་ལྷུན་གྱིས་གྲུབ་མི་ལ། ཚེ་སྔོན་བསགས་པའི་བསོད་ནམས་ཀྱིས། སྟེ་དཔོན་ལུས་སུ་སྐྱེ་བ་བླངས། གཡུ་ཐོག་ཁྱིམ་རྒྱུད་འཛིན་མི་ལ། བཀའ་བློན་

① 《འདན་མ་ནས་རྫོང་》གི་ལེགས་སྒྲིག་པའི་གསལ་བཤད་ནང་གསལ།

ནམ་མཁའ་རྒྱལ་མཚན་ཟེར། ཨ་ཙིདོན་གྱི་མཚར་ལུགས་ལ། སྟོད་ཤོག་སྡེ་བཙུ་མཁར་དཔོན་ཚོ། དཔོན་པོས་གང་བྱེད་མ་ཤེས་དུས། ཁྱེད་གཡོག་པོ་ཁྲིམས་གཅོད་ཅི་འདྲ་རེད། གནའ་བོའི་བོད་ཀྱི་གཏམ་དཔེ་ལ་”①ཞེས་ལེགས་སྒྲིག་པས་ཁ་སྐོང་བྱས་ཡོད་པ་ལྟ་བུའོ། །དེ་ལྟའི་ཆད་གསབ་བྱས་རིགས་ལ་སྒྲུང་པོད་འགའ་རེའི་ནང་ཟུར་མཆན་ཐོག་ནས་གསལ་བཤད་བཀོད་ཡོད་པ་དང་། ལ་ལར་ལེགས་སྒྲིག་པའི་གསལ་བཤད་ནང་དཔེ་མཚོན་གྱི་ཚུལ་དུ་གསལ་བཤད་བཀོད་ཡོད། སྒྲུང་པོད་མང་པོ་ཞིག་གི་ནང་ལེགས་སྒྲིག་པས་བཤར་མར་ཆད་གསབ་བྱས་པ་ལས་དམིགས་བསལ་གསལ་བཤད་བྱས་མེད།

གསུམ་ནི་སྔ་ཕྱི་འགལ་བར་གྱུར་བ་ཡོ་བཅོས་གང་ཐུབ་ཞུས་ཡོད། དེ་ཡང་གོང་གི་ཞན་ཆ་གཉིས་ཏེ་མི་སྣ་འབྲུལ་བ་དང་ཆད་སྐྱོན་བྱུང་ཚུལ་དང་བསྡུར་ན། སྔ་ཕྱི་འགལ་བར་གྱུར་བའི་རིགས་ནི་ཅུང་ཞུང་ཙམ་མཆིས་ནའང་དེ་ནི་དཔེ་ཚོགས་སྐྱི་དང་ཁྱད་པར་སྒྲུང་དཔེ་རྒྱང་མའི་ནང་དུ་ཐོན་མི་ཚོག་པའི་ཞན་ཆ་ཞིག་ཏུ་མཐོང་ནས་ལེགས་སྒྲིག་བྱེད་པའི་བརྒྱུད་རིམ་ནང་ཞིབ་ནན་གྱིས་བཟོ་བཅོས་གང་ཐུབ་ཞུས་ཡོད། དཔེར་ན། 《འདན་མ་ནས་རྫོང་》ཞེས་པའི་ནང་“སྒྲུང་གཏམ་ནང་ཐོག་མར་ངོ་སྤྲོད་བྱས་པ་ལྟར་ན་གེ་སར་འཁྲུངས་རྒྱུ་ཡིན་མོད། འོན་ཀྱང་བར་མཇུག་གི་ཚིག་གསེང་དུ་གེ་སར་ཉིད་གླིང་དཀར་གྱི་ཁྲི་ལ་འཁོད་ཟིན་པའི་དོན་བརྗོད་གསལ་བ་”②དང་《རྒྱ་ར་ལུག་རྫོང་》ཞེས་པའི་ནང་“ལྷོ་ཕྱོགས་སུ་མངགས་པའི་དམག་དཔུང་ནུབ་ཕྱོགས་སུ་སླེབས་པ་དང་། ནུབ་ཕྱོགས་དམག་གི་འགོ་འཛིན་དུ་མངགས་པ་བྱང་ཕྱོགས་དམག་གི་ཉེ་འདྲེན་དུ་སླེབས་པ་སོགས་ཀྱི་

---

① རིག་འཛིན་ནས་ལེགས་སྒྲིག་བྱས་པའི་སྒྲུང་མཁན་བསམ་གྲུབ་ཀྱིས་ཕབ་པའི་གླིང་རྗེ་གེ་སར་རྒྱལ་པོའི་སྒྲུང་《གྲུ་གུ་གོ་རྫོང་》སྟོད་ཆའི་ཤོག་ངོས148ལ་གསལ།

② 《འདན་མ་ནས་རྫོང་》གི་ལེགས་སྒྲིག་པའི་གསལ་བཤད་ནང་གསལ།

སྒྲིག་གཞིའི་ཞན་ཆ་ཡོད་རེགས་”①བཟོ་བཅོས་བྱས་པ་དང་། ཐ་ན་མི་སྣ་འགའ་ཤས་པན་ཚུན་གཡུལ་འཁྲུག་སྐབས་སྔོན་ལ་དགྲ་ཕྱོགས་ནས་མཚོན་འོག་ཏུ་དྲངས་ཟིན་ནའང་རྗེས་ཀྱི་དམག་འཐབ་ནང་སླར་ཡང་ཐོན་པའི་གནས་ཚུལ་ཡང་ཡོད། སྒྲུང་པོད་རྒྱང་མའི་ནང་དེ་ལྟའི་སྐྱོན་ཆ་ལྷག་པ་བྱེད་རྒྱུ་ནི་ལེགས་སྒྲིག་པའི་ལས་འགན་གལ་པོ་ཆེ་ཞིག་ཏུ་བརྩིས་ཡོད་པ་མ་ཟད། དཔེ་ཚོགས་སྤྱིའི་ནང་དུའང་སྒྲུང་པོད་སྡེ་ཕྱིའི་དབར་ལ་ཞན་ཆ་དེ་སེལ་གང་ཐུབ②ཞུས་ཡོད། དཔེར་ན། 《སྟེ་ར་ལུག་རྫོང་》ཞེས་པའི་ནང་སྟེ་རའི་རྒྱལ་པོ་ར་བཙན་འབར་བ་ཐོག་རྒྱལ་གྱི་གཅུང་པོ་ཆུང་བ་ར་འདྲ་ཤི་བདག་ཡ་མེད་ཅེས་བྱ་བ་ཡོད་པ་དེ་“གླིང་སྒྲུང་རྙིལ་པོའི་རྗེས་མཇུག་ཏུ་གླིང་པར་མེད་དུ་མི་རུང་བའི་དཔའ་རྟུལ་ཞིག་ཏུ་གྱུར་བ་ཡིན་ནའང་སྒྲུང་ནང་གླིང་པས་ར་འདྲ་གསོན་བཟུང་བྱས་ནས་དམར་གསོད་བཏང་ཞེས་འཁོད་པ་གླིང་སྒྲུང་སྤྱི་ཁོག་གྲུབ་ཆར་འགལ་འཁྲུལ་གནོད་སྐྱོན་ཆེ་བས་སྒྲུང་པ་དང་གོ་བསྡུར་ཞུས་ནས་གླིང་སྒྲུང་སྤྱི་སྒྲོམ་དང་མཐུན་པར་ལེགས་བཅོས་ཞུས་”ཡོད་པ་ལྟ་བུ་དང་། “གླིང་གི་དཔའ་རྟུལ་རིན་ཆེན་དར་ལུ་སྟེ་གླིང་སོ་ཐང་གཡུལ་ངོར་སྟེ་བློན་ར་བདུད་གཡུ་འབྲུག་གྲགས་པས་བཀྲོངས་གྱུར་ཀྱང་དེ་རྗེས་གཡུལ་འཁྲུགས་ནང་སླར་ཡང་ཐོན་པ་སོགས་ནང་འགལ་ཧོས་སྐྱོན་ཧེ་སྐྱེད་མཆིས་པའང་སྒྲུང་གི་གོ་རིམ་དང་བསྟུན་པའི་ལེགས་སྒྲིག་དག་བཅོས་ཞུས་”③པ་ལྟ་བུ། དེ་བཞིན་དུ《འགོག་གླིང་》ཞེས་བྱ་བའི་ནང་དུ་འགོག་དམག་དང་གླིང་དམག་འཐབ་པའི་དུས་ཤིག་ལ་འགོག་གི་ཉི་མ་གྲགས་པས་འོམ་བུའི་ལྷགས་འབར་ཁྲི་བཙན་ལ་རལ་གྲི་སྟོང་གསུམ་ཡུག་གཅོད་བཏབ་ནས་ལུས་ཕྱེད་བཤགས་སུ་བཏང་ཞེས་འཁོད་ཡོད་ནའང་སྒྲུང་སྣ་དེ་རང་གི་ནང་དུ་དེ་མུར་བྱུང་བའི་གཡུལ་འགྱེད་

① 《སྟེ་ར་ལུག་རྫོང་》གི་ལེགས་སྒྲིག་པའི་གསལ་བཤད་ནང་གསལ།

②③ བསོད་ནམས་དགེ་ལེགས་ནས་ལེགས་སྒྲིག་བྱས་པའི་སྒྲུང་མཁན་བསམ་གྲུབ་ཀྱིས་ཕབ་པའི་གླིང་རྗེ་གེ་སར་རྒྱལ་པོའི་སྒྲུང་《སྟེ་ར་ལུག་རྫོང་》གི་ལེགས་སྒྲིག་པའི་གསལ་བཤད་ནང་གསལ།

ནང་འོམ་བུའི་ལྷུགས་འབར་ཁྲི་བཙན་ཡང་ཡང་དོན་པ་མ་ཟད། 《ཧྥེ་ར་ལུག་རྫོང་》སོགས་སྒྲུང་སྣ་རྗེས་མ་རྣམས་ཀྱི་ནང་དུའང་འོམ་བུའི་ལྷུགས་འབར་ཁྲི་བཙན་ཐོན་ཡོད་པས། “ཉི་མ་གྲགས་པ་ཡི་རལ་གྲི་དེ་ལྷུགས་འབར་ཁྲི་བཙན་གྱི་ཕྲག་པ་གཡོན་མའི་སྟེང་དུ་ཐེབས་ཏེ་ཡུད་ཙམ་དྲན་མེད་དུ་སོང་”① ཞེས་བཟོ་བཅོས་བྱས་པ་སོགས་ནང་འགལ་ཡོད་རིགས་ལེགས་སྒྲིག་པས་སྙིང་རུས་ཞིབ་ནན་གྱིས་རང་བློས་གང་དཔོག་གིས་ལེགས་སྒྲིག་གང་ལེགས་བྱས་ཡོད།

བཞི་ནི་གོང་འོག་བློས་སྐྱོན་ལྷག་རིགས་བླང་དོར་ཅི་ཐུབ་ཞུས་ཡོད། དེ་ཡང་སྒྲུང་དང་གཞས་ལ་སོགས་པའི་དམངས་ཁྲོད་རྩོམ་རིག་ཁྲོད་དུ་བསྒྱུར་བློས་བྱེད་པའི་སྣང་ཚུལ་མང་ཙམ་ཡོད་པ་ནི་རྩོམ་རིག་སྒྱུ་རྩལ་དེ་རིགས་ཀྱི་ཁྱད་ཆོས་ལྟ་བུར་མཐོང་ཞིང་། 《སྒྲུང་མཁན་བསམ་གྲུབ་ཀྱིས་ཕབ་པའི་གླིང་རྗེ་གེ་སར་རྒྱལ་པོའི་སྒྲུང་》ཞེས་བྱ་བའི་དཔེ་ཚོགས་དེའི་ནང་དུའང་དགོས་ངེས་ཀྱི་བསྒྱུར་བློས་བྱས་རིགས་རང་སོར་ཉར་ཡོད། དེ་སྔོན་ལེགས་སྒྲིག་དཔར་སྐྲུན་བྱས་ཟིན་པའི་སྒྲུང་དཔེ་མང་པོའི་ནང་དུ་གླུ་སྣ་རེ་རེའི་སྔོན་བསུའི་ཚུལ་གྱི་གླུའི་མིང་དང་ས་ཆ། གླུ་ལེན་མཁན་ངོ་སྤྲོད་བྱས་ཡོད་རིགས་བློས་སྐྱོན་དུ་བརྩིས་ནས་བསྐྱུམ་པའམ་ཐ་ན་དོར་བའི་སྲོལ་འདུག②ཀྱང་དཔེ་ཚོགས་དེའི་ནང་དེ་རིགས་ཚང་མ་སྒྲུང་མཁན་གྱིས་འཆད་གྱེར་གང་གནང་བ་ཆ་ཚང་རང་སོར་ཉར་ཡོད། དེའི་རྒྱུ་མཚན་ཡང་གཅིག་ནས་དེ་རིགས་དོར་སྐྱུར་བྱས་དྲགས་ཚེ་སྒྲུང་གི་གདོད་མའི་རྣམ་པ་འཚོར་བ་དང་། སྒྲུང་དཔེ་དེ་ལ་བརྟེན་ནས་གླིང་སྒྲུང་འཆད་གྱེར་བྱེད་ཐབས་བྲལ་བ་དང་། ཡང་སྙོམས་མི་སྣ་མི་འདྲ་བར་གླུ་མི་འདྲ་བ་རེ་ཡོད་པ་མ་ཟད། མི་སྣ་གཅིག་ལ་ཡུལ་དུས་མི་འདྲ་བར་གླུ་མི་འདྲ་བ་ཡོད་ལུགས་ན་ཡི་གེ་ཉུང་འཕྲིའི་སླད་དུ་གསེར་སྐྱུ་

① རྒྱང་འཁོར་ཚེ་ཕུན་ནས་ལེགས་སྒྲིག་བྱས་པའི་སྒྲུང་མཁན་བསམ་གྲུབ་ཀྱིས་ཕབ་པའི་གླིང་རྗེ་གེ་སར་རྒྱལ་པོའི་སྒྲུང་《འགོག་གླིང་》གི་ཤོག་ངོས198ལ་གསལ།

② ནུབ་བྱང་མི་རིགས་སློབ་གྲྭ་ཆེན་མོས་བསྒྲིགས་པའི་《གེ་སར་སྒྲུང་གི་རིག་མཛོད་》ཅེས་པ་ལྟ་བུ།

རག་ལ་བཏང་བས་ག་ལ་ཆོག དེ་བཞིན་སྣྲུང་པོད་ཕྱི་མ་འགའ་རེའི་ནང་དུ་སྟ་མའི་ནང་དོན་ཏེ་སྐྱེས་བུའི་མཛད་རྣམ་སྟོན་མ་འགའ་ཏ་ཙང་མདོར་བསྡུས་ཀྱིས་བརྗོད་སྲོལ་ཡོད་རིགས་དཔེ་ཚོགས་ཕྱིའི་ངོས་ནས་བལྟས་ན་ཟློས་སྐྱོན་ལྟ་བུར་མཐོང་ཡང་། སྒྲུང་པོད་རྒྱང་མའི་ངོས་ནས་དེ་དག་དགོས་ངེས་སུ་མཐོང་བས་དེ་རིགས་ཀྱང་མ་དོར་བར་རང་སོར་ཉར་ཡོད། འོན་ཀྱང་སྒྲུང་དཔེ་རྒྱང་མའི་ནང་བྱུང་རིམ་ཟློས་པ་དང་ནང་དོན་དུམ་བུ་ཟློས་པ། "སྒྲུང་གཏམ་ནང་གླུ་ཚིག་ཁག་གི་ཐོག་མཐའ་བར་གསུམ་དུ་ཚིག་ཕྲེང་རེ་གཉིས་སམ་ཡང་ན་གླུ་ཚིག་དུམ་བུ་བསྐྱར་ཟློས་ཀྱི་རིགས་མི་ཉུང་བ་ཞིག་མཆིས་པ།"[1] དེ་བཞིན་མི་སྣ་ཕན་ཚུན་གླུ་ལེན་རེས་མ་བྱས་གོང་གི་ཕར་བཤད་ཚུར་གླེང་གི་གཏམ་བཤད་ཀྱི་ནང་དོན་དང་གླུ་ཚིག་གི་ནང་དོན་ཟློས་ཆེ་བ་སོགས་དང་། སྐབས་འགར་དཔའ་རྟུལ་རྣམས་ཕན་ཚུན་གླུ་ལེན་རེས་ཐེངས་མང་བྱས་ཀྱང་སྒྲུང་གི་བྱུང་རིམ་ལ་འཕེལ་རྒྱས་མེད་པར་ཡུན་རིང་རང་མུས་སུ་གནས་རིགས་སོགས་གོང་འོག་སྟེ་ཕྱིའི་ནང་དོན་ལ་གཞིགས་ནས་བླང་དོར་གང་ལེགས་ཞུས་ཡོད། དཔེར་ན། 《ཆུ་མོ་ལི་ཁྲིའི་ནོར་རྫོང་》ཞེས་པའི་ནང་"སྒྲུང་གཏམ་ཡོངས་སུ་མཇུག་རྫོགས་རྗེས་སླར་ཡང་སྒྲུང་པ་རང་ཉིད་ཀྱི་གནས་ཚུལ་སྐོར་དང་། སྒྲུང་གཏམ་འདིའི་ནང་དོན་མདོར་བསྡུས་བསྐྱར་བཤད་གནང་འདུག་པ་རྣམས་དགོས་པ་མེད་པར་མཐོང་ནས་དོར་བ་"[2] དང་། 《ལི་མ་སྨན་རྫོང་》ཞེས་པའི་ནང་"འཁོར་གྲངས28ནང་དུ་སློབ་དཔོན་པདྨ་འབྱུང་གནས་ཀྱིས་གླིང་རྗེ་གེ་སར་རྒྱལ་པོ་ལ་ལི་མ་རྒྱལ་བློན་འཁོར་འབངས་དམག་གཅིག་ཙམ་གླིང་ལ་འདུན་མ་གཏམ་ནས་མགོ་འབུལ་བྱེད་རྒྱུར་གྲོས་ཐག་བཅད་ལུགས་ཀྱི་ལུང་བསྟན་གནང་སྐབས་སྟེར་ཆགས་གླིང་ནང་དུ་གསལ་བའི་ལྷ་སྲུག་དྲི་མེད་མཐོང་དགའ་མི་ཡུལ་དུ་མངགས་དགོས་ལུགས་ཀྱི་མགུར་དེ་སྒྲ་བཅུག

[1] 《སྟེ་ར་ལུག་རྫོང་》གི་ལེགས་སྒྲིག་པའི་གསལ་བཤད་ནང་གསལ།

[2] 《ཆུ་མོ་ལི་ཁྲིའི་ནོར་རྫོང་》གི་ལེགས་སྒྲིག་པའི་གསལ་བཤད་ནང་གསལ།

བྱས་པ་”①སོགས་སྒྲུང་མཁན་དང་པོ་བསྟུར་གྱིས་དོར་ཡོད་པ་ལྟ་བུའོ། །

མདོར་ན་《སྒྲུང་མཁན་བསམ་གྲུབ་ཀྱིས་ཕབ་པའི་གླིང་རྗེ་གེ་སར་རྒྱལ་པོའི་སྒྲུང་》ཞེས་བྱ་བའི་དཔེ་ཚོགས་དེའི་སྒྲུང་ཚན་ཡོད་དོ་ཅོག་ཐོག་མར་སྒྲུང་མཁན་བསམ་གྲུབ་ཀྱི་བློ་འཛིན་གྱི་ནུས་པ་ཁོ་ནར་བརྟེན་ནས་ངག་ལམ་ནས་འཆད་ཀྱིར་གནང་བ་གང་ཞིག་བར་དུ་ཡི་གེར་ཕབ་པའི་བྱ་རིམ་བརྒྱུད་པ་དང་། སྒྲ་ཕབ་པའི་བརྒྱུད་རིམ་དུས་ཡུན་རིང་ལ་སྒྲ་ཕབ་ཆ་རྐྱེན་ཞན་པ། ཡིག་མཁན་གྱི་གླིང་སྒྲུང་ཤེས་བྱ་དང་སྦྱིན་ཤོག་ལས་ཡི་གེར་ཕབ་པའི་ཉམས་མྱོང་མ་འདང་བ། སྒྲུང་པའི་སྐད་ལུགས་གོ་མིན་སོགས་ཀྱིས་རྐྱེན་པས། སྒྲུང་ཚན་རྣམས་ཀྱི་ནང་སྤྱི་ཕྱི་འགལ་བ་དང་ཟློས་པ། མི་སྣའི་མིང་དང་། དུས་ཚོད་དང་གྲངས་ཚད། ས་མིང་དང་མཁར་མིང་སོགས་གོང་འོག་གཅིག་གྱུར་མེད་པར་འཁྲུལ་འཛིང་ཆེ་བ། སྒྲུང་གི་བྱུང་རིམ་དང་མི་སྣའི་གླུ་ཚིག་ཆད་ལུས་བྱུང་བ་སོགས་ཞན་ཆ་ཅི་རིགས་ཤིག་མཆིས་པ་རྣམས་ལེགས་སྒྲིག་དང་རྩོམ་སྒྲིག ཞུ་དག་གི་ལས་རིམ་བརྒྱུད་དེ་ཆ་སེལ་ཐབས་བྱེད་དགོས་ལ། དེ་ལྟའི་ལེགས་སྒྲིག ཞུ་དག་ཀྱང་སྤྱིར་བཏང་ཤེས་ལྡན་པས་ཐུབ་པར་དཀའ་བ་ནི་ལག་ལེན་ལས་ར་སྤྲོད་བྱུང་སྟབས། དཔེ་ཚོགས་དེ་ལེགས་སྒྲིག་དཔར་སྐྲུན་བྱེད་པའི་ལས་གྲྭ་ཆབས་པོ་ཆེ་དེ་འགོ་བཙམས་རྗེས《གླིང་སྒྲུང་》གི་ཤེས་བྱར་བྱང་ཆུབ་པའི་ཞིབ་འཇུག་ཆེན་མོ་གཞོན་པ་རིག་འཛིན་ལགས་དང་བསོད་ནམས་དགེ་ལེགས་ལགས་རྣམ་གཉིས་ནས་གཙོས་པའི་གེ་སར་གྱི་ལས་བྱ་བ་ཡེ་ཤེས་དབང་མོ་ལགས་དང་བློ་བསྟན་ལགས་སོགས་འབྲེལ་ཡོད་《གླིང་སྒྲུང་》ཆེད་ལས་པར་ལེགས་སྒྲིག་གི་འགན་ཡོངས་སུ་བབ་པ་དང་། ཁོང་ཚོས་ཀྱང་ལོ་མང་རིང་ངལ་བ་དུ་མ་སྤྱད་ཡོད་ལ། དེང་དུས་སྣན་པའི་གྲགས་པ་ཕྱོགས་བཞིར་ཁྱབ་པའི་བོད་ཡིག་དུས་དེབ་《བོད་ལྗོངས་ཞིབ་འཇུག》ཅེས་པ་དང་

① 《ལི་མ་སྨན་རྫོང་》གི་ལེགས་སྒྲིག་པའི་གསལ་བཤད་ནང་གསལ།

《བོད་ལྗོངས་སྒྱུ་རྩལ་ཞིབ་འཇུག》ཅེས་པའི་དུས་དེབ་གཉིས་ཀྱི་གཙོ་འགན་རྩོམ་སྒྲིག་པ་ཞུས་ཆེན་ཀུན་དགའ་ལགས་དང་ཞིབ་འཇུག་ཆེ་མོ་བ་དགྲ་ལྷ་བླ་བ་བཟང་པོ་ལགས། ཞིབ་འཇུག་ཆེ་མོ་བ་མིག་དམར་ཚེ་རིང་ལགས་བཅས་དང་། བོད་ཡིག་དཔེ་སྙིང་དཔེ་སྐྲུན་ཁང་གི་ཞུས་ཆེན་འདས་པོ་ཚེ་རིང་དཔལ་འབྱོར་དང་ཞུས་ཆེན་སྐྱ་གཞོན་ཡོངས་ཁང་ཕུན་ཚོགས་རྡོ་རྗེ་སོགས་ནས་རྩོམ་སྒྲིག་ཞུ་དག་གི་འགན་བཞེས་གནང་འོག་ད་ལམ་དཔེ་ཚོགས་ལས་པོད་སྔ་བཞི་བཅུ་ལྷག་ཙམ་ལེགས་སྒྲིག་དཔར་སྐྲུན་ཐུབ་པ་བྱུང་ཡོད།

གོང་དུ་ང་ཚོས་དམངས་རྩོམ་གྱི་རིགས་པའི་གཞུང་ལུགས་དང་ཁྱད་པར་《གླིང་སྒྲུང་》སྤྱི་དང་བྱེ་བྲག་གྲུབ་ཚུལ་ལ་དབྱེ་ཞིབ་བྱས་རྗེས་ཐོབ་པའི་སྙོམ་ཚིག་ནི། 《གླིང་སྒྲུང་》སྒྲུང་སྣ་རྒྱུད་མ་ཞིག་གི་ངོས་ནས་བལྟས་ཚེ། དེ་ལ་ཐོག་མའི་རྩོམ་པ་པོ་མིང་འབོད་དུ་ཚོག་པ་ཞིག་ཡོད་པ་དང་། བམ་གྲངས་ཤིན་ཏུ་མང་བའི་གླིང་སྒྲུང་སྤྱིའི་ངོས་ནས་བཤད་ན། དེ་ནི་བོད་རིགས་མི་རབས་མང་པོའི་བརྩོན་འགྲུས་ཀྱི་མཐུ་དང་། བློ་གྲོས་ཀྱི་རྩལ་ལས་བྱུང་བ་བསྙོན་མེད་ཡིན། ད་ལམ་ང་ཚོའི་མཐོང་ཆོས་སུ་གྱུར་པའི་སྒྲུང་དཔེ་མང་ཆེ་བ་སྒྲུང་པས་འཆད་གྱེར་གནང་བ[①]རྨང་གཞིར་བཟུང་ཐོག་ཤེས་ལྡན་པས་ལེགས་སྒྲིག་བྱས་པ་ལས་བྱུང་བ་ཡིན། གལ་སྲིད་ཤེས་ལྡན་པས་ལེགས་སྒྲིག་བཟོ་བཅོས་མ་བྱས་ཚེ་སྒྲུང་གི་བྱུང་རིམ་ཁ་གསལ་ལ། ནང་དོན་མགོ་མཇུག་ཆ་ཚང་བ། མི་སྣའི་གཟུགས་བརྙན་ཧ་ཅང་ཕུན་སུམ་ཚོགས་པའི་སྒྱུ་རྩལ་གྱི་ཐོན་རྫས་ཤིག་བཞེངས་ཐུབ་པ་ནི་ལས་སླ་མོ་ཞིག་མིན། འོན་ཀྱང་དེ་ལྟའི་ལེགས་སྒྲིག་བཟོ་བཅོས་ཀྱི་ལས་རིམ་བརྒྱུད་པས་ངག་སྒྲུང་དང་སྒྲུང་དཔེའི་དབར་གྱི་མ་བུའི་འབྲེལ་བར་འགྱུར་ལྡོག་འགྲོ་མི་སྲིད་ལ། ཀུན་གྱིས་བསྟོད་པའི་གནས་དང་བསྔགས་པའི་ཡུལ་དུ་གྱུར་བའི་ངོ་མཚར་སྒྲུང་པའི་ཁྱད་

① འདིར་མང་ཆེ་བ་ཞེས་བརྗོད་དོན་ཡང་ད་ལམ་ཤེས་ལྡན་པས་གསར་རྩོམ་གནང་བའི་གླིང་སྒྲུང་རེ་གཉིས་ང་ཚོའི་མཐོང་ཆོས་སུ་གྱུར་བས་ཡིན།

ནུས་ལ་མཐོང་ཆུང་བྱས་པ་ནི་མ་ཡིན། དེས་སྒྲུང་པའི་བློ་ཡུལ་དུ་བཞུགས་ཤིང་དྲན་པའི་ཀློང་དུ་འཇགས་པའི་ངོ་མཚར་སྐྱེས་བུའི་རྣམ་ཐར་དག་ཤོག་བུ་དཀར་པོའི་སྟེང་དུ་ནག་ཆུང་རི་མོའི་གཟུགས་སུ་བཀོད་ནས་ཀུན་གྱིས་མིག་མཐོང་ལག་ཟིན་ཐུབ་པའི་ཚད་ལྡན་སྒྲུང་དཔེ་ཞིག་ཏུ་འགྱུར་བར་བྱ་དགོས་ན་ལེགས་སྒྲིག་དང་རྩོམ་སྒྲིག ཞུ་དག་གི་ལས་རིམ་དེ་ངེས་པར་བརྒྱུད་དགོས་ལ། བརྒྱུད་རིམ་དེའི་ནང་ལེགས་སྒྲིག་པ་དང་རྩོམ་སྒྲིག་པ། ཞུ་དག་པས་དཀའ་ཚོགས་ལ་མ་འཛེམས་པར་སྙིང་རུས་ཞིབ་ནན་གྱིས་སྒྲུང་པ་རང་ངོས་དང་སྒྲ་ཕབ་བམ་ཡི་གེར་ཕབ་པའི་བརྒྱུད་རིམ་ནང་ལྷག་པའི་སྐྱོན་ཆ་ཡོད་རིགས་སེལ་ཐབས་བྱེད་དགོས། དེ་ལྟའི་ཤེས་ལྡན་པའི་ལེགས་སྒྲིག་དང་རྩོམ་སྒྲིག ཞུ་དག་བྱས་པ་བརྒྱུད་གཏན་ལ་ཕབ་པའི་སྒྲུང་དཔེ་དེ་རིགས་ཀྱིས《གླིང་སྒྲུང་》ཁྱབ་སྤེལ་དང་། ལྷག་པར་དུ《གླིང་སྒྲུང་》གི་བྱུང་རིམ་དང་། མི་སྣའི་གཟུགས་བརྙན་སོགས་འགྱུར་བ་ཆུང་ཙམ་དང་། ཕན་ཚུན་གཅིག་གྱུར། གོང་འོག་གཅིག་མཐུན་ཡོང་རྒྱུར་ཕན་ནུས་ཆེན་པོ་ཐོན་ཡོད།

གཞན་ཡང་ནམ་རྒྱུན་ང་ཚོས་རྩོམ་ཐུང་ཞིག་འབྲི་སྐབས་བསམ་བློ་ཡང་ཡང་གཏོང་བ་དང་། བཟོ་བཅོས་ལན་མང་རྒྱག་པ། ད་དུང་གཞན་གྱིས་རྩོམ་སྒྲིག་དང་ཞུ་དག་བྱས་རྗེས་གཞི་ནས་དུས་དེབ་ཏུ་བཀོད་དུ་རུང་བ་ཞིག་ཆགས་ཐུབ་པའི་བརྒྱུད་རིམ་དང་བསྡུར་ན། སྒྲུང་མཁན་རྣམས་ཀྱིས་སྒྲུང་སྣ་རེ་རེ་བཞིན་དྲན་ཤེས་ཁོ་ནར་བརྟེན་ནས་ཆུ་ཚོད་བཅུ་ཕྲག་བཤར་མར་ཞལ་ནས་འཆད་ཀྱིར་གནང་བ་དེ་རིགས་ལ་གོང་གསལ་ཞན་ཆ་རྣམས་ལྷག་པ་ལ་ཡ་མཚན་རྒྱུ་གང་ཡང་མེད། སློབ་གྲྭ་ཆེ་འབྲིང་ཆུང་གསུམ་བརྒྱུད་ཅིང་དུས་རྟག་ཏུ་སྣག་ཤོག་ལག་དོར་བརྟེན་པའི་ཤེས་ལྡན་པ་ཚོས་ཀྱང་རང་གིས་བརྩོན་པ་བགྱིད་མུས་ཀྱི་ཤེས་བྱའི་རིགས་རྣམས་ཆུ་ཚོད་རེ་གཉིས་དྲན་ཤེས་ལ་བརྟེན་ནས་བཤད་དགོས་ཚེ། གོང་འོག་ནོར་བ་དང་འཁྲུལ་བ་མི་ཉུང་ཙམ་ཡོང་ངེས་ལ། རྟག་ཏུ་གཏམ་བཤད་ལ་བྱང་ཆུབ་

པར་རློམ་པའི་འགོ་ཁྲིད་རྣམ་པས་ནམ་རྒྱུན་མ་ཎི་བཞིན་འདྲེན་པའི་བཀའ་སློབ་དག་ཀྱང་དུས་ཡུན་ཆུ་ཚོད་གཅིག་ཙམ་བཤད་ན་སྔ་ཕྱི་འགལ་བ་དང་ཡང་ཡང་བཟླས་པའི་སྣང་ཚུལ་རྟག་ཏུ་མཐོང་ཐོས་ཡོད་མུས་བཞིན་ལགས་ན། སློབ་གྲྭའི་རྒྱལ་སྒོ་ཙམ་ཡང་འགྲིམ་སྐྱོང་མེད་པའི་ཡིག་རྨོངས་སྒྲུང་པ་ཞིག་གིས་བརྗོད་གཞི་རྒྱས་ལ་ཚིག་སྦྱོར་ཕུན་སུམ་ཚོགས་པའི་སྐྱེས་བུའི་མཛད་རྣམ་ཆུ་ཚོད་ཉིས་སྟོང་ལྷག་ཙམ་ངག་ཐོག་ནས་འཆད་ཀྱིར་གནང་བར་བཟླས་སྐྱོན་དང་འགལ་འཁྲུལ་ཕྲན་བུ་མི་ཡོང་ག་ལ་སྲིད། དེ་ནི་དམངས་རྩོམ་སྤྱིའི་ཐུན་མོང་གི་ཁྱད་ཆོས་ཤིག་ཏུ་ངེས་ལ། ཡང་སྒྲོས་དེ་ལྟའི་ཞན་ཆ་རྣམས་ལས་མང་དག་ཅིག་སྒྲུང་པ་རང་ངོས་ཀྱི་ཞན་ཆས་བཟོས་པ་མིན་པར་ཕྱི་རོལ་ཆ་རྐྱེན་དང་བཀག་རྒྱ་གཞན་གྱིས་བཟོས་པ་ཞིག་ཡིན་ན། སྒྲུང་མཁན་བསམ་གྲུབ་ཀྱི་རླབས་ཆེན་གྱི་མཛད་རྗེས་འཛམ་གླིང་ཡོངས་ལ་ངོམ་དུ་ཚོག་པ་དེར་དོགས་པ་ཟ་དོན་མེད་ལ། གང་གི་བློ་གྲོས་ལས་འཁྲུངས་པའི་ངོ་མཚར་དཔེ་ཚོགས་དེ་ཉིད་ཀྱང་རང་རེ་གངས་ཅན་པས་མཆོག་ནོར་ཞིག་ཏུ་བཟུང་ནས་དཀར་ཡོལ་ཆག་ཀྱང་རི་མོ་བློ་ལ་ངེས་པར་མཛོད་ཅིག །

༧༧། །《ཀྱོ་ཐན་སྲི་རྒྱལ་པོའི་བ་གཡང་》ལེགས་སྒྲིག་བྱས་ཚུལ་གྱི་གསལ་བཤད་ཟློལ་མེད་སྙིང་གཏམ།

དང་པོ། སྒྲ་ཕབ་དང་ལེགས་སྒྲིག་དཔར་སྐྲུན་བྱ་བའི་བརྒྱུད་རིམ།

《ཀྱོ་ཐན་སྲི་རྒྱལ་པོའི་བ་གཡང་》ཞེས་བྱ་བའི་ངག་སྒྲུང་འདི་ནི་སྒྲུང་མཁན་བསམ་གྲུབ་ལགས་ཀྱིས་༢༠༠༡ལོར་སྒྲ་ཕབ་གནང་བ་དང་། ལྷ་ས་སློབ་འབྲིང་བདུན་པའི་དགེ་རྒན་ཡར་འགྲོ་ལགས་ནས་༢༠༠༣ལོར་ཡི་གེར་ཕབ་པའི་མ་དཔེ་གཞིར་བཟུང་བདག་གིས་༢༠༠༨ལོར་ལེགས་སྒྲིག་བྱས་པ་ཞིག་ཡིན། ངག་སྒྲུང་དེར་ཁྱོན་བསྡོམས་འཁོར་གྲངས་༥༡ཡོད་པ་དག་བརྗོད་བྱའི་ནང་དོན་ལ་གཞིགས་ནས་སྟོད་ཆ་དང་། སྨད་ཆ་སྟེ་སྐོར་ཚན་གཉིས་ལ་ཕྱེ་སྟེ་དེབ་གཉིས་བཟོས་ནས་༢༠༠༧ལོར་བོད་ལྗོངས་བོད་ཡིག་དཔེ་རྙིང་དཔེ་སྐྲུན་ཁང་ནས་དཔར་དུ་བསྐྲུན་པ་ཞིག་ཡིན།

གཉིས་པ། སྒྲུང་མིང་གཏན་འཁེལ་བྱས་ཚུལ།

《གླིང་སྒྲུང་》ནི་བམ་གྲངས་མང་ལ་ད་དུང་གསོན་པོར་གནས་མུས་ཀྱི་དཔའ་བོའི་བྱུང་བ་བརྗོད་པའི་སྙན་རྩོམ་ཞིག་ལགས་པས། སྒྲུང་སྣ་སོ་སོའི་པོད་མིང་ཡང་ད་དུང་གཅིག་གྱུར་མིན་པར་པོད་མིང་འདོགས་སྟངས་སྣ་ཚོགས་ཡོད། དེ་ཡང་དཔེར་ན་གླིང་གེ་སར་རྒྱལ་པོ་འཁྲུངས་རབས་ཀྱི་སྐོར་ལ《འཁྲུངས་གླིང་》དང་《གླིང་སེང་ཆེན་རྒྱལ་པོ་འཁྲུངས་པའི་ལོ་རྒྱུས་》《རྟགས་བརྗོད་མེ་ཏོག་འཕྲེང་བ་》《འཁྲུངས་གླིང་མེ་ཏོག་ར་བ་》《འཁྲུངས་གླིང་སྐྱེས་བུའི་ཁྲུན་ཚུལ་》《འཁྲུངས་སྐོར་》ཞེས་པ་སོགས་པོད་མིང་མི་འདྲ་བ་དྲུག་ལྷག་ཙམ་ཡོད་པ་དང་།

གེ་སར་ཏ་རྒྱུག་འགྲན་པ་བརྒྱུད་ནས་ཁྲི་ལ་འཁོད་པའི་ནང་དོན་གྱིས་བརྗོད་བྱ་བྱས་པའི་སྐོར་ཙམ་ལའང《ཏ་རྒྱུག》ཅེས་པ་དང《ཏ་རྒྱུགས་ནོར་བུ་ཆ་བདུན》《ཏ་རྒྱུགས་དཔྱིད་ཀྱི་ཉི་མ》《ཏ་རྒྱུག་སྐྱེས་བུ་ཁྲི་འདོན》《ཏ་རྒྱུགས་རྒྱལ་འཛོག》ཅེས་པོད་མིང་མི་འདྲ་བ་ལྔ་ཙམ་ཡོད། དེ་བཞིན་སྟོ་ཡི་ཐན་སྤྲིའམ་ཐེ་སེ་རྒྱལ་པོ་བཏུལ་བའི་སྐོར་གྱི་སྒྲུང་སྣ་དེའི་མིང་ཡང་མི་འདྲ་བ་འགའ་བྱུང་ཡོད། མ་གཞི་ད་བར་སྒྲུང་སྣ་དེའི་སྐོར་མིག་མཐོང་ལག་ཟིན་ཐུབ་པའི་དཔར་བྲིས་སྒྲུང་དཔེ་གང་ཡང་མེད་པ་མ་ཟད། སྒྲུང་མཁན་གཞན་གྱིས་ཐོ་འགོད་བྱས་པའི་དཀར་ཆག་ནང་དུའང་པོད་མིང་འདི་མི་གསལ་བ་དང༌། བ་ཛོང་ཕབ་པའམ་བ་གཡང་བཀུག་པའི་ནང་དོན་དང་འབྲེལ་བའི་སྒྲུང་སྣའང་སྒྲུང་པ་ཟླ་བ་གྲགས་པས་འཆད་ཀྱིར་ཐུབ་པའི་དཀར་ཆག་ནང《ཐང་ལའི་བ་གླང་རྫོང》ཞེས་འཁོད་པ་ཕུད་དེ་མིན་ཏ་ལམ་རིག་རྒྱུ་མེད། དེར་བརྟེན་སྒྲུང་སྣ་དེ་ནི་སྒྲུང་མཁན་བསམ་གྲུབ་ཁོ་ནས་འཆད་ཀྱིར་གནང་ཐུབ་པའི་ཐུན་མོང་མིན་པའི《གླིང་སྒྲུང》ཞིག་ཡིན། འོན་ཀྱང་ད་བར་ལ་སྒྲུང་སྣ་དེ་ལའང་མིང་མི་འདྲ་བ་འགའ་རེ་བྱུང་འདུག་པ་ནི《སྟོ་ཐེ་སེ་རྒྱལ་པོའི་བ་གཡང》[①]ཞེས་པ་དང《ལྟ་ཐེ་སེ་རྒྱལ་པོའི་བ་གཡང》[②]《སྟོ་ཚེས་སེ་བ་རྫོང》[③]《སྟོ་གླིང》[④]ཞེས་པ་སོགས་མིང་མི་འདྲ་བ་བཞི་ཙམ་ཡོད་ལ། 《གླིང་སྒྲུང》གི་པོད་མིང་འདོགས་སྟངས་གཞན་རྣམས་ལ་གཞིགས་ན《ཐན་སྤྲིའི་བ་རྫོང》ངམ《ཐན་གླིང་གཡུལ་འགྱེད》དམ《ཐན་གླིང》ངམ《ཐན་སྤྲི་དར་སྟོང་རྒྱལ་པོ》ཞེས་པ་སོགས་མིང་དུ་བཏགས་ནའང་མི་འཐད་པ་མི་འདུག འོན་ཀྱང་སྒྲུང་སྣ་དེ་དངོས་སུ་ལེགས་སྒྲིག་བྱེད་སྐབས《སྟོ་ཐན་སྤྲི་རྒྱལ་

① 《སྒྲུང་མཁན་བསམ་གྲུབ་ཀྱིས་ཕབ་པའི་གླིང་རྗེ་གེ་སར་རྒྱལ་པོའི་སྒྲུང》ལས《ལྟ་གླིང》ཤོག་གྲངས28ནང་གསལ།

② 《གླིང་སྒྲུང་གི་དཔྱད་གཏམ་དཔྱིད་ཀྱི་པོ་ཉའི་དབྱངས་ཏ》ཤོག་གྲངས206ནང་གསལ།

③ 《ཡ་མཚན་ཆེ་བའི་གླིང་གེ་སར་སྒྲུང་པའི་གསང་བ》ཤོག་གྲངས87ནང་གསལ།

④ སྒྲུང་དེ་རང་སྒྲ་ཕབ་བྱས་པའི་ཐོག་མའི་མ་ཡིག་ནང་གསལ།

པོའི་བ་གཡང་》ཞེས་པའི་པོད་མིང་གཏན་འཁེལ་བྱས་པ་ཡིན། དེ་ཡང་གོང་སྨོས་ལྟར་《ཧ་རྒྱུག》དང་《འཕྲུངས་གླིང་》སོགས་པོད་ཁ་བའི་ལྗོངས་སུ་དར་ཁྱབ་ཤིན་ཏུ་ཆེ་བའི་སྐོར་ཚན་རྣམས་ཀྱི་པོད་མིང་ཡང་གཅིག་གྱུར་མེད་པར་འདྲ་མིན་སྣ་ཚོགས་སུ་བྱུང་ཞིང་། པོད་མིང་མི་འདྲ་བ་ཙམ་ལས་ནང་དོན་སྤྱིའི་ཆར་འདྲ་བའི་ངོས་འཛིན་གཅིག་གྱུར་ཡིན་པ་མ་ཟད། དེ་ལ་དེ་ཙམ་གྱིས་གཅིག་གྱུར་གྱི་དགོས་གལ་རང་བཞིན་དམིགས་སུ་ནན་བཤད་གནང་མཁན་མི་འདུག་པས། སྒྲུང་པ་སྣེར་གྱི་ཁྱད་ཆོས་མཚོན་པའི་སྐོར་ཚན་དེའི་པོད་མིང་ལ་གོང་གསལ་པོད་མིང་ལས་《ལྷ་ཐེ་སེ་རྒྱལ་པོའི་བ་གཡང་》དང་《སྙེ་ཆེས་སེ་བ་རྫོང་》ཞེས་པ་སོགས་ཡིག་ནོར་མངོན་གསལ་བྱུང་བ་ཕུད་གཞན་གང་ཞིག་བགོད་ནའང་མི་འཐད་པ་མེད། འོན་ཀྱང་ད་བར་ང་ཚོའི་མཐོང་ཆོས་སུ་གྱུར་བའི་སྒྲུང་གི་དཀར་ཆག་རྣམས་ལ་གཞིག་སྐབས། མཐའ་བཞིའི་བདུད་བཞི་ལས་གཡུལ་འགྱེད་མིང་དུ་སྒྱུར་བའི་སྒྲུང་སྣའི་རིགས་ཉུང་བ་ལ་བརྟེན་ནས་《ཐན་གླིང་གཡུལ་འགྱེད་》ཅེས་མ་སྒྱུར་བ་དང་། 《སྙེ་གླིང་》ཞེས་པའི་པོད་མིང་སྤྱད་ན་ད་བར་ཡིག་ཐོག་ཏུ་འཁོད་པའི་སྒྲུང་གི་དཀར་ཆག་ནང་སྙེ་དང་འབྲེལ་བའི་པོད་མིང་སྒྱུར་བ《སྙེ་པའི་ནས་རྫོང་》དང་《སྙེ་བདུད་དྲི་བཟང་རྫོང་》སོགས་བཅུ་ཙམ་འདུག་པ་དེ་རྣམས་དང་འབྲུལ་ཉེན་ཆེ་བ། པོད་མིང་ནང་སྐབས་འགར་ཚོ་པ་དང་རྒྱལ་པོའི་མིང་གིས་ཐད་ཀར་སྒྲུང་མིང་བྱས་པའང་ཡོད་ཀྱང་《སྒྲུང་མཁན་བསམ་གྲུབ་ཀྱིས་ཕབ་པའི་གླིང་རྗེ་གེ་སར་རྒྱལ་པོའི་སྒྲུང་》ཞེས་པའི་དཔེ་ཚོགས་ནང་དེ་ལྟར་པོད་མིང་དུ་གཏན་འཁེལ་བྱས་པ་མེད་པས《ཐན་སྲི་དར་སྟོང་རྒྱལ་པོ་》ཞེས་པའི་པོད་མིང་འདི་ཡང་མ་སྤྱད། གཞན་ཡང་མ་གཞི་སྒྲུང་མཁན་བསམ་གྲུབ་ལགས་དང་ཁོང་གིས་འཆད་གྱེར་གནང་ཐུབ་པའི་སྒྲུང་སྣའི་སྐོར་ལན་མང་བགྲོ་གླེང་བྱེད་སྐབས་སྐབས་རེ་སྐོར་ཚན་འདི་ལ《སྙེ་ཐེ་སེ་རྒྱལ་པོའི་བ་གཡང་》ཞེས་བརྗོད་ཀྱི་འདུག་ལ་ནག་ཆུའི་གཞོན་སྐྱེས་གྲགས་ཅན་སྒྲུང་པ་བཀྲ་ཤིས་རྡོ་རྗེ་སོགས་ཀྱིས་ཀྱང་སྙེ་ན་

ཐེ་སེ་རྒྱལ་པོ་ཡོད་པར་བཞེད་ཀྱི་ཡོད། འོན་ཀྱང་སྒྲུང་ནང་དུ་ཐན་སྲི་ཞེས་པའམ་ཨ་སྲི་ཐན་སྲིའམ་ཐན་སྲི་ཐན་རྒྱལ་ལམ་གཡང་སྲི་གཡང་རྒྱལ་ཞེས་ཐན་སྲི་འདི་རང་འགོད་པ་ཤས་ཆེ་བས་མཐར་《སྟོ་ཐན་སྲི་རྒྱལ་པོའི་བ་གཡང་》ཞེས་པ་པོད་མིང་དུ་གཏན་འཁེལ་བྱས་པའོ། །

གསུམ་པ། སྐོར་ཚན་གཉིས་སུ་དབྱེ་ཚུལ་དང་དེའི་རྒྱུ་མཚན།

སྒྲུང་མཁན་གང་གིས་སྒྲུང་སྣ་འདི་སྒྲ་ཕབ་གནང་སྐབས་ཆུ་ཚོད་༥༩ནང་མགོ་ནས་མཇུག་བར་ལེའུ་ཙམ་ཡང་མ་ཕྱེ་བར་བཤར་མར་འཆད་གྱེར་གནང་འདུག་པ་དག་དེབ་གཅིག་རང་དུ་བཟོས་ན་ཡིག་འབོར་ཆེ་བས། དེའི་ནང་དོན་ལ་གཞིགས་ནས་སྐོར་ཚན་གཉིས་སུ་ཕྱེ་བ་ཡིན། དེ་ཡང་དེ་སྔོན་དངོས་སུ་དཔེ་སྐྲུན་ཟིན་པའི་《ཧོར་གླིང་གཡུལ་འགྱེད་》དང་། སྒྲུང་མཁན་གང་གིས་འཆད་གྱེར་གནང་བའི་《ཧོར་གླིང་གཡུལ་འགྱེད་》དང་《གུ་གུ་གོ་རྫོང་》སོགས་ཚུར་རྒོལ་དང་། ཕར་རྒོལ་གྱིས་དབྱེ་མཚམས་བྱས་ཐོག་སྐོར་ཚན་གཉིས་རེ་ལ་དབྱེ་བའི་སྲོལ་འདུག་པར་གཞིགས་ནས་སྒྲུང་སྣ་འདིའང་དེ་ལྟར་དུ་སྟོད་ཆ་ཚུར་རྒོལ་དང་། སྨད་ཆ་ཕར་རྒོལ་གྱི་ནང་དོན་བྱས་ཏེ་སྐོར་ཚན་གཉིས་སུ་ཕྱེ་བ་ཡིན། སྟོད་ཆ་ཚུར་རྒོལ་གྱི་ཞིབ་ཕྲའི་ནང་དོན་ཡང་བདུད་ཕྲུག་སྤྲུལ་མགོ་ར་ཉག་ཟེར་བ་དེས་ཀླུ་བཙུན་སྨོམ་ཤོར་བ་གཉིས་ལ་སྡུག་པོ་གཏོང་ཚུལ་དང་། དབྱེན་སྦྱོར་དཀྲུག་ཞིང་བྱས་ནས་དབུས་གཙང་དང་ལྟོ་ཐན་སྲིའི་དབར་ལ་འཁོན་རྐྱེན་བཟོས་ཏེ་དྲག་པོའི་དམག་ལ་སྦྱོར་ཚུལ། མཐར་དབུས་གཙང་ཕམ་ལ་ཉེ་བའི་སྐབས་གླིང་ཁྲ་མོའི་དམག་གིས་དབུས་གཙང་གི་རྒྱབ་ཏུ་ལངས་པ་དང་གེ་སར་རྒྱལ་པོས་བདུད་ཕྲུག་སྤྲུལ་མགོ་ར་ཉག་དེ་དོང་རིམ་པ་དགུ་དྲུས་པའི་ནང་སྦས་ཏེ་དེའི་སྟེང་མཆོད་རྟེན་རིམ་པ་བཅུ་གསུམ་བྱས་པ་ཞིག་བཞེངས་ནས་བདུད་ཕྲུག་དེ་རྡུལ་དུ་བརླག་ཚུལ་བཅས་བསྟན་ཡོད་པ་དང་། སྨད་ཆ་ཕར་རྒོལ་གྱི་ཞིབ་ཕྲའི་ནང་དོན་ཡང་གླིང་

དམག་དང་ལྷོ་དམག་གཉིས་ལན་མང་དྲག་པོའི་དམག་འཐབ་པས། ཕྱོགས་གཉིས་ཀར་མི་ཤི་རྟ་འགྱེལ་གྱི་གྱོང་གུན་ཆེ་ཙམ་བྱུང་བ་དང་། མཐར་ཕམ་ཁ་ཐན་སྲིའི་དམག་ལ་རག ཁེ་ཁ་དབུས་གཙང་ལ་ཐོབ། གཏང་མ་ཁྲ་མོ་གླིང་གིས་འཁྱེར། གེ་སར་རྒྱལ་པོས་ཐན་སྲི་དར་སྟོང་རྒྱལ་པོ་དང་དེའི་བདུད་བློན་གཉིས་མཆོད་རྟེན་ཆེན་པོ་གསུམ་གྱི་འོག་ཏུ་མནན་པ་མ་ཟད། དེའི་མངའ་ཁོངས་དཀར་པོའི་ཆོས་ལ་བཀུག་ཅིང་། ཕོ་རྒོད་པོས་སྙེམས་ཆུང་བརྟུང་རྒྱུ་མེད་པ་དང་། དམའ་བས་མཐོ་བར་ཁབ་སྐྱུད་པ་ཙམ་ཡང་འབུལ་དགོས་མེད་པར་རང་རང་ལས་ལ་བརྩོན་པའི་འབྲས་བུ་རྣམས་རང་གི་ལག་ཏུ་བཞག་པ་མ་ཟད། བོད་དབུས་གཙང་ནས་དཔོར་འདྲེན་བྱས་པའི་ཟས་ནོར་རྒྱུ་དངོས་དང་ཐན་སྲི་རྒྱལ་པོའི་ནོར་དངོས་རྣམས་ཀྱང་ལྷོ་མི་ཕོ་མོ་ཀན་གཞོན་མེད་པར་ཆ་སྙོམས་སུ་སྦྱིན་པ་བཏང་། ལྷོ་མི་རྣམས་ལའང་གཙན་གཟན་དོན་མེད་མདའ་སྐྱིན་པོས་གསོད་རྒྱུ་མེད་པ་དང་། བྱ་རིགས་སྣ་ཚོགས་ཡོད་པ་རྣམས་རྒྱ་རྙིས་གཟུང་རྒྱུ་མེད་པའི་བཀའ་བཀོད་གནང་། འོལ་ལྡུ་བ་ཡི་གཏེར་གཡང་ལས་གསུམ་ཆ་གཅིག་ལྷོ་ལ་བཞག གསུམ་ཆ་གཅིག་བོད་དབུས་གཙང་ལ་གནང་། གསུམ་ཆ་གཅིག་གླིང་ལ་དེད་པའི་ནང་དོན་བསྟན་ཡོད། མདོར་ན་སྒྲུང་སྣ་དེའི་སྟོད་ཆའི་ནང་གེ་སར་རྒྱལ་པོས་ལྷོ་ཡི་ཚུར་རྒོལ་དམག་གི་དཔོན་པོ་བདུད་ཕྱུག་སྤྲུལ་མགོ་ར་ཞག་བཏུལ་བའི་ནང་དོན་བསྟན་པ་དང་། སྨད་ཆའི་ནང་དུ་གླིང་དང་དབུས་གཙང་དམག་གིས་ལྷོ་ལ་ཕར་རྒོལ་བྱས་པ་མ་ཟད། ལྷོ་ཐན་སྲི་དར་སྟོང་རྒྱལ་པོ་བཏུལ་བའི་ནང་དོན་བསྟན་ནས་སྐོར་ཚན་གཉིས་སུ་ཞིགས་པར་བསྒྲིགས་པའོ། །

བཞི་པ། འགལ་འབྲེལ་དང་ཆད་ལུས་བྱུང་རིགས་ལ་བཟོ་བཅོས་ཁ་གསབ་བྱས་ཚུལ།

རང་རེའི་མེས་པོ་རྣམས་ཀྱིས་《གེ་སར་རྒྱལ་པོའི་སྒྲུང་》དཔར་མ་དང་བྲིས་

མ་མི་ཉུང་བ་ཞིག་ང་ཚོར་འཇོག་གནང་མཛད་ཡོད་ཀྱང་། 《ལྷོ་ཐན་སྲི་རྒྱལ་པོའི་བ་གཡང་》ཞེས་བྱ་བའི་སྒྲུང་སྣ་དེའི་སྐོར་དཔར་བྲིས་གནང་བ་གང་ཡང་རིག་རྒྱུ་མེད་ལ། ད་བར་སྒྲུང་པ་གཞན་སུས་ཀྱང་སྒྲུང་དེ་བཤད་མྱོང་མེད་ཁར། སྒྲ་ཕབ་གནང་སྐབས་སྒྲུང་མཁན་བསམ་གྲུབ་ཉིད་དགུང་ལོ་བརྒྱད་ཅུ་ཡན་ལ་སོན་པ་དང་། སྒྲ་ཕབ་ཀྱི་ཆ་རྐྱེན་ཞན་པ་སོགས་ཕྱི་ནང་གི་རྒྱུ་རྐྱེན་དུ་མའི་དབང་གིས་སྒྲུང་སྣ་དེའི་ནང་བར་མཚམས་ཆད་ལུས་སུ་སོང་བ་དང་། ནང་དོན་གོང་འོག་ནང་འགལ་དུ་གྱུར་བ། བྱུང་རིམ་ཆ་མི་ཚང་བ་སོགས་དེ་སྔོན་གྲུས་པས་ལེགས་སྒྲིག་གམ་རྩོམ་སྒྲིག་བྱས་པའི་སྒྲུང་མཁན་འདི་པའི་ངག་སྒྲུང་གཞན་དང་བསྡུར་ན་ཞན་ཆ་ཅུང་མང་བར་སྣང་བ་དང་། ཁྱད་པར་ལྷོག་ཕྱོགས་ཀྱི་མི་སྣ་གཙོ་བོ་རྣམས་བཀོད་སྒྲིག་གནང་སྟངས་ལ་སྐྱོན་ཆ་ཆེ་ཙམ་འདུག་པ་རེ་རེ་བཞིན་བབ་བསྟུན་བཟོ་བཅོས་གང་འཚམ་རེ་མི་བྱེད་ཀ་མེད་བྱུང་།

དང་པོ་ནང་དོན་ཆད་ལུས་བྱུང་བ་ལ་ཁ་གསབ་བྱས་ཚུལ། སྟོད་ཆའི་ཤོག་ངོས་༡༨ཀྱི་ནང་དུ་སྤྲུལ་སྐུ་སངས་རྒྱས་ཡེ་ཤེས་དང་ཇོ་མོ་ཤེས་རབ་ཀུན་འབྱུང་གཉིས་ལ་བདུད་རྒྱུད་དགེ་སྐོས་སྤྲུལ་མགོ་རྣ་ཉག་དེས་ཁྲིམས་གཅོད་ནན་པོ་བཏང་བ་མ་ཟད། མ་ཤི་གསོན་ལྤགས་བཤུ་རྒྱུར་ཐག་བཅད་པའི་སྐབས་སུ། འབྲུག་རྒྱལ་པོ་བཀྲ་ཤིས་རྣམ་རྒྱལ་གྱིས་ཁོང་གཉིས་ཁྲིམས་གྲོལ་ལ་མི་ཚུད་པ་དང་ཚེ་གང་གི་ཟ་འཐུང་འབུལ་རྒྱུ་མ་ཟད། ད་དུང་ཁོང་གཉིས་ཀྱི་པང་དུ་བྱུང་བའི་བུ་རྒྱུད་ཀྱང་སྨད་རྒྱལ་པོའི་བློན་པོར་བསྐོ་རྒྱུའི་བཀའ་ཡོད་བཞིན་དུ་གློ་བུར་དུ་ཁོང་གཉིས་བྲག་ཕུག་ནང་མཚམས་ལ་བཞུགས་ཡོད་སྐོར་གསལ་བས། སྒྲུང་གི་གོང་འོག་འཕེལ་རིམ་ལ་གཞིགས་ནས"འོན་ཀྱང་བདུད་ཕྲུག་སྤྲུལ་མགོ་སྨིག་པ་རྣ་ཉག་དེས་སྤྲུལ་སྐུ་དང་ཇོ་མོ་གཉིས་ལ་དྲག་པོའི་ཁྲིམས་ཀྱི་ཉེས་ཆད་མ་བཏང་ན་འབངས་སྡེ་བདེ་བར་འཁོད་ཐབས་མེད། གྲྭ་ཚང་སྡོམ་གཙང་ཡོང་མི་སྲིད། ངན་པ་ལང་ཤོར་ཡོང་རྒྱུ་རེད་ཅེས་ཨུ་ཚུགས་མཐར་སྐྱེལ་བྱས་པ་དང་། ད་དུང་སྐྱེ་བ་ཡང་བརྗེ་རྒྱུའི་

སྲིགས་གཏམ་མང་བར་བཤད་པས། ཐབས་ཟད་ཙུ་ཐུག་གིས་ཕོང་གཉིས་གནས་དབྱུང་རྒྱང་འབུད་བཏང་བས། བྲག་ཕུག་ནང་མཚམས་ལ་བཞུགས། དེའི་སྐབས་ཉིན་ཞིག” ཅེས་པའི་དུམ་མཚམས་འདི་ལེགས་སྒྲིག་པས་ཁ་གསབ་བྱས་ནས་ཚད་མཐུད་བརྒྱབ་པ་ཡིན། སྟོད་ཆའི་ཤོག་ངོས་༢༣༨ནང་། བློན་ཀན་གྱི་སྐུའི་མཇུག་དང་དེ་མིན་ནང་དོན་དུམ་བུ་ཞིག་མ་ཚང་བས་ལེགས་སྒྲིག་པས་གོང་འོག་སྦྲུང་གི་བྱུང་རིམ་ལ་གཞིགས་ནས་ཁ་གསབ་མི་ཉུང་ཙམ་བྱས་ཡོད་དེ། “འོན་ཀྱང་ང་ཡི་བསམ་པ་ལ། ལན་གཅིག་ཕྱིར་འཐེན་བྱས་ན་བསམས། བློན་ཆེན་ཤེས་རབ་ཀུན་ལྡན་དེ། ཆ་དང་ཤེས་པའི་སྟོང་པོ་རེད། གསུང་ལ་འཁྲུལ་བ་ཡོད་ལེ་མིན། དབུས་གཙང་རྒྱབ་ལ་གླིང་རུ་ལངས། དགྲ་ཕར་ཐུལ་ཡོང་བ་དཀའ་མོ་རེད། རང་ཡུལ་རང་གིས་བཟུང་བ་ན། དགྲ་ཕར་འགྲོ་མེད་ལ་ཚུར་ཡོང་མེད། ཨེ་རེད་མ་རེད་བློན་ཚོགས་རྣམས། སྐུ་གོ་ན་ཟ་བའི་བདུད་རྩི་ཡིན། མ་གོ་སྐུ་ལ་ཡང་ལེན་མེད། ཅེས་གསུངས་པ་ན་ཐན་སྲི་དར་སྟོང་རྒྱལ་པོའི་བསམ་པར་མི་ཀན་པའི་ཁ་ལ་ཉོན། བྱ་གཞོན་པའི་སྒྲོ་ལ་སྟོབས་ཟེར་བའི་དཔེ་ལྟར་བློན་ཆེན་ཀན་པོ་འདི་གཉིས་སྔར་རྒྱལ་པོའི་བློན་པོ་ལ་བསྙོས་ཚུན་ནས་ཕོག་ངན་ཧུས་ངན་ཐེངས་གཅིག་ཀྱང་བཤད་མྱོང་མེད། ད་རེས་ཀྱང་བློན་ཀན་གཉིས་ཀྱི་གསུང་ལ་ཉན་ན་བཟང་བསམས་ཏེ་རེ་ཞིག་དམག་ཕྱིར་འཐེན་བྱ་རྒྱུའི་བཀའ་གནང་། བློན་པོ་ཁྲུང་ནག་རྡོ་རྗེ་དང་། སྤྲུལ་མགོ་ར་ཉག་གཉིས་མ་མོས་བཞིན་དུ་རྒྱལ་པོའི་བཀའ་ལ་གྱེན་ལོག་བྱེད་མ་ཕོད་པར་འདུག” ཅེས་ཁ་སྐོན་བྱས་པ་དང་། ཡང་འཕོར་གྲངས་༣༧དང་༣༢བར་ཆད་སྐྱོན་ཆེ་ཙམ་ཡོད་པ་སྟེ། སྔ་ཕྱིའི་ནང་དོན་ལ་གཞིགས་སྐབས་ལྷོ་བདུད་བློན་པོ་བཙན་བདུད་སྟག་རྒོད་ཁྲི་བཙན་དང་མོན་གྱི་དུང་སྐྱོང་སྟག་ལྷ་ཁྲི་བཙན་གཉིས་ཕན་ཚུན་སླུ་ལེན་རེས་དང་འཐབ་རེས་བྱས་མཐར་ལྷོ་བདུད་བཙན་བདུད་སྟག་རྒོད་ཁྲི་བཙན་ལྷོ་ལམ་དུ་དྲངས་པའི་ནང་དོན་ཡོད་བཟོ་འདུག་ཀྱང་། བར་མཚམས་ཆད་ནས་བཙན་བདུད་ཀྱི་སླུ་འགོ་མཇུག

མེད་པ་ཞིག་ལས་མི་སྣང་བས་ལེགས་སྒྲིག་པས་སྔ་ཕྱིར་བལྟས་ནས་འོས་འཚམ་དོར་ཏེ་འབྲེལ་མཐུད་བྱས་ཡོད་པ་ནི་སྐད་ཆའི་ཤོག་ངོས་༦༣ནང་གསལ་བ་ལྟར་དང་། དེ་བཞིན་འཁོར་གྲངས་༣༨ཀྱི་སྐད་དང་༣༩ཡི་འགོ་མི་ཚང་བ་མ་ཟད། དེ་གཉིས་དབར་ལ་ཧ་ཅང་ནོར་སྐྱོན་ཆེ་ཙམ་ཡོད་པ་དང་འཁོར་གྲངས་༣༩ཡི་མཇུག་མི་ཚང་བས་འཁོར་གྲངས་༤༠དང་ནང་དོན་མཐུད་མི་ཐུབ་པ། དེ་བཞིན་འཁོར་གྲངས་༤༣གྱི་མཇུག་དང་༤༤ཡི་འགོ་སྟེ་དར་སྟོང་རྒྱལ་པོའི་གླུ་མཇུག་ནས་དཔའ་འཛོམས་ཀྱི་གླུ་འགོ་བར་ཆད་སྐྱོན་ཆེ་ཙམ་བྱུང་བས། སྐབས་བསྟུན་དོར་བའམ་ཆད་མཐུད་ཡོ་བསྲང་མི་ཤུང་ཙམ་མི་བྱེད་ཀ་མེད་བྱུང་བ་སྐད་ཆའི་ཤོག་ངོས་༡༣༠དང་༡༣༤ལ་གསལ་བ་ལྟར་ཡིན། ལྷག་པར་དུ་འདིར་དམིགས་བསལ་གསལ་བཤད་ཞུ་རྒྱུ་ལ། འཁོར་གྲངས་༤༧གྱི་ནང་དོན་ཆ་ཚང་པོར་བརླག་ཏུ་སོང་ནས་རིག་རྒྱུ་མི་སྣང་བས། འཁོར་གྲངས་༤༦གི་མཇུག་དང་༤༨ཀྱི་འགོ་ལ་གསལ་བའི་ནང་དོན་ལ་གཞིགས་ཚེ་མི་ནག་པོ་ཛ་རི་ཙམ་དེ་དང་དགའ་བདེ་ཆོས་སྐྱོང་བེར་ནག་གཉིས་དབར་གླུ་ལེན་འཐབ་རེས་བྱས་ཡོད་བཟོ་འདུག་ཀྱང་མ་ཡིག་ནང་མི་གསལ་བས་ལེགས་སྒྲིག་པས་གང་འཚམ་འབྲེལ་མཐུད་བྱས་ཡོད་པ་སྐད་ཆའི་ཤོག་ངོས་༢༠༣ནང་གསལ་བ་ལྟར་དང་། འཁོར་གྲངས་༥༡གི་འགོ་ན་ཚིག་རྐང་རེ་གཉིས་མ་གཏོགས་དེའི་ནང་གི་ནང་དོན་ཧ་ལམ་པོར་བརླག་ཏུ་སོང་བ་དང་། འཁོར་གྲངས་༥༢ཀྱི་འགོ་ལ་གསལ་བར་གཞིགས་ན་འཁོར་གྲངས་༥༡ནང་བཙན་བདུད་ངོ་དམར་སོགས་ཀྱིས་གླིང་ཁྲོས་རབ་བརྟན་ལ་མ་འདོད་པའི་གླུ་དུམ་བུ་ཞིག་བླངས་ཡོད་པ་འདྲ་ཡང་ལེགས་སྒྲིག་བྱེད་པའི་རིང་སྒྲུང་མཁན་བསམ་གྲུབ་ཁོང་སྐྱུ་ཡི་སྟོན་གཞི་ལྟར་བས་ཆད་མཐུད་ཀྱི་སྒྲ་འཇུག་བྱེད་ཐབས་བྲལ་བར་བརྟེན་སྒྲུང་གི་འཕེལ་རིམ་ལ་གཞིགས་ནས" ཅེས་ཞུས་པ་དང་། བཙན་བདུད་ངོ་དམར་ཟེར་བ་ཤ་ཟ་ཁྲག་འཐུང་། སྲོག་གཅོད་དབུགས་ལེན་ལ་དགའ་བའི་བདུད་བློན་དེས་གློ་ཁྲོས་རབ་བརྟན་གྱིས་བཤད་པར་མ་འདོད་པའི་རྣམ་འགྱུར་དུ་མ་བསྟན། བློན་

ཀན་ལ་དུག་སྦྲུལ་འདུ་བའི་ལྟེ་གཉིས། ཊ་རུ་འདུ་བའི་ངོ་གཉིས། ཕྱི་ནང་ཕྱིན་ཅི་ལོག་པའི་མི་ངན་རེད་ཅེས་ངན་སྨྲས་ཁ་བརྗུང་མང་ཙམ་བྱས། མི་བཙན་བཙན་མདོག དཔའ་མེད་དཔའ་མདོག་རང་ཆེ་རང་བསྟོད་ཀྱིས་རོང་མི་རང་ཡུལ་རང་ས་འཛིན། སྐྱིད་ཀྱང་སྡུག་ཀྱང་བསྐྱོས་ཐང་རེད། སྐྱེས་པ་ཕོ་ཡི་ལུས་སྟེང་ལ། དར་གུད་སྣ་ཚོགས་ཡོང་རྒྱུ་རེད། དགྲ་ཐེངས་གཅིག་ཕམ་པར་འཇིགས་རྒྱུ་མེད། ཀློན་རེ་གཉིས་ཤོར་བར་སྐྲག་རྒྱུ་མེད། ཉིན་མ་དེ་སྔ་ཡན་ཆོད་ལ། སུ་དང་གང་ལ་སྒྱུར་མ་མྱོང་། སྟོ་དམག་འཁོར་གསུམ་བསྐོར་ཉིན་མོ། སུ་ཐུག་དགྲ་ལ་འཐབ་རྒྱུ་རེད། སྟར་མའི་ཕ་བྲོས་ཤེས་ལེ་མེན་ཞེས་བཤད་ནས་ཉམས་སྣང་མེད་པར་བསྡད་པའི་དུས་” ཞེས་པའི་དུམ་བུ་འདི་ལེགས་སྒྲིག་པས་ལས་སྔོན་ཁ་གསབ་བྱས་ནས་ཚད་མཐུད་བརྒྱབ་པ་སྨད་ཆའི་ཤོག་ངོས་༢༣༧གྱི་ནང་གསལ་བ་ལྟར་རོ། །

གཉིས་པ་མི་སྣ་བཀོད་སྒྲིག་ཐད་གོང་འོག་འགལ་འཁྲུལ་བྱུང་བ་གཅིག་གྱུར་བྱས་ཚུལ། གཞི་རྐང་བོད་ཀྱི་ལུགས་སུ་མི་གཅིག་ལ་སྐྱ་མིང་དང་། སེར་མིང་ངམ་ཆོས་མིང་། གཅེས་མིང་སོགས་མིང་འགའ་འདོགས་སྲོལ་ཡོད་པ་དེ་བཞིན་བོད་ཀྱི་སྲི་ཚོགས་འཚོ་བའི་ཕྱོགས་གང་ཅི་གསལ་ལེར་མངོན་པའི་གླིང་རྗེ་གེ་སར་རྒྱལ་པོའི་སྒྲུང་ནང་དུའང་མི་སྣ་གཅིག་ལ་མིང་མི་འདྲ་བ་འགའ་ཤས་བྱུང་བའི་སྣང་ཚུལ་མཆིས། དཔེར་ན་སྒྲུང་སྣ་དེ་རང་གི་སྟོད་ཆའི་ཤོག་ངོས་༢༣༨ནང་དུ། “ང་འདྲ་ངོ་མ་ཤེས་ན། གཅེར་རྒྱལ་ལྷ་ལུང་རིང་མོ་ནས། ར་ཛ་མགོན་པོའི་གདུང་རྒྱུད་ཡིན། འབྲུག་ལྷ་དྲག་རྩལ་མིང་དུ་ཐོགས། ལ་ལས་འབྲུག་ལྷ་དཔལ་ལྡན་ཟེར། ལ་ལས་འབྲུག་ལྷ་དབང་བཙན་ཟེར། ཕ་མས་བཏགས་པའི་མིང་དང་གཅིག བླ་མས་བཏགས་པའི་མིང་དང་གཉིས། རྒྱལ་པོའི་བར་མིང་དེ་དང་གསུམ། མིང་གསུམ་ཐོགས་པའི་ཕོ་རབ་ཡིན་” ཞེས་གསལ་བ་ལྟར་དང་། གཞན་ཡང་སྒྲུང་སྣ་དེའི་སྟོད་ཆའི་ཤོག་ངོས་༢༠༨ནང་དུ། “ཨ་སྲི་ཐན་སྲི་རྒྱལ་པོ་ངར། ཕོ་ལ་ལས་གཡང་སྲི་གཡང་རྒྱལ་ཟེར། ཕོ་ལ་ལས་ཐན་སྲི་ཐན་རྒྱལ་ཟེར། ཕོ་ལ་

ལས་ཨ་སྲི་ནོར་རྒྱལ་ཟེར། ནོར་ལོངས་སྤྱོད་གཏེར་ཁ་འབྱུང་ས་ཡིན། ལྷོ་ཕ་ཡུལ་བ་ཡི་གཏེར་ཁ་དེ། ཕོ་ང་ལ་མ་གཏོགས་ཡོད་བསམ་མེད་” ཅེས་པ་ལྟ་བུ་ཡིན། འོན་ཀྱང་སྒྲུང་སྣ་དེའི་ནང་ཐོན་པའི་མི་གཅིག་ལ་མིང་མི་འདྲ་བ་བྱུང་རིགས་ཕལ་ཆེར་ནི་གོང་གསལ་གྱི་འགྲོ་ལུགས་དང་མི་འདྲ་བར་འགལ་འཁྲུལ་བྱུང་བ་ཁོ་ནར་མཐོང་བས་གང་ལ་གང་འཚམ་གཅིག་གྱུར་མི་བཟོ་ག་མེད་བྱུང་། དཔེར་ན། སྤྱུལ་མགོ་ར་ཉག་ལ་སྤྱི་ཁྱེར་མིང་མི་འདྲ་བ་དྲུག་ཙམ་བྱུང་སྟེ། དགེ་སྐྱེས་ཁྱིག་པ་ར་ཉག་དང་། དགེ་སློང་སྤྱུལ་མགོ་ར་ཉག སྤྱུལ་ནག་མགོ་དགུ་ར་ཉག དགེ་སྐྱེས་སྤྱུལ་ནག ཁྱིག་པ་ར་རྩ་སྤྱུལ་མགོ་ཅན་ཟེར་བ་ལྟ་བུ་དང་། འབྲུག་རྒྱལ་པོ་བཀྲ་ཤིས་རྣམ་རྒྱལ་ལ། སྐབས་རེ་རྣམ་རྒྱལ་བཀྲ་ཤིས་དང་། སྐབས་རེ་ཀུན་བཟང་ཉི་མ་ཞེས་གསལ་བ་དང་། ལྷོ་ཡུལ་གྱི་དྲང་ཕྱོགས་མི་སྣ་བློན་ཆེན་ཐོག་རྗེ་བློ་གྲོས་ཀྱི་མིང་ལ། སྟག་གསར་གྲགས་པ་ལྷུན་གྲུབ་དང་། རྡོ་རྗེ་ལྷུན་གྲུབ། རྡོ་རྗེ་དོན་གྲུབ་ཅེས་གསལ་བ། ལྷོ་བདུད་ཀྱི་དཔའ་རྟུལ་ཨ་གོང་དཔའ་རྒྱལ་ཡ་མེད་ཀྱི་མིང་དུ་ཨ་སྒོང་ཐལ་བ་རྡོ་རྗེ་དང་། ཨ་སྒོང་དཔའ་རྒྱལ་ཐོགས་མེད། ཨ་གོང་སྟོབས་རྒྱལ་གྲགས་རྒྱལ། དཔའ་རྒྱལ་བུ་ཟེར་བ་སོགས་བྱུང་བས། དེ་རིགས་གོང་འོག་ཏུ་ཐོན་མང་ཉུང་སོགས་ལ་གཞིགས་ནས་གཅིག་གྱུར་བཟོས་པ་ཡིན། གཞན་ཡང་སྒྲུང་དེའི་ནང་གཏེར་གཡང་དུ་ཡོད་པའི་རིགས་བཟང་གི་བ་མོ་དེའི་རིགས་ལ་སྐབས་འགར་བ་འོལ་ལེ་དང་། སྐབས་རེ་འོལ་ལུ། ཡང་སྐབས་རེ་འོལ་ལོ་སོགས་འབྲི་ཚུལ་མང་བར་སྣང་ཡང་ཚང་མ་འོལ་ལུ་ཞེས་གཅིག་གྱུར་བཟོས་པའོ། །

གསུམ་པ་ནང་དོན་གོང་འོག་འགལ་བ་བྱུང་རིགས་ལ་བཟོ་བཅོས་བྱས་ཚུལ། དཔེར་ན་མི་སྣ་གོང་འོག་འགལ་འཁྲུལ་བྱུང་རིགས་ལས་སྒྲུང་སྣ་དེའི་སྟོད་ཆའི་ནང་དུ་སྤྲུལ་སྐུ་སངས་རྒྱས་ཡེ་ཤེས་དང་རྫོ་མོ་ཤེས་རབ་ཀུན་འབྱུང་གི་བུ་གསུམ་ཡུལ་གྱུར་ནས་ཐན་སྲིའི་ཡུལ་དུ་སླེབས་རྗེས་རྒྱལ་ས་བཟུང་བར་བཤད་པ་དང་། ཡང་དུམ་མཚམས་འགའ་ཤས་སུ་སྤྱུལ་མགོ་ར་ཉག་ཐན་སྲི་ཡུལ་གྱི་རྒྱལ་པོའི་ཚུལ་དུ་

ཐོན་པ་སོགས་རྙོག་འཛིང་ཆེ་རུང་། སྟོད་ཆའི་སྐད་ཅམ་ནས་ཐན་སྲིའི་རྒྱལ་པོ་དེ་དར་སྟོང་རྒྱལ་པོ་ཡིན་པར་གསལ་བ་དང་། གོང་དུ་རྒྱལ་པོའི་ཚུལ་དུ་ཐོན་པའི་མི་སྣ་ཚང་མ་ཐན་སྲིའི་དམག་དཔོན་ནམ་ཐན་སྲི་རྒྱལ་པོའི་བློན་པོ་གཙོ་བོ་ཡིན་པར་གསལ་ལ། ཐན་སྲི་རྒྱལ་པོའི་དོད་དུ་སྐབས་འགར་ཨ་སྲི་རྒྱལ་པོ་ཞེས་འབོད་པའང་མི་ཉུང་བ་ཞིག་བྱུང་བས་དེ་རིགས་ལེགས་སྒྲིག་པས་གོང་འོག་ཚང་མ་གཅིག་གྱུར་མི་བཟོ་ག་མེད་བྱུང་། དེ་བཞིན་སྤྲུལ་སྐུ་དང་ཇོ་མོའི་བུ་གསུམ་གྱི་རྣན་གཞོན་ཐད་ལའང་རྙོག་འཛིང་ཆེ་ཙམ་ཡོད་པ་སྟེ། སྐབས་རེ་རྣམ་རྒྱལ་གྲགས་པ་བུ་རྣན་འགོ་ཡིན་པར་གསལ་བ་དང་། སྐབས་རེ་དཔལ་ལྡན་རྒོད་པོ་བུ་རྣན་འགོ་ཡིན་འདྲ་བ་སྣང་། མང་ཆེ་བར་དབང་ཆེན་སྟོབས་ལྡན་རྣན་འགོ་ཡིན་པ་མ་ཟད། ད་དུང་དེས་རྒྱལ་ས་བཟུང་བར་གསལ་བ་སོགས་དང་། ཁྱད་པར་སྟོད་ཆའི་ཤོག་ངོས་༢༨ནང་། "བླ་མའི་བུ་ཆེ་བ་དེ་ལ་དབང་ཆེན་སྟོབས་ལྡན་དང་། འབྲིང་བ་དཔལ་ལྡན་རྒོད་པོ། ཆུང་བ་གྲགས་པ་རྣམ་རྒྱལ་ཟེར་བའི་བུ་གསུམ་པོ་དེར་དཔའ་དང་རྩལ་དྲུག སྟོབས་དང་རྫུ་འཕྲུལ་ཆེ" ཞེས་གསལ་བ་སོགས་ལ་གཞིགས་ནས་གོང་འོག་འགལ་འབྲུལ་ལམ་བུ་གསུམ་ལ་མིང་མི་འདྲ་བ་བྱུང་རིགས་ཚང་མ་གཅིག་གྱུར་བཟོས་པ་ཡིན། བུ་གསུམ་ལ་མིང་མང་ཞིང་སྐབས་རེ་ཐན་སྲི་རྒྱལ་པོ་ཡིན་པར་གསལ་བས། དེ་གསུམ་ལ་ནུ་མོ་གཉིས་ཡོད་པའང་སྟོ་ཡུལ་དུ་སླེབས་རྗེས་ཐན་སྲི་རྒྱལ་པོའི་བཙུན་མོ་བྱས་ཞེས་འཇིག་རྟེན་ལུགས་དང་མི་མཐུན་རིགས་རྣམས་ཀྱང་བཅོས་ཏེ་ཐན་སྲིའི་རྒྱལ་རྒྱུད་བློན་པོ་གཉིས་ཀྱི་བཙུན་མོར་སྤྲིན་པ་ལྟ་བུར་བྱས་པ་ལགས། གཞན་ཡང་འབྲུག་གི་རྒྱལ་པོ་བཀྲ་ཤིས་རྣམ་རྒྱལ་གྱི་ལྟ་ལྟམ་གྲོངས་པའི་ལོ་མཆོད་ཀྱི་བྱེད་སྒོའི་སྐབས་སུ་གསང་སྔགས་ཆོས་གླིང་དང་བཀྲ་ཤིས་ཆོས་གླིང་དགོན་གཉིས་ནས་གྲྭ་བཙུན་གདན་འདྲེན་ཞུས་པའི་ནང་སངས་རྒྱས་ཡེ་ཤེས་དང་ཤེས་རབ་ཀུན་འབྱུང་གཉིས་ཕན་ཚུན་སེམས་ཤོར་མཐུན་པ་བྱུང་ནས་འཇིག་རྟེན་མི་ཡི་བྱ་བར་འཇུག་པས་ཕྱི་ཕྲུག་བྱུང་བ་དག་སྐྱུང་དེའི་ཐོག་མའི་

འབྱུང་རྐྱེན་ཡིན་མོད། འདིར་ཡང་སྐྱིང་གྲྭ་བཙུན་མི་གྲངས་ཇི་ཙམ་གཏོང་མིན་ཐད་གོང་འོག་མི་མཐུན་པ་སྟེ། སྐབས་རེ་བླ་གྲྭ་བཅུ་གསུམ་དང་བཙུན་མ་བཅུ་གསུམ་ཞེས་འཁོད་པ་དང་། ཡང་སྐབས་རེ་བླ་གྲྭ་ཉི་ཤུའམ་ཉི་ཤུ་རྩ་ལྔ་དང་བཙུན་མ་ཉི་ཤུ་ཞེས་འཁོད་པ་དང་། གཞན་ཡང་དབུས་གཙང་ནས་མངགས་པའི་དམག་མིའི་གྲངས་ཀྱང་སྐབས་རེ་ཉིས་སྟོང་དང་། སྐབས་རེ་སུམ་སྟོང་ཞེས་གསལ་བ་དེ་རིགས་ཀྱང་བརྩེས་ཏེ་གོང་འོག་གཅིག་གྱུར་བཟོས་ཡོད།

བཞི་པ་ལེགས་སྒྲིག་བྱས་ཟིན་པའི་སྒྲུང་ནང་ཞན་ཆ་རང་སོར་ལུས་ཚུལ་དང་དེའི་རྒྱུ་མཚན། སྒྲུང་དེའི་ནང་དུ་སྟོ་ཡི་སྟེ་ཤོག་གི་ཁ་གྲངས་ཀྱང་སྐབས་འགར་བརྒྱད་དང་། སྐབས་འགར་བཅུ་གསུམ། སྐབས་རེ་བཅོ་ལྔ་དང་། སྐབས་རེ་བཅོ་བརྒྱད་ཅེས་འཁོད་པ་ཡང་སྐྱིང་ཇི་ཙམ་ཡིན་མིན་རེ་ཞིག་དཔྱད་པར་དཀའ་བས། སྟོ་སྟེའི་ཁ་གྲངས་མི་འདྲ་བ་བྱུང་རིགས་རང་སོར་བཞག་ཡོད། དཔེར་ན་སྟོད་ཆ་པོ་ནའི་ནང་དུ། ཤོག་ངོས་༡༦ལ"ཁྱོད་སྟོ་མི་རྒན་པོ་སྤྲུལ་ནག་མགོ་ཉམས་དཔྱད་ན་མི་གཅིག་ལག་གཉིས་རེད། དགའ་ཟེར་བའི་ཤག་པོ་འགའ་རེ་དེ། ཉམས་དཔྱད་ན་རང་ཕུང་བདག་བརླག་རེད། དེ་མ་བྱེད་རང་ཚོད་བཟུང་ན་དགའ། འབངས་མི་སྟེ་ཤོག་ཆེན་བཅོ་ལྔ་དེ། ངས་རིལ་རིལ་སྒྲོང་འདྲ་ཞིག་བཟོ། དེ་བྲག་ལ་བརྡབ་ཀྱང་རང་ལག་ཡིན"ཞེས་གསལ་བ་དང་། ཤོག་ངོས་༡༥༠ནང"ང་འདྲ་ང་ངོ་མ་ཤེས་ན། སྟོ་རྒྱལ་མགོན་པའི་ཕོ་ལྷ་ཡིན། སྟོ་ཤོག་ཆེན་བཅོ་བརྒྱད་ལས་ལྷ་ཡིན། ཕོ་དཔའ་བོ་རྣམས་ཀྱི་དཔུང་རོགས་ཡིན"ཞེས་པ་དང་། ཤོག་ངོས་༢༨༩ནང"སྟེ་མོན་ཡུལ་ཤོག་ཆེན་བཅོ་བརྒྱད་དེ། མཁར་ཤུལ་བྲག་ཕུག་སྟོང་པར་འགྱུར། རྒྱལ་གཞིས་ཐལ་བ་རླུང་ལ་བསྐུར"ཞེས་པ། ཤོག་ངོས་༡༧༩ནང"ངན་སོང་ཚང་བའི་སྟོ་ཡུལ་ལ། དེ་སྔ་ཐེངས་གཅིག་འགྲིམས་ལེ་དེ། ཤ་དེ་ཟོས་ཀྱང་ཉུས་དེ་ལུས། དྲག་པོ་དམག་གིས་མ་ཚོད་རེད། ……སྟོ་ཤོག་ཆེན་བརྒྱད་ཀྱི་ས་ཆ་ན། སྨད་ཀྱི་ཙ་རི་རོང་ཆེན་དང་། བར་གྱི་གཡུ་རི་རོང་ཆེན་

དང་། སྟོད་ཀྱི་མོན་རི་རོང་ཆེན་གསུམ། ཁ་ལོ་མ་བསྒྱུར་ལུས་ལེ་ལ་” ཞེས་གསལ་བ་དང་། ཡང་ཤོག་ངོས་༢༨༦ནང་“ཁྱོད་ཁོག་པའི་སྙོ་མཆེན་དོན་སྟོད་དེ། དམར་ཐར་རེར་ཁབ་འཛུགས་ཡང་ཡང་བྱེད། ཁྱོད་དེ་དུས་སོ་སྨྲ་མ་སྒྲིག་ན། སྔོ་རྒྱལ་པོའི་རྒྱལ་རྒྱུད་ཁྱོད་ཀྱིས་བཟུང་། ཁྱོད་མ་ཤི་གོང་ནས་གསོན་ལྕགས་བཤུ། ཁྱོད་དེ་དུས་དབུགས་རིང་མ་བཏང་ན། སྔོ་སྡེ་ཆེན་བཅོ་བརྒྱད་རང་བདག་གྱིས”ཞེས་འཁོད་པ་རྣམས་རང་སོར་ཉར་ནས་ཡོད།

དེ་བཞིན་འབྲུག་ཡུལ་གྱི་ཕོ་དགོན་དང་མོ་དགོན་གྱི་གྲངས་ཚད་དང་། དེ་ཚོའི་གྲྭ་གྲངས་སོགས་གོང་འོག་མི་འདྲ་བ་བྱུང་རིགས་རྣམས་ཀྱང་གཅིག་གྱུར་མ་བཟོས་པར་མ་དཔེར་གང་གསལ་བ་ལྟར་ཉར་ནས་ཡོད། དཔེར་ན་སྟོད་ཆའི་ཤོག་ངོས་༨ལ་“འབྲུག་གསང་སྔགས་ཆོས་གླིང་དགོན་པ་ལ། བཀའ་སྟོམ་པ་གཙང་དང་མི་གཙང་དེ། ཉམས་དཔྱད་ན་གྲངས་ཀ་སུ་ཡིས་ཐེབས། བན་གྲྭ་གཟུགས་ཅན་པ་ལྔ་བརྒྱ་ཡོད། སྐྱབས་ཞུ་ས་སངས་རྒྱས་ཡེ་ཤེས་ཡིན། དུས་ད་ལོ་བར་དུ་གབ་ནས་བསྡད། དགོན་མོ་དགོན་བཀྲ་ཤིས་ཆོས་གླིང་ལ། སྨན་སེར་མོ་བརྒྱ་དང་དྲུག་ཅུ་ཡོད། བཀའ་སྟོམ་པ་གཙང་དང་མི་གཙང་དེ། ཉམས་དཔྱད་ན་གྲངས་ཀ་སུ་ཡིས་ཤེས་”ཞེས་གསལ་བ་དང་། ཡང་ཤོག་ངོས་༤༦ནང་“འབྲུག་སྡེ་པ་རྒྱ་གྲགས་བོད་གྲགས་ལ། ཡུལ་འབྲུག་པ་ཟེར་བ་འབྲུག་གི་ཡུལ། དགོན་ཕོ་དགོན་མོ་དགོན་བཅོ་ལྔ་ཡོད། དགོན་ཆེ་བ་གསང་སྔགས་ཆོས་གླིང་ལ། སྐྱབས་མགོན་སྐྱབས་ཞུ་སའི་བླ་མ་དེ། མིང་འབོད་ན་སངས་རྒྱས་ཡེ་ཤེས་ཟེར། འབྲུག་བཀྲ་ཤིས་ཆོས་གླིང་རྣམ་རྒྱལ་ལ། སེར་མོ་དགོན་བུད་མེད་ཉིས་བརྒྱ་ཡོད་”ཅེས་གསལ་བ་དང་། ཤོག་ངོས་༣༠༧ནང་“སྟེར་འབྲུག་ཡུལ་ཉི་མ་རྒྱལ་པོ་ལ། སྡེ་ཚོ་ཆེན་ཤོག་ཁག་བཅུ་གསུམ་ཡོད། དགོན་ཕོ་དགོན་མོ་དགོན་བཅོ་བརྒྱད་ཡོད་”ཅེས་གསལ་བ་ལྟ་བུའོ། །

མདོར་ན་གླུང་དེའི་ནང་དུ་གསལ་བའི་དཔོན་དམག་དང་། གྲྭ་བཙུན།

ཡུལ་ཐོག དགོན་པ་སོགས་ཀྱི་གྲངས་ཚད་མི་འདྲ་བ་བྱུང་རིགས་ལས་སྐྱུང་དེ་རང་གི་ནང་རྟོག་བཟོ་བྱས་པ་ཙམ་ལས་ལྗོ་ཡུལ་གྱི་སྤྱི་ཚོགས་དངོས་དང་དེ་ཙམ་འབྲེལ་བ་ཆེ་བ་མེད་རིགས་རྣམས་སྤྱ་ཕྱི་གཅིག་གྱུར་བཟོ་གང་ཐུབ་བྱས་པ་དང་། ལྗོ་ཡུལ་གྱི་སྤྱི་ཚོགས་དངོས་དང་འབྲེལ་ཆེ་བའི་རིགས་རྣམས་ཞན་ཆར་མཐོང་ཡང་ཡང་སྙིང་གང་ཞིག་ཁུལ་དེའི་སྤྱི་ཚོགས་ཀྱི་དངོས་ཡོད་གནས་ཚུལ་དང་མཐུན་མིན་ལེགས་སྒྲིག་པའི་ཡོན་ཚད་དང་དུས་ཚོད་སོགས་ཀྱི་རྐྱེན་གྱིས་རེ་ཞིག་དཔྱད་པར་དཀའ་བས་རང་སོར་བཞག་ཡོད། །

༧༧། །བསམ་གྲུབ་ཀྱིས་ཕབ་པའི་གླིང་སྒྲུང་གི་ཁྱད་ཆོས་སྐོར་གླེང་བ།

དང་པོ། མཆེད་སྒྲུམ་གྱི་རང་བཞིན།

དེ་ཡང་གནའ་མི་བོད་ཀྱི་ཁ་རྒྱུན་ལ་གླིང་མི་རེའི་ཁ་ན་སྒྲུང་རེ་ཡོད་ཅེས་པ་དང་། ནམ་རྒྱུན་དུ་གླིང་སྒྲུང་གི་བམ་གྲངས་བརྗོད་སྐབས་དེ་ནི་རྟ་མོག་རོའི་སྤུ་བཞིན་བགྲང་གིས་མི་ལངས་ཞེས་བརྗོད་སྲོལ་ཡོད་པ་དེ་དག་ལས་བོད་ཀྱི་ཡུལ་འདིར་གླིང་སྒྲུང་དར་ཁྱབ་ཆེ་ལ་སྒྲུང་སྣ་ཤིན་ཏུ་མང་བ་མཚོན་ཡོད། གླིང་སྒྲུང་གསར་རྩོམ་དང་ཉར་འཛིན། དར་སྤེལ་བྱེད་མཁན་དུ་ངེས་པའི་དམངས་ཁྲོད་ཀྱི་སྒྲུང་པ་མང་ཆེ་བས་སྒྲུང་སྣ་མི་འདྲ་བ་བཅུ་ཕྲག་འགའ་རེ་འཆད་ཐུབ་པ་མ་ཟད། རང་ཉིད་ཀྱིས་འཆད་ཐུབ་པའི་སྒྲུང་ལ་རྒྱས་འབྲིང་བསྡུས་གསུམ་མམ་རྒྱས་བསྡུས་གཉིས་སུ་དབྱེ་རྒྱུ་ཡོད་ཅེས་བརྗོད་ཀྱི་ཡོད། འོན་ཀྱང་ང་ཚོས་སྒྲུང་མཁན་བསམ་གྲུབ་ལགས་ལ་ཁོང་གི་འཆད་ཐུབ་པའི་གླིང་སྒྲུང་གི་རྒྱས་བསྡུས་སྐོར་བཀའ་འདྲི་ཞུ་སྐབས་ཁོང་གིས་རྟག་ཏུ་“བློ་ལ་གང་ཤར་བ་ལས་རྒྱས་བསྡུས་གང་བཤད་རང་དབང་མེད་” ཅེས་གསུངས་ཀྱི་ཡོད། ཡིན་ནའང་སྒྲུང་མཁན་བསམ་གྲུབ་ལགས་ནི་ཡིག་རྫོངས་སྒྲུང་པ་ཞིག་ཡིན་པས་ཁོང་གིས་སྒྲུང་བཤད་སྐབས་སྤྱི་ཁྱིའི་གོ་རིམ་དང་། སྒྲུང་གི་ནང་དོན། མི་སྣའི་བཀོད་སྒྲིག་སོགས་ཚང་མ་དྲན་ཤེས་ཁོ་ནར་བརྟེན་དགོས་སྟབས་སྔ་རྗེས་སུ་ཕབ་པའི་སྒྲུང་སྣ་གཅིག་རང་ལའང་རྒྱས་བསྡུས་ཀྱི་ཁྱད་པར་ཆེ་ལ་ནང་དོན་ལའང་འགྱུར་བ་ཆེ་ཙམ་འགྲོ་ཡི་ཡོད། འདིར་དམིགས་སུ་དོན་འདིའི་སྐོར་གླེང་རྒྱུ་ཡིན།

གཅིག སྒྲུང་མཁན་གང་གིས་འཆད་ཐུབ་པའི་སྒྲུང་གི་བམ་གྲངས་ནས་བལྟས་ན།

ད་ལྟ་ང་ཚོའི་འདྲིན་བྱེད་ཀྱི་ཡུལ་དུ་གྱུར་པའི་གླིང་རྗེ་གེ་སར་རྒྱལ་པོའི་སྒྲུང་དཔེ་ལ་རིགས་གཉིས་ཡོད་དེ། སྒྲུང་དཔེ་གཅིག་རང་གི་ནང་དུ་གེ་སར་རྒྱལ་པོ་སྐུ་ཚེ་ཧྲིལ་པོའི་བྱས་རྗེས་བཀོད་པའི་ལེ་ཚན་དུ་ཕྱེ་བའི་རིགས་དང་། གེ་སར་རྒྱལ་པོའི་མཛད་རྗེས་སམ་གཡུལ་འགྱེད་སྣ་ཁ་རེས་སྒྲུང་དཔེ་རེ་ཁེར་དུ་བྱས་པའི་སྐོར་ཚན་དུ་ཕྱེ་བའི་རིགས་བཅས་གཉིས་སོ། །《སྒྲུང་མཁན་བསམ་གྲུབ་ཀྱིས་ཕབ་པའི་གླིང་རྗེ་གེ་སར་རྒྱལ་པོའི་སྒྲུང་》ནི་རིགས་ཕྱི་མ་དེར་གཏོགས་པ་ཞིག་ཡིན། སྒྲུང་མཁན་ཁོང་གིས་ཡང་སྐྱིད་སྐོར་ཚན་དུ་ཕྱེ་བའི་སྒྲུང་སྣ་ཇི་ཙམ་འཆད་ཐུབ་ཀྱི་ཡོད་དམ་ཞེ་ན། དེ་ནི་ད་ལམ་སྒྲུང་མཁན་ཁོང་རང་ཉིད་ཀྱིས་ཀྱང་གསུང་ཚོད་དཀའ་བའི་གནད་དོན་ཞིག་རེད། འོན་ཀྱང་ཁོང་གིས་ཕྱི་རྗེས་སུ་ངོ་སྤྲོད་གནང་བར་གཞིགས་ན། ཟོ་ལ་གཏམ་དང་སླུའི་འགྱུར་ཁུགས། ཉིན་རེ་བཞིན་དུ་ཇི་འཛོམས་རེད་ཅེས་པ་ལྟར་སྒྲུང་མཁན་གང་ཉིད་ན་སོ་ཇེ་མཐོར་འགྲོ་བ་དང་བསྟུན་ནས་འཆད་ཐུབ་པའི་སྒྲུང་ཇེ་མང་ཇེ་རྒྱས་སུ་འཕེལ་ཡོད་པ་ནི་དངོས་དོན་ཞིག་ཡིན། ང་ཚོས་སྒྲུང་མཁན་བསམ་གྲུབ་ལགས་ཀྱི་ཆུང་བྱིས་པའི་དུས་ཀྱི་འཚར་ལོངས་བྱུང་ཚུལ་དང་འཆད་ཐུབ་པའི་སྒྲུང་ཁག་ཇེ་མང་དུ་འགྲོ་ཚུལ་སོགས་ཀྱི་ལོ་རྒྱུས་རྣམས་ཡིག་རྗོགས་ཆེ་བར་འཛོམས་ནས་རེ་ཞིག་བཏང་སྙོམས་སུ་བཞག་སྟེ། སྒྲུང་མཁན་གང་དེ་གྲགས་ཅན་གྱི་སྒྲུང་པ་ཞིག་ཆགས་རྗེས་ཀྱི་འབྲེལ་ཡོད་ཚན་པ་དང་མི་སྣར་ཐོ་འགོད་གནང་བའི་ཁོང་རང་ཉིད་ཀྱིས་འཆད་ཐུབ་པའི་དཀར་ཆག་རྣམས་ངོ་སྤྲོད་ཞུས་ན། དུས་རབས་གོང་མའི་ལོ་རབས་བརྒྱད་ཅུ་པའི་དུས་མཇུག་གམ་ལོ་རབས་དགུ་བཅུ་པའི་དུས་འགོར་སྒྲུང་མཁན་བསམ་གྲུབ་ཀྱིས་འབྲེལ་ཡོད་ཚན་པར་སྙན་སེང་ཐོ་འགོད་གནང་བར་གཞིགས་ན། ཁོང་གིས་སྒྲུང་སྣ་མི་འདྲ་བ་རྫོང་ཆེན་༡༨དང་། རྫོང་ཆུང་༡༠འཆད་ཐུབ་ཀྱི་ཡོད་པ་

དང་།① དེ་རྗེས་ལོ་རབས་དགུ་བཅུ་པའི་དུས་དཀྱིལ་དུ་རྒྱལ་ཡོངས་གེ་སར་དོན་གཅོད་ཁང་གི་ཞིབ་འཇུག་ཆེ་མོ་བ་ཡང་ཨེན་རྟུང་ལགས་ལ་ངོ་སྤྲོད་གནང་བར་གཞིགས་ན། ཁོང་གིས་རྫོང་ཆེན་༡༨དང་། རྫོང་འབྲིང་༡༨ཛོ་རུ་མ་སྐྱེས་གོང་གི་རྫོང་༡༨འཆད་ཐུབ་ཀྱི་ཡོད།② ༢༠༠༠ལོར་《སྒྲུང་མཁན་བསམ་གྲུབ་ཀྱིས་ཕབ་པའི་གླིང་རྗེ་གེ་སར་རྒྱལ་པོའི་སྒྲུང་》ལེགས་སྒྲིག་པར་སྐྲུན་གྱི་ལས་གྲྭ་དེའི་སྟ་གོན་བྱེད་སྐབས་ཐུན་ནས་ཁོང་ལ་བཀའ་འདྲི་ཞུ་སྐབས། ཁོང་གིས་སྒྲུང་སྣ་མི་འདྲ་བ་༤༧འཆད་ཐུབ་ཀྱི་ཡོད་ཅེས་གསུངས་བྱུང་།③ གོང་གི་གྲངས་ཚད་དེ་དག་ལས་སྒྲུང་མཁན་གང་གིས་གསུང་ཐུབ་པའི་སྒྲུང་སྣའི་གྲངས་འབོར་ཇེ་མང་དུ་གྱུར་བ་ནི་དུས་རབས་གོང་མའི་ལོ་རབས་བརྒྱད་ཅུ་པའི་ནང་ཁོང་གིས་ཕབ་ཐུབ་པའི་སྒྲུང་སྣ་༢༨དེ་ལོ་རབས་དགུ་བཅུ་པའི་ནང་༥༩ལ་གྱུར་བ་དང་། དེ་རྗེས་སྟོང་ལོ་གསར་པ་ཤར་བའི་རྗེས་ཁོང་གིས་ཕབ་ཐུབ་པའི་སྒྲུང་སྣའི་གྲངས་དེའང་༤༧བར་འཕེལ་ཡོད། དེ་ལས་སྒྲུང་པས་སྒྲུང་འཆད་ཐུབ་བྱེད་པའི་ལག་ལེན་ཁྲིད་འཆད་ཐུབ་པའི་སྒྲུང་སྣ་ཇེ་མང་དུ་འགྲོ་བ་དང་། ནང་དོན་ཕུན་སུམ་ཇེ་ཚོགས་སུ་འགྲོ་བ་མཚོན་ཡོད།

གཉིས། སྔ་རྗེས་སུ་ཕབ་པའི་སྒྲུང་གཅིག་རང་གི་འཁོར་གྲངས་ནས་བལྟས་ན།

དེ་སྔོན་ང་ཚོའི་ལས་ཀའི་ཉམས་མྱོང་གིས་མ་འདང་བ་དང་ཁྱད་པར་འགྲོ་གྲོན་དབུལ་བའི་རྐྱེན་གྱིས་སྒྲུང་པས་སྒྲ་ཕབ་གནང་བའི་སྒྲིན་ཤོག་མང་པོ་ཡུན་རིང་ཡི་གེར་དབབ་རྒྱུ་མ་བྱུང་བར་སྒྲིན་ཤོག་གི་ནུས་པ་ཉམས་ནས་སྒྲུང་མང་པོ་ཕན་མེད་དུ་སོང་བ་དང་། སྒྲ་ཕབ་སྒྲིན་ཤོག་ལས་ཡི་གེར་ཕབ་པའི་སྒྲུང་མང་པོ་ཞིག

① ཀྲའོ་པིང་ལི་ཡིས་རྩོམ་སྒྲིག་བྱས་ཤིང་ཀན་སུའུ་མི་རིགས་དཔེ་སྐྲུན་ཁང་ནས་སྤྱི་ལོ1984ལོར་དཔར་དུ་བསྐྲུན་པའི་《གེ་སར་གྱི་ཡིག་ཆ་ཕྱོགས་བསྒྲིགས་》ཞེས་པའི་རྒྱ་ཡིག་དཔར་གཞིའི་བམ་པོ་བཞི་པའི་ཤོག་ངོས2340ལ་གསལ།

② ཡང་ཨེན་རྟུང་གིས་བརྩམས་ཤིང་ཀྲུང་གོའི་བོད་རིག་པ་དཔེ་སྐྲུན་ཁང་ནས་སྤྱི་ལོ1995ལོར་དཔར་དུ་བསྐྲུན་པའི་《གེ་སར་སྒྲུང་པའི་སྐོར་གྱི་ཞིབ་འཇུག》ཅེས་པའི་རྒྱ་ཡིག་དཔར་གཞིའི་ཤོག་ངོས222ལ་གསལ།

③ 《བོད་ལྗོངས་ཞིབ་འཇུག》2003ལོའི་དུས་དེབ་གསུམ་པའི་ཤོག་ངོས76ལ་གསལ།

ཀྱང་ཡི་གེར་འབེབས་མཁན་གྱི་སྐད་ལུགས་དང་འབྲེལ་ཡོད་ཤེས་བྱའི་ཚུ་ཚད་ཀྱིས་རྐྱེན་པས་ལེགས་སྒྲིག་བྱ་ཐབས་བྲལ་སྐབས《སྒྲུང་མཁན་བསམ་གྲུབ་ཀྱིས་ཕབ་པའི་གླིང་རྗེ་གེ་སར་རྒྱལ་པོའི་སྒྲུང་》ལེགས་སྒྲིག་དཔར་སྐྲུན་གྱི་ལས་གྲྭ་སྤྱིལ་འགོ་བཙམས་རྗེས་བསྐྱར་དུ་སྒྲ་ཕབ་བྱེད་དགོས་བྱུང་། དུས་རབས་གོང་མའི་ལོ་རབས་བརྒྱད་ཅུའི་ནང་སྒྲུང་མཁན་བསམ་གྲུབ་ཀྱིས་སྒྲ་ཕབ་བྱས་པའི་སྒྲུང་དང་སྟོང་ལོ་གསར་པའི་ནང་སླར་ཡང་སྒྲ་ཕབ་བྱས་པའི་སྒྲུང་གི་འཁོར་གྲངས་ཕན་ཚུན་བསྡུར་སྐབས། སྒྲུང་སྣ་གཅིག་རང་གི་སྤྱིན་ཤོག་གི་འཁོར་ཐག་འཐོར་གྲངས་ལ་མང་ཉུང་ཁྱད་པར་ཆེན་པོ་ཡོད་པ་གཤམ་གསལ་རེའུ་མིག་ལྟར།

སྒྲུང་སྣའི་མིང་།	ལོ་རབས་བརྒྱད་ཅུའི་ནང་སྒྲ་ཕབ་བྱས་པའི་འཁོར་ཐག་གྲངས།	དུས་རབས་གསར་པའི་ནང་སྒྲ་ཕབ་བྱས་པའི་འཁོར་ཐག་གྲངས།
འདན་མ་ནས་རྫོང་།	༨༢	༢༠༠༥ལོར་སྒྲ་ཕབ་བྱས་པ་ལ་༣༩
ཧོར་གླིང་གཡུལ་འགྱེད།	༨༢	༢༠༠༣ལོར་སྒྲ་ཕབ་བྱས་པ་ལ་༨༨
ཁ་ཆེ་གཡུ་རྫོང་།	༧༣	༢༠༠༩ལོར་སྒྲ་ཕབ་བྱས་པ་ལ་༥༨
ཨ་གྲགས་གཟི་རྫོང་།	༧༩	༢༠༠༩ལོར་སྒྲ་ཕབ་བྱས་པ་ལ་༢༨
རྟ་རྒྱུག་རྒྱལ་འཛོག	༩༠	༢༠༠༩ལོར་སྒྲ་ཕབ་བྱས་པ་ལ་༩༥
ཞང་ཞུང་མུ་ཏིག་རྫོང་།	༣༥	༢༠༠༩ལོར་སྒྲ་ཕབ་བྱས་པ་ལ་༩༣
ལྷོ་ཐན་སྲི་རྒྱལ་པོའི་བ་གཡང་།	༨༩	༢༠༠༧ལོར་སྒྲ་ཕབ་བྱས་པ་ལ་༥༠

གོང་གསལ་རེའུ་མིག་དེ་ལས་སྒྲུང་མཁན་གང་གིས་དུས་རབས་མི་འདྲ་བའི་ནང་སྔ་རྗེས་སུ་ཕབ་པའི་སྒྲུང་སྣ་གཅིག་རང་ལའང་རྒྱས་བསྡུས་ཀྱི་དབྱེ་བ་ཆེན་པོ་ཡོད་པ་མངོན་ཐུབ།

གསུམ། བརྗོད་བྱ་གཅིག་རང་སྒྲུང་སྣ་མི་འདྲ་བའི་ནང་ཐོན་པའི་ནང་དོན་ནས་བལྟས་ན།

སྒྲུང་མཁན་བསམ་གྲུབ་ཀྱིས་འཆད་གྱེར་གནང་བའི་《གླིང་སྒྲུང་》ནང་སྐབས་དང་བསྟུན་ནས་རྒྱས་པར་མཆེད་པའམ་བསྡུས་པོར་སྐྱུམ་པའི་རིགས་མི་

ཞུང་བ་ཐོན་ཡོད། དེ་ཡང་དཔེར་ན་《འགོག་གླིང་》ནི་གེ་སར་རྒྱལ་པོའི་ཡུམ་ཆེན་ཀླུ་ཡུལ་ནས་སེང་སློན་ག་མའི་ཁབ་ཏུ་གདན་འདྲེན་ཞུས་པའི་བརྗོད་བྱ་དམིགས་སུ་བསྟན་པའི་སྐོར་ཚན་ཞིག་ཡིན་པ་དང་། བརྗོད་བྱ་དེ་སྒྲུང་མཁན་གང་གིས་སྒྲ་ཕབ་གནང་བའི་《གླིང་སྒྲུང་》ནང་གི་ཐོག་མའི་འགོ་བརྗོད《ལྷ་གླིང་》དང་《འཁྲུངས་གླིང་》ནང་དུའང་གསལ་ནས་ཡོད། 《འགོག་གླིང་》ནང་བསམ་གྲུབ་ཀྱིས་ཁྱོན་བསྡོམས་ཚིག་རྐང་༡༥༧༣༩དང་ཡིག་འབྲུ་ཁྲི་༣༨སྟེང་ནས་བརྗོད་བྱ་དེ་རྒྱས་པར་བསྟན་ཡོད་པ་དང་། 《ལྷ་གླིང་》ལེ་ཚན་ནང་དུ་ཚིག་རྐང་༧༩༨དང་ཡིག་འབྲུ་ཁྲི་༢དང་སྟོང་༥སྟེང་ནས་བརྗོད་བྱ་དེ་བསྡུས་པར་བསྟན་ཡོད། ཡང་དཔེར་ན་སྒྲུང་མཁན་གང་གིས་༡༩༩༡ལོར་སྒྲ་ཕབ་གནང་བ་དང་༢༠༠༩ལོར་ང་ཚོས་ལེགས་སྒྲིགས་དཔར་སྐྲུན་ཞུས་པའི་《བྱེ་རི་བྱུར་རྫོང་》དང་༡༩༨༩ལོར་གང་གིས་སྒྲ་ཕབ་གནང་བ་དང་༢༠༠༥ལོར་ང་ཚོས་ལེགས་སྒྲིག་དཔར་སྐྲུན་ཞུས་པའི་《ཨ་གྲགས་གཟི་རྫོང་》གི་སྐོར་ཚན་དེ་གཉིས་ནི་འབྲེལ་བ་ཤིན་ཏུ་ཟབ་པའི་སྒྲུང་སྣ་གཉིས་ཡིན། དེ་ཡང་《ཨ་གྲགས་གཟི་རྫོང་》ནི་བྱེ་རིའི་བྱུར་རྫོང་ཕབ་པར་འགྲོ་བའི་ལམ་ཞོར་དུ་ཕབ་པའི་རྫོང་ཞིག་ཡིན་པ་དང་། གཟི་རྫོང་ཕབ་པའི་བརྗོད་བྱ་དེ་《ཨ་གྲགས་གཟི་རྫོང་》ནང་དུ་ཡིག་འབྲུ་ཁྲི་༣༢ཀྱིས་རྒྱས་པར་བསྟན་པ་དང་། 《བྱེ་རི་བྱུར་རྫོང་》ནང་དུ་ཤོག་གྲངས་༧༠སྟེ་ཤོག་ངོས་གཅིག་རང་གི་ནང་བརྗོད་བྱ་དེ་ཡིག་འབྲུ་༨༠༠ཙམ་གྱིས་བསྡུས་པར་བསྟན་ཡོད།

དེ་བཞིན་འགོག་གླིང་དབར་གཡུལ་འགྱེད་དང་ཀླུ་མོ་གླིང་གི་ཁབ་ཏུ་བསུས་པའི་བརྗོད་བྱ་དེའི་སྐོར་དེ་སྔོན་སེ་ཁྲིན་མི་རིགས་དཔེ་སྐྲུན་ཁང་ནས་དཔར་སྐྲུན་བྱས་ཟིན་པའི་《ལྷ་གླིང་གབ་ཙེ་དགུ་སྐོར་》དང་《འཁྲུངས་གླིང་མེ་ཏོག་ར་བ་》སྒྲུང་མཁན་གྲགས་པས་བཤད་པའི་《ལྷ་གླིང་གབ་ཙེ་དགུ་སྐོར་》བཅས་ཀྱི་ནང་རྒྱས་བསྡུས་སྣ་ཚོགས་ཀྱིས་བཀོད་ཡོད། གྲགས་པས་བཤད་པའི་གླིང་རྗེ་གེ་སར་

རྒྱལ་པོའི་སྒྲུང་《 ལྷ་གླིང་གབ་ཙེ་དགུ་སྐོར་ 》གྱི་ཤོག་གྲངས་༧༢ནས་༧༨བར་ཡིག་འབྲུ་༤༨༠༠ཙམ་སྤྱད་ནས་བརྗོད་བྱ་དེ་བཤད་ཡོད་པ། དེ་བཞིན་སི་ཁྲོན་མི་རིགས་དཔེ་སྐྲུན་ཁང་ནས་བསྐྲུན་པའི་《 ལྷ་གླིང་གབ་ཙེ་དགུ་སྐོར་ 》（ ཤོག་གྲངས་༡༠༣ནས་༡༥༡བར་ ）དང་《 འབྲུངས་གླིང་མེ་ཏོག་ར་བ་ 》（ ཤོག་གྲངས་༢༥ནས་༤༣བར་ ）གཉིས་ཀྱི་ནང་བསྡོམས་ཤོག་གྲངས་༨༨དང་ཡིག་འབྲུ་ཁྲི་༣. ༨ཙམ་སྤྱད་ནས་བརྗོད་བྱ་དེ་བཀོད་ཡོད། གོང་གསལ་བསྡུར་གྲངས་དེ་ལས་ཀླུའི་སྲས་མོ་གླིང་གི་ཁབ་ཏུ་བསུས་པའི་བརྗོད་བྱ་དེ་《 འགོག་གླིང་ 》ནང་རྒྱས་ཤོས་བཀོད་ཡོད་པ་མཚོན་པས། དེ་ནི་བརྗོད་བྱ་དེའི་ཐད་ཀྱི་རྒྱས་བཤད་བྱས་པའི་སྐོར་ཚན་དྲག་ཤོས་ཤིག་ཡིན་ཞེས་བརྗོད་ཆོག དེ་ལྟར་ལགས་ཀྱང་ཕྱོགས་གཞན་ཞིག་ནས་བལྟས་ན། 《 འགོག་གླིང་ 》ནང་འགོག་བཟའ་ལྷ་མོ་ཁབ་ཏུ་བསུ་བའི་རྟེན་འབྲེལ་མཛད་སྒོའི་ཐོག་བསང་རྫས་ཡོན་ཆབ་གཏོར་མ་སོགས་མཆོད་རྫས་དང་། གཡུང་དྲུང་གསེར་བུམ་རྒྱལ་སྲིད་སྣ་བདུན་མདའ་དར་ལ་སོགས་པའི་བཀྲིས་རྟགས་དང་རི་མོའི་རིགས། ཁྲི་དང་གདན་དང་གསེར་ཐྲེམ་སྨན་ཆུ་ལ་སོགས་སྒྲིག་ཆས་དང་། ཇ་ཆང་ལ་སོགས་བཏུང་བྱའི་རིགས་དང་སྒོ་སྐས་སོགས་ཀྱི་བཤད་པ་སྣ་ཚོགས་ཡོད་རིགས་མིང་ཙམ་ལས་རྒྱས་བཤད་བྱས་མེད། བཤད་པའི་ནང་དོན་ཞིབ་ཕྲ་རྣམས་སྒྲུང་པ་སྐྱོ་མར་བཀའ་འདྲི་ཞུ་འབྲས་ལ་ཇ་ཆང་གི་བཤད་པ་ཁོ་ནར་ཡང་སྒྲ་ཕབ་འཕོར་ཐག་ཆུ་ཚོད་གཅིག་ཙམ་འདུག་པ་ཤེས་བྱུང་། ཡ་མཚན་ཆེ་བ་ཞིག་ལ་བཤད་པའི་ནང་དོན་སྒྲུང་ནང་མ་ཕབ་པའི་རྒྱུ་མཚན་བཀའ་འདྲི་ཞུ་སྐབས་ཁོང་གིས་ཡིག་ཚོགས་ཆེ་བར་དོགས་ནས་བཤད་མེད་ཅེས་གསུངས་བྱུང་། དེ་རྣམས་ཀྱི་ཐོག་ནས་སྒྲུང་མཁན་བསམ་གྲུབ་ལ་སྒྲུང་ཤོད་སྐབས་སྐབས་བསྟུན་རྒྱས་བསྡུས་མཆེད་སྐྱུམ་ལ་ཐོགས་པ་མེད་པའི་རྩལ་ལྡན་པ་ཡང་མངོན་ཐུབ།

གཉིས་པ། གཞན་འགྱུར་གྱི་རང་བཞིན།

གཅིག ཟླ་རྗེས་སུ་ཐོ་འགོད་གནང་བའི་གང་གིས་འཆད་ཕྱིར་ཐུབ་པའི་སྒྲུང་གི་དཀར་ཆག་ནས་བལྟས་ན།

དུས་རབས་གོང་མའི་ལོ་རབས་དགུ་བཅུ་པའི་དུས་དཀྱིལ་དུ་ཡང་ཨེན་ཧྲུང་ལགས་ལ་ངོ་སྤྲོད་གནང་བའི་སྒྲུང་གི་དཀར་ཆག་དང་། ཧྥོང་ལོ་གསར་རྗེས་ཕྲན་ལ་ངོ་སྤྲོད་གནང་བའི་སྒྲུང་གི་དཀར་ཆག་གཉིས་ཕན་ཚུན་བསྡུར་བ་བྱེད་སྐབས་སྒྲུང་སྣ་མི་འདྲ་བའམ་སྒྲུང་གི་ཁ་བྱང་མི་འདྲ་བ་མང་པོ་ཞིག་ཡོད། ཡང་ཨེན་ཧྲུང་ལགས་ལ་ངོ་སྤྲོད་གནང་བའི་སྒྲུང་མཁན་གང་གིས་ཕབ་ཐུབ་པའི་རྫོང་ཆེན་བཅོ་བརྒྱད་ཚང་མ་ཕྲན་ལ་ངོ་སྤྲོད་གནང་བའི་དཀར་ཆག་ནང་ཡོད་ནའང་། སྒྲུང་མིང་འབོད་ཚུལ་མི་འདྲ་བ་མང་པོ་ཡོད། དཔེར་ན། 《ཧོར་གླིང་གཡུལ་འགྱེད་》ལ་ཧོར་གྱི་གུར་དཀར་རྒྱལ་པོ་ཞེས་པ་དང་། 《འཇང་གླིང་གཡུལ་འགྱེད་》ལ་ས་དམ་རྒྱལ་པོ་ཞེས་པ། 《མོན་གླིང་གཡུལ་འགྱེད་》ལ་ཤིང་ཁྲི་རྒྱལ་པོ་ཞེས་པ། 《ཞང་ཞུང་མུ་ཏིག་རྫོང་》ལ་ཞང་ཞུང་རྒྱལ་པོ་ཞེས་པ་སོགས་དང་། ཡང་ཨེན་ཧྲུང་ལགས་ལ་ངོ་སྤྲོད་གནང་བའི་སྒྲུང་པ་ཕོང་གིས་འཆད་ཕྱིར་ཐུབ་པའི་རྫོང་འབྲིང་བཅོ་བརྒྱད་དང་ཇོ་རུ་མ་སྐྱེས་གོང་གི་རྫོང་ཁག་བཅོ་བརྒྱད་ནང་ཕྱིས་སུ་ཕྲན་ལ་ངོ་སྤྲོད་གནང་བའི་དཀར་ཆག་དང་སྒྲུང་གི་ཁ་བྱང་མི་འདྲ་བ་ལྔ་ཙམ་ཡོད་དེ་《ཇ་རང་འབྲུ་རྫོང་》ལ་《ཇ་རོང་གོ་རྫོང་》དུ་བརྗོད་པ། 《མི་ཉག་གསེར་རྫོང་》ལ་《མི་ཉག་མཚལ་རྫོང་》དུ་བརྗོད་པ། 《བྱང་དར་ཡུལ་སྟོད་ཀྱི་དར་རྫོང་》ལ་《བྱང་རིའི་དར་རྫོང་》དུ་བརྗོད་པ། 《བྱང་སྐྱ་མོ་རོང་གི་འབྲི་རྫོང་》ལ་《བྱང་སེ་གཞུང་གི་འབྲི་རུ་རྫོང་》དུ་བརྗོད་པ་ལྟ་བུ་དང་། སྔ་མའི་ནང་ཡོད་པ་གང་ཞིག་ཕྱི་མ་དེའི་ནང་མེད་པའི་སྒྲུང་སྣ《རྒྱལ་གྱི་ཁྲུག་རྫོང་》《བསེ་སེ་བ་རྫོང་》《མི་མེན་གྱི་སྨན་རྫོང་》《སྟེབ་པའི་ཤ་རྫོང་》《ཀང་ཨ་ཚུ་ཧྲ་རྫོང་》《དམུ་རྫོང་》《ཀླུ་ཁྲུ་སེ་ཡུལ་གྱི་ལྷས་རྫོང་》《གུ་གུས་རྡོ་

རྫོང་》《རྒྱ་བྲག་སྟག་རལ་རྫོང་》《ཁ་དམར་ཡུལ་གྱི་ཤ་རྫོང་》《ཧོར་དཀར་ཆོས་རྫོང་》《གླུ་གེ་ར་མཚོ་ཡི་གེ་རྫོང་》《རྟ་རང་ཡུལ་གྱི་རྟ་རྫོང་》བཅས་བཅུ་གསུམ་ཙམ་ཡོད།

གཉིས། བརྗོད་བྱ་གཅིག་རང་སྤྲུང་སྣ་མི་འདྲ་བའི་ནང་ཐོན་ཚུལ་ནས་བལྟས་ན།

《འགོག་གླིང་》ནང་གསལ་བའི་གེ་སར་རྒྱལ་པོའི་ཡུམ་ཆེན་གླུ་ཡུལ་ནས་སེང་བློན་གཡ་མའི་ཁབ་ཏུ་གདན་འདྲེན་ཞུས་པའི་བརྗོད་བྱ་དང་《ལྷ་གླིང་》ནང་གི་བརྗོད་བྱ་དེའི་དབར་མི་སྣའི་བཀོད་སྒྲིག་དང་། སྒྲུང་གི་འཕེལ་རིམ་སོགས་ལ་ཁྱད་པར་ཆེ་ཙམ་ཡོད། དཔེར་ན། གོང་གསལ་གླིང་སྒྲུང་སྐོར་ཚན་གཉིས་པོའི་ནང་སློབ་དཔོན་པདྨ་འབྱུང་གནས་ཀྱིས་གླུ་ཁམས་ལ་གནོད་པའི་རྫས་བཏབ་རྗེས་ནད་ཡམས་ཀྱིས་གླུ་ཡུལ་ཁྱབ་པ་དང་། དེ་ནས་ནད་ཡམས་གཞོམ་པའི་ཆེད་དུ་གླུ་རྒྱལ་གྱིས་སློབ་དཔོན་པདྨ་འབྱུང་གནས་གདན་འདྲེན་ཞུས་པའི་སྐོར་གླིང་སྐབས། 《ལྷ་གླིང་》ནང་དུ་མི་སྣ་གཙོ་བོ་པདྨ་འབྱུང་གནས། མོ་ལྷ་རྡོ་རྗེ་ངང་དཀར། གླུ་རྒྱལ་གཙུག་ན་རིན་ཆེན། གླུ་ཕྲུག་སྣང་བ་འོད་ལྡན། གླུ་ཕྲུག་ཡེར་པ་སྤྲིན་དགའ་བཅས་བཀོད་སྒྲིག་བྱས་ཡོད་པ་དང་། 《འགོག་གླིང་》ནང་མི་སྣ་གཙོ་བོ་པདྨ་འབྱུང་གནས་དང་། གླུ་རྒྱལ་གཙུག་ན་རིན་ཆེན། བླ་མ་རྡོ་རྗེ་མདོན་ཤེས། གླུ་ཕྲུག་ན་ག་ར་ཛ། ལམ་སྟོན་ཕྱུག་ཡབ་བདག་འབྲི་རའི་བུ་མོ་ཡེ་ཤེས་ལྷ་མཚོ་དང་དེའི་ཡབ་བཅས་བཀོད་སྒྲིག་བྱས་ཡོད། དོན་དུ་མོ་ལྷ་དང་བླ་མ་གཉིས་པོ་མིང་ཙམ་ལས་མི་སྣ་གཅིག་རང་ལ་ངེས་པ་དང་། གླུ་ཕྲུག་རྣམས་ཀྱང་མིང་མི་འདྲ་བ་ཙམ་ལས་སློབ་དཔོན་དང་བླ་མ་གཉིས་གདན་འདྲེན་ཞུ་མི་རང་ལ་བཀོད་སྒྲིག་བྱས་འདུག དེ་བཞིན《ལྷ་གླིང་》ནང་གླུ་ཕྲུག་སྣང་བ་འོད་ལྡན་གྱིས་མོ་ལྷ་རྡོ་རྗེ་ངང་དཀར་གླུ་ཡུལ་དུ་གདན་འདྲེན་ཞུ་སྐབས་བླངས་པའི་གླུ་ཚིག་དང་《འགོག་གླིང་》ནང་གླུ་ཕྲུག་ན་ག་ར་ཛས་བླ་མ་རྡོ་རྗེ་མདོན་ཤེས་ལ་བཀའ་ལུང་བསྟན་ཞུ་སྐབས་བླངས་པའི་གླུ་ཚིག་གཉིས་པོ་འདྲ་མཚུངས་དགོས་ངེས་འདུག་ཀྱང་དོན་དུ་གོང་མ་

དེ་ཚིག་རྐང་༣༩ཕྱི་མ་དེ་ཚིག་རྐང་༡༣༩[1]ཡིས་གྲུབ་འདུག དེ་མིན་དུམ་བུ་འདིའི་སྙིང་གི་བྱུང་རིམ་ལའང་ཁྱད་པར་ཡོད་པ་ནི་《ལྷ་གླིང་》ནང་ཀླུ་རྒྱལ་གྱིས་ཀླུ་ཕྲུག་སྐྱང་བ་འོད་ལྡན་དེ་མོ་ལྷ་རྡོ་རྗེ་དང་དཀར་གདན་འདྲེན་ཞུ་བར་སྦྱར་ཤོད་ཤེལ་དཀར་ལྷ་བྲག་ཏུ་མངགས། མོ་ལྷ་རྡོ་རྗེ་དང་དཀར་གྱིས་ཀླུ་རྒྱལ་གྱི་གདན་ཞུ་ལྟར་ཀླུ་ཕྲུག་དང་མཉམ་དུ་ཀླུ་ཡུལ་དུ་ཕེབས་པ་དང་། ཁོང་གིས་མོ་བརྒྱབ་པའི་འབྲས་བུར་ཀླུའི་ནད་ཡམས་གསོས་པར་པདྨ་འབྱུང་གནས་གདན་འདྲེན་ཞུ་དགོས་པ་ཐོན། དེ་ནས་ཀླུ་རྒྱལ་གྱིས་ཀླུ་ཕྲུག་ཡེར་པ་སྤྲིན་དགའ་དེ་སློབ་དཔོན་པདྨ་འབྱུང་གནས་གདན་འདྲེན་ཞུ་བར་མངགས་པ་དང་། དེ་པས་པད་འབྱུང་རྨ་པདྨ་ཞལ་ཕེབ་ནས་གདན་དྲངས་པའི་བྱུང་རིམ་བཀོད་ཡོད། འོན་ཀྱང་《འགོག་གླིང་》ནང་ཀླུ་རྒྱལ་གྱིས་ཀླུ་ཕྲུག་ན་ག་ར་ཛ་བླ་མ་རྡོ་རྗེ་མངོན་ཤེས་གམ་དུ་ཕྱག་མོ་གསུང་རྟགས་ཞུ་བར་མངགས་པ་ལས་ཀླུ་ཡུལ་དུ་གདན་དྲངས་པའི་སྐོར་བཀོད་མེད་ལ། གསུང་རྟགས་ཞུ་བའི་ལམ་བར་ཡར་འབྲོག་ཕུ་ཡི་བུ་མོ་ཡེ་ཤེས་ལྷ་མཚོ་དང་མཇལ་ནས་དེ་དང་ཁ་རྗེད་རྗེད་མོ་དང་ལམ་སྟོན་བཀའ་འདྲི་ཞུས་སྐོར་གྱི་ནང་དོན་བཀོད་ཡོད་པ་མ་ཟད། པདྨ་འབྱུང་གནས་གདན་འདྲེན་ཞུ་དགོས་པའི་མོ་རྩིས་བབ་པ་ལྟར་ཀླུ་ཕྲུག་དེས་ཉིན་མཚན་བཅུ་གསུམ་འཁྱུག་དང་རྟོགས་དང་སྐམ་ལ་མ་འཛེམས་པར་རྒྱ་གར་བྱ་རྒོད་ཕུང་པོ་རི་བོ་ནས་སློབ་དཔོན་པདྨ་འབྱུང་གནས་ཀླུ་ཡུལ་ལ་གདན་འདྲེན་ཞུས་པའི་བྱུང་རིམ་ཞིབ་ཅིང་ཕྲ་བ་བཀོད་ཡོད། གཞན་ཡང་ཀླུ་མོ་འགོག་ར་ལོ་སྟོན་པ་རྒྱལ་མཚན་ལ་བཙོལ་བའི་དུས་ཚོད་ཀྱང་《ལྷ་གླིང་》ནང་"ཀླུ་མོ་ལོ་གཉིས་དང་ཟླ་བ་ལྔ་འགོག་ཡུལ་དུ་བཞུགས་"[2]ཞེས་འཁོད་པ་དང་། 《འགོག་གླིང་》ནང་ཀླུ་མོ་འགོག་ཡུལ་དུ་བཙོལ་རྗེས་"དེ་ནས་ཟླ་བ་གཉིས་ཙམ་སོང་བའི་སྐབས་……འགོག་ཡུལ་གྱི་སྲུས་མོ་གླིང་ལ་ལེན་རྒྱུ་

① ཞིབ་ཕྲའི་གླུ་ཚིག་ལེ་ཚན་འདིའི་མཇུག་ཏུ་གསལ།

② 《ལྷ་གླིང་》ཤོག་གྲངས220ལ་གསལ།

……ཡི་དུས་ལ་སླེབས་ཡོད་”①ཅེས་འཁོད་ཡོད། 《ཨ་གྲགས་གཟི་རྫོང་》ནང་དམིགས་སུ་བསྟན་པའི་གཟི་རྫོང་ཕབ་པའི་བརྗོད་བྱ་དང་《བྱེ་རི་བྱུར་རྫོང་》ནང་བསྡུས་པར་གསལ་བའི་གཟི་རྫོང་ཕབ་པའི་བརྗོད་བྱ་དེའི་དབར་ལའང་མི་སྣའི་བཀོད་སྒྲིག་དང་། དུས་ཚོད། ནང་དོན་སོགས་གང་ཅིའི་ཐད་ཁྱད་པར་ཆེ་ཙམ་ཡོད་པ་ནི་གཤམ་གསལ་ལྟར། གཅིག བྱེ་གླིང་འབྲུག་པའི་རྐྱེན་ནི་བྱེ་རིའི་དམག་གིས་གླིང་གི་ཚོང་པ་ལམ་བར་དུ་བཅོམ་པས་བྱེ་གླིང་འཁོན་འཐབ་བྱུང་ཚུལ་《ཨ་གྲགས་གཟི་རྫོང་》དང་《བྱེ་རི་བྱུར་རྫོང་》གཉིས་ཀར་འདྲ་བའི་ཆ་མཚེས་ནའང་། འཁོན་རྐྱེན་བྱུང་དུས་ནི་《ཨ་གྲགས་གཟི་རྫོང་》གི་ཤོག་ངོས་༧པའི་ནང་ཆུ་མོ་འབྲུག་གི་ལོར་བྱུང་བར་བཤད་པ་དང་《བྱེ་རི་བྱུར་རྫོང་》གི་ཤོག་ངོས་༧པའི་ནང་ཆུ་ཁྱི་ལོར་བྱུང་ཞེས་གསལ་བ་མ་ཟད། ཐོག་མར་འཁོན་རྐྱེན་སློང་མཁན་ལ་མཚོན་ན《ཨ་གྲགས་གཟི་རྫོང་》ཤོག་ངོས་༣པའི་ནང་“ད་ལོ་གནམ་ལོ་འདི་ཚེས་ལ། གླིང་གི་ཚོང་མགྲོན་བབ་ལུགས་ལ། དམུ་ཤོག་ཉི་མ་གྲགས་པ་གདའ། རྟའུ་ཤེས་རབ་གྲགས་པ་གདའ། རྟའུ་ཟླ་བ་གྲགས་པ་གདའ། ཁོ་ཚོང་དཔོན་འདྲ་གསུམ་ཁ་འཁོག་ལ། མི་རྒྱུ་དངོས་ཟོག་ཅི་འདུག་དེ། ད་རེས་མི་ལེན་འཇོག་རྒྱུ་མེད། སློན་ཆེན་ངར་མའི་དངས་རྩེ་ལ། སེང་ཕྲུག་ཐོག་ལྷ་བཙན་པོ་གཅིག ཐྲ་སློན་ཁྲུང་ནག་བཙན་པོ་གཉིས། ཨ་བསེ་གཡུ་གཡག་བཙན་པོ་གསུམ། བཙན་པོ་གསུམ་གྱི་ཁ་འཁོག་ནས། ལས་དམག་སུམ་བརྒྱ་དྲུག་ཅུ་རེ། ལྕགས་ཀྱི་སེར་བ་བབས་པ་བཞིན། འབྲས་དཀར་ཐང་ལ་གཏོར་འདྲ་གྱིས། གཏང་མ་གནང་དུ་དྲོངས་ལ་ཤོག དེ་ནས་གང་དགོས་རིམ་གྱིས་བལྟ། མ་རེད་ཡར་ཞུ་ཚིག་ལེ་མིན། གླེ་དང་གྲོས་ཁ་བསྒྱུར་རྒྱུ་མེད། རྒྱལ་པོས་སྨྲ་བ་ལན་གཅིག་ཡིན། ཁྱེད་རྣམས་ཡིད་ལ་དེ་ལྟར་ཞོག་”ཅེས་གསལ་བ་ལྟར་འཁོན་རྐྱེན་སློང་མཁན་བྱེ་རི་སྟག་རྩེ་རྒྱལ་པོ་ཡིན་

① 《འགོག་གླིང་》ཤོག་གྲངས་447ལ་གསལ།

པར་བཤད་པ་དང་། 《བྲེ་རི་བྱུར་རྫོང་》གི་ཤོག་ངོས་༢པའི་ནང་“སྲོག་གཅོད་དབུག་ལེན་བྱེད་པར་དགའ་མི། ཨ་བསེ་གཡུ་གཡག་བཙན་པོ་དེས། སྟོས་དང་ལྟད་མོའི་མཚར་ལུགས་ལ། དེ་རིང་ཉི་མའི་གོང་གང་ལ། འབོད་མི་དགོས་མགྲོན་པོ་སྔོ་ལ་རྩེབས། ཇ་ཆང་གཉིས་ཀྱིས་སྐྱེམས་བསུ་བྱེད། བསུ་མི་དགོས་ཁུ་བྱུག་པོད་ལ་རྩེབས། སྐད་དྲུག་འགྱུར་སྙན་པའི་གླུ་ལེན་གདའ། འགྲོ་མི་དགོས་ཟ་ཁང་ནང་ལ་རྩེབས། ཟས་ཞིམ་པོ་མེད་པའི་སླེང་བཙུད་རེད། ཟེར་ནས་ཕོ་ཡིས་(གླིང་གི་)སྒར་པའི་ནོར་རྫས་འཕྲོག་རྒྱུའི་གྲོས་གླེང་བྱས་པར། དེ་འཁོར་རྫོན་པ་རྣམས་ཀྱིས་ཕོ་ཡི་བཀའ་བཞིན་གྲོས་མཐུན་ནས་ལེགས་སུ་ཞུས་”ཞེས་གསལ་བ་ལྟར་བྲེ་གླིང་དབར་ལ་ཐོག་མར་འཁོན་རྐྱེན་སློང་མཁན་ནི་བྲེ་རི་གླིང་ཆེན་བཅོ་བརྒྱད་ཀྱི་བློན་པོ་ཨ་བསེ་གཡུ་གཡག་བཙན་པོ་སོགས་རྫོན་པར་འགྲོ་མཁན་དམག་དུམ་ཞིག་གིས་བྲེ་རི་རྒྱལ་པོའི་བཀའ་མེད་བཞིན་དུ་རང་འཚམ་གྱིས་འཁོན་བཟོ་བྱས་པར་བཤད་པ་དེ《ཨ་གྲུགས་གཟི་རྫོང་》ནང་ཟུར་ཙམ་ཡང་གསལ་མེད། དེ་བཞིན་ཞིབ་ཕྲའི་མི་སྣ་གཙོ་བོ་ལ་མཚོན་ན་འང《ཨ་གྲུགས་གཟི་རྫོང་》གི་ཤོག་ངོས་༣པའི་ནང་“གླིང་གི་ཚོང་མགྲོན་བབ་ལུགས་ལ། དམུ་ཤོག་ཉི་མ་གྲགས་པ་གདའ། རྟའུ་ཤེས་རབ་གྲགས་པ་གདའ། ཕོ་ཚོང་དཔོན་འདྲ་གསུམ་ཁ་འཚོག་ལ། མི་རྒྱུ་དངོས་ཟོག་ཅི་འདུག་དེ། ད་རེས་མི་ལེན་འཛོག་རྒྱུ་མེད་”ཅེས་གསལ་བ་དང་། ཡང《བྲེ་རི་བྱུར་རྫོང་》གི་ཤོག་ངོས་༤པའི་ནང་“གླིང་ཕྲ་མོ་མི་ཡུལ་སྟོད་ལ་སོང་། ང་གསེར་པ་ཤོག་གི་ཚོང་དཔོན་ལ། ཟླ་བ་དོན་གྲུབ་དེ་དང་གཅིག ཉི་མ་གྲགས་པ་དེ་དང་གཉིས། འོམ་བུ་ཚང་གི་ཚོང་པ་ལ། དཔང་པོ་ནོར་བཟང་དེ་དང་གཅིག སྟག་རོང་ཚང་གི་ཚོང་པ་ལ། བསོད་ནམས་རྒྱལ་མཚན་དེ་དང་གཉིས། མི་བཞི་ཚོང་གི་ཨ་མ་ཡིན། དེ་ལ་དེ་འཁོར་ཚོང་ཕྲུག་ལ། ལྔ་བཅུ་སྐོར་ལེ་ཡོད་ལེ་གདའ། དེ་འཁོར་ལག་དོ་བུ་ཐུག་ལ། བཞི་བརྒྱ་ཙམ་ཞིག་ཡོད་ལེ་དེ……”ཞེས་སྐོར་ཚན་གོང་མ་དང་མི་འདྲ་བར་གསལ་

ནས་ཡོད། གཉིས། གླིང་དམག་བྱུང་ལ་ཆས་སྐབས་ཨ་གྲུགས་ནས་ཁྲ་པོ་གཟི་ཡི་གཏེར་རྫོང་ཕབ་རྒྱུ་དེ་《ཨ་གྲུགས་གཟི་རྫོང་》གི་ནང་དུ་བཀྲ་ཤིས་ཚེ་རིང་མའི་ལུང་བསྟན་ཡིན་པར་གསལ་བ་དང་། 《བྱེ་རི་བྱུར་རྫོང་》ནང་ཕྱོང་སྤྱི་དཔོན་རོང་ཚ་ཁྲ་རྒན་གྱི་བཀའ་ཡིན་པར་གསལ་བ་མ་ཟད། 《ཨ་གྲུགས་གཟི་རྫོང་》ཤོག་ངོས་༡༢ནང་གླིང་གི་ཚོང་པ་ལྷ་བརྒྱ་ཙམ་ལས་མང་ཆེ་བ་བྱེ་རིའི་དམག་གིས་དམར་གསོད་བཏང་། ལྷག་འཕྲོ་ལྔ་བཅུ་ཙམ་ལ་གེ་སར་རྒྱལ་པོས་གཙོས་པའི་གླིང་གི་དཔའ་རྟུལ་རྣམས་ལ་དམའ་འབེབས་བྱེད་པའི་ཡི་གེ་བསྐུར་ནས་གླིང་ལ་བརྫངས། ཚོང་གཡོག་ལྷག་དུམ་དེ་ཚོ་གླིང་ལ་མ་འབྱོར་གོང་ནས་གེ་སར་རྒྱལ་པོར་ནེ་ནེ་གནོད་ལྷམ་དཀར་མོའི་ལུང་བསྟན་བྱུང་ནས་དམག་གྲ་བསྒྲིགས་ནས་དམག་དྲངས་པར་གསལ་བ་དང་། 《བྱེ་རི་བྱུར་རྫོང་》གི་ཤོག་ངོས་༡༣ནང་གླིང་གི་ཚོང་གཡོག་ལྷག་དུམ་རྣམས“རང་ཡུལ་དུ་འཁྱོར་མ་ཐག་ཉི་འབུམ་གྱི་མདུན་དུ་བཙར་ཏེ་ལོ་རྒྱུས་རྣམས་ཞིབ་པར་ཞུས་ཤིང་ཡི་གེ་ཕུལ་བས” དེ་དོན་ཉི་འབུམ་གྱིས་སྤྱི་དཔོན་ལ་ཞུས། དེ་ལྟར་སྤྱི་དཔོན་གྱིས་དགྲ་ཤ་ལེན་རྒྱུའི་འཕྲིན་ཆ་མཇལ་རྟེན་གསེར་དངུལ་བཅས་པ་བསྐུར་ནས་ཉི་འབུམ་གྱི་སྲས་ལྷ་བུ་དར་རྗེ་སོགས་གེ་སར་རྒྱལ་པོའི་སྐུ་མདུན་དུ་མངགས་པས། རྒྱལ་པོ་ཁོང་གིས“ད་རེས་ཀྱི་བྱ་བ་འདིར། སྤྱི་དཔོན་གྱིས་ཅི་གསུང་ལས། ང་ནི་ལྷ་གོང་མའི་ལུང་བསྟན་མ་བྱུང་བར། རང་ངོ་རང་གིས་མི་གསལ། བློ་ཉི་ཟླ་འདྲ་བའི་བང་མཛོད། ཕྱོང་སྤྱི་དཔོན་གྱིས་གསུངས་པའི་ལོ་ཟླ་ནམ་དུས་གང་ཡིན་ཁོང་དང་བཀའ་གྲོས་ཀྱིས། དམག་རྒྱ་ཆེ་ཆུང་། དུས་ཚོད་གང་ཙམ་འགོར་མིན་དམག་གྲ་སྒྲིགས། ད་ལོའི་ལོ་ངོ་འདི་ཡི་ནང་། དགྲ་ཕར་འགྲོའི་བྱ་བ་བཟང་ལེ་ཡིན་” ཞེས་གསུངས་པར་གསལ། གསུམ། ཨ་གྲུགས་དང་ཁྲ་མོ་གླིང་གཉིས་འཐབ་པའི་མཐའ་མར་ཨ་གྲུགས་རྒྱལ་པོ་དང་ནང་འཁོར་ལྷམ་སྲས་བཅས་པའི་མཇུག་འབྲས་ཀྱང་གོང་གི་སྐོར་ཚན་ཁག་གཉིས་ནང་ཡོངས་སུ་ལོག་འགར་ཡིན། དེ་ཡང་《བྱེ་རི་བྱུར་རྫོང་》

གི་ཤོག་ངོས་༤༠ནང་“གཙང་སྲས་གྲགས་པ་ལྷུན་གྲུབ་དེས་ནང་ཚེངས་འདུན་མ་བྱས་ནས་མཐར་འདུན་མ་འགྲིག ཨ་གྲགས་རྒྱལ་པོའི་ལྷ་ལྷམ་དང་བུ་མོ་བཅས་པས་དར་ཟབ་དང་གསེར་དངུལ་སོགས་རྒྱུ་ནོར་དྲིལ་རྒྱབ་བཅོ་བརྒྱད་ཀྱི་འབུལ་རྟེན་དང་བཅས་ཁྱེར་ནས་གླིང་སྐར་དུ་ཡོང་སྟེ་རྒྱལ་པོ་གེ་སར་ལ་མགོ་འབུལ་ཞུས་པས། ཨ་གྲགས་རྒྱལ་པོ་ཉི་མ་གྲགས་པ་དེ་སྔར་བཞིན་ཨ་གྲགས་རྒྱལ་པོའི་རང་གནས་སུ་བཞག”ཅེས་གསལ་བ་དང་། 《ཨ་གྲགས་གཟི་རྫོང་》ཤོག་ངོས་༣༥༣ནས་༣༧༩བར་དུ་གཙང་སྲས་གྲགས་པ་ལྷུན་གྲུབ་དེས་ནང་ཚེངས་འདུན་མ་བྱས་ནས་མཐར་“སྟོག་ཏ་ཛ་ཙམ་དེ་མ་བཅད་ཙམ། སྐུ་རྒྱལ་པོད་ཀྱི་ངོ་ལ་བཞག ལོ་དགུ་ཁྲིམས་ཁང་ནང་དུ་བཟུང་། གླིང་དཔའ་བརྟུལ་བསྒྲུངས་པའི་ཉེས་པ་ཡིན་”ཟེར་བ་ལྟར་བྱང་གླིང་འཁྲུག་ཐག་མ་ཆོད་པར་ཨ་གྲགས་ཀྱི་རྒྱལ་པོ་ཉི་མ་གྲགས་པ་དང་། བཙུན་མོ་བཅས་པ་བཙོན་འཛུག་ཚུལ་གྱིས་དབུས་ཕྱོགས་སུ་བཞུངས་པར་གསལ་ཡོད།

གཞི་རྐང་དམངས་ཁྲོད་རྩོམ་རིག་གི་མཚེད་སྐྱུམ་དང་གཞན་འགྱུར་རང་བཞིན་ཟེར་བ་དེ་དམངས་སྒྲུང་ངམ་དམངས་གཞས་ལ་སོགས་ངག་ནས་ངག་ཏུ་བརྒྱུད་དེ་རྒྱུན་འཛིན་དང་དར་སྤེལ་འགྲོ་བའི་བརྒྱུད་རིམ་ནང་ཡུལ་དུས་མི་འདྲ་བ་དང་། སྒྲུང་པའམ་གཞས་པ་གཞས་མ་མི་འདྲ་བའི་དབང་གིས་སྒྲུང་དང་གཞས་ཀྱི་ཚིག་སྒྲོར་དང་། ཐ་ན་བརྗོད་བྱའི་ནང་དོན་དང་གྲུབ་ཚུལ་ལའང་འགྱུར་བ་འགྲོ་བ་མ་ཟད། སྒྱུ་རྩལ་གྱི་ཁྱད་ཆོས་ལའང་འགྱུར་བ་འགྲོ་བའམ་རྒྱས་པར་མཚེད་པའམ་བསྡུས་པར་སྐྱུམ་པ་དེ་ལ་གོ་བ་དང་། དེ་ལྟའི་འགྱུར་བའམ་མཚེད་སྐྱུམ་ནི་གཙོ་བོ་སྒྲུང་པའམ་གཞས་པ་གཞས་མ་མི་འདྲ་བའི་འཆད་ཐེར་གྱི་ནུས་པ་དང་། འཆད་ཐེར་རམ་དར་ཁྱབ་འགྲོ་བའི་ཡུལ་དང་དུས་མི་འདྲ་བ། དེ་བཞིན་དམངས་ཁྲོད་རྩོམ་རིག་ལ་མངའ་བའི་ངག་རྒྱུན་གྱི་རང་བཞིན་དང་མང་ཚོགས་རང་བཞིན་བཅས་ཀྱི་ཤུགས་རྐྱེན་ཐོག་པར་འདོད་པ་དང་། སྒྲུང་པའམ་གཞས་པ་

གཞས་མ་གཅིག་རང་གིས་བཤད་པའམ་གྱེར་བའི་སྒྲུང་སྣ་གཅིག་གམ་གཞས་གཅིག་ལ་དེ་ཙམ་གྱིས་འགྱུར་བ་འགྲོ་བ་ཞིག་མིན། འོན་ཀྱང་སྒྲུང་མཁན་བསམ་གྲུབ་ཀྱིས་འཆད་གྱེར་གནང་བའི་གླིང་སྒྲུང་ལ་གོང་དུ་དཔྱེ་ཞིབ་བྱས་པ་ལྟར་འཕེལ་འགྱུར་དང་མཆེད་སྐྱུམ་གྱི་རང་བཞིན་མངོན་གསལ་ལྡན་ཡོད།

དེ་ལྟའི་ཁྱད་ཆོས་མངའ་བའི་གཙོ་བོའི་རྒྱུ་མཚན་ནི། གཅིག་ནས་དམངས་ཁྲོད་རྩོམ་རིག་གཞན་དང་འདྲ་བར་དེ་ནི་སྒྲུང་པའི་དྲན་ཤེས་དང་བློ་འཛིན་གྱི་ནུས་པ་ཁོ་ན་ལ་བརྟེན་ནས་ཉར་ཚགས་བྱས་པ་དང་ངག་ལམ་ཁོ་ནའི་ཐོག་ནས་འཆད་གྱེར་གནང་བ་ཞིག་ཡིན་པས། དུས་སྐབས་མི་འདྲ་བར་འཆད་གྱེར་བྱས་པ་དག་ཡིག་ཐོག་ཏུ་འཁོད་པ་ཇི་བཞིན་བརྟན་འཇགས་འགྱུར་མེད་ཅིག་ཡོང་དཀའ་བ་དང་། གཉིས་ནས་དམངས་གཞས་སམ་གཏམ་དཔེའམ་དམངས་སྒྲུང་སོགས་དམངས་ཁྲོད་རྩོམ་རིག་ཁྱུང་གྲས་རྣམས་དང་མི་འདྲ་བར་སྒྲུང་མཁན་བསམ་གྲུབ་ཀྱིས་འཆད་གྱེར་གནང་བའི་སྒྲུང་རྣམས་བམ་གྲངས་ཏ་ཙང་མང་ལ་ཡིག་འབོར་ཤིན་ཏུ་ཆེ་བས་འདི་ལོ་འཆད་གྱེར་བྱས་པ་གང་ཞིག་སང་ལོ་ཇི་མ་ཇི་བཞིན་འཆད་གྱེར་ཡོང་དཀའ་བ། གསུམ་ནས་སྒྲུང་མཁན་བསམ་གྲུབ་ནི་ཕུལ་དུ་བྱུང་བའི་སྒྲུང་པ་ཞིག་ཡིན་པས། ཁོང་གིས《གླིང་སྒྲུང་》འཆད་གྱེར་བྱེད་པའི་བརྒྱུད་རིམ་ནི་ངག་ཐོག་ནས་གསར་དུ་རྩོམ་པའམ་ཡང་ན་འཕྲུས་ཚང་དུ་གཏོང་བའི་བརྒྱུད་རིམ་ཞིག་ཀྱང་ཡིན། དེར་བརྟེན་དུས་ཚོད་སྔ་ཕྱི་མི་འདྲ་བའི་ནང་འཆད་གྱེར་བྱས་པའི་སྒྲུང་སྣ་གཅིག་རང་ཡིན་རུང་འགྱུར་བ་ཆེ་ཙམ་འགྲོ་བ་དང་། འཆད་གྱེར་བྱེད་རིམ་བཞིན་དགོས་པ་དང་དུས་ཚོད་སོགས་མི་འདྲ་བས་སྐབས་དང་བསྟུན་ནས་རྒྱས་པར་སྤྲོས་པའམ་བསྡུས་པོས་སྐྱུམ་པའི་སྣང་ཚུལ་དེ་བྱུང་བར་སྙམ།

རྒྱུ་མཚན་སྔོན་མ་གཉིས་ཙུང་གོ་བ་ལོན་བདེ་བ་ཞིག་ཡིན་པས་དམིགས་བསལ་གསལ་བཤད་ཞུ་དགོས་མ་མཆིས་ཙང་། རྒྱུ་མཚན་ཕྱི་མ་དེ་ཏ་ལམ་ཞིབ་འཇུག་པ་མང་པོ་ཞིག་གིས་ཁས་ལེན་པར་དཀའ། དེ་སྔོན་གེ་སར་རིག་པའི་ལས་

འཛིན་པ་སྐོར་ཞིག་གིས་དམངས་ཁྲོད་སྒྲུང་པར་བཀའ་འདྲི་ཞུ་སྐྱོང་ལ། ཕྲན་ནས་ཀྱང་ལོ་ཤས་རིང་ལས་ཀའི་དགོས་མཁོས་དམངས་ཁྲོད་ཀྱི་སྒྲུང་པ་མི་ཉུང་བ་ཞིག་ལ་ལན་མང་བཅར་འདྲི་ཞུ་སྐྱོང་། ལག་ལེན་ལས་ཐོབ་པའི་སྐྱོང་བ་ཚེ་ཤོས་ཤིག་ནི་བཅར་འདྲི་ཞུ་ཡུལ་སྒྲུང་པ་གཅིག་རང་ཡིན་རུང་སྔ་རྗེས་སུ་ཁོང་ཚོས་ང་ཚོར་ངོ་སྤྲོད་གནང་བའི་གནས་ཚུལ་མང་པོ་ཞིག་གཅིག་མཐུན་མིན་ལ། ཁྱད་པར་ཁོང་ཚོས་འཆད་ཀྱེར་ཐུབ་པའི་སྒྲུང་སྣའི་གྲངས་དང་སྒྲུང་གི་ཁ་བྱང་ལ་འགྱུར་བ་ཆེན་པོ་འགྲོ་ཡི་ཡོད། ང་ཚོས་བསམ་བློ་ཞིབ་མོར་བཏང་ན། དེ་ནི་གོ་བ་ལོན་བདེ་བ་ཞིག་ཡིན། མ་གཞི་སྒྲུང་པའི་ངོ་མཚར་ཆེ་བའི་འཆད་ཀྱེར་གྱི་ནུས་པ་ལ་རང་ངོས་ཀྱི་འགྲེལ་པ་མི་འདྲ་བ་མང་པོ་ཡོད་རུང་། གཟུགས་ཁམས་རིག་པའི་ཐོག་ནས་བརྟག་དཔྱད་བྱས་པའི་འབྲས་བུ་ཞིག་བྱུང་མེད་ལ། སྒྲུང་པས་འཆད་ཀྱེར་བྱས་པའི་སྒྲུང་ལ་ཞིབ་འཇུག་ཞིབ་ཚགས་བྱས་པའི་འབྲས་བུ་ཞིག་ཀྱང་མི་སྣང་བས། མིག་སྔར《གེ་སར》རིག་པའི་ཁྱབ་ཁོངས་ནང་སྒྲུང་པའི་ངོ་མཚར་ཆེ་བའི་འཆད་ཀྱེར་གྱི་ནུས་པའི་སྐོར་ལ་ཚང་མས་མགྲིན་གཅིག་ཏུ་ཁས་ལེན་པའི་འགྲེལ་བཤད་གསལ་པོ་ཞིག་ཡོང་དཀའ། འོན་ཀྱང་དམངས་ཁྲོད་སྒྲུང་པའི་ཁྲོད་དུ་ཐོག་མར་སྒྲུང་པ་གཞན་གྱི་ས་ནས་སྒྲུང་ཉན་པས་སྒྲུང་མང་པོ་ཞིག་བློར་བཟུང་ལ་འཆད་ཀྱེར་ལ་བྱུང་ཆ་རྟོད་པོ་ཆགས་པ་དང་། དེ་ནས་སྒྲུང་མང་པོ་ངག་ཐོག་ནས་གསར་རྩོམ་བྱེད་ཐུབ་པ་བྱུང་བ་ཤས་ཆེ་བས། སྒྲུང་པས་འཆད་ཀྱེར་ཐུབ་པའི་སྒྲུང་སྣའི་མང་ཉུང་དེའང་གཏན་འཇགས་འགྱུར་མེད་ཞིག་མིན་པར་དུས་ཀྱི་འགྱུར་བ་དང་། ལྷག་པར་སྒྲུང་པའི་ན་སོ་ཇེ་མཐོར་འགྲོ་བ་དང་བསྟུན་ནས་སྒྲུང་སྣ་ཇེ་མང་དུ་འགྲོ་ཡི་ཡོད། དོན་དངོས་ཐོག་གོང་སྨོས《སྒྲུང་མཁན་བསམ་གྲུབ་ཀྱིས་སྤེལ་བའི་གླིང་རྗེ་གེ་སར་རྒྱལ་པོའི་སྒྲུང་》གི་གཞན་ཐེལ་འགྱུར་དང་རྒྱས་བསྡུས་མཆེད་སྒྲུམ་གྱི་ཁྱད་ཆོས་དེ་ཚོ་ནས་དེ་ལྟའི་དངོས་དོན་ཞིག་ཀྱང་ར་སྤྲོད་ཐུབ་ངེས་ཡིན། སྣང་ཚུལ་དེ་དང་འདྲ་བ་ཞིག་སྒྲུང་པ་མང་པོའི་ལོ་རྒྱུས་ནས་ཀྱང་མངོན་གྱི་ཡོད།

དཔེར་ན། བོད་ལྗོངས་ནག་ཆུ་ས་གནས་སྤྲ་ཆེན་རྫོང་གི་གྲགས་ཅན་སྒྲུང་པ་ཚེ་དབང་འགྱུར་མེད་ལ་ཆ་མཚོན་ན། ཁོང་དགུང་ལོ་བཅུ་གསུམ་ནས《ལྷ་གླིང་》ཆ་ཚང་འཆད་ཐུབ་པ་དང་། དགུང་ལོ་བཅོ་ལྔར་སླེབས་སྐབས་གླིང་སྒྲུང་རྫོང་ཁག་བཅུ་ཙམ་ངག་འདོན་ཐུབ་པ། དགུང་ལོ་སུམ་ཅུ་སོ་ལྔར་སླེབས་སྐབས་སྒྲུང་ཁག་བཞི་བཅུ་ཞེ་ལྔ་ཙམ་འདོན་ཐུབ་པ་བྱུང་ཡོད།[1] མ་གཞི་གླིང་སྒྲུང་འཆད་མཁེར་མཁན་ཚང་མ་དེ་ལྟར་ཡིན་པའི་ཁྱབ་པ་མེད་ནའང་། དེ་ལ་དཔེ་མཚོན་གྱི་རང་བཞིན་ལྡན་ཡོད་ཅེས་མཁྱེན་པ་གཟིགས་བརྟེགས་ཀྱིས་བརྗོད་པའོ། །

གླུ་སྒྲུག་སྣང་བ་འོད་ལྡན་གྱི་གླུ་ཚིག ཨོཾ་མ་ཎི་པདྨེ་ཧཱུྃ་ཧྲཱིཿ གླུ་ཨ་ལ་ལེན་པའི་མགོ་མ་རེད། ཐ་ལ་ངག་གི་ཞུ་རྒྱུ་རེད། དྭངས་གསལ་ཞལ་གྱི་སྐུ་མཁར་ན། འཇའ་སྤྲིན་འོད་ཀྱི་གུར་ཁྱིམ་ནས། རིན་ཆེན་ནོར་བུའི་ཁྲི་སྟེང་ནས། སྣང་སྲིད་ཕྱྭ་ཡི་བདག་པོ་ལ། རྡོ་རྗེ་དང་དཀར་ཚུར་གསོན་དང་། ང་འདྲ་ང་ངོ་མ་ཤེས་ན། མ་དྲོས་གཏེར་སྒོ་གོང་མ་ནས། གླུ་སྒྲུག་སྣང་བ་འོད་ལྡན་ཡིན། འཇིག་རྟེན་གཏམ་གྱི་དཔེ་སྲོལ་ལ། སྐྱེ་རེངས་མི་ཤར་ཀ་མེད་དེ། ཁྲི་གདུགས་ཉི་མས་སྣ་འདྲེན་བྱས། མུན་པ་གསལ་དོན་དེ་ནས་བྱུང་། ཐི་བ་མི་གྲགས་ཀ་མེད་དེ། བྱ་རྒྱལ་ཁྱུ་བྱུག་བང་ཆེན་རེད། ས་ཆུ་དྲོ་དོན་དེ་ནས་བྱུང་། གཡོག་ལུ་མི་འདུར་ཀ་མེད་དེ། ཡར་བཞུགས་དཔོན་གྱི་བཀོད་པ་རེད། ཚ་དྲག་ཆེ་དོན་དེ་ནས་བྱུང་། མ་དྲོས་གླུ་ཡི་རྒྱལ་ཁམས་དེ། མི་སྲིད་ཐན་དང་མ་དར་ནད། མི་འདོད་ཐོག་བབས་མང་པོ་བྱུང་། དེ་སྟེ་ཅི་ཡིན་གསལ་འདེབས་ལ། སོ་མ་ཚ་དྲག་ཕྱོན་རོགས་མཛོད། གངས་དཀར་སྨན་དང་མ་དྲོས་གླུ། རྩིས་ན་ཉེ་དང་བགྲང་ན་ཤག མནའ་གཞུང་ཅན་གྱི་ངོ་སོ་རེད། དེ་སྟེ་ཅི་མགྱོགས་དོ་གལ་ཆེ། མེ་སྟག་ཆུང་དུས་

[1] རིག་འཛིན་ནས་བྲིས་པའི《སྒྲུང་མཁན་ཚེ་དབང་འགྱུར་མེད་ཀྱི་ལོ་རྒྱུས་མདོར་བསྡུས།》ཞེས《སྒྲུང་མཁན་ཚེ་དབང་འགྱུར་མེད་ཀྱིས་བཤད་པའི་གླིང་རྗེ་གེ་སར་རྒྱལ་པོའི་སྒྲུང་ཕྱི་གླིང་ལྟུགས་རྫོང་》ནང་གསལ། ཀྲུང་གོའི་བོད་རིགས་དཔེ་སྐྲུན་ཁང་ནས2007ལོར་བསྐྲུན།

མ་བཤད་ན། རི་ཀླུང་འཆོག་དུས་ཕར་ཚོད་རེད། ཆུ་རགས་དཔྱིད་དུས་མ་བརྟེགས་ན། གཙང་ཆབ་ཆེ་དུས་ཕར་ཚོད་རེད། ཁྱེད་མོ་མའི་ཐུགས་འཕྲུལ་མ་བཀུག་ན། ནད་ཡམས་ནད་གཞི་མི་ཞི་འདུག ངོག་ཡུལ་ཀླུ་ཡི་ཞིང་ཁམས་དེ། ད་ཙི་སྟུག་གོང་ནས་བྱུང་སྟེ་ཡོད། ཐེངས་གཅིག་སྐྱབས་འཇུག་དེ་ལྟར་ཞུ། མོ་མའི་ཐུགས་ལ་དེ་ལྟར་ཞོག

ཀླུ་མྱུག་ན་ག་ར་ཛའི་ཀླུ་ཚིག ཨོཾ་མ་ཎི་པདྨེ་ཧཱུྃ་ཧྲཱིཿ ཀླུ་མཆོད་གཅིག་མཆོད་གཉིས་མཆོད་དང་གསུམ། མཆོད་གསུམ་ལྷ་དང་བླ་མར་མཆོད། བོད་མགོན་སྐྱབས་ཅན་གྱི་ནོར་བདག་མཆོད། ནོར་ཟད་མཐའ་མེད་པའི་ཀླུ་རྒྱལ་མཆོད། ངག་འགག་པ་མེད་པའི་གསུང་གཅིག་གནང་། ཐུགས་འཁྲུལ་བ་མེད་པའི་ཐུགས་དམ་གནང་། སྐུ་འགྱུར་བ་མེད་པ་དེ་རིང་མཇལ། ས་འདི་ནི་ས་ཛོ་མ་ཤེས་ཀྱང་། ཡུལ་སྐྱིད་པོ་ཡར་ལྷ་ཤམ་པོ་རེད། མཚམས་སྒོ་བཅད་ཤེལ་དཀར་བྲག་ཕུག་ལ། ལྷ་བླ་མ་བཞུགས་པའི་ཕོ་བྲང་རེད། མི་ང་འདྲ་ཁྱེད་ཀྱིས་མ་མཁྱེན་ན། ང་འོག་མ་ཀླུ་ཡི་ཞིང་ཁམས་ནས། ཀླུ་དགའ་པོ་འཇོག་པོའི་བུ་རྒྱུད་ཡིན། ཀླུ་གཙུག་ན་རིན་ཆེན་ཚ་པོ་ཡིན། མིང་འབོད་ན་ན་ག་ར་ཛ་ཟེར། གཏམ་སྙན་མོ་ཁ་ནས་ཤོད་མི་ཡིན། དོན་ཆེན་པོ་ཡིད་ལ་འཇོག་མི་ཡིན། ཚིག་ཕར་བཤད་རྫུན་གཏམ་སྦྱུ་ཙམ་མེད། དོན་ཆེན་པོ་འདྲ་མ་ཞུ་དགོས་ཡོད། ངེད་ཀླུ་ཡུལ་རྒྱལ་ཁམས་བཅོ་བརྒྱད་ལ། དུས་ན་ནིང་ལོ་ཡི་གཞིས་ནིང་ནས། ཟླ་རམ་ཟླའི་ཚེས་པ་བཅོ་ལྔའི་ཉིན། འོག་ཀླུ་ཡུལ་མཐིལ་ལ་འདི་འདྲ་བྱུང་། བབ་མ་སྨྱོང་ཁྲག་གི་ཆར་པ་བབ། འཁྲིགས་མ་སྨྱོང་དུག་གི་ཆླངས་པ་འཚུབ། དེ་མིན་ཕོ་གདན་མོ་གདན་སོགས། སྨད་གོས་བསྟོག་གཅིན་ལ་སོགས་དང་། ལྕགས་རྡུལ་གོས་རྡུལ་ལྕམ་རྡུལ་དང་། མགོ་སྐྲ་རྡུལ་དང་ལྕམ་སོགས་རྡུལ། དུག་རྡུལ་དུག་སྣ་མི་གཅིག་པ། མཛོ་རྣ་མིག་ཕུབ་དཀྱིལ་ནས་ཐོན། ཉི་མ་དེ་ཡི་ཚུན་ཆད་ནས། འོག་མ་ཀླུ་ཡི་ས་ཆ་དེ། ཕོ་མོ་རྒན་གཞོན་མི་བརྗེ་གདའ། ལ་ལ་ཁྲ་ཆུང་མིག་དེ་ལོང་། ལ་ལ་མགོ་སྟོད་རྣ་བ་

འོན། ལ་ལ་ཆུ་སེར་བྲུམ་བུས་བཟུང་། རྐང་ཞ་རྐུབ་ལ་འབྱར་ནས་ཐལ། ལག་ཞ་བྲང་ལ་འབྱར་ནས་ཐལ། ལ་ལ་ཁ་འཁྱོག་ཆགས་ནས་ཐལ། ལྐུག་པ་སྨྱོན་པ་མང་དུ་བྱུང་། ཕ་ཡུལ་རང་ཡུལ་མི་དྲན་འདུག ངོ་ཚ་ཁྲེལ་ཡོད་མི་ཤེས་འདུག ཅི་དྲན་གང་དྲན་ལ་ཀླུང་འགྲིམས། དཀར་ནག་དབྱེ་བ་མི་ཤེས་འདུག ཡར་མགོ་མར་མཇུག་མི་ཤེས་འདུག ཕྱི་མི་ནང་མི་མི་ཤེས་འདུག ཕྲོགས་ལེ་འཁྱགས་ལེ་མི་ཤེས་འདུག དགའ་ལེ་སྡུག་ལེ་མི་ཤེས་འདུག ཤར་ལྷོ་ནུབ་བྱང་གང་ཡིན་དེ། ས་ཕྱོགས་དབྱེ་བ་མི་ཚོད་འདུག ཚ་ལེ་མངར་ལེ་མི་ཤེས་འདུག བཙོག་དང་འཛེམ་པ་མི་ཤེས་འདུག ནམ་ལངས་ཉི་ཤར་གང་ཡིན་དང་། ཟ་ཚོད་འཐུང་ཚོད་དགོས་ལེ་གཉིས། ནང་གཏམ་ཕྱི་གཏམ་མེད་ལེ་གསུམ། ངོ་ཚ་ཁྲེལ་ཡོད་བྲལ་ནས་གདའ། དེ་ཚོའི་ནད་ཀྱི་བཅོས་ཐབས་དང་། ཅི་དགོས་བླ་མ་ཁྱེད་ལ་ཞུ། དར་དཀར་ཉིན་མོ་བདེ་ལེགས་འདི། འོག་མ་ཀླུ་ཡི་ཞིང་ཁམས་ནས། རྒྱུ་ནོར་ཀུན་འཛོམས་དར་ཞིག་ཡིན། དབུ་འཕང་མཐོ་བའི་དར་དཀར་ཡིན། གངས་རི་འདྲ་བའི་རང་མདངས་ཡོད། བསོད་ནམས་ཆེ་བའི་དར་དཀར་ཡིན། རི་མོ་སྣ་ཚོགས་ཀུན་འཛོམས་ཡོད། དཔལ་རྟགས་འཛོམས་པའི་དར་དཀར་ཡིན། གཅན་གཟན་སྣ་ཚོགས་རང་གྲུབ་ཡོད། ལོངས་སྤྱོད་ཆེ་བའི་དར་དཀར་ཡིན། ཟད་མེད་རྒྱ་མཚོའི་ཆུ་རིས་ཡོད། ཅི་བསམ་སྒྲུབ་པའི་དར་དཀར་ཡིན། བཀྲ་ཤིས་རྟགས་བརྒྱད་རི་མོ་ཡོད། ཡིད་དབང་འཕྲོག་པའི་དར་དཀར་ཡིན། རྒྱལ་སྲིད་སྣ་བདུན་རི་མོ་ཡོད། དཀར་ནག་རྒྱ་ཡིས་བཏགས་ལེ་རེད། འབྲེལ་བ་ལྷུ་བཞི་སྒོར་ལེ་རེད། དར་སྣ་གཡུང་དྲུང་དགའ་འཁྱིལ་བཏགས། དར་སྣ་མི་གཅིག་སྣ་ཚོགས་གདའ། དར་མོ་རྒྱ་ལ་བཏགས་ལེ་དེ། བསེར་མ་ རླུང་གི་རྒྱུད་དང་གཅིག དམར་མོ་མེ་ཡི་རྒྱུད་དང་གཉིས། སྔོན་མོ་ཆུ་ཡིས་བཏགས་ལེ་གསུམ། དེ་ལ་བཀྲས་བཏགས་རི་མོ་ཅན། མཁའ་འགྲོ་རྣམས་ཀྱི་ལག་པས་བཏགས། བླ་མ་རྣམས་ཀྱི་ཆོས་དར་རེད། དཔོན་པོ་རྣམས་ཀྱི་ཁྲིམས་དར་རེད། རྟ་ཕོ་རྒྱུག་དུས་མགྱོགས་དར་རེད། མི་ཕོ་

དཔའ་དུས་དཔའ་དར་རེད། གཟེངས་བསྟོད་བྱེད་པའི་གླུ་དར་འདི། འོག་མ་གླུ་ནས་ཁྲིར་ཏེ་ཡོང་། དེ་རིང་བླ་མ་ཁྲིད་ལ་འབུལ། གསལ་སྒྲིབ་མེད་པའི་གསུང་རྟགས་གནོངས། དུང་དཀར་དཀར་མོ་གཡས་འཁྱིལ་འདི། འོག་མ་གླུ་ཡི་གླུ་སྒོ་ནས། དཀར་པོ་དུང་ལ་འགྲན་མེད་ཡོད། སྐད་ཆེན་སྐད་ཆུང་འགྲན་མེད་ཡོད། དཀར་ལེ་དམར་ལེ་སེར་ལེ་གསུམ། ལྷུ་ཏིག་མདོག་གི་རང་བྱོན་ཡོད། ཕྱི་སྐོགས་དཀར་པོ་གངས་ལས་དཀར། དཀར་འོད་འཁྱུགས་སེ་ལྷ་ཡི་དུང་། དུང་དཀར་དཀར་མོ་རྒྱང་གྲག་འདི། བོད་ཡུལ་ཕ་གསོག་ཡོང་བར་ཤོག བླ་མའི་མོ་ཡོན་ཡོང་བར་ཤོག ཏ་དཀར་རིན་ཆེན་རྒྱན་ཅན་གྱི། དུང་དཀར་ཝུར་སྒྲ་ལྡིར་ལྡིར་འདི། ལ་གཞི་དུང་ལས་གྲུབ་ལེ་ཡིན། སྙིད་པ་གཞན་གྱི་བསྐོར་ནས་ཡོད། ཕོག་སྟོད་ལྷ་རིས་ཤིག་ཤིག་འདི། འཇའ་ཚོན་དར་སྣ་སྤྲུངས་སེ་ཡོད། ཕོག་སྨད་གླུ་འབོད་ཤིག་ཤིག་འདི། ཕྲུ་རིས་ཆུ་རིས་ཤིགས་སེ་ཡོད། གསེར་སྣ་ཉི་མ་རང་ཤར་འདི། གནམ་ནས་ཉི་མ་འཆར་འདྲ་ཡོད། ས་བཙུད་དྲོད་ཀྱིས་གསོས་འདྲ་ཡོད། ཕྱི་རུ་དངུལ་གྱི་པ་ཏྲ་འདི། དངུལ་གྱི་ཟླ་བ་ཚེས་འདྲ་ཡོད། རང་གསལ་མུན་པ་སེལ་འདྲ་ཡོད། རྩེ་ཆེའི་མུ་ཏིག་དར་ལུང་འདི། རི་མོ་ནོར་བུ་དགུ་འཛོམས་ཡོད། ཡོབ་ཆེན་ལྕགས་ལས་གྲུབ་སྟེ་ཡོད། གླི་ལེན་དར་སྐྱུད་འཇམ་པོས་གྲུབ། རྨེད་ཆེན་བལ་ལས་གྲུབ་ནས་ཡོད། གསེར་སྲབ་ལྷད་མེད་ཆུ་རིས་འདིར། ལྷ་ཐུགས་མཁའ་འགྲོ་སྡེ་ལྡེ་ཚང་། གསེར་རིས་དངུལ་རིས་ཤིགས་སེ་ཡོད། ཏ་ཕོ་རིན་ཆེན་རྒྱན་ཅན་འདི། དངོས་ཡོད་བླ་མའི་ཕྱག་ཏུ་འབུལ། དགོངས་སོ་མཁྱེན་ནོ་ཐུགས་རྗེས་གཟིགས། གླུ་ཡུལ་ནད་ཀྱི་འབྱུང་ཁུངས་དང་། ནད་ལས་ཐར་བའི་ཕན་ཡོན་གཉིས། འགྲོ་དོན་སུ་བབས་བླ་མ་ལ། ཅི་དགོས་གཅོད་དང་རིམ་འགྲོ་སོགས། བཀའ་བབས་ལུང་བསྟན་གནང་རོགས་མཛོད། གསན་ན་ཐུགས་ཀྱིས་མཁྱེན་པར་ཞུ། བླ་མའི་ཐུགས་ལ་དེ་ལྟར་ཞོག

གསུམ་པ། ཚན་རིག་གི་རང་བཞིན།

《གླིང་རྗེ་གེ་སར་རྒྱལ་པོའི་སྒྲུང་》ནི་བོད་གནའ་རབས་ཀྱི་སྤྱི་ཚོགས་ལས་བྱུང་ཞིང་། བོད་རིགས་མེས་པོ་རྣམས་ཀྱིས་མི་རབས་མང་པོར་གསར་གཏོད་གསོག་ཉར་བྱས་ཏེ་དར་ཁྱབ་བྱུང་བའི་བོད་ཀྱི་དམངས་ཁྲོད་རྩོམ་རིག་ཁྲོད་ཀྱི་ཁྱད་དུ་འཕགས་པའི་མཚོན་བྱེད་ཞག་གཅིག་ཡིན། དེས་བོད་གནའ་རབས་ཀྱི་སྤྱི་ཚོགས་ལོ་རྒྱུས་དང་། རིག་གནས་དཔལ་འབྱོར། མི་རིགས་དབར་གྱི་འགྲོ་འོང་། ཡུལ་སྲོལ་གོམས་གཤིས། འདུ་ཤེས་འཛིན་སྟངས། ཆོས་ལུགས་དད་མོས་སོགས་མངོན་པར་མཚོན་ཡོད་པས། དེ་ནི་གནའ་རབས་བོད་ཀྱི་སྤྱི་ཚོགས་ལ་ཞིབ་འཇུག་དང་། གསལ་རྟོགས་བྱེད་པའི་ཤེས་བྱ་ཀུན་བཏུས་ཀྱི་དཔེ་དེབ་ཅིག་ཡིན་ཞེས་བརྗོད་སྲོལ་ཡོད་པའང་དོན་ལ་གནས་པ་ཞིག་ཡིན། ང་ཚོས་འདས་ཟིན་པའི་རང་ཅག་གི་ལོ་རྒྱུས་ལ་ཕྱིར་བལྟས་བྱེད་སྐབས་གཅིག་ནས་བོད་ཡིག་དར་བའི་ལོ་རྒྱུས་ཐུང་བ་དང་། ཡང་སྐྱོས་བོད་ཡིག་དར་བའི་རྗེས་སུའང་བོད་ཀྱི་ལོ་རྒྱུས་དེབ་ཐེར་ཁག་ནང་དུ་རྒྱལ་རབས་རིམ་བྱོན་དང་། ལོ་རྒྱུས་དོན་རྐྱེན་ཆེ་གྲས། ཆོས་ལུགས་གྲུབ་མཐའི་བྱུང་ཚུལ། མཐོ་རིམ་མི་སྣའམ་བླ་སྤྲུལ་ཁག་གི་རྣམ་ཐར་སོགས་གང་རྒྱས་བཀོད་པ་ལས་རྒྱ་ཆེའི་ངལ་རྩོལ་མི་དམངས་ཀྱི་འཚོ་བའི་བདེ་སྡུག་གི་སྐོར་སོགས་བཀོད་པ་མཐོང་རྒྱུ་ཤིན་ཏུ་དཀོན། དེའང་རང་ཅག་གི་མཁས་པའི་དབང་པོ་དགེ་འདུན་ཆོས་འཕེལ་མཆོག་གིས“སྔོན་དུས་ཀྱི་སྲོལ་ལུགས་སོགས་ཇི་འདྲ་ཡིན་པ་བསམ་པའི་ཚེ། རྒྱལ་ཁམས་གཞན་གྱི་ཡི་གེ་བྲིས་པའི་ལོ་རྒྱུས་སོགས་ལ་བལྟ་བ་ཙམ་ལས་རང་གི་མིས་རང་ཡུལ་གྱི་སྲོལ་ལུགས་འདི་འདྲའོ་ཞེས་ཞིབ་ཏུ་བྲིས་པ་ཞིག་ཤིན་ཏུ་ཉེད་དཀའ་བ་ཡུལ་ཀུན་ལ་འདྲ་བ་ཡིན་”ཞེས་གསུངས་པ་ལྟར་ལགས། འོན་ཏེ་རྒྱ་ཆེའི་ངལ་རྩོལ་མི་དམངས་ཀྱི་བློ་གྲོས་ལས་འཁྲུངས་པའི་དམངས་ཁྲོད་རྩོམ་རིག་ནང་རྣམ་པ་གཞན་ཞིག་གི་ཐོག་ནས་མི་དམངས་ཀྱི་འཚོ་བ་དངོས་དེ་གསལ་པོར་མངོན་ཡོད། དེ་ནི་གཞི་རྐང་རྩོམ་རིག་ནི་སྤྱི་ཚོགས་འཚོ་

བའི་མཚོན་བྱེད་ཡིན་པ་དང་། དམངས་ཁྲོད་རྩོམ་རིག་ནི་འཚོ་བའི་ནང་གི་རང་བཞིན་རྣམ་པ་དང་དེ་བས་འབྲེལ་ཆེ་བས་ཡིན། དེ་ལ་མཁས་དབང་གཽ་ཨར་ཅིས“ངག་རྒྱུན་དུ་དར་ཁྱབ་སོང་བའི་དམངས་ཁྲོད་རྩོམ་རིག་མ་ཤེས་ན་ངལ་རྩོལ་མི་དམངས་ཀྱི་ལོ་རྒྱུས་དངོས་དེ་ཤེས་མི་ཐུབ”ཅེས་གསུངས་པ་ལྟར་ཡིན། དེ་ལྟར་ན《གླིང་སྒྲུང་》ནི་བོད་ཀྱི་གནའ་བོའི་སྤྱི་ཚོགས་ཀྱི་གཟུགས་བརྙན་མ་ལུས་མཚོན་པའི་ཀུན་གསལ་མེ་ལོང་ལྟ་བུ་ཞིག་ཡིན་སྟབས། དེ་ནི་དཔྱད་གཞིའི་རིན་ཐང་གལ་ཆེ་ལྡན་པའི་ཡིག་ཆ་གསོན་པོ་ཞིག་ཡིན། 《སྒྲུང་མཁན་བསམ་གྲུབ་ཀྱིས་ཕབ་པའི་གླིང་རྗེ་གེ་སར་རྒྱལ་པོའི་སྒྲུང་》ཞེས་པའི་དཔེ་ཚོགས་འདིར་གཞིག་པ་བྱེད་སྐབས་ཁོ་བོ་ལ་སྣང་བས་གཏིང་ཟབ་པའི་སྨྱོང་ཚོར་བྱུང་། འདིར་དཔེ་མཚོན་གྱི་ཚུལ་དུ《སྒྲུང་མཁན་བསམ་གྲུབ་ཀྱིས་ཕབ་པའི་གླིང་རྗེ་གེ་སར་རྒྱལ་པོའི་སྒྲུང་》ལས《འགོག་གླིང་》སྐོར་ཚན་དེའི་དཔྱད་ཡིག་གི་རིན་ཐང་སྐོར་ལམ་ཙམ་བརྗོད་རྒྱུ་ཡིན། དེ་ཡང་སྐོར་ཚན་དེ་ནི་གནའ་བོའི་གཉེན་སྲོལ་མངོན་པའི་མེ་ལོང་ཞིག་ཏུ་མཐོང་སྟེ། དེའི་ནང་དུ་མནའ་མ་བཙན་འཕྲོག་དང་། རྒྱན་ལ་འཛོག་པ། ཆབ་སྲིད་ཀྱི་སླད་དུ་གཉེན་འབྲེལ་བཙུགས་པ། གནའ་བོའི་གཉེན་སྒྲིག་གི་ལྟ་བ་ལ་སོགས་གནའ་དུས་ཀྱི་གཉེན་སྒྲིག་ལམ་སྲོལ་མང་པོ་དངོས་ཤུགས་གཉིས་ནས་གསལ་ལེར་མཐོང་ཐུབ་ཀྱི་ཡོད། 《འགོག་གླིང་》ནང་འགོག་གླིང་གཉིས་པོ་དམག་འཐབ་ཐེངས་བཅུ་དགུ་ཙམ་བྱས་ཀྱང་མི་ཤི་རྟ་འགྱེལ་དང་རང་ཕྱུག་གཞན་གནོད་ཁོ་ན་ལས་རྒྱལ་ཕམ་དབྱེ་བ་ཡེ་ནས་མ་ཆོད་པར་གནས་པའི་སྐབས་སུ་འགོག་ར་ལོ་སྟོན་པ་རྒྱལ་མཚན་གྱི་བུ་ཀན་པ་རྣམ་རྒྱལ་གྲགས་པས“ཡ། རྒྱལ་པོ་རིན་པོ་ཆེ་ད་སྨུག་པོ་འགོག་དང་ཁྲ་བོ་གླིང་འཁྲུགས་ནས་ཁེ་ཕམ་མ་བྱུང་འདུག ད་འགོག་བཟའ་གླིང་ལ་གཏོང་བའམ་ཡང་ན་གླིང་བཟའ་འགོག་ལ་བསུ་

ལེན་བྱེད་”①ཅེས་ཧྲུས་འགོ་སྟོན་ཧུང་སྨོན་པ་ར་ཛོས་ལམ་ལ་མ་བཏང་། དེ་རྗེས་འགོག་གླིང་ཕྱོགས་གཉིས་ཀ་མི་འགྲོ་རྒྱུ་འགྲོ་ཆེ་བ་ལ་བརྟེན་རང་ཚོད་མི་ཟིན་ཐབས་མེད་ཀྱི་གནས་ལ་སླེབས་སྐབས། སློབ་དཔོན་པདྨ་འབྱུང་གནས་ཀྱིས་སེང་བློན་ལ་“འགོག་ཡུལ་གྱི་སྲས་མོ་གླིང་ལ་ལེན་རྒྱུ་དང་གླིང་གིས་དགྲ་སྡིགས་ཇག་སྡིགས་བྱས་ནས་འཇིགས་སྐྲག་འགོག་ལ་གཏོང་རྒྱུའི་དུས་ཚོད་ལ་སླེབས་ཡོད་”②ཅེས་གསུངས་པ་ལྟར་གླིང་དམག་གིས་འགོག་ལ་འཇིགས་སྐུལ་བྱས་པ་དང་། དེ་དང་དུས་མཚུངས་འགོག་ར་ལོ་སྟོན་པ་རྒྱལ་མཚན་ལ་པདྨ་འབྱུང་གནས་ཀྱིས་“ནོར་དང་སྲས་མོ་སྤྲས་ནས་ནི། ཆིངས་འགྲིག་བྱས་ན་བཟང་ལེ་གདའ་”③ཞེས་བཀའ་གནང་བ་ལྟར་ཆིངས་དང་འདུན་མ་འགྲིག “འགོག་གླིང་བར་ལ་འདུན་མ་ཡོད། །འགོག་གི་སྲས་མོ་གླིང་ལ་སྟེར། །གླིང་དཀར་ཕ་ཚོ་གྲུ་བཞི་བཟུང་། །འགོག་གླིང་དར་དཀར་ཡུག་གཅིག་རེད། །”④ཟེར་བ་ལྟར་དཀར་པོ་གཉེན་གྱི་འབྲེལ་བ་བཙུགས་པ་བརྒྱུད་དུས་ཡུན་ལོ་གསུམ་ལྷག་ཙམ་གྱི་དྲག་པོའི་དམག་གི་འཐབ་རྩོད་མཇུག་སྒྲིལ་ཡོད། དེའི་ཐོག་ནས་གནའ་རབས་སུ་དར་ཁྱབ་ཆེ་བའི་ཆབ་སྲིད་གཉེན་འབྲེལ་དེ་གསོན་ཉམས་དོད་པོས་མངོན་ཡོད། ཡང་གོང་དུ་ཞུས་པ་ལྟར་ངོ་བོ་ཆབ་སྲིད་གཉེན་འབྲེལ་ཡིན་བཞིན་དུ་ཡང་སྙིང་གཉེན་འབྲེལ་སུ་དང་བྱེད་ཚུལ་གྱི་རྣམ་པར་“ཀླུ་རྒྱལ་གཙུག་ནའི་སྲས་མོ་གཅིག །ད་ལྟ་འཇིག་རྟེན་མི་ཡུལ་ཡོད། །ར་ལོ་སྟོན་པའི་ཁྱིམ་ལ་ཡོད། །མགོ་ནག་མི་ཡིས་ཤེས་ས་མེད། །ད་ནི་བུ་མོའི་སྐལ་བ་འདི། །ཁྲ་མོ་གླིང་ལ་ཡོང་རབས་ཡོད། །གླིང་དཀར་ཕུ་ནུ་དཔའ་བརྟུལ་ལས། །ལས་དབང་ཅན་ལ་སྦྲོད་རྒྱུ་ཡིན། །དབང་བ་སུ་ཡིན་ནོ་

① 《འགོག་གླིང་》ཤོག་ངོས268ནང་གསལ།

② 《འགོག་གླིང་》ཤོག་ངོས474ནང་གསལ།

③ 《འགོག་གླིང་》ཤོག་ངོས495ནང་གསལ།

④ 《འགོག་གླིང་》ཤོག་ངོས501ནང་གསལ།

རྒྱན་ཚུགས། །དབང་པའི་མི་ལ་སྤྲོད་རྒྱུ་ཡིན་”[1]ཞེས་པ་ལྟར་མནའ་མ་རྒྱན་ལ་འཛོག་པའི་གོམས་གཤིས་ཡོད་པ་བསྟན་པ་དང་། ཞིབ་ཕྲའི་སྒྲུང་གི་བྱུང་རིམ་ཤོད་སྐབས། གོང་ཞུས་འགོག་ལ་འཛིགས་སྐྱུལ་གྱི་དམག་ཆས་དགྲ་ལ་འཐབ་ལུགས་ཁ་གྲོས་ཞིབ་བསྡུར་བློ་ཆ་བཞག་པའི་སྐབས་སུ་ཁེ་ཉེན་ཅི་འདྲ་ཡོང་བའི་རྟགས་མཚན་ལ་སེང་བློན་གྱིས་མདའ་མོ་བརྒྱབ་པས་མོ་འབྲས་ལ་“དེ་རིང་སྐྱིད་པའི་ཉི་མ་ལ། །གཏེར་དང་ལོངས་སྤྱོད་ཕུན་སུམ་ཚོགས། །ཕར་འགྲོ་མེད་ཀྱང་ཚུར་འོང་གདའ། །དགྲ་ཤོར་ཐག་ལུས་མི་གདའ་འོ། །ལམ་དགྲ་བར་ཆད་ཞི་ནས་གདའ། །དགྲ་བོའི་སྙིང་རྩ་འདར་ནས་གདའ། །གཏེར་རྫས་རང་ལག་ཡོང་རྒྱུ་རེད། །གླིང་དྲུའི་བསམ་པ་གྲུབ་རྒྱུ་རེད། །ཏ་ཅང་གྲོགས་ཀྱི་ཆེ་ལུགས་ལ། །མི་ཚེ་འཁྱོལ་བའི་སྐྱིད་ཀྱི་གྲོགས། །……འགྲོ་མི་དགོས་བསམ་དོན་གྲུབ་ལེ་གདའ་”[2]ཞེས་བབས་པར་ཁྲོ་ཐུང་གིས་“ལུང་པ་སྟོང་པ་འདི་ཡི་ནང་ལ་ཁྱོད་ཚེ་གཅིག་མི་ཚེ་སྐྱིད་ལ་འཁོད་པའི་རོགས་དང་། ལོངས་སྤྱོད་འཛོམས་པའི་ཟས་གོས་སོགས་དེ་ཙམ་གྱི་ཕུན་སུམ་ཚོགས་པ་ཞིག་དེ་རིང་ཁྱོད་ལ་སྟེར་མི་ཡོད་ན་དེ་ཁྱོད་རང་གྱིས། གཞན་ལ་མི་དགོས་ཟེར་”[3]བར་སྤྱི་དཔོན་ནས་ཐུགས་མོས་བྱུང་སྟེ་ཉི་མ་བཅུ་གསུམ་གྱི་རིང་ལ་གྲོགས་དངོས་ཅི་བྱུང་ཐམས་ཅད་སེང་བློན་ག་མ་ལ་གཏང་མ་ཐོབ་པ་བྱེད་རྒྱུར་ཐུགས་ཐག་བཅད། སྐབས་དེ་དུས་ཁྲོ་ཐུང་གིས་མི་ཚེ་སྐྱིད་ལ་འཁོད་པའི་རོགས་བྱུང་ན་སེང་བློན་ལ་སྤྲོད་རྒྱུའི་དམ་འཛོག་རྒྱན་འཛུགས་བྱས་པས་ཉེན་ཤས་རྗེས་འགོག་གླིང་གཉིས་པོ་ཆིངས་འདུམ་བྱུང་སྐབས་འགོག་བཟའ་སེང་བློན་ལ་བདག་སྟབས་གོ་བག་ཁབ་ལེན་གྱི་སྟོན་མོའི་མཛད་སྒོའི་ཐོག་“འགོག་བཟའ་ཟེར་བའི་བུ་མོ་འདི་ང་སྟག་རོང་དཔོན་ལ་མ་ཐོབ་ན། ཤི་བ་སྲོག་

① 《འགོག་གླིང་》ཤོག་ངོས476ནང་གསལ།

② 《འགོག་གླིང་》ཤོག་ངོས492ནང་གསལ།

③ 《འགོག་གླིང་》ཤོག་ངོས492ནང་གསལ།

དང་ཐུག་ཀྱང་འདུག་ཐབས་མེད་”[1]བསམས་ནས་ཕྱི་ནང་གསང་གསུམ་དུ་ངོ་ཚ་ཁྲེལ་ཡོད་རེ་ཡང་མེད་པའི་གཏམ་མང་པོ་བཤད་ཡོད། གཞན་ཡང་འགོག་གླིང་ཆེངས་འདུམ་བྱུང་ནས་གླིང་དཔའ་བརྟུལ་རྣམས་འགོག་ཡུལ་དུ་འགྱོར་སྐབས་“འགོག་ར་ལོ་སྟོན་པའི་བཀྲ་ཤིས་གཡང་གི་ར་བ་ནས……བུ་མོ་གཡུ་བྲུ་རྡུའི་རྒྱན་ཆ་སྤྲས་པ་གཅིག……གིས་ལག་ཏུ་གསེར་ཟྦམ་འོ་མས་གང་བ་ཞིག་ཁྱེར་ནས་ཚུར་ཙམ་ཡོང་བའི་སྐབས་སུ་སེང་བློན་ག་མ་དེས་དར་དཀར་པོ་ལན་གཅིག་གཡུགས་པ་བུ་མོའི་མགོ་སྟེང་དུ་གངས་རིར་ཉི་མ་ཤར་བ་ལྟ་བུར་ཕོན། དེའི་རྒྱབ་ནས་སྐྱ་ལོའི་སྟོན་པ་རྒྱན་མཚན་དེས་དར་དཀར་པོ་ཞིག་འཕངས་པ་བུ་མོའི་ལག་གི་གསེར་ཟྦམ་འོ་མས་གང་བ་དེ་ལ་ཕོན། དེ་རྒྱབ་འབུམ་པའི་རྒྱ་ཚ་ཞལ་དཀར་དེས་དར་གཅིག་འཕངས་པ་བུ་མོའི་རྒྱབ་ཀྱི་མཛོ་མོ་རྣ་དཀར་གྱི་རྣ་རྩེ་གཉིས་ལ་ཕོན།……（མཐར་མར་ཁྲོ་རྒྱལ་གྱིས）དར་གཅིག་བུ་མོའི་མགོ་ལ་གཏད་དེ་འཕངས་བྱུང་བར་དར་དེ་རླུང་གིས་འདེད་པ་བཞིན་དེད་དེ་རྟོལ་ལེའི་ཇ་མར་ཕོན་སོང་”[2]བས་འགོག་བཟའ་ལྷ་མོ་སེང་བློན་ག་མ་ལ་བདག་པ་ཤུགས་ལ་བསྟན་ཡོད། དོན་དུ་གོང་དུ་དྲངས་པའི་དཔེ་མཚོན་དེ་རྣམས་ལས་ད་ལྟའི་དུས་སུ་མཐོང་ཐོས་བྲལ་ལ་ལོ་རྒྱུས་ཡིག་ཆའི་ནང་རིག་རྒྱུ་དབེན་པའི་གནའ་རབས་ཀྱི་རྩེད་རྩལ། རིག་རྩལ། དྲག་རྩལ་བསྒྱུར་ནས་མནའ་མ་རྫོད་ལེན་བྱེད་པའི་གཉེན་སྒྲོལ་རྣམས་དང་། ཆབ་སྲིད་ཀྱི་སླད་དུ་གཉེན་འབྲེལ་འཛུགས་པའི་བྱ་ཐབས་རྣམས་གསོན་ཉམས་ལྡན་པའི་ངང་ངག་སྒྲུང་ནང་གསལ་ལེར་འཁོད་ཡོད། དེ་བཞིན་དུ་ངག་སྒྲུང་ནང་གི་མི་སྣ་ཕན་ཚུན་གྱི་གཏམ་གླེང་ནང་གཉེན་སྒྲོལ་སྐོར་གྱི་སྒྲོལ་རྒྱུན་ལྟ་སྟངས་དང་གཉེན་སྒྲོལ་གྱི་རྣམ་པ་འདྲ་མིན་ཡང་མངོན་ཡོད་པ་ནི། དཔེར་ན། ཁྲོ་ཐུང་འགོག་གིས་བཟུང་ནས་འགོག་ཡུལ་དུ་ཕྱི་ནང་བརྗེ་བའི་སྐྱིད་གཏམ་ཤོད་

① 《འགོག་གླིང་》ཤོག་ངོས516ནང་གསལ།

② 《འགོག་གླིང་》ཤོག་ངོས496ནང་གསལ།

སྐབས་“སྐྱ་ལོའི་བུ་མོ་མཛེས་ཡག་མ། །མོ་རྩིས་མོ་ལ་བབས་ལེ། །མིང་ལ་རྣ་བྱའི་སྒྲོ་མདོངས་ཅན། །སྟོན་པ་རྒྱན་མཚན་ཚེ་རིགས་ཀྱིས། །ཡེ་ཤེས་མཁའ་འགྲོའི་སྤྲུལ་པ་རེད། །ཐབས་དང་ཞགས་པས་ཅི་བཟང་བཟུང་། །”①ཞེས་བཤད་པ་ལས་བཙན་འཕྲོག་གཉེན་སྒྲིག་ཡོད་པ་མཐོང་བ་དང་། མི་སྣ་ཕན་ཚུན་གྱི་གཏམ་གླེང་མང་པོའི་ནང་གོ་མ་དང་བྱེ་ཕྲུག་ལ་འཛིན་པའི་ལྟ་བ་དང་གཉེན་ལོའི་སྐོར་སོགས་མང་དག་ཅིག་གསལ་ཡོད། ད་དུང་འགོག་བཟའ་ལྷ་མོ་གླིང་སྐྱེའི་མནའ་མར་བསུ་དགོས་དོན་ཐད་བསམ་གྲུབ་ཀྱིས་ཕབ་པའི་《ལྷ་གླིང་》ཚད་སྒྲུང་དཔེ་མང་པོའི་ནང་ལྷ་ཕྲུག་མི་ཡུལ་དུ་འགྲོ་དོན་སྐྱོང་བར་ཕེབས་སྐབས་“སྐྱེས་པའི་ཡབ་ལ་མ་སང་གེ་འཛོ། བལྟམས་པའི་ཡུམ་ལ་ཀླུ་མོ་ཡལ་ག་མཛེས་ལྡན་དགོས་”②པར་གསལ་ཡོད་རུང་། 《འགོག་གླིང་》ནང་དུ་“ཀླུ་ཡི་རྒྱལ་པོ་འཁོར་བཅས་རྣམས། །གླིང་རུའི་གྲོགས་ལ་ཁྱུག་ལེ་མཛོད། །འོག་མ་ཀླུ་ཡི་ཀླུ་མོ་གཅིག །གླིང་དཀར་གྲོགས་ལ་མ་བཀུག་ན། །ནོར་དང་ལོངས་སྤྱོད་གཏེར་ཁ་རྣམས། །རྒྱས་པའི་དུས་ཅིག་ཤར་རྒྱུ་མེད། །……ཀླུ་མོ་མི་མགོན་ཀླུ་མོ་དེ། །ཁྲ་བོ་གླིང་ལ་ལེན་ལེ་གྱིས། །ཀླུ་ཡི་ནོར་རྫས་སྣ་ཚོགས་དེ། །མི་ཟད་གཏེར་སྒོ་ལོན་ལེ་བྱེད། །”③ཅེས་གསལ་བ་དེ་ནི་དེ་བས་བབ་ཆགས་ལུགས་མཐུན་དུ་སྣང་། དེའི་ཐོག་ནས་གནའ་བོའི་དུས་སུ་（ཐ་ན་ད་ལྟའི་དུས་སུའང་འདྲ་）བུ་མོ་མནའ་མར་ལེན་སྐབས་རྫོངས་སྐལ་རྒྱས་མེད་ལ་བལྟ་བའི་འདུ་ཤེས་ལེགས་པར་མཚོན་ཡོད། །

① 《འགོག་གླིང་》ཤོག་ངོས243ནང་གསལ།

② 《འགོག་གླིང་》ཤོག་ངོས43ནང་གསལ།

③ 《འགོག་གླིང་》ཤོག་ངོས406ནང་གསལ།

༧༧། །བསམ་གྲུབ་ཀྱིས་ཕབ་པའི་གླིང་སྒྲུང་གི་རྩོམ་ལུས་སྐོར་དཔྱད་པ།

དེ་ཡང་《སྒྲུང་མཁན་བསམ་གྲུབ་ཀྱིས་ཕབ་པའི་གླིང་རྗེ་གེ་སར་རྒྱལ་པོའི་སྒྲུང་》དེ་དག་ལེགས་པར་བསླུགས་ཤིང་དེའི་བྲོ་བ་མྱངས་པའི་ཚེ། ཚིག་གི་ལྷུ་འགྲིག་ཅིང་། གཙོད་མཚམས་ལེགས་པ། བོད་མི་རིགས་ཀྱི་སེམས་ཁམས་དང་གོམས་གཤིས། ཁྱད་པར་སྐད་ཆའི་ཁྱད་ཆོས་དང་མཐུན་པའི་ཚིག་རྒྱན་སྣ་ཚོགས་ཀྱིས་བརྒྱན་ཡོད། འདིར་དམིགས་སུ་གང་གིས་འཆད་གྱེར་གནང་བའི་ངག་སྒྲུང་གི་རྩོམ་ལུས་ཀྱི་ཁྱད་ཆོས་རགས་ཙམ་ཞུ་རྒྱུ་ཡིན།

སྤྱིར་ན་སྒྲུང་གི་འཕེལ་རིམ་དང་། གཏམ་རྒྱུད་ཀྱི་རྒྱབ་ལྗོངས། ཁོར་ཡུག་ངོ་སྤྲོད། མི་སྣའི་བྱ་འགུལ་ཚང་མ་ཁྲང་པར་མ་བཅད་པའི་ཚིག་ལྷུག་སྤྱོད་པ་དང་། མི་སྣ་ཕན་ཚུན་ལབ་གླེང་གི་ཚུལ་དུ་གླུ་ལེན་རེས་བྱས་པ་ཚང་མ་ཁྲང་པར་བཅད་པའི་ཚིགས་བཅད་ཁོ་ན་སྤྱོད་པ་《གླིང་སྒྲུང་》གི་སྤྱི་སྲོལ་ཡིན།① སྒྲུང་མཁན་བསམ་གྲུབ་ཀྱིས་ཕབ་པའི་གླིང་རྗེ་གེ་སར་རྒྱལ་པོའི་སྒྲུང་དག་ཀྱང་བཅད་ལྷུག་སྤེལ་མ་ལས་གྲུབ་པ་ཞིག་ཡིན། ཚིག་ལྷུག་གིས་གཞུང་དོན་གོང་འོག་འབྲེལ་མཐུད་དང་

① འོན་ཀྱང་དམིགས་བསལ་གྱི་སྒྲུང་ཚན་རེ་གཉིས་བཅད་མ་ཁོ་ནས་གྲུབ་པ་ཡོད་ལ་ལྷུག་མ་ཁོ་ན་ལས་གྲུབ་པའང་ཡོད། དཔེར་ན། བོད་ལྗོངས་མི་དམངས་དཔེ་སྐྲུན་ཁང་ནས1989ལོའི་ཟླ་བ3པར་དཔར་དུ་བསྐྲུན་པའི་《སྐྱེས་མཆོག་གེ་སར་རྒྱལ་པོའི་ཕྱི་ནང་གསང་གསུམ་གྱི་རྣམ་ཐར་ཡང་སྙིང་གསེར་གྱི་ཞུན་མ་ཡོན་ཏན་ནོར་བུའི་མཛོད་བཞུགས་སོ་》ཞེས་པའི་པོད་དེ་ནི་རྟོན་བསྡུ་དང་མཇུག་བསྡུའི་ཚུལ་དུ་ཚིག་ལྷུག་ཐུང་ངུ་རེ་ཡོད་པ་ལས། དེ་མིན་ཚིགས་བཅད་ཁོ་ནས་གྲུབ་པ་དང་། ཡང་ན་སྤྱི་ལོ1998ལོར་མི་རིགས་དཔེ་སྐྲུན་ཁང་ནས་པར་དུ་བསྐྲུན་པའི་སྒྲུང་མཁན་གྲགས་པས་གསུངས་པའི་《ལྷ་གླིང་གབ་ཙེ་དགུ་སྐོར་》ཞེས་པའི་པོད་དེའི་ནང་མི་སྣ་ཕན་ཚུན་གྱི་གླུ་ལེན་རེས་མེད་པར་གཏམ་གླེང་གི་ཚུལ་དུ་སྡེ་ཕྱིར་ཚིགས་བཅད་དུམ་བུ6མཆིས་པར་ཚིག་ཁྲང་བསྡོམས92ཡོད་པ་ཕུད། དེ་ཕྱིངས་ལྷུག་མའི་རྣམ་པ་ཁོ་ན་ལས་གྲུབ་པ་ལྟ་བུའོ། །

གསལ་བར་བྱེད་པའི་ནུས་པ་ཐོན་པ་དང་། ཚིགས་བཅད་ཀྱིས་དབྱངས་ཀྱི་མཛེས་ཉམས་ལེགས་པར་ཐོན་པ། ཚིགས་བཅད་ཀྱི་ལམ་ནས་དྲངས་པའི་གླུ་ཚིག་རེ་ལ་ཚིག་རྐང་གི་ཚད་མེད་ཅིང་སྐབས་བབ་ཀྱི་དོན་མཚོན་པའི་དགོས་པར་གཞིགས་ནས་ཚིག་རྐང་མང་ཉུང་སྣ་ཚོགས་ཡོད་པ་དག་ཀྱང་གླིང་སྒྲུང་གྱི་དང་ཡོངས་སུ་མཚུངས་པ་ཡིན། འོན་ཀྱང་《གླིང་སྒྲུང་》གཞན་དང་བསྡུར་ན་སྒྲུང་གི་བྱུང་རིམ་ཅུང་སྟབས་བདེ་རུང་། སྙན་པའི་དབྱངས་སུ་གྱེར་བའི་མི་སྣ་ཕན་ཚུན་གྱི་གླུ་ཚིག་རྣམས་ཆ་སྙོམས་བྱས་ན་གླིང་སྒྲུང་གཞན་ལས་ཚིག་རྐང་ཅུང་མང་བ་ཡོད། དེ་མིན་སྒྲུང་གི་བྱུང་རིམ་བརྗོད་པ་དག་ལྷུག་མ་ཡིན་པ་གང་ཞིག་ལ། དེའི་ནང་དུ་ཚིགས་བཅད་མི་ཉུང་ཙམ་འདྲེས་ནས་བརྗོད་ཡོད་པ་དང་། གླུ་སྣ་གཅིག་རང་གི་ནང་དུའང་ཚིག་ཁྱིམ་མང་ཉུང་སྣ་ཚོགས་ཐོན་གྱི་ཡོད། དེ་དག་ནི་སྒྲུང་མཁན་བསམ་གྲུབ་ཀྱིས་ཕབ་པའི་གླིང་རྗེ་གེ་སར་རྒྱལ་པོའི་སྒྲུང་གི་ཐུན་མིན་གྱི་ཁྱད་ཆོས་སུ་མཐོང་བས། ཡིག་ཚོགས་ཆེ་བར་མ་འཛེམས་པར་དཔེ་མཚོན་དང་སྦྲར་ནས་སྤྲོས་ན།

༧. སྒྲུང་གི་བྱུང་རིམ་བརྗོད་པའི་ཚེ་ལྷུག་མའི་ནང་ཚིགས་བཅད་འགའ་རེ་འདྲེས་ཡོད་པའི་རིགས་ཧ་ཅང་མང་པོ་ཡོད་ལ། དེ་དག་ལས་འགའ་རེ་མི་སྣའི་གཏམ་གླེང་ཡིན་པ་དང་། འགའ་རེ་ཡུལ་ལྗོངས་ཀྱི་བཀོད་པ་བརྗོད་སྐབས་ཐོན་པ། དེ་མིན་མི་སྣ་སོ་སོའི་བསམ་ཚུལ་བརྗོད་སྐབས་ཀྱང་ཐོན་ཆེ་བ་བཅས་ཡིན། དེ་ཡང་དཔེར་ན《ཞང་གླིང་གཡུལ་འགྱེད་》ལས"སྟག་རོང་དཔོན་པོ་ཁྲི་རྒྱལ་གྱིས་བཀའ་དེ་ལྟར་བསྒྲུལ་བར། དར་འཕྱེན་དེ་སྟག་དམར་ཡག་ཅན་གྱི་གྲལ་གདན་ནས་ཡར་ལངས་ཏེ། འོ་ཡ། ལས་ཅི་མ་ཡིན་ཞིག་ག་ནས་ཡིན། དུས་ཚོད་དབྱར་དགུན་ནམ་ཟླ་དེ། འགྲོ་ཚོད་འབྱུང་བའི་ཤུགས་ལ་བསྟུན། དགྲ་རྒྱུག་གནང་གཅོད་ཅི་དགོས་དེ། གཏམ་བཤད་སྐད་ཆའི་ཚིག་ལ་བལྟ། ཁ་མ་ཐུག་གོང་ནས་སྣ་ཐུག་དང་། རྟ་མ་རྒྱུག་གོང་ནས་ལྷུག་ཤད་གཉིས། དགྲ་མ་ཐུག་གོང་

ནས་འཕོར་ གསུམ་བསྐོར། འཐབ་རན་ དུས་མཚོན་ ཆའི་སོ་ ཁ་ཉིལ། ཟེར་བའི་དཔེ་ལྟར་དགོས་པ་མེད། ད་ཨ་ཁུ་ཁྲི་རྒྱལ་གྱིས་གསུངས་པ་དེ་ལོས་ཀྱང་བདེན། ད་དུང་ཕྱུགས་རྫི་མི་མགོ་བཅོ་ལྔ་ནས་གནང་ཆེན་བུ་མོ་མི་བཞི་དེ་སྐོར་པས་བཟུང་དང་། རི་ལ་གབ། ནང་ལ་ཡོད་མེད་ཀྱི་ཉམས་ཞིབ་སྐད་ཆ་འདྲི་ཡག་གྱིས་ཟེར་ཧེ་དང་པོ་ཁྲིམ་བདག་སོ་སོ་ལ་སྐད་ཆ་འདྲི་མི་མི་ཧ་གསུམ་རེ་བཏང་། དགོང་མོ་ཉི་མ་མ་བཞུད་ཙམ་དུ་བང་མི་རྣམས་འཕོར་ནས་གཏམ་དྲང་པོའི་སྐད་ཆ་ས་མཐའི་སྤྲང་པོས་བཤད། བདེན་མི་བདེན་ཟེར་བ་ག་ལ་ཡོད། སྙིང་དང་འདྲ་བའི་ཕྱུགས་རྫི་བཞི། བཙན་ཤེད་བཙན་དབང་རྒྱུད་ནས་འཁྲིད། ཕོ་བརྒྱུའི་ལག་མཚར་རྩེད་ས་བྱས། སྐར་པའི་དཀྱིལ་ལ་འཁྲིད་སོང་ཟེར་ཧེ་ཡར་ཞུ་བྱས། ཕྱི་ཉིན་ནམ་མཁའ་ལངས་ཧེ་རི་རྩེ་ལ་ཉི་མ་ཤར་བ་དང་། དབྱར་ས་ཀུན་དགའ་ར་བ། སྦྲ་ཆེན་སྤྲིང་བཞིའི་ཚུར་མཐར་གུར་ཆེན་གནམ་སྤྲིང་ཁེབས་ཆེན་དེ་ཕུབ་སྟེ་སྟག་རོང་གི་ཕ་ཁུ་དང་། སྔེ་ཤོག་སློན་པོ། དཔའ་བརྟུལ་རྣམས་འདུ་འཛོམས་བྱས་པར། གཡས་གྲལ་སྟག་གདན་གྱི་གོང་ནས་དར་འཕེན་གྱིས། ཁ་ཟེར་མ་རེད་དོན་དམ་རེད། དོན་དམ་ལག་པས་བླངས་ནས་གདའ། ད་ནི་སྟག་རོང་རྒྱལ་བློན་རྣམས། འདི་འདྲ་སྡོད་ཐབས་ཅི་ལ་ཡོད། རྩྭ་རིན་ཆུ་རིན་ཕར་ལ་ཞོག རིན་ཆེན་ཡི་གེ་གསེར་རྫོང་དེར། སུ་ས་ཡིན་གྱིས་བསླུས་དོན་མེད། བརླས་ནས་ཞིག་རལ་མེད་ལེ་དགོས། རྒྱུ་ལམ་ཐུག་མི་ལ་ཐུག རི་འགོའི་རི་དྭགས་ཐོག་མདངས་བསད། ས་གཞིའི་རྩྭ་ཆུ་ཧམ་ཟོས་བྱས། ད་དུང་ན་ཚུང་སྨན་ལ་བརྟམས། ཧམ་པ་ཆེ་བ་མ་རེད་ཨང་། ད་ནི་འགྲོ་ལུགས་འདུག་སྟངས་དང་། མང་ཉུང་ཚོ་ཆེན་ཚོ་ཆུང་ལ། ཅི་དགོས་བཀའ་གྲོས་བྱས་ན་བསམ་ཞེས་ཟེར་ཧེ་ཆ་བཞག་དང་རྟས་བསྐོད་ཀྱི་དཔའ་སྤྲུ་འདི་གཡུ་འབྲུག་གྲག་ཆེན་གྱི་ཧ་ལ་དྲངས་ནས་བླངས་པར་

གདའོ་”[1] ཞེས་པའི་དུམ་བུ་འདི་ནི་སྟག་རོང་དཔོན་བློན་འཛོམས་པའི་དབུས་སུ་དར་འཕེན་གྱིས་བཀའ་གྲོས་ཀྱི་གླེང་འགོ་བཙམས་པའི་གླེང་མོལ་དུམ་བུ་ཞིག་ཡིན་པ་དང་། འདིའི་ནང་སྟོན་ལ་ཚིག་ཁྱིམ་བདུན་ཅན་དང་བརྒྱད་ཅན་འདྲེས་མར་སྤྱད་པའི་ཚིག་རྐང་བཅུ་ཙམ་ཡོད་པ་དང་། དེ་རྗེས་ཡང་ཚིག་ཁྱིམ་བདུན་ཅན་ཁེར་ལས་གྲུབ་པའི་ཚིག་རྐང་བཅུ་དྲུག་སྤྱད་ཡོད།

ཡང་དཔེར་ན། 《ཞང་གླིང་གཡུལ་འགྱེད་》ལས་“ཅེས་གསུངས་པར། དེར་ཡོད་ཕ་ཁུ་དཔའ་བརྟུལ་སྟག་ཤར་རྣམས་ཀྱིས་ཡ༑ དར་འཕེན་གསུང་དེ་ལོས་ཀྱང་བདེན། མ་བཞི་དཔོན་པོ་ཁྲི་རྒྱལ་འདིས། འདར་འདར་སིག་སིག་བྱེད་པ་ལས། དོན་དག་མི་འགྲུབ་ཐག་ཆོད་ཡིན། སྔ་རབས་ད་རབས་དུས་གསུམ་ལ། དགྲ་དགའ་གྱོད་སྐྱིད་དེ་དང་གཅིག ཏམ་པས་དཔུང་གཉེན་དེ་དང་གཉིས། ཁུ་ཐུག་ཕྱི་ནང་བརྗེ་བ་གསུམ། དེ་མིན་བསམ་བློ་ཅི་ཡང་མེད། རྟུས་མ་ཤེས་མ་གོ་མ་རིག་གོང་། དཔའ་འདོད་དཔུང་པ་ངོམ་རྒྱུ་མེད། ཟ་འདོད་ཁ་ཆུ་འཁོལ་རྒྱུ་མེད། གཏམ་འདོད་ཁ་ལྕེ་བདེ་རྒྱུ་མེད་ཟེར་བ་ལྟར། དགྲ་དགའ་གྱོད་སྐྱིད་མེད་པ་ལ། གྱོད་མཐའ་ཆུ་ལས་རིང་བ་ཡོང་། ཕར་གསོད་ཚུར་གསོད་མང་པོ་དེས། དོན་མེད་བུ་ཏ་བརྟབ་ནས་ཡོང་། མི་ཁ་རྒྱལ་ཁམས་ཀུན་ལ་ཁྱབ། སྟག་རོང་ཇག་པའི་དཔོན་པོ་དེས། སྐར་ཆུང་ཚོང་པ་ཏར་ལ་འཕངས། རྒྱུ་ནོར་བཙོམ་འཕྲོག་མ་ཡིན་ན། དགྲ་རུ་འཛིན་དོན་ཅི་ལ་ཡོད་ཟེར་ཏེ། ཕྱི་རབས་བོད་ལ་གཏམ་ངན་འདྲ་ཡོང་དགོངས་ཏེ་དགའ་མདོག་སྐྱིད་མདོག་ཅི་ཡང་མེད་པར་དར་འཕེན་གྱི་གསུང་དེ་ལ་ཚ་བཞག གྲོས་འཚམས་ནས་སང་ཉིན་ཨ་ཁུ་ཁྲོ་ཐུང་ཕ་ཁུ་དཔོན་གཡོག་རྣམས་མི་རེས་ཧ་རེ་བཞོན་ཏེ་འགྲོ་རྒྱུར་གྲོས་ཐག་བཅད། དེའི་ཕྱི་ཉིན་ནམ་ལངས་པ་དང་མཉམ་དུ་ཨ་ཁུ་ཁྲོ་ཐུང་གིས་མགོ་ལ་རམ་ནུ་མདུད་དང་། ངོ་

[1] 《ཞང་གླིང་གཡུལ་འགྱེད་》ཤོག་གྲངས་4པར་གསལ།

ལ་སྤྲེལ་རྐན་རྒྱ་བོ་འདྲ་བའི་སྤྲུ་ཡོད་པ་དེར་མགོ་ཞུབས་དང་ངོ་ཞུབས་གྱོན། མགོ་སྐྲ་བཤིག་ནས་རྒྱ་ལྷས་ཤིག་བརྒྱབ་སྟེ་མི་ཆེན་ལྟ་གཞི་ཆེ་བ་ཇམ་བརྗིད་ཅན་གྱི་ཆ་ལུགས་མཛད། བུ་ཕྲུག་རྣམས་ཁ་མདོག་ངོ་མདོག་གསལ་ལ། ཁ་དགའ་ངོ་སྐྱིད་ཐར་རེ། ངོ་འཛུམ་མིག་འཛུམ་ཤིགས་སེ། དལ་དལ་ལྡོད་ལ་བབས་པའི་ངང་ནས་རྟ་ཕོ་གོམ་འགྲོས་ཤིག་ཤིག་གིས་ཚོང་སྒར་ལ་གཏད་ནས་སོང་བས། ཚོང་དཔོན་ནོར་བུ་སྟོབས་ལྡན་དང་དབང་རྒྱལ་གྲགས་པ། པད་མ་སྐལ་བཟང་། གཡུང་དྲུང་སྟོབས་ཆེན་བཞི་དེས་མི་རེས་བུ་མོ་རེ་སོ་སོའི་གུར་ནང་དུ་ཉར། ལུས་ལ་རྒྱན་དྲུག་དར་གོས་ཀྱིས་མཛེས་པར་བརྒྱན་ཞིང་ཞ་ཐུད་མར་གསུམ། སྤྲང་རྩི་ག་ར་ཤིང་ཏོག་སོགས་བཤམས་ནས་ཡོད་པར། ཁྲི་ཐུང་དེ་སྨད་ཁྲག་སྟོད་ལ་རྒྱུས། སྟོད་ཁྲག་ངོ་ལ་འཕྱུར། ངོ་ཁྲག་མིག་ལ་གཡོས་ཏེ་དྲག་པོའི་རྐན་སྒྲ་བཏབས། ང་རྒྱལ་གྱི་སོ་སྒྲ་སྒྲོག་ཅིང་ཨ་ར་ཨོག་ཚོམ་འདར་ཤིག་ཤིག་བྱུང་ཡང་། ཁ་གཏམ་ལྟེ་མཁས་ཀྱིས་རྒྱ་ཕར་སྟེར་ཚུར་ལེན་གྱི་ཚོང་གཏམ་བྱས་ནས་དངོས་ཟོག་རྟ་རྒྱབ་གཅིག་ཙམ་བཟེ་ལེན་བྱས། དོན་དུ་ད་རེས་ལས་ཀྱི་འཛོག་སོ་ལ། དགྲ་ལ་དགྲ་ལན་བྱེད་རྒྱུ་རེད། ཟས་ལ་ཟས་ལན་ལེན་རྒྱུ་རེད། ཕ་བསད་ཤ་ལན་མ་ལོན་ན། བུ་ཆུང་ཞི་བའི་རོ་དང་འདྲ། རྒྱུ་ནོར་ར་མདའ་མ་ཚོད་ན། དཔའ་མེད་ཧྲུས་མེད་ཞེས་མེད་འདྲ། ཡར་མགོ་མར་མཇུག་མ་ཞེས་ན། དབང་མེད་ཁྲིལ་མེད་གོ་ས་མེད། ཕྱི་ནང་གསང་གསུམ་མ་ཞེས་ན། གཉེན་དང་ཉེས་པའི་ཤ་ཁྲག་མེད་བསམས་ནས་རང་ཡུལ་དབྱར་ས་ཀུན་དགའ་ར་བ། སྤང་རི་མེ་ཏོག་ཁྲ་ཡག ན་དམར་རྩྭ་ར་གཡུང་དྲུང་དགའ་འཁྱིལ་ལ་ཕྱིར་ལོག་བྱས། ཕྱུགས་རྫིའི་གནམ་དེ་གནམ་བདེན་རེད། ལ་འཁྱུར་ལུང་འཁྱུར་ག་ནས་ཡིན། ཁ་གྱུར་ཚིག་གྱུར་ག་ནས་ཡིན། བདེན་པའི་གནམ་ལ་ནོར་ཡ་མེད། ད་ནི་ཅི་འདྲ་དགོས་སམ་ཟེར་བར། ཞང་བློན་འཕྲུལ་བུ་དེས་གཡས་གྲལ་སྟག་གདན་སྟེང་ནས་དཔའ་ཁ་ཁས་ལེན་དང་། ཚོང་དཔོན་དཔོན་གཡོག་གང་ཡོད་དེ་དམར་གསོད་ཁྲག་ལ་བསྒྱུར་རྒྱུ་རེད། རྒྱུ་

ནོར་ཡོངས་སྤྱོད་གསེར་དངུལ་དར་ཟབ་ཅི་ཡོད་དེ་རྫ་རིན་ཆུ་རིན་ལ་ལེན་རྒྱུ་རེད་ཟེར་ཏེ་ཧུས་བཀོད་དགྲ་འཐབ་ཀྱི་སླུ་འདི་ཆུ་བོ་འབབ་ཏ་ལ་དྲངས་ནས་བླངས་པར་གདའོ། ”① ཞེས་པའི་དུས་བུ་འདིའི་ནང་སྟག་རོང་གི་ཕ་ཁུ་དཔའ་བརྟུལ་རྣམས་ཀྱིས་དར་འཕེན་གྱི་གསུང་དེ་བདེན་ཚུལ་གླེང་སྐབས་ཚིག་ཁྱིམ་བདུན་ཅན་གྱི་ཚིག་རྐང་ཉེར་གཉིས་དང་། ཁྲོ་རྒྱལ་དཔོན་གྱི་བསམ་ཚུལ་བརྗོད་སྐབས་ཚིག་ཁྱིམ་བདུན་ཅན་གྱི་ཚིག་རྐང་བཅུ་གཅིག་སྤྱད་ཡོད་ལ། དེ་མུར་ཨ་ཁུས་སྟག་རོང་དཔོན་བློན་རྣམས་ལ་བཀའ་གྲོས་གནང་སྐབས་སླར་ཡང་ཚིག་ཁྱིམ་བདུན་ཅན་གྱི་ཚིག་རྐང་བཞི་སྤྱད་ཡོད།

ཡང་དཔེར་ན་《ཞང་གླིང་གཡུལ་འགྱེད་》ལས“དེའི་དུས་སྟག་རོང་ཤོག་གི་སྲས་ཆུང་གཉིས་དང་འཁྲོ་ལུས་ཡར་གཡོག་བུ་བདུན་དང་བཅས་པ་སྟག་རོང་གི་ཕ་མཁར་རྫོང་བཙན་ཕོ་རོག་སྙིང་རྫོང་ལ་འགྲོ་བའི་དུས། སྟག་རོང་དཔོན་པོ་ཁྲོ་རྒྱལ་དེ་བློ་མ་བདེ་སེམས་འཁྲུག མདང་སུམ་གཉིད་མ་ཁུག ཟང་ཟེང་རླུང་བསེར་མས་བཀྲུག་པ་འདྲ་ཞིག་ཏུ་བྱུང་བས། མཚམས་གཡོག་དོན་གྲུབ་ཉི་མ་ལ་སྒོ་ལ་སོང་ནས་སུ་ཡོང་ལྟོས་དང་གསུངས་པར། དོན་གྲུབ་ཉི་མ་ཕྱི་ལ་བལྟ་བར་སོང་བས། སྟག་རོང་སྲས་དང་བཅས་པ་སྒོ་རྩར་འཁྱོར་བ་དང་ཐུག ཁོང་རྣམས་ཕ་རྒན་ཁྲོ་ཐུང་གི་མདུན་དུ་ཡོང་ནས་སྟག་རོང་རུ་བ་ཧག་གིས་བཅོམ་ཚུལ་དང་། གཡོག་པོ་མོ་མང་ཙམ་ཤི་རྨས་བྱུང་ལུགས། ནོར་ལུག་ཏ་ཟོག་ཡོད་ཚད་འཁྲོག་བཅོམ་བྱས་ཚུལ་རྣམས་ཞིབ་པར་ཞུས་པས། མ་བཞིའི་དཔོན་པོ་ཁྲོ་ཐུང་དེས། དཔུང་ཆེན་མང་ཙུང་ཤོར་ཉིན་མོ། ཇེས་ར་མདའ་སོང་ཡང་ཐུབ་ཐབས་མེད། ཨ་ཁ་སྟག་ཚ་དམར་ལེབ་དྲེ། དེ་འདྲའི་དགོངས་པ་རྫོགས་ལུགས་ལ། ཅི་སྡུག་ཟེར་ན་མི་ཤོར་སྡུག རྒྱུ་ཤོར་ར་མདའ་ག་ལེར་སྤྲོད། ལར་གཞི་སྟ་མོའི་གཏམ་དཔེ་ལ།

① 《ཞང་གླིང་གཡུལ་འགྱེད་》ཤོག་ངོས11ནང་གསལ།

རི་རྒྱལ་ལྷུན་པོ་དེ་ཡང་ཞིག ཕར་ཞིག་ཙུར་གནས་ཡོང་རབས་ཡོད། ནམ་མཁའི་སྤྲིན་རླུང་སྨུག་པོ་དེར། འཁོར་ཁྲིམ་མེད་པ་མ་ཡིན་ཡང་། ཨ་སྟོན་སྟོང་རྒྱ་ཆེ་ཞོར་དེས། ཕར་འཐིབ་ཙུར་དྭངས་ཡོང་རབས་ཡོད། ཕྱུག་པོ་བུ་ཡི་རྒྱུ་ནོར་དེར། སེར་སྣ་མེད་ལེ་མི་གདའ་ཡང་། ཕར་ཤོར་ཙུར་ལེན་ཡོང་རབས་ཡོད། ཤག་པོ་ཟས་ལ་ཟ་རེས་རེད། ཉེ་བའི་གོས་ལ་གྱོན་རེས་རེད། ཤ་པ་དགྲ་ལ་འཐབ་རེས་རེད། ནོར་ཤོར་ཕར་སྤྲད་ཙུར་ལེན་རེད། ད་མི་སྟོད་ཁྲ་མོ་གླིང་ལ་འགྲོ། གླིང་ཚུང་རྒྱུད་འབུམ་པའི་ཡུལ་དུ་འགྲོ། སྐུ་མཁར་སེང་འབྲུག་སྟག་རྫོང་ལ། རྒྱལ་པོ་སེང་ཆེན་སྐུ་མཚམས་བཞུགས། རྡུས་ཡག་ཉེས་བདེ་སྡུག་ཁོང་ལ་ཞུ་ཟེར་ཏེ་བསྟད་པར་གདའོ་”①ཞེས་པ་ནི་མ་བཞིའི་དཔོན་པོ་ཁྲོ་ཐུང་དེས་གླུའི་དབྱངས་རྟ་ལ་དྲངས་པ་ཞིག་མིན་པར་གསུང་གླིང་གི་ཚུལ་དུ་བཤད་པའི་དུམ་བུ་ཞིག་ཡིན་རུང་། དེ་ནི་གཙོ་བོ་ཚིག་ཁྲིམ་བདུན་ཅན་དང་བརྒྱད་ཅན་འདྲེས་མའི་ཚིག་རྐང་ཉི་ཤུ་རྩ་ལྔ་ལས་གྲུབ་པ་ཞིག་ཡིན།

ཡང་དཔེར་ན《ཞང་གླིང་གཡུལ་འགྱེད》ལས“དེ་ནས་ཞང་ཞུང་བློན་པོ་བཙན་བདུད་ལག་དམར་དཔུང་རིང་། ཤུགས་ཆེན་བཙན་བདུད་ངོ་ནག གཡུང་དྲུང་ལྷ་བཙན་གྲགས་པ། འབྲུག་རྒྱལ་ནམ་མཁའ་ཐོག་བཟུང་བཞི་པོ་དེ་ཡིས་རྟ་འདྲེན་བྱས་ནས་རྟ་དམག་ཉིས་བརྒྱ་འཁྲིད་དེ་ནམ་ཉིན་མཚན་ཁ་ལོ་བསྒྱུར་ནས་སྟག་རོང་ཤོག་གི་ཕ་གཞིས་ལ་ཁ་གཏད་དེ་སོང་བར། ཉིན་བཅུ་གསུམ་གྱི་ཐོག་ཏུ་སྟག་རོང་གི་ས་ཆ། དབྱར་དུས་མེ་ཏོག་བཀྲ་ས། རྩྭ་ལུང་རུ་བ་ཁེར་སྐྱིད། རྩྭ་ཡར་འཚར་འབྲུ་ལོ་ཤིག་ཤིག བྱ་བྱིའུ་སྐད་ལུགས་སྙན་ས། སྤང་མེ་ཏོག་འདབ་མ་རྒྱས་ས། འབུ་སྦྲང་མས་སྐྱིད་གླུ་ལེན་ས། སྤང་དཀར་ཡག་མེ་ཏོག་འཛའ་ཚོན་བཀྲ་ས། ལུག་གཡང་དཀར་འཁྲབ་རྒྱུག་བྱེད་ས། འབྲི་ཐུ་ལུ་མ་བུ་འདྲེས་ས།

① 《ཞང་གླིང་གཡུལ་འགྱེད》ཤོག་ངོས46ནང་གསལ།

ཕྱུགས་ཕོ་མོ་ཤ་ཤེད་རྒྱས་ས། རྟ་དྲེལ་ཐང་གསུམ་ཁེངས་ས། སྟག་རོང་ཏུ་བ་ཡོད་ས་དེར་འགྱུར་བས། དེ་ཉིན་སྟག་རོང་ཏུ་བའི་འགོ་འཛིན་ལྷ་རྒོད་འབུམ་ལུ་དང་མ་ཙི་ཀ་ར་གཉིས་ཀྱིས་གཙོས་པོ་རྒོད་རིགས་རྣམས་རི་དྭགས་བཙོན་པར་སོང་”① ཞེས་པའི་དུམ་བུ་འདིའི་ནང་སྟག་རོང་ཤོག་གི་ཕ་གཞིས་ངོ་སྤྲོད་བྱེད་སྐབས་ཚིག་ཕྲེམ་དྲུག་ཅན་དང་། བདུན་ཅན། དགུ་ཅན་བཅས་ལ་སྦྱར་བའི་ཚིག་རྐང་བཅུ་གཉིས་སྤྱད་ཡོད།

གོང་གི་དཔེ་མཚོན་དེ་རྣམས་ལས་ཟུར་བལྟས་ལེབ་མཐོང་གི་དཔེ་ལྟར་《སྒྲུང་མཁན་བསམ་གྲུབ་ཀྱིས་ཕབ་པའི་གླིང་རྗེ་གེ་སར་རྒྱལ་པོའི་སྒྲུང་》ནང་གཞུང་དོན་གྱི་གོང་འོག་འབྲེལ་མཐུད་བྱེད་པའི་ལྷུག་མའི་ནང་དུ་ཚིགས་བཅད་ཐར་ཐོར་ཐོན་པ་དང་། དེ་རྣམས་ཚིག་རྐང་ཕན་ཚུན་དབར་ཚིག་ཕྲེམ་གྱི་གྲངས་ངོ་སྙོམས་མིན་པ་ཧ་ཅང་གསལ་པོ་ལགས་སོ། །

༢. སྒྲུང་མཁན་བསམ་གྲུབ་ཀྱིས་འཆད་སྐྱེར་གནང་བའི་གླུ་ཚིག་གི་ཚིག་རྐང་གོང་འོག་དབར་ཚིག་ཕྲེམ་གྱི་གྲངས་ངོ་སྙོམས་མེད། མཁས་དབང་འགའ་རེས་“མི་སྣ་སོ་སོའི་གླུ་ལེན་པའི་སྐབས་བབ་དང་ཡིད་ཀྱི་འགྱུར་བ་མི་འདྲ་བས། དབྱངས་རྟ་མི་འདྲ་བ་བྱུང་ལ། དབྱངས་རྟ་མི་འདྲ་བའི་རྐྱེན་གྱིས། གླུ་ཚིག་སོ་སོའི་ཚིག་བར་མང་ཉུང་སྣ་ཚོགས་བྱུང་བ་སྟེ། ཚིག་བར་བདུན་དང་བརྒྱད་ཅན་ཤས་ཆེ་ཞིང་། བཅུ་ཅན་དང་བཅུ་གཅིག་ཅན་སོགས་ཀྱང་ཡོད་པ་རེད། ཡིན་ནའང་། སྒྲུང་གླུ་ནི་གླུ་ཚིག་གིས་དབྱངས་རྟར་བསྟུན་དགོས་པ་དང་གླུ་ཚིག་དབྱངས་རྟ་གཅིག་གིས་རྫོགས་པར་ལེན་དགོས་པས། གླུ་ཚིག་གཅིག་གི་ཚིག་རྐང་སོ་སོའི་ཚིག་བར་དོ་མཉམ་པ་ཞིག་ཡིན་དགོས་པ་ལས། སྙན་ངག་ལྟར་ཤོ་ལོ་ཀ་རེ་ཚིག་ཕྲེམ་མི་འདྲ་བ་རེ་བྱས་མི་ཆོག་པ་རེད། སྐབས་འགར་སྒྲུང་དེབ་ཏུ་དེ་འདྲའི་

① 《ཞང་གླིང་གཡུལ་འགྱེད》ཤོག་ངོས39ནང་གསལ།

གནས་ཚུལ་དེ་གཉིས་ཙམ་སྣང་བ་ནི་སྒྲུང་དག་སྒྲིག་བྱེད་མཁན་རྣམ་པས་སྒྲུང་གླུའི་དབྱངས་རྟར་དོ་སྣང་མ་མཛད་པ་ལས་བྱུང་བའི་སྐྱོན་རེད། དེའང་དབྱངས་སུ་གྱེར་ནས་ལེན་དུས་ཚིག་ཁྱིམ་སྔོན་འཕྲི་བྱས་ནས་དོ་མཉམ་པར་ལེན་དགོས། དེ་ནི་སྒྲུང་གླུའི་ཆོད་འཛིན་རང་བཞིན་རེད་"①ཅེས་གསུངས་ཡོད། འོན་ཀྱང་《སྒྲུང་མཁན་བསམ་གྲུབ་ཀྱིས་ཕབ་པའི་གླིང་རྗེ་གེ་སར་རྒྱལ་པོའི་སྒྲུང་》ནང་དུ་དེ་ལྟའི་ཆོད་འཛིན་བྱས་ཚོ། མ་སྒྲུང་གི་ཐུན་མོང་མིན་པའི་རང་བཞིན་མང་པོ་ཞིག་པོར་བརླག་ཏུ་འགྲོ་ངེས་རེད། གང་ལགས་ཟེར་ན་ཁོང་གིས་ཕབ་པའི་སྒྲུང་ནང་གླུ་ཚིག་གཅིག་གི་མགོ་ནས་མཇུག་བར་ཚིག་ཕྲང་གི་ཚིག་ཁྱིམ་བདུན་ཅན་དང་བརྒྱད་ཅན་འདྲེས་ནས་སྤྱོད་ཡོད་པ་ནི་ཧ་ཅང་མང་པོ་ཡིན་པས་སོ། །

སྒྲུང་མཁན་བསམ་གྲུབ་ཀྱིས་ཕབ་པའི་སྒྲུང་ནང་མི་སྣ་སོ་སོའི་གླུ་མི་འདྲ་བ་སྟེ་གེ་སར་རྒྱལ་པོའི་ཁྲོམ་ཆེན་ཟིལ་གནོན་དང་། སྤྱི་དཔོན་རོང་ཚ་ཁྲ་རྒན་གྱི་དལ་བ་རིང་མོ། ཉི་འབུམ་དར་ཡག་གི་རྒྱ་མཚོ་དལ་བབས། འབྲུག་མོའི་དགུ་སེང་དྲུག་འགྱུར། འདན་མའི་ཐ་ལ་དྲུག་འགྱུར། གཡུ་ལྷའི་འཇང་གླུ་ཁྱུར་ཆེན་ཐོག་འབེབས། ཨ་སྟག་ཀླུ་མོའི་ཤ་ཟ་ཁྲག་འཐུང་སོགས་ཀྱི་གླུ་ཚིག་རྣམས་ཚིག་ཁྱིམ་བདུན་ཅན་ཤས་ཆེ་ནའང་། གླུ་དུམ་བུ་གཅིག་རང་ནང་དུ་ཚིག་ཁྱིམ་མང་ཉུང་མི་འདྲ་བ་ཐོན་ཡོད། དཔེར་ན་《ཞང་གླིང་གཡུལ་འགྱེད་》ཀྱི་ཤོག་ངོས་༧༥༥ནས་༧༨༠ནང་ཚ་ཞང་འདན་མ་བྱང་ཁྲས་ཐ་ལ་དྲུག་འགྱུར་ལ་དྲངས་པའི་གླུ་དུམ་བུ་ཞིག་ཡོད། དེ་ཡང་"གླུ་ཨ་ལ་གླུ་ཡི་མཆོད་པ་འབུལ། ཨ་ལའི་གླུ་འདི་མ་གླངས་ན། ཨ་མ་ཤ་ཁྲག་གནས་ཁང་མེད། ཤ་ཚ་ཡ་ང་སྐྱེ་ཚུལ་གསུམ། རྩ་བ་བརྟེན་ཐབས་ག་ལ་ཡོད། བླ་མ་སངས་རྒྱས་ལམ་སྟེ་འདྲེན། དད་པ་མོས་གུས་མ་བྱས་ན། བྱིན་རླབས་དངོས་གྲུབ་ག་ནས་ཡོང་། ཉི་མས་གླིང་བཞི་མ་བསྐོར་ན། ས་གཞིར་

①　གཙོད་པ་དོན་གྲུབ་དང་ཆབ་འགག་རྟ་མགྲིན་རྣམ་གཉིས་ནས་མཛད་པའི་《གླིང་གེ་སར་རྒྱལ་པོའི་སྒྲུང་ལ་དཔྱད་པ་ཀུན་གསལ་འཕྲུལ་གྱི་མེ་ལོང་》ཞེས་པའི་ཤོག་ངོས230ནང་གསལ།

རྫོད་འཛམ་གནས་འཁོར། དེ་སྟེ་གླུ་ཡིས་མ་མཆོད་ན། སངས་རྒྱས་རྩ་བ་ག་ལ་ཡོང་། པར་ལ་སྐད་ཆ་མ་བཤད་ན། ཚུར་ལན་སུ་ཡིས་སྐད་ཆ་ཤོད། སྐྱབས་གནས་བླ་མར་མ་བརྟེན་ན། ཕྱི་མ་དམྱལ་བའི་ལེ་ཚན་དེར། སྡིག་པའི་ཁུར་པོ་སུ་ཡིས་འབེབས། དེ་བཞིན་གླུ་ཡི་འདྲ་མ་ཡིན། ལྷ་མཆོད་གཉན་མཆོད་ཀླུ་རྒྱལ་མཆོད། དེ་གསུམ་མཆོད་བསྟོད་མ་བྱས་ན། སྐྱབས་ལྷ་འགོ་ལྷ་སྐྱེས་ལྷ་གསུམ། དཀོན་མཆོག་གསུམ་གྱི་རྩ་བ་ཡིན། ལར་གཞི་མགོ་ནག་མི་ལུས་ལ། དང་པོ་འགོ་ནས་སྐྱེ་ལུགས་ལ། ཕ་མཁས་མ་མཁས་འགྱུར་བ་མེད། དེ་ནས་དོན་དམ་རྩ་བ་དེ། གོ་བརྡ་རང་སེམས་འཁྲིད་ལུགས་རེད། ཨེ་འདྲ་ཚིག་གི་གཙོད་ལུགས་རེད། མི་འདྲ་ན་བའི་ཉན་ཚོད་རེད། དེ་ལ་རང་རང་གོ་བརྡ་རེད། ས་འདི་ས་ངོ་མ་ཤེས་ན། བྱང་ཞུང་ཞུང་ཡུལ་གྱི་ས་ཆ་ལ། མདའ་ར་ཁྲབ་རྫོང་གོང་མ་ཟེར། བྱང་ཞང་ཞུང་རྒྱལ་བློན་དཔའ་ངར་བཙན། དེ་ལ་དེ་བརྟེན་འབངས་སྡེ་ཕྱུག ན་དགའ་ཤི་སྐྱིད་ཞང་ཞུང་སྡེ། མི་ལ་ཤི་མཆེར་ན་འཇིགས་མེད། ལར་གཞི་སྡེ་མོའི་གཏམ་དཔེ་ལ། རོ་ལ་འཛེམས་ན་བླ་མ་མིན། སྡིག་ལ་འཛེམས་ན་བཤན་པ་མིན། དགྲ་ལ་སྐྲག་ན་དཔའ་པོ་མིན། རྒྱུག་ལ་མཆེར་ན་རྟ་ཕོ་མིན། རྒྱལ་པོའི་བཀའ་དང་བློན་པོའི་སེམས། མི་མཐུན་མི་མཉམ་བསམ་པ་མེད། རྟ་ཕོའི་བང་དང་བདག་པོའི་བློ། ས་ཐག་མི་ཆོད་བསམ་པ་མེད། ཞང་ཞུང་འབངས་སྡེ་རྒྱལ་བློན་འདི། རྒྱུ་གཞན་དང་མི་འདྲ་གོང་ཚད་ཆེ། མི་གཞན་དང་མི་འདྲ་དབང་ཐང་མཐོ། ཟས་གཞན་དང་མི་འདྲ་མངར་བཅུད་འཛོམས། གོས་གཞན་དང་མི་འདྲ་འཛམ་རྩུབ་མང་། དཔེ་དེ་བཞིན་ཞང་ཞུང་རྒྱལ་བློན་འདི། མཚན་སྙན་གྲགས་ས་སྟེང་ཡོངས་ལ་ཁྱབ། དཔའ་དཔུང་པ་འཆི་བདག་གཤིན་རྗེ་ལ། འགྲན་དགོས་ན་ཤི་མཆེར་སེམས་ཡོད་ཀྱང་། བསྐོས་པའི་ལས་དེར་གཟུར་རྒྱུ་མེད། གནམ་ནས་བྱ་ཞིག་འཕུར་ལེ་དང་། ས་ནས་རྡོ་ཞིག་འཕངས་ལེ་དེ། འཛོམས་དུས་ལར་གྱིས་མ་ཡོད་ཀྱང་། བར་སྣང་བྱ་རྡོ་ལམ་ཐུག་ཟེར། དེ་བཞིན་སྔོན་གྱི་བསྐོས་ཐང་རེད།

སེར་པོ་གསེར་དང་ཁམ་པ་དངུལ། མི་མཁོ་མེད་པ་མ་རེད་ཀྱང་། རིན་ཐང་ཆེ་ཆུང་ཁག་ཁག་རེད། བླ་མའི་ཆོས་དང་བཤད་པའི་ཉིག སྐྱེ་ལས་འདམ་ཁ་མ་བྱས་ཏེ། རང་བྱས་ལས་འབྲས་འཕྱོད་ལུགས་རེད། འདོ་ཆེན་ཏ་དང་སྐྱ་རིང་ལམ། འདོ་ཆེན་རྒྱུག་འདོད་མ་རེད་ཀྱང་། མི་འགྲོ་ཀ་མེད་ལྷུག་ཚན་ཚོ། དཔེ་ལྟར་ཞང་གླིང་འདུན་མ་དེ། དཔེ་དང་འདྲ་མ་ཨེ་འདྲ་བྱུང་། ལ་དགུ་བརྒྱབ་པའི་ཤག་པོ་དེ། ལུང་དགུ་རྒྱུག་དུས་ཤ་ཁྲག་འཐོར། ཨ་མ་ཟེར་ཡང་ཕན་ཐུས་ཅི། སྡུག་རྔོང་སྡེ་པའི་བཤད་སྒྲོལ་ལ། ཞང་ཞུང་རྒྱ་འགྲོའི་ཚོང་དཔོན་རྣམས། འདོད་ཆགས་ངན་པའི་བྱ་ངན་ལ། སྡུག་རྔོང་ཚང་གི་བུ་མོ་དེ། རྒྱ་གར་རྒྱ་ནག་བལ་པོ་དང་། མདོ་ཁམས་དབུས་གཙང་རུ་བཞི་ལ། ཤ་མཛེས་གཟུགས་མཛེས་མེད་ན་ཡང་། སྐྱེ་ལུགས་གྲུབ་གསུམ་འདྲ་ས་མེད། ཕ་ཁྱུང་ས་མ་ཉེ་ཤ་ཁྲག་གཟུགས། འབྱུང་ཁྱུངས་མཁའ་འགྲོའི་རང་བཞིན་ཡིན། ཅི་འདོད་གང་འདོད་ཚིག་ལེ་མིན། དཔོན་པོས་བཀའ་བཙན་གནང་ས་མེད། རྐོད་པོས་དཔུང་འཕྲོག་ཚིག་ས་མེད། ཕར་མགུ་ཚུར་མགུ་མ་བྱུང་ན། ཁ་མཚར་རྩེད་མོ་ཤོད་ས་མེད། དེ་ཚེ་བཙན་འཕྲོག་བྱས་སོང་ཟེར། བཤད་ན་འབྱུང་ཚུལ་དེ་འདྲ་རེད། དེ་ནས་ང་ལན་ཕྱོད་ལན་ལ། ཞང་ཞུང་ཚོང་རྒྱུ་སྡུག་རྔོང་འཕྲོག དགྲ་ལན་སྡུག་རྔོང་ཁ་ཤོག་ནས། སྡེ་ཆེན་རུ་བ་བཅོ་བརྒྱད་དེ། ར་མི་དགོས་རིལ་མ་མ་བཞག་གདའ། མེ་མི་དགོས་གོ་ཐལ་མ་བཞག་གདའ། བསད་པའི་ཕོ་མོ་བཅུ་བདུན་དེ། ལས་ཅི་མ་ཡིན་ཞིག་ག་ལ་ཡིན། དེ་ཚེ་ཡིན་ལུགས་ལོ་རྒྱུས་རེད། ལར་གཞི་སྤྱི་མོའི་གཏམ་དཔེ་ལ། སྤྲོ་ལོ་ནག་པོ་ཡན་ལག་ཐུག མ་གཙོད་རྩ་བ་བླུ་ལ་ཐུག ཆུ་འགོ་དམར་མོ་བཙན་ལ་ཐུག མ་དཀྲུག་རྩ་བ་བླུ་ལ་ཐུག རྒྱ་ཤིང་དཀར་མོ་ལྷ་ཡི་ཤིང་། མ་གཙོད་གོང་མ་ལྷ་ལ་ཐུག སྡུག་རྔོང་མ་བཞིའི་ཁྲོ་རྒྱལ་རྗེར། སྤྱ་རབས་ད་ལྟ་དུས་གསུམ་ལ། མ་འཁྲུན་རྫོང་ཆེན་དགུ་ལ་ཐུག ཏུ་སྣ་དགྲ་སྣ་ཧག་སྣ་དུས། གནམ་འབབ་རྒྱུ་མཐོན་པོ་སྤྲིན་ལ་ཐུག སྤྲིན་མེད་ན་ནམ་མཁའ་གཡུ་ཡི་མདོག ཆུ་འབབ་དང་པོ་མཚོ་ལ་ཐུག

མཚོ་མེད་ན་ལ་སྐམ་ཀླུང་སྐམ་རེད། དགྲ་ཀྱོད་པོའི་རྩ་བ་མི་ལ་ཐུག མི་མེད་ན་མདའ་བདེ་ཕུ་བདེ་རེད། ལས་དེ་བྱས་དེ་ཡི་ཕྱི་ནང་དུས། སྟག་རོང་རྒྱུ་ནོར་དེ་ཅམ་དང་། མི་སྲོག་བཅད་པའི་སྟོང་འཇལ་གཉིས། བརྩིས་ན་གོང་ཚད་ལོས་ཡོད་རེད། ཞང་ཞུང་ཚོང་པའི་གསེར་དངུལ་དེ། ཕར་སྤྲོད་ཚུར་ལེན་བྱེད་རྒྱུ་རེད། གོང་ཚད་རིན་ཐང་ལོས་ཡོད་རེད། མི་གཉིས་བར་ལ་འགྲོགས་བདེ་དང་། ཆུ་གཉིས་བར་ལ་འགྲོ་བདེ་གཉིས། རྒྱ་སྐྱེ་འདྲ་འདྲ་ཐུག་པ་ལ། མི་གསོད་རྟ་འགྱེལ་མི་དགོས་ལེ། ཨེ་ཡོང་ཟེར་ན་ལོས་ཡོང་རེད། སྟག་རོང་ཚང་གི་རྒྱུ་ནོར་དེ། སྐམ་པོའི་རྒྱུ་དང་སྣོན་པའི་ཟས། རྟ་ནོར་ལུག་སོགས་དབུགས་ཆགས་ཟོག འདོ་བ་རྟ་དང་རྨུག་ཆུང་དྲེལ། ཁྱུང་དཀར་མཛོ་དང་གཡང་དཀར་ལུག ཚེ་ཚེར་དང་འབྲི་གཡག་ནོར། སྤྲུ་མདོག་མ་འགྱུར་རྩིས་སྤྲོད་དགོས། ཤི་སོང་བོར་སོང་ཟེར་ས་མེད། བརླགས་སོང་བྲོས་སོང་ཟེར་ས་མེད། བསད་སོང་འཕོར་སོང་ཟེར་ས་མེད། མདོག་མི་འགྱུར་རྣ་ཙམ་ཉམས་གཅིག སྤྲུ་རིས་གྲ་འཛོམས་མ་ཉམས་གཉིས། ཡོད་ཟེར་ན་ཅི་དགོས་བཀའ་འདྲི་ཞུ། མི་ང་ངོ་ཁྱེད་ཀྱིས་མ་ཤེས་ན། འདན་སྟོད་འདན་སྨད་འདན་དཀྱིལ་གསུམ། འདན་མ་ཆུ་ལ་ཉེན་སྲིབ་ཡོད། ཤར་ལུང་རི་དྲུག་མཁར་ནང་ནས། ཟ་ཧོར་རྒྱལ་པོའི་རྒྱལ་རྒྱུད་ཡིན། གེ་སར་ལྷ་མའི་སློབ་མ་ཡིན། དཔའ་བརྟུལ་སུམ་ཅུའི་སྙིང་བཅུད་ཡིན། འོན་ཀྱང་དགྲ་ཀྱོད་ཡམས་གསུམ་འདི། ཐག་གཅོད་ཁེར་ཆོད་དཀའ་མོ་རེད། ལྷ་མས་ཅི་གནང་མ་ཤེས་དུས། གྲྭ་པས་ཆོས་སྒྲ་དིར་རེ་རེ། དཔོན་པོས་བཀའ་ཁྲིམས་མ་གསུང་གོང་། གཡོག་པོའི་བཀའ་བསྒྲོན་ཅུར་རུ་རུ། ཕྱུག་པོས་སྐས་མགོ་མ་འཛིགས་དུས། གཡོག་མོས་ཐེམ་པ་སྣོ་འཛུལ་མ། ཨ་ཕས་སྐད་ཆ་མ་བཤད་དུས། བུ་རྒྱུད་ཚོང་གཏམ་མཚར་ར་ར། ཟེར་སྲོལ་བདེན་སྲོལ་གཉི་ག་ཡོད། དེ་སྟེ་གླིང་གི་འདན་མ་བུ། རྒྱལ་པོའི་མདུན་འདུག་བློན་ཆེན་རེད། དོན་དགོས་པ་ཅན་དེར་དམག་སྐར་འགྲིམས། གཏམ་བཤད་པར་ཕྱི་ནང་མ་ཡོད་ན། ཉི་མ་དེ་རིང་ཕན་ཆད་

དང་། ཞག་མ་བདུན་གྱི་ཚུན་ཆད་ལ། གཏམ་སྙིང་སྐད་ཙམ་ཞིག་མེད་རྒྱུ་ཡིས། མདའ་ཤིག་སྒྲོ་ཙམ་ཞིག་འཕེན་རྒྱུ་མེད། རྟ་ཧྲ་རྟུལ་ཙམ་ཞིག་རྒྱུག་རྒྱུ་མེད། ཡིག་འགོ་མི་འགྱུར་འབབ་ཞིག་ཞོག ཡིག་མཇུག་མི་འགྱུར་ཐེལ་ཞིག་རྒྱོབ། ཉིན་མཚན་བཅུ་ཡི་ཕྱི་ནང་དུས། ཨ་ལན་ལེ་ལན་ཡོང་ལེ་བྱེད། ཕར་མངགས་ཚུར་མངགས་ཡོང་ལེ་བྱེད། དེ་སྐེ་འདན་མས་བར་དཔང་བྱེད། ཞང་གླིང་འབྲུག་དང་རྫོང་པ་འདི། ཅི་བྱེད་གང་བྱེད་གྲོས་ལ་བསྡུར། བླ་མ་སློབ་མ་གྲྭ་པ་གསུམ། ཐུགས་པ་རྗེས་པ་མོ་མ་གསུམ། རྫོམ་བཙུན་ཁྲིམས་གཙང་མ་བྱུང་ན། ཕྱི་མ་འདྲེན་ཐབས་དཀའ་མོ་རེད། རྒྱལ་པོ་བློན་པོ་འབངས་སྡེ་གསུམ། བཀའ་ཁྲིམས་གྲོས་གླེང་མ་མཐུན་ན། ཐག་གཅོད་ཁེར་འདུམ་དཀའ་མོ་རེད། ཨ་ཕ་ཨ་མ་ཨ་ཞང་གསུམ། ཁ་ཞེ་གྲོས་མཐུན་མ་བྱུང་ན། བུ་མོ་གནས་འགྲོ་ཁག་པོ་རེད། རྒྱལ་པོ་བཙུན་མོ་བློན་པོ་གསུམ། ཕོ་བྲང་གཅིག་ལ་ཟས་གོས་མཉམ། བསམ་པ་མ་གཅིག་ཁག་ཁག་ན། རྒྱལ་ས་ཟིན་ཐབས་དཀའ་མོ་རེད། ཁྲ་དང་ནེ་ལེ་ཞུག་པ་གསུམ། སྤྲོ་ཐོ་གཅིག་ལ་ཐུས་མགོ་བཅའ། བསམ་པ་མི་གཅིག་ཁག་ཁག་དེས། རྒྱ་གྲོང་འགྲིམས་པ་དཀའ་མོ་རེད། དཔེ་ལྟར་ནང་བཞིན་དེ་འདྲ་རེད། ཁྱོད་མ་སོང་རྒྱལ་པོའི་མདུན་ལ་སོང་། གཏམ་སྙན་གསང་མེད་པར་དྲང་པོར་ཤོད། རྒྱལ་བློན་སེམས་པ་ཨེ་མཐུན་སྟོས། ང་མི་འདུག་རྒྱལ་པོའི་མདུན་ལ་འགྲོ། དཔའ་བརྟུལ་ཕ་ཁྲུ་རྒྱལ་པོ་རྣམས། ཐུགས་སེམས་བཞེད་ལུགས་ཅི་གདའ་བལྟ། འཛམ་རྒྱབ་ཚ་གྲང་ཅི་གདའ་བལྟ། ཞག་མ་བདུན་གྱི་ནང་ཚུན་ལ། ཨ་ལན་དེ་ལན་བྱས་ནས་ཡོང་། ཕར་མངགས་ཚུར་མངགས་བྱེད་རྒྱུ་ཡིན། རེད་བསམ་ན་བློན་པོས་ཐུགས་ཆ་སྐྱོར། སླུ་འབྲུལ་བར་སོང་ན་བཟོད་པར་གསོལ། ཁྱོད་བློན་པོའི་ཐུགས་ལ་དེ་ལྟར་བཟུང་” ཞེས་བསྡོམས་ཚིག་རྐང་༢༡༨ཡོད་པའི་ནང་ཚིག་ཁྲིམ་བརྒྱད་ལས་གྲུབ་པ་༣༢ཡོད་པ་དེ་དག་ཀྱང་ཚིག་ཁྲིམ་བདུན་ཅན་གྱི་གསེང་དུ་ཐར་ཐོར་གྱིས་ཐོན་ཡོད། ཡང་དཔེར་ན། 《ཞང་གླིང་གཡུལ་འགྱེད་》ནང་དུ་

གསལ་བའི་གེ་སར་རྒྱལ་པོའི་ཁྲིམ་ཆེན་ཟིལ་གནོན་གྱི་གླུ་འགོར་“གླུ་ཨ་ལ་གླུ་ཡི་མཆོད་པ་འབུལ། ཨ་སྟོན་གནམ་གྱི་གཞི་དཀྱིལ་ནས། གསལ་ཉི་ཟླའི་འོད་ཀྱིས་གླིང་བཞི་བསྐོར། འཛམ་གླིང་ས་གཞི་འོད་ཀྱིས་གསོ། བཀྲ་ཤིས་འཛོམས་པའི་གླུ་ཞིག་ལེན། ཐ་ལ་བདེ་ཆེན་ཞིང་ནས་ལེན། མ་དག་འཁོར་བར་འཁྲུམས་ཚད་དེ། དག་པ་ཆོས་ལ་འདྲེན་པར་ཤོག ལྷ་གི་གི་གི་ལ་བསྭོ་བསྭོ་བསྭོ། གི་བསྭོ་ལྷ་ཡི་འབོད་པ་ཡིན།”①ཞེས་གསལ་བའི་ནང་དུ་ཚིག་ཕྲེང་བདུན་ཅན་དང་བརྒྱད་ཅན་འདྲེས་ནས་ཡོད་པ་དང་། དེ་བཞིན་《ཞང་གླིང་གཡུལ་འགྱེད་》ནང་དུ་གསལ་བའི་སྤྱི་དཔོན་རོང་ཚ་ཁྲ་རྒན་གྱིས་དལ་བ་རིང་མོ་ལ་དྲངས་པའི་གླུ་དུམ་བུ་དེའི་ནང་སྐྱབས་གནས་མཆོད་པའི་དུམ་བུ་དེ་ཁོ་ནར་མཆོན་ནའང་“གླུ་ཨ་ལ་གླུ་ཡི་མཆོད་པ་འབུལ། མགོ་སྤྱི་གཙུག་ཉི་ཟླའི་གདན་སྟེང་ནས། སྐྱབས་དྲིན་ཆེན་རྩ་བའི་བླ་མ་མཆོད། ཆོས་སྐུ་ལོངས་སྐུ་སྤྲུལ་སྐུ་གསུམ། སྐུ་གསུམ་གོ་འཕང་ཐོབ་པར་ཤོག སྙིང་ཁ་ཆོས་ཀྱི་ཕོ་བྲང་ནས། གུ་རུ་ཞི་དྲག་སེང་གེ་དེར། ཏག་ཏུ་གསོལ་བ་སྙིང་ནས་འདེབས། ལུས་པོ་པགས་ཤ་གཟུགས་གཞི་དེ། ཕྱོགས་བཞིའི་རྒྱལ་ཆེན་བདེ་བཞིན་འཚོས། སྙེད་ཚོགས་བཞི་བཅུ་ཞེ་དགུ་ལ། ཞི་ཁྲོ་དམ་པ་རིགས་བརྒྱ་བཞུགས། དཔའ་བོ་དཔའ་མོའི་འཁོར་གྱིས་བསྐོར། ཁྲ་མོ་གླིང་ལ་གཟིགས་སུ་གསོལ། ཁ་འཛིན་མགོན་སྐྱབས་མ་ཆུང་ཞིག”②ཅེས་ཚིག་རྐང་གོང་མ་གསུམ་ཚིག་ཕྲེང་བརྒྱད་ཅན་ཡིན་པ་དང་དེ་མུར་ཚིག་ཕྲེང་བདུན་ཅན་ཁོ་ན་སྤྱོད་ཡོད། ཡང་《ཞང་གླིང་གཡུལ་འགྱེད་》ནང་དུ་གསལ་བའི་འབྲུག་མོའི་དགུ་སེང་དྲུག་འགྱུར་གྱི་ནང་དུའང་“གླུ་ཨ་ལ་ཨ་མ་བླ་མ་མཁྱེན། ཤར་གཡུ་ལོ་བཀོད་པའི་ཞིང་ཁམས་ནས། དུང་ལོ་འབར་བའི་གདན་སྟེང་ནས། རྗེ་བཙུན་སྒྲོལ་མ་ཚེ་ཡི་ལྷ། ཚེ་རིང་ལྷ་ལ་གསོལ་བ་འདེབས། ཏག་ཏུ་ཉེན་མཚན་མ་གཡེང་བར།

① 《ཞང་གླིང་གཡུལ་འགྱེད་》ཤོག་ངོས423ནང་གསལ།

② 《ཞང་གླིང་གཡུལ་འགྱེད་》ཤོག་ངོས222ནང་གསལ།

མགོ་སྐྱི་གཙུག་ཉི་ཟླའི་མན་ཆད་དང་། ཁང་མཐིལ་མཇུབ་མ་གི་ཡན་ཆད་གཉིས། སྙིད་གསེར་ཆབ་རིན་ཆེན་བར་མཚམས་ལ། ཤ་ཁྲག་གཟུགས་ཀྱི་འབྲུག་མོ་ལ། མགོན་སྐྱབས་མ་གཡེང་གོང་མའི་ལྷ་”① ཞེས་ཚིག་ཁྲིམ་བདུན་ཅན་དང་བརྒྱད་ཅན་འདྲེས་མར་སྤྱད་ནས་ཡོད།

སྒྲུང་མཁན་བསམ་གྲུབ་ཀྱིས་གླིང་སྒྲུང་འཆད་ཀྱེར་གནང་སྐབས་གླུ་སྔ་གཅིག་རང་གི་ནང་དུའང་ཚིག་ཁང་དབར་ཚིག་ཁྲིམ་གྱི་གྲངས་དོ་སྙོམས་བཟོ་རྒྱུར་དེ་ཙམ་གྱིས་འབད་པ་བྱས་མེད་པ་ནི་གོང་དུ་དྲངས་པའི་དཔེ་མཚོན་དེ་དག་ལས་རྟོགས་ཐུབ་ངེས་ལགས་ཀྱང་། དེ་ཙུང་གོ་བདེ་ཁ་གསལ་ཞིག་ཡོང་ཆེད་གཤམ་དུ་《འགོག་གླིང་》ནང་ནས་དཔེ་མཚོན་ཞིག་དྲངས་ཏེ་གསལ་བཤད་ཞུ་རྒྱུར། དེ་ཡང་འགོག་ར་ལོ་སྟོན་པ་རྒྱལ་མཚན་གྱིས་ལྷ་ཛ་ཟེར་མ་ལ་དྲངས་པའི་གླུའི་ནང་། “གླུ་ཨ་ལ་གླུ་ཡི་ལེན་ལུགས་རེད། ཐ་ལ་ངག་གི་འགྲུག་ལུགས་རེད། མགོ་སྐྱི་གཙུག་ཉི་ཟླའི་གདན་སྟེང་ནས། དྲིན་ཆེན་རྩ་བའི་བླ་མ་མཆོད། ས་འདི་དང་ས་ངོ་མ་ཤེས་ན། རྨ་ཁམས་ཤེལ་རིའི་མར་གཤམ་རེད། རྨ་རྒྱལ་རི་ཡི་གཡས་གཡོན་རེད། རྒྱ་ཟེ་ལིང་ཡུལ་གྱི་ས་མཚམས་རེད། སྟེ་འགོག་ཡུལ་སྐྱིད་པའི་ལྷ་ལུང་རེད། འགོག་ཡུལ་སྟེ་ཕྱུགས་ཀྱི་དར་ཁ་ཅན། རྒྱུ་ཟས་ནོར་ཟད་མཐའ་མེད་ས་རེད། ཕོ་ང་འདྲ་ང་ངོ་མ་ཤེས་ན། ཚང་ཨ་མའི་ཕོག་ནས་སྐྱེས་ཚུན་ནས། ལྟ་བ་ལྷ་ལ་དཀར་མི་ཡིན། སློ་ཁ་བདུད་ལ་ནག་མི་ཡིན། ཆོས་ལ་ཉམས་ལེན་བྱེད་མི་ཡིན། སྡིག་པ་རྒྱབ་ལ་སྐྱུར་མི་ཡིན་”② ཞེས་འཁོད་ཡོད། དེ་ལྟ་བུའི་ཚིག་ཁང་དབར་ཚིག་ཁྲིམ་མི་འདྲ་བ་ཡོད་རིགས་ལ་གལ་སྲིད་འཆད་ཀྱེར་གནང་སྐབས་དོ་སྣང་ཙུང་ཙམ་བྱས་ནས་ཚིག་ཁྲིམ་བརྒྱད་ཅན་རྣམས་བདུན་ཅན་དུ་ཀྱེར་ནའང་མི་འཇུག་པ་

① 《ཞང་གླིང་གཡུལ་འགྱེད་》ཤོག་ངོས418ནང་གསལ།

② 《འགོག་གླིང་》ཤོག་ངོས6ལ་གསལ།

མེད། དཔེར་ན་"གླུ་ཨ་ལ་གླུ་ཡི་ལེན་ལུགས་རེད་" ཅེས་པ་ལྟ་བུའི་"གླུ་" ཐོག་མ་དེ་དོར་ནས་"ཨ་ལ་གླུ་ཡི་ལེན་ལུགས་རེད་" ཅེས་གྱུར་བ་ཡོད་ལ། "ས་འདི་དང་ས་ངོ་མ་ཤེས་ན་" ཟེར་བའི་དང་སྒྲ་དོར་ནས་"ས་འདི་ས་ངོ་མ་ཤེས་ན་" ཞེས་པའམ་"ས་འདིའི་ས་ངོ་མ་ཤེས་ན་" ཞེས་ལེན་པའང་ཡོད་པ་དང་། "ཕོ་ང་འདྲ་ང་ངོ་མ་ཤེས་ན་" ཞེས་པ་ལྟ་བུའི་ཕོ་ཡིག་དོར་ནས་"ང་འདྲ་ང་ངོ་མ་ཤེས་ན་" ཞེས་གྱུར་བའང་ཡོད་པ་བཅས་གོང་གསལ་དཔེ་མཚོན་ནང་གི་རྟགས་ ༠ འདི་འཁོད་པའི་ཚིག་རྣམས་ཚང་མ་དོར་ནས་ཚིག་ཁྲིམ་བདུན་ཅན་ཁོ་ནར་དོ་སྙོམས་བཟོས་ནའང་བརྗོད་བྱའི་དོན་ལ་འགྱུར་བ་མི་འགྲོ་བ་མ་ཟད། ཚིག་སྦྱོར་གྱི་ཉམས་ལའང་མི་གནོད་པ་ང་ཚོས་གྱིར་སློག་ཐེངས་གཅིག་བྱས་ན་མཁྱེན་གསལ་ཡིན།

༣.《སྒྲུང་མཁན་བསམ་གྲུབ་ཀྱིས་ཕབ་པའི་གླིང་རྗེ་གེ་སར་རྒྱལ་པོའི་སྒྲུང་》ནང་དུ་སྤྱད་པའི་ཚིགས་བཅད་ཀྱི་ཚིག་བར་གཅོད་མཚམས་ཀྱི་ཁྱད་ཆོས་ལས་ཚིག་ཁྲིམ་བདུན་ཅན་གྱི་ཚིགས་བཅད་ཀྱི་ཚིག་བར་གཅོད་མཚམས་ལ་རིགས་གཉིས་ཏེ་གླུ་ཚིག་ཡིན་ཕྱིན་ཚིག་ཁྲིམ་ཆ་ཅན་གསུམ་གྱི་མཇུག་ཏུ་ཡ་གཅིག་སྦྱར་བ་ལས་གྲུབ་པ་ཤས་ཆེ། དཔེར་ན།

"ལར་གཞི་སྤྲ་མོའི་གཏམ་དཔེ་ལ། །
མཐོན་པོའི་ལ་ཞིག་མ་བརྒྱབ་ན། །
བདེ་མོའི་ཐང་ལ་སླེབས་ལེ་མེན། །
སྐྱ་བ་ཁ་ལ་མ་བཟོས་ན། །
མངར་མོ་ལྕེ་ལ་མྱོང་ལེ་མེན། །
རྒྱབ་མོ་ལུས་ལ་མ་གྱོན་ན། །
འཇམ་པོ་ལུས་ཀྱིས་ཚོར་ལེ་མེན། །
སྐྱིད་སྡུག་ལ་ཐུར་མགོ་སྒྲིལ་ཡིན། །

ལ་རེའི་རྒྱབ་ལ་ཐུར་རེ་ཡོད། །”[1]ཅེས་པ་ལྟ་བུ་དང་། གླུ་ཚིག་མིན་པའི་ཚིགས་བཅད་དེ་རྣམས་ནི་གླུའི་དབྱངས་རྟ་ལ་བསྟུན་མི་དགོས་པས། ཚིག་རྐང་སོ་སོའི་ཚིག་ཁྱིམ་མང་ཉུང་ལ་ངེས་པ་མེད་པ་ཙམ་མ་ཟད། ཚིག་བར་གྱི་གཅོད་མཚམས་ལའང་འགྱུར་བ་ཆེན་པོ་ཡོད། ཚིག་ཁྱིམ་བདུན་ཅན་ཕོ་ནར་མཆོན་ནའང་གོང་གི་དཔེ་མཚོན་ལྟར་ཚིག་ཁྱིམ་ཆ་ཅན་གསུམ་གྱི་རྗེས་སུ་ཡ་གཅིག་སྦྱར་བ་ཡོད་ལ། སྤྱིར་གླུ་ཚིག་ནང་ཐོན་དཔེན་པའི་ཚིག་ཁྱིམ་ཡ་གཅིག་གི་རྗེས་སུ་ཆ་ཅན་གསུམ་བསྟུད་མར་སྦྱར་བའང་ཡོད། དེ་ནི་ཚིག་ཁྱིམ་བདུན་ཅན་གྱི་ཚིག་བར་གཅོད་མཚམས་ལས་རྣམ་པ་གཞན་ཞིག་ཡིན། དཔེར་ན།

“སྤང་མེ་ཏོག་འདབ་མ་རྒྱས་སམ། །
འབུ་སྦྲང་མས་སྐྱིད་གླུ་ལེན་སམ། །
ལུག་གཡང་དཀར་འཁྲབ་རྒྱུག་བྱེད་སམ། །
འབྲི་ཐུ་ལུམ་བུ་འདྲེས་སམ། །
ཕྱུགས་ཕོ་མོ་ཤ་ཤེད་རྒྱས་སམ། །”[2]ཞེས་པ་ལྟ་བུ།

ཚིག་ཁྱིམ་བརྒྱད་ཅན་གྱི་ཚིག་བར་གཅོད་མཚམས་ཀྱི་ཁྱད་ཆོས་ནི་སྔ་རྗེས་སུ་ཚིག་ཁྱིམ་ཡ་རེ་དང་། བར་དུ་ཚིག་ཁྱིམ་ཆ་ཅན་གསུམ་ལས་གྲུབ་པ་ཡིན། དཔེར་ན།

“རྒྱུ་གཞན་དང་མི་འདྲ་གོང་ཚད་ཆེ། །
མི་གཞན་དང་མི་འདྲ་དབང་ཐང་མཐོ། །
ཟས་གཞན་དང་མི་འདྲ་མངར་བཅུད་འཛོམས། །
གོས་གཞན་དང་མི་འདྲ་འཇམ་རྩུབ་མང་། །
དཔེ་དེ་བཞིན་ཞང་ཞུང་རྒྱལ་བློན་འདི། །

① 《ཞང་གླིང་གཡུལ་འགྱེད་》ཤོག་ངོས49ནང་གསལ།

② 《ཞང་གླིང་གཡུལ་འགྱེད་》ཤོག་ངོས39ནང་གསལ།

མཚན་སྙན་གྲགས་ས་སྟེང་ཡོངས་ལ་ཁྱབ། །”[①]ཅེས་པ་ལྟ་བུའོ། །

མདོར་ན་ཚིག་ཁྱིམ་བརྒྱད་ཅན་གྱི་ཚིགས་བཅད་ཀྱི་ཚིག་གི་གཙོད་མཚམས་དག་སྔོན་ལ་ཚིག་ཁྱིམ་ཡ་གཅིག་དང་། དེ་རྗེས་ཚིག་ཁྱིམ་ཆ་ཅན་གསུམ། རྗེས་སུ་སླར་ཡང་ཚིག་ཁྱིམ་ཡ་གཅིག་བཅས་སྦྱོད་པ་དང་། གླུ་ཚིག་ནང་དུ་སྦྱོད་པའི་ཚིག་ཁྱིམ་བདུན་ཅན་ནི་སྔོན་ལ་ཚིག་ཁྱིམ་ཆ་ཅན་གསུམ་སྦྱོད་པ་དང་། དེ་རྗེས་ཚིག་ཁྱིམ་ཡ་ཅན་གཅིག་སྦྱོད་ཀྱི་ཡོད། ཚིག་བར་མི་འདྲ་བའི་ཚིགས་བཅད་རིགས་འདི་གཉིས་གླུ་སྣ་གཅིག་རང་གི་ནང་དུ་སྦྱོད་ནའང་། གླུའི་དབྱངས་རྣ་གཅིག་གིས་འདྲ་མཉམ་གྱེར་ཆོག་པས། གོང་སྨོས་ལྟར་སྒྲུང་མཁན་བསམ་གྲུབ་ཀྱིས་ཕབ་པའི་གླིང་སྒྲུང་ནང་ཚིགས་བཅད་ཆང་པ་མི་འདྲ་བ་དེ་གཉིས་མཉམ་དུ་ཐོན་པ་ཙང་མང་བའི་གནས་ཚུལ་འདི་བྱུང་བ་ལགས། །

① 《ཞང་གླིང་གཡུལ་འགྱེད་》ཤོག་ངོས་156ནང་གསལ།

༧༡། །བསམ་གྲུབ་ཀྱིས་ཕབ་པའི་སྒྲུང་གི་ཚིག་རྒྱན་གྱི་ཁྱད་ཆོས་སྐོར་གླེང་བ།

སྒྲུང་མཁན་བསམ་གྲུབ་ལགས་ནི་བོད་ཀྱི་དམངས་ཁྲོད་སྒྲོལ་རྒྱུན་གྱི་སྐད་ཆའི་སྒྱུ་རྩལ་དང་ཚིག་རྒྱན་སྤེལ་སྦྱོར་ལ་རང་དབང་འགྱུར་བའི་ཕུལ་བྱུང་གི་སྒྲུང་པ་ཞིག་ཡིན་ལ། ཁོང་གིས་འཆད་གྱེར་གནང་བའི་གླིང་རྗེ་གེ་སར་རྒྱལ་པོའི་སྒྲུང་དག་དཔེ་མཚོན་རང་བཞིན་ལྡན་པའི་དམངས་ཁྲོད་སྒྲུང་པའི་ངག་སྒྲུང་ཞིག་ལགས་པས། དེའི་ནང་གངས་རིའི་ར་བས་བསྐོར་བའི་ཡུལ་ཁམས་འདིར་ས་སྐྱེས་རྡོ་སྐྱེས་ཡིན་ལ། ཁ་བ་རི་པའི་མེས་པོ་བཀའ་དྲིན་ཅན་ཆོས་ཕ་ཚ་བུ་རྒྱུད་ཀྱིས་རྒྱུན་འཛིན་བྱས་ཤིང་། གངས་ལྗོངས་དམངས་ཁྲོད་དུ་ད་ལྟའི་བར་ས་ཁྱབ་རྡོ་ཁྱབ་ཡིན་པ་དང་། གངས་ཅན་པ་ཀུན་གྱིས་ས་རྒྱུས་རྡོ་རྒྱུས་ཡིན་པའི་ཚིག་རྒྱན་དུ་མ་སྤྱད་ནས་ཡོད།

༡. དཔེ་ཅན་གཅིག་ལ་མཚོན་བྱེད་ཀྱི་དཔེ་མང་པོ་ཞིག་བསྟུད་མར་བཀོད་ནས་བརྗོད་བྱའི་དོན་དེ་གསོན་ཉམས་ལྡན་པའི་སྒོ་ནས་བརྟོན་པ་ནི་བོད་ཀྱི་དམངས་གཞས་ནང་དུ་སྤྱོད་རྒྱ་ཆེ་བའི་རྒྱན་ཞིག་ཡིན། 《སྒྲུང་མཁན་བསམ་གྲུབ་ཀྱིས་ཕབ་པའི་གླིང་རྗེ་གེ་སར་རྒྱལ་པོའི་སྒྲུང་》ནང་དུའང་དེ་ལྟ་བུའི་ཚིག་རྒྱན་མང་པོ་སྤྱད་ནས་ངག་སྒྲུང་ནང་གི་སྒྲུང་གླུ་རྣམས་མཛེས་པར་སྤྲས་ཡོད། དཔེར་ན། 《འདན་མ་ནས་རྫོང་》ལས"ཨ་སྔོན་གནམ་གྱི་ཉི་མ་ཡིས། ས་གཞིའི་མུན་པ་མ་སེལ་ན། གཟི་མདངས་ཆེ་དང་མ་ཆེ་མེད། ནམ་ཟླ་བཅོ་ལྔའི་དུང་ཟླ་ཡིས། མུན་པ་གནམ་མཐར་མ་བསྐྲད་ན། མཁའ་ལ་གསལ་དང་མ་གསལ་མེད། དཔྱིད་གསུམ་གཡུ་འབྲུག་སྔོ་མོ་ཡིས། ཆར་ཆུ་དུས་སུ་མ་ཕབ་ན། སྐད་སྙན་སྒྲོགས་དང་

མ་སྨྲོག་མེད། མོན་བྱ་ཁུ་བྱུག་སྔོན་མོ་ཡིས། གསུང་སྙན་དཔྱིད་དྲོད་མ་འདྲེན་ན། ཤིང་རྩེ་འགྲིམ་དང་མ་འགྲིམ་མེད། ཁྲི་ཐོག་བླ་མ་ཆོས་གོས་ཅན། འགྲོ་བའི་འདྲེན་སྟོན་མ་ནུས་ན། ཆོས་བཤད་ཀུན་རྫོབ་དོན་རེ་ཆུང་། ཁམས་གསུམ་ཟིལ་གནོན་དཔོན་པོ་ཡིས། བཀའ་ཁྲིམས་སྲང་ཐིག་མ་དྲང་ན། མགོ་གསེར་ཞྭས་བརྒྱན་དང་མ་བརྒྱན་མེད། ན་ཆུང་བུ་མོ་སྐྱེ་ཡག་མ། གནས་ལམ་ཕྲ་མོ་མ་ཟིན་ན། སྐྱེ་གཟུགས་མཛེས་དང་མ་མཛེས་མེད། སྟག་ཤར་བུ་ཚ་འཁོར་གསུམ་ཅན། དཔའ་རྩལ་དྲུག་དགྲ་ལ་མ་ངོམ་ན། ཕོ་བཟོ་ཆེ་དང་མ་ཆེ་མེད།”①ཅེས་པའི་ནང་དཔེ་ཅན་སྟག་ཤར་བུ་ཚ་འཁོར་གསུམ་ཅན། དཔའ་རྩལ་དྲུག་དགྲ་ལ་མ་ངོམ་ན། ཕོ་བཟོ་ཆེ་དང་མ་ཆེ་མེད་ཅེས་པར་མཚོན་བྱེད་ཀྱི་དཔེ་བདུན་བསྟུད་མར་བཀོད་པ་དེས་བརྗོད་བྱའི་དོན་དེ་གསོན་ཉམས་ལྡན་པའི་གཟུགས་བརྙན་སྣ་ཚོགས་སུ་བཀོད་ནས་འབྱུར་དུ་བཏོན་ཡོད། ཡང་དཔེར་ན《འདན་མ་ནས་རྫོང་》ནང་གསལ་བར“ཁྱུང་ཆེན་ནམ་འཕང་གཅོད་ས་ལ། ཐང་དཀར་གཉོག་རྩེད་རྩེ་ནས་བྱུང་། སྒྲོ་ཐུལ་གནམ་ལ་མ་གཏོར་ན། ཞི་སེམས་ཡེ་ནས་ཆེམ་ལེ་མེད། གངས་དཀར་སེང་གེ་འཁྱིངས་ལམ་དུ། ཁྱི་ཀན་རྒྱ་བོ་ཟུག་ནས་བྱུང་། མཆེར་སྟེར་ཁྲག་ལ་མ་བསྒྲིས་ན། གཡུ་རལ་རྒྱས་པའི་དོན་གོ་ཆུང་། ཆུ་སྲིན་རྒྱ་མཚོ་འགྲིམས་ལམ་ལ། ཉ་ཆུང་གསེར་མིག་གཉོག་འཁྱུར་རྒྱུག གསེར་གཉོག་ལུས་ནས་མ་ཕྲལ་ན། དགྲ་ཆུ་སྲིན་ཟེར་བ་དོན་མེད་རེད། ང་དཔའ་བོ་གཡུལ་སར་འགྲིམ་ལམ་དུ། གླིང་ཕྲུག་ཁོད་ཁོད་དཔུང་པ་ངོམ། མགོ་སྐྲ་ལུས་ནས་མ་ཕྲལ་ན། ལུས་འཁོར་གསུམ་བསྐོར་བ་ཨ་དགོས་ཆུང་།”②ཞེས་པའི་ནང་དཔེ་ཅན་ང་དཔའ་བོ་གཡུལ་སར་འགྲིམ་ལམ་དུ། གླིང་ཕྲུག་ཁོད་ཁོད་དཔུང་པ་ངོམ། མགོ་སྐྲ་ལུས་ནས་མ་ཕྲལ་ན། ལུས་འཁོར་གསུམ་བསྐོར་བ་ཨ་དགོས་ཆུང་ཞེས་པར་མཚོན་བྱེད་ཀྱི་དཔེ་

① 《འདན་མ་ནས་རྫོང་》ཤོག་ངོས6ནང་གསལ།

② 《འདན་མ་ནས་རྫོང་》ཤོག་ངོས131ནང་གསལ།

གསོན་ཉམས་དང་ལྡན་པ་གསུམ་བཀོད་ཡོད། གལ་ཏེ་གོང་གི་དཔེ་རྣམས་ཚིག་ལྷུག་ལྟ་བུར་དགོངས་ནས་དོར་བ་ན། དོན་ལ་འགྱུར་བ་གང་ཡང་མི་འགྲོ་བའི་རྨང་གཞིའི་ཐོག་ཡིག་ཚོགས་ཛེ་ཉུང་དུ་འགྲོ་སྲིད་མོད། འོན་ཀྱང་ཚིག་གི་ཉམས་དང་མཚོན་བྱེད་ནུས་པ་སྔར་ལས་ཛེ་ཞན་དུ་འགྱུར་ངེས་ཡིན། སྒྲུང་མཁན་བསམ་གྲུབ་ཀྱིས་འཆད་ཁྲིར་གནང་བའི་སྒྲུང་ནང་བརྗོད་བྱ་མཚོན་བྱེད་ཀྱི་དཔེ་བསྟུད་མར་དྲངས་པ་དེ་དག་ཚང་མ་བོད་མིའི་སྤྱི་ཚོགས་ཁོར་ཡུག་དང་མཐུན་པ། བོད་རིགས་མི་དམངས་ཀྱིས་རྒྱུས་མངའ་ཆེ་བའི་གཅན་གཟན་འདབ་ཆགས་དང་། རི་ཆུ་ས་གསུམ། ཉི་ཟླ་སྐར་གསུམ། རྩི་ཤིང་མེ་ཏོག ལས་གནས་སམ་ཐོབ་དང་གོ་ས་སོགས་ལ་སྦྱར་བས་གསོན་ཉམས་ལྡན་པ་དང་། མི་རིགས་ཀྱི་ཁྱད་ཆོས་མངོན་གསལ་དོད་པ། དཔེས་ཐོན་དགོས་པའི་ནུས་པ་དངོས་གང་ལེགས་ཐོན་ནས་བརྗོད་དོན་ཡང་འབུར་དུ་ཐོན་ཐུབ་པ་བྱུང་ཡོད། གོང་སྨོས་ལྟར་《སྒྲུང་མཁན་བསམ་གྲུབ་ཀྱིས་ཕབ་པའི་གླིང་རྗེ་གེ་སར་རྒྱལ་པོའི་སྒྲུང་》དེ་ཉིད་གླིང་སྒྲུང་གཞན་དང་བསྡུར་ན་སྒྲུང་གི་བྱུང་རིམ་ཅུང་སྟབས་བདེ་ཙང་། སྙན་པའི་དབྱངས་སུ་ཁྲིར་བའི་མི་སྣ་ཕན་ཚུན་གྱི་སླུ་ཚིག་རྣམས་ཆ་སྙོམས་བྱས་ན་གཞན་ལས་ཚིག་ཀང་ཅུང་མང་བ་དང་། ཁོང་གིས་འཆད་ཁྲིར་གནང་བའི་གླིང་སྒྲུང་རྣམས་སྤྱིར་གླིང་སྒྲུང་གཞན་ལས་བམ་གྲངས་མཐུག་པ་ཞིག་ཡོད། དེའི་རྒྱུ་མཚན་གཙོ་བོ་ཞིག་ནི་ཁོང་གིས་འཆད་ཁྲིར་གནང་བའི་གླིང་སྒྲུང་ནང་གོང་སྨོས་བོད་ཀྱི་དམངས་ཁྲོད་དུ་སྤྱོད་པར་དགའ་བའི་ཚིག་རྒྱན་འདི་རིགས་ཧ་ཅང་མང་པོ་སྤྱད་ཡོད་པས་ཡིན།

༢.《སྒྲུང་མཁན་བསམ་གྲུབ་ཀྱིས་ཕབ་པའི་གླིང་རྗེ་གེ་སར་རྒྱལ་པོའི་སྒྲུང་》ནང་གདོད་མའི་དུས་ནས་བོད་ཀྱི་དམངས་ཁྲོད་གླུ་དང་མགུར་གྱི་ནང་དུ་སྤྱོད་ཆེ་བའི་གྲངས་རྒྱན་ཧ་ཅང་མང་པོ་བེད་སྤྱོད་བྱས་ཡོད། སྙན་འཇེབས་ལྡན་པའི་གྲངས་རྒྱན་གྱི་ཚིག་སྦྱོར་དེ་དག་ཀྱང་རིགས་གཉིས་སུ་དབྱེ་ན་ཚིག་སྔ། ཚིགས་བཅད་ཀྱི་ནང་གྲངས་གང་ཞིག་གོ་རིམ་ཇི་བཞིན་དུ་སྒྲིག་པའི་ཚིག་སྦྱོར་གྱི་

རྣམ་པ་སྣེ་གོ་རིམ་ཇི་བཞིན་གྱི་གྲངས་རྒྱན་དང་། ཚིགས་བཅད་ཀྱི་ནང་དུ་གྲངས་གཅིག་ལྷུབ་པའི་ཚུལ་གྱིས་ཡང་ནས་ཡང་དུ་ཐོན་པ་སྣེ་གྲངས་གཅིག་ལ་བསྐོར་བའི་གྲངས་རྒྱན་དང་གཉིས་ཡིན། དཔེར་ན《ལི་མ་སྨན་རྫོང་》སྟོད་ཆ་ལས“ང་འདྲ་ང་ངོ་ཡོས་མཁྱེན་རེད། ཁྲི་གདུགས་ཉི་མ་རང་ཤར་དེ། འཛམ་གླིང་ངོ་ཤེས་མེད་པ་མེད། གཡུ་འབྲུག་སྔོ་མོ་གྲག་ལེ་དེ། མི་གོ་ཟེར་བ་གཅིག་ཀྱང་མེད། ཁམས་གསུམ་བླ་མའི་ཆོས་བཤད་དེ། མ་ཉན་ཟེར་ན་བདུད་ཕྲུག་རེད། ཆོས་ཆེན་བླ་མའི་བཀའ་ཆོས་གཅིག ཁྲིམས་ཆེན་དཔོན་པོའི་བཀའ་བཏྲ་གཉིས། དྲིན་ཆེན་ཕ་མའི་བསླབ་བྱ་གསུམ། མ་ཉན་རང་མགོ་བསྐོར་ལེ་རེད། ཉན་ན་རང་དོན་མྱུར་འགྲུབ་ཡིན། ཕྱི་མ་འདི་གང་གཉིས་ག་བདེ། འགྲོ་ལུགས་འདུག་སྟངས་གཉིས་ག་ཤེས། བཟའ་ལུགས་འཐུང་སྟངས་གཉིས་ག་ཤེས། གནའ་མིའི་གཏམ་གྱི་ཁ་དཔེ་ལ། ཆོས་དགེ་བ་བསྒྲུབས་ན་བྱིན་རླབས་ཆེ། ཟས་ནོར་དངོས་གྲུབ་ལོངས་སྤྱོད་གསུམ། རྒྱུན་ཆད་མེད་པ་དཀོན་མཆོག་དྲིན། ཁྲིམས་ཆེན་དཔོན་པོས་རྒྱུ་འབྲས་བརྩི། བཙན་པོ་གོང་ནས་གནོན་དང་གཅིག གཉོམ་ཆུང་མཐའ་ནས་སྐྱོང་དང་གཉིས། འབངས་སྡེའི་རྒྱུ་ནོར་འཛོམས་ལེ་གསུམ། བདེན་རྫུན་གསལ་བའི་ལས་འབྲས་ཡོད། མཐའ་ཚིག་ཡོད་དོ་སྡེ་འབངས་ཚོ། དྲིན་ཆེན་ཕ་མའི་སེམས་བཟང་དེ། གང་ཤར་རང་གིས་ཉར་དང་གཅིག རང་རྒྱུ་རང་ལ་དབང་དང་གཉིས། རང་ཁྱིམ་རང་ས་ཟིན་ལེ་གསུམ། བུ་ཆུང་བསམ་དོན་གྲུབ་ལེ་བཞི། བསླུ་བ་མེད་དོ་བུ་ཆུང་ཚོ།”①ཞེས་ཤོག་ངོས་གཅིག་རང་གི་ནང་སྟོན་ལ་གྲངས་གཅིག གཉིས། གསུམ་ཞེས་གོ་རིམ་ཇི་བཞིན་གྱི་གྲངས་རྒྱན་སྤྱད་ཡོད་པ་དང་། དེ་ནས་ཚིག་རྐང་གསུམ་གྱི་ནང་བསྡུད་མར་གྲངས་ཀྱི་མིང་གཉིས་ག་ཞེས་པ་ཚིགས་བཅད་ཀྱི་ཚིག་ཁྱིམ་

① 《ལི་མ་སྨན་རྫོང་》ཤོག་ངོས164ནང་གསལ།

བདུན་པའི་གོང་དུ་བསྐོར་ནས་གྲངས་གཅིག་རང་ལ་བསྐོར་བའི་གྲངས་རྒྱན་སྤྱད་ཡོད། དེ་རྗེས་སླར་ཡང་གྲངས་གཅིག གཉིས། གསུམ་ཞེས་གོ་རིམ་ཇི་བཞིན་སྤྱར་བ་དང་། དེ་ལྟར་ཡང་གྲངས་གཅིག གཉིས། གསུམ། བཞི་ཞེས་པའི་གོ་རིམ་ཇི་བཞིན་གྱི་གྲངས་རྒྱན་སྤྱད་ཡོད། ཡང་དཔེར་ན། "དེ་རིང་ཚུར་ཆས་གླིང་བུ་དག ཡོང་དོན་རྩ་བ་ཨེ་འདྲ་ཡོད། སྟོད་གླིང་གསེར་པ་ཆེ་བརྒྱད་གཅིག བར་གླིང་འོམ་བུ་ཚོ་དྲུག་གཉིས། སྨད་གླིང་ལུ་སྤྱང་སྟེ་བཞི་གསུམ། སྟེ་གསུམ་གླིང་ཏུའི་ལྷ་སྟེ་སྟེ། ཤོག་ཆེན་ཕ་གཞིས་སྤྱང་མི་རེད། དོན་གལ་ཆེན་རྒྱལ་རྒྱུད་འཛིན་ཉིན་མོ། ཐག་མ་ཚོད་ལུས་ན་ཅི་ལ་འགྲིག སྟོང་སྤྱི་དཔོན་རོང་ཚ་ཁྲ་རྒན་དེ། སྐྱེས་ཕོ་བརྒྱའི་ནང་གི་དང་རྩེ་རེད། ཕོ་ན་སོའི་ནང་གི་མཛོ་ཤོས་རེད། ཆ་ཤེས་པ་གཉིས་དེ་མཁས་ཤོས་རེད། སྟོང་ཚོས་ལུ་བུ་ཡི་དར་འཕེན་དང་། གསེར་པ་དཔོན་གྱི་ཨ་ཇོ་གཉིས། འོམ་བུའི་ལྟག་འབར་ཁྲི་བཙན་གསུམ། ལུ་སྤྱང་རིན་ཆེན་དར་ལུ་བཞི། མ་བཞིའི་དཔོན་པོ་ཁྲོ་རྒྱལ་ལྔ། མི་ཆེན་རྒྱལ་བ་ལྷུན་གྲུབ་དྲུག གསེར་པའི་ཉི་འབུམ་དར་ཡག་བདུན། འབུམ་པའི་རྒྱ་ཚ་ཞལ་དཀར་བརྒྱད། དཔའ་ལ་མི་སྤྱང་དཀར་པོ་དགུ། དགའ་འབྲུ་གསེར་གསུམ་འཁོར་དང་བཅས། གླིང་དཀར་ཕ་ཁྲུ་ཆེ་གྲས་རེད"①ཅེས་པའི་ནང་སྡོན་ལ་ཚིག་རྐང་གསུམ་གྱི་མཐའ་རུ་གྲངས་གཅིག་ནས་གསུམ་བར་སྤྱར་ཏེ་གླིང་ཆེ་འབྲིང་ཆུང་གསུམ་གྱི་རྣམ་གྲངས་སོ་སོར་ཕྱེ་ནས་གྱེར་བ་དང་། དེ་རྗེས་ཚིག་རྐང་རེ་རེའི་ནང་གླིང་གི་ཕ་ཁྲུ་ཆེ་གྲས་རྣམས་དྲངས་ནས་ཚིག་མཐར་གྲངས་ཀྱི་མིང་གཅིག་ནས་དགུ་བར་སྤྱར་བ་དེས་སྒྲུང་མཁན་རང་ཉིད་ཀྱི་དགོངས་ཚུལ་ཇི་བཞིན་གླིང་གི་ཕ་ཁྲུ་ཆེ་གྲས་རྣམས་ཞིབ་ཅིང་གསལ་བར་བསྟན་པ་མ་ཟད། དེ་དག་གི་གོ་རིམ་ཡང་གསལ་པོར་བསྟན་

① 《འདན་མ་ནས་རྫོང་》ཤོག་ངོས226ནང་གསལ།

ཡོད། ཡང་དཔེར་ན། "ལྷ་བླ་མའི་ཆོས་ར་དེ་དང་གཅིག གོང་དཔོན་པོའི་ཁྲིམས་ར་དེ་དང་གཉིས། སྟག་ཤར་བའི་མདའ་ར་དེ་དང་གསུམ། ཕ་ཨ་ཁུའི་གཏམ་ར་དེ་དང་བཞི། མ་སྲུ་མོའི་ཚང་ར་དེ་དང་ལྔ། གཏམ་བཤད་ཁྲིམས་ཀྱི་གོང་བ་རེད། ཁ་མཚར་གཏམ་གྱི་ཚིག་རྒྱན་རེད་"①ཅེས་པ་དང་"ཅི་དགོས་ལམ་སྣ་འདྲེན་དུ་གསོལ། བཤད་ན་ཚིག་བཟ་འཕྲོད་ལེ་གཅིག བལྟས་ན་ལམ་ངོ་ཟིན་ལེ་གཉིས། དུས་ཆེན་སློ་ཐག་ཚོད་ལེ་གསུམ། མགོན་སྐྱོབ་ཁ་འཛིན་མ་ཆུང་ཞིག"②ཅེས་པ། དེ་བཞིན"རྟེན་འབྲེལ་ཀུན་ལ་འཛོམས་པར་ཤོག གཡུ་འབྲུག་སྔོ་མོའི་གཤོག་རྩལ་གཅིག བྱ་རྒྱལ་ཁྱུང་གི་གཙུག་ནོར་གཉིས། སེང་གེ་དཀར་མོའི་གཡུ་རལ་གསུམ། དམར་ཡག་སྟག་མོའི་འཛུམ་དྲུག་བཞི། གྲ་ཡག་གཟིག་གི་ཐིག་ལེ་ལྔ། སྣང་པ་བོད་ལ་འཛོམས་པར་ཤོག"③ཅེས་པ་སོགས་ནི་གོ་རིམ་ཇི་བཞིན་གྱི་གྲངས་རྒྱན་སྤྱད་ནས་བརྗོད་འདོད་ཀྱི་དོན་རྣམས་རེ་རེ་བཞིན་རིམ་པར་གསལ་བས། དེ་ལ་སྒྲུང་པའི་ངག་ནས་འདོན་བདེ་བ་དང་། ཉན་པ་པོའི་ཡིད་ལ་འཛིན་བདེ་ལ་རྣ་བར་སྙན་པའི་ཁྱད་ཆོས་ལྡན་ཡོད།

གཞན་ཡང་དཔེར་ན། "ན་ཞིང་བདུན་པའི་ཆོས་བདུན་ཉིན། ལྷ་གཡག་གུ་པ་ཏུ་འཛིང་དང་། ལྷ་འབྲི་རོག་མོ་ལྡེ་དཀར་དང་། ལྷ་གཡག་གཉེན་གཡག་ཀླུ་གཡག་གསུམ། ལྷ་ལ་ཕུལ་བའི་ནོར་དགུ་དང་། གཉན་ལ་ཕུལ་བའི་ནོར་དགུ་དང་། ཀླུ་ལ་ཕུལ་བའི་ནོར་དགུ་བཅས། ཁྲོ་ཐུང་སེར་པ་ཤོག་གིས་བསྐུས"④

① 《འདན་མ་ནས་རྫོང་》ཤོག་ངོས172ནང་གསལ།

② 《འདན་མ་ནས་རྫོང་》ཤོག་ངོས212ནང་གསལ།

③ 《འདན་མ་ནས་རྫོང་》ཤོག་ངོས242ནང་གསལ།

④ 《འགོག་གླིང་》ཤོག་ངོས4ནང་གསལ།

ཞེས་པའི་ནང་ཚིག་རྐང་གསུམ་བསྡུད་མར་གྲངས་རྒྱན་དགུ་ཡིས་བསྐོར་ཡོད་པ་དང་། དེ་བཞིན་"ཆེ་གནམ་འཇིགས་གནམ་བཙན་གནམ་གསུམ། མི་ལ་མི་འགྲོ་རྣམ་གསུམ་ཟེར། ནད་དང་མུ་གེ་དགྲ་ཁྲོད་གསུམ། མི་ལ་མི་དགོས་རྣམ་གསུམ་ཟེར། ཁ་ཤོ་སྣ་ཤོ་ཨོག་ཤོ་གསུམ། མིག་ལ་མི་མཛེས་རྣམ་གསུམ་ཟེར། ཞི་འཇམ་བབ་ཆགས་གཞུང་དྲང་གསུམ། འཇིག་རྟེན་མོས་པ་རྣམ་གསུམ་ཟེར། ནོར་དང་ལོངས་སྤྱོད་དབང་ཐང་གསུམ། མི་ལ་དགོས་པ་རྣམ་གསུམ་ཟེར། སྐྱེ་ལོ་དར་གོས་རྒྱན་ཆ་གསུམ། འཇིག་རྟེན་མཛེས་ཆོས་རྣམ་གསུམ་ཟེར་"①ཞེས་པ་ལྟ་བུ་ནི་གྲངས་གསུམ་ཁེར་ལ་བསྐོར་བའི་གྲངས་རྒྱན་ཡིན། དེ་བཞིན་"རྟ་འདོད་པའི་ལུས་སུ་འཛོམས་གསུམ་དགོས། ཕྱི་གཟུགས་གཞི་སྤུ་ཁ་བཟང་དང་གཅིག འགྲོས་བང་ཁའི་མྱུར་མགྱོགས་ཆེ་དང་གཉིས། རྩ་ཆུའི་སོ་ནམ་མཁས་དང་གསུམ། དེ་གསུམ་རྟ་ཕོའི་རྒྱན་གསུམ་ཟེར། དེ་མེད་ན་གཟན་ཆས་ཚུད་ཟོས་རེད། སྨན་བུ་མོའི་ལུས་ལ་འཛོམས་གསུམ་དགོས། ཕྱི་སྐྲ་ཁམས་སྐྱེ་གཟུགས་མཛེས་དང་གཅིག དོན་མེད་ཁ་གཏམ་ཉུང་དང་གཉིས། ཕོག་ཤེས་པས་ཁྱིམ་ཐབ་བསྐྱོང་དང་གསུམ། དེ་སྨན་ཆུང་བུ་མོའི་རྒྱན་གསུམ་རེད། སྟག་ཤར་ལུས་ལ་འཛོམས་གསུམ་དགོས། སེམས་གང་དཀར་སེམས་རྒྱ་ཆེ་འདྲ་གཅིག དཔའ་ཞེ་རྩས་དགྲ་བཞི་འདུལ་དང་གཉིས། དགྲ་གྲོགས་དབྱེད་པ་མཁས་དང་གསུམ། སྟག་ཤར་བའི་ལུས་ཀྱི་བཟང་གསུམ་རེད། དེ་མེད་ན་གོ་ཕུག་བུ་མོ་རེད་"②ཅེས་པའི་ནང་གི་རིམ་ཇེ་

① 《འདུན་མ་ནས་རྫོང་》ཤོག་གྲངས62ནང་གསལ།
② 《གླང་རི་གསེར་རྫོང་》ཤོག་གྲངས150ནང་གསལ།

བཞིན་གྱི་གྲངས་རྒྱན་དང་གྲངས་གཅིག་ལ་བསྐོར་བའི་གྲངས་རྒྱན་གཉིས་འདྲེས་ནས་སྦྱར་ཡོད། དེ་རིགས་ནི་བོད་ཀྱི་དམངས་ཁྲོད་དང་ཁྱད་པར་འཛིག་རྟེན་གླས་པོ་རྣམས་ཀྱི་ཞལ་རྒྱུན་དུ་འཇགས་ནས་ཡོད་ལ། དེ་རིགས་ལ་ཤེས་བྱའི་རང་བཞིན་དང་ཡིད་འགུག་གི་ནུས་པ་ཁྱད་དུ་འཕགས་སོ། །

༣. 《སྒྲུང་མཁན་བསམ་གྲུབ་ཀྱིས་ཕབ་པའི་གླིང་རྗེ་གེ་སར་རྒྱལ་པོའི་སྒྲུང་》ནང་གཏམ་དཔེ་རབ་དང་རིམ་པ་བེད་སྤྱད་ནས་སྒྲུང་གི་སྐད་ཆའི་སྒྱུ་རྩལ་དག་དེ་བས་ཆེད་དུ་བྱུང་བར་བྱས་ཡོད། བོད་ནི་གླུ་གར་གྱི་རྒྱ་མཚོ་དང་། གཏམ་དཔེ་ཡི་བང་མཛོད་ཡིན་ཞེས་གྲགས་པ་ལྟར་བོད་ཀྱི་དམངས་ཁྲོད་དུ་གཏམ་དཔེ་ཧ་ཅང་ཕུན་སུམ་ཚོགས་ལ། དེ་ནི་ཁ་བའི་ལྗོངས་འདིར་འཚོ་ཞིང་གནས་པའི་གཞོན་སོ་དཀར་ནས་རྒན་སྐྲ་དཀར་བར་གྱི་སྐྱེ་བོ་ཚང་མས་སྤྱོད་པར་དགའ་བའི་སྐད་ཆའི་སྒྱུ་རྩལ་མཆོག་ཏུ་གྱུར་བ་ཞིག་ཡིན། སྒྲུང་མཁན་བསམ་གྲུབ་ཀྱིས"འཆད་ཀྱེར་གནང་བའི《གླིང་སྒྲུང་》ནང་བོད་རིགས་སྤྱི་ཚོགས་ཀྱི་འཚོ་བའི་དྲི་བསུང་ངམ་ངམ་དུ་འཕྱུལ་བཞིན། བཤད་ན་ངག་བརྗོད་བདེ་ལ། ཉན་ན་རྣ་བར་སྙན་པའི་རྣམ་པ་འདྲ་མིན་སྣ་ཚོགས་ཀྱི་གཏམ་དཔེ་མང་ཞིང་། བོད་རིགས་ཀྱི་གཏམ་དཔེའི་ཐུན་མོང་དང་ཐུན་མོང་མིན་པའི་ཁྱད་ཆོས་ཀྱིས་ཡོངས་སུ་བརླུབས་ཡོད་ཅིང་། ཁོང་གི་ཐུན་མོང་མིན་པའི་ཞལ་རྒྱུན་གྱི་གཏམ་དཔེ་མང་དག་ཅིག་ནི་བོད་རིགས་ཀྱི་དམངས་ཁྲོད་འཚོ་བའི་ཁྲོད་ནས་ཐོས་དཀའ་བ་མ་ཟད། དཔེ་རྙིང་དང་སྒྲུང་མཁན་གཞན་གྱིས་འཆད་ཀྱེར་གནང་བའི《གླིང་སྒྲུང་》ལས་ཀྱང་རྙེད་དཀའ་བ་ཡིན།" དེར་བརྟེན་སྤྱི་ལོ་༢༠༠༥ལོར་ཞྭ་དང་ཞྭ་གྱི་ལས་གྲོགས་གསུམ་ནས《སྒྲུང་མཁན་བསམ་གྲུབ་ཀྱི་ཞལ་རྒྱུན་གཏམ་དཔེ་གཅེས་བཏུས་རྣ་བའི་བདུད་རྩི་》ཞེས་པ་དེ་དམིགས་སུ་བསྡུ་སྒྲིག་དང་དཔར་སྐྲུན་ཞུས་ཡོད་ལ། 《གླིང་སྒྲུང་》གི་ཤེས་བྱ་ལ་མཁྱེན་པ་ཡངས་པའི་མཁྱེན་ལྡན་པད་མ་ལུང་རིག་འཛིན་ལགས་ནས་གཏམ་དཔེ་གཅེས་བཏུས་དེར་དམིགས་སུ་སྦྱར་བའི་འགོ་བརྗོད་

ནང་སྒྲུང་མཁན་བསམ་གྲུབ་ཀྱི་ཞལ་རྒྱུན་གཏམ་དཔེའི་བསམ་བློའི་རང་བཞིན་དང་སྒྱུ་རྩལ་གྱི་ཁྱད་ཆོས་ལ་དཔྱད་ཞིབ་ལེགས་པར་གནང་ཡོད་པས། འདིར་བསྐྱར་ཟློས་ཀྱི་དགོས་པ་མ་མཆིས་སོ། །

༤.《སྒྲུང་མཁན་བསམ་གྲུབ་ཀྱིས་ཕབ་པའི་གླིང་རྗེ་གེ་སར་རྒྱལ་པོའི་སྒྲུང་》ནང་ཡིད་ཀྱི་འགྱུར་བ་དང་སྐད་ཆའི་ཉམས་མཚོན་པའི་དགོས་པའི་དབང་གིས་ཟློས་སྒྲའི་མིང་ཕུན་སུམ་ཚོགས་པ་ཞིག་སྦྱར་ནས་ཡོད། དེ་ཡང་གཤམ་དུ་སྒྲུང་མཁན་བསམ་གྲུབ་ཀྱིས་ཕབ་པའི་《འདན་མ་ནས་རྫོང་》ནང་ཟློས་སྒྲའི་མིང་སྦྱོད་ཚུལ་འགའ་དཔེ་མཚོན་དུ་དྲངས་ན།

ཤོག་གྲངས་༥༨ནང་“དམར་མོ་བཙན་གྱི་ཆ་ལུགས་ཅན། རླུང་དམར་ཤེར་སྒྲ་དིར་རི་རི། མེ་དམར་འབར་སྒྲ་ཅུར་རུ་རུ། གཡུ་འབྲུག་ངར་སྐད་ལྡིང་ལྡིང་ལྡིང་། ས་གཞི་འདར་ཡོམ་ཤིག་ཤིག་ཤིག ཕོ་ལྷ་ཧྲ་མགྲིན་དམར་པོས་མཁྱེན་”ཞེས་གསལ་བ་དང་།

ཤོག་གྲངས་༡༠༧ནང་“དེ་ནས་སྲིན་མོ་གདོང་དམར་བ། ཁྱོད་ཡ་ཁ་གནམ་ལ་ཡེར་རེ་རེ། མ་ཁ་ས་ལ་ཤར་ར་ར། ལྕེ་རྩེ་བར་སྣང་ལྡབ་ལྡབ་ལྡབ། རྣམ་ཟིལ་འཇིགས་སྐྲག་ཆེ་ལུགས་ལ། ཤ་གཟན་སྲིན་མོ་ཡིན་ངོ་བ། ངོ་མདོག་དམར་པོ་ཁྲག་གི་མདོག ཁྲག་དམར་རུབ་ཀྱིས་འཐུང་ངོ་བ། མིག་ལོག་སྐར་མདའ་ཡར་ཡར་རེད། མི་ཚེ་ཤ་ཁྲག་རྫོན་ངོ་བ། ཆེ་གཏམ་བཙན་གཏམ་ཐར་ར་ར། གཅེས་སྲུག་ལང་ཤོར་ཡིན་ངོ་བ། ཉི་མ་དེ་སྔ་ཡན་ཆོད་ལ། ཁྱོད་མུན་ནག་བཙོན་དུ་འཛུལ་ཞིན་འདུག མགོ་སྤུ་སུག་སྤུ་ཟིང་ཟིང་རེད། ལ་རིང་ལ་ཐུང་རྒྱུག་རྒྱུག་ནས། སྤྱང་ཐང་གོམ་འགྲོས་ཏ་ལ་ལ། སེམས་ཅན་སྲོག་དམར་གཅོད་གཅོད་ནས། ཤི་བདག་རྣམ་ཤེས་ཏ་ལ་ལ། ཁྱོད་གཡོ་སྒྱུ་ཅན་གྱི་བུད་མེད་འདྲ”ཞེས་གསལ་བ།

ཤོག་ངོས་༡༣༤ནང་"བྱ་ཆུང་གཡུ་ཡི་ལ་ཐོད་ཅན། གཡུ་ཁྲབ་སྔོ་མོ་སིལ་ལི་ལི། ངར་སྐོད་སོ་སྒྲ་ལྷིར་རེ་རེ། འཁོར་གསུམ་དགྲ་དར་འཚུབས་སེ་འཚུབ་"ཅེས་གསལ་བ།

ཤོག་ངོས་༡༤༧ནང་"ཐ་ལ་ས་གཞི་དཀྱིལ་ནས་ལེན། གནམ་ཨ་སྔོན་སྤྲང་ཆར་ཐར་ར་ར། ས་དོག་མོའི་སྨུག་པ་ཐར་ར་ར། མཚོ་ཆེན་པོའི་རླངས་པ་ཐར་ར་ར། སྟོང་བར་སྣང་སྤྲིན་ཚོགས་ཐར་ར་ར། རྟ་བྱང་མའི་གོམ་པ་ཐར་ར་ར། ལྷ་བླ་མའི་གསུང་ཆོས་ཐར་ར་ར། གོང་དཔོན་པོའི་ཁྲིམས་བཤད་ཐར་ར་ར། བུ་དཔའ་བོའི་དགྲ་འཐབ་ཐར་ར་ར་"ཞེས་གསལ་བ།

ཤོག་ངོས་༡༦༦ནང་"ཇོ་རུའི་སྐུ་མདུན་དུ་དགེ་དགེ་དགེ་ལ་ཕྱག་གསུམ་འཚལ། སྒྲུར་སྒྲུར་སྒྲུར་ལ་ཕྱག་གསུམ་འཚལ་"ཞེས་གསལ་བ།

ཤོག་ངོས་༡༧༡ནང་"མགོ་ཡི་སྤྲིན་རྫོག་ཡེར་རེ་རེ། ལུས་ཀྱི་སྤྲིན་ཁྲབ་ཉིལ་ལི་ལི། གཡས་ཀྱི་སྤྲིན་མདའ་ཤར་ར་ར། གཡོན་པའི་སྤྲིན་གཞུ་སྐོར་རོ་རོ། སྐེད་པའི་སྤྲིན་གྲི་འོད་ཆེམ་ཆེམ། ལག་གི་སྤྲིན་མདུང་ཁྲ་ཆིལ་ཆིལ་"ཞེས་གསལ་བ།

ཤོག་ངོས་༡༧༦ནང་"ཨ་ཁུ་ཁྲོ་ཐུང་རྒྱལ་པོ་དེ། ཁ་དབུགས་འཁོལ་མོ་འབུད་འབུད། སོ་སྒྲ་གྲོ་ཡོས་འཆའ་འཆའ། མིག་ལོག་སྐར་མདའ་ཆས་ཆས། དཔུང་ཤ་ལྤི་ཤིག་འཕག་འཕག མདའ་མགོ་མི་ཟིན་ཕྱུར་ཏུ་ཏུ། གྲི་མགོ་མི་ཟིན་བྲིལ་འཚུབ་འཚུབ། རྟ་ཁ་མི་ཐོན་སྣར་ར་ར། ཡོབ་ཆེན་མི་གནོན་སྐོར་རོ་རོ་"ཞེས་གསལ་བ།

ཤོག་ངོས་༡༨༨ནང་"ལྷ་ཆེན་ཚངས་པ་དཀར་པོ་ལ། ལྷ་དམག་བྱེ་བ་

འབུམ་གྱིས་བསྐོར། འཁོར་གསུམ་དགྲ་དར་འཚུབས་སེ་འཚུབ། དར་གདུགས་ན་བཟའ་འཛོལ་ལོ་ལོ། འཕྲུལ་དམག་གི་བསྙོ་ཀྱུར་རུ་རུ་” ཞེས་གསལ་བ།

ཤོག་ངོས་༢༠༤ནང་“ གཉན་ཆེན་སྐུ་ལྷ་གེར་འཛོ་ལ། གཉན་དམག་ཁྲི་བ་འབུམ་གྱིས་བསྐོར། གཉན་འཁོར་རྒྱ་མཚོ་འཁོལ་ལོ་ལོ། གཉན་རྟ་འགྲོས་ཁ་ཀྱུར་རུ་རུ། གཉན་དམག་རླུང་སྒྲ་ལྷིར་རི་རི། གཉན་དར་རླུང་དར་ལྷབས་སེ་ལྷུབ། མི་ཤོག་སེར་རྒོད་ཐར་ར་ར། དེ་རིང་རྒྱ་ཚའི་དཔུང་རོགས་མཛོད་” ཅེས་གསལ་བ་ལྟ་བུའོ། །

མིང་དེ་རིགས་ཕལ་ཆེར་ཚིག་བར་གཉིས་ལྡན་དང་གསུམ་ཅན་ཡིན་རུང་གྲུབ་སྟངས་སམ་ཟློ་ཚུལ་རྣམ་པ་འདྲ་མིན་སྣ་ཚོགས་ཡོད། དཔེར་ན། ཤར་ར་ར། ཉིལ་ལི་ལི། སྒྱུར་རུ་རུ། ཡེར་རེ་རེ། སྐོར་རོ་རོ་ལྟ་བུ་དངོས་པོའི་ཁྱད་ཆོས་དང་བྱ་བའི་ངང་ཚུལ་གྱི་མིང་སྐོར་ཞིག་རྗེས་འཇུག་རང་འདྲ་ལ་མིང་གཞིར་དབྱངས་གང་ལྡན་པ་སྦྱར་ནས་ཟློས་པའི་རིགས་དང་། ལྷམས་སེ་ལྷམ། འཚུབས་སེ་འཚུབ། ཁྱུགས་སེ་ཁྱུག ལྡེམས་སེ་ལྡེམ་ལྟ་བུ་སྔ་མ་ཡང་འཇུག་ས་ཅན་དང་ཕྱི་མ་ཡང་འཇུག་མེད་པའི་བར་དུ་ས་ལ་ཨེ་སྦྱར་གྱིས་འབྲེལ་ནས་ཟློས་པའི་རིགས། འོད་ཆེམ་ཆེམ། ཁྲ་ཆིལ་ཆིལ། བྲེལ་འཚུབ་འཚུབ་ལྟ་བུ་བྱ་དངོས་ཀྱི་ཁྱད་ཆོས་ཟློས་པའི་རིགས། སྒྱུར་སྒྱུར་སྒྱུར། དགྱེ་དགྱེ་དགྱེ། འབུད་འབུད། འཆའ་འཆའ། ཆས་ཆས། ཡར་ཡར། འཕག་འཕག ལྷབ་ལྷབ་ལྷབ་ལྟ་བུ་བྱ་ཚིག་ཟློས་པའི་རིགས། ལྷང་ལྷང་ལྷང་། ཞུར་ཞུར་ཞུར། ཐག་ཐག་ལྟ་བུ་སྒྲ་མཚོན་ཟློས་སྒྲའི་མིང་སོགས་མང་བར་མཆིས། དེ་ལྟར་གྲུབ་སྟངས་མི་འདྲ་བའམ་ཟློ་ཚུལ་མི་འདྲ་བའི་ཟློས་སྒྲའི་མིང་ཕུན་སུམ་ཚོགས་པ་དེ་དག་སྒྲུང་གི་ནང་དུ་གང་ལ་གང་འཚམ་གྱིས་སྤྱད་པས་འཆད་ཀྱིར་བྱེད་སྐབས་སྒྲ་ཉམས་ཁྱད་པར་བ་ཐོན་གྱི་ཡོད།

མདོར་ན《སྒྲུང་མཁན་བསམ་གྲུབ་ཀྱིས་ཕབ་པའི་གླིང་རྗེ་གེ་སར་རྒྱལ་པོའི་

སྙུང་》ལ་གླིང་སྙུང་སྤྱི་ལས་ཡོགས་སུ་དགར་བའི་རྩོམ་ལུས་དམིགས་བསལ་ཅན་ཞིག་མེད་ནའང་དེའི་ནང་སྙུང་གི་བྱུང་རིམ་བརྗོད་པའི་ལྷུག་མའི་ནང་དུ་ཚིགས་བཅད་སྙོད་ཆེ་བ་དང་། སླུ་སྣ་གཅིག་གི་ནང་དུའང་ཚིག་ཐང་དབར་ཚིག་ཁྱིམ་མང་ཉུང་ལ་དེ་ཙམ་གྱི་ཚོད་འཛིན་ནན་པོ་མེད་པ། ཁྱད་པར་བོད་ཀྱི་དམངས་ཁྲོད་དུ་སྙོད་རྒྱ་ཆེ་བའི་གྲངས་རྒྱན་དང་། གཏམ་དཔེ། ཀློས་སྙའི་མིང་། དེ་བཞིན་དཔེ་ཅན་གཅིག་ལ་དཔེ་མང་པོ་བསྟུད་མར་བཀོད་པའི་རྒྱན་སོགས་ལེགས་པར་སྤྱད་ནས་དམངས་ཁྲོད་ངག་སྙུང་གི་རང་བཞིན་འབུར་དུ་ཐོན་ཡོད་པས། ཁོང་གིས་འཆད་ཁྲིར་གནང་བའི་གླིང་སྙུང་རྣམས་ལ་སྐྱེ་བོ་ཡོན་ཚད་མཐོ་དམའ་གང་ཞིག་གིས་ཀྱང་ཉན་ན་གོ་བདེ་ལ་རྣ་བར་འཇེབས་པ། བལྟགས་ན་ངག་ལ་བདེ་བ། ཉན་པ་པོའམ་ཀློག་པ་པོའི་ཡིད་ཀྱི་དབང་པོ་ཅིག་ཅར་དུ་འཕྲོག་པར་བྱེད་པའི་ནུས་པ་ལྡན་ཡོད་དོ། །

༧༢། །བསམ་གྲུབ་ཀྱིས་ཕབ་པའི་གླིང་སྒྲུང་གི་གླུའི་ནང་དོན་གྲུབ་ཚུལ་དང་ཐུན་མིན་ཁྱད་ཆོས་སྐོར་ལ་དཔྱད་པ།

《སྒྲུང་མཁན་བསམ་གྲུབ་ཀྱིས་ཕབ་པའི་གླིང་རྗེ་གེ་སར་རྒྱལ་པོའི་སྒྲུང་》ཞེས་པའི་དཔེ་ཚོགས་ཀྱི་སྒྲུང་པོད་སོ་སོའི་གྲུབ་ཆ་གཙོ་བོ་ནི་གླུའི་ཚུལ་གྱིས་མི་སྣ་ཕན་ཚུན་ཁ་བརྗ་གཏམ་གླེང་བྱས་པ་དག་ཡིན་ཞིང་། དེ་ལྟའི་གླུའི་རིགས་ལ་སྒྲུང་དཔེ་གཞན་དང་དེ་བཞིན་སྒྲུང་པ་གཞན་གྱིས་འཆད་གྱེར་གནང་བའི་《གླིང་སྒྲུང་》གི་གླུ་དང་བསྡུར་ན་ཐུན་མིན་ཁྱད་ཆོས་དུ་མ་ལྡན་ཡོད། གཤམ་དུ་སྒྲུང་མཁན་བསམ་གྲུབ་མཆོག་ནས་འཆད་གྱེར་གནང་བའི་སྒྲུང་ཚན་《བྱེ་རི་བྱུར་རྫོང་》ནང་འཁོད་གླུའི་རིགས་དཔེ་རུ་བླངས་ནས་གང་དེའི་སྒྲུང་གླུའི་ཐུན་མིན་ཁྱད་ཆོས་ཁག་གཅིག་བརྗོད་རྒྱུ་ལ།

དང་པོ། དཔེ་ཚོགས་ནང་གི་གླུའི་འགོ་བརྗོད་འདྲ་མིན།

སྤྱིར་སྒྲུང་དཔེ་མང་ཆེ་བར་གླུའི་འགོ་རྩོམ་སྐབས་དྲང་ཕྱོག་མི་སྣ་ཚང་མས་གླུ་ཨ་ལ་ཐ་ལ་ཞེས་གྱེར་གྱི་ཡོད། དེ་ཡང་དཔེར་ན་དཀོན་མཆོག་ཚེ་བརྟན་གྱིས་བསྒྲིགས་ཤིང་ཀན་སུའུ་མི་རིགས་དཔེ་སྐྲུན་ཁང་ནས་སྤྱི་ལོ་༡༩༨༡ལོར་དཔར་དུ་བསྐྲུན་པའི་《འབྲུག་སྐོར་》ཞེས་པའི་ནང་བསྡོམས་གླུ་སྣ་༢༤ཡོད་པའི་ནང་གླུ་སྣ་༡ཕུད་དེ་བྱིངས་རྣམས་ཀྱི་འགོ་བརྗོད་དུ་"གླུ་ཨ་ལ་ལ་མོ་ཨ་ལ་ལེན། ཐ་ལ་ལ་མོ་ཐ་ལ་ལེན་"ཞེས་གཅིག་གྱུར་དུ་ཚིག་རྐང་འདི་གཉིས་སྤྱད་ཡོད་པ་དང་། གླིང་ཚང་གི་ཞིང་དཔར་ལ་གཞི་བྱས་ནས་བསྒྲིགས་ཤིང་སི་ཁྲོན་མི་རིགས་དཔེ་སྐྲུན་ཁང་ནས་སྤྱི་ལོ་༡༩༨༠ལོར་དཔར་དུ་བསྐྲུན་པའི་《འབྲུག་གླིང་མེ་ཏོག་ར་བ་》ཞེས་

པའི་ནང་གླུ་སྣ་མང་ཆེ་བའི་འགོ་བརྗོད་དུ"གླུ་ཨ་ལ་ཨ་ལ་ཨ་ལ་རེད། ཐ་ལ་ངག་གི་འགུགས་ལུགས་རེད།"ཅེས་གསལ་བ། མཚོ་སྔོན་མི་རིགས་དཔེ་སྐྲུན་ཁང་ནས་སྤྱི་ལོ་༡༩༨༠ལོར་དཔར་དུ་བསྐྲུན་པའི་《ཧོར་གླིང་གཡུལ་འགྱེད་》སྟོད་སྨད་གཉིས་ཀར་གླུའི་རིགས་ཚང་མའི་འགོ་བརྗོད་དུ"གླུ་ཐ་ལ་ལ་མོ་ཐ་ལ་ལེན། གླུ་ཨ་ལ་ལ་མོ་ཨ་ལ་ལེན།"ཞེས་གསལ་བ། སྒྲུང་མཁན་གྲགས་པས་འཆད་ཀྱེར་གནང་ཞིང་བོད་ལྗོངས་སློབ་ཆེན་ནས་བསྒྲིགས་པའི་《བྱང་བླ་བཙན་རྒྱལ་པོ་འདུལ་བ་》ཞེས་པའི་ནང་གླུ་སྣ་མང་ཆེ་བའི་འགོ་ན"གླུ་ཨ་ལ་ཐ་ལ་ཐ་ལ་རེད། ཐ་ལ་མོ་གླུ་ཡི་ལེན་ལུགས་རེད། གླུ་ཐེངས་གསུམ་ངག་གི་འགུགས་ལུགས་རེད་"ཅེས་འཁོད་པ། དེ་བཞིན《གླིང་སྒྲུང་གཅེས་བཏུས་》ཞེས་པའི་ནང་བཏུས་པའི་སྒྲུང་དཔེ་མང་ཆེ་བར་དྲང་ཕྱོག་མི་སྣ་ཚང་མའི་གླུ་འགོར་ཨ་ལ་དང་ཐ་ལ་སྦྱར་ཡོད། དེ་ཡང་མཚོ་སྔོན་མི་རིགས་དཔེ་སྐྲུན་ཁང་ནས་དཔར་དུ་བསྐྲུན་པའི་《བྱེ་རིའི་བྱུར་རྫོང་》རྩང་གཞིར་བྱས་ནས་བསྒྲིགས་ཤིང་མི་རིགས་དཔེ་སྐྲུན་ཁང་ནས་དཔར་དུ་བསྐྲུན་པའི་《གླིང་སྒྲུང་གཅེས་བཏུས་》དེབ་བཅུ་གཉིས་པ་《བྱེ་རིའི་བྱུར་རྫོང་》ཞེས་པའི་ནང་བསྡོམས་གླུ་སྣ་མི་འདྲ་བ་༡༢༨ཡོད་པ་ལས་ཤོག་ངོས་༡༩ཡི་ནང་གནམ་སྨན་མཁའ་འགྲོའི་ལུང་བསྟན་གྱི་གླུ་ཞིག་ཡོད་པ་ཕུད། དེ་ཀྱིངས་དྲང་ཕྱོག་མི་སྣ་རིས་མེད་ཀྱི་གླུ་སྣ་ཚང་མའི་འགོ་བརྗོད་དུ"གླུ་ཐ་ལ་ལ་མོ་ཐ་ལ་ལེན། གླུ་ཨ་ལ་ལ་མོ་ཨ་ལ་ལེན་"ཞེས་གཅིག་གྱུར་དུ་འཁོད་ཡོད་པ་ལྟ་བུ་ཡིན། གོང་གསལ་དེ་དག་ཕུད། སྒྲུང་དཔེ་གཞན་དུའང་གླིང་གི་དཔའ་རྟུལ་གྱི་གླུའི་འགོ་ན་ཨ་ལ་དང་ཐ་ལ་ལེན་སྲོལ་ཡོད་པ་མ་ཟད། ཕྱོག་ཕྱོགས་མི་སྣའི་བདུད་གླུར་གྲགས་པའི་གླུ་འགོ་ནའང་ཨ་ལ་དང་ཐ་ལ་ཞེས་འཁོད་ཡོད། སྒྲུང་དཔེ་མང་པོ་ཞིག་གི་ནང་དུའང་གླུའི་འགོ་ཚང་མར་གླུ་ཨ་ལ་ × ×གླུ་ཐ་ལ་ × × ཞེས་པའམ་གླུ་ཨ་ལ་ = གླུ་ཐ་ལ་ = ཞེས་དམིགས་བསལ་རྟགས་བཀོད་ནས་གླུ་འགོ་ཆ་ཚང་གཅིག་གྱུར་ཡིན་ཚུལ་བསྟན་ཡོད། འོན་ཀྱང་སྒྲུང་མཁན་བསམ་གྲུབ་ཀྱིས་འཆད་ཀྱེར་གནང་བའི་སྒྲུང་གི་ནང་

ཏུ་ལྷོག་ཕྱོགས་མི་སྣའི་སྐྱུ་འགོ་རྩོམ་སྟངས་ཐད་ལ་འདྲ་མིན་སྣ་ཚོགས་ཤིག་མཆིས་ཏེ། སྒྲུང་དཔེ་ལ་ལར་དྲང་ལྷོག་དབྱེར་མེད་ཀྱི་མི་སྣ་ཚང་མའི་སྐྱུ་འགོར་ཨ་ལ་དང་ཐ་ལ་སྦྱོད་པ་དང་གཅིག སྒྲུང་སྣ་འགའ་ཞིག་ཏུ་ལྷོག་ཕྱོགས་མི་སྣའི་སྐྱུ་སྣ་འགའ་རེར་སྐྱུ་འགོ་མེད་པར་ཐད་ཀར་སྐབས་གནས་འབོད་པ་དང་གཉིས། གླིང་ཕྱོགས་མི་སྣའི་སྐྱུ་འགོ་དང་མི་འདྲ་བར་ལྷོག་ཕྱོགས་མི་སྣ་མི་འདྲ་བར་སྐྱུ་འགོ་རྩོམ་སྟངས་དམིགས་བསལ་རེ་ཡོད་པ་དང་གསུམ་མོ། །གོང་གསལ་སྐྱུ་འགོ་རྩོམ་སྟངས་གསུམ་ལས་ཕྱི་མ་དེ་ཚད་ལྡན་ཞིག་ཏུ་མཐོང་སྟེ། ཨ་ལ་དང་ཐ་ལའི་སྤྱོད་ཡུལ་ནི་གླིང་གི་དཔའ་རྟུལ་གྱི་སྐྱུ་འགོར་སྤྱོར་བ་ལས་ལྷོག་ཕྱོགས་མི་སྣའི་སྐྱུ་འགོར་སྦྱར་ན་མི་འཐད་དེ། དེ་ཡང་སྒྲུང་མཁན་བསམ་གྲུབ་ཀྱི་དགོངས་པ་ལྟར་ན། "སྐྱུ་ཨ་ལ་ཐ་ལ་ཐ་ལ་རེད། ཨ་ལ་སྐྱུ་ཡི་ལེན་ལུགས་རེད། ཁྲ་བོ་གླིང་རྟའི་ཕ་སྐད་རེད། ཐ་ལ་ཐར་ལམ་ཐོབ་པའི་སྐྱུ།"①ཞེས་པ་དང་"སྐྱུ་ཨ་ལ་གླིང་དཀར་སྟོད་པའི་སྐྱུ། ཐ་ལ་ཕ་ཡུལ་རང་སྐད་རེད།"②ཅེས་པ་ལྟར་ཨ་ལའམ་ཐ་ལ་ནི་གླིང་གི་ཕ་སྐད་ཡིན་པར་གསུངས་པས་ཡིན། དེ་བཞིན་སྒྲུང་པ་གཞན་གྱི་ངག་སྒྲུང་དང་སྒྲུང་དཔེ་གཞན་གྱི་ནང་དུའང་"འ་དང་ཨུ་གཉིས་བདུད་ཀྱི་སྐད། ཨ་ལ་མི་ལེན་རྣམ་རྟོག་ཡིན།" ཞེས་པའམ་"འ་དང་ཨུ་གཉིས་བདུད་ཀྱི་སྐད། ཐ་ལ་མི་ལེན་རྣམ་རྟོག་ཆེ།" ཞེས་པ་སྒྲུང་མཁན་བཀྲ་ཤིས་རྡོ་རྗེས་འཆད་གྱེར་གནང་བ་གཞིར་བཟུང་ལེགས་སྒྲིག་བྱས་པའི་《དམངས་ཁྲོད་སྒྲུང་པ་སྙེར་གྱི་ཁྱད་ཆོས་མཚོན་པའི་གླིང་སྒྲུང་དཔེ་ཚོགས》དེབ་བཞི་པ《ཕྱི་གླིང་དུག་རྫོང་བདེ་བཀོད》ཤོག་ངོས་༡༡༥དང་༡༣༤ ༡༥༤ ༢༢༨སོགས་སུ་གསལ། གཞན་ཡང་"སྐྱུ་ཨ་ལ་ལྷ་ཡི་མཆོད་པ་རེད། མ་

① 《མི་ཉག་གསེར་རྫོང་》ཤོག་གྲངས་116ལ་གསལ།

② 《ཚགས་གླིང་》ཤོག་གྲངས་139ལ་གསལ།

ཐ་ལ་གླིང་པས་འགུགས་ལུགས་རེད་"①ཅེས་པ། ཡང་ན་"ཡེ་གཅིག་ཡེ་གཉིས་ཡེ་དང་གསུམ། ཡ་དང་ཡེ་འདི་བཙན་གྱི་གླུ། བཙན་རིགས་མིན་པས་ལེན་ལེ་མིན། འ་དང་འོ་འདི་བདུད་ཀྱི་གླུ། བདུད་རིགས་མིན་པས་ལེན་ལེ་མིན། ཧ་དང་ཧོར་འདི་ཧོར་གྱི་གླུ། ཧོར་རིགས་མིན་པས་ལེན་ལེ་མིན། ཐ་ལ་དྲུག་འགྱུར་གླིང་གི་གླུ། གླིང་རིགས་མིན་པས་ལེན་ལེ་མིན་"②ཞེས་གསལ་བ་དང་། ཁྱད་པར་"གླུ་ཨ་ལ་ཐ་ལ་ཐ་ལ་རེད། ཨ་ལ་བྱང་ཆུབ་སེམས་ཀྱི་གླུ། ཐ་ལ་འགྲོ་དོན་མཛད་པའི་གླུ་"③ཞེས་དང་། "ཨ་ལ་གླུ་ཡི་ཨ་མ་རེད། ཨ་མ་མེད་ན་བུ་ཚ་མེད། བླ་མ་མེད་ན་ལྷ་ཆོས་མེད། དགེ་སྡིག་མེད་ན་དུད་འགྲོ་ཡིན། གླུ་ཨ་ལ་ལེན་པ་ཆོས་ལ་ལེན། ཆོས་བྱིན་རླབས་ཨ་དང་ཨོཾ་ནས་ལེན། ཐ་ལ་ཐར་པའི་ལམ་ནས་ལེན། མ་གྱུར་སེམས་ཅན་སྙིང་རྗེས་སྐྱོང་། རིགས་དྲུག་ཆོས་ལ་མ་བསྒྱུར་ན། དགེ་སྡིག་བྱེར་བ་མ་ཡོད་གདའ། གླུ་ཐེངས་གསུམ་ལེན་དོན་དེ་འདྲ་ཡིན་"(སྒྲུང་མཁན་བསམ་གྲུབ་ཀྱིས་ཕབ་པའི་《བྱེ་རི་བྱུར་རྫོང་》གི་ཤོག་གྲངས་༦༧༧ལ་གསལ། གཤམ་དུ་སྒྲུང་དཔེ་དེ་ལས་དྲངས་རིགས་ཚང་མར་ཤའི་རྗེས་སུ་ཤོག་གྲངས་བཀོད་ནས་བསྡུ་རྒྱུ་ཡིན།) ཞེས་གསལ་བ། དེ་བཞིན་"ཨ་ལ་ཨ་ལ་ཨ་ལ་རེད། ཐ་ལ་གླུ་ཡི་ལེན་ལུགས་རེད། གླིང་ལྷ་རྒྱུད་གླུ་ལེན་ཨ་ལ་འབོད། ཨ་ལ་ཆོས་ཀྱི་སྙིང་པོ་ཡིན། བྱིན་རླབས་མ་ཆུང་ཐུགས་རྗེས་གཟིགས། གླུ་ཐ་ལ་བདེ་ཆེན་ཞིང་གླུ་ལེན། དམའ་དམྱལ་ཁམས་འདྲེན་པའི་གླུ་ཞིག་ལེན་"(༢༥) ཞེས་པ་སོགས་ཨ་ལ་ཆོས་ཀྱི་སྙིང་པོ་དང་ཐ་ལ་ལེན་དོན་ཐར་ལམ་འདྲེན་སླད་དུ་ཡིན་པར་བསྟན་པས། ལོག་ལྟ་སྤྱོགས་མི་སྣ་ས་བླངས་པའི་གླུ་སྟེ་བདུད་གླུའི་འགོ་རུ་ཨ་ལ་ཐ་ལ་སྦྱར་ན་མི་འཐད་པ་ནི་ཤུགས་ཀྱིས་

① གྲུབ་དབང་རིག་འཛིན་ཀུན་བཟང་ཉི་མས་སྤྱི་ལོ1953ལོར་ཕབ་པའི་གཏེར་སྒྲུང་《གོང་ཐེའུ་རང་གི་ར་རྫོང་ཕབ་པ་》ཞེས་པའི་ཤོག་ངོས113ནང་གསལ། སི་ཁྲོན་མི་རིགས་དཔེ་སྐྲུན་ཁང་ནས་སྤྱི་ལོ1999ལོར་བསྐྲུན།

② གེ་སར་རྗེས་འཛིན་སྒྲུང་མཁས་ཨ་རྫོའི་མགྲིན་པའི་ལམ་ནས་དྲངས་པ་གཞིར་བཟུང་ལེགས་སྒྲིག་བྱས་ཤིང་བོད་ལྗོངས་མི་དམངས་དཔེ་སྐྲུན་ཁང་ནས1984ལོར་དཔར་དུ་བསྐྲུན་པའི་《རྒྱ་གླིང་》ཞེས་པའི་ཤོག་ངོས55ལ་གསལ།

③ 《ཚགས་གླིང་》ཤོག་གྲངས139. 244ལ་གསལ།

རྟོགས་ཐུབ། དེས་ན་སྐྱང་མཁན་བསམ་གྲུབ་ཀྱིས་ཕྱོགས་ཕྱོགས་མི་སྣ་མི་འདྲ་བའི་སླུའི་འགོ་ཏུ་ཨ་ལ་ཐ་ལ་ལྷ་བུའི་སྐད་དོད་དུ་སླུའི་མིང་མི་འདྲ་བ་རེ་སྦྱར་སྲོལ་ཡོད་པ་ནི་དཔེར་ན། "སླུ་བསེར་གཅིག་བསེར་གཉིས་བསེར་དང་གསུམ། བསེར་གསུམ་ཐོག་ནས་སླུ་ཞིག་ལེན། སླུ་བསེར་སླུ་ལེན་ལེ་བྱང་གི་སྐད་"(༡༨༠༨)ཅེས་པ་དང་། "སླུ་བསེར་གཅིག་བསེར་གཉིས་བསེར་དང་གསུམ། སླུ་བསེར་བསེར་བྱང་སྟོད་སྡེ་པའི་སླུ་"(༡༧༧༠)ཞེས་པའམ་"སླུ་ཞུར་གཅིག་ཞུར་གཉིས་ཞུར་དང་གསུམ། ཞུར་གསུམ་ཐོག་ནས་སླུ་ཞིག་ལེན། ཞུར་སླུ་ལེན་པ་བྱང་སྐད་རེད། བྱང་ན་ཐང་མི་འགྱུར་བ་སྐད་རེད་"(༡༨༥༧)ཅེས་པ་ལྟར་བྱང་བྱེ་རིའི་མི་སྣས་སླུ་ལེན་སྐབས་བསེར་སླུའམ་ཞུར་སླུ་ལེན་པ་དང་། "སླུ་ཨེ་གཅིག་ཨེ་གཉིས་ཨེ་དང་གསུམ། ཨེ་སླུ་འགུགས་ལེ་སྟོ་ཡི་སྐད། སྟོ་ཡུལ་མི་འགྱུར་བ་སྐད་རེད་"(༡༧༥)ཅེས་པ་ལྟར་སྟོ་མོན་གྱི་མི་སྣས་ཨེ་སླུ་ལེན་པ། དེ་བཞིན་"སླུ་གཡེར་གཅིག་གཡེར་གཉིས་གཡེར་དང་གསུམ། གཡེར་གསུམ་བྱང་སྡེ་གྲུ་གུའི་སླུ། བྱང་གྲུ་ཡུལ་མི་འགྱུར་བ་སྐད་རེད་"①ཅེས་པ་དང་། "ཨ་འཁྱིངས་ཐ་འཁྱིངས་ཧོར་གྱི་སླུ། འཁྱིངས་སླུ་ཚིག་གསུམ་ལེན་ལེ་འདི། ཨ་ཆེན་མི་འགྱུར་བ་སྐད་རེད་"②ཅེས་པ། "ཨ་ཟེར་སླུ་ཡི་ལེན་ལུགས་རེད། ཡོད་ཟེར་མེད་ཟེར་རང་གི་སྐད། ཐག་རྗེ་ཆུ་འབབ་མི་ཉག་སླུ་"③ཞེས་པ་ལྟ་བུ་འཁྱིངས་སླུ་ཧོར་སྐད་ཡིན་པ་དང་གཡེར་སླུ་གྲུ་གུའི་སྐད་དང་ཨ་ཟེར་མི་ཉག་སྐད་ཡིན་ཚུལ་གསུངས་ཡོད། གཞན་ཡང་"སླུ་ཏར་ཞུར་སླུ་ཡི་ལེན་ལུགས་རེད། འཛིག་རྟེན་ཡོངས་ལ་སླུ་ལེན་དས། ཏར་ཞུར་བདུད་ཀྱི་ངར་སླུ་རེད་"(༡༧༣༧)ཅེས་བདུད་སླུ་ཏར་ཞུར་དང་། "སླུ་ཧྲུཾ་གཅིག་ཧྲུཾ་གཉིས་ཧྲུཾ་དང་གསུམ། ཧྲུཾ་གསུམ་ཐོག་ནས་སླུ་ཞིག་ལེན།

① 《གླུ་གུ་གོ་རྫོང་》སྟོད་ཆའི་ཤོག་ངོས270ལ་གསལ།

② 《གླུ་གུ་གོ་རྫོང་》སྟོད་ཆའི་ཤོག་ངོས265ལ་གསལ།

③ 《མི་ཉག་གསེར་རྫོང་》ཤོག་གྲངས116、153ལ་གསལ།

ཧཱུྃ་གླུ་མི་འགྱུར་རྟགས་པའི་གླུ་"（༡༥༢༢）ཞེས་རྟགས་པས་ཧཱུྃ་གླུ་ལེན་པ་ལྟ་བུའི་དམིགས་བསལ་མི་སྣར་གླུའི་འགོ་བརྗོད་མི་འདྲ་བའང་ཡོད་པ་སོགས་མདོར་ན་མི་སྣ་མི་འདྲ་བར་གླུའི་འགོ་རྗོམ་སྟངས་མི་འདྲ་བ་མང་པོ་ཡོད་པ་ནི་སྒྲུང་པ་གང་དེས་འཆད་ཀྱེར་གནང་བའི་གླུའི་ཐུན་མིན་ཁྱད་ཆོས་ཤིག་ཡིན་ལ་དྲང་ཕྱོགས་མི་སྣའམ་གླིང་གི་དཔའ་རྟུལ་རྣམས་ཀྱི་གླུའི་འགོ་ཏུ་ཨ་ལ་དང་ཐ་ལ་སྦྱོད་པ་ལས། ལྡོག་ཕྱོགས་མི་སྣའམ་བདུད་ཀྱི་གླུའི་འགོ་དེ་ཨ་ལ་དང་ཐ་ལས་བརྩམས་པ་དེ་རིགས་མ་དག་རྒྱུན་འབྱམས་སུ་སོང་བ་མིན་ནམ་སྙམ་པའི་དོགས་གཞི་འདི་དཔྱད་གཞིར་ཕུལ་ལོ། །

གཉིས་པ། དཔེ་ཚོགས་ནང་གི་གླུའི་བཤད་པ་ཕུན་སུམ་ཚོགས་པོ་ཡོད།

སྒྲུང་དཔེ་མང་ཆེ་བའི་གླུའི་གྲུབ་ཚུལ་ནི། སྤྱིར་གླུའི་འགོ་བརྗོད་དེ་གླུ་གང་ལེན་དང་། ལྷ་ བླུ་གཉན་གསུམ་ལ་མཆོད་བསྟོད། ས་ཆ་དང་གླུ་ཀྱེར་མཁན་སུ་ཡིན་ངོ་སྤྲོད་པ། དེ་རྗེས་སྐབས་དོན་དངོས། མཐར་མཇུག་བསྡུ་བའི་ཚིག་བཅས་ལས་གྲུབ་པ་མང་མོད། སྒྲུང་མཁན་བསམ་གྲུབ་ཀྱིས་འཆད་ཀྱེར་གནང་བའི་སྒྲུང་སྣ་མང་ཆེ་བར་གླུ་འགོ་ཚུགས་ནས་ལྷ་བླུ་མ་འབོད་བར་དུ་གླུའི་བཤད་པ་རེ་བརྗོད་སྲོལ་ཡོད། དེ་ལྟའི་གླུའི་བཤད་པ་ནི《ཏོར་གླིང་གཡུལ་འགྱེད་》དང་སྒྲུང་མཁན་གྲགས་པས་འཆད་ཀྱེར་གནང་བའི་སྒྲུང་སོགས་སྒྲུང་སྣ་ཁུང་ཤས་ནང་ཐར་ཐོར་རེ་མངོན་རྒྱུ་ཡོད་པ་ཕུད། དེ་ཁྱིངས་ལ་ཕལ་ཆེར་མེད་པ་ལྟ་བུར་སྣང་སྟེ། དཔེར་ན། 《གླིང་སྒྲུང་གཅེས་བཏུས》དེབ་བཅུ་གཉིས་པ《བྱེ་རིའི་བྱུར་རྫོང་》ཞེས་པའི་ནང་གླུ་སྣ་༡༢༨དང་སྒྲུང་མཁན་གུ་རུ་རྒྱལ་མཚན་གྱིས་བཤད་པའི《མོན་དཀར་སྤྱིས་རྫོང་》ནང་གླུ་སྣ་༧༨ཡོད་ནའང་གླུའི་བཤད་པ་འཁོད་པ་ནི་གཅིག་ཀྱང་མེད། སྒྲུང་མཁན་བསམ་གྲུབ་ཀྱིས་འཆད་ཀྱེར་གནང་བའི་སྒྲུང་མང་ཆེ་བའི་གླུ་སྣ་མང་ཆེ་བར་གླུའི་བཤད་པ་འཁོད་ཡོད་པ་དཔེར་ན། 《བྱེ་རི་བྱུར་རྫོང་》སྟོད་ཆའི་ནང་

བསྡོམས་གླུ་སྣ་༧༣ཡོད་པའི་ནང་གི་གླུ་སྣ་༩༡ནང་གླུའི་བཤད་པ་འཁོད་ཡོད་ལ། དེ་ལྟའི་བཤད་པ་རྣམས་ཀྱང་རྒྱས་འབྲིང་བསྡུས་གསུམ་ལས་གྲུབ་པ་མ་ཟད། མི་སྣ་གཅིག་གིས་ཡུལ་དུས་མི་འདྲ་བར་གྱེར་བའི་གླུའི་བཤད་པའམ་ཡང་ན་གླུ་རིགས་གཅིག་རང་ཡིན་ནའང་མི་སྣ་མི་འདྲ་བས་གྱེར་སྐབས་བཤད་པ་མི་འདྲ་བ་རེ་ཡོད། 《བྲེ་རི་བྱུར་རྫོང་》སྟོད་ཆའི་ཤོག་ངོས་༡༧༦ནས་༢༡༥བར་བྲེ་གླིང་འཐབ་འཁྲུག་ཇ་དྲག་ཆེ་ཙམ་བྱུང་ཚུལ་འཁོད་ཡོད་པའི་ནང་གླིང་ཕྱོགས་ནས་དཔའ་རྟུལ་ཏོར་གྱི་ཞན་པ་ཆེ་ཏུ་རྩེ་དང་ཀླུང་ལྷ་མགྱོགས་ལྡན། འཇང་སྲས་གཡུ་ཁྲི་གོས་སྔོན་བཅས་དང་། བྲེ་རིའི་ཕྱོགས་ནས་སེང་ཕྲུག་ཐོག་ལྷ་བཙན་པོ་དང་གཡུང་དྲུང་ལྷ་བཙན་གྲགས་པ། ཀླུང་ནག་སྟོབས་ལྡན་སོགས་དཔོན་དམག་མང་པོ་ཡོད་པ་དེ་དག་དབར་ཕན་ཚུན་གྱེར་བའི་གླུ་སྣ་༨ཡོད་པའི་ནང་གླུའི་བཤད་པ་ཐུན་མིན་རྒྱས་བསྡུས་སྣ་ཚོགས་ཡོད་པ་རྣམས་དཔེ་མཚོན་དུ་བཀོད་ན། དམག་དཔུང་གཉིས་ཆུ་གཡས་གཡོན་དུ་བྱས་ནས་གདོང་ཐུག་སྐབས་ཉམས་ཚོད་ལེན་རེས་ཀྱིས་ཐོག་མར་བྲེ་རིའི་སེང་ཕྲུག་ལྷ་བཙན་གྱིས་གཡུ་འབྲུག་ངག་རྟ་ལ་དྲངས་ནས་བླངས་པའི་གླུའི་ནང་། "གླུ་བསེར་བསེར་བསེར་མ་ཀླུང་ལ་འདྲེན། ཀླུང་བསེར་མ་འཚུབ་སྟེ་གངས་ལ་འདྲེན། ཀླུང་བསེར་མ་སྤྲ་སྨྱུག་ཡལ་ག་འདྲེན། ནགས་སྤྲ་སྨྱུག་ལོ་འདབ་རྒྱས་ཉིན་མོ། སྟག་དམར་ཡག་སྣང་བ་ཇེ་སྤྲོ་རེད། གླུ་བསེར་མ་ཆུ་བོ་འབབ་ལ་ལེན། ཆབ་ཆུ་བོ་དབྱར་ཆུ་རྒྱས་ཉིན་མོ། སྟོབས་ཆུ་སྲིན་སྣང་བ་ཇེ་སྤྲོ་རེད" (༤༡༨༠) ཅེས་ལྷ་ཀླུ་མཆོད་བསྟོད་མ་བྱས་གོང་ནས་ཟུར་ཟ་དང་སྲྫགས་གླུའི་བཤད་པ་བརྒྱབ་པ་དང་། གླིང་ཕྱོགས་ནས་ཏོར་གྱི་དཔའ་བཟང་ཞན་པས་རང་ཉིད་རྒྱ་ཟེ་ལིང་གི་གནམ་ལྷ་སྟོབས་ལྡན་ཡིན་ཚུལ་གྱིས་ནམ་མཁའ་འབྲུག་གྲགས་ཀྱི་རྟ་ལ་དྲངས་ནས་བླངས་པའི་གླུའི་ནང་ "ཨ་ལ་གླུ་ཡི་ལེན་ལུགས་རེད། ཐ་རྒྱན་ཚིག་གི་གཙོད་ལུགས་རེད། གླུ་ལེན་པ་ཚིག་གསུམ་གོང་ནས་ལེན། ངག་འགྱུག་པ་གཡུ་འབྲུག་སྐད་ལ་འདྲེན" (༤༡༨༩) ཞེས་གླུའི་བཤད་པ་བརྒྱབ་པ་དང་། བྲེ་

རིའི་སེང་ཕྲུག་ལྷ་བཙན་གྱིས་མི་དེའི་གཡོ་ཡི་ཚེ་ལུགས་དང་། གཟུགས་དབྱིབས། ཁྲབ་རྨོག་དང་དམག་གུར་ལ་སོགས་པའི་ཚོན་མདོག་ལ་བལྟས་ནས་རྫུན་རྐུབ་བརྩོལ་བའི་གླུ་ཞིག་བླངས་པའི་ནང་“གླུ་བསེར་བསེར་འགག་པ་མེད་པའི་གླུ། སྙིང་བར་སྣང་མཐའ་དཔུས་མེད་པའི་གླུ། གླུ་བསེར་མ་ཆུ་བོའི་གཞུང་ནས་ལེན། ཆབ་ཆུ་བོ་དལ་དྲེལ་མེད་པའི་གླུ། གླུ་བསེར་གསུམ་རང་དོན་རྒྱུད་ནས་ལེན། ཕོ་རང་གྲོས་རང་མགོ་ཐོན་པའི་གླུ”(༡༧༨༨)ཞེས་པའི་གླུ་བཤད་འཁོད་པ། དེ་རྗེས་ཤན་པས་རང་ཉིད་ཕ་རོལ་པོས་ངོ་ཤེས་པ་རྟོགས་རྗེས་ཤན་པའི་འབྲས་ཐུང་ལ་དྲངས་ནས་བླངས་པའི་གླུའི་ནང་“གླུ་ཝུར་ཆེན་གླུ་ཡི་ལེན་ལུགས་རེད། ཝུར་གླུ་ཚིག་གསུམ་ཧོར་གྱི་སྐད། ཧོར་ཕ་ཡུལ་མི་འགྱུར་ཕ་སྐད་རེད་”(༡༧༩༣)ཅེས་པའི་གླུ་བཤད་དང་སྦྲགས་རང་གི་མི་རྒྱུད་བཤད་པ་དང་། དེ་ཞུར་དམག་འཐབ་ལ་འཇུག་ཅིང་ཧོར་གྱི་རླུང་ལྷ་མགྱོགས་ལྡན་དེས་གཡུང་དྲུང་ལྷ་བཙན་གྱི་གདོང་ལེན་བྱེད་སྐབས་འདར་མའི་ལག་སྟ་མ་བྱས་པར་གླུ་ཞིག་བླངས་པའི་ནང་“གླུ་ཨ་རྒྱན་མ་རྒྱན་ཐ་རྒྱན་གསུམ། རྒྱན་གླུ་ཚིག་གསུམ་ཧོར་གྱི་སྐད། ཧོར་སེར་པོ་མི་འགྱུར་ཕ་སྐད་ཡིན་”(༡༧༩༩)ཞེས་དང་། དེའི་གླུ་ལན་དུ་གཡུང་དྲུང་ལྷ་བཙན་གྱིས་བསེར་མ་སྒྲིགས་གླུའི་རྟ་ལ་དྲངས་ནས་གླུ་ཞིག་བླངས་ཡོད་པའི་ནང་“གླུ་བསེར་གཅིག་བསེར་གཉིས་བསེར་དང་གསུམ། བསེར་གསུམ་ཐོག་ནས་གླུ་གཅིག་ལེན། བསེར་བསེར་ནམ་མཁའ་སྟོང་པའི་གླུ། སྟོང་གསུམ་ནམ་མཁའ་སྤྲིན་གྱིས་ཁེངས། སྦྲང་ཆར་བཞིན་དུ་ས་ལ་བབས། བསེར་བསེར་བར་སྣང་རླུང་ལ་འདྲེན། ཐལ་བ་བཞིན་དུ་ལུང་པ་ཁེངས། བསེར་བསེར་སྡོན་མོ་ཆུ་ལྟར་བབ། བྱེ་ཕུང་བཞིན་དུ་མདོ་ལ་འཁྱེར། བསེར་བསེར་གླུ་ཡི་ལེན་ལུགས་རེད། ཨ་ཆེན་བྱང་གི་ཕ་སྐད་རེད། ཚོ་སྣེ་དམག་གི་རང་སྐད་རེད་”(༡༢༠༢)ཅེས་པ། དེ་ཞུར་འཛིང་སྲུས་གཡུ་ཁྲི་གོས་སྡོན་དང་བྱེ་རིའི་རླུང་ནག་སྟོབས་ལྡན་གདོང་ཐུག་པས་དེས་འཛིང་སྲུས་ལ་སྨིགས་མོ་བྱེད་པའི་གླུ་ཞིག་བླངས་པའི་ནང་“གླུ་བསེར་

གཅིག་བསེར་གཉིས་བསེར་དང་གསུམ། གླུ་བསེར་གཅིག་ནམ་མཁའི་མཐོངས་ནས་ལེན། གནམ་སྨྲང་ཆར་འབབ་དུས་བསེར་རེ་རེ། བསེར་གཉིས་ས་གཞི་སྟེང་ནས་ལེན། རླུང་བསེར་མ་འཚུབ་དུས་བསེར་རེ་རེ། གླུ་བསེར་གསུམ་སྔོན་མོ་ཆུ་ནས་ལེན། ཆབ་ཆུ་པོ་འབབ་དུས་བསེར་རེ་རེ། གླུ་བསེར་གླུ་ཚིག་གསུམ་ལེན་ལེ་འདི། ཚེ་འདི་ལས་མི་འགྱུར་པ་སྐད་རེད། གླུ་བསེར་བསེར་མིན་པ་ལེན་ལེ་མེད། དགྲ་འཐབ་ན་བསེར་མ་རླུང་དང་འཐབ། གར་སོང་རི་གླུང་ཝུར་གྱིས་བཀང་། གནང་ཚུར་ལེན་སྔོན་མོ་ཆུ་འདྲ་ལེན། གཏམ་བཤད་ན་ཨ་སྔོན་ཆར་འདྲ་ཤོད། གླུ་ལེན་པ་དེ་ལ་མཆོད་གསུམ་ཡོད་”(༤༢༠༧)ཅེས་པ་སོགས་གླུའི་བཤད་པ་མང་དུ་འཁོད་ཡོད་པ་ལྟ་བུའོ། །

གསུམ་པ། དཔེ་ཚོགས་ནང་གི་གླུ་སྣ་ཤིན་ཏུ་ཕུན་སུམ་ཚོགས་པོ་ཡོད།

དེ་ཡང་“བདུད་དགྲ་འདུལ་དུས་གླུ་ཆེན་ལེན། བསྟན་པ་བསྐྱོད་དུས་ཆོས་གླུ་ལེན། དགྲ་མགོ་འདུལ་ཉིན་དཔའ་གླུ་ལེན། རྟས་གྲུ་བཞི་འཚོ་ཉིན་ཤེས་གླུ་ལེན། མ་སྲུ་མོར་ལོངས་སྤྱོད་ཆང་གླུ་ལེན། རྟ་འདོ་བར་བང་རྩལ་མགྱོགས་གླུ་ལེན། སྨན་བུ་མོར་གནས་འགྲོ་བཤད་གླུ་ལེན། གླུ་དེ་ཚེ་དབུ་ནག་ཀུན་ལ་མཁོ་”(༤༥༡༧)ཞེས་པ་དང་། “གླུ་ཡངས་པ་མཐོ་བ་བརྟན་པ་གསུམ། སྟོ་འཛམ་གླིང་ཡུལ་ལ་དེ་འདྲ་དར། གླུ་བཙན་པ་དལ་བ་ངར་བ་གསུམ། དགྲ་ཤ་པའི་སྟེང་ལ་དེ་འདྲ་ལེན། གླུ་བྱམས་པ་མཁས་པ་འཇམ་པ་གསུམ། གླིང་ཕུ་ནུའི་སྟེང་ལ་དེ་འདྲ་ལེན། གླུ་བསེར་མ་མགྱོགས་པ་མྱུར་པ་གསུམ། རྟ་འདོ་བ་རྒྱུག་ཉིན་དེ་འདྲ་ལེན། དེ་ཚོ་གླུ་ཡི་ལེན་ལུགས་རེད་”(༤་༧༠༡)ཅེས་པ་ལྟར་ཡུལ་དུས་མི་འདྲ་བར་གླུ་ལེན་སྐབས་གླུའི་དབྱངས་རྟ་ཡང་མི་འདྲ་བ་རེ་གྱེར་སྲོལ་ཡོད། དེ་ཡང་གླུ་གང་ཞིག་ལ་དབྱངས་རྟ་གང་ཞིག་སྦྱོར་བར་དགོས་པ་དང་མཚོན་དོན་མི་འདྲ་བ་རེ་ཡོད་པས། དེ་ནི་རང་དགར་སྦྱར་བ་ཞིག་གཏན་ནས་མ་ཡིན། མི་སྣ་མང་པོ་

ཞིག་ལ་རང་སྙེར་ལ་དབང་བའི་གླུའི་དབྱངས་རྟ་མི་འདྲ་བ་ཡོད་པ་ནི་" རྒྱ་ལ་ཆེན་གླིང་རུའི་གླུ་ལེན་ལ། གླུ་དྲུག་འགྱུར་ལེན་པའི་མི་དྲུག་ཡོད། དཔའ་རྒྱ་ཚས་དཀར་མོ་དྲུག་འགྱུར་ལེན། གླིང་འདན་མས་ཐ་ལ་དྲུག་འགྱུར་ལེན། མ་རག་བཟས་སྟོང་ཉིད་དྲུག་འགྱུར་ལེན། སྤུ་འབྲུག་མོས་དགུ་སེང་དྲུག་འགྱུར་ལེན། ནེའུ་ཚུང་ཙོ་ག་དྲུག་འགྱུར་ལེན། བུ་དགྲ་ལྷས་དཀར་མོ་དྲུག་འགྱུར་ལེན། གླུ་དྲུག་འགྱུར་ལེན་པར་དོན་གོ་ཡོད། མ་རིགས་དྲུག་འགྱུར་ན་འགྱུར་ངེས་རེད། ཆོས་བྱིན་རླབས་བྱུང་ན་བྱུང་ངེས་རེད་" (༡༧༠༡) ཅེས་པ་དང་། སྤྱི་དཔོན་རོང་ཚ་ཁྲ་རྒན་གྱིས་དལ་བ་རིང་མོ་གྱེར་བ་དང་། (༡༣༠) ཉི་འབུམ་དར་ཡག་གིས་ཁྱུང་ལྡིང་འཕུར་ཤེས་གྱེར་བ། (༡༨༤) ཐང་སྲུས་ནམ་མཁའ་འཛིགས་མེད་ཀྱིས་སྦྲང་ཆར་རང་འབབ་གྱེར་བ། (༡༦༩) བྱེ་རིའི་བྲམ་ཟེ་ནོར་བཟང་གིས་ཆུ་ཆེན་དལ་འབབ་གྱེར་བ། (༡༡༢༡) ཤན་པས་འབྲས་རིང་(༡༢༣༩) ཆུ་པོ་དལ་འབབ། འབྲས་ཐུང་(༡༡༦༩) རི་གཟར་ཐབ་རྫོ་འདྲ་བ་གྱེར་བ་སོགས་《བྱེ་རི་བྱུར་རྫོང་》སྟོད་ཆའི་ནང་དུང་ལྡོག་མི་སྣ་ཁག་ནས་གླུ་སྣ་མི་འདྲ་བ་བསྡོམས་༤༣བླངས་ཡོད་པ་དེའི་ནང་གླུ་སྣ་༩༩ལ་དབྱངས་རྟ་གང་ཡིན་གྱི་མིང་གསལ་པོར་འཁོད་ཡོད། སྒྲུང་མཁན་བསམ་གྲུབ་ཀྱི་སྒྲུང་ནང་སེང་ཆེན་ནོར་བུ་དགྲ་འདུལ་གྱི་གླུ་ཁོ་ནར་མཆོན་ནའང་ཡུལ་དུས་མི་འདྲ་བ་དང་གདུལ་བྱ་དགྲ་བོ་མི་འདྲ་བར་གཞིགས་ཏེ་གླུའི་དབྱངས་རྟ་མི་འདྲ་བ་རེ་གྱེར་སྲོལ་ཡོད་པ་ནི་གང་ངེས་བྱེ་རིའི་རྒྱལ་པོ་སྟག་བཙན་འདུལ་སྐབས་བཀའ་གླུ་རྡོ་རྗེ་བྲག་བཙན་ཐོག་འབེབས་ཀྱི་རྟ་ལ་དྲངས་ནས་བླངས་པའི་གླུའི་ནང་" ལར་གཞི་རྒྱལ་པོའི་གླུ་ལེན་ལ། འདྲ་དང་མི་འདྲ་འགའ་རེ་ཡོད། ལྷ་ངག་ལྡེམ་དྲུག་ལྷ་ལ་ལེན། ལྷ་གོང་མའི་དབུ་འཕང་བསྟོད་ཉིན་ལེན། དཔའ་སེང་འཁྱིལ་གླུ་གཉན་ལ་ལེན། དཔའ་དགྲ་ལྷ་བཀའ་བཀོད་བྱེད་ཉིན་ལེན། ཐོག་སེར་ངར་རྒོད་དགྲ་ལ་ལེན། དགྲ་ཤ་པའི་མགོ་ལག་ལེན་ཉིན་ལེན། གྲོག་ཆེན་ཆུ་འབབ་གླུ་ལ་ལེན། གླུ་གཙུག་ནའི་དངོས་གྲུབ་

ཞུ་ཉེན་ལེན། སྙིང་རྗེ་བྱང་སེམས་ཆོས་ལ་ལེན། དམའ་དམྱལ་ཁམས་ཆོས་ལ་སྒྱུར་ཉེན་ལེན། རྒྱལ་ཆེན་བཞི་ལ་གླུ་ཆེན་བཞི། སྡིག་པ་དག་པའི་གླུ་གཡང་ལེན། ངར་རྒོད་གནམ་ལྕགས་ཐོག་འབེབས་དེ། གླུ་བཙན་ཐོད་མདའ་རྒྱུག་ཉེན་ལེན། སྟོང་གསུམ་ཤ་ཟ་ཁྲག་འཐུང་དེ། གུར་དཀར་གཉའ་སྣ་སྟོད་ཉེན་ལེན། སྟན་པོ་ཁྱུ་བྱུག་དྲུག་འགྱུར་དེ། ས་དམ་སྲོག་དམར་གཅོད་ཉེན་ལེན། ངག་རྟ་ཐོག་སེར་སྲིན་གླུ་དེ། ཤིང་ཁྲིའི་དམུ་སྐྱེ་གཅོད་ཉེན་ལེན། རྫོང་ཆེན་རེ་ལ་གླུ་ཆེན་རེ། བཅོ་བརྒྱད་གླུ་དེ་དགྲ་ལ་ལེན། དེ་ཚོ་གླུ་ཡི་ལེན་ལུགས་རེད་” (ཤ༦༥༦) ཅེས་གསལ་བ་ལྟར་ཡིན།

《སྒྲུང་མཁན་བསམ་གྲུབ་ཀྱིས་ཕབ་པའི་གླིང་རྗེ་གེ་སར་རྒྱལ་པོའི་སྒྲུང་བྲེ་རི་བྱུར་རྫོང་》སྟོད་ཆའི་ནང་འཁོད་མི་སྣ་མི་འདྲ་བའི་གླུའི་མིང་མི་འདྲ་བ་སྟབས་བདེའི་རེའུ་མིག་ཏུ་བཀོད་ན།

ཨང་གྲངས།	གླུའི་མིང་།	གྱེར་མཁན་གྱི་མིང་།	ས་ཁོངས།	ཤོག་གྲངས།
༡	ཁྲོམ་ཆེན་ཟིལ་གནོན།	གེ་སར་རྒྱལ་པོ།	གླིང་།	༢༩
༢	དལ་བ་རི་མོ།	སྤྱི་དཔོན་རོང་ཚ་ཁྲ་རྒན།	གླིང་།	༣༠
༣	སེང་གེའི་ངར་སྐད་ཤ་དམར་དམར་ཟེས།	རོང་སྲས་ལྷ་རྒོད་འབུམ་ལྡུ།	གླིང་།	༥༩
༤	ཁྲུང་ལྡིང་འཕུར་ཤེས།	ཉི་འབུམ་དར་ཡག	གླིང་།	༨༦
༥	སྤྲང་ཆར་རང་འབབ།	ཐང་སྲས་ནམ་མཁའི་འཇིགས་མེད།	གླིང་།	༩༤
༦	དཔའ་སྐད་དུང་སེང་།	ལྷ་བཙན་གྲགས་པ།	བྲེ་རི།	༡༠༧
༧	དམུ་གབ་ཞྭ་མོ་དགུ་གཡོགས།	ལ་ཕུའི་ཨ་ན་ཞལ་དཀར།	གླིང་།	༡༡༠
༨	དར་དཀར་ཡུག་མཚར།	ལྷ་བཙན་གྲགས་པ།	བྲེ་རི།	༡༡༩
༩	དར་དཀར་ཡར་འབུལ།	ཤེལ་དཀར་གཡུ་སྐྱིད།	བྲེ་རི།	༡༡༧
༡༠	ཆུ་ཆེན་དལ་འབབ།	བྲམ་ཟེ་ནོར་བཟང་།	བྲེ་རི།	༡༢༡
༡༡	ཏར་ནག་ཏ་ར་ཙུར་འགྱུར།	བྲེ་རི་ཐོག་རྒོད་རྒྱལ་པོ།	བྲེ་རི།	༡༢༦
༡༢	ཏར་གླུ་ཙུར་འགྱུར།	བྲམ་ཟེ་ཨ་རྒྱལ།	བྲེ་རི།	༡༣༡

༡༣	ཏར་ལ་ཏུར་ནག	བདུད་ཕྲུག་སློན་ལོག	བྲེ་རི།	༡༣༥
༡༤	གནམ་ལྕགས་ཐོག་འབེབ།	རྒྱལ་སྲས་སྡིང་ཆོད་གྲགས་པ།	བྲེ་རི།	༡༤༠
༡༥	མཁའ་འགྲོའི་ཚེ་གླུ་འགྱུར་མེད།	ནེ་ནེ་གནམ་སྨན་དཀར་མོ།	ལྷ་ཡུལ།	༡༤༥
༡༦	ཧཱུྃ་ཤི་ཕཊ་འཁྱིལ།	ཁྲི་རྒྱལ།	གླིང་།	༡༥༦
༡༧	ཐ་ལ་དྲུག་འགྱུར།	འདན་མ།	གླིང་།	༡༦༢
༡༨	ཇམ་ཆེན་ཆུ་མོ་དྲུག་འབབ།	བྲེ་རི་རྒྱལ་པོ།	བྲེ་རི།	༡༧༤
༡༩	གཡུ་འབྲུག་ངག་རྟ།	ཐོག་ལྷ་བཙན་པོ།	བྲེ་རི།	༡༨༠
༢༠	ནམ་མཁའ་འབྲུག་གྲག	ཤན་པ།	གླིང་།	༡༨༤
༢༡	འབྲས་ཐུང་།	ཤན་པ།	ཧོར།	༡༩༤
༢༢	བསེར་མ་སྐྱོགས་གླུ།	གཡུང་དྲུང་ལྷ་བཙན་གྲགས་པ།	བྲེ་རི།	༢༠༢
༢༣	སྦྲ་དཀར་ལྷེམ་པ།	གཡུ་ཁྲི་གོང་རྒྱལ།	འཛང་།	༢༡༡
༢༤	གསེར་ཁྲི་ཟིལ་གནོན།	གཡུ་འོད་དམ་པ།	བྲེ་རི།	༢༢༩
༢༥	འབྲས་རིང་།	ཤན་པ།	ཧོར།	༢༣༤
༢༦	སེང་གེ་ངར་ཆེན།	གེ་སར།	གླིང་།	༢༣༩
༢༧	ཐ་ལ་དྲུག་འགྱུར།	འདན་མ།	གླིང་།	༢༤༥
༢༨	ངར་ཆེན་ཁྲི་ཆུ་འཁོལ་མ།	བཙན་བདུད་ལག་དམར་དཔུང་རིང་།	བྲེ་རི།	༢༥༢
༢༩	སྟོ་གླུ་བང་ཆེན།	སྟོ་བློན་ཟླ་བ་ཁྲབ་བཙན།	སྟོ་མོན།	༢༥༦
༣༠	སྟོ་གླུ་ཝུར་ཆེན།	དུང་སྐྱོང་སྟག་ལྷ།	སྟོ་མོན།	༢༦༢
༣༡	འབྲས་གླུ་རིང་མོ།	ཤན་པ།	ཧོར།	༢༦༦
༣༢	མོན་གླུ་ཝུར་ཆེན།	སྟག་ལྷ་ཁྲི་དཀར།	སྟོ་མོན།	༢༧༣
༣༣	བསེར་གླུ་ངར་ཆེན།	གཡུ་རུ་འབྲུག་རྒྱལ།	བྲེ་རི།	༢༩༣
༣༤	ངར་ཆེན་རི་བོ་སྡོང་གཞིག	གཡུ་རུ་འབྲུག་རྒྱལ།	བྲེ་རི།	༢༩༦
༣༥	དོམ་སྐད་ཝུར་ཆེན།	འཆི་བདག་ཡ་མེད།	བྲེ་རི།	༣༠༡

༣༦	ཆུ་བོ་འབབ་རྟ།	ཨ་རྒྱལ་གྲགས་པ།	བྲེ་རི།	༣༡༢
༣༧	གཡུ་འབྲུག་ངར་སྐད།	བྲེ་རི་རྒྱལ་པོ།	བྲེ་རི།	༣༡༩
༣༨	དཔལ་བ་རིང་མོ།	སྒྲིད་དཔོན་རོང་ཚེ་ཁྲ་ཀན།	གླིང་།	༣༢༨
༣༩	དཔའ་སྟིག་སེང་གེའི་ངག་རྟ།	བྲེ་རི་རྒྱལ་པོ།	བྲེ་རི།	༣༣༩
༤༠	མགུར་གླུ་རྡོ་རྗེའི་རང་རྟ།	གེ་སར།	གླིང་།	༣༤༤
༤༡	ཐོག་སེར་ངར་རྟ།	རི་བོ་དཔུང་སྐོར།	བྲེ་རི།	༣༥༢
༤༢	དཔལ་བ་རིང་མོ།	སྒྲིད་དཔོན་རོང་ཚེ་ཁྲ་ཀན།	གླིང་།	༣༥༥
༤༣	ནམ་མཁའ་ཐོག་འབེབ།	གཡུ་ལྷ།	འཇང་།	༣༦༡

བཞི་པ། དཔེ་ཚོགས་ནང་གི་གླུ་སྣ་རེ་རེའི་ཚིག་རྐང་གྲངས་ཀྱང་མང་པོ་ཡོད།

དེ་ཡང་སྒྲུང་གླུའི་ཚིག་རྐང་གི་མང་ཉུང་ལ་ངེས་པ་མེད་པ་ཇི་བཞིན་སྒྲུང་མཁན་བསམ་གྲུབ་ཀྱིས་འཆད་ཀྱེར་གནང་བའི་སྒྲུང་གི་གླུའི་ནང་དུའང་ཚིག་རྐང་མང་ཉུང་སྣ་ཚོགས་ཡོད་པ་དང་། གླུ་འགའ་རེར་ཚིག་རྐང་ཉིས་བརྒྱ་ལྷག་ཙམ་བྱུས་པའང་ཡོད། དཔེར་ན་《བྲེ་རི་བྱུར་རྫོང་》ཤོག་ངོས་༧༨ནས་༨༥བར་གི་སར་རྒྱལ་པོས་ཁྲིམ་ཆེན་ཟེལ་གནོན་གྱི་རྟ་ལ་དྲངས་ནས་བླངས་པའི་གླུ་ཞིག་གི་ནང་བསྡོམས་ཚིག་རྐང་༢༧༡སྤྱད་ཡོད་པ་དང་། དེའི་ཁྲོད་དུ་གླུའི་བཤད་པ་ནས་འགོ་བཙམས་པ་དང་གླུ་འགོ་ལ་ཚིག་རྐང་༢༢ཡོད་པ་དང་། ལྷ་འབོད་ལ་ཚིག་རྐང་༥ས་ཆ་ངོ་སྤྲོད་པ་ལ་ཚིག་རྐང་༣༥གེ་སར་རྒྱལ་པོ་རང་ཉིད་ངོ་སྤྲོད་པ་ལ་ཚིག་རྐང་༩༡སྐབས་དོན་དངོས་ལ་ཚིག་རྐང་༡༢༡མཇུག་བསྡུ་བར་ཚིག་རྐང་༢བཅས་སྤྱད་ཡོད། གང་དེའི་སྒྲུང་སྣ་མང་ཆེ་བའི་གླུའི་ཆ་སྙོམས་ཚིག་རྐང་གི་གྲངས་འབོར་ནི་སྒྲུང་དཔེ་གཞན་དང་སྒྲུང་པ་གཞན་གྱིས་འཆད་ཀྱེར་གནང་བའི་གླུའི་ཚིག་རྐང་ལས་མང་བ་ཡོད། དཔེར་ན། སྡེ་དགེ་གླིང་ཚང་གི་ཤིང་བརྐོས་དཔར་

མ་གཞིར་བཟུང་ནས་སི་ཁྲོན་མི་རིགས་དཔེ་སྐྲུན་ཁང་གིས་སྤྱི་ལོ་༡༩༨༠ལོར་དཔར་དུ་བསྐྲུན་པའི་《དགྲ་ལྷའི་རྒྱལ་པོ་གེ་སར་ནོར་བུ་དགྲ་འདུལ་གྱི་རྟོགས་པ་བརྗོད་པ་ལྷ་གླིང་གབ་ཙེ་དགུ་སྐོར་ཞེས་བྱ་བ་བཞུགས་སོ》ཞེས་བྱ་བའི་པོད་དེའི་ནང་ཁྱོན་བསྡོམས་གླུ་སྣ་༤༦ཡོད་པར་ཚིག་རྐང་གྲངས་༢༡༤༧ཡོད་པས་ཆ་སྙོམས་གླུ་སྣ་རེ་ལ་ཚིག་རྐང་གྲངས་༤༧ཐོབ་པ་དང་། སྒྲུང་མཁན་གུ་རུ་རྒྱལ་མཚན་གྱིས་ཕབ་པའི་《མོན་དཀར་སྤྱིས་རྫོང་》ཞེས་པའི་ནང་གླུ་སྣ་མི་འདྲ་བ་༧༨ཡོད་པར་ཚིག་རྐང་གྲངས་༣༨༢༡ཡོད་པས་གླུ་སྣ་རེར་ཆ་སྙོམས་ཚིག་རྐང་༤༩ཐོབ་པ། སྒྲུང་མཁན་གྲགས་པས་འཆད་ཁྱེར་གནང་བའི་《འབྲུངས་གླིང་》ཞེས་བྱ་བའི་པོད་དེའི་ནང་གླུ་སྣ་༢༤༠ཡོད་པར་ཚིག་རྐང་གྲངས་༡༨༤༩༦ཡོད་པས་གླུ་སྣ་རེར་ཆ་སྙོམས་ཚིག་རྐང་༧༧ཐོབ་པ། སྒྲུང་མཁན་དཔའ་དགས་འཆད་ཁྱེར་གནང་བའི་《ནུབ་རིན་ཆེན་བྱུ་རུའི་རྫོང་པོ་》ཞེས་བྱ་བའི་པོད་དེའི་ནང་གླུ་སྣ་༦༢ཡོད་པར་ཚིག་རྐང་༤༥༨༩ཡོད་པས་གླུ་སྣ་རེར་ཆ་སྙོམས་ཚིག་རྐང་༧༤ཐོབ་ཀྱི་ཡོད། སྒྲུང་མཁན་བསམ་གྲུབ་ཀྱིས་འཆད་ཁྱེར་གནང་བའི་《རྨུ་ཡི་ནོར་གཏེར་》ཞེས་བྱ་བའི་པོད་དེའི་ནང་གླུ་སྣ་༩༥ལ་ཚིག་རྐང་༥༢༥ཡོད་པས་གླུ་སྣ་རེར་ཆ་སྙོམས་ཚིག་རྐང་༨༩ཡོད་པ་དང་། 《རྩེ་ར་ལུག་རྫོང་》སྟོད་ཆར་གླུ་སྣ་༩༩ཡོད་པར་ཚིག་རྐང་གྲངས་༡༡༩༠༦ཡོད་པས་གླུ་སྣ་རེར་ཆ་སྙོམས་ཚིག་རྐང་༡༢༤ཐོབ་པ། 《ཞང་གླིང་གཡུལ་འགྱེད་》ཞེས་བྱ་བར་གླུ་སྣ་༡༠༦ཡོད་པར་ཚིག་རྐང་གྲངས་༡༡༦༤༥ཡོད་པས་ཆ་སྙོམས་གླུ་སྣ་རེར་ཚིག་རྐང་༡༡༠ཐོབ་པ། དེ་བཞིན་《ལྷ་གླིང་》ལ་བསྡོམས་གླུ་སྣ་༩༣ཡོད་པར་ཚིག་རྐང་བསྡོམས་༩༨༨༣ཡོད་པས་གླུ་སྣ་རེར་ཆ་སྙོམས་ཚིག་རྐང་༡༠༦ཐོབ་ཀྱི་ཡོད། བསམ་གྲུབ་ཀྱིས་འཆད་ཁྱེར་གནང་བའི་གོང་གསལ་པོད་བཞིའི་གླུ་སྣ་རེའི་ཆ་སྙོམས་ཚིག་རྐང་༡༠༨ཟིན་གྱི་ཡོད་པས། དཔར་བྲིས་གཞན་དང་སྒྲུང་མཁན་གཞན་གྱིས་འཆད་ཁྱེར་གནང་བའི་《གླིང་སྒྲུང་》ལས་གླུ་སྣ་རེའི་ཚིག་རྐང་གྲངས་ལྷག་བས་ལྷག་ལ་ཉེ་

བསམ་མང་བ་ཡོད་པ་རྟོགས་ཐུབ།

སྒྲུང་མཁན་གྱི་མཚན།	ཐོད་མིང་།	དཔེ་སྐྲུན་ཁང་།	གླུ་སྣ་བསྡོམས།	ཚིག་རྐང་བསྡོམས།	གླུ་སྣ་རེའི་ཆ་སྙོམས་ཚིག་རྐང་གྲངས།
ཀུ་རུ་རྒྱལ་མཚན།	མོན་དཀར་སྤྱིས་རྫོང་།	ཀྲུང་གོའི་བོད་རིག་པ་དཔེ་སྐྲུན་ཁང་།	༧༨	༣༨༢༡	༤༩
ངག་དབང་རིག་འཛིན།	བྱང་གླིང་གཡུལ་འགྱེད།	བོད་ལྗོངས་བོད་ཡིག་དཔེ་རྙིང་དཔེ་སྐྲུན་ཁང་།	༦༦	༣༡༥༠	༤༨
གྲགས་པ།	འབྲུངས་གླིང་།	མི་རིགས་དཔེ་སྐྲུན་ཁང་།	༢༤༠	༡༨༤༩༦	༧༧
དཔར་མ་རྙིང་མ།	ལྷ་གླིང་གབ་ཙེ་དགུ་སྐོར།	སི་ཁྲོན་མི་རིགས་དཔེ་སྐྲུན་ཁང་།	༤༦	༢༡༤༧	༤༧
དཔའ་དགའ།	ནུབ་རིན་ཆེན་བྱུ་རུའི་སྟོང་པོ།	བོད་ལྗོངས་ མི་ དམངས་དཔེ་སྐྲུན་ཁང་།	༦༢	༤༥༨༩	༧༤
བསམ་གྲུབ།	སེར་ལུག་རྫོང་སྟོད་ཆ།	བོད་ལྗོངས་བོད་ཡིག་དཔེ་རྙིང་དཔེ་སྐྲུན་ཁང་།	༩༩	༡༡༩༠༦	༡༢༤
བསམ་གྲུབ།	ལྷ་གླིང་།	བོད་ལྗོངས་བོད་ཡིག་དཔེ་རྙིང་དཔེ་སྐྲུན་ཁང་།	༩༣	༩༨༨༣	༡༠༦
བསམ་གྲུབ།	ཞང་གླིང་གཡུལ་འགྱེད།	བོད་ལྗོངས་བོད་ཡིག་དཔེ་རྙིང་དཔེ་སྐྲུན་ཁང་།	༡༠༦	༡༡༦༤༥	༡༡༠
བསམ་གྲུབ།	རྒྱ་ཡི་ནོར་གཏེར།	བོད་ལྗོངས་བོད་ཡིག་དཔེ་རྙིང་དཔེ་སྐྲུན་ཁང་།	༩༥	༨༥༣༥	༨༩

དེས་ན་སྒྲུང་མཁན་བསམ་གྲུབ་ཀྱིས་འཆད་ཁྲིད་གནང་བའི་སྒྲུང་གི་གླུའི་ཚིག་རྐང་གྲངས་དེ་ལྟར་མང་བའི་རྒྱུ་མཚན་ལ་གཞིག་པ་བྱེད་སྐབས། གོང་དུ་ཞུས་པ་ལྟར་གླིང་སྒྲུང་ནང་གི་གླུའི་རིགས་རྣམས་སྤྱིར་གླུ་འགོ་དང་། ལྷ་འབོད་གླུ་འབོད། ས་ཆ་དང་མི་སྣ་ངོ་སྤྲོད། སྐབས་དོན་དངོས། མཇུག་བསྡུ་བཅས་ལས་གྲུབ་པ་ཡིན་ཡང་། སྒྲུང་མཁན་བསམ་གྲུབ་ཀྱིས་འཆད་ཁྲིད་གནང་བའི་སྒྲུང་གི་གླུའི་གྲུབ་ཚུལ་ནི་གཞན་དང་ཅུང་ཟད་མི་འདྲ་བ་ཞིག་འདུག་སྙམ་པ་བྱུང་། དེ་

ཡང་གང་དེའི་གླུའི་གྲུབ་ཚུལ་ནི། ཨ་ལ་མེད་ན་ངག་མི་ཁུག ཐ་ལ་མེད་ན་ཚིག་མི་གྲུབ་ཅེས་པ་ལྟར་བསམ་གྲུབ་ཀྱིས་གྱེར་གནང་བའི་གླུའི་འགོ་མང་ཆེ་བར་འགོ་རྩོམ་པའི་ཨ་ལ་ཐ་ལའམ་ཡང་ན་ཐོག་ཕྱོགས་མི་སྣ་ཡིན་ཚེ་གླུ་འགོ་གཞན་རེ་སྦྱར་སྲོལ་ཡོད་པ་དང་། དེ་མུར་གླུའི་ཁྱད་ཆོས་དང་དེ་ལེན་དགོས་པའི་རྒྱུ་མཚན་སོགས་བརྗོད་པའི་གླུའི་བཤད་པ་ལེན་སྲོལ་ཡོད་པ་ནི་ཐུན་མིན་ཁྱད་ཆོས་ཤིག་ཏུ་ངེས་ལ། དེ་ལྟའི་གླུའི་བཤད་པར་ཡང་རྒྱས་བསྡུས་སྣ་ཚོགས་ཡོད་ཅིང་། བཤད་པ་རྒྱས་པ་ལ་ལར་ཐོག་ངོས་གཅིག་ལྟག་ཙམ་དང་ཚིག་ཀང་༥༠ཙམ་ཟིན་གྱི་ཡོད་(༡༧༠༠)ལ། དེ་དག་ནི་སྐན་འཇེབས་ལྡན་ལ་འབྲེལ་ཡོད་ཤེས་བྱས་ཕྱུག་པ་ཞིག་ཏུ་སྣང་། དེའི་མཇུག་ཏུ་གཏམ་ཅི་ཐོད་གོང་ལ་ལྷ་འབོད་དགོས། ཟས་ཅི་ཟོས་གོང་ལ་མཆོད་པ་དགོས་ཞེས་པའི་དཔེ་ལྟར་ལྷ་འབོད་གླུ་འབོད་དམ་ལྷ་གླུར་མཆོད་བསྟོད་བྱེད་སྲོལ་ཡོད་ཅིང་། དེ་ལའང་རྒྱས་བསྡུས་སྣ་ཚོགས་ཡོད་པ་དང་། དེ་རྗེས་ས་ཆ་གང་དང་མི་སུ་ཡིན་དང་ཏ་དང་མཚོན་ཆ་སོགས་ངོ་སྤྲོད་པའི་སྐབས་ས་ཆའི་མཛེས་སྡུག་དང་ཐོན་ཁུངས། ལོ་རྒྱུས་ལ་སོགས་པའི་ཁྱད་ཆོས་དང་མི་དེ་རང་གི་རིགས་རུས་མཆེད་ཁུངས་དང་དེ་སྟོན་གྱི་མཛད་རྗེས། ཏ་དང་མཚོན་ཆའི་ཡོང་ཁུངས་གྲུབ་ཚུལ་དང་ཁྱད་རྟགས་སོགས་རྒྱས་བཤད་བྱས་པ་མང་བ། སྐབས་དོན་དངོས་བཤད་སྐབས་གཏམ་དཔེ་སྦྱོད་ཤུགས་ཆེ་ལ་གཏམ་དཔེ་རྣམས་རེང་བའི་ཁར་སྐབས་རེ་གཏམ་དཔེ་འགའ་ཤས་བསྟུད་མར་སྦྱོད་ཆེ་བས་ཚིག་ཀང་ཇེ་མང་དུ་གྱུར་ཡོད། ཁྱད་པར་སྒྲུང་མཁན་གང་དེས་སྐབས་དོན་དང་བསྟུན་ནས་ཉན་ན་ཉ་བར་སྙན་ལ་བསམ་ན་དོན་ལ་འཇུག་པའི་གཏམ་དཔེ་དཔེ་གསར་མང་པོ་སྦྱོད་སྲོལ་ཡོད་པ་ནི་དེ་བས་ངོ་མཚར་བ་ཞིག་ཏུ་མཐོང་། དཔེར་ན། དཔའ་བོ་གཉིས་གདོང་ཐུག་སྐབས་འདར་མའི་ལག་རྡ་མ་བྱས་པར་ཐོག་མར་ཕན་ཚུན་གླུ་ལེན་གཏམ་བཤད་བྱེད་སྲོལ་ཡོད་རུང་། འཐབ་ཡའི་གླུ་ཉན་ལོང་མེད་པར་ལག་རྡ་བྱེད་རྩིས་བྱས་པར་དམའ་འབེབས་དང་ཟུར་ཟ་བྱེད་པའི་གཏམ་བཤད་དང་

གླུའི་ནང་བྲེལ་བྲེལ་མ་བྱེད་ སྙོད་ཙམ་གྱིས། ཕོ་བྲེལ་བའི་མི་ལ་ཡོན་ཏན་མེད་ལུགས་ཀྱི་གཏམ་དཔེ་དོན་དམ་བྲེལ་བ་ལ་སྐོར་ནས་བརྗོད་སྐབས། "ཁོ་རེ། དཔྱིད་ཉི་རིང་མོ་ཤར་ཉིན་མོ། འགྲོ་ལོང་འདུག་ལོང་གཉིས་ཀ་ཡོད། མི་ཚེ་རིང་མོ་སྐྱིལ་ཉིན་མོ། གཏམ་བཤད་ལོང་ཉན་ལོང་གཉིས་ཀ་ཡོད། ལྷ་གེའི་ལ་མོ་རྒྱག་ཉིན་མོ། ཟ་ལོང་གསོག་ལོང་གཉིས་ཀ་ཡོད། རྟ་ཕོ་ཐང་ལ་རྒྱུག་ཉིན་མོ། དལ་ལོང་བྲེལ་ལོང་གཉིས་ཀ་ཡོད། དཔའ་བོ་གདུང་ཐུག་བྱེད་ཉིན་མོ། འཐབ་ལོང་བྲོས་ལོང་གཉིས་ཀ་ཡོད། ཨ་རེད་མ་རེད་ཁྱོད་ཀྱིས་ཉོན། བྲེལ་བྲེལ་མ་བྱེད་མི་དགའ་རེད། སྣང་ལ་ཁའི་དར་ལྕོག་བྲེལ་ལེ་དེ། དར་ལྕེ་རླུང་གིས་གཏོར་འདོད་རེད། དམའ་རྒྱ་གྲོང་ན་ཚུང་བྲེལ་ལེ་དེ། ཁྲེལ་མི་ཁ་འཁུར་བའི་གཞི་མ་རེད། དགོན་གྱྭ་ཚང་བླ་མ་བྲེལ་ལེ་དེ། བཀའ་སློམ་པ་ཉོར་བའི་སྤྲ་ལྟས་རེད། སྡེ་ཆེན་པོའི་དཔོན་ཆེན་བྲེལ་ལེ་དེ། ཐབ་ག་ས་འབབ་རྒྱུའི་སྔ་ལྟས་རེད། བུ་དཔའ་བོ་གདོང་གཏུག་བྲེལ་ལེ་དེ། དཔའ་མེད་པར་ཞ་བྲོས་རྒྱག་རྗེས་རེད། དེ་མིན་ན་བྲེལ་བ་ཅི་ལ་ཡོད།" ཅེས་གཏམ་བཤད་ནང་དུ་གཏམ་དཔེ་གཉིས་བསྟུད་མར་སྤྱད་རྗེས་དེ་མུར་གླུའི་ནང་དུ་སླར་ཡང་"ཕོ་བྲེལ་ན་མི་དགའ་དལ་ན་དགའ། སྣང་ལ་ཁའི་དར་ལྕོག་བྲེལ་མོ་བ། རླུང་སྐྱེ་བསེར་མེད་ན་ཅི་ལ་བྲེལ། ལ་རྩེ་གསུམ་སྤྱང་ཀི་བྲེལ་མོ་བ། ལྟོ་ལྟོགས་པ་མིན་ན་ཅི་ལ་བྲེལ། དགོན་གྱྭ་ཚང་བླ་མ་བྲེལ་མོ་བ། དཀོར་རྒྱུ་ནོར་མེད་ན་ཅི་ལ་བྲེལ། བྱང་ཡར་ལངས་རྐུན་མ་བྲེལ་མོ་བ། རྒྱབ་ར་མདའ་མེད་ན་ཅི་ལ་བྲེལ། ཕ་ཨ་ཁུ་དམག་ལ་བྲེལ་མོ་བ། གཞིས་ཕ་ཡུལ་ཉོར་འདོད་གཞི་མ་རེད། དམའ་རྒྱ་གྲོང་ཁྲ་མོའི་མར་གཤམ་ནས། དམན་ན་ཚུང་མ་བདེ་བྲེལ་མོ་བ། ཚང་གནས་སྒོ་འགྲིམ་ན་བྲེལ་ཐག་ཆོད། ལམ་སྐྱ་མོ་ས་གཉོང་རྗེ་གཉོང་ལ། རྟ་སྒ་མ་རྒྱུག་འདོད་བྲེལ་མོ་བ། རྒྱབ་ཤ་ཤེད་མེད་ན་ཅི་ལ་བྲེལ། སྣང་ལ་ཐུར་མི་ཤེས་རྡུལ་ཚུས་ཁེངས། ལམ་མཐོན་པོ་མ་ཟིན་སུག་བཞི་ན། རྒྱུག་བང་ཁའི་བྲེལ་ཐག་ཆོད་ལེ་རེད། དམག་ཁྲ་མོའི་སྐར་གྱི་གཡས་ཟུར་ནས། གནམ་

ཨ་སྟོན་སྤྲིན་དང་ནོར་ལེ་ཞིག ཐན་བྱ་གནམ་ལ་ཕུར་དུས་བྲེལ། སྦྲ་རླུང་གིས་གཙོད་ལེ་མ་ཤེས་རེད་”① ཅེས་གཏམ་དཔེ་རིགས་གཉིས་བསྡུད་མར་སྤྱད་ཡོད་པ་བཅས། དེ་དག་ལས་ཟུར་བལྟས་ལེབ་མཐོང་གི་དཔེ་ལྟར་གང་དེས་གཏམ་དཔེ་ཇི་ལྟར་བཀོལ་སྟངས་གསལ་ལེར་མཐོང་ཐུབ་པོ། །

《སྒྲུང་མཁན་བསམ་གྲུབ་ཀྱིས་ཕབ་པའི་གླིང་རྗེ་གེ་སར་རྒྱལ་པོའི་སྒྲུང་》ནང་གི་སྒྲུང་གླུའི་གྲུབ་ཚུལ་དང་དབྱངས་རྟ་མི་འདྲ་བ། གླུའི་འགོ་རྫོམ་སྟངས་སོགས་ལ་ཐུན་མིན་ཁྱད་ཆོས་དུ་མ་ལྡན་པ་དེ་དག་ལ་དཔེ་མཚོན་མང་དུ་དྲང་རྒྱུ་ཡོད་ནའང་། འདིར་ཡིག་ཚོགས་ཆེ་བར་དོགས་ནས་གོང་ཞུས་རྣམས་ཀྱིས་འཐུས་པར་བྱས་པ་ཡིན་ནོ། །

① 《འགོག་གླིང་》ཤོག་གྲངས275ལ་གསལ།

༧༡། །《ཧོར་གླིང་གཡུལ་འགྱེད་》དཔར་གཞི་མི་འདྲ་བའི་བསྡུར་བ།

དེ་ཡང་《ཧོར་གླིང་གཡུལ་འགྱེད་》བྱ་བའི་སྒྲུང་སྣ་འདི་ནི་གླིང་རྗེ་གེ་སར་རྒྱལ་པོའི་སྒྲུང་ཡོད་ཚད་ཀྱི་ནང་ནས་གཙོ་བོ་ཞིག་ཡིན། སྒྲུང་སྣ་འདི་ནི་ཧོར་གྱིས་གླིང་ལ་རྒོལ་བ་དང་གླིང་གིས་ཧོར་བཏུལ་བའི་སྐོར་ཚན་པ་གཉིས་སུ་དབྱེ་བ་མང་། དེ་ཡང་གླིང་རྗེ་གེ་སར་རྒྱལ་པོ་བྱང་བདུད་ཀླུ་བཙན་འདུལ་བར་འགྲོ་བའི་སྐབས་སུ། ཧོར་གུར་དཀར་རྒྱལ་པོས་འབྲུག་མོ་འཕྲོག་པའི་ཆེད་དུ་ཧོར་དམག་གླིང་ལ་དྲངས་ཏེ། ཧོར་གླིང་བར་ལོ་གཉིས་ལྷག་ཙམ་རིང་འཐབ་འཁྲུག་དྲག་པོ་བྱས་ཤིང་ཕན་ཚུན་མི་ཤི་རྟ་འགྱེལ་མང་ཙམ་བྱུང་། དེའི་དུས་ཁྲོ་ཐུང་དཔོན་གྱིས་ནང་རྡུལ་བྱས་པའི་རྐྱེན་གྱིས་འབྲུག་མོ་ཧོར་གྱིས་ཕྲོགས་པ་དང་། རྒྱ་ཚ་ཞལ་ལུ་བཀྲོངས་པ་སོགས་གླིང་ལ་ཕམ་ཉེས་བྱུང་ཚུལ་སྐོར་བརྗོད་པ་དེ་ནི་སྟོད་ཆ་ཡིན་པ་དང་། སྨད་ཆ་ནི་གེ་སར་རྒྱལ་པོ་བདུད་ཡུལ་ནས་ཕེབས་མ་ཐག་ཏུ་ཧོར་ནས་ཁྲག་སྐྱིན་ལེན་པ་དང་། འབྲུག་མོ་སླར་བསུ་བའི་ཆེད་དུ་ཧོར་ཕར་འདུལ་གྱི་གཡུལ་ལས་བཤམས་པ། གུར་དཀར་གྱིས་གཙོས་པའི་དགྲ་སྡེ་ཚམ་ལ་ཕབ་སྟེ་འབྲུག་མོ་དང་གླིང་གི་རྟེན་གསུམ་དངོས་རྫས་ཕྱོགས་ཚད་ཚུར་བླངས་པར་མ་ཟད། ཤན་པ་རྨེ་རུ་རྩེ་སོགས་ཀྱིས་གླིང་ལ་མགོ་འབུལ་བྱས་ཚུལ་སོགས་བསྟན་པ་ཞིག་ཡིན། དེ་ནི་“གེ་སར་གྱི་རྟོགས་བརྗོད་དག་གི་ནང་ནས་མཚར་ལ་རིང་བའི་གཏམ་རྒྱུད་ཀྱི་ཁུངས་བཙུན་པ། སྙན་ཞིང་འཇེབས་པའི་གཏམ་གྱི་ཚིག་འབྲུ་གོ་སླ་བ། ཕུན་སུམ་ཚོགས་པའི་ནང་དོན་གྱི་གཏན་ཚིགས་དོན་དང་ལྡན་པ་ཞིག་ཏུ་འཁྱུམ་པར་མཆིས་པ་སྟེ། དེ་ལྟ་བུའི་ཆེ་བ་གསུམ་ལྡན་གྱི་སྒྲུང་” སྣ་འདི་ནི་བོད་གངས་ཅན་གྱི་ས་ཁྱུལ་གང་

སར་ས་ཁྲབ་རྗེ་ཁྲབ་ཡིན་ལ། དམངས་ཁྲོད་སྒྲུང་པ་རྒན་དར་གཞོན་གསུམ་ཚང་མས་འཆད་གྱེར་ནུས་པ་ཞིག་ལགས། དེས་ན་བོད་མདོ་དབུས་ཁམས་གསུམ་གྱི་ས་ཁུལ་མང་པོར《ཏོར་གླིང་གཡུལ་འགྱེད་》སྐོར་གྱི་ལག་བྲིས་དཔེ་རྙིང་ཧེ་རྙེད་ཅིག་མཇལ་རྒྱུ་ཡོད་པ་མ་ཟད། ད་བར་རྒྱལ་ནང་དུ《ཏོར་གླིང་གཡུལ་འགྱེད་》དཔར་གཞི་མི་འདྲ་བ་ཁག་ལྔ་ཙམ་བྱུང་བ་སྟེ། ༡༩༥༢ལོ་དང་༡༩༧༩ལོའི་མཚོ་སྔོན་མི་རིགས་དཔེ་སྐྲུན་ཁང་གི་ལྷུགས་དཔར་མ་དང་། ༡༩༨༠ལོའི་བོད་ལྗོངས་མི་དམངས་དཔེ་སྐྲུན་ཁང་གི་ལྷུགས་དཔར་མ། ༢༠༠༠ལོའི་མི་རིགས་དཔེ་སྐྲུན་ཁང་གི་དཔར་མ། སྤྱི་ལོ་༢༠༠༠ལོའི་ཀན་སུའུ་མི་རིགས་དཔེ་སྐྲུན་ཁང་གི་དཔར་མ། སྤྱི་ལོ་༢༠༠༥ལོའི་བོད་ལྗོངས་བོད་ཡིག་དཔེ་རྙིང་དཔེ་སྐྲུན་ཁང་གི་དཔར་མ་བཅས་སོ། །

དེ་ཡང་མཚོ་སྔོན་མི་རིགས་དཔེ་སྐྲུན་ཁང་གི་ལྷུགས་དཔར་མ་དེ་ནི་མཚོ་སྔོན་ཞིང་ཆེན་དམངས་ཁྲོད་རྩོམ་རིག་ཞིབ་འཇུག་ཚོགས་པ་ནས་དུས་རབས་གོང་མའི་ལོ་རབས་ལྔ་བཅུ་པའི་དུས་མཇུག་དང་དྲུག་ཅུ་པའི་དུས་འགོར་མཁས་དབང་གསུང་རབ་རྒྱ་མཚོ་དང་། ཚེ་ཏན་ཞབས་དྲུང་། དགུ་རོང་རྒྱལ་སྲས། ངག་དབང་ཆོས་འཕེལ། ལྷུགས་ལོ་བཅས་གདན་ཞུས་ཀྱིས་ལེགས་སྒྲིག་དང་ཞུ་དག་གནང་ཐོག་སྤྱི་ལོ་༡༩༥༢དང་སྤྱི་ལོ་༡༩༧༩ལོར་སྟོད་ཆ་དང་སྨད་ཆའི་དཔར་གཞི་ཐེངས་དང་པོ་སོ་སོར་བསྐྲུན་པ་དང་། ༡༩༨༠ལོར་དེའི་སྟོད་ཆ་བསྐྱར་དུ་དཔེ་སྐྲུན་བྱས་པ་ཞིག་ཡིན། "དེ་ནི་མི་དབང་པོ་ལྷ་བསོད་ནམས་སྟོབས་རྒྱས་སྐུ་རིང་གི་སྒྲུང་བཤད་མཁས་པ་སྡེ་དགེ་ཞབས་དྲུང་ཟེར་བ་དེས་ནང་ཆེན་སྒྲུང་པ་ལྷ་དབང་ཚེ་རིང་དང་སྡེ་དགེའི་སྒྲུང་པ་ཚེ་རིང་དོན་འགྲུབ་རྣམ་གཉིས་ཀྱིས་གཙོས་མདོ་ཁམས་གླིང་གསུམ་གྱི་སྒྲུང་པ་ཉི་ཤུ་སྐོར་ལས་དངོས་སུ་ཉན་ནས། དེ་དག་གི་བཤད་རྒྱུན་རྣམས་ཕྱོགས་གཅིག་ཏུ་བསྡུས་པའི་སྒྲུང་དཔེ་ལ་གཞི་བྱས་ཤིང་། སྒྲུང་དཔེ་འདྲ་མིན་ལྔ་ཙམ་ལ་ཞིབ་རྟོག་བྱས་མཐར། དཔེ་དེ་དག་གི་ནང་ནས་ལེགས་

ཆ་གང་ཡོད་ཚོགས་ལ་མ་འཛོམས་པར་བཏུས་ཏེ། འབྲེལ་མེད་པ་དང་། ཟློས་སྐྱོན་གང་ཡོད་འདོར་ཅི་ཐུབ་བྱས་” ནས་ལེགས་པར་བསྒྲིགས་པ་ཞིག་ཡིན། དཔར་གཞི་དེའི་ཁྱད་ཆོས་གཙོ་བོ་ནི་སྒྲུང་སྣ་དེ་ཉིད་སྟོད་སྨད་གཉིས་སུ་ཕྱེ་བར་མ་ཟད། སྟོད་ཆ་དེ་བརྗོད་བྱའི་ནང་དོན་ལ་གཞིགས་ནས་ལེ་ཚན་ཉི་ཤུར་ཕྱེ་བ་དང་། ལེ་ཚན་རེའི་མདུན་དུ་ཚིགས་བཅད་ཤོ་ལོ་ཀ་གཅིག་སྦྱར་ནས་ལེ་ཚན་དེའི་ནང་དོན་གཙོ་བོ་གང་ཡིན་སྐོར་བསྟན་ཡོད་པ་དང་། བར་བརྩུག་རི་མོ་སྐྱ་ཁྲིས་ལྷ་དང་ཚོན་ཁྲིས་གཉིས་བཀོད་ནས་དཔར་གཞི་དེ་མཛེས་པར་བརྒྱན་ཡོད། དེའི་དཔར་སྒྲིག་བྱེད་སྟངས་ཀྱང་སླ་ཚིག་ཡོད་དོ་ཅོག་གཅིག་མཇུག་གཉིས་མཐུད་དུ་བསྒྲིགས་པ་ལས་ཚིག་ཕྲང་རེ་རེས་ཡིག་སྟར་རེ་བཟུང་མེད། དེ་ལྟར་དཔར་དུ་བསྒྲིགས་པའི་བོད་དེབ་གཟུགས་མ་དེ་ལ་བསྡོམས་ཤོག་གྲངས་༥༦༢ཡོད། སྨད་ཆ་ནི་ལེ་ཚན་ཉེར་གཉིས་སུ་ཕྱེ་ནས་བསྒྲིགས་པ་དང་། སྟོད་ཆ་དང་མི་འདྲ་བར་ལེའུ་རེའི་མདུན་དུ་ཚིགས་བཅད་ཤོ་ལོ་ཀ་ཕྱེད་རེ་སྦྱར་ནས་ལེ་ཚན་དེའི་བརྗོད་དོན་གཙོ་བོ་བསྟན་པ་དང་། བར་བརྩུག་རི་མོ་དྲུག་བཀོད་ཡོད་པ་ཚང་མ་ཚོན་ཁྲིས་ཡིན། དེ་མིན་དཔར་སྒྲིག་བྱེད་སྟངས་སྟོད་ཆ་དང་འདྲ་ལ་བོད་དེར་བསྡོམས་ཤོག་གྲངས་༦༦༨ཡོད།

བོད་ལྗོངས་མི་དམངས་དཔེ་སྐྲུན་ཁང་གི་ལུགས་དཔར་མ་དེ་ནི་མཁྱེན་ལྡན་འཆི་མེད་རྡོ་རྗེ་དང་ཚེ་རྡོར་གཉིས་ཀྱིས་བོད་ལྗོངས་ཡིག་ཚགས་ཁུད་དུ་ཡོད་པའི་ལག་བྲིས་མ་གཞིར་བཟུང་ནས་བསྒྲིགས་ཤིང་། ༡༩༨༠ལོར་དཔར་དུ་བསྐྲུན་པ་ཞིག་ཡིན། དེ་ནི་སྟོད་སྨད་སྐོར་ཚན་གཉིས་སུ་ཕྱེ་བ་ཙམ་ལས་ནང་གསེས་ལེ་ཚན་ལོགས་སུ་མ་ཕྱེ་བར་ཡུག་གཅིག་ཏུ་བསྒྲིགས་ནས་ཡོད། དེའི་སྟོད་ཆ་ལ་ཤོག་གྲངས་༤༤༡དང་སྨད་ཆར་ཤོག་གྲངས་༥༩༤ཡོད། དཔར་གཞི་དེའི་མ་ཡིག་ལག་བྲིས་མ་དང་མཚོ་སྔོན་ལུགས་དཔར་མའི་མ་ཡིག་གཙོ་བོ་གཉིས་གཅིག་མཚུངས་སུ་སྣང་ཡང་། ལྷ་སའི་ལུགས་དཔར་མ་དེ་ནི་མ་ཡིག་གི་དག་ཆ་ནོར་བ་རྣམས་བཅོས་

གང་ཐུབ་དང་། ཀོ་དོན་མི་གསལ་བ་རེ་ཟུང་ཁ་གསལ་དུ་བཏང་བ་ཙམ་ལས། སྤྱིའི་བརྗོད་དོན་ལ་དེ་ཙམ་གྱིས་བཟོ་བཅོས་སྣོན་འཕྲི་མ་བྱས་པར་སྔར་གྱི་དཔེ་གཟུགས་དག་དེབ་གཟུགས་ཀྱི་ཚུལ་དུ་བསྐྲུན་པ་ཞིག་ལགས། དེ་ཡང་ངོ་མཚར་བ་ཞིག་ལ་སྒྲུང་པོད་དེའི་སྟོད་ཆའི་མཇུག་བྱང་གི་ཚུལ་དུ་མ་ཡིག་ལེགས་སྒྲིག་བྱེད་སྐབས་ཀྱི་གསལ་བཤད་དུམ་བུ་ཞིག་འདུག་པའི་ནང་མ་དཔེའི་ཤུག་བྲིས་པའམ་ལེགས་སྒྲིག་པ་ནི་ངག་དབང་བསྟན་འཛིན་ཕུན་ཚོགས་དབྱངས་ཅན་དགྱེས་པའི་རྡོ་རྗེ་ཀུན་དགའ་ཡིན་པ་དང་། ལེགས་སྒྲིག་བྱེད་ཚུལ་ནི་གང་དེས་ཐོག་མར་མདོ་ཁམས་གླིང་གསུམ་གྱི་སྒྲུང་པ་ཉི་ཤུའི་མདུན་ནས་དངོས་སུ་གསན་བཞེས་མཛད་པར་མ་ཟད། ལྷག་པར་དུ་ཁོང་ཚོའི་ཁྲོད་ཀྱི་སྡེ་དགེ་ཚེ་རིང་དོན་འགྲུབ། ནང་ཆེན་ལྷ་དབང་རིག་འཛིན། ཆབ་མདོ་ཞང་ལུ་ཕུན་ཚོགས། གླིང་པ་ལྷའུ་བཀྲ་ཤིས་བཅས་བཞི་པོ་སྒྲུང་འཆད་གྱེར་གནང་སྐབས་ཟབ་ཅིང་བཀླིང་ལ། ཁོང་ཚོས་འཆད་གྱེར་གནང་བའི་སྒྲུང་གཏམ་འབྲེལ་མཚུངས་པར་སྣང་བས། ཁོང་ཚོའི་ངག་རྒྱུན་ཡིད་ལ་གསལ་བ་རྣམས་གཞིར་བཞག་ཐོག་དགོས་ངེས་ཀྱི་ཁ་གསབ་དང་ལེགས་སྒྲིག་བྱས་པ་ལས་གྲུབ། མ་ཡིག་དངོས་ནི་མི་དབང་པོ་ལྷ་བསོད་ནམས་སྟོབས་རྒྱས་ཀྱི་སྐུ་དུས་ཤིང་སྟག་ལོ་སྟེ་སྤྱི་ལོ་༡༧༣༤ལོར་ཤུག་བྲིས་ཀྱི་དཔེ་བཙུགས་ཤིང་ཤིང་མོ་ཡོས་ཏེ་སྤྱི་ལོ་༡༧༣༥ལོར་ལེགས་པར་གྲུབ་པ་ཡིན། འོན་ཀྱང་དེར་དོགས་གནད་འགའ་འདུག་པ་ནི། མཚོ་སྔོན་དཔར་མའི་ནང་གསལ་བའི་སྡེ་དགེ་ཞབས་དྲུང་ཟེར་བ་དང་ལྷ་སའི་དཔར་མའི་ནང་གསལ་བཙུན་པ་ངག་དབང་བསྟན་འཛིན་ཕུན་ཚོགས་དབྱངས་ཅན་དགྱེས་པའི་རྡོ་རྗེ་ཀུན་དགའ་ཟེར་བ་མིང་མི་འདྲ་བ་ཙམ་ལས་མི་སྣ་གཅིག་རང་ཡིན་སྙམ་ཏུང་ད་དུང་རྟོག་ཞིབ་བྱ་རྒྱུ་དང་། གཞན་ཡང་ད་བར་གོ་སར་ལས་རིགས་ཁྲོད་དུ་ཞིབ་འཇུག་པ་འགའ་རེས་མི་དབང་པོ་ལྷ་དང་མདོ་མཁར་ཞབས་དྲུང་ཚེ་རིང་དབང་རྒྱལ་གཉིས་འབྲེལ་བ་ཆེ་བ་དང་། མདོ་མཁར་བའི་བོད་ཀྱི་རྩོམ་རིག་ལོ་རྒྱུས་ཐོག་གི་བྱས་རྗེས་ལ་གཞིགས་ནས་《ཧོར་

གླིང་གཡུལ་འགྱེད་》གྱི་མ་དཔེའི་ལེགས་སྒྲིག་པ་སྡེ་དགེ་ཞབས་དྲུང་ཟེར་བ་ཡང་མདོ་མཁར་ཞབས་དྲུང་ལ་ངོས་འཛིན་པ་ནི་ཤིན་ཏུ་མི་འཐད་པར་སྙམ། གང་ལགས་ཤེ་ན། གཅིག་ནས་སྡེ་དགེ་ནི་བོད་ཀྱི་ཁམས་ཁུལ་ཡུལ་ཚན་ཞིག་གི་མིང་ཡིན་པ་དང་། མདོ་མཁར་ནི་ཁྲིམ་རྒྱུད་ཀྱི་མིང་སྟེ་སྡེ་དཔོན་ཆེན་པོ་བཞིའི་ཡ་གྱལ་ཞིག་ཡིན། གཉིས་ནས་མདོ་མཁར་ཞབས་དྲུང་ཚེ་རིང་དབང་རྒྱལ་ནི་བོད་ཀྱི་རྩོམ་རིག་ལོ་རྒྱུས་ཐོག་མཛད་པ་ཤིན་ཏུ་རྒྱ་ཆེ་བའི་མི་སྐྱའི་རྩོམ་པ་པོ་གྲགས་ཅན་ཞིག་ཡིན་པ་དང་། 《ཧོར་གླིང་གཡུལ་འགྱེད་》གྱི་མ་ཡིག་ལེགས་སྒྲིག་མཁན་ནི་བཙུན་པ་ཞིག་ཡིན་པ། གསུམ་ནས་《ཧོར་གླིང་གཡུལ་འགྱེད་》གྱི་མ་ཡིག་ལེགས་སྒྲིག་བྱེད་པའི་བརྒྱུད་རིམ་ནང་ལེགས་སྒྲིག་པས་མདོ་ཁམས་གླིང་གསུམ་གྱི་སྒྲུང་པ་ཉི་ཤུའི་ས་ནས་དངོས་སུ་ཉན་པ་ཕུད། སུག་བྲིས་ཁོ་ནར་ཡང་དུས་ཡུན་ལོ་འཁོར་མོ་སྤྱད་ཡོད་ན། མདོ་མཁར་ཞབས་དྲུང་ཚེ་རིང་དབང་རྒྱལ་གྱི་རང་རྣམ་《བཀའ་བློན་རྟོགས་བརྗོད་》སོགས་ཀྱི་ནང་གསལ་དགོས་ཀྱང་དེ་སྐོར་ཟུར་ཙམ་འཁོད་མེད་པས་བཅས་སོ། །

མི་རིགས་དཔེ་སྐྲུན་ཁང་གི་དཔར་མ་དེ་ནི《གླིང་སྒྲུང་གཅེས་བཏུས་》དེབ་བཞི་པའི་ཚུལ་དུ་བསྐྲུན་པ་ཞིག་ཡིན། དེ་ནི་གླིང་སྒྲུང་ཆེད་ལས་མཁས་ཅན་གཙོད་པ་དོན་གྲུབ་དང་ཆབ་འགག་རྡ་མགྲིན་གཉིས་ནས་མཚོ་སྔོན་དཔར་མ་རྨང་གཞིར་བཟུང་སྟེ། ལྷ་སའི་དཔར་མ་ལ་སོགས་པའི་སྒྲུང་དཔེ་མང་པོ་དཔྱད་གཞིར་བཟུང་ནས་ལེགས་པར་བསྒྲིགས་པ་དག་༢༠༠༠ལོར་མི་རིགས་དཔེ་སྐྲུན་ཁང་ནས་དཔར་སྐྲུན་བགྱིས་པ་ཞིག་ཡིན། དཔར་གཞི་དེ་ཉིད་ཀྱང་སྟོད་སྨད་སྐོར་ཚན་གཉིས་སུ་ཕྱེ་བ་ཞིག་ཡིན་ལ། སྟོད་ཆ་ལ་ལེ་ཚན་བཅུ་དགུ་ཕྱེ་བར་ཤོག་གྲངས་༧༡༥ཡོད་པ་དང་། སྨད་ཆ་ལ་ལེ་ཚན་བཅོ་བརྒྱད་ཕྱེ་བར་ཤོག་གྲངས་༥༡༨ཡོད། དེ་ནི་དཔར་འདེབས་ཤོག་བུའི་ཕྲུས་ཀ་ལེགས་ཤིང་ཕྱིའི་བཟོ་དབྱིབས་མཛེས་པ། ནང་གི་སྒྲིག་སྟངས་ཁ་གསལ་བའི་དཔར་གཞི་ཕྲུས་ལེགས་ཤིག་ཡིན་པ་སྟེ། མཚོ་

སྔོན་དཔར་མའི་སྟོད་ཆ་ལྟར་ལེའུ་རེའི་མདུན་དུ་ཚིགས་བཅད་ཤོ་ལོ་ཀ་གཅིག་སྦྱར་ནས་ལེ་ཚན་སོ་སོའི་ནང་དོན་གཙོ་བོ་གང་ཡིན་བསྟན་ཡོད་པར་མ་ཟད། ཤོག་ལྷེ་སོ་སོའི་ཐོད་ངོས་གཅིག་ལ་ཧོར་གླིང་གཡུལ་འགྱེད་ཅེས་གཅིག་གྱུར་གྱིས་ཡིག་འབྲུ་བཞི་རེ་བྲིས་ཡོད་པ་དང་། གཅིག་ཤོས་ལ་ལེའུ་སོ་སོའི་ནང་དོན་གཙོ་བོ་ཡིག་འབྲུ་བདུན་ནང་བསྡུས་ནས་སྦྱར་ཡོད་པ་དང་། སྒྲུང་ནང་གི་གླུ་ཚིག་ཐམས་ཅད་སྙན་ངག་གི་སྒྲིག་ཚུལ་ལྟར་ཚིག་རྐང་རེ་རེས་ཡིག་ལྟར་རེ་བཟུང་བ་དང་སྟོད་སྨད་གཉིས་ཀར་སྒྲུང་གི་ནང་དོན་གཙོ་བོ་མཚོན་པའི་ཚོན་རིས་དྲུག་རེ་འགྲེལ་པ་དང་བཅས་པས་བརྒྱན་པ། སྒྲུང་གི་གོང་དུ་ལེགས་སྒྲིག་པའི་གསལ་བཤད་ཁ་གསལ་ལ། མཇུག་ཏུ་མིང་འགྲེལ་དུ་མ་སྦྱར་ནས་ཡོད་པ། དེ་བཞིན་དཔར་གཞི་འདི་བསྐྱར་སྒྲིག་བྱེད་སྐབས་ཞིབ་ཕྲའི་ནང་དོན་ལ་གཞིགས་ནས་མ་དཔེའི་སྟོད་ཆའི་ནང་གི་ལེའུ་བཅུ་པ་དང་བཅུ་གཅིག་གཉིས་ལེའུ་གཅིག་ཏུ་བསྡུས་པ་དང་། སྨད་ཆ་དེའང་མ་དཔེར་ལེ་ཚན་ཉེར་གཉིས་ཡོད་པ་བཅོ་བརྒྱད་དུ་བསྡུས་པར་མ་ཟད། ལེའུ་རེའི་མདུན་དུ་དེའི་ནང་དོན་གཙོ་བོ་མཚོན་པའི་ཚིགས་བཅད་ཤོ་ལོ་ཀ་ཕྱེད་རེ་ལས་སྦྱར་མེད་པ་སྟོད་ཆ་དང་གཅིག་གྱུར་གྱིས་ཤོ་ལོ་ཀ་ཆ་ཚང་བར་ཁ་སྐོང་བྱས་ཡོད།

ཀན་སུའུ་མི་རིགས་དཔེ་སྐྲུན་ཁང་གི་དཔར་མ་དེ་ནི་《གེ་སར་རིག་མཛོད་》རྩོམ་སྒྲིག་ཚོ་ཆུང་གིས་བསྐྱར་སྒྲིག་བྱས་ཤིང་༢༠༠༠ལོའི་ཟླ་བ་༨པར་དཔར་དུ་བསྐྲུན་པ་ཞིག་ཡིན། དེབ་དེའི་དཔར་གཞི་ནི་དེབ་གཟུགས་ཆེ་ཚད་ལས་གྲུབ་ཅིང་བརྗོད་བྱའི་ནང་དོན་རྣམས་སྟོད་སྨད་སྐོར་ཚན་གཉིས་སུ་མ་ཕྱེ་བར་ལེ་ཚན་སོ་བརྒྱད་དུ་བྱས་ནས་བསྒྲིགས་པ་ཞིག་ཡིན་ལ་བསྡོམས་ཤོག་གྲངས་༥༣༢ཡོད། དཔར་གཞི་དེའི་ལེའུ་ཉི་ཤུ་བར་མཚོ་སྔོན་དཔར་མའི་སྟོད་ཆ་ལྟར་བསྒྲིགས་པ་དང་། ལེའུ་ཉེར་གཅིག་ནས་སོ་བརྒྱད་བར་གྱི་ལེ་ཚན་བཅོ་བརྒྱད་ནང་མཚོ་སྔོན་དཔར་མའི་སྨད་ཆ་སྟེ་ལེའུ་ཉེར་གཅིག་ནས་ཞེ་གཉིས་བར་གྱི་ལེ་ཚན་ཉེར་གཉིས་ཀྱི་ནང་དོན་རྣམས་བསྡུས་ཡོད་ལ། ལེའུ་རེའི་མདུན་དུ་དེའི་ནང་

དོན་གཙོ་བོ་མཚོན་པའི་ཚིགས་བཅད་ཤོ་ལོ་ཀ་ཕྱེད་རེ་ལས་སྦྱར་མེད་པ་ལེའུ་གོང་མ་རྣམས་དང་གཅིག་གྱུར་གྱིས་ཤོ་ལོ་ཀ་ཆ་ཚང་བར་ཁ་སྐོང་བྱས་ཡོད། དེབ་དེའི་ནང་དུ་སླུ་ཚིག་ཚང་མའི་སྟོན་འགྲོའི་ཚུལ་གྱི་སླུའི་མིང་དང་། ལྷ་བླ་གཉན་གསུམ་གྱི་མཆོད་བསྟོད། ས་ཆ་གང་དང་མི་སྣ་སུ་ཡིན་གྱི་ངོ་སྤྲོད་ཡོད་དོ་ཅོག་དོར་འདུག་དེ་ནི་སླུའི་ནང་དོན་གཙོ་བོ་དེ་འབུར་ཐོན་ཡོང་ཆེད་དུ་ཡིན་ཚུལ་ལམ་བསྒྱུར་ཐློས་མི་ཡོང་སླད་ཡིན་ཤས་ཆེ་རུང་། དེས་གླིང་སྒྲུང་གི་ཁྱད་ཆོས་ཆེན་པོ་ཞིག་རྩ་མེད་དུ་བཏང་བ་ཙམ་མ་ཟད། དཔར་གཞི་དེ་ཁྱེར་ནས་གླིང་སྒྲུང་འཆད་ཁྱེར་བྱེད་ཐབས་དང་བྲལ་བས་གསེར་སྐྱུ་རག་ལ་བཏང་བའི་ཚུལ་ལས་མ་འདས་ཞེས་གོང་དུ་ཞུས་པ་ལྟར་རོ། །

བོད་ལྗོངས་བོད་ཡིག་དཔེ་རྙིང་དཔེ་སྐྲུན་ཁང་གི་དཔར་མ་དེ་ནི་བོད་ལྗོངས་སྤྱི་ཚོགས་ཚན་རིག་ཁང་ནས་སྒྲ་ཕབ་དང་། ལེགས་སྒྲིག དཔར་སྐྲུན་བྱེད་མུས་ཀྱི《སྒྲུང་མཁན་བསམ་གྲུབ་ཀྱིས་ཕབ་པའི་གླིང་རྗེ་གེ་སར་རྒྱལ་པོའི་སྒྲུང་》ཞེས་པའི་དཔེ་ཚོགས་ནང་གི་གྲུབ་ཆ་གཙོ་བོ་ཞིག་ཡིན། དེ་ཡང་སྒྲུང་མཁན་བསམ་གྲུབ་ཀྱིས་སྤྱི་ལོ་༡༩༨༧ལོ་དང་༢༠༠༢ལོར་ཐེངས་གཉིས་ཙམ་སྒྲ་ཕབ་གནང་མྱོང་ཡོད་ལ། ཐེངས་སྔོན་མ་དེར་སྤྱིན་ཤོག་འཁོར་ཐག་༤༢ཡོད་པ་དང་། ཕྱི་མ་དེར་སྤྱིན་ཤོག་འཁོར་ཐག་༨༨ཡོད། སྤྱི་ལོ་༡༩༨༧ལོར་སྒྲ་ཕབ་གནང་བའི་མ་ཟིན་དག་སྟོང་ལོ་གསར་པ་ཤར་རྗེས་ལེགས་སྒྲིག་བྱེད་སྐབས་སྤྱིན་ཤོག་རྙིང་རྡུལ་དུ་སོང་ཁར། ནང་དོན་ཆད་ལུས་མང་བས་སྒྲུང་སྣ་དེའི་ནང་དོན་མདོར་བསྡུས་ཙམ་ལས་ཆ་ཚང་བ་ཞིག་སྒྲིག་ཐབས་བྲལ་སྟབས། ༢༠༠༢ལོར་སླར་ཡང་སྒྲ་ཕབ་གནང་བ་དང་། བོད་ལྗོངས་བོད་ཡིག་དཔེ་རྙིང་དཔེ་སྐྲུན་ཁང་གི་དཔར་མ་དེ་ནི་དཔེ་ཚོགས་ལེགས་སྒྲིག་ཚོ་ཆུང་གི་ཁོངས་མི། གེ་སར་ཆེད་ལས་མཁས་ཅན་རིག་འཛིན་ནས་༢༠༠༢ལོའི་སྒྲ་ཕབ་མ་ཟིན་གཞིར་བཟུང་ནས་ལེགས་པར་བསྒྲིགས་ཤིང་། ༢༠༠༤ལོར་དཔར་དུ་བསྐྲུན་ཐུབ་པ་བྱུང་ཡོད། སྒྲུང་སྣ་འདི་སྤྲོལ་རྒྱུན་

ལྟར་སྟོད་སྨད་སྒོར་ཚན་གཉིས་སུ་ཕྱེ་ནས་འཆད་ཀྱིར་གནང་ཡོད་པ་དང་། སྟོད་ཆར་འཁོར་གྲངས་༨༣ཡོད་པ་ལེགས་སྦྲིག་དཔར་སྐྲུན་བྱས་རྗེས་ཤོག་གྲངས་༥༠༥དང་ཚིག་ཀྲང་༡༡༢༨༨བྱུང་བ་དང་། སྨད་ཆར་འཁོར་གྲངས་༨༥ཡོད་པ་ལེགས་སྦྲིག་དཔར་སྐྲུན་བྱས་རྗེས་དེར་ཤོག་གྲངས་༨༠༥དང་ཚིག་ཀྲང་༡༡༣༣༣བྱུང་ཡོད། གཞི་ཀྲང་སྒྲུང་སྟ་འདི་བསྡུས་པའི་ཚུལ་དུ་འཆད་ཀྱིར་གནང་བར་གསུངས་ལ། འཛོམས་པའི་ཞྭ་བཤད་སོགས་ནང་དོན་ཁག་གཅིག་གཞན་དང་བསྡུར་ན་ཏ་ཅང་མདོར་བསྡུས་ཡིན་ཏུང་། སྒྲུང་སྟ་འདིའི་བརྗོད་གཞི་རྒྱ་ཆེ་བའི་ཁར་སྒྲ་ཕབ་གནང་སྐབས་སྒྲུང་མཁན་གང་ཉིད་དགུང་ལོ་བརྒྱད་ཅུ་ཡན་ལ་སོན་པས། སྒྲུང་ཡིག་མ་ཟིན་ནང་སྔ་ཕྱིའི་འཕེལ་རིམ་མི་མཐུན་པའམ་དུས་ཚོད་སྔ་ཕྱི་འགལ་བ་དང་། ནང་དོན་བར་མཚམས་ཆད་པ། མི་སྟ་འབྲུལ་བ་སོགས་ཀྱི་ཞན་ཆ་ཡོད་རིགས་སྒྲུང་མཁན་སྐུ་ངོ་མར་བཀའ་འདྲི་ཞུས་ཐོག་བཟོ་བཅོས་སྣོན་འཕྲི་བྱས་ཏེ་ལེགས་པར་བསྒྲིགས་པ་ཞིག་ཡིན། དཔར་གཞིའི་སྦྲིག་སྟངས་ཀྱང་《སྒྲུང་མཁན་བསམ་གྲུབ་ཀྱིས་ཕབ་པའི་གླིང་རྗེ་གེ་སར་རྒྱལ་པོའི་སྒྲུང་》ཞེས་པའི་དཔེ་ཚོགས་དེའི་གཅིག་གྱུར་བླང་བྱ་ལྟར་སྟོད་སྨད་སོ་སོར་ལེའུ་དང་ནང་ཚན་སོགས་མ་ཕྱེ་བར་ཤར་མར་ཡུག་གཅིག་ཏུ་བསྒྲིགས་པ་དང་། སླུ་ཚིག་རྣམས་ཚིག་ཀྲང་རེ་རེས་ཡིག་ལྟར་རེ་མ་བཟུང་བར་ཚིག་ལྷུག་ལས་ཡིག་ཕྲེང་གི་ཞེང་ཚུང་ཐུང་བའི་ཚུལ་གྱིས་བསྒྲིགས་ཡོད། དཔར་གཞི་དེ་ནི་གོང་གི་དཔར་གཞི་གཞན་དང་མི་འདྲ་བར་སྒྲུང་པའི་བློ་ཡུལ་དུ་བཞུགས་ཤིང་ངག་ནས་འཆད་ཀྱིར་གནང་བ་ཞིག་ལགས་པས། པར་མ་གཞན་དང་བརྗོད་བྱའི་ནང་དོན་ཐད་ཞིབ་བསྡུར་བྱ་རིན་ཡོད་པ་ཞིག་ལགས་སོ། །

༧༢། །བསམ་གྲུབ་ཀྱིས་ཕབ་པའི་གླིང་སྒྲུང་གི་འབྲེལ་ཡོད་གནད་དོན་གསུམ་གྱི་སྐོར་གླེང་བ།

སྒྲུང་མཁན་བསམ་གྲུབ་ཀྱིས་ཕབ་པའི་སྒྲུང་དེབ་རྣམས་ནི་ཐོག་མ་སྒྲ་ཕབ་བྱས་པ་ནས་བར་དུ་ལེགས་སྒྲིག་དང་རྩོམ་སྒྲིག མཇུག་གི་མཐའ་ཞུས་དང་དཔར་སྐྲུན་གྱི་ལས་རིམ་བརྒྱུད་ནས་མཐར་ཀློག་པ་པོའི་སྤྱན་ལམ་དུ་བསྟར་ཐུབ་པ་བྱུང་ཡོད། འོན་ཀྱང་ལེགས་སྒྲིག་དང་དཔར་སྐྲུན་བྱེད་པའི་བརྒྱུད་རིམ་ནང་སྒྲུང་ནང་གི་མི་སྣའི་བཀོད་སྒྲིག་བྱེད་སྟངས་དང་རྫོང་ཆེ་འབྲིང་ཆུང་གསུམ་སྐོར་གྱི་བཤད་སྒྲོལ། གླིང་ཕ་རབས་ཀྱི་འཕེལ་ཚུལ་སོགས་གླིང་སྒྲུང་སྤྱིའི་འགྲོ་སྟངས་སམ་སྤྱི་སྒྲོལ་དང་མི་ མཐུན་ པའི་ གནད་ དོན་ འགའ་ སོར་ བཞག་ བྱས་ ཡོད་ པས། འདིར་དམིགས་སུ་དེའི་སྐོར་གླེང་བ་ལ།

དང་པོ། མི་སྣའི་བཀོད་སྒྲིག་སྐོར་གླེང་བ།

—སྒྱུ་རྩལ་གྱི་རང་བཞིན་དང་ལོ་རྒྱུས་ཀྱི་བཅོས་མིན་རང་བཞིན་ལ་ངོས་འཛིན་ཇི་ལྟར་བྱ་བའི་སྐོར།

སྤྱི་ལོ་༢༠༠༨ལོར་རང་ཉིད་ནས་སྒྲུང་མཁན་བསམ་གྲུབ་ཀྱིས་འཆད་གྱེར་གནང་བའི་《སྟོ་ཐན་སྲི་རྒྱལ་པོའི་བ་གཡང་》ཞེས་པའི་ལེ་ཚན་དེ་ལེགས་སྒྲིག་བྱེད་པའི་བརྒྱུད་རིམ་ནང་སྒྲུང་སྣ་དེའི་སྟོད་ཆའི་ནང་དུ་མཁན་ཆེན་བོ་དྷི་ས་ཏྭས་བང་ཆེན་ཞིག་བཀའ་ཤག་བཀའ་གྲོས་ཚོགས་སར་མངགས་པའི་སྐོར་གྱི་ནང་དོན་དུམ་བུ་ཐུང་ཐུང་ཞིག་འཕོད་འདུག་པས། སྔ་ཕྱིའི་ བྱུང་ རིམ་ ལ་ གཞིགས་ ནས་ བཟོ་བཅོས་མི་རྒྱག་ཀ་མེད་བྱུང་། དེའི་རྒྱུ་མཚན་ནི་སྒྲུང་ཆ་ཚང་གི་ནང་དུ་དུམ་བུ་དེ་ཙམ་ལས་བཀའ་ཤག་དང་འབྲེལ་ཡོད་ཀྱི་ནང་དོན་མི་གསལ་བས་ཡིན། དེ་རྗེས་

སྤྱི་ལོ་༢༠༡༠ལོར་ཞིབ་འཇུག་ཆེ་མོ་བ་རིག་འཛིན་ལགས་ནས་ལེགས་སྒྲིག་གནང་བའི་《གྲུ་གུ་གོ་རྫོང་》ཞེས་པའི་སྒྲུང་པོད་དེ་རྩོམ་སྒྲིག་བྱེད་སྐབས་སྔར་ཡང་གནད་དོན་དེ་འདྲ་འཕྲད་པ་མ་ཟད། སྒྲུང་པོད་དེའི་ནང་སྔ་ཕྱི་བར་གསུམ་དུ་མི་སྣ་རྣམས་གནའ་དེང་མཉམ་བསྲེས་བྱས་པའི་གནད་དོན་ཚབས་ཆེ་ཙམ་འདུག་ལ། ལེགས་སྒྲིག་པའི་གསལ་བཤད་ནང་དུའང་“སྒྲུང་པོད་འདིའི་སྒྲིག་གཞི་དང་། དོན་རྐྱེན། མི་སྣ། ཡུལ་ལུང་ས་ཕྱོགས་སོགས་གང་ཐད་ནས་བརྗོད་ཀྱང་གནའ་དེང་མཉམ་སྦྱོད་དང་། གཞན་མགོ་རང་ལུས་ལ་སྦྱར་བ་སོགས་རྩེད་གཏམ་བརྩམས་སྒྲུང་གི་ཁྱད་ཆོས་ཀྱིས་ཡོངས་སུ་བརླབས་ཡོད་པས། ལེགས་སྒྲིག་བྱེད་པའི་བརྒྱུད་རིམ་ནང་། འཆད་ཀྱེར་ཆད་ལྷག་བྱུང་བ་དང་། སྔ་ཕྱི་འགལ་འཁྲུལ་བྱུང་བ། ཡུལ་སྐད་དང་ཁ་རྒྱན། སུམ་རྟགས་བརྡ་དག་གི་དགོངས་དོན་དང་མི་མཐུན་པ་སོགས་མཆིས་རིགས་རང་བློས་གང་དཔོག་ལེགས་སྒྲིག་ཞུས་པ་ལས། དོན་རྐྱེན་དང་། མི་སྣ། ཡུལ་ལུང་སོགས་བོད་ཀྱི་ལོ་རྒྱུས་དངོས་དང་མི་མཐུན་པ་སོགས་མཆིས་རིགས་སྒྲུང་པའི་ཐོས་བསམ་དང་འཆར་སྒོའི་ཁྱད་ཆོས་སུ་བསམ་ནས་སོར་བཞག་གང་ཐུབ་ཞུས་”ཞེས་འཁོད་འདུག དེ་ཡང་ཞིབ་པར་ཞུས་ན་སྒྲུང་པོད་དེའི་ནང་དུ་གཡུ་ཐོག་ནམ་མཁའ་རྒྱལ་མཚན་དང་། བཤད་སྒྲ་འབུམ་རྒྱལ། རྗེ་རིང་བཀྲ་ཤིས་རབ་བརྟན། རམ་པ་མི་འགྱུར་རྡོ་རྗེ་སོགས་བོད་ཀྱི་བཀའ་བློན་ཆེ་བཞི་དང་ཆོས་རྒྱལ་ལྷ་རྒྱ་རི་རྣམ་རྒྱལ་དབང་འདུས་ཞེས་པ་སོགས་སྲོང་བཙན་སྒམ་པོའི་སྐུ་དུས་སུ་བྱུང་བའམ་དེ་དང་དུས་མཉམ་པའི་མི་སྣའི་ཚུལ་དུ་བསྟན་པ་དང་། སེ་འབྲས་དགའ་གསུམ་དང་བསྟན་རྒྱས་གླིང་སོགས་ནི་སྲོང་བཙན་དུས་ནས་ཆགས་ཟིན་པའི་ཚུལ་དུ་གསལ་ཡོད། དེར་བལྟས་ན་སྒྲུང་པའི་སྣང་ངོར་བོད་ཀྱི་ལོ་རྒྱུས་ཆུ་རྒྱུན་རིང་པོའི་ནང་སྲོང་བཙན་དང་གོང་གི་ཁྲིམ་རྒྱུད་དེ་དག་དུས་མཉམ་དུ་བྱུང་བ་དང་སེ་འབྲས་དགའ་གསུམ་དང་བཀའ་ཤག་དང་བཀའ་བློན་གྱི་ལམ་ལུགས་ཀྱང་སྲོང་བཙན་སྒམ་པོའི་སྐུ་དུས་ནས་ཡོད་པར་

དགོངས་ནས་སྤྲ་སྤྲེ་ཉ་ཕུང་མཉམ་བསྲེས་བྱས་ཡོད་པས། ལོ་རྒྱུས་རིག་པ་བས་བལྟས་ན་དེ་ནི་འགལ་འཁྲུལ་ཆེན་པོ་ཞིག་ཏུ་མཐོང་ངེས་རེད། འོན་ཀྱང་《གླིང་སྒྲུང་》དེ་ཉིད་བྱུང་བརྗོད་སྙན་ངག་ཅིག་ཡིན་པའི་ངོས་ནས་ཕྱོགས་ཡོངས་ལ་བསམ་གཞིག་བྱས་ན། དེ་ལ་བབས་བསྟུན་གྱི་རྒྱུ་མཚན་འགའ་ལྡན་འདུག

དང་པོ། དེ་ནི་བྱུང་བརྗོད་སྙན་ངག་སྤྱི་ལ་མངའ་བའི་གནད་དོན་ཞིག་ཡིན། བྱུང་བརྗོད་སྙན་ངག་གི་ཞིབ་འཇུག་ཐད་གྲགས་པ་ཆེ་བའི་པྭ་ཤར་(Bowar. C)གྱིས“བྱུང་བརྗོད་སྙན་ངག་ནང་འཆད་ཀྱེར་མཁན་གྱིས་ལོ་རྒྱུས་གནད་དོན་རིམ་བཞིན་རྗེད་པ་དང་རྫེད་གཏམ་བཤད་པ་ལས་བྱུང་བའི་འགྱུར་བ་ལ་རིགས་གསུམ་ཡོད་དེ། མི་སྣ་དང་གནད་དོན་རང་འདོད་ཀྱིས་ཕྱོགས་བསྡུས་བྱས་ཏེ་གྲུབ་པས་འཆད་པ་དོན་དང་མི་མཐུན་པ་དང་གཅིག ལོ་རྒྱུས་ཀྱི་གནད་དོན་འགའ་གློས་གར་རང་བཞིན་གྱིས་མི་མཐུན་རྟ་གཡག་མགོ་སྦྲེལ་ལྟ་བུས་མཉམ་དུ་འབྲེལ་བ་དང་གཉིས། སྒྲུང་གི་བྱུང་རིམ་ཕུན་སུམ་ཚོགས་སུ་གཏོང་ཆེད་ཡལ་འདབ་སྣོན་འཛུགས་བྱས་ཤིང་ལོ་རྒྱུས་དཔྱད་གཞིའི་ཡིག་རིགས་མང་དུ་བཏང་བ་དང་གསུམ་བཅས་སོ་”① ཞེས་གསུངས་པའི་ནང་བྱུང་བརྗོད་སྙན་ངག་ནང་འཆད་ཀྱེར་བས་རང་སྣང་གང་འཆར་གྱིས་རྒྱས་པར་བཀྲོལ་བའམ་ར་མགོ་ལུག་བསྒར་རམ་ཞྭ་དཔེ་ལྷམ་འགེབས་བྱས་ཡོད་ཚུལ་བསྟན་ཡོད། དཔེར་ན། དཔའ་བོའི་བྱུང་བརྗོད་སྙན་ངག་གི་རིག་གཞུང་ཁྱབ་ཁོངས་ནང་ཡོངས་སུ་གྲགས་པའི་《ཧུ་མའི་སྒྲུང་རབས་ཆེན་མོ་》ཞེས་པའི་ནང་“སྙན་ངག་པ་ནི་ཁོས་ཞིབ་འབྲི་བྱས་པའི་དུས་རབས་དེ་ཉ་འཚོ་བ་རོལ་མ་མྱོང་བས། སྐབས་དེའི་སྤྱི་ཚོགས་ཀྱི་གནས་ཚུལ་དངོས་ལ་ཆ་ཡོངས་སུ་རྫོགས་པར་རྒྱུས་ལོན་མེད། ཁོས་གནའ་སྲོལ་ལ་ལད་ཟློས་བྱས་པའང་ཡང་དག་པ་ཞིག་མིན་པ་འོས་ཏུང་ངོ་། །དཔེར་ན། གནའ་རྫས་

① ཨུ་རུ་སུའི་ཞིབ་འཇུག་པ་E. Mམེ་ལེ་ཅིན་སེ་ཅི་བས་བརྩམས་པའི་《དཔའ་བོའི་བྱུང་བརྗོད་སྙན་ངག་གི་འབྱུང་ཁུངས་》(རྒྱ་སྒྱུར་མ་)ཞེས་པའི་ཤོག་ངོས3པར་གསལ།

རྟོག་ཞིབ་པས་རྫོག་འདོན་བྱས་པའི་ལྷེབས་རིས་ལྟར་ན། གནའ་རབས་ཀྱི་ཁི་ལེ་ཐེ་དང་སྨེ་ཤུ་ནེ་མི་ཚོའི་སྒྲ་ཐུང་ཞིང་ནག་མོད། སྒྲུང་དཔེའི་ཁྲོད་ཀྱི་ཨ་ཁེ་ཡ་མི་ཡི་སྒྲ་ལོ་རིང་ལ་མདོག་སེར་པོ་ཡིན་པ་ལྟ་བུའོ། །དེ་བཞིན་དུ་ཁི་ལེ་ཐེ་དང་སྨེ་ཤུ་ནེ་དུས་ཀྱི་ཕྱུབ་ནི་གྲུ་བཞི་ནར་དབྱིབས་ཡིན་ལ། སྒྲུང་རབས་ནང་དུ་སྒོར་དབྱིབས་ཡིན། དུས་སྐབས་དེར་ཆེས་ཆེར་དར་བ་ནི་དུར་སྦས་ཡིན་ལ་སྒྲུང་རབས་ནང་དུ་སྲེན་སྲེག་བྱེད་པ་ཡིན། འདི་དག་གིས་སྒྲུང་རབས་གྲུབ་དུས་སུ། སྨེ་ཤུ་ནེའི་རིག་གནས་ཉམས་རྒྱུད་དུ་གྱུར་ཟིན་པ་དང་། སྔན་ངག་པས་གནའ་སྲོལ་ལ་ལད་ཟློས་བྱེད་པའི་ཁྲོད། དངོས་ཡོད་འཚོ་བའི་ནང་གི་སྣང་ངོ་ཅིག་ལ་གཡོལ་ཐབས་མེད་པར་དུས་རབས་སྔ་ཕྱི་གནས་སྟངས་ཉོག་བསྲེས་བཏང་ཡོད་པ་མཚོན་ཡོད་དོ། །"[1] ཞེས་བྱུང་བ་ལྟར་དང་། དེ་བཞིན《གླིང་གེ་སར་རྒྱལ་པོའི་སྒྲུང་》ནི་བརྗོད་གཞི་རྒྱས་ལ་བམ་གྲངས་ཤིན་ཏུ་མང་བའི་བྱུང་བརྗོད་སྙན་ངག་ཅིག་ཡིན་ཞེས《གླིང་སྒྲུང་》ཞིབ་འཇུག་པ་ཚང་མའི་གཅིག་གྱུར་གྱི་ངོས་འཛིན་བྱུང་ཡོད། དེའི་རྒྱུ་མཚན་ཡང《གླིང་རྗེ་གེ་སར་རྒྱལ་པོའི་སྒྲུང་》དེ་ཉིད་ནི་བོད་མི་རིགས་ཀྱི་གནའ་བོའི་ལོ་རྒྱུས་དོན་རྐྱེན་ཆེན་མོ་དག་དང་བཤད་སྲོལ་གཏམ་རྒྱུད་སོགས་གཞིར་བྱས་ཏེ་གྲུབ་པ་ཞིག་ཡིན་ཕྱིན། དེ་ལ་བདེན་པའི་རྒྱང་གཞི་ལྡན་པས་ལོ་རྒྱུས་ཀྱི་བྱུང་བ་བརྗོད་པ་ཞིག་ཡིན་པ་དང་། ཕྱིས་སུ་དེ་འཕེལ་རྒྱས་འགྲོ་བའི་བརྒྱུད་རིམ་ནང་གསན་པ་པོའམ་གཟིགས་པ་པོར་ཡ་མཚན་བསྐྱེད་པའི་ཕྱིར་རྟོག་བཟོ་ཅི་ནུས་དང་ཐ་ན་ལྷ་སྒྲུང་སོགས་ཀྱང་བསྲེས་ཏེ་བརྗོད་བྱ་རྗོད་བྱེད་གཉིས་ཀར་སྒྱུ་རྩལ་གྱི་རྣམ་པའི་ཐབས་ལ་བརྟེན་ནས་ཙ་བསྟོད་རབ་བཏགས་བྱས་པས་སྙན་ངག་ཅིག་ཀྱང་ཡིན། ཁྱད་པར་དེ་ནི་མི་རིགས་གཞན་དག་གི་བྱུང་བརྗོད་སྙན་ངག་དང་མི་འདྲ་བར་དར་དུས་སྟ་ལ་ད་དུང་ཡང་གསོན་པོར་གནས་པའི་

[1] སྐང་རྒྱལ་མཚན་ཚེ་རིང་སོགས་ནས་སྒྲིག་བསྒྱུར་གནང་ཞིང་ཀན་སུའུ་མི་རིགས་དཔེ་སྐྲུན་ཁང་ནས2009ལོར་པར་བསྐྲུན་པའི《ཧུ་མ་དང་ཧུ་མའི་སྒྲུང་རབས་ཆེན་མོའི་དཔྱད་གླེང་》ཞེས་པའི་ཤོག་ངོས147ལ་གསལ།

བྱུང་བརྗོད་སྙན་ངག་ཅིག་ཡིན་གཤིས། "ལོ་ངོ་སྟོང་ཕྲག་དུ་མ་བརྒྱུད་ཀྱང་ད་དུང་ལོ་རྒྱུས་དང་སྙན་ངག་གཉིས་ཆར་སྤྲོལ་རྒྱུན་རྒྱ་གླུང་གི་འགྲོས་བཟང་ལ་གསོན་ཤུགས་མ་ཉམས་པར་མདུན་ནས་མདུན་དུ་སྐྱོད།"[①]ལགས་པས། མི་སྣ་དང་དོན་རྐྱེན་སོགས་ལོ་རྒྱུས་དངོས་དང་བསྟུར་ན་སྔ་ཕྱི་འཁྲུལ་འཛིང་ཡོད་པ་ནི་གོ་བ་ལོན་བདེ་བ་ཞིག་ཡིན་ལ། སྒྲུང་མཁན་བསམ་གྲུབ་ནི་དེ་བས་ཡིག་རྨོངས་སྒྲུང་པ་ཞིག་ཡིན་ལ་གང་དེས་འཆད་གྱེར་གནང་བའི་སྒྲུང་སྣའང་༤༥ཙམ་དང་དུས་ཚོད་ཆུ་ཚོད་ཉིས་སྟོང་ལྷག་ཙམ་ཡོད་པས་དེའི་ནང་གོང་གསལ་གྱི་གནད་དོན་དེ་རིགས་ལྷག་པ་ནི་དེ་བས་གོ་བ་ལོན་བདེ་བ་ཞིག་ཡིན།

གཉིས་པ། དེ་ནི་སྒྲུང་པའི་ལོ་རྒྱུས་ཤེས་རྒྱ་དང་སྒྲུང་གི་སྒྱུ་རྩལ་རང་བཞིན་ལས་བྱུང་བ་ཞིག་ཡིན། བཙན་པོ་སྲོང་བཙན་སྒམ་པོའི་སྐུ་དུས་སུ་བོད་ཀྱི་ཆབ་སྲིད་དང་། དཔལ་འབྱོར། རིག་གནས། དམག་དོན་བཅས་ལ་སྔར་བྱུང་མྱོང་མེད་པའི་འཕེལ་རྒྱས་བྱུང་བ་དང་སྲིད་འཛིན་གྱི་སྒྲིག་གཞི་འཕྲུས་ཚང་དུ་སོང་བ་མ་ཟད། སངས་རྒྱས་ཆོས་ལུགས་བོད་དུ་དར་བར་བཙན་པོ་གང་གི་མཛད་འཕྲིན་དང་གང་ཉིད་སྐུ་འཚོ་བཞུགས་སྐབས་ཀྱི་དུས་རབས་དེ་ཉིད་བོད་རིགས་སེར་སྐྱ་མང་ཚོགས་ཀྱི་བསམ་པའི་ནང་རྗེ་ལ་རི་མོ་བཀོས་པ་ལྟ་བུའི་བག་ཆགས་ཟབ་པ་དང་། གོང་གསལ་ཁྱིམ་རྒྱུད་དེ་དག་ནས་སྔ་ཕྱིར་བཀའ་བློན་གྱི་ལས་གནས་འཛིན་མཁན་མི་ཉུང་ཙམ་བྱུང་བས་དེ་ཚོ་ནི་བོད་ཀྱི་ལོ་རྒྱུས་འཕེལ་རྒྱས་ལ་བྱས་རྗེས་ཆེ་ཙམ་བཞག་པའི་གྲགས་པ་ཅན་གྱི་ཁྱིམ་རྒྱུད་འབའ་ཞིག་ཡིན་ལ། གོང་གསལ་གདན་ས་ཁག་གིས་བོད་ཀྱི་རིག་གནས་འཕེལ་རྒྱས་ལ་ཕན་ནུས་ཆེན་པོ་ཐོན་ཡོད་པས་བོད་ཡོངས་ལ་གྲགས་པ་ཆེ་ལ་བག་ཆགས་བཟང་པོ་བཞག་ཡོད། དེ་བཞིན་བོད་ཀྱི་ལོ་རྒྱུས་དག་ཀྱང་གཅིག་ལ་གཅིག་མཐུད་ཀྱིས་འཕེལ་རྒྱས་བྱུང་བས

① 《མང་ཚོགས་སྒྱུ་རྩལ་》2112ལོའི་དུས་དེབ་གསུམ་པའི་ཤོག་ངོས92ནང་གསལ།

སྒྲུང་པའི་བློ་ངོར་དེ་ལྟའི་འཕྲུལ་སྣང་བྱུང་བ་ནི་གོ་བ་ལོན་བདེ་བ་ཞིག་ཡིན། ཁྱད་པར《གླིང་སྒྲུང་》ནི་ལོ་རྒྱུས་ཀྱི་ཚད་ལྡན་ཡིག་ཆ་ཞིག་མིན་པར་དེ་ནི་སྒྱུ་རྩལ་གྱི་ཐོན་རྫས་ཤིག་ལགས་པས། ང་ཚོས་དེར་གཞིག་པ་བྱེད་སྐབས་སྒྱུ་རྩལ་གྱི་རང་བཞིན་དང་ལོ་རྒྱུས་ཀྱི་བཙོས་མིན་རང་བཞིན་གཉིས་གཅིག་མཚུངས་སུ་བརྩི་བའམ་ཡང་ན་འགལ་ཟླར་གྱུར་བ་ཞིག་ཏུ་ངོས་འཛིན་བྱེད་མི་རུང་། 《གླིང་སྒྲུང་》གིས་སྒྱུ་རྩལ་གྱི་རྣམ་པའི་ཐོག་ནས་ལོ་རྒྱུས་ཀྱི་གནས་ཚུལ་དངོས་མཚོན་ཚུལ་ནི་ལོ་རྒྱུས་དང་། མི་སྣ། ས་ཆ། དོན་རྐྱེན་གྱི་འགོ་མཇུག་སོགས་ལོ་རྒྱུས་དངོས་དང་ཡོངས་སུ་མཐུན་པ་ཞིག་མིན་ཡང་། དེས་ཡང་དག་པའི་སྒོ་ནས་ལོ་རྒྱུས་ཀྱི་ངོ་བོའི་གདོང་རིས་དང་སྤྱི་ཚོགས་འཚོ་བའི་སྤྱིའི་རྣམ་པ་མཚོན་ཐུབ་པ་ཞིག་ཡིན། དེར་བརྟེན་སྒྲུང་ནང་གི་བྱ་དངོས་ཡོད་ཚད་ལོ་རྒྱུས་རྣལ་མ་མིན་ལ། མི་སྣ་སོ་སོ་དང་དེ་ཚོའི་བྱ་སྤྱོད་ཡོད་དོ་ཅོག་ལོ་རྒྱུས་དངོས་དང་ཡོངས་སུ་མཐུན་ཐབས་བྲལ། དེས་ན་དེ་ལྟ་བུའི་ལོ་རྒྱུས་དངོས་དང་མི་མཐུན་པའི་མི་སྣ་ཐོན་རིགས་ཨ་ན་ཨུ་ཚུགས་ཀྱིས་ལོ་རྒྱུས་དངོས་དང་བསྡུར་ནས་དེ་ལ་བདེན་དཔང་ཁུངས་བཙུན་མི་འདུག་ཅེས་བརྗོད་ན། ལྐུག་པ་ཨུ་ཚུགས་ཀྱི་ཚུལ་ལས་མ་འདས། གཞན་ཡང་《གླིང་སྒྲུང་》ནི་སྒྱུ་རྩལ་གྱི་ཐོན་རྫས་ཤིག་ཡིན་ལ། དངོས་ཡོད་རིང་ལུགས་དང་འཆར་ཡན་རིང་ལུགས་ཀྱི་ཐབས་ལམ་ཟུང་དུ་སྦྲེད་པའི་བརྩམས་ཆོས་ཤིག་ཡིན་པས། 《གླིང་སྒྲུང་》ནང་དུ་དངོས་ཡོད་འཚོ་བ་ལས་འདས་པའི་སྣང་ཚུལ་མང་པོ་ཡོད། དཔེར་ན་གེ་སར་རྒྱལ་པོ་ནི་ལྷ་སྲས་ཀྱི་གཟུགས་སུ་བཀོད་དེ། དཔའ་རྩལ་རྫུ་འཕྲུལ་ཁྱད་པར་ཅན་མངའ་ཞིང་དམྱལ་ཁམས་ཡུལ་ནས་འགྲོ་བའི་རྣམ་ཤེས་ཡར་འདྲེན་ཐུབ་མཁན་ཞིག་ཏུ་རྟོག་བཟོ་བྱས་ཡོད་པ་དང་། གླིང་གི་དཔའ་རྟུལ་དེ་དག་ལྷའམ་རྒྱ་གར་གྲུབ་ཆེན་བརྒྱད་ཅུའི་རྣམ་སྤྲུལ་དུ་བཀོད་ནས་དམར་མོའི་མེ་ཡིས་མི་འཚིག རྡོ་མོའི་ཆུ་ཡིས་མི་འཁྱེར། རྣོན་པོའི་མཚོན་གྱིས་མི་ཆོད་པ་སོགས་དགྲ་དང་རང་བྱུང་གིས་གནོད་འཛིག་མི་ནུས་པའི་གཟུགས་བརྙན་དུ་བཀོད་པ།

རྟ་དང་འདབ་ཆགས་སོགས་མི་གཤིས་ཅན་དུ་བསྐྱུན་པ། འཇིགས་སུ་རུང་བའི་བདུད་རྒྱལ་དང་བདུད་བློན་རྣམས་ཀྱི་སྟོབས་དང་རྫུ་འཕྲུལ་སོགས་དངོས་ཡོད་འཚོ་བ་ལས་འདས་པའི་སྣང་ཚུལ་མང་པོ་ཡོད། དེ་དག་ནི་སྒྲུང་མཁན་གྱིས་འཆར་ཡན་རིང་ལུགས་ཀྱི་གསར་རྩོམ་བྱེད་ཐབས་སྤྱད་དེ་རྩོམ་བཟོ་བྱས་པ་ཡིན་ལ། སྒྱུ་རྩལ་གྱི་རྣམ་པའི་ཐོག་ནས་ཕྱུགས་བསམ་དང་རེ་འདོད་མཚོན་པ་ཞིག་ལགས་པས། དེ་དག་དངོས་ཡོད་འཚོ་བའམ་ལོ་རྒྱུས་དངོས་དང་བསྡུར་ནས་ར་སྤྲུགས་གཏོང་བར་མི་འོས་སོ། །

གཉིས་པ། རྫོང་གི་དབྱེ་སྲོལ་མི་འདྲ་བའི་སྐོར་གླེང་བ།

—བཅོ་བརྒྱད་ཅེས་པར་ངོས་འཛིན་ཇི་ལྟར་བྱ་བའི་སྐོར།

《གླིང་སྒྲུང་》གི་བམ་གྲངས་དང་རྫོང་གྲངས་སྐོར་ལ་བཤད་ཚུལ་སྣ་ཚོགས་ཤིག་བྱུང་ཡོད་ལ་ད་དུང་ཡང་གཅིག་གྱུར་གྱི་ལྟ་ཚུལ་ཞིག་ཆགས་མེད། སྒྲུང་མཁན་ཁ་ཅིག་དང་སྲོལ་རྒྱུན་གྱི་བཤད་སྲོལ་ལ་ལར《གླིང་སྒྲུང་》ལ་རྫོང་ཆེན་བཅོ་བརྒྱད་དང་རྫོང་འབྲིང་བཅོ་བརྒྱད། རྫོང་ཆུང་བཅོ་བརྒྱད་ཡོད་པར་བཞེད་པ་དང་། བཤད་སྲོལ་གཞན་ཞིག་ལ《གླིང་སྒྲུང་》ལ་རྫོང་ཆེན་བཅོ་བརྒྱད་དང་རྫོང་འབྲིང་བཅོ་བརྒྱད། རྫོང་ཆུང་རྩེ་རྩེ་གྲངས་མེད་ཡོད་པར་བཞེད་པ། མཚོ་སྔོན་མགོ་ལོག་ཁུལ་གྱི་གྲགས་ཅན་སྒྲུང་པ་ངག་དབང་རིག་འཛིན་གྱིས《གླིང་སྒྲུང་》ལ"བདུད་ཆེན་རུ་བཞི། རྫོང་ཆེན་བཅོ་བརྒྱད། རྫོང་ཕྲན་ཉེར་གཅིག་བཅས་ཡོད་པར་འདོད་པ"[①]དང་། ནག་ཆུ་ས་ཁུལ་གྱི་གྲགས་ཅན་སྒྲུང་པ་བཀྲ་ཤིས་རྡོ་རྗེས་རང་ཉིད་ཀྱིས་འཆད་ཀྱེར་ཐུབ་པའི་གླིང་སྒྲུང་རྣམས་གཡང་ནོར་བཞི་དང་། གཏན་སྐྱིད་བཞི། མཐའ་བདུད་བདུད་ཆེན་བཞི། རྫོང་ཆེན་བཅོ་བརྒྱད། རྫོང་

---

① སྒྲུང་མཁན་ངག་དབང་རིག་འཛིན་ནས་འཆད་ཀྱེར་གནང་ཞིང་བོད་ལྗོངས《གེ་སར་》ཞིབ་འཇུག་ལྟེ་གནས་ནས་བསྒྲིགས་པའི་དམངས་ཁྲོད་སྒྲུང་པ་སྒེར་གྱི་ཁྱད་ཆོས་མཚོན་པའི་གླིང་སྒྲུང་དཔེ་ཚོགས་དེབ་གསུམ་པ《བྱང་གླིང་གཡུལ་འགྱེད་》ཤོག་ངོས2པའི་ནང་གསལ།

འབྲིང་བཅུ་དགུ། རྫོང་ཆུང་རྟ་མོག་གི་སྒྲུ་བཞིན། ཐར་ལམ་འགྲོ་དོན་བཞི་བཅས་སུ་ཞིབ་པར་དབྱེ་སྲོལ་ཡོད་པ།① ཡང་གང་དེས་འཆད་གྱེར་གནང་བའི་《ཕྱི་གླིང་དུག་རྫོང་བདེ་བཀོད་》ཅེས་པའི་ནང་གེ་སར་རྒྱལ་པོའི་གླུའི་ནང་“ངས་རྫོང་འབྲིང་བརྒྱ་དང་རྫོང་ཆུང་བཅུ། རྫོང་ཆེན་བཅོ་བརྒྱད་གཏེར་ཁ་ཕབ་”(ཤ18) ཅེས་གསལ་བ། གྲགས་ཅན་སྒྲུང་པ་གཡུ་སྨན་གྱིས་“བདུད་ཆེན་རྒྱལ་ཁག་བཅོ་བརྒྱད་དང་། རྫོང་ཆུང་བཞི་བཅུ་ཞེ་བརྒྱད་ཀྱི། ནག་ཚོགས་བདུད་རིགས་མ་ལུས་པ། དབང་དུ་བསྡུ་མི་སེང་ཆེན་རེད་”②ཅེས《གླིང་སྒྲུང་》ལ་རྫོང་ཆེན་བཅོ་བརྒྱད་དང་རྫོང་ཆུང་ཞེ་བརྒྱད་ཡོད་པར་བཞེད་པ། སྒྲུང་མཁན་བསམ་གྲུབ་ཀྱིས་གླིང་སྒྲུང་གི་རྫོང་ཆེན་རྫོང་ཆུང་སྐོར་ལ་བཞེད་པའི་དགོངས་པ་ནི་ངེས་བརྟན་མེད་པར་སྣ་ཕྱིར་གསུང་ཚུལ་འགའ་རེ་བྱུང་ཡོད། དཔེར་ན་དུས་རབས་གོང་མའི་ལོ་རབས་བརྒྱད་ཅུ་པའི་ནང་རྫོང་གི་དབྱེ་བ་དང་གྲངས་ཚད་སྐོར་བཀའ་འདྲི་ཞུ་སྐབས“རྫོང་ཆེན་བཅོ་བརྒྱད་དང་། རྫོང་འབྲིང་བཅོ་བརྒྱད། རྫོང་ཆུང་བཅོ་བརྒྱད་ཡོད་གསུངས་”③པ་དང་། ཡང་《གླིང་སྒྲུང་》འཆད་གྱེར་གནང་སྐབས་གསུང་ཚུལ་མི་འདྲ་བ་ཐོན་ཡོད་པ་ནི་“མཐའ་ཡི་རྫོང་ཆེན་བཅོ་བརྒྱད་དང་། རྫོང་འབྲིང་ཉེ་ཤུ། རྫོང་ཆུང་ཉེ་ཤུ་རྩ་གསུམ་བཅས་རིམ་བཞིན་དབང་དུ་བསྡུས་

① སྒྲུང་མཁན་བཀྲ་ཤིས་རྡོ་རྗེ་ནས་འཆད་གྱེར་གནང་ཞིང་བོད་ལྗོངས《གེ་སར་》ཞིབ་འཇུག་ལྟེ་གནས་ནས་བསྒྲིགས་པའི་དམངས་ཁྲོད་སྒྲུང་པ་སྐེར་གྱི་ཁྱད་ཆོས་མཚོན་པའི་གླིང་སྒྲུང་དཔེ་ཚོགས་དེབ་བཞི་པ《ཕྱི་གླིང་དུག་རྫོང་བདེ་བཀོད་》ཤོག་ངོས5པའི་ནང་གསལ།

② སྒྲུང་མཁན་གཡུ་སྨན་ནས་འཆད་གྱེར་གནང་ཞིང་བོད་ལྗོངས《གེ་སར་》ཞིབ་འཇུག་ལྟེ་གནས་ནས་བསྒྲིགས་པའི་དམངས་ཁྲོད་སྒྲུང་པ་སྐེར་གྱི་ཁྱད་ཆོས་མཚོན་པའི་གླིང་སྒྲུང་དཔེ་ཚོགས་དེབ་ལྔ་པ《སྨུག་ཁ་ཤིང་རྫོང་》ཤོག་ངོས97ནང་གསལ།

③ བོད་ལྗོངས་སྤྱི་ཚོགས་ཚན་རིག་ཁང་ནས་ལེགས་སྒྲིག་བྱས་པའི《སྒྲུང་མཁན་བསམ་གྲུབ་ཀྱིས་ཕབ་པའི་གླིང་རྗེ་གེ་སར་རྒྱལ་པོའི་སྒྲུང་ལྷ་གླིང་》ཤོག་ངོས43ནང་གསལ།

པའི་མཛད་པ་གནམ་སར་མི་ཤོང་བ་ཡོད་”① ཅེས་གསལ་ཡོད། བསམ་གྲུབ་ཀྱིས་དུས་རབས་གོང་མའི་ནང་གསུངས་པའི་རྫོང་ཆེན་བཅོ་བརྒྱད་དང་དེ་དག་གི་གོ་རིམ་སྒྲིག་སྟངས་དང་སྟོང་ལོ་གསར་པ་ཤར་རྗེས་གསུངས་པའི་རྫོང་ཆེན་བཅོ་བརྒྱད་དང་དེ་དག་གི་གོ་རིམ་སྒྲིག་སྟངས་མི་འདྲ་བ། དེ་བཞིན་སྒྲུང་པ་འགའ་ཞིག་དང་ཞིབ་འཇུག་པ་འགའ་རེར་རྫོང་ཆེན་བཅོ་བརྒྱད་གང་དང་གང་ཡིན་ཞིབ་ཆའི་དཀར་ཆག་གསུང་རྒྱུ་ཡོད་ནའང་གཅིག་གྱུར་མེད་པ་དང་། རྫོང་ཆེན་རྫོང་ཆུང་དབར་ལ་ཡང་སྙིང་ཁྱད་པར་གང་ཡོད་རྒྱུ་མཚན་དེ་ཙམ་གསུང་རྒྱུ་མེད་པ། འགའ་ཞིག་གིས་ཧོར་བདུད་མོན་འཇང་སྟེ་བདུད་ཆེན་བཞི་པོ་རྫོང་ཆེན་བཅོ་བརྒྱད་ཀྱི་ཁོངས་སུ་འཛུག་པ་དང་། ཡང་འགའ་ཞིག་གིས་དེ་དག་རྫོང་ཆེན་ཁོངས་སུ་མི་འཛུག་པ་སོགས་བཞེད་པ་མི་འདྲ་བ་མང་དག་ཅིག་མཆིས་སོ། །

ད་བར་《གླིང་སྒྲུང་》རིག་པའི་ཁྱབ་ཁོངས་ནང་རྫོང་ཆེན་བཅོ་བརྒྱད་སྐོར་ལ་དཔྱད་པ་ཞིབ་ཆ་ཆེ་ཙམ་གནང་མཁན་ནི་ནུབ་བྱང་མི་རིགས་སློབ་ཆེན་གྱི་ཞིབ་འཇུག་པ་ཆེ་མོ་སྨན་ཤུལ་རིན་ཆེན་རྡོ་རྗེ་ཙམ་དུ་ཟད། གང་དེས《གླིང་སྒྲུང་》གི་སྲོལ་རྒྱུན་དཔེ་རྙིང་མང་པོ་ཞིག་ལ་དཔྱད་པ་གནང་རྗེས་རྫོང་ཆེན་བཅོ་བརྒྱད་དང་དེ་དག་གི་གོ་རིམ་སྒྲིག་སྟངས་ཤིག་བསྟན་ཡོད་པ་ནི《གླིང་སྒྲུང་》སྤྱིའི་ནང་དོན་ལ་དཔྱད་བསྡུར་ཞིབ་ནན་གནང་བ་ལས་བྱུང་བས། ཧུང་ཁུངས་བཙན་པར་བརྩི་འོས་སྙམ། གང་དེས་བརྩམས་པའི《སྲོལ་རྒྱུན་གྱི་གེ་སར་སྒྲུང་གི་དཔེ་རྙིང་ལས་རྫོང་ཆེན་བཅོ་བརྒྱད་དང་དེ་དག་གི་གོ་རིམ་སྒྲིག་སྟངས་》②ཞེས་པའི་དཔྱད་རྩོམ་ནང་དུ་རྫོང་ཆེན་བཅོ་བརྒྱད་ཀྱི་གོ་རིམ་འདི་ལྟར་བསྒྲིགས་ཡོད་དེ། ༡སྟག་གཟིག

① བོད་ལྗོངས་སྤྱི་ཚོགས་ཚན་རིག་ཁང་ནས་ལེགས་སྒྲིག་བྱས་པའི《སྒྲུང་མཁན་བསམ་གྲུབ་ཀྱིས་ཕབ་པའི་གླིང་རྗེ་གེ་སར་རྒྱལ་པོའི་སྒྲུང་རྒྱ་ཡི་ནོར་གཏེར་》ཤོག་ངོས1ནང་གསལ།

② མིག་དམར་ཚེ་རིང་ནས་གཙོ་སྒྲིག་གནང་བའི《གླིང་སྒྲུང་སྐོར་གྱི་དཔྱད་རྩོམ་གཅེས་བསྡུས་》ཤོག་ངོས82ལ་གསལ།

ནོར་རྫོང་། ༢ སོག་པོ་རྟ་རྫོང་། ༣ ཨ་གྲགས་གཟི་རྫོང་། ༤ བྱེ་རིའི་བྱུར་རྫོང་། ༥ ཞང་ཞུང་མུ་ཏིག་རྫོང་། ༦ ཁ་ཆེ་གཡུ་རྫོང་། ༧ ནཱ་ལ་ཡ་སྨན་རྫོང་། ༨ ཤང་ཤང་སྨན་རྫོང་། ༩ རྒྱ་གར་ཆོས་རྫོང་། ༡༠ གྲུ་གུ་གོ་རྫོང་། ༡༡ སུམ་པ་མཛོ་རྫོང་། ༡༢ སྨི་གླིང་གསེར་རྫོང་། ༡༣སྟེ་ར་ལུག་རྫོང་། ༡༤ མི་ནུབ་དར་རྫོང་། ༡༥ གངས་རིའི་ཤེལ་རྫོང་། ༡༦མཐིང་རོང་མཐིང་རྫོང་། ༡༧ སྨུག་གུ་དྲེལ་རྫོང་། ༡༨ རྒྱ་ནག་ཇ་རྫོང་བཅས་སོ། །

དུས་རབས་གོང་མའི་ལོ་རབས་བརྒྱད་ཅུ་པར་ཀྲུང་གོ་སྤྱི་ཚོགས་ཚན་རིག་ཁང་གི་ཞིབ་འཇུག་པ་ཆེ་མོ་ཡང་ཨེན་ཧྲུང་མཆོག་གིས་སྒྲུང་མཁན་བསམ་གྲུབ་ལ་བཅར་འདྲི་ཞུས་པ་ལྟར་བསྒྲིགས་པའི་རྫོང་ཆེན་བཅོ་བརྒྱད་དང་དེ་དག་གི་གོ་རིམ་སྒྲིག་སྟངས་ནི། ༡ བྱུང་བདུད་ཀླུ་བཙན། ༢ ཧོར་གླིང་གཡུལ་འགྱེད། ༣ འཇང་གླིང་གཡུལ་འགྱེད། ༤ མུན་གླིང་གཡུལ་འགྱེད། ༥ སྟག་གཟིག་ནོར་རྫོང་། ༦ ཞང་ཞུང་མུ་ཏིག་རྫོང་། ༧ ཨ་གྲགས་གཟི་རྫོང་། ༨ བྱེ་རི་བྱུར་རྫོང་། ༩ ཁ་ཆེ་གཡུ་རྫོང་། ༡༠སྨུག་གུ་དྲེལ་རྫོང་། ༡༡ གངས་རི་ཤེལ་རྫོང་། ༡༢ རྒྱ་གར་སྨན་རྫོང་། ༡༣ གྲུ་གུ་གོ་རྫོང་། ༡༤ ཆུ་མོ་ལི་ཁྲིའི་མུ་ཏིག་རྫོང་། ༡༥ སོག་པོ་རྟ་རྫོང་། ༡༦ མེ་གླིང་མཚལ་རྫོང་། ༡༧ བྱི་གླིང་ལྕགས་རྫོང་། ༡༨ མི་ནུབ་དར་རྫོང་།[①] བཅས་སོ། །

༢༠༠༡ལོར་བོད་ལྗོངས་སྤྱི་ཚོགས་ཚན་རིག་ཁང་གི་ཞིབ་འཇུག་པ་ཆེ་མོ་གཞོན་པ་བསོད་ནམས་དགེ་ལེགས་ནས་སྒྲུང་མཁན་བསམ་གྲུབ་དང་གོ་བསྡུར་གནང་ཐོག་བསྒྲིགས་པའི་རྫོང་ཆེན་བཅོ་བརྒྱད་དང་དེ་དག་གི་གོ་རིམ་ནི། ༡ བདུད་གླིང་གཡུལ་འགྱེད། ༢ ཧོར་གླིང་གཡུལ་འགྱེད། ༣ འཇང་གླིང་གཡུལ་འགྱེད། ༤ མོན་གླིང་གཡུལ་འགྱེད། ༥ སྟག་གཟིག་ནོར་རྫོང་། ༦ སོག་པོ་

① བོད་ལྗོངས་སྤྱི་ཚོགས་ཚན་རིག་ཁང་ནས་ལེགས་སྒྲིག་བྱས་པའི་《སྒྲུང་མཁན་བསམ་གྲུབ་ཀྱིས་ཕབ་པའི་གླིང་རྗེ་གེ་སར་རྒྱལ་པོའི་སྒྲུང་ལྷ་གླིང་》ཤོག་ངོས46ནང་གསལ།

ཏ་རྫོང་། ༧ ཨ་གྲགས་གཟི་རྫོང་། ༨ བྱེ་རི་བྱུ་རྫོང་། ༩ ཞང་ཞུང་སྔུ་ཧྲིག་རྫོང་། ༡༠ ཁ་ཆེ་གཡུ་རྫོང་། ༡༡ གྲུ་གུ་གོ་རྫོང་། ༡༢ གངས་རི་ཤེལ་རྫོང་། ༡༣ སུམ་པ་མཛོ་རྫོང་། ༡༤ ཧྲེ་ར་ལུག་རྫོང་། ༡༥ སྤུ་ནུབ་དར་རྫོང་། ༡༦ སྨུག་གུ་དྲེལ་རྫོང་། ༡༧ མེ་གླིང་མཚལ་རྫོང་། ༡༨ ཕྱི་གླིང་ལྕགས་རྫོང་①བཅས་སོ། །

ཞིབ་འཇུག་པ་ཚེ་མོ་རིག་འཛིན་ནས་སྒྲུང་མཁན་བཀྲ་ཤིས་དོ་རྗེས་གསུངས་པ་བཞིན་བསྒྲིགས་པའི་རྫོང་ཆེན་བཅོ་བརྒྱད་དང་དེ་དག་གི་གོ་རིམ་ནི། ༡ སྟག་གཟིག་ནོར་རྫོང་། ༢ སོག་པོ་ཏ་རྫོང་། ༣ ཨ་གྲགས་གཟི་རྫོང་། ༤ བྱེ་རི་བྱུར་རྫོང་། ༥ ཁ་ཆེ་གཡུ་རྫོང་། ༦ ལ་དྭགས་ཤེལ་རྫོང་། ༧ སྨུག་གུ་དྲེལ་རྫོང་། ༨ ཞང་ཞུང་སྔུ་ཧྲིག་རྫོང་། ༩ སུམ་པ་མཛོ་རྫོང་། ༡༠ མེ་གླིང་གསེར་རྫོང་། ༡༡ རྒྱ་གར་ཆོས་རྫོང་། ༡༢ རྒྱ་ནག་ཇ་རྫོང་། ༡༣ བལ་པོ་ལུག་རྫོང་། ༡༤ མི་នུབ་དར་རྫོང་། ༡༥ རྟ་རི་སྨན་རྫོང་། ༡༦ གྲུ་གུ་གོ་རྫོང་། ༡༧ སོག་ཕྱི་པའི་ཁྲི་རྫོང་། ༡༨ བྱང་སེང་གེ་རྒྱལ་པོའི་ཟས་རྫོང་②བཅས་སོ། །

གོང་གསལ་རྫོང་ཆེན་བཅོ་བརྒྱད་ཀྱི་གོ་རིམ་སྒྲིག་སྟངས་རྣམས་བསྡུར་ན། སྒྲུང་མཁན་བསམ་གྲུབ་ཀྱིས་གསུངས་པའི་སྒྲིག་སྟངས་སྔ་མ་དང་སྨན་ཤུལ་རིན་ཆེན་རྡོ་རྗེས་བསྒྲིགས་པའི་དཀར་ཆག་ནང་གཅིག་མཚུངས་ཡིན་པ་རྫོང་ཁག་བཅུ་ལས་མེད་པ་དང་། བསམ་གྲུབ་ཀྱིས་གསུངས་པའི་སྒྲིག་སྟངས་ཕྱི་མ་དང་སྨན་ཤུལ་རིན་ཆེན་རྡོ་རྗེས་བསྒྲིགས་པའི་དཀར་ཆག་ནང་གཅིག་མཚུངས་ཡིན་པ་རྫོང་

① བོད་ལྗོངས་སྤྱི་ཚོགས་ཚན་རིག་ཁང་ནས་སྤྱི་ལོ2002ལོར་བཟོ་སྐྲུན་བྱས་པའི་མྱུ་སྦྲེལ《གླིང་སྒྲུང་སྒྲུང་ཐང་》གི་ནང་དོན་མ་དཔེར་དམིགས་ནས་བསྒྲིགས་པ་ཞིག་གོ

② སྒྲུང་མཁན་བཀྲ་ཤིས་དོ་རྗེ་འཆད་འགྱེར་གནང་ཞིང་བོད་ལྗོངས《གེ་སར་》ཞིབ་འཇུག་ལྟེ་གནས་ནས་བསྒྲིགས་པའི་དམངས་ཁྲོད་སྒྲུང་པ་སྣེར་གྱི་ཁྱད་ཆོས་མཚོན་པའི་གླིང་སྒྲུང་དཔེ་ཚོགས་དེབ་བཞི་པ《ཕྱི་གླིང་དུག་རྫོང་བདེ་བཀོད་》ཅེས་པའི་ནང་སྒྱུར་བའི་རིག་འཛིན་ལགས་ནས་བྲིས་པའི་སྒྲུང་པའི་ལོ་རྒྱུས་མདོར་བསྡུས་ནང་གསལ།

ཁག་བཅུ་གཉིས་ཡོད། སྒྲུང་མཁན་བསམ་གྲུབ་ཀྱིས་སྔ་ཕྱིར་གསུངས་པའི་གོ་རིམ་སྒྲིག་སྟངས་གཉིས་ནང་དུ་སྒྲུང་དཔེ་སྔ་མ་ལྷ་ཕུད་གཞན་རྣམས་ལ་ཁྱད་པར་ཆེ་ཙམ་ཡོད་པ་མ་ཟད། དུས་རབས་གོང་མའི་ནང་གསུངས་པའི་ནང་དུ《རྒྱ་གར་སྨན་རྫོང་》དང་《ཆུ་མོ་ལི་ཁྲིའི་མུ་ཏིག་རྫོང་》ཞེས་པ་རྫོང་ཆེན་བཅོ་བརྒྱད་ཀྱི་ཁོངས་སུ་བཞག་ཡོད་པ་དང་། ཕྱི་མ་དེའི་ནང་དེ་གཉིས་ཀྱི་དོད་དུ《སུམ་པ་མཛོ་རྫོང་》དང་《རྔེ་ར་ལུག་རྫོང་》བསྒྲིགས་ཡོད། བསམ་གྲུབ་ཀྱིས་གསུངས་པའི་རྫོང་ཆེན་བཅོ་བརྒྱད་དང་སྒྲུང་མཁན་བཀྲ་ཤིས་རྡོ་རྗེས་གསུངས་པའི་དཀར་ཆག་དང་སྨན་ཤུལ་རིན་ཆེན་རྡོ་རྗེས་བསྒྲིགས་པའི་དཀར་ཆག་ནང་གཅིག་མཚུངས་ཡིན་པ་རྫོང་ཁག་བཅུ་གཅིག་ལས་མེད། སྒྲུང་མཁན་བསམ་གྲུབ་ཀྱིས་བདུད་དང་ཧོར་དང་འཇང་དང་མོན་བཅས་བཞི་པོ་ནི་རྫོང་ཆེན་བཅོ་བརྒྱད་ཀྱི་ཁོངས་སུ་བཞག་གནང་ཡོད།

《གླིང་སྒྲུང་》ནི་འཛམ་གླིང་བྱུང་བརྗོད་སྙན་ངག་རིང་ཤོས་དེ་ཡིན་ལ་དེར་སྒྲུང་སྣ་ཤིན་ཏུ་མང་བ་དང་སྒྲུང་སྣ་གཅིག་རང་ལའང་དཔར་གཞི་མི་འདྲ་བ་དུ་མ་ཡོད་པའི་ཁར་དེ་ནི་གསོན་པོར་གནས་མུས་ཀྱི་བྱུང་བརྗོད་སྙན་ངག་ཅིག་ལགས་པས། ད་དུང་ཡང་སྒྲུང་སྣ་ཇེ་མང་དུ་འགྲོ་བཞིན་ཡོད། དེར་བརྟེན《གླིང་སྒྲུང་》གི་བརྗོད་བྱའི་ནང་དོན་གཙོ་བོར་ངེས་པའི་རྫོང་ཆེན་བཅོ་བརྒྱད་དང་དེ་བཞིན་རྫོང་འབྲིང་རྫོང་ཆུང་ཞེས་པ་གང་དག་ཡིན་མིན་དང་དེ་དག་གི་གོ་རིམ་གསལ་པོ་ཞིག་བསྒྲིག་རྒྱུ་ནི་གལ་འགངས་ཆེ་ཙང་ལས་སླ་མོ་ཞིག་མིན། ཁོ་བོའི་བསམ་པར་གནད་དོན་དེ་ཁ་གསལ་བཟོ་བར་ཐོག་མར་གཤམ་གསལ་གནད་དོན་ཁག་ལ་ངོས་འཛིན་གསལ་པོའམ་གཅིག་གྱུར་ལྟ་ཚུལ་ཞིག་ཆགས་དགོས་ངེས་འདུག་སྙམ།

གཅིག་ནི《གླིང་སྒྲུང་》ལས་རྫོང་མིང་ཐོགས་པའི་སྒྲུང་ལ་ཁྱད་ཆོས་གང་དང་ཅི་ཚང་དགོས་པ་གསལ་པོ་བཟོ་དགོས་ངེས་སུ་མཐོང་། ད་བར་རྫོང་ཞེས

པའི་གོ་དོན་ལ་ལྟ་སྟངས་གཅིག་གྱུར་མེད་པ་དང་། སྒྲུང་གི་མིང་མཐར་རྫོང་ཞེས་སྦྱར་དགོས་མིན་ལ་དེ་ཙམ་གྱིས་དོ་འདོག་མ་བྱས་པར་སྒྲུང་མིང་ཅི་བྱུང་གང་འདོད་ཀྱིས་བཏགས་པའི་དོན་དངོས་དེས་གོང་གསལ་གྱི་རྟོག་འཛིང་དེ་བཟོས་པ་ཡིན། དཔེར་ན་གླིང་རྗེ་གེ་སར་རྒྱལ་པོས་ཞང་ཞུང་བཏུལ་བའི་སྐོར་ཚན་ལ་ཁ་བྱང་མང་པོ་ཞིག་ཡོད་དེ། 《ཞང་གླིང་》དམ་《ཞང་གླིང་གཡུལ་འགྱེད་》དམ་《ཞང་ཞུང་མུ་ཏིག་རྫོང་》ཞེས་སྦྱར་བ་དང་། ཁ་ཆེ་བཏུལ་བའི་སྐོར་ཚན་ལ་《ཁ་གླིང་》དམ་《ཁ་གླིང་གཡུལ་འགྱེད་》དམ་《ཁ་ཆེ་གཡུ་རྫོང་》དམ་《ཁྲི་བཙན་རྒྱལ་པོ་བཏུལ་བ་》ཞེས་པ་སོགས་གང་བྱུང་དུ་སྦྱར་སྲོལ་ཡོད་པ་ཀུན་གྱི་མཐོང་ཆོས་སུ་གྱུར་མུས་ཡིན་པ་ལྟ་བུའོ། །ཕྱིར་ན་སྒྲུང་གི་མིང་མཐར་རྫོང་ཞེས་སྦྱར་རིགས་སྒྲུང་དག་གང་གདུལ་བྱའི་རྒྱལ་ཁབ་དེར་གཏེར་རམ་རྒྱུ་ནོར་རིན་ཐང་ཅན་ཡོད་པས། དེ་དག་བླངས་པའི་བརྗོད་བྱ་བསྟན་པ་ཤ་སྟག་ཡིན། དེ་ཡང་གསེར་དང་དངུལ། གཡུ་དང་བྱུ་རུ། གཟི་དང་མུ་ཏིག ལི་དང་ཤེལ། ལྕགས་ལ་སོགས་པའི་རིན་པོ་ཆེའི་གཏེར་བླངས་པ་དང་། རྟ་དང་འབྲི་དང་བ་མཛོ། ར་དང་ལུག ཁྱི་དང་ཕག་ལ་སོགས་པའི་སྒོ་ཕྱུགས་གནང་དུ་བླངས་པ། ནས་དང་ཛ། དར་དང་སྨན་སོགས་འཚོ་བའི་མཁོ་ཆས་དང་མདའ་སོགས་གོ་མཚོན་གནང་དུ་བླངས་པ་ལྟ་བུ་ཡིན། དེ་ལས་འགྲོས་དོན་དུ་རྫོང་ཞེས་པ་ནམ་རྒྱུན་གྱི་མཁར་རྫོང་ཁོ་ནའམ་སྲིད་འཛིན་སྒྲིག་གཞི་ཁོ་ནར་གོ་ན་མི་འཐད་སྙམ་ཞིང་། འདིར་ནི་གཏེར་རམ་རྒྱུ་ནོར་གྱིས་ཕྱུག་པའི་མཛོད་ལྟ་བུར་གོ་བ་བླངས་ན་དོན་དང་མཐུན་པར་སྙམ། དམངས་ཁྲོད་ཀྱི་གཞས་ཚིག་མང་པོའི་ནང་དུའང་རྫོང་ནི་ཕྱུག་པའམ་མང་བའི་དོན་དུ་གོ་བ་ཡིན་པས་འདིར་ཞིབ་པར་སྦྱོར་པའི་དགོས་པ་མ་མཆིས་སོ། །

གཉིས་ནི་རྫོང་ཆེ་འབྲིང་ཆུང་གསུམ་སོ་སོར་དམིགས་བསལ་གྱི་ཁྱད་ཆོས་གང་དང་ཅི་ཚང་དགོས་གསལ་པོ་བཟོ་དགོས་ངེས་སུ་མཐོང་། ད་བར་རྫོང་ཆེ་

འབྲིང་ཚུང་གསུམ་ཞེས་ཞིབ་འཇུག་པ་དང་། སྒྲུང་པ། ཐ་ན་མང་ཚོགས་རྣམས་ཀྱིས་ཀྱང་རང་འདོད་ལྟར་བརྗོད་པ་ལས། དེ་ཚོའི་དབར་གྱི་ཁྱད་པར་སྐོར་སུ་ལའང་རྒྱུ་མཚན་གསལ་པོ་ཞིག་གསུང་རྒྱུ་མེད། སྒྲུང་མཁན་བསམ་གྲུབ་ལ་བཀའ་འདྲི་ཞུ་སྐབས། “རྫོང་ཆེ་འབྲིང་གི་ཁྱད་པར་ནི། རྫོང་ཆེན་ནང་དུ་གཙོ་བོ་གཞི་ཁྲོན་ཆེ་བའི་གཡུལ་འགྱེད་ཞིབ་ཏུ་བརྗོད་ཡོད་པ་དང་། གཡུལ་འགྱེད་ཀྱི་མཇུག་འབྲས་དེ་འཁྲུག་ཕམ་བྱུང་བའི་རྒྱལ་ཁབ་ཀྱི་ས་ཆ་དང་རྒྱུ་ནོར་གླིང་ལ་དབང་བར་བྱས་སོང་སྐབས་ལ། དཔེར་ན་《སྟག་གཟིག་ནོར་རྫོང་》དང་《མངའ་རིས་གསེར་རྫོང་》ལ་སོགས་པ་ལྟ་བུའོ། །རྫོང་འབྲིང་ནི་དཔེར་ན་《རྒྱ་ནག་ཇ་རྫོང་》ལྟ་བུར་དམག་འཁྲུག་ཆེན་པོ་མེད་པ་དང་ས་ཆ་དག་གླིང་གི་མངའ་ཁོངས་སུ་མི་གཏོགས་པ་ལྟ་བུ་རེད་”①ཅེས་གསུངས། དེས་ན་རྫོང་ཆེ་འབྲིང་ཆུང་གསུམ་གྱི་དབྱེ་བ་དེ་གདུལ་བྱའི་རྒྱལ་ཁབ་ཀྱི་ས་ཆ་དང་རྒྱུ་ནོར་གླིང་གི་མངའ་ཁོངས་སུ་ཚུད་མིན་དང་། གཡུལ་འགྱེད་ཀྱི་གཞི་ཁྲོན་ཆེ་ཆུང་། འཐབ་ཡའི་སྟོབས་དང་མངའ་ཐང་ཆེ་ཆུང་། དེའི་རྒྱལ་པོའི་ཐོབ་དང་གོ་ས་མཐོ་དམའ། གཏེར་དངོས་བླངས་དང་མ་བླངས་སོགས་དབྱེ་མཚམས་གང་ལ་འཛིན་དགོས་གཅིག་གྱུར་གྱི་ཚད་གཞི་ཞིག་མེད་ན་འཛོག་པར་ཞབས་ར་དང་འཁྱེར་བར་ལུང་མེད་པ་ལྟ་བུ་ཞིག་ཆགས་ཀྱི་ཡོད།

གསུམ་ནི་སྒྲུང་གི་བརྗོད་བྱའི་ནང་དོན་ཅུང་ཆ་ཚང་བ་ཞིག་རྒྱུས་མངའ་ཡོང་བ་བྱ་རྒྱུ་ནི་སྔོན་འགྲོའི་ཆ་རྐྱེན་དུ་མཐོང་། གླིང་སྒྲུང་སྤྱིའི་བྱུང་རིམ་ལ་གཞིག་པ་མ་བྱས་ན་རྫོང་ཁག་སོ་སོའི་གོ་རིམ་སྔ་ཕྱི་གོ་ལོག་ཏུ་འགྲོ་རྒྱུ་རེད། གོང་གསལ་རྫོང་ཆེན་བཅོ་བརྒྱད་ཀྱི་གོ་རིམ་སྒྲིག་སྟངས་བཞི་ལས་སྒྲུང་གི་བྱུང་རིམ་སྔ་མ་རྣམས་སྒྲིག་སྟངས་འདྲ་བའི་ཆ་ཡོད་པ་ཙམ་ལས་དེ་མིན་རྣམས་ཡོངས་སུ་ཐ་དད་ཡིན་པ་གསལ་པོར་མཐོང་ཐུབ། སྤྱིར་བཏང་གི་བཤད་ཚུལ་ལ་《གླིང་སྒྲུང་》ལ་

① 《ལྷ་གླིང་》ཤོག་ངོས43ནང་གསལ།

སྒྲུང་སྣ་མི་འདྲ་བ་ཉིས་བརྒྱ་ལྷག་ཙམ་ཡོད་པ་ལས་མང་ཆེ་བ་སྒྲུང་པའི་བློ་ཡུལ་དུ་བཞུགས་པ་དང་། ད་ཡོད་དངོས་སུ་མིག་མཐོང་ལག་ཟིན་ཐུབ་པའི་དཔར་ཐྲིས་རྣམས་ཀྱང་ཅུང་ཆ་ཚང་བ་ཞིག་བསྒྲུ་རྒྱུར་དཀའ་ངལ་ཆེ་ལ། ཕྱུང་རིམ་དང་ནང་དོན་ཞིབ་ཆ་རྣམས་ཅུང་ཆ་ཚང་ཙམ་བློ་ལ་ངེས་ཐུབ་པའི་ཞིབ་འཇུག་པ་ནི་ཧ་ཅང་དཀོན། དེས་ན་གོང་ཞུས་ལྟར་སྒྲུང་གི་གོ་རིམ་ཡག་པོ་ཞིག་བསྒྲིག་རྒྱུ་ནི་དཀའ་ཚེགས་ཆེ་བ་ཞིག་ཡིན་ནའང་། ཆུ་ཐིགས་བསགས་ནས་རྒྱ་མཚོ་ཞེས་པའི་དཔེ་ལྟར་ནང་དོན་མི་འདྲ་བ་རྣམས་གཞིབ་བསྡུར་གྱིས་དཀའ་གནད་རེ་རེ་བཞིན་བསལ་རྒྱུ་ནི་གལ་འགངས་ཆེ་བར་མཐོང་ངོ་། །

བཞི་ནི་སྒྲུང་མཁན་བསམ་གྲུབ་ཀྱི་སྒྲུང་ལ་གཞིགས་ན་རྫོང་ཆེ་འབྲིང་ཆུང་གསུམ་ཚང་མར་བཅོ་བརྒྱད་བཅོ་བརྒྱད་རེ་ཡོད་ཅེས་གསུངས་པ་དེ་གྲངས་བཅོ་བརྒྱད་པོ་ནར་ངོས་འཛིན་བྱས་ན་མི་འཐད་སྙམ། དེའི་རྒྱུ་མཚན་ཡང་སྒྲུང་མཁན་གྱིས་སྒྲུང་འཆད་གྱེར་གནང་སྐབས་གྲངས་ངེས་མེད་ཡིན་པའི་མང་ཚིག་མང་པོའི་ཚབ་ཏུ་བཅོ་བརྒྱད་ཅེས་བེད་སྤྱོད་བྱེད་སྲོལ་ཡོད་པས་ཡིན། དཔེར་ན། ཧོར་ཨ་ཆེན་ཤོག་ཆེན་བཅོ་བརྒྱད་①ཟེར་བ་དང་། བྱེ་རི་རྒྱལ་ཁག་བཅོ་བརྒྱད་②ཅེས་པ། འགོག་སྟེ་ཤོག་ཆེན་བཅོ་བརྒྱད་ཅེས་སོགས་རྒྱལ་ཕྲན་ནམ་ཚོ་ཁག་སོ་སོའི་སྟོབས་འབྱོར་དང་མངའ་འབངས་བཤད་སྐབས་ཚོ་ཤོག་གམ་སྟེ་ཤོག་གམ་རྒྱལ་ཁག་བཅོ་བརྒྱད་ཡོད་ཅེས་འཁོད་པ་མང་ལ། མགོ་དགུ་མཆེ་བ་བཅོ་བརྒྱད་ཟེར་བ③དང་། གཞན་ཡང་སྒྲུང་གི་ནང་དུ"ཧུྃ་ཧུྃ་ཟེར་དུས་མེ་རི་འབར། མེ་སྟག་ཐོང་བ་བཅོ་བརྒྱད་འབར་"④ཞེས་དང་"གྲི་ངོ་ནས་ནེ་སྟག་ཐོང་བ་བཅོ་བརྒྱད་འབར་"ཞེས་

---

① 《རྒྱ་ཡི་ནོར་གཏེར་》ཤོག་གྲངས133ལ་གསལ།

② 《རྒྱ་ཡི་ནོར་གཏེར་》ཤོག་གྲངས162ལ་གསལ།

③ 《རྒྱ་ཡི་ནོར་གཏེར་》ཤོག་གྲངས171ལ་གསལ།

④ 《ཕྱི་གླིང་དུག་རྫོང་བདེ་བཀོད་》ཤོག་ངོས79ནང་གསལ།

པའི་ནང་བཅོ་བརྒྱད་ཀྱིས་མི་སྟག་ཆེན་པོ་ཡོད་པ་མཚོན་ཡོད་པ། "བདུད་དེ་ཕྱི་བཀྱིག་ཨ་ལོང་འདྲ་བ། ནང་བཀྱིག་གྲུ་གུ་འདྲ་ཞིག་བསྣམས་ནས་ལྷ་གུར་དཀར་མོའི་སྒོ་ཁར་ལྕགས་ཀྱི་ཕུར་པ་འདོམ་པ་བཅོ་བརྒྱད་ཡོད་པ་ཞིག་ལ་བཏགས"①ཞེས་དང་"ལྕག་ཚན་ཕོ་འདོམ་བཅོ་བརྒྱད་ཡོད་པ་དེ་བར་སྣང་ཁམས་ལ་འཕྱར"ཞེས་པའི་ནང་གི་བཅོ་བརྒྱད་དེས་ཕུར་པ་དང་ལྕག་ཚན་རིང་པོ་ཡོད་པ་མཚོན་པ། "གསེར་ཁྲབ་མི་ལོང་སྨུག་པོ་ལ། སྨུ་རྟིག་མཛེས་ཚ་བཅོ་བརྒྱད་བཏགས"②ཞེས་པ་དང་"ངར་ཁ་བོ་བཅོ་བརྒྱད་ཁ་ནས་ལངས། ཞེ་བོ་བཅོ་བརྒྱད་ཞེ་ནས་ལངས"③ཞེས་པ། "དུག་རླངས་མུན་པ་བཅོ་བརྒྱད་དེ་ཁ་ནང་ནས་འཕྱུལ་འཕྱུལ་དུ་བཏང"④ཞེས་པ་སོགས་ཀྱི་བཅོ་བརྒྱད་ནི་མང་པོའམ་དྲག་པོའི་དོན་མཚོན་པ་ཁོ་ན་ཡིན། དེ་ལྟའི་བཅོ་བརྒྱད་ཅེས་པར་གཅིག་གྲངས་གཉིས་གྲངས་བགྲང་རྒྱུ་མེད་པ་ལྟ་བུའོ། །

གསུམ་པ། གླིང་པ་རབས་ཀྱི་གདུང་རྒྱུད་འཕེལ་ཚུལ་སྐོར་གྱི་གཞིབ་བསྡུར།

དེ་ཡང་གླིང་དཀར་ལྷ་སྡེ་ཕྱུག་མོ་དེར། མེས་པོ་ཆུ་བོ་རྒྱུན་འབྱམས་ལ། རིགས་རྒྱུད་རྗེ་ཤིང་མེ་ཏོག་འཁྲུངས། འབངས་སྡེ་ལོ་འདབ་འབྲས་བུ་སྨིན་ཞེས་པ་ལྟར་བོད་རིགས་ཀྱི་ཆེད་གནའ་བོའི་གདུང་རྒྱུད་ཀྱི་ཡ་གྱལ་སྨུག་པོ་ལྡོང་ལས་མཆེད་པའི་རིགས་རྒྱུད་གླིང་དཀར་ལྷ་སྡེའི་འབྱུང་ཁུངས་དལ་འབབ་ཆུ་བོ་བཞིན་སྲུག་རྒྱུན་རིང་ལ་མི་རྒྱུད་དག་རྗེ་ཤིང་མེ་ཏོག་ལྟར་མང་ལ་བཀྲག་མདངས་དང་དཔའ་རྩལ་དགུ་ལྡན་པ་ཞིག་བྱུང་ཡོད། སྤྱིར་གླིང་གི་རིགས་རྒྱུད་གང་ལས་མཆེད་ཚུལ་སྐོར་རང་རིགས་མེས་པོའི་སོར་རིམ་ལ་འཁོད་པ་ལྟར་ན་སྟོང་ལྡོང་སེ་རྨུ་སྟེ་བོད་

① 《ཕྱི་གླིང་དུག་རྫོང་བདེ་བཀོད་》ཤོག་གྲངས146ནང་གསལ།

② 《ཕྱི་གླིང་དུག་རྫོང་བདེ་བཀོད་》ཤོག་གྲངས297ནང་གསལ།

③ 《ཕྱི་གླིང་དུག་རྫོང་བདེ་བཀོད་》ཤོག་གྲངས96ནང་གསལ།

④ 《ཕྱི་གླིང་དུག་རྫོང་བདེ་བཀོད་》ཤོག་གྲངས106ནང་གསལ།

མིའུ་རིགས་བཞིའམ་དེ་ཁར་དབྲ་དང་འབྲུ་བསྣན་པས་བོད་མི་བུ་རིགས་དྲུག་བྱུང་བ་དང་། ལྡོང་གི་རྒྱུད་ལ་དཀར་པོ་ལྡོང་དང་ནག་པོ་ལྡོང་། ཁྲ་བོ་ལྡོང་། སྨུག་པོ་ལྡོང་སྟེ་རིགས་བཞི་བྱུང་བ་དང་། སྨུག་པོ་ལྡོང་ལའང་ཆེ་དྲུག་དང་བཙུན་དྲུག་བྱུང་། བཙུན་དྲུག་གི་ཡ་གྱལ་ཞིག་ནི་གླིང་བ་ཡིན་པ་དང་། དེ་བཞིན"སྨུག་པོ་གདོང་གི་གདུང་རིགས། གླིང་རྒྱལ་རབས་བཅོ་བརྒྱད་མཚམས། གདོང་བཙན་པོ་ཆོས་འཕེན་གྱི་སྐུ་དུས་ལ་སངས་རྒྱས་ཐམས་ཅད་དགོངས་པ་གཅིག་ཏུ་འདུས་པའི་འཛམ་དབྱངས་རྣམ་འཕྲུལ་རྒྱལ་པོ་གེ་སར་འཁྲུངས་པའི་བཀའ་འཁོར་"① ཞེས་གསལ་བས། གླིང་གི་མི་རྒྱུད་ཀྱི་ཕྱུག་རྩ་རིང་བ་ཟེར་དོན་ཡང་དེ་ཡིན། འོན་ཀྱང་གླིང་ཕ་རབས་ཀྱི་ཞིབ་ཕྲའི་འཕེལ་ཚུལ་སྐོར་ལ་ད་ལམ་སྒྲུང་དཔེ་ཁག་དང་སྒྲུང་པ་སོ་སོར་བཤད་སྲོལ་མི་འདྲ་བ་ཤིན་ཏུ་མང་ལ། གཅིག་གྱུར་གྱི་བཤད་སྲོལ་ཞིག་གྲུབ་མེད། ང་ཚོས་སྒྲུང་མཁན་བསམ་གྲུབ་ཀྱིས་འཆད་གྱེར་གནང་བའི་གླིང་སྒྲུང་ལ་གཞིག་པ་བྱེད་སྐབས། སྒྲུང་མཁན་གང་གིས་གསུངས་པ་དག་ཀྱང་ཐུ་ཕྱི་གཅིག་གྱུར་མིན་པ་དང་། སྒྲུང་དཔེ་མི་འདྲ་བ་དང་སྒྲུང་པ་གཞན་གྱིས་འཆད་གྱེར་གནང་བའི་སྒྲུང་དང་མི་འདྲ་བའི་ཆ་མང་པོ་ཡོད། འདིར་གང་ཞིག་ཡང་དག་པ་ཡིན་པའི་སྐོར་ཚོག་ཐག་གཅོད་དཀའ་ནའང་། བཤད་ཚུལ་མི་འདྲ་བ་རྣམས་རེ་རེ་བཞིན་བཀོད་ནས་གཤིབ་བསྡུར་ལམ་ཙམ་བྱས་པ་རིག་གཞུང་ལས་རིགས་པ་ཚོར་དཔྱད་གཞིར་འབུལ་རྒྱུ་ཡིན།

སྒྲུང་མཁན་གྲུ་རུ་རྒྱལ་མཚན་གྱིས་ཕབ་པའི《ལྡོང་གི་མ་ཡིག་ལུང་བསྟན་》ཞེས་པའི་སྒྲུང་དཔེ་དེ་ནི་ལྡོང་གི་མ་ཡིག་ལུང་བསྟན་དང་། མཁར་རྫོང་གི་ཆགས་རབས། དཔའ་བོའི་འཁྲུངས་རབས། ས་བཤད་སོགས་རྒྱས་པར་བརྗོད་པའི་སྒྲུང་སྣ་ཞིག་ཡིན། དེའི་ནང་"བོད་མིའུ་ལྡོང་དྲུག་གི་རྒྱལ་པོ་ལྷུགས་སྟག་གི་ལོར་

① 《འཛམ་གླིང་སེང་ཆེན་ནོར་བུ་དགྲ་འདུལ་གྱི་རྟོགས་བརྗོད་ལྗུ་ཏིག་ཐེང་བ་སྒྲ་འཛིན་བཅུད་ཀྱི་ཐིག་ལེ་བཞུགས་སོ་》ཞེས་པའི་ཤོག་ངོས10པར་གསལ། བོད་ལྗོངས་མི་དམངས་དཔེ་སྐྲུན་ཁང་ནས1982ལོར་བསྐྲུན།

སྐུ་འཁྲུངས། དགུང་ལོ་བཅོ་བརྒྱད་པ་མི་ལུག་ལ་བོད་བཟའ་བསམ་གཏན་མཚོ་ཁབ་ཏུ་བཞེས༔ ས་སྤྲེལ་ལ་སྲས་ཊ་ཁྲི་བཙན་པོ་དང་༔ ལྕགས་ཁྱི་ལ་དམུ་ཁྲི་བཙན༔ ཆུ་ཕྱི་ལ་མླུ་ཁྲི་བཙན་རྣམས་འཁྲུངས་ལ༔ དེ་ཡང་སྲས་ཆུང་བ་མླུ་ཁྲི་བཙན་པོ་དགུང་ལོ་བཅུ་དྲུག་མེ་ཡོས་ལོར་སྤྱང་བཟའ་ཉྣ་སྐྱིད་སྒྲོལ་མ་ཁབ་ཏུ་བཞེས༔ དེ་ཡང་རིམ་པ་བཞིན་དུ་ས་འབྲུག་ལ་ལྷ་རྒྱལ་དང་༔ ལྕགས་རྟ་ལ་ཁྲི་རྒྱལ༔ ཆུ་སྤྲེལ་ལ་དཔའ་རྒྱལ་རྣམས་འཁྲུངས༔ ལྷ་རྒྱལ་གྱིས་སྦྲ་བཟའ་ཉི་མ་སྐྱིད་དང་༔ ལི་བཟའ་སྐར་མ་འཛོམས༔ སྟོང་བཟའ་མེ་ཏོག་གསལ་རྣམས་ཁབ་ཏུ་བཞེས༔ ཁྲི་རྒྱལ་གྱིས་ཉྣ་བཟའ་འོད་འཚང་སྒྲོལ་མ་དང་༔ དཔའ་བཟའ་རིག་འཛིན་ཁྲི་འཛོམས༔ སྟོ་བཟའ་པདྨ་སྐྱིན་ལེགས་རྣམས་ཁབ་ཏུ་བཞེས༔ དཔའ་རྒྱལ་གྱིས་ཁྲ་བཟའ་ཙེ་མ་བུ་ལེགས་ཁབ་ཏུ་བཞེས༔ ལྕགས་སྟག་ལ་ཆོས་ལ་འཕེན་དང་༔ ཆུ་འབྲུག་ལ་བླ་མ་འཕེན༔ ཤིང་རྟ་ལ་ཆོས་འཕེན་ནག་པོ་རྣམས་འཁྲུངས༔ འདིར་དཔའ་རྒྱལ་གྱི་བུ་གསུམ་གྱི་ཆུང་བ་ཆོས་འཕེན་ནག་པོས་འབྲོག་བཟའ་བསྐལ་བཟང་ཆོས་སྒྲོན་ཁབ་ཏུ་བཞེས་ཏེ། ཤིང་ཡོས་ལ་སྤྱི་དཔོན་དང་༔ ས་རྟ་ལ་སེང་སློན༔ ལྕགས་སྤྲེལ་ལ་ཁྲོ་ཐུང་༔ ཆུ་ཁྱི་ལ་སྲས་མོ་ཤེར་ལྕམ་རྣམས་རིམ་པར་འཁྲུངས༔"①ཞེས་གསལ་ཡོད།

སྒྲུང་མཁན་གྲགས་པས་འཆད་གྱེར་གནང་བའི་《ལྷ་གླིང་གབ་ཙེ་དགུ་སྐོར་》ཞེས་པའི་ནང་"ར་ཁྲི་དཔོན་དང་ཊ་ཁྲི་དཔོན་གཉིས་ལ་མླུ་ཡི་བུ་ཆོས་ལྷ་དཔོན་དང་། ཆོས་འཕེལ་ནག་པོ་ཟེར་བ་གཉིས་འཁྲུངས་ནས་ཡོད།"② བུ་དེ་གཉིས་ལ་ཇ་རྒྱལ་ཆེན་པོས་བུ་མོ་གསེར་མཚོ། དངུལ་མཚོ། གཡུ་མཚོ་གསུམ་

① སྒྲུང་མཁན་གུ་རུ་རྒྱལ་མཚན་གྱིས་ཕབ་པའི་《སྟོང་གི་མ་ཡིག་ལུང་བསྟན་》ཤོག་གྲངས10པར་གསལ། ཀན་སུའུ་མི་རིགས་དཔེ་སྐྲུན་ཁང་ནས་༢༠༡༠ལོར་དཔར་དུ་བསྐྲུན།

② སྒྲུང་མཁན་གྲགས་པས་འཆད་གྱེར་གནང་བའི་《ལྷ་གླིང་གབ་ཙེ་དགུ་སྐོར་》ཞེས་པའི་ཤོག་གྲངས12ལ་གསལ། མི་རིགས་དཔེ་སྐྲུན་ཁང་ནས1998ལོར་དཔར་དུ་བསྐྲུན།

ཚགས་རྟེན་དུ་ཕུལ། “མ་གསེར་མཚོའི་ཕང་ནས་བུ་བརྒྱད་འཁྲུངས། བུ་བརྒྱད་འོག་ན་སྟེ་བརྒྱད་ཚགས། སྟེ་བརྒྱད་གནམ་གྱི་སྐར་ཚོགས་འདྲ། སྟོད་གླིང་གསེར་པ་ཚེ་བརྒྱད་ཚགས། ……མ་དངུལ་མཚོའི་ཕང་ནས་བུ་དྲུག་འཁྲུངས། བུ་དྲུག་འོག་ལ་སྟེ་དྲུག་ཚགས། སྟེ་དྲུག་སྤང་གི་མེ་ཏོག་འདྲ། བུ་བཞིའི་འོག་ལ་སྟེ་བཞི་ཚགས། སྟེ་བཞི་མཐའ་ཡི་རྒྱ་མཚོར་མཉམ། སྨད་གླིང་ཉུ་སྐྱུང་སྟེ་བཞི་ཚགས།”[1]ཞེས་གསལ་བ་དང་། བུ་དེ་གཉིས་ལ་ཀླུ་ཡུལ་ནས་སྤུན་བུ་མོ་རོང་ལྕམ་ཟོག་བདག་ཏུ་བཏང་། བུ་མོ་དེ་ལ་ཟླ་གྲོགས་སུ་ཡང་མེད་པར་ལྷ་ཡི་བུ་སྤུན་གསུམ་འཁྲུངས་པ་སྤྱི་དཔོན་དང་སེང་བློན། ཁྲོ་ཐུང་བཅས་ཡིན་པར་གསལ་ཡོད།[2]

སྒྲུང་མཁན་ཟླ་བ་གྲགས་པས་འཆད་ཁྲིར་གནང་བའི་《ལི་ཁྲི་མཚལ་རྫོང་》ཞེས་པའི་ནང་“གཡས་གྲལ་གྲལ་གྱི་གྲལ་མགོ། འབོལ་གདན་གསུམ་བརྩེགས་ཡང་སྟེང་ནས་བློ་ཚགས་ཆེན་གྱི་གྲལ་མགོ། ཕ་ཁུ་རྣམས་ཀྱི་ཆེ་མགོ། ཀུན་རབས་རྣམས་ཀྱི་བློ་ཕུགས། ལྡོང་ཁུ་བོ་སྤྱི་དཔོན་རྒྱལ་པོ་ཁོང་། གཡས་སུ་སྨུག་པོ་ལྡོང་གི་མ་ཡིག་ཤར་རྨ་ཆེན་སྤོམ་རའི་གཏེར་ཟོག་དེ་བཞམས། གཡོན་དུ་པོ་ཏི་དམར་ཆུང་ཆོས་ལ་འཕེན་དང་ཆོས་ཕན་ནག་པོའི་པོ་ཏི་མི་རབས་བརྒྱད་ཀྱི་བརྒྱུད་རིམ་དེ་བཞམས།”[3]ཞེས་ཆོས་ལ་འཕེན་དང་ཆོས་འཕེལ་ནག་པོ་ནས་སྤྱི་དཔོན་བར་ལ་མི་རབས་བརྒྱད་བྱུང་བ་ཤུགས་སུ་བསྟན་ཡོད།

ནག་ཚུའི་དམངས་ཁྲོད་སྒྲུང་པ་ཟླ་བས་“ལྷ་སྤྲུལ་ཐོ་ཐོ་རི་ཡི་གདུང་རྒྱུད་ལས། ལྷ་སྤྲུལ་ལྷ་སྲས་ར་ཁྲ་རྒྱལ་པོ་འཁྲུངས། ར་ཁྲ་རྒྱལ་ལ་རྒྱལ་སྲས་བུ་གསུམ་

① སྒྲུང་མཁན་གྲགས་པས་འཆད་ཁྲིར་གནང་བའི་《ལྷ་གླིང་གབ་ཙེ་དགུ་སྐོར་》ཞེས་པའི་ཤོག་ངོས་15ལ་གསལ། མི་རིགས་དཔེ་སྐྲུན་ཁང་ནས1998ལོར་དཔར་དུ་བསྐྲུན།

② སྒྲུང་མཁན་གྲགས་པས་འཆད་ཁྲིར་གནང་བའི་《ལྷ་གླིང་གབ་ཙེ་དགུ་སྐོར་》ཞེས་པའི་ཤོག་ངོས50ལ་གསལ། མི་རིགས་དཔེ་སྐྲུན་ཁང་ནས1998ལོར་དཔར་དུ་བསྐྲུན།

③ སྒྲུང་མཁན་ཟླ་བ་གྲགས་པས་བཤད་པའི་《ལི་ཁྲིའི་མཚལ་རྫོང་》ཞེས་པའི་ཤོག་ངོས་12ལ་གསལ། མཚོ་སྔོན་མི་རིགས་དཔེ་སྐྲུན་ཁང་ནས1999ལོར་དཔར་དུ་བསྐྲུན།

འབྲུངས། བླ་མ་འཕེན་དང་དཔོན་པོ་འཕེན། ཆོས་ལ་འཕེན་སྟེ་བུ་གསུམ་འབྲུངས། བླམ་འཕེན་ནི་སྲིད་སྤྱངས་དབེན་རི་འགྲིམས། །ཚེ་གཅིག་ལུས་གཅིག་འཛའ་ལུས་ཆོས་སྐུ་གྲུབ། དཔོན་པོ་འཕེན་ནི་དཔའ་ངར་རྩལ་དྲུག་ལྡན། །དགུང་ལོ་བཅོ་བརྒྱད་ཕེབས་དུས་རྒྱལ་སར་བསྐོས། །ཉེར་ལྔ་དུས་སུ་ཧོར་གྱི་ཐོག་དམག་སླེབས། །རྒྱལ་པོ་བཀྲུང་དེ་རྒྱལ་སྲིད་ཧོར་ལ་ཤོར། །དེ་ནས་བཟུང་སྟེ་ཧོར་གྱི་ཁྲལ་འོག་ཚུད། དེ་མཇུག་ལོ་གསུམ་སོང་བའི་མཐའ་མཇུག་ལ། ཆོས་ལ་འཕེན་དེ་རྨ་རྒྱལ་རི་བསངས་སོང་། རི་བསངས་སོང་ནས་ལོག་པའི་ནུབ་མོ་ལ། རྨི་ལམ་ནང་ནས་རྨ་རྒྱལ་ལུང་བསྟན་ལྟར། རྨ་རྒྱལ་ཧ་ཡི་འཕོང་ལ་བཞག་ནས་འཁྲིད། སྦྲ་ནག་རི་རྒྱལ་འདྲ་བའི་ནང་ལ་འཁྲིད། ཕ་ཁྲིམ་འདི་ནི་ཁྱོད་ཀྱི་ཁྲིམ་གཞི་ཡིན། སྐྱེས་བུ་ཁྱོད་ནི་དབུ་སྐྲ་སྨུག་པོ་རེད། ཕ་ཁྲིམ་འདི་ནི་ཁ་དོག་སྨུག་པོ་ཡིན། སྨ་ཡི་ནོར་ནི་སྤུ་མདོག་སྨུག་པོ་ཡིན། སྨུག་པོ་དེ་གསུམ་སྨུག་པོ་གྲ་སྡེབ་རེད། ཕྱུགས་ཟོག་དར་དར་ཡོང་བའི་སྨོན་ལམ་འདེབས། དེ་ནས་བཟུང་སྟེ་སྨུག་པོ་གདུང་རྒྱུད་ཟེར། ཆོས་བླ་འཕེན་ལ་རྒྱལ་སྲས་བུ་གསུམ་འབྲུངས། ཉི་དཔོན་ཆོས་ལྷ་ཆོས་འཕེན་གསུམ། བུ་གསུམ་བག་མ་མཉམ་དུ་བླངས། ཆོས་འཕེན་ནང་ལམ་བསྡད་ཕྱི་ལ་སོང་། ཕྱི་ལ་སོང་ནས་བཙུན་གསུམ་ཁབ་ཏུ་བཞེས། ཚྭ་རོང་འགག་ནས་རོང་བཟའ་ཛ་མར་བླངས། དེ་ལ་སྤྱི་དཔོན་རོང་ཚ་ཁྲ་རྒན་འབྲུངས། སེང་ཡུལ་སྟོད་ནས་སེང་བཟའ་བག་མར་བླངས། དེ་ལ་ཡབ་རྗེ་སེང་བློན་རྒྱལ་པོ་འབྲུངས། སྟག་ཚང་སྟོད་ནས་སྟག་བཟའ་བག་མར་བསུས། དེ་ལ་སྟག་རོང་དཔོན་པོ་ཁྲོ་རྒྱལ་འབྲུངས་”[①]ཞེས་སྤྱི་དཔོན་རོང་ཚ་ཁྲ་རྒན་ནི་ར་ཁྲ་རྒན་པོ་ནས་བརྩེས་པའི་མི་རབས་བཞི་པ་དེ་ཡིན་པར་གསལ།

སྒྲུང་མཁན་བསམ་གྲུབ་ཀྱིས་འཆད་ཀྱེར་གནང་བའི་《ཆགས་གླིང་》ངམ་

① སྤྱི་ལོ2013ལོའི་ཟླ་དང་པོར་ནག་ཆུའི་དམངས་ཁྲོད་སྒྲུང་པ་ཟླ་བ་ལ་བཅར་འདྲི་ཞུས་པའི་ཟིན་ཐོ་ལས།

《ཚགས་གླིང་ཚ་ག་རིང་མོ་》ཞེས་པའི་སྒྲུང་དཔེ་དེ་ནི་གླིང་གི་ཕ་རབས་རྣམས་ཀྱི་འབྱུངས་རབས་དང་ཁྲ་མོ་གླིང་གི་ཚགས་རབས་རྒྱས་པར་སྤྲོས་པའི་སྒྲུང་སྣ་ཞིག་ཡིན། དེའི་ནང་ཐོག་མར་ལྗོང་ར་ཁྲ་ཁམ་པ་དེ་ཉིད་ཀྱི་ཡབ་ལྗོང་བེ་རུ་ཆོས་རྒྱལ་ཉི་མ་དང་ཡུམ་ཉེལ་དཀར་མཚོ་མོ་ཡིན་པར་བཤད། དེ་རྗེས་གླིང་གི་ཕ་རབས་འཕེལ་ཚུལ་ལ་བཤད་ཚུལ་མི་འདྲ་བ་བཞི་བྱུང་ཡོད། ཤོག་གྲངས་༡༧ནང་གསལ་བར“གླིང་ས་མཐོང་བ་ཀུན་སྨོན་ན་བོད་མིའུ་གདུང་དྲུག་གི་རྒྱལ་པོ་ར་ཁྲ་རྐས་པོ་དེ་ལྟགས་སྟག་གི་ལོར་སྐྲ་འབྱུངས། དགུང་ལོ་བཅོ་བརྒྱད་པ་མེ་གླང་ལོར་རྫོང་མཁར་བསམ་གཏན་མཚོ་ཁར་བཞེངས་ནས་ཁྲི་འདོན་གྱི་མཛད་སྒོ་རྒྱ་ཆེན་སྤེལ། ས་ཕོ་སྤྲེལ་གྱི་ལོ་གླིང་གི་རྒྱལ་ས་ལེགས་པར་བཟུང་། མི་སྡེ་དར་ཞིང་རྒྱས། བདེ་སྐྱིད་ཕུན་སུམ་ཚོགས། དཀར་པོ་ཆོས་ཀྱི་བསྟན་པ་རྒྱས། དེ་ལ་རུ་ཁྲ་བཙན་དང་ཨུ་ཁྲ་བཙན། ཀླུ་ཁྲ་བཙན་བཅས་གསུམ་འབྱུངས། རུ་ཁྲ་བཙན་གྱིས་རབ་བཟང་གསེར་གྱི་སྦྲུལ་མ་ཁབ་ཏུ་བཞེས། དེ་ལ་ཡང་ཆོས་ལ་འཕེལ་དང་བླ་མ་འཕེལ། ཆོས་འཕེལ་ནག་པོ་གསུམ་འབྱུངས”ཞེས་པ་དང་། “ལྗོང་ར་ཁྲ་ཁམ་པ་ཟེར་བ་སྐྱེ་མོ་ར་དཀར་ཨ་མཚོའི་རྒྱུད་ལ་བྱུང་བ་ཡིན། དེ་ཡི་བུ་ལ་ཆོས་ལ་འཕེལ། དེ་ཡི་བུ་ལ་བྲག་ལ་འཕེལ། དེ་ཡི་བུ་ལ་བཙན་ལ་འཕེལ། དེ་ཡི་བུ་ལ་དགྲ་ལྷ་འབུམ། དེ་ཡི་བུ་ལ་དར་འབུམ། དེ་ཡི་བུ་ལ་དགྲ་རྒྱལ་འབུམ། དེ་ཡི་བུ་ལ་ཁྲི་བཙན། དེ་ཡི་བུ་ལ་ཆོས་འཕེལ་ནག་པ་ཟེར། གདོང་ཆོས་ལ་འཕེལ་གྱི་རིགས་རྒྱུད་ལ་རིགས་མི་འདྲ་མི་ཕོ་བཅུ་དྲུག་འབྱུངས”ཞེས་པ། ཡང་ཤོག་གྲངས་༨༩ནང་“གསེར་ཡུལ་སྟོད་ནས་གསེར་བཟའ་བསུས། གསེར་བུ་ལྷ་ཡི་དར་དཀར་འབྱུངས། སྨ་ཡུལ་སྟོད་ནས་འོམ་བཟའ་དྲངས། འོམ་བུ་ལྟགས་ཕུར་ཁྲི་བཙན་འབྱུངས། རྨ་ཡུལ་སྨད་ནས་དམུ་བཟའ་དྲངས། དམུ་སྲས་རིན་རིན་དར་དཀར་འབྱུངས། སྟོད་གླིང་གསེར་གྱི་སྡེ་པ་དེ། གསེར་ཕྱེ་ཐང་ལ་སྤྲུངས་འདྲ་ཆགས། བར་གླིང་འོམ་བུ་ཚོ་དྲུག་དེ། མདུང་སོ་དགྲ་ལ་གཏད་འདྲ་ཆགས། མདུང་དར་མེ་དམར་མཆེད་

འདྲ་ཆགས། སྨད་གླིང་དམུ་སྤྱང་སྡེ་བཞི་དེ། རལ་གྲི་ཤུབས་ཁ་སྤར་འདྲ་ཆགས། དགྲ་སྲོག་ཏ་ལ་འཕེན་པའི་རྟགས། རང་ཤོག་སྟག་ལུང་ཁྲ་མོ་དེ། རྒྱ་སྟག་ཚང་ནས་ལངས་འདྲ་རེད་” ཅེས་པ། ཤོག་ངོས་༢༣ནང་“ མི་ང་འདྲ་ང་ངོ་མ་ཤེས་ན། སྨུག་པོ་ལྡོང་གི་མི་རྒྱུད་ཡིན། སྤྱ་རབས་དུས་ཚོད་གོང་མ་ལ། སྐྱེ་མོ་རག་དཀར་ཨ་མཚོའི་བུ། གསེར་བུ་ལྷ་ཡག་དར་དཀར་འཁྲུངས། དེ་ཡི་བུ་ལ་གསེར་ལྷ་འབུམ། དེ་ཡི་བུ་ལ་ཐོག་ལྷ་འབུམ། དེ་ཡི་བུ་ལ་དགྲ་རྒྱལ་འབུམ། དེ་ཡི་བུ་ལ་གཡུ་རྒྱལ་འབུམ། མི་རབས་ལྔ་ཡི་མཚམས་སུ་དེར། ཆོས་འཕེལ་ནག་པོ་སྐུ་འཁྲུངས་ནས། ཆོས་འཕེལ་ནག་པོའི་བུ་རྒྱུད་ལ། ང་རང་རོང་ཚ་ཁྲ་ཐུག་བྱུང་། གླིང་དཀར་སྐྱེ་པའི་སྐྱེ་དོན་ཡིན། གླིང་ཕ་ཁུ་ཆགས་པའི་གཞི་མ་ཡིན་” ཞེས་གསལ་ཡོད།

གོང་གསལ་དེ་དག་ལ་གཞིག་པ་བྱེད་སྐབས་གཅིག་གྱུར་གྱི་བཤད་ཚུལ་ཞིག་རྙེད་དཀའ་སྟེ། སྤྱི་དཔོན་རོང་ཚ་ཁྲ་རྒན་ནས་ཡར་འདེད་བྱེད་སྐབས། གུ་རུ་རྒྱལ་མཚན་གྱིས་གསུངས་པར་གཞིགས་ན། སྤྱི་དཔོན་ནི་ཆོས་འཕེལ་ནག་པོའི་བུ་ཡིན་པ་དང་། དེའི་ཕ་དཔལ་རྒྱལ། དེའི་ཕ་ཀླུ་ཁྲ་བཙན། དེའི་ཕ་ར་ཁྲ་རྒན་པོ་ཡིན་པས། སྤྱི་དཔོན་ནི་ར་ཁྲ་རྒན་པོ་ནས་བརྒྱུད་པའི་མི་རབས་ལྔ་པ་དེ་ཡིན་པ་དང་། སྒྲུང་མཁན་གྲགས་པས་གསུངས་པ་ལྟར་ན། སྤྱི་དཔོན་དང་སེང་བློན། ཁྲོ་ཐུང་བཅས་ཕ་ཁུ་གསུམ་ནི་ཀླུ་ཡུལ་ནས་གདན་དྲངས་པའི་ཆོས་འཕེལ་ནག་པོའི་སྲུན་བུ་མོ་རོང་ལྕམ་གྱི་སྲས་སུ་འཁྲུངས་པར་ངེས་ལ། ཆོས་འཕེལ་ནག་པོར་ཕུ་བོ་ཆོས་དཔོན་ཞེས་པ་ཞིག་ཡོད་པ་དང་། ཕུ་ནུ་དེ་གཉིས་ལ་ཛ་རྒྱལ་ཆེན་པོའི་བུ་མོ་སྲུན་གསུམ་ཡོད་པ་གནའ་མར་བསུས་ནས་ཁྲོ་མང་ཤུག་མང་གི་གཉེན་སྒྲིག་ལ་འཛུག་ཚུལ་བསྟན་པ་མ་ཟད། ཕུ་ནུ་དེ་གཉིས་ཀྱི་ཕ་རབས་ར་ཁྲི་དཔོན་དང་རུ་ཁྲི་དཔོན་ཕུ་ནུ་གཉིས་ཡོད་པའི་མནའ་མར་ཀླུ་མོ་ཞིག་མཉམ་བསུ་བྱས་ཡོད། སྒྲུང་མཁན་བསམ་གྲུབ་ཀྱི་འཆད་ཀྱིར་གནང་བའི་《ཆགས་གླིང་》ནང་གླིང་གི་ཕ་རབས་སྐོར་སྤྱ་ཕྱིར་ཁག་བཞི་གསལ་བ་ཚང་མ་གཅིག་མཐུན་མིན་པ་ནི་སྤྱི་དཔོན་

རོང་ཚ་ཁྲ་རྒན་ནི་ཞོང་ར་ཁྲ་ཁམ་པ་ནས་བརྩིས་པའི་མི་རབས་བཞི་པ་དང་། མི་རབས་བདུན་པ། བཅུ་པ་བཅས་ཡིན་པར་གསལ་བ་དང་། མི་རྒྱུད་འཕེལ་ཚུལ་ལའང་ཁྱད་པར་ཆེན་པོ་ཡོད། དེ་ལས་བཤད་ཚུལ་དང་པོ་དེ་གུ་རུ་རྒྱལ་མཚན་གྱི་བཤད་ཚུལ་དང་འདྲ་ཤས་ཆེ་ཙམ་ཡོད། དེ་གཉིས་དབར་གྱི་མི་མཐུན་ས་ནི། བསམ་གྲུབ་ཀྱི་བཤད་སྲོལ་དང་པོའི་ནང་དུ་ར་ཁྲ་རྒན་པོ་ནས་ཆོས་འཕེལ་ནག་པོའི་བར་དུ་ཕ་ཁུ་བཙན་གསུམ་དང་ཕུ་ནུ་འཕེལ་གསུམ་སྟེ་མི་རབས་གཉིས་བྱུང་ཚུལ་གསལ་བ་དང་། གུ་རུ་རྒྱལ་མཚན་གྱི་བཤད་སྲོལ་ནང་ར་ཁྲ་རྒན་པོ་ནས་ཆོས་འཕེལ་ནག་པོའི་བར་དུ་ཕ་མེས་བཙན་གསུམ། ཕ་ཁུ་རྒྱལ་གསུམ། ཕུ་ནུ་འཕེལ་གསུམ་བཅས་མི་རབས་གསུམ་བྱུང་བར་གསལ་བས་བསམ་གྲུབ་ཀྱི་བཤད་རྒྱུན་ལས་མི་རབས་གཅིག་གིས་མང་བ་དང་། བསམ་གྲུབ་ཀྱི་བཤད་རྒྱུན་དང་པོའི་ནང་ཆོས་འཕེལ་ནག་པོ་ནི་ཕ་ཁུ་བཙན་གསུམ་གྱི་རྒན་པ་རུ་ཁྲ་བཙན་གྱི་སྲས་ཡིན་པར་གསལ་བ་དང་། གུ་རུ་རྒྱལ་མཚན་གྱི་བཤད་རྒྱུན་ལྟར་ན་ནུ་པོ་ཀླུ་ཁྲ་བཙན་ནས་འཕེལ་བར་གསལ་བ་དེ་ཡིན། དགེ་རྒན་ཆེན་མོ་ལྷ་མཆོག་རྒྱལ་སོགས་ནས་བརྩམས་གནང་བའི་《འཛམ་གླིང་གེ་སར་རྒྱལ་པོའི་སྒྲུང་གི་མི་སྣ་ཞིབ་འཇུག》ཅེས་པའི་ཚེད་རྩོམ་ནང་དུ་སྤྱི་དཔོན་གོང་རོལ་གྱི་གླིང་གི་ལྷ་རྒྱུད་མེས་པོའི་ལོ་རྒྱུས་མདོར་བསྡུས་དང་ཕ་མ་སུ་ཡིན་སྐོར་མདོར་བསྡུས་བཀོད་ཡོད་པའི་ནང་གསལ་བར་མཚོ་སྔོན་ནས་དཔར་དུ་བསྒྲུན་པའི་ཧ་རྒྱུག་དཔེད་ཀྱི་ཉི་མའི་ནང་ཞོང་ར་ཁྲ་རྒན་པོའི་སྲས་གསུམ་ནི་ཆེ་བ་ཆོས་འཕེལ་ནག་པོ། འབྲིང་བ་ཆོས་ལ་འཕེལ། ཆུང་བ་ བླམ་འཕེལ་ཡིན་པར་བཀོད་པ་དང་། སི་ཁྲིན་ནས་དཔར་དུ་བསྒྲུན་པའི་འབྲུངས་གླིང་མེ་ཏོག་ར་བའི་ནང་ཞོང་ར་ཁྲ་རྒན་པོ་དགུང་ལོ་བཅོ་བརྒྱད་ལོན་པ་ན་བོད་བཟའ་བསམ་གཏན་འཚོ་ཁབ་ཏུ་བཞེས་པ་དང་། ཁོང་ལ་སྲས་རུ་ཁྲ་བཙན་དང་དམུ་ཁྲ་བཙན། ཀླུ་ཁྲ་བཙན་གསུམ་འཁྲུངས་ཞེས་གསལ་ལ། དེ་ལྟར་བཤད་སྲོལ་ཕྱི་མ་དེ་ཚད་མར་བཟུང་ཚུལ་གྱིས་རྗེས་རབས་རྣམས་ངོ་སྤྲོད་

གནང་འདུག

རྟ་བཙན་དང་རག་བཟའ་སེམས་སྐྱིད་སྒྲོལ་མའི་སྤྲུལ་སྒྲུབས་ཀྱི་སྟེར་ཆོས་ལ་འཕེན་དང་ བླ་མ་འཕེན། ཆོས་འཕེན་ནག་པོ་གསུམ་འབྱུང་བ་ཞིས་འཁོད་པ་དག་ཡི་གེའི་དག་ཆ་ཙམ་ལས་ཡུམ་གྱི་མཚན་དང་ཕུ་ནུའི་རྒྱན་གཞོན་པོ་རིམ་སོགས་སྒྲུང་མཁན་བསམ་གྲུབ་ཀྱི་གསུང་རྒྱུན་དང་པོ་དང་ཡོངས་སུ་མཐུན། 《འཛམ་གླིང་གི་སར་རྒྱལ་པོའི་སྒྲུང་གི་མི་སྣ་ཞིབ་འཇུག》ཅེས་པའི་ནང་ཆོས་འཕེལ་ནག་པོ་དང་གསེར་བཟའི་སྤྲུལ་སྐུ་གསེར་བུ་ལྷ་ཡག་དར་དཀར་དང་། དེ་དང་སྤྱང་བཟའི་སྤྲུལ་སྐུ་འོམ་བུ་ཁྲི་སྤྱང་དཔའ་རྒྱལ་དང་སྤྱང་བུ་དགྲ་རྒྱལ་འབུམ་མེ་འབྱུང་བས་པར་གསལ་བ་དག་བསམ་གྲུབ་ཀྱི་བཤད་སྲོལ་གསུམ་པ་དང་ཡོངས་སུ་གཅིག་མཐུན་མིན་ཡང་འདྲ་བའི་ཆ་ཡོད་དེ། བསམ་གྲུབ་ཀྱིས་གསུངས་པ་ལྟར་ན། ཆོས་འཕེལ་ནག་པོ་ལ་བཙུན་མོ་གསུམ་བྱུང་བ་ལས་གསེར་བཟའ་ལ་སྲས་གསེར་བུ་ལྷ་གཡག་དར་དཀར་དང་། འོམ་བཟའ་ལ་སྲས་ལྷུགས་པར་ཁྲི་བཙན་ནམ་སྤྱང་ཁྲི་ཧམ་བཙན། མུ་བཟའ་ལ་རིན་ཆེན་དར་ལུ་བཅས་བྱུང་ནས་སྟོད་གླིང་གསེར་པ། བར་གླིང་འོམ་བུ། སྨད་གླིང་མུ་སྤྱང་བཅས་དེ་དག་ལས་མཆེད་ཚུལ་གསལ་བ་ལྟ་བུའོ། ། 《འཛམ་གླིང་གི་སར་རྒྱལ་པོའི་སྒྲུང་གི་མི་སྣ་ཞིབ་འཇུག》ཅེས་པའི་ནང་སྤྱང་བུ་དགྲ་རྒྱལ་འབུམ་མེའི་སྤྲུལ་སྐུ་ཐོག་ལྷ་འབུམ། དེའི་སྤྲུལ་སྐུ་ཆོས་ལ་འབུམ། དེའི་སྤྲུལ་སྐུ་རོང་ཚ་ཁྲ་རྒན་དང་གཡུ་རྒྱལ། སེང་བློན་བཅས་འབྱུང་བས་པར་གསལ་ཡོད། 《ཆགས་གླིང་》ནང་འཁོད་བཤད་སྲོལ་གཉིས་པ་དང་བཞི་པ་གཉིས་བཤད་སྲོལ་གཞན་པ་གཉིས་སམ་སྒྲུང་དཔེ་གཞན་དང་བསྡུར་ན་མི་རབས་མང་པོའི་འཕེལ་ཚུལ་རྒྱས་བཤད་བྱས་ཡོད་ནའང་ནང་འགལ་ཆེ་བའམ་འཁྲུལ་ཆ་ཆེ་ཙམ་དུ་མཐོང་སྟེ། སྐབས་རེ་ཕུ་ནུ་གོ་ལྡོག་པ་དང་། སྐབས་རེ་ཕུ་ནུ་ཡིན་པ་གང་ཞིག་ཕ་བུར་འཁྲུལ་ཡོད་བཟོ་འདུག་པས་བཏང་སྙོམས་སུ་འཇོག་རྒྱུ་ལས་འོས་མེད།

གང་ལྟར་གླིང་གི་མི་རྒྱུད་ཀྱི་སྨུག་རྩ་ཤིན་ཏུ་གཏིང་རིང་ལ་གླིང་མི་རེའི་ཁ་ན་

སྒྲུང་རེ་ཡོད་ཅེས་པ་ལྟར་གླིང་སྒྲུང་དག་སྣ་མང་ཕུན་སུམ་ཚོགས་ཤིང་གཞན་འགྱུར་རང་བཞིན་མངོན་པར་མངའ་བའི་བྱུང་བརྗོད་སྙན་ངག་ཅིག་ལགས་པས། ད་ཡོད་ཀྱི་སྒྲུང་དཔེ་ཁག་གི་ནང་གླིང་གི་ཕ་རབས་ཀྱི་སྐོར་རིམ་པ་བསྟར་ཆགས་རྒྱས་ཤིང་ཞིབ་པའི་སྒོ་ནས་བརྗོད་པ་ཞིག་རིག་རྒྱུ་མེད་པ་དང་། སྒྲུང་པ་མི་འདྲ་བ་ཚང་མར་གཅིག་གྱུར་གྱི་ལྟ་ཚུལ་ཞིག་ཀྱང་ཆགས་མེད། འོན་ཀྱང་གོང་གསལ་བཤད་ཚུལ་ཡོད་རིགས་ཕར་བསྡུར་ཚུར་གཤིབ་བྱས་པ་མ་ཟད། སྒྲུང་ནང་གི་ཚིག་བྱུར་མང་པོར་དཔྱད་པ་བྱས་པ་དང་། བསམ་གྲུབ་ཀྱིས་འཆད་གྲེར་གནང་བའི་སྒྲུང་ནང་གི་མིའི་མིང་གི་འགྱུར་བ་འགྲོ་ཚུལ་སོགས་ལ་གཞིགས་ནས་སྒྲུང་མཁན་བསམ་གྲུབ་ཀྱི་བཤད་རྒྱུན་གཙོ་བོར་བྱས་ནས་གླིང་ཕ་མེས་ཀྱི་འཕེལ་ཚུལ་རགས་བསྡུས་ཤིག་སྔོངས་ཚོད་ཀྱིས་དཔྱད་གཞིར་ཕུལ་འདོད་ཀྱིས་ངལ་བ་ལན་མང་སྤྱད་ནས་གདུང་རྒྱུད་འཕེལ་རིམ་སྒྲིག་ཁྲུལ་བྱས་ཀྱང་རྙོག་པའི་ཁ་ལ་འཚང་འཛིང་ཇེ་ཆེར་འགྲོ་བཟོ་ཆེ་བས་ཆེད་ལས་པ་རྣམས་ལ་དཔྱད་གཞིའི་ཚུལ་དུ་འབུལ་བར་མི་ཕོད་དོ། །

གོང་གསལ་བཤད་ཚུལ་གཙོ་བོ་འགའ་སྐབས་བདེའི་རེའུ་མིག་ཏུ་བཀོད་ན་གཤམ་གསལ་ལྟར།

མི་རབས།	མ་ཡིག་ལུང་བསྟན་ནང་གསལ་བ།	མི་སྣ་ཞིབ་འཇུག་ནང་གསལ་བ།	ཆགས་གླིང་ནང་གསལ་བ། ༡	ཆགས་གླིང་ནང་གསལ་བ། ༢	ཆགས་གླིང་ནང་གསལ་བ། ༣	ཆགས་གླིང་ནང་གསལ་བ། ༤
༡	ར་ཁྲ་ནག་པོ།	ར་ཁྲ་ནོད་པོ།	ར་ཁྲ་ནག་པོ།	ར་ཁྲ་ཁམ་པ།	གེར་ལྷ་འབུམ།	གསེར་བུ་ལྷ་ཡག་དར་དཀར།
༢	སླུ་ཁྲ་བཙན།	ཏུ་ཁྲ་བཙན།	ཏུ་ཁྲ་བཙན།	ཆོས་ལ་འཕེལ།	ཐོག་ལྷ་འབུམ།	ཐོག་ལྷ་འབུམ།
༣	དཔའ་རྒྱལ།	ཆོས་འཕེལ་ནག་པོ།	ཆོས་འཕེལ་ནག་པོ།	བྲག་ལ་འཕེལ།	ལྕགས་ནག་འབུམ།	དགྲ་རྒྱལ་འབུམ།
༤	ཆོས་འཕེལ་ནག་པོ།	སྤྱང་བུ་དགྲ་རྒྱལ་འབུམ་མེ།		བཙན་ལ་འཕེལ།	དགྲ་རྒྱལ་འབུམ།	གཡུལ་རྒྱལ་འབུམ།
༥	སེང་སློན།	ཐོག་ལྷ་འབུམ་མེ།		དགྲ་ལྷ་འབུམ།	དར་མ་འབུམ།	ཆོས་འཕེལ་ནག་པོ།
༦		ཆོས་ལ་འབུམ།		དར་འབུམ།	ཁྱུང་སྐྱིད་འབུམ།	སེང་སློན།

༧		སེང་སློན།		དགྲ་རྒྱལ་འབུམ།	བཙན་རྒྱལ་འབུམ།	
༨				ཁྲི་བཙན།	ཆོས་ལ་འབུམ།	
༩				ཆོས་འཕེལ་ནག་པོ།		
༡༠				སེང་སློན།		

《མི་སྣ་ཞིབ་འཇུག》ནང་གསལ་གཉེན་གྱི་འབྲེལ་བའི་འཕེལ་ཚུལ།

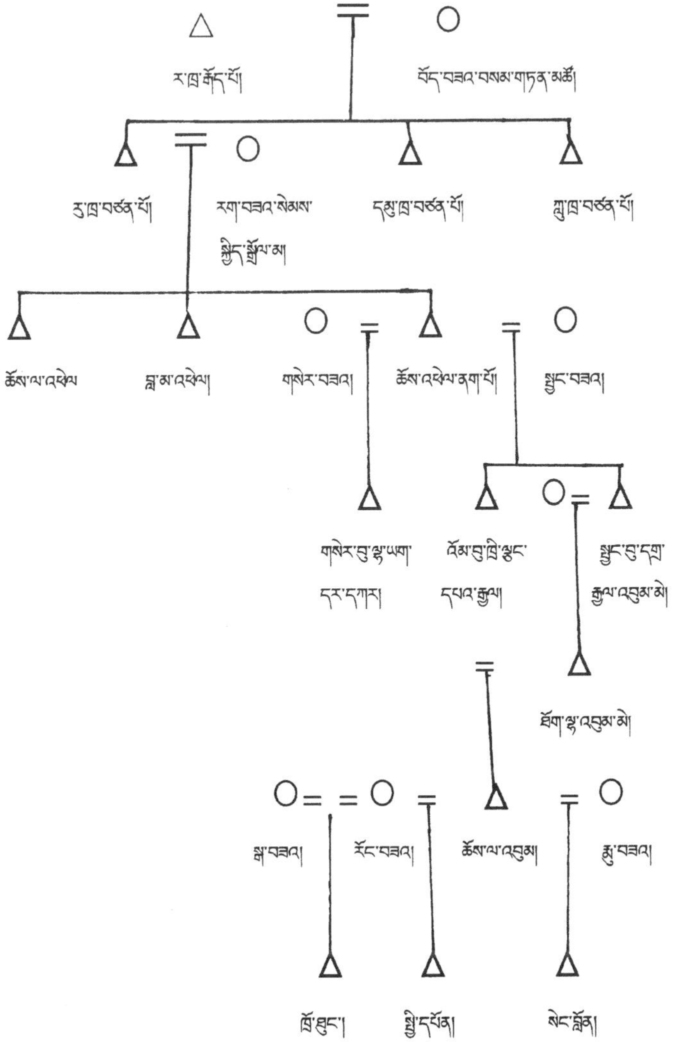

《 ཕྱོང་གི་མ་ཡིག་ལུང་བསྟན་ 》ནང་གསལ་གཉེན་གྱི་འབྲེལ་བའི་འཕེལ་ཚུལ།

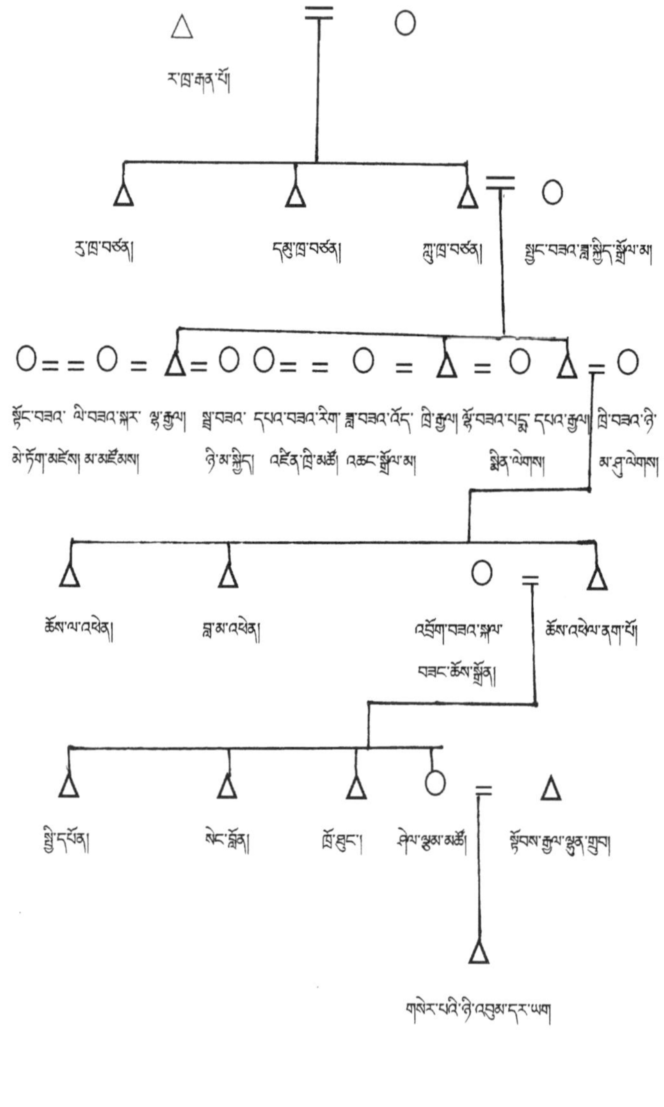

《ཆགས་གླིང་》ཤོག་ཇོས་མི་འདྲ་བའི་ནང་གསལ་གཉེན་གྱི་འབྲེལ་བའི་འཕེལ་ཚུལ།

P-17དང་ P-44

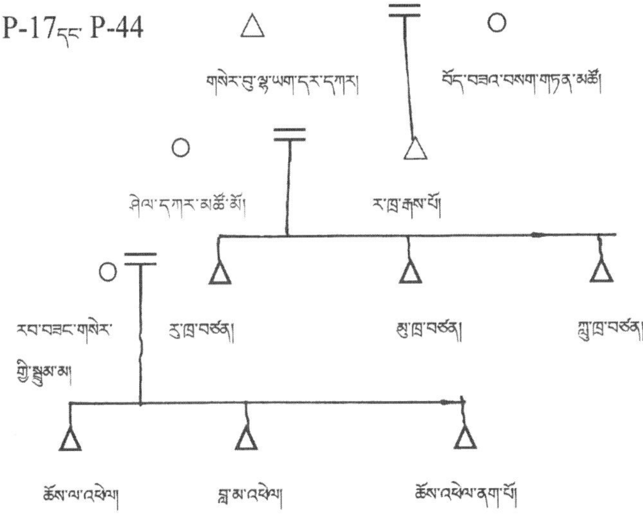

P-17

○སྣེ་མོ་ར་དཀར་མཚོ།
△ར་ཁྲ་ཁམ་པ།
△ཆོས་ལ་འཕེལ།
△བྲག་ལ་འཕེལ།
△བཙན་ལ་འཕེལ།
△དགྲ་ལྷ་འབུམ།
△དར་འབུམ།
△དགྲ་རྒྱལ་འབུམ།
△ཁྲི་བཙན།
△ཆོས་འཕེལ་ནག་པོ།

P-62

○སྣེ་མོ་ར་དཀར་འཛོམས།
△གེར་ལྷ་འབུམ།
△ཐོག་ལྷ་འབུམ།
△ཕྱུགས་ནག་འབུམ།
△དགྲ་རྒྱལ་འབུམ།
△དར་མ་འབུམ།
△ཁྲུང་སྐྱིད་འབུམ།
△བཙན་རྒྱལ་འབུམ།
△ཆོས་ལ་འབུམ།

P-283

○སྣེ་མོ་ར་དཀར་ཨ་མཚོ།
△གསེར་བུ་ལྷ་ཡག་དར་དཀར།
△གསེར་ལྷ་འབུམ།
△ཐོག་ལྷ་འབུམ།
△དགྲ་རྒྱལ་འབུམ།
△གཡུ་རྒྱལ་འབུམ།
△ཆོས་འཕེལ་ནག་པོ།
△རོང་ཚ་ཁྲ་རྒྱན།

༧༧། །སྨད་ཕྱིན་《སྙིང་སྒྲུང་》ལས་དོན་སྐོར་གྱི་བསམ་གཞིག

དང་པོ། 《སྙིང་སྒྲུང་》ལས་དོན་སྤྱིའི་བསམ་གཞིག

འདས་ཟིན་པའི་ལོ་ཉི་ཤུ་ལྷག་ཙམ་གྱི་རིང་ལ་《སྙིང་སྒྲུང་》འཚོལ་བསྡུ་དང་། ལེགས་སྒྲིག་དཔར་སྐྲུན་བཅས་ཀྱི་མྱུར་སྐྱོབ་ལས་དོན་ལ་དཀའ་འོས་པའི་གྲུབ་འབྲས་ཐོབ་ཡོད། འོན་ཀྱང་མིག་མདུན་གྱི་འབྲས་བུར་བློ་ཚིམ་པ་ནི་རྗེས་ལུས་ཀྱི་རྒྱུ་ཡིན་ཞིང་། སྔར་སོང་གི་ཞན་ཆ་འཚོལ་བར་བྱེད་པ་ནི་སྔོན་སྐྱོད་ཀྱི་ལྟས་ཡིན་པ་ལྟར་ང་ཚོས་འདས་ཟིན་པའི་དུས་ཀྱི་མྱུར་སྐྱོབ་ལས་དོན་ཐད་ལྷག་པའི་ཞན་ཆ་ལ་ཕྱོགས་བསྡོམས་ཀྱིས་ཕྱིན་ཆད་སྔར་བས་ལས་དོན་འདི་ཉིད་ལེགས་སྒྲིལ་བྱེད་ཕྱོགས་ཐད་ལ་བསམ་གཞིག་བྱ་རྒྱུ་ནི་དོན་དམ་ཡིན།

《སྙིང་སྒྲུང་》གིས་འཛམ་གླིང་གི་རྩོམ་རིག་ལོ་རྒྱུས་སྟེང་ཟིན་པའི་གོ་གནས་དང་བསྡུར་ན། བྱུང་བརྗོད་སྙན་ངག་དེའི་ཤེས་རིག་སྐོར་ལ་སྤྱི་ཚོགས་ཡོངས་ཀྱིས་མཐོང་ཆེན་བྱས་པ་མི་འདང་བ་དང་། ང་ཚོས་ད་བར་ལེགས་སྒྲིག་དཔེ་སྐྲུན་བྱས་པའི་བརྒྱུད་རིམ་ནང་སླ་བཅོས་དང་། མགྱོགས་བཅོས་ཀྱི་བརྟོལ་ཤུགས་བཟུང་ཡོད་པ་གསལ་པོར་མཚོན། སྙིང་སྒྲུང་རྒྱུན་སྲུང་ཁྱབ་སྤེལ་འགྲོ་བའི་ཁྱད་ཆོས་ལ་ཤེས་རྟོགས་དང་། མིག་སྔར་ལྷག་པའི་ཞན་ཆ་རྣམས་ལ་ངོས་འཛིན་ཡང་དག་བྱས་ཐོག སྙིང་སྒྲུང་མྱུར་སྐྱོབ་ཀྱི་བྱ་བ་དེ་ཕྱོགས་ཡོངས་ནས་ཇི་ལྟར་ལེགས་འགྲུབ་བྱུང་ཐབས་ལ་བསམ་བློ་བཏང་ཚེ་བདག་གི་བསམ་པར་གཤམ་གསལ་གྱི་བྱ་བ་རྣམས་དམ་འཛིན་བྱེད་དགོས་ངེས་འདུག་སྙམ།

དང་པོ། སྙིང་དཀའ་བའི་ལོ་རྒྱུས་ཀྱི་གོ་སྐབས་གཉིས་དམ་འཛིན་བྱས་ཏེ་

གླིང་སྒྲུང་ལེགས་སྒྲིག་དཔར་སྐྲུན་བྱེད་པའི་གོམ་སྟབས་ཇེ་མགྱོགས་སུ་གཏོང་དགོས། མིག་སྔར་རྒྱལ་ཕྱི་རྒྱལ་ནང་ཁྱོན་དུ་མི་རིགས་ཀྱི་ཕྱུལ་བྱུང་སྲོལ་རྒྱུན་རིག་གནས་ལ་ཚད་མཐོའི་མཐོང་ཆེན་བྱེད་པ་འདི་ནི་གླིང་སྒྲུང་མྱུར་སྐྱོབ་ཀྱི་བྱ་བར་སྔར་བྱུང་མ་མྱོང་བའི་ཕྱི་རྐྱེན་བཟང་པོ་ཞིག་ཡིན་པ་དང་། ད་ཆ་གླིང་སྒྲུང་གི་གྲགས་ཅན་སྒྲུང་པ་འགའ་ཤས་སྐུ་འཚོ་བཞུགས་སུ་གནས་ཡོད་འདི་ནི་མྱུར་སྐྱོབ་བྱ་བའི་ནང་རྐྱེན་བཟང་པོ་ཞིག་ཡིན། དེ་ལྟའི་རྙེད་དཀའ་བའི་ཕྱི་ནང་གཉིས་ཀྱི་ཆ་རྐྱེན་བཟང་པོ་དེ་འདྲའི་འོག་དུས་ཚོད་དམ་འཛིན་གྱིས་མགྱོགས་མྱུར་ལས་དོན་འདི་ཉིད་སྤེལ་རྒྱུ་ནི་ཤིན་ཏུ་གལ་འགངས་ཆེ་བར་མཐོང་།

གཉིས་པ། རིག་གཞུང་གི་ཚད་གཞི་དམ་འཛིན་བྱས་ཐོག་དམངས་རྩོམ་ཇེ་བཞིན་ཡི་གེར་འགོད་རྒྱུའི་རྩ་དོན་རྒྱུན་འཁྱོངས་བྱེད་དགོས། གླིང་སྒྲུང་དེ་ཉིད་སྔན་པའི་གྲགས་པ་ཆེ་ལ་རིན་ཐང་དང་ལྡན་པ་ཞིག་ཆགས་པའི་རྒྱུ་མཚན་གཙོ་བོ་ནི་དེ་ལ་ངག་རྒྱུན་གྱི་རང་བཞིན་དང་། མང་ཚོགས་ཀྱི་རང་བཞིན། རྒྱུན་བསྲིངས་ཀྱི་རང་བཞིན་ལྡན་ཡོད་པས་ཡིན་ལ་དེ་བས་གོང་དུ་བརྗོད་པ་ཇེ་བཞིན། གླིང་སྒྲུང་ལ་རྩོམ་རིག་གཞན་དང་འདྲ་བའི་སྒྱུ་རྩལ་གྱི་ནུས་པ་ལྡན་པ་མ་ཟད། དེ་ཉིད་བོད་ཀྱི་གནའ་དུས་ཀྱི་སྤྱི་ཚོགས་དང་འཚོ་བ་གསལ་བའི་མེ་ལོང་གི་ནུས་པ་སྣེ་ཚན་རིག་ནུས་པ་མངའ་བས་ཡིན། གལ་སྲིད་སྒྲུང་མཁན་གྱི་བློ་ཡུལ་དུ་ཡོད་པའི་ངག་རྒྱུན་གྱི་སྡོང་པོ་ལ་བསྡུ་སྒྲིག་མཁན་གྱིས་ལོགས་སྐྱེས་ཡལ་ག་བསྣར་ནས་མི་མཁས་མཁས་མདོག་གིས་བཟོ་བཅོས་སྟོན་འཕྲི་བྱས་པའི་གནས་ཚུལ་ཐོན་ན་ནི་མྱུར་སྐྱོབ་ལས་དོན་གྱི་རྩ་དོན་དང་འགལ་བ་ཞིག་ཡིན།

གསུམ་པ། མིག་སྔར་བོད་ལྗོངས་ཁུལ་དུ་གླིང་སྒྲུང་མྱུར་སྐྱོབ་ལས་དོན་གྱི་ཆེད་ལས་མི་སྣ་ཉུང་ཞིང་། བྱང་ཚད་ཞན་པའི་ཁར་རང་གིས་གང་འདོད་ལྟར་མྱུར་སྐྱོབ་བྱེད་པ་དང་། ཚན་པ་ཁག་ཀྱང་ཁ་ཐོར་དུ་གནས་ཡོད། ང་ཚོས་ཐབས་བརྒྱ་ཇུས་སྟོང་གིས་ཞན་ཆ་དེ་དག་སེལ་ཐོག་འཆར་གཞི་ཡོད་པའི་སྒོ་ནས་ནུས་

ཤུགས་གཅིག་སྒྲིལ་དང་ཐུན་མོང་ཐོག་གཙོ་བོའི་ལས་འགན་རྣམས་མཉམ་སྒྲུབ་བྱེད་རྒྱུར་ཤུགས་སྣོན་རྒྱག་དགོས་ངེས་སུ་མཐོང་།

བཞི་པ། ལས་དོན་གང་ཞིག་སྤེལ་རུང་དེའི་བྱེད་ཕྱོགས་ཡང་དག་ཅིག་གཏན་འཁེལ་བྱེད་རྒྱུ་ནི་ལས་དོན་དེ་བདེ་བླག་སྒྲུབ་ཐུབ་ལ་དང་ལེགས་འགྲུབ་ཡོང་བའི་འགག་རྩ་ཡིན། སྤྱིར་ན་དུས་རབས་གོང་མའི་ལོ་རབས་༨༠པའི་ནང་བོད་ལྗོངས་ཀྱི་གླིང་སྒྲུང་ཞིབ་འཇུག་གི་ལས་དོན་གྱི་བྱེད་ཕྱོགས་གཏན་འཁེལ་བྱས་ཡོད་པ་ནི་ལོ་རབས་༨༠པའི་ནང་གླིང་སྒྲུང་ལས་དོན་གྱི་གཙོ་གནད་དེ་མྱུར་སྐྱོབ་ལ་འཇོག་རྒྱུ་དང་། ལོ་རབས་༩༠པར་སླེབས་ཚེ་གླིང་སྒྲུང་ལས་དོན་གྱི་ཁ་ཕྱོགས་ཞིབ་འཇུག་གི་ཕྱོགས་སུ་བསྒྱུར་རྒྱུ་དང་། ད་དུང་ལོ་རབས་༨༠པའི་དུས་འགོར་གླིང་སྒྲུང་ལས་དོན་གྱི་གཙོ་གནད་དེ་སྒྲུང་པའི་ངག་སྒྲུང་སྒྲ་ཕབ། ལེགས་སྒྲིག་དཔར་སྐྲུན་བྱ་རྒྱུར་འཇོག་དགོས་པའི་བྱེད་ཕྱོགས་བསམ་བློ་ཡང་བཏོན་ཡོད། འོན་ཀྱང་བྱེད་ཕྱོགས་དེ་རྣམས་ཆ་ཡོངས་སུ་རྫོགས་པ་ལག་ལེན་ཐོག་དོན་འཁྱོལ་བྱུང་མེད་དེ་དཔེར་ན། བོད་ལྗོངས་ཁུལ་དུ་༡༩༩༨ལོའི་སྔོན་ལ་དཔར་སྐྲུན་བྱས་པའི་སྒྲུང་དཔེ་༣༢ཡོད་པའི་ནང་ངག་སྒྲུང་ངམ་སྒྲུང་པས་བྲིས་པའི་གླིང་སྒྲུང་གཉིས་ལུད་དེ་བྱིངས་ཚང་མ་དཔེ་རྙིང་ཤ་སྟག་ཡིན། ང་ཚོས་བཙལ་རྙེད་ཐུབ་པའི་སྒྲུང་པ་རྣམས་ཀྱི་ངག་སྒྲུང་ལས་ད་བར་སྒྲ་ཕབ་ཟིན་པ་ཏ་ལམ་དྲུག་ཆ་གཅིག་ལས་མེད་ལ། དེས་ལེགས་སྒྲིག་དཔར་སྐྲུན་ཟིན་པའི་བརྒྱད་ཆ་གཅིག་ལས་ཟིན་མེད། གཞི་རྐང་ལོ་རྗེ་ཉི་ཤུ་ལྷག་ཙམ་རིང་གི་གླིང་སྒྲུང་ལས་དོན་ལ་ཕྱིར་མིག་བལྟ་སྐབས་གྲུབ་འབྲས་ངེས་ཅན་ཞིག་ཐོབ་ཡོད་ལ། དེས་གླིང་སྒྲུང་རྩུང་ཆ་ཚང་བ་ཞིག་མྱུར་སྐྱོབ་བྱེད་རྒྱུར་རྨང་གཞི་བརྟན་པོ་བཙུགས་ཡོད་པ་མཐོང་ཐུབ། དེ་ལྟར་ནའང་ང་ཚོར་འགྲོད་གདུང་གི་སྣ་ལུན་ཆེན་པོའང་ཕོག་མྱོང་བ་ནི་གྲགས་ཅན་སྒྲུང་པ་གྲགས་པ་དང་། ཁ་ཚེ་བློ་པ་ངག་དབང་རྒྱ་མཚོ་སོགས་ཀྱི་སྒྲུང་ཆ་ཚང་སྒྲ་ཕབ་མ་ཟིན་གོང་ནས་ཁོང་རྣམ་གཉིས་སྐུ་རྗེས་སུ་ཚེ་ལས་འདས་པ་དེས་ནམ་ཡང་

གསབ་ཐབས་བྲལ་བའི་ཕྱོགས་ཀུན་བཟོས་ཡོད་པ་དེ་ཡིན། དེར་བརྟེན་ང་ཚོས་ལོ་རྒྱུས་ཀྱི་བསླབ་བྱ་དང་ལེན་གྱིས་ད་ཡོད་སྒྲུང་པའི་བློ་ཡུལ་དུ་ཡོད་པའི་ངག་སྒྲུང་རྣམས་གང་མགྱོགས་མྱུར་སྐྱོབ་བྱེད་རྒྱུ་དེ་ཁ་ཚ་དགོས་གཏུགས་ཀྱི་ལས་འགན་འབའ་ཞིག་ཏུ་བརྩིས་ནས། གླིང་སྒྲུང་ལས་དོན་གྱི་གཙོ་གནད་དེ་ད་དུང་མྱུར་སྐྱོབ་ལས་དོན་ལ་འཛུགས་རྒྱུ་དང་། དེའི་ནང་ནས་སྒྲུང་པའི་ངག་སྒྲུང་མྱུར་སྐྱོབ་བྱ་རྒྱུ་དེ་གལ་འགངས་ཆེ་ཤོས་སུ་འཛུགས་རྒྱུར་ངོས་འཛིན་ཡང་དག་བྱེད་དགོས་ངེས་འདུག

ལྔ་པ། ལས་དོན་གང་ཞིག་སྤེལ་ཏུང་དེ་ལ་མཐར་ཐུག་གི་དམིགས་ཚད་རེ་ཡོད་དགོས། ཁོ་བོའི་བསམ་པར་གླིང་སྒྲུང་མྱུར་སྐྱོབ་ལས་དོན་གྱི་མཐར་ཐུག་གི་དམིགས་ཚད་ནི་བརྗོད་བྱའི་ནང་དོན་དང་། སྒྲུང་གཏམ་གྱི་བརྒྱུད་རིམ། སྒྱུ་རྩལ་གྱི་ཉམས་འགྱུར་བཅས་ཆ་ཚང་ལ་བརྒྱུད་རིམ་ལྡན་པའི་གླིང་སྒྲུང་ཆ་ཚང་ཞིག་ལག་སོན་ཐུབ་པ་བྱ་རྒྱུ་དེ་རེད། ད་བར་ང་ཚོས་སྒྲུང་མཁན་གཅིག་གིས་བཤད་པའི་མགོ་མཇུག་བར་གསུམ་ཚང་བའི་གླིང་སྒྲུང་མྱུར་སྐྱོབ་ཐུབ་མེད་ལ། འཚོལ་བསྡུ་ཐུབ་པའི་དཔེ་རྙིང་རྣམས་ཀྱང་ཡོང་ཁུངས་མི་འདྲ་བ་དང་། དར་ཡུལ་མི་འདྲ་བ། ནང་དོན་ཐད་གཅིག་མཚུངས་མིན་པ་ཤ་སྟག་ཡིན། འོ་ན་ཇི་ལྟར་བྱས་ནས་དམིགས་ཚད་དེ་མངོན་འགྱུར་ཡོང་བ་བྱེད་དགོས་སམ་ཞེ་ན། ཕྱོགས་གཅིག་ནས་སྒྲུང་མཁན་ཞིག་གིས་བཤད་ཐུབ་པའི་སྒྲུང་ནང་གླིང་སྒྲུང་གི་རྫོང་ཁག་གཙོ་གྲས་ཚུད་ཡོད་པ་མ་ཟད་མགོ་མཇུག་ཆ་ཚང་བའི་གྲགས་ཅན་སྒྲུང་པ་གཅིག་གམ་གཉིས་ཀྱི་ངག་སྒྲུང་གིས་རྨང་གཞི་བྱས་ཐོག་ཐུན་མོང་མིན་པའི་རང་གི་ཁྱད་ཆོས་ལྡན་པའི་སྒྲུང་པ་གཞན་རྣམས་ཀྱི་ངག་སྒྲུང་དང་། ཁྱད་ཆོས་ལྡན་པའི་སྒྲུང་དཔེ་རྣམས་ལེགས་སྒྲིག་དཔར་སྐྲུན་བྱེད་པ་དང་། ཕྱོགས་གཞན་ཞིག་ནས་ངག་སྒྲུང་དང་སྒྲུང་དཔེ་ཡོང་ཁུངས་མི་འདྲ་བ་རྣམས་ཕྱོགས་གཅིག་ཏུ་བསྡུས་ནས་ཞུ་དག་ལེགས་སྒྲིག་གམ་གསལ་འགྲེལ་བྱེད་རྒྱུར་ཤུགས་སྣོན་བརྒྱབ་སྟེ་མྱུར་སྐྱོབ་ལས་དོན་

དེ་རྒྱ་ཆེ་གཏིང་ཟབ་ཀྱི་ཕྱོགས་སུ་འཕེལ་རྒྱས་གཏོང་རྒྱུ་དེ་ཡིན།

མདོར་ན་ང་ཚོས་མིག་མདུན་གྱི་འབྲས་བུར་བློ་ཡིད་ཚིམ་པའམ་གླིང་སྒྲུང་མྱུར་སྐྱོབ་ཀྱི་ལས་དོན་རྩ་བའི་ཆ་ནས་ལེགས་གྲུབ་ཟིན་སྙམ་པའི་བསམ་པ་ཁྲིད་བསད་བྱས་ཏེ་གླིང་སྒྲུང་མྱུར་སྐྱོབ་ལས་དོན་གྱི་དགོས་གནད་ལ་རང་བཞིན་ལ་ངོས་འཛིན་ཡང་དག་དང་། ལས་དོན་གྱི་གཙོ་གནད་དང་དམིགས་ཚད་གཏན་འཁེལ་བྱས་ཐོག་ནུས་ཤུགས་གཅིག་སྒྲིལ་གྱིས་འཆར་གཞི་ཡོད་པའི་སྒོ་ནས་མྱུར་སྐྱོབ་ལས་དོན་སྤེལ་ཚེ་བརྒྱུད་རིམ་ཆ་ཚང་ལྡན་པའི་ལོ་རྒྱུས་བྱུང་བ་བརྗོད་པའི་སྙན་ངག་གླིང་རྗེ་གེ་སར་རྒྱལ་པོའི་སྒྲུང་དེ་ཉིད་གང་མགྱོགས་མྱུར་སྐྱོབ་ཐུབ་ངེས་རེད་སྙམ་མོ། །

གཉིས་པ། ངག་སྒྲུང་ལེགས་སྒྲིག་བྱ་ཐབས་སྐོར་གྱི་བསམ་གཞིག

གོང་དུ་ང་ཚོས《སྒྲུང་མཁན་བསམ་གྲུབ་ཀྱིས་ཕབ་པའི་གླིང་རྗེ་གེ་སར་རྒྱལ་པོའི་སྒྲུང་》ཞེས་པའི་དཔེ་ཚོགས་ལེགས་སྒྲིག་དཔར་སྐྲུན་ལས་ཀའི་བརྒྱུད་རིམ་དང་། སྒྲུང་དཔེ་རེ་རེ་བཞིན་ལེགས་སྒྲིག་བྱས་ཚུལ། ཁྱད་པར་དེ་ལས《སྟོ་ཐན་སྲི་རྒྱལ་པོའི་བ་གཡང་》ཞེས་པའི་སྐོར་ཚན་དེ་ལེགས་སྒྲིག་བྱས་ཚུལ་ཞིབ་ཙམ་བརྗོད་ཟིན། སྒྲུང་པོད་དེ་དག་ལེགས་སྒྲིག་བྱས་པའི་ཉམས་མྱོང་བ་ལས་ངག་སྒྲུང་གཞན་རྣམས་ལེགས་སྒྲིག་བྱེད་སྐབས་དོ་སྣང་བྱེད་དགོས་པའི་གནད་དོན་འགའ་འདུག་པ་འདིར་མདོར་བསྡུས་ཀྱིས་བརྗོད་ན།

གཞི་རྐང་དམངས་ཁྲོད་རྩོམ་རིག་གི་མྱུར་སྐྱོབ་ལས་ཀའི་བརྒྱུད་རིམ་ནང་བསྡུ་སྒྲིག་མཁན་གྱིས་ལས་སྟོན་བྱེད་པའི་ཚད་གཞི་མི་འདྲ་བར་གཞིགས་ནས་ཟིན་བྲིས་དང་། ལེགས་སྒྲིག བཅོས་སྒྲིག་བཅས་ལས་རིམ་ཁག་གསུམ་དུ་དབྱེ་རྒྱུ་ཡོད། ལེགས་སྒྲིག་གི་བྱ་བ་ནི་གཅིག་ནས་སྒྲུང་པའམ་གཞས་པ་གཞས་མས་ངག་ཐོག་ནས་གང་འཆད་ཀྱེར་བྱས་པ་ཇི་བཞིན་ཡི་གེར་ཕབ་པའི་ཟིན་བྲིས་ཀྱི་ལས་དང་མི་འདྲ་

བར། ཟིན་བྲིས་བྱས་ཟིན་པའི་མ་ཡིག་ནང་དུ་ལྷག་བསྡད་པའི་སྐྱོན་ཆ་རྣམས་ལེགས་སྒྲིག་པས་སེལ་དགོས་ཀྱི་ཡོད་ལ། གཉིས་ནས་ཡུལ་དུས་མི་འདྲ་བ་དང་སྤྱི་ཚོགས་ཀྱི་དགོས་པའི་དབང་གིས་བཅོས་སྒྲིག་མཁན་གྱིས་རང་འདོད་ལྟར་སྤར་ཡོད་སྒྲུང་གི་རྨང་གཞིའི་ཐོག་རང་གི་འཆར་སྣང་ལྟར་སྒྲུང་གི་མི་སྣ་དང་ནང་དོན་སོགས་ལ་བཟོ་བཅོས་སྣོན་འཕྲི་ཤུགས་ཆེ་ཙམ་བྱེད་པའི་བཅོས་སྒྲིག་ལས་དོན་དང་ཡང་མི་འདྲ། སྒྲུང་གང་ཞིག་ལེགས་སྒྲིག་བྱ་དགོས་ཚེ་གཙོ་བོ་སྒྲུང་པས་འཆད་ཀྱིར་བྱས་པའི་སྒྲུང་གི་ཁྱད་ཆོས་ལ་མཐོང་ཆེན་དང་བརྩི་འཛོག་བྱས་ཐོག གང་ལ་དེ་འཚམ་གྱིས་ལེགས་སྒྲིག་བྱ་དགོས་ཀྱི་ཡོད། དེ་ཡང་ཞིབ་ཕྲའི་ལེགས་སྒྲིག་བྱ་རིམ་ནང་དོ་སྣང་བྱ་དགོས་པའི་གནད་དོན་འགའ་འདུག་པ་ནི་གཤམ་གསལ་ལྟར།

དང་པོ་ངག་སྒྲུང་དང་སྤར་ཡོད་སྒྲུང་དཔེའི་དབར་གྱི་ཁྱད་པར་ལ་ངོས་འཛིན་གང་ལེགས་བྱས་ཐོག ངག་སྒྲུང་གི་གདོད་མའི་རྣམ་པ་རྒྱུན་སྲུང་བྱ་དགོས།

ངག་སྒྲུང་དང་སྤར་ཡོད་སྒྲུང་དཔེའི་དབར་བརྗོད་བྱའི་ནང་དོན་གཙོ་བོ་རྣམས་ཆ་འདྲ་ནའང་། མི་སྣའི་བཀོད་སྒྲིག་དང་། ཞིབ་ཕྲའི་སྒྲུང་གི་བྱུང་རིམ། ཚིག་སྦྱོར་སོགས་ལ་ཁྱད་པར་ཆེ་བས་ངག་སྒྲུང་ལེགས་སྒྲིག་བྱེད་སྐབས་སྒྲུང་དཔེ་ཚད་མར་བཟུང་ནས་ངག་སྒྲུང་ལ་བཟོ་བཅོས་སྣོན་འཕྲི་བྱས་ཚེ། གསེར་སྐྱ་རག་ལ་གཏོང་ཉེན་ཡོད་པས་འཛེམ་བྱར་གཟུང་དགོས།

གཉིས་པ་ངག་སྒྲུང་གི་གཞན་འགྱུར་རང་བཞིན་ལ་ངོས་འཛིན་གང་ལེགས་ཐོག སྒྲུང་སྣ་སོ་སོའི་རང་ཞལ་དང་ཚུལ་ཇི་བཞིན་གསལ་བར་བྱ་དགོས།

ཡུལ་དུས་མི་འདྲ་བའི་ནང་སྒྲུང་པ་གཅིག་རང་གིས་འཆད་ཀྱིར་བྱས་པའི་སྒྲུང་སྣ་གཅིག་རང་ཡིན་ཙང་། དེར་གཞན་འགྱུར་གྱི་རང་བཞིན་མངོན་གསལ་དོད་ལ། བརྗོད་བྱ་གང་ཞིག་སྒྲུང་སྣ་མི་འདྲ་བའི་ནང་ཐོན་སྐབས་དེར་སྐབས་བསྟུན་རྒྱས་བསྡུས་མཆེད་སྐྱུམ་གྱི་ཁྱད་ཆོས་མངོན་གསལ་ཆེ་བས། དེ་ཚོ་ཕན་ཚུན་གསབ་བསྲེས་བྱས་ན་ཆུ་དང་འོ་མ་བསྲེས་པའི་མཐུན་གྲོགས་སུ་འགྲོ་བས་དོར་བྱར་

ངེས་དགོས།

གསུམ་པ་ངག་སྒྲུང་གི་ངག་རྒྱུན་རང་བཞིན་ལ་ངོས་འཛིན་གང་ལེགས་ཀྱིས་སྒྲུང་པས་འཆད་གྱེར་བྱས་པའི་སྒྲུང་ནང་གི་འགལ་འབྲུལ་ཆད་ལུས་ཡོད་རིགས་ལ་བཟོ་བཅོས་སྙོན་འཕྲི་བྱ་དགོས།

གོང་དུ་ངག་སྒྲུང་ལེགས་སྒྲིག་བྱེད་པའི་བརྒྱུད་རིམ་ནང་དེའི་གདོད་མའི་རྣམ་པ་རྒྱུན་སྲུང་དང་སྒྲུང་སྨྲ་སོ་སོའི་རང་ཞལ་དང་ཚུལ་ཇི་བཞིན་གསལ་བར་བྱ་དགོས་ཞེས་ནན་བཤད་བྱས་པ་དེ་སྒྲུང་པས་གང་བཤད་ཅི་ལབ་བྱས་པའི་ཚིག་འབྲུ་རྐང་གཅིག་ལའང་བཟོ་བཅོས་བྱེད་མི་ཆོག་ཅེས་ཟེར་བ་མིན། དེ་ལས་ལྡོག་སྟེ་ངག་སྒྲུང་གི་རིགས་རྣམས་སྒྲུང་པའི་དྲན་ཤེས་ཁོ་ནར་བརྟེན་ནས་ངག་ཐོག་ནས་འཆད་གྱེར་བྱས་པའི་ཁར། ཕྱི་རོལ་སྒྲ་ཕབ་ཀྱི་ཆ་རྐྱེན་ཞན་པ་དང་། གླིང་སྒྲུང་ཉིད་བརྗོད་གཞི་རྒྱས་ལ་སྒྲུང་ནང་གི་མི་སྣ་མང་བ་སོགས་རྒྱུ་རྐྱེན་མང་པོའི་དབང་གིས་ངག་སྒྲུང་ནང་ཚོས་འགལ་ཆད་ལུས་ཀྱི་རིགས་མང་པོ་འབྱུང་སྲིད་པས། དེའི་རིགས་ལ་གཟབ་ནན་གྱིས་བཟོ་བཅོས་སྙོན་འཕྲི་ལེགས་པར་བྱ་དགོས།

བཞི་པ་ངག་སྒྲུང་གི་སྒྱུ་རྩལ་རང་བཞིན་ལ་ངོས་འཛིན་གང་ལེགས་ཀྱིས་རྩོམ་བཟོའི་རང་བཞིན་ལྡན་པའི་ནང་དོན་རྣམས་ལ་བཟོ་ཐལ་མི་ཤོར་བ་བྱ་དགོས།

《གླིང་སྒྲུང་》ནི་སྒྱུ་རྩལ་གྱི་ཐོན་རྫས་ཤིག་ལས་ལོ་རྒྱུས་སྐོར་གྱི་ཚད་ལྡན་ཡིག་ཆ་ཞིག་མིན། དེའི་ནང་གི་མི་སྣའི་མཐུ་རྩལ་ལམ་དཔའ་སྟོབས་དང་། དུས་ཚོད་སྤྱི་ཕྱི་འཛོལ་བའམ་མཚོང་བརྒལ་བྱུང་རིགས་རྣམས་ལོ་རྒྱུས་དངོས་ཡིན་མི་སྲིད་ལ། ལོ་རྒྱུས་ཀྱི་དོན་རྐྱེན་ནམ་འབྲེལ་ཡོད་ཀྱི་གནས་ཚུལ་རྣམས་ཀྱང་སྒྲུང་གི་ནང་བསྒྱུར་བཟོ་བྱས་ནས་ཐོན་པ་ཙམ་མ་ཟད། སྒྲུང་པའི་འཆར་སྣང་ལྟར་རྩོམ་བཟོ་བྱས་པ་ཤས་ཆེ་བས། ད་ལྟའི་མིས་བལྟས་ན་དེ་དག་ལོ་རྒྱུས་སམ་སྤྱི་ཚོགས་འཚོ་བ་དང་མི་འཚམ་པའམ་ཡོང་མི་སྲིད་པར་ངོས་འཛིན་བྱེད་ངེས། ཁྱད་པར་དེང་དུས་སྒྲུང་པས་འཆད་གྱེར་བྱས་པའི་སྒྲུང་པ་སྐོར་གྱི་ཁྱད་ཆོས་མངའ་བའི་ངག

སྒྲུང་རྣམས་ནི་ཕལ་ཆེར་《གླིང་སྒྲུང་》ལ་མ་སྒྲུང་དང་། བུ་སྒྲུང་། ཚ་སྒྲུང་བཅས་གསུམ་དུ་དབྱེ་སྲོལ་ཡོད་པ་ལས་ཚ་སྒྲུང་གི་ཁོངས་སུ་གཏོགས་པས་དེ་དག་ལ་དེ་བས་རྩོམ་བཟོའི་རང་བཞིན་ཆེ་ན། ལེགས་སྒྲིག་པས་གང་བྱུང་དུ་བཟོ་བཅོས་བྱ་རྒྱུ་མེད།

ལྔ་པ་ངག་སྒྲུང་གི་ཚན་རིག་ཞུས་པ་ལ་ངོས་འཛིན་གང་ལེགས་ཀྱིས་བོད་ཀྱི་སྤྱི་ཚོགས་དང་འབྲེལ་ཆེ་བའི་རྒྱུན་ཤེས་རྣམས་མ་འཁྲུལ་བ་བྱ་དགོས།

རྩོམ་རིག་ནི་སྤྱི་ཚོགས་འཚོ་བའི་མཚོན་བྱེད་ཡིན་པ་དང་། དམངས་ཁྲོད་རྩོམ་རིག་ནི་མི་དམངས་ཀྱི་སྤྱི་ཚོགས་འཚོ་བ་དངོས་དང་དེ་བས་འབྲེལ་ཆེ་བ་ཞིག་ཡིན། ཁྱད་པར་སྒྲུང་པས་འཆད་ཀྱེར་བྱས་པའི་ངག་སྒྲུང་ནང་སྒྲུང་པ་སོ་སོའི་སྤྱི་ཚོགས་འཚོ་བའི་སྣང་བ་མང་དག་གསལ་ནས་ཡོད། དཔེར་ན་སྒྲུང་མཁན་བསམ་གྲུབ་ལགས་ནི་དགུང་ལོ་ཉི་ཤུ་རྩ་གཉིས་ནས་བཟུང་ལོ་འཁོར་ལྔ་ཙམ་སྟོ་ཁུལ་དུ་བཞུགས་པས་དེ་ཁུལ་གྱི་སྤྱི་ཚོགས་འཚོ་བ་དང་རང་བྱུང་ཁོར་ཡུག་ལ་རྒྱུས་མངའ་ཆེན་པོ་ཡོད། དེར་བརྟེན《སྟོ་ཐན་སྲི་རྒྱལ་པོའི་བ་གཡང་》ཞེས་པའི་སྙོར་ཚན་དེའི་ནང་ཐན་གླིང་གཉིས་ཐོག་མར་འཁོན་རྐྱེན་དང་། སྒྲུང་གི་བྱུང་རིམ་དང་མི་སྣ་བཀོད་སྒྲིག་བྱེད་སྐབས་དམིགས་བསལ་གྱི་ཁྱད་ཆོས་མངའ་བ་མ་ཟད། སྟོ་ཕྱོགས་མི་སྣའི་གཟུགས་བརྙན་སྐྲུན་བཟོ་བྱེད་སྐབས་སྤྱིར་གླིང་སྒྲུང་ནང་གི་སྟོག་ཕྱོགས་མི་སྣའི་སྤྱི་གཤིས་ཡོད་ཁར་སྟོ་ཡུལ་མི་སྣའི་སྒེར་གཤིས་གསལ་པོ་མངོན་རྒྱུ་ཡོད་པ་སོགས་སྒྱུ་རྩལ་གྱི་ཁྱད་ཆོས་དུ་མ་ལྡན་པ་དང་། རིག་གཞུང་གི་ཞུས་པའི་ངོས་ནས་བལྟས་ན་འང་སྒྲུང་དེའི་ནང་དུ་བོད་སྟོ་ཁུལ་གྱི་མི་གཤིས་དང་ས་གཤིས། དེ་བཞིན་ཁུལ་དེར་འཚོ་ཞིང་གནས་པའི་མང་ཚོགས་ཀྱི་ཐོན་སྐྱེད་འཚོ་བའི་གོམས་གཤིས་མི་འདྲ་ཙམ་གསལ་ལེར་མངོན་གྱི་ཡོད་པ་དེ་དག་ས་ཁུལ་དེའི་སྤྱི་ཚོགས་བརྟག་ཞིབ་ལ་མཁོ་བའི་དཔྱད་གཞི་འགངས་ཆེན་ཞིག་ཏུ་འཛིན་ན་ཆོག དེ་ནི་ང་ཚོས་རྒྱུན་དུ་བརྗོད་བཞིན་པའི་དམངས་ཁྲོད་རྩོམ་རིག་གི་ཚན་རིག་ཞུས་པ་ཟེར་བ་

དེ་ཡིན། དེས་ན་ངག་སྒྲུང་ནང་རྟོག་བཟོ་བྱས་པ་ཕུད་ཁུལ་སོ་སོའི་སྤྱི་ཚོགས་དངོས་དང་འབྲེལ་ཆེ་བའི་ནང་དོན་རྣམས་ཀྱང་བཟོ་ཐལ་དུ་མི་འགྲོ་བ་བྱེད་རྒྱུའམ་གདེང་ཚོད་མེད་རིགས་ལ་ཟུར་མཚན་གསལ་བཤད་སྦྱར་ནས་རང་སོར་འཇོག་རྒྱུ་གལ་འགངས་ཆེ་བར་མཐོང་། །

༧༢། །འདྲེན་ཐང་གི་ཤར་པ་དེ་བོད་རིགས་ལས་ཐ་དད་པའི་ཁེར་རྐྱང་ཚོ་པ་ཞིག་ཡིན་མིན་སྐོར་ལ་རྩད་ཟད་དཔྱད་པ།

དང་པོ། ཤར་པ་སྤྱི་དང་བྲེ་བྲག་འདྲེན་ཐང་ཤར་པའི་གནས་ཚུལ་ངོ་སྤྲོད་མདོར་བསྡུས།།

"ཤར་པ་" ཞེས་པའི་མིང་ཐོགས་པའི་སྐྱེ་བོའི་ཚོགས་རྣམས་ནི་གཙོ་བོ་"བལ་ཡུལ་གྱི་སུ་ལུ་དང་། ཕ་ར་ཁ། ཁུམ་བུ་བཅས་ལ་གནས་བཅའ་བ་རྣམས་ཕུད། ཧིན་རྡུའི་རྫོ་རྗེ་གླིང་དང་། འབྲས་ལྗོངས་"① རང་ལྗོངས་ཀྱི་"འགྲམ་འགག་སྒོའི་ལི་ཤིང་ཀུང་སེ་(ཤོ་པོ་སྣང་ཚུད་ཡོད་)དང་གཉིང་སྐྱེས་ཤན་གྱི་འདྲེན་ཐང་"②བཅས་སུ་གནས་ཡོད་ཅིང་"མི་གྲངས་བཞི་ཁྲི་ཙམ་ཟིན་པར་གྲགས་"③ པ་ལས་འགྲམ་དང་འདྲེན་ཐང་གི་ཤར་པའི་མི་གྲངས་དེ་ཆིག་སྟོང་ལྷག་ཙམ་ཟིན་གྱི་ཡོད་དེ་འགྲམ་ན་མི་གྲངས་བཞི་བརྒྱ་ཙམ་དང་། འདྲེན་ཐང་ན་མི་གྲངས་བརྒྱད་བརྒྱ་ཙམ་ཡོད། (༡༩༨༢ལོའི་མི་འབོར་ཞིབ་བཤེར་བྱས་པའི་འབྲས་བུ་)རྩོམ་ཐུང་འདིའི་བརྗོད་བྱ་གཙོ་བོ་ནི་འདྲེན་ཐང་ཡུལ་དུ་གཞིས་ཆགས་པའི་ཤར་པ་མི་གྲངས་བརྒྱད་བརྒྱ་ཙམ་དེ་བོད་རིགས་ལས་ཐ་དད་པའི་ཐུན་མོང་གི་ཚོ་པ་ཞིག་ཡིན་མིན་བརྟག་རྒྱུ་དེ་ཡིན། དེ་ཡང་སྐབས་དོན་དངོས་མ་བརྗོད་གོང་དུ་ཤར་པ་སྤྱི་དང་། བྱེ་བྲག་འདྲེན་ཐང་ཤར་པ་རྣམས་འཚོ་གནས་བྱ་ཡུལ་འདྲེན་

① 《བོད་ལྗོངས་ཞིབ་འཇུག》1983. 3

② 《བོད་རང་སྐྱོང་ལྗོངས་ཀྱི་གནས་ཚུལ་རགས་བསྡུས་》ཤོག་གྲངས32ན་གསལ།

③ 《བོད་ལྗོངས་ཞིབ་འཇུག》1983. 3

ཐང་ཆུས་ཀྱི་གནས་ཚུལ་འགའ་རེ་མཚམས་སྦྱོར་ཞུ་བར་འདོད།

ཤར་པ་ཀུན་གྲུས་རྣམས་ཀྱི་གསུང་སྒྲོས་དང་། 《ཤར་པའི་ཆོས་འབྱུང་སྔོན་མེད་ཚངས་པའི་དབྱུ་གུ》ཞེས་པའི་ནང་གསལ་བར་གཞིགས་ན། ཤར་པའི་མི་རྒྱུད་ཀྱི་རྩ་བ་ཐོག་མར་མདོ་ཁམས་ནས་ཡུལ་གྱོལ་དུ་ཡོང་བ་སྟེ། ཇོ་མོ་གླང་མའི་ལྷོ་ངོས་སུ་གཞིས་ཆགས་པའི་གནས་སྡོད་ཡུལ་མི་ཡིན་པར་ཞལ་མཐུན་ལ། རྒྱལ་ཁབ་ཕྱི་ནང་གི་མཁས་པ་མང་དག་ཅིག་གིས་ཀྱང་“ཤར་པ་”ཟེར་བ“ཤར་ཕྱོགས་པའི་”དོན་ཡིན་པ་དང་། ཤར་པའི་མི་རྒྱུད་ཀྱི་རྩ་བ་མདོ་ཁམས་ཡིན་པ་ཁས་ལེན་གནང་གི་ཡོད། བོད་ཀྱི་ནུབ་ཕྱོགས་སུ་གཞིས་ཆགས་པའི་ཡུལ་མི་རྣམས་ལ“ཤར་པ་”ཞེས་ཟེར་དགོས་པའི་རྒྱུ་མཚན་ཡང་མདོ་ཁམས་དེ་བོད་ཤར་ཕྱོགས་སུ་ཆགས་པ་དང་། ཡུལ་དེ་ནས་གནས་སྤོས་བྱས་པའི་ཡུལ་མི་ཚོར་གཞན་གྱིས“ཤར་པ་”ཞེས་བརྗོད་པ་ནི་བོད་ཀྱི་ཐ་སྙད་ཀྱི་འབོད་ཚུལ་དང་ཡོངས་སུ་མཐུན་པ་ཞིག་རེད།

“ཤར་པ་”རྣམས་གནས་སྤོས་བྱེད་པའི་དུས་ཚོད་ཐད་བརྗོད་ཚུལ་མི་འདྲ་བ་འགའ་རེ་འདུག་པ་སྟེ། མདོ་ཁམས་སུ་ཧོར་གི་སར་གྱི་དམག་འཁྲུག་ཡོང་སྐབས（མང་ཆེ་བས་བོད་སིལ་བུའི་དུས་སྐབས་ཏེ་སྤྱི་ལོའི་དུས་རབས་༡༠—༡༡བར་དུ་བཞེད་）མདོ་ཁམས་ནས་བྲོས་ཡོང་བ་ཡིན་ཟེར་བ་དང་། འགའ་རེས་སོག་པོ་ཇིང་གིར་གྱི་དམག་འཁྲུག་བྱུང་སྐབས（རབ་བྱུང་གསུམ་པའི་མེ་སྟག་སྤྱི་ལོ་༡༢༠༦ལོའི་གོང་ཙམ་ལ་）མདོ་ཁམས་ནས་བྲོས་ཡོང་བ་ཡིན་ཟེར། 《ཤར་པའི་ཆོས་འབྱུང་སྔོན་མེད་ཚངས་པའི་དབྱུ་གུ》ནང་གསལ་བ་ལྟར་ན། ཐང་སྟོང་རྒྱལ་པོའི་སྔོན་གྱི་མི་ལོ་ཉིས་བརྒྱ་ཙམ་གྱི་སྐབས（ཕལ་ཆེར་རབ་བྱུང་བཞི་པའི་སྐབས་ཡིན་）ཁམས་པའི་མི་རྒྱུད་ནུབ་སོ་ལོ་ཁུམ་བུར་ཐོག་མར་གཞིས་ཆགས་པར་ངེས་འཛིན་བྱེད་པ་བཅས་མདོར་ན་གོང་གསལ་བཞེད་ཚུལ་མི་མཐུན་པ་རྣམས་རེ་ཞིག་འདི་བདེན་དེ་རྫུན་གྱི་ཁ་ཚོན་གཅོད་པར་མི་སྤོབས་ཀྱང་། “ཤར་པ་”རྣམས་མདོ་ཁམས་ཀྱི་ཡུལ་ནས་གནས་སྤོས་བྱས་ཏེ་ཡོང་བ་ཞིག་ཡིན་པའི་བཞེད་ཚུལ་འདི་

ཡོངས་སུ་གཅིག་མཐུན་ཡིན།

དམངས་གཙོའི་བཅོས་སྒྱུར་མ་བྱས་གོང་འདྲེན་ཐང་ནི་དིང་རི་རྫོང་ཁ་ཏ་གཞིས་ཀའི་མངའ་འོག་ཏུ་གཏོགས་ཤིང་། ༡༩༧༢ལོར་འདྲེན་ཐང་རྒྱལ་གཅེས་ཨུ་ཡོན་ལྷན་ཁང་བཙུགས་པ་དང་། ༡༩༨༣ལོར་འདྲེན་ཐང་ཆུས་བཙུགས། ༡༩༨༩ལོར་ཆུས་འོག་ཤང་གཉིས་（གཙང་ཁ་ཤང་དང་འདྲེན་ཐང་ཤང་）བཙུགས་ནས་ད་ལྟའི་བར་སོར་བཞག་བྱས་ཡོད། འདྲེན་ཐང་དུ་རང་བྱུང་གི་གྲོང་ཚོ་གསུམ་ཡོད་ཅིང་། （དེའི་ནང་དབྱར་ས་བརྩིས་མེད་）༡༩༨༨ལོའི་ལོ་མཇུག་གི་སྡོམ་རྩིས་ལྟར་ན། ཆུས་ཡོངས་ལ་ཁྱིམ་གྲངས་༢༠༥ཡོད་པའི་ནང་འདྲེན་ཐང་ཤང་ལ་ཁྱིམ་གྲངས་༡༥༠དང་། མི་གྲངས་བསྡོམས་༡༢༡༣ཡོད་པའི་ནང་འདྲེན་ཐང་ཤང་ལ་མི་གྲངས་༩༢༥ཡོད། ཆུས་ཡོངས་ལ་ཕྱུགས་ཟོག་ཆེ་རིགས་བསྡོམས་༨༢༩ཡོད་པ་དེས་མི་རེར་ཆ་སྙོམས་༠.༧ལས་མི་ཐོབ་པ་དང་། ཕྱུགས་ཟོག་ཆུང་རིགས་བསྡོམས་༦༠༢ཡོད་པ་དེས་མི་རེར་ཆ་སྙོམས་༠.༥ལས་ཐོབ་ཀྱི་མེད། ལོ་ཕྱིལ་པོར་ཞིང་ལས་ཐོན་འབབ་རྒྱ་མ་༣༡༣༧༢༩（དེའི་ནང་ཞོག་ཁོག་སོགས་ཚང་མ་བརྩིས་ཡོད་）ཐོན་གྱི་ཡོད་པ་དེ་མི་རེར་ཆ་སྙོམས་བྱས་ན་འབྲུ་རིགས་རྒྱ་མ་༢༥༨ཙམ་ལས་བྱུང་མེད།

འདྲེན་ཐང་ནི་ནགས་ཚལ་གྱིས་ཕྱུག་པའི་ཡུལ་ཁྱད་པར་ཅན་ཞིག་ཡིན་མོད། འགྲོ་ལམ་སྐྱོ་ལ་ས་རྫོང་རྒྱབ་པས་ཤིང་རིགས་ཀྱིས་ཡུལ་དེ་གའི་མི་དམངས་ལ་དེ་ཙམ་གྱིས་དགེ་མཚན་བསྐྲུན་མི་ཐུབ་ཅིང་། ལྷག་དོན་ཐང་ཁྱོན་ཆུང་བས་རི་ཞིང་འདེབས་སུ་བཀོ་བ་ལས་འོས་མེད་ཁར་རི་བོ་རྣམས་ཀྱང་གཡང་གཟར་ཆེ་བས་རི་ཞིང་གི་རྒྱ་ཁྱོན་ལྷག་པར་ཆུང་བ་ནི་“ཞིང་ཆུང་སྤར་མཐིལ་རྒྱ་ཙམ་”ཟེར་བའི་སྐད་ངག་གི་བརྗོད་དོན་དེ་འདྲེན་ཐང་གི་ཡུལ་དུ་དངོས་སུ་མཐོང་ཐུབ་ཀྱི་འདུག དེ་ལྟ་བུའི་ས་བབ་ཀྱི་ཆ་རྐྱེན་འོག་སྒོ་ཕྱུགས་གསོ་དཀའ་བ་དང་། ཡུལ་གཞན་དང་ཚོང་ལས་ཀྱི་ཐབས་འབྲེལ་ཞན་པ། མི་འབོར་འཕར་ཚད་མཐོ་ལ། རང་བྱུང་གི་

གནོད་འཚེ་ཚབས་ཆེ་བའི་ཁར་དཀའ་སྡུད་འབད་ཐབས་ལ་བརྟེན་ནས་ཕྱུག་འགྱུར་གྱི་འགྲོ་ལམ་ཐོག་བསྐྱོད་རྒྱུའི་སེམས་ཤུགས་མི་འདང་བ་སོགས་རྒྱུ་རྐྱེན་སྣ་ཚོགས་ཀྱི་རྐྱེན་པས་དེ་གའི་མི་རྣམས་ནི་ད་ལྟའང་དབུལ་པོའི་རྣམ་པ་ལས་ཐར་ཐུབ་མེད། འོན་ཀྱང་འདྲེན་ཐང་ཡུལ་མིའི་སྲོལ་རྒྱུན་ལྟ་སྟངས་ལ“ཕ་ཆགས་སར་བུ་མ་ཆགས”ན་ཤིན་ཏུ་ཐ་ཤལ་བར་བརྩི་བས། དེའི་བག་ཆགས་ཀྱིས་ཡུལ་མི་རྣམས་འཚོ་བ་ཇི་ཙམ་སྐྱོ་ཡང་རང་ཡུལ་བཞག་ནས་མི་ཡུལ་དུ་བདེ་སྐྱིད་འཚོལ་བར་འགྲོ་ཐབས་བྲལ་བ་ཡིན་པས། ཁོ་ཚོའི་བདེ་སྐྱིད་ཀྱི་འཚོ་བར་སྨོན་པའི་འདུན་པ་ཡང་ཚེ་ཕྱི་མར་བཙོལ་རྒྱུ་ལས་གཞན་ཅི་ཡང་མེད།

གཉིས་པ། འདྲེན་ཐང་གི“ཤར་པ”ཞེས་པའི་མིང་གི་བྱུང་འཕེལ་དང་དེའི་ཛ་བོའི་ཐོག་གི་འགྱུར་བ།

འདྲེན་ཐང་གི་ཡུལ་མི་རྣམས་ལ“ཤར་པ”ཞེས་ཟེར་བའི་ཐོག་མའི་འབྱུང་རྐྱེན་དང་དེའི་གཞི་འཛིན་ས་གང་ཡིན་བརྟག་སྐབས་ཚན་རིག་དང་རྒྱབ་འགལ་དུ་འགྲོ་བའི་གནས་ཚུལ་མང་པོ་ཞིག་མཐོང་ཐོས་བྱུང་། རྒྱའི་ཡི་གེ་ལས་བྲིས་པའི་《འདྲེན་ཐང་ཆུས་ཀྱི་གནད་བསྡུས》ཞེས་པའི་ནང་“ཤར་པ་ཟེར་བ་ནི་གཞན་གྱིས་བཏགས་པ་ཞིག་ཡིན། ༡༨༧༤ལོའི་སྤྱི་རྗེས་སུ་གོང་ནས་འདྲེན་ཐང་ཆུས་ཀྱི་རུས་རྒྱུད་ཀྱི་གནས་ཚུལ་རྟོག་ཞིབ་བྱེད་པར་ཕེབས་སྐབས་ཆུས་ཨུ་ཡོན་ལྷན་ཁང་གི་དགོངས་ཚུལ་ལ་འདི་གའི་ཡུལ་མི་རྣམས་དང་བོད་རིགས་འདྲ་པོ་རང་མེད་པ་དང་། ཁོ་ཚོའི་མཐའ་འཁོར་ན་ཤར་པ་མི་ཉུང་བ་ཞིག་གནས་སྡོད་བྱས་ནས་ཡོད་པ། ཁོ་ཚོའི་སྡོད་གནས་ཀྱི་ས་བབ་དང་། ལོ་ཏོག ཟས་རིགས། གྱོན་ཆས། ཞབས་བྲོ། མནའ་མ་བཙན་འཁྲིད་བྱེད་པ་སོགས་ཀྱི་ལུགས་སྲོལ་ཤར་པ་དང་གཅིག་མཚུངས་ཡིན་པ་མ་ཟད། དེ་མིན་ཕྱོགས་གང་ཅིའི་ཐད་ནས་བསྡུར་ན་ཡང་བོད་རིགས་ལས་ཤར་པ་དེ་བས་ཉེ་བ་ཡོད་སྟབས་ཤར་པ་ཞེས་བཏགས་པ་ཡིན།

འོན་ཀྱང་ཕོ་རང་ཚོས་（ཡུལ་མི་ཚོས་）བོད་རིགས་ཡིན་ཞེས་བརྗོད་ཀྱི་ཡོད་”① ཅེས་འཁོད་པར་གཞིགས་ན། འདྲེན་ཐང་གི་སྐྱེ་བོ་རྣམས་ལ་ཤར་པ་ཞེས་ཐོག་མར་འབོད་སྲོལ་བྱུང་བ་དེའང་ཤར་པ་དང་འདྲ་པོ་ཡོད་པའི་ཐད་ནས་བཏགས་པ་ཞིག་ཡིན་པ་ལས། ཚན་རིག་ཐོག་ནས་བརྟག་ཞིབ་ནན་ཏན་བྱས་པའི་སྟོམ་ཚིག་ཅིག་མིན་པར་ཤེས་ཐུབ། ང་ཚོ་འདྲེན་ཐང་དུ་སླེབས་སྐབས་བོད་རིགས་ལས་ཐ་དད་པའི་ཚོ་པ（ཤར་པ་）དེ་དོན་དངོས་ཐོག་བོད་རིགས་མ་ཡིན་པའི་ཚོར་སྣང་གང་ཡང་མ་བྱུང་། ང་ཚོས་ཕོ་ཚོར་བོད་སྐད་ཐོག་ནས་ཁྱེད་རང་ཚོ་མི་རིགས་གང་ཡིན་ནམ་ཞེས་འདྲི་སྐབས། ཕོ་ཚོས“མི་ཤེས། ཤར་པ་ཟེད་ནི་ཟེར་གྱིས། ཤར་པ་མིན་འགྲོ་”ཞེས་པ་དང་། “ཤར་པ་དང་འདྲ་པོ་འདུག་ཟེར་གྱིས་”ཞེས་ལན་འདེབས་གནང་མཁན་མང་པོ་བྱུང་། （གཞན་ཡང་འགའ་ཞིག་གིས་ཚིག་ཐག་ཆོད་པོས་བོད་རིགས་ཡིན་ཟེར་གྱི་འདུག་）མདོར་ན་ཆ་འདྲ་བའི་ཕྱིའི་སྣང་ཚུལ་རེ་ཟུང་ཙམ་རྒྱུ་མཚན་དུ་བཀོད་ནས་ཕོ་ཚོ་ཤར་པ་རེད་ཅེས་སྟོམ་ཚིག་བཞག་པ་དེ་ནི་ཚན་རིག་ཞིབ་འཇུག་པ་ཞིག་གི་ངོས་ནས་ཆ་མཚོན་ན་ཐུན་བུའི་ཁྲལ་སེལ་སླ་བཅོས་ཀྱི་སྐྱོན་དུ་མི་འགྱུར་རམ།

《འདྲེན་ཐང་ཆུས་ཀྱི་གནས་ཚུལ་རགས་བསྡུས་》ཞེས་པའི་ནང་“འདྲེན་ཐང་ཆུས་ལ་ཁྱོན་བསྡོམས་རང་བྱུང་གྲོང་ཚོ་གསུམ་ཡོད། འདྲེན་ཐང་གྲོང་ཚོར་ཐེམ་གྲངས་༡༣༡དང་། མི་གྲངས་༧༧༨ཡོད་པ་ཚང་མ་ཤར་པ་ཡིན། གཙང་ཁ་གྲོང་ཚོར་ཐེམ་གྲངས་༡༧དང་མི་གྲངས་༡༢༥ཡོད་པ་མང་ཆེ་བ་ཤར་པ་ཡིན། ན་ཐང་གྲོང་ཚོར་ཐེམ་གྲངས་༡༨དང་མི་གྲངས་༡༠༥ཡོད་པ་མང་ཆེ་བ་བོད་རིགས་ཡིན་……བསྡོམས་མི་གྲངས་༡༠༠༨ཡོད་པའི་ནང་ཤར་པ་༨༨༧དང་། བོད་རིགས་༡༢༠ཡོད་”② ཅེས་འཁོད་འདུག་པ་དེ་ནི་ད་བར་ང་ཚོས་འདྲེན་ཐང་གི་

① 《འདྲེན་ཐང་ཆུས་ཀྱི་གནས་ཚུལ་རགས་བསྡུས་》ཞེས་པའི་ནང་གསལ།

② 《འདྲེན་ཐང་ཆུས་ཀྱི་གནས་ཚུལ་རགས་བསྡུས་》ཞེས་པའི་ནང་གསལ།

གནས་ཚུལ་ཤེས་རྟོགས་བྱུང་བའི་སྐོར་ལ་“ ཤར་པ་” དང་བོད་རིགས་ཞེས་ཡིག་ཐོག་ཏུ་འཁོད་པ་སྔ་ཤོས་དེ་ཡིན། ཡང་ང་ཚོས་གཏིང་སྐྱེས་རྫོང་དུ་རེའུ་མིག་འགའ་ཞིག(གཙོ་བོ་༡༩༨༢ལོའི་མི་འབོར་ཞིབ་བཤེར་གྱི་ལག་ཐོ་) མཐོང་བའི་ནང་། འདྲེན་ཐང་ཆུས་སུ་བོད་རིགས་ཐེམ་གྲངས་༣༨དང་། མི་གྲངས་༢༣༣ཡོད་པ་དང་། ཤར་པ་ཐེམ་གྲངས་༡༣༧དང་མི་གྲངས་༨༠༢ཡོད་ཅེས་འཁོད་འདུག གོང་གསལ་ཡིག་ཆ་དེ་གཉིས་བསྡུར་སྐབས་དུས་ཐུང་ལོ་གཅིག་གི་གཡས་གཡོན་ནང་དུ་འདྲེན་ཐང་ཆུས་སུ་“ ཤར་པ་” མི་གྲངས་༨༨༧ནས་༨༠༢བར་མར་ཆག་པ་དང་། བོད་རིགས་མི་གྲངས་༡༢༠ནས་༢༣༣བར་འཕར་ཡོད་པའི་གནད་དོན་དེ་ཉིད་ཀྱི་ཐོག་ནས་ཀྱང་འདྲེན་ཐང་དུ་“ ཤར་པ་” དང་བོད་རིགས་ཞེས་དབྱེ་བ་འབྱེད་པ་དེ་ནི་ཚན་རིག་དང་མཐུན་པ་ཞིག་མ་ཡིན་པ་ཤེས་ཐུབ་བོ། །

དེང་སྐབས་བོད་རང་སྐྱོང་ལྗོངས་ཀྱི་གནས་ཚུལ་ངོ་སྤྲོད་བྱས་པའི་རྩོམ་ཡིག་མང་པོའི་ནང་“ ཤར་པ་” དེ་བོད་རིགས་ལས་ཐ་དད་པའི་ཁེར་རྐྱང་གི་ཚོ་པ་ཞིག་ཡིན་པར་མཚམས་སྦྱོར་བྱས་འདུག་པ་དཔེར་ན། 《 བོད་རང་སྐྱོང་ལྗོངས་ཀྱི་གནད་བསྡུས་》ཞེས་པའི་དེབ་ཐེར་དེའི་ནང་“ བོད་རང་སྐྱོང་ལྗོངས་ཀྱི་མངའ་ཁོངས་སུ་གོང་གསལ་མི་རིགས་དེ་རྣམས(བོད་རིགས། ཧུའི་རིགས། མོན་པ་རིགས། ལྷོ་བ་རིགས། སྡེང་པ། ཤར་པ།) ཕུད། ཆབ་མདོ་ས་གནས་ཀྱི་ལྷོ་རྒྱུད་དུ་ད་དུང་ཆེས་ཉུང་བའི་འཇང་རིགས་དང་། ནུའུ་རིགས། ཏུའུ་ལུང་རིགས་ལ་སོགས་གྲངས་ཉུང་མི་རིགས་གནས་ཡོད། ”① ཅེས་འཁོད་ཡོད་པ་དེ་ལས་“ ཤར་པ་” ནི་ཁེར་རྐྱང་མི་རིགས་གཅིག་ཡིན་པར་ངོས་འཛིན་བྱས་པ་ལྟ་བུའོ། །

འོ་ན་འདྲེན་ཐང་“ ཤར་པ་” ཟེར་བའི་ཐ་སྙད་ཀྱི་བྱུང་འཕེལ་དང་དེར་ངོ་

① 《བོད་རང་སྐྱོང་ལྗོངས་ཀྱི་གནས་ཚུལ་རགས་བསྡུས་》ཤོག་གྲངས32ནང་གསལ།

པོའི་ཐད་འགྱུར་བ་ཅི་འདྲ་ཞིག་བྱུང་ཡོད་ཅེ་ན། བོད་རིགས། ཤར་པ། ཤར་པའི་མི། ཤར་པ་རིགས་ཞེས་པ་དེ་འདྲ་ཞིག་ཡིན། དེའང་གསལ་པོར་བཤད་ན། ཐོག་མར་འབྲེན་ཐང་གི་ཡུལ་མི་རྣམས་བོད་རིགས་ཀྱི་ཁོངས་ཡིན་པ་གླེང་མེད་དང་། ༡༩༧༩ལོར་གོང་རིམ་ནས་འབྲེན་ཐང་གི་དུས་རྒྱུད་གནས་ཚུལ་རྟོག་ཞིབ་མཛད་སྐབས་ཤར་པ་དང་འདྲ་པོ་ཡོད་པའི་སྡོམ་ཚིག་བཞག་གནང་བ་སྟེ། དེའི་དབང་གིས་འདྲ་བ་རྒྱུ་མཚན་དུ་བྱས་ནས་ཡུལ་དེའི་མི་རྣམས་ལ་འབྲེན་ཐང་གི་“ཤར་པ་”ཞེས་མིང་དུ་བཏགས། ༡༩༨༢ལོར་འབྲེན་ཐང་ཡུལ་དུ་ཀྲུང་གོ་སྤྱི་ཚོགས་ཚན་རིག་ཁང་མི་རིགས་ཞིབ་འཇུག་ཚན་པའི་བློ་མཐུན་གཉིས་ཕེབས་ནས་ཡུལ་དེར་“ཤར་པ་”དང་བོད་རིགས་ཞེས་རིགས་ཁག་གཉིས་སུ་དབྱེ་འབྱེད་གནང་བ་མ་ཟད། “ཤར་པ་”མི་གྲངས་ག་ཚོད་དང་། བོད་རིགས་མི་གྲངས་ག་ཚོད་ཅེས་ཐོ་བཀོད་ཞིབ་གསལ་མཛད་ནས་“ཤར་པའི་མི་”ཞེས་བོད་རིགས་ལས་ཐ་དད་པའི་ཁེར་རྐྱང་གི་ཚོ་པ་ཞིག་ཏུ་ངོས་འཛིན་གནང་ཡོད། ༡༩༨༩ལོར་རྩོམ་སྒྲིག་བྱས་པའི་《བོད་རང་སྐྱོང་ལྗོངས་ཀྱི་གནད་བསྡུས》ཞེས་པའི་ནང་འབྲེན་ཐང་གི་“ཤར་པ་”ཚུད་“ཤར་པ་”ཞེས་པ་དེ་བོད་རིགས་ལས་ལོགས་སུ་དགར་བའི་མི་རིགས་གཅིག་ཡིན་པའི་ངོས་འཛིན་དང་གླེང་སྒྲོགས་མཛད་འདུག

རང་ལུགས་ལྟར་ན། འབྲེན་ཐང་དུ་གཞིས་ཆགས་པའི་སྐྱེ་བོ་རྣམས་ལ་“ཤར་པ་”ཞེས་འབོད་ན་མི་འགྲིག་པ་མེད། ཅི་ཕྱིར་ཞེ་ན། འབྲེན་ཐང་གི་བགྲེས་རབས་རྣམས་ཀྱི་གསུང་རྒྱུན་ལྟར་ན་འབྲེན་ཐང་གི་མིའི་འབྱུང་ཁུངས་ནི་ཁམས་སྡེ་དགེ་ནས་ཡིན་ཞིང་། ཁམས་སྡེ་དགེ་དེ་བོད་གངས་ཅན་གྱི་ཤར་ཕྱོགས་ན་གནས་ཤིང་བོད་རིགས་བཅའ་སྡོད་ཀྱི་ཡུལ་སྡེ་ཞིག་ཡིན་པས། དེ་ལྟར་ཁམས་ཕྱོགས་ནས་གནས་སྤོས་བྱས་པའི་འབྲེན་ཐང་པ་ཚོར་ང་ཚོས་ཤར་ཕྱོགས་ནས་ཡོང་བའི་མིའམ་ཤར་ཕྱོགས་པ་སྟེ། “ཤར་པ་”ཞེས་བརྗོད་ན་མི་འཐད་པ་མེད་ལ། བོད་མིའི་མིང་གི་འདོགས་ཚུལ་དང་ཡང་ཡོངས་སུ་མཐུན་ཐུབ་པ་དཔེར་ན། བོད་

རིགས་ཡིན་པ་གང་ཞིག་ལ་སོ་སོའི་ཡུལ་གྱི་གནས་བབ་ཀྱི་དབང་གིས་གཙང་པ་དང་། སྟོད་པ། དབུས་པ། ཁམས་པ་ཞེས་ཐ་སྙད་བཏགས་པ་ལྟར་ཡིན། གལ་ཏེ་"ཤར་པའི་"ཐ་སྙད་ལ་འགྲེལ་བཤད་གསར་པ་རྒྱག་པའམ་ཡང་ན་དོན་གསར་པ་བསྟན་ཏེ་"ཤར་པ་"ཞེས་བོད་རིགས་ལས་ཐ་དད་པའི་ཁེར་རྐྱང་ཚོ་པ་ཞིག་ཏུ་ངོས་འཛིན་པའམ་ཡང་ན་བོད་རིགས་ལས་ལོགས་སུ་དགར་བའི་ཁེར་རྐྱང་མི་རིགས་ཤིག་ཏུ་ངོས་འཛིན་བྱས་ཚེ་དེ་ནི་ཚན་རིག་དང་མཐུན་ཐབས་མེད་ཅིང་། ཡང་སྐོས་རང་རེའི་མེས་རྒྱལ་གྱི་ངོས་ནས་བཤད་ན་འང་དོན་མེད་རྙོག་དྲ་བཟོ་བའི་ཕན་མེད་ཀྱི་བྱ་བ་ཞིག་ཡིན། བལ་ཡུལ་ན་བཙན་པོ་ཁྲི་སྲོང་ལྡེའུ་བཙན་གྱིས་རྒྱ་གར་ལ་དམག་འདྲེན་སྐབས་གཞིས་ཆགས་པའི་ཏ་མང་（རྟ་དམག་གི་སྒྲ་ཟུར་ཉམས་པ་）མི་རིགས་དང་། གངས་ཅན་གཙང་ནས་བྱུང་བའི་གཙང་མི་རིགས། བོད་གངས་ཅན་གྱི་ཤར་ཕྱོགས་ནས་གནས་སྤོས་བྱས་པའི་ཤར་པ་མི་རིགས་སོགས་དབྱེ་འབྱེད་བྱས་ཡོད་པ་དེ་ནི་ནི་པ་ལའི་རྒྱལ་ཁབ་ཀྱི་གནས་ཚུལ་དང་བསྟུན་ཏེ་མི་རིགས་ཀྱི་རྣམ་དབྱེ་ཕྱེ་བ་ཞིག་ལོས་ཡིན། འོ་ན་ང་ཚོས་དེར་དཔེ་བལྟས་ཏེ་རང་རྒྱལ་དུའང་"ཤར་པ་"ཞེས་བོད་རིགས་ལས་ཐ་དད་པའི་ཁེར་རྐྱང་ཚོ་པ་ཞིག་ལོགས་སུ་དགར་ན་དེ་ནི་རང་རེའི་དངོས་དོན་དང་གཏན་ནས་འཚམ་ཐབས་མེད་པ་ཞིག་རེད།

གསུམ་པ། མི་རིགས་རྣམ་དབྱེ་འབྱེད་པའི་གཞི་འཛིན་སའི་སྐོར།

ང་ཚོས་"ཤར་པ་"རྣམས་བོད་རིགས་ཀྱི་ཁོངས་སུ་གཏོགས་མིན་བརྟག་དགོས་ན་ཐོག་མར་གང་འདྲ་ཞིག་ལ་མི་རིགས་ཟེར་བ་དང་། མི་རིགས་རྣམ་དབྱེ་འབྱེད་པའི་ཚད་གཞི་དེ་ཅི་འདྲ་ཞིག་ཡིན་མིན་ཤེས་རྟོགས་ཡོང་བར་བྱ་དགོས། མ་གཞི་མི་རིགས་ཀྱི་མཚན་ཉིད་ཐད་བརྗོད་ཚུལ་འདྲ་མིན་སྣ་ཚོགས་ཤིག་ཡོད་ནའང་རང་རྒྱལ་དུ་ཁྱབ་ཆེ་ཤོས་དང་ཁུངས་བཙན་ཤོས་སུ་བཀུར་བ་ནི་སློ་མཐུན་

སི་ཏ་ལིན་གྱིས་༡༩༢༩ལོར་འཇོག་གནང་མཛད་པའི་མི་རིགས་ཀྱི་མཚན་ཉིད་དེ་ཡིན། ཁོང་གིས"མི་རིགས་ཞེས་པ་ནི། མི་རྣམས་ཀྱི་ལོ་རྒྱུས་ཐོག་ཆགས་པའི་ཐུན་མོང་གི་སྐད་རིགས་དང་། ཐུན་མོང་གི་ས་ཁོངས། ཐུན་མོང་གི་དཔལ་འབྱོར་འཚོ་བ། དེ་བཞིན་ཐུན་མོང་གི་མི་རིགས་རིག་གནས་ཀྱི་ཁྱད་ཆོས་ཐོག་ནས་མངོན་པའི་ཐུན་མོང་གི་སེམས་ཁམས་ངོ་བོ་བཅས་གཞི་རྩའི་ཁྱད་རྟགས་བཞི་པོ་འདི་ལྡན་པའི་བརྟན་ལྷིང་གི་ཐུན་མོང་ཚོ་པ"①ཞིག་ལ་བརྗོད་ཅེས་གསུངས་ཡོད། དེས་ན་ཁྱད་རྟགས་བཞི་པོ་འདི་མི་རིགས་དབྱེ་འབྱེད་ཀྱི་ཞིབ་འཇུག་ལས་ཀའི་སློབ་སྟོན་དུ་བཟུང་ན་འགྲིག་པ་ཞིག་ཡིན་སྙམ། འོན་ཀྱང་"ཐུན་མོང་གི་ས་ཁོངས"དང་། "ཐུན་མོང་གི་དཔལ་འབྱོར་འཚོ་བ"ཞེས་པའི་ཁྱད་རྟགས་གཉིས་པོ་འདི་མི་རིགས་གཅིག་མེད་པ་ནས་ཡོད་པར་ཆགས་པའི་སྔ་རབས་ཀྱི་དུས་རིམ་ནང་ནུས་པ་ཤུགས་ཆེར་ཐོན་ཐུབ་པའི་རྩ་བའི་ཆ་རྐྱེན་ཞིག་ཡིན་པ་ལས་མི་རིགས་འཕེལ་རྒྱས་འགྲོ་བའི་དེང་རབས་ཀྱི་དུས་རིམ་ནང་ཁྱད་རྟགས་དེ་རིགས་འཁྱེར་ནས་མི་རིགས་དབྱེ་འབྱེད་ཀྱི་ལས་དོན་ནང་ཞུགས་ན་ཕལ་ཆེར་ཚན་རིག་དང་མི་མཐུན་པ་ཞིག་ཡོང་གི་ཡོད་སྙམ། དེང་དུས་མི་རིགས་དབྱེ་འབྱེད་ཀྱི་གཞི་འཛིན་ས་གཙོ་བོ་ནི"ཐུན་མོང་གི་སྐད་རིགས"དང་། "ཐུན་མོང་གི་མི་རིགས་རིག་གནས་ཀྱི་ཁྱད་ཆོས་ཐོག་ནས་མངོན་པའི་ཐུན་མོང་གི་སེམས་ཁམས་ངོ་བོ"འདི་གཉིས་ཡིན་ལ། རྩ་བའི་ཆ་ནས་དེ་གཉིས་གཙོ་བོར་འཛིན་བཞིན་འདུག དེ་ཡང་རླབས་ཆེན་གྱི་སློབ་དཔོན་ཨེན་གེ་སིས་༡༨༥༩ལོར་ཡོ་རོབ་ཀྱི་མི་རིགས་འགའི་དབྱེ་མཚམས་སྐོར་ལ་མི་རིགས་དབར་གྱི་དོན་དངོས་ཀྱི་དབྱེ་མཚམས་ནི"སྐད་རིགས་དང་། ཐུན་མོང་གི་བརྩེ་དུང་ནས་ཐག་གཅོད་བྱེད"②ཅེས

① 《མི་རིགས་ཀྱི་རིགས་པའི་གཞུང་ལུགས་དང་མི་རིགས་ཀྱི་སྲིད་ཇུས》ཤོག་གྲངས33ནང་གསལ།

② 《ཨེན་གེ་སིའི་དམག་དོན་ཆེད་རྩོམ་འདེམས་བཏུས》ནང་གསེས་བམ་པོ་གསུམ་པའི་ཤོག་གྲངས102ནང་གསལ།

གསུངས་པ་ལྟར་ལགས་སོ། །ཨེན་ཀེ་སིས་གསུངས་པའི་"ཐུན་མོང་གི་བརྩེ་དུང"ཞེས་པ་དང་། སི་ཏ་ལིན་གྱིས་འཛུགས་གནང་མཛད་པའི་མི་རིགས་ཀྱི་ཁྱད་རྟགས་བཞི་པོའི་ཡ་གྱལ་"ཐུན་མོང་གི་མི་རིགས་རིག་གནས་ཀྱི་ཐོག་ནས་མངོན་པའི་ཐུན་མོང་གི་སེམས་ཁམས་ངོ་བོ"ཞེས་པ་འདི་གཉིས་སྤྱིར་དོན་གཅིག་ལ་ངོས་འཛིན་བྱས་ན་འགྲིག་ཅིང་། "ཐུན་མོང་གི་སེམས་ཁམས་ངོ་བོ"དང་"ཐུན་མོང་གི་བརྩེ་དུང"གཉིས་ནི་མི་རིགས་དེའི་ཐུན་མོང་གི་རིག་གནས་ཏེ་རྩོམ་རིག་དང་། སྒྱུ་རྩལ། ཆོས་ལུགས། ཡུལ་གོམས་གཤིས་ལུགས་སོགས་ཀྱི་ཐོག་ནས་མངོན་ཐུབ་པ་ཞིག་ཡིན། མི་རིགས་གཅིག་གི་རིག་གནས་ནི་མི་རིགས་དེ་ཆགས་པ་ནས་དར་རྒྱས་འགྲོ་བའི་བརྒྱུད་རིམ་ནང་འཕྲེང་བ་སྟར་བརྒྱུས་བཞིན་རྒྱུན་འཛིན་གྱི་རྨང་གཞིའི་ཐོག་ཡག་ཐོག་ཡག་བརྩེགས་དང་ལྡན་སུམ་ཇེ་ཚོགས་སུ་བཏང་ནས་གྲུབ་པ་ཞིག་ཡིན་པ་མ་ཟད། མི་རིགས་དེའི་ཐུན་མོང་གི་དངོས་པོའི་འཚོ་བའི་ཐོག་ཆགས་པའི་ཐུན་མོང་གི་འདུ་ཤེས་འཛིན་སྟངས་མངོན་ཐུབ་པ་ཞིག་ཡིན་པར་བརྟེན། མི་རིགས་ཀྱི་རྣམ་དབྱེ་འབྱེད་སྐབས"ཐུན་མོང་གི་སེམས་ཁམས་ངོ་བོ་སྟེ། ཐུན་མོང་གི་མི་རིགས་འདུ་ཤེས་དང་མི་རིགས་བརྩེ་དུང་ནི་ལྷག་པར་གལ་ཆེ་ཞིང་། དེ་མེད་ན་མི་རིགས་གཅིག་གྲུབ་ཐབས་མེད"[①]པ་དེའོ། །

མདོར་ན་གོང་གསལ་ལྟབས་ཆེན་གྱི་སློབ་དཔོན་ཚོའི་བཀའ་སློབ་ལམ་སྟོན་སྒྲོན་མེར་བཟུང་སྟེ་གཞམ་དུ་ཁོ་བོས"ཤར་པ"དེ་བོད་རིགས་ལས་ཐ་དད་པའི་ཁེར་རྐྱང་ཚོ་པ་ཞིག་གམ་ཁེར་རྐྱང་མི་རིགས་ཤིག་ཡིན་མིན་སྐོར་དེ། འདྲེན་ཐང་ཡུལ་དུ་སྡར་ནས་ད་བར་དར་ཞིང་ཁྱབ་པའི་དམངས་ཁྲོད་རིག་གནས་དང་། ཡུལ་དེའི་སྐད་རིགས་ལ་སོགས་པ་བོད་སྤྱིའི་རིག་གནས་ལས་ཐ་དད་པའི་དམིགས་བསལ་གྱི་རིག་གནས་ཤིག་ཡིན་མིན་སྐོར་ནས་བརྟག་པར་བྱའོ། །

---

① 《མི་རིགས་རིག་པའི་རྣམ་བཤད་》ཤོག་གྲངས147ནང་གསལ།

བཞི་པ། འདྲེན་ཐང་གི་དམངས་ཁྲོད་རིག་གནས་སྐོར།

གཅིག དམངས་ཁྲོད་རིག་རྩལ།

འདྲེན་ཐང་གི་ཡུལ་དེ་གླུ་གར་གྱི་རྒྱ་མཚོ་རེད་ཅེས་བརྗོད་ན་ཕྲན་བུའི་ཐལ་དྲགས་ནའང་དེར་བོད་གངས་ཅན་གྱི་ཡུལ་གྲུ་གཞན་དང་མཚུངས་པའི་གཞས་ཞབས་བྲོ་དང་། དམངས་སྒྲུང་མི་ཉུང་བ་ཞིག་དར་འདུག་པ་དཔེར་ན།

(1) ཨ་ལྕེ་ལྷ་མོ་ནི་བོད་རིགས་གནས་སྡོད་བྱེད་སའི་ས་ཆ་ཀུན་ཏུ་ས་ཁྱབ་རྡོ་ཁྱབ་ཡིན་པའི་རིག་རྩལ་ཞིག་ཡིན་པ་མ་ཟད། ཐན་སྐྲ་དཀར་ནས་གཞོན་སོ་དཀར་བར་གྱི་བོད་རིགས་སྐྱེ་བོ་ཚང་མས་ཤིན་ཏུ་དགའ་པོ་བྱེད་ཀྱི་ཡོད་པ་ལྟར། འདྲེན་ཐང་གི་སྐྱེ་བོ་རྣམས་ཀྱིས་ཀྱང་ཨ་ལྕེ་ལྷ་མོར་ལྷག་པར་དགའ་པོ་བྱེད་ཀྱི་ཡོད། འོན་ཀྱང་ཁོང་ཚོས་ཨ་ལྕེ་ལྷ་མོར་"མ་ཧེ"ཞེས་འབོད་པ་ལས་ལྷ་མོ་ཞེས་འབོད་སྲོལ་མེད། དེའི་རྒྱུ་མཚན་ཡང་ལྷ་མོའི་འབྱུང་ཁུངས་དང་འབྲེལ་བ་ཡོད་དེ། ཐང་སྟོང་རྒྱལ་པོས་ཐོག་མར་ཐང་གར་གཟུགས་བརྙན་བཀོད་ནས་རྒྱལ་བའི་མཛད་འཕྲིན་ལ་སོགས་པར་འགྲེལ་པ་བྱེད་པ་དེར་བླ་མ་མ་ཧེ་ཞེས་ཟེར་བ་དང་། དེ་རྗེས་དེའི་རྣམ་པ་འཕེལ་རྒྱས་དང་སྒྱུ་རྩལ་གོང་མཐོར་བཏང་ནས་མི་སྣ་དངོས་སུ་དོན་ཏེ་འཁྲབ་སྟོན་བྱེད་ཀྱི་ཡོད་པ་དེར་ལྷ་མོ་ཞེས་ཟེར། དེས་ན་ཨ་ལྕེ་ལྷ་མོ་ནི་ཐོག་མར་བླ་མ་མ་ཧེ་ལས་བྱུང་བ་ཡིན་པས་བོད་ཡུལ་ས་ཆ་འགར་ལྷ་མོ་མཁན་ལ་མ་ཧེ་བ་ཞེས་པ་དང་། ལྷ་མོ་ལ་མ་ཧེ་ཞེས་བརྗོད་པ་ནི་འབྱུང་ཁུངས་བསྟན་རྒྱུ་ཡོད་པ་ཞིག་རེད། འདྲེན་ཐང་གི་སྐྱེ་བོ་ཚོས་རང་མོས་ཐོག་སྒྲིག་འཛུགས་བྱས་པའི་ལས་ཚན་ལྷ་མོ་ཚོགས་པ་ཞིག་ཡོད་པ་དེས་ལོ་ལྟར་གནམ་ལོ་གསར་བཞད་སྐབས་འཁྲབ་སྟོན་ཉིན་ལྔ་ནས་བདུན་བར་བྱེད་སྲོལ་ཡོད་པ་ལས་གཙོ་བོའི་འཁྲབ་གཞུང་ནི《ཆོས་རྒྱལ་ནོར་བཟང་》དང་།《སྣང་ས་འོད་འབུམ་》《དྲི་མེད་ཀུན་ལྡན་》སོགས་བོད་ཀྱི་ཡུལ་གྲུ་གཞན་ལ་དར་ཁྱབ་ཆེ་བའི་འཁྲབ་གཞུང་རྣམས་ཡིན། ཐོར་ཡིན་ན་འདྲེན་ཐང་ཡུལ་དུ《བར་དོ་》ཞེས་པའི་ལྷ་མོའི་འཁྲབ་གཞུང་ཞིག་ཡོད་པ་

དེ་བོད་ཀྱི་ས་ཆ་གཞན་དུ་མཐོང་ཐོས་དཀོན་པ་ཞིག་རེད་འདུག་ཀྱང་། ང་ཚོས་མཁས་དབང་བགྲེས་རབས་འགར་བཀའ་འདྲི་ཞུས་རྗེས་ཤེས་རྟོགས་བྱུང་བར། བོད་ཀླུ་བརྒྱད་པའི་ཆབ་བཞུགས་ཀྱི་དུས་སུ་ཆོས་འཁོར་རྒྱལ་གྱི་མེ་ཏོག་མཆོད་པའི་སྐབས་གྲྭ་པས《བར་དོ་》ཞེས་པའི་ལྷ་མོ་འཁྲབ་སྲོལ་ཡོད་པ་མ་ཟད། གཞུང་དེའི་གཙོ་བོའི་ནང་དོན་ནི་ཚེ་འདིར་ལས་ནག་པོ་བྱས་ན་བར་དོར་ཁྲིམས་ནན་པོ་ཐོག་པའི་དོན་ཁོ་ན་ཡིན་པ་ལྟར། འདྲེན་ཐང་གི་ལྷ་མོའི་འཁྲབ་གཞུང་《བར་དོ་》ཡི་བརྗོད་དོན་ཡང་གོང་གསལ་གྱི་ལས་རྒྱུ་འབྲས་ཀྱི་དོན་དེ་ཁོ་ན་བཤད་ཡོད།

(2) སྒོར་གཞས་ནི་བོད་ཀྱི་ཞིང་འབྲོག་ཁུལ་དུ་དར་ཁྱབ་ཆེ་བའི་གཞས་དང་ཞབས་བྲོ་ཟུང་དུ་འབྲེལ་བའི་རིག་རྩལ་ཞིག་ཡིན་པ་ལས་ཁུལ་སོ་སོར་དེའི་ཐ་སྙད་འབོད་སྲོལ་མི་མཚུངས་པ་ཙམ་ལས་ཚང་མ་ལག་གདང་སྦྲེལ་ཏེ་གཞས་ར་སྒོར་མོ་ཇ་ལྟར་འཁྱིལ་བའི་སྒོ་ནས་ཉིན་མཚན་ཧྲོས་མེད་དུ་རོལ་བའི་གནའ་རབས་ཀྱི་ཞབས་བྲོའི་རྣམ་པ་ཞིག་ཡིན་པ་གཅིག་མཚུངས་རེད། འདྲེན་ཐང་ཡུལ་དུ་དར་བའི་སྒོར་གཞས་ཀྱི་ཉམས་འགྱུར་དང་རྣམ་པའང་(གཞས་རའི་དབུས་སུ་མེ་ཕུང་གཏོང་བ་དང་། བཤད་རེ་རྗེ་རེ་ཞེས་ཕོ་མོ་ཕྱོགས་ཁག་བྱས་ནས་གླུ་གཏོང་རེས་བྱེད་པ་སྟེ། ཕྱོགས་གཅིག་གིས་བསླུལ་བ་དང་། ཕྱོགས་གཞན་དེས་བསྐྱར་ཟློས་བྱེད་པ་) བོད་ཀྱི་ས་ཁུལ་གཞན་དང་རྩ་བའི་ཆ་ནས་གཅིག་མཐུན་ཡིན་ཁར། གཞས་ཚིག་གི་བརྗོད་བྱའང་མང་ཆེ་བ་གཅིག་མཐུན་ཡིན་པ་དཔེར་ན། གངས་སྟོད་མཐོ་མོར་དར་སེང་དཀར་མོ་ཡོད། །དར་སེང་དཀར་མོར་གཡུ་རལ་ངོམ་རྒྱུ་ཡོད། །རྫ་སྟོད་མཐོ་མོར་འབྲོང་ཆུང་རིགས་ལྔ་ཡོད། །འབྲོང་ཆུང་རིགས་ལྔར་རྭ་རྩེ་ངོམ་རྒྱུ་ཡོད། །བྲག་སྟོད་མཐོན་པོར་བྱ་རྒྱལ་རྒོད་པོ་ཡོད། །བྱ་རྒྱལ་རྒོད་པོར་རྩེ་སྒྲོ་ལེགས་མོ་ངོམ་རྒྱུ་ཡོད། །སྤང་སྟོད་མཐོན་པོར་ཤ་བ་རྭ་བཅུ་ཡོད། །ཤ་བ་རྭ་བཅུར་ཕྲུ་ཕྲ(བྲག་རྭ)ལེགས་མོ་ངོམ་རྒྱུ་ཡོད། །ནགས་སྟོད་མཐོན་པོར་སྟག་མོ་ཁྲ་འཛོམ་ཡོད། །སྟག་མོ་ཁྲ་འཛོམ་ལ་ཕྲུ་ཕྲ་ལེགས་མོ་ངོམ་རྒྱུ་ཡོད། །མཚོ་སྟོད་

མཐོན་པོར་ཉ་ཆུང་སེར་མོ་ཡོད། །ཉ་ཆུང་སེར་མོར་གསེར་མིག་ལེགས་མོ་ངོམ་རྒྱུ་ཡོད། །ཅེས་པ་ལྟ་བུའོ། །

(3) བོད་ཀྱི་ཡུལ་གྲུ་ཀུན་ཏུ་གཉེན་སྒྲིག་སོགས་རྟེན་འབྲེལ་གྱི་ཉིན་མོར་ཆང་འཐུང་ལ་རོལ་སྐབས་བོང་བུ་ཆུ་འཐུང་ལྟར་མིན་པར་"ཇ་དང་བསྟུན་ནས་ཞབས་བྲོ་དང་། གཞས་དང་བསྟུན་ནས་ཆང་"ཞེས་པ་ལྟར་གཞན་ལ་མཆོད་ཆང་འདྲེན་པར་གཞས་གཏོང་དགོས་ཀྱི་ཡོད་པ་ཇི་བཞིན། འདྲེན་ཐང་ཡུལ་དུའང་ཆང་འཐུང་བའི་སྐབས་གཞས་གཏོང་བའི་སྲོལ་ཡོད་པ་དེར་"འདྲེན་གླུ"ཞེས་ཆང་འདྲེན་སྐབས་ཀྱི་གླུ་ཡིན་པར་གྲགས། གཅིག་ནས་བཞུགས་གྲལ་སྤྱི་ལ་གཏོང་བའི་གྲལ་གླུ་ཡོད་ལ། ཡང་སྐོས་མི་སོ་སོའི་ཐོབ་ཐང་ངམ་ན་སོ་དང་བསྟུན་ནས་གཏོང་བའི་སྐེར་གླུའང་ཡོད་པ་དཔེར་ན། བླ་མར། མཇལ་ཡང་མཇལ་སོང་མཇལ་ཡོང་བསམ་པ་མ་བྱུང་། །བཀྲ་ཤིས་ལྷུན་པོ་མཇལ་ཡོང་བསམ་པ་མ་བྱུང་། །རྒྱལ་བ་བྱམས་པ་གསེར་ཁྲིའི་སྟེང་ནས་མཇལ་བྱུང་། །ཕྱག་དང་མཆོད་པ་གཡུ་ཁྲིའི་སྟེང་ལ་འབུལ་རྒྱུ་ཡིན། །དཔོན་པོར། རྩ་བ་དེ་ནི་བྱ་རུའི་སྡོང་པོ་ཡིན། །ལོ་མ་དེ་ནི་གཡུ་ཡི་ལོ་མ་ཡིན། །འབྲས་བུ་དེ་ནི་མུ་ཏིག་དཀར་པོ་ཡིན། །མུ་ཏིག་དཀར་པོས་བསྟན་པ་འཛིན་རོགས་གནང་། །ཞེས་པ་ལྟ་བུའོ། །

(4) "ཕ་གཏམ་བུ་ལ་བཤད་ན། །གནའ་གཏམ་རྒྱུན་མི་ཆད།"ཅེས་པ་ལྟར་འདྲེན་ཐང་གི་སྐྱེ་བོ་རྣམས་ལའང་མི་རབས་ནས་མི་རབས་བར་ངག་ཐོག་ཏུ་རྒྱུན་འཛིན་བྱས་པའི་བཤད་རྒྱུན་མང་པོ་ཡོད། དེའི་ནང་གི《འཛིག་རྟེན་ཆགས་རབས》དང《འགྲོ་བ་མིའི་རིགས་ཀྱི་འབྱུང་སྟངས》སོགས་བོད་ས་གནས་གཞན་གྱི་བཤད་རྒྱུན་དང་ལྷག་པར་མཚུངས་པ་དཔེར་ན། "དང་པོ་གངས་ཆགས། གངས་བཞུ་ནས་རྒྱ་མཚོ་ཆགས། རྒྱ་མཚོ་ལས་གཙང་པོ་དོན། གཙང་པོ་ནས་བྱེ་མ་ཆགས། བྱེ་མ་ལས་ཤིང་ཙན་དན་སྐྱེས……"ཞེས་པ་དང་། "མི་དང་པོ་སྒྲོའུ་ནས་བྱུང་། སྒྲོའུ་དཀར་དེ་མིའི་ཕ་ཡིན་པ་དང་། སྒྲོའུ་དམར་དེ་མིའི་

མ་ཡིན་"ཞེས་པ་ལྟ་བུ་དང་། ཡང་《འབྲིན་ཐང་གི་མིའི་འབྱུང་རྩ་》དང་《འོད་གསལ་ཆོས་གླིང་ཕྱུག་བཏབ་སྟངས་》སོགས་འབྲིན་ཐང་གི་ས་ཁུལ་རང་བཞིན་ལྡན་པའི་ཤོད་རྒྱུན་འགའ་ཡོད་པ་ནི་གོ་བ་ལེན་བདེ་བ་ཞིག་ཡིན།

གཉིས། མིའི་མིང་འདོགས་སྟངས་དང་གཉེན་སྒྲིལ་སོགས་ཡུལ་གོམས་གཤིས་ལུགས་སྐོར།

(1)འཛམ་གླིང་ཐོག་གི་མི་རིགས་སོ་སོར་ཐུན་མོང་མིན་པའི་རང་མིང་འདོགས་སྟངས་རེ་ཡོད་པ་ལྟར། འབྲིན་ཐང་གི་སྐྱེ་བོ་རྣམས་ལའང་རང་ལུགས་སུ་གྲུབ་པའི་མི་མིང་འདོགས་སྟངས་ཤིག་ཡོད་པ་དེ་བོད་མི་སྤྱིའི་ལུགས་དང་ཡོངས་སུ་གཅིག་མཐུན་ཡིན་པ་དཔེར་ན། འཁྲུངས་སྐར་གྱི་གཟའ་མིང་དེ་མི་མིང་ལ་བཏགས་ནས་ཉི་མ་དང་། ཟླ་བ། ཕུར་བུ……ཞེས་འདོགས་སྲོལ་ཡོད་པ་དང་། སྨོན་པའི་འདུན་པ་མཚོན་པའི་མིང་བཀྲ་ཤིས་དང་། ཚེ་རིང་། དབང་འདུས། བསོད་ནམས། ཕུན་ཚོགས། དར་རྒྱས། བུ་ཁྲིད། བུ་དར་ལྟ་བུ་དང་། ཆོས་ལུགས་ཀྱི་གོ་དོན་ལྡན་པའི་མིང་བསྟན་འཛིན་དང་། སྒྲོལ་མ། མགོན་པོ། ལྷ་མོ། དབྱངས་ཅན་ཞེས་པ་སོགས་དང་། ཕ་མ་གཉིས་པོ་དེའི་ཐུར་སྐྱེས་པའི་ཕྲུ་གུའི་ཚེ་ལ་བར་ཆད་བྱུང་རྐྱེན་དེ་ཟློག་པར་བྱེད་པའི་ཕྱིར་མིང་སྲི་ཐར་དང་། ཁྱི་སྐྱག མགོ་སྐྱག་ཟེར་བའང་འདོགས་སྲོལ་ཡོད་པ་སོགས། མདོར་ན་ང་ཚོས་འབྲིན་ཐང་ཤང་དུ་མི་གྲངས་༡༨༧གྱི་མིང་དྲི་ཞིབ་བྱས་པའི་ནང་མི་བཞི་ཡི་མིང་ལ་རྟག་ཆུང་མ་དང་། ཀ་མི། ཐིག་རྒྱ། རྡིག་ཆུང་ཟེར་བ་ཕུད་དེ་བྱིངས་ཚང་མ་བོད་རིགས་ཀྱི་མིང་དང་གཅིག་མཚུངས་རེད་འདུག གཞན་ཡང་ད་དུང་བོད་ལུགས་ལྟར་ཁོག་མིང་འདོགས་པའི་ལུགས་སྲོལ་ཡོད་ལ། མིང་སྔོན་དང་བཙས་སྔོན་གཉིས་ཀའི་དོན་སྙིང་ལྡན་པའི་"མཐོ་བསང་"ཞེས་པ་དེ་ཡང་བོད་ལུགས་དང་འདྲ་བ། གཞན་ཡང་འོ་འཐུང་བྱེད་པ་ཏུ་བྲོ་བ་དང་། ནད་རིགས་བྱུང་ན་སློབ་དཔོན་དང་བླ་མས་མིང་སྒོ་བའི་སྲོལ་ཡང་ཡོད་པ་སོགས་ལ་བརྟག་ན།

འདྲེན་ཐང་ཡུལ་གྱི་མི་མིང་འདོགས་སྟངས་དེ་བོད་རིགས་སྤྱིའི་ལུགས་ལས་ཐ་དད་པ་ཞིག་མིན་པ་ཤེས་ཐུབ་པོ། །

(2) འདྲེན་ཐང་ཁུལ་གྱི་གཉེན་སྒྲིག་ལམ་ལུགས་དེ་ཡང་རྩ་བའི་ཆ་ནས་བོད་རིགས་དང་གཉིས་སུ་མ་མཆིས་པ་སྟེ། ཕོ་མོ་ཕན་ཚུན་རང་མོས་ཀྱིས་དགའ་འདུ་བྱས་པ་ཡོད་ལ། ཕ་མས་བུ་ཕྲུག་གི་མི་ཚེའི་དོན་ཆེན་བཙན་དབང་གིས་ཐག་གཅོད་བྱས་པའང་ཡོད་ཅིང་། ཁྱིམ་མཚེས་གཅིག་ལ་བུ་དང་གཅིག་ལ་བུ་མོ་སྐྱེས་ན་ཕ་མ་ཕན་ཚུན་གྲོས་བསྡུར་བྱས་ཏེ་སྔད་ཁོ་ཚོ་གཉིས་ནར་སོན་སྐབས་གཉེན་སྒྲིག་བྱ་རྒྱུའི་ཁ་ཆད་གཏན་འཁེལ་བྱས་པའང་ཡོད། འདྲེན་ཐང་ཡུལ་གྱི་གཉེན་སྒྲིག་གི་རྩ་བའི་རྣམ་པ་ནི་ཁྱོ་གཅིག་ཤུག་གཅིག་ཡིན་མོད། འོན་ཀྱང་བུ་སྤུན་མཉམ་དུ་མནའ་མ་གཅིག་ལེན་པའི་ལུགས་སྲོལ་ཡང་མཐོང་རྒྱུ་འདུག་པ་དཔེར་ན། འདྲེན་ཐང་དུ་བུ་སྤུན་མཉམ་དུ་མནའ་མ་གཅིག་ལེན་མཁན་ཐེམ་གྲངས་བཅུ་ཡོད་པ་དེས་ཆུས་ཡོངས་ཀྱི་ཐེམ་གྲངས་ཀྱི་བརྒྱ་ཆ་ལྔ་ཟིན་གྱི་ཡོད་པ་མ་ཟད། ཁོ་ཚོའི་དཔལ་འབྱོར་དང་འཚོ་བའི་ཚུ་ཚད་ནི་ཡུལ་དེར་འབྲིང་རབ་ཏུ་སླེབས་ཀྱི་འདུག

གཉེན་སྟོན་ལ་ཆ་མཚོན་ན། འདྲེན་ཐང་ཡུལ་གྱི་གཉེན་སྟོན་དེ་བོད་ཀྱི་ས་ཆ་འགའ་ཞིག་ལས་ཅུང་སྟབས་བདེ་བ་ཙམ་མ་གཏོགས་རྩ་བའི་ནང་དོན་ཆ་མཚུངས་སུ་ཡོད་པ་དེ་ཡང་བུ་མོ་མནའ་མར་སློང་སྐབས་ཐོག་མར་བུའི་ཕྱོགས་ནས་ལབ་ཆང་(སློང་ཆང་) ཐེངས་དང་པོ་སྐྱེལ་བར་འགྲོ་དགོས་ཤིང་། གལ་སྲིད་བུ་མོ་དང་བུ་མོའི་ཕ་མས་མོས་མཐུན་ཡོད་ན་ཆང་དེ་འཐུང་བ་དང་། བུ་མོའི་ཕྱོགས་ནས་བུའི་ཕྱོགས་ལ་མོས་མཐུན་ཡོད་པའི་གཏམ་སྐྱེལ་བར་འགྲོ། དེ་རྗེས་བུའི་ཕྱོགས་ནས་ལབ་ཆང་གཉིས་པ་འདྲེན་པ་དེ་བུ་མོའི་ཕ་མ་དང་ཞང་པོ་སོགས་ཀྱིས་འཐུང་། དེ་ནས་ལབ་ཆང་གསུམ་པ་དེ་ཕོན་ཆེ་ཙམ་འདྲེན་དགོས་པ་དེ་བུ་མོའི་ཉུས་རྒྱུད་དུ་གཏོགས་པའི་སྤུན་མཆེད་རྣམས་མཉམ་འཛོམས་ཐོག་འཐུང་ཞིང་། དེའི་སྐབས་སུ་བུ་མོ་སྟེར་རྒྱུའི་དུས་ཚོད་གཏན་འཁེལ་བྱེད། བུ་མོའི་སྟེར་སྐལ་ལ་

ཁ་ཕོར་དང་འཁུར་གཟན་སོགས་རྒྱུན་མཁོའི་དངོས་པོ་འགའ་དང་། ཏོག་ཙེ（འཇོར་）ཟོར་བ་སོགས་ཐོན་སྐྱེད་ལག་ཆ་འགའ། དེ་མིན་དངུལ་ཕྲན་བུ་བཅས་སྟེར་སྲོལ་ཡོད། བུ་མོ་བུའི་ཁྱིམ་གྱི་སྒོར་སླེབས་ཁར་བུའི་མ་དང་སྲུ་མོས་ཕྱྭ་གཡང་འགུག དེ་ནས་ཁྱིམ་ནང་འཛུལ་རྗེས་བུ་མོར་ཁ་བཏགས་གཡོགས་པ་དང་། བུ་མོའི་མགོ་ལ་མར་གྱི་དཀར་རྒྱན་རྒྱག（བུ་མོའི་མགོ་ལ་གཙུག་གཡུ་འཛུགས་པའི་ལུགས་སྲོལ་གྱི་ཚབ་ཡིན་བཟོ་ཆེ་）དེ་ནས་སྐུ་མགྲོན་དང་བཅས་པ་སྤྲོ་སྐྱིད་ཉིན་གསུམ་གཏོང་། ཉིན་གསུམ་གྱི་རྗེས་སུ་བུ་དང་མནའ་མ། བུའི་ཕྱོགས་ཀྱི་མི་གཅིག་བཅས་བུ་མོའི་ཕ་མར་དྲིན་གསོའི་ཆེད་མཆོད་ཆང་འཁྱེར་ཏེ་མནའ་མའི་ཁྱིམ་ལ་འགྲོ་སྲོལ་ཡོད（དེ་ནི་བོད་ཀྱི་ས་ཆ་གཞན་ན་གཉེན་འཕྲད་ཟེར་བ་དེ་དང་འདྲ་ཞིང་། འགའ་རེས་མནའ་མར་ཕྱིན་པའི་ཟླ་བ་གཅིག་ཙམ་ནས་ཕ་མ་མཇལ་བར་འགྲོ་བ་དང་། འགའ་རེས་ལོ་གཅིག་ནས་འགྲོ། ཡང་འགའ་རེས་རྟེན་འབྲེལ་ཚར་རྗེས་འགྲོ་བ་སོགས་དུས་ཀྱི་ངེས་པ་མེད་）པ་བཅས་གཉེན་སྟོན་གྱི་འགྲོ་ལུགས་མདོར་བསྡུས་དེ་ལྟར་ལགས་སོ། །

（3）ཕུང་པོ་རྗེས་འཇུག་གི་སྐོར་ལ་སྤྱིར་དམངས་ཁྲོད་དུ་དར་ཁྱབ་ཆེ་བའི་ལུགས་སྲོལ་བཞི་ཙམ་ཡོད་དེ། བྱ་རྡོར་དང་། ཆུ་སྐྱུར། ཞུགས་འབུལ། བང་སོ་བརྩིག་པ་བཅས་ཡིན། དེ་ཚོ་ནི་གཙོ་བོ་རང་བྱུང་ཁོར་ཡུག་གི་ཆ་རྐྱེན་ལས་བྱུང་བ་ཞིག་སྟེ། བྱ་རྒྱལ་རྒོད་པོ་ཡོད་པའི་ས་ཆར་བྱ་རྡོར་བྱེད་པ་དང་། གཙང་པོ་ཆེ་རིགས་ཡོད་སར་ཆུ་སྐྱུར་བྱེད་པ། ཤིང་རིགས་འཕེལ་སར་ཞུགས་འབུལ་དང་། ས་ཆ་རྒྱ་ཆེ་སར་བང་སོ་བརྩིག་པ（སྤྱིར་ས་སྦས་གཏོང་རྒྱུ་དེ་ངན་པར་རྩི་བའི་སྲོལ་རྒྱུན་ལྟ་སྣང་ཡོད་）བཅས་གང་ལ་དེ་འཚམ་བྱེད་པ་ལས་གཙང་པོ་མེད་སར་ཆུ་སྐྱུར་དང་། བྱ་རྒོད་མེད་སར་བྱ་རྡོར་ནི་བྱ་ཐབས་བྲལ་བ་ཞིག་ཡིན། འདྲེན་ཐང་གི་ཡུལ་དུ་ཕུང་པོ་རྗེས་འཇུག་བྱེད་སྐབས་གཙོ་བོ་ཞུགས་འབུལ་ཁོ་ན་བྱ་སྲོལ་ཡོད་པའི་རྒྱུ་མཚན་ཡང་གོང་དུ་མཚམས་འབྱོར་ཞུས་ཟིན་པ་བཞིན་ཡུལ་དེ་ནི་ཤིང་

ནགས་ཀྱིས་ཕྱུག་པའི་རང་བྱུང་ཆ་རྐྱེན་གྱི་རྐྱེན་པས་ཡིན་པ་ཀོང་པོ་ཁུལ་དང་གྲོ་མོ་ཁུལ་དུའང་ཞུགས་འབུལ་བྱེད་པའི་ལུགས་སྲོལ་དར་ཁྱབ་ཆེན་པོ་ཡོད་པ་ལས་ར་འཕྲོད་ཐུབ། དེ་ལྟར་ན“འདི་(ཞུགས་འབུལ་)ཡང་སྤྲུལ་སྐུ་དང་སྐུ་དྲག་ཁ་ཤས་ལ་མ་གཏོགས་སྤྱོད་སྐལ་མེད་”①ཟེར་བའི་སྨོམ་ཚིག་དེ་འདྲ་འཛོག་པ་ནི་ཅུང་ཟད་ཐལ་སྐྱོན་ཆེ་བར་མཐོང་།

གཞིན་པོར་འཕོ་བ་རྒྱག་པ་དང་། སློབ་དཔོན་(ཐུས་སྲུང་བའི་ཚབ་)གྱིས་ཆོས་ཀློག་པ། ཕུང་པོ་དུར་འདྲེན་བྱེད་སྐབས་ཞལ་ཐང་ཁྲིར་མཁན་གྱིས་འགོ་ཁྲིད་དགོས་པ། སྤོས་སྣེ་ཁྲིད་མཁན་དང་། ལམ་ཏ་འཛིན་མཁན་ཏེ་དར་སྣ་ཁྲིད་མཁན་སོགས་ཡོད་པ། གཞིན་པོར་དམིགས་པའི་མཆོད་འབུལ་སྦྱིན་གཏོང་གི་བདུན་ཚིགས་ཞེ་དགུ་བར་ཟིན་སྲོལ་ཡོད་པ་སོགས་བོད་ལུགས་དང་ཡོངས་སུ་མཐུན་པའི་ཆ་རྣམས་ཕུད། ཡུལ་དེར་ཆོས་ལུགས་བན་བོན་གཉིས་ཟུང་དུ་དར་ནས་ཡོད་ཁར་ལུང་ཁུག་ས་བཙན་འགྲིམ་འགྲུལ་མི་བདེ་བ་སོགས་རང་བྱུང་ཆ་རྐྱེན་གྱི་དབང་གིས་ད་ལྟའི་བར་ཁྲིམ་བྱ་བསད་ནས་དམར་མཆོད་བྱེད་པའི་གདོད་མའི་བོན་གྱི་སྲོལ་རྒྱུན་ཡང་གནས་ཡོད་པ་སོགས་ནི་ས་ཁུལ་རང་བཞིན་ལྡན་པའི་ལུགས་སྲོལ་ཡིན་ནོ། །

གཞན་ཡང་འདྲེན་ཐང་གི་ལུགས་སྲོལ་ལ་ཕུང་པོ་རྗེས་འཇུག་བྱེད་སྐབས་མཚོག་དམན་གྱི་དབྱེ་བ་ཡོད་པ་ནི། སློབ་དཔོན་དང་བླ་མར་དམིགས་བསལ་གྱི་དུར་ཁྲོད་ཡོད་པ་དང་གཅིག མགར་བ་དང་ཤན་པ་གཉིས་ཞུགས་འབུལ་བྱེད་མི་ཆོག་པ་དང་གཉིས། ལག་ཤེས་མཁས་པ་ཆེ་ལས་འདས་ཚེ་གདུང་རྟེན་མཐོ་ལ་གཟུགས་དབྱིབས་གཞན་དང་མི་འདྲ་བ་ཞིག་བཞེངས་དགོས་པ་དང་གསུམ། མཛེ་ནད་ཅན་པའི་ཕུང་པོ་ཤིང་སྒམ་དུ་བླུགས་ནས་རང་སོར་རྡོའི་ཐོ་པོ་བརྩེགས་

① 《བོད་རང་སྐྱོང་ལྗོངས་ཀྱི་གནས་ཚུལ་རགས་བསྡུས་》ཤོག་གྲངས32ནང་གསལ།

པའི་ནང་འཛོག་སྲོལ་ཡོད་པ་བཅས་ལགས་སོ། །

མདོར་ན། འདྲེན་ཐང་ཡུལ་གྱི་ཡུལ་གོམས་གཞིས་ལུགས་རེ་ཟུང་ལ་ས་གནས་ཀྱི་ཁྱད་ཆོས་ཕྲན་བུ་རེ་ཡོད་པ་ཕུད་དེ་བྱིངས་བོད་རིགས་སྤྱིའི་ལུགས་ལས་ཐ་དད་པའི་དམིགས་བསལ་གྱི་ཁྱད་རྟགས་གང་ཡང་མེད་པ་ནི་མངོན་པར་གསལ་ལོ། །

གསུམ། དུས་ཆེན་དང་སྐྱིད་ཆས་དང་འཛམ་བྱེད་ལ་སོགས་པའི་སྐོར།

(1) འདྲེན་ཐང་གི་སྐྱེ་བོ་རྣམས་ཀྱིས་དགའ་གཏོང་བྱེད་པའི་དུས་ཆེན་ནི་བོད་རིགས་ཀྱི་དུས་ཆེན་ཁག་ཡིན་པ་ལས་བོད་སྤྱིའི་དུས་ཆེན་ལས་ཐ་དད་པའི་དུས་སྟོན་གཞན་འདི་ཡིན་ཞེས་མཛུབ་མོ་གནམ་ལ་གེར་རྒྱུ་མེད། ལོ་ཆོས་གཏོང་བའི་དུས་ཆེན་ལ་ཆ་མཚོན་ན་ལོ་གསར་ཐེངས་གསུམ་ཙམ་གཏོང་སྲོལ་ཡོད་པ་སྟེ། བོད་ཟླ་༡༢པའི་ཚེས་༡ལ་“སོག་ལོ་”ཞེས་པའི་སོག་ཟླ་ལོ་གསར་གཏོང་བ་དང་། བོད་ཟླ་༡པའི་ཚེས་༡ཉིན་“རྒྱལ་ལོ་”ཞེས་པ་རྒྱལ་པོ་ལོ་གསར་གཏོང་གི་ཡོད། བོད་ཟླ་༢པའི་ཚེས་༡ལ་“མི་ལོ་ཆེན་པོ་འཛམ་གླིང་ལོ་གསར་”གཏོང་སྲོལ་ཡོད། ལོ་གསར་གྱི་བྱེད་སྒོའི་ནང་དགུ་ཐུག་འཐུང་བ་དང་། གླུད་རྫོང་བ། མ་ཧེ་འཆམ་པ། སྒོར་གཞས་རྒྱག་པ། མདའ་རྩེད་འགྲན་སྲོལ་ཡོད་པ་བཅས་ཚང་མ་བོད་ལུགས་རང་ཡིན།

གཞན་ཡང་ལོ་ཆོས་གཏོང་བའི་དུས་ཆེན་གཞན་ཞིག་ཡོད་པ་ནི་སྟོན་པས་བདེན་བཞིའི་ཆོས་འཁོར་བསྐོར་བའི་དུས་ཆེན་ཏེ་དྲུག་པ་ཚེས་བཞི་ཡིན། ཉིན་དེར་ལོ་ཆོས་སྟོན་ལ་འོད་གསལ་ཆོས་གླིང་ལ་མཆོད་འབུལ་བྱེད་པ་དང་། དེ་ནས་གྲྭ་པའི་སྣེ་ཁྲིད་འོག་ཐེམ་རེ་མི་རེས་རྒྱབ་ཏུ་དཔེ་ཆ་འཁྱེར་ཏེ་གྲོང་སྡེར་སྐོར་བ་རྒྱག་སྲོལ་ཡོད་པ་དེ་ནི་གྲོང་ཚོའི་ཕྱྭ་གཡབ་པ་ཡིན་པར་གྲགས།

བོད་ཟླ་དང་པོའི་ཚེས་༡༥ཉིན་ནི་ཆོ་འཕྲུལ་དུས་ཆེན་ཡིན་པས། ཉིན་དེར་ཡུལ་མི་མཉམ་འཛོམས་ཐོག་ཚོགས་གསོག་པ་དང་། དཀར་ཕྱོགས་དགེ་ལས་

བསྐུན་པ། མཉམ་དུ་སྒྲོ་སྐྱིད་གཏོང་བ་སོགས་བྱེད།

བོད་ཟླ་༣པའི་ཚེས་༡༠གཡས་གཡོན་དུ་འདྲེན་ཐང་གཙང་ཁ་ཁུལ་དུ་"གཏིང་སྐོར་"ཞེས་པའི་དུས་སྟོན་ཞིག་གཏོང་སྲོལ་ཡོད་པ་དེ་ནི་བོད་ཀྱི་ཡུལ་གྲུ་གཞན་གྱི་འོང་སྐོར་དང་ཐ་སྙད་མི་མཚུངས་པ་ཙམ་ལས་ནང་དོན་གཅིག་མཚུངས་ཡིན་ཞིང་། ཉིན་དེར་བླམ་ཞིག་གདན་དྲངས་ནས་བླ་མའི་སྣེ་ཁྲིད་འོག་ཐེམ་རེ་མི་རེས་རྒྱབ་ཏུ་དཔེ་ཆ་འཁྱེར་ཏེ་ཡུལ་ལ་སྐོར་བ་རྒྱག་པའི་ལུགས་སྲོལ་ཡོད།

(2) འདྲེན་ཐང་གི་སྐྱེས་པ་རྣམས་ཀྱིས་རོལ་བར་བྱེད་པའི་རྩེད་མོ་ནི་མདའ་རྩེད་དང་ཤོ་རྩེད་གཉིས་ཡིན། མདའ་རྩེད་འགྲན་སྐབས་གཙོ་བོ་ཚ་ཁ་འགྲན་པ་ལས་རྒྱང་མ་མི་འགྲན། ཚ་ཁ་འགྲན་སྟངས་ནི་དབྱུག་པ་ཕྲ་མོ་གཅིག་གི་རྩེ་མོར་ཁ་བཏགས་ནང་དངུལ་བཏུམས་ནས་བསྐོན་ཡོད་ཅིང་གལ་ཏེ་མདའ་དེ་དབྱུག་པར་ཕོག་ན་རྒྱལ་ཁ་ཐོབ་པར་བརྩི་ཡི་ཡོད། ཤོ་རྩེད་འགྲན་སྟངས་ནི་བོད་རིགས་ཀྱི་ས་ཆ་གཞན་དང་གཅིག་མཚུངས་ཡིན་ལ་ཤོ་ཆས་ཀྱང་གཉིས་སུ་མ་མཆིས། ཁ་ཚོས་ལག་ཁྲི་ལ་མདེའུ་མག་ཟེར་བ་དང་། མདེའུ་ལ་ཚོའུ་མ་ཟེར་བ་ཕུད། གཞན་བརྫབ་སེ། ཤོ། ཤོ་ཕོར། ཤོ་མིག་ལ་སོགས་པའི་ཐ་སྙད་དག་ཡོངས་སུ་མཚུངས་པ་མ་ཟད། ཤོ་མིག་གཉིས་ལ་ཕག་དང་། གསུམ་ལ་ཟག བཞི་ལ་སིག ལྔ་ལ་ཁབ། དྲུག་ལ་གཏུམ། བདུན་ལ་རི། བརྒྱད་ལ་ཤ དགུ་ལ་དགུར། བཅུ་ལ་ཚྭ། བཅུ་གཅིག་ལ་ཏོག བཅུ་གཉིས་ལ་འབྱམས་ཟེར་བ་སོགས་ཚང་མ་བོད་སྤྱིའི་ཤོའི་ཐ་སྙད་ཀྱི་འབོད་སྲོལ་དང་དབྱེ་བ་སྤུ་ཙམ་མེད། གཞན་ཡང་འདྲེན་ཐང་གི་རྩེད་མོ་"སྦྲ་སྦྲ་ཐུག་པ་ལྷག་སོང་"ཟེར་བ་དང་། "གླང་ཆུང་རྩེད་ཐག"ཟེར་བ་སོགས་ནི་བོད་ཀྱི་ཞིང་འབྲོག་ས་ཁུལ་དུ་ཡོད་བཞིན་པ་ཤ་སྟག་རེད།

ཁ་ཚོའི་རིང་ཚད་འཇལ་བྱེད་ནི་འདོམ་དང་། ཁྲུ། མཐོ། སོར་བཅས་ཡིན་པ་དང་། ཤོང་ཚད་འཇལ་བྱེད་ནི་བྲེ་དང་། ཁེའུར་(བྲེ་གསུམ་ལ་ཁེའུར་གཅིག་ཡིན་) ལྗིད་ཚད་འཇལ་བྱེད་ནི་ཉ་ག་ཡིན་པ་བཅས་ཚང་མ་

བོད་ལུགས་ཡིན།

དེ་མིན་འདྲེན་ཐང་ཡུལ་དུ་བོད་ཡུལ་སྤྱི་དང་མཚུངས་པར་རིགས་རུས་མཛོ་དམན་གྱི་ལྟ་སྟངས་ཤུགས་ཆེ་ཙམ་ཡོད་པ་ནི་མགར་བ་དང་ཤན་པ་གཉིས་རུས་ངན་པར་བརྩིས་ནས་ཁ་མི་སྦྲེ་བ་དང་། གཉེན་འབྲེལ་མི་བྱེད་པ། ཐ་ན་ཁང་པའི་ནང་དུའང་འཛུལ་མི་ཆོག་པ་མ་ཟད། ཆོ་ལས་འདས་རྗེས་ཕུང་པོ་ཞུགས་འབུལ་བྱེད་མི་ཆོག་པ་སོགས་བཀག་བཀོད་རྒྱུད་འཛིན་གྱི་རིགས་རུས་ལྟ་བའི་བག་ཆགས་གནས་མུས་སུ་ཡོད་པ་བཅས་དེ་དག་ནི་བོད་སྤྱིའི་ལུགས་སུ་ཡོད་པ་ཤ་སྟག་ཡིན་ནོ། །

བཞི། ཆོས་དད་ཀྱི་སྐོར།

ཁ་བ་རི་པའི་ལོ་རྒྱུས་ཆུ་རྒྱུན་རིང་མོའི་ཁྲོད་དུ་བྱུང་ཟིན་པའི་ཆོས་ལུགས་ལ་ཆ་མཚོན་ན་བན་བོན་གཉིས་ཡིན་པ་དང་། རྒྱུ་མཚན་མང་པོའི་དབང་གིས་བོན་གྱི་དགོན་སྡེ་ཁག་ནི་དབེན་ཞིང་དེར་དད་པ་བྱེད་མཁན་ཉུང་ལ་དེའང་གཙོ་ཆེ་བ་བོད་ཀྱི་མཐའ་མཚམས་ས་ཁུལ་ཁོ་ནར་མཆིས་པ་ལྟར། འདྲེན་ཐང་ཡུལ་དུའང་བོན་ལ་དད་པ་བྱེད་པ་སྨོས་ཅི། འོན་ཀྱང་ཡུལ་དེར་ད་དུང་བན་བོན་དབྱེར་མེད་དུ་དད་པ་བྱེད་སྲོལ་ཡོད་པ་ནི། སྐྱེ་བོ་རྣམས་སྐྱེ་ཀ་ན་འཆིའི་སྡུག་བསྔལ་དང་བགེགས་བར་འབྱུང་སྐབས་བོན་པོའི་སློབ་དཔོན་དག་གདན་དྲངས་ནས་དམར་གསོལ་གཏོ་བཅོས་བྱེད་པ་དང་། གསར་སྐྱེས་བུ་ཚའི་མིང་སྟོན་དང་། གཤིན་པོའི་འདས་མཆོད་སོགས་མང་ཆེ་བ་བོན་པོའི་སློབ་དཔོན་གྱིས་གཙོ་གཉེར་བྱེད་ཀྱི་ཡོད། འོན་ཀྱང་ཕྱོགས་གཞན་ཞིག་ནས་བཤད་ན་འདྲེན་ཐང་ཡུལ་དུ་འོད་གསལ་ཆོས་གླིང་（རིག་གསར་སྐབས་གཏོར་སྐྱོན་ཕོག་པ་དང་། ༡༩༥༩ལོར་རྒྱལ་ཁབ་ཀྱིས་ཉམས་གསོ་གནང་ཡང་གྲྭ་པ་མང་ཆེ་བ་དང་ནང་རྟེན་ཡོད་དགུ་ཕྱི་ཕྱོལ་བྱུས་ནས་མེད་）ཞེས་པའི་ནང་པའི་དགོན་སྡེ་ཞིག་ཡོད་པ་དེས་དྲུག་པ་ཚེས་བཞི་དང་བཅོ་ལྔ་མཆོད་པའི་དུས་སྟོན་སོགས་གཙོ་སྐྱོང་མཛད་ཀྱི་ཡོད་པ་མ་ཟད། འདྲེན་

ཐང་གི་དྲུག་པ་ཆོས་བཞི་དང་གཙང་ཁའི་“གཏིང་སྐོར་”སོགས་ལ་བླ་མས་སྣེ་ཁྲིད་ཀྱིས་ཐེམ་རེ་མི་རེས་ཆོས་དཔེ་རྒྱབ་ཏུ་ཁུར་ནས་ཡུལ་ལ་སྐོར་བ་རྒྱག་པ་ནི་སངས་རྒྱས་ཆོས་ལུགས་ལ་དད་པ་བྱེད་པའི་སྲོལ་ཞིག་རེད། ཆོས་ལུགས་དེ་གཉིས་ཀ་བོད་ཀྱི་ལོ་རྒྱུས་ཐོག་བྱུང་བ་མ་ཟད། གཅིག་ནི་བོད་ཀྱི་སྤྱི་ཚོགས་ལས་འབྱུངས་པའི་ས་སྐྱེས་རྡོ་སྐྱེས་ཀྱི་ཐུན་མོང་མིན་པའི་ཆོས་ལུགས་གྲུབ་མཐའ་ཞིག་ཡིན་པ་དང་། ཅིག་ཤོས་ནི་དར་ས་གཞན་ནས་དར་ཡང་བོད་ཀྱི་སྤྱི་ཚོགས་ནང་དེ་དང་མཐུན་པའི་འཕེལ་རྒྱས་བྱུང་བའི་བོད་ཀྱི་ཁྱད་ཆོས་ལྡན་པའི་གྲུབ་མཐའ་ཞིག་ཡིན། སྤྱིར་བོན་པོའི་ཆོས་ལ་དད་པ་བྱེད་མཁན་ཉུང་ཡང་། ཧི་ལྟར་མཐའ་མཚམས་ས་ཁུལ་གཞན་མང་པོར་བོན་ཆོས་ལ་དད་ཞེན་བསྙེན་བཀུར་བྱེད་མཁན་ཡོད་པ་ཧི་བཞིན་བོད་ཀྱི་མཐའ་མཚམས་སུ་མཆིས་པའི་འདྲེན་ཐང་ཡུལ་དུའང་བན་བོན་གཉིས་ཀར་རིས་མེད་དད་པ་བྱེད་པ་དེ་ལ་ཡ་མཚན་སྐྱེ་དགོས་མ་མཆིས་སོ། །

ལྔ། སྐད་རིགས་ཀྱི་སྐོར།

“ཐུན་མོང་གི་སྐད་རིགས་ནི། མི་རིགས་གཅིག་གི་མི་དམངས་ཚོས་ཐོན་སྐྱེད་དང་འཚོ་བའི་ནང་ཕན་ཚུན་གྱི་བསམ་བློའི་བརྗེ་དུང་བརྡ་སྤྲོད་བྱེད་ཀྱི་སྐད་དེར་ཟེར་བ་ཡིན་”①ཞེས་པ་ལྟར། དེ་ནི་མི་རིགས་ཀྱི་ཁྱད་རྟགས་ཆེན་པོ་ཞིག་ཡིན་པ་མ་ཟད། མི་རིགས་དབྱེ་འབྱེད་ཀྱི་གཞི་རྟེན་གལ་འགངས་ཏ་ཅང་ཆེ་བ་ཞིག་ཀྱང་རེད།

འདྲེན་ཐང་དུ་“ཤར་པའི་སྐད་”ཅེས་དམིགས་བསལ་བསྟན་རྒྱུ་མེད་ལ། བོད་ཀྱི་སྐད་རིགས་ཀྱི་མ་ལག་དང་མི་འདྲ་བའི་སྐད་ཅིག་ཟུར་དུ་བསྟན་རྒྱུ་མེད་དེ་ཡོངས་གྲགས་ཀྱི་བོད་སྐད་དེ་ཁོ་ཚོའི་འཚོ་བའི་ཁྲོད་ཀྱི་ཐུན་མོང་དུ་སྤྱོད་པའི་བརྡ་སྤྲོད་ཡོ་བྱད་དེ་ཡིན། འོན་ཀྱང་འདྲེན་ཐང་ཡུལ་དུའང་གངས་ཅན་ཡུལ་གྱི་གཞན་དང་འདྲ་བར་ས་ཁུལ་གྱི་ཁྱད་ཆོས་ལྡན་པའི་སྐད་རེ་གཉིས་ཙམ་ཡོད་པ་ནི་དོན་

① 《མི་རིགས་ཀྱི་རིགས་པའི་གཞུང་ལུགས་དང་མི་རིགས་ཀྱི་སྲིད་ཇུས་》ཤོག་གྲངས33

དངོས་ཤིག་སྟེ། ཚང་མས་མཁྱེན་གསལ་ལྟར་འདྲེན་ཐང་གི་ཡུལ་དེ་ནགས་ཚལ་སྟུག་པོའི་ཁྲོད་དུ་གནས་པ་དང་། ས་བབ་གྱ་དོག་ཅིང་རི་ལས་རི་བརྒྱུད་ཀྱི་རྐྱེན་པས་འགྲུལ་བཞུད་པ་ཕྱོགས་གཉིས་སློ་བུར་དུ་འཕྲད་པ་ལྟ་བུའི་སྣང་བ་སྐྱེ་བ་ལ་བརྟེན་ནས་ཕན་ཚུན་འཚམས་འདྲིའི་སྐད་ཆ་དང་པོར་" ཨེན། ཤུགས་ཏེ་ཀ་ལ་འཕྲད་བྱུང་" ཞེས་བརྗོད་སྲོལ་ཡོད་པ་དང་། ཁ་བྲལ་སྐབས་" རྟོག་ཞིབ་ཕྱོས་" ཞེས་བརྗོད་ཀྱི་ཡོད་པ་ནི་ལམ་བར་གཅན་གཟན་མང་བ་དང་རི་གཟར་ཐབ་རྗོ་མང་བའི་རྐྱེན་གྱིས་གཟབ་ནན་གྱིས་ཞེས་དྲན་སྐུལ་བཏང་བ་ལྟ་བུ་ཡིན། ཡང་ས་ཕྱོགས་གཞན་ནས་ཡོང་བའི་འགྲུལ་པ་དང་འཕྲད་སྐབས་" འབབ་རྒྱལ་" ཞེས་བརྗོད་ཀྱི་ཡོད་པ་ནི་དཀའ་ངལ་བྱུང་ངམ་ཞེས་པའམ་དཀའ་ལས་ཁག་སོང་ཞེས་པའི་དོན་ཡིན་པ་བོད་ཡུལ་ས་ཆ་གཞན་ལ་" འོ་བརྒྱལ་" ཞེས་བརྗོད་སྲོལ་ཡོད་པ་དང་མཚུངས། གོང་གསལ་གྱི་འབོད་ཚུལ་དེ་དག་ནི་ཡུལ་དེ་རང་གི་རང་བྱུང་ཁྱད་ཆོས་དང་བསྟུན་ནས་བྱུང་བར་ཐེ་ཚོམ་མེད། གཞན་ཡང་འདྲེན་ཐང་གི་ཡུལ་སྐད་ནང་མཁྱེར་ཆོས་ལ་འགྲམ་པ་ཟེར་བ་དང་། ཨ་ཕྱི་ལ་ཨ་དཔེ། སྤུ་མོར་ཨ་ཅིག་ཟེར་བ་སོགས་བོད་སྤྱིའི་སྐད་དང་མི་མཚུངས་པའི་མིང་ཚིག་འགའ་ཞིག་ལྡན་མོད། འདི་རིགས་ནི་" བོད་རིགས་ནང་ཁུལ་གྱི་ཡུལ་སྐད་རང་བཞིན་ལྡན་པའི་སྤྱིར་བཏང་གི་ཧེ་བག་ཙམ་ལས་སྐད་རིགས་མ་ལག་གི་ངོ་བོའི་ཧེ་བག" ①མིན།

འདྲེན་ཐང་ཤར་པའི་སྐད་ཆའི་ནང་གོང་གསལ་ལྟ་བུའི་དམིགས་བསལ་གྱི་མིང་ཚིག་འགའ་རེ་ཕུད། དེ་མིན་མིའི་དབང་པོ་དང་ཡན་ལག་གི་མིང་དང་། སྤུན་མཆེད་ཀྱི་འབོད་ཕྱོགས། རྒྱན་གོས་ཀྱི་མིང་། གྲངས་ཀྱི་མིང་ལ་སོགས་པ་མིང་ཚིག་མཐའ་དག་སྤྱིར་བོད་སྤྱིའི་མིང་ཚིག་དང་ཆ་མཚུངས། གཞན་ཡང་ཁོ་ཚོས་སྤྱོད་པའི་མིང་ཚིག་གི་ཁྲོད་དུ་བརྡ་རྙིང་ངམ་ཡིག་ཐོག་ཏུ་སྤྱོད་བཞིན་པ་ལས་

① 《བོད་ལྗོངས་ཞིབ་འཇུག》1983. 3

དེང་སྐབས་ཕལ་སྐད་ནང་དཔེན་པའི་མིང་ཚིག་དཔེར་ན། ཁ་སྤུ་ལ་སླ་ར་ཞེས་པ་དང་། སྒྲོག་ཐུང་ལ་གདུག་གུ གཙུང་མོར་ནུ་མོ། གཙུང་པོར་མིང་པོ། སྒལ་པར་ལྷུག སོན་ལ་ས་བོན། ཞེས་པའི་འབོད་སྟོལ་འགའ་ཞིག་ཀྱང་ཡོད་པ་བཅས་མདོར་ན་འདྲེན་ཐང་ཤར་པའི་སྐད་རིགས་དེ་བོད་ཀྱི་སྐད་རིགས་མ་ལག་ལས་ཐ་དད་པ་ཞིག་མིན་པ་ཙམ་དུ་མ་ཟད། དེ་མཚོན་བྱེད་ཀྱི་ཡི་གེའི་གཟུགས་ཀྱང་བོད་ཡིག་དང་གཉིས་སུ་མེད་པའི་མི་རིགས་ཀྱི་ཁྱད་རྟགས་ཆེན་པོ་འདིར་བལྟས་ན། ཤར་པ་དེ་བོད་རིགས་ལས་ཐ་དད་པའི་ཁེར་རྐྱང་ཚོ་པར་གྲུབ་ཐབས་བྲལ་ལོ། །

ལྔ་པ། ཐུན་མོང་མ་ཡིན་པའི་འདྲེན་ཐང་ཤར་པའི་དམངས་ཁྲོད་རིག་གནས་ཀྱི་སྐོར།

ལུང་པ་རེ་ལ་སྐད་ལུགས་རེ། ས་ཆ་རེ་ལ་ཆ་ལུགས་རེ། ཞེས་པའི་དཔེ་ལྟར་འདྲེན་ཐང་གི་ཡུལ་དེར་ཡང་ས་ཁུལ་གྱི་ཁྱད་ཆོས་ལྡན་པའི་རིག་གནས་འགའ་རེ་ཡོད་ངེས། འོན་ཀྱང་ང་ཚོས་ཁྱད་ཆོས་དེ་ཙམ་ཞིག་དམ་པོར་བཟུང་ནས་ཤར་པ་དེ་བོད་རིགས་ལས་ཐ་དད་པའི་ཁེར་རྐྱང་ཚོ་པ་ཞིག་ཡིན་ཞེས་བརྗོད་ན་ག་ནས་འགྲིག ལྷག་པར་མི་རིགས་དབྱེ་འབྱེད་ཀྱི་ལས་དོན་མཛད་མཁན་ཞིག་ཡིན་ཚེ་མི་རིགས་དབར་གྱི་དབྱེ་བ་དང་ས་ཁུལ་དབར་གྱི་དབྱེ་བའི་འགྲོ་ལུགས་དག་ཤེས་དགོས་རྒྱུ་ནི་དེ་བས་གལ་ཆེ།

འདྲེན་ཐང་གི་ཤར་པ་རྣམས་བོད་རིགས་ལས་ཐ་དད་པའི་ཁེར་རྐྱང་ཚོ་པར་འཛོག་པའི་རྒྱུ་མཚན་ནི་“ཁོ་ཚོའི་སྡོད་གནས་ཀྱི་ས་བབ་དང་། ལོ་ཏོག་ཟས་རིགས། གོན་ཆས། ཞབས་བྲོ། མནའ་མ་བཙན་འཁྲིག་བྱེད་པ་སོགས་ཀྱི་ལུགས་སྲོལ”བོད་རིགས་དང་ཆ་མི་མཚུངས་པས་ཡིན་ཟེར་ཅིང་། མི་རིགས་དབྱེ་འབྱེད་ཀྱི་ལས་དོན་དག་དེ་ལྟ་བུའི་སྐབས་བདེ་ཡོད་ན། བོད་གངས་ཅན་གྱི་བོད་རིགས་ཡིན་པ་གང་ཞིག་ལ་སྡོད་གནས་ཀྱི་ས་བབ་མི་འདྲ་བའི་ས་ཁུལ་དུ་མ་ཡོད་ལ།

ས་བབ་དང་མཐུན་པའི་ལོ་ཏོག་དང་ཟས་རིགས་མི་འདྲ་བ་དུ་མ་ཡོད་པ་མ་ཟད། ཡུལ་སོ་སོར་ཡང་ཐུན་མོང་མིན་པའི་གོམས་གཤིས་སྣ་ཚོགས་ཡོད་པ་ལ་བརྟེན་ནས་བོད་རིགས་དེའང་མི་རིགས་སམ་ཁེར་རྐྱང་ཚོ་པ་དུ་མ་ཞིག་ཏུ་དབྱེ་འབྱེད་བྱེད་མི་རིགས་སམ། འདྲིན་ཐང་གི་ས་བབ་དེ་བོད་ཡུལ་མང་ཆེ་བ་ལས་དམའ་བ་ཡོད་པ་དོན་དངོས་ཡིན། འོན་ཀྱང་སྐྱིད་གྲོང་དང་། ཀོང་པོ། གྲོ་མོ་སོགས་ཀྱི་ས་བབ་ཀྱང་བོད་ཡུལ་གཞན་ལས་དམའ་བ་ཡོད་པ་མ་ཟད། ཐོན་སྐྱེད་བྱེད་ལུགས་དང་། ལོ་ཏོག ཟས་རིགས་སོགས་ཀྱང་བོད་ཡུལ་གཞན་དང་ཅུང་མི་འདྲ་བའི་ཁྱད་པར་ཡོད་པས། དེས་ན་ཀོང་པོ་དང་། སྐྱིད་གྲོང་། གྲོ་མོ་སོགས་ཀྱང་བོད་རིགས་ལས་ཐ་དད་པའི་ཁེར་རྐྱང་ཚོ་པར་འཛོག་རྒྱུ་ཡིན་ནམ། འདྲིན་ཐང་པའི་གྱོན་ཆས་དང་། ཞབས་བྲོ་སོགས་བོད་རིགས་དང་མི་མཚུངས་ཞེས་བརྗོད་པ་དེ་ནི་མཁྲིས་ནད་ཅན་གྱིས་དུང་དཀར་སེར་པོར་སྣང་བའི་རྗེས་མཐུན་དུ་འགྲོ་བ་ལས་གཞན་ཅི། འདྲིན་ཐང་པའི་རྒྱན་གོས་དང་། རྒྱན་གོས་ཀྱི་མིང་། སྒོར་གཞས། ཚང་གཞས། ཐ་ན་གཞས་ཚིག་ལ་སོགས་པ་ཚང་མ་རྩ་བའི་ཆ་ནས་གངས་ཅན་ཡུལ་གྲུ་གཞན་དང་གཅིག་མཚུངས་ཡིན་པ་ང་ཚོས་མགྲིན་པ་གཟིངས་སུ་བཏེགས་ནས་བརྗོད་ནུས། འདྲིན་ཐང་ཤར་པའི་སྐད་ཀྱི་ནང་དུ་བོད་རིགས་ཀྱི་བརྡ་སྤྲོད་དང་ཆ་མི་མཚུངས་པའི་མིང་ཚིག་རེ་གཉིས་ཡོད་པ་དེ་ནི་བོད་རིགས་ནང་ཁུལ་གྱི་ཡུལ་སྐད་རང་བཞིན་ལྡན་པའི་སྤྱིར་བཏང་གི་ཏེ་བག་ཙམ་ལས། ཁྱད་པར་དེ་ཙམ་ཡོད་པའི་རྒྱུ་མཚན་གྱིས"ཤར་པ"ལ"རང་གི་སྐད་རིགས་ཡོད"①ཅེས་བརྗོད་ན་ཏ་ལམ་གཡག་ཞ་རས་རྩྭ་ཟ་བའི་དཔེ་ཟླར་མི་འགྱུར་རམ།

དང་པོར་བཤད་ན་འདྲིན་ཐང་པར་བོད་ཡོངས་ལ་མེད་པའི་ལུགས་སྲོལ་གཅིག་རང་ཡོད་པ་དེ་ནི"མནའ་མ་བཙན་འཁྲིད"བྱེད་པ་དེ་རེད། དེའང་

① 《བོད་ཀྱི་གནས་ཚུལ་རགས་བསྡུས་ངོ་སྤྲོད་》ཤོག་གྲངས25ནང་གསལ།

འདྲིན་ཐང་པ་བོད་རིགས་ལས་ཐ་དད་པའི་ཚོ་པ་ཞིག་ཡིན་ཟེར་བའི་རྒྱུ་མཚན་གཙོ་བོ་ཞིག་ཡིན་པས། གཞམ་དུ་ལུགས་སྲོལ་དེ་ཡང་སྙིང་ཇི་འདྲ་ཞིག་ཡིན་མིན་སྐོར་བརྗོད་པ་ལ། མནའ་མ་བཙན་འཁྲིད་བྱེད་པ་ནི་གདོད་མའི་སྤྱི་ཚོགས་ནང་དར་ཁྱབ་ཡོད་པའི་གཉེན་སྲོལ་ཞིག་ཡིན་ཞིང་། "དེ་ནི་གནའ་རབས་ཀྱི་གཉེན་སྒྲིག་བྱེད་པའི་རྣམ་པ་ཞིག་རེད་ལ། གནའ་རབས་རུས་རྒྱུད་ཚོ་པས་ཕྱི་ཕྱོགས་ལ་གཉེན་སྒྲིག་བྱེད་པའི་དུས་སུ་དམག་འཁྲུག་གི་བྱ་ཐབས་སྤྱད་ནས་བུད་མེད་གསོན་བཟུང་བྱེད་པའི་ཀླ་ཀློའི་བཙན་ཐབས་ཀྱི་གཉེན་སྒྲིག་བྱེད་ཐབས་ཤིག་ལ་ཟེར་"[①] བ་ཡིན་པས། གདོད་མའི་སྤྱི་ཚོགས་ཀྱི་ནང་དུ་ནི་མནའ་མ་བཙན་འཁྲིད་དངོས་སུ་བྱེད་ཀྱི་ཡོད། འོན་ཀྱང་འདྲིན་ཐང་ཡུལ་གྱི"མནའ་མ་བཙན་འཁྲིད།"ཟེར་བ་དེ་ནི་ཕྱི་ཚུལ་ཙམ་ལས་ངོ་བོའི་ཐོག་བཙན་འཁྲིད་མིན་པར་རང་འདོད་དང་ཕ་མས་ཐག་བཅད་པ་གཉིས་ཟུང་དུ་འབྲེལ་བ་ཞིག་ཡིན་པ་མ་ཟད། དེའང་༡༩༧༥ལོའི་རྗེས་སུ་རིམ་བཞིན་མེད་པར་གྱུར་ཟིན་པ་རེད།

འོ་ན་འདྲིན་ཐང་ཡུལ་དུ"མནའ་མ་བཙན་འཁྲིད།"བྱེད་སྲོལ་ཡོད་ཟེར་བ་དེ་གང་འདྲ་ཞིག་ལ་ཟེར་གྱི་ཡོད་དམ་ཞེ་ན། སྐྱེས་པ་ཞིག་ལང་ཚོ་རྒྱས་ནས་འཇིག་རྟེན་མདུན་ཐབས་ཀྱི་བྱ་བར་འཇུག་རན་སྐབས་ཕོ་པའི་བློ་ལ་བབས་པའི་གཞོན་ནུ་མ་ཞིག་དཀར་ཉེ་སྟོབས་ཆེ་བ་ཁ་ཤས་ཀྱིས་རང་དབང་མེད་པར་ཕོ་པའི་ཁྱིམ་དུ་ཁྲིད་ཕྱིན་ནས་ཉིན་ཤས་དེར་གབ་ཏུ་འཇུག་པ་དང་། དེའི་རིང་བུའི་ཕ་མས་བུ་མོའི་ཕ་མར་ལབ་ཚང་(སློང་ཚང་)གཏོང་བར་འགྲོ་ཞིང་། གལ་ཏེ་བུ་མོའི་ཕ་མས་མོས་མཐུན་བྱས་པ་དང་། བུ་མོ་དེ་རང་གིས་ཀྱང་འདོད་མཐུན་བྱུང་ན་གཞི་ནས་གཉེན་སྒྲིག་བྱ་རུང་བ་ལས། བུ་མོ་དང་བུ་མོའི་ཕ་མའི་མོས་མཐུན་གང་ཡང་མ་བྱུང་གོང་བུ་མོར་བཙན་དབང་གཏན་ནས་བྱེད་སྲོལ་མེད། དེར་བརྟེན་དེ་སྔའི་

① 《ཀྲུང་གོའི་དམངས་སྲོལ་》ཤོག་གྲངས220—221ནང་གསལ།

གནས་ཚུལ་ལ་བལྟས་ན་བུ་མོས་འདོད་མཐུན་མ་བྱས་པར་ཕྲོས་ཕྱོལ་དུ་སོང་བའམ་བུ་མོའི་ཕ་མས་མོས་མཐུན་མ་བྱུང་བར་མནའ་མ་བཙན་འཕྲོག་བྱས་རྐྱེན་གྱིས་ཁྲིམ་གཉིས་འཁྲུག་རྩོད་བྱུང་བ་སོགས་ཀྱི་གནད་དོན་ལྷག་པ་ཤིན་ཏུ་ཉུང་། དེ་ལྟ་བུའི་གཉེན་སྒྲིག་ནི་རྣམ་པ་བཙན་འཕྲོག་འདྲ་ཡང་ངོ་བོའི་ཐོག་ནས་བལྟས་ན་བཙན་འཕྲོག་རྫ་བ་ནས་མིན།

"མནའ་མ་བཙན་འཕྲོག" གི་གཉེན་སྲོལ་ཞེས་པ་རྒྱུ་མཚན་དུ་བཟུང་ནས་འདྲེན་ཐང་གི་ཤར་པ་རྣམས་བོད་རིགས་ལས་ཐ་དད་པའི་ཁེར་རྐྱང་ཚོ་པ་ཞིག་ཡིན་ཞེས་བརྗོད་ན། དེ་དང་མཚུངས་པའི་གནད་དོན་གཅིག་མཆིས་ཏེ་"བརྟག་དཔྱད་བྱས་པར་གཞིགས་ན། བཅིངས་འགྲོལ་མ་བཏང་གོང་ཧྭ་བྱང་དང་། ཧྭ་དབུས། ཧྭ་ཤར་བཅས་ཀྱི་རྗེས་ལུས་ཀྱི་ལུང་ཁྲུག་ས་ཁུལ་ཁ་ཤས་ལ་ཡུག་ཟ་མ་བཙན་འཕྲོག་བྱེད་པའི་བྱ་སྤྱོད་ཏན་ཏན་གནས་ཡོད་"[①]པས། དེས་ན་རྒྱ་མི་རིགས་ཀྱི་ཁྲིད་དུའང་ཧྭ་བྱང་པ་དང་། ཧྭ་ཤར་པ། ཧྭ་དབུས་པ་ཞེས་རྒྱ་རིགས་ལས་ཐ་དད་པའི་ཚོ་པ་མང་པོ་ཞིག་ལོགས་སུ་དབྱེ་ཆོག་པ་སླེང་མེད་ཡིན། སྤྱིར་བཏང་གི་གནས་ཚུལ་འོག་རྗེས་ལུས་ཀྱི་ས་ཆ་འགའ་ཞིག་ལ་གདོད་མའི་སྤྱི་ཚོགས་ཀྱི་རིག་གནས་རྗེས་ཤུལ་ཕྲན་བུ་གནས་སྲིད་པ་དང་། ཡང་འགའ་ཞིག་ལ་དམིགས་བསལ་གྱི་རིག་གནས་རེ་ཟུང་ཡོད་སྲིད་པ་ནི་སྤྱིར་བཏང་གི་རྒྱུན་ཤེས་ཙམ་ཞིག་ཡིན་ན། ཀླུག་པར་འགྲོན་བུ་རྙེད་པ་ཇི་བཞིན་ཏ་ལས་ཏང་སང་བྱེད་དགོས་དོན་མེད།

མདོར་ན། ཛོ་མོ་གླང་མའི་ལྷོ་ངོས་སུ་གཞིས་ཆགས་པའི་གནས་སྡོད་ཡུལ་མི་ཚོར་"ཤར་པ་"ཞེས་བརྗོད་ན་མི་འཐད་པ་མེད་རུང་། "ཤར་པ་"ཞེས་པའི་མིང་ཚིག་ལ་འགྲེལ་བཤད་གསར་པ་རྒྱག་པའམ་དོན་གསར་པ་བསྣན་ཏེ་དེ་བོད་

① 《ཀྲུང་གོའི་དམངས་སྲོལ་》ཤོག་གྲངས220—221ནང་གསལ།

རིགས་ལས་ཐ་དད་པའི་ཁེར་རྐྱང་ཚོ་པ་ཞིག་ཏུ་ངོས་འཛིན་བྱས་ན། དེ་ནི་ཚན་རིག་ལ་རྒྱབ་ཕྱོགས་པ་ཞིག་སྟེ། གཅིག་ནས་ཤར་པ་རྣམས་ཀྱི་ཐོག་མའི་མི་རྒྱུད་ཀྱི་འབྱུང་རྩ་ནི་བོད་གངས་ཅན་གྱི་ཤར་ཕྱོགས་ཏེ་མདོ་ཁམས་ནས་ཡིན་པ་དང་། སྒོས་སུ་ད་ལྟའི་བར་ཤར་པ་ཞེས་པའི་གནས་སྡོས་ཡུལ་མི་རྣམས་ལ་བོད་རིགས་ལས་ཐ་དད་པའི་རྟགས་དང་མཚན་མ་ཅི་ཡང་སྟོན་རྒྱུ་མེད་པས་སོ། །དེས་ན་ཤར་པ་ཞེས་པ་དེ་འབྲུས་ནས་མི་དག་པའི་བོད་རིགས་གཙང་མ་ཞིག་ཡིན་ཞེས་རྩོམ་ཚིག་ཅིག་བློ་རྒྱ་ཆེར་བསྐྱེད་ཀྱིས་བཞག་པ་དེ་ཡང་བབ་ཅོལ་གྱི་གཏམ་ཞིག་མ་ཡིན་པར། མར་ལེ་རིང་ལུགས་ཀྱི་ལམ་སྟོན་སྒྲོན་མེའི་ཁྲིད་སྟོན་འོག་བརྟག་དཔྱད་ནན་ཏན་བྱས་ནས་ཐོབ་པའི་འབྲས་བུ་ཞིག་ཡིན་ཁུལ་ལགས་ཀྱང་། རང་ཉིད་ཤེས་ཚད་དམའ་ཁར་ལོ་རྒྱུས་ཀྱི་དཔྱད་གཞི་དཀོན་པས་ད་དུང་ནོངས་འགལ་གྱི་ཆ་ཡོད་ངེས་ན་གཟུར་གནས་མཁས་དབང་རྣམས་ནས་དག་བཅོས་མཛད་རྒྱུའི་རེ་བ་ཞུའོ། །

༧༡ །《དེ་དཀར་ལེགས་བཤད་》དང་དེ་དང་འབྲེལ་ཡོད་གནད་དོན་འགའི་སྐོར།

སྔོན་གཞི།

ཉེ་ཆར་དུས་དེབ་ཁག་ནང་དུ་བོད་ཀྱི་སྐྱ་བོའི་རྩོམ་པ་པོ་བོན་གྲོང་ཚེ་བརྟན་དང་གང་དེའི་བརྩམས་ཆོས་སྐོར་ལ་དཔྱད་པ་གནང་མཁན་འགའ་བྱུང་འདུག དེ་ཡང་དུས་རབས་གོང་མའི་ལོ་རབས་བརྒྱད་ཅུ་པའི་ནང་མཁྱེན་ལྡན་ཚེ་རིང་དཔལ་འབྱོར་མཆོག་ནས《〈ཛ་ཆང་ལྷ་མོའི་བསྟན་བཅོས་〉དང་ཉེ་རབས་སྐྱ་བོའི་རྩོམ་རིག་སྐོར་གྱི་ངོས་འཛིན་མདོར་བསྡུས་》ཞེས་པའི་དཔྱད་རྩོམ་ཞིག་སྤེལ་གནང་བའི་ནང་དུ"མཁས་དབང་བོན་གྲོང་པ་འདིས་དེ་མིན་ད་དུང《དེ་དཀར་ལེགས་བཤད་》དང་《སྨི་ལམ་ལྷ་མོའི་བསྟན་བཅོས་》《བྱི་ལ་མ་བུའི་རྩོད་གཏམ་》སོགས་བརྩམས་སྒྲུང་ཁག་མཛད་མྱོང་ལ། ལྷག་པར་དུ་སྟན་འཛེབས་དོན་ལྡན་དང་རྩོམ་སྲོལ་སྣ་ཚོགས་མཆིས་པའི་《བོན་གྲོང་ཆབ་ཤོག》ཅེས་པའང་མཛད་པ་བཅས་མཁྱེན་ལྡན་རྣམ་པས་དེ་སྐུ་གང་ན་གཟིགས་མྱོང་ཚུལ་གསུངས་འདུག་པར་དེ་དག་སྐད་ཅིག་ཉིད་དུ་འཚོལ་བསྡུ་ལྷ་ཞིབ་ཐུབ་ན་ཅི་རུང་སྙམ་"ཞེས་གསུངས་པ་དང་། ཉེ་ཆར་མཁྱེན་ཅན་རྡོ་རྗེ་ལགས་ནས་ཀྱང་《〈ཛ་ཆང་ལྷ་མོའི་བསྟན་བཅོས་〉གྱི་རྩོམ་པ་པོ་དང་བརྗོད་དོན་སྐོར་རགས་ཙམ་གླེང་བ་》ཞེས་པའི་ནང་"ཕོང་གི་བརྩམས་ཆོས་ཧ་ཅང་མང་བས། དེ་དག་མྱུར་དུ་འཚོལ་བསྡུ་དང་ལེགས་སྒྲིག་བྱས་ནས་རིག་པ་དོན་གཉེར་ཅན་རྣམས་ཀྱི་རིག་པའི་ལོངས་སྤྱོད་དུ་བསྟར་རྒྱུ་ནི་ཁ་ཚ་དགོས་གཏུགས་ཀྱི་བྱ་བ་ཞིག་ཡིན་"ཞེས་གསུངས་པ་དེ་དག་གི་སྐུལ་སློང་དང་དྲན་སྐུལ་འོག་ཉེ་ཆར་སླར་ཡང་མཁས་དབང་བོན་གྲོང་པའི་

གསུང་རྩོམ《དེ་དཀར་ལེགས་བཤད་》ཅེས་པ་ལྟ་སློག་ཞུས་པ་ཡིན། དེང་དུས་རིག་གཞུང་པའི་ཁྲོད་བརྩམས་ཆོས་དེ་གཟིགས་མྱོང་མཁན་ཉུང་ཉུང་ཡིན་བཟོ་འདུག་ལ། བརྩམས་ཆོས་དེ་ལས་དེ་སྟོན་དེ་ཙམ་གྱི་ལྟ་ཚུལ་གཅིག་འགྱུར་མེད་པའམ་གསལ་བཤད་ཁ་གསལ་མ་བྱུང་བའི་གནད་དོན་མང་པོར་མ་ཚང་ཁ་གསབ་ཀྱི་ནུས་པ་ཐོན་ཐུབ་པས། འདིར་བརྩམས་ཆོས་ངོ་སྤྲོད་དང་སྦྲགས་འབྲེལ་ཡོད་གནད་དོན་འགའི་སྐོར་རགས་ཙམ་ཞུ་འདོད་བྱུང་བ་འདི་ལྟ་སྟེ།

དང་པོ། བརྩམས་ཆོས་ངོ་སྤྲོད་མདོར་བསྡུས།

དེ་ཡང《དེ་དཀར་ལེགས་བཤད་》ཅེས་པའི་སྒྲུང་གཏམ་དེ་ད་བར་དངོས་སུ་དཔར་སྐྲུན་བྱས་པ་ཞིག་རིག་རྒྱུ་མེད་ནའང་། དགའ་འོས་པ་ཞིག་ལ་དུས་རབས་གོང་མའི་ལོ་རབས་བརྒྱད་ཅུ་པའི་ནང་རང་ཉིད་ཕ་ཡུལ་རྒྱང་འཁོར་དུ་བརྟག་དཔྱད་ལ་འགྲོ་སྐབས་བརྩམས་ཆོས་དེའི་མ་ཕྱི་ལག་བྲིས་མ་ཞིག་རྒྱང་འཁོར་སྲང་མགོ་ཆེ་བརྟན་ལགས་①ཀྱི་ཕྱག་ནས་མཇལ་བའི་གོ་སྐབས་ཐོབ་བྱུང་། དེ་ཡང་སྲང་མགོ་ཆེ་བརྟན་ལགས་ནི་རིག་གནས་ལ་དང་ཞེན་ཆེ་བའི་གྲོང་སྡོགས་པ་ཞིག་ཡིན། ཁོང་གིས་དུས་རབས་གོང་མའི་ལོ་རབས་བཞི་བཅུ་དང་ལྔ་བཅུའི་ནང་དུ

① སྲང་སྔོ་ཆེ་བརྟན་ལགས་ནི་རྒྱང་འཁོར་ཁུལ་གྱི་གྲོང་སྡོགས་པ་ཞིག་ཡིན། ཁོང་ནི་རིག་གནས་ལ་དང་ཞེན་ཆེ་བའི་སྡོགས་པ་ཞིག་ཡིན། གང་དེས་གོང་གསལ་བརྩམས་སྒྲུང་རྣམས་བསྡུ་རུབ་ཉར་ཚགས་གནང་བ་མ་ཟད། དུས་རབས་གོང་མའི་ལོ་རབས་དྲུག་ཅུ་ནས་བདུན་ཅུའི་དུས་ཟིང་ནང་བསམ་ཡས་ཁུལ་དུ་ངལ་རྩོལ་བསྒྱུར་བཅོས་ནང་ཚུད་པའི་དཀའ་སྡུག་གི་དུས་སུའང་གང་དེས་དེ་རུ་མཉམ་དུ་བསྒྱུར་བཅོས་ནང་ཚུད་པའི་མི་དྲག་གཞན་ཆོས་ངག་ཐོག་གསར་རྩོམ་གནང་བའི་གསུང་རྒྱུན་མང་པོ་གསུང་རྒྱུ་ཡོད་དེ། དཔེར་ན་གོང་དཀར་དྲུང་ཡིག་གིས་བརྩམས་པར་གྲགས་པའི་སྐབས་དེའི་བསྒྱུར་བཅོས་པ་ཚོའི་གནས་བབས་མཚོན་པའི་ཚིག་བཅད་དུམ་བུ་ཞིག་ཡོད་དེ། སེང་སེང་ཁོབ་ཁོབ་ཧ་པོའི་བཞོན་ཐག་ཀྱང་ཆོད་སོང་། །ལག་གཡུག་རྐུབ་གཡུག་རྐང་འགྲོས་ཁོ་ན་ལས་མི་འདུག །ཤ་ཚང་ཁ་ཟས་མང་པོའི་ཟ་ཐག་ཀྱང་ཆོད་སོང་། །ཁ་ཟོར་རྩམ་ཁུག་ཉལ་ཆས་རྣམ་གསུམ་གྱིས་འཐུས་སོང་། །ཁང་ཁྱིམ་རྣམ་གྲངས་མང་པོའི་མཛེས་མདངས་ཀྱང་ཆོད་སོང་། །རང་ཉིད་སྡོད་ས་རྫི་བོའི་ཕུག་པ་དང་འདྲ་བྱུང་། །ཕར་ལ་བརྒྱ་ཕྲག་མང་པོའི་གཏོང་ཐག་ཀྱང་ཆོད་སོང་། །ཚུར་ལ་སྟོང་ཕྲག་མང་པོའི་ལེན་ཐག་ཀྱང་ཆོད་སོང་། །ན་ན་འཁོར་མཁན་ཤི་ན་དུ་མཁན་ནི་མི་འདུག །ཕུང་ལུས་འདི་དང་སྲང་ཁའི་ནོར་སྐྱུང་ཁོ་འདྲ་བྱུང་ཞེས་པ་ལྟ་བུའོ། །

འབྲི་ཤུས་གནང་བའི་བརྩམས་སྒྲུང་མང་པོ་ཞིག“རིག་གསར་”སྐབས་ཁང་པའི་ཐོག་རུབ་ཏུ་སྦས་སྲུང་གནང་བས་མྱུར་སྐྱོབ་ཐུབ་པ་བྱུང་བ་དང་། བརྩམས་སྒྲུང་དེ་དག་གི་ནང་དུ་ད་ལམ་དངོས་སུ་དཔར་སྐྲུན་བྱས་ཟིན་པའི《བྱ་སྤྲེལ་གཏམ་རྒྱུད་》དང་《ཇ་ཆང་ལྷ་མོའི་བསྟན་བཅོས་》《རྫ་ཅོག་གི་གཏམ་རྒྱུད་》སོགས་ཆ་ཚང་བར་ཡོད་པ་དང་། ད་བར་མཇལ་རྒྱུ་དཀོན་ལ་དཔར་སྐྲུན་ཐུབ་མེད་པའི《དེ་དཀར་ལེགས་བཤད་》དང་《ནེ་ཙོ་ལེགས་བཤད་》《མུ་ཐིག་ལའི་འཕྲེང་བ་》《བསླབ་བྱ་ནོར་བུའི་འཕྲེང་བ་རིན་པོ་ཆེ་》《བྱི་ལ་མ་བུའི་རྩོད་གཏམ་》《པོད་རྒྱན་རྩིས་》སོགས་བརྩམས་སྒྲུང་མང་པོ་ཞིག་ཡོད་པ་ལས་ཤོག་ལྷེ་འགའ་རེ་ཚུ་ཐིགས་དང་ས་ཡིས་ཟས་ནས་ཤོག་རུལ་དུ་གྱུར་བ་དང་། ཡང་ཤོག་བྲུར་འགའ་རེ་བྱི་བས་ཟས་ནས་ནང་དོན་ཆ་མི་ཚང་བར་གྱུར་འདུག་ཀྱང་། 《དེ་དཀར་ལེགས་བཤད་》དང་《ནེ་ཙོ་ལེགས་བཤད་》①ཅེས་བྱ་བ་གཉིས་ཆ་ཚང་མཇལ་རྒྱུ་འདུག་པས་རང་ཉིད་ནས་སྐབས་དེ་དུས་བསྐྱར་ཤུས་ཀྱང་ཞུས་པ་ཡིན། ད་ལམ་བསྐྱར་ཤུས་བྱས་པའི་བརྩམས་སྒྲུང་དེ་གཉིས་ལྟ་ཀློག་ཞུ་སྐབས་བྲོ་བ་ཇེ་ཆེར་འགྲོ་བཞིན་འདུག་ལ། བརྩམས་ཆོས་དེ་ཉིད་དཔར་དུ་བཏབ་པ་ཞིག་མེད་པས། དེ་ལ་དགའ་ཞེན་ཅན་ཚོས་གཅིག་ལས་གཅིག་གིས་འབྲི་ཤུས་བྱེད་པའི་བརྒྱུད་རིམ་ནང་དག་ནོར་ཤོར་བའི་སྐྱོན་ཆེ་ཙམ་ཡོད་ནའང་། རྩོམ་ཡིག་སྤྱིའི་སྒྲིག་གཞི་དང་བརྗོད་བྱ་ལ་སྐྱོན་ཆེ་བ་ཐོག་མེད།

དེ་སྔོན་རྒྱན་རབས་རྣམས་ལ་བཅར་འདྲི་ཞུ་སྐབས་བརྩམས་ཆོས་དེ་ལ་ཁ་བྱང་གཞན་གཉིས་འདུག་པ་ནི《པོན་གྲོང་བསྟན་བཅོས་》ཞེས་པའམ《པོན་གྲོང་བུ་ཕོའི་བསྟན་བཅོས་》ཞེས་འབོད་སྲོལ་འདུག་པ་དང་། དེ་ནི་བསྟན་བཅོས་གཞན་དང་འདྲ་བར་ཚིགས་བཅད་ཀྱི་ལམ་ལས་སྤྲེལ་བ་གང་ཞིག་ལ། མི་སྣ་པན་

① བརྩམས་ཆོས་དེ་ཉིད་དངོས་སུ་དཔར་སྐྲུན་བྱས་པ་ཞིག་རིག་རྒྱུ་མེད་པས་འདིར་དཔྱད་རྩོམ་གྱི་མཇུག་ཏུ་དེ་ཉིད་དམིགས་སུ་ངོ་སྤྲོད་ལམ་ཙམ་ཞུ་རྒྱུ་ཡིན།

ཚུན་གཏམ་གླིང་མ་བྱས་སྔོན་དུ་ཚིག་ལྷུག་གི་ལམ་ནས་མི་སྣ་ངོ་སྤྲོད་མདོར་བསྡུས་ཙམ་བྱས་ཡོད། དེའི་ནང་དོན་གཙོ་བོ་ནི་དེ་ཐོ་དཀར་པོ་བསྐྱེན་ན་རྒྱལ་པོའི་གནོད་འཚེ་ཐུབ་ཅེས་གོ་བས། ཁྱིམ་མཚེས་བསྟན་སྐྱོང་ཚང་ལ་དེ་ཐོ་དཀར་པོ་ཞིག་ཡོད་པ་དཔོན་ཚང་ནས་ཤར་ཕྱོགས་གཡང་དུ་བསྐྱེན། དེ་ལ་དེ་གཞི་དེ་ཐོ་རྣམས་ཀྱིས་དཔེ་དང་མཐུན་པར་བྱ་ཡན་བརྟུང་བརྟུང་རང་བྱས། ཕོ་དམའ་ཆགས་འུ་ཐུག་སྟེ་རོང་ཡུལ་གྱི་ནང་དུ་ལོག ཟླ་བ་གཅིག་ཙམ་སོང་མཚམས་སུ་དེ་དཀར་མི་འདུག་གར་སོང་ཞེས་གཡོག་རྣམས་ལ་དྲིས་པས། དེ་ལ་དེ་གཞི་དེ་ཐོ་ཀུན་གྱིས་ཤ་རུལ་ལ་འབུ་བཞིན་རུབ་པས་སྲུང་མ་མེ་ཡི་གདོང་དུ་མ་ཆགས་པར་མ་མཆི་རང་ཁྱིམ་ལོག་སོང་ཞུས་པར། སླར་འབོད་སྐྱོར་བྱས་པས་ཚུར་སླེབས། རྒྱུ་མཚན་གང་ཡིན་དྲིས་པར། དེ་གཞི་བྱ་ཐོ་ཐན་པ་རྣམས་ཀྱིས་མ་ཚད་འདི་ལོའི་བྱ་གསར་རྣམས་ཀྱིས་ཀྱང་ཕོ་བོར་བརྩུར་བརྟུང་བྱེད་ཀྱི་འདུག་ཟེར་བས། དཔོན་ཚང་ནས་ཚང་མ་འཛོམས་ཐོག་ཏུ་ཁྱེད་ཚོ་མི་འཆམ་པའི་རྩ་བ་ཅི་ལ་ཐུག་སྨྲས་ཤིག་བྱས་པས། ཐོག་མར་དེ་ཐོ་དཀར་པོས་ཇི་ལྟར་བརྩུར་བརྟུང་བྱས་ཚུལ་དང་དཔོན་པོའི་ཞབས་ཏོག་སྒྲུབ་པར་"ཁྱེད་ཀུན་ལངས་ནས་ཕྱིན་པའི་རྐང་རྗེས་ལས། ང་གཅིག་ས་ལ་བསྡད་པའི་ལག་རྗེས་མང་" ཞེས་རང་ཉིད་ཀྱི་བྱས་རྗེས་ཆེ་ཚུལ་རྒྱས་པར་གླེང་བ་དང་། དེ་མུར་དེ་གཞི་དེ་ཐོ་རྣམས་ཀྱི་ཁྲིད་ནས་ལྷག་པར་ཐན་པའི་སྤྲོ་སྤྲོ་ཚ་ལུ་དེས་རང་ཉིད་ན་ཚོད་དར་བའི་དུས་སུ་སྐུ་མདོག་མཛེས་ལ་སྐད་འགྱུར་སྙན་པ་ཁྱིམ་བྱ་དེ་ཐོའི་ཁྲུ་རྒྱུན་ཡིན་ཚུལ་དང་། ཐས་དུས་ཁྲུ་གྲལ་མི་ཚུད་གཞན་གྱི་བརྙས་ཡུལ་དུ་གྱུར་བས། སྙེམས་ཆུང་མགོ་ལ་སེམས་ཆུང་སྦྲར་མོ་བཀབ་ནས་བསྡད་ཡོད་ཚུལ་དང་། ཁྱོད་འདྲ་མ་ཞིག་ངས་བྱས་ཡོད་ཚུལ། ཁ་སང་དེ་དཀར་ནང་ལ་ལོག་རིང་བྱ་ཚོགས་གཞན་རྣམས་ཆག་སྣོ་སངས་སོང་ཞེས་དགའ་སྤྲོ་འཕེལ་ཚུལ་དང་། དེ་རིང་སླར་ཡང་ཚུར་འཁོར་ཡོང་དུས་ས་ཕུང་སྟེང་ལ་ཁྱི་ལུད་སྤུངས་འདྲའི་འཁྱུར་བའི་གཉའ་གནོན་དུ་གྱུར་ཚུལ་སོགས་དེ་ཐོ་དཀར་པོ་ལ་ཟུར་ཟ་མང་

དུ་བྱས། དེ་རྗེས་དེ་འཁོར་གྱི་དེ་ཕོ་ཚ་ལུ་དང་ཁྲ་བོ་གཉིས་ཀྱིས་དབུས་ཀྱི་བྱ་རྒྱན་རྣམས་ཀྱི་ཚབ་བྱས་ནས"སླ་བ་བྲག་ལ་འཛེག་ན་འཛེགས་མཉམ་དང་། ཉ་མོ་ཆུ་ལ་མཆོང་ན་མཆོངས་མཉམ་ཡིན། ལྷག་པར་བདག་ཚོ་བྱ་དཔུང་དགྲ་སྡེབ་ཀྱིས། ཕྱོགས་བསྒྲིལ་ཟུར་བརྟུང་བྱེད་རྒྱུ་མེད་ངེས་དང་། ཕོ་རང་སྐྱེས་པའི་ཡུལ་ལ་ཆགས་པའི་རློས། འགྲོ་རིང་འཁྱིལ་སྙིང་འདོད་ལ་འབུད་པའི་དཔེ། མི་འདྲ་གྲ་སྒྲིག་སྐད་ཀྱིས་ཕྱོག་པ་ཙམ།"ཞེས་པ་སོགས་དེ་དཀར་ཕོ་རང་ནང་དུ་ལོག་པ་ལས་དེ་ལ་ཕྱོགས་སྒྲིལ་བཙུར་བརྟུང་བྱས་མེད་ཚུལ་དང་། ཁྱི་རྒྱན་ལག་པ་ཆག་པ་ལྟར་གྱི་སྨུག་སྐད་དེ་ཟུར་ལྟས་མཐིལ་མཐོང་ཡིན་པས་བདེན་པ་གཡས་བཞག་མི་བདེན་གཡོན་ཕྱོགས་ཡོང་བའི་ཞུ་འབུལ་བྱས། དེ་མུར་བྱ་གསར་ཕོ་མོ་རྣམས་ཀྱིས་ང་ཚོ་མ་སྐྱེས་གོང་ནས་ཁྱེད་ཕྱོན་པས། མི་མཐུན་དགྲ་རུ་འཛིན་པའི་བསམ་པ་མེད་ཚུལ་དང་། འཚོག་པ་ཕ་ལ་ཟ་ནས་གྱི་ལྕག་བུ་ལ་ཟེར་བའི་དཔེ་ལྟར་དུ་བྱུང་བས་ལན་ལྡོག་གཉིས་གསུམ་མ་བཟོད་ཐལ་བའི་རིམ་པ་སོགས་བཤད། དེ་རྗེས་དབུས་པའི་བྱ་མོ་ལྡོག་མགོ་ཆོས་ཞུ་དོན་དུ། བྲག་སྟོད་སླ་བ་སྨུག་པོས་ཐབ་སྒྲིལ་བས། ཆུ་ནང་གསེར་མིག་ཉ་མོའི་མགོ་བོ་བཅག དགེ་སྟོང་ཕ་སྤྲེལ་གཉིས་ལ་དཀྲི་བ་བཞིན། མ་ཉེས་ཁག་གཡོགས་བདག་ཚོར་གཏན་མ་འཚལ། སྔར་ཡོད་དེ་ཕོ་རྒྱན་གཞོན་བར་གསུམ་དང་། ད་ལམ་དཔོན་པོས་གནང་བའི་དེ་དཀར་ཁྱེད། བདག་ཚོར་ཚེ་འདིར་ལས་བཀོད་གཏན་གྲོགས་ཏེ། ལྷ་སྐུ་རྣམས་ལ་རྒྱབ་མདུན་བྱ་རྒྱུ་མེད། བྱ་ཆེན་ཁྲ་དང་འུག་པ་ནེ་ལེ་གསུམ། སྤྱིར་རྟོག་གཅིག་ལ་སྤྲས་ནི་གཏད་ནའང་། མདོ་བསམ་མི་གཅིག་སོ་སོར་གཏོང་བ་ལྟར། ཚོང་སར་ཁྱེད་ཅག་དེ་ཕོ་གསར་རྙིང་རྣམས། དགོངས་ཕྱོགས་བཞེས་པ་ཙུང་ཟད་ཐུག་ལན་ལ། མི་སྟག་ཁབ་རྩེས་རི་རབ་བསྒྲིགས་པའི་དཔེ། ཚུང་ཚུང་ཆེན་པོར་སོང་དགོས་མེད་པས་དཀར་པོ་ཞོ་ཆགས་ལས་དམར་པོ་ཁྲག་འཁྲུག་མེད་པའི་རེ་སྨོན་ཞུས། མཐའ་མར་དཔོན་གྱིས་བྱ་ཚོགས་རྣམས་ལ། རང་འདོད་ཁོག་ལ་ཚང་བའི་ཕྱོགས་ལྷུང་གིས། རང་སྐྱོན་

ཁོག་མ་གང་ཙམ་ས་ལ་སྦས། གཞན་སྐྱོན་གཟར་བུ་གང་ཙམ་གནམ་ལ་འཕྱར་བའི་སྤྱོད་ཚུལ་སྐྱོང་རྒྱུ་མེད་པ་དང་། མི་མཐུན་འབྲུག་པ་ལྷ་ཡུལ་ནའང་ཡོད། རྩལ་བ་འདུམ་པ་སྲིན་པོའི་ཡུལ་དུའང་སྲིད་པས། ལེགས་སྦྱེལ་ཉེས་བསུབ་དགོས་ལུགས་དང་བྱ་ལུགས་སྤྱོད་འགྲོས་དགེ་སྐྱོན་སྤང་བླང་གི་བསླབ་བྱ་མང་པོ་གནང་བ་སོགས་བསྡོམས་ཚིག་ཀང་བཞི་བརྒྱ་ལ་ཉེ་བས་བརྗོད་བྱའི་དོན་རྣམས་བསྟན་ཡོད།

གཉིས་པ། རྩོམ་པ་པོའི་འབྲེལ་ཡོད་གནད་དོན་འགའི་སྐོར།

དང་པོ་རྩོམ་པ་པོ་དང་བརྩམས་དུས་ཀྱི་སྐོར་ཞུ་བ་ལ། རང་རིགས་ཀྱི་སྔོན་གྱི་མཁས་པའི་ཁྲོད་དུ་བརྩམས་ཆོས་མཛད་པ་གང་ཞིག་ལ་ཡོན་ཏན་སྦས་པའི་ཁུལ་གྱིས་མཛད་བྱང་མ་བཀོད་པ་མང་པོ་ཡོད་པ་ནི་ཁེ་གྲགས་དོན་དུ་མ་གཉེར་བའི་མཚོན་རྟགས་ཡིན་ངེས་ཀྱང་། དེ་དག་དུས་ཕྱིས་ཞིབ་འཇུག་གི་ལས་དོན་ལ་དཀའ་ངལ་མང་ཙམ་འཕྲད་པའི་རྒྱུ་རུ་གྱུར་ཡོད། སྐབས་དོན་དངོས་དང་འབྲེལ་བའི་ཉེ་རབས་རབ་རྟོག་སྒྲུང་གཏམ་ལ་དཔེ་མཚོན་ན། 《བྱ་སྤྲེལ་གཏམ་རྒྱུད་》《ཐ་ཚང་ལྷ་མོའི་བསྟན་བཅོས་》《བྲི་ལ་མ་བུའི་རྩོད་གཏམ་》《ནེ་ཙོ་ལེགས་བཤད་》《རྫ་ཙོག་གི་གཏམ་རྒྱུད་》《ཁ་ཆེ་བ་ལུའི་རྣམ་ཐར་》ཞེས་པ་སོགས་ལ་མཛད་བྱང་འཁོད་མེད་པས། དུས་ཕྱིས་རྩོམ་རིག་ཞིབ་འཇུག་ཁྲབ་ཁོངས་ནང་དུ་མང་པོ་ཞིག་རྩོད་གཞིའི་རྒྱུ་རུ་གྱུར་ཡོད། དེ་ཙམ་གྱིས་མ་ཟད་བརྩམས་ཆོས་དེ་དག་གི་རྩོམ་པ་པོ་སུ་ཡིན་ལ་ཚོད་དཔག་དང་། བརྩམས་ཆོས་དེ་དག་གི་བསྟན་དོན་ལའང་རིག་འདེད་ཚོད་རྟེས་བྱེད་རྒྱུའི་གནས་སུ་གྱུར་ཡོད། 《དེ་དཀར་ལེགས་བཤད་》ལ་གཏམ་རྒྱུད་དེ་དག་དང་མི་འདྲ་བར་རྩོམ་གྱི་མཇུག་ཏུ་མཛད་བྱང་གསལ་པོར་བཀོད་ཡོད་པ་ནི། "བསམ་གཏན་དགའ་བ་འཁྱིལ་བ་ཉི་འོད་ནས། ཁ་རག་ལྷན་ནེར་འཚོ་བའི་སྨྲོམ་ལས་ཅན། བགྲང་བྱ་བཅུ་ཕྲག་བདུན་གྱི་འཁྱུར་ལྡེ་བས། ཚེ་བརྟན་མེད་དུ་འབོད་པའི་བོན་གྲོང་པས། ཕུ་རུ་གསེར་བུམ་

བཞེངས་པ་ལས། ལུང་པའི་མདར་ཁ་མཆུ་གཅད་པ་འགྱུར་ཆེ་ཞེས་པ་ལྟར། ཚངས་པའི་ཐིག་ལྟར་དྲང་བའི་མཚམས་ཁྲ་འདི། མི་ལུག་ནམ་ཟླ་ཡར་ཚེས་དགེ་བར་བྲིས། བགྱིས། བགྱིས། མི་ལུག་ནམ་ཟླ་ཡར་ཚེས་བཟང་།”ཞེས་འཁོད་ཡོད་པ་ལས་བརྩམས་ཆོས་དེའི་རྩོམ་པ་པོ་བོན་གྲོང་ཚེ་བརྟན་ཡིན་པ་དང་། དེ་ལས་དེའི་བརྩམས་དུས་ཀྱང་མི་ལུག་ལོ་སྟེ་སྤྱི་ལོ་༡༧༢༧ལོར་ཡིན་པ་བསྟན་ལ། དེ་དུས་རྩོམ་པ་པོ་གང་ཉིད་དགུང་ལོ་བདུན་ཅུའི་ནང་ཕེབས་པ་གསལ་ཡོད་པས། གང་དེའི་འཁྲུངས་དུས་ནི་སྤྱི་ལོ་༡༤༩༨ལོ་ནས་སྤྱི་ལོ་༡༤༥༧ལོའི་བར་དུ་ཡིན་པ་དང་། གང་དེའི་འཁྲུངས་དུས་དང་འཚོ་དུས་ལ་ཚོད་རྩིས་བྱ་མི་དགོས་པར་ཤེས་ཐུབ་པ་དང་དེའི་བརྩམས་ཆོས་ཁག་གི་ལོ་རྒྱུས་ཀྱི་རྒྱབ་ལྗོངས་ལ་དཔྱད་པ་བྱ་རྒྱུར་གལ་ཆེའི་དཔྱད་གཞི་མཁོ་འདོན་ཐུབ་པ་དེ་ནི་དགའ་འོས་པའི་དོན་ཞིག་ཡིན།

གཉིས་པ་རྩོམ་པ་པོའི་འཁྲུངས་ཡུལ་དང་གྲོང་མིང་སྐོར་ཞུ་རྒྱུར། 《མི་ཉག་འཇམ་དབྱངས་གྲགས་པའི་རྣམ་ཐར་》ནང་དུ་མདོ་སྟོད་ཕྱོགས་སུ་བོན་གྲོང་ཞེས་པའི་གྲོང་སྡེ་ཞིག་གི་མིང་བྱུང་བ་གཞིར་བྱས། ལ་ལས་བོན་གྲོང་པ་ཚེ་བརྟན་ཡི་ཤེས་ཁམས་ཕྱོགས་སུ་སྐུ་འཁྲུངས་པར་བཤད①ཡོད་སྐད། མཁྱེན་ལྡན་རྡོ་རྗེ་མཆོག་ནས“བོན་གྲོང་ཟེར་བའི་ས་མིང་ངམ་གྲོང་མིང་ཁམས་ཕྱོགས་ཙམ་མ་ཟད། གཞིས་རྩེ་ས་ཁུལ་གྱི་བཞད་མཐོང་སྨོན་རྫོང་ཁོངས་རྟ་ནག་ཤུ་ཤང་དུ་ཡོད་ལ། འཕན་ཡུལ་གྱི་ཕྱོགས་སུའང་ཡོད་པ་མ་ཟད། ……《མྱང་ཡུལ་སྟོད་སྨད་བར་གསུམ་གྱི་ངོ་མཚར་གཏམ་གྱི་ལེགས་བཤད་》……ནང་དུ་ཚོང་འདུས་ཀྱི་འགོ་ཙམ་གྱི་ཉེ་འགྲམ་ན་དབེན་གནས་བོན་གྲོང་དུ་”②ཞེས་འཁོད་པ་སོགས་རྒྱུ་མཚན་དུ་བཀོད་ནས་གོང་གི་བཤད་ཚུལ་དེ་བདེན་པར་མ་མཐོང་བའི་དགོངས་ཚུལ་གླེང་ཡོད། དེ་ནི་དངོས་དོན་དང་མཐུན་པར་སྙམ་སྟེ། ང་ཚོས་མཁས་དབང་བོན་གྲོང་

① ༢༠༡༧ལོའི་《བོད་ལྗོངས་ཞིབ་འཇུག》བོད་ཡིག་དུས་དེབ་བཞི་པའི་ཤོག་ངོས་༣༢ལ་གསལ།

② ༢༠༡༧ལོའི་《བོད་ལྗོངས་ཞིབ་འཇུག》བོད་ཡིག་དུས་དེབ་བཞི་པའི་ཤོག་ངོས་༣༢ལ་གསལ།

པའི《དེ་དཀར་ལེགས་བཤད་》ཅེས་པ་གློག་ཙམ་བྱས་ན། ཚོམ་ཡིག་ནང་གི་ཐ་སྙད་དང་ཚིག་སྦྱོར་བྱེད་སྟངས་དང་། ཁྱད་པར་དམངས་ཁྲོད་གཏམ་དཔེ་མང་པོ་བཀོལ་སྤྱོད་བྱེད་སྟངས་རྣམས་ལས་ཚོམ་པ་པོའི་འབྱུངས་ཡུལ་གཙང་ཁུལ་དུ་ཡིན་པ་གསལ་པོར་རྟོགས་ཐུབ་ལ། དེ་སྔོན་གྱི་མཁས་དབང་རྣམ་པས་གསུངས་པ་ལྟར་འབྱུངས་ཡུལ་དངོས་དེ་གཞིས་རྩེ་པ་སྣམ་ཁུལ་དུ་ཡིན་པ་བསྙོན་མེད་དུ་མཐོང་། དེ་ཡང་《མི་དབང་རྟོགས་བརྗོད་》ལས་ཀྱང་མི་དབང་གང་ཉིད་སྐེར་གཞིས་འབྲུམ་ཕོ་ལྟར་ཕེབས་སྐབས་སུ་བོན་གྲོང་ཕྱུན་མཆེད་གསུམ་གྱིས་སྤྱན་དྲངས་པའི་ལོ་རྒྱུས་དང་། དེ་བཞིན་སྐབས་དེ་དུས་གང་ཉིད་དང་མཉམ་འཛོམས་ཇ་ཚང་ལ་ལོངས་སྤྱོད་མཁན་ལྔུང་ལོ་ཅན་པ་དང་། པད་ཚལ་པ་དང་། སྤེལ་བཞི་བ་དང་། སྐྱིད་སྡུག་ཁམས་པ་དང་། བོན་གྲོང་ཁམས་པ་དང་།[1] བཀྲས་མཐོང་པ་དང་བཅས་པ[2]ཚང་མ་རྒྱལ་རྩེ་པ་སྣམ་ཁུལ་གྱི་དུད་ཚང་ཆེ་ཁག་རྣམས་ཡིན་པ་སོགས་ཀྱི་ལོ་རྒྱུས་དེ་དག་ལས་བོན་གྲོང་ནི་གཙང་པ་སྣམ་ཁུལ་དུ་ཡིན་པ་གསལ་པོར་ཤེས་ཐུབ། འདིར་ཞར་དུ་པ་སྣམ་བྱང་སྟོད་ཁུལ་གྱི་བོན་གྲོང་ཞེས་པའི་གྲོང་པ་དེའི་སྐོར་ལམ་ཙམ་ཞུས་ན། གཙང་ཁུལ་དམངས་ཁྲོད་དུ་གཙང་གམ་པ་ལ་ཚུན་ན་རྒྱལ་རྩེ་བོན་གྲོང་དང་། སྟ་ནག་བོན་གྲོང་སྟེ་བོན་གྲོང་ཐོགས་པ་གཉིས་ལས་མེད་ཅེས་བརྗོད་སྲོལ་ཡོད་པའི་རྒྱལ་རྩེ་བོན་གྲོང་ཞེས་པ་ནི་པ་སྣམ་བོན་གྲོང་ལ་ཟེར་བ་དང་། སྟ་ནག་བོན་གྲོང་ནི་བཞད་མཐོང་སྨོན་རྫོང་གི་བོན་གྲོང་ལ་ཟེར་བ་ཡིན། པ་སྣམ་ཁུལ་དུ་བོན་འཁོར་དང་། བོན་གྲོང་ཞེས་པའི་ཡུལ་ཚོ་གཉིས་ཡོད་པ་མ་ཟད། བོན་གྲོང་ཞེས་པ་དེ་ཡང་དུས་ཕྱིས་བྱང་སྟོད་ཁུལ་དུ་གནས་ཡོད་པ་དང་། བགྲེས་རབས་རྣམ་པའི་གསུང་རྒྱུན་དུ་འདུས་བྱུང་ཕུ་ཡི་རྒྱང་འཁོར་དང་མག་ཕུའི་

---

[1] བོན་གྲོང་ཚེ་བརྟན་གྱི་སྐུ་མཆེད་འབྲིང་བའི་མཚན་ཡིན།

[2] ཞབས་དྲུང་ཚེ་རིང་དབང་རྒྱལ་གྱིས་བརྩམས་པའི《མི་དབང་རྟོགས་བརྗོད་》ཤོག་ངོས་༩༢༣ལ་གསལ། སི་ཁྲོན་མི་རིགས་དཔེ་སྐྲུན་ཁང་ནས་༡༩༨༡ལོར་བསྐྲུན།

སྤྱི་སར་གྱུར་པའི་ཕུ་གསུམ་ཞེས་པའི་ཡུལ་ལས་གནས་སྤོས་པར་གྲགས། དེ་ཡང་ཕུ་གསུམ་ཞེས་པའི་ཡུལ་དེར་གནའ་དུས་སྟེ་པ་བོན་གྲོང་ངམ་ཞལ་ལྔེ་བོན་གྲོང་དང་། སྟེ་བ་ལྷག་གདོང་བ། སྟེ་བ་དགོན་སྟེང་པ། སྟེ་བ་ལྷུགས་ཆུང་བ། སྟེ་བ་ལྟག་རྒྱབ། སྤེལ་སྟོད་པ། སྤྲ་ཁྱུང་བ་ཞེས་པ་སོགས་ཆགས་ཡོད་པ་དང་། སོག་པོ་ཇུན་གར་བའི་དམག་འབྲུག་བྱུང་སྐབས་སུ་དུས་ཟིང་ལ་ཚུད་ནས་ཁུལ་དེའི་ཡུལ་མི་རྣམས་ཁ་ཐོར་དགུ་ཐོར་དུ་གྱུར[1] ཏེ་ཡུལ་གཞན་ལ་གནས་སྤོས་བྱས་པ་ད་ལྟའང་མང་པོ་ཞིག་གང་དང་གང་དུ་ཡོད་པ་མཐོང་རྒྱུ་ཡོད[2]ལ། དུས་རབས་གོང་མའི་ལོ་རབས་དྲུག་ཅུ་བདུན་ཅུའི་ནང་ཁུལ་དེར་དུད་ཚང་དེ་དག་གི་མཁར་ཤུལ་དང་། ས་ཞིང་རེངས་པའི་ཤུལ། དགོན་པ་དང་སྒྲུབ་ཁང་གི་ཤུལ། དུར་ཁྲོད་ལ་སོགས་རྗེས་ཤུལ་མང་པོ་གསལ་པོར་མཐོང་རྒྱུ་ཡོད། རང་ཉིད་ཀྱི་ལྟ་ཚུལ་ལ་བོན་གྲོང་ཚེ་བརྟན་སྐུ་འཚོ་བཞུགས་ཀྱི་སྐབས་སུ་བོན་གྲོང་གནས་སྤོས་བྱས་པར་སྙམ་སྟེ། བོན་གྲོང་གནས་སྤོས་ཀྱི་དུས་ཚོད་ཇུན་གར་བའི་དམག་འབྲུག་བྱུང་བའི་དུས་སུ་ཡིན་པའི་བཤད་རྒྱུན་ཡོད་པ་ཙམ་མ་ཟད། "བོན་གྲོང་པས་བསྒྲིགས་པའི་《རྩིས་གཞིའི་རེའུ་མིག་འདུས་བྱུང་ཟུར་རྩིས་》ཞེས་པའི་བརྩམས་ཆོས་ཤིག་ཡོད་པའི་སྐོར་ཞྭ་སྐབ་པའི་རྩོམ་ཡིག་ནང་དུ་གསལ་"[3]ཞེས་པར་གཞིགས་ནའང་བྱུང་སྟོད་ནི་སྤྱི་ནས་ད་བར་འདུས་བྱུང་གི་ཁོངས་སུ་གཏོགས་པ་ཞིག་མིན་པ་དང་། ཕུ་གསུམ་ནི་གནའ་དུས་ནས་འདུས་བྱུང་རྫོང་གི་ཁོངས་གཏོགས་ས་ཁུལ་ཞིག་ཡིན།

---

① དེ་ཁུལ་དུ་བཤད་རྒྱུན་གཞན་ཞིག་ལ་ཕུ་གསུམ་ཡུལ་དུ་ཕུ་ན་བྲག་རི་གཡང་གཟར་ཆེ་བ་དང་། མདའ་ན་ནགས་ཚལ་སྟུག་པས་གཅན་གཟན་མི་དྲེད་ཀྱི་གནོད་པའི་འོག་མ་ཆགས་པར་གནས་སྤྱོད་བྱེད་དགོས་བྱུང་བར་བཤད་ལ། སྐབས་དེ་དུས་དུད་ཚང་གང་གི་མི་ལ་མི་དྲེད་ཀྱི་གནོད་པ་ཕོག་ཚུལ་སོགས་སྒྲུང་དང་འབྲེལ་བའི་བཤད་རྒྱུན་ཡང་མང་པོ་ཡོད།

② དེ་ཡང་བོན་གྲོང་པ་ཁུལ་དེ་ནས་གནས་སྤོས་བྱས་ཏེ་བྱང་སྟོད་ཁུལ་དུ་གནས་བཅའ་བ་དང་། གནས་ལུང་པ་མག་སོག་ཁང་དུ་གནས་སྤོས། སྤེལ་སྟོད་པ་རྒྱང་འཁོར་ཁུལ་དུ་གནས་སྤོས་ནས་ཁུལ་དེའི་རུས་རྒྱུད་ཆེན་པོ་གསུམ་གྱི་ཡ་གྱལ་ཞིག་ཆགས། སྤྲ་ཁྱུང་བ་མག་ཕུ་མི་ལུང་དུ་གནས་སྤོས་ནས་ད་ལྟའང་མིང་དེ་རང་སོར་གནས་ཡོད།

③ ༢༠༡༧ལོའི་《བོད་ལྗོངས་ཞིབ་འཇུག》བོད་ཡིག་དུས་དེབ་བཞི་པའི་ཤོག་ངོས་༢༧ལ་གསལ།

དུས་ཕྱིས་བོན་གྲོང་པར་བོན་གྲོང་ཤོད་པ་ཟེར་དོན་ཡང་ཤོད་ནི་འདབས་སམ་གཤམ་མམ་གཞུང་ངམ་འོག་གི་དོན་དུ་འཇུག་པས། བོན་གྲོང་རོང་ཡུལ་ཕུ་གསུམ་ནས་མྱང་ཆུའི་གཞུང་དུ་གནས་སྤོས་བྱས་པའི་རྗེས་མིང་དུ་ཐོགས་པར་སྣམ། འདི་ནི་གླེང་སློང་གི་ཚུལ་དུ་བརྗོད་པ་ཙམ་ལས། ཞིབ་ནན་གྱི་བརྟག་དཔྱད་ཐུབ་མེད་པས་སྙད་མར་མུ་མཐུད་བརྟག་པར་འཚལ།

དེ་སྔོན་མཁས་དབང་དུང་དཀར་བློ་བཟང་འཕྲིན་ལས་མཆོག་ནས་གཙོ་བོ་གནང་བའི་ཞིབ་འཇུག་པ་ཚོས་མཁས་དབང་བོན་གྲོང་པའི་གྲོང་མིང་ལ་ཞལ་ལྷེ་བོན་གྲོང་དུ་བྲིས་ཡོད་པ་དང་། དུས་ཕྱིས་ཞལ་ཆེ་དང་ཞལ་ཕྱེ་ཞེས་འབྲི་སྲོལ་ཡང་འདུག རྡོ་རྗེ་མཆོག་ནས་ཉེ་དུས《བོད་ལྗོངས་ཞིབ་འཇུག》ཐོག“བོད་ལྗོངས་གཞིས་ཀ་རྩེའི་ཁོངས་གཏོགས་པ་སྣམ་རྫོང་བྱང་སྟོད་ཤང་དུ་ཞལ་ཕྱེ་ཞེས་པའི་གྲོང་ཚོ་ཞིག་ཡོད་པས། ཞལ་ལྷེ་ཞེས་པ་ཞལ་ཕྱེ་མིན་ནམ་སྙམ་སྟེ་བརྟག”①ཅེས་འཁོད་འདུག་པས། དེའི་ཐད་རང་ཉིད་ཀྱི་ལྟ་ཚུལ་ཞུ་རྒྱུར། ཞལ་ལྷེ་བོན་གྲོང་ཞེས་པ་ནི་བྱང་སྟོད་ཤང་ཁོངས་གྲོང་ཚོ་ཞིག་ལ་ཟེར་བ་མ་ཟད། ཕུ་གསུམ་གྱི་བོན་གྲོང་ལའང་ཞལ་ལྷེ་བོན་གྲོང་ཟེར་གྱི་འདུག་པ་དང་། བོན་གྲོང་ཚེ་བརྟན་ཡེ་ཤེས་མཆོག་ལ་མཚན་གཞན་དུ་བོན་གྲོང་མཁས་པ་དང་། བོན་གྲོང་ཨ་ནུ་ཞེས་འབོད་སྲོལ་འདུག་ལ། གང་ཉིད་དེ་སྔོན་སྡེ་སྲིད་སངས་རྒྱས་རྒྱ་མཚོའི་ཞབས་འབྲིང་མཛད་རིང་བཤེར་དཔང་གི་ལས་འཛིན་པ་གནང་བས། བཤེར་དཔོན་བོན་གྲོང་པ་ཞེས་པའམ་བཤེར་དཔོན་ཞལ་ལྷེ་བོན་གྲོང་ཞེས་ཀྱང་འབོད་སྲོལ་ཡོད་པ་དང་། 《མི་དབང་རྟོགས་བརྗོད་》ནང་དུའང་གང་དེའི་སྐུ་མཆེད་ཐ་ཆུང་གི་མཚན་དུ་ཁྲིམས་ཀྱི་ཞལ་ལྷེ་མཁན་ངག་དབང་བདེ་ཆེན་ཞེས་འཁོད་ཡོད། དེས་ན་ཞལ་ལྷེ་གཅོད་མཁན་ཡིན་པའི་དབང་གིས་གང་དེའི་ཁྱིམ་ཚང་ལའང་ཞལ་ལྷེ་བོན་གྲོང་

① ༢༠༡༧ལོའི་《བོད་ལྗོངས་ཞིབ་འཇུག》བོད་ཡིག་དུས་དེབ་བཞི་པའི་ཤོག་ངོས་༢༧ལ་གསལ།

ཞེས་ཐོགས་པ་གང་ཞིག་ཕྱིས་སུ་གྲོང་ཚོའི་མིང་དུ་གྱུར་བར་སྣམ། དེ་ནི་ཕྱིས་སུ་བོན་གྲོང་པའི་མི་རྒྱུད་ལས་ཚེ་བརྟན་རྡོ་རྗེས་སྤྱི་ལོ་༡༨༣༢ལོ་ནས་༡༨༩༣ལོ་བར་ས་དབང་བཀའ་བློན་གྱི་འགན་བཞེས་གནང་བ་ལ་བརྟེན་ནས་དམངས་ཁྲོད་དུ་འགའ་རེས་སྐྱེའམ་གྲོང་དེར་ས་དབང་བོན་གྲོང་ཞེས་བརྗོད་པ་ད་ལྟའང་ཐོས་རྒྱུ་ཡོད་པ་དང་མཚུངས། དེས་ན་བཤེར་དཔོན་ནི་གོ་མིང་དང་། ཞལ་ངོ་ནི་ཆེད་ལས་ཀྱི་མིང་། བོན་གྲོང་ནི་གྲོང་མིང་། མཁས་དབང་ནི་བསྟོད་མིང་། ཨ་ནུ་ནི་གཅེས་མིང་། ཚེ་བརྟན་ནི་རང་མིང་ཡིན་པར་ངེས་སོ། །

གསུམ་པ། བརྩམས་ཆོས་ཀྱི་བསྟན་དོན་སྐོར།

བོད་ཀྱི་རྩོམ་རིག་གི་མེ་ཏོག་ལྡུམ་རའི་ཁྲོད་རྩོམ་པ་པོས་རང་གི་བརྗོད་འདོད་རྣམས་མི་གཤིས་ཅན་གྱི་འདབ་ཆགས་བྱ་དང་བྱེ་སྐྱེས་སྲོག་ཆགས། དུད་འགྲོ་རྗོག་ཆགས། སེམས་མེད་དངོས་པོ་བཅས་ལ་སྒྱུར་ནས་མཚོན་པར་བྱེད་པའི་རབ་རྟོག་རྩོམ་རིག་ནི་རྣམ་པར་བཀྲ་བ་ཞིག་ཡོད་ལ། དེ་དག་སོ་སོར་བསྟན་དོན་མི་འདྲ་བ་རེ་ཡོད་དེ། 《ཇ་ཆང་ལྷ་མོའི་བསྟན་བཅོས》ཀྱིས་དུས་རབས་བཅུ་བདུན་པའི་དུས་མཇུག་གི་བོད་སོག་དབང་སྒྱུར་གྲལ་རིམ་བར་གྱི་འགལ་ཟླ་དང་འཐབ་རྩོད་མཚོན་པ་དང་། 《བྱ་སྤྲེལ་གཏམ་རྒྱུད》ཀྱིས་དུས་རབས་བཅོ་བརྒྱད་པའི་གོར་བོད་བར་གྱི་དམག་འཁྲུག་བསྟན་པ་ཇི་བཞིན《དེ་དཀར་ལེགས་བཤད》ཀྱི་བརྗོད་བྱ་ལའང་དེ་རང་གི་བསྟན་དོན་དམིགས་བསལ་བ་ཞིག་མཆིས་ཏེ། བརྩམས་ཆོས་དེ་ཉིད་མགོ་ནས་མཇུག་བར་ལེགས་པར་བཀླགས་ཤིང་ནན་གྱིས་བརྟགས་ན། དེ་ནི་རྩོམ་པ་པོའི་སྐུ་ཚེའི་སྨད་དུ་ལྷག་པའི་བོད་ཀྱི་མཐོ་རིམ་དབང་འཛིན་པའམ་བཀའ་བློན་དབར་འགལ་ཟླ་དང་ནང་འཁྲུག་བྱུང་བ་གང་ཞིག་དེ་ཕོ་དཀར་པོ་དང་སྤྱི་སྤྱི་ཚ་ལུ། དབུས་ཀྱི་བྱ་ཕོ་ཚ་ལུ་དང་ཁྲ་བོ་རྣམས་ཀྱི་ལུས་སྟེང་ལ་སྒྱུར་ནས་རྩོམ་པ་པོའི་བརྩེ་དུང་གི་སྙིང་དོན་གཅིག་སྡུད་ཀྱིས་མཚོན་

ཞིང་། སྒྲུང་གཏམ་ནང་གི་མི་སྣ་གཙོ་བོ་དེ་ཕོ་དཀར་པོ་ནི་ཕོ་ལྷ་ནས་ཀྱི་གཟུགས་བརྙན་ཡིན་པ་དང་། དེ་ལ་དགྲ་སྡེབ་བཙུར་བརྡུང་བྱེད་མཁན་ལོ་རྒན་སྤོ་སྤོ་ཚ་ལུ་ནི་ང་ཕོད་པ་དང་། དབུས་ཀྱི་བྱ་ཕོ་ཚ་ལུ་དང་ཁྲ་བོ་གཉིས་ནི་ལུམ་པ་བ་དང་སྒྲུར་ར་བ་ཡིན་པར་མངོན་ལ། བྱ་གསར་རྣམས་ནི་སྡེ་པ་གཞུང་གི་དཔོན་གནས་སུ་ཡོད་པའི་དབུས་ཀྱི་ལས་བྱ་བ་གསར་བུ་རྣམས་དང་དབུས་ཀྱི་བྱ་མོ་ཅིག་མགོ་ཚོ་ནི་དབུས་མོ་རྣམས་ཡིན་པར་མཐོང་། དེའི་ཞིབ་ཕྲའི་བརྗོད་བྱའི་བསྟན་དོན་ནི་རྗོམ་པ་པོ་འཚོ་ཞིང་བཞེས་པའི་སྐབས་དེ་དུས་སྡེ་པ་གཞུང་གི་ལས་འཛིན་པའི་ཁྲིད་ཀྱི་དབུས་གཙང་ཤོག་ཁའི་འཐབ་རྩོད་ཀྱི་ཐོག་མའི་སྐབས་སམ་དབུས་གཙང་བདེ་གཟར་མ་ལངས་གོང་ཙམ་དུ་དབུས་པ་ཆོས་ཁང་ཆེན་ནས་དང་ཕོ་ལྷ་ནས་ཀྱིས་གཙོས་པའི་གཙང་སྟོད་པ་ཟུར་འབུད་དང་དེ་ཆོར་རུབ་རྒྱག་བྱས་པའི་གནས་ཚུལ་ཡིན་པར་གསལ།

དེ་ཡང་ཐོག་མར་རྗོམ་པ་པོའི་ལོ་རྒྱུས་དང་འབྲེལ་ནས་བརྟགས་ན། ལེགས་བཤད་ནང་གསལ་ལྟར་བརྩམས་ཚོས་དེའི་རྩོམ་པ་པོ་མཁས་དབང་བོན་གྲོང་ཚེ་བརྟན་ནི་དུས་རབས་བཅུ་བདུན་པའི་དུས་དཀྱིལ་དུ་སྐུ་འཁྲུངས་པ་དང་། འབྲེལ་ཡོད་དཔྱད་གཞི་ཁག་ལ་གསལ་བ་ལས། གང་ཉིད་སྐུ་ན་གཞོན་དུས་སྡེ་སྲིད་སངས་རྒྱས་རྒྱ་མཚོའི་ཞབས་འབྲིང་མཛད་སྒྲུང་བ་དང་། ས་གནས་སྲིད་གཞུང་གི་བཤེར་ཁང་ལས་ཁུངས་ཀྱི་དཔོན་པོའམ་འགོ་གཙོ་གནང་སྒྲུང་བས་བཤེར་དཔོན་བོན་གྲོང་ཞེས་ཀྱང་འབོད། སྐུ་ན་བགྲེས་ནས་ཁྲིམ་གཞིས་སུ་ཆོས་མཐུན་བྱ་བ་དང་། སློབ་གཉེར། བསྟན་བཅོས་རྩོམ་འབྲིའི་བགྱི་བ་ལྷུར་བཞེས་གནང་སྟེ་བཞུགས། གང་ཉིད་སྐུ་འཚོ་བཞུགས་ཀྱི་དུས་སྐབས་ནི་བོད་ཀྱི་སྤྱི་ཚོགས་ནང་དབང་སྒྱུར་གྲལ་རིམ་དབར་དང་ཆོས་ལུགས་གྲུབ་མཐའི་དབར་ལ་འགལ་ཟླ་དང་འཐབ་རྩོད་ཆེ་བའི་ཁོར་ཡུག་རྙོག་འཛིང་ཆེ་བའི་དུས་སྐབས་ཤིག་ཡིན་ལ། ཁྱད་པར་གང་ཉིད་གཤེར་དཔང་གི་ཕྱག་ལས་གནང་བས། མཐོ་བ་

དབང་འཛིན་པའི་སྲིད་དབང་འཕྲོག་རྗོད་དང་། དམའ་བ་ཁྱིམ་ཚང་བཟའ་མི་དབར་གྱི་འགལ་འདུ་རྗོད་གཞི་ཁག་ལ་སྤྲ་ཞིབ་བདེན་རྫུན་གྱི་ཞལ་ལྕེ་གཅོད་དགོས་པས། དོན་དེའི་ཐད་ལག་ལེན་གྱི་ཉམས་མྱོང་ཕུན་སུམ་ཚོགས་པ་དང་། གཞན་ལས་ལྷག་པའི་ཤེས་ཚོར་རྣོ་ལ་མགྱོགས་པ་ཞིག་ལྡན་ལ། རིག་པའི་གནས་ལ་བྱང་ཆུབ་ཅིང་སྙན་ངག་རྩོམ་འབྲིར་ཕོ་ལག་ཡོངས་སུ་རྫོགས་པའི་མཁས་དབང་ཞིག་ཡིན། ལྷག་པར་གང་དེའི་བརྩམས་ཆོས་《ཇ་ཚང་ལྷ་མོའི་བསྟན་བཅོས་》ཞེས་པ་དང་《བྲེ་ལ་མ་བུའི་རྗོད་གཏམ་》ཞེས་པ་ལྟ་བུ་ལས་གང་དེའི་བརྩམས་ཆོས་དུ་མའི་ཁྲོད་དུ་ལག་ལེན་ཁྲོད་ཀྱི་འགལ་འདུམ་གྱི་བྱ་བ་རིགས་དོན་སྙིང་ལྡན་པའི་རབ་རྟོག་རྩོམ་རིག་གི་ལམ་ལ་དྲངས་ནས་གཞན་ལ་ལེགས་སྤྱེལ་ཉེས་འགོག་གི་གོ་བསྐྱོན་བློ་འགུག་གནང་རྒྱུར་བྱང་ཆུབ་ཅིང་ཐུགས་མཉེས་པའི་མཁས་དབང་ཞིག་ཡིན་པ་ཤེས་ཐུབ། དེ་བཞིན་དུ་ལོ་རྒྱུས་ཡིག་ཚར་གསལ་བ་ལྟར་མཁས་དབང་བོན་གྲོང་དང་མི་དབང་ཕོ་ལྷ་ནས་གཉིས་ནི་འབྲུངས་གཞིས་པ་ཡུལ་གཅིག་པ་ཡིན་པ་ཙམ་མ་ཟད་རྣམ་གཉིས་འབྲེལ་འདྲིས་ཟབ་པར་མཆིས་ཏེ། སྤྱི་ལོ་༡༧༢༠ལོར་ཕོ་ལྷ་བ་དཀྱུང་གྲངས་སོ་གཅིག་ཐོག་པ་སྣམ་རྫོང་དུ་ཕེབས་སྐབས་བོན་གྲོང་པ་སྐུ་མཆེད་གསུམ་གྱིས་སྣེ་ལེན་མཛད་ཚུལ་ཡང་“དེ་ནས་ཡིད་གཙུགས་སྨོས་འདྲིན་དམ་པ་བོན་གྲོང་པར་གྲགས་པ་མཆེད་གསུམ་གྱིས་སྤྱན་དྲངས་ཏེ་གཤེགས་པ་ལས། གཅེན་ཚེ་བརྟན་ནི་གཞོན་ནུ་ནས་ཐ་སྙད་ཀྱི་རིག་པ་ལ་མངོན་པར་བྱང་ཆུབ་པར་བྱས་ཤིང་། རྣམ་པར་དཔྱོད་པའི་བློ་གྲོས་དང་ལྡན་པ། སྒྱུ་མེད་པ་དྲང་པོའི་རང་བཞིན་ཅན་གྱིས་རྗེ་འབངས་བར་དུ་བྱ་བ་སྒྲུབ་པ་ལ་མཁས་པ་ཞིག་ཡིན་པས་དེང་སང་གི་བར་དུ་རང་ཉིད་ཅི་བདེར་ཟབ་མོ་ནང་གི་རིག་པ་ལ་བརྩོན་བཞིན་པར་མཆིས་པ་འདི་ཉིད་ཀྱིས་བསྙེན་བཀུར་ཞིང་འཕེལ་གཏམ་རྒྱ་ཆེར་སྤེལ་བར་བྱས། ཡང་ཉེ་མ་གཞན་པ་ལ་འབྲིང་པོ་ཁམས་པར་གྲགས་པ་……ཡང་ཉེ་མ་གཞན་པ་ལ་མཆེད་ཟླ་དེ་གསུམ་གྱི་ཐ་

ཚུང་ངག་དབང་བདེ་ཆེན་གྱིས་བསྐྱེན་བཀུར་”[①]ཞེས་གསལ་བ་དེ་ལས་མངོན་ཐུབ་ལ། ཕོ་ལྷ་ནས་བཀའི་བློན་པོའི་གོ་སར་འཁོད་རྗེས་སུ་པོན་གྲོང་ཆེ་བརྟན་གྱི་སྐུ་མཆེད་ཐ་ཚུང་ངག་དབང་བདེ་ཆེན་ནི་བཤེར་དཔང་གི་ལས་འཛིན་པ་དང་ཕོ་ལྷ་བའི་ནང་མ་བློས་ཐུབ་ཅིག་ཏུ་གྱུར་ལ། དབུས་གཙང་བདེ་གཟར་སྐབས་སུ་གང་དེར་གཡས་གཞོགས་གཡོན་འདེགས་བྱེད་མཁན་གཙོ་བོ་ཞིག་ཏུའང་གྱུར་ཡོད་པ་《མི་དབང་རྟོགས་བརྗོད་》ལས་གསལ། དེས་ན་དབུས་གཙང་བཀའ་བློན་ནང་འགལ་འཐབ་རྩོད་ནང་གཙང་སྟོད་ཕྱོགས་ལ་སྤྱོག་ཉེན་བྱུང་བས་ཕོ་ལྷ་བ་གཞིས་བསྐོར་ལ་ཁ་གཡར་ནས་དོན་དུ་ཉེན་གཡོལ་གྱིས་སྐྱེར་གཞིས་སུ་ལོག་དགོས་ཐུག་པའི་གནད་དོན་དེ་ནི། རྩོམ་པ་པོས་《དེ་དགར་ལེགས་བཤད་》ཀྱི་རྩོམ་འབྲིའི་ལས་ལ་འཇུག་པའི་བསམ་པའི་ཀུན་སློང་དང་རྩོམ་འབྲིའི་ངར་ཤུགས་ཆེར་སྐྱེད་པའི་རྒྱུ་དེ་ཡིན་པར་མཐོང་།

གཞན་ཡང་ལོ་རྒྱུས་དངོས་དང་འབྲེལ་ནས་བརྟགས་ན། སྐབས་དེའི་ལོ་རྒྱུས་དངོས་བརྒྱུད་མྱོང་བའི་མདོ་མཁར་ཞབས་དྲུང་ཚེ་རིང་དབང་རྒྱལ་གྱིས་མཛད་པའི་《མི་དབང་རྟོགས་བརྗོད་》ནང་འཁོད་ལོ་རྒྱུས་དང་བསྟུམས་ཆོས་ཀྱི་བརྗོད་དོན་བསྡུར་ནས་དཔྱད་ཆེ། སྤྱི་ལོ་༡༧༢༡ལོར་སོག་པོ་ཇུན་གར་གྱི་དམག་ཕམ་པར་བྱས་རྗེས་གོང་མའི་ལུང་ལྟར་དའི་ཆིང་བླ་ཐུར་ཁང་ཆེན་པ་བསོད་ནམས་རྒྱལ་པོ་དང་ང་ཕོད་པ་རྡོ་རྗེ་རྒྱལ་པོ། ལུམ་པ་བ་བཀྲ་ཤིས་རྒྱལ་པོ་བཅས་ལ་བོད་ཀྱི་དོན་བྱེད་བཀའ་བློན་བསྐོ་བཞག་གནང་བ་དང་། དེ་རྗེས་ལོ་གཉིས་ནས་ཕོ་ལྷ་བ་དང་སྦྱར་ར་བ་བློ་གྲོས་རྒྱལ་པོ་གཉིས་བཀའ་བློན་དུ་བསྐོ་བཞག་བསྩལ། དེ་རྣམས་ཀྱིས་དུས་ཡུན་ལོ་དྲུག་ཙམ་བོད་ཀྱི་ལས་དོན་གཙོ་སྐྱོང་དང་སྲིད་དབང་སྤྱོད་རིང་། “མཐུན་སྒྲིལ་མཉམ་རུབ་ཀྱི་བྱ་བ་བཟང་པོ་ཞིག་ཐོག་མ་ཉིད་ནས་བྱུང་

① ཞབས་དྲུང་ཚེ་རིང་དབང་རྒྱལ་གྱིས་བརྩམས་པའི་《མི་དབང་རྟོགས་བརྗོད་》ཤོག་ངོས་༣༥༨ལ་གསལ། སི་ཁྲོན་མི་རིགས་དཔེ་སྐྲུན་ཁང་ནས་༡༩༨༡ལོར་བསྐྲུན།

མེད་པར་མངོན་ཞིང་། མི་དབང་རྟོགས་བརྗོད་ནང་འཁོད་པ་ལྟར་ན་དེའི་ལན་རྩ་གཙོ་བོ་གུང་ལུམ་པ་བ་བཀྲ་ཤིས་རྒྱལ་པོས་བྱས་པ་ལྟ་བུ་བསྟར་ཆགས་སུ་འཁོད་པ་བཞིན་ཁོ་པ་ནི་མ་རུངས་པ་ཤྐྱིག་གཡོ་ངན་ཧུས་དང་། དབྱེན་སྦྱོར་དཀྲུག་ཤིང་གི་བྱ་བ་ཁོ་ནར་གཞོལ་མཁན་ཞིག་ཡིན་པ་གཞིར་བཅས་ཤིང་། དེ་མིན་གཞན་བཞི་པོའང་ང་རྒྱལ་ཁེངས་དྲེགས་ཀྱིས་སྙིང་སྨྱོས་པ་དང་། ང་མིན་སུ་ཡིན་ཁོ་ན་ལས་གཞན་ལ་མཐུན་ཐབས་ཀྱི་བསམ་བློ་ཡེ་མེད་པར་ཕྲག་དོག་གི་ནད་ཀྱིས་བཏབ་པ་ཤ་སྟག་ཏུ་མངོན།”① དེ་དག་གིས་ཡུལ་ལུང་ཕྱོགས་ཁག་གི་འདོད་ཞེན་ཆེན་པོ་འཁྱེར་ནས་ཕན་ཚུན་མི་མཐུན་དགྲ་རུ་འཛིན་པ་དང་། མཐའ་མར་བཀའ་བློན་ནང་འཁྲུགས་ཀྱིས་དབུས་གཙང་བདེ་གཟར་ལངས་པ་རེད།

མཁས་དབང་པོན་གྲོང་པས《དེ་དགར་ལེགས་བཤད་》བརྩམས་པའི་དུས་ཚོད་ནི་དབུས་གཙང་བཀའ་བློན་གྱི་འགལ་ཟླ་དེ་ཇོ་ངར་ཇེ་ཆེར་འགྲོ་བའི་སྐབས་སུ་ཡིན་འདུག་ཀྱང་། དབུས་གཙང་བདེ་གཟར་མ་ལངས་སྔོན་ཙམ་དུ་ཡིན་པར་མངོན། མ་གཞི་གང་དེས《དེ་དགར་ལེགས་བཤད་》བརྩམས་དུས་དང་ང་ལུམ་སྦྱར་གསུམ་གྱིས་ཁང་ཆེན་ནས་ལ་ཁྲི་རུབ་བརྒྱབ་ནས་བསད་པའི་དུས་ཚོད་ནི་བོད་རབ་བྱུང་བཅུ་གཉིས་པའི་མེ་ལུག་ལོ་སྟེ་སྤྱི་ལོ་༡༧༢༧ལོར་ཡིན་ནའང་།《དེ་དགར་ལེགས་བཤད་》བརྩམས་དུས་ནི་གོང་ཞུས་ཇི་བཞིན་དེ་ལོའི་ལོ་སྟོད་དེ་ཕོ་ལྷ་བ་ཉིན་གཡོལ་གྱིས་སྐོར་གཞིས་སུ་ཕེབས་པའི་དུས་སྐབས་སུ་སྤྱི་ཚོགས་ཀྱི་སྣང་ཚུལ་དེ་ལ་དམིགས་ནས་བརྩམས་པར་སྙམ། དེ་ཡང་བརྩམས་སྒྲུང་དེའི་འགོ་རུ“དེ་གའི་དེ་ཕོ་རྣམས་ཀྱིས་དཔེ་དང་མཐུན་པའི་བྱ་ཡན་བཏུང་བཏུང་རང་བྱས། དམའ་ཆགས་པ་འུ་ཐུག་སྟེ་ཁོ་རོང་གི་ནང་དུ་ལོག་ནས་མི་འདུག་ཟླ་བ་གཅིག་ཙམ་

① ཆབ་སྤེལ་ཚེ་བརྟན་ཕུན་ཚོགས་དང་ནོར་བྲང་ཨོ་རྒྱན་ནས་རྩོམ་སྒྲིག་མཛད་པའི《བོད་ཀྱི་ལོ་རྒྱུས་རགས་རིམ་གཡུ་ཡི་འཕྲེང་བ》སྨད་ཆའི་ཤོག་ངོས་༨༡ལ་གསལ། བོད་ལྗོངས་བོད་ཡིག་དཔེ་རྙིང་དཔེ་སྐྲུན་ཁང་ནས་༡༩༩༡ལོར་བསྐྲུན།

སོང་”ཞེས་པ་ལས་མངོན་ལ། སྐབས་དེའི་རང་རྒྱལ་གཞན་ཕམ་ཕོ་ན་དོན་དུ་གཉེར་བ་རྒྱལ་བའི་དབང་པོའི་ཞམ་རིམ་པ་ལ་ལ་དང་། རང་དོན་སྙིང་ལ་ཞེན་པའི་ལུམ་པ་བའི་རྗེས་འབྲེང་པ་དག་གིས་ཕོ་ལྷ་བར་ཕྱོགས་སྒྲིལ་བཙུར་བརྡུང་བྱས་ཚུལ་ཡང་། མི་དབང་རྟོགས་བརྗོད་ལས། “བོད་སྐྱོང་གཙོ་བོ་རྣམས་ཀྱང་མཉེས་གཤིན་པའི་བསམ་སྦྱོར་ནི་ཟླ་བ་མར་ངོ་ལ་ཆས་པ་བཞིན་དུ་རིམ་པས་ཇེ་ཞན་ཇེ་ཞན་དུ་གྱུར། མི་མཛའ་བའི་གཏམ་དང་རྣམ་འགྱུར་ནི་ཉིན་རེ་བཞིན་ཡང་ཇེ་འཕེལ་ཇེ་འཕེལ་དུ་གྱུར་པས་དགུང་བློན་ཆེན་པོ་ཐའི་ཇིས……འཛིག་རྟེན་རྣམ་པར་འདྲེན་པ་རྒྱལ་བའི་དབང་པོ་ལ་ཞུ་བའི་དོན་རེ་མོར་འཁོད་པར་བྱས་པ་ལ་……ལ་ལ་དག་གིས་ཕོ་བོས་བྱ་བ་གང་དང་གང་བགྱིས་པ་ནི་ལོག་པར་སྒྲུབ། གཏམ་དུ་སྨྲས་པ་ནི་རྫུན་དུ་འཛིན། ཡིད་ལ་བསམ་པ་ནི་ལོག་རྟོག་འབའ་ཞིག་གོ་ཞེས་བརྙས་པར་བྱེད་ལ། གཞན་ཡང་དྲག་པོ་མངོན་སྤྱོད་ཀྱིས་སྲོག་འཕྲོག་པར་རྩོམ་པ་དང་། ཟས་དུག་ཅན་གྱིས་སྲོག་འཕྲོག་པར་རྩོམ་པ་དང་མཐར་ནི་རྒྱ་ཐབས་སུ་སྲོག་འཕྲོག་པར་གདོན་མི་ཟ། ……ཕོ་བོ་བཀའི་དགུང་བློན་གྱི་ཁུར་འཛིན་མི་དགོས་པར་ཅི་བདེར་འདུག་བཟོད་པར་ཐུགས་རྗེས་གནོང་ཞིག”[①]ཅེས་བྱུང་ལ། དེ་ལྟར་དུ《དེ་དགར་ལེགས་བཤད》ལས་ཀྱང་། “དེ་དགར་མི་འདུག་གར་སོང་ཞེས་གཡོག་རྣམས་ལ་དྲིས་པས། ཕོ་ལ་འདི་ཁའི་དེ་ཚོ་རྣམས་ནས་བཙུར་བརྡུང་རང་བྱས་པར་བརྟེན་ཕོ་སྐྱོ་བ་སྐྱེས་ཚུལ་ཡང་། ཚེ་སྔོན་བསོད་ནམས་མ་བསགས་པས་ཚེ་འདིར་དུད་འགྲོའི་ལུས་སུ་སྐྱེས་ན་ཡང་། གནས་སྐབས་ལྟོགས་སྐོམ་འཚོ་བའི་གཡེང་བ་དང་། གཅིག་ལ་གཅིག་གི་དགྲ་ཡི་འཇིག་པ་མེད། ལྷག་ཏུ་རང་ཁྱིམ་སྡོད་ཁང་མི་སྤྲོ་བ་མེད་ཙང་། དཔོན་གྱི་གཟིགས་ཕྱོགས་ལེགས་པོ་ཡིས། ཤོག་རྩེ་བཀའ་བཞིན་ཕྱོགས་འདིར་བཅར་ན་ཡང་། དེ་ཚོ་ཀུན་གྱིས་

---

① ཞབས་དྲུང་ཚེ་རིང་དབང་རྒྱལ་གྱིས་བརྩམས་པའི《མི་དབང་རྟོགས་བརྗོད》ཤོག་ངོས་༥༠༩ལ་གསལ། སི་ཁྲོན་མི་རིགས་དཔེ་སྐྲུན་ཁང་ནས་༡༩༨༡ལོར་བསྐྲུན།

ལོག་ལྟས་བཙུར་བརྟུང་ཁོ་ན་བྱས། མདོར་ན་ཤ་རུལ་ལ་ནི་འབུ་བཞིན་རུབ། སྤྲང་མ་མེ་ཡི་གདོང་ལ་མ་ཆགས་པར། མ་འཆི་རང་ཁྱིམ་མི་སྡོད་ཀ་མེད་རང་། དཔོན་པོ་དགོངས་པ་མི་འཚལ་ཅི་ནར་མཁྱེན། ཏ་ཏ་ཟེར་ནས་བསྟན་སྐྱོང་ཚང་ལ་ཕུར་སོང་” ཞེས་ཕོ་ལྷ་བ་དང་དཔུས་པ་རྣམས་ཕན་ཚུན་ལོག་པར་རྟོག་ཅིང་འཁོན་པར་གྱུར་ནས་གང་དེ་ཙ་ཐུག་ཐབས་ཟད་ཀྱིས་བཀའ་བློན་གྱི་གོ་གནས་ལས་དགོངས་འཁྲོལ་ཞུ་ཡིག་ཕུལ་བའི་ལོ་རྒྱུས་དེ་དེ་ཕོ་དཀར་པོའི་གཟུགས་སུ་སྤྲུར་ནས་མཚོན་ཡོད་ལ། དེ་བཞིན་དུ་དེ་དཀར་གྱི་གཏམ་བཤད་ནང་དུའང་“འདིར་ཡོད་ཁྱིམ་བྱ་ཕོ་མོ་ཐམས་ཅད་ཀྱིས། རིགས་མཐུན་གྲོགས་ལ་བརྩེ་དུང་མ་བགྱིས་ཁར། ཡུལ་མེད་ཁང་འབྲུམས་ལྟ་བུའི་གོ་ཕྱོགས་སམ། རྐལ་ཉག་མ་ལ་བཞོན་བདེའི་འགྲོ་མཚམས་ཀྱིས། རྣལ་འབྱོར་མི་གཅིག་ལག་གཅིག་བདག་ལ་ནི། ཧག་པ་མི་མང་ལག་མང་རུབ་པ་བཞིན། བདག་ཅག་བྱ་གཅིག་ཁང་གཅིག་ལས་མེད་གཤིས། དེ་ཕོ་རྒན་པའི་ཚོགས་རྣམས་དགྲ་སྡེབ་ནས། ......བདག་གི་ཐོག་ཏུ་དོམ་ལྟར་མཆོངས་གྲངས་མང་། ......དེ་དང་མཚུངས་པར་བྱ་གསར་དེ་ཕོའི་ཚོགས། བརྙས་བཅོས་འཛོལ་མོ་ཆུ་ལ་རུབ་ལྟར་བྱེད། ......དེ་བཞིན་ཆེས་གྲོགས་བྱ་མོ་རྣམས་ལ་ཡང་། ......བྱས་རུང་མགོ་ནི་མཐིང་ཕྱོགས་ཉེ་བའི་སྐབས།” ཀྱིས་དཔུས་ཀྱི་བྱ་ཕོའི་ཕྱོགས་སུ་བློ་ཁ་ཕྱོགས་ཚུལ་ལ་སོགས་པས། ཕོ་ལྷ་བའི་གཟུགས་བརྙན་དེ་ཕོ་དཀར་པོའི་གཏམ་བཤད་དུམ་བུ་དེས་གང་དེའི་སྐབས་དེའི་གནས་བབས་ཀློག་པ་པོའི་འདྲེན་བྱེད་ཡུལ་དུ་ཇི་མ་ཇི་བཞིན་གར་མཁན་མས་འཁྲབ་སྟོན་བྱས་པ་ལྟ་བུར་གསོན་ཉམས་ལྡན་པའི་སྒོ་ནས་ལེགས་པར་མངོན་ཐུབ། གཞན་ཡང་《དེ་དཀར་ལེགས་བཤད་》ནང་གི་མི་སྣ་ཕན་ཚུན་རྩོད་གླེང་གི་ཚིག་སྦྱོར་བར་དང་། རྩོམ་ཡིག་གི་ཚིག་དོན་གྱི་དངོས་ཤུགས་བརྒྱུད་གསུམ་ནས་ཟུར་བལྟས་ལེབ་མཐོང་གི་དཔེ་ལྟར་སྐབས་དེའི་ཕོ་ལྷ་བ་སྣེར་གཞིས་སུ་ལོག་དགོས་པའི་རྒྱུ་མཚན་མངོན་མཚོན་ཐུབ་པ་ནི། དཔེར་ན་དེ་ཕོ་དཀར་པོའི་ཞུ་འབུལ་གཏམ་ལས།

"མདོར་ན་དཔོན་པོས་དཀྱིལ་དུ་བཙུགས་པ་དང་། ཁྲིད་ཚོས་མཐའ་ལ་འབུད་པའི་ཚུལ་དེ་ཡང་" ཞེས་པའམ "འཕར་སྤྱང་ལག་པ་འབྲེལ་བའི་ཁྲོད་ནང་འདིར། ད་དུང་ཉམ་ཆུང་ལུག་གུའི་སྡོད་ཚུལ་དཀའ" ཞེས་པའམ "མ་བཟོད་སྤར་ཡང་ནང་དུ་ལོག་དགོས་བྱུང་" ཞེས་པ་ལས་ལེགས་པར་མངོན་ཐུབ།

བཀའ་བློན་དབར་གྱི་འགལ་ཟླའི་རྒྱུ་གཞན་ཞིག་ནི་ཕན་ཚུན་བྱས་ངོམས་དང་ཡོད་ངོམས་བཤད་པ་དེ་ཡིན། དེ་ཡང་མི་དབང་རྟོགས་བརྗོད་ལས། "འཇིག་རྟེན་རྣམ་པར་འདྲེན་པ་རྒྱལ་བའི་དབང་པོ་ལ་ཞུ་བའི་དོན་རི་མོར་འཁོད་པར་བྱས་པ་ལ་རང་གི་ཡབ་མེས་དམ་པ་ནས་བཟུང་སྟེ་རྒྱལ་ཐབས་ཀྱི་ཞབས་འདེགས་ལ་བྱ་བ་བྱས་པའི་ལོ་རྒྱུས་སོགས་སྔོན་གྱི་བྱུང་བ་གླེང་བ་དང་། གཞན་ཡང་འདི་སྐད་ཅེས། ད་ལྟའི་དུས་སུ་ནི་རང་ཉིད་ཀྱིས་གནམ་བསྐོས་དགའ་ལྡན་ཕོ་བྲང་གི་བསྟན་སྲིད་རིན་པོ་ཆེའི་ཞབས་འདེགས་སྒྲུབ་པར་འོས་པ་ཞི་བ་དང་དྲག་པོ་གང་གི་ཆར་ཡང་སྒོ་གསུམ་འདུན་པ་རྩེ་གཅིག་པས་བསྒྲུབས་ཤིང་། བསྒྲུབས་དང་བསྒྲུབ་པར་འགྱུར་བ་མཆོག་གསུམ་རྒྱལ་བ་རྒྱ་མཚོ་དཔང་པོར་གསོལ་དུ་རུང་བ་འདི་ལགས"①ཞེས་པ་ལྟར་དང་། ལྷག་པར་དུ་དའི་ཚེང་བླ་ཐུར་དང་ཕོ་ལྷ་བ་ནི་ཧུན་གར་ལ་རྒོལ་བའི་སྐབས་སུ་བྱས་རྗེས་ཆེ་བ་དང་། དམག་འཐབ་ཀྱི་ཉམས་མྱོང་ཕུན་སུམ་ཚོགས་ལ། རྩལ་དང་བློ་སྟོབས་ཆེ་བའི་བློ་ཤེད་ཀྱིས་ཕྱུག་པ་དང་། ང་ལུམ་སྦྱར་གསུམ་ནི་དགའ་ལྡན་ཕོ་བྲང་པའི་དཔོན་རིགས་མང་ཆེ་བ་དབུས་ཁུལ་ནས་ཡིན་པས་ཆབ་སྲིད་ཀྱི་རྒྱང་གཞིའི་ཆ་རྐྱེན་བཟང་བའི་བློམ་སེམས་ཆེ་བ་བཅས་ང་མིན་སུ་ཡིན་གྱི་ལྟ་བས་སྙིང་སྨྱོས་ཤིང་ང་རྒྱལ་ཕོ་འཕམ་གྱི་བསམ་ངན་ཁོག་བཅང་བྱས་ནས་ཡོད་ལ། གཙང་པ་སྟེ་པ་གཏོར་ཕམ་བཏང་བའི་རྗེས་ས་གནས་སྲིད་གཞུང་གི་ཆབ་སྲིད་འགན་འཁུར་གཙོ་བོའི་ནང་གཙང་

① ཞབས་དྲུང་ཚེ་རིང་དབང་རྒྱལ་གྱིས་བརྩམས་པའི་《མི་དབང་རྟོགས་བརྗོད》ཤོག་གྲངས་༥༡༠ལ་གསལ། སི་ཁྲོན་མི་རིགས་དཔེ་སྐྲུན་ཁང་ནས་༡༩༨༡ལོར་བསྐྲུན།

ཁྲུལ་གྱི་དཔོན་རིགས་འཛོག་མི་འོས་པའི་ཕྱོགས་ལྷུང་གི་ལྟ་བ་ཡོད་པས། ཕོ་ལྷ་བ་བཀའ་བློན་དུ་བསྐོ་བའི་སྐབས་སུའང་"བཀའི་དགུང་བློན་སོགས་གཞན་དག་ནི། དགའ་ལྡན་ཕོ་བྲང་པའི་གནའ་བོའི་ལུགས་སྲོལ་ལ་ཡུལ་གཙང་ལྟོངས་ཀྱི་སྐྱེ་བོ་དག་སྣེ་མོ་ལས་འཛིན་ཆེན་པོའི་གོ་སར་འཁོད་པའི་རྒྱུན་མེད་"①ཅེས་གསལ་བ་དང་། ཕོ་ལྷ་བས་ང་ཕོད་པར་"གནའ་བོའི་སྲོལ་བཞིན་དུ་དའི་ཆེང་བླ་ཐུར་ལ་དབང་བསྒྱུར་གྱི་ཅོད་པན་བཅིངས། པེས་སེ་ང་ཕོད་པ་ཉིད་གཙོ་བོར་བཟུང་བའི་བདག་ཅག་རྣམས་ཀྱིས་དགུང་བློན་གྱི་ཞམ་རིང་ལ་བརྟན་པ་བསྐྱེད་ན……ཞི་བ་དང་དྲག་པོའི་བྱ་བ་ཀུན་ལ་དའི་ཆེང་ཉིད་དབང་ཤུགས་བཙན་པོར་མཛད་པ་ནི་ངེས་པར་སྐབས་སུ་བབ་པའོ་"ཞེས་པའི་ཞུ་ལན་དུ་"བས་སེ་ང་ཕོད་པས་ཁོ་བོ་ནི་དའི་ཆེང་དང་བྱ་བ་མཚུངས་ཤིང་བདག་པོ་ཆེན་པོས་རྗེས་སུ་སྐྱོང་བ་ཡང་མཚུངས། མིང་དང་འཛའ་སས་གཟིངས་བསྐོད་པར་ཡང་མཚུངས་"②ཞེས་འཁོད་པ་ལྟར་གཙང་སྟོད་ཀྱི་མི་ཕོ་གཉིས་ཀྱི་གོ་གནས་བསྐོ་གཞག་གི་འགག་རྩའི་སྐབས་སུ་དབུས་པས་ཟུར་འབུད་དང་འགོག་རྐྱེན་བཟོས་པའི་ལོ་རྒྱུས་དག་ཀྱང་བརྩམས་སྒྲུང་ལས་མངོན་ཐུབ་སྟེ། དེ་ཡང་《དེ་དཀར་ལེགས་བཤད་》ནང་དུ་དེ་ཕོ་དཀར་པོའི་གཏམ་ལས། "ཁྱེད་ཀུན་ལངས་ནས་ཕྱིན་པའི་ རྐང་རྗེས་ལས། ང་གཅིག་ས་ལ་བསྟད་པའི་ལག་རྗེས་མང་"ཞེས་པ་དང་། ཡང་སྤྱི་སྤྱི་ཚ་ལུའི་གཏམ་ལན་ལས། "བླ་བ་བྲག་ལ་འཛེག་ན་འཛེགས་མཉམ་དང་། ཉ་མོ་ཆུ་ལ་མཆོང་ན་མཆོངས་མཉམ་ཡིན།" ཞེས་པའམ"ཁྱོད་འདྲ་མ་ཞིག་ངས་བྱས་ང་འདྲ་བཞིན། ཁྱོད་ལ་ཡོང་ཞེས་དཔེ་དོན་མཚུངས་པ་་་"ཞེས་པ་སོགས་དང་། དབུས་ཀྱི་བྱ་ཕོ་

① ཞབས་དྲུང་ཚེ་རིང་དབང་རྒྱལ་གྱིས་བརྩམས་པའི་《མི་དབང་རྟོགས་བརྗོད་》ཤོག་ངོས་༥༥༩ལ་གསལ། སི་ཁྲོན་མི་རིགས་དཔེ་སྐྲུན་ཁང་ནས་༡༩༨༡ལོར་བསྐྲུན།

② ཞབས་དྲུང་ཚེ་རིང་དབང་རྒྱལ་གྱིས་བརྩམས་པའི་《མི་དབང་རྟོགས་བརྗོད་》ཤོག་ངོས་༥༦༠ལ་གསལ། སི་ཁྲོན་མི་རིགས་དཔེ་སྐྲུན་ཁང་ནས་༡༩༨༡ལོར་བསྐྲུན།

ཚ་ལུ་དང་ཁྲ་བོའི་གཏམ་ལས། "རྟངས་པ་རྒྱ་ནག་ཆུ་ལ་རྒྱལ་ཙམ་ནས། གསེར་མིག་ཉ་མོ་སྐམ་ལ་འདོན་ཉེན་འདུག" ཅེས་སོགས་གཙང་པར་ཐོག་མ་ཉིད་ནས་དོགས་ཟོན་དང་། རྗེས་སུ་དཔོན་གནས་འཁོད་པར་ཟུར་ཟ་དང་མ་འདོད་པ་བྱེད་ཀྱི་ཡོད་པ་མངོན་མཚོན་ཐུབ་པོ། །

གཞན་ཡང་སྐབས་དེའི་སྡེ་པ་གཞུང་གི་གནས་བབས་གཞན་ཞིག་ནི་བཀའ་ཡི་བློན་པོ་རྣམས་གཅིག་འོག་གཅིག་ལ་མ་བསྟུས་པའི་ཚོ། དེ་ཚོའི་དབར་གྱི་འདུམ་འགྲིག་དཔྱད་མཚམས་ཀྱི་བྱ་བ་དེའང་གོང་ས་བདུན་པ་ཆེན་པོའམ་ཡང་ན་གོང་མས་གཙོད་དགོས་ཀྱང་། དེ་དུས་ཡར་ལུང་མཐོ་དྲག་བྱ་ས་དམའ་དྲག་ཅེས་པའི་དཔེ་ལྟར་གོང་ས་མཐོང་ཆུང་། གོང་མ་ཐག་རིང་བས་འདུམ་འགྲིག་ཐུབ་མཁན་མེད་པའི་གནས་བབས་དེའང་《དེ་དཀར་ལེགས་བཤད་》ལས་མཚོན་ཐུབ་སྟེ། སྲུང་གི་མཐའ་མཇུག་ཏུ་འགལ་ཟླའི་འདུམ་འགྲིག་བྱེད་མཁན་མི་སྣ་ཞིག་དགོས་ངེས་ཀྱང་། སྐབས་དེའི་དངོས་ཡོད་སྤྱི་ཚོགས་ཁྲོད་དེ་ལྟའི་མི་སྣ་ཞིག་མེད་པས། བརྩམས་ཆོས་ནང་དུའང་རྩོམ་པ་པོའི་ལེགས་བཤད་ཀྱིས་མཇུག་བསྡུ་བྱས་ཡོད། དེ་ནི་《དེ་དཀར་ལེགས་བཤད་》ལས། "བགྲང་བྱ་བཅུ་ཕྲག་བདུན་གྱི་འཁོར་ལྡོ་བས། ཚེ་བརྟན་མེད་དུ་འབོད་པའི་བོན་གྲོང་པས། ཕུ་རུ་གསེར་ཐུམ་བཞེངས་པ་ལས། ལུང་པའི་མདར་ཁ་མཆུ་གཅད་པ་འགྱུར་ཆེ་ཞེས་པ་ལྟར། ཚངས་པའི་ཐིག་ལྟར་དྲང་བའི་མཚམས་ཁྲ་འདི། མི་ལུག་ནམ་ཟླ་ཡར་ཆོས་དགེ་བར་བྲིས།" ཞེས་གསལ་བ་ལས་མཐོང་ཐུབ།

བཞི་པ། བརྩམས་ཆོས་ཀྱི་རིན་ཐང་སྐོར།

《དེ་དཀར་ལེགས་བཤད་》ལྟ་སློག་བགྱིས་ན། སློག་པ་པོས་སྐབས་དེའི་སྤྱི་ཚོགས་ཀྱི་མཐོ་རིམ་ཁྲོད་ཀྱི་འགལ་ཟླའི་གནས་ཚུལ་ལ་རྒྱུས་མངའ་དང་། བོད་ཀྱི་འགལ་འདུམ་དཔྱད་མཚམས་གཏོང་བའི་ཐུན་མོང་མིན་པའི་རིག་གནས་ལ་རྒྱུས་

མངའ་ཟབ་ཏུ་འགྲོ་བ་མ་ཟད། སློག་པོ་པོར་བརྗོད་བྱའི་དོན་གྱིས་ལེགས་སྡེལ་ཉེས་འགོག་གི་བསླབ་བྱ་དང་། རྗོད་བྱེད་ཚིག་གིས་ཡིད་ལ་བདེ་བ་བསྐྱུན་ཞིང་། གང་ཉིད་རྩོམ་རིག་གི་ལས་ལ་འཇུག་མཁན་ཞིག་ཡིན་ན། དེ་ཉིད་རྩོམ་དཔེར་འོས་པ་ཞིག་མཆིས།

རྩོམ་རིག་སྒྱུ་རྩལ་གྱི་ཁྱད་ནུས་ནི་བཟང་པོའི་རྒྱབ་རྟེན་བྱ་རྒྱུ་དང་། ངན་པའི་མཚང་བརྙོལ་རྒྱུ་དེ་ཡིན་པས། མཁས་དབང་པོན་གྲོང་པའི་གསུང་རྩོམ་དེ་དག་ཁྲོད་སྤྱི་ཚོགས་ཁྲོད་ཀྱི་མི་བཟང་ལས་བཟང་ལ་བསྔགས་བརྗོད་ཀྱི་མེ་ཏོག་འཐོར་ཡོད་ལ། མི་ངན་སྤྱོད་ངན་ལ་སྐྱོན་བརྗོད་ཀྱི་མཆིལ་མདའ་ཡང་འཕངས་ཡོད། 《དེ་དཀར་ལེགས་བཤད་》ལ་མཚོན་ནའང་དེ་ནི་མཚང་འབྱིན་རང་བཞིན་དང་ཟུར་ཟའི་རང་བཞིན་མངོན་གསལ་ཆེ་བའི་བརྩམས་ཆོས་ཤིག་ཡིན་གཤིས། སྐབས་དེའི་དབང་སྒྱུར་བའི་ཁྲོད་ཀྱི་ཡུལ་ཕྱོགས་ཤོག་སྒྲིལ་གྱི་བསམ་ངན་སྤྱོད་ངན་སྣ་ཚོགས་དམར་རྗེན་དུ་སྟོན་པའི་སྒོ་ནས་སྐྱོན་ཡོན་ངོས་ཟིན་དུ་བཅུག་སྟེ། དཀར་པོ་ཞོ་ལྟར་ཆགས་པ་ལས། དམར་མོ་ཁྲག་བཞིན་མི་འཁྲུག་པ་དེ་རྩོམ་པ་པོས་སྐབས་དེའི་སྡེ་པ་གཞུང་གི་གནས་བབས་ལ་བཟུང་བའི་དྲངས་གཙང་ཟོལ་མེད་ཀྱི་འགན་སེམས་དང་ལྷག་བསམ་དཀར་པོའི་རེ་འདུན་དེ་ཡིན་ངེས། དེ་ཡང་《དེ་དཀར་ལེགས་བཤད་》ལ་ཚིག་རྐང་བཞི་བརྒྱ་ལ་ཉེ་བ་ཡོད་པའི་ནང་ཕྱེད་ཉིས་བརྒྱ་ཙམ་ནི་དཔྱད་ཁྲ་འགལ་འདུམ་གྱི་བསླབ་བྱ་ཡིན་ལ། དེའི་ནང་དུ་ཚང་མར་ཇི་ལྟར་བྱས་ནས་ལེགས་སྡེལ་ཉེས་བསུབ་བྱ་དགོས་ལུགས་བསྟན་ཡོད། དེ་ལ་བརྟེན་ནས་བརྩམས་ཆོས་ཀྱི་ཁ་བྱང་དུའང་《དེ་དཀར་ལེགས་བཤད་》ཅེས་པའམ《པོན་གྲོང་བསྟན་བཅོས་》ཞེས་པའམ《པོན་གྲོང་བུ་མོའི་བསྟན་བཅོས་》ཞེས་བརྗོད་དོན་ལ་གཞིགས་ནས་མིང་དུ་བཏགས་པའོ། །དེ་ཡང་དཔེར་ན། 《དེ་དཀར་ལེགས་བཤད་》ཀྱི་མཇུག་བསྡུའི་བསླབ་བྱའི་ནང་དུ་“ཐོག་མར་དེ་དཀར་ཁྱིད་བཅས་ཕོ་དགོས་རྒྱུར། ……མི་མཐུན་བྱ་རོག་ཝུག་པ་ཚོགས་པ་

མིན། ཁྱེད་རང་ཁྱིམ་བྱ་རིགས་མཐུན་མཉམ་གཤིབ་ལ། མགོ་དམའ་གང་ནས་བལྟས་ཀྱང་རི་བོང་སྤུར། མཐོང་ཕྱོགས་རྣམ་གསུམ་ཡོང་དོན་མི་འདུག་ཀྱང་” ཞེས་པ་ལས། བཀའ་སློབ་བར་གྱི་འགལ་ཟླ་དེ་ནི་རིགས་མཐུན་དབར་གྱི་ནང་འགྲུག་ཡིན་པ་ལས་དེ་ཡི་གོང་ཙམ་དུ་ལྷག་པའི་བོད་སོག་དབར་གྱི་འགལ་ཟླ་ལྟ་བུ་མིན་པ་ཤུགས་སུ་བསྟན་པ་དང་། “དེ་གསར་རྣམས་ཀྱང་ངར་གདོང་ཁྲག་རྒྱུས་ཀྱིས། ཕ་ལ་སྟག་འཛིང་གཡག་འཛིང་མི་འགབ་སྟེ། མ་འོངས་ནམ་ཞིག་ཁྱོད་རང་རྣམས་ལ་ཡང་། སྤྲ་སྤྱི་གོ་རིམ་རང་ཐག་ལྟེ་བར་འཁོར། ལྷག་པར་གཡག་ཏུ་མ་སླེབས་རྩེད་ཞོལ་དང་། འབྲོང་དུ་མ་སླེབས་རྭ་གོག་ཐེང་ཐེང་ལྟར། བྱ་སྐད་སྤྲ་བྱ་ཡིན་ཡང་ཙུང་ཞིག་སྤྲ། སོ་སོའི་རང་ཚོད་བཟུང་ནས་བསྡད་ན་ལེགས། བྱ་མོ་རྣམས་ཀྱང་སྒོང་དཀོན་བཞིན་དུ། ཡུས་ཡུས་ཀོ་ཙོ་ཚ་བ་ང་རྒྱལ་དང་། གཅིག་ལ་ཉེ་མདོག་གཅིག་ལ་རྒྱང་མདོག་གིས། སྡེ་དཀྲུག་ཕུང་སྦྱོར་བྱ་བ་ཡོངས་བསྐྱུར་ལེགས། སྒོམ་ས་ནས་མཉེད་ཕྲ་ས་ནས་མ་ཆད། མདའ་ལ་མི་ཉེ་འཕེན་ལ་མི་རྒྱང་བའི། སྤྱི་རྩིས་ཕན་ཚུན་ཆུ་ཡི་ཟམ་པ་ལྟར། བགྱིས་ན་རང་སྐྱིད་མི་སློན་ཡོང་བ་ཡིན། དེ་དཀར་ཁྱོད་ཀྱི་ནམ་ཚོད་སྐན་འགྱུར་སོགས། ཚན་ཉིན་ལྷན་རུང་རང་བཏང་ཆེ་སྐྱོན་ཙམ། མཛའ་བ་བརྒྱ་ཕྲག་ཡོད་ཀྱང་ཞུང་སྐྱོན་དང་། མི་མཛའ་གཅིག་ལས་མེད་ཀྱང་མང་བའི་སྐྱོན། ……བགས་ཡོད་སྤྱོད་པ་ཀུན་དང་བསྟུན་པས་ན། སྐྱ་ཁར་སྤྲམ་ལ་ཐང་ཤིང་དག་ལ་སྤྲམ།” ཞེས་པའི་མི་སྣ་ཚང་མར་གང་ལ་དེ་འགབ་ཀྱི་བསླབ་བྱ་དོན་ལ་གནས་པ་བརྒྱབ་ཡོད་ལ། “བྱ་ཡན་བཞིན་དུ་བཙུར་བཙུང་བྱས་པ་སོགས། ཕན་ཚད་ལོ་མའི་ཚུལ་གྱིས་རྒྱབ་བསྐྱུར་དང་། ཚུན་ཆད་ཐུ་ལུའི་བསམ་བློ་གཏོང་ལུགས་ཀྱིས།” ཞེས་ནན་གྱིས་བསྐུལ་མ་བྱས་ཡོད། འོན་ཀྱང་ལྷང་དོར་མི་ཤེས་པ་དེ་སྤྱི་ཚོགས་ཀྱི་སྐྱོན་ཆེ་ཤོས་དེ་ཡིན་པས། མཁས་དབང་གང་དེའི་རེ་བ་དེའང་དོན་དེའི་ཐད་ཆུད་གཟོད་དུ་གྱུར་བ་མ་ཟད། དེ་རྗེས་མི་རིང་བར་དབུས་གཙང་དམག་འཁྲུག་ཅེས་དམར་པོ་ཁྲག་བཞིན་དཀྲུགས་

པའི་སྐྱུག་བྲོ་བའི་ཡོ་ལངས་གནས་ཚུལ་ལྟག་པ་དེ་ནི་ཤིན་ཏུ་ཡིད་སྐྱོ་བ་ཞིག་ལགས།

དེ་ལྟར་ལགས་ཀྱང་རྩོམ་རིག་གི་ཐབས་ལམ་བརྒྱུད་ནས་མི་རྣམས་ལ་ཡང་དག་པའི་སྒོ་ནས་སྐྱོན་ཡོན་ངོས་བཟུང་གིས་མིའི་བསམ་སྤྱོད་ཇེ་བཟང་དུ་གཏོང་རྒྱུ་ནི། རྩོམ་པ་པོའི་འགན་འཁྲི་ཡིན་ལ། རྩོམ་རིག་གི་འགན་ནུས་ཀྱང་ཡིན། 《དེ་དཀར་ལེགས་བཤད་》ལྟ་སློག་གོ་ལོན་ཐུབ་ན་དེའི་ནང་རང་རེ་རྗེས་རབས་རྣམས་ལ་སྐྱོན་ཡོན་ངོས་ཟིན་ནས་ལེགས་སྤྱེལ་ཉེས་འགོག་བྱ་རྒྱུར་གོ་བསྐོན་བློ་འགུག་གི་བསླབ་བྱ་མང་པོ་བསྟན་ཡོད་པས། རང་ཅག་ཀུན་དང་། ཁྱད་པར་དཔོན་གནས་སུ་འཁོད་པ་དག་ལ་རིག་པ་ཇེ་གསལ་དང་ལྟ་བ་དང་ཀུན་སྤྱོད་ཇེ་བཟང་དུ་གཏོང་རྒྱུར་སྨན་པའི་ནུས་པ་ཐོན་ངེས་ཡིན།

བརྗོད་བྱའི་ཆ་ནས་དོན་དང་ལྡན་པའི་《དེ་དཀར་ལེགས་བཤད་》ཅེས་པ་དེའི་རྗོད་བྱེད་ལྷག་པར་སྣན་ཞིང་འཇེབས་པ་གནའ་དེང་གང་ཅིར་རྩོམ་དཔེར་འོས་པ་ཞིག་མཆིས་ཏེ། དེ་ཡང་"རྗོད་བྱེད་ཀྱི་ཚིག་ནི་སྙན་ངག་གི་ལུས་གསུམ་ལས་ཕལ་ཆེ་བ་ཚིགས་སུ་བཅད་པའི་ལམ་ནས་དྲངས་པ། ཉམས་འགྱུར་བྱེ་བ་འབུམ་དང་ལྡན་པ་སློག་པ་པོའི་ཡིད་ཀྱི་བརྟན་པ་དབང་མེད་དུ་འཕྲོག་པ་དང་། ཇི་ཙམ་བསླགས་པས་ཀྱང་དེ་ཙམ་གྱིས་འདོད་སྲེས་སྐྱེ་ནུས་ཤིང་། སློག་པ་པོ་གང་ཉིད་ཀྱང་བརྩམས་ཆོས་ཀྱི་ཁྲིད་དུ་སླེབས་པ་ལྟ་བུའི་ཉམས་ཀྱིས་ཡིད་སྨོས་པར་གྱུར་པའི་ལྟ་བས་ངོམ་པ་ཚིག་མི་ཤེས་པ་དང་། སྙན་པའི་རོ་སྟོན་པ་ལ་སློབ་དཔོན་དབྱུག་པ་ཅན་དེའང་ཞལ་སྐྱེང་དགོས་པ་ཞིག་མཆིས་"① ཞེས་གསུངས་པ་ལྟར་དང་། 《དེ་དཀར་ལེགས་བཤད་》ལ་སོགས་གང་དེའི་ལྷུགས་རྩོམ་མང་པོ་ཞིག་བཤེར་དཔང་གི་ལས་ཀའི་ཉམས་མྱོང་ལས་འཁྲུངས་པས། མི་སྣ་ཕན་ཚུན་གཏོལ་གླེང་གི་འགལ་ཤགས་རྒྱག་རེས་བྱེད་པའི་བརྒྱུད་རིམ་ནང་རང་ཕྱོགས་དགུང་ལ་

① ༡༩༨༤ལོའི་《ཇོ་མོ་གླང་མ་》ཞེས་པའི་དུས་དེབ་ཀྱི་ཤོག་ངོས་༡༥ལ་གསལ།

བསྟོད་ཅིང་གཞན་ཕྱོགས་དམན་པར་འཕྱ་བའི་ཁ་འཐབ་རྙོ་ངར་ཆེ་ལ། ཀྱུག་གཏམ་དང་སྐོར་གཏམ། གཏམ་དཔེ་སོགས་དམངས་ཁྲོད་ཀྱི་སྐད་ཆའི་སྙིང་བཅུད་འཚམ་ལ་རན་པར་སྦྱད་པ་དག་ཚིག་བསྡུས་ལ་དོན་ཟབ་པ། གོ་བདེ་ལ་རྣ་བར་སྙན་པ། ཀློག་པ་པོའི་ཡིད་དབང་མེད་དུ་འཕྲོག་པར་ནུས་པའི་ཁྱད་ཆོས་དང་ལྡན་ནོ། །

མཁས་དབང་གང་གི་བརྩམས་ཆོས་དུ་མའི་ཁྲོད་དུ《དེ་དཀར་ལེགས་བཤད་》ཅེས་པ་ནི་ཐུན་མིན་ཁྱད་ཆོས་ཀྱིས་ཕྱུག་པ་ཞིག་ལགས་པས། དེའི་ནང་དོན་དང་། བསྟན་དོན་སྙིང་པོ། དེ་བཞིན་དེ་ལས་འཕྲོས་པའི་རྩོམ་པ་པོའི་འཁྲུངས་དུས་དང་འཁྲུངས་ཡུལ་ལ་སོགས་འབྲེལ་ཡོད་གནད་དོན་འགའི་ཐད་རང་བློར་གང་དྲན་ཆེ་ཕུན་མིང་དུ་འབོད་པའི་རྒྱུང་འཁོར་བས་གཟུར་གནས་མཁས་པའི་ཚོགས་ལ་དཔྱད་གཞིར་ཟླ་ཆེས་བཟང་པོར་ཕུལ་བ་དགེ་ལེགས་འཕེལ།

ཞར་དུ《ནེ་ཙོ་ལེགས་བཤད་》ཅེས་པ་ངོ་སྤྲོད་ལམ་ཙམ་ཞུ་རྒྱུར། དེར་ཁ་བྱང་གཞན་ཞིག་ཏུ《ནེ་ཙོའི་གཏམ་རྒྱུད་གོ་བདེ་ཀུན་ཕན་》ཞེས་འཁོད་ཡོད། བརྩམས་ཆོས་དེ་ཉིད་དངོས་སུ་དཔར་སྐྲུན་བྱས་པ་ཞིག་རིག་རྒྱུ་མེད་ལ་རྩོམ་པ་པོ་སུ་ཡིན་ཡང་མི་གསལ། འོན་ཀྱང་བསྟན་བཅོས་དེའི་ནང་དོན་དང་ཚིག་སྦྱོར་བྱེད་སྟངས་ལ་གཞིགས་ན། དེའི་རྩོམ་པ་པོ་ནི་མི་སྐྱ་ཞིག་ཡིན་ངེས་ལ། ཕ་ཡུལ་ཡང་གཙང་ཁུལ་དུ་ཡིན་བཟོ་འདུག ལེགས་བཤད་དེའི་ནང་དུ་བཙོག་གཏམ་མང་ཙམ་ཡོད་པས། རེ་ཞིག་དངོས་སུ་དཔར་སྐྲུན་བྱེད་ཐབས་མེད་ན། འདིར་ཀློག་པ་པོའི་ཚོགས་ལ་ངོ་སྤྲོད་ལམ་ཙམ་ཞུ་འདོད། དེའི་ནང་དོན་གཙོ་བོ་ནི་སྐྱེ་བོ་ཞིག་གཅིག་པུར་རབ་གསལ་ཞིག་ཏུ་བཛྲ་གུ་རུ་བགྲངས་ནས་བསྡད་པའི་སྐབས་སུ་ནེ་ཙོ་ཞིག་དེའི་མདུན་གྱི་ཤིང་སྟར་ཁའི་སྡོང་པོ་ཞིག་གི་རྩེར་བབ་ནས་དེ་དང་ཕན་ཚུན་བགྲོ་གླེང་བྱས་ཏེ། འཇིག་རྟེན་གྱི་གནས་ལུགས་མང་པོ་བསྟན་པ་ཞིག་ལགས། བརྩམས་ཆོས་དེ་ནི་སྐྱོ་བའི་ལོ་རྒྱུས་བཅུ་དང་། དགའ་བའི་ལོ་རྒྱུས་བཅུ། དཀྲུག

པའི་ལོ་རྒྱུས་བཅུ་སོགས་དོན་ཚན་བཅུ་གཅིག་ཏུ་དབྱེ་ཡོད་ཅིང་། དོན་ཚན་རེ་རེའི་ནང་དུའང་ཚིག་རྐང་ཉི་ཤུ་དང་ཚིག་རྐང་གཉིས་རེས་དོན་རེ་སྟོན་ཞིང་། དེ་དག་ལ་ཚིག་ཉུང་ལ་དོན་ཟབ་པ་དང་། ཁ་བདེ་ལ་གསོན་ཉམས་ལྡན་པ། སྒྲོ་བ་རྒྱས་ལ་བཞད་གད་འཕེལ་བའི་ཁྱད་ཆོས་ལྡན་ཡོད། འདིར་དཔེ་མཚོན་ཙམ་དུ་ཐོག་མའི་དུམ་བུ་གཉིས་བཀོད་ན། སྐྱེ་བོ་དེས་ནི་ཙོ་ལ། ཁྱེད་སྙིང་པོ་ཡིག་གེ་དྲུག་པོ་ངག་ནས་འདོན་པ་ངོ་མཚར་ཆེ་ཀྱང་ཡིད་ལ་ཇི་ལྟར་སྒོམ་པ་ཤོད་དང་ཞུས་པས། ནེ་ཙོ་དེས་གཤོག་པ་ཐེབས་ཐེབས་མགོ་ཀུག་ཀུག་ལན་གསུམ་བྱས་ནས་འདི་སྐད་ཅེས་ཟེར་རོ། །སྒོམ་པའི་སྒོམ་ལུགས་བཅུ་ཉེ་ཡོད། །ཆུང་ནས་བསྐྱངས་པའི་བུ་ཚ་དེས། །ཕོངས་ནས་ཕ་མ་དགྲ་རུ་སྒོམ། །ང་རྒྱལ་ཅན་གྱི་ཆུང་མ་དེས། །རང་གི་ཁྱོ་པོ་གཡོག་ཏུ་སྒོམ། །འདོད་ཆགས་ལངས་པའི་བཙུན་མ་དེས། །རང་གི་མཛུབ་མོ་ཁྱོ་རུ་སྒོམ། །ཉི་རིང་ལུག་རྫི་ལས་མེད་དེས། །ལག་པ་ཡིད་འོང་བུ་མོར་སྒོམ། །བདག་ཡོད་གནས་མོའི་འཛུམ་བག་དེས། །ཤར་ཕོ་སྙིང་གི་དཀྱིལ་དུ་སྒོམ། །སྲོག་གཅོད་བཤན་པའི་བྱུལ་བྱུལ་དེ། །སྙིང་རྗེ་ཡིན་པའི་ཚུལ་དུ་སྒོམ། །རང་ཉིད་ཕུང་བྱེད་དྲན་འཕྲུལ་དེ། །མ་རིག་ཤེས་བྱའི་ཚུལ་དུ་སྒོམ། །རྨི་ལམ་སྨྱུ་མའི་ནོར་རྫས་དེ། །རྟག་ཏུ་འཛིན་པའི་ཚུལ་དུ་སྒོམ། །ཁྱེད་ཉིད་དལ་འབྱོར་རྟེན་ཐོབ་ཀྱང་། །དོན་ལ་སྡུག་བསྔལ་སྙིང་པོ་སྒོམ། །ང་ནི་མ་ཧེ་འདྲེན་པའི་དུས། །འཕགས་པ་ཐུགས་རྗེ་ཆེན་པོ་སྒོམ། །ཞེས་ཟེར་བ་ལ། བདག་གི་འདབ་ཆགས་ཁྱེད་ལབ་ལབ་མང་བ་ཡ་མཚན་ཆེ་བྱས་པས། ནེ་ཙོ་ན་རེ། ཡ་མཚན་ཆེ་བ་བཅུ་ཡང་ཡོད། མཐུ་དང་ནུས་པའི་གདེང་མེད་པར། །འདྲེ་འགོགས་འདུལ་བ་ཡ་མཚན་ཆེ། །རྟ་ཐོང་ཕན་པའི་རྐལ་བཅོས་ལ། །ཟུར་འདྲོག་བྱེད་པ་ཡ་མཚན་ཆེ། །གཏན་དུ་དགོས་པའི་དམ་པའི་ཆོས། །ཉམས་ལེན་མེད་པ་ཡ་མཚན་ཆེ། །མི་ཧྲག་ཕྲུ་གུ་བུན་གྱིས་གསོས། །ཨ་ཕའི་ར་བཟི་ཡ་མཚན་ཆེ། །རྒྱུ་ནོར་འདོད་ནས་རྐུ་ཧྲག་བྱེད། །རང་སྲོག་སྐྱེལ་བ་ཡ་མཚན་ཆེ། །ཕ་རོལ་ཕུང་བྱེད་ཁ་མཆུ

རྩོད། །ཆག་སྒོ་རང་ལོག་ཡ་མཚན་ཆེ། །རང་གིས་འབད་ནས་བསགས་པའི་ནོར། །གཞན་གྱིས་བཟའ་བ་ཡ་མཚན་ཆེ། །ཤ་ཚ་སྙིང་གི་བསླབ་བྱ་ལ། །ཁོང་ཁྲོ་སྐྱེ་བ་ཡ་མཚན་ཆེ། །རང་སྐྱོན་རང་གིས་མི་མཐོང་བར། །གཞན་ལ་ཤགས་རྒྱག་ཡ་མཚན་ཆེ། །ང་ནི་བྱ་ལུས་བླངས་ན་ཡང་། །སྨྲ་བ་མཁས་པ་ཡ་མཚན་ཆེ། །ཟེར་བ་ལ། ཁྱེད་ལྷ་བུའི་ནེ་ཙོ་དཀོན་བྱུས་པས། དཀོན་པའི་ལོ་རྒྱུས་བཅུ་ཡང་ཡོད། ནོར་འདོད་བསླུ་ཐབས་མཁས་ན་ཡང་། །རྟོན་བསགས་མེད་ན་རྒྱུ་ནོར་དཀོན། །……མཐའ་མེད་འཁོར་བའི་རྒྱ་མཚོ་ལས། །སྒྲོལ་བར་བྱེད་པའི་དེ་དཔོན་དཀོན། །ཞེས་ཟེར་བར། དེ་འདྲ་རང་མེད་བྱུས་པས། མེད་པའི་ལོ་རྒྱུས་བཅུ་ཡང་ཡོད། ལུས་ལ་མཆོར་འདོད་རྒྱན་སྤྲས་ཀྱང་། །ཁོག་ན་མི་གཙང་རྫས་ལས་མེད། །……ང་ནི་ནོར་མེད་ཤིང་རྩེ་སྒྲིམ། །ད་ལྟ་ཤི་ཡང་འགྱོད་པ་མེད་ཅེས་ཟེར་བར། ཤི་དུས་མེད་ན་སྐྱོ་བ་ལ་བྱུས་པས། སྐྱོ་བའི་ལོ་རྒྱུས་བཅུ་ཡང་ཡོད། བྱམས་པའི་བུ་ལ་བསླབ་བྱ་དགོས། །ལང་ཤོར་བུ་དེ་མཐའ་མ་སྐྱོ། །……གཞོན་དུས་ལང་ཚོ་མེ་ཏོག་འདྲ། །རྒས་ནས་མཉེར་མའི་བང་རིམ་སྐྱོ་ཞེས་ཟེར་བ་ལ། སྐྱོ་བའི་ལོ་རྒྱུས་ཀྱིས་སེམས་རྩ་དཀྲུག་བྱུང་བྱུས་པས། དཀྲུག་པའི་ལོ་རྒྱུས་བཅུ་ཡང་ཡོད། ཨ་ཕ་ཚང་བཟིའི་བློ་ཤོགས་ཀྱིས། །དངུལ་ཁྲུག་མ་ཟད་བར་དུ་དཀྲུག །……ང་ནི་ཡངས་པའི་མཁའ་ལ་འཕུར། །ཐབས་ཤེས་གཉིས་ཀྱིས་གཤོག་པ་དཀྲུག་ཟེར་བ་ལ། འོ་ན་ཁྱེད་རང་དགའ་བ་འདུག་བྱུས་པས། དགའ་བའི་ལོ་རྒྱུས་བཅུ་ཡང་ཡོད། བན་བཙུན་སྡོམ་པ་སྐྱེལ་ཁ་རུ། །གྲོང་མཆོག་སོ་ནམ་རེམས་ལ་དགའ། །……ང་ལས་རྣན་པའི་བྱ་ཚོགས་རྣམས། །རང་ཕྱུང་ལུགས་འཛིན་ལས་ལ་དགའ་ཟེར་བ་ལ། རང་ཕྱུང་ལུགས་འཛིན་དེ་ལ་འགལ་བ་འབྲེལ་བ་འདུག་བྱུས་པས། འབྲེལ་བའི་ལོ་རྒྱུས་བཅུ་ཡང་ཡོད། རིགས་ངན་བུ་མོ་གཟུགས་མཛེས་ཀྱང་། །ཚེ་གང་གཏན་གྲོགས་བྱེད་པ་འབྲེལ། །……གཡོ་ཅན་ངག་འཇམ་ཐབས་ཀྱིས་སྨྲ། །དེ་ལ་བདེན་པར་འཛིན་པ་འབྲེལ་ཟེར་བ་ལ།

འཁྲུལ་བ་ཡང་མང་པོ་འདུག་བྱས་པས། མང་བའི་ལོ་རྒྱུས་བཅུ་ཡང་ཡོད། ཆོས་པས་སྨོམ་པ་མ་སྲུང་ན། །ཡོན་བདག་ལོག་ལྟ་སྐྱེས་པ་མང་། །……ཟད་པ་མེད་པའི་སོ་ནམ་རྣམས། །ཕལ་ཆེར་ངན་འགྲོར་ལྷུང་བ་མང་ཞེས་ཟེར་བ་ལ། བདེ་འགྲོ་ཐོབ་དུས་མེད་ན་དཀའ་བ་མ་བྱས་བྱས་པས། དཀའ་བའི་ལོ་རྒྱུས་བཅུ་ཡང་ཡོད། སེར་སྣ་ཆེ་ཡང་བློ་ཐབས་དགོས། །སེར་སྣས་ལོངས་སྤྱོད་འཕེལ་བ་དཀའ། །……སྐྱིད་དུས་སྡུག་པ་ཚོར་བ་དགོས། །སྐྱིད་ཀྱིས་མི་ཚེ་འཁྱོལ་བ་དཀའ་ཟེར་བ་ལ། སྐྱིད་པའི་ལོ་རྒྱུས་འདྲ་ཡང་མེད་དམ་བྱས་པས། སྐྱིད་པ་བཅུ་ཡང་བཤད་ཀྱིས་ཉོན། ཨ་མ་ཆང་མའི་ཐབ་འགྲམ་དུ། །ཨ་ཁུ་བཙུན་པའི་ཆང་འཐུང་སྐྱིད། །……འདུ་ཚོགས་ཆེ་བའི་ཡུལ་གྲོང་དུ། །བློ་ལྡན་འཆལ་ཐོ་འཆལ་མོ་སྐྱིད་ཟེར་བ་ལ། དེ་རྣམས་ལ་སྐྱོན་རེ་གདའ་བྱས་པས། གདའ་བ་བཅུ་པོ་ཁམས་སྐད་རེད། གུང་ལ་ཉི་མ་ཤར་བ་དེ། །ལྟོ་གྲིན་མེད་ན་གསལ་པོ་གདའ། །……འགྲོ་ལ་རིངས་པའི་མནའ་མ་དེ། །མི་སྡུག་སྡུག་མདོག་མཁས་པོ་གདའ་ཟེར་བ་ལ། །ཁམས་སྐད་དེ་འདྲ་ཆགས་པོ་བྱུང་བྱས་པས། ང་ཡིས་རྒྱ་སྐད་བཤད་ཀྱིས་ཉོན། རྒྱ་སྐད་ཧའུ་བཅུ་པོ་ལ། ལྷ་ཆོས་བྱེད་པའི་གྲྭ་བཙུན་དེ། །སྨོམ་པ་སྲོག་ལྟར་སྲུང་ན་ཧའུ། །……ཟ་ཚོའི་དཔོན་པོ་ཨ་ཕ་ཡིན། །དེ་ལ་ཚང་མས་ཉན་ན་ཧའུ་ཟེར་བ་ལ། དེ་འདྲ་ཆགས་པོ་བྱུང་བྱས་པས། འདྲ་ཆགས་བཅུ་པོ་བཤད་ཀྱིས་ཉོན། དགེ་སེམས་མེད་པའི་ཆོས་པ་དེ། །སྤྱང་ཀིས་ཆོས་གོས་གྱོན་པ་འདྲ། །……དགེ་སྡིག་ཤེས་ནས་མི་བྱེད་ན། །མིག་མཐོང་གཡང་ལ་མཆོང་པ་འདྲ་ཟེར་བ་ལ། ལབ་ལབ་མ་མང་དེ་གས་ཚོག་བྱས་པས། འོ་ན་ཚར་སོང་ཟེར་ཞིང་། ནེ་ཙོ་དེ་མཁའ་དབྱིངས་སྟོང་པའི་གནས་སུ་མངོན་མེད་འཇའ་ལྟར་ཡལ་སོང་ངོ་ཞེས་མཇུག་བསྡུ་བར་བྱས་ཡོད། །

༄༅། །ཏང་གི་ཚོགས་ཆེན་བཅུ་དགུ་པའི་དགོངས་དོན་སློབ་སྦྱོང་དང་ལག་བསྟར་མཐར་ཕྱིན་བྱས་ནས་ཀྲུང་ཧྭའི་ཕུལ་བྱུང་སྲོལ་རྒྱུན་རིག་གནས་ཀྱི་ལྷག་བསམ་རྣམ་དག་གི་རྒྱུན་འཛིན་པ་ཞིག་དང་དར་སྤེལ་མཁན་ཞིག་བྱེད་དགོས།

ཏང་གི་ཚོགས་ཆེན་བཅུ་དགུ་པ་ནི་ཕྱོགས་ཡོངས་ནས་འཁོར་འབྲིང་སྤྱི་ཚོགས་བསྐྲུན་པའི་རྒྱལ་ཁ་ཕུག་ཐག་གཅོད་པའི་འགག་རྩའི་དུས་མཚམས་དང་ཀྲུང་གོའི་ཁྱད་ཆོས་ལྡན་པའི་སྤྱི་ཚོགས་རིང་ལུགས་དུས་རབས་གསར་པར་སླེབས་པའི་འགག་རྩའི་དུས་སྐབས་སུ་འཚོགས་པའི་གལ་འགངས་ཤིན་ཏུ་ཆེ་བའི་ཚོགས་ཆེན་ཞིག་རེད་ལ། དེ་ནི་མཐུན་སྒྲིལ་གྱི་ཚོགས་ཆེན་ཞིག་དང་། རྒྱལ་ཁའི་ཚོགས་ཆེན་ཞིག ཡར་བསྐྱོད་ཀྱི་ཚོགས་ཆེན་ཞིག་བཅས་ཡིན་པ་མ་ཟད། རང་རེའི་ཏང་དང་རྒྱལ་ཁབ་ཀྱི་འཕེལ་རྒྱས་བརྒྱུད་རིམ་ཁྲོད་ལོ་རྒྱུས་ཀྱི་དོན་སྙིང་ཧ་ཅང་ཆེ་བའི་ཚོགས་ཆེན་ཞིག་ཀྱང་རེད། ཚོགས་ཆེན་ཐོག་བློ་མཐུན་ཞི་ཅིན་ཕིང་གིས་སྐབས་བཅོ་བརྒྱད་པའི་ཀྲུང་དབྱང་ཨུ་ཡོན་ལྷན་ཁང་གི་ཚབ་གནང་ཏེ་ལས་དོན་སྙན་སྒྲོན་གནང་བ་དེར་རྒྱལ་ཕྱི་རྒྱལ་ནང་ཀུན་ཏུ་ཚད་མཐོའི་གདེང་འཇོག་ཐོབ་ཡོད་དེ། དེ་ནི་དར་ཆ་གསལ་སྟོན་དང་། ཁ་ཕྱོགས་གསལ་སྟོན། མཛད་ཇུས་གསལ་བཀོད། འཆར་གཞི་གསལ་འགོད་བཅས་ཀྱི་སྙན་སྒྲོན་ཡག་པོ་ཞིག་དང་། འོད་སྟོང་འཕྲོ་བའི་མར་ཁེ་སི་རིང་ལུགས་ཀྱི་རྩ་འཛིན་རང་བཞིན་གྱི་ཚད་ལྡན་ཡིག་ཆ་ཞིག་ཡིན་ལ། རང་རེའི་ཏང་འདི་བཞིན་དུས་རབས་གསར་པར་སླེབས་པ་དང་། རྒྱང་སྐྱོད་

ཀྱི་ལམ་བུ་གསར་པར་སྐྱོད་འགོ་ཚུགས་པ། ལེའུ་གསར་པ་རྩོམ་པ་བཅས་ཀྱི་ཆབ་སྲིད་ཀྱི་བསྒྲགས་གཏམ་དང་བྱ་སྤྱོད་ཀྱི་རྩ་འཛིན་ཞིག་བཅས་ཡིན་ཞེས་བརྗོད་བཞིན་ཡོད་པས་མཚོན། དེས་ན་རང་ཉིད་ནི་སྤྱི་ཚོགས་ཚན་རིག་ཞིབ་འཇུག་པ་ཞིག་དང་རིག་གནས་ལས་དོན་པ་ཞིག་ཡིན་པའི་ཆ་ནས་སྔན་སྒྲོན་དེར་སློབ་སྦྱོང་ཞུས་རྗེས་རྒྱལ་ཁབ་ཀྱི་ཕྱུགས་འདུན་དང་ཏང་གི་བྱ་གཞག་ལ་ཡིད་ཆེས་བརྟན་པོ་སྐྱེས་བྱུང་ལ། རང་འཁྲིའི་ལས་དོན་ཡག་པོ་གཉེར་རྒྱུར་ཡང་སེམས་ཤུགས་སྟར་བས་ཆེ་བ་སྐྱེས་བྱུང་། གཤམ་ལ་ཁོ་བོས་ལས་དོན་སྔན་སྒྲོན་ལས་འཕྲོས་ཏེ་རིག་གནས་སྐོར་གྱི་སྦྱོང་ཚོར་འགའ་སྙེང་བར་བྱ་བ་འདི་ལྟར།

དང་པོ། རིག་གནས་སྤྱིའི་སྐོར་གྱི་སྦྱོང་ཚོར།

ཏང་གི་ཚོགས་ཆེན་བཅོ་བརྒྱད་པ་འཚོགས་ཚུན་ནས་རང་རེའི་ཏང་གིས་ཆབ་སྲིད་ཀྱི་བློ་སྟོབས་དང་འགན་འཁྲི་འཁུར་སེམས་ཤུགས་ཆེན་པོས་འདུ་ཤེས་གསར་པ་དང་། བསམ་བློ་གསར་པ། འཐབ་ཇུས་གསར་པ་རབ་དང་རིམ་པ་བཏོན་པ་དང་། གལ་འགངས་ཆེ་བའི་ཕྱོགས་སྟོན་སྲིད་ཇུས་དང་བྱ་ཐབས་རབ་དང་རིམ་པ་བཏོད་པ། གལ་ཆེའི་ལས་དོན་རབ་དང་རིམ་པ་སྐྱལ་སྤེལ་བགྱིས་པ་སོགས་ཀྱིས་དཀའ་གནད་མང་པོ་ཐག་གཅོད་དང་དོན་ཆེན་མང་པོ་ལེགས་འགྲུབ་བྱུང་ནས་ཏང་དང་རྒྱལ་ཁབ་ཀྱི་བྱ་གཞག་ལ་ལོ་རྒྱུས་རང་བཞིན་གྱི་འཕོ་འགྱུར་བྱུང་ཡོད། བློ་མཐུན་ཞི་ཅིན་ཕིང་གིས་ལས་དོན་སྔན་སྒྲོན་ནང་དུ་འདས་པའི་ལོ་ལྔའི་ལས་དོན་ལ་ཕྱོགས་བསྡོམས་དང་ཚད་མཐོའི་གདེང་འཇོག་གནང་སྟེ། "ལོ་ལྔའི་གྲུབ་འབྲས་ནི་ཕྱོགས་ཡོངས་དང་གསར་གཏོད་རང་བཞིན་གྱི་གྲུབ་འབྲས་ཤིག་ཡིན་ལ། ལོ་ལྔའི་འཕོ་འགྱུར་ནི་གཏིང་ཟབ་ཅིང་རྩ་བའི་རང་བཞིན་གྱི་འཕོ་འགྱུར་ཞིག་ཡིན་" ཞེས་གསུངས། ཏང་གི་ཚོགས་ཆེན་བཅོ་བརྒྱད་པ་འཚོགས་

ཚུན་ནས་རང་རྒྱལ་གྱི་ཕྱོགས་བསྡུས་རྒྱལ་སྟོབས་ལ་མངོན་གསལ་དོད་པོའི་ཡར་འདེགས་བྱུང་ནས་འཛམ་གླིང་གི་མདུན་གྲལ་དུ་ཚུད་པ་དང་། དེ་ལྟའི་ཡར་འདེགས་ནི་ཕྱོགས་ཡོངས་ནས་ཡར་འདེགས་བྱུང་བ་ཞིག་ཡིན་ཏེ། དཔལ་འབྱོར་གྱི་དངོས་ཡོད་སྟོབས་ཤུགས་དང་། ཚན་རྩལ་གྱི་དངོས་ཡོད་སྟོབས་ཤུགས། རྒྱལ་སྲུང་གི་དངོས་ཡོད་སྟོབས་ཤུགས། རིག་གནས་ཀྱི་འཇམ་ཤུགས་སོགས་ཁྱབ་ཁོངས་མི་འདྲ་བ་ལས་མངོན་གྱི་ཡོད། ལོ་ལྔའི་ནང་རང་རྒྱལ་གྱི་རྒྱལ་སྤྱིའི་གནས་བབས་དང་བག་ཆགས་ཐད་སྔར་བྱུང་མྱོང་མེད་པའི་ཡར་འདེགས་བྱུང་བ་དང་། ཏང་གི་རྣམ་པ་དང་རྒྱལ་ཁབ་ཀྱི་རྣམ་པ། མི་དམངས་ཀྱི་རྣམ་པ། དམག་དཔུང་གི་རྣམ་པ། ཀྲུང་ཧྭ་མི་རིགས་ཀྱི་རྣམ་པ་བཅས་ལ་འགྱུར་བ་ཆེན་པོ་བྱུང་སྟེ། ཀྲུང་གོ་འདི་ཉིད་རྒྱལ་སྤྱིའི་གར་སྟེགས་ཀྱི་མཐའ་སྣེ་ནས་ལྟེ་བར་སྐྱོད་ཐུབ་པ་བྱུང་ཡོད། ཏང་དང་རྒྱལ་ཁབ་ཀྱི་བྱ་གཞག་ལ་དེ་ལྟ་བུའི་ལོ་རྒྱུས་རང་བཞིན་གྱི་གྲུབ་འབྲས་དང་འཕོ་འགྱུར་བྱུང་བའི་རྒྱུ་རྐྱེན་ནི། བློ་མཐུན་ཞི་ཅིན་ཕིང་གིས་སྲོག་ཤིང་གནང་བའི་ཏང་ཀྲུང་དབྱང་གི་འགྱུར་མེད་སྟོབས་ལྡན་གྱི་འགོ་ཁྲིད་དང་། ཞི་ཅིན་ཕིང་གི་གསུང་བཤད་རབ་དང་རིམ་པའི་ཚན་རིག་གི་མཇུབ་སྟོན་ལ་བརྟེན་ནས་བྱུང་བ་ཞིག་རེད། དེར་བརྟེན། ལོ་རྒྱུས་རང་བཞིན་གྱི་གྲུབ་འབྲས་དང་འཕོ་འགྱུར་དེ་ལྟ་བུ་ནི་ཞི་ཅིན་ཕིང་གི་དུས་རབས་གསར་པའི་ཀྲུང་གོའི་ཁྱད་ཆོས་ལྡན་པའི་སྤྱི་ཚོགས་རིང་ལུགས་བསམ་བློ་གྲུབ་པའི་རྨང་གཞི་ཡིན་ལ། ཞི་ཅིན་ཕིང་གི་དུས་རབས་གསར་པའི་ཀྲུང་གོའི་ཁྱད་ཆོས་ལྡན་པའི་སྤྱི་ཚོགས་རིང་ལུགས་བསམ་བློས་མཇུབ་སྟོན་བྱས་པའི་འབྲས་བུའང་ཡིན། དེ་ལྟའི་ལོ་རྒྱུས་རང་བཞིན་གྱི་གྲུབ་འབྲས་དང་འཕོ་འགྱུར་ཁྲིད་རིག་གནས་ལ་འཛིན་པའི་ལྟ་ཚུལ་དང་། དེར་ཐོབ་པའི་གྲུབ་འབྲས་དང་འཕོ་འགྱུར་ནི་གལ་འགངས་ཆེ་ལ་དཀའ་ངོས་པ་ཞིག་ཡིན། ཚོགས་ཆེན་བཅུ་དགུ་པའི་ལས་དོན་སྙན་སྒྲོན་ནང་སྤྱི་ཁྱབ་ཧྲུའུ་ཅི་ཞི་ཅིན་ཕིང་

གིས་ཏང་ཡོངས་དང་རྒྱལ་ཡོངས་མི་རིགས་ཁག་གི་མི་དམངས་ལ“ རིག་གནས་ཀྱི་གདེང་ཚོད་བརྟན་པོར་བཟུང་ནས་སྤྱི་ཚོགས་རིང་ལུགས་ཀྱི་རིག་གནས་དར་རྒྱས་གོང་འཕེལ་ཡོང་བར་སྐུལ་འདེད་གཏོང་དགོས” ཞེས་འབོད་སྐུལ་མཛད་ཡོད་ལ། ཏང་གི་ཚོགས་ཆེན་བཅོ་བརྒྱད་པ་འཚོགས་ཚུན་ནས་བློ་མཐུན་ཞི་ཅིན་ཕིང་གིས་སྤྱི་ཁྱེར་བསམ་བློ་དང་རིག་གནས་དྲིལ་བསྒྲགས་ཀྱི་ལས་དོན་ཐད་གལ་ཆེའི་གསུང་བཤད་རབ་དང་རིམ་པ་གནང་ཡོད། ལྷག་པར་དུ་རྒྱལ་ཡོངས་ཀྱི་བསམ་བློ་རིག་གནས་དྲིལ་བསྒྲགས་ལས་དོན་གྱི་ཚོགས་འདུ་དང་རིག་གནས་སྒྱུ་རྩལ་ལས་དོན་གྱི་བཞུགས་མོལ་ཚོགས་འདུ། གསར་འགྱུར་སྒྲིང་ཕྱོགས་ཀྱི་ལས་དོན་དང་དྲ་རྒྱའི་བདེ་འཇགས་དང་ཆ་འཕྲིན་ཅན་དུ་འགྱུར་བའི་ལས་དོན་གྱི་ཚོགས་འདུ། མཚན་ཉིད་རིག་པ་དང་སྤྱི་ཚོགས་ཚན་རིག་ལས་དོན་གྱི་བཞུགས་མོལ་ཚོགས་འདུ་བཅས་ཀྱི་སྐབས་སུ་བསམ་བློ་དང་རིག་གནས་དྲིལ་བསྒྲགས་ལས་དོན་ཁྲིད་ཀྱི་རྩ་དོན་རང་བཞིན་དང་ཡུན་རིང་རང་བཞིན་གྱི་གནད་དོན་ཆེན་པོ་ཁག་ལ་ལན་འདེབས་ཁ་གསལ་དཔྱིས་ཕྱིན་པ་གནང་ཡོད། ཚོགས་ཆེན་བཅུ་དགུ་པའི་ལས་དོན་སྙན་སྙོན་ནང་དུ་སླར་ཡང་གནད་དོན་དེ་དག་སྐོར་ལ་ཚིག་སྣ་བསྡུས་ཤིང་དོན་ཟབ་པའི་ཐོག་ནས་ནན་བཤད་མཛད་ཡོད་པ་དཔེར་ན། མཚན་ཉིད་རིག་པ་དང་སྤྱི་ཚོགས་ཚན་རིག་སྐོར་ལ། “ མར་ཁེ་སི་རིང་ལུགས་ཀྱི་རིགས་པའི་གཞུང་ལུགས་ལ་ཞིབ་འཇུག་དང་དེའི་འཛུགས་སྐྲུན་གྱི་ལས་གྲྭ་གཏིང་ཟབ་ངང་སྤེལ་དགོས་པ་དང་། ཀྲུང་གོའི་ཁྱད་ཆོས་ལྡན་པའི་མཚན་ཉིད་རིག་པ་དང་སྤྱི་ཚོགས་ཚན་རིག་ཅིག་འགྲུབ་པའི་གོམ་སྟབས་མགྱོགས་སུ་གཏོང་དགོས་པ། ཀྲུང་གོའི་ཁྱད་ཆོས་ལྡན་པའི་བློ་མཛོད་གསར་པ་ཞིག་འཛུགས་རྒྱུར་ཤུགས་སྣོན་རྒྱག་དགོས་པ་” ཞེས་ནན་བཤད་གནང་ཡོད་པ་ལྟ་བུ་ཡིན། སྤྱི་ཚོགས་ཚན་རིག་ཞིབ་འཇུག་པ་ཞིག་གི་ངོས་ནས་བཤད་ན། དེ་ནི་ལས་འགན་ལྗིད་ལ་འགན་འཁྲི་གཟི་བརྗིད་ཅན་ཞིག་ཏུ

མཐོང་བས། ང་ཚོས་ངེས་པར་དུ་སྤྱི་ཁྱབ་ཧྲུའུ་ཅི་དང་ཏང་ཀྲུང་དབྱང་གིས་ཕྱོགས་སྟོན་གནང་བ་ལྟར། འབད་བརྩོན་ཕྱིད་མེད་ཀྱིས་ཚན་རིག་ཞིབ་འཇུག་གི་བྱ་བར་འཇུག་པ་དང་། རང་འགུལ་ངང་ནས་བཙམ་བྱ་ཕྱུས་ལེགས་ཀྱི་རིགས་ལ་གོང་བཀུར་དང་། བརྩོན་ཞིབ་ནན་ཏན། འགན་འཁྲི་དང་ལེན་བཅས་བྱེད་པའི་ཞིབ་འཇུག་གི་སྲོལ་བཟང་ཞིག་ཆགས་པ་བྱེད་རྒྱུ་དང་། རང་འགུལ་ངང་ནས་རང་ཉིད་སྔོན་ཐོན་བསམ་བློ་དར་སྤེལ་བྱེད་མཁན་ཞིག་དང་། རིག་གཞུང་ཞིབ་འཇུག་གསར་སྤེལ་བྱེད་མཁན་ཞིག སྤྱི་ཚོགས་དར་སྲོལ་བཟང་པོའི་སྣེ་ཁྲིད་བྱེད་མཁན་ཞིག ཏང་གི་སྲིད་སྐྱོང་ལ་བློ་བརྟན་འགྱུར་མེད་ཀྱིས་རྒྱབ་སྐྱོར་བྱེད་མཁན་ཞིག་བཅས་ཆགས་པ་བྱེད་དགོས། དེ་བཞིན་རིག་གནས་ཀྱི་སྐོར་ནས་བཤད་ན། ལས་དོན་སྨན་སྦྲིན་ནང་། "རིག་གནས་ཀྱི་ཆེས་མཐོའི་གདེང་ཚོད་མེད་པ་དང་། རིག་གནས་ཀྱི་དར་རྒྱས་གོང་འཕེལ་མེད་ན། ཀྲུང་ཧྭ་མི་རིགས་ཀྱི་ལྡབས་ཆེན་བསྐྱར་དར་ཆེན་པོ་ཡོང་མི་ཐུབ" ཅེས་རིག་གནས་ཀྱི་གདེང་ཚོད་དང་རིག་གནས་འཕེལ་རྒྱས་ཀྱི་གནད་དོན་དག་ཀྲུང་ཧྭ་མི་རིགས་ཀྱི་ལྡབས་ཆེན་བསྐྱར་དར་ཆེན་པོ་མངོན་འགྱུར་ཐུབ་མིན་གྱི་མཐོ་ཚད་ནས་གླེང་བརྗོད་མཛད་ཡོད་པ་དང་། "ཀྲུང་གོའི་ཁྱད་ཆོས་ལྡན་པའི་སྤྱི་ཚོགས་རིང་ལུགས་ཀྱི་རིག་གནས་ནི། ལོ་ངོ་ལྔ་སྟོང་ཡན་གྱི་ཀྲུང་ཧྭ་མི་རིགས་ཀྱི་ཤེས་དཔལ་ལོ་རྒྱུས་ཀྱིས་སྐྱེད་སྲིང་བྱས་པའི་ཀྲུང་ཧྭའི་ཕུལ་བྱུང་སྲོལ་རྒྱུན་རིག་གནས་ལས་བྱུང་བ་ཞིག་ཡིན་" པས། "ཀྲུང་ཧྭའི་ཕུལ་བྱུང་སྲོལ་རྒྱུན་རིག་གནས་ཁྲིད་དུ་མངའ་བའི་བསམ་བློའི་འདུ་ཤེས་དང་། སྤྱི་ཚོགས་རིག་གནས་ཀྱི་སྙིང་དོན། ཀུན་སྤྱོད་ཚད་ལྡན་རྣམས་ནང་ཏན་སྟོག་འདོན་" བྱས་ནས་"ཀྲུང་ཧྭ་ཕུལ་བྱུང་སྲོལ་རྒྱུན་རིག་གནས་ཀྱི་ལྷག་བསམ་རྣམ་དག་གི་རྒྱུན་འཛིན་པ་ཞིག་དང་དར་སྤེལ་མཁན་ཞིག་བྱེད་དགོས་" ཞེས་ནན་བཤད་ཀྱང་གནང་ཡོད། དེར་བརྟེན། རང་རེ་རིག་གནས་དོན་གཉེར་བ་རྣམས་

གྱིས་ཕྱི་ཚུལ་དང་ཁ་བཤད་ཙམ་མ་ཡིན་པར། སྤྱི་ཁྱབ་རྒྱུའུ་ཅིའི་གསུང་བཤད་ཀྱི་དགོངས་དོན་ལ་གོ་བ་གཏིང་ཟབ་བླངས་ཏེ། རང་འཁྲིའི་ལས་གནས་ཐོག་དེ་དག་ལག་བསྟར་དོན་འཁྱོལ་ཡོང་བ་བྱ་དགོས་པ་ཡིན།

གཉིས་པ། རིག་གནས་ཀྱི་གདེང་ཚོད་སྐོར་ལས་འཕྲོས་པའི་སྒྲུང་ཚོར།

ཏང་གི་ཚོགས་ཆེན་བཅུ་དགུ་པའི་ལས་དོན་སྙན་སྒྲོན་ནི་དོན་ཚན་བཅུ་གསུམ་ལས་གྲུབ་པའི་བདག་ཉིད་ཅན་ཞིག་ཡིན་པ་དང་། དོན་ཚན་བདུན་པ་ནི“ རིག་གནས་ཀྱི་གདེང་ཚོད་བརྟན་པོར་བཟུང་ནས་སྤྱི་ཚོགས་རིང་ལུགས་ཀྱི་རིག་གནས་དར་རྒྱས་གོང་འཕེལ་ཡོང་བར་སྐུལ་འདེད་གཏོང་དགོས ” པའི་སྐོར་དམིགས་བཀར་གྱིས་རྒྱས་བཤད་གནང་བ་ཞིག་ཡིན། དེའི་ཐོག་ནས་རིག་གནས་ཀྱིས་ཏང་དང་རྒྱལ་ཁབ་ཀྱི་ལས་དོན་སྤྱིའི་ཁྲིད་བཟུང་བའི་གལ་ཆེའི་གནས་བབས་མཚོན་གྱི་ཡོད། ཏང་གི་ཚོགས་ཆེན་བཅོ་བརྒྱད་པ་འཚོགས་ཚུན། བློ་མཐུན་ཞི་ཅིན་ཕིང་གིས་སྲོག་ཤིང་གནང་བའི་ཏང་ཀྲུང་དབྱང་གིས“ གདེང་ཚོད་བཞི ” རྒྱུན་འཁྱོངས་ནན་ཏན་གྱིས་བསམ་བློ་གཅིག་གྱུར་དང་ངོས་འཛིན་གཅིག་མཐུན་གནང་སྟེ། ཏང་ཡོངས་དང་རྒྱལ་ཡོངས་མི་རིགས་ཁག་གི་མི་དམངས་ཀྱི་སྣེ་ཁྲིད་དེ་རྒྱུན་ཆད་མེད་པར་ཀྲུང་གོའི་ཁྱད་ཆོས་ལྡན་པའི་སྤྱི་ཚོགས་རིང་ལུགས་ཀྱི་བྱ་གཞག་གི་རྣམ་པ་གསར་པ་བཏོད་གནང་ཡོད། བློ་མཐུན་ཞི་ཅིང་ཕིང་གིས། “ ཀྲུང་གོའི་ཁྱད་ཆོས་ལྡན་པའི་སྤྱི་ཚོགས་རིང་ལུགས་ནི་བསྐྱར་བཅོས་སྒོ་དབྱེ་བྱས་ཚུན་གྱི་ཏང་གི་རིགས་པའི་གཞུང་ལུགས་ཐམས་ཅད་ཀྱི་བརྗོད་གཞི་གཙོ་བོ་དང་། ལག་ལེན་གྱི་བརྗོད་དོན་གཙོ་བོ་ཡིན་པས། ཏང་ཡོངས་ཀྱིས་ངེས་པར་དུ་ཀྲུང་གོའི་ཁྱད་ཆོས་ལྡན་པའི་སྤྱི་ཚོགས་རིང་ལུགས་ཀྱི་རླབས་ཆེན་དར་ཆ་མཐོན་པོར་བསྒྲེངས་ནས། ཀྲུང་གོའི་ཁྱད་ཆོས་ལྡན་པའི་སྤྱི་ཚོགས་རིང་ལུགས་ཀྱི་འགྲོ་ལམ་གྱི་

གདེང་ཚོད་དང་། རིགས་པའི་གཞུང་ལུགས་ཀྱི་གདེང་ཚོད། ལམ་ལུགས་ཀྱི་གདེང་ཚོད། རིག་གནས་ཀྱི་གདེང་ཚོད་བཅས་བརྟན་པོར་བཟུང་སྟེ་ཏང་དང་རྒྱལ་ཁབ་ཀྱི་བྱ་གཞག་ཐོག་མཐའ་བར་གསུམ་དུ་ཡང་དག་པའི་ཕྱོགས་སུ་རྒྱལ་ཁའི་ངང་མདུན་བསྐྱོད་བྱ་རྒྱུར་འགན་ལེན་བྱེད་དགོས་” ཞེས་ནན་བཤད་མཛད་ཡོད། བློ་མཐུན་ཞི་ཅིན་ཕིང་གི་གལ་ཆེའི་གསུང་བཤད་དུམ་བུ་འདིས་ཀྲུང་གོའི་ཁྱད་ཆོས་ལྡན་པའི་སྤྱི་ཚོགས་རིང་ལུགས་ཀྱི་“གདེང་ཚོད་བཞི”རྒྱུན་འཁྱོངས་བྱ་རྒྱུ་དེ་ནི་ཀྲུང་གོའི་ཁྱད་ཆོས་ལྡན་པའི་སྤྱི་ཚོགས་རིང་ལུགས་ཀྱི་བྱ་གཞག་ཁག་འཕེལ་རྒྱས་ཡོང་བར་སྐྱུལ་སྤེལ་དང་། ཏང་དང་རྒྱལ་ཁབ་ཀྱི་བྱ་གཞག་ཁག་ཐོག་མཐའ་བར་གསུམ་དུ་ཡང་དག་པའི་ཕྱོགས་སུ་རྒྱལ་ཁའི་ངང་མདུན་བསྐྱོད་བྱ་རྒྱུར་འགན་ལེན་བཅས་བྱེད་པའི་ཁྲིད་ཀྱི་གལ་ཆེའི་གནས་བབས་དང་ནུས་པ་གསལ་སྟོན་བྱས་ཡོད། དེས་རང་རྒྱལ་གྱི་“ལོ་བརྒྱ་གཉིས”ཀྱི་འབད་འཐབ་དམིགས་ཚད་དང་ཀྲུང་ཧྭ་མི་རིགས་ལྷབས་ཆེན་བསྐྱར་དར་གྱི་ཀྲུང་གོའི་ཐུགས་འདུན་མངོན་འགྱུར་ཡོང་རྒྱུར་གཞུང་ལུགས་དང་བྱ་སྤྱོད་གཉིས་ཐད་ཀྱི་ཁ་ཕྱོགས་གསལ་སྟོན་བྱས་ཡོད། གདེང་ཚོད་ནི་དཀའ་ངལ་མཐའ་དག་ལས་རྒྱལ་ཐུབ་པའི་ནང་ཡོད་སྐྱུལ་ཤུགས་ཡིན་ལ། ཡར་རྒྱས་བརྩོན་ལེན་ཕོད་པའི་བསམ་བློའི་རྣམ་འགྱུར་བཟང་པོ་ཞིག་ཀྱང་ཡིན། འགྲོ་ལམ་གྱི་གདེང་ཚོད་རྒྱུན་འཁྱོངས་བྱས་ན། གཞི་ནས་ཀྲུང་གོའི་ཁྱད་ཆོས་ལྡན་པའི་སྤྱི་ཚོགས་རིང་ལུགས་བྱ་གཞག་གི་མདུན་བསྐྱོད་ཁ་ཕྱོགས་འགན་ལེན་ཐུབ་པ་དང་། གཞུང་ལུགས་ཀྱི་གདེང་ཚོད་རྒྱུན་འཁྱོངས་བྱས་ན། གཞི་ནས་ཀྲུང་གོའི་ཁྱད་ཆོས་ལྡན་པའི་སྤྱི་ཚོགས་རིང་ལུགས་ཀྱི་སློབ་སྟོན་བསམ་བློ་ཡང་དག་པར་འགན་ལེན་ཐུབ་པ། ལམ་ལུགས་ཀྱི་གདེང་ཚོད་རྒྱུན་འཁྱོངས་བྱས་ན། གཞི་ནས་ཀྲུང་གོའི་ཁྱད་ཆོས་ལྡན་པའི་སྤྱི་ཚོགས་རིང་ལུགས་ཀྱི་ལམ་ལུགས་དེ་བས་ཁྱད་དུ་འཕགས་ལ་དེ་བས་འཕྲུལ་སྒྲིག་ཚང་བ་ཡོང་ཐུབ་པ། རིག་གནས་ཀྱི་གདེང་ཚོད་

རྒྱུན་འཁྱོངས་བྱས་ན། གཞི་ནས་ཀྲུང་གོའི་ཁྱད་ཆོས་ལྡན་པའི་སྤྱི་ཚོགས་རིང་ལུགས་ཀྱི་སྔོན་ཐོན་རིག་གནས་འཕེལ་རྒྱས་ཀྱི་མདུན་བསྐྱོད་ཁ་ཕྱོགས་འགན་ལེན་ཐུབ་པ་ཡིན། "གདེང་ཚོད་བཞི" ལས་འགྲོ་ལམ་གྱི་གདེང་ཚོད་ནི་རྩ་བའི་སྔོན་འགྲོ་ཡིན་པ་དང་། རིགས་པའི་གཞུང་ལུགས་ཀྱི་གདེང་ཚོད་ནི་ཁ་ཕྱོགས་ཀྱི་ཁྲིད་སྟོན་ཡིན་པ། ལམ་ལུགས་ཀྱི་གདེང་ཚོད་ནི་བློ་གཏད་ཆོག་པའི་འགན་སྲུང་ཡིན་པ། རིག་གནས་ཀྱི་གདེང་ཚོད་ནི་བསམ་པའི་འདེགས་སྐྱོར་ཡིན་པ་བཅས། དེས་ན་རིག་གནས་ཀྱི་རང་རྟོགས་དང་རིག་གནས་ཀྱི་གདེང་ཚོད་ཆེ་རུ་གཏོང་རྒྱུ་ནི་འགྲོ་ལམ་གྱི་གདེང་ཚོད་དང་། རིགས་པའི་གཞུང་ལུགས་ཀྱི་གདེང་ཚོད། ལམ་ལུགས་ཀྱི་གདེང་ཚོད་བཅས་ཀྱི་བརྟེན་གཞིའི་སྙིང་དོན་ཡིན་ཏེ། གང་ལགས་ཤེ་ན། འགྲོ་ལམ་གྱི་གདེང་ཚོད་དང་། རིགས་པའི་གཞུང་ལུགས་ཀྱི་གདེང་ཚོད། ལམ་ལུགས་ཀྱི་གདེང་ཚོད་བཅས་གསུམ་ནི་ངོ་བོའི་ཐོག་ནས་བཤད་ན། རིག་གནས་ཀྱི་གདེང་ཚོད་ཀྱི་རྨང་གཞིའི་ཐོག་གྲུབ་པ་ཞིག་ཡིན་པའི་ཕྱིར། དེ་ལ་སྤྱི་ཁྲབ་ཧྲུའུ་ཅི་ཞི་ཅིན་ཕིང་གིས། "སྲ་ཞིང་བརྟན་པའི་ཀྲུང་གོའི་ཁྱད་ཆོས་ལྡན་པའི་སྤྱི་ཚོགས་རིང་ལུགས་ཀྱི་འགྲོ་ལམ་གྱི་གདེང་ཚོད་དང་། རིགས་པའི་གཞུང་ལུགས་ཀྱི་གདེང་ཚོད། ལམ་ལུགས་ཀྱི་གདེང་ཚོད་བཅས་མཐར་གཏུགས་ནས་བཤད་ན། རིག་གནས་ཀྱི་གདེང་ཚོད་རྒྱུན་འཁྱོངས་བྱ་རྒྱུ་དེ་རེད།" ཅེས་དང་། "རིག་གནས་ཀྱི་གདེང་ཚོད་ནི་དེ་བས་རྨང་གཞི་ཅན་དང་། དེ་བས་ཁྱབ་ཁྱབ་ཆེ་བ། དེ་བས་གཏིང་ཟབ་པའི་གདེང་ཚོད་ཞིག་རེད།" ཅེས་གསུངས་པ་ལྟར། རིག་གནས་ཀྱི་གདེང་ཚོད་ནི "གདེང་ཚོད་བཞི" ཡི་རྨང་གཞིའི་ནང་དོན་ཡིན་པ་དང་། དེས་འགྲོ་ལམ་གྱི་གདེང་ཚོད་དང་། རིགས་པའི་གཞུང་ལུགས་ཀྱི་གདེང་ཚོད། ལམ་ལུགས་ཀྱི་གདེང་ཚོད་བཅས་ལ་སྲ་ཞིང་བརྟན་པའི་རིག་གནས་ཀྱི་རྨང་གཞི་དང་། གྱ་ནོམ་པའི་བསམ་པའི་རྒྱུགས་ཤུགས་མཁོ་འདོན་ཐུབ་ཀྱི་ཡོད། ཏང་གི་ཚོགས་ཆེན་བཅུ་

དགུ་པའི་ལས་དོན་སྙན་སྒྲོན་ནང་། "རིག་གནས་ནི་རྒྱལ་ཁབ་ཅིག་དང་མི་རིགས་ཤིག་གི་བླ་སྲོག་ཡིན་ཞིང་། རིག་གནས་དར་ན་རྒྱལ་ཁབ་དར་རྒྱས་ཡོང་བ་དང་། རིག་གནས་སྟོབས་དང་ལྡན་ན་མི་རིགས་སྟོབས་ལྡན་དུ་འགྱུར་ངེས། རིག་གནས་ཀྱི་ཆེས་མཐོའི་གདེང་ཚོད་མེད་པ་དང་། རིག་གནས་ཀྱི་ཡར་རྒྱས་གོང་འཕེལ་མེད་ན། ཀྲུང་ཧྭ་མི་རིགས་ཀྱི་རླབས་ཆེན་བསྐྱར་དར་ཡོང་མི་ཐུབ་" ཅེས་དང་། "ཀྲུང་གོའི་ཁྱད་ཆོས་ལྡན་པའི་སྤྱི་ཚོགས་རིང་ལུགས་ཀྱི་རིག་གནས་ནི། ཀྲུང་ཧྭ་མི་རིགས་ཀྱི་ལོ་ངོ་ལྔ་སྟོང་ལྷག་ཙམ་གྱི་ཤེས་དཔལ་ལོ་རྒྱུས་ཀྱིས་སྐྱེད་སྲིང་བྱས་པའི་ཀྲུང་ཧྭའི་ཕུལ་བྱུང་སྲོལ་རྒྱུན་རིག་གནས་ལས་བྱུང་བ་ཞིག་ཡིན་པ་དང་། ཏང་གིས་མི་དམངས་ཀྱི་སྣེ་ཁྲིད་དེ་གསར་བརྗེ་དང་། འཛུགས་སྐྲུན། བསྒྱུར་བཅོས་བཅས་བྱེད་པའི་བརྒྱུད་རིམ་ཁྲོད་གསར་གཏོད་བྱས་པའི་གསར་བརྗེའི་རིག་གནས་དང་སྤྱི་ཚོགས་རིང་ལུགས་ཀྱི་སྔོན་ཐོན་རིག་གནས་ནང་འདྲེས་ཤིང་ཐིམས་པ། ཀྲུང་གོའི་ཁྱད་ཆོས་ལྡན་པའི་སྤྱི་ཚོགས་རིང་ལུགས་ཀྱི་རླབས་ཆེན་ལག་ལེན་ནང་རྩ་བ་ཚུགས་པ་ཞིག་ཡིན་" ཞེས་གསུངས་ཡོད། བཀའ་སློབ་དེ་གཉིས་ཀྱི་ཐོག་ནས་རིག་གནས་ཀྱིས་རྒྱལ་ཁབ་ཅིག་དང་མི་རིགས་ཤིག་ལ་མཚོན་ན། དངོས་ཡོད་ཀྱི་ནུས་པ་ཆེན་པོ་ཐོན་གྱི་ཡོད་པ་དང་། དེར་གཏིང་ཟབ་ཅིང་རྒྱུན་རིང་གི་དོན་སྙིང་ལྡན་པ་མ་ཟད། ཀྲུང་ཧྭའི་རིག་གནས་ཀྱི་རྩ་བའི་ཁྱད་ཆོས་དང་ནང་དོན་གཙོ་བོ་གང་ཡིན་མཐར་ཕྱིན་པར་བསྟན་ཡོད་ལ། ཡང་དག་པའི་སྒོ་ནས་རིག་གནས་འཕེལ་རྒྱས་ཀྱི་ཆོས་ཉིད་ཀྱང་བསྟན་ཡོད། དེ་ཡང་། "ཀྲུང་གོའི་ཁྱད་ཆོས་ལྡན་པའི་སྤྱི་ཚོགས་རིང་ལུགས་ཀྱི་རིག་གནས་ནི། ཀྲུང་ཧྭ་མི་རིགས་ཀྱི་ལོ་ངོ་ལྔ་སྟོང་ལྷག་ཙམ་གྱི་ཤེས་དཔལ་ལོ་རྒྱུས་ཀྱིས་སྐྱེད་སྲིང་བྱས་པའི་ཀྲུང་ཧྭའི་ཕུལ་བྱུང་སྲོལ་རྒྱུན་རིག་གནས་ལས་བྱུང་བ་ཞིག་ཡིན་" ཞེས་ཀྲུང་གོའི་ཁྱད་ཆོས་ལྡན་པའི་སྤྱི་ཚོགས་རིང་ལུགས་ཀྱི་རིག་གནས་ཀྱི་འབྱུང་ཁུངས་དང་ས་བོན་གང་ཡིན་

རྩད་གཅོད་དང་ཁས་ལེན་གནང་བ་དེ་ནི་རིག་གནས་འཕེལ་རྒྱས་ཀྱི་ཚོས་ཉིད་དང་མཐུན་པ་མ་ཟད། ཀླུབས་ཆེན་གྱི་སློབ་དཔོན་ལི་ཉིན་དང་ཀླུབས་ཆེན་གྱི་གཙོ་འཛིན་མའོ་ཀྲུའུ་ཞིའི་དགོངས་པ་རྒྱུན་འཛིན་དང་འཕེལ་རྒྱས་བཏང་གནང་བ་ཞིག་ཀྱང་ཡིན། ཀླུབས་ཆེན་གྱི་སློབ་དཔོན་ལི་ཉིན་གྱིས《གཞོན་ནུ་སྡེ་ཚོགས་ཀྱི་ལས་འགན་》ཞེས་པའི་བཀའ་རྩོམ་ནང་དུ། འགྱུར་མེད་གྲལ་རིམ་གྱི་རིག་གནས་ནི་གནམ་ནས་ཟགས་པ་ཞིག་མིན་ལ། རང་ཉིད་འགྱུར་མེད་གྲལ་རིམ་གྱི་རིག་གནས་ལ་མཁས་པར་འཛིན་མཁན་དེ་ཚོས་ཁུངས་མེད་རང་བཟོ་བྱས་པའང་མིན། གལ་ཏེ་དེ་ལྟར་འདོད་ན། དེ་ནི་མུག་ཅོར་གྱི་གཏམ་ཁོ་ནར་ངེས། འགྱུར་མེད་གྲལ་རིམ་གྱི་རིག་གནས་ནི་མིའི་རིགས་ཀྱིས་མ་རྩ་རིང་ལུགས་ཀྱི་སྤྱི་ཚོགས་དང་། ཞིང་བདག་གི་སྤྱི་ཚོགས། དཔོན་ངན་གྱི་སྤྱི་ཚོགས་བཅས་ཀྱི་ནང་གཉའ་གནོན་འོག་གསར་སྐྲུན་བྱས་པའི་ཤེས་བྱ་ཡོངས་ཀྱི་འཕེལ་རྒྱས་ཚོས་ཉིད་དང་མཐུན་པ་ཞིག་ཡིན་དགོས་ཀྱི་རེད་ཅེས་མཇུབ་སྟོན་གནང་ཡོད་པ་དང་། དེ་བཞིན་བློ་མཐུན་མའོ་ཙེ་ཏུང་མཆོག་གིས《དམངས་གཙོ་རིང་ལུགས་གསར་པའི་རྣམ་བཤད་》ཅེས་པའི་ནང་དུ། ཀྲུང་གོའི་ད་ལྟའི་ཆབ་སྲིད་གསར་པ་དང་དཔལ་འབྱོར་གསར་པ་ནི་གནའ་རབས་ཀྱི་ཆབ་སྲིད་རྙིང་པ་དང་དཔལ་འབྱོར་རྙིང་པ་ལས་འཕེལ་རྒྱས་བྱུང་བ་ཞིག་ཡིན་ལ། ཀྲུང་གོའི་ད་ལྟའི་རིག་གནས་གསར་པ་ནི་གནའ་རབས་ཀྱི་རིག་གནས་རྙིང་པ་ལས་འཕེལ་རྒྱས་བྱུང་བ་ཞིག་ཡིན་ཞེས་གསུངས། ལི་ཉིན་དང་མའོ་ཙེ་ཏུང་རྣམ་གཉིས་ཀྱིས་རིག་གནས་གསར་རྙིང་གི་རྒྱུན་འཛིན་འབྲེལ་བ་དེ་ཁ་གསལ་པོ་བདེའི་ཐོག་ནས་བསྟན་གནང་ཡོད་པས། མི་རིགས་གང་ཞིག་གི་རིག་གནས་གང་འདྲ་ཞིག་ཡིན་རུང་། སྔར་ཡོད་རྒྱུན་འཛིན་གྱི་རྨང་གཞིའི་ཐོག་གྲུབ་པའམ་མེས་པོའི་ཉམས་མྱོང་ཕྱོགས་བསྡོམས་བྱས་པའི་རྨང་གཞིའི་ཐོག་འཕེལ་རྒྱས་བཏང་སྟེ་བྱུང་བ་ཞིག་ཡིན་པ་ལས། རྨང་གཞི་གང་

ཡང་མེད་པར་གློ་བུར་དུ་གནམ་ནས་ཟགས་པ་དང་ས་ནས་སྐྱེས་པ་ཞིག་མིན་ལ། སྐྱེ་བོ་རེ་ཟུང་གིས་ཁུངས་མེད་རང་བཟོ་བྱས་པ་ཞིག་ཀྱང་མིན་པ་རྟོགས་ཐུབ། དེའི་ཕྱིར། ང་ཚོས་རིག་གནས་ཀྱི་རྒྱུན་འཛིན་དང་གསར་གཏོད་ཀྱི་གནད་དོན་ཐད་ངེས་པར་དུ་རིག་གནས་འཕེལ་རྒྱས་ཀྱི་ཆོས་ཉིད་དང་མཐུན་པའི་བསམ་བློ་གཏོང་དགོས་པ་དང་ལྟ་བ་འཛིན་དགོས་པ་མ་ཟད། དེའི་ཆོས་ཉིད་དང་མཐུན་པའི་བྱེད་ཕྱོགས་རྒྱུན་འཁྱོངས་ཀྱིས་ཀྲུང་ཧྭའི་ཡུལ་བྱུང་སྲོལ་རྒྱུན་རིག་གནས་ཀྱི་ལྷག་བསམ་རྣམ་དག་གི་རྒྱུན་འཛིན་པ་ཞིག་དང་དར་སྤེལ་བྱེད་མཁན་ཞིག་ཆགས་པ་བྱེད་དགོས། དེ་ནི་ལོ་རྒྱུས་འགྲུལ་སྐྱོད་ཀྱི་རྗོད་སྒྲུབ་རིག་པ་དང་མཐུན་པ་ཞིག་ཡིན།

གསུམ་པ། རིག་གནས་ཀྱི་མོས་སེམས་སྐོར་ལས་འཕྲོས་པའི་སྦྱོང་ཚོར།

རིག་གནས་ཀྱི་གདེང་ཚོད་ཅེས་པ་ནི་མི་རིགས་ཤིག་དང་རྒྱལ་ཁབ་ཅིག་ཡང་ན་སྲིད་ཏང་ཞིག་ལ་མཚོན་ན། རང་མི་རིགས་ཀྱི་སྲོལ་རྒྱུན་རིག་གནས་དང་དེང་རབས་རིག་གནས་ཀྱི་རིན་ཐང་ལ་ཁས་ལེན་གང་ལེགས་དང་དེ་ཉིད་ཧུར་བརྩོན་ཆེན་པོས་དོན་འཁྱོལ་བྱེད་པ་ཞིག་ཡིན་ལ། རིག་གནས་དེ་དང་དེའི་གསོན་སྟོབས་ལ་འཛིན་པའི་འགྱུར་མེད་ཀྱི་ཡིད་ཆེས་ཤིག་ཀྱང་ཡིན། བློ་མཐུན་ཞི་ཅིན་ཕིང་གིས། "ཀྲུང་ཧྭའི་རིག་གནས་ཀྱི་མོས་སེམས་ནི་ཆེས་གཏིང་ཟབ་ཤོས་ཀྱི་མོས་སེམས་ཤིག་རེད་ལ། མི་རིགས་མཐུན་སྒྲིལ་གྱི་རྩ་བ་དང་། མི་རིགས་འཚམ་མཐུན་གྱི་བླ་སྲོག་ཀྱང་རེད། རིག་གནས་ཀྱི་མོས་སེམས་གནད་དོན་ཐག་གཅོད་ཐུབ་ན། གཞི་ནས་རླབས་ཆེན་མེས་རྒྱལ་དང་ཀྲུང་ཧྭ་མི་རིགས། ཀྲུང་གོའི་ཁྲིད་ཚོས་ལྡན་པའི་སྤྱི་ཚོགས་རིང་ལུགས་ཀྱི་འགྲོ་ལམ་བཅས་ཀྱི་མོས་སེམས་ཁག་སྲ་བརྟན་གཏོང་ཐུབ" ཅེས་དང་། "ཀྲུང་ཧྭ་མི་རིགས་ཀྱི་མཐུན་སྒྲིལ་ཆེན་པོར་

ཤུགས་སྐྱོན་རྒྱག་དགོས་ན། སྐད་ཀྱི་ཆ་དང་གལ་ཆེ་ཤོས་ནི་རིག་གནས་ཀྱི་མོས་སེམས་ཤུགས་ཧ་ཆེར་བཏང་ནས་མི་རིགས་ཁག་ལ་ཐུན་མོང་དུ་མངའ་བའི་བསམ་པའི་ཁྱིམ་གཞིས་འཛུགས་རྒྱུ་དང་། ཧུར་བརྩོན་ཆེན་པོས་ཀྲུང་ཧྭ་མི་རིགས་ནི་ཐུན་མོང་གི་ཚོགས་པ་ཞིག་ཡིན་པའི་འདུ་ཤེས་སྐྱེད་སྲིང་བྱེད་དགོས"ཞེས་གསུངས་ཡོད། རང་རེའི་ཏང་གིས་རིག་གནས་ཀྱི་གདེང་ཚོད་དང་རིག་གནས་ཀྱི་མོས་སེམས་ལ་ཤུགས་སྐྱོན་རྒྱག་དགོས་ཞེས་ནན་བཤད་གནང་བ་དེ་ནི། རིག་གནས་ནི་མི་རིགས་ཤིག་གི་ཁྲག་རྒྱུན་དང་མི་དམངས་ཀྱི་བསམ་པའི་ཁྱིམ་གཞིས་ཡིན་པས་རེད་ལ། ཕུན་སུམ་ཚོགས་པའི་ཀྲུང་གོའི་ཕུལ་བྱུང་སྲོལ་རྒྱུན་རིག་གནས་ནི་ཀྲུང་གོའི་ཁྱད་ཆོས་ལྡན་པའི་སྤྱི་ཚོགས་རིང་ལུགས་ཀྱི་འགྲོ་ལམ་དང་ལམ་ལུགས། རིགས་པའི་གཞུང་ལུགས་བཅས་ཆགས་གྲུབ་དང་འཕེལ་རྒྱས་ཡོང་བའི་གཞི་རྒྱུ་དང་སྲོག་རྩ་ཡིན་པས་དང་། ཀྲུང་ཧྭ་མི་རིགས་རང་སྟོབས་རང་སྐྱེལ་དང་གསར་གཏོད་རང་བཞིན་གྱི་འཕེལ་རྒྱས་ཡོང་བའི་བསམ་བློའི་འགྱུལ་ཤུགས་ཤིག་ཡིན་པས་དང་། དེ་བཞིན་དེར་བཅངས་པའི་མོས་སེམས་ནི་ཀྲུང་ཧྭ་མི་རིགས་ཀྱི་མཐུན་སྒྲིལ་ཆེན་པོ་མངོན་འགྱུར་ཡོང་བའི་སྟོན་འགྲོའི་ཆ་རྐྱེན་ཞིག་ཡིན་པས་བཅས་རེད། བློ་མཐུན་ཞི་ཅིན་ཕིང་གིས་རིག་གནས་སྒྱུ་རྩལ་ལས་དོན་གྱི་བཞུགས་མོལ་ཚོགས་འདུའི་ཐོག་ཏུ། "ཀྲུང་ཧྭ་མི་རིགས་ཀྱི་ལྷབས་ཆེན་བསྐྱར་དར་མངོན་འགྱུར་ཡོང་བ་བྱེད་དགོས་ན། ངེས་པར་དུ་ཀྲུང་གོའི་ཁྱད་ཆོས་ལྡན་པའི་སྤྱི་ཚོགས་རིང་ལུགས་ཀྱི་འགྲོ་ལམ་གྱི་གདེང་ཚོད་དང་། རིགས་པའི་གཞུང་ལུགས་ཀྱི་གདེང་ཚོད། ལམ་ལུགས་ཀྱི་གདེང་ཚོད། རིག་གནས་ཀྱི་གདེང་ཚོད་བཅས་སྲ་བརྟན་གྱིས་མི་རིགས་ཀྱི་ཁྱད་ཆོས་དང་རང་གཤིས་མངོན་གསལ་ལྡན་པའི་ཕུལ་བྱུང་གི་བརྩམ་བྱ་གསར་རྩོམ་བྱེད་པ་དང་། ཕུན་སུམ་ཚོགས་པའི་ཀྲུང་ཧྭའི་རིག་གནས་ལ་ཤེས་རྟོགས་གཏིང་ཟབ་དང་། དེ་ལས་ལྷག་པའི་ཚད་མཐོའི་རིག་གནས་

ཀྱི་གདེང་ཚོད་ཡོད་པ་བྱེད་དགོས་” ཞེས་ནན་བཤད་གནང་ཡོད་ལ། ཁོང་གིས་ཀྲུང་དབྱིང་མི་རིགས་ལས་དོན་གྱི་ཚོགས་འདུའི་ཐོག་ཏུ། “ཀྲུང་ཧྭའི་རིག་གནས་ནི་མི་རིགས་ཁག་གི་རིག་གནས་ཀྱི་ཕྱོགས་བསྡུས་ཆེན་པོ་ཞིག་རེད་” ཅེས་དང་། “མི་རིགས་ཁག་གི་མི་དམངས་ལ་ཡང་ཡང་བཤད་རྒྱུར། ཀྲུང་ཧྭའི་རིག་གནས་གྲུབ་པ་དང་འཕེལ་རྒྱས་ཐད་མི་རིགས་ཁག་ཚང་མས་བྱས་རྗེས་བཞག་ཡོད། མི་རིགས་ཁག་ཚང་མས་ཕན་ཚུན་མིག་ལྟོས་དང་། ཕན་ཚུན་སློབ་སྦྱོང་བྱེད་དགོས། རྒྱའི་རིག་གནས་ཀྲུང་ཧྭའི་རིག་གནས་ལ་བརྗེས་ནས་གྲངས་ཉུང་མི་རིགས་ཀྱི་རིག་གནས་སྣང་མེད་དུ་འཇོག་པ་དང་། རང་མི་རིགས་ཀྱི་རིག་གནས་ཀྲུང་ཧྭའི་རིག་གནས་ལ་མ་བརྗེས་པར་ཀྲུང་ཧྭའི་རིག་གནས་ལ་མོས་སེམས་མེད་པ་བཅས་བྱེད་པ་ཚང་མ་ནི་མི་འཐད་པས་ཁྱད་བསད་བྱེད་དགོས་” ཞེས་གསུངས་ཡོད། དེ་ནི་ཀྲུང་ཧྭའི་རིག་གནས་ལ་འཛིན་པའི་ཕྱོགས་ལྷུང་གི་ལྟ་བ་གཉིས་ཁྱད་བསད་བྱ་རྒྱུའི་ཐད་གནང་བའི་གལ་ཆེའི་བཀའ་སློབ་ཅིག་ལགས་པས། ངེས་པར་དུ་ངོས་འཛིན་གསལ་པོ་དང་། ལག་ལེན་ཐོག་དོན་འཁོལ་ཡག་པོ་ཡོང་བ་བྱེད་དགོས། རང་རེ་བོད་ཀྱི་ངོས་ནས་བརྗོད་ནའང་། ང་ཚོས་ངེས་པར་དུ་བོད་ནི་རླབས་ཆེན་མེས་རྒྱལ་གྱི་ཁ་བྲལ་ཐབས་མེད་པའི་གྲུབ་ཆ་ཞིག་ཡིན་པ་དང་། བོད་རིགས་ནི་མེས་རྒྱལ་ཁྱིམ་ཚང་ཆེན་མོའི་ནང་ཁ་བྲལ་ཐབས་མེད་པའི་ཁོངས་མི་ཞིག་ཡིན་པ། བོད་རིགས་ཀྱི་རིག་གནས་ནི་ཀྲུང་ཧྭའི་རིག་གནས་ཀྱི་གལ་ཆེའི་གྲུབ་ཆ་ཞིག་ཡིན་པར་ངོས་འཛིན་ཡང་དག་བྱ་དགོས་པ་ཡིན་ཏེ། བོད་རིགས་མི་དམངས་ཀྱིས་ལོ་རྒྱུས་རིང་ལ་ཕུན་སུམ་ཚོགས་པའི་ཀྲུང་ཧྭའི་རིག་གནས་གྲུབ་པ་དང་འཕེལ་རྒྱས་ཐད་བྱས་རྗེས་ཆེན་པོ་བཞག་ཡོད་ལ། ཀྲུང་ཧྭའི་རིག་གནས་བང་མཛོད་ལ་ཕུན་སུམ་ཚོགས་ཤིང་འོད་སྟོང་འབར་བའི་ལེགས་སྐྱེས་ཕུལ་ཡོད་པའི་ཕྱིར། དེ་བཞིན་སློ་མཐུན་ཞི་ཅིན་ཕིང་གིས། “མི་རིགས་ཤིག་ལ་རང་མི་རིགས་ཀྱི་རིག་གནས་ལ་

མོས་སེམས་བྱེད་དུ་མ་བཅུག་ན་མི་འགྲིག ཀྲུང་ཧྭའི་རིག་གནས་ལ་མོས་སེམས་བྱེད་པ་དང་རང་མི་རིགས་ཀྱི་རིག་གནས་ལ་མོས་སེམས་བྱེད་པ་གཉིས་མཉམ་གནས་ཡིན་པ་ལས་རྒྱབ་འགལ་དུ་གྱུར་པ་ཞིག་མིན། སྤྱི་མང་གཅིག་སྒྲིལ་གྱི་ཀྲུང་ཧྭ་མི་རིགས་ཁྱིམ་ཚང་ཆེན་པོའི་ངོས་ནས་བཤད་ན། ཁྱིམ་ཚང་འདིའི་ཁོངས་ཞུགས་ཚང་མས་རང་ཉིད་ཀྲུང་ཧྭ་མི་རིགས་ཁྱིམ་ཚང་ཆེན་པོ་འདིའི་ཁོངས་མི་ཡིན་པ་ཤེས་དགོས་ལ། ཆུང་དུས་ནས་ཀྲུང་ཧྭ་མི་རིགས་ཀྱི་ཁོངས་མིའི་འདུ་ཤེས་སྐྱེད་སྲིང་དང་། ཀྲུང་ཧྭའི་རིག་གནས་ཀྱི་མོས་སེམས་སྐྱེད་སྲིང་ཡོང་བ་བྱེད་དགོས། གང་ལགས་ཤེ་ན། ཀྲུང་ཧྭའི་རིག་གནས་ཀྱི་མོས་སེམས་ནི་ཆེས་གཏིང་ཟབ་ཤོས་ཀྱི་མོས་སེམས་ཤིག་རེད་ལ། མི་རིགས་མཐུན་སྒྲིལ་གྱི་རྩ་བ་དང་། མི་རིགས་འཚམ་མཐུན་གྱི་བླ་སྲོག་ཀྱང་རེད་" ཅེས་གསུངས་ཡོད། འདིར་སྤྱི་ཁྱབ་ཧུའུ་ཅི་ཞི་ཅིན་ཕིང་གིས་ཀྲུང་ཧྭའི་རིག་གནས་མོས་སེམས་ཀྱི་གཏིང་ཟབ་པའི་རྒྱུན་རྩའི་ཐོག་ནས་ཀྲུང་ཧྭ་མི་རིགས་ཀྱི་བསམ་པའི་ཁྱིམ་གཞི་བསྐྲུན་རྒྱུའི་གལ་ཆེའི་དོན་སྙིང་དང་གྲུབ་ཆ་སོགས་འཆད་འགྲེལ་དང་ནན་བཤད་གནང་ཡོད། དེ་ལྟར་ན། བོད་མི་རིགས་ཀྱི་སྤྱི་མང་ཕུན་སུམ་ཚོགས་པའི་རིག་གནས་རྣམས་ཀྲུང་ཧྭའི་རིག་གནས་ཀྱི་གྲུབ་ཆ་གལ་ཆེན་ཞིག་ཡིན་པར་ངོས་འཛིན་གཏིང་ཟབ་བྱ་རྒྱུ་ནི་མི་རིགས་མཐུན་སྒྲིལ་དང་མི་རིགས་འཚམ་མཐུན་གྱི་གཞི་རྩ་དང་བླ་སྲོག་ལྟ་བུར་གྱུར་ཡོད་པས། བོད་མི་རིགས་ཀྱི་ཕུལ་བྱུང་སྲོལ་རྒྱུན་རིག་གནས་རྣམས་སྣང་མེད་དུ་འཇོག་པ་དང་། ཟུར་འབུད་བྱེད་པ། ཐ་ན་རྩ་མེད་བཟོ་བ་སོགས་ནི་མི་རིགས་མཐུན་སྒྲིལ་ལ་གཏོར་ཤིག་གཏོང་བའི་བསམ་པ་དང་བྱ་སྤྱོད་ཁོ་ནར་ངེས་པས། ངེས་པར་དུ་བསམ་སྤྱོད་དེ་རིགས་ཁྲུད་བསད་དང་། རང་རྒྱལ་གྱི་མི་རིགས་མཐུན་སྒྲིལ་དང་འཚམ་མཐུན་ལ་དམིགས་ནས་བསམ་སྤྱོད་དེ་རིགས་ལ་འཐབ་རྩོད་བྱེད་དགོས་ངེས་ཤིག་ཡིན། སློངས་ཏང་ཨུད་ཀྱི་ཧྲུའུ་ཅི་ལྷུའུ་དབྱིན་ཅིས་སློངས་ཡོངས་ཀྱི་རིག

གནས་སྒྱུ་རྩལ་ལས་དོན་བཞུགས་མོལ་ཚོགས་འདུའི་ཐོག་ཏུ། “རྒྱ་ཆེའི་རིག་གནས་སྒྱུ་རྩལ་ལས་བྱེད་པ་ཚོས་བོད་མི་རིགས་ཀྱི་རིག་གནས་ཚུད་པའི་ཀྲུང་ཧྭའི་རིག་གནས་ཀྱི་བང་མཛོད་ལས་སྙིང་བཅུད་ཚུར་ལེན་དང་། ནུས་ཚད་བསྡུ་ལེན་བྱེད་མཁས་པོ་དང་། རང་ངོས་རིག་གནས་ཀྱི་ཕྱུགས་འདུན་དང་རིག་གནས་རིན་ཐང་གི་ཆེས་མཐོའི་གདེང་ཚོད་རྒྱུན་འཁྱོངས། རང་ངོས་རིག་གནས་ཀྱི་སྐྱེ་སྟོབས་དང་གསར་གཏོད་ཀྱི་ནུས་པར་ཡིད་ཆེས་བཅས་བྱས་ནས་རང་ཉིད་ཀྱི་བརྩམ་བྱ་དེ་རང་ལྗོངས་ཀྱི་མི་རིགས་ཁག་གི་མི་དམངས་རྣམས་རྒྱུན་ཆད་མེད་པར་མདུན་བསྐྱོད་བྱེད་པའི་སྐུལ་སློང་གི་བསམ་བློའི་ནུས་ཤུགས་ཤིག་ཏུ་གྱུར་བ་བྱེད་དགོས” ཞེས་རེ་བ་བཏོན་གནང་ཡོད། ལྷུའུ་དབྱིན་ཅིའི་རེ་བ་དེ་ནི་སྤྱི་ཁྱབ་ཧྲུའུ་ཅི་ཞི་ཅིན་ཕིང་གི་གལ་ཆེའི་དགོངས་དོན་ཁག་རང་ལྗོངས་སུ་ལག་བསྟར་དོན་འཁྱོལ་བྱེད་རྒྱུའི་ཞིབ་ཕྲའི་མཆོན་ཚུལ་ཞིག་ཡིན་པས། ང་ཚོས་ངེས་པར་དུ་ངོ་ཤེས་མེད་པ་དང་གཏམ་སྤྱོད་གཅིག་མཐུན་གྱིས་ལག་བསྟར་དོན་འཁྱོལ་ཡོང་བ་བྱེད་དགོས་པ་ནི་སྨོས་ཅི། བོད་ཀྱི་སྲོལ་རྒྱུན་རིག་གནས་ཀྱི་ཆ་ནས་ཆ་མཚོན་ན། འཛམ་གླིང་རིག་གནས་བང་མཛོད་ཀྱི་དབུས་སུ་འོད་སྟོང་འཕྲོ་བའི་ནོར་བུ་བོད་ཀྱི་གནམ་རིས་སྐར་རྩིས་དང་། ཨ་ལྕེ་ལྷ་མོ། གླིང་སྒྲུང་ལ་སོགས་དང་། རིག་གནས་ཆེ་བ་ལྔ་དང་ཆུང་བ་ལྔས་གཙོས་པའི་ཁྱུངས་ལྡན་གྱི་སྲོལ་རྒྱུན་རིག་གནས། དམངས་ཁྲོད་རིག་གནས་ཕོ་ནའི་ངོས་ནས་བརྗོད་ན་འང་ཀན་བཀུར་གཞོན་གཅེས་དང་། གཞན་ལ་སེམས་དཀར་དང་སྐྱོ་བ་སྙིང་རྗེས་སྐྱོང་བ་སོགས་ཡ་རབས་བཟང་པོའི་ལུགས་བཟང་དང་། རྒྱན་གོས་དང་བཟོ་སྐྲུན་གྱི་ལག་རྒྱུན། ལུས་རྩལ་དང་རིག་རྩལ་གྱི་བྱེད་སྒོ། ཟས་རིགས་ཀྱི་གཡོས་སྦྱོར་ལ་སོགས་བོད་ཀྱི་ཐུན་མོང་མིན་པའི་ས་བབ་དང་། ལོ་རྒྱུས། རིག་གནས་བཅས་ཀྱི་ཆ་རྐྱེན་འོག་སྐྲུན་འཚར་བྱུང་བའི་མི་རིགས་ཀྱི་ཁྱད་ཆོས་དང་ས་ཁུལ་གྱི་ཁྱད་ཆོས་མངའ་བའི་ཕུལ་བྱུང་སྲོལ་རྒྱུན་

རིག་གནས་ཕུན་སུམ་ཚོགས་པོ་ཡོད། ང་ཚོས་ངེས་པར་དུ་རིག་གནས་དེ་དག་ཉམས་པ་སོར་ཆུད་དང་མི་ཉམས་གོང་འཕེལ་གྱིས་ཀྲུང་ཧྭའི་ཕུལ་བྱུང་སྲོལ་རྒྱུན་རིག་གནས་ཀྱི་བསམ་པ་རྣམ་དག་གི་རྒྱུན་འཛིན་པ་ཞིག་དང་དར་སྤེལ་མཁན་ཞིག་བྱེད་དགོས། དེ་ནི་སྤྱི་ཁྱབ་ཧུའུ་ཅིའི་དགོངས་དོན་དང་། ཀྲུང་དབྱང་གི་བོད་འདི་བཞིན་ཀྲུང་ཧྭའི་ཐུན་མིན་རིག་གནས་སྲུང་སྐྱོབ་ལུས་ཞིག་ཏུ་འཛུགས་སྐྲུན་བྱེད་རྒྱུའི་ལྡང་བྱ་དང་མཐུན་པ་ཞིག་ཡིན་ནོ། །

图书在版编目（CIP）数据

金果·次平文集 ：藏文 / 金果·次平编著. -- 拉萨：
西藏藏文古籍出版社，2019.1

ISBN 978-7-5700-0219-1

Ⅰ. ①金… Ⅱ. ①金… Ⅲ. ①金果·次平—文集—藏语②藏族—民族文化—文集—藏语 Ⅳ. ①K281.4-53

中国版本图书馆 CIP 数据核字（2018）第 257157 号

金果·次平文集（三）

编　　著　金果·次平
责任编辑　次　巴
封面设计　索朗曲珍
校　　对　旦巴曲扎
策　　划　天利文化
出　　版　西藏藏文古籍出版社（拉萨市色拉路 22 号）　邮政编码：850000
　　　　　西藏藏文古籍出版社第二编辑部（拉萨市林廓北路 20 号）
　　　　　打击盗版：0891-6930339
印　　刷　三河市天功达印刷有限公司
经　　销　全国新华书店
开　　本　16 开（710×1 000）
印　　张　78.5
印　　数　0001-2000 册
版　　次　2019 年 1 月第 1 版第 1 次印刷
标准书号　ISBN 978-7-5700-0219-1
定　　价　180.00 元（共三卷）

༄། །རྒྱང་འཁོར་ཆེ་ཕྲན་གྱི་ཆེད་རྩོམ་
ཕྱོགས་སྒྲིག

དེབ་དང་པོ།

བོད་ལྗོངས་བོད་ཡིག་དཔེ་རྙིང་དཔེ་སྐྲུན་ཁང་།

༄། །རྒྱང་འཁོར་ཚེ་ཕུན་གྱི་ཆེད་རྩོམ་ཕྱོགས་སྒྲིག （དེབ་དང་པོ། ）

གཙོ་སྒྲིག་པ། རྒྱང་འཁོར་ཚེ་ཕུན།

རྩོམ་སྒྲིག་འགན་འཁུར་བ། ཚེ་དཔག

མདུན་ཤོག་མཛེས་འཇོས་པ། བསོད་ནམས་ཆོས་སྒྲོན།

ཞུ་དག བསྟན་པ་ཆོས་གྲགས།

རྩོམ་འགོད། བོད་ལྗོངས་ཞིན་ལི་དཔལ་འབྱོར་རིག་གནས་འཕེལ་རྒྱས་ཚད་ཡོད་ཀུང་སི།

དཔེ་སྐྲུན། བོད་ལྗོངས་བོད་ཡིག་དཔེ་སྙིང་དཔེ་སྐྲུན་ཁང་། （ལྷ་ས་གྲོང་ཁྱེར་སེ་ར་ལམ་སྒོ་ཨང་22）

བོད་ལྗོངས་བོད་ཡིག་དཔེ་སྙིང་དཔེ་སྐྲུན་ཁང་གི་རྩོམ་སྒྲིག་ཁང་གཉིས་པ།

（ལྷ་ས་གྲོང་ཁྱེར་གླིང་སྐོར་བྱང་ལམ་སྒོ་ཨང་20） སྦྲག་ཨང་850000

པར་གཞི་རྐུ་སྤྱོད་ལ་རྫུང་རྗེས་གཏོང་། 0891-6930339

པར་འདེབས་ཚན་པ། སེན་ཧོ་གྲོང་ཁྱེར་ཐེན་ཀུང་ཏྲུ་པར་སྐྲུན་ཚད་ཡོད་ཀུང་སི།

བརྒྱུད་འཚོང་། ཞིན་ཧྭ་དཔེ་ཚོང་ཁང་།

དེབ་ཚད། 710mm×1 000mm 1/16

པར་ཤོག 78.5

པར་གྲངས། 0001-2000

པར་ཐེངས། 2019ལོའི་ཟླ་1པོར་པར་གཞི་དང་པོ་བསྒྲིགས་པར་ཐེངས་དང་པོ་བཏབ།

དཔེ་རྟགས། ISBN 978-7-5700-0219-1

རིན་གོང་། སྒོར་180.00 （ཁྱོན་དེབ་གསུམ། ）

དཀར་ཆག

བོད་ཀྱི་དམངས་སྲོལ་གླང་དོར་བྱེད་ཐབས་སྐོར་གྱི་གླེང་སློང་། ……… (1)
བོད་ཀྱི་གཉེན་སྲོལ་གྱི་གནད་དོན་འགར་དཔྱད་པ། …………… (22)
བོད་ཀྱི་སྟར་སྲོལ་འཇིག་རྟེན་པོ་བག་ཁབ་ལེན་གྱི་རྣམ་པ་འགར་
དཔྱད་པ། ……………………………… (66)
མནའ་མ་མག་པ་གཏོང་ལེན་གྱི་གོམས་སྲོལ་སྐོར་གླེང་བ། ………… (87)
གཉེན་སྒྲིག་སྐོར་གྱི་འཛོམ་བྱའི་དགེ་སྐྱོན་གླང་དོར་ལ་དཔྱད་པ། …… (95)
མིང་འགའི་འདོགས་ཚུལ་ལས་འཕྲོས་པའི་གཉེན་སྒྲིག་གོམས་སྲོལ་དང་
འབྲེལ་བའི་འདྲི་ཞིབ་འགའ།……………………… (114)
བྱེ་ཕྲུག་སྐོར་གྱི་ཐོག་མའི་དཔྱད་གླེང་། …………………… (128)
ནང་མ་མདོར་གླེང་། ……………………………… (153)
སྲོལ་རྒྱུན་འཛོམ་བྱའི་དགེ་སྐྱོན་སྤང་གླང་ལ་དཔྱད་པ། ………… (164)
བོད་ཀྱི་ཕུང་པོ་རྗེས་འཇུག་གི་ཐོག་མའི་སྲོལ་གང་ཡིན་སྐོར་རགས་ཙམ་
གླེང་བ། ……………………………… (192)
རྫ་ཡུལ་སྡེང་པའི་གཉེན་སྲོལ་དང་འདས་མཆོད་སྐོར། ………… (204)
བོད་ཀྱི་དུས་སྟོན་གྱི་ཁྱད་ནུས་དང་དེའི་འཕེལ་ཕྱོགས་ཀྱི་སྐོར་ལ་
དཔྱད་པ། ……………………………… (211)
དགེ་འཁོར་ཡུལ་གྱི་སྲོལ་རྒྱུན་དབྱར་སྟོན་དང་འབྲེལ་བའི་མགོ་རྩེས་
མཛད་སྒོའི་སྐོར་གླེང་བ། ……………………… (229)

ཛོ་མོ་གླིང་མའི་རང་བྱུང་སྲུང་སྐྱོབ་ཁུལ་གྱི་དུས་ཆེན་སྐོར་གླེང་བ། … （243）

ལྷ་སའི་སྲོལ་རྒྱུན་དུས་ཆེན་གྱི་ཁྱད་ནུས་སྐོར་གྱི་དཔྱད་གླེང་། …… （259）

བོད་ཀྱི་རིག་རྩེད་ལས་ཤོ་རྩེད་སྐོར་བརྗོད་པ། ………………… （275）

བོད་ཀྱི་སྲོལ་རྒྱུན་རྡོ་སྒོར་རྩེད་རྩལ་སྐོར་ལམ་ཙམ་བརྗོད་པ། ……… （284）

ཞུར་རྡོའི་རྩེད་རྩལ། …………………………………… （293）

དམངས་ཁྲོད་རྩེད་རྩལ་འགའི་སྐོར་རགས་ཙམ་གླེང་བ། ………… （298）

ཚང་དང་འབྲེལ་བའི་རིག་གནས་ཀྱི་དགེ་སྐྱོན་ལ་དཔྱད་པ། ……… （308）

རིགས་རྒྱུད་མཐོ་དམན་གྱི་ལྟ་བ་དང་དེའི་འབྱུང་རྐྱེན་ལ་དཔྱད་པ། … （330）

སྣེ་མོ་ཁུལ་གྱི་སྲོལ་རྒྱུན་ལག་ཤེས་ལས་མདའི་བཟོ་རྩལ་སྐོར་གླེང་བ། … （355）

སྣེ་མོ་ཁུལ་གྱི་སྲོལ་རྒྱུན་ལག་ཤེས་ལས་ཤོག་བུའི་བཟོ་རྩལ་སྐོར་
གླེང་བ། ……………………………………………… （367）

ལུག་ལོར་ལུག་དང་འབྲེལ་བའི་གླེང་མོལ། ……………………… （376）

ཁྱི་ལོར་བོད་ཁྱི་དང་དེ་འབྲེལ་བརྩམས་ཆོས་སྐོར་གླེང་བ། ……… （387）

༄༅། །བོད་ཀྱི་དམངས་སྲོལ་བླང་དོར་བྱེད་ཐབས་སྐོར་གྱི་གླེང་སློང་།

གཅིག གླེང་གཞི།

"རིག་གནས་ཅུང་འཕེལ་རྒྱས་ཆེ་བའི་རྒྱལ་ཁབ་བམ་མི་རིགས་གཅིག་གི་ནང་། སྤྱིར་ན་ཁ་གཏད་དུ་གྱུར་པའི་མཐོ་རིམ་རིག་གནས་དང་དམའ་རིམ་རིག་གནས་གཉིས་ལྷན་ཅིག་ཏུ་གནས་ཡོད་ལ། རིག་གནས་འདི་གཉིས་ཕྱོགས་བསྡུས་བྱས་པ་ལས་རྒྱལ་ཁབ་དེའམ་མི་རིགས་དེའི་རིག་གནས་གྲུབ་པ་ཡིན། དེ་ནི་ང་ཚོས་དེང་དུས་རྗོད་བཞིན་མཚིས་པའི་མི་རིགས་ཀྱི་སྲོལ་རྒྱུན་རིག་གནས་ཟེར་བ་དེ་རེད།"①ཅེས་པ་ལྟར་ཡུན་རིང་གི་ལོ་རྒྱུས་ལྡན་ཞིང་བསམ་པའི་དཔལ་ཡོན་དར་རྒྱས་ཆེ་བའི་རང་ཅག་ཁ་བ་རི་པའི་མི་རིགས་འདིའི་སྲོལ་རྒྱུན་རིག་གནས་ལ་ཆ་མཚོན་ན་འང་། འཛམ་གླིང་མི་རིགས་ཁག་གི་རིག་གནས་ལྷུམ་རའི་ཁྲོད་དུ་ངོ་གནོང་མི་དགོས་པའི་མཚར་སྡུག་ལྡན་པའི་ཕུལ་བྱུང་རིག་གནས་ཕུན་སུམ་ཚོགས་པོ་ཞིག་བླང་བྱར་ཡོད་ལ། དོར་བྱར་འོས་པའི་རྗེས་ལུས་ཀྱི་རིག་གནས་ཀྱང་མི་ཉུང་བ་ཞིག་མཆིས། དེ་ཡང་བོད་ཀྱི་དམངས་སྲོལ་ནི་སྲོལ་རྒྱུན་རིག་གནས་ཀྱི་གྲུབ་ཆ་གཙོ་བོ་ཞིག་ཡིན་ལ། དེའི་ནང་དུའང་ཡར་ཐོན་དང་རྗེས་ལུས་ཀྱི་ཕྱོགས་གཉིས་འདུས་ཡོད་པས། ཇི་ལྟར་བྱས་ནས་དམངས་སྲོལ་དེ་ཉིད་དུས་རབས་ཀྱི་རེ་འདུན་དང་འཚམས་པའི་ཕྱོགས་སུ་གོང་འཕེལ་གཏོང་ཐབས་སྐོར་ལ་དཔྱད་པ་བྱ་

① ཀྲུང་ཅིང་འུན་གྱིས་བརྩམས་པའི་《ཁ་ལས་དམངས་ཁྲོད་རིག་གནས་》(རྒྱ་ཡིག) ཤོག་ངོས་༡ལ་གསལ།

རྒྱུ་ནི་དམངས་སྲོལ་རིག་པའི་ཐད་ཀྱི་གཡོལ་ཐབས་མེད་པའི་འགན་བབ་ཅིག་རེད།

མི་རིགས་གང་འདྲ་ཞིག་གི་དམངས་སྲོལ་གང་ཞིག་ཡིན་རུང་། དེ་ནི་ལོ་རྒྱུས་རིང་ལ་གྲུབ་གཞི་མི་འདྲ་བ་དང་། ནང་དོན་དང་རྣམ་པ་སྣ་ཚོགས་ཡོད་གཤིས། དེ་རྣམས་ཀྱིས་སྤྱི་ཚོགས་ལ་ཐོན་པའི་ནུས་པའང་དྲང་ལོག་ཕྱོགས་གཉིས་སུ་ངེས་སྟབས། དམངས་སྲོལ་ལ་ཡང་བཟང་ངན་གཉིས་སུ་དབྱེ་ན་ཚོག སྤྱིར་སྤྱི་ཚོགས་ལ་དྲང་ཕྱོགས་ཀྱི་ནུས་པ་ཐོན་པའི་དམངས་སྲོལ་རྣམས་ཕུལ་ཕྱུང་གི་དམངས་སྲོལ་དུ་ངོས་འཛིན་བྱེད་ཚོག་ལ། སྤྱི་ཚོགས་ལ་ལོག་ཕྱོགས་ཀྱི་ནུས་པ་ཐོན་པའི་དམངས་སྲོལ་རྣམས་རྗེས་ལུས་ཀྱི་དམངས་སྲོལ་དུ་ངོས་འཛིན་བྱས་ན་ཚོག འོན་ཀྱང་དྲང་ལོག་ཕྱོགས་གཉིས་ཀྱི་ནུས་པ་ཟེར་བ་དེ་འོལ་སྤྱི་ཆེ་དྲགས་པས་ཞིབ་ཕྲའི་སྣང་ཚུལ་ལ་དབྱེ་ཞིབ་བྱེད་སྐབས་དྲང་ལོག་ཕྱོགས་གཉིས་ཀའི་ཚད་གཞི་དང་ནང་དོན་གསལ་རྟོགས་དགོས་ངེས་རེད། དེ་བཞིན་དམངས་སྲོལ་གྱིས་སྤྱི་ཚོགས་ལ་ཐོན་པའི་ནུས་པ་དེའང་ལོ་རྒྱུས་ཐོག་གི་ནུས་པ་དང་ད་ལྟའི་དུས་སུ་ཐོན་པའི་ནུས་པ་སྟེ་རིགས་གཉིས་སུ་དབྱེ་རྒྱུ་ཡོད། དམངས་སྲོལ་ལ་ལ་ཞིག་གིས་དེ་ཐོག་མར་ཆགས་སྐབས་སམ་ལོ་རྒྱུས་ཀྱི་དུས་རིམ་ངེས་ཅན་ཞིག་གི་ནང་བཟང་ཕྱོགས་ཀྱི་ནུས་པ་ཐོན་ཡོད་རུང་ད་ལྟའི་སྤྱི་ཚོགས་ལ་ལོག་ཕྱོགས་ཀྱི་ནུས་པ་ཐོན་པ་དང་། ས་ཁུལ་ལམ་མི་རིགས་ག་གེ་མོའི་ཁྲོད་དུ་བཟང་བའི་ནུས་པ་ཐོན་རུང་ཆེ་གེ་མོའི་ཁྲོད་དུ་ལོག་པའི་ནུས་པ་ཐོན་གྱི་ཡོད་ན་དམངས་སྲོལ་ཁྲོད་ཀྱི་བཟང་ངན་ཞེས་པ་དེ་ལྟོས་བཅས་ཤིག་རང་རེད། དམངས་སྲོལ་བཟང་ངན་གྱི་དབྱེ་བ་འབྱེད་སྐབས་ལོ་རྒྱུས་ཐོག་ཏུ་ཐོན་པའི་དགེ་སྐྱོན་ལ་ཞིབ་བལྟ་བྱེད་རྒྱུ་མ་ཟད། ཁྱད་པར་ད་ལྟའི་སྤྱི་ཚོགས་ཀྱི་ཐོན་སྐྱེད་དང་འཚོ་བ་ལ་དགེ་སྐྱོན་ཅི་ཐོན་དང་། མང་ཚོགས་ཀྱི་ལུས་སེམས་བདེ་ཐང་ལ་དགེ་སྐྱོན་ཅི་ཐོན། ཚན་རིག་ཤེས་བྱ་གོང་འཕེལ་གཏོང་རྒྱུ་དང་བསམ་པའི་དཔལ་ཡོན་འཛུགས་སྐྲུན་ལ་དགེ་སྐྱོན་ཅི་ཐོན་སོགས་ལ་

ཞིབ་བརྟག་བྱ་རྒྱུ་ཤིན་ཏུ་གལ་ཆེ། གོང་སྨོས་དོན་ཚན་གསུམ་གང་རུང་ལ་དགེ་བའི་ཆ་ལྡན་ན་དེ་ནི་ལུགས་སྲོལ་བཟང་པོ་ཞིག་ཏུ་ངོས་འཛིན་བྱེད་ཆོག་ལ། དེ་ལས་ལྡོག་ཚེ་རྗེས་ལུས་ཅན་ལ་ངོས་འཛིན་ཆོག་པ་ཡིན། དེ་ལྟའི་ཚད་གཞི་འདི་དམ་བཟུང་གིས་བོད་ཀྱི་དམངས་སྲོལ་ལ་དབྱེ་ཞིབ་བྱས་ན་གཞི་ནས་བོད་ཀྱི་དམངས་སྲོལ་ནང་ཕུལ་བྱུང་དང་རྗེས་ལུས་ཀྱི་སྣང་ཚུལ་གཉིས་སུ་བྱུང་བ་གསལ་པོར་མཐོང་ཐུབ།

བོད་ཀྱི་དམངས་སྲོལ་དག་ནི་གངས་ལྗོངས་ས་མཐོའི་སྟེང་འཚོ་ཞིང་གནས་པའི་བོད་མི་རིགས་ཀྱི་དངོས་པོའི་འཚོ་བ་དང་རིག་གནས་འཚོ་བ་འཕེལ་རྒྱས་འགྲོ་བའི་ལོ་རྒྱུས་ཀྱི་དུས་རིམ་སྣ་མང་བརྒྱུད་དེ་རིམ་བཞིན་ཆགས་པ་དང་། ཕ་ཚ་བུ་རྒྱུད་ཀྱིས་རྒྱུན་འཛིན་བྱེད་པའི་བརྒྱུད་རིམ་ནང་འཕེལ་རྒྱས་བྱུང་བ་ཞིག་ཡིན་པས། དེའི་ནང་སེམས་དཀར་བློ་རིག་བཀྲ་བའི་བོད་རིགས་མང་ཚོགས་ཀྱི་བློ་གྲོས་ཀྱི་སྙིང་བཅུད་མཚོན་པའི་ཕུལ་བྱུང་གི་དམངས་སྲོལ་ཕུན་སུམ་ཚོགས་པོ་ཡོད། དེ་ཡང་དཔེར་ན་བོད་ཀྱི་དམངས་ཁྲོད་དུ་རྒན་རྒོན་ལ་བརྩི་བཀུར་དང་། གཞོན་སྐྱེས་ལ་གཅེས་སྐྱོང་། རྒན་འོག་གཞོན་ཚུད་ཀྱི་སྤྱོད་བཟང་དར་ཁྱབ་ཆེ་བ་ཙམ་དུ་མ་ཟད། སྐུ་མགྲོན་ལ་གུས་ཞབས་དང་ཞེ་ས་བྱེད་པ། འཇིག་རྟེན་ཕར་བརྟེན་ཚུར་བརྟེན། སྐྲ་ལོ་གཡས་བཞག་གཡོན་བཞག་ཅེས་པ་ལྟར་གྲོང་པ་ཁྱིམ་མཚེས་ཕན་ཚུན་འཛིག་རྟེན་སྐྱིད་སྡུག་གང་ལའང་གཅིག་རོགས་གཅིག་ཕན་བྱེད་པ། རང་ལས་སྐྱོ་བའམ་མི་གཞན་ལ་སེམས་དཀར་བྱམས་དང་སྙིང་རྗེས་སྐྱོང་བའི་ཡ་རབས་བཟང་པོའི་སྤྱོད་བཟང་དེ་རྣམས་དང་། གཞན་ཡང་བོད་ཀྱི་ས་ཁུལ་གང་སར་ས་ཁྱབ་རྗེ་ཁྱབ་ཡིན་པའི་དུས་སྟོན་ནང་སྒྲོ་སྐྱིད་ཀྱི་རྩེད་མོའི་རྣམ་གྲངས་དང་། ལུས་རྩལ་གྱི་འགྲན་ཚོགས། གཞས་དང་ཞབས་བྲོའི་འགྲན་ཚོགས། ཚོང་འདུས་བཅས་ཀྱི་ཕྱོགས་བསྡུས་རང་བཞིན་གྱི་དོན་སྙིང་ལྡན་པ་མང་བ། གསེར་བཟོ། དངུལ་བཟོ། ལྕགས་བཟོ། ཤིང་བཟོ། ཆེམ་འཐག་སོགས་ཕུན་སུམ་ཚོགས་པའི་མི་རིགས་ལག་

ཞེས་བཟོ་ལས་དང་། བོད་མི་རང་ཉིད་ཀྱི་ཡུལ་ཐོན་དངོས་རྫས་རྒྱུ་ཆར་བྱས་ཏེ་ས་མཐོའི་རང་བྱུང་ཁོར་ཡུག་ཁྱད་ཆོས་དང་བདེ་ཐང་གི་འཕྲོད་བསྟེན་བཅས་དང་མཐུན་པའི་བོད་ཟས་ཀྱི་རྣམ་གྲངས་མི་འདྲ་བའི་གཡོས་སྦྱོར་ལག་ལེན་གྱི་ཉམས་མྱོང་ཟབ་པོ་ཡོད་པ་རྣམས་དང་། དམངས་སྨྲུང་དང་། དམངས་གཞས། གཏམ་དཔེ། སྨྲུང་། ལྡེའུ། ཤགས། སྒོར་བྲོ། ཤོན། གཡག་རྒྱུག རྟ་རྒྱུག མདའ་རྩེད། སྦྲེ་ག རྡོ་འཁྱོགས། རྐྱལ་རྩེད་སོགས་རིག་རྩལ་དང་ལུས་རྩལ་གྱི་རྣམ་གྲངས་བསམ་གྱིས་མི་ཁྱབ་པ་མང་པོ་ཡོད་པ་རྣམས་དང་། དེ་བཞིན་ཡུན་རིང་ལོ་རྒྱུས་ལྡན་ལ་བོད་སྤྱོངས་ས་མཐོའི་ས་བབ་དང་གནམ་གཤིས་ལ་བསྟུན་ནས་རིམ་བཞིན་ཆགས་དར་བྱུང་བའི་བོད་ཀྱི་རྒྱན་གོས་དང་སྡོད་ཁང་གི་བཟོ་རྩལ་དང་ཁྱད་ཆོས་བཅས་ཚང་མ་ཕྱུལ་བྱུང་གི་དམངས་སྲོལ་ཡིན། ཞེས་རིག་ལྡན་ལ་ཚན་རིག་དང་མཐུན་པའི་ཕྱུལ་བྱུང་གི་དམངས་སྲོལ་དེ་རིགས་ནི་དུས་རབས་རང་བཞིན་དང་མི་རིགས་རང་བཞིན་ཟུང་དུ་མངའ་བའི་བོད་ཀྱི་དམངས་སྲོལ་གོང་འཕེལ་གཏོང་རྒྱུའི་རྨང་གཞི་ཡིན་ལ་བསམ་པའི་དཔལ་ཡོན་འཛུགས་སྐྲུན་བྱ་གཞག་ལ་མཁོ་བའི་ཕྱུལ་བྱུང་རིག་གནས་ཤིག་ཀྱང་ཡིན།

འོན་ཀྱང་ཤིན་ཏུ་སྣ་མང་བའི་བོད་ཀྱི་དམངས་སྲོལ་ཁྲོད་རྫས་ལུས་ཀྱི་དམངས་སྲོལ་མི་ཉུང་བ་ཞིག་ཡོད་པ་དེ་ང་ཆོས་ཁས་ལེན་བྱ་རྒྱུ་ཙམ་མ་ཟད། ལྷག་པར་དུ་ངོས་འཛིན་གསལ་པོ་བྱ་དགོས་ངེས་རེད། དམངས་སྲོལ་ཁྲོད་ཀྱི་རྫས་ལུས་ཀྱི་སྣང་ཚུལ་ནི་བོད་ཙམ་མ་ཟད་འཛམ་གླིང་མི་རིགས་ཚང་མའི་དམངས་སྲོལ་ལ་ཐུན་མོང་དུ་མངའ་བའི་ཁྱད་ཆོས་ཤིག་ཡིན། དེའི་རྒྱུ་མཚན་ཡང་གཅིག་ནས་དམངས་སྲོལ་དག་མི་རིགས་ཤིག་གི་ལོ་རྒྱུས་ཀྱི་ཆ་རྐྱེན་ངེས་ཅན་ཞིག་གི་འོག་ཐུན་མོང་གི་ཐོན་སྐྱེད་ལག་ལེན་དང་གྲལ་རིམ་འཐབ་རྩོད་ཀྱི་བརྒྱུད་རིམ་ནང་རང་ཤུགས་སུ་གྲུབ་ཅིང་དར་ཁྱབ་བྱུང་བ་ཞིག་ཡིན་པས། དེར་ཡང་དག་པའི་བསམ་

བློའི་མཛུབ་ཁྲིད་མེད་པ་དང་། ཡང་སྔོས་དམངས་སྲོལ་དག་ནི་རྒྱུན་འཛིན་རང་བཞིན་ཅན་གྱི་རིག་གནས་ཤིག་ལགས་པས། བག་འཁྲུམས་ཀྱི་རང་བཞིན་ཤིན་ཏུ་ཆེ་སྟབས་དམངས་སྲོལ་གྲུབ་ཟིན་པའི་རྗེས་དེར་འགྱུར་བ་འགྲོ་དཀའ་བ་དང་རྗེས་ལུས་ཅན་དག་ཀྱང་ཕ་མེས་ཀྱིས་འཛུགས་གནང་བའི་ཤུལ་བཟང་པོ་ཞིག་ལ་འཛིན་ནས་ཁྲི་ཁ་ཊུས་བཟུང་ལྟར་བྱེད་ཀྱི་ཡོད་པས་ཡིན། བོད་ཀྱི་དམངས་སྲོལ་ཁྲོད་ཀྱི་རྗེས་ལུས་ཀྱི་རྣམ་པ་ལ་ཆ་མཚོན་ན། མི་ལ་རིགས་ཊུས་མཐོ་དམན་མཚོག་ཞན་གྱི་དབྱེ་བ་ཕྱེ་སྟེ་མགར་བ་དང་། རྟོགས་ལྡན། བཤན་པ་སོགས་རིགས་རྒྱུད་དམན་པར་འཛིན་པ་དང་། ཡུལ་ཞུང་ཤས་སུ་ཤིང་བཟོ་དང་། འཐག་ལས། མཉེད་ལས། རྫ་བཟོ་སོགས་ཀྱི་ལས་རིགས་ལ་འཇུག་མཁན་རྣམས་ཀྱང་དམན་པར་འཛིན་ཏེ་བཙོག་ལྟ་མཐོང་ཚུང་གིས་དེ་རྣམས་དང་གཉེན་འབྲེལ་མི་བྱེད་པ། ཟས་གོས་ལུས་གསུམ་བསྲེ་མི་ཆོག་པ། ཐ་ན་ཡུལ་འགའ་ཤས་སུ་རིགས་དམན་པ་རྣམས་ཀྱི་གྲིབ་གཟུགས་ཀྱང་མི་ཕོག་པར་བྱེད་པ་དང་། རིགས་དམན་པ་རྣམས་ལྷགས་ཕྱོགས་སུ་སྡོད་མི་ཆོག་པ་སོགས་ནི་སྤྱི་ཚོགས་ཀྱི་བསྲུང་བྱར་གྱུར་ཡོད་ལ། བསྲུང་བྱ་དེ་དང་འགལ་མཁན་ལ་བཙོག་ལྟ་དང་། ངན་སྨྲས་ཁ་བརྡུང་ཡང་བྱེད་སྲོལ་ཡོད། དེས་མི་ལུས་འདྲ་མཉམ་ཡོང་རྒྱུར་གནོར་བཤིག་གཏོང་བ་མ་ཟད། མི་རིགས་ཀྱི་ལག་ཤེས་བཟོ་ལས་འཕེལ་རྒྱས་འགྲོ་རྒྱུར་འགོག་རྐྱེན་དང་མང་ཚོགས་ཀྱི་དཀའ་སྡུད་འབད་བརྩོན་གྱི་ལས་ཀའི་ཧུར་བརྩོན་རང་བཞིན་འདོན་སྤེལ་བྱ་རྒྱུར་འགོག་རྐྱེན་བཟོ་ཡི་ཡོད། གཞན་ཡང་ནམ་རྒྱུན་འཇིག་རྟེན་འཚོ་བའི་ཁྲོད་རྫོངས་དད་ཀྱི་སྣང་ཚུལ་འདྲ་མིན་སྣ་ཚོགས་ཡོད་པ་ཡང་ལུང་ཚོའི་ཐོན་སྐྱེད་ཀྱི་གནད་དོན་དང་ཁྱིམ་ཚང་ངམ་ཡང་ན་མི་སྒེར་གྱི་དོན་ཆེན་མང་པོ་ཞིག་ལྟ་པ། མོ་པ། རྩིས་པ་ལ་མོ་ལུང་ཐུགས་བརྟག་ཞུས་ནས་ཐག་གཅོད་པ་དང་། གེགས་བར་སེལ་ཆེད་དུ་བྱེད་སྒོ་སྣ་ཚོགས་སྤེལ་ཏེ་ནོར་རྫས་མང་པོ་ཆུད་ཟོས་གཏོང་གི་ཡོད། དེས་

ཐོན་སྐྱེད་དང་དོན་ཆེན་ལ་འཕྲུས་ཤོར་དང་གྱོང་གུན་བཟོ་བ་ཙམ་མ་ཟད། “ལྷ་བའི་ལུས་ལ་སྲིན་པོའི་སེམས།” “མོ་བའི་ལུས་ལ་འདྲེ་ཡི་ཁ” ཞེས་པ་ལྟར་གཡོ་ཐབས་ཀྱིས་གཞན་ལ་མགོ་སྐོར་གཏོང་མཁན་མི་ཉུང་བར་ཁོར་ཡུག་དང་གོ་སྐབས་ངེས་ཅན་བསྐྲུན་གྱི་ཡོད། གཞན་ཡང་བོད་ཀྱི་གཉེན་སྒྲིལ་ལ་ཆ་མཚོན་ན་ཕ་མས་བུ་ཕྲུག་གི་མི་ཚེའི་དོན་ཆེན་ཏེ་གཉེན་སྒྲིག་གི་འགྲོ་སྟངས་བཟོ་བ་དང་། གཉེན་སྒྲིག་བྱེད་སྐབས་འབྲེལ་ཡོད་ལས་ཁུངས་ལ་ཐོ་འགོད་ཀྱི་འགྲོ་ལུགས་མ་བརྒྱུད་པར་གཉེན་སྟོན་ཁོ་ནས་གཉེན་སྒྲིག་ལག་ཁྱེར་གྱི་ཚབ་བྱེད་པའི་སྣང་ཚུལ་ད་དུང་ཡང་ཚབས་ཆེ་བ། ཡུལ་འགའ་ཤས་སུ་བུ་སྤུན་མནའ་མ་མཉམ་སྤྱོད་བྱེད་པ་ལྟ་བུ་རྗེས་ལུས་ཀྱི་གཉེན་སྒྲིལ་རིག་རྒྱུ་ཡོད་པ་སོགས་གཉེན་སྒྲིལ་ནང་མཆིས་པའི་རྗེས་ལུས་ཀྱི་རྣམ་པ་དེ་དག་ཕོ་མོ་འདྲ་མཉམ་དང་། གཉེན་སྒྲིག་རང་དབང་། ཁྱོ་གཅིག་ཤུག་གཅིག་བཅས་ཀྱི་གཉེན་སྒྲིག་རྩ་དོན་དང་རྒྱབ་འགལ་འགྲོ་བ་མ་ཟད། གཉེན་སྒྲིག་མཁན་པོ་བདག་དང་དེའི་བུ་རྒྱུད་ཀྱི་ལུས་སེམས་བདེ་ཐང་ལ་ཡང་གནོད་སྐྱོན་ཐེབ་གི་ཡོད།

གོང་སྨྲས་ལྟར་བོད་ཀྱི་དམངས་སྲོལ་ལ་ཕུལ་བྱུང་དང་རྗེས་ལུས་ཀྱི་སྣང་ཚུལ་ཟུང་དུ་ལྡན་ཡོད་པས་ང་ཚོས་ངེས་པར་དུ་ལེགས་ཆ་དར་སྤེལ་དང་། སྐྱོན་ཆ་རྒྱབ་སྐྱུར་བྱེད་པའི་མར་ཁེ་སི་རིང་ལུགས་ཀྱི་རིག་གནས་ལྟ་བ་དམ་བཟུང་གིས་བོད་ཀྱི་དམངས་སྲོལ་ལ་ཡང་དག་པའི་སྒོ་ནས་སླེགས་དོར་བཙུད་ལེན་བྱས་ཏེ། བོད་ཀྱི་དམངས་སྲོལ་འདི་ཉིད་དུས་རབས་ཀྱི་ནང་དོན་ལྡན་ལ་བོད་མི་རིགས་ཀྱི་ཁྱད་ཆོས་མངའ་བའི་དུས་རབས་རང་བཞིན་དང་མི་རིགས་རང་བཞིན་ཟུང་དུ་ལྡན་པའི་དམངས་སྲོལ་གྱི་ཕྱོགས་སུ་འཕེལ་རྒྱས་གཏོང་དགོས། དམངས་སྲོལ་གྱིས་སྤྱི་ཚོགས་ཀྱི་ཐོན་སྐྱེད་དང་འཚོ་བ། མིའི་ལུས་སེམས་བདེ་ཐང་། ཚན་རིག་ཤེས་བྱ་གོང་འཕེལ་གཏོང་རྒྱུ་དང་བསམ་པའི་དཔལ་ཡོན་འཛུགས་སྐྲུན་གྱི་བྱ་

གཞག་ལ་དགེ་མཚན་ལྡན་པའི་ནུས་པ་ཐོན་གྱི་ཡོད་ན་དེ་ནི་དམངས་སྲོལ་བཟང་པོ་ཞིག་ཡིན་པས་རྒྱུན་འཛིན་དང་འཕེལ་རྒྱས་གཏོང་དགོས་ངེས་རེད་ལ། གནོད་སྐྱོན་ཡོད་ཚེ་དམངས་སྲོལ་ངན་པར་འཛིན་ནས་བསྒྱུར་བཅོས་བྱ་ཡུལ་དང་དོར་བྱར་བཟུང་དགོས་པ་ལས་རང་མི་རིགས་ཀྱི་མེས་པོའི་ཤུལ་བཞག་ཡིན་ཞེས་བཟང་ངན་ལ་དབྱེ་འབྱེད་མེད་པར་ཉ་ཉུང་མཉམ་བསྲེས་ཀྱིས་སྔར་ཡོད་ཚང་མ་ཁས་ལེན་དང་། མུ་མཐུད་རྒྱུན་འཕྱོངས་བྱེད་པའི་སྤྱོད་ཚུལ་ལམ། ཡང་ན་དེ་ལས་ལྡོག་སྟེ་དམངས་སྲོལ་ནི་ལོ་རྒྱུས་ཀྱི་ཤུལ་བཞག་རིག་གནས་ཤིག་ཡིན་པས་དེར་རྫོངས་ཞེན་དང་རྗེས་ལུས་ཀྱི་རང་བཞིན་ཆེན་པོ་ལྡན་ཡོད་ཅེས་ཕུལ་བྱུང་དང་རྗེས་ལུས་དབར་དབྱེ་འབྱེད་མེད་པར་རྒྱུག་པ་ལེབ་བརྡུང་གཏོང་བའི་སྤྱོད་ཚུལ་ཧ་གོང་གསལ་ཕྱོགས་ལྷུང་གི་སྤྱོད་ཚུལ་དེ་རིགས་བཟུང་མི་རུང་། རང་རེའི་དངོས་དོན་ལ་གཞིགས་ཚེ་དམངས་སྲོལ་ལ་འཛིན་པའི་བྱེད་ཕྱོགས་ནི་ཧུར་བརྩོན་གྱིས་ཡར་ཐོན་ཡོང་བའི་བྱེད་ཕྱོགས་ལས་ཡོངས་སུ་ལྡོག་སྟེ་སྒྲིད་ལུག་གིས་ཕྱིར་བཤོལ་བྱེད་པ་དང་གཞན་སྐྱུལ་གྱི་དྲ་ནང་ཚུད་བསྡད་ཡོད། དེ་ཡང་ཅུང་གསལ་བར་བཤད་ན་བོད་ཀྱི་ཞིང་འབྲོག་ཁུལ་དུ་དམངས་སྲོལ་རྗེས་ལུས་ཅན་དང་དམངས་སྲོལ་ངན་པ་མང་པོ་ལ་ད་དུང་ཡང་ཁྲི་ཁ་རུས་བཟུང་གི་བརྟུལ་ཞུགས་ཁོ་ན་འཛིན་གྱི་ཡོད་པ་ནི་དེ་ཁུལ་དུ་འགྲིམ་འགྲུལ་མི་བདེ་བ་དང་། ཐོན་སྐྱེད་བྱ་ཐབས་དང་བཟའ་འཐུང་གི་འཚོ་བའི་གོམས་གཤིས། བསམ་པའི་རིག་གནས་འཚོ་བ་བཅས་ལ་འགྱུར་ལྡོག་ཆུང་བ། དེ་བཞིན་མང་ཚོགས་ཀྱི་ཚན་རིག་ཤེས་བྱའི་ཆུ་ཚད་དམའ་བས་བསམ་བློར་བཅིངས་འགྲོལ་གཏོང་མི་ཐུབ་པར་“སྣང་བ་ཐམས་ཅད་ལྷ་ཡི་སྲོལ་དུ་བསྒྲགས། གསར་པ་ཐམས་ཅད་བདུད་ཀྱི་འཕྲུལ་དུ་སེམས་”པའི་ལྟ་བ་ད་དུང་མཁྲེགས་བཟུང་བྱས་པའི་མཐའ་འབྲས་ཡིན་པ་དང་། གྲོང་ཁྱེར་ཁག་ཏུ་བོད་པ་མང་པོས་བག་མེད་ཟང་ཟིང་གི་འཚོ་བའི་གོམས་གཤིས་ངན་པ་སྣ་ཚོགས་ལ་ངང་

པ་མཚོར་འཇུག་གི་བརྟུལ་ཞུགས་འཛིན་ཏེ་ཏ་བབ་བོང་བཞོན་གྱི་ལས་མང་པོ་བྱེད་བཞིན་ཡོད་པ་ནི་ཡ་མ་བརླ་བ་དང་རྒྱུ་ཉམས་མ་ཚོད་པ་ཕོ་ནའི་དབང་དུ་སོང་བ་ཞིག་ལགས། གོང་གསལ་གཞོགས་ལྷུང་གི་སྣང་ཚུལ་དེ་གཉིས་ནི་དུས་རབས་རང་བཞིན་དང་མི་རིགས་རང་བཞིན་མངའ་བའི་བོད་ཀྱི་དམངས་སྲོལ་སྐྱོན་བྲལ་གྱི་སྒོ་ནས་གོང་འཕེལ་འགྲོ་བའི་བཀག་རྗེ་འབབ་ཞིག་ཡིན། དེའི་ཕྱིར་ན་ང་ཚོས་ནན་ཏན་དང་ཧུར་བརྩོན་གྱིས་བོད་ཀྱི་དམངས་སྲོལ་སྒྲིགས་དོར་བཙུད་ལེན་བྱ་ཐབས་སྐོར་ལ་བསམ་གཞིགས་ནན་པོ་བྱ་དགོས་ངེས་འདུག

གཉིས། ཕྱུལ་བྱུང་དམངས་སྲོལ་འཛིན་སྐྱོང་ལྡེལ་གསུམ་བྱ་རྒྱུའི་གལ་ཆེའི་རང་བཞིན་སྐོར།

དམངས་སྲོལ་ནི་མིའི་རིགས་ཀྱི་བསམ་པའི་རིག་གནས་ཤུལ་རྒྱུན་གཞན་དང་འདྲ་བར་མི་རབས་ནས་མི་རབས་བརྒྱུད་དེ་རྒྱུན་འཛིན་བྱས་ནས་བྱུང་བའི་རིག་གནས་ཤིག་ཡིན་པས། དེར་བརྟན་ཞིང་འཇགས་པའི་ཁྱད་ཆོས་ཆེ་ཙམ་ལྡན་ཡོད་ལ་རྒྱུན་འཛིན་རང་བཞིན་དེ་བས་ཆེ་བ་ཡོད། ཕྱུལ་བྱུང་གི་དམངས་སྲོལ་ཞིག་ལ་ཆ་མཚོན་ན། རྒྱ་ཆེའི་མང་ཚོགས་ཀྱི་ཁས་ལེན་བཟོ་སྲུང་ཐོབ་ལ་པ་ཚ་བུ་རྒྱུད་ཀྱིས་རྒྱུན་ཆད་མེད་པར་འཛིན་སྐྱོང་བྱེད་ཀྱི་ཡོད་པ་དང་། རྗེས་ལུས་ཀྱི་དམངས་སྲོལ་ཞིག་ཡིན་ཕྱིན་རྟིང་ཞེན་བག་འཁྲུམས་ལྟ་བའི་སྟོབས་ཤུགས་ཀྱིས་སྔར་ཡོད་རང་འཇགས་རྒྱུན་འཛིན་བྱེད་ཀྱི་ཡོད། དེ་ནི་དམངས་སྲོལ་ཁྲིད་ཀྱི་སྣང་ཚུལ་རབ་དང་རིམ་པ་ལས་ར་འཕྲོད་བྱུང་བའི་དངོས་དོན་འབབ་ཞིག་ཡིན། མིག་སྔར་བློ་མཐུན་སྐོར་ཞིག་གིས་དམངས་སྲོལ་གྱི་རིགས་མཐའ་དག་དུས་ལས་ཡོལ་བ་དང་རེངས་པོར་གྱུར་པའི་རིག་གནས་སུ་བརྩི་བ་དང་། ཐ་ན་རྗེས་ལུས་དང་རྨོངས་དད་ཕོ་ནར་བརྩིས་ཏེ་དོར་བྱའི་རིག་གནས་སུ་བརྩི་ཡི་ཡོད་པ་ནི་བཟང་

ངན་ལ་དབྱེ་འབྱེད་མེད་པའི་ནོར་འཁྲུལ་གྱི་ལྟ་བ་ཞིག་རང་ལས་མ་འདས། ང་ཚོས་རིག་གནས་ཀྱི་རྒྱུན་འཛིན་དང་གསར་གཏོད་ཀྱི་གནད་དོན་ཐད་ངེས་པར་དུ་རིག་གནས་འཕེལ་རྒྱས་ཀྱི་ཆོས་ཉིད་དང་མཐུན་པའི་བསམ་བློ་གཏོང་རྒྱུ་དང་ལྟ་བ་བཟུང་རྒྱུ་མ་ཟད། དེའི་ཆོས་ཉིད་དང་མཐུན་པའི་བྱེད་ཕྱོགས་རྒྱུན་འཁྱོངས་བྱ་དགོས་ངེས་སུ་མཐོང་། རླབས་ཆེན་གྱི་སློབ་དཔོན་ལེ་ཉིན་གྱིས《གཞོན་ནུ་སྡེ་ཚོགས་ཀྱི་ལས་འགན་》ཞེས་པའི་བཀའ་རྩོམ་ནང་འབྱོར་མེད་གྲལ་རིམ་གྱི་རིག་གནས་དག་གནམ་ནས་ཟགས་པ་ཞིག་མིན་ལ་རང་ཉིད་འབྱོར་མེད་གྲལ་རིམ་རིག་གནས་མཁས་པར་འཛིན་མཁན་དེ་ཆོས་ལུགས་མེད་རང་བཟོ་བྱས་པའང་མིན། གལ་ཏེ་དེ་ལྟར་བཞེད་ན་དེ་ནི་སྨུག་ཅོར་གྱི་གཏམ་ཡིན་ནར་ངེས། འབྱོར་མེད་གྲལ་རིམ་གྱི་རིག་གནས་ནི་མིའི་རིགས་ཀྱིས་མ་རྩ་རིང་ལུགས་ཀྱི་སྤྱི་ཚོགས་དང་། ཞིང་བདག་གི་སྤྱི་ཚོགས། དཔོན་ངན་གྱི་སྤྱི་ཚོགས་ནང་གཉའ་གནོན་འོག་གསར་སྤྲུན་བྱས་པའི་ཤེས་བྱ་ཡོངས་ཀྱི་ཆོས་ཉིད་དང་མཐུན་པའི་འཕེལ་རྒྱས་ཤིག་ཡིན་དགོས་ཀྱི་རེད་ཅེས་མཛུབ་སྟོན་གནང་ཡོད་པ་དང་། དེ་བཞིན་བློ་མཐུན་མའོ་ཙེ་ཏུང་མཆོག་གིས《དམངས་གཙོ་རིང་ལུགས་གསར་པའི་རྣམ་བཤད་》ཅེས་པའི་ནང་དུ། ཀྲུང་གོའི་ད་ལྟའི་ཆབ་སྲིད་གསར་པ་དང་དཔལ་འབྱོར་གསར་པ་ནི་གནའ་རབས་ཀྱི་ཆབ་སྲིད་རྙིང་པ་དང་དཔལ་འབྱོར་རྙིང་པ་ལས་འཕེལ་རྒྱས་བྱུང་བ་ཞིག་ཡིན་ལ། ཀྲུང་གོའི་ད་ལྟའི་རིག་གནས་གསར་པ་ནི་གནའ་རབས་ཀྱི་རིག་གནས་རྙིང་པ་ལས་འཕེལ་རྒྱས་བྱུང་བ་ཞིག་ཡིན་ཞེས་གསུངས་ཡོད། འདིར་ལེ་ཉིན་དང་མའོ་ཙེ་ཏུང་རྣམ་གཉིས་ཀྱིས་རིག་གནས་གསར་རྙིང་གི་རྒྱུན་འཛིན་འབྲེལ་བ་དེ་བསྟན་ཡོད། མིའི་རིགས་ཀྱི་རིག་གནས་གང་འདྲ་ཞིག་ཡིན་ཟང་ཟིང་ཡོད་རྒྱུན་འཛིན་བྱས་པའི་རྨང་གཞིའི་ཐོག་གྲུབ་པའམ་མེས་པོའི་ཉམས་མྱོང་ཕྱོགས་བསྡོམས་བྱས་པའི་རྨང་གཞིའི་ཐོག་འཕེལ་རྒྱས་བཏང་སྟེ་བྱུང་བ་ཞིག་ཡིན་པ་ལས་རྨང་གཞི་

གང་ཡང་མེད་པའི་ཐོག་གློ་བུར་དུ་གནམ་ནས་ཟགས་པ་དང་ས་ནས་སྐྱེས་པ་ཞིག་མིན་ལ། སྐྱེ་བོ་རེ་ཟུང་གིས་གཞི་དང་ཁུངས་མེད་པར་རང་བཟོ་བྱས་པ་ཞིག་ཀྱང་མིན། "རྒྱུན་འཛིན་གྱི་དམིགས་ཡུལ་ནི་གསར་གཏོད་ཀྱི་ཆེད་དུ་ཡིན་པ་དང་། མིང་དོན་མཚུངས་པའི་གསར་གཏོད་ནང་ལ་རྒྱུན་འཛིན་མ་ཚུད་ཐབས་མེད་རེད། དེ་ནི་ལོ་རྒྱུས་འགྱུལ་སྐྱོད་ཀྱི་རྩོད་སྒྲུབ་རིག་པ་ཡིན་ལ་རིག་གནས་འཕེལ་རྒྱས་ཀྱི་རྩོད་སྒྲུབ་རིག་པའང་ཡིན་"①ཞེས་གསུངས་པ་ལྟར་རྨང་གཞི་དང་རྒྱུན་འཛིན་མེད་པར་དུས་རབས་ཀྱི་ནང་དོན་ལྡན་ལ་བོད་ཀྱི་ཁྱད་ཆོས་མངའ་བའི་དམངས་སྲོལ་གསར་རྒྱང་ཞིག་གསར་གཏོད་བྱའོ་ཞེས་བརྗོད་ན་ནི་སྟོང་གཏམ་ཁོ་ན་ལས་མ་འདས། དེར་བརྟེན་དུས་རབས་གསར་པའི་ནང་བོད་ཀྱི་དམངས་སྲོལ་དག་ཡང་དག་སྐྱོན་བྲལ་ངང་འཕེལ་རྒྱས་གཏོང་དགོས་ན་ངེས་པར་དུ་སྔར་ཡོད་དམངས་སྲོལ་ཁྲོད་ཀྱི་སྔོན་ཐོན་དང་། ཕུལ་བྱུང་གི་རིགས་རྣམས་རྒྱུན་འཛིན་བྱ་རྒྱུ་དང་རྨང་གཞིར་འཛིན་རྒྱུ་ནི་རིག་གནས་འཕེལ་རྒྱས་འགྲོ་བའི་ཆོས་ཉིད་ཡིན། བོད་ཀྱི་དམངས་སྲོལ་ཁྲོད་ཕུལ་བྱུང་གི་རིགས་མང་དག་ཡོད་ལ། དེ་ལྟ་བུའི་དམངས་སྲོལ་རིག་གནས་ནི་བོད་མི་རིགས་ཀྱི་རིག་གནས་བང་མཛོད་ནང་གི་རིན་བྲལ་ནོར་བུ་ཡིན་པ་ཙམ་མ་ཟད། འཛམ་གླིང་རིག་གནས་བང་མཛོད་དབུས་སུ་འོད་སྟོང་འཕྲོ་བའི་ནོར་བུ་ཞིག་ཀྱང་རེད། དཔེར་ན། བོད་ནི་སླུ་གར་གྱི་རྒྱ་མཚོ་དང་། གཏམ་དཔེ་ཡི་བང་མཛོད་ཡིན་ཞེས་ཡོངས་སུ་གྲགས་པ་ལྟར་བོད་ཀྱི་དམངས་སྲོལ་གྱི་གྲུབ་ཆ་དམངས་ཁྲོད་རྩོམ་རིག་ནམ་མཁའི་སྐར་ཚོགས་ལ་འགྲན་ནུས་པ་ཞིག་ཡོད་པའི་ནང་《གླིང་རྗེ་གེ་སར་རྒྱལ་པོའི་སྒྲུང་》ནི་ཨ་ཡོད་ནང་གི་ད་ཡོད། སྒོ་ངའི་ནང་གི་སེར་ཐིག་དེ་ཡིན། དེ་ནི་འཛམ་གླིང་ཐོག་གི་ལོ་རྒྱུས་བྱུང་བ་བརྗོད་པའི་སྙན་རྩོམ་

① 《སྤྱི་ཚོགས་རིང་ལུགས་ཀྱི་ཁྲིམ་རའི་དཔལ་འབྱོར་དང་སྲོལ་རྒྱུན་རིག་གནས་》(རྒྱ་ཡིག) ཤོག་ངོས་༢༥༡ལ་གསལ།

རིང་ཤོས་དང་། རིན་ཐང་ཆེར་ལྡན་པ་ཞིག་ཡིན། དེ་ཡང་འདས་པའི་དུས་སུ་རྒྱ་གར་གྱི《མ་ཧཱ་བྷཱ་ར་ཏ་》དེ་ཉིད་འཛམ་བུ་གླིང་གི་རྩོམ་རིག་ནང་མཛོད་ནང་ལོ་རྒྱུས་བྱུང་བ་བརྗོད་པའི་སྙན་ངག་རིང་ཤོས་སུ་གྲགས་པ་[1]དང་དེར་ཁྱོན་བསྡོམས་ཚིག་ཐང་༢༠༧༠༠༠ཡོད།[2]《གླིང་རྗེ་གེ་སར་རྒྱལ་པོའི་སྒྲུང་》ཆ་ཚང་ཞིག་ལ་ཡང་སྡེབ་བམ་གྲངས་ཇི་ཙམ་ཡོད་མེད་དང་ཚིག་ཐང་ཇི་ཙམ་ཡོད་མེད་ཐད་དབར་གཏན་འཁེལ་བའི་བཤད་ཚུལ་ཞིག་བྱུང་མེད་རུང་། ས་ཁུལ་སོ་སོའི་སྒྲུང་པས་སྙན་སེང་ཕྲོ་འགོད་བྱས་པའི་བམ་གྲངས་དང་། ད་བར་བསྡུ་རུབ་བྱས་པའི་དཔེ་རྙིང་རྣམས་སུ་གསལ་བའི་དཀར་ཆག་ཞིབ་བསྡུར་གྱིས་བསྡོམས་རྩིས་བྱས་པར་གཞིགས་ན། གླིང་སྒྲུང་ལ་ཉུང་མཐར་སྒྲུང་སྣ་༢༢༨[3]ཙམ་དང་ཚིག་ཐང་ས་ཡ་དུ་མ་ཡོད་ལ། ད་བར་དཔེ་སྐྲུན་བྱས་ཟིན་པ་དང་ཡི་གེར་ཕབ་ཟིན་པའང་སྒྲུང་སྣ་༩༠ལྷག་ཙམ་ཡོད། 《སྒྲུང་མཁན་བསམ་གྲུབ་ཀྱིས་ཕབ་པའི་གླིང་རྗེ་གེ་སར་རྒྱལ་པོའི་སྒྲུང་》ཁོ་ནར་ཡང་ཚིག་ཐང་ཁྲི་༥༠ཙམ་ཡོད་པ་དེ《མ་ཧཱ་བྷཱ་ར་ཏ་》ལས་ལྷབ་གཉིས་ཀྱིས་མང་བ་ཡོད། དེ་ལྟ་བུའི་པོད་གྲངས་དང་ཡིག་འབོར་ནི་འཛམ་གླིང་ཐོག་དོ་ཟླ་བྲལ་བ་ཞིག་ཡིན། ཁྱད་པར《གླིང་རྗེ་གེ་སར་རྒྱལ་པོའི་སྒྲུང་》ནི་བོད་རིགས་མི་དམངས་ཀྱིས་གནའ་བོའི་ལྷ་སྒྲུང་དང་། སྙན་ངག གཏམ་དཔེ་ལ་སོགས་དམངས་ཁྲོད་རྩོམ་རིག་གི་རྩ་བ་གཞིའི་ཐོག་གཅེས་ཚགས་གསར་གཏོད་བྱས་པའི་དཔའ་བོའི་ལོ་རྒྱུས་སྙན་ངག་ཅིག་ཡིན་པ་དང་། དེ་ཉིད་སྐྱི་ཁོག་གྲུབ་ཚུལ་བརྗིད་ཅིང་བྱིན་ཆགས་པ་དང་། རྗོད་བྱེད་སྙན་ཞིང་འཇེབས་

[1] ༡༩༧༩ ལོར་ཧྲང་ཏའི་ཚིག་མཛོད་དཔེ་སྐྲུན་ཁང་ནས་བསྐྲུན་པའི་《ཚིག་མཛོད་》(རྒྱ་ཡིག) ཤོག་ངོས༢༠༤༨ལ་གསལ་བ་ལྟ་བུ།

[2] ཕང་ཡེ་དོན་གྱིས་བརྩམས་པའི་《གེ་སར་སྒྲུང་སྐོར་གླེང་བ་》ཞེས་པའི་ཤོག་ངོས་༡༢༧ལ་གསལ། (རྒྱ་ཡིག)

[3] བརྟོན་འགྲུས་རྣམ་རྒྱལ་དང་་རིག་འཛིན་གྱིས་བརྩམས་པའི་དཔྱད་རྩོམ《གླིང་སྒྲུང་གི་དཔེ་མིང་རྣམ་གྲངས་སྐོར་གླེང་བ་》ཞེས་པའི་ནང་གསལ། 《བོད་ལྗོངས་ཞིབ་འཇུག》 ༡༩༩༨ལོའི་བོད་ཡིག་དུས་དེབ་གསུམ་པ།

ལ་བརྗོད་བྱའི་ནང་དོན་ཏ་ཅང་ཕུན་སུམ་ཚོགས་པས་རྩོམ་རིག་གི་སྒྱུ་རྩལ་རིན་ཐང་ཆེར་ལྡན་ལ་རིག་གཞུང་གི་རིན་ཐང་དང་ཤེས་རྟོགས་ཀྱི་རིན་ཐང་ཡང་ཆེན་པོ་ལྡན་པས་བོད་ཀྱི་གནའ་བོའི་སྤྱི་ཚོགས་ཀྱི་ཤེས་བྱ་ཀུན་བཏུས་ཀྱི་དཔེ་ཚོགས་ཤིག་ཡིན། མ་ཟད་དེ་ཉིད་ངག་ཐོག་གསར་གཏོད་དང་ཉར་ཚགས་ཁྱབ་གདལ་བྱེད་པོ་གཙོ་བོ་ནི་མི་རབས་བརྒྱུད་ནས་བྱུང་བའི་དམངས་ཁྲོད་སྒྲུང་པ་རྣམས་ཡིན་གཤིས། ངག་ནས་ངག་ཏུ་བརྒྱུད་པའི་གནས་སྐབས་སུ་ནང་དོན་བརྗོད་གཞི་ཕུན་སུམ་ཇེ་ཚོགས་དང་འཐུས་སྒོའང་ཇེ་ཚང་དུ་འགྲོ་བཞིན་ཡོད་སྟབས་ད་ལྟའང“མངོན་སུམ་གསོན་པོར་གནས་པའི་”ལོ་རྒྱུས་སྣ་ངག་ཅིག་ཡིན། དེ་ལྟ་བུའི་སྣང་ཚུལ་ནི་དེང་རབས་ཅན་བྱ་འཕུར་བ་ལྟར་སྒྱུར་བཀོད་བྱེད་པའི་ད་ལྟའི་དུས་སུ་འཛམ་གླིང་གོ་ལར་མཐོང་ཐོས་དཀོན་པ་ཞིག་ཡིན། ༢༠༠༡ལོའི་ཟླ་བ་༡༠པར་ཧྥ་རན་སིའི་གྲོང་ཁྱེར་པ་ལིར་འཚོགས་པའི་མཉམ་འབྲེལ་རྒྱལ་ཚོགས་སློབ་གསོ་ཚན་རྩལ་རིག་གཞུང་རྩ་འཛུགས་ཀྱི་སྐབས་སུམ་ཅུ་སོ་གཅིག་པའི་ཚོགས་ཆེན་ཐོག《གླིང་རྗེ་གེ་སར་རྒྱལ་པོའི་སྒྲུང་》དར་ནས་ལོ་སྟོང་ཕྲག་འཁོར་བའི་དྲན་གསོའི་བྱེད་སྒོ་དེ་སྤྱི་ལོ་༢༠༠༢ལོ་ནས་༢༠༠༣ལོ་བར་རྩ་འཛུགས་དེ་གས་ཐེ་ཞུགས་བྱ་རྒྱུའི་བྱེད་སྒོའི་རྣམ་གྲངས་སུ་འཇོག་རྒྱུར་མགྲིན་དབྱངས་གཅིག་འགྱུར་ངང་གྲོས་འཆམ་མོས་མཐུན་བྱུང་ཡོད། ༢༠༠༩ལོའི་ཟླ་བ་༩པའི་ཚེས་༣༠ཉིན《གླིང་སྒྲུང་》དེ་ཉིད་སླར་ཡང་རྩ་འཛུགས་དེ་གས་ཁྱབ་བསྒྲགས་བྱས་པའི《འགྲོ་བ་མིའི་རིགས་ཀྱི་དངོས་ཟས་མིན་པའི་རིག་གནས་ཤུལ་བཞག་མཚོན་པའི་རྩོམ་རིགས་ཀྱི་མིང་ཐོའི་》ནང་ཚུད་ཡོད། དོན་དེས《གླིང་སྒྲུང་》གིས་འཛམ་གླིང་རིག་གནས་བང་མཛོད་ཁྲོད་དུ་གལ་ཆེའི་གནས་བབ་ཇི་ཙམ་བཟུང་ཡོད་ལུགས་གསལ་པོར་མཚོན་ཡོད། དེ་ལྟ་བུའི་ནོར་བུ་ལག་ཏུ་ཡོད་དུས་ནོར་ཉམས་མ་ཚོད་པར་རྒྱུན་འཛིན་དང་སྲུང་སྐྱོབ་མ་བྱས་པར་བསྡད་ན། མཐའ་མར་རྗེས་རབས་པ་

རྣམས་ཀྱིས་ཁ་བརྟུང་དྲག་པོ་གཏོང་ངེས་རེད། གཞན་ཡང་། བོད་ཀྱི་དམངས་སྲོལ་ནི་བོད་ཀྱི་ཐུན་མོང་མིན་པའི་ས་བབ་དང་། ལོ་རྒྱུས། རིག་གནས་བཅས་ཀྱི་ཆ་རྐྱེན་འོག་སྐྲུན་འཚར་བྱུང་བ་ཞིག་ཡིན་པས། དེར་མི་རིགས་ཀྱི་ཁྱད་ཆོས་དང་། ས་ཁུལ་གྱི་ཁྱད་ཆོས་མངོན་གསལ་དོད་པོ་ལྡན་ཡོད། བོད་ན་རྒྱན་གོས་དང་བཟོ་སྐྲུན་གྱི་ལག་རྒྱུན། རིག་རྩལ་དང་ལུས་རྩལ་གྱི་བྱེད་སྒོ། ཟས་རིགས་ཀྱི་གཡོས་སྦྱོར། རང་བྱུང་ཁམས་དང་མིས་བཟོས་པའི་མཛེས་ལྗོངས་ལྷ་ན་སྡུག་པ་སོགས་ཡོད་པས། རྒྱལ་ནང་སྤྱུན་ཟླའི་མི་རིགས་དང་ཕྱི་རྒྱལ་གྱི་གྲོགས་པོ་མང་པོའི་ཡིད་དབང་རབ་ཏུ་འཕྲོག་སྟེ་བོད་ལྗོངས་ས་མཐོ་ལ་པད་མར་བྱུང་བ་འཁོར་བ་བཞིན་ཡོང་ལ་ཁ་བའི་ལྗོངས་ཞེས་སྙན་གྲགས་ཀྱི་བ་དན་ཕྱོགས་བཞིར་ཁྱབ་ནས་ཡོད། གལ་སྲིད་སྔར་ཡོད་བོད་ཀྱི་ཁྱད་ཆོས་མངའ་བའི་སྲོལ་རྒྱུན་བཟང་པོ་རྣམས་དོར་ཏེ་གཞན་གྱི་ཁ་སང་གི་ལད་མོ་ང་ཆོས་དེ་རིང་བྱས། གཞན་གྱི་དེ་རིང་གི་ལད་མོ་ང་ཆོས་སང་ཉིན་བྱས་ནས་བསྡད་ན་མཐའ་འབྲས་ནི་ང་ཚོ་གཞན་གྱི་གྲིབ་གཟུགས་ལྟ་བུ་ཆགས་ནས་ནམ་ཡང་རྗེས་ལུས་སུ་གྱུར་ངེས་རེད་ལ། གཞན་གྱིས་འཕྱ་སྨོད་བྱ་ཡུལ་དུའང་འགྱུར་ངེས་རེད། འོན་ཀྱང་ཁོ་བོས་དམངས་སྲོལ་བཟང་པོ་རྒྱུན་འཛིན་བྱ་རྒྱུའི་གལ་ཆེའི་རང་བཞིན་བརྗོད་པ་དེ་གནའ་རབས་ལ་བསྟོད་བསྔགས་དང་དེང་རབས་ལ་སྐྱུར་འདེབས་ཆེད་དུ་མིན་ལ་གཞན་པ་ཟུར་འདུད་ཀྱི་བསམ་པ་ཁྱེར་བའང་མིན། དེ་ལས་ལྡོག་སྟེ་མི་རིགས་ཤིག་གི་སྲོལ་རྒྱུན་རིག་གནས་རྒྱུན་འཛིན་དང་འཕེལ་རྒྱས་གཏོང་དགོས་ན། སྔོན་ཐོན་ཚན་རིག་གི་འབྲས་བུ་རྣམས་སྲོལ་རྒྱུན་རིག་གནས་ཀྱི་ནང་བསྲེ་ལེན་བྱ་རྒྱུ་དང་། མི་རིགས་གཞན་གྱི་སྔོན་ཐོན་གྱི་རིག་གནས་འབྲས་བུ་རྣམས་ཚུར་ལེན་བྱ་རྒྱུ་གལ་འགངས་ཆེ་བར་མཐོང་། དེ་ནི་མི་རིགས་མང་པོའི་ལོ་རྒྱུས་ཀྱི་ཉམས་མྱོང་ལས་མཐོང་ཐུབ་ལ། རང་རེའི་མེས་པོས་བཞག་གནང་བའི་རླབས་ཆེན་གྱི་ཉམས་མྱོང་ཞིག་ཀྱང་ཡིན། དེ་ཡང་བཙན་

པོའི་རྒྱལ་རབས་སྐབས་རང་རེའི་མེས་པོ་ཚོས་ཁྲིམ་མཆོས་མི་རིགས་ཀྱི་གམ་ནས་སྐབས་དེའི་སྔོན་ཐོན་གྱི་རིག་གནས་མང་པོ་ཚུར་ལེན་བྱས་པས་བོད་ཀྱི་སྤྱི་ཚོགས་འཕེལ་རྒྱས་འགྲོ་རྒྱུར་གལ་ཆེའི་ནུས་པ་ཐོན་ཡོད། འོན་ཀྱང་གཞན་མི་རིགས་ཀྱི་སྔོན་ཐོན་རིག་གནས་བསྡུ་ལེན་བྱེད་སྐབས་ཞྭ་དཔེ་ལྷམ་འགེབས་མིན་པར་བོད་ཀྱི་སྤྱི་ཚོགས་ཀྱི་དོན་དངོས་དང་བསྟུན་ཐབས་དང་རྒྱུན་སྲོལ་རིག་གནས་དང་ཟུང་འབྲེལ་གྱིས་སྤར་སྲོལ་བཟང་པོ་རྣམས་ཡག་ཐོག་ཡག་བརྩེགས་ཡོང་བར་བྱ་རྒྱུ་གལ་འགངས་ཆེ་བར་མཐོང་ངོ་། །

གསུམ། རྫེས་ལུས་ཀྱི་དམངས་སྲོལ་བསྒྱུར་བཅོས་བྱེད་སྐབས་མཐའ་འཁྱོངས་བྱ་དགོས་པའི་རྩ་དོན་དང་བསྒྱུར་བཅོས་བྱེད་ཐབས་སྐོར།

མི་རིགས་ཀྱི་རང་བཞིན་ནི་དམངས་སྲོལ་གྱི་ཁྱད་རྟགས་ཆེ་ཤོས་ཤིག་ཏུ་ངོས་འཛིན་བྱེད་ཀྱི་ཡོད། དེ་ཡང་དམངས་སྲོལ་ནི་མི་རིགས་རིག་གནས་ཀྱི་གྲུབ་ཆ་ཞིག་ཡིན་པས། དེས་མི་རིགས་ཤིག་ཆགས་གནས་ཐུབ་རྒྱུར་གལ་ཆེའི་ནུས་པ་ཐོན་གྱི་ཡོད། གང་ལགས་ཤེ་ན། མི་རིགས་ཀྱི་སེམས་ཁམས་ནི་མི་རིགས་ཀྱི་འཚོ་བ་དང་རིག་གནས་ཀྱི་ཚུར་སྣང་ཡིན་ཞིང་། དམངས་སྲོལ་ནི་མི་རིགས་སེམས་ཁམས་ཀྱི་མཚོན་རྟགས་གལ་ཆེན་ཞིག་ཡིན་པས་སོ། །མི་རིགས་ཀྱི་སེམས་ཁམས་དེ་ཡང་མི་རིགས་རང་བཀུར་གྱི་བསམ་པ་དང་སྤོབས་སེམས་གཉིས་དང་འབྲེལ་ནས་ཡོད་པས། མི་རིགས་གང་འདྲ་ཞིག་ཡིན་རུང་དེས་རང་རང་གི་ཐུན་མོང་མིན་པའི་དམངས་སྲོལ་ལ་བརྩེ་དུང་ཟབ་མོ་འཆང་གི་ཡོད། དེར་བརྟེན་མི་རིགས་མང་བའི་རང་རེའི་མེས་རྒྱལ་ཁྲིམ་ཚང་ཆེན་པོ་འདིའི་ནང་དམངས་སྲོལ་ལ་ཚོར་བ་རྣོ་བའི་རང་བཞིན་ལྡན་ལ། མི་རིགས་ཁག་གི་དམངས་སྲོལ་ལ་ཕན་ཚུན་བརྩེ་བཀུར་བྱ་རྒྱུ་གལ་འགངས་ཆེ་བར་མཐོང་། གལ་སྲིད་ང་ཚོས་དམངས་སྲོལ་ལ་

བསྒྱུར་བཅོས་བྱེད་སྐབས་སྣང་ཚུང་སླ་བཅོས་བྱས་ཆེ་མི་རིགས་བར་གྱི་མཐུན་སྒྲིལ་དང་སྤྱི་ཚོགས་ཀྱི་བརྟན་ལྷིང་ལ་གནོད་སྐྱོན་ཐོག་ངེས་རེད། ཧྲང་དང་རྒྱལ་ཁབ་ཀྱིས་གྲངས་ཉུང་མི་རིགས་ཀྱི་དམངས་སྲོལ་ལ་བརྩི་བཀུར་བྱ་རྒྱུ་དེ་མི་རིགས་འདྲ་མཉམ་གྱི་མངོན་ཚུལ་དང་མི་རིགས་མཐུན་སྒྲིལ་སྲ་བརྟན་ཡོང་བའི་གལ་ཆེའི་དོན་གནད་གཅིག་ལ་བརྩིས་ཏེ་སྲིད་ཇུས་དང་བཅའ་ཁྲིམས་རབ་དང་རིམ་པ་གཏན་འབེབས་བྱས་པ་དང་སྒྲུགས་བཅའ་ཁྲིམས་ཀྱི་བྱ་ཐབས་ལ་བརྟེན་ནས་སྲུང་སྐྱོབ་བྱས་ཡོད་པ་རེད། དེ་ལྟའི་སྲིད་ཇུས་དང་བཅའ་ཁྲིམས་རྣམས་ནི་ང་ཚོས་དམངས་སྲོལ་བསྒྱུར་བཅོས་བྱེད་པའི་བརྒྱུད་རིམ་ནང་མཐའ་འཁྱོངས་བྱ་དགོས་པའི་རྩ་དོན་ཡིན། གྲངས་ཉུང་མི་རིགས་ཀྱི་ཡུལ་སྲོལ་གོམས་གཤིས་ལ་བརྩི་འཛོག་དང་། མི་རིགས་ཁག་ཚང་མར་རང་རང་སོ་སོའི་ཡུལ་སྲོལ་གོམས་གཤིས་རྒྱུན་འཁྱོངས་སམ་དེར་བསྒྱུར་བཅོས་བྱེད་དབང་ཡོད་པ་ནི་རང་རེའི་ཧྲང་དང་རྒྱལ་ཁབ་ཀྱིས་ཐོག་མཐའ་བར་གསུམ་དུ་གྲངས་ཉུང་མི་རིགས་ཀྱི་ཡུལ་སྲོལ་གོམས་གཤིས་ལ་འཛིན་པའི་སྲིད་ཇུས་ཞིག་ཡིན། ༡༩༣༨ ལོའི་ཟླ་བ་༡༠ པར་བློ་མཐུན་མའོ་ཙེ་ཏུང་གིས་ཧྲང་གི་སྐབས་དྲུག་པའི་ཚང་འཛོམས་གྲོས་ཚོགས་ཐེངས་དྲུག་པའི་ཐོག་གནང་བའི་སྐན་སྙན་ནང་“གྲངས་ཉུང་མི་རིགས་ཀྱི་རིག་གནས་དང་། ཆོས་ལུགས། གོམས་གཤིས་ལ་བརྩི་འཛོག་བྱ་དགོས”ཞེས་མཇུབ་སྟོན་གནང་ཡོད་ལ། དེ་རྗེས་སུ་ཧྲང་གྲུ་ནང་གི་ཚོགས་འདུ་མང་པོའི་ཐོག་ནན་བཤད་ཀྱང་གནང་མྱོང་ཡོད། བློ་མཐུན་ཀྲའོ་ཨེན་ལེས་ཀྱང་“མི་རིགས་ཀྱི་ཡུལ་སྲོལ་གོམས་གཤིས་ནི་ཆོས་ལུགས་ཀྱི་དད་པ་ལས་ཡོངས་ཁྱབ་ཆེ་བ་ཡོད། དེ་ནི་མི་རིགས་གཅིག་ཆོས་ལུགས་གྲུབ་མཐའ་གཅིག་རང་ལ་དད་པ་བྱེད་པའི་ངེས་པ་མེད། འོན་ཀྱང་ཡུལ་སྲོལ་གོམས་གཤིས་ནི་རྟག་ཏུ་མི་རིགས་གཅིག་ལ་གོམས་གཤིས་གཅིག་རེད། དེར་བརྟེན་ཡུལ་སྲོལ་གོམས་གཤིས་ལའང་འདྲ་མཉམ་གྱི་བརྩི་འཛོག་བྱེད་དགོས།

གཞི་སྲིད་བརྩི་འཛུགས་མ་བྱས་ཚེ་བརྩི་དུང་ལ་ཕོག་ཐུག་འགྲོ་བདེ། ”[1]ཞེས་ང་ཚོར་ནན་བཤད་གནང་མྱོང་ཡོད། གོང་སྨྲོས་དཔེ་མཚོན་དེ་གཉིས་ལས་རང་རེའི་ཧྲང་དང་རྒྱལ་ཁབ་ཀྱི་དབུ་འཛིན་ཚོས་གྲངས་ཉུང་མི་རིགས་ཀྱི་ཡུལ་སྲོལ་གོམས་གཤིས་ལ་བརྩི་འཛུགས་བྱ་རྒྱུར་ཚད་མཐོའི་མཐོང་ཆེན་གནང་གི་ཡོད་པ་མཚོན་ལ། དེས་ད་ལྟའང་ང་ཚོར་སློབ་གསོའི་དོན་སྙིང་ཆེན་པོ་ལྡན་ཡོད། ཕྱིས་སུ་རང་རྒྱལ་གྱི་《རྩ་ཁྲིམས་》དང་《ཉེས་ཁྲིམས་》ཀྱི་ནང་དུའང་འབྲེལ་ཡོད་དོན་ཚན་གཏན་འབེབས་བྱས་ཡོད། ༡༩༥༢ལོའི་སྐབས་ལྔ་པའི་རྒྱལ་ཡོངས་མི་དམངས་འཐུས་མི་ཚོགས་ཆེན་ཐེངས་ལྔ་པའི་ཐོག་གྲོས་འཆམ་བྱུང་བའི་《ཀྲུང་ཧྭ་མི་དམངས་སྤྱི་མཐུན་རྒྱལ་ཁབ་ཀྱི་རྩ་ཁྲིམས་》དོན་ཚན་བཞི་པའི་ནང་མི་རིགས་ཁག“ཚང་མར་རང་རང་སོ་སོའི་ཡུལ་སྲོལ་གོམས་གཤིས་རྒྱུན་འཛིན་སམ་དེར་བསྒྱུར་བཅོས་བྱེད་དབང་ཡོད་”ཅེས་གཏན་འབེབས་ཁ་གསལ་བྱས་ཡོད་པ་མ་ཟད། བཅའ་ཁྲིམས་ཀྱི་བྱ་ཐབས་སྤྱད་དེ་སྲུང་སྐྱོབ་བྱས་ཡོད། 《ཉེས་ཁྲིམས་》ཀྱི་དོན་ཚན་བརྒྱ་དང་བཞི་བཅུ་ཞེ་བདུན་པའི་ནང་“རྒྱལ་ཁབ་ཀྱི་ལས་དོན་མི་སྣས་གྲངས་ཉུང་མི་རིགས་ཀྱི་ཡུལ་སྲོལ་གོམས་གཤིས་ལ་བཙན་གནོད་བྱས་པའི་ཉེས་ཚབས་ཆེན་པོ་ཡོད་མཁན་ལ་ལོ་གཉིས་མན་ཆད་ཀྱི་དུས་བཀག་བཙོན་འཇུག་གམ་དུས་ཐུང་ལས་སྐུལ་བཙོན་འཇུག་གི་ཉེས་ཆད་གཅོད་རྒྱུ་”ཞེས་གཏན་འབེབས་བྱས་ཡོད། དེར་བརྟེན་ང་ཚོས་དམངས་སྲོལ་བསྒྱུར་བཅོས་བྱེད་སྐབས་ངེས་པར་དུ་ཧྲང་གི་མི་རིགས་སྲིད་ཇུས་དང་བཅའ་ཁྲིམས་ཀྱི་འབྲེལ་ཡོད་གཏན་འབེབས་རྣམས་རྩ་དོན་དུ་བཟུང་རྒྱུ་ལས་རང་ངོས་ཀྱི་རེ་འདུན་ཁོ་ནས་གནད་དོན་ཐག་གཅོད་པའི་སྤྱོད་ཚུལ་འཛིན་མི་རུང་། མི་རིགས་ཁག་གི་ཡུལ་སྲོལ་གོམས་གཤིས་ལ་ལྟ་སྟངས་ཡང་

---

[1] ཙང་ཕྲིང་གིས་གཙོ་སྒྲིག་གནང་བའི《ཀྲུང་གོའི་མི་རིགས་གནད་དོན་སྐོར་གྱི་རིག་པའི་གཞུང་ལུགས་དང་ལག་ལེན་》(རྒྱ་ཡིག) ཤོག་ངོས་༤༧༠ལ་གསལ།

དག་འཛིན་རྒྱུ་དེ་མི་རིགས་མཐུན་སྒྲིལ་སྲུ་བརྟན་དུ་གཏོང་རྒྱུའི་དགོས་མཁོ་དང་མི་རིགས་འདྲ་མཉམ་གྱི་རྩ་དོན་རྒྱུན་འཁྱོངས་བྱེད་པའི་ཞིབ་ཕྲའི་མངོན་ཚུལ་ཞིག་ཀྱང་ཡིན།

གོང་དུ་ང་ཚོས་རྗེས་ལུས་ཀྱི་དམངས་སྲོལ་བསྒྱུར་བཅོས་བྱེད་སྐབས་རྒྱུན་འཁྱོངས་བྱ་དགོས་པའི་རྩ་དོན་བཤད་ཟིན་པ་དང་། རྗེས་ལུས་ཀྱི་ལུགས་སྲོལ་དག་ལ་བསྒྱུར་བཅོས་གཏོང་བའམ་དེ་དོར་དགོས་ན་དམངས་སྲོལ་དེ་དར་ཁྱབ་ཀྱི་མང་ཚོགས་རང་ཉིད་ཀྱི་རང་རྟོགས་ལ་བརྟེན་དགོས་ཞེས་བརྗོད་ཡོད། འོན་ཀྱང་དམངས་སྲོལ་ཞིག་ཆགས་ཟིན་པའི་རྗེས་དེ་ལ་བརྟན་ལྷིང་གི་རང་བཞིན་ལྡན་ཡོད་ལ། སྔར་ཡོད་ཀྱི་དཔལ་འབྱོར་རྨང་གཞི་མེད་པར་གྱུར་བའི་རྗེས་སུའང་དམངས་སྲོལ་དེ་དག་ལ་མང་ཚོགས་ཀྱིས་ཁས་ལེན་བརྩི་སྲུང་དང་ཕ་མེས་ཀྱི་ཤུལ་བཞག་ནོར་བུ་ཞིག་ཏུ་བསམས་ནས་གཅེས་སྤྲས་གང་ཡག་བྱེད་ཀྱི་ཡོད། དེར་བརྟེན་ང་ཚོར་མང་ཚོགས་ཀྱིས་ལུགས་སྲོལ་ངན་པ་དག་སྤོང་སྒྱུར་བྱ་རྒྱུའི་ཐད་དྲུས་ཤུགས་མཉམ་སྟོན་ནམ་འཁར་རྟུང་ལམ་འབྱེད་ཀྱི་ནུས་པ་བཏོན་དགོས་པའི་འོས་འགན་ཞིག་ཀྱང་མཆིས། དེ་ཡང་ཞིབ་པར་བཤད་ན། དང་པོ། སྤྱི་ཚོགས་ཐོག་གི་དམངས་སྲོལ་རྗེས་ལུས་ཅན་རྣམས་གཏན་འགོག་བྱ་དགོས་ན་ངེས་པར་དུ་མིའི་རིག་གནས་བྱང་ཚད་གོང་མཐོར་གཏོང་རྒྱུར་ཤུགས་སྟོན་རྒྱག་དགོས། ༡༩༩༠ ལོའི་ཐེངས་བཞི་པའི་རྒྱལ་ཡོངས་མི་འབོར་ཞིབ་བཤེར་གྱི་གྲངས་ཚད་ནང་ནས"བོད་ལྗོངས་ཀྱི་རིམ་པ་མི་འདྲ་བའི་རིག་གནས་ཚུ་ཚད་ཡོད་པའི་མི་འབོར་གྱི་བརྒྱ་ཆ་ཟིན་ཚད་རྒྱལ་ཡོངས་ལས་དམའ་བ་ཡོད་པ་དང་། མི་འབོར་གྱི་བྱང་ཚད་དམའ་བ། ཡིག་རྨོངས་པ་མང་བ"[①]སྟེ་དམའ་བ་གཉིས་དང་མང་བ་གཅིག་གི་

① ཀྲུང་གོའི་བོད་རིག་པ་དཔེ་སྐྲུན་ཁང་ནས་བསྐྲུན་པའི་《དེང་རབས་ཀྲུང་གོའི་བོད་ལྗོངས་ཀྱི་མི་འབོར་》(རྒྱ་ཡིག་) ཤོག་ངོས་༢༡༤ལ་གསལ།

དངོས་དོན་ལྟར་སྐབས་དེ་དུས་ལྷོངས་ཡོངས་ལ་ཡིག་རྨོངས་པ་དང་ཕྱེད་ཡིག་རྨོངས་པ་མི་གྲངས་ཁྲི་ཚོ་༡༠༤. ༩༢ཡོད་ལ། དེས་མི་འབོར་སྤྱིའི་༢༨. ༧༠% ཟིན་གྱི་ཡོད་པ་དང་། ལྷག་པར་དུ་ལོ་བཅོ་ལྔ་དང་ལོ་བཅོ་ལྔ་ཡན་གྱི་མི་གྲངས་ནང་ཡིག་རྨོངས་པ་དང་ཕྱེད་ཡིག་རྨོངས་པས་༦༨. ༩༥% ཟིན་གྱི་ཡོད་པ་རེད། དེ་ནས་ལོ་བཅུ་ལྷག་ཙམ་ཕྱིན་པའི་རྗེས་ཀྱི་ད་ལྟའི་དུས་གྲངས་ཚད་ཐད་འགྱུར་བ་ཆེ་ཙམ་བྱུང་ཡོད་རུང་མི་འབོར་གྱི་བྱུང་ཚད་དམའ་བ་དང་ཡིག་རྨོངས་པ་མང་བའི་དོན་དངོས་ལ་ངོ་བོའི་ཐད་ཀྱི་འགྱུར་བ་དེ་ཙམ་བྱུང་མེད། དེ་བཞིན་ང་ཚོས་ཡིད་རྣལ་དུ་ཕབ་ནས་རང་རིགས་སྐྱེ་བོ་རྣམས་ལ་བལྟ་སྐབས་བོད་ཀྱི་སྐྱེ་བོ་མི་ཉུང་བ་ཞིག་ལ་རྒྱུ་རྐྱེན་མང་པོའི་དབང་གིས་ཤེས་རྒྱ་དམན་ཞིང་མཐོང་རྒྱ་ཆུང་བ་དང་། ཡར་ཐོན་དང་བརྩོན་སེམས་ཞན་པ། རྙིང་ཞེན་བག་འཁྲུམས་ཀྱི་འདུ་ཤེས་ཟབ་པ་བཅས་ཞན་ཆ་དུ་མ་ཡོད་པ་རྣམས་དམངས་སྲོལ་རྗེས་ལུས་ཅན་གྱི་རྩ་བར་གཡོ་འགུལ་གཏོང་དཀའ་བའི་རྩ་བའི་གཞི་རུ་གྱུར་ཡོད། དེར་བརྟེན་རང་ལྗོངས་ཀྱི་སྤྱི་དམངས་སློབ་གསོ་ལ་ཤུགས་སྣོན་བརྒྱབ་སྟེ་དམངས་ཀྱི་ཚན་རིག་ཤེས་བྱ་དང་རིག་གནས་ཤེས་བྱ་གོང་མཐོར་གཏོང་དགོས། དེ་ལྟར་བྱུང་ན་མང་ཚོགས་ཀྱི་ལུགས་སྲོལ་ངན་པ་དག་ལ་བསྒྱུར་བཅོས་བྱེད་པའམ་སྤོང་སྐྱུར་བྱེད་པའི་རང་རྟོགས་རང་བཞིན་ལ་ཤུགས་སྣོན་ཐེབས་ངེས་ཡིན། གཉིས་པ། 《ཞིང་ལས་དང་གྲོང་གསེབ་ལས་དོན་གྱི་གལ་ཆེའི་གནད་དོན་འགའ་ཞིག་སྐོར་གྱི་ཀྲུང་གུང་ཀྲུང་དབྱང་གི་གཏན་འབེབས》ནང་“ཞིང་པར་ལུགས་རྙིང་སྲོལ་ངན་བསྒྱུར་བ་དང་གོམས་འདྲིས་ངན་པ་མེད་པ་བཟོ་རྒྱུར་ཁྲིད་སྟོན་བྱ་དགོས་”ཞེས་གསལ་བ་ལྟར་ང་ཚོས་མང་ཚོགས་ལ་གནས་ལུགས་བཤད་ནས་བླང་དོར་སྟོན་རྒྱུ་ནི་གལ་འགངས་ཆེ་བ་ཡིན། སྤྱིར་ན་མི་རྣམས་ཀྱི་བྱ་སྤྱོད་མཐའ་དག་ལ་སྤྱི་ཚོགས་སྣང་ཕྱོགས་ཀྱི་བཀག་རྒྱ་ཐོག་གི་ཡོད་ལ་སྤྱི་ཚོགས་སྣང་ཕྱོགས་ཀྱིས་ཚད་གཞི་ངེས་ཅན་ཞིག་གི་ཐོག་ནས

མིའི་སྐྱིད་པ་ལ་ཚོད་འཛིན་ཐུབ་ཀྱི་ཡོད། དེས་ན་ང་ཚོས་བརྟན་འཕྲིན་དང་། རླུང་འཕྲིན། ཚགས་པར། དུས་དེབ་སོགས་ཀྱི་གླེང་སྟེགས་ལ་བརྟེན་ནས་དམིགས་ཡུལ་ཡོད་པའི་སྒོ་ནས་དམངས་སྲོལ་རྗེས་ལུས་ཅན་རྣམས་ཀྱི་རྗེས་ལུས་ཀྱི་རང་བཞིན་དང་དེའི་ཉེས་དམིགས། དེ་བཞིན་ཐོག་མའི་བྱུང་ལུགས་བྱུང་སྟངས་བཅས་ཡང་སྐོར་བསྐྱར་སྐོར་གྱིས་དྲིལ་བསྒྲགས་བྱས་ཏེ་མང་ཚོགས་ལ་གོ་སྐོན་སློབ་གསོ་གཏོང་བ་དང་། འབྲེལ་ཡོད་ཚན་རིག་ཤེས་བྱ་མང་ཙམ་དྲིལ་བསྒྲགས་བྱས་ཏེ་དྲང་ཕྱོགས་ཀྱི་ཁྲིད་སྟོན་ལ་ཤུགས་སྣོན་རྒྱག་རྒྱུ་གལ་ཆེ། རྒྱུ་མཚན་ནི་ད་ལྟ་ང་ཚོའི་མདུན་དུ་ལྷག་པའི་གནད་དོན་ནི་བསམ་བློར་བཅིངས་འགྲོལ་གཏོང་དགོས་དང་མི་དགོས། ལྟ་བ་གསར་འཛུགས་བྱེད་དགོས་དང་མི་དགོས་ལ་ཐུག་པ་ཞིག་མ་ཡིན་པར། གང་འདྲ་བྱས་ནས་བསམ་བློར་བཅིངས་འགྲོལ་གཏོང་རྒྱུ་དང་། ཅི་འདྲ་བྱས་ནས་ལྟ་བ་གསར་འཛུགས་བྱ་རྒྱུ། ཇི་ལྟར་བྱས་ནས་ལྟ་བ་རྙིང་གོག་རྣམས་གཙང་སེལ་བཟོ་རྒྱུ་བཅས་ལ་ཐུག་པ་ཞིག་ཡིན། ང་ཚོས་བོད་ཀྱི་དོན་དངོས་དང་ཟུང་འབྲེལ་མི་བྱེད་པ་དང་། བོད་མི་རིགས་ཀྱི་དངོས་ཡོད་གནས་ཚུལ་དང་མ་བསྟུན་པར་སྟག་མཆོངས་སར་ཞས་མཆོངས་ན་ཞ་ཡི་སྐེད་པ་ཆག་ཉེན་ཡོད། བོད་ཀྱི་ལོ་རྒྱུས་ཆུ་རྒྱུན་རིང་པོའི་ནང་ཆགས་པའི་སྲོལ་རྒྱུན་ལྟ་བའི་སྡོང་པོ་དེ་དག་ནི་སྤྱི་ཚོགས་ཀྱི་ཞིང་ས་འདིར་རྩ་བ་བརྟན་པོ་ཚུགས་ཡོད་པས་དེ་ལ་དེ་མ་ཉིད་དུ་གཡོ་འགུལ་ཆེན་པོ་གཏོང་བསམ་པ་དང་། འཕྲུལ་དུ་ཆུ་ཡི་འོལ་ག་འགྱུར་བ་ལྟར་འགྱུར་བ་གཏོང་དགོས་ཞེས་པ་ནི་བརྗོད་བདེ་བ་ཙམ་ལས་དོན་ཐོག་ཏུ་འགྲོལ་དཀའ། འོན་ཀྱང་ང་ཚོས་མེད་པ་ནས་ཡོད་པ་དང་། ཆུང་བ་ནས་ཆེ་བའི་ཕྱོགས་སུ་འཕེལ་རྒྱས་འགྲོ་བའི་ཆོས་ཉིད་འདི་བློ་ལ་བཟུང་ནས་རྗེས་ལུས་ཀྱི་ལྟ་བ་ཆུང་རིགས་དང་ཆ་ཤས་ལ་འགྱུར་བ་གཏོང་རྒྱུའི་ཐོག་ནས་འགོ་བརྩུགས་ཏེ་རིམ་བཞིན་འཕེལ་རྒྱས་དང་རྒྱ་ཆེར་གཏོང་རྒྱུ་ནི་ནུས་པ་ཐོན་ཐུབ་པའི་བྱ་ཐབས་ཤིག་

ལ་ངོས་འཛིན་བྱེད་ཀྱི་ཡོད། དེར་བརྟེན་ང་ཚོས་མང་ཚོགས་ལ་ལུགས་སྲོལ་རྗེས་ལུས་རྣམས་དང་ནོར་འཁྲུལ་གྱི་ལྟ་ཚུལ་དེ་དག་གི་འབྱུང་ཁུངས་ཁ་གསལ་གོ་བདེའི་སྒོ་ནས་གསལ་བཤད་ལེགས་པོ་ཞིག་བྱ་ཐུབ་ན་གཞི་ནས་གོ་སྐྱོན་བློ་འགུག་གི་ནུས་པ་ཆེན་པོ་ཐོན་ངེས་རེད། དེ་ལས་ལོག་སྟེ་ལྟ་ཚུལ་སྙིང་པ་རྣམས་མེད་པར་བཟོ་དགོས་ཀྱི་རེད་ཅེས་འབོད་ཚིག་བརྒྱ་བཤད་སྟོང་བསྒྲགས་བྱས་ཀྱང་རྒྱུ་མཚན་ཤོད་རྒྱུ་མེད་ན་འཇུ་བའི་ལུང་དང་འཛོག་པའི་ཞབས་ར་མེད་པ་ལྟ་བུར་གྱུར་ཏེ་དང་ལེན་བྱེད་མཁན་ཏ་ཅང་དཀོན་པོ་རེད། དེས་ན་ང་ཚོས་ཡང་དག་པའི་སྒོ་ནས་ཡུན་རིང་དྲིལ་བསྒྲགས་སློབ་གསོ་དང་། གོ་སྐྱོན་བློ་འགུག་བྱས་ཚེ། འཁར་རྟུང་ལམ་འབྱེད་ཀྱི་ནུས་པ་ཞིག་ཐོན་ངེས་ཡིན།

མདོར་ན་བསྡུར་བཅོས་སྒོ་དབྱེའི་སྐབས་བཟང་གི་དུས་བབ་གསར་པའི་ནང་ས་ཁུལ་དབར་དང་། མི་རིགས་དབར། རྒྱལ་ཁབ་དབར་དཔལ་འབྱོར་བརྗེ་འགྲུལ་དང་། རིག་གནས་སྤེལ་རེས། ལག་རྩལ་འདྲེན་རེས། འགྲོ་འོང་ རྟག་གཏུག་བཅས་ཉིན་བཞིན་གོང་འཕེལ་འགྲོ་བའི་སྐབས་འདིར་ང་ཚོས“སྲོལ་ལུགས་ལོག་པ་དག་མཆིས་ན་ནི། གནའ་བོའི་ཡིན་ཀྱང་དོར་བར་བྱེད། སྲོལ་ལུགས་བཟང་པོ་དག་མཆིས་ན་ནི། གསར་བུའི་ལུགས་ཡིན་ཀྱང་སྒྲུབ་པར་བྱེད་”①ཅེས་མེས་པོ་དམ་པས་བཀའ་སློབ་གནང་བ་ལྟར་བོད་ཀྱི་དམངས་སྲོལ་ལ་བཟང་ངན་དབྱེ་འབྱེད་ཀྱི་བླང་དོར་འཆུག་པ་མེད་པ་བྱ་རྒྱུ་གལ་འགངས་ཆེ་ལ་ལོ་རྒྱུས་ཀྱི་དོན་སྙིང་དང་ལྡན་པ་ཞིག་ཡིན་ནོ། །དེ་ཡང་《ལེགས་པར་བཤད་པ་རིན་པོའི་ཆེའི་གཏེར་》ལས།

སྐྱེ་བོ་ཡོན་ཏན་ཡོད་མེད་པའི། །

① སེ་ཁྲིན་མི་རིགས་དཔེ་སྐྲུན་ཁང་ནས་བསྐྲུན་པའི《མི་དབང་རྟོགས་བརྗོད》ཤོག་ངོས་༧༡༢ ལ་གསལ།

གླང་དོར་གློ་གྲོས་ལྡན་པ་མཁས། །
རྩལ་དང་འདྲེས་པའི་ལྷུགས་ཕྱི་རྣམས། །
ཁབ་ལེན་རྡོ་ཡིས་ལེན་པར་ཤེས། །

ཕན་དང་མི་ཕན་མི་དཔྱོད་ཅིང་། །
གློ་དང་ཐོས་པ་མི་བསླུབ་པར། །
ཧྤོ་འགྲངས་འབའ་ཞིག་དོན་གཉེར་བ། །
སྲུ་མེད་པ་ཡི་ཕག་པ་ཡིན། །ཞེས་ཀྱང་གསུངས་སོ། །

༧༢། །བོད་ཀྱི་གཉེན་སྒྲིལ་གྱི་གནད་དོན་འགར་དཔྱད་པ།

གཅིག སླེང་གཞི།

མིག་སྔར་རིག་གཞུང་ལས་རིགས་ཀྱི་ཁྲོད་དུ་བོད་ཀྱི་གཉེན་སྒྲིལ་སྐོར་ལ་འགལ་ཟླར་གྱུར་པའི་ལྟ་བ་གཉིས་ཆགས་ཡོད། འགའ་ཞིག་གིས་བོད་ཀྱི་སྤྱི་ཚོགས་ཁྲོད་ཀྱི་མིག་གིས་མཐོང་ཚད་དང་རྣ་བས་ཐོས་ཚད་ཀྱི་ཕོ་མོའི་འབྲེལ་བ་ཚང་མ་བོད་རིགས་ཀྱི་གཉེན་སྒྲིལ་ཡིན་པར་བརྗོད་ཀྱི་ཡོད་པ་དང་། འགའ་ཞིག་གིས་བོད་དུ་ཕྱོ་གཅིག་ཤུག་གཅིག་གི་གཉེན་སྒྲིལ་ཕོ་ན་ལས་གཞན་མེད་ཅེས་བརྗོད་ཀྱི་ཡོད། དེ་ལྟ་བུའི་ཁ་གཏད་དུ་ལངས་པའི་ལྟ་བ་རིགས་གཉིས་ཡོད་དོན་ཅི་ལགས་ཤེ་ན། རྒྱུ་མཚན་གཙོ་བོ་ནི་གཅིག་མཐུན་གྱི་རིགས་པའི་གཞུང་ལུགས་ཀྱི་མཇུབ་ཁྲིད་མེད་པས་ལན་པ་ཡིན། གཉེན་སྒྲིལ་ནི་དམངས་སྲོལ་གྱི་གྲུབ་ཆ་གཙོ་བོ་ཞིག་ཡིན་པས་དེར་ཞིབ་འཇུག་བྱེད་དགོས་ན་ངེས་པར་དུ་དང་ཐོག་དམངས་སྲོལ་རིག་པའི་གཞུང་ལུགས་ལ་བརྟེན་དགོས་པ་དང་། ཡང་སྐོས་གླེང་གཞི་བོད་ཀྱི་གཉེན་སྒྲིལ་ཡིན་ན་བོད་ཀྱི་སྤྱི་ཚོགས་འཚོ་བ་དངོས་ལ་ཟབ་འཇུལ་གྱིས་བརྟག་དཔྱད་བྱ་རྒྱུ་ནི་རྨང་གཞིའི་ཆ་རྐྱེན་ཡིན། བྱས་ཙང་གླེང་གཞི་དངོས་མ་བཤད་གོང་དུ་ང་ཚོས་དམངས་སྲོལ་གྱི་ཁྱད་ཆོས་འགའ་ཞིག་ལ་ངོས་འཛིན་ཡང་དག་ཅིག་བྱ་དགོས་ངེས་འདུག སྤྱིར་མང་ཚོགས་ཀྱི་ཁྲོད་དུ་དར་ཁྱབ་ཡོད་ལ་རྒྱུན་འཛིན་གྱི་རང་བཞིན་ལྡན་པ་དང་། མང་ཚོགས་ཀྱིས་ཁས་ལེན་བརྩི་སྲུང་བྱེད་པའི་བྱ་སྤྱོད་དང་བསམ་པའི་འཕྲེར་སོ་མཐའ་དག་དམངས་སྲོལ་ཡིན་ཞིང་། དེར་ལོ་རྒྱུས་ཀྱི་རང་བཞིན་དང་། ས་ཁུལ་གྱི་རང་བཞིན། རྒྱུན་འཛིན་གྱི་རང་བཞིན། གཞན་འགྱུར་

གྱི་རང་བཞིན་སོགས་ཀྱི་ཁྱད་ཆོས་ལྡན་ཡོད། མི་རིགས་གང་འདྲ་ཞིག་ཡིན་རུང་དེར་རང་རང་གི་ཁྱད་ཆོས་ལྡན་པའི་དམངས་སྲོལ་དུ་མ་ཡོད་ལ་དེ་རྣམས་ཕ་ཚ་བུ་རྒྱུད་ཀྱིས་རྒྱུན་འཛིན་བྱེད་ཀྱི་ཡོད་མོད། འོན་ཀྱང་“བླ་མ་རེ་ལ་ཆོས་ལུགས་རེ། ལུང་པ་རེ་ལ་ཆ་ལུགས་རེ་”ཞེས་པའི་དཔེ་ལྟར་མི་རིགས་གཅིག་རང་གི་ཁྲོད་དུའང་ས་ཁུལ་སོ་སོའི་ཐོན་སྐྱེད་དང་། འཚོ་བའི་ཆ་རྐྱེན། རང་བྱུང་ཁོར་ཡུག་ཆ་རྐྱེན་སོགས་མི་འདྲ་བའི་རྐྱེན་གྱིས་དམངས་སྲོལ་སྣེ་རིགས་གཅིག་གི་ནང་དུའང་ཞིབ་ཕྲའི་སྣང་ཚུལ་གཅིག་མཐུན་མིན་པ་མང་པོ་ཡོད། དེར་བརྟེན་ང་ཚོས་དོ་སྣང་བྱ་དགོས་པ་ཞིག་ལ། གཅིག་ནས་མི་རེ་གཉིས་ཀྱི་སྟེང་དུ་བྱུང་བའི་ཚུལ་མིན་བྱ་སྤྱོད་མིག་གིས་མཐོང་རྒྱུ་ཡོད་ལ་རྣ་བས་ཐོས་རྒྱུ་ཡོད་པ་རྣམས་མི་རིགས་ཤིག་གམ་ས་ཁུལ་ཞིག་གི་དམངས་སྲོལ་ལ་སྦྱར་ན་མི་འཐད་ལ། གཉིས་ནས་མི་རིགས་གཅིག་གི་ཁྲོད་དུ་ས་ཁུལ་འགའ་ཞིག་གི་མང་ཚོགས་ཀྱིས་ཁས་ལེན་བཟི་སྲུང་བྱེད་པ་དང་ས་ཁུལ་ལ་ལར་དར་མེད་པའི་དམངས་སྲོལ་རྣམས་མི་རིགས་དེའི་དམངས་སྲོལ་མིན་ཞེས་བརྗོད་ནའང་མི་འཐད། ལྟ་བ་སྔོན་མ་མི་འཐད་པའི་རྒྱུ་མཚན་ནི། དམངས་སྲོལ་གྱི་ཐ་སྙད་ལ་ངོས་འཛིན་མ་ཐུབ་པར་དམངས་སྲོལ་དང་བྱ་སྤྱོད་གཉིས་གཞི་གཅིག་ལ་སྦྱར་ནས་བཤད་པས་མཇུག་འབྲས་འཆལ་གཏམ་ལས་ཐོན་རྒྱུ་གཞན་ཅི། བྱ་སྤྱོད་ལ་ལུགས་མཐུན་དང་ཚུལ་མིན་རིགས་གཉིས་སུ་དབྱེ་རྒྱུ་ཡོད་པ་ལས་ལུགས་མཐུན་གྱི་བྱ་སྤྱོད་ཡིན་ན་མང་ཚོགས་ཀྱིས་ཁས་ལེན་བཟི་སྲུང་བྱེད་ལ་དེ་ནི་དམངས་སྲོལ་གྱི་ཁོངས་སུ་གཏོགས་པ་དང་། ཚུལ་མིན་གྱི་བྱ་སྤྱོད་རྣམས་ལ་དམངས་ཀྱི་སྐྱོན་འཛུགས་དང་འཕྱ་སྨོད་བྱེད་ཀྱི་ཡོད་པས་དེ་དམངས་སྲོལ་གྱི་འགལ་ཟླར་འགྱུར་བ་རེད། ལྟ་བ་རྗེས་མ་མི་འཐད་པའི་རྒྱུ་མཚན་ནི། མི་རིགས་གང་འདྲ་ཞིག་ཡིན་རུང་དེའི་ས་ཁུལ་སོ་སོའི་དམངས་སྲོལ་རྣམས་ཕྱིར་ཆེ་སར་འདྲ་ལ་ཆུང་སར་ཁྱད་པར་ཡོད་པ་མང་རུང་།

མི་རིགས་ཤིག་གནས་སྡོད་ཀྱི་ས་རྒྱ་ཆེ་ལ་ཁ་གྲམ་ནས་གནས་པའི་མི་རིགས་དང་མི་འབོར་མང་བའི་མི་རིགས་ཀྱི་ཁྲོད་དུ་ས་ཁུལ་སོ་སོར་ཐུན་མོང་མིན་པའི་དམངས་སྲོལ་དུ་མ་དར་ནས་ཡོད་པ་སྤྱི་ཚོགས་ཀྱི་འཚོ་བ་དངོས་ཀྱིས་ར་སྤྲོད་ཐུབ། དེས་ན་མི་རིགས་ཤིག་གནས་སྡོད་བྱ་ཡུལ་ལས་གཞི་རྒྱ་ཆེ་ཙམ་གྱི་ས་ཁུལ་ལམ་མི་རིགས་དེའི་གྲངས་འབོར་གང་འཚམ་ཞིག་གི་མང་ཚོགས་ཁྲོད་དུ་དར་ཁྱབ་ཡོད་པའི་དམངས་སྲོལ་ཡིན་ན་མི་རིགས་དེའི་དམངས་སྲོལ་དུ་ངོས་འཛིན་བྱས་ཆོག་པ་ཡིན་ནོ། །

གཞན་ཡང་ང་ཚོའི་གླིང་གཞི་གཉེན་སྲོལ་ཡིན་ན་སྟོན་དུ་གཉེན་སྟོན་གྱི་དོན་སྙིང་ངམ་ནུས་པ་ལ་གོ་བ་ཡང་དག་ལོན་རྒྱུ་ནི་གླིང་གཞི་དངོས་དང་འབྲེལ་ཆེ། གཉེན་སྒྲིག་གི་བྱ་བ་ནི་མི་ཚེའི་དོན་ཆེན་ཞིག་ཡིན་པས་ཕོ་མོ་གཞོན་ནུ་གཉིས་གཉེན་སྒྲིག་བྱས་པར་བཀྲ་ཤིས་རྟེན་འབྲེལ་ཞུ་ཆེད་གཉེན་སྟོན་གྱི་བྱེད་སྒོ་སྤེལ་བ་དང་། གཉེན་སྒྲིག་དགའ་སྟོན་གྱི་མཛད་སྒོ་སྤེལ་བའི་དངོས་ཡོད་ཀྱི་ནུས་པ་ནི་ཕོ་མོ་གཉེན་སྒྲིག་མཁན་གཉིས་ཀྱི་ཕོ་མོའི་འབྲེལ་བ་དེ་ལུགས་མཐུན་ཡིན་པ་སྤྱི་ཚོགས་ལ་གསལ་བསྒྲགས་བྱས་པ་ཞིག་ཡིན་ལ། དེ་ནས་བཟུང་ཕོ་མོ་དེ་གཉིས་ཁྱིམ་ཐབ་ཡིན་པར་སྤྱི་ཚོགས་ཀྱིས་ཁས་ལེན་བྱེད་ཀྱི་ཡོད། ཁྲིམས་སྲོལ་འཐུས་ཚང་མིན་པའི་རྒྱལ་ཁབ་དང་། མི་རིགས་ཀྱི་ཁྲོད་དུ་གཉེན་སྟོན་གྱིས་གཉེན་སྒྲིག་ལག་ཁྱེར་གྱི་ནུས་པ་ཐོན་གྱི་ཡོད། དེ་ལྟར་གླིང་གཞི་དངོས་དང་འབྲེལ་ཡོད་ཀྱི་གཞུང་ལུགས་ཞིར་དུ་ཟུར་བཤད་ཟིན་མཚམས་གླིང་གཞི་དངོས་བརྗོད་རྒྱུ་ལ། མི་རེ་གཉིས་སྟེང་ལྷག་པའི་ཚུལ་མིན་གྱི་བྱ་སྤྱོད་བོད་ཀྱི་གཉེན་སྲོལ་མིན་པའི་སྐོར་དང་། ཕུ་ནུས་མནའ་མ་གཅིག་སྤྱོད་བྱེད་པ་དར་ཁྱབ་ཆེ་ཆུང་དང་བཟང་ངན་ལ་མ་བལྟོས་པར་བོད་ཀྱི་གཉེན་སྲོལ་ཡིན་ཚུལ་སྐོར། བུ་སྤུན་མནའ་མ་མཉམ་བསྡུའི་གཉེན་སྲོལ་དར་གནས་ཐུབ་པའི་རྒྱུ་མཚན། བུ་སྤུན་མནའ་མ་མཉམ་བསྡུའི་གཉེན་སྲོལ་

སྐོར་གྱི་ནོར་འཁྲུལ་གྱི་ལྟ་བ་དགག་པ་བཅས་དུམ་མཚམས་བཞི་རུ་དབྱེ་སྟེ་བརྗོད་པར་བྱའོ། །

གཉིས། ཚལ་མིན་བྱ་སྤྱོད་གཉེན་སྒྲིལ་དུ་བརྗོད་པའི་ནོར་འཁྲུལ་གྱི་ལྟ་བ་དགག་པ།

དེ་ཡང་ད་ཕན་རྒྱལ་ཁབ་གཞན་དང་མི་རིགས་གཞན་གྱི་རིག་གཞུང་ལས་རིགས་ཁྲིད་དང་། རང་རིགས་ཀྱི་སྐྱེ་བོ་མི་ཉུང་བ་ཞིག་གིས་ཀྱང་ལྐུགས་པ་ཨུ་ཚུགས་དང་འོལ་ཚོད་ཟུར་དུ་འབྲེལ་ཏེ་བོད་ཀྱི་གཉེན་སྒྲིལ་ནང་གདོད་མའི་ཁྱུ་ཚོགས་གཉེན་སྒྲིག་གི་ལྟག་འཕྲོ་ཕ་བུས་མནའ་མ་ཐུན་མོང་དུ་སྤྱོད་པའམ་མ་དང་བུ་མོས་མག་པ་ཐུན་མོང་དུ་སྤྱོད་པ། གྲོགས་པོས་（གྲོགས་མོས་）མནའ་མ་（མག་པ་）ཐུན་མོང་དུ་སྤྱོད་པ། འབྲེལ་མེད་རྒྱུས་མེད་ཀྱི་ཁྱོ་བོ་གཉིས་ཀྱིས་མནའ་མ་ཐུན་མོང་དུ་སྤྱོད་པ་སོགས་ཀྱི་ལུགས་སྲོལ་ཡོད་ཅེས་མི་ཤེས་ཤེས་མདོག་དང་མི་རིག་རིག་མདོག་གིས་ བླུན་གཏམ་བབ་ཅོལ་སྨྲ་ཚོགས་ཐོག་ཙུར་གྱིས་བསྒྲགས་པ་ནི་ཁྲི་ངན་གཡོགས་རྒྱག་དང་རི་བོང་ཅལ་འདྲོགས་ཀྱི་བརྟུལ་ཞུགས་འཛིན་པ་ཙམ་ལས་དམངས་སྲོལ་རིག་པའི་གཞུང་ལུགས་ཀྱི་ཐོག་ནས་ནན་ཏན་གྱིས་བརྟག་དཔྱད་དང་ཞིབ་འཇུག་བྱས་པ་ཞིག་ག་ནས་ཡིན། གཤམ་དུ་ཕོ་བོས་དམངས་སྲོལ་རིག་པའི་གཞུང་ལུགས་དང་དོན་དངོས་གཤིབ་བསྡུར་གྱིས་དགག་བཞག་ཅུང་བྱའོ། །

ཁོང་ཚོས་བརྗོད་པའི་ཕ་བུས་མནའ་མ་མཉམ་སྤྱོད་བྱེད་པའི་གཉེན་སྒྲིལ་ལ་རྣམ་པ་གཉིས་ཡོད་དེ། བུའི་ཨ་མ་ཤི་སོང་བའི་རྗེས་བུ་དེ་ལ་མནའ་མ་བླངས་རྗེས་ཨ་ཕས་བུའི་མནའ་མ་དང་ཕོ་མོའི་འབྲེལ་བ་བྱས་པ་དང་། རྣམ་པ་གཞན་ཞིག་ནི་བུའི་ཨ་མ་ཤི་བའི་རྗེས་བུ་དེས་མ་ཡར་དང་ཕོ་མོའི་འབྲེལ་བ་བྱས་པ་དེ་རེད། ཨ་

ཕས་བུའི་མནའ་མ་དང་ལོག་གཡེམ་བྱས་པ་དང་། བུ་ཡིས་མ་ཡར་དང་འདོད་ལོག་བྱེད་པའི་བྱ་ངན་སྤྱོད་ངན་གྱི་རིགས་བོད་རིགས་འཚོ་བའི་སྤྱི་ཚོགས་ན་སྲིད་པ་ཡིན། འོན་ཀྱང་དེ་བོད་ཀྱི་གཉེན་སྲོལ་ཡིན་ཞེས་བརྗོད་ན། དེ་ནི་དམངས་སྲོལ་གྱི་མཚན་ཉིད་ལས་ཡོངས་སུ་འགལ་བ་ཞིག་ཡིན། བྱེ་བྲག་དམིགས་བསལ་ཅན་གྱི་བྱ་སྤྱོད་འགའ་རེ་ཡོད་ངེས་པ་དེ་དག་མི་རིགས་གཅིག་གམ་ས་ཁུལ་གཅིག་གི་དམངས་སྲོལ་ཡིན་ཞེས་བརྗོད་ན་ནི་ཤིན་ཏུ་མི་འཐད་དེ། དཔེར་ན། འདོད་ཛམ་ཅན་གྱི་སྐྱེ་བོ་འགའ་ཞིག་གིས་གཞན་ལ་གསེར་དངུལ་སོགས་རིན་ཆེན་ཡོད་པ་རིག་ནས་འདོད་པའི་དབང་གིས་གཞན་གྱི་ཚེ་སྲོག་ཕྲོགས་ཏེ་གསེར་དངུལ་རྣམས་ཀུ་བཙོམ་བྱེད་པའི་སྤྱོད་ངན་འཛམ་གླིང་ས་ཕྱོགས་གང་ས་དང་མི་རིགས་ཚང་མའི་ཁྲོད་དུ་མཐོང་རྒྱུ་ཡོད་ལ་ཐོས་རྒྱུ་ཡོད། དེ་རྒྱུ་མཚན་དུ་བྱས་ནས་ས་ཁུལ་ག་གེ་མོ་དང་། མི་རིགས་ཆེ་གེ་མོའི་ཁྲོད་དུ་མི་ཡིས་མི་གསོད་པའི་དམངས་སྲོལ་ཡོད་ཅེས་བརྗོད་ན་མཚན་ཉིད་དང་འགལ་བ་དེ་བཞིན་ཨ་ཕའི་འདོད་ཆགས་ཀྱིས་བུ་ཡི་མནའ་མ་བདག་གིར་སྤྱོད་པའི་མ་རུང་བྱ་སྤྱོད་དེ་བོད་རིགས་ཀྱི་གཉེན་སྲོལ་ཡིན་ཞེས་བརྗོད་ན། དེ་ནི་ཡིན་མིན་གྱི་དབྱེ་འབྱེད་མ་བཏང་བར་དགོས་པའི་དབང་དུ་བརྗོད་པ་ཞིག་ཡིན་པར་སྙམ། ཕ་བུས་མནའ་མ་མཉམ་སྤྱོད་བྱས་པ་དེ་བོད་རིགས་ཀྱི་གཉེན་སྲོལ་མིན་པ་ལུང་རིགས་གཉིས་ཀྱི་སྒོ་ནས་སྒྲུབ་ཐུབ། དང་པོ། མནའ་མ་བསུ་སྐབས་ཀྱི་གཉེན་སྟོན་མཛད་སྒོ་དེའི་ཐོག་ནས་བཤད་ན། གཉེན་སྟོན་སྐབས་བུ་ཡི་ཕ་ལ་བུ་འདི་པའི་ཕ་ཡི་གོ་གནས་ཐོབ་ཐང་ལས། གཉེན་སྒྲིག་མཁན་བཟའ་ཚོ་གསར་པའི་གོ་གནས་ཐོབ་ཐང་མེད་པ་མ་ཟད། གཉེན་སྟོན་ཐོག་ཕ་དེའི་བྱ་སྤྱོད་དམིགས་བསལ་ཆེ་བ་མེད་པར་བུ་དང་མནའ་མ་གཙོ་བོར་འཛིན་པའི་བྱེད་སྒོ་ཞིག་ཡིན། དེ་ཡང་དབུས་གཙང་ཁུལ་གྱི་གནའ་བོའི་གཉེན་སྟོན་གྱི་སྲོལ་ལ། བུ་ཞིག་ལ་མནའ་མ་བསུ་སྐབས་ཐོག་མར་བུ་དང་བུ་མོའི་ལོ་རྟགས་

མཐུན་མིན་བརྟག་དགོས་པ་ལས་བུའི་ཕ་དང་མནའ་མའི་ལོ་རྟགས་མཐུན་མིན་བརྟག་སྒྲིལ་མེད་པ་དང་གཅིག གཉེན་སྟོན་སྐབས་བཞུགས་གྲལ་ཐོག་གྲལ་འགོར་བྱ། དེ་རྗེས་མནའ་མ། དེའི་འོག་བུ་ཡི་ཕ་མ། དེའི་འོག་བུ་མོ་སྐྱེལ་མི་སྟོད་པ་སོགས་རིམ་པ་བཞིན་གྲལ་སྟར་ཏུ་སྒྲིག་སྒྲིལ་ཡོད་པའི་ནང་། བུ་ཡི་ཕ་དེ་བུ་འདི་པའི་ཕ་ཡིན་པས་བཞུགས་གྲལ་མནའ་མའི་གཤམ་འོག་ཏུ་འཁོད་པ་ལས། མནའ་མའི་ཚོ་བོ་ཡ་གྱལ་གཅིག་ཡིན་པའི་རྒྱུ་མཚན་གྱིས་བཞུགས་གྲལ་དུ་འཁོད་པ་རྩ་བ་ནས་མིན་པ་དང་གཉིས། བཞུགས་གྲལ་ལ་བཤད་པ་འབུལ་མཁན་གྱིས་བཤད་པ་འབུལ་སྐབས་བུ་ཡི་ཕ་དེར་བུ་ཡི་ཕ་ཡིན་པའི་བཤད་པ་ཕུལ་བ་དང་། སྐུ་ཚེ་རིང་པོ་ཡོང་བའི་སྨོན་ཚིག་ཞུ་བ་ལས། ཚོ་བོ་ཡིན་པ་དང་མནའ་མ་དང་གཉེན་བསྡེབས་པ་ལས་བུ་ནོར་ལོངས་སྤྱོད་འཕེལ་བའི་བཀྲ་ཤིས་བཤད་པ་ཕུལ་སྒྲིལ་མེད་པ་དང་གསུམ། ལྷག་དོན་མནའ་མ་བསུ་བའི་གཉེན་སྟོན་སྐབས་བག་ཉལ་ལ་བུ་དེ་ཉལ་བ་ལས། མནའ་མ་དེ་ཕ་བུ་སྤྱི་པའི་ཡིན་ཞེས་ཕ་དེའང་མནའ་མ་དང་མཉམ་དུ་བག་ཉལ་ལ་འཇུག་སྒྲིལ་མེད་པ་དང་བཞི། གཞན་ཡང་ཕ་བུས་མནའ་མ་མཉམ་སྤྱོད་བྱས་ནས་ས་བོན་བཏབ་པའི་འབྲས་བུ་བུ་ཕྲུག་སྐྱེན་པ་དེས་བུའི་ཕ་དེ་ལ་སྤྱི་པོ་ཞེས་འབོད་པ་ལས་ཨ་ཕ་ཞེས་འབོད་སྒྲིལ་མེད་པ་དང་ལྔ་བཅས་རྒྱུ་མཚན་དེ་རྣམས་ལས་ཕ་བུས་མནའ་མ་མཉམ་སྤྱོད་བྱེད་པ་དེ་བོད་ཀྱི་གཉེན་སྒྲིལ་མིན་པ་གསལ་པོར་ཤེས་ཐུབ།

ཕ་བུས་མནའ་མ་མཉམ་སྤྱོད་བྱེད་པའི་རྣམ་པ་གཞན་ཞིག་ལ་ཕ་ཡི་བཟའ་ཟླས་འཇིག་རྟེན་འདི་རུ་བུ་ཞིག་བོར་བཞག་ནས་འཇིག་རྟེན་ཕྱི་མར་ཕྱིན་པའི་ཁྱིམ་ཚང་ཆེས་ཉུང་ཤས་ནང་། ཕ་དེས་བཟའ་ཟླ་གོང་མའི་ཤུལ་འཛིན་མནའ་མ་གསར་དུ་བསུས་ནས་ཕྱི་ཤུག་ཏུ་སྡེབ་པའི་སྐབས་བཟའ་ཟླ་གོང་མས་བཞག་པའི་བུ་དེའང་རིམ་བཞིན་འཚར་ལོངས་བྱུང་ནས་འཇིག་རྟེན་གྱི་བྱ་བར་འཇུག་མཚམས་

ཁྱིམ་གྱི་དཔལ་འབྱོར་དང་། བདེ་སྐྱིད་ཀྱི་འཚོ་བར་ཉམས་རྒྱུད་དང་བར་ཆད་མི་ཡོང་བའི་ཆེད་དུ་བུ་དེས་ཀྱང་ཕ་ཡི་མཐའ་མ་མཉམ་སྤྱོད་བྱས་པ་ཡིན། དེ་ནི་བོད་རིགས་ཀྱི་ལུགས་དང་མཐུན་པའི་གཉེན་སྒྲིལ་ཡེ་ནས་མིན་པར་ཁྱིམ་ཚང་ཆེས་ཉུང་ཤས་དང་མི་རེ་གཉིས་ཀྱི་ཐབས་ཟད་འུ་ཐུག་གི་བྱ་སྤྱོད་ཅིག་ཡིན། གལ་སྲིད་བུ་དེས་རང་འདོད་ཀྱིས་བུ་མོ་གཞན་དང་གཉེན་བསྡེབས་ནས་ཕྱི་ཤུག་གི་འཚོ་བ་ཁེར་སྐྱེལ་བྱས་ཚེ་ཁྱིམ་ཚང་དེའི་ཁང་སྟེང་གི་ཀླུང་དར་ནས་སྒོ་ཡི་ཐེམ་པ་ཡན་ཆད་ཀྱི་ནོར་དངོས་པོ་ཡོད་ཚད་དུམ་བུ་གཉིས་སུ་བགོ་དགོས་ཀྱི་ཡོད་པས་“གྲོང་པ་ཁ་གྱེས་ན་སྐྲོང་མཁན་ཆ་གཅིག”ཅེས་པའི་གཏམ་དཔེ་ལྟར་དཔལ་འབྱོར་ལ་ཉམས་རྒྱུད་ཡོང་བ་དང་། ལྷག་པར་དུ་བུ་དེ་རང་ལ་མཐའ་མ་གཞན་ཞིག་བསྲུས་ན་གཅིག་ཏུ་ཁྱིམ་ཚང་གཅིག་གི་ནང་ཕ་དང་བུ། ཕ་ཡི་བཟའ་ཟླ། བུ་ལ་བསྲུས་པའི་མཐའ་མ་བཅས་ཤ་རུས་ཀྱི་འབྲེལ་བ་མེད་པའི་ཕྱོགས་ཁ་གསུམ་ཆགས་ཀྱི་ཡོད་པ་དང་། གཉིས་སུ་ཕ་དང་བཟའ་ཟླ་རྗེས་མར་རྗེས་སྐྱེས་བུ་ཚ་བྱུང་བ་དེ་ཚོ་ལའང་སླད་མར་མཐའ་མ་བསྲུ་རན་མཚམས་མཐའ་མ་དེའང་ཁྱིམ་ཚང་དེའི་ནང་གི་མི་དང་ཤ་རུས་ཀྱི་འབྲེལ་བ་མེད་པ་ཞིག་བསྲུ་དགོས་པས་དེ་ལྟར་ཤ་རུས་ཀྱི་འབྲེལ་བ་མེད་པའི་མི་མང་པོ་ཐབ་གཅིག་ལ་འཁོར་ནས་ཟླ་བ་ནས་ཟླ་བ་དང་ལོ་ནས་ལོ་བར་འཚོ་བ་མཉམ་སྐྱེལ་བྱས་ཚེ་ཁྱིམ་གྱི་བདེ་སྐྱིད་འཚོ་བ་ལ་བར་ཆད་ཡོང་ངེས་ཡིན་པ་ནི་སུས་ཀྱང་རྟོགས་ནུས། རྒྱུ་མཚན་དེ་རྣམས་ལ་བརྟེན་ནས་ཁྱིམ་ཚང་ཉུང་ཤས་དང་མི་རེ་གཉིས་ཀྱིས་“སྡུག་ན་མ་ནུང་སྤྱོད་ལ་འཇུག”ཅེས་པ་ལྟར་ཐབས་མེད་འུ་ཐུག་གི་བྱ་སྤྱོད་ལ་འཇུག་པ་དེ་ནི་ལུགས་འགལ་གྱི་བྱ་སྤྱོད་ཡིན་པ་དངོས་དོན་གྱིས་ར་འཕྲོད་ལ། ཡང་སྔོས་དམངས་སྲོལ་རིག་པའི་གཞུང་ལུགས་ཀྱི་ཐོག་ནས་བཤད་ནའང་གཅིག་ནས་བུ་དེའི་ཕ་ཡིས་ཟླ་བོ་འདས་པོའི་ཤུལ་འཛིན་ཁབ་ཏུ་བསྲུས་པའི་མཐའ་མ་དེར་མ་ཡར་ཞེས་དམིགས་བསལ་གྱི་ཐ་སྙད་ཡོད་པ་དང་།

ནམ་རྒྱུན་ཨ་མ་མ་ཡར་ཞེས་ཀྱང་འབོད་སྲོལ་ཡོད་པ་དང་། གཉིས་ནས་ཕ་བུ་གཉིས་ཀྱིས་ཐུན་མོང་དུ་མནའ་མ་མཉམ་བསྡུ་བྱས་པ་དེ་གཉེན་སྟོན་གྱི་རྣམ་པས་སྒྲི་ཚོགས་ལ་ཁྱབ་བསྒྲགས་དང་གསལ་བརྗ་བྱས་སྐོར་རང་ཅག་གི་འདྲེན་བྱེད་རྣ་བས་ཟིན་སྒྱོང་མེད། དམངས་སྲོལ་རིག་པའི་གཞུང་ལུགས་ནས་བཤད་ན་གཉེན་སྟོན་སྐབས་ཀྱི་མི་སོ་སོའི་གོ་གནས། ཐོབ་ཐང་། དེའི་ཐོག་གི་བྱ་སྤྱོད་རྣམས་ཀྱིས་མི་དེ་པའི་བབ་ཐོབ་མཚོན་གྱི་ཡོད་པ། གསུམ་ནས་མནའ་མ་དེར་སྐྱེས་པའི་བུ་ཕྲུག་གིས་ཕ་བུ་མནའ་མ་མཉམ་སྤྱོད་མཁན་གྱི་བུ་དེར་ཨ་ཕའམ་ཨ་ཁུ་ཞེས་འབོད་སྲོལ་མེད་པར་གཙེན་པོ་ཞེས་འབོད་ཀྱི་ཡོད། རྒྱུ་མཚན་དེ་རྣམས་ནས་ཕ་བུས་མནའ་མ་མཉམ་སྤྱོད་བྱས་པ་དེ་ལུགས་མཐུན་ཡིན་པར་སྤྱི་ཚོགས་ཀྱི་ཁས་ལེན་དང་གདེང་འཛོག་བཟང་པོ་ཐོབ་ཀྱི་མེད་པ་གསལ་པོར་མཚོན་ཡོད་ན། དེར་གཉེན་སྒྲིལ་དུ་བརྗོད་པ་དམངས་སྲོལ་གྱི་མཚན་ཉིད་ལས་འགལ་ལོ། །

མ་དང་བུ་མོས་མག་པ་མཉམ་སྤྱོད་བྱེད་པ་དང་ཕ་བུས་མནའ་མ་མཉམ་སྤྱོད་བྱེད་པའི་རྣམ་པ་གཉིས་ཕོ་མོའི་དབྱེ་བ་ཙམ་ལས་ངོ་བོའི་ཁྱད་པར་མེད་པས་མ་དང་བུ་མོས་མག་པ་མཉམ་སྤྱོད་བྱེད་པ་བོད་ཀྱི་གཉེན་སྒྲིལ་དུ་བརྗོད་པའང་ལྟ་བ་ཡང་དག་ཅིག་ག་ནས་ཡིན། རྒྱུ་མཚན་ནི་གོང་དང་འདྲ་བས་འདིར་བསྐྱར་ཟློས་ཀྱི་དགོས་གལ་མ་མཆིས། མདོར་ན་ཕ་བུས་མནའ་མ་མཉམ་སྤྱོད་བྱེད་པ་དང་མ་དང་བུ་མོས་མག་པ་མཉམ་སྤྱོད་བྱེད་པའི་བྱ་སྤྱོད་དེ་རིགས་བོད་ཀྱི་ཁྱུལ་དུ་མི་རེ་གཉིས་སྟེང་བྱུང་སྲིད་ཡོད་པ་བདེན་མོད། འོན་ཀྱང་དེ་ནི་ཁྱིམ་ཚང་རེ་གཉིས་ལ་གོད་ཆག་བྱུང་བའི་སྟེང་ལྷག་པའི་གནས་ཚུལ་ཤ་སྟག་ཡིན། དེ་རྣམས་ཚང་མ་བུའམ་བུ་མོའི་མའམ་ཕ་ན་མ་ཤུས་གོང་ཤི་སོང་བའི་ཁྱིམ་ཚང་ནང་ཕ་ལ་མནའ་མ་གསར་པ་ཞིག་བསྡུས་པའི་རྗེས་བུ་དེ་ན་འཚར་ཡོང་སྐབས་མ་ཡར་དང་ཕོ་མོའི་འབྲེལ་བ་བྱུང་བའམ། སྔོན་ལ་བུ་དེར་མནའ་མ་བསྡུས། དེ་རྗེས་མནའ

མ་དེ་དང་དེའི་ཟླ་བོའི་ཕ་ཡི་བར་ཕོ་མོའི་འབྲེལ་བ་བྱུང་བ། ཡང་ན་སྔོན་ལ་ཨ་མར་མག་པ་བསྐུས། དེ་རྗེས་བུ་མོ་འཚར་ལོངས་བྱུང་སྐབས་ཕ་ཡར་དེ་དང་བུ་མོ་དེའི་བར་ཕོ་མོའི་འབྲེལ་བ་བྱུང་བའམ། ཐོག་མར་བུ་མོར་མག་པ་བསྐུས། དེ་རྗེས་མག་པ་དེ་དང་དེའི་ཟླ་བོའི་མ་ཡི་བར་ཕོ་མོའི་འབྲེལ་བ་བྱུང་བ་བཅས་ཡིན། གོད་ཆག་བྱུང་བའི་ཁྱིམ་ཚང་ནང་ལྷག་པའི་དམིགས་བསལ་གྱི་གནས་ཚུལ་ཏེ་འཚོ་གནས་དང་གྲོང་པ་ཁ་ཐོར་མི་འགྲོ་བའི་ཆེད་དུ་སྲུང་པའི་ཐབས་དབུལ་བའི་བྱ་ཐབས་རྣམས་གཉེན་སྒྲིལ་དུ་བརྗོད་ན་ག་ནས་འཐད། གལ་སྲིད་དེ་རྣམས་གཉེན་སྒྲིལ་དངོས་ཡིན་ན་སྔོན་དང་རྗེས་ཀྱི་དབྱེ་བ་མེད་པར་ཐོག་མ་ནས་ཕ་བུ་གཉིས་ལ་ཐུན་མོང་དུ་མནའ་མ་བསྒུ་བའམ་མ་དང་བུ་མོར་ཐུན་མོང་དུ་མག་པ་བསྒུ་ངེས་ཡིན། གོང་སྨོས་ཀྱི་གནས་ཚུལ་རྣམས་ལས་སྔོན་ལ་གཉེན་འབྲེལ་བྱུང་བ་དག་ལུགས་མཐུན་ཡིན་པ་དང་རྗེས་སུ་ཕོ་མོའི་དབར་འབྲེལ་བ་བྱུང་བ་རྣམས་ཚུལ་མིན་གྱི་བྱ་སྤྱོད་འབའ་ཞིག་ཡིན་པ་གསལ་པོར་མཐོང་ཐུབ་བོ། །

ཀློ་མཐུན་འགའ་ཤས་ཀྱིས་བོད་ཀྱི་གཉེན་སྒྲིལ་ལ་གྲོགས་པོ་གཉིས་ཀྱིས་མནའ་མ་གཅིག་སྤྱོད་པ་དང་ཤ་རུས་ཀྱི་གཉེན་ཉེའི་འབྲེལ་བ་མེད་པའི་སྐྱེས་པ་གཉིས་ཀྱིས་མནའ་མ་གཅིག་སྤྱོད་པའི་ལུགས་ཡོད་ཅེས་བརྗོད་ཀྱི་ཡོད་པ་མ་ཟད། གཉེན་སྒྲིལ་སྔོན་མ་དེར་རྣམ་པ་གཉིས་ཡོད་དེ། ཕྱི་བོ་ལས་ཀའི་དབང་གིས་ཡུལ་ཕྱོགས་གཞན་ཞིག་ལ་སོང་རྗེས་དེའི་མནའ་མས་སྐྱེས་པ་གཞན་ཞིག་དང་ཕོ་མོའི་འབྲེལ་བར་ལོངས་སུ་སྤྱོད་པ་དང་གཅིག སྐྱེས་པ་དབུལ་པོ་ཞིག་ལ་མནའ་མ་ཡིད་འོང་མཛེས་མ་ཞིག་ཡོད་ཚེ། དབུལ་ཁྱིམ་དེའི་ཁྱིམ་ཚང་གི་འཚོ་བའི་ཆེད་དུ་མནའ་མ་དེས་རང་གི་ལུས་ཕུང་སྐྱེས་པ་ཕྱུག་པོ་ཞིག་གམ་ཡང་ན་དཔོན་པོ་ཞིག་ལ་ལོངས་སུ་སྤྱོད་དུ་བཅུག་པ་དང་གཉིས་ཞེས་བརྗོད་ལ། འགའ་རེས་ད་དུང་ཡུལ་མིང་མི་མིང་སོགས་ཀྱང་གསལ་པོར་བྲིས་ཡོང་གི་ཡོད། དོན་དུ་ཕོང་ཚོས་བརྗོད་

པའི་གཏམ་རྣམས་སྔ་ཕྱི་འགལ་བར་འགྲོ་བའི་འཆལ་གཏམ་འབའ་ཞིག་ཡིན་པ་ཁོང་རང་ཆོས་བཀོད་པའི་སྒྲུབ་བྱེད་རྣམས་ལས་ཟུར་མཐོང་ལེབ་གསལ་ཡིན་པས་ཤིག་གསོད་པར་སྔ་རེ་འཕྱུར་མི་དགོས་པའི་དཔེ་ལྟར་ང་ཆོས་རྒྱ་མཚན་མང་པོ་དྲངས་ནས་སུན་འབྱིན་བྱེད་དགོས་དོན་མེད། ཁོང་ཆོས་བརྗོད་པ་ལྟར་གྲོགས་པོས་མནའ་མ་མཉམ་སྤྱོད་བྱེད་པ་དེ་བོད་ཀྱི་གཉེན་སྒྲིལ་ཡིན་ན། གྲོགས་པོ་གཉིས་ཀ་མནའ་མ་དེའི་ལུགས་མཐུན་ཁྱོ་བོ་ཡིན་པས་གཅིག་གི་མནའ་མ་གཞན་ཞིག་གིས་སྤྱོད་པའི་གནས་ཚུལ་ཡོང་དོན་ཅི། དེ་བས་ཀྱང་གྲོགས་པོས་མནའ་མ་མཉམ་སྤྱོད་བྱེད་པ་ལུགས་མཐུན་ཡིན་ན་ཁྱོ་བོ་ལས་ཀའི་དབང་གིས་ཡུལ་ཕྱོགས་གཞན་ཞིག་ལ་སོང་རྗེས་དེའི་མནའ་མས་ལྐོག་ཏུ་སྐྱེས་པ་གཞན་དེ་དང་ཕོ་མོའི་འབྲེལ་བ་བྱེད་དགོས་དོན་གང་། གྲོགས་པོས་མནའ་མ་མཉམ་སྤྱོད་བྱེད་པ་གཉེན་སྒྲིལ་ཡིན་ན་ཐབ་གཅིག་ལ་འཁོར་ནས་འཚོ་བ་སྐྱེལ་མཁན་གྱི་བཟའ་གསུམ་ཡིན་ལ་ཁྱིམ་ཚང་གཅིག་རང་ཡིན་དགོས་པས་ཁྱོ་བོའི་དབར་དབུལ་ཕྱུག་གི་དབྱེ་བ་དང་དབུལ་པོའི་མནའ་མས་ཕྱུག་པོའམ་དཔོན་པོ་ལ་གཞང་བསྟོང་དོན་ཅི་ཡིན། དོན་དངོས་ཐོག་ཁོང་ཆོས་དྲངས་པའི་སྒྲུབ་བྱེད་དེ་རྣམས་ལས་གྲོགས་པོས་མནའ་མ་གཅིག་སྤྱོད་བྱེད་པ་གཉེན་སྒྲིལ་མིན་པ་གསལ་པོར་གྲུབ་བོ། །

བོད་ཀྱི་གཉེན་སྒྲིལ་ལ་ཤ་རུས་ཀྱི་གཉེན་ཉེའི་འབྲེལ་བ་མེད་ལ་གྲོགས་པོའང་མིན་པའི་སྐྱེས་པ་ཁ་ཤས་ཀྱིས་མནའ་མ་མཉམ་སྤྱོད་བྱེད་ཀྱི་ཡོད་ཅེས་བློ་མཐུན་ཉུང་ཤས་ཀྱིས་བརྗོད་པ་མ་ཟད། ཁོང་ཆོས་ཡུལ་ལུང་འདི་ན་ཁྱིམ་ཚང་འདི་འདྲ་ཞིག་ཡོད་ཅེས་ཁུངས་སུ་དྲངས་པའི་ཁུལ་བྱེད་ཀྱི་ཡོད། ཁོ་པ་ཆོས་ཁུངས་སུ་དྲངས་པའི་དཔེ་རྣམས་ཚང་མ་ལུགས་མིན་གྱི་བྱ་སྤྱོད་ཀུན་གྱིས་འཕྱ་སྨོད་བྱ་བའི་ཡུལ་ཁོ་ནར་ཟད། དཔེར་ན། ཁོང་ཆོས་ཁུངས་དྲངས་པ་ལ་ཡུལ་ག་གེ་མོ་ན་བུད་མེད་ཚེ་གེ་མོ་ཟེར་བ་གཅིག་ཡོད་པ་དེས་རང་གི་ཁྱོ་བོ་ཁྱིམ་དུ་མ་བསྡད་པའི་

སྐབས། ཁྱོ་བོ་གཞན་ལ་ཕྲུང་ལུས་ཀྱི་བསུ་བ་ཞུས། དེ་ལས་སྣེ་ལེན་གྱི་སླ་ཆ་ལེན་གྱི་ཡོད་ཅེས་པ་དང་། ཡང་ན་ཡུལ་ག་གེ་མོ་ན་བུད་མེད་ཆེ་གེ་མོ་ཟེར་བ་ཞིག་ཡོད་པ་དེས་རང་གི་ཁྱོ་བོ་ཁྲིམ་དུ་བསྡད་མེད་པའི་སྐབས་སྐབས་སྐབས་ཏུ་ཁྱོ་བོ་གཞན་དང་ལུས་འབྲེལ་བྱེད་ཀྱི་ཡོད་ཅེས་བརྗོད་ཀྱི་ཡོད། དེ་ནི་ཁོ་པ་ཚོས་བརྩམས་པའི་རྩོམ་ཡིག་དེ་ཁྱད་མཚར། ཡ་མ་གཟུགས་འདྲ་བྱུང་ན་བོད་ཀྱི་སྤྱི་ཚོགས་དངོས་ལ་ཉེས་རྟོགས་མེད་པའི་སྐྱེ་བོ་འགས་ཡིད་ཆེས་བྱེད་པ་དང་དགའ་པོ་བྱེད་ཀྱི་ཡོད་པས། དེའི་ཆེད་དུ་མིན་པ་ཡིན་པར་བཀོད་ནས་དོན་དངོས་ལ་སྒྲོ་འདོགས་བྱས་པ་ཞིག་རང་ཡིན། དེ་འདྲ་བའི་ཚུལ་མིན་གྱི་བྱ་སྤྱོད་ཕོ་མོ་གཉིས་ལས་གྲུབ་པའི་མིའི་རིགས་ཀྱི་སྤྱི་ཚོགས་ཁྲོན་ནང་ཡོད་པ་བཞིན་བོད་རིགས་ཀྱི་སྤྱི་ཚོགས་ཁྲོད་དུའང་ཡོད་ངེས་ཡིན། འོན་ཀྱང་དེ་དག་མི་རིགས་གཅིག་གམ་ས་ཁུལ་གཅིག་གི་དམངས་ཚོགས་ཀྱིས་ཁས་ལེན་བཅེ་སྲུང་བྱེད་པའི་དམངས་སྲོལ་གྱི་གྲུབ་ཆ་གཉེན་སྲོལ་ཡིན་ཞེས་བརྗོད་ན་ག་ལ་འཐད། དེའི་རྒྱུ་མཚན་ཡང་གོང་སྨོས་ཕ་བུས་མནའ་མ་མཉམ་སྤྱོད་བྱེད་པ་དང་། གྲོགས་པོས་མནའ་མ་མཉམ་སྤྱོད་བྱེད་པ་བོད་ཀྱི་གཉེན་སྲོལ་མིན་པའི་སྐབས་བྱེད་བསྟན་པ་རྣམས་དང་འདྲ་བས་འདིར་བསྐྱར་ཟློས་ཀྱི་དགོས་པ་མ་མཆིས། ལྟ་བ་འདིར་གཞིགས་ནས་ནན་བཤད་བྱ་རྒྱུ་ལ། ལུགས་མིན་གྱི་བྱ་སྤྱོད་དེ་རིགས་ལ་འཇུག་མཁན་རྣམས་ལ་ལ་འཚོ་བའི་ཆ་རྐྱེན་ཞན་པས་རང་ཉིད་ཀྱི་ལུས་ཕྲུང་ལ་བརྟེན་ནས་འཚོ་བའི་ཁ་གསབ་ལེན་ཐབས་བྱེད་ཀྱི་ཡོད་པ་དང་། ལ་ལ་རྒྱུ་མཚན་སྣ་ཚོགས་ཀྱིས་རྐྱེན་པས་ལུགས་མཐུན་ཁྱོ་བོའི་སྐབས་ཏུ་ཁྱོ་ཡན་དང་ལུས་འབྲེལ་བྱེད་མཁན་ཤ་སྟག་ཡིན། སྐྱེ་བོ་ཀུན་གྱིས་མཁྱེན་གསལ་ལྟར་རྒྱལ་ཁབ་བམ་མི་རིགས་གང་འདྲ་ཞིག་ཡིན་རུང་། དེ་ཡི་སྤྱི་ཚོགས་ནང་མི་དམངས་ཀྱི་འཚོ་བ་ལ་དབུལ་ཕྱུག་གི་དབྱེ་བ་གནམ་ས་ཙམ་ཆོད་པ་ལྟ་བུ་ཡོད་པ་དང་། དབུལ་པོ་ལ་ལ་ནི་རང་རང་གི་ལག་ཏུ་ཡོད་པའི་རྒྱུ་དངོས་ཀྱིས་འཚོ་བ་སྐྱེལ་ཐབས

མེད་པར་ངོ་ཚ་སྤྱངས་ཏེ་ཁྲིམ་གཞུང་དང་ཟ་ཁང་སོགས་ལ་སློང་མོར་འགྲོ་ཡི་ཡོད་པ་དང་། འགའ་ཤས་ཀྱིས་རང་གི་ཡོན་ཏན་སློ་གར་གཏམ་བརྗོད་སོགས་ལ་བརྟེན་ནས་འཚོ་བ་སྐྱེལ་བ་དང་། ཡང་འགའ་ཤས་ཐབས་མེད་འུ་ཐུག་ནས་ཁྲིལ་མེད་ཀྱི་མ་བྱིན་ལེན་གྱི་བྱ་བར་འཇུག་གི་ཡོད། ཡང་བུད་མེད་འགའ་ཤས་ནི་རང་གི་ལུས་ཀྱི་མཛེས་ཚོས་སོགས་ལ་བསྟུན་ཏེ་གཞན་ལ་སྨད་བཙོང་སྟེ་འཚོ་བ་སྐྱེལ་གྱི་ཡོད་པ་སོགས་འུ་ཐུག་གི་བྱ་ཐབས་རྣམ་པ་སྣ་ཚོགས་སྤྱད་དེ་འཚོ་བ་སྐྱེལ་ཐབས་བྱེད་པ་ས་ཕྱོགས་གང་སར་མངོན་རྒྱུ་ཡོད་པ་ནི་སྨོས་ཅི་དགོས། ལྷག་པར་དུ་རང་རེའི་ད་ལྟའི་སྤྱི་ཚོགས་ཀྱི་ངོས་ནས་བཤད་ནའང་། ཏང་དང་རྒྱལ་ཁབ་ཀྱིས་གཞང་འཚོང་དང་འཆལ་རྒྱུག་གཏན་འགོག་བྱེད་རྒྱུའི་བཀའ་འབེབས་དང་གསལ་བསྒྲགས་ཡང་ཡང་གནང་གི་ཡོད་པ་དེ་ནས་རང་རྒྱལ་གྱི་ས་ཁུལ་ཁག་ཏུ་ཚུལ་མིན་གྱི་སྤྱོད་པ་དང་ཁྲིམས་འགལ་གྱི་བྱ་སྤྱོད་དེ་རིགས་དར་ནས་ཡོད་པ་མཚོན་མི་ཐུབ་བམ། གཞན་ཡང་ས་ཁུལ་གང་སར་རྒྱུ་ཡོད་དབང་ཡོད་ཀྱི་སྐྱེས་པ་དང་སྤྱོད་ངན་ལངས་ཤོར་གྱི་བུད་མེད་མང་པོས་གསང་བའི་ཐོག་ནས་ཟུར་བཟའ་དང་ཕྱི་ཡན་འཚོལ་གྱི་ཡོད་པ་རྣམས་རང་གི་ལུགས་མཐུན་གྱི་བཟའ་ཟླ་ལས་ལོགས་སུ་བཙལ་བ་ཁོ་ན་ཡིན། དེ་ལྟ་བུའི་སྐྱུག་བྲོ་བའི་སྤྱོད་ངན་དེ་དག་སྤྱི་ཚོགས་ཀྱི་སྟེ་ཚན་ཆུང་ཤོས་ཁྱིམ་རྒྱུད་གྲུབ་པར་བྱེད་པའི་རྨང་གཞི་དང་། གཉེན་ཉེ་འཕེལ་རྒྱས་ཡོང་བའི་སྔོན་འགྲོ་གཉེན་སྒྲིག་ཡིན་ཞེས་བརྗོད་ན་མི་དང་དུད་འགྲོའི་དབར་གྱི་ཁྱད་པར་ཆེན་པོ་ཞིག་མེད་པ་ཆགས་ངེས་རེད་ལ། དོན་རྗོག་འཁྲིག་སྤྱོད་དང་གཉེན་སྒྲོལ་དབར་གྱི་དབྱེ་བ་གསལ་པོ་ཕྱེ་མ་ཐུབ་པས་ལན་ནོ། །

རྒྱལ་ཕྱི་རྒྱལ་ནང་གི་མི་རིགས་ཚང་མའི་ཁྲོད་དུ་གནའ་ནས་ད་བར་བུད་མེད་ཀྱིས་གཞང་འཚོང་བ་དང་། སྐྱེས་པས་འཆལ་པོ་རྒྱུག་པ། ལོག་གཡེམ་ལ་འཇུག་པ་སོགས་ཚུལ་མིན་གྱི་ཕོ་མོའི་འབྲེལ་བ་སྣ་ཚོགས་མིག་གིས་མཐོང་ཡུལ་དང་

རྣ་བས་ཐོས་ཡུལ་དུ་གྱུར་པ་ཇི་བཞིན་བོད་ཀྱི་སྤྱི་ཚོགས་ཐོག་ཏུའང་ཚུལ་མིན་སྤྱོད་ངན་དེ་རིགས་བྱུང་ཡོད་པ་ལོས་བདེན། འོན་ཀྱང་བསླབ་བྱའི་གཞི་དེ་བོད་ཀྱི་གཉེན་སྒྲིག་གམ་གཉེན་སྒྲིལ་ལ་བཞག སྒྲུབ་བྱེད་དུ་གསང་ཐབས་ཀྱིས་ལུགས་མཐུན་ཁྱོ་བོའི་ལྐོག་ཏུ་ལོག་གཡེམ་བྱས་པ་དང་། རྒྱུ་ནོར་གྱི་ཆེད་དུ་གཞན་བསོད་པ། ཁྲིམས་མེད་ཀྱིས་འཚལ་པོ་རྒྱག་པ་སོགས་ལུགས་མིན་གྱི་བྱ་སྤྱོད་བཀོད་པ་དེ་རིགས་ར་མགོ་ལུག་བསྒར་མིན་ན་གང་ཡིན། གོ་གོ་བའི་རྣ་རྩ་དང་། རིག་རིག་གི་མིག་རྩའི་བཙུད་དུ་སྨིན་ཚད་དམངས་སྲོལ་དུ་བཞག་སོང་ཚེ་འཇིག་རྟེན་འདི་ན་ལུགས་དང་ལུགས་མིན་གྱི་དབྱེ་བ་མ་མཆིས་པར་བྱ་བ་ལས་ཚད་དང་། བསམ་པའི་ཕྱིར་སོ་མཐའ་དག་ཀུན་གྱིས་ཁས་ལེན་བརྩི་སྲུང་བྱེད་པའི་དམངས་སྲོལ་ཡིན་པར་ངེས་ལ། བྱ་སྤྱོད་མཐའ་དག་བྱ་རུང་དང་མ་རུང་གི་དབྱེ་འབྱེད་མེད་པར་བཟང་ངན་གང་ཡང་སྲོལ་དུ་རུང་བ་ཡིན། བྱ་སྤྱོད་མ་རུང་བ་ངན་པ་སྲོལ་ན་ཡང་དེ་ནི་ཀུན་གྱིས་ཁས་ལེན་བརྩི་སྲུང་བྱེད་པའི་དམངས་སྲོལ་ཡིན་པས་གདེང་འཛོག་བཟང་པོ་ཐོབ་དགོས། དེ་ལྟར་འདྲེན་བྱེད་རྣ་བས་མཐོང་ཐོས་བྱུང་ཚད་དམངས་སྲོལ་དུ་བཞག་ན། ལོ་རབས་བརྒྱད་ཅུ་པའི་ནང་ཚགས་པར་ཞིག་གི་ཐོག་ཏུ་རྒྱལ་ཁབ་གཅིག་གི་གླང་རྫི་བས་བ་མོ་གཅིག་དང་གཉེན་སྦྱོར་བྱ་རྒྱུའི་“ཆང་སའི་ལག་ཁྱེར་”བླངས་ཡོད་ཅེས་འཁོད་པ་དེ་ལས། རྒྱལ་ཁབ་དེའམ་མི་རིགས་དེའི་ལུགས་སྲོལ་ལ་སྐྱེ་བོ་དང་བ་གླང་གཉེན་སྒྲིག་བྱེད་པའི་སྲོལ་ཡོད་ཅེས་བརྗོད་ཀྱང་མི་འགྲིག་པ་གང་ཡང་མི་འདུག འོན་ཀྱང་དམངས་སྲོལ་གྱི་ཁོངས་སུ་མིག་གིས་མཐོང་ཚད་དང་། རྣ་བས་ཐོས་ཚད། ལག་ཏུ་ལོན་ཚད་ཚང་མ་མི་གཏོགས་པར། ངེས་པར་དུ་སྤྱི་ཚོགས་དང་མི་དམངས་ཀྱི་དབུས་སུ་དར་ཁྱབ་ཡོད་པ་ཞིག་དགོས་ལ། མི་དམངས་ཀྱིས་ཁས་ལེན་བརྩི་སྲུང་བྱེད་པ་ཞིག་ཀྱང་དགོས་པ་ནི་སྔ་ཤེས་གོ་ནུས་པའི་མཚན་ཉིད་ཚང་བ་ཞིག་ཡིན་ན་རྟོགས་སླ། དེར་བརྟེན་གོང་དུ་བརྗོད་

པའི་སྐྱེ་བོ་ཆེས་ཉུང་ཤས་ཀྱི་ལུས་ལ་ལྷག་པའི་སྡུག་བསྔལ་གྱི་རང་བཞིན་ལྡན་པའི་སྤྱོད་ཚུལ་བོད་མི་ཡོངས་ཀྱིས་སྐྱོན་འཛུགས་དང་འཕྱ་སྨོད་བྱེད་ཡུལ་དུ་གྱུར་བའི་ཚུལ་མིན་གྱི་ཕོ་མོའི་ལུས་འབྲེལ་བྱ་སྤྱོད་དེ་རིགས་བོད་རིགས་མི་དམངས་ཀྱིས་ཁས་ལེན་བརྩི་སྲུང་བྱེད་པའི་དམངས་སྲོལ་ཡིན་ཞེས་བརྗོད་པ་དང་། དེ་རྣམས་བོད་རིགས་ཁྲོད་ཀྱི་གདོད་མའི་ཁྱུ་ཚོགས་གཉེན་སྒྲིག་གི་ལྷག་འཕྲོ་ཡིན་ཞེས་བརྗོད་པ་རྣམས་བཤད་གད་པོ་ནའི་རྒྱུ་ལས་ཕན་འབྲས་ཀྱི་དྲི་མ་སྤུ་ཙམ་ཡང་མ་མཆིས་པའི་ཁྲི་ངན་གཡོགས་རྒྱུག་གི་བབ་ཅོལ་འབབ་ཞིག་ཡིན་པར་སྙམ་མོ། །

གསུམ། ཕུ་ནུས་མནའ་མ་མཉམ་སྤྱོད་བྱེད་པ་བོད་ཀྱི་གཉེན་སྒྲིལ་ཡིན་ཚུལ་བསྟན་པ།

སྤྱིར་བོད་མི་རིགས་ཀྱི་གཉེན་སྒྲིག་ལམ་སྲོལ་གྱི་གྲུབ་ཆ་གཙོ་བོ་དེ་ཁྱོ་གཅིག་ཤུག་གཅིག་གི་ལམ་སྲོལ་འདི་ཉིད་ཡིན་མོད་ཀྱང་། འགྲིམ་འགྲུལ་སྐབས་བདེ་མེད་ལ་དཔལ་འབྱོར་གྱི་ཆ་རྐྱེན་ཞན་པའི་ཡུལ་ལུང་འགར་དུ་ལྷའི་བར་དུའང་ཕ་མ་གཅིག་ལས་སྐྱེས་པའི་ཕུ་ནུར་མནའ་མ་གཅིག་མཉམ་བསྡུ་བྱེད་པའམ་བུ་མོ་སྤུན་ལ་མག་པ་གཅིག་མཉམ་དུ་ལེན་པའི་ལུགས་སྲོལ་ཡོད་པ་རྣ་བའི་ཡུལ་དུ་མངོན་སུམ་འཆར་རྒྱུ་མཆིས་ནའང་། རང་རིགས་བློ་མཐུན་ཉུང་ཤས་ཀྱིས་མི་རིགས་ཀྱི་ལ་རྒྱ་འཚོར་དོགས་ནས་གཉེན་སྲོལ་དེ་ཉིད་བོད་ཀྱི་སྤྱི་ཚོགས་སུ་མེད་ཟེར་བའམ་ཕུ་ནུས་མནའ་མ་གཅིག་སྤྱོད་བྱེད་མཁན་རེ་གཉིས་མཐོང་རྒྱུ་ཡོད་པ་གཉེན་སྲོལ་དུ་གྲུབ་ཐབས་མེད་ཅེས་ཨུ་ཚུགས་མཐར་སྐྱོལ་བྱེད་ཀྱི་ཡོད་པ་དེ་ནི་གཅིག་ནས་ཚན་རིག་ཞིབ་འཇུག་གི་རྩ་དོན་དང་འགལ་ལ་གཉིས་ནས་བོད་མི་རིགས་རང་ཉིད་ལ་ཕན་ཡོན་སྤུ་ཙམ་མེད་པའི་བརྗོད་ཚུལ་ཞིག་ཡིན། རང་མི་རིགས་ལ་སྐྱུག་བྲོ་བའི་ངོས་དེ་ཡོད་བཞིན་དུ་གཡོ་འགེབས་བྱས་པའམ་གཞན་མི་རིགས་ལ་སྐྱུག་བྲོ་བའི་ཆ་དེ་

མེད་བཞིན་དུ་གཡོ་བཟོ་བྱས་པ་ཚང་མ་ཚན་རིག་ཞིབ་འཇུག་པའི་སྣང་བྱ་ཡིན། ང་ཚོས་བལྟས་ན་སྔ་ནས་ད་བར་ཡོད་བཞིན་པའི་གནད་དོན་འགའ་ཞིག་བྱུང་མེད་པར་སྨྲས་ནས་རང་ངོས་ཀྱི་ངོ་ཚ་འགྲིབ་པར་བྱེད་པ་དེས་མི་རིགས་ཀྱི་ལ་རྒྱ་སྲུང་སྐྱོབ་བྱ་ཁུལ་བྱས་ཀྱང་དེས་ལ་རྒྱ་སྲུང་སྐྱོབ་བྱ་རྒྱུ་ལྟ་ཅི། དེ་ལས་ལྡོག་སྟེ་མི་རིགས་ལ་གནོད་འཚེ་ཆེ་བ་དང་། མི་རིགས་ཀྱི་ལ་རྒྱ་ཤོར་བའི་ཉེན་ཁ་ཡོད་པར་སྙམ།

བོད་མི་རིགས་ཀྱི་ལོ་རྒྱུས་ཆུ་རྒྱུན་རིང་པོའི་ནང་ཕུན་མཆེད་འགས་མནའ་མ་མག་པ་ཐུན་མོང་དུ་ལེན་པའི་ལོ་རྒྱུས་དངོས་བྱུང་ཡོད་པ་མ་ཟད། དེང་དུས་གཙང་ཁུལ་དང་། སྟོད་ཁུལ། ཁམས་ཁུལ་དུ་དར་ཁྱབ་ཙུང་ཆེ་བའི་གཉེན་སྒྲིལ་གྱི་ཡ་གྱལ་ཞིག་ཀྱང་ཡིན། ཐོག་མར་ང་ཚོས་བུ་སྤུན་མནའ་མ་མཉམ་དུ་བསུ་བ་དེ་བོད་ཀྱི་ལུགས་སྲོལ་ཡིན་མིན་ལ་དཔྱེ་ཞིབ་ལམ་ཙམ་བྱ་རྒྱུ་ཡིན། བུ་སྤུན་མནའ་མ་མཉམ་བསུ་བྱེད་པ་དེ་གཙང་ཁུལ་དང་། ནག་ཆུ། སྟོད། ལྷོ་ཁ། ཁམས་ཁུལ་སོགས་སུ་དར་ཁྱབ་ཆེ་ཆུང་ལ་མ་བལྟོས་པར་དར་ནས་ཡོད་ལ། དེའི་ནང་ནས་གཙང་ཁུལ་དང་། ཁམས་ཁུལ་དུ་དེ་བས་དར་ཁྱབ་ཆེ་བ་ཡོད། རྩོམ་པ་པོས་༡༩༨༨ལོའི་ཟླ་བ་བརྒྱད་པར་གཞིས་རྩེ་ས་གནས་པ་སྣམ་རྫོང་བཀྲ་ཤར་ཤང་གི་གྲོང་ཚོ་དང་པོར་བརྟག་དཔྱད་ཅིག་བྱས་པ་ཡིན། གྲོང་ཚོ་དེའི་ནང་བསྡོམས་བཟའ་ཚོ་༣༨ཡོད་པ་དང་། དེའི་ནང་ཁྱོ་གཅིག་ཤུག་གཅིག་ཡིན་པ་བཟའ་ཚོ་༡༤ཡོད་པ། བུ་སྤུན་གཉིས་མནའ་མ་མཉམ་བསུ་བྱས་པ་བཟའ་ཚོ་༡༡ཡོད་པ། བུ་སྤུན་གསུམ་མནའ་མ་གཅིག་མཉམ་བསུ་བྱས་པ་བཟའ་ཚོ་༡༠ཡོད་པ། བུ་སྤུན་བཞི་མནའ་མ་མཉམ་བསུ་བྱས་པ་བཟའ་ཚོ་༣ཡོད་པ། བུ་མོ་སྤུན་གཉིས་མག་པ་མཉམ་བསུ་བྱས་པ་བཟའ་ཚོ་༡བཅས་ཡོད་པའི་ནང་ཁྱོ་གཅིག་ཤུག་གཅིག་གི་བཟའ་ཚོས་༣༥.༨% ལས་ཟིན་མེད། ཡང་དཔེར་ན་སློ་མཐུན་ལུའུ་ཁྲང་ཞིང་གིས་ཆབ་མདོ་ས་ཁུལ་དུ་བརྟག་དཔྱད་བྱས་པར་གཞིགས་ན་གོ་འཇོ་རྫོང་ས་ངན་

ཆུས་ཀྱི་གྲོང་ཚོ་དྲུག་གི་ནང་༡༩༩༩ལོའི་ཟླ་བ་བཞི་པར་ཕོ་གཅིག་མོ་མང་གི་བཟའ་ཚོ་ཡིན་པ་དུད་ཚང་༣༠༩ཡོད་པ་དེས་དུད་ཚང་སྤྱིའི་༡༣.༦% ཟིན་གྱི་ཡོད་པ་དང་། ཏོ་འཇོ་རྫོང་གི་ས་ངན་ཆུས་ཁོངས་སུད་པའི་སྐྱ་འབེལ། ལྷ་རྒྱལ། འབོ་ལོ། ལྷ་ཐོ། ཨ་དབང་། རྩེ་པ་བཅས་ཤང་དྲུག་ལ་བརྟག་དཔྱད་བྱས་པའི་གནས་ཚུལ་ནི་མོ་གཅིག་ཕོ་མང་གི་བཟའ་ཚོ་ཡིན་པའི་དུད་ཚང་༣༢༠༡ཡོད་པ་དེས་དུད་ཚང་སྤྱིའི་༦༧.༣% ཟིན་གྱི་ཡོད། སྨར་ཁམས་རྫོང་ཁོངས་སུ་༡༩༩༦ལོར་བརྟག་དཔྱད་བྱེད་སྐབས་རྫོང་ཡོངས་སུ་ཁྱོ་གཅིག་ཤུག་མང་གི་དུད་ཚང་༩༧༢དང་། ཁྱོ་མང་ཤུག་གཅིག་གི་དུད་ཚང་༩༥༩༧ཡོད་པ་དེས་དུད་ཚང་སྤྱིའི་༩༦.༦༡% ཟིན་ཡོད། བྲག་གཡབ་རྫོང་ཁོངས་ཀྱི་འབྲོག་ཁུལ་དུ་ཁྱོ་མང་ཤུག་གཅིག་གི་དུད་ཚང་༦༠% ནས་༧༠% གཡས་གཡོན་ཟིན་པ་དང་། མཛོ་སྒང་རྫོང་ཁོངས་སྟོབས་འབངས་ཤང་ཇོ་རོང་གྲོང་ཚོའི་ནང་ཁྱོ་མང་ཤུག་གཅིག་གི་དུད་ཚང་༩༠% ཟིན་པ་དང་། ཁྱོ་གཅིག་ཤུག་གཅིག་གི་དུད་ཚང་གིས་༥% ལས་ཟིན་མེད། ཡང་དཔེར་ན། རྩོམ་པ་པོས་༡༩༩༧ལོར་ལྷ་ས་གྲོང་ཁྱེར་སྙེ་མོ་རྫོང་ལ་སྤྱི་ཚོགས་བརྟག་དཔྱད་ལ་འགྲོ་སྐབས་ལྷུན་ཁང་ཤང་ཏང་ཚུའུ་ཡི་ཧྲུའུ་ཅི་གཚྭ་ལགས་ཀྱིས་ངོ་སྤྲོད་གནང་བར་ཤང་དེ་ཁུལ་དུ་ཐེམ་གྲངས་༣༠༠ཡོད་པའི་ནང་བཟའ་གསུམ་པའི་ཐེམ་གྲངས་༢༡ཡོད་གསུངས། བཟའ་གསུམ་པའི་དུད་ཚང་གིས་༧% ཟིན་ཡོད། སྙེ་མོ་དར་གྲོང་ཤང་བཟང་རི་གྲོང་ཚོའི་དབུ་འཛིན་བསོད་ནམས་གྲགས་པ་ལགས་ཀྱིས་ངོ་སྤྲོད་གནང་བར་གྲོང་ཚོ་དེར་ཐེམ་གྲངས་༡༡༡ཡོད་པའི་ནང་བཟའ་གསུམ་གྱི་དུད་ཚང་༩༥ཡོད་གསུངས། བཟའ་གསུམ་དུད་ཚང་གིས་ཐེམ་གྲངས་སྤྱིའི་༩༠.༥༩% ཟིན་གྱི་ཡོད། 《ནག་ཆུའི་འབྲོག་པ་》ཞེས་པའི་སྤྱི་ཚོགས་བརྟག་དཔྱད་སྙན་ཞུ་ཡི་ནང་གསལ་བར་ནག་ཆུ་ས་ཁུལ་དུ་“ བུ་སྤུན་མཐའ་མ་མཉམ་བསྡུ་བྱེད་མཁན་མང་ཆེ་བ་བུ་སྤུན་གཉིས་ཆུང་མ་

གཅིག་བསྡུ། ད་དུང་བུ་སྤུན་གཉིས་ཡན་གྱིས་ཆུང་མ་མཉམ་བསྡུ་བྱེད་པའང་ཡོད། དམངས་གསོའི་བཙོས་བསྒྱུར་མ་བཏང་གོང་ནག་ཆུ་རྫོང་ཨ་མདོ་སྨད་མའི་རྒྱལ་མཚན་ནོར་བུ་ལ་བུ་སྤུན་དྲུག་ཡོད་པ་དང་། ཁོང་རང་ཨང་བཞི་པ་དེ་ཡིན། ཁོང་དང་གཅུང་པོ་ཚེ་རིང་གྲགས་པར་མནའ་མ་གཅིག་མཉམ་བསྡུ་བྱས་ཡོད། ཡང་མལ་བདེ་རུ་པའི་བསོད་ནམས་གྲགས་པར་བུ་སྤུན་ལྔ་ཡོད་པའི་ནང་ཆུང་བ་དེ་གྲྭ་པ་བྱས་པ་ཕུད་དེ་བྱིངས་བུ་སྤུན་བཞི་ལ་མནའ་མ་མཉམ་བསྡུ་བྱས་ཡོད།”

༡༩༩༧ལོའི་ཟླ་བ་བདུན་པར་ཁོ་བོས་པ་སྣམ་རྫོང་ཁོངས་ཀྱི་བུ་སྤུན་མནའ་མ་མཉམ་བསྡུ་བྱེད་པའི་གནས་ཚུལ་ལ་རྟོག་ཞིབ་རགས་ཙམ་བྱས་པ་ཡིན། རྫོང་ཡོངས་སུ་བུ་སྤུན་མནའ་མ་མཉམ་བསྡུ་བྱེད་མཁན་ཁྱབ་ཆེ་བ་དང་། འབྲོག་ཁུལ་ལམ་ས་མ་འཁྲིག་ཁུལ་དུ་བུ་སྤུན་མནའ་མ་མཉམ་བསྡུ་བྱེད་མཁན་གྱི་བརྒྱ་ཆ་མཐོ་བ་ཡོད། ལྷག་དོན་དུ་མག་ཤང་གི་མི་ལུང་རང་བྱུང་གྲོང་ཚོ་ལྔ་བུའི་བཟའ་ཚོ་ཚང་མ་བུ་སྤུན་མནའ་མ་མཉམ་བསྡུ་བྱེད་མཁན་ཡིན་པའང་མཐོང་རྒྱུ་ཡོད། རང་བྱུང་གྲོང་ཚོ་དེར་བཟའ་ཚོ་ཁག་བདུན་ཡོད་པ་ཚང་མ་བུ་སྤུན་མནའ་མ་མཉམ་བསྡུ་བྱས་པ་ཤ་སྟག་ཡིན་ལ་མནའ་མ་གཅིག་ལ་ཁྱོ་བོ་མང་ཤོས་ལ་བུ་སྤུན་དྲུག་ཙམ་བྱས་པའང་ཡོད། ཡང་རྫོང་དེའི་རྫོང་ཤང་རིམ་པ་གཉིས་ཀྱི་ལས་བྱེད་ཁྲོད་དུ་ཉུང་མཐར་ལས་བྱེད་མི་གྲངས་བརྒྱད་ཙམ་ཞིང་ཁུལ་དུ་ཡོད་པའི་རང་གི་ཕུ་བོའམ་ནུ་བོ་དང་མཉམ་དུ་བཟའ་གསུམ་གྱི་འཚོ་བ་སྐྱེལ་གྱི་ཡོད་ལ། དེ་རྣམས་ནས་༥༠%ནི་ཆུས་རིམ་པའི་འགོ་ཁྲིད་ལས་བྱེད་ཡིན་པ་དང་ད་དུང་གཅིག་ནི་གུང་ཁྲན་ཏང་ཡོན་ཡང་ཡིན། དེ་ལྟར་དོན་དངོས་འཚོ་བའི་ཁྲོད་ཀྱི་བཟའ་གསུམ་གྱི་གནས་ཚུལ་རེ་ཞིག་ཞུ་མཚམས་བཞག་སྟེ་རིག་པའི་གཞུང་ལུགས་ཀྱི་ཐོག་ནས་དཔྱེ་ཞིབ་ལམ་ཙམ་བྱ་རྒྱུ་ལ།

དུས་ཕྱིས་ཀྱི་ཞིབ་འཇུག་པ་ཉུང་ཤས་ཀྱིས་བུ་སྤུན་མནའ་མ་མཉམ་བསྡུ

བྱེད་པའི་གཉེན་སྒྲོལ་ངོ་སྤྲོད་བྱེད་སྐབས་བོད་སྤྱི་ཚོགས་ཀྱི་དོན་དངོས་དང་མི་མཐུན་པའི་ཚོད་དཔག་གི་གཏམ་གླེང་མང་པོ་ཞིག་བྱས་ཡོད། 《བོད་ལྗོངས་ཞིབ་འཇུག》རྒྱ་ཡིག་དུས་དེབ་ནང་རྩོམ་པ་པོ་ཞིག་གིས"བུ་སྲུན་རྣམས་ཀྱིས་རྒན་འགོའི་ཚུང་མ་མཉམ་དུ་སྤྱོད། ཐུན་མོང་དུ་འཚོ་བ་མཉམ་སྐྱེལ་བྱེད། འོན་ཀྱང་མིང་ཐོག་ཏུ་ཚུང་མ་དེ་རྒན་འགོར་བདག་པ་ཡིན། ཁོང་གཉིས་ནི་སྤྱི་ཚོགས་སྤྱིས་ཁས་ལེན་པའི་ཁྲོ་ཤུག་གི་འབྲེལ་བ་ཡིན་"ཞེས་བྲིས་ཡོད་པ་དང་། དུས་དེབ་དེ་གའི་ནང་རྩོམ་པ་པོ་གཞན་ཞིག་གིས"བུ་སྲུན་མནའ་མ་མཉམ་སྤྱོད་ཀྱི་ཁྱིམ་ཚང་རྣམས་མང་ཆེ་བ་སྔོན་ལ་རྒན་འགོའི་མཚན་ཐོག་ནས་ཚུང་མ་བསྒྲུ། ཁྱིམ་ཚང་གི་གཉེན་སྒྲིག་འཚོ་བ་བཙུགས། དེ་རྗེས་བུ་སྲུན་རྣམས་རིམ་བཞིན་གཉེན་སྒྲིག་འཚོ་བའི་ནང་འཛུལ། མནའ་མ་མཉམ་སྤྱོད་ཀྱི་དོན་དངོས་ཆགས་"ཞེས་བཀོད་ཡོད། རྩོམ་པ་པོ་དེ་གཉིས་ཀྱིས་བོད་ཀྱི་སྤྱི་ཚོགས་དངོས་དང་ལྷག་པར་དུ་བུ་སྲུན་མནའ་མ་མཉམ་བསྒྲུ་བྱེད་ཁུལ་གྱི་ཞིང་འབྲོག་ས་ཁུལ་གྱི་མང་ཚོགས་ཀྱི་འཚོ་བ་དངོས་ལ་རྟོག་ཞིབ་བྱས་མེད་པ་གསལ་པོར་མཐོང་ཐུབ། དོན་དངོས་ཐོག་གོང་དུ་དྲངས་པའི་སྐད་ཆ་དུམ་མཚམས་གཉིས་པོ་འདིས་བུ་སྲུན་མནའ་མ་མཉམ་སྤྱོད་བྱེད་པ་དེ་ལུགས་མཐུན་གྱི་གཉེན་སྒྲོལ་མིན་པར་བཤད་ཡོད། "མིང་ཐོག་ཏུ་ཚུང་མ་དེ་རྒན་འགོར་བདག་པ་ཡིན། ཁོང་གཉིས་ནི་སྤྱི་ཚོགས་སྤྱིས་ཁས་ལེན་པའི་ཁྲོ་ཤུག་གི་འབྲེལ་བ་ཡིན་"ཞེས་བརྗོད་པ་ལས་སྤྱི་ཚོགས་ཀྱིས་རྒན་འགོ་དང་ཚུང་མའི་ཁྲོ་ཤུག་གི་འབྲེལ་བ་ཁས་ལེན་པ་ལས་ནུ་བོ་རྣམས་དང་ཚུང་མའི་ཁྲོ་ཤུག་གི་འབྲེལ་བ་ཁས་ལེན་བྱེད་ཀྱི་མེད་པ་མཚོན་ཡོད། ཡང་"སྔོན་ལ་རྒན་འགོའི་མཚན་ཐོག་ནས་ཚུང་མ་བསྒྲུ། ཁྱིམ་ཚང་གི་གཉེན་སྒྲིག་འཚོ་བ་བཙུགས་"པ་དེ་ཧ་ལམ་ལུགས་མཐུན་གྱི་གཉེན་སྒྲིག་ཡིན་པ་དང་། "དེ་རྗེས་བུ་སྲུན་རྣམས་རིམ་བཞིན་གཉེན་སྒྲིག་འཚོ་བའི་ནང་འཛུལ། མནའ་མ་མཉམ་སྤྱོད་ཀྱི་དོན་དངོས་ཆགས་"པ་རྣམས་

དོན་དངོས་ཀྱི་བྱ་སྤྱོད་ཡིན་པ་ཙམ་ལས་ལུགས་དང་འགལ་ལ་བྱི་བྱས་པ་ཁོ་ནར་གྱུབ། དོན་དངོས་ཐོག་བུ་ཕྲུན་མནའ་མ་མཉམ་བསྡུ་བྱེད་པའི་ས་ཁུལ་དུ་མནའ་མ་བུ་རྒན་འགོའི་མཚན་ཐོག་ནས་བསྒུས་པ་མིན་ལ། མིང་ཐོག་གམ་དོན་དངོས་གང་ཐད་ནས་མནའ་མ་བུ་རྒན་འགོར་བདག་པ་ཞིག་མིན་པར་ནུ་བོ་རྣམས་དང་མནའ་མའི་བར་གྱི་འབྲེལ་བ་དེ་ལུགས་མཐུན་གྱི་གཉེན་སྒྲིག་ཡིན་པར་སྤྱི་ཚོགས་ཀྱིས་ཁས་ལེན་བྱེད་ཀྱི་ཡོད།

དང་པོ། བུ་ཕྲུན་མནའ་མ་མཉམ་བསྡུ་བྱེད་ཁུལ་གྱི་མི་སྣེར་གྱི་ལྟ་བའམ་སྤྱི་ཚོགས་ཀྱི་སྤྱི་གཏམ་གང་གི་ཐད་ནས་བལྟས་ཀྱང་གཉེན་སྒྲིལ་དེ་རིགས་ནི་ལུགས་དང་མཐུན་པ་དང་མིའི་གཤིས་རྒྱུད་དང་མཐུན་པའི་བྱ་སྤྱོད་ལ་བརྩེ་ཡི་ཡོད་ལ། སྤྱི་ཚོགས་ཀྱིས་ཁས་ལེན་པ་ཙམ་མ་ཟད། དེ་ད་དུང་ཡ་རབས་སྤྱོད་བཟང་ཞིག་ཏུ་བརྩེ་ཡི་ཡོད། དཔེར་ན། "བུ་ཕྲུན་གཉིས་སྟག་ཕྲུག་ཁ་འཁྱིད་ཡིན། བུ་ཁ་ཐོར་ཁྱི་ཤིག་སྦར་གང་ཡིན་"[①]ཞེས་དང་"བུ་ཕྲུན་གཉིས་ལྕགས་མཁར་སྒོ་མེད་ཡིན། བུ་ཕྲུན་གཉིས་ཆུང་མ་གཅིག་འདུ་ཡིན་"[②]ཞེས་གསུངས་པ་རྣམས་ལས་ར་སྤྲོད་ཐུབ་ངེས་ཡིན།

གཉིས་པ། བུ་ཕྲུན་མནའ་མ་མཉམ་བསྡུ་བྱེད་མཁན་གྱིས་ཐོག་མར་མནའ་མ་འཚོལ་སྐབས་མནའ་མའི་ལོ་དེ་ཕུ་ནུ་ཚང་མའི་ན་ཚོད་དང་བསྟུན་གང་ཐུབ་བྱེད་སྲོལ་ཡོད་པའང་མནའ་མ་དེ་བུ་ཕྲུན་ཐུན་མོང་གི་ཡིན་པས་དེའི་ལོ་བུ་རྒན་འགོ་ལས་ཆུང་བ་བཙལ་ཏེ་ནུ་བོ་རྣམས་ལ་བལྟ་རྟོག་བྱེད་ཀྱི་ཡོད། བོད་ཀྱི་སྲོལ་རྒྱུན་ལྟ་བའི་ནང་ཁྲོ་ཤུག་གཉིས་ལས་ཆུང་མ་དེ་ཁྲོ་བོ་ལས་ལོ་རྒན་པ་བྱུང་ན་ཙུང་དམན་པར་བརྩི་བ་དང་། ཆུང་མ་ཁྲོ་བོ་ལས་ལོ་གཅིག་གིས་རྒན་པ་ཡོད་ན་

① གེ་སར་གྱི་སྒྲུང་པ་གྲགས་ཅན་བསམ་གྲུབ་ལགས་ཀྱིས་གསུངས།
② གེ་སར་གྱི་སྒྲུང་པ་གྲགས་ཅན་བསམ་གྲུབ་ལགས་ཀྱིས་གསུངས།

"གཅིག་སྟོན"ཞེས་མི་ཤེས་པའི་དོན་ལ་བརྟེ་སྒྲིལ་ཡོད་པ་དེ་དང་བུ་སྤུན་མནའ་མ་མཉམ་བསྡུ་བྱེད་པའི་གཉེན་སྒྲིལ་འབྲེལ་བ་མེད་ཅེས་བརྗོད་མི་ཐུབ་ལ། སྤྱི་ལོ་༡༩༩༠ལོར་རྒྱལ་ཡོངས་སུ་མི་འབོར་ཞིབ་བཤེར་ཐེངས་བཞི་པ་བྱེད་སྐབས་བོད་ཀྱི་བོད་རིགས་ཁྱིམ་ཤུག་གི་ལོའི་དབྱེ་བ་ནི་ཁྱོ་བོ་ཆུང་མ་ལས་རྒན་པ་མང①བའི་སྟོམ་ཚིག་ཐོན་ཡོད་པའི་རྒྱུ་མཚན་གཙོ་བོ་གཅིག་ནི་བུ་སྤུན་མནའ་མ་མཉམ་བསྡུ་བྱེད་པའི་གཉེན་སྒྲིལ་དེ་ཡིན་ཞེས་བརྗོད་མི་ཐོད་པ་གང་ཡང་མེད།

གསུམ་པ། བུ་སྤུན་མནའ་མ་མཉམ་བསྡུ་བྱེད་མཁན་གྱི་ཕུ་ནུ་ཚང་མ་དམིགས་བསལ་གྱི་གནས་ཚུལ་ཡོད་པ་ཕུད་གཉེན་སྒྲིག་གི་མཛད་སྒོའི་ནང་ཞུགས་ཀྱི་ཡོད་པ་དང་། ཚང་མའི་ཐོབ་ཐང་དང་ནུས་པ་འདྲ་མཉམ་ཡིན། གཉེན་སྟོན་སྐབས་ཀྱི་ཞུགས་གྲལ་གྱི་བཤད་པའི་ནང་དང་ཁྱོ་བོའི་བཤད་པའི་ནང་ཕུ་ནུ་ཚང་མའི་བསྟོད་པ་ཚུད་ཡོད། (མཇུག་གི་གཉེན་བཤད་ལེ་ཚན་ནང་གསལ་) འོན་ཀྱང་གཉེན་སྟོན་སྐབས་ཀྱི་ཞུགས་གྲལ་ཐོག་གི་བསྡད་ས་དང་བག་ཉལ་གྱི་དུས་ཚོད་བཅས་ལ་རྒན་གཞོན་གྱི་རིམ་པ་དབྱེ་སྒྲིལ་ཡོད།

བཞི་པ། བུ་སྤུན་མནའ་མ་མཉམ་བསྡུ་བྱེད་མཁན་གྱི་བུ་ཚང་མར་ཐུན་མོང་གི་ཆུང་མར་བྱུང་བའི་བུ་ཕྲུག་རྣམས་ལ་དོ་དམ་སློབ་གསོ་བྱེད་དབང་ཡོད་ལ་གསོ་སྐྱོང་བྱ་རྒྱུའི་འོས་འགན་ཡང་ཡོད་པ་དང་། ཕུ་ནུ་ཚང་མས་རང་ཉིད་བུ་ཕྲུག་རྣམས་ཀྱི་བཀུར་ནས་མི་དག་པའི་ཕ་ཡིན་པར་བརྩིས་ཏེ་བརྩེ་དུང་ཟབ་མོ་བཅངས་ཀྱི་ཡོད་པ་རེད།

ལྔ་པ། བུ་ཕྲུག་རྣམས་འཚར་ལོངས་བྱུང་སྐབས་ཀྱང་རང་ཉིད་ཡང་སྙིང་ཕ་ཁུ་རྣམས་ལས་སུ་ཞིག་གི་ཤ་རུས་ཡིན་པ་མི་ཤེས་ཀྱང་བུ་ཕྲུག་ཚང་མས་ཕ་ཨ་ཁུ་

① 《བོད་ལྗོངས་ཀྱི་བོད་རིགས་མི་འབོར་》(རྒྱ་ཡིག་) ཤོག་ངོས་༡༢༤ལ་གསལ།

ཨ་མ་མཉམ་བསྡུ་བྱེད་མཁན་རྣམས་ཚང་མ་རང་གི་ཕ་ཛོ་མར་བརྩིས་ལ་འཕོད་ཕྱོགས་མི་འདྲ་ཙམ་ལས་དབྱེར་མེད་ཀྱིས་བརྩི་བཀུར་དང་གུས་ཞབས་ཞུ་ཡི་ཡོད།

གོང་གསལ་རྒྱུ་མཚན་དེ་རྣམས་ནས་བུ་སྤུན་མནའ་མ་མཉམ་བསྡུ་བྱེད་པ་དེ་ཁམས་དང་། གཙང་། བྱང་ཐང་སོགས་ས་ཁུལ་མང་པོ་ཞིག་གི་གཉེན་སྒྲིལ་གྱི་གྲུབ་ཆ་ཞིག་ཏུ་གྲུབ་པ་དང་། བུ་སྤུན་མནའ་མ་མཉམ་བསྡུ་བྱེད་པའི་ལུགས་སྲོལ་དེ་དར་ཡུལ་གཞི་རྒྱ་ཆེ་ཙམ་ཡོད་ལ་མི་འབོར་གྱིས་མི་འབོར་སྤྱིའི་བརྒྱ་ཆ་མི་ཉུང་ཙམ་ཟིན་གྱི་ཡོད་པས་དེ་ནི་བོད་ཀྱི་གཉེན་སྒྲིལ་གྱི་གྲུབ་ཆ་ཞིག་ཏུ་གྲུབ་པ་ཡིན། ལྷོ་མཐུན་རེ་ཟུང་གིས་བོད་རིགས་གནས་སྡོད་བྱ་ཡུལ་གྱི་ས་ཁུལ་འགའ་ཤས་སུ་བུ་སྤུན་མནའ་མ་མཉམ་སྡོད་བྱེད་པའི་གཉེན་སྒྲིལ་དར་མེད་པ་རྒྱུ་མཚན་དུ་བྱས་ནས་དེ་ཉིད་བོད་ཀྱི་གཉེན་སྒྲིལ་མིན་ཞེས་བརྗོད་ཀྱི་ཡོད། དེ་ལྟར་ན་བོད་པ་ཡོངས་ཀྱིས་ཁས་ལེན་པ་དང་བརྩི་སྲུང་ཞུ་བའི་དམངས་སྲོལ་གང་དང་ཅི་ཡོད། བྱང་གི་འབྲོག་པ་རྣམས་ཀྱིས་ལྷ་འདོད་ཞིང་ཉན་སྲུ་བའི་རིག་རྩེད་བྱེད་སྒོ་མང་པོ་ལྷ་ས་བས་ཆ་མེད་རྒྱུས་མེད་ཆགས་ཀྱི་ཡོད་པ་དང་། ལྷ་ས་བའི་དུས་སྟོན་སོགས་བྱེད་སྒོའི་འགྲོ་ལུགས་བྱང་པའི་ལྷོ་ཡུལ་ལས་འདས་པ་མང་པོ་ཡོད། ལྷ་ས་བས་ལོ་གསར་སྐབས་སྒྲིག་ཆས་ནང་བཅོས་མའི་ལུག་མགོ་སྒྲིག་གི་ཡོད་པ་དང་། གཙང་དང་ནག་ཆུ་སོགས་ས་ཁུལ་མང་པོར་ལོ་གསར་ཚེས་གཅིག་ཉིན་ལུག་མགོ་ཟ་བའི་གོམས་གཤིས་ཡོད། དེས་ན་ལྷ་ས་བས་ལོ་གསར་ལ་ལུག་མགོ་ཟ་བ་དེ་བོད་ཀྱི་ལུགས་སྲོལ་མིན་ཞེས་བརྗོད་ན་མི་འཐད་ལ། གཙང་པ་དང་བྱང་པས་ལོ་གསར་ལ་ལུག་མགོ་སྒྲིག་པ་དེ་བོད་ཀྱི་ལུགས་སྲོལ་མིན་ཞེས་བརྗོད་ནའང་མི་འཐད། སྔོན་ཐོན་གྱི་ལུགས་སྲོལ་བཟང་པོ་ཞིག་ཡིན་ཡང་རུང་རྗེས་ལུས་ཀྱི་ལུགས་སྲོལ་ངན་པ་ཞིག་ཡིན་ཡང་རུང་དེ་བོད་རིགས་གནས་སྡོད་བྱེད་པའི་ས་ཁུལ་འགར་ཁྱབ་རྒྱ་ཆེ་ཙམ་ཡོད་པ་དང་། བོད་རིགས་ཁྲོད་དུ་མི་མང་ཙམ་གྱིས་ཁས་ལེན་བརྩི་སྲུང་

བྱེད་ཀྱི་ཡོད་ན་དེ་ནི་བོད་ཀྱི་ཡུལ་སྲོལ་གོམས་གཤིས་སུ་མི་བརྩིས་ཐབས་མེད་ཡིན། ལྷག་པར་དུ་དམངས་སྲོལ་ངན་པ་དག་ཡོད་བཞིན་དུ་མེད་པར་བརྗོད་ཀྱང་དེ་མེད་པ་ཆགས་ཀྱི་མེད་ན་ང་ཚོས་དེ་གནས་པའི་རྒྱུ་མཚན་དང་དོར་བའི་ཐབས་འཚོལ་རྒྱུ་ནི་དོན་དམ་ཡིན།

བཞི། ཕུ་ནུ་མནའ་མ་མཉམ་བསྡུའི་གཉེན་སྒྲིལ་དར་གནས་ཐུབ་པའི་རྒྱུ་མཚན་བསྟན་པ།

ང་ཚོས་བུ་སྤུན་མནའ་མ་མཉམ་བསྡུ་བྱེད་པའི་ལུགས་སྲོལ་དེ་དར་བའི་རྒྱུ་རྐྱེན་ལ་དབྱེ་ཞིབ་བྱེད་སྐབས་གཉེན་སྲོལ་དེ་དར་ཁུལ་བོད་ཀྱི་ས་ཁུལ་དེ་དག་ལ་བུད་མེད་ཉུང་དྲགས་པ་མིན་ལ་གདོད་མའི་ཁྲུ་ཚོགས་གཉེན་སྒྲིག་ལམ་སྲོལ་གྱི་ལྷག་འཕྲོའང་མིན་པར་དེ་ནི་ཁྱིམ་ཚང་གི་ངལ་ནུས་གཅིག་སྡུད་ཡོང་ཆེད་དང་རྒྱུ་ནོར་ཁ་ཐོར་མི་འགྲོ་བའི་ཁྱིམ་ཚང་གི་ཁེ་ཕན་ཕོ་ནའི་ཆེད་དུ་ཆགས་པའི་ལམ་སྲོལ་ཞིག་ཡིན་པ་དང་། ཁེ་ཕན་གྱི་དམིགས་ཡུལ་དེ་གཉིས་ཀྱི་ཤུགས་རྐྱེན་འོག་གྲུབ་པའི་སྲོལ་རྒྱུན་ཁྱིམ་ཚང་གི་འདུ་ཤེས་དེས་གཉེན་སྲོལ་འདི་དར་ཁྱབ་རྩ་བརྟན་ཡོང་རྒྱུར་ཤུགས་རྐྱེན་ཆེན་པོ་ཐེབས་ཡོད།

དང་པོ། རང་མགོ་རང་སྐྱོབ་བྱེད་པའི་རང་བྱུང་དཔལ་འབྱོར་གྱི་ཆ་རྐྱེན་འོག་ཁྱིམ་ཚང་ཚང་མས་རི་ཀླུང་གཉིས་ཀར་འཐབ་དགོས་ཀྱི་ཡོད་པ་དང་ལྷག་པར་དུ་འབྲོག་ཁུལ་དང་ས་མ་འབྲོག་ཁུལ་དུ་ཁྱིམ་ཚང་ནང་ཐོན་སྐྱེད་ངལ་ནུས་ཀྱི་གྲངས་འབོར་གྱི་དགོས་མཁོ་ཆེ་བ་ནི་ཁྱིམ་ཚང་གཅིག་རང་གི་ནང་དུ་གཡག་རྫི། འབྲི་རྫི། ལུག་རྫི། ར་རྫི། སོ་ནམ་མཁན་བཅས་ལས་རིགས་རེ་ལ་ལས་མི་རེ་རྟག་རྒྱུན་དགོས་པ་མ་ཟད། ཞིང་འབྲོག་དབར་ལ་སྐྱེལ་འདྲེན་བྱེད་མཁན་དགོས་པ་དང་། བཞོན་དུས་སུ་བཞོན་མ་དང་འདེབས་དུས་སུ་འདེབས་རོགས་དགོས་པ། ལྷག་པར་ཞིང་འབྲོག་ལས་བྲེལ་བ་ཆེ་སྐབས་ངལ་ནུས་ཀྱི་དགོས་པ་དེ་བས་ཆེ་བ་

ཡོད་པ་ནི་དཔེར་ན་དབྱིད་དུས་སྐྱེས་བསུའི་སྐབས་སུ་ལུག་ཁྱུ་ཕོ་ནར་ཆ་བཞག་ནས་བཤད་ན་ཚོ་ཁག་བཞི་རུ་དབྱེ་ནས་འཚོ་རྫི་བྱ་དགོས་ཀྱི་ཡོད། ནམ་རྒྱུན་ལུག་ཁྱུ་དེ་མ་ཁྱུ་དང་ལ་ག་ཚོ་གཉིས་སུ་དབྱེ་ནས་འཚོ་བ་དང་། དབྱིད་ཀ་མ་ཁྱུ་དེའང་མ་མོ་དང་ཤར་པོ་ཤར་མ་ཚོ་གཉིས་སུ་དབྱེ། སྐྱེས་བསུ་བྱེད་བཞིན་པའི་སྐབས་མ་མོའི་ཁྱུ་དེ་སྐྱེས་མ་དང་སྤྲུམ་མ་ཞེས་ཁྱུ་ཚོ་གཉིས་སུ་དབྱེ་ནས་འཚོ་དགོས་ཀྱི་ཡོད། དེ་ནི་ལོ་ངོ་སྟོང་ཕྲག་མང་པོའི་འབྲོག་ལས་ཐོན་སྐྱེད་ཀྱི་ཉམས་མྱོང་ཡིན་ལ། བོད་ཀྱི་རང་བྱུང་ཁོར་ཡུག་དང་། རྩྭ་རའི་ཐོན་ཁུངས། ཕྱུགས་རིགས་ཀྱི་འཚོ་བའི་གོམས་གཤིས་དང་མཐུན་པའི་ཐོན་སྐྱེད་བྱ་ལུགས་ཤིག་རེད། དེ་ལྟར་ཕྱུགས་རིགས་ཁྱུ་ཚོ་རེའི་རྗེས་སུ་མི་རེ་བདག་པ་དང་། ད་དུང་ནང་ལས་བྱེད་མཁན་དང་ཕྱི་འགྲོ་བྱེད་མཁན་ཡང་དགོས་ཀྱི་ཡོད་ན་ཁྱིམ་ཚང་གཅིག་རང་གི་ནང་དུ་ངལ་ནུས་ཀྱི་དགོས་མཁོ་ཧ་འདྲའི་ཆེ་བ་མི་འདུག་གམ། བོད་ཀྱི་བཤད་རྒྱུན་དུ "བརྒྱད་པ་ཁ་ཆག་གནག་ལ་གཏོང་། གནག་རྫི་མི་ཡོང་ན་རྒྱུག་པས་བརྡུང་" ཞེས་བརྗོད་པ་ལྟར་བྱིས་པ་ལོ་བདུན་ལས་སླེབས་མེད་ཀྱང་ཁྱིམ་ཚང་ནང་གི་ངལ་ནུས་གཅིག་ཆགས་ཡོད་པ་གཞན་གྱི་རྣ་ཡུལ་དུ་ཐོས་སྐབས་ཧ་ལམ་ཡིད་མི་ཆེས་པའི་རྒྱུ་རུ་འགྲོ་ངེས་རེད། འོན་ཀྱང་དེ་ལྟ་བུའི་དོན་དངོས་བོད་ཀྱི་འབྲོག་ཁུལ་དང་ས་མ་འབྲོག་ཁུལ་དུ་རིག་བྱེད་མིག་གིས་དངོས་སུ་མཐོང་རྒྱུ་ཡོད་ལ། དེ་ནི་ཁྱིམ་ཚང་ནང་གི་ངལ་ནུས་ཀྱི་དགོས་མཁོ་ཆེ་བས་ལན་སོང་། དེ་ལྟ་བུའི་ཁྱིམ་ཚང་ནང་ངལ་ནུས་ཀྱི་དགོས་མཁོ་ཆེ་བའི་ས་ཁུལ་དུ་ཁྱོ་གཅིག་ཤུག་གཅིག་དུད་ཚང་གི་ཞན་ཆ་ནི་སྣེ་མང་ལ་ནམ་དུས་རང་བཞིན་ཆེ་བའི་ཐོན་སྐྱེད་རྣམས་དུས་ཐོག་ཏུ་སྒྲུབ་དཀའ་བས་ཐོན་སྐྱེད་ལ་འཕྲུས་ཤོར་འགྲོ་ལ་རྟག་ཏུ་མི་ཆ་མང་བའི་དུད་ཚང་ལ་རྟེན་རྒྱུ་ཕོ་ན་ལས་མེད། ༡༩༩༩ ལོའི་ལོ་སྟོད་དུ་པ་སྣམ་རྫོང་ཁོངས་བཀྲ་ཤར་ཤང་གི་གྲོང་ཚོ་དང་པོའི་ནང་བསྡོམས་ཐེམ་གྲངས་༤༣ཡོད་པ་དང་། དེའི་ནང་

ཁྱིམ་གཅིག་ཤག་གཅིག་གི་དུད་ཚང་༡༤ཡོད་པ་དང་། བུ་སྤུན་མནའ་མ་མཉམ་བསྡུ་བྱེད་མཁན་དུད་ཚང་༢༧ཡོད། ཁྱིམ་གཅིག་ཤག་གཅིག་གི་དུད་ཚང་༡༤དེའི་ནང་འབྲི་གཡག་དང་ར་ལུག་ཚང་མ་ཡོད་པའི་དུད་ཚང་༤ལས་མེད་པ་དང་། ཕྱུགས་རིགས་ལ་དུད་ཚང་དེ་རང་གིས་བདག་པོ་ཆ་ཚང་རྒྱག་ཐུབ་མཁན་དུད་ཚང་བཞི་ལས་མེད། དུད་ཚང་༡༢ཀྱི་ཕྱུགས་རིགས་རྣམས་བུ་སྤུན་མནའ་མ་མཉམ་བསྡུ་བྱེད་མཁན་གྱི་དུད་ཚང་ལ་བརྟེན་པ་ཤ་སྟག་ཡིན། དེར་བརྟེན་ངལ་རྩལ་གྱིས་དབུལ་བའི་དུད་ཚང་རྣམས་སྤྱིའི་ཆ་ནས་འཚོ་བའི་ཆ་རྐྱེན་ཞན་པ་དང་། དུད་ཚང་མང་པོ་ཞིག་དབུལ་པོའི་གནས་སུ་ལུས་ནས་ཡོད། སྤྱི་ལོ་༡༩༨༨ལོར་རྩོམ་པ་པོས་པ་སྣམ་རྫོང་བཀྲ་ཤིར་ཤང་ཁོངས་ཀྱི་གྲོང་ཚོ་གཉིས་ལ་སྤྱི་ཚོགས་བརྟག་དཔྱད་བྱེད་སྐབས་ཁུལ་དེའི་ཐེམ་གྲངས་༡༣༠ཡོད་པའི་ནང་ནས་དབུལ་པོའི་དུད་ཚང་༡༢དང་ཕྱུག་པོའི་དུད་ཚང་༡༢ཀྱི་ནང་མིའི་གྲུབ་ཚུལ་ལ་ཞིབ་བསྡུར་བྱས་པ་ཡིན།

རེའུ་མིག་ཀ ཕྱུག་པོའི་དུད་ཚང་༡༢ཀྱི་ནང་མིའི་གྲུབ་ཚུལ།

གྲོང་མིང་	མི་གྲངས་	ཕ་	མ་	བུ་	མནའ་མ་	གཞན་གྱི་ནང་མི་
འབྲང་ཟུར་	༢༥	༡	༧	༧	༡	༡༥
པད་བོད་	༡༧	༢	༡	༥	༡	༥
སྨིན་ཕུ་	༡༡	༢	༡	༣	༡	༧
སྤད་ཤར་	༡༢	༢	གྲོངས་	༣	༡	༦
ཁང་སྟོ་	༡༠	༡	༡	༣	༡	༥
རྫོ་ཟུར་	༩	༢	༡	༡	༡	༧
ཕ་ཤར་	༡༡	༢	༡	༣	༡	༧
བཀྲས་ཁང་	༡༠	༣	༡	༣	མེད་	༣

བཀྲས་གསར་	༡༣	༣	༡	༢	མེད་	༧
བདེ་རབ་	༡༨	༢	༡	༥	གྲོངས་	༡༠
སྐྱིད་འཁྲུག	༡༣	༤	༡	༤	མེད་	༤
རྒྱ་ཟུར་	༡༥	༣	༡	༣	༡	༧

རེའུ་མིག་ཁ། དབུལ་པོའི་དུད་ཚང་༡༢ཀྱི་ནང་མིའི་གྲུབ་ཆ།

གྲོང་མིང་	མི་གྲངས་	ཕ་	མ་	བུ་	མནའ་མ་	གཞན་གྱི་ནང་མི་
རྒྱ་ཤོད་	༩	༡	༡	༤	མེད་	༣
ནག་ཟུར་	༥	༡	༡			༣
བཀྲས་དཀྱིལ་	༥	༡	༡	༢	མེད་	༡
བདེ་སྐྱོ་	༧	༡	༡	༣	མེད་	༡
གཡུལ་བྱུང་	༥	༡	༡	༢	མེད་	༡
ལྷག་སྐྱོ་	༥	༡	༡	༢	མེད་	༡
འབྲོང་ང་	༡༡	༡	༡	༣	མེད་	༦
ལས་དབང་	༦	༡	༡	༢	མེད་	༢
བདེ་ཁང་	༨	༡	༡	༢	མེད་	༤
པ་ཚེ་	༤	༡	༡	༡	མེད་	༡
བཀྲ་བྱུང་	༦	༡	༡	༢	མེད་	༢
བྲོ་བྱུང་	༨	༡	༡	༢	མེད་	༤

(གོང་གི་དབུལ་པོའི་དུད་ཚང་བཅུ་གཉིས་ནང་ད་དུང་བཟའ་ཟླ་མེད་པར་གྱུར་བ་དང་། ཁ་གྱེས་པ། མི་རྒྱུད། བྱི་ཕྲུག་ཡོད་པ་བཅས་དབུལ་པོའི་དུད་ཚང་དགུ་ཙམ་མེད།)

གོང་དུ་རེའུ་མིག་ཀ་པའི་ནང་གསལ་བ་ལྟར་ཕྱུག་པོའི་དུད་ཚང་བཅུ་གཉིས་ནང་བཟའ་ཚོ་བསྡོམས་༡༩ཡོད་པ་དང་། བུ་སྤུན་མནའ་མ་མཉམ་བསྡུ་བྱས་པ་བཟའ་ཚོ་༡༥ཡོད། དུད་ཚང་དེ་རྣམས་ཀྱི་ནང་ཕྱོ་གཅིག་ཤུག་གཅིག་གི་བཟའ་ཚོ་ཁེར་གཙང་བྱས་པ་གཅིག་ཀྱང་མེད་ལ་དུད་ཚང་རེར་ཆ་སྙོམས་མི་གྲངས་༡༣ཟིན་གྱི་ཡོད། དེ་ལས་ལྡོག་སྟེ་རེའུ་མིག་ཁ་པར་གསལ་བ་ལྟར་དབུལ་པོའི་དུད་ཚང་བཅུ་གཉིས་ཀྱི་ནང་བུ་སྤུན་མནའ་མ་མཉམ་བསྡུ་བྱས་པ་གཅིག་ཀྱང་མེད་ལ་དུད་ཚང་རེར་ཆ་སྙོམས་མི་གྲངས་༧ལས་མེད་པ་རེད། དོན་དེ་རྣམས་ཀྱི་ཐོག་ནས་བུ་སྤུན་མནའ་མ་མཉམ་བསྡུ་བྱེད་པ་དེ་ཁྱིམ་ཚང་གི་ངལ་ནུས་གཅིག་སྡུད་ཡོང་བའི་ཆེད་དུ་ཡིན་པ་དང་དེས་ཁྱིམ་ཚང་གི་དཔལ་འབྱོར་འཚོ་བའི་དར་རྒྱུད་ལ་ཤུགས་རྐྱེན་ཆེན་པོ་ཐེབས་ཀྱི་ཡོད་པ་མཚོན་ཡོད། དེ་ནི་བགྲེས་སོང་འགས་དྲན་གསོ་གནང་བའི་གཞམ་གྱི་དུད་ཚང་གཉིས་ཀྱི་ལོ་རྒྱུས་ནས་དེ་བས་ར་འཕྲོད་ཐུབ་ངེས་ཡིན།

ཁོ་བོའི་དེབ་ཆུང་འདིའི་ནང་འཁོད་པའི་ཁྱིམ་ཚང་ཨང་༤སྐྱེ་ཕ་ཤར་ཚང་གི་གནས་ཚུལ་ལ་དཔྱེ་ཞིབ་བྱེད་སྐབས་བགྲེས་སོང་སྤྱེན་དགོས་ལགས་ཀྱི་སྒྲོ་བོའི་དུས་སུ་བུ་གཉིས་མནའ་མ་གཅིག་མཉམ་བསྡུ་བྱས་པས་ཁྱིམ་ཚང་གི་འཚོ་བ་སྐབས་དེ་དུས་ཀྱི་གྲོང་ཚོའི་ནང་རབ་གྲས་སུ་གཏོགས་ཀྱི་ཡོད་པར་གྲགས། འོན་ཀྱང་ཁོང་ཚོར་བུ་དངོས་གྲུབ་གཅིག་རང་ལས་མ་སྐྱེས་པ་དེར་མནའ་མ་གྲོང་ཚོ་གཞན་གྱི་དུད་ཚང་ཕྱུག་གྲས་ཤིག་གི་བུ་མོ་བུ་ཁྲིད་བསྡུས། དུས་དེ་ཙ་ན་དངོས་གྲུབ་ཀྱི་ཕ་གཉིས་ཀྱང་ན་རྒས། བུ་གཉིས་འབྲུངས་པ་ནར་མ་སོན་པས་རི་ཞིང་གཉིས་ཀ་ལ་དངོས་གྲུབ་ཁོང་རང་གིས་འཐབ་དགོས་པས་ཞིང་འབྲོག་གཉིས་ཀའི་ཐོན་སྐྱེད་ལ་འཐུད་ཤོར་ཕྱིན། ཁྱིམ་ཚང་གི་འཚོ་བ་ཡང་རིམ་བཞིན་ཉམས་གུད་བྱུང་། དེའི་སྐབས་དངོས་གྲུབ་ཁོང་རང་ཡང་ཚེ་ཡིས་མ་བརྟན་པར་ཨ་མ་ཨ་ཁུ་རྣན་གྲོན་

གཉིས་དང་། བཟའ་ཟླ། བུ་གཉིས་བཅས་འཇིག་རྟེན་འདིར་བཞག་ནས་ལྷ་པའི་ལམ་དུ་ཐེབས། ཕ་ཤར་ཚང་དེ་ཡང་ཉམ་ཐག་དབུལ་ཞིང་ཕོངས་པའི་གནས་སུ་གྱུར། སྐབས་དེ་དུས་སྤྱིན་དགོས་དང་མིག་ཚེ་གཉིས་ཀྱི་མ་བུ་ཁྲིད་ནི་ཁྱིམ་ཚང་ཆེན་པོའི་སྲུས་མོ་ཡིན་པས་དུད་ཚང་དེའི་ནང་དཀའ་སྡུག་གིས་མ་བཟོད་པར་མ་ཚང་ལ་ལོག་ཕྱིན། དེ་རྗེས་སྤྱིན་དགོས་དང་མིག་ཚེ་གཉིས་རིམ་བཞིན་འཚར་ལོངས་བྱུང་ཞིང་སྤྱིན་དགོས་པོད་ལོ་བཅུ་བདུན་དང་མིག་ཚེ་པོད་ལོ་བཅོ་ལྔའི་སྐབས་རྫོང་ཁོངས་གཞན་ཞིག་གི་གྲོང་མིང་དུ་བེར་ཕྱུག་ཅེས་འབོད་པའི་ཁྱིམ་ཚང་ཆེ་གྲས་ཤིག་ཡོད་པར་སྲས་མོ་གསུམ་ཡོད་པ་ལས་རྒན་འགོ་དེ་མནའ་མར་བསུས། བེར་ཕྱུག་གི་ཕ་དེས་མ་གཞི་ཕ་ཤར་ཚང་ད་ལྟ་དབུལ་པོའི་གནས་སུ་གྱུར་ཡང་གོས་ཆེན་རྒས་ཀྱང་རི་མོའི་གཞུང་ཡོད་ཅེས་བརྗོད་ནས་རང་གི་བུ་མོ་རྒན་པ་མནའ་མར་ཕྱིན། དེ་རྗེས་ཕ་ཤར་ཚང་གི་འཚོ་བ་རིམ་བཞིན་ཡར་ངོའི་ཟླ་ལྟར་ཡར་རྒྱས་བྱུང་སྟེ་ལོ་བཅུའི་ནང་ཁྱིམ་ཚང་ཕྱུག་གྲས་སུ་ཚུད་པ་དང་། བུ་ཕྲུག་བདུན་བྱུང་བ་ལས་དུས་རབས་གོང་མའི་ལོ་རབས་བདུན་ཅུའི་སྨད་དུ་བུ་གཉིས་ལ་མནའ་མ་མཉམ་བསུ་བྱས་པས་གྲོང་ཚོ་དེའི་ནང་དཔལ་འབྱོར་ཕྱུག་ཤོས་ཀྱི་དུད་ཚང་གསུམ་ནང་ཚུད་ཡོད། འོན་ཀྱང་བགྲེས་སོང་སྤྱིན་དགོས་ལགས་ཀྱི་བུའི་མནའ་མ་དེར་བུ་མོ་བཞི་དང་བུ་གཅིག་རང་ལས་མ་སྐྱེས་པ་དང་། བུ་དེའི་མིང་ལ་ཚེ་རིང་དོན་གྲུབ་ཅེས་བཏགས། བུ་ཚེ་རིང་དོན་གྲུབ་ཕོ་ལོ་༢༠ལ་སླེབས་སྐབས་(༢༠༠༠ལོ་)གྲོང་ཚོ་གཞན་ཞིག་ནས་དེ་ལས་ལོ་གཅིག་གིས་ཆུང་བའི་བུ་མོ་ཞིག་མནའ་མར་བླངས། བགྲེས་སོང་ཁོང་གི་ཚ་བོ་དང་དེའི་མནའ་མར་དུས་ཡུན་ལོ་གཉིས་ཙམ་རིང་ཕྲུ་གུ་མ་སྐྱེས། ཕ་ཤར་ཚང་གི་རྒན་དར་གཞོན་གསུམ་ཚང་མས་སྨོམ་པ་ཆུ་འདོད་ལྟར་རེ་སྒུག་བྱས་པའི་བུ་ཆུང་ཞིག་༢༠༠༢ལོའི་རེ་གཟའ་ཕུར་བུ་ཞིག་ལ་སྐྱེས་པས་དེའི་མིང་དུ་ཕུར་བུ་དོན་གྲུབ་ཅེས་བཏགས། དེ་རྗེས་བགྲེས་སོང་སྤྱིན་

དགོས་ལུགས་ཀྱི་ཚ་བོའི་མཐའ་མར་ད་བར་ཡང་ཚ་ཕུར་བུ་དོན་གྲུབ་གཅིག་རང་ལས་མ་སྐྱེས་པས། ཁོང་དང་ནང་མི་ཚང་མ་སེམས་ཁྲལ་ཆེན་པོ་བྱེད་ཀྱི་ཡོད་ལ། ཁྱུལ་དེའི་ལྷ་པ་རྫིས་པའི་གམ་དུ་མོ་ལུང་ཐུགས་བརྟག་ཞུ་བ་དང་། ལྷ་ས་དང་གཞིས་རྩེ་ཁུལ་དུ་སྨན་ཁང་ནང་བརྟག་དཔྱད་བྱས་འབྲས་སུ་ཚ་བོའི་མཐའ་མར་ཕྲུ་གུ་གཉིས་པ་སྐྱེ་བའི་ནུས་པ་མེད་པ་ཤེས་རྟེས་བགྲེས་སོང་ཁོང་དེ་བས་ཐུགས་ཁྲལ་ཆེན་པོ་གནང་བཞིན་ཡོད། ༢༠༠༨ལོའི་ལོ་མཇུག་ཏུ་ང་ཚོས་ཁྱུལ་དེར་སྤྱི་ཚོགས་བརྟག་ཞིབ་བྱེད་སྐབས་ཕ་ཤར་ཚང་ལ་མི་གྲངས་ ༡༡ཡོད་པ་ལ་ས་ཞིང་སྒུའུ་ ༨དང་། འབྲི་གཡག་བསྡོམས་༥༡ ར་ལུག་༢༤༠ རྟ་དྲེལ་༢ བ་མཛོ་༦བཅས་ཡོད། ཞིང་འབྲོག་གི་ལས་སྒོ་མང་ལ་ལས་ཡུལ་ཁ་ཐོར་ཡིན་པས་ནམ་རྒྱུན་ནང་མི་རྣམས་ལས་བགོས་བྱེད་སྐབས་དཀའ་ངལ་ཆེ་བ་དང་། ཐོན་སྐྱེད་ལའང་ཤུགས་རྐྱེན་ངན་པ་ཐེབ་བཞིན་ཡོད་པས་བགྲེས་སོང་སྤེན་དགོས་ལུགས་ཀྱིས་ཕྲུག་པོའི་ལམ་དུ་འགྲོ་བར་མི་ཆས་བསླུས་སོང་ཞེས་ང་ཚོར་ཡང་སྐོར་སྐྱུར་སྐོར་གྱིས་གསུངས་བྱུང་ལ། ད་དུང་ཁོང་གིས་ཚ་བོའི་མཐའ་མར་ཡང་ཚ་གཅིག་རང་ལས་མ་སྐྱེས་ཚེ། མཐའ་མ་དེའི་གཅེན་མོ་ཞིག་ཡོད་པ་ཚ་བོའི་ཚུང་མར་ལེན་རྒྱུའི་དགོངས་འཆར་བུ་དང་ཚ་བོ་ལ་ཡང་ཡང་བརྗོད་ཀྱི་ཡོད་ཅེས་གསུངས་བྱུང་།

ཡང་ཁྲིམ་ཚང་ཨང་ ༡༦ཚང་གི་གནས་ཚུལ་ལ་གཞིགས་པ་བྱེད་སྐབས་དུད་ཚང་དེའི་ཕ་ག་གེ་མོའི་སྤྱི་བོའི་དུས་ལ་བུ་གསུམ་མཐའ་མ་མཉམ་དུ་ཡིན་པ་དང་། དེའི་དུས་དུད་ཚང་དེ་གྲོང་ཚོའི་ནང་འཚོ་བ་རབ་གྲས་སུ་ཚུད་ཀྱི་ཡོད། ག་གེ་མོའི་ཕའི་དུས་སུ་བུ་སྤུན་གཉིས་མཐའ་མ་མཉམ་བསྡུ་བྱས་ཡོད། དེ་དུས་དུད་ཚང་དེ་གྲོང་ཚོའི་ནང་འཚོ་བ་འབྲིང་རབ་ཙམ་ཡིན། ག་གེ་མོ་བུ་སྤུན་གསུམ་ལ་སྤྱི་ལོ་ ༡༩༧༨ལོར་མཐའ་མ་ཞིག་མཉམ་བསྡུ་བྱས་ཀྱང་དུས་ཡུན་ལོ་གཅིག་ལྷག་ཙམ་ནས་ག་གེ་མོ་དང་མཐའ་མ་གཉིས་མ་ཚང་དེ་ལས་ཁ་གྱེས། ༡༩༧༤ལོ་ལ་ག་གེ

མོའི་གཙུང་པོ་གཉིས་ལ་སླར་ཡང་མནའ་མ་མཉམ་བསྡུ་བྱས། དེ་ཡང་དུས་ཡུན་ལོ་གཅིག་ཙམ་ནས་བུ་འབྲིང་བ་དང་མནའ་མ་གཉིས་མ་ཚང་ནས་ཁ་གྱེས། ༡༩༨༣ལོ་ལ་བུ་ཆུང་བ་དེ་མ་ཚང་ནས་བྲལ་ཏེ་ག་གེ་མོ་དང་འདོད་པ་སྒྲིལ། ག་གེ་མོའི་དུད་ཚང་སླར་ཡང་བཟའ་གསུམ་ཆགས། ༡༩༩༢ལོ་ལ་ག་གེ་མོའི་སྤུན་མཆེད་ཆུང་ཤོས་བུ་མོ་དེ་གོ་མ་འགྲིམ་པར་ཡུལ་གཞན་གྱི་སྐྱེས་པ་ཞིག་དང་རང་མོས་དགའ་འདུ་བྱས་པས་སྐྱེས་པ་དེ་ཁོ་མོའི་ཚང་ལ་མག་པར་སླེབས། དེ་ཡང་ལོ་གཅིག་ལྷག་ཙམ་ནས་བཟའ་ཚོ་གཉིས་མ་ཚང་དང་ཁ་གྱེས། མཐར་མ་ཚང་དེར་མ་གཅིག་རྒྱང་དུ་ལུས་པ་དང་དུས་ཡུན་ལོ་བཅུ་དྲུག་གི་ནང་འཚོ་བའི་ཆུ་ཚོད་འབྲིང་རབ་ཀྱི་དུད་ཚང་གཅིག་དུམ་བུ་བཞི་རུ་ཁ་གྱེས། (ལས་བྱེད་བྱས་པ་དང་བུ་མོ་མནའ་མར་སྟེར་བ་མ་བརྩིས་) ད་ཡོད་ཀྱི་དུད་ཚང་བཞི་པོ་དེར་བལྟ་སྐབས། མ་ཚང་དང་། བུ་འབྲིང་བའི་ཚང་། བུ་མོ་ཆུང་བདག་གི་ཚང་བཅས་ཆེས་དབུལ་པོའི་དུད་ཚང་ཆགས་ཡོད་ལ་ཕྱི་མ་གཉིས་སྲིད་གཞུང་གི་རྒྱབ་སྐྱོར་འོག་ཡུལ་གཞན་གྱི་དབུལ་སྐྱོར་གསར་སྤེལ་ས་ཁུལ་བཙུགས་ཡོད་སར་གནས་སྤོ་བྱས་པ་དང་། སྔོན་མ་དེ་ལ་ངལ་རྩོལ་གྱི་ནུས་ཤུགས་མེད་པས་ཕ་ཡུལ་དུ་སྲིད་གཞུང་གི་སྐྱབ་གསོ་དང་བུ་ཕྲུག་དང་གྲོང་པ་ཁྱིམ་མཚེས་རྣམས་ཀྱི་རོགས་རམ་ལ་བརྟེན་ནས་ཡ་ང་བའི་འཚོ་བ་བསྐྱལ་ནས་བསྡད་ཡོད། དུད་ཚང་ཨང་༡༥ཚང་ནི་ག་གེ་མོ་དང་བུ་རྐན་པ་ཕྱི་འགྲོ་ཡོང་བབས་གསོག་པར་འགྲོ་བ་དང་། ནུ་བོ་དེས་ཕྲུ་གུ་བྱིངས་ཁྲིད་ནས་ཕྱུགས་འཚོ་བ། ཁོང་གཉིས་ཀྱི་བཟའ་ཟླས་ནང་ལས་བྱེད་པ་བཅས་བྱས་ནས་ཁྱིམ་ཚང་ནང་ཕྱུར་བ་གྲུ་འདེགས་བྱས་སྟབས་འཚོ་བའི་ཆུ་ཚོད་གྲོང་ཚོའི་ནང་རབ་གྲས་ནང་སླེབས་ཀྱི་ཡོད། ག་གེ་མོ་དང་བུ་འབྲིང་བ་གཉིས་དང་པོ་མ་ཚང་དང་ཁ་གྱེས་པའི་རྒྱུ་མཚན་ནི་ཁོང་གཉིས་ཀ་གུང་ཁྲན་ཏང་ཡོན་ཡིན་པས་བཟའ་གསུམ་བྱེད་མི་ཚོག་ཅེས་ཕྱི་མི་དང་གཉེན་ཉེ་རྣམས་ལ་ལབ་ཀྱི་

ཡོད། འོན་ཀྱང་དགོད་བྲོ་བ་ཞིག་ལ་ཐོག་མ་ཁོང་ཚོར་མནའ་མ་མཉམ་བསྡུ་བྱེད་སྐབས་གཉིས་ཀ་གྱུང་ཁྲན་ཀྲང་མི་ཡིན་པ་དང་། ལྷག་པར་དུ་ག་གེ་མོ་མ་ཚང་དང་ཁ་གྱེས་སྐབས་རྒྱུ་མཚན་ཀྲང་མི་བཟའ་གསུམ་བྱས་མི་ཆོག་པས་ཡིན་པ་དང་། དུས་ཡུན་ལོ་དྲུག་ཕྱིན་པའི་རྗེས་གྱུང་ཁྲན་ཀྲང་ཡོན་བཟའ་གསུམ་བྱས་མི་ཆོག་པའི་གཏན་འབེབས་ལ་འགྱུར་བ་མེད་ལ་ག་གེ་མོ་རང་ཉིད་གྱུང་ཁྲན་ཀྲང་ནང་ནས་ཕྱིར་འཐེན་མ་བྱས་བཞིན་དུ་སླར་ཡང་བཟའ་གསུམ་ཆགས་ཡོད་པ་རེད། དོན་དུ་༧༨ལོ་ལ་བཟའ་གསུམ་ནས་ཁ་གྱེས་དོན་དང་༨༢ལོ་ལ་སླར་བཟའ་གསུམ་བྱེད་པའི་གཙོ་བོའི་རྒྱུ་མཚན་ནི་༡༩༨༡ལོ་ལ་ཁྲུལ་དེར་ས་ཞིང་སྤྱོད་དབང་ཐེམ་དུད་ལ་སྤྲད་དེ་རང་བདག་གཉེར་སྐྱོང་བྱེད་རྒྱུ་ཡུན་རིང་འགྱུར་བ་མི་གཏོང་བ་དང་། ཕྱུགས་ཐོག་ཐེམ་དུད་ལ་སྤྲད་དེ་སྒེར་བདག་སྒེར་གསོ་དང་རང་བདག་གཉེར་སྐྱོང་བྱེད་རྒྱུ་ཡུན་རིང་འགྱུར་བ་མི་གཏོང་བའི་ཐོན་སྐྱེད་འགན་འཁྲིའི་ལམ་ལུགས་ལག་བསྟར་བྱས་པས་ཡིན་ནོ། །

ས་མ་འབྲོག་ཁྲུལ་དུ་གནས་པའི་ཁྱིམ་ཚང་གཉིས་ཀྱི་མི་རབས་གསུམ་གྱི་གཉེན་སྒྲིག་བྱེད་ཚུལ་དང་ཁྱིམ་ཚང་གི་འཚོ་བའི་གནས་བབ་རགས་བསྡུས་མཚམས་སྦྱོར་དབྱེ་ཞིབ་བྱས་པ་དེའི་ཐད་ནས་གསལ་བཤད་བྱུང་བ་ནི་དུས་རབས་གཅིག་ལྷག་ཙམ་གྱི་རིང་དུད་ཚང་དེ་གཉིས་ཀྱི་ནང་སུ་ཞིག་བཟའ་གསུམ་པའི་གཉེན་སྒྲིག་ལ་འཇུག་ན་ཁྱིམ་ཚང་གི་འཚོ་བའི་ཆུ་ཚད་ཡར་རྒྱས་འགྲོ་བ་དང་། ཁྱོ་གཅིག་ཤུག་གཅིག་གི་གཉེན་སྒྲིག་ལ་འཇུག་ན་དབུལ་ཞིང་ཕོངས་པའི་གནས་སུ་གྱུར་གྱི་ཡོད་པ་གསལ་པོར་མཚོན་ཡོད། མདོར་ན་འབྲོག་ཁྲུལ་ལམ་ས་མ་འབྲོག་ཁྲུལ་དུ་བུ་སྤུན་མནའ་མ་མཉམ་བསྡུ་བྱེད་པའི་ལུགས་སྲོལ་དར་ཁྱབ་ཆེ་བ་དང་། ཐོན་སྐྱེད་འགན་འཁྲིའི་ལམ་ལུགས་ལག་བསྟར་བྱས་རྗེས་ས་ཁྲུལ་འགའ་ཤས་སུ་བུ་སྤུན་མནའ་མ་མཉམ་བསྡུ་བྱེད་མཁན་ཚབས་ཆེར་ཕྱིན་ཡོད་པ་རྣམས་ཚང་མ་ཁྱིམ་

ཚང་ནང་གི་ངལ་ནུས་ཁ་ཐོར་ལ་མི་འགྲོ་བའི་སླད་དུ་ཡིན་ནོ། །

གཉིས་པ། བུ་སྤུན་མནའ་མ་མཉམ་སྡོད་བྱེད་པ་དེ་མི་རབས་བརྒྱུད་ནས་བྱུང་བའི་ཁྱིམ་ཚང་གི་རྒྱུ་ནོར་ཁ་ཐོར་དུ་མི་འགྲོ་བའི་ཆེད་དུའང་ཡིན། བོད་ཀྱི་ཁྱིམ་ཚང་གི་རྒྱུ་ནོར་ཤུལ་འཛིན་བྱེད་ལུགས་དང་བགོ་བཤའ་རྒྱག་ཚུལ་ནི་སྤྱིར་ཤུལ་འཛིན་བྱེད་སྟངས་ལ་བུ་སུ་ཞིག་མ་ཚང་དུ་བསྡད་ན་དེར་ཁྱིམ་ཚང་གི་རྒྱུ་ནོར་ཤུལ་འཛིན་བྱེད་པའི་དབང་ཆ་ཡོད། གལ་སྲིད་བུ་སྤུན་གཉིས་སམ་གསུམ་ཡོད་པ་རྣམས་མག་པར་མ་ཕྱིན་པར་ཐབ་གསར་བཙུགས་ནས་གཞིས་གསར་འཛིན་པ་ཡིན་ཚེ་རྒྱུ་ནོར་རྣམས་བུ་སྤུན་ལ་ཆ་སྙོམས་བགོ་བའི་སྲོལ་ཡོད། དེར་ཁྲིམས་ཀྱི་ཁུངས་ལུང་འདེད་ས་མེད་ཀྱང་སྤྱི་ཚོགས་ཀྱི་གོམས་གཤིས་ཤིག་ཡིན། བུ་སྤུན་མནའ་མ་མཉམ་བསྡུ་བྱེད་པའི་ས་ཁུལ་དེ་དག་གི་སྤྱི་ཚོགས་དངོས་ལ་བལྟ་སྐབས་གལ་སྲིད་བུ་གཉིས་སམ་གསུམ་ཡོད་པའི་དུད་ཚང་ནང་བུ་རེ་རེས་རང་འདོད་ལྟར་གཏན་གྲོགས་རེ་བཙལ་ཏེ་འཚོ་བ་ཁེར་སྐྱེལ་བྱས་ཚེ་ཁྱིམ་ཚང་དེ་ཉམས་རྒུད་འགྲོ་རྒྱུ་ཡིན་པའི་ར་འཕྲོད་གསལ་པོ་ཡོང་གི་ཡོད། དཔེར་ན་གོང་དུ་གསལ་བའི་དུད་ཚང་ཨང་༡༥ཚང་གི་གནས་ཚུལ་ལྟར་འཚོ་བའི་ཆུ་ཚད་གྲོང་ཚོའི་ནང་འབྲིང་རབ་ཏུ་སླེབས་པའི་དུད་ཚང་ཞིག་དུམ་བུ་བཞི་ལ་གྱུར་བའི་རྗེས་སྲིད་གཞུང་གི་དབུལ་སྐྱོར་བྱ་ཡུལ་གྱི་དབུལ་ཕོངས་དུད་ཚང་གསུམ་ཆགས་ཡོད། དེ་ལས"གྲོང་པ་ཁ་གྱེས་ན་སྟོང་མཁན་ཆ་གཅིག"ཟེར་བའི་སྔར་རྒྱུན་གཏམ་དཔེར་གཡོ་བཟོ་དང་སྒྲོ་འདོགས་སྤུ་ཙམ་མེད་པ་ཤེས་ཐུབ་ལ། དོན་འདིའི་ཐད་ཕྱོགས་བསྡོམས་རང་བཞིན་ལྡན་པའི་གཏམ་ཞིག་ཀྱང་ཡིན་པ་ཤེས་ཐུབ། བློ་མཐུན་འགའ་ཤས་ཀྱིས"ཐོག་མར་གདོད་མའི་ཁྱོ་གཅིག་ཤུག་གཅིག་གི་ལམ་ལུགས་ལ་གཏོར་བཤིག་གཏོང་མཁན་དེ་ཏ་ལམ་དཔལ་འབྱོར་ཀུན་སྤྱོད་གི་བཙན་འཛུལ་ལ་བརྩི་དགོས་ཀྱི་ཡོད།"ཅེས་གསུངས་ཡོད་པ་དེ་བོད་ཀྱི་བུ་སྤུན་མནའ་མ་མཉམ་བསྡུ་བྱ་ཡུལ་གྱི་

གནས་ཚུལ་ལ་སྣྲུར་ནའང་མི་འཐད་པ་གང་ཡང་མེད། དེ་ནི་གོང་དུ་བཀོད་པའི་འོག་རིམ་གྱི་དབུལ་པོའི་དུད་ཚང་བཅུ་གཉིས་དང་ཕྱུག་པོའི་དུད་ཚང་བཅུ་གཉིས་ཀྱི་གཉེན་སྒྲིག་བྱ་ཚུལ་ལས་མངོན་ཐུབ་ལ་མཐོ་རིམ་སྐུ་དྲག་ཁྱིམ་རྒྱུད་ཀྱི་ལོ་རྒྱུས་ལས་ཀྱང་མངོན་ཐུབ་ཀྱི་ཡོད། “བོད་ལྗོངས་ཀྱི་སྐུ་དྲག་གིས་མི་རབས་བརྒྱུད་ནས་བྱུང་བའི་རྒྱུ་དངོས་ཁ་ཐོར་དུ་མི་འགྲོ་བ་དང་ཁྱིམ་རྒྱུད་ཀྱི་ད་ཡོད་གོ་གནས་སྲ་བརྟན་དུ་གཏོང་ཆེད་ཁྱིམ་རྒྱུད་དེ་ཡོངས་མཉམ་འབྲེལ་མཉམ་སྡོད་བྱ་རྒྱུ་ནན་བཤད་བྱེད་པ་དང་། དེ་ནི་སྐུ་དྲག་ཁྱིམ་ཚང་ཚང་མས་དར་སྤེལ་ཤུགས་ཆེན་བྱེད་པའི་ཁྱིམ་ཚང་གི་དཔེ་དབྱིབས་ཤིག་རེད། ……… ཁྱིམ་ཚང་གི་རྒྱུ་ནོར་ཁ་ཐོར་དུ་སོང་བ་ལས་ཁྱིམ་རྒྱུད་དེའི་སྤྱི་ཚོགས་ཀྱི་གོ་གནས་ལ་ཤུགས་རྐྱེན་ཐེབས་པས་མི་ཚད། དེ་བས་ཀྱང་ཁྱིམ་རྒྱུད་དེ་ཡི་ཆགས་འཛིན་ལ་ཐད་ཀར་ཤུགས་རྐྱེན་ཐེབས་སྲིད་ཅིང་། ཁྱིམ་རྒྱུད་མཉམ་འབྲེལ་མཉམ་སྡོད་བྱེད་པ་དེས་ཧ་ཀ་ཧ་ཀ་གནད་དོན་རིགས་འདི་གཉིས་ཐག་གཅོད་བྱས་པ་རེད། ……… འོན་ཀྱང་གཅེན་གཅུང་གཉིས་ལ་ཆུང་མ་སོ་སོར་ཡོད་པ་ཤིན་ཏུ་ཉུང་།”①

དེ་ལྟར་ན་བུ་སྤུན་མནའ་མ་མཉམ་བསྡུ་བྱེད་པའི་གཉེན་སྒྲིལ་དར་བའི་གོང་གསལ་རྒྱུ་རྐྱེན་ཁག་གཉིས་ལས། གཞི་རིམ་ཁྲོད་དུ་བུ་སྤུན་མནའ་མ་མཉམ་བསྡུ་བྱེད་པའི་རྒྱུ་རྐྱེན་གཙོ་བོ་ནི་ཁྱིམ་ཚང་གི་ངལ་ནུས་ཁ་ཐོར་མི་འགྲོ་བའི་ཆེད་དུ་ཡིན་ལ་རྒྱུ་ནོར་ཁ་ཐོར་མི་འགྲོ་བའི་དམིགས་ཡུལ་ཡང་ཡོད་པ་དང་། མཐོ་རིམ་སྐུ་དྲག་གི་ཁྲོད་དུ་བུ་སྤུན་མནའ་མ་མཉམ་བསྡུ་བྱེད་པ་དེ་མི་རབས་བརྒྱུད་ནས་བྱུང་བའི་རྒྱུ་དངོས་རྣམས་ཁ་ཐོར་མི་འགྲོ་བའི་ཆེད་དུ་ཡིན་པ་གསལ་པོར་རྟོགས་ཐུབ་བོ། །བུ་སྤུན་མནའ་མ་མཉམ་བསྡུ་བྱེད་ཁྲུལ་དུ་བུ་སྤུན་ཁ་ཐོར་མི་འགྲོ་བའི་ཆེད་

① 《ཀྲུང་གོའི་བོད་ཀྱི་ཤེས་རིག》༡༩༩༨ ལོའི་བོད་ཡིག་དུས་དེབ་བཞི་པར་གསལ།

 དུ་རྟག་ཏུ་ཕ་མས་རྗེས་སྐྱེས་རྣམས་ལ་སློབ་གསོ་དང་ཁྲིད་སྟོན་བྱེད་ཀྱི་ཡོད་པ་མ་ཟད་བྱ་ཐབས་ཀུང་སྣ་ཚོགས་སྤྱད་ཀྱི་ཡོད་པ་རེད། དཔེར་ན་སྣེ་མོ་རྫོང་གཞུ་ཕུ་ཤང་ཁོངས་སུ་དངུལ་བཟོ་བའི་དུད་ཚང་ཞིག་ཡོད་པར་བུ་ཆུང་གཞོན་གཉིས་ཡོད་པ་ལས་གཅིག་ལ་དངུལ་བཟོའི་ལེབ་རྟུང་ལག་རྩལ་ཁོ་ན་ལས་མ་བསླབས་པ་དང་། གཅིག་ལ་ཚགས་རྒྱག་པའི་ལག་ཤེས་ལས་བསླབས་མེད། དེའི་རྒྱུ་མཚན་འདྲི་སྐབས་ཕ་དེས་བུ་གཉིས་ཁ་མ་བྲལ་བའི་ཆེད་དུ་སྤྱད་པའི་ཐབས་ཤེས་ཤིག་རེད་ཟེར།

གསུམ་པ། བུ་སྤུན་མནའ་མ་མཉམ་བསྡུ་བྱེད་པའི་གཉེན་སྲོལ་དེ་གནས་ཐུབ་པའི་རྒྱུ་མཚན་ཁྱིམ་ཚང་གི་ངལ་ནུས་དང་རྒྱུ་ནོར་ཁ་ཐོར་མི་འགྲོ་བའི་ཆེད་དུ་ཡིན་པ་མ་ཟད། ད་དུང་སྲོལ་རྒྱུན་གྱི་ཁྱིམ་རྒྱུད་ཀྱི་འདུ་ཤེས་དེས་གཉེན་སྲོལ་འདི་ཉིད་དར་གནས་ཐུབ་རྒྱུར་ཤུགས་རྐྱེན་ཆེན་པོ་ཐེབས་ཡོད། འོན་ཀྱང་སྲོལ་རྒྱུན་གྱི་འདུ་ཤེས་དེ་ཡང་གོང་གསལ་རྒྱུ་མཚན་དེ་གཉིས་ཀྱི་རྨང་གཞིའི་ཐོག་ཆགས་གནས་ཐུབ་པ་མ་ཟད་ནུས་པའང་ཐོན་གྱི་ཡོད། བུ་སྤུན་མནའ་མ་མཉམ་བསྡུ་བྱེད་པའི་གཉེན་སྲོལ་དར་ཁུལ་དུ་བུ་སྤུན་གཉིས་སམ་གསུམ་ལས་མེད་པ་ཁ་ཐོར་དུ་སོང་ཚེ"བཀྲ་ཤིས་མ་སོང"ཞེས་མ་ཤེས་པའི་དོན་ལ་བརྩི་ལ། ནམ་རྒྱུན་དུ་ཁྱིམ་ཚང་ཁ་གྱེས་པ་དང་། བུ་སྤུན་སོ་སོར་ཕྱེན་པ། མི་ཤི་སྐྱོན་ཆག་བྱུང་ན"བཀྲ་མ་ཤིས་སོང"ཞེས་བརྗོད་སྲོལ་ཡོད། དེ་ལས་ཕྱོག་སྟེ་བུ་སྤུན་ག་ཚད་ཀྱིས་མང་བ་ཡོད་པ་མནའ་མ་གཅིག་ལ་འཁོར་བ་དང་འཚམ་མཐུན་མཉམ་གནས་བྱུང་ཚེ་དེ་ནི་ཡ་རབས་བཟང་པོའི་སྤྱོད་བཟང་དུ་བརྩི་ལ"བུ་སྤུན་གཉིས་སྟག་ཕྲུག་ཁ་འཁྲིད་ཡིན། བུ་ཁ་ཐོར་ཁྱི་ཤིག་སྤར་གང་ཡིན"ཞེས་བུ་སྤུན་མནའ་མ་མཉམ་བསྡུ་བྱས་ནས་འཁོན་མེད་གནས་ཐུབ་པ་ན་ཀུན་གྱི་སྔོན་ཡུལ་དུ་བརྩི་ཡི་ཡོད། ལྷག་པར་དུ་བུད་མེད་གཅིག་གིས་བུ་སྤུན་རྣམས་ལ་ཕྱོགས་ཞེན་མེད་པ་རང་གི་མཐའ་འཁོར་དུ

འཚམ་གནས་ཐུབ་ན་བུད་མེད་དེར་སྐྱི་ཚོགས་ཀྱི་བསྟུགས་བརྗོད་ཐོབ་པ་མ་ཟད། དེ་ཁུལ་གྱི་བུད་མེད་རྣམས་ཀྱི་དམིགས་དཔེར་གྱུར་གྱི་ཡོད། གལ་སྲིད་བུད་མེད་གཅིག་བུ་སྤུན་ལ་མནའ་མར་མཉམ་བསྡུ་བྱས་རྗེས་དེས་བུ་སྤུན་ཚང་མར་བསྟུན་མཁས་མ་ཐུབ་པར་བུ་སྤུན་ཁ་གྱེས་ཚེ་དེར་སྤྱི་ཚོགས་དང་ལྷག་དོན་དུ་དུད་ཚང་དེའི་རྒན་རབས་རྣམས་ཀྱིས་ཁ་བརྡུང་དྲག་པོ་གཏོང་ངེས་རེད། དེ་ནི་ཕ་མའི་བཀའ་བཀོད་ལ་མ་ཉན་པ་དང་། ཕ་མར་བསྙེན་བཀུར་མེད་པའི་སྤྱོད་ཚུལ་དུ་བརྩི་ཡི་ཡོད། དེ་ཡང་དཔེར་ན། པ་སྣམ་རྫོང་བཀྲ་ཤར་ཤང་གི་རྡོ་ཟུར་ཚང་ལ་བུ་སྤུན་གཉིས་ཡོད་པར་ཕ་མས་བུ་རྒན་པའི་འདོད་བློ་ལྟར་ཁོ་པའི་དགའ་རོགས་དེ་མནའ་མར་མཉམ་བསྡུ་བྱས་པ་རེད། འོན་ཀྱང་བུ་ཆུང་བ་དེ་མནའ་མ་དང་མཉམ་དུ་བསྡད་འདོད་མེད་པར་གྲོང་ཚོ་དེའི་བུད་མེད་གཞན་ཞིག་དང་དགའ་འདུ་བྱས། དོན་དེ་ཕ་ཡིས་ཤེས་སྐབས་ཕས་བུ་ལ་བཀའ་བསྐྱོན་གནང་བ་མ་ཟད་ཉེས་བརྡུང་ཡང་ཐེངས་འགའ་ཤས་ཐོག་ཡོད་པ་རེད། ཤང་དེའི་དུད་ཚང་གཞན་ཞིག་ལ་བུ་བཞི་ཡོད་པ་ལ་བུ་གསུམ་པ་ཕུད་དེ་ཕྱིངས་གསུམ་ལ་ས་སྐྱ་རྫོང་ཁོངས་ནས་མནའ་མ་གཅིག་མཉམ་བསྡུ་བྱས། ༡༩༨༧ལོ་ལ་བུ་གཉིས་པ་དེ་གྲོང་ཚོ་དེ་རང་གི་བུ་མོ་གཞན་ཞིག་གི་རྗེས་སུ་ཤོར། བུའི་ཕ་མས་མནའ་མ་ལ་བུ་གཉིས་པ་བློ་བཀུག་མ་ཐུབ་པར་ཁ་བཏང་བས་མནའ་མས་བུའི་མ་ལ་ཡིན་ལུགས་མིན་ལུགས་གསལ་བཤད་བྱས། བུའི་མ་ཡིས་བསམ་ཤེས་གནང་རྒྱུ་ལྟ་ཅི་ཁོང་ཁྲོ་ལངས་ནས་མནའ་མ་ཐེངས་གཅིག་གཏོར་ཡང་སྨྱོང་། ༡༩༩༨ལོར་ཡང་བུ་བཞི་པ་དེའང་གྲོང་ཚོ་དེའི་བུད་མེད་གཞན་ཞིག་དང་དགའ་རོགས་བསྒྲིགས། དེར་ཕ་མས་བཀའ་བསྐྱོན་གནང་བས་ཁོ་པ་ཁོང་ཁྲོ་ལངས་ཐོག་ཕྱི་བྱོལ་བྲླ་བ་གཉིས་ཙམ་བྱས། དེའི་སྐབས་བུ་རྣམས་ཀྱི་ཨ་ཁུ་ཚེ་ལས་འདས་པས་ཁོ་པོ་ཡང་རང་གི་ཁྱིམ་ལ་སླར་ཡང་འཁོར་ནས་ད་བར་གྲོང་ཚོའི་ནང་བསྡད་ཡོད། དེ་དང་དེ་ལྟ་བུའི་གནས

ཚུལ་བུ་སྤུན་མནའ་མ་མཉམ་བསྡུ་བྱེད་ཁུལ་གྱི་དམངས་ཁྲོད་དུ་ཡོངས་ཁྱབ་ཆེ་ཙམ་ཡོད། ཁྱིམ་ཚང་གི་དཔལ་འབྱོར་དང་ངལ་ནུས་ཁ་ཐོར་མི་འགྲོ་བའི་ཆེད་དུ་ཆགས་དར་བྱུང་བའི་སྲོལ་རྒྱུན་ཁྱིམ་ཚང་གི་འདུ་ཤེས་དེས་བུ་སྤུན་མནའ་མ་མཉམ་བསྡུ་བྱེད་པའི་གཉེན་སྲོལ་འདི་ཉིད་དར་གནས་ཐུབ་རྒྱུར་ཤུགས་རྐྱེན་ཆེན་པོ་ཐེབས་ཡོད།

ལྔ། ཕུ་ནུ་མནའ་མ་མཉམ་བསྡུའི་གཉེན་སྲོལ་སྐོར་གྱི་རྩོར་འབྲུལ་གྱི་ལྟ་བ་གཉིས་དགག་པ།

གཉེན་སྒྲིག་ནི་མི་ཆོས་ཀུན་སྤྱོད་ཀྱི་ཁོངས་གཏོགས་ཡིན་ཏེ་སྤྱིང་གི་བཀོད་པའི་ཁྱབ་ཁོངས་ནང་གཏོགས་པ་ཞིག་ཡིན་པས་དེ་ནི་དཔལ་འབྱོར་རྨང་གཞིའི་ཐོག་ཆགས་གནས་ཐུབ་པ་དང་། དར་འཕེལ་འགྲོ་བ་ཞིག་ཡིན། དེར་བརྟེན་གོང་དུ་ང་ཚོས་བུ་སྤུན་མནའ་མ་མཉམ་བསྡུ་བྱེད་པའི་གཉེན་སྲོལ་ཆགས་དར་ཐུབ་པའི་རྒྱུ་རྐྱེན་རྣམས་དབྱེ་ཞིབ་བྱས་ཟིན་པས་དེ་གདོད་མའི་ཁྱུ་ཚོགས་གཉེན་སྒྲིག་གི་ལྷག་འཕྲོ་ཡིན་མིན་ལ་དཔྱད་པ་བྱེད་པའི་དགོས་གལ་ཆེ་བ་མི་འདུག ཀྱང་ད་ལམ་གཉེན་སྲོལ་འདི་ཉིད་གདོད་མའི་ཁྱུ་ཚོགས་གཉེན་སྒྲིག་གི་ལྷག་འཕྲོ་ཡིན་ཞེས་རིག་གཞུང་ལས་རིགས་ཁྲོད་དུ་རྒྱ་བསྒྲགས་བོད་བསྒྲགས་སུ་གྱུར་ཡོད་པས་དེར་དབྱེ་ཞིབ་ལམ་ཙམ་བྱེད་པའི་དགོས་པ་ཕྲ་མོ་མཐོང་། ཁྱུ་ཚོགས་གཉེན་སྒྲིག་ཟེར་བ་དེ་“གདོད་མའི་སྤྱི་ཚོགས་ཀྱི་ཐོག་མའི་དུས་ཀྱི་གཉེན་སྒྲིག་གི་རྣམ་པ་ཞིག་ཡིན། དེ་ནི་སྐྱེས་པ་ཁྱུ་གཅིག་དང་བུད་མེད་ཁྱུ་གཅིག་ཕན་ཚུན་ཕྱི་ཤུག་སྒྲིག་པ་ཞིག་ཡིན་ལ་ཕྲག་དོག་མེད་པའི་ཟབ་ཟིང་འཁྲིག་སྤྱོད་འབྲེལ་བའི་གཉེན་སྒྲིག་གི་རྣམ་པ་ཞིག་ཀྱང་ཡིན།”[①]འོ་ན་བོད་ཀྱི་བུ་སྤུན་མནའ་མ་མཉམ་བསྡུ་བྱེད་པ་འདི་ཉིད་དེ་ལྟ་

---

① 《སྤྱི་ཚོགས་རིག་པའི་སྐབས་བདེའི་ཚིག་མཛོད་》(རྒྱ་ཡིག་) ཤོག་ངོས་༤༦༧ནང་གསལ།

བུའི་གདོང་མའི་ཁྲུ་ཚོགས་གཉེན་སྒྲིག་གི་ལྷག་འཕྲོ་ཡིན་ནམ་ཟེར་ན། དེ་ནི་མིན། གལ་སྲིད་དེ་ལྟར་ངོས་འཛིན་བྱས་ན་ཁྱོ་གཅིག་ཤུག་གཅིག་གི་གཉེན་སྒྲིག་རྣམ་པ་ཚུད་པའི་ད་བར་ང་ཚོས་ཤེས་རྟོགས་ཐུབ་པའི་གཉེན་སྒྲིག་རྣམ་པ་རིགས་མཐའ་དག་གདོང་མའི་གཉེན་སྒྲིག་གི་ལྷག་འཕྲོ་ཡིན། གདོང་མའི་སྤྱི་ཚོགས་ཀྱི་ནང་ཁྱོ་གཅིག་ཤུག་གཅིག་གི་གཉེན་སྒྲིག་རྣམ་པའང་མེད་པ་མིན། དབྱིན་ཇིའི་བསམ་བློ་མཁས་ཅན་ལོའོ་སོའོ་ཡིས་《གཉེན་སྒྲིག་གི་གསར་བརྗེ》ཞེས་པའི་ནང་གཉེན་སྒྲིག་ནི་"ཁྲིམས་སྲོལ་ཚུད་པའི་སྤྱོད་ཚུལ་ཡིན། གདོང་མའི་མིའི་ནང་ཡོད་པ་མ་ཟད། སྤྲ་རིགས་དང་དེ་བཞིན་སྲོག་ཆགས་རིགས་སྣ་ཚོགས་ཀྱི་ཁྲོད་དུའང་གནས་ཡོད། སྲོག་ཆགས་ལའང་གཉེན་སྒྲིག་དང་འདྲ་བའི་སྤྱོད་པ་ཡོད། དེ་ནི་ཕྲུ་གུ་གསོ་བའི་སྐབས་སུ་ཕོ་རིགས་ཀྱི་མཉམ་ལས་དགོས་ངེས་ཡིན་པས་ཡིན། སྤྱིར་བཏང་ཐོག་སྲོག་ཆགས་ཀྱི་གཉེན་སྒྲིག་ནི་ཁྱོ་གཅིག་ཤུག་གཅིག་གི་གཉེན་སྒྲིག་ཡིན། གྲགས་ཅན་མི་སྣ་འགའ་ཤས་ཀྱི་གསུངས་རྒྱུན་ལྟར་ན་སྤྲ་མིའི་ཁྲོད་དུ་གནས་ཚུལ་དེ་རིགས་དེ་བས་དེ་ལྟར་ཡིན།"[①]ཞེས་འཁོད། དེ་ལྟར་ན་བུ་སྤུན་གྱི་མནའ་མ་མཉམ་བསྡུ་བྱེད་པ་དེ་གདོང་མའི་ཁྲུ་ཚོགས་གཉེན་སྒྲིག་གི་ལྷག་འཕྲོ་ཡིན་ཞེས་བརྗོད་པའི་དགོས་པ་མེད་ལ་དེ་བས་རྒྱུ་མཚན་ཁུངས་ཐུབ་ཅིག་སྟོན་རྒྱུ་མེད། པོའོ་ཨན་ནན་གྱིས་མོའོ་ཨར་ཀན་གྱི་གཉེན་སྒྲིག་དང་ཁྱིམ་ཚང་གི་འཕེལ་རིམ་སྐོར་གྱི་ཆོད་གཏམ་ལ་གདེང་འཛོག་འདི་འདྲ་ཞིག་གནང་མྱོང་ཡོད། "མོའོ་ཨར་ཀན་གྱིས་འཕེལ་འགྱུར་གྱི་གོ་རིམ་འགའ་ཞིག་ལེགས་སྒྲུབ་ཡོང་ཆེད་དུ་ཁྱོ་གཅིག་ཤུག་གཅིག་གཉེན་སྒྲིག་གི་རྨང་གཞི་བྱས་པའི་ཁྱིམ་ཚང་དང་ད་ཕན་ཤེས་རྟོགས་བྱུང་བའི་ཁྱིམ་ཚང་གི་རྣམ་པ་ཚང་མའི་དབར་དབྱེ་འབྱེད་བྱས་རྗེས་ཀུན་སྤྱོད་ཀྱི་ཐོན་

① 《གཉེན་སྒྲིག་གི་གསར་བརྗེ》(རྒྱ་ཡིག) ཤོག་ངོས་༨༨ལ་གསལ།

སྤྲ་ཕྲེ་ལ་གཞིགས་ཏེ་སྤྲ་དུས་ཀྱི་རིམ་པ་འགའ་ཚོད་དཔག་བྱས། དེ་རྣམས་ཀྱི་(རིམ་པ་)བཀོད་སྒྲིག་ཀྱང་མི་བྱེད་ཐབས་མེད་བྱུང་། དེ་ལྟ་བུའི་རིམ་པ་སྦྲ་བ་དེས་ཁྱུངས་བཙན་མིན་པའི་རྟོག་བཟོ་བྱས་ཡོད། ཁྱིམ་ཚང་གི་སྒྲིག་འཛུགས་འགའ་ཞིག་གི་རྣམ་པ་ནི་གཞན་འགའ་ཞིག་ལས་རྙོག་འཛིང་ཆེ་བ་ཡོད། ད་ལྟ་བལྟ་དུས་ཁྱོ་གཅིག་ཞུག་གཅིག་ཁྱིམ་ཚང་གི་རྣམ་པ་དག་ཏ་ལམ་ཁྱོ་མང་ཞུག་མང་གི་རྣམ་པའི་ཕྱོགས་སུ་འགྱུར་འགྲོ་བ་ཡོད་ལ། ཁྱོ་མང་ཞུག་མང་གི་ལམ་ལུགས་ནས་ཁྱོ་གཅིག་ཞུག་གཅིག་གི་ལམ་ལུགས་ལ་འགྱུར་བཞང་ཡོད།”[①]ང་ཚོས་ཕ་བུ་དབར་གྱི་འབོད་ཕྱོགས་ཀྱི་ཐད་ནས་དཔྱེ་ཞིབ་ཅིག་བྱས་ན། ཡི་ལོ་ཁྲུད་ཀྱི་ས་ཁུལ་དུ་མི་གཅིག་གིས་རང་གི་ལུས་སྐྱེས་ཕ་ལ་པ་ཕ་ཞེས་འབོད་པ་མ་ཟད། ཕའི་ཉེ་རྒྱུང་མེད་པའི་བུ་སྤུན་རྣམས་ལའང་ཚང་མར་པ་ཕ་ཞེས་འབོད་ཀྱི་ཡོད་ལ། ཕ་རྣམས་ཀྱིས་རང་གི་སྨྲུ་གུ་ངོ་མ་དང་རང་གི་ཉེ་རྒྱུང་མེད་པའི་བུ་སྤུན་གྱི་སྨྲུ་གུ་ཚང་མར་རང་གི་བུ་དང་བུ་མོ་ཞེས་འབོད་ཀྱི་ཡོད། འོན་ཀྱང་ཡི་ལོ་ཁྲུད་ཀྱི་ས་ཁུལ་དུ་ཁྱོ་གཅིག་ཞུག་གཅིག་གི་གཉེན་སྒྲིག་ལག་བསྟར་བྱེད་ཀྱི་ཡོད་པས་མི་སོ་སོའི་སྐྱེས་པའི་ཕ་ངོ་མ་སུ་ཡིན་མིན་རྩ་བའི་ཆ་ནས་ངོ་ཤེས་ཐུབ་ངེས་རེད། གནད་དོན་འདིའི་ཐད་མའོ་ཨར་ཀན་གྱིས་འབོད་ཚུལ་འདི་རིགས་ནི་འདས་པའི་དུས་ཀྱི་གཉེན་ཚན་འབྲེལ་བའི་འཁྲུལ་བ་མེད་པའི་ཟིན་བཀོད་ཡིན། དེ་ཡང་ཕ་རྒྱུད་དམ་མ་རྒྱུད་ཀྱི་ཉེ་རྒྱུང་མེད་པའི་བུ་སྤུན་ཚོ་པ་གཅིག་དང་དེ་དང་ཁྲག་རྒྱུད་ཀྱི་འབྲེལ་བ་མེད་པའི་ཕ་རྒྱུད་དམ་མ་རྒྱུད་ཀྱི་ཉེ་རྒྱུང་མེད་པའི་བུ་མོ་སྤུན་ཚོ་པ་གཅིག་གཉེན་སྦྲེལ་བྱས་པ་ལས་བྱུང་བའི་གཉེན་འབྲེལ་གྱི་ཟིན་བཀོད་ཡིན་ཞེས་དགོངས་ཀྱི་ཡོད། འབོད་ཚུལ་གཞན་ཞིག་ལ་བོད་ཀྱི་སྤྱི་ཚོགས་ཁྲོད་ཀྱི་བུ་སྤུན་མཐའ་མ་མཉམ་བསྡུ་བྱེད་

① 《མི་སྒྲིང་ས་ཆད་དེ་གའི་ཁང་པ་དང་ཁྱིམ་ཚང་གི་འཚོ་བ་》ཞེས་པའི་《སྒྲིང་གཞི་》ནང་གསལ།

པའི་ས་ཁུལ་དེ་རྣམས་ཚང་མའི་ནང་མནའ་མ་ལ་སྐྱེས་པའི་བུ་ཕྲུག་རྣམས་ཀྱིས་སྐྱེས་པའི་ཕ་ངོ་མ་སུ་ཡིན་རུང་ཕ་རྣམས་ལས་རྒན་འགོ་ལ་པ་ཕའམ་ཨ་པ་ཞེས་འབོད་པ་དང་། གཞན་པ་རྣམས་ལ་ཨ་ཁུ་ཞེས་འབོད་པར་མ་ཟད། ཡུལ་འགའ་ཤས་སུ་ཕའི་ཉེ་རྒྱུད་མེད་པའི་ཕ་རྒྱུད་དམ་མ་རྒྱུད་ཀྱི་ཕའི་བུ་སྤུན་རྣམས་ཚང་མར་ཨ་ཁུ་ཞེས་འབོད་ཀྱི་ཡོད། གལ་སྲིད་གཞན་གྱིས་བཤད་པ་ལྟར་བུ་སྤུན་མནའ་མ་མཉམ་བསྡུ་བྱས་པ་དེ་གདོད་མའི་ཁྲོ་ཚོགས་གཉེན་སྒྲིག་གི་ལྷག་འཕྲོ་ཡིན་ན་མནའ་མ་མཉམ་བསྡུ་བྱེད་མཁན་གྱི་བུ་སྤུན་རྣམས་ཚང་མར་ཨ་ཕའམ་པ་ཕ་ཞེས་འབོད་མི་དགོས་པའི་རྒྱུ་མཚན་ཅི། འབོད་ཚུལ་དེ་རྣམས་ཀྱི་འབྱུང་ཁུངས་གང་ཡིན་ཞེ་ན་དེ་ནི་སྟེས་དབང་གིས་སྐབས་འཁེལ་བྱུང་བའི་བོད་ཀྱི་གཉེན་འབྲེལ་འབོད་ཚུལ་མིན་ལ་བོད་མི་དམངས་ཀྱི་འཕྲུལ་སྣང་གི་ཐོན་རྫས་ཀྱང་མིན་པར་འདས་པའི་དུས་ཀྱི་གཉེན་ཚན་འབྲེལ་བའི་འཕྲུལ་བ་མེད་པའི་ཟིན་བཀོད་ཡིན། དེ་ཡང་ཐུང་གསལ་བར་བཤད་ན་བོད་ཀྱི་སྤྱི་ཚོགས་འཕེལ་རྒྱས་འགྲོ་བའི་ལོ་རྒྱུས་ཀྱི་དུས་རིམ་གང་འཚམ་ཞིག་ནང་ད་ལྟའི་བུ་སྤུན་མནའ་མ་མཉམ་བསྡུ་བྱེད་པའི་གཉེན་སྒྲིལ་དར་ཁུལ་ཚུད་བོད་ཡོངས་ཀྱི་གཉེན་སྒྲིག་རྣམ་པའི་ནང་བུ་སྤུན་མནའ་མ་མཉམ་བསྡུ་བྱེད་པའི་སྣང་ཚུལ་ཐོན་མེད་པའམ་བོད་ཀྱི་གཉེན་སྒྲིལ་གྱི་རྣམ་པ་ནི་ཁྲོ་གཅིག་ཤུག་གཅིག་གི་གཉེན་སྒྲིག་རྣམ་པ་གཅིག་རྐྱང་ཡིན་པ་མཚོན་གྱི་ཡོད། བོད་ཀྱི་སྤྱི་ཚོགས་ལམ་ལུགས་ལ་འགྱུར་བ་འགྲོ་བ་དང་སྤྱི་ཚོགས་ཀྱི་ཐོན་སྐྱེད་འབྲེལ་བ་ལ་རྒྱུན་ཆད་མེད་པའི་འགྱུར་བ་བྱུང་བ། ཁོར་ཡུག་ཆ་རྐྱེན་ཉིན་རེ་བཞིན་འགྱུར་བ་འགྲོ་བ་བཅས་དང་བསྟུན་ནས་ཁྱིམ་རྒྱུད་ཀྱི་ཁེ་ཕན་ཁོ་ནའི་སྐྱུལ་སྐྱོང་འོག་བུ་སྤུན་མནའ་མ་མཉམ་བསྡུ་བྱེད་པའི་གཉེན་སྒྲིལ་འདི་ཉིད་དར་བ་ཡིན། དོན་འདིར་ལོ་ཤས་སྔོན་ལ་འགན་གཙང་ལམ་ལུགས་ལག་བསྟར་བྱས་རྗེས་བུ་སྤུན་མནའ་མ་མཉམ་བསྡུ་བྱེད་པའི་གནད་དོན་ཡུལ་འགའ་ཤས་སུ་ཚབས་ཆེ་རུ་ཕྱིན་པ་

དེས་ཀྱང་ར་འཕྲོད་གང་འཚམ་ཐུབ་ངེས་ཡིན། བོད་ཀྱི་གཉེན་སྒྲིག་ལམ་སྲོལ་གྱི་འཕེལ་རིམ་དེས་པོའོ་ཨན་ནན་གྱིས་གསུངས་པའི་“ཁྱོ་གཅིག་ཤུག་གཅིག་ཁྱིམ་ཚང་གི་རྣམ་པ་དག་ཏ་ལམ་ཁྱོ་མང་ཤུག་མང་གི་རྣམ་པའི་ཕྱོགས་སུ་འགྱུར་འགྲོ་བ་ཡོད་”པའི་ཚོད་གཏམ་ལ་དོན་དངོས་ཀྱི་རྒྱབ་སྐྱོན་བྱུང་བ་གསལ་པོ་མཐོང་ངོ་། །

བོད་ཀྱི་ཡུལ་དུ་དར་བའི་བུ་སྤུན་མནའ་མ་མཉམ་བསྡུ་བྱེད་པའི་གཉེན་སྲོལ་གྱི་རྣམ་པའི་མངོན་ཚུལ་ལ་བལྟ་སྐབས། སྤྱིར་ཕ་མ་གཅིག་ལས་སྐྱེས་པའི་བུ་སྤུན་ལ་མནའ་མ་མཉམ་དུ་བསྡུ་མཁན་ཤ་སྟག་ཡིན་པ་ལས་ཕ་རྒྱུད་ཀྱི་བུ་སྤུན་ནམ་མ་རྒྱུད་ཀྱི་བུ་སྤུན་ལ་མནའ་མ་མཉམ་བསྡུ་བྱེད་མཁན་མེད། འོན་ཀྱང་ཡུལ་འགའ་ཤས་སུ་ཕ་མ་གཅིག་ལས་སྐྱེས་པའི་བུ་སྤུན་ཕྲུག་གི་བུ་སྤུན་ལ་མནའ་མ་མཉམ་བསྡུ་བྱེད་མཁན་རེ་གཉིས་རིག་རྒྱུ་ཡོད་པ་རྣམས་ཀྱི་བུའི་མ་རྣམས་ཁག་ཁག་སོ་སོ་ཡིན། གཤམ་དུ་ང་ཚོས་དུད་ཚང་གཉིས་ཀྱི་གནས་ཚུལ་ཟུར་ཙམ་བཀོད་ན།

པ་སྣམ་རྫོང་མག་ཤང་སྟག་སྒོ་ཚང་གི་མིག་དམར་གྱི་ཕ་མ་གཉིས་ལ་བསྡོམས་བུ་ཕྲུག་བཅུ་བཞི་སྐྱེས། དེའི་ནང་ནས་བཅུ་གཉིས་གསོན་ཐུབ་པ་བྱུང་ལ་བུ་ཕྱེད་བུ་མོ་ཕྱེད་ཡིན་པ་དང་། བུ་དྲུག་ལས་གཉིས་པ་དཔལ་ལྡན་ཆོས་གྲགས་གྲྭ་པ་བྱས། བཞི་པ་སྤྲིན་རྣམ་བུད་མེད་གཞན་ཞིག་དང་རང་མོས་དགའ་འདུ་བྱས་ནས་ཐབ་གསར་བཙུགས། དེ་མིན་བུ་སྤུན་བཞི་ལ་མནའ་མ་ཚེ་སྒྲོལ་མཉམ་བསྡུ་བྱས། འོན་ཀྱང་ཁོང་ཚོར་བུ་དངོས་གྲུབ་དང་བུ་མོ་གསུམ་ལས་མ་བྱུང་ལ་མིག་དམར་གྱི་གཅེན་པོ་ཆུན་པ་གསུམ་དང་ཟླ་བོ་ཚེ་སྒྲོལ་རིག་གནས་གསར་བརྗེའི་སྐབས་དཀའ་སྡུག་འོག་དར་མའི་སྐབས་སྔ་རྗེས་སུ་ཚེ་ལས་འདས། མིག་དམར་གྱི་གཅེན་པོ་སྤྲིན་རྣམ་ལ་བུ་བཞི་དང་བུ་མོ་གསུམ་བྱུང་ལ་བུ་གསུམ་པ་བུ་ཆོག་ནི་མིག་དམར་གྱི་བུ་དངོས་གྲུབ་དང་ལོ་ཁྱད་ཆུང་བ་ཞིག་བྱུང་། དེ་ནས་བུ་ཆོག་ལོ་བཅུར་སོན་སྐབས་མིག་དམར་གྱི་བུ་ཚབ་ལ་བསྐྱངས། དངོས་གྲུབ་ཀྱི་རོགས་པ་ཡིན་ཟེར།

དངོས་གྲུབ་དང་བུ་ཚོག་གཉིས་ནར་སོན་སྐབས་ཁོང་གཉིས་ལ་མནའ་མ་མཉམ་བསྡུ་བྱས་ཡོད་ལ་ད་ལྟ་ཁོང་ཚོར་བུ་གཉིས་དང་བུ་མོ་གཅིག་སྐྱེས་ཡོད།（ཁྱིམ་ཚང་གི་གཉེན་གྱི་འབྲེལ་བའི་རི་མོ་རྒྱབ་ཏུ་ཤོག་ངོས་༨༥ལ་གསལ།）

པ་སྣམ་རྫོང་མག་ཤང་རྟ་ར་ཚང་གི་སྤྱི་ཚེའི་ཕ་ལ་ནུ་བོ་གཅིག་རང་ལས་བྱུང་མེད་ལ་ཁོང་ཕུ་ནུ་གཉིས་གཏན་གྲོགས་སོ་སོར་བཙལ་ནས་འཚོ་བ་སྐྱེལ། འོན་ཀྱང་ཕུ་བོ་ལ་བུ་སྤྱི་ཚེ་གཅིག་རང་ལས་མ་སྐྱེས་པ་དང་ནུ་བོ་ལ་བུ་གསུམ་བྱུང་། ཕུ་བོས་ནུ་བོའི་བུ་རྒན་པ་ཚོས་མཁས་སྤྱི་ཚེའི་རོགས་པར་སློང་བ་དང་། ཁོང་གཉིས་ལ་མཉམ་དུ་མནའ་མ་བསྡུས་པར་བུ་ཕྲུག་དྲུག་བྱུང་བ་དང་བུ་དྲུག་པོ་དེར་མནའ་མ་གཅིག་རང་མཉམ་བསྡུ་བྱས་ནས་ད་ལྟ་ཕྲུ་གུ་གསུམ་ཙམ་བྱུང་ཡོད། ནུ་བོར་ད་དུང་བུ་བར་པ་དང་ཆུང་བ་གཉིས་ཡོད་པས་ཁོང་གཉིས་ལ་མནའ་མ་མཉམ་བསྡུ་བྱས་ནས་ད་ལྟ་བུ་ཕྲུག་བཞི་ཙམ་ཡོད་པ་ལས་བུ་གསུམ་དང་བུ་མོ་གཅིག་ཡིན། འོན་ཀྱང་ད་ལྟ་བུ་རྣམས་ལ་མནའ་མ་བསྡུ་རྒྱུ་ཡིན།（ཁྱིམ་ཚང་གི་གཉེན་གྱི་འབྲེལ་བའི་རི་མོ་རྒྱབ་ཏུ་ཤོག་ངོས་༨༥ལ་གསལ།）

གོང་གསལ་དུད་ཚང་དེ་གཉིས་ཀྱི་གནས་ཚུལ་མདོར་བསྡུས་ལས་ཤེས་ཐུབ་པར་བུ་སྤུན་ཆུང་མ་སོ་སོར་བཙལ་རྗེས་ཕུ་བོའམ་ནུ་བོ་གཅིག་ལ་བུ་གཅིག་ལས་མ་བྱུང་བ་དང་གཞན་དེར་བུ་གསུམ་བཞི་བྱུང་ཚེ་ཉུང་བས་མང་བར་བུ་གཅིག་བུ་ཚབ་ལྟ་བུར་སློང་ནས་རང་གི་བུ་དང་མཉམ་དུ་མནའ་མ་བསྡུ་ཡི་ཡོད། འོན་ཀྱང་གསལ་བཤད་བྱ་རྒྱུར་ཕ་མ་གཅིག་ལས་སྐྱེས་པའི་བུ་སྤུན་ཕྲུག་གི་བུ་སྤུན་མནའ་མ་མཉམ་བསྡུ་བྱེད་མཁན་ཡོད་པ་ལས། ཕ་མ་གཅིག་ལས་སྐྱེས་པའི་བུ་དང་བུ་མོའི་བུ་སྤུན་མནའ་མ་མཉམ་བསྡུ་བྱེད་མཁན་མེད་ལ། བུ་སྤུན་ཕྲུག་གི་བུའི་བུ་མནའ་མ་མཉམ་བསྡུ་བྱེད་མཁན་ཡང་མེད་པ་དང་། བུ་མོ་སྤུན་ཕྲུག་གི་བུ་སྤུན་མནའ་མ་མཉམ་བསྡུ་བྱེད་པ་སོགས་ད་ལམ་བརྟག་དཔྱད་བྱེད་ཁུལ་གྱི་ས་ཁུལ་དུ་རིག་རྒྱུ་

མེད་དོ། །

གཞན་ཡང་བློ་མཐུན་འགའ་ཤས་ཀྱིས་བུ་སྤུན་མནའ་མ་མཉམ་བསྡུའི་གཉེན་སྒྲིལ་འདི་དང་འབྲེལ་ཡོད་ཀྱི་གནད་དོན་གཅིག་ལ་ཡང་མི་དག་པའི་བརྗོད་ཚུལ་འདུག་པ་དཔེར་ན། ཕྱི་རྒྱལ་བ་འགའ་ཤས་དང་རྒྱ་རིགས་བློ་མཐུན་འགའ་ཤས་ཀྱིས་བོད་ཀྱི་ལུགས་སྲོལ་ལ་བུ་སྤུན་མནའ་མ་ཐུན་མོང་དུ་ལེན་སྐབས་བུ་མོ་དེ་ཁྱིམ་ཚང་ཆེ་བའམ་“ རིགས་རྒྱུད་མཐོ་བ་” ལས་སློང་ཐབས་བྱེད་ཀྱི་ཡོད་ཅེས་བརྗོད་ལ། དེའི་རྒྱུ་མཚན་ནི་བུ་མོའི་གནས་བབ་མཐོ་བས་བུ་སྤུན་ཚང་མར་མཐོ་གནོན་བྱེད་ཆེད་དུ་ཡིན་ཟེར་བ་དང་། ཡང་འགའ་ཤས་ཀྱིས་བུ་མོའི་ཁྱིམ་གྱི་རྒྱུ་དངོས་ལ་ཧམས་ནས་སློང་བ་རེད་ཅེས་ཏ་ཙང་སྐབས་བདེ་པོས་ཚིག་ཐག་བཅད་ཡོད། དོན་དེ་མི་རིགས་གཞན་གྱི་སྐྱེ་བོའི་ལྟ་ཚུལ་ལྟར་ན་ཏ་ལམ་འདྲ་ཆགས་པོ་འདྲ་ཡོད་ངེས་ཀྱང་། ང་ཚོས་དམངས་སྲོལ་འདི་ཉིད་དར་ཁྱབ་ཡོད་པའི་ཡུལ་ལུང་འདིའི་མི་དམངས་ཀྱི་ལྟ་ཚུལ་དངོས་དང་དེ་དང་འབྲེལ་ཡོད་ཀྱི་ལུགས་སྲོལ་རྣམས་ལ་དཔྱད་པ་ཞིག་བྱེད་དུས་གོང་གསལ་བརྗོད་ཚུལ་དེ་དག་“ རང་སྐྱོང་མི་ཧུས་འདིང་བའམ་” ཞྭ་དཔེ་ལྷམ་འགེབས་བྱས་པ་ཙམ་ལས། བོད་ཀྱི་བུ་སྤུན་ལ་མནའ་མ་མཉམ་བསྡུ་བྱེད་པའི་ཡུལ་གྱི་སྤྱི་ཚོགས་ལ་ཡང་དག་པའི་བལྟ་ཞིབ་བྱས་ནས་བྱུང་བའི་འབྲས་བུ་ཞིག་ཡེ་ནས་མིན། བོད་རིགས་ཀྱི་རྒྱུན་སྲོལ་ལྟ་ཚུལ་ལ་ཁྱིམ་ཚང་ཆེ་བའམ་“ རིགས་རྒྱུད་མཐོ་བའི་” སྐྱེ་བོ་ཚང་མ་བྱ་བ་གང་ཐད་སྤྱོད་ལུགས་བཟང་བར་དགོངས་ཀྱི་ཡོད། དཔེར་ན་“ སྐྱེས་སས་ཡར་འཐེན། སྤྱོད་པས་མར་འཐེན་” ཞེས་པའི་གཏམ་དཔེ་ལས་ཀྱང་“ སྐྱེས་ས་མཐོ་བ་” ཡིན་པ་ན་སྤྱོད་པའང་བཟང་པོ་ཡོད་དགོས་པའི་ངོས་འཛིན་བྱེད་ཀྱི་ཡོད་པ་མངོན་ཡོད། དེར་བརྟེན་བུ་སྤུན་མང་པོར་མནའ་མ་ཐུན་མོང་དུ་བསྡུ་སྐབས་“ སྐྱེས་ས་མཐོ་བ་” ཡི་བུ་མོ་དེ་རིགས་འཚོལ་ཐབས་བྱེད་ཀྱི་ཡོད་པའི་རྒྱུ་མཚན་ཡང་། མནའ་མ་ཐུན་

མོང་དུ་སླངས་པ་དེས་བུ་སྤུན་ཚང་མར་བསྟུན་མཁས་ཀྱིས་ཁྲོ་བོ་ཚང་མར་ཡོ་འཁྲུག་མེད་པའི“བརྩེ་དུང”བཟུང་སྟེ་ཁྱིམ་དུ་ཐབ་གཅིག་ལ་འཁོར་ནས་འཚོ་བ་མཉམ་སྐྱེལ་ཡོང་བའི་རེ་བ་བྱེད་ཀྱི་ཡོད་པ་མཚོན་པ་ཙམ་ལས། མནའ་མས་བུ་སྤུན་ཚང་མར་མཐོ་གནོན་བྱེད་ཆེད་དུ་ག་ལ་ཡིན། མི་དམངས་ཀྱི་ལྟ་ཚུལ་འདིར་རྒྱུ་མཚན་མེད་པ་མ་ཡིན་ཏེ། གཉེན་སྒྲིག་ལུགས་སྲོལ་འདི་ཉིད་དར་བའི་ཡུལ་ལུང་ཚང་མར་ཁྱིམ་ཚང་ཆེ་བའམ་ཕྱུག་པའི་བུ་སྤུན་རྣམས་ལ་མནའ་མ་མཉམ་བསྡུ་བྱེད་མཁན་མང་ཞིང་། བུ་སྤུན་མནའ་མ་མཉམ་བསྡུ་བྱེད་མཁན་གྱི་དུད་ཚང་མང་ཆེ་བ་རྒྱུ་ནོར་ཅུང་ཕྱུག་པའི་ཁྱིམ་ཚང་ཤ་སྟག་ཡིན་པ་གོང་སྨོས་ལྟར་ཡིན། དེས་ན་ཁྱིམ་ཚང་དེ་རིགས་ཀྱི་བུ་མོ་ཚོས་ཀྱང་སོ་སོའི་ཕ་མ་སྤུན་མཆེད་ཀྱི་གཉེན་སྒྲིག་བྱ་ལུགས་དང་། ཟླ་བོ་སྐྱོང་ལུགས། ཁྱིམ་གཞིས་འཛིན་ཚུལ་རྣམས་དངོས་སུ་མཐོང་ཐོས་བྱུང་ཡོད་པས། དེ་དག་ལས་ཀྱང་མྱོང་ཚོར་བསླབ་བྱ་གཏིང་ཟབ་པོ་ཐོན་ངེས་ཡིན་པ་ནི་ཀུན་གྱིས་མཁྱེན་གསལ་ལགས། དེར་བརྟེན་བོད་མི་མང་པོའི་ལྟ་ཚུལ་ལ་ཁྱིམ་ཚང་ཆེ་བའི་བུ་མོ་དེ་བུ་སྤུན་གྱི་ཐུན་མོང་གི་མནའ་མར་བྱུང་ན་ཁྲོ་བོ་ཚང་མར་བསྟུན་མཁས་པས་དེ་རིགས་ལ་བརྩོན་ལེན་དང་རེ་བ་བྱེད་པའི་བྱ་སྤྱོད་དེ་བྱུང་བ་ལགས་སོ། །

སྤྱིར་བོད་ཀྱི་ལུགས་ལ“ཨ་མའི་ནུ་རིན་པང་གདན། གངས་ཅན་དམངས་ཀྱི་ལུགས་སྲོལ”ཞེས་པ་ལྟར་བུའི་ཁྱིམ་ནས་བུ་མོའི་ཡབ་ཡུམ་ལ་ནུ་རིན་སྤྲད་ཙམ་དང་། བུ་མོའི་ཡུམ་ཆེན་ལ་པང་གདན་གཅིག་སྤྲོད་སྲོལ་ཡོད་པ་མ་གཏོགས། མི་རིགས་གཞན་ལྟར་གཉེན་རྫས་འདི་དང་འདི་དགོས་ཞེས་ཧ་ལམ་ཤ་ཏུས་ལས་ཆས་པའི་བུ་མོ་དེས་རིན་ཆེན་རྒྱུ་ནོར་ཉོ་བའི་ངང་ཚུལ་དེ་བོད་རིགས་ཀྱི་ལུགས་ལ་མེད་པ་དང་། བུ་མོ་མནའ་མར་སྟེར་སྐབས་བུ་མོའི་རྫོང་སྐལ་རྣམས་བུ་མོའི་ཕ་མས་གང་གནང་བ་དེ་ལས་བུའི་ཁྱིམ་གྱིས་སྟེར་གོ་འདི་དང་དེ་དགོས་ཞེས་རེ་བ་སྟོན་

སྲོལ་མེད་པ་དེ་ནས་ཀྱང་ཁྱིམ་ཚང་ཆེ་བའི་བུ་མོ་བུ་སྤུན་གྱི་མནའ་མར་བཙལ་བ་དེ་རྒྱུ་དངོས་ཁོ་ནར་ཇམས་པ་མིན་པ་ཤེས་ཐུབ་ཀྱི་ཡོད། དེ་ཡང་"ཕྱུག་པོ་སེར་སྣ་ཆེ"ཞེས་པའི་ངག་རྒྱུན་ལྟར་རྒྱུ་ཕྱུག་པའི་ཁྱིམ་ཚང་གི་བུ་མོའི་རྫོང་སྐལ་ཆེ་བའི་ངེས་པ་མེད་པ་ནི་དོན་དངོས་མང་དག་ཅིག་གིས་ར་འཕྲོད་ཐུབ་ངེས་ཡིན། བོད་མི་རིགས་ཀྱི་ཁྲོད་དུ་མནའ་མའམ་དགའ་རོགས་བཙལ་སྐབས་བུ་མོའི་ངང་རྒྱུད་རིང་མིན་དང་། ལས་འཛོན་ཐང་ཆེ་མིན་ལ་བལྟ་བ་ལས་བུ་མོའི་ཕྱི་རྣམ་པ་དང་རྒྱུ་ཕྱུག་མིན་གཙོར་འཛིན་བྱེད་ཀྱི་མེད། ལྷག་པར་དུ་བུ་སྤུན་ལ་མནའ་མ་མཉམ་བསྡུ་བྱེད་སྐབས་དེ་བས་བུ་མོའི་ནང་གི་བསམ་པ་བཟང་མིན་གཙོ་དོན་དུ་བཟུང་གི་ཡོད་པ་ནི་གཉེན་སྲོལ་འདི་ཉིད་དར་ཁྱབ་ཡོད་པའི་སྤྱི་ཚོགས་འཚོ་བའི་ཐོག་ནས་མངོན་ཐུབ་པོ། །

ང་ཚོས་ཤེས་རྟོགས་དགོས་པར། མི་རིགས་གང་འདྲ་ཞིག་ཡིན་རུང་དེར་རང་རང་གི་འཇིག་རྟེན་ལྟ་ཚུལ་དང་། ཐུགས་བསམ། ཀུན་སྤྱོད་ཀྱི་དཔེ་ཚད་འཛིན་ས་བཅས་ཡོད་ངེས་ཡིན། འོན་ཀྱང་རང་མི་རིགས་ཀྱི་དཔེ་ཚད་དེ་ཁྱེར་ནས་གཞན་མི་རིགས་ཀྱི་རིག་གནས་ལ་ཚོད་འཇལ་བྱེད་པ་དེ། ཀུན་གྱི་དོར་བྱར་འོས་པའི་རིག་པའི་དཔྱད་ཐབས་ཤིག་ཡིན། ང་ཚོས་ངེས་པར་དུ་བློ་ཙར་བཟུང་དགོས་པ་ནི་མི་རིགས་གང་གི་རིག་གནས་ག་གེ་མོ་བརྗོད་པར་འདོད་ཚེ། ངེས་པར་མི་རིགས་དེ་གའི་སྤྱི་ཚོགས་ཀྱི་རིག་གནས་གཞན་ལ་ཤེས་རྟོགས་དགོས་པ་མ་ཟད། དེའི་རྨང་གཞིའི་སྟེང་བློ་དྲང་ཟོལ་མེད་ཀྱི་བསམ་པ་ཁྱེར་ཏེ་རིག་པས་དཔྱད་པ་བྱས་ན་དོན་དངོས་དང་མཐུན་པའི་དྲང་བདེན་གྱི་སྨོམ་ཚིག་ཅིག་ཐོབ་ཐུབ། དེ་ལས་སློག་སྟེ་སྤྱི་ཚོགས་དངོས་ཀྱི་ཟུར་ཆ་ཙམ་ལའང་རང་ཉིད་ངོ་མས་ཉམས་ཞིབ་མེད་པར་གོ་ཐོས་ཁོ་ནའི་རྗེས་སུ་འབྲངས་ཏེ་རང་མི་རིགས་ཀྱི་ལུགས་སུ་ཡོད་པའི་གནད་དོན་དག་ཁྱེར་ཏེ་བྱ་དངོས་ཀྱི་གནས་བབ་ལ་བསམ་གཞིགས་མ་

བྱས་པར་ར་མགོ་ལུག་བསྒར་གྱིས་གཞན་གྱི་ཀུན་སྤྱོད་ལ་ཚོད་འཛལ་བྱས་ན། དེས་རྒྱུ་མཚན་དངོས་དེ་བཤད་མི་ཐུབ་པོ། །

སྟག་སྒོ་ཚང་གི་གཉེན་གྱི་འབྲེལ་བའི་འཕེལ་ཚུལ་རི་མོ།

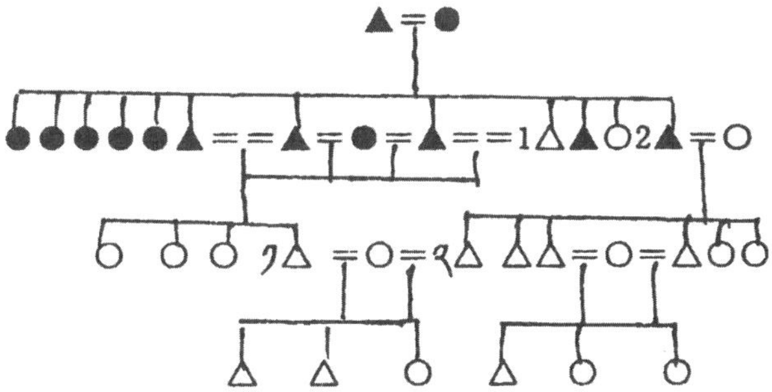

1.མིག་དམར། 2.སྤྲིན་རྣམ། ༡. དངོས་གྲུབ། ༢. བུ་ཚོག

རྟ་ར་ཚང་གི་གཉེན་གྱི་འབྲེལ་བའི་འཕེལ་ཚུལ་རི་མོ།

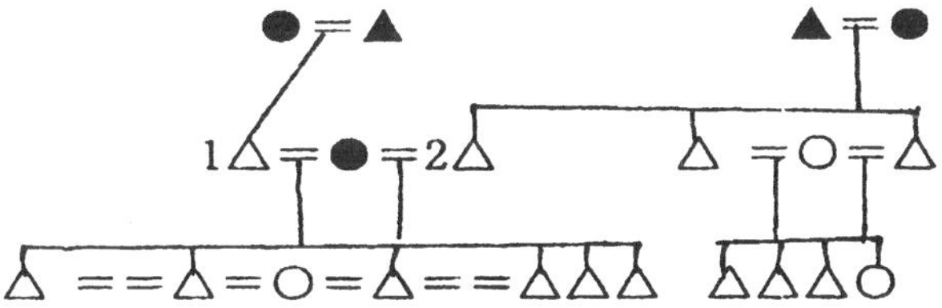

1.སྲི་ཚེ། 2.ཆོས་མཁས།

༧༧། །བོད་ཀྱི་ལྷར་སྲོལ་འཛིག་རྟེན་གོ་བག་ཁབ་ལེན་གྱི་རྣམ་པ་འགར་དཔྱད་པ།

སྤྱིར་མིའི་རིགས་ཀྱི་གཉེན་སྒྲིག་ལམ་སྲོལ་གྱི་ཁྲིད་པོ་བག་ཁབ་ལེན་བྱེད་པའི་རྣམ་པ་དག་ནི་ཕ་མའི་བཀའ་བཀོད་ལྟར་གཉེན་སྒྲིག་བྱེད་པ་དང་། ཕོ་མོ་གཞོན་ནུ་རང་མོས་ཀྱིས་དགའ་འདུ་བྱེད་པའི་རྣམ་པ་སྟེ་རང་འདོད་དང་བཙན་དབང་གི་རིགས་གཉིས་ལ་མི་བསྡུས་པ་གང་ཡང་མེད་ཀྱང་རིགས་དེ་གཉིས་ཀྱི་ནང་དུའང་ཡན་ལག་གི་རྣམ་པ་མི་འདྲ་བ་མང་པོ་ཡོད། རང་རེ་བོད་ཀྱི་གཉེན་སྲོལ་ལོ་རྒྱུས་ཀྱི་འཕེལ་རིམ་ལ་བལྟ་སྐབས། དམངས་ཁྲོད་དུ་ཡ་མཚན་ཅན་གྱི་གཉེན་སྒྲིག་གི་རྣམ་པ་སྣ་ཚོགས་བྱུང་འདུག་པ་ནི་གཡོག་བསུ་དང་། བརྗེ་ལེན་བྱེད་པ། མངལ་གནས་ཕྲུ་གུའི་གཉེན་སྒྲིག རིག་པའི་རྩལ་འགྲན་ནས་མནའ་མ་རྗེད་ལེན་བྱེད་པ། དྲག་རྩལ་འགྲན་ནས་མནའ་མ་རྗེད་ལེན་བྱེད་པ་བཅས་བྱུང་སྡོང་ལ། རྣམ་པ་གོང་མ་གསུམ་ནི་ཕ་མས་བུ་ཕྲུག་གི་མི་ཚེའི་འགྲོ་སྟངས་བཟོས་པའི་ཁོངས་སུ་གཏོགས་པ་དང་། ཕྱི་མ་གཉིས་ནི་ཕ་མའི་བཀའ་བཀོད་ནས་རང་འདོད་ལྟར་དགའ་འདུ་བྱེད་པའི་ཕྱོགས་སུ་འཕེལ་རྒྱས་འགྲོ་བའི་བར་བརྒྱལ་གྱི་རྣམ་པ་འབའ་ཞིག་ཡིན། གཤམ་ལ་དེ་རྣམས་རེ་རེ་བཞིན་མདོར་བསྡུས་ཀྱིས་མཚམས་སྦྱོར་ཞུ་རྒྱུ་ཡིན།

གཡོག་བསུའི་གཉེན་སྒྲིག

གཡོག་བསུ་བྱེད་པའི་སྲོལ་དེ་ཕ་མས་བཀའ་བཀོད་བྱས་པའི་གཉེན་སྒྲིག་གི་

ཁོངས་སུ་གཏོགས་པ་དང་། དེ་ནི་བོད་ཀྱི་དམངས་ཁྲོད་དུ་ད་ལྟའི་བར་དར་ནས་ཡོད་པའི་གཉེན་སྲོལ་གྱི་རིགས་ཞིག་ཡིན། དེ་ནི་དུད་ཚང་ནང་བཀྲ་མི་ཤིས་པའི་གནས་ཚུལ་ལྷག་པའི་སྐབས་སྤྱོད་པའི་ཐབས་མེད་འུ་ཐུག་གི་བྱ་ཐབས་ཤིག་ཡིན། དེ་ཡང་དུད་ཚང་ཞིག་གི་ནང་ཁྱོ་ཤུག་གཉིས་ཡོད་པ་ལས་གཅིག་ལྷག་པའི་ལམ་དུ་ཕེབས་ཏེ་ཡ་གཅིག་དང་ཕྲུ་གུ་ནར་མ་སོན་པར་ལུས་པའི་གནས་ཚུལ་བྱུང་བའི་སྐབས་སྤྱོད་པའི་བྱ་ཐབས་ཤིག་ཡིན། དུད་ཚང་དེའི་ཕའམ་མ་ཡ་གྱུར་དེས་ཕྲུ་གུ་ལ་མི་ཚེས་བྱེད་པའི་ནར་མ་སོན་གོང་ནས་མནའ་མའམ་མག་པ་སྤྲ་སྦྱར་དུ་ལེན་པའི་སྲོལ་ཡོད། དེར་ཡུལ་འགའ་ཤས་སུ་གཡོག་བསྡུ་ཞེས་འབོད་པ་དང་། ཡུལ་འགའ་ཤས་སུ་ལུགས་སྲོལ་དེ་དར་ཡོད་ཙུང་དམིགས་བསལ་གྱི་ཐ་སྙད་མེད། འོན་ཀྱང་། སྤྲ་སྦྱར་དུ་བསྡུས་པའི་མནའ་མའམ་མག་པ་དེ་རྣམས་ཕྱིར་བུའམ་བུ་མོ་ལས་ལོ་རྒན་པ་ཡོད་པ་དང་ལས་སྣེ་ཟིན་པ་ཤ་སྟག་ཡིན། དེའི་དམིགས་ཡུལ་ཡང་གྲོང་པ་དེའི་ལས་ཀའི་དགོས་མཁོ་ལ་བརྟེན་ནས་བསྡུས་པ་ཡིན་ལ། སྐད་དུ་བུའམ་བུ་མོ་ནར་སོན་སྐབས་སྤྲ་སྦྱར་དུ་བསྡུས་པའི་མནའ་མའམ་མག་པ་དང་མིང་དོན་མཚུངས་པའི་ཁྱོ་ཤུག་ཆགས་ཀྱི་ཡོད། དེར་བརྟེན་ཐ་སྙད་ཡོད་མེད་ལ་མ་བལྟོས་པར་ལུགས་སྲོལ་དེ་ཉིད་ནི་གཡོག་བསྡུའི་གཉེན་སྒྲིག་ལམ་སྲོལ་ཞིག་རང་ཡིན། གཡོག་བསྡུ་བྱས་པའི་དུད་ཚང་ཆེས་ཉུང་ཤས་ནང་ཕ་དང་བུའི་མནའ་མའམ་དང་བུ་མོའི་མག་པའི་བར་ཁྲེལ་མེད་བྱེ་བྱས་པའི་གནས་ཚུལ་ལྷག་གི་ཡོད་པ་དང་། དེ་ལྟ་བུའི་དམིགས་བསལ་གྱི་གནས་ཚུལ་དེ་རིགས་ནི་རྒྱུས་མེད་ཅན་གྱིས་བོད་ཀྱི་དམངས་ཁྲོད་དུ་ཕ་བུས་མནའ་མ་མཉམ་སྤྱོད་བྱེད་པ་དང་མ་སྨད་ཀྱིས་མག་པ་མཉམ་སྤྱོད་བྱེད་པའི་གཉེན་སྲོལ་ཡོད་པར་འཛིན་པའི་ནོར་འཁྲུལ་གྱི་ལྟ་བ་ཆགས་པའི་རྒྱུ་རྐྱེན་གཙོ་བོ་དེ་ཡིན། གཞན་ཡང་གཡོག་བསྡུའི་གཉེན་སྲོལ་གྱི་རྣམ་པ་གཞན་ཞིག་ནི། སྔོན་ནས་དུད་ཚང་གཉིས་ཀྱིས་བུ་ཕྲུག་གི་

གཉེན་སྒྲིག་སྐད་ཆ་བྱས་ཚར་ཡོད་ཙང་། གཉེན་སྟོན་གྱི་དུས་ཚོད་སླེབས་ཉེར་བུའམ་བུ་མོའི་ཚང་གང་ཙང་དུ་མི་ཤི་སྐྱོན་ཆག་བྱུང་བས་གཉེན་སྟོན་དུས་ཐོག་ཏུ་སྒྲིལ་མ་ཐུབ་ཚེ། མནའ་མའམ་མག་པ་སྟར་གྱི་བག་རྩིས་ལ་གང་བབས་ལྟར་དུས་ཐོག་ལ་སྟེར་བ་དང་། དེ་དུས་རྟེན་འབྲེལ་མི་བྱེད་ལ། ཇོང་སྐལ་རྣམས་ཕྱིར་འགྱང་བྱེད། དེ་རྗེས་འདས་པོ་དེའི་ལོ་མཆོད་ཡོལ་རྗེས་"ལེན་བྱས"ཞེས་ཇོང་སྐལ་རྣམས་སྟེར་ལ་རྟེན་འབྲེལ་ཞིག་བྱེད་སྲོལ་ཡོད། དེ་ལྟ་བུའི་གཉེན་སྲོལ་ལའང་གཡོག་བསྒུ་ཞེས་འབོད་སྲོལ་ཡོད།

བཟེ་ལེན་གྱི་གཉེན་སྒྲིག

བཟེ་ལེན་བྱེད་པའི་གཉེན་སྲོལ་འདི་ཉིད་བོད་ཀྱི་དམངས་ཁྲོད་དུ་དར་ཁྱབ་ཆེན་པོ་རང་མེད། འདི་ནི་ཕ་མས་བཀའ་བཀོད་བྱེད་པའི་གཉེན་སྲོལ་གྱི་ཡ་གྱལ་ཞིག་ཡིན། གཉེན་སྒྲིག་ལམ་སྲོལ་འདི་ལྟ་བུ་ལག་བསྟར་བྱེད་པའི་གཙོ་བོའི་དམིགས་ཡུལ་ནི་རྒྱུ་ནོར་གྱི་ཆེད་དུ་མིན་པར་གཉེན་ཉེ་ཐོག་གཉེན་བརྩེགས་ཡོང་བའི་ཆེད་དུ་ཡིན། དེའི་རྣམ་པའང་དངོས་སུ་བུ་མོ་དང་བུ་མོའམ་བུ་དང་བུ་སྨར་རྗེན་དུ་བཟེ་ལེན་བྱེད་པའི་མི་རིགས་གཞན་ཁྲོད་དུ་དར་བའི་བཟེ་ལེན་གྱི་གཉེན་སྲོལ་དང་མི་འདྲ་བར་མངོན་ཚུང་མིག་ལམ་དུ་འགྲོ་བདེ་བ་ཞིག་ཡིན། སྤྱིར་དུད་ཚང་གཉིས་ཀྱི་བུ་མོ་ཕན་ཚུན་མནའ་མར་བསུ་ལེན་བྱས་པ་ཡིན་ཙང་དེ་ལ་དུས་ཀྱི་ སྔ་ཕྱི་ཡོད་པ་དང་། སྟེར་སྐལ་ནོར་རྫོང་ལ་ཞིབ་རྩིས་མེད་པ་གང་སྤྱིན་ཕ་མའི་བློ་འདོད་ཡིན་པ། ཕྱི་ཚུལ་དུ་ཉེ་ཐོག་གཉེན་བརྩེགས་ཡིན་ཁུལ་བྱེད་པ་མང་བར་མཆིས་སོ། །བཟེ་ལེན་བྱེད་པའི་རྣམ་པ་ལ་བུ་མོ་དང་བུ་མོ་བཟེ་ལེན་བྱེད་པ་དང་། བུ་དང་བུ་བཟེ་ལེན་བྱེད་པ། ཡང་ན་དུད་ཚང་གཅིག་ལ་བུ་མོ་མང་པོ་ཡོད་པ་དང་། དུད་ཚང་གཞན་ཞིག་ལ་བུ་མང་པོ་ཡོད་ཚེ་བུ་དང་བུ་མོ་བཟེ་ལེན་བྱེད

པའང་ཡོད། བརྗེ་ལེན་བྱེད་པའི་གཉེན་སྲོལ་གྱི་རིགས་འདི་ནི་རིགས་རུས་དམན་པར་འབོད་པའི་མགར་བཤན་སོགས་ཀྱི་དུད་ཚང་དབར་དང་། དབུལ་ཞིང་ཕོངས་པའི་དུད་ཚང་དབར། ཡང་ན་དུད་ཚང་ཆེ་གྲས་ཁག་གི་ཁྲོད་དུ་དར་ཤས་ཆེ་བ་ཡོད། འདི་ལས་བོད་ཀྱི་གོ་བག་ཁབ་ལེན་བྱེད་ལུགས་སུ་རིགས་རུས་གོ་གནས་མཐོ་དམན་དང་། རྒྱུ་ནོར་དབུལ་ཕྱུག་རང་མཉམ་ཆ་སྒྲིག་བྱེད་པ་ཤས་ཆེ་བ་མཚོན་ཡོད།

མངལ་གནས་ཕྲུ་གུའི་གཉེན་སྒྲིག

མངལ་གནས་ཕྲུ་གུའི་གཉེན་སྒྲིག་ནི་བུ་ཕྲུག་མ་བཙས་གོང་ནས་མངལ་གནས་ཐོག་ཕ་མས་ཕོ་ཚོའི་འཇིག་རྟེན་མཐུན་འཇུག་གི་མནའ་གན་བཞག་སྟེ་བུ་ཕྲུག་འཚར་ལོངས་ཡོང་བའི་དུས་གཉེན་སྒྲིག་བྱེད་དུ་འཇུག་པའི་སྲོལ་ཞིག་ཡིན། དེ་ནི་ཕ་མའི་བཀའ་བགོད་ལྟར་གཉེན་སྒྲིག་བྱེད་པའི་གཉེན་སྒྲིག་ལམ་སྲོལ་གྱི་ཁོངས་སུ་གཏོགས་པ་ཞིག་ཡིན། དེ་ལྟའི་གཉེན་སྲོལ་ད་ལྟའི་དུས་སུ་མཐོང་ཐོས་བྲལ་བ་ཞིག་ཡིན་ལ་གནའ་དུས་སུ་དར་ཁྱབ་ཆེ་བ་ཞིག་མིན། སྲོལ་དེ་ནི་དུད་ཚང་ཆེ་གྲས་ཁག་གི་དབར་དར་བ་དང་། ཡང་ན་ཕྱོགས་གཉིས་ཀྱི་ཕའམ་མ་གྲོགས་པོའམ་གྲོགས་མོ་ཡིན་ཚེ་ཉེ་ཐོག་གཉེན་བརྩེགས་ཡོང་ཆེད་སྒྲུབ་པའི་བྱ་ཐབས་ཤིག་ཡིན། བོད་ཀྱི་ལུགས་སུ་གནད་དོན་མང་པོ་ཞིག་ལ་མིག་རྒྱུང་རིང་པོའི་བསམ་བློ་བཏང་ཁུལ་ལམ་ཡང་ན་བསམ་ཚུལ་དེ་ལེགས་གྲུབ་ཡོང་ཆེད་མིའམ་ཕྱུགས་སོགས་མ་སྐྱེས་མངལ་གནས་ཕྲུ་གུའི་སྐབས་ནས་དེའི་མ་འོངས་ཀྱི་འཆར་གཞི་བགོད་པའི་ལུགས་སྲོལ་ཡོད། དཔེར་ན། བོད་མིའི་མིང་གི་འདོགས་སྲོལ་ལ་ཁག་སྣ་ཚོགས་ཡོད་པའི་ནང་"ཁོག་མིང་"འདོགས་པའི་སྲོལ་ཡོད་པ་ནི་བུད་མེད་ཞིག་ལ་ཕྲུ་གུ་སྐྱེས་པ་ཚང་མ་ལག་གསོན་མ་བྱུང་བའམ་ཡང་ན་ཕྲུ་གུ་བུ་མོ་ཤ་སྟག་སྐྱེས་པ་ལས་བུ་

སྐྱེས་གསོན་མ་བྱུང་བའི་སྐབས་མངལ་གནས་ལྷ་གུར་བླ་མ་ཆེ་ཁག་ནས་ཁོག་མིང་ཞུ་བའི་སྲོལ་ཡོད། གཞན་ཡང་འབྲི་གཡག་རྟ་བོང་སོགས་རྒྱུད་སྤུས་ལེགས་ཡིན་ཚེ་དེའི་རྒྱུད་ཉོ་མཁན་མང་བས་མངལ་ཐོག་ནས་ཉོ་བའི་སྲོལ་ཡོད་པ་དང་། ད་དུང་འགྱུར་བ་མི་གཏོང་བའི་ཆེད་དུ་དེའི་རིན་གོང་ཕྱེད་ཙམ་སྔོན་ནས་གཏའ་མར་འཇོག་པའི་སྲོལ་ཡོད་ལ་དེར་འགྱུར་གཏའ་ཞེས་འབོད་ཀྱི་ཡོད། འགྱུར་གཏའ་དེ་གལ་སྲིད་ཕྱུགས་ཕྲུག་སྐྱེ་ཤོར་བྱུང་བའམ་འོ་ཐག་མ་ཆོད་གོང་ནས་ཤི་བའི་གནས་ཚུལ་བྱུང་སྟེ་ལག་གསོན་མ་བྱུང་ཚེ་འགྱུར་གཏའ་དེ་ཕྱུགས་ཀྱི་བདག་པོར་བདག་པའི་སྲོལ་ཡང་ཡོད། དེ་མིན་དུད་ཚང་སོ་སོའི་དགོས་མཁོ་མི་འདྲ་བས་མངལ་གནས་ཀྱི་ཕྱུགས་ཕྲུག་སྐྱེས་གསོན་བྱུང་སྐབས་ཕོ་མོའི་བརྗེ་ལེན་བྱེད་རྒྱུའི་ཁ་ཆད་སྔོན་ནས་བྱེད་སྲོལ་ཡང་ཡོད། དེ་ལྟ་བུའི་བྱེད་ལུགས་རྣམས་ཚང་མ་དོན་དེར་ནན་ཏན་གྱིས་འཇུག་པའི་ཚུལ་ཡིན་ལ། ལྷག་པར་དུ་མངལ་གནས་ལྷ་གུ་འཇིག་རྟེན་མཐུན་ཐབས་ལ་སྦྱར་བ་དེ་ཕ་མས་ལྷ་གུའི་དོན་ཆེན་ལ་གཟབ་བསྲིང་ནན་པོ་བྱས་ཁུལ་ལགས་ཀྱང་དེ་ཡང་གཟབ་ཐལ་དུ་ཕྱིན་པར་སྣང་ངོ་། །དོན་གང་ལགས་ཀྱང་སྔོན་ནས་བསམ་གཞིགས་བྱེད་དགོས་ངེས་ཡིན། འོན་ཀྱང་དོན་དེ་མ་རན་གོང་ནས་གཏན་འཁེལ་བྱེད་པ་སྟ་ཐལ་ན་ཕྱིས་སུ་འགྱོད་པའི་གླིང་དུ་ལྷུང་བའམ་རྙོག་འཛིང་ནང་དུ་ཚུད་སླ་ལ། དེ་ཡང་མངལ་གནས་ལྷ་གུ་ཕྱིས་སུ་གཉེན་སྒྲིག་བྱེད་རྒྱུའི་གཏན་འཁེལ་སྔོན་ནས་བྱས་པ་དེ་ནི་དོན་མེད་འགྱོད་རྙོག་བཟོས་པ་ཁོ་ནར་མཐོང་། དེ་ནི་དམངས་ཁྲོད་གཏམ་རྒྱུད《སློབ་པ་མགོ་གཡུག་དང་ཚངས་པའི་སྲས་མོ་》[1]ཞེས་པའི་ནང་གསོན་ཉམས་ལྡན་པའི་སྒོ་ནས་བཀོད་ཡོད། གཏམ་རྒྱུད་དེའི་ནང་དོན་མདོར་བསྡུས་ཤིག་བཀོད་ན། རི་བོ་ཡར་ལྷ་ཤམ་པོའི་

① 《བོད་ལྗོངས་དཔུས་གཙང་ཁུལ་གྱི་དམངས་ཁྲོད་གཏམ་རྒྱུད་》ཤོག་ངོས་༡༨ལ་གསལ།

འདབས་རོལ། ཆུ་བོ་ཡར་སྟོད་ཕུ་ཆུའི་གཡས་གཡོན། མཁར་བཙན་ཡུམ་བུ་ལྷ་མཁར་གྱི་ཉེ་བར་གནའ་སྔ་མོ་སྟོབས་འབྱོར་དང་མངའ་ཐང་རྒྱས་ལོས་འདྲ་འདྲ་ཡིན་པའི་སོ་ནམ་པའི་དུད་ཚང་བཀྲ་ཤིས་ཁང་གསར་དང་ཕུན་ཚོགས་ཁང་གསར་ཟེར་བ་གཉིས་ཡོད། དེ་གཉིས་ཀྱི་མནའ་མ་པད་མ་བདེ་སྐྱིད་དང་སྒྲོལ་མ་གཉིས་ལ་སྦྲུ་གུ་སྐྱེ་རྒྱུ་ཡོད་པའི་སྐབས་ཁོང་གཉིས་ཀྱིས "གལ་ཏེ་ཁྱིམ་ཚང་གཅིག་ལ་བུ་དང་གཅིག་ལ་བུ་མོ་སྐྱེས་ན་བུ་མོ་དེ་བུའི་མནའ་མར་སྟེར་རྒྱུའི" གྲོས་བྱས་ལ། དེ་སྐར "ཁྱིམ་ཚང་གཉིས་ཀྱི་ཕ་མ་རྒན་རབས་རྣམས་མཉམ་དུ་འཛོམས་ནས་མནའ་གན་བཞག་པ་རེད།" དེ་ནས་མི་རིང་བར་ཁོང་གཉིས་ལ་བུ་གཅིག་དང་བུ་མོ་གཅིག་སྐྱེས་པར་ཁྱིམ་ཚང་གཉིས་ཀས་བཙས་སྟོན་གཟབ་རྒྱས་བྱས། དེ་ནས་སྦྲུ་གུ་གཉིས་རིམ་བཞིན་འཚར་ལོངས་ཡོང་བའི་སྐབས། "བཀྲ་ཤིས་ཁང་གསར་གྱི་བུ་ནི་གླིན་པ་ལག་པས་འཁྱོག་ཚོད་ཅིག་བྱུང་བས་སྐད་ཆ་ཚིག་རེ་གཉིས་བཤད་པ་དེའང་ལྐུགས་བརྗ་བརྒྱབ་པ་ལས་སྒྲ་གདངས་མི་གསལ་བར་མ་ཟད་བཞིན་མི་སྡུག་པས་ཡུལ་དེའི་མི་རྣམས་ཀྱིས 'གླིན་པ་མགོ་གཡུག' ཅེས་འབོད་ཀྱི་ཡོད། ཕུན་ཚོགས་ཁང་གསར་གྱི་བུ་མོ་ནི་མཐོང་བ་ཙམ་གྱིས་ཡིད་དབང་འཕྲོག་པ། གཟུགས་བྱད་ཡག་ལ་སྐེད་སྐབས་ཕྲ་བ། བཞིན་རས་དཀར་ལ་སྨུན་དཀྱུས་རིང་བ། སོ་གྲལ་འཁྲིག་ལ་མཆུ་སྒྲོས་དམར་བ། མགོ་སྐྲས་ལན་བུ་ནག་ཅིང་འཇམ་པ། གསུང་དབྱངས་སྙན་ཞིང་སྒྲ་གདངས་གསལ་བ། ངང་རྒྱུད་རིང་ཞིང་བློ་བག་ཡངས་པ། བློ་རིག་གསལ་ཞིང་ཀུན་སྤྱོད་ལེགས་པ། ཕ་མར་གུས་ཤིང་གཉེན་ཉེར་བརྩེ་བས་ཡུལ་མི་ཚོས 'ཚངས་པའི་སྲས་མོ' ཞེས་འབོད་ཀྱི་ཡོད།" དེར་བརྟེན་ཕུན་ཚོགས་ཁང་གསར་གྱི་ཕ་མ་གཉིས་ནས་རང་གི་བུ་མོ་གླིན་པ་མགོ་གཡུག་གི་ཁབ་ཏུ་སྤྲོད་འདོད་མེད་པས་མནའ་ཚིག་ལས་འགལ་ཏེ་དུད་ཚང་ཉམ་ཆུང་ཞིག་གི་བུ་འོད་ཟེར་བྱ་བ་མག་པར་བསུ་རྒྱུ་བྱས་པ་མ་ཟད། སློང་ཆང་གི་རྟེན་འབྲེལ་ཡང་བྱས།

དོན་དེ་གླིན་པ་མགོ་གཡུག་གི་ཕ་མ་གཉིས་ཀྱིས་ཤེས་སྐབས་ཁོང་ཁྲོ་དང་སེམས་སྡུག་ཅིག་ཅར་དུ་འཕེལ་ཞིང་གཞུང་གཏུག་རྒྱག་རྩིས་བྱས། དོན་དེ་རྣམས་འོད་ཟེར་དང་ཁོང་གི་ཕ་དངོས་གྲུབ་ཀྱིས་ཤེས་རྗེས་འོད་ཟེར་གྱིས"རྟོག་འཛིང་དེའི་ནང་ཞུགས་རྒྱུ་མིན"པའི་ཚིག་ཐག་བཅད་པ་མ་ཟད། སེམས་འཛིན་དང་ཕྲུག་དོག་ནམ་ཡང་མི་བྱེད་པའི་བློ་བསྟན། གནས་ཚུལ་དེ་ལྷའི་འོག་ཚངས་པའི་སྲས་མོའི་ཕ་ཡིས་པོ་རྐོད་པ་ལས་གཉིད་སྐྱིད་པ་དགའ་སེམས་བཞིན་འཁྱིད་པའི་ངང་བུ་མོ་གླིན་པ་མགོ་གཡུག་ལ་སྟེར་རྒྱུའི་མཐའ་གཞན་དོན་ཐོག་ཏུ་མི་འགྲོལ་ཐབས་མེད་བྱུང་། བཤད་རྒྱུན་དེའི་ཐོག་ནས་མངལ་གནས་ཕྲུ་གུའི་གཉེན་སྒྲོལ་དེ་རིགས་བྱུང་ཚུལ་དང་གལ་པོ་ཆེ་ལ་ནན་ཏན་བྱས་ཁུལ་དེའང་ནན་ཐལ་དུ་ཤོར་བ་མཚོན་ཡོད།

དྲག་རྩལ་བསྒྱུར་ནས་མནའ་མ་རྩོད་ལེན་བྱེད་པའི་གཉེན་སྒྲོལ།

གཉེན་སྒྲོལ་འདི་ནི་བུ་གཉིས་སམ་གསུམ་བཞིས་བུད་མེད་གཅིག་རང་གི་མནའ་མར་རྩོད་ལེན་བྱེད་སྐབས་དྲག་པོའི་རྩལ་སྣ་ཚོགས་འགྲན་ཏེ་རྩལ་གྱི་རྒྱལ་ཁ་ལེན་མཁན་ལ་བུད་མེད་དེ་ཐོབ་པར་བརྩི་བའི་གཉེན་སྒྲོལ་ཞིག་ཡིན། དེ་ནི་མིའི་རིགས་ཀྱི་ལོ་རྒྱུས་ཐོག་བྱུང་སྔ་བའི་གནའ་དུས་ཀྱི་གཉེན་སྒྲོལ་ཞིག་ཡིན། འཛམ་གླིང་ཐོག་གི་མི་རིགས་མང་པོ་ཞིག་གི་གཉེན་སྒྲིག་ལམ་སྲོལ་ལ་དྲག་རྩལ་བསྒྱུར་ནས་མནའ་མ་རྩོད་ལེན་བྱེད་པའི་སྲོལ་དར་སྤྱོད་ཡོད་ལ། དེ་ནི་མི་རིགས་དེའམ་ས་ཁུལ་དེའི་མི་དམངས་རྣམས་དྲག་པོའི་རྩལ་ལ་དགའ་བའམ་དེ་པའི་ལོ་རྒྱུས་འཕེལ་རིམ་ཐོག་ཟང་ཟིང་འཁྲུག་ཆ་ཆེ་བའི་དམག་འཁྲུག་དུ་མ་ལངས་ནས་སྐྱེ་བོ་རྣམས་ཀྱི་བློ་ངོར་དྲག་རྩལ་མེད་ན་འཚོ་བ་སྐྱེལ་དཀའ་བ་མ་ཟད། རང་གི་ལུས་སྲོག་ཀྱང་སྲུང་དཀའ་བའི་སྣང་བ་འཆར་བ་དང་ཆབས་ཅིག བུ་མོའི་ཚེ་གང་གི་གཏན་གྲོགས་འཚོལ་སྐབས་ཀྱང་ཕོ་གསར་ལ་དྲག་རྩལ་ཡོད་དགོས་པའི་རེ་བ་ཞིག

ཐོན་པ་དང་། བུ་མོ་གཅིག་མནའ་མར་འདོད་མཁན་ནམ་སློང་མཁན་གྱི་ཕོ་གསར་མང་པོ་འཛོམས་སྐབས་ཀྱང་ཡང་སླེང་སུ་ཡི་རྩལ་ཆེ་མིན་བརྟག་པའི་ཆེད་དུ་དྲག་རྩལ་བསྟུར་བ་གཏོང་བའི་ལུགས་སྲོལ་དེ་དར་བར་སྙམ། དེ་ལྟ་བུའི་གཉེན་སྒྲིག་གི་ལུགས་སྲོལ་རང་རེ་གངས་ཅན་པའི་ལོ་རྒྱུས་ཐོག་བྱུང་མྱོང་ངམ་ཞེ་ན། དར་ཁྱབ་ཆེ་མིན་ལ་མ་བལྟོས་པར་བོད་ཀྱི་ལོ་རྒྱུས་ཆུ་རྒྱུན་རིང་པོའི་ནང་བྱུང་མྱོང་ཡོད། གང་ལགས་ཤེ་ན། བོད་འདི་ཡང་འཛམ་གླིང་ཐོག་གི་མི་རིགས་ཀུན་དང་འདྲ་བར་བསྐལ་པ་ཡ་ཐོག་གི་དུས་སུ་ས་ཁུལ་གཅིག་གི་ནང་སྤྱི་ཡིས་བླ་ར་བཀུར་བའི་ཁྲིམས་ཀྱི་བདག་པོ་མེད་པ་དང་། དེ་ཡོད་ནའང་སྤྱི་ཀུན་གནོན་ཐུབ་པའི་མཐུ་ནུས་མེད་པར་བརྟེན་མི་དང་མིའི་དབར། ཁྱིམ་རྒྱུད་དང་ཁྱིམ་རྒྱུད་ཀྱི་དབར། གྲོང་སྡེ་དང་གྲོང་སྡེའི་དབར། ཡུལ་ལུང་དང་ཡུལ་ལུང་གི་དབར་གནད་དོན་གང་དང་ཅི་ཐད་ནས་གྱོད་གཞི་བྱུང་བ་རྣམས་ཞི་བདེའི་སྒོ་ནས་ཐག་གཅོད་ཐུབ་དཀའ་བས། ཕྱོགས་གཉིས་པོའི་དྲག་རྩལ་ལ་བརྟེན་ནས་ཐག་གཅོད་དགོས་ཀྱི་ཡོད་རྐྱེན་ཕོ་གསར་ལ་དྲག་རྩལ་ཡོད་དགོས་པའི་རེ་བ་བཅངས་པ་ནི་གོ་བ་ལོན་བདེ་བ་ཞིག་ཡིན། 《ནེ་ཙོའི་གཏམ་རྒྱུད་གོ་བདེ་ཀུན་ཕན་》ཞེས་པའི་སྐྱིད་པའི་ལོ་རྒྱུས་བཙུའི་ནང་"ཁྲིམས་ཡང་མེད་པའི་ལུང་པ་ན། ཕ་མེད་རྐུ་མག་ཐག་པ་སྐྱིད།"[①]ཅེས་ཟེར་བ་ལྟར་ཁྲིམས་མེད་པའི་ས་ཁུལ་དུ་མ་རབས་རྣམས་ནི་"ཨ་ཕོ་སུ་བཟང་"གིས་རང་ཕན་གྱི་བྱ་སྤྱོད་ལ་འཇུག་གི་ཡོད་པ་དང་། མི་ཐམས་ཅད་བག་ཕེབས་བདེ་སྡོད་ཀྱི་སྐབས་མེད་པར་གསོད་རྡུང་འཕྲོག་བཅོམ་ལ་དོགས་ཟོན་ཁོ་ན་བྱ་དགོས་རྐྱེན་སྐྱེས་པ་ཕོ་རྣམས་ལ་དཔའ་རྩལ་ཡོད་དགོས་པ་དང་། ཆོམ་རྐུན་ལ་ཕར་རྒོལ་བྱ་རྒྱུ་ནི་ཕོ་རྒོད་རྣམས་ཀྱི་འོས་འགན་རེད་སྙམ། དེ་ཡིས་མ་ཚད་ད་ལམ་

---

① 《ནེ་ཙོའི་གཏམ་རྒྱུད་གོ་བདེ་ཀུན་ཕན་》ལག་བྲིས་མའི་ནང་གསལ།

དུས་རབས་ག་གེ་མོའི་ནང་ཆོས་ཀུན་གྱི་སྤྱོད་པར་འཇུག་པའང་ཐ་ཤལ་སྤྱོད་ངན་ལ་མི་བརྩི་བར་ཀུ་འཕྲོག་བྱེད་ཐུབ་པ་རང་གི་འཛོན་ཐང་ལ་བརྩི་བའི་དུས་ཤིག་བྱུང་ཡོད་ཚོད་འདུག དེ་ཡང་དཔེར་ན་བོད་ཀྱི་དམངས་ཁྲོད་གཏམ་རྒྱུད་ནང་"གནའ་སྔ་མོ་དུད་ཚང་ཞིག་གི་ནང་བཟའ་ཚོ་གཉིས་དང་ཁོང་ཚོར་བུ་ཕྲུག་འགའ་ཡོད། ཡུལ་དེའི་གོམས་གཤིས་ལ་གྲོང་ཚོ་ཕན་ཚུན་ནོར་ཕྱུགས་ཀུ་རེས་བྱེད་ཀྱི་ཡོད་པ་དང་། ཡུལ་སྡེ་གཞན་ནས་ཕྱུགས་རིགས་ཀུ་ཐུབ་པ་དང་། ཡུལ་ཚོ་གཉིས་ཀྱི་ས་མཚམས་ནས་རང་ངོས་སུ་སླེབས་པ་ཡིན་ན་ཕྱུགས་རིགས་དེ་དག་ཀུ་མཁན་ལ་བདག་གི་ཡོད་པ་དང་། ས་མཚམས་མ་འགྲོལ་གོང་ནས་འཇུ་ཐུབ་ན་ཕྱུགས་རིགས་བདག་པོར་བདག་གི་ཡོད། དེར་བརྟེན་ཀུ་མ་རྒྱག་པའི་དུས་ཚོད་ཡག་ཤོས་ནི་མི་ཉལ་ཁྱི་ཉལ་མི་སྐད་ཁྱི་སྐད་མེད་པའི་ནམ་གུང་གི་དུས་ཚོད་ལ་འཛིན་གྱི་ཡོད། དུད་ཚང་དེའི་ཕ་དེས་རྟག་ཏུ་ནམ་སྲོད་སྐབས་སུ་'ང་རྟ་ཀུ་བར་འགྲོ་གི་ཡིན། ང་གཡག་ཀུ་བར་འགྲོ་ཡི་ཡིན་'ཟེར་གྱི་ཡོད་པ་དང་། ནམ་གུང་ལ་སླེབས་དུས་ཕ་དེ་གཉིད་ལ་ཡུར་ནས་དོན་ཐོག་ཏུ་འགྲུལ་གྱི་མེད་པ་རེད། བུ་ཚང་མ་དེས་ཕ་དེར་ཁ་ནས་བཤད་པ་དོན་འགྲུལ་ཡོང་གི་མེད་པར་'སྲོད་ལ་རྟ་ཀུ་གཡག་ཀུ་ཟེར། ནམ་ཕྱེད་རྒྱ་མཚོའི་དར་ལས་འཇམ་'ཞེས་ཟུར་ཟ་བྱེད་ཀྱི་ཡོད་"[①]གཏམ་དེ་ད་ལྟའི་བར་ཁ་བཤད་དོན་འགྲུལ་མི་ཐུབ་མཁན་ལ་ཟུར་ཟ་བྱེད་སྐབས་བརྗོད་བཞིན་ཡོད།

བཙན་པོ་སྲོང་བཙན་སྒམ་པོ་སྲིད་ཁྲིར་འཁོད་ནས་བོད་ཡོངས་ཀྱི་སྲིད་ཀྱི་ཁ་ལོ་བསྒྱུར་བའི་སྐབས་ཀྱང་མ་གཞི་སྤྱི་ཚོགས་ཀྱི་ཕྱོགས་ཡོངས་ལ་འགྱུར་བ་གནམ་ས་ལྟ་བུ་བྱུང་ཡོད་ཀྱང་དཔའ་རྩལ་ཆེ་བའི་སྐྱེ་བོ་རྣམས་ལ་གཞན་ལས་ལྷག་པའི་

① གཙང་པ་སྟམ་དགེ་འཁོར་ཁྲུལ་གྱི་མིག་ཚེ་ལགས་ཀྱིས་གསུངས། ཁོང་ད་ལོ་དགུང་ལོ་༧༠ ལ་ཕེབས་ཡོད།

བརྩི་བཀུར་བྱེད་ཀྱི་ཡོད། དེ་ཡང་ཏུན་ཧོང་ཡིག་རྙིང་ལས་བྱུང་བའི་བཙན་པོ་སྲོང་བཙན་སྒམ་པོའི་མཛད་རྗེས་མདོར་བསྡུས་དུ་བཀོད་པའི་ནང་“འཛིགས་པ་ནི་མནན། བདེན་པ་ནི་བསྙེན། འཛངས་པ་ནི་བསྟོད། དཔའ་བོ་ནི་བཀུར། སྙན་པར་ནི་བཀོལ།………”ཞེས་གསལ་བར་གཞིགས་ན། བཙན་པོ་སྐུ་ངོ་མས་གཙོ་བྱས་དཔའ་བོ་ལ་བརྩི་བཀུར་ཞུ་བར་དོན་སྙིང་ཆེན་པོ་ལྡན་ཡོད་པ་སྟེ། མི་རིགས་སམ་རྒྱལ་ཁབ་གང་འདྲ་ཞིག་ཡིན་རུང་དེ་དར་རྒྱས་ཕྱུན་སུམ་ཚོགས་སུ་གཏོང་རྒྱུ་དང་། དབང་སྒྱུར་བའི་དབང་ཆ་སྲ་བརྟན་གཏོང་རྒྱུར་དཔའ་རྩལ་ལྡན་པའི་དམག་གི་སྲུང་སྐྱོབ་མཁན་མེད་ཐབས་མེད། དེ་ཡི་གལ་ཆེའི་རང་བཞིན་དེ་དཔའ་མཛངས་ལྡན་པའི་བཙན་པོ་སྲོང་བཙན་སྒམ་པོས་མཁྱེན་ཏེ་ཁྲིམས་དྲུག་དྲུག་སོ་དྲུག་གི་བསྟོད་པ་གསུམ་གྱི་ནང་“དཔའ་བོ་ལ་སྟག་གིས་མ་བསྟོད་ན། དཔའ་བོ་བྱས་པའི་དོན་མེད་”ཅེས་པ་དང་། ཡང་སྨད་པ་གསུམ་གྱི་ནང་“སྡར་མ་ལ་ཝ་ཞུས་མ་ཆད་ན། དཔའ་བོ་དང་སྡར་མའི་ཤན་མི་ཕྱེས་”ཞེས་པའི་ནང་དོན་གསལ་བར་བཀོད་ཡོད། གཞན་ཡང་བཙན་པོ་འདུས་སྲོང་མང་པོ་རྗེའི་སྐབས་བྱུང་བའི་རྩལ་པོ་ཆེ་མི་བདུན་གྱི་རྩལ་སྣའི་སྙན་གྲགས་ཁྱབ་ཆེ་བ་དང་། དམངས་ཁྲོད་དུ་དར་བའི་ཕོ་ལ་རྩལ་དགུ་ཚང་དགོས་པའི་ནང་གི་“བང་རྒྱལ་སྤྲི་མདའ་རྗེ་མཆོངས་”བཅས་ལ་དང་ཞེན་བྱེད་ལུགས་བཅས་ཚང་མའི་ཐད་ནས་ཕོ་རབ་ལ་རྩལ་སྣ་ཚོགས་འཛོམས་དགོས་པ་དང་། རྩལ་དང་ལྡན་པའི་ཕོ་རྒོད་རྣམས་ལ་དགའ་ཞེན་བརྩི་བཀུར་ཞུ་བའི་སྲི་ཚོགས་ཀྱི་བསམ་གཤིས་ཁྱབ་ཆེན་པོ་ཡོད་པ་ཡོངས་སུ་མཚོན་ཡོད། དེ་ལྟ་བུའི་བོད་ཀྱི་སྤྱི་ཚོགས་ཀྱི་སྤྱིའི་འཁོར་ཡུག་དེས་སྡར་ནས་ཡོད་བཞིན་པའི་དྲག་རྩལ་བསྡུར་ཏེ་མནའ་མ་རྗེད་ལེན་བྱེད་པའི་གཉེན་སྲོལ་དེ་རྒྱུན་མཐུད་གནས་རྒྱུའམ་དེའི་རྣམ་པར་འགྱུར་བ་ཕྲན་བུ་བྱུང་ནས་གནས་རྒྱུར་ཆ་རྐྱེན་ངེས་ཅན་བསྐྲུན་ཡོད། ལྷག་པར་དུ་བཙན་པོའི་རྒྱལ་རབས་ཁ

ཐོར་ཧྲེ་སིལ་བུར་གྱུར་བའི་ཟང་ཟིང་གི་དུས་སྐབས་དེའི་ནང་ཏ་ལམ་ལུང་ཆུང་རེ་ལ་དཔོན་ཆུང་རེ་བྱུང་ནས་གཅིག་འོག་གཅིག་ལ་མ་འདུས་པར་ཕན་ཚུན་གཡུལ་འགྱེད་ཀྱི་བྱ་བའི་བརྒྱལ་བཞུགས་ཁོ་ན་འཛིན་པའི་དུས་སུ་རྩལ་དང་ལྡན་པའི་ཐོ་རབ་ལ་དེ་བས་བརྩི་བཀུར་དང་མཐོང་ཆེན་བྱེད་ཀྱི་ཡོད་པ་ང་ཚོས་བོད་ཀྱི་ལོ་རྒྱུས་བྱུང་བ་བརྗོད་པའི་སྙན་རྩོམ《གེ་སར་རྒྱལ་པོའི་སྒྲུང་》ནང་ནས་མངོན་ཐུབ་ཀྱི་ཡོད་པ་མ་ཟད། དྲག་རྩལ་བསྟུར་ནས་མནའ་མ་རྟོད་ལེན་བྱེད་པའི་གཉེན་སྒྲོལ་གྱི་རྣམ་པ་དེའང་ང་ཚོས་མང་ཚོགས་ཀྱི་འཚོ་བ་དང་དམ་ལ་ཟབ་པ་དར་གྱི་མདུད་པ་ལྟར་གྱི་འབྲེལ་བ་ཡོད་པའི་སྒྲུང་དེ་ལས་ཤེས་ཐུབ་ཀྱི་ཡོད། དེ་ཡང་མཆོ་སྔོན་ཁྲི་ཀའི་གླིང་སྒྲུང་ཕྱོགས་བསྒྲིགས་ནང་། འབྲུག་མོ་དང་གེ་སར་ངོ་འཕྲད་བྱུང་ཞིང་མི་ཚེ་མཉམ་སྐྱེལ་གྱི་ཁ་ཆད་བྱས་ཡོད་ཅུང་། འབྲུག་མོའི་ཡུམ་གྱིས་ངོ་རྒོལ་བྱས་ཏེ་འབྲུག་མོ་གེ་སར་གྱི་ཁབ་ཏུ་མ་སྟེར་བར་སྟག་གཟིག་ནོར་གྱི་རྒྱལ་པོའི་ཁབ་ལ་འགྲོ་དགོས་བཤད། དེ་རྗེས་གླིང་དུ་འབྲུག་མོའི་སློང་ཆང་རྟེན་འབྲེལ་ཐོག་འབྲུག་མོ་སློང་བར་ཡོང་མཁན་སྟག་གཟིག་ནོར་གྱི་རྒྱལ་པོ་དང་། རྒྱ་ཏ་ཧོར་གྱི་རྒྱལ་པོ། གུ་གུ་གཡུ་ཡི་རྒྱལ་པོ་བཅས་དྲག་རྩལ་བསྟུར་བས་གེ་སར་གཞན་རྣམས་ལས་རྣམ་པར་རྒྱལ་ཏེ་འབྲུག་མོ་གེ་སར་ལ་ཐོབ་པའི་བཤད་ཚུལ་འཁོད་ཡོད་པ་དང་། ཡང་གཙང་ཁུལ་གྱི་དམངས་ཁྲོད་དུ་གླིང་གི་དཔའ་བོ་རྣམས་དཔོན་མོ་སེང་ལྷམ་འབྲུག་མོ་མནའ་མར་རྟོད་ལེན་བྱེད་སྐབས་དྲག་པོའི་རྩལ་བསྟུར་པ་སྟེ། རི་ལ་རྟ་རྒྱུག་འགྲན་པ་དང་། བྱ་ཁྱུང་རྒོད་ཉི་མའི་རོག་ཞང་སུས་འདུལ་ཐུབ་མིན་དྲག་རྩལ་འགྲན་རྗེས་གེ་སར་རྒྱལ་པོས་གཞན་ལས་ཁྱད་དུ་འཕགས་པའི་དཔའ་རྩལ་གྱིས་དཔོན་མོ་སེང་ལྷམ་འབྲུག་མོ་རྟོད་ལེན་བྱེད་ཐུབ་པ་བྱུང་ཡོད་པའི་བཤད་སྲོལ་ཡོད། དེ་རྣམས་ནི་གཟུགས་མེད་ན་གྲིབ་མ་ཡོང་དོན་མེད་པའི་དཔེ་ལྟར་བོད་ཀྱི་ལོ་རྒྱུས་དུས་རིམ་ངེས་ཅན་ཞིག་གི་མང་ཚོགས་ཀྱི་འཚོ་བའི་གོམས་གཤིས་རྣམས་མེ་ལོང་དུ་

གསལ་བ་ཡིན་པར་རྟོགས་སླ། དེ་ལྟ་བུའི་གཉེན་སྲོལ་དེང་དུས་བོད་ཀྱི་སྤྱི་ཚོགས་ཐོག་ཆེར་མངོན་རྒྱུ་མེད་ཀྱང་། ཨ་མདོ་ཁུལ་གྱི་གཉེན་སྟོན་སྐབས་ད་ལྟའང་རྟ་རྩེད་འགྲན་སྲོལ་ཡོད་པ་ནི་སྟར་ལུགས་དེའི་ཤུལ་བཞག་ཅིག་ཡིན་ནམ་སྙམ། དེ་ཡང་ཆུ་ལ་འགོ་དང་ཤིང་ལ་རྩ་བའི་དཔེ་ལྟར་ལུགས་སྲོལ་གང་དང་ཅི་ཡིན་རུང་དེ་ལའང་ཐོག་མའི་འབྱུང་རྩ་རེ་ཡོད་ངེས་པས། ཨ་མདོའི་གཉེན་སྟོན་རྒྱུན་སྲོལ་ནང་རྟ་རྩེད་འགྲན་པ་དེའང་རྒྱུ་རྐྱེན་གང་ཡང་མེད་པར་སྤྲོ་བ་འཕེལ་ཆེད་ཀྱི་རྩེད་མོ་ཙོ་ནའི་དབང་གིས་ལུགས་སུ་དར་བ་མིན་སྙམ་མོ། །

རིག་པ་བསྒྱུར་ནས་མནའ་མ་རྫོང་ལེན་བྱེད་པའི་གཉེན་སྲོལ།

གཉེན་སྲོལ་འདི་ནི་བུ་གཉིས་སམ་གསུམ་མམ་བཞིས་རིག་པའི་རྩལ་འགྲན་ནས་མནའ་མ་རྫོང་ལེན་བྱེད་པའི་སྲོལ་ཞིག་ཡིན་ལ་གཉེན་སྲོལ་འདི་རིགས་འཛམ་བུའི་གླིང་གི་མི་རིགས་ཁྲི་གཉིས་ཙམ་ཡོད་པའི་ཁྲོད་དུ་དར་ཁྱབ་རྒྱུན་ཆུང་བ་ཞིག་ཡིན་བཟོ་འདུག ཝོན་ཀྱང་གངས་ཅན་པའི་དམངས་ཁྲོད་སྲོལ་རྒྱུན་ལ་བློ་དང་རིག་པའི་རྩལ་འགྲན་བསྒྱུར་བྱས་ཏེ་མི་ཚེའི་གཏན་གྲོགས་འདེམས་སྒྲུག་བྱེད་པའི་གོམས་གཤིས་ཤིག་བྱུང་སྲོང་འདུག་ཀྱང་། ཝོ་ཅག་གི་ལོ་རྒྱུས་དེབ་ཐེར་རྣམས་སུ་དོན་འདིའི་སྐོར་འཁོད་པ་རིག་རྒྱུ་དཀོན། འདིར་སྒྱུག་འཛིན་པས་དམངས་ཁྲོད་ཀྱི་སྒྲུང་དང་། བཤད་རྒྱུན། དེ་བཞིན་ད་ལྟའི་གོམས་གཤིས་འགའི་ཐོག་ནས་གནད་དོན་འདིར་དཔྱེ་ཞིབ་བྱ་རྒྱུ་ཡིན།

7 ཕྲུག་རོན་སྐོར་བ་ཡང་ཡང་བསྐོར་བའི་གོམས་གཤིས་ཆགས་ཚུལ་གྱི་སྒྲུང་།

འང་གུ་དང་ཕ་ཕྱང་གཉིས་པོ་མཛེས་ཤིང་ཡིད་དུ་འོང་བའི་རྨ་བྱ་མནའ་མར་ལེན་འདོད་ཡོད་སྐབས་ཕོ་གཉིས་སུས་ཉི་མ་སྔོན་ལ་ཤར་བ་མཐོང་ན་དེ་ཡི་བླ་མོར་རྨ་བྱ་འགྲོ་རྒྱུ་བྱས་པ་རེད། འང་གུས་ཉི་མ་ཤར་སའི་ཤར་གྱི་རི་ལ་ཁ་ཕྱོགས་ནས་བསྡད་པ་དང་། ཕ་ཕྱང་གིས་ནུབ་རིའི་རྩེ་ལ་ཁ་ལྟས་ནས་བསྡད། ཕ་ཕྱང་

གིས་རི་རྩེར་ཉི་མ་ཤར་བ་མཐོང་འཕྲུལ་ལམ་སེང་འང་གུ་ལ་རྩམ་པ་ཐུར་མ་གང་བཏང་ནས་"རྩམ་གང་འདི་བསྐྱོན་ནས་གསོལ་ཇ་གང་མཆོད་དང་།"བཤད། འང་གུས་དེ་ལྟར་བྱས་པས་དེ་འཕྲུལ་ཕ་ཕྱང་གིས་"ཉི་མ་ཤར་བ་ངས་མཐོང་སོང་། རྨ་བྱ་ང་ཡི་བླ་མོ་ཡིན་"ཞེས་བརྗོད། འང་གུའི་ཁ་རྩམ་པས་གང་ཡོད་པས་ཅི་ཡང་བརྗོད་མ་ཐུབ་སྟབས་དངངས་འཚབ་ལངས་ཏེ་ཁ་ནས་"འང་གུ་འང་གུ……"ཞེས་པའི་སྒྲ་འདོན་བཞིན་རང་སར་སྐོར་བ་རང་དབང་མེད་པར་བསྐོར་ཐལ། དེ་ནས་བཟུང་འང་གུ་ས་སྟེང་བབས་ནས་སྐད་"འང་གུ་འང་གུ……"འདོན་ཅིང་སྐོར་བ་ཡང་ཡང་བསྐོར་བའི་གོམས་གཤིས་ཆགས་པ་ཡིན་ནོ། །①

འདི་ནི་སྒྲིག་ཆགས་ཀྱི་སྒྲུང་ཞིག་ཡིན་པ་དང་། "སྒྲིག་ཆགས་ཀྱི་སྒྲུང་ནི་མིའི་རིགས་ཀྱི་སྤྱི་ཚོགས་འཚོ་བ་དང་སྤྱི་ཚོགས་འབྲེལ་བ་སོགས་སྒྲིག་ཆགས་ཀྱི་ལུས་ལ་འོད་ལྡོག་འཕྲོས་བྱས་ཐོག བློ་ཡུལ་དུ་ཤར་བ་ལྟར་རྫུན་བཟོ་བྱས་ནས་བྱུང་བའི་སྒྲུང་ཞིག་རེད།"② ཕུག་རོན་གྱིས་སྐད"འང་གུ"ཞེས་འདོན་པ་དང་། ས་སྟེང་དུ་སྐོར་བ་ཡང་ཡང་བསྐོར་བའི་གོམས་གཤིས་ཆགས་ཚུལ་གྱི་སྒྲུང་འདི་ནི་སྒྲིག་ཆགས་ཀྱི་སྒྲུང་གི་ནང་ནས་སྒྲིག་ཆགས་ཀྱི་འབྱུང་ཁུངས་སམ་ཁྱད་རྟགས་ལ་འགྲེལ་པ་དང་། གསལ་བཤད་ཀྱི་རང་བཞིན་ལྡན་པའི་སྒྲུང་གི་ཁོངས་སུ་གཏོགས། "སྒྲིག་ཆགས་ཀྱི་སྒྲུང་འདི་རིགས་ཀྱིས་སྒྲིག་ཆགས་ཀྱི་འབྱུང་ཁུངས་སམ་ཁྱད་རྟགས་ལ་འགྲེལ་པ་བྱས་པ་འདི་འགྲེལ་པའི་ཆེད་དུ་འགྲེལ་པ་བྱས་པ་ཞིག་མིན་པར་སྒྲིག་ཆགས་ཀྱི་གཟུགས་བརྙན་དང་འབྱུང་ཁུངས། ཁྱད་རྟགས་བཅས་ལ་འཕྲུལ་སྣང་གིས་འགྲེལ་བཤད་བརྒྱབ་ཐོག་འགྲོ་བ་མིའི་རིགས་ཀྱི་སྤྱི་ཚོགས་འཚོ་

① གཙང་པ་སྨམ་དགེ་འཁོར་མིག་ཚེ་ལགས་ཀྱིས་གསུངས།
② ཞུ་ཞུ་ཕིང་ཨན་གྱིས་བརྩམས་པའི་《དམངས་ཁྲོད་རྩོམ་རིག་རགས་བཤད》ཀྱི་ཤོག་ངོས་༡༢༤ལ་གསལ།

བའི་ཁྲིད་ཀྱི་འབྲེལ་བ་སྣ་ཚོགས་ཁྲ་ཁྲིག་གིས་མཚོན་ཡོང་གི་ཡོད།”[1] སྒྲུང་འདིའི་ནང་གི་ཕྱུག་རྫོན་དང་ཕ་ཕྱང་གི་གཟུགས་བརྙན་དུ་བཀོད་པ་དག་ནི་ལང་ཚོས་དར་བའི་ཟླ་མེད་ཀྱི་གཞོན་ནུ་གཉིས་ལ་ངེས་ཤིང་། རྨ་བྱའི་གཟུགས་བརྙན་དུ་བཀོད་པ་དག་ནི་མཛེས་ཤིང་ལྷ་ན་སྡུག་པའི་ཡིད་འོང་མཛེས་མ་ཞིག་ཏུ་ངེས་པ་དང་། ཕྱུག་རྫོན་དང་ཕ་ཕྱང་གིས་རྨ་བྱ་རྩོད་ལེན་བྱེད་སྐབས་ཉི་མ་ཤར་བ་སུས་སྔོན་ལ་ཚོར་མིན་འགྲན་མཐར་ཕ་ཕྱང་བློ་རིག་བཀྲ་བས་ནུབ་རིའི་རྩེ་ལ་ཉི་མ་ཤར་བ་མཐོང་རྐྱེན་རིག་པ་རྒྱལ་ནས་རྨ་བྱ་ཟླ་མོར་བྱུང་བའི་བརྗོད་བྱ་འདིས་སྤྱི་ཚོགས་འཚོ་བའི་ནང་མཆིས་པའི་ཟླ་མེད་གཞོན་ནུས་རིག་པ་འགྲན་ནས་མནའ་མ་རྩོད་ལེན་བྱེད་པའི་གོམས་གཤིས་དག་ཁྲ་ཁྲིག་གིས་མཚོན་ཡོད།

༢ སྐས་ཤིང་བེ།

གནའ་སྔ་མོ་དུད་ཚང་གཅིག་ལ་ལང་ཚོས་རྒྱས་པའི་སྨན་ཤར་ངོ་འབྲས་ཤིན་ཏུ་མཚར་ལ་བློ་རྒྱ་ཆེ་བ། གཞུང་དྲང་བ། འཛོན་སྟངས་ཆེ་བ། ཕ་མ་རྒན་རྒོན་ལ་གུས་ཞབས་ཆེ་ཞིང་ཁ་ཁུ་སིམ་པ་ཞིག་ཡོད་པ་དེ་མནའ་མར་སློང་མཁན་ལུང་པའི་ཕུ་མདོ་བར་གསུམ་ནས་འཚང་ཁ་ཤིག་ཤིག་གིས་བྱུང་བ་རྣམས་འགའ་རེས་ནི་རང་ཚང་གི་རྒྱུ་སྟོབས་ངོམས། འགའ་རེས་ནི་རང་གི་བུའི་སྐྱེས་འབྲས་ངོམས། ཡང་འགའ་རེས་ནི་སྐྱེས་ཁུངས་ངོམས་པ་སོགས་རང་ཉིད་ཀྱི་དགེ་མཚན་རེ་ངོམས་ནས་བུ་མོ་དེ་སློང་བར་ཡོང་། དུས་དེའི་ཚེ་བུ་མོའི་ཕ་དེས“གལ་སྲིད་བུ་མོ་སློང་མཁན་གྱི་བུ་དེས་ངའི་ཁྱིམ་གྱི་སྐས་འཛེག་རྒྱུ་གང་ལས་གྲུབ་པ་ཤེས་ན་དེ་ལ་བུ་མོ་སྟེར་རོ།”ཞེས་ཀུན་ལ་བཤད། ཡུལ་དེའི་གྲོང་པ་ཕལ་པ་ཞིག་གི་ནང་ཕ་བློ་རིག་ཤིན་ཏུ་སྦྱང་བ་གཅིག་ལ་བུ་གླེན་ལྐུག་གཅིག་ཡོད། ཕས་བུ་ལ“བུ་ཁྱེད་ཀྱིས་ཁྱིམ་ཚང་དེ་ལ་ཕྱིན་ཏེ་སྐས་ཀ་འཛེགས་རྗེས་སྐས་མགོ་ནས་སྐས་ཀ་ལ་ལྟ་ཙམ་བྱོས།

[1] ཨུའུ་ཕེང་ཨན་གྱིས་བརྩམས་པའི་《དམངས་ཁྲོད་རྩོམ་རིག་རགས་བཤད》ཀྱི་ཤོག་ངོས་༡༢༨ནང་གསལ།

དེ་ནས་ཨ་ཙི་ཤིང་འདི་བེ་རེད་འདུག་ཤོད་” ཅེས་མངགས་བྱ་གནང་། བུ་སློབ་ལྷུག་དེས་བུ་མོའི་ཁྱིམ་ནང་ཕྱིན་ནས་ཕའི་མངགས་བྱ་ལྟར་བྱས་པས་ཚང་མ་ཏ་ལས་ཧོན་ཐོར། བུ་མོའི་ཕ་མ་གཉིས་ཀྱིས་ཤོབ་ཤོབ་དང་ “ཨ་ཙི་བུ་སློབ་ལྷུག་འདིས་སྐས་རྒྱུ་བེ་ཡིན་པ་ཤེས་སོང་། ད་དེ་ལ་བུ་མོ་སྟེར་རྒྱུ་རེད།” ཅེས་བརྗོད་པ་བུ་སློབ་ལྷུག་དེས་གོ་བས། ཁོར་དགའ་སྣང་ཆེན་པོ་སྐྱེས། བེ་ཟེར་བ་ཤིང་གི་རིགས་ཤིག་ཡིན་པ་མ་ཤེས་པར་དེ་ནི་ཡག་པོའི་དོན་ལ་གོ་ནོར་ཐེབ། དེ་ནས་བུ་མོའི་ཕ་དེ་བུ་སློབ་ལྷུག་དེའི་འགྲམ་དུ་ཡོང་སྐབས་ཁོས་ཕ་དེར་བྱད་མིག་ཡག་པོ་ཞིག་བལྟས་ནས་ “པཱ་ལགས་ཀྱང་བེ་རེད་” བརྗོད། ཡང་བུ་མོའི་མ་དེ་བུ་སློབ་ལྷུག་དེའི་འགྲམ་དུ་ཡོང་སྐབས་ “ཨ་མ་ལགས་ཀྱང་བེ་རེད་” ཅེས་བཤད། དེ་ལྟར་ལྷུག་རྟགས་བསྟན་ནས་རྫུན་ཀྲུབ་རྫོལ། ཟ་ཁ་ནང་ལ་ཡོད་པ་ལྐྱེས་འབུད་བརྒྱབ་པོ། །①

《སྐས་ཤིང་བེ་》བྱ་བ་འདི་ནི་འཚོ་བའི་སྒྲུང་ཞིག་ཡིན་པ་དང་སྲོག་ཆགས་ཀྱི་སྒྲུང་དང་བསྡུར་ན་དེ་བས་དོན་དངོས་འཚོ་བའི་ཁྱད་རྟགས་མངོན་ཐུབ་པ་ཞིག་ཡིན། དེ་ལྟར་བརྗོད་པའང་འཚོ་བའི་སྒྲུང་གི་བརྗོད་བྱ་རྣམས་དངོས་སུ་བྱུང་སྲིད་པའི་ལོ་རྒྱུས་རེད་ཅེས་བརྗོད་པ་མིན་ལ། དེ་བས་ཀྱང་སྲོག་ཆགས་ཀྱི་སྒྲུང་ལྟ་བུས་དོན་དངོས་འཚོ་བ་མཚོན་ཐུབ་ཀྱི་མེད་ཅེས་བརྗོད་པ་མིན། མི་སྣ་གཙོ་བོ་དེ་སྐྱེ་བོ་ཕལ་པས་བྱས་པ་དང་། རྒྱུན་གཏན་འཚོ་བའི་ཁྲོད་ཀྱི་བྱ་བས་བརྗོད་བྱ་གཙོ་བོ་བྱས་པའི་འཚོ་བའི་སྒྲུང་དག་ལ་འཚོ་བའི་ཉམས་འགྱུར་ཆེན་པོ་ལྡན་ཡོད། 《སྐས་ཤིང་བེ་》ལའང་དམངས་ཀྱི་འཚོ་བའི་ཉམས་འགྱུར་གྱིས་ཕྱུག་ཡོད། སྒྲུང་འདིའི་སྙིང་དོན་ནམ་དམིགས་ཡུལ་ནི་མང་ཚོགས་ལ་ “ཁྲམ་དང་རྫུན་མ་མཐུག་མ་

---

① གཙང་པ་སྐལ་དགེ་འཁོར་མིག་ཚེ་ལགས་ཀྱིས་གསུངས།

ཐུང་” བའི་གནས་ལུགས་རྒྱུ་མཚན་ནན་བཤད་བྱས་པ་ཞིག་ཡིན་ནུང་། སྒྲུང་ནང་སྐབས་འཛོག་གི་ཤིང་རྒྱུ་གང་ཡིན་པ་ཤེས་མིན་འགྲན་ནས་བུ་མོའི་གཏན་གྲོགས་འཚོལ་བའི་རྣམ་པ་བཀོད་པ་འདི་ནི་དོན་དུ་བུ་མོའི་གཏན་གྲོགས་སུ་འདོད་པ་རྣམས་རིག་པའི་རྩལ་འགྲན་ནས་བུ་མོ་རྗོད་ལེན་བྱེད་པའི་གོམས་གཤིས་གསལ་བ་ཞིག་ཡིན།

༣ རྒྱ་བཟའ་ཀོང་ཇོ་མནའ་མར་སློང་སྐབས་ཀྱི་བཤད་རྒྱུན།

བོད་ཀྱི་ཡུལ་གྲུ་ཀུན་ལ་ས་ཁྱབ་རྗེ་ཁྱབ་ཏུ་སོང་བའི་དམངས་ཁྲོད་ལྷ་མོའི་འཁྲབ་གཞུང་《རྒྱ་བཟའ་བལ་བཟའི་རྣམ་ཐར་》ཟེར་བ་ཞིག་ཡོད་པ་ནི་རང་ཅག་ཀུན་གྱིས་མཁྱེན་གསལ་རེད། འཁྲབ་གཞུང་འདི་ནི་དམངས་ཁྲོད་ལོ་རྒྱུས་བཤད་རྒྱུན་ལས་བརྗོད་བྱ་བླངས་པ་ཞིག་ཡིན་ལ། བཤད་རྒྱུན་གྱི་བརྗོད་བྱ་གཙོ་བོ་ནི་ལོ་རྒྱུས་ཐོག་དངོས་སུ་བྱུང་སྒྲོང་བའི་ཐང་བོད་དབར་གྱི་མཛའ་མཐུན་འབྲེལ་བའི་ཟམ་པ་ལྟ་བུར་གྱུར་བའི་དོན་ཆེན་ཞིག་རེད། བཙན་པོ་སྲོང་བཙན་སྒམ་པོས་བློན་པོ་མགར་མངགས་ཏེ་རྒྱ་བཟའ་ཁབ་ཏུ་བསུ་བའི་གཙོ་བོའི་བརྗོད་བྱ་ལོ་རྒྱུས་རྣལ་མར་བཞག་ཐོག་ཞིབ་ཕྲའི་བརྒྱུད་རིམ་རྣམས་བོད་ལུགས་དང་སྦྱར་ནས་སྒྱུ་རྩལ་གྱི་རྣམ་པ་སྤྲུད་དེ་ཆེ་བ་བརྗོད་པའི་བཤད་རྒྱུན་འདི་ནི་ལོ་རྒྱུས་ཀྱི་དོན་སྙིང་ལྡན་པའི་དོན་དེར་དྲན་གསོ་ཞུ་ཆེད་ཡིན། བཤད་རྒྱུན་ནང་གསལ་ལ་བོད་ཀྱི་བློན་པོ་མགར་རྒྱ་ནག་ཁྲང་ཨན་བགྲ་ཤིས་ཁྲི་སྒོར་སླེབས་པའི་དུས་རྒྱ་གར་དང་གེ་སར། ཏ་ཟིག ཧྰ་ཏ་ཧོར་བཅས་མི་རིགས་མི་འདྲ་བའི་རྟ་པ་ལྔ་བརྒྱ་ཀོང་ཇོ་མནའ་མར་སློང་དུ་འཛོམས། དེའི་དུས་ཡབ་རྒྱལ་པོ་དང་། ཡུམ་བཙུན་མོ། སྲས་རྒྱལ་བུ། ལྷ་གཅིག་ཀོང་ཇོ་བཅས་གྲོས་བྱས་པས་བོད་ལ་ཕྱོགས་མཁན་ནི་གཅིག་ཀྱང་མ་བྱུང་། འོན་ཀྱང་ཡབ་རྒྱལ་པོའི་ཐུགས་བསམ་ལ་བོད་རྒྱལ་པོས་བསྐུར་བའི་བཀའ་ཤོག་གི་ཤོག་སྒྲིལ་གསུམ་པོ་དེ་འཁོར་ཞིང་ཐུགས་མི་བདེ་བར་

ངའི་བུ་མོ་འདི་འདོད་མཁན་མང་ཡང་མཐར་བོད་ཀྱི་རྒྱལ་པོ་ལ་སྟེར་དགོས་པ་འདྲ་བསམས། དེ་ནས་རྒྱལ་པོས་གཉའ་བོ་བློན་པོ་རྣམས་རིག་པ་འགྲན་ནས་རིག་པ་གང་རྣོ་བ་གཅིག་ལ་སྟེར་རྒྱུ་བྱས། སྔ་རྗེས་སུ་རིག་པ་ཐེངས་བདུན་འགྲན། བློན་པོ་མགར་གྱི་ཁྱད་དུ་འཕགས་པའི་བློ་རིག་གིས་གཞན་ལས་རྣམ་པར་རྒྱལ་ཏེ་གཉའ་བོ་གཞན་རྣམས་ཁ་ནང་མཇུག་མོ་བཙུགས་ནས་བསྡད་དགོས་བཟོས་ཡོད། དེའི་ནང་རྟ་མ་བརྒྱ་བུ་བརྒྱ་མ་བུ་ངོ་ཤེས་པ་བྱ་རྒྱུ་དང་། ལུག་ལྔ་བརྒྱ་ཉིན་གཅིག་ལ་བཤས་ཟིན་པ། ཤ་ཟོས་ཟིན་པ། པགས་པ་མཉེད་ཟིན་པ་བྱ་རྒྱུ། ཆང་བན་བརྒྱ་ཐམ་པ་ཉིན་གཅིག་ལ་བཏུང་ཟིན་པ། མ་པོ་བ། མ་བཟི་བ་བྱ་རྒྱུ་སོགས་ཀྱི་བརྗོད་བྱ་རྣམས་ལ་བོད་རིགས་ཀྱི་ཁྱད་ཆོས་ཆེན་པོ་ལྡན་ཡོད། རྟ་མ་བུ་ངོ་ཤེས་བྱ་རྒྱུ་དང་། ལུག་བཤའ་རྒྱུ། པགས་པ་མཉེད་རྒྱུ་སོགས་ནི་འབྲོག་ལས་ཐོན་སྐྱེད་ཀྱི་ཉམས་མྱོང་དུ་ངེས་ལ་ཤ་ཟ་ལུགས་དང་ཆང་འཐུང་སྟངས་ནི་ནམ་རྒྱུན་བོད་པ་རྣམས་ཟ་འཐུང་གི་ལོངས་སྤྱོད་ལ་འཇུག་སྐབས་ཡིད་འཛོག་བྱེད་པའི་དོན་དུ་ངེས་པ་མ་ཟད། ལས་ལ་འཛོན་ཐང་ཆེ་ལ་ཟ་ཤུགས་འཐུང་ཤུགས་ཆེ་ཞིང་འཇུ་ཐུབ་མཁན་ལ་“ཟས་ནས་ཡོང་བ་ཁྱུང་དཀར་གྱི་མཛོ་བོ། ལས་ནས་ཡོང་བ་ཁྱུང་དཀར་གྱི་མཛོ་བོ་”ཞེས་བསྟོད་མངགས་ཀྱང་བྱེད་སྲོལ་ཡོད། དེས་ན་བོད་ཀྱི་སྤྱི་ཚོགས་ཐོག་རིག་པའི་རྩལ་འགྲན་ནས་མནའ་མ་རྩོད་ལེན་བྱེད་པའི་གཉེན་སྲོལ་དེ་ཡོད་པས་དམངས་ཁྲོད་བཤད་རྒྱུན་ནང་དུའང་གཉའ་བོ་བློན་པོ་རྣམས་རིག་པ་འགྲན་པའི་བརྗོད་བྱ་དེ་བྱུང་བ་ལས་གཟུགས་མེད་གྲིབ་བཟོ་དང་མེ་མེད་དུ་བ་ཡོང་དོན་མེད་པའི་དཔེ་ལྟར་དངོས་ཡོད་འཚོ་བའི་ནང་དུ་མེད་པའི་གོང་སྨོས་ཀྱི་གཉེན་སྒྲིག་ལུགས་སྲོལ་དག་དམངས་ཁྲོད་རྩོམ་རིག་ནང་དུ་ཐོན་དཀའ་བ་ཞིག་ཡིན་ནོ། །

ལུགས་སྲོལ་ཅི་འདྲ་ཞིག་ཡིན་རུང་དེ་དར་བ་ལ་སྤྱི་ཚོགས་ཀྱི་ཆ་རྐྱེན་ནམ

རྒྱང་གཞི་ངེས་ཅན་ཞིག་ཡོད་དགོས་པ་ཇི་བཞིན་གནའ་དུས་བོད་ཀྱི་སྤྱི་ཚོགས་ཐོག་རིག་པ་འགྲན་ནས་མནའ་མ་རྩོད་ལེན་བྱེད་པའི་ལུགས་སྲོལ་དར་བ་དེ་ལའང་སྤྱི་ཚོགས་ཀྱིས་ཆ་རྐྱེན་ངེས་ཅན་བསྐྲུན་ཡོད། ལུགས་སྲོལ་འདི་རིགས་ནི་རིག་རྩེད་འཕེལ་རྒྱས་ཆེ་བའི་མི་རིགས་སམ་ས་གནས་ལ་དར་བ་ལས། རིག་གནས་ཤེས་བྱར་སྦྱོངས་ལ་རིག་རྩེད་བྱེད་སྙོམས་དབེན་པའི་རྗེས་ལུས་ཅན་གྱི་མི་རིགས་སམ་ས་གནས་ལ་དར་ཐབས་མེད་པའི་གཉེན་སྲོལ་ཞིག་ཡིན། མི་རིགས་ཤིག་གམ་ས་ཁུལ་ཞིག་ལ་མི་དམངས་རྣམས་ཀྱིས་རིག་གནས་འཚོ་བར་དོ་སྣང་དང་། དམངས་ཀྱི་ཁྲོད་དུ་རིག་རྩེད་བྱེད་སྒོ་དར་ཁྱབ་ཆེན་པོ་ཡོད་ཚེ་མང་ཚོགས་ཀྱི་བྱ་སྤྱོད་གང་ཅིའི་ཐད་དེའི་ཤུགས་རྐྱེན་ཆེན་པོ་ཐེབས་ངེས་ཡིན། འོ་ན་བོད་མི་རིགས་ཀྱི་ལོ་རྒྱུས་ཐོག་བྱུང་བའི་རིག་པའི་རྩལ་འགྲན་ནས་མནའ་མ་རྩོད་ལེན་བྱེད་པའི་གོམས་གཤིས་དར་བའི་རྒྱུ་མཚན་ཡང་། བོད་མིས་ཁྱབ་པའི་ཡུལ་གྲུ་ཀུན་ཏུ་རིག་གནས་དར་ཁྱབ་ཆེ་ལ་ལོ་རྒྱུས་རིང་བའི་རིག་རྩེད་ཕུན་སུམ་ཚོགས་པོ་མཆིས་ཤིང་། ཕུན་སུམ་ཚོགས་པའི་རིག་རྩེད་བྱེད་སྒོ་དེས་མི་དམངས་ཀྱི་འཚོ་བར་ངོ་མཚར་བའི་ཕན་ཡོན་བསྐྲུན་སྟབས་མི་དམངས་ཀྱི་འཚོ་བར་རིག་རྩེད་ཀྱི་ཤུགས་རྐྱེན་ཆེན་པོ་ཐེབས་པ་ནི་སུས་ཀྱང་རྟོགས་ནུས། དེར་བརྟེན་རིག་གནས་ཤེས་བྱར་དོ་སྣང་བྱེད་པ་དང་། རིག་གནས་ཤེས་བྱ་དང་ལྡན་པའི་སྐྱེ་བོ་རྣམས་ལ་མཐོང་ཆེན་གུས་བཀུར་བྱེད་པའི་སྤྱི་ཚོགས་ཀྱི་ལྟ་ཚུལ་ཞིག་ཆགས་ཡོད། དཔེར་ན། མཛངས་མི་བདུན་གྱི་མཚན་སྙན་བོད་ཀྱི་ལོ་རྒྱུས་ཐོག་གྲགས་ཆེ་བ་དང་། ཁོང་ཚོར་རྗེས་རབས་རྣམས་ཀྱིས་བརྩི་བཀུར་བྱེད་པ་དེས་ཤེས་རིག་ལ་མཐོང་ཆེན་བྱས་པ་མཚོན། ཡང་དཔེར་ན་“ཕོ་རབ་གཅིག་གི་བསྟོད་ས་རུ། ཐོག་རྩེ་དང་སྒྲུག་རྩེ་ཉིལ་ལི་ཡོད། ཕོ་འབྲིང་གཅིག་གི་བསྟོད་ས་རུ། སྐྱུད་རྩེ་དང་ལྷན་རྩེ་ཉིལ་ལི་ཡོད། ཕོ་ཐ་མ་གཅིག་གི་བསྟོད་ས་རུ། ཤིག་སྲོ་མའི་རྒྱུད་རྩེ་

ཉིལ་ལི་ཡོད་" ཅེས་དམངས་ཁྲོད་དུ་བརྗོད་སྲོལ་ཡོད་པ་དང་། ཡང་ཐོ་རྒྱལ་སྣ་དགུ་སྟེ་"གཏམ་ཡིག་རྩིས་གསུམ་དང་། མདའ་རྫོ་མཚོང་གསུམ། བང་རྐྱལ་སྒྲེ་གསུམ་བཅས་དགུ་" ཟུ་བརྗོད་སྲོལ་ཡོད་པ་རྣམས་ལས་"ཤོག་རི་དང་སྨྱུག་རི་ཉིལ་ལི་ཡོད་" པ་ནི་ཤེས་བྱ་ལ་བརྟེན་པ་ཚད་མེད་བྱས་པའི་མཚོན་རྟགས་ཡིན་པ་དང་། "གཏམ་ཡིག་རྩིས་གསུམ་" ནི་དམངས་ཁྲོད་དུ་ཤེས་བྱ་ཡོན་ཏན་གྱི་ཐ་སྙད་གཞན་ཞིག་ལ་ངོས་འཛིན་བྱེད་ཀྱི་ཡོད་པས་ཤེས་བྱ་ཡོན་ཏན་ནི་ཐོ་རྒྱལ་ཡིན་པ་དང་། ཤེས་བྱ་ཡོན་ཏན་གྱིས་ཕྱུག་པའི་སྐྱེས་པ་ནི་ཐོ་རབ་ཏུ་བཀུར་གྱི་ཡོད། དེ་ལྟར་སྤྱི་ཚོགས་ཀྱི་ལྟ་ཚུལ་འདི་ཡི་རྨང་གཞིའི་ཐོག་བུ་མོར་མག་པ་བསུ་བའམ་བུ་མོ་མནའ་མར་སྟེར་སྐབས་ཕྲུ་བོ་དེར་ཤེས་བྱ་ཡོན་ཏན་ཡོད་དགོས་པའི་རེ་བ་ཞིག་ཐོན་པ་མ་ཟད། བུ་མོ་སློང་མཁན་གྱི་སྐྱེས་པ་རྣམས་རིག་པའི་རྩལ་འགྲན་ཏེ་རིག་པ་རྩེ་བའམ་ཡོན་ཏན་ཆེ་བ་ལ་བུ་མོ་མནའ་མར་སྤྲིན་པའི་སྲོལ་དེ་དར་བ་ཡིན་ནོ། །

རིག་པ་འགྲན་ནས་མནའ་མ་རྩོད་ལེན་བྱེད་པའི་གཉེན་སྲོལ་འདི་ལ་དམངས་སྲོལ་ཀུན་དང་འདྲ་བར་འགྱུར་བ་བྱུང་ཡོད་ཟུང་། ཆུ་ཡི་འཁོལ་ཀ་འགྱུར་བ་ལྟར་གྱི་འགྱུར་བ་ནི་ཡོང་ཐབས་མེད་པ་ཞིག་ཡིན། དེ་ཡང་། གོམས་སྲོལ་གང་དང་ཅི་ཡིན་ཟུང་དུས་གང་འཚམས་ལ་ཆུ་ཡི་འཁོལ་ཀ་འགྱུར་བ་ལྟ་བུའི་འགྱུར་བ་འགྲོ་མི་ཐུབ་པར་མི་དམངས་ཀྱི་དཔལ་འབྱོར་འཚོ་བ་དང་། མི་དམངས་ཀྱི་བསམ་པ། དེ་བཞིན་སྤྱི་ཚོགས་ཁོར་ཡུག་གི་ཆ་རྐྱེན་བཅས་ལ་འགྱུར་བ་བྱུང་བའི་རྗེས་དེ་དང་བསྟུན་ནས་རིམ་བཞིན་འགྱུར་བ་འགྲོ་བ་ཞིག་ཡིན། འགྱུར་བ་དེའི་རྣམ་པ་ནི་མང་བར་མཆིས་མོད་ཀྱང་། གཙོ་བོ་ནི་ལུགས་སྲོལ་གཞན་གྱིས་ལུགས་སྲོལ་རྙིང་པའི་ཚབ་བྱས་ནས་རིམ་བཞིན་ལུགས་སྲོལ་རྙིང་པ་མེད་གི་ལྷག་མར་འགྲོ་བ་དང་ཡང་ན་ལུགས་སྲོལ་རྙིང་པའི་གྲུབ་ཆ་ཁ་ཤས་མེད་པར་གྱུར་བ།

ལུགས་སྲོལ་དེ་ལ་རིམ་པས་འགྱུར་བ་འགྲོ་བ་བཅས་ཡོད་པར་སྙམ། འོ་ན་རིག་རྩལ་འགྲན་ནས་མདའ་མ་རྟོད་ལེན་བྱེད་པའི་བོད་ཀྱི་གཉེན་སྲོལ་དེར་འགྱུར་བ་གང་འདྲ་ཞིག་བྱུང་ཡོད་དམ་ཞེས་ན། ཕོ་བོའི་བསམ་པར་རིམ་པར་འགྱུར་བ་བྱུང་བ་དེ་འདྲ་ཞིག་ཡིན། དེ་ཡང་། ཐོག་མར་རིག་པ་འགྲན་ནས་མདའ་མ་རྟོད་ལེན་བྱེད་སྐབས《ཕྱུག་རོན་གྱི་སྒྲུང་》དང་《སྐས་ཤིང་བེ་》ཡི་ནང་གསལ་ལྟར་རིག་པ་འགྲན་པ་པོ་ནི་བུ་མོ་མདའ་མར་འདོད་མཁན་གྱི་ཕོ་གསར་དོ་བདག་དེ་ཡིན་དགོས་པ་དང་། དེ་ལ་རིམ་བཞིན་འགྱུར་བ་བྱུང་ནས་རིག་པ་འགྲན་པ་པོ་ནི《རྒྱ་བཟའ་ཀོང་ཇོའི་བཤད་རྒྱུན》ནང་གསལ་ལྟར་བུ་མོ་སློང་མཁན་གྱི་གཉའ་པོ་སྟེ་བུ་ཡི་སྐུ་ཚབ་རྣམས་ཡིན་དགོས་པ། དེ་ལའང་འགྱུར་བ་བྱུང་ནས་དབུས་གཙང་ཁུལ་གྱི་ཞིང་འབྲོག་ས་ཁུལ་དུ་དར་ཁྱབ་ཡོད་པའི་གཉེན་སྟོན་མཛད་སྒོ་དེ་ཡིན། གཉེན་སྟོན་གྱི་མཛད་སྒོའི་ནང་བུ་མོའི་དབུ་ལ་གཙུག་གཡུ་བཙུགས་སྐབས་དང་། མདའ་མ་བཞུགས་གྲལ་ནས་གདན་འདྲེན་སྐབས། བུ་མོ་ཕ་ཁྱིམ་ནས་ཐོན་དུས་སྒོ་བཀག་བཏང་སྐབས། དེ་མིན་བུ་མོའི་བཞོན་རྟ་བཅས་ཀྱི་བཤད་པ་ཚང་མ་མདའ་མ་བསུ་མཁན་གྱིས་བཏང་དགོས་པ་དང་། མདའ་མ་བུའི་ཁྱིམ་གྱི་སྒོ་འགྲམ་དུ་སླེབས་སྐབས་འབབ་སྟེག་དང་། དཀར་ཐོ། ནག་ཐོ། སྒོ་སྐས་བཅས་ཀྱི་བཤད་པ་མདའ་མ་སྐྱེལ་མཁན་གྱིས་གཏོང་དགོས་པ། ཀ་གཞུ་གདུང་དང་། འཛུགས་ཁོག ཕྱོ་སོ་ཕྱེ་མར། ཁྲུང་སྟོད་ལ་སོགས་ཁང་པའི་སྒྲིག་ཆས། བུ་དང་མདའ་མ། བུའི་ཡབ་ཡུམ། གཉའ་བོའམ་བར་མི་སོགས་མཛད་སྒོའི་མི་སྣ་གཙོ་གྲས་རྣམས་ལ་བཤད་པ་ཕུལ་མཁན་ནི་རྟེན་འབྲེལ་ལ་ཕེབས་པའི་སྐུ་མགྲོན་རྣམས་ཡིན་དགོས་པ་བཅས་དང་། གཉེན་སྟོན་ནང་ཁྲུང་འདྲེན་མ་དང་སྐུ་མགྲོན་ཕན་ཚུན་ཁྲུང་བཀག་ནས་གླུ་ལ་རྟོད་སྲོལ་ཡོད་པ་དང་། ད་དུང་བུ་མོའི་སྐུ་ཚབ་པ་དང་བུ་ཡི་སྐུ་ཚབ་རྣམས་མཆོད་ཆང་མ་མཆོད་

པར་སྐྲམ་ཐོག་ཕན་ཚུན་ཤགས་བརྒྱབ་སྟེ་རིག་པའི་རྩལ་འགྲན་སྒྲོལ་ཡོད་པ་དེ་ཡིན། དེ་བཞིན་མངའ་རིས་ཁུལ་དུ་དར་བའི་ཕྱི་གཞའ་དང་ནང་གཉས་ལེན་པའི་གཞའ་གླུ་ཕྲེང་བ་སྟར་བརྒྱུད་ལྟར་ཕྲུན་སུམ་ཚོགས་པོ་ཡོད་པ་རྣམས་དང་མཚོ་སྔོན་གྱི་ཡུལ་གྲུ་འགར་དམངས་ཀྱི་ངག་རྒྱུན་དུ་རིང་ནས་དར་ཞིང་ཁྱབ་པའི་གླུ་གཞས《 གཡང་དཀར་ལུག་གླུ 》ཞེས་པའི་སྙན་ཞིང་འཇེབས་པ་རྣ་བའི་བདུད་རྩི་ལྟ་བུ་ཞིག་ཡོད་པ་དེ་ནི་གཙོ་བོ་བག་སྟོན་གྱི་སྐབས་“ མགྲོན་པོས་ལུག་སྙིག་པ་(སློང་བ་) དང་གཞི་བས་ལུག་རྙེད་དཀའ་བའི་ཚུལ་བྱས་ནས་དྲི་བ་དྲི་ལན་གྱི་ཚུལ་དུ་སྙན་པའི་དབྱངས་ལ་བྲངས་ནས་ཀུ་རེ་བྱེད་པའི་གླུ ” ཞིག་ཡིན། དེ་ལྟར་ཕན་ཚུན་ཤགས་འགྱེད་ཀྱིས་དྲི་བ་དྲི་ལན་བྱས་ནས་རིག་པ་འགྲན་པ་འདི་ཡང་སྔར་ལུགས་སུ་མཆིས་པའི་རིག་པའི་རྩལ་འགྲན་ནས་མནའ་མ་རྫོང་ལེན་བྱེད་པའི་སྒྲོལ་དེ་ལས་འགྱུར་བ་བྱུང་བའམ་དེའི་ཤུལ་བཞག་ཡིན་པར་ངོས་འཛིན་བྱ་མི་རུང་བ་གང་ཡང་མི་འདུག་སྙམ་མོ། །

རིག་པ་བསྡུར་ནས་མནའ་མ་རྫོང་ལེན་བྱེད་པ་ཙམ་མ་ཟད་བོད་ཀྱི་སྔར་སྲོལ་ལ་བྱ་སྤྱོད་མང་པོ་ཞིག་གི་བདེན་རྫུན་གྱི་ཕྱངས་བླངས་དག་རིག་པའི་རྩལ་དང་བློ་གྲོས་ཀྱི་ཐབས་ལ་བརྟེན་ནས་ཐག་གཅོད་བྱ་བའི་གོམས་གཤིས་ཡོད། ཀུན་གྱི་མཁྱེན་ལྔུས་ཡིན་པའི་དཔེ་མཚོན་ཞིག་ནི་ཆོས་རྒྱལ་ཁྲི་སྲོང་ལྡེ་བཙན་གྱི་སྐུ་དུས་སུ་སྟོན་རྩེན་རྫོང་པ་འགྱེད་དུ་བཙུག་ནས་ཧ་ཤང་ཕམ་པར་གྱུར་ཏེ་རྩེན་མིན་པའི་ལུགས་ལྟར་བོད་པ་རྣམས་ཆོས་ལ་འཇུག་དགོས་པའི་བཀའ་སྩལ་བ་ལྟ་བུ་ཡིན་ནོ། །

༧༡། །མནའ་མ་མག་པ་གཏོང་ལེན་གྱི་གོམས་སྲོལ་སྐོར་གླེང་བ།

བོད་འདི་ཉིད་ནི་ས་རྒྱ་ཆེ་ལ་མི་འཐོར་ཞིང་བ་དང་། ཡུལ་ལུང་ཕན་ཚུན་དབར་གྱི་འགྲིམ་འགྲུལ་སྟབས་བདེ་མེད་པའི་ཕྱི་རོལ་ཡུལ་གྱི་རྒྱུ་རྐྱེན་དེའི་ཐོག་བོད་པ་རྣམས་ཀྱིས་གཉེན་ཉེའམ་ཉེ་དུ་བར་གཉེན་སྒྲིག་མི་བྱེད་པའི་གཉེན་སྒྲིག་གི་འཛེམ་བྱ་ལག་བསྟར་ནན་ཏན་བྱེད་པའི་ནང་རྐྱེན་ཡོད་པས་ལུང་ཚོ་གཅིག་ནང་ཕན་ཚུན་འབྲེལ་གཏུག་ཡོད་པའི་གཞོན་ནུ་ཕོ་མོ་དབར་མང་པོ་ཞིག་གཉེན་ཚན་ལ་འགྲོ་བ་དང་། ཡུལ་ཕྱོགས་གཞན་གྱི་གཞོན་ནུ་དང་འགྲོ་འོང་རྒྱག་གཏུག་མེད་པས"ཤོག་ཁའི་འགོ་བདག་དཔོན་པོ་དང་། བུ་སྨུག་འགོ་བདག་ཕ་མ་ཡིན"①ཞེས་དང་། "ཕ་མར་འཁྲི་བ་སྨུ་གུའི་འགྲོ་སྟངས་དང་། སྨུ་གུར་འཁྲི་བ་ཕ་མའི་ཞབས་འཇུག"②ཅེས་པ་ལྟར་བུ་སྨུག་གི་འཛིག་རྟེན་གཏན་འདུན་གྱི་འགྲོ་སྟངས་ཕ་མས་བྱེད་པའི་སྣང་ཚུལ་ཚབས་ཆེ་ཙམ་དར་བ་དང་། ཐ་ན་གཞོན་ནུ་གཉིས་གཉེན་སྒྲིག་བྱེད་སྐབས་གཉེན་སྟོན་ཐོག་ངོ་མཇལ་དང་པོ་བྱུང་བའི་དངོས་དོན་ཡང་མི་ཞུང་བ་འདྲེན་བྱེད་རྣ་བའི་ཡུལ་དུ་མཐོང་ཐོས་ཡོད་མུས་ཡིན། སློ་བག་ཡངས་བའི་ཕ་མ་རྣམས་ཀྱིས་དཀར་ཉེ་འམ་ཁུ་ཞང་བརྒྱུད་བུ་ལ་མནའ་མ་མངགས་འཚོལ་བྱེད་པ་དང་། རྩ་བའི་ཐོག་དམིགས་ཡུལ་གཏན་འཁེལ་བྱུང་རྗེས་བུ་དེ་བུ་མོ་དེའི་ཁྱིམ་ལ་དོན་དག་གང་ཙུང་ལ་ཁ་གཡར་ནས་བུ་མོར་བལྟ་བར་གཏོང་སྲོལ་

① 《ཁྱད་དུ་འཕགས་པའི་བྱང་ཐང་ངོ་མཚར་འོས་པའི་ཐོན་ཁུངས》ཤོག་ངོས་༢པར་གསལ།
② 《བོད་ལྗོངས་དབུས་གཙང་ཁུལ་གྱི་བག་སྟོན་གོམས་སྲོལ་》ཤོག་ངོས་༡པོར་གསལ།

ཡོད་ལ། བུ་དང་མཉམ་དུ་མོས་མཐུན་ཡོད་མེད་ལ་གྲོས་སྡུར་བྱེད་མཁན་ཡང་མང་པོ་ཡོད། དེ་ནི་ཕ་མས་བཀའ་བཀོད་བྱེད་པ་དང་རང་འདོད་ལྟར་དགའ་འདུ་བྱེད་པ་ཟུང་དུ་འབྲེལ་བའི་རྣམ་པར་ངེས། འོན་ཀྱང་བུ་མོའི་ངོས་ནས་མཚོན་ན་ཕ་མས་འཛིག་རྟེན་འགྲོ་སྟངས་བཟོ་སྐབས་བུ་མོའི་བསམ་ཚུལ་ལ་བསྟུན་མཁན་ཉུང་ལ"མི་དགའ་དགའ་མདོག་བྱེད་པ་དེ། ཕོ་གསར་དམག་ལ་འགྲོ་བའི་རྟགས། མི་སྡུག་སྡུག་མདོག་བྱེད་པ་དེ། མོ་གསར་བག་མར་འགྲོ་བའི་རྟགས།" ཞེས་བུ་མོ་ཕ་མས་ཁྱིམ་ཚང་གཞན་ལ་མནའ་མར་སྟེར་སྐབས་འགྲོ་འདོད་མེད་པར་སེམས་སྡུག་གིས་ དུ་ཤོར་བའི་གནས་ཚུལ་བྱུང་བ་རྣམས"མི་སྡུག་སྡུག་མདོག"བྱས་པའི་ཕྱི་ཚུལ་ལ་བརྗེས་ཡོད། དེ་ཡང་དཔེར་ན་བོད་ཀྱི་ལྷ་མོའི་འཁྲབ་གཞུང་《སྣང་ས་འོད་འབུམ་གྱི་རྣམ་ཐར་》ནང་རི་སྣང་དཔོན་པོ་སྒྲ་ཆེན་གྱིས་བུ་མོ་སྣང་སར་ཁོ་པའི་ཚང་གི་གཉེན་འཛིན་ལ་ཨེ་འགྲོ་ཞེས་འདྲི་སྐབས་སྣང་སས་མི་འགྲོ་བའི་རྣམ་འགྱུར་བསྟན་སྐབས"སློན་པོ་བསོད་ནམས་དཔལ་སྐྱིད་དེས་རྒྱལ་པོའི་བླ་གཡུ་མཐིང་འོད་འཁྱིལ་བ་དེ་ལ་དར་དམར་པོའི་འདོགས་ལུང་བརྒྱུས་པ་དེ་དང་། མདའ་དར་ཚོས་སྣ་ལྔ་པ་ཞིག་དཔོན་པོ་སྒྲ་ཆེན་པའི་ཕྱག་ཏུ་ཕུལ་བ་དང་ལྷན་ཅིག་འཛིག་རྟེན་གྱི་གཏམ་དཔེར་མི་དགའ་དགའ་མདོག་བྱེད་པ་དེ། ཕོ་གསར་དམག་ལ་འགྲོ་བའི་རྟགས། མི་སྡུག་སྡུག་མདོག་བྱེད་པ་དེ། མོ་གསར་བག་མར་འགྲོ་བའི་རྟགས། ཞེས་ཟེར་བ་ཡིན་པས་བུ་མོ་འདི་ལ་ཁྱིམ་ཐབ་འཛིག་རྟེན་ལ་ཨེ་འགྲོ་ཞེས་དཔོན་པོས་བཀའ་འདྲི་གནང་ན་སེམས་ཀྱི་གཏིང་ནས་འགྲོ་འདོད་ཡོད་ཀྱང་མི་མང་འཚོགས་སར་འགྲོ་འདོད་མེད་པའི་སྒྱུ་རྫུ་ལོས་བྱེད"①ཅེས་པ་ལྟ་བུའོ། །བོད་རིགས་གཞོན་ནུའི་ལང་ཚོའི་དཔལ་ལས་འཁྲུངས་པའི་བོད་ཀྱི་

① 《བོད་ཀྱི་ལྷ་མོའི་འཁྲབ་གཞུང་》ཤོག་ངོས་5༥ལ་གསལ།

དམངས་ཁྲོད་མཛའ་གཞས་ཀྱི་ནང་ཕོ་མོའི་དབར་ལ་རང་འདོད་ཀྱི་དགའ་འདུ་བྱེད་པའི་རང་དབང་མེད་པ་ལ་ཟུར་ཟ་དང་ངན་སྨྲས་བྱས་པའི་གཞས་ཚིག་མང་པོ་ཡོད་པ་གཤམ་གྱི་ལེ་ཚན་དམངས་ཁྲོད་རྩོམ་རིག་དང་ཚན་རིག་ཞིབ་འཇུག་དབར་གྱི་འབྲེལ་བའི་སྐོར་གླེང་བ་ཞེས་པའི་ནང་ཞིབ་པར་སྤྲོས་རྒྱུ་ཡིན་པས་འདིར་རྒྱས་བཤད་མི་ཞུ།

མདོར་ན་བུ་ཕྲུག་གི་འཛིག་རྟེན་གོ་བག་ཁབ་ལེན་གྱི་འགྲོ་སྟངས་ཕ་མས་བྱས་པ་ཤས་ཆེ་ལ། རང་འདོད་ཀྱིས་དགའ་འདུ་བྱས་པ་ཕ་མས་བློ་མོས་བྱས་ཏེ་སོར་བཞག་བྱས་པའང་ཡོད་པ་དང་། "རང་དབང་མ་བྱུང་(བ་)ཞུང་ཤས་ཕྱི་ཕྱོགས་སུ་བྲོས་ནས་མཉམ་དུ་སྡོད་པའང་ཡོད་"①ཟེར་བ་ལྟར་ཕ་མས་འདོད་མོས་མེད་བཞིན་དུ་རང་འདོད་ལྟར་ཐབ་གསར་གཞིས་གསར་ཟིན་མཁན་ཡང་རེ་གཉིས་ཡོད།

སྤྱི་ལོ་༢༠༠༥ལོར་ང་ཚོས་ལྷ་ས་གྲོང་ཁྱེར་མལ་གྲོ་གོང་དཀར་རྫོང་རྒྱ་མ་ཤང་དུ་དུད་ཚང་རེ་རེ་བྱས་ཏེ་སྤྱི་ཚོགས་བརྟག་དཔྱད་བྱས་ནས་ཤེས་གསལ་ལ། ཤང་དེ་ཡོངས་སུ་བཟའ་ཚོ་༤༦༩ཡོད་པའི་ནང་རང་མོས་དགའ་འདུ་བྱས་པ་༢༡༠ཡོད་པས་བཟའ་ཚོ་སྤྱིའི་བརྒྱ་ཆ་༤༤.༧༨ཟིན་པ་དང་། ཕ་མས་འགྲོ་སྟངས་ཐག་གཅོད་བྱས་པའི་ཁྱོ་ཤུག་༢༥༤ཡོད་པས་བཟའ་ཚོ་སྤྱིའི་བརྒྱ་ཆ་༥༤.༡༦ཟིན་པ། མི་གཞན་གྱིས་ངོ་སྤྲོད་བྱས་པའི་བཟའ་ཚོ་༥ཡོད་པས་སྤྱིའི་བརྒྱ་ཆ་༡.༠༧ཟིན་གྱི་ཡོད། ཡང་གཞིས་རྩེ་ས་གནས་པ་རྣམ་རྫོང་བཀྲ་ཤར་ཤང་ཁྲུལ་གྱི་དགེ་འཁོར་རྫོང་གྲོང་ཚོར་༢༠༠༦ལོར་སྤྱི་ཚོགས་བརྟག་ཞིབ་བྱས་འབྲས་སུ་གྲོང་ཚོ་ཡོངས་ལ་དུད་ཚང་༤༢ཡོད་པའི་ནང་བསྡོམས་བཟའ་ཚོ་༥༦ཡོད་པ་དང་།

① 《སྟང་ཆར་》༡༩༨༥ལོའི་དུས་དེབ་དང་པོར་གསལ།

དེའི་ཁྲོད་རང་སོས་དགའ་འདུ་བྱས་པ་ཁྱོ་ཤུག་༡༣ཡོད་པས་གྲོང་ཚོ་དེའི་བཟའ་ཚོ་སྡེའི་བརྒྱ་ཆ་༢༣.༢༡ཟིན་པ་དང་། ཕ་མས་འགྲོ་སྟངས་ཐག་གཅོད་བྱས་པ་ཁྱོ་ཤུག་༤༣ཡོད་པས་བཟའ་ཚོ་སྡེའི་བརྒྱ་ཆ་༧༦.༧༩ཟིན་གྱི་ཡོད། རྒྱ་མ་ཁུལ་དུ་རང་སོས་དགའ་འདུ་བྱས་པ་དགེ་འཁོར་ཁུལ་ལས་ཉུང་མང་བའི་རྒྱུ་མཚན་གཙོ་བོ་ནི་དེ་ཁུལ་གྱི་ཁྱོ་ཤུག་གཉིས་ཀ་གྲོང་ཚོ་གཅིག་རང་ནས་ཡིན་པ་༡༩༥ཙམ་ཡོད་པ་དེས་བརྒྱ་ཆ་༤༡.༥༩ཟིན་པ་དང་། གཉེན་སྒྲིག་བྱེད་པའི་ལོ་དུས་ཀྱང་མཐོ་ཙམ་ཡོད་པས་གཉེན་དོན་ཐད་རང་ཐག་གཅོད་པའི་དབང་ཆའང་ཅུང་ཆེ་བས་ཡིན། དགེ་འཁོར་ཁུལ་དུ་གྲོང་ཚོ་གཅིག་པ་ཡིན་པའི་ཁྱོ་ཤུག་༡༧ཡོད་པ་དེས་བརྒྱ་ཆ་༣༠.༣༦ལས་ཟིན་གྱི་མེད་ལ་སམ་འབྲོག་ཁུལ་དུ་ཆ་རྐྱེན་ཅུང་བཟང་ཙམ་གྱི་དུད་ཚང་དེ་ཚོས་ཕྲུ་གུ་ལོ་ཉི་ཤུ་མ་ཟིན་གོང་ནས་མི་ཚོས་བྱེད་པའི་གོམས་གཤིས་དར་ཁྱབ་ཆེ་བས་ཡིན། གོང་གསལ་དབུས་གཙང་ཁུལ་གྱི་ས་ཁུལ་མི་འདྲ་བ་གཉིས་ཀྱི་ཁྱོ་ཤུག་གི་ཞིབ་ཕྲའི་གནས་ཚུལ་དེ་དག་ལས་རང་སོས་གཉེན་སྒྲིག་དག་དུས་རབས་འཕེལ་རྒྱས་འགྲོ་བ་དང་བསྟུན་ནས་ཇེ་མང་དུ་འགྲོ་བཞིན་ཡོད་ཀྱང་ཕ་མའི་བཀའ་བཀོད་ཀྱི་ཤུགས་རྐྱེན་ནམ་བག་ཆགས་ཟབ་ཙམ་བསྡད་ཡོད་པ་མངོན་གྱི་ཡོད།

རྒྱ་མ་ཤང་དུད་ཚང་ཨང་༡༨༥སྐེ་དུང་པ་ཚང་གི་ཕ་རྒན་རྒྱལ་མཚན་ལགས་ནི་ཁུལ་དེར་ཤེས་བྱ་ཡོན་ཏན་ཆེ་ཤོས་ཀྱི་གྲོང་པའི་བཟའ་ཡོན་ཞིག་ཡིན་ལ། ད་བར་རིན་ཆེན་སྒང་སློབ་ཆུང་གི་དགེ་རྒན་གནང་མུས་ཡིན། ཁོང་ནི་ང་ཚོས་༢༠༠༤ལོ་ནས་༢༠༠༥ལོ་བར་ཁུལ་དེར་སྤྱི་ཚོགས་བརྟག་ཞིབ་བྱེད་སྐབས་བཅར་འདྲི་ཞུ་ཡུལ་གཙོ་བོ་ཞིག་ཡིན། སྐབས་དེ་དུས་ཁོང་གིས་ང་ཚོར་ངོ་སྤྲོད་གནང་བའི་ཁོང་རང་ཚང་གི་གནས་ཚུལ་ཞིག་ནས་དམངས་ཁྲོད་དུ་བུ་ཕྲུག་གི་གཉེན་དོན་ལ་ཕ་མས་ཐབ་ནན་ཇི་ལྟར་བྱེད་ཀྱི་ཡོད་པ་མངོན་ཐུབ་ངེས་ཡིན་པས་འདིར་མདོར་བསྡུས་བཀོད་པ་གཤམ་གསལ་ལྟར།

ཕ་རྒན་རྒྱལ་མཚན་ལགས་ཀྱིས་གསུངས་པར། ང་ལོ་བཅོ་བརྒྱད་སྐབས་ཕུན་ཚོགས་ཁང་གསར་ནས་དུང་པ་ཚང་དུ་མག་པར་སླེབས་པ་ཡིན། ང་གཉིས་ཀྱི་འགྲོ་སྟངས་ཚང་མ་ཕ་མས་བཟོས་བྱུང་། སྐབས་དེ་དུས་བུ་དང་བུ་མོ་བློ་མོས་ཀྱིས་ཚང་ས་རྒྱག་མཁན་ཉུང་ཉུང་རེད། ངའི་བཟའ་ཟླ་༢༠༠༢ལོར་གྲོང་སོང་། ཁོང་ལ་ཁྱོན་བསྡོམས་ཕྲུ་གུ་བདུན་སྐྱེས་ལ་དེ་རྣམས་ཀྱི་རྒན་འགོ་ནི་ད་ལྟ་གྲོང་ཚོའི་གྲུའུ་རེན་བྱེད་མཁན་རྒྱ་མཚོ་ཡིན། རྒྱ་མཚོའི་གཉེན་སྒྲིག་གི་འགྲོ་སྟངས་ཀྱང་ང་ཚོ་ཕ་མ་གཉིས་པོས་བཟོས་པ་ཡིན། ང་དང་ངའི་སྔོད་རོགས་གཉིས་ཀ་ཁྱུལ་འདི་རང་ནས་ཡིན་པས་རྒྱ་མའི་གཡས་གཡོན་དུ་ང་ཚོའི་སྤུན་མཆེད་མང་པོ་ཡོད། དེར་བརྟེན་འདི་ཁྱུལ་ནས་བློ་ལ་བབ་པའི་བུའི་མནའ་མ་ཞིག་རྙེད་དཀའ་བས། རྒྱ་མཚོ་ལོ་༢༨ལ་སླེབས་སྐབས། ང་ཚོས་ཀ་ཚལ་ན་ཡོད་པའི་སྤུན་མཆེད་ཅིག་ལ་རྒྱ་མ་དང་བར་རྒྱང་རིང་ཙམ་གྱི་ས་ནས་བུ་མོ་ཡག་པ་ཞིག་འཚོལ་རོགས་ཞུས་མངགས་པ་ཡིན། ཀ་ཚལ་གྱི་སྤུན་མཆེད་དེས་རིང་མིན་ རྫ་ཞོལ་གྲོང་འོག་ན་བུ་མོ་ཞིག་ཡོད་པ་དེ་འཚམ་པོ་ཡོད་པའི་ལན་གནང་བྱུང་། དེ་འཕྲལ་ང་དང་ངའི་ཚོ་ཚོག་དེ་ཁྱུལ་ལ་ཕྱིན་ནས་མི་གཞན་བརྒྱུད་ཁྱིམ་ཚང་དེའི་གནས་ཚུལ་དང་ཁྱད་པར་རྟུས་རྒྱུད་ཀྱི་སྐོར་དང་། བུ་མོ་དེའི་ཁ་རིས་ངོ་མདོག་དང་ལོ་རྟགས་བཅས་དྲིས་པ་ཡིན། མི་མང་པོས་ངོ་སྤྲོད་གནང་བ་ཚང་མ་མི་འཚམ་པ་མི་འདུག་པས། ང་ཚོས་བུ་མོའི་ཕ་མར་སློང་ཆང་བཏང་བ་ཡིན། བུ་མོའི་ཕ་མས་དེ་ཐོན་ནས་ང་ཚོའི་ཁྱིམ་ཚང་གི་གནས་ཚུལ་ཤེས་ཀྱི་ཡོད་པས་བུ་མོ་ང་ཚོའི་བུའི་མནའ་མར་སྟེར་རྒྱུའི་ཞལ་བཞེས་ལམ་སང་གནང་བྱུང་ལ། ནམ་རྒྱུན་ཡིན་ན་སློང་ཆང་ཐེངས་མ་གཉིས་གསུམ་གཏོང་དགོས་ཀྱི་ཡོད་ནའི་ལམ་ཐག་རིང་བས་སློང་ཆང་ཐེངས་མ་གཅིག་རང་གིས་འགྲིག་ཅེས་གསུངས་བྱུང་། དེ་དུས་ང་ཚོས་སློང་ཆང་དང་སློང་ཐ། སློང་མར། ནུ་རིན་བཅས་ཕུལ་བ་མ་ཟད་མནའ་མ་བསུ་རྒྱུའི་དུས་ཚོད་ཀྱང་

གཏན་འཁེལ་བྱས་རྗེས་ཉེ་མ་ཉེ་ཤུ་ལྷག་ཙམ་ནས་བུ་མོ་བདེ་སྐྱིད་གཡང་འཛོམས་མནའ་མར་བསུས་པ་ཡིན། དེའི་གོང་ལ་ཕོ་གཉིས་ངོ་ཙམ་ཡང་ཐུག་མྱོང་མེད་ནའང་བུ་མོ་མནའ་མར་སླེབས་རྗེས་ཕོ་གཉིས་འཚམ་པོ་འདུག

ང་ཚོས་སླར་ཡང་ཕོང་ལ་ཕྲུ་གུ་ཆུང་བ་དྲུག་གི་གཉེན་དོན་ཐད་འཆར་གཞི་གང་ཡོད་དམ་ཞེས་འདྲི་སྐབས། ཕོང་གིས་ང་ཚོར་རྒྱ་མཚོ་ནི་ཕྲུ་གུའི་ནང་གི་རྒན་འགོ་ཡིན་པས་གཞིས་འཛིན་མཁན་དེ་ཡིན། ཕྲུ་གུ་གཞན་རྣམས་ཕོ་རང་ཚོར་བློ་མཐུན་པ་བྱུང་ན་ངོ་རྒོལ་མི་བྱེད། འོན་ཀྱང་ངའི་ཕྲུ་གུ་རྣམས་དེའི་ཐད་རང་འགུལ་ཞན་ཙམ་ཡིན། གལ་སྲིད་དུས་ཚོད་ནར་འགྱུར་བྱས་ན་ངས་འགྲོ་སྟངས་བཟོ་རྒྱུ་ཡིན་ཞེས་གསུངས་བྱུང་།

དུང་པ་ཚང་གི་ཕ་རྒྱལ་མཚན་ལགས་ཀྱིས་བུ་ཕྲུག་གི་གཉེན་དོན་ཐད་བཞེད་པའི་དགོངས་ཚུལ་དང་གནང་སྟངས་དེ་ལྟ་བུ་ནི་བོད་ཀྱི་དམངས་ཁྲོད་དུ་ཚང་མས་བརྩི་བཀུར་དང་ལག་ལེན་བྱེད་པའི་ཡོངས་ཁྱབ་རང་བཞིན་ལྡན་པའི་གནང་སྟངས་ཤིག་ཡིན་པ་ང་ཚོས་ལན་མང་གཞི་རིམ་དུ་བརྟག་ཞིབ་བྱེད་སྐབས་གསལ་པོར་ཤེས་བྱུང་།

བོད་ཀྱི་ཡུལ་དུ་བུ་མོ་མནའ་མར་སྟེར་བའི་སྲོལ་ཡོད་ལ་སྐྱེས་པ་མག་པར་གཏོང་བའི་གོམས་གཤིས་ཀྱང་ཡོད། བག་མ་དང་མག་པ་ཟེར་བ་ནི་ཕྱོགས་གཅིག་ནས་ཕྱོགས་གཞན་པ་དེར་སྟེར་བའི་བུ་འམ་བུ་མོའི་བླ་བོ་ལ་ཟེར་བ་ཡིན། བོད་ཀྱི་སྲོལ་རྒྱུན་ལ་སྐྱེས་པའི་ཁྱིམ་དུ་བུད་མེད་མནའ་མར་བླངས་ཏེ་ཁྱིམ་གཞིས་སྐྱོང་བ་ལ་བག་མའམ་མནའ་མ་ལེན་པ་ཟེར་བ་དང་། སྐྱེས་པ་བུད་མེད་ཀྱི་ཁྱིམ་དུ་བུ་མོའི་སྡོད་རོགས་སུ་བླངས་ནས་ཁྱིམ་གཞིས་སྐྱོང་བ་ལ་མག་པ་ལེན་པ་ཟེར། དམངས་ཁྲོད་དུ་བག་མ་ལེན་མཁན་ཡོད་ལ་མག་པ་ལེན་མཁན་ཡང་ཡོད་པ་མ་ཟད། ཐབ་གསར་གཞིས་གསར་ཞེས་ཚོ་ཤུག་གཉིས་ནས་ཁྱིམ་གཞིས་གསར་པ་བཟུང་མཁན་

ཡང་མི་ཉུང་ཙམ་ཡོད་པ་བཅས་བུའམ་བུ་མོ་གཏོང་ལེན་བྱེད་སྟངས་ལ་རྣམ་པ་གསུམ་ཙམ་ཡོད། གཞི་རྐང་“བུ་མོ་འགྲོ་ས་གནས་ཡུལ་ཡིན། ཕོ་གསུམ་འགོར་ན་རང་ཡུལ་ཡིན་”①ཞེས་པ་དང་“ཁྱིད་གནས་ལ་སྟེར་མཁན་ཕུ་བོ་རེད། འགྲོ་དགོས་པ་བུ་མོའི་འགྲོ་ལུགས་རེད་”②ཅེས་པ་ལྟར་བོད་ཀྱི་དུད་ཚང་མང་ཆེ་བས་བུ་མོ་མནའ་མར་སྟེར་བ་དང་བུ་ལ་མནའ་མ་བསུ་བའི་གོམས་གཤིས་ཡོད། བུ་མོར་མག་པ་བསུ་མཁན་མང་ཆེ་བ་ནི་ཁྱིམ་ཚང་ནང་བུ་མེད་སྐབས་བུ་མོར་མག་པ་བསུ་བ་ཡིན། དེ་ནི་རང་སྐྱོངས་ཀྱི་གྲགས་ཅན་སྐུ་དྲག་ང་ཕོད་ངག་དབང་འཇིགས་མེད། ལྷ་ཀླུ་ཚེ་དབང་རྡོ་རྗེ། ཚ་རོང་ཟླ་བཟང་དགྲ་འདུལ་སོགས་ཀྱི་ལོ་རྒྱུས་ལས་མངོན་ཐུབ། ངག་དབང་འཇིགས་མེད་དང་། ཚེ་དབང་རྡོ་རྗེ། ཟླ་བཟང་དགྲ་འདུལ་བཅས་ཐོག་མ་ང་ཕོད་དང་ལྷ་ཀླུ། ཚ་རོང་བཅས་ཀྱི་བུ་རྒྱུད་མིན་ཡང་སྐུ་དྲག་ཁྱིམ་ཚང་དེ་གསུམ་ལ་བུ་མེད་པས་དེ་ཚོའི་བུ་མོའི་མག་པར་སླེབས་པ་དང་ཁྱིམ་ཚང་དེ་གསུམ་གྱི་ཁྲིམས་མཐུན་ཤུལ་འཛིན་མཁན་དུ་གྱུར་ཡོད་པ་དག་ཀུན་གྱིས་མཁྱེན་གསལ་ལྟར་དང་། དེ་འདྲ་བའི་ཁྱིམ་ཚང་ལ་བུ་མེད་རིགས་བུ་མོར་མག་པ་བསུ་མཁན་དམངས་ཁྲོད་དུ་ཡོད་པ་རྣམས་བརྗོད་ཀྱིས་མི་ལང་། གཞན་ཡང་ཁྱིམ་ཚང་ནང་བུ་ཡོད་བཞིན་དུ་དེ་མག་པར་སྟེར། བུ་མོ་ལ་མག་པ་བསུ་མཁན་ཡང་མེད་པ་མིན་ལ་དེ་བས་འཛོམ་བྱུར་བཟུང་གི་མེད། དཔེར་ན་པ་སྣམ་རྫོང་ཁོངས་དགེ་འཁོར་རྫོང་གྲོང་ཚོའི་དུད་ཚང་ཨང་༣༨སྟེ་ཤར་སྟེང་ཚང་ལ་ཆ་མཚོན་ན་བུ་ཁྲིད་བཟའ་ཚོ་གཉིས་ལ་བུ་གསུམ་དང་བུ་མོ་གཉིས་སྐྱེས་པ་དང་། བུ་ཆེན་པས་ཐབ་གསར་བཙུགས་ནས་རང་གཞིས་ཟིན་པ་ཕུད། བུ་ཆུང་བ་གཉིས་ཀ་མག་པར་སྟེར། བུ་མོ་ཆེན་པ་དེ་ཡང་མནའ་མར་སྟེར། མ་

① 《བོད་ཀྱི་གཉེན་བཤད་》ཤོག་ངོས་༡༦དང་༧༧ནང་གསལ།
② 《བོད་ཀྱི་གཉེན་བཤད་》ཤོག་ངོས་༡༦དང་༧༧ནང་གསལ།

ཚང་དུ་བུ་མོ་ཆུང་ཤོས་པ་སངས་མཆོག་སྐྱིད་ལ་མག་པ་བསུས་ཡོད། དེ་འདྲ་བའི་དུད་ཚང་མི་ཉུང་བ་ཞིག་གང་སར་རིག་རྒྱུ་ཡོད། གཉམ་དུ་ང་ཚོས་རྒྱ་མ་ཤང་དང་དགེ་འཁོར་རྫོང་གྲོང་ཚོའི་བག་མའམ་མག་པ་གཏོང་ལེན་གྱི་ཞིབ་ཕྲའི་གནས་ཚུལ་དཔེར་བྲངས་རྒྱུ་ལ། རྒྱ་མ་ཤང་གི་བཟའ་ཚོ་༩༩༧(བསྡོམས་བཟའ་ཚོ་༩༦༨ཡོད་པའི་ནང་༢༢ཀྱི་ཞིབ་ཕྲའི་གནས་ཚུལ་མ་ཤེས)ཡོད་པའི་ནང་བུ་མག་པར་སློབས་པ་༡༨༩ཡོད་པས་བཟའ་ཚོ་སྤྱིའི་བརྒྱ་ཆ་༩༣.༩༠ཟིན་པ་དང་། བུ་མོ་མནའ་མར་སློབས་པ་༢༠༨ཡོད་པས་བཟའ་ཚོ་སྤྱིའི་བརྒྱ་ཆ་༩༦.༧༥ཟིན་པ། ཐབ་གསར་གཞིས་གསར་བཟུང་མཁན་དུད་ཚང་༩༩ཡོད་པས་བཟའ་ཚོ་སྤྱིའི་བརྒྱ་ཆ་༨.༨༩ཟིན་གྱི་ཡོད། འདིར་འཁོད་པའི་ཐབ་གསར་གཞིས་གསར་གྱི་དུད་ཚང་རྣམས་ཀུང་ཐོག་མ་ཉིད་ནས་དགའ་འདུ་བྱས་ཏེ་ཐབ་གསར་པ་འཛིན་པ་མ་ཡིན་པར་སྔོན་ལ་དུད་ཚང་མ་དེར་མནའ་མའམ་མག་པར་སློབས། དེ་རྗེས་གྲོང་པ་ཁ་གྱེས་པ་མང་ཡང་དེ་རིགས་ཀྱིས་རང་གི་གནས་ཚུལ་ངོ་སྤྲོད་བྱེད་སྐབས་གྲོང་པ་ཁ་གྱེས་པ་དེ་ངོ་ཚ་བའི་རྒྱུ་རྟ་བརྩིས་ནས་གཉེན་སྒྲིག་ཐོག་མ་བྱེད་སྐབས་ནས་གཞིས་གསར་བཟུང་པ་ཡིན་ཞེས་བརྗོད་མཁན་མང་། དེ་བཞིན་རྫོང་གྲོང་ཚོའི་བཟའ་ཚོ་༥༦ཡོད་པའི་ནང་བུ་མོ་མནའ་མར་སློབས་པ་༩༨ཡོད་པ་དེས་བཟའ་ཚོ་སྤྱིའི་བརྒྱ་ཆ་༨༥.༧༡ཟིན་པ་དང་། བུ་མག་པར་སློབས་པ་༥ཡོད་པས་བཟའ་ཚོ་སྤྱིའི་བརྒྱ་ཆ་༨.༩༣ཟིན་པ། ཐབ་གསར་གཞིས་གསར་བཟུང་མཁན་དུད་ཚང་༣ཡོད་པས་བཟའ་ཚོ་སྤྱིའི་བརྒྱ་ཆ་༥.༣༥ཟིན་གྱི་ཡོད། ཡུལ་ཚན་གཉིས་ཀྱི་དམངས་ཁྲོད་ཀྱི་དངོས་ཡོད་གནས་ཚུལ་དེ་ལས་བག་མའམ་མག་པ་གཏོང་ལེན་བྱེད་པའི་རྣམ་པ་མི་འདྲ་བ་གསུམ་ཕན་ཚུན་བསྡུར་ནས་བཤད་ན་བག་མ་ལེན་མཁན་མང་བ་དང་། མག་པ་ལེན་མཁན་འཕྲིང་ཙམ། ཐབ་གསར་གཞིས་གསར་བཟུང་མཁན་ཉུང་ཤོས་སུ་སྣང་ངོ། །

༧༡། །གཉེན་སྒྲིག་སྐོར་གྱི་འཛམ་བུའི་དགེ་སྐྱོན་བླང་དོར་ལ་དཔྱད་པ།

སྤྱི་ཚོགས་ཀྱི་གྲུབ་ཆ་ལས་རྩ་བའི་སྡེ་ཚན་ནི་ཁྱིམ་ཚང་ཡིན་པ་དང་། ཁྱིམ་རྒྱུད་དེ་ཉིད་ཀྱི་གྲུབ་ཆ་དང་ཕྲེང་བ་བསྟར་བརྒྱུས་བཞིན་དུ་འཕེལ་རྒྱས་ཡོང་བཞིན་སྤྱི་ཚོགས་ཐོག་གཉེན་ཉེ་སྒྲུན་མཆེད་ཀྱི་འབྲེལ་བ་མེད་པ་ནས་ཡོད་པ་དང་། ཉུང་བ་ནས་མང་བའི་ཕྱོགས་སུ་འཕེལ་རྒྱས་བྱུང་བ་ཚང་མ་ནི་ཕོ་མོའི་དབར་གཉེན་བསྡེབས་པ་ལས་བྱུང་བས། གཉེན་སྒྲིག་ནི་ཁྱིམ་རྒྱུད་ཀྱི་རྩ་བའི་གྲུབ་ཆ་ཡིན་པ་དང་། གཉེན་ཉེ་སྒྲུན་མཆེད་འཕེལ་རྒྱས་ཡོང་བའི་རྩ་བའི་རྒྱུ་རྐྱེན་ཡང་ཡིན་ལ་འགྲོ་བ་མིའི་རིགས་ཀྱི་སྤྱི་ཚོགས་རྒྱུན་ཆད་མེད་པར་མུ་མཐུད་འཕེལ་རྒྱས་འགྲོ་བའི་སྲོག་རྩ་དང་། རིགས་རུས་འཚོལ་བར་མི་སྐྱོད་པའི་བྱེད་ཐབས་ཤིག་ཀྱང་ཡིན། དེ་ཡང་སྲོག་ཆགས་གང་འདྲ་ཞིག་ཡིན་རུང་དེར་ཕོ་མོའི་འབྲེལ་བ་བྱས་ཏེ་སྐྱེས་འཕེལ་ཐུབ་པའི་རང་བྱུང་གི་ནུས་པ་ལྡན་ཡོད། འོན་ཀྱང་འགྲོ་བ་མིའི་རིགས་འདི་ཉིད་སྲོག་ཆགས་གཞན་ལས་མཆོག་པའི་དཔལ་ཡོན་ལྡན་པའི་འགྲོ་བ་ཞིག་ཡིན་ཞེས་བརྗོད་ཀྱི་ཡོད། དེ་ལྟར་བརྗོད་དོན་ནི་འགྲོ་བ་མིའི་རིགས་ཀྱིས་སྐྱེས་སྐོབས་ཀྱི་ནུས་པ་དེ་སྤྱི་ཚོགས་ཅན་དང་ཚན་རིག་ཅན་གྱི་ཕྱོགས་སུ་འཕེལ་རྒྱས་བཏང་ཡོད་པས་ཡིན་ལ། "མིའི་རིགས་རང་ཉིད་སྤྱི་ཚོགས་ཅན་གྱི་ཕྱོགས་སུ་འཕེལ་རྒྱས་བྱུང་བའི་ཆེས་རྨང་གཞིའི་རྣམ་པ་ནི་གཉེན་སྒྲིག་ཡིན།"[1] མིའི་

[1] ཁུ་ཧིང་ཨན་གྱིས་བརྩམས་པའི《ཀྲུང་གོའི་དམངས་སྲོལ་རིག་པ་》(རྒྱ་ཡིག) ཤོག་ངོས་༢༧༨ལ་གསལ། ལེའུ་ཉིང་སློབ་གྲྭ་ཆེན་མོའི་དཔེ་སྐྲུན་ཁང་ནས་༡༩༨༥ལོར་དཔར་སྐྲུན་བྱས།

རིགས་ཀྱི་སྤྱི་ཚོགས་གདོད་མའི་སྤྲ་མི་ནས་རིམ་བཞིན་འཕེལ་རྒྱས་བྱུང་བའི་ལོ་རྒྱུས་ཆུ་རྒྱུན་རིང་པོ་འདིའི་ནང་གཉེན་སྒྲིག་གི་ལམ་སྲོལ་སྣ་ཚོགས་དར་སྤྱོད་ལ་ས་ཁུལ་སོ་སོ་དང་མི་རིགས་སོ་སོའི་སྤྱི་ཚོགས་ཀྱི་ལམ་ལུགས་དང་། དཔལ་འབྱོར་གྱི་རྨང་གཞི་སོགས་མི་འདྲ་བའི་རྐྱེན་གྱིས་གཉེན་སྒྲིག་གི་ལམ་སྲོལ་ཡང་འདྲ་མིན་སྣ་ཚོགས་ཡོད་པ་ནི་གོར་མ་ཆག གངས་ཅན་བོད་ཀྱི་ཡུལ་དུའང་གཉེན་སྒྲིག་གི་གོམས་སྲོལ་སྣ་ཚོགས་དར་ནས་ཡོད་ལ་དེའི་ཁྲོད་དུ་གཉེན་སྒྲིག་འཛོམ་བྱའི་སྲོལ་རྒྱུན་མི་ཐུང་བ་ཞིག་ཡོད།

གཅིག ཉེ་དུ་གཉེན་སྒྲིག་ལ་འཛེམས་པ་དང་དེའི་དགེ་མཚན་བཤད་པ།

ཉེ་དུ་གཉེན་སྒྲིག་ལ་འཛེམ་པ་ནི་བོད་ཀྱི་ཡུལ་གྲུ་ཀུན་ལ་དར་ནས་ཡོད་པའི་གཉེན་སྒྲིག་སྐོར་གྱི་འཛེམ་བྱ་ཆེ་ཤོས་དེ་ཡིན།

བོད་ཀྱི་གཉེན་སྒྲིག་བྱས་མི་ཆོག་པའི་ཁྱབ་ཁོངས་ཀྱི་བརྩི་ཚུལ་ལ་ས་ཁུལ་སོ་སོར་བརྩི་སྟངས་མི་འདྲ་བ་མང་པོ་ཡོད་ཀྱང་། སྤྱིར་ཡུལ་གྲུ་ཚང་མར་ཉེ་དུ་གཉེན་སྒྲིག་བྱས་ཚེ“ སྤུན་མཆེད་ལ་འཛེམ་རྒྱུ་མེད་པ་སླ་སློ་དང་འདྲ” ཟེར་ལ་དེ་ལྟར་ཏ་ཅང་ཐ་ཤལ་གྱི་སྤྱོད་ཚུལ་ཞིག་ཏུ་བརྩི་ཡི་ཡོད་ལ་འཛེམ་བྱར་བཟུང་གི་ཡོད། ཡུལ་གྲུ་མང་ཆེ་བར་ཕ་ཚན་མི་རབས་བདུན་བརྒྱུད་དང་མ་ཚན་མི་རབས་ལྔ་བརྒྱུད་ཚུན་ཆད་དུ་གཉེན་སྒྲིག་བྱས་མི་ཆོག་པ་དང་། གལ་སྲིད་མི་རབས་བདུན་ནམ་ལྔ་བརྒྱུད་ཚུན་ཆད་དུ་ཕོ་མོའི་འབྲེལ་བ་བྱུང་བའམ་གཉེན་སྒྲིག་བྱས་ཚེ་དམེ་བྱས་པའམ་དམ་ཉམས་ཁ་སྦྱོར①རམ་ཐབ་གཏོང་ཟེར་ནས་ནག་ཉེས་ཆེན་པོ་ཡོད་མཁན་ནམ་ལྷས་ངན་པ་ལ་བརྩིས་ཏེ་ཁྲིམས་འགལ་ཉེས་ཅན་རྣམས་ལྟར་གནས

① ཡུལ་འགའ་ཤས་སུ་དམ་ཉམས་ཁ་སྦྱོར་ཟེར་བ་ཉེ་དུ་གཉེན་སྒྲིག་བྱས་པ་ལ་གོ་བ་དང་། ཡུལ་ལ་ལར་གྲྭ་བཙུན་སྐྱ་བབས་ནས་གཉེན་སྒྲིག་བྱས་པ་ལ་གོ་བ་ཡིན།

དབྱུང་གཏོང་བའམ་ཡང་ན་ཀོ་བ་ཏུམས་བརྒྱབ་ནས་གཙང་པོར་བསྐྱུར་བའི་ལུགས་སྲོལ་ཡོད་སྐད།[1]ཡང་ཡུལ་འགའ་ཤས་སུ་ཉེ་དུ་གཉེན་སྒྲིག་བྱས་པའི་བརྩི་ཚུལ་གོང་དང་ཅུང་མི་འདྲ་བའི་ཆ་ཡོད་པའང་དཔེར་ན་ངམ་རིང་རྫོང་ཁོངས་ཕ་ལ་ཁུལ་གྱི་འབྲོག་པ་རྣམས་ཀྱིས་ཕ་ཚིགས་བདུན་དང་མ་ཚིགས་བཞི་རུ་བརྩི་སྲོལ་ཡོད། དེ་ཡང་ཕ་ཚན་མི་རབས་བདུན་བརྒྱུད་ཚུན་དང་མ་ཚན་དེང་པོ་དེང་མོ（ཁུལ་དེའི་སྤུན་མཆེད་ཀྱི་འབོད་ཚུལ་ཏེ་ཡང་སྤོ་བོ་ཡང་རྨོ་བོ་ཡི་ཕ་དང་མ་ལ་ཟེར）ཚུན་ཆད་གཉེན་སྒྲིག་བྱས་ན་ཉེ་དུ་གཉེན་སྒྲིག་བྱས་པར་བརྩི་ལ། དེ་ལྟ་བུའི་སྤྱོད་ཚུལ་ལ་འཇུག་མཁན་རྣམས་ནག་ཉེས་ཚབས་ཆེ་ན་ཀོ་བ་ཏུམས་བརྒྱབ་ནས་ཆུ་ལ་བསྐྱུར་བ་དང་། ཉེས་པ་ཡང་བ་རྣམས་ཐོད་པར་ལྷུགས་ཚ་པོས་རྒྱ་གྲམ་གྱི་རྟགས་བརྒྱབ་ནས་རྒྱང་འབུད་གཏོང་སྲོལ་ཡོད། འདིར་བརྗོད་པའི་ཚིགས་ནི་མིའི་ལུས་གཟུགས་ཀྱི་རུས་ཚིགས་ལས་མཛིང་ཚིགས་ནས་ལག་པའི་མཛུབ་ཚིགས་མཐའ་མ་བར་རུས་ཚིགས་ཆུང་བ་བདུན་དང་ཆེ་བ་བཞི་ཡོད་པ་རྣམས་ལ་གོ་བ་ཡིན་ལ་ནག་ཉེས་ཚབས་ཆེ་ཆུང་ཟེར་བའང་མ་རུང་སྤྱོད་ལ་འཇུག་མཁན་ཕོ་མོ་གཉིས་ཀྱི་རུས་ཚིགས་ཉེ་རིང་ལ་གོ་བ་ཡིན། ཡང་དཔེར་ན། གཙང་ཁུལ་གྱི་ཡུལ་འགའ་ཤས་སུ་"ཕ་ཚིགས་རྫོགས་མཐའ་མེད། མ་ཚིགས་བདུན་ནས་བུད།"ཅེས་པ་ཚན་གྱི་རྒྱུད་ཡིན་པ་ཙམ་གྱིས་གཉེན་སྒྲིག་བྱས་མི་ཆོག་པ་དང་། མ་ཚན་མི་རབས་བདུན་བརྒྱུད་ཚུན་ཆད་གཉེན་སྒྲིག་བྱ་རྒྱུར་འཛེམ་གྱི་ཡོད། དེ་ཡང་པ་སྣམ་རྫོང་ཁོངས་དགེ་འཁོར་ཤང་ལ་ཆ་མཚོན་ན་དེར་རུས་རྒྱུས་ཆེ་བ་རྒྱ་བུ་རྒྱུད། སྐྱིད་ལོ་རྒྱུད། སྤེལ་སྟོད་རྒྱུད་བཅས་གསུམ་དུ་དབྱེ་སྲོལ་ཡོད་པ་རྣམས་སོ་སོར་དུད་ཚང་བཅུ་ཕྲག་འགའ་ཤས་སམ་བཅུ་ཕྲག་ལྷག་ཙམ་ཡོད། དེའི་ནང་རུས་རྒྱུད་གཅིག་པའི་དུད་

[1] 《སྐྱིད་རོང་གི་རིག་དངོས་ལོ་རྒྱུས》（རྒྱ་ཡིག）ཤོག་གྲངས་༡༢༥ལ་གསལ། ༡༩༩༤ལོར་བོད་ལྗོངས་མི་དམངས་དཔེ་སྐྲུན་ཁང་ནས་བསྐྲུན།

ཚང་མང་པོའི་དབར་གཉེན་སྒྲིག་འགྲོ་ལུགས་དང་དུས་གང་ཙམ་ནས་གཉེན་གྱི་འབྲེལ་བ་ཆགས་པ་སོགས་སུ་ལའང་བཤད་རྒྱུ་མེད་ཀྱང་རུས་རྒྱུད་གཅིག་པ་ཡིན་ཆེ་གཉེན་སྒྲིག་བྱས་མི་ཆོག་པ་དང་། རུས་རྒྱུད་གཅིག་ལས་གྱེས་པའི་བུ་རྒྱུད་རྣམས་ཀྱི་རྗེས་སྐྱེས་དབར་གཉེན་སྒྲིག་བྱས་མི་ཆོག ང་ཚོས་འདིར་དགེ་འཁོར་ཕ་ཤར་ཚང་གི་གནས་ཚུལ་དཔེ་མཚོན་དུ་བྲངས་ན། དུད་ཚང་དེའི་རུས་རྒྱུད་སྤེལ་སྟོད་རྒྱུད་ཡིན་པ་དང་། དགེ་འཁོར་ཁུལ་དུ་སྤེལ་སྟོད་རྒྱུད་ལ་གཏོགས་པའི་དུད་ཚང་བཅོ་བརྒྱད་ཙམ་ཡོད་ལ་དེ་ཚོའི་དབར་ལ་ཕན་ཚུན་གཉེན་སྒྲིག་བྱེད་སྲོལ་རྩ་བ་ནས་བྱུང་སྲོང་མེད། འོན་ཀྱང་དུད་ཚང་དེ་དང་རུས་རྒྱུད་གཅིག་པའི་དུད་ཚང་གཞན་རྣམས་དབར་གྱི་འབྲེལ་བའི་འགྲོ་ལུགས་དེ་པའི་ཕ་རྐྱན་སྤྱིན་གོད་མཚོག་ལ་བཀའ་འདྲི་ཞུ་སྐབས། བཀྲ་གསར་ཚང་དང་པད་ཟུར་ཚང་གཉིས་དང་དེ་པའི་དབར་སྤུན་ཉེ་པོར་བརྩི་ལ་སྤུན་གྱི་འགྲོ་ལུགས་གསུང་རྒྱུ་ཡོད་པ་ལས་གཞན་རྣམས་དང་འབྲེལ་བའི་འགྲོ་ལུགས་གསལ་པོ་གསུང་རྒྱུ་མིན་འདུག ཕ་ཤར་ཚང་དང་བཀྲ་གསར་ཚང་ནི་ཐོག་མར་པད་ཟུར་ཚང་གི་ཕུར་སྲི་ལ་བུ་ལྷག་པ་དང་ཕུར་བུ་སྤུན་གཉིས་འབྲུངས་པ་དུད་ཚང་དེ་གཉིས་ལ་མག་པར་སྟེར་བ་བརྒྱུད་སྤུན་གྱི་འབྲེལ་བ་ཆགས་པ་དང་། ཁོང་གཉིས་ཀྱི་ཕ་ནས་རྩིས་པས་ད་བར་མི་རབས་བདུན་པར་སླེབས་ཡོད། དེ་ཡང་གཤམ་གྱི་ཕ་ཤར་དང་བཀྲ་གསར་ཚང་གི་གདུང་རྒྱུད་འཕེལ་ཚུལ་རི་མོའི་ནང་གསལ་བ་ལྟར།

དུད་ཚང་དེ་གཉིས་ཀྱི་མི་རབས་གཅིག་པའི་བུ་རྣམས་ཕན་ཚུན་ཇོ་ཇོ་དང་ཨ་ལོ་(ཡུལ་སྐད་)སྟེ་ཕུ་ནུའི་འབོད་ཕྱོགས་ཀྱིས་འབོད་པ་དང་། ཕན་ཚུན་གྱི་བུ་ཕྲུག་གིས་ཕ་རབས་རྣམས་ལ་ཨ་ཁུ་དང་ཨ་ནེ་ཞེས་འབོད་ཀྱི་ཡོད་ལ་སྤུན་མཆེད་ཉེ་པོར་བརྩི་ཡི་ཡོད།

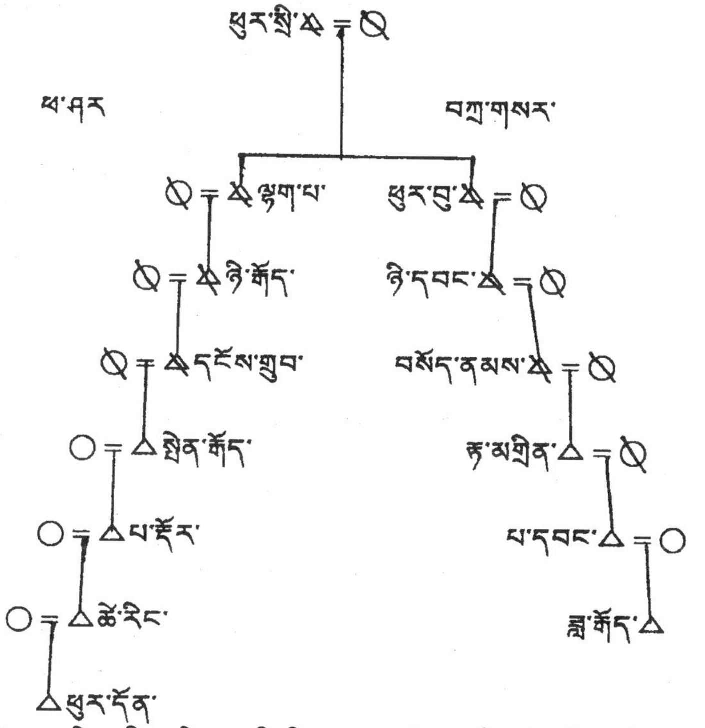

ཉེ་དུ་གཉེན་སྒྲིག་བྱེད་པའི་མི་གཙང་སྤྱོད་པ་དེ་བོད་ཀྱི་ཡུལ་གྲུ་ཚང་མའི་འཛོམ་བྱ་ཡིན་ལ། གཉེན་འདུན་དབར་ལ་ཕོ་མོའི་འབྲེལ་བ་བྱུང་ཚེ་དམེ་བྱས་ཞེས་ནག་ཉེས་བསགས་པར་བརྩིས་པ་དང་། བྱེད་པོ་གཉིས་ལ་དམེ་པོ་དམེ་མོ་ཞེས་དུད་འགྲོ་ལྟ་བུར་བརྩི་ཡི་ཡོད། དེ་ཙམ་དུ་མ་ཟད་ཉེ་དུ་འཛོམ་སར་འདོད་གཏམ་བཙོག་གཏམ་བཤད་རྒྱུར་ཡང་འཛེམ་ཟོན་བྱེད་ཀྱི་ཡོད་པ་ནི་ནམ་རྒྱུན་འཚོ་བའི་ཁྲོད་དུ་མྱོང་མུས་ཡིན། བོད་པ་རྣམས་ཀྱིས་ཉེ་དུ་གཉེན་སྒྲིག་བྱས་ན་སྤྲེ་གུ་བྱད་མི་ཚང་བ་སྐྱེ་ཡོང་ཞེས་བརྗོད་ནས་ཆུ་མ་ཤོར་གོང་ལ་རགས་དང་རྐྱེན་མ་བྱུང་གོང་ལ་ལྡོག་པ་རྒྱག་གི་ཡོད་པ་དང་། གནས་ཚུལ་དེ་རིགས་ལྷག་པའི་རྗེས་སྣེང་རྗེ་སྤྱངས་ཏེ་བྱ་ཐབས་སྣ་ཚོགས་སྤྱད་ནས་རྗེས་རབས་ལ་སློབ་གསོ་གཏོང་གི་ཡོད། དཔེར་ན། སྐྱིད་རོང་ཁུལ་དུ་རྫོང་ཁ་ནས་སྐྱིད་གྲོང་བར་གྱི་ལམ་ཟུར་ཞིག་ན་འགྲུལ་བཞུད་པ་རྣམས་ཀྱིས་མཆོད་རྟེན་ཞིག་རིག་རྒྱུ་ཡོད། མཆོད་རྟེན་དེའི་མིང་

ལ་མིང་སྲིད་མཁར་ཞེས་འབོད་སྲོལ་ཡོད། དེའི་རྒྱུ་མཚན་ནི་སྔ་དུས་ཕ་མ་གཅིག་པའི་ཕུ་བོ་དང་ནུ་མོ་གཉིས་དམེ་བྱས་པས་ཡུལ་གྱིས་ཉེས་ཁྲིམས་སྤྱད་དེ་ཕོ་གཉིས་མཆོད་རྟེན་དེའི་འོག་ཏུ་གསོན་སྦས་བཏང་བས་མཆོད་རྟེན་གྱི་མིང་དུའང་མིང་སྲིད་མཁར་ཞེས་འབོད་སྲོལ་ཆགས་པའི་བཤད་རྒྱུན་ཡོད། དེས་རྗེས་རབས་ལ་ཉེ་དུ་གཉེན་སྒྲིག་བྱ་རྒྱུ་འཛེམ་བྱར་བཟུང་རྒྱུའི་བསླབ་བྱ་སྟོན་པ་གསལ་པོར་མཐོང་ཐུབ། གཞན་ཡང་ཆོས་འཁོར་ལྷ་ས་བཞེངས་པའི་བརྒྱུད་རིམ་ནང་ལོ་རྒྱུས་ཀྱི་སྙིང་གཏམ་ཞིག་ཡོད་པ་ནི"ཡང་ཨོང་ཙོང་གིས་ར་མོ་ཆེའི་ལྷ་ཁང་གི་སྟོན་ལ། རྒྱལ་པོ་དང་ཨོང་ཙོང་གཉིས་འབུམ་ཐང་གི་གཙུག་ལག་ཁང་བཞེངས་པར་ཞལ་འཆམ་པའི་དུས་སུ་རྒྱལ་པོས་འཕན་ཡུལ་དུ་བཟོ་བོ་འཚོལ་དུ་ཕྱིན་པ་ལ། མིང་ནུས་འདི་ཡིན་བྱ་བ་མེད་པའི་ཕ་མ་གཉིས་ལ། མིང་སྲིང་ལྷ་འདྲ་བ་གཟུགས་མཛེས་པ་བཞི་ཡོད་པ་ལ། ཕོང་ཚོ་གཅིག་ལ་གཅིག་ཆགས་ནས་བག་མར་འགྲོར་མི་ཉན། ཆུང་མ་འགུགས་སུ་མི་ཉན་ཡང་ངོ་ཚ་ལ་གདུགས་ནས་བཟའ་ཚོ་བྱེད་མ་ནུས་པ་དེ་རྣམས་བཟོ་བོ་ལ་འགྲོ་དགོས་གསུངས་པས། ཕོང་བཟོ་བོ་རྣམས་ན་རེ། ངོ་ཚ་མི་བསྲུང་བ་དང་གཅིག ལས་གཞན་མི་འཚོལ་བ་དང་གཉིས། ཚ་གྲི་སྨན་ལ་འདྲེན་པ་དང་གསུམ། གོས་སུ་བེར་གོན་པ་དང་བཞི་པོ་རྒྱལ་པོ་ཁྱེད་ཀྱི་བཀའ་གནང་ན་འགྲོ་ཞུས་པས། རྒྱལ་པོ་ཆེན་པོས་བཀས་གནང་སྟེ་ཁྲིད་ནས་འབུམ་ཐང་དང་། ར་མོ་ཆེ་དང་། མཁར་བྲག་དང་། ཐེམ་བུ་ཀོག་པ་དང་། མིག་མངས་ཚལ་དང་བཅས་པའི་བཟོ་བྱས་པས་སྐྱིད་པར་བྱུང་ནས། མིང་སྲིང་བཞིས་བཟའ་ཚོ་བྱས་པས་ཕྲུ་གུ་ཀྱི་ལྟར་དུ་འཕེལ་ནས། ཀྱི་མི་གྲོང་བདུན་བྱ་བའི་གྲོང་ཚན་ཆེན་པོ་བདུན་བྱུང་སྐད། ཨོང་ཙོང་ན་རེ་འདི་ཚོ་ངོ་ཚ་མེད་པ་འཕེལ་དྲགས་པས་ཀྱི་མི་ཉན་པས་སྔགས་རྒྱག་པོ་ཟེར་ནས་ངན་སྔགས་ཤིག་གི་ལིང་ག་ཕྱར་བ་གང་ཙམ་ཅིག་པོ་བཏང་བས། ཤིག་པོ་རྫོན་ཙམ་བྱུང་ནས་ཀྱི་མི་གྲོང་བདུན་གྱི་ཕྱི་ནང་མེད་

པར་ཁེངས་ནས་ཅི་བྱས་ཀྱང་འགྲོར་མ་ཉན་པར་མང་དུ་རེད་སྐད། དེ་ནས་ཀྱི་མི་གྲོང་བདུན་བྲེད་ནས་སྲིང་མོ་ཨ་ལྷེ་ཚོ་བག་མར་བཏང་མིང་པོ་ཨ་བོ་ཚོ་ལ་ཆུང་མ་བཀུག་པས། ཡང་དེ་བས་ཀྱང་འཕེལ་དྲག་ཏུ་རེད་ནས་དབུ་ནུའི་སྟོད་སྨད་ཐམས་ཅད་ཁེངས་པར་གྱུར་ཏོ། "①སྒྲུང་གཏམ་དེ་ལས་ཀྱང་བོད་པ་རྣམས་ཉེ་དུ་གཉེན་སྒྲིག་ན་ངོ་ཚ་བའི་རྒྱུར་བརྩིས་ཏེ་འཛོམ་བྱར་བཟུང་གི་ཡོད་པ་མཚོན་ཡོད།

མདོར་ན་བོད་པ་རྣམས་ཀྱིས་རིགས་རུས་འཚོལ་བར་མི་སྤྱོད་པ་དང་། རྗེས་རབས་ཀྱི་བདེ་ཐང་ཆེད་དུ་གཉེན་སྒྲིག་སྒོར་གྱི་འཛོམ་བྱ་མང་པོ་ཡོད་པའི་ནང་ཉེ་དུ་གཉེན་སྒྲིག་བྱ་རྒྱུ་འཛོམ་བྱར་བཟུང་བ་དང་དེ་གཏན་འགོག་བྱས་པ་དེ་ནི་བྱ་ཐབས་བཟང་ངན་ལ་མ་བལྟོས་པར་ཚན་རིག་དང་མཐུན་པའི་ཡར་ཐོན་གྱི་སྤྱོད་བཟང་ཕོ་ནར་ངེས་པ་ཡིན། རང་རྒྱལ་གྱི《གཉེན་སྒྲིག་བཅའ་ཁྲིམས》ནང"གདུང་རྒྱུད་ཀྱི་གཉེན་ཚན་དང་མི་རབས་གསུམ་ཚུན་ཆད་ཀྱི་བརྒྱུད་པའི་གཉེན་ཚན"གཉེན་སྒྲིག་བྱས་མི་ཆོག་ཅེས་འཁོད་ཡོད་པ་དེ་ནི་ཁྲག་རྒྱུད་འབྲེལ་བ་ཡོད་པའི་ཉེ་དུའི་དབར་གཉེན་སྒྲིག་བྱས་མི་ཆོག་པའི་གཏན་འབེབས་ཁ་གསལ་བྱས་པ་ཞིག་རེད། དེ་ལྟར་ཁྲིམས་ཐོག་གཏན་འཁེལ་བྱ་དགོས་དོན་ནི"ཉེ་དུ་གཉེན་སྒྲིག་བྱས་ནས་སྐྱེས་པའི་རྗེས་རབས་ལ་རྒྱུད་འཛིན་རང་བཞིན་ལྡན་པའི་ནད་འཁྲི་བ་དང་། དབང་པོ་སྐྱོན་ཅན་གྱི་རྗེས་རབས་སྐྱེས་ཏེ་རྒྱལ་ཁབ་དང་སྤྱི་ཚོགས་ལ་ཁུར་པོ་བཟོ་བ་དང་། ཁྱིམ་ཚང་དང་མི་སྒེར་ལ་སྡུག་བསྔལ་བཟོ་ཡི་ཡོད"②པས་ཡིན། "གཉེན་ཚན་བར་གཉེན་སྒྲིག་བྱས་ནས་སྐྱེས་པའི་ཕྲུ་གུ་དག་གཉེན་ཚན་མིན་པའི་བར་གཉེན་སྒྲིག་བྱས་ནས་སྐྱེས་པའི་ཕྲུ་གུ་ལས་རྒྱུད་འཛིན་ནད་གཞི་ཐོག་ཚད་ལྡབ་

---

① ཀན་སུའུ་མི་རིགས་དཔེ་སྐྲུན་ཁང་ནས་༡༩༨༩ལོར་བསྐྲུན་པའི《བཀའ་ཆེམས་ཀ་ཁོལ་མ》ཤོག་ངོས་༣༠༥ལ་གསལ།

② ཞིང་ཁུལ་སྤྱི་ཚོགས་རིང་ལུགས་བསམ་བློའི་སློབ་གསོའི་དཔེ་ཚོགས་གསུམ་པ།《ཞིང་ཁུལ་ཁྲིམས་ལུགས་སྐོར་གྱི་གསུང་བཤད》(རྒྱ་ཡིག) ཤོག་ངོས་༡༩༧ལ་གསལ། ཞིང་གྲོང་སློག་དེབ་དཔེ་སྐྲུན་ཁང་གིས་༡༩༩༡ལོར་པར་བསྐྲུན་བྱས།

གསུམ་ཡན་ཟིན་པ་དང་། གཉེན་ཚན་བར་གཉེན་སྒྲིག་བྱས་ནས་སྐྱེས་པའི་ཕྲུ་གུ་འཆི་ཚད་དང་ཡ་མ་གཟུགས་སུ་འགྱུར་ཚད་ནི་གཉེན་ཚན་མིན་པའི་བར་གཉེན་སྒྲིག་བྱས་པ་ལས་ལྷག་༧༥༠% མཐོ་བ་ཡོད།”① དེ་ལྟར་ལགས་ཀྱང་གནའ་བོའི་དུས་ན་སྲིད་འཛིན་དང་ཁྲིམས་སྲོལ་གྱིས་མི་ལ་དོ་དམ་དང་བཀག་རྒྱ་བྱེད་པའི་ནུས་པ་དབུལ་རྐྱེན། ཡུལ་གྱི་གོམས་པའི་གཤིས་ལུགས་དང་། སྤྱི་ཚོགས་ཀྱི་གླིང་ཕྱོགས་དག་གིས་སྐྱེ་བོ་ཀུན་གྱི་སྤྱོད་པའི་ཁ་ལོ་བསྒྱུར་གྱི་ཡོད་ལ། ཁྲིམས་སྲོལ་དེ་ཙམ་དར་ཁྱབ་མེད་པའི་ས་ཁུལ་དུ་ཐ་ན་ད་ལྟའི་དུས་སུའང་འཛོམ་བྱའི་ནུས་པ་ཆེ་ཙམ་ཐོན་གྱི་ཡོད་པ་ནི་བདག་ཅག་ཀུན་གྱིས་ད་ལྟའི་སྤྱི་ཚོགས་འཚོ་བའི་ནང་འདྲིན་བྱེད་རྣ་བས་མཐོང་ཐོས་ཡོད་མུས་ལགས་སོ། །

གཉིས། རིགས་རྒྱུད་དམན་པ་དང་གཉེན་སྒྲིག་རྒྱུར་འཛེམས་པ་དང་དེའི་སྐྱོན་སྐོར།

བོད་ཀྱི་གཉེན་སྒྲིག་སྐོར་གྱི་འཛེམ་བྱའི་ནང་རྗེས་ལུས་དོར་བྱར་འོས་པའི་འཛེམ་བྱའི་སྲོལ་རྒྱུན་ཡང་མི་ཉུང་བ་ཡོད་ལ། དེའི་ནང་མི་ལ་རིགས་རུས་མཐོ་དམན་དབྱེ་བ་དང་། རིགས་རྒྱུད་དམའ་བར་བརྩིས་པ་རྣམས་དང་གཉེན་སྒྲིག་བྱེ་རྒྱུ་འཛེམ་བྱར་བཟུང་གི་ཡོད་པ་དེ་ཁྱབ་རྒྱ་ཆུང་ཆེ་བ་ཞིག་ཡིན། བོད་ལྟོངས་ཞིང་པའི་ས་ཁུལ་མང་པོ་ཞིག་ཏུ་མི་ལ་རིགས་རུས་མཐོ་དམན་མཚོག་ཞན་གྱི་དབྱེ་བ་ཕྱེ་སྟེ་མགར་བ་དང་། རྟོགས་ལྡན། བཤན་པ་སོགས་རིགས་རྒྱུད་དམན་པར་འཛིན་པ་དང་། ཡུལ་ཉུང་ཤས་སུ་ཤིང་བཟོ་བ་དང་། ཐགས་ལས། མཉེད་ལས། ཇ་བཟོ་སོགས་ཀྱི་ལས་རིགས་ལ་འཇུག་མཁན་རྣམས་ཀྱང་རུས་རྒྱུད་དམན་པར

① 《གཉེན་སྒྲིག་སྐོར་གྱི་བཅའ་ཁྲིམས་གསར་པའི་ཕྱོགས་སྟོན་》ཤོག་ངོས་༥༨ལ་གསལ། ལྷུའུ་ཁྲང་ཀྲེན་གྱིས་གཙོ་སྒྲིག་བྱས། མི་རིགས་དཔེ་སྐྲུན་ཁང་ནས་༢༠༠༡ལོར་བསྐྲུན།

འཛིན་ཏེ་དེ་ཚོར་བཙོག་ལྟ་མཐོང་ཚུང་བྱེད་ཀྱི་ཡོད། "རིགས་ངན་བུ་མོ་གཟུགས་མཛེས་མ། ཚེ་གང་གདན་གྲོགས་བྱེད་པ་འཁྲུལ་"[①] ཞེས་པ་ལྟར་རིགས་རྒྱུད་དམན་པའི་བུ་ཕྲུག་ལ་འཇིག་རྟེན་གོ་བག་ཁབ་ལེན་བྱེད་སྐབས་དེ་གའི་རིགས་རྒྱུད་ནང་ཁུལ་དུ་གཉེན་སྒྲིག་བྱེད་པ་ལས་དེ་མིན་རིགས་རྒྱུད་ཀྱིས་རིགས་རྒྱུད་དམན་པ་རྣམས་དང་གཉེན་འབྲེལ་བྱ་རྒྱུ་འཛོམ་བྱར་བཟུང་གི་ཡོད། གལ་སྲིད་རིགས་རུས་གཙང་མར་འཛིན་པ་རྣམས་དང་རིགས་དམན་པར་འཛིན་པའི་དུད་ཚང་གི་བུ་ཕྲུག་དབར་གཉེན་འབྲེལ་བྱུང་ཚེ་ཆུ་གཙང་མར་ཚོན་གཞན་ཞིག་བླུགས་པ་ལྟར་གཙང་མ་དེའང་རྫས་འགྱུར་བར་བརྩིས་ལ། རྗེས་སྐྱེས་ཀྱི་བུ་ཕྲུག་རྣམས་ཀྱང་རིགས་དམན་པར་བརྩིས་པའི་སྲོལ་ཡོད། དེ་ནི་དམངས་ཁྲོད་གཉེན་བཤད་ནང་དུའང་"ཕ་རྒྱུད་གངས་རི་དཀར་པོ་ལ། །གངས་དཀར་གཞན་གྱི་འདྲེས་གཡའ་མེད། །མ་རྒྱུད་གཙང་ཆབ་སྔོན་མོ་ལ། །ཆུ་སྔོ་གཞན་གྱི་འདྲེས་གཡའ་མེད། །" ཅེས་རང་གི་རིགས་རྒྱུད་གཙང་མ་ཡིན་པ་མཚོན་བྱེད་དུ་བཤད་ཀྱི་ཡོད། དེ་ལྟ་བུའི་སྲོལ་རྒྱུན་ལྟ་བའི་ཤུགས་རྐྱེན་འོག་རིགས་རུས་དམན་པར་བརྩི་བ་རྣམས་འདྲ་པོ་འདྲ་པོ་མཉམ་སྡེབ་བྱ་རྒྱུ་ལས་མེད་ལ། ལྷག་པར་རིགས་དམན་པའི་དུད་ཚང་ལ་བུ་མ་སྐྱེས་པའི་རྐྱེན་གྱིས་མག་པ་ལེན་དགོས་བྱུང་ཚེ་དེ་བས་དཀའ་ངལ་ཆེ་བ་འཕྲད་ཀྱི་ཡོད། གང་ལགས་ཤེ་ན། བོད་པ་རྣམས་ཀྱིས་ཕ་རྒྱུད་ལ་རུས་དང་མ་རྒྱུད་ལ་ཤ་ཞེས་བརྗོད་ལ་ཤ་རུས་གཉིས་ལས་རུས་འགངས་ཆེ་བར་བརྩི་ཡི་ཡོད་པས་ཡིན། དཔེར་ན། གོང་དུ་བརྗོད་པའི་པ་སྣམ་རྫོང་དགེ་འཁོར་ཤང་ཁོངས་ཀྱི་པད་ཟུར་ཚང་ནི་སྤྱིལ་སྟོད་རྒྱུད་ཡིན་པས་དེ་ཁུལ་དུ་རུས་རྒྱུད་མཐོ་བའི་ཁོངས་སུ་གཏོགས་ཀྱི་ཡོད། དུས་རབས་གོང་མའི་ལོ་རབས་དྲུག་ཅུའི་སྐབས་པད་ཟུར་ཚང་

① 《ནེ་ཙོའི་གཏམ་རྒྱུད་གོ་བདེ་ཀུན་ཕན་》ཀྱི་འཁྲུལ་བའི་ལོ་རྒྱུས་བཅུ་ཡི་ནང་གསལ(བྲིས་མ)

ལ་གཉེན་ལོ་ལོན་པའི་བུ་མོ་སྤུན་གསུམ་བྱུང་བ་ལས་ཆུང་ཤོས་ཆེ་གེ་མོ་དེ་ས་ཁུལ་དེའི་བཤད་པའི་རིགས་རྒྱུད་ཡིན་པའི་དུད་ཚང་ག་གེ་མོ་ལ་མནའ་མར་སྟེར་ཡོད། ག་གེ་མོ་ལ་ཐོག་མར་མནའ་མར་སྟེར་བའི་དུས་སུ་གཅིག་ནས་དུད་ཚང་དེར་བུ་མོ་སྤུན་གསུམ་ཡོད་པས་ཚང་མར་སྟེར་རྒྱུ་ཀྱི་རྒྱུན་གོས་དྲ་རྒྱས་པོ་སྒྲིག་ཐབས་མེད་པ་དང་། གཉིས་ནས་དུད་ཚང་ག་གེ་མོ་ལ་མ་གཞི་ཁུལ་དེར་བཙོག་ལྟ་བྱེད་ཀྱི་ཡོད་པ་དང་། རིགས་དམན་པར་བརྩེ་ཡི་ཡོད་ནུང་དེའི་དཔལ་འབྱོར་ཕྱུག་ཙམ་ཡོད་ལ་བུ་སྤུན་གསུམ་ཡོད་པ་དེ་དག་མི་གཞིས་བཟང་ལ་ལས་ལ་འཛོན་པ་ཤ་སྟག་ཡིན་པས་དེ་པའི་ཕ་དེས་པད་ཟུར་ཚང་གི་བུ་མོ་ཆེ་གེ་མོ་མནའ་མར་སློང་བ་རེད། སྐབས་དེ་དུས་ཆེ་གེ་མོའི་ཕ་དེས་རང་གི་ནུས་རྒྱུད་གཅིག་པའི་བགྲེས་སོང་ལོ་ནཀན་ཤོས་ཕ་ཤར་སྲི་ཐར（ གོང་གསལ་གདུང་རྒྱུད་འཕེལ་ཚུལ་རི་མོའི་ནང་གསལ་བའི་ཉི་རྒོད་ཀྱི་ནུ་བོ་ཡིན ）ལ་གྲོས་དྲིས་པས་སྲི་ཐར་གྱིས་བུ་མོ་དེ་དུད་ཚང་ག་གེ་མོར་མནའ་མར་སྟེར་རྒྱུར་མོས་མཐུན་བྱས་པ་མ་ཟད། ཁོང་གིས་ད་དུང“ནུས་གྱུར་བ་ནི་མ་ཡིན། ཤ་ཧྲིག་ག་གཅིག་གྱུར་བར་སྐྱོན་ཆེ་བ་མེད”ཅེས་བརྗོད་སྙིང་ཡང་ཡོད། དེའི་ཐོག་ནས་ས་ཁུལ་འགའ་ཤས་སུ་ནུས་ཧ་གདུང་རྒྱུད་ཀྱི་གཉེན་སྒྲིག་བྱེད་སྐབས་དེ་བས་གཟབ་ནན་བྱེད་ཀྱི་ཡོད་པ་མཚོན་ཡོད། ཡང་བོད་ཀྱི་གཏམ་དཔེ་ལ“མཐོ་པོ་མཐོ་པོ་འདྲ་སྡེབ་རེད། དམའ་པོ་དམའ་པོ་འདྲ་སྡེབ་རེད། མེད་པོ་མེད་པོ་འདྲ་སྡེབ་རེད། ཚོམ་པོ་མཁལ་ཚོལ་ཁ་འཁྲིད་རེད་”①ཅེས་བཤད་སྲོལ་ཡོད་པ་དང་། གཉེན་བཤད་ནང་དུའང“མི་རྒྱུད་ལ་བལྟས་ནས་གཉེན་སྒྲིག ཆ་བགོད་ལ་བལྟས་ནས་ཟམ་པ་རྒྱབ། རིགས་རྒྱུད་ལ་བལྟས་ནས་དར་འཐེན……”ཞེས་བཤད་སྲོལ་ཡོད་པ་ལྟར་དབུས་གཙང་ཁུལ་གྱི་གཉེན་

① སྨྲང་པ་གྲགས་ཅན་བསམ་གྲུབ་ལགས་ཀྱིས་གསུངས།

སྒྲིག་ལམ་སྲོལ་ལ་སྦྱིར་བུ་ཕྱོགས་དང་བུ་མོ་ཕྱོགས་དུད་ཚང་གཉིས་ཀྱི་གནས་བབ་དང་དཔལ་འབྱོར་གྱི་ཆ་རྐྱེན་སོགས་འདྲ་པོ་ཡིན་པ་འདྲ་སྡེབ་བྱེད་སྲོལ་ཡོད་པ་དང་། ལྷག་པར་དུ་ཁྱིམ་རྒྱུད་ཆེ་གྲས་རྣམས་ཀྱི་ཁྲིད་གནས་ཚུལ་དེ་འདྲ་དེ་བས་ཚབས་ཆེ་བ་ཡོད། འོན་ཀྱང་ཁྱིམ་རྒྱུད་ཆེ་གྲས་རྣམས་དང་ཕལ་པའི་དུད་ཚང་རྣམས་གཉེན་སྒྲིག་བྱེད་པ་དེ་ཚང་མས་ངན་སྨྲས་བྱེད་ཡུལ་གྱི་འཛོམ་བུའི་བྱ་བ་ལ་གྱུར་མེད། 《སྣང་ས་འོད་འབུམ་གྱི་རྣམ་ཐར་》ནང་“མཐོ་བ་ནམ་མཁའི་ལམ་གྱི་ཉི་མ་དང་། དམའ་བ་ས་ཡི་སྟེང་གི་པད་མ་གཉིས། མཐོ་དམན་ཐུག་པའི་ཁྱད་པར་ཡོད་ན་ཡང་། ལས་དབང་མཐུན་པས་ཕན་ཚུན་མཛའ་གྲོགས་བྱེད། རི་བོའི་མདའ་མོ་མཚལ་སྟོང་（སྟོང་）ཀོང་སྒྲོ་དང་། ཐང་བའི་གཞུ་མོ་རྣ་ཀོང་འཁྱིལ་བ་གཉིས། རི་ཐང་ཐུག་པའི་ཁྱད་པར་ཡོད་ན་ཡང་། ལས་དབང་མཐུན་པས་ཕན་ཚུན་མཛའ་གྲོགས་བྱེད། ཆེ་བ་མཐའ་ཡི་（ཡས）རྒྱ་མཚོ་ཆེན་པོ་དང་། ཆུང་བ་ལྟོ་དཀར་ཉ་ཆུང་གསེར་མིག་གཉིས། ཆེ་ཆུང་ཐུག་པའི་ཁྱད་པར་ཡོད་ན་ཡང་། ལས་དབང་མཐུན་པས་ཕན་ཚུན་མཛའ་གྲོགས་བྱེད། དབང་ཆེན་དཔོན་པོ་གྲགས་པ་བསམ་གྲུབ་དང་། ཕལ་པའི་བུ་མོ་སྣང་ས་འོད་འབུམ་གཉིས། མངའ་ཐང་མི་མཉམ་ཁྱད་པར་ཡོད་ན་ཡང་། ལས་དབང་ཡོད་པས་ཅིས་ཀྱང་བག་མར་འགྲོ།”ཞེས་པའི་དཔེ་དོན་དུམ་བུ་འདི་ལས་གཅིག་ནས་ཁྱིམ་རྒྱུད་ཆེ་གྲས་རྣམས་འདྲ་པོ་མཉམ་སྡེབ་བྱེད་པ་མཚོན་ཡོད་ལ། གཉིས་ནས་ཕྱུག་གྲས་ཆེ་རྒྱུད་རྣམས་ཀྱིས་ཕལ་པའི་དུད་ཚང་དང་གཉེན་སྒྲིག་བྱ་རྒྱུ་འཛོམ་བུར་བཟུང་གི་མེད་པ་བསྟན་ཡོད། དེ་ལྟར་ལགས་ཀྱང་རིགས་དམན་པ་རྣམས་དང་ལས་དབང་མཐུན་ཡང་མཛའ་གྲོགས་ཆགས་ནས་སྐྱིད་མཉམ་གཏོང་སྡུག་མཉམ་མྱོང་ཡོང་ཐབས་བྲལ་བ་ཞིག་རེད། དེ་ནི་ལྷ་ས་དང་། གཞིས་རྩེ། ལྷོ་ཁ་བཅས་ས་ཁུལ་དུ་དར་བའི་

དམངས་སྒྲུང་《མགར་ར་མིག་འཕྲུལ་ཐོ་ཡང་》①ཞེས་པ་དང་《ཡེ་ཤེས་ལྷ་མོ་དང་མགར་བ་སྟོབས་རྒྱལ་》②ཞེས་པའི་ནང་མགར་ར་མིག་འཕྲུལ་ཐོ་ཡང་དང་གླང་རུ་དཔོན་གྱི་སྲས་མོའམ་ཡེ་ཤེས་ལྷ་མོ་དང་མགར་བ་སྟོབས་རྒྱལ་གྱི་སྐྱོ་སྣང་གིས་ཕྱུག་པའི་བརྩེ་དུང་འཚོ་བས་གསོན་ཉམས་ལྡན་པའི་སྒོ་ནས་མཚོན་ཡོད།

དེ་ལྟར་མི་ལ་རིགས་རྒྱུད་མཐོ་དམན་གཙང་བཙོག་གི་དབྱེ་བ་འབྱེད་པ་དང་། རིགས་དམའ་བའམ་བཙོག་པར་འཛིན་པ་རྣམས་དང་གཉེན་འབྲེལ་བྱ་རྒྱུ་འཛེམ་བྱར་བཟུང་བའི་རྗེས་ལུས་ཀྱི་ལྟ་བ་རྙིང་གོག་དེས་དེང་སང་གི་དུས་སུའང་སྐྱེ་བོ་མང་པོའི་བསམ་སྤྱོད་ལ་ཤུགས་སྒྲིག་དམ་པོ་བཅིངས་ནས་རིགས་རྒྱུད་དམའ་བར་གཏོགས་པའི་སྐྱེ་བོ་རྣམས་ཀྲུབ་ཁ་གྲལ་ལ་མི་ཚུད་པ་དང་། ཉ་རུ་ཇ་གྲལ་ལ་མི་ཚུད་པ་ལྟར་མི་གྲལ་ལ་མི་ཚུད་པར་འཛིན་པས་ཁོང་ཚོའི་འགྲོ་བ་མིའི་ཐོབ་ཐང་ལ་བཙན་གནོད་བྱེད་མུས་སུ་སྣང་ལ། རིགས་རྒྱུད་དེ་རིགས་སུ་གཏོགས་པའི་གཞོན་སྐྱེས་མང་པོའི་ཕོ་མོའི་ལྷད་མེད་ཀྱི་བརྩེ་དུང་དང་། བདེ་སྐྱིད་ཀྱི་འཚོ་བར་ཐོག་ཐུག་བཏང་དང་གཏོང་མུས་ཡིན། དེ་ནི་ང་ཚོའི་དོར་བྱར་འོས་པའི་སྲོལ་རྒྱུན་ལྟ་བ་ཞིག་ཡིན། མི་ལ་རིགས་རྒྱུད་མཐོ་དམན་དབྱེ་བའི་སྲོལ་ངན་འདི་གངས་ལྗོངས་སུ་འགྲོ་བ་མིའི་རིགས་ཀྱི་ལོ་རྒྱུས་དབུ་བརྙེས་པ་དང་དུས་མཚུངས་སུ་བྱུང་བ་ཞིག་མིན་ལ། རིགས་རྒྱུད་ལ་གཙང་བཙོག་གི་དབྱེ་བ་དངོས་ཡོད་པ་ནི་དེ་བས་ག་ལ་ཡིན། དེ་ནི་བོད་ཀྱི་སྤྱི་ཚོགས་འཕེལ་རྒྱས་འགྲོ་བའི་དུས་རིམ་ངེས་ཅན་ཞིག་གི་ནང་གཙོ་བོ་སྤྱི་ཚོགས་ལས་རིགས་སྣ་ཚོགས་ཐོན་པའི་རྨང་གཞིའི་ཐོག་དར་བ་དང་ཁྱབ་གདལ་བྱུང་བ་ཞིག་ཡིན། དེ་ཡང་《ཆོས་འབྱུང་མཁས་པའི་དགའ་

① 《བོད་ཀྱི་དམངས་སྒྲུང་》（རྒྱ་ཡིག་པོད་དང་པོ）༡༩༨༣ལོར་བོད་ལྗོངས་མི་དམངས་དཔེ་སྐྲུན་ཁང་ནས་བསྐྲུན།

② 《རྡོ་རྗེ་རྒྱལ་པོའི་གསུང་རྩོམ་ཕྱོགས་བསྒྲིགས་》ཤོག་ངོས་༨༢༣ལ་གསལ། ཀྲུང་གོའི་བོད་ཀྱི་ཤེས་རིག་དཔེ་སྐྲུན་ཁང་ནས་༡༩༩༢ལོར་བསྐྲུན།

སྡོན་》ནང་"མདོར་ན་བྱེད་ལས་སོ་སོ་ཐ་དད་ལས། །རྒྱལ་རིགས་ལ་སོགས་བཟང་ངན་རིགས་ལྔར་བཞག །འདི་ཡན་རིགས་ལ་ཁྱད་པར་ཡོད་མ་ཡིན། །"ཞེས་གསལ་བ་ལྟར་རེད། ལོ་ངོ་སྟོང་ལྷག་ཙམ་རིང་དར་ཁྱབ་བྱུང་བའི་འདུ་ཤེས་རྙིང་གོག་འདིར་གཏན་འཇགས་ཀྱི་རང་བཞིན་ཆེ་ཙམ་ལྡན་ཡོད་ལ། འདུ་ཤེས་འདི་རིགས་སྤྱིར་དར་ཁྱབ་ཁྱུལ་དུ་སྲ་ཞིང་མཁྲེགས་པའི་བབ་ཆགས་ཤིག་ཆགས་ཡོད། འོན་ཀྱང་མི་རྣམས་ཀྱི་ཤེས་རྟོགས་ཀྱི་ནུས་པ་ནི་སྤྱི་ཚོགས་འཕེལ་རྒྱས་འགྲོ་བ་དང་ཆབས་ཅིག་རྒྱུན་ཆད་མེད་པར་གོང་མཐོར་འགྲོ་བ་ཞིག་ཡིན་ལ། གནས་ཚུལ་ལ་ངོས་འཛིན་བྱ་རྒྱུ་དེའང་རྒྱུན་ཆད་མེད་པར་གཏིང་ཟབ་པའི་ཕྱོགས་སུ་འཕེལ་རྒྱས་འགྲོ་བ་ཞིག་ཡིན། ད་ལྟའི་དུས་རབས་འདིའི་ནང་སྤྱི་ཚོགས་ཀྱི་ལས་རིགས་དབྱེ་བ་ཇེ་རྒྱས་སུ་འཕེལ་བཞིན་ཡོད་པ་དང་། མི་རྣམས་ཀྱི་ཚན་རིག་ཤེས་བྱའི་ཚད་གོང་མཐོར་འགྲོ་བཞིན་ཡོད་སྐབས་དར་ཁྱབ་ཆེ་ལ་སྲ་བརྟན་དུ་སོང་བའི་ལྟ་བ་རྙིང་གོག་འདི་རིགས་ལ་ཡང་མགྱོགས་མྱུར་འགྱུར་བ་འགྲོ་རྒྱུ་བསྙོན་མེད་ཡིན།

གསུམ། ལོ་དང་ལོ་རྟགས་ཀྱི་འཛེམ་བྱའི་དགེ་སྐྱོན་སྐོར།

བོད་ཀྱི་གཉེན་སྒྲིག་ལུགས་སྲོལ་ཁྲོད་དུ་བུ་དང་བུ་མོའི་ལོ་དང་ལོ་རྟགས་སྐོར་གྱི་འཛེམ་བྱ་མང་པོ་ཡོད། ཞིང་འབྲོག་ཁུལ་དུ་ད་ལྟའི་བར་"ཕ་མར་འཁྲི་བ་ཕྲུ་གུའི་འགྲོ་སྟངས་དང་། ཕྲུ་གུར་འཁྲི་བ་ཕ་མའི་ཞབས་འདྲུག"ཟེར་བའི་གཏམ་རྒྱུན་ལྟར་བུ་ཕྲུག་གི་མི་ཚེའི་འགྲོ་སྟངས་ཕ་མས་བཟོ་བའི་གཉེན་སྒྲིག་ལམ་ལུགས་ཤུགས་ཆེ་བར་མཆིས་ལ། ཕ་མས་བུ་ཡི་མདུན་ཐབས་འཚོལ་སྐབས་ཐོག་མར་དོན་དེ་གལ་ཆེ་དོན་ཆེན་ལ་བརྩིས་ཏེ་ཟབ་ནན་ཡིན་ཁྱུལ་གྱིས་ཡུལ་གྲུ་ཀུན་ལ་མདུན་ཐབས་སུ་འོས་པ་ཇི་འདུག་བལྟ་བར་གཏོང་བ་དང་། འོས་བབས་སུ་བྱུང་ཚེ་ཕོ་མོ་

གཉིས་པོ་ལོ་ཁམས་མཐུན་མིན་དང་ཁྱིམ་ཐབས་བསྒྲུབས་ན་རྗེས་སོར་བར་ཆད་ཡོང་མིན་སོགས་གཉེན་རྩིས་ཕབ་སྲོལ་ཡོད། ལོ་རྟགས་གཉིས་བདུན་ཟུར་ཡིན་ཚེ་(གཤམ་གསལ་རི་མོ་ལྟར་)འཛོམ་བྱར་བཟུང་གི་ཡོད། དེའི་རྒྱུ་མཚན་ནི་བཟའ་

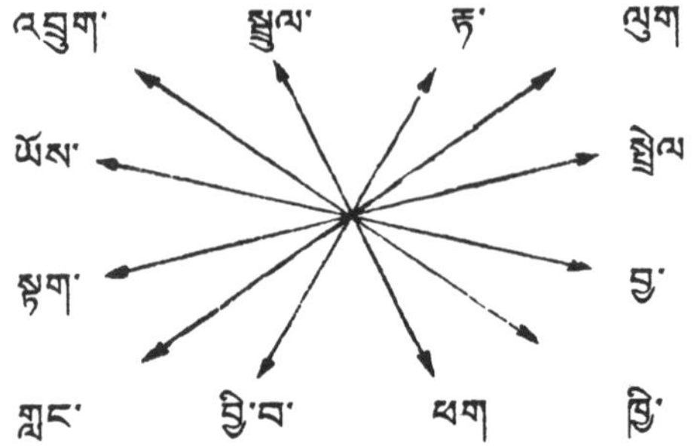

ཚོའི་ལོ་རྟགས་བདུན་ཟུར་འཁེལ་ན་ཁྱོ་ཤུག་གཉིས་སྐད་དུ་འཁོན་ཆེ་བ་དང་འཆམ་མཐུན་དཀའ་བ་སོགས་བཀྲ་མི་ཤིས་པ་ཡོང་རྒྱུར་ངོས་འཛིན་བྱེད། བདུན་ཟུར་ཕན་ཚུན་འཁོན་ཚུལ་ཡང་"ཁྱི་འབྲུག་སྐད་ཀྱི་བདུན་ཟུར། བྱི་རྟ་མིག་པའི་བདུན་ཟུར། སྟག་སྤྲེལ་རྩལ་གྱི་བདུན་ཟུར། ཕག་སྦྲུལ་ཚང་གི་བདུན་ཟུར། གླང་ལུག་རྟང་བའི་བདུན་ཟུར། བྱ་ཡོས་ཟས་ཀྱི་བདུན་ཟུར།"ཞེས་པ་ལྟར་བརྩི་སྲོལ་ཡོད། དེ་མིན་བུ་ལ་མནའ་མ་འཚོལ་བའམ་བུ་མོར་མག་པ་འཚོལ་སྐབས་བུ་མོའི་ལོ་དེ་བུ་ལས་ཆུང་བ་དགོས་པ་དང་། ལྷག་པར་དུ་བུ་མོ་དེ་བུ་ལས་ལོ་གཅིག་གིས་ཆེ་བ་ཡོད་ན་གཅིག་གནོན་ཞེས་མི་ཤིས་པ་ཡོང་རྒྱུར་བརྩིས་ནས་འཛོམ་བྱར་བཟུང་གི་ཡོད་པ་དང་། བོད་ཀྱི་གཏམ་དཔེའི་ནང་དུའང་"སྐྱིད་འདོད་ན་མི་གཉན་གྱི་ཆུང་མ་གྱིས"ཞེས་བཤད་སྲོལ་ཡོད་པ་ལྟར་ཁྱོ་བོ་ཆུང་མ་ལས་ལོ་ཆེ་བ་བྱ་རྒྱུ་བརྟགས་བསྐྱལ་བྱ་ཡུལ་དུ་གྱུར་བ་མཚོན་ཡོད། ༡༩༩༠ལོའི་རྒྱལ་ཡོངས་མི་འབོར་ཞིབ་བཤེར་གྱི་དཔྱད་གཞིའི་ཡིག་རིགས་ནང་གསལ་ལྟར་"གཉེན་ལོ་ལོན་པའི་བོད་རིགས་བུ་མོ་༡༠༠ཡི་ནང་ཁྱོ་བོ་གྲོངས་པས་ཆ་སྙོམས་མི་༡༠. ༣༢ཟིན་པ་དང་།

གཉེན་ལོ་ལོན་པའི་བོད་རིགས་སྐྱེས་པ་༡༠༠ཡི་ནང་བཟའ་ཟླ་གྲོངས་པས་མི་༤༩༠ལས་ཟིན་མེད། བུད་མེད་ཟླ་བོ་གྲོངས་པའི་གྲངས་ཚད་སྐྱེས་པ་དང་བསྡུར་ན་ལྷབ་གཅིག་ལྷག་ཙམ་གྱིས་མང་བ་ཡོད།”① དེའི་རྒྱུ་མཚན་ནི་གཅིག་ནས་བོད་རིགས་སྐྱེས་པའི་ཚེ་ཚད་བུད་མེད་ལས་ཐུང་བས་ཡིན་ལ། གཉིས་ནས་ཁྲོ་ཤུག་གཉིས་ལས་ཁྲོ་བོ་ལོ་ཆེ་བའི་གོམས་གཤིས་ཡོངས་ཁྱབ་དར་བ་དང་ཐད་ཀའི་འབྲེལ་བ་ཡོད། དེ་ཡང་༡༩༩༠ལོའི་མི་འབོར་ཞིབ་བཤེར་གྱི་གྲངས་ཚད་ནང་གསལ་“ཁྲོ་བོའི་ལོ་ཆུང་མ་ལས་ཆེ་བ་ཤས་ཆེ་བ་དང་། དེའི་ནང་ཁྲོ་བོ་ཆུང་མ་ལས་ལོ་གཅིག་གིས་ཆེ་བ་མང་ཤོས་ཡིན།…… ཆ་སྙོམས་ཁྲོ་བོ་ཆུང་མ་ལས་ཏ་ལམ་ལོ་གཉིས་ཀྱིས་ཆེ་བ་ཡོད།”② དེ་ལྟར་ཁྲོ་ཤུག་གཉིས་ལས་ཁྲོ་བོ་ལོ་གཅིག་གཉིས་ཀྱི་ཆེ་བ་བཙལ་བའི་གོམས་གཤིས་དག་ནི་ཡུན་རིང་འཚོ་བའི་ཉམས་མྱོང་ཐོག་ཆགས་དར་བྱུང་བ་ཡིན་ལ། དེར་ཚན་རིག་གི་རྒྱུ་མཚན་ངེས་ཅན་ལྡན་ཡོད། དེ་ནི་ཕོ་མོའི་གཟུགས་ཁམས་འཚར་ལོངས་འགྲོ་ཚུལ་མི་འདྲ་བས་རང་རྒྱལ་གྱི་《གཉེན་སྒྲིག་བཅའ་ཁྲིམས་》དང་བོད་རང་སྐྱོང་ལྗོངས་ཀྱི་དེ་ལག་བསྟར་བྱེད་པའི་བབ་བསྟུན་གཏན་འབེབས་བཅས་གཉིས་ཀའི་ཁྲིམས་བཀོད་གཉེན་ལོའི་ལོ་ཚད་ནང་སྐྱེས་པའི་ལོ་བུད་མེད་ལས་གཉིས་ཀྱིས་ཆེ་བ་གཏན་འབེབས་བྱས་ཡོད་པ་དེ་ལས་ར་འཕྲོད་ཐུབ། གཞན་ཡང་“བཅུ་དགུའི་བུ་མོ་གདོང་ནག་མ། །མགོ་གསེར་གཡུས་རྒྱན་ཡང་མ་ལེན་ཞིག །”ཅེས་ཤོ་བཤད་ནང་བཤད་སྲོལ་ཡོད་པ་ལྟར་བོད་ཀྱི་ཡུལ་འགའ་ཤས་སུ་མོ་ལོ་བཅུ་དགུ་སོན་པའི་བུད་མེད་མནའ་མར་སློང་རྒྱུ་འཛེམ་བྱར་བཟུང་གི་ཡོད་པ་མཚོན་ཡོད། དེ་ནི་བོད་རིགས་བུད་མེད་རྣམས་

① 《བོད་ལྗོངས་ཀྱི་བོད་རིགས་མི་འབོར་》(རྒྱ་ཡིག) ཤོག་གྲངས་༡༢༡ལ་གསལ། ༡༩༩༧ལོར་ཀྲུང་གོའི་རྩོམ་རིགས་དཔེ་སྐྲུན་ཁང་ནས་བསྐྲུན།

② 《བོད་ལྗོངས་ཀྱི་བོད་རིགས་མི་འབོར་》(རྒྱ་ཡིག) ཤོག་གྲངས་༡༢༤ལ་གསལ། ༡༩༩༧ལོར་ཀྲུང་གོའི་རྩོམ་རིགས་དཔེ་སྐྲུན་ཁང་ནས་བསྐྲུན།

གཉེན་ལོ་ལོན་འཕྲལ་གནས་ལ་སྟེར་ཐུབ་ན་བཟང་བར་བརྩི་བ་དང་། "མི་རྒན་ཧུས་ལ་འགྱུར་ཡས་མེད། །མོ་རྒས་ནས་མནའ་མར་འགྲོ་རྒྱུ་མེད། །དགོས་རྒྱུ་དགོས་ཏེ་ཕྱིས་ནས་ཡོད། །"① ཅེས་པ་ལྟར་བུད་མེད་ལོ་ཉི་ཤུ་ལྷག་ཙམ་ཟིན་ཡང་ད་དུང་མནའ་མར་སློང་མཁན་མེད་པར་གོ་ལ་ལུས་ན་ཉུང་ཞན་པར་བརྩིས་པའི་སྲོལ་རྒྱུན་ལྟ་བ་དང་འབྲེལ་བ་ཡོད་པར་སྣམ། སྤྱིར་"སྐྱེས་པ་རང་ལོ་བཅོ་བརྒྱད་དང་བུད་མེད་རང་ལོ་བཅོ་ལྔ་ཙམ་ལ་སླེབས་ན་ཁྱིམ་གྱི་འགན་འཁུར་ཆོག་པར་བརྩིས་ནས་ཕ་མ་ཚོས་མདུན་ཐབས་གང་བཟང་གྲོས་བྱེད་ཀྱི་ཡོད།"②དེ་ཡང་"ཧ་ཕོ་ན་སོ་སོན་པ་དེ། །བང་རྩལ་རྒྱུག་གི་གཞི་མ་ཡིན། །མགྱོགས་དར་སུས་ལོན་ལྟ་མི་ཡིན། །ན་ཆུང་མོ་ལོ་བཅོ་ལྔ་དེར། །དྲུ་དཀར་གཡུ་ཡི་རྒྱན་ཆས་གསོལ། །ན་ཆུང་གནས་ལ་འགྲིམ་མི་ཡིན། །"③ཞེས་པའི་སྟེ་མའི་གཏམ་དཔེ་ལ་གསལ་བ་ལྟར་ཡིན། ༡༩༨༡ལོའི་ཟླ་བ་བཞི་པའི་ཚེས་བཅོ་བརྒྱད་ཉིན་རང་སྐྱོང་ལྗོངས་སྐབས་གསུམ་པའི་མི་དམངས་འདུས་མི་ཚོགས་ཆེན་རྒྱུན་ལས་ཁུ་ཡོན་ལྷན་ཁང་ཚོགས་འདུ་ཐེངས་ལྔ་པས་གྲོས་འཆམ་བྱུང་བའི་《བོད་རང་སྐྱོང་ལྗོངས་སུ་ཀྲུང་ཧྭ་མི་དམངས་སྤྱི་མཐུན་རྒྱལ་ཁབ་ཀྱི་གཉེན་སྒྲིག་བཅའ་ཁྲིམས་ལག་བསྟར་བྱེད་རྒྱུའི་བབ་བསྟུན་གཏན་འབེབས》ནང་གཉེན་སྒྲིག་གི་ལོ་ཚད་སྐྱེས་པ་རང་ལོ་ཉི་ཤུར་མ་སོན་བར་དང་བུད་མེད་རང་ལོ་བཅོ་བརྒྱད་མ་ཟིན་གོང་གཉེན་སྒྲིག

① སྒྲུང་མཁན་བསམ་གྲུབ་ཀྱིས་ཕབ་པའི་གླིང་སྒྲུང་《སྟག་གཟིག》ནང་སེ་མའི་བུ་མོ་གཡུ་སྒྲོན་ཁྲོ་ཐུང་གི་མནའ་མར་ལེན་པའི་རྟེན་འབྲེལ་མཛད་སྒོའི་ཐོག་བོད་ཕྲུག་མི་ཆུང་ཁ་བདེས་ལྷ་སྲས་དགྲ་ལྷ་རྩེ་རྒྱལ་གྱི་ཚབ་བྱས་ནས་ཁ་བཏགས་སྤྲོད་སྐབས་ཁྲོ་རྒྱལ་ལ་ཟུར་ཟས་བཤད་པ།

② 《བོད་ལྗོངས་དབུས་གཙང་ཁུལ་གྱི་བག་སྟོན་གོམས་སྲོལ》ཤོག་ངོས་༢ལ་གསལ། བློ་བཟང་འཇམ་དཔལ་ནས་བརྩམས་བསྡུ་བྱས། གྲོང་ཁྱེར་ལྷ་སའི"ཕྱོགས་སྒྲིག་ཁག་གསུམ"རྩོམ་སྒྲིག་པུའུ་དང་གྲོང་ཁྱེར་ལྷ་སའི་མང་ཚོགས་སྒྱུ་རྩལ་ཁང་ནས་༢༠༠༡ལོར་བསྐྲུན།

③ སྒྲུང་མཁན་བསམ་གྲུབ་ཀྱིས་ཕབ་པའི་གླིང་རྗེ་གེ་སར་རྒྱལ་པོའི་སྒྲུང་《འགོག་གླིང་》ཤོག་ངོས་༡༩༥ལ་གསལ། བོད་ལྗོངས་བོད་ཡིག་དཔེ་རྙིང་དཔེ་སྐྲུན་ཁང་ནས་༢༠༠༢ལོར་བསྐྲུན།

བྱས་མི་ཆོག་པའི་གཏན་འབེབས་བཟོས་ཡོད། དེ་《གཉེན་སྒྲིག་བཅའ་ཁྲིམས་》ནང་གཏན་འཁེལ་བའི་གཉེན་སྒྲིག་བྱས་ཆོག་པའི་ལོ་ཚད་དམའ་ཤོས་ལས་ཕོ་མོ་གཉིས་ཀ་ལོ་གཉིས་རེས་ཆུང་བ་ཡོད། དེ་ནི་བོད་ཀྱི་དམངས་ཁྲོད་དུ་གཉེན་སྒྲིག་སྔ་པོ་བྱེད་པའི་གོམས་སྲོལ་དར་ཁྱབ་ཆེ་བའི་དངོས་དོན་ལ་གཞིགས་ཏེ་བབ་བསྟུན་བསྒྱུར་བཅོས་བྱས་པ་ཞིག་རེད། དེ་ལྟར་བོད་ཀྱི་ཡུལ་དུ་བུ་མོ་རྣམས་ལོ་བཅོ་ལྔ་ཙམ་ནས་གནས་ལ་གཏོང་བའི་སྲོལ་ཡོད་པ་ཙམ་མ་ཟད། ཁྱིམ་ཚང་ཕྱུག་པ་དང་། ཕ་མ་གཞུང་རྒྱུད་བཟང་བ། ལྷག་དོན་བུ་མོ་དེ་གའི་གཤིས་ཀ་འཛམ་པ་སོགས་ཀྱི་ཚ་རྐྱེན་ལྡན་པའི་བུ་མོ་འགའ་ཤས་ལོ་ན་བདུན་བརྒྱད་ནས་ཆུང་གཉེན་[1]བསྒྲིགས་པའི་སྲོལ་ཡོད་ལ། ཐ་ན་《གླིན་པ་མགོ་གཡུག་དང་ཚངས་པའི་སྲས་མོ་》[2]བྱ་བའི་ནང་གསལ་ལྟར་མངལ་གནས་ཕྲུ་གུའི་གཉེན་སྒྲིག་བྱེད་སྲོལ་ཡང་སྣར་སོང་ལོ་རྒྱུས་ཐོག་བྱུང་འདུག་པས་སྲོལ་རྒྱུན་ལྟ་བར་གཉེན་ལོ་ལོན་པའི་བུ་མོ་གནས་ལ་གཏོང་དུས་རང་ལོ་ཇི་ཙམ་གྱིས་ཆུང་ན་དེ་ཙམ་གྱིས་བཟང་བར་ངོས་འཛིན་ཐོག་ཕ་མའི་སྤོབས་པ་བྱེད་ཡུལ་དུ་ངོམས་པ་མ་ཟད་ཡུལ་འགའ་ཤས་སུ་དེར་བཟང་འགྲན་བྱེད་ཀྱི་ཡོད། དེ་ལས་ལོག་སྟེ་རང་གཤིས་ངན་ལ་མི་སྣང་དུ་མི་མཐུན་པ་དང་། ཡ་རབས་གུས་ཞབས་དང་བྲལ་བའི་སྨན་ཤར་འགའ་"……རྒྱབ་གང་ལྟས་སྒྲ་ལོའི་བསིལ་ལྷོང་མ། །མདུན་གང་ལྟས་སོ་དཀར་འཛུམ་ལེགས་མ། །ཕར་འགྲོ་ཁྲ་ཆུང་མིག་གིས་སྐྱེལ་ཤེས་མ། །ཚུར་ཡོང་སོ་དཀར་འཛུམ་གྱིས་བསུ་ཤེས་མ། །……"[3]ཞེས་པའི་མནའ་མའི་ཡོན་ཏན་དང་བར་ཁྱད་རིང་བས་ལོ་ན་ཐོ་ཙམ་སོན་ཡང་དེ་མནའ་མར་བསུ་རྒྱུར་འཛེམ་ཟོན་བྱེད་ཀྱི་ཡོད། དེ་ལྟར་ན་ཤོ་

① 《བོད་རྒྱ་ཚིག་མཛོད་ཆེན་མོ་》ཤོག་གྲངས་༨༡༤ལ་གསལ།

② 《བོད་ལྗོངས་དབུས་གཙང་ཁུལ་གྱི་དམངས་ཁྲོད་གཏམ་རྒྱུད་》ཤོག་གྲངས་༩༨ལ་གསལ།

③ 《སྤང་རྒྱན་མེ་ཏོག》༡༩༨༩ལོའི་དུས་དེབ་༣—༤ ཤོག་གྲངས་༦༡ལ་གསལ།

བཤད་དུ་བརྗོད་པའི་“བཙུ་དགུའི་བུ་མོ་གདོང་ནག་མ། །མགོ་གསེར་གཡུས་རྒྱན་ཡང་མ་ལེན་ཞིག །”ཅེས་པའི་ནང་སྐྱེར“བཙུ་དགུའི་བུ་མོ་”ཟེར་བ་ནི་ལོ་ན་མཐོ་བའི་སྨན་ཤར་ལ་གོ་བ་དང་། “གདོང་ནག་མ་”ཟེར་བ་ངོའི་ཤ་མདོག་ལ་གོ་བ་མ་ཡིན་པར་ཁྲོ་ཞིང་གཏུམ་པའི་རང་གཤིས་ངན་པ་ལ་གོ་བ་ཡིན། དེས་ན་ཤོ་བཤད་དེའི་ཤུགས་ལས་ལོ་ན་མཐོ་བའི་སྨན་ཤར་མནའ་མར་བསུ་རྒྱུར་འཛེམ་ཟློན་བྱེད་པ་མཚོན་ཡོད། འཛེམ་བྱ་དེ་རིགས་ནི་དོར་བྱར་འོས་པ་ཞིག་ཡིན། དེའི་རྒྱུ་མཚན་ནི་གཅིག་ནས་གཉེན་སྒྲིག་ཕྱི་པོ་བྱས་པ་དང་ཕྲུ་གུ་ཕྱི་པོ་སྐྱེས་རིགས་ལ་བརྟགས་སྐྱུལ་བྱེད་ཐུས་ཡིན་པའི་དར་སྤེལ་རང་བཞིན་ལྡན་པའི་སྤྱི་ཚོགས་སྤྱིའི་འཕེལ་ཕྱོགས་དང་རྒྱབ་འགལ་དུ་འགྲོ་བ་མ་ཟད། ཁྲིམས་བཀོད་ཀྱི་གཉེན་སྒྲིག་ལོ་ཚད་གཏན་འབེབས་ལག་བསྟར་བྱ་རྒྱུར་འགོག་རྐྱེན་བཟོ་ཡི་ཡོད་པ་དང་། གཉིས་ནས་གཉེན་སྒྲིག་ཇི་ཙམ་སྔ་པོ་བྱས་ན་གཉེན་སྒྲིག་བྱེད་མཁན་དོ་བདག་གིས་རང་ཐག་གཅོད་པའི་དབང་ཆ་དེ་ཙམ་གྱིས་ཞན་པས་བོད་ཀྱི་སྲོལ་རྒྱུན་དུ་ཕ་མའི་བཀའ་བཀོད་ལྟར་བཙན་ཤེད་ཀྱིས་གཉེན་སྒྲིག་བྱེད་དུ་འཇུག་པའི་སྲོལ་ངན་བསྐྱར་བཅོས་བྱ་རྒྱུར་འགོག་རྐྱེན་བཟོ་ཡི་ཡོད། གསུམ་ནས《གཉེན་སྒྲིག་བཅའ་ཁྲིམས་》དང་བོད་རང་སྐྱོང་ལྗོངས་ཀྱི《བབ་བསྟུན་གཏན་འབེབས་》ནང་འཁོད་ཁྲིམས་བཀོད་ཀྱི་གཉེན་སྒྲིག་ལོ་ཚད་ནི་གཉེན་སྒྲིག་བྱས་ཆོག་པའི་ལོ་ཚད་དམའ་ཤོས་ལ་ཟེར་བས“ལོ་ཚད་དེར་ལོན་ན་ངེས་པར་དུ་གཉེན་སྒྲིག་བྱ་དགོས་པ་མ་ཡིན་ལ་གཉེན་སྒྲིག་བྱ་རྒྱུའི་ལོ་ཚད་འཚམ་ཤོས་ཀྱང་མ་ཡིན།”①དེས་ན་གཉེན་སྒྲིག་སྔ་པོ་བྱས་ན་བཟང་བ་དང་ཕྱི་པོ་བྱས་ན་ཞན་པར་འཛིན་པའི་བོད་ཀྱི་སྲོལ་རྒྱུན་ལྟ་བ་དག་དཀར་ནག་གོ་ལྡོག་ཏུ་སོང་བ་ལས་མ་འདས་སོ། །

① 《གཉེན་སྒྲིག་སྐོར་གྱི་བཅའ་ཁྲིམས་གསར་པའི་ཕྱོགས་སྟོན་》ཤོག་ངོས་༥༧ལ་གསལ། ལྷུའུ་ཁྲང་ཀྲེན་གྱིས་གཙོ་སྒྲིག་བྱས། མི་རིགས་དཔེ་སྐྲུན་ཁང་ནས་༢༠༠༡ལོར་བསྐྲུན།

བོད་ཀྱི་གཉེན་སྒྲིག་སྐོར་གྱི་འཇོམ་བྱ་ཧ་ཅང་མང་པོ་ཡོད་པ་ལས་གོང་སྨོས་འཇོམ་བྱའི་རིགས་ཁག་གསུམ་པོ་དེ་དག་ཡུལ་གྲུ་མང་ཆེ་བར་ཁྱབ་ཁྱབ་རྒྱ་ཆེ་བ་དང་། དེ་ཚོས་མི་དམངས་ཀྱི་འཚོ་བར་ཤུགས་རྐྱེན་ཆེ་ཙམ་ཡོད་པར་མཐོང་ནས་དེ་དག་སྐོར་གྱི་རང་གི་ལྟ་ཚུལ་རྣམས་ཇི་བཞིན་རི་མོར་ཕབ་པ་ཡིན།

དེ་ཡང་《ལེགས་པར་བཤད་པ་རིན་པོ་ཆེའི་གཏེར་》ལས།

ཕན་བྱེད་དགྲ་བོ་ཡིན་ཡང་བསྟེན། །
གཉེན་ཡང་གནོད་ན་སྤང་བར་བྱ། །
རྒྱ་མཚོའི་ནོར་བུ་རིན་གྱིས་ཉོ། །
ཁོང་པའི་ནད་ནི་སྨན་གྱིས་འབྱིན། །ཞེས་གསུངས་སོ། །

༧༡། །མིང་འགའི་འདོགས་ཚུལ་ལས་འཕྲོས་པའི་གཉེན་སྒྲིག་གོམས་སྲོལ་དང་འབྲེལ་བའི་འདྲ་ཤེས་འགའ།

གཅིག མིའི་མིང་གི་འདོགས་ཚུལ་ལས་འཕྲོས་པའི་འདྲ་ཤེས།

གནའ་རབས་བོད་མིར་རུས་མིང་ཡོད་ནའང་དུས་ཕྱིས་རུས་མིང་སྤྱོད་པའི་གོམས་གཤིས་དེ་ཕལ་ཆེར་མིང་གི་ལྷག་མ་ཙམ་དུ་གྱུར་ནས་བོད་རིགས་ཀྱི་ཕྲུ་གུའི་མིང་བླ་མའི་དྲུང་ནས་ཞུ་བའམ་ཡང་ན་ཕ་མའམ་རྒན་རབས་ཀྱིས་ཕྲུ་གུར་མིང་འདོགས་པའི་སྲོལ་དར་ནས་ཡོད། ཕྲུ་གུར་མིང་འདོགས་སྐབས་ཆོས་ལུགས་ཀྱི་དོན་དང་ལྡན་པའི་མིང་དང་། བཀྲ་ཤིས་པའི་དོན་མཚོན་པའི་མིང་། ཡང་ན་ཕྱུགས་རེ་མཚོན་པའི་མིང་དང་ཕྲུ་གུ་སྐྱེས་དུས་ཀྱི་གཟའ་ཚེས་མཚོན་པའི་མིང་སོགས་འདོགས་སྲོལ་ཡོད། དེ་ལས་ཕྱུགས་རེ་མཚོན་པའི་མིང་འདི་རིགས་ནི་ཕ་མའི་འདོད་དོན་འགྲུབ་རྒྱུའི་རེ་སྐྱོན་ལ་གཞིགས་ཏེ་བཏགས་པ་ཞིག་ཡིན་པས། དེའི་ཐོག་ནས་ཕ་མའི་རེ་འདོད་དམ་འདུ་ཤེས་དེ་ཡོངས་སུ་མངོན་ཐུབ་ཀྱི་ཡོད། དེ་ཡང་དཔེར་ན། མཚམས་གཅོད་དང་། ཆོག་པ། ཚང་བདག་ལྷ་བུ་ནི་ཕོ་མོ་གཉིས་ཀར་འཇུག་ཅིང་སྐྱེ་མཚམས་འཛོག་འདོད་མཚོན་པའི་མིང་ཡིན་པ་དང་། བུ་ཁྲིད་དང་། བུང་ཆོག གསུམ་ཆོག བཞི་ཆོག ལྔ་ཆོག་ལྷ་བུ་ནི་བུ་མོ་མི་སྐྱེ་བའི་རེ་འདོད་མཚོན་པའི་བུ་མོའི་མིང་ཡིན་པ། བུ་ཆོག་དང་། ལྔ་ཚང་། བུ་དྲུག བུ་བདུན་ཟེར་བ་རྣམས་སྐྱེ་མཚམས་འཛོག་འདོད་མཚོན་པའི་བུའི་མིང་ཡིན། མིང་དེ་དག་འདོགས་དགོས་དོན་གྱི་རྒྱུ་མཚན་གསལ་པོ་ཡོང་ཆེད་འདིར་དཔྱས་

གཙང་གཉིས་ལས་ཡུལ་ཚན་རེ་རེ་བྲུར་འཐེན་གྱིས་མིའི་མིང་དེ་རིགས་ལ་དབྱེ་ཞིབ་རགས་ཙམ་བྱ་རྒྱུ་ཡིན།

དབུས་ཁུལ་ལྷ་ས་གྲོང་ཁྱེར་མལ་གྲོ་གོང་དཀར་རྫོང་རྒྱ་མ་ཁུལ་དུ་སྐྱེ་མཚམས་འཛུག་འདོད་མཆོན་པའི་མིའི་མིང་གཙོ་བོ་མཚམས་གཅོད། མཚམས། བུ་ཆུང་བཅས་འདོགས་སྲོལ་ཡོད་པ་དང་། སྤྱི་ལོ་༢༠༠༥ ལོར་ང་ཚོས་ཁུལ་དེར་བརྟག་ཞིབ་བྱེད་སྐབས་ཤང་ཡོངས་ནས་དུད་ཚང་༡༥༨ བྲུར་འཐེན་གྱིས་དེ་རྣམས་ཀྱི་བུ་ཕྲུག་གི་ནང་གོང་གསལ་མིང་དེ་རིགས་ཐོགས་པ་བསྡོམས་མི་གྲངས་༡༣ ཡོད་པ་དང་། དེའི་ནང་བུ་གསུམ་དང་བུ་མོ་བཅུ་ཡོད་པ་དང་། དེ་དག་ལས་གཅེན་གཅུང་གི་ཁྲོད་དུ་ཨང་རིམ་བཞི་པ་བཟུང་བ་མི་གསུམ་དང་། ཨང་རིམ་ལྔ་པ་བཟུང་བ་མི་བཞི། ཨང་རིམ་དྲུག་པ་བཟུང་བ་མི་གཅིག ཨང་རིམ་བདུན་པ་བཟུང་བ་མི་གསུམ། ཨང་རིམ་བརྒྱད་པ་བཟུང་བ་མི་གཉིས་བཅས་ཡོད་པ་ཤེས་རྟོགས་བྱུང་། དེ་རྣམས་ཀྱི་ཞིབ་ཕྲའི་གནས་ཚུལ་ནི་གཤམ་གསལ་རེའུ་མིག་ལྟར།

དུས་ཚང་གི་ཨང་རིམ།	མི་དེ་རང་གི་མིང་།	དེའི་མཐའམ་པ་ཡི་མིང་།	མ་ལ་སྐྱེས་པའི་ཕྲུ་གུའི་བསྡོམས་གྲངས།	མི་དེ་ཕྲུ་གུའི་ནང་གི་ཨང་རིམ།
༠༢༧	བུ་ཆུང་།	བསོད་ནམས་ཆོས་སྒྲོན།	༡༠	༧
༡༩༡	མིག་དམར་མཚམས་གཅོད།	བཀྲ་ཤིས་ལྷ་མོ།	༥	༥
༠༩༨	བུ་ཆུང་།	བསམ་བསྟན།	༨	༦
༠༩༨	མཚམས་གཅོད་བདེ་སྐྱིད།	བསམ་བསྟན།	༨	༤
༡༠༠	ཕུར་བུ་མཚམས་གཅོད།	སྐལ་བཟང་ཆོས་སྒྲོན།	༤	༤
༡༢༦	མཚམས་གཅོད།	ཆོས་སྒྲོན།	༦	༥
༡༡༡	ཉི་མ་མཚམས་གཅོད།	བསམ་གཏན།	༥	༩
༡༩༢	མཚམས་སྒྲོལ་དཀར།	རྒྱ་རོང་། པ	༧	༥

༡༩༢	མཚམས་གཅོད།	རྒྱ་རིང་། པ	༧	༧
༡༨༣	ཆུང་བདག	ཆོས་སྒྲོན།	༥	༥
༡༨༥	མཚམས་གཅོད།	རྒྱལ་མཚན། པ	༧	༧
༣༡༧	ཆུང་བདག	པ་མ་གྲོང་།	༩	༩
༣༢༢	བུ་ཆུང་།	ཚེ་གྲུབ།	༩	༩

གཙང་ ཁུལ་ པ་ སྣམ་ རྫོང་ བཀྲ་ ཤར་ ཤང་ དགེ་ འཁོར་ རྫོང་ གྲོང་ ཚོར་ ༢༠༠༨ལོར་སྤྱི་ཚོགས་བརྟག་ཞིབ་བྱེད་སྐབས་ཤེས་རྟོགས་བྱུང་བར། གྲོང་ཚོ་དེར་དུད་ཚང་༩༢ལ་མི་གྲངས་༣༩༠ཡོད་པའི་ནང་བུད་མེད་༡༨༢ཡོད་པ་དང་སྐྱེས་པ་ ༡༧༨ཡོད། སྐྱེ་ མཚམས་ འཛོག་ འདོད་ མཚོན་ པའི་ མིང་ བཏགས་ པ་བསྡོམས་མི་གྲངས་༨༥ཡོད་པའི་ནང་བུད་མེད་༨༠དང་བུ་༥ལས་མེད། བུད་མེད་ རྣམས་ ལས་ མིང་ དུ་ བུ་ ཁྲིད་ ཐོགས་ པ་ ༣༧དང་། ཚོག་ པ་ ཐོགས་ པ་ ༡༨ མཚམས་གཅོད་ཐོགས་པ་༧ བུང་ཚོག་ཐོགས་པ་༩ གསུམ་ཚོག་ཐོགས་པ་༩ ཆུང་བདག་ཐོགས་པ་༨ བུང་ཆུང་ཐོགས་པ་༢བཅས་དང་། བུ་རྣམས་ལས་ཚོག་པ་ཐོགས་པ་༣དང་བུ་ཆུང་ཐོགས་པ་༢ཡོད།

དེ་དག་ལས་ང་ཚོས་གསལ་པོར་རྟོགས་ཐུབ་པ་ནི་ཕྲུ་གུ་བུ་སྐྱེས་ན་དགའ་བ་དང་། བུ་མོ་སྐྱེས་ན་དམན་པར་བརྩིས་བའི་འདུ་ཤེས་མངོན་གསལ་ཡིན། ལྷག་པར་གཙང་ཁུལ་གྱི་མིའི་མིང་ལས་བཟའ་ཚོའི་ཕྲུ་གུ་ཁན་འགོ་དེ་བུ་མོ་ཡིན་ན་དེའི་མིང་ཟུར་ལ་བུ་ཁྲིད་ཅེས་བཏགས་མཁན་མང་བ་དང་། དེས་རྗེས་སུ་བུ་ཞིག་ཁྲིད་ཡོང་ན་སྙམ་པ་སྟེ་བུ་ཞིག་སྐྱེ་བའི་རེ་སྨོན་གསལ་པོར་མཚོན་ཡོད། གོང་གསལ་མིང་དུ་བུ་ཁྲིད་ཐོགས་པའི་བུ་མོ་༣༧ལས་སྤུན་མཆེད་ཁྲིད་ཁན་འགོ་བཟུང་བ་༢༢ཡོད་པ་དང་། ཁུལ་དེར་ད་དུང་བཟའ་ཚོར་ཕྲུ་གུ་ཁན་འགོ་བུ་སྐྱེས་ན་དེའི་མིང་ཟུར་དུ་དགོས་པ་དེ་སྐྱེས་བྱུང་ཟེར་བའི་དོན་མཚོན་ཆེད་དུ་དགོས་སྐྱེས་ཞེས

འདོགས་མཁན་ཡང་མི་ཉུང་བ་ཞིག་ཡོད་པ་དེས་གོང་གསལ་གྱི་འདུ་ཤེས་དེ་དེ་བས་གསལ་པོར་མངོན་ཐུབ། གཤམ་དུ་ང་ཚོས་དོན་དེ་གསལ་པོ་ཞིག་ཡོང་ཆེད་དགེ་འཕོར་རྫོང་གྲོང་ཚོའི་དུད་ཚང་འགའི་ཞིབ་ཕྲའི་གནས་ཚུལ་དཔེ་མཚོན་དུ་དྲངས་རྒྱུ་ལ། དུད་ཚང་ཨང་༧སྡེ་རྒྱ་བོད་ཚང་ནི་སྤར་ཁུལ་དེའི་རྒྱ་འུང་ཚང་ཟེར་བ་བོད་འབྲོག་གཉིས་སུ་ཁ་གྱེས་པ་ལས་བྱུང་བ་དང་། ཁུལ་དེའི་གྲོང་པ་རྙིང་གྲས་ཤིག་ཡིན། དུད་ཚང་དེའི་རྫོ་བོ་ལགས་ཀྱི་མཚན་ལ་རྡོ་རྗེ་བུ་ཁྲིད་ཟེར་བ་དང་། ཁོང་ནི་ཕུ་གྲོང་ཚོའི་སྐྱིད་ལོ་ཚང་ནས་དུས་རབས་གོང་མའི་ལོ་རབས་དྲུག་ཅུའི་ནང་རྒྱ་བོད་ཚང་གི་ཚེ་རིང་སོགས་བུ་སྤུན་གསུམ་གྱི་མནའ་མར་སླེབས་པ་རེད། ཁོང་གི་མ་ཚང་དུ་ཕ་གཅིག་སྤུན་ཕྲུག་གསུམ་ཡོད་པ་ལས་རང་ཉིད་ཀན་འགོ་དེ་ཡིན་པ་དང་། གཞན་གཉིས་གཅུང་པོ་ཡིན་པས་མཚན་ལ་བསྟན་འཛིན་དོན་གྲུབ་དང་དབང་རྒྱལ་ཞེས་བཏགས་ཡོད། རྡོ་རྗེ་བུ་ཁྲིད་རྒྱ་བོད་ཚང་དུ་སླེབས་རྗེས་བསྡོམས་བུ་ཕྲུག་བདུན་སྐྱེས་པ་ལས་ཀན་པ་གསུམ་ནི་བུ་ཡིན་པ་དང་། དེ་ཚོའི་མིང་ལ་སྤྲིན་པ་རྒྱལ་པོ་དང་། བསྟན་འཛིན། རིག་འཛིན་བཅས་བཏགས་ཡོད་པ་དང་། བཞི་པ་དང་ལྔ་པ་གཉིས་བུ་མོ་ཡིན་པས་མིང་དུ་ཕུར་བུ་ཚོག་པ་དང་མཚམས་ཆུང་ཞེས་བཏགས་པ། དྲུག་པ་དེ་བུ་ཡིན་པས་མིང་ལ་ངག་དབང་བཏགས་པ། བདུན་པ་དེ་བུ་མོ་ཡིན་པས་མིང་དུ་ལྷག་པ་ཆུང་བདག་ཅེས་བཏགས་ནས་ཡོད། ཡང་དུད་ཚང་དེའི་བུ་བཞི་ལ་དུས་རབས་གོང་མའི་ལོ་རབས་བརྒྱད་ཅུ་པའི་ནང་གྲོང་ཚོ་དེ་རང་གི་དུད་ཚང་ཨང་༥པ་སྡེ་ཕ་ཤར་ཚང་གི་བུ་མོ་སྒྲོལ་མ་ཚོག་པ་མནའ་མར་སླེབས་པ་དང་། ཁོང་ལ་ཕྲུ་གུ་བཞི་སྐྱེས་པ་ལས་དང་པོ་དེ་བུ་མོ་ཡིན་པས་མིང་དུ་བཀྲ་ཤིས་བུ་ཁྲིད་བཏགས་པ་དང་། གཉིས་པ་དེ་བུ་ཡིན་པས་མིང་དུ་རིན་ཆེན་དབང་འདུས་ཞེས་བཏགས་པ། གསུམ་པ་དང་བཞི་པ་གཉིས་བུ་མོ་ཡིན་པས་སྲི་ཐར་དང་བདེ་སྐྱིད་ལྷ་མོ་ཞེས་མིང་དུ་བཏགས་ནས་ཡོད།

སྒྲོལ་མ་ཆོག་པ་ཡང་དུད་ཚང་༥པའི་ནང་ཕྲུ་གུ་བདུན་ནང་གི་ཨང་ལྔ་པ་དེ་ཡིན་པ་དང་། ཁོང་གི་གཙེན་པོ་རྒན་འགོ་དེའི་མིང་ལ་པ་རྡོར་ཞེས་བཏགས་པ་དང་། གཉིས་པ་དང་གསུམ་པ་གཉིས་གཙེན་མོ་ཡིན་པས་མིང་དུ་བུ་ཁྲིད་དང་བུང་ཆོག་ཅེས་བཏགས་ནས་ཡོད། ཡང་དཔེར་ན་དུད་ཚང་ཨང་༣༠སྟེ་ལོངས་སྤྱོད་ཚང་ལ་མཚོན་ན། དུད་ཚང་དེ་ནི་སྔར་ཁྲུལ་དེའི་དུད་ཚང་ཆེ་ཤོས་ཨ་ཞང་ཚང་ནས་ཕྱེས་པ་ཞིག་ཡིན་པ་དང་། དུད་ཚང་དེའི་ད་ལྟའི་མ་ཡི་མཚན་ལ་ཉི་མ་ཆོག་པ་ཟེར་བ་དང་། ཁོང་ལ་ཕྲུ་གུ་བུ་གཉིས་དང་བུ་མོ་གསུམ་བྱུང་བའི་ནང་རྒན་འགོ་དང་གཉིས་པ་དེ་བུ་མོ་ཡིན་པས་མིང་དུ་མིག་དམར་བུ་ཁྲིད་དང་སྤེན་པ་བུ་ཁྲིད་ཅེས་བཏགས་ཡོད་པ་དང་། གསུམ་པ་དེ་བུ་ཡིན་པས་དགྲ་འདུལ་ཟེར་བ། བཞི་པ་དེ་བུ་མོ་ཡིན་པས་གསུམ་ཆོག་ཅེས་བཏགས་པ། ལྔ་པ་དེ་བུ་ཡིན་པས་པ་སངས་ཞེས་བཏགས་ནས་ཡོད། ཡང་དུད་ཚང་ཨང་༥༣སྟེ་རྒྱ་ཟུར་ཚང་ལ་མཚོན་ན། དུད་ཚང་དེ་ནི་སྔར་གྱི་རྒྱ་ཞུང་ཚང་ཟེར་བ་ལས་ཕྱེས་བའི་དུད་ཚང་ཞིག་ཡིན་པ་དང་། དེའི་སྨྱོ་བོའི་མི་རབས་ལ་གཙེན་གཙུང་བཞི་ཡོད་པ་ལས་རྒན་འགོ་དེ་བུ་ཡིན་པས་མཚན་ལ་ཉི་མ་དགོས་སྐྱེས་ཟེར་བ་དང་། གཉིས་པ་དེ་ཡང་བུ་ཡིན་པས་མཚན་ལ་བློ་བཟང་བཏགས། གསུམ་པ་དེ་བུ་མོ་ཡིན་པས་མཚན་ལ་ཉི་མ་བུ་ཁྲིད་དུ་བཏགས། བཞི་པ་དེ་ཕ་མའི་རེ་འདུན་ལྟར་བུ་ཞིག་སྐྱེས་པས་མཚན་ལ་དོན་གྲུབ་ཅེས་བཏགས་ནས་ཡོད། གོང་གི་གཙེན་གཙུང་བུ་སྤུན་གསུམ་པོ་ལ་དུས་རབས་གོང་མའི་ལོ་རབས་ལྔ་བཅུའི་ནང་ས་སྐྲ་རྫོང་ཁོངས་ནས་མནའ་མ་ཞིག་མཉམ་བསྡུ་བྱས། དེར་ཕྲུ་གུ་ལྔ་བྱུང་བའི་རྒན་འགོ་དེ་རེས་གཟའ་པ་སངས་ལ་སྐྱེས་པ་དང་བུ་ཞིག་ཡིན་པས་མིང་ལ་པ་སངས་དགོས་སྐྱེས་སུ་བཏགས། རྒན་འོག་དེའང་རེ་གཟའ་སྤེན་པར་སྐྱེས་པ་དང་བུ་ཞིག་ཡིན་པས་དེའི་མིང་ལ་སྤེན་པ་རྡོ་རྗེ་ཞེས་བཏགས། གསུམ་པ་དེ་བུ་མོ་ཞིག་སྐྱེས་པས་དེའི་མིང་ལ་སྒྲོལ་མ་ཆོག་པ་ཞེས་

བཏགས། བཞི་པ་དེ་བུ་ཞིག་ཡིན་པས་སྤྱི་ཐར་ཚེ་རིང་ཞེས་བཏགས། ལྔ་པ་དེ་བུ་མོ་ཡིན་ཁར་གཟའ་སྤེན་པ་ལ་སྐྱེས་པས་མིང་ལ་སྤེན་པ་བུ་ཁྲིད་ཅེས་བཏགས། དེས་ཕ་མའི་རེ་འདོད་ལྟར་བུ་ཞིག་ཁྲིད་ཡོང་བས་སྦྲུ་གུ་དྲུག་པ་དེའི་མིང་ལ་ཕུར་བུ་ཚོག་ཚེ་བཏགས། བུ་རྒན་པ་གཉིས་ལ་དུས་རབས་གོང་མའི་ལོ་རབས་བརྒྱད་ཅུའི་ནང་སླར་ཡང་ས་སྐྱ་རྫོང་ཁོངས་ནས་མནའ་མ་ཞིག་མཉམ་བསུ་བྱས། དེར་སྦྲུ་གུ་བདུན་བྱུང་བའི་རྒན་འགོ་དེ་རེ་གཟའ་སྤེན་པ་ལ་སྐྱེས་པ་དང་བུ་མོ་ཞིག་ཡིན་པས་མིང་ལ་སྤེན་པ་བུ་ཁྲིད་དུ་བཏགས། རྒན་འོག་དེའང་བུ་མོ་ཞིག་ཡིན་པས་དེའི་མིང་ལ་བུང་ཆོག་ཅེས་བཏགས། གསུམ་པ་དེ་གཞི་ནས་བུ་ཞིག་སྐྱེས་པས་དེའི་མིང་ལ་སྤེན་པ་དགོས་སྐྱེས་སུ་བཏགས། བཞི་པ་དེ་སླར་བུ་མོ་ཞིག་སྐྱེས་པས་མིང་ལ་སྤེན་པ་མཚམས་གཅོད་དུ་བཏགས། ལྔ་པ་དེ་བུ་ཞིག་སྐྱེས་པས་མིང་ལ་དགྲ་འདུལ་ཞེས་བཏགས། དྲུག་པ་དེ་བུ་མོ་ཞིག་སྐྱེས་པས་དེ་ཡི་མིང་ལ་བཞི་ཆོག་ཅེས་བཏགས། བདུན་པ་དེ་བུ་ཞིག་སྐྱེས་པས་མིང་ལ་བུ་ཆུང་ཞེས་བཏགས་ནས་ཡོད། (གོང་གསལ་དུད་ཚང་དེ་ཚོའི་ཁྱིམ་རྒྱུད་དམ་སྤུན་མཆེད་ཀྱི་འཕེལ་སྟངས་རི་མོ་དང་ཞིབ་ཕྲའི་མིའི་མིང་རྣམས་རྒྱབ་ཏུ་གསལ་བ་ལྟར་རོ། །)

གོང་གསལ་དཔེ་མཚོན་དེ་རྣམས་ཀྱི་ནང་སྐྱེ་མཚམས་འཛོག་འདོད་མཚོན་པའི་ཕོ་མོའི་མིང་གི་འདོགས་སྟངས་ལ་བལྟས་ན། ཙོ་ཤུག་གི་སྦྲུ་གུ་རྒན་འགོ་དེ་བུ་མོ་སྐྱེས་ན་མིང་དུ་བུ་ཁྲིད་བཏགས་མཁན་ཤས་ཆེ་བས། དེས་རྗེས་སོར་སྦྲུ་གུ་བུ་ཞིག་སྐྱེས་ན་བསམ་པའི་ཕུགས་རེ་མཚོན་པར་བྱས་པ་དང་། བུ་མོ་གཉིས་ཙམ་སྐྱེས་ན་གཉིས་པ་དེའི་མིང་ལ་བུང་ཆོག་ཅེས་བཏགས་ནས་རྗེས་སོར་བུ་མོ་མི་སྐྱེ་བའི་རེ་འདུན་མཚོན་པར་བྱས་པ་དང་། བུ་མོ་གསུམ་མམ་བཞིའམ་ལྔ་སྐྱེས་ན་དེ་ཚོའི་མིང་དུ་རིམ་པ་བཞིན་གསུམ་ཆོག་དང་། བཞི་ཆོག ལྔ་ཆོག་ཟེར་བ་དང་མཚམས་གཅོད་སོགས་འདོགས་མཁན་མང་བས། དེ་དག་གི་ཐོག་ནས་བུ་མོ་མང་

པོ་དགོས་པ་མེད་པའི་བསམ་འདུན་མངོན་ཡོང་གི་ཡོད། དེ་བཞིན་གོང་དུ་དྲངས་པའི་རྒྱ་ཟུར་ཚང་ལྟར་རྒན་འགོ་དེ་བུ་ཞིག་སྐྱེས་པའམ་བུ་མོ་རེ་གཉིས་སྐྱེས་པའི་རྗེས་སུ་བུ་ཞིག་སྐྱེས་ན་ཕ་མར་དགོས་པ་དེ་སྐྱེས་བྱུང་བས་དགོས་སྐྱེས་སམ་དོན་གྲུབ་ཅེས་མིང་དུ་འདོགས་མཁན་ཡང་མི་ཉུང་བ་ཞིག་ཡོད་པ་དང་། བུ་སྐྱེས་པ་ལ་སྐྱེ་སྐྱོ་འགོག་འདོད་མཚོན་པའི་མིང་བཏགས་པ་ཏ་ཙང་ཉུང་ལ། དེ་ལྟའི་མིང་བཏགས་པ་རྣམས་ཀྱང་ཁྱི་ཤུག་གཉིས་ལ་ཕྲུ་གུ་བུ་བཞི་ཡན་སྐྱེས་ན། གཞི་ནས་ཉུང་ཤས་ཀྱིས་བུ་ཆུང་དང་། ཆོག་པ། ལྔ་ཆུང་། བུ་དྲུག་གམ་བུ་ཆོག་ཅེས་འདོགས་སྲོལ་ཡོད།

གཉིས། ཁྱི་ཕྲུག་གི་འབོད་རྩལ་འགའ་ལས་འཕྲོས་པའི་འདྲ་ཤེས།

བོད་ལྗོངས་དབུས་གཙང་ཁུལ་དུ་ཁྱི་ཕྲུག་གི་སྐད་ཚུལ་ཅུང་མང་ཙམ་ཡོད་པ་དང་། མི་རྣམས་ཀྱིས་ཁྱི་ཕྲུག་ལ་མཐོང་ཆུང་བྱེད་པའི་བསམ་གཞིགས་མངོན་གསལ་མེད་ལ་ཁྱི་ཕྲུག་དོར་བའི་སྐད་ཚུལ་ནི་དེ་བས་མཐོང་རྒྱུ་མེད། སྤྱིར་ཁྱི་ཕྲུག་ལ་ཁྱིམ་ཚང་ནང་ཕྲུ་གུ་གཞན་དང་འདྲ་བའི་ཐོབ་ཐང་དང་གོ་བབ་ཡོད་ནའང་ཁྱི་ཕྲུག་བྱུང་བའི་རྗེས་དེའི་མ་ཡི་གཉེན་སྒྲིག་གི་དོན་ཆེན་ལ་གནོད་སྐྱོན་ཕོག་པ་མ་ཟད་ཁྱི་ཕྲུག་དེ་རང་གི་མདུན་ལམ་ལའང་ཤུགས་རྐྱེན་ངན་པ་ཞིག་ཐེབས་ཀྱི་ཡོད།

སྤྱིར་བོད་ཁྱོན་ཡོངས་སུ་གཉེན་སྒྲིག་མ་བྱས་གོང་ཕོ་མོ་འགབ་མཐུན་བྱས་ནས་སྐྱེས་པའི་ཕྲུ་གུ་ལ་ཁྱི་ཕྲུག་དང་། ནལ་ལེ། ནལ་བུ་བཅས་སུ་འབོད་སྲོལ་ཡོད། ད་ལམ་ཁོ་བོས་སྤྱི་ཚོགས་བརྟག་དཔྱད་བྱེད་ཡུལ་དབུས་ཀྱི་རྒྱ་མ་ཤང་དང་གཙང་གི་པ་སྣམ་རྫོང་དགེ་འཕེལ་རྫོང་གྲོང་ཚོ་སྟེ་དབུས་གཙང་གི་ས་ཁུལ་གཉིས་ལ་ཁྱི་ཕྲུག་གི་མིང་དུ་རྟོལ་ལེའམ་རྟོལ་གོག་དང་རྟོལ་པོ་རྟོལ་མོ་ཞེས་འབོད་སྲོལ་ཡོད།

རྟོལ་ཟེར་བ་ནི་རྒྱུད་འདྲེས་སྡེབ་སྦྱོར་བྱས་ནས་སྐྱེས་པའི་ཕྱུགས་ཟོག་གི་རིགས་ཤིག་ཡིན་ཞིང་། དེའི་མ་མཛོ་མོ་ཡིན་པ་དང་ཕ་ནི་གླང་ངམ་གཡག་ཡིན། རྟོལ་གྱི་མ་སྡེ་མཛོ་ལ་མཚོན་ནའང་། དེ་ནི་གླང་དང་འབྲིའམ། གཡག་དང་བ་མོ་བསྡེབས་པ་ལས་སྐྱེས་པའི་ཕྱུགས་ཟོག་ཅིག་ཡིན་ལ། གླང་དང་འབྲི་བསྡེབས་པ་ལས་སྐྱེས་པ་ལ་འབྲི་མཛོ་དང་། གཡག་དང་བ་མོ་བསྡེབས་པ་ལས་སྐྱེས་པ་ལ་བ་མཛོ་ཞེས་འབོད་སྲོལ་ཡོད། མཛོ་ཕོ་ལ་སྐྱེ་འཕེལ་གྱི་ནུས་པ་མེད་སྟབས་མཛོ་མོ་དང་གཡག་གམ་གླང་སྡེབ་སྦྱོར་བྱེད་ཀྱི་ཡོད། མཛོ་མོ་དང་གཡག་སྡེབ་སྦྱོར་བྱས་པ་ལས་སྐྱེས་པ་ལ་བཟང་རྟོལ་དང་། གླང་དང་སྡེབ་སྦྱོར་བྱས་པ་ལས་བྱུང་བ་ལ་ངན་རྟོལ་དུ་འབོད་སྲོལ་ཡོད། དོན་དུ་བྱི་ཕྲུག་གི་འབོད་སྲོལ་དེ་ལས་མང་ཚོགས་ཀྱིས་བྱི་ཕྲུག་ནི་ལུགས་མཐུན་གྱིས་ཕོ་མོ་འདུས་པ་ལས་སྐྱེས་པ་ཞིག་ཡིན་པར་མི་བརྩིས་ལ། དེར་ཞྭ་ཁྲ་ཏུ་མཐོང་ཚུང་དང་ངན་སྨྲས་བྱེད་ཀྱི་ཡོད་པའང་མཚོན་ཐུབ། ལྷག་པར་བྱི་ཕྲུག་བྱུང་བའི་བུད་མེད་དང་། བྱི་ཕྲུག་དེ་བདག་གི་དངོས་ཡོད་འཚོ་བའི་ནང་འཕྲད་པའི་དཀའ་ངལ་མང་པོ་ཞིག་གི་ཐོག་ནས་ཀྱང་ཕོ་མོ་འགབ་མཐུན་དང་བྱི་ཕྲུག་གི་གནད་དོན་ལ་འཛིན་པའི་འདུ་ཤེས་དེ་གསལ་པོ་རྟོགས་ངེས་ཡིན།

རྒྱ་མ་ཤང་དུ་སྤྱི་ཚོགས་བརྟག་དཔྱད་བྱེད་རིང་ང་ཚོས་ཁུལ་དེའི་དུད་ཚང་ལྔ་བརྒྱ་ལྷག་ཙམ་ཡོད་པའི་ནང་མ་དང་བུ་མོས་ཁྱོ་པོ་གཅིག་མཉམ་དུ་སྤྱོད་མཁན་དུད་ཚང་གཅིག་རང་ཡོད་པ་ཤེས་རྟོགས་བྱུང་། ང་ཚོས་དུད་ཚང་ཨང་༡༥༩ དེ་དང་། དེ་དེ་ལྟར་གྱི་ཚུལ་མིན་སྤྱོད་ལ་འཇུག་པའི་ཞིབ་ཕྲའི་གནས་ཚུལ་ལ་བརྟག་ཞིབ་བྱེད་སྐབས། དེ་ནི་མི་རབས་གཉིས་བྱི་ཕྲུག་མངའ་བའི་དབུལ་ཞིང་ཕོངས་པའི་དུད་ཚང་ཞིག་ཡིན་པ་ཤེས་རྟོགས་བྱུང་། ང་ཚོས་བཅར་འདྲི་ཞུ་ཡུལ་ནི་དགུང་ལོ་༥༣ ལ་ཕེབས་པའི་དུད་ཚང་དེའི་མ་ག་གེ་མོ་ཡིན། ཁོང་གིས་ང་ཚོར་ངོ་སྤྲོད་གནང་བར། ག་གེ་མོའི་མ་དེ་དགུང་ལོ་༢༣ སྐབས་ཚང་ས་མ་བརྒྱབ་བཞིན་

དུ་ག་གེ་མོ་སྐྱེས། དེ་རྗེས་ལོ་བཅུ་གཉིས་ཙམ་མ་སྨད་གཉིས་ཁེར་དུ་འཚོ་བ་སྐྱེལ་ནས་བསྡད། ག་གེ་མོ་ལོ་བཅུ་གཉིས་སྐབས་ཁོང་གི་མ་དང་མ་དེ་རང་ལས་ལོ་བཅུ་ཡིས་ཆུང་བའི་ཕོ་རེང་དུ་གྱུར་བའི་བུ་ཚེ་གེ་མོ་འཚོ་བ་མཉམ་སྐྱེལ་བྱས། ཁོང་གཉིས་ལ་བུ་ཞིག་སྐྱེས། དེ་རྗེས་ག་གེ་མོ་མོ་ལོ་༢༡ནས་ཚེ་གེ་མོ་དང་ལུས་འབྲེལ་བྱུང་བས་སྔ་རྗེས་སུ་ཕྲུ་གུ་བཞི་སྐྱེས། ད་ལྟ་དུད་ཚང་དེར་བསྡོམས་མི་གྲངས་བརྒྱད་ཡོད། ང་ཚོས་ག་གེ་མོར་ཁྱེད་གཉིས་ཆང་ས་ག་དུས་བརྒྱབ་པ་ཡིན་ནམ་ཞེས་འདྲི་སྐབས། ང་ཚོ་ཆང་ས་བརྒྱབ་མེད་ཅེས་ལན་སློན་བྱུང་། ང་ཚོས་ཁུལ་དེའི་བགྲེས་སོང་ཞིག་ལ་དེ་དང་འབྲེལ་ཡོད་ཀྱི་གནད་དོན་བཀའ་འདྲི་ཞུས་རྗེས་ཤེས་རྟོགས་བྱུང་བར། ག་གེ་མོའི་ཕ་དེའང་བྱི་ཕྲུག་ཡིན་པ་མ་ཟད། དེར་གཅེན་གཅུང་གཞན་གསུམ་ཡོད་པའང་ཚང་མ་ཕ་མི་འདྲ་བའི་བྱི་ཕྲུག་ཤ་སྟག་ཡིན། ག་གེ་མོའི་ཕ་དེ་བཤན་པའི་རྒྱུད་པ་ཡིན་པས་ག་གེ་མོའང་ཁུལ་དེར་རིགས་དམན་པར་བརྩིས་ཀྱི་ཡོད་པས། སྐྱིད་པོ་ལ་ཉིས་བརྩེགས་མེད་པའི་སྡུག་པོ་ལ་གསུམ་བརྩེགས་ཀྱི་དཔེ་ལྟར་ག་གེ་མོ་ལང་ཚོས་དར་ཡང་མནའ་མར་བསུ་མཁན་མེད་ལ་མག་པར་ཡོང་མཁན་ཡང་མེད་པས་ཐབས་ཟད་མ་ཡི་ཟླ་བོ་དང་མཉམ་སྡོད་བྱས། ཁྱིམ་ཚང་གི་འཚོ་བ་ད་དུང་སུ་མཐུད་དབུལ་ཕོངས་ཀྱི་གནས་ལས་མ་ཐར་བས། ཚེ་གེ་མོས་ཁུལ་དེར་གཞན་གྱིས་བཅོལ་ལྟ་མཐོང་ཆུང་བྱེད་པའི་རྟོགས་ལྡན་གྱི་ལས་ལ་འཇུག་བཞིན་ཡོད།

(དུད་ཚང་དེའི་གཉེན་གྱི་འབྲེལ་བའི་རི་མོ་རྒྱབ་ལ་གསལ།)

ང་ཚོས་རྒྱ་མ་ཁུལ་གྱི་དུད་ཚང་ཨང་༡༤༣དང་། ༡༤༩ ༡༥༤ ༡༥༥ བཅས་དུད་ཚང་བཞིའི་གཉེན་གྱི་འབྲེལ་བ་དང་དེ་ཚོའི་ནང་བྱུང་བའི་བྱི་ཕྲུག་གི་སྐོར་ལ་གཞིགས་པ་བྱེད་སྐབས་གནས་ཚུལ་ཡ་མཚན་ཅན་དེ་ལྟར་ཤེས་རྟོགས་བྱུང་སྟེ། དུད་ཚང་ཨང་༡༥༥ཚང་གི་མ་ག་གེ་མོའི་ཨ་མ་དེ་མི་ཚེ་ཧྲིལ་པོར་གཉེན་སྒྲིག་བྱེད་མྱོང་མེད་ནའང་སྔ་རྗེས་སུ་ཕྲུ་གུ་གཉིས་སྐྱེ་མྱོང་ཡོད། དེ་ཡང་ཁོང་དགུང་ལོ་

༢༥ལ་སོན་སྐབས་གྲོང་ཚོ་དེ་རང་གི་སྐྱེས་པ་ཞིག་དང་འབྲེལ་བ་བྱུང་ནས་ག་གེ་མོ་དེ་སྐྱེས་པ་དང་། ལོ་གཉིས་སོང་བའི་རྗེས་སུ་ག་གེ་མོའི་ཕ་དེས་བུ་མོ་གཞན་ཞིག་མནའ་མར་བསུས་ནས་དུད་ཚང་ཨང་༡༨༩དེ་གྲུབ། ག་གེ་མོའི་མ་དེ་མནའ་མར་བསུ་མཁན་མེད་ལ་དེར་མག་པའང་ལེན་མ་ཐུབ་པར་དུས་ཡུན་ལོ་བཅུ་གཉིས་ཙམ་ལུས། ཕོང་དགུང་ལོ་༣༧ལ་སོན་སྐབས་སླར་ཡང་གྲོང་ཚོ་དེའི་སྐྱེས་པ་གཞན་ཞིག་དང་ཚུལ་མིན་འབྲེལ་བ་བྱུང་བས་ག་གེ་མོར་ཕ་མི་གཅིག་པའི་གཅུང་པོ་ཞིག་བྱུང་། འོན་ཀྱང་བུ་དེའི་ཕ་ཡང་ཕོང་གི་ཟླ་བོ་ངོ་མར་མ་གྱུར། ག་གེ་མོ་ནར་སོན་རྗེས་དེས་ཀྱང་མ་ཡི་སྤྱར་སོང་གི་ལམ་ལ་ཞུགས། ག་གེ་མོ་ལོ་༢༣སྐབས་ལ་ཕྱི་ཕྱོགས་ཀྱི་སྐྱེས་པ་ཞིག་དང་ཚུལ་མིན་འབྲེལ་བ་བྱུང་བ་མ་ཟད་ཕྲུ་གུ་བུ་ཞིག་བྱུང་། དེ་རྗེས་ལོ་ངོ་བཅུ་བཞིའི་ནང་ཕོང་དང་གཉེན་སྒྲིག་བྱེད་མཁན་མ་བྱུང་། ག་གེ་མོ་ལོ་༣༧ལ་སོན་སྐབས་ཕོང་རང་ལས་ལོ་བཅུ་གཉིས་ཀྱིས་ཆུང་བའི་བུ་ཞིག་དང་གཉེན་སྒྲིག་བྱས་ནས་གཞིས་གསར་བཟུང་བས་ད་གཟོད་དུད་ཚང་༡༧༧དེ་གྲུབ། དེའི་བུ་མོ་དེ་མ་ཡི་གམ་དུ་བཞག་པས་མ་ཚང་སྟེ་དུད་ཚང་ཨང་༡༧༨དེ་གྲུབ་པ་ཡིན། དུད་ཚང་དེ་ནི་ཚེ་གང་གཉེན་སྒྲིག་བྱེད་སྨྱོང་མེད་པའི་ཕྲུ་གུ་གཉིས་ཀྱི་མ་རྐྱན་དེ་དང་། ཕ་མེད་པའི་ཕྲུ་གུ་གཉིས་ཏེ་མི་རབས་གསུམ་ལས་གྲུབ་པའི་ཆ་མི་ཚང་བའི་དུད་ཚང་ཞིག་ཡིན། ག་གེ་མོའི་གཅུང་པོའི་ཕ་དེའང་ཕྱི་ཕྲུག་ཡོད་པའི་བུད་མེད་ཚེ་གེ་མོ་དང་གཉེན་སྒྲིག་བྱས་ནས་དུད་ཚང་༡༨༣དེ་ཆགས། ཚེ་གེ་མོ་ལ་སྔ་རྗེས་སུ་ཕྲུ་གུ་གཉིས་སྐྱེ་སྨྱོང་། རྐན་འགོ་དེ་ཚེ་གེ་མོ་ལོ་༣༣སྐབས་བྱུང་བའི་ཕྱི་ཕྲུག་ཞིག་ཡིན་པ་དང་། ཚེ་གེ་མོ་མོ་ལོ་༩༩ལ་སོན་སྐབས་ག་གེ་མོའི་ཕ་དང་མཉམ་འདུ་བྱས་པ་ལས་ཕྲུ་གུ་གཉིས་པ་དེ་སྐྱེས་པའོ། །（དུད་ཚང་བཞི་པོའི་གཉེན་གྱི་འབྲེལ་བའི་རི་མོ་རྒྱབ་ཏུ་གསལ།）

ཡང་ང་ཚོས་གཙང་ཁུལ་དགེ་འཁོར་རྫོང་གྲོང་ཚོའི་དུད་ཚང་ཨང་༩༩སྟེ་

ལྷག་གསར་ཚང་གི་གནས་ཚུལ་ལམ་ཙམ་ངོ་སྤྲོད་ཞུས་ན། དུད་ཚང་དེ་ནི་ལོ་གསུམ་གྱི་སྔོན་དུ་ཆགས་པའི་ཐབ་གསར་གཞིས་གསར་ཞིག་ཡིན་པ་དང་། འདི་ལོ་མོ་ལོ་༨༥ལ་སླེབས་པའི་དུད་ཚང་དེའི་མ་ཕན་ཐོགས་ནི་དུད་ཚང་ཨང་༡པ་ཡི་བུ་མོ་ཞིག་ཡིན། ཕན་ཐོགས་ཀྱི་མ་གྲོང་མཁན་དེ་ནི་སྔར་ཁུལ་དེའི་ཕུ་གྲོང་ཚོའི་ཕྱུག་བདག་ཅིག་གི་བུ་ཞིག་གིས་ས་ཁུལ་གཞན་གྱི་བུད་མེད་ཅིག་ལ་བཟོས་པའི་རྟོལ་མོ་ཡིན་པ་དང་། རྟོལ་མོའི་ཕ་ཚང་གི་ཆ་རྐྱེན་བཟང་བས་དེ་ཕ་ཚང་དུ་ཉར། རྟོལ་མོ་དེ་ལོ་༣༠ལ་སོན་སྐབས་ཁུལ་དེའི་བུ་ཞིག་དང་ཚུལ་མིན་འབྲེལ་བ་བྱུང་ནས་དེ་ལ་ཡང་རྟོལ་མོ་ཞིག་བྱུང་བ་དེ་ནི་ད་གཟོད་ཀྱི་ཕན་ཐོགས་ཞེས་པ་དེ་ཡིན། ཕན་ཐོགས་མོ་ལོ་༣ལ་སོན་སྐབས་དེའི་མ་དེ་རྫོང་གྲོང་ཚོའི་དུད་ཚང་ཨང་༡པའི་མ་ཤི་ཤུལ་དུ་ཕའི་མནའ་མར་སླེབས་ནས་ཕྲུ་གུ་གསུམ་གྱི་མ་ཡར་དུ་གྱུར། ཕན་ཐོགས་ཀྱང་དུད་ཚང་ཨང་༡པ་དེར་མཉམ་དུ་ཁྲིད་ཡོང་། དུད་ཚང་དེར་ཕན་ཐོགས་ལ་ཕ་མི་གཅིག་པའི་གཅུང་པོ་གཉིས་བྱུང་། ཕན་ཐོགས་མོ་ལོ་སུམ་ཅུའི་སྐབས་སུ་དུད་ཚང་ཨང་༢༥ཚང་གི་བུ་ཞིག་གི་རྟོལ་མོ་ཞིག་བྱུང་བ་དང་། ལོ་ལྔ་ཡི་རྗེས་སུ་སླར་ཡང་དུད་ཚང་ཨང་༣༨ཚང་གི་བུ་ཞིག་དང་ཚུལ་མིན་འབྲེལ་བ་བྱུང་ནས་བུ་མོ་ཞིག་སྐྱེས། དེ་རྗེས་བུ་མོ་དེའི་ཕ་ཡིས་དུད་ཚང་༣༨ཚང་ལ་ཕན་ཐོགས་མནའ་མར་ལེན་རྒྱུའི་རེ་བ་སྟོན་ཡང་དུད་ཚང་དེའི་མ་ཡིས་མོས་མཐུན་མ་གནང་། དེ་ནས་ལོ་གཅིག་ཙམ་ནས་བུ་མོ་གཉིས་པའི་ཕ་དང་འདོད་པ་གཅིག་ཏུ་སྒྲིལ་ནས་ཐབ་གསར་པ་ཞིག་བཟུང་བས་ད་ལྟའི་དུད་ཚང་འདི་ཆགས་པ་དང་དེར་བུ་ཞིག་སྐྱེས། དེས་ན་ཕན་ཐོགས་རང་ཉིད་ཅི་ཕྲུག་ཡིན་པ་མ་ཟད། དེའི་མ་དེའང་ཅི་ཕྲུག་ཡིན་པ་དང་། ད་དུང་དེར་སྔ་རྗེས་སུ་ཅི་ཕྲུག་བུ་མོ་གཉིས་ཀྱང་བྱུང་ཡོད་པས་དོན་དུ་ཁོང་གི་མི་རབས་གསུམ་གྱི་སྐྱེས་ཁུངས་ནི་ཅི་ཕྲུག་ཡིན་ལ། མ་སྨད་མི་རབས་གཉིས་ཀྱི་དུས་སུ་དབུལ་པོའི་གནས་ལས་ཐར་ཐུབ་མེད། (ཕན་ཐོགས་གི་

གཉེན་གྱི་འབྲེལ་བའི་འཕེལ་ཚུལ་རི་མོ་རྒྱབ་ཏུ་གསལ་བ་ལྟར།)

རྒྱ་བོད་ཚང་གི་གཉེན་གྱི་འབྲེལ་བའི་འཕེལ་ཚུལ་རི་མོ།

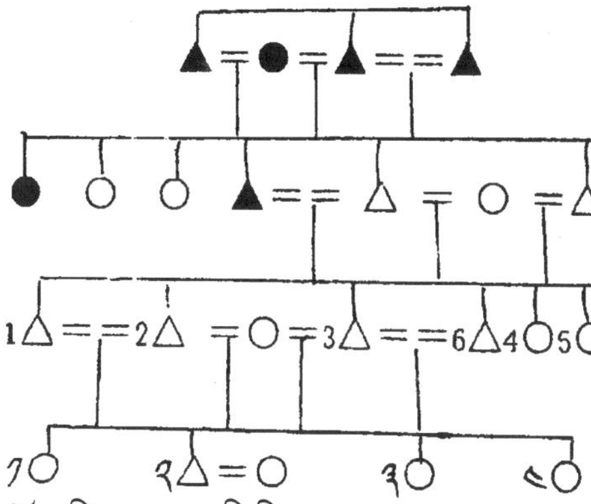

ཕྲུ་གུ་ཅན་གཞོན་རིམ་པ་ལྟར་གྱི་མིང་གཤམ་གསལ་ལྟར།

1.སྤེན་པ་རྒྱལ་པོ། 2.བསྟན་འཛིན། 3.རིག་འཛིན།

4.ཕུར་བུ་ཚོགས་པ། 5.མཚམས་ཆུང་། 6.ངག་དབང་།

7.ལྷག་པ་ཆུང་བདག

༡. བཀྲ་ཤིས་བུ་ཁྲིད། ༢. རིན་ཆེན་དབང་འདུས། ༣. སྲི་ཐར།

༤. བདེ་སྐྱིད་ལྷ་མོ།

པ་ཤར་ཚང་གི་གཉེན་གྱི་འབྲེལ་བའི་འཕེལ་ཚུལ་རི་མོ།

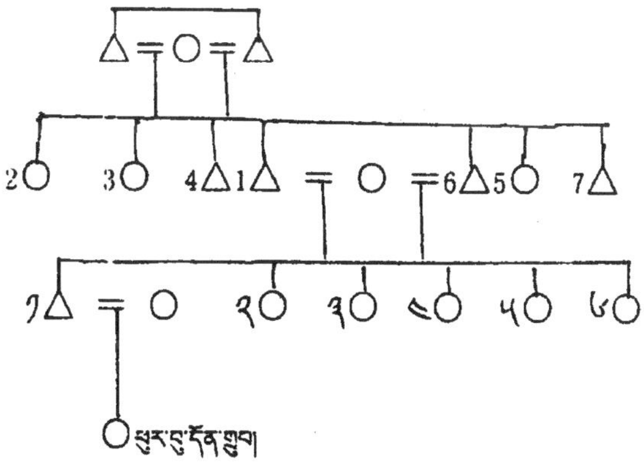

ཕྲུ་གུ་ཆན་གཞོན་རིམ་པ་ལྟར་གྱི་མིང་གཤམ་གསལ་ལྟར།

1.པ་རྡོར། 2.བུ་ཁྲིད། 3.བུང་ཆོག 4.ཚེ་ཐུན།

5.སྒྲོལ་མ་ཆོག་པ། 6.དགྲ་འདུལ། 7.བུ་ཆུང་།

༡. ཚེ་རིང་དོན་གྲུབ། ༢. སྐལ་བཟང་བུ་ཁྲིད། ༣. སྒྲོལ་དཀར།

༤. གཡང་འཛོམས། ༥. ཟླ་བ་ཆུང་བདག ༦. ཟླ་བ་ལྷ་མོ།

ལོངས་སྤྱོད་ཚང་གི་གཉེན་གྱི་འབྲེལ་བའི་འཕེལ་ཚུལ་རི་མོ།

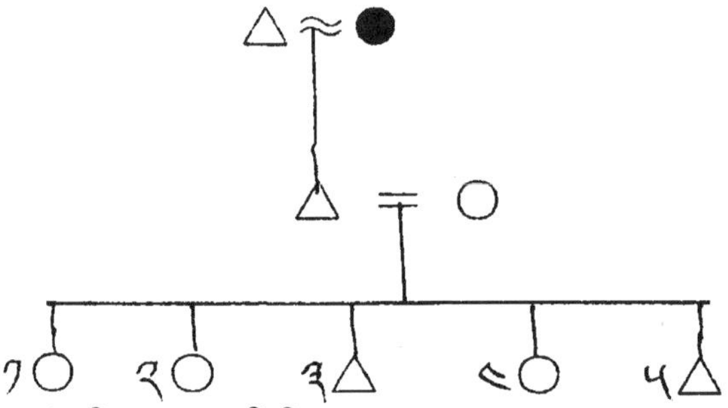

ཕྲུ་གུ་ཆན་གཞོན་རིམ་པ་ལྟར་གྱི་མིང་གཤམ་གསལ་ལྟར།

1.མིག་དམར་བུ་ཁྲིད། 2.སྤེན་པ་བུ་ཁྲིད། 3.དགྲ་འདུལ། 4.གསུམ་ཆོག 5.པ་སངས།

རྒྱ་ཟུར་ཚང་གི་གཉེན་གྱི་འབྲེལ་བའི་འཕེལ་ཚུལ་རི་མོ།

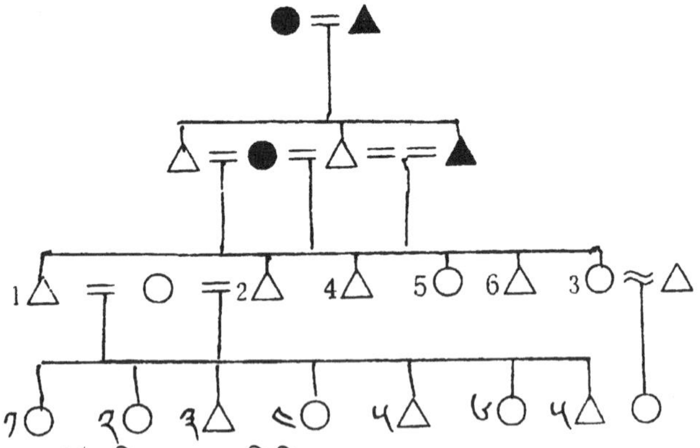

ཕྲུ་གུ་ཆན་གཞོན་རིམ་པ་ལྟར་གྱི་མིང་གཤམ་གསལ་ལྟར།

1.པ་སངས་དགོས་སྐྱེས། 2.སྤེན་པ་རྡོ་རྗེ། 3.སྒྲོལ་མ་ཆོག་པ།

4.སྲི་ཐར་ཚེ་རིང་། 5.སྤེན་པ་ཆོག་པ། 6.ཕུར་བུ་ཆོག་ཚེ།

༡. སྤྲིན་པ་བུ་ཁྲིད། ༢. བུང་ཚོག ༣. སྤྲིན་པ་དགོས་སྐྱེས།

༤. སྤྲིན་པ་མཚམས་གཅོད། ༥. དགྲ་འདུལ། ༦. བཞི་ཚོག ༧. བུ་ཆུང་།

དུད་ཚང་ཨང་༡༩༡ ཡི་གཉེན་གྱི་འབྲེལ་བའི་འཕེལ་ཚུལ་རི་མོ།

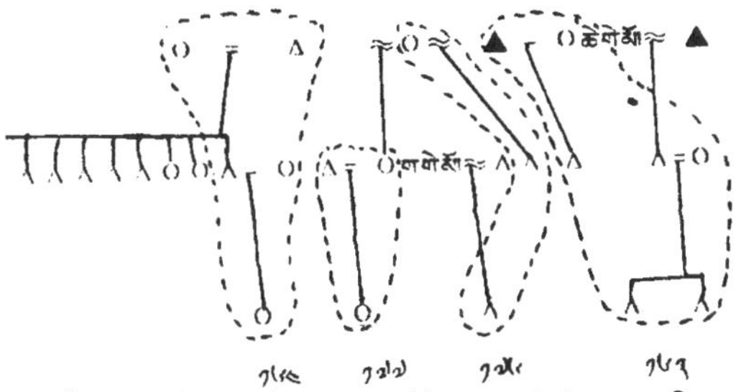

དུད་ཚང་ཨང་༡༦༣དང་། ༡༦༨ ༡༧༦ ༡༧༧བཅས་ཀྱི་གཉེན་གྱི་འབྲེལ་བའི་འཕེལ་ཚུལ་རི་མོ།

ཕན་ཐོགས་ཚང་གི་གཉེན་གྱི་འབྲེལ་བའི་འཕེལ་ཚུལ་རི་མོ།

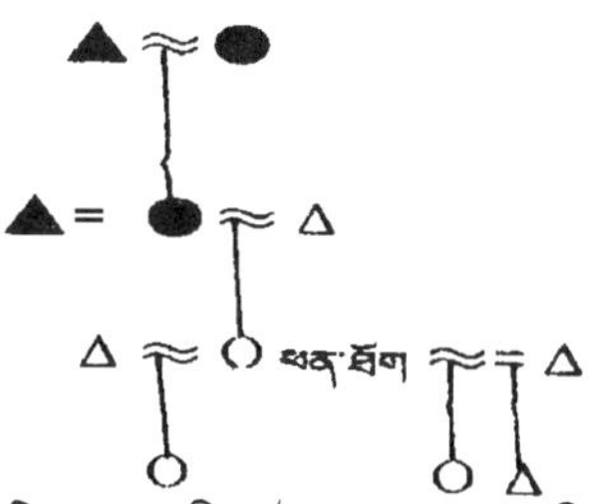

གཉེན་གྱི་འབྲེལ་བའི་འཕེལ་ཚུལ་རི་མོ་ནང་གསལ་བའི་རྟགས་ཀྱིས་མཚོན་ཚུལ།

○ བུ་མོ། ● ཚེ་ལས་འདས་པའི་བུ་མོ།

△ བུ། ▲ ཚེ་ལས་འདས་པའི་བུ།

= གཉེན་སྒྲིག ≈ ཚུལ་མིན་འབྲེལ་བ།

— སྤུན་སྤྱུག | ཁྲག་རྒྱུད་འབྲེལ་བ།

༧༧། །བྲི་ཕྲུག་སྐོར་གྱི་ཐོག་མའི་དཔྱད་གླེང་།

ཚུལ་མིན་དུ་ཕོ་མོ་བྲི་བྱས་ནས་བྱུང་བའི་ཕྲུ་གུ་ལ་བྲི་ཕྲུག་ཅེས་འབོད་ལ། བོད་ལྗོངས་དབུས་གཙང་ཁུལ་དང་ཁྱད་པར་འབྲོག་ཁུལ་དུ་བྲི་བྱས་ལས་བྱུང་བའི་ཕྲུ་གུ་མང་ཙམ་ཡོད། ཉེ་བའི་ལོ་ཤས་ནང་ཁོ་བོར་བོད་ལྗོངས་ཀྱི་མལ་གྲོ་གུང་དཀར་རྫོང་རྒྱ་མ་ཤང་ཁྲི་ཁང་གྲོང་ཚོ་དང་། པ་སྣམ་རྫོང་དགེ་འཁོར་ཤང་རྫོང་གྲོང་ཚོ། ངམ་རིང་རྫོང་ཉི་སྨ་ཤང་ཉི་སྨ་གྲོང་ཚོ་བཅས་ཞིང་ཁུལ་དང་འབྲོག་ཁུལ། ས་མ་འབྲོག་ཁུལ་བཅས་ཀྱི་ཚབ་མཚོན་རང་བཞིན་ལྡན་པའི་ས་ཁུལ་མི་འདྲ་བ་ཁག་གསུམ་དུ་ཞིབ་ཆ་ཆེ་ཙམ་གྱིས་སྤྱི་ཚོགས་བརྟག་ཞིབ་བྱེད་པའི་གོ་སྐབས་བཟང་པོ་ཐོབ་བྱུང་། དེའི་བརྒྱུད་རིམ་ནང་ཁུལ་དེ་གསུམ་དུ་བྲི་ཕྲུག་བྱུང་བའི་གནས་ཚུལ་མི་ཉུང་ཙམ་མཐོང་ཐོས་བྱུང་ལ་ད་བར་བོད་རིག་པའི་ཁྱབ་ཁོངས་ནང་བྲི་ཕྲུག་སྐོར་ལ་ཞིབ་འཇུག་ཞིབ་ཆ་ཆེ་ཙམ་གནང་མཁན་བྱུང་ཡོད་བཟོ་མི་འདུག འདིར་གོང་གསལ་ས་ཁུལ་གསུམ་དུ་བྲི་ཕྲུག་བྱུང་བའི་སྣང་ཚུལ་དཔེར་དྲངས་ནས་བྲི་ཕྲུག་དང་འབྲེལ་ཡོད་ཀྱི་གནད་དོན་འགའི་སྐོར་ལམ་ཙམ་ཞུ་རྒྱུ་ཡིན།

དང་པོ། ས་ཁུལ་གསུམ་གྱི་སྤྱིའི་གནས་ཚུལ།

རྒྱ་མ་ཤང་ཁྲི་ཁང་གྲོང་ཚོ་ནི་ལྷ་ས་གྲོང་ཁྱེར་མལ་གྲོ་གོང་དཀར་རྫོང་ཁོངས་ཀྱི་སྲིད་འཛིན་གྲོང་ཚོ་ཞིག་ཡིན་ཞིང་། དེ་ནི་བོད་ཀྱི་ཆབ་སྲིད་དང་། དཔལ་འབྱོར། རིག་གནས་ཀྱི་ལྟེ་བར་གྱུར་པའི་ལྷ་ས་གྲོང་ཁྱེར་གྱི་ཤར་ཕྱོགས་སྤྱི་ལེ་བདུན་ཅུ་ཙམ་གྱི་ས་ན་གནས་ཡོད། རྒྱ་མ་ཞེས་པའི་ས་ཆ་དེ་ནི་དཔའ་མཛངས་

རྟུལ་ཕོད་ཅན་གྱི་རྒྱལ་པོ་སྲོང་བཙན་སྒམ་པོའི་འཁྲུངས་ཡུལ་ཡིན་པས་བོད་ཀྱི་ལོ་རྒྱུས་ཐོག་སྣང་པའི་གྲགས་པ་ཆེ་བའི་ས་ཆ་ཞིག་ཡིན། དེར་གནས་པའི་བོད་རིགས་མང་ཚོགས་རྣམས་རྒྱུན་དུ་ཞིང་ལས་ཁོ་ནར་འཇུག་པས་དེ་ཁུལ་གྱི་ཡུལ་སྲོལ་གོམས་གཤིས་དག་ལ་ཞིང་ཁུལ་གྱི་ཁྱད་ཆོས་མངོན་གསལ་དོད་པོ་ཡོད། སྤྱི་ལོ་༢༠༡༢ལོར་ཁྲི་ཁང་གྲོང་ཚོར་དུད་ཚང་༤༧དང་མི་གྲངས་༩༨༤ཡོད་པའི་ནང་སྐྱེ་ཁུངས་བྱི་ཕྲུག་ཡིན་པ་མི་༧ཡོད།

རྫོང་གྲོང་ཚོ་ནི་བོད་ལྷོ་ཁ་གཞིས་རྩེ་ས་གནས་པ་རྣམ་རྫོང་བཀྲ་ཤར་ཤང་(དེ་སྔོན་ཆུས་དོར་ཤང་བཙུགས་མ་བྱས་གོང་དགེ་འཁོར་ཤང་ཟེར་) གི་སྲིད་འཛིན་གྲོང་ཚོ་ཞིག་ཡིན་ཞིང་། དེ་ནི་མྱང་ཆུ་གཙང་པོའི་ནུབ་ཕྱོགས་སྤྱི་ལེ་ལྔ་བཅུ་ཙམ་གྱི་ས་ན་གནས་ཡོད། དེ་ཡང་“ས་ཡུལ་སྐྱིད་པའི་བཀྲ་ཤིས་དགེ་འཁོར་འདི། ཆོས་གྲྭ་ཆེན་པོ་དཔལ་ལྡན་ས་སྐྱའི་ཤར། གདན་ས་མཐོ་བ་བཀྲ་ཤིས་ལྷུན་པོའི་ལྷོ། འབྲུ་སྣ་འཛོམས་པ་ཤེལ་དཀར་རྒྱལ་རྩེའི་ནུབ། ཟས་སྣ་འཛོམས་པ་ཚོང་འདུས་ཕ་རིའི་བྱང་” ཞེས་པའི་བཤད་རྒྱུན་ལྟར་བོད་ལྗོངས་ཀྱི་འབྲུ་རིགས་ཐོན་ཁུངས་བཟང་བའི་རྒྱལ་རྩེ་པ་སྣམ་གཉིས་ཀྱི་ནུབ་ཕྱོགས་དང་ཤ་མར་ཐུད་ཀྱི་ཐོན་ཁུངས་བཟང་བའི་ཕ་རིའི་བྱང་ཕྱོགས་ཏེ་ཞིང་འབྲོག་ས་ཁུལ་གཉིས་ཀྱི་དབར་དུ་གནས་པའི་ས་མ་འབྲོག་ཁུལ་གྱི་ས་ཆ་ཞིག་ཡིན། སྤྱི་ལོ་༢༠༡༢ལོར་གྲོང་ཚོ་དེར་དུད་ཚང་༩༣ཡོད་པ་དང་མི་གྲངས་༣༨༢ཡོད་པའི་ནང་སྐྱེ་ཁུངས་བྱི་ཕྲུག་ཡིན་པ་མི་གྲངས་༡༨ཡོད།

ཉེ་སྒོ་གྲོང་ཚོ་ནི་བོད་ལྗོངས་གཞིས་རྩེ་ས་གནས་ངམ་རིང་རྫོང་ཉེ་སྒོ་ཤང་གི་སྲིད་འཛིན་གྲོང་ཚོ་ཞིག་ཡིན་ཞིང་། བོད་ཁ་བའི་ལྗོངས་སུ་སྣང་པའི་གྲགས་པ་ཆེ་བའི་གནས་རི་བྱང་རྟ་སྒོའི་ནུབ་ཕྱོགས་སྤྱི་ལེ་ཉི་ཤུ་ཙམ་གྱི་ས་ན་གནས་ཡོད། ཡུལ་དེའི་ཤར་བྱང་སྤྱི་ལེ་༢༩༠ས་ན་ནག་ཚུ་ས་གནས་ཉེ་མ་རྫོང་གནས་པ་དང་

ནུབ་བྱང་སྤྱི་ལེ་༡༥༠ས་ན་མངའ་རིས་ས་ཁུལ་མཚོ་ཆེན་རྫོང་གནས་ལགས་པས། དེ་ནི་ནག་ཆུ་དང་མངའ་རིས་ས་ཁུལ་གཉིས་ཀྱི་ས་མཚམས་སུ་གནས་པའི་བྱང་ཐང་འབྲོག་པའི་ས་ཁུལ་ཞིག་ཡིན། སྤྱི་ལོ་༢༠༡༢ལོར་གྲོང་ཚོ་དེར་དུད་ཚང་༥༠དང་མི་གྲངས་༢༣༢ཡོད་པའི་ནང་སྐྱེ་ཁུངས་བྱེ་ཕྲུག་ཡིན་པ་མི་གྲངས་༥༢ཡོད།

གཉིས་པ། བྱེ་ཕྲུག་གི་འབོད་ཚུལ་མི་འདྲ་བའི་སྐོར་དང་སྐབས་བདེའི་མིང་འགྲེལ།

བོད་དུ་ཕོ་མོའི་དབར་ཚུལ་མིན་གྱི་འབྲེལ་བ་བྱུང་བ་ལ་བྱེ་བྱས་ཞེས་འབོད་ལ། གཞན་གྱི་ཆུང་མར་ལོག་གཡེམ་སྤྱོད་པ་པོ་ལ་བྱེ་ཕོའམ་བྱེ་པོའམ་བྱེ་ཕོར་འབོད་པ་དང་། རང་ལ་ཁྱོ་བོ་ཡོད་བཞིན་དུ་སྐྱེས་པ་གཞན་དང་ལོག་གཡེམ་བྱས་པའམ་གཞན་གྱི་ཁྱོ་བོར་ལོག་གཡེམ་བྱེད་མཁན་ལ་བྱེ་མོ་ཞེས་འབོད་པ་ཡིན། སྤྱིར་དེ་ལྟའི་ཕོ་མོ་བྱེ་བྱས་ལས་བྱུང་བའི་ཕྲུ་གུ་ལ་བྱེ་ཕྲུག་ཏུ་འབོད་པ་ཡིན། འོན་ཀྱང་ས་ཁུལ་སོ་སོར་བྱེ་ཕྲུག་ལ་འབོད་སྲོལ་མི་འདྲ་བ་སྣ་ཚོགས་མཆིས་ཏེ། དཔེར་ན། ནལ་བུ་དང་ནལ་ལེ། ནལ་ཕྲུག ནལ་ཚེ། ནལ་གྱི་བུ། རྐྱལ་ལེ། རྐྱལ་པོའམ་རྐྱལ་མོ། རྐྱལ་གོག ཉ་ལུ། ཀོ་ཉོག ཀོ་བུ། ཀོ་རུག བྱེ་རུག བཙོག་ཕྲུག བཙོག་ཉོག སྣ་ཚར། སྤ་ཚར་སོགས་ལྟ་བུ་ཡིན། ཀོང་གསལ་ས་ཁུལ་གསུམ་པོའི་ནང་དུའང་བྱེ་ཕྲུག་ལ་འབོད་སྲོལ་མི་འདྲ་བ་ཡོད་དེ། རྒྱ་མ་ཁུལ་དུ་བྱེ་ཕྲུག་ལ་རྐྱལ་ལེའམ་རྐྱལ་གོག ཡང་ན་བྱེ་རུག་ཅེས་འབོད་པ་དང་། ཉི་སྒོ་འབྲོག་ཁུལ་དུ་བྱེ་ཕྲུག་ལ་ཉ་ལུ་ཞེས་འབོད་པ། དགེ་འཁོར་ཁུལ་དུ་བྱེ་ཕྲུག་ལ་ནལ་ལེའམ་རྐྱལ་པོ་རྐྱལ་མོར་འབོད་དོ། །

དེ་ཡང་ནལ་བུ་དང་ནལ་ལེ། ནལ་ཕྲུག ནལ་ཚེ། ནལ་གྱི་བུ་ཞེས་པ་

འཐོད་ཚུལ་མི་འདྲ་བ་ཙམ་ལས་དོན་གཅིག་ཡིན། ནལ་བུ་ཞེས་པ་ནི་སྤྱིར་དོན་གསུམ་ལ་འཇུག་སྟེ། དང་པོ་ཉུས་པ་གཅིག་པའི་ཕོ་མོ་བསྡེབས་པ་ལས་བྱུང་བའི་བུ་ཕྲུག་ལ་འཇུག་པ་དང་། གཉིས་པ་ཁྱིམ་ཐབ་མ་ཡིན་པའི་ཕོ་མོའི་འབྲེལ་བ་ལས་བྱུང་བའི་བུ་ཕྲུག་ལ་འཇུག་པ། གསུམ་པ་ཕ་མ་ཤི་བའི་དྭ་ཕྲུག་ལ་འཇུག་པ་བཅས་སོ། །དེ་ཡང་ནལ་ཞེས་བྱ་བ་ནི་ཉུས་པ་གཅིག་པའི་ཁྲོ་ཤུག་ལ་གོ་སྟེ། 《མངོན་བརྗོད་ལེགས་བཤད་གསེར་གྱི་ལྡེ་མིག》ལས། "ནལ་དང་བཙོག་ནལ་ཁྲོ་ཤུག་གཉིས། །ཉུས་པ་གཅིག་པའི་མིང་ཡིན་ནོ། །" ཞེས་པ་དང་གཞན་ཡང་《ཡོངས་རྫོའི་འགྲེལ་པ་》ལས། "གནམ་ལྷ་དོག་ལ་གཞིགས་པ་ན། །མི་ཡུལ་བཙོག་དང་ནལ་ཆེ་བས། །" ཞེས་གསལ་བ་ལྟར་ན་ནལ་ནི་བཙོག་དང་དམེ་དང་འབག་པའི་དོན་དུ་གོ་བ་ཡིན། དེ་དག་ཐོག་ནས་ཉུས་པ་གཅིག་པའི་ཕོ་མོ་ཁྲོ་ཤུག་བྱས་ན་སྤྱོད་ལོག་བཙོག་པར་ངོས་འཛིན་པ་དང་དེ་ལས་སྐྱེས་པའི་བུ་ཕྲུག་ལ་ནལ་བུར་འཐོད་པ་དང་། ཕོ་མོ་ཚུལ་མིན་གྱི་བྲེ་བོ་བྱས་པ་དེའང་བྱ་སྤྱོད་བཙོག་པར་ངོས་འཛིན་པ། དེ་ལས་སྐྱེས་པའི་བུ་ལའང་ནལ་བུར་འཐོད་པ་སོགས་གསལ་པོར་མཐོང་ཐུབ། དེ་ཡང་《འདུལ་བའི་གླེང་འབུམ་》ལས། "བྲེ་བོ་བྱས་པ་ནི་མཚན་མོ་གཞན་གྱི་བུད་མེད་དང་གསང་སྟེ་འགྲོགས་པ། དེ་ལས་སྐྱེས་པའི་བུ་ལ་ནལ་བུ་ཟེར།" ཞེས་པ་ལྟར་རོ། །ལོ་ཤས་གོང་དམངས་ཁྲོད་དུ་བྲི་ཕྲུག་སྐོར་གྱི་གྲངས་ཚད་བསྡུ་ལེན་བྱེད་སྐབས། དགེ་འཁོར་ཁུལ་དུ་དགུང་ལོ་༧༨ལ་སོན་པའི་བགྲེས་སོང་ཞིག་གིས་མ་ཡར་གྱི་དྭ་ཕྲུག་གཉིས་ནལ་ལེའི་ཁོངས་སུ་བརྩིས་ནས་ཐོ་འགོད་གནང་བྱུང་། ཁོ་པོས་ཕྲུ་གུ་དེ་གཉིས་ཀྱི་མ་དེ་དངོས་སུ་ཆང་འདྲེན་དར་འཐེན་བྱས་ནས་བླངས་པའི་གྲོང་པ་དེའི་ལུགས་མཐུན་གྱི་མནའ་མ་ཡིན། ཕྲུ་གུ་དེ་གཉིས་དྭ་ཕྲུག་ཡིན་པ་ལས་ནལ་ལེ་ཨེ་ཡིན་ཞེས་དྲིས་པར། བགྲེས་སོང་དེས་དེ་གཉིས་དྭ་ཕྲུག་ཡིན་ལ་ནལ་ལེའང་རེད་ཅེས་ཚིག་ཐག་ཆོད་པོས་གསུངས་བྱུང་། དྭ་ཕྲུག་ལ་ནལ་ལེར་

འབོད་ཚུལ་དེ་སྔོན་ཁོ་བོས་གོ་ཐོས་མ་བྱུང་བས། དེར་ངེད་ཡ་མཚན་སྐྱེས་ལ་སེམས་ཉིའི་དྲ་ནང་དུ་ཚུད། ལྷ་སར་ལོག་རྗེས་འབྲེལ་ཡོད་དཔྱད་གཞིའི་ཡིག་རིགས་བཙལ་འཚོལ་བྱེད་སྐབས། གཞི་ནས་ནལ་བུ་ཞེས་པ་ཕ་མ་ཤེ་བའི་དྭ་ཕྲུག་ལའང་འཇུག་པ་ཤེས་རྟོགས་བྱུང་། དེ་ཡང་《བརྡ་ཡིག་བློ་གསལ་མགྲིན་རྒྱན་》ལས། "དྭ་ཕྲུག་ནི་ཕ་མ་ཤི་བའི་བུ། འདི་ལ་འཕྱོན་མའི་བུ་དང་ནལ་བུ་ཟེར་བ་ཡང་ཡོད་"ཅེས་བྱུང་བ་དང་། དེ་བཞིན་བོད་ཀྱི་ཡིག་རྙིང་ནང་དུ་རྟེལ་ཞེས་འབོད་པ་ནི་ནལ་གྱི་འབྲི་ཚུལ་གཞན་ཞིག་ཏུ་མཐོང་སྟེ། ཡིག་རྙིང་ནང་དུ"རྟེལ་དྲི་"ཞེས་འབོད་པ་བསྙོག་ཁྲིབ་ཀྱི་དོན་དུ་འཇུག་པ་དང་། ཡིག་རྙིང་ནང་དུ་"རྟེལ་དྲི་གདུལ་བའི་ཐབས་"དང་"རྟེལ་དྲི་ཤ་རུ་གཟུང་བའི་རབས་"[1]ཞེས་རྟེལ་དྲི་འདུལ་བའི་ཚིག་ཡོད་པ་དང་། དྲི་ངན་པ་དེའི་རིགས་འདུལ་བའི་དྲི་འདུལ་ཆེད་ལས་བོན་པོ་ཞིག་ཡོད་པ་ལ་དྲི་བོན་ར་ལྡོགས་སྐྱི་རྒྱལ་དུ་འབོད་པའང་གསལ་པོར་འཁོད་ཡོད་པས་ཡིན། 《བོད་ཀྱི་བརྡ་སྐད་མིང་གཞི་གསལ་བར་སྟོན་པའི་བསྟན་བཅོས་》ཞེས་པའི་ནང་"རྟེལ་གཞི་ལོག་གམ་གོ་རིམ་འཆོལ་བར་གྲགས་"ཞེས་འཁོད་པས། ནལ་བུ་ནི་སྤྱོད་ལོག་བསྙོག་པ་བྱས་པ་ལས་བྱུང་བའི་བུ་ཕྲུག་ལ་གོ་བ་དང་། དེ་ལ་ནལ་ལེ་ཞེས་རྗེས་འཇུག་གང་ཡིན་པར་ཨེ་སྦྱར་བའི་མཚོན་དོན་ཡང་། ཨེ་ནི་ཨ་ག་མའོ། བག་མའི་དོན་ཏེ་གསར་དུ་བསྣན་པར་འཇུག་པས། བསྙོག་པ་གསར་དུ་བསྣན་པ་ལ་གོ་བ་ཡིན། དེ་ནི་ཁམས་ཁུལ་དུ་ཕྱི་ཕྲུག་ལ་བསྙོག་ཕྲུག་གམ་བསྙོག་ཉོག་ཏུ་འབོད་པ་དང་ལ་ལས་ཟུབ་ཕྲུག་ཏུ་འབོད་པ་སོགས་མི་གཙང་བའི་ཕྲུ་གུ་ཞེས་པའི་དོན་ལ་འཇུག་པ་གཅིག་མཚུངས་སུ་ངེས་སོ། །

རྟོལ་ལེ་དང་རྟོལ་པོའམ་རྟོལ་མོ། རྟོལ་གོག་བཅས་ཀྱང་འབོད་ཚུལ་མི་

---

① པ་ཚབ་པ་སངས་དབང་འདུས། སྐྲང་རུ་ནོར་བུ་ཚེ་རིང་། གཏམ་ཤུལ་དགའ་ཐང་འབུམ་པ་ཆེ་ནས་གསར་དུ་རྙེད་བྱུང་བའི་བོན་གྱི་གནའ་དཔེ་བདམས་བསྒྲིགས། [G] བོད་ལྗོངས་དཔེ་རྙིང་དཔེ་སྐྲུན་ཁང་། ༢༠༠༧ལོ། ཤ༣༨

འདྲ་བ་ཙམ་ལས་དོན་གཅིག་ཡིན། ཧོལ་ཟེར་བ་ནི་རྒྱུད་འདྲེས་སྡེབ་སྦྱོར་བྱས་ནས་སྐྱེས་པའི་ཕྱུགས་ཟོག་གི་རིགས་ཤིག་ཡིན། དེ་ཡང་ཧོལ་གྱི་མ་མཛོ་མོ་ཡིན་པ་དང་ཕ་ནི་གླང་ངམ་གཡག་ཡིན། ཧོལ་གྱི་མ་མཛོ་ལ་མཚོན་ན་འང་། དེ་ནི་གླང་དང་འབྲི་འམ། གཡག་དང་བ་མོ་བསྡེབས་པ་ལས་སྐྱེས་པའི་ཕྱུགས་ཟོག་ཅིག་ཡིན་ལ། གླང་དང་འབྲི་བསྡེབས་པ་ལས་སྐྱེས་པ་ལ་འབྲི་མཛོ་དང་། གཡག་དང་བ་མོ་བསྡེབས་པ་ལས་སྐྱེས་པ་ལ་བ་མཛོ་ཞེས་འབོད་སྲོལ་ཡོད། མཛོ་ཕོ་ལ་སྐྱེས་འཕེལ་གྱི་ནུས་པ་མེད་སྟབས། མཛོ་མོ་དང་གཡག་གམ་གླང་སྡེབ་སྦྱོར་བྱེད་ཀྱི་ཡོད། མཛོ་མོ་དང་གཡག་སྡེབ་སྦྱོར་བྱས་པ་ལས་བྱུང་བ་ལ་བཟང་ཧོལ་དང་གླང་དང་སྡེབ་སྦྱོར་བྱས་པ་ལས་བྱུང་བ་ལ་ངན་ཧོལ་དུ་འབོད་སྲོལ་ཡོད། ཁྲི་ཐྲུག་ལ་རྒྱུད་འདྲེས་ཕྱུགས་ཟོག་ཧོལ་གྱི་མིང་སྦྱར་བ་དེའི་ཐོག་ནས་ཁྲི་ཐྲུག་ནི་ལུགས་མཐུན་གྱི་ཕོ་མོ་འདུས་པ་ལས་བྱུང་བ་ཞིག་མིན་པ་ཤུགས་ཀྱིས་བསྟན་ཡོད།

ཤ་ལུ་ནི་ཤ་བུ་སྟེ་ཤེའུ་དང་དོན་མཚུངས། དེ་ཡང་དབྱངས་ཨོ་ནི་སྒྲ་ཆེ་བས་ཆེན་པོའི་དོན་དུ་འཇུག་སྟེ་མཚོ་དང་། རི་བོ། ཆུ་བོ་ཞེས་པ་ལྟ་བུ་དང་། དབྱངས་ཨུ་ནི་སྒྲ་ཆུང་བས་ཆུང་ངུའི་དོན་ལ་འཇུག་པ་མང་སྟེ་ཆུང་དང་མཆེའུ། བུ། ལུག་གུ རེའུ། བེའུ། རྟེའུ། ཛེའུ་ལྟ་བུའོ། །དེ་ལྟར་ན་ཤ་ལུ་ནི་ཤ་ཆུང་ཆུང་ངམ་ཤ་ཕྲུག་གི་དོན་དུ་གོ་བ་དང་། ཁྲི་ཐྲུག་ལ་ཤ་ཕྲུག་ཏུ་འབོད་དོན་ཡང་དམངས་ཁྲོད་དུ་བོད་པ་རྣམས་ཀྱིས་ཤ་ལ་ཕ་མེད་པར་ངོས་འཛིན་པས། དོན་དུ་ཕ་མེད་པའི་བུ་ཟེར་བར་གོ་སླམ།

ཨ་མདོ་ཁུལ་དུ་ཁྲི་ཐྲུག་ལ་གོ་རུག་ཏུ་འབོད་པ་དེ་ནི་ཁྲི་ཐྲུག་ལ་ཁྲི་རུག་དང་བཙོག་རུག་ཏུ་འབོད་པ་དང་མཚུངས་ཏེ། ཐྲུག་གི་མིང་གཞི་ཕ་དོར་བས་རུག་དང་། གོ་ནི་གོ་ར་ལུས་པའི་བུད་མེད་དེ། བུ་མོ་འགྲོ་ས་གནས་ཡུལ་ཡིན། ལོ་གསུམ་འཁོར་ན་རང་ཡུལ་ཡིན་ཟེར་བའམ་ཁྱོད་གནས་ལ་སྐྱེར་མཁན་ཕོ་བོ་རེད།

འགྲོ་དགོས་པ་བུ་མོའི་འགྲོ་ལུགས་རེད་ཅེས་པའི་དཔེ་ལྟར་བུ་མོ་མཐའ་མར་སྟེར་བ་ལ་གནས་ལ་སྟེར་ཟེར་བའམ་གནས་ལ་བཏང་ཟེར་བ་དང་ཁྱིམ་འཛིན་མ་ལ་གནས་མོ་ཟེར་བས། གནས་ལ་འགྲོ་མ་ཐུབ་ན་གོ་ནུ་ལུས་པའོ། །གནས་ནས་ལོག་སྟེ་མཐའ་མ་ལོག་པ་ལ་གོ་ལོག་མ་ཟེར་བ་ལྟར་ན། མཐའ་མར་མ་ཕྱིན་པའི་བུད་མེད་དང་གོ་ལོག་མའི་ཕྲུ་གུ་ལ་གོ་ནུག་ཏུ་འབོད་པའོ། །གོ་མའི་བུ་སྟེ་བྱི་ཕྲུག་ལ་ཁམས་ཁུལ་དུ་གོ་བུ་དང་གོ་ཉག་ཀྱང་ཟེར་རོ། །

གསུམ་པ། བྱི་ཕྲུག་བྱུང་བའི་རྒྱུ་རྐྱེན་སྐོར།

བྱི་ཕྲུག་ནི་མིའི་རིགས་ཀྱི་སྤྱི་ཚོགས་འཕེལ་རྒྱས་བྱུང་ནས་ཤེས་དཔལ་གྱི་ཆུ་ཚད་ངེས་ཅན་ཞིག་ཏུ་སླེབས་རྗེས་བྱུང་བའི་ཐོན་དངོས་ཤིག་ཡིན། དེ་ཡང་གདོད་མའི་དུས་ན་ཕོ་མོའི་དབར་ཁྲུ་ཚོགས་ཟང་ཟིང་རྫབ་རྫོབ་ཏུ་འཛུག་པས་བུ་ཕྲུག་གི་མ་ཙམ་ལས་ཕ་ངོས་འཛིན་མི་ཐུབ་པ་དང་། ཕོ་མོའི་དབར་བྱུང་བའི་འབྲེལ་བ་ལ་ལུགས་དང་མཐུན་མིན་གྱི་ཚད་གཞི་ཞིག་མེད་པས་ཕོ་མོ་དབར་བྱེ་བྱས་པའི་འདུ་ཤེས་ཤིག་འབྱུང་མི་སྲིད། མིའི་རིགས་ཀྱི་ཤེས་དཔལ་གྱི་ཆུ་ཚད་གོང་མཐོར་འགྲོ་བའི་ལོ་རྒྱུས་ཆུ་རྒྱུན་ཁྲོད་དུ་ཕོ་མོའི་དབར་གྱི་འབྲེལ་བའང་རིམ་བཞིན་གཏན་འཇགས་ཀྱི་ཁྱོ་ཤུག་ཏུ་གྱུར་བ་དང་། ཁྱོ་ཤུག་གི་འབྲེལ་བ་དེ་སྤྱི་ཚོགས་ཀྱིས་ཁས་ལེན་བྱས་པ་ལ་གཉེན་སྒྲིག་ཏུ་འབོད་པ་འདྲ། གཉེན་སྒྲིག་བྱས་ཟིན་པའི་བུད་མེད་ལས་སྐྱེས་པའི་ཕྲུ་གུའི་ཕ་ངོས་འཛིན་ཐུབ་པ་བྱུང་ལ། ཁྱོ་ཤུག་ལས་བྱུང་བའི་ཕྲུ་གུ་དེ་རིགས་ནི་ལུགས་མཐུན་ཡིན་པ་དང་། དེ་ལས་ལྡོག་སྟེ་ཁྱོ་ཤུག་མིན་པའི་ཕོ་མོའི་འབྲེལ་བ་ལས་བྱུང་བའི་ཕྲུ་གུ་ལ་བྱི་ཕྲུག་ཏུ་འབོད་པ་འདྲ། དེ་ལྟར་ན་བྱི་ཕྲུག་དང་ལུགས་མཐུན་བྱིས་པ་ལོག་ཏུ་དགར་བ་དེ་ནི་ཕོ་མོའི་འབྲེལ་བ་དྭངས་གཙང་གི་ཕྱོགས་སུ་འཕེལ་རྒྱས་བྱུང་བའི་མཚོན་རྟགས་ཤིག་ཡིན་པར་ངོས་འཛིན་བྱེད་

ཚོག གཤམ་དུ་གོང་གི་ཚབ་མཚོན་རང་བཞིན་ལྡན་པའི་ས་ཁུལ་གསུམ་དུ་བྱི་ལྲུག་ཐོན་པའི་རྒྱུ་རྐྱེན་སྐོར་ལ་ཕྱི་ནང་གི་རྒྱུ་རྐྱེན་མང་པོ་ཞིག་ཡོད་ངེས་ཀྱང་གཙོ་བོ་རྣམས་བརྗོད་ན།

གཅིག སྐྱེ་རྒྱུན་གཙོད་པའི་ཐབས་ཤེས་དབུལ་བ། “ཉེ་བའི་ལོ་ཤས་རིང་ལ་ས་ཁུལ་འགའ་ཤས་སུ་བཟའ་ཟླ་ཡོད་བཞིན་དུ་གཉེན་སྒྲིག་བྱེད་པའི་སྣང་ཚུལ་ཇེ་མང་དུ་འགྲོ་ཚུལ་ཐོན་ཞིང་། བཟའ་ཟླ་ཡོད་བཞིན་དུ་གཉེན་སྒྲིག་བྱས་ནས་ཆུང་མ་བསྡུ་བ་དང་། ཆུང་མ་བཟུར་འཚོལ། འགབ་འབྲེལ་མཉམ་སྡོད་སོགས་བྱེད་རིགས་ཀྱིས་རང་རྒྱལ་གྱི་ཁྱོ་གཅིག་ཤུག་གཅིག་གི་གཉེན་སྒྲིག་ལམ་ལུགས་ལ་གནོད་བཞིན་ཡོད།”①ཅེས་གསལ་བ་ལྟར། རྒྱ་ནག་ཡུལ་ལུང་གང་སར་ད་ལྟའི་སྤྱི་ཚོགས་འདིའི་ནང་ཕོ་མོའི་དབར་འཕོས་མིན་གྱི་འབྲེལ་བ་མང་པོ་ལྷག་བཞིན་ཡོད་ལ་བོད་ཀྱི་གྲོང་ཁྱེར་དང་གྲོང་རྡལ་ཁག་ཏུའང་དེའི་ཤུགས་རྐྱེན་ཆེན་པོ་ཐེབས་ཡོད། ཡིན་ནའང་གྲོང་ཁྱེར་ཁག་གི་ནང་དུ་སྐྱེ་རྒྱུན་གཙོད་པའི་ཆ་རྐྱེན་དང་ཐབས་ཤེས་བཟང་བས། དེ་ལྟའི་ཚུལ་མིན་འབྲེལ་བ་ལས་བྱི་ལྲུག་འབྱུང་བའི་གནས་ཚུལ་ཉུང་ཙམ་ཡིན། འོན་ཀྱང་གནའ་དུས་དང་། ད་ལྟའི་འབྲོག་ཁུལ་ལམ་ས་མ་འབྲོག་ཁུལ་དུ་སྐྱེ་རྒྱུན་གཙོད་པའི་ཆ་རྐྱེན་མེད་པའམ་ཐབས་ཤེས་དབུལ་བས། ལུང་ཁུག་དེ་ཚོར་བྱི་ལྲུག་བྱུང་བའི་གནས་ཚུལ་ཚབས་ཆེ་ཙམ་ཡོད། དེ་ཡང་རྒྱ་མ་ཤང་ཁྲི་ཁང་གྲོང་ཚོ་ནི་ལྷ་ས་གྲོང་ཁྱེར་དང་བར་ཐག་ཉེ་བས་དེ་ཁུལ་དུ་སྐྱེ་ཁུངས་བྱི་ལྲུག་ཡིན་པ་ཉུང་ཙམ་(མི་འབོར་ཡོངས་ཀྱི་༧.༥༩%ཟིན)དང་། དགེ་འཁོར་ཤང་རྫོང་གྲོང་ཚོ་ནི་གཞིས་རྩེ་དང་བར་ཐག་འབྲིང་ཙམ་ཡིན་ཁར་ལུང་ཁུག་ཅིག་ཏུ་གནས་པས་སྐྱེ་ཁུངས་བྱི་ལྲུག་ཡིན་པ་འབྲིང་ཙམ་(མི་འབོར་ཡོངས་ཀྱི་༥.༥༢%ཟིན)དང་།

① ཁྲང་ཀྲེན། གཉེན་སྒྲིག་སྐོར་གྱི་བཅའ་ཁྲིམས་གསར་པའི་ཕྱོགས་སྟོན། [M] མི་རིགས་དཔེ་སྐྲུན་ཁང་། ༢༠༠༧ལོ། ཤ༢༧༨

ངམ་རིང་རྫོང་ཉེ་སྙོ་གྲོང་ཚོ་ནི་གྲོང་ཁྱེར་ཁག་དང་བར་ཐག་རིང་བའི་བྱང་ཐང་འབྲོག་ཁུལ་དུ་གནས་པས་དེ་ཁུལ་དུ་སྐྱེ་ཁུངས་བྱི་ཕྲུག་ཡིན་པ་མང་ཙམ་(མི་འབོར་ཡོངས་ཀྱི་༢༢. ༥༧% ཟིན)ཡོད། ཁྱད་པར་ཉེ་སྙོ་དང་རྫོང་གྲོང་ཚོར་བུད་མེད་ལ་ལར་བྱི་ཕྲུག་གཉིས་སམ་གསུམ་བསྟུད་མར་བྱུང་བའི་གནས་ཚུལ་ཡང་ལྷག་ཡོད། འོན་ཀྱང་སྤྱི་ཚོགས་བརྟག་ཞིབ་བྱེད་པའི་བརྒྱུད་རིམ་ནང་ས་ཁུལ་དེ་གསུམ་གྱི་བུད་མེད་ཚོས་སྐྱེ་རྒྱུན་གཅོད་པའི་ཐབས་ཤེས་སྤྱད་ཡོད་མེད་ཐད་གོ་ཐོས་ཙམ་ལས་ཞིབ་ཕྲའི་རྩད་ཞིབ་བརྟག་དཔྱད་བྱ་རྒྱུ་མ་བྱུང་བས། འདིར་གོ་ཐོས་བྱུང་རིགས་རྒྱུས་པར་སྤྲོས་པའི་དགོས་པ་མ་མཆིས་སོ། །

གཉིས། རིགས་རུས་མི་འཚོལ་བའི་དམིགས་མཁོ་དང་འབྲེལ་བ། བོད་མི་རིགས་ཀྱི་གཉེན་སྒྲིག་བྱེད་ཚོག་པའི་ཁྱབ་ཁོངས་ཀྱི་བརྩི་ཚུལ་ལ་ས་ཁུལ་སོ་སོར་མི་འདྲ་བ་མང་པོ་ཡོད་ཀྱང་གཉེན་ཉེ་འགབ་མཐུན་བྱེད་པའི་མི་གཙང་སྤྱོད་པ་དེ་ནི་བོད་ཀྱི་ཡུལ་གྲུ་ཚང་མའི་འཛོམ་བྱ་ཆེན་པོ་ཞིག་ཡིན། དེ་ནི་བོད་པ་རྣམས་ཀྱིས་རིགས་རུས་འཚོལ་བར་མི་སྤྱོད་པ་དང་། རྗེས་སྐྱེས་ཀྱི་བདེ་ཐང་ཆེད་དུ་གཉེན་སྒྲིག་བྱེད་མི་ཚོག་པའི་སྲུང་བྱ་དུ་མ་ཡོད་པའི་ནང་ནས་ཉེ་དུ་གཉེན་སྒྲིག་བྱེད་རྒྱུ་གཏན་འགོག་བྱས་པ་ཞིག་ཡིན་པས་ཡ་རབས་བཟང་པོའི་སྤྱོད་བཟང་འབའ་ཞིག་ཡིན། ཁུལ་སོ་སོའི་གཉེན་ཉེའི་བརྩི་ཚུལ་དང་ཉེ་དུ་གཉེན་སྒྲིག་མཁན་ལ་ཆད་གཅོད་གཏོང་ལུགས་མི་འདྲ་བ་མང་པོ་ཡོད་དེ། རྒྱ་མ་ཁྲི་ཁང་ཁུལ་དུ་ཕ་ཚན་མི་རབས་བདུན་བརྒྱུད་དང་མ་ཚན་མི་རབས་ལྔ་བརྒྱུད་ཙུན་ཆད་དུ་གཉེན་སྒྲིག་བྱས་ཚེ་ཉེ་དུའམ་གཉེན་འདུན་གཉེན་སྒྲིག་ཟེར་བའམ་ཡང་ན་དམ་ཉམས་ཁ་སྦྱོར་ཞེས་ནག་ཉེས་ཆེན་པོ་ཡོད་མཁན་ལ་བརྩིས་ཏེ་གནས་དབྱུང་གཏོང་བའམ་ཚབས་ཆེ་ན་ཀོ་བཏུམས་བརྒྱབ་ནས་གཙང་པོར་བསྐྱུར་བའི་ལུགས་སྲོལ་ཡོད་སྐད། ངམ་རིང་ཉེ་སྙོ་འབྲོག་ཁུལ་དུ་ཕ་ཚོགས་བདུན་དང་མ་ཚོགས་བཞི་རུ་བརྩི་སྲོལ་ཡོད་དེ། ཕ་

ཚན་མི་རབས་བདུན་བརྒྱུད་ཚུན་དང་མ་ཚན་དེང་སྐོ་བོ་ (ངམ་རིང་འབྲོག་པའི་གཉེན་གྱི་འབོད་སྲོལ་ཏེ་སྤོ་བོའི་སྐོ་བོ་ལ་ཟེར་) ཚུན་ཆད་གཉེན་སྒྲིག་བྱས་ན་ཉེ་དུ་གཉེན་སྒྲིག་བྱས་པར་བརྩི་ལ། དེ་ལྟ་བུའི་སྤྱོད་ཚུལ་ལ་འཇུག་མཁན་དག་ཀོ་བཏུམས་བརྒྱབ་ནས་ཆུ་ལ་བསྐྱུར་བའམ་ཐོད་པར་ལྕགས་ཚ་བོས་རྒྱ་གྲམ་གྱི་རྟགས་བརྒྱབ་ནས་རྒྱང་འབུད་གཏོང་སྲོལ་ཡོད་སྐད། ཡང་དགེ་འཁོར་ཁུལ་དུ་“ཕ་ཚིགས་རྫོགས་མཐའ་མེད། མ་ཚིགས་བདུན་ནས་བུད་”ཅེས་པ་ཚན་གྱི་རུས་རྒྱུད་ཡིན་པ་ཙམ་གྱིས་གཉེན་སྒྲིག་བྱེད་མི་ཆོག་པ་དང་། མ་ཚན་མི་རབས་བདུན་བརྒྱུད་ཚུན་ཆད་གཉེན་སྒྲིག་བྱེད་མི་ཆོག་པའི་སྲོལ་ཡོད། དེ་ལྟའི་འཛེམ་བྱའི་ཤུགས་རྐྱེན་འོག་བུད་མེད་ལ་ལས་ལྐོག་ཏུ་ཁྱོ་ཡན་དང་འགབ་མཐུན་བྱས་པ་ལས་བྱུང་བའི་ཕྲུ་གུ་དེར་ཕ་ཇོ་མ་སུ་ཡིན་སྦ་གསང་མི་བྱེད་པ་དང་། བུད་མེད་ལ་ལར་ཁྱོ་ཡན་གཉིས་ཙམ་ལས་བྱུང་བའི་ཕྲུ་གུ་སོ་སོའི་ཕ་ཇོ་མ་སུ་ཡིན་ཁས་ལེན་ངོས་འཛིན་བྱེད་ཀྱི་ཡོད་ལ། དེ་སྔ་འབྲོག་ཁུལ་དུ་དུད་ཚང་གང་གི་ཁྱོ་ག་དེ་ཐག་རིང་ལ་ཚོང་ལ་འགྲོ་བའམ་ཚྭ་ལེན་པར་འགྲོ་བ་སོགས་བྱས་འགྲོའི་དུས་ཚོད་རིང་ཙམ་ཡིན་ཚེ་འགའ་རེས་ཐོག་ཡ་བསུ་སྲོལ་ཡོད་པ་དང་། ཐོག་ཡས་ཕྱུགས་ཐོག་གི་རྗེ་བོ་བྱེད་པ་མ་ཟད་ཁྱིམ་ཚང་གི་གནས་མོའི་འདོད་རོགས་ཀྱང་བྱེད་སྲོལ་ཡོད། དེའི་དུས་སུ་བྱུང་བའི་ཕྲུ་གུ་ནི་བྲི་ཕྲུག་སུ་གཏོགས་ཀྱང་ཕ་སུ་ཡིན་ངོས་འཛིན་གསལ་པོ་བྱེད་པ་ཡིན། དེའི་དམིགས་ཡུལ་ཡང་རྗེས་སྐྱེས་ཀྱི་རིགས་རུས་མི་འཆོལ་བའི་ཆེད་དུ་ཡིན། དེ་ལྟར་ན་བྲི་བྱས་ལས་བྱུང་བའི་ཕྲུ་གུ་དེ་རིགས་ཚང་མ་ཕ་མས་ཁས་ལེན་བྱས་པས། བྲི་ཕྲུག་གི་སྐྱེ་ཁུངས་སྦས་བསྐུངས་མེད་པ་ནི་མངོན་གསལ་ཡིན།

གསུམ། སྡིག་པར་འཛེམས་པ། ལྷ་ཆོས་དགེ་བ་བཅུ་དང་མི་ཆོས་གཙང་མ་བཅུ་དྲུག་ཅེས་པའི་ཁྲིམས་སྲོལ་དག་ཆོས་རྒྱལ་སྲོང་བཙན་སྒམ་པོས་གཏན་ལ་ཕབ་ནས་ལོ་ངོ་སྟོང་ལྷག་གི་ལོ་རྒྱུས་སོང་བ་དང་། བོད་རིགས་སེར་སྐྱ་མང་ཚོགས་

ཁྲིད་ཤ་ཐིམ་རུས་ཐིམ་དུ་གྱུར་ནས་བོད་རིགས་མི་དམངས་ཀྱི་བསམ་སྤྱོད་ཀྱི་ཚད་འཛིན་ས་གཙོ་བོ་ཞིག་ཏུ་གྱུར་ཡོད། ཁྱད་པར་སྲོག་མི་གཅོད་པ་ནི་དགེ་བ་བཅུའི་ནང་གི་དང་པོ་དེ་ཡིན་ལ། དེ་ལས་འགལ་ན་སྡིག་པའི་ལས་ཆེ་ཤོས་བརྩམས་པར་ངོས་འཛིན་པ་དང་། དེ་ལྟའི་སྲོག་མི་གཅོད་པ་དེའང་འགྲོ་བ་མིའི་སྲོག་ལ་གནོད་པ་ལྟ་ཅི་ཐ་ན་དུད་འགྲོའི་སྐྱེ་གནས་སུ་གཏོགས་པའི་སྲོག་ཆགས་འབུ་སྲིན་ཚུན་ཆད་ལའང་བསམ་བཞིན་དུ་གནོད་སེམས་ཀྱི་སྲོག་གཅོད་བྱ་མི་རུང་བར་གོ་བ་དང་། བོད་པ་རྣམས་ཀྱིས་བུད་མེད་ལ་མངལ་དུ་ཕྲུ་གུ་ཆགས་མ་ཐག་ནས་དེ་ལ་སེམས་ལྡན་པར་བརྩི་སྟེ། མངོན་བརྗོད་ནང་དུའང་བུད་མེད་སྦྲུམ་མའི་མིང་དུ་སྲོག་ཆགས་ལྡན་ཞེས་འབོད་པ་ལྟ་བུའོ། །བུད་མེད་ཀྱི་མངལ་དུ་ཕྲུ་གུ་འཁོར་བ་མ་སྨིན་བཞིན་དུ་ཤོར་དུ་འཇུག་པ་དང་མངལ་ནང་གཏོར་བའི་བྱ་སྤྱོད་དེ་རིགས་སེམས་ཅན་ལ་གནོད་འཚེ་བྱེད་པའི་ལས་ངན་པ་སྟེ་སྡིག་པ་བསགས་པར་བརྩི་བ་དང་། ལ་ལས་སྐྱེ་རྒྱུན་གཅོད་པའི་གཤགས་གཅོས་བྱས་པ་དེའང་སྡིག་པའི་རྒྱུ་རུ་བརྩིས་ནས་འཛེམ་ཟོན་བྱེད་ཀྱི་ཡོད། དེ་ལྟའི་སྲོལ་རྒྱུན་ལྟ་བའི་ཤུགས་རྐྱེན་འོག་འོས་མིན་ཕོ་མོའི་འབྲེལ་བ་བྱུང་རིགས་ལ་འབྲས་བུ་འཁོར་བ་སྐྱེ་གང་ཐུབ་བྱས་པས་ཕྱི་ཕྲུག་བྱུང་བའི་གནས་ཚུལ་མང་ཙམ་ཐོན་པར་སེམས།

བཞི། ཁྱི་བཏྲུང་ལྟ་བུའི་ཕོ་མོའི་ཚུལ་མིན་འབྲེལ་བ་ཟབ་པ། དེ་ཡང་ཉེ་སྔ་སོགས་འབྲོག་ཁུལ་དུ་ཕོ་གསར་རྣམས་མཚན་མོ་ཉེ་འགྲམ་གྱི་གཉེན་ཉེའི་འབྲེལ་བ་མེད་པའི་བུད་མེད་ས་ལ་ཁྱི་འཁྱམ་ལ་འགྲོ་བའི་གོམས་གཤིས་ཡོད་ཅིང་། དེ་ལ་ཡོངས་གྲགས་སུ་ཁྱི་བཏྲུང་ཞེས་འབོད། ཁྱི་བཏྲུང་ལ་འགྲོ་བ་དེ་ངོ་ཚའི་རྒྱུ་རུ་མི་བརྩི་ལ། སྦས་བསྐུངས་མེད་པར་ཕོ་གསར་ཚོ་མཉམ་འཛོམས་སྐབས་སྤྲོབས་པ་བྱེད་ཡུལ་དུ་བརྩིས་ནས་ངོམས་སོ་བྱེད་ཀྱི་ཡོད། ཁྱི་བཏྲུང་གི་ཡུལ་གཙོ་བོ་ནི་བུད་མེད་བདག་མེད་རྣམས་ཡིན་ལ། འབྲོག་ཁུལ་དུ་བུད་མེད་ཚོས་གཉེན་སྒྲིག་མ་བྱས་

གོང་ལུས་བསྒྲུངས་རྒྱུར་དེ་ཙམ་མཐོང་ཆེན་མེད་པ་དང་། ཕ་མས་ཀྱང་དེ་ཙམ་ཧུས་གཏོགས་དང་ལྷ་སྐུལ་ནན་པོ་མི་བྱེད་པས། ཁྱི་བརྟུང་མཁན་གྱི་བྱི་བོ་ཚོར་གོ་སྐབས་བསྐྱུན་པ་འདྲ་ཆགས་ཡོད། ཉེ་སྔོ་གྲོང་ཚོར་ཆ་མཚོན་ན། སྐྱེ་ཁུངས་བྱི་ཕྲུག་ཡིན་པའི་མི་༥༢ཡོད་（དེའི་ནང་དུ་ཕྲུག་ཚུད་མེད་）པ་དེས་མི་འབོར་སྤྱིའི་བརྒྱ་ཆ་༢༢.༩༧ཟིན་པ་དང་། ཆ་སྙོམས་དུད་ཚང་རེའི་ནང་བྱི་ཕྲུག་རེ་ཡོད། ཁྱད་པར་དུད་མེད་གཅིག་ལ་བྱི་ཕྲུག་གསུམ་བྱུང་བ་༢དང་། བྱི་ཕྲུག་༢བྱུང་བ་༩སྐྱེས་པ་གཅིག་གིས་བྱི་ཕྲུག་བཞི་བཟོས་པ་༧དང་། གསུམ་བཟོས་པ་༢ཡོད་ལ། དུད་ཚང་གཅིག་གི་ནང་དུ་སྐྱེ་ཁུངས་བྱི་ཕྲུག་ཡིན་པ་མི་ལྔ་ཙམ་བྱས་པའང་ཡོད།

བཞི་པ། བྱི་ཕྲུག་ལ་འཛིན་པའི་སྲོལ་རྒྱུན་ལྟ་ཚུལ།

དེ་ཡང་བྱི་ཕྲུག་བྱུང་བའི་རྒྱུ་རྐྱེ་ཕོ་མོ་བྱི་བྱས་ལ་འཛིན་པའི་ལྟ་ཚུལ་དང་། ཕོ་མོ་བྱི་བྱས་ལས་བྱུང་བའི་འབྲས་བུ་རྐྱེ་བྱི་ཕྲུག་ལ་འཛིན་པའི་སྲོལ་རྒྱུན་ལྟ་ཚུལ་ཏེ་རྒྱུ་དང་འབྲས་བུ་གཉིས་ཀྱི་ཐད་ནས་གླེང་རྒྱུ་ཡིན།

གཅིག བྱི་བྱ་རྒྱུ་འཛོམས་བྱར་འཛིན་ཚུལ་སྐོར་བསྟན་པ། དེ་ཡང་གོང་ཞུས་ལྟར་བྱི་ཕྲུག་ནི་ཕོ་མོ་མི་འོས་པའི་བྱི་བྱས་ལས་བྱུང་བའི་ཕྲུ་གུ་ལ་ཟེར་བ་དང་། བོད་ཀྱི་སྲོལ་རྒྱུན་དུ་ཕོ་མོའི་དབར་ཚུལ་མིན་བྱི་བྱེད་པ་འཛོམས་བྱར་འཛིན་གྱི་ཡོད། རང་རེའི་མེས་པོས་ཚུལ་དང་ཚུལ་མིན་པ་རྣམ་པར་ཕྱེ་བའི་བླང་དོར་གྱི་གནས་རྒྱ་ཆེར་གཏན་ལ་ཕབ་པའི་ནང་རིགས་རུས་མི་འཚོལ་བའི་སླད་དུ་གཏན་ལ་ཕབ་པའི་ཕོ་མོའི་འབྲེལ་བའི་སྐོར་གྱི་གཏན་འབེབས་མང་དག་འཇལ་རྒྱུ་ཡོད། དེ་ཡང་བོད་ཀྱི་ལོ་རྒྱུས་དེབ་ཐེར《རྒྱལ་རབས་གསལ་བའི་མེ་ལོང་》ནང་། དཔའ་མཛངས་ལྡན་པའི་རྒྱལ་པོ་སྲོང་བཙན་སྒམ་པོས་བོད་ཡོངས་ལ་དབང་བསྒྱུར་མཛད་རྗེས་གང་དེའི་བློན་པོ་རྣམས་ཀྱིས“རྒྱལ་པོས་དཀའ་སྩལ་བ་བཞིན། དགེ་བ་

བཅུའི་ཁྲིམས་བཅའ་བ་སྟེ། བཟང་ལ་བྱ་དགའ་སྟེར། ངན་པ་ལ་ཆད་པ་གཅོད། མཐོ་བ་ཁྲིམས་ཀྱིས་གནོན། དམའ་བ་ཐབས་ཀྱིས་སྐྱོང་། ……ལེགས་པའི་དཔེ་སྲོལ་བཙུག་སྟེ། འཐབ་མོ་བྱས་པ་ལ་ཆད་པ། བསད་པ་ལ་ཆེ་ཆུང་གི་སྟོང་བྱེད་པ། བརྐུས་པ་ལ་བརྒྱད་འཇལ་ངོས་དང་དགུ། བྱི་བྱས་པའི་ཡན་ལག་གི་ཐྲན་བཅད་ནས་ཡུལ་གཞན་དུ་སྤྱུགས་པ། རྫུན་བྱས་པའི་ལྕེ་གཅོད་པའོ། །”①ཞེས་འཁོད་པ་དང་། བོད་ཀྱི་སྔ་རབས་ཁྲིམས་སྲོལ་ཡིག་ཆ་ཁག་གི་ནང་དུ་བྱི་བྱས་བྱི་རིན་གྱི་ཞལ་ལྕེ་གཏན་ལ་ཕབ་པ་མ་ཟད། འཛོམ་བྱ་ལས་འགལ་རིགས་ལ་བྱི་འཇལ་ཆད་གཅོད་གཏོང་ལུགས་ཞིབ་པར་འཁོད་ཡོད། དཔེར་ན། གཙང་པ་སྡེ་སྲིད་ཀརྨ་བསྟན་སྐྱོང་དབང་པོའི་དུས་སུ་གཏན་ལ་ཕབ་པའི་ཁྲིམས་ཡིག་ཞལ་ལྕེ་བཅུ་དྲུག་ནང་“བྱི་བྱས་བྱི་རིན་གྱི་ཞལ་ལྕེ་ནི། སྔོན་གྱི་ཆོས་རྒྱལ་གྱི་ཁྲིམས་ཡིག་རྙིང་པ་རྣམས་ན། བྱི་བྱས་པའི་ཡན་ལག་གི་ཐྲན་བཅད་ནས་ཡུལ་གཞན་དུ་སྤྱུགས་ཞེས་འདུག་ཀྱང་། འདི་བླ་མ་དཔོན་པོ་སོགས་ཀྱི་བཙུན་མོ་ལ་མི་འོས་པའི་བྱི་བྱས་ན་དེའི་ནག་ཏུ་གཅོད་ཐེར་བའི་ཚིག་དོན་ཡིན་ཞིང་། གཞན་མ་རང་བཞིན་གཅོད་རྒྱུ་བྱེད་པ་ལ་ཁྲིམས་ཡིག་རྙིང་པ་འགའ་ཞིག་ཏུ། ཆྭིག་ཙོ། སྤོག་སྲང་། གྲ་ལུག ཟེད་ར། ཁྲབ་ཧྲ་གཞོལ་གཡག་ཅེས་ཟེར་བ་འདུག་ནའང་། འདིར་བདེན་པ་གཙོ་བོར་བྱས་ཏེ་མི་ཁོངས་མི་སྨྲམས་པའི་བྱི་འཇལ་སྲང་གསུམ་དང་། གསོན་སྟོང་གི་ཁུངས་ཀྱི་སྟོང་གི་བཞི་ཟུར། རྒྱལ་ཡུས་ཐ་བར་བསྟུམས་ཀྱིས་གཅོས་པའི་བདུན་ཚན་བྱེད། ཁུངས་འདྲ་བ་ལ་ཁྲིམས་མེད་བྱ་བ་བྱས་ན་བྱི་འཇལ་གསོན་སྟོང་སོགས་བསྡོམས་པར་སྲང་གསུམ་ནས་དོའི་བར་དང་། རྒྱལ་ཡུས་གོས་གཟན་གྱིས་གཅོས་པའི་ལྷ་ཚན་བདུན་ཚན་གང་རིགས། སྐྱེ་དམན་གྱིས

① ས་སྐྱ་བསོད་ནམས་རྒྱལ་མཚན། རྒྱལ་རབས་གསལ་བའི་མེ་ལོང་། [M] མི་རིགས་དཔེ་སྐྲུན་ཁང་། ༡༧༨

ཚུར་འགེབས་བྱས་ན་ཐི་འཇལ་སྲུང་གང་། རྒྱལ་ཡུས་དཀར་ཡོལ་གྱིས་གཙོས་པའི་གསུམ་ཚན་ཙམ་མ་གཏོགས་གསོན་སྟོང་གི་མིང་མི་དགོས། བཙུན་མ་བབས་པར་དགོན་པའི་སྒྲིག་བཅའ་ཡིག་ལ་གང་ཡོད་བྱེད་དགོས། ཡང་བདག་ཅན་གྱི་ཁྲོ་ག་ཁྲིམ་མཆེས་ཀྱི་སྐྱེ་དམན་གྱིས་བསླད་ཐབས་བྱས་ན། སྐྱེ་དམན་བདག་ཅག་མ་རང་ལ་རྒྱ་ཡུས་ཇ་བར་བསྡུམས་ཀྱིས་གཙོས་པའི་བདུན་ཚན། དཀར་ཡོལ་གྱིས་གཙོས་པའི་ལྔ་ཚན། སོགས་རྣམ་དཔངས་ཆེ་ཆུང་ལ་དཔགས་པའི་གཅོད་རྒྱ་བྱེད་ཅིང་། ཡང་བྱེས་སམ་ཐེངས་རེ་གཉིས་ཀྱི་ཁྲོ་གས་བཀབ་པའི་འཛོམ་ཆ་བྱས་རིགས་ལ་རྒྱ་ཡུས་སྤྲོད་མི་དགོས་པ་ཡིན་ནོ། །"[1]ཞེས་ཁྲིམས་ཡིག་ཞལ་ལྕེའི་ནང་དུས་སྔ་ཕྱི་དང་རིགས་མི་འདྲ་བར་ཆད་གཅོད་གཏོང་ལུགས་གསལ་པོར་གཏན་ལ་ཕབ་ཡོད་པ་མཐོང་ཐུབ། དེ་ལྟའི་གཏན་འབེབས་དེ་དག་བོད་ཀྱི་སྤྱི་ཚོགས་འཚོ་བའི་ནང་ལག་ལེན་བསྟར་ཡོད་པ་ནི་དཔེར་ན《མཁས་པའི་དགའ་སྟོན་》ནང་"དེ་ནས་བཙུན་མོ་ངང་ཚུལ་མ་དང་བྲན་ཀ་དཔལ་ཡོན་མཛའ་འོ་ཞེས་སྣན་ཕྲ་གསོལ་བས་ཁྲིམས་ལ་སྦྱོར་ཞིག་ཅེས་གསུངས་བ་ན་བཙུན་མོ་ངང་ཚུལ་ཤིན་ཏུ་སྡུག་བསྔལ་ཏེ་རང་ལྐེབས་ནས་ཤི། བློན་ཆེན་པོ་བྲན་ཀ་དཔལ་ཡོན་གྱིས་ཕོ་རང་བསད་ན་རྒྱལ་པོ་ཡང་དགྲོངས་ཀྱིས་དོགས་ཏེ་བྱང་དུ་བྲོས་ནས་ས་འོག་ཏུ་ལྕགས་ཀྱི་སྲོག་བ་རྩ་བསྒྲུབས"[2]ཞེས་ལོ་རྒྱུས་མི་སྣར་མ་ཉེས་ཁ་གཡོགས་བྱུང་ཚུལ་གསལ་བ་དང་། དམངས་ཁྲོད་སྒྲུང་གཏམ་ཞིག་གི་ནང་དུ་བུད་མེད་གཞང་མ་ཞིག་གིས་བདག་ཅན་ཁྲོ་ག་ཞིག་བསླད་ནས་འགབ་མཐུན་པས། ཁྲོ་ག་དེའི་ཆུང་མས་གཞང་མའི་གསང་སྣའི་ལྕེ་ཆུང་རྩེ་དང་ན་ལྕོག་གི་རྩེ་ལ་མཚོན་བྲངས། དེ་རྗེས་གཞང་མ་དེར་འཆལ་

[1] བོད་ཀྱི་སྔ་རབས་ཁྲིམས་སྲོལ་ཡིག་ཆ་བདམས་བསྒྲིགས། [G] བོད་ལྗོངས་བོད་ཡིག་དཔེ་རྙིང་དཔེ་སྐྲུན་ཁང་ནས་༢༠༡༡ལོའི་ཟླ་༤པར་པར་ཐེངས་གཉིས་པ་བཏབ། ཤ༡༦༣

[2] དཔའ་བོ་གཙུག་ལག་འཕྲེང་བ། ཆོས་འབྱུང་མཁས་པའི་དགའ་སྟོན། [M] མི་རིགས་དཔེ་སྐྲུན་ཁང་། ༡༩༨༤ལོ། ཤ༡༤༢

ཙོ་བྱ་ཆད་ཨམ་ཆད་ཅེས་པའི་མིང་འདོགས་བྱུང་བའི་བཤད་སྲོལ་འཁོད་ཡོད་པ་དང་། དམངས་ཁྲོད་དུ་ཆུང་མ་མ་བསྲུངས་བའམ་གཞན་གྱི་བཟའ་ཚང་བར་འོས་མིན་འཚང་ཁ་རྒྱག་མཁན་གྱི་མགོ་སྐྱེས་ལན་བུ་བྲེགས་པ་དང་ན་རྫེ་བཅད་ནས་དམེ་རྟགས་རྒྱག་པའི་སྲོལ་ཡང་ཡོད། གཞན་ཡང་གནའ་རབས་བོད་ཀྱི་སྤྱི་ཚོགས་འཚོ་བར་ལྟ་བའི་མེ་ལོང་《གླིང་རྗེ་གེ་སར་རྒྱལ་པོའི་སྒྲུང་》ནང་དུའང་བྱེ་བྲས་པའམ་ལོག་པར་གཡེམ་པ་ལས་ངན་པར་བརྩི་བའི་སྲོལ་རྒྱུན་འདུ་ཤེས་གསལ་ཡོད། དེ་ཡང་སྒྲུང་མཁན་བསམ་གྲུབ་ཀྱིས་ཕབ་པའི་《དམྱལ་གླིང་ཐར་པ་ཆེན་མོ་》ཞེས་པའི་ནང་། ཧོར་གུར་དཀར་རྒྱལ་པོ་དང་དམ་ཉམས་ཁ་སྦྱོར་གྱི་གྲྭ་བཙུན་གཉིས་ཀྱིས་གསོན་མི་ཡུལ་སྣང་དུ་སྡོད་པའི་དུས་ཡུལ་མིན་པར་བཙན་གཡེམ་མམ་ལོག་པར་གཡེམ་པའི་ལས་འབྲས་སུ་ཤི་དམྱལ་བའི་ཡུལ་དུ་གུར་དཀར་གྱི་རྩ་བརྒྱ་བསྡུས་པའི་སྡོང་པོ་ལྕགས་ཀྱུར་བཏགས་པ་དང་། གྲྭ་པའི་ཕོ་རྟགས་བཙུན་མའི་ཁ་ནང་དུ་བླུགས། གྲྭ་པའི་མགོ་བོ་བཙུན་མའི་འོག་སྒོའི་ནང་དུ་བླུགས་ནས་གཟེར་ཆེན་ཕུར་པ་རྡེག་རྡེག གཟེར་ཆུང་རྒྱ་ཁབ་གྲམ་གྲམ་གྱི་ན་ཟུག་སྨྱོང་དགོས་བྱུང་ཚུལ་དང་། བཀྲེས་སྐོམ་གྱིས་ཇི་ཙམ་མནར་ཡང་ཟ་བཏུང་ལ་ཕན་ཚུན་གྱི་སྐྱུག་གཅིན་དང་ཁྲུ་བ་ལས་མེད་ཚུལ་བསྟན་ནས་ཀློག་པ་པོར་ལས་འབྲས་འཁོར་ཚུལ་གྱི་ཁ་བརྡ་བསླབ་བྱ་བྱས་ཡོད་པ་ནི“དེ་ཕྱི་རབས་བོད་ཀྱི་ས་ཆ་ལ། དམ་ཉམས་ཁ་སྦྱོར་མི་ཡོང་བའི། ལས་འབྲས་སྨིན་པའི་བརྡ་ཚིག་རེད་”ཅེས་སྒྲུང་དེ་རང་གི་ནང་དུ་གསུངས་པ་ལྟར་རོ། །དེ་དག་ལས་བོད་པ་རྣམས་ཀྱིས་ཕོ་མོའི་དབར་བྱེ་བྲས་པ་ཚུལ་མིན་དུ་བཟུང་ནས་འཛེམ་བྱར་བརྩི་བ་མཚོན་ལ། གལ་པོ་ཆེ་ལ་ནན་ཏན་གྱི་དཔེ་ལྟར་འཛེམ་བྱ་དེ་ལས་འགལ་མཁན་ལ་ཆད་པ་ནན་པོ་གཏོང་པ་དང་ལས་འབྲས་འཁོར་ཚུལ་བསྟན་ནས་ཐབས་བརྒྱ་ཇུས་སྟོང་གིས་ཚུལ་མིན་བྱ་བ་བཀག་འདོམས་བྱེད་ཀྱི་ཡོད་པའང་མངོན་ཐུབ།

གཉིས། ལོ་རྒྱུས་མི་སྣའི་སྐྱེ་ཁུངས་གསང་བ་ལས་ཁྲི་ཕྲུག་བྱུང་བ་ངོ་ཚ་ལ་འཛིན་ཚུལ་བསྟན་པ། བོད་ཀྱི་ལོ་རྒྱུས་ཐོག་གྲགས་ཅན་གྱི་མི་སྣ་འགའི་ཚེ་བ་འདོན་པའི་ཆེད་དུ་མཆེད་ཁུངས་དངོས་སྦས་ནས་ལོ་རྒྱུས་དང་གཏམ་རྒྱུད་འདྲེས་མའི་བཤད་རྒྱུན་ངོ་མཚར་བ་མང་པོ་དར་ནས་ཡོད། དེ་ལས་ཊུ་ལས་སྐྱེས་དང་ཁྲི་རྒྱལ་འབུམ་ལྡེ་མགོན། ཀརྨ་རང་བྱུང་རྡོ་རྗེ་བཅས་ལོ་རྒྱུས་མི་སྣ་གསུམ་གྱི་མཆེད་ཁུངས་གཏམ་རྒྱུད་དཔེ་མཚོན་དུ་བཀོད་ན།

གངས་ཅན་ལྗོངས་འདིར་མཛངས་མི་བདུན་ཞེས་སྙན་པའི་གྲགས་པ་ཆེ་བ་དང་། དེ་ཡི་ཐོག་མ་ཊུ་ལས་སྐྱེས་ཞེས་པའི་སྐྱེས་བུ་དམ་པ་དེ་ཉིད་ནི་ཡར་ལྷ་ཤམ་པོའི་སྲས་ཡིན་པར་བརྗོད། དེ་ཡང་《ཆོས་འབྱུང་མཁས་པའི་དགའ་སྟོན་》ནང་། "ལྷམ་སྲིང་བཞི་ཡིས་ཡུམ་ལ་ཏ་རྗེ་བཙོལ། །ཏ་འཚོར་ཕྱིན་ཏེ་གཉིད་ལོག་རྨི་ལམ་དུ། །མི་དཀར་མཛེས་པ་ཞིག་དང་བཤོས་པ་རྨིས། །སད་ཚེ་གཡག་དཀར་ཞིག་ནི་སོང་བ་མཐོང་། །ཟླ་བ་ཚང་ནས་ཁྲག་རླངས་འགྱུལ་བ་བཙས། །འབྲོང་ཊུ་དྲོན་མོར་བཙུག་ནས་འོ་མས་བྲན། །དྲོད་ཀྱིས་བཙོས་པས་དེ་ཡི་ནང་ནས་ནི། །ཁྱེ་འུ་མཛེས་ཤིང་ལྟ་ན་སྡུག་པ་བྱུང་། །"①ཞེས་གསལ་བ་དང་། ཡང་《ཏུན་ཧོང་ནས་ཐོན་པའི་བོད་ཀྱི་ལོ་རྒྱུས་ཡིག་ཆ་》ཞེས་པའི་ནང་བློན་པོ་ཊུ་ལས་སྐྱེས་ཀྱི་མཆེད་ཁུངས་གསལ་ཡོད་པ་དག་སྐུ་ཞབས་ཆབ་སྤྱིལ་ཚེ་བརྟན་ཕུན་ཚོགས་ལགས་ནས་གོ་བདེར་བཀྲལ་ཡོད་པའི་ནང་། "བཀྲགས་ཀྱི་བུ་ལྷ་བུ་ཊུ་ལ་སྐྱེས་ཕ་ཚན་དང་ཕན་ཚུན་འཁྲུགས་ནས་བཀྲགས་ཀྱི་མི་རྒྱུད་རབས་ཆད། བཀྲགས་ཀྱི་ཚུང་མ་ཞིག་བྲོས་སྟེ་མོ་རང་གི་ཕ་ཁྱིམ་དུ་སླེབས། མོའི་ལྟོ་བར་སྦྲུམ་མ་བཙའ་རྒྱུ་ཡོད་པ་དེ་

① དཔའ་བོ་གཙུག་ལག་འཕྲེང་བ། ཆོས་འབྱུང་མཁས་པའི་དགའ་སྟོན། [M] མི་རིགས་དཔེ་སྐྲུན་ཁང་། ༡༩༨༦ལོ། ཤ༡༦༢

ལས་བུ་ཞིག་སྐྱེས།”①ཞེས་རློན་པོ་རུ་ལས་སྐྱེས་ནི་གོ་ལོག་མར་སྐྱེས་པའི་བུ་ཞིག་ཡིན་པ་བསྟན་ཡོད།

གཞན་ཡང་བཙན་པོའི་གདུང་རྒྱུད་རྒྱལ་པོ་བཙུན་པ་ལྡེ་ཡི་སྲས་ཁྲི་རྒྱལ་འབུམ་ལྡེ་མགོན་མང་ཡུལ་དུ་སྐུ་བལྟམས་པར་བཤད་སྲོལ་འདི་ལྟ་བུ་བྱུང་ཡོད་དེ། “མགྲོ་མགོན་འཕགས་པས་ཨ་ལྕེ་ལ་མར་ཡོངས་（འོངས་）དགོས་ཚུལ་ཕོ་ཉ་སྤྲིན་པར་ཉི་མ་འབུམ་གྱིས་ཞུ་ཡིག་ཏུ་གསོལ་བ། སྐྱིད་རོང་བལ་པོའི་ཡུལ་འདི་ཚད་པ་ཚ་གསུངས་བ་ལྟར་གདའ་བས་བདག་སྐྱོམ་ནས་ཆུ་མིག་གཅིག་ནས་ཆུ་འཕྱུང་བས་སྟེའུ（ཉེའུ）ཞིག་ཁོག་པར་ཕོར་བ་ཡིས་ཁོ་མོ་མྱུར་དུ་ཡོང་ཐབས་མ་བྱུང་བ་དེ་ལ་བརྩེ་བའི་བསླབ་བྱ་ཞིག་ཞུ་ཞེས་ཞུས་པར། ཆུ་མིག་ལེགས་པར་བརྟག་ལ་གྱིས། ཉ་ཆུང་ལ་གཅེས་སྲུས་འཚལ། རེ་ཞིག་དེར་སྡོད་ན་རུང་། ཞེས་གནང་（བ་）བཞིན་བདག་མོ་ཉི་མ་འབུམ་ལ་ཆུ་མོ་སླང་གི་ལོར་རྒྱལ་པོ་བཙུན་པ་ལྡེ་ཡི་སྲས་ཁྲི་རྒྱལ་འབུམ་ལྡེ་མགོན་ཞེས་བསོད་ནམས་ཀྱི་མཐུ་དང་ལྡན་པ་དེ་མངོན་པར་བལྟམས་སོ།”②ཞེས་གསལ་བ་ལྟ་བུ་ཡིན།

ཀརྨ་རང་བྱུང་རྡོ་རྗེ་མཆོག་ནི་སྤྱི་ལོ་༡༢༨༩ལོར་གཙང་སྟོད་སྐྱིད་རོང་རྩ་ཕུ་ལྷུང་ཤོད་དུ་སྐུ་བལྟམས་པ་དང་། དེ་ཁུལ་གྱི་དམངས་ཁྲོད་དུ་རང་བྱུང་རྡོ་རྗེའི་འཁྲུངས་ཚུལ་སྐོར་ལ་བཤད་རྒྱུན་འདི་ལྟར་ཡོད་དེ། ཁུལ་དེར་གནས་སྐོར་ལ་ཕེབས་པའི་རྣལ་འབྱོར་བ་ཞིག་དང་རྗེ་མོ་ཞིག་ཕོ་མོ་མཉམ་དུ་འགྲོགས་པས་ཁྱེའུ་ཞིག་བྱུང་བ་ལ་ཡུལ་མི་རྣམས་རྣམ་རྟོག་ལངས་ནས་ཁོང་ཕ་མ་བུ་གསུམ་ཡུལ་གཞན་དུ་སྐྱུགས་པས། ཡུལ་དེའི་ཕུ་ན་མཆིས་པའི་གངས་རི་ཞིག་གི་འདབས་སུ་

① ཆབ་སྤེལ་ཚེ་བརྟན་ཕུན་ཚོགས་ཀྱི་གསུང་རྩོམ་ཕྱོགས་བསྒྲིགས། ［M］ཀྲུང་གོའི་བོད་ཀྱི་ཤེས་རིག་དཔེ་སྐྲུན་ཁང་། ༡༣༥༧

② བོད་ཀྱི་ལོ་རྒྱུས་དེབ་ཐེར་ཁག་ལྔ། ［M］བོད་ལྗོངས་བོད་ཡིག་དཔེ་རྙིང་དཔེ་སྐྲུན་ཁང་། ༡༨༩

འཁྱོར་སྐབས་གངས་རི་ཞུར་ནས་བཤུམ་པའི་ཚུལ་བསྟན་པས། ཡུལ་མི་རྣམས་ཀྱི་བསམ་པར་ཁྱིའུ་དེ་གཞན་དང་མི་འདྲ་བའི་སྐྱེ་བུ་ཞིག་ཡིན་སྙམ་ནས་ཚུར་བསུས། དེ་ནས་བཟུང་དེ་ཁུལ་དུ་བྱི་སྤྲུག་བསྐོག་པར་མི་འཛིན་ལ། བྱི་སྤྲུག་བྱུང་བ་ལ་ཡང་ཕ་ཡིས་སྤྱི་གཙུག་སྟེང་ལ་མར་ཡས་སྒྲོན་ནས་ངོས་འཛིན་པ་ལས་གསོ་ཏེན་སྲིད་དགོས་མེད་པ་དང་། གངས་རི་དེའང་དུས་དེ་ནས་བཟུང་གནས་རི་འགངས་ཆེ་ཞིག་ཡིན་པར་ངོས་འཛིན་བྱེད་ཀྱི་ཡོད།① དེ་ལྟར་གོང་གསལ་ལོ་རྒྱུས་མི་སྣ་གསུམ་གྱི་འཁྲུངས་ཚུལ་བཤད་སྲོལ་དག་ལས་མི་སྣ་དེ་དག་ནི་ཕོ་མོའི་ཚུལ་མིན་མཐུན་བསྟེབས་ལས་བྱུང་བ་གསལ་ལ། བཤད་སྲོལ་དེ་དག་ལ་ཞིབ་ཏུ་བརྟགས་ན། གནའ་བོའི་དུས་སུ་ཕ་མེད་པའི་བུ་སྤྲུག་ལ་མཐོང་ཆུང་བྱེད་པ་ངམ་ཤུགས་ཀྱིས་མངོན་གྱི་འདུག དཔེར་ན་བློན་པོ་རུ་ལས་སྐྱེས་ཀྱི་མཆེད་ཁྲུངས་སྐོར་གྱི་བཤད་སྲོལ་གཉིས་ལས་གང་ཞིག་ལོ་རྒྱུས་རྣལ་མ་ཡིན་པ་ཆོག་ཐག་གཅོད་དཀའ་ནའང་བཤད་སྲོལ་གཉིས་ཀའི་ནང་གང་དེ་ཕ་མེད་པའི་བུ་ཡིན་པ་བསྟན་ཡོད། དེ་ཡང་བཤད་སྲོལ་དང་པོའི་ནང་"རྒྱལ་པོ་གྲི་གུམ་བཙན་པོའི་བཙུན་མོ་ལ་ཕ་མེད་པའི་བུ་ཞིག་སྐྱེས་པས་གཞན་ལ་ངོ་ཚ་སྟེ་ཐབ་ཀའི་མར་རྒྱུད་དུ་འབྲོང་རུའི་ནང་བཙུག་ནས་གཉེར་སྐྱོང་བྱས་ཚུལ"② བསྟན་པ་དང་། བཤད་སྲོལ་གཉིས་པའི་ནང་བཀྲུགས་ཀྱི་ཁྱིམ་རྒྱུད་ལ་ཕམ་ཉེས་བྱུང་བས་བཀྲུགས་ཀྱི་ཆུང་མ་ཞིག་གིས་ལྟོ་བར་བུ་ཁྱེར་ནས་ཕ་མིང་གི་ཁྱིམ་དུ་ལོག ཀོ་རུ་སྐྱེས་པའི་བུ་དེ་རུ་ལས་སྐྱེས་ཡིན་པར་བསྟན་ཡོད། གང་ལྟར་ཕ་མེད་པའི་བུ་དེ་ངོ་ཚ་བའི་རྒྱུ་རུ་བརྗེས་ནས་ངོ་ཚ་སྦས་ཁུལ་གྱིས་རུ་ལས་སྐྱེས་ཞེས་པ་དང་། གང་དེས་བོད་ཀྱི་སྤྱི་ཚོགས་འཕེལ་རྒྱས་ལ་ཕྱག་རྗེས་ཁྱད་དུ་འཕགས་པ་བཞག་མྱོང་བས། ཆེ་བསྟོད་བྱེད་སྐད་དུ་ཕ་ཡར་ལྷ་

① སྤྱི་ལོ་༡༩༨༨ལོར་གཉམ་སྐྱིད་དུ་འགྲོ་སྐབས་སྐྱིད་རོང་ས་ལེ་ཁུལ་ནས་བསྡུ་རུབ་བྱས།

② གངས་འཚོ། ཚེ་ལོ་མིག་དགུ ཅང་ཏའོ་གློག་རྩལ་དཔེ་སྐྲུན་ཁང་། ༢༠༠༧ལོ། ཤ༢༨༥

ཤམ་པོ་ཡིན་ཞེས་བརྗོད་པ་ནི་གོ་བ་ལོན་བདེ་བ་ཞིག་ཡིན། དེ་བཞིན་ཁྲི་རྒྱལ་འབུམ་ལྡེ་མགོན་དེ་ཉིད་ཡུམ་ཉི་མ་འབུམ་གཉེན་སྒྲིག་མ་བྱས་གོང་ནས་མངལ་དུ་འཁོར་བ་བསྟན་ཡོད་ལ། ངོ་ཚ་སྦས་ཆེད་ཆུ་མིག་གཅིག་ནས་ཆུ་འཁྱུང་བས་ཉེའུ་ཞིག་ཕོག་པར་ཤོར་སོང་ཞེས་བཤད་ཡོད། ཀཱ་རང་བྱུང་རྡོ་རྗེའི་སྐོར་གྱི་དམངས་ཁྲོད་བཤད་རྒྱུན་དེ་ནི་སྐབས་དེ་དུས་བྱི་ཕྲུག་ལ་འཛིན་པའི་སྲོལ་རྒྱུན་ལྟ་བའི་དཔེ་མཚོན་གསལ་རྗེན་ཞིག་ལགས་པས་དེ་ལ་འགྲེལ་པ་རྒྱག་པའི་དགོས་པ་མ་མཆིས་སོ། །དེ་བཞིན་བོད་ཀྱི་ས་ཁུལ་ཁག་ཏུ་ནམ་རྒྱུན་ཕྲུ་གུར་ངན་སྨྲས་དང་ཁ་བརྡུང་བྱེད་སྐབས་བྱི་ཕྲུག ནལ་ལེ། རྫབ་ཕྲུག བསྟོག་ཕྲུག་ཅེས་འབོད་པ་དག་ལས་ཀྱང་ཟུར་བལྟས་ལེབ་མཐོང་གི་དཔེ་ལྟར་གནའ་བོའི་དུས་སུ་བྱི་བྱས་པ་དང་བྱི་ཕྲུག་ལ་འཛིན་པའི་བསམ་བློའི་འདུ་ཤེས་གསལ་པོར་ཤེས་ཐུབ་བོ། །

ལྔ་པ། བྱི་ཕྲུག་བྱུང་བའི་ཉེས་སྐྱོན་སྐོར།

གཅིག ཁྲིམས་འགལ་གྱི་ཉེས་པ་ཡིན་ཚུལ་བསྟན་པ། རྒྱུན་དུ་འབོད་པའི་བྱི་ཕྲུག་ལ་ད་ལྟའི་གཉེན་སྒྲིག་སྐོར་གྱི་བཅའ་ཁྲིམས་ནང་དུ་གཉེན་སྒྲིག་མ་བྱས་པར་སྐྱེས་པའི་ཕྲུ་གུ་ཞེས་འབོད་པ་དང་། “གཉེན་སྒྲིག་མ་བྱས་པར་སྐྱེས་པའི་ཕྲུ་གུ་ཞེས་པ་ནི་གཉེན་སྒྲིག་གི་འབྲེལ་བ་མེད་པའི་ཕོ་མོ་གཉིས་པོར་སྐྱེས་པའི་ཕྲུ་གུ་དང་། གཉེན་སྒྲིག་བྱས་པའི་ཕོ་མོ་གང་ཞིག་གིས་སྐྱེ་བོ་གཞན་པ་དང་ལུས་འབྲེལ་བྱས་པ་ལས་སྐྱེས་པའི་ཕྲུ་གུ ཆོས་འགྲོ་མེད་པར་གཉེན་སྒྲིག་བྱས་པའི་ངོ་བདག་ལ་སྐྱེས་པའི་ཕྲུ་གུ བུད་མེད་ལ་བཙན་གཡེམ་བྱས་རྗེས་མངལ་ཆགས་ནས་སྐྱེས་པའི་ཕྲུ་གུ་བཅས་འདུས་ཡོད།”[①] སྲོལ་རྒྱུན་ལྟར་ན་དེའི་ནང་གི་ཆོས་འགྲོ་མེད་པར་

① ཁྲང་ཀྲེན། གཉེན་སྒྲིག་སྐོར་གྱི་བཅའ་ཁྲིམས་གསར་པའི་ཕྱོགས་སྟོན། [M] མི་རིགས་དཔེ་སྐྲུན་ཁང་། ༢༠༡༡ལོ། ཤ༡༡༠

གཉེན་སྒྲིག་བྱས་པའི་ཪྙ་བདག་ལ་སྐྱེས་པའི་ཕྲུ་གུ་དེ་རིགས་བྱི་ཕྲུག་གི་ཁོངས་སུ་མི་གཏོགས་[1]པ་ཙམ་ལས་གཞན་རྣམས་གཅིག་མཚུངས་ཡིན། 《གཉེན་སྒྲིག་སྐོར་གྱི་ཀྲུང་ཧྭ་མི་དམངས་སྤྱི་མཐུན་རྒྱལ་ཁབ་ཀྱི་བཅའ་ཁྲིམས་》དོན་ཚན་གསུམ་པའི་ནང་“བཟའ་ཟླ་ཡོད་བཞིན་དུ་གཉེན་སྒྲིག་བྱེད་མི་ཆོག བཟའ་ཟླ་ཡོད་བཞིན་དུ་གཞན་དང་འགག་མཐུན་མཉམ་སྡོད་བྱས་མི་ཆོག”ཅེས་གཏན་འབེབས་ཁ་གསལ་བྱས་ཡོད། ཡང་དོན་ཚན་ཉེར་ལྔ་པའི་ནང་“གཉེན་སྒྲིག་མ་བྱས་པར་སྐྱེས་པའི་ཕྲུ་གུར་གཉེན་སྒྲིག་བྱས་ནས་སྐྱེས་པའི་ཕྲུ་གུ་བཞིན་དུ་ཁེ་དབང་འདྲ་མཉམ་ཡོད་པས། སུས་ཀྱང་དེར་གནོད་འཚེ་དང་མཐོང་ཆུང་བྱེད་མི་ཆོག གཉེན་སྒྲིག་མ་བྱས་པར་སྐྱེས་པའི་ཕྲུ་གུ་དངོས་སུ་གསོ་སྐྱོང་མི་བྱེད་པའི་ཕུས་སྐྱེན་ཕ་མས་ཕྲུ་གུ་འཚོ་ཐབས་རང་མགོ་རང་ཐོན་མ་ཐུབ་བར་དུ་འཚོ་རྟེན་དང་སློབ་ཡོན་སྤྲོད་འགན་འཁུར་དགོས།”ཞེས་གཏན་འབེབས་བྱས་ཡོད། གོང་གསལ་གཏན་འབེབས་ཁག་གཉིས་ལས་ད་ལྟའི་ཀྲུང་ཧྭ་མི་དམངས་སྤྱི་མཐུན་རྒྱལ་ཁབ་ཀྱི་གཉེན་སྒྲིག་སྐོར་གྱི་བཅའ་ཁྲིམས་ནང་བྱི་ཕྲུག་བྱུང་བའི་རྒྱུ་བྱེ་བྱས་པ་ནི་ཁྲིམས་འགལ་ཡིན་པ་དང་། ཁྲིམས་འགལ་གྱི་བྱ་སྤྱོད་བྱེ་བྱས་པ་ལས་བྱུང་བའི་འབྲས་བུ་བྱི་ཕྲུག་གསོ་སྐྱོང་བྱེད་

---

① སྲོལ་རྒྱུན་ལྟར་ན་ཆང་འདྲེན་དར་འཐེན་བྱས་ཤིང་གཉེན་སྟོན་གྱི་རྣམ་པའི་ཐོག་ནས་ཕོ་མོ་གཉིས་ཀྱི་ཁྱོ་ཤུག་གི་འབྲེལ་བ་སྤྱི་ཚོགས་ལ་ཁྱབ་བསྒྲགས་བྱས་ཚེ་དེ་ནི་ལུགས་མཐུན་གྱི་བཟའ་ཚོ་ཡིན་ཀྱང་། ད་ལྟའི་ཁྲིམས་ལུགས་ལྟར་ན《གཉེན་སྒྲིག་ཐོ་འགོད་དོ་དམ་སྲོལ་ཡིག》གི་གཏན་འབེབས་ལྟར་ཐོ་འགོད་ལས་ཁུངས་སུ་ཐོ་འགོད་འགྲོ་ལུགས་མ་འགྲིམས་ན་རྩིས་འགྲོ་མེད་པའི་གཉེན་སྒྲིག་ཡིན་པ་དང་། ཁྲིམས་བཀོད་གཉེན་སྒྲིག་གི་ལོ་ཚད་ནི་སྐྱེས་པ་དང་བུད་མེད་གཉེན་སྒྲིག་བྱེད་ཆོག་པའི་ལོ་ཚད་དམའ་ཤོས་ཡིན་པས་ལོ་ཚད་དེ་ལས་དམའ་བའི་སྐྱེས་པ་དང་བུད་མེད་ཀྱིས་གཉེན་སྒྲིག་བྱེད་མི་ཆོག་ཅིང་། གཉེན་སྒྲིག་བྱས་ན་རྩིས་འགྲོ་མེད་པ་ཡིན། དེ་ཡང《གཉེན་སྒྲིག་སྐོར་གྱི་བཅའ་ཁྲིམས》དོན་ཚན་དྲུག་པའི་ནང“གཉེན་སྒྲིག་གི་ལོ་ཚད་སྐྱེས་པ་རང་ལོ་ཉེར་གཉིས(བོད་རིགས་སྐྱེས་པ་རང་ལོ་ཉི་ཤུ)ལ་མ་སོན་པར་དང་བུད་མེད་རང་ལོ་ཉི་ཤུར(བོད་རིགས་བུད་མེད་རང་ལོ་བཅོ་བརྒྱད)མ་སོན་པར་དུ་གཉེན་སྒྲིག་བྱེད་མི་ཆོག”ཅེས་གཏན་འབེབས་བྱས་ཡོད་པ་དང་། བོད་ཀྱི་སྲོལ་རྒྱུན་ལྟར་ན། ཕོ་ལོ་བཅོ་ལྔ་བུད་ན་གཏམ་ཕ་མར་མི་འདྲི། མོ་ལོ་བཅོ་ལྔ་བུད་ན་ཟས་མ་ལ་མི་སློང་ཞེས་པའམ་ཕོ་ལོ་བཅོ་ལྔས་ཇག་ཐུབ། མོ་ལོ་བཅོ་ལྔས་གནས་ཐུབ་ཅེས་པའི་གཏམ་དཔེ་ལས་ན་གཞོན་ཕོ་མོ་ལོ་ན་བཅོ་ལྔར་སོན་ན་སེམས་མཐུན་པར་གྲོགས་དང་ཙུས་མཐུན་པར་གཉེན་སྒྲིག་བྱེད་ཆོག་པ་བསྟན་ཡོད།

ཐབས་སྐོར་ལའང་གནད་འབེབས་ཁ་གསལ་བྱས་ཡོད་པ་མཚོན་ཐུབ། ཉེས་ཁྲིམས་ཀྱི་ནང་དུའང་ཅི་བྱས་པ་དང་རིགས་མཚུངས་པའི་བཟའ་ཟླ་ཡོད་བཞིན་དུ་གཉེན་སྒྲིག་བྱེད་མཁན་གྱིས་ཉེས་དོན་གྱི་འགན་འཁྲི་འཁུར་དགོས་པའི་གནད་འབེབས་བྱས་ཡོད། དེ་ལྟའི་གནད་འབེབས་ཁག་དང་བོད་ཀྱི་སྲོལ་རྒྱུན་ཁྲིམས་ཡིག་ནང་གསལ་ལམ་འབྲེལ་ཡོད་གོམས་གཤིས་ཀྱི་ནང་དོན་བསྡུར་ན། ཆ་འདྲ་བ་ནི་ཅི་བྱས་པའི་བྱ་སྤྱོད་ལ་རྟུང་རྗེག་དང་དགོས་ངེས་ཀྱི་ཉེས་ཆད་ཀྱིས་བཀག་འགོག་བྱས་པ་དང་། མི་ཆོས་རིང་ལུགས་དང་། འགྲོ་བ་མིའི་ཐོབ་ཐང་གི་ལྟ་ཚུལ། དེ་བཞིན་རུས་རྒྱུད་ཀྱི་འདུ་ཤེས་བཅས་བཅངས་ཏེ་ཅི་ཕྲུག་གི་ཐོབ་ཐང་ལ་འགན་ལེན་གང་ཐུབ་བྱས་པ་དེ་ཡིན། དེ་ཡང་བོད་ཀྱི་སྲོལ་རྒྱུན་སྤྱི་ཚོགས་ནང་མི་སྐེར་གྱི་བསམ་སྤྱོད་ལ་རྒྱལ་ཁྲིམས་དང་། ཆོས་ཁྲིམས། གོམས་གཤིས་བཅས་ཀྱིས་ཕྱོགས་ཡོངས་ནས་ཚོད་འཛིན་བྱེད་ལ། སྐབས་དོན་ཅི་བོ་ཅི་མོར་ཆད་པ་གཅོད་ཚུལ་གོང་དུ་སྨྲས་ཟིན་པ་ལྟར་དང་། ཅི་ཕྲུག་བྱུང་རྗེས་དེའི་ཁེ་དབང་སྐོར་དམིགས་སུ་ཁྲིམས་ཡིག་ནང་མི་གསལ་ནའང་། བོད་ཆོས་ལྡན་གྱི་ཞིང་ཁམས་འདིར་ཅི་ཕྲུག་ངོར་བའམ་དེ་ལ་གནོད་འཚེ་གཏོང་བའི་སྣང་ཚུལ་རིག་རྒྱུ་མེད་པ་མ་ཟད། ཡུལ་ལུང་ཚང་མར་མང་ཉུང་ལ་མ་བལྟོས་པའི་གསོ་སྐྱོང་སྲོལ་ཡོད་པ། དཔེར་ན། ཅི་ཕོས་བུ་མོར་ཅི་ཕྲུག་གི་གསོ་སྐྱོང་དོད་དུ"ཕ་རྟ་འོ་ཞྭགས"ཞེས་པའི་ཅི་སྟོང་འཇལ་སྲོལ་ཡོད་དེ། "ཕ་ཡི་ཚབ་ཏུ་ཕ་ཡི་བཞོན་རྟ་བཟང་ཤོས་དང་། འོ་མའི་དོད་དུ་འབྲི་མོ་སོ་དྲུག་གཅིག་དང་། གོས་རྟེན་དུ་ལུག་འཚོ་རྭ་བདུན་བཅས་སྤེར་དགོས་ཀྱི་ཡོད་པ་རེད། གལ་ཏེ་ཅི་ཕོ་འཁོས་ཞན་བཞོན་རྟ་མེད་མཁན་ཞིག་ཡིན་ན་བཞོན་རྟའི་ཚབ་ཏུ་གཡག་སོ་དྲུག་གཅིག་གིས་འཐུས་ཀྱི་ཡོད་འདུག་པ་འདི་ནི་འབྲོག་ཡུལ་དུ་གནའ་སྲོལ་ཡོངས་གྲགས་ཤིག་ཡིན་པར་བརྟེན་གཟུ་པ་སོགས་ལ་མ་

བསྟོས་པར་འཕྲལ་དུ་སྒྲོད་ལེན་བྱེད་པ་ཙམ་ལས་རྩོད་གླེང་བྱེད་དགོས་ཀྱི་མེད་པ་རེད།”① ད་ལྟའི་དུས་སུ་ངམ་རིང་འབྲོག་ཁུལ་དུའང་བྱི་བྲུག་གི་གསོ་རྟེན་དུ་ལུག ༢༠སམ་མི་དམངས་ཤོག་སྒོར་ ༣༠༠༠དང་ཉེས་ཆད་སྒོར་ ༡༥༠ནས་ ༢༥༠སྤྲོད་པའི་སྲོལ་ཡོད་ལ་ཆོན་སྲོལ་དམངས་ཚིངས་ནང་དུ་གཏན་ལ་ཕབ་པ་དང་། ཡུལ་འགའ་ཤས་སུ་སྲོལ་རྒྱུན་ལྟར་“མ་འབྲི་ར་གསུམ”གྱི་སྐལ་ཞེས་གསོ་རྟེན་འབྲི་གཅིག་དང་ར་གཅིག ལུག་གཅིག་བཅས་སྤྲོད་སྲོལ་ཡོད་པ། དགེ་འཁོར་ཁུལ་དུ་མ་མཐར་ཡང་བྲུ་གུའི་“ཚ་གདན་ལྭ་ཆུང”ཞེས་པའི་སྣམ་བུ་འཇམ་པོ་ཞིག་དང་སྐྱེས་གསོས་རྟོད་དུ་ཤ་མར་དང་ཕྱེ་མར་སྤྲོད་པའི་སྲོལ་ཡོད་པ། རྒྱ་མ་ཁུལ་དུ་བྱི་བྲུག་བྱུང་རིགས་དུད་ཚང་གཉིས་ཕན་ཚུན་ནང་མོལ་བྱས་ནས་གསོ་རྟེན་སྤྲོད་སྲོལ་ཡོད་ལ་ནང་འདུམ་མ་བྱུང་ཚེ། ཆོན་སྲོལ་དམངས་ཚིངས་ཀྱི་གཏན་འབེབས་ཇི་བཞིན་བྱི་བྲུག་དེ་ལོ་བཅོ་བརྒྱད་མ་སོན་གོང་ལོ་ལྟར་གསོ་རྟེན་སྤྲོད་དགོས་པ་ལྟ་བུའོ། །

གཉིས། ངོ་བདག་ལ་སྐྱོན་ཆ་ཐོག་ཚུལ་བསྟན་པ། ང་ཚོས་ས་ཁུལ་གསུམ་དུ་སྲིད་ཚོགས་བརྟག་དཔྱད་བྱས་པ་བརྒྱུད་དགའ་པོ་ལ་ཉིས་བརྩེགས་མེད་པའི་སྡུག་པོ་ལ་གསུམ་བརྩེགས་ཀྱི་དཔེ་ལྟར་བྱི་བྲུག་ངོ་བདག་དང་དེའི་མ་ཡིས་ཚེ་གང་ཐབས་སྐྱོ་ལ་ཡང་བའི་འཚོ་བ་སྐྱེལ་དགོས་བྱུང་བའི་སྣང་ཚུལ་མང་པོ་ཞིག་མཐོང་ཐོས་བྱུང་། གོང་གསལ་ལྟར་མ་གཞི་བོད་ཀྱི་སྤྱི་ཚོགས་འདིར་ས་ཁུལ་ལམ་མི་རིགས་གཞན་དང་མི་འདྲ་བར་བྱི་བྲུག་ངོར་བའམ་དེར་གནོད་འཚེ་གཏོང་བའི་གོམས་གཤིས་མེད་ནའང་། སྤྱི་ཚོགས་འཚོ་བའི་ཁྲོད་དུ་བྱི་བྲུག་ལ་མངོན་གསལ་མེད་པའི་མཐོང་ཆུང་བྱེད་ཀྱི་ཡོད་པ་ངམ་ཤུགས་ཀྱིས་རྟོགས་ནུས། དེ་ལྟའི་འདུ

① གཙན་ཚ་བཀྲ་རྡོ། དམངས་སྲོལ་རིག་པའི་སྤྱི་དོན། [M] ཀན་སུའུ་མི་རིགས་དཔེ་སྐྲུན་ཁང་། ༢༠༠༨ལོ། ཤ༢༢༤

ཤེས་ཀྱི་ཤུགས་རྐྱེན་འོག་བྱི་ཕྲུག་བྱུང་བའི་བུད་མེད་རྣམས་གནས་ལ་འགྲོ་དཀའ་བ་དང་། བྱི་ཕྲུག་དོ་བདག་གི་མི་ཚེ་གང་པོའི་འཚོ་བར་གནོད་སྐྱོན་ཆེན་པོ་ཐོག་བཞིན་ཡོད། དཔེར་ན་རྒྱ་མ་ཁྲུལ་གི་དུད་ཚང་ཨང་༡༥༩དང་༡༧༨དགེ་འཁོར་ཤང་རྫོང་གྲོང་ཚོའི་དུད་ཚང་ཨང་༥༥སྐེ་ལྷག་གསར་ཚང་བཅས་དུད་ཚང་གསུམ་ཀ་མི་རབས་གསུམ་ལས་གྲུབ་པའི་ཆ་མི་ཚང་བའི་དུད་ཚང་འབའ་ཞིག་ཡིན་པ་དང་། ཁྲུལ་སོ་སོར་རྟག་ཏུ་སྐྱིབ་གསོ་ཞུ་མཁན་གྱི་དབུལ་པོའི་དུད་ཚང་ཡིན། དེ་གསུམ་ཚང་མ་དབུལ་པོའི་གནས་སུ་གྱུར་བའི་རྒྱུ་རྐྱེན་གཙོ་བོ་ནི་ཐོག་མ་མ་དེར་བྱི་ཕྲུག་བྱུང་བ་དང་། དེ་རྗེས་མནའ་མར་སློང་མཁན་མ་བྱུང་བས་གོ་ནུ་ལུས། བྱི་ཕྲུག་དེ་ནར་སོན་སྐབས་སླར་ཡང་ཨ་མའི་སྟར་གྱི་ལམ་ལ་ཞུགས་ནས་བྱི་ཕྲུག་བྱུང་བས་དེ་ཡང་གོ་ནུ་ལུས། འཚོ་རྟེན་ཞན་ལ་འཚོ་ཐབས་དབུལ་བས་ངན་ཐོག་ངན་འཁོར་གྱིས་དབུལ་པོའི་གནས་སུ་ལྷུངས།① ཉེ་སྐོ་གྲོང་ཚོའི་ནང་དུ་རྒྱ་མ་དང་དགེ་འཁོར་ས་ཁྲུལ་གཉིས་ལྟར་བྱི་ཕྲུག་བྱུང་བའི་བུ་མོ་གནས་ལ་འགྲོ་མ་ཐུབ་པའི་སྣང་ཚུལ་ཚབས་ཆུང་ནའང་། བྱི་ཕྲུག་བྱུང་བའི་བུད་མེད་དེ་རིགས་དང་བྱི་ཕྲུག་དོ་བདག་དབུལ་པོའི་གནས་སུ་གྱུར་བའི་དཔེ་མཚོན་མང་པོ་འདུག་ལ། དེ་ཁྲུལ་གྱི་གཏན་སྐྱིབ་ཐོབ་ཐང་ལོངས་སུ་སྤྱོད་མཁན་མང་དག་བྱི་ཕྲུག་དང་འབྲེལ་བ་ཡོད་པའང་མངོན་གསལ་ཡིན། དེ་ཡང་བགྲེས་སོང་ངག་དབང་དང་ཁོང་གི་རྗེས་སྐྱེས་རྣམས་ཀྱི་སྐོར་དཔེ་མཚོན་དུ་བཀོད་ན། ད་ལོ་དགུང་ལོ་༧༣ལ་ཕེབས་པའི་བགྲེས་སོང་ངག་དབང་ལགས་ནི་ས་ཁྲུལ་དེའི་ས་སྐྱེས་རྗེ་སྐྱེས་ཀྱི་མི་ཞིག་མིན་པར་ངམ་རིང་རྫོང་ཡ་མོ་ཤང་སྟེ་ཞིང་པའི་ས་ཁྲུལ་ནས་ཁྲུལ་དེར་སླེབས་པ་ཞིག་ཡིན། ཁོང་དགུང་ལོ་བཅོ་བརྒྱད་ཀྱི་དུས་སུ་ཉེ་སྐོ་ཁྲུལ་དུ་ཤིང་བཟོ་ལ་ཡོང་པ་དང་། དེ་ཁྲུལ་

① རྒྱང་འཁོར་ཚེ་ཕུན། བོད་ཀྱི་གཉེན་སྒྲིལ་རགས་བསྡེར། [M] མི་རིགས་དཔེ་སྐྲུན་ཁང་། ༢༠༠༩ལོ། ཤ༡༥༨ནས་༥༩བར་དུད་ཚང་གསུམ་གྱི་ཞིབ་ཕྲའི་གནས་ཚུལ་གསལ།

གྱི་སྲིན་བདག་གི་བུ་མོ་ཞིག་དང་འབྲེལ་བ་བྱུང་བས་ཁྲི་ཕྲུག་བཀྲ་རྒྱལ་སྐྱེས། དེ་རྗེས་སླར་ཡང་སྲིན་བདག་གཞན་ཞིག་གི་བུ་མོ་ཚེ་དབང་དང་འོས་མིན་འབྲེལ་བ་བྱུང་བ་ལས་ཁྲི་ཕྲུག་བྱང་ཆུབ་དང་དབུ་རྒྱན་གཉིས་བསྐྲུད་མར་བྱུང་བས་དེ་སྐུར་ཁོང་གཉིས་གཉེན་སྒྲིག་བྱས། ཕྲུ་གུ་གསུམ་བྱུང་། ལོ་དྲུག་གི་གོང་དུ་ཀན་ཀོན་གཉིས་གཤིས་ཀ་མ་མཐུན་པས་དུད་ཚང་གཉིས་སུ་གྱེས། བཀྲ་རྒྱལ་ནི་སྐྱེ་ཁུངས་ཁྲི་ཕྲུག་ཡིན་པས་ཆུང་དུས་མ་དང་མཉམ་དུ་ཡ་ང་བའི་འཚོ་བ་སྐྱོལ། བཀྲ་རྒྱལ་ཕོ་ལོ་༢༧སོན་སྐབས་རང་ལས་ལོ་བཅོ་བརྒྱད་ཀྱིས་རྒན་པའི་གྲོང་ཚོ་དེའི་བུད་མེད་དབང་མོ་དང་གཉེན་སྒྲིག་བྱས། ཁོང་གཉིས་ལ་བུ་དོན་གྲུབ་སྐྱེས། ལོ་གཉིས་ཀྱི་རྗེས་སུ་དབང་མོའི་སྤྱ་ཚར་སྲི་གཙོད་དང་ལུས་འབྲེལ་བྱུང་བས་བསྐྲུད་མར་ཁྲི་ཕྲུག་གསུམ་བྱུང་། ཁྲི་ཕྲུག་གསུམ་པ་དེ་བྱུང་རྗེས་ཀྱི་ལོ་གཉིས་པར་ནག་ཆུའི་བུད་མེད་ཅིག་དང་འབྲེལ་བ་བྱུང་བས་སླར་ཡང་ཁྲི་ཕྲུག་བུ་མོ་ཞིག་སྐྱེས། མི་རིང་བར་དབང་མོ་མ་སྨད་གཉིས་དང་ཁ་བྲལ་ཏེ་ཁུལ་དེའི་བུད་མེད་ཤེས་རབ་དང་གཉེན་སྒྲིག་ནས་ཕྲུ་གུ་གཉིས་སྐྱེས། དེ་ལྟར་བཀྲ་རྒྱལ་གྱིས་སྤྱི་ཕྱིར་བུད་མེད་བཞི་དང་འབྲེལ་བ་བྱས་པར་ལུགས་མཐུན་གྱི་ཕྲུ་གུ་གསུམ་དང་ཁྲི་ཕྲུག་བཞི་བྱུང་བ་དང་། བཀྲ་རྒྱལ་གྱི་ད་ལྟའི་བཟའ་ཟླ་ཤེས་རབ་ནི་ཁོ་རང་ལས་ལོ་དྲུག་གིས་རྒན་པ་ཡོད་པ་མ་ཟད། ཁོང་གཉིས་གཉེན་སྒྲིག་བྱེད་སྐབས་ཁོ་མོ་ལོ་༣༨ལ་སོན་པ་དང་སྐྱེས་པ་གཞན་དང་བྱུང་བའི་ཁྲི་ཕྲུག་གཉིས་ཙམ་ཡོད། དེ་བཞིན་བཀྲ་རྒྱལ་ལ་ནུ་བོ་གཅིག་ཡོད་པའི་མིང་ལ་དབང་ཕྱུག་ཟེར་བ་དང་། ཁོང་ནི་ཕ་མི་གཅིག་པའི་ཁྲི་ཕྲུག་ཡིན། བཀྲ་རྒྱལ་གྱི་ལུགས་མཐུན་བུ་དོན་གྲུབ་ལའང་ཕྲུ་གུ་གཉིས་ཡོད་པ་གཉིས་ཀ་ཁྲི་ཕྲུག་ཡིན། བསྐྲུད་མར་ཁྲི་ཕྲུག་གསུམ་བྱུང་བའི་སྲི་གཙོད་གནས་སྐབས་རིང་（མོ་ལོ་༢༢ནས་༣༠བར་）གནས་ལ་འགྲོ་མ་ཐུབ་པ་དང་། མོ་ལོ་༣༠སོན་སྐབས་སྐྱེ་ཁུངས་ཁྲི་ཕྲུག་ཡིན་ལ་དབང་པོ་སྐྱོན་ཅན་པ་དབུ་རྒྱན（བཀྲ་

རྒྱལ་གྱི་ཨ་མ་གཅིག་པའི་ནུ་བོ་ཡིན་)དང་གཉེན་སྒྲིག་བྱས་ནས་ཁྱིམ་གཞིས་འཛིན། དེ་ལྟར་བཀྲ་རྒྱལ་དང་གཉེན་ཉེའི་འབྲེལ་བ་ཡོད་པའི་གོང་སྨོས་རྣམས་ཀྱི་ཁྲིད་དུ་སྐྱེས་ཁུངས་བྱེ་ཕྲུག་ཡིན་པ་མི་སྣ་བཅུ་གཉིས་ཡོད་ལ། དེའི་ཁྲིད་མང་ཆེ་བ་དབུལ་པོའི་དུད་ཚང་ཡིན་ཏེ། དབང་ཕྱུག་དང་དོན་གྲུབ། ངག་དབང་། ངག་དབང་གི་ནལ་བུ་དབུ་རྒྱན་དང་བློ་བ། བུ་མོ་སྣང་གསལ། སྲི་གཙོད་ཀྱི་ནལ་བུ་དབང་གྲགས་དང་དགྲ་འདུལ་བཅས་ཚང་མ་སྐྱབ་གསོ་ལེན་མཁན་ཤ་སྟག་ཡིན།

མདོར་ན། བྱེ་ཕྲུག་བྱུང་བའི་རྗེས་ཁྱིམ་ཚང་དབར་གྱི་གཞི་མཐུན་མཉམ་གནས་ལ་གཏོར་བཤིག་དང་བཟའ་ཚང་དབར་གྱི་བརྩེ་དུང་ལ་ཐོག་ཐུབ་བྱུང་བ་མ་ཟད། བྱེ་ཕྲུག་བྱུང་བའི་བུད་མེད་ཀྱི་བདེ་སྐྱིད་འཚོ་བར་འགལ་རྐྱེན་སྣ་ཚོགས་འཕྲད་ལ། བྱེ་ཕྲུག་དོ་བདག་གི་འཚོ་བར་ཡང་གནོད་སྐྱོན་ཚབས་ཆེན་ཐོག་གི་ཡོད་པ་མངོན་གསལ་ཡིན་ནོ། །

༧༡། །ནང་མ་མདོར་སྙིང་།

དང་པོ། སྙིང་གཞི།

སྟག་ཤར་གཞོན་པས་ཕྱི་ཡི་ལྷུགས་རི་བྱས། སྨན་ཆུང་བུ་མོས་ནང་གི་ཀ་བ་བྱས་ཞེས་བརྗོད་སྲོལ་ཡོད་པ་ལྟར་ཕོ་གཞོན་པས་ཁྱིམ་ཚང་གི་ཕྱི་ཡི་ལས་བྱ་རྣམས་བྱས། སྨན་བུ་མོས་ཁྱིམ་ཚང་གི་ནང་གི་ལས་རྣམས་བྱས་པ་ལ་གོ་བ་ཡིན། དེ་ནི་རང་རེ་བོད་པ་རྣམས་ཀྱི་སྲོལ་རྒྱུན་དུ་མཆིས་པའི་སྤྱི་ཚོགས་ཀྱི་སྡེ་ཚན་ཆུང་ཤོས་ཏེ་ཁྱིམ་ཚང་ནང་གི་ཕོ་མོའི་ལས་བགོས་དབྱེ་བ་དེ་ཡིན། ཁྱིམ་ཚང་ནང་གི་ལས་བྱ་ལ་ཆ་མཚོན་ན་གཙོ་བོ་ནང་མི་རྣམས་ཀྱི་ཟས་ཀྱི་གཡོས་སྦྱོར་དང་བལ་འཁེལ་སྐམ་ལས། སྒོ་ཕྱུགས་ཀྱི་ཟས་ཏུས། ཞོ་འཕྲུང་བྱེས་པའི་ཁ་འཛིན་བྱ་རྒྱུ་སོགས་ཡིན་ལ། ལས་རིགས་དེ་དག་ལ་ནང་ལས་སུ་བརྗོད་ཅིང་། ནང་ལས་ལ་འཇུག་མཁན་ནི་ཁྱིམ་ཚང་སོ་སོའི་ནང་གི་ཨ་མས་གཙོས་བུད་མེད་རྣམས་ཡིན་པས་དེ་ལ་ཨ་མ་ནང་མ་ཞེས་འབོད་པའོ། །སྤྱིར་ན་ཞིང་གྲོང་དུ་མཆིས་པའི་ཨ་མ་ནང་མ་ཞལ་མཆུ་སྐྱུམ་བག་འཛེར་འཛེར། བསྟུས་པ་ཙམ་ན་བག་ཕྲ་བོ། བསོད་བདེ་ཆེ་མདོག་ཅན་དེ་བྱེད་བདེ་པོ་མེད་ལ། ཁྱིམ་ཚང་ཆེ་བའམ་ནང་མི་མང་བའི་དུད་ཚང་གི་ནང་མ་རྣམས་དེ་བས་ཀྱང་བྱ་དཀའ་བ་ཞིག་ཡིན། གདང་སྟེང་གི་བྱ་པོ་ལྟར་ཞོགས་པ་ལངས་བའི་སྐར་མ་དང་། སྒོ་བརྒྱབ་ཀྱི་ཁྱི་མོ་ལྟར་དགོང་མོ་ཉལ་བའི་རྗེས་མ་བྱེད་དགོས་པ་དེ་ནི་ནང་མ་མིང་དུ་ཐོགས་པ་ཀུན་གྱི་སྙིང་མེད་འོས་འགན་དུ་ངེས་པ་མ་ཟད། ཚད་ལྡན་གྱི་ནང་མ་ཞིག་ཡིན་ཕྱིན་དེ་ལ་བློ་སྙིང་པོ་དང་། ཕོག་པ་ཡངས་པོ། ཁ་མཁས་པོ། ལག་འཛོན་པོ་བཅས་ཀྱི་ཆ་རྐྱེན་བཞི་ཙམ་ཚང་དགོས་ཀྱི་ཡོད།

ཆ་རྐྱེན་དང་པོ་ཚང་དགོས་པའི་རྒྱུ་མཚན་ནི་ཁྱིམ་ཚང་གི་ནང་མི་ཚང་མར་ཟས་གོས་ཐད་བཟང་ངན་ལེགས་ཉེས་ཀྱི་དབྱེ་བ་མ་བཏང་བར་བྲེ་སྲང་ལྷ་བུའི་སྤྱོད་པ་སྐྱོང་དགོས་ཀྱི་ཡོད། གཉིས་པ་ཚང་དགོས་པའི་རྒྱུ་མཚན་ནི་ཁྱིམ་ཚང་གི་ནང་མི་སོ་སོའི་གཤིས་ཀ་མི་འདྲ་བའི་ཐོག་རྟག་རྒྱུན་ཐབ་གཅིག་ལ་འཁོར་ནས་འཚོ་བ་མཉམ་སྐྱེལ་བྱ་དགོས་ཀྱི་ཡོད་པས་ཉི་མ་གཅིག་ལྟར་ཞི་མཐུན་མཉམ་གནས། ཚིག་འཇམ་ངོ་དཀར་གྱིས་གནས་ཐབས་བྲལ་བས་གཞན་གྱི་ཁ་ངན་ཚིག་རྩུབ་དང་། ངོ་ནག་མིག་ལོག་བསྟན་པ་ལ་བཟོད་སྒོམ་ཐུབ་པ་དགོས་ཀྱི་ཡོད་པས་ཡིན། གསུམ་པ་ཚང་དགོས་པའི་རྒྱུ་མཚན་ནི་ནང་མི་ཚང་མར་ཚིག་སྙན་ངག་འཇམ་གྱིས་བསྟུན་ཐབས་བྱས་ཏེ་ཚང་མའི་ལས་ཀའི་ཏུར་བརྩོན་རང་བཞིན་དང་། སེམས་ཀྱི་སྒྲིམ་ཤུགས་ལ་སྐུལ་འདེད་ཡོང་ཆེད་དུ་ཡིན། བཞི་པ་ཚང་དགོས་པའི་རྒྱུ་མཚན་ནི་ནང་མི་ཚང་མའི་གོས་ཀྱི་འཁལ་འཐག་དང་། ཟ་བཏུང་གི་གཡོས་སྐོལ། ཕྱུགས་ཟོག་གི་བདག་སྐྱོང་། བྱིས་པའི་བསྟོག་གཡོག་སོགས་ལས་སྣེ་མང་བ་རྣམས་དུས་ཐོག་ཏུ་སྒྲུབ་དགོས་ཀྱི་ཡོད་པས་ཡིན། དེ་ལྟར་ཚད་ལྡན་གྱི་ནང་མ་དག་ནི་ཁྱིམ་ཚང་གི་ཀ་བ་ལྟ་བུ་ཡིན་ལ་ཁྱིམ་ཚང་དེ་གའི་བཀྲ་ཤིས་ལོས་དང་། སྲུན་སྲུམ་ཚོགས་ལོས་ནི་དོན་སྙིང་ངེས་ཅན་ཞིག་གི་ཐོག་ནས་བཤད་ན་གྲོང་པའི་ནང་མ་ལ་རག་ལུས་ཡོད། དེར་བརྟེན་ནང་མས་ཁྱིམ་གཞིས་འཛིན་རྒྱུ་དང་། ཀུན་བཀུར་གཙོན་སྐྱོང་ཐད་བཞག་པའི་བྱས་རྗེས་ལ་ཚང་མ་ཡི་རངས་སྐྱེ་འོས་པ་ཞིག་ཡིན། དུས་ཕྱིས་དུས་དང་རྣམ་པའི་འཕེལ་ཕྱོགས་ཀྱིས་ཕོ་མོ་འདྲ་མཉམ་གྱི་འདུ་ཤེས་ཤུགས་ཆེར་སོང་བ་དག་སྤྱི་ཚོགས་འཕེལ་རྒྱས་ཀྱི་རྟགས་མཚན་ཞིག་ཏུ་ངེས་བཟུང་བྱས་ཆོག་ཀྱང་། རང་རེའི་ཁོར་ཡུག་ན་ཁྱིམ་གསར་ཤུང་ཤས་ནང་ནང་མར་འོས་པའི་བུད་མེད་རྣམས་ནང་ལས་ལས་བཅིངས་འགྲོལ་ཐོབ་སྟེ་རང་སྲུང་གཞན་གནོད་ཀྱི་རྩེད་ལས་ལ་འཇུག་མཁན་འདྲེན་བྱེད་རྩ་བའི་ཡུལ་དུ་དངོས་སུ་མངོན་རྒྱུ་

ཡོད་པ་འདི་ཡར་ཐོན་གྱི་སྤྱོད་ཚུལ་ཞིག་ཅི་ནས་ཡིན། གཞི་རྐང་ཁྲིམ་ཚང་ཟེར་བ་ཁྲོ་ཤུག་ལས་གྲུབ་པ་ཡིན་ཕྱིན་ཁྲིམ་གཞིས་སྐྱོང་རྒྱུ་དེའང་ཕོ་མོ་གཉིས་ཀའི་གཡོལ་ཐབས་མེད་པའི་འོས་འགན་འབབ་ཞིག་ཡིན། དེས་ན་ཁྲོ་ཤུག་གཉིས་ཀས"ཡོང་བས་ཡོང་བ་དང་། ཟོར་བས་བཙས་མ"ཡི་དཔེ་ལྟར་གང་ནུས་ཅི་ཐུབ་ཀྱིས་ཁྲིམ་ཚང་གི་ལས་བྱ་རྣམས་བྱ་རྒྱུ་དར་སྤེལ་གཏོང་དགོས་ཁར་ཕོ་ཁྲོ་ག་རྣམས་ཀྱིས་ནང་ལས་བྱས་ན་དེའི་མཚན་སྙན་ལ་གནོད་འགྲོ་བར་འཛིན་པའི་ལྟ་ཚུལ་དེ་ནི་དོར་བྱར་འོས་པ་ཞིག་ཡིན། འོན་ཀྱང་བུད་མེད་རྣམས་ལ་དོ་ནན་པ་དང་། ཞིབ་ཚགས་པའི་གཤིས་ཀའི་ཁྱད་ཆོས་ལྡན་ཡོད་སྟབས་དེས་ཁྲིམ་གཞིས་སྐྱོང་རྒྱུ་དང་། ལྷག་དོན་བུ་ཕྲུག་རྣམས་ཕྱིས་པའི་སྐབས་ནས་ལམ་ཡག་པོ་ཞིག་ལ་འཁྲིད་རྒྱུར་སྐྱེས་པ་རྣམས་ལས་ལྷག་པའི་ནུས་པ་ཐོན་ཐུབ་ཀྱི་ཡོད། དེར་བརྟེན་ཕོ་ཅག་གིས་ཞིང་གྲོང་ནང་མའི་ལས་ལ་བརྩོན་ཞིང་བློ་རིག་བཀྲ་བའི་ཡོན་ཏན་རྣམས་དཔེར་དྲངས་ཏེ་མ་རབས་སྤྱོད་པར་འཇུག་མཁན་བུ་མོ་ཞུང་ཤས་ཡོད་པ་རྣམས་ལ་ཤ་ཚའི་སྙིང་གཏམ་ཚིག་གསུམ་ཞུ་རྒྱུ་ཡོད་པ་འདི་དག་གོ་ཤེས་ཅན་གྱིས་ཅི་ནས་ཀྱང་ཁ་རྟུང་ལ་ངོས་འཛིན་མེད་པ་མཁྱེན།

གཉིས་པ། ཞིང་གྲོང་ནང་མའི་ཡོན་ཏན།

ཞལ་མཆུ་སྨུམ་བག་འཛོར་འཛོར། །ཕྱུག་དེ་ནག་དྲིགས་གོག་གོག །
ཨ་མ་ནང་མའི་ཡོན་ཏན། །ཨོ་ལོས་ཚིག་གསུམ་ཞུས་ཚོག །

སྤྲ་དྲོ་ལངས་བའི་སྤྲ་མ། །དགོང་མོ་ཉལ་བའི་ཕྱི་མ། །
སྤྲ་ལངས་ཕྱི་ཉལ་བྱེད་དགོས། །ཨ་མ་ནང་མའི་ལས་སྐལ། །

བགྲེས་སོང་སྒོ་བོའི་ཆང་སྐོལ། །བླ་བོ་མིང་པོའི་ཚོགས་ཆང་། །

ཨ་ལོ་བུ་མོའི་ཛ་ལྷུར། །ནང་མའི་ལས་སྐལ་དང་པོ། །

རྟ་དྲེལ་བོང་བུའི་ཐོ་རྫ། །བ་གླང་མཛོ་མོའི་ཁ་ཁྱུ། །
སེང་ཕྲུག་འདོགས་ཁྱིའི་ཁྱི་ཐོ། །ནང་མའི་ལས་སྐལ་གཉིས་པ། །

བལ་འཁེལ་རྒྱུ་ཡོག་སྣམ་ལས། །འོ་འཛོ་ཞོ་དཀྲོག་གཙང་སྦྲ། །
ཆུ་ལེན་ཤིང་འཐུ་ཐབ་གཡོག །ནང་མའི་ལས་སྐལ་གསུམ་པ། །

ཨ་མ་ནང་མའི་ཕྲུག་གཉིས། །དལ་སྡོད་བྱེད་སྐལ་མི་འདུག །
ཨ་མ་ནང་མའི་ཞབས་ཕྱུས། །གུག་ཙམ་བྱེད་ལོང་མི་གདའ། །

དེ་འདྲའི་ཨ་མ་ནང་མའི། །ཐུགས་བྲེལ་འདི་ལ་བལྟས་ན། །
དབུ་ལ་མེ་སྟག་ཤོར་ཡང་། །འཕུར་ལོང་ཡོང་སམ་རེད། །

ཏན་པར་གུས་ཞབས་ཆེས་ཆེ། །ཚུང་བར་བྱམས་སྐྱོང་གནང་གིས། །
དེ་འདྲའི་ཨ་མ་ནང་མ། །ཁྲིམ་གཞིས་འཛིན་པའི་ཀ་བ། །

ཏན་པ་བགྲེས་སྐྱོང་རྣམ་པར། །ཕྱུག་དང་ཞེ་སས་བཀུར་གྱིས། །
ཏན་རྐོན་ཐུགས་སེམས་བདེ་བའི། །འཛུམ་མདངས་ཞལ་ལས་འཕྱུར་བྱུང་། །

བཟའ་ཟླ་མིང་སྲིང་ཕྱོགས་ལ། །བརྩེ་དང་དུང་བས་བཅིངས་བཞག །
བདེ་སྐྱིད་འཚོ་བའི་འོད་མདངས། །དར་མའི་ཞལ་ལས་འཚེར་བྱུང་། །

ཚུང་བ་བྱིས་པའི་ཚོགས་རྣམས། །བྱམས་དང་སྙིང་རྗེས་སྐྱོང་གིས། །
བྱིས་པ་དགའ་སྐྱིད་མངའ་བའི། །རྩེད་སྤྲོའི་དབྱིངས་ལ་བཞུགས་འདུག །

རྒན་དང་དར་དང་གཞོན་ལ། །སེམས་པའི་ཕྱོགས་རིས་མི་འདུག །
ཟས་དང་གོས་དང་སྤྱོད་ལ། །ཡག་ཉེས་ཞིམ་མངར་མི་གདའ། །

ཉོ་འཕྲུང་ཨོ་ལོའི་སྐྱུག་གཡོག །ལས་འོས་ཨ་མའི་ལས་སྐལ། །
ཨ་ཕ་ར་བཟིའི་སྐྱུག་གཡོག །ཨ་མ་ནང་མའི་ལས་སྣོན། །

ཕྱིལ་སོང་བ་སྣང་མཛེ་མོའི། །ལྷི་གཡོག་ནང་མའི་ལས་སྐལ། །
རྒན་རྒོན་རྩ་ཆུ་མ་འཚོར། །བཙོག་གཡོག་ནང་མར་འཁྲི་ཡིས། །

ཁ་ངན་ཚིག་རྩུབ་མི་ལབ། །ངོ་ནག་མིག་ལོག་མི་སྟོན། །
ཚིག་སྙན་ངག་འཇམ་དང་ནས། །ཀུན་གྱི་ཞབས་ཏོག་བསྒྲུབས་གདའ། །

བླ་མ་དགེ་རྒན་མ་བསྟེན། །གཏམ་དང་ཡིག་རྩིས་མ་ཤེས། །
འོན་ཀྱང་འཇིག་རྟེན་འགྲོ་ལུགས། །ནང་མའི་དོ་ཡ་སུས་ཐུབ། །

ཕར་ལ་བརྒྱ་ཕྲག་མང་པོའི། །གཏོང་ལུགས་ནང་མས་མཁྱེན་གྱིས། །
ཚུར་ལ་སྟོང་ཕྲག་མང་པོའི། །ལེན་སྟངས་ནང་མས་ཤེས་ཀྱིས། །

བརྒྱ་ཤོར་སྟོང་བླངས་ཐུབ་ན། །ཚོང་པ་རབ་ཅིག་མིན་ནམ། །
བརྒྱ་བཏང་སྟོང་ཁྱུག་ཐུབ་པ། །ཨ་མ་ནང་མའི་ཁོག་རྩིས། །

ཚུར་ལ་བལ་ཞིག་སྟེར་ན། །ཕར་ལ་སྣམ་བུས་ལན་འཇལ། །
སྤུ་ལན་རྒྱུ་ལས་མེད་ཀྱང་། །ནང་མས་སླ་རུ་མི་གཏོང་། །

ཚང་ལན་རྒྱུ་ཡིས་འཇལ་ན། །རྒྱུ་ལན་གང་གིས་འཇལ་ལམ། །

ཚུ་ལན་ཆང་གིས་འཇལ་ན། །ཆང་ལན་དེ་ལས་ལྷག་གདའ། །

སྟེར་བར་སྟེར་ལན་མ་འཇལ། །སྟེར་མཁན་མེད་པའི་མཐའ་འབྲས། །
སྤུ་ལན་བོང་བུའི་ཤིག་བྲད། །ཟ་རྒྱུ་མེད་ནའི་བྲེད་བྲེད། །

འཇིག་རྟེན་ཕར་བརྟེན་ཚུར་བརྟེན། །སྒྲ་ལོ་གཡས་བཞག་གཡོན་བཞག །
ཕར་ལ་རོགས་པ་བྱས་ན། །ཚུར་ལ་ཕན་ཞིག་ཐོགས་ཡོང་། །

ཕྱི་མི་ནང་ལ་འཁོར་བ། །གཞུང་རྒྱུད་ཡོད་པའི་རྟགས་རེད། །
འགྲོ་འོང་མེད་པའི་དུད་ཚང་། །ནང་མའི་སེར་སྣས་ཕུང་འགྲོ། །

ཕར་འགྲོ་ཁྲ་ཆུང་མིག་གིས། །སྐྱིལ་ཤེས་ནང་མའི་ཡོན་ཏན། །
ཚུར་འོང་སོ་དཀར་འཛུམ་གྱིས། །བསུ་ཤེས་ནང་མའི་ཡོན་ཏན། །

ལོ་གཅིག་ཟླ་བ་བཅུ་གཉིས། །ཐུང་ཐུང་དུས་ཤིག་མ་རེད། །
ཟ་འཐུང་གཡག་རྔའི་རྩེ་ནས། །ཟ་མཁས་འཐུང་མཁས་གནང་གིས། །

ཟས་ལ་ཟ་མཁས་བྱས་ན། །ཞིམ་ཟས་བར་རྒྱུན་མི་ཆད། །
ཡོད་དུས་གཏོར་མ་བཏང་ན། །མེད་དུས་གཏོར་ཆུ་སྒྲུག་དགོས། །

མངར་བསིལ་ལན་གཅིག་བདུད་རྩི། །ཕ་རྒན་ཁེར་ལ་ཕབ་ན། །
ལན་གསུམ་སིང་ཁོག་སྐྱུར་མོ། །གཞན་ལ་སྟེར་བར་མི་ཐོད། །

ཅི་ནེ་བུ་རམ་བྱེ་རིལ། །བྱིས་པའི་ཇན་པར་མངོན་ན། །
ན་རྒན་ཚེམས་མེད་བགྲེས་སྒོང་། །མངར་དད་ཨེ་ལས་ཆེ་བ། །

ཚག་ཤ་ར་ཤ་ལུག་ཤ། །དགུན་དུས་ལོངས་སུ་སྤྱད་ན། །
དཔྱིད་དུས་སྐྱ་ཟན་རྡོ་གཏུགས། །ཉི་མ་ཨེ་ལས་རིང་བ། །

དགུན་དཔྱིད་ལྷི་བ་མི་འཐུ། །ལག་པ་འཁྲུགས་ལ་འཛེམས་ན། །
དབྱར་ནམ་ཆར་ཆུའི་ཁྲོད་དུ། །དུ་སྲུབ་སྤྱན་ལ་སྣང་བ། །

དབྱར་གསུམ་རྩྭ་ཆུ་བཟང་དུས། །དཀར་མར་གསོག་འཛོག་མཛད་ན། །
དགུན་ནམ་ཐལ་རླུང་དཀྱིལ་ན། །མཆུ་ལས་སྨུམ་ཞག་འབྱུར་ཡོང་། །

དེ་འདྲའི་ཟ་ལུགས་སྤྱོད་ལུགས། །ནང་མས་བྱུང་བའི་ཡོན་ཏན། །
ཕྲ་པོ་རྒྱུན་རིང་འཚོ་བ། །སྐྱིལ་ཤེས་ནང་མའི་ཡོན་ཏན། །

ཛ་ཁུག་ཚྭ་ཁུག་མར་ཁུག །ནང་མའི་ལག་རྡོ་དང་པོ། །
རྒྱག་ལ་མང་ཉུང་ཤོར་ན། །ཟོག་ལ་ཆེ་ཆུང་ལོས་ཡོང་། །

འཕང་དང་ལྷུགས་ཤད་འཐག་ཁྲི། །ནང་མའི་ལག་རྡོ་གཉིས་པ། །
ལག་རྡོ་སྟུག་སྐད་ཤོར་ཡང་། །ནང་མ་སྡོད་ལོང་མི་འདུག །

ཨོ་ལོའི་དོར་མ་ཤོམ་དུས། །ཀན་ཀོན་ཤིག་གོས་བཙེ་རན། །
བུ་མོའི་སྤྲང་གདན་ཤོམ་དུས། །ཨ་ཕའི་སྣ་ཕྱིས་ཕོར་བཞག །

ཨ་མ་ནང་མའི་ལས་བྱ། །མགོ་བོའི་སྐྲ་ལས་མང་བ། །
མགོ་སྐྱིས་སྒྲོ་མས་ཁེངས་ཀྱང་། །འབྲུ་ལོང་གསེད་ལོང་མི་འདུག །

ཨ་མ་ནང་མའི་ཐུགས་གཞི། །རྒྱབ་མདུན་གོང་འོག་བསྟུན་མཁས། །

ཐུག་པ་ཐུག་ཕྲུ་གང་ལ། །རུག་རུག་ལན་གསུམ་གཏོང་གིས། །

སྲང་དང་ཉ་ག་མིན་ཡང་། །རྒྱབ་མདུན་ལྷི་ཡང་མི་གཏོང་། །
བཟོ་བོའི་ཐིག་ཤིང་མིན་ཡང་། །གཡས་ཡོ་གཡོན་འཁྱོག་མི་འདུག །

དགྲ་ལ་ཤྭ་རུ་འཛིང་འཛིང་། །ཕོ་རྒོད་ངར་མའི་བརྟུལ་ཞུགས། །
ནང་མའི་ཐབས་དང་རྫུས་ཀྱིས། །མ་འཐབ་དགྲ་དང་མཐུན་གྱིས། །

གཉེན་ལ་ཧ་མགོ་ལུག་མཇུག །འཛིན་མཁན་ཐ་ཚུང་སྤྱོད་པ། །
གཉེན་ལ་དར་ཐག་སྐྱོང་སྐྱོང་། །ཨ་མ་ནང་མས་སྐྱོང་གིས། །

དགྲ་བོ་གཅིག་ལས་མེད་ཀྱང་། །ནང་མའི་ཐུགས་ལ་མང་སྐྱོན། །
གཉེན་བཤེས་བརྒྱ་ཕྲག་ཡོད་ཀྱང་། །ནང་མའི་ཐུགས་ལ་ཉུང་སྐྱོན། །

ནང་མི་བླ་བོའི་ཕྱོགས་ལ། །ཁ་དཀར་ངོ་དཀར་རེད་འདུག །
གྲོང་པ་ཁྱིམ་མཚེས་རྣམས་དང་། །ཞི་མཐུན་མཉམ་གནས་རེད་བཞག །

ཚད་ལྡན་ཨ་མ་ནང་མ། །ཚངས་པའི་ཐིག་ཤིང་འདྲ་བས། །
ཡོད་པོའི་སྙིང་གཏམ་བཤད་ས། །མེད་པོའི་བློ་གཏད་བཅོལ་ས། །

ཨ་མ་ནང་མའི་ཐུགས་སེམས། །ཐུགས་སེམས་གངས་རི་དཀར་པོ། །
གངས་རི་དཀར་པོའི་ལུས་ལ། །ཉི་མའི་འཚེ་བ་མ་གཏོང་། །

ཨ་མ་ནང་མའི་གཞུང་རྒྱུད། །གཞུང་རྒྱུད་གཙང་ཆབ་སྔོན་མོ། །
དྭངས་གཙང་གཙང་ཆབ་སྔོན་མོར། །མི་འཚེའི་བར་ཆད་མ་གཏོང་། །

ཨ་མ་ནང་མའི་གཞིས་རྒྱུད། །གཡང་དཀར་ལུག་གུའི་བལ་འདྲ། །
དཀར་གཙང་ཐྲོད་འཇམ་ལྷན་པ། །གངས་ཅན་ཨོ་ལོའི་བསོད་བདེ། །

གངས་ཅན་ཨོ་ལོ་ང་ཚོ། །རྒྱུ་འབྲས་མེད་པ་མ་རེད། །
ཨ་མ་ནང་མའི་སྐྱུ་དྲིན། །ངང་གིས་ངང་གིས་འཇལ་ཚོག །

གསུམ་པ། གྲོང་ཁྱེར་བུ་མོའི་བསླབ་བྱ།

ཤ་ཚ་ཅན་གྱི་ཁ་ནས། །སྙན་པོའི་གཏམ་ཞིག་མི་ཐོན། །
ཇི་སྐད་ཐུགས་སུ་དགོངས་ནས། །སྙན་གྱི་དབང་པོ་གསོན་དང་། །

ཞིང་གྲོང་ནང་མའི་ཡོན་ཏན། །ཐབས་ཆེན་མ་རེད་མ་གསུང་། །
གྲོང་ཁྱེར་བུ་མོའི་མིག་དཔེར། །མི་འོས་མི་ལྷན་མི་འདུག །

སྐྱེས་མཆོག་མོ་དམན་ལྟ་བ། །ཨོ་ལོ་ང་ལ་མེད་ཀྱང་། །
ཕོ་མོའི་ལས་འོས་ལས་སྐལ། །ཆུང་ཡང་དབྱེ་བ་ཡོད་གདའ། །

ཨ་མ་ནང་མ་ཞེས་པ། །རྣ་བའི་དབང་པོར་ཐོས་མྱོང་། །
ཨ་ཕ་ནང་མའི་སྤྱོད་འཇུག །དེང་དུས་མིག་ནང་རིག་གིས། །

བུ་མོས་ལས་དང་སློབ་ལ། །དཀའ་སྤྱད་བརྩོན་འགྲུས་གནང་ན། །
ཕྱི་བོས་རས་དཀར་སྤང་གདན། །བཏགས་དགོས་བྱུང་ཡང་དྲགས་པ། །

ལས་ལ་སེམས་པ་མི་གནས། །སློབ་ལ་བརྩོན་འགྲུས་མི་བྱེད། །
ཚང་བཏུང་ཞབས་བྲོར་གཡེང་དུས། །ཕྱི་གའི་སེམས་པ་འཁྲུགས་ཀྱིས། །

པ་བཟང་ཆང་གིས་བཟི་ཡང་། །རྩིས་དེ་རིག་པས་རྒྱག་སྐད། །
བུད་མེད་ཆང་གིས་མྱོས་ན། །ངོ་ཚའི་གསང་རས་དབྲལ་གྱིས། །

ཁྱུང་ཐག་གཅིག་རྫེས་གཉིས་མཐུད། །རིག་པ་བཟེར་དུ་བཟེར་དུ། །
འཕྲུལ་གཏམ་གཅིག་བཤད་གཉིས་བཤད། །བརྩེ་དུང་སླ་ཙ་སླ་ཙ། །

ཀླད་པ་སླ་བའི་མི་ཚོ། །སྤྱོད་པར་ཚོད་འཛིན་གནང་དང་། །
སྐྱིད་པོ་སེ་མོ་གང་གིས། །མི་ཚེ་སྡུག་ལ་སྒྱུར་ཡོང་། །

བུ་མོའི་ལས་ནུས་སྟོབས་ཤུགས། །ཕྱུ་པའི་གོང་ལ་ཡོད་ན། །
ཕྱུ་གསོ་ཨོ་ལོའི་སྐྱུག་གཡོག །ཕྱེད་དགོས་ཕྱུང་ཡང་དྲགས་པ། །

ལས་ལ་གཡས་གཡོལ་གཡོན་གཡོལ། །རྩེད་མོར་འབད་འབུངས་ཀློད་མེད། །
"མར་འཕྱུང་" ཉེན་མཚན་ཧྲོས་མེད། །ཕྱུ་པའི་སྣང་བར་མི་འགྲོ། །

དགོང་མོ་ཉལ་དུས་མེད་པ། །ཧ་ཅན་པོང་ཅན་འདྲ་ན། །
ཞོགས་པ་ལངས་དུས་མེད་པ། །བ་ཅན་མཛོ་མོ་འདྲ་བ། །

སྲག་ལྷོག་གྲུ་བཞིའི་སྟེང་གི །སེམས་ནུས་རྡོ་རྗ་གཅིག་སྒྲིལ། །
ཁ་ཕྲོར་ང་ཐོབ་ངར་ཤུགས། །མཐའ་འབྲས་ལུས་ལ་གཟན་པ། །

སྤྲོ་སྐྱིད་རྩེད་མོར་དགའ་བ། །ན་ཆུང་ཀུན་གྱི་འདོད་བློ། །
རྩེད་མོའི་མིང་དུ་ཐོགས་པའི། །རྒྱན་བརྩུགས་རང་ཕུང་གཞན་གནོད། །

ཞལ་ལ་དཀར་དམར་བྱུག་པ། །ན་ཆུང་བུ་མོའི་མཚར་འདོད། །

རང་སྐྱེས་ཨོ་ལོའི་སྐད་གཡོག །མཚན་ལྡན་ཨ་མའི་ལས་སྐལ། །

ལུས་ལ་གསེར་གཡུའི་རྒྱན་ཆ། །མི་སྲུམ་ཞུ་ཡས་མི་འདུག །
རང་གཡོག་རང་གིས་ཐུབ་ན། །དེ་ལས་སྲུམ་བཟོ་དོད་པ། །

བུ་རྫིའི་མིང་དུ་ཐོགས་པའི། །གཡོག་མོ་རབ་གཅིག་མེད་ན། །
གྲོང་ཁྱེར་“ནང་མའི་”ངོ་མདོག ། མ་མཐོང་སྣང་བར་འཆར་ཐུབ། །

མ་བུའི་བརྩེ་བ་ལས་ལྷག །སྟེར་སོང་ལོ་ཟླར་མ་མཆིས། །
དུས་ཕྱིས་ཞོ་འཐུང་ཨོ་ལོས། །མ་ལས་བུ་རྫིར་བརྩེ་བ། །

ཐུགས་ལ་དགོངས་པ་བཞེས་དང་། །ཨ་ཅག་ཕྱི་མཛེས་ནང་སྟོང་། །
བྱ་ལུགས་བྱེད་ལུགས་དེ་ཡིས། །ཨ་མའི་མཚན་ལ་གནོད་ཀྱིས། །

སྐྱིད་པོ་ལངས་ལ་ཤོར་བའི། །ཨ་ཅག་ཕྱི་མཛེས་ནང་སྟོང་། །
རང་ཅག་འཚོ་བའི་གནས་འདིར། །ཉུང་ཡང་མེད་པ་མིན་ནོ། །

བསམ་པ་སེམས་ཀྱི་རི་མོ། །ཤོག་བུའི་སྟེང་ལ་ཕབ་ཡོད། །
གོ་ཤེས་ཅན་གྱི་སྐྱེ་བོས། །ཐུགས་ལ་འཛོག་རོགས་གནང་དང་། །

ཡོད་ན་ཡོད་པའི་ཡོ་བསྲང་། །མེད་ན་མེད་པའི་དོགས་ཟློན། །
དྲིན་ཅན་ཨ་མའི་མཚན་ལ། །ཐོག་ཐུག་གཏོང་བ་མ་གནང་། །

ཇི་སྐད་སྨིང་གི་གཏམ་འདི། །སྙན་པོ་མི་འདུག་མ་དགོངས། །
ཚིག་ལ་གོ་ཤེས་ཐུབ་ན། །དོན་ལ་ཕན་པ་ལོས་ཡོང་། །

༧༡། །སྒྲོལ་རྒྱན་འཛེམ་བྱའི་དགེ་སྐྱོན་སྐྲང་ ལྡང་ལ་དཔྱད་པ།

གཅིག འཛེམ་བྱའི་གྲུབ་ཚུལ་སྐོར།

བོད་མི་རིགས་ནི་ལོ་རྒྱུས་ཡུན་རིང་ལྡན་ལ་སྲོལ་རྒྱུན་རིག་གནས་ཀྱིས་ཕྱུག་པ་དང་། མི་རྣམས་ཆོས་དད་ཆེ་བའི་མི་རིགས་ཤིག་ཡིན་པས། བོད་ཀྱི་དམངས་སྲོལ་ཁྲོད་དུ་འཛེམ་བྱའི་སྲོལ་རྒྱུན་རྣམ་པ་སྣ་ཚོགས་ཤིག་ཁྱབ་ནས་ཡོད། མི་རིགས་སམ་ས་ཁུལ་སོ་སོའི་འཛེམ་བྱའི་སྐོར་ལ་ཞིབ་འཇུག་བྱ་རྒྱུ་དེ་ནི་དམངས་སྲོལ་ཞིབ་འཇུག་བྱ་བའི་གྲུབ་ཆ་གཙོ་བོ་ཞིག་ཡིན། གང་ལགས་ཤེ་ན། འཛེམ་བྱ་ནི་འགྲོ་བ་མིའི་རིགས་ཀྱི་སྤྱི་ཚོགས་ནང་དར་ཞིང་གནས་མུས་ཀྱི་དམངས་སྲོལ་ཡིན་པ་ཙམ་མ་ཟད། དེས་སྤྱི་ཚོགས་ཀྱི་ཐོན་སྐྱེད་དང་འཚོ་བའི་ཕྱོགས་གང་ས་ཅི་ཐད་ལ་ཤུགས་རྐྱེན་ཆེ་བ་དང་། འཛམ་བུའི་གླིང་གི་མི་རིགས་ཚང་མར་འཛེམ་བྱའི་སྲོལ་རྒྱུན་མེད་པ་ཧ་ལམ་རེག་རྒྱུ་མེད་པ་དང་། ཁྱད་པར་འཛེམ་བྱའི་བྱུང་འཕེལ་དང་འགྲོ་བ་མིའི་བསམ་པའི་དཔལ་ཡོན་གྱི་འཕེལ་རྒྱས་གཉིས་འབྲེལ་བ་ཟབ་པས་ཡིན། འོན་ཀྱང་ད་བར་དམངས་སྲོལ་རིག་པའི་ཁྱབ་ཁོངས་ནང་སྤྱིར་འཛེམ་བྱའི་རིགས་ཡོད་དོ་ཅོག་རྫོངས་དད་ཀྱི་ཁོངས་སུ་བཅྩེ་ཡི་ཡོད། དེ་ཡང་དཔེར་ན《གྲུང་གོའི་དམངས་སྲོལ་དང་དམངས་སྲོལ་རིག་པ་》ཞེས་པའི་གསུང་རྩོམ་ནང་"འཛེམ་བྱའི་རིགས་མི་འདྲ་བའི་དམངས་སྲོལ་ཏེ་སྨོན་འདེབས་དང་། དམོད་འདེབས། མོ་འདེབས་རང་བཞིན་ལྡན་པའི་དམངས་སྲོལ་སོགས་ཀྱི་བསམ་བློའི་རྨང་གཞི་མང་དག་ཅིག་ལྡུན་རྫོངས་ལས་གྲུབ་པ་དང་། རྣམ་པ་མང་ཆེ་བ་རྫོངས་

དད་ཡིན་པས་རྗེས་ལུས་ཀྱི་དམངས་སྲོལ་དུ་ངེས་པ་ཡིན་”[①]ཞེས་འཁོད་ཡོད་པ་དང་། 《ཀྲུང་གོའི་དམངས་སྲོལ་རིག་པའི་》ནང་“འཛོམ་བུའི་རིགས་རྣམས་སྔོངས་དད་ཀྱི་གོམས་སྲོལ་ཡིན་པས་གདོད་མའི་སྤྱི་ཚོགས་དང་དེང་རབས་རྗེས་ལུས་ལྡན་སྔོངས་ཀྱི་ས་ཁུལ་དུ་ཕྱིར་འགྱུར་མེད་སྲོལ་རྒྱུན་ནམ་ལམ་ལུགས་ཆགས་ནས་ཡོད་ལ། མི་རྣམས་ཀྱིས་དེ་དད་སྤྱོད་ཀྱི་ཚད་འཛིན་སར་བཟུང་གི་ཡོད་”[②]ཅེས་འཁོད་ཡོད། དེ་ལྟར་འཛོམ་བུའི་རིགས་ཚང་མ་ཉ་དང་ཉུང་མ་མཉམ་བསྲེས་ཀྱིས་སྔོངས་དད་དང་རྗེས་ལུས་ཀྱི་ཁོངས་སུ་བཅིས་ནས་དོར་བྱར་འོས་པའི་དམངས་སྲོལ་རྣམ་གྲངས་ཁོ་ནར་ངེས་བཟུང་བྱས་ཚོ། དེ་ལ་ཐལ་སྐྱོན་ཆེ། དེའི་རྒྱུ་མཚན་ནི། གཅིག་ནས་གོང་དུ་དྲངས་པའི་ལྟ་བ་དང་པོ་དེའི་ནང་འཛོམ་བུའི་རིགས་རྣམས་རྗེས་ལུས་ཀྱི་དམངས་སྲོལ་དུ་ངེས་པའི་རྒྱུ་མཚན་བཤད་སྐབས་དེ་ཚོའི་“བསམ་བློའི་རྨང་གཞི་མང་དག་ཅིག་ལྡན་སྔོངས་ལས་གྲུབ་པ་དང་། རྣམ་པ་མང་ཆེ་བ་སྔོངས་དད་ཡིན་”ཞེས་བཤད་ཡོད། དོན་དུ་སྐད་ཆ་དུམ་བུ་དེས་འཛོམ་བུ་རྗེས་ལུས་ཀྱི་དམངས་སྲོལ་ཡིན་པའི་རྒྱུ་མཚན་སྟོན་མི་ཐུབ། “བསམ་བློའི་རྨང་གཞི་མ༷ང་ད༷ག་ཅི༷ག་ལྡན་སྔོངས་ཡིན་”པ་ལས་བསམ་བློའི་རྨང་གཞི་ཡོད་དོ་ཅོག་ལྡན་སྔོངས་མིན་པ་དང་། “རྣམ་པ་མ༷ང་ཆེ༷་བ༷་སྔོངས་དད་ཡིན་པ་”ལས་རྣམ་པ་ཚང་མ་སྔོངས་དད་མིན་ན་དེའི་ནང་ཡང་དག་ཚན་རིག་དང་མཐུན་པའང་ཡོད་པ་ཤུགས་ལ་བསྟན་ཡོད་པས་ཐག་ཞོར་རྒྱུན་འདྲུད་དམ་ངན་ཞོར་བཟང་བསླད་བྱས་ན་ག་ནས་རུང་། གཉིས་ནས་གཞི་རྐང་འཛོམ་བུའི་རིགས་ཀྱི་ཞིབ་ཕྲའི་ནང་དོན་རྣམས་སྤྱི་ཚོགས་འཕེལ་རྒྱས་འགྲོ་བའི་གོམ་སྟབས་དང་བསྟུན་ནས

① ཙང་ཚེ་གྲུན་གྱིས་བརྩམས་པའི་《ཀྲུང་གོའི་དམངས་སྲོལ་དང་དམངས་སྲོལ་རིག་པ་》(རྒྱ་ཡིག) ཤོག་ངོས་༤༥ལ་གསལ།

② ཝུའུ་ཕིང་ཨན་གྱིས་བརྩམས་པའི་《ཀྲུང་གོའི་དམངས་སྲོལ་རིག་པ་》(རྒྱ་ཡིག) ཤོག་ངོས་༢༧༨ལ་གསལ།

འགྱུར་བ་འགྲོ་བའམ་མེད་པར་གྱུར་གྱི་ཡོད་ཙུང་། འཛོམ་བྱའི་སྣང་ཚུལ་དེ་ཉིད་རྩ་མེད་གྱུར་གྱི་མེད་པར་མི་རྣམས་ཀྱི་འཚོ་བའི་ནང་རྒྱ་ཁྱབ་ཆེན་པོས་རྒྱུན་འཛིན་བྱས་ནས་གནས་ཡོད་ལ། དམངས་སྲོལ་དང་དད་པ་བརྒྱུད་ནས་ཡང་དག་མིན་ལ་མ་བསྐྱོས་པར་མི་རྣམས་ལ་སྤྱོད་པའི་ཕྱང་བླང་སྟོན་གྱི་ཡོད་པས། དེ་འགྲོ་བ་མིའི་རིགས་ཀྱི་སྤྱི་ཚོགས་འཕེལ་རྒྱས་འགྲོ་བའི་དུས་རིམ་ངེས་ཅན་ཞིག་གི་ཐོན་རྫས་མིན་པར་མིའི་རིགས་བྱུང་རྗེས་ཀྱི་འཕེལ་རྒྱས་ཀྱི་བརྒྱུད་རིམ་ཐོག་མཐའ་བར་གསུམ་དང་མཉམ་གནས་ཐུབ་པའི་ལོ་རྒྱུས་ཀྱི་སྣང་ཚུལ་ཞིག་ཡིན་ལ། དེ་རྒྱལ་ཁབ་ཅིག་གམ་མི་རིགས་ཤིག་གི་དམངས་སྲོལ་དུ་གློ་བུར་ཐོག་བབ་བྱུང་བའི་རིག་གནས་ཀྱི་སྣང་ཚུལ་བྱེ་བྲག་པ་ཞིག་མིན་པར་འཛམ་བུའི་གླིང་གི་འགྲོ་བ་མིའི་རིགས་གནས་སྡོད་བྱེད་པའི་ཡུལ་གྲུ་ཚང་མར་ཁྱབ་ཡོང་དུ་མངའ་བའི་རིག་གནས་ཀྱི་སྣང་ཚུལ་ཞིག་ཀྱང་ཡིན། གསུམ་ནས་འཛོམ་བྱ་ནི“སྤྱི་ཚོགས་ཀྱི་ཀུན་སྤྱོད་དང་། དད་པའི་བྱ་སྤྱོད་བཀག་རྒྱའམ་ཚོད་འཛིན་བྱེད་པའི་འདུ་ཤེས་སམ་བྱ་ཐབས་ཀྱི་སྤྱི་མིང་ལ་ཟེར་བ་ཡིན”ལ། འཛོམ་བྱའི་རིགས་ལའང་ཆོས་លུགས་སྐོར་གྱི་འཛོམ་བྱ་དང་། ཐོན་སྐྱེད་སྐོར་གྱི་འཛོམ་བྱ། སྐད་ཆའི་སྐོར་གྱི་འཛོམ་བྱ། ནམ་རྒྱུན་འཚོ་བའི་སྐོར་གྱི་འཛོམ་བྱ་སོགས་མང་ཞིང་། དེའི་ནང་ནས་ཐོན་སྐྱེད་སྐོར་གྱི་འཛོམ་བྱ་དང་། ནམ་རྒྱུན་འཚོ་བའི་སྐོར་གྱི་འཛོམ་བྱ་ལྟ་བུའི་ནང་འཛོམ་བྱའི་རྣམ་གྲངས་མང་དག་ཅིག་དུས་ཡུན་རིང་པོའི་ཐོན་སྐྱེད་དང་འཚོ་བའི་ཉམས་མྱོང་ལས་བྱུང་བས་ཡར་ཐོན་གྱི་དོན་སྙིང་ལྡན་ལ་དགེ་མཚན་གྱིས་ཕྱུག་ནས་ཡོད་པས་ཡིན། དོན་དངོས་ཐོག་འཛོམ་བྱའི་ཁྲོད་དུ་བཟང་ངན་ལེགས་ཉེས་ཀྱི་དབྱེ་བ་ཡོད་པས་ཉ་ཉུང་མཉམ་བསྲེ་མ་བྱས་པར་སྙིགས་དོར་བཅུད་ལེན་གྱིས་གནའ་བཟང་དེང་སྤྱོད་བྱ་རྒྱུ་ནི་གལ་འགངས་ཆེ།

འཛོམ་བྱའི་སྣང་ཚུལ་གྱི་འབྱུང་ཁུངས་ཆེས་ཆེར་སྤྲ་ཞིང་འཛོམ་བྱའི་རྣམ་

གྲངས་གང་འདྲ་ཞིག་ཡིན་རུང་མིའི་རིགས་ཀྱི་སྤྱི་ཚོགས་འཚོ་བའི་དགོས་མཁོ་ངེས་ཅན་དང་བསྟུན་ནས་ཆགས་དར་བྱུང་བ་ཞིག་ཡིན། སྤྱིར་འཛམ་བུའི་གླིང་གི་མི་རིགས་ཚང་མའི་ཁྲོད་དར་གནས་སུ་གྱུར་བའི་འཛོམས་བྱའི་སྣང་ཚུལ་གྲུབ་ཅིང་དར་འཕེལ་བྱུང་བའི་ཚུལ་ལ་མིའི་རིགས་སྤྱིའི་ཁྱད་ཆོས་ལྡན་ཡོད་པ་ནི། འགའ་རེ་བསམ་གཞིག་གི་ནུས་པ་ཞན་པའི་དབང་གིས་གྲུབ་པ་དང་། ལ་ལ་སྤྱི་ཚོགས་ཀྱི་ཉམས་མྱོང་ལས་བཀག་རྒྱའི་དགོས་མཁོ་དང་བསྟུན་ནས་དར་འཕེལ་བྱུང་བའམ་རྒྱུན་གནས་ཐུབ་པར་མཐོང་། དེ་ཡང་ཆེས་གནའ་བོའི་འཛོམས་བྱའི་རིགས་རྣམས་ནི་གདོད་མའི་མི་རྣམས་ཀྱིས་རང་བྱུང་ཁམས་ཀྱི་སྣང་ཚུལ་དང་དེའི་སྟོབས་ཤུགས་ལ་ཡང་དག་པའི་ངོས་འཛིན་མ་ཐུབ་པར་དངོས་པོ་ཀུན་ལ་རྣམ་ཤེས་ཡོད་པའི་ལྟ་ཚུལ་བཟུང་བ་དང་། ལྷ་ཀླུ་གཉན་བཙན་སོགས་ལ་སྐྱབས་བཅོལ་དང་མཆོད་བསྟོད་བྱེད་པ། སའི་ས་བདག་དང་རིའི་རི་བདག ཆུ་འདི་ནི་ཀླུ་ཆུ་དང་ཤིང་དེ་ནི་བཙན་ཤིང་དུ་འཛིན་པའི་གདོད་མའི་དད་མོས་ཀྱི་ལྟ་སྟངས་ཟབ་པོ་ཡོད་པའི་གནས་ཚུལ་འོག་གྲུབ་ཅིང་དར་འཕེལ་བྱུང་བ་ཡིན། དེ་ཅུང་ཟད་གསལ་ཙམ་བཤད་ན་གདོད་མའི་དུས་སུ་ཉི་ཟླ་སྐར་གསུམ་གྱི་གསལ་སྒྲིབ་དང་། དབྱར་དགུན་སྟོན་དཔྱིད་ཀྱི་གྲང་དྲོའི་བརྗེ་རེས། སྐྱེ་དངོས་ཀྱི་སྐྱེ་དུས་སྐམ་དུས། འཇིག་རྟེན་གྱི་སྐྱེ་རྒ་ན་འཆི། རེག་ཚད་ཐལ་བར་འགོམ་པའི་མེ་ལྕེ། གནམ་ས་སྟེང་འོག་བརྗེ་བའི་ས་ཡོམ། ས་གཞི་གྲོག་རོང་ལ་གཏོང་བའི་ཤྭ་འོད། བྲག་རི་དུམ་བུར་གཏོང་བའི་ཐོག གཅན་གཟན་གདུག་པ་ཅན་གྱི་སྡེར་བསྒྲད་མཆེ་གཙིགས་སོགས་རང་བྱུང་གི་སྣང་ཚུལ་ལམ་སྟོབས་ཤུགས་ལ་ཡ་ཐོག་གི་སྐྱེ་བོ་རྣམས་སྐྱི་གཡའ་ཞིང་ཡང་བའི་འཇིགས་སྐྲག་བསྐྱེད། "དེ་དུས་ཀྱི་ཁོ་ཚོའི་ཀླད་པའི་རྒྱུ་དག་དང་སེམས་ཀྱི་ཤེས་བྱ་གང་གི་ཆ་ནས་ཀྱང་རང་བྱུང་འགྱུར་ལྡོག་གི་གནས་ལུགས་ངོ་མ་ནི་ཤེས་མི་ཐུབ་པ། དཔྱད་པའི་མཐར་འཇིག་རྟེན་ཁམས་ཀྱི་དངོས་པོ་ཐམས་ཅད་

ལ་ཚེ་སྲོག་ཡོད་པ་དང་དགའ་སྐྱོ་ཆགས་སྡང་སོགས་ཀྱི་སེམས་དང་ལྡན་པ་ཞིག་ཡིན་པར་འདོད་ནས་རང་བྱུང་ཁམས་ཀྱི་འགྱུར་ལྡོག་ཐམས་ཅད་ནི་མི་མངོན་པའི་སྟོབས་ཤུགས་ཤིག་གིས་ཁ་ལོ་བསྒྱུར་བར་ཡིད་ཆེས"①ཁྱད་པར་མིའི་ཚེ་སྲོག་དང་འཚོ་བ་ལ་གནོད་འཚེ་གཏོང་མཁན་གྱི་རང་བྱུང་ཁམས་ཀྱི་སྟོབས་ཤུགས་དེ་རིགས་ལ་དད་བཀུར་དང་གཡོལ་གང་ཐུབ་བྱེད་པ་ལས་ལྡོག་ཐབས་བྲལ་ཞིང་། ཐ་ན་གནོད་འཚེ་གཏོང་མཁན་གྱི་སྟོབས་ཤུགས་དེ་རིགས་ཀྱི་མིང་འབོད་པ་དང་། དེ་ཚོའི་སྐད་སྒྲའམ་སྣང་སྣང་སྣབས་ཀྱི་ལད་མོ་བྱས་ནའང་མཐའ་འཁོར་གྱི་སྐྱེ་བོ་གཞན་རྣམས་སྐྲག་སྟེ་གདོང་མདོག་ལོག་འགྲོ་བས་བྱེད་པོ་དེ་རིགས་ལ་ཁ་རྟུང་གཏོང་བ་དང་། བྱ་སྤྱོད་དེ་རིགས་བཀག་སྡོམ་བྱེད་སྲོལ་ཆགས། དོན་དུ་དེ་ནི་མིའི་ཤེས་ཚད་དམའ་བ་དང་། རང་བྱུང་གནོད་འཚེ་བཀག་འགོག་བྱེད་པའི་ནུས་པ་དབྱུལ་བའི་རྐྱེན་གྱིས་དར་ཁྱབ་བྱུང་བའི་དཔེ་མཚོན་རང་བཞིན་ལྡན་པའི་འཛེམ་བྱའི་སྣང་ཚུལ་འབའ་ཞིག་ཡིན། དཔེར་ན་བོད་ཀྱི་འཛེམ་བྱའི་ཁྲོད་དུ་མཚན་མོ་གདོན་འདྲེའི་སྐོར་བཤད་ན་དེ་མཐོང་ཡོང་ཟེར་ནས་མཚན་མོ་གདོན་འདྲེའི་སྐོར་གྱི་སྐད་ཆ་བཤད་རྒྱུར་འཛེམ་པ་དང་། འབྲོག་སར་སྤྱང་ཀིའི་སྐོར་བཤད་སྐབས་དེའི་མིང་ངན་ནས་འབོད་སྲོལ་ཡོད་པ་ལས་ཐད་ཀར་མིང་ནས་བོས་ན་ནོར་ལུག་ལ་སྤྱང་ཀི་ཤོར་ཡོང་ཟེར་ནས་འཛེམ་བྱར་འཛིན་གྱི་ཡོད། འོ་ན་གདོན་འདྲེ་དང་རང་བྱུང་གནོད་འཚེ་གཉིས་ལ་ཐད་ཀར་འབྲེལ་བ་གང་ཡོད་དམ་ཟེར་ན། "སྤྱིར་བཏང་དུ་གདོད་མའི་མི་རྣམས་ཀྱིས་རང་གི་འཚོ་བར་ཕན་པ་ཆེ་ཤོས་ཀྱི་རང་བྱུང་སྣང་ཚུལ་ལམ་རང་བྱུང་སྟོབས་ཤུགས་ནི་ཐོག་མར་བཀུར་བའི་ལྷ་ཡིན་པ་དང་། རང་གི་འཚོ་བར་གནོད་འཚེ་ཆེ་ཤོས་དེ་ཐོག་མར་ངོས་བཟུང་བའི་འདྲེ་ཡིན་པ་ནི་མི

① ལྷ་མཆོག་རྒྱལ་དང་སངས་རྒྱས་དོན་གྲུབ་གཉིས་ཀྱིས་བརྩམས་པའི《གངས་ལྗོངས་བསྟན་པའི་རྣམ་བཤད་པད་མ་དཀར་པོའི་ཆུན་པོ》ཤོག་ངོས་༤༠་ལ་གསལ། ཀན་སུའུ་མི་རིགས་དཔེ་སྐྲུན་ཁང་ནས་༢༠༠༢ལོར་བསྐྲུན།

རིགས་ཕལ་ཆེར་གཅིག་འདྲ་ཡིན་པ་བཞིན་དུ། བོད་ལ་ཡང་དེ་འདྲའི་གནས་ཚུལ་ཞིག་བྱུང་ཡོད་པ་ཏ་ལམ་ཆོད་དཔག་བྱེད་ཐུབ་”①ཅེས་གསུངས་པ་ལྟར་ཡིན། དེ་ལྟ་བུའི་མིའི་བསམ་གཞིག་གི་ནུས་པ་ཞན་པའི་དབང་གིས་གྲུབ་ཅིང་དར་འཕེལ་བྱུང་བའི་འཛོམ་བྲའི་རྣམས་གྲངས་མང་དག་ཅིག་ད་ལྟའི་བར་མང་ཚོགས་ཀྱི་འཚོ་བའི་ཁྲོད་དར་ཁྱབ་ཡིན་པ་མ་ཟད་འཛོམ་བྲ་སྤྱིའི་གྲུབ་ཆ་གཙོ་བོ་ཞིག་ཡིན།

སྤྱི་ཚོགས་ཀྱི་ཉམས་མྱོང་ལས་བཀག་རྒྱའི་དགོས་མཁོ་དང་བསྟུན་ནས་གྲུབ་ཅིང་དར་འཕེལ་བྱུང་བའི་འཛོམ་བྲའི་རིགས་རྣམས་ཕལ་ཆེར་ཐོན་སྐྱེད་དང་འཚོ་བའི་འཛོམ་བྲའི་ཁོངས་སུ་ཚུད་པ་ཡིན། དེའི་རིགས་མང་ཆེ་བ་འགྲོ་བ་མིའི་རིགས་ཀྱིས་དུས་ཡུན་རིང་པོའི་ནང་རང་བྱུང་ཁམས་དང་འབྲེལ་གཏུག་བྱེད་པའི་བརྒྱུད་རིམ་ནང་ལག་ལེན་དངོས་ཀྱི་ཐོག་ནས་བྱ་བ་གང་བྱས་ན་འབྲས་བུ་ངན་པ་ཅི་འཁོར་བ་དང་། བཟའ་མ་གང་ཟས་ན་གཟུགས་གཞིའི་བདེ་ཐང་ལ་གནོད་ཀྱི་ཡོད་པའི་ཆོས་ཉིད་ལ་ཚོགས་བསམས་བྱས་ཤིང་། གནོད་འཚེ་དང་བགེགས་བར་མི་ཡོང་བའི་ཆེད་ཆ་རྐྱེན་གང་གི་འོག་གཏམ་སྤྱོད་གང་དང་ཅི་བཤད་མི་རུང་བ་དང་བྱ་མི་ཉན་པའི་བཀག་རྒྱ་བྱུང་བ་དེ་དག་ཕྱིས་སུ་དར་ཁྱབ་ཇེ་ཆེར་ཕྱིན་ནས་ཀུན་གྱིས་སྲུང་བའི་འཛོམ་བྲ་ཆགས་པར་འདོད་ཀྱི་ཡོད་ལ། དེའི་རིགས་མང་པོ་ཞིག་ལ་ཡར་ཐོན་གྱི་དོན་སྙིང་ལྡན་ཞིང་། དེས་སྤྱི་ཚོགས་ལ་ཕན་པའི་ནུས་པ་ཐོན་ཐུབ་ཀྱི་ཡོད། དཔྱིད་དྲོད་ཀྱིས་ས་གཞི་ཁྱབ་པ་ནས་དབྱར་ཆར་ཆུས་རྩི་ཤིང་གསོ་བའི་བར་གྱི་ནམ་དུས་གཉིས་ནི་རྩྭ་རྩི་ཤིང་གི་མྱུ་གུའི་ཁ་འབུས་ཤིང་ལོ་འདབ་འཚར་བའི་དུས་ཡིན་པས། ནམ་དུས་དེ་གཉིས་རྩི་ཤིང་ལོ་འབྲས་འཚར་ལོངས་ཡོང་བའི་འགག་རྩའི་དུས་ཡིན། དེའི་དུས་རྩི་ཤིང་གཅོད་འབྲེག་བྱས་ན་རྩི་ཤིང་

① ལྷ་མཆོག་རྒྱལ་དང་སངས་རྒྱས་དོན་གྲུབ་གཉིས་ཀྱིས་བརྩམས་པའི་《གངས་ལྗོངས་བསྟན་པའི་རྣམ་བཤད་པད་མ་དཀར་པོའི་ཚུན་པོ་》ཞེས་པའི་ཤོག་ངོས་༧༡་ལ་གསལ། ཀན་སུའུ་མི་རིགས་དཔེ་སྐྲུན་ཁང་ནས་༢༠༠༢ལོར་བསྐྲུན།

སྐྱེས་འཚར་ཡོང་རྒྱུར་གནོད་པ་ཆེ་བས་བོད་ཀྱི་ཡུལ་གྲུ་མང་པོར་རྩེ་ཤིང་སྲུང་སྐྱོབ་ཡོང་ཆེད་དུ་དཔྱིད་ལྟུགས་རྟ་ས་འོག་ལ་སོང་བ་ནས་སྟོན་སྐྱ་ཐག་མ་ཆོད་བར་ཡུལ་གྱི་གོམས་པའི་སྲུང་བྱར་གྱུར་བའི་སྡོ་ཁྲིམས་སམ་དབྱར་ཁྲིམས་སྣ་ཚོགས་ཡོད་པ་དང་། དེའི་དུས་རྩྭ་རྩེ་ཤིང་གཙོད་འབྲེག་འབལ་གསུམ་བྱེད་རྒྱུར་འཛེམ་པ་དང་། ས་བཀོ་རྡོ་སློག་ལ་འཛེམ་གྱི་ཡོད། ཡང་དཔེར་ན་ནོར་ལུག་ནད་ཡམས་ཀྱིས་མནར་ནས་ཤི་བའི་ཤ་མིས་ཟས་རྗེས་མི་ལའང་ནད་ཡམས་འགོས་འགྲོ་ལ་ཚེ་སྲོག་ལ་གནོད་འཚེ་ཡོང་བ་དང་། ཡང་ན་འགོས་ནད་ཀྱིས་འདས་གྲོངས་སོང་བའི་ཕུང་པོ་བྱ་དོར་དང་ཆུ་སྐྱུར་བྱས་རྗེས་བྱ་རྒོད་དང་ཆུ་སྐྱེས་སྲོག་ཆགས། ཐ་ན་མིའི་རིགས་རང་ཉིད་ཀྱི་ཚེ་སྲོག་ལ་གནོད་འཚེ་ཡོང་ཉེན་ཡོད་པར་བརྟེན། བོད་ཀྱི་འཛེམ་བྱའི་རྣམ་གྲངས་ནང་ནོར་ལུག་ནད་ཀྱིས་ཤི་བའི་ཤ་ཟ་བར་འཛེམ་པ་དང་། འགོས་ནད་ཀྱིས་འདས་གྲོངས་སོང་བའི་ཕུང་པོ་བྱ་དོར་ཆུ་སྐྱུར་བྱེད་རྒྱུར་འཛེམ་པའི་སྲོལ་དར་ནས་ཡོད། ཡང་དཔེར་ན་རྟེན་ལས་ནི་གདོད་མའི་དུས་སུ་མིའི་རིགས་ཀྱི་འཚོ་རྟེན་གྱི་ཐོན་ལས་ཤིག་ཡིན་ཞིང་། དུས་ཡུན་རིང་པོའི་རྟེན་ལས་ཐོན་སྐྱེད་ཀྱི་ཉམས་མྱོང་ལས་རི་དྭགས་མོ་རིགས་རྣམས་བསད་དྲགས་ན་རི་དྭགས་ཀྱི་སྐྱེས་འཕེལ་ལ་ཐད་ཀར་གནོད་ཤིག་བཏང་བ་དང་། དེའི་མཇུག་འབྲས་ནི་རི་དྭགས་ཇེ་དཀོན་དུ་འགྲོ་བའི་ཐོག་ནས་རི་དྭགས་མོ་རིགས་རྔོན་རྒྱུར་འཛེམ་པའི་སྲོལ་བྱུང་ལ་ད་ལྟའི་བར་བོད་ཀྱི་ཡུལ་འགའ་ཤས་སུ་སླ་བ་མོ་གསད་རྒྱུར་འཛེམ་གྱི་ཡོད། གོང་གསལ་དཔེ་མཚོན་དེ་རྣམས་ཀྱི་ཐོག་ནས་ཉམས་མྱོང་ཕྱོགས་བསྡོམས་ལས་འབྱུངས་པའི་འཛེམ་བྱའི་རིགས་མང་པོ་ཞིག་བོད་ཀྱི་འཛེམ་བྱའི་ཁྲོད་དུ་གནས་ མུས་ཡིན།

གོང་དུ་འཛེམ་བྱའི་སྣང་ཚུལ་དེ་ཉིད་ཡར་ཐོན་དང་རྗེས་ལུས་ཀྱི་ཕྱོགས་གཉིས་ལས་གྲུབ་ཚུལ་ལམ་ཙམ་གླེང་ཟིན་མཚམས་འདིར་འཇར་མན་གྱི་མཁས་པ་

ཨན་སི་ཐའི་ཁྲི་ཤེར་གྱིས་བརྩམས་པའི་《མི་ཡི་རྣམ་བཤད་》ཅེས་པའི་གསུང་རྩོམ་ནང་དུ་འཛོམ་བྱའི་སྐོར་གྱི་ཚོད་གཏམ་དུམ་བུ་གཅིག་ཡོད་པ་དཔའ་རོགས་དཔྱང་གྲོགས་སུ་འདྲེན་རྒྱུ་ལ"འཛོམ་བྱའི་མ་ལག་ལ་མ་གཞི་མངོན་གསལ་གྱི་ཞན་ཆས་ཁེངས་ནས་ཡོད་ཙང་དེ་ནི་མིའི་རིགས་ལ་ད་བར་རྙེད་སོན་བྱུང་བའི་སྤྱི་ཚོགས་ཀྱི་བཀག་རྒྱ་དང་འོས་འགན་གྱི་མ་ལག་ཉག་ཅིག་ཡིན་ལ་སྤྱི་ཚོགས་རྩིང་པོའི་སྒྲིག་ལམ་གྱི་རྣང་གཞིའང་ཡིན། སྤྱི་ཚོགས་ཀྱི་མ་ལག་ཡོད་དགུ་དམིགས་བསལ་གྱི་འཛོམ་བྱ་ལ་བརྟེན་ནས་མཐུན་སྦྱོར་དང་དོ་དམ་མི་བྱེད་པ་གཅིག་ཀྱང་མེད་པ་ནི་དབང་སྒྱུར་མཁན་དང་མངའ་འབངས་ཀྱི་འབྲེལ་བ་དང་། ཆབ་སྲིད་ཀྱི་འཚོ་བ། ཕོ་མོའི་འཚོ་བ། ཁྱིམ་ཚང་གི་འཚོ་བ་བཅས་ཚང་མར་བླ་ན་མེད་པའི་འབབ་གནའ་རེ་ཡོད་པས་ཡིན། དེ་དཔལ་འབྱོར་འཚོ་བ་ཡོངས་ལའང་བེད་སྤྱོད་ཚོག་ལ། ཐ་ན་རྒྱུ་ཙ་ལག་རྣམས་ཀྱང་ཕལ་ཆེར་ཐོག་མར་འཛོམ་བྱའི་ལམ་ལུགས་སུ་ངེས་པ་སྟེ་དངོས་པོ་ཞིག་གམ་མི་གཅིག་གམ་ས་ཆ་དུམ་བུ་ཞིག་སྲུར་བདག་པ་དང་། བུད་མེད་ཅིག་དང་གཉེན་སྒྲིག་བྱེད་པའི་ཆེས་ཐོག་མའི་བྱ་ཐབས་ནི་འཛོམ་བྱའི་རྟགས་ཤིག་གིས་མཚོན་ཡོང་གི་ཡོད་"ཅེས་པའོ། །གོང་གསལ་ལས་ཨན་སི་ཐའི་ཡིས་འཛོམ་བྱར་ངོས་འཛིན་བྱ་ཚུལ་ནི་འོས་ཤིང་འཚམ་ལ་གཏིང་ཟབ་པ་ཞིག་ཏུ་མཐོང་། དེ་ལྟར་ང་ཚོས་ཀྱང་འཛོམ་བྱའི་སྣང་ཚུལ་ལ་ཡང་དག་པའི་ལྟ་སྟངས་འཛིན་དགོས།

གཉིས། འཛེམ་བྱའི་མཚོན་ཚུལ་བཤད་པ།

བོད་ཀྱི་འཛོམ་བྱའི་རྣམ་གྲངས་བརྗོད་ཀྱིས་མི་ལངས་པ་ཏ་མོག་རོའི་སྤུ་ལྟར་སྟེ་མང་ལ་དམངས་སྲོལ་རིག་པའི་ཁྲོད་དུའང་འཛོམ་བྱའི་རིགས་དབྱེ་སྟངས་སྣ་ཚོགས་ཡོད་ཙང་། བོད་ཀྱི་འཛོམ་བྱའི་རིགས་རྣམས་དད་སྤྱོད་གཏམ་གསུམ་

སྔ་ཆོས་ལུགས་སྐོར་གྱི་འཇོམ་བྱ་དང་། ཐོན་སྐྱེད་འཚོ་བའི་སྐོར་གྱི་འཇོམ་བྱ། སྐད་ཆའི་སྐོར་གྱི་འཇོམ་བྱ་བཅས་རྣམ་དབྱེ་གསུམ་གྱིས་མཚོན་མི་ཐུབ་པ་གཅིག་ཀྱང་མེད།

བོད་མི་རིགས་འདི་ཉིད་ཆོས་དད་ཆེ་བའི་མི་རིགས་ཤིག་ཡིན་པས་བོད་ཀྱི་འཇོམ་བྱའི་ཁྲོད་ཆོས་ལུགས་སྐོར་གྱི་འཇོམ་བྱ་སྣ་ཚོགས་ཡོད་ལ་དེ་ནི་བོད་ཀྱི་འཇོམ་བྱའི་གྲུབ་བྱ་གཙོ་བོ་ཞིག་ཀྱང་ཡིན། ཡོངས་གྲགས་ཀྱི་གསུང་ཚུལ་ལྟར་ཆོས་ལུགས་སྐོར་གྱི་འཇོམ་བྱ་མང་པོ་ཞིག་གདོད་མའི་དུས་ནས་མི་རྣམས་ཀྱི་བསམ་གཞིག་གི་ནུས་པ་ཞན་པའི་ལོ་རྒྱུས་ཀྱི་ཆ་རྐྱེན་འོག་གྲུབ་པ་དང་། ད་དུང་ལ་ལ་ཞིག་ཐད་ཀར་ཆོས་ལུགས་ཀྱི་སྡོམ་ཁྲིམས་ནས་བྱུང་བ་ཡིན། དཔེར་ན། སྲོག་གཅོད་ཀྱི་ལས་ལ་འཇོམས་པ་དེ་བོད་རིགས་ཀྱི་འཇོམ་བྱ་ཆེ་ཤོས་ཀྱི་གྲས་ཤིག་དང་། དེ་ནི"སངས་རྒྱས་ཆོས་ལུགས་ཀྱི་ངོས་ནས་ལུས་ངག་ཡིད་གསུམ་གྱི་སྒོ་ནས་མི་དགེ་བའི་ལས་བཅུ་སྤོང་དགོས་པའི་ནང་གི་ལུས་ཀྱི་མི་དགེ་བ་གསུམ་གྱི་དང་པོ་དེ་ཡིན་པས་རབ་ཏུ་བྱུང་བའི་གྲྭ་བཙུན་སློམ་ཅི། ཆོས་ལ་དད་པ་བྱེད་མཁན་སྐྱེ་བོ་ཀུན་གྱིས་སྲོག་གཅོད་པ་ནི་སྡིག་པའི་ལས་ཚབས་ཆེར་བརྩིས་ཏེ་ཆུང་འབྲུ་སྲིན་ནས་ཆེ་མི་ཕྱུགས་སོགས་སྲོག་ལྡན་གང་ཞིག་ཡིན་རུང་རང་གིས་དེ་དག་སྲོག་མི་གཅོད་ཅིང་། ཐ་ན་བསམ་ཤེས་མེད་པའི་བྱིས་པས་འབྲུ་སྲིན་བསད་པའང་བཀག་པ་དང་། རང་གིས་ཐད་ཀར་སྲོག་གཅོད་རྒྱུ་ཕར་བཞག རང་ལ་དམིགས་ཏེ་གཞན་གྱིས་སྲོག་གཅོད་པའང་བཀག་པ་སོགས་དངོས་ཤུགས་གང་ཐད་ཀྱི་སྲོག་གཅོད་ཀྱི་ལས་འཇོམས་ཀྱི་ཡོད"① ཅེས་གསལ་བ་ལྟར་དང་། གཞན་ཡང་བོད་དམངས་ཁྲོད་ཀྱི་བསམ་སྤྱོད་ཇི་བཞིན་གསལ་བའི་《གླིང་རྗེ་གེ་སར་རྒྱལ་པོའི་སྒྲུང་》གི་ལེ་

① 《དུང་དཀར་ཚིག་མཛོད་ཆེན་མོ་》ཤོག་ངོས་༡༩༩༥ལ་གསལ།

ཚན་《ཧྲེ་ར་ར་རྫོང་》གི་ནང་དུ་གླིང་གེས་ར་བཙན་དང་ར་བདུད་བརྟུལ་བའི་རྗེས་གེ་སར་རྒྱལ་པོས་ཧྲེ་རའི་མངའ་འབངས་རྣམས་སེམས་པ་ཆོས་ལ་འགུག་རྒྱུའི་འཛོམས་སྤྱངས་ཀྱི་བསླབ་བྱ་དུམ་བུ་ཞིག་གནང་བའི་ནང་"ཆོས་དཀར་པོའི་བསྟན་པ་མ་ཚུགས་ན། །འགྲོ་བ་བདེ་དང་ལྡན་དུས་མེད། །ཕྱི་མ་ཐར་པར་བགྲོད་ཐབས་མེད། །ཞིང་ཕྱོགས་བགྲོད་པའི་རྟ་པོ་སྟེ། །དགེ་བ་བཅུ་པོ་དང་དུ་ལོངས། །མི་དགེ་བཅུ་སོགས་རྒྱབ་ཏུ་བསྐྱུར། །དབུ་ནག་མི་ལ་ཁྲིམས་སྲོལ་གཉིས། །ཆོས་ཁྲིམས་དར་གྱི་མདུད་པ་གཅིག །རྒྱལ་ཁྲིམས་གསེར་གྱི་གཉའ་ཤིང་གཉིས། །སྲིད་པ་ས་ལ་ཆགས་ནས་བྱུང་། །དགེ་བཅུ་བསྒྲུབ་པའི་སྟོན་འགྲོ་ལ། །དང་པོ་ཆོས་ཀྱི་ཁྲིམས་ཤིག་བཅའ། །ཕྱི་ཆོས་བསྐྱུར་ནས་ནང་ཆོས་སྒྲུབ། །ཅི་གསུངས་བཀའ་དག་ཚད་མར་ཟུངས། །སྡེ་གཉིས་དགེ་འདུན་ཞབས་ཏོག་བསྒྲུབ། །ཉེས་མེད་རི་སྐྱེས་རི་དྭགས་རིགས། །ངན་པས་སྲོག་གཅོད་བྱེད་ཚོག་མེད། །ཚུར་གནས་སྲོག་ཆགས་ཉ་མོ་སོགས། །མ་རུངས་ལྷུགས་སྐྱུས་འཛིན་མི་ཚོག །ཐ་ན་བྱ་དང་འབུ་སྲིན་ཡན། །ངན་སེམས་གནོད་འཚེ་བཏང་ཚོག་མེད་"①ཞེས་གསལ་བ་ལྟ་བུ་ལས་མངོན་པ་ལྟར་ཡིན། སྲོག་མི་གཅོད་པར་འཛོམས་པ་གཙོས་ཆོས་ལུགས་སྐོར་གྱི་འཛོམ་བྱའི་རྣམ་གྲངས་སྣ་ཚོགས་ཡོད་རུང་འདིར་རེ་རེ་བཞིན་འདྲེན་ཁོམ་མེད་པས་རེ་ཞིག་བཏང་སྙོམས་སུ་འཛོག་རྒྱུ་ལས་མ་འདས།

ཐོན་སྐྱེད་འཚོ་བའི་སྐོར་གྱི་འཛོམ་བྱ་ནི་ཁྱབ་རྒྱ་ཤིན་ཏུ་ཆེ་ལ་རྣམ་གྲངས་བརྗོད་ཀྱིས་ལངས་དཀའ་བའི་ནང་ཚན་ཞིག་ཡིན། དེའི་ནང་འཇིག་རྟེན་འཚོ་བའི་ཁྲོད་ཀྱི་ཟ་སྤྱོད་སྡོད་གསུམ་དང་ཞིང་འབྲོག་ནགས་ཚེར་ཇོན་ལ་སོགས་པའི་

① 《སྒྲུང་མཁན་བསམ་གྲུབ་ཀྱིས་ཕབ་པའི་གླིང་རྗེ་གེ་སར་རྒྱལ་པོའི་སྒྲུང་》གི་ལེ་ཚན་《ཧྲེ་ར་ར་རྫོང་》གི་ཤོག་ངོས་༢༢༧ནང་གསལ།

མིའི་བྱ་སྤྱོད་ཡོད་དགུའི་ཐད་ཀྱི་འཛེམ་བྱ་ཚུད་ཡོད། བོད་ཀྱི་ཐོན་སྐྱེད་འཚོ་བའི་སྐོར་གྱི་འཛེམ་བྱ་རྣམ་གྲངས་ཤིན་ཏུ་མང་སྟབས་འདིར་རེ་རེ་བཞིན་འགོད་ཀྱིས་མི་ལངས་ནའང་། དགོས་པའི་དབང་གིས་དེའི་ནང་གསེས་འགའ་ཞིག་དཔེ་མཚོན་ཙམ་དུ་བཀོད་ན། གྲངས་དང་གཟའ་ཚེས་སྐོར་གྱི་འཛེམ་བྱ་ནི་ཚང་མའི་འཚོ་བའི་ནང་ཉིན་ལྟར་གཟབ་ནན་བྱེད་བཞིན་པའི་གནས་ཤིག་ཡིན། དེའི་ནང་ལས་གནམ་སྒོའི་རྩི་ཚུལ་དང་དེའི་འབྲས་བུ་འཁོར་ཚུལ་ནི། གཅིག་གསུམ་མགྲོན་གྱི་གནམ་སྒོ་ཡིན། །མགྲོན་གྱི་གནམ་སྒོར་དོན་གཉེར་དང་། །མགྲོན་བྱས་ཁྱིམ་དེ་གུད་པར་འགྱུར། །གཉིས་གསུམ་ཚོང་གི་གནམ་སྒོ་ཡིན། །ཚོང་གི་གནམ་སྒོར་ཚོང་བྱས་ན། །ཚོང་ཉེས་གོད་ཁ་རྒྱུན་མི་ཆད། །གསུམ་གསུམ་བུ་ཡི་གནམ་སྒོ་ཡིན། །བུ་ཆུང་གནམ་སྒོར་བུ་བཙས་དང་། །སྒོ་ཁྲིད་བྱས་ན་བར་ཆད་འོང་། །བཞི་གསུམ་དམག་གི་གནམ་སྒོ་ཡིན། །དམག་གི་གནམ་སྒོར་དམག་དྲངས་ན། །གཡུལ་ཕམ་གཡུལ་ཉེས་ལེན་དགུ་བཟློས། །ལྔ་གསུམ་གཉེན་གྱི་གནམ་སྒོ་ཡིན། །གཉེན་གྱི་གནམ་སྒོར་གཉེན་བྱས་འགྲས། །སྟོན་མོ་བྱས་ན་སྟོན་བརླག་ཡོང་། །དྲུག་གསུམ་མཁར་གྱི་གནམ་སྒོ་ཡིན། །མཁར་གྱི་གནམ་སྒོར་མཁར་གྱི་ལས། །བྱས་ན་འཕྲུལ་དུ་གྱོད་ཡོང་ངོ་། །བདུན་གསུམ་བག་མའི་གནམ་སྒོ་ཡིན། །བག་མའི་གནམ་སྒོར་བག་མ་ཡི། །གཏོང་ལེན་བྱས་ན་ཡུགས་ས་འབབ། །བརྒྱད་གསུམ་དུར་གྱི་གནམ་སྒོ་ཡིན། །དུར་གྱི་གནམ་སྒོར་དུར་བཏབ་ན། །དུར་སྲི་བཏུད་ཅིང་ཐ་མར་འཕུང་། །དགུ་གསུམ་ཤིད་ཀྱི་གནམ་སྒོ་ཡིན། །ཤིད་ཀྱི་གནམ་སྒོར་ཤིད་སྟོན་དགེ །བྱས་ན་འཕྲུལ་དུ་གཤིན་ལས་འབབ། །བཅུ་གསུམ་སྐྱེ་ཡི་གནམ་སྒོ་ཡིན། །སྐྱེ་ཡི་གནམ་སྒོའི་དུས་སུ་ནི། །ལས་དང་བྱ་བ་ཅི་བྱས་

འཕུང་། །ཁྲིད་པར་སྤྱི་ཡི་མདུན་གྲོས་འཛོམ། །[1] ཞེས་པ་ལྟར་ཉིན་ལྟར་གནམ་སྐོའི་འཛོམ་བྱ་རེ་ཡོད་པ་མ་ཟད། ལོ་ཟླ་ཉིན་གསུམ་ནག་པོ་དང་མི་སོ་སོའི་སྐག་དང་གཟའ་སྐར་ངན་པར་ཡང་འཛོམ་པའི་སྒྲོལ་ཡོད་པ་དང་། དེ་མིན་རེ་གཟའ་ཉི་མ་དང་ཟླ་རེའི་བོད་ཚེས་༢. ༨. ༡༩. ༢༠. ༢༦བཅས་ལ་སྐར་མ་ཆུ་ཚོགས་འཁེལ་བའི་ཉིན་ཕྱོགས་ཐོན་བྱུས་ན་ལམ་བར་བདེ་བགྲོད་མི་ཡོང་བས་གེགས་བར་རྐྱེན་ངན་འཕྲད་རྒྱུར་མངོན་ནས་དེར་འཛོམས་པ་དང་། དེ་བཞིན་རེ་གཟའ་སྤེན་པ་དང་ཉི་མ་གཉིས་ལ་ཕུང་པོ་གཏོང་རྒྱུར་འཛོམས་པ་སོགས་མང་བ་དང་། ཟས་རིགས་ཀྱི་ངོས་ནས་བཤད་ནའང་། སྤྱིར་བོད་པ་རྣམས་ཤ་རིགས་ཟས་སུ་སྤྱོད་རྒྱུར་དགའ་ཞིང་དད་ནའང་ཟས་རིགས་ལ་དང་དོད་ཆེ་བའི་སྐྱེ་བོ་མང་པོས་ཉ་ཕག་སྒོང་གསུམ་སྟེ་ཉ་ཤ་དང་། ཕག་ཤ བྱ་སྒོང་བཅས་ཟ་རྒྱུར་འཛོམས་པ་དང་། བོད་པ་ཚང་མས་སེམས་ཅན་རྡིག་ལྡུམ་པ་རྟ་བོང་སོགས་དང་ཁྱི་དང་བྱི་ལ་སོགས་སྡེར་མོ་ཅན་ནམ་ཡ་སོ་ཅན་གྱི་གཅན་གཟན་རིགས་ཀྱི་ཤ་ཟ་བ་ནས་མི་ཟ་ལ། བུད་མེད་མང་ལ་ལྷན་མས་མཛོ་ཤ་དང་རི་བོང་གི་ཤ་ལ་འཛོམས་པ། སྤྱོད་དུ་རུང་བའི་ར་ལུག་དང་འབྲི་གཡག་གི་ཤ་དག་ཀྱང་ཉིན་ཤ་དང་དྲན་ཤ་ཟ་རྒྱུ་འཛོམ་སྤང་བྱ་བའི་ཡུལ་དུ་གྱུར་ཡོད། “དེ་དག་མི་ཟ་བའི་རྒྱུ་མཚན་ནི་སེམས་ཅན་དེ་ཚོའི་ལུས་ཐོག་ཏུ་འགྲོ་བ་མིའི་ལུས་ཁམས་དང་ཤེས་རིག་འཕེལ་རྒྱས་ལ་གནོད་པའི་སྲོག་ལྡན་འབུ་སྲིན་གཞན་དག་མང་པོ་གནས་ཡོད་པས་སྨན་རིགས་ཀྱི་ནུས་པ་འཛོམས་པ་དང་། ཤ་དེ་རིགས་ནི་བཙོག་པ་གྲིབ་ཅན་ཡིན་པར་བརྟེན་འགྲོ་བ་མིའི་རིགས་ཀྱི་ཤེས་རིག་ཡར་རྒྱས་ལ་གནོད་པར་རྩ་གི་ཡོད།”[2]

སྐད་ཆ་ནི་མི་དང་མི་དབར་བསམ་ཚུལ་སྤེལ་རེས་བྱེད་པའི་ལག་ཆ་ཁེར་

① 《རབ་བྱུང་བཅུ་བདུན་པའི་ཆུ་ལུག་ལོ་ཐོ་》ནང་གསལ།

② 《དུང་དཀར་ཚིག་མཛོད་ཆེན་མོ་》ཤོག་ངོས་༡༩༩༥ལ་གསལ།

གཅིག་དེ་ཡིན་ལ་མིའི་རིགས་སྲོག་ཆགས་གཞན་ལས་ཁྱད་དུ་འཕགས་པའི་རྟགས་མཚན་གཙོ་བོ་ཞིག་ཀྱང་ཡིན། མི་རྣམས་ཕན་ཚུན་སྐད་ཆ་བེད་སྤྱོད་ནས་བསམ་ཚུལ་སྤེལ་རེས་བྱེད་སྐབས། སྐད་ཆའི་ཚིག་སྦྱོར་སྔོན་མིན་དང་ཚིག་བཟང་ངན་ལ་བརྟེན་ནས་ཕ་རོལ་པོར་བདེ་སྡུག་གི་ཚོར་བ་འདྲ་མིན་སྣ་ཚོགས་སྐྱེ་བས་མི་ཕན་ཚུན་སྐད་ཆ་བཤད་སྐབས་དེའི་ཡུལ་དུས་ལ་བསྟུན་དགོས་པ་དང་། ཡུལ་དུས་ལ་གཞིགས་པའི་གཟབ་ནན་བྱ་དགོས་པའི་གནས་མང་པོ་ཡོད་པ་དང་། བོད་མི་རིགས་ནི་ལུས་ངག་གཉིས་ཀྱི་ཡ་རབས་གུས་ལུགས་ཀྱིས་ཕྱུག་ལ། ཁྱད་པར་ཞེ་སས་གཙོས་ངག་གི་གུས་ལུགས་ཏ་ཅང་ཕུན་སུམ་ཚོགས་པའི་མི་རིགས་ཤིག་ཡིན་པས། བོད་རིགས་ཕན་ཚུན་གླེང་མོལ་བྱེད་སྐབས་དོ་སྣང་བྱེད་དགོས་པའི་གནས་དེ་བས་མང་བ་དག་ང་ཚོས་བརྗོད་པའི་སྐད་ཆའི་སྐོར་གྱི་འཛེམ་བྱ་དང་དོན་མཚུངས་ཡིན། "འཛུམ་པའི་བཞིན་གྱི་མདངས་དང་ལྡན་པའི་ངང་ཚིག་འཇམ་ཞེ་ས་དང་བཅས་ཏེ་སྐད་ཆ་བཤད་ན་ཉན་པ་པོའི་ཡིད་ལ་བདེ་བའི་ཚོར་བ་སྐྱེ་ཞིང་སྤྲོ་བ་འཕེལ་བ་དང་། དེ་ལས་ལྡོག་སྟེ་བཞིན་བསྒྲུས་ཤིང་མ་གུས་པའི་ཚིག་བརྗོད་པ་ནི་ཉན་པ་པོའི་རྣ་བར་གཟན་ཅིང་ཡིད་ལ་མི་བདེ་བའི་ཚོར་བ་སྐྱེ་བའི་རྐྱེན་དུ་འགྱུར་བས་རྗོད་པ་པོ་རང་གི་གྲགས་པ་ཉམས་པའི་རྒྱུ་ཡིན།"① དེས་ན་བོད་དབུས་གཙང་ཁུལ་དུ་རང་ལས་ལོ་ན་རྒན་པ་རྣམས་དང་རང་དང་འདྲིས་ཚུང་བའི་མི་ལ་ཞེ་སའི་ཚིག་གིས་བཀུར་བ་ལས་དེ་ལས་ལྡོག་པའི་ཚིག་སྤྱོད་རྒྱུར་འཛེམས་པ་དང་། ཞེ་ས་བེད་སྤྱོད་ཐུབ་པའི་ནག་ཆུ་དང་། ཆབ་མདོ། མངའ་རིས་སོགས་ས་ཁུལ་དེ་དག་གི་དམངས་ཁྲོད་དུའང་རང་ལས་རྒན་པ་རྣམས་ཀྱི་མིང་ནས་ཐད་ཀར་འབོད་རྒྱུར་འཛེམས་ཏེ་གུས་ལུགས་མཚོན་ཆེད་དུ་ཁུལ་སོ་སོར་དར་བའི་རྒན

① བོད་ལྗོངས་མི་དམངས་དཔེ་སྐྲུན་ཁང་ནས་བསྐྲུན་པའི《ཞེ་སའི་ལག་དེབ་བློ་གསར་དགའ་སྟོན་》ཤོག་ངོས་༢པར་གསལ།

རབས་ཀྱི་འབོད་ཕྱོགས་ལྟར་མིང་གི་སྟོན་དུ་སྦྱར་སྲོལ་ཡོད། དེ་ཡང་དཔེར་ན། བགྲེས་སྐྱོང་ཚེ་གེ་མོ་སྐད་གཏོང་དགོས་ཚེ་དེའི་མིང་ནས་ཐད་ཀར་མ་ཐོས་པར་མངའ་རིས་ཁུལ་དུ་མེས་ཚེ་གེ་མོ་ཞེས་འབོད་པ་དང་། ནག་ཆུ་ཁུལ་དུ་ཨ་མྱེས་ཚེ་གེ་མོ། ཀོང་སྨད་དུ་ཨི་མི་ཚེ་གེ་མོ། ཆབ་མདོར་ཨ་ཡི་ཚེ་གེ་མོ། གཙང་ཁུལ་དུ་སྤོ་ལོ་ཚེ་གེ་མོའམ་ཨི་མི་ཚེ་གེ་མོ་བཅས་སུ་འབོད་སྲོལ་ཡོད། གཞན་ཡང་། ཚེ་ལས་འདས་པའི་སྐྱེ་བོ་ཞིག་གི་སྐོར་བཤད་དགོས་བྱུང་ཚེ། དེའི་མིང་ཐད་ཀར་འབོད་རྒྱུར་འཛེམས་ཏེ་མིང་གི་སྟོན་ནམ་མཇུག་ཏུ་གུས་ལུགས་མཚོན་པའི་ཚིག་རེ་སྦྱར་སྲོལ་ཡོད། དཔེར་ན། མིང་ལ་བཀྲ་ཤིས་ཟེར་བའི་སྐྱེ་བོ་ཞིག་གྲོངས་རྗེས་ཁོང་གི་སྐོར་ཤོད་དགོས་བྱུང་ཚེ། བཀྲ་ཤིས་དམ་པ་དེ། བཀྲ་ཤིས་གྲོངས་མཁན་དེ། བཀྲ་ཤིས་འདས་པོ་དེ་ཞེས་འབོད་སྲོལ་ཡོད་པ་དང་། འགའ་རེས་ཨོཾ་མ་ཎི་པད་མེ་ཧཱུྃ་ཞེས་མ་ཎི་ཡིག་དྲུག་ངག་ནས་བཏོན་རྗེས་གཞི་ནས་བཀྲ་ཤིས་གྲོངས་མཁན་དེ་ཞེས་འབོད་སྲོལ་ཡོད་ལ་གལ་སྲིད་ཉེ་དུས་གྲོངས་པ་ཡིན་ཚེ། གྲོངས་མཁན་དེའམ་འདས་པོ་དེའམ་ཡང་ན་གཤེགས་མཁན་དེ་ཞེས་འབོད་པ་ལས་མཚན་མི་འབོད་མཁན་ཡང་ཡོད།

གསུམ་པ། འཛེམ་བྱའི་ཕན་ནུས་སྐོར།

མིའི་རིགས་ཀྱི་སྤྱི་ཚོགས་ཀྱི་རིག་གནས་གང་འདྲ་ཞིག་ཡིན་རུང་དེའི་བྱུང་རྐྱེན་དང་གྲུབ་ཚུལ་ནི་སྤྱི་ཚོགས་ཀྱི་ལོ་རྒྱུས་ངེས་ཅན་ཞིག་གི་ཆབ་སྲིད་དང་དཔལ་འབྱོར་གྱི་རྨང་གཞིའི་ཐོག་གྲུབ་པ་ཡིན་པས། སྤྱི་ཚོགས་འཚོ་བ་མེད་ན་ཁྲ་ཁྲ་རིག་རིག་གི་རིག་གནས་སྣང་ཚུལ་དེའང་ཡོང་མི་སྲིད་པ་དང་། རིག་གནས་ཀྱི་རིགས་མཐའ་དག་སྤྱི་ཚོགས་ཀྱི་དགོས་མཁོ་ངེས་ཅན་དང་བསྟུན་ནས་ཆགས་གྲུབ་བྱུང་བ་ཡིན་པས། རིག་གནས་དེས་ཀྱང་ཕྱིར་སྤྱི་ཚོགས་ལ་ནུས་པ་ཐོན་གྱི་ཡོད། སྤྱི་

ཚོགས་ལ་ནུས་པ་གང་ཡང་འདོན་མི་ནུས་པའི་རིག་གནས་སྣང་ཚུལ་ཞིག་བྱུང་རྐྱེན་མེད་ལ་ཆགས་གནས་ཀྱང་ཐུབ་དཀའ་བ་ཞིག་ཡིན། མིའི་རིགས་ཀྱི་གཏམ་སྤྱོད་ལ་བཀག་རྒྱ་ཚོད་འཛིན་བྱེད་ཆེད་དུ་འཁྲུངས་པའི་འཛེམ་བྱའི་སྣང་ཚུལ་ཡང་དེ་ལྟར་ཡིན།

མི་རྣམས་ཀྱི་བྱ་སྤྱོད་ཐུན་མོང་གི་ཁེ་ཕན་དང་མཐུན་པའི་ཚུལ་ལྡན་ཅན་ལ་འགྱུར་དགོས་ན་ཁྲིམས་ལུགས་དང་། དམངས་སྲོལ་ཁྲོད་ཀྱི་འཛེམ་བྱ་ལ་བརྟེན་དགོས། ཧྥབས་ཆེན་གྱི་སློབ་དཔོན་ཨེན་ཀེ་སིས《སྤོད་ཁང་གི་གནད་དོན་སྐོར་གླེང་བ》ཞེས་པའི་གསུང་རྩོམ་ནང་། སྤྱི་ཚོགས་འཕེལ་རྒྱས་ཀྱི་དུས་རིམ་ཆེས་སྔ་བ་ཞིག་གི་ནང་ཉིན་ལྟར་ཐོན་སྐྱེད་དང་། བགོ་བཤའ། དངོས་ཟོག་བརྗེ་ཚོང་བྱེད་པའི་བྱ་སྤྱོད་རྣམས་ཐུན་མོང་གི་སྒྲིག་ལམ་ཞིག་ཏུ་གཅིག་གྱུར་བྱས་ཏེ་མི་སྒེར་གྱིས་ཐོན་སྐྱེད་དང་བརྗེ་ཚོང་གི་ཆ་རྐྱེན་དང་བསྟུན་ཐབས་བྱེད་དགོས་པའི་དགོས་མཁོ་ཐོན་པ་ལྟར་སྒྲིག་ལམ་དེ་ཐོག་མར་གོམས་གཤིས་ཀྱི་རྣམ་པས་མངོན་པ་དང་རྗེས་སུ་རིམ་གྱིས་ཁྲིམས་ལུགས་སུ་གྱུར་བ་རེད་ཅེས་གསུངས་ཡོད། ཨེན་ཀེ་སིས་འདིར་གསུངས་པའི་གོམས་གཤིས་ནི་གདོད་མའི་དཔལ་འབྱོར་དམངས་སྲོལ་ཁྲོད་ཀྱི་འཛེམ་བྱ་ལ་གོ་བ་ཡིན། དེ་ལྟར་ཁྲིམས་ལུགས་མ་དར་གོང་དུ་མིའི་གཏམ་སྤྱོད་གང་ཞིག་བྱ་རུང་དང་མི་རུང་གི་སྤང་བླང་རྣམས་འཛེམ་བྱའི་རྣམ་པའི་ཐོག་ནས་ཚོད་འཛིན་བྱེད་ཀྱི་ཡོད་པ་དང་། ཕ་ན་ཁྲིམས་ལུགས་དར་བའི་རྗེས་སུའང་འཛེམ་བྱ་དང་ཁྲིམས་ལུགས་གཉིས་ཀས་མཉམ་དུ་མིའི་ཀུན་སྤྱོད་ལ་ཚོད་འཛིན་བྱེད་ཀྱི་ཡོད་པ་ནི་དོན་དངོས་སྤྱི་ཚོགས་ལས་མངོན་ཐུབ་ཀྱི་ཡོད། འཛེམ་བྱ་དང་ཁྲིམས་ལུགས་ཏེ་མིའི་བྱ་སྤྱོད་ལ་ཚོད་འཛིན་བྱེད་ཆེད་ཀྱི་བཀག་རྒྱའི་རང་བཞིན་ལྡན་པའི་བྱ་ཐབས་རྣམ་པ་མི་འདྲ་བ་གཉིས་བསྡུར་ནས་བལྟས་ན། སྤྱིར་འཛེམ་བྱ་ནི་བྱུང་དུས་ཆེས་སྔ་ཡང་ཚོར་སྣང་རང་བཞིན་གྱིས་ཕྱུག་པས་ནུས་མཐུ་ཟེ་ཞན་

དུ་འགྲོ་བ་དང་། ཁྲིམས་སྲོལ་ནི་འཛམ་བུའི་རྗེས་གྲུབ་ཀྱི་ཚུལ་དུ་སྣང་ཡང་རྗེས་དཔག་རང་བཞིན་དང་ལྡན་པས་འཕྲུས་སྔོ་རེ་ཚང་དུ་འགྲོ་ཡི་ཡོད། ཁྲིམས་ལུགས་ནི་བཙན་ཐབས་ཤིག་ཡིན་པས་དེའི་ནུས་པ་དྲག་ཤུགས་ཆེ་བ་དང་ཐད་ཀའི་ནུས་པ་འདོན་སྤེལ་ཐུབ་པ་ཞིག་ཡིན་པ་དང་། འཛམ་བུ་ནི་རང་རྟོགས་རང་མོས་དང་ལག་བསྟར་བྱེད་པ་ཞིག་ཡིན་པས་དེའི་ནུས་པར་དེ་ཙམ་གྱི་དྲག་ཤུགས་མེད་རུང་ཁབས་རྒྱ་ཆེ་ཞིང་མི་སེམས་ལ་སེམ་འཛུལ་ཐུབ་པ་ཞིག་ཡིན། དེ་ཡང་གནོད་མའི་སྐྱེ་ཚོགས་ནང་ཡིག་ཐོག་ཏུ་འཁོད་པའི་ཁྲིམས་ལུགས་མེད་སྐབས་མིའི་བྱ་སྤྱོད་ལ་མཛུབ་སྟོན་དང་ཚོད་འཛིན་བྱེད་ཐབས་ནི་དམངས་ཀྱི་གོམས་པའི་ལུགས་སྲུ་མཆིས་པའི་འཛམ་བུ་ལས་མེད་ལ། དེས་སྐབས་དེ་དུས་ཀྱི་སྤྱི་ཚོགས་ནང་ཁྲིམས་ལུགས་ལྟར་གྱི་ནུས་པ་ཐོན་ནས་མི་དང་མིའི་དབར། ཚོ་པ་དང་ཚོ་པའི་དབར། མི་དང་སྤྱི་ཚོགས་ཀྱི་དབར། མི་དང་རང་བྱུང་ཁམས་དབར་གྱི་འབྲེལ་བར་མཐུན་སྒྲིག་བྱེད་པ་དང་། སྐབས་དེ་དུས་བལྟས་ན་མི་དང་། སྤྱི་ཚོགས། རང་བྱུང་ཁམས་ལ་གནོད་འཚེའི་ཉེན་ཁ་དང་། ཕན་མེད་ཀྱི་མཇུག་འབྲས་ཐོན་བཟོ་ཡོད་པའི་བྱ་སྤྱོད་རྣམས་ཚོད་འཛིན་དང་བཀག་འགོག་བྱེད་ཐུབ་ཀྱི་ཡོད། དོན་འདིའི་ཐད་ནས་བཤད་ན་འཛམ་བུ་ནི་སྣ་མོའི་ཡིག་ཐོག་ཏུ་མ་འཁོད་པའི་དམིགས་བསལ་གྱི་ཁྲིམས་ལུགས་ཤིག་ཡིན་ཞེས་བརྗོད་ཆོག་ལ། ཁྲིམས་ལུགས་འཕེལ་རྒྱས་འགྲོ་བའི་ལོ་རྒྱུས་ཀྱི་ཁུངས་དེད་ན་འཛམ་བུ་ནི་ཁྲིམས་ཀྱི་མ་ཡུམ་ཡིན་པའང་མངོན་གསལ་ཡིན། ང་ཚོས་བོད་ཀྱི་ལོ་རྒྱུས་ལ་ཕྱིར་བལྟས་ཤིག་བྱས་ཚེ། བཙན་པོ་སྲོང་བཙན་སྒམ་པོས་བོད་ཀྱི་རྒྱལ་ཕྲན་སིལ་མ་རྣམས་དབང་དུ་བསྡུས་ཏེ་བོད་གཅིག་གྱུར་གྱི་བཙན་པོའི་རྒྱལ་རབས་དང་། གཅིག་གྱུར་གྱི་སྒྲིག་གཞི། གཅིག་གྱུར་གྱི་ཁྲིམས་སྲོལ་གཏན་འབེབས་གནང་བ་དེ་བོད་གཅིག་གྱུར་སྤྱི་ཚོགས་ཀྱི་ཐོག་མའི་ཁྲིམས་ལུགས་ལ་ངེས་བཟུང་བྱས་ཆོག་པ་དང་། ཁྲིམས་ལུགས་དེ་ཉིད་གཏན་ལ་

ཕབ་པའི་དུས་སྐབས་བཙན་སྐམ་པོས་བོད་གཅིག་གྱུར་མ་བཟོས་གོང་ཐོར་བུར་གནས་པའི་སྐབས་ཀྱི་ཁྲིམས་སྲོལ་རྣམས་དཔྱད་གཞི་མཛད་པ་དང་། ཁྱད་པར་སྐབས་དེའི་དམངས་ཁྲོད་དངོས་ཡོད་འཚོ་བའི་ནང་གི་ལེགས་ཉེས་བླང་དོར་སྟོན་པའི་འཛོམ་བུའི་རྣམ་གྲངས་སྣ་ཚོགས་ཡོད་པ་རྣམས་གཞིར་བཟུང་ནས་ཁྲིམས་གཏན་འབེབས་གནང་ཡོད། དེའི་རྒྱུ་མཚན་ནི་གཅིག་ནས་ཁྲིམས་སྲོལ་དེ་ཉིད་གཏན་འབེབས་མཛད་པའི་བརྒྱུད་རིམ་ནང་རྒྱལ་བློན་རྣམ་པས་དམངས་ཁྲོད་དུ་སྤྱང་གྲུང་འཛོམས་ལ་རིག་པ་རྣོ་བའི་དར་རྒྱལ་མང་པོ་རྗེ་དང་། ཡོན་ཏན་གྱིས་ཕྱུག་པའི་མཆིམས་མང་བཞེར་བཙན་ནས་ཕོད་ཇི་ལྟར་ཉམས་ལུགས་བཀའ་འདྲི་ཞུས་པའི་ལོ་རྒྱུས་སྒྲུང་གཏམ་བོད་ཀྱི་རྒྱལ་རབས་དེབ་ཐེར་རྣམས་སུ་གསལ་ལེར་འཁོད་ཡོད་ལ། ཁྲིམས་དེ་ནི་རྒྱལ་བློན་འབངས་གསུམ་ཐུན་མོང་གི་བསམ་འདུན་ལ་གཞིགས་ནས་གཏན་འབེབས་གནང་བ་མཚོན་པ་དང་། གཉིས་ནས་ཁྲིམས་དེར་"རྒྱལ་ཁམས་དཔེར་བླངས་ཀྱི་ཁྲིམས་"ཞེས་མིང་དུ་བཏགས་པའི་ཐོག་ནས་བཙན་པོ་རྒྱལ་བློན་རྣམས་ཀྱིས་སྐབས་དེའི་སྤྱི་ཚོགས་ཀྱི་དངོས་ཡོད་གནས་ཚུལ་ཆེ་ཕྲ་སྣ་ཚོགས་ལ་རྟོག་དཔྱོད་ཞིབ་མོ་མཛད་པ་དང་། མངའ་འབངས་ཁྲོད་ཡོངས་ཁྱབ་ཏུ་དར་བའི་འཛོམ་བུ་སོགས་མིའི་བྱ་སྤྱོད་ལ་ཚོད་འཛིན་བྱེད་པའི་བཀག་རྒྱ་སྣ་ཚོགས་དཔེར་བླངས་ཐོག་གཏན་འབེབས་གནང་ཚུལ་གསོན་ཉམས་དོད་པོས་མཚོན་ཡོད། གསུམ་ནས་ཁྲིམས་དེའི་ནང་དོན་གྱི་ཐོག་ནས་བལྟས་ན་འང་བྱ་བར་འོས་དང་མི་འོས་སྟོན་པ་སྟེ་ལེགས་པའི་ཕྱོགས་སུ་མཐུད་རྒྱུན་འཁྱོངས་འཕེལ་རྒྱས་གཏོང་དགོས་པ་དང་། ཉེས་པའི་ཕྱོགས་དངོས་ཤུགས་གཉིས་ནས་བཀག་འགོག་ཇི་ལྟར་བྱེད་དགོས་ལུགས་བསྟན་ཡོད་པའང་ནང་དོན་འགའ་རེ་ཁྲིམས་ལུགས་དངོས་ཡིན་པ་དང་། འགའ་རེ་ཉེས་ཁྲིམས་སུ་མི་གཏོགས། དཔེར་ན་རྒྱལ་ཁམས་དཔེར་བླངས་ཀྱི་ཁྲིམས་ཀྱི་དོན་ཚན་ཁྲིམས་ཆེན་ལྔ་ལ་ཆ་མཚོན་ན་"སྲོག་མི་གཅོད་

པའི་ཁྲིམས་གཞིན་སྟོང་དང་གསོན་སྟོང་། མ་བྱིན་པར་མི་ལེན་པའི་ཁྲིམས་དཀོན་མཆོག་གི་ནོར་བརྐུས་ན་བརྒྱ་འཇལ་རྒྱལ་པོའི་ནོར་ལ་བརྒྱད་བཅུ་འཇལ་འབངས་ཀྱི་ནོར་ལ་བརྒྱད་འཇལ་དུ་བཅས། ལོག་པར་མི་གཡེམ་པའི་ཁྲིམས་སྨད་འཇལ་དང་བྱེ་ཆད་”①བཅས་མི་གསོད་དང་། ཀུན་མ། ལོག་གཡེམ་གྱི་ཉེས་ཁྲིམས་རྣམས་ཁྲིམས་ལུགས་དངོས་ཡིན་པ་དང་། “བརྫུན་སྤོང་བའི་ཁྲིམས་ལྷ་སྲུང་དཔང་དུ་བྱས་ནས་མནའ་སྤོབ་པའི་”②ཞལ་ལྕེ་ནི་“གཙོ་བོར་ཉེས་ཅན་ནས། ཀྲོད་གཞི་བྱུང་སྐབས་ཀྲོད་ཡ་ཕན་ཚུན་ནས་ཁྲིམས་སར་རྒྱུ་རྐྱེན་གང་ཡིན་ཇི་མ་ཇི་བཞིན་ཤོད་དགོས་པ་ལས་ནག་ཉེས་ངོས་ལེན་མི་བྱེད་པའམ། ཡང་ན་ཧམ་བསྙོན་གྱིས་ཁྲིམས་ལས་ཐར་ཐབས་རིགས་བྱས་ན་རང་རང་སོ་སོའི་ལྷ་སྲུང་དཔང་པོར་བཞག་སྟེ་མནའ་སྐྱེལ་དུ་འཇུག་དགོས་པ་དེ་ལ་དུས་ཕྱིས་བསྙོན་ཧམ་མནའ་དག་གི་ཞལ་ལྕེ་”③ཞེས་གྲགས་པ་དེ་ཡིན། དེ་ནི་ཉེས་དོན་དབྱེ་འབྱེད་སྐབས་ཀྱི་ཐབས་ཤེས་ཞིག་ལས་ཉེས་ཁྲིམས་ཞིག་ཡིན་པར་ངོས་འཛིན་མི་རུང་ལ། དེ་ནི་བོད་པ་རྣམས་ནམ་རྒྱུན་མནའ་ཟ་བར་འཛེམས་པའི་སྲོལ་རྒྱུན་གྱི་རྨང་གཞིའི་ཐོག་གྲུབ་པ་མངོན་གསལ་ཆེ། “ཆང་ལ་ཆོད་ཟིན་”④དགོས་པའི་ཁྲིམས་ནི། གཙོ་བོ་སངས་རྒྱས་ཆོས་ལུགས་ནང་ཆང་ནི་ཉེས་པ་ཀུན་གྱི་རྩ་བ་ཡིན་ཞེས་སྤྱང་བྱར་གསུངས་པ་དང་རྗེས་སུ་མཐུན་པར་བྱས་པའམ་ནམ་རྒྱུན་ཆང་ཚོད་བཀལ་བཀུང་རྗེས་ཙ་ཙོ་

① དཔའ་བོ་གཙུག་ལག་ཕྲེང་བས་མཛད་པའི་《ཆོས་འབྱུང་མཁས་པའི་དགའ་སྟོན་》སྟོད་ཆའི་ནང་གསལ། མི་རིགས་དཔེ་སྐྲུན་ཁང་ནས་༡༩༨༥ལོར་བསྐྲུན།

② དཔའ་བོ་གཙུག་ལག་ཕྲེང་བས་མཛད་པའི་《ཆོས་འབྱུང་མཁས་པའི་དགའ་སྟོན་》སྟོད་ཆའི་ནང་གསལ། མི་རིགས་དཔེ་སྐྲུན་ཁང་ནས་༡༩༨༥ལོར་བསྐྲུན།

③ ཚབ་སྤྲེལ་ཚེ་བརྟན་ཕུན་ཚོགས་དང་ནོར་བྲང་ཨོ་རྒྱན་ནས་རྩོམ་སྒྲིག་གནང་བའི་《བོད་ཀྱི་ལོ་རྒྱུས་རགས་རིམ་གཡུ་ཡི་ཕྲེང་བ་》སྟོད་ཆ་ཤོག་ངོས་༡༩༠ནང་གསལ། བོད་ལྗོངས་བོད་ཡིག་དཔེ་རྙིང་དཔེ་སྐྲུན་ཁང་ནས་༡༩༨༩ལོར་བསྐྲུན།

④ 《ཆོས་འབྱུང་མཁས་པའི་དགའ་སྟོན་》སྟོད་ཆའི་ནང་གསལ།

འཕེལ་ལ་སེམས་རྣལ་དུ་ཕབ་མི་ཐུབ་པས། ཆང་དེ་གྱོད་དང་ཁ་མཆུ་འདྲེན་པའི་ཕོ་ཉར་མཐོང་ནས་བག་མེད་སྤྱོད་རྒྱུར་འཛེམ་ཟོན་དགོས་ལུགས་ཀྱི་བཀག་རྒྱ་གནང་བ་ཙམ་ལས་ཆང་ཚོད་མེད་བཏུང་ན་ཉེས་པ་འདི་ཡོད་ཅེས་ཞིབ་ཕྲ་མེད་པ་བཅས་དང་། ཡང་དཔེར་ན་ཁྲིམས་དེའི་དོན་ཚན་མི་མཐར་བ་གསུམ་སྟེ་“ལུས་སྐྱིད་པ་མ་མཐར་བ་ན། འཕྲུལ་ཕྱུགས་གཉིས་གར་ལ་ཡོགས་ཐེག རང་གི་མཆན་གྱི་བུ་མཐར་ན། ཕྱི་རོལ་དགྲས་ཀྱང་ཞེ་ཁ་འབྱེད། བཟའ་གྲོགས་མཐར་ན་ཕྱི་ནང་གི་ ཚུས་དང་སོ་ནམ་ཡལ་བར་འཚོར།”① ཞེས་པ་ལྟ་བུ་ནི་ཕ་མ་བུ་ཕྲུག་བཟའ་གྲོགས་ལ་ཞེ་ཁྲེལ་བའི་རྒྱུ་མཐར་གཙོད་གཏོང་མི་ཏུང་བའི་འཛེམ་བྱ་ལས་བྱུང་བ་མངོན་གསལ་དོད་པའང་ལས་ངན་པ་ག་གེ་མོ་བྱས་ན་འབྲས་བུ་ངན་པ་ཆེ་གེ་མོ་འཁོར་ཡོང་ཟེར་བའི་འཛེམ་བྱའི་ཁྱད་ཆོས་གསལ་པོ་ལྡན་པས་སོ། གོང་དུ་དྲངས་པའི་དཔེ་མཚོན་དེ་རྣམས་ལས་བོད་ཀྱི་ཆེས་ཐོག་མའི་ཁྲིམས་སྲོལ་དག་ཉེས་ཁྲིམས་དང་འཛེམ་བྱའི་ནང་དོན་ཟུང་དུ་ལྡན་པའི་མིའི་བྱ་སྤྱོད་ཚོད་འཛིན་བཀག་རྒྱ་བྱེད་པའི་ཐབས་ལམ་ཞིག་ཡིན་ལ། ཁྲིམས་སྲོལ་དེ་གཏན་འབེབས་བྱས་རྗེས་དེའི་ཁྲིམས་ཆེན་ལྔ་དང་མི་ཆོས་གཙང་མ་བཅུ་དྲུག་སོགས་ཀྱི་ནང་དོན་ནང་སྟར་ཡོད་འཛེམ་བྱ་མང་པོ་ཞིག་ཡོད་རིགས་རྣམས་ཀྱི་སྐྱེ་སྟོབས་སྲ་བརྟན་བྱུང་ལ་བྱེད་ནུས་ཇེ་ཆེར་འཕེལ་ཡོད་པའང་མངོན་གསལ་ཆེ། བརྒྱ་བཤད་བརྒྱ་ལ་བཤད་ཀྱང་ཡོས་ལ་བབ་རྒྱུ་རྩམ་པའི་དཔེ་ལྟར་འཛེམ་བྱ་དང་ཁྲིམས་ལུགས་ཀྱི་མ་བུའི་འབྲེལ་བ་ནན་བཤད་བྱེད་དོན་ནི་འཛེམ་བྱས་ཁྲིམས་ལུགས་ཆགས་དར་ཡོང་རྒྱུར་ཐོན་པའི་དེའི་ལོ་རྒྱུས་ཀྱི་ཕན་ནུས་སམ་བྱས་རྗེས་གླེང་ཁྱུལ་ལགས་སོ། །

ཁྲིམས་ལུགས་དར་བའི་རྗེས་སུ་སྤྱིར་ན་སྤྱི་ཚོགས་དང་རང་བྱུང་ཁམས་ལ་

① 《ཆོས་འབྱུང་མཁས་པའི་དགའ་སྟོན་》སྟོད་ཆའི་ནང་གསལ།

གནོད་འཚེའི་ཉེན་ཁ་ཆེ་རིགས་ཀྱི་བྱ་སྤྱོད་རྣམས་རྒྱལ་ཁབ་ཁྲིམས་ལུགས་ཀྱི་རྣམ་པའི་ཐོག་ནས་བཀག་འགོག་བྱེད་ཀྱི་ཡོད་རུང་། ད་ལྟའི་བར་རྒྱལ་ཁབ་སོ་སོའི་ཁྲིམས་སྲོལ་འཛུགས་སྐྱུན་དེ་འཕྲུས་སྐྱོ་ཡོངས་སུ་ཚང་བ་ཞིག་མེད་པའི་སྐབས་ཀྱིས་མིའི་བྱ་སྤྱོད་ཡོད་དགུ་ལ་ཁྲིམས་ཀྱིས་ཚོད་འཛིན་བྱེད་མ་ཐུབ་པར། ད་དུང་དམངས་ཁྲོད་ཀྱི་འཛེམ་བྱ་དང་ཁྲིམས་ལུགས་གཉིས་ཀས་མཉམ་དུ་མིའི་བྱ་སྤྱོད་ལ་ཚོད་འཛིན་བྱེད་ཀྱི་ཡོད་པའི་དོན་དངོས་གནས་ཚུལ་ནི་འཛམ་གླིང་མི་རིགས་ཚང་མའི་དམངས་ཁྲོད་དུ་ས་ཁྱབ་རྡོ་ཁྱབ་ཡིན་ལ། སྐབས་འགར་རྒྱལ་ཁབ་ཀྱི་ཁྲིམས་ལུགས་ལས་དམངས་ཁྲོད་འཛེམ་བྱའི་བྱེད་ནུས་ཆེ་བ་ཐོན་པའི་གནས་ཚུལ་ཡང་སྤྱི་ཚོགས་འཚོ་བའི་ནང་རྒྱུན་དུ་ཀུན་གྱིས་མིག་མཐོང་ལག་ཟིན་ཐུབ་ངུས་ཡིན། དེའི་རྒྱུ་མཚན་ཡང་འཛེམ་བྱ་ནི་དུས་རྒྱུན་དུ་ཀུན་གྱི་འཚོ་བའི་ཁྲོད་དུ་གནས་ཤིང་། མ་སྐྱེལ་རང་ཤུགས་སུ་མི་ཀུན་གྱིས་ངེས་པར་དང་ལེན་བྱ་དགོས་པའི་རིག་གནས་སྣང་ཚུལ་ཞིག་ཡིན་ལ། ཁྱད་པར་སྤྱི་ཚོགས་འཚོ་བའི་ཕྱོགས་གང་ས་ཅི་ཐད་ལ་འཛེམ་བྱའི་རྣམ་གྲངས་མ་ཁྱབ་པ་མེད། འཛེམ་བྱའི་རིག་གནས་དེས་མི་ཀུན་གྱི་འཚོ་བ་ལ་ཚོར་མེད་བསམ་མེད་ངང་ཚོད་འཛིན་བྱེད་པ་དང་། མི་ཚོས་ཀྱང་རང་རྟོགས་ཀྱིས་འཛེམ་བྱ་རྣམས་བརྩི་སྲུང་བྱེད་ཀྱི་ཡོད། ནམ་རྒྱུན་འཚོ་བའི་ཁྲོད་ལུགས་སྲོལ་དང་འགལ་བའི་བྱ་སྤྱོད་བསྒྲུབ་རྒྱུར་ཤིན་ཏུ་འཛེམ་ཞིང་། ལུགས་སྲོལ་ལས་འགལ་བའི་བྱ་སྤྱོད་བསྒྲུབས་ན་སྤྱི་ཚོགས་ཀྱི་ལྟ་སྟངས་ངན་པ་དང་ཁ་ངན་ཚིག་ངན་ཐོག་རྒྱུ་མ་ཟད། བཀྲ་མི་ཤིས་པའི་ལྟས་ངན་དང་མཇུག་འབྲས་ངན་པ་འཕོར་བའི་རྒྱུ་རྐྱེན་ཡང་ཡོད། དེའི་ཤུགས་སུ་མི་ཚོས་ཀུན་གྱིས་ཁས་ལེན་བརྩི་སྲུང་བྱེད་པའི་འཛེམ་བྱ་སྣ་ཚོགས་རྒྱུན་སྲུང་བྱེད་ཀྱི་ཡོད་ལ་དེས་སྤྱི་ཚོགས་དང་རང་བྱུང་ཁམས་སྲུང་སྐྱོབ་བྱ་རྒྱུར་ནུས་པ་ཆེན་པོ་འདོན་བཞིན་ཡོད།

འཛེམ་བྱར་གཅིག་ནས་མི་དང་རང་བྱུང་ཁམས་དབར་གྱི་འབྲེལ་བ་མཐུན་

སྒྱུར་བྱེད་ཐུབ་པའི་ནུས་པ་ལྡན་ཡོད། དེ་ཡང་རང་བྱུང་ཁམས་ནི་མི་དང་མི་ལས་གྲུབ་པའི་སྤྱི་ཚོགས་དག་ཆགས་གནས་ཐུབ་པའི་སྔོན་འགྲོའི་ཆ་རྐྱེན་དེ་ཡིན་ལ། དུས་མཚུངས་སུ་རང་བྱུང་ཁམས་དེ་ཉིད་ཀྱང་འགྲོ་བ་མིའི་རིགས་ཀྱིས་བསྒྱུར་བཅོས་བྱེད་བཞིན་ཡོད། དེ་ལྟ་བུའི་འགྲོ་བ་མིའི་རིགས་དང་རང་བྱུང་ཁམས་དབར་གཅིག་ལ་གཅིག་བརྟེན་གྱི་འབྲེལ་བ་ཡོད་པའི་དབང་གིས་རང་བྱུང་ཁམས་དང་འབྲེལ་གཏུག་བྱེད་པའི་བརྒྱུད་རིམ་ནང་མིའི་བྱ་སྤྱོད་ཐད་ལ་བྱ་རུང་དང་མི་རུང་གི་འཛེམ་བྱའི་རྣམ་གྲངས་སྣ་ཚོགས་ཐོན་པ་མ་ཟད། དེ་ཉིད་མིའི་རིགས་རང་བྱུང་ཁམས་དང་འབྲེལ་གཏུག་བྱེད་པའི་ཐབས་ལམ་ཞིག་ཏུ་གྱུར་ཡོད། འཛེམ་བྱའི་རྣམ་གྲངས་དེ་དག་གིས་མིའི་རིགས་རང་བྱུང་ཁམས་དང་འཕྲོད་ཐུབ་པ་དང་། རང་བྱུང་ཁམས་དེ་ཉིད་ཀྱང་འགྲོ་བ་མིའི་རིགས་ཀྱིས་བེད་སྤྱོད་ཐུབ་ལ་སྲུང་སྐྱོབ་ཀྱང་ཐུབ་ནས་རང་བྱུང་ཁམས་ཀྱིས་མིའི་རིགས་ལ་ཞབས་འདེགས་ཞུ་བའི་ནུས་པ་ཐོན་རྒྱུར་ཕན་ཐོགས་ཆེན་པོ་ཡོད། དཔེར་ན། བོད་ཀྱི་དམངས་ཁྲོད་འཛེམ་བྱའི་ཁྲོད་དུ་དབྱར་དུས་སུ་རྩྭ་རྩི་ཤིང་གཅོད་འབྲིག་འབལ་གསུམ་བྱས་ན་ལོ་ཏོག་ལ་སེར་བ་འདྲེན་པའི་ཕོ་ཉར་བརྩིས་ནས་དེ་རིགས་བྱེད་མི་ཆོག་པ་དང་། མངལ་འཁོར་བའི་ཕྱུགས་རིགས་དང་གཅན་གཟན་རི་དྭགས་བསད་ན་སྡིག་པ་ཉེས་བརྩེགས་སུ་མཐོང་ནས་དེར་འཛེམ་ཟློན་བྱེད་པ། ཆུ་མགོ་དང་ཆུ་མིག་ནང་སྐྲ་འབྲུས་ན་སྐྲ་སྙིགས་ཆུ་ནང་ལུས་ནས་འབུ་ལ་འགྱུར་འགྲོ་བར་ངོས་འཛིན་ལ་དེ་སྡིག་པའི་རྒྱུ་རུ་མཐོང་ནས་དེར་འཛེམ་པ། ཆུ་ནང་བཙོག་གཙིན་བཏང་ན་ཀླུབ་ལ་པགས་ནད་ཤུ་བ་དོན་ཡོང་ཟེར་ནས་ཆུ་ནང་བཙོག་གཙིན་གཏོང་མི་རུང་བར་འཛིན་པ་ལ་སོགས་འཛེམ་བྱའི་རིགས་དེ་རྣམས་ལ་ཆོས་ལུགས་དང་ཐ་ན་རྨོངས་དད་ཀྱི་ཁྲོད་ཆོས་མདོག་གསལ་ཆེ་རུང་། དོན་དངོས་ཐོག་སྤྱི་ཚོགས་འཚོ་བའི་ནང་རང་བྱུང་ཁམས་སྲུང་སྐྱོབ་བྱ་རྒྱུར་ཕན་ནུས་ཆེན་པོ་ཐོན་ཡོད།

གཉིས་ནས་མི་དང་སྤྱི་ཚོགས་དབར་གྱི་འབྲེལ་བ་མཐུན་སྒྲུར་དང་ཐུན་མོང་གི་སྒྲིག་ལམ་སྲུང་སྐྱོང་བྱ་རྒྱུར་ཕན་ནུས་ཆེ། སྤྱི་ཚོགས་ནི་མི་ལས་གྲུབ་པའི་མིའི་རིགས་ཀྱི་སྤྱི་ཚོགས་ཤིག་ཡིན་པ་དང་། མི་ནི་ཆེས་མིང་དོན་མཚུངས་པའི་སྤྱི་ཚོགས་ཀྱི་སྲོག་ཆགས་ཤིག་ཡིན། དེ་ལྟར་མི་རྣམས་སྤྱི་ཚོགས་ཀྱི་སྲོག་ཆགས་ཆགས་དོན་ནི་མིའི་རིགས་ལ་སྲོག་ཆགས་གཞན་དང་མི་འདྲ་བའི་མིའི་རིགས་རང་ཉིད་ཀྱིས་གསར་སྐྲུན་བྱས་པའི་རིག་གནས་སྣ་ཚོགས་ཡོད་པས་ཡིན། འཛོམ་བུ་ནི་རིག་གནས་དེའི་གྲུབ་ཆ་འགངས་ཆེ་ཞིག་ཡིན་པ་མ་ཟད། མི་སྡེར་གྱི་བྱ་སྤྱོད་རྣམས་ཁོར་ཡུག་གི་སྤྱི་ཚོགས་དང་མཐུན་ཐབས་བྱེད་པའི་རིག་གནས་ཤིག་ཡིན། དཔེར་ན་བོད་ཀྱི་འཛོམ་བུའི་ཁྲོད་ཁྲིམ་མཆོས་ལ་མི་ཤི་སྐྱོན་ཆག་བྱུང་ན་རྟེན་འབྲེལ་གྱི་བྱེད་སྒོ་སྤེལ་མི་རུང་བ་དང་། གཞས་དང་ཞབས་བྲོར་མི་འཇུག་པ། སྐད་ཤུགས་ཆེན་པོས་སྐད་ཆ་བཤད་མི་ཚོག་པ། ཐ་ན་"གྲོང་པའི་བ་ཤི་ཡང་མྱ་ངན་ཞག་གསུམ་ཞུ" ཞེས་པ་ལྟར་ཁྲིམ་མཆོས་ལ་ཆག་སྒོ་བྱུང་ན་མྱ་ངན་མཉམ་འཁུར་བྱེད་པ་དང་། "འཇིག་རྟེན་ཕར་བརྟེན་ཚུར་བརྟེན། སྒྲ་ལོ་གཡས་བཞག་གཡོན་བཞག" གི་དཔེ་ལྟར་སྡུག་དུས་ཕན་ཚུན་རོགས་རམ་ལས་འགྲེལ་ཐོག་ཇོག་ཇེས་བྱེད་རྒྱུར་འཛོམ་སྲོལ་ཡོད་པ་དེས་གྲོང་པ་ཕན་ཚུན་ཞི་མཐུན་མཉམ་གནས་ཡོང་རྒྱུར་ཕན་འབྲས་ཆེ་བ་དང་། རང་ལས་རྒན་པ་ལ་གུས་ཤིང་བཀུར་བ་དང་། རང་ལས་ཆུང་བ་ལ་བརྣས་བཅོས་བྱེད་མི་རུང་བའི་འཛོམ་བུ་དེས་སྤྱི་ཚོགས་ཐོག་གན་བཀུར་གཞོན་སྐྱོང་གི་ཡ་རབས་བཟང་པོའི་སྤྱོད་པ་དར་སྤེལ་ཡོང་རྒྱུར་ཕན་པ་ཆེ་བ་བརྗོད་མེད་དང་། གཉེན་སྲོལ་ཁྲོད་ཀྱི་ཉེ་དུ་གཉེན་སྒྲིག་བྱས་ན་སྨྲ་གུ་བྱད་མི་ཚང་བ་སྐྱེ་བས་དེར་འཛེམ་པ་དེས་ཀྱང་འགྲོ་བ་མིའི་རིགས་རུས་འཚོལ་བར་མི་སྤྱོད་པ་དང་། ཞ་ལོང་སོགས་དབང་པོ་མི་ཚང་བའི་རྗེས་སྐྱེས་ཡོང་རྒྱུར་བཀག་འགོག་གིས་སྤྱི་ཚོགས་ཀྱི་འཁྱུར་པོ་ཡང་དུ་འགྲོ་རྒྱུར་ཕན་འབྲས་ཐོན་ངེས་ཡིན།

གལ་སྲིད་འཛོམ་བྱ་དེ་ལས་འགལ་ན་རང་གཞན་ཀུན་ལ་གནོད་པས་ར་བསད་ན་ལུག་འདར་བའི་དཔེ་ལྟར་གཅིག་གཅོད་ཀུན་འདོམས་ཀྱི་བྱ་ཐབས་སྤྱོད་སྲོལ་ཡོད་ལུགས་བཅས་ལེའུ་གསུམ་པའི་ནང་དུ་རྒྱས་བཤད་ཞུ་རྒྱུ་ལགས་པས་འདིར་མདོར་བསྡུས་ཀྱིས་བརྗོད་པའོ། །

གསུམ་ནས་མི་དང་མིའི་དབར་གྱི་འབྲེལ་བ་མཐུན་སྒྲོར་ཐུབ་པའི་ནུས་པ་ཆེར་ལྡན་ཡོད། སྤྱི་ཚོགས་འཚོ་བའི་ནང་མི་དང་མིའི་དབར་འཆམ་ལ་མཐུན་པའི་འབྲེལ་བ་ཞིག་ཡོང་ཆེད་བྱ་ཐབས་སྣ་ཚོགས་དར་ཡོད་པ་དང་། དེ་རྣམས་ལས་འཛོམ་བྱ་ནི་ཁྱབ་རྒྱ་ཆེ་ཤོས་དང་དམིགས་བསལ་གྱི་ནུས་པ་འདོན་སྤེལ་ཐུབ་པའི་བྱ་ཐབས་ཤིག་ཡིན། དེ་ཡང་“སྤྱི་ཚོགས་ནི་མི་ལས་གྲུབ་པ་ཞིག་ཡིན། མིའི་རིགས་ཉིན་གཅིག་གནས་ན་མི་དང་མིའི་དབར་ལ་འབྲེལ་བ་འདྲ་མིན་སྣ་ཚོགས་ཡོང་རྒྱུར་གཡོལ་ཐབས་མེད་པ་དང་། སྤྱིའི་ཆ་ནས་བཤད་ན། འབྲེལ་གཏུག་དེ་རྣམས་ཚང་མ་འཛོམ་བྱའི་རྩ་དོན་གྱི་མཇུབ་ཁྲིད་འོག་བྱེད་དགོས་ཀྱི་ཡོད་”[①]ལ་འཛོམ་བྱའི་རྣམ་གྲངས་དུ་མས་མི་དང་མིའི་དབར་འདྲ་མཉམ་དང་། མཐུན་སྒྲིལ། མཛའ་བརྩེ། གཅིག་པན་གཅིག་གྲོགས་ཡོང་རྒྱུར་ཕན་ནུས་ཆེན་པོ་ཐོན་གྱི་ཡོད། དཔེར་ན་བོད་ཀྱི་དམངས་ཁྲོད་འཛོམ་བྱའི་ཁྲོད་དུ་མི་གཞན་དང་ལྷག་པར་རང་ལས་ལོ་ན་ཆེ་བའི་མིའི་མགོ་བོ་ལ་ལག་པས་རེག་རྒྱུར་འཛེམས་པ། གཞན་ལ་ཐད་ཀར་མཛུབ་མོ་འཛུགས་རྒྱུར་འཛེམས་པ། གཞན་ལ་གྲི་སྦྱོད་སྐབས་སྣོན་ལ་གྲི་ཡུ་གཏད་པ་ལས་གྲི་དངོ་གཞན་ལ་གཏད་རྒྱུར་འཛེམས་པ། རང་ལས་ལོ་ན་ཆེ་བའི་མིའི་མིང་ནས་ཐད་ཀར་བོས་ན་གུས་ཞབས་མེད་པར་བརྩི་ལ་དེར་འཛེམས་པ། སྤུན་མཆེད་ལ་འདོད་གཏམ་བཙོག་གཏམ་བཤད་རྒྱུར་འཛེམས་པ་ལ་སོགས་པའི་

① སྲུང་རྡོན་གྱིས་བརྩམས་པའི་《གྲུང་གོའི་གྲངས་ཉུང་མི་རིགས་ཀྱི་དམངས་ཁྲོད་འཛོམ་བྱ་》(རྒྱ་ཡིག) ཤོག་ངོས་༤༣ལ་གསལ། ཀྲུང་དབྱང་མི་རིགས་སློབ་གྲྭ་ཆེན་མོའི་དཔེ་སྐྲུན་ཁང་ནས་༡༩༩༩ལོར་བསྐྲུན།

ཡ་རབས་དང་གུས་ཞབས་མཚོན་པའི་འཛེམ་བྱ་མང་པོ་ཡོད་པ་ལྟ་བུས་ལག་པས་ཤུགས་ཀྱིས་གཞན་གྱི་མགོ་ལ་རེག་པའམ་གྲི་དཔེ་ཡིས་ཕ་རོལ་ལ་རྨས་སྐྱོན་ཡོང་ཉེན་ཡོད་རིགས་བཀག་འགོག་ཐུབ་པ་དང་། འདོད་གཏམ་བཙོག་གཏམ་གྱིས་སྣེ་དྲངས་པའི་ཉེ་དུའི་དབར་ཚུལ་མིན་འབྲེལ་བ་སྟོན་འགོག་ཐུབ་པ། ལག་གི་སྟངས་སྟབས་དང་གུས་པའི་ཚིག་གིས་གཞན་ལ་སྒྲོ་བ་སྟེར་ནུས་ལ་རང་ལའང་གུས་བཀུར་ཐོབ་སྲིད་པས་མི་དང་མིའི་དབར་མཛའ་བརྩེ་འཆམ་མཐུན་གྱིས་འདྲ་མཉམ་ངང་གནས་འགྱུར་ཕན་འབྲས་ཆེ་བར་མཐོང་།

མདོར་ན་གོང་དུ་དྲངས་པའི་དཔེ་མཚོན་དེ་རྣམས་ལས་མི་དང་རང་བྱུང་ཁམས་ཀྱི་དབར་དང་། མི་དང་སྤྱི་ཚོགས་ཀྱི་དབར་དང་། མི་དང་མིའི་དབར་གྱི་འབྲེལ་བ་བརྗོད་ཀྱིས་མི་ལངས་པ་ཡོད་རིགས་རྣམས་ཁྲིམས་ལུགས་ཁོ་ནས་མཐུན་སྒྲིར་བྱེད་དགོས་ཚེ་ཁྲིམས་ལུགས་ཀྱི་ནུས་པ་དེ་ཡང་ཆུང་སྐྱོན་དུ་མཐོང་ལ། ཁྱད་པར་འཚོ་བའི་ཕྱོགས་གང་ས་ཅི་ཐད་ལ་ས་ཁྱབ་རྗེ་ཁྱབ་ཏུ་སོང་བའི་ཞིབ་ཅིང་ཕྲ་བའི་འབྲེལ་བ་འདྲ་མིན་སྣ་ཚོགས་ཡོད་རིགས་ཀྱི་གམ་དུ་བཙན་ཤུགས་ལྡན་པའི་ཁྲིམས་ལུགས་དག་ཀྱང་བྱ་ཐབས་དང་བྲལ་ནས་ཅི་བྱ་གཏོལ་མེད་ཀྱི་གནས་སུ་གྱུར་འགྲོ། འོན་ཀྱང་ཞིབ་ཕྲའི་འབྲེལ་བ་དེ་རིགས་ཡུལ་གྱི་གོམས་པའི་སྲོལ་ལུགས་སུ་མཆིས་པའི་སྲོལ་རྒྱུན་འཛེམ་བྱ་རྣམས་ཀྱིས་མཐུན་སྒྲིར་ཐུབ་ཀྱི་ཡོད་ན་འཛེམ་བྱའི་ཕན་ནུས་ལ་ཡང་དག་པའི་ངོས་འཛིན་བྱ་དགོས་ངེས་སོ། །

བཞི་པ། འཛེམ་བྱའི་ལྡོག་ཕྱོགས་ནུས་པའི་སྐོར།

གོང་དུ་ཞུས་པ་ལྟར་འཛེམ་བྱ་ནི་བྱུང་དུས་ཆེས་སྔ་བའི་མིའི་རིགས་ཀྱི་རིག་གནས་སྣང་ཚུལ་ཞིག་ཡིན་ཞིང་། ཤུགས་རྐྱེན་ཆེ་བའི་གདོད་མའི་མི་རྣམས་རང་བྱུང་ཁམས་ཀྱི་འཆིང་རྒྱ་དང་གནོད་ཤུགས་འོག་བྱ་དངོས་ལ་ཡང་དག་པའི་ངོས

འཛིན་མ་ཐུབ་པར་སྐྲག་ཅིང་འཇིགས་པའི་སྣང་བ་ཤར་བ་ལས་མཆེད་པའི་རིག་གནས་ཤིག་ཡིན་སྟབས། རིག་གནས་དེ་ལ་ཐོག་མ་ཉིད་ནས་སྔོག་སྒྱུར་གྱི་ཁྱད་ཆོས་མངོན་གསལ་དོད་ལ་དེའི་རྣམ་གྲངས་མང་པོ་ཞིག་ལ་རྫོངས་ཚོད་ཀྱིས་ཕྱུག་ནས་སྤྱི་ཚོགས་ལ་དགེ་ཕན་ལས་ལྡོག་ཏུ་ཕྱོགས་པའི་ནུས་པ་ཐོན་དང་ཐོན་ནུས་ཡིན་པ་ཀུན་གྱིས་མཁྱེན་གསལ་ལྟར་ཡིན་ལ། དམངས་སྲོལ་རིག་གཞུང་ཁྱབ་ཁོངས་ནང་ཚང་མས་རྒྱས་བཤད་མང་དུ་བྱས་པ་ཙམ་མ་ཟད་ངན་ཞེར་བཟང་བསླད་བྱས་པའི་དོན་དངོས་ཡོད་ལུགས་གོང་ཞུས་ལྟར་ཡིན་ན། འདིར་ཡང་འགྲེལ་ཁར་རྫོག་རྫིས་མི་ཉུང་བར་སྣམ་ཡང་སྒྱུག་འཛིན་པས་དམངས་ཁྲིད་འཇོམ་བྱའི་སྣང་ཚུལ་ལ་འཛིན་པའི་ངོས་འཛིན་ཐུང་ཆ་ཚང་བ་ཞིག་ཡོང་ཆེད་དུ་དེའི་ལྡོག་ཕྱོགས་ཀྱི་ནུས་པ་མདོར་བསྡུས་ཙམ་མི་བཤད་ཐབས་མེད་ཡིན།

གཅིག་ནི་འཇོམ་བྱའི་སྣང་ཚུལ་དེ་འཆིང་ཐག་ཅིག་ཏུ་གྱུར་ནས་མིའི་བྱ་སྤྱོད་ཚང་མ་དམ་པོར་བཅིངས་ཏེ་འཇོམ་བྱ་ལ་ལས་མི་ལ་དོན་མེད་ཀྱི་བསམ་པའི་ཁུར་པོ་བཟྲ་ཡི་ཡོད། དེ་ཡང་སྙིང་གི་བཀོད་པའི་ཁྱབ་ཁོངས་ནང་གཏོགས་པའི་འཇོམ་བྱའི་རིག་གནས་དག་དཔལ་འབྱོར་གྱི་རྨང་གཞི་ངེས་ཅན་ཞིག་གི་རྨང་གཞིའི་ཐོག་གྲུབ་པ་དང་། དཔལ་འབྱོར་གྱི་རྨང་གཞི་དེ་ཉམས་དམས་སུ་སོང་རུང་འཇོམ་བྱའི་རིག་གནས་དེ་སྐད་ཅིག་ལ་འཇིག་མི་སྲིད། དེའི་རྒྱུ་མཚན་ཡང་འཇོམ་བྱའི་རིག་གནས་དེ་ནི་མི་དམངས་མང་པོའམ་ཚོགས་པ་ཆེན་པོ་ཞིག་གི་བསམ་བློ་དང་ལྟ་བའི་ཚུར་སྣང་ཡིན་པས། སྔར་བཞིན་དུས་ཡུན་ཐུང་རིང་བའི་ནང་རྒྱུན་བསྲིངས་དང་འཚོ་གནས་ཐུབ་པ་ཞིག་ཡིན། དེ་ལྟར་འཇོམ་བྱའི་རིག་གནས་ལ་མངོན་གསལ་དོད་པོའི་གཏན་ཞེན་འཛགས་པའི་ཁྱད་ཆོས་ལྡན་པའི་དབང་གིས་མིའི་རིགས་ཤེས་ཚད་དམའ་བའི་གནའ་དུས་ཀྱི་འཇོམ་བྱ་མང་དག་ཅིག་ད་དུང་ཡང་ད་ལྟའི་སྤྱི་ཚོགས་འཚོ་བའི་ནང་དར་སྲུས་ཡིན་པ་དང་གནའ་

ད་ུས་ནས་ཆགས་པའི་འཛོམ་བྱ་མང་པོ་ཞིག་ལ་རྒྱུ་མཚན་དུ་མའི་རྐྱེན་གྱིས་རྫོངས་ཚོད་ཀྱི་ཁྱད་ཆོས་ཤུགས་ཆེ་རུང་ད་དུང་མིའི་བྱ་སྤྱོད་ལ་འཆིང་རྒྱའི་ནུས་པ་ཐོན་བཞིན་ཡོད། ད་ལྟའི་བར་ལས་དང་བྱ་བ་གང་བྱས་ཀྱང་ཚང་མར་འཛོམ་བྱ་རེ་ཡོད་པ་དང་། སྐབས་འགར་སྣང་མེད་ཐོག་དེའི་འཛོམ་བྱ་ལས་འགལ་བ་དང་། འཛོམ་བྱ་ལས་འགལ་བ་ཤེས་རྗེས་དེ་ནི་ལྟས་ངན་པ་ཞིག་ཏུ་མངོན་ནས་འཛོམ་བྱ་དེ་ལས་འགལ་བའི་འབྲས་བུ་ངན་པ་འཕོར་རྒྱུར་དོགས་སྣང་འཆར་ཏེ་མིའི་སེམས་ལ་དོན་མེད་ཀྱི་ཁུར་པོ་བཟོ་ཡི་ཡོད། དཔེར་ན་བོད་ཀྱི་འཛོམ་བྱའི་ཁྲོད་ཀྱི་མིའི་ཁ་ཐོར་ཁ་བུབ་འཛུག་རྒྱུར་འཛེམས་པའི་སྲོལ་ལ་ཆ་མཚོན་ན། ཁ་ཐོར་ཁ་བུབ་བཞག་ན་ཐོར་པའི་ཁ་བཙོག་པར་འགྱུར་བ་དང་དེའི་བདག་པོར་གུས་ཞབས་མེད་པའི་ཚུལ་དུ་བཞག་ནས་འཛོམ་བྱར་བཟུང་ན་དེ་ལ་དགེ་ནུས་ཀྱི་ཆ་ལྡན་པར་མངོན་ཡང་། བོད་ཀྱི་བཤད་སྲོལ་ལ་སྐྱེ་བོ་གང་ཞིག་ལྷ་ལམ་དུ་སོང་ཚེ་དེའི་ཁ་ཐོར་གཞི་ནས་ཁ་བུབ་འཛུག་ཚོག་པ་ལས་མི་གསོན་པོའི་ཁ་ཐོར་ཁ་ཞབས་སློག་ནས་བཞག་ཚེ་ཁ་ཐོར་གྱི་བདག་པོ་དེ་རིང་མིན་ཚེ་ཡིས་དོར་ཉེན་ཡོད་པར་བརྩི་བ་དང་། ཧ་ཅང་གི་ལྟས་ངན་པར་མངོན་ནས་རྣམ་རྟོག་བྱེད་ཀྱི་ཡོད། འཛོམ་བྱ་དེ་རིགས་ལ་དད་པ་ཆེ་བའི་ལོ་ན་རྒན་པའམ་ནད་ཀྱིས་ཟིན་པའི་སྐྱེ་བོ་ཞིག་ཡིན་ཚེ་དེ་ལ་སེམས་ནད་ཆེན་པོ་བཟོ་ཡི་ཡོད་པ་མ་ཟད། ཐ་ན་སྐྱེ་བོ་དེ་རིགས་ལྷ་ལམ་དུ་མགྱོགས་འདེད་ཀྱི་རྒྱུ་རུ་འགྲོ་ཉེན་ཆེན་པོ་ཡོད། ཡང་དཔེར་ན་རང་གི་ཁྱིམ་དུ་སྐུ་མགྲོན་ཕེབས་སྐབས་ཐོར་པ་ཁ་ཆག་གམ་སེར་ཁ་གས་པའི་ཐོར་པའི་ནང་ཇ་ཆང་འདྲེན་རྒྱུར་འཛེམ་ཟོན་བྱེད་ཀྱི་ཡོད། བཤད་རྒྱུན་དུ་ཟ་ཐོར་ཁ་ཆག་གམ་སེར་ཁ་གས་པའི་ནང་བཟའ་བཏུང་བྱས་ན་མི་དེར་ཁ་ཆག་སྣ་རལ་ཡོང་བའི་ལྟས་ངན་པར་མངོན་ནས་རྣམ་རྟོག་སློང་གི་ཡོད། གལ་སྲིད་སྣང་མེད་ངང་ཐོར་པ་དེ་རིགས་ནང་སྐུ་མགྲོན་ལ་ཇ་ཆང་དྲངས་ཚེ་སྐུ་མགྲོན་ཐུགས་མི་

བདེ་བ་ཡོང་ངེས་ཡིན།

གཉིས་ནི་འཛེམ་བྱ་ལ་ལས་མིའི་འཚོ་བ་དང་ཐོན་སྐྱེད་ལ་གནོད་སྐྱོན་གཏོང་བ་དང་སྤྱི་ཚོགས་ལ་ལྡོག་པའི་ནུས་པ་ཐོན་གྱི་ཡོད། འཛེམ་བྱའི་རིག་གནས་ཀྱིས་མི་དམངས་ཀྱི་འཚོ་བ་ལ་དངོས་ཤུགས་གཉིས་ནས་ནུས་པ་ཐོན་པ་ཙམ་མ་ཟད། གོང་ཞུས་ལྟར་འཛེམ་བྱའི་རིག་གནས་ཀྱི་ཁྱབས་རྒྱ་ཆེས་ཆེ་བས་ད་ལྟའི་བར་མིའི་བྱ་སྤྱོད་ལ་ཚོད་འཛིན་གྱི་ནུས་པ་ཆེན་པོ་ལྡན་ཡོད། བག་ཁུམ་རང་བཞིན་གྱི་འཛེམ་བྱའི་རིག་གནས་འདིས་མིའི་བྱ་སྤྱོད་ལ་ཚོད་འཛིན་བྱེད་སྐབས་སྙིང་ཞེན་དང་གཞན་པ་ཟུར་འབུད་ཀྱི་ཁྱད་ནུས་སྟོན་གྱི་ཡོད་པའི་དབང་གིས་འཛེམ་བྱ་ལ་ལས་ཉིན་རེ་བཞིན་འགྱུར་བ་འགྲོ་བཞིན་པའི་ད་ལྟའི་མི་དམངས་ཀྱི་འཚོ་བ་དང་ཐོན་སྐྱེད་ལ་འཐུས་ཤོར་དང་སྤྱི་ཚོགས་ལ་ལྡོག་པའི་ནུས་པ་ཐོན་དང་ཐོན་སྲུས་ཡིན། དཔེར་ན་བོད་ཀྱི་སྲོལ་རྒྱུན་འཛེམ་བྱའི་ཁྲིད་ཀྱི་རིགས་དམན་པར་མངོན་པའི་མི་རྒྱུད་དང་གཉེན་གྱི་འབྲེལ་བ་འཛུགས་རྒྱུར་འཛེམ་པ་དང་། དེ་རིགས་དང་ཟས་གོས་ལུས་གསུམ་འདྲེས་རྒྱུར་འཛེམས་གཡོལ་བྱེད་པ། སྙིང་ཁང་ངམ་ཁང་པའི་ནང་བུད་མེད་ལ་སྐྱེ་བསུ་བྱེད་རྒྱུར་འཛེམ་པ། སླུམ་མས་རབས་ཆད་མའི་ལག་ནས་ཟས་ཟ་རྒྱུར་འཛེམ་པ་དང་རབས་ཆད་མའི་པང་དུ་ཕྲུ་གུ་སྦྱོད་རྒྱུར་འཛེམ་པ། བྱ་བ་སྤྱི་དང་སྒོས་སུ་བྱ་བ་ཆེ་རིགས་སྒྲུབ་ན་གཟའ་སྐར་འབྱུང་འཕྲོད་ངན་པ་སོགས་ལ་འཛེམས་ཤིང་། ལྷག་པར་གནམ་སྒོ་དང་། མི་སོ་སོའི་གཟའ་སྐར་ངན་པ་དང་ལོ་ཟླ་ཉིན་གསུམ་ནག་པོ་སོགས་ལ་འཛེམ་རྒྱུ་གལ་འགངས་ཆེ་བར་བརྩི་བ་སོགས་ཀྱིས་མི་ལུས་འདྲ་མཉམ་དང་། ཕོ་མོ་འདྲ་མཉམ་ལ་ཐོག་ཐུག་གཏོང་བ་ཙམ་མ་ཟད། ཐོན་སྐྱེད་འཕེལ་རྒྱས་དང་མིའི་བདེ་ཐང་ལ་གནོད་སྐྱོན་གཏོང་ལ་འཕྲུལ་གྱི་བྱ་བ་མང་པོ་འཐུས་ཤོར་ནར་འགྱངས་སུ་འགྲོ་བས་བབ་བསྟུན་གེགས་སེལ་རིམ་འགྲོ་དང་གཏོ་བཅོས་ཙམ་མིན་པའི་བྱ་ཐབས་འདྲ་དགོས་

ངེས་སུ་མཐོང་།

དེ་ཡང་མཁས་དབང་དགེ་འདུན་ཆོས་འཕེལ་གྱི་གསུང་ལས། "ཤེས་རབ་ཡོད་ན་ཕྱོགས་གང་ནས་ཀྱང་གནད་ཆེན་པོ་རེ་རྙེད་ནུས་པས། ཧྲིལ་གྱིས་འདོར་བ་དང་ཧྲིལ་གྱིས་ལེན་པ་འདི་གཉིས་ཀ་རྣམ་དཔྱོད་ཀྱི་ལམ་མ་ཡིན་ནོ་" ཞེས་གསུངས་སོ། །

༧༢། །བོད་ཀྱི་ཕུང་པོ་རྗེས་འཇུག་གི་ཐོག་མའི་སྲོལ་གང་ཡིན་སྐོར་རགས་ཙམ་གླེང་བ།

ཀ་ཆས་རབ་ཕྲུད་གསེར་ལྡན་མ་ཡི་ཡང་རྩེ་ན། །
ཁ་བས་རབ་བསྐོར་མཛེས་པའི་སྨན་ལྗོངས་བརྗིད་ཆགས་ལྡན། །
ག་སར་རབ་མང་སྲོལ་ལས་ཕུང་པོའི་རྗེས་འཇུག་སྲོལ། །
ང་རྒྱལ་རབ་སྤྱངས་སྙོམ་ཆུང་ཕྱིས་བློའི་འཆར་སྒོ་ཕྱེལ། །

དེ་ཡང་ཕུང་པོའི་རྗེས་འཇུག་གི་སྲོལ་ལ་སྤྱིར་གོ་དོན་གཉིས་མཆིས་ཏེ། གཅིག་ནི་ཕུང་པོ་བྱ་གཏོར་དང་ཆུ་སྐྱུར། མེ་སྲེག དུར་དུ་སྦ་བ་སོགས་ཀྱི་ཐབས་ཤེས་སྤྱད་དེ་གཤིན་པོའི་ཤ་རུས་མེད་པ་བཟོ་རྒྱུར་གོ་བ་དང་། གཅིག་ཤོས་ནི་གཤིན་པོའི་རྗེས་ལ་མཆོད་འབུལ་སྦྱིན་གཏོང་དང་། དཀར་ཉེ་གཉེན་ཚན་རྣམས་ཀྱིས་མྱ་ངན་དྲན་གསོ་ཞུ་བའི་བྱེད་སྒོར་གོ་བ་ཡིན། འདིར་བརྗོད་པར་བྱ་བ་ནི་དོན་སྔ་མའི་ཁོངས་སུ་གཏོགས་པ་ཞིག་ཡིན།

འགྲོ་བ་མི་རྣམས་སྐྱེ་ཀ་ན་འཆིའི་འཇུག་ངོགས་འཕྲང་ལས་ཐར་དུ་མེད་ཅིང་། སྐྱེས་པའི་མཐའ་མར་འཆི་བ་ནི་རང་བྱུང་གི་ཆོས་ཉིད་ཡིན་མོད། འོན་ཀྱང་། བྱ་ཐབས་ཅི་འདྲ་ཞིག་བཟུང་ནས་གཤིན་པོའི་ཕུང་པོ་ཐག་གཅོད་བྱ་རྒྱུ་ནི་རང་རང་མི་རིགས་སོ་སོའི་སྤྱི་ཚོགས་ལོ་རྒྱུས་འཕེལ་རྒྱས་དང་། འཚོ་གནས་བྱ་ཡུལ་གྱི་རང་བྱུང་ཆ་རྐྱེན། ཆོས་ལུགས་སོགས་ལ་བརྟེན་དགོས་པས། མི་རིགས་སོ་སོར་རང་རང་གི་ཁྱད་ཆོས་ལྡན་པའི་ཕུང་པོ་རྗེས་འཇུག་སྟེ་མི་ཤི་རྗེས་ཕུང་པོ་ཐག་གཅོད་བྱེད་སྲོལ་རེ་ཡོད་པ་མ་ཟད། མི་རིགས་དེ་གའི་ནང་དུའང་ཡུལ་ལུང་སོ་

སོའི་རང་བྱུང་ཆ་རྐྱེན་དང་མཐུན་པའི་གཞིན་པོའི་ཕྱུགས་པོ་ཐག་གཅོད་བྱེད་སྟངས་རེ་ཆགས་ནས་ཡོད། དེས་ན་རི་མཐོ་ས་གཙང་གངས་རི་ར་བས་བསྐོར་བའི་བོད་ཀྱི་ཡུལ་གྲུ་འདིར་དར་ཁྱབ་ཆེ་ཆུང་ལ་མ་བལྟོས་པར་གནས་མུས་སུ་མཆིས་པའི་ཕྱུགས་པོ་རྗེས་འཇུག་གི་སྲོལ་ལ་སྤྱིར་བཏང་སོ་དང་བྱ་གཏོར། ཞུགས་འབུལ། ཆུ་སྐྱུར། གདུང་རྟེན་དུ་འཇོག་པ་སོགས་རྣམ་པ་མི་འདྲ་བ་འགའ་ཞིག་ཡོད་པ་ལ་ཚང་མ་བཞེད་ཚུལ་གཅིག་མཐུན་ཡིན། འོན་ཀྱང་། དེ་དག་ལས་གང་ཞིག་བོད་ཀྱི་ལོ་རྒྱུས་ཐོག་ཏུ་བྱུང་བ་སྔ་ཤོས་ཡིན་མིན་གྱི་ཐད་ལ་རྒྱལ་ཁབ་ཕྱི་ནང་གི་ལོ་རྒྱུས་སློབ་པོའམ་ལུགས་སྲོལ་སློབ་པོ་ཚོའི་འདོད་ཚུལ་ཐ་དད་དུ་སྣང་ཞིང་། ཁྱད་པར་ཁག་གཅིག་གིས་དཔྱད་པ་མ་བྱས་བཞིན་དུ་བབ་ཅོལ་དུ་སྨྲ་བའི་སྣང་ཚུལ་ཁྱད་མཚར་པོ་འདྲ་ཡང་ངེད་ཚོའི་མཐོང་ཆོས་སུ་གྱུར། འདིར་རྣམ་པ་མི་འདྲ་བའི་ཕྱུགས་པོ་རྗེས་འཇུག་གི་སྲོལ་ལས་གང་ཞིག་བོད་ཀྱི་ལོ་རྒྱུས་ཐོག་ཏུ་བྱུང་བ་སྔ་ཤོས་ཡིན་མིན་གྱི་ཐད་ལ་དཔྱད་པ་ལམ་ཙམ་བྱ་རྒྱུ་ཡིན།

གནད་དོན་བཏོན་པ།

བོད་ཀྱི་ལོ་རྒྱུས་དེབ་ཐེར་དང་ཆོས་འབྱུང་ཁག་ནང་གནའ་བོའི་བོད་ཀྱི་ཕྱུགས་པོ་རྗེས་འཇུག་གི་སྲོལ་གྱི་སྐོར་འཁོད་པ་རྣམས་བསྡུས་ནས་བརྗོད་ན། "གྲི་གུམ་བཙན་པོ་ཐུགས་གདོན་གྱིས་བསླུས་ནས་ལོ་ངམ་རྟ་རྫི་ལ་འཐབ་ཡ་བྱ་དགོས་པའི་བཀའ་ཕབ། རྒྱལ་བློན་འཐབ་པས་བློན་ལོ་ངམ་རྒྱལ་ཏེ་རྒྱལ་པོའི་སྐུ་ཐག་ཆད། ཕྱུར་བྱུང་བ་ཟངས་ཀྱི་གཞུར་བཅུག་སྟེ་ཆུ་ལ་བསྐྱུར་བས་ཆུ་སྲིན་བྱེ་མ་ལག་རིང་བྱ་བར་རྙེད། ཕྱིས་ལོ་བཅུར་སོན་པའི་བུ་ཆུང་རུ་ལས་སྐྱེས་ཀྱིས་ཕྱུར་དེ་ཉིད་བླུས་ཏེ་བང་སོ་བརྩིགས། དེ་ནི་བང་སོའི་ཐོག་མ་ཡིན། གོང་གི་བཙན་པོ་ཁྲི་བདུན་རྨུ་ཐག་ལ་འཇུས་ནས་མཁའ་ལ་ཡལ་བར་གྲགས།" ཞེས་ལྷ་སྒྲུང་དང་

ལོ་རྒྱུས་ཀྱི་གནས་ཚུལ་ཉ་ཉུང་མཉམ་བསྲེས་བྱས་པ་ཞིག་བཀོད་དེ་བོད་དུ་བང་སོའི་ཐོག་མ་གྲི་གུམ་བཙན་པོ་ནས་བྱུང་བར་འདོད་ནའང་། སྔོན་གྱི་ཕུང་པོ་རྗེས་འཇུག་གི་སྲོལ་ཅི་ཡིན་ལ་གསལ་བཤད་ཡེ་ནས་གནང་མེད། ཆིག་དགུ་གྱི་བཞི་ལོའི་《མི་རིགས་ཞིབ་འཇུག་》དུས་དེབ་གསུམ་པའི་ནང་། སྐུ་ཞབས་ཨན་ཧྲིན་ཤིང་གིས“གནམ་གྱི་ཁྲི་བདུན་རྣམ་ཐག་ལ་བྱས་ནས་མཁའ་ལ་ཡལ། བང་སོ་མེད་པར་གྲགས།”ཞེས་པར་སྐབས་བདེའི་གོ་བ་བླངས་ཏེ། “མ་གཞི་བཤད་ཚུལ་དེ་རིགས་ཆོས་ལུགས་ཀྱི་གཡོ་འཕྲུལ་ཞིག་ཡིན་ནའང་། དེས་མི་ཤི་རྗེས་ཕུང་པོ་བཞག་མེད་པ་གསལ་བཤད་ཐུབ་ལ། ཕལ་ཆེར་ཕུང་པོ་བྱ་ཡིས་ཟས་རྗེས་བྱ་མཁའ་ལ་འཕུར་བས་བཤད་ཚུལ་དེ་བྱུང་། དེར་བརྟེན་ཐོག་མའི་རྒྱལ་རྒྱུད་ལའང་བྱ་གཏོར་བྱེད་པའི་སྲོལ་ཡོད།”ཅེས་པ་དང་། ཡང་ཁོང་གིས་ལོ་ངམ་རྐ་རྗེས་གྲི་གུམ་བཙན་པོའི་ཕུང་པོ་ཐོག་མར་ཆུ་སྐྱུར་བྱས་པའི་ལོ་རྒྱུས་ཀྱི་གནད་དོན་དངོས་དེ་ཉིད་སྒྲུབ་བྱེད་དུ་བྱས་ཏེ“……ཐོག་མའི་རྒྱལ་རྒྱུད་ཀྱི་ཁྲོད་དུ་ཕུང་པོ་ཆུ་སྐྱུར་བྱེད་པའི་སྲོལ་ཞིག་ཀྱང་ཡོད།”ཅེས་རྒྱའི་སྐད་ཀྱི་རི་མོའི་ཐོག་ནས་གླེང་བརྗོད་གནང་འདུག དེ་བས་ཡ་མཚན་པ་གཅིག་ལ《བོད་ལྗོངས་ཀྱི་གཤིས་ལུགས་དང་རིག་དངོས》ཞེས་པའི་རྒྱའི་སྐད་ཡིག་ནས་བྲིས་པའི་དེབ་ཐེར་དེས་བོད་ཀྱི་ལོ་རྒྱུས་དེབ་ཐེར་ལ་བརྩི་འཇོག་བྱེད་ཁུལ་གྱིས་སྔ་རབས་ཀྱི་གནམ་གྱི་ཁྲི་བདུན་སྐབས་སུ་བཙན་པོ་རྣམས་ནི“‘རྨུ་ཐག་ལ་འཇུས་ནས་ནམ་མཁར་གཤེགས།’‘ཕུང་པོ་འཇའ་ལྟར་ཡལ་’ཞེས་པ་དེས། སྐབས་དེ་ན་བོད་རིགས་ཀྱིས་ཕུང་པོ་ཐག་གཅོད་བྱ་རྒྱུར་དོ་སྣང་བྱེད་ཀྱི་མེད་པ་དང་། ཕུང་པོ་རྗེས་འཇུག་གི་སྲོལ་ཡང་བྱུང་མེད་པ་མཚོན་ཐུབ།”ཅེས་ཚིག་ཐག་ཆོད་པོས་གསུངས་འདུག

གནད་དོན་ཐག་གཅོད་བྱས་པ།

བོད་ཀྱི་ལོ་རྒྱུས་དེབ་ཐེར་དང་ཆོས་འབྱུང་ནང་དུ་མ་གཞི་བོད་རྗེ་ཐོག་མ་གཉའ་ཁྲི་བཙན་པོ་ནས་གནམ་རི་སྲོང་བཙན་བར་གྱི་ལོ་རྒྱུས་རྣམས་འཁོད་པ་ཏ་ཅང་ཞུང་ཞུང་ཡིན་ནའང་། ང་ཚོས་ཕན་ཚུན་བསྡུར་བ་བྱེད་པའི་ཐབས་ཤེས་ཀྱི་ཐོག་ནས་གནམ་གྱི་ཁྲི་བདུན་དང་གྲི་གུམ་བཙན་པོའི་ལོ་རྒྱུས་དངོས་ལ་དབྱེ་ཞིབ་དཔྱད་པ་བྱས་ཆོག གོང་གསལ་གྱི་ལྟ་བ་དག་ལས་འགའ་ཞིག་ནི་ཆོས་ལུགས་ཀྱི་ཤན་ཞུགས་དྲགས་ཏེ་ལོ་རྒྱུས་རྣལ་མ་མི་མངོན་པར་གྱུར་བ་དང་། འགའ་ཞིག་ནི་བརྒྱ་ཁ་གཅིག་གཅོད་ཀྱི་དབང་དུ་གྱུར་བ། ཡང་ཁག་གཅིག་ནི་རང་ཉིད་ཀྱིས་དཔྱད་གཞིའི་ཡིག་རིགས་ལ་གོ་བ་ལོན་ཐུབ་མེད་པ་སོགས་ཞན་ཆ་མཆིས་པ་རྟོགས་ཐུབ། ཚང་མས་མཁྱེན་གསལ་ལྟར། གནའ་བོའི་བོད་ཁམས་སུ་བོན་ཆོས་འབའ་ཞིག་གཙོས་ཆེ་བར་བཟུང་ནས་དེ་ལ་དད་པ་བྱེད་པ་དང་། མི་རྣམས་ལ་རི་ཆུ་མེ་རླུང་སོགས་རང་བྱུང་ཁམས་ཀྱི་དངོས་པོའི་སྣང་ཚུལ་དག་ཇི་བཞིན་དུ་རྟོགས་པའི་ནུས་པ་མེད་གཤིས། ཁོ་ཚོས་དངོས་པོ་དེ་དག་ལ་སྒྲིག་གྱུར་གྱི་སྟོབས་ཤུགས་ཤིག་ལྡན་པར་ངོས་འཛིན་བྱས་ནས་དད་པ་བྱ་ཡུལ་དུ་བསྟེན་པ་དང་། ཁྱད་པར་བོན་པོ་རྣམས་གནམ་ལ་དགའ་བ་ཞིག་ཡིན་ཙ་ན། གནམ་གྱི་ལྷ་ནི་རྫུ་འཕྲུལ་སྟོབས་ཀྱིས་ཕྱུག་པའི་སྐྱབས་བཅོལ། ཡུལ་གྱི་མགོན་པོར་ངོས་འཛིན་བྱེད་ཀྱི་ཡོད། དེར་བརྟེན། སྐབས་དེའི་མི་རྣམས་ཀྱིས་སོ་སོའི་རྗེ་བོའི་ཡོན་ཏན་དང་འབྱུང་ཁུངས་ལ་ཆེ་བ་དང་བསྔགས་བརྗོད་བྱ་ཕྱིར། “ལྷ་སྐས་ལས་བབས་ཏེ་བོད་ཀྱི་བཙན་པོར་གྱུར།” “སྲས་ཀྱིས་ཆིབས་ཁ་ཐུབ་པར་གྱུར་བ་ན། རྨུ་ཐག་ལ་འཛུས་ནས་མཁའ་ལ་ཡལ།” ཞེས་སྐབས་དེའི་སྐྱེ་ཚོགས་ནང་དུ་གླེང་འཛོག་དེ་འདྲ་ཞིག་མཆིས་ནའང་། རྒྱལ་པོ་གྲི་གུམ་བཙན་པོའི་སྐབས་“རྒྱ་གར་ཡུལ་དང་སྟག་གཟིག……ཡུལ་ཁམས་ནས་མུ་སྟེགས་བོན་པོ་འ་ཞ་ཞེས་པ་བྱུང་། གནམ་ལ་འཕུར་ཞིང་ཁ་ནས

མངོན་ཤེས་སྒྲ། ཤིང་ལ་འཁྲིང་འདྲ་རྗེ་ལ་ལྷུག་གཟུགས་འདྲལ། རྟག་ཏུ་ཤ་ཆང་གིས་ནི་འདྲེ་མཆོད་བྱེད། དེ་ལ་རྒྱལ་པོས་བླ་མཆོད་བཀུར་བསྟི་མཛད་” པ་དང་། “སྨུ་སྟེགས་ཤིང་གྲོས་པ་དང་། སྲོག་ཟན་པ། དིག་སྐད་པ་བྱ་བ་གསུམ་བྱུང་བ་ལ་མཆོད་གནས་བཅོལ་” ཏེ་སྐབས་དེའི་མི་རྣམས་ཀྱིས་དད་པ་དང་དགའ་བར་བྱེད་པའི་བཙོལ་བོན་བསྒྱུབས་པ་སོགས་དེ་དང་དེ་དག་གིས། བཙོལ་བོན་ལ་དགའ་བའི་བོན་སློན་རྙིང་ཞེན་ཅན་ཞུང་ཤས་ཤིག་ལ་དཔལ་འབྱོར་དང་སྲིད་ཀྱི་དབང་ཆར་སྐྱོང་གུན་ཆེན་པོ་ཐོག་པ་དང་། བསམ་པའི་ཐོག་ལ་ཐད་ཀར་ཐོག་ཐུག་འཁེལ་ཡོད། གནས་ཚུལ་དེ་འདྲའི་འོག བཙོལ་བོན་ལ་དགའ་བའི་བོན་སློན་ཆོས་རྒྱལ་པོ་ཁྲི་གུམ་བཙན་པོ་ནས་ཐོགས་དྲངས་འ་ཞའི་བོན་སློན་བཅས་ལ་ཡི་མ་རང་བར་ལོ་ངམ་རྟ་རྫི་དང་འགྲོགས་ཏེ་གཡོ་ཐབས་ཀྱིས་བཙན་པོ་བཀྲོངས། “རྒྱལ་སྲིད་ཕྲོགས” སོ། །དེ་ལྟར་ལོ་ངམ་རྟ་རྫིས་དུས་ཡུན་ལོ་བཅུ་ལྷག་ཙམ་རིང་རྒྱལ་སྲིད་བཟུང་བའི་སྐབས། གྲི་གུམ་བཙན་པོའི་འགལ་ཟླར་གྱུར་བའི་བོན་སློན་རྙིང་པ་རྣམས་ཀྱིས་གཅིག་ནས་སྟར་དཔོན་མགོ་རྩོད་པའི་བྱ་བ་དེ་དག་སྤྱི་ཚོགས་སྟེང་དུ་ཡོད་པའི་མི་རྣམས་ལ་འགེབས་རྒྱུ་དང་། གཉིས་ནས་རང་ཉིད་ལ་ཐོབ་ཟིན་པའི་དབང་ཆ་བརྟན་སྲུང་ཡོང་ཕྱིར། “གྲི་གུམ་བཙན་པོ་ཐུགས་གདོན་གྱིས་བསླུས” ཞེས་པ་དང་། ཡབ་མེས་ཁྲི་བདུན་ལ་ཆེ་བ་བརྗོད་པ་ཇི་བཞིན་ཕར་བཞག དེ་ལས་ལྡོག་སྟེ“གྲི་གུམ་བཙན་པོ་ནས་རྨུ་ཐག་ཆད” “གནམ་ལ་ཡལ་མ་ཐུབ” ཅེས་པ་སོགས་བཅོས་མའི་གཏམ་མང་པོ་ཞིག་བཟོས་ཡོད། དེས་ན། ཕྱིས་རྒྱན་བོད་ཀྱི་མཁས་དབང་ཚོས་ཀྱང་སྔར་གྱི་ངག་སྒྲོས་ལས་བྱུང་བའི་བཅོས་མའི་གཏམ་དག་ཇི་བཞིན་ཡི་གེར་བཀོད་དེ་“ཁྲི་བདུན་ལ་བང་སོ་མེད། བང་སོའི་ཐོག་མ་གྲི་གུམ་བཙན་པོའི་བང་སོ་ཡིན་པར་གྲགས” ཞེས་པ་ང་ཚོ་ཕྱི་རབས་རྣམས་ལ་སྨུ་མཐུད་ནས་དཔྱད་གཞིར་བཏོན་གནང་ཡོད།

འོ་ན་ཁྱེད་ཅག་ལྟར་སྐབས་དེའི་གྲི་གུམ་བཙན་པོའི་ཕྲུང་པོ་ཆུ་སྐྱུར་བྱས་པ་དེ་ཡང་“‘བཙོས་མའི་གཏམ’ཞིག་ཡིན་ནམ་བརྗོད་ན། དེ་ནི་དེ་ལྟར་མ་ཡིན་ཏེ། སྐབས་དེར་གྲི་གུམ་བཙན་པོའི་ཕྲུང་པོ་ཆུ་སྐྱུར་བྱས་པ་ནི་ལོ་རྒྱུས་རྣལ་མ་ཞིག་ཡིན་སྲིད། འོན་ཀྱང་། དེ་ཉིད་ཐོག་མའི་རྒྱལ་རྒྱུད་ཀྱི་ཁྲིད་དུ་དར་བའི་ཕྲུང་པོ་རྗེས་འཇུག་གི་སྲོལ་ཞིག་ཏུ་བརྩིས་ན། དོན་དངོས་དང་མི་མཐུན་ཞིང་། གཅིག་གིས་ཀུན་ལ་ཁྱབ་པའི་ལྟ་ཚུལ་ཏེ་དོན་གྱི་ངེས་པ་འདྲེན་མི་ནུས་པར་སེམས། ཅིའི་ཕྱིར་ཞེ་ན། སྤྱིར་སྲོལ་ཞེས་པ་ནི་མི་རིགས་དེའམ་ཡུལ་དེ་པའི་སྐྱེ་བོ་ཚོས་ཁས་ལེན་བརྩི་སྲུང་བྱེད་པའི་བསམ་སྤྱོད་ལ་གོ་བ་ཡིན་གྱིས། མིག་གིས་མཐོང་ཚད་དང་ལག་ཏུ་སོན་ཚད་ལ་འཇུག་པ་ཞིག་མིན། གྲི་གུམ་བཙན་པོའི་ཕྲུང་པོ་ཆུ་སྐྱུར་བྱས་པའི་བྱ་སྤྱོད་དེ་ཉིད་སྐབས་དེའི་སྐྱེ་བོ་ཚང་མས་ཁས་ལེན་བརྩི་སྲུང་ཐོབ་མེད་པ་སྟེ། ཆུ་སྐྱུར་ནི་བྱ་མི་རུང་བ་ཞིག་ཏུ་འཛིན་གྱི་ཡོད། དེ་ནི་ཕྱིས་ལོ་བཅུར་སོན་པའི་བུ་ཆུང་རུ་ལས་སྐྱེས་ཀྱིས་བཙན་པོའི་ཕྲུང་པོ་དཀའ་བས་བཙལ་ནས་སླར་ཡང་བང་སོ་བརྩིགས་པའི་དོན་དངོས་ལས་རྟོགས་ཐུབ། གལ་ཏེ་དེ་ལྟར་མིན་ན། ཕྲུང་པོ་ཆུ་སྐྱུར་ཟིན་པ་དཀའ་བས་བཙལ་ནས་སླར་ཡང་བང་སོ་བརྩིགས་པའི་དགོས་པ་ཅི། དེ་ལ་སྙིང་པོ་ཅི་ཡང་མེད་དོ། །དེར་བརྟེན། ངེད་ཀྱི་བསམ་པར། ལོ་ངམ་ར་རྩེ་བཅས་བོན་སློན་རྙིང་ཞེན་པ་རྣམས་ཀྱིས་རང་ཉིད་ལ་ཐོབ་ཟིན་པའི་ཐག་གཅོད་རང་བཞིན་ལྡན་པའི་རྒྱལ་ཁའི་འབྲས་བུ་དེ་ཉིད་མུ་མཐུད་སྲ་བརྟན་ཡོང་ཕྱིར། གོང་ཞུས་ལྟར་གྲི་གུམ་བཙན་པོར་དམའ་འབེབས་ཀྱི་གླེང་འཛོག་བཟོས་པ་དང་ཚབས་ཅིག་དེའི་རྗེས་འབྲངས་པ་སྲུས་བཅས་ལ་མནར་གཅོད་ཀྱིས་བརྡུང་རྡེག་བཏང་བ་དང་། བཙན་པོའི་ཕྲུང་པོ་ཡང་སྟར་ལུགས་ལས་འགལ་བའི་ཆུ་སྐྱུར་གྱི་ཐོག་ནས་ཐག་གཅོད་བྱས་པར་སྙམ། དེས་ན་གྲི་གུམ་བཙན་པོའི་ཕྲུང་པོ་ཐོག་མར་ཆུ་སྐྱུར་བྱས་པའི་བྱེ་བྲག་དམིགས་བསལ་ཅན་དེ་ཉིད་སྒྲུབ་བྱེད་དུ་བྱས་ཏེ་

"……ཐོག་མའི་རྒྱལ་རྒྱུད་ཀྱི་ཁྲིད་དུ་ཐུང་པོ་ཚ་སྐྱུར་བྱེད་པའི་སྲོལ་ཞིག་ཀྱང་ཡོད།" པའི་འདོད་ཚུལ་འཛིན་པ་ནི། དོན་དངོས་ཐོག་དེང་སྐབས་བོད་རིགས་དབུ་ཁྲིད་འགའ་ཞིག་སྐུ་གཤེགས་རྗེས་རྒྱའི་ལུགས་ལྟར་ཐུང་པོ་ཐག་གཅོད་བྱེད་པ་དང་གཤིན་པོའི་སྐུ་དཔར་གྱི་མདུན་དུ་བཙོས་མའི་མེ་ཏོག་ཆུན་པོ་ཕུལ་བ་དེ་དག་ལ། ད་ནས་ལོ་ལྔ་བཅུ་ལྷག་ཙམ་འདས་པའི་དུས། ཕྱོགས་ལྷུང་ཅན་གྱིས་དེ་ནི་དུས་རབས་ཉེར་གཅིག་ཉེར་གཉིས་པའི་བོད་རིགས་ཀྱི་སྲོལ་ཞིག་ཡིན་ཞེས་སྨྲས་པ་དང་རྒྱུ་མཚན་གཅིག་མཚུངས་ལགས།

ཡང་གནའ་བོའི་བོད་དུ་ཐུང་པོ་བྱ་གཏོར་བྱེད་པའི་སྲོལ་ཞིག་ཀྱང་ཡོད་པར་སྨྲ་བ་ལ། ང་ཚོས་དོན་གྱི་ཐ་ཕྱི་མ་འབྲེལ་བ་དང་ཞིབ་མོའི་བློ་ཡིས་མ་དཔྱད་པར་སྐབས་བདེའི་གོ་བ་བླངས་ཚེ། དེ་ཡང་འདྲ་ཆགས་ལ་དོན་ལ་གནས་པ་ཞིག་ཡོད་མོད། འོན་ཀྱང་། གནམ་གྱི་ཁྲི་བདུན"རྨུ་ཐག་ལ་བྱས་ནས་མཁའ་ལ་ཡལ། བང་སོ་མེད་པར་གྲགས" ཞེས་པའི་ཚིག་ལ་གོ་བ་ཟབ་ལེན་དང་ཡོངས་གྲགས་ཀྱི་བསམ་འཁྱེར་ལྟར་བྱས་ན། དོན་ལ་མི་གནས་པ་ཞིག་འདུག ཐོག་མར་ཚིག་འགྲེལ་ལས་བཤད་ན། "ཡལ" ནི་བྱེད་མེད་ལས་ཚིག་ཡིན་པས་བྱེད་པ་པོ་དངོས་ཤུགས་གང་ལའང་བརྟེན་མི་དགོས་པའི་བྱ་ཚིག་གཅིག་ཡིན་ཏེ། ཆར་བབས། ཆུ་འཁྱིལ་ཞེས་པའི་བབས་དང་འཁྱིལ་ལྟ་བུ་ཡིན་གཤིས། ཐུང་པོ་བྱ་ཡིས་བཟས་པའི་རྐྱེན་གྱིས་མེད་པར་གྱུར་བ་ལ"ཡལ" ཞེས་མི་བརྗོད་དོ། །དེ་བས་སྐབས་དེ་དུས་ཐུང་པོ་རྗེས་འཇུག་གི་སྲོལ་ལ་ཞུགས་འབུལ་ཡོད་ཅེས་སྨྲས་ན་ཁྱོད་ཀྱི་བརྗོད་འདོད་བྱ་གཏོར་ལས་ཀྱང་འདྲ་ཆགས་ལ་ཚིག་དོན་འབྲེལ་འཚམས་པ་ཞིག་མི་འདུག་གམ། དེ་ཡང་ཐུང་པོ་ཞུགས་འབུལ་ཟིན་རྗེས་ཐུང་པོ་དུ་བར་གྱུར། དུ་བ་མཁའ་ལ་ཡལ་བས་སྐྱེ་བོའི་མིག་ཤེས་ཀྱིས་རིག་རྒྱུ་མེད་པ་དེ་ལྟར་ཡིན། ཡིན་ནའང་བོད་རིགས་ས་ཁུལ་མང་པོར་ཐུང་པོ་ཞུགས་འབུལ་བྱེད་པའི་སྲོལ་དེ་ནི་སངས་རྒྱས་ཆོས་ལུགས་

བོད་ཡུལ་དུ་དར་བའི་རྗེས་ལ་བྱུང་བའི་ངག་སྒྲོས་ཡོད་ལ། དེ་ནི་མི་ཕལ་པ་ཞུགས་འབུལ་བྱེད་པའི་སྲོལ་མེད་པར་མི་རྣམས་ཀྱིས་དད་གུས་བྱེད་པའི་བླ་སྤྲུལ་སྐུ་འདས་ན་གཞི་ནས་ཞུགས་འབུལ་བྱེད་ཀྱི་ཡོད། ཁྱད་པར་བོད་ཀྱི་ལོ་རྒྱུས་ཡིག་ལམ་ནང་དུའང་སྔ་མོའི་བོད་རིགས་ཁྲོད་དུ་ཕུང་པོ་ཞུགས་འབུལ་བྱེད་ཀྱི་ཡོད་པའི་གླེང་སྒྲོས་ཙམ་ཡང་མེད་ཙ་ན། ཕོ་བོ་ཅག་གིས་བྱུང་རྒྱལ་དུ་སྨྲ་ཅི་ལ་ནུས། དེས་ན་ད་ཆ་རང་རེའི་ཡུལ་དུ་དར་ཁྱབ་ཆ་ཚང་ཆེ་བའི་ཕུང་པོ་བྱ་གཏོར་གྱི་སྲོལ་འདི་ཉིད་དུས་ནམ་ཞིག་ནས་བྱུང་བ་དང་ཇི་ལྟར་བྱུས་ནས་བྱུང་བ་སོགས་ཀྱི་སྐོར་ལོ་རྒྱུས་དེབ་ཐེར་ཁག་ནང་འཁོད་ཡོད་མོད། འོན་ཀྱང་བོད་དམངས་ཁྲོད་ཀྱིས་ཕུང་པོ་བྱ་གཏོར་གྱི་སྲོལ་ལ་འཛིན་པའི་ལྟ་སྣང་དང་། ཟེར་སྒྲོས། དེ་བཞིན་ནང་པའི་ཆོས་གཞུང་ནང་དུ་འཁོད་པའི་ཐ་སྙད་བཅས་ལ་བསམས་ན། བོད་དུ་ཕུང་པོ་བྱ་གཏོར་གྱི་སྲོལ་དར་བ་ཡང་ནང་པའི་ཆོས་ལུགས་བོད་དུ་དར་བའི་རྗེས་ཀྱི་གནས་ཚུལ་ཞིག་ཡིན་པར་སེམས། དེ་ཡང་དམངས་ཁྲོད་ཀྱི་ཤོད་རྒྱུན་ལྟར། མི་ཤི་རྗེས་ཕུང་པོ་བྱ་རྒོད་ལ་སྦྱིན་པས་དགེ་བ་ཡོད་པ་དང་། བྱ་གཏོར་བྱས་ན་ཕུང་པོ་ལྷག་ལུས་མེད་པར་གཙང་མ་བཟོ་ཐུབ་པ། བྱ་རྒོད་ནི་ལྷ་བྱ་རྒོད་པོ་ཡིན་པས་ཕུང་པོ་ལྷ་བྱའི་ཞལ་དུ་ཕུལ་བ། བྱ་རྒོད་ནི་གནམ་དཀྱུང་ལ་འཕུར་བས་གཤིན་པོའི་རྣམ་ཤེས་བདེ་འགྲོར་སྐྱེ་བ་སོགས་སངས་རྒྱས་ཆོས་ལུགས་ཀྱི་ཤན་ཞུགས་པའི་ལུགས་སྲོལ་ཞིག་ཡིན་པ་དང་། ལྷག་པར་དུ་བསམ་ཡས་མཆིམས་ཕུ་དང་དིང་རི་གླང་འཁོར་སོགས་ཀྱི་དུར་ཁྲོད་མང་པོའི་སྙིང་དུ་ཡོད་པའི་དབྱིབས་མཚར་ཅན་གྱི་དུར་རྡོ་ཡང་རྒྱ་གར་བསིལ་བ་ཚལ་གྱི་དུར་ཁྲོད་ནས་བྱུང་བའི་གཏམ་མཆིས་པ། ཡོངས་གྲགས་སུ་བྱ་གཏོར་གྱི་ལུགས་ནི་ཕ་དམ་པ་སངས་རྒྱས་ཀྱི་སྐབས་སུ་རྒྱ་གར་ནས་དར་བར་འདོད་པ་བཅས། མདོར་ན་བོད་ཀྱི་ཕུང་པོ་བྱ་གཏོར་གྱི་སྲོལ་འདི་ནི་སངས་རྒྱས་ཆོས་ལུགས་བོད་དུ་དར་བའི་རྗེས་སུ་བྱུང་བ་ཞིག་ཡིན་པར་བྱས་ན་

རྒྱ་མཚན་ཆེ་བར་མཐོང་།

རང་ལུགས་འཐད་ལྡན་དུ་འཛུགས་པ།

སྤྱིར་ན་ རང་ ཅག་ བོད་ ཀྱི་ ལོ་ རྒྱུས་ དེབ་ ཐེར་ ཁག་ ནང་ དུ་ འཁོད་ པའི་ "གནམ་གྱི་ཁྲི་བདུན་མཁའ་ལ་འཕུར། ཕུང་པོ་འཇའ་ལྟར་ཡལ་" ཞེས་པའི་དོན་ལ་མི་རྣམས་ཀྱིས་ཡིད་ཆེས་གཏན་ནས་མེད་པ་ཡིན་ངེས་ཀྱང་། ཁྲི་བདུན་གྱི་ཕུང་པོ་ཡང་སྙིང་ ཇི་ ལྟར་ བྱས་ ནས་ ཐག་ གཅོད་ བྱས་ ཡོད་ མེད་ དང་། གནས་ གང་ དུ་ རྗེས་འཇུག་བྱས་ཡོད་ མེད་ སོགས་ ལ་ ཐེ་ ཚོམ་ དང་ ཉེམ་ ཉུར་ གྱི་ བསམ་ པ་ སྐྱོན་ རྒྱུ་ ལས་གཞན་ ཅི། དེའི་ ཕྱིར་ ཁོ་ བོ་ ཅག་ ནས་ བློ་ ཕོག་ ཆེན་ པོས་ ཕྱིས་ བྱོན་ བཙན་ པོ་ རྣམས་ཀྱི་བང་སོ་བཏབ་ཡུལ་གྱི་ས་བབས་ལ་དཔྱེ་ཞིབ་བྱས་ཏེ། སྔོན་བྱོན་བཙན་ པོ་ཁྲི་བདུན་གྱི་ཕུང་པོ་རྗེས་འཇུག་སྐོར་རགས་ཙམ་བརྗོད་ན། དེ་ཡང་དཔྱིད་ཀྱི་ རྒྱལ་མོའི་གླུ་དབྱངས་ལས་ "བར་གྱི་སྟེང་གཉིས་བང་སོ་གཡའ་དང་རྫ་ལ་བཏབ། སའི་ལེགས་དྲུག་བང་སོ་གཡའ་སྤང་མཚམས་སུ་བཏབ། ལྡེ་བརྒྱད་བང་སོ་ཆུ་བོའི་ གཞུང་དུ་བཏབ། ……" ཅེས་བང་སོའི་བཏབ་ཡུལ་སྔ་མ་སྔ་མ་མཐོ་རྫ་དང་ གཡའ་རུ་བཏབ་པ་དང་། ཕྱི་མ་ཕྱི་མ་རིམ་བཞིན་ཇེ་དམའ་རུ་ཕྱིན་ཏེ་མཐར་ཆུ་ བོའི་གཞུང་ དུ་ བཏབ་ པའི་ བརྒྱུད་ རིམ་ ངེས་ ཅན་ ཞིག་ བྱུང་ འདུག བརྒྱུད་ རིམ་ དེའི་ཐོག་ནས་གཅིག་ནས་སྐབས་དེའི་མི་རྣམས་ཀྱི་འཚོ་བའི་ཁོར་ཡུག་དང་གནས་ བཅའ་བའི་རང་བྱུང་ཁོར་ཡུག་ཇི་བཞིན་དུ་རྟོགས་ཐུབ་པ་མ་ཟད། སྔར་གྱི་མི་ རྣམས་སྟོད་ཡུལ་ཀྱང་ "ཐང་ལ་མི་ཆགས་པར་བྲག་རི་བཙན་པོ་འཛིན་" པ་ནས་ད་ གཟོད་ས་ ཐོག་ གྲོང་ དུ་ ཆགས་ པའི་ ལོ་ རྒྱུས་ གསོན་ པ་ ཞིག་ བསྟན་ ཡོད་ པ་ དང་། གཉིས་ནས་དུས་སྐབས་སོ་སོའི་ཐོན་སྐྱེད་ནུས་ཤུགས་མཚོན་ཐུབ། ཐོན་སྐྱེད་ནུས་ ཤུགས་འཕེལ་རིམ་དང་བང་སོ་བཏབ་ཡུལ་གྱི་འགྱུར་བ་གཉིས་ལ་ཆོས་ཉིད་ངེས་

ཅན་ཞིག་ལྡན་པ་ནི། ཐོན་སྐྱེད་ནུས་ཤུགས་འཕེལ་རྒྱས་དང་འཚོ་བའི་ཆ་རྐྱེན་ཇེ་འཛོམས་སུ་སོང་བའི་རྨང་གཞིའི་འོག མི་རྣམས་ཀྱི་བསམ་པའི་འདུ་ཤེས་འཛིན་སྟངས་ལ་འཕོ་འགྱུར་བྱུང་བ་དང་ཆབས་ཅིག་བང་སོ་བརྡབ་ཡུལ་ཡང་མཐོ་རྫ་ནས་དམའ་ཐང་ལ་འགྱུར་བ་དེ་ཡིན། དེར་བརྟེན། ངེད་ཀྱི་བསམ་པར་གནམ་གྱི་ཁྲི་བདུན(སྤུ་རྒྱལ་གྱི་གདུང་རབས་བདུན་པ་གྲི་གུམ་བཙན་པོ་ཡིན་པ་ཏུན་ཧོང་བོད་ཀྱི་ཡིག་རྙིང་ལས་བཤད་པས་ཁྲི་དྲུག་ཏུ་སྡུ་བའང་ཡོད།)གྱི་བང་སོ་ཡང་ཕལ་ཆེར་མཐོ་ནམ་མཁའ་དང་མཉམ་པའི་རི་བོའི་རྩེ་མོར་བརྡབ་པར་སྙམ། དེའི་ཕྱིར་ཡང་གྲགས་ཡིན་ཁར་ལོ་རྒྱུས་རྣལ་མ་ཡིན་པའི་གྲི་གུམ་བཙན་པོ་ཚུན་གྱི་བོད་བཙན་པོའི་གདུང་རྒྱུད་ཁྲོད་དུ་བང་སོ་བརྡབ་སྲོལ་ཡོད་པ་དེ་ཉིད་དོན་དངོས་ཐོག་བོད་ཀྱི་ཐོག་མའི་རྒྱལ་རྒྱུད་ཁྲོད་དུ་ཡོད་བཞིན་པའི་ཕུང་པོ་རྗེས་འཇུག་གི་སྲོལ་དེ་ཉིད་རྒྱུན་འཛིན་བྱས་པ་ཞིག་ཡིན་པར་གོར་མ་ཆག

འོ་ན་གནའ་བོའི་བོད་ཀྱི་རྒྱལ་རྒྱུད་ཁྲོད་དུ་བང་སོ་བརྡབ་སྲོལ་ཡོད་པ་དེས། སྐབས་དེ་དང་དེ་ལས་སྔ་བའི་གནའ་བོའི་བོད་ཀྱི་དམངས་ཁྲོད་དུའང་བང་སོ་བརྡབ་སྲོལ་ཡོད་པས་ཁྱབ་བམ་ཞེ་ན། བོད་ཀྱི་ལོ་རྒྱུས་དངོས་ལས་དེ་ལྟར་རང་ཡིན་པར་ངེས་རྙེད་ཐུབ་པ་ནི། དགེ་འདུན་ཆོས་འཕེལ་ལགས་ཀྱིས་བརྩམས་གནང་བའི《དེབ་དཀར་》ལས། "སྔོན་དུས་ཀྱི་སྲོལ་ལུགས་སོགས་ཇི་འདྲ་ཡིན་བསམ་པའི་ཚེ། རྒྱལ་ཁམས་གཞན་གྱི་ཡི་གེ་བྲིས་པའི་ལོ་རྒྱུས་སོགས་ལ་བལྟ……"ཞེས་གསུངས་པ་བཞིན། རྒྱའི་ལོ་རྒྱུས་ཡིག་ཚང་《ཐང་ཡིག་གསར་རྙིང་ལས་བྱུང་བའི་བོད་ཆེན་པོའི་སྲིད་ལུགས་དང་འབྲེལ་བའི་དེབ་ཐེར་སེང་གེའི་ང་རོ་》ལས། གནའ་དུས་བོད་ཀྱི་གཤིན་པོ་རྗེས་འཇུག་གི་སྲོལ་ལ། "མི་ཤི་ཚེ་རོ་དུར་དུ་སྦས། བང་སོར་ཆོས་སྣ་འབྱུག"ཅེས་དང་། "དུར་དུ་སྦས་མ་ཐག་འདུན་ཀྱང་གྲོལ།"ཞེས་གསལ་པོར་འཁོད་ཡོད་པ་དང་། ལྷག་པར་དུ་དེང་རབས་ལོ་

བཅུ་ཕྲག་གཉིས་གསུམ་རིང་བོད་ཀྱི་ས་འོག་ནས་གནའ་རྫས་འབོར་ཆེན་ཐོན་པ་དེ་དག་ལས་སྤྱི་ལོ་༡༩༨༤ལོར་བོད་རང་སྐྱོང་ལྗོངས་རིག་དངོས་དོ་དམ་ཨུ་ཡོན་ལྷན་ཁང་གི་རིག་དངོས་རྟོག་ཞིབ་ཚོགས་པས་ཆབ་མདོའི་ཁའོ་ཤེན་རྫའི་གནའ་ཤུལ་རྫོག་འཚོལ་བྱེད་སྐབས་རྫོའི་ཕུར་སྨམ་ཞིག་གསར་དུ་བཙལ་རྙེད་བྱུང་ཡོད། ཕུར་སྨམ་དེ་ནི་“ ཐད་དྲུས་ཀྱི་ས་དོང་” ནང་དུ་“ རྫོ་ལེབ་ལས་གྲུབ་པའི་” རྫོའི་ཕུར་སྨམ་ཡིན་པ་དང་། དེའི་ནང་མིའི་རུས་སྒྲོམ་དང་རྫ་ཆས་སོགས་ཡོད་པ་མ་ཟད། རྫོའི་ཕུར་སྨམ་གྱི་བང་སོ་དེ་ཉིད་ད་ཕན་མི་ལོ་བཞི་སྟོང་ཙམ་སོང་ཟིན་པ་སྟེ། སྤྱི་ལོའི་སྔོན་གྱི་ཉིས་སྟོང་ལོའི་གཡས་གཡོན་གྱི་ཡིན། སྤྱིར་ན་ཁའོ་ཤེན་རྫའི་རྫོའི་ཕུར་སྨམ་གྱི་བང་སོས་སྔ་དྲངས་པའི་གནའ་རྫས་རྟོག་ཞིབ་ཀྱི་རིག་གནས་སྐོར་ད་ཕན་བོད་ལྗོངས་ཁུལ་དུ་རྟོག་འདོན་བཙལ་རྙེད་བྱུང་བ་ཐོག་མ་ཙམ་ཡིན་ཁར་ཥ་ཅང་ཉུང་ཉུང་ཡིན་ནའང་། དེ་ཉིད་གསར་དུ་བཙལ་རྙེད་བྱུང་བ་དེས་བོད་ཀྱི་ས་ཁུལ་ཁྱོན་ཡོངས་སུ་དེ་ལྟ་བུའི་བང་སོའི་རིགས་ད་དུང་ངེས་པར་ཡོད་སྲིད་པར་དཔང་རྟགས་བྱེད་ཐུབ། སྤྱི་ལོ་༡༩༨༤ལོའི་ སྤྱི་རྗེས་སུ་བོད་ཀྱི་གནའ་རྫས་རྟོག་ཞིབ་ཚོགས་པར་ད་དུང་ཤ་འབེལ་བང་སོའི་རིགས་དང་། རྫོ་བུ་བང་སོའི་རིགས། ཚ་གོང་བང་སོའི་རིགས། ཕུ་ནུ་ལུང་ཤུར་བང་སོའི་རིགས་བཅས་དབྱེ་བ་བཞིར་ཕྱེ་བའི་བང་སོའི་ཚོགས་མང་བ་ཞིག་བོད་ཀྱི་ས་ཕྱོགས་གང་ས་ནས་བཙལ་རྙེད་བྱུང་ཡོད་ཅིང་། བང་སོ་ཁག་གཅིག་ཐོག་མར་རྟོག་འདོན་བྱས་ཏེ་ཤེས་རྟོགས་བྱུང་བ་ལྟར་ན། བང་སོ་མང་ཆེ་བ་ནི་ས་དོང་ཐད་དྲུས་ནང་དུ་རྫོ་གཡམ་དང་རྫོ་ལེབ་ལས་གྲུབ་པའི་རྫོའི་ཕུར་སྨམ་ཡིན་པ་དང་། དུར་རྫས་ལའང་རྫོ་ཆས་དང་། རྫ་ཆས། རུས་ཆས། ཟངས་ཆས། ལྕགས་ཆས་སོགས་ཅི་རིགས་ཤིག་མངོན་རྒྱུ་ཡོད་པ། དེ་དག་གི་ལོ་རབས་ནི་སྔ་བ་སྤྱི་ལོའི་སྔོན་གྱི་ལོ་བརྒྱ་ཕྲག་འགའི་ཡིན་པ་དང་། ཕྱི་བ་བཙན་པོའི་རྒྱལ་རབས་ཀྱི་དུས་མཇུག་ཙམ་ཡིན་པ་བཅས། བང་སོ་

རིགས་ཁོངས་མི་འདྲ་བ་བཞི་པོ་དེ་རྣམས་ལ་སྤྱིའི་ཆར་གོང་ཞུས་ཀྱི་ཆབ་མདོ་ཞའོ་ཨེན་ཇའི་རྫོའི་ཕུར་སྣམ་བང་སོའི་ཁྲིད་ཆོས་མངོན་རྒྱུ་ཡོད་ཅིང༌། ཁྲི་བྲག་ཏུ་དུས་རབས་སོ་སོའི་ཐོན་སྐྱེད་དང་འཚོ་བའི་ཡོ་ཆས། བསམ་པའི་འཁྱེར་སྣང་མཚོན་པའི་དངོས་པོ་སོགས་མཐོང་རྒྱུ་ཡོད། དེར་བརྟེན་བང་སོ་རིགས་མི་འདྲ་བ་བཞི་པོ་དེ་རྣམས་ཕལ་ཆེར་ཆབ་མདོ་ཞའོ་ཨེན་ཇའི་རྫོའི་ཕུར་སྣམ་གྱིས་མཚོན་པའི་གནའ་བོའི་བོད་ཀྱི་ཕྱུང་པོ་རྗེས་འཇུག་གི་སྲོལ་དེ་རྒྱུན་མཐུད་དར་རྒྱས་བྱུང་བ་ཞིག་ཡིན་པར་ང་ཚོས་ངོས་འཛིན་བྱེད་ཀྱི་ཡོད། མདོར་ན། བརྒྱ་བཤད་སྟོང་བཤད་ཡོས་ལ་འབབ་རྒྱུ་རྩམ་པ་ལྟར་གནའ་བོའི་བོད་ཀྱི་ཡུལ་འདིར། གཤིན་པོའི་ཕྱུང་པོ་ཐག་གཅོད་བྱེད་པའི་ཕྱུང་པོ་རྗེས་འཇུག་གི་སྲོལ་ལ་བང་སོ་བཏབ་ཀྱི་ཡོད་པར་བརྗོད་ན་ལོ་རྒྱུས་དང་ཙུང་འཚམས་པར་མཐོང་བས་དེ་ལྟར་བརྗོད་པ་ལགས་སོ། །

༧༧། །རྫ་ཡུལ་སྙིང་པའི་གཉེན་སྲོལ་དང་འདས་མཆོད་སྐོར།

སྙིང་པ་ནི་ད་བར་རང་རྒྱལ་དུ་མི་རིགས་གང་ལའང་མི་གཏོགས་པའི་མིའི་ཚོ་པ་ཞིག་ཡིན། དེ་ནི་གཙོ་བོ་རང་ལྗོངས་ཀྱི་རྫ་ཡུལ་རོང་སྟོད་སྨད་གཉིས་སུ་གནས་ཤིང་། ཚོ་པ་དེའི་ཁོངས་མི་གྲངས་ཁྲི་གཉིས་ཙམ་ཡོད་པར་གྲགས། རྫ་ཡུལ་རོང་ནི་བོད་ལྗོངས་ཤར་ལྷོའི་མཚམས་སུ་གནས་ཤིང་། ཁུལ་དེའི་སྙིང་པའི་ལོ་རྒྱུས་སྐོར་ད་ལམ་ཁུངས་བཙན་གྱི་ཡིག་ཚང་ཞིག་མ་རིག་པས། དེའི་བྱུང་འཕེལ་གྱི་ལོ་རྒྱུས་ཡང་དག་པ་ཞིག་ངོ་སྤྲོད་ཞུ་ཐབས་བྲལ། འོན་ཀྱང་དམངས་ཁྲོད་ཀྱི་བཤད་རྒྱུན་ལྟར་ན། ཁུལ་དེའི་སྙིང་པའི་མེས་པོ་རྣམས་ཀྱིས་དུས་རབས་ཉི་ཤུ་པའི་དུས་འགོ་ཙམ་ནས་བཟུང་རི་དྭགས་རྔོན་པའི་བརྒྱུད་རིམ་ནང་ས་ཁུལ་དེའི་ཐུན་མོང་མིན་པའི་ཐོན་ཁུངས་དང་དམིགས་བསལ་གྱི་ཁྱད་ཆོས་རྣམས་ཤེས་རྟོགས་བྱུང་བས། སྔ་རྗེས་སུ་ས་ཁུལ་གཞན་ནས་གནས་སྤོས་བྱས་པ་དང་། དེ་དག་ལས་འཕེལ་རྒྱས་བྱུང་བར་གྲགས། དེང་སྐབས་སྙིང་པ་རྣམས་ཀྱིས་རང་གི་མེས་པོའི་ལུགས་སྲོལ་མང་པོ་ཞིག་ངོར་ནས་ཁུལ་དེའི་བོད་པའམ་ཡང་ན་རྒྱ་རིགས་ཀྱི་ལུགས་སྲོལ་སྤྱོད་མཁན་མང་ཡང་། སྙིང་པའི་སྲོལ་རྒྱུན་ཇི་འདྲ་ཡིན་མིན་ངོ་སྤྲོད་གནང་ཐུབ་མཁན་མི་ཉུང་བ་ཞིག་མཇལ་རྒྱུ་ཡོད། བོད་ས་ཕྱི་ལོའི་བོད་ཟླ་གསུམ་པར་ཕྲན་རྫ་ཡུལ་ཁུལ་དུ་དུས་ཐུང་ཞིག་རིང་སྤྱི་ཚོགས་བརྟག་ཞིབ་ལ་འགྲོ་བའི་གོ་སྐབས་བྱུང་ལ། ལས་ཞོར་དུ་སྙིང་པའི་དམངས་ཁྲོད་ཀྱི་ཤེས་བྱ་ཁག་ལ་རྒྱུས་ངོ་ཕྲན་ཙམ་བྱས་པ་ཡིན། འདིར་ཁོང་ཚོའི་གཉེན་སྲོལ་དང་འདས་མཆོད་ཀྱི་

སྐོར་ཙུང་ཟད་ངོ་སྤྲོད་ཞུ་རྒྱུ་ཡིན།

དང་པོ་སྙིང་པའི་གཉེན་སྒྲོལ་བཤད་རྒྱུ་ལ། སྙིང་པ་རྣམས་ཁྱོ་གཅིག་ཤུག་གཅིག་གི་གཉེན་སྒྲོལ་ལག་ལེན་མཁན་མང་ཆེ་ལ། དུས་ཚང་ཕྱུག་གྲས་འགའ་ཤས་ཀྱིས་ཁྱོ་གཅིག་ཤུག་མང་གི་སྒྲོལ་ལ་འཇུག་མཁན་ཡང་ཡོད་པ་དང་། དེ་ནི་རང་རེ་བོད་པའི་ལུགས་ཀྱི་བུ་མོ་སྤུན་ཁྱོ་བོ་གཅིག་མཉམ་དུ་སྤྱོད་པའི་ལུགས་དང་མི་འདྲ་བར་ཤ་རུས་ཀྱི་འབྲེལ་བ་གང་ཡང་མེད་པའི་བུད་མེད་གཉིས་སམ་གསུམ་སྐྱེས་པ་གཅིག་གིས་སྤྱོད་པ་ཡིན་ལ། ཁང་པའི་ནང་དུ་མནའ་མ་རེ་རེར་ཞལ་ས་དང་ཐབ་རེ་རེ་ཡོད་པ་དང་སྐྱེས་པ་དེ་ལ་ཁེར་རྐྱང་ཞལ་ས་དང་ཐབ་གཅིག་ཡོད། ད་དུང་སྙིང་པའི་ལུགས་སུ་བོད་ལུགས་དང་མི་འདྲ་བར་མི་རིགས་གཞན་གྱི་སྒྲོལ་རྒྱུན་ལྟར་ཉེ་ཚོང་གི་གཉེན་སྒྲོལ་ཡོད་པ་ནི། བུ་ལ་མནའ་མ་ལེན་པར་སྐྱེས་པའི་ཕྱོགས་ནས་རང་ཚང་གི་འཁོར་པ་དང་བསྟུན་ནས་བ་གླང་གཉིས་ནས་བཅུ་བར་བུ་མོའི་ཕ་མར་བུ་མོའི་མི་དོད་དུ་སྤྲོད་དགོས་པ་དང་། གལ་སྲིད་བུའི་ཕྱོགས་ཀྱི་དཔལ་འབྱོར་ཆ་རྐྱེན་ཞན་པའི་སྐབས་ཀྱིས་བུ་ལ་མནའ་མ་བསུ་དུས་སུ་སླེབས་ཀྱང་བ་གླང་སྤྲོད་རྒྱུ་མེད་ན། ཕྱོགས་གཉིས་གྲོས་བསྡུར་བྱས་ཐོག་འགའ་རེས་བུ་མོའི་མི་དོད་བ་གླང་རྗེས་སུ་སྤྲོད་པ་དང་། འགའ་རེས་བ་གླང་གི་དོད་དུ་བུ་དེ་བུ་མོའི་ཁྱིམ་དུ་ཕྱིན་ནས་ངལ་རྩོལ་རྒྱག་ཅིང་། གླང་རིན་འཁྱུར་མཚམས་སུ་གཞི་ནས་བུ་མོ་དང་བུ་གཉིས་ཀ་བུའི་ཁྱིམ་ཚང་དུ་ལོག་ནས་མིང་དོན་མཚུངས་པའི་བཟའ་གཙུགས་ཀྱི་འཚོ་བར་འཇུག་པའི་སྒྲོལ་ཡོད་སྐད། འོན་ཀྱང་དེ་ལྟ་བུའི་བྱ་བར་འཇུག་མཁན་གྱི་སྐྱེས་པ་རྣམས་མི་ཚང་མས་ཐ་ཆུང་ནུས་མེད་ལ་བརྩི་བ་ཡིན། སྙིང་པའི་སྒྲོལ་རྒྱུན་དུ་བུ་ཕྲུག་གི་མི་ཚེའི་འགྲོ་ལུགས་ཕལ་ཆེར་ཕ་མས་བྱེད་པ་དང་། བུ་དེ་ལོ་ཉི་ཤུ་ཙམ་ལ་སོན་སྐབས་ཕ་མས་ནམ་རྒྱུན་རྟག་ཏུ་གཉེན་འབྲེལ་གྱི་བར་མི་བྱེད་ལ་བྱུང་ཆུབ་པའི་“ཀ་པད་ཡཱ་མེ་”(སྙིང་པའི་སྐད་དེ་བར་མི་ལ་ཟེར་ཞིང་།

དེ་རིགས་ནི་ཁ་མཁས་དོན་གོ་ཆོད་པའི་སྐྱེ་བོ་ཤ་སྟག་ཡིན་) ཞིག་བཅོལ་ནས་དེ་ལ་གཉེན་དོན་མངགས་བཅོལ་ཞུ་བ་དང་། བར་མིའི་རོགས་རམ་འོག་མནའ་མ་སློང་བའི་སྲོལ་ཡོད། སྟོང་པ་རྣམས་ལ་རུས་མིང་ཡོད་པ་མ་ཟད་རུས་རྒྱུད་གཅིག་པའི་དབར་གཉེན་འབྲེལ་བྱེད་མི་ཆོག འོན་ཀྱང་ཨ་ཞང་གི་བུ་མོ་མནའ་མར་ལེན་རྒྱུ་དེ་གཉེན་ཉེ་ཐོག་གཉེན་བརྩེགས་ལ་བརྩིས་ནས་བཟང་བར་མཐོང་གི་ཡོད། ཡིན་ནའི་ད་ལྟ་ནི་དུའི་དབར་ལ་གཉེན་སྒྲིག་བྱེད་རྒྱུ་གཏན་འགོག་བྱས་པས་ལུགས་སྲོལ་དེ་ཡང་མེད་གི་ལྷག་མར་གྱུར། གཞན་ཡང་སྟོང་པའི་ལུགས་སུ་གཉེན་སྒྲིག་མ་བྱས་གོང་གི་ཕོ་མོ་གཞོན་ནུའི་དབར་ལུས་འབྲེལ་བྱེད་པ་འཛེམས་བྱ་ཆེ་བར་མི་འཛིན་ཡང་གཉེན་སྒྲིག་བྱས་ཟིན་པའི་བུད་མེད་རྣམས་མི་གཞན་དང་འགབ་མཐུན་བྱེད་རྒྱུ་འཛེམས་བྱ་ཆེན་པོ་ཞིག་ལ་འཛིན་པ་མ་ཟད། གལ་སྲིད་ཚུལ་མིན་འབྲེལ་བ་དེ་རིགས་ལྷག་ཚེ་བྱི་པོ་དེས་བུད་མེད་དེའི་ཁྱོ་བོར་བྱི་ཆད་བྱི་རིན་སྤྲོད་དགོས་པ་དང་། བཟའ་ཚང་དབར་གྱི་འབྲེལ་བ་དེ་སྔོན་ནས་དེ་ཙམ་བརྟན་པོ་མེད་ཚེ་ཁྱོ་བོས་ཆུང་མ་བསྐྱུར་བ་མ་ཟད། དེ་སྔོན་གཉེན་སྒྲིག་བྱེད་སྐབས་མི་དོད་དུ་སྤྲད་པའི་བ་སླང་སྐྱིན་ཚབ་བླངས་ནས་བྱི་པོ་ལ་ཆུང་མ་ལག་ཤུག་གཏོང་བའི་སྲོལ་ཡོད།

སྟོང་པའི་སྡར་གྱི་ལུགས་སྲོལ་ལ་བུའི་ཕྱོགས་ནས་བུ་མོ་ཞིག་མནའ་མར་ལེན་རྒྱུའི་བློ་མོས་བྱུང་ཚེ་ཆང་དང་། རས། ཕྱུགས་རིགས་བཅས་སློང་རྟེན་དུ་ཁྱེར་ནས་མནའ་མ་སློང་བར་ཐེངས་གསུམ་ཙམ་འགྲོ་སྲོལ་ཡོད། བུ་མོའི་ཕ་མས་བུ་མོ་མནའ་མར་སྟེར་རྒྱུའི་ཁས་ལེན་བྱུང་མཚམས་སུ“ ཀ་པད་ཡླ་མེ་” དང་ཕྱོགས་གཉིས་ཀྱི་ཕ་མ་གྲོས་མོལ་བྱས་ཐོག་མནའ་མ་བསུ་བའི་དུས་ཚོད་གཏན་འཁེལ་བྱེད་ཀྱི་ཡོད། མནའ་མ་བསུ་བའི་བར་གྱི་ཉིན་གྲངས་དེ་ཐིག་གུ་གཉིས་ལ་མདུད་པ་བརྒྱབ་ནས་མདུད་པའི་གྲངས་ཀྱིས་ངེས་པ་དང་། བུ་དང་བུ་མོའི་ཕྱོགས་གཉིས

ནས་མདུད་པ་རྒྱབ་པའི་ཐིག་གུ་རེ་རེ་འཁྱེར་ཏེ་ཉིན་མ་གཅིག་སོང་མཚམས་ཐིག་གུའི་མདུད་པ་རེ་བྲེགས་ནས་དུས་ཚོད་ངེས་ཤིང་། མཐར་ཐིག་གུའི་མདུད་པ་རྫོགས་རྗེས་མནའ་མ་བསུ་བར་འགྲོ་སྲོལ་ཡོད། མནའ་མ་བསུ་བར་སྐྱེས་པ་དོ་བདག་འགྲོ་དགོས་ལ་ད་དུང་བུ་མོའི་ཕ་མར་སྤྲོད་བྱེད་ཀྱི་ལག་རྟགས་ཁྱེར་མཁན་དང་། བུ་མོའི་ཁྱིམ་ལ་སྤྲོད་བྱེད་ཀྱི་ཕག་པ་དང་། ར་ལ་སོགས་པའི་དུད་འགྲོ་དེད་མཁན་གྱི་མི་འགའ་ཤས་མཉམ་དུ་འགྲོ་བའི་སྲོལ་ཡོད། མནའ་མ་བསུ་མཁན་གྱི་མི་གྲངས་མང་ཉུང་དེ་བུའི་ཕྱོགས་ནས་འབུལ་རྟེན་ལག་རྟགས་མང་ཉུང་གིས་ཐག་གཅོད་པ་དང་། བསུ་མི་རྣམས་བུ་མོའི་ཁྱིམ་དུ་ཉིན་གཅིག་ནས་གཉིས་བར་སྡོད་པ་དང་། བུ་མོའི་ཕྱོགས་ནས་སྣེ་ལེན་གང་གཟབ་བྱེད་ལ། བུ་མོའི་གཉེན་ཉེ་ སྤུན་མཆེད་རྣམས་སྐུ་མགྲོན་དུ་གདན་འདྲེན་ཞུ་ཡི་ཡོད། དེ་དུས་བུ་མོའི་ཁྱིམ་ཚང་གིས་བུའི་ཕྱོགས་ནས་གནང་བའི་ཕྱུགས་རིགས་རྣམས་བཤས་ནས་མགྲོན་ལ་ཤ་ཚང་གིས་སྣེ་ལེན་བྱེད་པ་དང་། མནའ་མ་བསུ་བར་ཡོང་མཁན་ཚོས་ཤ་ཆོལ་སྤྱོད་རྒྱུ་འཛོམས་བྱུར་འཛོན་གྱི་ཡོད། རྒྱུ་མཚན་ནི་ཤ་ཆོལ་དེ་དག་རང་ཁྱིམ་ནས་དེད་ཡོང་བའི་ཕྱུགས་ཟོག་གི་ཤ་ཆོལ་ཡིན་པས་སོ། །བུ་མོའི་ཕྱོགས་ནས་མནའ་མ་སྐྱེལ་བར་འགྲོ་མཁན་གྱི་མི་གྲངས་ཀྱང་བུ་མོའི་སྐལ་རྫོང་མང་ཉུང་གིས་གཏན་ལ་འཁེལ་བ་དང་། བུ་མོའི་སྟེར་སྐལ་གཙོ་བོ་ནི་མེ་མདའ་དང་། མདའ། གྲི་ལ་སོགས་པར་ངེས་ཤིང་དེའི་རྒྱུ་མཚན་ནི་སྔད་ཕྱིན་བུ་མོའི་ཉླ་བོས་རི་དྭགས་མང་ཙམ་བཙོན་ནས་བུ་མོར་དངོས་པོའི་ལོངས་སྤྱོད་གང་ལེགས་ཡོང་བའི་སླད་དུ་ཡིན་སྐད། སྟེང་པའི་གཉེན་སྟོན་ནི་རང་རེ་གངས་ཅན་པ་དང་བསྡུར་ན་ཉུང་སྟབས་བདེ་བ་སྟེ་གཉེན་བཤད་ལ་སོགས་པའི་གཉེན་སྟོན་གྱི་རིག་རྩེད་བྱེད་སྒོ་གཞན་མེད་པར་བུ་མོའི་ཁྱིམ་དུ་ཉིན་གཅིག་གཉིས་ཚང་འཕྲང་ལ་རོལ་ནས་གཉེན་སྟོན་མཇུག་སྒྲིལ་གྱི་ཡོད།

སྙིང་པའི་ཕུང་པོ་རྗེས་འཛུག་གི་སྲོལ་ལ་རིགས་གཉིས་ཙམ་ཡོད་དེ་ཕུང་པོ་དུར་སྦས་གཏོང་བ་དང་ཞུགས་འབུལ་བྱེད་པ་གཉིས་ཡིན། ད་ལྟ་མང་ཆེ་བས་ཞུགས་འབུལ་བྱེད་ཀྱི་ཡོད་ཟེར། དེ་སྔོན་བྱིས་པ་དང་རྒན་གྲོངས་ཆེ་ཧ་ལམ་དུར་སྦས་གཏོང་བ་དང་། དར་མ་གྲོངས་ཆེ་ཞུགས་འབུལ་བྱེད་སྲོལ་ཡོད། འོན་ཀྱང་དབྱར་དུས་སུ་ཕུང་པོ་རྗེས་འཛུག་བྱེད་སྐབས་མང་ཆེ་བས་ཕུང་པོ་དུར་སྦས་གཏོང་བ་ཡོད། དབྱར་དུས་ཞུགས་འབུལ་བྱས་ཆེ་སྔོན་ཐོག་གི་ཐོན་འབབ་ཆག་པ་དང་། ཐན་ལོ་ཏོག་ལ་སད་དང་སེར་བའི་རང་བྱུང་གནོད་འཚེ་ཡོང་ཉེན་ཡོད་པར་དགོངས་ཀྱི་ཡོད། དུད་ཚང་ཞིག་ཏུ་ནང་མི་འདས་སོང་ཆེ་འདས་པོའི་ཕུང་པོ་དེ་ཁང་པའི་ནང་དུ་མཚན་གཅིག་ལས་མ་ཉར་བར་ཁང་པའི་ཉེ་འགྲམ་དུ་“སྤུར་ཟུམ་”ཞེས་པའི་ཤིང་གི་སྤུར་ཁང་ཆུང་ཆུང་སྟབས་བདེ་ཞིག་བཟོས་ནས་དེའི་ནང་ཕུང་པོ་འཇོག་པ་དང་། སྤུར་ཁང་གི་ལྡེབས་སུ་འདས་པོ་འཚོ་བཞུགས་སྐབས་ཀྱི་རྒྱན་གོས་དང་། ཐོན་སྐྱེད་དང་འཚོ་བའི་ཡོ་བྱད་དཔྱངས་ནས་འཇོག་པ་དང་། བཟའ་བཅའ་དང་འཐུང་བྱའི་རིགས་ཉུང་ཤས་འཇོག་སྲོལ་ཡོད་ལ། འདས་པོ་དེ་སྐྱེས་པ་ཞིག་ཡིན་ཆེ་སྤུར་ཁང་གི་ནང་དུ་ད་དུང་བ་སླང་གི་མགོ་གཅིག་འཇོག་སྲོལ་ཡོད། ཁང་པ་ནས་ཕུང་པོ་སྤུར་ཁང་དུ་སྤོ་བའམ་ཡང་ན་ཕུང་པོ་དུར་དུ་གདན་འདྲེན་ཞུ་སྐབས་ངེས་པར་འདས་པོའི་བུའམ་སྤུན་མཆེད་ལས་སྐྱེས་པས་འཁུར་བ་ལས་བུད་མེད་ཀྱིས་ཕུང་པོ་འཁུར་སྲོལ་མེད། སྲོལ་རྒྱུན་དུ་བུད་མེད་གྲོངས་ཆེ་ཉིན་༤དང་སྐྱེས་པ་གྲོངས་ཆེ་ཉིན་༥ཕུང་པོ་ཤིང་གི་སྤུར་ཁང་ནང་དུ་འཇོག་པ་དང་། དེའི་རིང་ལྷ་པས་ཆོས་འདོན་གཏོར་བཅོས་ཀྱི་ཆོ་ག་གཉེར་བ་དང་ནང་མི་རྣམས་ཀྱིས་ཉིན་ལྟར་དེའི་མཐའ་འཁོར་དུ་དུ་འབོད་བྱས་ནས་མྱ་ངན་ཞུ་སྲོལ་ཡོད། ཕུང་པོ་དུར་སྦས་གཏོང་བའམ་ཞུགས་འབུལ་བྱེད་སྐབས་གཏན་འཇགས་ཀྱི་ས་ཆ་མེད་པར་རང་རང་སོ་སོའི་ཁོར་ཡུག་ས་བབ་དང་བསྟུན་ནས་རི་ཁྲུག་གཙང་ས་

དང་དབེན་སར་རྗེས་འཇུག་བྱེད་ལ། དུར་སྲིབས་གཏོང་སྐབས་ཕུང་པོ་དེ་ཐར་མའི་མངལ་གྱི་ནང་དུ་གནས་སྐབས་ཀྱི་གཟུགས་དབྱིབས་ལྟར་རྩ་ཐག་གིས་བཀྲིག་ནས་སྤུར་སྒམ་ནང་བླུགས་སྲོལ་ཡོད། ཐར་སྤུར་སྒམ་དེ་ཤིང་གི་སྒོང་པོ་ཆེན་པོ་ཞིག་གི་ཁོག་འབུབས་དྲུས་ནས་བྱེད་པ་དང་། ད་ལྟ་པང་ལེབ་ཀྱིས་བཟོ་མཁན་ཤ་སྟག་ཡིན། ཞུ་འབུལ་བྱེད་སྐབས་གོང་སྨོས་ལྟར་ཕུང་པོ་རྩ་ཐག་གིས་བཀྲིག་ནས་མེ་ཤིང་ཕུང་གསོག་བརྒྱབ་པའི་སྟེང་དུ་བཞག་ནས་མེ་བསྲེག་གཏོང་ལ། དེ་དུས་ཤིང་ཕུང་ལ་མེ་བརྒྱབ་རྗེས་སྤུན་མཆེད་རྣམས་ཕྱིར་ལོག་པ་དང་། ཕྱི་ཉིན་སྤུན་མཆེད་འགས་སྤུར་ཐལ་ས་ལ་སྤྲོད་པའི་སྲོལ་ཡོད། སྤྱིར་དུད་ཚང་མང་ཆེ་བས་བུའམ་བུ་མོ་གྲོངས་པའི་ཉིན་༡༠འམ་༡༡ཕྱིན་པའི་དུས་སུ་ཁྱིམ་ཚང་གི་དཔལ་འབྱོར་འཁོས་བབ་ལ་གཞིགས་ནས་གཏོར་བཅོས་བྱེད་སྲོལ་ཡོད། གཏོར་བཅོས་ཀྱི་བྱེད་སྒོ་ནི་ཁུལ་དེ་པའི་ལྷ་པས་གཙོ་འགན་བཞེས་འོག་གཉེར། སྟེང་པའི་སྐད་དུ་ལྷ་པར་“ཀོའོ་”ཞེས་འབོད་ལ། དེ་ནི་མི་དང་འདྲེའི་བར་ལ་མཚམས་སྦྱོར་བའམ་འབྲེལ་བཤད་རྒྱུག་མཁན་ཡིན་པར་བརྩི་ཡི་ཡོད། སྟེང་པ་རྣམས་ཀྱིས་མི་ཤི་རྗེས་དེའི་རྣམ་ཤེས་མི་འགྲོ་བར་གདོན་འདྲེ་ལ་སྐྱེས་ནས་མི་ལ་གནོད་པ་གཏོང་གི་ཡོད་པར་བརྩི་བས། ལྷ་པ་གདན་འདྲེན་ཞུས་ནས་གཤིན་པོའི་རྣམ་ཤེས་ཕྱིར་སྐྲོད་གཏོང་བ་ཡིན་ལ། དེར་སྟེང་པའི་སྐད་དུ་“ཏ་སློད་ཡྂ”ཟེར། གཤིན་པོའི་རྣམ་ཤེས་ཕྱིར་སྐྲོད་གཏོང་སྐབས་སྔོན་ལ་དུད་ཚང་དེས་ཤ་ཆང་ཟས་གསུམ་དང་གོས་གསར་པ་བཅས་སྒོ་འགྲམ་དུ་སྒྲིག་དགོས་པ་དང་། ཚོ་ག་སྤེལ་སྐབས་ལྷ་པ་དེས་ཤ་ཆང་ཟས་གསུམ་དང་གོས་སོགས་ལ་གྲི་རིང་ཞིག་གིས་ཐུག་རེག་བྱེད་བཞིན་ཁ་ནས་“ཁྱོད་བཟོ། ཁྱོད་འཐུངས། ཁྱོད་འདི་རུ་མ་སྡོད་རིང་དུ་སོང་ཞིག”ཅེས་བརྗོད་སྲོལ་ཡོད། གྲོང་པ་ཁྱིམ་མཚེས་རྣམས་ཀྱང་དེ་ཉིན་དུད་ཚང་དེའི་གཏོར་བཅོས་བྱེད་སྒོར་ཞུགས་སྲོལ་ཡོད། དུད་ཚང་མང་ཆེ་བས་“ཏ་སློད་ཡྂ”བྱ་བའི་ཚོ་ག་དེ་

བྱས་ཟིན་མཚམས་སུ་ཤིང་གི་སྤུར་ཁང་དེ་མེ་ཡིས་བསྲེགས་ནས་གཤིན་པོའི་རྣམ་ཤེས་ཆགས་ས་མེད་པ་བཟོ་བའི་སྲོལ་ཡང་ཡོད། གཏོར་བཙོས་ཀྱི་ཚོ་ག་སྤེལ་སྐབས་འགྲོ་གྲོན་ཅུང་ཆེ་བའི་རྐྱེན་གྱིས་འདས་པོའི་དུད་ཚང་གི་དཔལ་འབྱོར་ཆ་རྐྱེན་ཧ་ཅང་ཞན་པོ་ཡིན་ཙེ། བྱེད་སྒོ་དེའང་སྟོན་སྒྲུད་མ་གྲུབ་བར་དུ་ནར་འགྱངས་བྱེད་སྲོལ་ཡོད། ཕུང་པོ་དུར་སྦས་སམ་ཞུགས་འབུལ་མ་བྱས་གོང་དང་“རྟ་སློད་ཡཱ་”བྱ་བའི་བྱེད་སྒོ་གཉེར་རིང་ལ་དུད་ཚང་དེའི་ནང་མི་རྣམས་ཕུད་ད་དུང་གྲོང་པ་ཁྲིམ་མཆེས་རྣམས་ཀྱང་སོ་ནམ་དང་ཇོན་ལས་སོགས་ཐོན་སྐྱེད་ལ་མི་འཇུག དེ་ནི་འདས་པོར་མྱ་ངན་ཞུས་པ་ཙམ་མ་ཟད་དུས་ཚོད་དེའི་ནང་ཐོན་སྐྱེད་ལ་བཞུགས་ན་ལོ་ཏོག་ལ་གྲིབ་ཕོག་པ་དང་། རང་བྱུང་གནོད་འཚེ་ཡོང་ཉེན་ཡོད་པར་དགོངས་ཀྱི་ཡོད། །

༧༢། །བོད་ཀྱི་དུས་སྟོན་གྱི་ཁྱད་ཆོས་དང་དེའི་འཕེལ་ཕྱོགས་ཀྱི་སྐོར་ལ་དཔྱད་པ།

གཅིག བོད་ཀྱི་དུས་ཆེན་གྱི་རྣམ་དབྱེའི་སྐོར།

གངས་རི་ར་བས་བསྐོར་བའི་ཁ་བའི་ལྗོངས་འདིར་འཚོ་ཞིང་གནས་པའི་བོད་མི་རིགས་ནི་ལོ་རྒྱུས་ཡུན་རིང་ལྡན་ལ། ཆོས་ལུགས་ཀྱི་ཤུགས་རྐྱེན་གཏིང་ཟབ་པ་དང་། སྲོལ་རྒྱུན་རིག་གནས་ཀྱིས་ཕྱུག་པ་ཞིག་ཡིན། ལོ་རྒྱུས་ཀྱི་ཆུ་རྒྱུན་རིང་པོའི་ནང་དམིགས་བསལ་གྱི་ས་བབ་དང་གནམ་གཤིས། ཐུན་མོང་མིན་པའི་གངས་ལྗོངས་རིག་གནས་ཀྱི་སྣང་གཞིའི་ཐོག་ཆགས་གྲུབ་བྱུང་བའི་བོད་ཀྱི་དུས་ཆེན་ནི་རྣམ་གྲངས་མང་ལ་ནང་དོན་ཧ་ཅང་ཕུན་སུམ་ཚོགས་པ་ཞིག་སྟེ། དེའི་ནང་བོད་ཡོངས་སུ་དར་ཁྱབ་ཆེ་ཞིང་བོད་པ་ཡོངས་ཀྱིས་རྒྱས་གཏོང་བྱེད་པའི་བོད་ཀྱི་ལོ་གསར་ལྟ་བུ་ཡོངས་ཁྱབ་རང་བཞིན་ལྡན་པའི་དུས་ཆེན་ཆེ་གྲས་ཡོད་ལ། ས་ཁུལ་སོ་སོར་དར་བའི་ས་ཁུལ་རང་བཞིན་ལྡན་པའི་དུས་ཆེན་ཆུང་གྲས་ཀྱང་ཡོད་པ་དང་། དེ་ལྟའི་དུས་ཆེན་རྣམས་ཆོས་དང་འཇིག་རྟེན་སྐོར་གྱི་དུས་ཆེན་རྣམ་གཞག་རིགས་གཉིས་སུ་བསྡུས་ན་ཆོག་ལ། ཆོས་ལུགས་སྐོར་གྱི་དུས་སྟོན་རྣམས་རྒྱས་བསྡུས་སྣ་ཚོགས་ལས་གྲུབ་པ་དང་། ཐོན་སྐྱེད་འཚོ་བའི་སྐོར་གྱི་དུས་ཆེན་རྣམས་འདྲ་མིན་སྣ་ཚོགས་ལས་གྲུབ་ཡོད། དེ་ཡང་ཆོས་ལུགས་སྐོར་གྱི་དུས་ཆེན་ལ་ཆ་མཚོན་ན། བོད་ལྗོངས་ས་ཁུལ་ཡོངས་སུ་དར་བའི་དུས་སྟོན་དང་། དགོན་སྡེ་ཁག་དང་ཁུལ་སོ་སོའི་མང་ཚོགས་ཀྱིས་མཉམ་གཏོང་བྱེད་པའི་དུས་ཆེན། དགོན་སྡེ་སོ་སོས་གཏོང་བའི་དུས་མཆོད་བཅས་རྒྱས་བསྡུས་ཆེ་འབྲིང་ཆུང་གསུམ་

ལས་གྲུབ་ཅིང་། དེ་ཡང་མཆོད་འབུལ་རང་བཞིན་གྱི་དུས་མཆོད་དང་། དྲན་གསོའི་དུས་མཆོད། ཚོགས་འདུའི་རང་བཞིན་གྱི་དུས་མཆོད། སྲོལ་སྲིད་རྟེན་འབྲེལ་རང་བཞིན་གྱི་དུས་ཆེན་བཅས་རྣམ་དབྱེ་བཞི་ཙམ་ལ་དབྱེ་ཆོག དེ་ཡང་བོད་ཀྱི་རིག་གནས་དང་དཔལ་འབྱོར་གྱི་ལྟེ་གནས་སུ་གྲགས་པའི་ལྷ་ས་ཁུལ་དུ་དར་ཁྱབ་ཆེ་བའི་དུས་ཆེན་རྣམས་དཔེ་མཚོན་དུ་བཞག་ན། འབྲས་སྤུངས་ཟླ་འབུམ་དང་། སེ་ར་ཕུར་མཇལ། དགའ་ལྡན་སེའུ་ཐང་། རྗེ་ཚོགས་མཆོད་སེར་སྦྲེང་ལ་སོགས་པ་རྣམས་མཆོད་འབུལ་རང་བཞིན་ཅན་གྱི་དུས་མཆོད་ཀྱི་ཁོངས་སུ་བཞག་ཆོག་པ་དང་། ལྷ་ས་སྨོན་ལམ་ཆེན་མོ་དང་། འཛམ་གླིང་སྤྱི་བསང་། དྲུག་པ་ཚེས་བཞི། བཞི་མཆོད་དང་ལྔ་མཆོད། ལྷ་བབས་དུས་ཆེན་བཅས་དྲན་གསོའི་རང་བཞིན་གྱི་དུས་མཆོད་དུ་གཏོགས་པ། རྗེ་དགུ་གཏོར་དང་། དགའ་ལྡན་སྒྲུབ་མཆོད། སྨོན་ལམ་གཏོར་རྒྱག་བཅས་ནི་ཚོགས་འདུའི་རང་བཞིན་གྱི་དུས་སྟོན་དུ་གཏོགས་པ། འབྲས་སྤུངས་ཞོ་སྟོན་དང་། ཆབ་ཞུགས་ཆེན་མོ། བྱམས་པ་གདན་འདྲེན་བཅས་ནི་སྲོལ་སྲིད་དང་རྟེན་འབྲེལ་མཚོན་པའི་དུས་སྟོན་ལ་གཏོགས་པ་ཡིན། ཆོས་ལུགས་ཀྱི་དུས་ཆེན་རྣམས་རྣམ་དབྱེ་དེ་དག་ཏུ་ཕྱེ་བའི་རྒྱུ་མཚན་ནི་དུས་ཆེན་དེ་དག་དར་བའི་དགོས་པ་རྒྱུ་མཚན་རྣམས་ལས་གསལ་ཐུབ། ད་ལམ་ལྷ་ས་ཁུལ་གྱི་དུས་ཆེན་སྐོར་ངོ་སྤྲོད་རྒྱས་ཤོས་མཛད་པ་ནི《ལྷ་སའི་སྔར་སྲོལ་དུས་སྟོན་གཙོ་ཆེའི་རིགས་རགས་ཙམ་ངོ་སྤྲོད་བྱས་པ》①ཞེས་པ་དེ་ཡིན། དེ་ལས་གོང་དུ་དྲངས་པའི་དུས་ཆེན་རྣམས་དར་བའི་དགོས་པ་རྒྱུ་མཚན་རེ་རེ་བཞིན་མདོར་བསྡུས་དྲངས་ན། "བོད་ཟླ་བདུན་པའི་ཚེས་བརྒྱད་ཉིན། འབྲས་སྤུངས་ཚོགས་ཆེན་ནང་བཞུགས་པའི་ཧྭ་ལའི་བླ་མ་སྐུ་ཕྲེང་གསུམ་པ་བསོད་ནམས་རྒྱ་མཚོ་དང་སྐུ་ཕྲེང་བཞི་པ་ཡོན་

① ཀུན་དགའ་ལགས་ཀྱིས་བརྩམས། 《བོད་ལྗོངས་ཞིབ་འཇུག》༡༩༨༥ལོའི་བོད་ཡིག་དུས་དེབ་ཁ༤པར་གསལ།

ཏན་རྒྱ་མཚོ་གཉིས་ཀྱི་སྐུ་གདུང་ལ་མཆོད་མཇལ་གཏོང་བར་འབྲས་སྤུངས་ཀླུ་འབུམ་དུས་ཆེན་ཞེས་ཟེར་” བ་དང་། “བོད་ཟླ་བཅུ་གཉིས་པའི་ཚེས་ཉི་ཤུ་བདུན་ཉིན་ནི་སེ་ར་དགོན་པའི་བྱེས་གྲྭ་ཚང་དུ་ཡོད་པའི་དཔལ་ཆེན་རྡོ་རྗེ་གཞོན་ནུའི་ཕུར་པ་མཇལ་བའི་དུས་ཆེན་དེར་ཡོངས་གྲགས་སུ་སེ་ར་ཕུར་མཇལ་ཞེས་ཟེར་”བ། “བོད་ཟླ་དྲུག་པའི་ཚེས་བཅོ་ལྔར། འབྲིག་རི་བོ་དགའ་ལྡན་རྣམ་པར་རྒྱལ་བའི་གླིང་དུ་ཐུབ་དབང་གིས་གཙོས་འཕགས་པ་གནས་བརྟན་བཅུ་དྲུག་དང་། གསང་འདུས་མི་བསྐྱོད་པ། རྒྱལ་ཆེན་བཞི། དགེ་བསྙེན། ཧ་ཤང་བཅས་ཀྱི་སིའུ་ཐང་གྲངས་ཉི་ཤུ་རྩ་ལྔ་ཡོད་པ་རྣམས་ཚོགས་ཆེན་དང་ཁྲི་ཐོག་ཁང་རྣམས་སུ་ཞལ་དབྱེ་ནས་མཆོད་ཅིང་མཇལ་བར་བྱེད་པ་ལ་དགའ་ལྡན་སིའུ་ཐང་ཞེས་ཟེར་”བ། “བོད་ཟླ་གཉིས་པའི་ཚེས་སུམ་ཅུ་ནི་རྩེ་ཕོ་བྲང་དུ་བཞུགས་པའི་རྒྱལ་བ་ལྔ་པའི་སྐུ་གདུང་འཛམ་གླིང་རྒྱན་གཅིག་དང་། རིགས་ལྔའི་གཙོ་བོ་རྣམ་སྣང་གི་གོས་སྐུ་དང་འོད་དཔག་མེད་ཀྱི་སྐུ་རི་བོ་གྲུ་འཛིན་གཉིས་པའི་ཕོ་བྲང་གི་རྩིག་ངོས་སུ་ཞལ་དབྱེ་བར་མཆོད་འབུལ་བྱེད་པའི་ཉིན་མོ་ཞིག་རེད།” དེ་ལ་ཡོངས་གྲགས་སུ་ཚོགས་མཆོད་སེར་སྦྲེང་ཞེས་བརྗོད་ཀྱི་ཡོད། དེ་ལྟའི་དུས་ཆེན་རྣམས་ཀྱི་དམིགས་མཁོ་ལ་གཞིགས་ནས་མཆོད་འབུལ་རང་བཞིན་གྱི་དུས་མཆོད་ཀྱི་ཁོངས་སུ་བཞག་ན་འོས་ཤིང་འཚམས་པ་དང་། གཞན་ཡང་བོད་ཟླ་ལྔ་པའི་ཚེས་བཅོ་ལྔར་གཏོང་བའི་འཛམ་གླིང་སྤྱི་བསང་ཞེས་པའི་དུས་སྟོན་ནི་“སྔར་རྒྱལ་པོ་ཁྲི་སྲོང་ལྡེ་བཙན་གྱིས་བསམ་ཡས་གཙུག་ལག་ཁང་བཞེངས་སྐབས་བྱ་བ་ལམ་ལྷོངས་མ་བྱུང་བས་སློབ་དཔོན་པད་མ་འབྱུང་གནས་ཀྱིས་རྒྱགས་རྫན་ལྷ་བསང་གི་འདོན་ཆོས་བརྩམས་ཏེ་བསང་མཆོད་རྒྱ་ཆེར་གནང་བར་བརྟེན་འགལ་རྐྱེན་ཐམས་ཅད་ཉེ་བར་ཞི་ཞིང་གཙུག་ལག་ཁང་ལེགས་གྲུབ་བྱུང་བར་གྲགས་པ་དེའི་ལམ་སྲོལ་འཛིན་པའི་རྗེས་དྲན་གྱི་དུས་མཆོད་ཅིག་རེད།” དེ་བཞིན་ཙོང་ཁ་པ་ཆེན་པོའི་

དགོངས་རྫོགས་ཀྱི་དུས་མཆོད་དགའ་ལྡན་ལྔ་མཆོད་དང་། ཟླ་བ་ཆེན་ཆོས་རྗེ་ཤཱཀྱ་ཡེ་ཤེས་ཀྱི་དགོངས་རྫོགས་ཀྱི་དུས་མཆོད་བཞི་མཆོད། སྟོན་པ་ཤཱཀྱ་ཐུབ་པས་ཡུམ་གྱི་ཆེད་དུ་ལྷ་ཡུལ་དུ་ཕྱིན་ནས་དབྱར་གནས་གནང་རྗེས་སླར་རྒྱ་གར་གྱི་གྲོང་ཁྱེར་གསལ་ལྡན་དུ་མར་ཕེབས་པར་གྲགས་པའི་དུས་ཆེན་ཉིད་རྗེས་དྲན་མཆོད་འབུལ་དང་དགའ་ཉེ་མཉམ་འཛོམས་བྱེད་པའི་ལྷ་བབས་དུས་ཆེན། ཤཱཀྱ་ཐུབ་པས་བདེན་བཞིའི་ཆོས་འཁོར་བསྐོར་བའི་དུས་ཚིགས་ལ་མཆོད་འབུལ་གཟབ་རྒྱས་བྱེད་པའི་དྲུག་པ་ཚེས་བཞི་སོགས་ཐོག་མ་ཉིད་ནས་རྗེས་དྲན་གྱི་ཆེད་དུ་དར་བའི་དགོས་པ་རྒྱུ་མཚན་ལ་བརྟེན་ནས་དྲན་གསོའི་དུས་མཆོད་དུ་བཞག་ན་ཡང་བ། བོད་ཟླ་བཅུ་གཉིས་པའི་ཚེས་ཉེར་དགུ་ཉིན། རྩེའི་གྲྭ་པ་གཏོར་སྒྲུབ་དང་འབྲེལ་དགུ་གཏོར་གྱི་གར་འཆམ་སོགས་ལ་འཇུག་པའི་རྩེ་དགུ་གཏོར་དང་། དགའ་ལྡན་དགོན་དུ"གསང་བདེ་འཇིགས་གསུམ་དང་། དུས་འཁོར། ཕྱག་རྡོར་འཁོར་ཆེན་སོགས་ཀྱི་ཚོ་ག་ཉམས་བཞེས་ཀྱིས་སྒྲུབ་མཆོད་གནང་ལམ་ཡོད་"པའི་དགའ་ལྡན་སྒྲུབ་མཆོད། ལྷ་ས་སྨོན་ལམ་ཆེན་མོ་གྲོལ་རྗེས་གཏོར་རྒྱག་བྱ་སྲོལ་གནང་བ་ལ་སྨོན་ལམ་གཏོར་རྒྱག་ཏུ་གྲགས་པ་སོགས་ནི་ཆོས་ལུགས་ཚོ་ག་དང་འབྲེལ་བའི་དུས་མཆོད་ཁོ་ནར་ངེས་པ། སྐར་མ་རི་བྱི་ཤར་བ་དང་བསྟུན་སེ་འབྲས་དགེ་གསུམ་གྱི་དགེ་འདུན་རྣམས་དབྱར་ཁྲིམས་སྲུང་བའི་དུས་རྟོད་བོད་ཟླ་བདུན་པའི་ཚེས་སུམ་ཅུའི་ཉིན་དགག་དབྱེ་མཛད་དེ་གྲོལ་བས་ཆབ་ཞུགས་ཆེན་མོ་ཚུགས་ནས་སྤྲོ་སྐྱིད་གཏོང་བ་དང་། ཤཱཀྱ་ཐུབ་པའི་བསྟན་པ་རྫོགས་མ་ཐག་རྣམ་འདྲེན་ལྔ་པའི་བསྟན་པ་འཆར་རྒྱུའི་རྟེན་འབྲེལ་གྱི་ཆེད་དུ་རྒྱལ་ཚབ་མི་ཕམ་མགོན་པོའི་སྐུ་བརྙན་བར་སྐོར་དུ་གདན་འདྲེན་པའི་བྱམས་པ་གདན་འདྲེན་སོགས་ནི་རྟེན་འབྲེལ་རང་བཞིན་ཅན་གྱི་དུས་མཆོད་དུ་གཏོགས་པ་ཡིན།

ཐོན་སྐྱེད་འཚོ་བའི་སྐོར་གྱི་དུས་ཆེན་རྣམས་ཐོན་སྐྱེད་དང་། ནམ་རྒྱུན་

འཚོ་བའི་སྐོར་ཏེ་རིགས་ཆེ་བ་གཉིས་སུ་གཏོགས་པ་དང་། དེ་དག་ཞིབ་པར་དབྱེ་ན་འབྲོག་ལས་སྐོར་གྱི་དུས་ཆེན་དང་། སོ་ནམ་སྐོར་གྱི་དུས་ཆེན། དྲན་གསོའི་རང་བཞིན་གྱི་དུས་ཆེན། རྟེན་འབྲེལ་མཚོན་པའི་དུས་ཆེན། དུས་མཚམས་དབྱེ་བའི་དུས་ཆེན་སོགས་མང་ངོ་། །དིང་རི་ཁུལ་དུ་དར་བའི་ས་ཞིང་ལ་གཡང་འགུག་བྱེད་པའི་ས་གཡང་དང་སྟོ་གཡང་། ཕྱུགས་རིགས་ཀྱི་མགོ་གྲངས་བསྡེབ་བ་དང་། རྒྱུད་བཟང་འདེམས་པ། ཕ་གཡག་རྟུང་ག་སྦྲོར་བ་བཅས་ཀྱིས་ནང་དོན་བྱས་པའི་པ་སྣམ་དགེ་འཁོར་ཁུལ་གྱི་མགོ་རྩིས་དུས་ཆེན། ཞིང་ཁུལ་གྱི་ས་ཁུལ་གང་སར་དར་ཁྱབ་ཆེ་བའི་འོང་སྐོར་དུས་ཆེན་དང་ས་སྒོ་ཕྱེ་བའི་བྱེད་སྒོ་སོགས་ཐོན་སྐྱེད་སྐོར་གྱི་དུས་ཆེན་གྱི་རིགས་སུ་གཏོགས་པ་དང་། དེ་བཞིན་མི་རྟ་ཁྲབ་སོགས་གོ་ལོ་ཆ་ཚང་ཡོད་མེད་ཞིབ་བཤེར་བྱེད་པའི་སྟར་གྱི་གྲྭ་བཞི་རྩིས་བཤེར་དང་། ཕོ་ལོ་བཅོ་བརྒྱད་ཡན་ནས་དྲུག་ཅུ་མན་རྣམས་མཉམ་འཛོམས་ཀྱིས་མདའ་རྩལ་འགྲན་པའི་སྙིད་རོང་མདའ་དུས་ལྷ་བུར་དམག་སྦྲོང་གི་ནང་དོན་མངའ་བས་རིགས་འདིའི་ཁོངས་སུ་བཞག་ན་ཆོག་སྙམ། གཡུལ་ལས་རྒྱལ་བར་དྲན་གསོའི་ཆེད་དུ་དར་བའི་ཀོང་པོའི་ལོ་གསར་དང་། རྒྱལ་རྩེ་ཆོས་རྒྱལ་རབ་བརྟན་ཀུན་བཟང་པས་མེས་པོ་དཔལ་བཟང་པོ་ལ་དྲན་གསོའི་ཆེད་དུ་སྤེལ་བའི་རྒྱལ་རྩེའི་མདའ་དམག་ལྷ་བུ་ནི་དཔེ་མཚོན་རང་བཞིན་ལྡན་པའི་དྲན་གསོའི་དུས་ཆེན་ཡིན་པ། ས་ཁུལ་ཁག་ཏུ་དར་བའི་དཔྱར་སྐྱིད་བྱེད་སྒོ་རྣམས་དང་། རྟ་རྒྱུག་མདའ་རྩེད་ཀྱི་བྱེད་སྒོ་མང་པོ་ཞིག་རྟེན་འབྲེལ་སྤྲོ་སྐྱིད་མཚོན་པའི་དུས་ཆེན་དུ་གཏོགས་པ། ལོ་འཁོར་མཚམས་ཀྱི་དུས་རྟགས་མཚོན་པའི་ལོ་གསར་དང་། གཟིམ་ཆུང་ཆབ་ཞུགས་ཆེན་མོ་ལྷ་བུ་ནི་དུས་མཚམས་དབྱེ་བའི་དུས་ཆེན་དུ་གཏོགས་པ་ཡིན། གཞི་རྐང་དུས་ཆེན་གྱི་རིགས་ལ་དུས་མཚམས་དབྱེ་བ་དང་རྟེན་འབྲེལ་སྤྲོ་སྐྱིད་ཀྱི་ནང་དོན་མི་ལྡན་པ་མེད་ཙང་། ཐོན་སྐྱེད་འཚོ་བའི་སྐོར་གྱི་དུས་ཆེན་རྣམས་དང་

ཁྱབ་ཁྱུང་བའི་ཐོག་མའི་དམིགས་མཐོ་ལ་གཞིགས་ནས་གོང་གསལ་རིགས་མི་འདྲ་བ་རྣམས་སུ་དབྱེ་བ་ཡིན། འོན་ཀྱང་དུས་ཆེན་གྱི་རིག་གནས་དག་དམངས་སྲོལ་རིག་གནས་ཀྱི་གྲུབ་ཆ་ཞིག་ཡིན་པས། དེར་གཞན་འགྱུར་གྱི་རང་བཞིན་མངོན་གསལ་དོད་པའི་དབང་གིས་དུ་ལྟའི་དུས་ཆེན་གྱི་མངོན་ཚུལ་ལ་གཞིགས་ནས་རྣམ་དབྱེ་འབྱེད་པ་ཡིན་ན། རྩོམ་ཚིག་གཞན་ཞིག་ཡོང་ངེས་ཡིན།

གཉིས། བོད་ཀྱི་དུས་ཆེན་གྱི་ཁྱད་ནུས་སྐོར།

བོད་ཀྱི་དུས་ཆེན་ལ་ཐུན་མོང་མིན་པའི་ཁྱད་ཆོས་དང་ཕན་ནུས་མི་ཉུང་བ་ཞིག་ལྡན་ཡོད་པ་ལས་ས་ཁུལ་གྱི་རང་བཞིན་དང་། གཞན་འགྱུར་གྱི་རང་བཞིན། མང་ཚོགས་ཀྱི་ཐོན་སྐྱེད་དང་འཚོ་བར་མཐུན་སྦྱོར་ཐུབ་པའི་ནུས་པ་བཅས་ནི་མངོན་གསལ་དོད་པའི་ཁྱད་ནུས་ཤ་སྟག་ཡིན།

ས་ཁུལ་སོ་སོའི་ས་བབ་དང་། གནམ་གཤིས། ཐོན་སྐྱེད་བྱེད་ལུགས། རིག་གནས་བཅས་མི་འདྲ་བའི་དབང་གིས“ལུང་པ་རེ་ལ་སྐད་ལུགས་རེ། ས་ཆ་རེ་ལ་ཆ་ལུགས་རེ་”ཞེས་པའི་དཔེ་ལྟར་ཁུལ་སོ་སོར་རང་རང་གི་ཁྱད་ཆོས་ལྡན་པའི་དུས་ཆེན་མང་པོ་ཡོད། དེ་ལའང་ས་ཁུལ་སོ་སོར་རང་རང་ཁུལ་དུ་དར་བའི་ཐུན་མོང་མིན་པའི་དུས་ཆེན་མི་འདྲ་བ་མང་པོ་ཡོད་པ་དང་། བོད་ཀྱི་ས་ཁུལ་ཚང་མར་དར་བའི་དུས་ཆེན་ཡིན་པ་གང་ཞིག་ལ་ཞིབ་ཕྲའི་དུས་ཆེན་གཏོང་བའི་དུས་ཚོད་དང་དུས་ཆེན་གྱི་ནང་དོན་རྒྱས་བསྡུས་མི་འདྲ་བ་རིགས་གཉིས་ཡོད། རིགས་གོང་མ་དེ་ཚང་མས་ནམ་རྒྱུན་འཚོ་བའི་ཁྲིད་ནས་མིག་མཐོང་ལག་ཟིན་ཡོད་མུས་ཡིན་ན་འདིར་གསལ་འགྲེལ་ཞུ་བའི་དགོས་པ་ཆེར་མ་མཆིས་པས་རིགས་ཕྱི་མ་དུས་ཆེན་གཅིག་རང་གི་ནང་དུ་མངའ་བའི་ས་ཁུལ་གྱི་ཁྱད་ཆོས་དཔེ་མཚོན་དང་བཅས་གསལ་འགྲེལ་ཞུ་རྒྱུ་ཡིན། དེ་ཡང་དཔེར་ན་བོད་ཀྱི་ལོ་གསར་ལ་ཆ་མཚོན་ན།

གནམ་ལོ་གསར་དུ་ཆེས་པའི་དགའ་བའི་སྟོན་མོ་དག་བོད་ཀྱི་ས་ཁུལ་སོ་སོར་རྒྱས་གཏོང་བྱེད་སྲོལ་ཡོད་ རུང་། བོད་ཡུལ་དུ་བོད་ཀྱི་ལོ་གསར་གཏོང་བའི་དུས་ཚོད་འདྲ་མིན་སྣ་ཚོགས་དར་ཡོད་པ་སྟེ། བོད་ཀྱི་ཡུལ་སྡེ་མང་ཆེ་བར་བོད་ཟླ་དང་པོའི་ཚེས་གཅིག་ནས་ལོ་གསར་གཏོང་བ་དང་། གཙང་གི་ས་ཁུལ་མང་པོར་བོད་ཟླ་བཅུ་གཉིས་པའི་ཚེས་གཅིག་ནས་ལོ་གསར་གཏོང་བ། ཡང་ཀོང་པོ་དང་། སྟོ་རོང་། བྱང་ཐང་རྒྱུད་ཀྱི་ས་ཁུལ་འགའ་ཞས་སུ་བོད་ཟླ་བཅུ་པའམ་བཅུ་གཅིག་པར་ལོ་གསར་གཏོང་བའི་སྲོལ་ཡོད་པ་ལྟ་བུའོ། །དེ་ལྟའི་མི་རིགས་གཅིག་གི་ཁྲོད་དུ་ལོ་གསར་མི་འདྲ་བ་གསུམ་བཞི་གཏོང་སྲོལ་ཆགས་པའི་རྒྱུ་མཚན་ནི། གཅིག་ནས་ཡུལ་ལུང་སོ་སོའི་ས་བབ་དང་། གནམ་གཤིས། ཐོན་སྐྱེད་བྱ་ལུགས་བཅས་གཅིག་མཐུན་མིན་པའི་དབང་གིས་ཡིན་པར་ངེས་པ་དང་། ཡང་སྔོས་རང་རིགས་ཀྱི་སྟར་སོང་ལོ་ཟླའི་ནང་འབྱུང་བ་རྩིས་ཀྱི་ལོ་འགོའི་འཛིན་ཚུལ་ལ་བཞེད་པ་མི་འདྲ་བ་མང་པོ་བྱུང་བའི་རྐྱེན་གྱིས་ཡིན་པར་ངེས། དེ་ཡང་བོད་ཀྱི་ལོ་རྒྱུས་དེབ་ཐེར་ཁག་ནང་གསལ་བར་གཞིགས་ན། བོད་ཀྱི་བཙན་པོ་པུ་དེ་གོང་རྒྱལ་གྱི་སྐབས་ཐན་མོ་བལ་མའི་ཟླ་རྩིས་སྟར་མེད་གསར་གཏོད་བྱས་ཤིང་། ལོ་འཁོར་མཚམས་ཀྱི་དུས་རྟགས་དེ་སྟོ་ཁ་ཡར་ལྷ་ཤམ་པོའི་ཁམ་སྟོང་ལ་མེ་ཏོག་ཤར་དུས་སུ་བཟུང་ནས་དེ་འཕྲུལ་དཔྱིད་ཀྱི་དུས་ཆེན་གཡའ་བཟང་གཏོང་སྲོལ་ཆགས་པ་དང་། ཆོས་རྒྱལ་སྲོང་བཙན་སྒམ་པོའི་སྐུ་དུས་སུ་རྒྱ་བཟའ་ཀོང་ཇོའི་རྒྱ་རྩིས་རྙིང་མའི་ལུགས་ལྟར་བོད་ཟླ་བཅུ་གཅིག་པའི་ཚེས་གཅིག་ལ་ལོ་འགོར་འཛིན་པའི་སྲོལ་ཆགས། དེ་རྗེས་བཙན་པོ་ཁྲི་སྲོང་ལྡེའུ་བཙན་སྐབས་བོད་ཟླ་བཅུ་གཉིས་པའི་ཆེས་གཅིག་ཉིན་ལོ་འགོར་འཛིན་པའི་ལུགས་ཆགས། དུས་རབས་བཅུ་གསུམ་པའི་ནང་འགྲོ་མགོན་ཆོས་རྒྱལ་འཕགས་པས་ཧོར་ལུགས་ལྟར་བོད་ཟླ་དང་པོར་ཧོར་ཟླ་དང་པོ་ཞེས་པའི་མིང་དུ་བཏགས་ནས་བོད་ཟླ་དང་པོའི་ཚེས་གཅིག་ལ་ལོ་གསར

གཏོང་བའི་སྲོལ་དར་བར་གྲགས།

ཡང་དཔེར་ན་ལོ་གསར་གྱི་སྔོན་འགྲོའི་གྲུབ་ཆ་ལྷ་བུར་གྱུར་པའི་དགུ་ཐུག་ལ་ཆ་མཚོན་ན། ལོ་གསར་གོང་གི་ལོ་སྙིང་པའི་ཟླ་བ་མཐའ་མ་དེའི་ཚེས་ཉི་ཤུ་དགུ་ཉིན་དགུ་ཐུག་འཐུང་བའི་སྲོལ་ཡོད། བོད་ཀྱི་ཡུལ་གྲུ་མང་ཆེ་བར་དགུ་ཐུག་གི་བསྐོལ་སྲོལ་སྤྱིར་ཆ་འདྲ་བར་སྣང་སྟེ། ཁྱིམ་ཚང་ཆེ་ཆུང་མེད་པ་ཚང་མས་སྲན་སྲོས་དང་གྲོ་མ་སོགས་དགུ་རྫས་བཏབ་པའི་ཐུག་པ་བག་ཐུག་བསྐོལ་བ་དང་། བག་ཚ་བཟོ་སྐབས་རྒྱུན་གཏན་དང་མི་འདྲ་བར་མིའི་བསམ་པ་དང་སྤྱོད་ཚུལ་བཟང་ངན་མཚོན་བྱེད་གྲོ་ཞིབ་ལས་ཉི་ཟླ་སོགས་གཟུགས་དབྱིབས་ཁག་གཅིག་བཟོ་བ་དང་། བག་ཚ་གཞན་དག་ལས་ཆེ་ཙམ་བྱས་པའི་དབྱིབས་གཅིག་མཚུངས་ཀྱི་ནང་དུ་མཚོན་རྫས་སྣ་ཚོགས་བཙུག་པ་བཅས་བཟོ་སྲོལ་ཡོད་ལ། དུད་ཚང་གིས་སྔེ་ཚན་བྱས་ནས་དགུ་ཐུག་འཐུང་བ་དང་དེ་དུས་གླུད་རྫོང་བའི་སྲོལ་ཡང་ཡོད། འོན་ཀྱང་ཡུལ་གྲུ་སོ་སོའི་ཞིབ་ཕྲའི་དར་སྲོལ་ཐད་ས་ཁུལ་གྱི་ཁྱད་ཆོས་ལྡན་ཡོད་པ་ནི། ཀོང་སྟོད་ཁུལ་གྱི་ལོ་གསར་གཏོང་ལུགས་དང་དགུ་ཐུག་བསྐོལ་བའི་གོམས་གཤིས་དག་གཞི་ཆང་ལྷ་ས་ཁུལ་དང་འདྲ་ནའང་། ཀོང་པོ་ཁུལ་དུ་དགུ་ཐུག་བཏུངས་ཟིན་རྗེས་འཐུང་འཁྲོ་རྣམས་ལམ་སུམ་མདོ་འམ་བཞི་མདོར་བཙུགས་པའི་འདྲེ་ཡི་མཚོན་བྱེད་དུ་གྲགས་པའི་རྡོ་ཞིག་གི་མདུན་དུ་བཞག་ནས་"རྟོགས་སྐམ་པ་དེ་ཚོ་ཟོ། དེ་ཚོ་ཐུངས"ཞེས་བརྗོད་པ་ལས་ཉི་ཤུ་དགུར་གླུད་རྫོང་སྲོལ་མེད་པ་དང་། ཡང་བྱང་ཐང་ཁུལ་དུ་དགུ་ཐུག་འཐུང་སྐབས་དགུ་ཐུག་དེ་རང་ཚང་དུ་འཐུང་བ་མ་ཟད། གྲོང་པ་ཁྱིམ་མཚེས་དང་། དགའ་ཉེ་གཉེན་འབྲེལ་དབར་ཕན་ཚུན་སྐོར་བ་བྱས་ནས་དགུ་ཐུག་འཐུང་བའི་སྲོལ་ཡོད་ལ། བག་ཚའི་ནང་བླུག་བྱའི་མཚོན་རྫས་གཞན་ལས་ཕུན་སུམ་ཚོགས་པ་ཡོད། དེ་ཁུལ་དུའང་དགུ་ཐུག་འཐུང་སྐབས་ཐུག་ཕུད་དེ་ཕྱུགས་རིགས་ལ་སྟེར་བ་མཚོན་ཆེད་དུ་ཕྱུགས་

རའི་ཟླར་དུ་ཕུལ་བ་ལས་སྤྲུད་རྫོང་བའི་སྲོལ་མེད་པ། གཞན་ཡང་གཙང་ཁུལ་གྱི་ས་ཆ་མང་པོར་སྤྲུད་རྫོང་སྲོལ་ཡོད་པ་ཙམ་མ་ཟད། སྤྲུད་རྫོང་མཁན་རྣམས་ཚུར་འཁོར་མཚམས་སུ་གདོན་འདྲེ་ཕྱི་འབྲངས་ཡོང་བ་འགོག་ཆེད་དུ་སྒོ་བཀག་གཏོང་བ་དང་། དེ་ཚོར་སྒོ་ཡི་བཤད་པ་ཤོད་དུ་འཇུག་པའི་སྲོལ་ཡོད་ལ། སྤྲུད་རྫོང་མཁན་རྣམས་ཀྱིས་སྒོ་བཤད་བཏང་རྗེས་སྒོ་ནང་འཛུལ་སྐབས་མེ་ཕུང་ལ་འགོམས་ནས་ནང་དུ་མཆོང་དགོས་པ་དང་དུས་མཚུངས་ནང་མི་གཞན་ཚོས་གཡས་གཡོན་ནས་རྩམ་པ་དང་ཆུ་བགོ་བའི་སྲོལ་ཡོད། ཁྱད་པར་གཙང་དགེ་འཁོར་ཁུལ་དུ་རང་བྱུང་སྡེ་ཚོས་སྡེ་ཚན་བྱས་ནས་དགུ་ཐུག་བསྐོལ་སྲོལ་ཡོད་ལ། སྡེ་ཚོ་ཐུན་མོང་དུ་སྤྲུད་རྫོང་བ་དང་། དགུ་ཐུག་ནི་དགུ་རྫས་ཕོ་ནས་བཟོ་བ་ལས་བག་ཚ་བཟོ་སྲོལ་མེད་པ་བཅས་གོང་གསལ་དཔེ་མཚོན་དེ་དག་མདོར་བསྡུས་ཀྱིས་བཀོད་ནས་ཟླར་བཤད་ལེབ་མཐོང་གི་དཔེ་ལྟར་བོད་ཀྱི་དུས་ཆེན་ལ་མངའ་བའི་ས་ཁུལ་རང་བཞིན་གྱི་ཁྱད་ཆོས་གསལ་ཞེས་ཡང་ངེས་ལགས་པས་འདིར་རྒྱས་སྤྲོས་ཀྱི་དགོས་པ་ཆེར་མ་མཆིས་སོ། །

ང་ཚོས་བོད་ཀྱི་དུས་ཆེན་ཁག་གི་བྱུང་འཕེལ་ལ་ཞིབ་བལྟ་བྱེད་སྐབས་གཅིག་ནས་དེར་གཏན་ཞིང་འཇགས་པའི་ཁྱད་ཆོས་མངོན་རྒྱུ་ཡོད་པ་དང་། གཉིས་ནས་དེར་དུས་བསྟུན་འགྱུར་བ་འགྲོ་བའི་ཁྱད་ཆོས་མངོན་གསལ་ཡོད་པ་མཐོང་ཐུབ། དེ་ལས་གཏན་ཞིང་འཇགས་པའི་ཁྱད་ཆོས་ནི་ལྟོས་བཅས་ཤིག་ཡིན་པ་དང་། དུས་བསྟུན་འགྱུར་བ་འགྲོ་བ་ནི་ལྟོས་མེད་ཅིག་ཡིན། དམངས་སྲོལ་རིག་གནས་ནི་རྒྱུན་འཛིན་རང་བཞིན་ཅན་གྱི་རིག་གནས་ཤིག་ཡིན་པས་ཕ་ཚ་བུ་རྒྱུད་ཀྱིས་འཕྲེང་བ་སྟར་ལ་བརྒྱུས་པ་བཞིན་རྒྱུན་འཛིན་བྱས་ནས་བྱུང་བའི་དམངས་སྲོལ་དག་མང་ཚོགས་ཀྱི་སེམས་ནང་བརྟན་པོ་ཡོད་ལ་ཚང་མའི་བྱ་སྤྱོད་ཀྱི་ཚད་འཛིན་ས་ཞིག་ཏུ་གྱུར་ཡོད་པའི་དབང་གིས་དེའི་གཏན་འཇགས་ཀྱི་རང་

བཞིན་གྲུབ་པ་ཡིན། ཡིན་ནའང་དམངས་སྲོལ་ལ་འགྱུར་བ་མེད་ན་དམངས་སྲོལ་རིག་གནས་ལ་འཕེལ་རྒྱས་ཀྱང་ཡོང་མི་སྲིད་པས། དམངས་སྲོལ་ལ་འགྱུར་བ་འགྲོ་བ་དེ་དམངས་སྲོལ་རིག་གནས་འཕེལ་རྒྱས་འགྲོ་བའི་དགོས་མཁོ་ཡིན་ལ་དེའི་འབྲས་བུའང་ཡིན། བོད་ཀྱི་དུས་ཆེན་གྱི་གཞན་འགྱུར་རང་བཞིན་དེའང་དུས་དང་བསྟུན་ནས་འཕེལ་རྒྱས་བྱུང་བ་ཞིག་ཡིན་པ་ཧ་ཅང་གསལ་བ་གཞམ་གྱི་ལེ་ཚན་ནང་དམིགས་སུ་དཔེ་མཚོན་དང་བཅས་སྤྲོས་པར་འདོད་པས་འདིར་རེ་ཞིག་བཤད་མཚམས་འཛོག་རྒྱུ་ཡིན།

དུས་ཆེན་གྱི་རིགས་གང་འདྲ་ཞིག་ཡིན་རུང་། དེ་དག་ལ་གཅིག་གྱུར་གྱི་ཕན་ནུས་སམ་རིན་ཐང་ཞིག་ཡོད་པ་ནི་མང་ཚོགས་ཀྱི་འཚོ་བར་མཐུན་སྦྱོར་གྱི་ནུས་པ་ཐོན་ཐུབ་པ་དེ་ཡིན། བོད་ཀྱི་དུས་ཆེན་ནི་རྣམ་གྲངས་མང་ལ་ནང་དོན་ཕུན་སུམ་ཚོགས་པ་དང་། དེས་མང་ཚོགས་ཀྱི་ཐོན་སྐྱེད་དང་འཚོ་བར་མཐུན་སྦྱོར་ཐུབ་པ་མ་ཟད། མིའི་ལུས་སེམས་བདེ་ཐང་ཡོང་རྒྱུར་ཡང་ཕན་འབྲས་ཆེན་པོ་ཐོན་གྱི་ཡོད། སྲོལ་རྒྱུན་གྱི་དུས་ཆེན་ལ་ཆ་བཞག་ན། དུས་ཆེན་གཏོང་བའི་དུས་ཚོད་གཏན་འཁེལ་བྱ་སྐབས་མི་དང་སྤྱི་ཚོགས་ཀྱི་དགོས་མཁོ་ལ་བསྟུན་ཐབས་བྱེད་ཀྱི་ཡོད། དེའི་རྒྱུ་མཚན་ཡང་གནའ་དུས་སོ་ནམ་པ་དང་འབྲོག་པ་གང་ཞིག་ཡིན་རུང་ཐོན་སྐྱེད་བྱེད་སྐབས་རེ་བ་གནམ་ལ་བཅོལ་རྒྱུ་ཁོ་ན་ལས་མེད་པས་རང་བྱུང་གནམ་གཤིས་ཀྱི་ཉྭ་གྲང་འགྱུར་བ་དང་ཐོན་སྐྱེད་ཀྱི་དལ་བྲེལ་བསྟུན་མཁས་བྱེད་ཀྱི་ཡོད་ལ། དུས་ཚོད་འགྱུར་མཚམས་སམ་ཐོན་སྐྱེད་ཀྱི་བར་གསེང་ལ་འདས་པར་ཕྱོགས་བསྡོམས་དང་མ་འོངས་ཀྱི་འདུན་པ་མཚོན་ཚུལ་དུ་དེ་དང་འཚམས་པའི་བྲོ་སྒོ་སྣ་ཚོགས་སྤེལ་སྲོལ་ཡོད་པ་དག་མང་པོ་ཞིག་ཕྱིས་སུ་དུས་ཆེན་ཆགས་ཡོད། དེའི་ཐོག་ནས་སྲོལ་རྒྱུན་གྱི་དུས་ཆེན་མང་པོ་ཞིག་ཐོག་མར་དུས་མཚམས་དབྱེ་བ་འབྱེད་བྱེད་ཀྱི་རྟགས་ཙམ་དུ་ཟད། དཔེར་ན་བོད་ཀྱི་ཞིང་ཁུལ་དུ་དར་

ཁྱབ་ཆེ་བའི་འོང་སྐོར་དུས་ཆེན་ལ་ཆ་བཞག་ན། འོང་སྐོར་དུས་ཆེན་གཏོང་བའི་དུས་ཚོད་ནི་ལུང་ཚན་སོ་སོའི་ལོ་ཏོག་སྨིན་ཚད་ཀྱིས་ཐག་གཅོད་པ་ལས་གཅིག་གྱུར་རམ་གཏན་འཁེལ་གྱི་ཟླ་དུས་ཚེས་གྲངས་ཤིག་མ་མཆིས། དེ་ཡང་ཡུལ་སོ་སོའི་ས་བབ་ཀྱི་མཐོ་དམའ་དང་། ལོ་དུས་སོ་སོའི་ཆར་ཆུ་བཟང་ངན་དབང་གིས་འོང་སྐོར་གཏོང་བའི་དུས་ཚོད་སྔ་ཕྱི་སྣ་ཚོགས་བྱུང་ཡང་ཕྱིར་དབྱར་མཐུག་ཏུ་གཏོང་མཁན་མང་བར་སྣང་། དེའི་རྐྱེན་གྱིས་འོང་སྐོར་དུས་སྟོན་ནི་ལོ་ལེགས་ཡོང་རྒྱུར་རྟེན་འབྲེལ་ཞུ་བའི་དུས་སྟོན་ཞིག་ཡིན་པར་ཡོངས་སུ་གྲགས་ཀྱི་ཡོད་རེད། སྨྱུག་འཛིན་པས་ཡུལ་གྲུ་འགའི་འོང་སྐོར་དུས་ཆེན་གྱི་ནང་དོན་རྣམས་ལ་རྒྱུས་མངའི་བབ་དང་བསྟུན་ནས་དབྱེ་ཞིབ་བྱས་པ་བརྒྱུད་འོང་སྐོར་དུས་སྟོན་ཐོག་མར་དར་སྐབས་སྟོ་ཁྲིམས་རྫོགས་པའི་དུས་སྟོན་ཞིག་ཡིན་པ་དང་། དེས་སོ་ནམ་པའི་ཐོན་སྐྱེད་ཐད་མཐུན་སྦྱོར་གྱི་ནུས་པ་ངེས་ཅན་ཐོན་པར་གདོན་མི་ཟ། དེ་ཡང་འོང་སྐོར་ཞེས་པའི་མིང་ཚིག་དེ་རང་གི་ཐོག་ནས་གོ་བ་བླངས་ན་འོང་བར་སྐོར་བ་བསྐོར་བ་ལ་གོ་བ་དང་། ས་ཁུལ་འགའ་ཤས་སུ་ཆོས་འོང་སྐོར་དང་ས་ཁུལ་ལ་ལས་ཆོས་སྐོར་ཞེས་འབོད་སྲོལ་ཡོད་པ་ནི་སྔར་ཡོད་འོང་སྐོར་གྱི་བྱེད་སྒོ་ལ་ཆོས་ཀྱི་ཤན་བཞུགས་ཏེ་ཆོས་དཔེ་རྒྱབ་ཏུ་ཁྱེར་ནས་འོང་བར་སྐོར་བ་བསྐོར་བ་ལས་བྱུང་བར་སེམས། ད་བར་ང་ཚོས་འོང་སྐོར་གྱི་བྱུང་བ་བརྗོད་སྐབས་བོད་བཙན་པོའི་གདུང་རབས་དགུ་པ་པུ་དེ་གུང་རྒྱལ་གྱིས་བོད་ཡུལ་ལ་དབང་བསྒྱུར་བའི་སྐབས“ཞིང་ལ་ཏུག་པ་ཐུག་ནས་གཤོལ་དང་གཉའ་ཤིང་བཅོས། མཐུན་གཉིས་གཉའ་རུ་བསྡེབས་པས་ཐང་རྣམས་ཞིང་དུ་སྦྱོས། ཆུ་མཚོ་ཡུར་ལ་དྲངས་ནས་ཞིང་ལ་ས་བོན་བཏབ”པའི་ཚེ་ལོ་ལེགས་ཡོང་ཆེད་བོན་པོའི་ལུགས་ལྟར་ལྷ་ལ་སྐྱབས་འཇུག་གི་ཚུལ་དུ་སོ་ནམ་པ་རྣམས་ཞིང་ལ་སྐོར་བ་རྒྱག་ཏུ་བཅུག་པ་དེ་ཐོག་མའི་འོང་སྐོར་གྱི་ཚུལ་དུ་བརྗོད་ཀྱི་ཡོད་རེད། ཐོན་སྐྱེད་དང་འབྲེལ་བ་དམ་ལ་གཟབ་པའི་དུས་ཆེན་གང་

འདྲ་ཞིག་ཡིན་རུང་དེ་ཐོག་མར་དར་སྐབས་ཐོན་སྐྱེད་ཀྱི་དགོས་པའམ་དམིགས་ཡུལ་ངེས་ཅན་རེ་ཡོད་པ་ནི་བསྙོན་མེད་ཡིན། དེ་བཞིན་འོང་སྐོར་དུས་ཆེན་གྱིས་མཚོན་བྱའི་དོན་དངོས་ནི་མི་རྣམས་ལ་དབྱར་ཁྲིམས་རྫོགས་པའི་གསལ་བསྒྲགས་བྱེད་ཆེད་ཀྱི་བྱེད་སྒོ་ཞིག་ཡིན་པ་དང་། དེས་དབྱར་དུས་འོང་བ་དང་འབྲེལ་ཡོད་ཀྱི་སྲུང་བྱ་མང་པོ་ཚོད་འཛིན་བྱེད་ཀྱི་ཡོད་པ་དང་། དེ་ནི་ལོ་རེའི་ཞིང་སྲུང་བའི་སྐོར་རེས་ཁྱུར་མཚམས་སུ་དུ་བ་གནམ་གཏོང་གི་མི་རེ་འཛོམས་ཐོག་ཞིང་ཁའི་ལོ་ཏོག་ལ་ཟས་སྐྱོན་ཅི་འདྲ་བྱུང་མིན་བརྟག་པའི་ལྷ་སྐོར་གྱི་བྱེད་སྒོ་ནས་འཕེལ་རྒྱས་བྱུང་བ་ཡང་ད་ལྟའི་ཁུལ་སོ་སོའི་འོང་སྐོར་གྱི་ནང་དོན་ལས་གསལ་ལེར་མངོན་ཡོང་གི་ཡོད། དེའི་མངོན་ཚུལ་རྣམས་གཤམ་གྱི《ཇོ་མོ་གླང་མའི་རང་བྱུང་སྲུང་སྐྱོབ་ས་ཁུལ་གྱི་དུས་ཆེན་སྐོར་གླེང་བ》ཞེས་པའི་ལེ་ཚན་ནང་ཙུང་ཟད་གསལ་ཙམ་ཡོད།

གཞན་ཡང་དུས་ཆེན་གྱིས་སྤྱི་ཚོགས་འཚོ་བའི་ནང་བཟུང་བའི་གནས་བབ་ནས་བལྟས་ན། དེ་ནི་མི་རྣམས་ཀྱི་སྤྱི་ཚོགས་འཚོ་བའི་ནང་མེད་ཐབས་མེད་པའི་འཚོ་བའི་ནང་དོན་ཞིག་ཡིན་ལ་སྤྱི་ཚོགས་འཚོ་བའི་གྲུབ་ཆ་གཙོ་བོ་ཞིག་ཀྱང་ཡིན། དུས་ཆེན་གྱི་རིགས་ཕལ་ཆེར་མང་ཚོགས་མཉམ་འཛོམས་ཀྱིས་དགའ་སྤྲོའི་རྟེན་འབྲེལ་ལ་འཇུག་པའི་བྱེད་སྒོ་ཞ་སྟག་ཡིན་སྟབས་མང་ཚོགས་ཀྱིས་དུས་དེ་དང་བསྟུན་ནས་རིག་རྩེད་དང་། རོལ་རྩེད། ལུས་རྩལ་གྱི་རྣམ་གྲངས་སྣ་ཚོགས་ལ་རོལ་བས། ནམ་རྒྱུན་འཚོ་བའི་ནང་དབེན་པའི་དགའ་སྐྱིད་ཀྱི་སྤྲོ་སྣང་སྤྲིན་ཏེ་བསམ་པའི་འཚོ་བ་ཕུན་སུམ་ཚོགས་སུ་འགྲོ་རྒྱུར་ཕན་ནུས་ཆེན་པོ་ཐོན་གྱི་ཡོད། ལྷག་དོན་བོད་ལྗོངས་ནི་ས་རྒྱ་ཆེ་ཡང་ཁུལ་འདིར་འཚོ་ཞིང་གནས་པའི་མི་འབོར་ཉུང་བ་དང་། མང་ཚོགས་རྣམས་སྡོད་གནས་ཁ་ཐོར་དང་འགྲིམ་འགྲུལ་སྟབས་བདེ་མེད་པས། ནམ་རྒྱུན་འཚོ་བའི་ནང་ཕན་ཚུན་གྱི་འགྲོ་འོང་ཏག་གཏུག་མེད། དེར་བརྟེན་མང་ཚོགས་ཚོས་དུས་ཆེན་གྱི་རིགས་རྣམས་ཕན་ཚུན་དངོས་ཐུག་བརྗེ་

རེས་དང་། ཉམས་སྒྱུར་སྤེལ་རེས། མཛའ་བརྗེས་གཏིང་གཟབ་ཏུ་གཏོང་བའི་གོ་སྐབས་བཟང་པོ་ཞིག་ལ་བརྩེ་ཡི་ཡོད།

གསུམ། བོད་ཀྱི་དུས་ཆེན་འཕེལ་ཕྱོགས་ཀྱི་ལྟད་ངོར་སྐོར།

གོང་ཞུས་ལྟར་དམངས་སྲོལ་གྱི་རིགས་གང་འདྲ་ཞིག་ཡིན་རུང་། དེ་རྣམས་ལ་ཐུན་མོང་གི་ཁྱད་ཆོས་མངོན་གསལ་ཞིག་ཡོད་པ་ནི་གཞན་འགྱུར་གྱི་རང་བཞིན་ཟེར་བ་དེ་རེད། དེ་བཞིན་བོད་ཀྱི་དུས་ཆེན་གྱི་རིགས་རྣམས་ལ་ཡང་དུས་རབས་འཕེལ་རྒྱས་ཀྱི་འགྲོས་དང་བསྟུན་ནས་རིམ་བཞིན་འགྱུར་བ་འགྲོ་བཞིན་ཡོད། སྲོལ་རྒྱུན་དུས་ཆེན་གྱི་འགྱུར་བ་དེ་ནི་རྣམ་པ་དང་ནང་དོན་ཕྱོགས་གང་ས་ཅེ་ཐད་ཀྱི་འགྱུར་བ་ཞིག་ཡིན། སྲོལ་རྒྱུན་དུས་ཆེན་རྣམས་སྤྱི་ཚོགས་རིམ་བཞིན་འཕེལ་རྒྱས་འགྲོ་བའི་ལོ་རྒྱུས་ཆུ་རྒྱུན་རིང་པོའི་ནང་ཆབ་སྲིད་དང་། དཔལ་འབྱོར། ཆོས་ལུགས་བཅས་ལ་འཕེལ་འགྱུར་བྱུང་བ་དང་བསྟུན་ནས་དུས་ཆེན་གྱི་ནང་དོན་རྣམས་ལའང་ངམ་ཤུགས་ཀྱིས་འགྱུར་བ་འགྲོ་ཡི་ཡོད། གོང་གི་དཔེ་མཚོན་དུ་དྲངས་ཟིན་པའི་དགུ་ཐུག་གི“བྱ་རིམ་དེ་རྣམས་ལས་མེ་འོད་ལ་བརྟེན་ནས་གནོད་བྱེད་ཀྱི་དགྲ་བགེགས་མཐར་སྐྲོད་པ་དེ་ནི། གདོད་མའི་དུས་སུ་གནའ་མི་ཚོས་སྟག་གཟིག་དོམ་དྲེད་ལ་སོགས་པ་གཅན་གཟན་གྱི་གནོད་པ་བྱུང་དུས་མེ་ཕུང་ཆེན་པོའི་འོད་ཀྱིས་རང་ཕྱོགས་སྲུང་བའམ། ལག་ཏུ་དཔལ་འབར་ཐོགས་ནས་ཕྱིར་འབུད་བྱེད་པའི་གོམས་སྲོལ་དེ་རྒྱུན་འཛིན་བྱས་པ་གསལ་པོར་མངོན་ཞིང་། མི་གཟུགས་ཀྱི་ངར་གླུད་བཅོས་ནས་རྫོངས་པ་དེ་ནི་གནའ་རབས་ཀྱི་བོན་ལུགས་དར་བ་ནས་བྱུང་བ་དང་། བླ་མ་དཀོན་མཆོག་དང་དམ་ཆོས་ཕུ་ཏི（མིའི་བསམ་པ་དྲང་བདེན་དང་ལྷག་བསམ་རྣམ་དག་མཚོན་པ་དང་། ཤེས་རིག་དང་ཡོན་ཏན་ལྡན་པ་མཚོན་པའི་གྲོ་ཞིབ་དཔྱིབས་མི་འདྲ་བ་གཉིས་ལ་ཟེར།）ཟེར་བ

ཉི་སངས་རྒྱས་ཆོས་ལུགས་དར་བ་ནས་མཚོད་པ། བོད་མདའ་རྒྱག་པ་དེ་ནི་སྔ་དུས་རྒྱ་སོག་ཕྱུན་ཟླ་མི་རིགས་ཀྱི་འབྲེལ་བ་བྱུང་བ་ལས་བརྟན་པ་བཅས་དུས་རབས་རིམ་བྱུང་དང་བསྟུན་ནས་འཕེལ་འགྱུར་བྱུང་བ་མཚོན་གྱི་ཡོད།”① དེ་ནི་དོན་འདིའི་ཐད་དཔེ་མཚོན་རང་བཞིན་ལྡན་པའི་འགྱུར་བ་ཞིག་ཡིན། གཞན་ཡང་གནའ་དུས་སྲིད་འཛིན་དང་ཁྲིམས་སྲོལ་གྱིས་མི་ལ་དོ་དམ་དང་མིའི་བསམ་སྤྱོད་ལ་ཚོད་འཛིན་བྱེད་པའི་ནུས་པ་དབུལ་བས་ཡུལ་གྱི་གོམས་པའི་གཤིས་ལུགས་ཁོ་ནས་མིའི་བསམ་སྤྱོད་ལ་ཚོད་འཛིན་བྱེད་ཀྱི་ཡོད། དཔེར་ན་འོང་སྐོར་དུས་ཆེན་མ་བཏང་གོང་དུ་རྩ་རྩེ་ཞིང་ལ་ཟྙོར་བ་སོགས་མཚོན་རྒྱག་མི་ཆོག་པ་དང་། འོང་དཀྱིལ་དུ་ཀི་ཤར་གྱི་འདོན། སྟོད་རྟེང་ཡོག་རྒྱང་། སྐྱུས་སྤོ་གྱང་འགྱེལ། གཅེར་རྒྱུག་བཅས་བྱེད་མི་ཆོག་པ་དང་། འོང་སྐོར་བཏང་རྗེས་དེ་དག་རྩིས་མེད་ཡིན། འོན་ཀྱང་དུས་ཕྱིས་སྲི་ཚོགས་ཐོག་སྲིད་འཛིན་དོ་དམ་གྱི་ནུས་པ་ཇེ་ཆེར་སོང་བས་ཐོན་སྐྱེད་ཀྱི་གནད་འགག་དུས་མཚམས་རྣམས་སྲིད་འཛིན་གྱི་བྱ་ཐབས་སྤྱད་ནས་གཏན་འཁེལ་བྱ་ཡི་ཡོད་པ་མ་ཟད། སྐྱེ་བོ་ཀུན་གྱི་བྱ་སྤྱོད་ལ་ཁྲིམས་སྲོལ་དང་སྲིད་འཛིན་བྱ་ཐབས་ཀྱིས་ཚོད་འཛིན་བྱ་ཡི་ཡོད་སྐབས། སྲོལ་རྒྱུན་འོང་སྐོར་གྱི་ཐོག་མའི་དམིགས་མཁོ་དེ་ཙམ་མངོན་གསལ་མེད་པ་དང་། ནུས་པའང་ཇེ་ཞན་དུ་སོང་ནས་དེའི་ངོ་བོ་འགྱུར་ཏེ་སྟོན་བསྟུའི་ལས་དོན་ལ་བསྒུ་བ་དང་ལོ་ལེགས་ཡོང་རྒྱུར་རྟེན་འབྲེལ་དགའ་སྟོན་མཚོན་པའི་དུས་སྟོན་ཞིག་ལ་གྱུར་ཡོད་པ་ལྟ་བུ་ཡིན། དོན་དུ་སྲོལ་རྒྱུན་དུས་ཆེན་གྱི་ཐོག་མའི་དམིགས་མཁོ་སྣེ་དུས་མཚམས་དབྱེ་བའི་མཚོན་རྟགས་ཀྱི་ཚུལ་ལ་འགྱུར་བ་བྱུང་བ་མཚོན་ཡོད། ཁྱད་པར་སྲིད་འཛིན་དོ་དམ་ལམ་ལུགས་ལ་རིམ་བཞིན་འགྱུར་བ་བྱུང་བ་དང་སྒྲུགས་

① 《ཐང་རྒྱན་མེ་ཏོག》རྩོམ་སྒྲིག་ཁང་ནས་རྩོམ་སྒྲིག་བྱས་ཤིང་༡༩༩༩ལོར་མི་རིགས་དཔེ་སྐྲུན་ཁང་གིས་བསྐྲུན་པའི《བོད་ཀྱི་དམངས་སྲོལ་གཅེས་བཏུས》ཤོག་གྲངས་༤༨ནང་གསལ།

དུས་སྐབས་སོ་སོའི་དགོས་མཁོ་ལ་གཞིགས་ནས་དུས་ཆེན་གྱི་ནང་དོན་ལའང་འགྱུར་བ་འགྲོ་བ་ཙམ་མ་ཟད། ཐ་ན་སྔར་ནས་ཡོད་བཞིན་པའི་དུས་ཆེན་འགའ་ཤས་རྒྱུན་ཆད་པ་དང་། སྔར་མེད་ཀྱི་དུས་ཆེན་ལ་ལ་གསར་གྲོན་ཡོང་བཞིན་ཡོད། དཔེར་ན་སྔར་ས་གནས་སྲིད་གཞུང་སྐབས་རྒྱས་གཏོང་བྱེད་པའི་ཚོས་གསུམ་ཐོག་མདའ་དང་། གྲྭ་བཞི་རྩིས་བཤེར། རྗོང་རྒྱབ་ཞར་འཕེན། གནམ་མདའ་སོགས་དུས་ཆེན་མང་པོ་ཞིག་དུས་ཕྱིས་མིང་གི་ལྷག་མ་ཙམ་དུ་ཟད་པ་དང་། ཡར་ལུང་རིག་གནས་དུས་ཆེན་དང་། ཇོ་མོ་གླང་མའི་རིག་གནས་དུས་ཆེན། ཆབ་མདོའི་རས་པའི་སྒྱུ་རྩལ་དུས་ཆེན། མངའ་རིས་ཞང་ཞུང་རིག་གནས་དུས་ཆེན། ཀོང་པོའི་སྣག་མ་མེ་ཏོག་གི་དུས་ཆེན་བཅས་ཚང་མ་སྲིད་འཛིན་ས་ཁུངས་སོ་སོས་སྤྱི་ཚོགས་དཔལ་འབྱོར་གྱི་དགོས་མཁོ་ལ་གཞིགས་ནས་སྒྲིག་འཛུགས་བྱས་པའི་གསར་བྱུང་དུས་ཆེན་ཤ་སྟག་ཡིན། དུས་ཆེན་དེ་རིགས་ལ་བློ་རྣལ་དུ་ཕབ་ནས་གཞིགས་པ་བྱེད་སྐབས། དེ་ཚོར་ཐུན་མོང་གི་ཁྱད་ཆོས་ཤིག་ཡོད་པ་ནི། དེ་རིགས་དམངས་ཁྲོད་དུ་རང་འཕེལ་བྱུང་བའི་སྲོལ་རྒྱུན་དུས་ཆེན་དང་མི་འདྲ་བར་དུས་ཆེན་མ་སྤེལ་གོང་ནས་ཞིབ་ཕྲའི་འཆར་གཞི་དང་དམིགས་ཡུལ་གསལ་ལ། དུས་ཆེན་གྱི་ནང་དོན་ཡང་ཕུན་སུམ་ཚོགས་པ་དང་། ལྷག་དོན་དུས་ཆེན་དེ་དག་བརྒྱུད་ནས་ཁུལ་སོ་སོའི་ཐུན་མོང་མིན་པའི་ཕུལ་བྱུང་སྲོལ་རྒྱུན་དམངས་ཁྲོད་སྒྱུ་རྩལ་གྱི་མཚར་སྡུག་མངོན་པར་བྱེད་པ་དང་། ཐུན་མོང་མིན་པའི་ས་ཁུལ་གྱི་ལག་ཤེས་དང་དེའི་ཐོན་རྫས་རྣམས་དྲིལ་བསྒྲགས་བྱེད་ཀྱི་ཡོད། དུས་ཆེན་དེ་རིགས་གཞི་ཁྱོན་ཆེ་བ་དང་། ངོ་དམ་ནན་པ་མ་ཟད། སྲོལ་རྒྱུན་དུས་ཆེན་གྱི་ལེགས་ཆ་བསྡུ་ལེན་བྱས་ཡོད་པས། དཔལ་ཡོན་གཉིས་ཀྱི་འཛུགས་སྐྲུན་ཐད་ནུས་པ་མི་དམན་ཙམ་ཐོན་ཐུབ་གཤིས་དགེ་མཚན་ལྡན་པའི་བྱེད་སྒོར་མཐོང་ནས་མུ་མཐུད་གླང་བྱར་གཟུང་རྒྱུ་གལ་ཆེ་བར་སེམས།

དེ་ལྟར་ན་དུས་ཆེན་གྱི་རིགས་རྣམས་དུས་རབས་འཕེལ་རྒྱས་འགྲོ་བ་དང་བསྟུན་ནས་འགྱུར་བ་འགྲོ་བ་ནི་ཆོས་ཉིད་ཅིག་ཡིན་ཡང་། རིམ་འགྱུར་འགྲོ་བའི་བརྒྱུད་རིམ་ནང་ང་ཚོས་དོ་སྣང་བྱེད་དགོས་པའི་གནད་དོན་ཞིག་ཡོད་པ་ནི་དེར་བླང་དོར་མ་འཆུག་པ་བྱེད་རྒྱུ་དེ་ཡིན། ཕྱིར་དུས་ཆེན་གྱི་འགྱུར་བ་རྣམས་དམངས་སྲོལ་སྤྱིའི་འཕེལ་འགྱུར་ལས་མི་འགལ་བར་ཡར་ཐོན་ཕྱོགས་སུ་ལེགས་འགྱུར་ཡོང་བ་ཞིག་ཡིན་ཡང་། རྒྱལ་ཁབ་ཕན་ཚུན་དང་། མི་རིགས་ཕན་ཚུན་དབར་རིག་གནས་སྤེལ་རེས་དམ་ལ་ཟབ་པ་དང་། ཕན་ཚུན་གྱི་འགྲོ་འོང་རྟག་གཏུག་ཡིན་པའི་ད་ལྟའི་དུས་རབས་སུ་རིག་གནས་ཕན་ཚུན་ཤུགས་རྐྱེན་ཐེབས་རེས་ཤུགས་ཆེ་བས་སྐབས་འགར་ཁུལ་ཁ་ཤས་སུ་རང་གི་སྲོལ་རྒྱུན་ཉམས་ནས་དེ་དང་དེའི་རྗེས་སུ་གོ་མེད་ཚོར་མེད་ཀྱིས་འབྲང་བཞིན་ཡོད་པ་དེ་ཡང་དངོས་དོན་ཡིན། འཛམ་བུའི་གླིང་གི་མི་རིགས་དང་ས་ཁུལ་སོ་སོར་རང་རང་གི་ཁྱད་ཆོས་ལྡན་པའི་རིག་གནས་ཀྱི་སྲོལ་རྒྱུན་མེད་པར་ཚང་མ་ལུགས་སུ་བླུག་པ་ལྟ་བུར་གྱུར་ན་མིའི་རིགས་ཀྱི་སྤྱི་ཚོགས་འདི་ཡང་བྲོ་མེད་ཚ་མེད་ཞིག་ཏུ་འགྱུར་རྒྱུ་ཡིན། རྒྱུ་མཚན་དེ་ལ་བརྟེན་ནས་འཛམ་གླིང་རྒྱལ་ཁབ་ཁག་གིས་མི་རིགས་སོ་སོའི་རིག་གནས་སྲོལ་རྒྱུན་ལ་བླ་ན་མེད་པའི་བརྩི་མཐོང་བྱེད་ཀྱི་ཡོད་ལ། བྱ་སྤྱོད་དངོས་ཀྱི་ཐོག་ནས་རིག་གནས་སྲོལ་རྒྱུན་རྣམས་རྒྱུན་འཛིན་དང་། སྲུང་སྐྱོང་ཡང་བྱེད་མུས་ཡིན། རང་རེའི་ཏང་དང་སྲིད་གཞུང་གིས་ཀྱང་མི་རིགས་ཁག་གི་ཕུལ་བྱུང་སྲོལ་རྒྱུན་རིག་གནས་ལ་ཚད་མཐོའི་མཐོང་ཆེན་གནང་བ་ཙམ་མ་ཟད། དེ་ཚོའི་སྲུང་སྐྱོབ་བྱ་གཞག་ལའང་རྒྱབ་སྐྱོར་གནང་བཞིན་ཡོད། མི་རིགས་ཁག་གི་སྲོལ་རྒྱུན་དུས་ཆེན་རྣམས་ནི་མི་རིགས་སོ་སོའི་སྲོལ་རྒྱུན་རིག་གནས་ཁྲོད་དུ་རང་མི་རིགས་ཀྱི་ཁྱད་ཆོས་མངོན་གསལ་དོད་ཤོས་ཀྱི་གྲས་ཤིག་ཡིན་ལ། དུས་ཆེན་ལ་ལ་ནི་མི་རིགས་སམ་ས་ཁུལ་སོ་སོའི་མཚོན་རྟགས་ལྟ་བུར་ཡང་གྱུར་ཡོད། དེས་ན་མི་

རིགས་ཀྱི་ཁྱད་ཆོས་མངའ་བའི་སྲོལ་རྒྱུན་དུས་ཆེན་དང་གཞན་གྱི་ལད་ཟློས་ཙམ་ལས་དོན་སྙིང་ཅི་ཡང་མངོན་རྒྱུ་མེད་པའི་དུས་ཆེན་གཞན་དག་དབར་ལ་གདམ་ག་མ་ནོར་བ་བྱ་རྒྱུ་ནི་གལ་འགངས་ཆེ་བར་མཐོང་། ཁྱད་པར་བོད་ཀྱི་ཐོན་སྐྱེད་འཚོ་བའི་སྐོར་གྱི་དུས་ཆེན་མང་ཆེ་བ་ནི་ལུས་རྩལ་འགྲན་ཚོགས་དང་། རིག་རྩེད་ཀྱི་འགྲན་བསྡུར། རྒྱན་གོས་ཀྱི་འཁྲབ་སྟོན་བཅས་ཕྱོགས་བསྡུས་རང་བཞིན་ལྡན་པའི་རིག་རྩལ་བྱེད་སྒོ་ཤ་སྟག་ཡིན། དེས་དམངས་ཁྲོད་ངག་རྒྱུན་དུ་མཆིས་པའི་སྲོལ་རྒྱུན་རིག་གནས་མང་པོ་ཉར་སྐྱོང་དང་ཁྱབ་སྤེལ་གཏོང་རྒྱུར་ནུས་པ་ཆེན་པོ་ཐོན་གྱི་ཡོད་ལ། རྒྱན་གོས་ཀྱི་བཟོ་རྩལ་དང་། སྣེ་རིགས་ཕུན་སུམ་ཚོགས་སུ་གཏོང་རྒྱུར་ཡང་ཤུགས་རྐྱེན་ཐེབས་བཞིན་ཡོད། སྟོང་ལོ་གསར་པ་ཤར་མ་ཐག་ཏུ་དམངས་ཁྲོད་སྒྱུ་རྩལ་པའི་དྲན་ཤེས་ཀྱི་ཀློང་དུ་མི་རབས་ནས་མི་རབས་བརྒྱུད་ཉར་འཛིན་བྱས་པ་དང་། ངག་ནས་ངག་བརྒྱུད་ཀྱིས་ཁྱབ་སྤེལ་བྱུང་བའི་སྲོལ་རྒྱུན་དམངས་ཁྲོད་སྒྱུ་རྩལ་རྣམས་མྱུར་སྐྱོབ་དང་རྒྱུན་འཛིན་བྱེད་པའི་ཚ་རླབས་ཤིག་རྒྱལ་སྤྱི་རྒྱལ་ནང་དུ་འཕྱུར་བཞིན་ཡོད། དཔེར་ན། མཉམ་འབྲེལ་རྒྱལ་ཚོགས་སློབ་གསོ་ཚན་རྩལ་རིག་གཞུང་རྩ་འཛུགས་ཀྱིས《གཟུགས་མེད་རིག་གནས་ཀྱི་ཤུལ་རྒྱུན་སྲུང་སྐྱོང་བྱེད་རྒྱུའི་རྒྱལ་སྤྱིའི་སྤྱི་ཆིངས》ཞིག་འགྲེམ་སྤེལ་བྱས་པ་དང་། མིག་སྔར་རང་རྒྱལ་གྱི《མི་རིགས་ཀྱི་སྲོལ་རྒྱུན་དམངས་ཁྲོད་རིག་གནས་སྲུང་སྐྱོང་བྱེད་རྒྱུའི་ཁྲིམས་སྲོལ》དེའང་འགྲེམ་སྤེལ་བྱ་ཉེར་ཡོད། ཉེ་དུས་རྒྱལ་ནང་དུ་མི་རིགས་ཀྱི་སྲོལ་རྒྱུན་དམངས་ཁྲོད་རིག་གནས་སྲུང་སྐྱོང་བྱ་རྒྱུའི་གནད་དོན་ལ་སྤྱི་ཚོགས་ཡོངས་ཀྱིས་དོ་སྣང་བྱེད་བཞིན་ཡོད་ལ། བྱ་གཞག་དེའི་ཆེད་ལས་མི་སྣ་མི་ཉུང་བ་ཞིག་གིས་ལོ་རྒྱུས་ཀྱི་འགན་བབ་དང་དུ་བླངས་ནས་སྤྱི་ཚོགས་ཡོངས་ལ་རེ་འབོད་ཞུ་བཞིན་ཡོད། དེ་ལྟར་བྱེད་པའི་རྒྱུ་མཚན་ཡང་དེང་རབས་ཅན་དུ་འཕྱུར་བ་ལྟར་མྱུར་བགྲོད་བྱེད་པའི་དུས་རབས་གསར་པའི་ནང་ངག་རྒྱུན་སྒྱུ་རྩལ་དང་

གཟུགས་མེད་ རིག་ གནས་ ཀྱི་ གསོན་ སྟོབས་ ཇེ་ ཞན་ དུ་ འགྲོ་ བའི་ དངོས་ དོན་ ལ་ གཞིགས་ནས་ཡིན། སྤྲོལ་རྒྱུན་གྱི་དུས་ཆེན་ཁག་ཉམས་གུད་དུ་ཕྱིན་ན། དམངས་སྲོལ་གྱི་རྣམ་པའི་ཐོག་ནས་ངག་རྒྱུན་རིག་གནས་ཁྲབ་སྟོན་གཏོང་བའི་ནུས་པ་ཇེ་ཞན་དུ་འགྲོ་ངེས་ལ། ངག་རྒྱུན་རིག་གནས་མང་པོ་ཞིག་དེ་དང་མཉམ་དུ་ཉམས་ཉེས་སུ་འགྲོ་ངེས་ཡིན། དེ་ཡང་རང་རྒྱལ་གྱི་རི་མོ་མཁས་ཅན་ལུང་ཐུས་ཀྱིས། “མི་རིགས་ཀྱི་དམངས་སྲོལ་དང་འབྲེལ་ཡོད་ཀྱི་དུས་ཆེན་མེད་ན། མི་རིགས་ཀྱི་རིག་གནས་སྲུང་སྐྱོང་ཟེར་བ་སྟོང་པ་རེད། ཚད་མཐོ་ཤོས་སྲུའང་ས་མེད་འདེབས་གསོ་བྱས་པ་ཙམ་དུ་ཟད་”①ཅེས་བཤད་པ་ལྟར་ཡིན། དེར་བརྟེན་བོད་ཀྱི་ཕྱུལ་བྱུང་ངག་རྒྱུན་རིག་གནས་དེ་རིགས་རྒྱུན་འཛིན་དང་ཁྲབ་སྟོན་གཏོང་དགོས་ན། ཐབས་བཟང་ཤོས་ནི་ཡར་ཐོན་གྱི་སྲོལ་རྒྱུན་དུས་ཆེན་རྣམས་རྒྱུན་འཛིན་དང་། སླར་གསོ་བྱ་རྒྱུ་དེ་ཡིན་པར་མཐོང་། དེ་ཡང་མཁས་དབང་དམུ་དགེ་བསམ་གཏན་གྱི་གསུང་ལས།

“སྔར་བཤད་དང་གསར་བཤད་གང་ཡིན་ཀྱང་། །
དགག་བྱ་མེད་ལ་དགོས་པ་ཡོད་ན་ཁས་ལོས་ལེན། །
དགོས་པ་དང་ཁེ་ཕན་མེད་ན་བསྒྱུར་བར་འོས་སྙམ། །” ཞེས་གསུངས་པ་ལྟར་རོ། །

① ༢༠༠༩ལོའི་ཟླ་༣པའི་ཚེས་༢༩ཡི་《མི་དམངས་ཉིན་རེའི་ཚགས་པར་》ཐོག་གསལ། (རྒྱ་ཡིག)

༧༡། །དགེ་འཁོར་ཡུལ་གྱི་སྲོལ་རྒྱུན་དབྱར་སྟོན་དང་འབྲེལ་བའི་མགོ་རྩིས་མཛད་སྒོའི་སྐོར་གླེང་བ།

རི་གླིང་མཐའ་དག་སྔོ་ལྗང་གོས་ཀྱིས་གཟབ་པར་བརྒྱན་ཞིང་ཕྱུགས་རིགས་དཀར་ནག་ཤ་ཞེད་རྒྱས་ཏེ་ཕྱུགས་ཕྱུག་རྣམས་དགའ་རྩེད་ལ་རོལ་བའི་དབྱར་སྐད་ཀྱི་དུས་ན་དགེ་འཁོར་ཡུལ་གྱི་འབྲོག་པ་རྣམས་ཀྱིས་མགོ་རྩིས་བྱ་བའི་མཛད་སྒོ་ཞིག་རྒྱས་པར་སྤེལ་སྲོལ་ཡོད་པ་དེ་ནི་དགེ་འཁོར་རང་བྱུང་གྲོང་ཚོ་གཉིས་ཀྱི་ཐུན་མོང་མིན་པའི་སྲོལ་རྒྱུན་དུས་སྟོན་ཞིག་ཡིན་ཞིང་། དེའི་ཐོག་མའི་འབྱུང་ཁུངས་ལ་བརྟག་ཚེ་དེ་ནི་ཡུལ་ལྷ་གསོལ་བའི་མཛད་སྒོ་ཞིག་ཏུ་ངེས་ཀྱང་། ཡུན་རིང་གི་འགྲོག་ལས་ཐོན་སྐྱེད་བྱ་རིམ་ནང་མཛད་སྒོ་དེའི་ནང་དོན་འཕེལ་རྒྱས་ཕྱིན་པ་ལས་གཡག་རྡུང་ག་སྒྱུར་བ་དང་། གཡག་རྒྱུག རྟ་རྒྱུག མི་རྒྱུག རྡོ་འགྱོགས། མཆོང་། ཞུར་རྡེ་ཚ་ཁ་འཐྲན་པ་བཅས་རྣམ་གྲངས་ལྡན་སུམ་ཚོགས་པའི་ལུས་རྩལ་གྱི་འགྲན་ཚོགས་ཤིག་ཏུ་གྱུར་ཡོད།

དེ་ཡང་མགོ་རྩིས་གོང་གི་ཉིན་དེར་དགེ་འཁོར་གྲོང་ཚོ་གཉིས་ཀྱི་བོད་པ①རྣམས་གཟབ་མཚར་ལེགས་པར་སྤྲས་ཏེ་དུས་ཆེན་གྱི་བཟའ་བཏུང་སྣོད་གསུམ་གྱི་དགོས་མཁོ་རྣམས་གཡག་དང་རྟ་བོང་ལ་བཀལ་ནས་ལྷ་ཞབ་མཚམས་སུ་མཆིས་པའི་བརྒྱུད་ལ་ཞེས་པའི་ལ་དེ་བརྒྱབ་སྟེ་མགོ་གཞུང་རྩྭ་ཐང་དུ་འཛོམས། དེ་ནས་བལྟས་ན་མིག་ལམ་དུ་ཆུང་བ། བཙུག་ན་ཕྱུགས་རིགས་ཤོང་ཆེ་བའི་མགོ་ར་ཞེས

① བོད་པ། དགེ་འཁོར་ནི་ས་མ་འབྲོག་ཁུལ་ཞིག་ཡིན་ཞིང་། དགེ་འཁོར་བ་རྣམས་ཀྱིས་ལས་རིགས་ཆེ་བ་ལ་བོད་འབྲོག་ཁག་གཉིས་སུ་དབྱེ་སྲོལ་ཡོད་པ་དང་། བོད་ནི་ཞིང་ཁུལ་གྱི་དོན་དང་བོད་པ་ནི་ཞིང་པའི་དོན་ཡིན་ནོ། །

པའི་ལྟས་ར་ཞིག་ཡོད་པའི་མཐའ་བཞིར་དུད་ཚང་སོ་སོས་སྦྲ་གུར་ནག་པོ་རེ་ཕུབ་ཅིང་དུས་ཆེན་གྱི་སྟ་གོན་ལེགས་པར་བྱེད་པ་དང་། འབྲོག་པ་རྣམས་ཀྱིས་མགོ་གཞུང་དང་ཐག་ཉེ་བའི་རྩྭ་ཐང་ཐོག་འབྲི་གཡག་དང་ར་ལུག་ལ་རྣ་ཆ་དང་། ཟེར་རྒྱན། ཛ་རྒྱན། དྲིལ་བུ་སོགས་རྒྱན་ཆ་དག་བཏགས་ཏེ། ཕྱི་ཉིན་མི་ཚོགས་ཀྱི་དབུས་སུ་བཤད་བྱའི་རྗེས་སྒྲ་དང་ཤམ་སྒྲའི་དཔའ་སྐད་གྲ་སྒྲིག་བྱེད། དེ་ནས་མགོ་རྗེས་ཉིན་དང་པོའི་ཉི་ཤར་ཙམ་ལ་དགེ་འཁོར་ཨ་ཁྱུ་འབྲོག་པ་རྣམས་ཀྱིས་ཕྱུགས་རིགས་དཀར་ནག་ཚོགས་རྣམས་དེད་ནས་མགོ་རའི་མཐའ་འཁོར་དུ་འཛོམས། དེ་རྗེས་བྱེད་སྒོ་གཙོ་སྐྱོང་མཁན་གྱི་བཀོད་སྒྲིག་ལྟར་སྔོན་ལ་ལུག་ཁྱུ་རེ་རེ་བཞིན་རིམ་པས་མགོ་རའི་ནང་བཅུག མགོ་རའི་ནང་འཇུག་སྐབས་ལུག་རྗེས་རྟ་ལུག་གམ་རྟ་ར་[1]བཟུང་ནས་དེའི་ཁ་ལ་ཕྱེ་མར་སྟེར་བཞིན་རྟ་སྦྱུ[2]གཏོང་། རྟ་ལུག་ལ་གཏོང་བའི་རྟ་སྦྱུ་ནི་དཔེར་ན། "ཨོཾ་ར་མ་གཡང་མ་ཁལ་མ་ལ་འབབ་པ་དང་ཉམས་པ་བསྟོག་པ་ཐམས་ཅད་བསང་གསོལ་ལོ་བསང་གསོལ་ལོ། །མདང་གནམ་ལ་བལྟས་པས་སྐར་མ་བཟང་། ད་རང་ས་ལ་བལྟས་པས་ཉི་མ་དྲོ། དེ་རིང་གཟའ་སྐར་གྱི་འཁྲོས་སྦྱོར་བཟང་པོ་འདི་ལ། བཀྲ་ཤིས་པའི་རྟ་སྣ་ལེགས་པོ་འདི་གསོལ་བ་ཡིན། དོན་བསྒྲུབ་པའི་ཆིབས་སྣ་ལེགས་པོ་འདི་བསྔོན་པ་ཡིན། ལྷ་ལུག

① རྟ་ལུག་གམ་རྟ་ར། ཡུལ་ལྷ་དང་ཕོ་ལྷའི་ཆིབས་རྟར་གསོལ་བའི་ལུག་གམ་ར་ལ་ཟེར་བ་ཡིན། དེ་ཡང་དུད་ཚང་ཞིག་གི་ར་ཁྱུའམ་ལུག་ཁྱུའི་ནང་ནས་རང་གི་ཡུལ་ལྷའམ་ཕོ་ལྷར་རྟ་རའམ་རྟ་ལུག་རེ་གསོལ་སྲོལ་ཡོད་ལ། དེ་ཉིད་ཀྱི་སྤུ་རྩེད་ལ་མཚོན་རྒྱག་ཏུ་མི་རུང་བར་མ་ཟད། ཚོན་སྣ་ལྔ་ལྡན་གྱི་དར་རས་ལས་དྲིལ་བུ་དང་རྣ་ཆ་སོགས་འདོགས་སྲོལ་མེད་ལ། དེ་ཉིད་མ་བསད་གོང་ཚབ་ཏུ་གསར་པ་ཞིག་བདམས་ཏེ་རྟ་རའམ་རྟ་ལུག་རྙིང་པ་དེའི་སྤུ་རྩེད་ནས་ཕྲན་བུ་བཏོགས་ནས་གསར་པ་དེའི་ལུས་ལ་འདོགས་དགོས་པ་དང་། དེ་ནས་གསར་པ་དེ་རྙིང་པའི་རྐང་ལག་གཡས་གཡོན་གྱི་བར་ནས་དྲངས་རྗེས་རྟ་ར་རྟ་ལུག་གསར་པ་དེར་ངེས་པ་ཡིན། གལ་སྲིད་སྔོན་ནས་བཙུགས་པའི་རྟ་རའམ་རྟ་ལུག་དེ་ལ་ནད་ཤི་སྐྱོན་ཆག་བྱུང་ཚེ་རྟ་རུལ་ཞེས་བརྗོད་དེ་ར་ལུག་གཞན་ཞིག་བདམས་ནས་རྟ་ར་རྟ་ལུག་གསར་དུ་འཛུགས་སྲོལ་ཡོད།

② རྟ་སྦྱུ། རྟ་ར་རྟ་ལུག་གམ་ཞོལ་པོ་ཞོལ་མོ་གསོལ་སྐབས་གཏོང་བའི་ཆིབས་རྟའི་ཆེ་བ་བརྗོད་པའི་བཤད་པ་ལ་ཟེར་བ་ཡིན།

དུང་མགོ་བརྒྱ་ཡི་དཀྱིལ་ནས་དགའ་བ་བདམས་པ་ཡིན། སྟོང་གི་དཀྱིལ་ནས་ལེགས་པ་བསྒྲུགས་པ་ཡིན། བརྒྱ་དགའ་སྟོང་བསྒྲུགས་འདིའི་སྟེར་རྐོད་ཀྱི་བང་མ་ཉམས། སྤྲུ་རྐོད་ཀྱི་ཧླུང་མ་ཉམས། ཧླུང་སྟེར་མོ་བཞི་ཐག་པས་མི་བསྟུས་པའི་རྟ་པོ་འདི། སུ་དང་སུ་ཡི་རྟ་རུ་འཛུགས་ཟེར་ན། སུ་དང་སུ་ཡི་ཚེབས་སུ་གསོལ་ཟེར་ན། འདི་ནས་བརྩིས་པའི་ཉི་མའི་བྱང་ཤར་དུ་བཞུགས་པའི། མངའ་ཆེ་ལ་ཞལ་དྲོ་བ། མངའ་ཆེ་ཞལ་དྲོ་ཡི་ཕོ་ལྷ་ཆེན་པོ་གནམ་ཐེའུ་དཀར་པོའི་སྐུའི་ཚེབས་སུ་བཙུགས་པ་ཡིན། མི་རྣམས་ཀུན་གྱི་ཚེ་ཐར་དུ་བཙུགས་པ་ཡིན། མི་རྣམས་ཀུན་ལ་ནད་འབྱུང་དུ་མ་སྟེར། ཕྱུགས་ཀུན་མ་གུད་ཀྱི་གཡང་དར་དུ་བཙུགས་པ་ཡིན། ཕྱུགས་ཀུན་གུད་ལ་གུད་ཁ་འབྱུང་དུ་མ་སྟེར། བརྒྱ་ཁ་མང་གིས་ཁ་ལབ་ཏུ་མི་སྟེར་བའི་རྟ་པོ་ཡིན། སྟོང་མིག་མང་གིས་མིག་བལྟ་རུ་མི་སྟེར་བའི་རྟ་པོ་ཡིན། འབྲིང་པ་རྒྱ་ཡིས་སྒྲོག་ཏུ་མི་སྟེར་བའི་རྟ་པོ་ཡིན། དབྱར་བཞོན་ཆེ་ལ་སྟོན་འོང་ཆེ་བ། བཞོན་མ་རུ་ཞོ་ལེགས་ལ་ཚང་མ་རུ་ཚང་ལེགས་པའི་རྟ་པོ་ཡིན། རྟ་པོ་འདི་ནོར་གྱི་རྡོགས་ཀྱིས་ཏང་ཐང་གཏེར་བཙག་གིས་ཐིག་བྲིས་པ་ཡིན། རྟ་པོ་འདི་གུད་ཀྱི་རྡོགས་ཀྱིས་ཕྱེ་མར་འོ་འཁོལ་གྱིས་གསོ་བ་ཡིན། ཐེབས་པའི་དུས་སུ་ཚེབས་པ་མཛོད། ཚེབས་པ་འདི་ལས་མགྱོགས་པ་མེད། བཞུགས་པའི་དུས་སུ་བཞུགས་ཁང་མཛོད། བཞུགས་ཁང་འདི་ལས་བཙན་པ་མེད། ཞལ་ལེགས་པོ་འདི་ལ་གཟིགས། ཐུགས་ལེགས་པོ་འདི་ལ་དགོངས། ཚོང་དུ་ཐེབས་ན་ཚོང་དཔོན་ཚུགས། དམག་ཏུ་ཐེབས་ན་དམག་དཔོན་ཚུགས། ཆུ་ལ་འགྲོ་ན་ཟམ་པ་ཚུགས། བྲག་ལ་འཛེགས་ན་སྐས་ཀ་ཚུགས། རྒྱབ་ཀྱི་སྐྱོལ་མ་མཛོད། མདུན་གྱི་འཁར་བ་མཛོད། （དེ་ནས་ཕྱེ་མར་སྒྲོན་འགོ་ཚུགས་）བཀྲ་ཤིས་དབུ་རྣ་གཡས་པ་ལ་བརྒྱབ་ནས་ཕོ་ལྷ་ཆེན་པོ་གནམ་ཐེའུ་དཀར་པོ་མཉེས་པ། བཀྲ་ཤིས་དབུ་རྣ་གཡོན་པ་ལ་བརྒྱབ་ནས་མོ་ལྷ་དང་ཞང་ལྷ་མཉེས་པ། དཔྲལ་བ་ལ་བརྒྱབ་ནས་བཀྲ་ལོ་འཁོར་

བཅུ་གཉིས་མི་གནས་དྲུག་བཅུའི་གྲ་ཆག་ཏུ་མ་སྡེར། ཞལ་ལ་བརྒྱབ་ནས་ཞལ་དྲོ། ཤངས་ལ་བརྒྱབ་ནས་ཤངས་དྲི་ཞིམ། སྤྱན་ལ་བརྒྱབ་ནས་སྤྱན་གཟིགས་མོ་ཆེ། རྣ་བ་ལ་བརྒྱབ་ནས་རྣ་བ་གཏམ་སྙན། མཛིང་པ་ལ་བརྒྱབ་ནས་མཛིང་ཕྱུག སོག་པ་ལ་བརྒྱབ་ནས་ནོར་གསོག ལོང་ལ་བརྒྱབ་ནས་ལོངས་སྤྱོད་རྒྱས། སྙིག་པ་ལ་བརྒྱབ་ནས་སྙིག་པ་ར་བཞིས་དགྲ་བོ་ཐམས་ཅད་རྡོག་རྡིས་གཏོང་། ཚུ་རྒྱུད་ལ་བརྒྱབ་ནས་མི་རྒྱུད་དེ་ཆུ་ལས་རིང་། ཇ་མ་ལ་བརྒྱབ་ནས་མངའ་ཐང་དེ་གོང་ལ་རེག མཚང་ར་ལ་བརྒྱབ་ནས་ནོར་ཚང་ཚང་དང་ཏུབ་ཏུབ། སྐང་ལ་བརྒྱབ་ནས་སྐང་ལ་གྲ་རྒྱས། ཟེ་བ་ལ་བརྒྱབ་ནས་ཁམས་གསུམ་དགྲ་བགེགས་ཟིལ་གྱིས་གནོན། ཕོ་བདུད་རི་གཟར་གྱི་གནམ་ལྕགས་དང་ཐོག་སེར་ཡོད་པ་དར་དཀར་གཡས(གཞོགས་གཡས་)ལ་བསྐྱུར། ཀླུ་ནད་དང་མཛེ་ཤུ་ཡོད་པ་དར་དཀར་གཡོན་ལ་བསྐྱུར། བཙག་གྲ་ལེགས་པའི་གྲ་འཛམ་གོས་སུ་གྱོན། ཕྱུགས་ལུག་སྟོང་གི་སྡེ་འདྲེན་གྱིས་ཤིག་གི་གི་བསྭོ་བསྭོ་ལྷ་རྒྱལ་ལོ། །”ཞེས་གཡང་དཔོན་གྱིས་ཏ་ཕྱྭ་དེ་དག་གཏོང་བ་དང་དུས་མཚུངས་སུ་དུད་ཚང་དེའི་བདག་མོས་མཆོར་ཟུར་དུ་ཡོད་པའི་བསང་ཁུང་དུ་བསང་གསོལ་བྱེད་ལ། ནང་མི་གཞན་རྣམས་ཀྱིས་ཁྱིམ་ཚང་དེ་རང་དང་དེའི་ཕྱུགས་རིགས་ལ་བསྟགས་པ་བརྗོད་ཅིང་ངོམ་སོ་རྒྱག དུད་ཚང་སོ་སོའི་ལུག་ཁྱུ་མགོ་ར་ལ་འཇུག་སྐབས་རང་རང་སོ་སོའི་དཀར་ཉེ་གྲོགས་གསུམ་གྱིས་ཁ་བཏགས་འཁྱེར་ནས་ཕྱུགས་རྫི་བ་དང་དེའི་ནང་མི་རྣམས་ལ་སྨྲོན་བཞིན་དུད་ཚང་དེ་དང་དེའི་ཕྱུགས་རིགས་ལ་ཆེ་བ་མང་དུ་བརྗོད། གཞན་ཡང་ལུག་ཁྱུ་མགོ་རའི་ནང་འཇུག་སྐབས་སྒྲོ་འདོགས་ཀྱིས་ཕྱུགས་རིགས་ཀྱི་མགོ་གྲངས་རྩིས་ཚུལ་བྱེད་སྲོལ་ཡོད་ལ། དུས་ཆེན་དེའི་མིང་དུ་མགོ་རྩིས་བྱ་བ་ཡང་དེ་ནས་བྱུང་བ་ཡིན། དེ་ལྟར་ཁྱིམ་ཚང་དེའི་ཏ་ཕྱྭ་དང་བསང་གསོལ་ཚར་རྗེས་ལྷས་རའི་ཕྱོགས་གཞན་ཞིག་ན་ལྟག་སྒོ་ཞིག་ཡོད་པ་དེ་ནས་ལུག་ཁྱུ་ཕྱིར་བཏང་སྟེ་རང་གི་མཆོར་སའི་ཕྱོགས་སུ་

ལུག་རྫི་བས་འདེད་ནས་འགྲོ་བ་དང་། མགོ་ར་དང་ཐག་རིང་ཙམ་གྱི་ས་ནས་གཡང་དཔོན་དེས་ལག་ཏུ་ཞུར་རྫོའམ་ཁ་བཏགས་འཁྱེར་ཏེ་གཡང་འགུགས་བྱེད་སྲོལ་ཡང་ཡོད། དེ་ལྟར་སྟོན་ནས་གཏན་འབེབས་བྱས་པའི་མགོ་རར་གཞུག་རྒྱུའི་ལུག་ཁྱུ①ཚང་མ་བཙུག་ཚར་རྗེས། འབྲི་གཡག་གི་ཁྱུ་རྣམས་རེ་རེ་བཞིན་མི་ཚོགས་ཀྱི་དབུས་སུ་བསྐྱངས་ནས་ཞོལ་པོའམ་ཞོལ་མོ②བཟུང་ནས་དེར་ཕྱེ་མར་སྐྱེར་བ་དང་། རྟ་སྤྲ་གཏོང་བ། བསང་གསོལ་བྱེད་པ། རྫི་བོ་དང་དེའི་ནང་མི་རྣམས་ལ་ཁ་བཏགས་གཡོགས་པ་སོགས་གོང་དང་མཚུངས། དེ་ལྟར་རྟ་རའམ་རྟ་ལུག་ཞོལ་པོའམ་ཞོལ་མོ་གསོལ་ཚར་མཚམས་ལུས་རྩལ་གྱི་བྱེད་སྒོ་རྣམས་འགོ་ཚུགས་ཀྱི་ཡོད། ལུས་རྩལ་གྱི་རྣམ་གྲངས་དང་པོ་ནི་ཛ་དྲག་ཆེ་ལ་ངོ་མཚར་ལྡན་པའི་གཡག་རྫིང་ག་སྒྱུར་རྒྱུ་དེ་ཡིན། ཕ་གཡག་རྫིང་ག་སྒྱུར་བ་དེ་དུས་ཆེན་དེའི་གཟིགས་མོ་ཆེ་ཤོས་སུ་ངེས་ལ། ཡུལ་ལུང་གཞན་ན་མཐོང་རྒྱུ་དཀོན་པས་ཕྱི་མི་འགའ་ཡིས་གཡག་རྫིང་ག་སྒྱུར་བའི་དུས་སྟོན་ཞེས་ཀྱང་འབོད་སྲོལ་འདུག་པ་འདི་ནི་ཞོ་སྟོན་ལ་ལྷ་མོའི་དུས་ཆེན་དུ་འབོད་པ་དང་འདྲ་བར་སྣང་ངོ་། །

འཛམ་བུའི་གླིང་གི་ཡུལ་ལུང་སོ་སོ་དང་མི་རིགས་སོ་སོ་ལ་རང་རང་གི་ཐུན་མོང་མིན་པའི་ལུས་རྩལ་གྱི་བྱེད་སྒོ་སྣ་ཚོགས་ཡོད་པའི་ནང་ནས་སྲོག་ཆགས་ཕན་ཚུན་འཐབ་ཏུ་འཇུག་པའི་བྱེད་སྒོ་ནི་ལྟད་མོ་ཆེ་ཤོས་ཀྱི་གྲས་ཤིག་ཡིན། དཔེར་ན་ཏན་རྒྱལ་རབས་ཀྱི་དུས་འགོ་ནས་དར་བའི་རྒྱ་མི་རིགས་ཀྱི་ཡ་ཙི་འཐབ་ཏུ་འཇུག་པའི་ལུགས་སྲོལ་དང་། ཐང་རྒྱལ་རབས་སྐབས་དར་བའི་འབུ་དམར་འཛིང་དུ་

① མགོ་རར་གཞུག་རྒྱུའི་ལུག་ཁྱུ། དེ་ནི་ཡུལ་ཚོ་སྤྱི་ནས་ཕྱུགས་རིགས་ཤ་ཤེད་བཟང་བའི་དུད་ཚང་ཁག་གཅིག་གི་ལུག་ཁྱུ་ཡིན་ཞིང་། "གྲོང་བའི་བ་ཤི་ཡང་མྱ་ངན་ཞག་གསུམ"ཞེས་པའི་དཔེ་ལྟར་གལ་ཏེ་དུད་ཚང་དེའི་ནང་མི་ཤི་སྐྱོན་ཆག་སོགས་བྱུང་ཚེ་ནོར་ཕྱུགས་ཤ་ཤེད་བཟང་བ་དང་གྲངས་ཚད་མང་ནའང་མགོ་རར་འཇུག་པའི་ལུགས་སྲོལ་མེད།

② ཞོལ་པའམ་ཞོལ་མོ། ཁྱུའི་ནང་ནས་བདམས་ཏེ་ཕོ་ལྷའམ་ཡུལ་ལྷའི་ཆིབས་རྟ་ལ་གསོལ་བའི་གཡག་གམ་འབྲི་ལ་ཟེར།

འཇུག་པ་དང་། བྱ་སྲེག་པ་འཐབ་ཏུ་འཇུག་པའི་རྒྱ་རིགས་ཀྱི་གོམས་གཤིས། གཞན་ཡང་མིའོ་རིགས་དང་། ཏུང་རིགས། རྒྱ་རིགས་བཅས་ཀྱི་ཁྱུལ་དུ་དར་བའི་བ་གླང་རྟང་ག་སྒྱུར་བའི་ལུགས་སྲོལ། དེ་བཞིན་འཛམ་གླིང་ཕྱོགས་བཞིར་སྐད་གྲགས་ཆེ་བའི་ཞི་པན་ཡ་ཡི་གླང་དང་མི་འཛིང་བའི་ལུགས་སྲོལ་བཅས་ཚང་མར་གདུག་རྩུབ་ཆེ་ལ་སྙིང་རྗེ་མེད་པའི་ཆ་ཞིག་མངོན་རྒྱུ་ཡོད་ཀྱང་། དེས་མི་རྣམས་ལ་དགོད་བྲོ་སློང་བ་དང་། སྤྲོ་བ་སྲིད་བའི་ནུས་པ་ཞིག་ཐོན་གྱི་ཡོད། དེ་ལྟར་གཙང་དགེ་འཁོར་ཡུལ་དུ་སྤྱར་ནས་དར་ཞིང་ཁྱབ་པའི་ཕ་གཡག་རྟང་ག་སྒྱུར་བའི་དུས་སྟོན་ཞིག་ཡོད་པ་ནི་བོད་ཀྱི་དམིགས་བསལ་ཅན་གྱི་སྲོག་ཆགས་འཐབ་ཏུ་འཇུག་པའི་སྲོལ་རྒྱུན་གྱི་ལུས་རྩལ་རྣམ་གྲངས་ཤིག་ཡིན། དེ་ཡང་མགོ་རྩིས་མཛད་སྐབས་ཕ་གཡག་རྟང་ག་རྒྱུག་ཏུ་འཇུག་སྲོལ་ཡོད་པ་དང་། རྟང་ག་སྒྱུར་བའི་གཡག་ནི་འབྲི་ཁྱུའི་ནང་གི་ཕ་གཡག་རྣམས་ཡིན་དགོས། དེ་མིན་གྱི་རྫོས་གཡག་དང་ཁལ་གཡག་འགྲན་སྡུར་ནང་ཚུད་ཀྱི་མེད། གང་ལགས་ཤེ་ན། རྟང་གའི་འགྲན་ཚོགས་ནང་ཚུད་པའི་ཕ་གཡག་རྣམས་ནི་ཤ་ཤེད་བཟང་ལ། སྣོ་ཤེད་ཆེ་བ་དང་། རྒྱུན་རིང་རྟང་ག་བརྒྱབ་པའི་ཉམས་མྱོང་གིས་ཕྱུག་པ་ཤ་སྟག་ཡིན། རྟང་གའི་འགྲན་སྡུར་ནི་གླང་དོར་གྱི་འགྲན་སྡུར་ལམ་ལུགས་སྤྱད་དེ་རྒྱལ་ཕམ་ཐག་གཅོད་ཀྱི་ཡོད། དེ་ཡང་ལོ་དེའི་རྟང་གའི་འགྲན་ཚོགས་ལ་ཚུད་པའི་ཕ་གཡག་རྣམས་ཚང་མ་སྔོན་གྱི་ཐོ་བཀོད་ལྟར་ཟེང་རྒྱན་རྒྱག་པ་དང་། རྒྱན་ཡ་སུ་དོན་པ་དེ་དང་རྟང་ག་འཐབ་རྗེས་རྒྱལ་ཁ་ཐོར་བ་དེ་འགྲན་སྡུར་ནས་ཕྱིར་འབུད་བྱེད་པ་དང་། འགྲན་དབང་ཐོབ་པ་རྣམས་ཚང་མ་སླར་ཡང་རྒྱན་རྒྱག་དགོས། དེ་ལྟར་འགྲན་དབང་ཤོར་བ་རྣམས་ཕྱིར་འབུད་བྱེད་སྐོར་ཐེངས་འགའ་བྱས་མཐར་རྒྱལ་ཁ་ཤོར་མྱོང་མེད་པ་གཉིས་སམ་གསུམ་ལྷག་ཙང་། གལ་སྲིད་གཉིས་ལྷག་ན་དེ་གཉིས་ལས་རྒྱལ་ཁ་ཐོབ་མཁན་ལ་ཨང་དང་པོ་ཐོབ་པ་དང་། གལ་སྲིད་གསུམ་

ལྟག་ན་རྒྱན་བརྒྱབ་རྗེས་གཅིག་རྒྱན་མེད་དུ་ལུས་པ་དེ་དང་གཞན་གཉིས་ལས་འགྲན་དབང་ཐོབ་མཁན་དེ་འགྲན་མཐར་མཐའ་མཇུག་གི་རྒྱལ་ཁ་ལེན་མཁན་ལ་ཞོ་དེའི་སྣེ་འཁྱུག①ལེན་མཁན་གྱི་མཚན་སྙན་ཐོབ་ཀྱི་ཡོད། སྣེ་འཁྱུག་ལེན་མཁན་ལ་ཐོག་མར་ཏན་པོས(དེང་དུས་ཤང་གི་འགོ་ཁྲིད་ཀྱིས)རྣ་དར་ཞེས་རྣ་ཅོ་ལ་ཁ་བཏགས་བསྐོན་པ་དང་། རྗེ་བོ་ལའང་ཁ་བཏགས་གཡོགས་པ་མ་ཟད། དཀར་ཉེ་ཁྲིམ་མཆེས་ཚོས་ཀྱང་སྣེ་འཁྱུག་ལེན་མཁན་གྱི་རྗེ་བོ་དང་དེའི་ནང་མི་རྣམས་ལ་ཁ་བཏགས་གཡོགས་སྲོལ་ཡོད་ལ། སྲོལ་རྒྱུན་ལྟར་ན་སྣེ་འཁྱུག་ལེན་མཁན་གྱི་ཕ་གཡག་དེའི་ལོ་གཅིག་གི་གཡག་ཁྲལ་རྩ་ཆག་གཏོང་བ་དང་། རྩྭ་ཆུ་གང་བཟང་ནས་བཟའ་འཐུང་ཚོག་པའི་དམིགས་བསལ་གཟིགས་སྐྱོང་ཐོབ་ཀྱི་ཡོད། རྒྱལ་ཁ་ཨང་གཉིས་པ་ལེན་མཁན་ལ་དབང་འོག་ཐོབ་པར་འཐོབ་ལ་དེར་ཨང་དང་པོ་ལྟར་གྱི་བྱ་དགའ་དང་གཟེངས་བསྟོད་མེད་རུང་། བདག་པོའི་དཀར་ཉེ་རྣམས་ཀྱིས་དེར་བསྟོད་བསྔགས་བརྗོད་ཅིང་རྗེ་བོ་དང་ནང་མི་རྣམས་ལ་ཁ་བཏགས་གཡོགས་སྲོལ་མཆིས། དུས་ཕྱིས་ཨང་རིམ་ལྔ་དྲུག་གམ་ཡང་ན་བདུན་བརྒྱད་བར་བྱ་དགའ་སྤྲོད་པ་དང་། རྒྱུད་བཟང་གཅིག་གམ་གཉིས་བདམས་ནས་བྱ་དགའ་སྤྲོད་པ་འདི་ནི་བྱེད་སྒོའི་ནང་དོན་གསར་པ་ཡིན་ནོ། །

ཕ་གཡག་རྟུང་ག་སྦྱོར་སྐབས་ངེས་པར་དུ་འབྲི་ཁྱུ་དང་མཉམ་དུ་འདེད་ཡོང་བ་ལས་ཕ་གཡག་གཅིག་འདེད་བྱེད་ཐུབ་ཀྱི་མེད། དེས་ན་རྒྱན་ཡ་གཉིས་པོས་ཕྱོགས་གཉིས་ནས་འབྲི་ཁྱུ་རྣམས་ཁ་གཏད་དུ་འདེད་བཞིན་རྗེ་བོ་སོ་སོས་རང་རང་གི་ཕ་གཡག་དེའི་མིང་ནས་འབོད་ཅིང་"ཁ་གཏུག"(རྟུང་ག་རྒྱབས་ཟེར་བའི་དོན་)ཅེས་སྐད་ཤུགས་ཆེན་པོས་ཡང་ཡང་འབོད་པ་དང་། ཕ་གཡག་དེས

① སྣེ་འཁྱུག མགོ་རྩེས་ཀྱི་གཡག་རྟུང་ག་སྦྱོར་སྐབས་ཨང་དང་པོ་ལེན་མཁན་གྱི་མིང་དུ་གོ་བ་ཡིན།

ཀྱང་ཕར་ལྷ་ཚུར་ལྷ་བྱས་ཏེ་འཐབ་ཡ་གཉུལ་བ་དང་། འཐབ་ཡ་མཐོང་སྐབས་“ཧར་ཧར་” ཞེས་ངར་སྐད་རྒྱུན་མི་ཆད་པར་བརྒྱབ་ནས་སྐད་ཤུགས་ངོམ་པ་དང་། སྙལ་དཀྲུག་བརྒྱབ་ནས་ཤེད་ཤུགས་ངོམ་པ། སྤང་ལ་རྭ་རྩེ་བརྡར་ནས་རྭ་རྩལ་ངོམ་པ། ཛ་མ་གྱེན་དུ་བསླངས་ནས་སྤུ་རྩིད་ངོམ་པ་བཅས་བྱས་ཏེ་འཐབ་ཡ་ལ་ངར་སྒྲོང་བ་དང་། དེ་ནས་ཕྱོགས་གཉིས་བར་ཐག་ཉུང་ཉེ་ཙམ་འགྱུར་སྐབས་འབྲི་ཁྱུ་རྒྱབ་ཏུ་བསྐྱུར་ནས་འཐབ་ཡའི་ཕྱོགས་སུ་ཤོར་ཏེ་ཛ་དྲག་ཆེ་བའི་གདོང་ཁ་འཐབ་པར་བྱེད་ཀྱི་ཡོད། རྟུང་ག་འཐབ་སྐབས་རྒྱལ་ཁ་ནི་སྐབས་རེ་རྭ་ངན་ཆེ་བ་དང་། སྐབས་རེ་ཨུ་ཚུགས་ཆེ་བ་ལ་ཐོབ་པའང་ཡོད་རུང་། མང་ཆེ་བ་ཤེད་སྟོབས་ཆེ་བ་དང་ན་རྒན་པ་ཡིས་ཁྱེར་འགྲོ་ཡི་ཡོད། རྟུང་ག་སྒྱུར་སྐབས་ཕྱོགས་གཉིས་ཀྱི་རྡི་བོས་འགྲན་ཡའི་ཕ་གཡག་ལ་རྡོ་སོགས་བསྣུན་མི་ཆོག་པ་དང་། རྡི་བོ་ཕན་ཚུན་ཁ་འཐབ་ལག་འཐབ་བྱེད་མི་ཆོག་པ། སུ་རྒྱལ་ཁ་ཕམ་ན་དེས་དཔའ་སྐད་ཤོད་མི་ཆོག་པ་བཅས་ཀྱི་གོམས་གཤིས་ཀྱང་མཆིས་སོ། །

ཕ་གཡག་རྣམས་ནི་མིང་དོན་མཚུངས་པའི་འོག་ཡོད་ཡིན་ལ། དེ་ནི་ཁལ་དང་རྫས་ཀྱི་ལས་ཁྲལ་ལས་ཐར་ཏེ་སྐྱེ་འཕེལ་གྱི་བྱ་བ་ཁོ་ན་དོན་དུ་གཉེར་མཁན་ཞིག་ཡིན་པ་དང་། ནམ་རྒྱུན་རྡི་བོས་དེ་ལ་ལག་འཛུ་ཉུང་བ་དང་། མི་དང་འདྲིས་གཤིབ་དཀོན་པ་བཅས་ཀྱི་རྐྱེན་པས་དེ་ནི་གཤིས་ཀ་གྱོང་ལ་སྤྱོད་པ་རྩུབ་པ། སྤྲོ་ཐུང་ལ་གཏུམ་དྲག་ཆེ་བ་ཞིག་ཡིན། གཞི་རྐང་གཡག་ནི་འབྲོང་རྒྱུད་ཡིན་པས་དེར་བཀོད་པ་གཏོང་དཀའ་ལ། མིང་དུ་འབྲོང་ཞེས་འབོད་པའི་ཕ་གཡག་ལ་བཀོད་པ་གཏོང་རྒྱུ་ནི་དེ་བས་དཀའ། འོན་ཀྱང་དབྱར་སྨད་འབྲི་རྣམས་འཁོར་བའི་དུས་སུ་ཕ་གཡག་རྟུང་ག་སྒྱུར་ན་དེར་སྒྲོང་བརྡར་སྦྱོད་དགོས་མེད་པར་ཧ་ཅང་སྟབས་བདེ་པོས་ལྷོད་མོ་ལྷ་ཆོག་ཆོག་ཡོང་གི་ཡོད། དགེ་འཁོར་འབྲོག་པ་རྣམས་ཀྱིས་ཕ་གཡག་རྟུང་ག་སྒྱུར་བའི་གཟིགས་མོ་གཟིགས་རྒྱུར་ཧ་ཅང་གི་དགའ་

པོ་བྱེད་ཀྱི་ཡོད་ཙང་། ནམ་རྒྱུན་ཕ་གཡག་ལ་རྟུང་ག་སྦྱོར་བའི་སྦྱོང་བརྡར་སྤྲོད་སྲོལ་མེད་ལ། ཕ་གཡག་འདེམས་འཛོག་བྱེད་སྐབས་དེའི་རྟུང་ག་ཚ་མིན་ལ་ལྟ་མཁན་ནི་ཤིན་ཏུ་དཀོན་པར་སྣང་། དེའི་རྒྱུ་མཚན་ཡང་ཕ་གཡག་གི་ལས་སྐལ་དང་པོ་ནི་སྐྱེ་འཕེལ་གྱི་བྱ་བ་ཁོ་ན་ལགས་པས། ཕ་གཡག་འདེམས་འཛོག་བྱེད་སྐབས་དེའི་མ་རྒྱུད་ཀྱི་འོ་མའི་བཟང་ཞན་དང་། ཕ་རྒྱུད་ཀྱི་ཕྲུ་རྩིད་བཟང་ཞན། དེ་ཉིད་ཀྱི་གཟུགས་ཧྲང་དང་ཕྲུ་རིས་བཟང་ཞན་བཅས་ལ་བལྟས་ནས་འདེམས་སྲོལ་ཡོད། འོན་ཀྱང་ཕ་གཡག་རྣམས་འོག་ཡོད་ཡིན་པའི་རང་གཤིས་ཀྱིས་ཚང་མ་རྟུང་ག་འཐབ་རྒྱུར་དགའ་བ་དང་། ལྷག་པར་དབྱར་སྨད་འབྲི་འཁོར་བའི་དུས་སུ་དེ་བས་ཀྱང་ཕ་གཡག་རྣམས་བློ་སྟོབས་ངོམ་པའི་དུས་ཡིན། དེ་ལྟ་བུའི་ཁྱད་ཆོས་དེ་སྤྱད་དེ་གཡག་རྟུང་ག་སྦྱོར་བའི་ལུས་རྩལ་གྱི་རྣམ་གྲངས་ངོ་མཚར་ཅན་འདི་གསར་དུ་གཏོད་པ་ནི་དགེ་འཁོར་འབྲོག་པ་རྣམས་ཀྱིས་བོད་མི་རིགས་ཀྱི་ལུས་རྩལ་བྱ་གཞག་ལ་ཕུལ་བའི་མཛད་རྗེས་དམིགས་བསལ་ཞིག་ཀྱང་ཡིན།

ངོ་མཚར་ཆེ་བའི་གཡག་རྟུང་ག་སྦྱོར་བའི་བྱེད་སྒོ་མཇུག་འགྲིལ་མཚམས་དགེ་འཁོར་འབྲོག་པ་རྣམས་སྒྲོས་བྱེད་ཀྱི་བཏུང་བ་དང་སླུ་གར་ལ་རོལ་བའི་ཐུགས་སྤྲོའི་དབྱིངས་སུ་ཚུད་པ་ནི་འཛམ་ཐང་ཐང་གི་འབྲོག་རའི་གནམ་དགུང་གི་རྒྱུ་སྐར་ཚོགས་རྣམས་དང་རི་བོང་ཅན་ལ་དཔེ་གསར་ཡ་མཚན་ཅན་གྱི་སྤྲོ་བ་ཞིག་སྤྱིན་པ་དང་ཡོངས་སུ་མཚུངས། དེ་ནས་མགོ་རྩེས་ཉིན་གཉིས་པར་སྟོན་ལ་གཡག་རྒྱུག་འགྲན་སྡུར་གཏོང་སྲོལ་ཡོད་པ་ཡང་འབྲོག་པ་རྣམས་ཀྱིས་རང་རང་གི་སྣ་ལོ་ལ་རྣ་རྒྱན་དང་། ཛ་རྒྱན། ཟེ་རྒྱན། དྲིལ་བུ། ལིང་ཤད་བཅས་ཀྱིས་ལེགས་པར་བརྒྱན་ཏེ་མགོ་རའི་ཕྱོགས་ལྷོ་ལ་འཁྲིད་ནས་མགོ་ར་དང་ཐུར་རྒྱང་གསུམ་ཙམ་ཡོད་པའི་ས་ཏུ་གཡག་རྒྱུག་འགྲན་སྡུར་ནང་ཞུགས་མཁན་ཚང་མ་ཐིངས་གཅིག་ལ་མཉམ་དུ་འགྲན་སྡུར་ནང་བཙུག་སྲོལ་ཡོད་པས། ཚང་མ་གྲལ་བསྒྲིགས་ནས་བང་

རྒྱུག་ཚོག་པའི་གསལ་བརྗོད་བཏང་འཕྲུལ་མགོ་རའི་ཕྱོགས་སུ་གཏོང་དགོས་པ་དང་། མགོ་ར་ན་དར་ཆ་གཉིས་བཙུགས་ཡོད་པའི་བར་ལ་སུས་སྔོན་ལ་སྣ་ལོ་གཏོང་ཐུབ་ན་དེ་ལ་གཡག་རྒྱུག་ཨང་དང་པོ་ཐོབ་པར་བརྩི་བ་ལས་སྔོན་ལ་སླེབས་ཀྱང་དར་ཆའི་བར་ལ་གཏོང་མ་ཐུབ་ན་དར་ཆ་འགྲིམས་ཐུབ་མ་སོང་ཞེས་རྩིས་མེད་དུ་གཏོང་གི་ཡོད། སྣ་ལོ་ནི་ཐྱེ་བོའི་སྤྱིན་ལམ་དུ་འཇུག་པའི་གཡག་ཁྱུའི་ནང་གི་སྤྱིན་བསལ་ཡིན་ལ། དེ་ནི་ནམ་རྒྱུན་ལས་ཟོས་ཡང་ཞིང་གཟན་རྩྭ་འཕར་ཐོབ་མང་ནོས་ཤིག་ཡིན་པ་མ་ཟད། གཡག་ཁྱུའི་ནང་ནས་ཐྱེ་བོ་དང་འདྲིས་ཆེ་ནོས། གཤིས་ཀ་འཇམ་ནོས། ཁ་ལའང་ཉན་ནོས་སུ་ངེས་ཀྱི་ཡོད། འོན་ཀྱང་དེའི་འཕྲོང་རྒྱུད་ཀྱི་རང་གཤིས་དོར་ཐབས་མེད་པས་གཡག་རྒྱུག་གཏོང་སྐབས་སྣ་ལོ་ལ་ལས་རང་སྣང་གང་དྲན་ལྟར་རང་གི་བློ་ཕྱོགས་སའི་མཚེར་སའམ་འབྲི་གཡག་ཁྱུའི་ཕྱོགས་སུ་ནོར་བ་དང་། འགའ་རེས་ལྟག་སྐོར་བརྒྱབ་ནས་མདུན་ཕྱོགས་ལ་མི་རྒྱུག་པ། མདོར་ན་སྣ་ལོ་མང་པོ་ཞིག་གིས་ཐྱེ་བོའི་བཀོད་པར་མ་ཉན་པར་ནོར་འགྲོ་བས་གཟིགས་མོ་བ་རྣམས་ལ་དགོད་བྲོ་སློང་བ་དང་བློ་འཚབ་སྐྱེ་བ་བཟོ་ཡི་ཡོད། གཡག་རྒྱུག་གཏོང་སྐབས་ཁ་ལོ་སྒྱུར་བྱེད་དུ་སྣ་ལོའི་སྣ་དཀྱིལ་དུ་ཟུ་ག་ཞིག་ཕུབ་ཡོད་པ་དེར་སྣ་ཐག་གི་རྩེ་གཅིག་བརྒྱུས་པ་དང་། སྣ་ཐག་གི་རྩེ་གཞན་དེ་སྣ་ལོའི་རྭ་ཅོ་གཉིས་ཀྱི་བར་ནས་དྲངས་ཏེ་བཞོན་མཁན་གྱི་ལག་ཏུ་བཟུང་ནས་ཁ་ལོ་སྒྱུར་གྱི་ཡོད། སྣ་མཉེན་པ་རྣམས་ནི་བཞོན་མཁན་གྱི་བཀོད་པ་ལ་ཉན་པ་དང་། སྣ་གྲོང་བ་རྣམས་ནི་བཞོན་མཁན་ཐྱེ་བོའི་བཀོད་པར་དེ་ཙམ་མི་ཉན་སྐབས། ཐྱེ་བོས་ལག་ཏུ་འཆང་བའི་ལྕག་ཚན་གྱིས་སྣ་ལོའི་འགྲམ་པ་གཡས་གཡོན་ལ་ཤུགས་ཆུང་ཆུང་གིས་བསྣུན་ཏེ་ཁ་ལོ་སྒྱུར་ཐབས་བྱེད་མཁན་ཡང་ཡོད། གཡག་རྒྱུག་གཏོང་སྐབས་བཞོན་མཁན་རྣམས་གཡག་རྩལ་ཆེན་པོ་དགོས་ཀྱི་ཡོད། དེ་མེད་ན་གཡག་རྒྱུག་གཏོང་སྐབས་འཁྲུག་ཆེ་བའི་ཁར་ལག་གཡས་པས་ལྕག་ཚན་བཟུང་ནས

མགྱོགས་སྐྱལ་བྱེད་རྒྱུ་དང་། ལག་གཡོན་པས་སྣ་ཐག་བཟུང་ནས་ཁ་ལོ་བསྒྱུར་དགོས་པས་སྣ་ལོའི་སྐལ་སྟེང་དུ་མི་ཆགས་པ་བྱེད་ཀྱི་ཡོད། དེ་ལྟར་སྲོལ་རྒྱུན་ལྟར་གཡག་རྒྱུག་ཨང་དང་པོ་ཐོབ་ཚེ་ཡུལ་མི་ཚོས་སྣ་ལོ་ལ་རྣ་དར་བསྒྲོན་པ་དང་བཞོན་མཁན་ལ་ཁ་བཏགས་གཡོགས་སྲོལ་ཡོད། དུས་ཕྱིས་གཡག་རྒྱུག་ཨང་གི་ལྷ་དྲུག་བར་ལ་ལེགས་དར་དང་བཅས་བྱ་དགའ་སྤྲོད་སྲོལ་འདུག་ཀྱང་རྒྱུས་པར་མི་སྤྲོས།

གཡག་རྒྱུག་བཏང་ཚར་རྗེས་རྟ་རྒྱུག་གཏོང་སྲོལ་ཡོད། རྟ་རྒྱུག་ནི་བང་རྩལ་ཁོ་ན་འགྲན་པ་ལས་གཞན་གྱི་འགྲོས་ཆེན་འགྲོས་ཆུང་དང་། རྒྱུག་མ། རྟ་རྩལ་སོགས་འགྲན་སྟུར་བྱེད་སྒོ་གཉེར་སྲོལ་མེད་ལ། བང་རྒྱུག་འགྲན་པ་དེ་ལའང་ཐུན་མོང་མིན་པའི་ཁྱད་ཆོས་མངོན་རྒྱུ་མེད་པས་འདིར་མཚམས་སྦྱོར་ཞུ་བའི་དགོས་པ་ཆེར་མ་མཆིས་སོ། །

རྟ་རྒྱུག་འགྲན་སྟུར་མཇུག་འགྲིལ་རྗེས་ཕོ་གསར་རྣམས་ཤེད་རྩལ་འགྲན་པའི་སྐབས་ལ་བབ་པས། ཐོག་མར་མི་རྒྱུག་འགྲན་སྟུར་གཏོང་སྲོལ་ཡོད། བང་རྒྱུག་གི་འགྲན་སྟུར་ལ་དགེ་འཁོར་ཁུལ་གྱི་སྐྱེས་ཤར་རྣམས་དང་བྱིས་པ་རྣམས་ཀྱིས་ཧ་ཅང་དགའ་པོ་བྱེད་ཀྱི་ཡོད་ལ། མགོ་རྫིས་སྐབས་ཀྱི་བང་རྒྱུག་འགྲན་སྟུར་ནི་གཞི་རྒྱ་ཆེ་ཤོས་དང་ཇ་དྲག་ཆེ་ཤོས་ཤིག་ཡིན། དེ་ཡང་བང་རྒྱུག་ལ་ཞུགས་མཁན་ཕོ་གསར་རྣམས་ཀྱིས་བདེ་ཆས་སྤྲས་ཏེ་རྒྱུག་ལམ་ཕྱོགས་སུ་བསྐྱོད་པ་དང་། བང་རྩལ་འགྲན་སྟུར་ནི་རྒྱང་རྒྱུག་ཁོ་ན་ལས་མེད་པས་བང་རྒྱུག་མཁན་ག་ཚོད་ཡོད་པ་ཚང་མ་སྡེབ་གཅིག་ཏུ་གཏོང་གི་ཡོད། བང་མཁན་རྣམས་རྒྱུག་ཚོག་པའི་བོད་མདའི་སྐད་ཐོས་འཕྲལ། རང་སོ་སོའི་ནང་མི་རྣམས་ཀྱིས་མགོ་རའི་དར་ཚའི་འགྲམ་དུ་ཁ་གདན་དང་། ཕྱུ་པ། གཞན་ཡང་སྟོད་ཆུང་ཆུང་ཞིག་གི་ནང་བུར་ཁུ་(བུ་རམ་ཆང་ལ་སྦྲངས་བའི་ཁུ་བ་) བཅས་གྲ་སྒྲིག་བྱས་ནས་སྡོད་པ་དང་། བང་རྒྱུག་མཁན་རྣམས་སྣ་རྟིང་དུ་འཁྱོར་ཡོང་སྐབས་ཁྲིམ་ཚང་སོ་སོ་ནས་ཕྱུ་པ་གཡོགས་

པ་དང་ཁ་གདན་བཏིང་ནས་སྟོད་དུ་འཇུག་པ་མ་ཟད་བུར་ཁུ་འཐུང་དུ་འཇུག་པའི་སྲོལ་ཡོད་ལ། བང་རྒྱུག་མཁན་གྱི་གདན་དེ་ཡང་བང་མཁན་གྱི་ཨང་གྲངས་ཀྱི་རིམ་པ་ལྟར་འདིང་དགོས་པ་དང་། བང་མཁན་རྣམས་ཚང་མ་འཁོར་ནས་གྲལ་སྟར་ལ་འཁོད་འཕྲལ་ཡུལ་ཚོ་ནས་མཆོད་ཆང་འདྲེན་པ་དང་། ཨང་ཀི་དང་པོ་ལེན་མཁན་ལ་ཡུལ་ཚོས་གཟེངས་བསྟོད་ལེགས་དར་དང་། མཇུག་ཤོས་ལུས་མཁན་དེ་ལ་མཇུག་དར་ཞེས་ཁ་བཏགས་གཡོགས་སྲོལ་ཡོད།

པང་འདེགས་ཏེ་རྡོ་ཆེན་འདེགས་འགྲོགས་བྱེད་པའི་རྩལ་ནི་གནའ་བོའི་དུས་ནས་དར་བའི་ཤེད་སྦྱོང་རྣམ་གྲངས་ཤིག་ཡིན། གནའ་རབས་ལོ་རྒྱུས་ཐོག་གི་རྩལ་པོ་ཆེ་མི་བདུན་གྱི་ནང་ནས“རྡོག་རིང་ལ་ནག་པོས་གླང་པོ་ཆེ་ཐེག”ཅེས་དང་“རྡོག་གླིང་ཁམས་ཀྱིས་གཡག་བྲུས་པོ་ཆེ་ཐེག”ཅེས་པ། “མགོས་གཡག་ཆུང་གིས་ཤ་བའི་ལྷུད་བུ་བྱེ་མས་བཀང་སྟེ་ཀླད་ལ་སྐོར་”ཞེས་གྲགས་པ་རྣམས་ཚང་མ་རྡོ་ཆེན་འདེགས་འགྲོགས་གི་སྦྱོང་བརྡར་བརྒྱུད་ཐོན་པའི་ལྗིད་འདེགས་ཀྱི་གྲགས་ཅན་རྩལ་པོ་ཆེ་ཤ་སྟག་ཡིན་ལ། རྩལ་པོ་ཆེ་དེ་རྣམས་ཀྱི་ལོ་རྒྱུས་ལས་སྐབས་དེར་བོད་ཀྱི་མེས་པོ་ཚོས་དཔའ་རྩལ་དང་ཤེད་སྟོབས་ལ་མཐོང་ཆེན་དང་དགའ་པོ་བྱེད་ཀྱི་ཡོད་པ་ཡོངས་སུ་མཚོན་ཐུབ། དགེ་འཁོར་ཁུལ་དུ་ད་ལྟའི་བར་རྡོ་ཆེན་འདེགས་འགྲོགས་གི་ལྗིད་འདེགས་འགྲན་སྟུར་དར་ཁྱབ་ཆེན་པོ་ཡོད། དེ་ཡང་ལྗིད་ཚད་ཆེ་བའི“འདེགས་རྡོ་”ཞིག་གཏན་འཁེལ་བྱས་ཐོག་ཤེད་སྟོབས་ཀྱིས་ཕྱུག་པའི་ཕོ་རྐྱང་རྣམས་ཀྱིས་རིམ་པ་བཞིན་ས་སྟེང་ནས་རྡོ་ཆེན་དེ་འགྲོགས་དགོས་ཀྱི་ཡོད། དེའི་འདེགས་འགྲོགས་བྱེད་སྟངས་ལ་རྣམ་པ་གཉིས་ཡོད་པ་ནི་འདེགས་རྡོའི་ཆེ་ཆུང་དང་ལྗི་ཡང་གིས་ཐག་གཅོད་ཀྱི་ཡོད། འདེགས་རྡོ་ཆུང་ལྗིད་བ་དང་ཆེ་བ་ཡོད་ན་ས་སྒྲོལ་དང་། པུས་སྒྲོལ། ལྟོ་སྒྲོལ། བྲང་སྒྲོལ། དཔུང་བསྐུར་བཅས་ཀྱི་རིམ་པ་ལྔ་ཙམ་གྱི་དབྱེ་བ་ཡོད་དེ། ཕྱི་མ་ཕྱི་མ་ལས་སླ་བས་རིམ་པ་དམའ་བ་དང་།

ཕྱི་མ་ཕྱི་མ་དཀའ་བས་རིམ་པ་མཐོ་བར་བརྩིས་ལ་དཔུང་བསྐྱར་ཐུབ་ན་རབ་ཏུ་བརྩི་བར་བྱེད། དཔུང་བསྐྱར་གཏོང་བ་དེ་རང་ལའང་མཐོ་དམའི་རིམ་པ་དབྱེ་རྒྱུ་ཡོད་པ་བཅས་མདོར་ན་འདེགས་རྡོ་ཇི་ཙམ་གྱིས་མཐོ་བ་འཁྱོག་ཐུབ་ན་དེ་ཙམ་གྱིས་ཨང་གི་མཐོ་བ་ཐོབ་ཀྱི་ཡོད་པ་དང་། མཐོ་ཤོས་འཁྱོག་ཐུབ་མཁན་དེ་ལ་ཨང་དང་པོ་ཐོབ་པར་བརྩི་བ་ཡིན། འདེགས་རྡོ་ཆུང་ཆུང་བ་དང་ཡང་བ་ཡོད་ན་མཛིང་སྐོར་ག་ཚོད་གཏོང་ཐུབ་མིན་འགྲན་པའི་སྲོལ་ཡོད། མཛིང་སྐོར་གཏོང་སྟངས་ནི་ཐོག་མར་འདེགས་རྡོ་དེ་བྲང་དུ་བཀུགས། དེ་ནས་ལག་གཉིས་ཀྱིས་དཔུང་པ་གཡས་པའི་སྟེང་དུ་འདེགས་མཚམས་ལག་གཡོན་པས་མགོ་བོའི་རྒྱབ་ནས་རྡོ་བཟུང་བ་དང་སྦྲགས་འདེགས་རྡོ་དཔུང་པ་གཡོན་པའི་སྟེང་དུ་ལེན་ཐབས་བྱེད་དགོས་པ་དང་། དེ་རྗེས་ལག་གཉིས་ཀྱིས་བྲང་ཁར་བླངས། དེ་ལྟར་སྐོར་བ་ག་ཚོད་མང་བ་རྒྱག་ཐུབ་མཁན་ལ་རྒྱལ་ཁ་ཐོབ་པར་བརྩི་བའོ། །

མཆོང་འགྲན་སྡུར་ལ་མཐོ་མཆོང་དང་རྒྱང་མཆོང་སྟེ་རྣམ་གྲངས་གཉིས་སུ་ཡོད། དགེ་འཁོར་མགོ་རྩེས་ཀྱི་སྐབས་མཐོ་མཆོང་གི་འགྲན་སྡུར་གཏོང་སྲོལ་མེད་པར་རྒྱང་མཆོང་ཁོ་ན་འགྲན་གྱི་ཡོད། དེ་ཡང་བྱེ་མ་ཡོད་པའི་ས་ཆ་ཁོད་སྙོམས་ཤིག་ཏུ་མཆོང་སྟེགས་ལ་རྡོ་ལེབ་འཛམ་ཤ་དོད་པ་གཅིག་བཞག མཆོང་མཁན་རྣམས་ཀྱིས་མཆོང་སྟེགས་དང་རྒྱང་ཁྲད་མིད་བཅུ་ལྷག་ཙམ་ཡོད་པའི་ས་ནས་སྔོན་ལ་ག་ལེར་དང་དེ་ནས་ཤུགས་ཀྱིས་རྒྱུག་སྟེ་མཆོང་དགོས་པ་དང་། མཆོང་རྒྱག་པའི་རིང་ཚད་ནི་ཐིག་གྲུས་འཇལ་ཏེ་ཨང་རིམ་དབྱེ་སྲོལ་ཡོད། དེ་ཡང་ཨང་གི་དང་པོ་ཐོབ་མཁན་ལ་ཡུལ་ཚོ་སྤྱི་དང་སོ་སོའི་དགའ་ཉེ་རྣམས་ཀྱིས་ཁ་བཏགས་གཡོགས་སྲོལ་ཡོད། མཐོ་མཆོང་ནི་དགེ་འཁོར་ཡུལ་དུ་དར་ཁྱབ་ཆུང་ཆུང་བའི་ལུས་རྩལ་རྣམ་གྲངས་ཤིག་ཡིན། དེའི་འགྲན་སྡུར་གཏོང་སྟངས་ནི་ཁོད་སྙོམས་ལ་བྱེ་མ་ཡོད་པའི་ས་ཆ་ཞིག་ཏུ་འགྲན་སྡུར་ལ་ཞུགས་མཁན་རྣམས་མཉམ་འཛོམས་ཐོག

གཟུགས་པོ་རིང་ཐུང་སྙོམས་པ་གཉིས་ཀྱིས་ཐག་པ་ཞིག་གི་རྩེ་གཉིས་ནས་བཟུང་སྟེ་ཐང་པོར་འཐེན། མཐོ་ཚད་ཀྱང་གོ་རིམ་བཞིན་ཕུས་མོ་དང་། དཔྱི་མགོ ལྟོ་བ། སྙིང་ཁ། ཨོག་མ། སྤྱི་གཙུག་བཅས་ཀྱི་ཐད་དུ་བཟུང་ནས་རིམ་པ་བཞིན་མཆོངས་དགོས། གལ་སྲིད་མཆོང་མཁན་དེས་རིམ་པ་འོག་མ་ལ་མཆོང་མ་ཐུབ་ན་འགྲན་སྐུར་ནས་ཕྱིར་འབུད་བྱས་ཏེ་རིམ་པ་མཐོ་བ་རྣམས་ལ་མཆོང་ཚོག་གི་མེད་ལ། མཐའ་མཇུག་གི་ཨང་རིམ་དང་པོ་དེ་མཐོ་ཤོས་མཆོང་མཁན་དེ་ལ་ཐོབ་པ་ཡིན།

དེ་ལྟར་དགེ་འཕོར་འཐྲོག་པ་རྣམས་ཀྱི་དབྱར་སྐྱིད་མགོ་རྩིས་སྟོན་མོའི་བྱེད་སྒོ་རྣམས་ལས་ལམ་ཙམ་ཞིག་གཟིགས་པ་པོའི་སྤྱན་ལམ་དུ་ཕུལ་བ་ལགས་ཀྱང་མདོད་སྒོའི་འགྲོ་ལུགས་ཆ་ཡོངས་སུ་རྫོགས་པ་ཞིབ་ཙེང་ཕྲ་བ་འགོད་ཐབས་བྲལ་བས། དེའི་སྐོར་ཞིབ་ཕྲ་མཁྱེན་འདོད་དང་གཟིགས་འདོད་ཡོད་ཚེ་ངེད་ཀྱི་ཕ་ཡུལ་གཙང་པ་སྣམ་དགེ་འཕོར་ཡུལ་དུ་ལན་གཅིག་ཕེབས་རྒྱུར་སྙིང་དབུས་ནས་དགའ་བསུ་ཞུ་རྒྱུ་ཡིན་ནོ། །

༧༡། ཇོ་མོ་གླང་མའི་རང་བྱུང་སྲུང་སྐྱོབ་ཁུལ་གྱི་དུས་ཆེན་སྐོར་གླེང་བ།

ཇོ་མོ་གླང་མའི་རང་བྱུང་སྲུང་སྐྱོབ་ཁུལ་ནི་རང་རེའི་ལྗོངས་ཀྱི་རང་བྱུང་སྲུང་སྐྱོབ་ས་ཁུལ་ཆེ་ཤོས་ཤིག་ཡིན་པ་མ་ཟད། རྒྱལ་ཁབ་རིམ་པའི་རང་བྱུང་སྲུང་སྐྱོབ་ས་ཁུལ་ཞིག་ཀྱང་ཡིན། དེའི་ཁོངས་སུ་རང་ལྗོངས་ཀྱི་སྐྱིད་རོང་དང་དིང་རི། གཉའ་ནང་། གཏིང་སྐྱེས་བཅས་རྫོང་བཞི་ཡི་ཆུས་གཅིག་དང་། གྲོང་རྡལ་གཉིས། ཤང་བཅུ་དྲུག་བཅས་གཏོགས་ཀྱི་ཡོད། དེར་སྤྱིའི་རྒྱ་ཁྱོན་སྤྱི་ལེ་གྲུ་བཞི་མ་༡༣༧༨༢ཙམ་དང་། ཞིང་འབྲོག་དུད་ཚང་༡༢༢༠༠ལྷག་ཙམ། མི་གྲངས་༤༧༠༠༠ལྷག་ཙམ་བཅས་ཡོད་ཅིང་། དེ་དག་ལས་བལ་ཡུལ་ནས་གནས་སྤོས་བྱས་ཏེ་སྐྱིད་རོང་གྲོང་རྡལ་དུ་གཞིས་ཆགས་པའི་ནེ་པ་ལའི་མཐའ་མཚམས་ཀྱི་མི་སེར་དྲུག་ཅུ་ལྷག་ཙམ་ཡོད་པ་ཕུད། དེ་བྱིངས་ཚང་མ་བོད་རིགས་ཤ་སྟག་ཡིན། རང་བྱུང་སྲུང་སྐྱོབ་ས་ཁུལ་འདི་བཟོ་བའི་དམིགས་ཡུལ་གཙོ་བོ་ནི་ཐུན་མོང་མིན་པའི་ས་ཁམས་ངོ་མཚར་ཅན་འདིར་འཚོ་ཞིང་གནས་པའི་རྒྱལ་ཁབ་རིམ་པའི་སྲུང་སྐྱོབ་བྱ་ཡུལ་དུ་གཏན་ལ་ཕབ་པའི་གཅན་གཟན་རི་དྭགས། བྱ་བྱིའུ（རིགས་མི་འདྲ་བ་ཁག་བཞི་བཅུ་ཙམ་ཡོད）དང་། རྩི་ཤིང་ནགས་ཚལ་འདྲ་མིན་རྣམས་སྲུང་སྐྱོབ་བྱ་རྒྱུ་ཡིན་པ་མ་ཟད། ཐར་སོང་ལོ་ཟླའི་ནང་ཕ་མེས་ཀྱིས་འཇོག་གནང་བའི་ཕྱག་རྗེས་དང་། ཁུལ་འདིའི་མང་ཚོགས་ཀྱི་གཅེས་ནོར་དུ་གྱུར་བའི་སྲོལ་རྒྱུན་རིག་གནས་རྣམས་སྲུང་སྐྱོབ་བྱ་རྒྱུ་དེ་རེད། དེ་ཡང་ས་ཁུལ་འདིར་ཇོ་ཆས་གསར་རྙིང་གི་རིག་གནས་རྗེས་ཤུལ་རྙེད་ཡུལ་སྐྱིད་རོང་རྫོང་གི་ལྷ་མཐོང་ཐང་

དང་། དིང་རི་རྫོང་གི་བྲོ་ར་དང་སྒང་དགའ། གཉའ་ནང་རྫོང་གི་ཡར་ལྷས་བཅས་ཡོད། དེ་བཞིན་བོད་སིལ་བུའི་དུས་ཀྱི་གུང་ཐང་རྒྱལ་པོའི་མཁར་རྫོང་གི་རྗེས་ཤུལ་དང་། སྤྱི་ལོའི་དུས་རབས་བཅོ་བརྒྱད་པའི་ནང་གོར་དམག་དང་གཡུལ་འགྱེད་སྐབས་ཀྱི་འཛིང་རགས་ཀྱི་རྗེས་ཤུལ་སོགས་ཀྱང་ཡོད་པ་དང་། སྤྱི་ལོའི་དུས་རབས་བདུན་པའི་ནང་འབྱུང་བ་ཀླུང་གི་ཁ་གནོན་དུ་བཞེངས་པའི་བྱམས་སྤྲིན་གཙུག་ལག་ཁང་དང་། རྗེ་བཙུན་མི་ལའི་སྒྲུབ་གནས་བྲག་དཀར་རྟ་སོས་གཙོས་པའི་དགོན་པ་དང་། ལྷ་ཁང་། རི་ཁྲོད་བཅས་ཧ་ཅང་མང་པོ་ཡོད། དེ་ལྟའི་ཕ་མེས་བཟང་པོའི་ཕྱག་རྗེས་ཁྲོད་དུ་འཕགས་པ་རྣམས་ལས་དུས་ད་ལྟའི་བར་ཕྱི་ནང་གི་གནའ་ཉམས་ཆ་ཚང་མངོན་རྒྱུ་ཡོད་པ་ནི་ཉིན་མོའི་སྐར་མའི་རྗེས་སུ་འགྲོ། དེ་ལྟ་ནའང་ལྷག་བསམ་དཀར་པོའི་དད་སེམས་ཀྱིས་བསྐུལ་ནས་ཉར་སྲུང་ཐུབ་པའི་རྩ་ཆེའི་རིག་དངོས་མང་པོ་ཞིག་ད་ལྟའི་བར་དུ་སྲུང་སྐྱོབ་ས་ཁུལ་གྱི་དམངས་ཁྲོད་དུ་(དེ་དག་ལས་འགའ་ཤས་རང་འགུལ་གྱིས་དགོན་པ་སོ་སོར་ཕུལ་ཡོད་) ཡོད་ངེས་ཡིན་པ་རྣམས་དང་། བསྐྱར་བཞེངས་གྲུབ་པའི་དགོན་ཁག་ལ་ཕྱག་སོན་ཐུབ་པའི་རྩ་ཆེའི་རིག་དངོས་རྣམས། དེ་བཞིན་གཏོར་འཕྲོ་ལ་ལུས་པའི་ཕ་མེས་ཀྱི་ཕྱག་རྗེས་རྣམས་སླར་ཡང་བོར་བརླག་དང་རྩ་གཏོར་ལ་མི་འགྲོ་བར་སྲུང་སྐྱོང་བྱ་རྒྱུ། གཞན་ཡང་སྲུང་སྐྱོབ་ས་ཁུལ་འདིར་ས་ཁུལ་གྱི་ཁྱད་ཆོས་ལྡན་པའི་སྲོལ་རྒྱུན་དམངས་ཁྲོད་ཀྱི་རིག་གནས་ཧ་ཅང་ཕུན་སུམ་ཚོགས་པོ་ཞིག་ཡོད་པ་དག་སྤྱིར་ན་བཙན་པོའི་དབང་གིས་འཕྲོག་ཐབས་མེད་ལ། གཡོ་དང་ཁྲམ་གྱིས་རྐུ་ཐབས་ཀྱང་མེད་རུང་། དུས་ཀྱིས་བཅོམ་པའི་འཆི་བ་ཐོག་སྟེ་ཉམས་གུད་དང་རྩ་བརླག་ཏུ་འགྲོ་ཉེན་ཡོད་པ་རྣམས་ཀྱང་མྱུར་སྐྱོབ་དང་སྲུང་སྐྱོང་བྱ་རྒྱུ་ཡིན་པ་འདི་ནི་ཐུགས་བསམ་རིང་ལ་དོན་སྙིང་ལྡན་པའི་བྱ་གཞག་ཉག་གཅིག་ཡིན།

༡༩༨༩ལོ་དང་༡༩༩༢ལོར་ཁོ་བོ་ཡང་སྤྱི་ཚོགས་ཚན་རིག་ཚོ་ཆུང་གི་

ཁོངས་མི་གཞན་རྣམས་དང་ལྷན་དུ་ཇོ་མོ་གླང་མའི་རང་བྱུང་སྲུང་སྐྱོབ་ཁུལ་དུ་རྦ་རྗེས་སུ་ཐེངས་གཉིས་ཙམ་རྟོག་ཞིབ་ཏུ་བསྐྱོད་རྒྱུའི་སྐལ་བ་ཐོབ་པ་དང་། དེའི་དབང་གིས་རང་བྱུང་སྲུང་སྐྱོབ་ས་ཁུལ་དེའི་ཡུལ་སྲོལ་གོམས་གཤིས་དང་། རིག་གནས། སྨྱུ་རྩལ། གནའ་ཤུལ་གྲགས་ཅན། དམངས་ཁྲོད་ཀྱི་འཚོ་བ་ལ་སོགས་པར་ཆ་རྒྱུས་ཕྲན་བུ་ཙམ་བྱུང་བ་ལས། སྐབས་འདིར་སྲུང་སྐྱོབ་ས་ཁུལ་གྱི་དུས་སྟོན་རྣམས་ཀྱི་སྐོར་མཚམས་སྦྱོར་བྱེད་པ་དང་ སྦྲགས་འབྲེལ་ཡོད་གནད་དོན་འགར་དཔྱད་གླེང་ཡང་བྱས་ཡོད་པ་གཤམ་གསལ་ལྟར་རོ། །

དང་པོ། འོང་སྐོར་དུས་ཆེན་དང་དེའི་བྱུང་བ་བརྗོད་པ།

དབྱར་དུས་སུ་བོད་ཀྱི་ཞིང་ཁུལ་མང་པོར་འོང་བ་ལ་སྐོར་བ་བརྒྱབ་ནས་སྟོན་མོ་བྱེད་པའི་ལུགས་སྲོལ་ཞིག་ཡོད་པ་ཇི་བཞིན་ཇོ་མོ་གླང་མའི་རང་བྱུང་སྲུང་སྐྱོབ་ས་ཁུལ་དུའང་འོང་ཞིང་གི་མཐའ་ནས་བསྐོར་ཏེ་དགའ་སྟོན་ཧེན་འབྲེལ་བྱེད་པའི་སྲོལ་དེ་འདུག དེ་ཡང་དུས་སྟོན་དེར་འདྲེན་ཐང་ཁུལ་དུ་གཏིང་སྐོར་དང་། དིང་རི་ཕ་དྲུག་ཁུལ་དུ་ས་གཡང་། ཞེལ་དཀར་ཁུལ་དུ་རྫོ་གཡང་། སྐྱིད་གྲོང་ཁུལ་དུ་ཆོས་འོང་སྐོར། གཉའ་ནང་ཁུལ་དུ་ཆོས་སྐོར་ཞེས་འབོད་སྲོལ་སྣ་ཚོགས་མཆིས་ཀྱང་། དོན་དུ་འོང་སྐོར་གྱི་མིང་གི་རྣམ་གྲངས་ཙམ་དུ་ཟད།

འོང་སྐོར་དུས་ཆེན་གཏོང་བའི་དུས་ཚོད་ནི་ལུང་ཚན་སོ་སོའི་ལོ་ཏོག་སྨིན་དུས་ཀྱིས་ཐག་གཅོད་པ་ལས་གཅིག་གྱུར་གྱི་ཟླ་དུས་ཚེས་གྲངས་ཤིག་མ་མཆིས། དེ་ཡང་ཡུལ་སོ་སོའི་ས་བབ་ཀྱི་མཐོ་དམའ་དང་། ལོ་དུས་སོ་སོའི་ཆར་ཆུ་བཟང་ཞན་དབང་གིས་འོང་སྐོར་གཏོང་བའི་དུས་ཚོད་སྔ་ཕྱི་སྣ་ཚོགས་བྱུང་ཡང་སྤྱིར་དབྱར་མཇུག་ཏུ་གཏོང་མཁན་མང་བར་སྣང་། འོང་སྐོར་དུས་ཆེན་གྱི་བྱེད་སྒོ་གཙོ་བོ་ནི་ཆོས་དཔེ་སྐྱལ་པར་འཁྱེར་ཞིང་མདའ་དར་རྔ་རོལ་སོགས་ཐོགས་ཏེ་འོང་

བར་སྐོར་བ་རྒྱག་རྒྱུ་དེ་ཡིན། དེ་ཡང་ལུང་ཚན་དེ་དང་དེའི་བླ་མའམ་སློབ་དཔོན་(འདྲེན་ཐང་ཁུལ་དུ་བོན་པོའི་བླ་མ་ལ་སློབ་དཔོན་ཟེར་) དང་། སེར་སྐྱུང་སྡུགས་པ། ཡང་ན་སོ་ནམ་ལ་བྱུང་ཆུབ་པའི་བཟའ་དཔོན་འགས་ཁྲོས་བྱས་པ་བཅས་གང་རུང་གིས་གཏན་ལ་ཕབ་པའི་ལོ་དེའི་འོང་སྐོར་དུས་ཆེན་གྱི་ཉིན་གཟབ་མཚོར་ལེགས་པར་སྤྲས་ཤིང་སྐལ་པར་ཆོས་དཔེ་ཁུར་བའི་ཁྱིམ་རེ་མི་རེ་ཚ་རྟིང་ཙམ་ལ་མཉམ་འཛོམས་བྱས། དེ་ནས་སློབ་དཔོན་ནམ་སེར་སྐྱུང་བས་ཏུ་སྣེ་ཁྲིད་པའི་ཆོས་དཔེ་ཁུར་བའི་མང་ཚོགས་རྣམས་གྲལ་སྟར་སྒྲིག་པོས་བསང་གསོལ་བྱེད་བཞིན་འོང་བ་ལ་སྐོར་བ་རྒྱག་པར་འགྲོ འོང་བ་ལ་སྐོར་བ་བརྒྱབ་ཟིན་མཚམས་གྲོང་ཚོའི་སྐྱེས་ཕོ་མོ་རྐན་གཞོན་ཚང་འཛོམས་ཐོག་གཞས་དང་ཞབས་བྲོ་རོལ་བ་དང་། ཆང་དང་རྩེད་མོ་ལ་འཇུག་པ། རྟ་རྒྱལ་དང་མདའ་རྒྱལ་འགྲན་པ། གར་འཆམ་དང་ལྷ་མོའི་གཟིགས་མོ་ལ་ལོངས་སུ་སྤྱོད་པ་སོགས་ཕུན་སུམ་ཚོགས་པའི་རིག་རྩལ་བྱེད་སྒོ་ཉིན་གཅིག་ནས་གསུམ་བར་སྤེལ་སྲོལ་མཆིས།

འོང་སྐོར་དུས་སྟོན་ནི་ལོ་ལེགས་ཡོང་རྒྱུར་རྟེན་འབྲེལ་ཞུ་བའི་དུས་སྟོན་ཞིག་ཡིན་པར་ཡོངས་སུ་གྲགས་ཡོད་རུང་། ད་ལམ་ཡུལ་གྲུ་འགའི་འོང་སྐོར་དུས་ཆེན་གྱི་ནང་དོན་རྣམས་ལ་རྒྱུས་མངའི་བབ་དང་བསྟུན་ནས་དབྱེ་ཞིབ་བྱས་པ་བརྒྱུད་འོང་སྐོར་དུས་སྟོན་ཐོག་མར་དར་སྐབས་སྤྱི་ཁྱིམས་རྫོགས་པའི་སྟོན་མོ་ཞིག་ཡིན་པ་དང་། སྟོན་མོ་འདིས་སོ་ནམ་པའི་ཐོན་སྐྱེད་ཐད་ནུས་པ་ངེས་ཅན་ཐོན་པར་གནོན་མི་ཟའོ། །

འོང་སྐོར་ཞེས་པའི་མིང་ཚིག་དེ་རང་གི་ངོས་ནས་གོ་བ་བླངས་ན་འོང་བར་སྐོར་བ་བསྐོར་བ་ལ་གོ་བ་དང་། ས་ཁུལ་འགའ་ཤས་སུ་ཆོས་འོང་སྐོར་དང་ས་ཁུལ་ལ་ལས་ཆོས་སྐོར་ཞེས་འབོད་སྲོལ་ཡོད་པ་ནི་སྔར་ཡོད་འོང་སྐོར་གྱི་བྱེད་སྒོ་ལ་ཆོས་ཀྱི་ཤན་ཞུགས་ཏེ་ཆོས་དཔེ་རྒྱབ་ཏུ་ཁྱེར་ནས་འོང་བར་སྐོར་བ་རྒྱག་པའི་ལམ་ནས

བྱུང་བར་སེམས། ད་བར་ང་ཚོས་འོང་སྐོར་གྱི་བྱུང་བ་བརྗོད་སྐབས། བོད་རྒྱལ་གདུང་རབས་དགུ་པ་པུ་དེ་གུང་རྒྱལ་ཁྲི་བཞུགས་སྐབས“ཤིང་ལ་བུག་པ་ཕུག་ནས་གཤོལ་དང་གཉའ་ཤིང་བཅོས། མཐུན་གཉིས་གཉའ་རུ་བསྡེབས་པས་ཐང་རྣམས་ཞིང་དུ་སློས། རྒྱ་མཚོ་ཡུར་ལ་དྲངས་ནས་ཞིང་ལ་ས་བོན་བཏབ་”པའི་ཚེ་ལོ་ལེགས་ཡོང་ཆེད་བོན་པོའི་ལུགས་ལྟར་ལྷ་ལ་སྐྱབས་འཇུག་གི་ཚུལ་དུ་སོ་ནམ་པ་རྣམས་ཞིང་ལ་སྐོར་བ་རྒྱག་ཏུ་བཅུག་པ་དེ་ཐོག་མའི་འོང་སྐོར་གྱི་བྱུང་ཚུལ་དུ་བརྗོད་ཀྱི་ཡོད་རུང་། ཐོན་སྐྱེད་དང་འབྲེལ་བ་ཡོད་པའི་དུས་ཆེན་གང་འདྲ་ཞིག་ཡིན་རུང་དེ་ཐོག་མར་དར་སྐབས་ཐོན་སྐྱེད་ཀྱི་དགོས་པའམ་དམིགས་ཡུལ་ངེས་ཅན་རེ་ཡོད་པ་ཇི་བཞིན། ད་ལྟའི་འོང་སྐོར་གྱི་ནང་དོན་ལ་བལྟས་ནའང་དེ་ནི་དབྱར་ཁྲིམས་རྫོགས་པའི་སྟོན་མོ་ཞིག་ཏུ་སྣང་སྟེ། སྟོན་མོ་འདིའི་མཚོན་དོན་དངོས་ནི་མི་རྣམས་ལ་དབྱར་ཁྲིམས་རྫོགས་པའི་གསལ་བསྒྲགས་བྱས་པ་ཞིག་ཡིན། འོང་སྐོར་དུས་ཆེན་དག་དབྱར་ཁྲིམས་རྫོགས་པའི་སྟོན་མོ་ཞིག་ཏུ་ངེས་ཀྱང་། དེ་ནི་ལོ་རེའི་ཞིང་སྲུང་བའི་སྐོར་བ་ཁྱུར་མཚམས་སུ་དུ་བ་གནམ་གཏོང་གི་མི་རེ་འཛོམས་ཐོག་ཞིང་ཁའི་ལོ་ཏོག་ལ་ཟས་སྐྱོན་ཅི་འདྲ་བྱུང་མིན་བརྟག་པའི་ལྟ་སྐོར་གྱི་བྱེད་སྒོ་ནས་འཕེལ་རྒྱས་བྱུང་བར་སྣང་། ཚང་མས་མཁྱེན་གསལ་ལྟར་ཞིང་སྲུང་བས་འོང་བར་སྐོར་བ་རྒྱག་པ་ལ“འོང་སྐོར་”རམ“ཞིང་སྐོར་”ཞེས་འབོད་ལ། ཞིང་ཁུལ་དུ་ཁྱིམ་ཚང་ཀ་པའི་ཕྱུགས་རིགས་ཀྱིས་ཁ་པའི་ལོ་ཏོག་ལ་ཟས་སྐྱོན་བྱུང་ཚེ། ཁ་པས་ཀ་པར་ང་ཚོའི་ལོ་ཏོག་ཁྱེད་ཚོའི་ཕྱུགས་ཟོག་གིས་བཟས་འདུག་པས“འོང་སྐོར་”(ཞིང་སྐོར་)རྒྱག་པར་ཡོང་རོགས་ཞེས་བརྗོད་སྲོལ་ཡོད། འོང་སྐོར་རྒྱག་པའི་དམིགས་ཡུལ་ཡང་ལོ་ཏོག་ལ་གནོད་སྐྱོན་ཚབས་ཆེ་མིན་བརྟག་ནས་གྲོང་གུན་ཁ་གསབ་བྱེད་ཆེད་ཡིན་ཏེ། དེང་རི་ཕ་དྲུག་ཁུལ་གྱི་ས་གཡང་གི་ནང་དོན་ལ་བརྟག་སྐབས་དུས་སྟོན་འདིས་ང་ཚོར་བདེན་དཔང་བྱེད་ཐུབ་ངེས་

འདུག ས་གཡང་གི་ཉིན་དེ་ལོ་རེའི་ཞིང་སྲུང་བའི་སྐོར་རེས་འཁྱུར་ནས་ཞིང་སྲུང་བ་བརྗེ་ལེན་བྱེད་པའི་དུས་ཆོད་ཡིན་པ་དང་། ཉིན་དེར་འདས་པའི་ལོ་དེའི་ནང་གི་ཞིང་སྲུང་བའི་ལས་ཀར་ཕྱོགས་བསྡོམས་བྱས་ཏེ་ཉེས་ཆད་འཁེལ་སར་ཉེས་ཆད་གཅོད་པ་དང་། གྱོང་གུན་ཁ་གསབ་བྱེད་རེས་བྱེད་སྲོལ་ཡོད། དེ་ནི་འོང་སྐོར་བྱེད་སྒོ་ལ་མངའ་བའི་ཐོག་མའི་དམིགས་ཡུལ་དེ་ཡིན། ཕྱིས་སུ་ལོ་ཏོག་ལ་སེར་བའི་གནོད་སྐྱོན་འགོག་མཁན་སེར་སྲུང་སྔགས་པ་བྱུང་བའི་རྗེས་དབྱར་དུས་འོང་ཁའི་དོ་དམ་སེར་སྲུང་བས་བྱེད་པ་མང་ལ། སེར་སྲུང་སྔགས་པས་དབྱར་ཁྲིམས་སམ་སྤོ་ཁྲིམས་ཏེ་དབྱར་གྱི་སྲུང་བྱ་མང་པོ་ཞིག་གཏན་ལ་ཕབ་སྟེ་དུ་བ་གནམ་གཏོང་ཚང་མ་བསྐྱངས་ཐོག་གསལ་བསྒྲགས་བྱེད་སྲོལ་ཡོད། དབྱར་ཁྲིམས་ཀྱི་བརྗོད་བྱ་ལ་ཆ་མཚོན་ན། དབྱར་འོང་དཀྱིལ་དུ་སྐྱེས་པས་ཀི་ཤར་གྱི་འདོན་དང་། བུད་མེད་ཀྱིས་སྟོད་ཧྲེང་ཡོག་རྒྱུང་། བྱིས་པས་གཅེར་རྒྱུག་བྱེད་པ། སྐྱེས་ནག་སྤྱི་དང་གྱོང་ནག་འཁྱིལ་བ་སོགས་བྱེད་མི་རུང་བ། ཡང་ཡུལ་འགའ་ཤས་སུ་དྲིལ་གཏོད་པ་གཏོད་མི་ཆོག་པ། ཉིན་ཕྱེད་ནས་བུད་མེད་འོང་དཀྱིལ་དུ་འགྲོ་མི་ཆོག་པ། འོང་དཀྱིལ་དུ་གང་བྱུང་འགྲོ་བ་དང་རྩྭ་གང་བྱུང་འཐུ་མི་ཆོག་པ། འོང་དཀྱིལ་དུ་གོས་ཁྲ་ཁྲ་གྱོན་མི་ཆོག་པ། རྩྭ་རྩི་ཤིང་ལ་ཟོར་བ་སོགས་མཚོན་བརྒྱབ་ནས་བཅོ་འཐུ་བྱེད་མི་ཆོག་པ། ས་བཅོ་རྡོ་སློག་དང་ཕུང་པོ་བྱ་དོར། ཡང་ན་ཕུང་པོ་འོང་དཀྱིལ་ནས་འདྲེན་དགོས་ཚེ་སེར་བདག་ལ་ཆོག་མཆན་ཞུ་དགོས་པ། ཡུལ་དེར་བུད་མེད་ལ་ནལ་བུ་བྱུང་བའམ་གཉེན་ཉེ་དམེ་བྱེད་པའི་གནས་ཚུལ་བྱུང་ཚེ་གཏོར་བཅོས་བྱེད་དགོས་པ་སོགས་ཀྱི་སྲུང་བྱ་རྒྱས་བསྡུས་སྣ་ཚོགས་ཡོད། དབྱར་ཁྲིམས་དེ་དག་དཔྱིད་ཐོ་སྐོར་བརྒྱབ་པ་ནས་སྟོན་ལོ་ལྷ་མ་བཏང་བར་སྲུང་དགོས་ཀྱི་ཡོད། (ཡུལ་འགའ་ཤས་སུ་དཔྱིད་ལྷུགས་རྟ་ས་འོག་ལ་སོང་བ་ནས་སྟོན་སྐྱུ་ཐག་མ་ཆོད་བར་སྲུང་དགོས་ཀྱི་ཡོད།) ལོ་ལྷ་གཏོང་བའི་དུས་ཆོད་ནི་འོང་སྐོར་

ཉིན་འཛིན་མཁན་མང་ཞིང་། སེར་སྲུང་བའམ་བཟའ་དཔོན་ཞིག་གིས་ལོ་ཏོག་ནས་ལོ་ཕུད་བཏང་སྟེ་ཡུལ་ལྷ་ལ་ཕུལ། དེ་ནས་བཙས་སྐོ་ཕྱེ་བར་བརྩིས་ལ་དེ་དང་དུས་མཚུངས་སུ་དབྱར་ཁྲིམས་སུ་གཏན་ལ་ཕབ་པའི་སྲུང་བྱ་རྣམས་ཀྱང་རྩིས་མེད་ལ་འགྲོ་ཡི་ཡོད། རྒྱུ་མཚན་དེ་ལ་བརྟེན་ནས་དབྱར་ཁྲིམས་ལ་འོང་ཁྲིམས་ཞེས་ཀྱང་བརྗོད་སྲོལ་ཡོད། དེ་ཡང་འོང་ཁྲིམས་རྣམས་འོང་སྐོར་བཏང་ཚར་རྗེས་རྩིས་མེད་ཡིན་པའི་ཐོག་ནས་འོང་སྐོར་ནི་དབྱར་ཁྲིམས་རྫོགས་པའི་སྟོན་མོ་ཞིག་ཡིན་པ་ར་སྤྱོད་བྱས་ཡོད། འོན་ཀྱང་དུས་ཕྱིས་སྤྱི་ཚོགས་ཐོག་སྲིད་འཛིན་དོ་དམ་གྱི་ནུས་པ་ཤུགས་ཆེར་སོང་བས་ཐོན་སྐྱེད་ཀྱི་གནད་འགག་དུས་མཚམས་རྣམས་སྲིད་འཛིན་གྱི་བྱ་ཐབས་སྒྱུད་ནས་གཏན་འཁེལ་བཟོ་ཡི་ཡོད་པ་མ་ཟད། སྐྱེ་བོ་ཀུན་གྱི་བྱ་སྤྱོད་ལ་ཁྲིམས་སྲོལ་དང་སྲིད་འཛིན་བྱ་ཐབས་ཀྱིས་ཚོད་འཛིན་བྱ་ཡི་ཡོད་སྐབས། སྲོལ་རྒྱུན་འོང་ཁྲིམས་དགོས་གལ་ཆུང་དུ་ཕྱིན་ལ་འོང་སྐོར་གྱི་ངོ་བོ་ལའང་འགྱུར་བ་བྱུང་ནས་སྟོན་བསྐུའི་ལས་དོན་ལ་བསུ་བ་དང་ལོ་ལེགས་ཡོང་རྒྱུར་རེ་ན་འབྲེལ་དགའ་སྟོན་བྱེད་པའི་ཡུལ་སྲོལ་ཞིག་ཏུ་གྱུར་བ་དེ་ལྟར་ལགས།

གཉིས་པ། ལོ་གསར་གཏོང་ལུགས་དང་འབྲེལ་བའི་སྐོར།

གནམ་ལོ་གསར་དུ་ཚེས་པའི་དགའ་བའི་སྟོན་མོ་དག་བོད་ཀྱི་ས་ཁུལ་ཚང་མར་རྒྱས་གཏོང་བྱེད་པའི་ལུགས་སྲོལ་ཡོད་ནུང་། ཡུལ་ལུང་སོ་སོའི་ས་བབ་དང་། གནམ་གཤིས། ཐོན་སྐྱེད་བྱ་ལུགས་བཅས་གཅིག་མཐུན་མིན་པའི་དབང་གིས་ལོ་གསར་གཏོང་བའི་དུས་ཚོད་ཀྱང་འདྲ་མིན་སྣ་ཚོགས་བྱུང་བ་སྟེ། དཔེར་ན་བོད་ཀྱི་ཡུལ་སྡེ་མང་ཆེ་བར་བོད་ཟླ་དང་པོའི་ཚེས་གཅིག་ནས་ལོ་གསར་གཏོང་བ་དང་། གཙང་ཁུལ་གྱི་ས་ཁུལ་ལ་ལར་བོད་ཟླ་བཅུ་གཉིས་པའི་ཚེས་གཅིག་ནས་ལོ་གསར་གཏོང་བ། ཡང་ཀོང་པོ་དང་། སྟོ་རོང་། བྱང་ཐང་རྒྱུད་སོགས་ས་ཁུལ་འགའ་

ཞིག་ལ་བོད་ཟླ་བཅུ་པའམ་བཅུ་གཅིག་པར་ལོ་གསར་གཏོང་བ་ལྟ་བུའོ། །

དེ་ཡང་ཇོ་མོ་གླང་མའི་རང་བྱུང་སྲུང་སྐྱོབ་ས་ཁུལ་དུ་རྒྱས་བསྡུས་དང་ཁྱབ་རྒྱ་ཆེ་ཆུང་ལ་མ་བལྟོས་པར་ལོ་གསར་ཁག་གསུམ་ཙམ་གཏོང་བའི་སྲོལ་ཡོད་པ་སྟེ། བོད་ཟླ་བཅུ་གཉིས་པའི་ཚེས་གཅིག་ལ་“སྟོགས་སླ་ལོ་གསར་”གཏོང་བ་དང་། བོད་ཟླ་དང་པོའི་ཚེས་གཅིག་ལ་“རྒྱལ་པོ་ལོ་གསར་”གཏོང་བ། བོད་ཟླ་གཉིས་པའི་ཚེས་གཅིག་ལའང་ལོ་གསར་གཏོང་བ་བཅས་སོ། ། གཏིང་སྐྱེས་རྫོང་གི་འདྲེན་ཐང་ཤང་དང་། གཙང་ཁ་ཤང་། དིང་རི་རྫོང་གི་ཕ་དྲུག་བཅས་ཀྱི་ས་ཁུལ་དུ་སྟོགས་སླ་ལོ་གསར་ཉིན་གསུམ་ཙམ་གཏོང་སྲོལ་ཡོད་པ་ནི་དགུ་གཏོར་དང་། གནམ་གང་། ཚེས་གཅིག་ལ་འཛིན་གྱི་ཡོད། བོད་ཟླ་བཅུ་གཅིག་པའི་ཚེས་ཉེར་དགུའི་དགོང་མོ་ཁྱིམ་ཚང་སོ་སོས་དགུ་ཐུག་བཟོ་བ་དང་། དགུ་ཐུག་བཏུང་ཚར་རྗེས་གླུད་བཏངས་ཀྱི་ཡོད་ལ། གླུད་ཀྱི་བཟོ་སྟངས་དང་རྫོང་ལུགས་རྣམས་ཀྱང་བོད་ཀྱི་ཡུལ་གྲུ་གཞན་གྱི་ལུགས་སྲོལ་དང་གཅིག་མཚུངས་སུ་མཆིས། གཞན་ཡང་ཉི་ཤུ་དགུའི་ཉིན་དེར་བོན་པོའི་སློབ་དཔོན་གྱིས་གཏོར་རྒྱག་ཀྱང་རྒྱག་སྲོལ་འདུག གནམ་གང་དང་ཚེས་གཅིག་ལ་གཙོ་བོ་ཞིམ་ཟས་དང་ཆང་རིགས་ཀྱི་ལོངས་སྤྱོད་ལ་འདུག་པ་དང་། རིག་རྩེད་བྱེད་སྒོ་ལ་རོལ་བའི་གོམས་གཤིས་ཡོད་པ་ནི་གཙང་ཁ་གྲོང་ཚོར་ལོ་གསར་ཚེས་གཅིག་ཉིན་སྔག་ཤར་གཞོན་པ་ཁ་ཤས་རང་མོས་ཀྱིས་སྒྲིག་འཛུགས་བྱས་ཐོག་ཁྱིམ་ཚང་རེ་རེ་བཞིན་གྱི་སྒོ་འགྲམ་དུ་ལོ་གསར་གྱི་བཀྲ་ཤིས་བདེ་ལེགས་ཞུ་བར་འགྲོ་ཡི་ཡོད། དེ་དུས“བཀྲ་ཤིས་བདེ་ལེགས་ཕུན་སུམ་ཚོགས། ཨ་མ་བག་ཕྱེ་སྐྱུ་ཁམས་བཟང་། གཏན་དུ་བདེ་བ་ཐོབ་པར་ཤོག”ཅེས་པའི་བཀྲ་ཤིས་སྨོན་ལམ་བཏབ་སྲོལ་མེད་པར་འཛིག་རྟེན་ཆགས་རབས་དང་འབྲེལ་བའི་《ཡར་སྨོས་》བཤད་པ་གཏོང་བའི་སྲོལ་ཡོད། བཤད་པ་བཏང་ཚར་རྗེས་ཁྱིམ་ཚང་དེ་ཉིད་ཀྱིས་བཤད་པ་གཏོང་མཁན་ལ་ཁ་བཏགས་དཀར་གཙང་དང་།

བཏུད་རྩེ་ཚང་གིས་སྣེ་ལེན་བྱེད་ཀྱི་ཡོད། འདྲེན་ཐང་གཙང་ཁ་པ་ཚོ་ཚེས་གཅིག་ཉིན་སྐྱེས་པ་རྣམས་མཉམ་འཛོམས་ཀྱིས་ཚང་བཏུང་དང་མདའ་རྩེད་ཤོ་རྩེད་ལ་རོལ་བ་དང་། 《སྒོ་སྒོ་ཐུག་པ་ལྷག་སོང་》ཞེས་པ་དང་《སྤྲང་ཚུང་རྩེད་ཐག》ཟེར་བའི་རྩེད་མོར་འཇུག་སྲོལ་ཡོད། འདྲེན་ཐང་ལ་སོགས་པའི་ས་ཁུལ་དེ་ཚོར"སྟོགས་ལོ་"སྟེ་སྟོགས་སླ་ལོ་གསར་སྟབས་བདེ་ཞིག་གཏོང་བ་ལས་ལོ་གསར་རྒྱས་པ་ནི"རྒྱལ་ལོ་"སྟེ་རྒྱལ་པོ་ལོ་གསར་ལ་གཏོང་གི་ཡོད་དོ། །

བོད་ཟླ་དང་པོའི་ནང་སྲུང་སྐྱོབ་ས་ཁུལ་གྱི་ཡུལ་གྲུ་ཚང་མར་རྒྱལ་པོ་ལོ་གསར་གཏོང་བའི་ལུགས་སྲོལ་ཡོད། དེ་ཡང་བོད་ཟླ་བཅུ་གཉིས་པའི་ཚེས་ཉི་ཤུ་དགུ་ཉིན་ཡུལ་འགའ་ཤས་སུ་དགུ་གཏོར་ཞེས་གཏོར་སྒྲུབ་བྱེད་ཅིང་། དིང་རི་ཤེལ་དཀར་ལྷ་བུར་ཤེལ་དཀར་དགོན་པས་དགུ་གཏོར་གྱི་གར་འཆམ་རྒྱག་སྲོལ་ཡོད། ཉིན་དེར་ཡུལ་ལ་ལའི་ལུགས་སྲོལ་ལ་ སྤྱ་དྲོ་ཁྱིམ་ཚང་རེ་ནས་མི་རེ་དགུ་ཤིང་འཐུ་བར་འགྲོ་ཡི་ཡོད་པ་དང་། ཡུལ་ལ་ལར་སྐྱེས་པ་རྣམས་དགུ་སྒྲ་འབྲུ་བའི་སྲོལ་ཡང་མཆིས། དགོང་མོ་དགུ་ཐུག་འཐུང་བ་དང་སླུད་བཟང་རྒྱུ་དེ་ཉི་ཤུ་དགུའི་བྱེད་སྒོ་གཙོ་བོ་ཞིག་ཏུ་བརྩིས་ནས་སྤེལ་སྲོལ་ཡོད་ལ། དེ་ནི་སྤྱ་ལོ་ཕར་སྐྱེལ་དང་ཕྱི་ལོ་ཚུར་བསུའི་གལ་འགངས་ཆེ་བའི་བྱེད་སྒོ་ཞིག་ཏུ་འཛིན་གྱི་ཡོད། གནམ་གང་གི་ཉིན་མོ་ཡུལ་གྲུ་མང་ཆེ་བར་གད་ཕྱིས་གཙང་སྦྲ་བྱེད་པ་དང་། གྱང་ལྡེབས་ལ་བཀྲ་ཤིས་རྟགས་བརྒྱད་ལ་སོགས་པའི་དཀར་རྒྱན་བསྒྲོན་པ། ལོ་གསར་ཚེས་གཅིག་ཉིན་སྤྱོད་པའི་ལུག་མགོ་དང་། ཁ་ཟས། ལྷུང་རྟ་སོགས་དགོས་མཁོ་རྣམས་སྟ་གོན་གྲབས་གཉོམ་བྱེད་སྲོལ་ཡོད་ལ། བུད་མེད་རྣམས་ཀྱིས་ལོ་སྒྲ་འབྲུ་བའི་གོམས་གཤིས་མཆིས། ཚེས་གཅིག་ཉིན་ཐོ་རེངས་སྐར་ཆེན་ཤར་ཙམ་ལ་ཁྱིམ་ཚང་སོ་སོས་ཆུ་བན་ལ་བལ་དཀར་དགྲི་བ་དང་། མར་རྩམ་གྱི་ཡས་སྒྲོན་བརྒྱབ་ནས་ཆུ་ལྷུད་ལེན་པར་འགྲོ ཆུ་མགོར་རྡོ་ཡི་ཐོ་པོ་བརྩུགས། དེར་ཡང་ཡས་སྒྲོན་རྒྱག་པ་

དང་བསང་གསོལ་ཡང་བྱེད། ཆུ་ཕུད་བླངས་རྗེས་བཟའ་བཏུང་གི་ཕུད་རྣམས་འབུལ་བ་དང་། ཕྱེ་མར་མཆོད་པ། གྲོང་པ་ཁྱིམ་མཚེས་རྣམས་ལ་ཕྱེ་མར་རྒྱག་པ་སོགས་ཀྱི་བྱེད་སྒོ་སྤེལ་བ་མ་ཟད། ཆང་བསྐོལ་དང་། ཚེས་ཐུག ལུག་མགོ་ལ་སོགས་པའི་བཅུད་ལྡན་བཟའ་བཏུང་གི་ལོངས་སྤྱོད་ལ་འཇུག་པའི་སྲོལ་ཡང་མཆིས་སོ། །ལོ་གསར་ཚེས་གཉིས་ནས་བཟུང་སྤུན་མཆེད་དགའ་ཉེ་དང་གྲོང་པ་ཕན་ཚུན་སྐྱ་མགྲོན་ལ་འབོད་རེས་དང་། གྲོགས་པོ་གྲོགས་མོ་རྣམས་གྲོགས་ཆང་རྒྱག་པ་བཅས་ཀྱི་ཐུགས་སྤྲོའི་དབྱིངས་སུ་ཚུད་ནས་གཞས་དང་ཞབས་བྲོ་ལ་སོགས་པའི་རིག་རྩེད་ལ་འཇུག་པའི་དགའ་སྤྲོའི་རྣམ་པས་ཡུལ་གྲུ་ཡོངས་སུ་ཁྱབ་པའི་སྣང་རྒྱུན་ལྡན། དེ་ལྟའི་ལོ་གསར་གྱི་དགའ་སྐྱིད་གཏོང་བའི་དུས་ཡུན་རིང་ཐུང་ནི་ཡུལ་ལུང་སོ་སོའི་ཐོན་སྐྱེད་ཀྱི་དལ་བྲེལ་དང་དུད་ཚང་སོ་སོའི་དཔལ་འབྱོར་ཆ་རྐྱེན་གྱིས་ཐག་གཅོད་བྱ་ཡི་ཡོད་པར་སྣང་། འོན་ཀྱང་ལོ་གསར་ཚེས་གསུམ་ཉིན་(ཡུལ་འགའ་ཤས་སུ་ཚེས་གཅིག)ཡུལ་ལྷ་དང་། ཕོ་ལྷ། སྲུང་མ་ལ་སོགས་པའི་གསོལ་ཁང་ལ་རླུང་རྟ་སྤྲོན་པར་འགྲོ་སྲོལ་ཡོད་ལ། ཚེས་བཅོ་ལྔ་ཉིན་ལོ་གསར་མཇུག་འགྲིལ་བའི་བཀྲ་ཤིས་གསོལ། ལྷ་རྒྱལ་འབོད། གྲོང་སྡེའི་སྐྱེས་ཕོ་མོ་རྒན་གཞོན་མཉམ་འཛོམས་ཐོག་སྙོར་གཞས་ལ་རོལ་བར་བྱེད་ཀྱི་ཡོད།

བོད་ཟླ་གཉིས་པའི་ཚེས་གཅིག་ལ་འདྲེན་ཐང་ཁུལ་དུ"མི་ལོ་ཆེན་པོ་འཛམ་གླིང་ལོ་གསར"ཞེས་ལོ་གསར་ཞིག་གཏོང་གི་ཡོད། ལོ་གསར་གྱི་བྱེད་སྒོ་ནི་དགུ་ཐུག་འཐུང་བ་དང་། གླུད་ཇོང་བ། མདའ་རྩེད་འགྲན་པ། སྙོར་གཞས་རྒྱག་པ། ད་དུང་རང་མོས་ཀྱིས་སྒྲིག་འཛུགས་བྱས་པའི་ལྷ་མོ་ཚོགས་པས《སྣང་ས་འོད་འབུམ》དང《ཆོས་རྒྱལ་ནོར་བཟང》《པར་དོ》ལ་སོགས་པའི་ཟློས་གར་འཁྲབ་པ་བཅས་བྱེད་སྲོལ་ཡོད།

གོང་སྨོས་ཇི་བཞིན་ཇོ་མོ་གླང་མའི་རང་བྱུང་སྲུང་སྐྱོབ་ཁུལ་དུ་ལོ་གསར

ཐེངས་གསུམ་ཙམ་གཏོང་སྲོལ་ཡོད་པའི་རྒྱུ་མཚན་ནི་རང་རིགས་ཀྱི་སྔར་སྲོང་ལོ་ཟླའི་ནང་འབྱུང་བརྩིས་ཀྱི་ལོ་འགོའི་འཛིན་སྟངས་ལ་བཞེད་པ་མི་འདྲ་བ་མང་པོ་བྱུང་བའི་རྐྱེན་གྱིས་ཡིན་པར་ངེས་ཤིང་། བོད་རྒྱལ་པུ་དེ་གུང་རྒྱལ་གྱི་སྐབས་（སྤྱི་ལོའི་སྔོན་ལོ་བརྒྱ་ལྷག་ཙམ་གྱི་དུས）རྒན་མོ་བལ་མའི་ཟླ་རྩིས་སྔར་མེད་གསར་གཏོད་བྱས་ཤིང་། ལོ་འཁོར་མཚམས་ཀྱི་དུས་རྟགས་དེ་སྒོ་ཁའི་ཡར་ལྷ་ཤམ་པོའི་ཁམ་སྡོང་ལ་མེ་ཏོག་ཤར་དུས་སུ་བཟུང་ནས་དེ་འཕྲུལ་དཔྱིད་ཀྱི་དུས་ཆེན་གཡའ་བཟང་གཏོང་སྲོལ་ཆགས་པ་དང་། བོད་ཀྱི་རྒྱལ་པོ་སོ་གསུམ་པ་སྲོང་བཙན་སྒམ་པོའི་སྐུ་དུས་སུ་རྒྱ་བཟའ་ཀོང་ཇོའི་རྒྱ་རྩིས་རྙིང་མའི་ལུགས་ལྟར་བོད་ཟླ་བཅུ་གཅིག་པའི་ཚེས་གཅིག་ལ་ལོ་འགོ་འཛིན་པའི་སྲོལ་ཆགས། དེ་རྗེས་བོད་རྒྱལ་སོ་བདུན་པ་ཁྲི་སྲོང་ལྡེའུ་བཙན་སྐབས（སྤྱི་ལོའི་དུས་རབས་བརྒྱད་པའི་དུས）བོད་ཟླ་བཅུ་གཉིས་པའི་ཚེས་གཅིག་ཉིན་ལོ་འགོ་འཛིན་པའི་ལུགས་ཆགས། དེ་ནས་དུས་རབས་བཅུ་གསུམ་པའི་ནང་འགྲོ་མགོན་ཆོས་རྒྱལ་འཕགས་པས་ཧོར་ལུགས་ལྟར་བོད་ཟླ་དང་པོར་ཧོར་ཟླ་དང་པོ་ཞེས་པའི་མིང་བཏགས་ནས་བོད་ཟླ་དང་པོའི་ཚེས་གཅིག་ལ་ལོ་གསར་གཏོང་བའི་སྲོལ་བྱུང་བ་བཅས། ལོ་རྒྱུས་འདི་རྣམས་ཀྱི་ཤུགས་རྐྱེན་འོག་ད་ལྟའི་བར་དུ་བོད་ལུགས་ལ་ལོ་གསར་མང་པོ་བྱུང་བ་དང་། ཡུལ་གྲུ་སོ་སོའི་ལོ་གསར་གཏོང་བའི་དུས་ཚོད་ཀྱང་གཅིག་མཐུན་མིན་པའི་དོན་དངོས་གནས་ཚུལ་འདི་རིགས་ཐོན་པར་སྙམ་མོ། །

གསུམ་པ། རྟ་རྒྱུག་དང་མདའ་དུས་ཀྱི་སྐོར།

བོད་ལྗོངས་ས་མཐོའི་ཐུན་མོང་མིན་པའི་ཁོར་ཡུག་ཆ་རྐྱེན་འདིའི་འོག་མི་རྣམས་འགྲོ་སྐྱོད་བྱེད་སྐབས་དང་དགྲ་འདུལ་གྱི་བྱ་གཞག་ཐད་བཀོན་པ་རྟ་པོས་བཞག་པའི་ཀང་རྗེས་དང་། གདོད་མའི་རྗོན་ལས་དང་གནའ་བོའི་དཔུང་འཇུག

གི་བྱ་གཞག་ཐད་ཀྱི་མདའ་མོའི་བྱེད་ལས་དག་རང་རིགས་ཀྱི་སྔོན་བྱུང་ལོ་རྒྱུས་དེབ་ཐེར་ནང་གསལ་ལེར་འཁོད་ནས་ཡོད། ཀུན་གྱིས་མཁྱེན་གསལ་ལྟར་གནའ་བོའི་དུས་སུ་རང་རེ་བོད་རིགས་རྣམས་དཔའ་ངར་ཆེ་ལ་སྟོབས་འབྱོར་ལྡན་པའི་མི་རིགས་ཤིག་ཡིན་པ་དང་། ལྷག་དོན་དུ་སྤྱི་ལོའི་དུས་རབས་བདུན་པའི་དུས་བོད་བཙན་པོའི་ཕྱོགས་གང་ཅིའི་སྟོབས་ཤུགས་སྔ་ན་མེད་པའི་འཕེལ་རྒྱས་བྱུང་བས་མཐའ་བཞིའི་ཡུལ་གྲུ་ཚང་མ་བོད་ཀྱི་བཙན་པོར་མི་ཉེ་བ་དང་མི་སྙག་པ་མེད་ལ། བོད་ཀྱི་བཙན་པོས་ཀྱང་མཐའ་བཞིའི་ཡུལ་གྲུ་ཁག་ལ་དམག་གི་ཕོ་ཉ་མངགས་ནས་དཔུང་འཇུག་བྱས་པ་དང་། ཐ་ན་མདའ་འབངས་སུ་བསྡུས་པའི་ངོ་མཚར་གྱི་ལོ་རྒྱུས་ཀྱང་བྱུང་སྲོང་ཡོད། སྐབས་དེ་དུས་ཀྱི་དམག་དཔུང་གི་གྲུབ་ཆ་གཙོ་བོ་ནི་རྟ་དམག་ཡིན་ལ། རྟ་ཐོག་ནས་མདའ་དང་གྲི་མདུང་སོགས་མཚོན་རིགས་སྤྱད་དེ་གཡུལ་འགྱེད་བྱེད་ཀྱི་ཡོད། བཞིན་པ་རྟ་ཕོ་རྣམས་སྐབས་དེའི་དམག་ཤུགས་ཀྱི་གྲུབ་ཆ་གཙོ་བོ་ཡིན་སྟབས། གྲི་གུམ་བཙན་པོའི་སྐབས་སྲིད་བློན་ནམ་དམག་དཔོན་གྱི་གོ་མིང་ལ་རྟ་རྫི་བྱ་བ་འཁོད་ཡོད་པར་སྣང་ལ། བོད་ཀྱི་ལོ་རྒྱུས་ཆུ་རྒྱུན་རིང་པོའི་ནང་དྲག་པོ་གསུམ་གྱི་བྱ་གཞག་ཐད་མདའ་ཡིས་དམིགས་བསལ་ནུས་པ་ཐོན་ཡོད་སྟབས། བོད་ས་གནས་སྲིད་གཞུང་གི་དམག་དཔོན་གོ་གནས་ཆེ་གྲས་ཤིག་ལ་མདའ་དཔོན་དུ་བརྗོད་ཀྱི་ཡོད་པའི་དོན་དངོས་དེ་དག་ནས་རང་རིགས་ཀྱི་སེམས་པོ་ཆོས་རྟ་དང་མདའ་ལ་བརྩེ་མཐོང་ཆེན་པོ་གནང་གི་ཡོད་པ་མཚོན་ཐུབ། འོན་ཀྱང་སྤྱི་ཚོགས་འཕེལ་རྒྱས་འགྲོ་བའི་གོམ་སྟབས་དང་བསྟུན་ནས་རྒྱལ་ཁབ་ཁག་དང་མི་རིགས་ཁག་གི་ཕྱོགས་གང་ཅིའི་སྟོབས་ཤུགས་ལ་ཤུགས་རྐྱེན་ཐེབས་པའི་དབང་གིས་ཕན་ཚུན་དབར་གྱི་མཛའ་མཐུན་འབྲེལ་བ་གོང་འཕེལ་བྱུང་བ་དང་། རང་ཁོངས་ས་སྲུང་དང་། ཞི་མཐུན་མཉམ་གནས་ཀྱི་སྤྱི་ཚོགས་ཁོར་ཡུག་གསར་པ་ཞིག་བྱུང་བ་དང་སྦྲགས། འབར་རྫས་ཐོན་སྐྱེད་ཀྱི་ཚུ་ཚད་གོང་མཐོར་

ཕྱིན་པའི་རྐྱེན་གྱིས་དྲག་པོ་གཡུལ་གྱི་བྱ་གཞག་ནང་རྟ་དང་མདའ་གྲི་མདུང་སོགས་ཀྱི་ནུས་པ་ཇེ་ཞན་ཇེ་ཞན་དུ་སོང་ནའང་། སྔར་སོང་ལོ་རྒྱུས་ལ་དྲན་གསོ་ཞུ་ཆེད་རྟ་རྩལ་དང་མདའ་རྩལ་འགྲན་བསྡུར་གྱི་བྱེད་སྒོ་གཟབ་རྒྱས་སྤེལ་བ་ནས་བཟུང་། རྟ་རྒྱུག་གམ་མདའ་དམག་གི་དུས་ཆེན་གཏོང་བའི་ཡུལ་སྲོལ་ཞིག་ཀྱང་རིམ་བཞིན་གྲུབ་པ་ཡིན།

དེ་ཡང་བོད་རིགས་འདུས་སྡོད་བྱེད་པའི་ཡུལ་གྲུ་ཚང་མར་ནམ་པ་དང་རྒྱས་བསྡུས་འདྲ་མིན་གྱི་རྟ་མདའ་འགྲན་བསྡུར་བྱེད་སྒོ་དུ་མ་སྤེལ་སྲོལ་ཡོད་པ་དང་། རྒྱལ་རྩེའི་མདའ་དམག་དང་ནག་ཆུའི་རྟ་རྒྱུག་ལྟ་བུ་བོད་ཀྱི་ཡུལ་འདིར་སྙན་གྲགས་ཆེ་བའི་དུས་སྟོན་ཡིན་ལ། དེ་བཞིན་སྲུང་སྐྱོབ་ས་ཁུལ་གྱི་དིང་རི་ཤེལ་དཀར་གྱི་ཆོས་གསུམ་རྟ་མདའ་དང་། སྙང་དགའ་ལ་སོགས་པའི་རྟ་རྒྱུག་བྱེད་སྒོ་རྣམས་རྒྱུས་ལོན་ལ་མ་བལྟོས་པར་ཡུལ་ལུང་དེ་གའི་སྐྱེ་བོ་རྣམས་ཀྱིས་དགའ་སྤྱོད་བྱེད་པའི་བྱེད་སྒོ་ཤ་སྟག་ཡིན། དེ་ཡང་ཆོས་གསུམ་རྟ་མདའ་ནི་བོད་ཀྱི་ཡུལ་གྲུ་མང་པོར་སྤེལ་སྲོལ་ཡོད་པ་ཡང་འབྲས་དཀར་པོའི་བཤད་པའི་ནང་“དེ་རིང་ཆོས་གསུམ་རྟ་མདའ། ཕོ་གཞོན་གཅིག་ཤོར་གཉིས་ཤོར། དེ་རིང་ཆོས་གསུམ་རྟ་མདའ། བུ་མོ་བརྒྱ་ཕྲག་སྟོང་ཕྲག”ཅེས་པ་ལྟར་ལྟད་མོ་ཆེ་ཞིང་མི་ཚོགས་ཡོ་ལང་འདུ་བའི་དུས་སྟོན་ཞིག་ལགས། ཆོས་གསུམ་རྟ་མདའ་ཡི་བྱེད་སྒོའི་རྣམ་གྲངས་ལ་རྟ་རྒྱུག་བཞིན་དུ་རྟ་ཐོག་ནས་མདའ་འཕེན་ནས་ཚ་ཁ་ལྟ་བ་དང་། རྟ་རྒྱུག་བཞིན་དུ་ཁ་བཏགས་དང་ལྷམ་སྒྲོག་སོགས་ས་སྟེང་ནས་སྒྲུག་དགོས་རྒྱུ་སོགས་ཡོད། ཉེ་ཆར་དཔེ་སྐྲུན་བྱས་པའི་《བོད་རིགས་ཀྱི་དུས་ཆེན་རིག་གནས་》ཞེས་པའི་རྒྱ་ཡིག་དེབ་ཚུང་ཞིག་ནང་། དིང་རིའི་རྟ་རྒྱུག་ནི་རྫོང་ཡོངས་དང་དེ་ལས་རྒྱ་ཁྱོན་ཆེ་བའི་ས་ཁུལ་དུ་སྤེལ་བའི་འགྲན་བསྡུར་དང་དངོས་རྫས་བརྗེ་རེས་ཀྱི་ཕྱོགས་བསྡུས་རང་བཞིན་ལྡན་པའི་བྱེད་སྒོ་ཞིག་མིན་པར་རྟ་རྒྱུག་ཁོ་ནའི་བྱེད་སྒོ་ཡིན་ཞེས་འཁོད་

འདུག་ཀྱང་། ཤེལ་དཀར་ཁུལ་གྱི་ཆོས་གསུམ་ཧ་མདའ་ནི་ཚོང་འདུས་ཀྱི་ཁྱད་ཆོས་ལྷག་པར་ལྡན་པའི་དུས་ཆེན་ཞིག་ཡིན། དུས་ཆེན་དེའི་རིང་དེར་རི་ཁུལ་གྱི་ཞིང་འབྲོག་མང་ཚོགས་རྣམས་དང་། ངམ་རིང་དང་ལྷ་རྩེ་ལ་སོགས་པའི་ཕྱོགས་མཐའི་རྫོང་ཁག་གི་ཚོང་པ་རྣམས་ཀྱང་རང་རང་གི་ཚོང་ཟོག་འཁུར་ནས་འཛོམས་ཀྱི་ཡོད་གཤིས། ཞིང་འབྲོག་ཐོན་རྫས་བརྗེ་རེས་ཀྱི་ཚོང་འདུས་ཞིག་ཀྱང་རེད་ཅེས་བརྗོད་ནའང་མི་འོས་པ་མེད་སྙམ། དེ་བཞིན་སྲུང་སྐྱོབ་ས་ཁུལ་གྱི་ཡུལ་གྲུ་མང་ཆེ་བར་ཧ་རྒྱུག་མདའ་འཕེན་གྱི་བྱེད་སྒོ་མང་པོ་ཡོད་པ་ཚང་མར་དམིགས་ཡུལ་དང་དགོས་པ་རེ་ཡོད་ངེས་ལགས་ཀྱང་རྒྱས་པར་མི་སྤྲོས།

རང་བྱུང་སྲུང་སྐྱོབ་ཁུལ་དུ་མཆིས་པའི་ས་ཁུལ་གྱི་ཁྱད་ཆོས་རབ་ཏུ་མངའ་བའི་དུས་ཆེན་གཞན་ཞིག་ནི་སྐྱིད་གྲོང་ཁུལ་དུ་དར་བའི་མདའ་དུས་བྱ་བ་དེ་ཡིན། ཡུལ་དེ་གའི་མི་རྣམས་ཀྱི་བཤད་རྒྱུན་ལ། སྐྱིད་གྲོང་མདའ་དུས་ཞེས་པའི་དུས་སྟོན་གཏོང་དོན་ནི་དགྲ་ལྷ་གསོལ་ཆེད་དང་། གླིང་གེ་སར་རྒྱལ་པོས་མདའ་གཞུ་འཁྱེར་ཏེ་མཐའ་དམག་བཏུལ་བའི་རླབས་ཆེན་མཛད་པར་དྲན་གསོ་ཞུ་ཆེད་ཡིན་ཞེས་གྲགས་ལ། ལོ་ལྟར་ས་ག་ཟླ་བའི་ཚེས་བརྒྱད་ནས་བཅོ་ལྔ་བར་དགའ་སྟོན་དེར་རོལ་སྤྲོ་ཡོད། དུས་སྟོན་དེའི་ནང་དོན་གཙོ་བོ་ནི་ཕོ་མོ་བཅོ་བརྒྱད་ཡན་དང་དྲུག་ཅུ་མན་རྣམས་མཉམ་འཛོམས་བྱས་ཐོག་མདའ་རྒྱང་དང་ཚ་མདའ་འགྲན་ཞིང་། རྒྱལ་ཁ་ཐོབ་མཁན་ལ་རྫོང་དཔོན་ནས་གཟེངས་བསྟོད་སྤྲོད་སྲོལ་ཡོད། གཞན་ཡང་ད་དུང་སྐྱིད་གྲོང་ཁུལ་དུ་དུས་སྟོན་ཆུང་བ་གཉིས་ཡོད་པ་ནི་དཔངས་སྟོད་ཆུང་བ་དང་དཔངས་སྟོད་ཆེ་བ་གཉིས་ཡིན། དཔངས་སྟོད་ཆུང་བ་ནི་བོད་ཟླ་གཉིས་པའི་ཚེས་ཤར་ལ་དགྲ་ལྷ་གསོལ་བའི་སྟོན་མོ་ཡིན་ལ། དཔངས་སྟོད་ཆེ་བ་ནི་བོད་ཟླ་གསུམ་པའི་ཚེས་ཤར་ལ་ཕོ་མོ་བཅོ་བརྒྱད་ནས་དྲུག་ཅུ་བར་གྱི་སྐྱེས་པ་རྣམས་རྫོང་དཔོན་གྱི་གམ་དུ་ཐོ་འགོད་པར་འགྲོ་བ་དང་སྤྲགས་སྤྲོ་སྐྱིད་

གཏོང་སྲོལ་ཡོད་པ་དེ་ཡིན། དུས་སྟོན་དེ་གཉིས་ནི་སྐྱིད་གྲོང་མདའ་དུས་ཀྱི་སྟོན་འགྲོ་ལྟ་བུར་མངོན་ནོ། །ང་ཚོས་བསམ་གཞིག་བྱེད་སྐབས་གོང་སྨོས་ཀྱི་དུས་ཆེན་འདི་གསུམ་ཚང་མ་སྐྱིད་གྲོང་གི་ལོ་རྒྱུས་དང་འབྲེལ་བ་དམ་ཟབ་ཡོད་པར་ངོས་འཛིན་བྱེད་ཚོག་པ་སྟེ། སྐྱིད་གྲོང་དེ་སྔར་བཙན་པོའི་རྒྱལ་རབས་ཀྱི་སྐབས་སུ་བོད་ཀྱི་ཧ་ཅང་གལ་འགངས་ཆེ་བའི་ས་ཁུལ་ཞིག་ཡིན། སྐབས་དེ་དུས་སྐྱིད་གྲོང་ནི་ཕྱི་དང་ཐབས་འབྲེལ་བྱེད་པའི་ལམ་གཞུང་དང་། ཕྱི་ཕྱོགས་དགྲ་བོའི་དམག་ཡོང་ཉེན་ཆེ་བའི་ལམ་སྒོ། བལ་བོད་གཉིས་ཀྱི་ས་མཚམས་ཡུལ་གྲུ་ཞིག་ཡིན་གཤིས། དེའི་ཁུལ་གྱི་མི་སེར་རྣམས་དགྲ་ཟློན་ཆེ་བ་དང་། ཁོང་ཚོ་ནི་གཏན་སྡོད་ཡུལ་དམག་ཅིག་རང་ལགས་པས་ཐོན་སྐྱེད་བྲེལ་བ་ཆུང་བའི་དུས་སྐབས་སུ་གཅིག་གྱུར་གྱིས་དམག་རྩལ་སྦྱོང་བརྡར་བྱེད་ཀྱི་ཡོད་ལ། ཕྱིས་སུ་མདའ་དུས་ལ་རིམ་འགྱུར་བྱུང་འདུག་སྙམ། དེ་ཡང་མདའ་དུས་སྐབས་ཕོ་ལོ་དྲུག་ཅུ་ཡན་གྱི་བགྲེས་སོང་རྣམས་ཐེ་ཞུགས་མི་དགོས་པའི་རྒྱུ་མཚན་ཡང་“དྲུག་ཅུ་ཡན་རྣམས་ཞི་བའི་ཁྲལ་ཐར་དྲག་པོའི་དམག་ཐར་” ཞེས་པ་ལྟར་ལགས། ཇོ་མོ་གླང་མའི་རང་བྱུང་སྲུང་སྐྱོབ་ས་ཁུལ་དུ་བོད་ཀྱི་ཡུལ་གྲུ་སྤྱི་དང་འདྲ་བར་སྣེ་མང་གྲ་རྒྱས་ཀྱི་དུས་ཆེན་དུ་མ་ཡོད་པ་རྣམས་ལས་གོང་སྨོས་དུས་ཆེན་ཆེ་ཁག་གསུམ་ཐུད། དེ་བྱིངས་ཆོས་ལུགས་དུས་ཆེན་ཕལ་ཆེ་བ་རྣམས་ཡུལ་གྲུ་གཞན་དང་ཧ་ལམ་གཅིག་མཚུངས་སུ་ངེས་པས་འདིར་རེ་རེ་བཞིན་མཚམས་སྦྱོར་མི་བགྱིད་དོ། །

གཞི་ཁང་སྣེ་མང་གྲ་རྒྱས་ཀྱི་དུས་ཆེན་དུ་མ་ཡོད་པ་ཚང་མ་སྤྲོ་སྐྱིད་རྩེད་མོ་དང་འབྲེལ་བ་ཆེ་རུང་། སྲུང་སྐྱོབ་ས་ཁུལ་གྱི་མང་ཚོགས་རྣམས་ནི་བློ་གྲོས་ལྡན་ལ་ལས་ལ་བརྩོན་པ་ཞི་གཅིག་ཡིན་པས། སྨྱོས་བྱེད་ཀྱི་བཏུང་བར་བོང་བུར་ལབ་དོང་ཧྲེད་པ་ལྟར་དང་། དོན་མེད་རྩེད་འཛེ་ཁོ་ནར་གཡེང་ནས་སྡོད་མཁན་ཤིན་ཏུ་དཀོན། དེ་ཡི་དབང་གིས་ཁུལ་འདིར་མཆིས་པའི་དུས་ཆེན་མང་པོ་ཞིག་ཐོག་

མར་དར་སྐབས་དེ་ལ་སྤྱི་ཚོགས་ཀྱི་དམིགས་ཡུལ་ངེས་ཅན་ཞིག་ཡོད་ངེས་ཡིན་པ་དང་། ད་ལྟའི་དུས་སུ་སྤྱི་ཚོགས་ཀྱི་ཕན་ནུས་ངེས་ཅན་ཐོན་དང་ཐོན་ནུས་ཡིན། དེའི་ཕྱིར་འབྲེལ་ཡོད་ཚན་པ་ཁག་གིས་དེ་ལྟའི་དམངས་ཁྲོད་ཀྱི་བྱེད་སྒོ་ཁག་ལ་ཕྱར་བ་གྲུ་འདེགས་ཀྱིས་རྒྱབ་སྐྱོར་གནང་ཐུབ་ཚེ། སླད་རང་ལྗོངས་ཀྱི་དཔལ་ཡོན་གཉིས་ཀྱི་འཛུགས་སྐྲུན་གྱི་བྱ་གཞག་ལ་དེ་བས་ཕན་ནུས་ཆེན་པོ་ཐོན་ངེས་ལགས་སོ། །

༧༢། །ལྷ་སའི་སྲོལ་རྒྱུན་དུས་ཆེན་གྱི་ཁྱད་ནུས་སྐོར་གྱི་དཔྱད་གླེང་།

བོད་མི་རིགས་ནི་ཡུན་རིང་ལོ་རྒྱུས་ལྡན་ལ་རིག་གནས་ཕུན་སུམ་ཚོགས་པའི་མི་རིགས་ཤིག་ཡིན་པ་དང་། ལྷ་ས་ནི་བོད་ཀྱི་ཆབ་སྲིད་དང་། རིག་གནས། དཔལ་འབྱོར་གྱི་ལྟེ་བ་ཡིན་པས། རིག་གནས་ཀྱི་ཐོན་ཁུངས་ཕུན་སུམ་ཚོགས་པ་དང་། དེ་ལྟའི་ཕུན་སུམ་ཚོགས་པའི་རིག་གནས་ཁྲོད་དུ་དུས་ཆེན་ནི་ངོ་མཚར་ཆེ་ལ་མི་རྣམས་ཀྱི་ཡིད་དབང་རབ་ཏུ་འཕྲོག་པར་ནུས་པའི་ཐུན་མོང་མ་ཡིན་པའི་མང་ཚོགས་ཀྱི་རིག་གནས་བྱེད་སྒོ་ཞིག་ཡིན། ལྷ་སའི་སྲོལ་རྒྱུན་གྱི་དུས་ཆེན་དེ་དག་ནི་མི་རིགས་རིག་གནས་ཀྱི་བང་མཛོད་ལྟ་བུ་ཞིག་ལགས་པས། དེར་ལྷ་སའི་ཆབ་སྲིད་དཔལ་འབྱོར་དང་། ཐོན་སྐྱེད་འཚོ་བ། ཆོས་ལུགས་དད་མོས། རྩོམ་རིག་སྒྱུ་རྩལ། ལུས་རྩལ་རིག་རྩེད། སྤྱི་ཚོགས་འབྲེལ་བ། མི་རིགས་ཀྱི་འདུ་ཤེས་སོགས་ཧ་ཅང་ཕུན་སུམ་ཚོགས་པའི་རིག་གནས་ཀྱི་ནང་དོན་བསྡུས་ཡོད། ལོ་རྒྱུས་འཕེལ་རྒྱས་འགྲོ་བ་དང་བསྟུན། ལྷ་སའི་སྲོལ་རྒྱུན་དུས་ཆེན་ལའང་འཕེལ་འགྱུར་གྱིས་ནང་དོན་ཕུན་སུམ་ཇེ་ཚོགས་དང་། ཐུན་མོང་མ་ཡིན་པའི་ཁྱད་ཆོས་མངོན་གསལ་ཇེ་དོད་དུ་སོང་ཡོད་ལ། དེའི་བག་ཆགས་ནི་ཁུལ་དེའི་རྒྱ་ཆེའི་བོད་རིགས་མང་ཚོགས་ཀྱི་རྒྱུན་གཏན་འཚོ་བའི་ཁྲོད་དང་ཤ་རུས་ཀྱི་གཏིང་རུམ་དུ་ཐིམ་ནས་ཡོད། ཕྱིར་ན་སྲོལ་རྒྱུན་དུས་ཆེན་གྱིས་མི་རིགས་གང་དེའི་གསོན་སྟོབས་དང་གསར་གཏོད་ཀྱི་ནུས་པ། གོང་བུ་འགྲིལ་ཤུགས་བཅས་ཆེ་རུ་འགྲོ་བ་མ་ཟད། མི་རིགས་གང་དེའི་རིག་གནས་གོང་ནས་གོང་དུ་འཕེལ་རྒྱས་འགྲོ་རྒྱུར་ཕན་ནུས་ཆེན་

པོ་ཐོན་དང་འཐོན་ཐུས་ཡིན། དེས་ན་འདིར་ལྷ་སའི་སྲོལ་རྒྱུན་དུས་ཆེན་གྱི་ཁྱད་ཆོས་དང་ནུས་པའི་སྐོར་ལ་རང་བློས་ཅི་ཕྱོགས་ཀྱིས་ཙུང་ཟད་སྤློང་ན།

དང་པོ། ལྷ་སའི་དུས་ཆེན་གྱི་ཁྱད་ཆོས།

དེ་ཡང་སྤུ་རྒྱལ་བཙན་པོའི་རྒྱལ་རབས་ཀྱི་དུས་སུ་ལྷ་ས་ནི་མཚོ་བོད་ས་མཐོའི་ཆབ་སྲིད་དང་། རིག་གནས། དཔལ་འབྱོར། འཁྲིམ་འགྲུལ་བཅས་ཀྱི་ལྟེ་བ་ཡིན་པ་དང་། དུས་རབས་བཅུ་བདུན་པའི་སྐབས་ཙམ་ནས་ད་བར་བོད་ས་གནས་ཀྱི་ལྟེ་བའི་གནས་ཤིག་ཏུ་གྱུར་པས། དེས་བོད་ཀྱི་སྤྱི་ཚོགས་འཕེལ་རྒྱས་ལ་གལ་འགངས་ཆེ་བའི་ནུས་པ་ཐོན་ཡོད་ལ། དེ་ལྟའི་གནས་བབས་ཀྱིས་ཁུལ་དེའི་སྲོལ་རྒྱུན་དུས་ཆེན་ལའང་གཅིག་ནས་ཚབ་མཚོན་རང་བཞིན་གྱི་ཁྱད་ཆོས་མངོན་གསལ་ཡོད་པ་དང་། གཉིས་ནས་ས་ཁུལ་རང་བཞིན་གྱི་ཐུན་མོང་མ་ཡིན་པའི་ཁྱད་ཆོས་མངོན་གསལ་དོད་པོ་ཡོད། ལྷ་སའི་སྲོལ་རྒྱུན་དུས་ཆེན་ཁྲོད་དུ་བོད་ཀྱི་ལོ་གསར་དང་འོང་སྐོར་སོགས་བོད་མི་རིགས་ཡོངས་ཀྱིས་ཐུན་མོང་དུ་གཏོང་བའི་དུས་ཆེན་ཡོད་ལ། ལྷ་ས་ཁུལ་གྱིས་ཁེར་གཏོང་བྱེད་པའི་ཞོ་སྟོན་དང་སྐར་མ་རི་ཁྲི་དང་། དེ་བཞིན་ཁུལ་དེའི་དགོན་སྡེ་ཁག་དང་རྫོང་ཁག་སོ་སོས་གཏོང་བའི་ས་ཁུལ་རང་བཞིན་གྱི་དུས་ཆེན་ཡང་མང་པོ་ཡོད། དེ་ལྟའི་དུས་ཆེན་མང་ཆེ་བ་ནི་ཆོས་ལུགས་རིག་གནས་དང་དམངས་ཁྲོད་རིག་གནས། སོ་ནམ་པའི་རིག་གནས་དང་འབྲོག་པའི་རིག་གནས། ཁྱད་པར་མཐོ་རིམ་དཔོན་རིགས་རིག་གནས་དང་གཞི་རིམ་དམངས་ཁྲོད་རིག་གནས་སོགས་སྡོལ་མར་གནས་པ་ཞིག་ཡིན་པས། དེ་ནི་ལྷ་སའི་སྲོལ་རྒྱུན་དུས་ཆེན་གྱི་ཐུན་མོང་མིན་པའི་ཁྱད་ཆོས་སུ་མཐོང་།

གཅིག ས་ཁུལ་རང་བཞིན།

ཐུན་མོང་མིན་པའི་རང་བྱུང་ཁོར་ཡུག་དང་རིག་གནས་ཁོར་ཡུག་གི་ཆ་རྐྱེན་ལས་ལྷ་སའི་སྲོལ་རྒྱུན་དུས་ཆེན་གྱི་ཐུན་མོང་མིན་པའི་ས་ཁུལ་རང་བཞིན་དེ་

གྲུབ་པ་ཡིན། དེ་ཡང་ད་ལྟའི་ལྷ་ས་གྲོང་ཁྱེར་གྱི་ཁོངས་སུ་གཏོགས་པའི་རྫོང་ཁག་མང་ཆེ་བ་ནི་ས་རྒྱུ་གཤིན་པའི་ལྗོངས་ཐང་ཡིན་པས། ཁུལ་དེ་དག་གི་དུས་ཆེན་མང་པོ་ཞིག་ནི་སོ་ནམ་དང་འབྲེལ་བ་དམ་ཟབ་ཡོད་པ་དཔེར་ན། ལྷ་སའི་ཞིང་ཁུལ་དུ་དར་ཁྱབ་ཆེ་བའི་འོང་སྐོར་དུས་ཆེན་དང་། ས་སྐྱོ་འབྱེད་པའི་བྱེད་སྒོ། ཞིང་ལ་སྦྱོ་ཐོག་རྒྱག་པའམ་ཡུར་མ་རྒྱག་པའི་བྱེད་སྒོའམ་ཡང་ན་ལྷུང་ཐུད་སློང་བ་སོགས་ཀྱི་དུས་ཆེན་རྣམས་ནི་ཞིང་ལས་ཐོན་སྐྱེད་སྐོར་གྱི་དུས་ཆེན་ཡིན་པ་ལྟ་བུ་དང་། དེ་བཞིན་ལྷ་ས་ནི་སྔ་ཕྱི་བར་གསུམ་དུ་བོད་ཀྱི་ཆོས་སྲིད་སོགས་ཀྱི་ལྟེ་བ་ཡིན་པའི་ཆ་ནས་ཁུལ་དེའི་དུས་ཆེན་རྣམས་ལ་མཐོ་རིམ་དཔོན་རིགས་རིག་གནས་དང་ཆོས་ལུགས་རིག་གནས་ཀྱི་ཤུགས་རྐྱེན་གཏིང་ཟབ་ཐོག་ཡོད་པ་དཔེར་ན། དེ་ཁུལ་དུ་ར་ས་འཕྲུལ་སྣང་དང་ར་མོ་ཆེ་གཙུག་ལག་ཁང་། དགེ་ལུགས་པའི་གདན་ས་ཆེན་པོ་གསུམ་སོགས་ཆགས་ཡོད་པའི་དབང་གིས་ལྷ་ས་སྨོན་ལམ་ཆེན་མོ་དང་སྨོན་ལམ་གཏོར་རྒྱག འབྲས་སྤུངས་ཟླུ་འབུམ། སེ་ར་ཕུར་མཇལ། དགའ་ལྡན་སེའུ་ཐང་། དགའ་ལྡན་ལྔ་མཆོད་དང་སེ་ར་བཞི་མཆོད་སོགས་ནི་ལྷ་སའི་ཁྲོད་ཆོས་ལྡན་པའི་ཆོས་ལུགས་ཚོ་གཞའམ་རྗེས་དྲན་མཆོད་འབུལ་དང་འབྲེལ་བའི་དུས་ཆེན་ཡིན་པ་ལྟ་བུ་དང་། ཡང་ལྷ་ས་ནི་སྔར་བོད་ས་གནས་སྲིད་གཞུང་གི་དཔོན་རིགས་རྣམས་གནས་སྡོད་བྱེད་སའི་ཡུལ་ཞིག་ཡིན་པས། དེ་ཁུལ་གྱི་དམངས་ཁྲོད་ཡོམས་གཤིས་མང་པོར་མཐོ་རིམ་པའི་ཤུགས་རྐྱེན་ཐོག་ཡོད་པ་དཔེར་ན། སྔར་བོད་ས་གནས་སྲིད་གཞུང་སྐབས་རྒྱུས་གཏོང་བྱེད་པའི་ཚེས་གསུམ་ཐོག་མདའ་དང་། གྲྭ་བཞི་རྫིས་བཤེར། རྫོང་རྒྱབ་ཞར་འཕེན། རྒྱལ་པོ་ལོ་གསར། བླ་མ་ལོ་གསར། རྩེ་དགུ་གཏོར་སོགས་ལྟ་བུའོ། །

གཉིས། གཞན་འགྱུར་རང་བཞིན།

ལྷ་སའི་སྲོལ་རྒྱུན་དུས་ཆེན་གྱི་རིག་གནས་ནི་རྒྱ་ཆེའི་བོད་རིགས་མི་

དམངས་རྣམས་ཀྱིས་ཡུན་རིང་གི་སྤྱི་ཚོགས་འཚོ་བའི་ནང་གསར་གཏོད་དང་རྒྱུན་འཛིན། བོད་སྤྱོད་བཅས་བྱས་པ་ལས་བྱུང་བ་ཞིག་ཡིན་པས། མཐོ་རིམ་དཔོན་རིགས་ཀྱི་རིག་གནས་དང་བསྡུར་ན་དེར་ཅུང་གཏན་ཞིང་འཇགས་པའི་ཁྱད་ཆོས་ཡོད། འོན་ཀྱང་ཡུན་རིང་གི་ལོ་རྒྱུས་འཕེལ་རྒྱས་དང་རྒྱ་ཆེ་བའི་ས་ཁུལ་ནང་དུ་རྒྱུན་འཛིན་བྱེད་པའི་བརྒྱུད་རིམ་ཁྲོད་སྲོལ་རྒྱུན་རིག་གནས་ཀྱི་རྣམ་པ་དང་ནང་དོན་ཅི་ཐད་ལ་འགྱུར་བ་ཆེ་ཙམ་བྱུང་ཡོད། ལྷ་སའི་སྲོལ་རྒྱུན་དུས་ཆེན་ལ་སྤྱི་ཡོངས་ནས་གཞིག་པ་བྱེད་སྐབས། སྲོལ་རྒྱུན་གྱི་དམངས་སྲོལ་བྱེད་སྒོ་ཁག་གཅིག་རིམ་བཞིན་ཉུང་དུ་འགྲོ་བ་དང་། སྲོལ་རྒྱུན་དུས་ཆེན་དར་གནས་ཐུབ་པའི་ཕྱི་རོལ་བར་ཁམས་ཡང་ན་རྒྱ་ཇེ་ཆེར་འགྲོ་བའམ་ཡང་ན་ཁྱབ་རྒྱ་ཇེ་ཆུང་དུ་འགྲོ་བ། ཐ་ན་དུས་ཆེན་འགའ་ཞིག་མིང་གི་ལྷག་མར་གྱུར་ཡོད་པ་མཐོང་ཐུབ། དེ་ཡང་ལྷ་སའི་ཞོ་སྟོན་ནི་ཐོག་མའི་ཆོས་ལུགས་ཀྱི་བྱེད་སྒོ་ཞིག་ནས་ད་ལྟ་གྲོང་མི་ཡོངས་ཀྱིས་དགའ་སྤྲོ་མཉམ་གཏོང་བྱེད་པའི་རིག་གནས་ཀྱི་བྱེད་སྒོ་ཞིག་ཏུ་གྱུར་ནས་དེའི་ཁྱབ་རྒྱ་ཇེ་ཆེར་འགྲོ་བཞིན་ཡོད་པ་དང་། ཡང་འོང་སྐོར་དུས་ཆེན་ལྟ་བུ་ནི་དེ་སྔའི་འོང་ཁྲིམས་སྲུང་བའི་ཐོན་སྐྱེད་དུས་ཆེན་ཞིག་ནས་སོ་ནམ་པའི་སྤྲོ་སྐྱིད་གཏོང་བའི་དུས་ཆེན་ཞིག་ཏུ་གྱུར་ཏེ་དེའི་ནུས་པ་དང་ནང་དོན་གང་ཐད་ལ་འགྱུར་བ་ཆེན་པོ་བྱུང་ཡོད་པ། ས་སྒོ་འབྱེད་པའི་བྱེད་སྒོ་དེའང་སྔར་ཞིང་པ་དུད་ཚང་སོ་སོས་སོ་སོའི་ཞིང་ཁའི་སྟེང་དུ་སྐབས་བདེའི་བསང་གསོལ་དང་གསེར་སྐྱེམས་གཏོང་བའི་དམངས་ཁྲོད་བྱེད་སྒོ་ཞིག་ནས་ད་ལྟ་གྲོང་ཚོ་སོ་སོས་སྡེ་ཚན་བྱས་པའི་དུས་ཆེན་ཞིག་ཏུ་གྱུར་དང་འགྱུར་མུས་ཡིན་པ། དེའི་ནུས་པ་ཡང་དེ་སྔའི་མཆོད་འབུལ་གྱི་བྱེད་སྒོ་ནས་རིམ་བཞིན་ས་ཞིང་རྩོ་འདེབས་ཀྱི་གྲ་སྒྲིག་དང་སྤྲོ་སྐྱིད་གཏོང་བའི་ཕྱོགས་སུ་འགྱུར་བཞིན་ཡོད་པ། ལྷག་པར་དུ་བསྐྱར་བཅོས་སྒོ་དབྱེ་བྱས་ཚུན་ནས་རྒྱ་ཆེའི་མང་ཚོགས་ཀྱི་དངོས་པོའི་འཚོ་བར་འཕེལ་རྒྱས་དང་རིག་གནས་ཀྱི་བྱེད་སྒོ་ཕུན་སུམ་ཚོགས་སུ་ཕྱིན་པར་

བརྟེན། དུས་ཆེན་གྱི་རྒྱུན་གོས་དང་། བཟའ་བཏུང་། རིག་རྩེད་བྱེད་སྒོ་སོགས་ལ་འགྱུར་བ་ཆེན་པོ་བྱུང་ཡོད་པ་མ་ཟད། དུས་ཆེན་ལ་ཞུགས་མཁན་དང་དེའི་གཞི་རྒྱུར་ཡང་འགྱུར་བ་ཆེན་པོ་བྱུང་ནས་དེའི་ཕན་ནུས་དང་ཤུགས་རྐྱེན་ལའང་འགྱུར་བ་ཆེན་པོ་བྱུང་དང་འབྱུང་བཞིན་ཡོད་པ་ལྟ་བུའོ། །

གསུམ། ཐུན་མོང་རང་བཞིན།

དུས་ཆེན་གྱི་རིགས་མཆིས་སུ་ཅོག་ལ་ཐུན་མོང་གི་རང་བཞིན་ལྡན་པ་ཇི་བཞིན་ལྷ་སའི་སྲོལ་རྒྱུན་དུས་ཆེན་ལའང་དེ་ལྟའི་ཁྱད་ཆོས་ལྡན་ཡོད། དེ་ཡང་གཞུང་རྒྱུད་ཀྱི་ལོ་རྒྱུས་འཕེལ་རིམ་ཁྲིད་ཀྱི་རྒྱུན་འཛིན་ནམ་འཕྲེད་རྒྱུད་ཀྱི་ཁྱབ་འཕེལ་འགྲོ་རིམ་ཁྲིད་ཀྱི་ཁྱབ་འཕེལ་བཅས་གང་གི་ཐད་ནས་བརྗོད་ཀྱང་དེ་ནི་མང་ཚོགས་ཐུན་མོང་གི་དྲན་ཤེས་ལ་བརྟེན་ནས་ཉར་འཛིན་བྱས་པའམ་ཐུན་མོང་གིས་ཁྱབ་སྤེལ་བཏང་བ་དང་ཁ་བྲལ་ཐབས་མེད། དམངས་སྲོལ་གྱི་ཐུན་མོང་ཁྱད་ཆོས་ཟེར་བ་དེ་ནི"ཐུན་མོང་ཐོག་གསར་དུ་གཏོད་པ་དང་། ཐུན་མོང་གིས་བེད་སྤྱོད་པ། ཐུན་མོང་གིས་ཉར་ཚགས་དང་རྒྱུན་འཛིན་བཅས་བྱས་ནས་བྱུང་བའི་རིག་གནས་ཤིག་ཡིན། དེའི་ནང་གི་རིག་གནས་ཐོན་ཟོག་འགའ་ཞིག་ནི་ཐོག་མར་ཐུན་མོང་ཁྲིད་ཀྱི་མི་སྒེར་གྱིས་གསར་གཏོད་བྱས་པ་དང་། དེ་རྗེས་ཐུན་མོང་གིས་ཁས་ལེན་བྱས་པའམ་བཟོ་བཅོས་བྱས་རྗེས་དར་ཁྱབ་བྱུང་བ་ཞིག་ཡིན། འོན་ཀྱང་དེའི་བརྒྱུད་རིམ་སྤྱིའི་ངོས་ནས་བཤད་ན། མང་ཚོགས་ཐུན་མོང་གིས་ཐེ་ཞུགས་བྱས་པའི་རྒྱུ་མཚན་གྱིས་དམངས་སྲོལ་རིག་གནས་ཤིག་ཏུ་གྱུར་བ་ཡིན"① ཞེས་གསུངས་པ་ཇི་བཞིན། ལྷ་སའི་ལོ་སྟོན་ལ་མཆོན་ནའང་དེ་ནི་ཐོག་མར་འབྲས་སྤུངས་དགོན་པའི་དགེ་འདུན་པ་ཁོ་ནའི་དབྱར་གནས་བཅའ་ཁྲིམས་གྲོལ་བའི་

① ཀྲུང་ཅིན་འུན་གྱིས་བརྩམས་ཤིང་ཀྲུང་ཧྭ་དཔེ་དེབ་ཚོགས་ནས་སྤྱི་ལོ་༡༩༩༧ལོར་དཔར་དུ་བསྒྲུན་པའི《དམངས་སྲོལ་རིག་པ་རྣམ་བཤད་དང་དེའི་དར་འཕེལ》ཞེས་པའི་ཤོག་ངོས་༡༥ལ་གསལ།

བྱེད་སྒོ་ཞིག་ཡིན་པར་བརྟེན། ཐོག་མའི་དུས་འབྲས་སྤྲུངས་དགོན་པའི་དགེ་འདུན་པ་དང་མཐའ་འཁོར་གྱི་དད་ལྡན་མང་ཚོགས་ཚོའི་བྱེད་སྒོ་ཙམ་དུ་ཟད། དེ་ལ་འབྲས་སྤྲུངས་ཞོ་སྟོན་ཞེས་ཀྱང་འབོད། ཕྱིས་བོད་ས་གནས་སྲིད་གཞུང་ནས་སྒྲིག་འཛུགས་བྱས་པའི་ཆོས་ལུགས་དང་སྲོ་སྐྱིད་མཉམ་འདྲེས་ཀྱི་བྱེད་སྒོ་ཞིག་ཏུ་འཕོ་འགྱུར་བྱུང་ཡོད། དེ་དུས་གྲལ་རིམ་གྱི་ངོས་ནས་བཤད་ན་མཐོ་རིམ་དབང་སྒྱུར་བས་གསར་གཏོད་དང་ལོངས་སྤྱོད་བྱེད་པའི་རིག་གནས་བྱེད་སྒོ་ཞིག་ཡིན། རིག་གནས་ལ་མཐོ་འབྲིང་དམའ་གསུམ་དུ་དབྱེ་ཚུལ་ཡོད་པ་ལྟར་ན། དེ་ནི་ཐོག་མའི་དུས་དམངས་སྲོལ་རིག་གནས་སུ་བརྩི་མི་རུང་། ཕྱིས་སུ་བྱེད་སྒོར་ཞུགས་མཁན་ཇེ་མང་དུ་ཕྱིན་པ་དང་བྱེད་སྒོའི་གཞི་རྒྱ་ཡང་ཇེ་ཆེར་སོང་བས། ད་གཟོད་སྣན་པའི་གྲགས་པ་ཕྱོགས་བཞིར་ཁྱབ་པའི་ལྷ་སའི་ཞོ་སྟོན་ཞེས་དུས་ཆེན་གྲགས་ཅན་ཞིག་ཏུ་གྱུར་བ་མ་ཟད། སྤྱི་ལོ་༢༠༠༦ལོར་རྒྱལ་ཁབ་རིམ་པའི་དངོས་རྫས་མིན་པའི་རིག་གནས་ཤུལ་བཞག་གི་མིང་ཐོའི་ནང་དུའང་ཚུད་ཡོད། གང་ལྟར་དེ་ནི་ཐོག་མར་དགོན་སྡེ་ཞིག་གི་ཆོས་ལུགས་ཀྱི་ཚོ་གའམ་མཆོད་འབུལ་གྱི་བྱེད་སྒོ་ཞིག་ཡིན་པ་ནས་ཡུན་རིང་འཕེལ་རྒྱས་བརྒྱུད། རིམ་བཞིན་ས་ཁུལ་རྒྱ་ཆེ་ཙམ་གྱི་མང་ཚོགས་ཁྲོད་དུ་དར་ཁྱབ་བྱུང་བ་དང་སྤྱགས་མང་ཚོགས་སྤྱི་ཡིས་ལོངས་སུ་སྤྱོད་པའི་དུས་ཆེན་ཞིག་ཏུ་གྱུར་ཡོད། གནས་ལུགས་འདིའི་ཐོག་ནས་བལྟས་ན། བྱེད་སྒོ་གང་འདྲ་ཞིག་ཡིན་རུང་མང་ཚོགས་ཐུན་མོང་གི་ཐེ་ཞུགས་མེད་ན་དམངས་སྲོལ་དུ་འགྱུར་མི་ཐུབ་པ་གསལ་བཤད་བྱེད་ཐུབ།

གཉིས་པ། ལྷ་སའི་དུས་ཆེན་གྱི་ཡན་ནུས།

“ཁ་བའི་ལྗོངས་སུ་འཚོ་བར་རོལ་བའི་བོད་རིགས་རྣམས་ནི། དུས་ཆེན་གཏོང་རྒྱུར་ཤིན་དུ་དགའ་བ་དང་། དུས་ཆེན་གཏོང་མཁས་པ་ཞིག་ཡིན། འདིར་

དུས་ཆེན་མང་བ་དང་། འདུས་ཚད་ཆེ་བ་ནི་མི་རྣམས་བསྐྱོད་བསྟུགས་བྱེད་འོས་པ་ཞིག་ཡིན་”①ཞེས་གསུངས་པ་ལྟར། བོད་ལྗོངས་ཀྱི་ལྟེ་བའི་གྲོང་ཁྱེར་ལྷ་སར་མཆོན་ན་འང་དེ་ལྟར་ཡིན་ཏེ། ཧ་ལམ་ཟླ་བ་ཚང་མའི་ནང་དུ་རིགས་འདྲ་མིན་དང་རྒྱུས་བསྡུས་མི་འདྲ་བའི་དུས་ཆེན་མི་ཉུང་བ་ཞིག་གཏོང་རྒྱུ་ཡོད་པ་ལྟ་བུ་ཡིན། དེ་དག་གི་ཁྲོད་ནས་རྒྱལ་ཁབ་རིམ་པའི་དངོས་རྫས་མིན་པའི་རིག་གནས་ཤུལ་བཞག་མིང་ཐོའི་ནང་ཚུད་པ་ཞོ་སྟོན་དང་། བོད་ཀྱི་ལོ་གསར། འདམ་སྐྱི་རིམ་རྟ་རྒྱུག་བཅས་དུས་ཆེན་ཁག་གསུམ་དང་། རང་སྐྱོང་ལྗོངས་རིམ་པའི་དངོས་རྫས་མིན་པའི་རིག་གནས་ཤུལ་བཞག་མིང་ཐོའི་ནང་ཚུད་པ་ས་ག་ཟླ་བ་དང་། སྟོད་ལུང་ཁུལ་གྱི་འོང་སྐོར་དང་ས་སྔོ་འབྱེད་པའི་དུས་ཆེན། སྐར་མ་རི་ཁི་སོགས་དུས་ཆེན་ཁག་བདུན་ཙམ་ཡོད། དམངས་སྲོལ་རིག་པའི་སློབ་དེབ་དང་རྒྱུན་གཏན་གྱི་དུས་ཆེན་གྱི་རིགས་དབྱེ་ལྟར་ན། ལྷ་སའི་དུས་ཆེན་ཁག་སྤྱིར་དུས་མཚམས་དབྱེ་བའི་དུས་ཆེན་དང་། ཐོན་སྐྱེད་སྐོར་གྱི་དུས་ཆེན། དགའ་འཛོམས་སྤྲོ་སྐྱིད་ཀྱི་དུས་ཆེན། ཆོས་ལུགས་སྐོར་གྱི་དུས་ཆེན་བཅས་རིགས་ཆེ་བ་བཞི་རུ་འདུ་ཆོག་པ་དང་། བྱེ་བྲག་དེ་དག་རེ་རེ་ལའང་དབྱེ་བ་མང་དུ་དབྱེ་རྒྱུ་ཡོད། འོན་ཀྱང་ལྷ་སའི་སྲོལ་རྒྱུན་དུས་ཆེན་རྣམས་ལ་གཞིག་པ་གཟབ་ནན་བྱེད་སྐབས། ངོ་བོའི་ཐོག་ནས་དབྱེ་བ་འབྱེད་ཁག་ཙམ་ཡོད་དེ། དུས་ཆེན་དེ་དག་ནི་ཕྱོགས་བསྡུས་ཀྱི་རིག་གནས་སྣང་ཚུལ་ཞིག་ཡིན་པས་སོ། །གཞི་རྐང་དུས་ཆེན་དེ་དག་དུས་ཚོད་མི་འདྲ་བའི་ནང་སྤེལ་གྱི་ཡོད་ནའང་བྱེད་སྒོའི་ནང་དོན་ཧ་ཅང་ཕུན་སུམ་ཚོགས་ལ། ལྷག་པར་དུ་དུས་ཆེན་ཆེ་གྲས་ཁག་གི་ནང་དུ་ཆོས་ལུགས་དད་མོས་དང་། རིག་གནས་སྒྱུ་རྩལ། སྤྱི་ཚོགས་འབྲེལ་བ། ཟས་གོས་འགྲོ་སྡོད་ལ་སོགས་པའི་ནང་དོན་

① ལེའུ་ཏུང་ཆྭན་གྱིས་བརྩམས་ཤིང་ཀྲུང་གོའི་བོད་རིག་པའི་དཔེ་སྐྲུན་ཁང་ནས་བསྐྲུན་པའི་《དུས་བཞིའི་དུས་ཆེན་》ཞེས་པའི་ཤོག་ངོས་7པར་གསལ།

དུ་མ་ཞིག་བསྡུས་ཡོད་པར་བརྟེན། དེས་སྤྱི་ཚོགས་ཀྱི་ཕྱོགས་མང་པོར་གལ་འགངས་ཆེ་བའི་ནུས་པ་ཐོན་གྱི་ཡོད།

གཅིག དུས་མཚམས་དབྱེ་འབྱེད་ཀྱི་ནུས་པ་ལྡན་པ།

ཕུན་སུམ་ཚོགས་པའི་ལྷ་སའི་སྲོལ་རྒྱུན་དུས་ཆེན་དེ་རྣམས་ནི་ཆེ་ས་ནས་ཆོས་དང་འཇིག་རྟེན་འཚོ་བའི་སྐོར་གྱི་དུས་ཆེན་རྣམ་གཞག་རིགས་གཉིས་ཀྱི་ཁོངས་སུ་མི་འདུ་བ་མེད། དེ་ཡང་འཇིག་རྟེན་འཚོ་བའི་སྐོར་གྱི་དུས་ཆེན་རྣམས་ནི་སྤྲོ་སྐྱིད་རྟེན་འབྲེལ་ཆེད་དུ་སྤེལ་བ་ཤས་ཆེ་ལ། ཆོས་ལུགས་སྐོར་གྱི་དུས་ཆེན་རྣམས་ནི་མཆོད་འབུལ་དང་། དྲན་གསོ། ཚོགས་བཅས་ཀྱི་ཆེད་དུ་སྤེལ་བ་མང་། སྲོལ་རྒྱུན་དུས་ཆེན་དེ་དག་གཏོང་བའི་དུས་ཚོད་ནི་ལོ་གཅིག་ནང་གི་འོས་ཤིང་འཚམ་པའི་དུས་ཚོད་དེ། སྤྱི་ཚོགས་དང་མི་སྒེར་གྱི་དགོས་མཁོ་དང་མཐུན་པ་ཞིག་འདེམས་པ་ཡིན་པས། འཚོ་བའི་སྐོར་གྱི་དུས་ཆེན་ཕལ་ཆེ་བ་ནི་མི་རྣམས་ཀྱིས་དུས་མཚམས་དབྱེ་བ་འབྱེད་བྱེད་ཀྱི་དུས་རྟགས་སུ་གྱུར་ཡོད། གནའ་དུས་སུ་དུས་ཆེན་ལ་བརྟེན་ནས་ཐོན་སྐྱེད་འཚོ་བའི་སྒྲུབ་རིམ་ཁག་བཀོད་སྒྲིག་བྱེད་སྲོལ་ཡོད་ཅིང་། སྐབས་དེ་ཤེད་དུ་འབྲོག་པའམ་སོ་ནམ་པ་གང་ཞིག་ཡིན་རུང་ཐོན་སྐྱེད་བྱེད་པའི་བརྒྱུད་རིམ་ཁྲོད་དུ་རང་བྱུང་གནམ་གཤིས་དང་བསྟུན་ཐབས་མི་བྱེད་ཀ་མེད་ཡིན། དེ་ལྟའི་དུས་མཚམས་དབྱེ་འབྱེད་ཀྱི་རྟགས་སུ་གྱུར་བའི་དུས་ཆེན་གྱིས་ཐོན་སྐྱེད་འཚོ་བར་བཀོད་སྒྲིག་བྱེད་ཐུབ་པ་དཔེར་ན། ལོ་འཁོར་མཚམས་ཀྱི་དུས་རྟགས་མཚོན་པའི་ལོ་གསར་དང་། འོང་ཁྲིམས་རྫོགས་པའི་དུས་རྟགས་སུ་འོང་སྐོར། དབྱར་གནས་རྫོགས་པའི་དུས་རྟགས་སུ་ཞོ་སྟོན། དགག་དབྱེ་གྲོལ་བའི་དུས་རྟགས་སུ་ཆབ་ཞུགས་ཆེན་མོ་སོགས་ཚང་མ་དུས་མཚམས་དབྱེ་བའི་ནུས་པ་དང་ལྡན་པ་ཤ་སྟག་ཡིན།

གཉིས། མང་ཚོགས་ཀྱི་ལུས་སེམས་སློམ་སྒྲིག་ལ་ཕན་པའི་ནུས་པ་ལྡན་པ།

མིའི་རིགས་འཚོ་གནས་བྱེད་པ་དང་འཕེལ་རྒྱས་འགྲོ་བའི་བརྒྱུད་རིམ་ཁྲོད་མིའི་ལུས་སེམས་རྒྱུན་ཆད་མེད་པར་སློམ་སྒྲིག་བྱ་རྒྱུ་ནི་གལ་འགངས་ཆེ་བ་ཞིག་ཡིན། རྒྱལ་ཕྱི་རྒྱལ་ནང་གི་མི་རིགས་གང་འདྲ་ཞིག་གི་དུས་ཆེན་ཅི་འདྲ་ཞིག་ཡིན་རུང་། དེར་གཅིག་གྱུར་གྱི་རིག་གནས་ནུས་པའམ་རིག་གནས་ཀྱི་རིན་ཐང་ཞིག་ལྡན་ཡོད། དེ་ནི་དེས་མང་ཚོགས་ཀྱི་ལུས་སེམས་སློམ་སྒྲིག་ཐུབ་པ་དེ་ཡིན། ངལ་གསོ་བ་དང་། སྤྲོ་སྐྱིད་རྩེད་མོར་རོལ་བ། རེ་བཙོལ་གྱི་བྱེད་སྒོ་སྤེལ་བ་བཅས་ནི་སྤྲོལ་རྒྱུན་དུས་ཆེན་གྱིས་མིའི་ལུས་སེམས་སློམ་སྒྲིག་བྱེད་པའི་རྣམ་པ་གཙོ་བོ་ཞིག་ཡིན། དེ་ཡང་མི་སྒེར་རམ་དུད་ཚང་ཞིག་ལ་ཆ་མཚོན་ན། སྐྱེ་བ་ནས་འཆི་བའི་བར་དུ་འཇིག་རྟེན་གྱི་བྱེད་སྒོ་བང་བསེལ་དང་། ཆང་ས། གྲོགས་ཆང་། ཐབ་གསོལ། ཁང་གསོལ་སོགས་མང་པོ་ཞིག་སྤེལ་སྲོལ་ཡོད་ཅིང་། སྤྱི་ཚོགས་ཧྲིལ་པོའི་ངོས་ནས་བལྟས་ན། ཀུན་ལ་ངལ་གསོ་བ་དང་དགའ་སྐྱིད་ཀྱི་སྤྲོ་བ་སྟེར་ནུས་པའི་བྱེད་སྒོ་ནི་གཙོ་བོ་དུས་ཆེན་ཁག་ཡིན། དེ་སྔའི་ལྷ་སའི་སྤྱི་ཚོགས་དེ་ཉིད་སྤྱིར་ན་ས་ཁུལ་གཞན་ལས་འཕེལ་རྒྱས་ཆེ་བ་ཡོད་ནའང་། དེ་ཁུལ་ཞིང་འབྲོག་མང་ཚོགས་ཀྱི་རྣམ་ཀུན་བསམ་པའི་རིག་གནས་འཚོ་བ་སྟབས་བདེ་ཙམ་དང་། རྒྱུན་དུ་ཞིང་འབྲོག་པའི་ལས་བྲེལ་གྱིས་ངལ་བ་ཆེ་ཙམ་ཡོད་པས། དེ་ལྟའི་འཚོ་བའི་ཁྲོད་དུ་དུས་ཆེན་ནི་ལས་ལ་བརྩོན་པའི་རྒྱ་ཆེའི་མང་ཚོགས་ཀྱི་ངལ་དུབ་དང་ཉོབ་མདངས་བསེལ་བའི་གོ་སྐབས་བཟང་ཤོས་དེ་ཡིན། དེས་རྣམ་ཀུན་གྱི་བྲོ་བ་མེད་པའི་སྟབས་བདེའི་འཚོ་བར་ཇ་དང་ཐུག་པར་ཚྭ་བཏབ་པ་དང་འདྲ་བར་བྲོ་བ་དང་ལྡན་པར་གྱུར་ནས་དམངས་ཀྱི་ལུས་སེམས་ལ་སློམ་སྒྲིག་ཐུབ་ཀྱི་ཡོད། དཔེར་ན། འོང་སྐོར་སྐབས་ཀྱི་རྟ་རྒྱུག་དང་། གཡག་རྒྱུག རྡོ་འགྱོགས། ཞོ་སྟོན་སྐབས་ཀྱི་ལྷ་མོ་དང་གླིང་ག་གཏོང་བའི་སྤྲོ་སྐྱིད་བྱེད་སྒོ། ས་སྒོ་འབྱེད་སྐབས་ཀྱི་གཞས་དང་

ཞབས་བྲོ་གང་དགར་རོལ་བའི་དགའ་འཛོམས་ལ་སོགས་ཚང་མའི་སྐབས་སུ་རྒྱ་ཆེའི་མང་ཚོགས་ཚོས་ངལ་གསོ་བ་དང་མཉམ་དུ་རིག་རྩེད་ལ་རོལ་བས་སྤྲོ་སྐྱིད་སྤྲིན་ནས་ལུས་སེམས་བདེ་སྟོད་དུ་གྱུར་བ་ལྟ་བུ་ཡིན། ཁྱད་པར་ཆོས་ལུགས་སྐོར་གྱི་དུས་ཆེན་ནི་དད་ལྡན་མང་ཚོགས་ལ་དམིགས་ཡུལ་ཚོགས་པ་ཚང་དུ་ངམ་སྐོར་གྱི་བདེ་སྡུག་རྩ་བར་བཞག་པའི་བསམ་པས་ཀུན་ནས་བསླངས་པ་དེ་འདྲ་མ་ཡིན་པར་སེམས་དང་ལྡན་པ་མཆིས་སུ་ཙོག་གི་བདེ་བ་བསྐྱབ་ཐུབ་ན་སྐམ་པ་དང་སྡུག་བསྔལ་མཐའ་དག་སེལ་ཐུབ་ན་སྐམ་པའི་གཞན་གཅེས་ཀྱི་བསམ་པས་ཀུན་ནས་བསླངས་པ་ཞིག་ཡིན་པས། དེས་འགྲོ་བ་མིའི་རིགས་ཀྱི་འཆམ་མཐུན་དང་བདེ་འཇགས་ལ་ཕན་པ་བསྐྱུན་ཐུབ་ལ། མ་མཐར་ཡང་བྱེད་སྒོར་ཞུགས་མཁན་དད་ལྡན་མང་ཚོགས་ལ་སེམས་ཀྱི་ཚོག་ཤེས་དང་། སྡུག་བསྔལ་དང་བྲལ་བའི་བདེ་སྐྱིད་ཀྱི་སྣང་བ་ཞིག་སྤྲིན་ཐུབ་ཀྱི་ཡོད། བོད་ཀྱི་དམངས་སྲོལ་ལ་རྒྱུས་མངའ་ཆེ་བའི་རྒྱའི་ཤེས་ལྡན་པ་ཞིག་གིས "དུས་ཆེན་གྱིས་མི་རིགས་འདིའི་གསོན་སྟོབས་རབ་འཕེལ་ལ།……ཏན་རབས་རྣམས་དུས་ཆེན་ལ་བརྟེན་ནས་གཞོན་བཟོ་དོད་དུ་འགྲོ་བ་དང་། ཕོ་གཞོན་རྣམས་དུས་ཆེན་ལ་བརྟེན་ནས་དཔའ་ཉམས་རབ་ཏུ་རྒྱས་པར་གྱུར་བ། བུད་མེད་རྣམས་དུས་ཆེན་ལ་བརྟེན་ནས་ཡིད་འོང་ལྟ་ན་སྡུག་པར་གྱུར་བ། བྱིས་པ་རྣམས་དུས་ཆེན་ལ་བརྟེན་ནས་དེ་བས་བདེ་ཐང་དང་གྲུང་ཤ་དོད་དུ་གྱུར་བ་"[①] ཞེས་བོད་ཀྱི་དུས་ཆེན་གྱི་ནུས་པར་གདེང་འཇོག་གང་ལེགས་གནང་ཡོད་པ་དེས་བོད་ཀྱི་དུས་ཆེན་གྱི་མིའི་ལུས་སེམས་སློམ་སྒྲིག་གི་ནུས་པ་དེ་ཡོངས་སུ་མཚོན་ཐུབ་ཡོད།

① ལེའུ་ཧུང་ཞྭན་གྱིས་བརྩམས་ཤིང་ཀྲུང་གོའི་བོད་རིག་པའི་དཔེ་སྐྲུན་ཁང་ནས་བསྐྲུན་པའི་《དུས་བཞིའི་དུས་ཆེན》ཞེས་པའི་ཐོག་ངོས་༧པར་གསལ།

གསུམ། དམངས་ཁྲོད་རིག་གནས་རྒྱུན་འཛིན་བྱ་རྒྱུར་ཕན་པའི་ནུས་པ་ལྡན་པ།

ལྷ་སའི་སྲོལ་རྒྱུན་དུས་ཆེན་ཁག་ནི་དམངས་ཁྲོད་རིག་གནས་ཤུལ་བཞག་འཁོར་ཆེན་མི་ཉམས་ཉར་སྲུང་བྱེད་པའི་བང་མཛོད་ལྟ་བུ་དང་། དམངས་ཁྲོད་རིག་གནས་རྒྱུན་འཛིན་དང་དར་འཕེལ་ཡོང་བའི་རྟེན་གཞི་ཞིག་ཏུ་གྱུར་ཡོད། དེ་ཡང་ཐོག་མར་ལྷ་སའི་སྲོལ་རྒྱུན་དུས་ཆེན་གྱིས་སྤྱི་ཚོགས་འཚོ་བ་སྤྱིའི་ཁྲོད་དུ་བཟུང་བའི་གནས་བབས་དང་དེ་ཉིད་ཀྱི་མངོན་ཚུལ་ལ་གཞིགས་ན། དེ་ནི་མང་ཚོགས་ཀྱི་འཚོ་བའི་ནང་མེད་ཐབས་མེད་པའི་གྲུབ་ཆ་གལ་ཆེན་ཞིག་དང་། དམངས་ཁྲོད་རིག་གནས་ཀྱི་གྲུབ་ཆ་གལ་ཆེན་ཞིག་ཀྱང་ཡིན་པ་རྟོགས་ཐུབ། ལྷ་སའི་དུས་ཆེན་མང་ཆེ་བ་ནི་མང་ཚོགས་ཐུན་མོང་ནས་མཉམ་འཛོམས་ཀྱིས་དགའ་སྐྱིད་དཔལ་ལ་རོལ་བའི་བྱེད་སྒོ་ཞིག་ཡིན་པས། ཚང་མས་དུས་ཆེན་གཏོང་བའི་གོ་སྐབས་དང་བསྟུན་ནས་ངལ་གསོ་བ་དང་རྩེད་མོར་རོལ་བ། གླུ་གར་ཞབས་བྲོ་སོགས་ལ་འཇུག་པ་ཡིན་སྟབས། དེས་ལྷ་སའི་ཡུན་རིང་གི་ལོ་རྒྱུས་དང་། ཐུན་མོང་མིན་པའི་ཟས་གོས་ཀྱི་གོམས་གཤིས། ཕུན་སུམ་ཚོགས་པའི་གླུ་གར་དང་རིག་རྩེད་ཀྱི་ཉམས་འགྱུར་རྣམས་ངོམ་བཞིན་ཡོད། དེ་ཉིད་ཁོ་ནའང་དམངས་ཁྲོད་ཀྱི་རིག་གནས་སྣ་ཚོགས་གཅིག་སྡུད་གསོན་པོའི་རྣམ་པ་ཅན་གྱི་རིག་གནས་སྲོལ་རྒྱུན་ཞིག་ཡིན། གཞན་ཡང་དུས་ཆེན་གྱི་བྱེད་སྒོ་ཁག་སྤེལ་བའི་བརྒྱུད་རིམ་ནང་དམངས་ཁྲོད་ཀྱི་རིག་གནས་མང་པོ་ཞིག་རྒྱུན་འཛིན་ཐུབ་པ་དང་། ཕུན་སུམ་ཇེ་ཚོགས་སུ་གཏོང་ཐུབ་ཀྱི་ཡོད། སྤྱིར་ན་དེང་རབས་ཅན་དུ་འགྱུར་བ་ལྟར་འཕེལ་རྒྱས་སྒྱུར་བའི་ད་ལྟའི་སྤྱི་ཚོགས་འདིར་དམངས་ཁྲོད་ཀྱི་ངག་ལས་ངག་ཏུ་བརྒྱུད་ནས་རྒྱུན་འཛིན་དང་ལག་ལེན་ཁྲོད་དུ་ཕ་ཤུལ་བུ་འཛིན་བྱེད་པའི་རིག་གནས་སྲོལ་རྒྱུན་མང་པོ་ཞིག་ངམ་ཤུགས་རིམ་གུད་ཀྱི་ཚུལ་དུ་གནས་པ་དང་། རིག་གནས་སྲོལ་རྒྱུན་མང་པོ་ཞིག་གསོན་སྟོབས་ཇེ་ཞན་དུ་གྱུར་

ནས་སྐྱུམ་ཟད་མར་མེའི་ཚུལ་དང་། ཐ་ན་སྲོལ་རྒྱུན་འགའ་ཞིག་མིང་གི་ལྷག་མར་གྱུར་དང་འགྱུར་ཉུས་ཡིན་མོད། གནས་ཚུལ་འདི་འདྲའི་སྐབས་དམངས་ཁྲོད་སྲོལ་རྒྱུན་དུས་ཆེན་གྱིས་སྲོལ་རྒྱུན་རིག་གནས་མི་ཉམས་གོང་འཕེལ་དང་ཉམས་པ་སླར་གསོ་ཡོང་རྒྱུར་དམིགས་བསལ་ནུས་པ་འདོན་ཐུབ་ཀྱི་ཡོད། དེ་ཡང་དུས་ཆེན་གྱི་ཕྱི་ཚུལ་རྣམ་པ་ཞིག་ནི་གཟབ་མཆོར་སྤྲས་རྒྱུ་དེ་ཡིན་གཤིས། དུས་ཆེན་མ་བཏང་སྔ་རོལ་ནས་དུས་ཆེན་ལ་མཁོ་བའི་རྒྱན་གོས་སྣ་ཚོགས་བཟོ་སྐྲུན་བྱེད་དགོས་པས། དེས་རྒྱན་གོས་རིག་གནས་ཀྱི་སྲོལ་རྒྱུན་རྒྱུན་འཛིན་ཐུབ་པ་མ་ཟད། རྒྱན་གོས་བཟོ་སྐྲུན་གྱི་ལག་རྩལ་རྒྱུན་འཛིན་དང་དར་འཕེལ་གང་ལེགས་ཐུབ་ཀྱི་ཡོད། གཞན་ཡང་དུས་ཆེན་ནི་བཟའ་བཏུང་གི་འཚོ་བ་ལེགས་སུ་གཏོང་བའི་གོ་སྐབས་བཟང་པོ་ཞིག་ཀྱང་ཡིན་པས། གོ་སྐབས་དེ་དང་བསྟུན་བཟའ་བཅའ་དང་བཏུང་བའི་རིགས་ཀྱི་གཡོས་སྦྱོར་བསྐལ་བཟོའི་ལག་རྩལ་དང་འབྲེལ་ཡོད་སྐྱོལ་ཆས་དང་ཆང་སྣོད་སོགས་ཀྱི་བཟོ་སྐྲུན་ལག་རྒྱུན་ཡང་ཟམ་མི་ཆད་པར་རྒྱུན་འཛིན་འཕེལ་རྒྱས་ཐུབ་ཀྱི་ཡོད། དེ་མིན་སྲོལ་རྒྱུན་དུས་ཆེན་བརྒྱུད་ནས་ལྷ་སའི་དམངས་ཁྲོད་ཀྱི་རིན་ཐང་བྲལ་བའི་གཞས་དང་ཞབས་བྲོ། རིག་རྩེད་ལུས་རྩལ་སོགས་ཀྱི་སྲོལ་རྒྱུན་རིག་གནས་མང་པོ་ཞིག་ལོ་ནས་ལོ་བརྒྱུད། ཕ་རབས་ནས་བུ་རབས་བརྒྱུད་དེ་རྒྱུན་འཛིན་བྱུང་ཡོད་ལ། ད་ལྟའི་ཕོར་ཡུག་ཁྲོད་དུའང་མི་ཉམས་གོང་འཕེལ་ཡོང་རྒྱུར་སྨན་པའི་ནུས་པ་ཆེན་པོ་འདོན་བཞིན་ཡོད། གལ་སྲིད་སྲོལ་རྒྱུན་གྱི་ལོ་གསར་དང་ཞོ་སྟོན། འོང་སྐོར་སོགས་མེད་པར་གྱུར་ཚེ། དེའི་མཇུག་འབྲས་ནི་དུས་ཆེན་དེ་དག་ཁོ་ན་ཙམ་མ་ཡིན་པར། དེ་འབྲེལ་གྱི་ཕུལ་བྱུང་རིག་གནས་ཤུལ་བཞག་མང་དག་ཅིག་ཀྱང་མེད་པར་འགྲོ་ངེས་པས། དེས་ན་ལྷ་སའི་སྲོལ་རྒྱུན་དུས་ཆེན་གྱི་དམངས་ཁྲོད་རིག་གནས་རྒྱུན་འཛིན་བྱ་རྒྱུར་སྨན་པའི་ནུས་པ་ལ་ངོས་འཛིན་ཡང་དག་གནང་

དགོས་ངེས་སུ་མཐོང་།

བཞི། མིའི་དབར་མཛའ་མཐུན་དམ་ཟབ་ཏུ་འགྲོ་རྒྱུར་ཕན་པའི་ནུས་པ་ལྡན་པ།

ཁ་བའི་ལྗོངས་འདི་ས་རྒྱ་ཆེ་ལ་མི་འབོར་ཉུང་བ་དང་། མི་རྣམས་ཀྱི་སྡོད་གནས་ཀྱང་ཁ་འཐོར་ཡིན། བོད་ལྗོངས་ཀྱི་ལྟེ་བར་གྱུར་པའི་ལྷ་ས་ལ་ཆ་མཚོན་ན། ཕྱོགས་གང་ཅིའི་ཐད་ས་ཁུལ་གཞན་ལས་འཕེལ་རྒྱས་ཆེ་ཙམ་ཡོད་པ་ནི་དོན་དངོས་ཞིག་ཡིན་མོད། འོན་ཀྱང་སྔར་སྲོལ་རྒྱུན་གྱི་ལྷ་སའི་ཁོངས་གཏོགས་རྫོང་ཁག་རྣམས་ནི་གནས་ཡུལ་ཁ་འཐོར་དང་འགྲོ་ལམ་སྟབས་བདེ་མེད་པས། ས་ཁུལ་གཞན་དང་འབྲེལ་འདྲིས་བྱེད་དཀའ་བ་སྨོས་མེད་ཐོག ཡུལ་ཚན་གཅིག་རང་གི་ནང་དུའང་ཡུལ་མི་ཕན་ཚུན་འགྲོ་འོང་ཉུང་ལ་ཆ་འཕྲིན་སངས་པོ་མེད། གནས་ཚུལ་དེ་འདྲའི་འོག དུས་ཆེན་གྱིས་ཆེ་ས་ནས་སྲོལ་རྒྱུན་སྤྱི་ཚོགས་ནང་ཟམ་པ་དང་སྒྲོག་ཐག་ལྟ་བུའི་ནུས་པ་ཐོན་ཐུབ་ཀྱི་ཡོད་དེ། མི་རྣམས་ཀྱིས་དུས་ཆེན་གཏོང་བའི་གོ་སྐབས་དང་བསྟུན་ནས་ཐོན་རྫས་བརྗེ་རེས་དང་། ཆ་འཕྲིན་དང་ཉམས་མྱོང་། ཤེས་རིག་བཅས་སྤེལ་རེས་བྱས་ནས་ས་ཁུལ་ལམ་ཡུལ་ཚན་དབར་གྱི་འབྲེལ་ལམ་རྒྱ་ཆེ་གཏིང་ཟབ་ཏུ་གཏོང་བ་ལྟ་བུ་དང་། ཆུང་ས་ནས་མི་དང་མིའི་དབར། མི་དང་སྤྱི་ཚོགས་དབར་གྱི་མཛའ་མཐུན་འབྲེལ་བར་ཤུགས་སྣོན་ཐེབས་ཀྱི་ཡོད་པ་དཔེར་ན། ལོ་གསར་མ་བཏང་གོང་ནས་སྤུན་མཆེད་དགའ་ཉེ་ཕན་ཚུན་དབར་སོ་སོའི་སེམས་པ་མཚོན་ཕྱིར་ཁ་ཟས་སོགས་སྐྱེལ་རེས་བྱེད་པ་དང་། ལོ་གསར་ཚེས་གཅིག་ཉིན་གྲོང་པ་ཕན་ཚུན་ཕྱེ་མར་འཁྱོག་རེས་བྱེད་པ། ལོ་གསར་གཏོང་རིང་དགའ་ཉེ་སྤུན་མཆེད་སྐུ་མགྲོན་ལ་གདན་འདྲེན་ཞུ་རེས་བྱེད་པ། ཉི་ཤུ་དགུར་ནང་མི་མཉམ་འཛོམས་ཐོག་དགུ་ཐུག་འཐུང་བ་དང་། ཞོ་སྟོན་སྐབས་དགའ་ཉེ་སྤུན་མཆེད་མཉམ་འཛོམས་ཀྱིས་གླིང་ཀ་གཏོང་བ་སོགས། བྱེད་སྒོ་དེ་དག་ནི་ཁྱིམ་མཚེས་དབར་དང་དགའ་ཉེ་སྤུན་མཆེད

དབར་གྱི་འབྲེལ་ལམ་ཟབ་ཏུ་གཏོང་བའི་ཐབས་ལམ་ཁྱད་དུ་འཕགས་པ་ཞིག་ཡིན་པས། མི་རྣམས་ཀྱིས་ཐབས་ལམ་དེ་འདྲ་བརྒྱུད་ཕན་ཚུན་དབར་བསམ་ཚུལ་བརྗེ་རེས་དང་སྙིང་གཏམ་ཤོད་རེས་ཀྱིས་མཛའ་མཐུན་གྱི་འབྲེལ་ལམ་རྒྱ་ཆེ་གཏིང་ཟབ་ཀྱི་ཕྱོགས་སུ་བསྐྱོད་རྒྱུར་འབད་བརྩོན་བྱེད་ཀྱི་ཡོད། དེས་ན་མི་དང་མིའི་དབར། གྲོང་པ་ཁྱིམ་མཚེས་དབར། དགའ་ཉེ་སྤུན་མཆེད་དབར་གྱི་འབྲེལ་བ་ཇེ་ཞན་ཇེ་སྟོད་དུ་འགྲོ་བའི་ད་ལྟའི་དུས་སྐབས་འདིར། དུས་ཆེན་གྱི་མི་དང་མིའི་དབར་གྱི་མཛའ་མཐུན་སྒྲིག་ཐག་གི་ནུས་པ་ནི་དེ་བས་མངོན་གསལ་ཆེ་བ་ཡོད། དེར་བརྟེན། སྲོལ་རྒྱུན་དུས་ཆེན་ཁག་ལ་གཙིགས་མཐོང་བྱེད་དགོས་ངེས་སུ་མཐོང་།

༤། མང་ཚོགས་ལ་སློབ་གསོའི་ནུས་པ་ལྡན་པ།

མིའི་སློབ་གསོ་ལ་རང་བཞིན་གྱི་སློབ་གསོ་དང་དམིགས་བཀར་གྱི་སློབ་གསོ་སྡེ་རིགས་གཉིས་སུ་དབྱེ་ཆོག རང་བཞིན་གྱི་སློབ་གསོ་ནི་སློབ་གྲྭར་ཆེད་དུ་འགྲོ་དགོས་མེད་པར་རྒྱུན་གཏན་སྤྱི་ཚོགས་འཚོ་བའི་ནང་ཐོན་སྐྱེད་ངལ་རྩོལ་སོགས་དང་འབྲེལ་བའི་བྱེད་སྒོ་སྣ་ཚོགས་བརྒྱུད་རང་གི་ཕ་མ་རྒན་རབས་དང་ཉེ་འཁོར་སྐྱེ་བོའི་གམ་ནས་ཐེབས་པའི་སློབ་གསོ་ལ་གོ་བ་ཡིན། དེ་ལྟའི་སློབ་གསོ་ནི་མི་རྣམས་སྤྱི་ཚོགས་ཅན་དུ་འགྱུར་བའི་ཆེས་རྨང་གཞིའི་བརྒྱུད་རིམ་ཞིག་ཡིན་པ་མ་ཟད། དེ་ལས་ཐོབ་པའི་རིག་གནས་ཤེས་བྱ་ནི་དེ་བས་མཁོ་ཆེ་ལ་བེད་སྤྱོད་མང་བ་ཞིག་ཡིན། ལྷ་སའི་སྲོལ་རྒྱུན་དུས་ཆེན་གྱིས་མི་རྣམས་ལ་རང་བཞིན་གྱི་སློབ་གསོ་སྤྲོད་པའི་གོ་སྐབས་བཟང་པོ་བསྐྲུན་ཐུབ་ཀྱི་ཡོད་པ་དེ་ཡང་ལྷ་སའི་སྲོལ་རྒྱུན་དུས་ཆེན་ནང་དུ་མི་རབས་མང་པོའི་བློ་གྲོས་ལས་འབྲུངས་པའི་རྒྱུན་མཁོའི་ཤེས་བྱ་མང་པོ་བསྡུས་ཡོད་པས་ཡིན། དཔེར་ན། ས་ག་ཟླ་བ་དང་དབྱར་གནས་བཅའ་

ཁྲིམས། འོང་སྐོར་གོང་གི་རྗོ་ཁྲིམས་[1]ལ་སོགས་པས་སྐྱེས་དངོས་ཀྱི་གནས་ལུགས་ཤེས་བྱ་མཚོན་ཐུབ་པ་དང་། ལོ་གསར་གོང་གི་དུ་ཕྱིས་དང་སྐར་མ་རི་ཕིའི་དུས་ཀྱི་གླིང་གཏོང་ཚུ་བརྒྱལ་དང་མལ་གོས་འཁྲུ་བའི་བྱེད་སྒོ་སོགས་ལས་འཕྲོད་བསྟེན་གཙང་སྲུའི་ཤེས་བྱ་མཚོན་ཐུབ་པ། འོང་སྐོར་དང་ཡུར་རྒྱུག ས་སྒོ་འབྱེད་པའི་བྱེད་སྒོ་ལས་ཐོན་སྐྱེད་ངལ་རྩོལ་སྐོར་གྱི་ཤེས་བྱ་མཚོན་ཐུབ་པ། ལོ་གསར་སྐབས་ཀྱི་བྱེད་སྒོ་མང་པོ་ཞིག་ལས་ཀུན་སྤྱོད་བཟང་པོའི་མི་གཤིས་མཚོན་ཐུབ་པ། དེ་བཞིན་དུས་ཆེན་གྱི་བཟའ་བཅའ་བཏུང་བྱ་ཁག་གི་གཡོས་སྦྱོར་བསླལ་བཟོའི་ལག་རྩལ་དང་སྣོད་ཆས་ཀྱི་བཟོ་སྐྲུན་ལག་རྩལ། རིག་རྩེད་སྒྲུ་རྩལ་གྱི་འཁྲབ་རྒྱུན་སོགས་ཀྱི་ཤེས་བྱ་ཇི་སྙེད་ཅིག་ཀྱང་མངོན་ཐུབ་པ་ལྟ་བུའོ། །དུས་ཆེན་གཏོང་རིང་དམངས་སྲོལ་གྱི་བྱེད་སྒོ་མང་པོ་ཞིག་སྤེལ་བའི་བརྒྱུད་རིམ་ནང་དེ་ལྟའི་རྒྱུན་མཁོའི་རིག་གནས་ཤེས་བྱ་མང་པོ་ཞིག་མཚམས་སྦྱོར་བརྒྱུད་སྤྲོད་ཡོང་གི་ཡོད། དེ་ནི་དོན་དངོས་ཐོག་རྒྱུས་མངའ་ཅན་དང་འཛིན་ཐང་ཅན་ཆོས་རྒྱུས་མེད་ཅན་ནམ་གཞོན་སྐྱེས་ཚོར་སྲོལ་རྒྱུན་གྱི་རིག་གནས་ཤེས་བྱ་དང་ཀུན་སྤྱོད་བཟང་པོ་རྣམས་སློབ་ཁྲིད་བྱས་པ་དང་འདྲ་ལ། དེ་འདྲའི་ཁྲིད་དམིགས་བསལ་གྱི་སྤྱང་ཁྲིད་མི་དགོས་པར་རང་བཞིན་གྱིས་སློབ་གསོ་ཐེབས་ནས་བག་ཆགས་བཟང་པོ་འཛོག་པ་མ་ཟད། མེས་པོའི་རིག་གནས་ཤུལ་བཞག་རྣམས་ཁ་ཡོད་ལག་ཡོད་ཀྱིས་རྒྱུན་འཛིན་ཐུབ་ཀྱི་ཡོད།

མདོར་ན། ལྷ་སའི་སྲོལ་རྒྱུན་དུས་ཆེན་ལ་ཁྱད་ནུས་དུ་མས་སྤྲས་ནའང་ད་ཐེངས་རང་བློས་དཔོག་པའི་ཁྱད་ནུས་གཙོ་བོ་རྣམས་གོང་སྨོས་ཙམ་དུ་ཟད།

① ས་ག་ཟླ་བའི་དུས་སུ་སྲོག་མི་གཅོད་པ་དང་དམར་ལ་འཛེམས་པ། དབྱར་ཁྲིམས་སྲུང་བའི་དུས་སུ་ས་བརྐོ་རྡོ་སློག་བྱེད་མི་ཆོག་པ་དང་། རྩྭ་རྩི་ཤིང་ལ་ཐོར་བ་རྒྱག་མི་ཆོག་པ། དབྱར་གྱི་དུས་སུ་ལྡོངས་རྒྱུ་བ་ན་སྲོག་ཆགས་ཕྲ་མོའི་ཚོགས་རྣམས་བརྫིས་ནས་སྲོག་དང་བྲལ་བར་བྱེད་པས། སྲོག་ཆགས་ལ་གནོད་པ་སྤོང་བའི་ཆེད་དུ་དབྱར་གནས་བཅའ་ཁྲིམས་སྲུང་བའོ། །

གཞན་ཡང་ལྷ་སའི་དུས་ཆེན་གྱི་འཕེལ་ཕྱོགས་དང་། དེའི་སྐོར་གྱི་བསམ་གཞིག་རིམ་པར་བརྗོད་འདོད་བློ་ལ་ཡོད་ཀྱང་འདིར་ཡིག་རྫོགས་ལ་འཇིགས་ནས་སྐྱིད་མར་སྒྲིག་པ་པོའི་སྤྱན་ལམ་དུ་འབུལ་ཐུབ་པའི་རེ་བ་དང་བཅས་རེ་ཞིག་རྫོགས་སོ། །

༧༢། །བོད་ཀྱི་རིག་རྩེད་ལས་ཤོ་རྩེད་སྐོར་བརྗོད་པ།

དེ་ཡང་ཐོག་མར་གླེང་གཞི་དངོས་མ་བཤད་གོང་གང་འདྲ་ཞིག་ལ་རིག་རྩེད་དུ་འབོད་ཚུལ་བརྗོད་པར་བྱ་བ་ལ་རིག་རྩེད་ཅེས་པར་གོ་དོན་ཁྱབ་ཆེ་ཆུང་གཉིས་སུ་མཆིས་གཤིས། གོ་དོན་རྒྱ་ཆེ་བའི་ངོས་ནས་བརྗོད་ན། རིག་རྩལ་གྱི་རིགས་མཐའ་དག་གཏོགས་པ་མ་ཟད། རོལ་རྩེད་ཀྱི་རིགས་རྣམས་ཀྱང་གཏོགས་པས་དེ་ནི་ཁྱབ་ཁོངས་ཧ་ཅང་ཆེ་བ་ཞིག་ཡིན། གོ་དོན་རྒྱ་ཆུང་བའི་ངོས་ནས་བརྗོད་ན། རིག་རྩེད་ཅེས་པ་གཞི་རྐང་རིག་རྩལ་དང་རོལ་རྩེད་ཀྱི་བསྡུས་མིང་དུ་སྣང་ཡང་། དེ་ཁོན་ལ་དམིགས་བཀར་གྱི་གོ་དོན་ཞིག་མངའ་བ་ནི། སྤྱིར་བཏང་གི་རིག་རྩལ་ལམ་རོལ་རྩེད་དང་མི་འདྲ་བར་རིག་པའི་རྩལ་ལག་འགྲན་པའི་རོལ་རྩེད་རྣམས་ལ་གོ་བ་ཡིན་ཏེ། དཔེར་ན། མིག་ཤགས་དང་མིག་མངས་རྒྱག་པ་དང་། སྡེབས་སྦྱོལ་བ་ལ་སོགས་པ་རྩེད་མོའི་རྣམ་པ་སྤྱོད་དེ་རིག་པའི་རྩལ་ལག་འགྲན་པ་ལྟ་བུའོ། །དེ་ལྟར་ཤོ་རྩེད་དག་རིག་རྩེད་ཀྱི་ཁོངས་སུ་འཇོག་དོན་ནི། རོལ་རྩེད་གཞན་དང་མི་འདྲ་བར་དེའི་ཤོ་ཧྲུས་རྟོག་འཛིང་ཆེ་ལ་མཁས་ཁྱད་ཆེ་བས་བློ་དང་རིག་པས་ཧྲུས་འགོད་སྟོན་པ་མ་ཟད། ཤོ་རྩེད་ལ་རོལ་སྐབས་ལྷུག་ཤོ་མིན་པར་བརྗོད་བྱ་ལོ་རྒྱུས་དང་། བཞད་གད་སློང་བ། ཟུར་ཟ་བྱེད་པ་སོགས་ཀྱི་ཤོ་བཤད་ཧ་ཅང་ཕུན་སུམ་ཚོགས་པོ་གཏོང་རྒྱུའང་ཡོད་པས་ལགས་སོ། །

ཤོ་ཡི་རིག་རྩེད་ལ་འཇུག་སྐབས། ངེས་པར་དུ་ཤོ་ཆས་སྣེ་རིགས་དྲུག་ཚང་དགོས་པ་ནི། བ་སོ་སོགས་ལས་བཟོས་པའི་དབྱིབས་གྲུ་བཞི་ཡིན་པ་ལ་ངོས་དྲུག་གི་ཆེ་ཆུང་ཆ་སྙོམས་ལ་འཇམ་པ་དང་། ངོས་དྲུག་ལ་ཤོ་མིག་ཆུང་ཆུང་གཅིག་ནས

དྲུག་པར་ཕུག་ཡོད་པའི་ཤོ་ཚ་གཅིག་དགོས་པ་དང་གཅིག ཤོ་དཀྲུག་པའམ་རྒྱག་བྱེད་ཀྱི་ཤིང་སྤྲུས་ལེགས་ལས་བཟོས་པའི་ཤིང་ཕོར་གྱི་མཐིལ་དབུས་ན་བུ་ག་ཆུང་ཆུང་ཞིག་ཡོད་པའི་ཤོ་ཕོར་ཞིག་དང་གཉིས། ཤོ་རྒྱག་སྐབས་གྲངས་འབོར་འཛིན་བྱེད་ཀྱི་ཁམ་ཚིག་གམ་འགྲོན་བུ། ཡང་ན་རྡེའུ་སོགས་གང་རུང་གི་ཤོ་རྡེའུ་དྲུག་ཅུ་རེ་བཞི་དང་གསུམ། རང་གི་ཤོ་བརྒྱབ་པ་གཏོང་བྱེད་ཀྱི་ལག་འགྱེད་དམ་ལག་ཁྱི་སྤེ་དོང་རྩེ་སོགས་ལྕགས་རིགས་དབྱིབས་རིས་མི་འདྲ་བའམ་ཤིང་རྐང་ཕྲ་མོ་སོགས་ངོ་གྲངས་དགུ་རེ་བྱས་པ་རིགས་གསུམ་དང་བཞི། རྡེའུ་འདེད་སའི་གཞི་གདན་ཏེ་ཤོ་གདན་དང་ལྔ། ཤོ་ཕོར་བརྡབ་ཡུལ་གྱི་ཀོ་བ་བརྩེགས་མའི་བརྡབ་ཟེ་དང་དྲུག་བཅས་ཚང་དགོས་ཀྱི་ཡོད།

སྤྱིར་ཤོ་ཡི་རྩེད་སྟངས་ལ་ཉིས་འཛིང་དང་གསུམ་འཛིང་གཉིས་སུ་འདོད། ཉིས་འཛིང་དེ་ལའང་མི་གཉིས་ཁོ་ན་ཁ་གཏད་ཀྱིས་རྩེ་བའི་རྐྱང་འཛིང་དང་། མི་བཞི་ལས་གཉིས་གཉིས་ཚ་བྱས་ནས་རྩེ་བའི་ཚ་འཛིང་གཉིས་ཡོད། དེ་ལྟར་གསུམ་འཛིང་དེ་ལའང་མི་གསུམ་རང་རང་སོ་སོའི་ལག་འགྱེད་རེ་སྤྱད་དེ་འཛིང་བ་དང་། མི་དྲུག་ཞུགས་ནས་གཉིས་གཉིས་ཚ་བྱས་ནས་འཛིང་བའང་ཡོད་པས་རྩེད་སྟངས་གཉིས་སུ་དབྱེ་ཆོག ཡང་ཤོ་ཡི་ཞིབ་ཕྲའི་རྩེད་སྟངས་ཐད་གནད་འགག་འགའ་ཞིག་ཡོད་པ་ནི། རྩེད་མོ་མཁན་ཚོས་ཤོ་ཚས་རྣམས་གྲ་སྒྲིག་ཟིན་མཚམས་རྩེད་འགོ་བརྩམ་རྒྱུ་དང་། ཕྱ་ཤོ་ཆེ། དགོང་ཤོ་ཆུང་ཞེས་པ་ལྟར་ཤོ་ཕྱ་དྲོ་འགྱེད་ན་རྩེད་མཁན་ལོ་ན་རྒན་པ་དེས་ཤོ་འགོ་འཛུགས་པ་དང་། ཤོ་དགོང་དྲོ་འགྱེད་ན་རྩེད་མཁན་ལོ་ན་ཆུང་བ་དེས་ཤོ་འགོ་འཛུགས་པའི་སྲོལ་ཡོད་པ་དང་། འགོ་འཛུགས་སྐབས་ཤོ་བཤད་ལ། “ཡླ། ཚོགས་ཤིག་ལེགས་པར་གྱུར། འཛུགས་བཟང་བ་དང་ཐོབ་བཟང་བ། ཤོ་དང་པོ་ང་ཡིས་བཙུགས། རྒྱལ་མཐའ་མ་ང་ཡིས་འཕྲེར་” ཞེས་དཔའ་སྐད་ཤོད་པའམ་ཡང་ན་ “ཤོ་བདག་མགོན་པོ་རྗེ་རྗེས་

ཐུགས་དང་སྨྲུན་མ་གཡེང་པར་གཟིགས་ནོག་ཨཱུ་” ཞེས་པའི་སྨོན་ལམ་བཏབ་ནས་རྩེད་འགོ་འཛུགས། དེ་ལྟར་གསུམ་འཛིང་ཡིན་ན་རྩེད་ཡ་གཞན་གཉིས་ཀྱིས་ཀྱང་དེ་ལྟ་བུའི་ནོ་བཤད་འབོད་ནས་ནོ་འཛུགས། ནོ་སྐོར་གཅིག་གི་ནོ་ཕོར་དང་པོ་རྣམས་ལ་ནོ་མིག་གང་ལངས་ཀྱི་ས་དེར་ལག་ཁྲི་གཉིས་རེ་འཛུགས་དགོས་པ་དེ་ལ་མ་ཟེར་བ་དང་། གཞི་རྐང་ནོ་འཁྱེད་སྐབས་ལག་ཁྲི་དགུ་པོ་རྗེའུ་ཡི་ལ་ལ་འགྲོ་རྒྱུ་རྒྱལ་ཡམ་གྱི་ཚད་གཞི་ཡིན་རུང་། མ་དེ་ནོ་མིག་མཐོ་དྲགས་ན་མ་ཚང་གི་གནས་བབ་ཞན་པར་བརྩི་བ་དང་། ནོ་མིག་བདུན་དང་། གསུམ། གཉིས་བཅས་ལངས་ན་མ་ཚང་གི་གནས་བབ་བཟང་བར་བརྩི་ཡི་ཡོད། དེ་ནི་ནོ་གཉིས་འཕྲབ་པའི་མིག་གི་ནང་ནོ་མིག་བདུན་མང་ནོས་ཡིན། ནོ་མིག་བདུན་རིགས་གསུམ་(༥ + ༢ = ༧ ༦ + ༡ = ༧ ༤ + ༣ = ༧) ལངས་རྒྱུ་ཡོད་པས་མ་ཚང་དེས་བདུན་ཚང་འཛིན་ཐུབ་ན་བཟང་བར་བརྩི་བ་དང་། མ་འཛུགས་སྐབས་ཀྱི་ནོ་བཤད་ལའང་“ནོ་མོ་རི་ནས་འཛུགས། བག་མ་གླུང་ནས་ལེན་” ཞེས་འབོད་སྲོལ་ཡོད། ཡང་མ་འཛུགས་སྐབས་ནོ་མིག་པ་ར་སྐྱེ་གཉིས་ལངས་ན་ལག་ཁྲི་གསུམ་འཛུགས་ཆོག་པ་དང་། གསུམ་འཛིང་སྐབས་ནོ་བཤད་དུ་“ནོ་ལ་པར་སུག་བྱུང་ན། གསུམ་བརྒྱབ་ཨ་ཙང་ཙང་” ཞེས་འབོད་ན་གསུམ་ཚང་དུ་ལག་ཁྲི་གསུམ་འཛུགས་ཆོག གལ་སྲིད་ནོ་བཤད་དེ་མ་འབོད་པར་ནོ་མིག་གསུམ་ལངས་ན་ལག་ཁྲི་གཉིས་རང་ལས་འཛུགས་མི་ཆོག མ་འཛུགས་སྐབས་ཀ་པའི་མ་དེ་བདུན་ཚང་དུ་བབས་ན་ཀ་པས་ལག་ཁྲི་གཉིས་འཛུགས་དགོས་པ་དང་། དེ་ལྟར་ཁ་པའི་མ་ཚང་དེའང་བདུན་ཚང་དུ་བབས་ན་ཀ་པའི་ལག་ཁྲི་དེའི་ཁར་ཁ་པས་ལག་ཁྲི་གསུམ་འཛུགས། ག་པར་ཡང་མ་ཚང་བདུན་བབས་ན་དེ་གཉིས་ཀྱི་ལག་ཁྲིའི་ཁར་ག་པས་ལག་ཁྲི་བཞི་འཛུགས་དགོས། དེ་ལྟར་ནོ་ཕོར་གཉིས་པ་རྒྱག་སྐབས་ཀ་པས་ལྔ་མཐུད་ནོ་མིག་བདུན་བརྒྱབ་ན་ལག་ཁྲི་སྔར་ཡོད་གཉིས་ཀྱི་ཁར་གསུམ་

བསྣན་ནས་ལྔ་ཁྲི་ལ་གཏོང་། ཁ་པ་དང་ག་པར་ཨུ་མཐུད་ཤོ་མིག་བདུན་ལངས་ན་སྡར་ཡོད་གསུམ་མམ་བཞི་ཡི་ཁར་གསུམ་བསྣན་ནས་དྲུག་ཁྲིའམ་བདུན་ཁྲི་ལ་གཏོང་རྒྱུ་དང་། གལ་སྲིད་བདུན་མ་ལངས་པར་ལྔ་ལྷ་བུ་ལངས་ན་བདུན་ཚང་གི་རང་གི་ལག་ཁྲི་ཕྱིར་འཐེན་ཐོག་ལྔ་ཚང་དུ་ལག་ཁྲི་གཉིས་འཇུགས་དགོས། མ་བཙུགས་ཟིན་རྗེས་ཤོ་པོར་རྗེས་མ་རྣམས་ལ་པ་ར་སྲུད་གཞན་གྱི་ཤོ་མིག་གང་བབས་པ་ཚང་མར་ལག་ཁྲི་གཅིག་རེ་ལས་འཇུགས་མི་ཆོག་པ་དང་། སྡར་ནས་ཁ་པས་བདུན་ཚང་ལྷ་བུར་མའམ་ཡང་ན་ལག་ཁྲི་གཞན་བཙུགས་ཡོད་པ་དང་། ད་ཐེངས་སླར་ཡང་ཤོ་མིག་བདུན་ལངས་ན་སྡར་ཡོད་དེའི་ཁར་ལག་ཁྲི་གཅིག་བསྣན་ནས་ཨུ་མཐུད་ཤོ་པོར་ལན་གཅིག་རྒྱག་ཆོག་པ་དང་། ཡང་ན་བདུན་ཚང་དུ་ག་པའི་རྒྱང་ཁྲི་ཞིག་ཡོད་པ་དང་། ཁ་པར་ཤོ་མིག་བདུན་ལངས་ན་ག་པའི་རྒྱང་ཁྲི་བསད་པར་བརྩིས་ནས་ཁ་པའི་ལག་ཁྲི་གཅིག་འཇུགས་པ་དང་། སླར་ཡང་ཤོ་པོར་ལན་གཅིག་རྒྱག་ཆོག་གི་ཡོད། ལག་ཁྲི་བསད་རེས་གཏོང་སྐབས་ལག་ཁྲི་ཉུང་བས་མང་བ་གསོད་མི་ཐུབ་པ་དང་། གནས་བབ་མཐོ་བས་དམའ་བ་ཕྱིར་ལོག་ནས་གསོད་ཆོག་གི་མེད། ཡང་གལ་སྲིད་བདུན་ཚང་དུ་ག་པའི་ཉིས་ཁྲི་ཡན་གྱི་མང་ཁྲི་ཡོད་བཞིན་དུ་ཁ་པར་ཤོ་མིག་བདུན་ལངས་ན་དེ་ནི་བརྡབ་པར་བརྩིས་ནས་བཙུགས་ཟིན་པའི་རྒྱང་ཁྲི་ཡོད་ན་དེ་གཏོང་རྒྱུ་དང་། རྒྱང་ཁྲི་མེད་ན་མ་དེ་གཏོང་དགོས་ཀྱི་ཡོད་པའོ། །

ཤོ་རྩེད་ཀྱི་རྒྱལ་ཕམ་བརྩི་སྟངས་ནི། སྤྱིར་སུ་ཡི་ལག་ཁྲི་དགུ་པོ་སྔོན་ལ་རྗེའུ་དྲུག་ཙུ་རེ་བཞིའི་ལ་དེ་འབུད་ཐུབ་ན། དེ་ལ་རྒྱལ་ཁ་ཐོབ་པར་བརྩི་ཡི་ཡོད། ལག་ཁྲི་དགུ་པོ་ཚང་མ་གཅིག་ཏུ་སྒྲིལ་ནས་སྔོན་ལ་ལ་དེ་འབུད་ཐུབ་ན་དགུ་ཁྲི་ལ་ལ་སོང་ཞེས་ཤོ་ཚ་ཤོས་སུ་བརྩི་ཡི་ཡོད། གཞན་ཡང་རྒྱལ་ཕམ་གྱི་བརྩི་སྟངས་གཞན་འགའ་ཡོད་པ་ནི། ཤོ་འགོ་བརྩམས་པ་ནས་ག་པའི་མ་ཁྲི་སྲུད་ལག་ཁྲི་གཞན་འཇུགས་ས་

མ་ཉེད་པར་གཞན་གྱི་མཐའམ་མང་ཁྱི་ལ་ཐེངས་མང་བརྡབ་མཐར། ལ་ལ་ཐོན་སོང་ན། "བརྡབ་བརྡབ་ལ་ལ་ཐོན་སོང་" ཞེས་ཐེངས་དེའི་རྒྱལ་ཁ་ཀ་པར་ཐོབ་པར་བརྩི་སྲོལ་ཡོད། གལ་སྲིད་ཀ་པ་དེ་བརྡབ་བརྡབ་ལ་ལ་འགྲོ་བའི་རྣམ་པ་མངོན་མ་ཐག་ཁ་པ་དང་ག་པས་ཤོ་མིག་ནང་ཚུད་པའི་མང་འཕྱེད་རྣམས་ཤོ་མིག་ནས་འདོན་རྫུས་བྱས་ཏེ་ཀ་པའི་བརྡབ་ཡུལ་ཉུང་དུ་གཏོང་དགོས་ཀྱི་ཡོད། ཡང་ཤོ་རྩེད་སྐབས་ཤོ་གཉིས་ཤོ་ཕོར་ནང་ཐེངས་མང་དཀྲུག་རྗེས་བརྒྱབ་མཐར་བརྡབ་ཟེའི་སྟེང་རྩིག་ཤོ་ལངས་ན། ཤོ་རྒྱག་མཁན་དེས་རྩིག་ཤོའི་ཤོ་བཤད་"པར་སུག་ཚིག་ཁ་ལུག་རི་དང་། ཤ་དགུ་ཆུ་ཐོད་ཅམ་མོའི་གླིང་། འཇང་ཐོད་ཆུ་དགུ་ཤ་རི་དང་། ལུག་ཁ་ཚིག་སུག་ཤོ་པ་ར། ཤོ་མིག་བཞི་བཅུ་ཞེ་གཉིས་ཡོད། གནམ་ས་བསྡོམས་པས་བཅུ་བཞི་ཡོད་" (༧ × ༦ = ༤༢ ༧ × ༢ = ༡༤) ཅེས་འཕྲུལ་དུ་གཏོང་ཐུབ་ན་ཐེངས་དེའི་རྒྱལ་ཁ་རྩིག་ཤོ་རྒྱག་མཁན་ལ་ཐོབ་པར་བརྩི་བ་དང་། ཤོ་བཤད་གཏོང་མ་ཐུབ་པར་ཤོ་དེ་གཉིས་ཁ་གཏད་ཀྱི་ཤོ་པས་འཁྱེར་སོང་ཚེ་རྩིག་ཤོ་བརྒྱབ་པར་འབྲས་བུ་གང་ཡང་ཐོན་གྱི་མེད། དེ་བཞིན་ཤོ་འཕྱེད་སྐབས་མི་གཅིག་གིས་པ་ར་བརྒྱབ་ན་ཤོ་གདན་སྟེང་པར་མིག་ཡོད་མེད་ལ་བལྟས་ཏེ་པར་མིག་ཡོད་ན་པ་ར་དཀྲིག་རྒྱུ་དང་། པར་ལན་ཤོ་ཕོར་ལན་གཅིག་རྒྱག་རྒྱུ། པར་མིག་མེད་ན་ཤོ་གདན་སྟེང་ཤོ་མིག་མང་ཉུང་གི་རྣམ་པ་དང་བསྟུན་ནས་པ་ར་དཀྲིག་པའམ་ཡང་ན་པར་ཚང་དུ་ལག་ཁྱི་གཉིས་བཙུགས་ནས་བསྐྱལ་རྒྱུ་རེད། དེ་ལྟར་པ་ར་དཀྲིག་སྐབས། སྐབས་རེ་བསྡུད་མར་པ་ར་ཐེངས་གསུམ་ཙམ་ལངས་ཀྱི་ཡོད་པས། བསྡུད་མར་པ་ར་ཐེངས་གསུམ་བརྒྱབ་ན་ཤོ་སྐོར་དེའི་རྒྱལ་ཁ་དེ་ཤོ་པ་དེ་ལ་ཐོབ་པར་བརྩི་སྲོལ་ཡོད།

ཤོ་རྩེད་འཕྱེད་སྐབས། ཤོ་ཕོར་ཁ་སྦུབ་ཐུབ་པ་ཁོ་ནས་ཤོ་གྲལ་དུ་མི་ཚུད་པར་རང་རྒྱལ་གཞན་ཕམ་གྱི་ཤོ་རྫུས་འགོད་ཐུབ་པ་དགོས་ཀྱི་ཡོད་ལ། སུམ་

འཛིང་སྐབས་ཀྱི་ཤོ་རྟུས་ནི་དེ་བས་རྙོག་འཛིང་ཆེ་བ་ཞིག་ཡོད། སུམ་འཛིང་སྐབས་ཐོག་མ་ཉིས་འཛིང་དང་འདྲ་བར་རང་རྟུས་འགོད་ནས་རྒྱལ་ཐབས་བྱེད་པ་དང་། དུས་ཚོད་ངེས་ཅན་སོང་རྗེས་གང་ཞིག་རྒྱལ་བའི་རྣམ་པ་མངོན་མ་ཐག་ཁ་གཏད་ཤོ་པ་གཞན་གཉིས་གཅིག་སྒྲིལ་བྱས་ཏེ་རེ་ཞིག་རང་རྟུས་བློས་བཏང་ནས་མཉམ་རུབ་ཐོག་རྒྱལ་ཁའི་གནས་བབ་བཟང་བ་དེ་ཕམ་ཉེས་གཏོང་ཐབས་ཀྱི་མཉམ་རྟུས་འགོད་དགོས། མཉམ་རུབ་བྱས་རྗེས་ཐོག་མར་གནས་བབ་བཟང་བ་དེ་ཕམ་ཉེས་སོང་བ་དང་། གཞན་གཉིས་ལས་གཅིག་རྒྱལ་ཁའི་གནས་བབ་བཟང་བར་གྱུར་ན་གཞན་གཉིས་ཀྱིས་ཀྱང་དེ་ཕམ་པའི་མཉམ་རྟུས་འགོད་དགོས། མཉམ་རྟུས་འགོད་སྐབས་འཐབ་རྟུས་ལ་འགྱུར་བ་ཡང་ཡང་འགྲོ་བ་དང་། ཤོ་སྐོར་གཅིག་ལ་དུས་ཚོད་ཡང་རིང་ཙམ་འགོར་གྱི་ཡོད། དཔེར་ན། སུམ་འཛིང་ལ་འཛུག་མཁན་ཀ་པ་དང་། ཁ་པ། ག་པ་གསུམ་ཡོད་པ་རྣམས་རྩེད་འགོ་བཙམས་ནས་དུས་ཚོད་ངེས་ཅན་སོང་བའི་རྗེས་ཀ་པ་ལ་རྒྱལ་ཁའི་རྣམ་པ་བཟང་བ་དང་། ཁ་པའི་གནས་བབ་འབྲིང་ཙམ་ཡོད་པ། ག་པའི་གནས་བབ་ལ་བལྟ་བཟོ་མེད་ཚེ། ག་པས་ཁ་པར་མཉམ་རུབ་བྱེད་རྒྱུ་དང་། གལ་སྲིད་ཁ་པར་ཐོབ་ན་ལག་ཁྱི་འཐེན་རྒྱུའི་ཁ་ཆད་བྱེད་དགོས། དེའི་སྐབས་ཁ་པ་ལ་ཀ་པ་ལས་རྒྱལ་ཐུབ་པའི་གདེང་ཚོད་ཡོད་ན་ག་པ་དང་སྐད་ཆ་མི་བྱེད་པ་དང་། གདེང་ཚོད་མེད་ན་ཁ་པ་དང་ག་པ་གཉིས་གཅིག་སྒྲིལ་གྱིས་མཉམ་རུབ་རྒྱག་རྒྱུ་ཁ་ཆད་བྱེད་ལ། ག་པས་རང་རྟུས་བློས་བཏང་གིས་ཁ་པའི་གནས་བབ་དང་བསྟུན་ནས་ཐམ་པ་འཛུགས་པ་སོགས་ཀྱི་ཤོ་རྟུས་འགོད་དགོས་ཀྱི་ཡོད། དེ་ལྟར་བྱས་རྗེས་ཀ་པ་ཕམ་ཞིང་། ཁ་པར་རྒྱལ་ཁ་ཐོབ་པའི་རྣམ་པ་ཐོན་ཚེ་ཁ་ཆད་ལྟར་ཁ་པས་ལག་ཁྱི་གཅིག་འཐེན་ནས་སྤར་འཛུགས་དགོས། མཉམ་རུབ་རྒྱག་སྐབས་རུབ་རྒྱག་མཁན་གཉིས་ཀའི་ལག་ཏུ་ལག་ཁྱི་ལྷག་ཡོད་ཚེ་ཁ་ཆད་བྱེད་མི་དགོས་པར་གཅིག་སྒྲིལ་གྱིས་གནས་བབ་བཟང་

བ་དེ་ཕམ་པ་བཟོ་ཐབས་བྱེད་དགོས།

ཤོ་རྩེད་ནི་གནའ་རབས་ནས་དར་ཞིང་མཆིས་པའི་བོད་མི་རིགས་ཀྱི་ལོ་རྒྱུས་ཡུན་རིང་ལྡན་པའི་དམིགས་བསལ་གྱི་རྩེད་རྩལ་ཞིག་ཡིན། དེ་ཡང་ཤོ་མིག་གཅིག་ནས་དྲུག་བར་ཡོད་པའི་ཤོ་གཉིས་འཁྲབ་སྐབས། ཤོ་མིག་གཉིས་ནས་བཅུ་གཉིས་བར་ལངས་རྒྱུ་ཡོད་པ་དང་། ཤོ་མིག་དེ་རྣམས་ཚང་མ་ལ་མིང་རེ་འབོད་རྒྱུ་ཡོད་པ་ནི། གཉིས་པ་ལ་པ་ར་དང་། གསུམ་པ་ལ་སུག་གེ བཞི་པ་ལ་ཙོག་གེ ལྔ་པ་ལ་ཁ། དྲུག་པ་ལ་ལུག བདུན་པ་ལ་རི། བརྒྱད་པ་ལ་ཤ དགུ་པ་ལ་གུག བཅུ་པ་ལ་ཆུ། བཅུ་གཅིག་པ་ལ་ཐོད། བཅུ་གཉིས་པ་ལ་ཅམ་མོ་སོགས་སུ་འབོད་སྲོལ་ཡོད་པའི་གྲངས་མིང་རྣམས་རྒྱུན་ལྡན་གྱི་གྲངས་མིང་འབོད་སྲོལ་དང་མི་འདྲ་བ་མ་ཟད། ཤོ་མིག་དྲུག་ལ་ལུག་གམ་དུམ་ཟེར་བ་དང་། ཤོ་མིག་བདུན་པ་ལ་རིའམ་སྡིག་གམ་དིང་ཞེས་འབོད་པ། གསུམ་པ་ལ་སུག་གམ་ཙོང་། ཙོབ་ཅེས་འབོད་པ། བཅུ་གཅིག་པ་ལ་ཏོག་གེ་དང་། ཐོག ཐོད། ཐོར་ཞེས་འབོད་པ་སོགས་ཤོ་མིག་གཅིག་ལ་གྲངས་མིང་མང་པོ་འབོད་རྒྱུ་ཡོད་པ་རྣམས་ཚང་མ་ཤོ་རྩེད་དག་ལོ་རྒྱུས་ཏ་ཅང་རིང་བའི་རང་རྟགས་ཡ་མཚན་པ་ཞིག་ཡིན་པ་དང་། ལར་བོན་གྱི《མདོ་གཟེར་མིག》ནང་སྟོན་པ་གཤེན་རབ་དང་ཀོང་ཙེ་གཉིས་མཇལ་འཕྲད་བྱུང་སྐབས་ཀྱི་ཚུལ་དེ་བཀོད་པའི་ནང“དེར་སྲུས་ཀོང་ཙེ་ལ། ལ་དགུ་བརྒལ་ལུང་དགུ་འབོག་ཆུ་དགུ་བཅད་ཡུལ་དགུ་མཐོང་ནས་ཕ་མཐར་ཕྱིན་ཙ་ན་ཟངས་རི་ལྷུགས་རི་སྤྱི་བོ་འཕྲད་པའི་ལུང་པ་ཞིག་ཏུ་ཕྱིན། ཨ་ཅང་སྐྱི་འཇིགས་ཡར་བལྟས་མར་བལྟས་ནས། ལུང་པ་དེ་ཡི་མདའ་ལས་མི་བརྒྱ་བལྟ། ལུང་པ་དེ་ཡི་སྲིབས་ལས་མི་བརྒྱ་བལྟ། ལུང་པ་དེ་ཡི་མདོ་དྲང་ལམ་པོ་ཆེ་གཅིག་ན། ཁྱིའུ་ཆུང་ང་རོ་ཅན་གསུམ་ཁུ་སྒྲ་དི་རི་རི་ཡོད་པ་སྣང་ནས། དྲུང་དུ་ཕྱིན་ན། གཉིས་མི་འབོད་དགུ་འབོད་ཀྱིས། ཐུལ་ནག་ཤ་རེ། རྒྱན་གཞི་དཀར་ནག་གཉིས་བཏིང་

ནས། དེའི་སྙིང་ན་གསེར་གྱི་ཚོ་ལོ་ལ། གཡུའི་རི་མོ་ཅན་ཁ་ན་ཤར་ཤར་འདེབས་ཀྱིན་སྣང་” ཞེས་གསལ་བ་ལྟར་གཤེན་རབ་མི་བོ་ཆེ་ཡི་སྐབས་ནས་ཤོ་རྩེད་ལ་འཇུག་སྲོལ་ཡོད་པ་མ་ཟད། ཤོ་བཤད་ཀྱང་གཏོང་སྲོལ་ཡོད་པ་མངོན་ཐུབ། སྐབས་དེ་ཙ་ན་ཤོ་རྩེད་ལ་ཏ་ཅང་དང་དོད་དང་མཐོང་ཆེན་བྱེད་ཀྱི་ཡོད་པ་ནི། གསེར་གྱི་ཚོ་ལོ་ལ་གཡུའི་རི་མོ་བཏབ་ཡོད་པ་དང་། གདགས་སྲིབས་གཉིས་ནས་མི་ཉིས་བརྒྱ་ཡིས་ལྟད་མོ་བལྟ་བཞིན་ཡོད་པ་དེ་ལས་རྟོགས་ཐུབ། དེས་ན་“ལོ་རྒྱུས་ཐོག་ཤོ་ནི་རྩེད་མོའི་ཡོ་བྱད་མིན་པར་མོ་རྒྱག་སྐབས་སྤྱོད་ཆས་ཡིན་” ཟེར་བརྗོད་པ་དག་ཏ་ཅང་མི་འཐད་པར་ར་འཕྲོད་བྱུང་ངོ་། །

གཞི་རྐང་ཤོ་རྩེད་དེ་བོད་མི་རིགས་ཀྱི་ཐུན་མོང་མ་ཡིན་པའི་རིག་རྩེད་ཅིག་ཡིན་རུང་། དེ་ཉིད་དང་རྒྱན་འཛུགས་གཉིས་འབྲེལ་ནས་ཡ་རབས་ཚུལ་ལྡན་གྱི་སྤྱི་ཚོགས་གོམས་གཤིས་ལ་ཕོག་ཐུག་གཏོང་བཞིན་ཡོད། ཤོ་རྩེད་དེ་སྤྱིར་སྐྱེ་བོ་རྣམས་དགའ་འཛོམས་བྱེད་པའི་སྐབས་རོལ་བའི་རྩེད་མོ་ཞིག་ཡིན་ལ། སྐབས་འགར་རྩེད་སྒྲོ་དང་རྒྱན་འཛུགས་འབྲེལ་ནས་འཇུག་པ་དང་། སྐབས་འགར་དམིགས་སུ་རྒྱལ་བཙུགས་ནས་ཤོ་འགྱེད་སྲོལ་ཡོད་པ་ཡང་སྔར་སོང་གི་ལོ་རྒྱུས་ཐོག་བྱུང་སྒྲོང་བ་མ་ཟད། ད་ལྟའི་སྤྱི་ཚོགས་འཚོ་བའི་ནང་དངོས་སུ་རིག་རྒྱུ་ཡོད། དེར་བརྟེན་ཤོ་ཡི་མིང་གི་རྣམ་གྲངས་སུ་རྒྱན་པོ་དང་། རྩེད་རྒྱན། ཟ་རྒྱན་ཞེས་འབོད་པའོ། །ཤོ་རྒྱན་གྱི་རིགས་ལ་ཡིན་མིན་དཀར་ནག་དབྱེ་བའི་ཆེད་དུ་ཤོ་འགྱེད་པ་དང་། རྒྱུ་ནོར་གྱི་མ་རྩ་རྒྱན་དུ་བཙུགས་ནས་ཤོ་འགྱེད་པ་གཉིས་ཡོད། སྔོན་མ་ནི《མདོ་གཟེར་མིག》ནང་“ཁོང་གཉིས（ལྷ་ཡི་གཞིན་གྱི་སྨོན་ལམ་སྐྱེས་དང་། སྲིན་མུ་ངན་གྱི་དམོད་པ་སྐྱེས）ནི་ལྷ་སྲིན་གྱི་འཕམ་རྒྱལ། གསེར་གྱི་ཚོ་ལོ་ལ་རྒྱ་འབྲེ་བྱེད་པ་ཡིན་ནོ། །ལྷ་སྲིན་གྱི་རྒྱ་འབྲེ་བྱེད་པའི་གང་རྒྱལ་གང་འཕམ་དཔང་པོ་ང་ཕྲུས་བྱེད་པ་དང་། ཁྱོད་འཕྲད་པ་ཡིན་ཏེ། དེ་ནི་ཤིན་ཏུ་ཡང་ལེགས་

སོ།” ཞེས་གསལ་བ་ལྟར་དང་། ནམ་རྒྱུན་འཚོ་བའི་ནང་ཉོ་ཕམ་མཁན་ལ་ཆང་འདྲེན་སྲོལ་ཡོད་པ་ལྟ་བུའོ། །ཁྱིམ་ལ་རྒྱུན་གྱི་མ་རྩའི་ཆེ་ཆུང་སྣ་ཚོགས་ཡོད། ཆེ་ན་མི་ལ་རྫོ་རྗེ་སེང་གེ་ལྟར་ཞིང་ཁང་ནོར་གསུམ་ཉོའི་རྒྱུན་དུ་བཙུགས་ནས་ཕམ་པས་ཡུལ་བྲོལ་བྱེད་དགོས་ཀྱི་མཐའ་འབྲས་འཁོར་བ་ལྟ་བུ་དང་། ཆུང་ན་རྒྱུན་ལྡན་འཚོ་བའི་ནང་དགོས་ངེས་ཀྱི་ཁབ་སྐུད་དང་མཛུབ་བརྟེན་སོགས་ཨམ་ཆས་ཚང་མ་ཉོར་བའི་དོན་དངོས་མང་པོ་མཐོང་རྒྱུ་ཡོད་པ་ལྟ་བུའོ། །ཉོ་བཤད་ཀྱི་ནང་དུའང་“ཉོ་ལག་པས་བརྒྱབ་པའི་གྲོགས་ཆ་རེད། རྒྱུན་ཧམ་པས་འཁྱེར་སོང་ཟེར་ས་མེད་” ཟེར་བ་དང་། “ཉོ་ལ་པ་ར་མ་གཏོགས་རྒྱུག་མ་སྦྱོང་། རྒྱུན་ལ་གཡག་གུ་མིན་པ་སྤྲུངས་མ་སྦྱོང་” ཟེར་བ། “འཛུགས་བཟང་བ་དང་ཐོབ་བཟང་པ། ཉོ་དང་པོ་ང་ཡིས་བཙུགས། རྒྱུན་མཐའ་མ་ང་ཡིས་འཁྱེར་” ཟེར་བ་ལྟ་བུ་ནས་ཉོ་རྩེད་སྐབས་ལ་ལས་རྒྱུན་འཛུགས་བྱེད་ཀྱི་ཡོད་པ་སླར་ཡང་ར་འཕྲོད་ཐུབ་ཡོད། དེ་ལྟའི་ཉོ་རྩེད་སྐབས་རྒྱུན་འཛུགས་བྱེད་པའི་སྲོལ་ངན་དགག་དོར་ནས། ཐུན་མོང་མ་ཡིན་པའི་ཉོ་རྩེད་དང་། ཕུན་སུམ་ཚོགས་པའི་ཉོ་བཤད་རྣམས་རྒྱུན་འཛིན་བྱ་ཐུབ་ན། ང་ཚོས་རྒྱུན་དུ་བརྗོད་པའི་སྙིགས་དོར་བཅུད་ལེན་བྱ་བ་དོན་ཐོག་ཏུ་འགྲོལ་བ་ཡོང་རྒྱུ་ཉག་ཅིག་རེད། །

༧༡། །བོད་ཀྱི་སྲོལ་རྒྱུན་རྡོ་སྐོར་རྩེད་རྩལ་སྐོར་ལམ་ཙམ་བརྗོད་པ།

རྡོ་སྐོར་གྱི་རྩེད་རྩལ་ནི་བོད་རིགས་ཀྱི་སྲོལ་རྒྱུན་དུ་མཆིས་པའི་ཕོ་རྩལ་སྣ་དགུ་ཡི་ཁོངས་སུ་གཏོགས་ཤིང་ཁ་བའི་ལྗོངས་སུ་དར་ཁྱབ་ཤིན་ཏུ་ཆེ་བའི་ལུས་རྩལ་རྣམ་གྲངས་ཤིག་ཡིན། བོད་ཀྱི་སྔར་སྲོལ་ཕོ་རྩལ་སྣ་དགུ་ཞེས་པ་དེར་རྣམ་གྲངས་དབྱེ་ཚུལ་གཉིས་སུ་མཆིས་པ་ལས་དམངས་ཁྲོད་དུ་“གཏམ་ཡིག་རྩིས་གསུམ། མདའ་རྡོ་མཆོངས་གསུམ། བང་རྐྱལ་སྦྲེ་གསུམ་”བཅས་དགུར་འདོད་སྲོལ་འདུག་པའི་ནང་རྡོ་ཞེས་པ་ནི་རང་བྱུང་གི་རྡོ་འདེགས་འཁྱིག་བྱེད་པའམ་འཕེན་པ་སོགས་ཀྱི་རྩལ་ལ་གོ་བ་དང་། རྡོ་འཕེན་ཚུལ་ལའང་མདུན་དང་སྒབ་འོག་ནས་རྒྱབ་ཏུ་འཕེན་པ་དང་། རྡོ་སྐོར་གྱི་རྩེད་རྩལ་འགྲན་པ་སོགས་ཀྱི་རྣམ་གྲངས་མང་བར་མཆིས།

རྡོ་སྐོར་རྩེད་རྩལ་གྱི་ཆེས་ཐོག་མའི་འབྱུང་ཁུངས་ལ་བརྟག་ཚེ། དེ་ནི་ལུས་སྦྱོང་དང་རྩེད་སྤྲོའི་ཆེད་དུ་ཐོན་པ་ཞིག་མ་ཡིན་པར། གདོད་མའི་མེས་པོ་རྣམས་ཀྱི་འཚོ་བ་དང་ཐོན་སྐྱེད་ཀྱི་ལག་ལེན་ནས་འཕྲུངས་པ་ཞིག་ཡིན་པས། དེར་ད་ཙང་རིང་བའི་ལོ་རྒྱུས་ལྡན་ཡོད་པ་གོར་མ་ཆག རྡོ་ཆས་གསར་རྙིང་གི་ངོ་མཚར་ཆེ་བའི་ལོ་རྒྱུས་དག་གིས་ང་ཚོར་རང་བྱུང་གི་རྡོ་ཡིས་འགྲོ་བ་མིའི་རིགས་ཀྱི་སྤྱི་ཚོགས་ལ་ལེགས་སྐྱེས་ཆེན་པོ་ཞིག་ཕུལ་ཡོད་པའམ་གནའ་དུས་སུ་འགྲོ་བ་མི་ཡིས་རང་བྱུང་གི་རྡོ་རྣམས་བེད་སྤྱོད་ལེགས་པར་བྱས་ཡོད་པ་ར་སྤྲོད་བྱུང་། བོད་དུ་ཉེ་ལམ་ལོ་བཅུ་ཕྲག་འགའི་ནང་ས་འོག་ནས་གནའ་རབས་ཀྱི་དངོས་རྫས་འབོར་ཆེན

ཞིག་ཐོན་པ་དེས་རྡོ་ཆས་རྙིང་མའི་དུས་སྐབས་དང་། རྡོ་ཆས་གསར་མའི་དུས་སྐབས་ནས་མཚོ་བོད་ས་མཐོའི་སྟེང་དུ་འགྲོ་བ་མིའི་རིགས་འཚོ་ཞིང་གནས་པ་མ་ཟད། རྡོ་ཡི་ལག་ཆ་སྣ་ཚོགས་བེད་སྤྱོད་བྱས་ཡོད་པར་ཚན་རིག་གི་དཔང་རྟགས་ཐེ་སྙེད་ཅིག་བྱུང་ཡོད། རྡོ་འཕེན་པའི་རྩལ་ནི་གདོད་མའི་རྗོན་ལས་དུས་རབས་ཀྱི་རི་དྭགས་རྔོན་བྱེད་ཀྱི་རྩལ་ཞིག་ཡིན་པ་དང་། སྐབས་དེ་དུས་རྡོ་ནི་རི་དྭགས་རྔོན་བྱེད་ཀྱི་ལག་ཆར་ངེས་ཤིང་། གདོད་མའི་ཡུལ་ཚོ་ཕན་ཚུན་དམག་འཁྲུག་ཡོང་སྐབས་མདའ་གྲི་མདུང་སོགས་མེད་པའི་དུས་རྡོ་ནི་དམག་འཐབ་ཀྱི་མཚོན་ཆར་ངེས་ལགས་པས། དུས་ཕྱིས་ཀྱི་རྡོ་སྐོར་རྩེད་རྩལ་དག་ཀྱང་གདོད་མའི་མེས་པོ་རྣམས་ཀྱི་ཐོན་སྐྱེད་དང་འཚོ་བའི་ལག་ལེན་ལས་འཕོ་འགྱུར་བྱུང་བ་ཞིག་ཡིན། དེ་ཡང་གནའ་དུས་ཀྱི་རྗོན་ལས་ཐོན་སྐྱེད་དང་གཡུལ་འཁྲིད་ཀྱི་མཚོན་ཆར་གསར་བཅོས་ལེགས་སྒྱུར་བྱུང་བ་དང་སྤྲུགས་ལས་རྩལ་ལའང་གོང་འཕེལ་བྱུང་སྟབས། སྔར་གྱི་ལས་ཐབས་དག་རིམ་བཞིན་ལས་རིམ་ནང་ནས་དོར་བ་དང་། ལུས་སྦྱོང་དང་རྩེད་སྒྲོའི་བྱེད་སྒོ་ལ་འཕོ་འགྱུར་བྱུང་སྟེ། ད་ལྟའི་རྡོ་སྐོར་གྱི་རྩེད་རྩལ་དེ་ཉིད་དུ་ཆགས་པ་ཞིག་ཡིན་པ་ནི། ནོར་ཕྱུགས་ཀྱི་རྭ་ཅོ་འབེན་དུ་བཙུགས་པའམ“དམག་མི་དང་དམག་དཔོན་”འབེན་དུ་བཙུགས་ནས་རྡོ་སྐོར་གྱིས་གཏོར་བའི་རྩེད་སྲོལ་ད་ལྟའི་བར་དུ་མཆིས་པ་དེ་དག་ལས་ར་སྤྲོད་བྱེད་ཐུབ། དེ་ལྟར་རྡོ་སྐོར་གྱི་རྩེད་སྲོལ་དག་མེད་པ་ནས་ཡོད་པ་དང་དེ་རྒྱུན་འཛིན་དང་འཕེལ་རྒྱས་འགྲོ་བའི་བརྒྱུད་རིམ་ནང་ཁ་བའི་ལྗོངས་ཀྱི་ཡུལ་གྲུ་སོ་སོའི་རྩེད་རྩལ་གྱི་སྲོལ་ལའང་རང་རང་ས་ཁུལ་གྱི་ཁྱད་ཆོས་དུ་མ་ཆགས་ནས་ཡོད། དཔེར་ན། མངའ་རིས་སྒར་ཁུལ་དུ་དམག་དཔོན་དང་དམག་མིའི་མཚོན་བྱེད་རྡོ་འབེན་དུ་བཙུགས་ནས་རྡོ་སྐོར་གྱི་ཚ་ཁ་འགྲན་སྲོལ་ཡོད་པ་དང་། གཙང་ཁུལ་ཡུལ་ལུང་མང་པོར“ཨ་ལི་”བཙུགས་ནས་ཚ་ཁ་འགྲན་པ། སྟོད་ཁ་སོགས་ས་ཁུལ་དུ་གཡག་གི་རྭ་ཅོ་

བཙུགས་ནས་ཚ་ཁ་འགྲན་པ། ཡང་ཡུལ་འགའ་ཤས་སུ་རྡོའི་ཐོ་ཐོ་བཙུགས་ནས་ཚ་ཁ་འགྲན་སྲོལ་ཡོད་པ་བཅས་སྣེ་མང་གྲ་རྒྱས་ཤིག་མཆིས་ལ། དེ་རྣམས་ཀྱི་ཞིབ་ཕྲའི་རྩེ་སྟངས་ཀྱང་སྣ་ཚོགས་ཡོད།

གཅིག

དམག་དཔོན་དང་དམག་མིའི་མཚོན་བྱེད་རྡོ་འབེན་དུ་བཙུགས་ནས་ཚ་ཁ་འགྲན་སྲོལ་ནི་མངའ་རིས་སྨད་ཁུལ་དུ་ཡོད་པའི་དམངས་ཁྲོད་ལུས་རྩལ་གྱི་རྣམ་གྲངས་ཤིག་ཡིན། སྤྱིར་ལུས་རྩལ་གྱི་བྱེད་སྒོ་དེར་ཞུགས་མཁན་ནི་གཞོན་ནུ་སྐྱེས་པ་རྣམས་ཡིན་ཡང་། སྐབས་འགར་དམིགས་བསལ་དམན་ཤར་ལ་ལ་ཞུགས་སྲོལ་ཡོད། བྱེད་སྒོ་འདི་སྤེལ་བར་དབྱར་དགུན་སྟོན་དཔྱིད་ནམ་དུས་ཀྱི་དབྱེ་བ་མེད་པར་ལས་བྲེལ་ཆུང་བའི་དུས་སུ་རྩེ་མཁན་རྣམས་མཉམ་འཛོམས་ཐོག་རྡོ་སྒོར་གྱི་རྩེད་རྩལ་ལ་འཇུག་སྲོལ་ཡོད། དེ་ཡང་དངོས་གཞིའི་རྩེ་ལུགས་ནི་རྩེ་མི་ག་ཚོད་ཡོད་པ་རྣམས་ཕྱོགས་ཁག་གཉིས་སུ་བགོས་ཏེ། བར་ཐག་མིད་བཅུ་ལྷག་ཙམ་བཞག་པའི་ཕྱོགས་གཉིས་སུ་ཕྱོགས་ཁག་གཉིས་པོ་སོ་སོས་རང་རང་གི་དམག་དཔོན་གཅིག་དང་དམག་མི་བཞི་པོའི་མཚོན་བྱེད་རྡོ་རེ་རེའི་བར་མཚམས་ལ་གོམ་པ་གཅིག་རེ་བཞག་སྟེ་བཙུགས། རྩེ་མཁན་ཚང་མས་རྡོ་ལྷ་རེ་འཛུགས་དགོས་པས། རྩེ་མཁན་ག་ཚོད་ཀྱིས་མང་ན་དེ་ཙམ་གྱིས་རྩེད་མོ་ཇ་དྲག་ཆེ་བ་ཡོང་གི་ཡོད། དམག་དཔོན་དང་དམག་མི་ཡི་མཚོན་བྱེད་རྡོ་ཆེ་ཆུང་སྣ་ཚོགས་ཡོད་རུང་། དབྱིབས་ནར་མོ་བྱེད་པ་མང་། དེ་རྣམས་ལས་དམག་དཔོན་དེ་གཞན་ལས་མཐོ་ཙམ་དགོས་ཀྱི་ཡོད་ལ། དེ་གྲལ་གྱི་འགོ་རུ་འཛུགས་དགོས་པ་མ་ཟད། དམག་དཔོན་གྱི་སྟེང་དུ་རྡོ་ཆུང་ཞིག་འཛུགས་དགོས་པ་དེ་ལ་དམག་དཔོན་གྱི་ཞྭ་མོ་ཟེར་སྲོལ་ཡོད། ད་དུང་ལྡེད་ཚད་ལ་སྲང་ལྔ་ཡས་མས་བྲུས་པའི་རྡོ་དབྱིབས་དང་

གྲངས་ངེས་གཏན་མེད་པ་མང་ཙམ་དང་། ཕྱོགས་རེ་རེ་ནས་ཇོ་སྐོར་མོ་ཆུང་ཆུང་གཅིག་རེ་གྲ་སྒྲིག་བྱས་ཟིན་རྗེས་རྩེད་རྩལ་འགྲན་འགོ་ཚུགས། ཕྱོགས་གཉིས་ཀྱི་རྩེ་མཁན་རྣམས་རེས་མོས་ཀྱིས་ཁ་གཏད་ཀྱི་དམག་མིའི་གྲལ་མཇུག་ནས་རིམ་པ་བཞིན་ཇོ་འཕངས་ཏེ་གཏོར་དགོས་པ་ལས་དམག་མི་ཨང་བཞི་པ་མ་གཏོར་གོང་ཨང་དང་པོ། གཉིས་པ། གསུམ་པ་གང་རུང་གཏོར་ན། དེ་ནི་སྒྲིག་ལམ་ལས་འགལ་བས། ཉེས་ཆད་ལ་ཇོ་འཕེན་མཁན་ཕྱོགས་ཀྱི་དམག་མི་གཅིག་གཏོར་ཟིན་པར་བརྩིས་ནས་བསྐྱལ་དགོས། གལ་སྲིད་དམག་མི་ཚང་མ་གཏོར་མ་ཟིན་གོང་དམག་དཔོན་ལ་ཕོག་སྟེ་འཐོར་སོང་ན། དེ་ཡང་སྒྲིག་ལམ་ལས་འགལ་བས། ཉེས་ཆད་ལ་ཇོ་འཕེན་མཁན་ཕྱོགས་ཀྱི་དམག་མི་ཚང་མ་གཏོར་ཟིན་པར་བརྩི་ལ། ཐེངས་དེའི་རྒྱལ་ཁ་ནི་འཐོར་སོང་བའི་དམག་དཔོན་གྱི་བདག་པོར་ཐོབ་པ་ཡིན། ཕྱོགས་ཀ་པས་ཁ་པའི་དམག་མི་རིམ་པ་ལྟར་གཅིག་གཏོར་ཐུབ་ན། གཏོར་མཁན་དེའི་རྐང་པའི་སྟེང་སྟོན་ནས་གྲ་སྒྲིག་ཟིན་པའི་ཇོ་ཆུང་སྐོར་མོ་དེ་བཞག་སྟེ་ཁ་པའི་དམག་དཔོན་གྱི་ཕྱོགས་སུ་རྐང་པས་འཕེན་དགོས། ཇོ་ཆུང་སྐོར་མོ་དེ་ཁ་པའི་དམག་དཔོན་དང་ག་ཚོད་ཀྱིས་ཐག་ཉེ་བ་བྱུང་ན་དེ་ཚོད་ཀྱིས་ལེགས་པ་ཡོད། ཇོ་ཆུང་སྐོར་མོ་གང་དུ་བབས་ས་དེ་ནས་ལག་པས་བླངས་རྗེས་ཁ་པའི་དམག་དཔོན་ཀྱི་ཞྭ་མོར་འཕེན་དགོས། གལ་སྲིད་དམག་དཔོན་ལ་འགྲུལ་མ་ཐེབས་པར་ཞྭ་མོ་གཏོར་ཐུབ་ན་ཁ་པའི་དམག་མི་གཅིག་འཐོར་བར་བརྩིས་ནས་གྲལ་མཇུག་གི་དམག་མི་དེ་བསྐྱལ་དགོས། དེ་ལྟར་རིམ་པ་བཞིན་ཕྱོགས་གཅིག་གི་དམག་མི་རྣམས་དང་དམག་དཔོན་གཏོར་ཟིན་ན་རྩེད་སྐོར་གཅིག་ཚར་བ་ཡིན་ལ། རྒྱལ་ཁ་ཐོབ་མཁན་ལ་དམག་མི་དང་དམག་དཔོན་ག་ཚོད་ལྷག་ཡོད་པ་རྣམས་ལ་སྐར་མ་རེ་ཡོད། དེ་ལྟར་རྩེད་སྐོར་ལྔ་འགྲན་པའི་རྗེས་ཕྱོགས་གཉིས་ཀྱི་སྐར་མ་གང་ཡོད་བསྡོམས་རྩིས་བརྒྱབ་མཐར་སྐར་མ་མང་བ་དེ་ལ་རྒྱལ་ཁ་ཐོབ་པར་བརྩི་སྲོལ་

ཡོད་དོ། །

གཉིས།

ཨ་ལི་བཙུགས་ནས་ཤ་སྦྱར་མིན་འགྲན་པའི་རྡོ་སྒོར་རྩེད་རྩལ་ནི་གཙང་ཁྲུལ་གྱི་ཡུལ་གྲུ་མང་པོར་སྐྱེས་པ་རྣམས་ཀྱིས་རོལ་བའི་སྲོལ་རྒྱུན་ལུས་རྩལ་ཞིག་ཡིན། དེ་ཡང་རྩེད་རྩལ་ལ་འཛུག་མཁན་གང་ཙམ་ཡོད་པ་ཕྱོགས་ཁ་གཉིས་སུ་བགོས། བར་ཐག་རྨིད་བཅུ་ལྷག་ཙམ་ཡོད་པའི་ས་རུ་ཕྱོགས་གཉིས་ནས་ས་ཀོང་རེ་བྲུས། ས་ཀོང་དེ་གཉིས་སུ་ཕྱོགས་སོ་སོའི་ཨ་ལི་སྟེ་དབྱིབས་གཟུགས་རིལ་རིལ་གྲུ་གུ་འདྲ་ལ་ལྟེད་ཅིང་སྲ་བའི་རྡོ་སྤུས་ལེགས་རེ་བཙུགས། ཕྱོགས་གཉིས་ཕྲིས་བསྡུར་ཐོག་ཚ་ཟུག་མིན་འཇལ་བྱེད་ཀྱི་ཚ་ཚད་གཏན་འཁེལ་བྱེད། ཚ་ཚད་ལ་རྡོ་ཆུང་ངམ་ཤིང་ཐུང་། ཡང་ན་སོར་མོ་སོགས་གང་རུང་བྱེད་ལ། སྐབས་འགར་ཚ་ཚད་མི་དགོས་པར་ཤ་སྦྱར་ཁོ་ནས་སྐར་མ་གསོག་པའང་ཡོད། རྩེད་རྩལ་ལ་འཛུག་མཁན་མི་ཚང་མས་རྡོ་སྒོར་མོ་ལེབ་ལེབ་འཇམ་ཤ་དོད་ལ་སྲ་བ་གསུམ་རེ་གྲ་སྒྲིག་བྱས། རྡོ་སྒོར་གསུམ་པོ་དེ་རྣམས་ལས་སྔོན་ལ་འཕེན་བྱ་ལ་གདོང་རྡོ་དང་། བར་དུ་འཕེན་བྱ་ལ་དཀྱིལ་རྡོ། མཇུག་ཏུ་འཕེན་བྱ་ལ་མཇུག་རྡོ་ཞེས་འབོད་ལ། རྡོ་སྒོར་གཞན་གཉིས་ལས་མཇུག་རྡོ་དེ་ཅུང་ཆེ་བ་ཡོད། དེའི་དགོས་དོན་ཡང་ཕ་རོལ་པོའི་གདོང་རྡོ་དང་དཀྱིལ་རྡོ་ཨ་ལི་དང་ཤ་སྦྱར་ཡོད་ཚེ་རང་གི་མཇུག་རྡོས་དཀྲུག་དགོས་པས་མཇུག་རྡོ་ལ་དཀྲུག་རྡོ་ཞེས་ཀྱང་འབོད་སྲོལ་ཡོད། རྡོ་སྒོར་རྩེད་རྩལ་ལ་འཛུག་མཁན་མི་གཉིས་ལས་མེད་ཚེ་སྔོན་ལ་གདོང་རྡོ་རེས་མོས་ཀྱིས་འཕེན། དེ་ནས་དཀྱིལ་རྡོ། མཇུག་རྡོ་བཅས་རིམ་པ་བཞིན་རེས་མོས་ཀྱིས་འཕེན་སྲོལ་ཡོད་ལ། སུའི་ཨ་ལིར་འཕངས་ན་དེའི་བདག་པོས་སྔོན་ལ་འཕེན་དགོས། གལ་སྲིད་མི་འགའ་ཤས་ཕྱོགས་ཁག་བྱས་ནས་རྩེད་རྩལ་འགྲན་ན་ཕྱོགས་ཁག་སོ་སོ་ནས་དོན་

དང་པོ། གཉིས་པ། གསུམ་པ་ཞེས་དབྱེ་ལ། ཕྱོགས་གཉིས་ཀའི་དོན་དང་པོར་འཕེན་མཁན་དག་རྩལ་སྐྱོ་བ་ཞེ་གཅིག་གཏོང་བ་དང་། མཇུག་ཤོས་སུ་རྩལ་ཆེ་ཤོས་དེ་འཇོག་པའི་སྲོལ་ཡོད། དེ་ཡང་ཕྱོགས་ཁག་གཉིས་ལ་གྱེས་ན་དེ་གཉིས་ཀྱི་མི་གྲངས་ཀྱང་ཆ་མཉམ་པ་དགོས་ཀྱི་ཡོད། གལ་སྲིད་མི་གསུམ་ཡོད་ཚེ་དེ་ལས་གཅིག་གིས་དཀྱིལ་མི་བྱས་ཏེ་རྡོ་སྙོར་འཕེན་རེས་གཞན་གཉིས་ཀྱི་བར་ཕོ་ནར་འཁེལ་བ་ཙམ་ལས་དཀྱིལ་མི་དེར་ཨ་ལི་གསར་པ་འཛུགས་སྲོལ་མེད། རྩེ་སྟངས་གཞི་རྒྱ་ཆེ་ཆུང་གང་འདྲ་ཡིན་རུང་མི་རེར་རྡོ་སྙོར་གསུམ་རེ་དང་སྤྱི་ལ་ཨ་ལི་གཉིས་འཛུགས་སྲོལ་ཡོད་པ་དག་ལ་འགྱུར་བ་མེད། དེའི་རྒྱལ་ཕམ་ཐག་གཅོད་བྱེད་སྟངས་ནི་རྡོ་སྙོར་གྱིས་ཨ་ལི་གཏོར་ཐུབ་མིན་གྱི་ཚ་ཁ་འགྲན་པ་ཞིག་མིན་པར། རྩེ་མཁན་རྣམས་ཚང་མའི་རྡོ་སྙོར་འཕངས་ཟིན་རྗེས་སུའི་རྡོ་སྙོར་ཨ་ལི་དང་ཐག་ཉེ་ཤོས་ཚ་ཚད་ཀྱིས་འཇལ་ཐོག་སྐར་གྲངས་གསོག་པ་དང་། སྐར་མ་ལྔ་ཡོན་ཚེ་“ལྔ་པ་ལ་ལ་བུད་” ཅེས་རྒྱལ་ཁ་ཐེངས་གཅིག་ཐོབ་པར་བརྩི། དེ་ལྟར་འགའ་རེས་ཐེངས་གསུམ་ཙམ་འགྲན་པ་དང་། འགའ་རེས་ཐེངས་ལྔ་བདུན་གང་རུང་འགྲན་པའི་སྲོལ་ཡོད། ཐེངས་གང་ཙམ་འགྲན་མིན་དུས་ཚོད་ཡོད་མེད་དང་། ཨ་ལི་གཉིས་ཀྱི་བར་ཐག་རིང་ཐུང་། དེ་བཞིན་ཚ་ཚད་ཀྱི་རིང་ཐུང་བཅས་ཀྱིས་ཐག་གཅོད་ཀྱི་ཡོད། དུས་ཚོད་རིང་ཙམ་ཡོད་ན་ཐེངས་མང་ཙམ་འགྲན་པ་དང་། ཨ་ལི་གཉིས་ཀྱི་བར་ཐག་རིང་བ་དང་ཚ་ཚད་ཐུང་ཐུང་བྱས་ཚེ་སྐར་མ་གསོག་དཀའ་བས་ཐེངས་ཉུང་ཙམ་འགྲན་སྲོལ་ཡོད། རྩེད་རྩལ་འདི་རིགས་ལ་འཇུག་མཁན་ནི་གཙང་ཁུལ་གྱི་བྱིས་པ་རྣམས་ཡིན་པ་དང་། ལོ་གསར་སྐབས་གཞོན་དར་རྣམས་ཀྱང་རྩེད་རྩལ་འདིར་རོལ་སྲོལ་མཆིས། དར་མ་དང་གཞོན་ནུ། བྱིས་པའི་རྡོ་སྙོར་གྱི་རྩེ་སྟངས་ལ་ཁྱད་པར་མེད་རུང་། ཨ་ལིའི་ཆེ་ཆུང་དང་། རྡོ་སྙོར་གྱི་ལྗིད་ཡང་། ཨ་ལིའི་བར་ཐག་རིང་ཐུང་བཅས་ལ་ཁྱད་པར་ཡོད་པའོ། །

གསུམ།

གཡག་གི་རྣ་ཅོ་འབེན་དུ་བཙུགས་ནས་རྡོ་རྒྱོར་འགྲན་སྲོལ་ཡོད་པ་ནི་སྟོད་ཁ་ཁུལ་སོགས་སུ་དར་ཁྱབ་ཆེ་བའི་བོད་ཀྱི་སྲོལ་རྒྱུན་ལུས་རྩལ་རྣམ་གྲངས་ཤིག་ཡིན། རྡོ་རྒྱོར་རྩེ་ན་ལྷུང་ཧ་སྐྱེས་ཀྱི་ཡོད་ཟེར་ནས་རྡོ་རྒྱོར་གྱི་རྩེད་རྩལ་འགྲན་པའི་དུས་ཚོད་ཀྱང་གཙོ་བོ་ནི་ལོ་གསར་ཚེས་གསུམ་གྱི་དགའ་སྟོན་སྐབས་སུ་ཡིན་ཞིང་། འགྲན་སྟུར་ལ་འཛུག་མཁན་མང་ཆེ་བ་གྲོང་པའི་བཟའ་དཔོན་རྣམས་ཡིན། དེ་དུས་གྲོང་པའི་བདག་མོ་རྣམས་ཀྱང་གཟབ་མཆོར་ལེགས་པར་སྤྲས་ཏེ་བཟའ་དཔོན་རྣམས་ལ་ངར་ཤུགས་སློང་བར་འགྲོ་སྲོལ་ཡོད།

དེ་ཡང་ལོ་གསར་ཚེས་གསུམ་གྱི་ཉིན་གྲོང་ཚོ་སོ་སོའི་བཟའ་དཔོན་རྣམས་མཉམ་འཛོམས་ཐོག་མི་རེ་རེས་ལྡིད་ཚད་རྒྱ་མ་གང་ཡས་མས་ཡོད་པའི་རྡོ་རྒྱོར་མོ་གསུམ་རེ་གྲ་སྒྲིག་བྱེད་དགོས་པ་དང་། གཙོ་སྐྱོང་མཁན་མི་གཅིག་དང་ཤན་འབྱེད་མཁན་མི་གསུམ་དགོས་ཀྱི་ཡོད། ཤན་འབྱེད་མཁན་གསུམ་གྱི་ནང་ནས་གཉིས་ཀྱི་ལས་འགན་ནི་རྣ་ཅོའི་འགྲམ་དུ་བསྡད་དེ་རྡོ་རྒྱོར་རྣ་ཅོར་ཕོག་མིན་ཤན་འབྱེད་རྒྱུ་དང་། མི་གཅིག་རྡོ་རྒྱོར་འཕེན་སའི་ཐིག་གི་འགྲམ་དུ་བསྡད་དེ་རྡོ་རྒྱོར་འཕེན་སྐབས་ཐིག་ལས་སྒྲོལ་མིན་ལྟ་རྟོག་བྱ་རྒྱུ་དེ་རེད། གཙོ་སྐྱོང་མཁན་དང་ཤན་འབྱེད་མཁན་རྣམས་ཀྱིས་བར་ཐག་ལ་རྨིད་བཅོ་ལྔ་ལྔག་ཙམ་ཡོད་པའི་གཡག་གི་རྣ་ཅོ་གཉིས་ཕྱོགས་གཉིས་སུ་འབེན་ལ་བཙུགས། རྣ་ཅོའི་རྩེ་ཉ་ལྟི་བའམ་འདམ་བུ་སྤྲུར། དེའི་ཐོག་གཡང་ལི་སྟེ་སོར་མོ་བཞི་ཙམ་ཡོད་པའི་ཤིང་ཞིག་བཙུགས། རྣ་ཅོའི་མདུན་དུ་བར་ཐག་ཐོ་གང་ཙམ་ཡོད་པའི་སར་བཀྲལ་རྡོ་སྟེ་རྡོ་རིལ་ཆུང་ཆུང་གཅིག་འཛོག དེ་ནི་རྣ་ཅོ་ལ་རྡོ་རྒྱོར་གྱི་འཕར་རྡོ་ཕོག་མིན་ཁ་ཚོད་ཡོང་སྐབས་དཔང་རྟགས་བྱེད་ཆེད་དུ་ཡིན། དེ་ལྟར་འགྲན་སྟུར་གྱི་སྔོན་འགྲོའི་སྟ་གོན་ལེགས་པར་བསྒྲུབས་མཚམས་འགྲན་སྟུར་ལ་ཞུགས་མཁན་ཚང་མ་གྲལ་སྟར་

བསྒྲིགས་ཐོག་གཡས་ངོས་ནས་རྡོ་ཁ་ཕྱེ་སྟེ་རིམ་པ་བཞིན་རྡོ་སྒོར་འཕེན་པ་དང་། ཚང་མས་རྡོ་སྒོར་གསུམ་པོ་དེ་འཕེན་ཟིན་རྗེས་སླར་ཡང་ཕྱོགས་གཞན་དེ་ནས་སྔར་ལྟར་ཚུར་འཕེན། དེ་ལྟར་ཡར་གཞུས་མར་འཕེན་ཐེངས་མང་བྱས་ནས་སྐར་མ་བསགས་ཏེ་རྒྱལ་ཕམ་ཐག་གཅོད་པ་དང་། རྒྱལ་ཁ་ཐོབ་མཁན་ལ་ལེགས་ཚང་འདྲེན་པའམ་གཟེངས་བསྟོད་བྱེད་སྲོལ་ཡོད། ཞིབ་ཕྲའི་སྐར་མ་རྩི་སྟངས་ནི་རྣ་ཚོ་ལ་རྡོ་སྒོར་ཐོག་སྟེ་འཐོར་བ་ན། རྗེའུ་ཚུང་ཚུང་གཅིག་བསགས་ཐུབ། དེ་ལ་“སླད་བསགས་” པར་བརྗོད། གལ་སྲིད་རྣ་ཚོར་མ་ཐོག་པར་གཡང་ལི་ཁེར་གཙང་གཏོར་ཐུབ་ན་ནི་རྣ་ཚོ་ཐེངས་གཉིས་གཏོར་བ་དང་མཚུངས་པས་རྗེའུ་གཉིས་གསོག གཡང་ལི་བསྟུད་མར་ཐེངས་གཉིས་གཏོར་ན། ཐེངས་གཉིས་པ་དེ་རང་ལ་རྗེའུ་གསུམ་ཡོང་གི་ཡོད་པས། གཡང་ལི་ཐེངས་གཉིས་གཏོར་བར་བསྡོམས་རྗེའུ་ལྔ་གསོག་ཐུབ་ཀྱི་ཡོད། ཡང་གལ་སྲིད་རྣ་ཚོ་ལ་རྡོ་སྒོར་གྱི་འཕར་རྡོ་ཐོག་སོང་ཚེ་ཉེས་ཆད་ལ་རྗེའུ་གཅིག་འཐེན། རྣ་ཚོ་ལ་རྡོ་སྒོར་ཐོག་ཀྱང་རྣ་ཚོའི་འགོ་གཤམ་ས་ནས་བཀག་མ་ཐུབ་ཚེ “སླ་བ་ཉལ་ཁུང་ནང་བསད་” ཅེས་བརྗོད་ནས་ཉེས་ཆད་ལ་རྗེའུ་གཅིག་འཐེན་སྲོལ་ཡོད། འགྲན་སྡུར་མཇུག་སྒྲིལ་མཚམས་རྗེའུ་ལ་གྲངས་ཀ་བརྒྱབ་ནས་རྒྱལ་ཕམ་ཐག་གཅོད་ཀྱི་ཡོད་པ་མ་ཟད། མཇུག་འགྲིལ་མཚམས་སུ“ཐོན་བཏང་བ” ཞེས་མཇུག་བསྡོམས་འགྲན་སྡུར་གཏོང་སྲོལ་ཡོད་པ་ནི། གོང་དུ་འགྲན་སྡུར་ནང་ཡོད་པའི་མི་ཚང་མ་ཞུགས་པའི་ཐོག སྔར་ལྟར་རྡོ་སྒོར་རྣ་ཚོ་ལ་འཕེན་པ་དང་། རྣ་ཚོ་གཏོར་ཐུབ་མཁན་རེ་རེ་བཞིན་འགྲན་སྡུར་ནས་བུད་པའི་མཐར་མི་གཅིག་ཁོ་ན་རྗེས་སུ་ལུས་པ་དེར་ཉེས་ཆད་ལ་སྐབས་འགར་མགུལ་ལ་ལེང་ཤང་བཏགས་ཏེ་མི་ཚོགས་ཀྱི་དབུས་སུ་རྣ་ཚོ་གཉིས་ལ་སྐོར་བ་རྒྱག་ཏུ་འཇུག་པ་དང་། མི་གཞན་འགའ་ཡིས་རྗེས་ནས་ཛ་སྦུབ་བརྡུང་སྟེ་འདེད་སྲོལ་ཡོད་ལ། སྐབས་རེ་མི་ཚོགས་ཀྱི་དབུས་སུ་མཇུག་ཏུ་ལུས་མཁན་དེའི་

སྒྲལ་པར་སླེའུ་ཞིག་བསྒྲུར། དེའི་ནང་རྡོ་སྒོར་ཚང་མ་སྒྲུག་ཏུ་བཙུག་པའི་སྲོལ་ཡང་ཡོད་པ་ལགས་སོ། །

གོང་སྨོས་རྡོ་སྒོར་གྱི་རྩེད་རྩལ་ཁག་གསུམ་པོ་དེ་དག་ཕུད། རྡོ་ཡི་འཕེན་རྩལ་འགྲན་པའི་སྲོལ་གཞན་ཡང་མང་པོ་མཆིས། དཔེར་ན། མངའ་རིས་རུ་ཐོག་སོགས་ཀྱི་ས་ཁུལ་དུ་ཐོ་པོ་ལག་རྩེད་ཀྱི་འགྲན་སྲོལ་ཡོད་པ་ནི། ཐོག་མ་རྡོ་གསུམ་མམ། ལྔའམ། བདུན་སོགས་གང་རུང་བརྩིགས་ཏེ་མིའི་དབྱིབས་ལྟ་བུ་འབེན་གྱི་ངོད་དུ་བཙུགས། ཐོ་པོའི་རྩེ་རུ་རྡོ་དཀར་གོང་ངམ་ཡང་ན་མཚོན་མདོག་མི་འདྲ་བའི་རྡོ་ཆུང་ཞིག་ཞྭ་མོའི་ཚབ་ཏུ་འཇོག ཐོ་པོ་དེ་དང་རྒྱང་ཁྲུད་སྨིད་བཅོ་ལྔ་ཡས་མས་ཡོད་པའི་ས་ནས་རྩེ་མཁན་རྣམས་ཀྱིས་རེས་མོས་ཀྱིས་དམིགས་འབེན་ཕྱོགས་ལ་རྡོ་ཆེ་ཆུང་རང་གི་ལག་ཤུགས་དང་འཚམ་པ་རེ་བདམས་ཏེ་འཕངས་ནས་ཚ་ཁ་འགྲན་པར་བྱེད། དེའི་རྒྱལ་ཕམ་ནི་ཐོ་པོ་གཏོར་ཐུབ་མིན་ལ་རག་ལས་པ་དང་། གལ་སྲིད་ཐོ་པོའི་སྟེང་གི་ཞྭ་མོ་གཏོར་ཐུབ་ན་དེ་ལག་རྩལ་ཆེ་བར་བརྩི་བའི་ལུགས་སྲོལ་ཡོད། ཡང་ཞིང་པའི་ས་ཁུལ་འགའ་ཤས་སུ་ལྡིད་ཚད་རྒྱ་མ་ལྔ་ནས་བཅུ་བར་ཙམ་གྱི་རྡོ་གཅིག་བདམས། དེ་སྒྲུག་མའམ་གསེས་སོགས་ཐོན་སྐྱེད་ལག་ཆའི་སྟེང་དུ་བཞག་སྟེ་ཁྱིམ་བསྐྱུར་རམ་གསེས་བསྐྱུར་བཏང་ནས་སུས་རྒྱང་རིང་བ་གཡུགས་ཐུབ་མིན་འགྲན་པའི་སྲོལ་ཡོད། གོང་གསལ་རྩེད་རྩལ་དེ་རྣམས་ལ་ཞིང་འབྲོག་ཁུལ་དུ་སྐྱེས་པ་རྣམས་ཀྱིས་ཐོན་སྐྱེད་ལས་བྲེལ་ཆུང་བའམ་ལས་ཀའི་བར་གསེང་སྐབས་རྩེ་ཡི་ཡོད་ལ། དེ་རྣམས་ཀྱི་རྩེ་ལུགས་རྣམ་པའང་ཙུང་སྟབས་བདེ་བར་མཆིས་སོ། །

༧༢། །ཞུར་རྡོའི་རྩེད་རྩལ།

ཞུར་རྡོ་ནི་བོད་མི་རིགས་ཀྱི་ཐུན་མོང་མ་ཡིན་པའི་རྒྱང་འཕེན་སྤྱོད་ཆས་ཡོངས་ཁྱབ་ཆེ་ཤོས་ཤིག་ཡིན། བོད་ཀྱི་ཞིང་འབྲོག་ཁུལ་དུ་ད་ལྟའི་བར་དར་ཁྱབ་བྱུང་བའི་ཞུར་རྡོའི་སྤྱོད་སྟངས་རྣམས་དང་། བོད་ལྗོངས་ཁ་རོབ་དང་ཆུ་གོང་སོགས་ཀྱི་ས་ཆ་ནས་ཐོན་པའི་འཐོར་ཆེ་བའི་རྡོ་རིལ་གྱི་གནའ་རྫས་རྣམས་དང་ཟུང་འབྲེལ་བྱས་ནས་བརྟག་སྐབས། རྡོ་ཆས་གསར་པའི་དུས་ནས་བོད་རིགས་ཀྱི་མེས་པོ་རྣམས་ཀྱིས་རྡོ་འཕེན་བྱེད་ཀྱི་ཞུར་རྡོ་ཞེས་པ་བེད་སྤྱོད་བྱེད་ཀྱི་ཡོད་པར་ངེས་འཛིན་བྱས་ཆོག་པ་དང་། གཞན་ཡང་ལོ་རྒྱུས་ཆེན་མོ་ཡི་ནང་གདོད་མའི་སྤྱི་ཚོགས་ཀྱི་འཕེལ་རིམ་ནང་ཐོན་སྐྱེད་ངལ་རྩོལ་དང་འབྲེལ་ཡོད་ཀྱི་ལག་ཆ་ཐོན་ཁུངས་ཀྱི་ལོ་རྒྱུས་ལམ་ཙམ་གསལ་བའི་ནང་"……ལྷུ་པར་རྨུ་རྒྱལ་པོ་ཧྲེ་ཞེས་བྱས་བཟུང་། །ད་འཕྲང་ཅང་འཕྲང་ལག་ཆར་ཞགས་པ་འཕེན། །དྲུག་པར་གྲིག་གྲིག་འདྲེ་ཡིས་དབང་བྱས་ཏེ། །ལང་ཏང་ལིང་དང་བར་ཁ་ཞུར་རྡོ་འཕེན། །……"ཞེས་གསལ་བ་ལྟར་ཞུར་རྡོའི་འཕེན་རྩལ་དེ་ཉིད་བོད་ཀྱི་གདོད་མའི་སྤྱི་ཚོགས་ཀྱི་དུས་ནས་བྱུང་བར་གདོན་མི་ཟ། དེ་ནི་གནའ་བོའི་མི་རབས་རྣམས་ཀྱིས་ལག་རྡོ་འཕེན་པ་དང་། དབྱུག་པ་བེད་སྤྱོད་བྱེད་པ་བཅས་ལས་རིམ་གྱིས་འཕེལ་རྒྱས་བྱུང་བའི་གསར་གཏོད་ཀྱི་ལག་ཆ་ཞིག་ཡིན་གཤིས། ཕྱུག་མ་རི་དྭགས་རྔོན་བྱེད་དང་། གཡུལ་འགྱེད་བྱེད་སྐབས་ཀྱི་རྒྱང་འཕེན་དྲག་ཆས་སྟབས་བདེ་ལ་གོ་ཆོད་པ་ཞིག་ཡིན་པ་གོར་མ་ཆག ཐོན་སྐྱེད་དང་གཡུལ་འགྱེད་ནང་བེད་སྤྱོད་བྱས་པའི་རྒྱུན་རིང་གི་ཉམས་མྱོང་ལས་ཞུར་རྡོ་འཕེན་རྒྱུ་དེ་ལའང་ལུས་ཀྱི་རྩལ་

སྒྲུང་བྱེད་དགོས་པའི་བསླབ་བྱ་བྱུང་སྟེ་ལས་བྲེལ་ཆུང་བའི་དུས་ཐུར་རྡོའི་འཕེན་རྩལ་སྦྱོང་བ་དང་། འགྲན་སྡུར་བྱེད་པའི་བྱེད་སྒོ་དག་དར་བ་ཡིན།

ཐུར་རྡོའི་འཕེན་རྩལ་འགྲན་པ་ལ་རྒྱང་རིང་ཐུང་འགྲན་པ་དང་། ཚ་ཁ་འགྲན་པའི་དབྱེ་བ་གཉིས་ཙམ་ཡོད། ཐུར་རྡོ་འཕངས་ཏེ་རྒྱང་ཚད་རིང་ཐུང་གི་རྩལ་ལག་འགྲན་པ་ལ་རྒྱང་འགྲན་པར་འབོད་པ་དང་། དམིགས་འབེན་བཙུགས་ཏེ་ཐུར་རྡོའི་གཟེ་ཁ་འགྲན་པ་ལ་ཚ་ཁ་འགྲན་པ་ཟེར། ཐུར་རྡོ་ཞེས་པ་ནི་ཐུར་སྟོད་དང་། ཐུར་མཐིལ། ཐུར་སྨད་བཅས་ཡན་ལག་ཁག་གསུམ་ལས་གྲུབ་པའི་འདུས་གཟུགས་ཆ་ཚང་ཞིག་ཡིན། ཐུར་སྟོད(ཡ་མཆོག་ཀྱང་ཟེར་)དེ་ཉིད་ཀྱང་མཛུབ་ཁྱུང(མཛུབ་རྒྱུད་དང་། དཔའ་ལུང་། ཐུར་འགུགས་ཀྱང་ཟེར་)དང་། ཚུ(ཚུ་ལུག་མགོ་ཐར་ཙམ་ཞེས་ཐུར་འགུགས་ཀྱི་གཤམ་དུ་ལུག་གི་མགོ་བོ་ཐར་ཙམ་གྱི་ཁྱུང་ཞིག་འཛོག་དགོས་པ་ནི་ལུག་གཅིག་འདེད་གཏོང་སྐབས་སྐྱི་ལ་བརྒྱུས་ཏེ་ཁྲིད་ཆེད་དུ་ཡིན་)ཐུར་སྟོད་དངོས་གཞི་བཅས་ལས་གྲུབ་པ་དང་། ཐུར་སྨད(མ་མཆོག་ཀྱང་ཟེར་)ནི་རྡོ་འགྲོ(རྡོ་ལེན་)དང་། ལྡེགས་སྟེགས། ལྡེགས་རྩེ(ལྡེགས་དང་ཙག་སྐད་ཀྱང་ཟེར་)བཅས་ལས་གྲུབ་པ་ཡིན། ཐུར་མཐིལ་ནི་རི་དང་ཐུར་མཐིལ་དངོས་གཞི་ལས་གྲུབ་ཅིང་ཡུལ་འགའ་ཤས་སུ་དེར་སྐྱིང་དང་རྡོ་སྐྱིང་ཞེས་ཀྱང་འབོད་སྲོལ་ཡོད། ཐུར་རྡོ་འཕེན་སྐབས་ཐུར་རྡོའི་མཛུབ་ཁྱུང་ལ་ལག་གཡས་པའི་གོང་མཛུབ་བརྒྱུས། དེ་མཐེ་བོང་གིས་མནན། དེ་རྗེས་ཐུར་མཐིལ་གྱི་ནང་དུ་རྡོ་རིལ་བྱ་ཡི་སྒོ་ང་ཙམ་བླུགས་ཏེ་ལག་གཡོན་པས་བཟུང་། ཐུར་རྡོའི་ལྡེགས་རྩེ་དེ་ལག་གཡས་པའི་གོང་མཛུབ་དང་དཀྱིལ་མཛུབ་ཀྱི་བར་དུ་བཟུང་ནས་འཐེན་ཙམ་བྱས་ཏེ་ཐུར་སྟོད་དང་། ཐུར་སྨད་གཉིས་རིང་ཐུང་ཐང་སྙོད་མཉམ་པ་བཟོས། ལག་གཡོན་པས་ཐུར་མཐིལ་གློད་པ་དང་དུས་མཚུངས་ལག་གཡས་པས་ཐུར་རྡོ་མགོ་བོའི་ཐོག་ནས་ཕྱི་སྐོར་ཐེངས་བཞི་ལྔ་དྲུག་བདུན་ཙམ

དང་། ཡང་ན་བཅུ་གྲངས་འགའ་ཞིག་བསྐོར་མཐར་ལྷུགས་རྩེ་དེ་མཇུབ་མོ་གཉིས་ཀྱི་དབར་ནས་སྐྱོད་ན་ཞུར་མཐིལ་གྱི་རྡོ་དེ་ཙག་ཙེས་པའི་སྒྲ་དང་བཅས་རྒྱང་རིང་དུ་འགྲོ་ཡི་ཡོད། དེར་ཞུར་རྡོ་འཕེན་པ་ཟེར། གལ་སྲིད་ཚ་ཁ་འགྲན་སྡུར་བྱས་ན་ཞུར་རྡོ་མགོ་བོའི་ཐོག་ནས་དལ་པོར་ཐེངས་གྲངས་མང་ཙམ་བསྐོར་བ་དང་ཆབས་ཅིག་དམིགས་འབེན་ལ་ལྷེར་ཁྲུང་སྤྲོད་པ་དང་། དམིགས་སོ་འཁྲོད་མཚམས་གཞི་ནས་ཞུར་རྡོ་འཕེན། དམིགས་འབེན་དུ་རྡོ་ཡི་ཐོ་ཐོ་དང་འབྲུགས་པ་སོགས་བརྩུགས་པའམ། ཡང་ན་དཀར་གོང་ལ་ནག་ཐིག་བྲིས་ནས་འབེན་བྱེད་པ་སོགས་རྣམས་པ་མང་ལ། དགེ་འཁོར་ཁྲུལ་དུ་ད་དུང་“ཞུར་རྡོ་ཐད་གཅོད་”ཅེས་མི་གཉིས་ཞུར་རྡོ་ཚ་ཁ་འགྲན་ན་འབེན་དུ་འགྲན་ཡའི་ཞུར་རྡོ་འཇུགས་པའི་སྲོལ་ཡང་ཡོད། ཚ་ཁ་འགྲན་སྐབས་འབེན་དང་མིའི་དབར་གྱི་རྒྱང་ཚད་རིང་ཐུང་ངེས་པ་མེད་རུང་སྤྱག་ཤར་རྣམས་ཚ་ཁ་འགྲན་ན་རྒྱང་ཚད་རྨིད་ལྔ་བཅུའི་ཡས་མས་འཛོག་པ་དང་། བྱིས་པ་རྣམས་ཚ་ཁ་འགྲན་ན་རྒྱང་ཚད་རྨིད་ཉི་ཤུའི་གཡས་གཡོན་འཛོག་མཁན་མང་བར་སྣང་ཡང་འབེན་གྱི་ཆེ་ཆུང་དང་། འགྲན་སྡུར་མཁན་གྱི་རྩལ་ཆེ་ཆུང་སོགས་ལ་གཞིགས་ཏེ་རྒྱང་ཁྱད་རིང་ཐུང་གཏན་འབེབས་བྱེད་ཅིང་། གལ་ཏེ་རྒྱང་འགྲན་ན་ཞུར་རྡོ་མགོ་བོའི་ཐོད་དུ་ཤུགས་ཀྱིས་སྐོར་བ་ཐེངས་འགའ་བསྐོར་རྗེས་འཕེན་པར་བྱེད་པ་དང་། དེ་དུས་དཔུང་ལག་གཉིས་ཀྱིས་ཤུགས་རྒྱག་དགོས་པ་མ་ཟད། རྐང་པ་སོགས་ལུས་བྱིངས་ཀྱིས་ཀྱང་ཤུགས་མཉམ་དུ་འདོན་དགོས་ཀྱི་ཡོད། དེ་ལྟར་ཞུར་རྡོའི་འགྲན་སྡུར་ཁོ་ནའི་ངོས་ནས་བརྗོད་ན་རྣམ་པ་གཉིས་ཙམ་ལས་མེད་རུང་། ཞུར་རྡོའི་སྤྱོད་ཡུལ་ནི་བོད་མི་རིགས་ཀྱི་འཚོ་བའི་ཁྲོད་དུ་དར་ཁྱབ་ཏ་ཅང་ཆེ་ལ་སྤྱོད་ཚུལ་རྣམ་པ་མང་བ་ཞིག་ཡིན། དེ་ཡང་ཞུར་རྡོ་ནི་རྔོན་ལས་དང་གཡུལ་འགྱེད་བྱེད་པའི་གནའ་དུས་ཀྱི་མཚོན་ཆ་ཞིག་ཡིན་པ་དང་། རྫི་བོས་ཕྱུགས་རིགས་འདེད་བྱེད་དང་། ཕྱུགས་རིགས་འཛིན་པའམ་

བསྡམས་བཀྱིག་བྱེད་ཆེད་ཀྱི་ཡོ་ཆས་ཞིག་ཀྱང་ཡིན་ལ། ཕྱུགས་རིགས་ཀྱི་དགྲ་བོ་སྤྱང་ཀི་དང་བྱ་སྐྱག་སོགས་ཀྱི་གནོད་འཚེ་རྣམས་དང་རྐུན་ཇག་འགོག་སྲུང་བྱེད་པའི་མཚོན་ཆའང་ཡིན། གཞན་ཡང་ཞིང་ཁུལ་དུ་ཞིང་པས་སྟོན་ཐོག་ལ་གནོད་འཚེ་གཏོང་མཁན་གྱི་བྱ་བྱིའུ་སོགས་དཀྲོག་བྱེད་དུ་ཝུར་རྡོ་སྤྱོད་ཀྱི་ཡོད། ཡང་ཝུར་རྡོ་དེས་ཁ་སྒྲོག་དང་། ཁུར་ཐག བུད་མེད་ཀྱི་ལུས་རྒྱན། བྱིས་པའི་རྩེད་ཆས་སོགས་བྱེད་པ་མ་ཟད། སྲུང་བའང་བྱེད་ཚོག་གི་ཡོད་པས་ཝུར་རྡོ་ནི་རྩ་ཆེ་ལ་མ་གནས་ཆུང་བ་དང་། བེད་སྤྱོད་མང་ལ་འགྲོ་སོང་ཉུང་བ། མགོ་ཆེ་ལ་སྟབས་བདེ་བའི་བོད་མི་རིགས་ཀྱི་མཁོ་ཆས་དམིགས་བསལ་ཅན་ཞིག་ཡིན་ཞེས་བརྗོད་པ་དོན་དང་ལྡན།

ཝུར་རྡོའི་དབྱེ་བ་མདོར་བསྡུས་བཤད་ན། གཞི་རྐང་ཝུར་རྡོ་ཟེར་བ་ཡན་ལག་ཁག་གསུམ་ལས་གྲུབ་པ་ཞ་སྟག་ཡིན་རུང་། ཝུར་རྡོའི་དབྱེ་བ་ལ་རྒྱུ་ཆའི་སྒོ་ནས་དབྱེ་བ་དང་བཟོ་ཁྱད་ཀྱི་སྒོ་ནས་དབྱེ་བ་སྟེ་ནང་གསེས་གཙོ་ཆེ་བ་གཉིས་ཙམ་དབྱེ་རྒྱུ་ཡོད། རྒྱུ་ཆའི་སྒོ་ནས་དབྱེ་བ་ལའང་རྣམ་པ་ལྔ་སྟེ། རྩིད་ཝུར་ནག་པོ་དང་། བལ་ཝུར་དཀར་པོ། མཛེས་ཝུར་ཁྲ་བོ། ར་རྩིད་ཝུར་རྡོ། ཨ་གྲུད་ཝུར་རྡོ་དང་ལྔའོ། །དེ་ལས་རྩིད་ཝུར་ནི་འབྲི་གཡག་གི་གྲ་ཁུ་དང་། ཛ་རྩིད་བཅས་ལས་བཟོས་པ་ལ་ཟེར་ཞིང་དེ་ནི་རྒྱུ་མཁྲེགས་ལ་སྤྱོད་ཤེད་ཆེ། བལ་ཝུར་ནི་ལུག་གི་བལ་དང་གྲ་ལས་གྲུབ་པ་ལ་ཟེར་ཞིང་དེ་ནི་ཡང་ཞིང་མཉེན་ལ་སྐད་སྒྲ་བཟང་། མཛེས་ཝུར་ནི་བལ་ཁུ་དཀར་ནག་གམ། ཡང་ན་སྣལ་སྐུད་ཚོན་མདོག་སྣ་ཚོགས་ལས་བཟོས་པ་ལ་ཟེར་ཞིང་། དེ་ནི་གཅེས་ཕྲུག་གི་རྩེད་ཆས་དང་། གཞོན་ནུ་བོ་མོ་ཚོའི་གློ་དང་སྐེད་པར་བཏགས་ནས་མཛེས་རྒྱན་དུ་བྱེད་པ་མང་ལ། ད་དུང་ཁྱིམ་གྱི་ཀ་བ་དང་སྒོའི་ཐོད། རྟ་སྒའི་ཛ་ཤ་ལ་བཏགས་ནས་སྲུང་བ་བྱེད་པའི་སྲོལ་ཡང་ཡོད། ར་རྩིད་ཝུར་རྡོ་ནི་མིང་དང་མཚུངས་པར་ར་རྩིད་ལས་བཟོས་པ་ལ་

ཟེར་ཞིང་། དེའང་ཞུར་རྗོ་གཞན་དང་འདྲ་བར་བེད་སྤྱོད་གཏོང་ཚོག་ནའང་ཡུལ་ལ་ལར་ར་ཞུར་བེད་སྤྱོད་བཏང་ན་རྣམ་རྟོག་བྱེད་སྲོལ་ཡོད་པ་དཔེར་ན། “རང་གི་ར་རྩེད་ཞུར་རྗོ་དེ། རང་གི་འགྲམ་པ་གཙོག་བྱེད་རེད་” ཅེས་པ་དང་། “ར་ཡི་ཞུར་རྗོ་ར་ཡི་མཛིང་པར་འཁོར་” ཞེས་པའི་གཏམ་དཔེ་ལྟར་ལགས་སོ། །ཨ་གྲུད་ཞུར་རྗོ་ནི་འབྲི་གཡག་གི་ཀོ་བ་མཉེས་མའི་རྒྱུན་བུ་དང་། ཤྭ་བ་དང་གཉན་སོགས་ཀྱི་རྟེལ་གེའི་རྒྱུན་བུ་དྲས་ནས་བསླས་པ་ལ་ཟེར་ཞིང་ཨ་གྲུད་ཞུར་རྗོ་རྗོ་ཤུགས་ཆེ་ལ་རྒྱ་མཁྲེགས་ཞེས་པའི་ཨོད་ཚུལ་འདུག་ཅུང་དུས་ཕྱིས་ཞུར་རྗོ་དེ་སྤྱོད་པའི་སྲོལ་དེ་ཙམ་མེད་དོ། །ཡང་བཟོ་ཁྱད་ཀྱི་སྒོ་ནས་དབྱེ་བ་རྣམ་པ་གཉིས་ཡོད་དེ་སྐུད་པ་ཚོན་མདོག་རྐྱང་པས་བསླས་པ་དང་། ཚོན་མདོག་འདྲེས་མས་བསླས་པ་གཉིས་སོ། །རྐྱང་པར་བསླས་པ་ལའང་ཟེལ་མ་སྣང་ལྷས་དང་། གཞུ་ཁ་སྒྱུར་གཉིས་ཡོད། ཚོན་མདོག་འདྲེས་མར་བསླས་པ་ལའང་སྤྱིར་བཏང་པ་དང་། སྤུས་ལེགས་གཉིས་ཡོད། གཞན་ཡང་སྤུས་ལེགས་ཞུར་རྗོའམ་མཛེས་ཞུར་དེ་ཉིད་ཁོ་ནར་ཡང་བཅུ་དྲུག་དགུ་སྒྲིག་དང་། གཟི་རིལ། གཟི་རིལ་མིག་མ། མིག་མ་ཁ་སྒྱུར་སོགས་རིགས་ཀྱི་དབྱེ་བ་མང་བར་མཆིས་ཞེས་རྒྱུས་ཅན་མཁས་པའི་གསུང་ལས་ཐོས་པའོ། །①

---

① བཀྲ་ཤིས་འོད་ཟེར་གྱིས་མཛད་པའི་《བོད་རིགས་ཀྱི་དཔའ་ཆས། འཁྲུག་པའི་གཅེས་ནོར་》ཞེས་པའི་ནང་འཁོད། ༡༩༨༧ལོའི་《བོད་ལྗོངས་ཞིབ་འཇུག》གི་དུས་དེབ་དང་པོར་གཟིགས་པར་འཚལ།

༧༧། །དམངས་ཁྲོད་རྩེད་རྩལ་འགའི་སྐོར་རགས་ཙམ་གླེང་བ།

མཚོ་བོད་ས་མཐོའི་སྟེང་འཚོ་ཞིང་གནས་པའི་བོད་མི་རིགས་ནི་དཔའ་ངར་ཆེ་ལ་ཤེས་རིག་བགྲ་བའི་མི་རིགས་ཤིག་ཡིན། བོད་རིགས་ཀྱི་མེས་པོ་རྣམས་ཀྱིས་གསོ་རླུང་དཀོན་ལ་དྲོད་ཚད་དམའ་བའི་ས་མཐོའི་ཁོར་ཡུག་གི་ཁྲོད་དུ་རང་བྱུང་ཁམས་དང་རྒྱུན་རིང་འཐབ་རྩོད་བྱས་པ་བརྒྱུད་དཔའ་རྩལ་གྱི་རིགས་ཕུན་སུམ་ཚོགས་པ་ཞིག་གསར་དུ་བཏོད་ཡོད། དེ་ལྟའི་དཔའ་རྩལ་གྱི་རིགས་རྣམས་ནི་དེང་དུས་ང་ཚོས་བརྗོད་བཞིན་མཆིས་པའི་སྲོལ་རྒྱུན་གྱི་ལུས་རྩལ་བྱ་བ་དེ་ཡིན། དེ་ལྟར་ན་གདོད་མའི་མི་རྣམས་རང་བྱུང་ཁམས་དང་འཐབ་རྩོད་བྱེད་པའི་བརྒྱུད་རིམ་ནང་རྒྱུག་མཆོང་འཕེན་སོགས་ལུས་ཀྱི་འགུལ་བསྐྱོད་ཤུགས་ཆེན་བྱེད་དགོས་ཀྱི་ཡོད་པ་ནི་ལུས་རྩལ་གྱི་ཆེས་ཐོག་མའི་མཆེད་ཁུངས་ཡིན་པ་དང་། དེ་ནི་ལུས་སྦྱོང་དང་རྩེད་སྤྲོའི་སླད་དུ་མིན་པར་ཐོན་སྐྱེད་དང་འཚོ་གནས་ཕོ་ནའི་ཆེད་དུ་ཡིན་པ་རྟོགས་སླ། སྤྱི་ཚོགས་འཕེལ་རྒྱས་འགྲོ་བའི་བརྒྱུད་རིམ་ནང་ཐོན་སྐྱེད་ཀྱི་ཉམས་མྱོང་ངམ་རྩལ་ལག་རྣམས་ཕ་ཚ་བུ་རྒྱུད་ཀྱིས་རྒྱུན་འཛིན་བྱེད་དགོས་པའི་དབང་གིས་མི་རབས་རྗེས་མར་སྦྱོང་བརྡར་སྤྲོད་དགོས་ལ། སྦྱོང་བརྡར་སྤྲོད་པའི་བརྒྱུད་རིམ་ནང་འགྲན་སྡུར་གྱི་བྱེད་སྒོ་དར་བ་དང་། ཕྱོགས་གཞན་ཞིག་ནས་མེས་པོ་ཚོའི་ཐོན་སྐྱེད་ལག་ཆར་གསར་བཅོས་ལེགས་བསྒྱུར་བྱུང་བ་དང་སྒྲིགས་ལས་རྩལ་ལའང་གོང་འཕེལ་བྱུང་སྐབས། སྔར་གྱི་ལས་ཐབས་དེ་རིམ་བཞིན་ལས་རིམ་ནས་དོར་ཏེ་ལུས་སྦྱོང་དང་རྩེད་སྤྲོའི་ཆེད་དུ་སྤྱོལ་བའི་ལུས་རྩལ་གྱི་བྱེད་སྒོ་ལ་

འཕོ་འགྱུར་བྱུང་བ་རེད། ལུས་རྩལ་ནི་ཐོན་སྐྱེད་ངལ་རྩོལ་ནས་འབྲུངས་པའམ་དེ་ལས་འཕོ་འགྱུར་བྱུང་བ་ཞིག་ཡིན་ན། ཐོན་སྐྱེད་ངལ་རྩོལ་གྱི་ལས་ཐབས་ལ་ཁྱད་ཆོས་མངོན་གསལ་ལྡན་པའི་བོད་མིའི་སྲོལ་རྒྱུན་ལུས་རྩལ་ལ་ས་མཐོའི་ཁྱད་ཆོས་ལྷག་པར་ལྡན་ཡོད། འོན་ཏེ་བྱུང་བ་དང་། དར་བ། ཉམས་པར་འགྱུར་བ་བཅས་ནི་བྱ་དངོས་ལ་མངའ་བའི་ཆོས་ཉིད་ཡིན་པ་ལྟར། བོད་ཀྱི་ལོ་རྒྱུས་ཐོག་བྱུང་སྔོང་བའི་རྟ་རྩེད་པོ་ལོ་དང་། གནམ་འགྲོ་ཐག་རྩེད། ཕོ་བ་རྡོ་གཤག ཤིང་རྩེད་ལ་སོགས་སྲོལ་རྒྱུན་ལུས་རྩལ་གྱི་རྣམ་གྲངས་མང་པོའི་རྩལ་རྒྱུན་ཉམས་ནས་མིང་གི་ལྷག་མ་ཙམ་དུ་གྱུར་བ་དང་། སྲོལ་རྒྱུན་འཁྲུགས་རྩེད་དང་། ཐག་འཐེན། རྡོ་རྩེད་སོགས་ཀྱི་རྩེད་རྩལ་ལ་འཇུག་མཁན་ཡང་ཇེ་ཉུང་དུ་འགྲོ་བཞིན་ཡོད། དེར་བརྟེན་དེ་ལྟའི་སྲོལ་རྒྱུན་དམངས་ཁྲོད་ལུས་རྩལ་གྱི་སྲུང་སྐྱོབ་དང་རྒྱུན་འཛིན་གྱི་ལས་དོན་ལ་དམིགས་ཏེ་འདིར་དམངས་ཁྲོད་འཁྲུགས་རྩེད་དང་། ཐག་འཐེན་གྱི་རྩེད་ལུགས་སྐོར་ལམ་ཙམ་ཞིག་བརྗོད་པར་བྱ།

དང་པོ། འཁྲུགས་ཤུར་གྱི་རྩེད་རྩལ་སྐོར་གླེང་བ།

འཁྲུགས་ཤུར་གྱི་རྩེད་རྩལ་ནི་དགུན་དུས་བྱིས་པ་རྣམས་དང་གཞོན་ནུ་རྣམས་ཀྱིས་འཁྲུགས་སྟེང་དུ་རྩལ་སྣ་ཚོགས་འགྲན་པའི་རྩེད་རྩལ་ཞིག་ཡིན། དེ་ལ་དབྱེ་ན། ལངས་རྩེད་དང་། བསྡད་རྩེད། ཉལ་རྩེད་བཅས་གསུམ་ཙམ་ཡོད།

དང་པོ། ལངས་རྩེད་ལ་ནང་གསེས་མགྱོགས་རྩལ་དང་རྩེད་རྩལ་གཉིས་ཙམ་ཡོད། དང་པོ་ནི་འཁྲུགས་པ་ཐུང་ཁོད་སྙོམས་པའི་སྟེང་མགྱོགས་རྩལ་ལ་འཇུག་མཁན་རྣམས་ཀྱིས་ཀང་འོག་ཏུ་རྡོའམ་གཡག་ལུག་སོགས་ཕྱུགས་རིགས་ཀྱི་རྭ་ཅོ། ཡང་ན་འཁྲུགས་པ་སོགས་བཙུག་ནས་མགྱོགས་རྩལ་འགྲན་པ་ལ་ཟེར་བ་ཡིན། བོད་ཀྱི་ཞིང་འབྲོག་ཁུལ་དུ་དེང་རབས་ཀྱི་ལུས་རྩལ་ཡོ་ཆས་འཁྲུགས་ལྷམ་

ལྷ་བུ་མེད་པས་ཁ་བའི་ལྗོངས་ཀྱི་བློ་རིག་པཀྲ་བའི་བྱིས་པ་རྣམས་ཀྱིས་རྐང་པའི་འོག་ཏུ་རང་བྱུང་གི་རྡོའམ་འཁྱགས་པ། ཡང་ན་ཁོར་ཡུག་ཏུ་འཕེལ་བའི་ཕྱུགས་རིགས་ཀྱི་རྭ་ཅོ་བཅས་བཅུག་སྟེ་འཁྱགས་ལྷམ་གྱི་ཚབ་བྱེད་ཀྱི་ཡོད། སུ་མགྱོགས་ཁོ་ན་འགྲན་སྐབས་འཁྱགས་པ་རྒྱ་ཁྱོན་ཆེ་སར་བྱེད་སྒོ་སྤེལ་དགོས། འགྲན་སྡུར་ལ་ཞུགས་མཁན་ཚང་མ་ཕྱོགས་གཅིག་ནས་མཉམ་ཐོན་བྱས་ཏེ་ཕྱོགས་གཞན་ཞིག་ཏུ་བརྒྱུགས་ཕྱིན་མཐར་སུ་སྔོན་ལ་སླེབས་ན་དེར་རྒྱལ་ཁ་ཐོབ་པར་བརྩི་ཡི་ཡོད། དེ་དུས་རྐང་པ་གཡོན་པའི་འོག་ཏུ་རྡོའམ་རྭ་ཅོ། འཁྱགས་ལེབ་སོགས་གང་རུང་བཅུག་པ་དང་། རྐང་པ་གཡས་པས་རྒྱབ་ནས་ཤུགས་རྒྱག་མཁན་མང་བར་མཆིས་ལ། ཡུལ་འགའ་ཤས་སུ་རྐང་པ་གཉིས་ཀའི་འོག་ཏུ་རྭ་ཅོ་སོགས་བཅུག་ནས་མགྱོགས་རྩལ་འགྲན་སྲོལ་ཡང་ཡོད། སུ་མགྱོགས་ཁོ་ན་འགྲན་པའི་རྩེད་རྩལ་འདི་ལ་དར་གཞག་གམ་དར་རྒྱུག་ཅེས་ཀྱང་འབོད་སྲོལ་ཡོད། གཉིས་པ་ལངས་ནས་རྩེད་རྩལ་འགྲན་པ་དེ་ལ་སྤྱིར་རྣམ་པ་ཁག་བཞི་ཙམ་ཡོད། འཁྱགས་སྟེང་དུ་རྐང་པ་གཅིག་གི་འོག་ཏུ་རྭ་ཅོ་སོགས་བཅུག་རྗེས་རྐང་པ་གཞན་དེ་འཁྱགས་པ་ཡི་སྟེང་མ་བཙུགས་པར་རང་སར་སྐོར་བ་ག་ཚད་བསྐོར་ཐུབ་མིན་འགྲན་མཐར་སྐོར་བ་མང་བ་བསྐོར་ཐུབ་མཁན་དེ་རྩལ་ཆེ་བར་བརྩི་ཡི་ཡོད། རྐང་པ་གཡོན་པའི་འོག་ཏུ་རྭ་ཅོ་སོགས་བཅུག་ཡོད་ན་སྐོར་བ་འགོ་ཚུགས་ཁར་ཤུགས་ཚད་ཆེད་ཀྱི་སྟོན་འཁོར་སྐོར་བ་ཐེངས་གཅིག་ཙམ་རྐང་པ་གཡས་པ་འཁྱགས་སྟེང་དུ་འཛུགས་མཁན་ཡོད་ལ། སྐོར་བ་མཚམས་འཇོག་སྐབས་གློ་བུར་དུ་བསྣད་མ་ཐུབ་ན་རྐང་པ་གཡས་པ་འཁྱགས་སྟེང་དུ་འཛུགས་བཞིན་འཛུགས་བཞིན་ཤུགས་གཙོག་པའང་ཡོད་རུང་། སྐོར་བའི་ཁ་གྲངས་ལ་ཚོད་པ་ནི་རྐང་པ་གཡས་པ་འཁྱགས་སྟེང་ནས་ཁ་བྲལ་ཏེ་བསྐོར་བ་དེ་རྣམས་ཁོ་ན་ཡིན། རྣམ་པ་གཉིས་པ་ནི་འཁྱགས་པ་ཡི་སྟེང་དུ་རྡོ་ཆུང་འགའ་ཞིག་གིས་ཐིག་གི་ཚབ་ཏུ་རྟགས་བཙུགས། དེ་རྗེས་རྐང་པ་

གཅིག་གི་འོག་ཏུ་རྡོ། ར་ཙོ། འཁྱུགས་ཞིབ་གང་ཏུང་བཙུག་ཐོག་ཐིག་ནང་འཁྱུགས་ཤུར་སློད་ཐུབ་མིན་འགྲན། རྡོ་ཆུང་རྣམས་ལ་མ་འཕོན་པར་མགྱོགས་པོར་འགྲོ་ཐུབ་ན་དེ་རྩལ་ཆེ་བར་བརྩི། རྩེད་མོ་མཁན་སོ་སོའི་རྩལ་ཆེ་ཆུང་གིས་ཐིག་གི་དཀའ་ཚད་ཐག་གཅོད་ཀྱི་ཡོད། རྣམ་པ་གསུམ་པ་ནི་རྐང་འོག་ཏུ་རྡོ་སོགས་གང་ཡང་མ་བཙུག་པར་འཁྱུགས་ཤུར་རྒྱུང་རིང་ཐུང་འགྲན་སྲོལ་ཡོད་པ་དེ་ཡིན། དེ་ནི་སྔོན་ལ་འཁྱུགས་པ་ཡི་སྟེང་ཤུགས་ཚུད་ཆེད་ཀྱི་སྔོན་འགྲོའི་བང་བརྒྱུགས། དེ་ནས་རྐང་པ་གཉིས་ཀ་རང་བཞིན་གྱིས་འཁྱུགས་པ་དང་ཁ་མ་བྲལ་བར་ཤུར་ལ་སློད། ཤུར་སློད་པའི་རིང་ཚད་སུ་རྒྱུང་ཆེ་ན་དེ་རྩལ་ཆེ་བར་བརྩི་སྲོལ་ཡོད། རྣམ་པ་བཞི་པ་ནི་ཁྲིས་པ་གཉིས་ཁ་གཏད་དུ་ལངས་ཐོག་ཕན་ཚུན་ལག་པས་འབུད་རྒྱག་བྱེད་རེས་བྱས་ཏེ་སུ་ཡི་རྐང་པ་ར་ཙོའམ་རྡོ་སྟེང་ལས་གཟགས་པའམ་ཡང་ན་འཁྱུགས་སྟེང་དུ་འགྱེལ་སོང་ཚེ་དེ་རྒྱལ་ཁ་ཤོར་བར་བརྩི་སྲོལ་ཡོད་པ་བཅས་སོ། །

གཉིས་པ། བསྣད་རྩེད་ནི་འཁྱུགས་རྩེད་མཁན་གྱི་རྐུབ་འོག་ཏུ་རྡོ་སོགས་བཙུག་ནས་འཁྱུགས་སྟེང་དུ་རྩེད་རྩལ་འགྲན་པའི་བྱེད་སྒོ་ཞིག་ཡིན། དེ་ལ་ཡང་ཐུར་ཤོད་ལ་འཁྱུགས་ཤུར་སློད་པ་དང་། འཁྱུགས་པ་འཁོད་སྒོམས་སར་འཁྱུགས་ཤུར་སློད་པའི་རྩེད་རིགས་གཉིས་ཡོད། སྔ་མ་ནི་དགུན་དུས་རི་ཆུར་ཆགས་པའི་འཁྱུགས་པ་ཐུར་ཤོད་ཅན་གྱི་སྟེང་འཁྱུགས་ཤུར་སློད་སྐབས་རྐུབ་འོག་ཏུ་འཇམ་ཤ་རྡོད་པའི་རྡོ་ཞིག་བཙུག་སྟེ་འཁྱུགས་ཤུར་སློད་དགོས་པ་དང་། འགའ་རེས་འཁྱུགས་ཤུར་སློད་སའི་ལམ་བར་གཡས་གཡོན་དུ་བར་ཐག་སྨིད་གཅིག་ཙམ་རེ་ཡོད་པའི་སར་རྡོ་ཆུང་གཉིས་གཉིས་བཞག་སྟེ་འཁྱུགས་ཤུར་སློད་སྐབས་རྡོ་ཆུང་དེ་ཚོར་མ་འཕོན་པར་རྡོ་ཆུང་གཉིས་ཀྱི་དབར་ལ་འགྲོ་ཐུབ་པ་བྱ་དགོས་ཀྱི་ཡོད་པ་དང་། ཡང་འགའ་རེས་མཐོ་ཚད་སྨིད་ལྔ་དྲུག་ཡན་ཡོད་པའི་གཡང་གཟར་ཆེ

བའི་འཁྲུགས་པ་ཞིག་གི་སྟོད་དུ་སྟོན་ནས་འཁྲུགས་པ་དེར་ཤིང་གི་ཕུར་པ་གཉིས་བཏབ། དེའི་སྟོད་ཀྱི་ཐུར་ཤོད་ཐོག་ཤུགས་ཆེན་པོས་འཁྲུགས་ཤུར་སློད་ཡོང་སྐེ་ཕུར་པ་གཉིས་ལ་ལག་པས་འཆང་ཐུབ་པ་བྱེད་དགོས། གལ་ཏེ་ལག་པས་ཕུར་པ་འཛིན་མ་ཐུབ་ན། གཡང་སར་ལྷུང་རྒྱུ་ཉག་གཅིག་ཡིན་སྐབས་དེ་ནི་ཏ་ཅང་གི་སྲོག་ལ་ཉེན་ཁ་ཆེ་བའི་རྩེད་རིགས་ཤིག་ཡིན། གལ་ཏེ་ཕུར་པར་ལག་པ་འཆང་མ་ཐུབ་ན་ཐབས་ཤེས་གཅིག་རང་ཡོད་པ་ནི་རྐུབ་འོག་གི་རྡོ་དང་ལུས་པོ་ཁ་བྲལ་ཐབས་བྱེད་རྒྱུ་དེ་རེད། འཁྲུགས་ཤུར་སློད་སྐབས་ཤུགས་ཆེན་པོ་ཚུད་ཡོད་ན་རྐུབ་རྡོ་ལས་བྲལ་ཐུབ་རུང་གཟུགས་པོའི་ཤུགས་གཏོག་མ་ཐུབ་པར་གཡང་སར་ལྷུང་སྐེ་ཆུང་ན་རྨས་སྐྱོན་ཐོག་པ་དང་། ཆེ་ན་ལྷ་ལམ་དུ་འགྲོ་བའང་ཡོད། རྩེད་རྩལ་དེ་ལ་རྐྱེན་རབས་ཀྱིས་བཀག་འགོག་ནན་པོ་བྱེད་ཀྱི་ཡོད་པས་རྩེད་མཁན་ཉུང་ཡང་ཡུལ་ལ་ལར་བྱིས་པ་ཚོས་གསང་ཐོག་ཏུ་འཛུག་མཁན་ཡང་ཡོད། ཕྱི་མ་འཁྲུགས་པ་འཁོད་སློམ་སར་འཁྲུགས་ཤུར་སློད་སྲོལ་ཡོད་པ་ནི་གཞུང་ཆུ་དང་གཙང་པོར་དར་ཆགས་པའམ་མཚོའུ་དང་འཁྱིང་ཆུ་ལ་དར་བསྒྲིགས་པའི་སྟེང་བྱིས་པ་གཉིས་གཉིས་ཕྱོགས་ཁག་བྱས་ཏེ་མགྱོགས་ཚད་འགྲན་པའི་རྩེད་རྩལ་ཞིག་ཡིན། དེའི་རྩེད་རྩལ་འགྲན་ལུགས་ནི་རྩེད་རྩལ་མཁན་གཅིག་གི་རྐུབ་འོག་ཏུ་རྡོའམ་འཁྲུགས་ལེབ་གང་རུང་བཙུག་སྟེ་འཁྲུགས་སྟེང་དུ་བསྡད། དེའི་རོགས་པ་དེས་རྒྱབ་ནས་འབུད་རྒྱག་རྒྱག་པའམ་ཡང་ན་ཐེག་གྱུ་ཐུང་ཐུང་ཞིག་གིས་མདུན་ནས་འཐེན་ཏེ་ཁ་གཏད་ཀྱི་བྱིས་པ་རྣམས་དང་འཁྲུགས་སྟེང་དུ་སུ་མགྱོགས་འགྲན་གྱི་ཡོད། རྩེད་རྩལ་དེ་ནི་འཁྲུགས་པ་རྒྱ་ཁྱོན་ཆེ་བའི་སར་རྩེད་སྲོལ་ཡོད་དོ། །

གསུམ་པ། ཉལ་རྩེད་ནི་བྱིས་པ་རྩེད་རྩལ་མཁན་ཚོས་ལྟོ་དང་བྲང་ཁའི་འོག་ཏུ་རྡོ་ཆེ་ཙམ་ཞིག་བཙུག་སྟེ་འཁྲུགས་ཤུར་སློད་པའི་རྩེད་རྩལ་ཞིག་ཡིན། དེ་ནི་ཐུར་ཤོད་ཅུང་ཆུང་བའི་འཁྲུགས་སྟེང་དུ་རྩེད་སྲོལ་ཡོད། རྩེད་ལུགས་ནི་བྱིས་

པ་ཆོས་ལྡོ་དང་བྲང་ཁའི་འོག་ཏུ་རྡོ་རེ་བཙུག ལག་པ་གཉིས་ཀྱི་འོག་ཏུའང་རྡོ་ཆུང་རེ་བཙུག་སྟེ་འཁྱུགས་སྟེང་དུ་ཁ་བུབ་ཏུ་བསྡད་ཐོག་མཐོ་ས་ནས་དམའ་སར་འཁྱུགས་ཤུར་སློད་པའི་རྩེད་རྩལ་ཞིག་ཡིན་ལ་རྩལ་ཆེ་ཆུང་འགྲན་སྐབས་ཀྱང་རྡོ་ཆུང་བཙུགས་ཏེ་མ་ཐོགས་པ་བྱེད་རྒྱུ་དང་། སུ་མགྱོགས་འགྲན་པ་སོགས་བསྡད་རྩེད་དང་གཉིས་སུ་མེད་པའོ། །

གཉིས་པ། ཐག་འཐེན་ཐག་མཆོང་གི་རྩེད་རྩལ་སྐོར།

ཐག་པ་འཐེན་པའི་རྩེད་རྩལ་ནི་ཡུན་རིང་གི་ལོ་རྒྱུས་ལྡན་པའི་བོད་ཀྱི་སྲོལ་རྒྱུན་ལུས་རྩལ་གྱི་བྱེ་བྲག་ཅིག་ཡིན། དེ་ཡང་ལོ་རྒྱུས་ཆེན་མོའི་ནང་“……ལྔ་པར་སྨུ་རྒྱལ་པོ་རྗེ་ཞེས་བྱས་བཟུང་། །ད་འཕྲང་ཅང་འཕྲང་ལག་ཆར་ཞགས་པ་འཕེན། །དྲུག་པར་ཀྲིག་ཀྲིག་འདྲེ་ཡིས་དབང་བྱས་ཏེ། །ལང་ཏང་ལིང་ཏང་བར་ཁ་འུར་རྡོ་འཕེན་”①ཞེས་གསལ་བར་གྲགས་པ་ལྟར་གདོད་མའི་དུས་ནས་འུར་རྡོ་དང་ཞགས་པ་ཐོན་ཟིན་ན། ཐག་རྩེད་དག་ཀྱང་སྐབས་དེའི་འུར་རྡོ་དང་ཞགས་པའི་ཡོ་བྱད་བྱུང་ཚུལ་དང་འབྲེལ་ནས་ཐོན་པར་གདོན་མི་ཟ། ལྷག་པར་དུ་ཐག་པ་འཐེན་པའི་རྩེད་རྩལ་དེ་ནི་རི་དྭགས་དང་ཕྱུགས་རིགས་ལ་ཞགས་པ་འཕེན་པའི་ཐོན་སྐྱེད་ངལ་རྩོལ་ནས་རིམ་བཞིན་འཕོ་འགྱུར་བྱུང་བའམ་དེ་དང་འབྲེལ་བ་ཆེ་བའི་ལུས་ཤུགས་ཀྱི་རྩལ་སྦྱོང་གལ་ཆེ་བ་ཞིག་ཡིན་ཏེ་དཔེར་ན་བོད་ཀྱི་གནའ་རབས་ལོ་རྒྱུས་ཐོག་གི་རྩལ་པོ་ཆེ་མི་བདུན་གྱི་ནང་ནས་“ཅོག་རོ་འབྲོང་གཤོར་གྱིས་འབྲོང་ཐུར་དུ་རྒྱུག་པ་གྱེན་དུ་འཐེན་ནུས། གནོན་ཁྲི་བདུན་གཡུ་བྱིན་གྱིས་རྟ་བཟང་པོ་གཡང་ལ་མཆོང་བ་གྱེན་ལ་འདྲེན་ནུས”ཞེས་གྲགས་པ་དེ་དག་ཀྱང་ཐག་པ་འཐེན་པའི་སྦྱོང་བརྡར་བརྒྱུད་ནས་ཐོན་པའི་གྲགས་ཅན་རྩལ་པོ་ཆེ་ཞེ་

① 《ཆོས་འབྱུང་མཁས་པའི་དགའ་སྟོན་》ཤོག་གྲངས་༧༥༢ནང་གསལ།

གཅིག་ཡིན། དེ་ལྟར་ཐག་པ་འཐེན་པ་དེ་ལ་དུས་ཡུན་རིང་པོའི་འཕེལ་རྒྱས་བྱུང་ནས་དེར་རྩེད་རྩལ་གྱི་རྣམ་གྲངས་མི་འདྲ་བ་འགའ་ཞིག་བྱུང་ཡོད། དཔེར་ན། གླང་པོ་གཉའ་རྩེད་དང་། སྐེད་རྩེད། འཛིང་རྩེད། ལག་འཐེན་ལྟ་བུའོ། །

གླང་པོ་གཉའ་རྩེད་ནི་བོད་ཀྱི་ཡུལ་གྲུ་ཁག་ཏུ་དར་ཁྱབ་ཆེ་བའི་སྲོལ་རྒྱུན་གྱི་རྩེད་རྩལ་རྣམ་གྲངས་ཤིག་ཡིན་གཤིས་ཡུལ་ལ་ལར་གཉའ་རྩལ་ཞེས་ཀྱང་འབོད་སྲོལ་ཡོད། དེ་ནི་མིང་དང་མཚུངས་པར་བ་གླང་གིས་གཉའ་ཐག་འཐེན་པ་ལྟར་རྩེད་མོ་མཁན་ཚོའི་གཉའ་ཤུགས་ཀྱི་རྩལ་འགྲན་པའི་རྩེད་རྩལ་ཞིག་ཡིན། དེའི་རྩེད་རྩལ་གྱི་རྣམ་པ་ནི་མི་གཉིས་ཁེར་འཐེན་བྱེད་པ་ཁོ་ན་ཡིན། དེ་ཡང་རྩེད་རྩལ་མཁན་ཚོས་ས་ཆ་ཁོད་སྙོམས་ཤིག་ཏུ་ཐག་པ་སྲུས་ལེགས་འཛམ་ལ་རིང་ཐུང་ཁྱིད་ལྔ་ཙམ་ཡོད་པ་ཞིག་གྲ་སྒྲིག་བྱས། ཐག་པ་དེའི་རྩེ་གཉིས་མདུད་པ་བརྒྱབ་སྟེ་སྒྲིལ། ཐག་པ་དེར་འགུགས་བཟོས་ཏེ་ཐང་པོར་འཐེན། དེ་རྗེས་ཐག་པའི་འགུགས་གཉིས་པོ་འགྲན་སྡུར་མཁན་གཉིས་ཀྱི་མཇིང་པར་བསྐོན་ནས་ལག་གཉིས་བ་གླང་ལྟར་ས་ལ་བརྩུགས་ཤིང་ཐག་པ་ལག་གཉིས་ཀྱི་བར་ནས་དྲངས་ཏེ་རྐང་པ་གཉིས་ཀྱི་དབར་ལ་བཏང་། འགྲན་སྡུར་མཁན་གཉིས་ཀྱི་དཀྱིལ་དུ་ཐིག་གཅིག་བརྒྱབ་རྗེས་མི་གཉིས་རྐུབ་སྒྲོད་ཀྱིས་ཁ་ཕྱོགས་ཐ་དད་དུ་ཤུགས་ཀྱིས་འཐེན་ཏེ་སུའི་ཕྱོགས་སུ་འདྲུད་ཐུབ་ན་དེར་རྒྱལ་ཁ་ཐོབ་པ་ཡིན། དེ་ནི་སྐེ་དང་ཉ་ཡི་རྩལ་ཤུགས་འགྲན་པའི་རྩེད་སྒོ་ཞིག་ལགས་སོ། །

སྐེད་རྩེད་འགྲན་པ་ནི་ལུས་ཀྱི་སྐེད་པའི་རྩལ་ཤུགས་འགྲན་པའི་རྩེད་རྩལ་ཞིག་ཡིན་པ་དེ་ཡང་གླང་པོ་གཉའ་རྩེད་དང་འདྲ་བར་མི་གཉིས་ཁེར་འཐེན་བྱེད་པའི་རྩལ་ཞིག་ཡིན། དེའི་རྩེད་རྩལ་འགྲན་སྐབས་གོང་ལྟར་ཐག་པ་རིང་ཚད་ཁྱིད་ལྔ་ཙམ་བྱས་པ་ཞིག་ལ་འགུགས་གཉིས་བཟོས། ཐག་པའི་འགུགས་གཉིས་རྩེད་རྩལ་མཁན་གཉིས་ཁ་སྒྲོད་བྱས་ཐོག་སྐེད་པར་བསྐོན། མི་གཉིས་ཀྱི་བར་དུ་ཐིག་

གཅིག་བརྒྱབ་ནས་ཕྱོགས་གཉིས་ཀྱིས་རྒྱབ་ཕྱོགས་ལ་ལྷག་འཐེན་བྱེད་དགོས། སུ་ཡིས་འགྲན་ཡ་ཐིག་ལས་བརྒལ་ནས་འཐེན་ཐུབ་ན་དེ་ལ་རྒྱལ་ཁ་ཐོབ་པ་ཡིན། རྩེད་རྩལ་འདི་ནི་གཞོན་སྐྱེས་རྣམས་ཀྱིས་འཇུག་པའི་སྲོལ་རྒྱུན་ལུས་རྩལ་ཞིག་ཡིན་པ་ལས་སྤྱིར་བྱིས་པས་འཇུག་སྲོལ་མེད་པའོ། །

མཇིང་རྩེད་བྱ་བ་ནི་འཐེན་སྟངས་མི་འདྲ་བ་ཙམ་ལས་དོན་དུ་གཉའ་རྩེད་དང་མཚུངས། དེ་ཡང་གོང་དང་འདྲ་བར་ཐག་པ་ཞིག་གི་འགུགས་གཉིས་རྩེད་རྩལ་མཁན་གཉིས་ཀྱི་མཇིང་པར་བསྒོན། རྩེད་རྩལ་མཁན་གཉིས་པོ་ཁ་གཏད་དུ་ལངས་ནས་ལག་པས་རྐེད་གཟེར་བྱས། རྩེད་རྩལ་མཁན་གྱི་དཀྱིལ་དུ་ཐིག་གཅིག་བརྒྱབ། རྩེད་རྩལ་མཁན་གཉིས་ཀྱིས་རྒྱབ་ཕྱོགས་ལ་ལྷག་འཐེན་བྱས་རྗེས་སུས་འགྲན་ཡ་ཐིག་ལས་བརྒལ་བར་འཐེན་ཐུབ་ན་དེ་ལ་རྒྱལ་ཁ་ཐོབ་པ་ཡིན། རྩེད་རྩལ་དེ་ནི་མཇིང་པའི་རྩལ་ཤུགས་ཁོན་འགྲན་པ་ཞིག་གོ །

ལག་འཐེན་ལ་ཁེར་རྩེད་དང་སྟེབ་རྩེད་རྣམ་པ་གཉིས་ཡོད། ཁེར་རྩེད་ནི་ཐག་པ་འཐེན་མཁན་མི་གཉིས་ལས་མེད། ཁེར་རྩེད་སྐབས་ས་ཆ་ཁོད་སྙོམས་ཤིག་ཏུ་རྩེད་རྩལ་མཁན་གཉིས་ཁ་གཏད་ཐོག་ཐག་པའི་སྣེ་རེ་རེ་ནས་ལག་གཉིས་ཀྱིས་བཟུང་། དེ་གཉིས་བར་དུ་ཐིག་གཅིག་བརྒྱབ། ཤན་འབྱེད་པས་འཐེན་བརྡ་གཏོང་མཚམས་ཕྱོགས་གཉིས་ཀས་ལྷག་འཐེན་བྱས། སུས་འགྲན་ཡ་ཐིག་ལས་བརྒལ་ནས་འཐེན་ཐུབ་ན་དེ་ལ་རྒྱལ་ཁ་ཐོབ་པ་ཡིན། སྟེབ་རྩེད་ནི་ཐག་འཐེན་རྩེད་རྩལ་ལས་ལག་འཐེན་ཕོ་ན་ལ་མངའ་བའི་རྣམ་གྲངས་ཤིག་ཡིན། དེ་ནི་ཕྱོགས་རེ་རེར་མི་གྲངས་ལྔ་དྲུག་གམ་བདུན་བརྒྱད་དམ་ཡང་ན་བཅུ་གྲངས་འགའ་ངེས་མེད་ཀྱིས་ཕྱོགས་གཉིས་ཀྱི་མི་གྲངས་ཆ་མཉམ་པ་བཟོས་ཏེ་ཐག་པ་འཐེན་པའི་འགྲན་སྡུར་ཞིག་ཡིན།

ཐག་མཆོང་གི་རྩེད་རྩལ་ནི་ཁ་བའི་ལྗོངས་ཀྱི་བྱིས་པ་རྣམས་ཀྱིས་རོལ་བར་

བྱེད་པའི་རིག་རྩེད་བྱེད་སྟོ་ཞིག་ཡིན། དེ་ནི་བྱིས་པ་གཉིས་ཀྱིས་ཐག་པའི་སྣེ་རེ་ནས་བཟུང་སྟེ་གཡུགས་པ་དང་། གཞན་རྣམས་ཀྱིས་ཐག་མཆོང་རྒྱག་བཞིན་དུ་མཉམ་དུ་གཞས་གཏོང་བའི་གཞས་དང་ཤེས་བྱ་སྦྱོང་བ་དང་གཟུགས་པོར་སྦྱོང་བརྡར་བྱེད་པ་ཟུང་དུ་འབྲེལ་བའི་རིག་རྩེད་ཅིག་རེད། དེ་ལྟའི་རྩེད་མོའི་རྣམ་གྲངས་ལ་ཁེར་རྩེད་དང་། སྡེབ་རྩེད་གཉིས་སུ་དབྱེ་རྒྱུ་ཡོད། ཁེར་རྩེད་ལའང་བྱིས་པ་གཅིག་པོ་ནས་རྩེ་བའམ་ཡང་ན་གཞོགས་གཡས་གཡོན་གཉིས་ནས་བྱིས་པ་གཉིས་ཀྱིས་ཐག་སྣེ་ནས་བཟུང་སྟེ་གཡུགས་པ་དང་ཆབས་ཅིག་དབུས་སུ་གཅིག་གིས་མཆོང་རྩེད་རྩེ་བ་ལྟ་བུ་དང་། སྡེབ་རྩེད་ལའང་གཞོགས་གཡས་གཡོན་གཉིས་ནས་བྱིས་པ་གཉིས་ཀྱིས་ཐག་རྩེ་ནས་བཟུང་སྟེ་གཡུགས་པ་དང་ཆབས་ཅིག་བྱིས་པ་གཉིས་སམ་གསུམ་མམ་བཞིའམ་བཅུ་གྲངས་འགའ་ཞིག་གིས་སྡེབ་མཆོང་རྫོག་སྒྲ་གཅིག་ལྟ་བུར་རྩེ་བ་དང་། གཞས་ཚིག་དང་བསྟུན་ནས་ཡར་མཆོང་སྐབས་ཕྱོག་འབུལ་ཞུ་བ་དང་། མར་བབས་སྐབས་ཪྗེ་དབྱེ་ཞུ་བ། ལག་གཉིས་རྐེད་གཟེར་བྱས་ཏེ་མཆོང་བའམ་གཡས་གཡོན་དུ་སྐོར་བ་རྒྱག་ཅིང་མཆོང་བ། ས་སྟེང་ནས་དངོས་པོ་སྒྲུག་པའམ་འཛོག་པ་སོགས་རྐང་ལག་གི་སྟངས་སྟབས་སྣ་ཚོགས་ཡོད། དེ་ཡང་མཆོང་འགོ་ཚུགས་པ་ནས་མཆོང་མཚམས་མ་ཆད་བར་དུ་རྩེ་བ་དང་། མཆོང་མཚམས་ཆད་རྗེས་བྱིས་པ་མང་པོ་ཡོད་ན་གོ་རིམ་སྤོ་རྗེས་བྱས་ནས་མཆོང་རེས་བྱེད། ཐག་པ་གཡུག་མཁན་དང་མཆོང་མཁན་གཉིས་ལས་མེད་ཚེ་དེ་གཉིས་པོ་རེས་མོས་བྱེད་སྲོལ་ཡོད་དོ། །

གཞན་ཡང་ཐག་མཆོང་དང་ལྷག་པར་འདྲ་བའི་རིག་རྩེད་བྱེད་སྟོ་ཞིག་དབུས་གཙང་ཞིང་པའི་ཁུལ་དུ་དར་སྲོལ་ཆེན་པོ་ཡོད་པ་ནི་ཡུར་མཆོང་བྱ་བ་དེ་ཡིན། དེ་ནི་ཡུར་བུ་ཆུང་ཆུང་ཞིང་ཚད་ལ་ཁྲི་ཙེ་གཅིག་ཙམ་ཡོད་པའི་སྟེང་དུ་བྱིས་པ་རྣམས་ཀྱིས་རྐང་པ་གཉིས་རིམ་བགྱིད་ཀྱིས་མཆོང་རྒྱག་བྱེད་པའི་རྩེད་མོའི་རྣམ་

གྲངས་ཤིག་ཡིན། ཡུར་མཆོང་རྒྱག་སྐབས་ཐག་མཆོང་དང་འདྲ་བར་མཆོང་རྒྱག་གི་འགྲོས་དང་བསྟུན་ནས་གཞས་འདྲ་མིན་སྣ་ཚོགས་གཏོང་སྲོལ་ཡོད་པ་དེས་བྱིས་པའི་ལུས་ཁམས་བདེ་ཐང་དུ་འགྲོ་བའི་ཕན་ཡོན་ཡོད་པ་ཙམ་མ་ཟད། ངག་གི་བརྗོད་པ་བདེ་རུ་འགྲོ་བ་དང་ཡིད་ཀྱི་འཆར་སྒོ་སྤུར་དུ་འགྲོ་བའི་ཕན་ཡོན་ཡང་ཡོད་དོ། །

ཐག་མཆོང་རྩེད་མོའི་ཞིབ་ཕྲའི་རྩེ་ཚུལ་དང་། གཞས་གདངས། གཞས་ཚིག་བཅས་ཀྱི་སྐོར་《བོད་ཀྱི་བྱིས་པའི་རོལ་རྩེད་》དང་《གངས་ལྗོངས་བྱིས་པའི་རྩེད་གཞས་》ནང་ཞིབ་པར་གསལ་བས་རྩེད་ཚུལ་ལམ་ཙམ་བསྡུ་བཀོད་བྱས་པ་གོང་གསལ་ལྟར་རོ། །

༄༅། །ཆང་དང་འབྲེལ་བའི་རིག་གནས་ཀྱི་དགེ་སྐྱོན་ལ་དཔྱད་པ།

གཅིག སྔོན་གཞི།

ཆང་ནི་བོད་ཀྱི་ཡུལ་གྲུ་འདིར་དར་ཁྱ་བའི་མྱོས་བྱེད་ཀྱི་བཏུང་བ་ཞིག་ཡིན་ལ། ལོ་རྒྱུས་ཆུ་རྒྱུན་རིང་པོའི་ནང་ཆང་དང་འབྲེལ་བའི་རིག་གནས་དུ་མ་ཞིག་མདོ་དབུས་ཁམས་སོགས་བོད་ཀྱི་དམངས་ཁྲོད་དུ་དར་ནས་ཡོད། དེ་ལྟའི་ཆང་དང་འབྲེལ་བའི་རིག་གནས་ལ་དགེ་སྐྱོན་གཉིས་ཀའི་ཆ་ལྡན་ཡོད་གཤིས། དེ་རྣམས་ལ་ང་ཚོས་བླང་དོར་འཕྲུག་པ་མེད་པ་ཞིག་བྱ་ཐུབ་ན་རྒྱུན་དུ་བརྗོད་བཞིན་པའི་སྙིགས་དོར་བཅུད་ལེན་ཟེར་བ་དོན་ཐོག་ཏུ་འཁྱོལ་ངེས་རེད། བླང་དོར་གྱི་སྔོན་འགྲོའི་ཆ་རྐྱེན་ནི་ཆང་དང་དེ་འབྲེལ་གྱི་རིག་གནས་ཀྱི་དགེ་སྐྱོན་རྣམས་ལ་གཟབ་ནན་གྱིས་དབྱེ་ཞིབ་བྱ་རྒྱུ་དེ་རེད། དགེ་སྐྱོན་ལ་དབྱེ་ཞིབ་མ་བྱས་པར་སྙིང་ཞེན་དང་བག་འཁུམས་ཀྱི་ཚུལ་དུ་ལུགས་སྲོལ་ངན་པ་དག་ལ་ཕྱི་ཁ་རུས་བཟུང་གི་བརྟུལ་ཞུགས་ཁོ་ན་འཛིན་པའམ་བཟང་ངན་དབྱེར་མེད་ཀྱིས་རྒྱུག་པ་ལེབ་བརྡུང་གཏོང་བ། དཀར་ནག་ཕྱིན་ཅི་ལོག་པའི་སྤྱོད་ཚུལ་འཛིན་པ་བཅས་བྱས་ན། བོད་ཀྱི་བསམ་པའི་དཔལ་ཡོན་འཛུགས་སྐྲུན་དང་། ཡང་སྙོམས་མཐུན་སྒྲིལ་དང་། ཕྱུག་པོ། ཤེས་རིག་ལྡན་པའི་བོད་གསར་འཛུགས་སྐྲུན་གྱི་བྱ་གཞག་ལ་ཐོག་ཐུག་འགྲོ་ངེས་རེད། དེར་བརྟེན་ཆང་དང་འབྲེལ་བའི་རིག་གནས་ལ་བརྟག་དཔྱད་ཞིབ་འཇུག་ནན་ཆགས་ཀྱིས་སྙིགས་དོར་བཅུད་ལེན་བྱེད་རྒྱུ་ནི་གལ་འགངས་ཆེ་ལ་དོན་སྙིང་ལྡན་པ་ཞིག་ཡིན།

ཚང་ཞེས་བྱ་བའི་བཏུང་བྱ་དེ་བོད་ཁ་བའི་ལྗོངས་སུ་དུས་ནམ་ཙམ་ལ་ཇི་ལྟར་དར་བའི་སྐོར་ཁུངས་བཙུན་ཡིག་ཆ་རྙེད་སོན་མ་བྱུང་ཡང་། བོད་བཙན་པོའི་རྒྱལ་རབས་ཀྱི་དུས་སུ་ཚང་གི་བཟོ་རྩལ་དང་། ཚང་འཐུང་རྒྱག་པའི་ལུགས་སྲོལ་དར་ནས་ཡོད་ཚུལ་སྐོར་ལོ་རྒྱུས་ཀྱི་ཡིག་ལམ་ནང་འཁོད་པ་མང་། འོན་ཀྱང་ལོ་རྒྱུས་ཀྱི་ཡིག་ཆ་ལ་ལར་འབྲས་ཚང་དང་ནས་ཚང་གི་བཟོ་རྩལ་རྒྱ་བཟའ་ཝུན་ཤིང་ཀོང་ཇོའི་ཇོང་སྐལ་དུ་གནང་བའི་ཤོད་རྒྱུན་འཁོད་ཡོད་པ་དང་། དེང་སྐབས་ཁ་ཅིག་གིས་ཤོད་རྒྱུན་དེ་ལོ་རྒྱུས་རྣལ་མར་བཟུང་ནས་རྒྱ་བཟའ་ཝུན་ཤིང་ཀོང་ཇོའི་སྐབས་ནས་བཟུང་ཚང་གི་བཟོ་རྩལ་དར་བ་དང་། ཚང་བཏུང་བའི་སྲོལ་དར་བར་བཞེད་པ་ནི་དོན་དངོས་དང་འགལ་བར་སེམས་ལ། ཚང་ཞེས་པའི་མིང་ཚིག་འདི་ཉིད་"ཕལ་ཆེར་རྒྱ་བོད་བར་གྱི་ཐེངས་དང་པོའི་རིག་གནས་སྤེལ་རེས་ཀྱི་མིང་ཚིག་ཅིག་རེད་"①ཅེས་བརྗོད་པ་ནི་དེ་བས་ཁུངས་མེད་གཏམ་འཆལ་དུ་མཐོང་། ཅིའི་ཕྱིར་ཞེ་ན། གཅིག་ནས་ཝུན་ཤིང་ཀོང་ཇོ་བོད་དུ་མ་སླེབས་གོང་ནས་བོད་དུ་ཚང་བཟོ་བ་དང་བཏུང་བ་ཙམ་མ་ཟད། ཚང་གི་སྟོན་མོ་ཡང་གཉོམ་པའི་ལུགས་སྲོལ་ཡོད། དེ་ཡང་དཔེར་ན། སྲོང་བཙན་སྒམ་པོ་ཁྲི་ལ་འཁོད་འཕྲལ་ཁྱུང་པོ་སྤུངས་སད་ཀྱིས་མ་ཧུངས་ཕོག་བཅངས་ཀྱིས་བཙན་པོ་ཁང་ཁྱིམ་དུ་གདན་དྲངས་ཏེ་གསོལ་བར། "བདག་གི་སྟུམ་པ་ཁྲི་བོམ་སུ། དགྱེས་སྐྱེམས་སྟོན་མོ་གསོལ་དུ་ཇི་གནང་ཞེས་གསལ་(གསོལ)ནས། བཙན་པོས་སྤུང་སད་གསོལ་བ་བཞིན་གནང་སྟེ……"②ཞེས་དང་། ཡང་བཙན་པོ་དང་བློན་པོ་འགའ་བྲོ་བོར་སྐབས་བཙན་པོས་ཚང་སྟོན་གཉོམ་དགོས་པའི་བཀའ་སྩལ་བ་ནི་"ལ་མོ་ཆག་

① 《ཀྲུང་གོའི་བོད་ལྗོངས་》༡༩༩༢ལོའི་རྒྱ་ཡིག་དུས་དེབ་དང་པོའི་ཤོག་གྲངས་༥༢པར་གསལ།

② 《ཏུང་ཧོང་ནས་ཐོན་པའི་བོད་ཀྱི་ལོ་རྒྱུས་ཡིག་ཆ་》ཤོག་གྲངས་༦༧དང་༦༢ལ་གསལ།

པ་སྤྲུམ་དུ། རྩུང་ཕྱེད་པུབ་སྟེ། ཕྱུག་ཐབ་གསོལ་ཏོ།”①ཞེས་ཏུང་ཧོང་ནས་ཐོན་པའི་བོད་ཀྱི་ལོ་རྒྱུས་ཡིག་ཆའི་ནང་ལྷམ་མེར་གསལ་ནས་ཡོད། གཉིས་ནས་ཚང་མས་མཁྱེན་གསལ་ལྟར་བཙན་པོ་སྲོང་བཙན་སྒམ་པོས་བོད་གཅིག་གྱུར་མཛད་རྗེས་བོད་ཀྱི་སྤྱི་ཚོགས་སྒྲིག་གཞི་དང་ཁྲིམས་སྲོལ་ཏེ་ཁོད་སོ་དྲུག་གཏན་ལ་ཕབ་པའི་བརྒྱུད་རིམ་ནང་མང་པོ་རྗེ་དང་མཆིམས་མང་བཞེར་བཙན་གྱི་ལོ་རྒྱུས་སྒྲུང་གཏམ་ཡོད་པ་ནི། མགར་གྱིས་འཕན་ཡུལ་དར་རྒྱལ་ན་ཕྲུ་གུ་མང་པོ་རྗེ་བྱ་བ་སྤྱང་གྲུང་འཛོམས་ལ་རིག་པ་ཤིན་ཏུ་རྣོ་བ་ཞིག་ཡོད་པ་ཐོས་ནས་བློན་པོ་བཞི་ཕྲུ་གུ་དེ་འཚོལ་དུ་བཏང་བས་འཕན་ཡུལ་དུ་ན་མ་ཆེན་པོ་ཞིག་གི་སྟེར་ཕྲུ་གུ་དེ་དང་འཕྲད་ཀྱང་ངོ་མ་ཤེས། བློན་པོ་ཚོས་ཕྲུ་གུ་དེ་ལ་འདི་ནས་ཕར་འགྲོ་བ་ལ་ན་གཞུང་འདིའི་དཀྱིལ་ལ་ཐད་ཀར་འགྲོའམ། ཡང་ན་མཐའ་བསྐོར་ན་ལེགས་ཞེས་དྲིས་པས་ཕྲུ་གུ་དེས་ཁྱོད་ཚོ་དལ་ན་གཞུང་ཚོད། རིང་ན་མཐའ་བསྐོར་བ་ལེགས་ཞེས་བཤད་པ་དེའི་གོ་དོན་ནི་ན་གཞུང་དེའི་དཀྱིལ་ལ་ཕྱིན་ན་འདམ་རྫོང་ནང་ཚུད་དེ་ཡུན་རིང་འགོར་སྲིད་པ་དང་། མཐའ་བསྐོར་ན་འདམ་རྫོང་མེད་པ་ལམ་བདེ་བས་མགྱོགས་པར་སླེབས་ཐུབ་ཅེས་བོད་ཀྱི་གཏམ་དཔེ་བསྐོར་ན་ལམ་བདེ་ཞེས་ཤོད་རྒྱུན་ཡོད་པ་ལྟར་ཡིན་རུང་། བློན་པོ་ཚོས་དར་རྒྱལ་གྱི་སྐད་ཆ་དེ་ལོག་གཏམ་ལྟ་བུར་གོ་ནས་ན་གཞུང་དེའི་དཀྱིལ་ལ་ཐད་ཀར་ཕྱིན་པས་འདམ་རྫོང་ནང་ཚུད་ནས་ཡུན་རིང་འགོར། དེ་ནས་གྲོང་ཚོ་ཞིག་ལ་སླེབས་དུས་ཕྲུ་གུ་དེ་ནི་ཁོང་ཚོའི་སྔོན་ལ་འབྱོར་ཟིན་འདུག་པ་ལ་ཁྱོད་རང་གི་ཕ་མ་གཉིས་གང་དུ་སོང་ངམ་ཞེས་དྲིས་པར། ཕྲུ་གུ་དེས་ཨ་ཕ་གཏམ་འཚོལ་དུ་སོང་། ཨ་མ་མིག་འཚོལ་དུ་སོང་། ཞེས་ལན་བཏབ། གཏམ་དེར་ཡ་མཚན་སྐྱེས་ནས་བསྡད། དེ་ནས་ཡུད་ཙམ་སོང་བ་ན་ཕྲུ་གུ་དེའི་ཨ་

① 《ཏུང་ཧོང་ནས་ཐོན་པའི་བོད་ཀྱི་ལོ་རྒྱུས་ཡིག་ཆ་》ཤོག་ངོས་༤༡དང་༤༢ལ་གསལ།

ཕས་ཚང་ཞིག་འཁྱེར་བྱུང་བ་དང་། ཨ་མས་སྨྲོན་མེ་ཞིག་འཁྱེར་བྱུང་བས་བློན་པོ་ཚོའི་སེམས་ལ་ཚང་ནི་གཏམ་འཕེལ་བའི་རྐྱེན་དང་། སྨྲོན་མེ་ནི་མཚན་མོའི་མིག་ཡིན་ཟེར་བ་རྟོགས་ནས་ཕྲུ་གུ་དེ་དངོས་འབྲེལ་རིག་པ་རྣོ་བས་དར་རྒྱལ་མང་པོ་རྗེ་ཡིན་པ་ཤེས་ཏེ་ཁོང་འཕན་ཡུལ་ནས་སྐྱིད་ཤོད་དུ་ཁྲིད་དེ་མགར་གྱིས་ཁོད་ཤོམ་དུ་བཙུག་ཧྲང་ཁོས་ཀྱང་གཤོམ་མ་ཐུབ་པར་གྲགས།

དེ་ནས་དར་རྒྱལ་མང་པོ་རྗེས་མཆིམས་མང་བཤེར་ངན་པ་ཟེར་བ་དེ་ཡོན་ཏན་ཅན་ཞིག་ཡིན་པར་ཐོས་ནས་དེའི་བློ་རྒྱ་བའི་ཕྱིར་རི་ལ་ཚང་སྦས། ཤ་སྐམ་ཚྭ་ཚུ་བྱུགས་པ་གུད་དུ་འཁྱེར་ནས་མཆིམས་མང་བཤེར་ལུག་རྫི་བྱེད་རེས་འཁེལ་བའི་ཉིན་མཆིམས་ཀྱི་རྗེས་དེད་ནས་ཕྱིན་ཏེ་མཆིམས་ལ་བོད་ཀྱི་ཁོད་དར་རྒྱལ་མང་པོ་རྗེས་ཤོམ་ཟེར་བ་ཐོས་པས་ཤོམ་ནུས་སམ་ཞེས་བློ་རྒྱ་བའི་ཕྱིར་དྲིས་པ་ན། མཆིམས་ཀྱིས་བོད་ཀྱི་ཁོད་ཤོམ་ནུས་པ་ང་མ་གཏོགས་གཞན་སུ་ཡང་མེད། འོན་ཀྱང་ང་ནི་ཁོད་ཤོམ་འདོད་མི་འདུག་ཅེས་ལན་བཏབ། དེ་ནས་མང་པོ་རྗེས་མཆིམས་ལ་ཤ་སྐམ་ཚྭ་ཚུ་བྱུགས་པ་དེ་ཡང་ཡང་བྱིན་པ་བཟས་པས་མཆིམས་ཁ་སྐོམ་སྟེ་བཟོད་གླགས་མེད་པར་གྱུར་རྗེས་ད་ལྟ་ང་ལ་སྐོམ་ཚང་སྟེར་མཁན་ཞིག་བྱུང་ན་མི་དེས་ཅི་ཟེར་ཉན་ཞེས་བཤད་པ་བཞིན་ཚང་བཏོན་ནས་མཆིམས་ལ་ཡང་ཡང་དྲངས་ཏེ་བཟིར་བཙུག དེ་ནས་མཆིམས་ལ་བོད་ཀྱི་ཁོད་ཇི་ལྟར་ཤོམ་དགོས་དྲིས་པར། ཁོས་ཐོག་མར་རུ་མཚམས་དགུ་སྟངས་དང་། ཡུལ་བགོད་སྟངས། ཁྲོད་གཡུང་གི་སྡེ་འབྱེད་པ་སོགས་ཞིབ་པར་སྨྲས་ནས་མཆིམས་གཉིད་དུ་སོང་བའི་སྐབས་མང་པོ་རྗེ་དེ་ནས་བྲོས་ཏེ་མཆིམས་ཀྱིས་ཁོད་ཤོམ་སྟངས་བཤད་པ་ཇི་བཞིན་མགར་སྟོང་བཙན་དང་། དར་རྒྱལ་མང་པོ་རྗེ་གཉིས་ཀྱིས་བོད་ཀྱི་ཁོད་བཤམས་

པར་གྲགས།[1] གཏམ་རྒྱུད་དེ་ཁྲིས་སྲུང་ལྷ་བུར་སྣང་ཡང་ལོ་བརྒྱ་ཕྲག་དུ་མའི་སྔོན་གྱི་ལོ་རྒྱུས་ཀྱི་ཡིག་རིགས《ཆོས་འབྱུང་མཁས་པའི་དགའ་སྟོན་》ལྷ་བུའི་ནང་དུའང་དེ་ལྟར་གསལ་འཁོད་ཡོད་པ་མ་ཟད། ལོ་རྒྱུས་ཀྱི་གཏམ་རྒྱུད་དུམ་བུ་དེའི་ཐོག་ནས་སྲོང་བཙན་སྒམ་པོས་གལ་པོ་ཆེ་ལ་ནན་ཏན་གྱི་དཔེ་ལྟར་སྲིད་འཛིན་སྒྲིག་གཞི་དང་ཁྲིམས་སྲོལ་གཏན་ལ་འབེབས་པའི་དོན་ཆེན་དེ་རྒྱལ་པོ་རང་གིས་སྐེར་གཙོད་མ་མཛད་པར་རྒྱལ་བློན་འབངས་གསུམ་ཐུན་མོང་གི་བསམ་འདུན་ལ་གཞིགས་ནས་གཏན་འབེབས་གནང་བའི་ལོ་རྒྱུས་ཀྱི་དོན་དངོས་མཚོན་པ་ཙམ་དུ་མ་ཟད། མི་མེད་ན་དུ་བ་ཡོང་དོན་མེད་པ་དང་། གཟུགས་མེད་ན་གྲིབ་མ་ཡོང་དོན་མེད་པའི་དཔེ་ལྟར་མི་དམངས་ཀྱི་འཚོ་བའི་ནང་ཆང་བཏུང་བ་དང་ཆང་གི་བཟོ་རྩལ་དར་མེད་ན་དམངས་སྲུང་ནང་དུ་ཆང་གི་སྐོར་ཡོང་དོན་མེད་པས་སྐབས་དེ་དུས་ནས་བོད་ཀྱི་དམངས་ཁྲོད་དུ་ཆང་དར་ནས་ཡོད་པ་མཚོན་ཐུབ། ལྷག་དོན་དུ་བཙན་པོ་སྲོང་བཙན་སྒམ་པོའི་སྐབས་གཏན་ལ་ཕབ་པའི་ཁྲིམས་སྲོལ་གྱི་ནང་ཁྲིམས་ཆེན་བདུན་གྱི་ཡ་གྲལ་ཆང་ལ་ཚོད་ཟིན་རྒྱུའི་དོན་ཚན་གསལ་པོར་བཀོད་ཡོད་པ་དེས་ཆང་བག་མེད་སྤྱོད་མི་རུང་བ་བསྟན་ཡོད་ལ། མཁས་དབང་དགེ་འདུན་ཆོས་འཕེལ་གྱིས་མཛད་པའི《རྒྱའི་ལོ་རྒྱུས་ལས་བྱུང་བའི་བོད་ཀྱི་རྒྱལ་རབས་སྐོར་》ཞེས་པའི་ནང་དུ་བཙན་པོ་སྲོང་བཙན་སྒམ་པོའི་སྐབས"ཆང་འཁྱེར་བའི་ནང་དུ་བླུགས་ནས་འཐུང་། གསེར་དངུལ་གྱི་རྒྱན་ལ་གཅེས་སྤྲས་ཆེ"[2]ཞེས་འཁོད་ཡོད། དེ་ལས་སྐྱེས་བྱེད་ཀྱི་བཏུང་བྱ་ཆང་ནི་བོད་བཙན་པོའི་རྒྱལ་རབས་ཀྱི་སྔ་རོལ་ནས་དར་ཁྱབ་ཡོད་པར་མ་ཟད། བོད་རིགས་མང་ཚོགས་

[1] ཆབ་སྲིད་ཚེ་བརྟན་ཕུན་ཚོགས་དང་ནོར་བྲང་ཨོ་རྒྱན་གྱིས་རྩོམ་སྒྲིག་གནང་བའི《བོད་ཀྱི་ལོ་རྒྱུས་རགས་རིམ་གཡུ་ཡི་ཕྲེང་བ་》(སྟོད་ཆ་)ཤོག་གྲངས་༡༨ལ་གསལ།

[2] བོད་ལྗོངས་བོད་ཡིག་དཔེ་རྙིང་དཔེ་སྐྲུན་ཁང་ནས་བསྐྲུན་པའི《དགེ་འདུན་ཆོས་འཕེལ་གྱི་གསུང་རྩོམ་》(དེབ་གསུམ་པ་)ཤོག་གྲངས་༤༥པར་གསལ།

ཀྱི་འཚོ་བའི་ནང་སྐྱིད་སྡུག་གང་ལའང་མེད་ཐབས་མེད་པའི་བཏུང་བ་ཞིག་ཏུ་གྱུར་ཡོད་དེ། དམངས་གཞས་ལས་ཀྱང་“ ཆང་ནི་དགའ་བའི་དགའ་རོགས། །ཆང་ནི་སྐྱོ་བའི་སྐྱོ་རོགས། །དགའ་སྐྱོ་གང་འདྲ་བྱུང་ཡང་། །ཆང་གིས་རོགས་པ་ཞུས་ཡོང་། །”ཞེས་བྱུང་བ་ལྟར་རོ། །ང་ཚོས་བོད་ཡུལ་གྱི་ཆང་བེད་སྤྱོད་བྱ་ཡུལ་ལ་ཞིབ་བརྟག་ཞིག་བྱས་ན། ཆང་ལ་སྙོམ་ཞེས་པའི་མིང་དང་མཚུངས་པར་རྒྱུན་ལྡན་སྙོམ་གྱི་ངལ་བ་སེལ་ཆེད་དུ་བེད་སྤྱོད་པ་ཙམ་དུ་མ་ཟད། འཇིག་རྟེན་པའི་མདོད་སྒོ་མཐའ་དག་ལ་སྤྲོ་བ་འཕེལ་བའམ་གུས་ལུགས་མཚོན་ཆེད་ཆང་བེད་སྤྱོད་ལ། ཐ་ན་མདོད་སྒོ་མང་པོ་ཞིག་གི་ཐ་སྙད་ཀྱང་ཆང་དང་འབྲེལ་ནས་ཡོད་པ་སྟེ། དཔེར་ན། མི་ཞིག་གི་ཚེ་གང་པོའི་རྟེན་འབྲེལ་མདོད་སྒོ་ཆེ་ཤོས་གཉེན་སྟོན་ལ་ཆང་སའི་རྟེན་འབྲེལ་དུ་འབོད་པ་དང་། གཉེན་སྒྲིག་གི་སྐད་ཆ་བརྒྱབ་པ་ལ་སློང་ཆང་ངམ་ལབ་ཆང་དུ་འབོད་པ། གཞིས་གསར་འཛིན་ནས་ཐབ་གསར་བཙུགས་པར་རྟེན་འབྲེལ་བྱེད་པ་ལ་ཐབ་གསོལ་ལམ་ཐབ་ཆང་དུ་འབོད་པ། ཁང་པ་གསར་པ་ཨར་པོ་རྒྱག་སྐབས་ཐོག་འབུབས་པའི་རྟེན་འབྲེལ་ལ་ཐོག་ཆང་དུ་འབོད་པ། མགྲོན་པོ་ཕྱོགས་ནས་ཕེབས་ཡོང་སྐབས་གུས་ལུགས་བསུ་བ་ཞུ་བ་ལ་བསུ་ཆང་ངམ་མགྲོན་ཆང་། ཡང་ན་ངོ་ཆང་ངམ་གདོང་ཆང་དུ་འབོད་པ། དཀར་ཉེ་གྲོགས་གསུམ་ཕྱི་ཕྱོགས་ལ་ཕེབས་སྐབས་ཕེབས་སྐྱེལ་ཞུ་བ་ལ་སྐྱེལ་ཆང་ངམ་ཕེབས་ཆང་དུ་འབོད་པ། གྲོང་པ་ཁྱིམ་མཚེས་ལ་མི་ཤི་སྐྱོན་ཆག་བྱུང་སྐབས་སེམས་གསོ་གཏོང་བར་འགྲོ་བ་ལ་སྡུག་ཆང་དུ་འབོད་པ། ནད་པ་དྲག་སྐྱིད་བྱུང་བར་རྟེན་འབྲེལ་བྱེད་པ་ལ་དྲག་ཆང་དུ་འབོད་པ། གྲོགས་པོ་དགའ་འཛོམས་སྤྲོ་སྐྱིད་གཏོང་བ་ལ་རོགས་ཆང་ངམ་གྲོགས་ཆང་དུ་འབོད་པ་བཅས་དང་། གཞན་ཡང་དུས་བཞིར་ཡུལ་གྱི་གོམས་པའི་ལུགས་སུ་མཆིས་པའི་ལོ་གསར་ཁག་དང་། འོང་སྐོར། ཞོ་སྟོན། རྟ་མདའི་དུས་ཆེན། དེ་བཞིན་ས་ཁུལ་སོ་སོར་དར་བའི་དུས་ཆེན་དང་

ཕྱིས་སུ་གསར་དར་རྒྱལ་སྟོན་དང་། དྲུག་གཅིག ལྔ་གཅིག ལྔ་བཞི། བརྒྱད་གཅིག དཔྱིད་གསར་དུས་ཆེན་སོགས་དུས་ཆེན་རྣམ་གྲངས་མང་ཐོག་མང་བརྩེགས་བརྗོད་ཀྱིས་ལངས་དགའ་བ་ཡོད་པ་དེས་རང་རེའི་སྐྱེ་བོ་སྐྱུར་དད་ཅན་ཚོར་ཆང་འཐུང་ལ་རོལ་བའི་ཁོར་ཡུག་གཞི་རྒྱ་ཆེན་པོ་ཞིག་བསྐྲུན་ཡོད་ལ། དུས་ཆེན་དེ་རྣམས་ཀྱང་ཆང་སྟོན་དང་སྦྲག་རའི་ཕྱོགས་སུ་ངོ་བོ་འགྱུར་བཞིན་ཡོད། རྣམ་ཀུན་རང་རེའི་ཁྲུལ་འདིར་ཆང་མེད་པར་གཞས་བཏང་ན་“ཁ་སྐམ་པོར་གཞས་བཏང་”ཟེར་བ་དང་། ཆང་མེད་པར་ཤོ་བརྩེས་ན་“སྐམ་ཤོ་བརྒྱབ་པ་”ཞེས་དམའ་འབེབས་གཏོང་སྲོལ་ཡོད་པ་དང་། སྐྱེ་བོ་ལ་ལས་ཞོགས་པ་མིག་ཁ་ཕྱེ་བ་ནས་བཟུང་ཆང་ལ་སྤྱོད་པ་མ་ཟད། ད་དུང་“ཞོགས་ཆང་ཨ་ཕའི་མིག་ལ་ཕན། ཞོགས་ཇ་མ་འཐུང་སུ་ཡིས་ཟེར་”ཞེས་དང་། ཡང་ན་“ར་སྤྲ་ཞོགས་བཟི་ན་གྲོང་པའི་བཟའ་དཔོན་ཡིན། ར་དགོང་རྡོ་སྲང་ཁའི་སྦྲང་སློང་ཡང་བཟི་”ཞེས་བརྗོད་ནས་སྤྲ་ཞོགས་ནས་ཐུག་པ་ར་བཟི་ཆགས་ན་བཟང་རྟགས་སུ་ངོམ་སོ་བྱེད་པ་བཅས་ནས་བོད་པ་རྣམས་ཆང་ལ་དགའ་བ་དང་སྤྲོ་སྐྱིད་ལ་དགའ་བ་ཡོངས་སུ་མཚོན་གྱི་ཡོད། ལྷག་པར་དུ་དུས་ཕྱིས་བོད་པ་རྣམས་ཀྱི་འཚོ་བའི་ཆ་རྐྱེན་བཟང་དུ་འགྲོ་བ་དང་སྦྲགས་ཆང་བཏུང་གི་བྱེད་སྒོ་སློང་ག་དང་། སྤེན་སྐྱིད། ཕེབས་སྐྱེལ་རྟེན་འབྲེལ་སོགས་ཇེ་མང་དུ་འཕེལ་ལ། གྲོང་ཁྱེར་དང་ལས་ཁུངས་ཁག་ཏུ་བག་མེད་རྒྱུས་འཐུང་བྱེད་པའི་སྣང་ཚུལ་དེ་བས་ཀྱང་ཚབས་ཆེ་བ་ཡོད་པ་ནི་ཀུན་གྱི་ཤེས་ཚོད་ཡིན་མུས་ལགས་ཀྱང་བླང་དོར་སྐོར་གྱི་སློང་སློང་གནང་མཁན་ད་བར་མ་བྱུང་བར་བསམས་ནས་འདིར་ཆེད་དུ་སློང་བར་བྱའོ། །

གོང་སྨོས་ལྟར་བོད་རིགས་ཀྱི་འཛིག་རྟེན་མཛད་སྒོའི་མིང་ཚིག་མང་དག་ཅིག་ཆང་དང་འབྲེལ་ནས་ཡོད་པ་དང་། མཛད་སྒོ་དང་དུས་ཆེན་ཕལ་ཆེར་ཆང་སྟོན་དང་སྦྲག་ར་ལ་གྱུར་བ་དེ་ཁོ་ནས་ཆང་དེས་བོད་མི་རིགས་ལ་བག་ཆགས་རྩ་

ཟབ་སྟོང་བརྟན་ཞིག་བཞག་ཡོད་པ་ནི་གླེང་མེད་རེད། དེ་ལྟ་བུའི་ཚོད་ཚོད་མེད་པར་ཆང་འཐུང་ལ་འཇུག་པའི་གོམས་གཤིས་དེ་ལ་ལེགས་བཅོས་མ་བྱས་ན་མཐའ་མར་བོད་ཀྱི་སྤྱི་ཚོགས་འདི་ཡང་ཆང་ཁང་ཆེན་པོ་ཞིག་དང་འདྲ་བར་“སྐྱུར་དྲི”དང་“སྐྱུག་དྲི་”ཡིས་ཁེངས་ལ། གཞན་ཚོས་རང་ཅག་བོད་པ་རྣམས་ལ་ཆང་རིགས་སུ་འབོད་ཉེན་འདུག དེའི་ཕྱིར་ང་ཚོས་ཆང་གི་དགེ་སྐྱོན་ལ་ངོས་འཛིན་ཡང་དག་ཅིག་བྱས་ཐོག་ བླང་དོར་འཁྲུལ་བ་མེད་པ་བྱ་དགོས་ངེས་སུ་མཐོང་། འཛམ་གླིང་མི་རིགས་ཁག་གི་ཁྲོད་དུ་ཆང་གི་དགེ་སྐྱོན་སྐོར་ཕྱོགས་བསྡོམས་བྱེད་མཁན་མི་ཉུང་བ་ཞིག་བྱུང་མྱོང་ལ། དགེ་སྐྱོན་ལ་ཕྱོགས་བསྡོམས་བྱས་པ་དེས་བླང་དོར་ལ་འཁྲུལ་བ་མེད་པར་འཇུག་རྒྱུ་ལ་ཕྱོགས་སྟོན་གྱི་རང་བཞིན་ལྡན་ཡོད། རང་ཅག་བོད་པ་རྣམས་ཀྱི་མེས་པོ་ཚོས་ཀྱང་ཆང་གི་ཉེས་དམིགས་སྐོར་གྱི་སྒྲུང་གཏམ་དང་། ཆང་གི་དགེ་མཚན་བརྗོད་པའི་ཤོད་རྒྱུན་མི་ཉུང་བ་ཞིག་སྤེལ་ཡོད་ཙང་། ད་ལྟའི་དུས་སུ་བོད་པ་རྣམས་ཆང་འཐུང་ལ་དགའ་བ་ཙམ་ལས། ཆང་གི་དགེ་མཚན་དང་ཉེས་དམིགས་ཐད་ལ་བསམ་གཞིག་གནང་མཁན་དང་། བླང་དོར་ལ་འཁྲུལ་བ་མེད་པར་འཇུག་མཁན་ཏ་ཙང་དཀོན་པར་མཐོང་། དུས་ཀྱི་འགྱུར་བའི་འགྲོས་དང་བསྟུན་ནས་ཆང་བེད་སྤྱོད་བྱེད་སྟངས་ཀྱི་གོམས་གཤིས་ལ་འགྱུར་བ་འགྲོ་བ་དང་སྒྲུགས་ཆང་གི་དགེ་སྐྱོན་ལའང་འགྱུར་བ་ངེས་ཅན་ཞིག་འགྲོ་ངེས་ལགས་ན། དུས་རབས་གསར་པའི་ནང་དུ་བོད་ཁུལ་གྱི་ཆང་འཐུང་ལ་འཇུག་པའི་སྲོལ་དེར་དགེ་སྐྱོན་ཅི་ཡོད་ཐད་ལམ་ཙམ་གླེང་བར་བྱའོ། །

གཉིས། ཆང་དང་དེ་འབྲེལ་རིག་གནས་ཀྱི་དགེ་ཆའི་སྐོར།

དང་པོ། ཆང་ཞེས་བྱ་བའི་བཏུང་བྱ་དེ་ཉིད་ནི་བོད་མི་རིགས་ཀྱི་ཟས་རིགས་ཀྱི་གྲུབ་ཆ་གཙོ་བོ་ཞིག་ཡིན་ལ། དེ་ལ་སྨན་གྱི་ངལ་བ་སེལ་བའི་ནུས་པ་ལྡན་

ཡོད་པ་དང་། དེ་ནི་ཕྱི་ལས་ཧ་ཁྲིམ་གཞིས་དང་ཐག་རིང་ཙམ་གྱི་སར་ངལ་རྩོལ་ལ་འགྲོ་སྐབས་དང་ཞིང་འབྲོག་ལས་བྲེལ་ཆེ་བའི་སྐབས་ཀྱི་སྟབས་བདེ་བའི་བཏུང་བྱ་ཞིག་ཡིན། ཞིང་འབྲོག་ཁུལ་གྱི་ཐོན་སྐྱེད་ངལ་རྩོལ་ནི་གཅིག་ནས་ལུས་ཤུགས་ཁོ་ན་འདོན་རྒྱུ་ལས་མེད་པ་དང་། གཉིས་ནས་དཔྱིད་ལས་དང་། སྟོན་ལས། དབྱར་ལས། དགུན་ལས་བཅས་ནམ་དུས་རེ་རེའི་ཐོན་སྐྱེད་ནམ་དུས་དེ་རང་ལ་དུས་ཐོག་ལེགས་སྒྲུབ་བྱེད་དགོས་པས་དུས་ཚོད་དམ་འཛིན་བྱེད་དགོས་ལ། ཡང་སྐོམ་སུ་ངལ་རྩོལ་བྱ་ཡུལ་ཡང་ཞེལ་གླིང་ཙན་གྱི་དོན་གཅོད་ཁང་དང་ཐག་ཡོད་འཁོར་ཁང་ནང་དུ་མིན་པར་ས་ཞིང་དང་རྩྭ་རའི་ནང་དུ་ཡིན་པས་ལུས་ངལ་ཁ་སྐོམ་མི་ཡོང་བ་ག་ལ་སྲིད། དེས་ན་ལུས་ངལ་གསོ་བ་དང་། སྐོམ་ངལ་སེལ་བའི་ཆེད་དུ་ལས་ཀའི་བར་གསེང་དང་ལས་ཀ་ཚར་སྐབས་དཀའ་ཆང་འཐུང་སྲོལ་བྱུང་ལ། དཀའ་ཆང་བཏུང་རྗེས་ངར་ཤུགས་དང་ལུས་ཤུགས་སླར་སྐྱེས་ནས་ལས་ཚོད་ཇེ་ཆེར་འགྲོ་ཡི་ཡོད། དེ་ལས་གཞན་དཀའ་ཆང་གི་དོད་དུ་ཇ་བསྐོལ་བ་ཡིན་ན་མེ་ཤིང་འཚོལ་འཐུ་བྱེད་དགོས་པ་སོགས་ཀྱི་རྐྱེན་པས་དུས་ཚོད་འཕྲོ་བརླག་འགྲོ་མང་བར་མ་ཟད། ཇ་བསྐོལ་བའི་དུས་ཚོད་དེའང་ཚུད་ཟོས་སུ་འགྲོ་རྒྱུ་ཡིན་པས་ལས་ཐབས་ཆག་རྒྱུ་སློས་མེད་ཡིན། དེར་བརྟེན་མིག་སྔར་ཇ་ཆང་ཙམ་མ་གཏོགས་བཏུང་བྱ་གཞན་མེད་པའི་བོད་ཀྱི་ཞིང་འབྲོག་ཁུལ་གྱི་དངོས་དོན་ལ་གཞིགས་ཚེ་ཚོད་དང་རན་པར་འཐུངས་ན་དགེ་མཚན་ཞིག་ཏུ་སྣང་། དེ་བཞིན་བོད་ཀྱི་གསོ་བ་རིག་པའི་གཞུང་ལས། “ཆང་ནི་མངར་སྐྱུར་ཁ་ལ་ཞུ་རྗེས་སྐྱུར། །རྣོ་དྲོ་རྩུབ་ཕྲ་ཙུང་ཟད་ཐུར་དུ་འབྲུ། །དྲོད་འབར་སྤོབས་བསྐྱེད་གཉིད་འཕེལ་བད་རླུང་སེལ། །” ཞེས་པའམ། ཡང་ན་“རླུང་གི་ནད་ལ་བཅུད་བཞི་བརྟེན་པར་བྱ།” ཞེས་གསུངས་པ་ལྟར་བཅུད་བཞི་ནི་ཆང་། ཤ་རམ། རུས་པ། མར་བཅས་ཡིན་པས། ཆང་དེ་ཉིད་ཀྱིས་རླུང་ནད་རྒྱང་པ་ལ་ཕན་པ་ཆེ་བ་གསོ་རིག་མཁས་པའི་

ལག་ལེན་དང་དམངས་ཀྱི་འཚོ་བའི་ཉམས་མྱོང་ལས་ཀྱང་རྟོགས་ཐུབ།

གཉིས་པ། ཆང་ཞེས་པ་ནི་བོད་རིགས་ཀྱི་མྱོས་བྱེད་བཏུང་བྱ་སྤྱིའི་མིང་ཞིག་ཡིན་ཞིང་། ཆང་བསྐོལ་བཟོ་བྱེད་པའི་ལག་རྩལ་སྣ་ཚོགས་བོད་ཁམས་སུ་དར་ནས་ཡོད་ལ། དེ་ནི་བོད་ཀྱི་བཟའ་བཏུང་ལས་རིགས་ཀྱི་གྲུབ་ཆ་གལ་ཆེན་ཞིག་ཡིན། བོད་རིགས་ཀྱི་ཆང་བསྐོལ་བཟོ་བྱེད་པའི་ལག་རྩལ་ནི་མི་རབས་མང་པོའི་རིང་འཛིན་སྤེལ་གྱིས་ཆུ་ཐིགས་བསགས་པ་ལས་བྱུང་བ་ཞིག་ཡིན་གཤིས། ལག་རྩལ་དང་རྣམ་གྲངས་གང་གི་ཆ་ནས་ཀྱང་ཏ་ཙང་ཕུན་སུམ་ཚོགས་པ་ཞིག་ཡོད། ཆང་གི་རིགས་ལ་རྒྱུ་ཆའི་སྒོ་ནས་དབྱེ་ན་ནས་ལ་བཅོས་པའི་ནས་ཆང་དང་། གྲོ་ལ་བཅོས་པའི་གྲོ་ཆང་། འབྲས་ལ་བཅོས་པའི་འབྲས་ཆང་། ཀྲུན་འབྲུམ་ལ་བཅོས་པའི་ཀྲུན་ཆང་བཅས་དང་། བཟོ་སྟངས་ལག་རྩལ་གྱི་སྒོ་ནས་དབྱེ་ན"ལོ་ལ་བཅོས་པའི་ལོ་ཆང་ཡོད། །ལོ་ཆང་ལོ་ཡག་ཁམ་པ་ཡོད། །ཟླ་ལ་བཅོས་པའི་ཟླ་ཆང་ཡོད། །ཟླ་ཆང་ཟིལ་མངར་ལྡན་པ་ཡོད། །ཞག་ལ་བཅོས་པའི་ཞག་ཆང་ཡོད། །ཞག་ཆང་ཞག་པོ་མེ་འབར་ཡོད་"[1]ཅེས་པ་ལྟར་ལོ་ཆང་དང་། ཟླ་ཆང་། ཞག་ཆང་། དེ་བཞིན་བོད་རག་དང་། ངོ་སློག ཐོན་རྩམ། བུར་ཆང་། རུས་ཆང་། ཟན་ཆང་། ཆང་བསྐོལ་སོགས་ཆང་རིགས་དང་ཆང་ལས་བཟོས་པའི་ཟས་རིགས་མང་པོ་ཞིག་བསྐོལ་བཟོ་བྱེད་པའི་ལག་རྩལ་ཡོད་པ་དང་། སྨན་གཞུང་རྒྱུད་བཞིའི་ཕྱི་མ་འཕྲིན་ལས་རྒྱུད་བཤད་པའི་སྐབས་སྨན་ཆང་ཁོ་ནའི་ཚོ་གའི་ལག་ལེན་དང་ཕན་ནུས་བསྟན་པའི་ལེའུ་གཅིག་གསུངས་ཡོད་ལ། དེ་ལ་སྦྲང་ཆང་དང་། བུར་ཆང་། མར་ཆང་། ཟན་ཆང་། རུས་ཆང་། སྲོ་ལོའི་ཆང་དང་། ཏིག་ཏའི་ཆང་སོགས་བསྟན་ཡོད་པ་དག་ཀྱང་ཆང་ལ་ཁ་ཚར་གྱི་སྨན་གྱི་ནུ་བསྐྱར་

① 《ཐང་རྒྱན་མེ་ཏོག》༡༩༨༩ ལོའི་དུས་དེབ་༣—༤པར་གསལ།

བ་ལས་ངོ་བོ་ཆང་ཡིན་ལ་སྙོལ་ཐབས་ཚོ་གའི་ལག་ལེན་ཡང་བོད་ཀྱི་སྔར་ནས་དར་བའི་ནས་ཆང་གི་ལག་ལེན་ཁོ་ན་ཡིན་ན་ཆང་བསྙལ་བཟོ་བྱེད་པའི་ལག་རྩལ་རྣམས་མ་ཉམས་གོང་འཕེལ་གཏོང་དགོས་ངེས་རེད། གཞན་ཡང་བོད་ཡུལ་དུ་སྨིས་བྱེད་ཀྱི་བཏུང་བྱ་ཆང་དེ་ཡོད་པའི་དབང་གིས་ཆང་སྣོད་དངུལ་ཆས་དང་། ཟངས་ཆས། ཤིང་ཆས། རྫ་ཆས། ཐ་ན་ཕྱུགས་རིགས་ཀྱི་རྣ་ཅོ་དང་གྲོད་པ་སོགས་ལས་བཟོས་པའི་དཔེ་གསར་གྱི་ཆང་སྣོད་བཅས་སྣེ་རིགས་མང་པོ་ཞིག་གསར་གཏོད་བྱུས་ཡོད་པ་ནི་བོད་ཀྱི་མི་རིགས་ལག་ཤེས་བཟོ་ལས་ཀྱི་གྲུབ་ཆ་ཡིན་པས་དགེ་ཆར་ངེས་ན་དེ་རྣམས་ཀྱང་རྒྱུན་འཛིན་བྱེད་དགོས་ངེས་སུ་བདག་གིས་མཐོང་།

གསུམ་པ། གོང་སྨོས་ལྟར་ཆང་དེ་བོད་ཀྱི་ཡུལ་དུ་དར་ནས་བགྲང་བྱ་སྟོང་ཡན་འདས་ཟིན་པ་དང་། བོད་རིགས་ཀྱི་འཇིག་རྟེན་མཛད་སྒོ་དུ་མའི་སྤྲོ་བ་འཕེལ་བྱེད་ལ་མཁོ་བ་ཞིག་ཆགས་ལུགས་པས་ཆང་དང་འབྲེལ་བའི་རིག་རྩེད་བྱེད་སྒོ་མང་པོ་ཞིག་བོད་ཡུལ་དུ་དར་ནས་ཡོད། དེ་ཡང་། ཀ་བཞི་ར་བའི་ནང་དུ། །ཕྱོགས་བཞིའི་གྲོགས་པོ་འཛོམས་སོང་། །དགའ་པོའི་མཆོད་ཆང་མཆོད་སོང་། །སྙན་པོའི་གླུ་དབྱངས་ལེན་སོང་། །ཞེས་པའི་ཆང་གཞས་དང་། ཟ་དང་བསྟུན་ནས་བྲོ་འཁྲབ། གཞས་དང་བསྟུན་ནས་ཆང་ཐུངས་ཞེས་པའི་གཏམ་དཔེ་ལྟར་ཆང་དང་གཞས་གཉིས་གན་ལྡེ་མགོ་སྦྲེལ་ལྟ་བུར་ཆགས་ནས་ཆང་འཐུང་ལ་རོལ་སྐབས་གླུ་གཞས་ལེན་པ་ནི་རང་རེ་ཁ་བ་རི་པའི་རྟེན་འབྲེལ་བྱེད་སྒོའི་ཁྱད་ཆོས་ཆེ་ཤོས་སུ་ངེས་སོ། །དེ་ཡང་བཀྲ་ཤིས་རྟེན་འབྲེལ་མཛད་སྒོའི་ཐོག་ཆང་ལ་དགའ་སྐྱིད་སྤྲོ་བ་འཕེལ་བའི་ནུས་པ་ལྡན་ལ། སྤྲོ་སྐྱིད་སྐབས་ཀྱི་གཞས་དང་རིག་རྩེད་མང་པོ་ཆང་དང་འབྲེལ་ནས་ཡོད་པ་རྣམས་ཀྱང་དགེ་ཆར་མཐོང་། བོད་ཀྱི་དམངས་གཞས་མེ་ཏོག་ལྷུམ་རའི་ནང་ཆང་གཞས་ནི་མེ་ཏོག་ཏ་ལོ་ལྟར་མཛེས་ལ་

བཀྲག་མདངས་ཆེ་བ་ཀུན་གྱིས་མཁྱེན་མུས་ཡིན་པ་དེ་དང་། ད་ལྟ་ཉུབ་རིའི་ལ་ཁའི་ཉེ་མ་ལྟར་ཉམས་ཉེར་ཡོད་པའི་ཁྲུང་བཀག་རིག་རྩེད་སོགས་ནི་དམིགས་བསལ་ཆང་འཐུང་བའི་སྐབས་སུ་གཏོང་བའི་གཞས་པོ་ན་ཡིན་ལ། བཟོད་བྲ་ཕུན་སུམ་ཚོགས་ལ་རྩོད་བྱེད་དང་གདངས་དབྱངས་སྙན་འཇེབས་ལྡན་པ་རྣ་བའི་བདུད་རྩིར་གྱུར་བ་དེ་རྣམས་ནི་མི་རིགས་རིག་གནས་བང་མཛོད་ནང་གི་ནོར་བུ་ཞིག་ཡིན་པ་སྨོས་ཅི་དགོས། དེ་བཞིན་ཕོ་གཞོན་པའི་ལུས་ལ་གཏམ་སྣ་འཛོམས་པ་དང་། དམན་བུ་མོའི་ལུས་ལ་གླུ་སྣ་འཛོམས་པའི་གངས་ཅན་བོད་ཀྱི་དམངས་ཁྲོད་དུ་ཆང་འཐུང་ལ་རོལ་སྐབས་རིག་རྩེད་ཀུ་རེའི་བྱེད་སྒོ་སྣ་ཚོགས་ཡོད་པ་ནི། བཞུགས་གྲལ་གཡས་གྲལ་གཡོན་གྲལ་དང་ཡུལ་ལུང་ཕྱོགས་ཁ་གྱེས་ཏེ་གླུ་གར་གཏམ་གསུམ་འགྲན་པ་དང་། ཁྲུང་སྟོན་སྐབས་སུ་བུའི་གཉེན་ཚན་དང་བུ་མོའི་གཉེན་ཚན་གླུ་གར་གཏམ་གསུམ་འགྲན་པ། སྐྱ་མགྲོན་དང་ཁྲུང་འདྲེན་མ་གླུ་གར་གཏམ་ལ་འགྲན་པ་སོགས། མདོར་ན་བཞུགས་གྲལ་གང་འདྲ་ཞིག་ཡིན་རུང་ཆང་འཐུང་ལ་འཇུག་པ་དང་དུས་མཚུངས་གཞས་དང་ཞབས་བྲོ་ཞལ་ཤོབ་ཀུ་རེའི་གཏམ་སྙན་གྱིས་ཁུར་དིང་དིང་དུ་སྤོད་ཀྱི་ཡོད་པ་དེས་མིག་སྔར་བསམ་པའི་རིག་གནས་འཚོ་བ་དཔལ་བའི་ཞིང་འབྲོག་ཁུལ་དུ་རིག་གནས་འཚོ་བ་འཕྲུག་པོ་ཡོང་རྒྱུར་ཕན་ཡོན་ལྡན་ན་དེ་ཡང་བདག་གིས་དགེ་ཆར་མཐོང་ངོ་། །

གསུམ། ཆང་གི་ཉེས་དམིགས་སྐོར།

དང་པོ། ཆང་གི་ཉེས་དམིགས་གཙོ་བོ་ཞིག་ནི་ནད་རྣམས་རྒྱལ་བར་བྱས་ཏེ་མིའི་ཚེ་སྲོག་ལ་གནོད་འཚེ་གཏོང་བ་དེ་རེད། དེ་ཡང་ཆང་དེ་ཉིད་ལ་ནུས་པ་རྣོ་ལ་ཏྲོ་བ་རྩུབ་པ་བཅས་ཀྱི་ཆོས་ཉིད་ལྡན་པས། སྤྱིར་ནད་ཚ་གྲང་གཉིས་ལས་ཚ་བའི་ནད་ལ་གནོད་པ་སྐྱེ་མཁྲིས་ཚད་དང་། ཆམ་ཚད། མཁལ་ཚད་སོགས་ལ་

འཚོ་བ་ཤིན་ཏུ་ཆེ་བ་དང་། ཆང་འཐུང་ཐལ་དྲགས་ན་ཟས་ཀྱི་དང་ག་འགག་པ་དང་། འཇུ་སྟོབས་ཉུས་པ་ཉམས་པས་སྐྱོན་དུ་འགྱུར་གྱི་ཡོད་པ་ལྷ་རྗེ་མཁས་པའི་ངག་ལས་ཐོས་ལ། རང་རིགས་སྐྱེ་བོའི་ཁྲོད་ནས་མི་ཉུང་བ་ཞིག་མཆེན་པའི་ནད་རིགས་ཀྱིས་ལྡུ་པའི་ལམ་དུ་འདྲེན་གྱི་ཡོད་པ་ཐལ་ཆེར་སྐྱུར་དད་ཆེ་དྲགས་པ་དེས་ལན་པ་ཡིན།

གཉིས་པ། ཆང་གི་མིང་གི་རྣམ་གྲངས་སུ་ཙ་ཙོ་བྱེད་དང་། འཁྲུལ་བྱེད། འདོད་བྱེད་དུ་འབོད་ལ། དེ་ནི་"ཕྲུགས་པ་ངག་སྨྲ་འབྱེད་པའི་ལྡེ་མིག་དང་། སྙིང་མེད་ལ་ལ་འགྲོ་བའི་སྐྱེལ་མ་ཡིན་"ཞེས་བརྗོད་པ་ལྟར། ཆང་དག་བཏུངས་པའི་རྗེས་ལ་ཙ་ཙོ་འཕེལ་བ་དང་། བློ་ཤེད་བསྐྱེད་པ། ངོ་ཚ་བརླགས་ཏེ་ཁྲེལ་མེད་ཀྱི་བྱ་བ་བྱེད་པ་སོགས་ཡ་རབས་ཚུལ་ལྡན་གྱི་སྤྱོད་པ་དང་བྲལ་ཏེ། "བློ་ཤེད་སྟོ་མོའི་ཆང་ལ་བཅོལ། མགོ་སྤྲུ་མི་ཡི་ལག་ཏུ་སྤྲད་"ཟེར་བ་ལྟར་རྒྱ་འདྲེ་འཁྲུག་རྩོད་དང་། ལོག་གཡེམ་ཕོངས་སྤྱོར་གྱི་གཞི་རུ་གྱུར་བ་ཡིན། དེ་ཡང་《ཛ་ཆང་ལྷ་མོའི་བསྟན་བཅོས》ནང་"སྤྱི་ནས་ རོ་མངར་ལ་མདོག་མཛེས་པའི་འཁྲུལ་བསྟན་པས། རྒྱབ་ནས་ཆག་སྒོམ་དེད་པར་ཇི་མ་སླམ་པའི་བློ་ཤེད་བསྐྱེད་དེ་རླུང་ལངས་ཚུལ་སོགས་ལ་ཁ་གཡར། དད་ལྡན་ནས་ཚོགས་གསོག་ཕྱིར་ཐུལ་བའི་དངུལ་འགྱེད་དེ་ནི་བྱུར་ཉོ་བའི་རིན་དུ་འཇལ། གང་བཏུངས་པས་ཉོན་མོངས་པའི་རྩ་བ་ལངས་པའི་རྟགས་སུ་གྲི་འགོ་ཐུར་ཞིང་ཅི་ལབ་འདི་ལབ་མེད། དོ་བཏུངས་པས་དྲན་ཤེས་བག་ཡོད་ཀྱི་སེམས་དོར། གཡོ་རྒྱུའི་རྟོག་པ་མི་ཟུང་བ་སྣ་ཚོགས་སྐྱེད། གསུམ་བཏུངས་པས་ཉེས་ལྟུང་གཏིང་བརྗེད་དུ་སོང་ནས་གནས་མོར་སྤྲ་ལག་སྤྲེའུ་བཞིན་དུ་འཁྲབ། བཞི་བཏུངས་པས་སེམས་ཤོར་བས་སྨེར་གཡོག་དང་། ཚོང་པ། ལྷ་མོ་བག་མེད་ཕྱོགས་སུ་བསྐྱོད་"ཅེས་གསལ་བ་ལྟར་ལགས། དུས་ཕྱིས་རང་རེའི་ཁོར་ཡུག་ཏུ་སྐྱུར་དད་ཆེ་བའི་སྐྱེ་བོ་ལ་ལས་ཆང་ཚོད་མེད་དུ་བཏུངས་རྗེས་སྐྱུར་

འགོང་ཤོར་པ་དང་། སྤྱོད་པ་གང་བྱུང་མང་བྱུང་བྱེད་ཀྱི་ཡོད་ལ། དེ་བས་ཀྱང་གྲོང་ཁྱེར་ཁག་ནང་དུས་ཆེན་དང་དགའ་སྐྱིད་གཏོང་བའི་སྐབས་གནས་ཚུལ་དེ་རིགས་ཚབས་ཆེ་བར་འདུག་པ་དེ་རྣམས་གཞན་གྱིས་སྨྱུག་གྲོ་བྱ་ཡུལ་ལས་གཞན་ཅི། དེ་ལྟར་ན་ཆང་དེ་ཉེས་པ་ཀུན་གྱི་རྩ་བ་ཡིན། །རྩ་རྩེའི་ཟིལ་པ་ཙམ་ཡང་སྤང་བར་བྱ། །ཞེས་སྤང་བྱར་གསུངས་པ་དོན་དང་ལྡན་གཤིས། ཆང་འཐུང་ཐལ་ཤོར་ན་རང་ལ་མི་ཕན་པ་ཙམ་མ་ཟད། གཞན་ལའང་སུན་གཙེར་བཟོ་བས་རང་གཞན་གཉིས་ཀར་གནོད་པའི་རྒྱུ་རྐྱེན་མཐོང་ངོ་། །

གསུམ་པ། ཆང་ནི་མྱོས་བྱེད་རང་བཞིན་ལྡན་པ་ཞིག་ཡིན་པས་བཏུངས་དྲགས་ན་འཕྲལ་ཉམས་དགའ་ཡང་རྗེང་སོར་ཤེས་པ་ཉོག་ཅིང་ཁམས་མི་བདེ་བའི་འབྲས་བུ་འབྱིན་པ་ཡིན། དེ་ཡང་《བདུད་རྩི་སྙིང་པོ་ཡན་ལག་བརྒྱད་པ་གསང་བ་མན་ངག་གི་རྒྱུད་》ལས་ཀྱང་། ཐལ་དྲགས་སེམས་འགྱུར་བག་མེད་ངོ་ཚ་འཇིག །རོ་དང་པོ་བག་མེད་གནས་ལ་གནས། །རྣམ་རྟོག་ངན་འཇོམས་བདེ་བ་ཡིན་སླམ་སེམས། །ར་རོ་གཉིས་པ་གླང་ཆེན་སྨྱོན་པ་ལྟར། །ཁ་ན་མ་ཐོ་ཚུལ་ཁྲིམས་འཆལ་པར་གནས། །ར་རོ་གསུམ་པ་སེམས་མེད་རོ་ལྟར་ཉལ། །གང་ཡང་མི་ཤེས་མུན་པའི་གནས་སུ་འགྱུར། །ཞེས་བསྟན་ཡོད། དེ་ཡང་རང་ཅག་གི་དངོས་ཡོད་འཚོ་བའི་ནང་དུའང་ཆང་གིས་མྱོས་པའི་མི་ལ་ལ་ནི་ཁྱི་སྨྱོན་ལྟར་སྡོད་ཚུགས་མེད་པར་གང་སར་མྱུལ་བ་དང་། ལ་ལ་ནི་གོ་མེད་ཚོར་མེད་རོ་ལྟར་འགྱེལ་ནས་སྡོད་པ་སོགས་གང་ལྟར་ཆང་གིས་མྱོས་པའི་མི་དག་ལ་བལྟས་ན་མིག་ལམ་དུ་མི་མཛེས་པ་མ་ཟད། ཉིན་ཕྱི་མར་ཆང་ནད་ཀྱིས་མནར་བའམ་ར་རྒྱན་སྲིད་མས་བཟིར་བ་དང་གཉིས་སུ་མེད་པར་གྱུར་གྱི་ཡོད། དེར་བརྟེན་སྔར་གཞུང་གི་ལས་ཀར་འཐུས་ཤོར་ཚབས་ཆེན་ཡོང་གི་ཡོད་ཅིང་། དེ་ལྟར་ཉི་མ་ནས་ཟླ་བ་དང་ཟླ་བ་ནས་ལོ་བསྟུད་དེ་ཉི་མ་གང་འཁྱོལ་གྱིས་ཆང་ཁོན་ལ་གཡེང་ནས་བསྡད་ན། ཆང་

གེས་གཡེང་བའི་མི་དག་ནི། །གསོན་ཡང་ཤི་བ་དག་དང་མཚུངས། །ཞེས་མདོ་དྲན་པ་ཉེར་བཞག་ལས་གསུངས་པ་ལྟར་དུ་གྱུར་ངེས་པས་ཆང་གི་ཉེས་དམིགས་དག་བསམས་ནས་སྤོང་དགོས།

བཞི་པ། སྦྱོར་ཆང་ནི་འབྲུ་རིགས་ཐོན་ཁུངས་བཟང་བ་དང་། འཚོ་བའི་ཆུ་ཚད་མཐོ་བའི་བཏུང་བྱ་ཞིག་ཏུ་ངེས་ཀྱང་། འཐུང་ཐལ་ཤོར་ན་འབྲུ་རིགས་ཆུད་ཟ་བའི་རྒྱུ་ལས་མ་འདས། དེ་ཡང་། ཕུ་ལུང་པའི་ཕུ་ཐག་རིང་ཐུང་དེ། །མདའ་གཙང་ཆབ་སྔོ་མོར་བལྟས་པས་ཤེས། །ཞེས་པ་ལྟར་རྣམ་ཀུན་རང་རེའི་སྐྱེ་བོ་མང་པོས་ཆང་གི་མང་ཉུང་དང་། གར་སླ། ཞིམ་མངར་གྱི་ཐོག་ནས་ཁུལ་དེའམ་དུད་ཚང་དེའི་འབྲུ་རིགས་ཀྱི་ཐོན་ཁུངས་བཟང་མིན་ནམ་འཚོ་བའི་ཆུ་ཚད་ཡག་ཉེས་ཤེས་ཀྱི་ཡོད་པར་ངོས་འཛིན་བྱེད་ཀྱི་ཡོད་པ་དང་གཅིག གཙང་ནུ་མ་དང་སྐྱེ་མོ་སོགས་ས་ཁུལ་དུ་སྦང་རྩམ་ཟ་བའི་གོམས་གཤིས་ཡོད་ལ། སྦང་རྩམ་ཡོད་མཁན་ནི་འཚོ་བའི་ཆ་རྐྱེན་བཟང་བའི་དུད་ཚང་འབའ་ཞིག་ཡིན་པའི་དངོས་དོན་དང་གཉིས། དུས་ཕྱིས་བོད་པ་རྣམས་ཀྱི་འཚོ་བའི་ཆུ་ཚད་མཐོ་རུ་འགྲོ་བ་དང་སྨྲུགས་ཆང་འཐུང་གི་བྱེད་སྒོ་ཇེ་མང་དུ་འགྲོ་བའི་དངོས་དོན་དང་གསུམ། 《ནེ་ཙོའི་གཏམ་རྒྱུད་གོ་བདེ་ཀུན་ཕན་》ལས་ཀྱང་། ཨ་ཕ་ཆང་བཟིའི་བློ་ཤེད་ཀྱིས། །དངུལ་ཁུག་མ་ཟད་བར་དུ་དཀྲུག །ཅེས་དང་། ཨ་ཕ་བུ་ལོན་ལེན་ཁ་རུ། །རང་ཆང་ལས་ནི་ཉོ་ཆང་དགའ། །ཞེས་དཀྲུག་པའི་ལོ་རྒྱུས་བཅུ་དང་དགའ་བའི་ལོ་རྒྱུས་བཅུ་ཡི་ནང་འཁོད་ཡོད་པ་ལྟར་གྲོང་ཁྱེར་དང་ཁྲོམ་འདུས་ཁག་ཏུ་ཆང་དེ་སྐྱུར་དད་ཅན་གྱི་དངུལ་ཟད་པའི་རྒྱུ་རུ་འགྲོ་ཡི་ཡོད་པ་དང་བཞི་བཅས། གོང་སྨོས་རྒྱུ་མཚན་དེ་རྣམས་ཀྱིས་དངོས་ཤུགས་གཉིས་ཀྱི་ཐོག་ནས་ཆང་བཏུངས་དྲགས་ན་འབྲུ་རིགས་ཆུད་ཟ་བ་དང་དངུལ་ནོར་ཟད་པའི་རྒྱུ་རུ་འགྲོ་བ་ར་འཕྲོད་ལ། "ལོངས་སྤྱོད་འཕོབ་པ་མི་འཕོབ་པར་འགྱུར་" བ་ནི་ཆོས་ཉིད་དང་མཐུན་པ་

ཞིག་གོ མིག་སྔར་ཞིང་འབྲོག་ཁུལ་གྱི་མང་ཚོགས་ཀྱི་འཚོ་བའི་ཆུ་ཚད་ལེགས་བཅོས་བྱུང་བ་དང་སྦྲགས་འབྲུ་རིགས་འཐོར་ཆེན་ཆང་བསྐལ་བཟོ་བྱེད་རྒྱུར་སྤྱོད་པ་དང་བག་མེད་ཀྱིས་ཆང་འཐུང་རྒྱུག་པའི་གོམས་གཤིས་གསར་པ་ཞིག་ཆགས་བཞིན་ཡོད་པ་དང་། གྲོང་ཁྱེར་དང་གྲོང་རྡལ་གྱི་ལས་བཟོ་དང་གྲོང་མིའི་འཚོ་བའི་ཆུ་ཚད་གོང་མཐོར་ཕྱིན་སྟབས་གཞོན་སྐྱེས་མི་ཉུང་བ་ཞིག་ཆང་ཁང་གི་རྒྱུན་སྡོད་མགྲོན་པོ་ཆགས་ཏེ་སྦྱི་རག་དང་ཨ་རག་ལ་དངུལ་འཐོར་ཆེན་སྤྲད་དེ་བག་མེད་རྒྱས་འཐུང་བྱེད་པའི་ཡམས་ནད་ཅིག་ཀྱང་དར་ནས་འདུག དེ་རྣམས་ནས་རང་རེའི་སྐྱེ་བོ་རྣམས་ཀྱི་བྱུང་ཚད་དམའ་བའི་སྐྱོན་མཚང་དམར་ཆེན་དུ་མངོན་ཞིང་། དེ་ལྟའི་ཡམས་ནད་རྣམས་ཀྱང་སྤྱི་སྒེར་གཉིས་ཀ་ལ་གནོད་པའི་རྒྱུ་ལས་མིན་འདུག་པས་དོར་བྱར་འོས་སོ། །

བཞི། ཆང་དང་དེ་འབྲེལ་རིག་གནས་ཀྱི་སྐྱོན་ཆ་སེལ་ཐབས་སྐོར།

གོང་སྨོས་ལྟར་ཆང་དང་དེ་འབྲེལ་རིག་གནས་རྣམས་ལ་དགེ་སྐྱོན་ཟུང་དུ་ལྡན་པ་ལགས་པས་དེར་བླང་དོར་མ་འཁྲུལ་བ་བྱ་རྒྱུ་ནི་གལ་འགངས་ཆེ་ལ་དོན་སྙིང་ལྡན་པ་ཞིག་ཡིན། དགེ་སྐྱོན་ལ་དབྱེ་ཞིབ་མ་བྱས་པར་བླང་དོར་ལ་འཇུག་པ་ཡིན་ན་གཡག་ཞར་བས་རྩྭ་ཟོས་པའི་མཐུན་ཕྱོགས་སུ་འགྲོ་བ་ལས་མ་འདས། དེས་ན་དངོས་ཐོག་བདེན་འཚོལ་གྱིས་དགེ་སྐྱོན་ལ་དབྱེ་ཞིབ་བྱས་ཐོག་གཅིག་ནས་གཉིས་སུ་གྱེས་པའི་ལྟ་བ་དམ་བཟུང་གིས་དགེ་ཆ་རྣམས་འཛིན་སྐྱོང་སྤེལ་གསུམ་བྱེད་པ་དང་། སྐྱོན་ཆ་རྣམས་བསྒྱུར་བཅོས་དང་དོར་ཐབས་བྱ་རྒྱུ་ནི་སྙིགས་དོར་བཅུད་ལེན་གྱི་བླང་དོར་བྱ་ཐབས་ཤིག་ཡིན། འོན་ཀྱང་ཆང་དང་དེ་འབྲེལ་རིག་གནས་ཀྱི་དགེ་སྐྱོན་བླང་དོར་སྐོར་ཁ་ནས་ཤོད་སླ་ཡང་ལག་ལེན་དོན་ཐོག་ཏུ་

འཁྱོལ་བར་བྱ་རྒྱུ་ནི་དེ་ཙམ་ལས་སླ་བ་ཞིག་མིན་ན། བླང་དོར་བྱ་ཐབས་ལ་དབྱེ་ཞིབ་བྱས་ཏེ་ཡང་དག་སྐྱོན་བྲལ་གྱི་སྒོ་ནས་བླང་དོར་ལ་འཇུག་རྒྱུར་ལམ་སྟོན་བྱ་རྒྱུ་ནི་བླང་དོར་དོན་ཐོག་འཁྱོལ་བའི་སྔོན་འགྲོའི་ཆ་རྐྱེན་དེ་རེད།

གོང་སྨོས་ལྟར་ཚད་ཚོད་མེད་པར་ཆང་འཐུང་རྒྱུག་པ་དེ་ཆང་དང་འབྲེལ་བའི་རིག་གནས་ཀྱི་སྐྱོན་ཆ་ཆེ་ཤོས་ཤིག་ཏུ་ངེས་ལ། ཆང་གི་ཉེས་དམིགས་གཞན་རྣམས་ཀྱང་དེ་ལས་མཆེད་དེ་བྱུང་བ་ཞིག་ཡིན་པས། རང་རེའི་འཚོ་བའི་ཁྲོད་ཀྱི་བག་མེད་ཆང་འཐུང་རྒྱུག་པའི་གོམས་གཤིས་ལ་ཚོད་འཛིན་དང་བཀག་སྡོམ་བྱ་རྒྱུ་ནི་གལ་འགངས་ཆེ་བའི་གནད་ཅིག་ལགས། མི་རིགས་ཤིག་གམ་ས་ཁུལ་ཞིག་ཡང་ན་མི་ཞིག་གི་འཚོ་བའི་གོམས་གཤིས་ནི་དུས་ཡུན་རིང་པོའི་འཚོ་བའི་བརྒྱུད་རིམ་ནང་རིམ་བཞིན་ཆགས་པ་ཞིག་ཡིན་ལ། དེའི་བཟང་ངན་ནི་མིའི་བྱང་ཚད་དང་བསམ་བློའི་མཇུབ་ཁྲིད་ལ་རག་ལས་པ་ཞིག་རེད། དེ་ལྟའི་གོམས་གཤིས་ལ་བསྒྱུར་བཅོས་བྱ་འདོད་ན། གཅིག་ནས་རང་ངོས་ཀྱི་རང་རྟོགས་རང་བཞིན་གོང་མཐོར་གཏོང་རྒྱུ་དང་། གཉིས་ནས་ཕྱི་རོལ་གྱི་བཀག་རྒྱས་གཙུན་ཐབས་བྱ་རྒྱུར་བརྟེན་དགོས་པ་ཡིན་ཞིང་། རང་ངོས་ཀྱི་རང་རྟོགས་རང་བཞིན་དེ་ཡང་མིའི་བྱང་ཚད་ལ་རག་ལས་པ་ཞིག་ཡིན་གཤིས། དེ་ལ་བརྟེན་ནས་གོམས་གཤིས་ངན་པ་དག་ཕུགས་ནས་གཏན་འགོག་བྱ་དགོས་པ་གལ་ཆེ། དེ་ལས་གཞན་ཕྱི་རོལ་གྱི་གནོན་ཤུགས་ལ་བརྟེན་ནས་འཚོ་བའི་གོམས་གཤིས་གཙུན་ཐབས་བྱེད་པ་དེ་མིའི་བྱང་ཚད་ཞན་པ་དང་རང་རྟོགས་རང་བཞིན་མི་འདང་བའི་སྐབས་ཀྱི་བྱ་ཐབས་ཤིག་ཡིན་སྟབས། དེས་ཕྱིའི་སྣང་ཚུལ་ཙམ་བཅོས་པ་ལས་ནང་གི་འབྱུང་གཞི་དེ་བཅོས་མི་ཐུབ་པས། དེ་ནི་སྐབས་འཕྲལ་གྱི་བྱ་ཐབས་ཙམ་དུ་ཟད། རང་ལྗོངས་ཀྱི་མིག་སྔའི་དོན་དངོས་ལ་གཞིགས་ན་འཕྲལ་ཕུགས་གཉིས་ཀའི་ཐབས་ཤེས་ཟུང་འབྲེལ་གྱིས་ལུགས་སྲོལ་ངན་པ་དག་ལ་བསྒྱུར་བཅོས་བྱེད་ཐབས་འཚོལ་རྒྱུ་དེ་རེད།

དང་པོ། སྤྱི་ཚོགས་ཐོག་གི་བག་མེད་ཆང་འཐུང་རྒྱུག་པའི་ལུགས་སྲོལ་དེ་གཏན་འགོག་བྱ་དགོས་ན་ངེས་པར་དུ་མིའི་བྱང་ཚད་གོང་མཐོར་གཏོང་དགོས། རང་རེ་ཁ་བ་རི་པའི་སྐྱེ་བོ་མི་ཉུང་བ་ཞིག་ནི་ཤེས་བྱ་དམན་ཞིང་མཐོང་རྒྱ་ཆུང་བ་དང་། འདོད་བློ་ཁེངས་བདེ་ལ་འགྲན་རྩོད་ཀྱི་འདུ་ཤེས་ཞན་པ། གནས་སྐབས་ཀྱི་སྤྲོ་སྐྱིད་ཁོ་ན་འདོད་པ་ལས་ཡར་ཐོན་དང་བརྩོན་སེམས་ཞན་པའི་སྐྱིད་འདོད་རིང་ལུགས་ཀྱི་བག་ཆགས་ཟབ་པ་བཅས་ནང་རྐྱེན་དུ་མ་ཡོད་པའི་ཁར་རང་ལྗོངས་སུ་ཆ་སྙོམས་རིང་ལུགས་དང་"གྲོད་པ་སྤྱི་བརྟེན"ཀྱི་སྣང་ཚུལ་ཚབས་ཆེ་བས། དེས་མི་རྣམས་ཀྱི་ཧུར་བརྩོན་རང་བཞིན་སྐྱུལ་སློང་མི་ཐུབ་པར་མ་ཟད། ཉི་མ་གང་འཁྱོལ་དང་། བག་མེད་རྒྱས་ཟ་རྒྱས་འཐུང་བྱེད་པའི་གོམས་གཤིས། དེ་བཞིན་སྐྱེ་བོ་མི་ཉུང་བ་ཞིག་ལ་སྐྱིད་འདོད་ལས་གཡོལ་གྱི་གོམས་གཤིས་ཆགས་རྒྱུར་དངོས་ཤུགས་གཉིས་ནས་ཁོར་ཡུག་ངེས་ཅན་བསྐྲུན་ཡོད། དེར་བརྟེན་རང་ལྗོངས་ཀྱི་སྤྱི་དམངས་སློབ་གསོ་ལ་ཤུགས་སྣོན་བརྒྱབ་སྟེ་དམངས་ཀྱི་མཐོང་རྒྱ་དང་ཤེས་རྒྱ་ཇེ་ཆེར་གཏོང་བའམ་དམངས་ཀྱི་རིག་གནས་ཤེས་བྱའི་ཆུ་ཚད་གོང་མཐོར་གཏོང་རྒྱུ་དང་། ལས་བྱེད་པ་བཀོལ་སྤྱོད་དང་འཛིན་ཐང་ཅན་འདེམས་སྒྲུག་བྱ་རྒྱུའི་ཐད་འགྲན་རྩོད་ཀྱི་ལམ་ལུགས་འཛུགས་རྒྱུར་ཤུགས་སྣོན་བརྒྱབ་སྟེ་ལས་བྱེད་ལས་བཟོའི་ཧུར་བརྩོན་རང་བཞིན་སྐྱུལ་སློང་བྱེད་རྒྱུ། དེ་ལྟར་སྐྱེ་བོ་ཀུན་ལ་སློབ་སྦྱོང་དང་ལས་དོན་ལ་འབད་བརྩོན་མ་བྱས་ན་དུས་རབས་ཀྱི་རྗེས་སུ་ལུས་པ་ཙམ་མ་ཟད། ཁ་ཟོར་དང་གྱོན་གོས་ལ་ཉེན་ཁ་ཐུག་རྒྱུ་ཡིན་པའི་བསམ་བློའི་ངོས་འཛིན་གསལ་ཤེས་བྱུང་ན། གཞི་ནས་ཡར་ཐོན་དང་བརྩོན་སེམས་ཀྱི་བསམ་པ་སྐྱེས་ཏེ་ཉི་མ་གང་འཁྱོལ་གྱིས་བག་མེད་རྒྱས་འཐུང་བྱེད་པའི་གོམས་གཤིས་ལ་ཚོད་འཛིན་ཐུབ་ངེས་རེད།

གཉིས་པ། སྤྱིར་ན་མི་རྣམས་ཀྱི་བྱ་སྤྱོད་མཐའ་དག་ལ་སྤྱི་ཚོགས་སླེང་

ཕྱོགས་ཀྱི་བཀག་རྒྱ་ཐོག་དགོས་ཀྱི་ཡོད་ལ། སྤྱི་ཚོགས་གླེང་ཕྱོགས་ཀྱིས་ཚད་གཞི་ངེས་ཅན་ཞིག་གི་ཐོག་ནས་མིའི་སྤྱོད་པ་ལ་ཚོད་འཛིན་ཐུབ་ཀྱི་ཡོད། དེས་ན་ང་ཚོས་བརྟན་འཕྲིན་དང་། བརྙན་འཕྲིན། ཚགས་པར། དུས་དེབ་སོགས་ཀྱི་གླེང་སྟེགས་ལ་བརྟེན་ནས་དམིགས་ཡུལ་ཡོད་པའི་སྒོ་ནས་ཆང་དང་དེ་འབྲེལ་རིག་གནས་ཀྱི་ཉེས་དམིགས་རྣམས་ཡང་སྐོར་བསྐྱར་སྐོར་གྱིས་དྲིལ་བསྒྲགས་བྱས་ཏེ་ཆང་གི་ཉེས་དམིགས་རྣམས་ཤེས་སུ་འཇུག་དགོས། དེ་ལྟར་བྱས་ན་ཆང་བཏུངས་དྲགས་པའི་སྐྱོན་ནམ་སྐྱུར་དད་ཅན་པའི་སྐྱོན་མཚང་རྣམས་ལ་ངོས་འཛིན་གསལ་པོ་བྱུང་ནས་ཆང་བཏུང་རྒྱུར་རང་མོས་ཀྱིས་འཛེམ་ཟོན་བྱེད་ངེས་རེད་ལ། ཆང་འཐུང་ཁོ་ནར་མགོ་འཁོར་མཁན་དང་ཆང་འཐུང་བརྒྱབ་རྗེས་ར་བཟི་སྐྱུར་འགོང་ཤོད་པའམ་སྤྱོད་པ་གང་བྱུང་མང་བྱུང་བྱེད་མཁན་རྣམས་ལའང་ལྟ་སྟངས་ངན་པ་ཞིག་ཡོང་ངེས་རེད། དེ་ལྟར་ཆང་འཐུང་ཁོན་ལ་འཇུག་ན་ངོ་ཚའི་རྒྱུ་རུ་བརྩི་བའི་སྤྱི་ཚོགས་ཀྱི་ལྟ་སྟངས་ཤིག་རིམ་བཞིན་ཆགས་ན་ཆང་དང་དེ་འབྲེལ་རིག་གནས་ཀྱི་སྐྱོན་ཆ་རྣམས་དོར་རྒྱུར་ནུས་པ་ངེས་ཅན་ཞིག་ཐོན་ངེས་ཡིན།

གསུམ་པ། དེང་གི་དུས་སུ་སྲིད་འཛིན་དང་ཁྲིམས་སྲོལ་གྱི་སྒྲིག་གཞི་དང་ལམ་ལུགས་འཐུས་ཚང་གི་ཕྱོགས་སུ་འཕེལ་རྒྱས་འགྲོ་བའི་སྐབས་འདིར་ཀུན་སྤྱོད་ཀྱི་ཁ་ལོ་ཡུལ་གོམས་གཉིས་ལུགས་དང་སྤྱི་ཚོགས་ཀྱི་གླེང་ཕྱོགས་ཁོ་ནས་གཙུན་ཐབས་བྱེད་རྒྱུ་དེ་བྱ་ཐབས་ཉག་ཅིག་ཏུ་མ་སེམས་པར། སྲིད་འཛིན་དང་སྒྲིག་སྲོལ་ལམ་ལུགས་ཀྱིས་མི་ལ་ངོ་དམ་བྱེད་པའི་འགན་ནུས་འདོན་སྤེལ་གྱིས་ཆང་རྒྱས་འཐུང་བྱེད་པ་དང་། ཆང་འཐུང་བརྒྱབ་པའི་རྗེས་རྒྱ་འདྲེ་འཁྲུག་རྩོད་སློང་བའི་བྱ་སྤྱོད་འགོག་ཐབས་བྱེད་རྒྱུ་ལག་བསྟར་བྱ་དགོས། གོང་གསལ་ལྟར་ཆང་རྒྱས་འཐུང་བྱེད་པའི་གོམས་གཤིས་དེ་འཚོ་བའི་ཆ་རྐྱེན་བཟང་བ་དང་། གྲོང་ཁྱེར་ཁག་གི་ལས་བྱེད་པ་སྤྱི་དང་ལྷག་པར་དུ་གཞོན་ནུ་ལས་བྱེད་ལས་བཟོའི་ཁྲོད་དུ་

ཚབས་ཆེ་ཙམ་ཡིན་པའི་སྣང་ཚུལ་ལ་གཞིགས་ཏེ། ལས་ཁུངས་དང་ཚན་པ་སོ་སོས་རང་རང་ཚན་པའི་འགན་ནུས་དང་ཁྲིད་ཆོས་ལ་བརྟེན་ནས་ཆང་རྒྱས་འཕྱུང་གི་གོམས་གཤིས་འགོག་ཐབས་བྱེད་པའི་སྒྲིག་སྲོལ་ལམ་ལུགས་དང་། ཆང་རིགས་ཚོང་གཉེར་ལ་དོ་དམ་བྱེད་རྒྱུའི་ལས་དོན་དམ་འཛིན་བྱེད་པའི་བྱ་ཐབས་སྤྱོད་དགོས། དེ་ཡང་"སྔར་ལྷ་སར་སྨོན་ལམ་ཚོགས་དུས་ལྷ་སའི་ཆང་དང་ཨ་རག་འཚོང་མཁན་རྣམས་ཀྱིས་ཚོགས་ཆེན་ཞལ་ངོར་ཆང་རག་བཙོང་ཆོག་པའི་དགོངས་པ་ཞུས་པའི་འཁྲོལ་འཛིན་"①ཏེ་ཆང་མའི་འཁྲོལ་འཛིན་ལེན་སྲོལ་ཡོད་པ་དེས་སྨོན་ལམ་ཚོགས་དུས་ཆང་འཚོང་མཁན་ཚོད་འཛིན་ཐུབ་ཀྱི་ཡོད་པ་དང་། ཏའི་སི་ཏུ་བྱང་ཆུབ་རྒྱལ་མཚན་གྱིས་ཕག་གྲུའི་ཁྲི་དཔོན་མཛད་སྐབས་སྔར་གྱི་ཕག་མོ་གྲུ་པའི་ཁྲི་དཔོན་མང་པོ་ཞིག་ནག་ཆང་དོན་དུ་གཉེར་བ་ཕོ་ནའི་དབང་དུ་སོང་སྟེ་རང་སྡུག་པ། མིས་འཕྱ་བ། དབང་ཆུང་ཀུན་གྱིས་བརྙས་ཤིང་། ཕག་གྲུ་སྡེའི་འཛིན་ཚུགས་ཧ་ཅང་ཞན་པའི་ལོ་རྒྱུས་ལ་ཕྱོགས་བསྒོམས་གཏིང་ཟབ་བྱས་ཐོག་ཁྲི་དཔོན་གྱི་གོ་གནས་སྲོད་ཅིང་བྱ་ལས་བྱེད་རིང་ཆང་ནག་མོའི་སྐྱོན་མེད་པ་ཞིག་བྱ་དགོས་བསམ་པ་སེམས་ལ་ཁྲུར་ཞིང་། མི་དོན་སྒྲིག་སྲོལ་སྐོར་གྱི་བཀའ་ཆེམས་ནང་ཕག་མོ་གྲུ་པའི་སྡེ་སྲིད་དང་། ཕག་མོ་གྲུ་པའི་ནང་འཁོར་ཆོས"……ཆང་རྩ་བ་ནས་མི་འཕྱུང་བ……མིག་ཐུར་བལྟ་དང་། བག་མེད་པའི་སྤྱོད་པ་མི་བྱེད་པ……"②སོགས་ཀྱི་སྲུང་བྱ་བཀོད་པ་རྣམས་ཀྱང་དེའི་སྲིད་དབང་འཛིན་སྐྱོང་བྱེད་ཐབས་ཀྱི་རྩ་འཛིན་རང་བཞིན་གྱི་བཅའ་ཁྲིམས་ཤིག་ཏུ་གྱུར་ཡོད། ད་ལྟའི་ངོས་ནས་བཤད་ན་འང་རང་སྐྱོང་ལྗོངས་མི་དམངས་ཞིབ་དཔྱོད་ཁང་གིས་ཞིབ་དཔྱོད་དཔུང་སྡེའི་ནང་ལྡུགས་པའི་མངོན་གསལ་དོད་པོའི་གནས་ཚུལ་ལ་དམིགས

① 《བོད་རྒྱ་ཚིག་མཛོད་ཆེན་མོ་》ཤོག་གྲངས་༧༨༣ལ་གསལ།
② 《རླངས་ཀྱི་པོ་ཏི་བསེ་རུ་རྒྱས་པ་》ཤོག་གྲངས་༣༥༩པར་གསལ།

ཏེ་དུས་ཐོག་ཏུ་བསམ་བློ་དང་། སྒྲིག་ཁྲིམས། ཀུན་སྤྱོད་བཅས་བཅོས་སྒྲིག་བྱས་ཤིང་། ཆང་རག་གཅོད་རྒྱུའི་བཀའ་དེའང་སྲིད་གཙང་སློང་བརྗོད་དང་། སྲིད་གཙང་ལྟ་སྐུལ། སྤྱོད་གཞི་གཉེར་སྐྱབ་ཀྱི་སྒྲིག་ཁྲིམས་ལྟ་སྐུལ་སོགས་སྒྲིག་སྲོལ་གཞན་དང་འདྲ་བར་ཞིབ་དཔྱོད་ཁང་གི་སྒྲིག་སྲོལ་ལམ་ལུགས་ཀྱི་ཁོངས་སུ་གཏོགས་ཡོད། དེ་ནི་ཁྲིམས་འཛིན་དཔུང་སྡེའི་བྱང་ཚད་མཐོ་རུ་གཏོང་བའི་ཞིབ་དཔྱོད་ཁང་གི་བྱ་ཐབས་བཟང་པོ་ཞིག་མིན་ན་གང་ཡིན། དེར་བརྟེན་སྲིད་འཛིན་གྱི་བྱ་ཐབས་དང་སྒྲིག་སྲོལ་ལམ་ལུགས་ཀྱི་བྱ་ཐབས་སྤྱད་དེ་ནམ་རྒྱུན་བག་མེད་རྒྱས་འཐུང་བྱེད་པའི་གོམས་གཤིས་ལ་བཀག་སྡོམ་དང་། ཆང་འཐུང་བརྒྱབ་པའི་རྗེས་ར་བཟི་སྐྱུར་འགོང་ཉོད་མཁན་ལ་ཐག་གཅོད་ནན་པོ་བྱས་ན། ཆང་འཐུངས་པའི་རྗེས་ཀྱི་སྐྱོན་རྣམས་སྤང་རྒྱུ་དང་གོམས་གཤིས་ངན་པ་རྩ་མེད་འགྲོ་བར་ཐད་ཀའི་ཕན་ནུས་ཐོན་ཐུབ།

ཁོ་པོས་འཚོ་བའི་ཁོར་ཡུག་ལ་ཕར་བལྟ་ཚུར་ཞིབ་བྱེད་སྐབས་རང་རིགས་སྐྱེ་བོའི་ཁྲོད་ལས་མི་ཉུང་བ་ཞིག་ལ་ཆང་ལ་དགའ་ཞིང་བག་མེད་པར་འཐུག་རྒྱུའི་འཚོ་བའི་གོམས་གཤིས་ངན་པ་ཞིག་ཡོད་པ་མཐོང་ཁར། ཆང་དེ་བཏུངས་དྲགས་ན་སྒེར་དོན་གཞུང་དོན་རྣམས་ཉེ་མ་ཕུད་ཐབས་ཙམ་བྱས་ནས་དུས་འདའ་བ་དང་། བཟང་པོའི་ལས་ཀར་ཕྱིར་བཤོལ་དང་། ངོ་ཚ་དོར་ཞིང་སྨྱོ་སྤྱོད་འཕེལ་བ། ནོར་རྫས་དག་ཀྱང་བཙོམ་བརླག་བྱེད་པ་སོགས་མདོར་ན་ཉེས་སྤྱོད་འཕེལ་བའི་གཞིར་གྱུར་བ་ཕུང་བྱེད་ཀྱི་རྒྱུ་རང་དུ་མཐོང་བས། ཕྱིན་ཆད་སྤྱོད་པའི་སྤང་ལེན་བསམ་བཏང་དྲན་སྐྱེས་བྱུང་བ་འདི་བྱ་དེ་གྲོས་ཀྱི་སྙིང་གཏམ་ལྷུག་བཤད་བྱས་པ་གོ་ཤེས་ཅན་གྱི་ཐུགས་སུ་འཇོག་པར་འཚལ་ལོ། །

དེ་ཡང་བོད་མཁས་པས།

འཐུངས་ཙམ་ཉིད་ནས་ཅ་ཅོ་འཕེལ་བྱེད་ཅིང་། །

སྟོབས་དང་གྲགས་དང་གཟི་མདངས་ཉམས་པར་གྱུར། །
བག་མེད་རྩོད་དང་འཁྲུག་ཡོང་མཐའ་དག་གིས། །
གཞི་དང་རྩ་བར་གྱུར་པ་ཚང་ཉིད་དོ། །

ཡང་དགེ་རྒན་ཆེ་མོ་དོར་ཞིའི་གསུང་ལས།

རིག་གནས་མི་བསླབ་ཐོག་ཁྱུར་སྟོད་ལ་དགའ། །
ལས་དོན་མི་སྒྲུབ་སྐྱོ་ཆུ་འཐུང་ལ་དགའ། །
རང་ཚུགས་མི་ཟིན་ཏ་པའི་རྗེས་འགྲོ་བ། །
མི་རིགས་སྤྱི་དོན་རྗོད་པའི་ལྷས་ངན་ཡིན། །ཞེས་བྱུང་། །

༧༧། །རིགས་རྒྱུད་མཐོ་དམན་གྱི་ལྟ་བ་དང་དེའི་འབྱུང་རྐྱེན་ལ་དཔྱད་པ།

གཅིག རིགས་རྒྱུད་སྤྱིའི་དབྱེ་སྟངས་སྐོར།

མིའི་རིགས་རྒྱུད་ཅེས་པ་འདི་ལ་དབྱེ་སྟོལ་མི་འདྲ་བ་མང་པོ་ཡོད། དཔེར་ན། མིའི་ཤ་མདོག་དང་། མིག་གི་ཚོས་གཞི། སྐྲའི་ཚོས་གཞི། མགོ་བོའི་དབྱིབས་དང་། སྣའི་དབྱིབས། གདོང་དབྱིབས། གཟུགས་པོའི་རིང་ཐུང་། ཡན་ལག་བཞིའི་རིང་ཐུང་སོགས་མིའི་གཟུགས་གཞིའི་ཁྱད་ཆོས་ཀྱི་ཐོག་ནས་རིགས་རྒྱུད་མི་འདྲ་བར་དབྱེ་བ་འབྱེད་སྟོལ་ཡོད་པ་དང་། ཡང་ན་ས་ཁམས་དབྱེ་མཚམས་མི་འདྲ་བའི་ཐོག་ནས་རིགས་རྒྱུད་མི་འདྲ་བར་འབྱེད་སྟོལ་ཡོད་པ། དེ་མིན་རྒྱལ་ཁབ་གཅིག་གམ་མི་རིགས་གཅིག་རང་གི་ཁྲོད་དུའང་རིགས་རྒྱུད་མི་འདྲ་བར་འབྱེད་སྟོལ་ཡོད། བོད་ཡིག་གི་དཔེ་རྙིང་འགའི་ནང་ཕྱིའི་རིགས་བཞི་དང་། བར་གྱི་རིགས་བཞི། ནང་གི་རིགས་བཞི་བཅས་སུ་དབྱེ་ལ་དེར་ཙུས་ཀྱི་ཕྱི་མོ་བཅུ་གཉིས་སུ་འབོད་སྟོལ་ཡང་འདུག དེ་ཡང་"ཙུས་སྤྱིའི་གྲེས་ཚུལ་ནི། གོང་གི་གླིང་བཞིའི་མི་གང་དང་གང་ལས་ཆད་པ་ནི། ལྷ་དགའ་ལྡན་དང་དགའ་ལ་རོག་ལས་ཤར་ལུས་འཕགས་པོའི་མི་ཆད། ལྷ་བདེ་ལྡན་དང་བདེ་ལ་རོག་ལས་བྱང་སྒྲ་མི་སྙན་པ་ཆད། དམུ་ལྡན་དང་དམུ་ལ་རོག་ལས་ནུབ་བ་གླང་སྤྱོད་པ་ཆད། ལྷ་བྱེད་བུ་དང་བྱེད་ལ་རོག་ལས་འཛམ་བུ་གླིང་པ་ཆད། འཛམ་བུ་གླིང་པ་ལ་ཡང་མི་རིགས་མི་གཅིག་པ་སུམ་བརྒྱ་དྲུག་ཅུ། སྐད་རིགས་མི་གཅིག་པ་བདུན་བརྒྱ་ཉེ་ཤུ། ལུས་ཀྱི་རྣམ་འགྱུར་མི་གཅིག་པ་བཅུ་བདུན་ཙམ་ཡོད་པ་ལས། དེ་ལ་རྒྱལ་རིགས་

རྣམས་ཆེ་བ། རྗེ་རིགས་རྣམས་བཙུན་པ། བྲམ་ཟེའི་རིགས་རྣམས་གཙང་བ། དམངས་རིགས་རྣམས་མང་བ་དང་བཞི་ལ་ཕྱིའི་རིགས་བཞི་ཟེར་ཏེ། འཛམ་བུ་གླིང་པའི་མི་རིགས་ཐམས་ཅད་འདིའི་ཁོངས་སུ་འདུའོ། བར་གྱི་རིགས་བཞི་ནི་རྒྱ་གར་བ་ལྷ་ལས་ཆད་པས་སམ་ཀྲི་ཏ་ལྷའི་སྐད་དུ་སྨྲ། རྒྱ་ནག་པ་ཀླུ་ལས་ཆད་པས་ན་ག་རི་ཏ་ཀླུའི་སྐད་དུ་སྨྲ། ཧོར་ལྷ་མ་ཡིན་ལས་ཆད་པས་ཨུ་ཕུ་རྡ་ར་ལྷ་མིན་གྱི་སྐད་དུ་སྨྲ། བོད་སྤྲེའུ་དང་བྲག་སྲིན་ལས་ཆད་པས་ཨ་པ་བྲག་གྲི་ཏ་འདྲེའི་སྐད་དུ་སྨྲ་བ་དང་བཞིའོ། ནང་གི་མི་རིགས་བཞི་ནི། སྟོད་པ་དང་། ལྡོང་དང་། སེ་དང་། རྨུ་སྟེ་དེ་རྣམས་ལ་དུས་ཀྱི་ཕྱི་མོ་བཅུ་གཉིས་ཟེར་རོ། །”① རང་རེའི་མེས་པོས་དུས་རབས་བཅོ་བརྒྱད་པའི་ནང་སྐབས་དེའི་འཛམ་གླིང་ཐོག་སྐྱེ་དངོས་དང་། སྲོག་ཆགས། དེ་བཞིན་མིའི་རིགས་རྒྱུད་དབྱེ་བ་འབྱེད་པའི་ཚ་རླབས་ཁྲིད་རང་གི་ལྟ་ཚུལ་རིམ་པ་དང་ལྡན་པའི་སྒོ་ནས་ལྷུག་གླིང་གནང་བ་ཡི་རང་བྱ་ཡུལ་དུ་མཐོང་ཡང་། དེ་ལ་སྐབས་དེའི་ལོ་རྒྱུས་ཀྱིས་རྐྱེན་པས་རིགས་རྒྱུད་དང་མི་རིགས་དབར་ཉ་ཉུང་མཉམ་བསྒྲེ་གནང་ཐལ་དུ་སོང་བ་དང་། རྒྱ་གར་གྱི་རིམ་ལྡན་ལམ་ལུགས་དེས་མི་རིགས་ཡོངས་ལ་ཞྭ་དཔེ་ལྷམ་འགེབས་གནང་བའི་སྐྱོན་གྱིས་བཅིངས་འདུག་སྙམ། དོན་དུ“མིའི་རིགས་རྒྱུད་”ཅེས་པ་འདི་ལ་གོ་དོན་ཁྱབ་ཆེ་ཆུང་མི་འདྲ་བ་གསུམ་ཙམ་ཡོད། གོ་དོན་ཁྱབ་ཆེ་ཤོས་ནི་འཛམ་བུའི་གླིང་གི་སྨྲ་ཤེས་གོ་ནུས་པའི་རྐང་གཉིས་པ་ཡོངས་ཀྱི་རིགས་རྒྱུད་ལ་གོ་བ་ཡིན། དེ་ཡང་“རིགས་རྒྱུད་ཅེས་པ་དེ་རིགས་འབྱེད་བྱེད་རྒྱུའི་རྩ་བའི་སྡེ་ཚན་ལ་བརྩིས་པ་དང་། རིགས་རྒྱུད་ཀྱི་ཁྱབ་ཁོངས་དང་། མཚན་ཉིད་དེ་གཅིག་པ་ཡིན་པའི་བཟོ་ལྟའི་ཁྱད་ཆོས་དང་། ཐུན་མོང་གི་འཚོ་བ་སྐྱེལ་ཡུལ་ཐུད། ད་དུང་རིགས་རྒྱུད་ནང་ཁུངས་སུ་

① བོད་ལྗོངས་བོད་ཡིག་དཔེ་རྙིང་དཔེ་སྐྲུན་ཁང་ནས་༡༩༩༧ལོར་བསྐྲུན་པའི་《གཉགས་སྟོན་པའི་གདུང་རབས་དང་གདན་རབས》ཤོག་ངོས་༤༠ལ་གསལ།

ཕན་ཚུན་སྡེབ་སྦྱོར་བྱས་ཏེ་སྐྱེས་འཕེལ་ཡོང་བ་ཞིག་ཡིན། དེ་གསལ་པོར་བཤད་ན་རིགས་རྒྱུད་དེ་རིགས་འཕེལ་གྱི་སྡེ་ཚན་ཞིག་ཏུ་བརྩིས་པ་དང་། སྐྱེ་འཕེལ་ཁ་བྲལ་དེ་རིགས་རྒྱུད་དང་རིགས་རྒྱུད་བར་གྱི་དབྱེ་མཚམས་ནན་པོར་བརྩི་ཡི་ཡོད་པ་རེད། དཔེར་ན། ཁྱི་དང་། ཞི་མི་གཉིས་བར་སྡེབ་སྦྱོར་བྱེད་མི་ཐུབ་ལ། སྐྱེ་འཕེལ་ཡང་བྱེད་མི་ཐུབ། དེ་གཉིས་ནི་རིགས་རྒྱུད་མི་འདྲ་བ་གཉིས་རེད། བོང་བུ་དང་རྟའི་བར་སྡེབ་སྦྱོར་བྱེད་ཐུབ་ཀྱང་དེའི་རྒྱུད་རྗ་དྲེལ་ལ་རྒྱུན་ལྡན་གྱི་སྐྱེ་འཕེལ་ནུས་པ་མེད་པར་བརྟེན་དེ་ཚོ་ཡང་རིགས་རྒྱུད་མི་འདྲ་བ་གཉིས་ཡིན། འོན་ཀྱང་དེ་གཉིས་རིགས་རྒྱུད་བར་གྱི་རྒྱུད་འབྲེལ་གྱི་འབྲེལ་བ་ཉེ་པོ་ཡོད་པ་རེད། རིགས་འབྱེད་བྱེད་རྒྱུའི་མཚན་ཉིད་དེ་ལྟར་ན་འཛམ་གླིང་ཐོག་གི་མི་རྒྱུད་ཁག་བར་ཁྱད་པར་ཧ་ཁག་ཙམ་གནས་ཡོད་ཀྱང་མི་རྒྱུད་མི་འདྲ་བའི་བར་གཉེན་སྒྲིག་བྱས་ཚོག་པ་མ་ཟད། སྐྱེ་འཕེལ་གྱི་ནུས་པ་ཆེ་བའི་རྒྱུད་འདྲེས་ཕྲུ་གུ་ཡང་སྐྱེ་ཐུབ་ཀྱི་ཡོད་པར་བརྟེན་རིགས་རྒྱུད་གཅིག་པའི་ཁོངས་སུ་གཏོགས་ཡོད་པ་རེད།"① དེར་བརྟེན“མིའི་རིགས་རྒྱུད་”ཅེས་པ་འདི་དོན་ཁྱབ་ཆེ་བའི་ངོས་ནས་བཤད་ན་འགྲོ་བ་མིའི་རིགས་ཀྱི་རྒྱུད་པ་ལ་གོ་བ་ཡིན། གོ་དོན་ཁྱབ་འཁྱིང་བ་ནི་གོང་དུ་བཤད་པ་ལྟར་མིའི་རིགས་འདི་ཤ་མདོག་དང་། མིག་དང་སྣའི་ཆོས་གཞི། ལུས་གཟུགས་ཀྱི་དབྱིབས། དེ་བཞིན་ས་ཁམས་མི་འདྲ་བ་བཅས་ལ་གཞིགས་ཏེ་འཛམ་བུའི་གླིང་གི་མིའི་རིགས་འདི་ཡ་གླིང་གི་མི་རྒྱུད་གསེར་པོ་དང་། ཨོ་གླིང་གི་མི་རྒྱུད་དཀར་པོ། ཧྥེ་གླིང་གི་མི་རྒྱུད་ནག་པོ། མེ་གླིང་གི་མི་རྒྱུད་དམར་པོ་ལ་སོགས་རིགས་རྒྱུད་ཆེ་བ་ཁ་ཤས་ལ་དབྱེ་སྲོལ་ཡོད་པ་ལྟ་བུ་དང་། གོ་དོན་ཁྱབ་ཆུང་བ་ནི་ས་ཁུལ་ལ་ལ་དང་མི་རིགས་འགའ་ཤས་ཀྱི་ཁྲོད་དུ་བྱེད་ལས་མི་འདྲ་བ་ལ་གཞིགས་ནས་མི་རྣམས་

① རྗེ་མོ་གྲོང་གིས་བརྩམས་ཤིང་མི་རིགས་དཔེ་སྐྲུན་ཁང་ནས་༡༩༨༤ལོར་བསྐྲུན་པའི་《རིགས་རྒྱུད་ཀྱི་སྐོར་རགས་ཙམ་བཤད་པ་》(རྒྱ་ཡིག) ཤོག་ངོས་༡༠ལ་གསལ།

རིགས་རྒྱུད་མི་འདྲ་བ་ཁ་ཤས་ལ་དབྱེ་སྟོལ་ཡོད་པ་དེ་རེད། རྒྱ་གར་གྱི་ལུགས་སུ་"སྣན་ངག་སོགས་ཀྱིས་འཚོ་ལ་བྲམ་ཟེར་ཐོགས། དཔུ་ཁྲལ་གྱིས་འཚོ་རྒྱལ་རིགས་ཅེས་སུ་གྲགས། ཚོང་དཔོན་སོགས་བྱེད་དེ་རྣམས་རྗེ་འུའི་རིགས། ཞིང་གི་ལས་ཀྱིས་འཚོ་བ་དམངས་རིགས་ཏེ། གསོད་སོགས་ངན་ལས་ཀྱིས་འཚོ་གདོལ་པའི་རིགས། "①ཞེས་པ་ལྟར་མི་རྣམས་རིགས་རྒྱུད་བཞིའམ་ལྔ་རུ་དབྱེ་སྟོལ་ཡོད་པ་དེ་ནི་དོན་འདིའི་ཐད་དཔེ་མཚོན་རང་བཞིན་ལྡན་པ་ཞིག་ཡིན། དེ་དང་ཕྱོགས་འདྲ་བར་བོད་དབུས་གཙང་ཁུལ་དུའང་མི་ལ་རིགས་རྣས་ཀྱི་དབྱེ་བ་འབྱེད་སྟོལ་ཡོད་པ་ནི། ཐུགས་ལས་པ་ལ་ཐུགས་རྒྱུད་དམ་ཐུགས་རུས་ཟེར་བ་དང་། ལྕགས་རིགས་བརྡུང་བཟོ་བྱེད་མཁན་ལ་མགར་བའི་རྒྱུད་དུ་གྲགས་པ། དེ་བཞིན་ཕུང་པོ་གཤག་གཏོར་མཁན་ལ་རྟོགས་ལྡན་དང་། ཕྱུགས་རིགས་ཀྱི་སྲོག་གཅོད་མཁན་ལ་བཤན་པ། རྫ་བཟོ་མཁན་ལ་རྫ་མཁན་བཅས་སུ་འབོད་སྟོལ་ཡོད་ལ། གོང་གི་ལེ་ཚན་ནང་བཤད་པ་ལྟར་དམིགས་བསལ་གྱི་ལས་རིགས་དེ་རྣམས་ལ་འཇུག་མཁན་རྣམས་ས་ཁུལ་སོ་སོའི་བརྩི་ཚུལ་མི་འདྲ་བ་ཙམ་ལས་བོད་མི་ཡིངས་ལས་ལོགས་སུ་དགར་བའི་རྒྱུད་པར་བརྩི་ཡི་ཡོད། སྤྱིར་ན་གོང་གི་རིགས་རྒྱུད་དེ་རིགས་མཐོ་དམན་ནམ་གཙང་བཙོག་གཉིས་སུ་དབྱེ་བ་སྟེ། ཐུགས་པའི་རྒྱུད་རྣམས་རུས་མཐོ་བར་བརྩི་བ་དང་། གོང་སྨོས་ལས་རིགས་གཞན་ལ་ཕ་ཚ་བུ་རྒྱུད་ཀྱིས་འཇུག་མཁན་རྣམས་བོད་མི་ཡིངས་ལས་རིགས་དམན་པར་བརྩི་ཡི་ཡོད།

བོད་ཀྱི་ས་ཁུལ་དུ་དར་ཞིང་གནས་ལུས་ཀྱི་མིར་རིགས་རུས་གཙང་བཙོག་གཉིས་སུ་དབྱེ་བའི་ལུགས་སྟོལ་འདི་དང་ས་ཁུལ་ལམ་མི་རིགས་གཞན་གྱི་རིགས་རུས་དབྱེ་བའི་ལུགས་སྟོལ་བསྡུར་ན་མངོན་གསལ་གྱི་ཁྱད་ཆོས་ཁག་

① དཔའ་བོ་གཙུག་ལག་ཕྲེང་བས་མཛད་པའི་《ཆོས་འབྱུང་མཁས་པའི་དགའ་སྟོན་》པར་མ་ཤོག་ངོས་༡༣ལ་གསལ།

གསུམ་ལྡན་ཡོད།

གཅིག་ནི་དམངས་སྲོལ་འདི་ཉིད་ས་ཁུལ་རང་བཞིན་ལྡན་པའི་ལུགས་སྲོལ་ཞིག་ཡིན་པ་ལས། བོད་མི་ཡོངས་ཀྱིས་ཁས་ལེན་བརྩི་སྲུང་བྱེད་པའི་ཡོངས་ཁྱབ་རང་བཞིན་ལྡན་པའི་གོམས་གཤིས་ཤིག་མིན། དཔེར་ན། རྫོ་བཟོ་ལས་ཕ་ཚ་བུ་རྒྱུད་ཀྱིས་རྫོ་ལ་མ་ཧི་རྐོས་མཁན་རྣམས་མལ་གྲོ་གོང་དཀར་ཁུལ་གྱི་ཡུལ་འགའ་ཤས་དང་གོང་པོ་ས་ཁུལ་གྱི་ཡུལ་འགའ་ཤས་སུ"མ་ཧི་བ"ཞེས་རིགས་རྒྱུད་དམན་པར་བརྩི་བ་དང་། བཤན་པའི་རྒྱུད་རྣམས་ཞིང་ཁུལ་དུ་རིགས་དམན་པར་བརྩི་ཡང་འབྲོག་ཁུལ་དུ་བཤན་པ་ཞེས་པའི་བྱེད་ལས་དམིགས་སུ་མེད་ལ་རིགས་དམན་པར་བརྩི་དོན་མེད་པ། ཤིང་བཟོ་བའི་རྒྱུད་རྣམས་སྤྱིར་ས་ཁུལ་མང་ཆེ་བར་བོད་མི་བྱིངས་ལས་ལོགས་སུ་མི་བརྩི་ཡང་ལྷོ་ཁ་ཐོ་བྲང་ཁུལ་གྱི་བགྲེས་སོང་ཞིག་གིས་སྨྲུག་འཛིན་པར་ངོ་སྤྲོད་གནང་སྐབས་སྔར་དེ་ཁུལ་དུ་ཤིང་བཟོ་བ་དང་། བཤན་པ། མགར་བ་བཅས་རིགས་དམན་པར་བརྩི་སྲོལ་ཡོད་ཅེས་གསུངས་བྱུང་། དེའི་རྒྱུ་མཚན་གང་ཡིན་དྲིས་པར། གཞན་ལ་གསོལ་དགུམ་གཏོང་སྐབས་ཤིང་སྡེར་ནང་ཤ་བླུགས། དེའི་སྟེང་གི་བཞག་ནས་ཕུལ་དགོས། ཤིང་སྡེར་ནི་ཤིང་བཟོ་བས་བཟོས་པའི་དབང་གིས་རིགས་ངན་འདི་གསུམ་ལས་ཤིང་བཟོ་བ་རིགས་དམའ་ཤོས་དེ་ཡིན། ཤིང་སྡེར་གྱི་སྟེང་ན་ཤ་བཞག་ཡོད་ལ་ཤ་ནི་བཤན་པས་བཤས་པ་ལས་བྱུང་བས་ཤིང་བཟོ་བ་ལས་བཤན་པ་རིགས་མཐོ་བ་ཡོད། ཤ་ཡི་སྟེང་ན་གྲི་བཞག་ཡོད་ལ་གྲི་ནི་མགར་བས་བརྡུང་པའི་དབང་གིས་མགར་བ་བཤན་པ་ལས་རིགས་མཐོ་བ་ཡོད་ཅེས་གསུངས་བྱུང་། དེ་བཞིན་ཟླ་བཟོ་བའི་རྒྱུད་རྣམས་ཡུལ་འགའ་ཤས་སུ་རིགས་དམན་པར་བརྩི་བ་དང་ལ་ལར་དེ་འདྲ་བརྩི་སྲོལ་མེད་པ་སོགས་གོང་གི་དཔེ་མཚོན་དེ་རྣམས་ལས་མངོན་ཐུབ་པོ། །

གཉིས་ནི་རིགས་རྒྱུད་དབྱེ་འབྱེད་ཀྱི་ལུགས་སྲོལ་དར་ཁུལ་དུའང་གཙང་

བཙོག་གི་དབྱེ་བ་གསལ་བ་ལས་མཐོ་དམན་བང་རིམ་གྱི་དབྱེ་མཚམས་དེ་ཙམ་གསལ་པོ་མེད། གཞི་རྐང་བོད་ཀྱི་མི་ལ་རིགས་རུས་དབྱེ་བའི་གོམས་སྲོལ་འདི་དང་རྒྱ་གར་གྱི་རིགས་རུས་དབྱེ་སྲོལ་གཉིས་དབར་ཐོག་མར་བྱེད་ལས་མི་འདྲ་བ་ལས་བྱུང་བ་དང་། སྤྱིར་ན་ཕ་ཚ་བུ་རྒྱུད་ཀྱིས་བྱེད་ལས་གཅིག་གཉེར་བ། རིགས་རྒྱུད་མི་འདྲ་བའི་བར་གཉེན་གྱི་འབྲེལ་བ་འཛུགས་རྒྱུ་འཛེམ་བྱར་བཟུང་བ་བཅས་འདྲ་བའི་ཆ་ཡོད་ནའང་བོད་ཀྱི་རིགས་རུས་དབྱེ་སྟངས་དག་ལ་རྒྱ་གར་ལྟ་བུའི་མཐོ་དམན་གྱི་རིམ་པ་མང་པོ་དབྱེ་སྲོལ་མེད་ལ། རིམ་པའི་དབྱེ་བ་དེ་ཡང་དེ་ཙམ་གྱི་གསལ་པོ་མེད། དེ་སྔོན་ཞིབ་འཇུག་པ་མང་པོས་བོད་ཀྱི་སྲོལ་རྒྱུན་ལ་མི་རྣམས་མཐོ་དམན་བར་གསུམ་དང་རིམ་པ་དགུ་ལ་དབྱེ་སྲོལ་ཡོད་པར་དགོངས་ཀྱི་ཡོད། དོན་དུ་དེ་ནི་སྔར་གྱི་ཁྲིམས་ལུགས་དང་དམངས་སྲོལ་དབར་ཉ་ཉུང་མཉམ་བསྲེ་བྱས་པ་རང་དུ་མཐོང་། སྔར་གྱི་ཁྲིམས་སྲོལ་ནང་། "མི་ལ་རབ་འབྲིང་ཐ་གསུམ་དུ་བྱས། རབ་ཀྱི་རབ། རབ་ཀྱི་འབྲིང་། རབ་ཀྱི་ཐ། འབྲིང་ཐ་གཉིས་ལ་ཡང་དེ་དང་འདྲ་བའི་རབ་ཀྱི་རབ་ནི། ཁྲིམས་ཡིག་རྙིང་པའི་ལོ་རྒྱུས་ལྟར་དཔའ་བོ་སྟག་གི་ཞལ་ལྟེའི་སྐབས་ཡིན་ཞིང་། རབ་ཀྱི་འབྲིང་རྫོང་བདག་གཡོག་སུམ་བརྒྱ་ཡན་གྱི་དཔོན་རིགས། གཞུང་གི་རྫོང་གཉེར་ལས་ཚན། ཆོས་སྡེའི་མཁན་པོ་སོགས་ལ་སྟོང་སྲང་བཞི་བརྒྱ་སུམ་བརྒྱ། རབ་ཀྱི་ཐ་མ་ནི་གྲྭ་ཚང་གི་བླ་མ། དགེ་འདུན་བསྙེན་རྫོགས། གཞུང་གི་གྲོང་འཁོར། གཡོག་བརྒྱ་ལོངས་ཀྱི་དཔོན་རིགས་ལ་སྟོང་སྲང་ཉིས་བརྒྱ། འབྲིང་གི་རབ་ནི་རྟ་པ་དྲུང་འཁོར་ལ་གཏོགས་ཙམ་དང་། གྲྭ་ཚང་ཆོས་སྡེའི་ལས་ཚན་ཆོས་ཁྲིམས་སོགས་ལ་སྟོང་སྲང་བརྒྱ་དང་བཞི་བཅུ་ལྔ་བཅུ་གང་རུང་། གཟིམ་ཆུང་པ་དང་གྲྭ་པ་བགྲེས་རིམ། རྟ་ཆུང་དཔོན་ཆུང་རྣམས་ལ་སྟོང་སྲང་བརྒྱད་ཅུ། འབྲིང་གི་འབྲིང་ནི་ཟ་པ་མདའ་བདག་སྐྱེལ་བསྡུས་དང་། གྲྭ་ས་ཆུང་བའི་གྲྭ་པ་ལ་སྟོང་སྲང་དྲུག་ཅུ་བདུན་ཅུ་ལྔ་ཅུ་གང་

རིགས། འབྲིང་གི་ཐ་མ་ནི་སྙེར་པ་གཟུགས་བརྩུན་གྱི་རིགས་ཡིན་ཏེ། སྟོང་སྲུང་བཞི་བཅུ་སུམ་ཅུ་གང་རིགས། ཐ་མའི་རབ་ནི་ཕོ་རེངས་ཁྱུངས་མེད་དང་། གཞུང་གི་གཉེར་ཚང་ཕྱུག་གཡོག་ཤན་པ་རྣམས་ལ་སྟོང་སྲུང་སུམ་ཅུ། ཐ་མའི་འབྲིང་ནི་ས་འཛིན་གྱི་མགར་ཤན་ལྷོགས་སྦྲང་རྣམས་ལ་སྟོང་སྲུང་ཉི་ཤུ། ཐ་མའི་ཐ་མ་ནི་ཁྲིམས་ཡིག་སྙིང་པར་ཡ་ཕོ་མགར་བ་ཤན་པ་གསུམ་གང་བསད་ཀྱང་སྟོང་ལ་དྲིས་ཐག་གཅིག་ཟེར་བ་ལྟར་འཁྲུམས་པོའི་མགར་ཤན་ཡ་སློང་རྣམས་ལ་སྟོང་སྲུང་བཅུ་ནས་བཅོ་ལྔའི་བར་དང་། ཡང་སྙིང་རྗེར་དགོངས་ནས་ཉི་ཤུ་ཙམ་ཡང་གནང་བའི་སྲོལ་འདུག་ཅིང་རབ་འབྲིང་ཐ་གསུམ་གྱི་སྲུང་གི་སྟོང་ཐང་དེ་ལ། དེ་སྔའི་ཁྲིམས་ཡིག་དང་གཏམ་རྒྱུད་སྙིང་པའི་བབས་ཐོབ་ཀྱི་སྲོལ་རྒྱུན་རྣམས་ཀྱང་བསྟུ་བར་གནང་”① ཞེས་གསལ་བ་ལས་སྔར་གྱི་ཁྲིམས་སྲོལ་ནང་གི་མི་ལ་རབ་འབྲིང་ཐ་གསུམ་དུ་ཕྱེས་པ་ནི་གཤིན་སྟོང་འཇལ་སྐབས་གོ་ས་མཐོ་དམན་དང་། རྒྱུ་སྟོབས་དང་ལས་ཚན་རྣམ་དཔངས་ཆེ་ཆུང་གི་ཐོག་ནས་མིའི་རིན་ཐང་གི་དབྱེ་བ་མཚོན་པ་ཙམ་ལས་མིའི་རིགས་རྒྱུད་ཀྱི་རབ་འབྲིང་ཐའི་དབྱེ་བ་མཚོན་མེད། དེ་ལགས་ཀྱང་དམངས་ཁྲོད་ཀྱི་མི་ལ་རིགས་རུས་གཙང་བཙོག་དབྱེ་བའི་སྲོལ་རྒྱུན་ལྟ་བ་དེས་སྔར་གྱི་ཁྲིམས་སྲོལ་གྱི་ནང་དུ་གཤིན་སྟོང་གི་རིམ་པ་དབྱེ་རྒྱུར་ཐད་ཀའི་ཤུགས་རྐྱེན་ཐོག་ཡོད་ལ། ཉམ་ཐག་དབུལ་ཞིང་ཕོངས་པའི་ཡ་ཕོ་མགར་བཤན་རྣམས་ཀྱི་གཤིན་སྟོང་གི་རིམ་པ་དམའ་ཤོས་སུ་བཞག་པ་དེས་སླར་ཡང་དམངས་ཁྲོད་དུ་ལས་རིགས་དེ་རིགས་ལ་བཙོག་ལྟ་མཐོང་ཆུང་བྱེད་པའི་ལྟ་བ་རྩ་བ་བརྟན་པོ་ཚུགས་རྒྱུར་ཤུགས་རྐྱེན་ཆེན་པོ་ཐེབས་ཡོད།

---

① གཙང་པ་སྡེ་སྲིད་ཀརྨ་བསྟན་སྐྱོང་དབང་པོའི་དུས་སུ་གཏན་ལ་ཕབ་པའི་ཁྲིམས་ཡིག་ཞལ་ལྕེ་བཅུ་དྲུག་གི་དོན་ཚན་བསད་པ་སྟོང་གི་ཞལ་ལྕེའི་ནང་གསལ། བོད་ལྗོངས་མི་དམངས་དཔེ་སྐྲུན་ཁང་ནས་༡༩༨༩ལོར་བསྐྲུན་པའི《བོད་ཀྱི་སྔ་རབས་ཁྲིམས་སྲོལ་ཡིག་ཆ་བདམས་བསྒྲིགས》ཤོག་གྲངས་༡༣༡ལ་གསལ།

གསུམ་ནི་བོད་ཀྱི་ས་ཁུལ་འགའི་དམངས་ཁྲོད་དུ་དར་ཞིང་ཁྱབ་སྨུས་ཀྱི་བོད་རིགས་ཁྱིངས་ལས་ཡོགས་སུ་དབྱེ་བའི་རིགས་རྒྱུད་སྡུགས་པ་དང་། མགར་བ། རྗོགས་ལྷན། བཤན་པ། ཡ་སློང་། ཛ་མཁན་སོགས་ནི་ས་ཁུལ་སོ་སོའི་མི་འབོར་སྤྱིའི་ཆ་ནས་ལྟས་ན་ཧ་ཅང་ཉུང་ཉུང་ཞིག་ཡིན་པ་དང་། དེ་རྣམས་ཀྱི་རྒྱུད་པ་གཉེན་སྒྲིག་བྱེད་སྐབས་ཉེ་དུའམ་གཉེན་ཚན་ཕུད་རིགས་རྒྱུད་གཅིག་པ་ནང་ཁུལ་གཉེན་སྒྲིག་པ་ལས་རིགས་རྒྱུད་གཞན་དང་གཉེན་གྱི་འབྲེལ་བ་འཛུགས་རྒྱུར་ཆོད་འཛིན་ནན་པོ་བྱེད་ཀྱི་ཡོད། དེ་ཡང་བོད་ཀྱི་གཏམ་དཔེར་“བྱ་ཚོ་ཆུང་བས་ལམ་ཁར་ཚང་བཅའ། མི་ཚོ་ཆུང་བས་སྡུགས་པ་དང་གཉེན་སྦེལ”ཅེས་བཤད་སྲོལ་ཡོད་པ་དང་། གཏམ་དཔེ་དེས་ཕྱི་ཚུལ་དུ་སྡུགས་རྒྱུད་དང་གཉེན་སྒྲིག་བྱ་རྒྱུར་འཛེམ་ཟོན་བྱ་དགོས་ཚུལ་བསྟན་ཡོད་རུང་། དོན་དམ་སྡུགས་པའི་རུས་མཐོ་བར་བརྩིས་ནས་སྡུགས་རྒྱུད་དེ་གཙང་མ་ཡོང་རྒྱུར་འགན་སྲུང་བྱས་པ་ཞིག་ཏུ་མཐོང་། ཁྱད་པར་སྡུགས་རྒྱུད་ཀྱི་ཁྱིམ་ཚང་ཞིག་ལ་རྒྱུད་འཛིན་མཁན་བུ་མེད་པར་བུ་མོ་ལ་མག་པ་ལེན་དགོས་བྱུང་ཚེ། མག་པ་དེ་ངེས་པར་སྡུགས་པའི་རྒྱུད་ཡིན་དགོས། དེ་ལས་ལྡོག་ན་དུད་ཚང་དེའི་རུས་འཕོས་པར་བརྩིས་ནས་དེ་དང་དེའི་བུ་རྒྱུད་རྣམས་སྡུགས་ལས་ལ་འཇུག་མི་ཆོག་པ་དང་། ཡང་བོད་ཀྱི་ཡུལ་གྲུ་འགའ་ཤས་སུ་“ཐེ་གུ་ཁྲ་ཆུང་”ཟེར་བའི་རྒྱུད་པ་ཞིག་ཁེར་དུ་དབྱེ་རྒྱུ་ཡོད་ལ་དེ་རིགས་རིགས་རྒྱུད་བཙོག་ཤོས་སུ་བརྩི་ཡི་ཡོད། དེ་ནི་རིགས་རྒྱུད་དམན་པར་གཏོགས་པའི་རྒྱུད་པ་གཉིས་ཕན་ཚུན་གཉེན་འབྲེལ་བ་ལས་འཕེལ་བའི་རྒྱུད་པ་ལ་ཟེར་བ་ཡིན། དོན་དུ་དེ་ལས་མགར་བ་དང་བཤན་པ་ལྟ་བུ་རིགས་རྒྱུད་དམན་པར་གཏོགས་པ་གཅིག་པ་ཡིན་རུང་། དེ་གཉིས་བར་གཉེན་འབྲེལ་བྱེད་རྒྱུར་ཆོད་འཛིན་བྱས་ཡོད་པ་གསལ་པོར་མཐོང་ཐུབ། གཞན་ཡང་རིགས་རྒྱུད་གཙང་མ་ཡིན་ཟེར་བ་རྣམས་དང་རིགས་རྒྱུད་དམན་པར་འཛིན་པ་དབར་ལ་གཉེན་གྱི་འབྲེལ་བ་བྱུང་ཚེ། དེའི་

རྗེས་སྐྱེས་རྣམས་རིགས་དམན་པར་བརྩི་ཡི་ཡོད། དེ་ནི་རྒྱའི་ལོ་རྒྱུས་ཐོག་བྱུང་བའི་"ཧན་རྒྱལ་རབས་སྐབས་མི་ལ་མཆོག་དམན་གྱི་དབྱེ་བ་གསལ་པོ་ཡོད་པ་དང་། མི་མཆོག་དམན་གཉིས་བར་གཉེན་སྒྲིག་ཚེ་བུ་ཕྲུག་རྣམས་དམན་པར་གྱུར"①བ་ལ་བརྩི་བའི་གོམས་གཤིས་དང་ཡོངས་སུ་མཚུངས་ལ་དེ་རིགས་ཚང་མ་རིགས་རྒྱུད་ཕན་ཚུན་དབར་གཉེན་འབྲེལ་བྱེད་རྒྱུར་བཀག་རྒྱ་བཟོས་པ་རང་ལས་མ་འདས། རྒྱ་གར་གྱི་ལུགས་སུ"རིམ་པ་མཐོ་བའི་རིགས་རྒྱུད་ཀྱི་སྐྱེ་པས་རིམ་པ་དམའ་བའི་རིགས་རྒྱུད་ཀྱི་བུད་མེད་མནའ་མར་ལེན་ཆོག་པ་དང་། དེ་ནི་ལུགས་དང་མཐུན་པར་བརྩི་བ་དང་། དེ་ལས་ལྡོག་སྟེ་གལ་སྲིད་རིམ་པ་དམའ་བའི་རིགས་རྒྱུད་ཀྱི་སྐྱེ་པས་རིམ་པ་མཐོ་བའི་རིགས་རྒྱུད་ཀྱི་བུད་མེད་མནའ་མར་བསུས་ཚེ། དེ་ནག་ཉེས་ཆེན་པོ་ཞིག་ལ་བརྩིས་ནས་བཀག་འགོག་བྱེད་ཀྱི་ཡོད།"② འོན་ཀྱང་བོད་ཀྱི་ལུགས་སུ་དེ་དང་ཡོངས་སུ་མི་འདྲ་བའི་བརྩི་ཚུལ་ཡོད་པའི་སྐོར་གོང་གི་ལེའུ་གསུམ་པའི་ནང་གཉེན་སྒྲིག་གི་འཛོམ་བྱའི་སྐོར་གླེང་སྐབས་ཞིབ་ཕྲ་ཙམ་བཤད་ཟིན་པས་འདིར་སྐྱར་བཟློས་ཀྱི་དགོས་པ་མ་མཆིས་སོ། །དེ་ལྟ་བུའི་རིགས་རུས་མི་འདྲ་བ་རྣམས་ཀྱི་འབྱུང་རྐྱེན་རེ་རེ་བཞིན་གླེང་བའི་ནུས་ཤོམ་དབུལ་སྟབས། གཤམ་དུ་དཔེ་མཚོན་རང་བཞིན་ལྡན་པའི་བཤན་པའི་རིགས་རྒྱུད་དམན་པར་འཛིན་པའི་ལྟ་བའི་འབྱུང་རྐྱེན་དང་དེ་དར་ཁྱབ་བྱུང་བའི་བརྒྱུད་རིམ་ལ་སོགས་པར་ལམ་ཙམ་དཔྱད་རྒྱུ་ཡིན་པ་འདིས་བོད་ཀྱི་མི་ལ་བཙང་བཙོག་དབྱེ་བའི་ལུགས་སྲོལ་སྤྱི་ལ་ཟུར་ལྟས་ལེབ་མཐོང་གི་ནུས་པ་ཞིག་ཐོན་རྒྱུར་རེ་བའོ། །

① ཧྲང་ཧའི་མི་དམངས་དཔེ་སྐྲུན་ཁང་ནས་༡༩༩༩ལོར་བསྐྲུན་པའི་《གཉེན་སྲོལ་གྱི་བྱུང་རབས།》ཤོག་ངོས་༢༥༥ནང་གསལ།

② གྲན་ཧྲ་སུང་གིས་བརྩམས་ཤིང་ཚོང་དོན་དཔེ་སྐྲུན་ཁང་ནས་བསྐྲུན་པའི་《རྒྱ་གར་སྤྱི་ཚོགས་ཁྲོད་ཀྱི་རིམ་ལྡན་ལམ་ལུགས།》ཤོག་ངོས་༡༠ལ་གསལ།

གཉིས། བྱེ་བྲག་བཤད་པ་རིགས་རྒྱུད་དམན་པར་འཛིན་པའི་ལུགས་སྲོལ་དར་ཁྱབ་བྱུང་བའི་རྒྱུ་རྐྱེན་སྐོར།

བཤན་པའི་མི་རྒྱུད་དེ་རྐུབ་ཁ་གྲལ་ལ་མི་ཚུད་པ་དང་། ཊ་རུ་ཧ་གྲལ་ལ་མི་ཚུད་པ་ལྟར་མི་གྲལ་ལ་མི་ཚུད་པར་རིགས་དམན་པར་འཛིན་པའི་སྲོལ་རྒྱུན་ལྟ་ཚུལ་ངན་པ་འདི་འདྲ་བ་བོད་ཡུལ་གྱི་ས་ཆ་མང་པོར་དར་དགོས་པའི་རྒྱུ་རྐྱེན་བརྗོད་སྐབས། འགའ་རེས་དེ་ནི་མི་དགེ་བ་བཅུའི་ནང་གི་དང་པོ་སྲོག་གཅོད་པའི་ལས་ལ་འཇུག་པས་ཡིན་པར་བཞེད་པ་དང་། ཡང་འགའ་རེས་དེ་ནི་“སྔར་རྒྱ་གར་གྱི་མིའི་རིགས་རིམ་པ་བཞི་སྟེ། བྲམ་ཟེའི་རིགས་དང་། རྒྱལ་རིགས། རྗེ་རིགས། དམངས་རིགས་སམ་གདོལ་རིགས་རྣམས་རིགས་སོ་སོའི་བར་གྱི་དབྱེ་མཚམས་ཧ་ཅང་གསལ་བས་ཕན་ཚུན་བར་མཉམ་དུ་བཟའ་བཏུང་དང་འགྲོ་འོང་། སྡོད་གནས། གཉེན་སྒྲིག་སོགས་བྱས་མི་ཆོག་པ་དང་། རིགས་འོག་མའི་མི་རྣམས་ཀྱིས་རིགས་གོང་མའི་ལས་ཀ་དོན་གཉེར་བྱས་མི་ཆོག”པའི་རིགས་རུས་དབྱེ་བའི་ལུགས་སྲོལ་ཡོད་པ་དེ་ལས་ཤུགས་རྐྱེན་ཐོབ་པར་བརྗོད་ཡོད། འདོད་ཚུལ་དེ་གཉིས་ལ་རྒྱུ་མཚན་ངེས་ལྡན་ཡོད་རུང་། ཐག་གཅོད་རང་བཞིན་ལྡན་པའི་རྒྱུ་རྐྱེན་ནི་བོད་ཀྱི་སྤྱི་ཚོགས་འདི་ཉིད་རང་ལ་ཐུག་ཡོད།

དངོས་གཙོ་རིང་ལུགས་པ་ཞིག་ཡིན་ཕྱིན་དེས་དངོས་པོ་ཨང་དང་པོ་དང་། བསམ་པ་ཨང་གཉིས་པ་ཡིན་པའི་རྩ་དོན་རྒྱུན་འཁྱོངས་བྱེད་ཅིང་། དེ་ཡང་“འཇིག་རྟེན་གྱི་ཁམས་འདི་ནི་འཇིག་རྟེན་གྱི་གྲུབ་ཆ་ཡིན་པའི་དངོས་པོའི་རང་བཞིན་གྱི་ཁོངས་སུ་གཏོགས་པ་དང་། བསམ་པ་དང་འདུ་ཤེས་ནི་དངོས་པོ་ལས་བྱུང་བ་ཡིན་(པ་ལ་ཁས་ལེན་)ཞིང་། ཕྱི་རོལ་ཡུལ་གྱི་དངོས་ཁམས་ནི་བསམ་པ་དང་ཁ་བྲལ་ཏེ་རང་ཚུགས་སུ་གནས་ཡོད་རུང་མིའི་ཤེས་རྟོགས་ནི་དངོས་ཁམས་དེ་

ཉིད་ཀྱི་ཚུར་སྣང་ཞིག་ཡིན་པ་ཁས་ལེན་”①བྱེད་ཀྱི་ཡོད། སྡེང་གི་བཀོད་པ་ནི་དཔལ་འབྱོར་རྨང་གཞིའི་ཐོག་གྲུབ་པ་ཞིག་ཡིན་ལ་སྡེང་གི་བཀོད་པས་དཔལ་འབྱོར་རྨང་གཞིར་ཞབས་འདེགས་ཞུ་ཡི་ཡོད་པས། སྡེང་གི་བཀོད་པའི་ཁྱབ་ཁོངས་ནང་གཏོགས་པའི་བཤད་པ་རིགས་རྒྱུད་དམན་པར་འཛིན་པའི་སྲོལ་རྒྱུན་ལྟ་ཚུལ་གྱི་བསམ་པའི་འདུ་ཤེས་འདི་ཉིད་ཀྱང་སྐབས་དེའི་(བོད་དུ་ལུགས་སྲོལ་འདི་ཉིད་དར་འགོ་ཚུགས་པའི་དུས་ལ་ཟེར་)བོད་ཀྱི་དཔལ་འབྱོར་ཐོན་སྐྱེད་ཆུ་ཚད་དང་། འཚོ་སྟངས། དེ་བཞིན་རང་བྱུང་ཆ་རྐྱེན་བཅས་སྤྱི་ཚོགས་ཀྱི་དངོས་པོའི་འཚོ་བའི་རྨང་གཞིའི་ཐོག་ཆགས་པ་ཞིག་ཡིན་ལ། སྲོལ་རྒྱུན་ལྟ་ཚུལ་འདི་ཉིད་དར་རྫེས་བཟང་ངན་ལ་མ་ལྟོས་པར་ནུས་པ་ངེས་ཅན་ཐོན་ཡོད་པ་ནི་སྨོས་ཅི་དགོས། དངོས་པོའི་འཚོ་བའི་རྨང་གཞི་དང་། ཆ་རྐྱེན་གང་ཡང་མེད་པའམ་བོད་ཀྱི་སྤྱི་ཚོགས་ལ་བསམ་པའི་འདུ་ཤེས་འདི་འདྲ་བ་དགོས་གལ་ཆ་བ་ནས་མེད་ཚེ་གཞན་གྱི་འདུ་ཤེས་འཛིན་ཚུལ་ལམ་ཆོས་ལུགས་ཀྱི་བསམ་པ་དེ་ཕོ་ནའི་སྟོབས་ཤུགས་ཀྱིས་བོད་དུ་དར་ཁྱབ་ཡོང་དཀའ་བ་ཞིག་ཡིན།

བཤད་པ་རིགས་རྒྱུད་དམན་པར་འཛིན་པའི་ལུགས་སྲོལ་འདི་ནི་སྤྱི་ཚོགས་ཀྱི་སྣང་ཚུལ་ཞིག་ཡིན་ལ་“འགྲོ་བ་མིའི་རིགས་ཀྱི་སྤྱི་ཚོགས་ཀྱི་སྣང་ཚུལ་འདི་ཡང་བྱ་དངོས་གཞན་དང་འདྲ་བར་འཕེལ་རྒྱས་འགྲོ་བཞིན་པ་ཞིག་ཡིན། དེ་ཡང་བྱ་དངོས་ཚང་མ་མེད་པ་ནས་ཡོད་པ་དང་། དེར་འཕེལ་རྒྱས་འགྲོ་བ། མཐར་ཡོད་པ་ནས་མེད་པར་འགྲོ་བའི་ལོ་རྒྱུས་ཀྱི་ལམ་བུ་འགྲིམ་དགོས་ཀྱི་ཡོད་”②པ་ལྟར་བོད་ལུགས་སུ་མཆིས་པའི་བཤད་པ་རིགས་རྒྱུད་དམན་པར་འཛིན་པའི་སྲོལ་ངན་འདི་ཡང་གངས་ལྗོངས་སུ་འགྲོ་བ་མིའི་རིགས་ཀྱི་ལོ་རྒྱུས་དབུ་བརྙེས་པ་དང་དུས་

① 《མཚན་ཉིད་རིག་པའི་མིང་ཚིག་འགྲེལ་པ་》ཤོག་ངོས་༨ལ་གསལ།

② 《གང་འདྲ་ཞིག་ལ་སྤྱི་ཚོགས་རིག་པ་ཟེར་》(རྒྱ་ཡིག)ཤོག་ངོས་༧པར་གསལ།

མཚུངས་སུ་བྱུང་བ་ཞིག་མིན་པར་བོད་ཀྱི་སྤྱི་ཚོགས་འཕེལ་རྒྱས་འགྲོ་བའི་དུས་རིམ་ངེས་ཅན་ཞིག་གི་ནང་སྤྱི་ཚོགས་ཀྱི་དགོས་གཤལ་ལམ་རང་བྱུང་གི་ཆ་རྐྱེན་ཡོད་པའི་རྨང་གཞིའི་ཐོག་དར་བ་དང་ཁྱབ་གདལ་བྱུང་བ་ཞིག་ཡིན་པ་ནི་བསྙོན་མེད་ཡིན། འོ་ན། དུས་གང་མཚམས་ལ་དར་བ་དང་དར་དགོས་པའི་རྒྱུ་རྐྱེན་གང་ཡིན་ཞེ་ན། གཤམ་དུ་དོན་འདིའི་སྐོར་དམིགས་བཀར་གྱིས་བརྗོད་ན།

ཐོག་མར་ང་ཚོས་ལོ་རྒྱུས་རིག་པའི་དུས་ཀྱི་སྔ་ཕྱིའི་འཕེལ་རིམ་དེད་ནས་ཞིབ་འཇུག་བྱེད་པའི་བྱ་ཐབས་སྤྱད་དེ་དཔྱེ་ཞིབ་རགས་ཙམ་བྱ་རྒྱུར། བོད་ཁ་བ་ཅན་གྱི་འགྲོ་བ་མིའི་རིགས་ཀྱི་རྩ་བ་ནི་ས་གནས་འདི་རང་དུ་ཕ་སྤྲེལ་རྒན་དང་མ་བྲག་སྲིན་གཉིས་འདོད་པ་སྤྱད་པ་ལས་གདོང་དམར་ཤ་ཟན་གྱི་རིགས་བྱུང་ཞིང་དེ་ལས་མིའི་རིགས་འཕེལ་བར་གྲགས་པ་དང་། གནའ་མི་རྣམས་ཀྱི་རྒྱུད་པ་རིམ་བཞིན་འཕེལ་བ་ལས་བོད་ཀྱི་རུས་ཚོ་ཆེན་པོ་བཞིར་གྱེས་པ་དང་། དེ་དག་ལས་དབྲ་དང་འབྲུ་མཆེད་པ་བཅས་ལ་བོད་མིའུ་གདུང་དྲུག་ཅེས་སུ་འབོད། དེ་ལྟར་བོད་ཀྱི་ཐོག་མའི་རུས་ཚོ་ཆེན་པོ་དྲུག་གི་རྨང་གཞིའི་ཐོག་ཕྱིས་སུ་ངོས་འཛིན་གསལ་ཞེས་ཐུབ་པའི་རུས་མིང་བརྒྱ་དང་བཞི་བཅུ་ལྷག་ཙམ་ཞིག་བྱུང་ཡོད། མདོར་ན། བོད་རིགས་སྐྱེ་བོ་རྣམས་ལ་རུས་མིང་ཇི་སྙེད་ཅིག་མཆིས་ནའང་བོད་མིའི་རིགས་རུས་ཤ་ཁྲག་གི་རྩ་བ་ནི་སྤྲ་རིགས་ནས་མིར་འཕོ་འགྱུར་བྱུང་བ་ཞིག་ཡིན་པ་ཀུན་གྱིས་མཁྱེན་ཚོས་ལྟར་དང་། དེ་ལས་བོད་རིགས་ཚང་མ་ཤ་གཅིག་ནས་གཏུབ་པའི་ཏིག་རྟུག་དང་། ཀོ་བ་གཅིག་ནས་འབྲེག་པའི་རྒྱུན་དུ་ཡིན་པས་མི་དང་མི་དབར་ལ་རིགས་རུས་མཐོ་དམའ་མཆོག་ཞན་གྱི་དབྱེ་བ་མེད་པར་ཚང་མ་ས་བོན་གཅིག་ནས་སྐྱེས་པའི་སྨྱུ་གུ་ཡིན་པ་ར་འཕྲོད་ཐུབ་པ་ཡིན།

ཡང་སྔོས་སུ་སྐལ་པ་ཡ་ཐོག་གི་དུས་ན་གདོད་མའི་མི་རྣམས་མ་རྔོས་ལོ་འབྲས་འཚོལ་སྤྱོད་དང་རྐོ་འདོན་བྱེད་པ་དང་། སྒྲོག་ཆགས་ཚང་རིགས་ཤུང་ཤས་

བཟུང་ནས་ཟས་སུ་སྤྱོད་པ་ཙམ་དུ་ཟད། དུས་ཡུན་རིང་པོའི་ཐོན་སྐྱེད་ཀྱི་ཉམས་མྱོང་གསོག་འཛོག་ཐོག་གནོད་མའི་མི་རྣམས་ཀྱིས་རིམ་གྱིས་དབྱུག་གདུང་དང་ཉ་ཚེབ་གསར་གཏོད་བྱས་པ་དང་། དེ་རྗེས་མདའ་གཞུ་གསར་གཏོད་བྱས་པ་མ་ཟད་ཉེ་དོང་དང་ར་སྐོར་སོགས་ཀྱིས་སྲོག་ཆགས་འཛིན་པའི་བྱ་ཐབས་གསར་སྐྲུན་བྱས་པ་རེད། དེ་ལྟའི་སྤྱི་ཚོགས་ནང་རི་དྭགས་སྲོག་ཆགས་རྔོན་རྒྱག་བྱས་པ་ནི་ཐོན་སྐྱེད་བྱས་པ་ཞིག་ཡིན་ན། རི་དྭགས་རྔོན་པའི་ནུས་པ་ཆེ་བ་རྣམས་ནི་ཐོན་སྐྱེད་ལ་འཛོན་ཐང་ཡོད་མཁན་ཞིག་ཡིན་པས། སྐྱེ་བོ་དེ་རིགས་ནི་ཀུན་གྱི་མིག་དཔེ་དང་བསྟེན་བཀུར་བྱེད་འོས་ཀྱི་ཡུལ་ཞིག་ཡིན་པར་ངོས་འཛིན་གྱི་ཡོད། ཕྱིས་སུ་ཐོན་སྐྱེད་ནུས་ཤུགས་འཕེལ་རྒྱས་བྱུང་བས་ཉེ་དོང་དང་ར་སྐོར་སོགས་ཀྱིས་གསོན་བཟུང་ཐུབ་པའི་རི་དྭགས་རྣམས་གསོ་སྐྱོང་བྱས་པ་དང་སྤྱོར་སྡེབ་རྒྱུད་སྤེལ་བྱས་པ་ལས་མི་ཁྲིམས་ལ་སྦྱར་བའི་སྒོ་ཕྱུགས་བྱུང་བ་ཡིན། ཕྱུགས་ལས་མ་དར་གོང་ལ་བཤན་པ་བྱ་བ་ཡོད་མི་སྲིད་ན་བཤན་པ་ཟེར་བ་འདི་ཡང་དེའི་གོང་རིགས་རྒྱུད་ཀྱི་མིང་ཞིག་མིན་པ་ནི་གསལ་བར་མཆིས། རྒྱུ་མཚན་ནི། བཤན་པ་བྱ་བའི་མིང་འདི་མི་ཁྲིམས་ལ་སྦྱར་བའི་ཕྱུགས་རིགས་རྣམས་ཀྱི་སྲོག་གཅོད་མཁན་ལ་གོ་བ་ཡིན་གྱིས། རི་སྐྱེས་སྲོག་ཆགས་གསོད་མཁན་ལ་རྔོན་པའམ་ཁྱི་ར་བ་དང་། ཆུ་སྐྱེས་སྲོག་ཆགས་བཟུང་མཁན་ལ་ཉ་པ་ཞེས་བརྗོད་ཀྱི་ཡོད་པའི་ཕྱིར།

"མདོར་ན་བྱེད་ལས་སོ་སོ་ཐ་དད་ལས། རྒྱལ་རིགས་ལ་སོགས་བཟང་ངན་རིགས་ལྟར་བཞག འདི་ཡན་རིགས་ལ་ཁྱད་པར་ཡོད་མ་ཡིན་"[①] ཞེས་པ་ལྟར་ལས་རིགས་ཏེ་བྱེད་ལས་ཕྱུགས་རིགས་ཀྱི་སྲོག་གཅོད་བྱས་པས་བཤན་པའི་རིགས་འདི་ཆགས་པ་རེད། "འགྲོ་བ་མིའི་རིགས་ཀྱི་རྩོལ་བ་ཚང་མ་དམིགས་

① 《ཆོས་འབྱུང་མཁས་པའི་དགའ་སྟོན་》ལ་གསལ།

བསལ་གྱི་ལོ་རྒྱུས་དང་། སྤྱི་ཚོགས་ཀྱི་ཆ་རྐྱེན་འགའ་ཐོན་པ་ཞིག་ཡིན་"[1] པས་ཕྱུགས་རིགས་འདུལ་གསོ་བྱས་ནས་ཞིང་འབྲོག་གཉིས་ཀྱི་ལས་བགོས་ཁ་གྱེར་བ་སྟེ་སྤྱི་ཚོགས་ཀྱི་ལས་བགོས་ཆེན་པོ་ཐེངས་དང་པོ་དེ་བྱས་པའི་རྗེས་གཞི་ནས་བཤད་པའི་ལས་རིགས་བྱུང་བ་ཞིག་ཡིན་པས། བཤད་པ་རིགས་རྒྱུད་དམན་པར་འཛིན་པའི་ལུགས་སྲོལ་འདི་ཡང་དུས་དེའི་གོང་ལ་མེད་པ་ནི་གླེང་མེད་ཡིན།

ང་ཚོས་སླར་ཡང་མི་རིགས་རིག་པའི་ད་ལྟའི་རིག་གནས་སྣང་ཚུལ་གྱི་ཐོག་ནས་ལོ་རྒྱུས་ལ་ཕྱིར་ལྟས་བྱེད་པའི་བྱ་ཐབས་སྤྱད་དེ་དབྱེ་ཞིབ་རགས་ཙམ་བྱ་རྒྱུར། སྤྱིར་ན་ང་ཚོས་རྒྱུན་དུ་ལོ་རྒྱུས་ཐོག་གི་གནད་དོན་གང་ཞིག་གི་འབྱུང་རྐྱེན་དང་། བྱ་དངོས་གང་གི་ཐོན་རྐྱེན་ལ་དཔྱད་པ་བྱ་སྐབས་ལོ་རྒྱུས་ཀྱི་དཔྱད་གཞིའི་ཡིག་ཆ་ཁོ་ན་ཁུངས་བཙན་དུ་འཛོག་པ་དང་། དེ་ཁོ་ནར་བརྟེན་གྱི་ཡོད་རུང་། གནད་དོན་མང་པོ་ཞིག་གི་ཐད་ལོ་རྒྱུས་ཀྱི་དཔྱད་གཞིའི་ཡིག་ཆའི་ནང་ཁ་གསལ་འཁོད་མེད་པའང་ཡོད། དེས་ན་དེང་གི་དུས་སུ་དོན་དངོས་འཚོ་བའི་ནང་མཆིས་པའི་བྱ་དངོས་ལ་དབྱེ་ཞིབ་དང་ཞིབ་འཇུག་བྱས་ནས་བྱ་དངོས་དེའི་ཐོག་མའི་ཐོན་རྐྱེན་འཚོལ་རྒྱུ་ནི་བྱ་ཐབས་ཁྱད་འཕགས་ཅན་ཞིག་ཡིན། ང་ཚོས་བོད་ཀྱི་སྤྱི་ཚོགས་ལ་སྣང་འཛོག་ཕྲན་བུ་ཞིག་བྱས་ཚེ་གནད་དོན་འདི་འདྲ་ཞིག་ཚོར་ཐུབ་པ་སྟེ། སྤྱིར་ན་བོད་ཀྱི་སྤྱི་ཚོགས་སུ་བཤད་པའི་རིགས་རྒྱུད་བཙོག་པར་ལྟ་བའི་ལུགས་སྲོལ་ཡོད་རུང་། དབུས་གཙང་གི་ཞིང་པའི་ཁུལ་དུ་ཡོད་པ་ལས་མངའ་རིས་དང་། ནག་ཆུ། ཁམས། ཨ་མདོ་སོགས་ཀྱི་འབྲོག་པའི་ས་ཁུལ་མང་ཆེ་བར་བཤད་པ་བྱ་བའི་ལས་རིགས་ཁོ་ན་ཆེད་དུ་གཉེར་མཁན་མེད་ལ། ཕྱུགས་རིགས་ཀྱི་སྲོག་གཅོད་མཁན་རིགས་རྒྱུད་དམན་པ་དང་། དེ་བཙོག་པར་བརྩི་བའི་ལུགས་སྲོལ་ཡང་ཅང་མ་

① 《མི་ཡི་རྣམ་བཤད་》(རྒྱ་ཡིག) ཤོག་ངོས་༢༠ལ་གསལ།

མཆིས་པ་མ་ཟད། དབུས་གཙང་ས་ཁུལ་དུ་འང་གཙོ་བོ་གྲོང་ཁྱེར་དང་ཞིང་ཁུལ་མ་གཏོགས་འབྲོག་ཁུལ་དུ་བཤད་པ་རིགས་དམན་པར་བརྩི་མཁན་མེད། དཔེར་ན། གཙང་ཁུལ་པ་སྣམ་རྫོང་གི་ཞིང་འབྲོག་གཉིས་ཀྱི་ས་ཁུལ་དུ་བཤད་པར་འཛིན་པའི་ལྟ་ཚུལ་མཚམས་སྦྱོར་ཞུས་ན། པ་སྣམ་རྫོང་དུ་སྔར་ཤང་༢༣ཡོད་(ཆུས་དོར་ཤང་བཙུགས་མ་བྱས་གོང་)པའི་ནང་འབྲོག་ལས་ཁེར་གཉེར་གྱི་ཤང་སྟོང་ཤེར་ཤང་གཅིག་རང་ལས་མེད་པ་དང་། ས་མ་འབྲོག་ཤང་གཉིས། དེ་ཁྱིངས་ཚང་མ་ཞིང་ལས་ཤང་ཡིན། དེ་རྣམས་ལས་སྟོང་ཤེར་ཤང་ཁུལ་དུ་སྐྱེ་པ་པོ་ཡིན་ཚེ་ཕྱུགས་རིགས་གསོད་ནུས་པ་དང་། དེ་ལ་སྤྱི་ཚོགས་ཀྱིས་ཐ་ཤལ་དམན་པའི་ལྟ་ཚུལ་མི་འཛིན། སྟོང་ཤེར་ཡུལ་ན་ཕྱུགས་རིགས་ཀྱི་སྲོག་གཅོད་ཕོ་ནའི་ལས་རིགས་གཉེར་མཁན་ཡོད་དེ། དེ་ལ་"སྤྱི་མི"ཞེས་བརྗོད་ལ་བླ་མ་དང་། སྔགས་པ། སྨན་པ་སོགས་སྤྱི་མི་སྟེ་སྤྱི་དོན་གཉེར་མཁན་ལས་རིགས་མི་སྣ་གཞན་རྣམས་དང་འདྲ་བར་ཀུན་གྱི་བརྩི་བཀུར་དང་མཐོང་ཆེན་ཐོབ་ཀྱི་ཡོད་པ་མ་ཟད། ད་དུང་དད་པའང་ཐོབ་ཀྱི་ཡོད་པ་རེད། དེ་ཡང་"སྤྱི་མི"དེའི་ཁ་ཕོར་ནང་ཇ་ཆང་བཏུང་རྒྱུ་བྱུང་ན་རང་གི་གེགས་དང་བར་ཆད་མང་པོ་སེལ་ཐུབ་ཀྱི་ཡོད་པར་ངེས་འཛིན་བྱ་ཡི་ཡོད། དེ་ཁྱིངས་ཀྱི་ཤང་༢༢ཀྱི་ནང་བཤད་པ་རིགས་རྒྱུད་དམན་པ་དང་། བཙོག་པར་ལྟ་བའི་ལུགས་སྲོལ་དར་ཁྱབ་ཆེན་པོ་ཡོད། ཡང་དཔེར་ན། རྣམ་གླིང་རྫོང་གི་ཞིང་ཁུལ་དང་འབྲོག་ཁུལ་གཉིས་སུ་བཤད་པར་འཛིན་པའི་ལྟ་ཚུལ་མཚམས་སྦྱོར་ཞུས་ན། རྣམ་གླིང་རྫོང་ཁུལ་དུ་ད་ཡོད་ཤང་༡༦ཡོད་པའི་ནང་འབྲོག་ལས་ཁེར་གཙང་གི་ཤང་གསུམ་ཡོད་པ་དང་། དེ་ཁྱིངས་ཤང་ཁག་བཅུ་དྲུག་ལས་ས་མ་འབྲོག་གསུམ་སྤུད་ཚང་མ་ཞིང་ལས་ཤང་ཁོ་ན་ཡིན། འབྲོག་ལས་གཙོ་གཉེར་གྱི་ཤང་གསུམ་ནང་མང་ཚོགས་ཁྲོད་དུ་ཕྱུགས་རིགས་ཀྱི་སྲོག་གཅོད་ལས་ཆེད་དུ་གཉེར་མཁན་མེད་ལ། ཕྱུགས་རིགས་གསོད་མཁན་རྣམས་ལ་ངན་ལྟ་

བྱེད་པའི་སྲོལ་ཡང་མེད། གཞན་གྱི་ས་མ་འབྲོག་གི་ཤད་དང་། ཞིང་ལས་གཙོ་གཉེར་ཤད་ཁག་ནང་བཤན་པ་ལ་བརྩོག་ལྟ་བྱེད་པའི་སྲོལ་རྒྱུན་དར་ཁྱབ་ཆེན་པོ་ཡོད། གོང་གསལ་དོན་དངོས་འདི་དག་གི་ཐོག་ནས་བཤན་པར་བརྩོག་ལྟ་བྱེད་པའི་སྲོལ་ནི་འབྲོག་ཁུལ་ལམ་འབྲོག་ལས་དར་རྒྱས་ཆེ་བའི་ས་ཁུལ་དང་། དེའི་དུས་སྐབས་སུ་མེད་པ་ཤེས་རྟོགས་ཐུབ་ངེས་ལགས།

བོད་ཀྱི་ལོ་རྒྱུས་དེབ་ཐེར་ཁག་གི་ནང་རྒྱལ་པོ་སྲོང་བཙན་སྒམ་པོ་མ་བྱོན་གོང་བོད་ཀྱི་སྤྱི་ཚོགས་ནང་གཡང་སྒྲུབ་བྱེད་པ་དང་། མདོས་རྒྱག་པ། གླུད་གཏོང་བ། མོ་རྒྱག་པ། ཕྲ་ཕབ་པ། གསོན་པོ་དང་གཤིན་པོའི་རྟེན་རྒྱག་པ། མི་ན་སྐབས་སྲོག་བླུས་སྤྲུས་འགྱེད་བྱེད་པ། མི་ཤི་རྗེས་འདྲེ་འདུལ་བྱེད་པ་བཅས་ཀྱི་བྱེད་སྒོའི་ནང་གཡག་ར་ལུག་སོགས་ཕྱུགས་རིགས་མང་པོ་བསད་ནས་དམར་མཆོད་འབུལ་གྱི་ཡོད་པ་དང་། ལྷག་དོན་དུ་མཁས་དབང་དུང་དཀར་བློ་བཟང་འཕྲིན་ལས་མཆོག་གི་གསུང་ལས“དགུན་ཁའི་དུས་སུ་བོན་ལྷ་དམར་མཆོད་ཅེས་གཡག་ལུག་ར་སོགས་ཕོ་ཕྱུགས་སྟོང་ཕྲག་གསུམ་རེ་ལོངས་པའི་སྐྱེ་དུས་གཅིག་ཏུ་བཅད་ནས་བསད་པ་དང་། འབྲི་ལུག་ར་སོགས་མོ་ཕྱུགས་སྟོང་ཕྲག་གཅིག་རེ་ལོངས་པའི་ཡན་ལག་རྣམས་གསོན་པོར་ལྷུ་ལག་ཕྲལ་ནས་བསད་པའི་ཤ་ཁྲག་གི་དམར་མཆོད་”①འབུལ་གྱི་ཡོད་པ་སོགས“སེམས་ཅན་བསད་པའི་དམར་མཆོད་གཞི་རྒྱ་ཆེན་པོ་དེས་བོད་ཀྱི་འབྲོག་ལས་ཐོན་སྐྱེད་ཐོག་ལ་གནོད་སྐྱོན་ཚབས་ཆེན་ཡོང་གི་ཡོད་པ་མཐོང་ནས། རྒྱལ་པོ་སྲོང་བཙན་སྒམ་པོས་བོན་པོའི་ཆོས་ལུགས་བཀག་འགོག་བྱེད་དགོས་པའི་རྒྱུ་མཚན་ནི་དེ་ཡིན་ཞེས་གསལ་”②བ་ལྟར་སྐབས་དེའི་སྤྱི་ཚོགས་ནང་བོན་པོའི་ཆོས་ལུགས་དེ་དབང་སྒྱུར་གྲལ་རིམ་གྱི་ཆབ་སྲིད་ཀྱི་

① 《བོད་ཀྱི་ཆོས་སྲིད་ཟུང་འབྲེལ་སྐོར་བཤད་པ་》ཤོག་གྲངས་༨ལ་གསལ།

② 《བོད་ཀྱི་ཆོས་སྲིད་ཟུང་འབྲེལ་སྐོར་བཤད་པ་》ཤོག་གྲངས་༡༣ནང་གསལ།

དགོས་མཁོ་དང་མཐུན་གྱི་མེད་པས་“ དབང་བསྒྱུར་གྲལ་རིམ་གྱི་ཆབ་སྲིད་ལམ་ལུགས་ཐད་ལ་ཆོས་ལུགས་ཀྱི་བསམ་བློ་གསར་པའི་དགོས་མཁོ་བྱུང་བ་དང་བསྟུན་ནས་(རྒྱལ་པོ་སྲོང་བཙན་སྒམ་པོའི་སྐབས་ནས་བོད་ལ་སངས་རྒྱས་ཆོས་ལུགས་) དར་སྤེལ་གཏོང་ཐུབ་པ་བྱུང་བ་ཞིག་ཡིན་པ་མ་གཏོགས། སངས་རྒྱས་ཆོས་ལུགས་རང་ཉིད་ཀྱི་རང་ཚུགས་སྟོབས་ཤུགས་ལ་བརྟེན་ནས་གློ་བུར་དུ་དར་སྤེལ་བྱུང་བ་ཞིག་མིན། ”① དེ་ལྟར་སྐབས་དེར་ཕྱུགས་རིགས་སྲོག་གཅོད་ཀྱི་ལས་ལ་འཇུག་མཁན་བཤན་པ་རིགས་ངན་པར་བརྩི་བའི་བསམ་པའི་འདུ་ཤེས་དེ་ཉིད་ཀྱང་བོད་ཀྱི་སྤྱི་ཚོགས་ནང་དར་ཁྱབ་ཡོང་བའི་ཕྱི་རོལ་ཡུལ་གྱི་ཆ་རྐྱེན་འཛོམས་ཡོད་པ་སྟེ་“ སེམས་ཅན་བསད་པའི་དམར་མཆོད་གཞི་རྒྱ་ཆེན་པོ་” བྱེད་ཀྱི་ཡོད་པ་དེས་དོན་མེད་དུ་“ བོད་ཀྱི་འབྲོག་ལས་ཐོན་སྐྱེད་ཐོག་ལ་གནོད་སྐྱོན་ཚབས་ཆེན་ཡོང་གི་ཡོད་པའི་” སྐབས་དེའི་སྤྱི་ཚོགས་ཐོག་གནས་བཞིན་མཆིས་པའི་དངོས་དོན་དེ་ལགས་སོ། །བསམ་པའི་འདུ་ཤེས་འཛིན་ཚུལ་ཡོད་དོ་ཅོག་ཡུལ་དང་། དུས་ལ་བསྟུན་ནས་དར་བ་དང་། འཕེལ་རྒྱས་བྱུང་བ་ཞིག་ཡིན་པ་ལྟར་སྐབས་དེར་བོད་ཀྱི་ཡུལ་གྲུ་འདིར་གཞི་རྒྱ་ཆེ་བའི་དམར་མཆོད་བྱས་པ་དེས་འབྲོག་ལས་ཐོན་སྐྱེད་ལ་གནོད་སྐྱོན་ཚབས་ཆེན་ཕོག་གི་ཡོད་ཅིང་། མེས་རྒྱལ་ནང་ཁུལ་གྱི་“ སྟོན་ཐོན་ཞིང་ལས་དང་བཟོ་ལས་ལག་རྩལ་སོགས་བོད་དུ་དར་འགོ་ཚུགས་ཤིང་”②བོད་ཀྱི་ཞིང་ལས་ལ་སྔར་ལས་ལྷག་པའི་འཕེལ་རྒྱས་བྱུང་བའི་དུས་དེར་འབྲོག་ལས་ཐོན་སྐྱེད་ལ་དོན་མེད་མིས་བཟོས་པའི་ཚབས་ཆེའི་གནོད་སྐྱོན་དེ་དག་བཀག་སྡོམ་བྱེད་པའི་སྤྱི་ཚོགས་ཀྱི་དགོས་མཁོར་བསྟུན་ནས་ལུགས་སྲོལ་འདི་ཉིད་ཐོག་མར་དར་བའི་རྨང་གཞི་གྲུབ་པར་ངེས་འཛིན་བྱེད་ཀྱི་ཡོད།

① 《བོད་ཀྱི་ཆོས་སྲིད་ཟུང་འབྲེལ་སྐོར་བཤད་པ་》ཤོག་ངོས་༡༢དང་༡༤ལ་གསལ།

② 《བོད་ཀྱི་ཆོས་སྲིད་ཟུང་འབྲེལ་སྐོར་བཤད་པ་》ཤོག་ངོས་༡༢དང་༡༤ལ་གསལ།

རྒྱལ་པོ་སྲོང་བཙན་སྒམ་པོའི་སྐབས་བཅའ་ཁྲིམས་ཀྱི་ནང་“སྲིད་འཛིན་དོ་དམ་ལམ་ལུགས་ཀྱི་སྒྲིག་གཞི་དང་། དམག་དོན་སྒྲིག་གཞི། སྲིད་འཛིན་ལས་ཁུངས་ཀྱི་དབྱེ་མཚམས། འབངས་རབ་འབྲིང་ཐ་གསུམ་གྱི་འགྲོ་ལུགས་དང་རིམ་པ་སོགས་ཞིབ་ཚགས་ཅམ་བཀོད་”①པ་དང་། རིགས་མཐོ་བ་དང་རྒན་རབས་ལ་ཞུ་དུད་བྱ་བ་ཞེས་རིགས་མཐོ་པོ་ཡིན་པའི་མི་དང་རྒན་རབས་ལ་བརྩི་བཀུར་བྱེད་དགོས་པ་སོགས་གསལ་པོར་བཀོད་ཡོད་པ་རྣམས་ལས་དེ་དུས་ནས་རིགས་རུས་ལ་དབྱེ་བ་ཕྱེ་སྲོལ་ཡོད་པ་ལྟར་སྣང་ཡང་། དོན་དུ་“གཡུང་ཞེས་པ་ནི་རྒོད་ཀྱི་ལྡོག་ཟླ་སྟེ་བརླིང་བའམ་བརྟན་པའི་དོན་ཡིན། སྐབས་འདིར་ཞི་བའི་བྱ་ལས་སྒྲུབ་པའི་འབངས་ཀྱི་སྤྱི་མིང་ལ་གོ་དགོས། དེ་ལའང་ནང་གསེས་རྗེ་བྲན་དང་། ཁེང་དང་ཡང་ཁེང་སོགས་ར༵བ་འ༵བྲིང་མ༵ཐའི་དབྱེ་བ་ཡོད། གཡུང་གི་ཁོངས་སུའང་རྗེ་བྲན་རི༵མ་པ༵་ལྔར་ཕྱེ་བ་དེ་དག་ནི་རང་འོག་ལ་བདག་གཉེར་བྱེད་པའི་ད༵བང་རིས་ཆེ་ཆུང་སྣ་ཚོགས་ཡོད་”པ་རྣམས་ཡིན་ལགས་ན། སྐབས་དེར་བརྗོད་པའི་རབ་འབྲིང་ཐའམ་རིམ་པ་རྣམས་ནི་ལས་རིགས་དང་དབང་རིགས་ལ་གོ་བ་ཡིན་གྱིས་མིའི་རིགས་རུས②མཐོ་དམན་གཙང་བཙོག་ལ་གོ་བ་ཞིག་ཡེ་ནས་མིན་པར། དེ་རྣམས་ནི་ང་ཚོས་དེང་སྐབས་འཚོ་བའི་ནང་སྤྱོད་ཀྱུས་ཡིན་པའི་“རིམ་ཁག་དབུ་ཁྲིད་”ཟེར་བའམ་“ཞིང་ཆེན་རིམ་པའི་ལས་བྱེད་པ་དང་ས་གནས་རིམ་པའི་ལས་བྱེད་པ། རྫོང་རིམ་པའི་ལས་བྱེད་པ། ཆུས་རིམ་པའི་ལས་བྱེད་པ་”ཟེར་བ་དང་། “འགོ་ཁྲིད་དང་བློ་མཐུན་རྒན་པར་བརྩི་བཀུར་”ཟེར་བ། ཡང་ན་“བཟོ་པ། ཞིང་པ། དམག་མི་”ཟེར་བ་ལྟ་བུ་ཡིན། དཔེར་ན་རྗེ་བྲན་རིམ་པ་ལྔ་ཡི་ནང་

① 《བོད་ཀྱི་ཆོས་སྲིད་ཟུང་འབྲེལ་སྐོར་བཤད་པ་》ཤོག་གྲངས་༡༢དང་༡༥ལ་གསལ།
② 《བོད་ཀྱི་ལོ་རྒྱུས་རགས་རིམ་གཡུ་ཡི་ཕྲེང་བ་》ཤོག་གྲངས་༡༡༤ལ་གསལ།

མཁན་དྲུག་ཛྙི་བདུན། ཚོང་ལྷ་ཟེར་བ་རྣམས་ནི་ལས་རིགས་ཀྱི་ཐོག་ནས་དབྱེ་བ་ཕྱེ་བ་ཞིག་ཡིན་པ་ཧ་ཅང་གསལ་པོ་རེད། དེ་ལྟར་དམངས་ལ་རབ་འབྱིང་ཐ་གསུམ་གྱི་རིམ་པ་དབྱེ་བ་ནི་སྐབས་དེའི་ལས་བགོས་མ་ལག་རྒྱ་ཆེ་འཐུས་ཚང་གི་ཕྱོགས་སུ་འཕེལ་རྒྱས་བྱུང་བའི་གླིང་མེད་ཀྱི་ར་འཕྲོད་ཙམ་ལས་རིགས་ཉུས་མཐོ་དམན་གྱི་དབྱེ་བ་ཕྱེ་བ་ཞིག་མིན། དེ་ལྟར་ལགས་ཀྱང་། རིགས་ཉུས་མཐོ་དམན་དབྱེ་བ་འདི་ནི་ལས་རིགས་དབྱེ་འབྱེད་བྱས་པའི་ཆ་རྐྱེན་འོག་བྱུང་བ་ཞིག་སྟེ། བཤད་པར་བཙོག་ལྷ་བྱེད་པ་འདི་སྤྱི་ཚོགས་ཀྱི་ལས་བགོས་ཆེན་པོ་ཐེངས་དང་པོ་མ་བྱུས་གོང་ལ་ཡོང་མི་ཤེས་པ་དང་། བཤད་པ་བྱ་བ་ལས་རིགས་ཀྱི་མིང་ནས་རིགས་རྒྱུད་ཀྱི་མིང་ལ་འགྱུར་ཚུལ་གོང་དུ་ཞུས་པ་ལྟར་ཡིན་ན། རྒྱལ་པོ་སྲོང་བཙན་སྒམ་པོའི་སྐབས་བཙའ་ཁྲིམས་ནང་འབངས་ལ་རབ་འབྱིང་ཐ་གསུམ་དུ་དབྱེ་བ་ཕྱེ་ཡོད་པ་དེས་རིགས་ཉུས་མཐོ་དམན་དབྱེ་རྒྱུར་ཁྲིམས་སྲོལ་གྱི་ཐོག་ནས་ཆ་རྐྱེན་ངེས་ཅན་བསྐྲུན་ཡོད་པ་ནི་བརྗོད་མེད་ཡིན། ད་དུང་བཙའ་ཁྲིམས་ཀྱི་ནང་ཆོས་ལུགས་ཀྱི་ནང་དོན་གཙོ་བོ་དགེ་བ་བཅུ་བཀོད་ནས་འབངས་རྣམས་ཆོས་བྱེད་དགོས་པའི་གཏན་འབེབས་བཟོས་ཡོད་པ་དང་། བོན་པོའི་ཆོས་ལུགས་དེས་ལོ་ལྟར་སེམས་ཅན་མང་པོ་དམར་མཆོད་འབུལ་གྱི་ཡོད་པ་དེའི་རྐྱེན་གྱིས་རྒྱལ་པོ་སྲོང་བཙན་སྒམ་པོས་བོན་ཆོས་བསྣུབས་པར་གཞིགས་ན་སྐབས་དེའི་སྤྱི་ཚོགས་ནང་གཞི་རྒྱ་ཆེ་བའི་ཕྱུགས་རིགས་ཀྱིས་གསོས་པའི་དུད་འགྲོའི་སྲོག་གཅོད་བྱ་རྒྱུ་དེ་བཀག་སྡོམ་ཤུགས་ཆེན་བྱས་ཡོད་པ་མངོན་ཐུབ་ལ། དེ་ནི་གཙོ་བོ་འབྲོག་ལས་ཐོན་སྐྱེད་ལ་སྣང་སྐྱོབ་བྱེད་པའི་བྱ་ཐབས་ཞིག་ཡིན་པ་ཡང་རྟོགས་ཐུབ། དེ་དང་དུས་མཚུངས་སུ་སྤྱི་ལོའི་དུས་རབས་བདུན་པ་ནས་སངས་རྒྱས་ཆོས་ལུགས་ཀྱིས་གསོས་པའི་རྒྱ་གར་གྱི་རིག་གནས་མང་པོས་བོད་ཀྱི་རིག་གནས་ལ་ཤུགས་རྐྱེན་ཐེབ་པ་དང་། རྒྱ་གར་ལ་མིའི་རིགས་རིམ་པ་བཞིའམ་ལྔ་ལ་དབྱེ་བའི་ལུགས་སྲོལ་ཡོད་པ་དེ་རྣམས་སྐབས་དེའི་འབྲོག་ལས་ཐོན་སྐྱེད་སྲུང་

སྐྱོབ་བྱེད་པའི་བྱ་ཐབས་དེ་ལག་བསྟར་དོན་འཁྱོལ་ཡོང་རྒྱུར་རམ་འདེགས་ཀྱི་ནུས་པ་ཐོན་ཡོད་ལ་རིགས་རུས་མཐོ་དམན་དབྱེ་བའི་ལུགས་སྲོལ་དར་རྒྱུར་ཐད་ཀའི་རང་སྒྲིག་དཔེ་གཞི་མཁོ་འདོན་བྱས་ཡོད་པར་སྣམ།

མདོར་ན། མི་རིགས་ཅི་འདྲ་ཞིག་གི་རིག་གནས་དེ་སྤྱི་ཚོགས་ཀྱི་ཆབ་སྲིད་དཔལ་འབྱོར་གྱི་རྨང་གཞིར་བྱས་པ་ལས་ཐོན་པའི་རྒྱུ་མང་ཅན་གྱི་རྟོག་འཛིང་གི་ཕུང་པོ་ཞིག་ཡིན་པ་ཇི་བཞིན། བོད་ཀྱི་གདོད་མའི་སྤྱི་ཚོགས་ནང་གཞི་རྒྱ་ཆེ་བའི་དམར་མཚོད་སོགས་འཁྲིག་ལས་ཐོན་སྐྱེད་ལ་མིས་བཟོས་པའི་ཚབས་ཆེའི་གནོད་སྐྱོན་ཐོག་གི་ཡོད་པ་དེ་བཀག་འགོག་བྱ་རྒྱུའི་དགོས་མཁོར་དམིགས་ཏེ། སྤྱི་ཚོགས་དཔལ་འབྱོར་གྱི་རྨང་གཞི་དེ་ཡི་སྟེང་ཕྱུགས་རིགས་ཀྱི་སྲོག་གཅོད་ལས་ལ་འཇུག་མཁན་བཤན་པ་ལ་བཙོག་ལྟ་བྱེད་པའམ་རིགས་དམན་པར་བརྩི་བའི་བསམ་པའི་འདུ་ཤེས་འཛིན་སྟངས་འདི་ཉིད་དར་བ་ཡིན་ཞིང་། འདི་དར་བའི་བརྒྱུད་རིམ་ནང་བཅའ་ཁྲིམས་སུ་གཏན་ལ་ཕབ་པའི་འབངས་རབ་འབྲིང་ཐའི་དབྱེ་བ་དང་། ལྷ་ཆོས་དགེ་བ་བཅུ་ཡི་ནང་གི་སྲོག་མི་གཅོད་པ་ཟེར་བ་ལྟ་བུས་ཁྲིམས་སྲོལ་གྱི་ཐོག་ནས་ཆ་རྐྱེན་ངེས་ཅན་བསྐྲུན་ཡོད་པ་མ་ཟད། རྒྱ་གར་གྱི་མིའི་རིགས་རིམ་པ་བཞིའམ་ལྔ་ལ་དབྱེ་བའི་ལུགས་སྲོལ་དེས་ཐད་ཀའི་རང་སྒྲིག་དཔེ་གཞི་མཁོ་འདོན་བྱས་ཡོད་པ་བཅས་ལ་བརྟེན་ནས་རིམ་བཞིན་བཤན་པ་རིགས་རྒྱུད་དམན་པར་བརྩི་བའི་ལུགས་སྲོལ་འདི་ཉིད་བོད་ཀྱི་ས་ཁུལ་འགར་དར་ཞིང་ཁྱབ་པ་ཡིན་ནོ། །

གསུམ། བཤན་པ་རིགས་རྒྱུད་དམན་པར་འཛིན་པའི་ལྟ་བ་དར་ཁྱབ་བྱུང་བའི་བརྒྱུད་རིམ་སྐོར།

གོང་སྨོས་བཞིན་སྟེང་གི་བཀོད་པ་ནི་དཔལ་འབྱོར་རྨང་གཞིའི་ཐོག་ཆགས་པ་ཞིག་ཡིན་ལ། དེས་སྣང་ཡང་དཔལ་འབྱོར་རྨང་གཞིར་ཞབས་འདེགས་ཞུ་ཡི་

ཡོད། བཤན་པའི་རིགས་རྒྱུད་ལ་བརྩོག་ལྟ་དང་རིགས་དམན་པར་བརྩི་བའི་བསམ་པའི་འདུ་ཤེས་འཛིན་སྟངས་འདི་ཉིད་ཀྱང་བོད་ཀྱི་སྤྱི་ཚོགས་དཔལ་འབྱོར་གྱི་རྨང་གཞིའི་ཐོག་ཆགས་ཤིང་། དེས་སླར་ཡང་བོད་ཀྱི་སྤྱི་ཚོགས་ལ་ཞབས་འདེགས་ཞུ་བ་དང་། ལོག་པའི་ནུས་པའམ་ཡང་ན་བཟང་བའི་ནུས་པ་ཐོན་ཡོད། དངོས་གཙོ་རྩོད་སྒྲུབ་རིག་པའི་ལྟ་བའི་ཐོག་ནས་བཤད་ན་བྱ་དངོས་མཐའ་དག་འགྱུར་བ་འགྲོ་བ་ཞིག་ཡིན་པ་ནི་ཆོས་ཉིད་ཡིན་པས་བཤན་པ་རིགས་རྒྱུད་དམན་པར་བརྩི་བའི་བསམ་པའི་འདུ་ཤེས་འཛིན་སྟངས་འདི་ཉིད་ཀྱིས་བོད་ཀྱི་སྤྱི་ཚོགས་ལ་ཐོན་པའི་ནུས་པ་ལའང་འགྱུར་བ་བྱུང་ཡོད་པ་ཐག་གིས་ཆོད། སྤྱིར་ན་མི་ལ་རིགས་རུས་མཐོ་དམན་བརྩི་བའི་ལུགས་སྲོལ་འདི་རྗེས་ལུས་ཀྱི་བསམ་པའི་འདུ་ཤེས་ཤིག་ཡིན་མོད་ཀྱང་ལུགས་སྲོལ་འདི་ཉིད་ཐོག་མར་དར་བའི་སྐབས་ན། འདིས་བོད་ཀྱི་སྤྱི་ཚོགས་ཐོག་འཁྲིག་ལས་ཐོན་སྐྱེད་ཀྱི་མ་རྩར་གྱུར་པའི་ཕྱུགས་རིགས་ལ་མིས་བཟོས་པའི་གནོད་སྐྱོན་བཀག་འགོག་བྱ་རྒྱུར་ཞབས་འདེགས་ཞུས་ནས། ཕན་ཡོད་ཀྱི་ནུས་པ་ཐོན་ཡོད་པ་ནི་གོང་གསལ་དཔེ་ཞིབ་དག་ལས་ར་འཕྲོད་ཐུབ། ཡིན་ན་ཡང་། དེ་ནི་སྐབས་དེའི་སྲིད་འཛིན་གྱི་དོ་དམ་དང་། ཐོན་སྐྱེད་ཀྱི་གནས་བབས། མི་རྣམས་ཀྱིས་བྱ་དངོས་ལ་འཛིན་པའི་ཤེས་རྟོགས་ནུས་པ་བཅས་སྤྱི་ཚོགས་ལོ་རྒྱུས་ཀྱི་ཆ་རྐྱེན་འོག་ཐོན་པའི་ཕན་ཡོད་ཀྱི་ནུས་པ་ཞིག་ཡིན་པ་ལས། ད་ལྟའི་དུས་སྐབས་སུ་ནུས་པ་ཐོན་རྒྱུ་ལྟ་ཅི་དེ་ལས་ལོག་སྟེ་བཤན་པའི་རྒྱུད་ལ་གཏོགས་པའི་སྐྱེ་བོ་རྣམས་ཀྱི་འགྲོ་བ་མིའི་ཐོབ་ཐང་ལ་བཙན་གནོད་གཏོང་གི་ཡོད་ལགས་ན། དེང་རབས་ཀྱི་སྐྱེ་བོ་རྣམས་ཀྱི་བསམ་པའི་ནང་ལོ་ངོ་ཆིག་སྟོང་གོང་གི་བསམ་པའི་འདུ་ཤེས་འཛིན་སྟངས་རྙིང་གོག་དེ་ལྟ་བུ་ཁྱི་ཁ་རུས་བཟུང་ལྟར་ཉར་འཛིན་བྱེད་དགོས་དོན་དེ་བས་མེད། སྤྱིར་ན་མི་རྣམས་ཀྱི་འཕེལ་བསྐྱོད་མཐའ་དག་ལ་རང་བྱུང་གི་ཚོད་འཛིན་དང་། སྤྱི་ཚོགས་གླེང་ཕྱོགས་ཀྱི་བཀག་རྒྱ

ཕོག་གི་ཡོད། གནའ་བོའི་དུས་ན་སྲིད་འཛིན་དང་ཁྲིམས་སྲོལ་གྱིས་མི་ལ་དོ་དམ་དང་མིའི་སྤྱོད་པར་བཀག་རྒྱ་ཚོད་འཛིན་བྱེད་པའི་ནུས་པ་དབུལ་བ་དང་། སྤྱི་ཚོགས་ཀྱི་གླིང་ཕྱོགས་དག་གིས་སྐྱེ་བོ་ཀུན་གྱི་སྤྱོད་པའི་ཁ་ལོ་བསྒྱུར་གྱི་ཡོད་གཤིས། བོད་ཀྱི་སྤྱི་ཚོགས་ཐོག་གི་གཞི་རྒྱ་ཆེ་བའི་དམར་མཚོད་དང་ཕྱུགས་རིགས་ཀྱི་སྲོག་གཅོད་ཆོད་འཛིན་མེད་པར་བྱེད་པའི་བྱ་སྤྱོད་དེ་བཀག་འགོག་བྱ་ཆེད། དམིགས་ཡུལ་ཡོད་པའི་སྒོ་ནས་རྒྱ་གར་གྱི་རིམ་ལྡན་ལམ་ལུགས་ཀྱི་མིའི་རིགས་རིམ་པ་དབྱེ་བའི་དཔེ་གཞི་དེ་གཡར་ཏེ་ཐོག་མར་སྤྱི་ཚོགས་ཐོག་ཕྱུགས་རིགས་ཀྱི་སྲོག་གཅོད་མཁན་རྣམས་ཡག་པོ་མིན་པའི་གླིང་ཕྱོགས་བཟོས། དོན་དུ་གླིང་ཕྱོགས་དེས་མི་རྣམས་ལ་བཤན་པ་ཐ་ཤལ་ཡིན་པའི་སྐིག་བརྙ་ཡང་ཡང་སྦྲད། "དེ་ལྟའི་དཔོག་དགའ་བའི་སྐིག་བརྙ་ཡང་ཡང་སྦྲད་པའི་སྟོབས་ཤུགས་དེས་ང་ཚོའི་བློ་རིག་ལ་བཙན་སྐུལ་བྱེད་ཐུབ་པ་དང་། ང་ཚོའི་སྤྲོ་སེམས་དང་བརྩེ་སེམས་ལ་ཐད་ཀའི་བཀག་སྡོམ་བྱེད་ཅིང་། མཐར་ང་ཚོའི་ཏ་ཅང་གཏིང་ཟབ་པའི་མི་མངོན་པའི་བསམ་པའི་འདུ་ཤེས་ནང་སེམ་འཛུལ་བྱེད་ཀྱི་ཡོད་"①པས། དེ་ལྟར་རྒྱུན་ཆད་མེད་པ་དང་། ཡང་སྐོར་བསྐྱར་སྐོར་གྱིས་བཤན་པ་ཐ་ཤལ་ཡིན་པའི་སྐིག་བརྙ་སྦྲད་ནས་སྟོན་ལ་མི་རྣམས་དེར་ཡིད་ཆེས་སྐྱེ་བ་བཟོས་པ་དང་། དེ་རྗེས་ཕྱུགས་རིགས་གསོད་པར་རང་མོས་ཀྱིས་འཛེམ་ཟོན་བྱེད་པ་དང་། གཞན་གྱིས་བྱེད་ལས་དེ་རིགས་གཉེར་བ་ལ་མཚེར་སྣང་དང་། ངོ་ཚ་དགོས་པའི་རྒྱུ་རྡུ་བརྩིས། མཐར་བྱེད་ལས་དེ་རིགས་ལ་འཇུག་མཁན་དང་འབྲེལ་ཐུག་བྱེད་རྒྱུར་འཛེམ་བག་བྱེད་པ་བཅས་ཀྱི་བརྒྱུད་རིམ་བརྒྱུད་ནས་བཤན་པར་བཙོག་ལྟ་བྱེད་པ་དང་། རིགས་དམན་པར་བརྩི་བའི་སྲོལ་འདི་དར་བ་ཡིན། འོན་ཀྱང་དེང་གི་དུས་སུ་སྲིད་

① 《དད་སེམས་ཀྱི་མཐུ་ནུས་》(རྒྱ་ཡིག) ཤོག་ངོས་༡༡ལ་གསལ།

འཛིན་དང་ཁྲིམས་སྲོལ་གྱི་སྒྲིག་གཞི་དང་ལམ་ལུགས་འཐུས་ཚང་གི་ཕྱོགས་སུ་འཕེལ་རྒྱས་བྱུང་ནས། དེ་རྣམས་ཀྱིས་སྐྱེ་བོ་ཀུན་གྱི་བྱ་སྤྱོད་ལ་ཚོད་འཛིན་བྱས་ཏེ་གཙུག་གི་ཡོད་པ་ལས་ཡུལ་གྱི་གོམས་པའི་གཤིས་ལུགས་དང་སྤྱི་ཚོགས་ཀྱི་གླིང་ཕྱོགས་པོ་ནས་ཀུན་གྱི་སྤྱོད་པའི་ཁ་ལོ་བསྒྱུར་བའི་དུས་མཚམས་མཇུག་སྒྲིལ་ཟིན་པ་རེད། དེ་ལྟར་ན་བཤད་པ་རིགས་དམན་པར་བརྩི་བའི་ལུགས་སྲོལ་འདི་ད་ལྟའི་དུས་སུ་བོད་ཀྱི་སྤྱི་ཚོགས་སུ་གནས་པའི་དགོས་མཁོ་དང་། སྤྱི་ཚོགས་ཀྱི་དཔལ་འབྱོར་རྨང་གཞི་རྩ་བ་ནས་མེད་ཙང་། མི་རྣམས་ཀྱི་རྣམ་རྟོག་གི་འགྱུར་ལྡོག་ནི་རྟག་རྒྱུན་ཕྱི་རོལ་ཡུལ་གྱི་འགྱུར་ལྡོག་གི་རྗེས་སུ་ལུས་འགྲོ་བ་ཞིག་ཡིན་པ་ཇི་བཞིན་"དམངས་སྲོལ་ཆགས་ཟིན་པའི་རྗེས། དེ་ལ་ཙུང་བརྟན་ལྷིང་གི་རང་བཞིན་ལྡན་ཡོད་པ་མ་ཟད། ཐ་ན་སྔར་ཡོད་ཀྱི་དཔལ་འབྱོར་རྨང་གཞི་དེ་མེད་པར་གྱུར་པའི་རྗེས་སུའང་དམངས་སྲོལ་དག་ད་དུང་རྩ་བ་བརྟན་པོས་སྲུང་ཐུབ་ཀྱི་ཡོད་"①ལ་དམངས་སྲོལ་ནི་བསམ་པའི་འདུ་ཤེས་འཛིན་སྟངས་ཤིག་ཡིན་པས། དེས་མི་རྣམས་ཀྱི་འཚོ་བའི་ཕྱོགས་གང་ས་ཅི་ཐད་ལ་ཤུགས་རྐྱེན་ཆེན་པོ་ཐོག་གི་ཡོད་པ་རེད། ལྷག་དོན་དམངས་སྲོལ་ནི་སྲིད་འཛིན་གྱི་སྒྲིག་གཞི་དང་། དེས་དོ་དམ་བྱེད་པའི་བྱ་གཞག་ལྟར་དེ་མ་ཉིད་དུ་ཆགས་ཐུབ་པ་ཞིག་མ་ཡིན་པར་དུས་ཡུན་རིང་བའི་ཆགས་རིམ་བརྒྱུད་ཡོད་ཙང་། དེ་ལྟའི་ལོ་རྒྱུས་ཆུ་རྒྱུན་རིང་པོའི་ནང་ཆགས་པའི་བཤད་པ་རིགས་རྒྱུད་དམན་པར་བརྩི་བའི་བསམ་པའི་འདུ་ཤེས་འདི་ལྟ་བུ་ནི་དམངས་ཀྱི་བསམ་པའི་ནང་རྩ་བ་ཟབ་ཅིང་བརྟན་པ་ཞིག་ཆགས་ཡོད་པས་ཆུ་ཡི་འོལ་ཀ་འགྱུར་བ་ནང་བཞིན་ད་ལྟ་འཕྲལ་མར་འགྱུར་བ་གཏོང་དཀའ་བ་ཞིག་ཡིན། འོན་ཀྱང་མི་རྣམས་ཀྱི་ཤེས་རྟོགས་ཀྱི་ནུས་པ་ནི་སྤྱི་ཚོགས་འཕེལ་

① 《དམངས་སྲོལ་རིག་པའི་རྣམ་བཤད།》(རྒྱ) ཤོག་ངོས་༣༥ལ་གསལ།

རྒྱས་འགྲོ་བ་དང་ཆབས་ཅིག་རྒྱུན་ཆད་མེད་པར་གོང་མཐོར་འགྲོ་བ་ཞིག་ཡིན་ལ། གནས་ཚུལ་ལ་ངོས་འཛིན་བྱ་རྒྱུ་དེའང་རྒྱུན་ཆད་མེད་པར་གཏིང་ཟབ་པའི་ཕྱོགས་སུ་འཕེལ་རྒྱས་འགྲོ་བ་ཞིག་ཡིན་པས། བཤད་པ་རིགས་རྒྱུད་དམན་པར་བརྩི་བའི་ཡང་དག་མིན་པའི་གཅིག་ཕྱུར་གྱི་ངོས་འཛིན་འདི་ཡང་དག་པ་ཞིག་ཡོང་ཐུབ་ངེས་ཡིན་པ་མ་ཟད། བཤད་པར་བརྩོག་ལྟ་བྱེད་པ་དང་། དེའི་རྒྱུད་དུ་གཏོགས་པ་རྣམས་ལ་འབྲེལ་ཐུག་བྱ་རྒྱུར་འཛེམ་བག་བྱེད་པའི་སྲོལ་ངན་འདི་ཡང་དོར་ཐུབ་ངེས་ཡིན། དེ་ཡིན་ཡང་། རྗེས་ལུས་ཀྱི་ལུགས་སྲོལ་ངན་པ་དག་ལ་བསྒྱུར་བཅོས་གཏོང་བའམ་ཡང་ན་དེ་དོར་བར་བྱ་དགོས་ན། ལུགས་སྲོལ་དེ་ཇི་ལྟར་དར་བ་དང་དེའི་གནོད་སྐྱོན་སོགས་རྒྱུ་མཚན་དྭངས་ཏེ་མི་རྣམས་ལ་གོ་སྐྱོན་སློབ་གསོ་བརྒྱབ་སྟེ་གཙོ་བོ་ཁོ་ཚོ་རང་ཉིད་ཀྱི་རང་རྟོགས་ལ་བརྟེན་དགོས་པ་ལས། བཙན་པོའི་བཀའ་ཕབ་བྱས་ན་བསམ་པའི་ཀུན་སློང་བཟང་ཡང་འབྲས་བུ་ངན་པ་ཐོན་རྒྱུ་ཡིན་པ་ནི་ལོ་རྒྱུས་ཀྱི་ཉམས་མྱོང་ལས་ར་འཕྲོད་ཐུབ་ཡོད་པ་ལྟར་ཡིན། ང་ཚོ་རིག་གཞུང་ལས་དོན་པའི་འོས་འགན་ནི་སྲོལ་ངན་དེར་དཔྱེ་ཞིབ་དང་། དེས་མི་རྣམས་ལ་བཟོས་པའི་གནོད་སྐྱོན་རྣམས་གསལ་བཤད་བྱེད་རྒྱུ། ལུགས་སྲོལ་དེ་ཐོག་མར་དར་བའི་རྒྱུ་རྐྱེན་དང་། འདུ་ཤེས་དེ་འདྲ་ཞིག་དམངས་ཀྱི་བསམ་པའི་ནང་རྩ་བ་བརྟན་པོ་ཚུགས་པའི་བརྒྱུད་རིམ། ད་ལྟའི་དུས་སྐབས་སུ་ལུགས་སྲོལ་དེ་མེད་པར་བཟོ་བའི་ཆ་རྐྱེན་ཡོད་པ་དང་མེད་པར་བཟོ་བའི་དགོས་མཁོ་ཡང་ཡོད་པ་སོགས་ཀྱི་གནས་ལུགས་རྒྱུ་མཚན་ནན་བཤད་བྱས་ཏེ་མང་ཚོགས་ཀྱི་བློ་སྒོ་འབྱེད་རྒྱུ་དེ་ཡིན། དེ་ནི་ཁོ་བོས་བརྗོད་པའི་འཁར་རྟུང་ལམ་འབྱེད་ཀྱི་ནུས་པ་ཟེར་བ་དེ་ཡིན། དེ་ལྟའི་ནུས་པ་ཞིག་ཐོན་རེ་བཅངས་ནས་བཤད་པའི་རིགས་རྒྱུད་ལ་བརྩོག་ལྟ་མཐོང་ཚུང་བྱེད་པའི་ལུགས་སྲོལ་དར་ཁྱབ་བྱུང་བའི་རྒྱུ་རྐྱེན་དང་བརྒྱུད་རིམ་ལ་དཔྱེ་ཞིབ་བྱས་ཁུལ་འདིས་རིགས་རྒྱུད་མཐོ་དམན་གཙང་བཙོག་ཕྱེ་

བའི་སྤྲོལ་ངན་ལ་སླ་རྐང་གཅིག་ནས་འཛིན་ན་མགོ་ཡོངས་ཚ་བའི་ནུས་པ་ཐོན་པར་སྨིན་ནོ། །

དེ་ཡང་མཁས་དབང་དགེ་འདུན་ཆོས་འཕེལ་གྱི་གསུང་ལས།

ལུས་ཀྱི་ནང་ནི་ཀུན་ཀྱང་བརྩོག་པ་ཉིད། །

ཕྱི་རོལ་གཡོགས་པའི་པགས་པ་ཀུན་ལ་ཡོད། །

མི་ལ་གཙང་གཙོག་མང་དུ་ཕྱེས་པ་དེ། །

ཐུགས་སུ་གཏུག་ན་མུ་སྟེགས་ཆོས་ལུགས་ཡིན། །ཞེས་གསུངས་སོ། །

༧༢། །སྣེ་མོ་ཁུལ་གྱི་སྲོལ་རྒྱུན་ལག་ཤེས་ལས་མདའི་བཟོ་རྩལ་སྐོར་གླེང་བ།

སྣེ་མོ་རྫོང་དེ་ལྷ་ས་གྲོང་ཁྱེར་གྱི་མངའ་ཁོངས་ཡིན་ཞིང་། ལྷ་སའི་ནུབ་ཕྱོགས་སྤྱི་ལེ་ཕྱེད་ཉིས་བརྒྱ་ལ་ཉེ་བའི་ཤང་ཤང་དྲག་ཏུ་རྒྱུག་པའི་ཡར་ཀླུང་གཙང་པོའི་བྱང་ངོས་ན་གནས་ཡོད། རྫོང་དེར་རྒྱ་ཁྱོན་སྤྱི་ལེ་ངོས་སྙོམས་གྲུ་བཞི་མ་༣༢༣༧ཡོད་པ་དང་། མི་འབོར་ཁྲི་ཚོ་གསུམ་ལ་ཉེ་བ་ཡོད་པ་རྣམས་སྲིད་འཛིན་ཤང་བརྒྱད་ལ་ཕྱེ་ནས་གནས་ཡོད།

བཙན་པོ་སྲོང་བཙན་སྒམ་པོས་གདན་ལ་ཕབ་པའི་བོད་ཀྱི་ཪོས་ཆེན་པོ་དྲུག་གི་ནང་ལས་དབུ་རུའི་ནུབ་ཀྱི་ས་མཚམས་གཞུ་སྣེ་མོར་བཟུང་བར་བཤད་པ་དང་། ནམ་རྒྱུན་དམངས་ཁྲོད་ཁ་རྒྱུན་དང་ལོ་རྒྱུས་ཡིག་ཚའི་ནང་སྣེ་མོ་ལ་གཙང་སྨད་སྣེ་མོ་ཞེས་འབོད་པ་ལྟར་སྣེ་མོ་དེ་དབུས་གཙང་གཉིས་ཀྱི་ས་མཚམས་སུ་གནས་པས་“དབུས་མིན་གཙང་མིན་གྱི་སྣེ་མོ་”ཞེས་པའི་འབོད་སྲོལ་ཡང་དར་བ་ཡིན། ད་ལྟ་སྣེ་མོ་རྫོང་དེ་ལྷ་ས་གྲོང་ཁྱེར་གྱི་མངའ་ཁོངས་སུ་གཏོགས་པ་དང་། དེའི་སྲིད་འཛིན་ས་མཚམས་ལ་ཆ་མཚོན་ན། ལྷོ་ཁ་ས་གནས་ཀྱི་སྣ་དཀར་རྩེ་རྫོང་དང་། གཞིས་རྩེ་ས་གནས་ཀྱི་རིན་སྤུངས་རྫོང་དང་རྣམ་གླིང་རྫོང་། ནག་ཆུ་ས་ཁུལ་གྱི་དཔལ་མགོན་རྫོང་། ལྷ་ས་གྲོང་ཁྱེར་གྱི་འདམ་གཞུང་རྫོང་། སྟོད་ལུང་བདེ་ཆེན་རྫོང་། ཆུ་ཤུར་རྫོང་བཅས་རྫོང་ཁག་བདུན་དང་ས་ཆ་འབྲེལ་ནས་གནས་ཡོད། སྤྱིར་རང་ཅག་བོད་མི་རིགས་ཀྱི་ངོས་ནས་བཤད་ན་སྟོད་མངའ་རིས་སྐོར་གསུམ་དང་། བར་དབུས་གཙང་རུ་བཞི། སྨད་མདོ་ཁམས་སྒང་དྲུག་སྟེ་བོད་

ཡུལ་སྟོད་སྨད་བར་གསུམ་དུ་དབྱེ་སྲོལ་ཡོད་པ་དང་། ད་ལྟའི་བོད་ལྗོངས་ཀྱི་ངོས་ནས་བཤད་ནའང་ལྷ་ས་དང་། གཞིས་རྩེ། མངའ་རིས། ཀོང་པོ། ཆབ་མདོ། ནག་ཆུ། ལྷོ་ཁ་བཅས་ཀྱི་དབར་སྲིད་འཛིན་ས་ཁུལ་གྱི་དབྱེ་བ་ཙམ་མ་ཟད། ས་ཁུལ་སོ་སོར་རང་རང་གི་ཐུན་མོང་མིན་པའི་ཁུལ་གྱི་དམངས་ཁྲོད་རིག་གནས་མངའ་བས་རིག་གནས་ས་ཁུལ་མི་འདྲ་བ་ཡིན་ཞེས་བརྗོད་ཀྱང་ཆོག སྐབས་བབས་སྐྱེ་མོ་རྫོང་ནི་ཞོ་སྟོན་སྒྱུ་རྩལ་དུས་ཆེན་གྱིས་མཚོན་པའི་ལྷ་སའི་རིག་གནས་དང་། བྱང་ཐང་རྟ་རྒྱུག་དུས་ཆེན་གྱིས་མཚོན་པའི་བྱང་འབྲོག་གི་རིག་གནས། ཛ་མོ་གླང་མའི་རིག་གནས་དུས་ཆེན་གྱིས་མཚོན་པའི་གཙང་གི་རིག་གནས། ཡར་ལུང་རིག་གནས་དུས་ཆེན་གྱིས་མཚོན་པའི་ལྷོ་ཁའི་རིག་གནས་བཅས་རང་རང་ཁྱད་ཆོས་ལྡན་པའི་རིག་གནས་དར་ཡུལ་གྱི་ས་ཁུལ་མི་འདྲ་བས་ཕྱོགས་བཞི་བསྐོར་ནས་ཡོད། ས་རྒྱུད་དང་མཐུན་པའི་མི་རྒྱུད་ཀྱི་དཔེ་ལྟར་སྐྱེ་མོ་རྫོང་གི་ས་ཁམས་ཀྱི་ཆགས་ཚུལ་དམིགས་བསལ་ཅན་དེས་སྒོ་དབྱེའི་རང་བཞིན་ལྡན་ལ་སྣེ་མང་ཕུན་སུམ་ཚོགས་པའི་ཁུལ་འདིའི་དམངས་ཁྲོད་རིག་གནས་དར་འཕེལ་ཡོང་རྒྱུར་ས་རྒྱུད་ཀྱི་ཆ་རྐྱེན་བཟང་པོ་བསྐྲུན་ཡོད། སྐྱེ་མོའི་དམངས་ཁྲོད་ཀྱི་འཇིག་རྟེན་སྐྱིད་སྡུག་གི་བྱེད་སྒོ་ནི་དབུས་ལུགས་དང་། གཙང་ལུགས། རྟོར་ལུགས་སོགས་རིགས་མང་བ་དང་། ཆོས་ལུགས་གྲུབ་མཐའ་སྣ་འཛོམས་པ། སངས་རྒྱས་ཆོས་ལུགས་དང་བོན་གཉིས་ཞི་མཐུན་མཉམ་གནས་ཐུབ་པ། གཙང་སྐད་རྒྱུག་མཁན་ཤས་ཆེ་ལ་དབུས་སྐད་དང་འབྲོག་སྐད་རྒྱུག་མཁན་ཡང་ཡོད། ཞིང་ལས་གཙོ་གཉེར་ཐོག་འབྲོག་ལས་ཡང་ཡོད་པ་དང་། ལྷག་པར་དུ་ལག་ཤེས་བཟོ་ལས་སྣ་རིགས་ཕུན་སུམ་ཚོགས་པས། ཐེར་སོང་ལོ་ བྲླའི་ནང་བོད་ཡོངས་སུ་གྲགས་པ་ཆེ་བར་སྣང་། འདས་པའི་ལོ་རྒྱུས་ལ་གཞིགས་སྐབས་བོད་ཡིག་ཤིང་པར་བརྐོ་བའི་ལག་རྩལ་དང་། ཤིང་བརྐོས། བོད་ཤོག་གི་བཟོ་རྩལ། སྤོས་བཟོ། མདའ་གཞུའི་བཟོ་རྩལ། རྫ་

བཟོ། རྡོ་བཟོ། ཟ་བཟོའི་ལག་རྩལ་བཅས་ཀྱི་བཟོ་རྩལ་རྣམས་སྣེ་མོ་ཁུལ་དུ་དར་ཁྱབ་ཆེ་ལ་ཕྱོན་རྫས་རྣམས་ཕྱོགས་བཞིར་འགྲོ་ཁུངས་བཟང་ཙམ་ཡོད། འོན་ཀྱང་ད་ལྟའི་དུས་སུ་མི་རིགས་ཀྱི་ཁྱད་ཆོས་ལྡན་པའི་བཟོ་རྩལ་དེ་རྣམས་ལས་ཤིང་བཟོའི་ཡན་ལག་བོད་ཡིག་ཤིང་པར་བརྐོ་བའི་ལག་ཤེས་དང་ཤིང་བརྐོས། རྡོ་བཟོ་སོགས་ཀྱི་བཟོ་རྒྱུན་སྔར་བས་ཁྱབ་རྒྱ་ཆེ་རུ་ཕྱིན་པ་ཙམ་ལས་གཞན་གྱི་ལག་ཤེས་རྣམས་བསྒྱུར་བཅོས་སྣོ་དབྱེ་དང་ཁྲིམ་རའི་དཔལ་འབྱོར་གྱི་རྣམ་པ་བཟང་པོའི་འོག་འགྲན་རྩོད་ཀྱི་ནུས་མཐུ་དབུལ་ལ་ཕྱིས་འབྱུང་གི་གསོན་སྟོབས་ཡང་ཞན་པར་སྣང་། དེ་ཡང་ཕྱོན་རྫས་གསར་པའི་ཧབ་འདེད་འོག་རྫ་དང་སྤྱིས་ཀྱི་འགྲོ་ཁུངས་ཞན་པ་དང་དེའི་བཟོ་རྩལ་ལ་འཕེལ་རྒྱས་མེད་ལ་ཉམས་རྒུད་ཆེ་བའང་བྱུང་མེད་པར་ཡར་བརྩོན་བྲལ་བའི་ལྷུང་བག་ཨ་ལོང་དང་མཉམ་པ་དང་། བོད་ཤོག་གི་བཟོ་རྒྱུན་དང་མདའི་བཟོ་རྩལ་ནི་བཞུད་ལ་ཁད་པའི་ནུབ་རིའི་ཉི་མའི་མཐུན་ཕྱོགས་སུ་གྱུར་བ། སྤྱིལ་རྒྱུན་གྱི་ཟ་དང་གཞུའི་བཟོ་རྒྱུན་ནི་མིང་ཙམ་དུ་གྱུར་ཟིན། དེ་ལྟར་ན་སྔོན་གྱི་ལོ་རྒྱུས་ལ་ལྟ་དུས་ཡིད་ནང་དགའ་སྣང་དང་། སྐྱིད་སྣང་། སྤོབས་སེམས་བཅས་རབ་ཏུ་འཕྱུར། ད་ལྟའི་གནས་བབས་ལ་ལྟ་དུས་སྐྱོ་སྣང་དང་། ཡིད་སྨུག ངོ་ཚ་བའི་སྣང་བ་ཤར། དེ་ནི་ཕ་བཟང་པོས་བྲག་ལ་ཤུར་བཏོན་ཡང་། བུ་ངན་པས་བྱེ་མར་རྡོག་རྗེས་མི་ཐོན་པས་ལན་པར་སྙམ། དེ་ལྟའི་གནས་བབས་ལ་དམིགས་ནས་ཨབ་རས་ཐེག་ཚོད་སྤྲིན་མའི་མདའ་གཞུ་ཡི་དཔེ་ལྟར་སྣེ་མོའི་སྤྱིལ་རྒྱུན་ལག་ཤེས་སྐོར་གྱི་རྩོམ་ཐུང་འགའ་རེ་ད་ལྟ་ལག་རྩལ་པ་བགྲེས་སོང་འགའ་ལ་ལས་ཡུལ་དངོས་སུ་ཐེངས་མང་བཅར་འདྲི་ཞུས་ནས་ལག་རྒྱུན་ཤེས་བྱ་དང་འགྲོ་ཁུངས་སྲོལ་ལུགས་ཇི་བཞིན་རི་མོའི་ལམ་དུ་བཀོད་ནས་ཇི་སྲིད་ཉར་སྲུང་ཡོང་ཐབས་བྱས་ཁུལ་ལགས་ཀྱང་། སྨྱུག་འཛིན་པའི་འབྲེལ་ཡོད་ཤེས་བྱ་ཆུང་བར་བརྟེན་ཆ་མ་ཚང་བ་དང་། འགལ་འཁྲུལ་ཡོད་རིགས་ལ་གཟུར་

གནས་མཁས་པ་རྣམས་ཀྱིས་ལྷག་བསམ་དཀར་པོའི་ཡོ་བསྲང་ཡོད་པ་ཞུའོ། །

དེ་ཡང་ཐོག་མར་མདའི་བཟོ་རྩལ་དང་སྤྱོད་མཁོའི་སྐོར་བཤད་རྒྱུ་ལ། མདའི་རིགས་ཀྱི་དབྱེ་ཚུལ་ལ་རྒྱུ་ཆའི་སྒོ་ནས་དབྱེ་བ་དང་། སྤྱོད་མཁོའི་སྒོ་ནས་དབྱེ་བ། རྒྱན་གྱི་སྒོ་ནས་དབྱེ་བ་སོགས་མང་བར་མཆིས། རྒྱུ་ཆའི་སྒོ་ནས་དབྱེ་ན་ལྕགས་མདའ། སྨྱུག་མདའ། སྐྱེར་མདའ་གསུམ་དུ་དབྱེ་བ་དང་། བཟོ་དབྱིབས་དང་སྤྱོད་མཁོའི་སྒོ་ནས་དབྱེ་ན་རྒྱང་མ་དང་། འཇུ། ཐའི། དགྲ་མདའ། བར་ཁའམ་བེ་ཤུ། གཉེན་མདའ། གཡང་མདའ། མདའ་མོ། བསང་མདའ། ཀློག་མདའ། ར་མདའ་སོགས་རིགས་མང་བ་དང་། ཡང་ན་མདའ་མོའི་སྒྲོ་རྒྱན་མི་འདྲ་བའི་སྒོ་ནས་རྨོད་སྒྲོ་མ་དང་། ཞུག་སྒྲོ་མ། ཁྲ་སྒྲོ་མ། ངང་སྒྲོ་མ་སོགས་སུ་དབྱེ་བ། ལྟོང་གི་རྒྱན་མི་འདྲ་བའི་སྒོ་ནས་གསེར་ལྟོང་མ་དང་། དངུལ་ལྟོང་མ། དུང་ལྟོང་མ་ཟེར་བ་ལྟ་བུར་དབྱེ་སྲོལ་ཡོད། སྐབས་དོན་སྐབས་སྐྱེ་མོ་དམག་ལམ་ཁྲུལ་དུ་བཟོ་རྒྱུན་ཡོད་པའི་མདའ་རིགས་ནི་རྒྱང་མ་དང་། གཡང་མདའ། ཀློག་མདའ། བེ་ཤུ། ར་མདའ་བཅས་ཡིན། འོན་ཀྱང་བློ་ཕམ་པ་ཞིག་ལ་ད་ལམ་མདའི་བཟོ་རྩལ་རྩུང་བྱུང་ཚུབ་པའི་ལག་རྩལ་པ་བགྲེས་སོང་གཅིག་རང་ལས་མེད།

རྒྱང་མ་བཟོ་སྐབས་སྔེ་གཉིས་ཟླ་ལ་དཀྱིལ་སྒོམ་པ་ཉའམ་ར་ལྕུག་འདྲ་བ་བཟོ་དགོས་པ་དང་། མདའ་སྨྱུག་ཟླ་ཞིང་། མདེའུ་ཡང་ཟླ་ཞིང་ཐུང་བ་བཟོ་དགོས་པ་མ་ཟད། མདའ་སྨྱུག་ལ་འཇའ་རིས་དཀྲིས་སྲོལ་མེད་པ་དེ་ནི་མདའ་རྩལ་འགྲན་སྐབས་ཡང་བའི་སླད་དུ་ཡིན། ཅིའི་ཕྱིར་ཞེ་ན་རྒྱང་མ་དེ་ཤུགས་ཀྱིས་འཕང་སྟེ་རྒྱང་ཐག་རིང་ཐུང་གི་དྲག་རྩལ་བསྟུར་སྐབས་སྤྱོད་བྱེད་ཡིན་པས་རྒྱང་མ་དེ་མདའི་ནང་ནས་ལྡིད་ཚད་ཡང་ཤོས་དགོས་ཀྱི་ཡོད་པས་རེད། གཞན་ཡང་"རྐྱོད་དང་གཞུ་མོ་འཁྱོག་ན་བཟང་། གཏམ་དང་མདའ་མོ་དྲང་ན་བཟང་།" ཟེར་བའི་གཏམ་དཔེ་ལྟར་མདའ་རིགས་ཚང་མ་འདྲོང་པོ་བཟོ་དགོས་པ་དང་།

ལྷག་པར་རྒྱང་མ་བཟོ་སྐབས་འཛོང་པོ་བཟོ་རྒྱུ་དེ་གལ་འགངས་ཆེ། རྒྱང་མ་ལ་གཙོ་བོ་རྐོད་སྦྲེས་བརྒྱན་པ་མང་ལ་ངང་པའི་སྦྲེས་བརྒྱན་པ་ཡང་ཡོད་པ་དེ་ནི་ཤུགས་ཆེ་ལ་རྒྱང་ཚད་པའི་སླད་དུ་ཡིན་སྐད། མདའ་རིགས་ཁྲིད་དུ་རྒྱང་མ་ལ་རྒྱང་དང་འཛོང་གཉིས་ཀའི་ཆ་རྐྱེན་མཐོ་བས་རྒྱང་མའི་བཟོ་རྩལ་ནི་དཀའ་ཤོས་སུ་བརྩི་བ་དང་། མདའ་བཟོའི་ལག་རྩལ་ལ་བྱང་ཆུབ་པ་འགས་མ་གཏོགས་རྒྱང་མ་བཟོ་མི་ཐུབ་པའི་བཤད་སྲོལ་ཡོད། དེ་སྔ་རྒྱང་མ་འཕེན་བྱེད་ཀྱི་གཞུ་ནི་རྭ་གཞུར་འབོད་པ་ནང་འབྲོང་རྭ་དང་ཕྱི་སྨྱུག་མ་ལས་གྲུབ་པ། གཞུ་ཐག་རྒྱུན་བུའམ་སོ་མ་ར་ཙ་ཡིས་བཟོས་པ་ཞ་སྟག་ཡིན། འོན་ཀྱང་ད་ལྟ་རྒྱང་མའི་སྤྱོད་མཁོ་མེད་པ་དང་ཆབས་ཅིག་རྒྱང་མ་བཟོ་མཁན་མེད་པ་དང་དེའི་གཞུ་ཡི་བཟོ་རྒྱུན་ཡང་ཆད་དོ། །

འདས་པའི་དུས་སུ་རྒྱང་མ་བེད་སྤྱོད་བྱེད་ཡུལ་ནི་དམག་ལམ་འོང་སྐོར་གྱི་སྐབས་སུ་རྒྱང་མ་འགྲན་པ་མ་ཟད། ལྷ་སའི་གྲོང་འཁོར་རྩལ་རྒྱུག་དང་རྫོང་རྒྱབ་གནམ་མདའི་སྐབས་སུའང་རྒྱང་མའི་འགྲན་བསྡུར་གྱི་བྱེད་སྒོ་སྤེལ་གྱི་ཡོད་པས། དེ་སྔ་རྒྱང་མའི་འགྲོ་ཁྱེངས་རྒྱ་ཆེ་ཙམ་མཆིས། དེ་སྔའི་དམག་ལམ་ཁུལ་གྱི་འོང་སྐོར་དུས་ཆེན་ནི་སྟག་ཤར་གཞོན་པ་རྣམས་རྒྱང་མའི་རྩལ་ལ་འགྲན་པའི་དུས་ཡིན་ཞིང་། སྔར་སྲོལ་ལྟར་ན་འོང་སྐོར་གྱི་ཉིན་དེར་ཐོག་མ་གཟབ་མཆོར་གྱིས་རྒྱན་པའི་སྐྱེས་པ་ཕོ་རྣམས་ནས་རྒྱན་གྱིས་སྤྲས་པའི་སོ་སོའི་རྟ་པོར་བཞོན་ཏེ་ཁུལ་དེའི་ཡུལ་ལྷ་གནས་སར་བསྐྱོད་དེ་བསང་གསོལ་བྱེད་པ་དང་ཨ་ལགས་ཀྱིས་འཛག་རྐྱང་གཏོང་། དེ་རྗེས་ཕོ་གཞོན་རྣམས་ཕན་ཚུན་"གངས་སྟོད་དུ་ཡོད་པའི་སེང་གེ་དང་། སྒོ་རྒྱབ་ཏུ་ཡོད་པའི་ཁྱི་མོ་གཉིས། ཁ་ལ་མཆེ་བ་ཡོད་མཉམ་ཡིན། སེང་གེ་གཡུ་རལ་ངོམ་དུས་བལྟ་བར་ཤོག" ཅེས་པ་སོགས་དཔའ་སྐད་བཤད་དེ་ཕན་ཚུན་ངར་སློང་བའི་རྒྱད་སྐུལ་རེས་བྱེད། དེ་མུར་ཕོ་གཞོན་རྣམས་ཀྱིས་"གཞུ་དར་" ཞེས་ཤིང་གི་རྩེར་ཁ་བཏགས་བསྐོན་པ་གཉིས་བཙུགས་པའི་དབར་ལ་

མདའ་མོའི་རྒྱང་ཚད་དང་འཇོང་ལོས་འགྲན་སྲོལ་ཡོད། རྒྱལ་ཁ་ཐོབ་མཁན་ལ་ཡུལ་གྱི་དཔོན་པོས་རྟེ་དར་ཞིས་བྱ་དགའ་དར་སྣ་ལྔ་འཛོམས་དང་། ཁ་བཏགས་སྤྲོན་སྲོལ་ཡོད་ཅིང་། འོང་སྐོར་ལ་འགྲོ་མཁན་རྣམས་གྱོང་ཚོར་འཁོར་སྐབས་སླར་ཡང་སྟག་ཤར་རྣམས་ནས་རྒྱང་མ་འགྲན་བསྟུར་བྱེད་སྲོལ་ཡོད། དེང་དུས་འོང་སྐོར་སྐབས་རྟ་རྒྱུག་ཞར་འཕེན་གྱི་བྱེད་སྒོ་སྤེལ་བ་ཙམ་ལས་རྒྱང་མའི་འགྲན་བསྡུར་དེ་མིང་གི་ལྷག་མར་གྱུར།

ཀློག་མདའ་ནི་གེགས་དང་བར་ཆད་ཀློག་ཐབས་ཀྱི་ཚོ་གའི་སྐབས་སྤྱོད་པའི་དམིགས་བསལ་གྱི་མདའ་ཞིག་ཡིན། དེའི་རྒྱུ་ཆ་ནི"སྐྱེར་པའི་མདའ་ལ་འུག་པའི་སྒྲོ་ཞིག་བསྣར། ལྟས་ངན་ཀློག་ན་བྱེད་ལ་ཀློག"ཅེས་ཟེར་སྲོལ་ཡོད་པ་ལྟར། ཀློག་མདའ་ནི་རྒྱུ་ཤིང་སྐྱེར་པ་ལས་བཟོས་པ་དང་། སྒྲོ་ཡང་ཆེད་མངགས་འུག་པའི་སྒྲོ་སྦྱར་དགོས་ཀྱི་ཡོད། ཀློག་མདའི་འཇའ་རིས་ནི་ཚོན་སྣ་གསུམ་ཙམ་ལས་མི་དགྲིས། དཀྱིལ་དུ་དཀར་པོ་དགྲིས་པ་དང་དེའི་མཐའ་གཉིས་ལ་ནག་པོ་དགྲིས། དེའི་ཡང་མཐའ་གཉིས་ལ་སེར་པོ་དགྲིས་མཁན་ཤས་ཆེ་ཡང་། གཙོ་བོ་རྩིས་ལ་གང་བབས་ལྟར་བཟོ་ཡི་ཡོད། ཀློག་མདའི་རྩེ་ལ་མདེའུ་བསྣར་སྲོལ་མེད་པར་ཤིང་གི་རྩེ་གཅིག་མདེའུ་ཡི་བཟོ་དབྱིབས་འདྲ་བ་བཟོ་བ་དང་། རྩེ་གཞན་དེར་སྟོང་ཁ་བཟོ་ལ་རིང་ཐུང་སྲིད་སྐར་མ་ལྔ་བཅུ་ནས་བདུན་ཅུ་བར་བཟོ། ཀློག་མདའ་བེད་སྤྱོད་བྱ་ཡུལ་གཙོ་བོ་ནི་གཏོར་རྒྱག་རྒྱག་སྐབས་དང་། ཀློག་གཙོད་ཀྱི་ཚོ་ག་སྤེལ་སྐབས་ཡིན་ལ་མདའ་འཕེན་མཁན་ནི་སྔགས་པའམ་བླ་མ་ཡིན། ཀློག་མདའི་བཟོ་རྩལ་སྟབས་བདེ་ཏུང་དེའི་འགྲོ་ཁུངས་ཉུང་ཉུང་ཡིན།

བེ་ཤུ་ནི་དབྱར་ཁ་སྤྲོ་སྐྱིད་སྐབས་འབེན་ལ་འཕེན་བྱེད་ཀྱི་མདའ་དམིགས་བསལ་ཅན་ཞིག་ཡིན། དེ་ནི་མདའ་སྨྱུག་རྒྱང་མ་ལས་སྦོམ་ལ་རིང་བ་འདོམ་ཕྱེད་ཙམ་བཟོ་བ་དང་། མདའི་རྩེར་ཤིང་གི་བེ་ཤུ་ཞེས་ཤིང་རིལ་བུ་ག་བཞི་ལྡན་མ་

འཕངས་ན་སྐད་སྒྲ་སྒྲོགས་པ་ཞིག་བསྒར་སྲོལ་ཡོད། བེ་ཤུའི་མགོ་དེ་སྐེ་མོ་དམག་ལམ་ཁུལ་དུ་ཐོན་སྐྱེད་བྱེད་ཐུབ་ཀྱི་མེད་རྐྱེན་ཀོང་པོ་ཁུལ་ནས་ཉོ་ཡི་ཡོད། བེ་ཤུ་ལ་འཇའ་རིས་དང་སྒྲོ་ཡིས་བརྒྱན་སྲོལ་ཡོད་པ་མ་ཟད། བེ་ཤུའི་སྒྲོ་རིང་དེ་ཡང་རིང་ཚད་མཐོ་གང་ཙམ་བཟོ་བའི་སྲོལ་ཡོད། བེ་ཤུའི་སྤྱོད་མཁོ་ནི་དམག་ལམ་ཁུལ་དུ་དབྱར་སྐྱིད་སྟོན་སྐྱིད་སྐབས་སྟག་ཤར་གཞོན་པ་རྣམས་ནས་རྩལ་འགྲན་བྱེད་དུ་སྤྱོད་པ་དང་། གནའ་དུས་ལྷ་ས་ཁུལ་དུའང་འགྲོ་ཁུངས་ཡོད། དེར་བརྟེན་དེ་སྔ་བེ་ཤུའི་སྤྱོད་མཁོ་ཆེ་ཙམ་ཡིན་རུང་། དུས་ཕྱིས་བེ་ཤུ་སྤྱོད་མཁན་སྐེ་མོའི་ཉེ་འཁོར་ན་ཏ་ལམ་ཉིན་མོའི་སྐར་མའི་མཐུན་གྲོགས་སུ་གྱུར་ལ། བེ་ཤུའི་བཟོ་རྒྱུན་དེའང་ད་ལྟ་དམག་ལམ་ཁུལ་དུ་ལག་ལེན་བྱེད་མཁན་མེད། དེ་སྔ་བེ་ཤུའི་རྩལ་འགྲན་སྟངས་ནི་བར་རྒྱང་ཆྱིད་ལྡེ་བཅུ་ཙམ་ཡོད་པའི་སར་ཤིང་གི་རྩེར་ཆེ་ཀོའི་འབེན་ཆེ་ཆུང་ཞྭ་མོ་ཙམ་ལ་སྐོར་ཐིག་གཉིས་བརྒྱབ་པ་བཙུགས་ཐོག་དེར་ཉག་ཕྲན་གྱི་ཚ་ཁ་འགྲན་པའི་སྲོལ་ཡོད་པ་དེ་ཡིན།

རྟ་མདའ་ནི་རྟ་ཐོག་ནས་འབེན་ལ་འཕེན་བྱེད་ཀྱི་མདའ་ལ་ཟེར་བ་ཡིན། མདའ་དེ་རིགས་ཀྱི་རིང་ཚད་ལ་སྐར་མ་བརྒྱད་ཙུ་ཙམ་དང་། མདའ་སྨྱུག་སྦོམ་ཞིང་སྒྲོ་གཤོག་ཆེ་བ། མདེའུ་རྡོ་ངར་དང་ལྡན་པ་ཞིག་བཟོ་བ་ཡིན། བོད་ཀྱི་ཡུལ་ལུང་མང་པོར་དེ་སྔ་འོང་སྐོར་སོགས་ཡུལ་གྱི་ཁྱད་ཆོས་ལྡན་པའི་དུས་ཆེན་མང་པོའི་སྐབས་རྟ་རྒྱུག་ཞར་འཕེན་གྱི་བྱེད་སྒོ་རྒྱས་བསྡུས་སྣ་ཚོགས་ཡོད་པས་རྟ་མདའི་སྤྱོད་མཁོ་ཆེ་བར་སྣང་རུང་། དུས་ཕྱིས་ལྷ་སའི་དབྱར་འཁོར་རྩལ་རྒྱུག་དང་རྫོང་རྒྱབ་ཞར་འཕེན་སོགས་མདའ་རྩེད་ཀྱི་དུས་ཆེན་ཆེ་རིགས་བག་ལ་ཞ་བ་དང་། སྐེ་མོ་ཁུལ་གྱི་ས་ཆ་འགར་འོང་སྐོར་སྐབས་སུ་ཞར་འཕེན་དེ་རྗེ་འཕེན་ཁོ་ནར་རོལ་བས་རྟ་མདའི་འགྲོ་ཁུངས་ཀྱང་སྔར་དང་བསྡུར་ན་ཞན་དུ་ཕྱིན་ཡོད། རྟ་མདའི་ཐུན་མོང་མིན་པའི་ཁྱད་ཆོས་གཞན་གཅིག་ནི་དེའི་འཇའ་རིས་དེ་ཡིན། རྟ་མདའ

ནི་དུས་ཆེན་སྐབས་བཀོལ་སྤྱོད་བྱེད་པ་སྟེ། དེ་ཡང་སྒྲོ་སྐྱིད་ཀྱི་རྩེད་ཆས་ཤིག་ཡིན་པས་སྐྱེ་བོ་ཀུན་གྱིས་དེའི་མཛེས་ཆོས་ལ་དོ་སྣང་ཆེན་པོ་བྱེད། རྟ་མདའ་དེ་མདའ་གཞུ་གསག་བཏགས་ཞེས་བོད་རིགས་གཞོན་པའི་དཔའ་ཆས་ཀྱི་གྲུབ་ཆ་ཡིན་པ་མ་ཟད། དུས་ཆེན་སྐབས་རྟ་པའི་རྒྱན་གོས་གཙོ་གྲས་ཤིག་ཡིན། དེར་བརྟེན་མདའ་བཟོ་བས་རྟ་མདའི་འཇའ་རིས་ལ་གཞན་ལས་ལྷག་པའི་དོ་སྣང་དང་དང་དོད་བྱེད་ཀྱི་ཡོད།

གཡང་མདའ་ནི་གཡང་རྫས་ཀྱི་མདའ་སྟེ་བསོད་ནམས་དང་མི་ནོར་འཕེལ་མཚོན་གྱི་མདའ་ཞིག་ཡིན། མདའ་དེ་བཟོ་སྐབས་མདེའུ་ལྕགས་སྒྲིག་ལས་བྱས། མདའ་སྨྱུག་ཚིག་གསུམ་མམ་ལྔ་ལྡན་མ་རིང་ཚད་སྐར་མ་དྲུག་ཅུ་གཡས་གཡོན་བྱས་པ་ཞིག་འདྲོང་པོ་བཟོས་ཐོག་དེའི་རྩ་བར་རྩེ་ལྔ་བཟོ་དགོས་པ་དང་། མདའ་སྨྱུག་དང་རྩེ་ལྔ་ཚང་མ་རབ་ལ་སྲིང་སྐུད་དང་། དེ་མིན་ན་ཤོག་བུ་གང་རུང་ཚོན་སྣ་ལྔ་ཡི་འཇའ་རིས་དཀྲིས། རྩེ་ལྔའི་ནང་གི་དབུས་རྩེ་ལ་རྐོད་སྒྲོ་གསུམ་སྦྱར། རྩེ་ལྔའི་གཤམ་གྱི་མདའ་སྨྱུག་ལའང་རྐོད་སྒྲོ་གསུམ་སྦྱར་དགོས་པ་མ་ཟད། ད་དུང་རྩེ་ལྔའི་ལོགས་ལ་མེ་ལོང་དང་། གཡུ། བྱུ་རུ། སྒྲོན་བུ་བཅས་བསྒར་སྲོལ་ཡོད་ལ་དེའི་གྲངས་ཚད་ལ་ངེས་པ་མེད། སྤྱིར་གཡང་མདའ་རྣམས་དར་ཚོན་གྱིས་བཅིངས་ཡོད་པས་ནམ་རྒྱུན་མདའ་དར་ཞེས་འབོད་སྲོལ་ཡོད། དམངས་ཁྲོད་དུ་འཇའ་ཚོན་སྣ་ལྔའི་མཚོན་ཚུལ་ནི་"ས་སེར་པོ། ཆུ་ལྗང་གུ། མེ་(བར་བཙན་)དམར་པོ། གནམ་སྔོན་པོ། སྤྲིན་དཀར་པོ་"① ཞེས་ས་ཆུ་མེ་སོགས་མཚོན་པར་གྲགས་པ་དང་། མདའ་དར་གྱི་བཤད་པའི་ནང་དུའང་"དར་ཤིང་གོང་པོའི་ཡུལ་ནས་དྲངས། །གོང་པོ་རྒྱལ་མོའི་ཕྱུག་ནས་ཞུས། །དར་གདགས་སྟོད་ཀྱི་ཡུལ་ནས་

① སྣེ་མོ་རྫོང་སྣེ་མོ་ཤང་ཆུ་གླིང་གྲོང་ཚོའི་མདའ་བཟོ་བ་ཚེ་རིང་དགྲ་འདུལ་ལགས་ཀྱིས་གསུངས། ཁོང་ད་ལྟ་དགུང་ལོ་༥༤ལ་གསོན་ཡོད།

དྲངས། །ལ་དྭགས་རྒྱལ་པོའི་ཕྱག་ནས་ཞུས། །གཞམ་ལ་དར་སེར་བཏགས་པ་འདི། །ས་ཞིང་སོ་ནམ་ཕྱུག་པའི་རྟགས། །དེ་ནས་དར་ལྗང་བཏགས་པ་ནི། །མི་རྒྱུད་ཚ་ལས་རིང་བའི་རྟགས། །དེ་ནས་དར་དམར་བཏགས་པ་ནི། །བསོད་ནམས་མེ་ལྟར་འབར་བའི་རྟགས། །དེ་ནས་དར་དཀར་བཏགས་པ་ནི། །མི་སེམས་གངས་ལས་དཀར་བའི་རྟགས། །དེ་ནས་དར་སྔོན་བཏགས་པ་ནི། །གཉེན་ཇོ་གནམ་དང་འདྲ་བའི་རྟགས།”①ཞེས་གསལ་བ་དང་། གཡང་མདའི་རྒྱན་དང་ཡན་ལག་མཚོན་ཚུལ་ནི་“……མདའ་མོ་འདི་ལ་སྒྲོ་གཅིག་བསྒྲོན་ཙ་ན། རབ་བྱུང་བཙུན་པས་རྟེད་ཞྭ་བཞེས་པ་འདྲ། མདའ་མོ་འདི་ལ་སྒྲོ་གཉིས་བཞེས་ཙ་ན། ཐང་དཀར་རྐོད་པོ་གཞོག་བརྒྱངས་བྱས་པ་འདྲ། མདའ་མོ་འདི་ལ་སྒྲོ་གསུམ་བསྒྲོན་ཙ་ན། ནུས་ལྡན་སྔགས་འཆང་ཕུར་པ་ཐོགས་པ་འདྲ། མདའ་མོ་འདི་ལ་སྐྱུད་གཅིག་དཀྲིས་ཙ་ན། སྟག་ཤར་གཞོན་པ་སྐྲ་རགས་བཅིངས་པ་འདྲ། མདའ་མོ་འདི་ལ་མཚལ་གཅིག་བྱུག་ཙ་ན། གནམ་ལྕགས་ཡོགས་སུ་མེ་ལྕེ་འབར་བ་འདྲ། མདའ་མོ་འདི་ལ་སྟོང་ཁ་གཏོད་ཙ་ན། ཕོ་བྲང་དམར་པོའི་རྒྱལ་སྒོ་ཕྱེ་བ་འདྲ། མདའ་མོ་འདི་ལ་མདེའུ་སྒྲོན་ཙ་ན། དམན་ཆུང་བུ་མོ་ཁྲིམ་བཟོ་ཟིན་པ་འདྲ། མདའ་སྐྱུག་ཚིག་གསུམ་བྱས་པ་འདི། རིགས་གསུམ་མགོན་པོའི་མཚན་རྟགས་ཡིན། སྟོང་ཁ་མར་གྱིས་གསོས་པ་འདི། ཕོ་ལྷ་དབུ་འཕང་མཐོ་བའི་རྟེན་འབྲེལ་ཡིན། དར་ཚོན་སྨན་རྩས་རྒྱན་པ་འདི། སྨན་གྱི་རྩེ་གཅིག་འགྱུར་བའི་རྟེན་འབྲེལ་ཡིན། སྒྲོན་བུ་བུ་ཆེན་བཏགས་པ་འདི། བུ་ནོར་ལོངས་སྤྱོད་འཛོམས་པའི་རྟེན་འབྲེལ་ཡིན། དངུལ་དཀར་མེ་ལོང་བཏགས་པ་འདི། གླིང་བཞིའི་མུན་པ་སེལ་བའི་རྟེན་འབྲེལ་ཡིན། མདའ་ལ་རྟེ་ལྡེ་ཡོད་པ་འདི། མངའ་ཐང་དགུང་ལ་

① སྔོ་མོ་རྫོང་གཞུ་སྨད་ཤང་ཨང་ཀང་གྲོང་ཚོའི་དབང་ཆེན་ལགས་ཀྱིས་གསུངས། ཕོང་དུ་ལྷ་དགུང་ལོ་༧༠ལ་གསོན་ཡོད།

རིག་པའི་རྟེན་འབྲེལ་ཡིན། མདའ་དར་གཡས་སུ་བཙུགས་པ་འདི། གཡས་ཕོ་རྒྱུད་རྐོད་པའི་རྟེན་འབྲེལ་ཡིན། མདའ་དར་གཡོན་དུ་བཙུགས་པ་འདི། རྒྱབ་གཉེན་ཚན་འཛོམས་པའི་རྟེན་འབྲེལ་ཡིན། མདའ་དར་མདུན་དུ་བཙུགས་པ་འདི། མདུན་རྒྱུ་ནོར་འཛོམས་པའི་རྟེན་འབྲེལ་ཡིན། མདའ་དར་དབུས་སུ་བཙུགས་པ་འདི། དབུ་འཕངས་རི་བརྒྱ་དང་མཉམ་པའི་རྟེན་འབྲེལ་ཡིན། ཕྱྭ་ཁ་བ་བཞིན་དུ་ཐུལ་ལུ་ལུ། གཡང་རྒྱ་མཚོ་བཞིན་དུ་མེར་རེ་རེ། ད་ཕྱྭ་གཡང་མ་འཁྱིལ་ལི་ལི། ”ཞེས་གསལ་བ་ལྟར་ལགས།

གཡང་མདའ་དེ་སྐྱེ་མོ་ཁྱུལ་དུ་སྤྱོད་མཁོ་ཤིན་ཏུ་ཆེ་བའང་འཇིག་རྟེན་གོ་བག་ཁབ་ལེན་གྱི་སྐབས་མདའ་མོ་དེ་གཉེན་འབྲེལ་གྱི་མཚོན་རྟགས་ལྟ་བུ་ཆགས་པ་དང་། དུད་ཚང་ཞིག་ལ་མི་ཤི་སྐྱོན་ཆག་བྱུང་བའམ་རྟ་དྲེལ་མཛོ་སོགས་ནོར་བུའི་རིགས་སུ་འབོད་པ་རྣམས་ཕྱི་འཚོང་བྱེད་སྐབས་མདའ་དར་དག་གཡང་འགུགས་པའི་རྫས་སུ་གྱུར་ཡོད། དེས་གཡང་མདའི་ཐོག་མའི་མཚོན་ཆའི་ཁྱད་ནུས་ལས་ཡོངས་སུ་བརྒལ་ནས་གདོད་མའི་བསམ་པའི་རིག་གནས་དག་དང་འབྲེལ་བ་དམ་ཟབ་ཆགས་པ་མཚོན་ཡོད། དཔེར་ན་བོད་ཀྱི་སྔོན་པོ་མགར་སྟོང་བཙན་གྱིས་རིག་སྟོབས་ལ་བརྟེན་ནས་ཕྱོགས་བཞིའི་ཕོ་ཉ་ཀུན་ལས་རྒྱལ་ཐོབ་ལྷ་མདའ་དར་གྱིས་བརྒྱན་པ་རྒྱ་བཟའ་ཀོང་ཇོའི་གོང་བར་བཙུགས་ནས་སྲོང་བཙན་སྒམ་པོའི་བཙུན་མོར་མངའ་གསོལ་གཏན་འཁེལ་བྱུང་བའི་ཤོད་རྒྱུན་ས་ཁྱབ་རྗེ་ཁྱབ་ཡོད་པ་དང་། ལྷ་མོའི་འཁྲབ་གཞུང་《སྣང་ས་འོད་འབུམ་》ནང་དུའང་རི་སྣང་དཔོན་པོ་དགྲ་ཆེན་གྱིས་བུ་མོ་སྣང་སའི་གོང་བར་མདའ་དར་བཙུགས་ནས་བུ་མོ་སྣང་ས་རི་སྣང་པའི་མནའ་མར་བདག་པའི་བརྗོད་བྱ་འཁོད་ཡོད་པ་དེ་ཚོ་ནས་གཡང་མདའ་ནི་གཉེན་སྒྲིག་གི་མཚོན་རྟགས་ཡིན་པ་མཚོན་ཡོད། ད་ལྟ་རང་ལྗོངས་སུ་དམངས་ཁྲོད་ཀྱི་གཉེན་སྲོལ་མང་པོའི་ནང་བུ་མོ་མནའ་མར་གཏོང་སྐབས་གོང་བར་མདའ་

དར་གཟེར་ལ་མདའ་དར་གྱི་བཤད་པའང་རྒྱས་བསྡུས་སྣ་ཚོགས་གཏོང་རྒྱུ་ཡོད།
ཀླུ་མོ་ཁུལ་གྱི་གཉེན་སྒྲིག་མཛད་སྒོའི་ནང་བུའམ་བུ་མོར་མདའ་དར་བཙུགས་པ་
དང་གཡང་འགུགས་བྱེད་སྲོལ་ཡོད་པའང་ཁུལ་མང་ཆེ་བ་དང་འདྲ་བ་དང་།
ཁུལ་དེར་དམིགས་བསལ་གྱི་ཁྱད་ཆོས་འགའ་ལྡན་ཡོད་པ་ནི་བུ་དང་བུ་མོའི་རིགས་
རྣམ་མཐོ་དམན་གྱི་དབྱེ་བས་མདའ་དར་འཛུགས་པའི་ཡུལ་དང་དུས་ལ་དབྱེ་བ་
ཡོད། དེ་ཡང་བུ་མོ་ཞིག་མནའ་མར་སྟེར་སྐབས་བུ་ཚང་གི་རིགས་རྣམ་བུ་མོ་ཚང་
ལས་དམའ་བ་ཡོད་ཚེ་བུ་མོ་བསུ་མཁན་གྱིས་མདའ་དར་དེ་བུ་མོའི་ཁྱིམ་ལས་མ་
ཐོན་གོང་ཕ་ཚང་དུ་བུ་མོར་བཙུགས་པ་དང་། བུའི་ཚང་ནས་འཁྱེར་ཡོང་བའི་
རྒྱན་གོས་རྣམས་ཀྱང་བུ་མོའི་ཕ་ཚང་དུ་གཡོགས་དགོས་ཤིང་། དེ་ལ་གོས་བསུ་
ཞེས་འབོད། གལ་སྲིད་བུའི་རྣམ་རྒྱུད་བུ་མོ་ལས་མཐོ་བ་ཡོད་ཚེ་མནའ་མ་བུའི་སྒོ་
འགྲམ་དུ་སླེབས་སྐབས་མདའ་དར་བཙུགས་པ་དང་། མནའ་མ་བུའི་ཁྱིམ་དུ་
སླེབས་རྗེས་རྒྱན་གོས་ཀྱང་བརྗེ་བ་ཡིན། མནའ་མ་གནས་ལ་ཐོན་པ་དང་དུས་
མཚུངས་བུ་མོའི་ཕ་ཚང་གིས་མདའ་དར་འཁྱེར་ནས་ཕྱྭ་འགུགས་གཡང་འགུགས་
བྱེད་སྲོལ་ཡང་ཡོད། གཞན་ཡང་ཀླུ་མོ་དམག་ལམ་ཁུལ་དུ་བུ་མོ་མནའ་མར་སྟེར་
ན་མདའ་དར་གོང་བར་གཟེར་བ་དང་། བུ་མག་པར་སྟེར་ན་མདའ་དར་སྐེད་
པར་གཟེར་བའི་སྲོལ་ཡོད། ཡང་དུད་ཚང་ཞིག་ལ་མི་ཤི་སྐྱོན་ཆག་བྱུང་ནས་སྐྱུ
ཕུང་ཐོན་སྐབས་དུས་ཚང་དེའི་ནང་མི་གཅིག་གིས་གོས་གསར་པ་གྱོན་ཏེ་མཎྜལ་ལ་
དཀར་གསུམ་ཕུལ་བཞིན་ལག་ཏུ་མདའ་དར་འཁྱེར་ནས་འདས་པོའི་མིང་འབོད་
དེ་“ཁྱེད་རང་གི་དཔའ་དང་རྒྱན་འཁྱེར། ནང་གི་ཕྱྭ་གཡང་ཞོག”ཅེས་གཡང་
འགུགས་བྱེད་སྲོལ་ཡོད། ནམ་རྒྱུན་དུ་དུད་ཚང་མང་པོས་གྲྭ་བཙུན་གདན་དྲངས་
ནས《ནོར་ལྷ་གཡང་སྐྱབས》འདོན་སྐབས་གྲྭ་བཙུན་གྱི་མཆོད་ཁང་དུ་དཔེ་ཆ་
འདོན་བཞིན་སྲིད་བདག་གཅིག་གིས་གཡང་མདའ་འཁྱེར་ནས་ཁང་པར་སྐོར་བ་

རྒྱག་པའི་སྲོལ་ཡང་ཡོད། གཡང་མདའ་དེ་ནམ་རྒྱུན་དུད་ཚང་སོ་སོས་མཛོད་ཁང་ངམ་མཆོད་ཁང་དུ་ཉར་བ་དང་། དུད་ཚང་རེ་ལ་གཡང་མདའ་གཅིག་ནས་གཉིས་བར་ཡོད་ཅིང་། གཡང་མདའི་སྤྱོད་མཁོ་ཆེ་བ་དང་འགྲོ་ཁྱུངས་བཟང་བར་བརྟེན་མདའ་བཟོ་བས་དུས་ཕྱིས་བཟོ་སྐྲུན་བྱེད་རྒྱུའི་མདའ་རིགས་གཙོ་བོའི་གྲས་ཤིག་ཡིན།

ཕྱིར་ན་མིའི་རིགས་འཕེལ་རྒྱས་འགྲོ་བའི་ལོ་རྒྱུས་ཆུ་རྒྱུན་རིང་པོའི་ནང་ལག་ལེན་གྱི་ཁྲིད་དུ་ཐོན་སྐྱེད་ཀྱི་ཉམས་མྱོང་ཕུན་སུམ་ཇེ་ཚོགས་སུ་ཕྱིན་ཞིང་། ལག་ཤེས་དང་ཐོན་རྫས་གསར་པ་གཅིག་རྗེས་གཉིས་མཐུད་ཀྱིས་ཡར་རྒྱས་དང་གསར་གཏོད་བྱུང་བ་དང་བསྟུན་ནས་ཆེད་ཐོག་མའི་རྔོན་ལས་ཀྱི་ལག་ཆ་དང་དམག་འཐབ་ཀྱི་མཚོན་ཆའི་སྤྱོད་མཁོ་ཡོངས་སུ་མེད་པར་གྱུར་བ་དང་། རྩེད་རིགས་ཀྱི་རྣམ་པ་དང་རིག་གནས་ཀྱི་སྒྲིག་ཆས་ཕུན་སུམ་ཇེ་ཚོགས་སུ་ཕྱིན་ཞིང་། མིའི་རིགས་ཀྱི་བསམ་པའི་རིག་གནས་འཚོ་བར་འཕོ་འགྱུར་ཆེན་པོ་བྱུང་བ་དང་བསྟུན་ནས་མདའི་བར་གྱི་དཔའ་ཆས་(རྒྱན་ཆ་)དང་རྩེད་བྱེད་ཀྱི་སྤྱོད་མཁོ་ཡང་ཇེ་ཞན་དུ་གྱུར་སྐབས་སྐེ་མོ་དམག་ལམ་ཁུལ་གྱི་མདའི་བཟོ་རྩལ་ཡང་ཇེ་ཞན་དུ་ཕྱིན་ཡོད། དེ་ཡང་དེ་སྔོན་དམག་ལམ་ཁུལ་དུ་མདའ་བཟོ་བའི་ལག་རྒྱུན་ཡོད་པའི་དུད་ཚང་ལྔ་ཡོད་པ་མ་ཟད། ཁོང་ཚོས་འོད་མའི་གཞུ་དང་རྒྱ་གཞུ་བཟོ་སྐྲུན་དང་། འདྲ་བཟོ་བྱེད་ཀྱི་ཡོད་པ་མ་ཟད། འོད་མའི་གཞུ་ལས་སྤུས་ཚད་ཡག་ཤོས་དེ་སྐེ་མོ་ནས་བཟོ་བའི་བཤད་རྒྱུན་ཡོད། འོན་ཀྱང་ད་ལྟ་མདའ་བཟོ་བ་མི་གཉིས་རང་ལས་མེད་པ་མ་ཟད། ཁོང་ཚོས་གཞུ་བཟོ་སྐྲུན་བྱ་རྒྱུ་ཕར་བཞག དེའི་ནང་ལས་གཅིག་གི་རྒྱང་མ་བཟོ་སྐྲུན་མི་ཐུབ་པའི་གནས་སུ་གྱུར་ཡོད་པའོ། །

༧༦། །སྐེ་མོ་ཁྲུལ་གྱི་སྲོལ་རྒྱུན་ལག་ཤེས་ལས་ཤོག་བུའི་བཟོ་རྩལ་སྐོར་གླེང་བ།

སྐེ་མོ་ཁྲུལ་གྱི་བོད་ཤོག་བཟོ་བའི་ལག་རྩལ་ནི་དེ་སྔ་བོད་ཀྱི་ཤོག་བཟོའི་ལས་རིགས་ཁྲོད་དུ་སྨོན་མཁར་ལས་ཤོག་ཅེས་སྙན་གྲགས་ཆེ་ལ་སྲོལ་རྒྱུན་ལྡན་པ་ཞིག་རེད། དེས་བོད་ཀྱི་ཤོག་བཟོའི་ལས་རིགས་རྒྱུན་འཛིན་དང་གོང་འཕེལ། བོད་ཀྱི་རིག་གཞུང་འཛིན་སྐྱོང་སྤེལ་གསུམ་བཅས་བྱ་རྒྱུར་གལ་ཆེའི་ནུས་པ་ཐོན་ཡོད་པ་ནི་བསྙོན་མེད་ཡིན། འོན་ཀྱང་ཁྱད་ཆོས་ལྡན་པའི་སྐེ་མོའི་བོད་ཤོག་གི་བཟོ་རྒྱུན་ལ་སྔ་ཕྱི་བར་གསུམ་དུ་ངོ་སྣང་དང་མཐོང་ཆེན་བྲལ་ལ། ཐུགས་ཁུར་དང་བསམ་ཤེས་གནང་མཁན་དེ་བས་དཀོན་པ་ནི་དེའི་སྔར་གྱི་ལོ་རྒྱུས་དང་ད་ལྟའི་གནས་བབ་ལས་ཤེས་ཐུབ། སྨོན་མཁར་ལས་ཤོག་ཟེར་བ་དོན་དུ་སྐེ་མོ་ཞོ་ལེགས་ཁྲུལ་གྱི་དབུལ་ཞིང་ཕོངས་པའི་དུད་ཚང་ཉི་ཤུ་ཙམ་གྱིས་བཟོ་ཡི་ཡོད།①དུད་ཚང་དེ་རྣམས་ལ་འཚོ་བའི་སྐྱབས་རྟེན་ཞན་པས་ཕོ་ཆོས་དུག་ལས་སུ་འབོད་པའི་དུག་ཤོག་བཟོ་བའི་ལས་རིགས་འཚོ་ཐབས་སུ་བརྟེན་ཏེ་ཕ་ཚ་བུ་རྒྱུད་ཀྱིས་རྒྱུན་འཛིན་བྱས་ནས

① ༡༩༩༨ལོའི་ཟླ་༩པར་སྒྲུག་འཛིན་པ་སྐེ་མོ་རྫོང་དར་གྲོང་ཤང་ཞོ་ལེགས་གྲོང་ཚོའི་བོད་ཤོག་བཟོ་བའི་ལས་ཡུལ་དངོས་ལ་བཅའ་འདྲི་ཞུ་བར་འགྲོ་སྐབས་བོད་ཤོག་ལག་ཤེས་པ་བགྲེས་སོང་བསམ་གཏན་ལགས་ཀྱིས་ངོ་སྤྲོད་གནང་། ཁོང་ནི་སྤྱི་ཚོགས་རྙིང་པའི་སྐབས་ནས་བོད་ཤོག་བཟོ་མྱོང་ཡོད་པ་དང་། མི་དམངས་ཀུང་ཧྲེའི་སྐབས་ཤང་གི་ཀྲུའུ་རེན་གྱི་ལས་འགན་འཁུར་མྱོང་ཡོད། སྔ་ཕྱི་བར་གསུམ་དུ་ཁོང་གིས་ཤོག་བཟོའི་ལག་རྒྱུན་བརྒྱུད་ཁྲིད་གནང་རྒྱུར་སེམས་ཁུར་ཚད་མེད་བཞེས་མྱོང་ལ་སྐེ་མོའི་དུག་ཤོག་བཟོ་རྒྱུན་ད་བར་རྒྱུན་འཛིན་བྱུང་བ་འདི་ཡང་ཁོང་གི་དཀའ་སྤྱད་དང་བྲལ་ཐབས་མེད། ཁོང་ནི་སྤྱི་ལོ་༢༠༠༠ལོར་སྐུ་ཆེ་ལས་འདས་འདུག་པས། ཕྲན་གྱིས་བོད་ཤོག་བཟོ་རྩལ་སྐོར་གྱི་རྩོམ་ཐུང་འདི་འབྲི་བའི་སྐབས་དང་བསྟུན་སྙིང་དབུས་ནས་མྱ་ངན་ཞུ་རྒྱུ་དང་ སྒྲུགས་སྟོན་མ་ཤོག་བཟོའི་འབྲེལ་ཡོད་ཤེས་བྱ་ངོ་སྤྲོད་གནང་བར་ཐུགས་ཆེ་ཞུ་རྒྱུ་ཡིན།

ད་ལྟ་མིང་གི་ལྷག་མར་མ་གྱུར་ཙམ་དུ་གནས་ཡོད། དེ་ཡང་གནའ་དུས་ཤོག་བུ་བཟོ་མཁན་དུད་ཚང་ཉི་ཤུ་ཙམ་ཡོད་པ་ཚང་མ་ས་ཞིང་གི་ཆ་རྐྱེན་ཞན་པས་རང་སོས་ཀྱིས་ཤོག་བུ་བཟོ་རྒྱུ་འཚོ་བའི་སྐྱེལ་ཁུངས་ཤིག་ཏུ་བརྩིས་ནས་ལག་ཤེས་སྦྱངས་པ་དང་། འཚོ་ཐབས་བཙལ་བ་ཤ་སྟག་ཡིན། དམངས་གཙོའི་བཅོས་བསྒྱུར་མ་བཏང་གོང་དེ་སྔའི་བོད་ས་གནས་སྲིད་གཞུང་བླ་བྲང་ཕྱག་མཛོད་ལས་ཁུངས་ལ་ཤོག་ཁྲལ་ཕྲན་བུ་སྐྱེལ་དགོས་པ་ཕུད། དེ་ཕྱིངས་ཕོན་རྫས་རྣམས་ཐབས་ལམ་སྣ་ཚོགས་བརྒྱུད་ནས་སེ་འབྲས་དགེ་གསུམ་དང་། བཀྲ་ཤིས་ལྷུན་པོ་སོགས་དགོན་སྡེ་ཁག་དང་། ཕྱོགས་བཞིའི་མང་ཚོགས་ལ་བཙོང་སྤྱོལ་ཡོད། ཤོག་བུ་བཟོ་བའི་ལས་རིགས་དེ་ཧ་ཅང་དཀའ་ངལ་ཆེ་ལ་ལུས་ཁམས་བདེ་ཐང་ལའང་གནོད་པ་ཆེ་བས། ཁུལ་དེར་ལས་རིགས་དེ་དམངས་གཙོའི་བཅོས་བསྒྱུར་སྐབས་ནས་༡༩༧༣ལོ་བར་རྒྱུན་ཆད་པ་དང་། ༡༩༧༣ལོ་ལ་ཞོ་ལེགས་ཤང་གིས་ལག་རྒྱུན་ཡོད་པའི་མི་དགུ་སྒྲིག་འཛུགས་བྱས་ནས་སླར་ཡང་བོད་ཤོག་བཟོ་སྔོན་གྱི་བྱ་གཞག་སླར་གསོ་བྱས་ཀྱང་ཤོག་བུའི་འགྲོ་ཁུངས་ཞན་པས་དུས་ཡུན་ལོ་བཞི་ཙམ་ལས་མཐའ་མ་འཁྱོངས། བསྒྱུར་བཅོས་སྒོ་དབྱེ་བྱས་ཚུན་ནང་ཁུལ་གྱི་དཔལ་འབྱོར་དང་རིག་གནས་ཀྱི་འཛུགས་སྐྲུན་རྒྱ་ཆེ་གཏིང་ཟབ་ཀྱིས་སྤེལ་བ་དང་སྤྲགས་ཕྱིའི་རྒྱལ་ཁབ་དབར་འགྲོ་འོང་རྟག་གཏུག་ཉིན་བཞིན་གོང་འཕེལ་འགྲོ་བའི་སྐབས་བཟང་གི་དུས་བབ་དང་བསྟུན་པ་དང་། ཞོ་ལེགས་ཁུལ་དུ་བོད་ཤོག་གི་ལས་རྒྱུན་ལྡན་པ་ཇེ་ཉུང་དུ་འགྲོ་བའི་དངོས་དོན་ལ་དམིགས་ཏེ་ཤོག་བཟོའི་ལས་རིགས་སླར་གསོ་བྱ་རྒྱུའི་སྐྱུལ་ལྟུག་ལན་མང་བྱས་མཐར། དེ་སྔའི་ལག་རྒྱུན་ཡོད་པའི་དུད་ཚང་ནང་མཆོག་གིས༡༩༨༥ལོ་ནས་བོད་ཤོག་བཟོ་འགོ་བཙམས་པ་དང་ད་བར་རྒྱུན་འཁྱོངས་བྱས། ཉེ་དུས་ནང་མཆོག་ཚེ་རིང་སྟོབས་རྒྱལ་ལགས་ཀྱིས་གསོ་སྐྱོང་གནང་བའི་ཁོང་གི་སྐུ་མཆེད་གཞོན་སྐྱེས་གཉིས་ཀྱིས་ཤོག་བཟོའི་ལག་ཤེས་བྱང་ཆུབ་ནས་ད་ལྟ་དུད་ཚང་

གསུམ་གྱིས་ཤོག་བཟོའི་ལས་རིགས་རྒྱུན་འཛིན་བྱས་ནས་ཡོད། གཞི་རྐང་ཤོག་བཟོའི་ལས་རིགས་འདི་སླེ་མོ་ཁུལ་དུ་ཞོར་ལས་སུ་གཏོགས་རུང་དེ་ལས་སྟོན་བྱེད་པ་ལ་དུས་ཚིགས་ཀྱི་རང་བཞིན་ཆེ་ཙམ་ལྡན་ཡོད། ཤོག་བུ་ལས་སྟོན་བྱེད་པའི་དུས་ཚོད་ཡག་ཤོས་ནི་གནམ་གཤིས་དྲོད་འཇམ་ལྡན་ལ་དྭངས་གཙང་ཡིན་པའི་སྟོན་དུས་ཡིན་པ་དང་། དབྱར་དུས་ཆར་པ་མེད་པ་དང་ཆུ་དྭངས་མ་ཡིན་སྐབས་དང་དཔྱིད་དུས་ཐལ་རླུང་དབེན་པའི་སྐབས་སུ་ཤོག་བུ་བཟོ་ཚོག་པ་དང་། དགུན་དུས་དང་དཔྱིད་དུས་གྲང་ངར་ཆེ་ལ་ཐལ་རླུང་མང་བའི་སྐབས་དང་དབྱར་དུས་ཆར་པ་བབས་པའི་སྐབས་སུ་ཤོག་བུ་བཟོ་ཐབས་བྲལ། དེར་བརྟེན་དུད་ཚང་གསུམ་གྱིས་ལོ་རེར་ཤོག་བུ་ཡུག་ཁྲི་གཅིག་ལྷག་ཙམ་ལས་བཟོ་ཐུབ་ཀྱི་མེད། དེ་བཞིན་ཕོང་ཚོས་ཤོག་བུ་བཟོ་ཐབས་དེ་སྔར་རྒྱུན་བཞིན་ཡུག་ཆེན། ཡུག་ཆུང་ཕོ་ན་བཟོས་ནས་ཚོང་གཉེར་བྱེད་པ་ལས་ཆ་རྐྱེན་དང་། ཐབས་ཤེས། ལག་རྩལ་བཅས་ཕྱི་ནང་རྒྱུ་རྐྱེན་དུ་མའི་རྐྱེན་གྱིས་ཤོག་བུར་ལས་སྟོན་གསར་པ་བྱེད་རྒྱུའི་ཐབས་ལམ་དུ་བསྐྱོད་མེད། གཤམ་དུ་སླེ་མོའི་དུག་ཤོག་གི་རྒྱུ་ཆ་དང་། བཟོ་ཆས། བཟོ་རྩལ། དེའི་རིགས་དང་ཁྱད་ཆོས་བཅས་ཀྱི་སྐོར་ཞུ་རྒྱུ་ལ།

༧. སླེ་མོའི་བོད་ཤོག་གི་རྒྱུ་ཆ་ནི་ཤོག་རྩ་དང་དུག་ཤིང་རེ་ལྕུག་པའི་རྩ་བ་ཕོ་ན་ཡིན་པས་སླེ་ཤོག་ལ་དུག་ཤོག་ཏུ་འབོད་པའང་དོན་དང་སྦྱར་བ་ཞིག་ཡིན།

གནའ་དུས་སླེ་ཤོག་བཟོ་སྐབས་གཞིས་རྩེ་སྣར་ཐང་པར་ཁང་གི་དཔར་འདེབས་ཡུལ་ནས་ཤོག་བུའི་དྲས་རོ་ཉོས་ཏེ་དེ་ཤོག་བུ་བཟོ་བའི་རྒྱུ་ཆ་གཙོ་བོ་བྱེད་པ་དང་། དེ་ལས་དུག་ཤིང་རེ་ལྕུག་པའི་ཧ་གཏོང་བའི་སྲོལ་ཡོད། དེ་ནི་སྣར་ཐང་དཔར་ཁང་གི་ཤོག་རོ་རྣམས་སྙོད་ཤོག་དང་འབྲུག་ཤོག་གི་དྲས་རོ་ཡིན་པས་རྒྱུ་ཆ་ཡག་ལ་མ་གནས་ཆུང་བས་ཡིན། དུས་ཕྱིས་སྣར་ཐང་དཔར་ཁང་གི་ཤོག་རོ་མེད་སྐབས་དུག་ཤིང་རེ་ལྕུག་པའི་རྩ་བ་ཕོ་ནས་ཤོག་བུ་བཟོ་ཡི་ཡོད། རེ་ལྕུག་པ་དག་ས

ཁུལ་དེ་རང་གི་ཐོན་ཁུངས་ཡིན་པ་དང་། དེ་དུག་ཤིང་ཡིན་པས་གཞན་གྱི་སྤྱོད་མཁོ་མེད་པར་ཤོག་བུ་བཟོ་མཁན་རང་ལ་བདག་པ་ཡིན་ཅུང་། རེ་ལྕུག་པ་བཀོག་པའི་དུས་ཚོད་ནི་དབྱར་དུས་ཡིན་པ་དང་། དུས་ཚོད་བཟང་ཤོས་དེ་དབྱར་གུང་ཆར་ཞོད་ཆེ་བའི་སྐབས་སུ་ཡིན། འོན་ཀྱང་བོད་ཀྱི་དམངས་ཁྲིད་དབྱར་ཁྲིམས[1]མང་པོའི་ནང་ས་རྐོ་རྡོ་སློག་མི་ཆོག་པའི་སྲུང་གདམས་ཡོད་པའི་ཤུགས་རྐྱེན་འོག་ཤོག་བུ་བཟོ་མཁན་རྣམས་ཀྱིས་རང་གྲོང་ཚོའི་མངའ་ཁོངས་སུད་པའི་ས་ཆ་གཞན་ལ་རེ་ལྕུག་པ་བརྐོ་བར་འགྲོ་མི་ཆོག དེར་བརྟེན་གྲོང་ཚོ་གཞན་གྱི་མངའ་ཁོངས་རི་སྟེང་གི་བདག་མེད་རེ་ལྕུག་རྣམས་ཕན་མེད་ལུས་ནས་སྡོད་ཀྱི་ཡོད། རེ་ལྕུག་པའི་ཡག་ཉེས་ནི་གཙོ་བོ་དེ་སྐྱེ་ཡུལ་ས་ཆ་ལས་ཤེས་ཐུབ་པ་སྟེ་ཛ་རོང་ངམ་རྡོ་རྡུག་གི་དཀྱིལ་དུ་སྐྱེས་པ་དེ་ལྤགས་པ་མཐུག་པས་ཤོག་རྒྱུ་བཟང་བར་འཛིན་པ་དང་། བྱེ་མའི་དཀྱིལ་དུ་སྐྱེས་པ་དག་ལྤགས་པ་སྲབ་པས་ཤོག་རྒྱུ་ཞན་པར་ངོས་འཛིན་གྱི་ཡོད། རེ་ལྕུག་པ་རྐོ་སྐབས་དཀའ་ངལ་ཧ་ཅང་ཆེ་བ་དེ་ད་ཆ་སྣེ་མོ་ཁུལ་དུ་བོད་ཤོག་བཟོ་མཁན་ཉུང་བའི་རྒྱུ་མཚན་གཅིག་ཡིན། དབྱར་གུང་མི་གཅིག་གིས་ཉིན་གཅིག་ལ་རེ་ལྕུག་པ་རྒྱ་མ་བརྒྱད་ཙམ་ཙམ་ལས་བཀོག་མི་ཐུབ་པ་དང་། དེའི་ནང་ཤོག་བུའི་རྒྱུ་ཆར་བེད་སྤྱོད་ཆོག་པ་ནི་རྒྱ་མ་ཁ་ཤས་ལས་མེད། རེ་ལྕུག་པའི་རྩ་བ་ཚང་མ་ཤོག་རྒྱུ་ལ་སྤྱོད་མི་ཉན། རྩ་བའི་དཀྱིལ་རུས་དང་ཕྱི་ལྤགས་ཀྱི་བར་ན་ཤུན་པ་དཀར་པོ་སྲབ་མོ་ཞིག་ཡོད་པ་དེ་ཁོ་ན་ཤོག་རྒྱུ་ལ་སྤྱོད་ཉན་པ་ལས་རྩ་བའི་དཀྱིལ་རུས་དང་ཕྱི་ལྤགས་རྣམས་ཀྱིས་ཤོག་རྒྱུ་མི་ཉན།

༢. ཤོག་བཟོའི་ལས་རིགས་ལ་མཁོ་བའི་ལག་ཆ་ནི་ཧ་ཅང་སྟབས་བདེ། དེ་

[1] དབྱར་ཁྲིམས་སྐོར་གྱི་ཞིབ་ཕྲའི་ངོ་སྤྲོད་གོང་གི་ལེ་ཚན་ཇོ་མོ་གླང་མའི་རང་བྱུང་སྲུང་སྐྱོང་ཁུལ་གྱི་དུས་ཆེན་སྐོར་གླེང་བ་ཞེས་པའི་ནང་གསལ།

ཡང་རེ་ལྷག་པ་བརྐོ་བྱེད་ཀྱི་འཇོར་དང་། མགོ་ལོ་ཕུད་[①]བྱེད་ཀྱི་སྟ་རེ། ཤུན་ལྤགས་གཤུ་བྱེད་ཀྱི་གྲི། དུག་བཙོ་བྱེད་ཀྱི་ཐབ་དང་ཟ་ལོག མེ་ཤིང་། དུག་རྡོག་རྡུང་བྱེད་སྐབས་སྤྱོད་པའི་ཏུན་ཀྲུང་ཡས་རྡོ་མས་རྡོ་སྟེ་ཆུ་རྡོ་ལས་བཟོས་པའི་རྡོ་གཏུན། ཤོག་སྐྱོ་གཡོས་བྱེད་ཀྱི་ལོག་མ་དང་དཀྲུག་ཤིང་། ཤོག་པར་དངོས་སུ་རྒྱག་བྱེད་ཀྱི་དཔར་སྒྲོམ་བཅས་ཀྱིས་སྙན་གྲགས་ཆེ་ལ་སྤུས་ཚད་ལྡན་པའི་སྐེ་མོའི་དུག་ཤོག་བཟོ་སྣོན་ཐུབ་ཀྱི་ཡོད།

༣. སྐེ་མོའི་དུག་ཤོག་བཟོ་བའི་ལས་རིམ་ནང་། དང་པོ་རེ་སྟེང་ནས་རེ་ལྷག་པ་བརྐོས་ཏེ་ཤོག་བུ་བཟོ་ཡུལ་དུ་ལེན་པ་དང་། གཉིས་པ་རེ་ལྷག་པའི་མགོ་ལོ་ཕུད། གསུམ་པ་རེ་ལྷག་པའི་ལོག་ཏུས་བཏོན། བཞི་པ་རེ་ལྷག་པའི་ཕྱི་ལྤགས་བཤུས། ལྔ་པ་རེ་ལྷག་པ་(དོན་དུ་ལོག་ཏུས་དང་ཕྱི་ལྤགས་བར་གྱི་ཤུན་པ་དཀར་པོ་དེར་ཟེར་)གསེས་བཏང་། དྲུག་པ་གསེས་ཟིན་པའི་རེ་ལྷག་པར་བུལ་ཏོག་བརྒྱབ་ནས་ཆུ་ནང་བཙོས། བདུན་པ་ཟ་ལོག་ནང་ཆུ་ཚོད་གཅིག་ཙམ་བཙོས་རྗེས་དུག་དེ་དག་ཐུགས་སྒོང་ལྟར་རིལ་རིལ་བཟོས། དུག་རིལ་རྣམས་རྡོ་གཏུན་ནང་དུ་རྡོག་རྡུང་ལན་མང་བྱས། བརྒྱད་པ་ཞིབ་མོར་རྡོག་རྡུང་བྱས་པའི་དུག་དེ་ལོག་མ་ཞིག་གི་ནང་དུ་བླུགས། དེའི་ཁར་ཆུ་ཚད་རན་པ་བླུགས་རྗེས་དཀྲུག་ཤིང་གིས་ཇ་དཀྲུག་བརྒྱབ་པ་ལྟར་སྐར་མ་བཅུ་ཙམ་དུག་གི་སྐྱོམ་དཀྲུག་གསེས་བཏང་ཏེ་གཡོས་དགོས། དགུ་པ་ཆུ་རྫིང་རིང་ཚད་སྨིད་༢ཙམ་དང་ཞེང་ཚད་སྨིད་༡.༥ཙམ་བྱས་པ་ཞིག་དྭངས་གཙང་ཆུས་ཁེངས་པའི་ཐོག་ཤོག་པར་བཞག་རྗེས་ལྷུགས་སྐྱོགས་ཀྱིས་སྐྱོམ་ཤོག་པར་ནང་ཚད་དང་རན་པ་བླུགས། དེ་རྗེས་ཆུ་ནང་ནས་བཏོན་ཏེ་ཉི་སྐམ་རྒྱག་དགོས། དེ་ནི་སྐེ་མོའི་བོད་ཤོག་བཟོ་བའི་ལས་རིམ་ཆ་ཚང་ཡིན།

① མགོ་ལོ་ཕུད་ཞེས་པ་ནི་རེ་ལྷག་པའི་སྡོང་པོ་དང་། ལོ་མ། མེ་ཏོག་བཅས་ཕུད་པ་ལ་ཟེར།

གལ་སྲིད་རྣ་ཙམ་མ་གཏོགས་རྒྱུ་ཆ་ཤོག་རོས་བཟོས་ཚེ་ལས་རིམ་དེ་ལས་སླ་བས་བདེ་བ་ཡོད།

༩. སྙེ་མོའི་བོད་ཤོག་གི་རིགས་དང་ཁྱད་ཆོས་སྐོར་བཤད་ན། དེར་ཆེ་ཆུང་རིགས་མི་འདྲ་བ་གསུམ་ཙམ་ཡོད། སྙུ་ཤོག་ཏུ་འབོད་པ་ཤོག་བུ་ཆེ་ཤོས་ཡིན་པ་དང་། དེའི་རིང་ཚད་སྨིད་༡.༥ཙམ་དང་ཞེང་ཚད་ལ་སྐར་མ་༤༠ཙམ་ཡོད། ཤོག་བུ་དེ་རིགས་གན་རྒྱའི་ཡིག་རིགས་ལ་སྤྱོད་པ་མང་། ཤོག་བུ་འབྲིང་བ་ལ་ཡུག་ཆེན་ཟེར་ལ་དེར་རིང་ཚད་སྨིད་༡.༢ཙམ་དང་ཞེང་ཚད་སྐར་མ་༥༠ཙམ་ཡོད། ཆུང་ཤོས་ལ་ཡུག་ཆུང་དུ་འབོད་ལ་དེར་རིང་ཚད་སྐར་མ་༤༧ཙམ་དང་ཞེང་ཚད་སྐར་མ་༥༤ཙམ་ཡོད། གཞན་ཡང་ཤོག་བུའི་སྲབ་མཐུག་དང་། འཇམ་རྩུབ། ཚོན་མདོག་བཅས་ནི་གཙོ་བོ་བེད་སྤྱོད་མཁན་གྱི་རེ་བ་ལྟར་བཟོ་ཐུབ་ཀྱི་ཡོད། དེ་ཡང་ཤོག་བུའི་སྲབ་མཐུག་ནི་ཤོག་སྙིའི་གར་སླས་གཏན་འཁེལ་ཐུབ་པ་སྟེ་ཤོག་སྙི་གར་ཙམ་བྱས་ན་ཤོག་བུ་མཐུག་པ་ཡོང་བ་དང་། ཤོག་སྙི་སླ་ཙམ་བྱས་ན་ཤོག་བུ་སྲབ་ཙམ་ཡོང་གི་ཡོད། སྤྱིར་ཡིག་གཟུགས་སྦྱོང་བྱེད་དུ་སྤྱད་ན་ཤོག་བུ་མཐུག་པ་ཡག་པ་དང་། ནམ་རྒྱུན་ཤོག་བུ་སྲབ་པ་དེ་རིགས་ཡག་པར་བརྩི་ཡི་ཡོད། ཤོག་བུའི་འཇམ་རྩུབ་ནི་རེ་ལྡུག་པའི་ནང་ཏུས་བཏང་མང་ཉུང་དང་། རྫོག་རྡུང་གཟབ་ལོས་ཀྱིས་གཏན་འཁེལ་བྱེད། རེ་ལྡུག་པའི་ལོག་ཏུས་གཙང་མ་བཏོན་པ་མ་ཟད་རྫོག་རྡུང་ཞིབ་པར་བྱས་ཚེ་ཤོག་བུ་འཇམ་པོ་བཟོ་ཐུབ་པ་དང་། དེ་མིན་ན་ཤོག་བུ་རྩུབ་ཙམ་ཆགས་ཀྱི་ཡོད། ཡང་བོད་ཤོག་གི་མདོག་ནི་རེ་ལྡུག་པའི་པགས་པའི་ཁྲུ་བ་མང་ཉུང་གིས་གཏན་འཁེལ་བྱ་ཐུབ། ཤོག་བུ་མདོག་དམར་ཙམ་བཟོ་དགོས་ན་ཤོག་སྙིའི་ནང་རེ་ལྡུག་པའི་པགས་ཁྲུ་མང་ཙམ་བླུགས་པས་ཆོག བོད་ཤོག་དཀར་གཙང་འཇམ་ཤ་དོད་པ་བཟོ་དགོས་ན་རེ་ལྡུག་པའི་ལོག་ཏུས་གཙང་བཏོན་དང་། ཕྱི་ལྤགས་གཙང་བཤུས་བྱེད་དགོས་པ་མ་ཟད། ད་དུང་ཤོག་བུ

བཟོ་དུས་ཁ་ རླུང་གཙང་མ་དང་། ཆུ་དྭངས་གཙང་། ཉི་མ་དྲོ་པོ་བཅས་དགོས་ཀྱི་ཡོད། སྣེ་མོའི་བོད་ཤོག་གི་ཁྱད་ཆོས་ནི་བོད་ཤོག་སྤྱིའི་ཁྱད་ཆོས་དང་འདྲ་བར་"ཤོག་བུ་ཡང་བ་དང་། མཉེན་ཆ་ཇེ་བ། རལ་དཀའ་བ། འབུ་འགོག་པ། རུལ་དཀའ་བ། རྡུལ་དཀའ་བ། མིག་ལ་མི་གནོད་པ་སོགས"①ཀྱི་དགེ་མཚན་མངོན་གསལ་ལྡན་ཡོད།

བོད་ཤོག་བཟོ་རྩལ་གྱི་འཕེལ་ཕྱོགས་ཐད་བསམ་གཞིགས་བྱས་ཚེ། དང་པོ་བོད་ཤོག་བཟོ་རྩལ་པ་རང་ཉིད་ཀྱི་ངོས་ནས་བཤད་ན། སྤྱི་ཚོགས་བྱ་འགྱུར་བ་ལྟར་འཕེལ་རྒྱས་འགྲོ་མགྱོགས་པའི་ད་ལྟའི་དུས་རབས་འདིར། མ་གནས་ཆུང་ལ་སྤྱོད་མཁོ་བདེ་བའི་དེང་རབས་ཀྱི་ཤོག་བུའི་རིགས་སྣ་ཚོགས་གང་སར་ཁྱབ་ནས་ཡོད་ལ་སེར་སྐྱ་ཀུན་གྱིས་སྤྱོད་སྲུས་སུ་མཆིས་པ་དང་། སྣད་ཕྱིན་གློག་ཆས་འཕེལ་རྒྱས་ཕྱིན་ནས"ཤོག་བུ་སྤྱོད་མི་དགོས་པའི་དུས་རབས"ལ་སླེབས་གྲབས་ཡོད་ཅེས་གྲགས་པ་དེའང་ཡུན་རིང་མི་འགོར་བར་མངོན་འགྱུར་ཡོང་སྲིད་པས་བོད་ཤོག་གི་ཐོག་མའི་སྤྱོད་མཁོ་ཁོ་ནར་སེམས་ནས་ཤོག་བུ་ཐོན་སྐྱེད་བྱས་ཚེ་ལས་རིགས་དེར་མདུན་ལམ་མེད་པ་ལ་བསམ་གཞིགས་ནན་པོ་བྱས་ཏེ"ཇ་དང་བསྟུན་ནས་འཕྲབ་ལུགས་དང་། གཞས་དང་བསྟུན་ནས་བཏུང་ལུགས"ཀྱི་དཔེ་ལྟར་དུས་དང་ཁྲིམ་ར་ལ་བསྟུན་ནས་ལག་རྒྱུན་གསོན་ཐབས་བྱ་དགོས། སྨྱུག་འཛིན་པས་བལྟས་ན་ཤོག་བུའི་བཟོ་རྩལ་དེ་སྔར་སྲོལ་རྒྱུན་འཛིན་ཐོག་ཤོག་བུར་ཚོན་རིས་གཏོང་བ་དང་། དེབ་རིགས་དང་པར་རིགས་སྣ་ཚོགས་བཟོ་སྣོན་བྱེད་པའི་ལམ་བུར་བསྐྱོད་རྒྱུ་དེ་བོད་ཤོག་ལས་རིགས་ལ་གསོན་ཤུགས་གསར་སྐྲུན་དང་འཕེལ་རྒྱས་ཡོང་བའི་ཐབས་ལམ་ཁེར་གཅིག་དེ་ཡིན།

① ༡༩༩༩ ལོའི་《བོད་ལྗོངས་སྒྱུ་རྩལ་ཞིབ་འཇུག》དུས་དེབ་དང་པོའི་ཤོག་གྲངས་༢༥ནང་གསལ།

གཉིས་པ་ཞོག་བཟོའི་ལས་རིགས་ཀྱི་འབྲེལ་ཡོད་ཚན་པ་དང་འབྲེལ་ཡོད་མི་སྣའི་ངོས་ནས་བཤད་ན། བོད་ཞོག་བཟོ་བའི་ལག་རྩལ་དེ་ལོ་རྒྱུས་ཀྱི་རིག་གནས་ཤུལ་བཞག་རྣལ་མ་ཞིག་ལ་བརྩིས་ནས་མྱུར་སྐྱོབ་དང་རྒྱུན་འཛིན་བྱ་རྒྱུར་མཐོང་ཆེན་བྱེད་དགོས། མིག་སྔར་ཕྱུག་རྒྱུན་དང་ཞལ་རྒྱུན་ལྡན་པའི་བགྲེས་སོང་མང་པོ་ལྷ་ལམ་དུ་ཕེབས་པ་དང་སྙིགས་སྲོལ་རྒྱུན་ལག་རྩལ་དང་དམངས་ཁྲོད་རིག་གནས་མི་ཉུང་བ་ཞིག་རྩ་བརླག་ཏུ་འགྲོ་ཡི་ཡོད་པ་ནི་ཕྱོགས་མང་པོའི་དངོས་དོན་གྱིས་ར་སྤྲོད་བྱུང་བ་ལྟར་ཡིན་ན། གཅིག་ནས་ལག་ཤེས་རྒྱུན་འཛིན་པ་གསོ་སྐྱོང་བྱ་རྒྱུར་མཐོང་ཆེན་བྱ་དགོས་པ་དང་ཆབས་ཅིག་ཁོང་ཚོའི་ཐོན་རྫས་ཀྱི་འགྲོ་ཁུངས་བཙལ་འཚོལ་བྱེད་རྒྱུར་ཁ་ཞེ་གཉིས་མེད་ཀྱིས་རོགས་རམ་བྱ་དགོས། དེ་ནི་དུད་ཚང་རེ་ཟུང་དང་། ལག་ཤེས་པ་གཅིག་གཉིས་ལ་འཚོ་བའི་རོགས་རམ་བྱས་པ་ཞིག་མ་ཡིན་པར་སྲོལ་རྒྱུན་ལག་ཤེས་མྱུར་སྐྱོབ་བྱེད་རྒྱུར་དོན་སྙིང་ལྡན་པའི་བྱ་བ་ཞིག་ཡིན་ན་ལོ་རྒྱུས་འགན་བབ་ཀྱི་མཐོ་ཚད་ནས་བསམ་བློ་གཏོང་དགོས། གཉིས་ནས་འབྲེལ་ཡོད་མི་སྣས"བླ་མ་ཡོད་ཐོག་ཆོས་ཞུ"བའི་དཔེ་ལྟར་ལག་རྒྱུན་ལྡན་པའི་བགྲེས་སོང་དེ་ཚོའི་ཉམས་མྱོང་རྣམས་ཞོག་ཐོག་རེ་མོའི་ལམ་དུ་སྤེལ་ནས་ཐེ་སྤྲོད་བར་ཉར་སྲུང་ཡོང་ཐབས་བྱ་རྒྱུར་ཤུགས་སྣོན་རྒྱག་དགོས།

དུས་རབས་ཉེར་གཅིག་པའི་གཞོན་ནུ་ཞིག་གི་རྒྱ་སྨྱུག་ལས་འགྲུབ་རྩོད་ཀྱི་ནུས་པ་སྐྱོ་ལ་ཡར་བརྩོན་གྱི་སེམས་ཤུགས་ཞན་པ། དུས་རབས་ཀྱི་རྗེས་སུ་ལུས་པའི་སྲོལ་རྒྱུན་ལག་ཤེས་དེ་འདྲ་ཞིག་མྱུར་སྐྱོབ་དང་། འཕེལ་རྒྱས་གཏོང་དོན་དཀར་འཇམ་ཞོག་བུའི་སྟེང་དུ་སྤེལ་བ་འདི་རྙིང་ཞེན་བག་ཁུམ་ལ་དགོངས་ཚེ། དེ་ནི་མི་དཀར་ལ་ཝ་ནག་གི་དཔེ་རང་ལས་མ་འདས། གཞི་ཁང་འགྲོ་བ་མིའི་རིགས་ཀྱི་སྤྱི་ཚོགས་འདི་འཕེལ་རྒྱས་འགྲོ་བའི་ལོ་རྒྱུས་ཆུ་རྒྱུན་རིང་པོའི་ནང་སྲོལ་རྒྱུན་གྱི་ལག་ཤེས་རྣམས་ཉམས་གུད་འགྲོ་བ་དེ་ལག་ཤེས་གསར་པ་དང་ཐོན་རྫས

གསར་ཐོན་བྱུང་བའི་འབྲས་བུ་ལྷ་བུར་ངེས་ལ། དེ་ནི་སྤྱི་ཚོགས་འཕེལ་རྒྱས་བྱུང་བའི་མཚོན་རྟགས་ཤིག་ཀྱང་ཡིན། དེ་བཞིན་སྤྱི་ཚོགས་ཀྱི་དགོས་མཁོ་ནི་ཐོན་རྫས་བཟང་ངན་བརྟག་བྱེད་ཀྱི་རྡོ་ཀ་ཤ་ཁ་ཡིན་པ་དང་། བཟང་ངན་རྒྱལ་ཕམ་ཟེར་བའང་འཕེལ་རྒྱས་ཀྱི་ཆོས་ཉིད་ཡིན། འོན་ཀྱང་དེ་དང་ཕྱོགས་འདྲ་བའི་གནད་དོན་ཞིག་ནི་འཕེལ་རྒྱས་ཟེར་བའང་འཁོར་གྲངས་ཀྱི་ངོས་ནས་བཤད་ན་ཉུང་བ་ནས་མང་བའི་ཕྱོགས་སུ་འགྱུར་བ་བྱུང་བ་དང་། སྤུས་ཚད་ཀྱི་ངོས་ནས་བཤད་ན་ཞན་པ་ནས་ཡག་པའི་ཕྱོགས་སུ་འགྱུར་བ་བྱུང་བའི་བརྒྱུད་རིམ་ཞིག་ཡིན་པས། ཉུང་བ་དང་ཞན་པ་ཟེར་བ་མེད་ན་མང་བ་དང་ཡག་པ་ཟེར་བ་ཡོང་ཐབས་མེད། དེ་ནི་སྔ་ཕྱི་གཉིས་པོ་ལྟོས་བཅས་ཀྱི་ཐ་སྙད་ཡིན་པ་ཙམ་མ་ཟད། འཕེལ་རྒྱས་ཀྱི་ངོས་ནས་བལྟས་ཚེ་སྔོན་མ་གཉིས་དེ་ཕྱི་མ་གཉིས་ཀྱི་རྨང་གཞིའང་ཡིན། དེས་ན་འགྲོ་བ་མིའི་རིགས་ཀྱི་ཤེས་རིག་དེ་ཉིད་གཡང་རྩེའི་ཁ་ལ་མར་གྱི་ཡས་སྦྲོན་གྱི་དཔེ་ལྟར་ཡག་ཐོག་ཡག་བརྩེགས་ཡོང་དགོས་ན། དུས་དང་རྣམ་པ་ཀུན་ཏུ་བྱ་དངོས་གང་ཞིག་ཡིན་རུང་དེའི་རྨང་གཞི་གང་ཡིན་ལ་བསམ་གཞིགས་བྱ་རྒྱུ་ནི་གལ་ཆེ་བ་དང་། གང་ཞིག་རྨང་གཞི་ཡིན་པ་དེའི་ཐོག་འཕེལ་རྒྱས་གཏོང་ཐབས་བྱ་དགོས། རྨང་གཞི་གང་ཡང་མེད་ན་དེར་འཕེལ་རྒྱས་ཟེར་བའང་དགུན་དུས་ཀྱི་འབྲུག་སྒྲ་རང་ལས་མ་འདས་སོ། །

༧༡། །ལུག་ཞོར་ལུག་དང་འབྲེལ་བའི་གླེང་མོལ།

གངས་ཅན་པའི་མེས་པོ་རྣམས་ཀྱི་བློ་གྲོས་ཀྱི་རྩལ་དང་། བརྩོན་འགྲུས་ཀྱི་མཐུ་ལ་བརྟེན་ནས་བྱེ་སྐྱེས་ཀྱི་སྲོག་ཆགས་མང་པོ་ཞིག་མི་ཁྱིམས་ལ་སྒྱུར་བ་མ་ཟད། འགྲོ་བའི་མིའི་འཚོ་རྟེན་དུ་གྱུར་ཡོད། དེ་དག་ལ་ཕྱུགས་ཟོག་ཏུ་འབོད་ཅིང་། གཡང་དཀར་ལུག་ནི་གངས་ཅན་ལྗོངས་ཀྱི་ཕྱུགས་ཟོག་གི་གྲུབ་ཆ་གལ་ཆེན་ཞིག་ཡིན་ལ། བོད་རིགས་ཀྱི་སྲོལ་རྒྱུན་འཚོ་བའི་ནང་མེད་ཐབས་མེད་པའི་འཚོ་བའི་འབྱུང་ཁུངས་གལ་ཆེན་ཞིག་ཏུའང་གྱུར་ཡོད། དེ་ཡང་གངས་ཅན་མིའི་འགྲོ་བ་ལ་ལུས་ཀྱི་གྲང་དང་སེལ་བྱེད་ཀྱི་གྱོན་གོས་དང་། བཀྲེས་ཀྱི་ངལ་བ་སེལ་བྱེད་ཀྱི་བཟའ་ཆས། སྐོམ་གྱི་ངལ་བ་སེལ་བྱེད་ཀྱི་བཏུང་བྱ། རྒྱུན་གཏན་བཟའ་ཆས་དང་བཏུང་བྱ་སྐོལ་བྱེད་ཀྱི་མེ་ཤིང་སོགས་འཚོ་བའི་རྒྱུན་མཁོ་མང་དག་ཅིག་ལུག་གི་རིགས་ལས་ཐོན་གྱི་ཡོད།

མ་གཞི་བོད་ཀྱི་སྤྱི་ཚོགས་ནང་འབྲི་གཡག་གི་ཁྱུལ་རྩེད་དང་ར་སྤུ་ལས་བཟོས་པའི་གྱོན་གོས་དང་། པགས་རིགས་ཀྱིས་བཟོས་པའི་གྱོན་གོས་སྣ་ཚོགས་དང་ཐོན་སྐྱེད་ཡོ་ཆས་མང་དག་ཡོད་མོད། འོན་ཀྱང་ལུག་བལ་ནི་དེ་དག་ལས་སྤྱོད་གོ་ཆོད་ལ་སྤྱོད་ཤེད་ཆེ་བའི་སྤུ་རིགས་ཤིག་ཡིན། དཔེར་ན་བོད་ཀྱི་གྱོན་གོས་ཀྱི་གྲུབ་ཆ་གཙོ་བོ་སྣམ་བུ་ནི་གཡང་དཀར་ལུག་གི་འཇམ་པོའི་བལ་ལས་བཟོས་པ་དང་། བཙུགས་ཕྲུག་དང་། ཞ་ཐུལ། ལུག་ཐུལ། པགས་ཚག ཚར་སློག་ལྷ་བུ་ལུག་བལ་དང་ལུག་ལྤགས་ལས་བཟོས་པ་དང་། ཐོན་སྐྱེད་ཀྱི་ཡོ་བྱད་སྒྲེ་མོ་དང་། ཕད་གོག ཟེ་སྒྲེ། ཐག་པ་དང་ཞགས་པ། འུར་རྡོ་སོགས་བལ་ལས་བཟོས་པ་མང་ཞིང་། དཔེར་ན་འུར་རྡོ་ལྷ་བུར་ཆ་མཚོན་ན། རྩེད་འུར་ནག་པོ། བལ་འུར་

དཀར་པོ། མཛེས་འུར་ཁྲ་བོ། ར་སྤུའི་འུར་རྫོ། ཨ་ཀྲད་འུར་རྫོ་སོགས་རྒྱུ་ཆའི་སྒོ་ནས་ཁག་ལྔ་ལ་དབྱེ་སྲོལ་ཡོད་པ་ལས། བལ་འུར་དཀར་པོ་དང་མཛེས་འུར་ཁྲ་བོ་སྟེ་བྱེ་བྲག་གཉིས་ཀྱི་རྒྱུ་ཆ་བལ་ལས་གྲུབ་པ་དང་། བལ་འུར་དཀར་པོ་ནི་མཉེན་ལ་སྐད་སྣྲ་ཆེ་བ་དང་། མཛེས་འུར་ཁྲ་བོ་ནི་གཙོ་བོ་བལ་དཀར་ནག་ལས་གྲུབ་པ་དང་། ཚོན་མདོག་ཅན་གྱི་སྐལ་མ་ལས་གྲུབ་ཅིང་གཅེས་ཕྱུག་གི་རྩེད་ཆས་དང་། བུད་མེད་ཀྱི་རྒྱན་ཆ། ཁང་ཁྱིམ་དང་སྣམ་གུར་གྱི་སྒོ་དང་ཀ་བའི་རྒྱན་ནམ་སྲུང་བ་བྱེད་པ་མ་ཟད། རྟ་སྒའི་སྟ་ཏུ་ལ་བཏགས་ནས་སྲུང་བ་དང་རྒྱན་ཆ་བྱེད་ཀྱི་ཡོད། འཇམ་པོའི་བལ་ལས་བཟོས་པའི། །འུར་རྫོ་ཆུ་མིག་དགུ་སྒྲིལ། །ཆུ་མིག་གཞུང་ནས་བརྒྱུབ་པས། །དབྱིན་ཇིའི་སྣ་ལ་ཕོག་སོང་ཞེས་པའི་གདངས་ཅན་ཀུན་དུ་ས་ཁྱབ་རྫོ་ཁྱབ་ཏུ་ཁྱེན་པའི་དམངས་གཞས་དེས་ཀྱང་འཇམ་པོའི་བལ་ལས་བཟོས་པའི་འུར་རྫོའི་ནུས་པ་མངོན་གྱི་ཡོད། ར་འུར་ནི་ར་སྤུའི་འུར་རྫོ་ར་ཡི་མཛིང་པར་འཁོར་ཟེར་བའམ་རང་གིས་བཟོས་པའི་ར་སྤུའི་འུར་རྫོ་དེ། རང་གི་འགྲམ་པ་ཙོག་བྱེད་ཡིན་ཞེས་པ་ལྟར་ཙུང་གཟིགས་མཐོང་ཆུང་ཞིང་ཡུལ་འགའ་ཤས་སུ་ར་འུར་མི་བཟོ་བ་དང་། ཨ་ཀྲད་འུར་རྫོ་ནི་མ་གནས་ཆེ་ལ་སྐྱིད་མགོ་ཆུང་བས། དུས་ཕྱིས་བཟོ་རྒྱུན་ཆད། འུར་རྫོའི་རིགས་ལས་བལ་འུར་ཁྱབ་ཆེ་བ་སོགས་མདོར་ན་ལུག་བལ་དང་ལུག་ལྤགས་ལས་བཟོས་པའི་གྱོན་གོས་དང་ཡོ་བྱད་ནི་སྐྱིད་མགོ་ཆེ་ལ། མ་གནས་ཆུང་བས་བོད་ཡུལ་ཀུན་ལ་དར་ཁྱབ་ཆེ་བར་སྣང་ངོ་། །

ཡང་བཟའ་ཆའི་ཤ་རིགས་ཀྱི་ངོས་ནས་བཤད་ན། བོད་རིགས་རྣམས་ཤ་རིགས་སྤྱོད་པར་དགའ་ལ་སྤྱོད་ཤེས་མཁན་གྱི་མི་རིགས་ཤིག་ཏུ་མཐོང་། ཤ་ཡི་རིགས་ལས་འཛེམ་ཟོན་བྱ་ཡུལ་ལམ་སྤང་བྱ་མང་པོ་ཡོད་དེ། ཉ་ཕག་སྣོང་གསུམ་སྤོང་བ་དང་། ཡ་སོ་ཅན་པའི་ཤ་རིགས་སྤོང་བ། རྟ་དང་བོང་བུ་ལྟ་བུའི་རྨིག་རྭ་གཅིག་གམ་རྨིག་རྭ་སྣོར་མོ་ཅན་རྣམས་སྤོང་བ་མ་ཟད། དེ་མིན་ཉེན་ཤ་དང་དྲན

ཤ། དམིགས་ཤ། མཛོང་ཤ་སོགས་ཀྱང་སྤྱོང་བའི་སྲོལ་ཡོད། དེ་ལྟར་ན་བོད་རིགས་རྣམས་ཀྱིས་སྤྱོད་དུ་རུང་བའི་ཤ་རིགས་ནི་ཚག་ཤ་དང་ར་ལུག་གི་ཤ་ཙམ་དུ་ཟད། འབྲི་གཡག་གི་སྐྱེས་འཕེལ་ནུས་པ་གོག་པ་དང་། ར་ལུག་གི་སྐྱེས་འཕེལ་ནུས་པ་མྱུར་བ་ལ་བརྟེན་ནས་འབྲོག་ལས་ཁེར་གཙང་དུ་གཉེར་བའི་ས་ཁུལ་ཕུད། བོད་ཡུལ་ཀུན་ལ་ར་ལུག་ལས་འབྲི་གཡག་ཉུང་བ་དང་ར་ལུག་གི་ཐོན་ཟོག་མང་བ་ནི་དོན་དངོས་ཤིག་ཡིན། ར་ཤ་དང་ལུག་ཤ་གཉིས་བསྡུར་ནས་བཤད་ནའང་། ར་ཤ་མངར་མོ་ཞིམ་སྐྱེ་བོའི་ལུས་ལ་ཕོག་ཆེ་བར་དགོངས་ནས་ཞན་པར་བརྩི་བ་དང་། ལུག་ཤ་ནི་ར་ཤ་ལས་རྒྱུག་ཆེ་བར་མངོན། དེ་བཞིན་རྟ་ལུག་ཕྲེལ་དང་བྱ་ཁྱི་ཕག བྱི་བ་སླང་སྟག་ཡོས་འབྲུག་སྦྲུལ་ཏེ་ལོ་འཁོར་བཅུ་གཉིས་མཚོན་བྱེད་ཀྱི་སྲོག་ཆགས་རྣམས་ལས་བོད་རིགས་རྣམས་ཀྱིས་བཟས་སུ་ཚོག་པ་ནི་ལུག་ཤ་དང་གླང་ཤ་ཙམ་ཡིན། དེས་ན་ལུག་ཤ་ནི་བོད་ཡུལ་དུ་ཐོན་ཁུངས་བཟང་ལ། མི་རྣམས་ཀྱི་བདེ་ཐང་ལ་སྨན་པའི་ཤ་རིགས་ཤིག་ཡིན།

དཔལ་ལྡན་རྒྱུད་བཞིའི་ནང་དུ་སྨོམ་བཤད་པའི་སྐབས་སུ་འོ་མ་དང་། ཞོ། ཆང་བཅས་རིགས་ཀྱི་བྱེ་བྲག་པ་གསུམ་བསྟན་ཡོད་ལ། འོ་མས་རླུང་གི་ནད་སེལ་བ་དང་། ཆུ་ཡིས་མཁྲིས་པའི་ནད་སེལ་བ། ཆང་གིས་བད་ཀན་གྱི་ནད་རིགས་སེལ་བར་བཤད་ཡོད། སེ་ལེ་འབྲི་ཡི་འོ་མ་ཡིན་ནའང་འདྲ། ཙོ་ཙོ་ར་ཡི་འོ་མ་ཡིན་ཡང་རུང་། གཡང་དཀར་ལུག་གི་འོ་མ་ཡིན་ཡང་ཚོག འོ་མས་རྒྱུན་གཏན་འཚོ་བའི་ནང་སྨོམ་པའི་ངལ་བ་སེལ་བའི་ནུས་པ་ཐོན་པ་མ་ཟད། རླུང་ནད་ཀྱི་སྡུང་བ་སེལ་བའི་ནུས་པའང་ཐོན་གྱི་ཡོད། དེ་ཙམ་དུ་མ་ཟད་འོ་མ་ལས་ཞོ་བྱུང་། ཞོ་དཀྲུགས་པ་ལས་མར་དང་ད་ར་བྱུང་། དར་བསྲེག་པ་ལས་ཕྱུ་ར་དང་ཕྱུར་ཁུ་བྱུང་། ཐུད་ཞིམ་པོ་མར་གྱི་བཀའ་དྲིན་ཡིན། མར་མེད་ན་ཕྱུར་བའི་པགས་ཀོང་ཡིན་ཞེས་པ་ལྟར་བོད་ཟས་ཀྱི་མཆོག་གྱུར་ཐུད་དེའང་ཕྱུར་བ་དང་མར་ལས་བྱུང་།

ཕྱུགས་རིགས་ཀྱི་འོ་མ་ལས་གྲོན་པའི་བཟའ་ཆས་དང་བཏུང་བྱ་ནི་རིགས་མང་ལ་རྒྱུན་གཏན་འཚོ་བའི་ནང་མེད་ཐབས་བྲལ་བ་ཞ་སྟག་ཏུ་མཐོང་། གཞན་ཡང་བཞུགས་གྲལ་གྱི་རྒྱུན་དུ་གྲགས་པའི་ལུག་ཤའི་འཛུགས་ཕོག་གི་བཤད་པའི་ནང་དུ། ལུག་པོ་མི་ཟེར་ལུག་པ་ཟེར། ཕྱི་བལ་ལུག་པའི་ལུག་པ་ཟེར། ནང་ཤ་ཚིལ་ལུག་པའི་ལུག་པ་ཟེར། ནམ་རྒྱུན་ལུད་ཤིང་ལུག་པའི་ལུག་པ་ཟེར་ཞེས་བརྗོད་བཞིན་པ་ལྟར། ལུག་གི་རིན་མ་ནི་ཟས་རིགས་སྐྱོལ་བྱེད་ཀྱི་མེ་ཤིང་དུ་ནུང་ལ། སོ་ཙོག་གསོ་བྱེད་ཀྱི་སྨན་ལུད་དུ་ཚོག དེ་བཞིན་ཨ་ཙུག་ཏུ་འབོད་པའི་ལུག་གི་སྤུས་ཚོགས་ནུས་ཆུང་དེ་དང་ལུག་གི་ན་ཙའང་བྱིས་པའི་རྩེད་ཆས་སུ་སྤྱད་ནས་རྩེད་མོར་རོལ་བ། དེ་བས་ལུག་གི་སོག་ནུས་ཤོག་བུའི་ཚབ་དུ་སྤྱད་ནས་ཡི་གེའི་འབྲི་རྫས་སུ་སྤྱོད་པ་ལྟ་བུ་གཡང་དཀར་ལུག་གི་གཟུགས་ཆུང་ཆུང་དེ་ནོར་བུའི་རྗོག་པོ་ཞིག་དང་མཚུངས།

ད་ནི་ཆོས་ཕྱོགས་བྱེད་སྒོའི་ནང་དུ་ལུག་དང་ལུག་གི་ཤ་ནུས་ཀྱི་སྤྱོད་མཁོ་དང་མཚོན་དོན་བཤད་པར་བྱ་སྟེ། སྙིང་མ་བའི་ལུགས་སུ་རྒྱུགས་བརྟན་ལྷ་བསང་དང་། པད་མ་ལྷ་བསང་། དགྲ་ལྷ་དཔངས་བསྟོད་བཅས་ལྷ་བསང་གི་ཚེ་གའི་མཇུག་གི་ཕྱུ་འགུགས་གཡང་འགུགས་བྱེད་པའི་སྐབས་སུ། སྦྱིན་བདག་ཕོ་མོ་གང་ནུང་ཞིག་གིས་ལག་གཡས་སུ་ཕྱེ་མར་མར་གྱི་ཉི་ཟླས་བརྒྱན་པ་ཞིག་འཁྱེར་བ་དང་། ལག་གཡོན་དུ་ལུག་ཤ་ལག་པ་གཡས་པ་ཞིག་དང་མདའ་དར་འཁྱེར་ནས་ཕྱོགས་བཞི་ལ་ཁ་ཕྱོགས་ཏེ་ཕྱུ་འགུགས་གཡང་འགུགས་བྱེད་པ་དང་། དེ་ཚར་མཚམས་སུ་དེ་དག་ཚང་མ་ཁྱིམ་ཚང་གི་མཛོད་ཁང་ནང་དུ་གཡང་རྟེན་དུ་འཛོག་པའི་སྲོལ་ཡོད་པ་དང་། ཡང་བྱང་འབྲོག་པའི་ཡུལ་སྲོལ་དུ་རྗོན་པ་རྒྱུག་དང་ཧག་ལ་འགྲོ། ཡང་ན་དམག་ལ་འགྲོ་བ་སོགས་ཀྱི་སྐབས་སོག་པའི་མོ་རྒྱག་པའི་ལུགས་སྲོལ་ཡོད་པ་དང་། ཁྱད་པར་དམག་ལ་འགྲོ་སྐབས་དེ་བས་སོག་མོ་ཐིག་པོ་ཡོད་སྐད། དེའི་

མོ་ཆས་ནི་ངེས་པར་ལུག་གི་ལག་པ་གཡས་པའི་སོག་རུས་དགོས་ཀྱི་ཡོད། དེ་བཞིན་བྱང་ཐང་འབྲོག་པའི་ས་ཁུལ་འགའ་ཞིག་ཏུ། ཕོ་གསར་ཆེས་པ་གསུམ་ཉིན་ལྷ་ལུག་གསོལ་བ་དང་སྦྲ་ལ་དར་དང་རི་ལ་རླུང་ཞེས་སྦྲ་གུར་ལ་དར་ལྕོག་དང་རི་མགོ་ལ་རླུང་དར་འཛུགས་པའི་སྲོལ་ཡོད། དེ་དུས་ཡུལ་གྱི་ཡུལ་ལྷ་དང་། རང་རང་ཁྱིམ་རྒྱུད་ཀྱི་ཕོ་ལྷ་དང་། ཐུས་ལྷ་སོགས་ལ་ཕྱུ་མདོག་གང་ལ་གང་འགྲོའི་དབང་པོ་མ་ཉམས་པ་དང་རྭ་ཚུགས་ལེགས་པའི་ལུག་གི་རྭ་དང་སྐལ་པར་བཙག་དམར་བྱུག་པ་དང་། རྣ་ལ་དར་ཆོན་སྣ་ལྔས་བརྒྱན་ཏེ། ལྷ་ལུག་ཏུ་འཛུགས་པའི་སྲོལ་ཡོད། དེ་བཞིན་དུ་རང་གི་ཕ་ཡུལ་དུའང་ཡུལ་ལྷ་དང་། ཕོ་ལྷར་ཚེབས་པ་གསོལ་བའི་སྲོལ་ཡོད་དེ། གསོལ་ཡུལ་མི་འདྲ་བར་གཞིགས་ནས་གསོལ་བྱེད་གཡང་དཀར་ལུག་ལས་ཕྱུ་མདོག་མི་འདྲ་བ་གང་ལ་གང་མཚམས་འདེམས་སྒྲུག་བྱས་ཏེ་རང་ཅག་གིས་ཕྱེ་མར་གསོལ་བ་དང་བཙག་དང་རྣ་ཆས་བརྒྱན་ནས་སྐྱབས་གནས་ཀྱི་ཚེབས་པ་གསོལ་བ་མ་ཟད། རྟ་ཕྱུ་ཞེས་པའི་བཤད་པ་རྒྱས་ཙམ་ཞིག་ཀྱང་གཏོང་སྲོལ་ཡོད། དེའི་ནང་ཕེབས་པའི་དུས་སུ་ཚེབས་པ་མཛོད། ཚེབས་པ་འདི་ལས་མགྱོགས་པ་མེད། བཞུགས་པའི་དུས་སུ་བཞུགས་ཁང་མཛོད། བཞུགས་ཁང་འདི་ལས་བཙན་པ་མེད། འགྲོ་ན་གོམ་གསུམ་གྱིས་མགྱོགས་པའི་རྟ་པོ་ཡིན། སྡོད་ན་གདན་གསུམ་གྱིས་མཛེ་བའི་རྟ་པོ་ཡིན། ཚོང་ལ་འགྲོ་ན་ཚོང་དཔོན་ཚུགས། དམག་ཏུ་འགྲོ་ན་དམག་དཔོན་ཚུགས། ཆུ་ལ་འགྲོ་ན་ཟམ་པ་ཚུགས། བྲག་ལ་འཛེགས་ན་སྐས་ཀ་ཚུགས། མི་རྣམས་ཀུན་གྱི་ཆེ་ཐར་དུ་བཙུགས་པ་ཡིན། མི་རྣམས་ཀུན་ལ་ནད་འབྱུང་དུ་མ་སྟེར། ཕྱུགས་རྣམས་ཀུན་གྱི་གཡང་དར་དུ་བཙུགས་པ་ཡིན། ཕྱུགས་རྣམས་ཀུན་ལ་གོད་ཁ་འབྱུང་དུ་མ་སྟེར་ཞེས་ཤོད་སྲོལ་ཡོད་པ་སོགས་ལས་གཡང་དཀར་ལུག་ནི་མིང་དོན་མཚུངས་པའི་གཡང་རྟེན་དང་། ཆོས་ཚས་དང་མཆོད་རྫས་སུ་གྱུར་ཡོད་པ་ཨེ་ཡིན་སྙམ་མོ། །

ལུག་ཤ་དང་བལ་ནི་ཁ་བ་རི་པའི་འཇིག་རྟེན་བྱེད་སྒོའི་ནང་དུ་སྤྱོད་མཁོ་ཆེ་ལ། མཚོན་དོན་མང་པའི་ཤ་དང་སྤུ་རིགས་ཤིག་ཡིན། གཙང་ཁུལ་དང་བྱང་འབྲོག་ཁུལ་དུ་ལོ་གསར་ཚེས་པ་གཅིག་ལ་ལུག་མགོ་བཟའ་བ་དང་། ལྷ་ས་ཁུལ་དུ་ལོ་གསར་གྱི་སྒྲིག་གཤོམ་ནང་ངེས་པར་དུ་ལུག་མགོ་ངོ་མའམ་བཅོས་མའི་ལུག་མགོ་བསྒྲིགས་པ། གཙང་ཁུལ་དུ་གཉེན་སྟོན་བཞུགས་གྲལ་ཐོག་འཇུགས་ཤའམ་འཇུགས་ཕོག་ཅེས་ལུག་ཤ་བུབས་གཅིག་བསྒྲིགས་པ་དང་། དེ་སྔོན་ས་གནས་སྲིད་གཞུང་གི་སྟོན་ཆེན་གཏོང་བའི་སྐབས་ནང་འཇུགས་ཞེས་པའི་ཤ་བུབས་གཅིག་སྒྲིག་གཤོམ་བྱ་སྲོལ་ཡོད། དུས་ཕྱིས་སྐྱེ་བོ་མང་ཆེ་བས་དེ་དག་ནི་གནའ་བོའི་བོན་གྱི་ལྷ་ལ་དམར་མཆོད་འབུལ་བའི་སྲོལ་རྒྱུན་ཞུལ་དུ་གནས་པ་ཞིག་ཡིན་ཞེས་བརྗོད་པ་མ་ཟད། གྲོ་ལས་བཟོས་པའི་སྟེར་ཁ་དེའང་ལུག་གི་ཡན་ལག་དང་ནང་ཁྲོལ་མཚོན་བྱེད་ཡིན་པར་བརྗོད་ཀྱི་ཡོད། དམངས་སྲོལ་གང་འདྲ་ཞིག་ཡིན་རུང་། དེ་ལ་གཏན་འཇགས་པའི་རང་བཞིན་དང་གཞན་འགྱུར་གྱི་རང་བཞིན་མཉམ་དུ་ལྡན་ཡོད་ཅིང་། གོང་མ་ནི་བསྒྱོས་བཅས་ཤིག་ཡིན་ལ། ཕྱི་མ་དེ་བསྒྱོས་མེད་ཅིག་ཡིན། དེ་ལྟར་ན་དམངས་སྲོལ་གྲུབ་པ་ནས་དར་འཕེལ་བྱུང་བའི་བརྒྱུད་རིམ་ནང་ཕྱི་རྣམ་པའི་མཚོན་ཚུལ་ལ་འགྱུར་བ་འགྲོ་བ་དང་། ནང་དོན་གྱི་སྙིང་པོའི་མཚོན་དོན་ལའང་འགྱུར་བ་འགྲོ་བཞིན་ཡོད། ལུག་མགོ་དང་འཇུགས་ཤ དེ་བཞིན་སྟེར་ཁ་སོགས་ཀྱི་མཚོན་དོན་གྱི་འཕེལ་འགྱུར་བྱུང་ཚུལ་ལ་གཞིགས་པ་བྱས་ན། ཆུ་ལ་འགོ་དང་ཤིང་ལ་རྩ་བའི་དཔེ་ལྟར་ལོ་གསར་ལ་ལུག་མགོ་བསྒྲིགས་པ་དང་། སྟོན་མོའི་བཞུགས་གྲལ་ནང་ལུག་ཤ་བུབས་གཅིག་བསྒྲིགས་པའི་ཐོག་མའི་འབྱུང་ཁུངས་ནི་གདོད་མའི་བོན་ལུགས་ཀྱི་དམར་མཆོད་གཏོང་བའི་སྲོལ་རྒྱུན་དེ་ཡིན་སྲིད། འོན་ཀྱང་བོན་གྱི་གསུང་རྒྱུན་ལྟར་ན། སྟོན་པ་གཤེན་རབ་མི་བོ་ཆེའི་དུས་ནས་དམར་མཆོད་སྤངས་ཏེ་ཟན་དཔར་གྱིས་ཚབ་བྱེད་པའི་སྲོལ་གསར་དུ་བཏོད

པར་གྲགས་པ་དང་། དེ་ནས་བརྩིས་པས་ད་བར་ལོ་ངོ་ཉིས་སྟོང་ལྷག་ཙམ་གྱི་དུས་ཡུན་རིང་པོའི་ནང་དེའི་མཚོན་དོན་ལའང་འགྱུར་བ་ཆེན་པོ་བྱུང་ཡོད་དེ། ལོ་གསར་ལ་ལུག་མགོ་བསྒྲིགས་པའམ་ལུག་མགོ་བཟའ་བ་ནི་ཆར་ཆུ་དུས་སུ་བབ། ལོ་ཕྱུགས་རྟག་ཏུ་ལེགས་པའི་རྟེན་འབྲེལ་མཚོན་པའམ། ཡང་ན་ལུག་མགོ་དང་ལོ་འགོའི་སྒྲ་གདངས་འདྲ་བས། ལོ་ཡི་འགོ་མཚོན་པར་བརྗོད་ལ། དེ་ཡང་ལུག་མགོའི་བཤད་པའི་ནང་དུ"ལྷ་ལུག་དུང་མགོ་དཀར་པོ་འདི། །བརྒྱ་ཡི་དཀྱིལ་ནས་དགའ་བ་བདམས་པ་ཡིན། །སྟོང་གི་དཀྱིལ་ནས་ལེགས་པ་བསྡུགས་པ་ཡིན། །བརྒྱ་དགའ་སྟོང་བསྡུགས་ཀྱི་དུང་མགོ་དཀར་པོ་འདིར། །ལུག་མགོ་མི་ཟེར་ལོ་འགོ་ཟེར། །གནམ་ལོ་གསར་དུ་ཚེས་པའི་འགོ་གཅིག་ཟེར། །"ཞེས་པ་ལས་ལུག་མགོས་ལོ་ཡི་འགོ་མཚོན་པ་ཤེས་ཐུབ་ལ། ལུག་མགོའི་བཤད་པའི་ནང་ད་དུང་མུ་མཐུད"བཀྲ་ཤིས་ཀྱི་དང་པོ་ཞལ་ལ་སྡྲོན། ཞལ་ཕྱོ། བཀྲ་ཤིས་ཀྱི་གཉིས་པ་ཤངས་ལ་སྡྲོན། ཤངས་དྲི་ཞིམ། སྤྱན་ལ་སྡྲོན་པས་སྤྱན་གཟིགས་མོ་དང་འཕྲད་པའི་བཀྲ་ཤིས་ཤོག རྣ་བར་སྡྲོན་པས་རྣ་བ་གཏམ་སྙན་དང་འཕྲད་པའི་བཀྲ་ཤིས་ཤོག དཔུ་རྣ་གཡས་པ་ལ་སྡྲོན་པས་ཕོ་ལྷ་དང་དགྲ་ལྷ་མཉེས་པའི་བཀྲ་ཤིས་ཤོག དཔུ་རྣ་གཡོན་མ་ལ་སྡྲོན་པས་མོ་ལྷ་དང་ཞང་ལྷ་མཉེས་པའི་བཀྲ་ཤིས་ཤོག དཔྲལ་བར་སྡྲོན་པས་བཀྲ་ཤིས་ལོ་འཁོར་བཅུ་གཉིས་ཞག་མ་སུམ་བརྒྱ་དྲུག་ཅུ་ཚང་ཚང་དང་ཕུབ་ཕུབ་ཡོང་བའི་བཀྲ་ཤིས་ཤོག"ཅེས་གཏོང་སྲོལ་ཡོད་པ་དེ་ནི་ལོ་གསར་གྱི་ཤིས་ཚིག་བཟང་པོ་ཞིག་ཡིན། དེ་ནི་ལུག་མགོ་ངོ་མའི་རིགས་སྒྲིག་གཤོམ་བྱ་དགོས་ཚེ། ལུག་བཤས་ནས་ཟླ་བ་ཁ་ཤས་འདས་ཟིན་པས་དེའི་ཁ་མིག་དང་། སྣ་དང་རྣ་བ་སོགས་ཀྱི་ཤ་རྣམས་བཀྲམས་ནས་ལུག་མགོའི་བཟོ་ལྟ་ཤོར་བ་དག་མར་གྱིས་བརྒྱངས་ནས་ཡོ་བསྲང་བ་དང་ཚབ་ཅིག་མར་གྱིས་ཡས་སྡྲོན་གྱིས་བརྒྱན་པའི་སྐབས་གཏོང་བའི་བཤད་པ་ཡིན། ལོ་མགོ་སྒྲིག་གཤོམ་བྱ་ཚུལ་ལ་

མཚོན་ནའང་ཐོག་མ་ལུག་མགོ་ངོ་མ་སྒྲིག་གཟོམ་བྱེད་པ་དང་། དེ་ལ་མར་གྱི་ཡས་གཟེད་སྒྲོན་པ། དེ་རྗེས་མར་གྱིས་བཟོས་པའི་བཙོས་མའི་ལུག་མགོ་སྒྲིག་གཟོམ་བྱེད་པ། དེ་རྗེས་སུ་དཀར་ཡོལ་ལས་བཟོས་པའི་ལུག་མགོ་དང་། དེའི་རྗེས་སུ་རྒྱུ་ཆ་གཞན་ལས་བཟོས་པའི་ལུག་མགོ་སྒྲིག་གཟོམ་བྱེད་ཀྱི་ཡོད་པ་དེའང་ཐོན་ཟོག་ལ་གཞིགས་ནས་ཕྱི་རྣམ་པའི་མཚོན་སྟངས་ལ་འགྱུར་བ་བྱུང་བ་ཞིག་ཡིན། འོ་ན་འཛུགས་ཤ་བུབས་དེའི་མཚོན་དོན་ལ་འགྱུར་བ་གང་བྱུང་ཡོད་ཅེས་ན། གཅིག་ནི་ཕུ་རུ་འགྲིག་པའི་ཤ་ཐུད་ཆར་ལྟར་བབས། མདའ་རུ་འབྲུ་སྣ་བཏབ་ཚད་དུས་སུ་སྨིན། ཆར་ཆུ་བཟང་པོ་སོ་ཕྱུགས་རྟག་ཏུ་འཕེལ་ཞེས་པ་ལྟར་ལུག་ཤ་ནི་འགྲིག་ལས་ཐོན་སྐྱེད་ལེགས་པོ་བྱུང་བའི་མཚོན་བྱེད་དུ་ངེས་ལ། གཉིས་ནས་འཛུགས་ཁོག་གི་བཤད་པའི་ནང་“གཟུགས་པོ་མི་ཟེར་འཛུགས་པ་ཟེར། བདེ་སྐྱིད་རྩ་བ་འཛུགས་པའི་འཛུགས་པ་ཟེར། བཞུགས་ཁྲལ་སྐྱིད་འགོ་འཛུགས་པའི་འཛུགས་པ་ཟེར།”ཞེས་གསལ་བ་ལྟར་དེ་ནི་བདེ་སྐྱིད་རྩ་བ་འཛུགས་པའི་རྟེན་འབྲེལ་མཚོན་བྱེད་དུ་ཡིན་པའམ། ཡང་ན“ལུག་པོ་མི་ཟེར་ལུག་པ་ཟེར། ཕྱི་བལ་ལུག་པའི་ལུག་པ་ཟེར། ནང་ཤ་ཚིལ་ལུག་པའི་ལུག་པ་ཟེར། ནམ་རྒྱུན་ལུད་ཤིང་ལུག་པའི་ལུག་པ་ཟེར།”ཞེས་འཛུགས་ཁོག་གི་བཤད་པའི་ནང་བཤད་སྲོལ་ཡོད་པ་ལས། དེས་བདེ་སྐྱིད་ཕུན་སུམ་ཚོགས་པའི་རྟེན་འབྲེལ་མཚོན་གྱི་ཡོད། དེ་ཡང་རི་ལུག་པ་ཐག་པས་མི་འདུམ། ཐང་གས་པ་སྐྱུད་པས་འཚེམ་མི་ཐུབ་ཅེས་པའི་དཔེ་ལྟར་ལུག་པ་ནི་ཉིལ་བའི་དོན་དུ་གོ་ལ། འདིར་མང་པོ་དང་། འབྱོར་པོ། ཕྱུག་པོ། རྒྱས་པོ། འཕེལ་པོ་བཅས་ཀྱི་དོན་ལ་འཇུག་པའོ། །སྟེར་ཁ་བསྒྲིགས་པའི་ཆེས་ཐོག་མའི་མཆེད་ཁུངས་ནི་གཡང་དཀར་ལུག་དམར་མཆོད་ཕུལ་བའི་སྲོལ་ལམ་ཡང་ན་ཕྱུགས་ཟོག་ལས་བྱུང་བའི་ཟས་ཕུད་ཀྱི་ཚབ་ཏུ་ལུག་གི་ཤ་དང་ནང་ཁྲོལ་མཆོད་པ་ཕུལ་བའི་སྲོལ་དེ་ཡིན་སྲིད། གང་ལགས་ཤེ་ན། དེང་དུས་ཀྱང་འགྲིག་

ཁུལ་དུ་ལོ་གསར་སྐབས་ཕྱུགས་རིགས་ཀྱི་ཤ་དང་ནང་ཁྲོལ་སྒྲིག་གཤོམ་བྱེད་པའི་སྲོལ་ཡོད་པའི་ཕྱིར། འོན་ཀྱང་ད་ལྟའི་ངོས་ནས་བཤད་ན། བོད་ཀྱི་རྟེན་འབྲེལ་མཚོན་རྫས་གྲོ་ལས་བཟོས་པའི་སྣེར་ཁ་དེའི་མཚོན་དོན་ནི། བྱ་བ་ཅི་བྱས་སྐྱོང་ལོག་ཏུ་མི་འགྲོ་བར་ལེགས་གྲུབ་ཡོང་བའི་རྟེན་འབྲེལ་མཚོན་པ་ཞིག་ཡིན་ལ། སྣེར་ཁ་དང་དེ་མིན་ཐོན་ཟོག་སྣ་ཚོགས་ཀྱི་ཟས་ཕུད་དང་། ལོ་ཕུད་སོགས་སྒྲིག་གཤོམ་བྱས་པ་ནི་ལོ་གསར་པའི་ནང་ཆར་ཆུ་དུས་སུ་བབ། ལོ་ཕྱུགས་རྟག་ཏུ་ལེགས་པའི་རྟེན་འབྲེལ་མཚོན་པ་ཞིག་ཡིན། རང་རེ་ཁ་བ་རི་པའི་དམངས་ཁྲོད་དུ་རྟེན་འབྲེལ་འགོ་ནས་བསྒྲིགས་ན། དོན་ཆེན་མཐུག་ནས་བསྒྲུབས་ཡོང་ཞེས་པའམ་བཀྲ་ཤིས་པའི་རྩ་བ་རྟེན་འབྲེལ་ཡིན། རྟེན་འབྲེལ་གྱི་དང་པོ་མཇལ་དར་ཡིན་ཞེས་བཤད་སྲོལ་ཡོད་པ་ལྟར། བོད་རིགས་རྣམས་ཀྱིས་བྱ་བ་གང་བྱས་ཀྱང་ཐོག་མར་རྟེན་འབྲེལ་ཡག་པོ་ཞིག་བསྒྲིག་རྒྱུར་དོ་སྣང་ཆེན་པོ་བྱེད་ཀྱི་ཡོད། དེ་བཞིན་དམངས་ཁྲོད་ངག་རྒྱུན་དུ་ཟས་མཆོད་པ་མེད་པར་ཟ་ལུགས་མེད། གོས་གོང་བ་མེད་པར་གྱོན་ལུགས་མེད་ཅེས་པའམ་ཟས་མཆོད་པ་མེད་ན་ཤི་ཟས་ཡིན། གོས་གོང་བ་མེད་ན་ཤི་གོས་ཡིན་ཞེས་བརྗོད་པ་ལྟར་སྣེར་ཁ་དང་ཟས་ཕུད་སྣ་ཚོགས་སྒྲིག་གཤོམ་བྱས་པ་དེ་ལོ་གཅིག་ཟླ་བ་བཅུ་གཉིས་ཞག་མ་སུམ་བརྒྱ་དྲུག་ཅུའི་ཟས་ཀྱི་ཕུད་དེ་རང་རང་སོ་སོའི་སྐྱབས་གནས་ལ་མཆོད་པ་ཡིན་ལ། དེ་ལྟར་ཟས་ཕུད་སྐྱབས་གནས་ལ་མཆོད་ན་ཟས་བཅུད་མི་ཤོར་བ་དང་། ཟས་སྡིག་དག་པར་ཕན་ནུས་ཆེ་བའི་བཤད་སྲོལ་ཡོད་དོ། །

གཞན་ཡང་བལ་དཀར་པོ་ནི་དཀར་གཙང་ཁ་བཏགས་དཀར་པོའི་མེས་པོ་རུ་བརྩི་ཆོག་ལ། དེ་དར་དུས་ཤིན་ཏུ་སྔ་ལ་དར་ཡུན་ཆུ་བོའི་རྒྱུན་ལྟར་རིང་བའི་བཀྲ་ཤིས་རྟེན་འབྲེལ་གྱི་རྫས་ཤིག་ཡིན། དེ་ཡང་ཚང་མས་མཁྱེན་གསལ་ལྟར་ཁ་བཏགས་ནི་བོད་ཀྱི་ཡུལ་དུ་སྤྱོད་མཁོ་ཤིན་དུ་ཆེ་བའི་དངོས་རྫས་ཤིག་ཡིན། བཀྲ་

ཤེས་པའི་རྟེན་འབྲེལ་མཛད་སྒོ་དང་། བཀྲ་མི་ཤིས་པའི་འཇིག་རྟེན་གྱི་བྱེད་སྒོ་གང་ལའང་ཁ་བཏགས་ཀྱི་འགྲོ་ལུགས་ཡོད། འོན་ཀྱང་བོད་ལ་དར་གོས་ལས་གྲུབ་པའི་ཁ་བཏགས་མ་དར་གོང་དུ་དེ་ལྟའི་བཀྲ་ཤིས་པ་དང་བཀྲ་མ་ཤིས་པའི་བྱེད་སྒོའི་ནང་བལ་དཀར་པོ་སྤྱོད་པ་དང་། ད་ལྟའི་དུས་སུའང་དེ་ཉིད་སྤྱོད་བཞིན་ཡོད། དེའི་ཐོག་མའི་འབྱུང་ལུགས་བཤད་སྐབས། "སྤུར་རྒྱལ་པོ་སྤུ་དེ་གོང་རྒྱལ་གྱི་དུས། འཕྲུལ་གཉེན་བལ་ཐོད་ཅན་ཞེས་པོང་བུའི་རྣ་བ་ཅན་གྱི་གཉེན་གྱི་གདུང་རྒྱུད་བྱིས་པ་ཞིག་གི་པོང་རྣ་སྒྲིབ་བྱེད་དུ་བལ་གྱི་ལ་ཐོད་འཆིང་པར་གྲགས་ལ།" དེ་ནས་བལ་དཀར་པོ་ལ་གཡང་ཡོད་པའམ་མཛེས་རྒྱན་དུ་དགོངས་ནས་མགོ་དང་མགུལ་ལ་བརྒྱན་པའི་སྲོལ་བྱུང་བར་སྨྲ་བ་དང་། དེ་ནས་རིམ་བཞིན་བལ་དཀར་པོ་ལས་བཟོས་པའི་སྣམ་བུ་དཀར་པོ་སྤྱོད་པ་དང་། དེ་རྗེས་རིམ་བཞིན་དར་གོས་ལས་བཟོས་པའི་ཁ་བཏགས་དར་བར་སྨྲས། ད་ལྟའི་དུས་སུའང་ཞིང་འབྲོག་ཁུལ་དུ་ལོ་གསར་གཏོང་སྐབས་ཆང་སྟོད་དང་། ཆུ་ཟངས། ཆུ་བན་ཛ་མ་སོགས་ལ་བལ་དཀར་གྱི་འཆིང་དགྲི་བ་དང་། སྐྱེས་མ་ཐག་པའི་ཞོ་འཐུང་བྱིས་པའི་སྐྱེའམ་མགུལ་ལ་བལ་དཀར་དགྲི་བ། གཉེན་ཉེ་གྲོགས་ལ་སོགས་པར་ལག་རྟགས་སུ་འབུལ་བྱེད་ཀྱི་ཤ་ལ་བལ་དཀར་དགྲི་བ། ཀན་འཁོགས་དགུང་ལོ་བརྒྱད་ཅུར་སོན་སྐབས་བཀྲ་ཤིས་རྟེན་འབྲེལ་མཚོན་པའི་གོས་དཀར་གཡོགས་པ་སོགས་ད་དུང་ཡང་མ་ཉམས་རྒྱུན་འཛིན་བྱས་ནས་ཡོད་པ་ལྟ་བུ་དང་། ཁ་བཏགས"བཀྲ་མི་ཤིས་པའི་རྐྱེན་ངན་བྱུང་བར་ཡང་བེད་སྤྱོད་པའི་ཐོག་མའི་ལོ་རྒྱུས་ཀྱང་། སྔོན་དུས་ཕན་ཚུན་གཅིག་སེམས་གཅིག་ལ་དགའ་བའི་གྲོགས་པོ་དབུལ་ཕྱུག་གཉིས་ཡོད་པ་ལས་དུས་ནམ་ཞིག་གི་ཚེ་གྲོགས་པོ་ཕྱུག་པ་དེ་འདས་གྲོངས་སུ་གྱུར་སྐབས་གྲོགས་པོ་དབུལ་བ་དེ་བློ་ཕམ་ཏ་ཅང་ཆེན་པོ་བྱུང་སྟེ་གཞན་གྱི་བྱ་ཐབས་ཟད་དེ་རང་ཉིད་ཀྱི་བ་ཕྱུགས་འདོག་བྱེད་ཀྱི་བལ་དཀར་པོ་ལས་

བཟོས་པའི་ཐག་པ་དེ་གྲོགས་པོ་ཤི་བ་དེའི་སྐྱེ་ལ་གཡོགས་ཏེ་སེམས་པ་དཀར་བའི་ལྷག་བསམ་མཚོན་པར་བྱས། དེ་ནས་བཟུང་རྒྱེན་ངན་བྱུང་སྐབས་བལ་སྣམ་མམ། ཁ་བཏགས་ཐོན་རྗེས་སུ་མི་ཤི་བའི་རོ་ལ་ཁ་བཏགས་གཡོགས་པར་སྤྲུ་དར་ཞེས་བརྗོད་སྲོལ་ཆགས་པ་ཡིན་སྐད།” དེང་གི་ཆར་ཡང་སྐུ་ཕུང་ལ་དཀར་ཁ་གཙང་བའི་སྣམ་བུ་དཀར་པོའམ་རས་དཀར་གཡོགས་པ་མ་ཟད་ཕུང་པོ་སྒྲིལ་བྱེད་དུ་སྤྱོད་པ་བཅས་སྲོལ་རྒྱུན་མ་ཉམས་གནས་མུས་སུ་མཆིས་སོ། །

མདོར་ན་གཡང་དཀར་ལུག་གིས་བོད་རིགས་མི་དམངས་ཀྱི་འཚོ་བའི་ཕྱོགས་གང་ས་ཅི་ཐད་ལ་དགོས་མཁོ་གང་ཡོད་མཁོ་འདོན་ལེགས་པར་ཐུབ་པས། བོད་པ་རྣམས་ཀྱིས་ཀྱང་གཡང་ལུག་གསོ་ཚོགས་བྱ་རྒྱུར་མཐོང་ཆེན་བྱེད་ལ། གཡང་ལུག་ལ་འཛིན་པའི་བརྩེ་སེམས་དེའང་གཏིང་ཟབ་པ་ཞིག་ཆགས་ཡོད། །

༧༧། །ཁྲི་ལོར་བོད་ཁྲི་དང་དེ་འབྲེལ་བརྩམས་ཆོས་སྐོར་གླེང་བ།

གཅིག

རང་ཅག་ཁ་བ་རི་པའི་རྐང་གཉིས་ཀྱི། །
གྲོགས་བཤེས་དུད་འགྲོའི་ལུས་ཅན་ནོར་སྲུང་གི །
འབྱུང་ཁུངས་བཤད་རྒྱུན་དེ་བཞིན་ཁྱད་ཡོན་དང་། །
སྐད་དང་སྤུ་མདོག་གཟུགས་བྱད་ལེགས་ཉེས་སོགས། །
བོད་ཁྱིའི་རིག་གནས་དམངས་ཁྲོད་ངག་རྒྱུན་ལས། །
བརྟག་ཚུལ་གཞུང་ལུགས་མ་ལག་མ་མཆིས་མོད། །
པ་ཚབ་ལ་གྲགས་པའི་གཞུང་ཕྲན་ཚེགས། །
འདི་ན་ཕྱོགས་བསྡུས་འགོད་ལ་ངལ་ཡང་སྤྲོ། །
དང་པོ་བོད་ཁྱིའི་འབྱུང་ཁུངས་བཤད་ཚུལ་ལ། །
བོད་ཁྱི་ལྷ་ལས་བྱུང་བའི་ཞལ་རྒྱུན་ཏེ། །
ཁྲ་མོ་གཞུ་གཙུག་བོད་ཁྱིའི་མེས་པོར་བཤད། །
དེ་བཞིན་བོད་ཁྱི་མཚོ་སྐྱེས་སྲོག་ཆགས་ལས། །
བྱུང་བའི་གསུང་སྒྲོས་ཡིག་ལམ་གཞན་དུ་གསལ། །
ཁྱད་པར་སྟག་སེང་དོམ་དྲེད་གཅན་གཟན་ལས། །
རིམ་འགྱུར་བྱུང་ཞེས་སྨྲ་བ་ཡོངས་གྲགས་ཆེ། །
གཞན་ནི་བྱ་དང་བྲག་སྲིན་བཙོས་པ་ལས། །

ཐུང་ཞེས་བརྗོད་པ་ངོ་མཚར་རྣ་བའི་རྒྱན། །
དེ་ལྟར་གཟིགས་དང་བོད་ཁྱིའི་ཁྱད་ཡོན་ལས། །
རེ་འགའ་བསྡུས་ནས་ཉིད་ཀྱི་སྤྱན་ལམ་འབུལ། །
སྐྱོང་གྲུང་འཛོམས་ལ་བློ་ཤེད་ཆེ་བ་དང་། །
དྲི་ཚོར་སྐྱེན་ལ་བདག་པོར་ཤིན་ཏུ་བརྩེ། །
ཕྱུགས་རིགས་དཀར་ནག་སྲུང་ལ་དཔའ་སྙིང་ཆེ། །
དགྲ་དང་ཇག་རྐུན་འགོག་པའི་སྒོ་སྲུང་རབ། །
བཟང་ངན་སྟོན་ནས་རྟོགས་པའི་མཐུ་ནུས་ཅན། །
རྒྱ་ནོར་ཡོངས་སྤྱོད་འཕེལ་བའི་ནོར་སྐྱོང་བ། །
གདོན་བགེགས་བར་ཆད་སེལ་བའི་བཙན་གྲོགས་རབ། །
འཚོ་ཆས་ཤ་ལྷགས་སྤྱོང་གི་རྗེན་པའི་རོགས། །
མཛའ་བཤེས་དད་མོས་མཚོན་བྱེད་འབུལ་རྫས་ཕུད། །
མཛའ་བརྩེའི་གྲུས་ལུགས་མཚོན་པའི་ཕྱག་རྟགས་མཆོག །
གངས་ཅན་ལྗོངས་ཀྱི་གཅེས་ནོར་བོད་ཁྱི་ཡི། །
ཁྱད་འཕགས་ཡོན་ཏན་མདོར་བསྡུས་བསྟན་པ་ཙམ། །
གཞན་ཡང་ཁ་བའི་ལྗོངས་འདི་ན། །
བོད་ཁྱིའི་རིགས་ཀྱི་དབྱེ་བ་ལ། །
ཡུལ་དུས་མི་འདྲར་དབྱེ་ཚུལ་མང་། །
རྒྱུད་ཀྱིས་དབྱེ་དང་སྤྱོད་མཁོས་དབྱེ། །
དབྱེ་ཚུལ་རྣམ་པ་གཉིས་འདུག་སྟེ། །
སྔ་དུས་རྒྱུད་ཀྱིས་དབྱེ་བ་མང་། །
སེང་ཚ་དོམ་ཚ་སྟག་ཚ་དང་། །

གཟིག་ཚ་དྲེད་ཚ་སྤྱང་ཀིའི་ཚོ། །
ཞ་ཚ་གྲུམ་ཚ་བྱ་ཚ་སོགས། །
རིགས་ཀྱི་མཆེད་ཁུངས་ལས་དབྱེ་ཡོད། །
སྤྱོད་མཁོའི་སྒོ་ནས་དབྱེ་བ་དག །
ཕལ་ཆེར་ཕྱིས་སུ་བྱུང་ངམ་སྙམ། །
འདོགས་ཁྲི་ཤ་ཁྲི་རིགས་གཉིས་དེ། །
གཙོ་བོའི་བྱེད་ལས་སྒོ་ནས་འབྱེད། །
དེ་མིན་སྣ་ཁྲི་དཔོན་ཁྲི་དང་། །
དམག་ཁྲི་དང་ནེ་ཕུ་ཁྲི་སོགས། །
ལས་ཀྱི་སྤྱོད་མཁོས་མིང་དུ་བཏགས། །
ཁྲི་ལ་བྲུག་ཤེས་རྒྱལ་པོ་ཞེས། །
མིང་དུ་ཐོགས་པ་ཇི་བཞིན་དུ། །
ཉིན་དཀར་མགྲོན་པོའི་བརྡ་རྒྱུག་དང་། །
མཚན་ནག་ཇག་རྐུན་བརྡ་རྒྱུག་མཁས། །
ཁྲི་ཡི་བྲུག་སྐད་སྣ་ཚོགས་ལས། །
སྤྱིར་བཏང་ཁྲི་ཡི་བྲུག་སྐད་དེ། །
ཕྲ་ན་མི་བཟང་སྦོམ་ན་བཟང་། །
ཕྲ་སྐད་ནང་ལ་བཟང་པོ་མེད། །
སྦོམ་སྐད་ནང་ལ་བཟང་ངན་མང་། །
དབུགས་ཐོག་གཅིག་ལ་བྲུག་ཐེངས་དགུ །
དེ་ལ་ནོར་བུ་དགུ་བྲུག་ཟེར། །
དེ་བཞིན་སྐད་ཀྱི་སྒྲ་གདངས་ལས། །

དོན་གྱི་ལེགས་ཉེས་རྟགས་མཚོན་གསལ། །
ཁྲི་ཡིས་དྲུ་ཐྲུག་བྱེད་པ་ངན། །
ཐྲུག་རིང་སྤྱང་མོ་དྲུ་འདྲ་དང་། །
ཐྲུག་ཐུང་ཕ་མོ་བརྒྱལ་འདྲ་གཉིས། །
ཐྲུག་སྐད་ངན་པར་བརྩེ་སྒྲོལ་ཡོད། །
སྒྲོད་ལ་རྟ་ཡི་འཚེར་སྐད་གཅིག །
ནམ་གྱུང་དེ་ཕོའི་སྐད་ངན་གཉིས། །
ཐོ་རངས་ཁྲི་ཡི་དྲུ་ཐྲུག་གསུམ། །
ཤིན་ཏུ་ངན་པའི་རྟགས་སུ་བརྩེ། །
ཕོད་ཁྲིའི་སྤྲུ་མདོག་འདྲ་མིན་ལས། །
སྤྱ་མ་དུས་ཀྱི་དང་པོ་ལ། །
ཁྲི་མདོག་དཀར་ནག་དམར་གསུམ་ཅན། །
བཟང་ཀུན་འཛོམས་པའི་གཡང་ཁྲིར་བརྩེ། །
ཕྱིས་སུ་སྐྱེ་བོའི་ཚོགས་རྣམས་ཀྱིས། །
དོམ་ནག་སྙིང་དཀར་ཅན་དང་ནི། །
རྒྱ་བོ་མིག་བཞི་རབ་ཏུ་བརྩེ། །
ཁ་དཀར་ཇ་དཀར་སུག་བཞི་དཀར། །
ལྷག་དཀར་ལ་སོགས་ཞན་པར་འཛིན། །
དེ་བཞིན་གཟུགས་བྱད་མི་འདྲ་ལས། །
སེན་ལྷག་རྐང་པ་སེན་དྲུག་དང་། །
མིག་རྩ་དམར་དང་མིག་ཟུར་གསུམ། །
ཕོ་ཁྲི་མཇུག་མ་གཡས་སྒྲིལ་ཅན། །

སོ་ཁྱི་མཇུག་མ་གཡོན་སྒྲིལ་ཅན། །
བཟང་བ་དྲུག་ཏུ་ཡོངས་སུ་གྲགས། །
གཞན་ཡང་བོད་ཁྱིའི་གཟུགས་བྱད་ཁྱོད། །
མགོ་བོ་ཆེ་ལ་སོ་མཆེ་ཧྲག་པ་བཟང་། །
ཁ་ངོ་ཆེ་ལ་ཁ་ཤ་ཐུག་པ་ལེགས། །
མཆུ་སྣ་ཐུང་ལ་དེ་ཡང་སྦོམ་པ་དང་། །
མིག་སྦོར་ཆེ་ལ་གདོང་གི་ཤ་ཐུག་པ། །
མཇུག་མ་སྒྱུག་ལ་ནམ་རྒྱུན་རྒྱབ་འཁྱུར་བ། །
རྐང་མགོ་ལག་མགོ་འཁོར་རྒྱ་ཆེ་བ་བཅས། །
གཟུགས་བྱད་ལེགས་པས་བདག་པོའི་གཅེས་ནོར་མཆོག །

གཉིས།

བོད་ཁྱིའི་ཁྱད་ཡོན་ངོ་མཚར་ཆེ་བས་ན། །
རང་ནོར་རང་གཅེས་དགོས་གལ་ལྷག་པར་ཆེ། །
མི་ཡིས་ལེགས་ཉེས་བླང་དོར་འཁྲུལ་བའི་དུས། །
མི་གཤིས་ཅན་གྱི་བོད་ཁྱིའི་གཏམ་དཔེ་བརྒྱུད། །
བཟང་པོའི་རྒྱབ་སྐྱོར་ངན་པའི་མཚང་བརྗོལ་ནས། །
མི་ལ་བཟང་ངན་སྤང་བླང་ཁ་ཕྱོགས་སྟོན། །
བདག་པོར་དྲིན་གཟོ་བྱས་པའི་གཏམ་རྒྱུད་དང་། །
ཁྱི་དང་རྣལ་འབྱོར་བར་གྱི་གླེང་མོལ་གཉིས། །
སྒོ་ཁྱིའི་སྐྱོ་གླུ་རང་གྱེར་རིང་མོ་གསུམ། །
ངོ་མཚར་ཁྱི་དང་མི་ཡི་བསྟུན་བཅོས་བཞི། །

ལས་ངན་ཨབ་ཐྲོག་ལས་འབྲས་འཕོར་དང་ལྔ། །
བོད་ཁྲིའི་རིགས་དབྱེ་ཁྱད་ཡོན་གླེང་དང་དྲུག །
འཐྲོག་ཁྲི་ཇི་ལྟར་བཏུལ་བའི་ངང་ཚུལ་བདུན། །
ཁྲི་ལོར་ཁྲི་ཡི་ཁྱད་ཡོན་བརྗོད་དང་བརྒྱད། །
ཡིག་ལམ་གཞན་ལས་བོད་ཁྲིའི་ཆེ་བརྗོད་དགུ། །
བོད་ཁྲིའི་བརྩམས་ཆོས་ཉུང་ཡང་མེད་པ་མིན། །

བོད་ཀྱི་རྩོམ་རིག་གི་མེ་ཏོག་ལྗུམ་རའི་ཁྲོད་རྩོམ་པ་པོས་རང་གི་བརྗོད་འདོད་རྣམས་མི་གཤིས་ཅན་གྱི་འདབ་ཆགས་བྱ་དང་བྱེ་སྐྱེས་སྲོག་ཆགས། དུད་འགྲོ་རྗོག་ཆགས། སེམས་མེད་དངོས་པོ་བཅས་ལ་སྤྲུར་ནས་མཚོན་པར་བྱེད་པའི་རབ་རྟོག་རྩོམ་རིག་ནི་རྣམ་པར་བཀྲ་བ་ཞིག་ཡོད། སྔོན་བྱོན་མཁས་པོ་རྣམས་ཀྱིས《བྱ་སྤྲེལ་གཏམ་རྒྱུད་》དང་《རྔ་ཅོག་གི་གཏམ་རྒྱུད་》《དེ་དཀར་ལེགས་བཤད་》[1]《བྱི་ལ་མ་བུའི་གཏམ་རྒྱུད་》《གཡག་ལུག་ར་ཕག་གི་གཏམ་རྒྱུད་》《དགེ་ཚུལ་དང་ཕོ་རོག་གི་གཏམ་རྒྱུད་》《གཏམ་པད་མའི་ཚལ་གྱི་ཟློས་གར་》《ནེ་ཙོ་ལེགས་བཤད་》[2]སོགས་རྒྱ་ཆེའི་བོད་རིགས་མང་ཚོགས་ཀྱིས་ཧ་ཅང་དགའ་པོ་བྱེད་པའི་གཏམ་རྒྱུད་མང་པོ་གསར་རྩོམ་གནང་ཡོད་ལ། སྤྱི་ཚོགས་

① སྒྲུང་གཏམ་དེ་ནི་མཁས་དབང་བོན་གྲོང་ཆེ་བརྟན་གྱིས་བརྩམས་གནང་བ་ཞིག་ལགས་པས། དེའི་ཁ་བྱང་གཞན་ཞིག་ལ《བོན་གྲོང་བསྟན་བཅོས》ཞེས་ཀྱང་འབོད་སྲོལ་འདུག

② དེར་ཁ་བྱང་གཞན་ཞིག་ཏུ《ནེ་ཙོའི་གཏམ་རྒྱུད་གོ་བདེ་ཀུན་ཕན་》ཞེས་འཁོད་ཡོད། བརྩམས་ཆོས་དེ་ཉིད་དངོས་སུ་དཔར་སྐྲུན་བྱས་པ་ཞིག་རིག་རྒྱུ་མེད་ལ་རྩོམ་པ་པོ་སུ་ཡིན་ཡང་མི་གསལ། འོན་ཀྱང་བསྟན་བཅོས་དེའི་ནང་དོན་དང་ཚིག་སྦྱོར་བྱེད་སྟངས་ལ་གཞིགས་ན། དེའི་རྩོམ་པ་པོ་ནི་མི་སྐྱ་ཞིག་ཡིན་ངེས་ལ། ཕ་ཡུལ་ཡང་གཙང་ཁུལ་དུ་ཡིན་བཟོ་འདུག དེའི་ནང་དོན་གཙོ་བོ་ནི་སྐྱེ་བོ་ཞིག་གཅིག་པུར་རབ་གསལ་ཞིག་ཏུ་བཛྲ་གུ་རུ་བགྲང་ནས་བསྙད་པའི་སྐབས་སུ་ནེ་ཙོ་ཞིག་དེའི་མདུན་གྱི་ཤིང་སྟར་ཁའི་སྟོང་པོ་ཞིག་གི་རྩེར་བབ་ནས་དེ་དང་ཕན་ཚུན་བགྲོ་གླེང་བྱས་ཏེ། འཇིག་རྟེན་གྱི་གནས་ལུགས་མང་པོ་བསྟན་པ་ཞིག་ལགས། བརྩམས་ཆོས་དེ་ནི་སྐྱོ་བའི་ལོ་རྒྱུས་བཅུ་དང་། དགའ་བའི་ལོ་རྒྱུས་བཅུ། དཀྲུག་པའི་ལོ་རྒྱུས་བཅུ་སོགས་དོན་ཚན་བཅུ་གཅིག་ཏུ་དབྱེ་ཡོད་ཅིང་། དོན་ཚན་རེ་རེའི་ནང་དུའང་ཚིག་རྐང་ཉི་ཤུ་དང་ཚིག་རྐང་གཉིས་རེས་དོན་རེ་སྟོན་ཞིང་། དེ་དག་ལ་ཚིག་ཉུང་ལ་དོན་ཟབ་པ་དང་། གོ་བདེ་ལ་གསོན་ཉམས་ལྡན་པ། སློབ་བཀྲུས་ལ་བཞད་གད་འཕེལ་བའི་ཁྱད་ཆོས་ལྡན་ཡོད།

གསར་པའི་ནང་དུའང་རྩོམ་པ་པོ་འགས་དེ་ལྟའི་རབ་རྟོག་རྩོམ་རིག་མི་ཉུང་བ་སྤེལ་ཡོད་པ་ནི་《མེ་ཏོག་ལྷུམ་རའི་ནང་གི་ཀླན་ཀ་》ཞེས་པ་དང་། 《ཚར་ཤུལ་གྱི་ནགས་ཚལ་》《ཕྲག་དོག་ཅན་གྱི་ཙེ་ཀ་》ཞེས་པ་ལྟ་བུའོ། །བོད་ཁྱི་ནི་བོད་རིགས་མི་དམངས་ཀྱི་སྲོལ་རྒྱུན་འཚོ་བའི་ནང་གལ་ཆེའི་གནས་བབས་བཟུང་བའི་སྲོག་ཆགས་ཤིག་ལགས་ཤིང་། དེས་མང་ཚོགས་ཀྱི་ཐོན་སྐྱེད་འཚོ་བར་དགེ་ཕན་ཆེན་པོ་བསྐྱུན་ཡོད་པས། བོད་རིགས་མང་ཚོགས་ཀྱིས་དེར་དམིགས་བསལ་གྱིས་བརྩེ་མཐོང་བྱ་བཞིན་ཡོད་ལ། ཁྱི་དེ་རིགས་སྨྲ་ཤེས་དོན་གོ་བའི་མི་གཉིས་ཅན་དུ་སྒྲོ་བཏགས་པའི་བརྩམས་བྱ་ཡང་མི་ཉུང་བ་ཞིག་དམངས་ཁྲོད་དུ་དར་བའམ་ཡང་ན་གསར་རྩོམ་བྱས་ནས་དུས་དེབ་ཁག་ལས་ང་ཚོའི་འདྲེན་བྱེད་ཀྱི་ལམ་དུ་མངོན་རྒྱུ་ཡོད། དེ་ཡང་དཔེར་ན《ཁྱི་དང་མིའི་བསྟན་བཅོས་》ཞེས་པ་དང་།《དྲིན་གཟོའི་གཏམ་རྒྱུད་》《སྤྱི་པོ་བློ་འཁྲུལ་དང་ཁྱི། ཉམ་བུ་བཅས་ཀྱི་གཏམ་རྒྱུད་》ཅེས་པ་སོགས་དེང་དུས་ཀྱི་རྩོམ་པ་པོས་བརྩམས་པའི་བརྩམས་བྱ་ཡོད་ལ། 《ཞེ་ཡུའི་ཁྱི་རྫོང་》ཞེས་པ་དང་། 《སོག་ཁྱི་གུའི་ཁྱི་རྫོང་》ཞེས་པ།《རྒྱལ་འཁོར་པ་དང་ཁྱི་འཛིངས་པའི་ངང་ཚུལ་》 《སྔོ་ཁྱིའི་སྐྱེ་སླུ་》ཞེས་པ་སོགས་དམངས་ཁྲོད་དུ་དར་བའི་བརྩམས་བྱ་དང་། དམངས་ཁྲོད་གཏམ་དཔེ①དང་བཤད་པ②སོགས་དང་། མི་རིགས་གཞན་གྱི་རྩོམ་པ་པོས་རྒྱ་ཡིག་གི་ལམ་ནས་བརྩམས་པའི་《བོད་ཁྱི། ཤར་ཕྱོགས་ཀྱི་ལྷ་ཁྱི་》ཞེས་པ་དང་། བརྩམས་སྒྲུང་རིང་པོ་《བོད་ཁྱི་》ཞེས་

① བོད་ནི་སྨྲ་གར་གྱི་རྒྱ་མཚོ་དང་གཏམ་དཔེ་ཡི་བང་མཛོད་ཡིན་པར་གྲགས་པ་ལྟར། བོད་ཀྱི་ཡུལ་གྲུ་གང་སར་དམངས་ཁྲོད་གཏམ་དཔེ་ས་ཁྱབ་རྫོ་ཁྱབ་ཡིན་ལ། ཁྱི་དང་འབྲེལ་བའི་གཏམ་དཔེའང་ཧ་ཅང་མང་པོ་ཡོད། དཔེར་ན། ཁྱི་རྐན་རྩིག་ཁུག་ལ་བཀར་ན། མཆེ་བ་མི་བ་སྒོམས་ཀ་མེད་ཅེས་པ་དང་། ཁྱི་ལ་སེང་གེའི་མིང་བཏགས་ཞེས་པ། ཁྱི་དང་ཕྲུ་གུས་ཉེ་ངོ་ཆོད། བྱ་དང་རི་དྭགས་ཀྱིས་དགྲ་ངོ་ཆོད་ཅེས་པ། ཁྱི་སྐྱོ་ཡང་བདག་པོ་ངོ་ཤེས་ཞེས་པ་སོགས་ཧ་ཅང་མང་ངོ་། །

② བོད་ཀྱི་དམངས་ཁྲོད་དུ་གཉེན་སྟོན་བྱེད་པའི་སྐབས་སུ་ཁྱི་ཡི་བཤད་པ་དང་ཁྱི་མགོའི་བཤད་པ་གཏོང་སྲོལ་ཡོད་པ་མ་ཟད། གླིང་སྒྲུང་ནང་དུ་ཁྱིའི་སྐོར་གྱི་བཤད་པ་ནི་དེ་བས་ཕུན་སུམ་ཚོགས་པ་ཞིག་མཆིས་པས། བོད་ཁྱིའི་བཤད་པ་རྣམས་དམིགས་སུ་དེབ་ཆུང་ཞིག་གི་མཇུག་ཏུ་ཞིབ་པར་ཟུར་བཀོད་བྱས་ཡོད་པས་དེ་དག་ལ་གཟིགས་པར་འཚལ།

པ་སོགས་བརྩམ་བྱ་མང་པོ་ཞིག་ཐོན་ཡོད་པར་རྒྱ་ཆེའི་ཀློག་པ་པོས་དགའ་པོ་བྱེད་ཀྱི་ཡོད། འདིར་ནི་རང་ཉིད་ཀྱི་མཐོང་ཆོས་སུ་གྱུར་པའི་རྩོམ་འགའ་ཞིག་ངོ་སྤྲོད་རགས་ཙམ་ཞུ་རྒྱུ་ཡིན།

༧ 《དྲིན་གཟོའི་གཏམ་རྒྱུད་》ཅེས་པའམ་《བདག་པོ་དྲིན་དུ་གཟོ་བའི་གཏམ་རྒྱུད་》ཅེས་པ། ཡང་ན་《ནོར་སྐྱོང་》ཞེས་བརྩམས་ཆོས་གཅིག་ལ་ཁ་བྱང་གསུམ་དུ་བྱས་པ་དེ་ནི་བོད་ལྗོངས་སློབ་གྲྭ་ཆེན་མོའི་དགེ་རྒན་ཆེན་མོ་དཀོན་མཆོག་ཆོས་འཕེལ་མཆོག་ནས་དུས་རབས་གོང་མའི་ལོ་རབས་བརྒྱད་ཅུ་པའི་ནང་བརྩམས་གནང་ཞིང་སྤྱི་ལོ་༢༠༠༩ལོར་བོད་ལྗོངས་མི་དམངས་དཔེ་སྐྲུན་ཁང་ནས་དཔར་དུ་བསྐྲུན་པའི་རབ་རྩོམ་གྱི་གཏམ་རྒྱུད་ཅིག་ཡིན། གཏམ་རྒྱུད་དེ་ནི་ཤོག་ལྷེ་བརྒྱ་དང་ཉི་ཤུ་ཙམ་ལས་གྲུབ་པའི་དེབ་གཟུགས་དཔར་མ་ཞིག་ཡིན། གཏམ་རྒྱུད་དེའི་ནང་གི་བརྗོད་བྱའི་ནང་དོན་གཙོ་བོ་ནི་སྔར་ཡུལ་ཞིག་ཏུ་མིང་དུ་པད་མ་འཛུམ་སྐྱིད་བྱ་བའི་གཞོན་ནུ་མ་ཞིག་སྐལ་ལྡན་རིགས་བཟང་བྱ་བའི་གཞོན་ནུ་ཞིག་གི་མནའ་མར་སླེབས་པ་དང་། གཞོན་ནུ་མ་དེའི་ཕ་མས་མེས་པོའི་ལུགས་ལྟར་རྫོང་སྐལ་དུ་འོས་པའི་སྙེར་སྒོ་སྒྲི་དང་ཁྱད་པར་ཟླ་གཡུ་སྒྲོལ་ལྗོང་མ་ཞེས་པའི་རིན་ཆེན་ནོར་བུ་ཞིག་གཞོན་ནུ་མའི་རྫོང་སྐལ་དུ་གནང་བ་དང་། གཞོན་ནུ་མ་མདུན་གནས་ཚང་དུ་སླེབས་རྗེས་ཟླ་གཡུ་དེ་སྒྲོམ་བུ་ཞིག་ཏུ་བཅུག་ཅིང་རང་གི་ཟླ་པོར་ཉར་ཚགས་བྱེད་དུ་བཅུག་པ་དང་། ལྡེ་བུ་དེ་རང་གིས་བདག་ཉར་བྱས་ཡོད། གྲོང་རྡལ་གཞན་ཞིག་ན་རྒན་མོ་ཐོལ་སྐྱིད་མ་བྱ་བའི་སེར་སྣ་ཅན་ཞིག་ཡོད་པ་དེ་ལ་ཟླ་གཡུ་ལག་ལེན་གྱི་མ་རུང་ཧམ་སེམས་སྐྱེས་ཤིང་། གཡོ་ཅན་བཟང་བའི་ཚུལ་བཟུང་སྟེ་གཞོན་ནུ་མར་མགོ་སྐོར་གྱིས་ཟླ་གཡུ་སྦྲ་ས་ནན་གྱིས་རྩད་ཞིབ་བྱས་མཐར་ཉིན་ཞིག་གཞོན་ནུ་གཉིས་མཚན་གུང་ཆེས་གཉིད་དུ་ཡུར་བའི་སྐབས་ཟླ་གཡུ་རྐུ་ཁྱེར་གྱིས་རང་གྲོང་དུ་བྲོས། གཞོན་ནུ་མ་སྡུག་བསྔལ་གྱིས་མནར་ཞིང་དེ་

དོན་ཁྲི་གུ་བསམ་གྲུབ་ལ་བཤད་པས། ཁྲི་གུ་བསམ་གྲུབ་ཀྱིས་བདག་པོའི་དྲིན་གཟོ་ཆེད་བླ་གཡུ་ཕྱིར་བླངས་ནས་བདག་པོ་སྡུག་བསྔལ་ལས་གྲོལ་བར་བྱེད་བསམས་ཤིང་རང་གི་གྲོགས་བྱི་ལ་རྨུག་ཆུང་དང་གྲོས་བསྡུར་ནན་གྱིས་བྱས་ཏེ། བསམ་གྲུབ་ཀྱིས་ཐཻ་ཤེས་ལ་བརྟེན་ནས་རྐན་མོའི་ཤུལ་ལམ་བསླེགས། ལམ་བར་དུ་ཆུ་ཆེན། ནགས་སྟོང་། དེ་བཞིན་དོམ་ནག་པོ་སོགས་ཀྱི་འཇིགས་པ་རྣམས་ཐབས་དང་བློ་རྩལ་གྱིས་སེལ་ནས་རྐན་མོ་སྡོད་སའི་གྲོང་རྡལ་དེར་སླེབས། ཕྱོགས་བཞིར་ཐུལ་ཞིང་ཞིབ་པར་བརྟགས་པས་སྔོན་ཚུད་ནས་ཡིད་ལ་དཔགས་པ་ལྟར་རྐན་མོ་ཐོན་སྐྱེད་ས་དང་གབ་འབྲེལ་གྱིས་ད་གཟོད་བླ་གཡུ་སྦལ་གཙོང་དེ་ཉིད་སྲི་དཔོན་ཁྲི་རྒྱལ་པའི་བུ་དྲག་སྦྱོར་གྱི་ལག་ཏུ་ལོན་ཡོད་པ་མ་ཟད་དེ་ཡང་རྗེ་ལས་བྱས་པའི་སྒྲོམ་བུ་གསར་དུ་བཙོས་པ་ཞིག་གི་ནང་དུ་བཙུག་ནས་མཁར་གྱི་ཟུར་ཞིག་ན་ས་དོང་རིམ་པ་དགུའི་འོག་སྦས་ཡོད་པ་སོགས་ཞིབ་གསལ་རྟོགས། བྱི་ལ་རྨུག་ཆུང་གིས་རྫ་བྲའི་རྒྱལ་པོ་གྲོ་ལོ་རིབ་བཞུད་དང་། ཨ་བྲའི་རྒྱལ་པོ་སྐྱ་ལོ་ཧོབ་ཟེང་། བྱི་བའི་རྒྱལ་པོ་རྗེ་ལོ་ཚག་རྗེག་བཅས་དང་དེ་དག་གི་འཁོར་ལས་དམག་འབུམ་ཚོ་བཅུ་གཉིས་བློ་ཐབས་ཀྱིས་གདན་འདྲེན་ཞུས། ཚོ་ཤོག་གསུམ་པོ་རེ་རེས་བྱི་ལའི་བཀའ་བཀོད་ལྟར་ཁ་ས་རིམ་པ་གསུམ་དང་། གྲམ་ས་རིམ་པ་གསུམ། གཏིང་ས་རིམ་པ་གསུམ་ཁག་བགོས་ཀྱིས་བྲུས་ཤིང་རྗེ་ཡི་སྒྲོམ་བུ་དེ་བརྙེད་པ་དང་། དེ་ནས་རྫ་ཙིག་གི་དམག་ལས་ཙུང་གཟུགས་བཟང་ཞིང་མཆེ་སྐྱེར་རྣོ་བ་དག་ཧུག་བསྡུས་ཀྱིས་འབིགས་ཁུང་བརྒྱབ་ནས་མཐར་བླ་གཡུ་སྦལ་གཙོང་དེ་གད་ཆག་མེད་པར་བླངས། ཁྲི་གུ་བསམ་གྲུབ་དང་བྱི་ལ་རྨུག་ཆུང་གཉིས་ཕྱིར་ལོག་པའི་ལམ་བར་ཆུ་ཆེན་བརྐྱལ་གྱིས་ཕར་རོལ་དུ་བགྲོད་སྐབས་བླ་གཡུ་བྱི་ལའི་ཁ་ལས་ཆུ་ནང་དུ་ལྷུངས་ཏེ་ཉ་ཆེན་ཞིག་གིས་ཁར་འཁྱེར། ཉ་ཆེན་དེ་འབྱུང་བྱས་བཟུང་བ་སླར་བྱ་ནག་ཞིག་གིས་འཕྲོག དེའི་ཁོག་ནང་གི་བླ་གཡུ་ཡང་བྱ་ནག་གིས་འཁྱེར་ནས་ཚང་

ཧུ་སྟོབས་པ་ཁྲི་གུ་བསམ་འགྲུབ་དང་ཅྲེ་ལ་རྒྱུག་ཆུང་གཉིས་ཀྱིས་སྣར་ལག་ཏུ་ལོན་པར་བྱས་ཏེ་ཁོ་གཉིས་ལ་དྲིན་ཆེ་བའི་བདག་པོར་ཕུལ་བས། བདག་པོ་པད་མ་འཛུམ་སྐྱིད་སྡུག་བསྔལ་ལས་ཐར་བ་དང་དྲན་པའང་གསལ་བར་གྱུར། དེ་ལྟར་གཏམ་རྒྱུད་དེའི་ནང་ཁྲི་གུ་བསམ་གྲུབ་དང་ཅྲེ་ལ་རྒྱུག་ཆུང་གཉིས་ཀྱིས་བློ་གྲོས་དང་། ཐབས། བརྩོན་པ་བཅས་ལ་བརྟེན་ནས་འགོག་རྐྱེན་ཧུ་མ་དཀའ་སྤྱད་ཀྱིས་བདག་པོའི་བླ་གཡུ་ཚུར་བླངས་པའི་ནང་དོན་བཀོད་ནས། འདིར་དུད་འགྲོའི་ལུས་རྟེན་གྱི་ཁྲི་ལྟ་བུར་མཚོན་ནའང་བདག་པོ་མི་བརྗེད་པའི་བསམ་ཤེས་ཡོད་པ་དང་གལ་ཏེ་དགོས་གལ་བྱུང་ཚེ་ན། རང་གི་བདག་པོའི་དོན་དུ་དཀའ་སྡུག་དང་ངལ་བ་ཅི་ཡང་དང་དུ་ལེན་ནུས་ལ་ཐ་ན་རང་སྲོག་ལ་ཐུག་ཀྱང་འཛེམ་བག་དང་ཐེ་ཚོམ་མེད་པར་བྱ་བ་ཅི་རིགས་སྒྲུབ་པ་ལྟ་བུ་དཔེ་མཚོན་དུ་བཀོད་ནས་མིའི་རིགས་ལ་དྲིན་གཟོའི་བསླབ་བྱ་ནན་པོ་བརྒྱབ་ཡོད།

གཏམ་རྒྱུད་འདིར་བཅད་ལྷུག་སྤེལ་མའི་རྩོམ་ཚུལ་སྤྱད་ཡོད་པ་དང་། མི་སྣའི་དབར་ཕན་ཚུན་བགྲོ་གླེང་བྱེད་སྐབས་སུ་སྟོན་གྱི་མགུར་དང་། རྣམ་ཐར། གླུ་ཤགས། བཤད་པ། ཀ་བཤད་ལ་སོགས་པའི་ཚིགས་བཅད་ཀྱི་རྣམ་པ་དང་ཚིག་སྦྱོར་བྱ་ཐབས་སྤྱད་ཡོད་པས་སྙན་རྩལ་གྱི་ཚད་ཏ་ཅང་མཐོ་ལ་གསོན་ཉམས་ལྡན་པ་ཞིག་ལགས།

༢ 《སྣ་ཁྲིའི་སྐྱེ་གླུ་》རྩོམ་ཐུང་འདི་ནི་བཀའ་མ་མཁའ་འབུམ་དང་ཚེ་རྒྱལ་རྣམ་གཉིས་ནས་བསྒྲིགས་པའི་《བཤད་པ་ངག་གི་སྒྱུ་རྩལ་》ཞེས་པའི་དམངས་རྩོམ་ཕྱོགས་སྒྲིག་གི་དཔེ་དེབ་ཅིག་ཏུ་འཁོད་ཡོད། དཔེ་དེབ་དེ་ནི་སྤྱི་ལོ་༢༠༡༢ལོར་ཀྲུང་གོའི་བོད་རིག་པ་དཔེ་སྐྲུན་ཁང་ནས་བསྐྲུན་པ་ཞིག་ཡིན། འོན་ཀྱང་རྩོམ་ཐུང་འདི་དམངས་ཁྲོད་དུ་དར་ཁྱབ་ཆེ་བའི་རྩོམ་རིག་གང་ཞིག་གཉའ་གཡང་ཕྱུག་རྒྱལ་ནས་འཚོལ་བསྡུ་ལེགས་སྒྲིག་བྱས་པ་ཞིག་ཡིན་ནམ་ཡང་ན་གཉའ་

གཡང་ཕྱུག་རྒྱལ་ནས་གསར་དུ་བརྩམས་པ་ཞིག་ཡིན་ཞིབ་གསལ་འཁོད་མེད། འོན་ཀྱང་རྩོམ་ཐུང་དེ་ནི་ཨ་མདོའི་ཁ་སྐད་དང་དམངས་རྩོམ་གྱི་ཉམས་ཆེར་ལྡན་ལ། གསོན་ཉམས་དོད་པ་བཅས་དམངས་རྩོམ་གྱི་ཁྱད་ཆོས་ལྡན་པ་ཞིག་ལགས། དེའི་ནང་དུ་སྒོ་ཁྲི་ཨ་མའི་ཁོག་ནས་སྐྱེས་རྗེས་ཉིན་བདུན་ནས་མིག་ཁ་ཕྱེ་བ་དང་། བདུན་བདུན་ཞི་དགུའི་ཐོག་ཟླུག་ཤེས་ནས་བདག་པོས་ལྕགས་ཐག་གིས་བཏགས་ཚུལ་སོགས་འཚར་ལོངས་བྱུང་ཚུལ་དང་། སྒོ་ཁྲིས་འགྲོ་བ་མིའི་ཆེད་དུ་ཉིན་དཀར་མགྲོན་པོའི་བཟང་རྒྱུག་དང་། མཚན་ནག་ཧག་རྐུན་བཟང་རྒྱུག རྒྱུན་དུ་སྲུང་གི་སོགས་དགྲ་འགོག་གིས་བྱ་བ་ཇི་ལྟར་འགྲུབ་ཚུལ། རྟ་དང་དབྱུག་པའི་ཉེས་རྫུང་དང་ལྕགས་ཐག་གི་ཁྲིམས་ལ་སྦྱར་ནས་དཀའ་སྡུག་ཇི་ལྟར་མྱོང་ཚུལ། མཐའ་མར་ལུས་ཀྱི་ནུས་པ་ཉམས་པའི་ཚེ་ན་བདག་པོས་བསྐྱུར་ནས་ཚེ་སྲོག་ཤོར་ཚུལ་བསྟན་ནས། འགྲོ་བ་མི་ཡིས་དྲིན་ཅན་ལ་དྲིན་ལན་ལོག་འཇལ་བྱ་རྒྱུ་མེད་པའི་བསླབ་བྱ་བསྟན་ཡོད།

༣ 《རྣལ་འབྱོར་པ་དང་ཁྲི་འཛིངས་པའི་ངང་ཚུལ་》ཞེས་པའི་བརྩམས་ཆོས་དེ་ནི་བོད་རིགས་ཀྱི་དམིགས་བསལ་རྩོམ་ལུགས་ཀ་རྩོམ་གྱི་རྣམ་པ་སྤྱད་ནས་རྩོམ་པ་གང་ཞིག་བྱམས་པ་ལེགས་བཤད་མཆོག་ནས་བསྡུ་སྒྲིག་གནང་ཞིང་། བོད་ལྗོངས་མི་དམངས་དཔེ་སྐྲུན་ཁང་ནས་སྤྱི་ལོ་༢༠༡༣ལོར་བསྐྲུན་པའི་དམངས་རྩོམ་གཅེས་བཏུས《རྣལ་འབྱོར་པ་དང་ཁྲི་འཛིངས་པའི་ངང་ཚུལ་》ཞེས་པའི་ནང་འཁོད་ཡོད། གཅེས་བཏུས་དེའི་ནང་དུ་བསྡོམས་དམངས་རྩོམ་༡༩འཁོད་ཡོད་ནའང་ཀ་རྩོམ་དེ་ཉིད་ཀྱིས་དམངས་རྩོམ་ཕྱོགས་སྒྲིག་དེའི་ཁ་བྱང་བྱས་ཡོད་པ་དེས། ལེགས་སྒྲིག་མཁན་གྱིས་ཀ་རྩོམ་དེ་ལ་འཛིན་པའི་དམིགས་བསལ་གྱི་མཐོང་ཆེན་དེ་མཚོན་ཡོད། ཀ་རྩོམ་དེའི་རྩོམ་འབྲིའི་བརྒྱུད་རིམ་ནི་ཐར་ཕྱིད་སྙིང་པའི་སྐབས་བཀའ་བློན་རག་ཤག་བྱུང་སྟག་ལུང་དུ་འགྲོ་བའི་སྐབས་སྤྱན་ལམ་དུ་འཁྲུག་པའི་

སྐྱིད་ཟླུར་ལགས་མཉམ་དུ་ཁྲིད་ཡོད་ཅིང་། འཕན་པོ་ལྷུང་ར་ཤར་གྱི་སྒོ་རྩར་སླེབས་པའི་སྐབས་དེར་ལྟོ་སློང་མཁན་ཞིག་གིས་རྩམ་པ་སྟེར་རོགས་ཞེས་སྐད་རྒྱག་སྐབས་མི་ཚང་དེའི་འདོགས་ཁྱི་ཆེན་པོ་ཞིག་ཡོད་པ་དེ་ཤོར་ནས་མཆོངས་ཡོང་བ་དང་། སློང་མཁན་དེས་བདེ་ལྕག་འཁྱུག་པོས་བེར་རྒྱུག་འཕྱར་ཏེ་གཞུ་ལ་ཁད་ཀྱི་སྣང་ཚུལ་དེར་བཀའ་བློན་རག་ཤག་གི་བཀའ་ལྟར་སྐྱིད་ཟླུར་ལགས་ཀྱིས་ཧ་ཅང་ཐོག་ནས་མཐོང་མ་ཐག་པའི་རྣལ་འབྱོར་པ་དང་ཁྱིའི་ངང་ཚུལ་བརྩམས་པ་ཞིག་ཡིན་པར་གྲགས། སྐྱིད་ཟླུར་ལགས་ཀྱི་ཀ་རྩོམ་དང་དེ་བཞིན་གྱི་ཟླུར་ཟླའི་རྩོམ་ཡིག་མང་པོ་ཞིག་བོད་དབུས་གཙང་ཁུལ་གྱི་དམངས་ཁྲོད་དུ་དར་ཁྱབ་ཆེན་པོ་ཡོད་ལ། རྒྱ་ཆེའི་ངལ་རྩོལ་མི་དམངས་ཚོས་ཧ་ཅང་དགའ་པོའང་བྱེད་ཀྱི་ཡོད། འོན་ཀྱང་གང་དེའི་ལྷུགས་རྩོམ་རྣམས་རྒྱུ་མཚན་དུ་མའི་དབང་གིས་སྐབས་དེར་དངོས་སུ་ཡིག་ཐོག་ཏུ་ཡོད་པ་མ་མཐོང་། རྒྱ་ཆེའི་མང་ཚོགས་ཁྲོད་དུ་ངག་ནས་ངག་ཏུ་བརྒྱུད་དེ་གང་དེའི་བཀའ་རྩོམ་མང་པོ་ཞིག་ད་བར་རྒྱུད་འཛིན་བྱས་ཡོད་པ་དག་དུས་ཕྱིས་འཚོལ་བསྡུ་ལེགས་སྒྲིག་བྱས་ནས་དུས་དེབ་ཁག་ནང་མཇལ་རྒྱུ་བྱུང་བ་ནི་དགའ་འོས་པའི་དོན་ཞིག་ཡིན། 《རྣལ་འབྱོར་པ་དང་ཁྱི་འཛིངས་པའི་ངང་ཚུལ་》ཞེས་པའི་ཀ་རྩོམ་འདི་ནི་གང་དེའི་ཤུལ་བཞག་ལྷུགས་རྩོམ་ཞིག་ཡིན་ཞིང་། རྣལ་འབྱོར་པ་ཡོན་བདག་གི་སྒོ་རུ་སླེབས་སྐབས་རྟག་ཏུ་སྒོ་སྲུང་འདོགས་ཁྱི་དང་འཕྲད་པའི་དངོས་དོན་དེ་རབ་རྟོག་སྒྲུང་གཏམ་གྱི་རྣམ་པའི་ཐོག་ནས་བོད་ཀྱི་དམིགས་བསལ་གྱི་རྩོམ་ལུགས་ཀ་ལིའི་ཕྲེང་བ་བསྟར་དུ་བསྒྲིགས་ནས་གསོན་ཉམས་ལྡན་པའི་སྒོ་ནས་བརྗོད་ཡོད། དེ་ཡང་གང་དེའི་ལྷུགས་རྩོམ་གཞན་དང་འདྲ་བར་བརླགས་ན་ངག་ལམ་ནས་བརྗོད་བདེ་བ་དང་། ཉན་ན་གོ་བདེ་ལ་སྙན་འཇེབས་ལྡན་པ། བསྟོད་ཡུལ་གཟེངས་སུ་ཐོན་པ། འཕྱ་ཡུལ་ཉམས་དམའ་བར་བྱ་ནུས་པའི་ཉམས་རྩལ་གྱི་ཐོག་ནས་གློག་པ་པོར་སྤྱོད་བྱའི་རོ་བཅུད་

ཟབ་མོ་སྟེར་ནུས་པ་ཞིག་ཡིན།

༤ 《ཁྱི་དང་མིའི་བསྟན་བཅོས་》རྩོམ་ཡིག་འདི་ནི་དེང་དུས་ཀྱི་རྩོམ་པ་པོ་བྱམས་པ་དགེ་ལེགས་མཆོག་ནས་སྤེལ་བའི་བོད་ཁྱིའི་སྐོར་གྱི་བརྩམ་བྱ་དཔེ་གསར་ཞིག་ཡིན། རྩོམ་པོ་གང་དེའི་སྨྱུག་མིང་ལ་གཙན་རང་སད་ཟེར་བ་དང་ཁོང་ནི་མཚོ་སྔོན་ཞིང་ཆེན་གཙང་གསུམ་མི་རིགས་སློབ་འབྲིང་ནང་དུ་སློབ་གཉེར་གནང་བཞིན་ཡོད་ལ། ད་བར་རྒྱལ་ཁབ་དང་ཞིང་ཆེན་རིམ་པའི་དུས་དེབ་དང་ཚགས་པར་ཐོག་རྩོམ་༡༥༠ལྷག་སྤེལ་བ་དང་། 《ཤམ་རྷ་ལའི་ཅོང་སྒྲ་》ཞེས་པ་དང་། 《ལང་ཚོའི་ཞབས་རྗེས་》《མི་ཡུལ་འགྲིམ་པའི་གད་རྒྱངས་》《བོད་ཡིག་གི་བཀའ་བསྟན་ངོ་སྤྲོད་དྭངས་གསལ་ཤེལ་གྱི་མེ་ལོང་》ཞེས་པ་སོགས་བརྩམས་ཆོས་མི་ཉུང་བ་དངོས་སུ་དཔར་སྐྲུན་གནང་ཡོད། 《ཁྱི་དང་མིའི་བསྟན་བཅོས་》ཞེས་པ་ནི་གང་དེས་སྤྱི་ལོ་༢༠༡༣ལོའི་ཟླ་༡༢པར་བརྩམས་གནང་ཞིང་དྲ་བའི་ཐོག་སྤེལ་བའི་སྙན་རྩོམ་ཞིག་ལགས་ཤིང་། གཙོ་བོ་མི་དང་ཁྱི་གཉིས་ཀྱི་བསམ་སྤྱོད་གཤིབ་བསྡུར་བྱས་ཐོག་མི་འགའ་རེའི་བསམ་པ་དང་སྤྱོད་ལམ་ནི་སྲོག་ཆགས་དུད་འགྲོ་ལའང་མི་དོ་བར་བསྟན་ཏེ་འགྲོ་བ་མིའི་རིགས་ལ་གོ་སྐོན་སློབ་གསོ་བྱས་པ་ཞིག་ཡིན། རྩོམ་པ་པོས་རྩོམ་ཡིག་འདི་འབྲི་བའི་བསམ་པའི་སྐུལ་སློང་ནི་གང་དེས་སྤྱི་ཚོགས་ཐོག་གི་ཚུལ་དང་མི་མཐུན་པའི་སྣང་ཚུལ་སྣ་ཚོགས་མཐོང་ཐོས་བྱུང་བས་ཐུགས་མི་སྲོ་བར་གྱུར་ནས་དེ་དག་ལ་ཐེར་འདོན་དང་མཚང་འབྱིན་དགག་རྒྱག་བྱ་ཆེད་དུ་ཡིན་བཟོ་འདུག དེ་ཡང་རྩོམ་ཡིག་དེའི་མཇུག་ཏུ་རྩོམ་པ་པོས "ཡང་ཉེ་བའི་ཉིན་གཉིས་ཀྱི་ཡར་སྔོན་ལ་སེམས་ཁམས་མི་སྐྱིད་པའི་ཚོར་བ་རྗེས་མཐུན་པ་ཞིག་གིས་རྐྱེན་བྱས་ཏེ་འདིའི་སྐོར་གྱི་ཤོ་ལོ་ཀ་ཉི་ཤུར་ཉེ་བ་ཐོལ་བྱུང་དུ་བྲིས་ནས་སྤེལ་བ་ལ་དྲ་གྲོགས་སྐོར་ཞིག་གིས་ཟོལ་མེད་ཀྱི་དང་བ་བསྟན་སོང་བས། ད་རིང་ཕྱི་དྲོར་ཡང་《བོད་བརྒྱུད་ནང་བསྟན་ཆོས་སྤྱོད་ཆེན་མོ་》མ་ཕྱི་ལྡེབ་སྒྲིག

གི་བར་སླགས་ནས་ཚོགས་བཅད་དུ་མ་ཁ་སྐོང་བྱས་ཏེ་ཁྱོན་བསྡོམས་ཤོ་ལོ་ཀ་སུམ་ཅུའི་བདག་ཉིད་ཅན་གྱི《ཁྱི་དང་མིའི་བསྟན་བཅོས་》རེ་ཞིག་མཇུག་རྫོགས་པར་བྱས་སོ་” ཞེས་གསལ་བའི་ཚིག་བྱང་ལས་རྟོགས་ནུས། བརྩམས་ཆོས་དེ་སྤྱི་ཚོགས་ཀྱི་འཚོ་བ་དངོས་མཚོན་པ་དང་། ནང་དོན་ཕུན་སུམ་ཚོགས་ལ་གསོན་ཉམས་ལྡན་པ། སྒྱུ་རྩལ་གྱི་ཚད་མཐོ་བ་ཞིག་ཏུ་མཐོང་ཞིང་། རྩོམ་པ་པོས་སྤྱི་ཚོགས་ལ་ཚད་མཐོའི་འགན་སེམས་ཀྱིས་ཚུལ་དང་མི་མཐུན་པའི་མི་ངན་སྤྱོད་ངན་དང་བྱ་ངན་སྣ་ཚོགས་ལ་ཟུར་ཟ་ཐེར་འདོན་དང་། གོ་སྐོན་སློབ་གསོ། མཚང་འབྱིན་དགག་རྒྱག་བཅས་ཤིན་ཏུ་འཚམ་ཞིང་རན་པ་བྱས་ཡོད་དེ། དེ་ཡང་བསྟན་བཅོས་དེ་ལས་“ཁྱི་དང་མི་ཡི་བསྟན་བཅོས་འདི། ཁྱི་ལས་མི་ལ་མཁོ་གལ་ཆེ། ” ཞེས་གསུངས་པ་ལྟར་དེས་སྒྱུ་རྩལ་གྱི་ཁྱད་ཡོན་ལེགས་པར་འདོན་སྤེལ་བྱས་ནས་མིའི་རིགས་ལ་ཕན་ནུས་བཟང་པོ་ཐོན་ངེས་རེད། བརྩམས་ཆོས་དེ་བསླགས་རྗེས་ཀློག་པ་པོར་“ངས་མཐོང་བའི་མི་དེ་ཙམ་གྱིས་མང་ན། ངའི་ཁྱི་ལ་དེ་བས་དགའ་ཞེན་སྐྱེས་” ཞེས་པའི་འཛམ་གླིང་དུ་སྐད་གྲགས་ཆེ་པའི་གཏམ་དེ་ལ་སེམས་མཐུན་གྱི་བསམ་པའང་མཉམ་སྐྱེས་ཡོང་ངེས་རེད།

༥ 《སྤྱི་བོ་སྣ་འཁྲུལ་དང་། ཁྱི། ཞྭམ་བུ་བཅས་ཀྱི་གཏམ་རྒྱུད་》ཅེས་པའི་བརྩམས་སྒྲུང་དེ་ནི་བོད་ལྗོངས་མང་ཚོགས་སྒྱུ་རྩལ་ཁང་གི་དབུ་འཛིན་མགོན་པོ་དངོས་གྲུབ་མཆོག་ནས་དུས་རབས་གོང་མའི་ལོ་རབས་བརྒྱད་ཅུ་པའི་ནང་བརྩམས་གནང་ཞིང་སྤྱི་ལོ་༡༩༨༡ལོའི་《བོད་ལྗོངས་རྩོམ་རིག་སྒྱུ་རྩལ་》ཐོག་སྤེལ་བའི་བརྩམས་ཆོས་ཤིག་ཡིན། དེར་རྒྱ་ཆེའི་ཀློག་པ་པོས་དགའ་པོ་བྱེད་ལ་སྔ་ཕྱིར་འབྲེལ་ཡོད་ཚན་པའི་ཕུལ་བྱུང་བརྩམ་བྱའི་བྱ་དགའ་ཡང་ཐོབ་ཡོད།

བརྩམས་ཆོས་དེའི་ནང་དུ་མི་སྣ་གཙོ་བོ་ལོ་ན་དྲུག་ཅུར་སོན་པའི་རྒད་པོ་སྣ་འཁྲུལ་ལ་བཟའ་ཟླ་བུ་ཕྲུག་སོགས་ནང་མི་གཞན་མེད་པས། ཕྱི་དགྲ་འགོག་ཐུབ་

ལ་ནང་དགྲའང་འདུལ་ཐུབ་མཁན་གྱི་ཁྱིམ་ལས་པ་ཞིག་འཚོལ་རྒྱུའི་བསམ་འདུན་བྱུང་བ་དང་། དེའང་ཟས་གྲོན་ཆུང་ལ་ལས་ནུས་ཆེ་བ་ཞིག་འཚོལ་དགོས་བསམ་བཞིན་དུ་“ ལུས་གོས་ནི་རང་བྱུང་སྤུ་ཡིས་འགྲིག གྲོད་ཁོག་ནི་ཟས་ལྷག་གིས་རྒྱགས་ཐུབ། ལས་ནུས་ནི་ཁྱིམ་སྲུང་མིའི་གོ་ཆོད་” པའི་ཁྱི་ཨབ་ཟོག་ཅིག་དང་ཞུམ་བུ་གཟིག་ཁྲ་ཞིག་བསྟེན། ཁྱི་ཞུམ་མི་གསུམ་མཉམ་དུ་འཚོ་བར་རོལ་བའི་ཐོག་མའི་སྐབས་སུ་ཁྱི་ཨབ་ཟོག་གིས་ཁྱིམ་གྱི་སྟེང་ཤོད་བར་གསུམ་དུ་སྐོར་གཡེང་རྒྱགས་དང་ཕྱི་མི་འགོག་པར་བྱེད། ཞུམ་བུ་གཟིག་ཁྲས་ཕྱི་ཡོང་དགྲ་ཆེན་འགོག་པར་མི་ཐུབ་ཀྱང་། ཁྱིམ་ནང་གི་ཙི་ཙི་ཚང་མ་གཙང་དག་བཟོ་རྒྱུར་མཁས་པས། དེ་གསུམ་བདེ་སྐྱིད་ཀྱི་འཚོ་བར་རོལ་བཞིན་མཆིས། འོན་ཀྱང་མི་རིང་བར་ཁྱི་ཨབ་ཟོག་གི་སྒྲེལ་ལད་འཁྲབ་ལ་མཁས་པ་དང་ཁེ་བཟང་གཉེར་ལ་དགའ་བའི་རང་གཤིས་དམར་རྗེན་དུ་བཏོན་ནས་ཞུམ་བུ་གཟིག་ཁྲ་དེ་ཁྱིམ་གྱི་ཕྱི་ལ་འབུད་འདོད་ཀྱིས་ཁ་ངན་ཚིག་ངན་དང་བརྙས་བཅོས་དུ་མ་བྱས་པ་མ་ཟད། སྤྱི་བོ་བློ་འཁྲུལ་དང་ཞུམ་བུ་གཟིག་ཁྲའི་དབར་རྩོད་གཏམ་གྱིས་དབྱེན་དཀྲུག་མང་དུ་བྱས། མཐར་མིང་དང་མཚུངས་པའི་རྒད་པོ་བློ་འཁྲུལ་ཁོ་ཨབ་ཟོག་གི་གཡོ་ཁྲམ་འོག་བློ་འཁྲུལ་ནས་ཞུམ་བུ་གཟིག་ཁྲར་ནག་མེད་ཉེས་འགེལ་བྱས་ཏེ་ཁྱིམ་ལས་མཐར་བསྐྲད། དེ་རྗེས་རྒད་པོ་བློ་འཁྲུལ་ཡང་ཁྱི་ཨབ་ཟོག་གི་ཁ་ངན་ཚིག་ངན་དང་། སྒྲོག་ཉེན་ལ་གཡོལ་ནས་རང་ཁྱིམ་དོར་ཏེ་སྤུན་མཆེད་ཀྱི་འགྲམ་དུ་འཚོ་ཐབས་བྱེད་པར་འགྲོ་དགོས་བྱུང་བ་དང་ཁྱི་ཨབ་ཟོག་དེའང་ཟ་རྒྱུ་འཐུང་རྒྱུ་མེད་པར་སྲང་ཁྱི་ཞིག་ཏུ་གྱུར་ནས་ངོ་ཚ་དང་གནོང་འགྱོད་ཀྱིས་མནར་བའི་གཏམ་རྒྱུད་བརྗོད་ཡོད། བརྩམས་ཆོས་དེའི་ནང་མང་ཚོགས་ཀྱིས་གོ་བདེ་བའི་ཚིག་གི་སྦྱོར་བ་དང་བར་གསེང་དུ་ཉན་པར་སྙི་བའི་དམངས་གཞས་ཀྱི་རྩོམ་ལུས་མི་ཉུང་བ་ཞིག་སྤྱད་ནས། གཙོ་དོན་མི་རྣམས་ལ་ངོ་དགའ་སྒྲེལ་ལད་དང་། ཁ་ངན་ཚིག་ངན། རྫུན་དང་

གཡོ་སྒྱུ། མ་རུང་ཁོག་བཙུག ནག་མེད་ཉེས་འགེལ་སོགས་བྱེད་རྒྱུ་མེད་པའི་བསླབ་བྱ་བརྒྱབ་པ་དང་། བྱ་སྤྱོད་ངན་པ་སྤེལ་ན་ལས་འབྲས་ངན་པ་འཁོར་རྒྱུ་ཡིན་པའི་རྒྱུ་མཚན་དག་རབ་རྟོག་སྒྲུང་གཏམ་གྱི་སྒྱུ་རྩལ་ལམ་ནས་བསྟན་ཡོད།

༤ 《ཁྱི་ལོར་ཁྱིའི་སྐོར་བཤད་པ་》རྩོམ་ཡིག་དེ་ནི་བོད་ལྗོངས་རྩོམ་རིག་སྒྱུ་རྩལ་མཉམ་ཚོགས་ཀྱི་དེ་སྔོན་གྱི་ཀྲུའུ་ཞི་སྐུ་གཞོན། བོད་ལྗོངས་དམངས་ཁྲོད་སྒྱུ་རྩལ་མཁས་ཅན་མཐུན་ཚོགས་ཀྱི་དེ་སྔོན་གྱི་ཚོགས་གཙོ། གྲགས་ཅན་གྱི་རྩོམ་པ་པོ་ཐར་ཚེ་རིང་གཡུ་སྒྲོན་མཆོག་གིས་རྒྱ་ཡིག་གི་ལམ་ནས་རྩོམ་འབྲི་གནང་ཞིང་གང་དེའི་རྩོམ་ཡིག་ཕྱོགས་སྒྲིག《ང་དང་བྱང་རྔ་ཐང་》ཞེས་པའི་ནང་བསྡུས་པའི་བོད་ཁྱིའི་སྐོར་གྱི་ཤེས་བྱ་ངོ་སྤྲོད་ཀྱི་འབོལ་རྩོམ་ཞིག་ཡིན། རྩོམ་ཡིག་དེ་ནི་རྩོམ་པ་པོས་བོད་བྱང་ཐང་ཁུལ་གྱི་དམངས་ཁྲོད་བགྲེས་སོང་མང་པོར་བཅར་འདྲི་དང་འཚོ་བ་དངོས་ནང་ཟབ་འཇུག་གིས་དཔྱད་གཞི་མང་པོ་བསྡུ་རུབ་གནང་བའི་རྨང་གཞིའི་ཐོག་སྤེལ་བ་ཞིག་ལགས་པས། དཔྱད་གཞིའི་རིན་ཐང་ཆེན་པོ་ལྡན་ཡོད། རྩོམ་ཡིག་དེའི་ནང་གངས་ལྗོངས་ཁྱིའི་བྱུང་བ་དང་། གངས་ལྗོངས་ཁྱིའི་རིགས་ཀྱི་དབྱེ་བ། གངས་ལྗོངས་ཁྱིའི་ཁྱད་ཆོས། ཁྱིའི་བརྩེ་དུང་། ཁྱིའི་སྐོར་གྱི་བཤད་རྒྱུན། ཁྱིའི་ཕན་ནུས་དང་གནོད་སྐྱོན། ཁྱི་གདམ་ག་བྱེད་སྟངས་དང་གསོ་སྟངས་བཅས་ལེ་ཚན་བདུན་གྱི་ཐོག་ནས་བོད་ཁྱིའི་སྐོར་གྱི་ཤེས་བྱ་མང་པོ་ངོ་སྤྲོད་གནང་ཡོད།

༥ 《འབྲོག་མིའི་སྣ་ཁྱིའི་སྐོར་གླེང་བ་》ཞེས་པའི་རྩོམ་ཡིག་དེ་ནི་མཚོ་སྔོན་ཞིང་ཆེན་རྨ་ལྷོ་ཁུལ་རྩེ་གཞུང་མི་རིགས་སློབ་འབྲིང་གི་དགེ་རྒན་པད་མ་དོན་གྲུབ་ནས་སྤྱི་ལོ་༡༩༩༨ལོའི་《ཀྲུང་གོའི་བོད་ཀྱི་ཤེས་རིག་》དུས་དེབ་བཞི་པའི་ཐོག་སྤེལ་བ་ཞིག་ཡིན། རྩོམ་ཡིག་དེའི་ནང་དུ་ཁྱི་ནི་མིའི་རིགས་ཀྱི་སྣ་ཁྱི་རུ་གྱུར་ཚུལ་དང་། འབྲོག་ཁྱི་འབྲོག་མིའི་སྣ་ཁྱི་རུ་གྱུར་ཚུལ་བཅས་དོན་ཚན་གཉིས་ལས་ཁྱི་ནི་བྱུང་བ་སྔ་ཞིང་གནའ་སྔ་མོ་ནས་མིའི་རིགས་ཀྱིས་རང་བྱུང་ཁམས་ལ་འཐབ་

རྩོད་བྱེད་པའི་བརྒྱུད་རིམ་ཁྲིད་སྣོ་ཁྱེར་གྱུར་བ་ཡིན་ལ། ལྷག་དོན་རང་རེའི་མདོ་དབུས་མཐོ་སྒང་གི་འབྲོག་ཁུལ་ཀུན་ཏུ་སྒོ་ཁྱི་རྒྱུན་ཆད་མེད་པར་གང་སར་ཁྱབ་ཡོད་པ་དེ་དག་ནི་འབྲོག་མིའི་འཚོ་བ་སྐྱེལ་སྟངས་ཀྱིས་ཐག་གཅོད་བྱས་ཡོད་པ་མ་ཟད། འབྲོག་ཁྱིའི་ཐུན་མོང་མ་ཡིན་པའི་ཁྱད་ནུས་དེ་དག་གིས་ཀྱང་ཐག་གཅོད་བྱས་པ་ཡིན་ཚུལ་བསྟན་ཡོད།

༤ 《ཞེ་ཡུའི་ཁྱི་རྫོང་》ཞེས་པ་དང་《སོག་ཁྱི་གུའི་ཁྱི་རྫོང་》ཞེས་པ་དེ་གཉིས་ནི་གླིང་སྒྲུང་ནང་གི་སྒྲུང་སྣ་མི་འདྲ་བ་གཉིས་ཡིན། དེ་ལས་སྔ་མ་དེ་ནི་མཚོ་སྔོན་འབྲི་སྟོད་རྫོང་གི་དམངས་ཁྲོད་སྒྲུང་པ་ལྷ་བུ་དོན་གྲུབ①ཀྱིས་འཆད་ཁྲིད་གནང་བ་དང་། དབང་གྲགས་དང་ཁ་བ་བསོད་ནམས་ཉི་མ་རྣམ་གཉིས་ཀྱིས་ལེགས་སྒྲིག་བྱས་པ་ཇི་བཞིན་བོད་ལྗོངས་བོད་ཡིག་དཔེ་རྙིང་དཔེ་སྐྲུན་ཁང་ནས་སྤྱི་ལོ་༢༠༡༧ལོར་བསྐྲུན་པ་ཞིག་ཡིན། སྒྲུང་དཔེ་དེ་ནི་ལེའུ་དྲུག་ལས་གྲུབ་པ་ཞིག་ཡིན་ཞིང་། དེའི་གཙོ་བོའི་བརྗོད་དོན་ཡང་། གླིང་རྗེ་མི་ཡི་ཉི་མ་གེ་སར་རྒྱལ་པོས་ཕྱོགས་བཞིའི་བདུད་བཞི་དང་རྫོང་ཆེན་བཅོ་བརྒྱད་དང་རྫོང་ཆུང་གྲངས་མེད་རིམ་བཞིན་བོད་ཀྱི་གཞང་ལ་བླངས་པའི་རྗེས། མ་གོང་སྨན་རྒྱལ་མོའི་ལུང་བསྟན་བཞིན་གེ་སར་རྒྱལ་པོས་གླིང་དམག་ཁྲི་ཚོ་བདུན་བསྡུས་ནས་གངས་རིན་པོ་ཆེའི་ཕྱོགས་སུ་ཆགས་པའི་ཞེ་ཡུའི་ཡུལ་དུ་དམག་སྣ་དྲངས། ཞེ་ཡུའི་ཐོག་བཙན་རྒྱལ་པོ་རྨི་ལམ་འཁྲུགས་ནས་སེམས་མ་བདེ་བས་སྐོར་ལ་སོང་བ་དང་། ཞེ་ཡག་ཐང་ལ་སོ་ལྟ་བཏང་། གླིང་དམག་དང་འཐབ་པས་ཞེ་གླིང་བར་ལ་འཐབ་འཁྲུག་དྲག་པོ་བསླངས། གླིང་དམག་གིས་གངས་ཇ་གཉིས་ཀྱི་འཕྲང་ལམ་བཀྲལ་ནས་

① ཡུལ་ཤུལ་བོད་རིགས་རང་སྐྱོང་ཁུལ་འབྲི་སྟོད་རྫོང་ཟོ་སྐྱ་ཤང་སྨུག་ཆུ་སྡེ་པའི་འབྲོག་ཁྱིམ་ཞིག་ཏུ་སྤྱི་ལོ་༡༩༥༧ལོར་སྐུ་འཁྲུངས། གང་གིས་འཆད་ཁྲིད་གནང་བའི་སྒྲུང་ལས《སྐྱ་ལོའི་ཆགས་རབས》དང་《ཞེ་ཡུའི་ཁྱི་རྫོང་》《རྒྱ་ནག་སྨུ་རྫོང་》《རྒྱ་ནག་གཏམ་རྫོང་》《ཁྲོ་གླིང་ཁྲོ་རྫོང་》སོགས་སྒྲུང་སྣ་ལྔ་ཙམ་ཡིག་ཐོག་ཏུ་ཕབ་ཡོད་པ་དང་། སྔ་མ་གསུམ་དངོས་སུ་པར་སྐྲུན་འགྲེམ་སྤེལ་བྱས་ཟིན།

ཐོག་བཙན་རྒྱལ་པོ་དང་དེའི་བློན་ཆེན་བཞི་སོགས་ཆམ་ལ་ཕབ། གེ་སར་རྒྱལ་པོས་ཞེ་ཡུའི་ཁྲི་རྫོང་གི་གཉེར་སྒོ་ཕྱེ། མཁའ་འགྲོ་ཡེ་ཤེས་སེང་གདོང་མས་ཁྲི་ཡི་གཡང་དང་ཁྲིད་ཆོས་སོགས་མ་ལུས་གླིང་ལ་ངོ་སྤྲོད་གནང་། གླིང་དམག་རྣམ་ཡུལ་དུ་ཁ་ལོ་བསྒྱུར་རྗེས་སྤྱི་དཔོན་རོང་ཚ་ཁྲ་རྒན་གྱིས་ཁྲི་གཡང་སྒང་པ་བོད་ལ་བགོ་བཤའ་མཛད་པའི་སྐོར་བསྟན་ཡོད། སྒྲུང་དཔེ་དེའི་ནང་དུ་བོད་ཁྲིའི་བཤད་པ་དང་ཆེ་བརྗོད་མང་ཙམ་ཡོད་ལ། དེ་དག་གི་ཁྲོད་དུ་ཁྲི་ཡི་རིགས་དང་མཚན་ཉིད། རྟགས་མཚན་བཟང་ངན། བདག་པོར་འཕྲོད་མིན་སོགས་ཀྱི་སྐོར་འཁོད་ཡོད་པས། དེས་གླིང་གེ་སར་རྒྱལ་པོའི་སྒྲུང་མཛོད་ནང་དུ་ཐུན་མིན་ཁྲིད་ཆོས་ཀྱིས་ཕྱུག་པའི་སྔོན་མེད་ཀྱི་ནོར་བུ་འོད་སྣང་ཅན་ཞིག་གསར་དུ་བསྣན་པ་མ་ཟད། བོད་ཁྲིའི་སྐོར་ལ་ཞིབ་འཇུག་བྱ་ཆེད་ཀྱི་དཔྱད་གཞི་འགངས་ཆེན་ཞིག་མཁོ་འདོན་བྱས་ཡོད། 《སོག་ཁྲི་གུའི་ཁྲི་རྫོང་》ཞེས་པ་དེ་ནི་སྒྲ་ཕབ་དང་ཡི་གེར་བཀོད་མ་ཐུབ་པར་ད་དུང་ཡང་སྒྲུང་པའི་བློ་ཡུལ་དུ་བཞུགས་པའི་སྒྲུང་སྣ་ཞིག་ཡིན། ནག་ཆུའི་གྲགས་ཅན་གྱི་སྒྲུང་པ་ཚེ་རིང་དགྲ་འདུལ①དང་བླ་བ②རྣམ་གཉིས་ཀྱིས་བཤད་པ་ལྟར་ན། སྒྲུང་སྣ་དེའི་ནང་དུ་གེ་སར་རྒྱལ་པོས་སོག་སེར་པོའི་ཁྲི་རྫོང་ཆམ་ལ་ཕབ་པ་བསྟན་ཡོད་པ་དང་། སྒྲུང་ནང་ཁྲི་ཡི་སྐོར་གྱི་ཆེ་བསྟོད་གཏམ་

① སྤྱི་ལོ་༡༩༦༩ལོར་བོད་ལྗོངས་ནག་ཆུ་ས་གནས་ཤན་རྩ་རྫོང་ཐར་མ་ཤང་ཁོངས་སུ་སྐྱེ་འཁྲུངས། དགུང་ལོ་༡༣ནས་ཁོང་གིས་སྒྲུང་འཆད་གྱེར་གནང་བ་དང་། དགུང་ལོ་༡༧ནས་བོད་ལྗོངས་སྤྱི་ཚོགས་ཚན་རིག་ཁང་གི་བཀོད་སྒྲིག་ལྟར་གླིང་སྒྲུང་སྒྲ་ཕབ་ཀྱི་ལས་དོན་ལ་བརྩོན་པ་བགྱིས།《གོར་གླིང་གཡུལ་འགྱེད་》དང་《ཚུར་འཁོར་བཀྲ་ཤིས་མེ་ཏོག་》གཉིས་དངོས་སུ་ལེགས་སྒྲིག་དཔར་སྐྲུན་ཟིན།

② ཁོང་ནི་རང་སྐྱོང་ལྗོངས་རིམ་པའི་དངོས་མེད་རིག་གནས་ཤུལ་བཞག་གི་ཚབ་མཚོན་རྒྱུད་འཛིན་པ་ཡིན་ལ་ད་ལྟ་ནག་ཆུ་ས་གནས་མང་ཚོགས་སྒྱུ་རྩལ་ཁང་དུ་གླིང་སྒྲུང་འཆད་གྱེར་གནང་མུས་ཡིན། བོད་རང་སྐྱོང་ལྗོངས་ནག་ཆུ་རྫོང་སྟག་གསར་ཤང་ཉག་ལྡན་གྲོང་ཚོར་མ་དམར་ལོ་ཞེས་བྱ་བའི་ནལ་བུར་སྤྱི་ལོ་༡༩༧༦ལོར་འཁྲུངས། འཆད་གྱེར་སྒྲ་ཕབ་ཟིན་པའི་སྒྲུང་སྣ《ཕེ་གླིང་མཚལ་རྫོང་》དང་། 《ཕྱི་གླིང་དངུལ་རྫོང་》《སྦྲ་ནག་གསེར་རྫོང་》《བྱང་གནམ་ཁྲི་ལུག་རྫོང་》བཅས་ལས་ཕྱི་མ་གཉིས་དངོས་སུ་དཔེ་སྐྲུན་ཟིན།

བརྗོད་ཞུང་ཤས་སྤྱི་དཔོན་དང་ཁྲོ་རྒྱལ་གྱིས་གསུངས་ཡོད་པ་སྒྲུང་མཁན་གཉིས་གྱིས་ངོ་སྤྲོད་གནང་བར་གཞིགས་ན། དེ་དག་ནང་དུ་བོད་ཁྱི་རིགས་མི་འདྲ་བ་དང་ཁྱད་པར་ཁྱི་སྐད་བཟང་ངན་རྟགས་ཐབས་སྐོར་རྒྱུས་ཙམ་གསལ་ཡོད་པས། ཞིབ་འཇུག་གི་རིན་ཐང་ཆེ་བས་མུར་སློབ་བུ་དགོས་ངེས་ཀྱི་སྒྲུང་སྣ་ཞིག་ཏུ་མཐོང་།

༩ 《བོད་ཁྱི་》ཞེས་པའི་བརྩམས་སྒྲུང་རིང་པོ་དེ་ནི་རྒྱའི་རྩོམ་པ་པོ་ཡང་ཀྲི་ཙུན་གྱིས་བརྩམས་གནང་ནས་སྤྱི་ལོ་༢༠༠༥ལོར་མི་དམངས་རྩོམ་རིག་དཔེ་སྐྲུན་ཁང་ནས་དངོས་སུ་དཔར་དུ་བསྐྲུན་པ་དང་། དེར་རྒྱ་ཆེའི་ཀློག་པ་པོས་ཧ་ཅང་དགའ་པོ་བྱེད་ཀྱི་ཡོད་པ་མ་ཟད། བྱ་དགའ་འང་མང་པོ་ཐོབ་ཡོད། བརྩམས་སྒྲུང་དེའི་ནང་དུ་རྩོམ་པ་པོས་བོད་ཁྱིའི་ཁྱད་ཡོན་རྣམས་བརྩམས་སྒྲུང་གི་རྣམ་པའི་ཐོག་ནས་ལེགས་པར་བཤད་ཡོད་དེ། བོད་ཁྱི་ནི་བདག་པོར་བློ་དཀར་ལ་འགན་སེམས་ཆེ་བ། དཔའ་མཛངས་ལྡན་ལ་ལུས་སྲོག་བློས་བཏང་ཐོད་པ། སྒྲིག་ལམ་ལ་བརྩི་སྲུང་ཐུབ་པའི་ཡུལ་བྱུང་གཤིས་རྒྱུད་ཀྱིས་ཕྱུག་པའི་སྲོག་ཆགས་ཤིག་ཏུ་བསྟན་ཡོད་པ་དང་། ཁོང་གིས་བརྩམས་སྒྲུང་དེ་རྩོམ་པའི་བསམ་པའི་སྐུལ་སློང་སྐོར་གླེང་སྐབས་ཀྱང་"ངས་བོད་ཁྱི་ཞེས་པའི་བརྩམས་སྒྲུང་འདི་འབྲི་དགོས་དོན་ནི་སྲོག་ཆགས་ཀྱིས་མིའི་རིགས་ལ་བློ་སྒོ་འབྱེད་པའི་ངར་ཤུགས་སྐྱེས་པ་ཞིག་ཡིན། ངས་བོད་ཁྱི་འབྲི་བའི་ངར་ཤུགས་ཡོང་ཁུངས་ནི་ཆད་གསབ་ཡོང་ཆེད་དུ་ཡིན། བརྟབ་སེམས་འཛོམ་མེད་ཡུག་རྒྱུག་བྱེད་པའི་ཁྲོད་དུ་འགྲོ་བ་མིའི་རིགས་ཀྱི་ཀུན་སྤྱོད་ཀྱི་བསམ་པ་དེར་བདར་ཟད་དང་རུལ་བསླད་ཐེབས་པའི་ཆ་ཤས་དེ་ཆད་གསབ་ཡོང་སླད་དུ་ཡིན་"①ཞེས་གསུངས་ལ། བརྩམས་སྒྲུང་ནང་དུའང་བོད་ཁྱི་གངས་རི་སེང་གེ་དང་། སེང་གེ་དཀར་པོ། སྟག་མགོ་གངས་སེང་། ནག་རིལ་དང་མགོ་

① "我写藏獒，也有一种用动物启蒙人类的冲动……我写藏獒，其冲动就是补缺，补缺人类的道德精神在物欲横流中被磨损被销蚀了的那一部分。"见于青海新闻网："青藏高原，那是一片写不尽的原野：杨志军访谈录"2005－12－23

རི་ལ་སོགས་ཀྱི་བྱ་སྤྱོད་རབ་རིམ་བརྒྱུད་བོད་ཁྱིའི་དཔའ་མཛངས་རྟུལ་ཕོད་དང་བདག་པོར་ལྷག་བསམ་ཟོལ་མེད་ཀྱི་རང་གཤིས་དག་རྒྱས་བཤད་བྱས་ཡོད།

༨ 《བོད་ཁྱི། ཤར་ཕྱོགས་ཀྱི་ལྷ་ཁྱི།》ཞེས་པའི་ཆེད་རྩོམ་དེ་ནི་ཀྲང་ཙོ་ཚེ་ཡིས་གཙོ་སྒྲིག་བྱས་ཤིང་ཀྲུང་གོའི་རྒྱང་བསྒྲགས་བརྙན་འཕྲིན་དཔེ་སྐྲུན་ཁང་ནས་༢༠༠༨ལོར་བསྐྲུན་པ་ཞིག་ཡིན། དེབ་དེའི་ནང་དུ་བོད་ཁྱིས་ལས་རིགས་ཀྱི་སྙིང་སྟོབས་དང་། འབྲོག་པའི་རིག་གནས། མི་ཚེའི་མཚན་ཉིད་རིག་པ་བཅས་མཚོན་གྱི་ཡོད་ཅེས་དང་། བོད་ཁྱིའི་བློ་གྲོས་ནི་འཚོ་གནས་ཀྱི་བློ་གྲོས་དང་། འགྲན་རྩོད་ཀྱི་བློ་གྲོས། སྟོབས་ལྡན་གྱི་བློ་གྲོས། ལེགས་འགྲུབ་ཀྱི་བློ་གྲོས་ཡིན་ཞེས་བརྗོད་ཡོད་ལ། དེ་ནི་དེང་རབས་ཀྲུང་གོའི་དམག་མི་ལ་མེད་དུ་མི་རུང་བའི་སྙིང་སྟོབས་དང་བློ་གྲོས་དེ་ཡིན་ཞེས་ཀྱང་བརྗོད་ཡོད། དཔེ་དེབ་དེ་འདྲ་ཞིག་འབྲི་དགོས་དོན་ཡང་བོད་ཁྱིའི་སྐོར་གྱི་ཐུན་མིན་རིག་གནས་དར་སྤེལ་དང་། བོད་ཁྱིའི་སྙིང་སྟོབས་རྒྱུད་འཛིན། བོད་ཁྱིའི་བྱ་གཞག་འཕེལ་རྒྱས་བཅས་ཀྱི་ཆེད་དུ་ཡིན་ཞེས་གསུངས་ཡོད། དཔེ་དེབ་དེ་ནི་དོན་ཚན་བཅུ་གཅིག་ཏུ་དབྱེ་ནས་བོད་ཁྱིའི་ཁྱད་ཡོན་ཞིབ་པར་གླེང་བ་ཞིག་ཡིན། བདག་པོར་ལྷག་བསམ་ཚད་མེད་ཀྱི་གཞུང་དྲང་སྐྱུ་སླུང་ཞིག་དང་འདྲ་བ། དགྲ་ལ་འཇིགས་པ་མེད་པར་དཔའ་ངར་ཆེན་པོས་མདུན་དུ་སྐྱོད་ཕོད་པ། འགན་འཁྲི་མི་དོར་བར་བློ་རྩེ་གཅིག་ཏུ་གཏོལ་ནས་དམིགས་འབེན་ཟིན་པ། ལས་གནས་ལ་དགའ་ཞེན་གྱིས་རང་འགན་གཙང་མར་སྒྲུབ་ནུས་པ། མ་བསྐུལ་དང་བླངས་ཀྱིས་རང་གི་སྟོབས་ཤུགས་ཡོད་དགུ་འདོན་པ། སྒྲིག་ལམ་སྲོག་ལྟར་སྲུང་ཞིང་ཤི་ཡང་འགྱོད་པ་མེད་པ། སྙམ་ཞིང་བརླིང་བས་རྒྱལ་པོའི་ཉམས་འགྱུར་ལྡན་པ། བཟོད་སེམས་ཆེ་ལ་གྲུ་གྲུ་མེད་པ། ཐེངས་བརྒྱར་ཕམ་ཡང་ཡི་ཐང་མི་ཆད་པ། གཟུགས་སྟོབས་ཆེ་ལ་མངགས་བཅོལ་གལ་ཆེན་རིགས་ལ་འགན་ཁུར་ནུས་པ་བཅས་ཀྱི་ཁྱད་ཡོན་དང་ལྡན་པར་བཤད་ཡོད།

གོང་དུ་མཚམས་སྦྱོར་ཟིན་པའི་ཁྲི་དང་འབྲེལ་བའི་བརྩམས་བྱ་མང་པོ་ཞིག་གི་ནང་དུ་བོད་ཁྲིའི་སྤྱོད་བཟང་ལ་བསྔགས་བརྗོད་དང་། དེས་འགྲོ་བ་མི་ལ་བླང་དོར་ཇི་ལྟར་སྐྱོང་ལུགས་ཀྱི་གོ་སྐོན་སློབ་གསོ་བྱས་ཡོད། རྩོམ་རིག་སྒྱུ་རྩལ་གྱི་ཁྱད་ནུས་ནི་བཟང་པོའི་རྒྱབ་རྟེན་བྱ་རྒྱུ་དང་། ངན་པའི་མཚང་བརྟོལ་རྒྱུ་དེ་ཡིན་པས། རང་རིགས་ཀྱི་རྩོམ་པ་པོའི་ཁྲོད་དུ་སྤྱི་ཚོགས་ཁྲོད་ཀྱི་མི་བཟང་ལས་བཟང་ལ་བསྔགས་བརྗོད་ཀྱི་མེ་ཏོག་འཐོར་མཁན་ཡོད་ལ། མི་ངན་སྤྱོད་ངན་ལ་སྐྱོན་བརྗོད་ཀྱི་མཚིལ་མདའ་འཕེན་མཁན་ཡང་ཡོད། དེ་ནི་རྩོམ་པ་པོས་སྤྱི་ཚོགས་ལ་བཟུང་བའི་འགན་སེམས་ཡིན། རྩོམ་རིག་གི་ཐབས་ལམ་བརྒྱུད་ནས་མི་རྣམས་ལ་ཡང་དག་པའི་སྒོ་ནས་སྐྱོན་ཡོན་ངོས་བཟུང་གིས་མིའི་བསམ་སྤྱོད་ཇེ་བཟང་དུ་གཏོང་རྒྱུ་ནི། རྩོམ་པ་པོའི་འགན་འཁྲི་ཡིན་ལ། རྩོམ་རིག་གི་འགན་ནུས་ཀྱང་ཡིན། མཁས་པའི་དབང་པོ་དོར་ཞི་གདོང་དྲུག་སྙེམས་བློས། “བླང་དོར་མི་ཤེས་པ་སྤྱི་ཚོགས་ཀྱི་སྐྱོན་ཆེ་ཤོས་ཤིག་ཏུ་བརྩི་བཞིན་ཡོད། ཕྱི་ནང་རྩོམ་རིག་གང་ཡང་སྤྱི་ཚོགས་ཀྱི་གནས་ཚུལ་རྣམ་པ་སྣ་ཚོགས་དམར་རྗེན་དུ་སྟོན་པའི་སྒོ་ནས་མང་མང་ལ་སྐྱོན་ཡོན་ངོས་ཟིན་དུ་བཅུག་ནས་སྐྱོན་སེལ་ཞིང་ཡོན་ཏན་སྤེལ་བ་དང་། དེ་ལས་མི་ཡི་སྤྱི་ཚོགས་ཇེ་བཟང་དུ་བཏོང་བ་དང་། མི་རྣམས་རིག་པ་ཇེ་གསལ་དང་ལྟ་བ་དང་ཀུན་སྤྱོད་ཇེ་བཟང་དུ་གཏོང་བ་མཐར་ཐུག་གི་དམིགས་ཡུལ་དུ་བྱེད་པ་ཡིན། རྩོམ་རིག་སྤེལ་བ་གལ་ཆེ་བའི་གནད་ཀྱང་རྒྱུ་མཚན་དེ་ལ་ཐུག་ཡོད། བཟང་པོར་བསྟོད་བསྔགས་དང་ངན་པར་སུན་འབྱིན་གྱིས་ཡ་རབས་ལུགས་བཟང་སྤེལ་བའི་ཁྱད་ཆོས་ཤིག་ཐོན་ཡོད་པར་འཁྲུམས། ” ཞེས་གསུངས་པ་ལྟར་ལགས། དེར་བརྟེན་བརྩམས་བྱ་དེ་དག་ལ་གོ་བ་ནན་གྱིས་བླངས་ན་མི་རྣམས་ཀྱི་བྱ་སྤྱོད་དང་གཏམ་བརྗོད་གང་ཅིའི་ཐད་སྤྱི་ཚོགས་འཚོ་བའི་ཁྲོད་ཀྱི་ལམ་སྟོན་གྱི་སྒྲོན་མེ་དང་ལེགས་ཉེས་བླང་དོར་འབྱེད་པའི་ཡེ་ཤེས་ཀྱི་སྤྱན་ལྟ་བུ་ཞིག་ཏུ་འགྱུར་ངེས་ཡིན། །

图书在版编目（CIP）数据

金果·次平文集 ：藏文 / 金果·次平编著. -- 拉萨：
西藏藏文古籍出版社，2019.1
ISBN 978-7-5700-0219-1

Ⅰ. ①金… Ⅱ. ①金… Ⅲ. ①金果·次平－文集－藏
语②藏族－民族文化－文集－藏语 Ⅳ. ①K281.4-53

中国版本图书馆 CIP 数据核字（2018）第 257157 号

金果·次平文集（一）

编　　著	金果·次平
责任编辑	次　　巴
封面设计	索朗曲珍
校　　对	旦巴曲扎
策　　划	天利文化
出　　版	西藏藏文古籍出版社（拉萨市色拉路 22 号） 邮政编码：850000 西藏藏文古籍出版社第二编辑部（拉萨市林廓北路 20 号） 打击盗版：0891-6930339
印　　刷	三河市天功达印刷有限公司
经　　销	全国新华书店
开　　本	16 开（710×1 000）
印　　张	78.5
印　　数	0001-2000 册
版　　次	2019 年 1 月第 1 版第 1 次印刷
标准书号	ISBN 978-7-5700-0219-1
定　　价	180.00 元（共三卷）